U1007210

無錫文庫

第一輯

[光緒]宜興荆溪縣新志

光宣宜荆續志(一)

鳳凰出版傳媒集團
鳳凰出版社

ISBN 978-7-5506-0297-7

9 787550 602977 >

圖書在版編目（C I P）數據

（光緒）宜興荊溪縣新志 /（清）潘樹辰,（清）施惠修 ;（清）錢志澄等續修 ;（清）吳景墻等纂.（光緒）宜荊續志 /（清）陳善謨,（清）祖福廣修 ;（清）周志靖纂.（咸淳）重修毗陵志 /（宋）史能之修 ;（宋）史能之纂. -- 南京 : 鳳凰出版社, 2011.2
（無錫文庫. 第1輯）
ISBN 978-7-5506-0297-7

Ⅰ. ①光… ②光… ③咸… Ⅱ. ①潘… ②施… ③陳… ④祖… ⑤史… ⑥錢… ⑦吳… ⑧周… Ⅲ. ①宜興市－地方志－清代②常州市－地方志－宋代 Ⅳ. ①K295.33

中國版本圖書館CIP數據核字(2011)第036126號

責任編輯　王　劍
裝幀設計　姜　嵩
出版發行　鳳凰出版傳媒集團
鳳凰出版社(原江蘇古籍出版社)
南京市中央路165號　郵編 210009
發行部電話 025－83223462
集團網址　鳳凰出版傳媒網　http://www.ppm.cn
印　　刷　無錫市證券印刷有限公司
無錫市揚名高新技術産業園B區75號　郵編 214024
開　　本　889×1194毫米　1/16
印　　張　57.5
版　　次　2011年2月第1版　2011年2月第1次印刷
標準書號　ISBN 978-7-5506-0297-7
定　　價　800.00圓(全二册)
(本書凡印裝錯誤可向承印廠調换,電話:0510－85435666)

無錫文庫工作委員會

顧問

楊衛澤　毛小平　周和平　譚　躍

主任

王立人

副主任

曹佳中　陳海燕　吴小平

委員

方標軍　須　儉　陳堯明　尤文科

何承志　蔡文煜　葉建興　施　展

嚴克勤　劉　川　雷群虎　李祖坤

瞿　敬　華瑞興　周興安　姜小青

無錫文庫編輯委員會

主　編

王立人

副主編

須　儉　姜小青

編　委（按姓氏筆畫排列）

王進雄　王賡唐　卞惠興　全　勤　吴　迪　沙無垢
金其楨　夏剛草　倪培翔　徐志鈞　浦學坤　陳文源
過旭明　過耀華　許墨林　張志清　程勉中　湯可可
蔡家彬　劉桂秋　錢建中　錢菲菲　顧文璧

執行編委

王華寶　王　劍　薛　飛　陳紅彦　林世田　謝冬榮　徐憶農

編務人員

顧志堅　李躍光

無錫文庫學術顧問

（按姓氏筆畫排列）

朱玉麒　朱維錚　江慶柏　李文海

沈衛榮　武秀成　金良年　胡福明

莫礪鋒　徐中玉　陳熙中　許倬雲

張仲禮　張廷銀　彭　林　程章燦

馮　遠　馮其庸　楊天石　趙生群

劉玉才　錢　遜　錢中文　錢文忠

總序

七千年文明史，三千年建城史，江南名城無錫，襟長江依太湖，自古以來就是魚米之鄉，禮儀之邦。無錫文化自泰伯南奔以來，騰蛟起鳳，尚德崇文，在數千年的傳承發展中，教化常持，經世務實，人杰輩出，大家林立，文藻絢麗，錯彩鏤金。舍南舍北皆春水，欲與湖山作主人，數千年的人文傳統，賦予了風光秀美的無錫以獨特的文化魅力，鑄就了城市剛柔相濟、秀逸清麗的的文化品格。

無錫是中國吴文化的發源地。早在商代晚期，周太王古公亶父的長子泰伯三讓王位，携其弟仲雍奔吴，定居無錫梅里，建『勾吴國』，『端委以治周禮』，施以禮儀教化；興修水利，授以農桑，不數年而『民人殷富』。泰伯帶來的中原文化與無錫本地土著文明相結合，吴文化以及作爲其重要組成部分的無錫文化就此發端。晋室南渡，北方人群大量南遷，帶來了中原的文化技術，促進了無錫農業、水利、手工業和商業的發展，中原文明再度與吴文化進行融合互滲。在本土文化與异地文化的碰撞和交融中，不斷推動着無錫這座城市的文明進步。

無錫歷史文化『追歷七千餘載歲月滌蕩，遂經四大轉折而成其廣大深厚：泰伯西來，吴文化成焉；永嘉南渡，江左文脉振焉；宋室波遷，江南文風始焉；歐風東漸，錫邑占風氣之先，民族工商文化始焉。數百代鄉彦賢達智慧與創造累積，文獻足徵，無慮百千』（《錫山先哲叢刊》重版弁言）。無

錫文化以兼容并蓄多樣化的形態不斷發展。

崇文尚教，以教促文。北宋嘉祐三年（一〇五八），無錫始設縣學；北宋政和元年（一一一一），理學傳人楊時在無錫創建東林書院，此後無錫出現了喻樗、尤袤、李祥、蔣重珍等一批知名的教育家。至明代，顧憲成、高攀龍等在東林書院講學，此後又有許多書院相繼而起。古代無錫對教育的重視，促進了『崇文』和『尚教』的風氣，也造就了大量的人才。自隋朝開創科舉取士到清末廢除科舉，無錫共出了五名狀元、三名榜眼、六名探花和三名傳臚，并有五百四十名進士，一千二百多名舉人；『一榜九進士』、『六科三解元』，自古傳爲佳話。近代以來，經濟的繁榮進一步帶動了教育的興盛。無錫籍國學大師錢穆曾説：『晚清以下，群呼教育救國，無錫一縣最先起。』此後無錫的實業家紛紛出資興辦文化教育事業。教育的繁興，在極大程度上促進了無錫的文化發展，出現了空前的文化人才崛起的高峰。

文脉綿延，後出轉强。歷來『文化』的概念有廣義和狹義之分，這裏的『文脉』之『文』，用的是狹義的概念，即指經史、文學、藝術等人類所創造的精神財富的總和。在無錫的歷史文化傳統中，自古及今，悠悠文脉，如瓜瓞之綿綿。必須指出的是，從文化發生學的角度來看，早期中華文化的中心是在黄河流域的中原地區，無錫在宋元以前，雖有像顧愷之、李紳、尤袤、蔣捷、倪瓚等一批人文英才，但在整體上，無錫的文氣是自明清以迄近現代達到巔峰。在整個江南地區文教昌明和無錫經濟繁盛、教育勃興的大背景下，無錫地區在經史、文學、繪畫、音樂等諸多領域中，建樹卓越，俊才雲蒸，真正呈現出『人文之盛，冠於南國；碩彦輩出，著述繁實』的局面。

求實務本、重工崇商。無錫自古爲江南富庶之地、魚米之鄉。明代東林講學者將士商并列爲『本行』，講求經世致用；近代早期維新的思想家、實踐家薛福成提出『黜浮靡，崇實學』，大力倡揚『工商爲先，耕戰植其基，工商擴其用』的觀念，這些都成了近代以來無錫人求實務本、重工崇商的重要的思想根源；兼以明清時期，封建自然經濟解體，資本主義開始萌芽，無錫經濟日趨繁盛。鴉片戰争以後，上海開埠，由於商品經濟的發展和商業資本積累的增加，逐步形成了一個以上海爲中心的，北接江陰、靖江，西連蘇州、無錫、常州的經濟區域。有布、米、絲、錢『四大碼頭』的無錫，被譽爲『小上海』。到了十九世紀末、二十世紀初，無錫許多有識之士積極引進西方生産技術，大力興辦工廠，形成了近代六大資本系統，無錫成了近代中國民族工商業的發祥地和蘇南經濟中心。經濟的繁盛，不僅爲無錫文化的不斷發展提供了堅實的物質基礎，而且也形成了無錫文化的主流形態之一的，具有鮮明特色和豐富内涵的『工商文化』。

文化源長，文獻宏大。在歷史上，無錫有過兩次較大規模的文化整理。一八九九年，《常州先哲遺書》是包涵無錫城市在内的第一次區域性文化整理集成。一九二二年，《錫山先哲叢刊》是無錫真正意義上從城市角度進行的一次文化整理。當時，國家積貧積弱，社會動蕩離亂，身處亂世的有識之士高擎文化的旗幟，以縱覽千古的魄力和毅力致力於城市文化傳統的繼承與弘揚，爲無錫地方人文教育提供了文化楷模，對增强無錫崇文興教氛圍發揮了重要的作用，爲無錫躋身江南名城提供了文化動力，其意義至今爲後人感念。

滄桑巨變，天上人間。經過近一個世紀的奮鬥探索，特别是改革開放三十多年來的迅猛發展，中

華民族强勢崛起。國運昌隆，盛世修典。中共無錫市委、市政府高度重視地方傳統文化的整理弘揚工作。自二〇〇七年提出『建設文明無錫，打造文化名城』以來，無錫全面深入開展歷史文化遺産的挖掘、清理、保護和修復工作，傳承弘揚優秀傳統文化，彰顯城市人文歷史底藴，掀起歷史文化名城建設新高潮。此後，市委、市政府在《無錫市文化大發展大繁榮行動綱要》中明確要求全面整理出版地方歷史文獻，市委、市政府在《關於深化文化體制改革加快文化强市建設的决定》中再次明確要求編纂《無錫文庫》，正式啓動迄今爲止無錫地區規模最大、綜合性鄉邦文獻集成的修編工作。爲確保《無錫文庫》的編纂工作順利進行，市委、市政府專門成立了『無錫文庫工作委員會』，由市委宣傳部牽頭，設立了『無錫文庫編輯委員會』，計劃用三年時間完成編纂出版工作。《無錫文庫》的編纂，將以嶄新的學術角度和現代學科框架對城市歷史文化進行全面梳理和弘揚，站在時代的高度，充分展示城市深厚的歷史底藴，彰顯先賢哲人的智慧創造，解讀無錫文化的獨特個性，提煉升華無錫的人文精神，光前裕後，古爲今用，以文化人，由人化文，以史爲鑒，開啓未來。

《無錫文庫》的編纂出版必將發揮重要的文化功能：首先是搶救文獻。無錫自古即有豐富的地方文獻，無論經史子集，都有重要著作流傳於世。然而無錫近代歷經戰亂，一些重要典籍已毁佚，僅有書名存留；還有一些珍貴的明清地方史籍，也以孤本存世，處於若存若亡之間。由於各種原因，一些代表無錫文化的典籍保存於國内外各大圖書館中，在無錫不易見到。從清末到民國期間，在文化上有不少重要成果，而這部分書籍因長期被忽視而處於毁佚的邊緣。《無錫文庫》的編纂就是爲了搶救文獻，保存文脉。其次是古籍整理。無錫先賢留下的載籍很多，但現存書籍，版本雜亂，良莠不齊，整

體而言没有經過系統編排梳理，使用不便。《無錫文庫》的編纂，就是從版本目録學的角度加以梳理，每書皆撰提要，鈎玄指要，便於閲讀使用。第三是服務大衆。《無錫文庫》所收皆爲地方古史遺文，是研究無錫歷史沿革和文化傳承的必讀書目。《無錫文庫》的編纂出版，使這些書籍的使用更加便捷和廣泛，對無錫的文化建設、城市規劃、古迹保護、名勝開發都具有很高的學術價值和實用價值。

歷史唯物主義觀是《無錫文庫》編纂出版工作的重要指導思想。《無錫文庫》是一部具有社會主義新時代特點的典籍集成，編纂理念和選編觀念更加科學，注重學術性、實用性和經典性相結合，并且儘量收入古籍版本研究的新成果，廣泛收集流散在國内外的珍貴典籍。編纂工作中，始終堅持『尊重歷史、尊重科學、尊重規律、尊重專家』的原則，堅持『雙百』方針，對傳統文化中重要的不同學派、不同觀點的資料兼收并蓄，力求客觀、完整和全面。當然，《無錫文庫》不可能包羅萬象，而以文史哲爲主要内容，兼顧其他類别著述，整體呈現出無錫歷史文化的發展脉絡。强化編纂工作的學術規範，提倡實事求是的良好學風，對文庫的整體規模、體例框架、所收書目、版式裝幀等進行反復論證，反復比較，多方聽取意見，慎之又慎，力争使《無錫文庫》成爲一部真正代表無錫文化的綜合性鄉邦文獻集成。

編纂出版《無錫文庫》的盛舉，得到了海内外衆多著名的文史專家、學者教授的熱烈響應。許倬雲、馮其庸、楊天石、李文海、徐中玉、馮遠、胡福明等無錫籍文化名人和劉玉才、程章燦、江慶柏、張廷銀、金良年等專家學者應邀擔任《無錫文庫》的學術顧問，他們扎實的學術功底、嚴謹的治

學風範、卓越的學術見識，爲《無錫文庫》提供了有力的支撑。

千年吴地文明，百年工商繁華，賦予無錫人聰慧和靈秀，創造了具有獨特品質的城市文化和城市精神。當我們手捧先哲留下的珍貴文化遺産，不僅滿懷感恩、敬畏之心，更涌動着不負前賢、勵志圖新的激情，去努力創造城市文化嶄新的輝煌，讓無錫文化大發展大繁榮的春天更加姹紫嫣紅、繽紛燦爛！

無錫文庫編輯委員會

二〇一一年一月

凡例

一、《文庫》所收爲無錫籍作家的著述和與無錫相關的歷代文獻，分爲《官修舊志》、《地方史料專著》、《年譜家乘》、《無錫文存》和《近現代名家名著存目》五輯。

二、無錫地域範圍以現行行政轄區爲準。《文庫》立足無錫市區，兼顧江陰、宜興，適當選收江陰、宜興具有代表性的著作。

三、《文庫》所收著作，以史料價值高、使用價值大爲原則，適當兼顧其版本價值。

四、《文庫》主要采用影印方式出版，《近現代名家名著存目》收入作家小傳和主要著述目録。

五、《文庫》所收著作，其編纂年代下限爲一九四九年；《近現代名家名著存目》則不受此限。

六、《文庫》所收著作，原書如有蠹損、殘缺、漫漶不清處，原則上以相同版本予以換頁、補頁，使全書清晰、整齊。

七、《文庫》對所收每種圖書，均撰寫提要，置於每種書扉頁之背面；每册均新編頁碼，自爲起訖。

八、《文庫》編制書名索引和著者索引，以方便讀者使用。

第一輯編輯説明

本輯爲《無錫文庫》之第一辑《官修舊志》。

無錫自古爲文化昌盛之地，修志傳統源遠流長，延綿不斷。歷代纂修的地方志卷帙浩繁，内容豐富。其特點是修志年代早，數量多，品種齊，質量上乘，在全國方志中占有一席之地。

中國最早的風土記——晋代《陽羡風土記》發源于宜興。清代嚴可均認爲『古地説《山海經》、《水經》外，此爲最舊』。無錫修志事業發達，無錫、江陰、宜興三縣歷代纂修志書五十四部。特别到了明清時期，較他縣猶盛。明代纂修縣志十四部，清代修了十七部。無錫舊志的種類繁多，除了風土記、地記、圖經外，還有軍志、郡志、州志、縣志、合志。從記事的上下限看，有通合古今的方志，亦有斷代的續志，形式多樣。在修志過程中，李兆洛、嚴繩孫、繆荃孫等一些名人親自制定凡例，廣搜資料，考證史實，講求章法，成就了一批名志佳作。在晋代有『文言美詞列於章句，委曲敘事存於細書』（章宗源《隋書經籍志考證》）的《陽羡風土記》；元代有『詞簡而事該，亦地志之善本』（《四庫全書總目》）的《[至正]無錫志》。《[萬曆]宜興縣志》『引史證志，爲修志創一新例』（《稀見地方志提要》）。清《[康熙]無錫縣志》因『秦、嚴并名流，精史法，故其書完美。所爲凡例，尤多名論，誠佳構也』（《續修四庫全書提要》）。《[乾隆]江陰縣志》以其『文亦詳密瞻雅』（《續修四庫全書提要》）受到史學家好評。《[道光]江陰縣志》被贊譽爲『體例精嚴、裁制有法，在當時推爲佳志』（《續修四庫全書提要》）。《［光緒］宜興荆溪縣新志》『其文字之雅，搜輯之宏，誠爲後來居上』（《方志考稿》）。繆荃孫主纂的《江陰縣志》因『石刻及藝文孜孜彌詳，至有價值』（《江陰志略》）。

無錫縣先後修志十三部，散佚四部。宋代和宋代以前修有舊經、圖經、無錫志三部，均散佚；元代凡一修，明代有景泰（散佚）、弘治、萬曆三志；清修康熙、乾隆（二部）、道光、嘉慶、光緒志六部。從晋代到民國，宜興編修志書二十二部，散佚十四部；宋代以前（含宋代）修的九部志書均佚；明代修五部，僅存萬曆志一部；清代至民國修志八次，散佚一部。從宋代到民國，江陰纂修志書十八部，散佚十部。宋代和宋代以前修的五部均佚；明代修八部，存弘治、嘉靖和崇禎三部；清代修志五次。

本輯收録了民國以前無錫現存的二十六部舊方志（本輯之末附宋代的常州府志——《［咸淳］毗陵志》）。從時期上分，宋代一部，元代一部，明代七部，清代至民國十八部。按行政區劃分，無錫九部，宜興、江陰各八部。另附府志一部，其緣由是無錫、江陰、宜興的宋代方志均散佚無存，而常州府的《［咸淳］毗陵志》保存了所轄區内各地修志上繳的史料。

本輯影印的這些志書，有稀見的珍本、孤本，也有名構佳作。原書如有殘缺、漫漶不清處，以相同版本予以換頁、補頁，儘量系統而完整地整理影印出版，以起到資治、存史、教化的作用。

本輯排列順序，無錫、江陰、宜興，後附《『咸淳』毗陵志》。各縣之下以志書出版年代先後爲序。每部志書前冠以提要。

目録

[光緒]宜興荆溪縣新志

(清)潘樹辰　修
施　惠
錢志澄
周　鐔　續修
(清)吴景墻　等纂

本書十卷首一卷末一卷，據清光緒八年（一八八二）《宜興荆溪舊志五種》本影印。

潘樹辰，浙江歸安（今浙江湖州市）人，同治九年（一八七〇）任荆溪縣知縣，十二年再任，光緒二年三任。施惠，字普生，浙江會稽（今浙江紹興）人，同治九年十月任宜興縣知縣。錢志澄，浙江嘉興人，光緒七年閏七月任荆溪縣知縣。周鐔，湖北江夏（今湖北武昌）人，光緒七年四月攝任宜興縣令。吴景墻（一七九八——一八八二），字森齋，宜興六科圩人，道光五年（一八二五）舉人。同治九年，潘樹辰、施惠到任後，初議統纂邑志，後中斷。光緒五年由荆溪、宜興接任知縣徐景福、吴元漢延聘吴森齋總其事，改統纂為續纂。未久，吴元漢、徐景福相繼謝世，又由周鐔、錢志澄接任宜興、荆溪知縣，周、錢仍聘吴森齋主纂宜興荆溪縣新志，於光緒八年告竣。此志分圖表、志、傳、記、考、録諸門類，斷限爲清道光二十一年（一八四一）至光緒八年（一八八二）。卷首纂修姓氏、圖，卷一疆土志，卷二營建志，卷三賦役志，卷四文教志，卷五武事志，卷六職官志，卷七選舉志，卷八人物志，卷九古迹志，卷十藝文志，卷末雜著。此志『次序離合大改舊觀』，『其文字之雅，搜輯之宏，誠爲後來居上』（《方志考稿》）。書中詳載太平軍進駐宜興五年的情况，資料彌足珍貴。

序

我

朝中興戡亂寰海鏡清休養生息十有餘年自直省以及郡縣咸以徵文攷獻爲急務合政教風俗爲一書猗歟休哉此誠千載一時之嘉會已先是予屢曾捧檄于役陽羨從而周歷四境見山川之靈秀城郭之險要土田之奧衍民俗之善良固已如蘇長公所云意思豁然辛巳夏初攝篆宜邑始得披覽誌圖勾稽田賦瞻謁壇廟咨訪遺蹟而於倉儲之建置書院之振興忠孝節義之流傳勳業文章之記載由今證古溯委尋源以爲稍得緒餘庶可補苴不逮況當纂脩志乘之期其敢不夙夜黽皇

以冀共蕆厥事載攷志書之設有舊志析縣後有分志有續志昉於危司訓踵成於王徐二公分脩於樂山甯氏續纂於仲倫吳子其間或踰百年一脩或纔數十年一續而莫急於今茲蓋粵匪倣擾之後圖籍幾盡大吏敦促經寒暑變易者屢矣會從塘周京兆家居讀禮兩邑令吳公樂源徐公介亭請總裁志局聘耆宿森齋吳君實司綜脩之任越朞年而宜興荆谿新志十卷告成凡爲記者五曰疆土曰營建曰賦役曰文教曰武事爲表者二曰職官曰選舉而人物別爲一錄以古蹟藝文之攷證終之且增圖於首綴雜於末以示詳備予乃合前令會稽施君歸安潘君所刊甯吳二志先後檢閱互相校核竊歎體例之愼序事之當取舍之公攷据之確而於寇禍之顛末殉難紳民婦女之表彰不啻拳拳三致意焉然後知秉筆者之竭慮殫精而不敢輕心以掉者非有求勝前人之心而實出於時會之不容已也浩劫已過承平重覩積學儒臣方將續王會益地之圖纂職方形方所掌踵事增華以潤色

國家之鴻業而胥於邑志發其凡即後此通志府志之脩亦藉以旁搜而博採所係誠非淺尠予也會逢其適聿觀厥成猥以非材厠名簡首既自幸並自愧矣

光緒八年龍集壬午仲夏之月權知宜興縣事江夏周鐔

序

荆谿自雍正初載析宜興治至嘉慶間始有分纂之志道光庚子續修則或分或合今又四十餘年矣粤寇之平大吏促修志書是邦之志初議統纂者爲前令芝岑潘君與宜令溥生施君中輟復起介亭徐君與宜令樂源吳君主之延聘耆儒吳森齋先生總其事其變統纂爲續纂語在周京兆彼塘序中纂未竟而宜令吳君先歿江夏周君劍泉代之徐君又謝世復兼攝焉辛巳之秋志澄承乏荆谿以年家子謁森齋先生於志局中先生錄示底稾見其體例之善蒐訂之精徵獻徵文洵足信今而傳後開卷之初釐然燦然記山則用山經之法記水則仿水經之文記物產則參酌乎爾雅呂覽貨殖傳事類賦之體爲自來志書之規格雖武功靈壽之著名者未或過也至於建造之務戶賦之經文事武備之規蔑莫不條晰分明綜括簡當宰斯邑者資以攷鏡因其風俗而利導之興利除弊如眎諸掌而余讀之更有感焉橡山甯氏之修嘉慶志也職官之後寔垍名宦吳君仲倫道光志乃别爲一門是編所紀直列人物之首謂父母此邦何忍外諸夫余固嘗周覽四鄉矣逕張澤之橋幾更圮築而南宋之令猶偁（張澤宋慶元間縣令建橋於清泉鄉後因以名）問和祥之里屢易居氓而前明之丞不改（山亭鄉有和祥圩明正統間縣丞和祥始築圩岸與張澤橋皆隸荆谿）遺烈未泯愛而私之蓋先代而已然今兹之冠名宦於人物者或戶

宜興荆谿縣新志　序　一

祝未遥或馨香常奉大都爲民敔患者居多固由俗美風醕不忘長官之德亦泚民者之實有表見故能爭光㜸喆偁道于勿衰也兹邑毘連三省自粤匪擾亂往來皖浙蹂躪頻仍迄於今民氣未甦田蕪未闢宜何如措施以遂其休養生息之機志澄竊祿於此兢兢焉勿勝是懼瞻望前賢心焉嚮往邦之君子有能匡正而輔翼之抑志澄之大幸歟志成例得弁言於是乎書

光緒八年歲在元黓敦牂橘余月知荆谿縣事嘉興錢志澄

宜興荆谿縣新志　序　二

宜興荊谿縣新志序

賜進士出身前總理各國事務大臣順天府府尹周家楣譔

地志臚于漢史方志掌于周官而上世九州之志謂之九邱邱者區也土地所生風氣所宜厥區以別實省志之權輿降及後禩則郡邑胥有志矣余於戊寅歲承乏順天府尹府故未有顓志余既視事樹議擬纂請于
朝得報可羕雁名流漁獵古籍方屬稾而余以母喪去官反葬還鄉敞門不出旣小祥邑侯鳳翔吳公遂昌徐公踵門求見以總裁邑志爲請余惟宜興之志自我祖孝侯犀記風土趙宋二單踵之危司訓王別駕輯修於明代徐司理增述於
本朝至雍正析縣荊谿後甯氏刪前編爲舊志隸近事爲分志疏穴交譏之仲倫吳氏以古文雄伯僅賡綴於道光之閒補之坿之爲續志則一書而析爲三迄今又四十載統纂固綦急哉粵賊初平大吏命各州縣修志書宜興荊谿初議通纂任靜山年丈綜其事集宋與論咸以世丈森齋吳先生年望最高總修爲宜先生鄉居僻遠績學逃名遷延未至也兩邑侯施公溥生潘公芝岑議請潘詒清明經崔石甫司敎先爲分修崔旣不赴詒清獨與李憩堂任卓儒兩司訓並蔣振之明經分任之未及就靜山年丈以病去任荊門前輩繼之復以官去在局諸君先後以事謝去大吏索書甚亟不得已仍刊前志並新稾未定者

裒錄上之稾經條斥嗣是上臺之檄迫於星火厲於雷霆限逾促而逾莫敢應事遂中輟夫邑志所以備府省志之采擇也遺漏多而體裁駮以評未成之稾宜已余旣才疏學譾又陳梂宦途梓鄉睹聞槩乎惘恍然志乘以察治忽入而勿成居是邦者豈獨諉爲守土之責與爲致書省臺寬其時復告靜山年丈荊門前輩偕邑侯同造森齋先生之廬而請先生曰續復加續爲乖體刊復改刊爲費費使新纂者獨爲一書別出而不沿襲舊存者並資參攷互詳而無複緟可乎皆曰善遂刻期開局更延分纂諸君昕夕編摩吳徐二侯挾旬卒數至徐故名進士商定講求往復靡厭半載而吳侯殉森齋世丈以期喪去越兩月抵局則徐侯又殉貲匱計簏拮据擘畫周侯錢侯繼之洎余除服入都而書適成凡十二帙余顏之曰新志與舊志分志續志鈞籤題焉其文簡而不畧詳而不瑣寬而不濫嚴而不苛以視前稾典故十增八事實十增四先生旣自道其義例可勿贅也獨念畿輔有志爲最重余擬始未遂乃於鄉邑之編祖宗之著先就續修疑于急私緩公避難擇易之爲矣雖然散者萬遺者掇紊者理踳者更新志之續其有以異于擬乎卽謂吾邑之志爲京府之先聲也可

宜興荆谿縣新志纂修姓名

督辦

江蘇候補知府 張球

主修

常州府知府 英敏

宜興縣知縣 施惠

署宜興縣知縣 周鏞

荆谿縣知縣 潘樹辰

荆谿縣知縣 錢志澄

協修

宜興縣教諭 奚文彬

荆谿縣訓導 姚之烜

總裁

總理各國事務大臣兼署都察院左副都御史順天府府尹 周家楣

總修

五品封候選教諭 吳景牆

監修

二品封前光州直隸知州 任重光

前景東廳直隸同知 任傳綸

參定

生員 潘汝明 二品銜湖南候補知府 任瑛

署太平縣知縣 褚一飛 署崇明教諭 潘承基

附貢生 儲沆 附貢生 湯其倬

歲貢生 張集英 候選直隸州州判 周鳳飛

二品封候選同知 任道源 歲貢生 歐陽泰

舉人 吳登 廩貢生 潘光河

歲貢生 路洪昌 附貢生 任謙吉

附貢生 李炳麟 山東候補知縣 朱大來

附貢生 蔣冠芬 清河教諭 崔徵彥

增貢生 湯大鏞 廩貢生 許乃武

雲騎尉廩貢生 徐沅瑞 前署上海教諭 徐斗文

纂營建賦役　纂疆土兼圖稿

試用訓導 李杜詩 五品銜候選從九 蔣詒芬

纂古蹟　纂職官選舉

增貢生 周湛霖 五品銜附貢生 蔣元福

纂人物兼學冠記

前碭山訓導 徐葆辰 候選教諭 沈銘石

纂人物兼藝文

內閣中書 潘祖榮 高郵學正 蔣蓴

纂武事營汛殉難紳民

生　員　蔣士艮　生　員　潘榮楨
舉　人　任錫汾　生　員　欽陛芬

纂列女兼殉難婦女

鎭洋訓導　任光奇　山陽教諭　任曾培
生　員　史毓瑛　廣東補用知縣　程嗣徽

纂文教

生　員　徐嘉泰　優廩生　萬康

纂雜著

廩貢生　尹冠芳　生　員　羅上鏞

收掌兼校理

揀選知縣　蔣仁壽　廩　生　朱繖
候選從九　徐光熙　附貢生　吳芬

收支兼校理

生　員　吳承澤　監　生　蔣羨周
附貢生　周玉衡　候選從九　徐丙城

校理

廩貢生　徐鳴鶴　附貢生　周冕
候選知縣　儲廷槐　生　員　徐保慶
生　員　許時行　江西試用從九　史繩學
監　生　周恩澤　生　員　任鈺

恩貢生　湯鈐　歲貢生　朱方來
生　員　徐陛賡　生　員　徐鴻培
試用訓導　蔣乃翬　大挑教職　吳鴻緒
歲貢生　路兆蓉　生　員　徐鳴岐
生　員　徐淇藻　生　員　盧葆文
生　員　許心一　生　員　謝體芳
生　員　吳鑫　廩　生　李銑蓉
生　員　蔣同詡　生　員　儲國琛

采訪兼校理

附貢生　吳潮　恩貢生　徐邦定

候選教諭　馬謙光　附貢生　陳楣賀
附貢生　潘元達　廩貢生　宗心淵
候選知縣　史光溥　謄錄議敘知縣　徐熙仁
附貢生　黃卓爾　廩貢生　崔鑑瀛
歲貢生　邵子鏘　恩貢生　路方增
候選訓導　郁賡堯　生　員　胡彬
副貢生　吳錦雯　廩　生　蔣翰勳
廩　生　陳炳煊　生　員　許聘之
生　員　許士熙　附貢生　楊宗時
生　員　許宗嶽　生　員　楊大椿

生員 徐澤霖　生員 褚錫扆
采訪兼校刊
監生 任序槐　監生 曹紀雲
議敘八品 徐麗宣　生員 史之員
生員 吳越卿　附貢生 傅元輝
生員 畢紹沅　生員 徐大經
童生 李毓芳　生員 葛啟元
采訪
附貢生 張煥標　增貢生 蕭希鄴
附貢生 裴榮程　候選同知 余維序

候選同知 楊兆綸　監生 周斌
監生 何毓瑛　貢生 吳守章
監生 顧光祚　監生 宗建章
雲騎尉 吳楚雄　候選同知 張樹榮
廩貢生 盧慶鈐　舉人 錢錦渠
廩貢生 周懋常　附貢生 毛文煒
附貢生 周同銓　廩貢生 譚燮臣
候選知縣 俞宗海　生員 余蔭槐
舉人 儲寶琛　附貢生 孫廷揚
廩生 史秉章　生員 陳時敬

生員 呂兆文　貢生 張士英
監生 徐學棠　監生 程持義
候選同知 周佐臣　生員 吳家騏
監生 儲榮宣　監生 李鼎鏞
監生 胡承烈　監生 蔣廷輔
監生 吳德潛　監生 丁殿芳
監生 賈應乾　監生 湯書魁
繪圖　剞劂
監生 朱恩霈　監生 史嗣廣

宜興荊谿縣新志目錄

宜興荊谿縣新志 目錄 一

宜興荊谿縣新志 目錄 二

宜興荆谿縣新志卷之首

總揭

敘目

宜興縣志之書前明危司訓因宋二單所修周侯風土記而作
也王別駕又踵修之迨
國朝徐司理纂述大備荆谿析縣已後甯氏刪存舊書别爲分
志詳畧頗失當道光間吾宗仲倫先生僅續修增補而已粤寇
之變圖籍多燹勘平以來州縣先以修志爲務吾邑之志初議
通修邑侯會稽施公歸安潘公馳書告余余老且病於兩邑掌
故又多荒疏如史氏遺聞史惟彦有荆水遺聞許氏野錄許祖樨有荆谿野錄徐氏
刊譌徐瀼有宜興縣志刊譌陳氏小志陳經有荆南小志舊所瀏覽書亡盡忘畏
難未至也既大吏促書甚迫邑中諸君仍刊甯吳二志并續纂
新稟藉上之稟故未定其後鳳翔吳侯遂昌徐侯以京尹周君
筱塘奉諱家居請總裁邑志致書幣於余周君復偕兩邑侯造
廬强起之余固辭不獲命涓日啟局與諸君商搉義例更爲增
改長子協心喜攷據之學隨侍局中凡分纂之稾俾綜緝而檢
勘焉書成部爲十卷冠圖於首華離勿形今志乘古圖經也既
核地圖當道地事敘厥頭緒莫詳於記故疆土居卷第一地靜
而天動不可以據國祀主徧非應躔度記星野越楚荆邑泰錫
羨由邑升郡州復縣記建置沿革鄉或分或併里有大有小田

地邨市孰多孰少記區圖天目之來蜿蜒起伏直走與同環幹
分南北記山九谿三湖爲水之都荆渚界其中東會具區記水
易筵守險禮設掌固地利之匆籌防患何預記要隘旱則浚潦
則疏流惡勿覯涸枯成腴記水利大難之後風還敦樸秀民消
之斯古處難復記風俗華實之毛俯上腴下邑比於名都記物
產經野以定界體國以奠居營建次疆土焉實埔實壑昔隘今
廓增復以爲常乃固金湯記城池主守在邑分涖在鄉民志用
肅
國體用彰記廨署安保邦國曰鬼神示馨香之勿替豈爲祀竈
記壇廟彰厥宅里旌貴旌庸矧惟閭閻之中男孝女貞以淑民
風記坊表化有本養有原民以食爲天漕庾之外廩而藏之防
未然記倉儲除道成梁著於夏令設茶於亭以憩疲揭燈於樓
以指迷則行旅不病記津梁孤貧者養捐瘠者葬流離者善待
或死或生行義無罪仁壽之寓於是在記善堂掩骼埋胔載於
禮經芒芒浩刧尤多忠貞記義阡上利下而謀其生下戴上而
供其職賦役攷營建焉有人此有土夫家人民數登於古記戶
口地之衡蝕有變遷人之丈量有贏縮田額因之羨不足記田
晦肥磽不能均高下不能平厥田厥賦利用貞其餘課稅胥有
經記科則量入以爲出邑之用比於國記解支雲帆杭稻轉㕛
中海若效順利不窮記漕運豐年下供上饑歲上貸下嗷嗷哀

鴻樂於野記錮振民以食貨裕士以儒術蓋司徒農官邦教是掌文教所以次賦役也先師立極萬禩崇明倫有敎四海通名宦鄉賢孝與忠四祠旁坿景仰同記學官文藝無經濟武射匪鈐韜功令攸在人材之招記學額豆籩羽籥久杳踪聽維茲釋奠獨著於令記禮樂器學人嚮慕昔偁於朱子今者四鄉聞風而起興賢與能胥於是記書院成人有德小子有造社學之規於今未泯記義學誨之復其性保之衞其生武事所以次文教也大水環其北深山廻其南籌防之揆時務當參記營汛歷五百年無此巨刦原厭肉川流血記粵寇孰當死不死孰可生不生張旗揭幟皆鄉兵四年未殲卒復城記殉難紳民閭閻何知

忘家殉國玉碎而光香燔而烈每生之眾慙巾幗記殉難婦女撥亂敷治治尤在人職官以次武事志姓氏者表之於其倫二十二人文武之秩兩侯主之厥治同邑表縣令師儒之道尊司敎司訓官同學分表學秩兩邑文僚丞尉巡檢尉之外分治以佐縣表宜興僚屬荆谿僚屬主守之營曰守備千戶百戶及外委表城守營太湖之防是偁水師官與陸營比今易其長爲都司表水師營此職官之隸吾邑者也邑中之人亦有縉紳非選舉無因矣古選士之法進士明經舉之發解有名貢之分途有程表科貢澤宮之内兼武士進士應舉與文同體表武科吏員揆其能貲郎升其秀軍行保擢積勞功茂表例仕及武職敎忠之治先敎孝子孫榮光祖考表封贈既裦其先亦裕其後生榮死邺君恩彌厚表廕襲行善於一鄉達名於九閭善善非長表恩敘三老五更自古攸貴碩望耆齡以爲人瑞表榮壽尋常耆偁其名特異者標其實人物之重不獨職官選舉也裒而錄之足備史策功德之所被首在官師棠封楸壟人往愛遺錄名宦馬革裹豹皮留殉難之中推其尤周處朱沫同千秋錄忠節官無崇庳稱職是舉雲雨他山興於吾土錄治績逢時者報國守道者化鄉德表士則模範難忘錄儒林詩偁張仲書美君陳閨閫壹至之行庸德以奇聞錄孝友君山震澤厥象雄偉英華之發鍾秀多士錄文學若儒若俠獨行不乏取其一節尤重任卹

錄義行山深林密獨守其眞音塵可想所謂伊人錄隱逸創者智述者巧精能之至技進乎道錄藝術名流所過草木皆芳彼小賢之觭迹忍令湮沒於他鄉錄寓賢談禪棲眞超然塵躅其慕義而好文或同於儒學錄方外茗華紀美史偁彤管孝貞節烈颺芳風才媛壽母女所宗錄列女論定者需時修闇者逃舉問之既遲厥後坿錄補遺近者紀其名遠者訪其迹遺老無存非攷莫悉人物又次以古蹟城壘隍塹亭苑池臺形勢夷險今昔盛衰攷遺址名山福地胥難稽近在耳目紛詠之貲攷名勝身歿不歿骨朽不朽碑表蕪滅偁誰某攷邱墓仙居佛舍南朝之遺

敕甦賜額增拓厥基攷寺觀坿於地者有變遷識於人者長流傳藝文之後古蹟十卷次弟於茲全矣著作之繇如林如海誰其不泯將有在攷載籍楮墨入而倣彝碑碣壽百世攷金石至於近世之恢奇者休祥咎祥皆徵之神異人異皆紀之前編之舛漏者見佚聞佚皆摭之文訛事訛皆定之襍綴卷末聊免遺闕而已猶憶纂書之初周君昕夕在局吳徐二侯亦閒日輒至徐侯尤廑商摧一字未安郵籤往返纂幾成而吳侯殁余亦因妻喪去局兩月復至則徐侯遽逝周君又將以服闋入都㫖寫晨書奇觚急就方慮空疏遺誚僶俛招識屈指流光忽踰一載每念魏文遺言文章無窮日月易逝存亡聚散之感不禁茫茫交集也倉龍辛巳季秋之月邑人吳景牆序時年八十有四

坿凡例

凡書之成各有義例然具文見意不必明言也自左氏傳春秋乃發其凡杜注左傳更爲釋例後之人因有書成而自說凡例者諭魚詼烏故習已成今仍其區條列於左

一志書之作以地爲重地非圖不明舊志全境圖外但有城垣學宮今則區各爲圖並及山川名勝其本一區而分或析隸者如開寶萬金清津從善均山及山亭成任而亭等區均仍舊爲一

一舊志自卷首卷末以外中分十卷今亦不加增損卷一疆土舊作疆域首以星紀終以土產與標題名義不相入今改星紀爲星野不取分度之說其山川舊合一門襍敘無條貫今倣山經意敘山用水經法敘水分爲兩記山水阨塞舊入武事今改阨塞爲要隘列山水後土產改稱物產襍用爾雅呂覽貨殖傳事類賦之體以記之種類既繁文格不能拘也

一營建之志舊有廨署亭館今歸古蹟倉庫積儲舊析爲二別有積儲在卷三田賦中今仍吳志幷爲倉儲其橋梁舊志分區甯志吳志俱散記異地同名無可辨別今仍按區編列幷記設渡處改稱津梁義阡舊在郵所內今分郵所爲善堂義阡兩記

一舊志田畝列區圖其田賦志戶口單記人丁保甲編查之法幾無可用今遵舊書改田賦爲賦役首紀戶口人丁之數於戶口後載明田畝另爲一記並及蘆灘民山其襍稅一門併坿科則

一舊志學校居卷四武備在職官後居卷六今卷四學校改稱文教武備改稱武事連屬卷次其四祠在宮牆內於學宮兼記之不另立門武事首詳營汛次記寇以殉難紳民及婦女繫其後

一舊志職官選舉今並改爲表取其行排整齊便於檢覽職官傳疑者闕之選舉徵辟吾邑人無應者諸貢襍記不分今

并科貢爲一表橫列四行首進士次舉人次拔副恩歲優貢次廩增附貢各以時類相從其武進士舉人亦合爲一表武職不由科目者舊附武舉後今另列爲一表其蔭敘一門今改蔭襲吳志又增恩敘今亦仍之其耆壽附恩敘者今改併榮壽另爲一表

一名宦舊附職官後吳志另立一門今列諸人物之首舊志忠義多有名臣而非死節者今於殉難之中錄其殊尤改併忠節舊志改儒林爲理學吳志仍復儒林之名今仍吳志文苑改爲文學期務實也行誼改爲義行義即誼也僑寓非賢不著故併寓賢方外舊綴卷末雖非我教而超眞練性亦人

物之奇者今殿於後列女入史自范蔚宗以來皆傳某女某妻舊志但傳某氏注父及夫名於下殊乖從父從夫之經今改從史例孝貞節烈各以類從才淑舊志不載然惠班命嫺揚詩守禮今古同傳不獨以節著也今特登載而以壽毋終焉

一宜興荆谿雖經分縣治同城學同宮自田賦有額職官有守選舉有籍以外人物皆無可分惟殉難紳民記及列女錄人數既緐因地分載取其易檢而已

一舊志古蹟襍敘遺址今則分類詳攷其名勝今古不異就題詠之所及誤注者辨正之碑刻歸於藝文寺觀舊在卷末方外之前今併入

一藝文舊志獨載詞翰吳志先以載籍今於前目未登後代更出者悉以經史子集分類編敘其詞翰則紀事之詞分列各門若碑刻一門舊列古蹟今亦收入藝文更列彝器於前題曰金石其遺於前而出於後者或續或補有已見前志而誤注者亦攷正之

一舊志卷末載祥異軼聞今則以天事之吉凶者徵之爲祥人事之詭異者紀之爲異軼聞誌怪荒誕者屏之確鑿者併入焉其文獻之零落見於他書者前志失收更爲摭佚其前志訛謬之易見者畧爲勘定隨得輒書不能盡述也

一是志作成於大難之後山遭鑿而珍璞彰木被焚而芳林出人物之錄採而愈緐補而猶漏又局經中輟前後易手故采訪校刊之人亦數倍於前也

一班氏作志已有自注五代史注或云歐公託名徐氏自言其例者特綴文不多讀者忽不察爾然既發自前賢固不妨波瀾之推助也

一荆谿谿字前志俱作溪今作谿者從新頒印文也至于古省通假之字原稾所用略近班書繕寫者或好古而仍其文或從時而易其體字畫未能一致例雖自亂義尚無乖則亦聽之若亥豕魯魚必當勘正掃葉之況惟諸君其勖焉

圖

圖籍之興尚已夏后氏治水召山川之神詢其名物命伯益紀之爲山海圖禹國圖經踵茲以起周官大司徒以土地之圖周知九州地域廣輪之數則名物之外道里尤詳古儒君子所繇重山川之能說哉元制州縣鄉都每里爲圖今里圖名存而已宜興荊谿志舊圖全境疏漏闕多餘自城垣學校外概焉從闕夫志乘之作原本圖經人物雖重次於地理前志載山川橋梁或但云去縣幾里按名徵實開卷茫然覽形勝者無以知夷險辨土宜者無以求高下識郵程者無以知道途之所歷尋遺蹟者無以知典故之所存覈諸夏紀周禮之文盍剌謬矣國家自

宜興荊谿縣新志　卷首　圖　九

粵賊勘平各省皆繪輿地測量分數覈算加詳誠知地理道關不容忽也茲編所著宋定全境其治城以外鄉之遠近以次各爲一圖山水津梁名者紀焉分鄉之處點墨以識其界其高山大川各爲一圖其勝景之傳篇籍流題詠者又各爲一圖通計圖凡三十雖四境甚廣楮幅有限而循是以求梗概可得云

宋定兩縣全境圖	城廂圖
開寶鄉圖	洞山鄉圖
萬金鄉圖	成任鄉圖
神安鄉圖	清津鄉圖
百亭鄉圖	五賢鄉圖
從善鄉圖	金泉鄉圖
永豐鄉圖	山亭鄉圖
均山鄉圖	清泉鄉圖
銅官山圖	玉女潭圖
善卷山圖	張公洞圖
浒練浦圖	卓錫泉圖
龍池圖	蛟橋圖
畫谿圖	浮山圖
離墨山圖	洑湖圖
滆湖圖	太湖圖

宜興荊谿縣新志　卷首　圖　十

全境圖

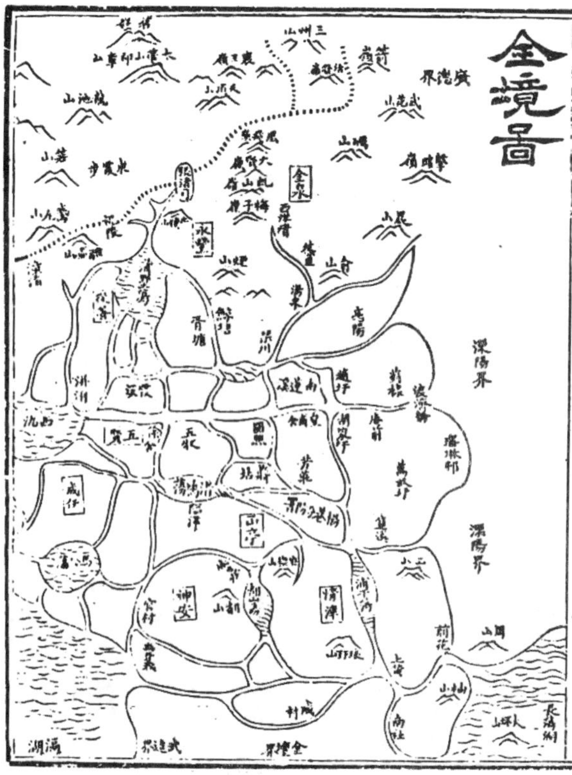

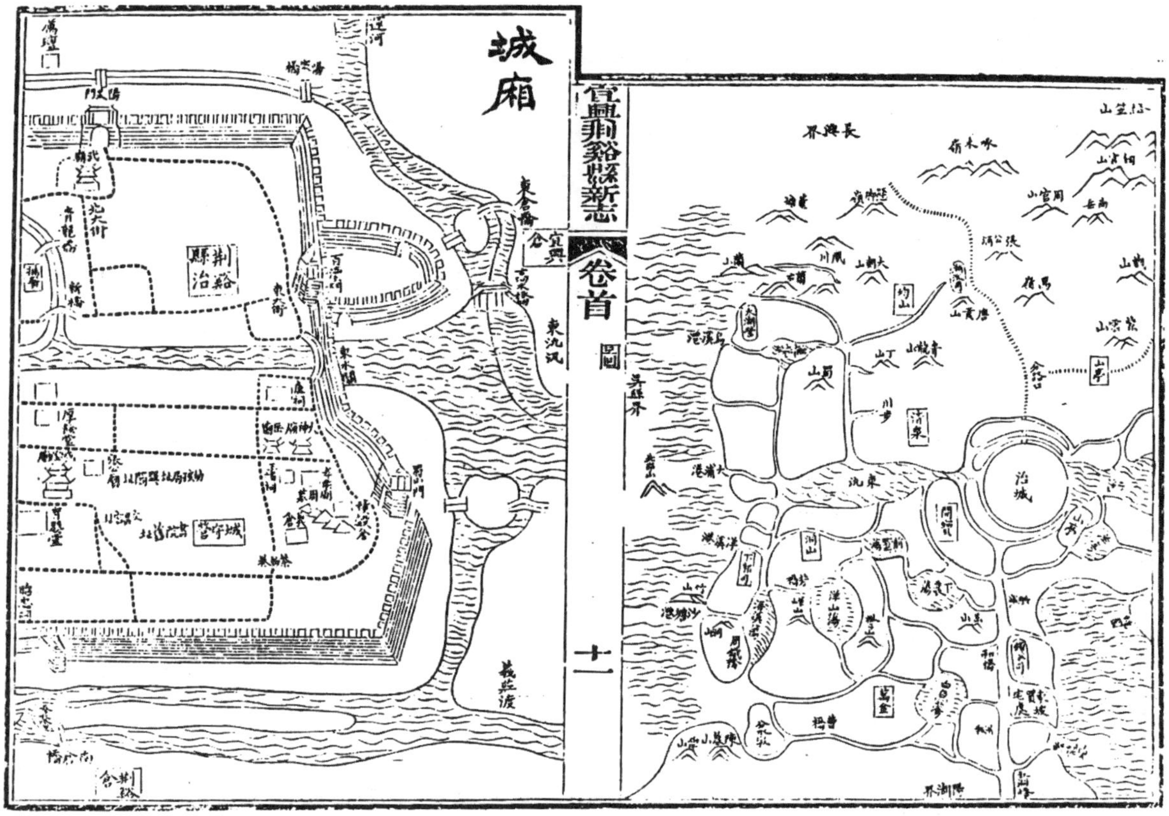
城廂
宜興荊谿縣新志
卷首
圖
十一
荊谿縣治
長興界

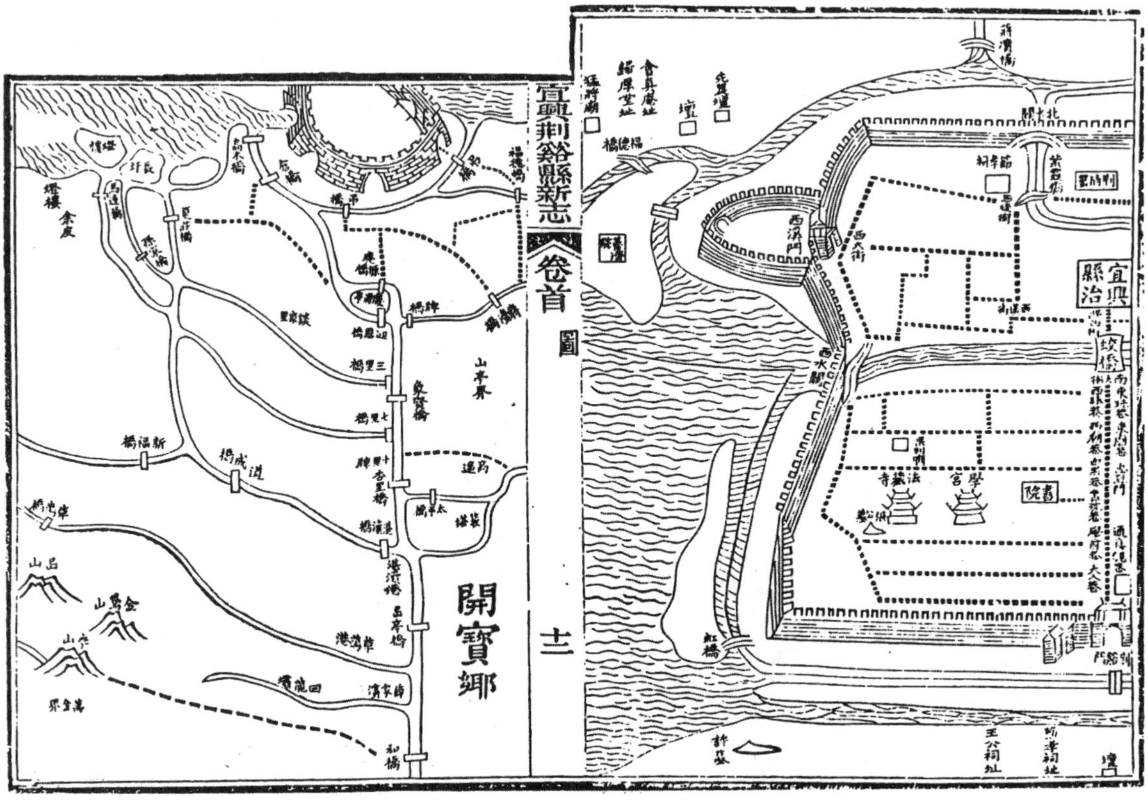
開寶鄉
宜興荊谿縣新志
卷首
圖
十二
宜興縣治

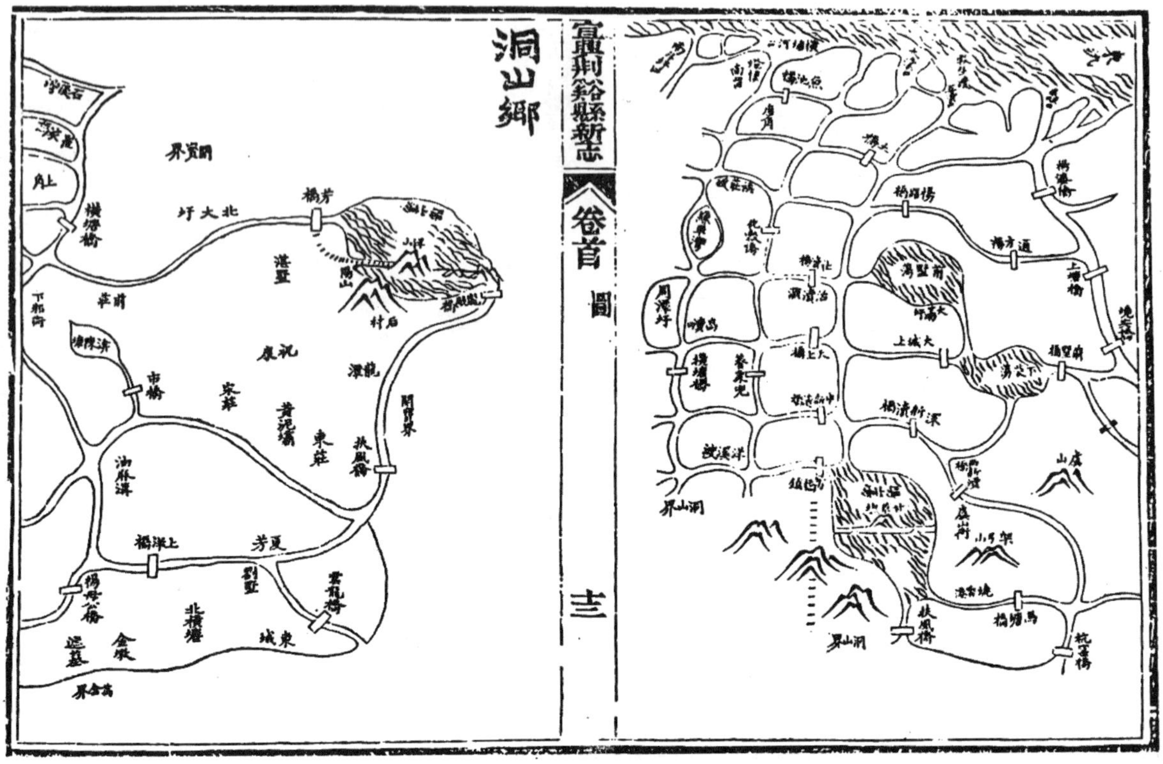
洞山鄉
卷首 圖

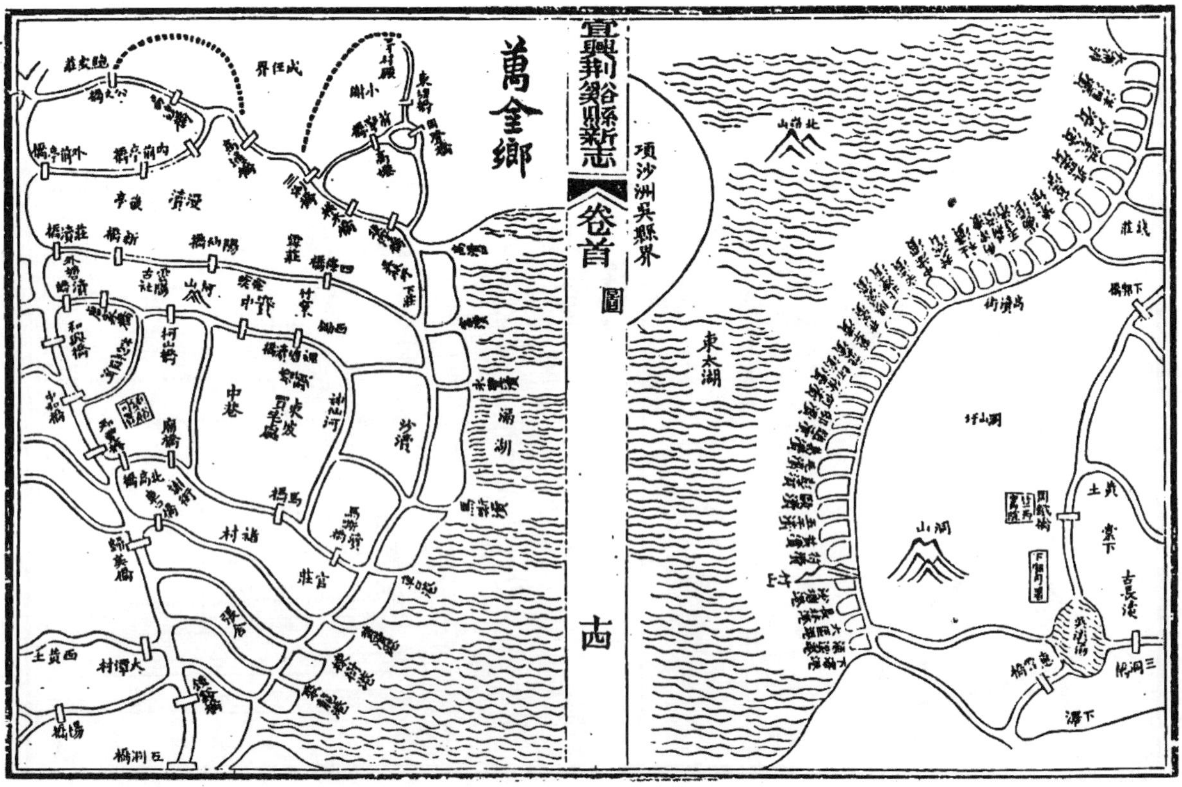
萬全鄉
卷首 圖
項沙洲吳縣界
東太湖

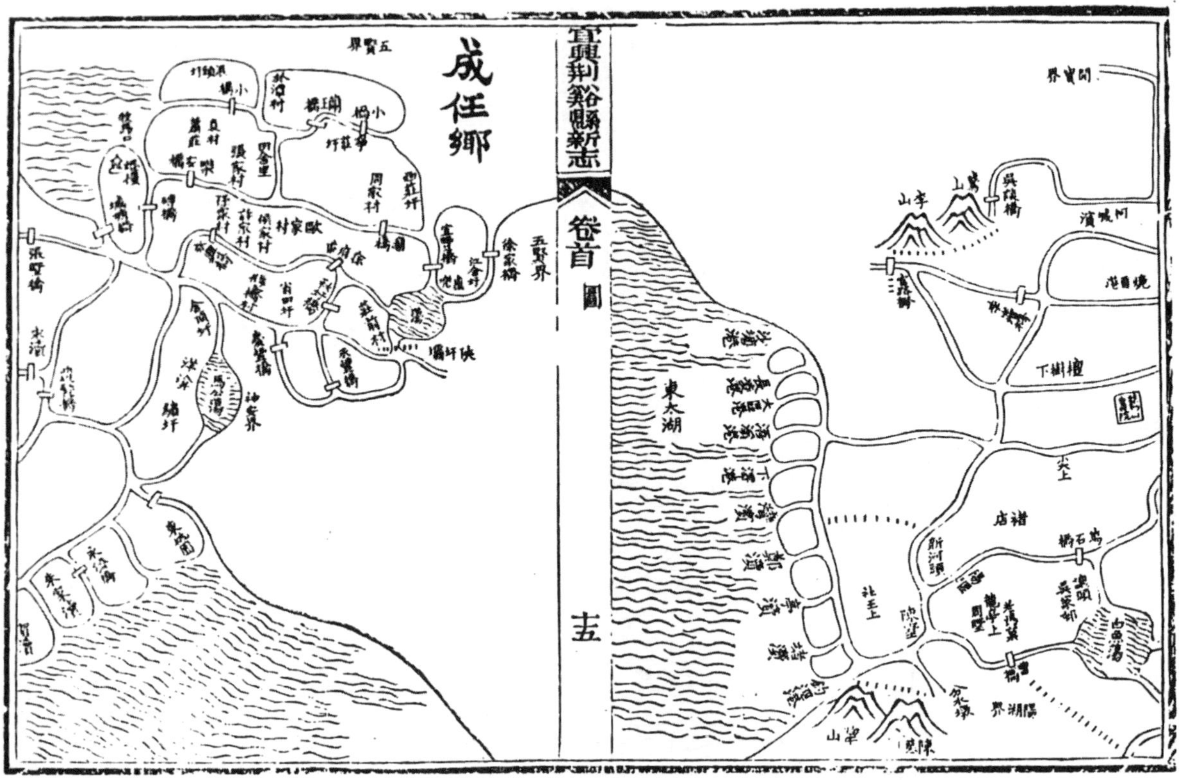
宜興荆谿縣新志
卷首 圖
十五
成任鄉
東太湖

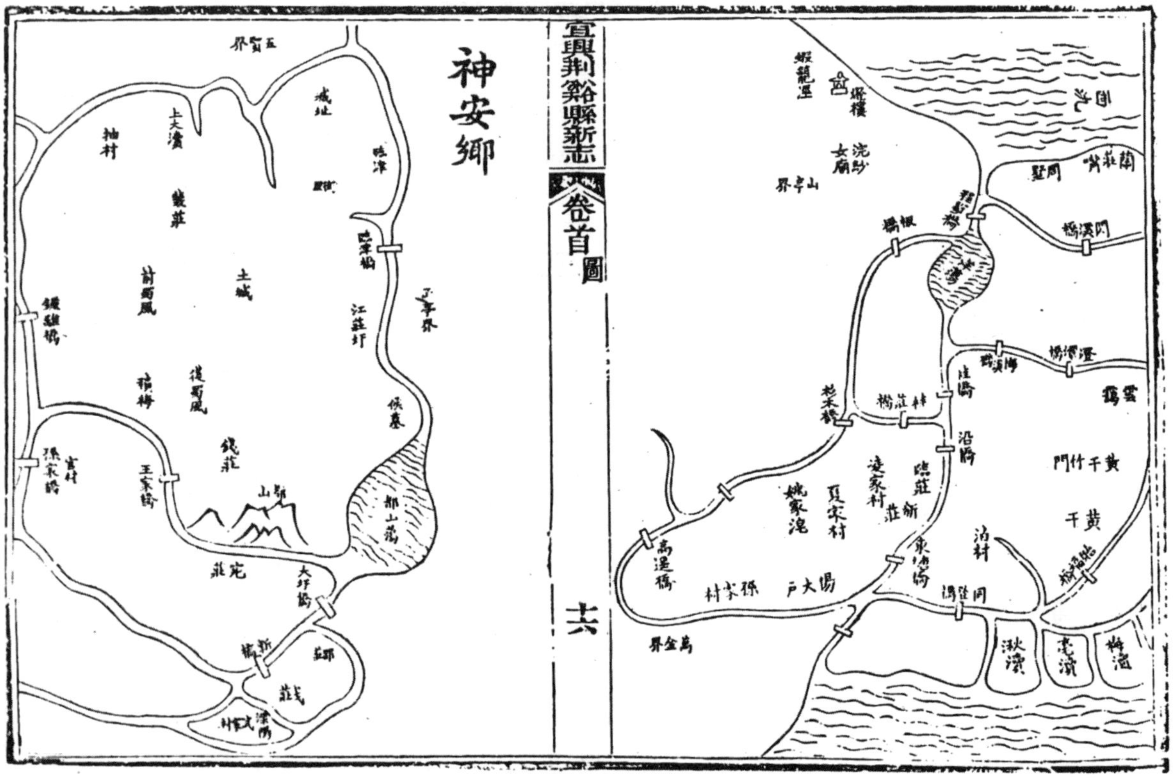
宜興荆谿縣新志
卷首 圖
十六
神安鄉

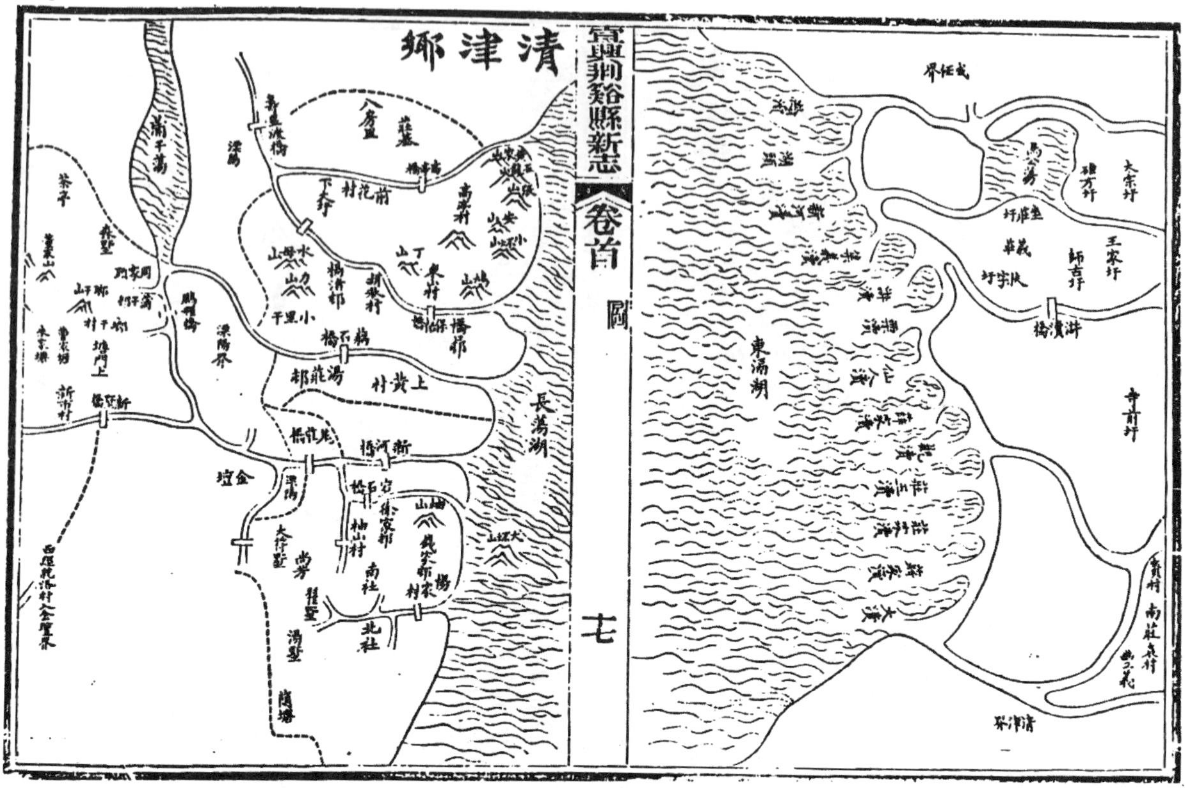
清津鄉
富亷荆谿縣新志
卷首
圖
七
長蕩湖
東湖

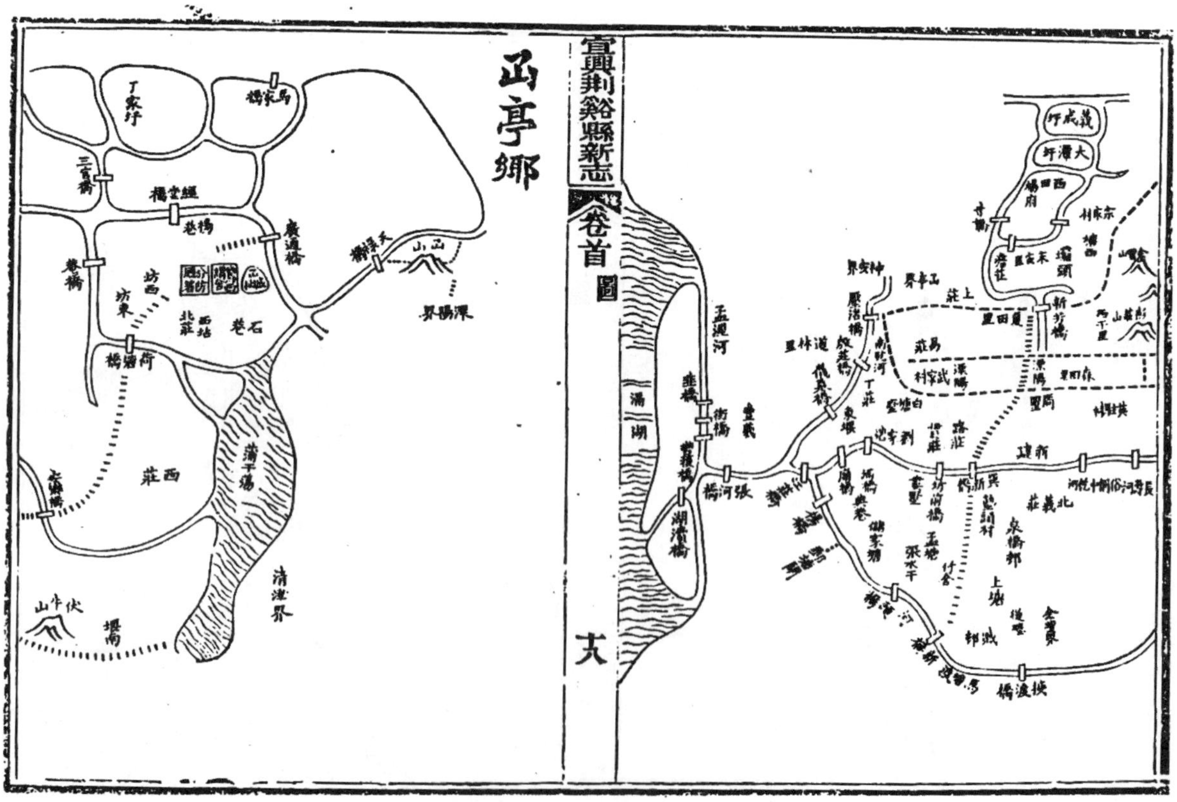
函亭鄉
富亷荆谿縣新志
卷首
圖
六
湯湖

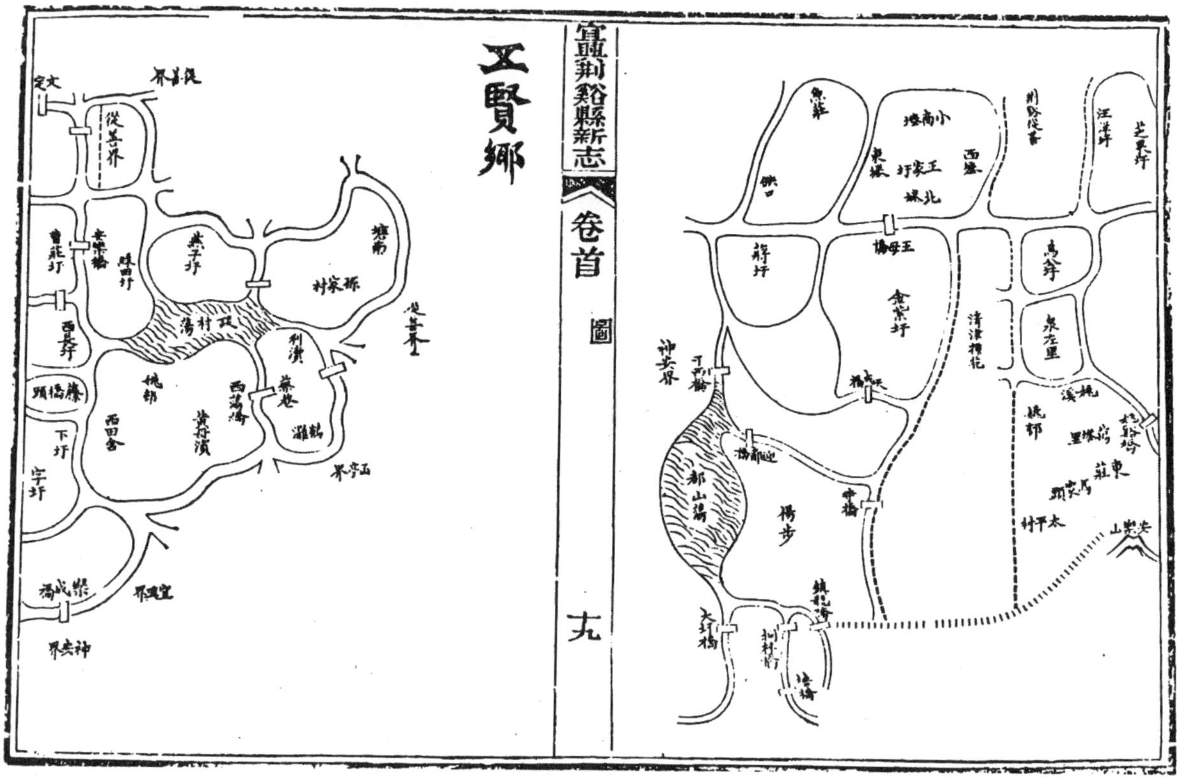
文賢鄉
宜興荆谿縣新志
卷首
圖
十九
楊步
清津橋

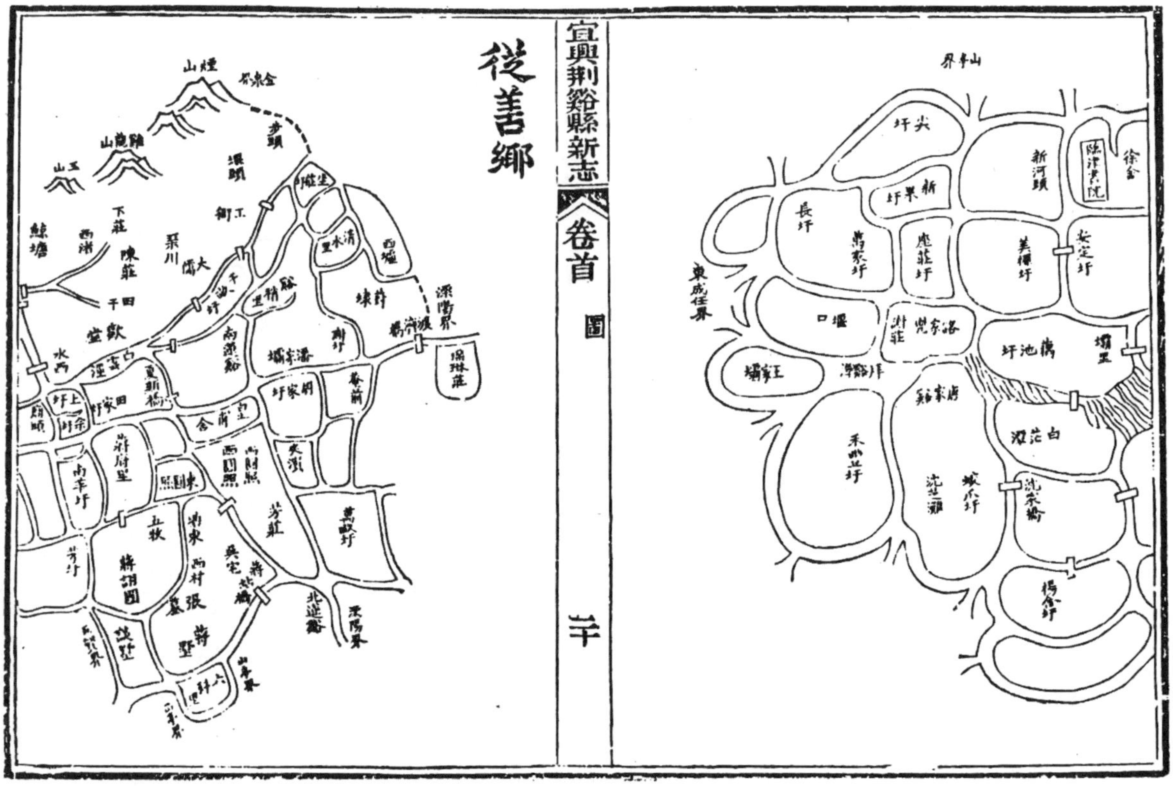
從善鄉
宜興荆谿縣新志
卷首
圖
二十
陳莊

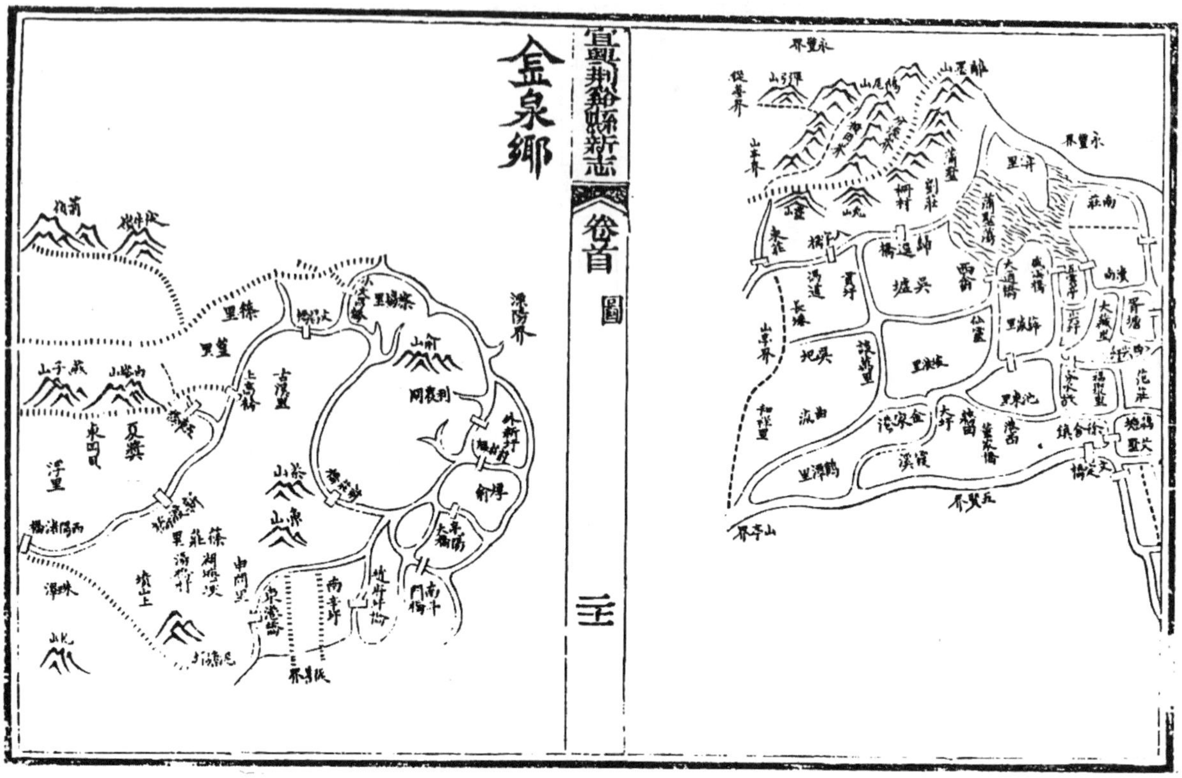
金泉鄉
宜興荊谿縣新志
卷首
圖

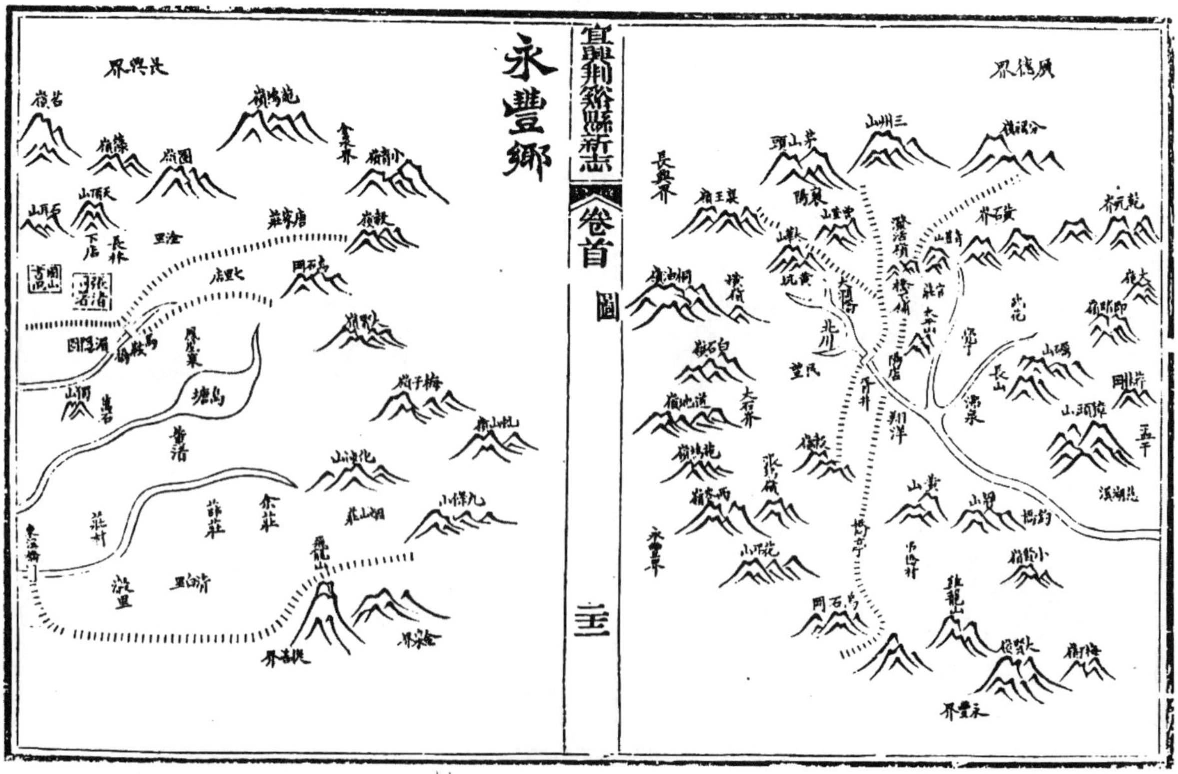
永豐鄉
宜興荊谿縣新志
卷首
圖

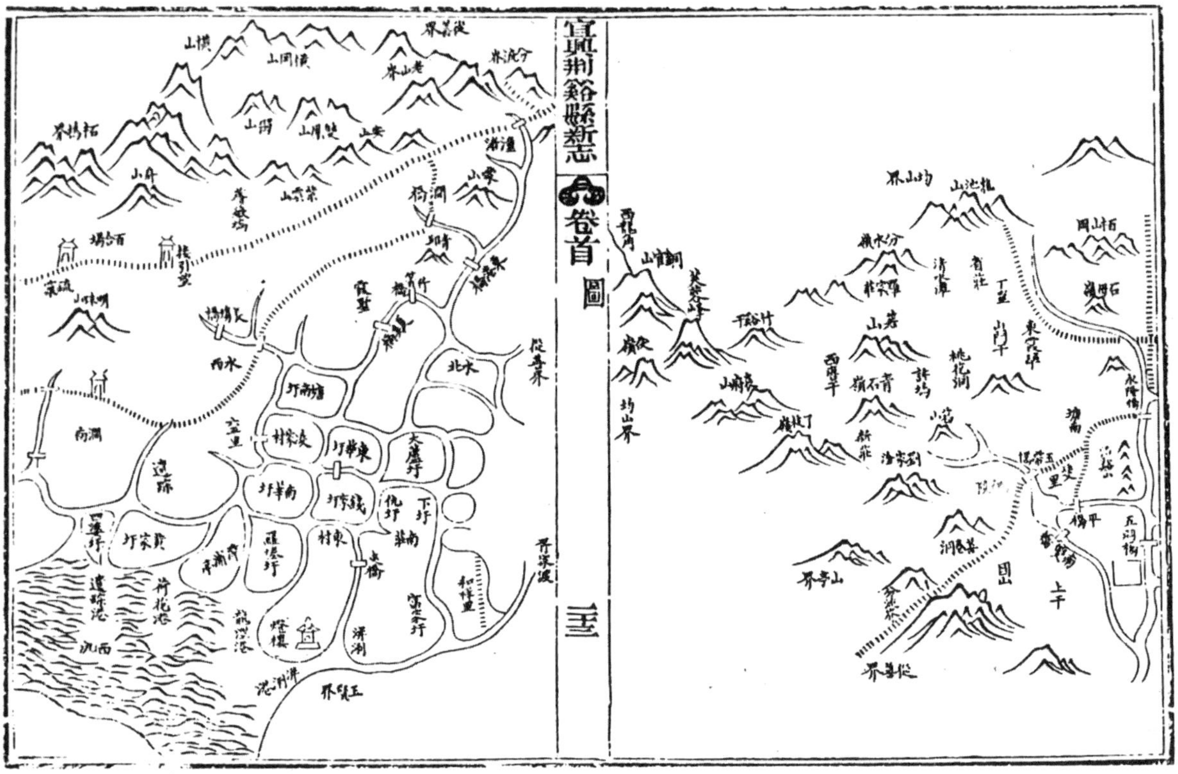
宜興荆谿縣新志
卷首
圖
三

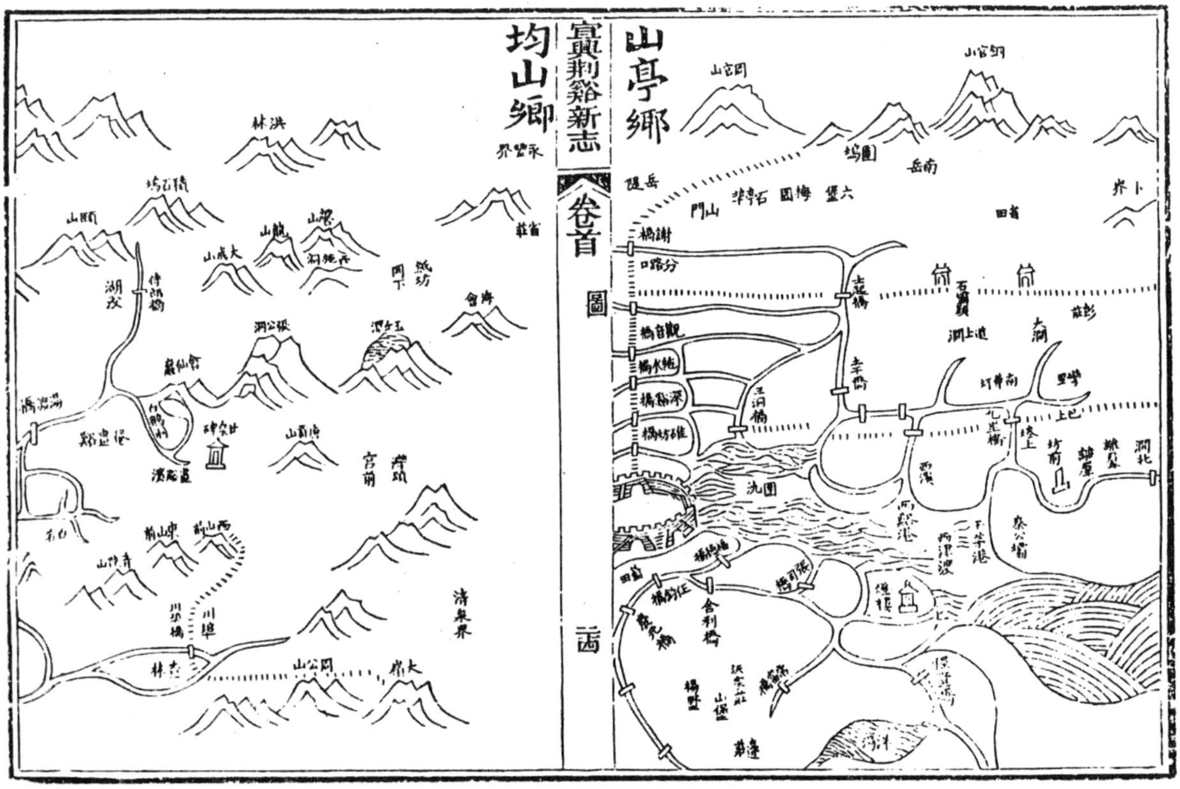
山亭鄉
均山鄉
宜興荆谿新志
卷首
圖
四

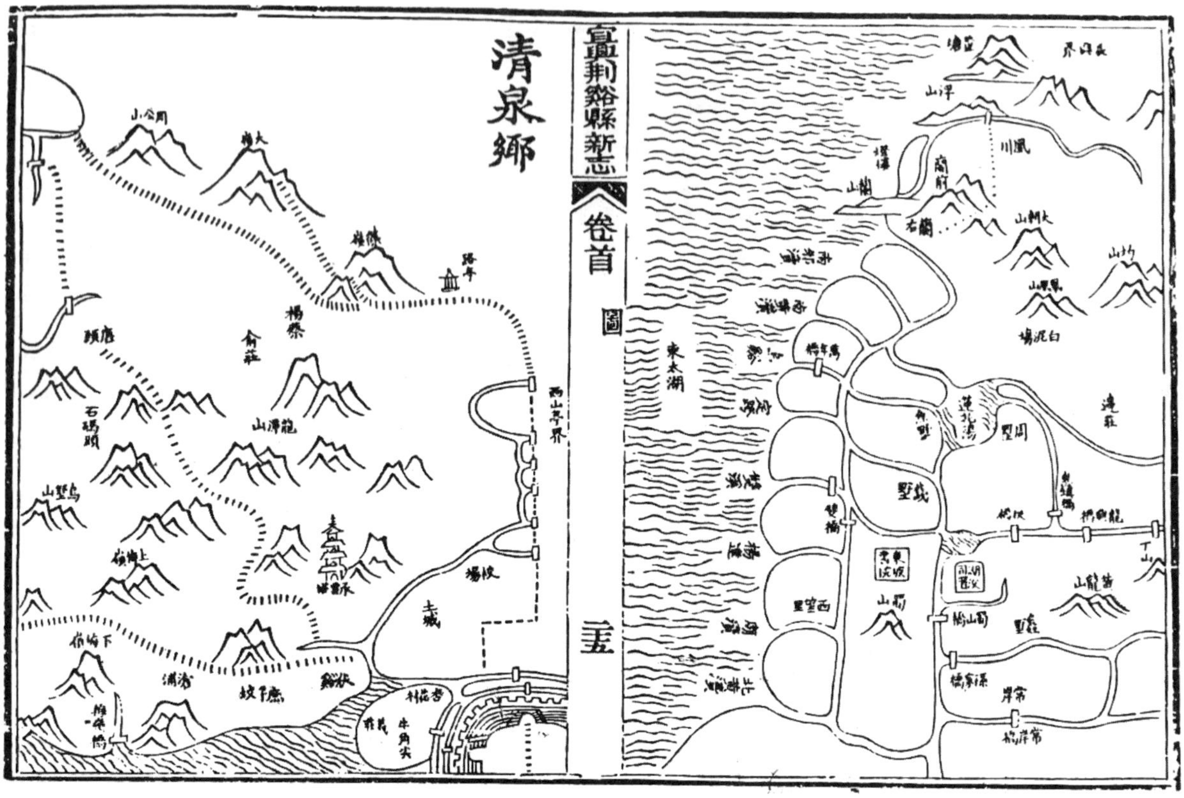
清泉鄉
重刊荊谿縣新志
卷首
圖
東太湖

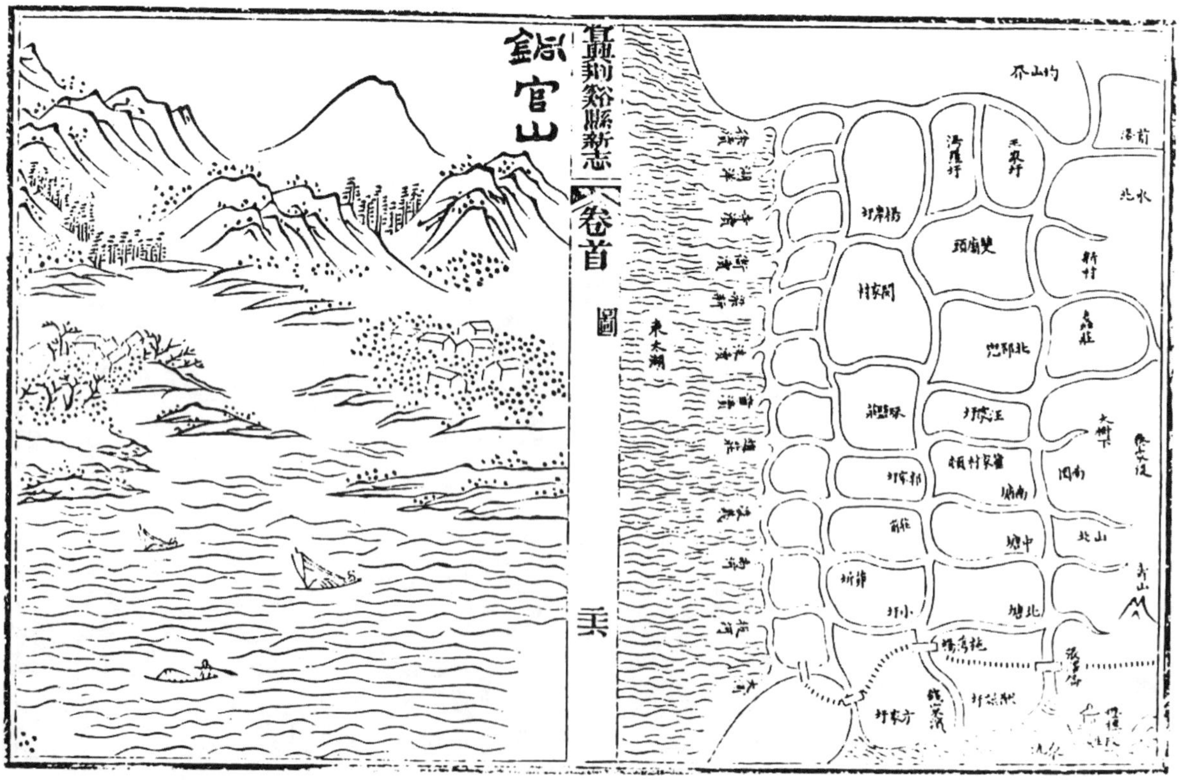
銅官山
重刊荊谿縣新志
卷首
圖
東太湖

玉女潭
宜興荆谿縣新志
卷首
圖
三七

善卷山
宜興荆谿縣新志
卷首
圖
三六

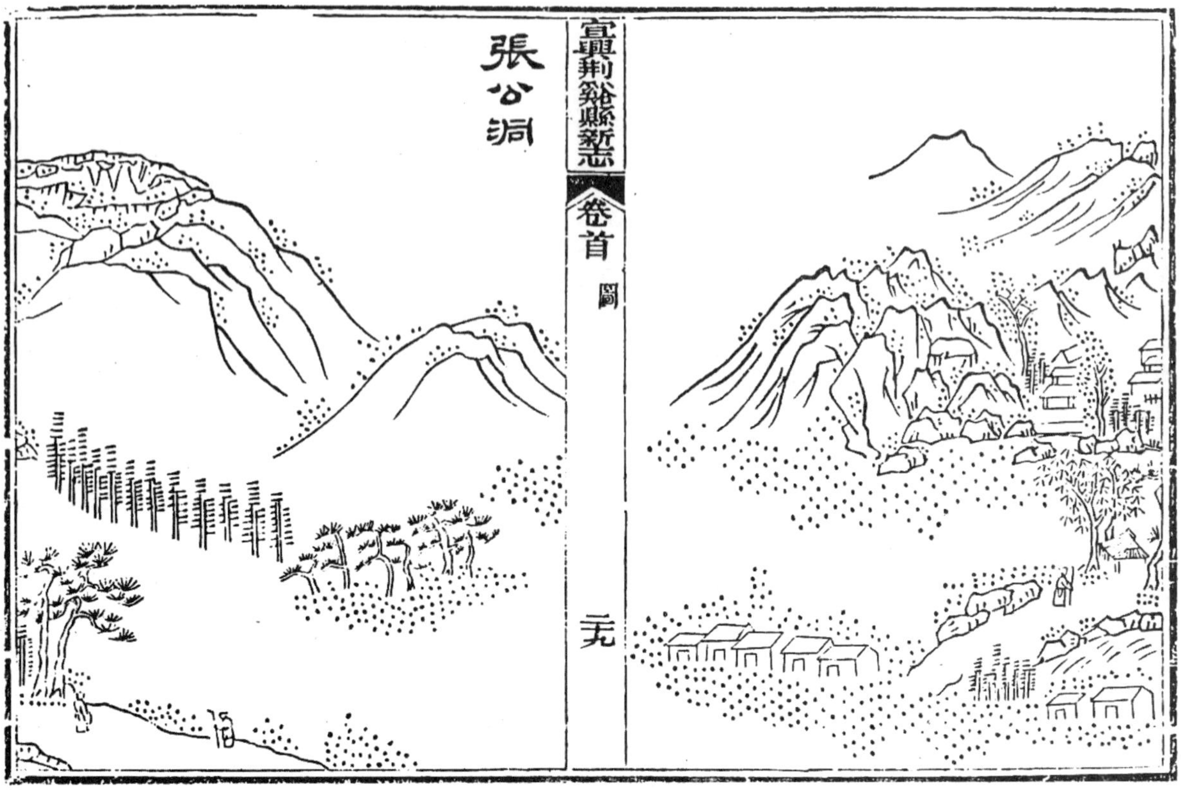
張公洞
宜興荆谿縣新志
卷首
圖
三九

洴練浦
宜興荆谿縣新志
卷首
圖
三十

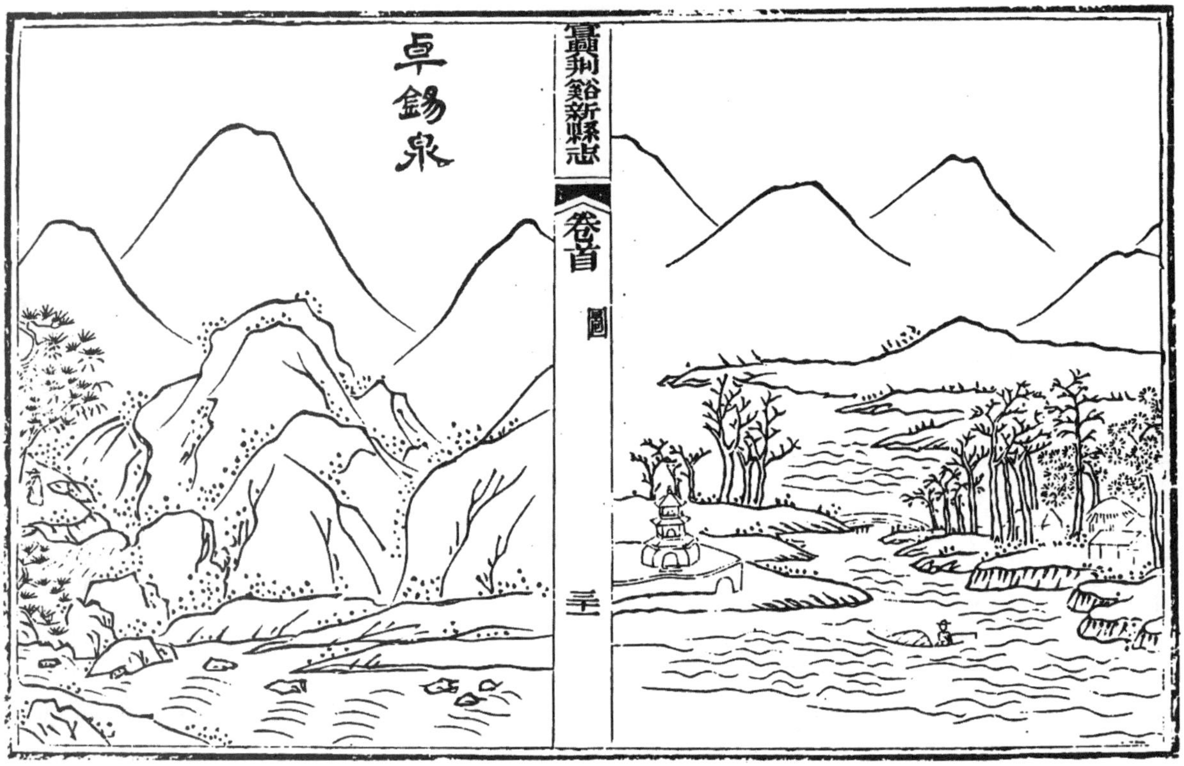
卓錫泉
宜興荆谿新縣志
卷首
圖
三十二

龍池
宜興荆谿縣新志
卷首
圖
三十三

蛟橋
重刊荆谿縣新志
卷首
圖

畫溪
重刊荆谿縣新志
卷首
圖

宜興荆谿縣新志 卷首 圖 卅五

宜興荆谿縣新志 卷首 圖 卅六

宜興荆谿縣新志
卷首
圖
三七
氿湖

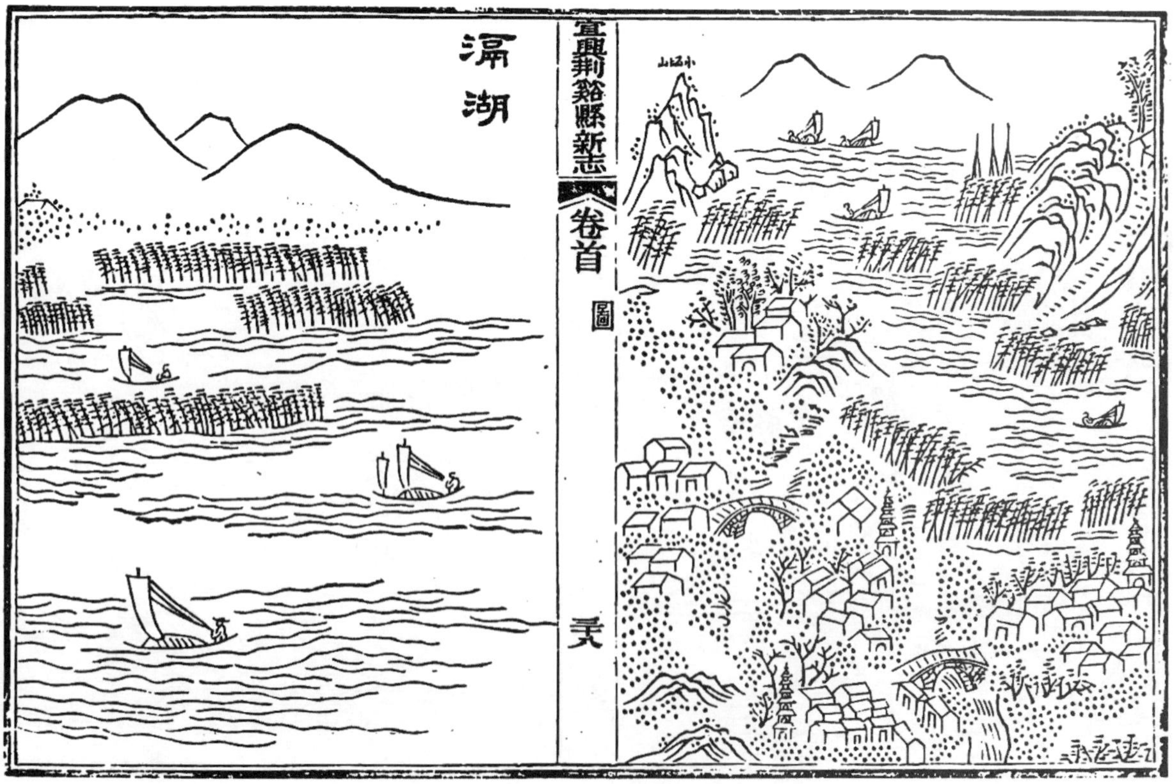
宜興荆谿縣新志
卷首
圖
三六
滆湖

太湖

右圖三十方自全境以及各鄉山水名勝二十九圖蔣君幼香稾城廂一圖史君墨林稾史君邑居蔣君鄉居各就所熟者手寫焉蔣又夙講輿地之學屐齒舟脣飽歷山水繪圖之先履地宷勘遠邇纖悉靡不脗合顧方皆面南余思馬圖啟瑞羲始蒼牙八卦之位背坎而當離左震而右兌蔣君所作誠有會于古乎既見史君城廂圖乃恍然于官署之嚮明而治非面北拱之義由肅觀瞻也則雖宋曲面埶之術後人所以改古法者蓋有道焉非苟而已法古可以圖輿地從今足以圖宮室離之雙美合之則自亂其例蔣君圖早付梓史君之圖又一成而無可變卷帙甫啟而牴牾已形余不能不任

其咎矣圖繫既畢局中諸君又仿城廂之例爲學宮書院二圖以爲舊圖雖有學宮今則殿堂坊閣迺昔崇閎又器庫寔增祔祠寔從基址寔拓不可以不更圖也書院爲學宮之翼陽羨書院燬後迄建廊置東西號舍月當扃試學使者將舉行歲科兩邑於茲校童子軍不可以不增圖也至若書院之散在鄉閒者宜興有鷲山竺西鷲西之舍滆南之祉荊谿有東坡臨津國山或基于前代而舊觀重還或剏自近時而增築未已齋舍之規日新月盛未可以詳此而畧彼他日仿東坡書院誌畧之例合兩邑城鄉之書院繪圖成冊亦盛事也

學宮圖

書院圖

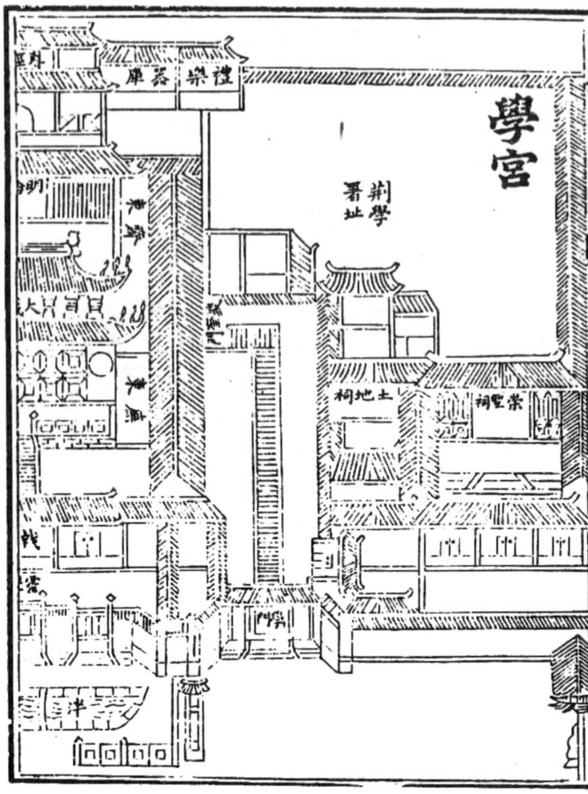

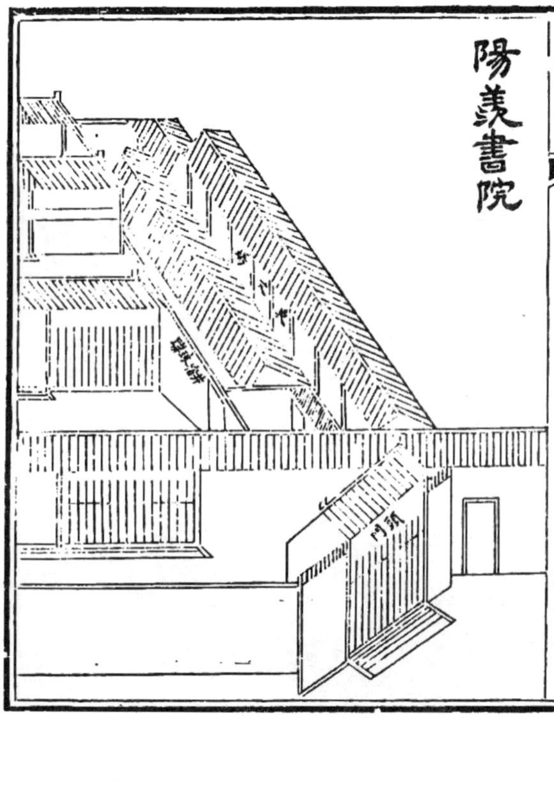

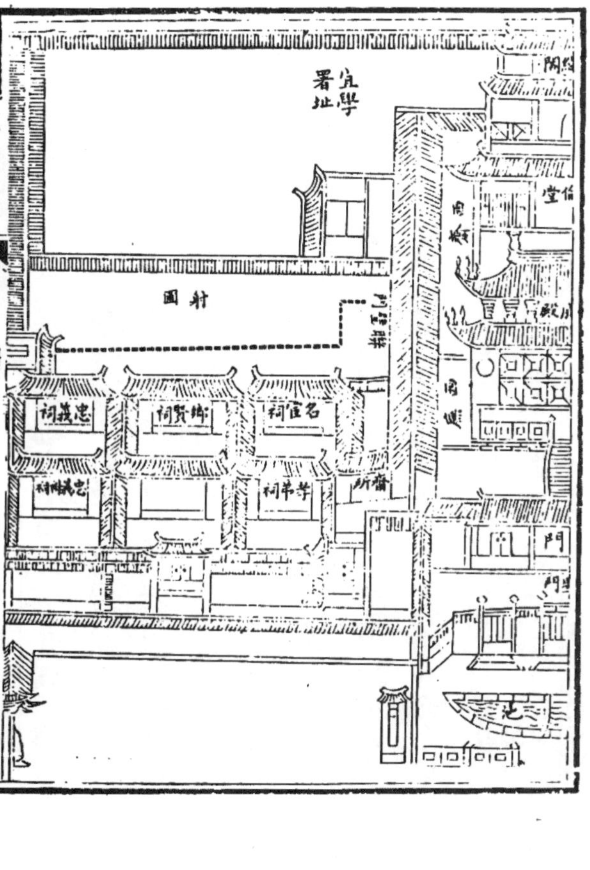

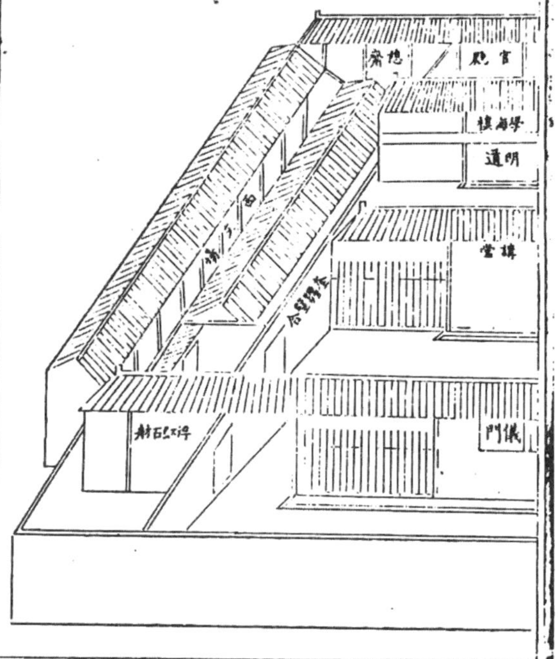

宜興荆谿新縣志　卷首　圖　四

宜興荆谿縣新志卷之一

疆土

星野記

分野之傳尙已周官保章氏星土辨九州之地所封封域皆有分星馬班作史志以二十八舍主十二州斗牛紀吳越而以斗主吳分又有某郡入某星幾度之説晉志衍之夫在地二百五十里當在天星度之一宜興荆谿兩邑併計曾不及一度昔之言星紀者西漢人謂斗十二度入吳分〔漢律厯志以斗十二度至女七度爲星紀地理志析木之次終斗六度兩説歧異〕東漢乃偁十一度〔見郡國志〕至元史以斗四度明章潢則云斗三度入吳推步之家偁爲實測謂常之武進無錫蘇之吳縣長洲總合一度武進無錫在斗三度五十分夫以斗第三度爲吳而以武進諸縣當之則三度以前非吳分而與武進接壤之縣其在三度後若無可疑然以經傳核之星野之説可從而度分之數難信也今試問星土之相應有離經緯以爲度者乎謂定以緯度則南北之方位既殊徒勞配合謂定以經度則東西之轉旋無定奚可拘牽而乃循歲差以改其度數移其分數盡方縣纔不爽毫氂設千禩以後恆星之天更差宜興荆谿將入箕分此可據邪善夫絢甫張氏之論曰〔張敦昭潮南人著有分野攷〕古者建國星辰山川之神各從其朔五帝之世以某人居某國則祀某星降及三代或卽以其人配食謂之某星之神國且

宜興荆谿縣新志　卷一　疆土　星野　一

姓而祀不易星不獨十二國有星鄭氏周禮注云州中諸國之封於星亦有分焉其書亡矣今其存可言者十二次之分也二十八宿可分也史記天官書云秦占狼弧是諸國分星未必皆其宿之正星觀春秋左氏傳士弱之對晉侯子產之告叔向閼伯祀辰實沈主參於陶唐以前言古於夏商以後言因則分星爲古有國者之祀星彰彰可攷或併其國而仍祀其星或即以本國所祀之星併主其地郡縣以後所爲獨存十二次也張氏又据史墨對趙簡子之言以楚爲屬火吳當得金分野在大梁之畢而不在斗其斗當爲燕星竹書紀年注云堯母慶都生斗維之野今保定縣西有堯母門古之冀州今之燕也夫前代星家亦嘗曰吳楚之疆候熒惑占鳥衡矣斗誠未必爲吳分斗爲吳分未必

非後人意揣因左氏傳所明著之分星而傳會其餘顧分星維繫之由第以主祀攸在馨香升聞其精誠呼吸與爲相通故能注意於其地而降鑒於其人今祀星之說既不明而天文諸志皆以斗爲吳分累葉以來占驗憑之仰望切之人心之所向即天意之所乘禨祥禍福往往有驗或由此夫然則常州之宜興荆谿屬吳地而同以南斗爲分星固無不可必欲求其屬斗分爲某度屬斗度爲某分雖談天之家言之鑿鑿要當据理以信其必無康成鄭氏云堪輿有郡國所入度非古數也此言爲定論矣至於疆域廣袤亦經野之事兩邑之界前志已詳今不贅焉

建置沿革記

宜興古荆谿地也王象之輿地紀勝引晏公類要云本吳之荆谿地秦爲陽羨縣谿受金陵宜歙之水東西亙百里以入于震澤唐虞時地屬揚州塗泥下濕之墟榛莽彌望以荆名谿因而謚邑越楚仍吳不改世以泰避子楚諱始易楚邑爲荆邑非也荆谿與泰伯墟僅介泰伯逃荆已著史册且秦得楚地多矣不當獨於此邑偁荆其更荆邑爲陽羨則以吳楚閒謂荆爲楚乃避諱併改耳輿地紀勝引輿地志云吳楚閒謂荆爲楚秦以子楚改爲陽羨縣址在今南門外地近小沆是爲蝦逕史能之咸淳毗陵志作蝦逕蓋以蝦魚得名蝦魚四足龍魚也故又名蝦龍逕今偁蝦籠逕者蝦蝦古通作籠乃龍之音誤故陽羨舊偁蝦虎城蝦虎者蝦許也蓋荆谿之陰多山其陽衍沃羨讀如

衍古義相通史記功臣侯表作陽義乃陽羨之形誤十道志又云荆谿一名陽泉乃陽羨之音訛秦立會稽郡統之漢封靈常爲侯國歷三世國除復縣光武更爲邑漢制列侯所食縣曰國皇太后皇后公主所食曰邑陽羨班史偁縣范史偁邑攷東漢如冠軍育陽舞陽舞陰等邑皆封公主而陽羨公主獨無聞焉其偁邑之故俟攷順帝時邑人周嘉上書謂縣僻左難應期會請析隸詔以浙東爲會稽郡西爲吳郡遂屬焉袁玘孫權皆嘗爲長於此權既得國改築城南山下舊志以今縣城爲吳築或據風土記陽羨縣南長橋之語謂谿北之城當在晉先此未知風土記已非孝侯原文也寶鼎初析吳郡爲吳興郡以縣屬至晉周玘三興義兵討賊惠帝旌功於荆谿北建義興郡城移陽羨縣入都南山下之城遂廢偁爲吳城宋書孔顗傳吳城去義興十五里是也

郡有六縣析丹陽之永世置平陵及永世二縣皆本非陽羨地辨見卷九遺址又割長城北鄉及陽羨置義鄉縣義山之足遺蹟猶存其陽羨一縣析置臨津國山而爲三國山在義興郡西南五十里吳封離墨山爲國山晉因名縣後移平陵距舊城七里所臨津在郡西五十里南臨谿蕩津度設焉今尙佩其地爲街里爲土城何尙之之所治也永世在晉時已還丹陽宋武帝永初三年析宜城之廣德吳興之故彰及義鄉陽羨五縣地增置綏安縣于義興郡治在長城舊城今名四安舊志綏安故城在今大賢嶺北凰飛嶺南非也辨見遺址元嘉九年省平陵歸永世明帝以郡屬南徐州齊永明間中屬揚州梁末立綏安爲大梁郡隋平陳廢郡置州歸義鄉於

長城省國山臨津合陽羨爲義興縣隸常州唐武德二年復改義興縣爲鵞州以城正當君山山最高峯名鵞頭其盡處爲鵞尾故佩其州趙宋時尙以近城爲中鵞鄉地居鵞州之中中亦正也正當鵞山也郡國志謂唐以金鵞山名州者非金鵞乃邑山一小峯耳去州亦甚遠仍置二縣東陽羨西臨津州又改爲南興咸淳志郡縣表武德七年以義興縣置南興州又云分義興縣置臨津陽羨二縣武德八年省陽羨臨津以義興縣屬常州按以義興縣置州者改縣爲州不更立義興縣也分義興置二縣謂分其地爲二也其云省陽羨臨津以義興縣屬常州不云改二縣爲義興縣則似乎臨津陽羨分志時尙有義興縣語不明析宜興舊志遂謂南興州屬有義興陽羨臨津三縣矣咸淳志攷異又引續通典武德二年改義興縣爲鵞州又置陽羨臨津兩縣七年改臨津爲南興州據此則鵞州旣改則無義興縣也其云改臨津爲南興州臨津二字鵞州之誤旋廢州幷縣更號義興復屬常州肅宗時屬潤州尋復其舊趙宋避太宗諱改義爲宜元至元中升爲府降縣復升乃更置宜興縣隸之元貞初府縣俱廢立宜興州屬常州路明取宜興命楊國興城之跨荊谿而南增拓故址八倍於前舊志以長橋東南英烈坊爲宋在城坊或疑谿在城中宋時已然不知英烈廟額賜于宋而坊實建于明攷咸淳志荊谿在縣南二十步周孝侯斬蛟橋下卽此谿則宋城未嘗跨谿可知矣洪武二年改爲縣屬常州

國朝因之雍正二年從督臣查弼納請析宜興地在荊谿以南者爲荊谿縣治同城大抵陽羨故城之始秦迄漢移築于吳及國山義鄉之分陽羨地置者城皆存荊谿境義鄉城在義山足臨津故城今在宜興境而世之以古名名今地者且謂宜興爲陽羨荊谿爲臨津則未知橫縱之有辨矣

區圖記

古者置縣官署以涖事民廛以定居築城郭布村落立市肆經田野大率里繫於鄉鄉繫於邑周官之法邦國都鄙制其地域郊內曰比曰閭曰族曰黨曰州曰鄉郊外曰鄰曰里曰酇曰鄙曰縣曰遂大小相維輕重相制官備而法詳若綱在綱有條不紊漢制十里一亭十亭一鄉唐制百戶爲里里有正其次在邑爲坊正在野爲村正宋世坊鄉之制異於漢唐初改宜興置鄉二十而後省其四有元鄉都設册里給一圖於是始以圖名明亦仍之鄉統都都統圖會稽王以甯之令宜興也去都之號以編圖更鄉之號以爲區區圖之列並及城內區之名十有五或

併或分溢數以六國初析置者復三焉自設荆谿以後改隸之區十有一分隸之區四舊隸之區九正中曰在城邑中郭外皆隸焉其區一而分屬其圖六第一圖隸宜興第四隸荆谿餘分隸其地畮千二百九十有四見卷三田畮宜興六百五十二荆谿六百四十二其街巷五十有五見分志其市在縣治東西長橋南及五門東北曰開寶得名之繇無攷或云宋初無錫亦有開寶鄉皆開寶時置因以爲名其區二其圖四十有三舊併中鶩東北北地爲二十五圖中鶩宋第一鄉今附郭地也見陳玉璂府志後併善計南鄉十三圖復增置五圖國初分爲開上開下區上區二十二圖下區二十一見分志下倣此按舊志但云善計併入開寶而柯城諸處今隸萬金其地畮十三萬七千九百三十有五統民山在內民山見分志下倣此上區七萬八千四百七十五下區五萬九千四百六十其村九十上區五十三村下區四十七見分志下倣此其市在邑亭東接洞山及方橋西接萬金又東北曰洞山竹山西北洞山在焉故名唐時偁洞庭鄉見鄭準墓志其區二其圖三十有六舊併震山鄉地爲五十二圖見府志其後萬石橋褚墓等處入萬金李山等處入開寶減至今數國初分爲洞上洞下區各統十八圖其地畮十一萬一千三百有九統民山蘆洲在內蘆洲亦見田畮下倣此上區五萬九千九百九十五下區五萬一千三百十四其村五十有四上下區各二十七其市在周鐵鎮沙塘港下邾及大浦南接湳泉正北曰萬金相傳六季時有鄉人以萬金營佛舍者鄉因以名今萬金庵其遺址也俟攷其區二其圖四十有七舊十九圖見府志後併豐義漏湖及善計北首地又分洞山西首地增入萬歷二十九年知縣王以甯改分萬一萬二兩區一區二十六圖二區二十一圖按舊志豐義併入漏湖後改漏湖爲萬二今豐義南隸神安北隸清津而萬二區之第一第二圖在太湖濱實萬金舊地也其地畮二十四萬九千三百三十有七統蘆洲民山在內一區十一萬七千一百七十五二區十二萬一千八百六十二其村七十有七一區三十二二區

四十五其市在和橋鎮鍾谿高塍南接成任亦在方橋東接開寶曹橋楊橋俱北接陽湖西北曰成任梁義興太守任昉釣臺舊在此鄉改績之成沒世不忘故名其區一而分屬其圖二十有五舊三十圖萬歷間將小汎北濱常富等處五圖改歸山亭隸宜興者二村二圖隸荆谿者三圖其地畮八萬五千五百九十統蘆洲民山在內其村四十有六其市亦在高塍北接萬金又西北曰神安陳湘陰侯蔣有政嘗居此鄉沒後賜墓號曰神安因名其區一其圖二十有五舊十九圖見府志後并五賢之白塔至臨津等處增入以湘陰侯墓在白塔也其地畮十萬二千三百有六統蘆洲民山在內其村四十有九其市在官村南莊又西北曰清津蒲干蕩在焉源出亟山兼受洮湖旁出之水古謂之清津故名其區二其圖三十有一舊二十二圖見府志萬歷間改爲清東清西區清東十八圖清西十三圖其宋干等處係亟亭改入而蒲干蕩左右今屬溧陽之落霞中篠里諸村插入宜興者舊皆爲清津地其地畮十二萬九千八百五十有五統蘆洲民山在內清東七萬九千三百九十五清西五萬四百六十其村七十有九清東五十九清西二十其市在新芳橋新建豐義臧村上黃南社楊渚又西南曰亟亭湖墅爲亟亭故地漢亟亭侯蔣澄先居之見宋蔣之奇譜今楊巷鎮有亟亭城故蹟其區一而分屬其圖十有四舊十三圖見府志新增一圖隸宜興者十一圖隸荆谿者三圖按宋干等處分入清津而荆谿南北濱諸圩今在亟亭區者皆係明代東壩築成後新增其地畮六萬五千四十有九統民山在內宜興四萬九千二百有九荆谿一萬五千八百四十其村三十有六宜興二十五荆谿十一其市在楊巷鎮河東隸宜興河南河西隸荆谿及邵巷西南曰五賢唐蔣義五子皆爲郡牧後居同圖其子孫在宋多顯達特置五賢鄉以旌之其區一其圖十有一舊二十二圖見府志荆谿之南十三圖其北九圖明代谿北悉歸神安谿南歸從善今隸荆谿尋復谿南五賢而西面談墅諸村仍隸從善其地畮三萬六千二百四十其村十有一其市在徐舍鎮河西河南

接從善 又西南曰從善晉征西將軍周處少時任俠間父老之言射虎斬蛟折節讀書厥後遷居國山流芳忠孝後世慕其從善之勇置鄉旌之其區五其圖四十有七舊四十圖見府志後增七圖萬歷間分爲從一從二從三從四從五五區第一區十二圖二區六圖三區九圖四區五區皆十圖其地畮十七萬七千二百四十有一民山在內一區四萬六千三百二十七二區二萬四千二百十二三區四萬一千七百三十六四區三萬五千二百十七五區二萬九千七百四十九其村九十有六一區二十九二區八三區四區皆二十一五區十七其市在癸涇水西芳莊又南曰金泉有泉自礪山出炯炯如金故名其區一其圖十有七舊十五圖見府志新增二圖其地畮十八萬三千二百七十有一統民山在內其村六十有六其市在西陽渚橋下篠里又西南曰永豐晉陵在宋有永豐東西鄉併入武進今隸陽湖者與此同名得名之繇無攷其區一其圖二十有一舊同惟圖分先後之序畧變耳其地畮二十五萬八千四百六十有一統民山在內其村五十有五其市在張渚鎮祝陵東霞步正西曰山亭周孝侯射虎南山卽在此鄉後人爲之立亭名射虎亭今石亭步有其遺址其區一而分屬其圖二十有二舊十八圖皆在谿南見府志後減併一圖復以谿北成任之地增設五圖十七圖在谿南者隸荆谿五圖在谿北者隸宜興其地畮十五萬三千五百十有二荆谿統民山在內十三萬三千六百四十二宜興一萬九千八百七十其村五十有四荆谿四十三宜興十一其市在滻渚陸平竹簣橋分路口浙涮東南曰清泉山泉競出東流入太湖澄清一碧春夏不改其區一其圖十有一舊併中鷰南近郊地爲二十三圖見府志後分風川十二圖入均山其地畮九萬二千四百四十有三統蘆洲民山在內其村二十有五其市在湖洋渚亦在大浦北接洞山又東南曰均山均山在焉故名其區二其圖三十有四舊二十二圖見府志後分清泉之風川董塘周墅雙橋等處增入 國初分爲均上均下區各統十七圖按呷

王琪府志修於康熙三十三年而疆域所載宜興都圖尚係鄉統都都統圖葢仍唐鶴徵所采王志在萬歷二十九年以前者也其地畮三十一萬四千八百三十有八上區十八萬四百六十八下區十三萬四千三百七十其村七十有六上區三十三下區四十三其市在湖㳇蜀山烏谿諸鎮及凰川蘭右定跨湯渡丁山川步凡此區數圖數田糧之字用周興嗣千字文編次見分志村聚之名崔徵彥村名釋曰凡里居在山者以山名山脊爲岡山頸爲嶺夾水者爲𡶕其兩山相接而交界者則名岕岕者介也岭之變文也坡陀謂之坂坂下之平謂之墖高平謂之步步者阜也亦云埔也山可通水也其依水而偁浦者亦謂之步䢺亦浦也水涯爲千千者岸也亦曰地下而黃也山谿之瀆亦爲千千者𣏌也水在山間也山垠曰圻水垠亦爲圻圻者垠也在水隅者爲角水口者爲嘴水會爲瀆水聚爲渚水側爲濱水窮亦爲濱字或作浜水深者爲潭淺者爲灘周者爲匯直者爲涇曲者爲灣中廣者爲谿沿湖爲瀆達河爲港障水爲堰爲壩瀦水爲蕩注水爲溝畜水浅水爲塘其地下而築水捍田者爲圩近橋者名橋近渡者名渡平原之地與此畧同栖止者爲舍近田者爲莊小有市者爲店坫亦店也卑牆爲隖堅築爲堡稠密爲林環合爲笿笪亦笿也育夾道者爲街狹而脩曲爲巷有林木者爲園平地謂之塲古村謂之墟溝曠謂之墅高塏謂之塍斷續謂之段回折謂之兜井之名者偁井墓之名者偁墓寺觀名者偁寺觀墩邱所在謂之墩窰阜所在謂之窰坊表所在謂之坊其總名謂之里亦謂之村里所以計里村者屯也民居之所屯聚也前志皆詳之粵賊之變燬册籍燔室廬田欹而山蕩補焉村空而客氓居焉度地定賦區推一人董其事圖亦如之至今不廢謂可藉咨詢廣教導也然而賢者德感能者說行弱者畏累奸者售欺爲民上者舉賢勵能扶弱黜奸資其佐助無貽以憂吏靖而民安農勤而商阜鄉遂輔化之意今猶古也夫是謂因地以治

山記

陽羨之南皆山鄉而峇巃繇遡雄峙荆谿之瀕者銅官爲邑主

峰是名君山在縣南十里舊號荊南山以陽羨之地古偁荊邑茲山在其南也秦以來設官采銅故名銅官東漢長袁玘墓在焉俗以玘歿神異傳會天賜銅棺之說改官爲棺邑人蔣捷作詩辨之孫吳時既封離墨爲國山以此山爲南嶽於其北麓禪焉後人因其禪處謂北麓之峰爲南嶽也山之最高峰名雄鷲頭其盡處爲鷲尾唐改義興爲鷲州宋置中鷲鄉爲義興第一鄉者命名皆以此南唐時設水軍十寨都虞候於山麓自

國朝析縣後宜興南鄉之山悉隸荊谿夫古之偁陽羨山者必

曰君山國山章山見杜佑通典國山離墨也章山乃太華諸峰之總名此以大小之次言

之若泝其來脈則章山不特先於國山亦先於君山矣蓋南幹

諸峰發於浙江之天目蜿蜒而來至廣德及湖州長興之交界

有山北入荊谿境爲茅山是偁三州山以跨三州之界故名今俗偁其東迆最高峰爲茅山頭也西折爲分界山西接廣德宋設寨置巡檢於此潑墨嶺俗偁潑活嶺因以名其岕金牛

宜興荊谿縣新志 卷一 疆土 山 十

嶺故老相傳有金牛北來伏此山潭亦名伏牛山東出爲襄王嶺高唐屬天雲雨迷離楚襄王所樂遊也山名取此重游嶺俗偁桐油嶺白石嶺自襄王嶺迆東北爲章山其高峰

爲太華又名方巖山經云太華之山削成而四方此山峻削似之故以爲名山巔有九峰禪院按風土記章山周回六十八里高六十八丈蓋自太華以北諸嶺迢遞相接西爲金泉東爲永豐六十八里皆章山之枝幹通謂章山也後人不察乃以長山北之小山名獰頭者當之謬甚太華東出爲道地嶺螄螺山以形得名螄螺山

之東爲篠嶺又東爲茗嶺產佳茗俗偁閘嶺鄉音誤也嶺有廟祀柳宿卿主草木爲茶神也俗誤劉秀赤帝之孫祀主鴞火茶神之賽幾與劉伶酒帝同著於姓劉之天矣又有泉出於廟後嶶淬石上可就飲而不可汲取其泉有產茶名廟後茶按陽羨之山茗嶺最爲高峻故王谷任氏以爲土山也又北爲長嶺及象山青入雲霄蟠峰巃崎盧忠肅祖墓在焉迆東北爲笏嶺亦名大嶺嶺東面隸均山鄉鄉人偁爲薄刀嶺石雪嶺俗名長岕嶺其岕亦以嶺名鄉音訛爲石屑嶺之陽深叢密篠巉石環列四周如牆岕口有社廟虎每歲來朝則宿於石圈之

中土人偁石圈爲虎社又東爲龍池山山巔爲白雲巖上有一池闊可二丈所大旱不竭蜥蜴出沒其中見風日輒化蓋水精之所結也用以禱雨輒驗山腰有左右二池亦多蜥蜴右池時出說者謂人所鑿也龍池蓋以上池及左池得名其西爲伏虎巖又東南爲大謝山舊產水竹亦名水竹山今岕中產貓竹最爲肥大小謝山一名潘山西北爲仰嶺分水嶺謂水至此西分張渚東分湖汶螄螺山之北爲苑塢

嶺小母岕大母岕其兩峰銳聳似馬耳者爲石耳山又名馬耳山自下望之險峻若無徑平處登其巔城址在焉蓋元明遭亂之際鄉人築此以拒守也迆西爲天頂山萬山之中巍然特秀無有能蔽虧正山山足有村名正山下與幹里相接幹者千也山岡半地可居者也舊志正山作正幹山蓋因幹里而誤併偁之今俗相沿書幹里作淦里海岱山下有唐家莊唐太常鵠微祖墓在焉一名唐家山石門山石門庵在焉象山北出爲小國山巔有藤本古桂深秋盛開數里之內皆爲香國大國山以

至於向山山下爲向山坂巉巖石壁下臨深淵時聞瀑布聲石磴涌步行人仄足自此而入歷十餘里可達長興寶

宜興荊谿縣新志 卷一 疆土 山 十一

爲茗嶺諸岕之門戶向山東北爲瑤蘭山俗偁瑤魯山右爲蘭甸山又北出爲

柏山石母嶺山石至此變爲青色丁山祖山枕頭山曹家山在張渚鎮南二里所出石遭鑿則鎮有火災虞家山東山自石母嶺至此皆青石山龍池山東出爲陽嶺迆北

爲長龍山俗名花鼓山母石岕又西北爲蔣墓界銅坑山漢時采銅此其遺迹徐義士槐葬此石蘿山折而東出爲伏嶺銅官之山起焉西出爲箬山形如箬笠故名宋太守陳襄墓在焉東蔣山西蔣山上葛山下葛山安基山黃步

山迆東卽東霞步黃步之西北爲玉帶山山東南有委骸磯盧象晉葬在焉參將陳安亦葬於此長楸相望芳草不孤培塿同於泰岱已在桃谿之東瀆者爲緣谿山迆北爲抱廊山山似迴廊曲抱因以爲名箬山又西出爲丫枝嶺山亭永豐從善三鄉交界桃花山國寶山以舊時產銅得名許塢山劉家山青石嶺相公嶺由相公嶺而北離

墨山起焉石蘿山之西南爲琴盤嶺糾翠嶺俗偁韭菜嶺蔣莊山木
鐸嶺白雲尚梁師山其村名梁師千有桃花洞避亂者多入焉以上諸山石洞甚夥嵌空幽邃不勝枚舉
石門山之西爲烏石岡何家山岡嶺相屬爲天鷲山何侍郎士晉祖墓在
焉侍郎亦葬於此俗偁其山爲天鷲抱蛋西山岡嶺山一峰獨峙形如牛嶺俗名牛嶺山亦偁獨山盧象楨葬此
後人題其碣曰喪元勇士之墓向南里所爲盧氏消隱園山與綠谿山夾峙桃谿之濱張渚鎮至此而盡諸水悉匯於此太
華山之北爲橫嶺張塢嶺西外嶺穀嶺穀嶺以北爲橋亭山郵亭
所在村因以名爲廣德往來之通衢黃姑嶺黃山靜山雞籠山東爲凰飛嶺舊有庵今
惟亭存小賢嶺大賢嶺梅子嶺宋巡檢方允武率鄉兵迎敵金人戰歿於此獅子山虬
山嶺與梅子嶺皆東隸永豐西隸金泉咸豐十年粵賊犯張渚鎮巡檢程芳祖及妻崔氏皆殉邑人以其官卑而獨能死
難也爲合葬立碣於此九條岡化進山其與離墨遙隔蒲墅溪而對峙者

爲煙山界金泉永豐從善三鄉上有漁磯相傳吳孫堅嘗釣於此諸峰環列西爲碧雲舊有碧雲
寺南爲羅漢北爲飛龍俗訛爲雞龍東爲紫雲聖山在其西南下有龍潭
歲旱不竭南出爲大金山小金山迤東爲龜山亦名玉山西爲石牛岡藕
山形似藕節一名藕節山茶山又北爲晉山自太華山而西爲神登山天
井山與天井對峙者爲鮑孃山相傳鮑靚夫人嘗駐跡于此又西爲青豆山
太平山謨嵩箭嶺覺了山由覺了界而入爲黃石山以山皆黃石而名俗
傳黃石公煉丹於此黃石庵乃其遺址云乾元界箬嶺舊志云邑西南境止此庵基山武花山
以武花里得名蓋紀姓也今名鳳凰山者鄉音訛轉耳沸泉山礪山平項而方若礪石然下有源泉金光炯炯
流入慈湖谿金泉之鄉繇此偁焉陳玉璂府志据寰宇記謂取書若金作礪爲名攷荊邑偁金泉者一爲君山西峰小心山亦
名數金嶺嶺下湧泉皆金色一爲均山鄉之金沙洞水張祜詩云决水金沙靜梯雲石壁虛後人以混長興啄木嶺之金沙泉

者是也與此爲三按咸淳志小心山爲君山西峰引寰字記金彌承小心謂下有金沙泉其志泉又云金泉在小心山流入慈
湖谿則以小心之金泉混入礪山是當時已不分明況水土之性隨時遷更三處金泉皆不可見而小心之山地當在山亭鄉
者今昔殊偁既難確指卽礪山之泉名鄉亦與金沙之洞徒擅虛聲譬如金泉鄉之湯泉水溫可浴今僅有其村而無泉也
大龍山長山在釣橋西連延十餘里峰巒峭立太華山諸水自東南來乾元界諸水自西南來匯爲大澗湅雨暴
王奔迸山下其聲如沸舊偁沸泉大澗所在沸泉之山因以名貓頭山麞頭山與貓頭山皆以形名亦偁獐山
後人不攷與太華之章山混大小失實矣雙塘嶺嶺下有橋曰長安橋澗水自溧陽來經此注慈湖谿磨盤山
以形得名潘山白塔山下山蔣山一名蔣林山蔣山之北平中突起爲大
俞山小俞山與藕山遙對凡金泉鄉之水匯注屋谿皆從此出銅官山南面諸峰則有
屏風山芙蓉山君山之峰巒多作方形惟此眾峰簇擁望若芙蓉直南與龍池對山有芙蓉寺唐大毓禪師道
場龐居士三訪之後人爲築三到亭寺前有天井洞深浚如井相傳洞有三足蝦蟆每出必旱山下有蘇嶠墓青龍山

白虎山東西對峙橫山在嶰山南舊誤以爲大蘆山之別名橫山西北爲白墡塢中正
山象頭山大蘆山大蘆巖峰院在焉山產異蘆大如斗寺僧取蘆一節供奉佛龕山因以名西甑山
其形如甑雲氣騰湧望若炊黍獨山濤流塢雙鳳山蠏鉗山天福山以天福寺得名寺有
高僧講經花蛇潛聽今有小峰曰花蛇墩蒙山一名蓬山與紫霞山對峙銅官西南諸澗水由此而出匯爲潼渚橫
山西南爲袁府山一名沙山又南爲柘嶺柘嶺西爲彈弓山釣臺山
老山有芥名老山芥黃岡山南則箱子嶺鷲尾山君山之首爲鷲頭至斯而盡爲鷲尾也
自此過峽爲離墨山北爲周塢山石壁山召嶺鳳凰山一名靈山連
延而西爲紫霞山在癸涇之濱形如伏兔一名兔山俗偁土山離墨以吳封爲國山
九嶺相屬俯瞰章谿舊傳仙人鍾離墨得道於此吳五鳳二年山中大石自立言符命者以爲孫皓承廢得立之象至天璽元
年石室復闓皓侈爲大瑞遂封此山其由相公嶺而南來者初起爲善卷山一名龍巖

下有善卷洞是產丹砂鍾乳洞名有三孫吳時所開石室爲乾洞有大水洞在乾洞下又有小水洞唐李蠙見白龍於此地脈中空與張公洞相通以其洞形卷曲故號善卷山有碧鮮巖爲祝英臺故宅後改爲寺俗偁善權寺寺左側有岡曰青龍山唐司空李蠙墓在焉董山卽離墨山南麓孫皓封離墨爲國山遣董朝立碑於此後人因以國山偁之又以董朝姓爲董山也東北自銅官之鷲尾伏而復起龍嵸崔嵬者爲主峰南面諸山石皆白色東北山皆黃石蓋由雙脈搆結而成其枝峰爲茗山產茗桃花山舊多桃花楊梅山產楊梅甘勝他處銅官山之最高頂爲雄鷲峰回峰突起俗號雄鷲頭亦名香爐峰以兩石筍夾列如燭灶也山巔一池舊傳有三足龜六眼龜郭景純注爾雅稱魚載之今已無聞其池謂之龍潭產蜥蜴大旱祈雨縣官及紳耆芒屩上山詣潭濱取蜥蜴以下供奉北壇虔禱輒驗雄鷲峰之陰有善行洞稠錫禪師之子善行尊者居之洞口杜鵑爲陽羨珍卉與太湖牡丹永定海棠竝偁西向爲團塢四圍皆山中有泉石可愛牛頭山仰高山馬面山南嶽山卽銅官之北麓孫皓封銅官爲南嶽禪於此地後人因呼北麓之峰爲南嶽云山足有寺爲南嶽寺寺前有卓錫泉昔稠錫禪師駐杖於此泉隨涌出亦名珍珠泉淸洌如鏡中產蜥蜴又有白蛇銜茶種來植於側芬芳冠絕他境陽羨茶泉所由得名泉旁大樹懸崖生名卓錫樹他樹無相似者相傳禪師導泉後卓杖土中遂生枝葉山經所載夸父鄧林之事固不誣也殿前有西域娑羅樹其實可愈心痛陽嶺嵥山一名厂山以厂芥得名芥與白塔塢西之厂崗相背深五六里幽邃淸曠最擅林泉之勝桑麻雞犬不異桃源而赤華之舍青豆之房東西碁列唄鼓鐘魚與巖谷相應也芥底一徑可達善行洞山上有董弇墓山花嶺產山花根形似薤俗偁山花蘿蔔菁芘之屬也可以禦荒史能之咸淳志以爲防風苗非也舊名楊梅嶺產蜜楊梅入貢太守任昉以爲病民奏罷之阜莢嶺是多雞栖樹栢塢嶺舟山羅漢山龜山薔薇塢是產薔薇其北爲陸平村薔薇之澗出焉北流注於西氿紫雲山徐氏祖墓在焉佳氣絪縕紫雲不散文靖之所發祥也安山在澗橋東與雞爪山兩峰對峙其麓多鉅松青郎山在安山之西土地平曠突起一山橫列如屏銅官山之東南爲蒿山山亦產茶蒿山寺在焉靜樂山在均山鄉有靜樂禪寺景物甚幽唐湛然禪師建道場於此向東爲甑山俗名東甑山以大蘆

山西之甑山爲西甑舊有古庵創自六季梁蕭子雲贈法海師還山詩忽聞甑山侶萬里自相親者此也偃嶺君山最高爲主峰此嶺在前爲之東導若承使然故名榭嶺上馬嶺下馬嶺二嶺相距半里而近山徑崄仄行人解鞍言方上馬卽下馬也香山在縣南三十五里均山鄉昔有高人游此聞異香焉與蘭山南之香山同名異地駱家山白家山石龍山四頂山轉山由轉山而西北爲周官山山亭淸泉均山三鄉之界銅官山之東北爲大嶺均山淸泉二鄉於此分界小嶺亦名蓀嶺在縣東南五里有三塢前後連互賀方回墓在焉生前自造石塔刻所作銘立於墓旁又有慕容彥逢及王琪墓縣嶺下山上山龍潭山滄浦山山巔舊有承雲塔蔣之奇墓在焉山下之水淸波浩淼昔人謂其有滄浪之意故名銀樹嶺壽山一名陽山廣福山以廣福寺得名元僧古田謂杜樊川水榭在是築室三間以水榭名張雨有詩梅林山有梅林澗源出廣福諸山北流入東氿周葵墓在焉烏墅山有烏墅寺在焉俗偁烏池庵九里山在縣東九里斷閣山北臨東氿麓多巨石風水相搏湍流峻急舟行者畏之笏嶺象山之陽爲黃芥山千茅山慈照山以慈照庵得名石郎山王家山獅子山諸峰從此而起無風山回嶂曲阿颷輪難到杜子美詩無風雲出塞不夜月臨關昔人以無風不夜竝爲地名茲山之號正與之同矣亦名巫峰山俗偁胡纘鄉音訛也海會山有海會寺天隱塔在焉喬林修竹怪石古藤奇趣橫出前有平疇幾及百畮游人至此樂而忘返淸明山與海會接登覽者心曠神怡故有此名大嶺山沙山蔣塢石筆山石巖嶙堅其形如筆扇山隱兵山洞壑幽邃談兵之家謂可以設伏制勝因名西干山石鼠山山形似鼠銜尾相屬首山牛頭山黃山天脊山成宅山以成宅里得名陽嶺自龍池東出又東爲鯉魚山下馬山大乘山山下有洞祠旁有庵名大乘寺當龍池磬山之閒行人可憩山因以名俗偁大成山王家塢靈谷山靈谷洞在焉蝙蝠山小牙山小峰聳峙如似虎牙東麓山梅塢牟尼山岡巒相屬如牟尼之珠故名竹磯山印山形方如印白鶴山舊傳有鶴飛翔故名白鶴之洞在焉若歲旱有石燕飛出則雨白鶴山池南爲張

公山有張公洞道書白雲經云天下福地七十有二此居五十八洞開於孫吳赤烏二年所有張公或以爲漢道陵或以爲道陵孫輔光或以爲唐果老攷之時代殊多不合蓋即九斗山神張眞人也洞與善卷地脈實通舊有張公張姥像廣惠昭妃夫婦修眞者足以當之今洞府依然而石乳結成之像盡遺宋鑿天窗洞戶大半傾圮矣**會仙巖**宋紹聖時有名衲見二叟倚石對飲回睨忽杳因以名巖甘泉之源竄於其下有飛蓋洞深逾二丈門惟一人可入仰視之若飛蓋焉**又西南爲金晶巖**石壁巉如斷齶深廣十尋水出壁下半流兩崖瀕水石坻十客可環坐水流如抉繞之巖石晶瑩日色映射金光絢爍奪人目精也**佛龕巖**巖下有洞高丈有五尺廣數倍之左側有流泉宋時嘗傍出一石佛乃端拱二年所造時以爲神偁其洞爲佛屈洞因以名巖焉**玉女山**一名蓮子山山巔有玉女潭水色山光明靚無匹唐權德輿偁陽羨佳境以此爲首李滁州置莊於前史溧陽進聞於後名人記詠不勝縷載至今爲十景之一**花蛇山白鶴山之西北爲穿石山**亦名洞山又名蛟山十道志云晉時有大蛟孕子人得其殼可容三斛按蛟生不孕其卵由蛇雉之精入地而成啟殼之口裂山而蛟出謂之務洪此所得殼蓋蛟出山後所遺也今山爲宕戶所鑿迥

非昔觀矣山下有牛尾泉**石灰山唐貢山**卽茶山唐時茶入貢故名今其村名唐貢里居民多藝茶茗小峰纍纍概偁之曰茶山**迤西爲西山東山青龍山**石色多青**黃龍山**石色多黃**鼎山**取三峰鼎立之義其下有市陶人多聚焉俗偁丁山**自銅官而來與鼎山夾谿對峙者爲蜀山**亦名獨山蜀獨古同字西蜀之山多孤峰屹峙高出天際茲山雖蕞亦特立於東谿之濱了無屬峰川流環遶林麓疎秀蘇長公之來陽羨愛其似蜀覽而賞之後人爲築書堂於坳數傳以下謂公自築而獨山之從古字爲蜀者亦謂公以鄉名改之矣山足今尚有東坡書院民皆依山而居煙火甚盛與鼎山並爲陶市**王家山之東爲獅子山曹家山小岕大岕金宕山**古人以銅爲金宕者鑿石之戶也是山得名與銅坑相似**羊角山磬山**山形如磬有磬山禪院**普目山**普月庵在其下有洞名西施洞磬山之水出焉從此西流施施然石乳凝結若幡幢羽蓋雪瀑飛注榛蔓蒙密人跡罕至又名武陵洞**横望山岡關山桃花山西觀山**與東觀山皆拱抱龍山如朝揖然**楊梅山霞山冬青山**山多楨木**東觀山羊婆山龍山**向東爲懸腳嶺與長興界**觀音山大東山小塢昌塢豬母山石門岡**府志載縣南四十五里有邊莊南唐封域止此與吳越接界爲營屯戍守之舊名石門岡之得名以此**紅嶺**山多紅躑躅花時照耀爛若蒸霞土人偁爲洪林山**周墓山赤石塢**俗偁積石塢口隘中廣先平後高游覽者目爲小桃源勇姓名居爲**鑿壁山東林岕裏塢揚名山馬鞍山**迴潭在焉潭旁有宋尚書孫覿墓**東山頤山**俗名廟山陸希聲退隱於此名其山曰頤山作山居記謂山在易頤之象山下有震震爲雷爲龍頤山之下東走震澤震雷魚龍之所萃毓有頤象焉希聲又著二十七詠記臺池泉石林木之勝**又東爲均山**一名南山重巒複嶺東接長興均山之鄉因此而名**楚山**一名鳳凰山**大潮山**有大潮福源寺所產牡丹最爲奇葩**蘭山**以產蘭得名斗入太湖五里二山連亙南曰大蘭山北曰小蘭山郡國志謂之石蘭又名香蘭山山有石麓名蘭座礙隨水盈縮以爲隱見舟行者多罹其險明沈侍郎夫人卞捐貲運石築高疊以爲標望人始知避**東南爲義山**東臨太湖西抵垂腳嶺有義鄉故城遺址猶在**子山鏡臺山湘子嶺**在鳳川與長興界**凡均山埒近之**

山自茗嶺而來分隸長興者絡笠山祁塢嶺西川嶺山形峻咀有似蜀川故名**篆嶺垂腳嶺**俗名懸腳嶺行人陟嶺者至此多退藉云**啄木嶺**舊有境會亭唐時湖常二守貢茶會集於此**廿三灣峰巒巃嵸直達太湖南幹之山在荆谿者至此而止其北幹諸山亦發天目由廣德經溧陽句容至金壇自亘常山平衍五十餘里抵洮湖西北濱入宜興境爲柚山**昔人多種橘柚於其山舊有蔣氏讀書精舍山饒巨石臨瞰湖瀕風起浪涌濺沫如雪**與柚山對峙在洮湖中者爲大坯山**亦名大浮山上有普門禪院**南爲小坯山**亦名小浮山舊與大浮俱在洮湖中輿地志云水底有石室石上有虎迹水涸則見今南麓隔水處漲成陸地**柚山之南爲周山**三國時周生烈嘗寓此後人獲闕碣於山下乃周生氏所作或以爲烈葬此山者誤也其支峰爲東山**前花山**以村得名**白鳩山**山形似鳩聳立湖濱**張山石龍山**一名漸山舊志云在洮湖濱峰皆奇怪取詩漸漸之石爲名**黃家山**下有石巖

大士明萬厤閒鑿崖鐫像後失太史國華於巖下築室五楹顏曰雄峰獨坐今稱棲雲院者是也張山之東爲
安山丁山力山一名陽渚山逆驅西南𢈞山起焉與溧陽界山形錚擁如弓弩故稱𢈞
焉亦作凾山山下有亭址後遂置𢈞亭城𢈞亭寨俗稱𢈞姓姥於此得道因以名山非也爲北幹之大宗𢈞
山北出爲臥牛山其荆山及大蒻山小蒻山落霞山俗名聖塔山在
清津之西自柚山而來環拱𢈞山舊隸宜興今屬溧陽者周圍皆宜
興境土人謂之插花其脈由蒲干蕩東渡爲琅玕山石色璀璨如玉故名山巔有龍潭旁立龍
王堂並祀龍母俗稱白龍孃孃每歲龍朝其母山足之田多獲甘澍旱歲禱雨靈應如響遶南爲伏牛山以形
名安樂山安樂村在其下山因以爲名東北爲董家山金豐山又有黃土山
彭莊山在彭莊俗稱彭祖山又東爲都山一名工字山漢𢈞亭侯蔣澄大墓在焉山下有𣲖爲都山𣲖
抵北幹山由宜興入荆谿者𢈞山之脈驅東南四十餘里盡爲

重刊荆谿縣新志　卷一　疆土　山　十八

平疇至龍游谿始與離墨山脈相接南幹山由荆谿入宜興者
離墨山之脈循章谿以北三十餘里至亳村高塍發爲墪阜𡾃
嶸不絕其最有名者爲柯山在萬金鄉有漢雲陽亭侯蔣默墓亦名竹山今山已平剷僅小阜種
竹耳有橋名柯山橋東北渡運河爲㠊山山無草木曰屺變文作㠊俗讀如計故又名計山山巔有龍潭
旱不耗澇不盈禿角白龍居之雩禱輒應宋置祠於上蔡肇有詩山下有亭曰㠊亭許氏落星之閣在焉其枝峰南
出爲保安山山有保安寺故名寺前有明御史湯京兆墓蝦蟇山北爲金鷲山舊志云昔
有金鷲飛出於此俗名鷲窠山李山有李山禪寺㠊山東爲挂弓山向南爲玉犬山
形如犬伏俗名狗莊山虞山山多連理木堵文忠於此廬墓有枯桐再華之端東渡陽谿郘陽山𣲖也
爲浮山一名甘草墩周孝侯孝感之所著也四圍皆水故稱浮山詩人題詠目爲浮峰𥳽碧者此也今以陽山之足兩
峰對峙者當之失其旨矣陽山亦名峄山山上一石有劒痕相傳周孝侯試劒於此陽山𣲖在其下澄波千頃山足有彪

善寺其東濱大湖在沙塘港之南者爲洞山洞山之鄉以此得名唐時亦稱洞庭竹
山山足斗入湖中有洞出白泥可堊壁明史懋錦詠竹山詩謂道竹山無足奇足山之奇在山足自注云竹山一名竺山以
其似天竺也或曰足山山之奇在足云又有同在湖濱而其脈由無錫之陽山驅
西南而來者爲百瀆山山下有百瀆村村北里許有陳䒶𧿹山隸陽湖縣界蓼莪山元時有王
彬者慕王裒之義築庵山足名以蓼莪讀書其中歿亦葬焉後人因名其山爲蓼莪山舊志謂王裒嘗隱此者沿俗傳之誤也
而太湖中之七十二山記者皆以爲陽羨之脈境隸宜興者惟
杜圻洲之北𡵙山在西山馬蹟之閒今稱平臺山亦名盎山山無居民洞庭記謂范蠡所宅未可據也石形
多似鷰卵光潤可愛取之則有風濤之患舟人恆相戒上有禹廟相傳神禹鑄鐵釜覆孽龍於此今廟右尚有鐵色砂盈畮也
神座之下孽龍所伏每陰雨則地下殷殷如雷聲廟前石柱聲亦相應過閏年則石柱縮短去山九里亦見鐵色神砂起洪波
中廣三丈長五里所首屈曲如鉤蜿蜒水面尾隨風擺漾或南或北不出十步之外距神砂五里所復有暗砂一道不透水面

重刊荆谿縣新志　卷一　疆土　山　十九

風波至此捍激而返迴波噴薄如白龍戲水其長二里凡三曲二砂之尾皆遥指大雷山此亦山之奇絕者也總之宜
興山少而易著荆谿之山則重岡複嶺蔽日梦雲舊志所弗詳
詢諸土人不能縷述畧綴其名而已其有雅俗異稱襲近殊號
無可攷證者闕焉置之夫陵谷變遷古今何限闕陳公之洞龍池
山麓舊有一小山怪石纍纍泉出其下明正統閒風雨大作水激石墮有竅如門土人陳輿命工闢成一大洞長可二百步闊
二丈餘前後二門光可相接人以張公擬之號陳公洞奇境欻開堙蔣墓之潭蔣墓龍潭穴出山頂
水清有魚或取烹之食已而殂遇大雷電龍火輒焚林木後以鐵投潭中遂息蔣侍郎燦書龍潭二大字刻碣今遭鑿礦潭堙
墓杳矣靈蹟遂泯昔人謂陽羨之鄉地力勁挺今時石山多伐石
土山多取土勝境名區俄焉阬塹而燔林棨木之禁不克盡申
物產雖阜地脈易傷嚴則童而崖則圮虞衡廿八之政令所望

於撫斯土者

水記

地不越二百里爲湖者三爲谿者九浦涇漊瀆不可縷數洋洋乎澤國哉記風土者曰陽羨荊谿震澤之會也然則洮湖滆湖在太湖之上流者以太湖爲宗姚谿塞谿陽谿朋谿在荊谿之陽蓮谿章谿爛路谿東瀉谿在荊谿之陰者以荊谿爲主九谿攷曰風土記偁陽羨谿九僅有六餘皆不知其處宋史能之毘陵志引之以爲子隱時已如此則川源之湮塞可知夫訪蝦虎之址已拓頭匡尋鸕鷀之塘無存涓滴漑淺塡淤豈能盡免然即陽羨之谿而論九谿不難知而六谿亦未晰也攷谿之載於史志者洞谿竹谿及惡湖谿皆爲山澗新谿洑谿之近城又其小小者則六谿之名大約荊谿以外塞谿蓮谿章谿陽谿東瀉谿而已蓮谿源出岊山東入白雲涇史志所云今無異說荊谿東西亙百里或謂專指城中而言或謂今西運河偁南谿者是以古

臨津城南臨荊谿之語證之不辨自破塞谿今無確指史志云東入洋渰則即今之馬公蕩無疑也章谿之源出於章山史志疑爲張渚夫章山六十八里蟠金泉永豐兩鄉今張渚有永豐之水而無金泉蒲墅之渰獨全受焉寰宇記又謂章谿在縣西南三十五里蒲墅渰之地與之正合陽谿源出陽山岊山虞山諸水匯之即陽山蕩也史志謂縣東北四十里則以陽谿之瀆爲陽谿矣又云東瀉谿亦名竃畫谿因任昉詩長谿水東舍疑瀉字爲舍之訛以李栖筠茶舍名東舍者從後偁之而又載折谿夫折谿本畫谿之名有訛爲折谿者王象之輿地紀勝也有改爲蒙谿者陸希聲山居記也其形曲折或北或南至蓮花蕩始東流趨震澤則東瀉谿當爲蓮花蕩而折谿爲其上流必合蓮花蕩而始可偁谿也其餘三谿以史志證之向有爛路谿在縣西五十里北流至臨津以地里計之今之談墅蕩與坦蒲蕩相接最近臨津北濱圍田爲汜湖場爛路之名所繇來已史志又謂朋谿在縣東北董分升嘗卜居建橋舊志云與浯谿近今志列浯谿於黃土渰前朋谿無攷不知朋谿即黃上渰董氏築楚頌亭成蘇公之志以蘇嘗欲居黃土村也黃土渰與浯谿比故通謂之朋谿此外又有姚谿史志不載但載縣西六十里有都渰源出洮湖今姚村相近有萬笪村舊名姚谿村其水流入都渰則都渰即姚谿矣夫谿文從奚義取大腹非渰蕩而偁谿

者皆强名之耳陽羨澤國其以谿名者何止於九九者特先得名耳風土之記固非周氏原文今且不采谿字又烏乎拼谿名哉然陽羨在秦以前爲荊邑榛莽之地谿亦謚焉自宜興析縣以谿爲名而是谿遂爲兩邑南北之界故分水受水以東達於太湖者首推荊谿谿之始爲楊巷河古人以荊谿爲中江蓋統胥谿以上言之今則獨以入宜興境之長谿爲荊谿故以楊巷河爲始楊巷古函亭城漢蔣澄居函亭今楊巷西之湖墅里乃其故地後即所居處封函亭侯築城於此城廢爲城上里趙宋時楊氏居之爲大族遂名楊巷自楊巷至大浦谿流東西屈曲袤將百里古詩云荊谿百里水涵空是也溧陽西來之水及洮湖入蒲干蕩南流之水皆入焉經楊巷西橋名廣通橋其支流南出爲蓮谿俗名蓮河谿咸淳志作蓮荷谿其經流出楊巷東橋名經堂橋東至六科圩河口南別爲趙瀆谿又東至分莊廟南廟祀廣惠王前有潭大旱不竭義勝圩以北之水南來注之又東過皇甫

橋俗名王母橋皇甫之音轉也橋南爲皇甫圩今兩邑並無其姓圩轉偁爲王家圩與皇甫舍之訛爲黃袍舍皇甫瀆之訛爲黃母瀆皇甫公橋之訛爲王母公橋者皆無從究詰矣又東爲臨津渰俗名注洑蕩以其注西洑也其北瀆爲臨津故城梁太守任昉廟在焉姚谿之水自西北來注之都渰俗名都山蕩與新基蕩並偁姚谿其水一出干西臨津橋與新基河合流東逕經蔣圩谿入臨津渰一出臨津河口入臨津渰爛路谿俗名談墅蕩今偁馬家灘是也南近談墅諸村爲南馬家灘北接皇甫圩諸村爲北馬家灘之水自西南來注之東過欒成橋唐浦俗偁唐家谿之水自南來注之東至五條俗偁五港渡北流者入塞谿俗名馬公蕩迤東南經城塘橋者由古臨津城至義興城此爲塘河自楊巷河至此俗偁北谿河爲西洑洑讀爲九鄉音實古音也從九有糾聚之義謂以九計程者非西洑初迤東北別爲閃谿河俗名北陧風河明曹尚書三鳴請于水利御史撥縣開浚以閃避西洑風波之險東流經章浦章谿之水自西南來注之章谿即蒲墅渰俗名蒲墅蕩章浦即浙楝浦亦名浙

洞古有章浦亭晉周玘封章浦亭侯即此地也又東過嘯莊南晉太守謝淵居芳硯里置別業於此名曰嘯莊鄉音訛轉爲嘯莊後人遂謂蕭氏居此而名非也出鰕龍涇鰕魚四足謂之龍魚今游沒之潛虬泉有四足鮎者即此也鰕嘗有之故以爲名俗偁蝦籠涇蝦鰕字通龍籠音訛也爲小氿今名潭氿按古陽羨城在小氿濱爲蝦虎城蓋古偁蝦涇就兩氿之[illegible]中處連小氿及城河之出東關者通計之今則以小氿西口[illegible]里許者爲蝦籠涇由此而東別偁小氿東抵城別出福德橋遶北郭至湯家橋又別越南郊經新谿宋縣令司馬旦所鑿俗偁碓坊橋河深谿遶洑谿其經流由通利橋俗名西關橋貫城過蛟橋俗名長橋漢陽羨長袁玘所作晉征西將軍周孝侯嘗斬蛟於此出廣濟橋俗名東關橋抵李公隄明正統間縣丞李晅築以禦風浪者後知縣鄒旦主簿王能追建杜樊川水榭於上今偁水浮地風遶東北郭至湯家橋會福德橋西北來之水同出迎恩橋橋足有迎恩亭爲運河過李公隄會洑谿南來之水東出爲東氿亦偁東谿按任昉落日泛

舟東谿詩云交柯谿易陰返景澄餘映蓋指罨畫谿言之今俗以西氿爲西谿東氿爲東谿非古偁也北別爲通㵾河明縣令馮惟訥與邑人吳仕所鑿俗偁蔣巷河河口名丁死濱經五瀆唐角諸港達橫塘東過梅林港北又東過蠡口南單鍔水利書云宜興東有蠡河橫亙荊谿東北透湛瀆東南接罨谿昔范蠡所鑿與武進西蠡運河皆以昔賢名呼爲蠡河此蠡口即宜興境蠡河之南口絕荊谿以通張渚河者也又東過施塘河北北爲北施塘南爲南施塘蓋因施姓居此而名俗作施蕩謂范蠡載西施遊蕩於此傅會鄙謬又東流南折出大浦李嶠所謂太湖浦也入太湖是爲荊谿之終荊谿之西北爲洮湖俗名長蕩湖有北港中港南港入宜興境南港由高亭橋東經前花南至壽星渡小坏山之東一水南出橋口經雙廟至陽渚迴南來會之過溧陽孔山前宋置孔山寨巡檢處南出者東迴歸逕谿東出者爲楊巷河又橋口以北之水東別出上黃藕石橋曲折入蒲千

蕩今上黃口堙塞不通中港自大坏山東經匡莊及山下村南出鵬程橋入蒲千蕩北港自金壇湖頭東趨接渡橋過雙鳩墓在馬塘渡元儲原善二女遇紅巾賊投水死節並葬渡旁母往哭輒有雙鳩繞墓悲號人謂之雙鳩墓折南至河頭橋以南爲北乾河與中乾河南乾河皆瀕淺易涸故名過郵塘閘復東趨龍舌尖出江莊橋湖頭之水又南抵新墅東折過江步蕩爲長壽河俗偁中乾河至龍舌尖會郵塘東趨之水出江莊橋南乾河之水自南注之同出大儒墓橋入莊河其南流過新墅者直入蒲千蕩蒲千蕩在洮湖東即清津也金壇北來之水及洮湖旁出之水並注之南流入於楊巷河蒲千蕩又東出過姚谿橋爲姚谿河經泉左蕩入姚谿姚谿東南流入臨津瀆東出過王家橋經鍾離寺前入孟涇即孟津河

唐刺史孟簡所開浚也東北別爲南乾河經儀墓橋與長壽河北乾河合流之水同入莊河莊河在大儒墓東三乾河之水注之東貫孟涇至湖瀆橋入滆湖長而中廣其形似鬲與九河之鬲津皆以形名後人加水爲滆舊志謂有滆姓擕龍殼歸地陷成湖此與孔山以孔姥名之說同一不經孟涇從武進來橫貫莊河達臨津有莊河港一名湖瀆南屬宜興北屬武進彭瀆大渚瀆蔣瀆當渡瀆俗名花家瀆莊五瀆西亳瀆觀瀆薛瀆仙人瀆栗瀆滸瀆李塔港在其東孟涇自北至南歷經諸瀆水皆東泄入滆湖孟涇又東南爲塞谿諸水從西北來注之東北入滆湖塞谿又南出折東爲白龍河俗名宋瀆河經澄潭里抵梅村南趨洋蕩過程墅橋與閃谿東河水合入西氿白龍河之西爲遺愛河俗名雲霧河五條港之水分出注之東

北爲亳村涂經後灣邊高塍與漏湖東面諸瀆之水合流經三洞橋至鮑家莊北出前亭橋入運河南經工文橋（以工文庵得名唐荆川嘗講學於此）出西湛瀆口入運河漏湖之北東爲陽湖西爲武進其南爲宜興洮湖之水注諸川者皆自西注之經武進陽湖界折入宜興境分水墩入太湖其瀆港三十有七（莊河港至李塔港見前孟涇下集義瀆至五洞橋見後運河下）自西北莊河港迆南至李塔港圜轉而東與運河之水合運河起陽羨門外（今偁北運河以徐舍南谿河爲西運河）西氿之水抵城邊北郭貫城抱東關皆北流注之出迎恩橋北過邑亭橋又北過和橋又北過鍾谿又北至五洞橋皆在漏湖之東漏南之水集義瀆樓公瀆（宋熙甯間縣令樓閎所開故名）湖頭瀆新河瀆瀚瀆東西桃園二

宜興荆谿縣新志　卷一　疆土　水　五十四

瀆馬瀆朱瀆賀瀆梅瀆亳瀆新瀆湫瀆（今作邱瀆即呂家圩港咸淳志湫瀆在縣西北二十七里）皆北引漏湖東南達高塍河以注之漏湖水之東出者高瀆之水自西湛瀆注之富瀆之水自前亭港注之永豐瀆之水自莊瀆港注之西鋤港（即塘瀆港）之水自塘瀆注之馬㫁瀆之水自北高橋港注之車口港（即湖瀆港）黃瀆港練墅港（俗名楝樹港）聚龍港（即官載瀆）各自其港注之至五洞橋與陽湖北來之水合南出小洋蕩入陽湖境運河水之東出者自東湛瀆至黃土港多由橫塘河會陽谿朋谿之水以入太湖東湛瀆河爲鑫河由湛瀆橋至道成與福南經境安上塘楊婆諸橋出爲河口絕荆谿以達於張澤河其別出者由興福橋東經下裴蕩至橫塘河合陽谿東出

之水入太湖草塘港出草塘橋邊邑山西與湛瀆之水合東塘瀆港由官路橋至皇甫公橋（俗偁王母公橋）合浯谿蕩入太湖順瀆港經茅庵前南折達官路橋與東塘瀆港之水合殷村港（即張公瀆河明縣令方逵時與溧陽史際重浚）經萬石橋尹隆橋東北合浯谿蕩黃土港東北達黃土涂經東黃土橋曹橋新塘橋至分水墩入太湖北㬎港（土人讀㬎如渠亦偁北渠港）東經小灣渡合黃土涂黃土港經西黃土橋入黃土涂橫堪河南起東氿南劉港口（南劉村蓋劉姓嘗居此俗作男番謂昔時老嫗生三女一男三女盡爲蛟吞子隱斬蛟嫗男得無恙故欣幸而名之其語誕妄不足信也）北至百瀆港三十餘里分泄諸河之水以下諸瀆陽谿在陽山下邑山虞山與陽山之水匯之東絕橫塘河由陽谿瀆入太湖朋谿自黃土涂以及

宜興荆谿縣新志　卷一　疆土　水　五十五

浯谿蕩皆偁焉（黃土涂俗名白魚蕩在東西黃土二橋之閒東坡蘇氏於此游賞以與浯谿近故號朋谿）運河之水東下爲黃土涂由百瀆港入太湖南分爲浯谿蕩（亦名吳谿蕩）由浯谿港入太湖凡荆谿以北之水隸宜興境者其入太湖之港自百瀆以至大浦舊偁下百瀆今可名者四十有二（此與下文上百瀆可名者二十有三皆據宜興舊志爲言其實數別詳百瀆攷）荆谿以南之水隸荆谿境者楊巷河南出至溧陽境谿口村會邙山前南流東迆之水爲蓮谿未至蓮谿東別爲滸坫河入爛路谿蓮谿之水經芳莊西圓照皇甫舍（唐皇甫冉嘗居此以上在運河北爲北蓮谿）偏西貫運河（以下在運河南爲南蓮谿）南趨潘家壩港入白雲涇以達於章谿蓮谿之東又有下新橋河南流入白雲涇爛路谿受蔣墅談墅諸村之水趙潭谿水自西

北曲折經六科圩迆東南注之東北出臨津與臨津滄水合流𣶒路谿之東南爲白茫谿谿出紅眼銀魚爲珍品臨津滄之水自鈌口南注之西南經樂田里東南經美樨里俱至徐舍入西運河西運河俗偁南谿河自溧陽來經渡濟橋三十里至徐舍又十里出章浦入西氿白茫谿經美樨里者東流入唐浦又東爲拜谿今名拜都潭東流入城塘河南流入西運河拜谿東南有宜豐河出章浦北流抵五條港折南遶章浦口歸西氿舊時宜豐河北流會五條港之水歸遺愛河自秧圩築壩後五條港水勢迅利莊前河瀝隘泄水不及故宜豐河水折而南還也章谿源出章山章山亙永豐金泉二鄉六十八里諸水悉匯於此屋谿桃谿烏塘滄祝陵河會諸水注之太華諸山七十二澗之水由蕊湖谿俗名烏谿下西洋渚至篠里爲屋谿屈折

遶亳陽湯泉東北至堰頭爲琴川又東北迳蝦蟆墪俗名水浮殿大樹里入白雲涇與蓮谿水合流至坌墅見府志坌外也此字字書失載今土人讀如艾五會切之音變也水西橋南出經鯨塘會𤐨山西下馬蕩之水入瀫里河南流由橫谿橋入章谿茗嶺諸山之水下桃谿卽張渚河經五洞橋上干港入章谿梅子嶺鳳凰窠諸山之水下烏塘滄經莊村至橫谿橋與屋谿之水合入章谿銅官南面諸山之水下祝陵河祝英臺嘗讀書於此後人名其村爲祝陵醬產佳釀古詩云祝陵沽酒淸若空是也會善卷東澗水繞畫山歸西澗出上干港與桃谿之水合入章谿章谿又經盛谿韓谿胥谿今名盛家渡韓家渡胥家渡迤東北爲章浦入西氿東分爲癸涇俗名歸涇河咸淳志作癸涇卽涇至東港橋與瀇渚諸山之水合流經夏芙橋

一出南洋蕩過章浦口卽洴澗口入西氿一東出爲陸平河一名坂下河俗偁牛夜河北入西氿一由陸平河北東下三闊洋至獨角廟廟祀虞愚王入西氿三闊洋之東有後袁河明知縣袁道所鑿今偁南隐風河西首初起爲𣶒北河經塘前城上古名吳城孫吳時陽羨城在此諸村北出西氿又南由秦公壩至九里受銅官南嶽之水至土干出小氿小氿南出爲深谿銅官北面諸山之水出慈谿三洞兩橋至此與小氿之水合過岳隄東出至湫谿新谿在深谿北小氿之水注之遶南郊過碓坊橋與深谿水合流至湫谿湫谿在深谿新谿北銅官南左篠嶺諸山之水注之經龍王堂入東氿東氿東流抵蠡口南南折爲蠡河卽張渚河與北面宜興境之蠡口東西相對銅官東面諸山之水注之南

趨二十里至蜀山旁與川步河之水合川步河銅官東南諸山之水注之至蜀山合蠡河水經牛闌灘入東滆谿蠡河之東爲施塘河東氿之水自北注之南至湯羅圩東折過楊岸圩南茅圻河之水自北來會歸徐瀆入太湖茅圻河南起方家圩北至楊岸圩與施塘河合流入太湖東滆谿自湖洑渚直至蓮花蕩東趨太湖者是也宋以來偁東滆谿者皆以爲畫谿之別偁不知畫谿與永豐鄉之桃谿金泉鄉之屋谿竝爲山谿以兩岸朱藤掩映故稱畫偁焉曲折北南至蓮花蕩而後東趨震澤故畫谿必合蓮花蕩乃可偁東滆也亦偁東谿梁太守任昉有落日泛舟東谿詩卽指此處後人因之偁爲昉谿今蓮花蕩相近處有昉谿庵也源出湖洑山由宫前抵湯渡東別爲柴瀆河入蓮花蕩其過湯渡者至蜀山牛闌灘與蠡河川步河之水合流爲蓮花蕩東趨入太湖凡荊谿境之水自大浦港

以南後河港至董塘港舊係上百瀆今可名者二十有三百瀆攷曰自伍員闢胥谿而荆谿為中江居數郡之下流後人治水於震澤口疏百派以分其勢陽羨百瀆繇此得名荆谿東南之瀆係上百瀆以湖洑諸山之水自上注之也其東北為下百瀆宜興析縣後在南者隸荆谿在北者隸宜興宋史能之咸淳志著百瀆于宜興謂舊載瀆名七十有二率隸是邑然晉陵新塘鄉鴉步村實號百瀆口亦有隸其閒者並詳疏焉 國朝金友理太湖備攷載宜興荆谿六十有六瀆宜興舊志亦載太湖瀆六十有五其係名與史志不異者鄭瀆吳谿大墟沙塘符瀆黃瀆五干金氏攷作午干歐瀆彭瀆毛瀆葛瀆趙瀆徐瀆師瀆黃干北津中津麥瀆社瀆南津官瀆大浦湯瀆魏瀆亦作衞瀆呂瀆今湖洋嘴港廟瀆今尹家瀆烏瀆今烏谿也其係名與史志畧同者陳墅卽陳莊今釣湮港堵區卽堵墟亭瀆卽山瀆長林卽長令金氏攷作長淩邾瀆卽朱瀆古字邾作朱也和瀆卽河瀆金氏攷作何隆瀆卽龔瀆金氏攷作龔舊瀆卽臼瀆陽谿卽楊谿辛瀆卽新瀆淩義瀆卽淩瀆章瀆卽張瀆金氏攷作漳中邾卽北朱以邾瀆在北故此係中也梁新卽梁辛金氏攷尚作辛寺瀆卽寺莊瀆亦作仕瀆金氏攷作市北黃瀆卽杭瀆金氏攷尚作杭與廟瀆比楊達卽王搭鄉音變也金氏攷作洋大定跨卽

宜興荆谿縣新志 卷一 疆土 水 芺

定誇南邾卽南朱風川新港大港及董塘港皆東通湖西至山足史志謂之無口瀆一瀆實三瀆也亦有史志瀆名不備於今者墓瀆歷瀆鴨舍牛路其五賢瀆則明宏治閒巡撫朱瑄浚之馮巷龔師蛇瀆李莊新漕馬家俞家西市臺莊握瀆握亦作掘塢瀆土瀆虞瀆岸瀆須瀆許家季家竹門前塘永昌吳瀆蔡瀆陳埭甑箄蠡瀆胡瀆古龍草瀆陰陽莊墅不知於今何名何者隸宜興何者分隸荆谿何者昔隸晉陵今隸陽湖其宜興志所載名不列史志者河墅瀨瀆下澤五寺金氏攷作五字澄瀆金氏攷作陳吳泗洪港金氏攷作洪巷卜瀆金氏攷作汴洋會金氏攷作洋匯後河南河趙莊雙橋南黃金氏攷作南杭蘭後之瀆港獨北通此見存可係者又不知於史志何名矣史志師瀆下又有後師瀆黃干瀆有前後今則獨係師瀆黃干而已而盛瀆與梁新比蔣瀆與南津比舊志失載厥地尚可追尋其瀆名載史志如褚店高莊高涇及何談為吳談橋苦丈為古長瀆茅者為茅圻斯塘為施塘楊巷為楊岸今或近湖而已不係為瀆或僅係瀆而名在實亡不能徑達於湖然皆古陽羨瀆也其史志與舊志皆不載者五寺南又有湯瀆與荆谿湯瀆異呂瀆南又有徐瀆與宜興徐瀆異而魏瀆南有邵平橋瀆五房橋瀆觀音瀆見於金氏備攷雖大半淺塞而彰彰可證至若丫白瀆雙瀆市橋許墓及梅塘之為梅堂蘆瀆之為蘆荻港史志所載今

其村名皆在陽湖新塘太平二鄉特與百瀆相近而已水利諸書又著宜興鴉瀆畱溝瀆丁圻瀆鴉瀆亦作丫與畱溝瀆皆不知其處丁卯益為河墅堵區兩港之別名大抵宜興太湖之瀆百瀆港界陽湖自為一港由是以南至太浦名者四十有二而故瀆之可攷者七荆谿太湖之瀆無口瀆接長興別為三港由是以北至後河名者二十有三而故瀆之可攷者十視向之所係七十二瀆者已逾十數唐鶴徵云宜興往有百瀆今僅七十餘然則百瀆之名固不必如史志之取足於陽湖也五季以來百瀆諸處北自竹山南至蘭山盡漲蘆洲舊時港口多在洲內一二里水道既殊地名更易百派之名又誰能鑿空坿會哉

皆入太湖太湖在邑東隸本境者百里聯他境者三州東至項沙為蘇州南過董塘為湖州迴邑諸水涓流滴瀝太湖為之委輸洮湖之水分注荆谿及滆湖以入太湖荆谿之水西北挾姚谿塞谿西南挾蓮谿爛路谿章谿匯西氿達東氿以入太湖東北則陽谿朋谿東南則東瀉谿皆自入於太湖水利之書曰荆谿咽喉也震澤腹也腹者會歸咽者扼要故曰三湖以太湖為宗九谿以荆谿為主

宜興荆谿縣新志 卷一 疆土 水 芜

要隘記

形勝之家動言阨塞矣阨者搤不使過塞者絕不使通方今中外一家夷庚四達域民以界宜若無庸然占卦以設險掌圖以知阻要隘之地古今重焉宜興舊志詳阨塞於武備凡港道之荒僻山路之崎嶇皆詳其地形標其里數記其寇道算其兵防夫水營陸汛所以備患也寥乎廓乎洮滆巨區脊矣豨矣君章雖里必於出入之途一一為之防守則無事之日費既太繇有事之時力將不及此紙上之空談矣且義與自唐設十寨以後

宋建隆開裁更營制西南設分界寨東南設香蘭卽閬山在烏谿南地接長興其要隘在烏谿自浙至常水口必繇此入自皖至常水口必繇此出今者易水營守備爲都司周鐵之營移於烏谿兵權既重水道自清北岢之巡鋪（宋元祐開廢明正德開復設）東湖之瞀樓（明宏治開建）俱可勿設獨南山之地毗連廣德直達閩浙封禁之山人稀壤僻境曠道衝粵逆未擾已前泉漳溫台之民結棚以居尙勞鷹控今則桀黠流毗蟻屯蜂至結隊來往羣入各鄉或號墾田虎狠同悍或假過路雞犬不安其橋下諸村與分界山近楚豫之毗手持挢杖百十成羣者不絕巡檢外委秩微兵單張渚湖汶又非綜要之地樸民所至散而難稽夫强

墾者來卽奪攘之漸流民無著卽盜寇之階分界山南地多平岡可以安營可以築保誠相度地勢簡員守之武將以樹威文吏以治事平時稽其不物臨事備其非常規古之機宜切今之急務也熒熒弗絕燎原胡遏涓涓弗障決隄將狂粉飾因循棄險弗有林深而梟藏谷邃而豺竅尙鑒於前而毖於後哉

水利記

前代言水利者謂江北水利在漕江南水利在田欲籌其利必究其害陽羡在江南地勢最爲窪下吳蠶晉谿眾流皆歸中江水患之多權與於此至東壩增築則上流少紓然北挾二湖南溧萬澗金壇溧陽之水猶集於西其東行入震澤者定跨烏谿閬後三港爲正道迤北爲橫塘循橫塘而東下皆有瀆以入湖故山水暴發西鄉遲泄而易盈禾輒淹沒東鄉水勢稍緩又有諸瀆分寫爲患較輕顧畏商稅之漏逃盜蹤之出沒旁通港漊設柵阻之久漸淤塞水利之不講久矣夫開瀆鑿渠築壩置牐治水之大略也舊志已具載之宜興析縣後壩牐所在荆谿金泉鄉爲多道光以來張渚余氏建大石壩筱里任氏置利農牐除漂蕩之患收浸溉之功迄今利賴而宜興乾河亦有鄧塘之牐張清恪撫吳時檄縣置之前志弗詳今亦虛設河流變遷形勢故異乎通計兩邑諸鄉開寶洞山五賢多平野萬金神安清津多高原金泉永豐均山清泉近山之地多高亢成任百亭從

善溯谿之地多墊下旱不利高宜外疏河渠以導水內穿塘池以瀦水潦不利下宜近築圩岸以捍水遠浚溝瀆以洩水而宜興如陽諸胡巷南陳上黃諸邨河淺口壓又皆石底茂由開鑿暵乾之年水艱於入漲泛又不及出旱潦未成先受其害者清津之西惟茲爲甚水利所不能興也夫水行於地而利擘於人或用引溉挈水使入或藉宣渫抒水使出平時士民同耕者凡遇旱潦無論田之高下通力相濟自客毗沓來墾田者惟知自利遇潦而其田獨高則恃龍畝之未淹而不肯助作遇旱而其田獨下則冀鄰田之滲漏而怠於卽功至於山田之水自上而下田在上者耕蒔既畢次第放水山下雖值水少不得中堙今

者金泉之西陽渚永豐之祝陵山亭之潼渚大都居山中者多屬客民要遏水口山下之田無從得水涸鮒坼龜者往往而是夫蓄水之塘公私有別起水之垛基地有主旱歲治河不與挑浚者不得棹灌此農田例也楚豫之甿攘人便已比年以來雖有歉歲幸無鉅灾設遇流金爍石之旱鬭訟必多書之以諗官斯土者

風俗記

宜興風俗侔于古者屢矣地偏而儉也性佶直而淯遯也士尚儒術而不好遠遊民重耕稼而罕為商賈也蓋其山水勁厚而迴秀故成為風俗愈樸愈美自析縣荆谿後際于道光之間鮌

阜熾豐蕃其巨刼忠貞義烈萃于名邦勍平已還奉公者急課税安業者務蠶桑民人既稀睦婣收族之情摯貲財未裕救災卹鄰之誼明意敦朴可期返古而近年來澆習尚存者何也溧陽志謂翁牧小兒名呼尊官屠沽賤豎字繫某翁上元江甯志謂雅工儀文游習幕府貧託親故貲營末僚他邦所同之俗匪且有且矣萬歷間志謂輿服鮮華以僭為美庖俎珍麗以侈相高康熙閒志謂游觀訐訟以狡傾貲佞佛祀神以愚致乏前代所遺之俗匪今斯今矣就宜興荆谿目前而論風俗之患半在客民一曰侵攰新甿㬥桀地隟則踞田荒則墾持械爭雄悍不問主鬬很之風壞馴謹之俗者也一曰竊誘貧萌無匹多娶他鄉父俑嫁女兄俑鬻妹或暫或久潛攜以走逋逃之風壞貞廉之俗者也然而侵攰行于僻壤不在人衆之區竊誘害于編氓不為大家之累為上者隨時而諭禁之在下者漸久而馴化之無難丕變也凡人之情貧者難安富者可教守業則富失業則貧今十家之邨立茶社一鬨之肆置酒壚閒談羣飲侈肆日萌而害人之事顧猶非其至者夫指一物以語人曰是能殺人莫不動色而相戒而阿夫容膏之毒夫人知之然且甘之如飴趨之若鶩其始有疾者資之為藥而無病者遂藉以當餐曰休勿休曰儉難儉煙館之設幾于無閒邨市在饒足者不過廢時失事而窶人將不可問古之課民生者衣糧而止矣今則予以衣

而典衣予以糧而鬻糧此物不得患甚饑寒勢不至強者為盜賊弱者為囚徒不止大吏患之窮治愈急而源則不淨流惡乎清弁兵吏役利其陋規巨販豪商覬其厚息城中所售一日千金歲則三十餘萬民何能勿困哉其他博場倡肆俾晝作夜之事尤藉此為梯媒農惰于耕士媮于讀靡俗之未殄職是之由雖流毒方盛天心猶難轉旋人事豈易禁止然防其太甚過其未然厞敗羣之羊去害牧之馬使造惡者無與為緣而改過者有方自解風氣復古豈其難哉若夫祠祀之節會社之規婚喪之經農桑之候里巷之所沿習諺之所傳名紀歲華而編月令者舊志所載今猶古也

物產記

陽羨之區東西百六十里南北百四十里其閒巘野平疇高原下隰星羅碁布君章離𦪈之嶺南亙萬峰以迤乎西北則洮滆巨區挾九谿而東遶之山峻而淵深扶輿蜿蟺之氣人材之靈秀不能盡也地大物博宜已請畧道水土之所生民生之所賴者令後世得以采覽焉夫天地之利首歸農耕農耕首穀殖揚州宜稻自古而然稻穬者稉剛者秔秔別爲秈方言江南呼稉爲秈秈最早熟清鄉長壽河以北秈米之種特米市珍之謂之乾河米蟬鳴之稻六旬而收今俱六十日秈九早者爲五十日秈秔稉皆以香珠爲貴名類緐富老農不能盡識秈有細子紅穬銀條秔有大黃晚青天落黃老來烏諸名稉有金釵白果朱砂槐華芝蔴牛筋羊脂虎皮烏香赤馬鬉諸名

麥種先來牟今俱大小麥皆有紅有白麥產永豐鄉荊西路者良小元麥別出而首登亦名穬麥或紫或黃華皆以夜江南麥夜華江北晝華見食物本草夏華冬實者爲蕎亦作荍白華實作三稜或俱烏麥穮稻不及亦種焉菽之俗俱曰豆有大有小大菽以黃爲宗古俱荏菽曰戎菽言其大也或以豌豆當戎菽此因胡豆之名而傳會之別種青黑若紫皆俱黃豆苔爲小菽赤菉豆之屬亦有蠶豆成於蠶月神安鄉芮村產者良豌豆則蔓生胡豆也其苗或俱苜蓿藊豆有眉豇豆若腎皆種而熟者也藊豆有龍爪蛾眉諸名亦曰鵲豆可藥可食分黑白二種其別種爲刀豆可菹醃豇豆子微曲象人腎形李時珍曰古謂豆爲腎穀宜以此當之其色絳故俱[illegible]黑者爲羊角豆白者爲羊眼豆或紫或斑別種曰長豆卽帶豆夏秋之閒用充蔬茹其不種而熟者菉爲䕡王磐野菜譜䕡野菉豆也黑爲穭斑爲營古注營豆今名治豆一及翹搖翹搖薇也今名野豌豆南方不生粱黍稷則苗粱穟黍而翹大故蜀黍高粱名焉高粱非粱蜀黍非黍月令始誤黃粱爲稷今人又以稷爲黍二千年來稷無定名矣稷黏者爲秫秫本作朮爲秫作朮之古字隸省作朮訛作家述遂古通讀秫莫大於稷故稷獨得秫名稷又以黏者爲貴稌有秫稻粱有秫穀皆由黏稷推之也今北人通呼稷之黏者不黏者爲秫秫厥稈類葭亦名蘆粟御米何以與同名也俗俱珍珠蘆粟其罌粟華亦名御米與此別莖葉故似之穀屬又有菰米其根名菰首可爲蔬俗俱茭手亦名茭白中有灰墨者爲烏鬱米名雕胡雁膳黑實管子之所稱杜子美詩波漂菰米沈雲黑是也生於水涘朝成暮落收之爲難麻之實名蕡盛子者名苧爾雅俱爲麻母月令嘗麻食麻皆謂此亦作𪎊古者以爲籩實周官籩人及儀禮少牢饋食竝云𪎊蕡也今則罕充食饌唯作油然鐙和味用之胡麻方莖來自西域服食者珍焉石勒時諱胡改名芝麻有黑白二種黑者良八稜者名巨勝俗俱小麻以蕡麻爲大麻也蕡麻有皮可績爲布今禦寒之服布不用麻而用棉草實如繭種傳高昌棉不必木本

也草棉有紫有白又有鐵力棉色白而子純黑高阜種之衣被之資竝重於食已食蔬亞於食穀菘亦名白菜秋末冬初尤佳周彥倫所云晚菘也此菜種類極夥俗名不勝枚舉芥味辛有大小葉二種小葉者俗名雞腳芥薺味甘別有春閒生苗與紫菥名馬蘭者同采爲野薺芹水芹名楚葵生熟皆可啖今種於陸蕨紫綦也初生如鼈腳莧有赤白二種又別種名馬齒莧菠頗稜國種音訛爲菠薐亦名鸚鵡菜葉綠根紅似之苣白苣今生菜也咼國所產爲萵苣又苦蕒亦名苦苣或瀹或菹四時之常品本之大者蘿俗作蘆禦濕之菜辛而不葷湖濱多種之芋紫者爲香芋其紅芋之大者爲龍團芋白者爲飯團芋又有山芋色赤味甘亦名甘藷葑亦菘芥之屬卽蔓菁也亦名諸葛菜俗俱大頭芥葖蘆菔也一名來服以其能解麥毒來牟所服也別有山華蘿蔔產山石閒可禦荒葢蕎芘之屬也薯蕷俗名山藥大者爲天公掌其子名零餘子又有乳薯切之多白汁而黏廣德州志俱爲觀音乳強瞿百合也山藥百合山產者堅細不可多得臭之薰者葱一名芤一名菜伯其大者名胡葱韭一名草鍾乳坤雅云韭之美在黃春初取之爲珍蔬也蒜葉如筭壽故從祘祘古筭字蒜有太

小二種大蒜爲胡蒜得從西域小蒜郎爾雅之蒚蒜之獨瓣者偁卵蒜也**䪥**俗偁荔蒜亦曰䔉蒜其本似蒜其葉與馬䪥皆似韭馬䪥荔也爾雅偁爲芫東𧂁流俗之名以此舊志作禮蒜又與䪥重出誤**香荾**郎胡荾**芸臺**芸蒿之薹子可作油或以爲油菜非也油菜亦菘屬名烏菘菜**萌之脃美者竹筍**貓頭及燕筍爲最佳**蒹藋**蘆筍**根之甘芳者鳧茈烏芋**鳧茈音轉爲荸薺苗似龍鬚烏芋郎茨菰葉如燕尾多在水田中野生者小而堅**其無根而生則木石有耳**木耳名㮇亦作檽栮內則謂之栭馬融廣成頌謂之蕭鹽鐵論所謂耳菜也或以木菌當之誤矣石耳產高山厓石本草謂味勝於木素食家以爲珍品是也又有地耳生地上與木耳相似土人呼爲地苨讀如倪也**松竹草茅有蕈**松華蕈有松華處皆產春曰桃華秋日雁來竹菇生竹園中赤如丹沙味最珍稻稈腐而生蕈名草芝茅草地者爲茅柴蕈亦可食味亞於諸品又馬勃亦生茅草地鮮嫩異常蕈屬也俗偁馬糟勃以上皆地蕈名木上所生爲樹雜生桑楮者佳**與夫蘋蘩**蘋田字菜四葉合成一葉如田字也蘩爲白蒿皆春生可蒸食**荇**接余也葉圓如連錢**茆**鳧葵也亦名蓴南岳蘭堅潤中舊有西湖蓴**谿沼之毛皆可采而茹**

宜興荆谿縣新志　卷一　疆土　物產　美

也木果之生多在山鄉高原梅舊有梅子嶺梅林山而石亭之梅古所豔偁又有楊梅色紫而味甘君山西楊梅嶺嘗產蜜楊梅昔以入貢太守任昉爲其病民奏罷之離墨東北亦有楊梅山**杏**華類梅而豐豔有丹杏金杏又有銀杏名鴨腳子古偁平仲之樹其實如銀者也**李**李山舊多李或朱或青青李尤大嘉慶坊產者擅名前代名爲嘉慶子又有郁李名雀李小似櫻桃其華蔕相背而生詩偁唐棣之華偏其反而者此也**桃**種類甚夥水蜜桃最爲珍品桃熟時鑽孔就而咂之其漿如蜜三日復滿也又有櫻桃爾雅謂之荆桃亦名含桃亦名鸎桃有紅黃二色紅爲朱櫻黃爲蠟櫻實小者名櫻珠**棠**甘棠杜梨也亦偁棠梨又名楟**梨**樆也華如李而大其種殊多並皆冷利俗人謂之快果章山產金華梨爲珍品**樝**似梨而小俗謂之鐵梨黃赤而圓肉堅酸澀又有榠樝木葉華實皆似木瓜但木瓜有重蔕耳又榲桲類楨樝烘柿亦用之山中人謂之烘梨能發熱毒儒士傅達曾遊章山愛其香美連食數枚腸結幾殆醫者束手莫知爲榲桲也又有山樝名杌小者高數尺葉銳而多歧其華白核若牽牛子**楙**木瓜也一名鐵角梨**林檎**柰屬一名來禽俗偁華紅郎頻婆果之變種今種植者以海棠根接之**枇杷**葉大如驢耳冬開白華三四月成實羣芳譜謂形似琵琶故名非也

杷者柄之名枇杷蔕有長柄摘果必同摘脫則腐矣**椇**枳椇也聲訛爲雞距形如珊瑚味甘美一名石李一名木蜜**棗**大者俗偁白蒲棗爾雅洗大棗郭注云今河東猗氏縣出大棗按猗氏今屬蒲州故有蒲之偁小者俗偁康棗爾雅遵羊棗郭注云實小而圓子黑色今俗偁爲羊矢棗按羊矢棗爲㮄棗亦名䐁棗雖冒棗名其實柹類非曾晳所嗜羊者善也小而甜美故以羊偁羊音或爲羌轉讀如康也**柹**葉大而光澤其實生青熟紅種類綦繁有銅盆牛心丁香等名亦有方者一種綠柹最爲珍品味甘可生啖雖熟亦淡綠色潘岳閒居賦偁烏椑者卽此**㮄**柹屬卽㮄棗也大如雞卵而色赤土人讀㮄如杏謂之杏柹亦曰火珠柹左思吳都賦庾信枯樹賦偁君遷者卽此一名牛奶柹種樹者取其根以接柹**或甘或酸厥包橘柚**一名黃甘蘇子種橘帖云陽羨在洞庭上柑橘栽至易得一當買一小園種柑橘三百本又金橘名金柑園中亦多種者又有枸橘卽枳也實如橙而小種植者用其根接金橘柚似橘而大一作櫾又作楱皮厚味酸洮湖濱有柚山昔人名種橘柚於此今亦不生**橙櫞**橙亦橘柚之屬枸櫞本出交趾亦名香櫞**厥梂栗**栗裂也房如蝟刺熟則罅裂於阜物中其實最鉅形亦各異大者爲板栗中心扁子爲栗楔**榛**亦作𣗳錐栗也今榛子作胡桃味者乃別一種**栭**栗最

宜興荆谿縣新志　卷一　疆土　物產　毛

小者俗偁茅栗詩所謂栵也亦作䃖**櫧**皮樹如栗子小如橡食物本草云櫧有苦甛二種治作粉食甚佳甛櫧謂之櫧櫟子亦偁鉤栗苦櫧子粒大木文麤赤俗偁血櫧**栩**爾雅謂之杼柞櫟也其子爲皁斗可染皁亦偁橡斗**槲**木高丈餘與櫟相類有大葉細葉二種大葉者實圓如皁斗而小細葉者實長差銳苞與櫧實無異土人通偁柴羅子柴櫟之音轉也槲嶺以此得名**若榴火樹**石榴也丹實垂垂如贅瘤爾雅謂之劉杙錢氏主吳越時避武肅名爲金櫻**葡萄水精**本作蒲桃色紫又名賜紫櫻桃有水晶者實大而長味尤勝皆藤生又野葡萄名蘡薁又瀰葡萄名錦荔支爲草本**以及瓜**圓者名兎頭貍首俗偁梨瓜亦偁金瓜生啖可避暑長者名牛角俗偁菜瓜詩云是剝是菹此二種也又有黃瓜名黃瓝似牛角瓜而小有毛扁而長大者名冬瓜亦名東瓜廣雅謂之蔬西瓜來自燉煌春秋傳所偁瓜州地也今邑中開寶鄉余皮產者佳越瓜名南瓜俗偁番瓜亦名飯瓜似南瓜而小者名北瓜其形微扁色赤可玩又有絲瓜似青茄而長嫩時可瀹食老則皮脫而筋存矣又草部名王瓜栝樓名天瓜實皆似瓜爲藥品**瓠**短頸曰瓠性甘長頸曰匏性苦斵于八月或用盛酒以其似酒壺及酒盧也總名曰壺盧扁者爲扁蒲腰細者爲細腰壺盧或作胡盧亦作葫蘆**茄**一名崑崙瓜亦名落

蘇本作酪酥味似酥酪也有紫有白有長有圓其白小而圓者形如枇杷又有辣茄名辣茨或長而尖或圓如櫻桃或扁如柿皆有黃有赤**莓**有蠶莓有大麥莓有稻莓皆以時紀蔓生有刺如桑椹而圓色似櫻桃皺如荔枝蠶莓俗名秧莓爾雅謂之藨亦偁藨莓即淮南覽冥篇之藨莓也華紫或白四月實熟大麥莓即爾雅之茥蒛葢亦名覆盆子似藨莓而小先開白華四五月開結實冬月苗凋稻莓即蓬虆子葉類小葵六七月開作華結實纍纍大於覆盆子苗葉至冬不凋皆可食又有蛇莓委地而生葉似覆盆無刺華黃子圓亦無荔枝皺九月方熟俗名蛇盤子食之傷人其木莓名葥似藨莓而大陳藏器本草謂之懸鉤子爾雅雖入釋草乃木本也**蓮**芙蕖實也其葉荷其根藕開華紞實皆有紅蓮白蓮之別**芡**雞頭也一名鴻頭一名雞雝俗偁雞婆卵子謂其實纍纍如雞母腹中之卵也日中開華其性甚暵**芰蔆**兩角曰蔆皆青色四角或三角曰芰有青有紅俗通以蔆偁之產湖橋者佳

草實之名于水陸者他邑雖有未若此之夥夠夫果可於口華悅於目木有**山茶**葉如木犀厚而有稜華色正紅俗偁寶珠尤爲上品亦有白者**海棠**有貼梗有垂絲垂絲者華色淡紅有木瓜海棠結子微酸又有西府海棠紫錦重纈最爲佳品東坡自蜀中攜至陽羨邵民贍從之游遂得其種今永定村所存者猶宋時遺植也七百餘年惟邵氏子孫移栽則生他姓雖分種不能植亦華史之新聞也別有秋海棠草本黃心絲葉又有朱絲婉媚可人一名斷腸花**木犀**即巖桂俗呼桂華亦稜桂之別種而不入藥葉如梔子而光澤背有犀甲文故偁木犀紅者名丹桂湖汉山中寂照寺遺植最古秋淡盛開香聞數里黃者名金桂白者名銀桂其四季開者名四季桂又有月月桂**杜鵑**杜鵑啼時始開華瓣有血淚點者爲佳亦名映山紅又名紅躑躅紅嶺之山以此得名善行洞石壁舊有一株華瓣極大遊人爭賞又有黃杜鵑別名闇羊華**梔子**本作支子上林賦偁鮮支即此一名丹木結子可染黃色亦入藥佛書呼爲薝蔔華酉陽雜俎云諸華少六出惟梔子華六出**棣棠**華黃色梅聖俞詩云韡鄂芸黃殿後華後人據此遂以常棣亦作棠棣者當之非也**繡球**初放綠色全開則紅白白而大者名粉團**木筆**辛夷也華含苞時似筆故名俗偁紫玉蘭**玉蘭**華似木筆而白淸芳襲入種華者插枝於辛夷根以接之**蠟梅**本名黃梅瓣圓而放者名磬口或紅心或素心素者香氣尤淸又有開最先而色淡黃者爲檀香梅其心紅瓣尖而蠟者品類最下爲九英梅九者糾也俗偁狗蠅乃聲音之訛**紫薇**俗名怕痒華以其木膚時自脫也亦名無皮樹

手爪其膚徹頂搖動或又以無皮樹爲紫荊華按紫荊今名滿條紅與此別種**白柰**即茉莉也一作末利面藥甚奇一名柰麗一名末利梵語無正字也**丁香**一名百結香有紫有白**瑞香**一名睡香樹高三四尺柔條厚葉四時長青有楊梅葉者有枇杷葉者有球子者有攣枝者其華或黃或紫或白或紛紅二色惟攣枝華香最烈攣枝者其節攣曲如斷折狀此華又名麝囊華**木香**華似茶蘼而小有赤白二種白者尤香**其叢生有莱則虎刺**開小白華結子如紅豆**薔薇**即藟蘼也五色者最爲珍卉有佛見笑金鉢盂七姊妹十姊妹寶相三醉等種又有黃薔薇香亦淸烈又月季亦薔薇之屬一名勝春舊只紅白及淡紅三色偁月月紅月月白月月粉今栽華者獨重此卉培養灌溉變種日出百態十狀不可勝名殆近華妖矣**荼蘼**一名野薔薇華瓣可點茗故偁荼蘼荼即荼也蘼薇古通用今園圃所種華似木香而大作架承之春晚盛開後人以其華色似酒加酉作酴醾其田野所生者俗偁檬蘼蘼荼檬亦聲轉也**玫瑰**色如紅玉故名一名徘徊聲之誤也新條出則須分舊栽又名離孃草華香甚純蜜藏可久此華本草綱目失載**至于朱槿**名木槿似李樹華朝生夕隕與草同氣爾雅列之釋草月令云木堇榮亦草華之名也**紫藤**即朱藤爾雅謂之櫺虎畏亦偁虎豆以莢中子名之也其藤附木而茂年深幹古矯如虬龍華時照影水中靑紅可愛晝谿以此擅勝今谿濱紫藤多被芟伐而他處多有**疑草疑木芙蓉**夏秋二種一名木蓮一名拒霜華宋景文詩木末芙蓉當時不是眞今來木末見愁殺騷人語本蓮爲喻也水蓮亦名芙蓉華曰菡萏有紅有白白華者其藕甘肥亦有碧者**芍藥**牡丹木芍藥也自李唐以後世人爭重之偁爲華王以芍藥爲華相姚黃魏紫牡丹中之上品今人所重者尤在大紅色均山鄉大潮寺有牡丹枝高二丈華發數百蕊舊志載之最爲有名又有草本而假名者魚兒牡丹一莖生數華垂垂相比若懸荷包俗偁荷包牡丹與木芍藥之牡丹全不相似芍藥草本者王元之云百華之中其名最古然古者芍藥爲香草名將離即江離也臨別相贈非以華眞自宋以後廣陵芍藥與洛陽牡丹俱名天下婁尾春芳詳於圖譜名雖是而實則非也今邑中所產有紅白二種亦有名胭脂黃者**有木有草木芙蓉爲拒霜草則菡萏木芍藥爲牡丹草則將離古之將離香草也不以華聞今以華綽約而得名殆非古種亦如蘭蕙**古所謂蘭澤蘭也蕙則零陵香葉香故偁芳草今蘭

蕙華馥而葉不芳黃山谷所云一幹一華而香有餘者蘭一幹數華而香不足者蕙是已均山鄉有蘭山多產蘭蕙君山國山章山亦多佳種素心者往往價直百金一種蟲蘭花形加蟲尤為異品蘭盛于春亦有秋蘭其夏蘭則為蕙也**與菊**爾雅作蘜郭注云今之秋華菊又郭氏爾雅圖讚云菊為日精布華圜月許慎書作蘜云日精也以秋華其蘜字下云治牆與爾雅同而不言其秋華按夏小正月令菊作鞠為正字鞠窮也華至此而盡也蘜為後出字蘜為或體字菊為借字乃蘧麥之本名徐鍇不信郭氏圖讚以許書蘜蘜歧出疑治牆非日精又据本草以為菊有十名無言治牆者按治牆之名自是本草偶佚爾雅釋草斷不遺黃華之菊也陶氏本草注云菊有兩種一種莖紫氣香而味甘葉可作羹食者為眞一種青莖而大作蒿艾氣味苦不堪食者名苦薏非眞菊攷陶氏所謂眞菊莖青紫色綠葉肥潤華色深黃其大如錢俗偁燈下黃者是也其餘秧菊華色豔異百種千名大都蕭艾之屬冒菊號者今之眞菊棄置田野無人賞識久矣**冒名至今葵屬尤緐不可殫究**葵衛足之草有龍葵菟葵䕵葵等名龍葵蘵也菟葵莃也䕵葵緐露今胭脂菜也皆葵類載於爾雅古人以為食品爾雅又云莃戎葵葵屬此為最大或偁蜀葵或偁吳葵或偁胡葵皆言其大也莖高丈許北人呼為秫齊華謂與高

粱齊也南人呼為丈紅華肥地勤灌變種至五六十色有千葉重臺單瓣翦絨之異又有錦葵一名荊葵爾雅謂之荍蚍衃華似五銖錢大粉紅色紫文纈之與蜀葵莖葉不殊但華色異耳根苗嫩時皆可充蔬味極甘滑經典所云秋烹葵夏用葵者即此又有秋葵一名側金盞六月放華大如椀鵝黃色紫心六瓣而側朝開午收暮落隨即結子又有西番葵獨莖高丈華大於盤深黃色中有紫心子如松子之形堪以瀹食今農家所種惟此而已**若金萱**忘憂草也華初發如黃鵠嘴一名黃華菜與鹿葱同類異種或以為即鹿葱非也**石竹**爾雅謂之大菊蘧麥亦名瞿麥子似麥形華大如錢紅紫赤白共翠葉相鮮葉細而形似竹莖亦有節故名其華千葉者人偁為洛陽華**鶯粟**米囊華也本名罌粟亦名御米以中秋夜及重陽月下下子明春乃生四月方華紅白紫碧色淺深畢具勤加糞灌則華開爛漫惡成千葉重臺並蔕豔異不可方物華落後子房漸大作罌缶狀刺其房收液煎膏為雅片土人莳有種者溫台客民居南山種之連畦接畛用以射利官禁所不及也其別種為麗春及虞美人**鳳仙**本名金鳳華開華時頭翅羽足俱翹然如鳳故名一名小桃紅**烏扇**俗偁胡蝶華亦名鳳翼有紫白黃三種其根即射干一名鐵扁擔**雞冠**狀如雞幘華最耐久有纓絡雞冠鴛鴦雞冠又有一種高不過五六寸者名壽星雞冠或謂之後庭花**馬蓼**爾雅謂之紅蘢古即詩之游龍也莖高丈餘華紅白色俗偁水葒華**雅蒜**水仙一名雅蒜有二種多葉者佳**玉簪**華含苞如玉簪質素而香一名白鷁其紫者名紫鶴華如白鶴而小初夏先開**玉屑**一名眞珠華張芸叟詩偁為千璣萬琣**金錢**華形與金錢相似午開子落名子午華又偁夜落金錢其苻華名金錢者與此華水陸異種**金燈**即山慈姑也根如慈姑一名鹿蹄草莖直上末分數枝枝有一華光焰如燈也咸淳志引晏元獻說如此**直草榮之小者耳其有華而不著或無華而可偁草木之屬材于人者為貴或取利用或資瘉疾皆材也木之大者梓**一作杍書偁梓材為百木之王屋室有此木則餘材不震均山中多有之其葉飼豬肥大三倍與楸檟同類有子而理白者為梓赤者為楸楸之小者為檟苦楸亦名鼠梓又別一種**桐**種類不一大約有三種曰白桐爾雅所謂榮桐也白華理粗而性慢材中琴瑟其紫華者為岡桐理細而體堅皆華而不實故偁榮焉曰梧桐爾雅所謂櫬梧也覩葉可知月之正閏清明始華五六月結子其不結子者為青桐曰荏桐即油桐也今名罌子桐爾雅不載枝幹華葉並類岡桐而小其實大而

圓每實中有二子或四子收之作油為桐油**枏**俗作楠即詩有條有梅之梅也其樹直上童童若幢蓋之狀葉如牛耳經冬不凋其材為梁棟器物皆佳慕容庳有雙楠軒東坡作詩即此也**樟**即豫章之章木理多文故謂之樟小葉似楠而尖長四時不凋夏開細華結小子肌理絕細宜於彫刻**檜**柏葉松身之木也一名栝今人謂之圓柏**柏**萬木皆向陽而柏獨西指故字從白白者西方也其葉扁而側生者子與葉俱入藥**松**樹磥砢修聳多節皮麤厚作鱗形其葉有三鍼五鍼之別三鍼者為栝子松五鍼者為松子松**楨**淩冬青翠有貞固之操故名楨女與冬青樹同名異物冬青葉微圓子紅色女貞葉長者至四五寸子黑土人統呼冬青**楓**枝弱善搖葉作三脊霜後色丹**杉**煔也木類松而徑直葉尌枝生若刺鍼南山多有之謂之本山杉**桱**木似杉而硬俗偁之曰杉桱根皮入藥可瘉頑癬**株**本作朱許叔重書所偁赤心木松柏之屬者也後人加木作株木堅難腐作器者多取材焉**槐**一作櫰木材堅重有青黃白黑色嫩芽初生可作飲代茶華未開時狀如米炒過煎水染黃色甚鮮其實作莢連珠中有黑子七月收之堪以染皁**檀**善木也其字從亶亶善也有黃白二種葉皆如槐皮青而澤肌細而膩體重而堅宜作椎杵之用**椶**櫚也俗作棕石鼓文作㯶皮中毛縷如馬鬉故名即吳都賦

之栟櫚也大高一二丈無枝條葉大如車輪皆萃於木杪其下
有皮纏疊裹之每皮一匝爲一節二旬一采皮轉復生皮中絲
毛錯綜如織剝取縷解可織衣帽褥椅之屬大爲時利每歲必
數剝否則樹死或不長也三月於莖端中出數黃苞中孕細子
如魚腹謂之櫻魚亦曰櫻筍漸長出苞則成花穗結實纍纍大
如豆生黃熟黑甚堅實此與蒲葵之葉可作扇者相似而別種
誤合爲一非也似紫檀而色赤性堅好有華文杜仲木亦
蒲葵不生江南**櫚**者謂之華櫚俗音訛爲華梨**檰**俗偁木綿以
皮中有銀絲如綿也俗偁絲綿**桕**俗作柏名烏柏亦偁鵁臼其木
綿樹初生嫩葉爲棉芽可食老則根下黑爛成臼烏黑也音
轉爲鵁李時珍謂烏鵁喜食其子因以名之非也爾雅釋木狄
臧樨貢綦樊光本樨作桕古臯咎字同音通訓爾雅此文自來
往家多未詳讀者皆以臧樨連文讀謂狄臧當爲句狄亦作㭭
臧即桃也樨貢綦爲句樨同桕別名貢綦者綦青黑色桕之結
子初青後黑故偁貢綦葉如梨杏可**其次則桑**蠶所食葉木功
染皁子壓油然燈極明或用以澆燭用極多葉大如
掌而厚者爲白桑薄小者爲雞桑種桑者以子種不若埤雅
壓條而分桑以構接則桑大根下埋龜甲則茂盛不蛀**柘**云柘
宜山石故從石其實祇取堅實而已葉飼**櫸**即爾雅之楥柜柳
蠶作絲中琴瑟弦爾雅所謂棘繭即此也也俗偁櫸柳訛爲

鬼柳皮似槐檀葉如樗而狹其材紅紫宜作箱案**榆**白者爲枌
孟子偁杞柳即此今采茗者襍取其葉以爲話茶取皮作粉
饑歲可以休糧謂之**椐**樻也腫節可以作杖爲扶老杖一名
榆麪亦可合香劑靈壽木今章山中胥井邨有椐柳蘺**檉**
河柳也霜雪不凋木之聖者也漢宮人柳三**柳**澤柳也爾雅謂
起三眠即此也今俗偁西河柳亦曰觀音柳之旄葉狹長而
條輭亦名小楊俗偁倒垂**楊**蒲柳也亦名移柳其枝硬而楊起
楊縱橫倒順插之皆生故謂之楊有青白二種白者中爲
矢**楊有尼閏**埤雅云黃楊性堅歲長一寸遇閏則倒長一寸古
條語黃楊尼閏李時珍曰黃楊但閏年不長耳今驗
之李說亦未盡然黃楊性本難長閏年所長較諸無閏之年更
爲不及故云尼閏非必分毫不長也其葉似初生槐芽而青厚
不華不實四時不彫木**有占年**羌楊樹葉似楊而大俗偁康楊
理堅膩作梳剜印最良樹康即羌之開口正韻音也臘
德州志謂之魚米樹上元江甯志謂之五穀樹云前明三寶太
監西洋取來者今宜荊兩邑此樹甚多觀其結子以驗歲之豐
凶穗如穀則稔如稗則荒如魚則水如刀則兵咸豐季年
粵賊將陷城城中羌楊樹一株連年結穗悉成刀形也**占年**
者爲羌楊西域之所致也楮棟有實楮穀也音轉爲構一物三
名自來說家強爲分別羅

頗以爲一葉無雞曰構陸佃以爲皮斑曰穀皮白曰楮李時珍曰
楮穀乃一種不必分別惟辨雌雄耳雄者皮斑葉無椏三月開
華成長穗如柳華狀不結實歉年人多采華食之雌者皮白而
葉有椏亦開碎華結實如楊梅半熟時水澡去子密煎作果食
二樹皆易長剝取其皮可擣爲紙或績爲布楝樹亦有雌雄雄
者無子雌者有子長亦甚速三五年即可作椽其子正如圓棗
熟則黃色名金鈴子鳳凰之所食見淮南子其葉密如槐而長
應劭風俗通言獬豸食楝葉宗懍歲時記又言蛟龍畏楝葉也
椒樧有梂俗偁叢生實大者爲華椒爾雅所謂椴大椒也產宜
秦地謂之秦椒今處處皆有之其實聚生成房詩曰
椒聊聊即茱也謂聊爲語詞者誤又有蜀椒崖椒大椒之子落
地自生爲蔓椒蔓椒小者爲地椒又一種胡椒纏藤而生結實
纍纍生青熟紅青者更辣今食品多用之椴名越椒即食茱萸
也古謂之藙蘇頌圖經謂之艾子艾藙音之轉亦偁欓子房生
辛辣與椒相似內則偁三牲用藙周氏風土記亦**椿有芽**夏書
以椒欓並偁今人不用藙而用椒亦食品之變也作杶
左傳作櫄許慎書或體作櫄其氣熏也嫥**樗有莢**形幹類椿北
葉初生香美可噉俗偁香椿木大而多壽人呼爲山椿
但椿木實而樗疏椿色赤而樗白椿葉香而樗臭芽初生時膳
夫與椿並采熬去其氣以充蔬夏月生莢形如鳳眼其在山者

曰栲亦作栲葉可爲茗又桼樹與栲相類夏秋之閒斧斫其皮
滴木成桼南山亦閒有之土人不之貴亦無有刻木取桼者又
一種樗樹莢可染皁取鬻於市每石得銀數兩貧民甚利焉嘗
爲樗說以誌之曰有自山中來者爲言崖谷之閒叢木生莢長
如松毬捋而曝之一石直數金鄉之人競取焉名其樹曰化郎
化郎者俗所偁乞兒也草木之屬賤而易生者多以爲名余既
聞而異之竊思木之染皁曰樆曰樹曰樣而化郎之木古不知
其何謚攷諸舊志亦仍俗偁因念吾邑之山毗連廣德意物產
畧相似也取廣德州志證之則既偁爲樺又偁爲梡夫樺梡皆
華之後出字華木長大賦於上林名列落木之先且徵之韻書
樺與梡音殊稽之本草樺與梡種判字歧而說各異又攷玉篇
樺或作樓即許慎書樗之或字也爾雅樓落同物音與化郎相
轉然經典之釋樓既畧而本草誌樗獨詳根葉主治與莢名鳳
眼而已染皁之說不之及焉樗又作槬虖雩通聲虖乎亦同字
唐韻有桴木可染之語而注之未明言之不悉未知染皁者之
果爲樗莢否也於是就芻蕘者詢之則所謂化郎樹者其葉故
類椿有華則無莢有莢則無華與李氏綱目之言樗者合其幹
之小者可爲薪大者亦中栝器與鄭氏箋詩郭氏注雅之言樗
者合顧材質甚肥不若樺似山桃者之堅忍而采莢之樹較諸
無莢而大葉者氣味畧純又未知樗之種類本不皆臭惡乎抑

人愛利之久與俱化而不聞其臭乎要之樸之爲樗不可揺而樸之爲樗則居可知也今世之訾無用者相詆必曰樗偁不材者自諉必曰樗不謂其益入甚也樗其可重矣夫夫楩樟之屬非不貴也旃檀之林非不芳也培之以雨露假之以日月及其登朝堂而薦寢廟閭閻仰望顧遠隔而未被其德樗之不假培植若此樗之能蔽困窮若此而古籍蔑聞今且被之以賤名也吾重爲樗悲已雖然吾邑之木珍奇者衆矣劉太守之杉蘇學士之棠慕容居士之楠千百年來存者尠焉是樗也無用之用不材之材逾久而弗變賤乎否乎吾又爲樗幸已烏虖生不居於要地譽不著於當時老死寂寞於荒陬僻裔之區上之需用者不過而問而下者取材方且利而甓焉習而忘焉樗哉樗哉獨樗也哉 **青棠有華** 合歡華也一名合昏一名夜合其華至暮即合故名 **皂莢有子** 一名雞栖子君山有阜莢嶺多產此樹又有肥皂莢葉與阜莢相似莢皮厚多肉內有黑子數顆大如指頭不正圓作丸可去垢膩 **而茶山苦檟自唐迄今陽羨之種名天下不止蛇銜佳茗與錫樹爭奇已** 爾雅檟苦茶郭注云樹小似梔子冬生葉可煮作羹飲今呼早采者爲茶晚取者爲茗一名荈按此即今之茶樹古茶茗字與荼荈字同讀至漢縣茶陵有宅加切之音唐陸羽著茶經

始減一畫作茶茶產義興者總名岕茶唐時入貢故均山鄉茶山路猶傳唐貢之郵章山有茗嶺以產茗得名銅官離墨亦多產茶離墨紅筋茶爲陽羨貢種而銅官山麓南嶽寺舊有白蛇銜茶種來種之得佳茗尤爲珍品寺又有卓錫樹突擢懸崖他樹無相似者相傳稠錫禪師剌錫杖於土中旋生枝葉此夸父鄧林以後又一奇也 **南嶽之麓又有木焉其實如栗而味苦其名曰娑羅食者已心疾** 南嶽寺殿前有娑羅樹其種來自西域子療心痛土人偁爲開心果兵燹後樹被僧伐而章山尚傳其種攷上元江甯縣志娑羅樹幹直多葉葉必七數名七葉樹初夏作華華挺出枝上長數寸莖紫青色一房數十華色白結實如栗今章山之樹正與之同又攷本草綱目有天師栗李時珍曰益州方物記天師栗惟西蜀青城山中有之云張天師學道於此所遺似栗而味美惟獨房若橡爲異耳今武當山所賣娑羅子恐即此物按李氏所言天師栗其爲娑羅子無疑然娑子味極苦而李氏謂天師栗氣味甘溫豈吳蜀地異與廣韻作桫欏云出崑崙山木似栟櫚有鎚葉苑作莎羅云此木大小不常每七葉九葉叢生苞如人面眉目宛在華似牡丹香如菡萏酉陽雜俎又云巴陵寺僧房牀下忽生一木隨伐隨長外國僧見之曰此娑羅樹也元嘉初出一花如蓮以上三則與今所見互異存之以備參攷 **崑崙之種藥物之珍彼犲節** 五加也每葉下有一黑刺故偁犲節亦名犲漆葉生五枚作簇者良故偁五加亦名五佳也 **牛筋** 南天燭也俗名烏飯草取汁漬米作烏飯食之健如牛筋故名牛筋 **狗骨** 枸骨也俗名貓兒欔其木肌白如狗之骨又衞矛亦名狗骨 **羊乳之檵** 枸檵也今名枸杞千歲者根形成狗亦名狗杞名醫別錄謂之羊乳以其子入滋補藥也 **雞頭之金櫻** 金櫻子一名山雞頭子 **樻生諸木方斯茂矣荆雖小木邑以之偁貫城之谿錯境之山** 荆有牡荆蔓荆牡荆即黃荆一名小荆莖煑汁可染蔓荆之枝小弱如蔓子亦入藥荆邑以荆得名荆谿今貫城中荆山在宜興北境舊隸宜興今屬溧陽 **迄今名未改也草有蓡** 浸漸長成故從蓡或作蔘俗作參 **朮** 赤白朮皆有膏故借黏稷爲名朮秫古字 **經居上品五蓡之中黃者爲人蓡** 年深者根成人形故名亦偁黃參一椏必五葉君山章山時有之樵者或於無意間得其莖葉售諸藥市 **南山開產之神草不易覯也** **白蓡虎鬚** 沙蓡也亦名羊乳又名虎鬚俗偁土人蓡人蓡體實有心味甘微苦沙蓡體虛味淡 **黑蓡鹿腸**

園蓡宿根多地蠶食之故其中空華有紫白二種 **赤蓡曰逐馬** 丹蓡治風輭腳可逐奔馬故名 **其苦蓡** 一名菟槐亦名地槐以葉似槐也古者人蓡沙蓡丹蓡園蓡及牡蒙名紫蓡者爲五蓡配五藏也今五蓡中有苦蓡無紫蓡矣 **爲菟槐黃蓡白蓡之似爲薺苨** 俗名甜桔梗根與人蓡相亂亦名杏葉沙蓡與桔梗同類別種神農本草但有桔梗也 **爲桔梗** 與薺苨皆似人蓡薺苨體虛無心桔梗體堅有心而味苦 **朮爲山薊** 生山中者爲朮平地者爲薊 **有赤有白** 赤朮即蒼朮與白朮皆以心有硃沙點者爲良銅官山中產野白朮不減浙中於潛 **野生而年久者古謂之山精黃芝** 黃精也葉形似竹鹿菟喜食故偁鹿竹亦名菟竹 **謂之鹿竹多須者曰萎蕤** 玉竹也根似黃精而多須若垂纓蕤葉似竹而光瑩爾雅謂之熒俗偁竹葉山 **萎蕤熒也地榆謂之玉豉** 方書以五加爲金鹽地榆爲玉豉以其子紫黑色如豉也又名棗酸赭 **貫衆謂之薷莃** 一名鳳尾草一名百頭莖葉如鳳尾一本而衆枝貫之故名爾雅云薷莃止濼貫衆郭注以薷莃止句爲未詳濼一名貫衆陸氏釋文引本草云貫衆一名薷莃與郭師讀不同按釋文引本草是也爾雅此文謂薷莃

止濼皆貫衆之名與唐蒙女蘿句同例苻苹也扁編通也貫衆之形也陶氏别錄云一名伯萍卽萹苻之音轉濼或作藻張衡思园賦心勺藥其若湯勺藥熱貌貫衆主治熱毒故名止藻貫衆之用也釋文又引本草云一名藥藻卽止濼之形訛也**地薰山菜謂之茈胡**今書作柴胡柴茈古通也茈胡生山中嫩則香似芸蒿茹之爲菜老則采之爲柴故神農本經偁爲地薰吳普本草偁爲山菜又名芸蒿芸蒿者芸臺與茈胡同類而入藥不甚良茈胡假其名也**貝母謂之莔**子在根下形如聚貝故名爾雅作莔詩作蝱者借字也貝母又名勤母許穆夫人賦載馳託采以寄意正取聚子勤母之義非爲療鬱也**龍膽謂之陵游**葉似龍葵味苦如膽冬後結子苗枯者爲草龍膽苗不枯者爲山龍膽**白茅之根謂之地筋其葥鍼也**葉如矛鋭故從矛白茅與白華秋之菅同類而種各别夏花者爲茅秋華者爲菅菅亦名地筋者其根相似也白茅當春生葥布地如鍼俗偁茅鍼亦可噉甚益小兒**是爲山草毉草謂之艾**可治疾故從乂醫家用灸百病偁爲艾蒿亦蒿類也**其似者謂之蒿青蒿**菣也諸蒿葉背皆白惟此獨青**黃華蒿**臭蒿也**角蒿**子黑色作角**蘿蒿**爾雅莪蘿是也亦名抱孃蒿**牡蒿**齊頭

蒿也蔚爲牡菣蒿之無子者此蒿秋開黃華結實如車前實內子細不可見故與無子者同偁也**蕇蒿**卽爾雅之蕇亭歷形類蒿而小俗呼麥蕒蒿亦偁公薺廣雅謂之狗薺公薺之音轉也鄭氏月令注以爲靡草**蔞蒿**野雞冠也子名青葙子與石決明同功謂之草決明又有雁來紅葉穗子亦相似九月鮮紅望之如華俗偁老少年一種六月紅者名十樣錦**蒿苗而艾葉夏枯者爲茺蔚鐵色之草爲夏枯**鐵色草夏枯草也與益母草同名益母茺蔚詩謂之蓷夏至後卽枯但夏枯先枯而無子茺蔚後枯而結子**薊大者爲虎薊其小爲貓薊**二薊相似華皆如髻但大薊高三四尺葉皺小薊高尺許葉不皺以此爲異**寄奴烏藤也**烏藤茶一名劉寄奴草吳越人避錢鏐改呼金寄奴**進賢蒼耳也**葈耳一名蒼耳卽卷耳也因詩序有求賢審官之語偁爲進賢菜**豕首荊藾也**天蔓菁俗偁天名精一名豕首其狀如藍謂之蟾蜍藍**牛膝山莧也**春生苗莖高二三尺青紫色有節如牛膝頭秋月開花作穗結子狀如小鼠負蟲李時珍曰牛膝惟北土及川中栽蒔者良土牛膝處處有之不堪服食**狗尾莠也**穗形象狗尾秀而不實故從秀其莖治目痛故又偁光明草**鱧腸旱蓮**

也鱧魚腸黑此草斷之有黑汁出故名俗呼墨菜其實如小蓮房故有旱蓮之名**火杴豨薟也**俗偁豨薟爲火杴草蓋虎薟之訛也楚人呼草之氣味辛毒爲薟此草氣臭如猪而味薟螫故名**車前馬舄也**卽芣苢一名馬舄此草好生道邊牛馬跡中**紗羅之剪**剪春羅二月生苗高尺餘入夏開華深紅色華六出如錢大如剪成可愛結實大如豆內有細子主治火帶瘡又有剪秋紗莖高三尺夏秋開華亦相似而鮮紅色穗中亦有細子**米布之袋**紫花地丁平地上生者起莖溝壑邊生者起蔓華如鈴兒倒垂俗偁米布袋又黃華地丁爲蒲公英一名金簪草葉似小萵苣華如大旋蕾一莖聳上三四寸斷之有白汁亦有紫華者出太行王屋諸山與此種别**金沙之姿**竹園葵收莖葉曝之小乾以杖擊之下承以紙有黃沙落紙上名爲海金沙**粉節之筑**爾雅竹扁蓄是也多生道旁節間有粉方士呼爲粉節草**甘露之蕉蕚**芭蕉俗偁甘露三年後作華如蓮華華有露珠其甘如蜜**流星之穀精**穀精草穀田餘氣所生白華似星一名流星草又名戴星草**寒漿之葴**卽爾雅之葴寒漿也神農經謂之酢漿俗偁酸漿以子之味名也俗名燈籠草亦名天泡草其小者名苦蘵**敗醬之蘵**神農經名鹿腸根作陳敗豆醬氣故

以爲名暴蒸作菜氣味微苦故又名苦蘵與酸漿同名苗形故不同也**虎杖之斑**葉如大馬蓼莖斑而葉圓爾雅之荼虎杖也亦名斑杖**馬鞭之節**馬鞭草一名鳳頭草一名龍牙草節生紫華如馬鞭節**半邊之蓮**小草就地引蔓節節而生秋開小華淡紅紫色止有半邊如蓮華俗呼半枝蓮療蛇毒**一掐之梅**葉如梅瓣而有缺俗呼一掐梅取莖葉搗汁敷熱毒兼治喉證**剪金之華**俗名王不留行**碧玉之草**卽燈心草紅**圖蛇眼之葉**蛇眼草生陰下處形如淡竹葉每葉背皆有朱圈勻圓如一可治蛇毒**白點象牙之牌**牙牌草多生叢箐榛莽中亦或寄生或蔓生葉上有白點作牙牌點狀一株三十二葉點不散亂全合牙牌數者可療心疾**偁蛤霸者荔枝之皺**荔枝草俗偁癩蛤霸草形如芣苢貼地而生葉背有毛皺紋如荔枝皺亦似蟾蜍背礧虓也**龍常者角黍之絡**龍常草一名粽心草俾俗五月采繫角黍**點黛者碧竹**碧竹子一名淡竹葉俗偁火螢蟲草生平地葉如竹四五月開花如蛾形兩葉如翅碧色可愛巧匠采其花取汁作畫色郝氏爾雅義疏以爲王芻之菉非也**染青者蓼藍**其苗似蓼高鄉多種之一年三刈取汁爲澱圖經謂蓼藍不堪作澱者亦

非績者苧苧麻皮作紵可績緯者蘆葦大荻小皆可織箔裹者篛俗名藔似竹而篛撲葉甚爲笠
是爲蠍草蕍鵲瀉爾雅蕍蕮是也俗偁澤瀉神農經名鵠瀉主治涇䔰羊蹄蓄即小雅言采其蓫
之蓫根似羊蹄治疕禿又名禿菜似羊蹄而醋者爲酸模山羊蹄也爾雅須蕵蕪蕵蕪者酸模之音
轉昌陽菖蒲堯韭也其在谿澗者爲谿蓀堯時天降精於庭爲韭感百陰之氣爲菖
蒲故曰堯韭生池澤中者曰白菖生山澗曰谿蓀要以生於石間葉有劍脊根形堅小一寸九節者良今章山竹谿澗中多有
之甘蒲曰醮石其根蒻其蕊槌蕊間之粉謂之黃甘蒲香蒲也一名醮石春
初生嫩葉時取其中心入土白蒻可生啖可烹可菹詩維筍及蒲周禮深蒲即此謂深蒲爲菰蒻者誤菰蒲雖同類非一種也
甘蒲夏間於叢葉中抽莖華抱莖端如棓柞俗謂之蒲槌其蒲黃即蕊間金粉也是爲水草虎耳之葉
似荷一石荷葉俗偁金絲荷葉有細毛一莖一葉如荷蓋狀一名虎耳亦象形也雞腸之藁似葵石胡荽一
名雞腸草其氣辛薰鵞亦不食之俗偁鵞兒不食草石斛之莖如竹節一名石遂一名金釵華莖似小竹節

宜荊谿縣新志　卷一　疆土　物產　咒

節間出碎葉七月開華十月結實根細長黃色生石上者爲勝石薑之用如菴蕳俗名骨碎補一名石毛薑
其根扁長畧似薑形主折傷破血與菴蕳同功效故又名石菴蕳酸箕曰酢漿三葉酸一名酸箕一名酢漿莖
頭有三葉葉如細萍地錦曰醬瓣就地蔓生赤莖黃華俗偁醬瓣草象其葉之形也凿治血病又偁草血竭是
爲石草其芳草則有鞠窮蘪蕪似鞠窮者爲藁本似蘪蕪而臭
穢者爲蛇牀鞠窮今作芎藭與蘪蕪形味相似古說多以芎藭爲蘪蕪根者說文解字以芎藭蘪蕪江離爲一物
木草亦同然子虛賦三物同見山經洞庭之山亦以蘪蕪芎藭並偁則未嘗無別也今攷葉大而生山谷者爲芎藭其苗爲江
離葉細而生川澤者爲蘪蕪今亦偁細葉芎藭蘪蕪音轉爲文無江離音轉爲將離古今注芍藥一名將離是以江離混芍藥
矣文無一名當歸是以蘪蕪混當歸矣芍藥已見花類當歸非土產樊光又云藁本一名蘪蕪根名蘄芷茝古通用蘄茝蘪
蕪見於爾雅則蘪蕪當爲蘄茝之苗今俗偁芹菜山桼是也若藁本則葉圓如蘇與蘪蕪異根上苗下似禾藁故名藁本淮南
子云亂人者若芎藭之與藁本蛇牀之與蘪蕪也蓋四物皆相似蛇牀似蘪蕪而不能芳華白如桼粒生下溼地一名蛇米一

名蛇粟爾雅謂之盱虺牀也莎草之根爲香附子爾雅云臺夫須又云蒿侯莎其根相附連屬而可以
合香故名香附子又名雀頭香似蘭而大者爲馬蘭其華似菊而紫其葉似蘭而大俗偁物之大者爲馬
故名馬蘭又以其華名紫菊也二月生苗可采灼爲蔬又爲治血藥根可已痔紫蘇謂之桂荏蘇葉以背面皆
紫者佳其無紫色者名野蘇不堪入藥荊芥謂之假蘇香氣似蘇故名一名薑芥亦因其氣味如薑及芥也
枹謂之藿今偁藿香左思吳都賦單偁藿爾雅枹霍首素華軌鬷郭云皆未詳今讀者以枹霍首斷句按類篇引爾
雅此文霍作藿枹藿當爲句首素華句軌鬷句首當是苜字之訛苜同葩草華之白也軌即葝葝爲香草鬷即謝靈運山居賦蓼
蕺蓼蘀之蓼藿香名枹者枹苞古通此草方莖有節而叢生故名苞其狀霍靡芳氣酷烈又有霍疾之義故名藿也李時珍謂
似豆葉之藿而名誤矣茇苦謂之薄荷揚雄甘泉賦作茇苦食性本草作菝蕳蕳讀爲活玉篇作茇蕳蕳讀
呵去聲其後音轉爲薄荷也莖葉似蘇而尖長經冬根不死夏秋間采莖葉曝乾用之煙葉謂之菸淡巴菰產
呂宋國漳州人自海外攜歸種之收葉曝乾剉成細絲爇火取煙吸之以管可避瘴及蛇毒名金絲露又名相思草遙台客民

宜荊谿縣新志　卷一　疆土　物產　咒

居荊谿山中者多種焉相傳前明萬歷間始入中國然廣韻菸
下注云臭草則宋代當已有此特吸食之風廣傳於明季耳
其毒草則馬尾之陸夬五爻莧陸注家以陸爲商陸爾雅云蓫薚馬尾李時珍謂能逐蕩水氣故名顛倒
音誤爲商陸又名當陸又轉爲章柳根如人形者有神白者入藥赤者甚有毒牛蜱之麻蓖麻葉如大麻結子以牛
蜱殼有斑點仁白如續隨子仁其油可作印色子有刺者毒無刺者良蟬鳴半夏之候當半夏而生故名半
夏一名水玉以其根圓白也生平澤者名羊眼半夏尤勝虎掌天南之星葉形象虎掌故名又偁虎膏根圓白
形如南極老人星故又名天南星其蔓草有交藤者何首烏其藤晝分夜合唐元和間有何姓者服此年
百三十歲髮猶黑因以爲名千歲者根成人形與人蓡相似銅官山產者佳旋華者旋華即鼓子華其華不作瓣狀
如車中所吹鼓子故有旋華鼓子之名一種千葉者色似粉紅牡丹俗呼爲纏枝牡丹號靈仙者威靈仙生先於
衆草方莖數葉相對華六出淺紫或碧白色其根每年旁引年深轉茂能去衆風通筋絡唐貞元中嵩陽子作威靈仙傳名
婆婦者野天門冬名百部又名婆婦其根百十連屬如部伍然婆婦者百部之音轉也葉如盆甑者盆甑

草卽牽牛草此藥始出有牽牛謝藥者故以名之華作碧色如鼓子華而大其實有蒂裹之段成式謂結實後斷之狀如盆甑李時珍謂葉形象之其實乃華狀如盆甑也種分黑白黑者野生白者人多種之 子若兜鈴者 實垂如馬項之鈴故名 地樓 卽栝樓果蠃之音轉俗偁瓜蔞 天棘 天門冬一名天棘爾雅偁爲髦顚棘顚天音近也 葛穀 葛有野生有家種其花纍纍相綴莢如小黃豆莢有毛子綠色八九月采之神農經所謂葛穀是也根亦可蒸食 禹糧 土茯苓葉如菝葜根作塊味如薯蕷名草禹餘糧以別于石粉之禹餘糧也 烏蘞 烏蘞莓卽五葉莓爾雅菝龍葛是也李時珍曰葉如白蘞故曰烏蘞按蘞乃蔯蔓之通名詩葛生蘞蔓于野蘞蔓猶聯蔓觀李超及李琮墓銘可證今說詩者別以蘞爲草名非也烏蘞俗偁五爪龍亦名龍尾亦曰虎葛 紅豆 蔓生有莢實如豆半紅半黑紅如朱黑如桼一名相思子按嶺南紅豆生於樹上與此種別 蝦蟇金線 細蔓圓葉年久者根如三足蝦蟇名爲金線釣蝦蟇主治喉風 雀瓢 芄蘭也一名白環六七月開小長華如鈴狀結實長二三寸大如馬兜鈴一頭尖俗偁婆婆鍼線包形如解結錐詩云芄蘭之支童子佩觿芄蘭之葉童子佩韘皆取相似也韘韜指極也以韋爲之其形如葉觀韘字從韋從枼可知矣自毛傳誤解

爲玦而許愼從之李時珍遂謂芄蘭之葉後彎象指彄傳會甚矣 鷺藤 金絲藤一名鷺鷥藤其華長而鬢簇故有鷺鷥之名初開華時蕊瓣俱色白經二三日則變黃新舊相參黃白雜糅如金銀也又名蜜補藤 至於蔦蘿施木 蔦寄生也烏銜實墜樹而生故從鳥凡桑桃柳皆有寄生不獨松也蘿女蘿也一名唐一名蒙施松上者爲松蘿 菟絲傅草 菟絲女蘿古本無別陸佃云在木爲女蘿在草爲菟絲 苓成於餘氣 茯苓豬苓皆成於樹之餘氣茯苓多在松下豬苓多在楓下又雷丸亦名竹苓 果生於落華 落華生俗偁長生果華落地上以土覆之則成莢莢中仁或二粒或三四粒 悉皆若離若合於草木之閒又有竹屬非草非木 宋寺古竹大逾常產縝密若文枏 宋紹興乾道閒開寶鄉古竹寺有竹大數圍元季兵燹竹枯人發其根縝密如枏好事者命工治爲竹几十二文彩斑駮可愛 其種今無傳矣貓頭之種 貓竹筍名貓頭筍於諸竹中爲最鉅產章山大謝岕者特見肥大其籜上有毛亦偁毛竹 產於南山取材者特重之其餘曰茳 俗偁剛竹以其籜無毛亦偁光竹 曰筀 蘇頌曰皮有白粉如霜大者宜刺舡今入藥亦用之 曰筀 卽桂竹今刺舡者多用之僧贊甯筍譜謂筀竹吳越多生是也竹茹入藥治勞熱篇海云筀竹傷人則死此道簩竹之類又別一種 曰水 水竹青而幹小山澗谿澗皆有之製簟者多取之 曰金 金竹色黃古詩偁黃竹卽此 曰慈 慈竹叢生不散一名義竹字亦作[illegible]土人取其箆以作篾至爲柔韌製簟可以摺疊 曰淡 葉背有毛節閒有粉而肉薄其性大寒仲景方所用竹葉皆是也字書亦作[illegible] 曰苦 苦竹有二種一種本極麤大筍味殊苦不堪噉一種肉厚而葉長闊筍微有苦味俗呼爲甜苦筍竹譜曰苦竹有白有紫是也 曰甘 蘇頌圖經引竹譜曰甘竹似篁而茂卽淡竹也然李時珍本草綱目甘竹一根主治與淡竹根不同則爲二種矣陶宏景謂入藥所用一種薄殼者名甘竹葉最勝 箭簳之類曰篠曰簜 篠簜皆小竹篠竹箭之屬簜八月生筍皮紫黑色見筍譜今金泉鄉有邨名篠里簜里 珍奇者觀音 觀音竹莖細葉疏栽之盆中足爲几案閒清供 供獻者羅漢 羅漢竹其節促密左右邪迆相接未嘗有常種凡竹林中產此者土人輒獻之神祠以爲供奉 纖弱者尾如栖鳳 鳳尾竹纖小可玩高二三尺 滋繁者生若抱雞 其筍蔓延若雞母然生子眾多故名 中虛而或實 實中之竹俗偁木竹

爾雅鄰堅中卽此竹也字林作筇按實中竹種類各殊吳都賦之簹竹廣志之利竹中山經雲山之桂竹龜山之扶竹廣韻之笻竹宋書孝義傳卜天生之苦竹或有毒或無毒古皆以實中竹名之今邑中所產皆無毒亦無甚麤大者 外圓而或方 方竹幹方其種來自西蜀中爲杖初生時亦如常竹逾年堅老則稜出而方矣田藝衡留青日札云唐書高宗遣宦者采怪竹江南將蒔上苑今江南方竹卽此類也 其夾竹之華 夾竹桃葉長而狹華紫赤色莖葉形狀與鄭箋萇楚及陸璣疏所言相似郝懿行爾雅義疏遂謂萇楚卽夾竹桃矣然萇楚名羊桃枝莖阿儺而結子如小麥亦似桃形今夾竹桃結實者未經目見恐爲同類別種也 天竹之實 闌天竹高不過四五尺枝條叢立如竹結子纍纍嫣紅可愛人家多種庭院謂可避火 又偁竹而非竹者植物盡於此矣動物之屬鳥獸魚蟲盡之羽族之長爲鳳其雌爲凰見似疑瑞以名其地者 章山有鳳飛嶺俗傳鳳凰飛集於此故名 未可据也 鵝 家雁也爾雅名舒鴈有蒼白二色字從我者古我同俄首常向側也 鴨 家鳧也爾雅名舒鳧亦名鶩雄者綠頭翅有碧羽數雌者黃斑色雌或化雄則翅羽先變亦有黑白者 與雞

雞從奚者大腹也種類形色不一有反羽絲毛長尾矮腳諸種
詁雞無雄卵不能育俚人以雞卵咒於竈前而抱之則卵不毈
而雉雛之羽盡成灰黑色亦一奇也爲家禽野鵝謂之雁其大者謂之鴻狀似鵝亦有蒼
白今人以小者謂雁大者爲鴻雁聲鳱鳱鴻聲雗雗也鴐鵝如蒼鵝而大亦俯鴚鵝爾雅謂之鵱鵝鵠天
鵝鵠鳴咕咕故謂之鵠吳僧贊甯云凡物大者皆以天名天鵝名義亦同此也鵠大於雁而羽毛白澤所謂鵠不浴而白者
是已其皮毛可爲服飾謂之天鵝絨鵜鶘淘鵝爾雅謂之鴮鸅大如蒼鵝喙長尺餘項下有胡可容二升好沈水食
魚亦能竭水取魚故謂之淘河以其形似名之曰淘鵝又以其聲名之曰提胡盧亦曰提壺吳俗以夏至前來者爲犁鴉言主
水也夏至後來者爲犁塗言主旱也淘鵝之屬爲青翰晁以道云鵜之屬有漫畫者以嘴畫水求魚無一息
之停有信天緣者終日凝立不易其處俟魚過乃取之所謂信天緣即俗名青翰者也又名青莊野鶩野鴨鳧
也鳧似鴨而小[illegible]青白色背上有文千百成羣晨夜蔽天而飛聲如風雨所集之地稻粱一空鳧浮波者鷖
鳧鷖蒼黑色故從殹亦俯信鳧能知風起或謂即鷗非也沈者鸍似鴨而小青色卑腳短喙爾雅名沈鳧鴛鴦

宜興荊谿縣新志　卷一　疆土　物產　卅三

黃鴨形如小鴨杏黃色故名黃鴨紅頭翠鬣黑羽黑尾紅掌雌雄交頸而臥謂之匹鳥鸂鶒谿鴨毛有五彩
首有纓尾毛如船柁形能在谿中敉逐害物如鴛鴦而大又名紫鴛鴦俗俯蘆華鸂鷿鷈刁鴨也爾雅謂之須蠃
大如鳩蒼白色鴨腳連尾不能陸行常在水中人至即沈或擊之便起用其膏塗刀劍經年不繡野雞謂之雉
雉飛若矢一往而墮故從矢漢以呂后名改俯野雞山雉謂之翟長尾雉居山林者白者鷴即爾雅之
鵫雉古俯白翰翰鷴音之轉亦名白雉越裳所貢爲方物者也今獵者往往得之不足爲瑞白色而背有黑文如連漪體備冠
距得其卵合雞伏可畜爲翫黑者鸕即爾雅之盧諸雉西京䳍俯爲黑鷴者也朱黃鷩性憋急故名鷩
漢鶡雞冠取此黑黃鶡羽色黑黃而褐故曰鶡青黑色者名鶡性耿介類雞而大性愛其黨有被侵者直前赴鬬雖死
不置俗亦每爲彩雞鷸綬雞大者如雞小者如鴝鵒頭似雉羽毛多黑雌以黃白圓點如眞珠斑項有嗉囊內藏肉綬
春夏晴明則向日舒之綬長廣近尺紅碧相閒此鳥生亦反哺行則遊草本禽經謂之避株亦俯吐錦雞又名眞珠雞鴋
烏雞即爾雅鸄澤虞也似水鴨蒼黑色頭有白肉冠赤足見人輒鳴喚不去漁人呼爲烏雞或訛爲鵏雞今俗俯爲鵏雞

竹雞狀如小雞褐色多斑性好啼人以其聲呼爲泥滑滑能辟白蟻及壁蝨亦名山菌子言味美如菌也秧雞大如
小雞白頰長嘴短尾背有白斑多居田澤畔夏至後夜鳴達旦秋後即止鷸雞亦秧雞之屬俗俯鴰鴰讀如葛以聲名
之也大如雞而長腳紅冠雄者大而色褐雌者小而色斑其聲甚大秋月即無聲鶬雞鶬鴰也狀如鶴而青蒼色亦有
灰色者長頸高腳羣飛可以候霜又有非家禽而入室者燕曰越燕曰胡燕燕大
如雀而身長籋口豐頷布翅歧尾紫胸輕小者爲越燕有斑黑而聲大者爲胡燕俗名射侯作巢能容二疋絹者令人家富也
居巖穴曰土燕亦名石燕似蝙蝠口方在巖穴中食石乳汁其非燕而強名燕者伏
翼爲夜燕蝙蝠也爾雅作服翼神農經作伏翼服伏古通新序謂之燕服翼也如燕而肥爲雀緅
首者藿雀亦作鸛詩俯鸛鳴于垤也雀噪則行人至故思婦聞而勸歎今說詩者以爲鸛鶴誤矣鸛雀一名瓦雀亦
名賓雀李時珍曰栖宿簷瓦之閒馴近階除之際如賓客然故曰瓦雀賓雀又謂之嘉賓也老而斑者俗呼爲麻雀細羽
者黃雀如麻雀而小羣飛田閒體絕肥背有脂如披綿炙食作鮓甚美季秋入大水化爲蛤蠟觜雀桑鳸也蒼

宜興荊谿縣新志　卷一　疆土　物產　卅四

褐有黃斑喙色如蠟性喜肉食鄭箋陸疏皆以爲竊食脂膏故
名竊脂至孔疏乃因爾雅竊玄竊藍竊黃之義推之以竊脂爲
淺白然詩俯桑扈有鶯其羽有鶯其領毛傳謂鶯然有文章則
淺白之說難通矣李時珍又謂桑鳸喙或凝黃如蠟或淡白如
脂桑鳸竊脂與夏鳸冠秋鳸藍冬鳸黃皆指喙言夫以喙色該
毛色形物者既無此體而或黃或白專以爲白義尤未安今俗
畜蠟觜雀者猶以肉飼此人所共知無庸改鄭陸舊說也青絲雀如鶊鵃而青色喜巢橙櫞諸樹上其音宛轉可聽一
種灰青者形聲相似而較大鷃雀一名老扈九扈之首也常晨鳴如雞趨民收麥其聲晏晏語扈之中其候最早故俯
老扈飛翔蓬蒿閒騰上不過數仞可以尺計故俯斥鷃禽經謂
鷃上有赤赤斥字皆與尺通又性不木處最爲安隱故又作鴳
亦名爲鴿鷃別有鷃爛堆東齊謂之阿鷃子如雀而大善鳴多聲
亦名曰鷃又一種冠雀有毛角者俗呼老兒角後人疑即老扈
高誘呂覽注謂五行中羽蟲之孽者皆別一種也李時珍以鶡鷃聲近又謂鷃即爲鶡鷃之又歧之又歧矣楚雀黧黃也一名倉
庚一名搏黍大于鸜鵒雌雄雙飛體毛黃色羽及尾有黑色相
閒黑眉尖喙青腳立春後即鳴麥黃椹熟時尤甚其音圓滑如
織機聲至冬月則藏蟄入田塘中以泥自裹如卵至春始出桃雀桃蟲也似黃雀而小其雛化而爲雕詩俯肇允彼桃

蟲拚飛維鳥是也其鳴白誹喙如利錐取茅莠爲巢大如雞卵
繫以麻髮至爲精密詩傳鴟鴞鴟鴞及將荼蒚租是也方言云
自關而東謂之工爵或謂之過贏或謂之女匠或謂之鴾鳰自
關而西謂之桑飛然則桃蟲鴟鴞鵃鴞雖重見于爾雅亦如
桑蟲倉庚並非二物矣自郭注以鵃爲巧婦鷦鷯爲鴟類後之
釋詩者遂不知鴟鴞一鳥詩爲禽言詩之祖誤以爲貪惡大鳥而
取子俾子一是畏鳥一是畏 **剖葦雀** 似雀而青斑爾雅謂之鳭
人義遂歧出而不可通矣 鶉說文解字作刀鶉以其
爲鳩鶉之屬剖食葦蟲喙 **練雀謂之練鵲** 帶鳥也似鶻鵃而小
利削如刀故名俗偁蘆虎 黑褐色尾長有白毛
如練俗呼拕白練亦偁浣練子食槐實結玉於腦謂之鵲玉別
有白鵲乃乾鵲之白者與此不同舊志補遺有儲孝子笙七歲
喪父廬墓三年 **乾鵲謂之鵲** 喜鵲也古作舄作鵲其音唶唶故
白雀來巢是也 名大如鴉而長尾尖觜黑爪綠背
白腹上下飛鳴以音感而孕其巢開戶向太乙背太歲霽能報
喜故謂之喜鵲性又惡溼謂之乾淮南子謂之乾鵲其飛至
捷射者難中禮 **山鵲謂之鷽** 似鵲而有文采喙足俱赤尾長不
射鳥鵲即此 能遠行能效鷹鸇之聲而性惡其
類相值則搏亦能知來事諺云朝鷽叫晴暮鷽叫雨是也一種
頭大色淺紅者土人謂之山和尚又一種微黃者善學百鳥聲

宜興荆谿縣新志　卷一　疆土　物產　五十四

養鳥者珍翫之 **如鵲短尾而純黑者慈鴉謂之烏** 孝烏也初生
皆山鵲之屬也 時母哺六十
日長反哺其母古字作於轉作雅俗作鴉別爲鸒小弁託興鸒
斯正取慈烏之義今以腹下白色不反哺者爲雅烏爲鸒小而
純黑反哺者爲烏烏既純黑凡物黑色者皆謂之烏然宋書符
瑞志元嘉十三年南譙書祥瑞志永明八年隆昌元年陽羨皆
獲白烏則異 **其醜有雅烏** 爾雅謂之鶥居似慈雅而大觜俗呼
種固有白者 老雅性貪鷙善避矰繳今人偁礜者
惟 爾雅謂之白脰烏禽經謂白脰 **山烏** 爾雅謂之鶥形類
此 **燕烏** 不祥者此也其大者名蒼烏 雅烏而小純黑姣
好續彩紺發觜若丹沙馴而易狎 童 **逐烏謂之鴒鵅鵅鳩也** 偁亦
子捕養之曰赤觜烏亦曰阿雛烏
烏鳴似鳩有冠黑身長尾小於烏而能逐烏亦名雛札札小也
訛爲雛禮廣韻謂之車樢春分時先雞而鳴其聲曰加格耕者
候之謂催人 **斑鳩謂之鳴鳩** 項下斑如真珠聲大能鳴好高飛
駕犁格也 詩偁宛彼鳴鳩翰飛戾天宛讀如
蒙代有苑之苑狀其文也毛氏傳以宛鳩爲鶻鳩非是鶻鳩即
鷽鳩莊子所謂決起而飛搶榆枋不至而控於地者焉能飛戾
天乎亦偁斑雛與鴿 **祝鳩謂之鵓鳩** 鵓鳩爲雛也今之鵓鴿偁爲
鳩皆不在五鳩之列 孝鳥故四牡之詩將父將

以用以祀興毛傳偁爲壹宿之鳥即今所謂鵓鴿定見已灰色
無繡項陰則屏逐其匹晴則呼之語云天將雨鳩逐婦亦偁鵓
鳩音轉爲鵓鴿其白者人以爲瑞 舊志 **鶉鳩之似爲鴿** 鳩化
徐文靖再廬墓白鳩與白雁並至也 故名
月有子種類 **斑鳩之似爲鳴鳩** 臆有白圓點文飛必先南嘉
形色不一 其鳴聲云行不得也哥哥 鷓
鳩謂之鶻鵃 布穀也大如鳩而帶黃色不能爲巢多居樹穴及
空鵲巢中詩維鵲有巢維鳩居之毛傳以爲鳴鳩
是也哺子朝自上下暮自下上故曹風美君子之均平而託興
焉其偁名甚多如擊穀郭公割麥插禾脫卻布袴之類皆因其
聲似呼之二月穀雨後始鳴夏至後乃止亦候鳥也列子云鷂
爲鸇鸇爲布穀布穀久復爲鷂高注呂覽亦言布穀化鷹此因
鳩化之文而傅會之鳴鳩音轉又爲 **鵻鳩謂之王鵻** 深目如鴟
桑鳩方言乃以鳴鳩爲戴勝益謬矣 能扇波出
魚食之今之金口鴞也鷙而有別國 **鶻鳩謂之鶌鳩** 名鶥者短尾之故
風首偁之揚雄許慎皆以爲鷹非也 目似鵲鶻
偁鶻鳩形似山鵲山鵲鷽也故偁鷽鳩青黑色而有青毛冠故
偁青肩亦名鷏鶥其音啁嘲又名鶻嘲好食桑椹易醉而性
詩偁于嗟鳩兮無食桑葚者謂此 **鵻鳩鷹也** 俗偁鵻鳩鷹春則
春來冬去飛翔不遠常在深林間 喙柔而直不能搏

宜興荆谿縣新志　卷一　疆土　物產　五十五

擊至秋則堅硬而喙勾矣經傳偁鳩化爲鷹鷹則爲鳩者
獨此鳥耳學者不攷謂凡鳩皆能化鷹宜其說之多歧矣 **鷹之**
鷙也雖也鷲也亦作鶚玉篇以爲祝鳩此以鴨誤鴨耳
醜有隼 隼似鷹而大尾長翅短土黃色鷙悍多力盤旋空中無
細不睹爾雅鵅鵊即此亦作鵯作鵊古作欺其羽可爲箭翎及
弱周書王會解都郭欺羽是也今本說文解字作欺老者誤以
爾雅鵅鵊老扈鷚 **有鶻** 青鶻也少肉多骨鷙而有義冬取小鳥
老字屬上爲句也 盈握夜煗其爪掌旦即縱之禽經曰鶻
不擊胎或與 **有鷂** 爾雅鷂負雀是也亦偁雀鷹獵者常 **有鸇** 晨
鶻鳩混非是 畜之其鷂雉青質而五采者與此別 風
也似鷂黃色燕頷勾喙嚮風搖 **有鷹** 白鷹也今白鷂子似雀鷹
翮急擊鳥雀亦或穴居爲土鷂 而大尾上有一點白名印
尾望後草間掠地而飛善捕鳥雀亦能嚮風搖翅故又名風鵄
子俗偁括鷹括鷹音轉也爾雅謂之鷣王照圓詩小紀曰鷚俗
字當作楊詩曰時維鷹揚揚即爾雅鷚白鷹古字通借爲楊拔
鷹揚今人多從毛傳飛揚之訓然班固燕然山銘鷹揚之校與
螭虎之士並舉則亦 **有鳶** 鳶爲鴟 似鷹而稍小其尾如舵極善
不以揚爲飛揚矣 高翔善捉雞雀土黑色故從
弋李時珍謂攫物如 **鴟之醜有鴞** 青鴞惡聲鳥也好食桑葚詩
弋射者傅會之詞也 偁翩彼飛鴞即此其雛少美

長聰小者似斑鳩大者似母雞亦名流離音轉鶹鷅流離古琉璃字鶹綠色似之故名陸璣謂流離爲梟音以梟混鶹也鶹梟並鳴屬而種類各殊或又以鴟鴞小鳥名鶹鴞者爲鴞謬益甚矣**有雒**今雖雒也俗名穀轆鳴貓頭有毛角夜鳴若笑聞其聲者以爲不祥按爾雅雒鵋鶀鵂鶹軌雀老鵂狂茅鴟皆此一物**有梟**卽鴟鵂爾雅所謂梟鳴也從鳥從木木卽休之古省亦名鶹舊亦名鶹久不孝之鳥長食其母與鴟鶹子鐵翅子爲同類後人借作梟首字傳會者遂謂梟鳴食母首縣木上矣**其妖鳥有姑獲**純雌無雄胸有兩乳故名乳母鳥俗傳產婦所化凡小兒衣夜露者此鳥以血點之輒病驚癇謂之鬼鳥**有鬼車**狀如鵂鶹而大晝瞑晦則飛鳴能入人家收人魂氣相傳此鳥有十首犬嚙其一猶餘九首其一常滴血血滴之家則凶亦偁奇鶬亦名蒼鸆與姑獲同名而別爲一種或以爲形如鵂鶹或以爲狀類野鳧要皆晝伏夜飛形狀難睹也**有木客**木客鳥大如鵲千百爲羣尊卑各有章色見異物志楮邦慶常州賦注謂陽羨山中有之今亦未覩也**其常者姑惡爲鵙**卽今之苦鳥似鶻鷃而大鸜鵒而小本名伯鷯亦偁伯趙又偁伯勞後人傳會因以爲尹吉甫信後妻之譖殺子伯奇化爲此鳥其聲若云苦苦阿苦阿俗人因其聲似名曰姑惡謂婦被姑虐死所化則與伯

奇之說同一不經矣性好單棲夏至應陰而鳴冬至而止其飛樅樅其鳴唄唄故名鵙又名鴂漢書顏注以鶗鴂謂爲子規楚詞王注以鵜鴂謂爲巧婦方言謂爲鶪鳴遯齋閒覽謂爲梟國史補謂爲布穀丹鉛錄謂爲駕犁皆屬意揣高誘呂覽注又云伯勞夏至應陰而殺蛇磔之於棘而鳴於上今姑惡多食水蛭磔蛇之說侯效**子規爲鴂**杜鵑也亦作鶗鴂亦作題鴂皆杜鵑之音轉也亦作子巂亦作姊歸皆子規之音轉也大如鳩以春分先鳴至夏尤甚晝夜不止其聲哀切若云不如歸去上二字聲舒而長下二字聲急而短學其聲者令人吐血**鶪爲鶻鴒爲鴽**鶉鴽散文則通對文則別黃黑雜文者爲鶉兩雄相値鬬而不釋鴽較長大黃色無文田鼠所化也鶉亦有蝦蟇化者爾雅鶉雄鵲牝庳與鴽鴾母分列不混**啄木爲鴷**亦名斲木小者如雀大者如鴉剛爪利觜觜如錐長數寸舌長於咮其端有鍼刺啄樹得蟲以舌鉤出食之博物志云此鳥能以觜畫字令蟲自出其雄者斑而雌褐又有一種大如鵲青黑色頭上有紅毛者土人呼爲山斲木**告天爲鷚**大如鷃雀色似鶉好高飛作聲爾雅謂之天鸙俗偁告天知**戴勝爲鵖**鴔似山鵲而尾短青色毛冠俱有文飾若戴華勝亦偁戴鵀亦偁戴南方言以鴶鵴卽戴勝非也**寒皋爲鸜鵒**其睛瞿瞿然好浴水故名

鸜鵒似伯勞而有幘五月五日取雛剪剔其舌能效人言附其背則瘖矣吳人避南唐李煜諱呼爲八哥亦偁嘲哥天寒欲雪則羣飛如告又名寒皋皋告也**喚春爲鶷鶡**狀如鸜鵒而小身畧長喙亦尖黑行則頭俯好食蚯蚓俗呼牛屎哵哥以其氣臭也以其聲名之曰鶷鶡立春後鳴轉不已能反復如百鳥之音故名反舌又名百舌又名喚春夏至後則無聲十月後藏蟄服虔通俗文以爲白脰鳥陳藏器以百舌爲鶯皆誤**以及黃褐之侯**狀似鳩而綠褐色聲如小兒吹竽俗呼爲黃褐侯謂能化斑鳩好食桑椹及半夏蓋鵲鳩之屬也**白頭之翁**似雀而大頭白其音宛轉可聽**纖若穿鼻**似雀鼻端有竅**麗若繡眼**似雀而小**姣若畫眉**色褐眉白梅聖俞詩云山鳥本無名兩眉如粉畫**喧若擣藥**鳴作丁當聲李石廣博物志葛仙公嘗於西峯石壁上石臼中擣藥因遺一粟許飛禽過而食之遂得不死至今夜靜月白風清之時其禽猶作杵臼之聲名之曰擣藥鳥事物紺珠謂之紅尋**原禽之無名而以形聲名者蓋難臆計東南之澗有翔鶴之洞**張公山後白鶴洞有白鶴飛翔故名相鶴經云鶴乃羽族之宗仙人之驥千六百年乃胎產據此則謂鶴不卵生者誤也鶴初生多灰色年久漸白至大

毛落而氄毛生則白如雪矣又一種似鷺而頭無絲腳黃色俗名白鶴子色紅者名紅鶴皆非鶴而冒鶴名者**西北之谿有集鸛之橋**成任鄉紅塔里西有鸛項橋康熙閒橋成有鸛鳥翔集因名又山亭鄉有古鸛鶴漊鸛鶴嘗栖宿于此按鸛亦鶴類但頂無丹耳其種有二似鵠而巢樹者爲白鸛黑色曲頭者爲烏鸛禽經云鸛生三子一爲鶴巽極成震也震爲鶴巽爲鸛**鶖老而禿**禿鶖一名扶老凡鳥至秋毛脫此鳥首禿如秋毨又似老人頭童故名狀如鶴而大青蒼色長頭赤目嗉下有胡其頂皮方二寸許紅色如鶴項或云卽海鳥之爰居然樊光謂爰居似鳳凰則與鶖異矣**鴇行而斑**似雁而斑作豹文一名獨豹無後趾性不木栖羣居成行相次故偁鴇行或云純雌無雄與他鳥合玉篇亦作鳵**水禽中爲最鉅錢母爲鶺**鴒鶺鴒離渠也亦偁精列鶺鴒之音轉也本非原禽失其處則飛鳴而求其類詩偁脊令在原兄弟急難是也頭下黑文如連錢又名錢母**雪客爲鷺**白鳥也爾雅謂之舂鉏細頸而高腳項有長毛十數莖毿毿然如絲謂之絲禽俗偁鷺鷥李昉命爲雪客又旋目鳥大如鷺而短尾紅白色深目目旁毛皆長而旋與似鷺無絲之紅鶴皆偁朱鷺**翠爲鴗**魚虎也爾雅謂之天狗穴土爲巢近水上取魚大如燕喙尖而長尾紅而短背

毛青色似翡翠尾可飾首服捕者取其尾輒復縱之陳藏器以爲翡翠之屬陸佃以爲即翡翠之小者**白爲鷗**形似小白雞長喙長脚漾水上如浮漚故謂之鷗音轉爲鷖亦有斑褐者舊志鷗鷖重出**黑爲鷖**鷖鶂也爾雅謂之鷁俗名水老雅漁人多養之以捕魚相傳此鳥胎生口吐非也吐生者乃白鶂人或謬偁爲白鷀鵜耳**鵁**爾雅所謂鵁頭鵁也似鶂鵁而頭細身長項白**又其細也夫羽族爲禽厥名未古古者禽獸皆從内禽者擒於野獸者嘼於家**自漢人增釋爾雅始有二足而羽爲禽四足而毛爲獸之說古文獸作嘼與禽字皆從内内獸迹也凡秦漢以前之書無以禽爲鳥者曲禮猩猩能言不離禽獸郊特牲八蜡以虎屬禽貓屬獸正以禽爲野獸獸爲家禽也**家嘼之屬馬**武獸也用以供騎前跡膝上有黑斑若鱗謂之夜眼蔽之則夜行不見邑中雜產亦無發者其任載多用驢驘秦漢以前無驢字但有山驢其字作閭驢馬交而生驘俗作騾亦有馬交牛而生者謂之駃騠俗偁牛頭驘**牛**有㹀牛水牛二種㹀牛具黃黑赤白駁犖數色水牛色多青蒼亦有白色者**羊**首身相等毛短者爲夏羊俗偁山羊首小身大毛長者爲吳羊俗偁胡羊亦偁綿羊毛可爲氈**豕**壯豭牝豝亦有生象者不能長毓凡豕交時蛟龍在上則生象今豢養供膳者牝牡皆閹割之俗偁牡豬之閹者曰犍豬犍劇也牝曰敦豬敦讀如屯鐓也**及犬**古偁犬子曰狗今以狗爲犬之通偁田犬以捕獵吠犬以防守**五擾而外貍嘼曰貓**貓本貓獲之名身長故從苗畜貍似之因假其名謂鼠害苗而貓捕之者乃陸佃傅會之說有黃黑白駁數種目睛可定辰子午卯酉時如線辰戌丑未尖若棗核寅申巳亥則正圓矣鼻端常冷惟夏至一日煖與虎鼻煖冬至者相反孕兩月而生俗偁女貓無牡以竹帚掃背數次則孕或覆貓於斗以刷帚擊斗上就竈前祝之亦孕也**野馬如馬而小非駒非駮名曰驒騱**騊駼色青駿倨牙皆野馬也然爾雅別出野馬於二獸之外郭注云如馬而小穆天子傳云野馬日走五百里郭注亦同許慎以驒騱爲野馬顏注漢書以駏驉爲騾騞似驘而小今銅官山野馬樵者或見之大不及馬其行如飛與郭注正合**山牛鹿角**李時珍曰山牛狀如牛而角有枝如鹿茸陳玉堪府志云山牛產宜興諸山**南山無野羊**野羊有莧有麋麋細角莧即羱也大角今南山有野羊而無角者乃白麈宋少帝明帝時太守獻之爲符瑞今獵者間得之不以爲祥也**而有野彘野彘田豕也**形如家豬腹小而長牡而大者牙出口外能與虎鬬牝者肉更美幹

錫金縣志　卷一　疆土　物產

毛如箭者豪狀如豬項脊有棘鬣長者尺許麤如箸白本而黑端古書相傳謂自爲牝牡也俗偁蒿豬者豪豬之皆訛**銳喙短足者貒**貛㹠也俗名豬貛肥似小豬短足短尾尖喙褐毛能孔地食蟲蟻瓜果肉帶土氣**若是者謂之豕屬野犬曰豻**似狐而小黑色食虎狼及野豕能捍猛獸故名豻一鳴而羣偁畢至土人偁倚狗者此也其極大者長七尺頭生一角老則生鱗能食銅鐵獵人亦畏之道光間癸涇里樵者得一角獸遍體有鱗繫而斃之經日不死其即此歟**如豻而大曰狐**尖鼻大尾妖獸也年久者尾按年而增極多至九尾善魅畏狗**後高者豺**似狗而瘦前卑後高而長尾其牙如錐利羣行虎亦畏之亦偁豺狗或以豻名偁狗者混豺誤也豺噬人豻不噬人**前高者狼**亦豺屬亦名毛狗如犬而銳首縱目白頰驕脅高前廣後詩偁狼跋其胡載疐其胡跋拔也疐輊也高引其頸低垂其尾狼將噬之形以喻流言者之欲害公也謂跋前疐後爲進退失措者誤俗偁狗貛亦名天狗其皮可爲裘領**狼之牡亦曰貛**爾雅狼牡貛**善登樹者木狗**形如黑狗能登木其皮爲衣褥能運動血氣**居貉獺者水狗**即水獺多穴谿岸邊禮謂獺祭魚者此也**若是者謂之犬屬野貓曰貍**有斑如貓圓頭大尾善竊雞鶩俗偁貓貍**貍如貙文曰虎貍**銳頭方口斑如貙虎善食蟲鼠果實**似虎貍而尾文黑白者曰九節貍**尾有黑白錢文相閒皮可供裘領**作麝氣者香貍**文如金錢豹楚詞謂之文貍外腎作麝氣肉溺皆香李時珍謂即靈貍非也靈貍自爲牝牡名曰類粵廣有之今香貍自有牝牡者其氣甚濁不香也**如牛尾者果貍**果子貍俗名柹狐面白而尾似牛亦偁玉面貍善上樹木食百果冬月極肥**若是者謂之貍屬兔大如貍鼠身短尾而缺脣其子兔**兔形如鼠有鬚毛褐尾後長前短但短尾大耳上脣缺爲異耳古人謂兔吐而生今驗之殊不然有牝亦有牡古樂府云雄兔脚撲朔雌兔眼迷離是已謂無雄而望月以孕亦非兔初生者無尾爾雅作䨲許慎書作娩其古字正當作兔象兔無尾也一種色白而馴人多畜之謂之白貍子**鼠大如兔曰䶂**形大於常鼠頭似兔能穴銜竹根直洞其節杜詩筍根稚子即此也得而食之味如鴨山人以爲珍品亦名竹㹠**鼪鼠曰鼬**狀似鼠而身長尾大其色黃赤如柚健於捕鼠俗偁黃鼠狼又能制蛇亦竊人家雞糞氣極臊臭毫與尾可作筆冬月之下析又攻廢讀載巩

錫金縣志　卷一　疆土　物產

下云小獸有臭居澤色黃喙尾李時珍識之狸下按抓即狌字音形之變李攺載也鼴鼠曰鼫即田鼠亦名隱鼠能隱行地中壅土成坌暮春則化爲鴽與似牛之鼴鼠亦名隱鼠者名同實異尾如箒者鼯鼠蒼色而長尾常在樹木上往來如飛今所謂松鼠也大者名松狗按爾雅釋獸亦有鼠身長鬚之鼯爲鼯鼠之屬與此迥別毛似棘者㣇鼠爾雅謂之毛刺許慎書作㣇毛似豪豬故從豕頭背似鼠又偁蝟鼠能入虎耳中虎甚畏之輒見鵲則仰腹受喙亦物之相制也迎貓者田鼠詩偁碩鼠碩鼠毋食我苗者也周易作鼫按此與鼫鼠名田鼠者又別一種化鮹者水鼠似鼠而小食菱芡魚蝦藏籍相傳有鼠化鯽者即此是也家鹿常鼠也俗名老鼠嶺南偁爲家鹿者此也似兎而小青黑色有四齒而無牙長鬚露眼前爪四後爪五尾文如織而無毛長與身等若是者謂之鼠屬鹿馬身而羊尾角大多歧曰麚牝而童首曰麀牡鹿有角曰鹿牝鹿無角曰麀麀鹿也麚牡鹿也鹿以角得名古讀角如鹿字亦相假也如鹿而大曰麋牡角牝童與鹿相似目上有眉故偁麋麋眉古通目下有二竅爲夜目麋角岐少於鹿與鹿角皆以夏至解冬至解角者乃麋屬之麈也今時

宜興荊谿縣新志　卷一　疆土　物產　卒

憲書已改正鹿無角曰麞麞也喜羣聚故從囷性又慞惶故從章牡麞無角牙出口外謂之牙麞牝麞無牙麂如小麞猥毛豹足爾雅以麠爲大麕此言其大者也今常見之麠實小於麞牡者有短角口旁出長牙好鬬足短力勁善超躍登山峯夜鳴如老人欬笑皮細輭堪作韈履若是者謂之鹿屬山君謂之虎陽羨山多虎自周孝公射白額後至趙宋時復傳殺三十六虎者南嶽碉錫龍池永甯俱有馴虎今石亭井口尚有虎祀也其弟謂之豹豹有金錢艾葉二種如虎而小禽蟲述云虎生三子一爲豹故古語偁虎爲豹之弟也虎長百獸猶龍之長魚也潭巔湫洞有龍則名琅玕山岳山聖山之巔鈞有龍潭善卷洞張公洞鈞有龍湫每遇旱歲於焉禱雨又龍常蛻骨於山腹采石者往往得之今崖谷谿澗諸處池游君山岳山之巔及上下龍池皆有蜥蜴又一種似蜥蜴蜥而大在草曰蠑螈青碧色俗偁山蠏又一種似蜥蜴而緣壁者曰守宮亦名蝎虎俗偁壁虎皆蜥蜴之屬土孕蛟蛇雄之交精入地而成卵日久漸大聞雷則裂土而出謂之發洪今穿石山名蛟山相傳昔時得大蛟遺骸容三斛也澗依鰐銅峯墅嶺間及長興廣德交界之山有物如蜥

蜴而大長四五尺或盈丈喙長居身七之一其色土黃巨口利齒龍吻鼉鱗尾有二十七齟齬穴居谿澗旁生子如鵝鴨卵土人呼爲鳥魚鱷丁寶書廣德州志以爲鼉謂鱷蜂刺人故凡有刺者皆偁鱷鼉之鱗尾亦刺人也按鼉背有甲此無甲乃鰐也鰐有午音訛變爲鳥耳泉潛蚪湖汶有潛蚪泉鰕蟄於涇鰕魚龍魚也似鮎而四足爾雅鯢大者謂之鰕是也鰕龍涇以此得名鯪居於陵鯪鯉似鼉龍善攻岸俗偁穿山甲似龍非龍者皆龍種也蛇近龍魚名類多有蛇小者名虫隸作虺大者名蛇虫環也蛇迆也小蛇必環蟠毒蛇亦然故皆名虺大者則不必蟠糾而迆其尾矣雖或螫人亦多人藥之用魚之名者鮦似鱧而黃亦鱧屬古人多與鱧混非也產金泉鄉鄉人之慈湖谿味腴而不膩鄉人謂之鮦鱒鯝黃鯝狀如白魚長不近尺闊不踰寸扁身細鱗腸腹多脂亦產慈湖谿又偁黃姑魚今俗訛爲王姑幾與新婦魚屬對矣產於慈湖鰜鰈比目魚爾雅謂之鰈北戶錄謂之鰜洮湖具區皆有之兩魚並合乃能游若單行落魄則爲人所得上林賦之魼吳都賦之兩魪皆是物也郭注爾雅謂比目即王餘郝懿行義疏據左思雙則比目片則王餘之語謂王餘乃登萊之偏口魚其魚單行非兩兩相合與比目相似而異其說甚辨然

宜興荊谿縣新志　卷一　疆土　物產　卒

陽羨諸湖所有不比不行其爲比目無疑也俗呼鞋底魚亦名婢屣魚又名奴屩魚異物志偁爲箬葉魚來於震澤其他鱣鮪曰王陸璣疏鮪魚形似鱣而青黑頭小而尖似鐵兜鍪益州人謂之鮥鮪按此即淮南氾論篇高注所偁細鱗黃首之鱣也今俗亦偁王鱣音訛爲橫管舊志謂橫魚身大有力是已鯉鯶曰公神農書曰鯉爲魚王無大小脊旁鱗皆應六六之數上有小黑點文唐律號鯉爲赤鯶公以國氏李諱同音也鯶鯇也似鯉身圓肉厚俗謂之草魚以其食草也李時珍云有青鯇白鯇白者味勝鱊鮬曰婦俗偁新婦魚今娶婦家用之古偁昏禮用鮬或此魚亦有鮒名也亦偁婢妾魚按爾雅鱊鮬今鱖鮬釋文讀鱊如帚段玉裁曰鱊音同婦鱊鱖鮬鱊音近相轉今新婦魚似小鯉如帶狹長而身圓斑彩略似鱖魚故偁鱖鱊也鯤鮞曰子爾雅鯤魚子今小魚無骨者俗偁運哥郎舊志誤以鱓當之非鯤魚子未成者今俗謂之魚秧魴鯿也亦作鯾古作鰟長脊博腰而頭項縮小所謂縮項鯿也其小者謂之鯿魮魴亦魴也鯿魮大者爲油鰟舊志作鮋彭非鱮鰱也鱗弱而首大俗偁鰱頭畜魚者多養之鯖似鯇青色俗呼青魚鮊曰魚經典偁鰕者是也纖鱗素色頭尾俱鱖水豚也又有身形稍厚淺黑色而印謂之偃頷白魚亦作鮊鱖有墨點俗偁鰭鰕謂鰍魚之似鱸

者咸涫志遂以蘇子所偁狀如松江之鱸者當之失其實矣鱧
舊志作鯸按鯸爲石首之雄以三牙如鋸而名別是一物
俗名烏魚鯔似鯉身圓頭扁鱗細骨一名土附魚以附土而
首有七星鯔鯼舊志作𩼕乃音誤鱸行也亦作上父李邵詩
土父稱斑竹姑亦以竹姑與土父屬對後人於姑加草於父加
魚舊志又誤鮫爲鮫歧之又歧矣又名吐哺俗謂之癡哺茶花
時最爲肥美其色盧黑故名鱸松江鱸魚亦正相似但四腮一耳
舊志作土鮒褚邦慶常州賦引呂覽至味篇洞庭之鮒注曰
名土哺吳人呼爲鱸鯈字亦作鰷即陽鱎也有白有青白而近
然則鱸亦可偁鮒也鯈尾黃者爲黃鯈魚白而赤尾俗偁紅了
又其最小則爲鰟青色鯖也其行相坿故鱵俗呼鍼觜魚山
者不能長大獨鰟鰟耳鮒偁鮒今俗謂之鯽鱵經所云其頭如
鍼者也大小形狀鯊亦作鯊太湖滆湖
與鱠殘魚相似俱有之謂之湖鯊紛難狀矣游泳可觀金
金魚有鯉鯽鰵鰍之別世人多畜以爲盆池之翫今則
丹璀錯異色殊形魚經亦難勝載又有丹魚純赤而大抱朴子
云丹魚浮水側有赤光上照若火述異記載晉桓
沖遊廬山見湖中有赤鱗魚皆此也俗偁火魚無鱗之品美
有山鰻鰻鱺也似鱓而腹大爾雅謂之鰲鯠鰻鱺之生不由卵
毓多出鱧魚背䰇開俗傳鱧在水中鰻鱺游過其上影

𩸞還於鱧背而小魚生焉故偁鰻鱺南山澗中產
者更爲肥美即通雅所偁石鰻也亦曰白鱓鰻鱺銀魚同於王
銀魚紅眼者出五賢鄉白芫谿倩泉鄉深谿他處皆不及也
鱠其大者即爲鱠殘咸涫志銀魚注引博物志云昔吳王江行
食鱠棄其餘悉化爲魚今出湖中有大
如指者瞿宗吉詩笠澤銀魚長一尺斑魚比於侯鮐侯鮐河
豚也鹹
淡水相交處乃有之斑魚形似河又不特鱛今之鮧鮰魚即苗
豚而小河豚出春時斑魚出秋時鱛魚亦偁黃顙魚
又名黃頰魚似鮎而小腹黃背青腮下二橫骨刺人有毒羣游
作聲軋軋然按毛詩傳鱨揚疏引陸璣疏云似燕頭魚身形厚
而長頰骨正黃魚之大而有力解飛者徐州人謂之揚據此則
鱨爲大魚然雅須與鯊鱗連及正當爲黃顙魚矣或偁鯁丁魚
今俗謂人性之憨惡者爲鯁丁頭以此魚比之也又偁鯁一
公魚舊志作姜公與土附魚偁杜父者皆鄉音之訛變也鮎名
鯷頭大尾小身有涎而黏滑故謂之鮎羅願云鮎魚善登竹以
口銜葉而躍於竹上大抵有水堰處輒自下騰上愈高遠而未
止諺曰鮎魚鰼泥鰌也似鱓銳首而短身涎
上竹是也鰼滑不可握莊子謂之委蛇鱓似鰻鱺而細長
作鮮俗作鱔亦作鱓省作蛇生泥窟中古字川澤皆有之太湖
鮑周書王會解謂之蟬蛇而已蝦推白甲所產白殼者艮疑

介疑鱗鼃俗名田雞銳頭長股善躍其鳴蟾蟾蜍鼀鼅也背有
哇哇背作青綠色謂之青鼃排癗俗偁癩蝦蟆
穴土而居亦蝦蟇也一名耿黽亦名螢蛤
有居水者亦依於水黽爲土鴨聲相轉也俗偁桃華田雞似
青蛙大腹背有黃路三條或黑文一道其鳴蛤蛤故名蛤子亦
曰土鴨芙蓉山天井洞有三足蝦蟇也蝦蟇子爲蝌蚪形似河
豚身圓尾尖足生則尾脫月大蝦蟇一名田父生
盡先生前足小盡先生後足蛤爲石麟石澗中故名石蛤皮
色深紫味極清美府志作石麟讀蛤如倫之音訛也又作石蠊
字書無此字舊志及名人文集作石獺讀蛤如蝓之音變也又
有土蛤較介屬則大者湖黿介蟲之元也產太湖中漁
石蛤稍青父捕獲者人多買以放生小者鼈
蟹出荆谿溪瀆及爛路谿者俗偁小蠃長蜞也蟛狹
佳偁曰谿蟹以別於湖蟹蠃田螺螄者蠃而長者
蚌一名含漿其常者不足計而龜有山龜澤龜攝龜攝龜今之呷蛇
龜亦偁鶩龜亦偁陵龜小狹而長
尾腹下橫折見蛇則呷而食之在陸地能登木鳴聲甚壯又有
綠毛龜取自谿澗畜之久則生毛長四五寸毛中有金綫底甲
如象牙色大如五銖錢極爲難得他龜久養亦生毛但大而無
金綫底色黃黑爾宋書符瑞志明帝泰豫元年陽羨縣獲毛龜

亦此類也然龜不特有毛亦并有鬚陳翰異聞集載王勣游嵩
山止石室中月夜有人面白鬚眉長黑偁毛生與勣談論勣取
鏡照之其人失聲俯伏化爲綠毛龜此猶未眥指龜之有鬚也
余嘗作神龜記曰爾雅十龜以神龜爲首其餘自火龜得異氣
外多強分之以爲名山澤與水但以地判攝龜爲鶩龜靈龜爲
蠵龜龜之別種然蠵蠵可偁靈龜靈龜不專屬蠵蠵也凡龜之
有靈明者偁神亦可偁靈大而寶貴謂之寶龜背甲負文謂之
文龜腹縢可筮謂之筮龜皆神龜之屬也同治甲戌金泉鄉亳
陽里之農人於荒田中獲一巨龜廣尺二寸有奇首大如椀頰
旁鬐十餘莖皆長寸餘背有古文觀者不能辨眾皆異焉鑽其
甲緣爲孔繩繫於池將鬻之一夕失龜所在見者以告余余曰
此爲神龜何休注公羊傳所謂千歲之寶龜青髯者也髯本作
冄後復加龜爲𪚰世人但知龜千歲者甲邊生青毛因以龜甲
緣爲冄許慎說𪚰字引元龜巨𪚰與漢書同誤而不知龜之實
有鬚髯也夫史書所載龜腹背著㸚蚪篆文號偁神靈者何可
縷述是龜也權余且之所得免宋元之鑽文章雖負出非其
時獨以鬃鬃之須爲世所怪向之文人學士限於所見疑似未
案誤訓故書而田野之氓又略其形而不能名其物至不貲之
珍偶見而瞥亾詢可歎也然神物有靈終能變化亳陽非嘉林
之地異日者應運而出與負圖之龍同爲聖世瑞也豈得

以池沼中物辱之哉鼈俗稱團魚性慾惡故從敝雌多雄少或與蛇爲匹謂純雌無雄非也赤足者獨目者目內陷者頭足不縮者腹下有王字卜字文及有蛇文者在山上名旱鼈者並有毒殺人不可食之屬三足六目爾雅郭注陽羨君山上有池池中出三足鼈又有六眼龜按三足鼈中山經云食之無蟲疫蘇頌圖經云食之殺人謝肇淛文海披沙云宋泰始二年東陽見六眼龜唐大足初虔州獲六眼龜先天元年汀州獻六眼龜又嶺南欽州出六眼龜然實止兩眼耳四眼乃斑點圓長中黑與真目並排端正不偏人莫能辨也按宋書符瑞志龜亦有四眼八眼者則六目之有無固不足致辨古所稱奇今亦不易見也蚑行蠉動有足爲蟲無足爲豸蟲省作虫動也許愼混蟲虫爲一字不取屈中爲虫之說後人悉仍其謬然屈中之解聲義俱得中身也凡物之動者身皆能屈故虫爲動物通稱今獨以非鳥非獸非魚者爲虫虫之無足者爲豸豸者長脊獸無足之虫其行豸豸然故亦謂之豸俗加虫作[illegible]爾雅釋蟲所著邑皆有之蚳螘卵也螘大者爲蚍蜉小者爲螘杅者爲蠶飛者爲蟻其子皆名蚳周禮有蚳醢也蝝蝗子也名復陶可食鄭氏注禮祭統陸產之醢以爲蚳蝝之屬復陶亦作蝮蜪又誤爲蝻供醢今不

復用利於民者蠶繭蠶繭有桑檮棘欒蕭之異蠶桑繭也有黃白二色今邑中無野蠶繭飼蠶皆以桑蠭蜜范蜂也古以充食今則獨采其蜜而已有木蠭土蠭土蠭或在土穴作房爲野蜜或在山巖高峻處作房爲石蜜皆大木蠭人家或收養爲家蠭蠭小而微黃蜜皆濃美三蠭皆羣居有王王大於眾蠭而色青蒼一日兩衙王所居有臺生子復爲王歲分其族而去養者嬾於分或刺其子木蠭大者爲壺蠭就人家梁棟樓榴鑽孔以居俗稱鐵背蠭亦名胡蠭雖有蜜不堪畜養螜天螻也俗稱土狗亦名碩鼠食風與土雄者喜鳴善飛鳴聲如蚓夏小正三月螜則鳴蚓亦作螾結於仲冬鳴於孟夏爾雅謂之蜸蠶蜩蟬也螗蜩五采具唐蜩蝘也茅蜩蚻也皆見夏小正爾雅以茅蜩爲蠽與蚻別爲一物其皆誤即蚻蚻即蠽也馬蜩名蝒即馬蟬寒蜩名蜺即寒蟬蜓蚞螇螰即蟪蛄亦蟬之屬螢爾雅作熒火熒小火也今螢有三種形小頭赤夜飛光明者茅根所化呂氏月令腐草爲螢是也長如大蛆灰黑色腹下有光無翼不飛乃竹根所化一名蠲俗名螢蛆明堂月令腐草爲蠲是也其在水者爲水螢大倍於常螢亦能飛居李子鄭作水螢賦者是也斯螽斯作蜇蜙蝑也亦稱舂黍以股鳴詩所五月斯螽動股是也莎雞絡緯也居莎草中故名郭注爾雅以爲翰天雞又以爲即樗雞者誤

蟋蟀似蝗而小正黑有光澤如漆有角翅一名蛬或謂之蜻蛚或謂之趨織人多收養觀其鬭以爲賭勝螳螂蟲勇也一名斫父以其有臂如斧亦稱拒斧爾雅謂之莫貈又謂之蟷蠰其卵謂之蜱蛸即螵蛸也方藥多用之用以紀候蜣蜋轉丸蟲也能以土包糞轉而成丸入藥治小兒驚癇又箭鏃入骨者用巴豆微炒同蜣蜋擣塗斯須痛定痒至不可忍乃撼動拔之立出蛣蝠木蠹任木中食木者桑柳及楮樹之蠹古方常用今人多炙食之謂可補虛羸蒺藜蝍蛆吳公也能制蠪蛇蜥蜴諸毒委黍卽蚰蜒鼠負也瓦上炙研末入龍腦可療小兒牙疳入藥需爲蚊水中孑孓蟲所化善囓人蠅趨熱逐臭之蟲能污白使黑擾人螟形如蛾蠓而黑今謂之蟹能食苗心謂之螟者冥冥難見也自說者誤以爲青蟲而農人受螟災者無所控告矣螣今俗謂之蛀桿蟲能食苗節害物蠨蛸蠪蠪之屬長腳者亦稱蟢子蟦蠐螬也在糞土中果蠃螟蛉果蠃蒲盧卽蠮螉今之細腰蠭螟蛉桑蟲蚇蠖也楊雄法言云螟蛉之子殪而逢果蠃祝之曰類我類我久則肖之矣後人因之謂細腰無雌敎祝他子此誤自列子莊子已啟其端今細察蠮螉有雄有雌亦常交合其卵如粟寄在蟲身蟲不生不死久則漸枯蠮螉之子長而食之正如蠅卵寄蚓蠶

身其後卵化穴繭而出矣詩稱螟蛉有子果蠃負之者以比裕後之謀非謂果蠃以螟蛉之子爲子也雖稱經傳而不適於食用化生有蜨具彩蝙蠋祝女以名方斯綺麗爾雅所不錄蜨類甚緐多由蠋化爾雅有蠋無蜨今蛺蝶五彩而大者名爲祝英臺以其豔麗相似亦猶詩咏螓首蟬稱齊女好異者遂謂祝女之魂化而爲蜨則與齊女化蟬之說同一不經矣此其最著者矣動植之外土石之倫石有空青陰石也銅之菁華陽羨之山舊產五金銅則自漢以前設官采爲銅官銅坑名山者迄今未改今雖產銅久歇而銅礦餘氣猶未絕也故石之孕空青者亦閒得之或如拳或如卵小者如豆中空有水者治盲立効代赭陽石也擘之作朱色可點書又可卷金色赤產代郡者良故稱代赭赤礪礪石可磨礪柔功白石似玉琅玕山以此得名石脂石麪也如麪可作餅餌饑歲亦產之鍾乳石之津氣懸滴加鐘乳形謂之石鍾乳今作鍾乳謂乳液之所鍾也礦可取火俗稱火石煙山安樂山多產之煤可代炭章山中產石炭俗稱日煤張渚舊有煤場今禁不開礦又有若燕者石燕狀如燕而有文圓大者爲雄長小者爲雌於土岡上掘取

之古人謂天雨則自石穴中飛出者妄也石穴飛燕如蝙蝠者係鳥屬已見前若蟹者（石蟹狀如蟹與石燕俱療目疾）若蠶者（石蠶狀如蠶主治金瘡止血）形狀畧具土有青黃用供摶埴（天青泥於諸泥爲最貴製茗壺者特用之黃泥供缸甕坯質而已）黑堇如石甃可濟殣（黑而膩俗偁觀音粉）白堊如礦灰可塗圬（白土可泥壁今人用燒白甆器坯）土似石者爲骨可作假山（似石非石謂之土骨咸淳志宜興竹谿澗旁土堅如石好事者斲爲小峰巒即此也）皆淸淑之所鍾神氣之所感也至若兩歧瑞麥（麥秀兩歧古以爲瑞今麥稔之歲亦時有之）連理珍柯（木非一類而合幹聯柯人謂太和之氣所感舊志虞山多連理木是也）甘草以全孝（周孝侯以母病祈請天生甘草於宅西之墩今名甘草墩）鹹梅以表貞（王忠烈五世祖母陳氏守貞自誓醫梅復生結實有鹹味）堵塋再秀之桐（堵文忠父沒時盧墓枯桐再華）邵墓生輝之竹（雍正間邵志琏者父殁廬墓三載墓竹枯者炯然有光按槁竹生火光多見古籍事逢其適遂指爲祥物以人重也）靈峰院之大蘆（大蘆山產異蘆大如斗靈峰院

僧取一節形鑊之供佛龕前傳之千祀）會眞庵之枯葦（西門外會眞庵宋劉眞人混康插枯蘆於其地葦葉復生遂紉此庵）栖山者金鷲（邑山東有金鷲山相傳唐時金鷲集於此因名）出井者玉兎（唐宏道閒周選所居井有白兎昇天捨爲觀今沖寂觀是也）兆兵之獺（長橋下舊有白獺四望而嗥則爲兵兆神而祠之見舊志軼聞）供役之猴（磬山僧照徹築室擣藥有羣猴環伺執役如弟子）食火之禍斗（禍斗如犬而大能食火）生毛之蝦蟆（與禍斗皆吳戲瀛婦事見卷八壇廟張王廟下）龍食飫於青泥（唐三姚生游張公洞二道士以青泥啖之出洞已堅如石賈胡見之曰此龍食也）卵鹽琢於白石（均山鄉竹園莊有鹽石生鹽以斧琢之結塊如卵因名琢鹽莊音轉爲出鹽又訛爲竹園也）珍怪靈異偶見之與常產故有閒矣夫文产（古彥字祇作产美也）生爲產故生之不美非產也美而不常生亦不可以言產兩邑之物緜穀蔬以下采樵者有不盡識之卉木捕獵者有不盡識之飛走登山臨水者有不盡識之

鱗甲喙跂地利俞饒民業俞穠都計兩邑農家者流十居其七岅處多獵澤處多漁墾荒山者多種菸葉及廿諸高阜多蓺藍平原多栽桑依林園者多種樹山居而不耕殖落實者收橡橡尋芳者覓蘭蕙采藥者廣搜藥物近竹山者治竹爲器北川諸邨嵩製羅筐離市遠者木或燒炭竹或剖筤（竹皮也今謂之蔑）傍茶山者采茶近石山者燔石爲灰祝陵上干諸村或世石工屋谿任氏世鐵冶土美者摶土黃土作坯燒成瓦甓紫沙之泥爲茗壺華盆或仿古式作盃盤及凡案閒器甑白泥爲瓶缶均山西北湯渡造甕罌白蕩造瓻罌凡諸黝飾之物其閒非業陶者亦多掊土澄泥采石乳取土骨東湖之濱蒔蔬北湖近蘆洲者多綷

蘆葦高平之野種棉者製棉布種苧者製麻布界湖州者壓川之民多避繅畜羊翦毛顧工爲氈陳橋出莞履癸涇練浦之閒澄稻桿爲紙（均山鄉岡下邨舊營造竹紙舊志所載并有楮皮桃華諸種今岡下邨猶有紙坊里造紙之法久無傳矣）霜醴塗足裂背皴膚栗暑無閒故陽羨之地工作之叢萃也商賈之會歸也化居所在張渚湖汊爲諸果及竹木市湖汊尤爲茶市鼎山蜀山爲陶器市東霞步爲石市篁里爲冶器市（今在張渚）蒲墅爲礦灰市楊巷徐舍爲稻米市楊巷尤爲豬市呂亭爲牛市高塍爲酒市大浦爲蔬蓏市周鐵新芳橋新建爲布市周鐵橋尤與沙塘港官邨豐義爲魚鰕市自魚鰕而外凡邑中之所產千百里外趨之如鶩山深而獸集水深而魚歸誠所謂華

實之上朘乎夫生財有道必爲之疾而用之舒今者流吒獷悍北土之來者如狼入室而西南夷之鴆毒從而爲之漏卮故勤者騷累而不聊生惰者又媮窳而無以爲業雖天地之產依然而民財之阜不克如其舊者職此故也休養而生息之能無望於上之人哉

宜興荊谿縣新志卷之二

營建

城池記

易著設險之文禮分掌固之職崇墉浚洫自禹父刱制已來洵萬禩莫易哉宜興析爲荊谿二縣同城卽晉之義興郡治臨兩谿之狹中自周平西斬蛟長橋曰漸成市後因建郡並徙陽羨縣於中謂孫吳赤烏時築城移縣者蓋未攷也吳城去義興十五里宋書孔覬傳言之矣城周一里九十步前臨谿後阻河左右俱塹濠爲池僅容郡縣治民居多在城外蓋猶古者築城衞君造郭守民之遺制六朝迄唐不改舊有二門在宋時可攷者慶源門在北紹定間令趙與悊於縣北建慶源橋門因以名今咸湻志慶源門慶源橋皆誤作源慶此栞刻誤倒也慶源橋在今迎恩橋南說見津梁記衆賢橋下南興門在南唐嘗僑義興爲南興州矣門卽今宜興縣治門在長橋北二十步宋隆興間築門於城南二里所用標闌閣移南城門名命之曰南興明初改設城池永樂中增拓之八倍於前依南興門築城南距周瀆北際慶源東至李公堤西界義阡周九里三十步四方四門又於東門之池南設小東門各建樓於上城門五南曰荊谿因舊縣臨荊谿改築之後不改舊號也北曰陽羨陽羨之邑故以水北衍沃而偁故以爲北門之名東曰百瀆外有子城門二一東北出杜橋一南出至荊谿濱登高左顧太湖支港

隱約可數西曰西谿子城埒東門門與內城門相直近接蝦涇
大氿在西彌望浩淼東南曰蜀山東南鄉之鎮山也池則北河
如故南濠在今寺濱之北蓋築城時所穿東西掖兩氿昔之左
石濠塹皆就湮沒右塹久夷無迹左塹沒而復浚今通津橋所
跨河乃其故處正德間增置三水關自後修築具詳前志道光
二十九年城塌西北咸豐三年邑紳徐廷掄用在城辦振公款
修治七年東南外垣圮荆令章乃登捐修之董其事者爲邑人
朱本成十年總兵劉季三來防守初擊卻攻城賊旋率兵夜遁
城陷於粵賊者千三百六十有七日同治三年乃復五年宜興
令鄭猗蘭荆谿令曹文煥詳請公款繕理女牆譙樓次第修整

橫空遥望丹壑生光其東門西門及東南門城濠因與外河相
近板橋之下或窒或淺雖鑿池之義有乖揆諸水利抑無傷乎

廨署記

古者君臣視事之所同曰朝朝者朝也以朝旦視事也亦謂之
廷廷者挺也挺挺然正直也君之朝廷不屋內朝之內尾者曰
庭亦偁廟堂其人臣治事之所則有屋古謂之官漢以後偁寺
官者環也寺者侍也環侍於公朝之側也離公朝而別立者謂
之衙門衙者禦也禁禦他人不得出入也聽事之堂曰廳即古
之廷也今謂之署署者著也著定之位也其旁謂之廨廨者舍
也休息之處也秩無大小官舍所在皆屏之以牆階之以堂所
以悚視聽示等威也宜興自析置荆谿後二縣同城在城者有
縣署二典史署二教諭署一訓導署一守備署一在鄉者宜興
有丞署一巡檢署二荆谿有巡檢署二水師營守備署一粵賊
之變燬廢儲垣蕩泯無有大吏念
國用之未裕民困之未紓也自州縣以下廨署毀者多未重建
官悉僦屋以居他日帑藏充閭閻足百廢具興舊規將復
也今載其基址如左

宜興縣署（在長橋北）　縣丞署（在楊巷鎮）　鍾谿巡檢署（在和橋鎮）　下邾巡檢署（在周鐵橋鎮）　典史署（在縣署東）　荆谿縣署（在大東門街）　張渚巡檢署（在張渚鎮）　湖㳇巡檢署（在蜀山鎮）　典史署（在縣後街）　常州營右軍守備署（在茶局巷右以上廨署俱兵毀未

建）　太湖營都司署（同治九年周鐵橋鎮太湖營守備奏定裁撤設太湖右營都司駐烏谿鎮購買民地作署基及校場在烏谿河北署尚未建太湖守備署見遺址攷）　宜興學署　荆谿學署（俱見學宮記）

壇廟記

陽羨夙偁禮敎邦祀事之修無怠無曠至粵賊而毀主殘像丹
青土木扶舉爲艱然有先焉有緩焉有義未協焉有情悉當焉
社稷山川先農泰厲雩禱招弭所有事也除壇而祭簡則易從
先師與天地參宮垣之內百堵皆興宜矣文昌進啟武廟儀崇
詔升中祀邁踰往牒當繼先聖而復也防庸之祭變爲城隍邑
廟與縣並立用神政化鄉祀同於社亦勿禁者從民志也夫合
祀所以示優崇特祀所以明嚮慕　袁府君之名宦烏乎尚哉捍

慮勤事後賢踵興蔣侯逐盜浙湖岳王屯兵保邑雖未涖民亦
傳遺愛鄉賢最古聿溯亞亭平西彪炳肇啟來喆許太尉之碑
壞謝將軍之廟空蘇子羇客耳前薇未沫後嗣重來蜀山之祀
與范文正尹和靖同引而近之報國殉親一瞑不視忠義孝弟
殉難者亦彙祀於昭忠節孝有祠坿自前代三節母特表其偁
二夫人莫詳其世獨山投溯蝦迳挽紗姓氏靡攷事實並傳豈
巽緇花之濱鹹梅之閣與亦有生而奇異歿著英靈生異於神
兵蝗驅於猛將白鶴化潘金龍封謝福禍歆動聲香報之張王
李侯克興水利佑民衍澤太湖之神皆產鄉邑而食茲土矣天
后海神祭不越望閩人崇奉是爲行宮而山頭龍母之祠津口

螺婦之廟或興或替靈應固殊昔梁公毀淫祠于吳下大禹太
伯季札伍員四祠獨存今闔邑不祀讓王而禹廟僻居湖島敝
師賽之醫藥市之奉三皇矣季子伍相廟在鄉閒或苗裔常奉
或舜迹攸經盛衰之事有數存焉火神有廟報祝融也改祀熒
惑厥義未古山宗泰嶽綏邦是僭踰竟爐岱僭已治鬼之說尤
出道流方議改祠爲岳旋請建廟於陳巖巖者固民所仰與元
季昏虐張氏嗅咻據邑未久而偁王報焉逐疫奉焉歷明代未
能禁止改祀睢陽名義則正矣夫感生於臨時俗成於積漸利
賴之所及也嚮慕之所歸也肹蠁之所憑也祈賽之所萃也核
之

國典驗之民心闡其邪崇其正晳其無害去其不經禮制教化
繇茲著矣謹記其祀於官而給銀動租及自具牲牢者至于里
祀亦坿載焉

社稷壇 宜興在西門外見舊志及分志俗偁西壇荆谿在南門外見分志壇宇俱兵毀未建 **風雲雷雨山川壇** 在南門外見舊志俗偁南壇地隸荆谿舊志作山川壇依通志改壇宇兵毀未建 **先農壇** 宜興在西門外社稷壇旁荆谿在南門外社稷壇旁並見分志壇宇俱兵毀未復 **厲壇** 在北門外見舊志俗偁北壇地隸宜興壇宇兵毀重建按鄉閒亦有鄉厲壇及里社壇前明洪武制每里一所後或壇壝不修而祀未嘗廢里老每於二月二日祀社七月十五日祀厲今區圖所載官壇不墠地或有或無蓋由丈量時未及登報也舊志謂里社鄉厲壇之祀並廢者亦未攷耳以上壇壝

文廟　崇聖祠　名宦祠　鄉賢祠　忠義祠　孝弟祠 見學宮記

武廟 在縣北門大街見舊志及分志俗偁內關帝廟地隸荆谿咸豐八年邑人募捐重修并於殿後增建崇先祠沈雲驤撰記又宜興關帝廟在北門外臨城濠見舊志及分志俗偁外關帝廟又荆谿關帝廟在南門外演武場見續志咸豐五年邑人潘士超任庚宣等重修并於殿後增建崇先祠舊例官於內關帝廟朔望行香五月中旬三日致祭外關帝廟仲春月部頒日致祭演武場關帝廟仲秋月部頒日致祭三廟兵毀未建又法藏寺西有立馬關帝廟兵毀又西横街臨西大街舊有關王閣興建自明光緒三年邑人湯大鏞等募捐重修祀於鄉者八在宜興者一和橋上塘一周鐵橋一豐義在荆谿者一蜀山一丁山一白宕里兵毀重建一滄浦俗偁伏魔亭兵毀一蔣姑橋兵毀重建 **文昌帝君廟** 在小東門外見續志地隸荆谿官於朔望行香二月上旬三日并春秋二仲月部頒日致祭又文昌殿在巽閣前本通貢觀址見續志道光二十一年邑人募捐重建巽閣亦通貢觀三清殿址建樓兩層上祀魁宿中祀文昌三代之神文昌殿咸豐十年兵毀巽閣同治間設祀於鄉者五在宜興者皆舊志未載一周鐵橋東兵毀今移祀城隍廟後樓一雲窩在普照禪院側同治五年建在荆谿者皆見續志一莊郤一從三區皆兵毀一湖汊兵毀亟建按文昌六星中有司命櫄祭之祀始見周禮大宗伯楚詞有大司命少司命舊

祠祀司命亦著漢律今文昌旁有朱衣神蓋司命司祿之屬本天神也後世以越嶲人張亞子立廟梓潼山歷唐及宋皆封王號元延祐初加封開化文昌司祿帝君帝君之名始此則爲人鬼矣又唐張籍以字偁張文昌宋蘇洵禱於青城山張仙神生子軾轍俱成大儒因此傅會道流化書遂謂文昌多生張氏其說荒誕不足信然今祀文昌並祀其先代祝文原本曰蹟著西潼則仍主張亞子之說也又常與關聖合祀俗偁文武曲夫斗魁戴匡文星所以偁曲文武之事古本不分文昌第一星爲上將關聖並配亦其宜已

文武帝君廟在東倉橋東北隅道光年建兵毀一在西氿濱張王殿側偁迎秀閣一在上黃俱兵毀一在官郵同治七年改建一在分水墩兵毀重建一在下邾橋樂善庵後同治九年建皆地隸宜興

火神廟今偁南嶽宮在嶽王廟東見舊志及荊谿分志同治九年邑人捐貲重修守土官朔望行香六月下旬三日致祭祀於鄉者七一在和橋鎮一在楊巷鎮俱兵毀重建地隸宜興一在張渚鎮兵毀未建一在徐舍鎮一在蜀山鎮一在鑑墅一在白宕俱兵毀重建地隸荊谿

龍神廟在琅玕山明曹尚書三暘有琅玕山龍王殿碑毛龍元有神龍碑見舊志碑刻廟中壞龍母像俗偁白龍孃孃廟一在岳山宋時建蔡肇有詩見舊志山川岳山琅玕山巔俱有龍潭岳山龍祠亦偁龍孃廟一在土城里見舊志補遺俱地隸宜興一在洑谿名龍王堂一在煙山福源寺俱地隸荊谿

宜興荊谿縣新志　卷二　營建　壇廟　六

城隍廟在南大街祀本縣城隍神宜興荊谿兩邑共之見舊志及荊谿分志咸豐十年兵毀同治五年邑紳民捐置西後街萬宅修造改建供奉城隍神十一年宜令施惠荊令湯樹辰倡捐邑人募助建原地光緒三年工竣宜令施惠撰記官於春秋二仲月上戊日五月二十日致祭其祀於鄉者凡十有五在宜興者一周鐵橋一大浦一方橋俱兵毀重修一楊巷一坊東皆兵毀重建一裏塘一濆同治十年建前進光緒四年建中堂一太平橋光緒二年建一降妖橋同治十年重建一和橋兵毀後建前進在荊谿者一湖㳇碧巖道院側兵毀重建一張渚兵毀同治八年重建一𡼏里兵毀重建一徐舍名鎮谿廟康熙閒建咸豐閒兵毀同治四年重建一紫霞山兵毀同治九年重建一蜀山兵毀重建攷前明洪武二年禮官言先儒謂既有社不應復有城隍故唐李陽冰縉雲城隍記謂祀典無之惟吳越有之然成都城隍祠李德裕所建張說杜牧有祭城隍文又蕪湖城隍廟建於吳赤烏二年高齊慕容儼梁武陵王紀祀城隍皆書於史又不獨唐而已宋以來其祀徧天下或賜廟額或頒封爵案張說祭荊州城隍文曰城隍是保此庶是依則崇祀之意有在也今宜附祭於嶽瀆諸神之壇命加封爵三年去封號止偁某處城隍之神廟制高廣視官署廳堂造木主毀塑像後所饗山川壇嘉慶九年罷山川壇遂以仲秋祭旗纛日并祭城隍見明史禮志今制祀城隍神主於壇祀塑像於廟

土地祠在宜興荊谿縣治內者皆兵毀未建鄉祠所在多有不勝紀載與社神同

東嶽廟祀泰山神在亳邨明萬歷閒陳于廷奏建都察院給劄遵守陳一經撰記碑刻尚存咸豐閒兵毀同治二年里人建復旁屋三楹一在縣西門外面西氿一在和橋上塘一在邵墅蕩一在周鐵橋東俱兵毀一在百瀆港小茅山兵毀重建一在馬塘橋兵毀同治五年里人史盤年重建一在王茂公橋兵毀同治閒僧向林募捐重建一在吳瀆兵毀同治六年重建皆地隸宜興一在張渚鎮一在湖㳇一在上干一在蒲墅俱兵毀重建一在定跨兵毀同治五年重建一在湯渡同治十年重建皆地隸荊谿三月下旬八日鄉人致祭

三皇廟亦偁藥王廟在法藏寺西祀伏羲神農黃帝兵毀後藥市人捐貲重建按元元貞元年命郡縣通祀三皇有司春秋行事而以醫師主之見元經世大典至明洪武四年禁止今會典前代帝王廟在皇城西殿曰景德崇聖中一室奉三皇此中祀也其祭先醫之禮則爲羣祀廟在太醫院內殿曰景惠中奉太皞伏羲氏左炎帝神農氏右黃帝軒轅氏兼有四配兩廡春冬二仲月上甲日遣官致祭特不分郡縣通祀耳然則藥市之奉三皇有由來已

宜興荊谿縣新志　卷二　營建　壇廟　七

夏禹王廟在太湖中杜圻洲北岸山俗偁平臺山相傳神禹鑄鐵釜覆孽龍於此見舊志壇廟及山川補遺西洞庭陳綸題楹聯曰忘其身忘其家辛壬癸甲四日而出惟荒度土功遂貽萬世平成之治注之海注之江疏瀹決排八年於外能奮庸帝載乃受一心人道之傳按太湖中小山之名岕者有四其上皆有禹王廟惟北岕地隸宜興神砂隨風擺漾水面最偁靈異六桅漁船歲時祭獻以祈神貺武山吳友篁曰聖莫神於夏禹禹祠莫古於夏禹功德之在揚州者莫大於震澤底定而岕上之廟絕卑隘春秋祭祀缺焉非所以崇德報功也吳中祠宇列編祭者甚多皆有司恪恭其事神禹之廟僅憑漁祭乎見太湖備攷

張王廟俗偁祠山廟即廣惠行祠在西門外西氿濱祀漢張渤殿宇宏敞賢之左廡祀明陳參將安右廡祀 國朝張縣尉子慶殿後有大觀樓西建迎秀閣奉文武帝君東建錫祚閣奉張仙神修建俱見舊志及宜興分志咸豐閒兵毀境內祠宇甚多在宜興鄉閒者一胥村見舊志兵毀今建旁屋數楹一和橋鎮一舍頭圩一莊頭村南俗偁野祠山廟乾隆閒孫邦憲記見舊志補遺一義睦圩南俗偁分庄廟皆兵毀重建一陽巷廟產甚多兵毀後今亦重建一司山元至正閒建 國朝咸豐閒兵毀同治九年重建在荊谿鄉閒者潼渚癸巡閒有雪山殿殿後祀李昭妃及柳趙二夫人咸豐閒蔣頌芬記毀右古柏四

州十年物也廟兵燬古栢獨存其一同治七年野風害稼從港山亭兩鄉士民禱於神患遂絕因重建廟宇又龍靈蕩口有龍靈殿雍熙北水墩有水府殿談墅有游塘廟今俱毀塘涇張渚南有承福殿俱兵毀重建若嶺覺了廟皆見存東鄉則鄉山山頂湖㳇碧巖道院中風川蘭山俱兵毀重建每歲二月八日士民祭禱者如雲高湻縣志云渤漢龍陽人先世佐禹治水有功渤生有異術長修先業治水江浙閒嘗疏聖湖中江至於胥河其神術幻豕形百餘駝土揹泥人莫能測妻司餉饋以鳴鼓爲信一日鼓上遺粒烏啄鳴之其妻餉至豕形不及避化爲黑石相傳祠城之趕豬石郎其遺蹟渤既疏鑿勞烈又素勤禮斗修煉功就相度祠山之高麓化爲江浙閒追念其烈祀爲祠山按神自唐天寶贈水部員外郎封橫山爲祠山累贈禮部尚書兼廣德侯南唐封公尋進王爵宋封靈濟王累加至八字紹興閒廟額廣惠湻祐改封正祐聖烈眞君累加至十二字元爲普濟眞君明太祖以神彭蠡助戰特封眞君而禮志偁廣惠張王國朝光緒五年十一月加封靈佑眞君其來歷始末衆說各殊有謂烏程人者能改齋漫錄之說也有謂句容人者廣德州志之說也有謂武陵龍陽洲人者顏魯公殘碑之說也碑載夏禹時張秉行山澤閒偶一神女生男謂當世世血食吳分其說與元魏詰汾力微之事同一一不經後人或疑神本生夏代至漢乃顯此信碑而誤也魯公碑既殘闕又經宋張競辰潤色宜多踳誤廣德志又載神事實林禪師昕夕禮斗按漢無禪師之偁其說尤未可據大抵神爲張秉之裔生於漢代武陵龍陽故所生長句容烏程其遷徙之鄉廣德其成道之地生而靈異凡役鬼就工變形熊偶與世傳神禹化熊事蹟相似變幻離奇正史不載其鑿别谿也功未竣於長興其閒聖瀆也積長瀆於陽羨故江浙閒多奉祀而義興尤神所棲眞者九斗之壇前朝著異雙石之像福地見靈也又西氿滆張王廟左廡繪男女像各一女右側有白螺更一異獸傍男左立非馬非驢如犬而大蓋吳堪螺婦之神自西津廟廢後繪像於此如犬之獸即禍斗也幽明錄云吳戡得螺化爲女子邑令聞而求之戡不與令以事虐戡曰令要蝦蟆毛及鬼臂不獲即加罪婦爲致之令又謬語曰更要禍斗婦又引一獸狀如犬而食火令取火試忽焚縣宇後因立祠舊志軼聞中引幽明錄不記禍斗事咸湻志載西津廟云寶慶初有蔣姓者渦深人視祠宇儆默念他日家積贏當新之自是驟富卒爲修繕按吳堪事與搜神記所載福州謝端螺女江事相似而迹更奇詭咸湻志堪從土旁舊志載西津廟作戡軼聞引述異記作龕夷堅志作湛皆一字而音形遞變

烈帝廟

即陳司徒廟在下張橋東祀隋司徒陳杲仁咸豐二年里人捐修十年兵燬光緒二年里人募捐建復並建路亭三徑以便行人咸湻志帝諱杲仁字世威晉陵人隋大業閒仕至司徒娶沈法興女法興有異謀懼帝未發潛中以毒唐武德三年也後法興中神矢斃郡人以帝忠孝文武信義謀葬八絕奏於朝即帝兵仗庫立祠乾符四年封忠烈公朱梁開平四年進福順王淮南楊渥更封武烈王南唐保大十三年吳越兵至柴克宏進禦夢帝有陰兵助汝之語及戰風雨晦冥黑牛突行陣開克宏俘馘甚衆以功封武烈帝宣和閒賜額忠佑云云此志常州忠佑廟文也其志宜興忠佑廟則云一在慶源門一在鳳川據此則廟已建於宋舊志以爲明時建者蓋移建也鳳川廟宋至今不改兵燬後同治十二年重建

英濟王廟

在西門外臨西氿祀唐御史中丞張巡一在火神廟右皆邑令趙錫禮於雍正閒毀聖王廟後人即其地改建者按陳玉璂府志聖王廟注但云合邑祀以逐疫最靈應而不著神姓名相傳爲吳張士誠遣將據宜興不加殺害民思其德作廟祀之偁爲聖王奉以驅疫今雖改祀而聖王之偁如故其疫神有男女禓禓者強鬼即疫也又有十二候神蓋亦漢制大儺十二獸儺之法但漢用十二神追惡凶此則十二候神即惡凶之像失古義已西門外廟兵燬

李王廟

即李侯廟在周王廟東祀宋李祿見舊志及荊谿志春秋二仲月上戊日給編銀致祭廟兵燬一在瓦窯東白泥場一在鳳川俱兵燬重建地隸荊谿按

李祿與方通皆祠山之佐神見廣德志方廣德人李係長興人皆封侯宋代舊時並祀於靈山殿右廡今挑渦湖壇祀蔣秣陵尉者俱坿祠方李焉

金龍四大王廟

在丁山水墩祀宋謝緒見舊志地隸荊谿兵燬重建又宜興西鄉集義瀆兵燬重建按緒浙人行四讀書金龍山宋亡自沈遂爲河神明封金龍四大王國朝累封顯佑通濟昭靈效順廣利安民惠孚金龍四大王

劉猛將軍廟

祀元指揮劉承忠官於正月中旬三日致祭廟舊在英濟王廟側見舊志兵燬後光緒三年宜興令施惠捐資改建於山亭區太平庵東額曰護國一王廟并撰記又宜興集義瀆祀於金龍廟後在荊谿者一鳳川一湖㳇皆兵後重建一靈山殿一張渚兵後獨存按劉猛將軍之祀未審所自來康熙二十五年湯文正疏毀吳下淫祠嘗及之矣厥後累著靈應李維鈞宋督直省時虔禱降壇乩語自偁劉姓名承忠吳川人元末授指揮弱冠臨戎兵不血刃盜皆鼠竄適江淮千里飛蝗蔽野揮劍追逐蝗遠出境元亡自沈於河有司奏請遂授猛將軍之號云云維鈞纂爲降靈錄雍正初上聞報可更徧祠於各省府州縣王文簡居易錄云江南屬邑祀南宋劉漫塘宰爲蝗神劉金壇人俗偁莽將徐州府志則云劉猛將諱錡宋淮南江東浙西制置使景定四年封揚威侯天曹猛將天神敕命云飛蝗犯境漸食禾苗賴爾神力埽

蕩無遺 國朝雍正十三年奉 旨祠祀史炳渠陽縣志引諸書亦載劉武穆之說所錄敕命與徐州志略同又參忠祠志以爲武穆之弟名鋭者竊謂錡鋭及宰驅蝗事史傳無聞承忠事蹟錄曰降靈尤近徵鬼然百蟲將軍名垂上古蜡祀之文昆蟲無作蝗螣蟊賊仰倚靈庥凡威德在民者皆足任之卯金之子慣作蝗神如杜棄爲稷後先遞嬗奚不可者今肖像者多作年少吾學錄宋會典明著雍正二年祀承忠而徐州府志又謂雍正十三年祀錡不識何以歧出也俟攷

太湖神廟俗稱王二相公廟在烏谿祀長興王天英見荆谿分志及續志兵燬同治九年里人暨僧建大殿光緒五年復建門廡

潘神廟在湖㳇鎮東頤山今名潘山庵卽咸豐志所稱臯山廟也其山多臯故名昔潘氏兄弟三人游此山指一草云此甚爲茶栄之信然爲立祠亦見舊志廟兵燬一在湖㳇南東嶺名青口廟同見咸豐志及舊志兵後尚存一在湯渡名畢讀廟舊志不載同治五年重建按溧陽三鶴山有潘眞君廟溧陽縣志引寰宇記云潘氏兄弟三人於此求仙道成化爲三白鶴衝天去土人立廟禱雨有驗者亦卽此神也湖㳇人今祀爲土神

伍賢祠俗名伍相公廟在縣西九里蝦涇南瀕伍子胥自楚入吳渡此後人爲立祠見咸豐志及陳玉璂府志 國朝咸豐閒兵燬重建

吳季子廟一在圖照里見舊志補遺一在礪山分志誤入寺觀皆兵燬未建地隸荆谿

宜荆縣新志 卷二 營建 壇廟 十

袁府君廟卽果利廟在縣西南隅祀漢陽羨長袁圯見舊志及宜興分志俗稱西廟兵燬廟東廂向有三公祠祀明萬壽曹澤任亮三善士見宜興分志袁知袁府君廟碑同治八年宜令陸鴻逵於三公祠故址建殿三楹供奉袁公仍額曰果利廟官於九月八日春秋二仲月上戊日致祭三公後裔更捐貲於殿後建祠附祀三公鴻逵撰記按袁公於宋政和元年賜額果利紹興九年賜爵嘉惠侯嘉泰元年進慈惠公見咸豐志明洪武初詔去舊號仍稱漢陽羨長袁公又紫霞橋東有袁廟名通邑神祠明初建 國朝咸豐閒重修兵燬光緒六年湯大鏞曹紀雲陽贊襄募捐重修其祀於鄉者五一尹家灣舊名廟瀆以袁府君廟得名一丁山兵燬同治五年重建一殷莊兵燬同治五年里人戴鼎重建一徐舍鎮俗名土地廟 國初建道光二十二年增建殿楹咸豐閒兵燬同治四年士商捐貲建復大殿一箄里名八角廟道光三年重修邑人劉鏗撰記咸豐閒兵燬同治十年建皆地隸荆谿

義興太守廟在臨津故城南祀梁太守任昉俗稱城隍廟地隸宜興通志謂在荆谿縣臨律城誤也昉守義興在梁代通志作齊任昉亦非又按王志臨津城注謂漢時城隍廟猶存陳氏府志据之盖卽此廟而梁字誤漢也血食千年尚留棠蔭明曹尚書三暘移建西南數十丈許瀕大谿名注㳇蕩自前代迄今靈應勿衰咸豐十年兵燬同治初里人暨僧定禪募建任傳綸撰記明湯衛有經臨津城廟五律見舊志藝文又徐舍臨津書院亦祀任公

五公祠在周王廟南祀歷代文武官僚死事者宋巡檢方允武 國朝典史張子慶守備張國威方錦榮巡檢程芳祖官以春秋二仲月上戊日致祭祠之後進爲義祠吳延瑞湯鑿修徐文標等募捐經建祀邑中殉難兵民及死難男婦之無祀者又蜀山江家橋及滑墅及湯渡皆有義祠均同治閒建湯渡㧑建者周佐臣周煒也

張公廟在東廟巷祀常鎮兵備道張鍵潘先序題楹聯云體 聖主不嗜殺之心止戈爲武慰蒼黎紹見休之願大德曰生當時卽用其語請給編銀致祭建修詳舊志及續荆谿志道光二十六年邑紳潘騤任礿菁經理修葺同治七年邑人捐貲重修周堪霖記畧曰邑之有張公廟自康熙五十六年始公爲吾邑捐軀拚難邑人於其歿日致祭維虔余家離公廟數武嘗入廟瞻神像讀楊文來儲越漁雨先生傳記心識不忘咸豐庚申粵逆竄踞毀公像廟亦隳剝同治戊辰重新廟宇仍設公位享祀如禮父老咸謂張公傳記被兵已佚廟碑所載畧而不詳日後恐無可攷命撰紀畧俾邑乘以垂久遠謹按公諱鍵字一清山東人或曰金華人由舉人累官常鎮兵備道副使順治乙酉 王師南下遣大將徐撫江淮有

宜荆縣新志 卷二 營建 壇廟 十一

不用命者殺毋赦吾邑盧進士象觀方起鄉兵遠近雲應大將在京口聞之怒甚議屠城公勸不從遂請以兵先行旣至駐東廟巷王宦期昇宅兵屯法藏寺每往寺中僧行高見公有憂色乘閒叩焉公語之故且告以不忍行高曰大人當救此一邑生靈公頷之遂以屠城意徧告居民夜於宅後礮引刀洞腹出腸死時閏六月十九日也越日大將至則公歿而城已空亦感動引兵去行高繪公像系以贊殯公於寺前社學中後遂葬焉邑人念再生之德勿衰康熙閒奉 詔舉行名臣祀典邑士民請於當道上聞 報可時王宦宅已籍沒卽其堂中塑像祀之其餘詳吳學士廷選碑記者不具述

張縣尉祠在西門外張王殿右廡祀宜興典史張子慶乾隆初建官於春秋二仲月上戊日致祭兵燬

慕撫軍祠在茾蓉山南箬山祀江蘇巡撫慕天顔按康熙十七年後比年旱潦宜興坍荒田地糧累尤甚邑人吳學錄繪圖作詩天顔惻然感動勘實疏奏並及太倉常熟崑山嘉定華亭婁縣上海青浦所有荒坍悉行豁除免編撫軍歿後人思其德多建祀於鄉渭前志不載日久漸廢歸然獨存惟此而已咸豐閒兵燬

方公祠在城隍廟偏園後祀守備方錦榮并祔同難營卒葉順貞吳淇名咸豐八年徐成棟朱本立周堪霖倡捐經建任晟撰記一在蘭山嘴王相公廟側俱兵燬

程公祠在張渚瀆

祀巡檢程芳祖同治四年紳士余維序等集捐經建

漢秩陵尉廟 即忠烈行祠俗偁大師廟在姚邨祀漢秩陵尉將子文見舊志一在北社俱兵毀重建地隸宜興按神本名歆字子文以字行對秩陵時嘗逐盜至陽羨後死於蔣山歿後屢著靈異累封至護國太師孫吳時封蔣侯齊永明中加號爲帝歷代多有封號 國朝康熙間以祈雨應占賜流澤庇民額悉去侯封帝號迄今陽羨瀕湖一帶祀之者不勝纏紀惟姚邨廟最古北社廟最鉅

岳王廟 在東廟巷南向祀宋岳忠武王諱飛見舊志及荊谿分志春秋仲月上戊日給編銀致祭同治間重修宋咸淳志載廟在東嶽行廟西建炎中王自侗川提兵來平劇盜郭吉邑人德之肖像於英烈廟嘉定間其孫珂守嘉禾屬令戴楠卜徙今地先是蔣侍制璨題嶽廟扁以邑多訟甑易嶽爲岳至是建廟殆有識云云據此則王廟本以嶽廟地爲之越境案岱有乖典禮故嶽廟廢而王廟獨存後弛祀嶽之禁仍改岳爲嶽邑人胡廸白於上臺始復祀王至 國朝康熙間邑丞岳維城爲王後裔更捐募修葺按岳廟爲閭邑愛戴之祀與周廟同非子姓私祠請祀於官者比也故歷代修葺自岳珂移書及岳維城捐募外皆係廟祝主募邑人捐修兵燹以後殿宇得完今王廟正殿暫供文武帝君位王位移祀前進他日更新帝廟復奠王靈固良有司鄉先生之責也

范文正公祠 在均山鄉雙橋祀宋范文正公諱仲淹乾隆五年蘇撫奉部檄準撥學租委荊谿學訓導每歲春秋致祭

東坡祠 即蜀山東坡書院祀蘇文忠公諱軾見舊志及荊谿分志書院旁建一祠塑東坡先生像額其門日景行宮道士主之書院內設七如故而蜀山書院別建城中更名陽羨者亦祀東坡春秋二仲月上戊日給發編銀致祭

尹和靖祠 舊在東門外祀宋尹肅公諱焞見續宜興志官於春秋二仲月上戊日致祭兵毀光緒七年後裔尹冠芳等購西後街房屋改建

續忠侯祠 在唐門里祀宋岳忠武王子霖與建無攷祠欄號見舊志祠見分志光緒元年郡守譚鈞培宜令施惠荊令潘樹辰孫士達倡捐重建

孫二忠祠 在瀆莊祀明孫忠愍公諱與祖及孫指揮虎孫氏後裔建自前明見續宜興志兵毀重建

陳參將祠 在西門外張王廟左廡祀明諸暨守備贈參將陳安見舊志兵毀

函亭侯廟 在東廟巷祀漢函亭侯蔣澄舊在同圖邨萬歷間奉敕春秋二仲月上戊日給編銀致祭明末廟毀 國朝移建於此同治六年後裔重修一在聖感里南邨名廟橋以廟得名相傳赤烏時建兵毀同治五年重建按澄字少明漸湖地方多祀爲土神謂之蔣明大帝蓋蔣係侯姓明則以字爲諡帝號乃鄉俗私推循祠山神之偁大帝也

雲陽古社 在柯山橋

祀漢雲陽亭侯蔣默始於唐代 國朝乾隆間修葺蔣默龍墳記咸豐間兵毀同治十二年重建按蔣默墓在竹山即柯山也近墓當爲墓祠默封亭侯其城日柯城亦相近也

蔣二侯祠 在邑邨沖叔劉前祀漢雲陽亭侯蔣默函亭侯蔣澄光緒四年蔣氏後裔捐建蔣厚塋董其事蔣詒芬撰記

周關內侯祠 在周王廟殿後祀吳鄱陽太守周魴舊在周王廟正殿西首康熙間移建今地咸豐五年邑紳士呈請官爲致祭兵後同治十三年重修

周王廟 即周孝侯廟在周墓墩北祀晉平西將軍周孝侯諱處官於四月八日誕辰致祭春秋仲月上戊日竝給編銀重建增葺詳舊志及荊谿分志道光十五年侯裔周秉鈞周徵等募捐重修咸豐年兵亂後至同治十二年宜令施惠荊令潘樹辰倡捐邑紳及侯裔募修正殿竝及前廡纈牆門樓寢室光緒六年宜令吳元漢荊令徐景福復倡捐邑紳侯裔更爲捐募廊廡悉皆建復丹青黝堊煥然一新攷周侯之廟墓祠最古暘國與未築城時尚在城外爲荊谿十景之一昔人謂清流遶檻嘉樹環簷景物湖光煥然悅目者乃眞境也宋劉宰周侯古祠詩廟宇巍我對古墳將軍英氣宛如存當時改行除民害歷代封功沐寵恩虎穴雲埋山寂寞蛟谿波冷月黃昏秋來弔古追行樂駐馬花前酹一樽其餘名人題詠皆指墓祠而言 國朝徐竹逸喈鳳有周侯古祠辨獨以傍陽山者當之謂近市之區有何佳趣此知今而不知昔也然今之周廟宇墉障眼山水韶光物換星移景隨地變城隅之冷落固不如谿島之淸奇矣按余登元射虎流杯橋記孝侯在宋已偁武惠王今邑人俱偁廟爲周王廟而舊志載宋時賜額封爵獨不及進秩爲王之由今攷周氏忠義集宋嘉泰間累封武惠正應王見余登元記元曹復亨碑元順帝至元三年封英義王見汪澤民曹復亨碑 國朝康熙年間江河題聖有司上其事雍正元年 敕封 渤海王見許墅廟碑又按咸淳志周廟東廡有三魁廟紹定間一令趙與悊以熙寗六年余中魁廷試邵剛魁南宮邵材魁開封一邑三魁世以爲榮因建此廟久廢康熙五十年以左廡最上三楹祀孝侯子忠烈公玘次三楹祀玘孫義士槐右廡最上三楹祀史孝子元鎮次三楹祀元姚陽妻節婦金氏潘宗洛史陸興皆有記咸豐兵燬忠烈祠被毀光緒六年重建又孝感墩有周孝侯祠地隸宜興祠之北有土地祠在陽山麓禱祀靈應道光間降乩爲詩自偁蔣姓名勁平西將軍麾下健丁同時殉難爲此間土神鄉人因名之曰靈濟祠其詩其事見續志軼聞咸豐十年祠兵毀同治間里人周同銓募捐重建

五忠閣 在孝感墩舊祀晉周孝侯諱處宋姚忠毅諱訔明盧忠肅諱象昇名三忠閣見舊志補遺道光二十四年里人盧芬周景行等重修增祀王忠烈諱行儉潘文

忠諱匹錫改名五忠閣李錫紳撰記兵毀**周忠烈祠**見周王廟下**永清侯祠**舊在周廟西庶祀孝侯孫某見舊志乾隆五十五年移建周廟左前殿塑祠像後進祀守備張國威左楹供奉荊谿縣令之設長生位者舊例宜與知縣長生位供袁廟荊谿知縣長生位供周廟咸豐間兵毀按唐杜光庭錄異記曰房州永清縣去郡東百二十里山邑殘毀城郭蕭條穆宗時有孫令自京之任逾年其弟寄省仁覩牢落不勝其憂暇日周覽四隅無非榛棘見荒廟巋然土偶羅列一神當座三婦侍側無門榜標記莫知誰氏訪之邑吏但云永清大王而已令弟徙倚久之莫審其関賦詩於壁以詰以歎頃之昏然成寐與神相接神謂之曰我名迹不顯久矣鬱然欲自述其由恐爲妖怪今吾子致問得申素誠以抒積年之憤我毘陵人也大父周子隱爲大將軍吳晉有傳將軍誅南山之虎斬長橋之蛟與民除害陰功昭著余素有壯志以功佐時余名口字廓甫爲上帝所命於金商均房四境之內當有鷙獸暴害於人漁樵不通道途斷絕余數年之內勦滅猛虎不可勝數生聚頓安虎之首帥在西城郡其形偉博便捷異常身如白錦額有圓鏡光彩閃爍害人最多余亦誅之殲滅其類居人懷恩爲余立廟自襄漢之北藍關之南負形搆宇三十餘處及此廟貌皆余憩息之所歲祀綿遠俗傳多誤以余祠爲白虎神廟謬之甚矣幸君

子訪問得敘首末願爲顯示以正其非他日令弟詣於襄中賓幕徧述書版置於廟中塵侵雨漬文字將滅大中壬申歲襄州觀風判官王士澄督審支郡境而異之恐版木消訛乃刻石於廟故祀典曰捍大災禦大患功及於民者世世祀之周君紹厥父之勇膺上帝之命四郡之聾豐祠相接其惠人也博矣其受享也宜矣然毗俗莫知謬爲白虎之廟非孫生之賦詠激發鄗浦之幽靈感通神功莫彰邪正莫辨矣後之覽者宋而識之按此文見周氏忠義集事涉奇詭咸淳志所引刪節不全忠義集備載全文而於神自偁名處脣落一字永清縣爽千載而下字傳而名不傳矣咸淳志偁永清大王祠蓋從俗之偁也改號爲侯不知何時俟攷**謝氏七賢祠**在嘯莊里祀晉義興太守謝淵及其後裔六八曰宗三曰惠曰顯曰表曰三錫曰遊見通志亦見舊志補遺**衞吳二忠祠**在宜興縣東祀唐將軍衞逃明尚書吳雲舊爲衞將軍廟正德間增祀吳尚書改額爲二忠祠見舊志春秋二仲月上戊日給發編銀遣官致祭祠兵毀後重建**邵鴻臚祠**在北門外湯家橋祀宋鴻臚卿邵材邵氏後裔建邑紳萬貢珍徐廷掄等呈請官爲致祭咸豐八年奉部檄準撥學租祠遺兵毀**三賢祠**在荊谿縣西祀宋祕書少監唐棣明紀善周衞司訓萬吉官於春秋二仲月上戊日給編銀致祭見舊志兵毀同治

九年唐氏周氏萬氏重建**蔣忠愍祠**在通眞觀巷祀宋贈朝散大夫陽武知縣蔣忠愍公諱興祖咸豐元年邑紳徐廷掄潘騂等請建春秋二仲月上戊日撥學租致祭**吳文節祠**在楊巷祀宋進士吳文節公諱師古同治十二年建竇爲西講舍後進設位祀之**周簡愍祠**在周王廟後祀宋太傅周簡愍公諱葵光緒五年邑紳士暨後裔請建官於春秋二仲月上戊日致祭**吳司徒廟**在賫郵西西莊頭祀宋戶部尚書吳邦翰邦翰葬於賫郵此蓋其墓祠也鄉人繪像於壁祀之歷數百年靈應如響**徐東崖祠**在義莊祠西祀明贈大學士瓊州知府徐鑑徐氏後裔建咸豐間奉部檄準撥學租春秋致祭**徐文靖祠**一名義莊祠在小東門外臨淡谿祀明大學士徐文靖公諱溥見舊志及荊谿分志春秋二仲月上戊日給發編銀遣官致祭**徐復齋祠**在東廟巷祀明承事郎徐齊官於春秋二仲月上戊日致祭咸豐初後裔捐貲請建十年兵毀光緒七年重建**萬文恭祠**在縣西南隅祀明禮部尚書萬文恭公諱士和見舊志春秋二仲月上戊日給發編銀遣官致祭祠兵毀**曹雲山祠**在西門大街祀明尚書曹三陽見舊志春秋二仲月上戊日給編銀致祭**徐義士祠**見周王廟下**陳孝潔祠**在大人巷祀明贈左都御史陳一經見舊志春

秋二仲月上戊日給發編銀遣官致祭祠兵毀**史玉池祠**在通眞觀巷祀明太僕史孟麟見續志春秋二仲月上戊日撥學租致祭祠兵後重修**桃谿三賢祠**在國山書院中祀明主事張納陛侍郎何士晉及忠肅盧公諱象昇光緒七年建**何公祠**在西撒珠巷祀明侍郎何士晉官於春秋二仲月上戊日致祭舊祠在東門外道北十七年後裔何廷蓉何兆嘉建見續宜興志吳德旋碑銘曰明神宗朝吾邑何公三疏爭梃擊事聞者爲之戰栗夫以人主有偏溺之愛戚阬窺伺其閒欲動搖國本爲人臣者奮不顧身願從龍逄比干游於地下雖九死無悔此與見危授命者何異焉已而宣力於外樹聲兩粵粵人感頌功德相與尸而祝之爲立生祠與王新建並可謂遂其素志不負所學矣而乃奄人側目卒罹纍紲之禍誣以贓私致令遷徙播越憤鬱而終迨崇禎改元公論昭灼遂有兵部尚書之贈然則公雖暫屈於一時而其常伸於千載者何如也 聖朝襃忠之典遠逾往古凡於前代志節之士有可裨益世教者無不表而揚之公事蹟具載明史邑士郎以公請祀鄉賢祠矣及是公之七世孫廷蓉兆嘉等爲公建祠祠城東而邑之薦紳耆碩復顙請遣官致祭巡撫副都御史以聞 制曰可於是廷蓉等以麗牲之碑既具不可無以文之而徵銘於德旋德旋不能辭也爲之銘曰國之堅城曰惟宗

子有隙於中危乎殆圯謗訕何公發其伏機姦謀用寢靈位用特出殿迓邦屹如巨防聿有遺愛謳思不忘猗與偉與廟貌濯濯廟啟後昆新宮是築楹之既覺既正而安神其來格以答崇虔咸豐十年祠兵毀光緒元年延蓉購基改建於此周恭壽撰記

王忠烈祠 舊在南門外祀明重慶府知府王行儉見續志春秋二仲月上戊日發學租致祭道光間於旁屋別祀明大學士堵文忠公諱囦錫咸豐間兵毀今王堵二公合建一祠

王堵二忠祠 在周王廟西祀明王公行儉堵公囦錫光緒二年郡守譚鈞培撤毀三聖庵改建并給示勒石五年邑紳士及堵氏後裔呈請詳咨官為致祭

路參政祠 在通真觀巷東祀江西參政路雲龍春秋二仲月上戊日撥學租致祭咸豐八年路氏後裔建十年兵毀同治十三年重建

盧忠肅祠 在東水關南見舊志及荊谿分志春秋二仲月上戊日給編銀致祭兵毀同治九年宜令施惠荊令合傅琳森倡捐邑紳及後裔募捐重建傅琳森撰記

吳氏二忠節祠 在西廟巷祀明東閣大學士吳忠節公諱炳中極殿大學士吳忠節公諱貞毓春秋二仲月上戊日撥學租致祭興建見續志兵後重修

湯氏二賢祠 在周廟西祀明諸生湯得莘處士湯之錡光緒元年後裔湯其倬湯鈴湯肇修等建邑紳呈請詳咨官為致祭

李氏三忠祠 在西撒珠巷祀明兵部侍郎李用楫監察御史李頎監軍道李來官於春秋二仲月上戊日致祭舊在南門外見荊谿續志咸豐間兵毀光緒二年後裔李光熊等改建於此

儲同人祠 在縣東南周墓側祀邑人儲欣官於春秋二仲月上戊日致祭道光間建咸豐間兵毀光緒元年後裔重建

徐匪義祠 見節孝祠下

昭忠祠 在縣南大街地隸荊谿祀向忠武公諱榮張忠武公諱國樑并兩邑殉難紳民士庶同治五年建官每歲春秋以部頒日致祭又楊巷忠義祠祀貢生許鳴雝及西鄉殉難紳民同治十一年宜興令施惠倡捐黃維璋捐地基尹冠芳蔣受謙張士英蔣倬垣集貲建地隸宜興又蜀山忠義祠祀東南鄉殉難紳民同治四年荊谿令萬學瀚倡捐潘光河潘光岳等將禹門禪院故址改建地隸荊谿

天后宮 在北門外祀宋林氏女乾隆初建嘉慶間宜興令阮升基捐修見續志咸豐間兵毀按天后福建莆田人宋都巡檢林愿女生而神靈能禳 知人禍福歿為海神始封靈惠夫人歷元明封天妃 國朝累 封護國庇民妙靈昭應宏仁普濟福佑羣生誠感咸孚顯神贊 順垂慈篤祜天后濱海州縣皆崇祀焉

西谿貞義女祠 俗呼紗廟在蝦涇北與伍相公祠相對前志失載創建無攷咸豐間兵毀按貞義女為溧陽黃山史氏泰母不嫁擊紵瀨水上子胥亡命乞

宜荊谿縣新志　卷二　營建　壇廟　十六

食女餐以壺漿已而自沈故於子胥渡處祀之溧陽縣志又引儀徵志有白沙馮氏浣紗女亦子胥奔吳時遇之後有追者囑勿言女遂赴水死子胥滅楚還祀焉名與貞義女事同然貞義見吳越春秋荊谿又與瀨水相近尤可據諺謂方連有題西谿貞義女祠七絕陳維岱有西谿浣紗女詞調河瀆神俱見舊志藝文

三夫人廟 即三姑廟又名顯聖廟在蜀山麓祀孫吳時三烈女遇盜投湖死者吳赤烏時立廟宋太平興國時加封見舊志輒聞所引邵禰之毘陵志一在柯城沙子口為湖神見咸湻志及舊志兩廟皆遭兵毀同治三年正月瀕湖居民見湖中燈火甚盛上有三夫人字明日城遂復里人捐資前後建復大殿寢室及後樓

王貞烈女祠 在蜀風吳清橋繡花濱南烈女嘗陳代遭土寇刼掠自沈數著靈異里人祀為土神見舊志烈女祠遭兵毀徐學棠等重建

金節婦祠 見周王廟下

三節祠 在學前左首三節坊內祀明吳遂可祖母屠氏湯兆京祖母王氏陳于廷祖母邵氏春秋二仲月上戊日給編銀致祭

鹹梅閣 在王忠烈祠內祀忠烈五世祖庠生璉妻陳氏守貞自誓鹹梅復生時俾鹹梅夫人事見舊志列女閣見續志忠烈祠兵毀移建閣遂廢

儲二貞烈祠 在臧郝後馬塘渡南岸祀元儲原善二女紅巾賊掠以行聯袂躍入谿中賊退尸出如生葬之谿側母往哭輒有雙鳩繞墓鳴鳴時人俾為雙鳩墓建祠於側事見舊志列女祠久廢

雙烈廟 祀周珍妻張氏及珍妹周氏有蜚語誣之者二女自沈以明志尸立水中里人上其事於郡縣立廟祀之事見舊志列女廟今廢

莊貞烈女祠 在張渚犢山楊家村祀莊氏女女幼字同里楊來而楊卒父母議婚他氏女懷石自沈於潭翌日尸抱石浮出鄉人异之於皇懺菴側立廟祀為土神見舊志列女祠兵毀重建

二夫人廟 在高塍祀吳許二夫人剏建無考舊志未載佚其夫族并不詳其時代相傳世亂時傾貲結團保衛鄉里故立廟祀為土神靈爽肸蠁其來已久至今賽會勿絕

羅夫人廟 在葉莊郮東時代夫族碑毀無攷里人崇奉世世祀為土神雩禱必應一在古野村名古都廟皆兵毀重建 按夫人烈女之祠俗皆偁為孃孃廟雍正間趙錫禮令宜興盡毀相公孃孃廟之無名者此與吳許二夫人廟皆在宜興獨得存者以碑記可徵也兵燹後文獻無傳失此不載後必以為淫祠而毀之矣

節孝祠 在西後街祀歷代孝貞節烈竝咸豐同治間殉難婦女春秋二仲月上戊日給發編銀遣官致祭舊在周孝侯廟側乾隆二年貢生徐維申移建南門外社稷壇旁道光六年監生徐廷瑛購祠後地建後進祀總旌節婦旁為詒穀堂祀其祖維申見續志道光二十六年邑紳任煃等以繼

宜荊谿縣新志　卷二　營建　壇廟　十七

中有功於祠並請致祭同治間以祠遭兵燬移建西大街光緒四年邑人潘鍾輝等因屋湫隘請以曾爲邑廟之萬方伯貢珍舊第改建即今地也於左旁屋內祀徐維中以萬貢珍坿并讓西牆外基地二進歸萬氏將來爲萬學博望專祠　以上祠廟

右壇八所祠廟之屬八十有五壇首社稷爲大祀風雲雷雨山川先農中祀也厲在羣祀故綴於末祠廟則文廟最尊爲中祀首四祠旁坿者故兼及武廟之制令幾與文廟埒文昌祀禮同關帝故次焉今祀關帝者又次焉火神之祀改用星君疑於中祀矣古不禜龍今列祀典雖羣祀亦天神之屬也地祇東嶽爲宗然非境內故次城隍及土地後上古帝王皆有神號其餘或生而神或歿而神自張王以及太湖神皆時代可攷者潘山之神不知何代故繫於後伍相治國季子封

邑謳思最古列名宦之首袁府君以下文僚武屬或治郡或佐邑或撫省皆涖民者也蔣侯岳王逐寇至境湖濱山足利澤猶留同於名宦矣文忠續忠嘗竊茲土參戎越產助義成仁范尹以及二孫均由後裔追祀寓賢同列以時後先蔣家兄弟二侯周氏子孫四代自此而下或以勳名或以道德或以行誼均祀鄉賢至昭忠殉難則雖今亦古天后近代封號極隆故當列貞姬之上黃山史女產本鄉邑廟祀特古三夫人以下或畧或詳同在此邦各以代次至若今昔併祀統其大成則節孝總祠兼崇貞烈淑質貞風不泯千禩合而綴之論嘗之意蓋可識已

坊表記

梟獍鴟鴞之生不絕於上世而記傳遂初之民比戶可封者其或以渾渾悶悶貞毅遜順之未能悉分與至淑慝既彰則宅里表焉樹閭築臺累代勿替我

朝給帑建坊垂爲令典誼至明恩至美也義興素敦節概舊志列坊表一門分志續志省之注於本傳之下今試歷慶源縱沓里金烏綽楔雲峙星羅然科名閥閱流俗豔傳赫赫如前日事若閭閻閨壼至之行不數傳而聲聞闃寂矣善夫鄒孟氏之言曰事孰爲大事親爲大守孰爲大守身爲大剡茲兵燹初平慈良之心廉恥之道一殘於西賊再壞於北民激清風而振澆

俗允亟亟哉今郎孝子順孫貞女節婦坊之總旌者首登之其崗建之坊來告則書耳目之所未周及殉難男婦俞允旌表而坊未建者姑從蓋闕俟後來者書焉

孝子順孫坊在慶源橋南坊南面載漢蔣政許武許荆宋蔣恭明黃玭胡孝張倫徐琳萬士亨徐文煜李延謐李魁談書湯鍾壽陳一經楊萬春黃衷赤陳一教吳宗良儲昌徐濟張邦穀周允化潘良鼎路文軏任檍年任友恭　國朝儲寅亮許士珍吳箕湯迪簡王明俊吳景運錢脩朗蔣兼史泓吳玫許翎李舒春萬迅蔣正泰蔣春柳友德宗士成萬鑑吳徵湯咸亨黃棟蔣志嶒史方修吳志宏余泰元蔣世達史炳杭毓奇邵志珪湯改爲史周南吳廷獻呂時發蔣茂栢徐廷拭杜履祥葉榮盛儲鵬文葛衛蕃吳超湯孟孫徐元偉許潤蒼戴信金喜孫朱裕文坊北面載明史元鎮戴鈅榮史君顏鄒善祐楊暉粤及弟習張應鵬　國朝曹應萃梁壬郎邵廷紀王人瓏萬人儒及弟人佐周昌孜史周沅聶廷茂史問和杜厚坤李孜中程宗岐姜人明吳錄倉張與年咸豐元年邑人任燧等建同治十年燧子光熊重建

按南面單載姓名內朱裕文誤列前代杭毓奇本名素麟誤以字爲名北面兼載事實楊謂在楊暉尊注中萬人佐在萬人儒注中

孝子坊在富郵爲節志珪及其四世孫亨泰建地隷宜興又張渚鎮坊爲徐思直建又蓮花蕩側周墅郵坊爲錢濟川建地隷荆谿

節孝總坊在南門外舊節孝祠前總旌祠內孝貞節烈婦女道光三十年徐延槱捐貲請建

節孝坊在七里莊一爲贈布理任企燾妻吳氏建一爲監生周振妻路氏建一爲侯選巡檢徐懋基妻潘氏建又上黃里坊一爲黃志彬妻秦氏建一爲黃中理妻胡氏建又和橋鎮南坊爲范昌闓妻程氏程維滈妻范氏俞俊良妻陸氏俞企棠妻史氏俞企顏妻任氏合建

節烈坊在上黃里爲黃珣妻史氏建又七里莊坊爲趙方正妻王氏建以上皆地隷宜興

貞節坊在扳耳郵一爲曹悟傳妻周氏建一爲曹秉淵妻荆氏建又上黃里坊爲黃濤聘妻史氏建皆地隷宜興又謝橋坊爲曹封山妻王氏建張渚鎮坊爲曹德川妻談氏建皆地隷荆谿

倉儲記

裕國之道在於裕民漕倉儲賦國課也其爲民計者有常平倉預備倉義倉社倉常平之制尚矣漢仿李悝法穀賤增價以取

貴出則減價脩長孫平勸民捐穀分儲鄉社謂之義倉至唐掌於官則與民無與宋制社倉出貸其法最良明兼有之復儲穀於四鄉以待災振名曰預備

國初時宜興倉救盡燬建於官者漕倉外獨復常平荆谿分治乃復改增語見前志其民捐社倉卽爲義倉粵賊旣滅漕倉由邑民捐建鄉社之倉或名存亡實客敗禁而浪費主戶耕而無餘大府恩患預防旣令民閒多設義倉復於稔歲輸課之時按平田一畮捐錢十貸而爲息俟穀賤而收儲之建倉曰積穀倉後復檄縣增糴萬石籌款悉取諸民當稔而出富民不艱遇荒而振貧民有望故雖派捐近於加賦不以爲厲已也責成於官經理於紳失則分償亦兼預備於常平平荆谿倉建治城宜興則旣建於城又分於鄉竊以爲民倉宜就鄉官倉必近城牧令之察易周吏民之奸難逞散之於鄉耳目不及侵欺必多或遇清查官民皆累饑歲則更無措矣查之之法當用鄰邑互稽互保夫見當任邑必畏處分屬在近鄰尤便勘驗設用游缺之員則通介不齊寬嚴俱弊至若積而不貸固絶虧逋亦虞朽蠹宜於夏秋閒酌糶數成令各鄉備價分糴不願者聽得價若干報官貸諸典庫收成後如數糴補夫穀未登場價必稍貴及其熟而賤前雖減價尚足償也今茲所存明歲又糶如是三年陳穀

盡易矣義倉樂輸民自經理其多捐而獲息縣官酌請議敘常分報數而不以委查病之難者將曰勤察猶慮有虧委任豈能無弊是固然已然鄉閒富民多憚官長屢遭查驗必不敢承而窶民之黠者反得夤緣以售其奸夫一鄉一圖穀固未嘗絶也亾羊莫補指鹿相欺委查者奚由知之哉有而查之費已糜於斛量無而查之頭更行於掩飾官謂無虧民復誰問是愈查愈虧也至於筦理之人必舉殷實或與作難官察其奸而懲治之如是則殷戶無郤顧之患奸民無覬覦之心朱子之記宜興社倉也曰有治人無治法今以歸於官者聽官察之建於民者任民理之官吏獎勵而保護之雖未必能盡善而官民不至相累

也謹即克復以後官倉民倉之或興復或倡設或增修或借儲者條於左

東倉在縣東門外儲宜興漕米南倉在縣南門外儲荆谿漕米見舊志及分志 按二倉俱咸豐十年兵燬克復後於同治七年起徵漕米俱用折色民甚不便十年春城鄉紳士暨各區耆民具呈求詳自願仍照舊規各圖捐建屢經批斥歷夏迄秋未奉準行明文各鄉踴躍先議於九月中旬開工報縣半月而厥成又一月而工竣程式如前更加堅固東倉廒屋一百三十六間廳事白糧坊側屋二十五間南倉廒八十四間廳事白糧坊二十四間邑人郁廣堯始終任其事心力俱瘁云

常平倉宜興荆谿俱在縣署內兵燬未復 以上官倉

積穀倉宜興於光緒元年借常平倉地建倉廒門廳二十九間儲各鄉穀六年巡撫札縣增糴萬石鄉間派糴穀八千五百石官地無可增拓議分建各鄉一在和橋下塘儲萬金兩區穀一在周鐵橋儲洞山兩區穀一在芳橋南儲開寶兩區穀一在官瀆沖寂觀西儲禪安全區湛東半區穀一在新芳橋儲湛西山亭兩區湛東半區穀其提歸城中專振積穀宜興與荆谿合倉屋未建借儲他倉 荆谿在周墓東光緒元年建倉廒門廳二十二間六年增建倉廒十七間儲東西鄉各區之穀吳協心撰記云 今皇上御極之元禩江左清謐吳中比登大吏念客戶之多桀驁貯居之未裕充防儉於逸圖匱於豐徧飭諸州縣立積穀倉先是每遇稔歲畝捐錢十枚貸商爲息歷有年矣至是悉令買穀建倉攝荆谿縣事孫公士達既奉檄圖邑之紳士而詢之蔣君詒芬與焉有謂暫借常平倉官地建者有謂宜分儲各鄉之義社倉者蔣君意弗韙也馳書以告余余謂二者皆不便借地有三費儲鄉有三弊常平利民古之良政暫廢必復復則此倉將別建則經營費矣事當更變議論必繇主合主分南藏東馬則口舌費矣居民漸衆曠地日稀購址布金價必昂貴則財用費矣至儲鄉閒爲害尤甚豪或彊貸好或潛攘溫飽者既不敢承而窶人又未可任此究理之弊也縣官既遠耳目難周委察之員疏於人地胥役攢權或無缺而多方作難或雖虧而扶飾同奸此查驗之弊也弊竇既生效尤滋衆日久因循傾囷告罄桃僵李代按戶徵償此備補之弊也今欲省三費懲三弊莫如擇高敞地於城中寬其旁址令可增拓縣令邇於周稽豪民絕於覬覦委員易於總核胥役難於售奸一勞永逸其庶幾乎蔣君聞而韙之諗諸大衆大衆曰善言諸明府明府曰然請諸上臺上臺曰可於是購周氏之隙地造倉屋若

干材完工閱數月而成庭廡庖湢靡不畢具東西諸鄉捐穀皆積焉顧備工以守之延司事以理之請縣飭胥以經之分歲值董以監之凡收儲出糶核量及修葺事造冊報縣歲有常數越五年冬巡撫吳公以蕩糶病農令州縣悉購穀報縣一縣當儲萬石計各鄉分糴者二十之十七乃復增建若干楹我倉既溢如坻如京而宜興之倉先借建於常平復分建於諸鄉者且舉動紛更而未艾也蔣君曰是不可以無記故記之 以上民捐官辦之倉

義倉宜興荆谿在城合者在縣東南茶局巷道光二十二年增買廒屋二十間同治五年邑紳儲沆潘承基等籌款修葺光緒三年重修儲在城區捐糴穀石 分隸荆谿在城者南義社倉在南倉街邑紳路應廷等倡辦里人唐英呂裕泰季允立捐助經理置田產倉廒咸豐間復經邑紳陳時等捐修買穀備振荆谿許美身撰記十年兵燬同治間應廷姪孫樹森衛理舊產由吳承澤經理積儲倉屋未建 宜興荆谿在鄉合者同仁堂在楊巷鎮小橋南宜興荆谿山亭區及荆谿從五區坍近楊巷圖分合建兵燬後光緒　年重建 宜興在鄉者貢生尙在和橋鎮舊名積穀局兵燬同治十一年重建普濟堂在萬二區二十一圖光緒二年王梓敬王有謨等以普濟庵故址改建儲穀倉在分水墩兵燬思濟堂在高塍鎮道光閒里人丁汾倡建兵燬同治九年重建惠梓堂在成任區道光閒張利貞等建兵燬同治八年重建敦善堂在宋瀆咸豐七年周子斌等募建兵燬 荆谿在鄉者寶善堂在丁山鎮道光二十二年里人葛藩葛箸鮑俊華張元泰等捐建謂仁堂在蜀山鎮道光閒建咸豐十年兵燬同治四年重建從善堂在湯渡同治閒里人周煒等重修積餘堂在均下區道光二十八年里人捐建另有均下區倉道光二十二年陳士琪建存善堂在清泉區茆圻咸豐閒周錫嘉方觀龍許廣茂等建滌谿倉在清泉區咸豐三年徐容周徐廷楫徐廷模徐熖徐塔歐勝祖等捐建同治閒徐殿榮捐資重修永善堂在岡下同治五年唐欽楊鳳奎等建樂善堂在丙亭區王家圩吳姓倡設倉屋未建借儲民宅積善堂在從四區阜甯舍光緒元年呂心培等建復興倉在從四區蔣富圩康熙十五年建嘉慶閒增建廒屋咸豐十年兵燬光緒三年重建長豐倉在金泉區釣橋積善堂在金泉區西亳陽同治七年任恬任序槐任傯建善後堂在東亳陽光緒二年任啟豐沈德溥建永豐倉在張渚鎮兵燬同治八年余維序等捐買穀石暫典民房存儲公濟堂在湖㳇鎮優裕堂在永豐區二十一圖留餘堂在大樹里誠莊倉在從三區二圖厚義堂在艾墅水東西德堂在從二區二圖西渚倉在鯨塘滋德堂在西洋渚大廬寺倉在山亭區俱兵燬 以上民捐民辦之倉

津梁記

三湖襟其外九谿絡其中溇瀆塘港紛如剡如非津梁曷達乎遐稽往牒徧訪古碑伍子胥問渡之鄉廟分金瀨范少伯濬河之處基永鐵橋梁有蛟潛則周侯著績津因螺紀則吳婦徵奇其他虹亙鷁浮所在皆是前志已備載之粵賊之變鄉兵結團据水為營憑橋立寨及其既破而徹舟於津斬岸於梁野航村彴十不存二三逃難之侶臨河悼歎悲篙筏而悵金釵者蓋難縷數也夫成梁著於夏令游川禁於周官我

朝會典凡衝衢橋道隨時建置渡船分年修造有司勘覈悉用

上聞今津梁皆民所建治或官為倡捐十年以來舊規幾復固

勸樂之可風乎而民力亦瘁矣至於茶亭燈樓之設憩疲於晝指迷於宵皆善舉之有裨政治者也書其修建並記姓名使好義者得表式焉

長橋 在宜興縣治南跨城河即荆谿也　國朝雍正間分縣後橋西南隸宜興東南隸荆谿正北隸宜興咸豐元年法藏寺僧惟一募捐重修并撰記攷長橋之說今昔殊異風土記云陽羨大橋南北七十二丈橋中高起有似虹形陸澄地理抄云橋創自後漢袁君玘造一十三間咸湻志云東西四十尺南北二百五十尺景德四年令李若水改造天聖六年令賈丞相昌朝更築明年落成有坐憶蛟橋此日新之句元豐二年郡丞錢垂範行縣庖舟延燬四年令褚理重建榜曰忻濟蘇文忠過之大書十二字於石曰晉征西將軍周孝公斬蛟之橋因改曰荆谿橋湻熙十一年里寓趙知宗口口倡率重造上立神佛祠四列市區二十有八舊志云長橋長二十五丈所偁丈尺與咸湻志合與風土記異蓋建橋時城郭未設居民稀少西谿汪洋東注河廣橋袤故以長偁其後居民稠密兩涯漸淤而橋亦壘甃石時已減三之二分志載瞿源洙長橋記嘗言之矣地理抄云一十三間者疑水勢湍激木梁難固中間每五丈餘築一土屯共一十三所耳瞿記又云余騎省長橋記以為形勝傑大與吳江之垂虹相埒故王幼學誤指為垂虹也諸公甃石更名東坡蘇氏書其旁曰斬蛟之橋或遂呼為蛟橋而馮氏綱目質實云元改為萬安橋橋名屢易而長橋之名特著按賈昌朝詩偁蛟橋已在蘇前謂因蘇書而名誤矣而以甃石為褚公說亦未塙天聖六年戊辰更築木橋至元豐二年已未五十二年燬於火橋猶未壞也石梁雖亙勢必完堅元豐四年辛酉至湻熙十一年甲辰僅百有四年無須重造其易木為石正當在湻熙立通神祠列市區時瞿氏所云亦因前人揣測之言而傳之也

利橋 俗名西水關橋地隸宜興兵毀後重修 **北水關橋** 西隸宜興東隸荆谿兵後重修 **紫霞橋** 跨玉帶河西隸宜興東隸荆谿咸豐元年邑人蔣鳳墀朱保中募捐重修 **青龍橋** 跨玉帶河西隸宜興東隸荆谿道光二十一年重修邑人吳淞撰記 **通津橋** 俗名新橋在縣東大街跨玉帶河西隸宜興東隸荆谿 **廣濟橋** 即東水關橋地隸荆谿兵後重修

以上俱見舊志

右在治城

西隆橋 即西弔橋俗偁土橋見舊志兵後重修 **渡椰橋** 在西隆橋北見舊志兵毀 **福德橋** 在西谿口跨西運河俗名後橋宋嘉定間里人以石易木嘉熙間毀尋重建餘詳舊志 **蔣瀆橋** 在西壇東見舊志 **陽羨橋** 即北弔橋俗偁板橋在陽羨門外故名兵後重修 **永濟橋** 俗名湯家橋在陽羨橋東兵毀 **沿路橋** 在陽羨橋北跨凰川濱 **慶源橋** 在北門外一里俗名小高橋咸湻志誤作源慶云舊名象賢橋今改橋北舊有慶源亭蘇東坡艤舟於此後人想象名其橋曰象賢紹定間邑令趙與悊重建更號慶源而象賢之名移名三里橋旁跨運河之橋舊志遂涵為一以慶源橋入開寶區而不知為附郭也同治九年重修 **迎恩橋** 俗名大高橋在慶源橋北四十步許橋南即慶源亭故址明改為迎恩亭 **牌橋** 一名排橋在迎恩橋西 **東倉橋** 在百瀆門外見舊志咸豐十年兵毀同治八年宜令陸鴻逵邑紳任重光倡捐重建陸鴻逵撰記 **通濟橋** 俗偁高木橋在百瀆門外見舊志同治四年重建

右附郭在宜興界

南興橋 俗偁弔橋在荆谿門外 **秀水橋** 即舊志周橋在弔橋東跨周瀆今瀆塞橋廢 **壽山橋** 即南

會橋在周橋南跨寺瀆 寺橋在南倉橋西跨寺瀆見舊志久廢 碓坊橋舊名通運橋在掘樹頭南見舊志兵役傾圮光緒五年邑紳任壺光妻徐氏重建 茶花橋在蜀山門外兵毀同治十二年里人徐殿榮重建 杜橋即興弔橋又名蝦蟆橋俗偁土橋在百瀆門外見舊志

右附郭在荊谿界

下張橋在邑東二里見舊志橋東有烈帝廟 淩安橋在下張橋東康熙閒建咸豐八年里人吳汝源等募捐重建 太平橋俗名魚渡橋在定則圩明嘉靖三十二年蔣學仁建國朝乾隆十年里人蔡文龍萬世德吳雲高等重建 言村橋俗名橫土橋在言村乾隆十一年蔣希賢重建 東庵橋俗偁孫家橋在大樹下乾隆十二年建道光二十八年里人蔣萬生吳正餘重建 馬蹄橋在言村東明初建國朝嘉慶九年里人錢巽川蔣維藩重建 尊顯橋在吳瀆 長春橋即舊志新橋在上塘村南跨蠡河西隸開寶上區東隸開寶下區 上塘橋在上塘村東見舊志 興福橋 岳家橋在岳家村今村以橋名 道成橋俗偁道婆橋道光二十四年里

重刊荊谿縣新志 卷二 營建 津梁 三六

人諸漪岳景武等重建光緒七年褚錫長史麟書楊元掄等重修自長春橋至此俱跨蠡河按單鍔水利書云宜興東有蠡河橫亙荊谿東南接罨畫谿東北透湛瀆據此則自王婆橋至長春上均興福岳家道成五橋所跨之河其為蠡河無疑 黃土橋在岳家村西南見舊志 古竹橋在古竹庵前見舊志 方橋在花圩東見舊志 寺莊橋在寺莊村見舊志 沈家橋在沈家村見舊志 下裴橋在下裴蕩西見舊志 社瀆橋在古瀆匯南跨社瀆南隸開寶上區北隸開寶下區 深瀆橋俗偁中新瀆橋在前陽跨新瀆同治九年圮光緒元年里人袁永盛吳春年募建邑人周甚霖撰記 開明橋在保安寺前 南草塘橋在寺前村西舊志誤作草堂 北草塘橋在邑亭鎮東俱跨草塘港 汸瀆橋在十里牌南跨官塘見舊志 杏里橋即舊志十里牌橋跨運河道光二十五年邑人周秉鈞吳玉明等募捐重建宜令謝克一撰記 湛瀆橋在湛瀆口通官塘見舊志咸豐六年里人吳玉明邵文煥等募捐重建周子斌撰記 孫婆橋在邑亭橋南跨運河見舊志久廢今設渡 梢瀆橋在邑亭鎮南跨官塘見舊志 邑亭橋在邑山西跨運河東隸開寶上區西隸萬金二區見舊志

救生渡在吳瀆渡東汎 侯莊渡在侯莊西渡橫塘橋 男菑谿口燈樓道光二十年里人歐蕙亭史學遜募建咸豐十年兵毀同治十二年里人徐熙仁歐陽奎潘祖榮等募捐重建

右隸開寶上區

三里橋在縣北三里通官塘 象賢橋在迎恩橋北跨運河與三里橋縱橫相接咸淳志云慶源橋舊名象賢此指今迎恩橋南之小高橋宋紹定閒趙與悊重建者橋北有慶源亭又與北門相近北門為慶源門故與悊更建時名橋曰慶源而象賢舊名漸無偁者是橋後建乃襲其名耳舊志混是橋於慶源橋下誤云今名象賢誤矣 永興橋俗偁五里橋 永德橋俗偁七里莊橋二橋俱跨官塘 袁橋在七里莊東見舊志 唐門橋在旗杆下見舊志 莊家橋在唐門橋北 義匠橋在余皮村西 王婆橋俗偁楊婆橋里以橋名跨蠡河見舊志 永安橋即唐角橋在唐角村西兵後重修 錢墅橋在錢墅蕩東 化酷橋俗偁化穀橋里以橋名 橫塘

重刊荊谿縣新志 卷二 營建 津梁 三七

橋跨橫塘河西隸開寶下區東隸洞山上區光緒六年里人重建 雙濠橋在北大圩西 芳橋在陽山南麓里以橋名跨陽谿南隸開寶下區北隸洞山上區嘉慶二十二年重修里人莫虎文撰記 東龍眼橋在浮山東明天啟五年里人裴秉德建修國朝嘉慶十八年裴蟾賓重修 西龍眼橋在浮山西宋寶祐元年宋三乙倡建國朝乾隆十八年重修里人蔣行健撰記道光五年周望鼇重建丁本宗撰記以上兩橋即雙龍眼橋舊志在洞山區 尙覺橋在尙覺瀆俗偁上高瀆宋樞密郭三益建舊志入洞山區 馬塘橋在官路橋東跨燒香港咸豐二年重建 王婆橋茶亭同治六年重建 長圩燈樓在長圩谿口 余皮燈樓在余皮谿口同治七年重建

右隸開寶下區

浯谿橋在浯谿蕩東太湖瀆下有龍湫大旱不竭咸豐八年里人丁志高杭沭募捐易石重建 惠雲橋在浯谿蕩東 宋橋久廢見舊志 三洞橋在浯谿蕩西見舊志 平橋在周鐵橋東跨大區港嘉慶十一年里人

建仿潒等重建咸豐間圯光緒元年宜令施惠倡捐重建。孟橋在后村同治五年里人周百煥章年順祥募捐重建。路橋在扶風橋南咸豐九年里人賓翊妻袁氏捐資易石重建。中津瀆橋跨中津瀆見舊志。官瀆橋跨官瀆見舊志。吳四瀆橋跨吳四瀆見舊志。大浦橋跨大浦港見舊志。蔣瀆橋在潛豪圩北見舊志久圯同治間易建木橋。陽谿渡在潛豪圩東過横塘河東達陽谿等瀆

右隸洞山上區

下邾橋跨横塘河見舊志同治八年宜令陸鴻逵倡捐里人許樹棠宋斐馬瑞珍許陛玉等募捐修建崔徵彦譔記。履安橋即許墓橋在下邾橋北跨横塘河見舊志。周鐵橋在沙塘港西北三里見舊志相傳周設鐵官於此後以名其地遂名橋也其橋建自周代馬仁趾碑記云范蠡港東矶之水北入太湖即有是橋明天啟七年周希明朱遇春等重建國朝道光十四年里人陳賦畢士霖畢受臧等易木爲石陳賦譔記。廣福橋即沙塘港橋跨沙塘港見舊志乾隆

宜荆谿縣新志　卷二　營建　津梁　廿六

十九年里人杭志原戴瀛洲杭時夏等重建。謝橋在謝家村光道光二十四年圯舊係石梁今易建木橋。謝橋緒三年重修。上陽橋即上王橋在上陽村村舊名上王宋咸淳志上王橋註載入村坊國初改今名見舊志。扶風橋在陽山西北里以橋名西岸界開下區見舊志道光六年里人許應軫鄭邦榮重建李錫紳譔記。楊母公橋一名王茂公橋里以橋名跨燒香港見舊志同治四年僧德林重修。夏芳橋在夏芳里道光二十八年里人馮燦馮濬楫易石重建。運隆橋在扶風橋北跨夏芳河道光二十八年里人馮氏易石重建。王公橋在宋莊前。青龍橋在宋莊舊名東武昌橋見舊志光緒二年宜令施惠倡捐里人徐永壽徐祝封募捐重建歐陽奎譔記

右隸洞山下區

河橋在和橋鎮下塘舊時下塘成市故通志所載河橋尚係河橋市今則知有和橋罕知有河橋者。殷村橋跨殷村港舊志殷村橋俗名栅頭橋在運河之曲舊名駝尾又係斜聚誤作應。歸美橋見舊志道光二年里人張光璨募貲重建。龍橋舊名徐墬橋跨官載瀆順官塘光緒五年里人蔣天德蔣紹亭倡捐重建。鍾谿橋在歸美橋北鍾谿里跨運河見舊志。五洞橋在鍾谿北順官塘南隸宜興北隸陽湖兵燹同治十二年宜令施惠捐建并於兩匡增築石隄里人張似江董其事施惠撰記。萬石橋在殷村東里以橋名跨張公瀆河見舊志雍正十一年重建。官路橋在馬塘橋南跨燒香港見舊志。黄塘橋跨黄塘港見舊志。東黄土橋在黄土村東道光二十五年重建。西黄土橋在黄土村西俱跨黄土港以上二橋俱光緒三年宜令施惠易石重建。復興橋在曹橋鎮西。洽成橋在曹橋鎮。嘉橋光緒三年宜令施惠移建庵東。褚店橋在褚店里見舊志。永安橋一名唐沿橋。馬莊橋在馬莊墩舊在普陀庵前光緒二年宜令施惠移建庵東。楊橋里以橋名。莊基橋。謝橋光緒三年重建。以上三橋南隸宜興北隸陽湖

右隸萬金一區

望谿橋在鮑家莊西咸豐八年里人王國材倡建。工文橋因工文庵得名今以橋名里橋久廢。文興橋舊名易渡橋在鮑家莊北初設渡以濟乾隆五十九年黄太成粲名曰易渡嘉慶十九年改建石橋路同申撰記

宜荆谿縣新志　卷二　營建　津梁　廿七

高塍橋在高塍北俗稱横木橋見舊志兵燬同治十三年重建。吳嶺圩橋在高塍北。高塍橋在高塍鎮南北有市見舊志。殿邊橋在胥村咸豐八年里人姚富昌重建以上跨西湛瀆高塍河。前亭橋在岳亭鎮西北舊志。龍亭橋在富村南龍亭里許前亭港。義興橋在前亭橋西咸豐二年里人邵旭升募資重建。歸龍橋在富村西口通官塘。東富陽橋在富村東南。西富陽橋在富村西南跨前亭港俱見舊志以上。順塘橋見舊志。佛跡橋俗名佛來橋密雲禪師俗家西鋤里禮祖經此因名在西鋤東以上跨四条港。陽顯橋在和橋鎮南同治九年里人方仁溥倡建。湯家橋在上傣村後北達和橋南達高塍光緒五年重建。代渡橋在陽顯橋西久廢。永豐瀆橋在西鋤前光緒年間重建。里人吳欽撰記在湯家莊橋西。外塘瀆橋舊名北塘瀆橋在塘瀆港河口通官塘見舊志。唐家橋在外塘瀆橋西北近和橋南達高塍。柯山橋在和橋西南橋南有阜舊係柯山因名元至正間建國朝嘉慶年間蔣姓倡建兵燹毁壞光緒七年宜令吳元漢倡捐重建蔣翰勳撰記。中巷橋在中巷村見舊志宋殿元余中曾居此故名余氏子孫世修之兵後傾圯

光緒七年余姓重修 襄鴻瀆橋舊在中巷橋西道光年間又於橋西十餘武增建新橋今舊橋已圮 以上跨塘瀆港 孫婆橋在塘瀆橋北久廢 繼善橋舊名南塘瀆橋在塘瀆燒香港口南久廢 和興橋在和橋南咸豐七年里人程持恭俞廷彥等募捐重建 和橋一名中和橋在和橋鎮即葛墟橋改建西隸萬金二區東隸萬金一區修建見前志 和豐橋在和橋北西隸萬二東隸萬一道光二十四年里人馬豫程瑞鴻俞炳程維南裴珍等倡捐易石重建 以上跨運河 葛仙橋在和橋西步南首跨葛仙港通官塘港內尚有小石橋二俱俗名葛仙橋 允濟橋俗俑北高橋在和橋鎮北高橋港口通官塘 分水墩橋舊志人萬一區光緒元年重修 澤橋 新塘橋即萬壽新橋舊志在萬一區光緒二年宜令施惠捐修 以上三橋在分水墩鎮 西橋在分水墩西咸豐三年易石重建

石隸萬金二區

釣橋在荆谿門外一里相傳任昉釣臺即在此處道光間邑人周秉鈞等重建任氏後裔築臺橋側立碑其上 張師橋在西谿門外二里臨西谿口見舊志 常富橋在張師橋西見舊志兵毀同治八年邑人蔣世琛吳煥章等倡捐重建徐葭辰譔記 雁行橋一名野航橋在常富橋西北見舊志 姚莊橋在姚莊村見舊志 隆興橋在西三堡與建無攷兵毀後邑人蔣世琛徐光熙募建 太平庵路亭同治九年里人建

石隸宜興山亭區

坳橋在前桂村西東隸山亭區西隸成任區 桂橋在紅塔里東俗俑渚橋明嘉靖間里人陸桂建因名見舊志 國朝咸豐十年兵毀同治六年陸氏重建 鶴頂橋俗俑官項橋在紅塔里西康熙間易石重建橋成時有鶴鳥翔集因名兵後傾圮光緒五年邑人周湛霖募建 懷梅橋在雲霧村東光緒五年里人周育材募捐易石重建 遺愛橋咸豐志作餘霧橋宋嘉定末令洪僩築堤成梁後塌利為渡者徵之明嘉靖間重建此橋思洪之德改名遺愛見舊志今橋東村名雲霧遂俑雲霧橋兵毀光緒五年邑紳周家裕倡捐里人募貲成之家楷撰記曰邑西雲霧里我周氏所族居也里有遺

愛橋古俑餘霧以里名名之曰雲霧建於宋嘉定間攝令洪僩明嘉靖間我祖愛橋公諱山重建思洪公之德改名遺愛迨國朝道光初橋就圮其陸路西通金壇北達武陽其水勢則納荆谿之分流浸成巨川河面廣數十丈築堤鎖之水東注成任萬二兩鄉田畝藉此灌溉洵水陸之要津也大父榮疇公靜齋府君稔知其要銳志建復周歷四鄉殫誠苦勸輯錢幾六千緡改築橋基尅日興作橋成從伯祖鴻軒公記其事詳見邑續志府君手建橋數十座雲霧為最先猶憶丱角時親聞詔述艱難籌畫之情經營困苦之迹及安石樹樁累被激流衝決雷雨震蕩危險拮据之不可名狀而卒底於成迄今追憶言猶在耳也咸豐庚申橋毀於賊克復後驟難補建爾卑日傾里人集貲架木以通行人咸深惴惴如是者十餘年時家嚴員京朝我母涵太夫人迎養寓邸每謂此橋實我祖心力所注時時謀所以修建者光緒丙子從弟靜山應春官試來都道及從兄蘭舟力捐建復之意太夫人聞之亟命措捐白金三百兩為倡蘭舟兄及族弟曉梅復赴就近各鄉勸募集捐得有巨款鳩工購料以光緒己卯閏三月興工八月告竣復建小橋數座及路亭一以濟以憩不半載而工俱成凡用錢壹千四百緡有奇是役也我族雖始終其事而邑里之好善者均有力焉自今以往遵蕩平之路永鞏固之基垂後紹先於千萬年是所望於來者

天生橋一名陸家橋在天生圩西見舊志道光三年陸坤載等修咸豐間兵毀同治九年宜令陸鴻逵倡捐里人吳登蕭希懋陸步青等募捐重建 范道橋在范道舍前見舊志 程墅橋在洋塘南見舊志道光二十六年里人吳覺民等重修咸豐十年兵毀同治八年重建 軫村橋在程墅橋西軫村俗名景村道光二十八年建 閃谿橋俗俑段守橋在軫村西跨閃谿河見舊志 桂莊橋在桂莊北 邵大橋在堰北村西 萬興橋在西墓村俗俑盧家橋 小塘橋在西墓村道光二十九年里人張雲英建 芳千橋在宋瀆東見舊志兵毀光緒六年里人周育材重建周湛霖撰記 梅谿橋在梅村西同治十三年里人王鼐賓等募建 澄潭橋在梅村西咸豐六年里人蔣朋元等募捐重修 宋瀆橋在宋瀆里以上二橋俱見舊志 國初時橋在芳千乾隆間移建今地咸豐十年兵毀同治九年里人吳文裕周法龍俞恆等募捐重建 以上三橋跨宋瀆河 張墅橋在張墅道光二十三年建 城塘橋在城塘里跨荆谿宋時建明成化間邑令袁道重修 國朝道光二十年北二十七年里人蕭湘吳樹棠等募捐重建邵金彪撰記見舊志咸豐十年兵毀同治八年里人蕭希鄭吳用汝募建 慶豐橋在溯潭圩咸豐八年周子斌盧

紀忠募捐重建 **黃千橋**在黃千里見舊志 **詒福橋**郎亳村滄橋橋前有敬先庵又倂敬先橋在亳村北 **東塘橋**在亳村東明萬歷間建國朝同治間重修 **同登橋**舊名東堰在高城西道光二十七年里人周子斌周玉璇等募捐重建 **西城橋**在西城里呂家圩東西隸成任區東隸萬二區乾隆間里人呂氏捐建 **永濟橋**在滆湖濱跨馬家瀆光緒三年宜令施惠倡捐里人沈應儒周澤霖募建邑人周湛霖撰記 **高遥橋**橋有三洞舊名三洞橋在高遥村跨西湛瀆南隸成任區北隸萬二區見舊志 **橫塘橋**在楊莊見舊志同治八年里人任溶雷春霖募建

下灘渡在宋瀆西 **蝦籠涇渡**在浣紗廟前南岸半里許有伍相公廟伍子胥奔吳時嘗渡此荆谿之渡斯爲最古

雲靄茶亭在雲靄村東光緒五年重建

城塘燈樓在城塘橋南道光二十八年建咸豐間兵毁同治九年重建 **蝦籠涇燈樓**康熙間建咸豐

間兵毁同治十三年宜令施惠捐建幷撰記

右隸成任區

後袁橋 **孟河橋**俱在袁村 **鎖龍橋** **南林橋**俱在南莊 **定安橋**即林上橋在陵上見舊志同治七年蔣榮高蔣爾山謝寶義蔣恩川等倡捐重建 **顯達橋**在賚村 **賚村橋**在賚村芮家巷東光緒四年里人芮璜募捐重建改額曰孟涇橋 **官村橋**俗倂孫家橋同治九年孫氏重建 **孟涇橋**在利益橋北俗倂黃潭圩橋咸豐十年兵毁 **利益橋**在官村南以利益寺得名俗倂鍾離橋自後袁橋至此俱跨孟涇道光閒里人史緯倡募重建 **吳瀆橋**在罨風同治十二年里人徐學棠蔣玉英吳蘭英等重修 **集賢橋**在回圖 **抽村橋**在抽村同治十二年里人徐學棠蔣玉英吳蘭英等重修 **華安橋**在裴莊道光二十一年里人湯來福募捐重建 **滸瀆橋**在義莊北跨富瀆同治九年里人史承緒募捐重建 **集義橋**在湖頭西跨集義瀆 **新河橋**在湖頭東跨新河瀆舊係石橋久圮同治五年里人楊瑞輿周南喬募捐易建木橋 **瀚瀆橋**在滆湖濱跨瀚瀆道光二十五年重建 **大圩橋**在都山蕩北跨神安山亭兩區 **新橋**在大圩橋北三里光緒二年邑令施惠倡捐重建 **臨津橋**俗倂千西橋在都山蕩口跨神安山亭兩區道光二十九年里人張敬募捐易石重建宗錦撰記

臨津渡在臨津任太守廟東南抵漁莊背東抵常大瀆 **五港渡**在碓坊圩東舊有亭今毁南抵沈家橋東東抵莊前圩

馬公蕩燈樓兵毁光緒元年宜令施惠倡捐里人募捐重建

右隸神安區

接渡橋在臧村西北東接馬塘渡北界金壇兵毁里人儲邦榮倡捐重建 **新橋**在臧村乾隆間里人儲濟易石重建 **河頭橋**在西河頭見舊志初係石橋圮後易建木橋 **楊橋**在楊橋村南兵毁光緒四年里人徐文隆建自河頭橋西北至此爲北乾河 **新墅橋**俗倂新市橋額曰鎖龍在店基橋西南西界溧陽嘉慶三年秦益泰募捐重建 **永安橋**即店基橋在江步橋西見舊志 **江步橋**在江步村前見舊志 **巽新橋**即墊頭橋在墊頭里見舊

志道光二十二年里人謝氏重建 **坊前橋**在坊前村乾隆二年修光緒五年重建見舊志 **注浦橋**在典巷南建於明代國朝道光二十三年儲路史三姓重建溧陽楊兆英撰記 **廟下橋**俗倂廟橋在廟村自新墅橋至此俱名長壽河巽新橋以東又倂中乾河舊志入神安區 **壓渚橋**在邵巷東北里許橋適西南入而亭界光緒二年重建 **殷莊橋**在殷莊廟旁乾隆三年重建舊志入神安區 **儀墓橋**在朱家頭村西自壓渚橋西南至此爲南乾河三乾河皆以水道淺狹易涸得名北乾河中乾河水至江莊橋西合倂南乾河北流出江莊橋東與中河北河之水同出莊河口 **江莊橋**在江莊村橋跨莊河南北龍舌尖當其西北乾河水自西北來中乾河水自西來過龍舌尖合倂東流 **莊河橋**在豐義村北跨莊河港口南隸宜興北隸武進以上二橋舊志俱入神安區 **湖瀆橋**在滆湖口北跨武進交界之處地曠人稀匪徒易集三乾河水均從此出天旱則乾河左近之村多資灌溉厚水之車衛如鴉尾密如魚鱗亦水利之要道也 **馬家橋**在豐義村北舊志入神安區 **豐後橋**在鎮湖庵東自此至韭橋入神安區直至利益橋俗倂九里十三橋 **東益橋**俗倂街橋在豐義街東 **韭橋**在豐義村糕蒸東見舊志補遺 **新芳橋**

里以橋名東西皆市橋西茶亭地屬溧陽舊志失載袁枚新芳諸記載宜興西北新芳橋人耕田得古鏡卽指此地**塘橋**在宋安村後西有塘西村**宋安橋**在宋安村**廟橋**在宋安村南以山亭廟得名**流芳橋**在西田村後**寺橋**在宋安村東南里許以聖感寺得名以上五橋舊志俱入山亭區**大潭圩渡**在大潭圩西大潭口北抵西田村西抵泉左里道光間曹順官設兵燹後廢光緒五年重設

右隸淸津東區

鵬程橋在蒲千村後明初建成化二年曹澤重建萬歷間曹司教重修陳一教撰記見舊志　國朝道光二十七年曹炳燮募捐重建邑人萬貢珍撰記**匡莊橋**在匡莊村西跨溧陽金壇界光緒七年黃維璋等募捐重修**符墅橋**在符墅村前見舊志**湯墅橋**在湯墅村東見舊志**藕石橋**在上黃黃衕兩姓建見存**保佑橋**在橋口村東咸豐六年里人黃姓重建**雙廟橋**在楊渚西咸豐七年重修**周山橋**在周山麓見舊志**迎秀橋**卽受歷渡橋在壽星渡村見舊志同治八年重修

宜荊谿縣新志　卷二　營建　津梁　卅四

右隸淸津西區

王母橋在金紫圩南塍橋南岸爲荊谿境王家圩舊名皇甫圩皇甫氏嘗族居於此橋因以名村姓既易鄉音訛皇甫爲王母也兵燬同治十一年里人張應鍾朱全齡募捐重建**經堂橋**在楊巷鎭東橋北有經堂庵因名光緒間尹冠蒲吳錫九募捐重建**廣通橋**在楊巷鎭西橋上有水龍宮以上跨荊谿**天成橋**俗稱新基橋在新基圩光緒五年重建**姚村橋**俗稱萬答橋在萬答村西北道光二十四年宗錦募捐重建改名姚谿橋楊宣記曰宜之爲邑西南多山東北多澤吾鄉處西北境地勢不坦實爲衆流所趨其自高淳溧水會於溧陽者一繞城南出渡濟橋爲南谿一經城北出楊巷廣通橋爲北谿而南谿爲大其自丹陽金沙滙於洮湖者分三港北港注滆湖南中二港並注蒲圩蕩一支出西莊橋東爲姚谿一支出新市橋東爲壽河而姚谿爲深姚谿接蒲圩蕩西來之水東流至臨津袤延二十餘里橋之跨其上流者三曰西莊曰安樂曰隆興而隆興爲要是橋也陸道自新芳橋而南寺橋而西楊巷而北石巷北莊而東交午爲通衢水道扼姚谿之咽喉鎭洮湖之門戶其流最駛故橋易壞其始不知剏自何人而徧偭巍峻天啟甲子傾頽普明院道人易石以木

萬答里人續葺之而恢復舊規者楊華庵僧達元聖感寺僧心如也其時爲康熙甲子嗣是屹然鞏固者一百三十餘載至嘉慶丙子又圮東莊萬答姚村好義者架木以便往來而屢修屢壞道光癸卯秋東莊蔣蓉舫暨萬答萬定生姚村蔣瑞榮爲首鼎捐恭請宋安尹鄰松友松省齋泉左宗拙齋協理橋事鳩工於是年孟冬告成於甲辰季春匠氏請所以焉其石者爲顏之曰姚谿橋夫隆興之名最古而無可攷唐志所謂萬答橋王志曰姚村橋皆以其近村名也然唐志有姚村又有遙谿村而不知其爲一村唐志有萬答橋王志有遙村橋而不知其爲一橋又不知其跨姚谿之上而誤姚爲遙宜縉修邑志者之列姚谿而不能確指其所也夫澤國以水利爲重水利以上流爲先姚谿之大雖不及南谿而爲洮湖東赴之經流苟不詳加考覈則世遠年湮幾令人混其名而無由究其實可不可爲大虞歟今之更其名者冈以見橋之有關於是谿而修建不可不時尤以見是谿之有關於闔邑而志山川論水利者將因之得所考焉是爲記以上跨姚谿**西莊橋**在蒲干蕩口姚谿西北久燬**迎都橋**卽楊步橋在楊步村東南里許都山蕩口見存**都村橋**在桐梓橋村中**鎭龍橋**在桐梓橋西里許道光二十五年重建**安樂橋**在安樂村西光緒六年尹冠藩毛文煒募捐重建**何塘橋**在何塘村東**牛車埭橋**在牛車埭**東塘橋**在魚池沿東東達邵巷西通新芳橋道光二十五年重修宗錦譔記以上七橋俱見舊志**蔣塍橋**在蔣塘下村光緒四年重建

宜荊谿縣新志　卷二　營建　津梁　卅五

右隸宜興山亭區

小南塍橋在王家圩小南塍里人沈纘齡朱全齡募建**丁家圩橋**在丁家圩

右隸荊谿山亭區

樂成橋跨荊谿南隸荊谿北隸宜興乾隆間里人許姓募建咸豐元年許聲鏞募捐重建十年鄉團拒賊燬之橋柱見存**通津橋**一名高陽橋在茳谿里見舊志同治六年許氏重建**南莘橋**在茳谿里兵燬重建**沈家橋**在茳谿東北村以橋名**西蕩橋**在談村**李瀆橋**跨李瀆**安樂橋**在美楫圩同治八年宗氏重修**文定橋**卽舊志徐含橋跨南谿河康熙間改建知縣文超靈爲定橋因名文定兵燬同治八年里人募資重建潘元達撰記陸金保倡捐撈除河底廢石以便舟行荊令張上德撰記**李家大圩橋**在禾豐圩西以上五橋俱見

舊志

右隸五賢區

宜豐橋在牧馬口南舊志入五賢區兵毀同治十二年重建 龍眼橋一名莊前橋在徐府莊前同治四年重建 西雙橋在省田圩咸豐九年邑人朱本立倡捐周湛霖募捐重建 磚橋在磚橋村同治十三年重修

右隸荊谿成任區

流杯橋在石亭埠見舊志宋余登元有射虎流杯橋記文載荊谿外紀 就安橋俗偁三洞橋在邑西南一里見舊志 土干橋在就安橋西土下村跨後袁河 九里橋俗偁新橋在九里西 塘前橋在塘前村北 離羣橋在塘前西見舊志 澗北橋在離羣西見舊志自土干橋至此俱跨後袁河 大瀆橋在土干西道光三十年邑人潘逵吉倡捐重建 大澗橋在大澗 澗南橋在澗南村東 永思橋在陸平村乾隆七年里人潘克敬倡捐易石重建并撰記同治八年重修 淩家橋在陸平村西同治六年重建 魚鱗橋在陸平村南見分志補遺同治十三年重修 水西橋在水西村南同治十年里人王金雲建 旱塘橋在陸平村北同治十年里人潘賈氏重修 接引橋在陸平村南薔薇塢口 夏姜橋在淩家橋南見舊志 竹簀橋在夏姜橋南 東港橋在竹簀橋西南跨東港見分志補遺咸豐二年里人蔣順良倡捐重建光緒三年重修 柘塢橋在柘塢界口見舊志 五湖橋 石澗橋俱見舊志 萬安橋 塔亭橋在護塔庵左見分志補遺光緒二年溧陽史大經重建 正官橋俗名市橋在瀆渚村見舊志補遺光緒五年里人募捐重修 東莘渡在陸平村西 胥家渡在和讓圩西 大澗茶亭在大澗村南 百合場茶亭在厂界北 澗南茶亭在澗南村東 接引橋茶亭在陸平村南 石亭步茶亭新名復古兵毀重建 洴浰燈樓名光遠樓道光二十五年里人捐修潘光序記畧云吾邑爲東南澤藪其巨浸必首西谿西谿之水發源宜歙匯金溧中納茗嶺綏安龍池離墨諸山泉迤邐灌輸過洴浰而瀉爲西谿洴浰西谿之咽喉順流而下瀦蠡此出泝流而上溯谿此人艫舳往來如織晝夜欸乃與漁歌賡答惟昏黑之夜迷門莫辨向行者以爲患前人惻然憫之悉心規畫以蘄利濟此洴浰燈樓所由建也攷之邑志康熙間里人張仲達實創建是樓屹然水涘樓上然燈光燭十數里與夜舟行如漆空得炬舶師便之乾隆三十四年沈贍賓謝朝尊蔣丹文等募緣重建額曰光遠樓其後徐雲彪胥鼓南復旁築禪院延僧職燈火焉歷今八十年牆圮屋塌瓦裂木壞里人相與謀曰樓不修葺圮驟二百年之成績吾輩不得辭其咎乃與邑紳士集議重修衆大和會踴躍捐輸卽日飭材庀工締構堅密黝堊一新浹歲告竣費緡千緡紳士以歷屆之碑欵不可攷也議弁志之而以命於予今夫江湖之險類設救生船隻以備不虞然而救患於已然不若防患於未然且黑夜亦難爲力故燈樓之設最爲良法吾邑小沈口置東沈之張澤橋餘皮長圩同設有燈樓皆遍年達事漸增惟洴浰實爲扼始則張君之大有造於桑梓也聞嘗登樓而眺西南諸峰空翠如沐與波溶漾浦樹谿禽風檣魚網出沒掩映於衣帚間亦勝觀也而昔人建樓初不係此其用意不深且遠哉蔣頌芬題光遠樓詩層樓直上與雲齊夜雨天路弗迷白浪近開高檻外青山不斷太湖西燭龍吐火黃昏逈出晝鴻衝波落照低萬里寒空秋一色蕭蕭蘆葉捲長堤咸豐十年兵毀光緒二年重建蔣芝榮董其事

右隸荊谿山亭區

周通橋一在吳圯圩南見舊志兵毀同治九年重建一在吳圯圩北 八字橋一在癸逕東同治間捐修一在分水墩見舊志兵毀同治八年重建 歸徑橋在蒲墅蕩北跨癸逕咸淳志云淳祐間邑人重建餘詳舊志同治八年里人談惟義談順銓周榮華等倡捐更建按是橋本以癸逕名鄉音訛轉已久咸淳志作歸徑國朝蔣京祁因有詠蔣徑歸樵詩 雙溆大通橋在西畬村西同治八年重建 姚家圩橋在西畬村北咸豐元年里人蔣程許德奎襟懷榮等捐建并築石匡兵毀同治八年重建 五雲橋一名龍谿橋在五雲亭東兵毀今設渡 彩虹橋舊名樂興橋鄉音訛爲老鼠橋在五雲亭西 瀆南橋在瀆南村北 萬年橋跨韓谿兵毀今設渡 韓谿橋順韓谿兵毀里人王徽榮重建 丁家橋在分水墩南塍 鯨塘橋在鯨塘墅見舊志兵毀 西渚橋在西渚村

右隸從善一區

上城圩橋在廟頭村南　龍盉橋以龍盉殿得名在蕩口渡跨張渚河今圮　萬安橋即舊志白雲涇橋俗偁水西橋在艾墅水西跨白雲涇明初建　國朝嘉慶十年重建　躍龍橋在艾墅水西見舊志　儀鳳橋在城頭村西　啟龍橋俗偁黃家橋在水東村

右隸從善二區

步雲橋俗名駱駝橋在陳莊　躍龍橋在連谿里　桑園橋　雙橋俱在谿梢里兵毀重建　波洋橋即堰頭橋在堰頭跨西洋渚澗橋有五洞兵後傾圯里人吳佑田宋佛谿盛兆熊等募捐重建　大樹橋在大樹里見舊志　翁村橋在翁村　迎紫橋　南莘橋在南莘圩同治七年里人潘應麒倡捐重建

右隸從善三區

蔣衕埠橋興建詳舊志在蔣衕圍村橋以村名鄉音訛寫爲蔣衕埠遂併易橋名矣　觀音橋在稻坂落　國初易石修建同治十一年里人潘慶雲等倡捐重修　廣福橋　五牧橋在五牧村東南舊志與蔣衕埠橋誤併爲一

右隸從善四區

望蓮橋即舊志西蕩橋　福田橋即舊志東蕩橋俗偁東庵橋　黃泥壩橋以上三橋在芳庄　西吳澤橋在吳澤里見舊志　鎖谿橋即五聖圩橋在五聖圩　蔣店橋在蔣店村亦名斛坫橋見舊志咸豐十年鄉團拒賊鏖戰之所　關廟橋在蔣店村東關帝廟前　沙圩橋在蔣墅南　趙潭谿渡東抵六科圩西抵山亭區南谿圩達楊巷　芳庄渡東抵芳庄西抵萬畝圩

右隸從善五區

泰來橋即舊志廣濟橋　義庄橋以任卿義莊名在筱里見舊志　振龍橋一名南橋在義莊橋東　步龍橋在振龍橋東　雙橋　浯橋　善成橋俗偁西洋渚橋跨蕊湖谿乾隆二十六年修建光緒七年重建　紫雲橋　前莊橋　鄭瀆橋　牛橋　薛家橋以上十二橋俱見舊

宜興荆谿縣志　卷二　營建　津梁　三八

志　龍潭橋與溧陽交界同治十三年里人任佶重建　湯泉橋在湯泉村跨筱里河光緒元年重建　珠潭橋在珠潭村跨厔谿

右隸金泉區

丁山橋在張渚東南七里橫跨石磡　下洋澗橋在張渚東南三里見舊志　七里店橋在張渚南七里見舊志　馬鞍橋在張渚南三里　桑園橋在張渚鎮橫跨石磡道光二十六年里人余繹之余豊之重建　何家橋兵毀里人何正熙重建　黃龍橋　太平橋兵毀里人張某重建　素仙橋　中浮橋　下浮橋自桑園橋至此皆在張渚鎮自此以上至丁山橋皆橫跨石磡水漲時小舟可通　青龍橋在東霞步桂華庵前橋下水至張渚鎮與下浮橋水合桃谿實源於此　永隆橋一名新橋跨桃谿在張渚鎮北見舊志乾隆四十九年里人史鳳梧重建同治七年鳳梧孫致和重修　沿谿橋在永隆橋側順桃谿　南澗橋在沿谿山北順桃谿　五洞橋在國山故城西跨桃谿見舊志今村以橋名同治元年兵毀　公惠橋在慶豐圩跨桃谿光緒元年里人丁順昌等重建　玉帶橋在祝陵見舊志　南雙橋在下庄跨西澗者爲環橋順西澗者爲平橋　北雙橋在上干亦一跨西澗一順西澗　三思橋在張渚北兵毀得碑一方上載嘉靖丁亥道人徐瑛募建同治六年里人盧崇本重建并立舊碑於橋左　大木橋在莊村同治十三年里人陳華等募捐重建　橫谿橋在莊村西北同治十一年里人陳壽慶沈明三等募捐重建　瀫里橋在瀫里

右隸永豐區

鳳川橋在鳳川　黃瀆橋跨南黃瀆見分志補遺　興自橋在鳳川馬　見安橋跨鳳川大港家壩跨均上均下兩區道光十五年崔書勳倡建石崖咸豐二年里人易石重修　郁瀆橋跨郁瀆港北隸均上南隸均下　萬年橋即烏谿橋在烏谿鎮咸豐六年圮同治十一年荆合潘樹辰倡捐里人崔微彥等募建橋旁居築四梁改今名　迎昉橋在查林西到瀫兄弟嘗迎任昉於此故名　川埠橋在川埠舊名方橋　唐家橋在川埠西跨橫澗　萬安橋即舊志下山橋在下山鎮光緒六年里人陳氏重修　蓮谿橋在魚巷村跨周墅河　東鎮

宜興荆谿縣新志　卷二　營建　津梁　三九

橋舊名萬福在丁山鎮永安橋在湖㳇鎮西南見舊志長春橋在湖㳇鎮見舊志

鶴渚渡在周墅

右隸均山上區

蜀山橋在蜀山鎮見舊志康熙五年里人潘氏募捐重建五十六年潘子貞潘哲臣等重修光緒七年里人募貲更建

小蜀山橋在蜀山東孫家橋在蜀山西何家岸莊蜀橋在蜀山鎮西新岸橋在蜀山三夫人廟前跨新岸河同治間道士沈保元重修大興橋在蜀山鎮北光緒五年里人呂兆文重修青雲橋在蔣楊圩西咸豐七年里人張氏易石重建江家橋　高家橋俱在蜀山鎮西書谿橋即舊志湯渡橋跨罨畫谿光緒五年里人周佐臣周振庸戴龍光募貲重建柴瀆橋在湯渡東北見舊志道光間里人周茂承修建同治七年周煒重建錢家橋在山谿里後咸豐間里人徐富林重建侍郎橋在湖㳇鎮唐陸希聲隱處見舊志攷咸淳志敘侍郎橋別有注云樊川集有李侍郎昔居陽羨富有泉石名亦取此今按注說殊未明了陸氏築橋不應借李

侍郎爲名即謂想慕丰采而捨其姓氏獨取官階俗亦叵耐矣史志云云蓋未知陸相之曾爲侍郎也宋孫覿游金沙寺有陸希聲侍郎讀書臺二絕蓋希聲未相時已居義興橋與讀書臺皆其官侍郎時所築故有是偁罷相後自號君陽遁叟更營山居則爲陸相山房也明沈暉有侍郎橋壞詩山中亭子久已廢谿上石橋今亦頽惟此山居遺址在邦人猶說相公名與舊志所載蔣之奇詩俱指希聲而言皇駕橋在侍郎橋北見舊志洞靈橋　迎仙橋俱在天申宮前見舊志李廣橋在張公洞北新橋在湖㳇鎮見分志補遺創建無攷乾隆二十九年里人陳習周岐瑞等重建同治十年里人白鏞等重修河澤橋在湖㳇洪嶺古橋在湯渡西見舊志秋瀆橋在湯渡西北跨肅秋瀆見舊志鳳凰橋在蓮花蕩南見舊志宋方橋見舊志壽星橋在南蔣楊圩雍正七年壽星菴道上谿通圓募貲重建定跨圓橋　定跨方橋俱跨定跨港見舊志彩虹橋即舊志雙橋跨雙橋港鳳鳴橋即洋瀆橋在雙橋西跨洋達港箭墩橋即舊志箭瀆橋道光間周邦均重建馬瀆橋在湯渡北見舊志道光間此里人戴鼎重建管瀆橋即舊志灌瀆橋光緒三年重建存心橋在獨孤莊一名蜀古

莊橋通濟橋即顧家橋在西望里西南興隆橋原名永亭橋在西望里復興橋在西望里咸豐六年重修袁坂橋在袁坂村跨均上均下兩區見舊志里人周灼倡建道光二十三年灼子邦均重修周嘉大橋在周墅跨烏谿港光緒五年里人王煊募捐易石重建

牛欄灘渡在蜀山鎮東

蘭山渚燈樓道光間馮禹莊捐建咸豐間兵毁光緒元年里人重建

右隸均山下區

深谿橋在確坊橋南名急水橋橋下產佀魚爲珍品前有路亭宋嘉定間以石易木餘詳舊志泗水橋在深谿橋南旁有泗水庵謝橋在泗水橋南二里橋北有謝將軍墓因名舊志在山亭區梅林橋在梅林臨東谿見舊志相傳吳赤烏時建萬順橋即潛洛橋里人陳氏建同治十三年里人張直夫募貲重修東庵橋在潛洛村東里人許氏建青龍橋一名嘉義橋在潛洛村西光緒五年里人張國楨張直夫徐培募貲重建以石易木張澤

橋跨蠡河見舊志同治七年邑人蔣世琛徐光熙募捐重修崔書𪻐撰記北施蕩橋　南施蕩橋俱跨施蕩河後河橋跨後河港見舊志和瀆橋即河瀆橋跨南和瀆趙莊橋跨趙莊瀆在和瀆橋南湖洋渚橋俗偁小石橋在湖洋渚村東見舊志顧笞橋在湖洋渚村東跨仕瀆邵平橋在湖洋渚村後跨呂瀆徐瀆橋在湖洋渚南跨徐瀆永昌橋即舊志橫塘橋在出鹽莊東俗偁竹園莊橋跨南橫塘河同昌橋在惠瀆村前新瀆橋即舊志梁新瀆橋在梁新瀆魏瀆橋俗偁惠瀆橋在梁新橋南

慶餘橋在湯瀆西跨南橫塘河

義莊渡在蜀山門外徐義莊前洑谿渡在義莊渡南臺莊渡　蠡莊渡俱渡過蠡河

深谿橋茶亭兵後重建

張澤磯燈樓同治八年重修

右隸清泉區

善堂記

義興之民多尚義而好名於外顧畏罪於中好名則慕善之心頓生畏罪則行善之事或阻有勸善者出使凡爲善者胥獲全其令名不至因善而被罪此善堂之設所以閔窮而保富也周官之制州相賙黨相救族相葬非是則有不睦不任不卹之刑自井田法壞貧而無告者逾衆發政施仁未皇徧給樂善之徒多方救贍養老有院慈幼有莊卹孤有局給葬有糧葢視義社而法加密焉至於外來之輩梗泛萍漂生於我養死於我葬者亦未嘗無人而奸民因以誣陷蠹吏藉以誅求或指捨藥捨櫬爲殺人之魁甚或途殣滿瘠遺患地主鳶啄魚吞不敢收瘞於是有棲流之所官給聯單遇病歿則注明請驗爲之楬櫫待其戚屬其水浮道斃之尸亦由報聞經費有常里鄰不擾則施捨者無後顧之憂矣故咸豐之際賊陷金陵難民麕集於兩邑者留養之方甲於蘇省至兵亂克平以後百廢未修而善堂先建舊者復新者增固好施之念切乎亦畏累之情深也詩曰智矣富人哀此惸獨豈知富人之施惸獨而受累者復不少哉登斯堂也覽其規條蘄尼可以助羈宿可以安疾病可以得扶持孳殘可以免暴露有名而無罪豈不勸善矣以閭閻之盛舉佐朝廷之深恩政治風俗尚有關與今列其廢興如左

養濟院在西門外地隸宜興兵毀未復今凡孤貧應給口糧者權由兩縣分定期點名給發 育嬰堂在南大街

宜興荆谿縣新志 卷二 營建 善堂

地隸荆谿咸豐十年兵毀同治十一年宜令施惠判令播樹長倡捐邑紳士集貲重建朱氏捐隙地九尺施惠撰記 厚餘堂在縣東撒珠巷兵後重修 歸厚堂在會𡨋庵旁兵毀未復今權於厚餘堂置棺捨齊辦理浮屍路斃報驗殮埋 同善堂在西寮院土地祠後進光緒七年里人倡建施捨義材儲延槻撰記地隸宜興 卹孤局在巽閭側兵毀

以上宜興荆谿兩縣合建

宏濟堂在西門外開上區道光二十三年里人周秉鈞等倡建兵毀 誠善堂在開上區上塘里兵毀 同仁公所在洞上區大浦鎮後上角瀆光緒六年附近各圖公建 近仁堂 棲流所俱在洞下區周鐵橋鎮兵毀 扶風橋善堂在洞下區同治間萬一開下洞下三區坿近各圖公建 循善堂 棲流所俱在烏一區和橋鎮兵毀同治八年紳士裴榮程俞桐方仁溥程持義等重建 公信堂在萬二區賽中村道光年間蔣洋英等建兵毀光緒二年里人蔣翰勳等捐設 集善堂在萬二區富村同治八年坿近各圖公建 從善堂在萬二區分水墩同治年間建 誠善堂在山亭區安樂院兵毀 思濟堂在成任區高塍鎮坿近各圖公建

宜興荆谿縣新志 卷二 營建 善堂

仁濟堂在神安區龍津廟同治間神安清東西亭三區坿近各圖公建有碑 敬仁堂在神安區夾溝里蔣公陞盧榮春等集捐倡建 咸仁堂在神安區兵毀 取善堂在清東區新芳橋道光二十八年里人楊宣宗錦孫陞芝等建光緒五年重建後進三楹 成善堂在西山亭區二圖同治年間建

以上宜興

坿載新安公所在三里橋徽州士商公建咸豐十年兵毀同治十二年李友文等重建地隸宜興

南義社棲流所區隸在城光緒五年蔣厚榮等請設 同仁堂在西山亭區楊巷小橋南宜興荆谿西亭及從善各區坿近楊巷圖分公建施捨義材兼辦棲流所 同仁堂在五賢區徐舍鎮兵毀同治間改建 敦善堂在五賢區宗氏經理 繼善堂在五賢區許氏經理 善慶堂在山亭十五圖兵毀 世德堂 棲流所在從一區達浩靈山殿旁同治八年紳士蔣詒芬周錫等建邑令番給示勒石 四德堂在從二區徐舍鎮 從善堂在從四區庵前里同治十年從三從四從五三區坿近各圖將防匪公所改建施棺觀兼辦棲流所按道光二十三年舉人胡淦爲從四等區半與宜溧交界盜賊竊發易於遁匿遂集三縣紳士呈請於圖通庵前設防匪局聯絡百餘村互相

守望邑紳朱福初徐家杰俱捐田協辦荆令李深令賈會詳督撫臬三憲立案獲盜徑解省中咸豐年間兵燬遂廢

普濟堂在從五區蔣坫里康熙間里人張用卿捨田八十三畝屋十四楹倡建咸豐十年兵燬同治間重建

濟嬰堂在金泉區筱里咸豐初任氏募建今廢

棲流所在金泉區筱里

積善堂在永豐區張渚鎮道光間紳士余繹之等募建咸豐間兵燬同治五年紳士余維楨馬謙光等於程公祠捐設辦理

棲流所在均上區湖㳇鎮兵燬同治間重建

公善堂在均上五圖

保嬰堂在均下區丁山鎮光緒二年宜令施惠荆令孫士達倡捐里人募貲建

謂仁堂在均下區蜀山鎮兵燬重建

從善堂在均下十七圖

餘慶堂在均下二十一圖

同善堂在均下二十三區俱兵燬未復 以上荆谿

義阡記

生得其養死得其藏者人情之所願也不幸而殣於道隮於溝壑則聖王有掩骼薶胔之典義阡攸設三代上蓋有之矣明初詔天下州縣皆立義阡宜興之阡在西門外鄒旦治之於前王鏁修之於後危山沈暉之記舊編可攷後人繼之愈推愈廣凡有義社胥有義冢不糧之地載於各區圖者往往而是粵賊之變兩邑罹禍尤酷水死火死梃死刃死兎觸死雉經死鴆毒死孿死癘死者厭肉於野流血於川積盧於嶽裒骨於原他他藉藉不可勝數官邪民邪兵邪寇邪夫狐貍蠅蚋孟子之悲詞烏鳶螻蟻莊生之放語敝蓋敝帷推恩勿替矧同為人類者乎又焉知宗族戚黨之轉徙就盡者遺骸不在其中乎天道好生延禍者因莠毒良人情閔死種德者繇善及惡一視同仁掩之誠是克平以後善後之舉首在澤枯凡草野之表收楸隴之被發者悉加瘞焉其殘骸枕壓無可復辨仍厥故處增土培之懼男女之或襍貞姧之易殽也嗟乎北邙之墓犂田東府之家掘壟陵谷變遷誠所不免而埋之揜之昨是今非穴狐兎而隴牛羊有情者誰能忍此哉今故誌其地名書其糧號凡昔為民田而今為官域者爰伸厲禁用告後人毋遊牧毋采樵毋築室毋掘壕庶幾千百年後梧邱之冤泯蒿里之恨銷也

東倉嶺後阡地洪字號平田一畝有奇

鳳川瀆阡地宇字號平田一畝有奇

西谿門外阡地宙字號平田二十六畝有奇

大浦橋北阡地八字號平田三畝七分九毫四絲內四百四十號分平二分七百四十六號分平八分一釐二毫五絲七百七十八號平一畝二分七百八十三號平六分四釐八毫六絲七百八十四號平八分四釐八毫三絲

大浦西柳橋西阡地人字號平田十畝

官村阡地與字號平田一畝九分有奇

分水墩阡地伐字號平田三分九釐有奇

曹巷阡地安字號平田一畝五分有奇

和橋阡地坐落下塘中街後

山亭區阡地一在蔣瀆橋慕字號平田五畝一在會眞庵後慕字三百五號平田五分一在路北圩和尚地東首俱有碑

開上區阡地三里橋北有碑

開下區阡地一在長圩燈樓東一在長圩村前俱有碑

成任區阡地在洋堰有碑

周鐵橋阡地河字號平田九畝有奇內一千四百十六號平七分四釐六毫五絲一千四百十七號平一畝二分七釐一毫八絲七忽一千四百十八號平四分八釐一千四百三十二號平三分五釐一千四百三十三號平一畝三分九釐四毫九絲五忽一千四百三十四號平一畝八分九釐三絲三忽一千四百四十三號平一畝九分二釐三毫六絲六忽一千四百四十六號平一畝二分七釐四毫八絲一千四百四十七號平八分七釐八毫

大區阡地鹹字號平田三畝七分有奇內一千二百號平二畝七分一毫六絲六忽一千二百九十九號平一畝五釐

沙塘港阡地麟字號平田四畝有奇內六百五十九號平四分八釐四毫七絲六百八十六號平二分八釐六毫六百八十九號平二分五釐五毫三絲六百九十號平八分八釐六百九

十一號平二畝六分八釐二毫一絲一千九號平三分七釐一毫七絲　下邾　芳橋　扶風橋　高塍　紅塔頭　富村　新芳橋　楊巷　俱有阡地以上宜興

南倉東阡地宙字號平田一畝六分有碑　東土城阡地使字號有碑　土城東阡地使字一百五十四號平田七畝六分一百五十六號平一畝一分八釐一百七十二號平三畝二分一釐俱有碑　李家園阡地使字號有碑　顯親寺後阡地使字二百五號平田一畝二分　菜花橋東阡地使字號平田一畝有奇　狀谿東阡地一在入房園後使字七百九十三號平一畝二分二釐七百九十四號平二畝二分四釐七百九十五號一畝六分六釐七百九十二號平三分一在東庵濟使字八百四十三號平一畝八分八百五十六號高地二分一在湯家圩使字七百二十二號高地三畝二分四釐俱有碑　狀谿西阡地在龍王堂後使字七百七十號平二分有碑　狀谿後阡地在土地祠北有碑　滄浦阡地使字一百十二號高地五分一百十五號高一畝五分一百七十一號高一畝一百七十二號高五分又民山一畝俱有碑　龍潭阡地一在山麓使字號山地十

宜荊谿縣新志　卷二　營建　義阡　四六

畝有奇一在山上使字一百八十六號民山三畝二分三釐俱有碑　清泉區阡地使字號民山八畝有奇有碑　壽山阡地麾字號山地二分　張澤橋阡地一在生閣西麾字號平田一畝一在西山下村麾字號平田二畝有碑　大浦南阡地長字號平田四十三畝有奇內一千三百號平三分三釐七毫五絲一千三百四十九號平一分一千三百五十號平二分一千四百九十五號平一畝八釐四毫一絲一千五百三十八號平一分五釐一千五百四十七號平二分一千五百七十號平七分一釐五毫一千五百九十三號平一畝一千六百三十號平八分五釐三毫一絲一千六百四號平九分九釐七毫九絲一千六百五號平一畝八分二釐九毫一絲一千六百四號平三畝四分三釐一毫二絲一千六百五十八號平四分一千八百七十五號平三分一千八百七十六號平七分一千八百八十一號平三畝四分一千八百八十二號平二畝七分一千八百八十八號平二畝五釐二毫一絲一千八百八十九號平二畝六釐二毫五絲一千九百一號平一畝九分七釐九毫一絲一千九百二號平一畝六分五釐七毫一絲一千九百三號平三分一千九百六號平二畝二分五毫一千九百七號平五分三釐七毫五絲一千九百八號平二畝四分一釐五毫一千九百九號平一畝一分七釐五毫一千九百十號平二畝三分五釐九毫一絲一千九百十一號平四畝五分一釐一毫四絲一千九百十二號平一畝二分八釐一毫六絲一千九百十四號平四分八釐七毫七絲一千九百十六號平五分二釐五毫一千九百十八號平六分八釐八毫一千九百十九號平五分　湖洑阡地絲字號民山十二畝五分　徐舍鎮阡地在杜家蕩圩　五賢區阡地慮字號平田五畝惡字號平田四畝積字號平田三畝　西亭區阡地慶字號平田五畝有奇初字號平田四畝有奇誠字號平田二畝　從一區阡地終字一百三十六號平田六分宜字一號平五畝四百二十九號平四分一千四百三十三號平五分一釐介字三百八十八號平一畝八分三釐一千七百二十一號灘五畝榮字五十七號平一畝所字四百三十九號平六分基字三百四十七號山地十五畝八分有奇三百五十九號山地四畝一分有奇　從五區阡地上字號平田二畝有奇下字號平田九畝有奇倡字號平田五畝有奇又和字號平田四畝有奇　張渚鎮阡地交字一百四十三號民山五畝有奇土名花豔基枝字號山地二十三畝有奇內六百九十一號一畝一分四釐五毫五絲七百八十九號三分三釐七毫六絲一千五百十六號二畝五分二釐九毫七絲一千五百

宜荊谿縣新志　卷二　營建　義阡　四七

二十一號六分六釐六毫六絲一千五百二十二號三畝八分七釐五毫一千五百二十三號九畝七分三釐五毫一千五百二十四號八分一釐三毫五絲一千五百二十七號四畝四分三釐一毫四絲　艾墅水東阡地職字號平田二畝有奇　篠里　蜀山　丁山　定跨　湯渡　蘭右　俱有阡地以上荊谿

宜興荆谿縣新志卷之三

賦役

戶口記

自周官辨夫家人民後之志地理者悉載戶數口數蓋秦以來然矣陽羨戶口遠者莫可攷縣官併長見於漢史則戶不及萬也晉宋以迄元明戶口或觮或約

國朝順治十二年編審戶口嗣是五年一編而舊志所載獨於

本朝不記戶口但以人丁當之蓋古之戶口欲其畧而恆詳今之戶口欲其詳而恆畧古者貢賦出於民壓晉陽損數競頌寬仁今則丁銀隨田而納戶口之數與賦無關健吏以賦課之逋

虧爲患而不以閭閻之隱漏爲憂上臺以催科之辦集爲能而不以生齒之盛衰爲念故鼠尾黃册僅有其名而已雖然編排不審則稽詧不淸良莠不分則寇盜不靖故戶口者政治之大要也今之論者莫不以主戶多而客戶少整戶多而零戶少陸戶多而水戶少少者可緩多者宜急以吾觀之固大不然夫舊德先疇安居有素者樂業之鞏也即有不才而族黨鄉鄰得相禁制新甿招致馴悍難倫前者溫台棚民依山種殖蜂屯蟻聚猶賴爬梳勉平巳後地曠而民愈稠稠則易混曠則難周桀者占田盧黠者誘財帛擧地征賦旋棄而逃嫁女與人仍攜以走此客戶之患甚於主戶者也有家之夫人口旣夥縱在富萌不殊土著至單身亾命朝吳暮越孤貧流苹誠堪閔憐而無賴之屬傭逃病農販逃病商游食乞錢强匄邨落匪徒刦掠伏處山巖此零戶之患甚於整戶者也雖然築室僦居之民受廛比舍作爲皆得見之逃徙皆得知之或有泛宅浮家託遊荒僻買鬻混舟子冒漁人依邨則竊嚔野則盜商旅脫財於歧路婦女遭畧於濱河萍水渺然杳無蹤迹此水戶之患甚於陸戶者也今若於秋成之後飭令胥吏隨同紳士編列主客使以類從前明之制官儒民軍竈匠僧道諸戶差役不齊十有九等今縱不及細分而士農工商亦宜區別若是則三患可除而五便可得也何謂五便十家爲聯聯爲之長相保相受有罪相及奇衺之民

無所託身盜賊不興子女不誘逃農旣少國課自充一巳居屋若干墾田若干有賃有業書厥糧號田有更換每歲注明按戶計田荒熟可辨二巳商賈工匠旣皆有籍此外餘人核其田數田少人多若非匪熟必爲惰民察而逐之無令敗羣惡匄橫行游僧强募一律禁止除莠安良風俗日敦三巳漁戶歸哨船戶歸步標其地方編其號數一覽可辨非是則詰至於北船渡江秋來春往去留如雁栖宿如鷗停泊邨側轉役爲傭亦令相識爲之保任舟人不穰水道肅淸四巳男女大小口各分載男多者强女多者弱丁壯多者有餘老弱多者不足著籍以後設遇祲災孰能自食孰宜僦工孰可出粟孰當給廩按籍瞭然官不

勞履勘吏不虞侵蝕五巳凡斯五者可以富國可以保民可以勸俗可以防災古聖王之重民數者此也今制丁籍隸於戶戶籍隸於兵多寡之數胥吏率以臆造兩兩相比齟齬不符不特宜興荆谿然矣然因僞以求其眞因粗以求其細戶有幾口口有幾丁編簿明而保甲修治縣之道思過半矣故据縣籍之人丁戶口新造册者綴於篇

宜興戶四萬七千二百六十有八（据册送局未分主客內有內河漁戶一百七十三）口十七萬八千九十有一（男大小十一萬六千九百五十九女大小六萬一千一百三十二內有內河漁戶男大小三百二十二女大小二百八十二）荆谿戶二萬二千四百七十有七（內有楚豫客戶六百五溫台等處客戶六百三十九江北客戶一千三百八十七內河漁戶三百八十四）口十萬九千八

百二十有一（男大小八萬二百八十五女大小二萬九千五百三十六內有楚豫客戶男大小一千五百三十八女大小七百三十溫台等處客戶男大小四百二十七女大小二百二十江北客戶男大小八百二女大小六百內河漁戶男大小四百十女大小二百六十四）　其人丁之數宜興自析荆谿後照康熙五十年編審原額劃分宜興當差人丁九萬二千七百九十一丁（每丁派徵正銀一分六釐八毫七絲八忽八微七纖八沙三塵三渺九漠四埃九逡四巡）編徵銀一千五百六十六兩二錢八釐隨正耗羨銀一百九兩六錢三分五釐遇閏增徵銀四十三兩九錢二分三釐隨正耗羨銀三兩七分五釐荆谿當差人丁六萬四千四百四十四丁（每丁派徵正銀一分六釐八毫七絲八忽八微八纖一塵四渺四漠九埃）編徵銀一千八十兩九錢九分一釐隨正耗羨銀七十五兩六錢六分九釐遇閏增徵銀三十兩三錢一分六釐隨正耗羨銀二兩一錢二分二釐雍正六年題定丁銀隨田辦納

宜興荆谿滋生人數自道光十八年前具詳前志咸豐年間報增人數無册可稽同治三年克復後人數稀少凡客戶在地開墾者悉編入册宜興於光緒六年册報人丁十一萬三千七百二十有三荆谿册報人丁七萬六千五百七十有八欽遵康熙五十二年

恩詔永不加賦

按宜興通計大小男口十一萬六千九百五十九而丁數乃有十一萬三千七百二十三老幼僅止三千二百三十六口不足三十分之一陸居之戶共有四萬七千九十五而保甲

所編只二萬八千二百四十戶荆谿通計大小男口八萬三百八十五而丁數亦有七萬三百十一計老幼一萬七十四口僅止八分之一而少強耳漁戶三百八十四口數乃六百七十四通計一船不及二口皆未可据信因縣册如此姑仍之若賢令長不務虛文力行保甲履勘更編實事求是是所望也

田畮記

地無曠土而民多樂業者田里所以安帖也至有業而不能樂土不期曠而自曠矣吳中財賦之區宜興荆谿地勢窪下唐季旣興五堰遂築圍田宋設官督其租明代先後丈量田制大定

國朝康熙間巡撫慕天顔奏明坍荒請免逋賦自此民慶再生咸豐之季粤賊變遷田册盡失勉平更丈則人少田多邑無不得耕之農然而民以田爲累者何也一曰虛賦之爲患也前明嘉靖間丈量畮虛二釐自後仍之計田萬頃虛二萬畮雖衝塌常報而鄉曲愚野豈能盡聞況乎灘蕩諸處水漲多沒夫濁流停滯則泥淤清流激激則土蝕歲蝕一寸十歲則尺積三十年乃成白水彼濱岸之撈泥培土積瓦礫而塡漲者千不敵一夫以虛增之額加以塌陷淹沒之蕩田將愈量愈少而胥吏謹守舊額有缺有溢必令大致無差平田科則未足者山鄉改山糧當之圩鄉改蕩糧補之灘蕩淤水既無可熟而山納田稅多寡懸殊雖欲種植誰敢出此則有地如無地矣二曰招墾之爲患也小民生計上安能盡爲代謀招之自下順民情者主愛客招之自上倚官勢者客壓主或占種而不顧或負租而不還墾闢以後擅予他人取其墾貲田主不能過問夫民有田而欲人之耕種也猶市廛之望僦息錢之俟貸也今有廛不獲僦錢不獲貸者爲求盜賊乞匃之人以應之彼必皇然懼矣非特懼僦息之難得亦恐累之將及已也今之招墾將無類是且夫招墾之利官所得知者供賦以裕帑耳若初墾之時鬬很强奪受害之狀官弗見也既墾之後起徵潛逃代償之苦官弗聞也至於顯而爭訟隱而誘竊强而劫略弱而逃逋遺累更不勝言而金泉

宜興荊谿縣新志 卷三 賦役 田畝 五

之鄉三省交界尤易匿瑕前嘗誤招奸類延及鄰鄉上臺聞而檄飭適有客民占居基者鄉人毁其棚委員不察謂土著之欺流氓也勒縣痛懲奸黨得志流毒至今然則募墾者亦何樂以虛名而受實禍哉三曰抑熟之患也夫主戶非有死亾之灾不致逃徙至客戶一遇隣荒或有虧負棄田而走毫無顧慮幾者上臺通檄州縣已熟之田不得復荒夫田熟而願其荒民雖大愚不至是且就宜興荊谿而論今日之人丁通客民計之少於前者幾何而墾熟之田少於前者幾何其非墾之不勤報之不盡明矣田已復荒抑不許報辛而漸次就墾得以補熟然奪種於前而徵賠於後怨氣之充塞亦甚矣往歲土人畏楚氛之惡盡招淮揚客民予以開墾一年之閒驟熟數萬有蜚語熒惑指爲積匿者令嘗年納糧不得援三年免稅之例夫報少固疑其匿於當時報多又謂其匿於昔日是無往非匿熟之罪也且今茲既多來歲又詢其少徼員履閱反覆苛求鄙民騷實卒無所得至以田中產蘆取利甚厚迫其報熟求媚上游終以有力者之言而後得免夫田糧既不能改爲蘆課則萑葦之利何能輸稅於平田且昔人以磽瘠不毛之地奏爲版荒永不起科今欲以未墾之田爲熟是損下而益上也夫損下以益上始亦誰敢不遵至積之既多民力不逮終必難爲繼矣然則如之何而可也曰科則錯混之田令鄉民履勘自行呈報先爲約明虛則治

宜興荊谿縣新志 卷三 賦役 田畝 六

非然後官爲佐勘勘實上間缺者鐲除舛者更正其重糧漏稅之處亦合聲明得以相抵客民墾田先求保任置業者驗其券畋租者視其約報縣之後乃得開墾既墾則別立一册不與土民相襍逃亡則責保者招入補種納糧償租其所佃之田主戶能自種者聽之若客買之田三年不復酌予所種之人如此則客主相安而民不以田晦爲累矣

宜興十有三區凡各則田八千一十九頃五十七畝一分七釐九毫二絲四忽在城區六頃五十二畝七分五釐一毫四絲內平田六頃一十八畝六釐六毫七絲高田八分六釐六毫七絲低田二十六畝三分灘塘七畝五分一釐八毫開上區六百五十四頃五十畝八分二毫五絲內平田六百六頃七十五畝三分七釐九毫高

宜興荊溪縣新志 卷三 賦役 田畝 七

田八百二十六畝六分二釐六毫五絲低田二十頃七十五畝三分二釐五毫極高低山竹地三頃四十一畝三分五釐二絲灘蕩塘一十五頃三十二畝一分二釐一毫八絲開下區五百九十四頃六十畝六分七毫四絲內平田五百七十五頃七十四畝四分七釐三毫四絲高田二頃七十一畝一分九釐九毫七絲低田五頃二十二畝九分二釐七絲極高低山竹地九十一畝七分一釐六毫四絲灘塘蕩一十頃二分九釐七毫二絲洞上區五百五十二頃八十八畝一分九釐六絲四忽內平田五百二十二頃九十八畝三分七釐六絲四忽高田七十九畝三分三釐七毫四絲低田三頃六十畝四分七釐五毫七絲極高低山竹地三十三畝五分三釐八毫四絲灘蕩塘二十五頃一十六畝四分六釐八毫五絲洞下區四百八十一頃二畝一分九釐九毫內平田四百五十九頃四十畝五分七釐九毫九絲高田一頃三十一畝三分二釐一毫五絲低田七頃五畝四分九釐六毫三絲極高低山竹地一頃八十一畝二分九釐九毫七絲灘蕩塘一十一頃四十三畝五分一毫六絲萬一區一千一百一十四頃四十八畝一分三釐二毫一絲內平田一千七十七頃七十一畝三分一釐六毫一絲高田四頃九十九畝八分二毫五絲低田一十九頃一十八畝四分五釐八毫四絲極高低山竹地六十四畝三分四釐三毫四絲灘蕩塘一十一頃九十四畝二分一釐一毫七絲萬二區一千三十五頃三十八畝二分五釐九毫內平田九百九十六頃二十畝五分三釐二毫一絲高田六頃二十畝九分七釐一毫一絲低田一十一頃二十畝一分四釐五毫二絲極高低山竹地三十六畝七分八釐六毫三絲灘蕩塘二十一頃三十九畝八分二釐四毫三絲成任區七百五十四頃九十七畝二分一釐二毫四絲內平田六百七十九頃四畝一分六釐七毫蓄草平田四十三畝五分二釐七毫高田八十五畝二分七釐三毫六絲低田三十頃六十七畝七分五釐五毫八絲蓄草低田五頃七十五畝三分七釐一毫二絲極高低山竹地四頃九十一畝一分二釐八毫七絲蓄草極高低田三頃二十六畝二分一毫一絲灘蕩塘三十頃三畝六分八釐八毫山亭區一百九十八頃七十畝二分六釐三毫七絲內平田一百七十七頃二十九畝二分七釐二毫一絲高田二頃五十三畝一分六釐二毫九絲低田三頃五

宜興荊溪縣新志 卷三 賦役 田畝 八

十畝七分九釐三毫二絲極高低山竹地二頃五十三畝六分七釐四毫六絲灘蕩塘一十二頃八十三畝三分六釐九絲神安區九百五十四頃四十四畝七分五釐三毫內平田八百七十一頃四十九畝二分八釐三毫八絲高田六十五畝六分九釐九毫低田二十一頃八十三畝八分四釐九毫九絲極高低山竹地五十二畝九分六釐九毫八絲灘蕩塘五十九頃九十二畝九分五釐五絲清東區七百八十三頃六十九畝二分二釐二毫一絲內平田七百六頃四十二畝一分六釐六毫二絲高田一十一頃二十九畝五釐一毫七絲低田二十七頃九十七畝三分四釐七毫四絲極高低山竹地七頃五十四畝九分六釐三毫三絲灘蕩塘三十頃四十五畝六分九釐三毫五絲清西區四百三十五頃八十七畝一分一釐七毫三絲內平田三百六十七頃六十九畝一分六釐三毫四絲蓄草平田二頃七十三畝九分五釐七毫三絲高田九頃八十八畝六分八釐四毫一絲低田一十五頃九十畝六分六毫二絲極高低山竹地六頃五十三畝二分九釐六毫九絲灘蕩塘三十三頃一十一畝四分九毫四絲丙亭區四百五十二頃四十七

畝六分六釐八毫八絲內平田三百五十六頃五十一畝一分三毫八絲高田六頃五十七畝一釐四毫低田一十五頃八畝三分八釐五毫一絲極高低山竹地三頃三畝五分二釐八毫五絲灘蕩塘七十一頃二十七畝六分三釐七毫四絲荆谿十有五區凡各則田六千一百四十一頃一十六畝一分七釐七毫一絲四忽五微在城區六頃四十二畝一分一釐三毫八絲內平田六頃九畝三分八釐四毫二絲高田一十四畝九分四釐五毫八絲灘蕩塘一十七畝七分八釐三毫八絲成任區一百一十六頃九十五畝六分二釐六毫八絲內平田六十九頃六十七畝五分二釐四絲低田二十一頃六十一畝四分三釐二毫三絲蓄草低田四頃二十五畝四分六釐四毫四絲蘆葦低田九十畝七分八釐五毫六絲極低田八頃六十九畝二分七釐六毫五絲灘蕩塘一十一頃八十一畝一分四釐六毫六絲山亭區五百六十八頃四十九畝八分九釐一毫七絲內平田四百六十八頃三十五畝九分六釐二毫五絲蓄草平田二十畝八分九釐五毫六絲高田四頃七十畝一

分一釐七毫三絲低田一十三頃二十四畝六分八釐七毫四絲極高低山竹地四十一頃三十一畝三分五釐四毫二絲茶地五頃四畝四分四釐七絲灘蕩塘三十五頃六十二畝四分三釐四毫清泉區六百一頃四十二畝一分四釐四毫八絲四忽五微內平田五百一十九頃一畝七釐二毫四忽五微蓄草平田一頃三十五畝三分三釐二絲高田一十三頃六十五畝九分一釐九毫六絲蓄草高田二頃二十八畝一分三釐四毫九絲低田三十二頃七十畝九分一釐二毫二絲極高低山竹地一十一頃二十三畝八釐六毫一絲蓄草極高低山竹地一頃七十五畝四分一釐八毫六絲灘蕩塘一十九頃四十二畝二分七釐一毫一絲均上區四百三十七頃九十六畝三分二釐九毫七絲內平田三百一十七頃五十畝一分二釐八毫一絲蓄草平田九頃二十畝五分七釐四毫二絲高田一十五頃一十畝三分七釐六毫四絲蓄草高田五頃九十六畝四分三釐七毫六絲低田六頃一十三畝四分六釐七毫五絲蓄草低田六分七釐八絲極高低山竹地二十九頃二十六畝六分一釐二毫六絲蓄草極高低山竹地四十四頃一十八畝五分四釐四毫六絲灘蕩塘十頃五十畝二分五釐二毫三絲茶地九畝二分

六釐五毫六絲均下區五百三十七頃六十五畝四分九釐六毫五絲內平田三百九十九頃三十七畝四釐二毫八絲蓄草平田九頃六十畝六分九毫高田一十四頃八十畝五分八釐二毫六絲蓄草高田二頃八十九畝九分一釐三毫七絲低田七頃七十六畝七分九釐八毫三絲蓄草低田一十二畝八分一釐九毫四絲極高低山竹地四十四頃四十一畝六分六釐二毫五絲蓄草極高低山竹地四十四頃八畝六分五釐七毫二絲茶地四十九畝八分六釐二毫四絲灘蕩塘一十四頃六畝五分四釐八毫六絲五賢區三百六十二頃四十畝一分四釐一毫內平田三百四十二頃二十畝八分六釐一毫六絲低田五頃七十八畝一分九釐二毫二絲灘蕩塘一十四頃四十一畝八釐七毫二絲西亭區一百五十八頃八十六畝六分一釐四毫內平田一百一十一頃二十一畝二分六釐七毫三絲蘆葦平田二十一頃九十五畝一分一釐八毫六絲蓄草平田六畝五分四釐三毫低田九頃三十畝七分一釐四毫四絲灘蕩塘一十六頃三十二畝九分七釐七絲從一區三百四十四頃三十六畝八分四釐九毫二絲內平

田二百九十三頃六十六畝三分六毫六絲高田二頃四十畝一分一釐五毫二絲低田四頃二十九畝五分三毫二絲蘆葦低田八十四畝七分六釐四毫五絲極高低山竹地八頃四十三畝八分四釐九毫灘蕩塘三十四頃七十二畝三分一釐七絲從二區二百四十二頃一十二畝三分四釐九毫四絲內平田二百三十三頃四十畝五分五釐四毫五絲低田一頃四十二畝五毫四絲灘蕩塘七頃二十九畝七分八釐九毫五絲從三區三百八十二頃四十六畝八分五毫一絲內平田三百五十五頃九十一畝一分二釐三毫七絲高田六頃二十二畝五分四釐三絲低田二頃五十一畝七分一釐九毫五絲極高低山竹地一頃五十二畝二分四釐七毫四絲灘蕩塘一十六頃二十九畝一分七釐四毫二絲從四區三百五十二頃一十七畝九分六釐六毫九絲內平田三百一十八頃一十六畝五分五釐七毫蓄草平田五畝七分一釐六毫四絲低田七頃八畝五釐七毫三絲灘蕩塘二十六頃八十七畝六分三釐七毫二絲從五區二百九十七頃四十九畝六分五釐七毫六絲內平田二百三十七頃八畝二分二

度八毫六絲高田四畝七分六釐一毫四絲低田三十三頃四十二畝四釐二毫九絲蓄草低田一頃八十九畝二分一釐七毫極高低山竹地五十六畝八分九釐八毫九絲灘蕩塘二十四頃四十八畝五分八毫八絲 金泉區九百四十四頃九十九畝四分三釐三絲 内平田六百五頃八十六畝七分三毫三絲七忽蓄草平田一十四頃九十七畝二分八釐五毫一絲三忽蘆葦平田九十六畝五釐八毫高田二十四頃三十六畝一釐一絲蓄草高田一十九畝九分八毫五絲低田一十四頃八十八畝三分三釐八毫九絲蓄草低田一十五頃七十畝六分四毫蘆葦低田一十四畝五分三釐八毫極高低山竹地一百八十二頃一十二畝六釐三毫二絲蓄草極高低山竹地五頃一畝六分八釐八絲茶地八畝四分二毫八絲灘蕩塘八十頃六十二畝八分三釐七毫五絲蓄草蕩五畝 永豐區七百八十七頃三十四畝七分六釐三絲 内平田四百七十八頃二十九畝一分六釐七毫四絲蓄草平田八頃一畝三分三釐一絲高田五十三頃五十六畝四分五毫九絲蓄草高田三頃八十二畝五分一釐五毫三絲低田一十二頃五十八畝一分三釐八毫七絲蘆葦低田二十一畝八分二釐七毫九絲極高低山竹地一百五十頃二十三畝一分一釐五絲蓄草極高低山竹地一十二頃一十五畝四分六毫蘆葦極低田三頃九畝九分七釐三毫五絲茶地六頃四十九畝八分八釐五毫四絲灘蕩塘五十八頃八十六畝九分九釐九毫六絲

以上各則田地均於克復後重行清丈大抵宜荆兩邑不通潮水澗或激衝蕩或漂蕩有坍無漲乾隆間升漲者皆不糧之基漏丈之地或河岸培土之所成也此次丈量凡泥灘水蕩不能履勘者駕舟遶行用繩圖度約算而已既以舊額不符恐遭駁斥圩鄉或改蘆灘爲平田山鄉則以山當之故以畝計地頗有溢額小民無遠慮謂必報墾乃起征而不計及抑熟也蘆灘及山坍後

蘆灘畝數前志區圖不載但見於襍稅中清糧時見丈者宜興各則蘆灘凡六百九十一頃七十四畝六分一釐一毫五絲六忽視前紬八十九頃三畝 洞上區三十頃五十九畝三釐二毫 内十三圖五頃九十畝六分十四圖五頃四十五畝五分五釐十五圖四頃九十六畝六分六釐十六圖七頃二十八畝六分五釐五毫十七圖四頃四十畝六釐七毫十八圖二頃五十七畝五分俱係下灘 洞下區二十七頃九十一畝七分一釐八毫六絲 内二十八圖二頃四十二畝七分九釐二十九圖一頃二十九畝九分二釐七毫三十一圖九十九畝六分八釐七毫五絲三十二圖一頃八十六畝四分六釐八毫三絲三十三圖四頃五十七畝八分五釐七毫三絲三十四圖六頃四十五畝三分九釐五毫五絲三十五圖六頃四十一畝四分八釐九毫三十六圖三頃八十八畝九釐四毫俱係下灘 萬一區一百五十七頃二十七畝七分 内十一圖下灘三十頃七十畝上灘七十畝中灘五頃二十六畝七分二十二圖下灘一十四頃十二畝上灘一十一頃六十三畝中灘十頃七十二畝二十四圖下灘四十頃八畝上灘五頃四十五畝中灘一頃七十三畝二十五圖下灘二十一頃六十畝上灘

九頃四十四畝中灘五頃八十四畝 萬二區二百五十六頃九畝九分二釐三毫 内五圖極低三頃五畝一分九釐四毫八絲上灘三頃三十四畝一分三釐七毫五絲下灘一十七頃六十六畝七分九釐六毫八圖極低三頃一畝三分五釐九毫一絲下灘一十三頃三十八畝四分五釐一毫二絲九圖極低五頃三十九畝八釐五毫九絲上灘二頃四十一畝九分八釐四毫九絲下灘六頃八十九畝二分五釐八毫六絲十一圖極低九頃九十四畝六分七釐九絲上灘四頃十四畝一分七釐五毫一絲下灘一十一頃九十五畝七分九釐九毫六絲十六圖極低一頃九十畝三分七釐七毫九絲上灘二頃九十九畝四分九釐五絲中灘四頃二畝八分三釐五毫五絲下灘一百六十五頃九十六畝三分五毫五絲 成任區一百頃九十三畝一分五毫二絲 内八圖下灘一頃三十二畝九分四釐一毫五絲十二圖極低三頃六十五畝九分五釐四毫八絲下灘十頃四十畝六分三釐九毫十四圖極低四頃八十五畝二分六毫二絲下灘七十七頃十八畝六分八釐九毫九絲 清東區八頃九十四畝一分 在八圖係下灘 清西區四十四頃七十六畝四分二釐一毫九絲 内三

圖下灘一頃六十七畝九分九釐九毫九絲四圖下灘一頃四十五畝四分二釐六毫六絲五圖下灘四頃三十四畝六分八釐七毫四絲六圖下灘一頃七十二畝八分九釐一毫七圖下灘二十五頃十畝六分四釐八毫八圖中灘七十七畝二分下灘九頃六十七畝五分六釐九毫**神安區五十六頃十八畝九分五釐五毫八絲六忽**內六圖極低六頃六十九畝一分一釐七毫三絲上灘二頃三十六畝七分五釐九毫二絲下灘五頃四十五畝三分二釐三毫六絲正七圖下灘一十八頃五十五畝二分九釐三毫七絲六忽附七圖四頃四十六畝三分七釐八毫八絲九圖上灘二頃九十九畝三分八釐毫四絲下灘四頃三十七畝二分七釐九毫二絲十圖下灘二頃六十九畝七分九毫一絲十一圖極低七十六畝四分一釐二絲下灘五頃九十五畝四分七釐九毫三絲二十三圖上灘一頃十五畝六分四釐九毫下灘九十六畝三分九釐四毫八絲二十四圖極低一頃三十五畝三分五釐八毫三絲下灘二頃八十六畝八分七絲

荊谿各則蘆灘凡四十五頃九十七畝一釐七毫五絲視前贏五十二畝均上區九頃九畝二分六釐二毫五絲內二圖極低九十畝二分八釐上灘六十四畝七分七釐六毫下灘一頃十四畝六分一釐九毫三圖極低八十五畝九分三釐七毫上灘三十七畝五分九釐七毫五絲下灘一頃十三畝八分二釐五毫四圖極低七十一畝四分八釐九毫上灘一頃四畝四分九釐五毫下灘一頃三十二畝五分四釐六毫六圖極低二十四畝三分六釐八毫五絲上灘二十九畝二分四釐九毫下灘四十畝八釐五絲**均下區一十六頃四十三畝六分九釐六毫九絲**內二十一圖極低四十八畝九分七釐三毫上灘一頃十四畝一分七釐九毫下灘二頃四十五畝八分五釐三毫二十三圖極低五十二畝三分六釐上灘八十畝六分六釐下灘九十八畝一分七釐二十四圖極低二頃三十七畝四分一釐八毫二絲上灘四十五畝七釐九毫一絲下灘一頃七十五畝二分五釐九毫二十五圖極低一頃二十七畝六分三釐四毫八絲上灘一頃六十七畝四分六釐二毫六絲下灘二頃五十畝六分四釐八毫二絲**清泉區二十頃四十四畝五釐八毫一絲**內一圖極低二十四畝五分上灘二十九畝四分下灘四十八畝九釐二毫八絲二圖極低七十五畝二分六釐四毫上灘一頃六分四毫下灘一頃五十畝四分五釐二毫三圖極低一頃九畝二分八釐五毫七絲上灘一頃四十

六畝三分六釐二毫九絲下灘二頃二十七畝一分六釐六毫六圖極低一頃二十畝一分六釐一毫上灘五畝四釐下灘二頃十四畝七分一釐二毫七圖極低一頃二畝三分三釐二毫下灘一頃八十二畝九分六釐八圖極低一頃十五畝九分二毫五絲上灘一頃六十五畝二分五釐三毫下灘二頃三十一畝七分三釐五毫

民山畝數宜興二百九十六頃一十九畝荊谿五千九百三十二頃五十一畝八分今賦役全書與前志襍稅所載同某區若干某圖若干見前志區圖各區下今亦仍之按前志區圖所載宜興山數都計二百五十五頃四十畝視襍稅所載絀四十頃七十九畝荊谿山數都計六千五十六頃五十五畝視襍稅所載贏一百二十四頃四畝總數與分數不符詢之胥吏亦不能悉攷

科則記

則壤成賦夏后氏始行之而禹貢等田賦爲九者乃合九州相較而言非今之科則也周官任土之法輕者二十征一重者征五雖分五等相去不遠獨春秋傳載薳掩書楚土田自度山林至井衍沃凡爲九事賈注左氏謂山林之度九當一井藪澤之鳩八當一井京陵之辨七當一井淳鹵之表六當一井疆潦之數五當一井偃豬之規四當一井原防之町三當一井隰皐之牧二當一井後世言科則者率踵其法宜興荊谿田糧之則六平田爲上其次高其次低其次極高極低皆田也其次蕩地其次灘蕩塘雖非田而皆準田以減其科外此則蘆州及山矣夫以薳氏之法例之平美之地卽衍沃也隰皐下地爲低田原防少高平爲原防則壩之名也偃水爲塘豬水爲蕩疆潦者堅土

瀆則流瀆所集最爲低下鹵者壚也潟鹵坍塌之地不任樹蓺者也縕高爲京陵蘆葦洲爲藪澤坡陀叢㯶爲山林今田賦皆準平田高田賦亞於平而重於低蕩準塘蕩極高與極低同山竹地視極高而茶地不穀者次之此與古法異也蘆課至輕而山絲不及蘆課十分之一此雖與古法小異而意不異也今制田徵米者三有糙糧弃麥改米有白米有漕贈五米順治十六年行官收官兌法漕糧百石加徵五石者是也徵銀者六有折色銀有漕贈十銀有九釐地畝銀有蕩里銀有攤徵人丁銀有攤徵㯶辦銀即頭設匠班銀攤入田畝錢糧內徵者自同治閒減成而科變改丈而則更每平田一畝輸米六升有奇銀一錢有奇米在抄以下銀在毫以下兩縣微有不同矣其非田糧而畝計者蘆洲起科既各異則民山無則亦並

征科舊歸㯶稅㯶辦今列科則之末㯶辦者門攤城租漁課供於水陸之業居者也㯶稅者牙戶典庫六畜行及田房契取於商民之售鬻者也

宜興科則原額道光十年賦役全書開載田地灘蕩塘各則田八千五頃六十四畝一分四釐七毫九絲一忽六微七纖八塵二渺六漠八埃七逡九巡折實平田七千七百一頃八十一畝四分四釐二毫九絲三忽四微八纖四沙六塵八渺六埃一逡四巡一須二臾五清原科斗則每平田一畝額徵本色米六升七合五勺七抄五撮七圭一粟六粿九粒八稷一穈八粃三粞一禾實徵本色米五萬二千四十五石五斗六升三合一勺同治二年奉

恩旨永減常鎮漕糧十分之一遵奉普減一成新科斗則每平田一畝額徵本色米六升八勺一抄八撮一圭四粟五粿一粒五黍二稷二穈七粃四粞八禾該派減米五千二百四石五斗五升六合三勺除減實應徵米四萬六千八百四十一石六合八勺光緒元年今訂全書開載漕糧案內册報丈見溢出各則田一十三頃九十三畝三釐一毫四絲二忽三微二纖九沙一塵七渺三漠一埃二逡一巡得田地灘蕩塘八千一十九頃五十七畝一分七釐九毫三絲四忽除以溢抵缺外按則核折缺平田一十九頃一十八畝六分六釐三毫四絲七忽四微四纖七沙三塵三渺九漠七逡二巡八須二臾二清六淨二溟計實在折實平田七千六百八十二頃六十二畝七分

七釐九毫四絲六忽三纖七沙三塵四渺一漠五埃四逡一巡三須二淸三淨八溟內原科一斗九升七合七勺九抄八撮二圭二粟四粿四粒減科一斗七升八合一抄八撮四圭一粿九粒六黍平田七千四百四頃六十畝六分九釐五毫二絲五忽八微九纖五塵五渺四漠六逡七須四臾原科一斗七升減科一斗五升三合高田五十六頃九畝一釐七絲每畝折平田八分五釐九毫四絲六忽一微七纖九塵一渺一埃計折平田四十八頃二十畝七分二釐九毫九絲二忽二微五纖八沙七塵七渺九漠六埃三逡八巡七臾原科一斗四升減科一斗二升六合低田一百八十四頃七十八畝六分一釐一毫四絲一忽一微三纖一沙九塵六渺四漠二埃七逡四須每畝折平田七分七毫七絲九忽一微九纖九沙五塵九渺三漠二埃計折平田一百三十頃七十九畝一釐三毫二絲五忽二微八纖六沙九塵七渺六漠一埃三逡二巡七須五臾一淨二溟原科八升六合九勺三抄六撮四圭二粟二粿五粒減科七升八合二勺四抄二撮七圭八粟二粒五黍極高低山竹地三十三頃七十八畝六分四釐一毫五絲八忽二微八纖八沙二塵九渺七漠八埃一逡一巡七須二臾每畝折平田四分三釐九毫五絲二忽七微四沙二塵七渺三漠五埃計折平

田一十四頃八十五畝四毫三絲四忽三微三纖八沙六塵五渺四埃七逡六巡七須四臾二清二淨六漠原科五升減科四升五合灘蕩塘三百三十二頃九十八畝六分八釐五毫每畝折平田二分五釐二毫七絲八忽二微八纖五沙五塵六渺一漠八埃計折平田八十四頃一十七畝三分三釐六毫六絲八忽二微六纖二沙四塵二渺六漠二埃三逡三巡 以上据縣册開送攷今訂賦役全書宜興平田本七千四百六頃六十一畝三分五釐六毫二絲九忽內有蓄茅草田三頃一十七畝四分八釐四毫三絲折平田一頃一十六畝八分二釐三毫二絲六忽八微九纖五塵五渺四漠六逡七須四臾低田本一百八十八頃三畝二分三釐五忽內有蓄茅草田五頃七十五畝三分七釐一毫二絲折低田二頃五十畝七分五釐二毫五絲六忽一微三纖一沙九塵六渺四漠二埃七逡四須極高山竹地本三十五頃八十四畝八分九釐七毫三絲內有茅草田三頃二十六畝二分一毫一絲折極高低田一頃一十九畝九分四釐五毫三絲八忽二微八纖八沙二塵九渺七漠八埃一逡一巡七須二臾今謂平田七千四百四頃六十畝六分九釐五毫二絲五忽八微九纖五塵五渺四漠六逡七須四臾低田一百八十四頃七十八畝六分一釐一毫四絲一忽一微二纖一沙九塵六渺四漠二埃七逡四須極高低山竹地三十三頃七十

八畝六分四釐一毫五絲八忽二微八纖八沙二塵九渺七漠八埃一逡一巡七須二臾皆据所實數言之其蓄草折平折低所極高低之處皆未註明與前宜興田畝記所載不符故增識於此每畝科本色除永減一成外實徵九成米六升八勺一抄八撮一圭四粟五粒一粒五黍二稷二糠七粃四粞八禾共徵米四萬六千七百二十四石三斗一升七合二勺遇閏減編本色實減九成米一十七石六斗五升實徵米四萬六千七百六石六斗六升七合二勺每畝科折色人丁等銀一錢一釐六毫九絲七忽四微五纖五沙九塵八渺一漠一埃八逡二巡九須共徵銀七萬八千一百二十六兩六錢二分六釐遇閏加編折色人丁等共徵銀三百四十五兩二錢三分四釐每畝科攤徵雜辦銀八絲五纖八沙五塵四渺四漠六逡八巡共徵銀六十一兩五錢六釐統共科徵折色人丁等雜辦正銀七萬八千一百八

十八兩一錢三分二釐遇閏增徵銀三百四十五兩二錢三分四釐內正閏正銀七萬八千五百三十三兩三錢六分六釐耗羨銀五千四百九十七兩三錢三分六釐蘆洲見丈各則灘六百九十一頃七十四畝六分一釐一毫五絲六忽內極低四十頃六十二畝五分五釐五毫四絲每畝科徵正銀四分耗銀二釐八毫共徵正銀一百六十二兩五錢二釐耗銀一十一兩三錢七分五釐上灘四十六頃六十三畝五分七釐七毫六絲每畝科徵正銀三分耗銀二釐一毫共徵正銀一百三十九兩九錢七釐耗銀九兩七錢九分三釐中灘二十八頃三十五畝七分三釐五毫五絲每畝徵正銀二分五釐耗銀一釐七毫五絲共徵正銀七十兩八錢九分三釐耗銀四兩九錢六分三釐下灘五萬七十六頃一十二畝七分七釐三毫六忽每畝科徵正銀二分耗銀一兩四毫共徵正銀一千一百五十二兩二錢五分五釐耗銀八十兩六錢五分八釐統共額徵蘆課正銀一千五百二十五兩五錢五分七釐耗銀一百六兩七錢八分九釐按分志稞稅載宜興蘆洲共七百八十頃七十七畝有奇內有高田低田極低上灘

中灘下灘六則今祗存極低以下四則而額缺幾及百頃其漂囓爲水浸抵補爲田糧者蓋不少矣山仍舊額民山二百九十六頃一十九畝每畝科徵正銀連解費銀共二釐二毫一絲二忽六微六纖七沙五塵二渺共額徵銀六十五兩五錢三分七釐按此外尚有耗羨銀四兩五錢八分七釐荆谿科則原額田地灘蕩塘各則六千一百四十二頃四十二畝四分七釐九毫八絲四忽五微折實平田五千四百七十六頃六十一畝一分九釐六毫五忽五微五沙九塵五渺二漠五埃四逡三巡原科斗則每平田一畝額徵本色米六升七合五勺七抄五撮九圭一粟二黍一稷二糠八粃二粞一禾編實徵本色米三萬七千八石七斗三合七勺遵同治二年

恩旨常鎮漕糧普減一成新科斗則每平田一畝額徵本色米六升八勺一抄八撮三圭

一粟九稞八稷二粃五粞七禾該派減米三千七百石八斗七升四勺除減實應徵米三萬三千三百七石八斗三升三合三勺光緒元年今訂全書開載清糧案內丈見轉則不等田地六千一百四十一頃一十六畝一分七釐七毫一絲四忽五微按則核計缺平田額一百二十三頃二十六畝八釐六毫六絲三忽四微二纖五沙五塵七渺八漠五埃一逡六巡實計折實平田五千三百五十三頃三十五畝一分一釐三毫四絲二忽八纖三塵七渺四漠二逡七巡內原科一斗九升七合七勺九抄八撮二圭二粟四稞四粒減科一斗七升八合一抄八撮四圭一稞九粒六黍平田四千七百五十二頃三十六畝八分八釐一絲一忽五微又蓄草平田四十六頃九十三畝二分八釐三毫六絲三忽計折平田一十六頃五十三畝九分九釐一毫五絲六忽九微三纖二沙三塵三渺三漠一埃六逡六巡又蘆葦平

田二十二頃九十一畝一分七釐六毫六絲計折平田一十一頃四十五畝五分八釐八毫三絲共該平田四千七百八十頃三十六畝四分五釐九毫九絲八忽四微三纖三沙三塵三渺三漠一埃六逡六巡原科一斗七升減科一斗五升三合高田一百三十五頃一畝七分七釐四毫六絲又蓄草高田一十五頃一十六畝九分一釐計折高田五頃五畝十分三釐六毫一絲九忽九微一纖四沙六塵七渺八漠五埃一逡三巡共該高田一百四十頃七畝四分一釐七絲九忽九微一纖四沙六塵七渺八漠五埃一逡三巡每畝折平田八分五釐九毫四絲六忽一微七纖九塵一渺一埃計折平田一百二十頃三十八畝八分三釐三毫二絲二忽五微五纖一沙四塵五渺一逡八巡原科一斗四升減科一斗二升六合低田一百七十二頃七十六畝一釐三絲又蓄草低田二十一頃九十九畝七分七釐五毫六絲計折低田七頃八十五畝三分一釐七毫五絲八忽五微七纖九沙五塵五渺五漠七埃四逡二巡又蘆葦低田二頃一十一畝九分一釐六毫計折低田一頃五畝九分五釐八毫共該低田一百八十一頃六十七畝二分八釐五毫八絲八忽五微七纖九沙五塵五渺五漠七埃四逡二巡每畝折平田七分七毫七絲九忽一微九纖九沙五塵九渺三漠二埃計折平田一百二十八頃五十八畝六分五釐九毫五絲三忽七微七

纖七沙四塵四渺九漠一逡九巡原科八升六合九勺三抄六撮四圭二粟二稞五粒減科七升八合二勺四抄二撮七圭八粟二粒五黍極高低山竹地四百七十七頃八十畝一分六釐九絲又蓄草極高低山竹地一百七頃一十九畝七分七毫二絲計折極高低田三十五頃七十一畝九分八釐一毫三絲四忽一微九纖四沙八塵五渺九漠六埃一逡九巡又蓄草極低田三頃九畝九分七釐三毫五絲計折極低田一頃五十四畝九分八釐六毫七絲五忽共該極高低山竹地五百一十五頃七畝一分二釐八毫九絲九忽一微九纖四沙八塵五渺九漠六埃一逡九巡每畝折平田四分三釐九毫五絲二忽七微四沙二塵七渺三漠五埃計折平田二百二十六頃一十八畝七分七釐六毫八忽五微六纖一塵三渺四漠八埃一逡原科六升減科五升四合茶地一十二頃二十一畝八分五釐六毫九絲每畝折平田三分三毫三絲三忽九微四纖二沙六塵七渺四漠一埃計折平田三頃七十六畝六分三釐七毫三絲七忽一微六纖五塵五渺三漠五埃三逡六巡原科五升減科四升五合灘蕩塘三百七十一頃五十一畝七分五釐一毫八絲又蓄草蕩五畝折蕩一畝六分六釐六毫六絲六忽六微六纖六沙六塵六渺六漠六埃共該灘蕩塘三百七十一頃五十三畝四分一釐八毫四絲六忽六微六纖六沙六塵六渺六漠六埃每

畝折平田二分五釐二毫七絲八忽二微八纖五沙五塵六渺一漠八埃計折平田九十三頃九十一畝七分四釐七毫二絲一忽五微九纖七沙四塵五渺三漠四埃七逡八巡每畝科本色除永減一成外實徵九成米六升八勺一抄八撮三圭一粟九稞八稷二粃五粞七禾共徵米三萬二千五百五十八石一斗八升一合七勺遇閏減編本色實減九成米一十二石二斗九升七合每畝科折色人丁雜辦等正耗銀一錢八釐八毫三絲四微三纖四沙七塵六渺七漠六埃九逡七巡共徵銀五萬八千二百六十兩七錢五分二釐遇閏增徵銀二百五十六兩一錢八分九釐內正閏正銀五萬四千六百八十八兩七錢三分耗羨銀三千八百二十八兩二錢一分一釐蘆洲見丈各則灘四十五頃九十七畝一釐七毫五絲內極低一十二頃八十五畝九分五毫七絲每畝科徵正銀四分耗銀二釐八毫共徵正銀五十一兩四錢三分六釐耗銀三兩六錢一釐上灘十頃九十畝一分五釐八毫一絲每畝科徵正銀

三分耗羨二釐一毫共徵正銀三十二兩七錢五分五釐耗銀二兩二錢八分九釐下灘二千二百二十畝九分五釐三毫七絲每畝科徵正銀二分耗銀一釐四毫共徵正銀四十四兩四錢一分九釐耗銀三兩一錢九釐　統共額徵蘆課正銀一百二十八兩五錢六分耗銀八兩九錢九分九釐按分志據稅載荊谿蘆洲四十五頃四十五畝有奇內有低田極低上灘下灘四則今獨有極低無低田者爲水所齧而愈下也溢額五十二畝則舟行繩度丈量未審也　山仍舊額民山六千五十五頃六十五畝一分五釐每畝科徵正銀連解費銀二釐二毫一絲二忽八微五沙六塵共額徵銀一千三百十九兩九錢九分八釐按荊谿田額不足多以山竹茶地爲平田民山爲山竹茶地今民山之數如故蓋荒僻難度無主者多因以舊額僻之爾其額徵銀數外尚有耗羨銀九十三兩八錢

禝辦舊自民山正科絲綿麻布銀外凡三項門攤課鈔銀宜興九十四兩八錢三分九釐耗羨銀六兩六錢三分九釐解費銀

一兩八錢九分七釐耗羨銀一錢三分三釐荊谿九十五兩三分七釐耗羨銀六兩六錢五分三釐解費銀一兩九錢一釐耗羨銀一錢三分三釐漁課銀宜興四兩九錢六分耗羨銀三錢四分七釐解費銀九分九釐耗羨銀七釐荊谿四兩九錢六分一釐耗羨銀及解費銀耗羨銀皆與宜興同城租銀宜興二十兩九錢五分五釐耗羨銀一兩四錢六分七釐荊谿二十七兩五錢八分一釐耗羨銀一兩九錢三分一釐其三項之外荊谿別有茶引銀二十四兩七錢七分四釐耗羨銀一兩七錢三分四釐額外芽茶一百觔折價銀一十六兩耗羨銀一兩一錢二分見荊谿分志

禝稅舊自蘆課銀外凡四項牙稅行戶不等宜興每年徵正銀九十四兩耗羨銀六兩五錢八分荊谿一百二十三兩五錢耗羨銀八兩六錢四分五釐典稅每戶正銀五兩耗羨銀三兩五分牛豬稅正銀五錢耗羨銀三分五釐田房契每價銀一兩輸三分

宜興荊谿兩縣均無定額

卅記鹽課

自齊管氏正鹽筴而鹽課爲正供至漢桑孔出則擾民矣唐劉晏爲轉運使用榷鹽法就場地以起課聽商民之自爲轉鬻故吳鹽至蜀杜子美詩言之此不限其售鹽之額而額益增不拘其行鹽之地而地胥便天下皆私鹽天下皆官鹽誠法之至約者乎今制商販鹽於竈官取稅於商行地有方售額有定費重規繁商販之鹽往往不敵私販之鹽故鬻愈壯價愈昂而私愈至價貴則民困私多則商虧前人所以致慨於鹽利之不能興由鹽吏之不能罷也宜興荊谿近淮鹽而例食浙鹽自乾隆間兩縣額引至二萬三千二百四十有四

粵寇初平舊規未復試辦票運者四載同治七年浙江巡撫馬新貽奏招復引商認運八年商人認銷兩縣鹽額四千七百引覈前時額引不及五分之一則官商引外之鹽易於銷售鹽價不至甚貴鹽私不至甚夥故商民不損而稅課無虧也　按今鹽課由甲商聯引名按季投納運司衙門每引正銀四錢三分五釐四毫二忽各項院司商綱湖埠河餉引費津貼貼解公費等銀一兩三分四釐九毫七絲三忽又耗例飯銀三分六釐計每引輸銀一兩五錢六釐三毫七絲五忽

解支記

嘗讀周官職內掌邦之賦入職歲掌邦之賦出蓋量入爲出古者冢宰制國用焉邑賦之記解支亦所以攷其出乎夫起送於上臺者爲解留給於本邑者爲支解各異名而其地大約有三曰布政司曰蘇松糧道曰江安糧道皆銀與米兼納者也銀先布政使衙門米先糧道衙門　支則在地而其名大端有四曰郵孤口糧曰各衙

門官役俸工曰祭祀曰褫支皆米與銀各分者也今者漕運已更而名存其舊科則旣改而數減於前或革或因世之吏胥習錢穀者其知之矣爰載其全數如左

本色解蘇松糧道衙門者宜興漕糧正兌正耗漕贈等項實徵米三萬八千四百六十四石八斗七升一合遇閏減徵米九十一石五斗八升九合三勺白糧正耗舂運各款實徵米五千三百六十一石五升六合揚淮籌餉四倉弁江興幫丁改本月糧實徵米二千八十五石七斗四升八合一勺遇閏減徵米三合七勺荆谿漕糧正兌正耗漕贈等項實徵米二萬六千八百四十一石四升一合七勺遇閏減徵米六十五石二斗六升二合

三勺白糧正耗舂運各款實徵米三千八百二十六石六斗七升二合各倉行月糧實徵米一千五百八十二石一升四合二勺遇閏減徵米二升一合九勺　解江安糧道衙門者宜興額撥漕項行月實徵米一百一十二石四斗三升三合荆谿實徵米七十九石四斗九升一合七勺　解布政使衙門者宜興南糧弁充餉等項實徵米九十四石八斗九升六合一勺遇閏增徵米二十三石五斗三升一合四勺又其減徵米三升一合一勺荆谿實徵米無項遇閏增徵米二石五斗四升四合五勺

留支者宜興郵孤口糧實徵米六百五石三斗一升三合遇閏增徵米五十石四斗四升二合七勺荆谿實徵米二百二十八石九斗六升二合一勺遇閏增徵米與宜興同

折色解布政使衙門者宜興起存地丁等項實徵銀五萬四千四百八十七兩六錢七分七釐耗羨銀三千八百一十四兩一錢三分六釐遇閏增徵銀一百一十九兩六錢七分六釐耗羨銀八兩三錢七分八釐攤腳銀六百四兩三錢六釐耗羨銀四十二兩三錢一釐遇閏增徵銀八錢七釐耗羨銀五分六釐荆谿起存地丁等項實徵銀三萬八千六百七兩六錢七分一釐耗羨銀二千七百三兩五錢三分六釐遇閏增徵銀六十五兩五錢五分一釐耗羨銀四兩五錢八分九釐攤腳銀四百三十一兩五錢三分三釐耗羨銀三十兩二錢七釐遇閏增徵銀五

錢八分一釐耗羨銀四分一釐　解蘇松糧道衙門者宜興自輕賫至民七解賫等項實徵銀一萬一千二百七十三兩六錢七分八釐耗羨銀七百八十九兩一錢五分八釐遇閏除減編外實徵銀一百六兩五錢六分六釐耗羨銀七兩四錢六分白糧經費自解通由閘至節省充餉等項實徵銀七千八百一十五兩九錢七分八釐耗羨銀五百四十七兩八錢一分八釐荆谿輕賫等項實徵銀七千九百八十四兩四分二釐耗羨銀五百五十八兩八錢八分三釐遇閏增徵銀七十五兩六錢七分耗羨銀五兩二錢九分七釐白糧經費等項實徵銀五千五百五十六兩三錢三分八釐耗羨銀三百八十八兩九錢四分四

撥　解江安糧道衙門者宜興額撥漕項倉亙等款實徵銀一千七百九十三兩九錢四分六釐耗羨銀一百二十五兩五錢七分六釐遇閏增徵銀二釐荆谿實徵銀一千二百七十七兩四錢三分三釐耗羨銀八十九兩四錢二分遇閏增徵銀一分六釐耗羨銀一釐　留支者宜興各衙門官役俸工幷祭祀䘏支等項實徵銀二千三百九十兩八錢三分四釐耗羨銀一百六十七兩三錢五分八釐遇閏增徵銀一百二十六兩三錢八分四釐耗羨銀八兩八錢四分七釐（款目細數見宜興分志）荆谿實徵銀二千二百二兩六錢三分六釐耗羨銀一百四十七兩一錢八分五釐遇閏增徵銀一百五兩八錢二分八釐耗羨銀七兩四

錢八分（款目細數見荆谿分志）

按宜興額徵米凡四萬六千七百二十四石三斗一升七合二勺荆谿徵米三萬二千五百五十八石一斗八升一合七勺有閏之年宜興減米一十七石六斗五升荆谿減米一十二石二斗九升七合宜興額徵丁田䘏辦（民山在內其蘆課向歸䘏稅不在此列）正耗銀凡八萬三千八百六十二兩七錢六分八釐荆谿徵銀五萬九千八百七十六兩八錢二分八釐有閏之年宜興增正耗銀三百七十八兩一錢七分六釐荆谿增銀二百六十四兩九錢八分二釐皆與解支全數胞合（自戶口丁銀至此均依光緒元年及四年續訂賦役全書）

漕運記

禹貢之記揚州曰沿於江海說者以爲吳中貢道之由海也顧自海入淮未嘗直達自漢以來乃有漕運或據杜子美詩雲帆轉遼海秔稻來東吳謂有唐亦嘗海運然燕秦海程固不同矣元至元間以河漕䌓費始用海道終元之世不廢有明洪武永樂初亦循其舊後用陸運卒復河漕

國家宅京西北轉漕東南含元襲明以河易海雖康熙嘉慶間以河患屢議海運未能行也道光四年冬淮決高堰竭運河兩江總督琦善江蘇巡撫陶澍請以蘇松常鎮太倉四府一州之粟全由海運

詔報可於是遴員籌費集粟召舟以商運易官運既利

國亦便民宜興荆谿之漕於是始有海運然六年之冬河運仍復所以然者秔倉胥旗丁衛弁失所庇賴百計阻營蓋變法者不難於袪世俗之積患而尤難於袪人心之積利哉至道光咸豐之閒復因河決道阻用督臣李星沅撫臣陸建瀛奏漕糧盡歸海運粵寇既平輪舟集於滬上則轉運往來如履平地矣故自同治六年徵漕以後海運至今夫河運安而費䌓海運捷而費約昔之難於海運者曰海徑未熟也海船未多也海氣未安也海商未集也今者島程有圖商艙有局波臣效順夷人來賓河運海運之孰便不較然可知乎至如徵米詳于科則兌米

列于解支宜興荆谿但記全額其某年運若干某年運若干漕
胥所司存者不爲外人道亦未克備載其數云

蠲振記

蠲租振廩救荒之善政也然國富者常行之不足則已爲大吝
藏之紬支軍需之叢襍孰有如道光之季以迄於今者乎然逢
慶典則免逋毗兵灾則減課遇歉歲則緩征遭大荒則貸困凡
倍征預借史册所譏未嘗聞也蘇困施仁詩書所頌未嘗歇也
洋洋美德乎就兩邑而論之君山二百三十仞庸足喻
恩之高巨區三萬六千頃庸足喻
澤之廣哉是邦自勉平以來幸荷生成雖有乾澇不爲大害然
堯水湯旱盛世所不能無者
功德著乎
祖宗膏澤洽乎黎庶軼而不書夫何敢
道光二十四年宜興荆谿歲歉奉
上諭將道光十一年以後民欠各項銀米遞緩至二十五年分
限帶徵其本年照常徵收二十五年
皇太后七旬萬壽恩詔豁免二十年以前正襍民欠錢糧因灾
緩徵帶徵銀穀並借給籽種口糧牛具及漕項蘆課學租襍税
二十九年大水奉
上諭被災在五分以上成熟田地與災區毘連應徵地丁錢糧

全行緩至來年秋後啟徵其成災地處特奉
恩詔蠲免給振一月是年城鄉紳富捐貲平糶並於各區圖設
廠賁粥題請議敘奉
諭旨照例賞給三十年
顯皇帝登極恩詔將道光二十一年至二十九年止所有遞緩
民欠地丁銀米及各款概予豁免是年秋歉收又奉
上諭將勘不成災應緩徵銀米分作兩年帶徵咸豐元年奉
恩詔蠲免道光三十年以前民欠錢糧四年五年六年均奉
上諭毘連被兵等處各州縣應徵地丁錢糧著減免一成又六
年旱蝗奉
上諭成災田地應徵本年漕糧及各款均照例按分蠲免被災
在五分以上成熟田地與災田毘連應徵地漕銀米緩至來年
秋後啟徵是年城鄉紳富捐貲平糶並於各區圖設廠賁粥題
請議敘奉
諭旨照例賞給七年因鄰近被兵奉
上諭應徵地漕銀米著減免一成又被旱成災田地銀米分別
蠲緩八年九年均因鄰近被兵奉
上諭應徵地丁銀米著減免一成十一年特奉
恩詔豁免咸豐九年以前民欠銀糧同治六年奉
恩詔豁免咸豐十年以後遞緩帶徵民欠地丁銀米七年八年

因水潦歉收奉

上諭蠲免災田錢糧十一年奉

恩詔豁免同治六年以前民欠錢糧十二年旱奉

上諭蠲免被災田地錢糧光緒元年

今上登極恩詔蠲免同治十年以前民欠錢糧秋歉收奉

上諭蠲免被水災田應徵錢糧是年復流抵吳林記復流抵事曰宜興荊谿自同治三年克城以後遺黎凋劫新甿沓來兵之苦每遇災荒立予蠲賦舊制歲課冬夏分征其被災田糧邀免於後而輸納於先者來歲許其流抵正賦所以紓民力濟急公也太守某公以常鎮兩屬客民居多耕種之人每歲輒易竟以無庸流抵建議已巳之水癸酉之旱除流抵者已非一歲矣余乃慨然言曰有是哉太守之執隅見而闇全局更國典而病民生也即以宜興荊谿而論邑中耕種者果皆客民乎客民耕種者果皆歲易乎且客民既棄田而遯果納糧而行乎方

今宜荊兩邑毫無負課有土民之樂居則客民逋賦亦必代償之矣以客民例土民不可以逃亡之客民病安業之客民不可以土民之被累於客民既已徵償而不令流抵尤不可是歲光緒元年以秋收歉災復邀蠲免於是邑人士以請復流抵告於兩邑侯荊邑孫公易堂淡然之與宜邑施公普生合詞上請宜興幕友張某時不在署既還知其情則大恨亟追還省中公牘而大府已據詞入告奉　俞旨矣書此以誌　朝廷之闓澤銘官長之仁恩又兩邑清糧後所有拋荒田地自同治三年起至光緒三年止經督撫前後具奏奉

上諭應徵錢漕均按年一律蠲免

按前志之修成於道光己亥歲厥後兩載連被水災龍鱗之

陽湮淪鵠面之民枯瘠蠲賦振饑懽聲雷動邑境之困憊

朝廷之仁恩未有逾於此時者也自庚申城陷後卷牘盡燬

雖向完善州縣蒐錄而庚子辛丑蠲振之案無可復稽書以

示闕並志勿諼

宜興荆谿縣新志卷之四

文敎

學宫記

宜興自宋景德始立學至皇祐而重徙紹熙而再修新安作記
學乃愈名蟲燬於元遷改增拓於明
國朝因焉規制大備荆谿分縣澤宫共之先師廟爲大成殿前
旁有東西廡廡前有門門左右有夾室又東有將事官會集所
前有靈星門（前志靈作櫺辨見卷末定訛）又前有泮池池有橋又前有下馬
碣碣左右有二坊廟後有明倫堂堂前之東西旁有齋齋之南
有門東曰聚奎西曰聯璧堂後有尊經閣又後有敬一亭尊經
閣之東有祭器庫廟門東爲崇聖祠有殿有廡有門崇聖祠之
後北有襄辦丁祭所又北有土神祠又東有王教諭祠廟門西
有鄉賢名宦忠義孝悌四祠明倫堂之西有教諭署聚奎門之
東轉而北向有訓導署聯璧門之外有射圃前志述之詳矣道
光丙午文廟更新至咸豐之庚申粵賊据城大成殿之旁屋以
次盡毀復議取殿材爲僞府卽夕自火光熊熊灼天雨汎盡赤
未火之前風雨以雷既火之後灰燼如雪同治甲子克平至丁
卯之歲邑士紳請重建學宫巡撫遴員委驗名工計直需錢五
萬緡有奇狀上奉檄發宜荆善後經費錢二萬緡勸農局餘錢
二千緡建大成殿（五楹）楩梓珍木探自中山瑠璃筩瓦陶於外縣

欽匠麗𡘷翹視昞眩奇芳絪緼（見卷末敘祥）衆彩爛絢厥模閎壯迤
於舊矣又建東西廡十有八楹戟門三楹後半爲拜廳夾室四楹官僚會集所
三楹大小屋凡三十有三楹修半池及靈星門並築屏牆東西翼
之宫牆五十丈有奇（董其事者徐鳴皋及潘承基儲沆李杜詩任光奇徐禧壽史光溥）三閱歲
而成費錢二萬三千緡庚午之歲請按田捐錢得九千餘緡建
崇聖祠殿三楹廡東西各二楹前廳三楹正門西向一楹學門三楹門廡三楹及他
祠（土神祠三楹王教諭祠一楹）旁屋（襄辦丁祭所及廚湢共四楹）凡二十有五楹（董其事者李文濬徐大誠潘耀文吳承澤）四閱歲而成費錢六千餘緡其存二千餘緡生息
不用者已卯之歲又請發錢全築宫牆屏牆建聚奎聯璧門（門各一楹）及荆谿訓導署門三楹屋凡五楹牆百丈有奇四閱月而成費

錢千三百餘緡吳協心增築全學宫牆記曰神祠官寺之寓輪奐而崔巍曰廟曰署所在多是而學獨偁宫者
非徒以尊號號之也蓋聖賢之所祀師儒之所居不築牆以宫
之蔑由禦出入而肅觀瞻宫者穹也營也營繞之而穹窿然故
謂之宫宜興之學咸豐季年燬於賊自同治六年請公款二萬
緡有餘建大成殿若廡若門九年請田捐九千緡有餘建崇聖
祠若廡若門所築之垣屏如翼如前環後缺𠮟棘婦豎皆可不
入門而瞷夫子之堂瀆嚴尊已歷年所而田捐之贏存餘未
用者自若也光緒元年余以事至邑赭焉而恫詢焉而驚謀請
存錢若干先築瀰垣用蔽內外然後堂齋庫閣踵茲續建議上
而未有應者粵五年春上丁釋奠學中諸君受胙者復用余言
以告縣司教司訓及荆谿分咸謂當請上臺宜興劉侯獨曰斯
事誠急請則需時俟成而上告專輒之罪走獨任之無累諸君
也遂主議發錢刻日興築略基者度木者運甓者畚挶而鏝圬
者咒趨麕集巡功之植風雨必臻劉侯亦閱日行築焉凡成宫
牆百有一丈更建聚奎聯璧門各一楹訓導署門三楹工固而
費省四閱月而告竣余時在湖撫幕同人郵書以諗屬敘顛末
勒諸貞珉余喜同志者之行余就而又代余勞也遂書以記焉
是役也首其事者余友湯君鈐及路君方增朱君方來董其役
者史君毓瑛蔣君士良徐君嘉泰其材料之直功食之需須支

於前付予於後者既鐫石以詳之不復贅也
劉侯名詰河南滑縣人攝篆朞月有政聲　而鄉賢名宦忠義
孝悌諸賢族裔郎於是秋會議合建四祠及齋宿所爲之總門以
鄉賢祠在中舊改梓潼祠爲之咸豐五年重修四祠擬改名宦
祠於鄉賢祠舊址議者以鄉賢最先建祠内有尹肅公係祀鄉
先儒又大學士蔣廷錫奉　特旨由名宦祠改入宜仍舊
制鄉賢居中爲便今亦仍之而鄭其後地重建前後各爲三楹
更加寬廣前爲拜廳後設神座名宦祠三楹在左忠義祠三楹
在右舊時名宦在鄉賢祠西忠義在鄉賢祠東南棟宇湫隘咸
豐間修葺名宦忠義神龕互易今皆擴基更建名宦祠南爲孝
悌祠舊在鄉賢拜廳右今居左忠義祠南爲忠義祔祠舊祇二
楹在明倫堂後祭器庫旁地較湫隘今移建爲三楹在鄉賢拜
廳右與鄉賢祠前後三楹崇庳相稱左右相齊又議建齋宿所
三楹即忠義改祀名宦舊址爲之以
上二十一楹皆南向總門一楹東向凡二十有二楹費錢三千
餘緡重建名宦鄉賢忠義孝悌四祠記曰出爲賢父母處爲鄉
先生遇變而報主安常而順親此聖賢之所同而爲士者
所當奉爲典型也宜興自宋有先賢祠在城西南二里所明嘉
靖間改名鄉賢移建於學又於鄉賢祠之西爲名宦祠　國朝

宜興荊溪縣新志　卷四　文教　學宮　三

雍正初建忠義孝悌祠始亦在堧垣外後與名宦鄉賢比祠同
祀蓋古者社與學併學門之外立爲社壇今則社有名而無實
祭社諸公合於學中亦固其所顧自粵賊之變廟寓盡夷宮牆
亦徹克平已逡先師之殿更築增高規逾疇曩而崇聖之巽室
配哲之升堂先賢先儒之列廡以及與文之社司教之祠亦皆
次第鼎新獨名宦諸祠未嘗有及之者已卯之秋前亭蔣氏國
山周氏洑谿徐氏屬諸賢之後裔而言曰學何者爲尊師名教
之完人而已師何者爲近傳祖考之介閒而已夫讀循吏之傳
攷耆舊之錄偁忠臣孝子之名有不願馨香奉之者乎苟吾先
代有其人焉有不願俎豆寵之者乎今四祠惟名宦爲他邦之
產然先澤所留足庇後嗣依宗封爲梓里者荊溪朔南鉅族且
比比也其鄉賢而外曰孝曰忠又疇非君山震澤清淑之攸鍾
哉他人尚欽焉矧吾宗之未墜潛德尚表焉矧厥祀之已崇乃
者廟學告成歷有年矣而諸賢之祠坍庳序者依然棟宇闕而
烝嘗曾也有舉莫廢其謂之何有後勿棄其又謂之何眾曰然
遂程厥工構厥材輸錢者蚨集行築者鶩趨崇庳廣陿不齊者
齊佩離分析不傳者傳更築於新擴基於故仍舊制以鄉賢居
中合前後爲六楹名宦居左前爲孝悌祠忠義居右前爲祔祠
齋宿所在其東又爲總門一楹四祠共之自經始以迄落成凡
歷時十有二月用錢三千餘緡董其事者蔣君詒芬及其族孫

厚塾士良周君斌及其族子湛霖徐君嘉泰及其族弟丙城而
畫宮搆廈襄贊始終者史君毓瑛也按名宦祠今祀漢陽羨長
袁玘齊義興太守謝朏梁義興太守任昉宋知常州范師道通
判范純粹明知縣何鑑袁道丁謹王鈐黃道瞻喻致和教諭吳
登仕訓導宋鴻　國朝總督馬鳴佩傅臘塔范承勳漕督郎廷
極巡撫宋犖張伯行徐士林陳大受學政邵嗣堯張泰交余正
健許汝霖張元臣張榕端何督陳鵬年浙江總督節制江南李
衛知縣文超靈學政胡高望知府包括卞斌宜興知縣周以勳
荊谿知縣唐仲冕俞德淵學政周系英總督陳鑾知府喬松年
學政李聯琇鄉賢祠今祀漢蔣澄許荊吳周魴晉周處唐衛逖
許景先蔣乂宋陳襄蘇軾蔣之奇單錫單鍔尹焞馬仲余中邵
杍錢即鄒浩吳師古唐棣周必大蔣興祖單子發單時周葵汪
藻王居正蔣重珍呂祖泰姚訔明吳雲徐鑑吳王徐溥吳儼卜
同李雲周衡萬吉吳仕杭淮邵珪邵暉張盛唐音曹珂沈暉萬
盛邵賢吳淑邵天和胡忠周湝萬士和萬士亨王升潘松湯建
衡俞露路文範蔣士元曹景陽路其直吳騂曹司寀曹司勳吳
達可路雲龍史孟麟蔣應震蔣宏憲盧立志黃體乾湯得莘吳
正志張納陛潘守正陳一經儲昌祚湯兆京陳于廷何士晉萬
德鵬路雲蒸徐啟鐍周天瑞周人瑞毛士龍徐紹沅蔣允儀蔣
如奇任興春張應坤盧國霦潘紹顯盧象昇曹應秋戴時達吳

宜興荊溪縣新志　卷四　文教　學宮　四

時嶽吳貞啟王行儉周正儒　象觀盧象晉盧象同吳貞毓吳
炳堵胤錫黃廷偉陳貞慧蔣如斗吳國華　國朝蔣永修任安
嘉潘良鼎杜誠莫大勳儲方慶陳維崧陳宗石潘廷選許毓芳
儲欣湯之錡蔣廷錫任啟運許重炎忠義祠今祀晉周處周莚
周玘梁陳昕陳周薈周文育唐蔣儼宋蔣興祖吳政吳載堅姚
訔莫謙之元吳江吳清明吳雲吳玭儲由履徐槐錫鏡張邦紘
盧國霦盧象昇儲起潛莫可及孫謀莫若鼎莫若鉦吳登俊吳
遴陳貞達王行儉儲京祚潘承祚盧象觀盧象同潘廷璜陳寅
任源邃夏尚絅何捷何掄何百蘇何清何漢何長齡張琳吳誠
瑩吳廷縉吳輩吳廷柱潘敏成徐閎如陳安張紹吉許樹遠盧
國雲盧象坤盧國霖盧國紘步匡明張利于唐魁徐夢岳蔣曉
陛元望儲振彩蔣章甫李明之康三省蔣七陸二王自榮吳乾
思王永昌袁魁顧文錢順錢在茲朱興公毛得五葛麟毛重泰
李文法李從厚李則行周源儲邵履正許啟淇吳炳吳貞毓堵
胤錫堵正明李用楫李廣李來吳起龍潘喆盧象晉蔣思宸堵
道楠任嘷臣　國朝孫墩歐陽晉湯道增吳廷燦李襄成周家
錫忠義祔祠今祀宋黃天鑒黃肇中朱偉許浩元周紹先邵全
節明盧象禎蔣如奇曹師稷蔣永儒蔣永儼堵世明萬濯吳其
靄儲楫任允諧湯啟祚毛之儁路進吳璇許德士李亦人李之
衡湯泓露許以忠儲謙儲懋捷儲啟祚王德源吳永功周世臣

趙政陳垠吳允禔葛晟步守信劉應鳳陸志黃守正吳國士朱邦彥吳設戳周濂儒吳正心吳鴻桀國朝徐懋威儲江芮禮芮應昕孝悌祠今祀漢許武許晏許普許荆宋蔣萊蔣協許昭先齊陳元之吳達之唐蔣渙蔣洲宋時彥元儲屴明張倫張亨張新徐琳徐濟胡孝杭濟徐元相曹珂任卿楊阜楙松楊阜李延詔蔣士亨楊準吳承裕談書李魁徐文煜湯鍾壽陳一經楊萬春陳一教吳宗良史元鎮黃袞赤路道史君奭任友恭任億年湯廸簡任元祥徐守魁戴朝棨戴慶曾戴信楊晅尊楊渭張懋鵬鄒善祐徐陞湯應隆蔣鎰吳宗儀王永圖趙天錫吳鼎國朝李娟蔣廉路遴吳景運邵廷紀吳冀湯之錡蔣錦裴許士珍王明俊梁王郎錢修期謝旭史泓任沂許翀吳超湯汝爲曹應華曹在豐曹桂蔣正泰蔣純勵徐兆麟邵志珪徐思直路學宏吳玫王人瓏史周沅史炳史問和杜厚坤李汝中程宗岐杜履祥姜八明聶廷茂湯孟孫吳祿倉張興年孫夢僩堵維常楊襄露周翰儲寅亮湯咸亨吳晉刻許昌國楊懷遠周亦魯謝方琦史仲升史潔珵吳其濤陳兆熙王執中吳芝任元瑋潘允喆任楷文吳俊華萬秋期沈光宇陳行山朱裕文許廷烜錢濟川汪作模其冬又集捐衆姓建明倫堂五楹尊經閣三楹祭器庫五楹齋舍東六楹西七楹碑廡五楹凡三十有一楹

及靈星門外東西二坊庫者增而高陋者拓而廣蠹樸者易而堅緻壞謫虹蝃睹斯而眙與四祠皆朞月而成費錢萬餘緡董其事者史毓英徐嘉泰蔣士良徐光熙朱徹萬康潘榮植蔣仁壽功成周家楷撰新建學宮記曰自史克頌伊教於泮宮漢諸生作王制遂備侯國之學其後府州及縣鈞以爲名宜興之學自宋迄今振頽綱而宗古訓者視他學爲多興發遷修前志詳矣兵燹已後既請建大成崇聖殿若門若廡若壯祠及築宮牆又議捐建名宦鄉賢忠義孝悌四祠而明倫堂尊經閣與夫齋舍器庫十餘年而未謀復也已卯之冬余乃屬邦人士而言曰諸君亦知泮宮詩之教學乎詩曰昭假烈祖靡有不孝說者曰烈祖周公也孝做也言能則做周公以爲教也古者五教彝倫四教崇經術周公之設官也以德教曰祗庸孝友明倫之學也以語教曰興道諷誦尊經之學也詩頌魯侯曰克明其德明以行者盡乎倫明以言者本乎經明之亦尊之也其六章曰濟濟多士䜣誦之齋多士所居也其四章曰敬慎威儀豆籩羽籥器所以習威儀也且詩因服淮夷而作芹藻之采馘囚之獻近於釋菜釋奠顧但言教學之法而不僃先師今孔子之教亦周公之教也粵寇之變甚于淮夷三綱斁六籍燔於此而不明吾倫尊吾經無怪詖競媮薄之風日熾空疏剽竊之習日成子衿城闕禮壞樂崩雖先師以下祠祀無缺而學閣舍庫之廢略猶無以爲教無以爲學也毋亦失泮宮之意乎蔣君詒芬尹君冠芳聞余言而韙之倡議樂輸四鄉諸君影從響應余與今中丞任君道鎔出千金助焉高背競集衆工勸趨堂加崇者一丈閣加崇者六尺齋拓庫增皆逾於舊又建門外東西二坊雲聲報麗弁修大成殿之梁楹崇聖祠之階甃唐除道圖罔弗治者凡用木石之值五千餘緡瓦甓三千餘緡工匠二千餘緡史君毓瑛等八人掌其會計視其功作毛髮絲粟皆歸實用期月而告成事歲試所錄弟子員於茲行禮焉余觀春秋於大興築皆書而泮宮之役不見於經始嘗慼之及見孔仲遠疏謂魯有泮宮舊矣僖公特修其敎學之法功微費少例所不書則知春秋與詩義各有在今工興一載訖及萬緡揆之春秋宜得書焉誠修敎學之法而受敎者亦烝烝皇皇克廣德心豈無咏思樂而興懷者乎夫懷鶚音獻彔囚周公之孫僖武修文泮宮作而夷服矣紬繹前勳翹瞻聖化亦將於吾邑之學成而爲天下慶也大成之殿峙乎其閒豐麗博敞故相稱也自經始之日以迄觀成其閒或作或輟前後歷年蓋十有四圖牆之內昔有今無者惟

敬一之亭圮於國初故未更建其教諭訓導署則以他署皆不興工亦復從緩但於東西齋後增建旁屋東齋後二楹西齋後三楹餘則就齋舍之曠者借以居焉其他舍宇有加無損然前之給官錢者籌貲易而成功艱後之解私橐者籌貲艱而成功反易昔也胡延今也胡馳夫非以勸學之心鬱久必發如木㳄與如水沛達而不能自遏與然則震澤之奇君山之秀地㝢既雄人材俞茂新安所云道德性命之旨詩書禮樂之文縣人學子知所鄉慕者將於今乎聞

學額記

宜興自立學以來科名燀赫一邑三魁蜚聲趙宋然雄材壇場

捷者先得無所謂額也其定額而列於學者則有之矣始自縣
令合鄉邑之應童子試者校之府又校之然後試於學使者拔
其尤爲博士弟子員偁曰庠生俗偁爲秀才按漢有秀才異等唐之秀才少於進士明或以秀才爲知府爲翰林爲尚書此乃辟舉之名借爲庠生之偁非也宜興爲大學文有歲科二試皆
額取二十五名分縣荆谿仍與宜興同學宜興額十三名同治
八年以湖南捐餉永廣文武學額二名爲十五名吳林宜興永廣文武學額記曰自漢武立學因博士舊官置弟子五十人復其身此學額之始也明初立郡縣學復設提學以督之至宣德閒生徒甚盛增太祖原額於額外附之此提學試新進附生額之始也宜興學額見於前志者自明萬歷迄崇禎遞增至九十六名 國朝順治閒由八十名遞減至十五名康熙初科歲分試定額五名旋復十五名厥後更增爲二十五名武則科歲并試額十五名縣析而學不分新進文生自府學以外宜興縣學僅十三名荆谿縣學僅十二名而兩邑童試者率二千五百人咸豐以來軍

需繇午籌餉舊例一邑捐銀二千兩者加一次文武學額各一名捐銀萬兩者加永遠文武學額各一名同治閒新章改爲加一倍則二萬兩而加額文武宜興前湖南永順知縣任公在湖南捐銀四萬兩請於巡撫加宜興縣文武永遠學額每三歲之中增文武生員六人竊念宜興荆谿自軍興以來捐餉何啻數萬散捐者或不問獨捐者或請獎自咸豐八年至同治十一年兩邑學額因捐餉廣一次者前後統計文武各十五名而已今任君助餉不爲一家之私而推諸同邑又不爲一時之計而懷及永圖其嘉惠後生豈有極哉且兩邑自尅平以後應童子試者僅及六百宜興之較荆谿贏數以百計勸學由于加額有明徵矣任君名瑛由進士官湖南有政聲遷階知府年未七十致仕歸 荆谿十二名遇 恩則廣
額七名宜興得四荆谿得三而府學不與焉宜興荆谿府學嘉慶道光咸豐閒多至十二名少亦九名同治克復後因童試人數較少由八名減至七名今學使瀝文錄進仍復八名其府學 覃恩廣額不在此數 武童則有歲試無科試額取十五名宜興八名合捐餉永
廣爲十名荆谿七名與文試錄取者縣令皆禮而送諸學文生

之初爲附學生明初立學至宣德閒生徒益盛於原額外附之附生之名自此始也學使者歲科
兩試優者食廩餼次補增廣生增廣之名始唐太宗明宣德閒偁曰增生其廩膳生自漢武帝置博士弟子員迨元帝有餼廩之典直至明代相沿不改府學皆同宜興廩生額二十名半
府學之數分縣後與荆谿各得十名增生亦如之食廩既久貢
於太學則有歲貢亦曰序貢始於明代有取廩生四十五歲貢者正統天順閒再舉之爲振滯計不常行也逢慶典則以序當貢者爲恩貢宜興恩貢隆慶閒始見取其次爲歲
貢歲貢之額舊例縣學兩年貢一人宜興自分荆谿兩年合貢
一人乾隆十九年定例四年兩縣各貢一人
覃恩則有兩恩貢其以文藝選者曰拔貢俗亦偁拔萃科非也書判拔萃乃宋科名拔貢則始於前明宏治閒南京祭酒章懋言歲貢依次多衰廢者乞令提學行選貢法不分廩增附生學優年富者通行考選

嘉靖十年始行之或比年或閒歲或十餘載初無定期 國朝因之 廷試優者得六部七品官次用知縣最下用教職大約與優貢略相似但優貢選期以三歲閩省僅六名往往通府無之與鄉試副榜偁副貢者學中俱無定額宜興拔貢
舊載六年選一人據雍正閒言之其實分縣後六年合選一人
乾隆閒更改爲十二年同治十年新例凡縣之由併而分者生
員俱滿百人選拔之年得各貢一人周家楣撰宜荆分增拔貢記曰歲獻貢士著於戴記宜興舊志有宋元貢生而制不可攷自明代以廩膳生歲久者序貢年學衰廢於是令提學行選貢法不分廩增附生通行攷選謂之拔貢所以濟歲貢之窮也宜興拔貢始嘉靖十二年其舉行之期或比歲或閒歲或逾十歲 國朝雍正閒分縣後六年合拔一人乾隆閒改爲十二年每遇酉科舉之道光戊申行己酉科試余時成童補博士弟子其年選拔貢生榜發先大父榮祿公攜余往觀吾邑獲儁者二一爲今山東巡撫任君道鎔乃府學也宜興縣學爲徐君斗文余請於榮祿公曰荆谿何無之也公曰兩邑額祇一人此得則彼否自乙酉以來三試皆宜興得之荆邑才儁之士不獲與選憤恚以殁者有矣余曰曷不

上諭　朝廷增選酌乎公曰童子言何容易定例府學拔二人縣拔一人吾邑未嘗分學增何能焉余故心焉惻之迨余官禮曹會四川有增設拔額之請議寢　俞先時同官武進惲君彥琦與余爲同歲生陽湖分武進縣與宜荆同余就而商之擬合鄉人援例以請惲君曰事若可行然分縣時如吾邑者吳越凡數十處獨增未宜並增尤不易也余曰事在嘗請與否耳雖易非所計也且吾輩在署奈何令同學士子失此機宜乎遂致書邑士紳與同郡之武進陽湖無錫金匱合詞詣郡達行省求奏但以文風日盛爲言於二縣同學概未聲說也繇是松郡之華亭婁縣上海奉賢金山南匯亦附請焉大吏據以聞下部議奏章上　制曰可命下之日同鄉在都者懽呼偁慶同治壬申事也是年提學按癸酉科貢生吾邑首選於府學者一人宜興荆谿則二人分拔焉今因學宫之成併爲記之冏首少時所言常恐落落難合而有志竟成低冏祖訓不禁析然慰悃然思也

自此兩邑士子多一進身之階矣至於先賢之裔稱奉祀生圭潔薦先邊奔執豆分縣已後宜興五人漢毛萇吳周鲂宋邵材康節邵子陸九淵荆谿四人宋蔣興祖明徐鑑徐溥萬士和見學政全書由督臣及撫臣驗督擇其

習禮儀而通文義者俏生亦提學所選每學四十人乾隆五年定見會典以三十六人樂舞餘四人以備臨時更代其例童生免府縣兩試由教官冊送敘入考案之後其始亦由廪保甘結試以四書文二篇試帖一首詳學憲蓋印頒發執照學使者憑文錄進入學之後仍不開缺俟鄉試中式再行選補若生員則免試遺才附案鄉試凡此皆列於學而有定額者也今者文風日盛祀事孔明衣冠濟濟禮樂莘莘選士澤宮庶無竽濫哉

禮樂器記

自虞書有典禮樂之官而後之防僞防情者胥以爲敎禮樂之在身不可斯須去也孔子曰禮云禮云玉帛云乎哉樂云樂云鐘鼓云乎哉況乎三代以降傳制寖乖泥古之流望文傳會鼎器或泥其形簠簋各殊其制鐘有枚銑而變爲圓平磬分股鼓而齊其句倨簋有鐵以橫鼓亶知金藥之中含柷用止以連椌誤作木椎之下乎禮樂既弛而器亦不可知矣雖然即今追古彷彿猶存於尊之爲犧可訂鄭注之訛於爵之象鳥可辨聶圖之踳敔作虎伏識是騶虞笙有鸞名懷彼儀鳳善夫歐陽子之言曰先王吉凶賓射之禮今皆不可見幸有釋奠之典著於令民猶識先王之禮器焉因其器以習其數因其數以想其志因其志以得其人由末反本舍此奚屬哉宜興荆谿同學自乾隆間倡建禮樂器見於前志者禮器凡六百五十有五樂器凡百三十有九粵寇之變灰飛燼滅同治十二年始具禮器用崇聖祠工程

餘錢置樂器當新學告成邑人士輯貲備置將於書院中敎習諸生屆期襄事他日者奠斝儐邐執籥秉翟不獨祀事之孔明而俎豆弦歌之風青衿縞帶者且循循乎斯陶斯淑也

書院記

郁庠遂序之設四代以來所以陶鎔士類者非徒國學也漢興之初未皇立學以三老主敎化而文翁守成都立學官建講堂武帝因之郡學是設下迄梁代分遣祭酒敦敎州郡唐元宗時則縣皆有學然敎歸於官段名耤色苟具儀文親師信道之風邈哉邈已而故老名儒芳徽緒論士林嚮慕者如楊震華嶽之市王通河汾之居此書院之名所由昉於唐代乎宜興書院見

於舊志者明宏治閒有東坡書院（沈侍郎暉所築）在邑東南蜀山麓東坡所嘗築堂也其在治城者明道書院爲最先在周孝侯墓左（今五公祠及荆谿積穀鄉倉其故地也）史太僕（孟麟）於焉講學鄒南臯（元標）劉念臺（宗周）諸公不遠千里贏糧而至顧（憲成）唐（鶴徵）高（攀龍）錢（一本）暇則攜及門講誦焉院中祀唐（伯）周（衝）萬（吉）三先生而縣東三賢之祠士人課業其閒亦俾崇儒書院乃以吳侍御（達可）記中之語從後俾之爾天啟之葉魏璫擅國書院盡廢

國朝乾隆閒巡撫陳宏謀檄各縣建院課士宜興乃創蜀山故址經理之延師講課肄業者苦其阻僻移近城西（倉頭庵側）瀰所自來顏曰蜀山後易爲陽羨書院嘉慶閒改入城中（通眞觀巷）具見前志咸豐閒兵毀克復後借他屋爲之（同治四年常州府知府札克丹行縣施振撥振餘錢二千五百緡爲書院置產收租借厚餘堂屋縣領於門而課士焉歷任縣公各捐奉以助）光緒六年荆谿知縣徐景福更建南街前明陰陽學故址在焉（先是路保和以通眞觀舊書院湫隘購徐氏廢墟謀爲更建光緒五年徐景福屬蒙荆谿南至郎議建復書院明年與宜興知縣吳元漢計先給條銀羨餘津帖書院膏火者三千緡集工興築相度地基鄰陰陽學舊址爲文場内有湯姓隙地湯其倬捐入成之凡大小屋六十餘楹繚垣五十餘丈用錢七千緡文場東西作總門以界之課士別生童縣試則宜興荆谿分東西焉八月興工明春二月告成徐嘉泰蔣士良史毓瑛徐光熙李杜詩蔣仁壽董其事而創議請建者徐長齡蔣詒芬也）徐景福撰記曰余少時握管學爲文郎箇在陛經畬諸橐稍長觀風華閣之詩章湖海樓之駢語畫山史論鈞臺經笺竊歎陽羨文才之盛也既以通籍官吳中奉檄權荆谿縣事荆谿與宜興同城皆漢陽羨故地履任後先謁文廟殿廡雖成堂舍未建次復周視書院則暫借他屋爲之崇儒之祠既更明道之址久廢而蜀山移建改俾陽羨者亦復蔓草荒墟相度遺基湫隘不稱肄業者乏書齋應試者無號舍子衿廢學誦

詩而嗟時大京兆周君泰諱家居方倡議捐建全學功程余以事往謁言及書院周君慨然曰斯事誠急然　國偷未贏民財又不逮養而教之在我侯矣既而士紳據上臺檄以請先是撫軍檄州縣每徵銀一兩出錢十以佐書院膏火前令因循未及發也余與宜興吳君計先發五年之貲可得三千緡再爲設籌勸捐於徐氏石舫齋舊址鄰隙地爲之凡建屋六十五楹門廡堂庭文場官廳以及廚湢屏圍靡不畢具五閱月而告成今年春仲余及宜興吳君舉童試於此昔宋葉適記宜興學羅列往事謂非地力之勁挺地稟之文華不能若茲今陽羨諸君既建學宮復興書院而國山臨津諸院散於荆谿之鄉者或擬建或增築皆在一歲之中郎其篤於修文知其勇於樂善信乎人材之盛也覽周侯之長橋親盧公之故第教孝教忠皆由此出豈獨文才也哉

規制宏敞迴逾曩昔講堂後爲學海樓設蘇文忠位以蜀山舊祀仍而不改兼祀史太僕樓下書室題曰明道宗遺緒也而荆谿蜀山之東坡書院嘉慶道光閒復踵修焉（粵寇之變燬其前進兵後重修同治七年札太守發官錢千緡佐生童膏火）邑西則臨津書院在徐舍鎮（道光二十七年荆谿知縣高長紳創建）當趙宋時爲臨津鄉晉臨津縣地也北望谿瀆任昉之廟在焉敦澤猶存音徽未沫庚申之變西鄉創義者皆聚於茲既遭兵燬重建前進堂齋更增又在其後（高長紳於光緒六年自京師郵寄白金二百兩倡捐復建講堂齋舍二十九楹祀梁義興太守任昉）張渚鎮古屬國山封禪吳碑十里而近書雄詞健好古者珍之九峯蜿蜒人物勁秀何武莪之舊第張文石之故廬嵋隱廬園相去尺咫方臨津置院時議建國山書院遷延未就（知縣高長紳與臨津書院同時創捐捐貲已集因兵荒未及舉行）進之二十年踵議興築半載落成（祀前明張主事納陛何侍郎士晉盧尚書象昇）宜興之境鄉閒素無書院兵亂以後祆祠建異學鳴楊巷鎮界跨荆谿西接溧陽故山亭之城也溯姚谿而北吳文節嘗居焉錢板募

金閶者至今增氣爰刱講舍題以鷲西因鷲州而名之月吉讀灋課士其問名雖殊實書院矣離楊巷十里天主邪徒自他邑來立祠傳教官不能禁士紳議建講舍朔望講聖諭講堂後進祀宋文節公吳師古先是宜興知縣施惠欲於官村立書院詳議未就至鷲西講舍落成讀灋之後卽行課士施令捐千緡爲士子膏火三邑之民靡然鄉風十年以來無一人歸異教者吳協心撰記曰皇上御極之七載海氣靖江表淸大吏念愚萌之未淪澆風僻壞之或趨異教合各州縣於鄉鎭舉讀灋之典官紳士庶月吉宣聖諭明鄉約宜興楊巷鎭爲丞署所在初於廟宇行之湫隘囂紛觀聽未肅越五載旣依亞亭城故址立忠義祠謀建講舍於右議甫刱助址者輸財者風從響應兩月而工竣堂舍庭廡畢具以宜興有鷲州之名而講舍在極西也名曰鷲西落成之後朔望將事以經藝及詩課士於閒宜興令施君惠捐奉錢千緡爲多士膏火貲余因諗於衆曰諸君亦思講舍之與祠比何邪吾邑自前代講學並於東林明季尙義虎炳史册迄今二百餘載髮賊之變西鄉先揭義旗振臂一呼從者如雲抉腹斷脰奮不顧身固地氣之秀勁亦由講學之烈久而未泯也矧茲地交三邑方雜四民祆祠密邇邪說蝸滕凡吾爲士者居常則循賢聖之經遇變則明君親之誼昌明正學攢消異端斯誠聖天子養育羣材之至意哉若徒研舉業博時名以講學眞傳自命也非惟孤當道之望亦恐詒前哲之羞而雲陽侯與亞亭竝封今偁柯城者乃近和橋之鎭崇正闢邪聞風而起近和橋十里西人亦有祆祠故建書院購地築室命曰鷲山書院在和橋鎭周家濱宜興知縣劉詰與紳士議以舊社倉基及蔣程兩姓餘地捐助創建俞宗海撰記楊允斌書丹楊翼亮篆額南瞰呂山金鷲之峰羅列几案憑窗嘯咏可以壯文興助詩情自和橋而迤西又有滆南書社屋雖未建而月課文士烝烝日上周鐵之鎭東有竹山與柯城之山同名書院建於其西是偁竹西光緒六年舉承謨張樹棠倡議捐建陳錫祥助基地中祀宋進士竹山先生蔣捷震澤汪洋文瀾壯闊登高賦詩藤勝欲流覽之蹟猶有存焉者乎凡此皆佐學校以烝髦士在城者一在鄉者七衿佩如林

弦誦盈門滌瑕盪穢偃武修文視昔之興廢不常遷徙無定者何其盛也夫學校所養期於致用務實而不近名正誼而不謀利者養士所以盛也今書院之儲才也視其制藝之優劣定其月食之高下以角勝爲榮以得廩爲快而性命道德詩書禮樂之旨概乎未有聞也名與實與誼與利與書院之士如此學校之士可知他日出而筮仕又安望邪然則如之何而可曰率之以名師導之以正學攷諸實踐以觀其行試諸經術以驗其文則四鄉之教化行而兩邑之人材出崇儒明道前哲之澤豈遠人哉

坿記賓興公項

賓興之文始見於周官大司徒鄉大夫之職曰三年大比攷其行藝而興賢者能者以禮禮賓之其禮卽鄉飲酒之禮主東賓西歌鹿鳴者是也漢代迄今斯禮不廢鄉試榜發府尹行鹿鳴宴於庭自明以舉人爲定階而應鄉舉有名者將赴試縣令及校官涓吉日戒吏行事於學之明倫堂設宴舉子列坐於上縣令校官設坐於下北向酒行奏樂樂闋而散拜至拜送厥儀甚肅宴之日張綵坊於甬道題曰龍門士子由甬道龍門下出亦謂之賓興其飲酒而出也每人各贈白金但其數甚微與禮部試公車之費皆不足當治裝之十一自上出之爲實意自下行之爲空文故各邑皆勸捐集款或置產取租或貸商爲息合三年所積視鄉試會試者之衆寡而分給之以稱　朝廷意旨宜興荆谿賓興公項兵後無存同治九年宜興知縣陸鳴逵倡捐千緡復輯捐衆姓得三千餘緡由吳承澤經管光緒六年徐嘉泰蔣士良等呈請兩縣歸書院值年輪管前時出入報銷簿記承澤存錢二十緡待刻徵信錄昭愼重也嘗念帝與師處王與友處古者弓旌車乘之招尊德樂道如此其至也後世功令士以投牒進身故高潔之流有問名而返視符驗而出者矣猶賴有賓興之典使庸衆知國家之所以優士而士不至於自薄鹿鳴之章曰我有嘉賓視民不恌今日之舉子卽他日之臨民者也說禮敦詩者尙其顧名而思義哉

義學記

古者義學與社學不同社學興於明初與書院皆仿鄉學之制但書院以敎成人社學之徒皆屬童子月吉則讀灋而鄉約行焉若義學同於義莊乃有力者所設以敎其宗族之子弟今之義學卽爲社學猶社倉偁義倉也宜興社學康熙間舍宇僅存後寖衰寖廢化爲荒墟自同治七年兩邑侯各捐奉錢長橋南北分設二塾借屋爲之師嘲煎饑徒競喧蛙虞乘歲糜迄無一就昔明林智之記社學也謂鳩庶民之幼沖者執業而居髆士林之博雅者課徒而息敎者讀者各有位置今之有名而無實者何也修脯未豐禮儀未盛則善敎者不屑就而樵童販豎皆足

弟子之班故師不尊則徒不俊徒不俊則學不成學不成則人不信上行之以實意下應之以處文何怪其名存而實亡也雖然存其名猶可復其實他時物力滋豐民風漸秀髫齡稚齒有翹然於學中如何武之歌詩得舉劉寔之獻頌偁奇者且拭目以竢之

宜興荊谿縣新志卷之五

武事

營汛記

陽羨毗連之境爲邑六爲州爲郡四爲省二巖深而川洞地嶮而界錯蓋防禦之奧區也故山有三域之孽水立十寨之軍唐宋及元兵制更變至明中葉邑人史孟麟疏請設同知一員於長興接界管常湖二府捕盜事銓部以同知權輕宜倣江西九江諸道兼管閩楚州縣事例專設一道下所司議湖州守巡格不報語見舊志然今者事勢與昔又異昔虞水盜今更在山蓋自太湖水師兼轄江湖而畛域不分相國曾侯又加裁變易守

備爲都司任權既重聲勢相連卽有漁戸雁民狗偷鼠竊萑苻之聚蓋蔑聞焉揆諸孟麟之議固異事而同符而南山自張渚湖㳇直達長興廣德閩越封禁之山往時溫台泉漳客民結棚種山謂之棚民稍有宄軼往往不靖今自克復以後人稀壤僻百里之內十室九空孤棲者或畏盜而棄逃羣聚者或借居而窺伺巨蚍既去奸黨益來彼蒙有於
國而獲罪於鄉遁離桑梓竄匿箐篁狙伏久而輒思蠢動者前事可鑒已又況楚豫淮海之民蠭至蟻屯烏合獸散方命穢而俗偷悍悍則易動穢則難稽夫以易動之民涸難稽之糈復縱之於荒僻無人之區其爲後害非恒言所能盡也人知患此必

曰增營增營而不得其術與無營同夫張渚湖㳇營弁未嘗無守也汛兵未嘗無名也其所鄰界亦未嘗無協防之營為轄之汛也而各有責成則互相推諉嘗見盜刼某村釐卡水師近在尺咫更鼓如常警礮不發彼以為主客之師不相謀不相累也腹地猶然況陽省之事乎如此則軍制將日頹民生將日促盜心將日肆寇患將日萌誠於交界之要隘設專閫之重員三省邊隅悉歸統轄巡緝其游民編管其居戶則奸宄無所託迹而流逋可以歸耕險曠之境變為肥腴兵制立而農政修固萬世之利也然而或畏更張或虞僨阻撓之說勢所必有非真恤民艱力排眾議者烏能使陸營之制同善水營哉嗟夫大歷初刱小醜未芟伏莽之戎宜籌未雨今即道光以來水陸營汛之更制者著於篇孰得孰失覽者自知焉

常州營右軍守備一員駐宜興署在城南門內旁有演武廳下有箭道城外有教場兵燹後均燬千總一員駐宜興和橋外委千總協防駐湖㳇把總一員駐荊谿徐舍外委把總協防駐張渚額外外委一員在城差遣俱見舊志咸豐五年詳請添設額外二員一駐深谿橋一駐楊巷光緒二年深谿橋汛調防周鐵橋額兵一百五十五名馬戰兵六名外委千總一員外委把總一員額外外委一員在內步戰兵三十七名守兵百十二名克復以來兵數未足僅止四成見充者六十名外委千總外委把總額外外委並添設兩額外外委在外馬戰兵一名步戰兵二名銜戰兵二名守兵四十八名書識五名松江提塘一名南京提塘一名前置軍裝兵械咸豐年悉遭燹燬茂支廉俸糧餉馬乾銀兩均見舊志

水師營舊制太湖右營守備駐宜興署在周鐵橋轄千總一員駐陽湖境馬蹟山把總二員一駐吳縣境黿山一駐荊谿風川外委三員一駐吳縣境黿山一駐陽湖境馬蹟山一駐無錫境獨山門額外外委三員一協防吳縣境黿山一巡湖一隨巡額兵三百八十二名舊志作三百九十六名分數與總數不符今據水師營冊載舊制馬戰兵六名即係外委及額外外委舊志作十一名內有外委千總一員外委把總二員額外外委一員步戰兵八十三名舊志同守兵二百九十三名舊志作三百三名各官例馬三十七匹舊志未載同治十一年新章裁徹西面馬蹟山陸汛兵二十五名馬戰兵一名即陸汛駐馬蹟山之外委步戰兵五名守兵十九名騎操馬一匹改太湖左

營中軍都司為右營營官駐荊谿烏谿鎮署址教場係營官自行購地署尚未建轄千總三員一駐陽湖境馬蹟山為前哨一隊一駐無錫境獨山門為右哨一隊其左哨一隊駐荊谿烏谿口把總六員兩員駐武進境丫河口為後哨一隊二隊一駐無錫境獨山門為右哨二隊一駐陽湖境馬蹟山為前哨二隊其左哨二隊駐荊谿烏谿口一員隨巡亦駐烏谿外委八員兩員駐陽湖境馬蹟山為前哨三隊四隊兩員駐無錫境獨山門為右哨三隊四隊兩員駐武進境丫河口為後哨三隊四隊其左哨三隊四隊兩員駐荊谿烏谿口兵二百九十六名舵兵十八名頭兵十八名礮兵三十六名槳兵百九十二名稟書二名書識二十名差兵十名八圍舢板兩號每號舵兵一名頭兵一名礮兵二名槳兵十六名共二十名營

官管帶一號隨巡把總管帶一號長江舢板十六號每號舵兵一名頭兵一名礮兵二名槳兵十名共十四名千把外委等弁各管帶一號坐船十九號內管官二號千把外委等弁各一號

常州營右軍左哨千總駐宜興和橋鎮轄東北九汛兼及荊谿宜興東汛山港漕和橋鎮谿下邾高塍六汛荊谿南施蕩橋湖汊洴浰三汛界連陽湖吳縣浙江長興縣 一自和橋汛東至大浦港係支河與水師太湖右營左哨及前哨分界南岸屬荊谿北岸屬宜興出港入太湖係吳縣境距汛計程五十里 一自汛南至湖汊係支河與水師太湖右營左哨分界屬荊谿入山陸路與浙江長興縣接壤距汛計程六十里 一自汛西至高塍汛係支河與水師太湖右營左哨分界並與本軍右司分界屬宜興距汛計程三十里 一自汛北至五洞橋係幹河與水師太湖右營後哨水陸分界並與本營中軍東汛分界橋南屬宜興橋北係陽湖縣境距汛計程七十里 一自汛東南至烏谿港係支河與水師太湖右營左哨分界屬荊谿距汛計程四十里 一自汛東北至分水墩係支河與水師太湖右營左哨分界並與本營中軍東汛分界南岸屬宜興北岸係陽湖縣境距汛計程二十七里 一自汛

宜荊谿縣新志　卷五　武事　營汛　四

西南至歸逕橋係幹河與水師太湖右營後哨分界並與本軍右司分界屬荊谿距汛計程七十里 一自汛西北至北福湖邊係支河與水師太湖右營後哨分界屬宜興距汛計程十八里

右軍右司把總駐徐舍鎮轄西南七汛兼及宜興荊谿城塘橋徐舍下新橋王家橋張渚石𣲖宜興福佑楊巷二汛界連金壇溧陽武進浙江長興縣安徽廣德州 一自徐舍汛東至西汛北岸城塘橋汛係幹河與水師太湖右營後哨分界南岸屬荊谿北岸屬宜興距汛計程二十里 一自汛南至歸逕橋係支河與水師太湖右營後哨分界並與本軍左哨分界屬荊谿距汛計程十里 一自汛南至張渚係支河與水師太湖右營後哨分界屬荊谿向南陸路與安徽廣德州接壤東南與浙江長興縣接壤距汛計程三十里 一自汛西至渡濟橋係幹河與水師太湖右營後哨水陸分界並與溧陽營分界橋東屬荊谿橋西係溧陽縣境距汛計程三十里 一自汛北至北渦湖邊北河港係支河與水師太湖右營後哨分界並與本營中軍東汛分界屬宜興入湖係武進縣境距汛計程五十里 一自汛東南至洴浰汛係幹河與水師太湖右營後哨分界並與本軍左哨分界屬荊谿距汛計程十里 一至汛東北至朱家瀆係幹河與水師太湖右營後哨分界並與本軍左哨分界屬宜興距汛計程四十里 一自汛西南至樂成橋汛係支河與水師太湖右營後哨分界屬宜興距汛計程十五里 一自汛西北至新建係支河與水師太湖右營後哨分界屬宜興並與金壇縣接壤距汛計程四十里 一自汛西北至陽巷汛係支河與水師太湖右營後哨分界並與溧陽分界南岸屬荊谿北岸屬宜興距汛計程三十里 一自汛西北至長蕩湖邊係支河與水師太湖右營後哨分界並與金壇營分界屬宜興距汛計程五十三里

太湖水師右營左哨千總把總兩外委駐烏谿口其汛地東至馬蹟山之西湖汎中與本營前哨分界 南至蘆塘港十八里與浙江太湖營夾浦汛分界 西至東汎西岸之土地堂四十五里與常州營右軍東汛分界 北至東汛之男囮口三十里與常州營右軍東汛分界 東南至太湖中泓四十里與浙江太湖營夾浦汛分界 西南至鳳川十里以沿湖大路與常州營右軍東汛分界 東北至大浦港口三十里與常州營右軍東汛分界又沿湖邊與本營前哨分界 西北至烏谿口內陸地照舊制以石版官路與常州營右軍東汛分界 其市鎮水陸分界處蜀山鎮與常州營右軍東汛分界鎮南以牛欄灘南岸為界鎮北以雙廟頭港口之北為界自烏谿之蜀山鎮計程十二里係荊

宜荊谿縣新志　卷五　武事　營汛　五

谿支河其東南兩岸以河邊為界其餘均是極小汊港

右營右哨千總把總兩外委駐無錫境獨山門 其汛地與宜興荊谿無涉

右營前哨千總把總兩外委駐陽湖境馬蹟山 其汛地與宜興荊谿交涉者西至大浦港三十五里與常州營右軍東汛分界又沿湖邊與本營左哨分界 西北至東汛東岸男囮口五十四里與常州營右軍東汛分界 其市鎮水陸分界處沙塘港市與常州營右軍東汛分界市東以北岸土地堂東面為界市西以東流瀆港口南岸為界係宜興支河至橫塘市計程三十里其南北兩岸俱係極小汊港

右營後哨兩把總兩外委駐陽湖境丫河口 其汛地與宜興荊谿交涉者南至西汛東岸西關外百二十里與常州營右軍東汛分界 西至滆湖西岸吳瀆口六十里與常州營右軍西汛分界 東南至和橋七十里與常州營右軍東汛分界 西南至西汛上舍港口百二十里與常州營右軍西汛分界 其市鎮水陸分界處鍾谿橋市與常州營右軍東汛分界市北以五洞橋北頭為界市南以沙橋港口南岸為界係宜興幹河至聚隆橋計程五里 聚隆橋市與常州營右軍東汛分界市北以小港口北岸為界市南以連樹橋南頭為界係宜興幹河至鍾谿橋計程九里

錫美橋市與常州營右軍東汛分界市北以費家橋北頭爲界市南以車口橋南頭爲界係宜興幹河至和橋計程十里和橋鎮與常州營右軍東汛分界鎮北以青農橋北頭爲界鎮南以莊濟橋南頭爲界係宜興幹河至呂亭橋計程十六里呂亭橋市與常州營右軍東汛分界市北以錢家橋北頭爲界市南以長生橋南頭爲界係宜興幹河至杏里橋計程十里杏里橋市與常州營右軍東汛分界市北以太子橋北頭爲界市南以森源橋南頭爲界係宜興幹河　自鍾谿橋起至森源橋止其東西兩岸俱以河邊與常州營右軍東汛分界自森源至宜興東倉橋繞過城河十八里出宜興縣之西汛東至西四十餘里南至北十餘里與常州營右軍西汛分界又山西汛北岸九里至城頭橋十里至馬公蕩進滆湖南至北百餘里東至西四十餘里與常州營中右二軍分界

右城守及水師營制皆兵防也其弓兵捕盜賊隸於縣堡舖兵遞文書歸於縣驛宜興下邾巡檢鍾谿巡檢弓兵各二十一名增編楊巷分防縣丞弓兵三十名荆谿張渚巡檢湖汊巡檢弓兵各二十一名見分志田賦解支宜興鋪舍六所鋪兵二十一名減至十四名荆谿鋪舍七所鋪兵二十一名減至八名見分志田賦解支及營建鋪舍者皆與營汛無關又克平以後兵數不全有名無實前編既詐茲不復載

咸豐同治年間粵寇記

深山絶壑龍蛇是鄉幽林邃谷豺虎遁藏星散雲攤攫毒難防上之人忽不加意視爲無傷癰居養患魚爛貽殃洪楊之亂前鑒至彰也宜興荆谿在江蘇省爲皖浙要地互萬嶺於西南繞五湖於東北水陸衝隘勢所必爭數百年來不見兵革文嬉武弛士惰民媮桑杜綢繆置焉勿問自粵東花縣洪秀全以童試

被黜傳天主教於粵西桂平界之鵬化山嘉應楊秀清等推戴之習妖山箐間歸教者衆秀全轉入佛山鎮爲盜魁秀清以兵法部勒其衆私置官號道光三十年六月在桂平金田村聚衆叛前後

欽差大臣皆以疾卒賊益猖咸豐元年正月洪秀全僞稱太平天國（改字爲囯）元年逆衆由金田出關經八岡水至大黃江官軍不能遏二年葛襄漢陽陷武昌三年正月沿江東下旬日間自安慶至金陵勢若擣虛吳中悉警風鶴宜荆兩邑訛言尤甚（正月二十九日城中訛傳賊下東關居人皆狂奔奪城出喚明方止時賊尚未至江甯也）賊既陷江甯破鎮江向大臣榮以軍追至營於孝陵衞逼通濟門奪其要害賊不敢啟東門後向帥退保丹陽張國樑復進營孝陵衞故東方諸郡縣賴以安者七載而宜荆孔道諸處過境兵擾幾無虛日城鄉保衞之局有名無實（宜荆兩邑自江甯陷後於城隍廟之瀛園設保衞採報局後復令兵商爲聯絡巡行城郭凡數千人兵仗旗幟甚盛鄉市亦有之然皆美觀而已逾年罷廢）他盜或乘間竊發官民死者往往而有（江甯陷月餘南山棚民欲作亂荆谿令景其浚擒二人杖斃之尸諸南城棚民遂定五年溫州人林阿喜至荆谿湖汊山中復誘棚民作亂山中人擒之送縣伏法六年五月賊將犯溧陽因守兵甚衆退闌入宜興震動有盜夥掠官村監生芮禮及其子應昕率村衆擊之追至南莊中賊火槍父子俱死豐義村武生儲江等迎擊之與同族儲士林儲喜名儲眞牙皆死七年四月盜至江步村村人復擊之盜姝死鬭新建市人將迎法西周墅人曹福魁皆死焉邑令前後以賊上聞死事者賜卹入忠義祠其實皆盜之假賊旗幟者也八年八月太湖盜舟泊蘭右港村人聞於縣守備方錫榮率卒十餘人往捕錫榮素以勇聞盜遇之披靡追至蘭山中伏盜火槍死守兵吳谌明葉順貞與焉里人余際儒作詩紀其事然

市肆貿易日盛城鄉合劇如恒積薪厝火若不知寇之近在二百里外也

十年春二月宜興戒嚴賊久據江甯民皆視爲故常二月丙申朔聞張國樑克上關下關方謂金陵指日可復初三日晚聞廣德失守合邑大震廣德與邑接壤賊援溜洞橋烽火達張渚時甫邑方委埠使戍於初八日按試聞警乃止時人心惶惶遷徙相繼十二日夜訛言賊已驟至蘭右滿城鼎沸天方大雨居民扶老攜幼冒雨奔城外徹夜不絕天既明蘭石舟入城始知其誤至蘇而長興失守之耗至

浙江提督鄭魁士以兵至長興既陷宜興告急鄭魁士帶兵四千駐宜興西門外偃臥舟中邑令及紳士往謁均不報部下兵頗不戢

三月通永鎮總兵劉季三來代之劉季三以兵來代軍容甚肅一卒巡民銅鑪立斬以徇三月中旬賊自東壩圖犯溧陽劉馳赴張渚布置數日而還二十三日賊陷溧陽劉聞即帶兵兼道至城西鄉烽火連日徹夜二十五日賊由溧陽分二股一竄張渚一從楊巷至官村徑趨邑治所過之地鄉民死者無算

癸丑賊至張渚鎮巡檢程芳祖死之賊分道犯張渚初至鄉人疑爲官軍荷擔而觀賊出不意殺人人始駭遁巡檢程芳祖直前當賊馬大呼賊刃其手斷指三乃趨入署告家人賊後至殺之妻崔殉焉賊焚殺經日始去後數日有新招勇數百人領兵官自言都司王克昌駐張渚南承福殿鄉人疑爲賊也圍而焚之盡殲焉

是日蔣懷芳率鄉人拒賊於蔣坫南之趙家渡賊別股由西南竄東北蔣坫村民蔣懷芳聚眾議曰賊徑所由必無完室吾村亦孔道若任賊過往將雞犬不留矣不如設寨於橋而阻趙家渡以守之賊可禦也乃東結芳莊西結蔣墅招獵戶守趙家渡時六科圩亦多獵戶阻谿以守相爲犄角賊小隊由間道者追截無得脫軍聲頗振

甲寅賊犯西門劉季三擊卻之賊自西北鄉長驅抵城下劉軍出擊初失利劉親督戰時賊眾數萬勢猖甚官軍奮力相抗數十合賊猶不退劉軍扼常富橋而守見事急親然大礮轟賊會新調蜈船亦至槍礮齊發賊前後受敵官軍復以鐵騎蹴之賊乃還走日晡收隊是日居民登城觀者無慮千百人劉入城民皆設香案跪迎慶更生焉方賊犯西北鄉城中尚謂巢湖船滋事至是始知爲賊云

是日貢生許鳴雖結團於樂成橋拒賊賊既西南犯張渚西北蹂躪而亭神安溪津諸鄉時鳴雖爲許氏宗長集

宜興荊谿縣新志　卷五　武事　粵寇　八

族眾千人於祠前謂之曰前年大府飭鄉民團防邑令以勞歸予狀雖未上心甚恧焉今賊勢如此爲之奈何言畢出投水眾急救起感泣交奮谿南傳近諸村皆按戶出丁以白布作帕裹首備曰白頭兵阻樂成橋以拒賊之自北至者遠近聞之實合響應鳴雖復西結芳莊蔣坫蔣墅六科圩爲聲援數十里內望之如荼然勢甚壯

乙卯賊回竄宜興西鄉賊自敗後回竄蔣瀆橋豐義上黃瑣圩安樂村金紫圩義成圩西冊村大潭圩皆結團禦賊惟大潭圩四面阻水賊不能至其餘則戶橫遍野矣

丙辰賊犯趙家渡蔣坫橋鄉兵俱潰蔣懷芳被焚死西鄉近溧陽每日被賊焚掠故團守諸處歸附日眾城中紳士如程嘉烝蔣嗣珍潘澤霖徐鳴皐徐宗襄潘奎光路保和路敦仁等與典商夏某等捐設協濟局於岳王廟置軍械火藥以應西鄉義團之需城鄉聯爲一氣探報不絕於道是日賊大隊至趙家渡蔣懷芳所團義勇有史能書者蔣墅人與六科里李喜大以勢相角乙卯夜賊踞溧陽境之南堰里李喜大隻身往擊賊夜遁能書聞氣益壯賊結筏趙家渡口有勸能書早發槍者能書曰俟其近而擊之賊奴可多殺也比發賊槍先至能書洞喉死人心兇懼賊因乘筏急渡槍礮轟天鄉兵還走至蔣坫橋懷芳猶鳴金呼殺賊爲賊燔死越二日賊復乘桴潛渡谿河焚六科里闘死者二人李喜大隻身挾槍意氣自如賊數十人不敢逼

閏三月己酉蔣坫橋復守自蔣坫民兵之散六科圩無可復守室廬遭燬火三日不滅賊大隊既擄鄉民數十萬閏三月犯之西上攻金陵大營溧陽賊有出掠者多不過數十人見民兵輒逃時被追殺有自賊軍逸出者民兵亦以爲賊而殺之小捷之音屢報不絕許鳴雖復約六科圩團勇阻谿扼守遣人至蔣坫橋相度地勢或曰陸路可衝而過水道難飛而渡也不如築壘於趙家渡縱難過賊猶不至多殺人不然則毀橋以阻亦目前之策也不聽築壘於橋而守焉

夏四月甲子朔賊攻蔣坫橋三日橋不守西鄉義勇皆潰許鳴雖死之賊攻金陵大營張國樑退丹陽死賊大隊復至溧陽西鄉義勇多集蔣坫橋邑中紳士請派礮船五號分助鄉民戰守賊攻蔣坫橋礮船兵丁見賊不敢近槍發皆虛鄉民以爲通賊也環集營之船遣還入城張濟人余振率火槍隊來助守賊至多死迭攻三日不退賊益眾余振然礮礮發輒殺數十人積尸高與埭齊礮裂兵亂賊乘尸以過余振揮巨刃連斫數人刃折爲賊所殺民兵多死眾遂大潰執旗者皆士人賊至不肯退數十人皆殲焉鳴雖聞投於樂成橋下被救後親族强負之入舟至邑東西梁圩數日聞常州陷衣冠自經於

宜興荊谿縣新志　卷五　武事　粵寇　九

帳中自是城西皆賊巢矣**己巳劉季三退屯無錫**賊逼常州總督何桂清逃居民城守三日至是亦陷劉於是日得耗密飭軍退城中人不知也逮晚軍皆他食以待開令拔營隊伍盡失季三將行兩邑令及紳士涕泣求之不應紿以詭詞乃曰諸君留我是殺我也遂行職船亦遁**庚午邑中紳民會議守城**劉兵既去城中空虛各官紳士與兩邑令議城守募勇數百人日夜巡城長淮頭帮糧船久駐宜邑有六品監生錢換者前辦聯絡軍容最盛至是首出貲集眾丁增備器械與南義社局聲勢相倚更用划船十數號列旌旗於水道盤查嚴密而生者往往冤死時近城宜興西鄉十數里或訛言質庫物還原主不取典價鄉民如潮而至徒手欲取質物質庫不聽譁鬨將肆掠局中遣勇探視遂縛鄉民解縣斬於城隍廟前鄉民散後復持械聚西城下揚言攻城焚張睢陽廟廟故靈異至是付之一炬城東西北三門皆閉紳士皆募勇登陴拒守殺獄中死囚餘皆釋放鄉民縱火燒三城門城中勇丁突出擒斬鄉民來益眾相持不下者數日或謂强賊在近而取怒於民非計也乃議解散即遣人齎函邀周子斌入城子斌者成任鄉歲貢生素著義聲爲鄉黨所重既至城鄉民閧城下子斌登陴呼諭之相率散去城中酌酒相慶時因內訌探報中絶尙不知郡城之陷也居民徙於鄉者稍稍進城至十

宜興荆谿縣新志 卷五 武事 粵寇 十

三日城中驟增數千人**丙子賊陷宜興荆谿縣知縣田濤守備洪長慶出走**僞輔王楊輔清率賊數萬自歸美橋而南十二日晚至和橋沿途縱火徹夜火光不絶廿三日午至三里橋人有逃入城者呼曰賊至矣人尙以爲譌眾也欲擒之其人疾走有頃賊騎入北門出南城門南義社團勇要諸路賊少卻居人奔出南門抵崩潮涌不可遏止不及者或縋而出或躍而下其出城過深谿橋者多得免沿河至洑谿者遇賊盡擄入城城中紳士多死文武官弁在廨署者闔然而散荆谿縣知縣田濤守備洪長慶聲言迎擊先時出城不返宜興縣知縣周守典爲賊所得僞爲醫生得無死賊踞城後大肆搜牢執人索金不得則殺之獻金不多亦殺之前後被害者難稽數**戊寅賊四出焚掠**賊陷城後城中男婦分隸兩館覊之如囚越日下鄉刼掠騎馬號數輩先至村火室廬居民騰落老弱婦女多遭戕害强壯者脅以去有一賊而紲縻數十人者財帛牲畜米穀盡擄入城謂之打先鋒其初不出十里繼至數十里外日暮必歸城如是者十數日民多駕舟避賊無舟者覘賊所向而避之一宵十起夜不帖席僻近小圩無不至者又有流賊自西北來歷豐義宮村渡新瀆河衙雲湧紅塔頭等處沿途焚殺尤慘越三日自蜀山一路往湖州監生潘光錫等結鄉民覗其過半截擊之賊且戰且奔竄溺者多得脫光錫受傷死鄉民亦多戰歿而消橋以南又有賊將李遠繼者率匪數萬盤踞二十餘日備近居民被殺者甚眾云**五月甲午朔賊空城去乙未賊繼至戊申復去庚戌賊將入據之**楊輔清議上竄四月晦日勒眾全隊出城婦女馬騾皆乘之至五月朔城遂空近城居民陸續入城城中人在鄉者亦入探視其時錢米山積衣服器具所是村民多擔載以去或駕舟運物出水關水陸往來絡繹不絶至晚城中尙有數千人初二日午常州僞將黃文金突至不及避者皆死縱火焚東門大街房屋十五日文金復出城上竄留賊守宜城閱兩日賊將李遠繼率眾入城更出焚掠十餘日始止**潘社頭村民劉星臣結團拒賊六月爲賊所破**賊四出焚掠民多結團拒之最著者歃談圩與賊力抗十餘日殺賊甚多湖汶鎭等各山介亦糾眾拒賊溧陽賊竄張渚入山者山中居民戶出丁邀擊多有殺傷然皆不逾時而敗惟蘘王界地勢險峻例貢生湯新惠等結栅拒賊賊至輒禦後四面環攻眾潰新惠等戰死自三月至六月歷時最久潘社頭劉星臣者素有豪氣負幹畧與劉惠亨等糾集村民結栅而守斷社瀆龍眼二橋扼險設卡首率眾掩殺斬賊數十人獲槍礮器械無算賊不得逞六月二十一日賊大股復至黃衣賊目先登惠亨發槍殪之賊遂退二十三日賊傾眾而出建大旂於黃沙瀆屋上指揮賊眾龍衣賊目騾馬直前六騎從者皆悍賊劉星臣等槍斃其三橋北民團二千餘人呼譟相應賊懼將退忽東南風起飛沙揚塵目不得瞬賊鼓譟而上惠亨發槍風返爇其面眾大潰是日北至沙坂東至橫塘古瀆匯數十里房屋一炬皆燬死者不可勝計星臣得逸去

宜興荆谿縣新志 卷五 武事 粵寇 十一

秋八月賊出僞榜趣貢諸團恐敗賊亦厭兵稍稍安靜不復出城肆掠賊將湯惟仗來據城出示安民趣令貢獻各鄉設立軍師旅帥有長司馬僞局曰鄉官局自旅帥始總其事者曰監軍立局城中爲鄉官局總匯民有訴事者杖責牢禁不少貸每鄉軍帥二三人師旅帥以次遞增初設門牌令每戶納錢其後僞將劉佐濤來代劉視諸賊性稍馴約束部下不令出城但令各鄉開納糧索擾冊莫肎出或得志書一部獻之悉其田額遂令各區獻冊按戶徵搜莫得遁隱然是時賊方攻浙江流寇尙少四野耕種得不失時而溧陽之賊至宜興荆谿境鼓磚煎硝數里輒設硝館自遺經穴鑿坏聲丁丁然相應一方皆洞四壁毀完其無硝可煎者姦賊謀詐亦遭椎斫又索民柴火千章之材有關之木爲村落邸第蔭庇者斬伐靡遺樹神夜泣或脅民充役名曰拼大役常數百人攜鼎解幟加鞭撻凡賊有取求多下鄉官局資應之費皆按畝苛派又派賊

捉船村港民多沈船水底賊至不及起者家屬多爲賊執賊追站不論多少務逸供給晚宿村上雞鶩皆盡初僅率家繼乃殺大又盡毁祠廟取材爲僞署脅民運送入溧陽城四處皆設釐卡初祗鎮市後設鄉開米盈石布成匹皆税之人莫敢忤市最盛者爲大浦左右設卡尤密商賈雲集交易日數十萬金賊以爲通省都會流賊亦不敢擾難民依大浦者化居皆得厚利一人在市餘悉坐食然薪桂米珠久而食盡疫又繼作溝瘠道殣日千餘人好義者襍菽豆爲糜卷蘆葦爲棺亦不能徧給也

十一年春正月劉星臣等復集衆於長興西川界名興義軍自賊庚申歲据城逾年官軍不至民不聊生廩生許士熊作討賊檄千餘言詞氣伉慨聞者感泣長興境有西川界宜山峻嶺其狀如馬口狹而中闊上通廣德下達夾浦劉星臣相度地勢糾集義勇舉人潘鼎英監生張文衡等處勸紳富出貲置備器械廣招獵戶善火槍者加以訓練時湖州堅守生員謝文雕隻身至湖城請兵趙忠節忠節頒發興義軍鈐記並下檄獎論軍聲頗振

秋七月戊申興義軍攻賊青峴嶺時青峴嶺爲廣德孔道湖防要路勢在必爭張文衡等議攻之常州左軍外委徐雲彪出隊賊据外營礮子如雨我軍奮勇向前雲彪率旂手蔣盤龍等踰濠入後隊大呼競進聲

宜荊縣志　卷五　武事　粵寇　十二

震山谷賊且戰且走陣斬悍賊數十槍斃黃衣賊目毁賊營五奪獲旗仗甚多賊退守內營由是環近白峴七都八都東西川諸界均一氣聯絡賊號令中斷廣德賊乃發告急文書於蕪湖賊矣

八月庚寅復攻青峴嶺劉星臣等選集精鋭分三路進攻中路直趨賊營左右齊發賊懼退避復有他隊賊自伏牛嶺來密遣義勇尾擊前後夾攻殺賊甚衆賊復從小路衝突衆迎擊之槍斃賊目三人芥中鼓譟助威羣以石子投賊遂大潰奔伏牛嶺而去湖州差弁過境在山上望之民兵戰士無不一以當十者

九月癸巳攻白峴嶺九月二日劉星臣復督潘社頭及城西之勇徐雲彪率本哨兵同攻白峴嶺悍賊亾命奮力抵拒興義軍戰亦愈力賊知不敵俱退走遂連毁賊營數座斬賊百餘

丙申興義軍潰於西川界賊既屢敗乃大股自分水嶺趨湖㳇直竄西川界劉星臣等迎擊賊蟻聚而上星臣受傷不能戰卡內義勇齊出擱擊槍礮並發連斃悍賊十餘人黃帔賊目二人賊暫退初五日賊分數隊並進城中之賊自革嶺青峴之賊自大全口張渚之賊自懸腳嶺蕪湖之賊自苗蔣嶺衆寡不敵界遂破凡起義二百四十餘日大小數十戰殺賊盈千至是力竭爲賊所乘劉星臣等均遁去詩皆殉難惟張文衡以母疾先出不與

據宜興僞將令鄉官率

民殺流賊在張渚者先是據城賊安民民尚得耕作至是流賊大擾正月閒掠東北鄉三日而去西北則新芳橋一帶盤踞兩月九月閒湖州敗迴之賊數十萬蹂躪丁蜀山等處焚掠一空煙火幾絶城西則僞襄王劉官芳大股竄西鄉歸逕橋等處焚掠數十里民皆駕舟以避明年二月又至五月始退十月有鄭姓賊据張渚性尤凶悍日肆劫掠所過村並無不殘毁時肆賊俱無統紀人衆者雄城中賊介谷軍帥督民備槍礮器械攻鄭賊於張渚連戰數日民死無算

同治元年夏五月潘家壩村民糾衆擊賊潘家壩在城西南通煙山陸路北距大谿賊由溧陽至輒肆掠被害最先民伉壯負氣與賊鬬死者甚衆同治元年春倂生潘銘與旗人福昌議凡外來水陸賊過境輒屠截之奪獲衣裝器械旂幟還以拒賊小隊之賊無生還者

六月賊大隊過潘家壩村民取其後隊村民鏖賊宜興據城僞將頗知之但飭其黨避道勿過而已六月中流賊大隊過潘家壩有兩小隊後至知村民之多斃賊也分兩路入村將肆殺掠一擊村南一攻村西禦者奔命忽見遠村有旌旗蔽道賊驚退村民逐賊擒殺殆盡皆謂神助自是過境賊不由潘家壩矣

秋八月賊掠東鄉及宜興境之西鄉官軍圍江甯急

宜荊縣志　卷五　武事　粵寇　十三

僞忠王李秀成率衆數十萬自浙由宜興往援賊兵駐大浦東北鄉及東南鄉殺掠無慮日居民既盡乃入水搜括東沈及下裴前墅陽山諸蕩橫塘河各處避難船隻尠得免者浹旬賊乃上竄宜興西鄉楊巷一帶及荊谿西鄉之近楊巷者皆被蹂躪

二年春正月流賊四掠僞首王范汝賢及僞戴王僞體王三賊復自金華上竄衆號百萬范賊入城據萬官宅爲僞王府其二賊及部下衆盤踞各鄉時民已十室九空有船者多趨西沈賊按船索貢日肆搜括人之突出擄掠人船俱爲賊有田皆蕪草戶鬬炊煙自二月訖八月賊始棄去四鄉蕩爲如洗流賊之厲至斯極矣

二月西鄉民兵聚於潘家壩擊賊屢勝之潘家壩民久與賊持二月湖防保舉外委白文榮招前其事許子龍往潘家壩起義另立一軍於壩南之趙圩來歸者雲集擊賊屢勝然賊來亦日衆蔣詒芬僧旅孫上林往依之子龍見勢不支以軍事付詒芬自往常州求援至溧陽之大山界得疾歸詒芬偕白文榮等十七人代往見總兵劉松山求援不應還遇賊多鬬死

三月潘家壩陷賊迭攻潘家壩村民力戰相抗互有殺傷三月下旬賊大隊由溧陽三面來攻會大霖雨槍礮不得發賊如牆而進民兵遂潰

夏四月流賊四出割麥時流賊遍城外無所得食皆取民田麥爲

宜溧陽賊亦合其黨至宜興荆谿境割麥時遭三賊之亂民皆伏匿草莽將俟賊退收麥自給賊既盡割以去民歸無食草根樹皮剝掘俱盡有閉戶餓死者**秋八月庶吉士任傳綸知縣潘澤霖承檄辦團練於吳江之莘塔**先是西川界興義軍破後邑紳十周庶常家樞任靖江合七邑紳民設團練局籌貲募勇備械儲糧相機進剿與賊畫江而守時時遣諜離間諸賊賊嘗疑不安其後周庶常入都知府倪寶璜主之許子龍爲湖州之援留師亦陳與義軍練勇狀至是曾帥檄任庶常傳綸爲宜荆長興團練總辦李爵相時以巡撫駐上海收復常熟吳江江陰亦檄候選知縣潘澤霖爲合辦別設局於吳江之莘塔宜荆練勇散者俱聞風而至捐礮器械畢具時大浦商賈輻輳雜處者至賊亦不甚盤詰莘塔地濱太湖既設練局與大浦聲息相通潛遣人入城諭降並諭大浦守卡賊蕭姓羅姓時官軍方進攻蘇州賊心惰願投誠蕭羅二人先納金助餉**冬十月賊掠大浦**賊將其思反正城中僞將劉佐清其謀甚密大浦鎮蕭羅二人於商民積久相安流賊至鎮市不易肆民幾或出貲助振既欲投誠輸款令部下皆出貲時僞侍王李世賢在溧陽賊黨揚某潛遣往告世賢驟至大浦蕭羅二人往迎世賢作好語相慰後復人見於座上叱縛之縱賊大掠商賈駭

重刊荆谿縣志　卷五　武事　粵寇　十四

走財物盡委於賊世賢縱日方去並擒張渚守卡周某還至溧陽吏縛高某與蕭羅共四人裹絮漬爇焉自大浦成市已歷三載難民徙居無慮千萬家至是悉奔散惟谿近城流賊屢至民聚成市大浦市散多集谿難民至露宿於野斗米千錢餓死者道相望賊亦無可復掠久之人相食**十一月民兵聚於萬金鄉攻周鐵橋賊卡破之**蔣詒芬集潘家壩散勇於周墅得二十一人謀糧餉器械離周墅十餘里周鐵橋有賊卡乘夜襲之殺賊百餘賊棄卡而遁獲兵仗糧餉甚衆明日復至男斯則賊卡已空自此軍聲大振賊皆膽懾越數日扶風橋卡賊歸降時提督滕嗣武駐兵於無錫之九龍山詒芬往見之嗣武給以札令爲鄉導設局於陽湖接界之百瀆分水墩**越日復攻水賊於馬蹟山大敗之**湖州水師賊大隊掠陽湖馬山民兵往邀擊獲僞天將躁之越三日賊目陳某以礮船六號衆百餘人來歸以礮船四守百瀆口其二守陽湖萬壽橋錢成禧等分領之自是民兵有水陸軍童生張思贊司其事宜興難民皆依分水墩以居矣**十二月甲戌總兵吳建瀛率師至和橋攻宜興不克尋遁**吳建瀛隸郭松林麾欲得功突來宜興松林不知也民兵導至城下諭賊范汝賢降不應城中突出賊衆

與官軍相持各退民兵進擊斃二賊生擒七賊以獻越日吳建瀛率調拔營往奔牛至小河口令擊賊輪船於長江時庠生王有謨奉宜荆長三邑團練總辦札來宜將詒芬以軍事付之自率礮船往薛堰橋保護難民許子龍亦以七邑團練總辦札至

三年春正月福山總兵郭松林記名提督滕嗣武等率師攻宜興辛酉師次和橋官軍既克蘇州下無錫總統李鴻章檄諸軍圍常州賊固守不下乃檄福山總兵郭松林記名提督滕嗣武統松字林字營會同水師及常勝軍攻宜興十九日至和橋郭滕二將率騎數百相度地勢驟至城下賊出隊迎敵初無勝負忽空屋中伏發二將傷火槍乃退**乙丑官軍復宜興**二將受傷兩日不出賊亦不敢出城二十一日復合諸軍進剿林字營軍城北松字營軍城東常勝軍及宜荆練勇列隊爲犄角賊出城迎戰我軍奮勇齊進殺賊甚衆生擒數十人僞首王范所隸賊破執得僞范賊問之則曰我言劉佐將部下官軍故不殺也范賊本與劉佐清有隙分城而守劉守橋南范守橋北范素知劉謀反正聞部下賊言愈疑二十三日官軍分路復進洑谿北岸有兵數百無舟不能濟洑谿人徐殿榮呼舟濟之遂薄城下范賊焚僞府棄城走劉佐清開城迎降官軍入城五日荆谿縣知縣顏榮階始至邑紳

重刊荆谿縣志　卷五　武事　粵寇　十五

任傳綸潘澤霖等後亦次第入城設局辦善後事尋官軍攻溧陽取金壇團練局派槍船二十號爲鄉導焉二月署宜興縣張楷亦至時衙署盡毀地方官及各鎮將皆居紳士宅中房屋強半折毀饑民復因夜折毀空屋取直日常數十開兵去後存者十僅二三東西大街無片瓦民皆於南門爲市久乃稍徙而北云**三月設釐捐局**自咸豐三年侍郎雷以諴奏行抽釐助饟法於揚州仙女廟其後遂爲裕饟中興之本宜荆於四年設卡徐舍旋設旋撤克復後城中積米如邱山有勸邑令顏榮階收米籌善後者榮階畏鎮將不敢少動米數萬斛盡爲官軍所售四野蕭條經費無出張楷湖洑兩山素產竹筍大亂初平業主未歸人得入山采賣乃委員設局試辦焉復於和橋徐舍周鐵橋等處設卡抽百貨釐歲可得數萬緡**夏五月辛丑廣德賊復竄張渚殺前宜興縣知縣周守典賊去全境肅清**是時常州溧陽已復惟廣德未下張渚鎮已相聚成市前宜興令周守典方奉檄辦宜荆釐捐至鎮五月初二日賊由湖洑橋竄張渚守典被擄死於道中自宜城之陷至是五年守典以隨同克復得免處分而卒死於荆谿人惜其死之不早也然自是宜荆兩邑絕無賊蹤江南列郡次第收復民復睹承平之象矣

宜興荆谿自程芳祖殉難至周守典被戕閱時五載賊去賊來始終皆於張渚盂二邑故山水之要會而山隘之保急於水防張渚山界三省道衙境僻地曠人稀不逞之徒易於竄匿小則爲結林之盜大則爲伏莽之戎粵賊之變創夷甚矣

聖世中興殲巨魁赦殘黨而狐羣縱散狼性未馴孽匪降天自作兆端網漏而羅復離至九年有關文桂之事演劇結盟燔香集衆招募假名轉徙聚閧粵寇既平有合肥人關文桂者係賊黨反正同治八年由東壩徙邑之徐舍詭稱營官密札招勇煽誘注籍者甚衆潛分四旂與溧陽道士史鳳川績谿漆工喻官錫金華木工郭佑良分領之高淳人楊駝子爲僞軍師將以張渚山爲巢穴先往獐猪山中假稱賽神張燈置酒演劇結盟爲從善鄉人所逐乃往孝豐山中宜荆兩邑主客無賴之民從者數百人有以告者官不問也明年春二月十七日攻建平爲官軍擒獲數人十八日至廣德之東門

弗克攻而逸文桂旋於當塗境被獲與楊駝子史鳳川先後伏誅喻郭二人以漏網終十年有張眞大之事鑄刃在市斬竿成軍聞風早洩縱火不焚文桂誅後其黨張眞大者邑西牧馬口人復與芮六三蔣全茂蔣廣文陳文英結盟夜鑄刀於和橋之鐵鋪復入山採竹爲槍山中有十三磵灘者向於十月中旬會社觀優人衆如雲眞大謀是日起事芮六三洩於所暱張渚鎮監生徐維城知之奔告邑紳巡檢譜紹鍾亦稟縣官先遊冬防爲警備十月初五日蔣全茂爲橋下村人所執具供眞大私造僞戳旂械等物眞大知謀洩先期舉事初六日夜天微雪張渚巡勇見有伏地爇火者擒之則陳文英也時水陸俱伏賊黨後火起並發文英既擒賊黨遂散眞大遁芳莊被執蔣廣文芮六三等次第縛送巡撫張之萬檄將五人就地斬梟其黨雖決遣有差是役也張渚紳民晝夜巡防貲力交盡不然殆矣朝閧抗日旋起即折桀驁檢王或恐生心況招耕方來增竄不已鋒蝟斧螗房蜂垤蟻彼粵山擾亂初亦僅如此也思患者防設險者守不懲於前孰愼於後有心者毋忽奧區而輕小醜哉

殉難紳民記

爲虐岳虐縱時川血沸海氛蒸不化怨島成磊城虛而鄉壘官逃而民耳自近代以來粵賊之變未之前聞也宜興荆谿居民老幼丁壯百萬有奇咸豐庚申城陷者五載其間自男幾無子遺丁壯不及十萬寡乎家乎取義成仁尙能勝述乎蓋天不共若國之仇身糜於礮臨洞於矛殞隳者若而人斫脛斷頭威武靡屈玉辱難容金剛易裂被戕者若而人赴火而烈投水而清雉經鴆毒含笑九京自殺者若而人焦脊卒投跕鳶嶂飽鄰壁閉口腹枵骸槁絕餐者若而人西山之餓何必不如死綏東海之投何必不同飲刃全尸與碎身均一義也從容與奮激均一

情也雖勝老而竟夭汪錡童而不殤輿臺之殉難賤而猶貴溝壑之捐雖腐而逾芳其有勢所必至計無復之屈志辱身要爲非願一瞑不視亦云憯矣逖平以後

朝廷憫死事者之苦京師省會設局蒐訪復

詔被兵州縣建祠祀焉精忠大節彪炳口是報以百世俎豆爾馨可不謂榮與特是官牘紛於牛毛眥鈔杳於馬尾樊殺踳駁稽核爲難王以田成君爲尹叙樂祁魏多偏乘二名韓翃草臬旁增华懺則遂寫爲癸呼丙作甲轉眞爲云遷史賑虞栢翳伯益范書方術劉訓計動則音聲變矣乇遂溺而淚悲秦謀蘇而矢記許遠就虜疑其偷生蘇武久幽信爲已死則存亡未定矣

改稽良爲叔夜混姬晉于王喬已表子常別出陳亢不知丈獵郎爲舊放則分合又歧矣至于後嗣述其祖宗文士呢其戚黨或以千秋之榮補一死之枉然而鼠腊云璞美諭相若魚目成珠珍光故殊旌卹寵於泉臺銘誄傳於簡冊眞者自眞不可得而泯矣嗟夫梧邱之夫含冤殁而能訴秣陵之尉逐盜殞而猶神況精誠貫石浩氣淩霄者與窮巷荒墟人蹤罕到蔑聞者無如何也青燐碧血遺憾難消不告者孰可忍也間見各異存以俟參傳疑者猶之審愼也意見獨存故爲輕重秉筆者雖追其誅也今據昭忠錄所載加以采攷重者汰之佚者增之訛者正之疑者仍之編次按年定名依類錄則別錄成篇備則附注爲

宜興荊谿縣新志　卷五　武事　殉難紳民　六

例時佚獨誌其人名亡亦存其事都凡兩邑幾以萬計夥矣備矣豈知忠魂義魄長留天地者此猶僅十之一二與若敖鬼餒於義素餒趙氏孤衰其後必興後之覽者如聆鳥鬪如慕青琅庶幾廉頑立懦興起於斯文

咸豐三年宜興紳民陣亡者有把總徐容光（見忠節錄）被害者有劉文興（揚州城陷死）自盡者有江甯府教授歐陽晉（見忠節錄）

四年荆谿紳民陣亡者有江西武甯縣典史湯道增（見忠節錄）

六年荆谿紳民陣亡者有瓜州外委李襄成（見忠節錄）花翎守備吳廷燦（見忠節錄）

七年荆谿紳民陣亡者有從九品吳澍恩（見忠節錄）

八年荆谿紳民陣亡者有廕大僕寺卿何裕（見忠節錄）何保三（裕子）

十年宜興紳民陣亡者正月有南雄州百順司巡檢東炳泰侯陳升（子名鈇見忠節錄）二月有六品軍功汪鋐（杭州城陷巷戰死）三月二十五日有毛定昌（蒲干里人夙倚手技與監生吳炳基父子溧陽史效忠率衆拒賊安樂橋從死者甚衆）監生吳炳基（昭忠錄作傳之荷塘村人合門俱殉與許鳴雝同見忠節錄）同知銜監生吳燮宸（炳基子）武生吳飛雄（炳基從子）史效忠（溧陽山前里人）武生毛賓　毛具德　毛具大　毛福元　毛端林　毛枝華（俱堰南里人）宗德昌　陳鳳鳴　張序能　楊佩書　毛邦義　毛康年　毛利昌　毛德昌　毛邦大　毛榮山　毛明大　毛明魁　毛順山　毛瑞春　毛安大　毛廷佑　毛望珍　毛湧達　毛高魁　毛赦

宜興荊谿縣新志　卷五　武事　殉難紳民　七

春　吳大成　吳金華　滕洪邦　吳茂亨（葛瀆人）羅鎮定　曹鎮祥　陸達仁　陸臘大　邵天大　韋鎮長　韋盤庚　張得喜　張佑成　張七大（俱隨定昌拒賊安樂橋死）二十六日有監生周培之（雲霄里人賊至糾衆拒之殺騎馬賊及餘賊數人奪其旗幟冠蜂至培之力竭被執剖腹死）周頤　周德升　周鶴豐　周祥元　監生周之楨（俱與培之拒賊死）二十七日有張本大（金紫圩人率衆天成橋拒賊死）張杏魁　錢壬大　錢順大　錢春福　錢起林　張錫魁（俱同本大拒賊死）監生史元英（義莊人）同知銜監生史之和　史汝璐　史龍元　史時大　史林義　史放古　史放榮　史興發　史招福　史元大　史寄義　史銓成　史旭升　史洪大　史應徵　薛福林　史士英　李傑之

史開乙　李經邦　謝望大　史古良　監生史廷楨　楊汝
耀　史景初　楊汝賓　戴小龍　吳學信　吳雲大　史由
球　童生史且生　童生史慎之　監生史甲元　監生史聲
宣　史鳳池　史冠瀛　史望雲　史炳煥　史繼生　史道
衡　史藿生　史師迷　史伯助　史毓珊俱同史元英拒賊殉難柄元　蔣
益元賊林人過賊闖門死難見忠節錄　武生蔣浩　蔣紀常皆與益元同死見忠節錄　監生
蔣狄　武生蔣子銘　蔣富爽子四名鈇　蔣茂卿　蔣狩法　儲順
隆　蔣具大　儲聯榮　李在法　儲信成　邵鎮壽　儲繼
蔣開秀　蔣天赦　金兆喜　庠生儲浩然　儲夢經　份
生儲容庭　童生儲嘀　儲漢章　儲紹曾　儲一德　儲

國材　儲曆元　儲順會　儲廷保　儲漢良　儲佑南　儲
維南　嵇炳章　儲春茂　儲正庚　儲麟閣　儲麟趾　儲
聘能　儲法大　儲增奎　儲慶榮　儲敘福　儲槐溪　儲
赦昭　儲士勤　蔣繼華　邵邦法　蔣光元　邵興法　蔣
明忠　蔣鎖法　蔣正奎　蔣孝順　儲岳壽　蔣鎖昭　蔣
如錫　蔣金奎　蔣法奎　蔣三大　舒勝忠　儲三大　儲
天慶　儲根大　儲雲高　儲會源　儲信富　儲行奎　儲
天富　路鳳書　路龍書　路福書　路德富　路鎖法　路
龍法　路義招　路在興　路英朋　儲春義　儲裕纘　蔣
志勤俱隨浩拒賊殉難林村南芳前橋死　儲遂登　儲錫魁　儲遂蓮　儲遵壽

蔣寅元　蔣和　蔣兆五　蔣希光　蔣達保　蔣應奎　蔣
義生　蔣孟麟　儲林奎　儲邦英　儲邦佐　儲邦佑　儲
栢林　儲魁山　蔣林喜　儲服官　儲宗林　儲順德　儲
潵德俱隨紀常拒賊殉難林村東新橋死　候選訓導儲炳煥　附生儲樑成字子炳煥
煥器成字子期積學工文兄弟倆二難炳煥尤善書引掖後進
多成就著有天香樓詩詞鈔各六卷器成亦有虛齋古文及詠
史詩溧陽陷許鳴雎起義炳煥與器成率鄉團禦賊陷陣器成
死炳煥絕而復甦亟至家取衣冠服竟賊至抗罵大駡賊復殺
之亦見忠節錄　庠生儲鴻臣　六品銜武生儲成　監生儲璥　監生
儲銑　六品銜監生儲習善　儲庚書　儲月明　儲義福
儲正和　儲留大　儲全赦　儲赦大　儲德明　儲開大
儲文茂　儲生耀　儲庚順　儲佑敘　儲一清　儲夢麟

儲慶義　儲方茂　蔣裕隆　蔣孝榮闖門前後死難　蔣朝松　蔣朝
林　蔣朝恩　儲宜復俱隨炳煥拒賊豐義死　二十八日有庠生黃裕謙
率眾拒賊上黃里與許鳴雎同見忠節錄　黃裕豐　監生黃履謙　庠生黃光謙
黃法珍　黃善保　黃榮書善保子　例貢生黃磐　尹寅福　黃
錫彩　黃再大　黃巨大　黃季良　黃茂方　范占魁　范
天德　黃晤昭　宣月明　潘廷強　黃加法　黃保法　黃
秋雲　黃龍福　潘三槐　潘方大　潘炳良　宣曾喜　宣
本大　黃義興　黃庚生　黃效忠　黃順生　范赦大　范
佛赦　蔣東德　蔣亦德　戴德招　黃雄亮　黃仲芝　黃
鹿賓　蔣廷芳　黃鎖餘　黃洛賓　黃瑞琮　黃夢鐘　黃

國叙 黄義高 黄一本 黄夢德 程龍寶 陶士興 范愛元 范德魁 張洪發 張學茂 張福茂 張彦昌 張忠昌 張賢昌 張叙昌 張順祥 張順乾 張順坤 潘開義 蔣芝庚 史維濟俱隨裕謙禦賊上黄瀆陳死 童生周登魁鄉山人賊據村發魁夜率衆掩之手刃數賊賊僞至受重創死 二十九日有童生張曉雲率衆拒賊金紫圩之天成橋與許鳴雝同見忠節錄 張愛官 張榮昌 張鵬程 張定榮 張高大 童生張受 張德保 張遇三 張貴昌 張和大 張法大 張珍魁 陳老大 張來招 張春官 張生福 張佩條 張五狗 張聽郎 張聽大 張東大 張隆法 張嘉守 王琛魁 張六喜 張朋大 陸大成 張鼎榮俱隨曉雲拒賊死 武生曹際飛字履雲泉左里人素行方正許鳴雝起義團際飛與其孫鎮藩至璜圩宗祠集族衆議拒賊賊至迎擊際飛被執駡賊死鎮藩同遇害見忠節錄 庠生曹鎮藩際飛孫 六品銜曹熙階 武生曹定邦 曹維城 曹選禄 毛揚振 曹焕章 曹永朝 毛雙高 曹紀堂 曹炳耀 曹邦宏 曹富大 曹永德 曹茂昌 曹壽昌 曹鳳祥 曹林祥 曹保大 曹裕祥 曹秋元 曹洪元 曹茂春 曹洪魁 曹瑞發 曹來發 曹鋆發 曹學富 曹學義 曹維高 曹大喜 曹信茂 曹定虎 曹福盛 監生曹松茂 曹巨大 曹林 曹祥茂 曹佑森 曹選福 曹筆忠 曹銀大 曹寶大 曹近義 曹勳義 曹習大 朱福 趙鎖發俱隨際飛死璜圩 監生曹

宜荆縣新志 卷五 武事 殉難紳民 三十三

際亨與際飛同日死 監生曹摺紳 曹洪大 曹榮祥 曹伯岳 曹保緒 曹添喜 曹添寶 曹招大 曹榮大 曹席榮 曹廣三 曹定榮 曹秀榮 曹長發 曹來法 曹正發 曹正林 曹銀林 曹鶴林 曹彬如 曹洪三 曹培懷 曹鎖招 曹順生 毛望朝 毛義金 黄林順 祀生曹發源 俱隨際亨死 蔣三多 蔣叔生 蔣成三 蔣卓漢 史祥林 沈杜文 蔣昌華 富生法拒賊楊府里死 張志樹 曹長法 王二龍 尹法大 尹鎖魁 尹鎖昭 路嘉寶拒賊儒頭村死 錢廷餘 錢川大拒賊東馬塲死 張昌義拒賊鎮龍橋死 路佩禮拒賊坊東里死 路仲芳拒賊卞家村死 楊三大拒賊巷基上死 尹德邦拒賊楊華死 錢應廷拒賊坊西村死 曹錫山蒲干里人率衆拒賊力竭死 曹雙發 曹官大 曹國初 曹鶴皋 曹效祖 曹宏財 曹德昭俱隨錫山拒賊死 曹兆魁率衆拒賊森墅死 曹孟魁 曹昇魁 曹華魁 曹增齡 曹增慶 曹開斗 曹開平 曹五大 曹邦大 曹之温 曹林發 童生曹芹元 曹誦南 曹晋洪俱隨兆魁擊賊力戰死 儲德榮典巷里人率衆拒賊注浦橋死 儲正榮 儲會祥 儲集卿 儲秋生 儲會良 史天生 史川大 史根大 楊敬朝 徐佩全俱隨德榮禦賊死 潘德昌周山人年逾八旬以杖擊賊被殺 候選縣丞監生徐燧 儲裕榮 蔣正甫 馬發義漫濟里人 馬升甫發義弟 宗榮大 秦鼎芝 秦步瀛 秦青山步瀛弟泉田里人率衆禦賊俱被執不屈死 毛鶴雲 儲履泰 武生王廷佐 武生閔安邦俱坊東里人 居懋祥

宜荆縣新志 卷五 武事 殉難紳民 三十四

毛際升　陸之栢　丁謹初　毛鍾璽　吳企雲　吳維閶
監生方超 俱拒賊死　方燦　監生方均和　方炯　監生方鴻遠
監生方鴻磐 俱與和姪與超等皆拒賊官村死闔門俱殉　衛德昌　錢會書　錢
勤書 俱拒賊大興橋死　王美大 下河頭人　宗嘉福 坐莊圩人　周敦三 荒干里人俱遇賊持鋤力
鬬死　曹增培　曹洪慶 拒賊新芳橋死　陳宗球　宗懋祥　宗俊宣　張
岳秀　張鹿義　儲榮觀　儲榮奎 榮觀弟　張來銓 拒賊南河庄死　六品
銜武生毛奎光 發矢射賊應弦而倒被賊執剖腹死　曹德翊　曹繼華 拒賊太平村死　曹
順法　曹寅科　曹寅魁 拒賊黃土山中火槍死　曹信元 拒賊堰頭村死　曹佑貞
拒賊亭橋死　沈心達 拒賊亚亭死　李虎奎 李墈里人　徐立方　徐川盈 立方姪　監
生何達瑞　邵慶榮　邵保壽　邵正奎　邵榮官　吳治 俱鍾溪人

徵 沙灘里人　蔣增壽 大潭圩人俱拒賊死　四月十三日有庠生邵宣延 拒賊耕圩死見
忠節錄　庠生邵康侯 義與宣延同起見忠節錄　岳鴻禧　庠生邵梅臣 見孝友錄　岳
印亭　岳駿　唐嶽宗　褚企先　邵錫麒　楊季亭　楊澈
大　楊東元　楊洪如　楊中和　楊榮華　楊丕訓　楊正
元　岳恩榮　岳耀林　岳永林　岳文藝　岳文珊　徐萬
生　徐金生　徐保大　徐增年　徐延貴　徐佛林　潘珍
榮　蔣荊川　莫洪川　徐幹臣　邵富加　周貞謨　邵覺
先　邵祥大　邵會全　邵盈大　邵錫疇　邵錫田　楊佩
華　侯正中 俱隨宣延力戰死　任濱　任泗 濱弟合見孝友錄　許殿榮　許陛
榮　許正高　許正熙　許正和 俱見濱孝友錄　談三大　談茂林

談森林 兄弟三人圍守溪河力竭退賊追及之剖腹死一門二十一人盡被賊圍住燒死　從九品丁漢
章 拒賊死　羅元澤 拒賊中炮死　從九品陳球 亳村人率眾禦賊村東死　陳有開 率眾球孫
往救陷陣死　袁順興 和橋人遇賊持農器拒之力竭死妻亦殉節　監生儲之傑　監生儲
春梧 賊復至糾義勇八人又率義民禦之力戰被執誓不屈慘死　楊瑞榮 遇賊將執瑞榮奮身迎敵殺一賊後賊衆
王力竭死　胡朝玉 褚墓塘拒賊死　從九品程煥　監生方熾 俱和橋人　附生楊奎
照 官莊里人與程煥皆以擊賊被殺　范華榮 徐墅橋人賊自常州南竄華榮夜聚小舟數十伏蘆中襲賊賊覺
先發華榮被創赴水死　白遺大 嘗挫賊於五洞橋鄰近籍以全活者甚衆後被賊執大罵死　李順芳
李盤芳　李正芳　李祿芳　吳好生 同拒賊淩安橋力竭死　庠生李驥
北橫塘人率眾拒賊死　姚小耇　蔣朝義　蔣三郎　蔣鳳興　包富生
俱隨李驥拒賊死　蔣三明　毛開林　史德容　史岳林 思古圩人俱率眾拒賊死

劉德芳 南滕村人拒賊被執剖心死　楊致祥 雅鶚谿拒賊被焚死　六品銜庠生毛榮光
毛祥盛　毛發高 城陷率眾拒賊珉圩山死　張朋達　張松官　張茂祥
張定邦 俱在天成橋拒賊死節　吳榮發 率眾拒賊死　吳汝言　吳樹芳　吳
庚大　監生吳貽善　武生吳珊桂　武生吳殿英　監生吳
高奎　吳高林　浙江縣丞吳汝聽　吳士超　吳月田　吳
耀亭　吳順隆　吳月明 俱隨榮發拒賊死月明殺賊甚多死節尤慘闔門俱殉　二十八
日有監生史之楨　史伏順　監生史潘南　史幼青　監生
史孚嘉　任芝泗　蔡兆熊　庠生蔡兆沅 俱拒賊官村死　監生蔣延
基 俱義拒賊桑滸死　黃順隆　談繁傑　袁救興　潘九大　袁榮盛
袁榮義　袁阿滿　袁洪慶　袁興大　袁阿川　監生蔣

麟書　謝士恩　謝三寶　謝朝生　黃書廊　黃洪義　黃
日明　黃允中　黃阿洪　黃省忠　黃作松　曹開榮　曹
盛榮　楊新國　楊新義　王義大俱隨蔣延基戰死　秦夏書新芳橋夏田里
人賊過橋夏書督族姪培之力禦數賊卒以眾寡不敵死　秦士英夏書子　秦士俊夏書姪俱隨夏書力戰死
謝應生好讀書有肝膽聞金陵陷棄書學騎射後賊至應生率眾拒於馬田里和讓橋手刃黃衣賊賊退復大至眾驚
潰應生挺身獨戰十指俱裂死　吳佩珩　尹中元俱亳村人同拒賊被創死佩珩年八十有二中元年七十
有三　八品銜佘栒率眾拒賊中巷橋中徽死家人得其屍面如生　崔立成山陽圩人率眾堵守北成橋遇
賊轉戰數十合殺賊甚多後因賊眾團潰死　蔣合成　徐佛大　吳庚生　錢佳大
胡坤來　胡安南　張廣榮　張聚元　童生潘洪南　蔣
奎大　陳正來　盛三大俱隨立成力戰死　張青榮　沈達興　朱仁

裕　朱福林　朱渭濱賊至新芳橋書榮等結團堵守寺橋遇賊力鬪俱墮河死　蔣杏園
蔣培珍　蔣廷誥　監生蔣議　庠生蔣子駿議子俱擊賊長圩死　庠生
鄒恩湛　童生鄒蘭生俱堰北人本村拒賊受重創死　彭珊大篠橋頭人　沈國庭
沈國淇　方朝茂　史孟書　史得興俱男留村人率眾在男留渡拒賊死　王順
林年八十二賊至其家以杖擊之並數其罪被賊剖腹死　張坤元在花圩河岸徒手與賊鬪斃一賊復擒持一賊
同落河死　庠生徐俊德雁行村人賊至持鋤迎擊力竭死　錢潤元　徐大牙　徐順
元俱俊德同里與賊力鬪被斷手足死　蔣金魁　蔣薺　蔣儒林　蔣金沅　蔣
如恒俱蔣家橋率眾拒賊力戰死　五月二十二日有許鼎傳率眾堵守廟橋遇賊力戰死
張念伽　張綏甸　張錫疇俱隨鼎傳拒賊死　吳世大　吳咏曾　吳
德芳俱拒賊蔣圩奮力戰死　尹沛耿　湯巨槐　張華大　張書桂　唐

步雲　唐兆榮　曹德心俱與沛耿拒賊迎恩橋沛耿先死巨槐等奮力爭救不及俱殉　武生
金殿勳潘射頭人賊將至奪舟操舟避遇賊以舵柄擊之連斃數賊後賊蟻至不敵死　蔣廷槐圩大蕩人　儲
藏熙　王佩忠　監生孫大經俱遇賊接鬪擊斃數賊力竭死　二十五日有周
守銘在東鄉湯巷里拒賊死　六月二十三日有劉會亭　劉方臣晃臣弟　蔣
玉田　武生蔣熊彪俱與劉晃臣同起義見忠節錄　劉受春　劉雲開　劉正
和　劉昭大　劉狗大　劉天德　劉應和　劉順招　吳春
盛　羊科元　吳端大　佘華三　蔣扶順　蔣德南　蔣澤
綏　蔣行德　童生蔣正華俱養象兜人　蔣順昌　童生蔣逢辛
蔣大山蔣象兜人　蔣瑞元　佘羊二俱景美村人　李富南　吳道端俱殷家村
人　宗儀大前陽人　周永川周鐵橋人　楊狗大　李盤大　周翔元　楊

廷桂　許洪法　許虎二　許茂春　許長生　周生大　楊
永元　李寶生　施萬行俱橫塘村人　許和常　周榮昌俱沙阪里人　盧
鳳樓　陳允福俱西下村人　許文斌方橋人　許榮義　許順林俱廟瀆人　陳
雍復　楊青春俱西城里人　裴錫川大成里人　蘇子保龍韶村人　桑春秀　周
振謨　馮效祖　錢貞大　錢青大　桑五有　桑進福　强
聽大　强昌茂　强德初　强振泰　强長大俱梅子泉人　許鳴鳳
許雅洲　許聽龍俱稽瀆橋人　莫隆樹　莫隆和　莫記大　莫
占三　莫奎文　莫細三俱滸瀆灌人　吳月鳴　潘雪大　金應龍
金雪來　潘順龍俱潘射頭人　蔣合盛紫溪人　路益卿　路坤大俱十
房巷人　吳正大　錢貞寶　李天楠俱上山人　邱穗大蔣史橋人　舉人朱保

中城陷徙居潘射頭蔣熙村　陸廷瑞　陸廷雄俱沾瀆灘人均與會亨等時劉星臣在潘射頭起義堵守社瀆龍眼二橋併力攻擊無一退者賊恨益眾分敵會亨等力竭俱殉節　沈仁達同日督團助戰力竭死　從九品周鍾俊督團社瀆橋分敵陷陣死　庠生蔣行斐字笠西師瀆里人城陷與族人起義拒賊部署未定賊驟至擁之去至偽林橋大呼躍水死　監生朱一鵬湯婆圩拒賊死　邵順魁遇賊格鬭力竭死　吳維巖城垇人持刀入陣殺賊死　七月初八日有贈刑部主事監生周家鋤見忠節錄　候選縣主簿監生周家焘與家鋤同見忠節錄　周炳輝　庠生蔣澤英見義行錄　葉淇大唐貢巷人拒賊被執剖腹死　周竹軒常州人寄居和橋精拳棒年七十三遇賊力鬭死　蔣得茂　蔣項金　蔣樹森　蔣廷栢俱在夾溝村拒賊死　八月二十日有蔣臘狗　王玉洪　王玉琴　陳阿六　陳雅頭俱拒賊橫埄村死　九月十一日有徐寅山寄居吳泗瀆賊至單身持刀大呼殺賊力鬭死　姜

培基在丁山充練勇同日拒賊力戰死　吳煥宮賀家瀆人賊至眾盡驚惶煥宮挺身捍之眾得脫單身力戰死　史六　邵永貞十里牌人素勇猛賊將至人勸之避不從遇賊鬬連斃五賊後賊眾至力盡死　史南義　史六大俱隨永貞鬬死　十月二十五日有徐有亨為人恂謹端方遇賊於王茂公橋出賊不意舉鋤擊殺一賊後賊蜂至被殺年七十有二　庠生吳山見文學錄　許銀綬楊瀆橋人遇賊挺身力鬬死　許映初銀綬子與父同鬬死　十一月二十五日有從九品邵明德　五品銜邵明遠　邵明錦俱明德弟　邵順元明德姪　邵炳輝　邵纖輝　邵福輝　邵應輝俱明德子賊至沾瀆灘明德率家屬奮與賊鬬不敵俱被殺　徐鍾　從九品吳星垣俱率團拒賊死　吳啟鵠星垣子隨父拒賊死　陳榮之在朱家圩拒賊死　丁映林龍德子見父被害奮身力鬬合門俱殉　湯祿大在楊家村徒手擊賊被執刳腹死　庠生王廷璿見義行錄　州同銜楊家榮在官村倡義拒賊死　從九品汪景增　布經歷汪文泰　欽鳴

盛北門外人遇賊力鬬死　欽毓珍鳴盛弟見兄死飭憤與賊鬬擊斃一賊力盡死　路元浩　監生路徐慶俱官村拒賊死　十二月二十八日有蔣塘　羅白山　蔣士珍　蔣祥年　余龍大俱泉建圩人率眾禦賊新瀆橋力戰死　趙順安背灣里人　趙亨義環里人俱遇賊力鬬死　錢德富賊至其家急以農具擊之力鬬死　盧德傳裴瀆人在田耕作賊至犄之持鋤與鬬不敵被殺於張家橋　陸魁林有勇力與賊鬬賊懼而逃魁林追之遇賊眾不敵死　范大章　沈三大　庠生王履謙　王士英俱漳水橋人　樊朝大石灘上人　王秀山基宅村人　周祥元俱與大章同拒賊力鬬死　吳如達力斃一賊後賊眾至不敵死　丁坤元年七十有勇力二結團禦賊眾奮身力鬬死　吳兆元　王嘉德俱在鍾溪率團拒賊死　八品銜俞其州被賊執夜半得脫即持刀潛入賊所殺兩賊後賊眾覺奮與賊鬬受傷赴水死　戴天壽在瀨瀆擊斃二賊並焚賊舟後賊眾至不敵死　陳昌禕賊至廣山街禕率伏勝之後賊眾不敵死　王習寶　王志金同拒賊力鬬死

監生孫綸嚴莊人在張蘭橋拒賊死　孫廷璜綸子　孫鳳儀與綸父子同拒賊死　謝純熙城陷後密謀起義賊至鍾溪即率團拒之眾潰陷陣死　周根固在高塍拒賊殺賊甚多後賊眾至不敵死　儲肇增來義勇在江陰交店鎮拒賊死　于繼銜　武生張鳳池榮下里人年八十一同姪瑞珩姪孫丕謨困守村莊拒賊死見忠節錄　被害者三月二十五日有蔣炳初合門罵賊被殺俱殉　王聽招　宗正大　蔣義大俱邵巷人　陸佩山　韓恩泰　韓瀛洲　韓盤生恩泰子　毛廣庚　毛義高喉街里人　沈青大　沈法祥　閔東官　莊文魁　閔廷榮俱坊東村人　吳錫榮楊巷人　二十七日有庠生湯中錫見忠節錄　湯元錫　湯三錫合門俱殉　李富元下河頭人　唐際虞　韓廷楨　薛開林　儲連榮　湯科元俱余芳村人　楊川大　楊川三　楊川五　毛裕發　武生毛有光　毛聽開管莊人　王嶽福後圍莊人

翰英　監生謝秀璋（旬南里人）　蔣海龍（西莊人）　許肖昌　許義　許愛
川（俱全芳村人）　謝健南　許南大　許立仁（南大子）　毛丹樹　蔣懷榮
朱榮大（俱茶亭里人）　朱熙（年八十有一）　朱漈　儲正甫　附貢生尹佩
璐　從九品尹臣圖　庠生尹德　黃龍奎（莊後人）　庠生蔣載陽
西莊人見孝友錄　徐廣達　徐川大　潘榮桂　潘盤生（王家村人）　庠生史
貴陽（見忠節錄）　儲鎮福　儲芹福（鎮福弟）　儲茂奎　儲鳳奎（茂奎弟）　儲明
山　儲珍奎　儲麟義　儲明發　儲華大　儲洪茂　儲長
生　儲鎮元　儲英虎　儲大來　儲鳳大　儲伯茂　儲紀
庚　儲順喜　監生儲紀開　儲延茂　儲法喜　儲延奎
儲茂元　儲鎮庚　儲義昭　儲伏奎　儲來官　儲川發

儲裕伯　儲裕季（裕伯弟）　儲順法　蔣正友　蔣德順　蔣益奎
蔣榮高　蔣義保（俱賊村人）　謝正魁　謝安山（俱軫村罵賊死）　沈士昂（曹巷）
遇賊不屈死　錢希珍（見孝友錄）　裴俊甫（賊至侍母病被殺）　庠生裴豹文（與俊甫同死節）　任
達曾　何來大（死東巷埠）　謝璠成（死北義莊）　監生孫錦（死前周墅）　吳欽文（死新建鎮）
施行元　八品銜施子香（死艾墅）　監生蔣可權（死蔣半）　徐瑞祥（死北莊）
胡浩大（死羌莊橋）　尹德法（死唐西里）　周南選（死魚池沿）　王錫昌（死大張里）　尹虎年（朱安
里人）　尹西林（虎年子與父同死）　監生儲瑞麟（死荷塘村）　楊起勤　楊起勳（俱宜子）
楊錫嘏（宜姪先宜死見忠節錄）　蔣印楷（西莊人）　蔣慶來　史克昌　史克俊
吳御文（前周墅人遇賊同死節）　二十八日有黃漢福　吳延齡　宗楨
之　宗岳佑　宗允升　宗錫成　史仲英　趙文輝　趙文

煒　趙徵甲　錢惟嘉　蔣玉琪　楊菊侃　黃錫祺　吳德
明（下濟橋里人）　許德生　許茂春　許永法　許金寶（俱紅塔頭人）　戴坤
安　戴林祥　戴嘉興　戴夢源　徐萃芬　戴松林　徐斌
生　徐富生　徐來生　錢巨期　丁中大　顧門大（許巷橋人）　周
庠義（黃泥橋人）　潘應生（鎮巷里人）　蔣元盛（東梁里人）　毛錘賢　毛尚寶　毛法
庚（胥莊人）　陳裕亨（周鐵橋人）　史德慶（袁莊人）　葉春法（南亭橋人）　萬保生　萬和
護　王長山　鄭勤大　馬德隆　蔣珊　程金元　周樂頭
程祥大　程鳳書　王慶曾　王慶福　王德義　王和當
程福林　程三龍（北下塘人）　許耀章　許永發　許胖大　許明
富　許德林（俱古竹巷人）　徐三大　楊珍貴（唐貢巷人）　丁南生（許墅橋人）　錢益

清（芳田里人）　孫福初　葉順三　葉川奎　葉得二（唐貢巷人）　徐三虎
俊大（亭只圩人）　曹元泰（嚴莊人）　徐龍德　徐庚生　徐文炤　徐順文
徐繼成（俱楊巷人）　徐萬成（陸家嘯人）　徐陛泉　徐佑明　徐恒善　徐
臘嘉　徐臨其　徐巽泰　潘敘德（高家嘯人）　許志來　夏洪元
許長法　許方春（俱全芳村人）　許榊大（曲坊里人）　許方華　許方茂（俱扶橋村
人）　許玉川（車家蕩人）　許作賓　許作勤　許乘（俱品山人）　許習勤　許中
安（俱竹園莊人）　許新法　許紀法　許佑法　許川茂　許永茂
許東生　許永福　許佑生　許其福　許其德（俱蔣巷橋人）　許南
詩　許發魁　許祥齡　許祥榮　許進寶　許義寶　許正
榮　許天保　許坤榮（俱儀母橋人）　許福海　許通寶　許洪寶

許峻盛(俱擄西村人) 許茂全 許瑞煥 許士傑(俱曹家巷人) 許應時
許會時 許恩榮 許致元 許致益 許致祥(俱大成里人) 許龍
文(路側里人) 許字魁 許成德 許德喜 許德春 許德可(俱馬逆橋
人同遇賊死) 二十五日有監生周有光(佛爾圩人死官村) 周開元(宋瀆人死本村) 徐
順德(陽巷人死本鎮) 二十六日有周惟茂(與蓀里人遇賊死節) 二十九日有庠生
任庚(罵賊被殺) 庠生戴書雲 吳順龍 黃應科 監生岳士超
岳永芳(士超子) 方仁心 洪耀堂 史玉堂 史甫堂 從九品
儲荷樸(俱死官村) 吳新垣 吳維鑫(新垣子隨父死節) 從九品曹步瀛(死溧陽)
陸順義 許正鏞(紫溪里人罵賊被殺身分三段) 許盤福(單家村人死長興) 史榮昌
周勳(死宋瀆) 徐光斌 徐楹南(下漳人) 徐順慶(小閔圩人死大浦鎮) 褚慶良

褚順大 褚生南 褚昌福 褚順生 褚福生 車狗大
褚寶大 褚萬金 褚甲元 褚盤順 褚盤福 褚順福
呂金大(岳亭橋人) 儲綸印 庠生儲慶餘(俱被執不屈死) 曹祥和 曹書寶
黃金元 黃洪大 監生儲廷颺 儲肯琦 王海潮 王
海賓 王海懷(俱罵賊死) 李錫賢(和橋人死岳亭橋) 呂雙大 呂繼昌(俱死稍瀆)
丁金魁(死紅塔頭) 王海芳 潘二郎 潘寶大(二郎子俱死南墩莊) 吳尚林
王順慶(華要里人俱死王婆橋) 宗遺寶(曲坊村人死江竹園) 湯榮芝(十里牌人死林莊橋) 毛月
大 毛鳳山 毛雙丁 毛壽華 毛慶和 毛鴻飛(俱喉南里人)
周光華(萬畝圩人) 蔣國均 莊鴻文 莊盤大(俱坊東村人) 蔣漢廷 蔣
順三 蔣惠元 周三喜 謝莊生(俱西莊村人) 張文元(楊巷人) 童生

張夢熊(金紫圩人) 王德仁 吳岳明 吳開富 史延年 史益元
史鳳喈 史潤昌 史叔和 唐金峯 張德魁 戴兆貞
黃西珍 范芹大 董鎰大 董銀大(俱邵莊人) 黃法邦(上黃人) 謝
學禮(甸頭人) 謝公度(義莊人) 孫全行 孫金隆 吳近大 吳魁榮
吳鳳岐 孫金榮 孫法大 孫隆法 毛乾大(俱前周墅人) 薛
兆基(後留墅人) 謝龍大 謝秉成 謝鴻福 謝福貞 謝玉成
吳祖才(俱泉橋人) 秦寶書(新市人) 傅松林 吳喜壽(路莊人) 黃日廷 黃
日城 黃堯坤 監生黃堯彩 黃發邦 潘銀榮(俱上黃人) 史行
章(湖墅人) 王行大 王耕大(金墩人俱罵賊死節) 錢榮魁(觀蘭人死侯墓村) 儲漢璋
(死培莊) 史象珍(義莊人遇賊不屈死) 四月十三日有增生蔣廷煥(城陷遇賊知爲儒

生令作僞示廷煥大罵遂被殺妻及子孫俱殉) 蔣望珍(廷煥子) 蔣成銓(廷煥孫) 蔣榮發 馬
家麟(俱下邾街人和橋罵賊死) 成安縣訓導舉人史鴻誥(同兒忠節錄) 從九品史鴻
禧 史祖元(俱與鴻誥同死見忠節錄) 童生周廷椿(城陷不屈死) 花翎五品銜孫
保忠(城陷罵賊死) 六品銜周毓鎬 周毓麟(毓鎬弟) 湯銘 從九品朱
裕培 陳家福(俱蛟橋罵賊死) 徐潤樑 徐發祥 徐致祥(潤樑子) 徐植
勳 徐懋勳 徐錫勳 監生潘潮宗(俱城陷被執不屈死) 史福海(死常州)
蔣鳳苞(過賊大罵死) 蔣春庭 蔣春韶 蔣春芳(俱鳳苞子隨父罵賊死) 周益
元(死宋瀆) 史祥福(北下漳人死迎恩橋) 史開元(死凌安橋) 吳寶大(死和橋) 王俊德(死趙
家村) 程榮祖 張寶大 楊應大(俱死和橋) 蔣瀛元 蔣春仁 蔣鳳
輝 蔣紀昌 蔣春發 蔣天貴 蔣順寶、許盤定 許永

徐 朱聽郎巷前人 周滌大死通貞巷 徐順高 徐川大西芳橋人 武生周
貢 儲雅曾 周以正 李學儒 楊順明 朱鴻誥死和橋 監
隆昌死年嘉橋 蔣德成 蔣聚成 蔣合成俱黃泥墈人遇賊被執不屈支解死 張藍
周熙珍 周家柱下邾道罵賊剖腹死 王欽義白兔村人罵賊被焚死 尹景滁澤村人
尹景濤景滁弟俱被賊支解死 姚元啟徐渚人 楊肖泰 江阿義死和橋 黃正
榮和橋人死絕家莊 宗漢方曲坊村人死渚橋 程桂溪死俱家橋 許洪祥死滸家橋 吳忍
乾死新莊橋 程訓五官村罵賊死屍分三段 程福慶 程恩慶 程維澤俱死縱溝
巷 蔣延高死南河沿 胜吉壽死觀音巷 從九品方榮 汪祖懋 胡壽山
楊川大 王志秀俱死和橋下塘 蔣壽芝 程裕慶 吳懋 方根
俱死和橋中街 吳紳佩西田舍人 吳甫三唐溪村人 武生蔣金相 蔣巨源 蔣

紹南 蔣德芳 蔣巧三 蔣栢餘俱死夾浦 程持杞 從九品吳
琳 監生周鍾英兒義行錄 小繖州俱罵賊被剖腹死 孔集珍死楊溪瀆 姚開超
角死唐 戴松齡 戴遐 戴之芳 薛祥寶 薛文賓 薛福賓
薛惟俊 薛開元俱死瀚瀆 戴大斌死官村 從九品曹兆科 曹延
階 曹衡銓 佾生曹鳳 六品銜楊維樹 曹念紳 朱文
斗 朱文光 曹蟠福 從九品任洲 朱貞幹 朱聖來
曹伯駿 監生任炳堂 朱徵麟 宗順觀 監生任科吉
曹福生 同知銜候選訓導廩貢生潘兆甲俱城陷死節 儲愷死豐義
任竟成 任耕之 任梓學 史世鈞 史玉麒俱城陷罵賊死 二十
八日有監生欽勍宣 八品銜欽用蕃勍宣弟 從九品欽士達川村

子 欽立正用蕃孫先後被賊執大罵死合門俱殉 任松筠 任栢筠松筠弟同罵賊死 監
生徐秉銓 監生徐秉鈞兄弟同罵賊死 朱虎大 吳盛乾俱死孫莊橋 陳
文光死前州 朱效裴死茆圻 蔣德箭 蔣芳德 王虎大李山人罵賊死 徐
佑南亭只圩人 儲壽德豐義人 施寬明莊下圩人 陳佑生後留村人 趙松林趙家村人
邵衡蒸上圍人 陸阿模洞庭人死丁山 徐坤瑞 廩生徐調鼎 徐朝樞
朱志安 朱志海 朱鳳翔 朱同法俱死城中 盧嘉徵崇禎子聞父死
節大罵被殺 朱樹元死常富橋 庠生史榮賓史洄瀆遇賊被殺合門俱殉 堵象亭死堵家圩
汪滄楊橋罵賊死 汪鈞𨚗瀆罵賊死 吳增榮死太平巷 黃金大觀音巷罵賊死 程福榮
死韶村 范門閻死西湖瀆 方仁昌和橋人死下塘 周成大陽塘里人 徐鴻賓洋溪瀆人 蔣
林書金墩人 褚懷清 褚運來 褚俊祥 褚俊高 褚蔚來

褚遂保 褚德富 褚蔚安 褚佑明 褚長慶 褚天榮
褚元慶 褚三荷 楊興章 楊時章 唐耀南 徐寶南
韓象祖 丁佑高品亭橋人俱死本村 王記川趙家村人死小東門外 趙貞泰趙家莊人
死王婆橋 許阿二蔣墅人刈麥隴上賊眾猝至驅之行阿二怒罵曰賊奴敢爾賊剖其腹掏其心去 侯選州
吏目許庭颺字穆堂城陷與子俱罵賊死 監生許國琛庭颺子隨父死節 許康逵姓友
愛賊至大罵死 許如川 許如恒俱康逵子隨父罵賊死 曾懷德死坎下 五月初一
日有舉人潘奎光兒忠節錄 二十五日有趙春全唐貢巷人罵賊死年七十餘 趙
岳全與春全同死節 方義文死湖瀆橋 毛雅頌死馬逵橋 黃和常 周野談 張
宜大 江祖逃俱和橋被賊執不屈死 同知銜朱棟 江懷錫俱歸美橋罵賊死
湯忠德死湯家村 湯秀魁死庆鳳橋 張貞謙死顧家橋 湯洪增死橫塘村 增貢生俞

廷銓遇賊西塘憤極大罵被斫一臂死 談晉濤罵賊死剖腹 監生儲俊選 儲遂義 儲蒙含 儲逖安 儲行南 儲富奎 儲虎周 儲朝隆 儲慶福 童生儲國樑 儲英智 儲明川 儲德寶 儲達寶 儲高大 儲士來 儲德昌 儲吉祖 儲書勤 儲山年 儲春年 儲國槐 儲廷楨 儲士華俱城村人 直隸州吏目許時夏 從九品許履誠俱罵賊死節 六月二十三日有周登選洋塘圩人見孝友錄 朱叙觀 朱敘鰲 朱又興 宋榮昌俱死宋家濱 吳南賓死高塔 吳順金 江懷洽俱死石塘 蔣嘉春死西塘河 周永來死港下 金長發死橫地 楊貞華死孫家村 閔進文長瀆村遇賊死 閔順高死湯家村 楊觀生死扶風橋 童生吳宜死楊莊 謝文升 路成謨 廩生路成烈 曹餘存

曹鎖榮 張汝昌 路印義 路連慶 路福慶 路栢義 路蟠慶 路王文 路德章 路金生 路濟桂 路富六 路振洪俱死城中 趙元珍 胡阿佛 胡松大 胡潤珊唐貢巷人 李萬亨 徐長大 徐成三 朱品珊 徐金奎俱三里橋人 許雲龍 許永高 許榮三俱古竹莊人 嵇壽福豐義人 莊長春同鐵橋人 莊映椿長春子 唐上珍許唐里人 唐在新上珍子 倪綬華鄉富瀆人 從九品陳保書 施川三路北圩人 徐鴻賢洋溪瀆人 曹聽大 王佑南 王滿大 蔣和尚 王和常俱太溝人 單茂春單家村人 許洪生 裴萬鐘 裴維煥東林村人俱死本村 應攀桂與妻同罵賊死 朱培仁死增上 增生周煥杓 周在寬煥杓子隨父死節見孝友錄 潘桂 潘鴻文 潘秉文 潘錫福秉文子同遇賊死節 萬

穗死西溪頭 監生朱鑑 州同銜朱本立 朱一閶 朱允中 朱厚培 朱文勳俱罵賊死 曹聽大北圩人死下漳村 許壽昌 陳念福 陳念祖俱死朱家圩 彭慶和死壽山 朱用中死官村 吳正嘉 吳得保正嘉子同文罵賊死合門俱列 童生儲鳴翔方橋畔山蕩遇賊中礟死 監生儲麗堯 周順大 張義大 戴秀榮 戴茂森 徐雙義 徐望大 戴味蓀 王照大錢墅人俱遇賊死節 七月初八日有崔汝最死罰山 欽以禮死李家圩 朱佑生 錢聽大錢墅人母被賊執奮力爭救俱死 朱佛大 朱佑大佛大弟聞嫂被賊執往救皆死 儲澧豐義人見孝友錄 八月二十日有周瑞華死馬家圩 吳一鳴奉母避難西土城里遇賊大罵被殺 彭奎大後留村人 戴宗宣 徐海耕 吳百順 許珍慶 附貢生朱慶中字吉堂在官莊里罵賊被殺長子錫恩抱父屍痛哭亦見殺 朱錫恩慶中

長子戴仲嘉 毛國寶同遇賊死 九月十一日有吳榮椿 吳朝桂 吳順保 吳定芳 吳福元 八品銜吳厚宓 朱廷嶼 朱廷璜 吳鴻慶 吳鳳城 許士杰 許萬元 許天奇 許順經 許方慶 陸兆鯤 陸兆綸俱上頭里人 周春森鍾溪人俱罵賊死 十月二十五日有孫尹禮死嚴莊 錢巨卿黃泥港人死馬莊墩 俞培芝周鐵橋人 周裕隆死磨坊里 十一月二十五日有儲聰才豐義人 吳士隆 吳長福 吳豹 吳雙保 吳芳三 吳允夫 吳琪 吳望和 李信昌下河頭人 任繹曾 吳廷麟 吳尚勤 吳紹庭 吳鏡澄 吳觀德鏡澄子 吳玉如 吳壽林 吳仲文 吳舜庚 吳法元 吳瑞和 吳盤龍 吳義明 吳俊魁 吳允治 吳承

明　監生曹子歆　曹欽緒歆子　從九品曹大椿同罵賊死　監生汪錦銓　汪維翰俱仰橋人同遇賊死　附貢生蔣鳳墀罵賊死　増生蔣恩溥見忠節錄　蔣星眉　蔣景玉俱恩溥子　蔣應元遇賊不屈死　十二月二十八日有吴亦盛滿射頭人遇賊投河賊勾起殺之　庠生楊士駿官莊人罵賊死　吴阿二　吴澣　吴順寶　吴達齡　吴承高　吴利亨　増生吴淵　吴盤初　吴叙行　吴順行　吴月朝　吴法榮　周致壽後留村人　徐壽珊　周二雅北下塘人　沙企堂周鐵橋人　徐法三　徐敬元　任繼大俱罵賊死　殷惟五　殷松儒惟五子隨父死節賊焚其屍　胡松茂　劉茂榮　朱裕德俱死峭山　王天福趙家村人　汪熠鄒瀆人同死　陸錦高　陸承大　陸正昌俱死西塘橋　蔣廷浩　蔣錫莊死蔣家圩　張承澤　張雲澤同死麻田里　張行南

寶山錫金縣志　卷五　武事　殉難紳民　三八

張恩健同死橫塘　毛步程死山溪　童生張鳳池金紫圩人與千總銜武生張鳳池同見忠節錄　張悦義死舍樓村　丁龍德字啟祥黃干瀆人素剛直賊至挈家舟居被賊擄其舟去龍德大罵死　鄒釗堰北人遇賊大罵賊斷其舌猶手指作罵狀剖腹死　副貢生徐坤載　王保曾　候選縣丞陸靜山　吴聚德　江懷鈺　増生江漂　江開南　劉泰來　陳鶴年　監生陳鵬年　山西沁水縣知縣汪學潮俱罵賊死　庠生李晨遇賊與妻同殉　庠生錢一士遇賊罵死　大庠生陳斐言行不苟尤善獎勸後學賊至務從不屈死　曹愛林死曹家莊　附生王霈鄒瀆人遇賊與妻同殉　李揚增　李逸增揚增弟同罵賊死　任萬榮　庠生任倬與父萬榮同死見義行錄　夏文采嚴莊人　錢盤林　錢墅俱死　徐保義下塘人　儲象貞死鶴圩　何雲來武花里人合門俱殉　六品銜監生徐熙　湯甯大扶風橋人　錢德元　吴祥蘇下邾橋人　從九品鄒

士和　許文斗　華順林西塘村人　徐燦基　許廷泰　許順魁　許榮魁俱廷泰子同罵賊死　徐耿昌字科元遇賊被執不屈刖其足將死呼所過相識者曰歸爲我告親友耕元已死未從賊也　童生欽超羣奉母避城瀆賊將至寄母及弟於鄰船已獨登岸遇賊死　任慶成見孝友錄　徐蟠祠與慶成同死見孝友錄　曹蘭大將濱橋人死垠圩山　周興隆周鐵橋人　許漉岩　許玉奎俱遇賊死　羅潤翔與父德章俱被賊執潤翔設計脫父賊殺之焚其屍　羅德章潤翔父聞子慘死稽極罵賊死　桃源縣教諭胡漢槎死沾瀆避見寓賢補錄　武生史作賓素方剛賊至不屈被殺　蔣步初　監生王凝銓　監生王麟銓與兄凝銓同罵賊死凝銓子鄉文斌宜斌聯斌詩斌孔斌合門俱殉　萬象修城陷正衣冠坐中庭賊入從容就刃死　萬蘊輝象修子　萬國珩　萬厚培　萬滋培俱象修姪　蔣鎔益　周成璟　沈順德　從九品鄒淦　陸淦　陸階　從九品陸庠俱被執不屈死　周德初門塘

寶山錫金縣志　卷五　武事　殉難紳民　三九

橋人　陳錫堂　陳國華　陳效之俱死官村　張熙楨　盧德嘉與諸人俱死虞家村　盧德年西塍村人　盧乾富德年子與父同罵賊死　陳景溪　陳貴大俱亳村人　吴昌齡　杜亮文　周壯生　許元叙　許培大　許細狗俱墳西村人　許正奎　許正祥　洪梓英　孫萬安　孫萬康　盧德興西村人　劉邦大南塍村人　徐復觀　湯林懋　王履槐　庠生任廷銓　張明俊　李育仁　鄭惠芳　夏琛　夏安慶　戴望珍　戴物大　洪仲英　洪星霖仲英子唐角同遇賊死合門俱殉　卜雲庭死蘭右　許錫華　許榮慶同死岐塘　湯甯泰死扶風橋　程燦甫死大　程致和死東鄉西塘　邱潤德罵賊被焚死　吴鼎華旱塘橋人　從九品銜朱光烈　同知銜監生朱志源　候選縣丞監生朱志暄　候選訓導附貢生朱志昕

毛寅華　毛恩大　庠生毛文杰　吳開誠　陸序南俱殉家此
周士元　蔣兆榮滿瀆人　徐望寅居亭橋人同遇賊不屈死　毛國英見孝友錄　吳榮
青死茆圻村　盧發榮死中津瀆　陳順德余皮村人　許聽大車家蕩人死本村　杭錫乙見孝
友錄　洪南英死唐角村　錢盤大　錢集城俱芳田里人　錢順年　周亨大李家
橋人俱死本村　曹啟均因弟病不忍離賊至與弟偕死　曹昌之　曹啟徽罵賊被剖腹死　從九
品陸其相遇賊死合門俱殉　吳行南西村人罵賊夫妻俱被殺　陸汝麟死高塍　車錫疇
死南門外　庠生蔣象春城陷寄居前亭橋賊欲招爲書記大罵死　蔣光耀象春弟　蔣人俊
象春子同死節　談體仁　談體華與兄體仁俱見義行錄　蔣阿宏老鴉橋人年老耐罾賊因其殘
疾置之阿宏臚發罵賊死　丁茂元宜莊村人罵賊被截耳死　張富六死錢墅　吳廷輔　八品
銜丁晉康　張遵獻　朱子權　朱金培　毛仁大　毛川大

俱堰南里人　馬敘大坊東人　法一堂　吳巧乃　陳仲庚　朱德大
李廉官　李棣華楊巷人　談連第　吳開德邵巷人　潘秉良洋渚人　謝
元成甸頭人　蔣瑞昌後塍人　曹佩璜　曹叙德　毛林書　毛秀高
楊三大　尹翼林俱新芳橋人　姚義大吳瀆村人　傅文大金紫圩人　陸龍山
荷塘村人　張慶賓　張書昌同死黃嶺村　蔣亦川坊東人　蔣其元亦川姪同被執罵賊
死　錢晉仁見義行錄　自盡者二月有從九品汪鑑杭州城陷自焚死　三月二
十三日有溧陽教諭徐杏儒見忠節錄　二十五日有從九品任興培
陸之桐　談朝大西莊村人　曹保觀俱遇賊投河死　蔣孟華年逾七旬被執忿恨自縊
死　二十七日有楊永康　楊瑞龍顧瀆村人　史蔚林竹塘里人　董兆邦
六品銜監生秦一臣　六品銜武生秦義春　儲壽弟　儲慶

林　蔣增發　蔣寶大　蔣星照　蔣榮大　蔣和法　蔣謙
招　蔣法招　蔣明大　蔣鵬福　儲培官合門俱殉　黃國昌　儲
遐壽　儲根修　儲鎖淇　儲金保　儲福齡　儲譜英　儲
邦恩　儲鵬元　儲士清　儲吉福　儲恩發　儲九大　儲
鵬大　儲德富　儲鵬招俱城村人遇賊投河死　張生祥遇賊與妻赴水死　四月
十三日有李順狗中碓村人遇賊投河死　武生毛城同弟寶拒賊安樂橋事敗抑鬱成疾死
陳昌福南倉橋遇賊投河死　范國閣年七十二罵賊被傷投河死　張順大聞兄死顧家橋即投水死
任春曾城陷自縊死　廩生鄒銅士遇賊投河死見文學錄　江德義　江大狗魚池
沿同遇賊投水死　陸丕基聞賊將至具衣冠別祖墓服毒死　程春江　陸兆貴　王慶
榮　徐陸泉　徐谷香　閔盤興　閔順興　吳能麟　吳錦

堂　陳應中深溪橋遇賊俱投河死　監生史瑜卿前洛罵賊投河死　程湘大和橋人奉
母避難黃墅橋賊至母即投河湘大亦隨之後得湘大屍猶背負母云　汪瑞慶和橋人梅家渚遇賊投河死　唐
阿義下塘遇賊投河死　蔣順生被賊斷一指投河死　蔣會山聞賊至自縊死　鄒鴻逵見兄途被
殺憤恨投河死　毛鎖大遇賊負母渡河母子皆死妻亦殉節　庠生潘溪清字彥之城陷投南郭城隍中遇
救起悲憤痛哭曰吾死耳安忍觀此態乎卒與同志周熙元兄弟同赴清水潭死　庠生周熙元偕弟磬與潘溪
清同赴水死　周磬熙元弟　江家鵬陳瀆遇賊投水死　褚望大　褚明高　褚進
章　褚順隆　褚信昌俱居亭橋人聞賊至同縊死　賀連籌遇賊憤罵抱石投河死　汪
瑞元聞兄瑞慶死節忿恨投河死　葛開中張師橋人徐舍遇賊投河死　邵文燦永定里人遇賊不屈　蔣
受傷赴水死　庠生陳培蔭陳橋人聞賊至投水死　姚元增徐瀆人遇賊橫塘村不屈投水死　蔣
子麟大成里人被賊執至保安寺前投水死　項孝慶周鐵橋人遇賊投水死　項東大孝慶子隨父投

河死 周文堉 黃泥港人 庠生張贊英 下邾橋遇賊投河死 史兆隆 都山蕩遇賊投河死 周庚
大 呂亭橋人 周德 章文瀾 俱遇賊投水死 史栢奎 聞城陷自縊死 丁壽保 城陷奉母及姪
他避途中遇賊母及姪俱投河死壽保憤駡亦奮躍入河死 四月二十八日有許正雖 豪俠仗義
遇賊與鬭殺一賊而賊衆至知不免赴水死 庠生岳煥林 周鐵橋人遇賊大駡賊執之至儒林橋慨然曰此吾
致命地也遂奮躍入河死 八月十一日有周樹芝 朱家渚遇賊投河死 黃初昇 上黃人見孝友
錄 十月二十五日有監生華承基 荷塘村人遇賊自縊死 王錦文 王斌
宜 王斌珊 王斌詩 王斌五 俱凝耸子聞父被殺皆投河死 絕食者三月
二十五日有閔瑞麟 隋潮西鄉拒賊戰敗憤鬱不食死 二十七日有曹科亨 拒賊
瑚圩山被執至新涉橋不屈餓死 四月十三日有庠生吳勳 黃干瀆人明天文術數之學賊強致
之不從械繫百日逃歸不食死 吳瑞 吳瀠 吳連甲 吳品甲 吳元甲

宜荊谿縣志 卷五 武事 殉難紳民 四二

吳品璋 吳品珊 吳炳吉 吳孟祖 吳念祖 吳興祖
吳叔翰 吳曾達 吳曾超 章維球 章維仁 俱誓不從賊餓死 任
敬合門餓死 周熊祥 洋溪橋人聞城陷號哭嘔血死 庠生儲翔藻 字兔卿有操守晚年目盲城陷挈舟
避賊奪其舟翔藻假假無所往賊反憐之與之食翔藻謂其幼子曰死耳盜泉不可飲也不食死 許細龍 西門外弔
橋遇賊被執不屈餓死 陳洪元 陳順狗 陳柴元 俱北下瀆人憤賊不食死 沈保大
連瀆人被執不屈餓死 庠生宗子霖 性伉直聞城陷憤恨不食死 沈瑞斌 三里橋人 許宏南
許法南 俱曹家橋人 庠生蔣仁傑 陂上人俱憤賊猖獗不食死 蔣品璋 與元子性篤孝
聞父死難日夜痛哭勺飲不入死 候選訓導附貢生錢熙 見義行補錄
荊谿紳民陣亡者三月二十五日有溧陽都司徐龍彪 見忠節錄 五
品軍功徐雲驤 龍彪子 庠生丁伯雄 監生丁俊 貢生丁伯庠

俱拒賊出圩里死 陳德華 蔣衡綱 陳鍾翼 盧信山 陳望觀
陳李福 陳正元 陳望芹 陳楠林 陳聽高 陳洪昌
陳福山 俱葉塘村人同時拒賊死 二十八日有蔣懷芳 與許鳴雖同起義拒賊蔣圻橋被焚死見
忠節錄 蔣祿義 蔣壽福 蔣佑生 蔣榮方 蔣方大 王逵
祥 周渭溪 史能書 胡羊只 俱隨懷芳擊賊南堰死 蔣增福 吳欣
栢 吳奎大 吳專大 儲滿大 吳樹大 吳信大 薛惠
南 吳鎖大 吳懽大 吳向明 陳長壽 吳文質 俱隨懷芳固守
蔣圻橋死 潘蘭左 曹韓卿 曹廣三 徐葉秦 徐鳳鳴 徐湘
大 徐珊大 談明雲 談茂一 談鎖庚 談鳳奎 朱士
元 俱拒賊潘家壩力戰死 二十九日有朱宜賓 吳連珍 與宜賓率衆拒賊六科里賊已

宜荊谿縣志 卷五 武事 殉難紳民 四三

渡河衆且鬬且退連珍獨與宜賓二人持矛奮擊賊俱殺之沉其首於溪賊退連珍父元懿收葬不得其首越日連珍見夢於
父遂得二人首葬焉 四月初三日有余振 乳名妹大見忠節錄 童生吳正歡 六科里人 濮
佑南 西徐里人 談福奎 管圩人 姚田發 楊興大 楊川義 楊六大
楊滿昌 楊基三 楊順三 楊川大 楊香義 楊華大
楊秋大 楊六雜頭 俱芳圩人 周文吉 雲鶴里人 范文耀 前范人 蔣萬和
吳信初 宗九大 宗奎二 盧兆山 盧四大 許盤大
俱南莘圩人 孫謙益 史錫初 徐洪魁 楊定義 史善大 許
赦大 俱塘南人 徐開寶 徐洪元 徐庭培 張恩慶 徐得昌
馮佩紳 俱徐舍人 駱漢大 駱華四 駱進福 談爾珍 馬正祥
俱駱家巷人 蔣佩華 蔣企俊 周俊文 俱蔣窗圩人 蔣聽發 耦池圩人 許季

華　張厚坤俱水西村人　張順慶殷里人　許廣林南莊人　楊蘭芳曹莊圩人　周
天福　周信官　楊克嘉　楊順狗俱稱田圩人　喻觀海下談圩人　黃誠
三灣港村人　薛全福　徐榮大俱宗圩人　蔣寶第　蔣三寶第　蔣三榮
俱五牧人　宗盤林美佛里人　卞德寶　宗明榮　宗兆榮　宗升大西間步人
周坤龍岳頭圩人　呂榮珍　呂奎珍　呂味祥俱謝家莊人　宋桂大曹家巷人
蔣正大西餘里人　談正昌盧堂人　吳壬申　李鳳書俱芳莊人　虞月大　虞
佑隆　虞德和　虞素保　虞鎖德　虞福乾　詹墉肅俱談墅人
吳玉堂廟頭人　吳金壽　吳九大　吳信昌俱東關步人　周定元鈇口村人
許兆和　許順昌　許生榮　許細甲　許佑保　許雅頭
許順法　許嶷大俱花溪里人　王錫奎　呂細榮　呂寅甲　嵇天

均俱莊頭人　孫夢商　孫念仁　宗祥元　孫履貞　談定奎俱上陽人
孫夢熊孫家村人　吳天赦　吳宏生　吳洪奎　吳小奎　丁信山
蔣元和　吳義璜　蔣洪元俱長麓人　陸恩二沈家橋人　羊順郎　宗
貞華俱樂成橋人　朱廷光　張良官　張南大　張川二　張浩祥
張生宣　潘明輝俱艾墅人　盧寶生　盧榮仁　盧全生俱歡堂人　成
槐大上圩人　何才大張渚人　吳邦順吳家灣人　蔣保福社瀆圩人　呂榮奎　湯
龍文　王德奎俱莊頭人　潘德益　潘家美俱新河頭人　薛金福余圩人　周
順福箸山人俱隨余振拒賊死　徐企賢　羊菊畦　羊全大送糧至府城途中遇賊鬭死
十三日有附貢生徐鴻寶見忠節錄　安徽荻港司巡檢吳光遠　黃
廷寶拒賊被執剖心死　兵生傅榮奎有勇力善騎射城陷殺數賊死　儲大倫　監生吳

浩　許兆楨　任錫恩　吳韶文　余福謙　儲楝棟　儲山
元　徐大成　王正大　葉志榮　許洪宣　六品軍功姚歷
浙江慈谿縣人　許洪茂以上俱營兵城陷死　候選縣丞朱振彩　史亨大拒賊被執焚死
十六日有候選州同潘光錫見忠節錄　潘光旭與光錫同起義見忠節錄　庠生潘
光濤　監生潘文照　庠生周宗翰　潘道濱　管阿聽俱蜀山人
呂載文　費進大俱雙廟頭人　董金二中岸村人　周阿關丁山人　葛法元
葛作霖　鮑敘芳　楊元大俱白宕里人　李秉彝東山前人　吳兆連　周
飛雄　駱丙俱常州人均隨光錫拒賊鬭山死　邢更發江甯人遇賊力鬭被剖腹死　二十二
日有張紀三橫嶺人率眾拒賊死見忠節錄　武生張國翔與紀三同起義見忠節錄　武生張
國楨　吳榮元穗堂孫見忠節錄　吳法明　吳學魁　陳國和　謝連

貴　張五大俱紀三同里　盧愛林嶺下人　佾生曹旗　監生曹芝　陳
鳳全　陳偉才　陳卯元　張占成　張開成　童生蔣佩珍
汪富慶　於六慶　蔣飛榮　蔣其位　葉德幹　陳孝窮
陳廷春　陳廷宣　盧福元　張滿大　任保大　童生史
序元　張天榮　殷壽奎　張明求　余望科　余勝奎　曹
星輝　孫信大　盧穀昌　程正大　楊連祖　虞葆初　任
士亨　張炎大　張兆雲　余德豐　張紹成　張細大　畢
益元　畢德榮　張開元　張順興　姚三　馮延淇　馮德
興　王阿大　佾生張世奎　張二麻　任端八　楊壽發
余增大　何兆四　查長壽　從九品余際歡　吳能榮　張

蘭莛　吳松雲　吳壽濤　吳天寅　張萬源　張川大　張高元　張兆丁　許三大　吳鳳大　余細三俱張渚人均隨紀三拒賊張渚殉死　尹應旂率村人率眾拒賊被執大罵賊恨臠之　庠生尹任應旂子見父被殺憤甚大呼殺賊賊掠之去殺於道　羅斌文率眾拒賊力斬數賊死　宗華樂成橋拒賊死　董長榮陽店村人拒賊上陽死　董庚義　董萬森俱祥陽人同拒賊死　戚天德拒賊祝蔭死　五月初四日有庠生陳漢率眾拒賊鈞橋力戰死　陳昺梅　余長祿　邵大中　李祥林　單義大　陳信大　程萃燦　吳瑞朝　童生周鶴雲　王榮泰　張生元　王齊官　朱南方　單孝大　童生杜培昌　王春林　曹老四　余閒九　卞文亮　法曉峯　楊信高俱張渚人同拒賊死　從九品徐先福　徐華林先福子　徐順六先福姪　徐埠　徐屋

埠弟俱狀溪人結團拒賊力戰死　十六日有閔淇度率眾拒賊張墅橋死　俞剛毅　錢雪林　俞鴻升　儲訓鳳俱隨淇度力戰死　徐三　徐赦發同拒賊溧陽夏橋死　方錫疇　方龍海　方光文　蔣阿川俱拒賊大浦死　沈伯臨率眾拒賊被執臠之　沈伯大　許福能俱隨伯臨拒賊死　朱五大五牧橋拒賊中礮死　任雅大　任昱祥俱持械擊賊死　附貢生周邦華率子姪拒賊死　曹福生　曹雲龍同拒賊死　曹昌大拒賊蘭右死　陳德茂　曹應金　高淇益俱滕里人持挺擊賊死　監生范顯名　范用光　錢金全　施珍豫同拒賊力戰死　沈文彬　童生朱仁培　朱澍基　朱渭川俱拒賊寺橋死　潘鳳彩　潘松茂　潘聰官俱遇賊力闘死　六月初四日有貢生湯新惠率眾拒賊裹于芥力戰死見忠節錄　湯邦榮　湯義明　湯銘壽俱與新惠同見忠節錄　湯法二　湯富培　監生湯富

晉　湯枝大　湯龍和　童生湯南雲　湯法大　湯仁義　湯雲忠　湯開德　湯壽福　湯五德　湯新邦　湯寬榮　張硯鳳　湯順海　董佑財曹家園人　董萬春　董定元俱祥陽人　董萬英　董福生　董夏坤　董金二　童生董文魁　蔣佩義　蔣葆榮　蔣奇會　湯林大　湯叙法　湯佛興　童生湯惟芝　李方增　李萬餘　李發榮　李新大　李之林　李錫周俱隨新惠拒賊死　王仁初拒賊被執刺喉死　王佑初　王學曾俱仁初弟見兄被殺憤恨力闘死　潘華官遇賊闘死屍裂　候選布理問任秀松　監生任乂八同拒賊死　鄭本義　何德奎張渚人遇賊力闘死　童生任階滌里人楊木橋遇賊力闘死　馬楨祥談村人楊巷拒賊死　王龍二　傅佑成　傅祖培　傅茂興　邵阿二

夏金義見孝友錄　陳應林　陶順龍　許智霖　童生徐熊吉　許川二　馬應春　徐槐大　許德全　許遵法　許叶寶　談法鵬　施法大　施滿大　宗放大　宗狗大　陳方珍　王三大　王五大　王六大　張點元　黃信甫　黃慶生　蔣五福　蔣叶三　周二郎　周三大　馮啟龍　凌寶大　盛永法　范春大　錢叶三　王盤福　宋瑞和　黃炳來　黃用辰　何川郎　許羽高　許熙明俱在鳳凰山拒賊力戰死　陸鳴皋周墅村擊賊死　候選訓導朱士銘邊莊拒賊死　蔣維型　蔣曇銓俱西餘村拒賊死　丁懷祉千畝圩拒賊死　劉福二　張鳳興俱拒賊張渚死　童生謝順川　從九品管勝魁俱率眾拒賊死　蔣三大西畲人　童生曹家騮　歐欽山　歐亭大

錢連桂　錢順東　錢順榮　李宗義　程阿大　楊伯項
許岳榮　王榮紹　王順興　張阿三　張旬和　王栢慶
張仲天　蔣位大　蔡昌大　潘五大　潘友德　卞聖奎
卞方春　童生卞春林　卞品身　王保奎　王朝官　王榮
正　卞孝保　卞川生　陳德可　余開金　張定華　何四
大　任李元　杜瑞英　張洪三　余華邦　余華成俱張渚拒賊被
執支解死　周端大　邵川大　職員丁廷貴　布理問銜任恒春
優增生朱大猷城陷居鄉練勇拒賊力戰死　朱一騏　朱光藻俱隨大猷戰死　徐五
福　徐十朋五福弟奉父母避難遇賊中途殺數賊得逸後賊追及之即起捍鬬不敵死　陳伯魁
沈計法　邵芹大　周貴大　周得元　從九品周錫蕃　監

生周冕紳　張嵩來　曹二大　張天赦　蔣七大　黃浦春
黃肅鳴　黃洽春　黃映庭　黃西林　董進朝　高蔭楚
高金基　錢寶生俱滕里人蜀山拒賊死　九月有盧志祥西川岕拒賊死　從九
品周茂承湯渡人賊至村茂承率團拒之不敵與三子同殉　周元錫茂承長子　周中錫茂承次子
周三錫茂承三子俱同父死節合門俱殉　李如松休甯人寄居張渚鎮遇賊力鬬被執支解死　蔣雲
官渡頭橋人　貢生許紳藤橋頭人　許順榮紳子隨父拒賊樂成橋死合門俱殉　祀生吳秀誠
湯鳳官芳莊人拒賊不克死　庠生張培水西人率團拒賊團潰培獨挺身力戰被執剖腹死　徐鑑
大長嶺人赴西川岕助餉千金倡義拒賊後岕破鬬潰鑑大挺身力鬬死　徐漢初鑑大族侄有膂力能使雙刀與鑑
大同赴西川岕身先士卒膺立戰功團潰手刃數賊中槍死　徐樹滋西川岕充當先鋒巡視隘口遇賊力戰死　徐
志驤率團固守水口與賊相持數日後救援不繼力戰受重創死　職員趙景程與劉星臣同起義西川岕

兵圍乞餉受傷死　被害者三月二十五日有闞天壆貢生張維嶽北川人闖
賊死　華榮慶官村遇賊受傷死妻子俱殉　庠生任杓字玉亭篠里人有文行賊至被殺　張五慶
被賊刺喉死　曹應忠張渚人死新橋　曹學訓應忠同里遇賊戕五瀆身受數槍死　庠生徐聖遠
雁行橋人罵賊死　任秉樞　庠生任召新　監生任珖　監生任望紀
珖子父爲賊殺思報仇而不識其人適遇一賊望紀手刃之見其囊有番銀審視之父手押在焉因割首歸祭後死於潘家壩
從九品朱榮高　徐志登　從九品項行祥　項行祉　項麟
子　從九品銜吳熊樵俱休甯人　曾福林　李德三　莊信法　潘
錫奎　余啟圻　莊全大俱張渚人同死木鎮　蔣勝春　楊大川　楊富
官　余寶生　宗增華　胡爵大　吳定奎俱遇賊不屈死　四月初三
日有田德明　張順興　黃德心　何紹曾　王士強　吳富

元　張如山　何行大　許三　候選同知余豐之見義行錄　曹協
訓　徐連城　沈銀川　余清耀　余洪耀　史茂全　錢盤
奎　黃錦大　張月之　張芝榮　蔣涓年　程佩祥　蔣信
奎　徐在圓　楊得奎　楊順奎　陸細槙　黃學義　從九
品余際時　從九品余際寬　庠生余際耕　李順大　殷二
狗　從九品盧崇禮　張報元俱張渚人　監生朱紀良　楊學球
潘秋大　潘聽行　陳桂大　陳義大　監生陸廣漢　陸履
謙　陸撫雲　陸維山　陸懷芬　陸懷美　吳順清　吳位
招　吳法勤俱蘭畝圩人　胡望岐　韓道南　陸士翹俱湖家圩人　馮雲
昌　監生馮安官　馮懷豐俱鉤橋人　潘斌文陳家瀆人均遇賊死難　吳叙和

見牧街錄 庠生石渠 見義行錄 萬岳能 袁俊初 袁俊南 金運魁 俱遇
賊死幽墅村 黃廷元 閔文英 俱死西莊村 何兆珩 候選按經歷余吉
庚 張毅大 何正奎 王玉成 盧宮大 盧壽大 宮大弟 盛
加福 查德同 余吉如 余際珩 潘珊大 陳川大 沈
望魁 楊大銓 徐廷楨 馬壽林 馬方義 俱死張渚 候選同知
余啟潮 罵賊被鎗刺喉死 陳運福 沈錫山 張生官 年八十有三 張福奎
俱罵賊被殺 盧鴻文 盧崇謙 鴻文子父病不忍離賊至與父偕死 張海山 吳鳳一
吳天元 童生吳協誠 侃禧次子 吳佛寶 周蘭生 陳叔昌 俱被
執不屈大罵死 丁石楠 被賊執至白馬橋死 吳貞福 吳榮章 吳富生 吳文
大 吳天叙 吳朝官 吳登官 宋玉和 俱南莘圩人 吳文成

宜興荊溪縣新志 卷五 武事 殉難紳民 廿

吳法朝 蔣士龍 俱五牧人遇賊不屈被殺 何海潮 罵賊死 蔣榮義 蔣迎春
同死禮瀆 監生許兆麟 徐喜賢 許耀增 許茂榮 駱運奎
祀生徐光中 搶浦人 從九品徐順福 光中子 徐法昌 洑溪人罵賊死 俱 庠生
任益 蘋里人葉墟罵賊死 吳翼之 許廷槐 俱官村遇賊死 黃文彬 罵賊被剖腹死 黃旭
旦 罵賊被刺喉死 孔運科 長圩賊死 罵 倪林書 倪樂書 林書弟 倪榮昌 樂書子 俱
新芳橋被賊剖腹死 庠生余有光 死胥井里 徐廷揚 蔣墅人賊至負母避賊追及之廷揚抱母不釋被殺
母亦投河死 十三日有庠生劉廷珍 見文學錄 監生任瑾 庠生周希旦
廩生湯文吉 廩生湯辛達 附貢生湯文新 庠生湯大
成 監生湯廷珍 湯鳳儀 湯廷珊 湯士馨 湯樹林
湯宣光 湯樹成 湯天法 湯飄中 湯錫朋 湯邦彥

童生湯思齊 湯禧大 監生汪文泰 州同銜蔣希賢 李
培成 許正福 童生李世澤 吏目吳葆榮 縣丞吳樹勛
浙江縣丞徐恩熙 監生吳鴻漸 吳喜奎 任澤 俱遇賊不屈死
恩貢生潘喬棟 見忠節錄 潘煊榮 喬棟次子 潘寶生 喬棟幼子 增生周溯霖
副貢生蔣嗣珍 見忠節錄 庠生朱廷輔 李克義 按照磨銜周桂
附生張鵬飛 城陷罵賊被殺 周成瑞 遇賊與妻同殉 庠生周英玉 見忠節錄 庠生
余起濤 候選訓導徐其志 見文學錄 胡玉珍 城陷負母避遇賊洑溪渡口母子俱死
徐應華 例貢生程鳴鑾 見義行錄 程福基 程德基 俱鳴鑾子 庠生周
紀雲 從九品史悠謙 監生張梅仙 俱山陰人 從九品謝邦彥
從九品陳保康 俱與悠謙罵賊死 江大發 死魚池村 十六日有鄭祖義 東溪村人

宜興荊溪縣新志 卷五 武事 殉難紳民 廿一

任氣敢為里人殺賊潛其屍賊索之急祖義挺身應賊
叱合跪嫚罵不屈賊將殺之祖義掇巨石自擊腦裂死 徐再時
俱殉合門 庠生徐廷梧 徐辰照 廷梧子 徐壽和 徐榮昌 徐道生
徐信朝 徐麗保 徐煥 徐颾 徐福臣 徐世臣 徐
延升 王興華 俱死洑溪 二十二日有歲貢生許鳴雝 見忠節錄 許磐 鳴雝
子 史福海 范阿華 徐寶寶 童生徐國香 周桂從 八
品銜徐曾觀 徐子林 徐鍾庚 徐文瑞 童生徐同文
童生徐金 同文子 蔣信奎 汪振階 汪順富 振階子 陳金生 俱張渚人
徐樹琪 王靄川 庠生吳珍 徐壽勛 俱周墅罵賊死 黃瑞茂 罵賊被臨
嚴瑞林 許煥文 同死品山 萬方慶 萬龍安 俱死上干村 萬瑜 死澤厚鎮
長庚 死洑里村 萬松之 死黃銅瀾 萬海潮 萬順潮 俱死渚鎮 張 張五福 洑溪人

萬聽行 葛順昌 陳川富 葛順林 葛順富 葛裕培
萬信盛 葛生銓 監生蔣忠翰 丁煊 監生蔣源 職員
高鴻鳴 吳經壽六科圩人合門俱殉 吳鶴皋 吳經畬鶴皋子 徐懋昭見孝
友錄 吳經德 吳肇基 吳洪臣 范泰臣 陳作霖 陳效忠
史有寶 崔昉 謝益亨 謝寶大 謝石麟 錢明桂
史森源 王元大 監生潘肇基 潘孔亮 從九品陳光熙
鮑恒興 鮑芳鳴 李隆大 李延懷 李順華 葛松來
合門俱殉 庠生范海 庠生范溥 楊慶榮 監生葛玫 從九品
許亦繁 監生談汝賢 童生潘邦和 庠生吳高奎 從九
品潘之淮 通判銜鮑麟祥俱蜀山人 陳川福 陸士英 尤達森

蔣畝圩人 監生周有美 童生范潮 童生周榮均 陳元文 尹
伯榮 丁洪高 吳延楨 李元忠 沈海 沈洵 范于嘉
周恩露 楊信茂俱遇賊死難 茍廣能 吳茂松 吳福高 吳
鎰貴 蔣上林 楊亨義 陳招大 虞信茂 羊明魁 周
應祥 程朝鳳 監生余燦 許壽齡 蔣毓珍 丁義大
吳學健 史旭初 童生吳攀桂 吳七美 談惠大 吳得
華 吳天保 李延瑞 李豹 吳懋留 馮友大 陳佑魁
俱蔣坫橋遇賊死 五月初四日有范蓬元 監生邵澤霖九苞人 周順元
尹日芝 周栢良 徐延楨 童生陳元宣 鮑榮芽 王
義 職員鮑慶華俱死蜀山 楊吉榮 監生李如升 庠生任鶴皋

貢生蔣青照 蔣振翹俱調橋人罵賊被斷臂死 庠生崔浦 庠生崔餘
崔迺翁浦長子 崔迺萬浦次子 崔迺鳴浦三子見父被執乞以身代俱被殺 童生崔
徐煊 崔迺蔭 崔迺封 州吏目崔迺城俱浦姪 崔寅孫迺穀子
州吏目崔汝誠 崔開賢 崔恩濟被賊支解死 崔福海 崔乾大
崔祥萱 崔紹宗被賊砍割死 佾生崔紀常 童生崔之柱 崔
裕和 崔昀 監生崔書傳 崔榮祥 佾生崔徵陸 佾生
崔桂聲 崔佳芳 崔泰安 佾生崔徵遠 監生崔徵鑑
崔徵謙 崔徵望 崔徵奎 監生崔克燮 崔克諧俱隨浦死 庠
生范春芳在武進村前里訓讀賊至脅之行不屈死 十六日有潘順法環里人賊至集村人守漢川口賊以矛刺之已仆復躍起指賊大罵賊又刺其喉死 潘連南順法弟遇賊同死難 潘德勤陸平里人罵賊

死 徐登瀛字慶錢父紹侃官潛山訓導母家居登瀛往還其間侍奉無缺有妹早孀迎至家養之鄉黨稱孝友焉館外家賊至皆避去登瀛居守賊脅之不屈殺而投諸河 陸如松見孝友錄 蔣連魁 王保奎
張奎大 徐雍 汪自新 盧開基 王江大 張川福 陳
聽可俱張渚人 曹四休甯人俱在張渚鎮遇賊死 庠生杜有香見忠節錄 八品銜李杜
名好拳勇城陷避地將袖攜一鐵条遇賊脅之行猝出袖中鐵条擊之賊負痛與鬭賊踣杜名亦以重傷死 史李昌
徐晉康 監生馬錫春見孝友錄 歲貢生吳穩堂見忠節錄 庠生吳雄
瀾穩堂子 吳澄中穩堂孫 許繼霖見孝友錄 張瑞龍蔣坫村人牛頭山罵賊死 吳福興
吳養大 曹鎮法 徐壽昌 佾生陳印初 陳佑福 陳
祥卿 陳通源 周聚法 陳重慶 陳德超 陳富高俱張巷人
遇賊同死節 六月初四日有候選縣丞余恩宣見孝友錄 蔣槐大見孝友錄 李

吉　潮汶人聞賊據城奉父母居山中賊將至父母促其遠遁景松不忍離且泣下賊至曳之去至潮汶鎮不從被殺
謝仲明合門俱殉　徐朝康　張順山　虞其微　蔣得高　吳信官
單富生　童生徐際科　蔣正發　朱燮春　錢祥榮　徐
喬忠　單茂大　張志奎　馬佑魁　陳玉峯　任金大　蔣
芳三　監生程麟燾　單德榮　呂懷德　徐兔　戴成祖
欽賜舉人國子監學正任麟元　按知事銜戴體仁　於培元
於雙大　徐雲高　陳士高　許坤大　許元大　童生周
延榮　崔復基　徐殿法　褚南大　周懷衡　張狗大　何
阿滿　錢錫能　徐國臣　徐榮義　周萬元　張阿六　何
茅　徐恩生　徐盤福　張春茶　虞應松　蔣喜大　張三

宜興荆谿縣新志　卷五　武事　殉難紳民　酉

桃　殷鎖定　錢季榮　虞運如　趙邦大　何榮昌　潘香
大　余維英　盧鉅澄　徐杕　馮順山　鄭芹洲　鄭長洲
鄭瀛洲俱芹洲弟　趙雪門　華蕙芳俱張渚遇賊死　任益仁　任里仁合見
孝友錄　吳芝安　吳雙喜俱死芳莊　湯莉農　湯錫康　王寶祥杏花村人
遇賊不屈死　路來章　路福昌　職員路錫恩　路重恩死浙江　路錫
麟　路瑞麟　庠生路逢吉　童生路繼曾　路榮曾　歲貢
生路元還見文學錄　路淦椿　路淦榛　路道遵　路慶榮　路慶
高　廩生路廷楫　童生路勉亭　監生路欽　庠生路榮謨
路恂如　路㮾　路樾　路樊　路照俱遇賊不屈死　路階臨賊執其母
乞以身代遂被擄至中途大罵支解死　許春華死甯國　庠生張子鄉死白茅園　庠生朱濬

相浦死大　監生葛懷仁　葛懷義　葛懷清　葛厚豐俱死白岩里　沈
啟遠　謝纓庭蕭莊里人　謝芝敏　謝一敏俱纓庭子遇賊合門俱殉　童生鮑徵
科　監生鮑春和　鮑玉廷　鮑芳泰俱丁山人　庠生閔尚志　方
純珪　崔保祉　王鼎文　金應彪　周蘭順　錢明全　周
逸遠　周順龍　殷恒源　周裕春　周連寶　何順狗　范
阿華　范榮順　范榮慶俱蜀山人　何順朝　吳順初蔣垯橋人　蔣慶榮
鮑福高　薛六壽　童生許維翰　許維漢　許倫成　許
綬宣　許綬勉　許永和　許六瑞　許開宗　許廣餘　許
天赦　許敘奎　楊機匠　蔣順德　范學文　馮迪華俱湖㳇遇
賊死　張隆高死楊潭圩　周天大　周洪海　張盤生　葉阿聽　張蘭

宜興荆谿縣新志　卷五　武事　殉難紳民　丟

定　許綬知　徐阿四　周慎海　周生大　謝阿三　劉猷
義　曹四官俱罵賊死四官罵賊尤烈賊斬其首懸於樹　錢正和　童生潘瘦石鯀墅
人事母以孝偶遇賊被殺　庠生周恒　童生徐光焯同遇賊不屈被焚死　徐盤龍　徐
盤成俱趙莊村人　庠生高挹芬見文學錄　監生李景灝　許士崧　許庭
輝　八品銜何其寬　監生潘裕恩　監生潘榮恩　徐承業
徐純俱死施蕩　庠生范津合門俱殉　監生閔鑅　王之翰張渚僑遇賊不屈死　黃
文二　吳忠一　阮介堂　阮裕堂俱死西川岕　周天培　黃大春
俱死東川岕　蔣貞山　傅毅死霞墅　許廷璋　許盛三　許元啟　庠
生徐榮仁死南俊瀆　吳達泉負母避賊與母偕死　朱康文　朱閏文俱罵賊被焚死　任
啟榮死蜀山　任昌元　何明昌　張開大　曾興大　曾科元

張順昌 宗錫恩 曾敘寶 徐進榮 周廷光 陶信元
談富春 潘海黄 陳萬大 都天大 胡喜二 蔣得球
胡喜大 陸富大 孫勤大 張六大 李敝大俱祝陵里人遇賊被執大
罵死節 九月有徐春榮 徐茂榮俱死張渚橋 周潤 周旭成 高六
高七洑溪人 童生周葆和 周熙 徐光承 徐光組 徐光
綬 周孟魁 周維馨 林鼎 許朝明 許慶增 許德信
許慶榮 許榮茂 周川佩俱前洛人東壩遇賊死 許勤三 許昌大
陳七大 陳彭壽 陳川大 許川大 楊阿三 陳明俊
蔣佑大 楊君大 陳勤書 陳瑞榮俱張巷村人 許祥林 陳
阿聽 蔣福大俱死張巷村 許朝信死紅塔頭 楊慶大 談興大 蔡麟

子 監生高鶴鳴 高川福 高步瀛 王子材 童生任潤
宜 潘利方 張天赦 張順林俱湯渡罵賊死 曹開元 徐生奎
余際華 許文慶 黃長壽 丁卯奎 傅五慶 傅廷珍
傅廷煥 楊聽三 薛福奎 史三大 史信官 陳遺壽俱死
張渚 周佑發罵賊被殺 庠生吳灤死唐角 沈芳榮 沈信法 沈天壽俱罵
賊被焚死天壽年九十有一 張奎 蔣國法 馮春壽年七十有二 潘洪道 余
兆金 余安昌 從九品余殿昂 余昌大俱張渚罵賊死 蔣開洪合門
俱殉 徐細保死湖汶 周彬文 潘錫桂 潘大元陸平里人 李文獻 李
文治 李文炤 李文翰 湯亦慶 歲貢生儲潞 童生徐
壽生 李亨二 李福川亨二子合門俱殉 附生吳中英見施炳熙忠節録 監

生許燦 監生沈金章 林慶大 馬振鏞 監生孟漢章
監生許君亮前洛人 盧彤 監生陳邦俊 監生馬軼倫 王元
成 陳奎林 徐坤壽 尹順元 周雙林 周亞大 周阿
六 徐雙喜 陳增怡 徐寶壽 王順元 尹法大 蔣良
大 武生周繩武 張川二 孟祖義 孟永川 庠生周堯
陞 周延璧 周炳 周紹基 周紹坊俱炳子合門殉難 林光耀
周永昌 周鳴鶴 周長緒 周正階 周暄 周瑚 周嵩
慶 周致和 周正常 周焌 周緒貞 周鳳文 周洪書
周保如 周鍾 周濂 周惟玉 周君德 林紹亨 周
順川 周倬 周致宜 周恩孝 周盛大 周榮茂 周惟

泰 周梓林 萬春福 從九品高泰豐俱湯渡人 吳國楨吳溪瀆人 吳
春潮 夏三讓俱長圩人 尹祖年 王仁福 王大餘 王行大
王聽大俱古橋人 陸盤三 高佑來 高喜大 高順生俱腊里人 周廉
周禮 周鳴皋 儲季賢 范章珩 范樹元 范蔚文
范玉書 葉茂喬 葉夏讓茂喬子 葉榮川茂喬孫合門俱殉 盧彬 馬
汝聽 庠生馬之淦 從九品馬錫初 吳焯字硯雲鑫河遇賊被殺 馬
印書 潘命和吳墟人務農節儉道光己酉歲飢出所積穀助振鄉里義之後被賊執不屈死 布理問
銜葛含章 盧景灝死欄西村 徐正澤 朱益大 馬長熙死浙江 馬
懷濤 八品銜徐映樗 周盤福 周景文 沈小虎俱死蜀山 萬
進賢 萬蔭曾 萬隆泉 萬昌孫 萬墉 萬大有 萬鳳

高　史大升　吳星輝　曹春輝　章文達新芳僑人　庠生史逢丙
義莊村人　佾生蔣肯堂　童生王家楨　蔣天敘　蔣士林　蔣順
林俱天敍子　蔣林大天敍姪遇賊同死難　儲文珍張渚人　王懋德嶽州人死張渚　范泰元
丁洪福　閔栢榮俱死蜀山　徐富元　徐松茂　童生徐瑞庠
徐佑貞　徐順發　徐源佑　徐金川　徐富榮　徐攸源
徐洪大　徐應福　徐銓大　徐方大　徐龍大　徐勝和合門
俱殉　徐仲琪　徐萬森　徐小富　徐增福　徐承福　徐寅法
許巧林　許阿義　周梓俱山溪罵賊死　庠生周大鏞　袁義大
俞昌榮　吳春森　吳鳳大　吳朝三　張三大　虞川三
蔣廷華　吳五大　吳林書　吳紹曾　吳洪大　余金壽俱湖

汥過賊死　徐東林　余邦乾　錢和謙　錢兆祺　孫庚受　王法
明　王敬忠　呂法壽　陳澤明　周法大　周寶文　陳正
楊逵芳　李敘大　何振義　屠順榮　張阿四　虞增林
沈廷璋　王淦大　呂有來　呂惟倫　陳品大　童生周
茂泰　周三郎　朱儀　楊福壽　李阿義　馬三大　庠生
王錫文　孟增福　龔敬朝　吳元定　吳繼高　陳三大
陳連義　吳信中　周艇川　王德隆　錢和讓　吳壽生
張兆魁　張雲慶　張昌瑞　從九品蔣恩敬　楊錫汝　馮
三大湖汥人　張步瀛　張步裔　朱鳳祥　朱同發　朱金柱
朱龍興　朱春陽　朱景芳　朱聽行　朱廣亨　朱大榮

朱克昌　朱壽昌　朱仁綬　朱三茂　朱應寶　朱聽生
吳義大　郁子欽　李玉華　傅思成俱五牧圩遇賊不屈死　張淮濱
張琦　張瑋俱淮濱子見父被執乞以身代賊盡殺之　薛叙大　路士佑俱罵賊被割舌死
張德敏遇賊死年八十有二　許棟　許允明　許金龍　許五玖　許允
執　許應法　許肇榮　許恭信俱福聚畲人　許濤榮　許閏榮俱張
渚人　許順邦陸舍圩人　許佩楠　許佩恩俱山溪人　許餘道　許餘連俱袁福圩
人　許揚大　許鎖龍　許聽德俱南塘村人　朱順年　朱盤生　朱
惟榮俱洪塘村人　王恩魁翔濬子　陳正芳　張興大　徐大安　徐安
奎死廣德　徐金保　監生陳進修　陳允忠　陳歡大　張維書
張紳書　盧望杏　陳國華俱罵賊死國華年八十有一　閔國叙死長興　王

洪南罵賊死年七十有三　許信奎　許健行　許恩大　許芬明　許寶
行　許蘭谷　許慶林　許川林　許明祥　許鳳洲　許壹
明　許文魁　許景昌　許佩宣　許佩鳴　許佩三　許佩
榮　許仲寶　許富新　許記濤　許五大　許三大　許龔
大　許富德　許開文　許蘭大　許寇榮　許兆元　許應
金　許得發　監生江文冕俱南塘村人　許餘洸　許恩岳俱死袁福圩
十月有潘通恩　虞祥坤　徐朝培　華富觀　吳汾朝　李
振家俱死張渚　十一月有陳金榮　童生潘作霖見任慶成孝友錄　黃正福
余紀慈　余萬錫　潘士楚　陳文三　余士苞　庠生周
贊虞　周煥文贊虞子　吳恩澤　監生戴凌霄休甯人　任富朝　吳

信忠 何陰大 徐雲漢俱張渚死 十二月有徐福能 張義生
盛佛保 談正大 馮容生 陳慶福 陳瑞川 黃克勤俱死竹簣橋
童生徐陛陞 童生徐兆康 童生徐士炘俱張渚罵賊死 吳鳳
鳴 吳虎大 吳恩魁 周聽川 宗勤大 沈萬高 蔣增
福 朱記洪 朱書元 呂望奎 呂順昌 呂直言 蔣得
魁 蔣春年 王寶林 吳安九 吳坎學 吳法餘 吳盤
大 吳仁榮 吳發祥 吳裕生 李松官 吳甲南 王寶
元 周義揚 徐勤大 談學斌 孫念昌 王得魁 吳物
寶 吳鎖貞 吳鎖芳 吳鎖全 吳夢榮 吳順亨 吳逢
來 蔣大昌 宗富大 吳聰英 吳狗大 黃美川 李佩

宜興荆溪縣新志 卷五 武事 殉難紳民 卆

和 李佩書 萬士寅 胡林書 胡壽大 吳玉章 吳玉
文 吳盤一俱隨余振拒賊蔣拈橋後圍攻鳳鳴等先後遇賊死 自盡者三月二十五日
有任際雲魚里人遇賊與妻同赴水死 蔣繼高西徐里人見忠節錄 蔣瑞禾見繼高忠節錄 二
十七日有阮福堂張渚人遇賊投水死 談玉美被賊割耳憤恨與妻投水死 馬思純
馬八偉 陸繼芳 陸茂松萬歡圩人俱遇賊投水死 貢生汪望增遇賊合門赴水
死 湯邦直岩莊遇賊投水死 丁如川西溪日遇賊投水死 四月初三日有庠生許
國梁見義行錄 江德三魚池村人 吳旭初東地村人 金義明洑溪人俱本村遇賊投水死 十
三日有庠生徐慎獨遇賊投河死 副貢生徐熾見慎獨忠節錄 孫曾頤
遇賊合門赴水死見孝友錄 朱金春見孝友錄 增貢生徐廷樹見鴻寶忠節錄 二十二日
有徐肇基 壽勤子見父被殺與母投河死合門俱殉 監生馬鳴鏞南白里人聞賊至投河死 王文

林湛渚里人見忠節錄 徐芬 馮淇泰 呂開英芳莊人俱遇賊投水死 吳瑞權開英
同里聞賊至自縊死 張鈞遇賊大罵投河死 徐墅農佚其姓字賊據村令擔水乃潛取衣冠至清水潭服之投
水死 李思誠字希人性謹厚善事母及庶祖母避賊居曹橋賊至與弟逢澤投水死合門俱殉 李逢澤思誠
弟 徐子興洑溪人 徐得慶子興子 徐增慶子興姪同遇賊投河死 六月初四日
有李文彬 李初第俱芳莊人 吳明紹萬歡圩人俱遇賊投河死 九月有附生陳
光遠張渚人 附生陳光耀光遠弟 任再祥俱遇賊投水死 王朝濟思魁父見子被殺投
水死 十二月有馮順法聞賊至自縊死 監生任殿荷誓不蓄髮被賊執得間投環死 祝生
宗以誠工書賊招之不從投水死 絕食者七月二十五日有廩生吳藻六科圩人
見文學錄又附見忠節錄許鳴雝下 八月十三日有庠生傅汝濟字楫之覆墅人許鳴雝起義汝
濟與潘汝霖黃一桂結團分流岕應之事敗抑鬱成疾卒合門死難 傅逢曾汝濟子 九月初一日有

宜興荆溪縣新志 卷五 武事 殉難紳民 卆

徽州府教授史紹聞見文學錄 初四日有吳信龍 李寶雲芳莊人誓不從
賊同餓死 增生路英南見孝友錄 監生許壽林花溪里人有勇力倡族姪率團拒賊築成蔣坊兩衞
累戰皆捷後城陷憤恨不食死 副貢生崔書韜見文學錄 監生吳侃牆與從子榮等拒賊事敗抑
鬱成疾卒次子協誠先以罵賊被害長子協文絕食死合門皆殉 吳協文侃牆長子 十月有候選州
吏目余吉觀遇賊脅之不從餓死 庠生儲杏元見隱逸錄 附貢生徐麗金見義行錄
十一年宜興紳民陣亡者三月二十五日有錢位廷觀瀆人率眾拒賊被
執大罵死 錢林福與位廷同死難 四月十六日有任廷榜陳瀆村遇賊鬬死 謝舒源
前隨蔣廷基拒賊桑瀆村圍潰後遇賊單身力鬬死 王雅奎後莊人率眾堵賊要被殺 七月十六日有
周福奎宋瀆拒賊死 蔣蟠龍 吳法大 鍾望六 夏華大俱隨劉星臣進
攻青觀嶺戰死 八月初八日有舉人吳選見文學錄 吳溥 吳辰子俱遇 二十

九日有周珊大（隨劉星臣復攻青暘港戰死同時戰死者一人名姓闕）史銓義（在西川岸襄辦團練出買軍裝遇賊力鬭死）九月初二日有栅頭吳經綸 武生姚玉田（後湖人）
吳順大 宗應元 沈雪祥 徐習保 張聽大 朱順大
葉鵬高 李步周 錢保林 堵福明 潘三大 徐三大
張聽和 王勝和 曹祥麟 沈義和 蔣聽大 周安初
史鴻章 周長元 裴佛保 吳永鳴 吳阿川 吳福山
周應榮 任羅照 王順發 沈天保 蔣貴元 方阿虎
蔣吉大（俱隨劉星臣進攻白峴箍戰死）十九日有蔣書霖 潘聽大（俱隨劉星臣倡義西川岕力戰死）史竺丹 儲思立 五品銜王和堂 方師堯 儲竹
香（豐義人）任佛林 任繼成（濮陽人）劉順初（潘射頭人）史銓大 丁逸軒

吳三大 朱洪昌（俱隨劉星臣拒賊湖州夾浦力戰死同時死節者一百二十八人無考）十一
月有張文發（西墓里人拒賊村東手刃兩賊力竭死）曹應奎（遇賊力鬭死）十二月有五
品銜千總劉星臣（潘射頭人見忠節錄）舉人潘鼎英（見全光忠節錄）潘法曾 潘
達曾（俱鼎英子）監生儲贊燮 儲貽生 儲鎖法 儲增福 儲西
朝（俱豐義人）汪福壽（金泉人）張文彬 楊九大 沈二官 潘三好
胡勝和 細法大 周葆初 張儒珍 張道南 張慶南（俱丈
墅人）史琦 史綸 史喜壽（俱義莊人）丁石南（大樹村人）蔣安大（水西村人）蔣西
書 蔣進義 蔣心培 蔣阿三 蔣恩蒯 蔣阿川 蔣慶
生 蔣慶祥 潘紹基 潘招道（俱新河頭人）於熙華（長圻人）宗應銓
宗應釗 宗子屏（俱美棲里人）徐應福（桐梓橋人）馮澤叙 馮錫朋（俱徐

舍人）張維慶（下新橋人）張利元（牧馬口人）許經元（芒鎔里人）談升餘 談善餘（鶴離
人）張士興 潘方二（水西人）黃川沐 黃細川 黃鳳芝 吳福
三（下成圩人）蔣玉潤 蔣玉春 蔣貢元 蔣啟安 張文興 儲
貢（豐義人俱隨劉星臣在湖州楊家莊東橋拒賊力戰死同時死難者四百餘人失考）監生孫汝明（隨趙忠烈
在湖州襄辦團防城陷戰死）被害者三月二十五日有毛佑昌（堰南人罵賊被焚死）徐
生元（楊巷人）布理問銜監生謝錫蕃（荀頭里人死萬畝圩）謝培芝（錫蕃子）四月
十六日有陸錫康（見孝友錄）曹國慶 陳行法（俱楊巷人被賊支解死）朱發祥
（死西餘里）朱小大（死湖州）談柏興 褚國福 褚懷忠 毛柏昌（針溝村人）
談勝華 談山大 談盛發 談佑生（俱被執不屈死）監生蔣文遠（西圖
圖人罵賊被剖腹死）欽翰初（遇賊不屈與妻同殉）七月十六日有錢品材（死南社）任百

濟（和橋人死塘橋合門俱殉）江和大（死和橋）史廷奎 史孟達（俱死推爆頭）二十九
日有項大坤 項揚名（俱周鐵橋人）徐望銘（呂亭橋人）馬達珍（下邾街人）楊雲
英（斷頭橋人均罵賊死）徐樹高 趙夏讀 朱書大 吳德四 談義
朱四大 周茂高（紅塔頭遇害）蔣盛茂 王勤義（遇賊大罵死）九月十二
日有朱浩然（高塍罵賊死）朱召宣 朱銘常（姚村人）庠生顧旭升（見孝友錄）
六品銜錢煥（罵賊被殺）韋惠泉 韋華義 陸雲義 呂鴻寶 朱
友春 張五大（泉左人）王用賓（俱芳東遇賊死）六品銜監生楊儼（字心禪官莊里
人王墓村遇賊不屈被支解死子五先後均被殺）楊金珍 楊銀珍 楊銅珍 楊鐵
珍 楊錫珍（俱儼子）十月有周百齡（罵賊被殺）十一月有王夏讀 王
士元（俱死下濟橋）黃金大（死和橋）十二月有許福元 許順發 許習

拒賊不克死四月有蔣義嘉栟洲人率村人與賊力鬬死五月有陳愛高　陳順
祥　陳庚福俱余莊人在張渚鎮率團拒賊陷陣死七月有談福奎率衆拒賊被執剖腹死屍
焚　張震來遇賊力鬬中槍死　庠生楊賡起字韶省莊人率團拒賊石屑嶺力竭死　楊茂榮
賡起父聞子陷陣率衆援救力戰死八月有楊邦榮　張琛生　張藝大　張廣
安　牟萬根　王喜龍　王法魁　張志文　張安書　張昌
海　張三元　蔣俊和　陸德茂俱西川岕拒賊力戰死　廩貢生周鎮沅
在鄉暗結義團事洩被殺九月有吳鳳貞　李德川　鮑山大俱霞墅人拒賊張渚鎮力
鬬死十月有胡順喜遇賊力鬬被剖腹死十二月有庠生謝文雕見忠節錄　王品
祥　貢生丁文玉俱夾浦拒賊死被害者正月有六品銜蔣品紳　賈
模楨　監生余吉成　張龍富　周富昌　周福昌俱張渚蜀賊殺　吳
春朝　王厚大鑫墅人　秦勞大　呂惠大　張豪大　周天喜
張龍山　呂滿富　呂珂大　周正發　張正榮　張阿滿俱袁
圮里人　從九品湯炳章湯渡同遇賊死　許文蟠　許聞鈺　許文元俱牧馬口
遇賊不屈死二月有許允先東港橋人　許餘璟　許餘墾　許餘瑋　許
餘珊俱袁福圩人　萬澤　萬慎言澤姪　從九品石廣保西亭區人　庠生黄蘭
森洲墅人　史全大孟圩村人　萬秀芝　張歡榮張渚人俱遇賊死難　裴安昌蜀賊被殺
三月有史陸大　李渭川俱芳莊人同遇賊死　陳卯生　張兆湘俱死五洞橋
吳義銓蜀賊被殺屍裂四月有沈巨周死茶亭西　陳國良死珠墩上　施金大　陳
三大俱死裏王岕　周元富　張兆成　陳三讀俱死西川岕　庠生李世恩
庠生李雯淵俱遇賊不屈死　陳慶龍見孝友錄　任潔澤篠里人見孝友錄　五月有

宜興荆谿縣新志　卷五　武事　殉難紳民　六十三

文　許詒生俱曹家瀆人　許紫生　許紫泉俱錢墅人　朱玉潤　張浩初
許明闕　六品銜周逸雲　鄭德林　鄭聰福俱罵賊死　任植庭
任繼明死羅岕　杭恩榛沙塘港人見任慶成孝友錄　附生陳丹湘死羅家莊　陳燿
芝死官村　曹望初死醒是嶺　曹東大死陽柳坪　曹錫鈁死上坊　許亭奎馬達橋人罵賊
死　王嘉愉鍾溪人死鍾溪橋　任賽鰲遇賊不屈被剖腹死　唐法義和橋人死萬壽橋　許願
英錢墅人遇賊中礮死　張德盛東瀆人　王年大金墩人　錢學珍　錢青選　錢
義才俱遇賊大罵死自盡者三月二十五日有陳巨川　劉均榮楊溪瀆人
俱遇賊投水死四月有周愷棣遇賊投水死八月二十九日有張仲英泉左人被
執不從投水死十一月有曹安邦下邾橋遇賊投水死　周槐三後塘人　陳聘之　毛
富昌俱遇賊投水死絕食者正月有舉人潘汝霖字雨春文望為時所重性尤抗爽許鳴雖
起義時與傅汝濟蔣頌芬黃一桂結團分流岕應之語在忠節錄城陷後憤鬱成疾不食死三月二十五日
有余庚山中巷人能詩善書賊欲致之杜門餓死　任再華岕拒賊長興羅川憤恨不食死　從九品
蔣榮昌　馬明德俱憤賊猖獗不食死四月十六日有王龍大　王鎖德
俱被執不屈餓死八月二十九日有庠生蔣起恩溥兄見忠節錄　庠生丁士欽
見忠節錄十一月有曹玉田痛母死節日衣號泣不食死　庠生楊人傑涓橋人賊欲逼為書
記峻拒不負死十一月有廩貢生潘嘉謨見文學錄　庠生潘保源嘉謨子附父文學錄
廩生潘道純見義行錄　陳宣猷城陷寄居陽湖靈臺鎮賊招之不從觸死　庠生裴晉見忠節錄
荆谿紳民陣亡者正月有萬騰　萬國和騰姪遇賊力鬬俱被焚死　李德銓
吳鳳彬　謝二大俱下圩人遇賊鬬死　丁禮厚拒賊大儒里受重創赴水死　二月有
蔣盤仁　蔣蘭高盤仁子拒賊蔣墅村父子同死難　三月有黃浩文千畝圩人捐資倡義

宜興荆谿縣新志　卷五　武事　殉難紳民　六十四

職員許聯棨（錢墅人罵賊死年六十有八） 高寶定 高保大 高訪宏 高阿川 高玉山 陳克勤 陳其順 高百壽 高長富 高天姤 高阿大 陸明高 陸華徹 石順大（孟亭區人） 陸浦霖 陸長齡 楊覲元 吳東壽 朱阿初 邵廷貴 陳廷效 虞增林 呂又來 陳柏生 王阿義 陳品大 湯阿三 王森大（俱均下區人遇賊不屈死森大二子名玦隨父死難） 六月有邱二方（死潤橋村） 王安大（死新莊） 張春榮 張惟心（俱死張渚） 王甲三（死石牛岡） 武生蔣邦榮 張德林 張定奎（同死溧陽） 陳士廉 張東瞻（死大塘圩） 張五九 張明三（俱死橋亭） 徐佛保 徐印生 徐泰堦 徐祖銓 馬式金 張全慶 張照融（俱死桃溪） 七月有張用之 張大春 張友昌 賈本初

宜荆谿縣新志　卷五　武事　殉難紳民記　杢

賈滔長 賈軼林 施品金 張佑大 黃時大（俱張渚罵賊被殺） 莊坤榮 莊法元 莊仲文 莊壽大 沈根大 丁德大 莊川大 張開大 劉二品 沈壽春 沈銀壽 沈啟大 方義郎 張細奎 史義魁 沈和大 史餘慶 沈鎮榮 史榮大 黃運大 史信寶 謝玉麟 莊行大 沈川大 沈懷大 沈開林（懷大子） 賈藏林 黃頂郎（俱永豐區人遇賊死難頂郎妻閻耗亦殉） 八月有單筱大（死梅園林） 陳運才 陳運法（同死大浦） 蔡增福 監生石維幹（孟亭區人） 任壽得 錢天順 朱興大 孫士勤 王玉珍 閔四慶 閔兆祥 龔懷祿 監生湯明天 馬方義 勇冠英 施懷德（湖壁人） 徐印渠（洑溪人） 徐榮興（大樹下人） 葛儒增 施傳瑜

鮑芳芸 歲貢生談汝諧（俱均下區人遇賊不屈死） 九月有張岳賓（死湖壁） 卞榮奎（死常下村） 湯廷瑞 張信坤 余萬明（俱死西川岕） 史正寅（滸祐橋人） 李開法（芳莊人） 余吉輝 王明華 余德豐 盧定海 張培大 余寅大 沈富明 曹正祥 余元達（俱死張渚元達妻同時殉節） 十月有潘狗大（死祿里） 余吉甫（與妻同殉） 吳萬大（死竹簣橋） 十一月有陳生茂 楊天大 湯沅才 湯沅法 潘祿壽 賈兌金 徐儀型 徐培成 庠生徐熙珍 徐伍大 監生徐基 賈慶初 賈爾權 賈岳賓（俱死張渚） 十二月有卞三洪 賈富林 賈天林 賈望池 施浩金（俱死張渚） 張順奎 張瑞南 張方來（俱死芳橋） 自盡者正月有任鳳雲（遇賊投水死） 武生周錦文（施蕩橋遇賊投河死） 童生趙獻臣

宜荆谿縣新志　卷五　武事　殉難紳民　宅

（歐蕩圩遇賊投水死） 五月有五品銜佑經歷余維旭（張渚遇賊投水死） 東臺縣訓導徐大綱（遇賊不屈投水死） 徐恩培（大綱子隨父投水死） 絕食者三月有監生吳克允 湯甲英（芳橋人） 李喜亨 沈象光（湖壁人俱誓不從賊閉門餓死） 七月有吳堯俊（芳橋人憤賊猖獗不食死） 庠生蔣頌芬（見文學錄） 附貢生黃一桂（與許鳴鵾同起義見忠節錄） 十月有俞企棠（見孝友錄） 欽咸熙（撫不從賊餓死）

同治元年宜興紳民陣亡者正月有曹文斌（水溝村拒賊死） 蔣洪維（西鄣里人率衆拒賊死） 邵耕南 蔣瑞新 邵榮大 王華大 蔣萬年 蔣輔年 蔣白川 蔣昌晉 蔣聿勤 蔣維大 蔣錫周 蔣錫榮 蔣宅周 監生蔣芳 蔣雍義 蔣文炳 蔣錫麟 蔣慶寶 蔣咸信 蔣洪華 蔣能 蔣祥生 蔣富銓

蔣瑞彩俱洪維同里 王受祿竹坍里人 吳毘賓 吳生大俱港下里人 金開二
胡明南 趙書大 王幹青 趙衛瑞 蔣盤益 趙玉興
王順南 王海成塘瀆塢人 王順安鵝中里人俱隨洪維倡義拒賊自佛跡橋追至東陽嶺橋
力竭死 三月有曹佩義拒賊項坏受重創死 蔣瑞初潛結義團密圖恢復事洩知不免卽與賊鬬死
蔣順昌瑞初子隨父力鬬死 四月有張岐大率眾拒賊死 張佛保 湯巨官俱隨
岐大拒賊死 五月有倪貢生湯廷英培莊人遇賊欲殺兄見奮與賊鬬被戕至大浦死 七
月有張記元 毛士昌 楊德芳 鮑來招 朱陸喜俱拒賊寺橋死
八月有武生周忠周家瀆人 曹士祥拒賊滿西院受重創死 曹盤榮率眾拒賊金紫圩受
傷死 曹順昌遇賊樂成橋徒手與鬬被執大罵死 庠生禇登瀛居稍瀆賊擄其里登瀛率眾夜襲眾不敢
進瀛怒往被殺 任金松 任金柏金松弟同遇賊鬬死 朱臘元 朱物大 朱器

宜興荆谿縣新志　卷五　武事　殉難紳民　九六

華 鍾肇惠 朱金觀俱拒賊小蘇橋死 周隆安竹門人本村拒賊死 周慶麟遇賊
力鬬死 監生周念雲遇賊景美村力鬬死 被害者正月有庠生華寅清石霸里人
賊招作書記怒罵被殺 份生華之陽 童生華永山 庠生岳宏恢岳家橋人
皆以不受賊招被殺 蔣徙義見孝友鄉 史兆奎下河頭人死灌瀆 孫兆貞工文里人罵賊被剖腹死
萬潤亨 萬大誠俱和橋罵賊死 毛三朝堰南里人罵賊被殺 蔣天三金墩人 蔣培
大 談鎖義 毛杏芳俱泉左人 三月有許德煦馮達橋人 監生湯正芳
培莊人罵賊迦蘭橋死 許洪易鍾谿人 許金海 許金盛俱作瀆里人 儲澤溥
儲叙倫俱豐義人 史富生 周佑芳 許龍海 蔣裕大 朱心傳
朱賢傳俱罵賊死 史興讓 監生許光國見父被殺憤恨罵賊死 蔣天保
蔣屏 蔣順保 邵明鍾 潘斌 徐聽林 楊士琛 單五

大 施健初莊下村人俱死社瀆橋 吳禧春 吳寅元彰村人 周莉昌王墓里人
許榮陞墳西村人 史增和楊巷人 四月有洪安邦死南大房村 曾添法柚山人 戴
許煥見孝友鄉 江仁大和橋人 劉文鸞南門外人 戴章大鍾溪人 戴星高 戴
造大 戴臘大 戴和大 戴賢使 戴蟠龍 戴金生 戴
同高 戴盤富 戴添籌 戴德義 張茂昌六莊人 李棣梓楊巷
人 胡啟藹發源縣人 監生史增祥 史煥 史煥之 童生史昌祚
監生史貴之 史宗惠 史文鼎俱義莊人 王瑞 王賢祥 王
福大 王明大 吳富來 唐元文 唐元榮 戴大溪 劉
忠定 劉寶定俱邵巷人罵賊死 五月有淩洪慶 州同銜監生吳道
南南社人 邵天才 鄭天位泉左人 邵明揆邵巷人 謝文興義莊人 謝天

宜興荆谿縣新志　卷五　武事　殉難紳民　九七

生 謝文蘭俱泉橋人 曹子璋周鐵橋人俱遇賊不屈死 六月有方文慶和橋人 邵
寶元下灘灣人 潘順德潘射頭人 潘德生潘家村人 蔣益謙坊東人 周如松 周
讓大俱紅塔頭人 許亨南 許洪大墳西村人俱罵賊死 七月有曹鳳振罵賊死
庠生儲升瀛 監生儲履虞俱豐義人 史志儒南社人死溧陽 錢觀成志儒同里
罵賊被殺 周之德宋瀆人 周球曹墓里人 周邦貢 周恩榮俱雲霧里人 周增高
栗瀆人 周蔭棠俱遇賊不屈死 八月有錢俊大 錢榮邦俱南社人 許榮川環里
人 王順貞下央村人 杭義木分水墩人 張福觀俱罵賊死 周文柱賊至和橋護母不忍去與
母偕死 周金茂雲霧里人木村罵賊死 周望成罵賊死 周達曾望成子隨父罵賊死 許聽
義 許孟會俱死淩莊村 毛澤恩賈莊人 蔣金大新埧人 吳榮山下灘灣人 金
長發潘射頭人 六品銜武生秦邦成 張光中 張聽官俱金紫圩人 呂

順狗邵巷人 謝瑞成義莊人 吳鎮才路莊人 荆文興 王開泰 吳瑛
童生袁聲聞 武生袁鳴岡俱姚村人 周一桂 吳坤義 毛起
大 曹林森俱下邾街罵賊死 曹子武后宅村死 吳賢齡 吳象林 吳富
官俱常大瀆人 朱南賓 朱華佩 朱金福俱死寺橋 毛順高新芳橋人 儲安
貞曹義人 張連魁 張家元俱金紫圩人 孫啟忠 吳安定北渠人 陸勝
輝俱後莊人遇賊被殺 孫富昌死大浦 閏八月有從九品徐照谷 洪祖慶
吳斗垣俱死高堆 陳桂芳 許嘉茂鍾溪人 潘玉書沽瀆灘人罵賊被殺 潘永
森玉書兄兒弟死難憤罵亦被殺 候選縣丞楊光浩官莊人聞師史景陽死節歎曰吾師不朽矣後遇賊
不屈死 稽耀章豐義人 唐宅榮邵巷人 曹兆熊新市人 監生蔣濟泰 潘
順虎 臧達三 吳應芝 王芝文 江鎮元俱罵賊死 九月有張

茂奎紅塔頭人 鄭元亨邵巷人俱罵賊死 十月有儲一騤 蔣耀琨西莊人 吳
達林 儲天倫 史之良邵巷人俱遇賊死難 十一月有蔣官保下邾橋遇賊不
屈被剖腹死 潘桂芬 潘桂芳同死李家圩 潘椿生死北大圩 張廷俊死嘉興 周
曜曾父爲賊擄憤極大罵被支解死 蔣南元前窰人罵賊死 自盡者正月有庠生蔣型
字小樓西鋤里人家貧授徒通易數庚申之變率團禦賊爲賊所得置舟中得間投水死越數日里人獲其屍面如生 吳
明德 楊裕海堅蓮圩遇賊投水死 蔣具官邵巷人聞賊至自縊死 三月有吳榮春
禧春兄遇賊投水死 七月有張金元楊巷人遇賊投水死 許凌大嶝西村遇賊投河死 六品銜
例貢生張恩沅 湯瑞芝同遇賊投水死 八月有徐步興南社人 監生呂
文塗北莊人 謝福貞泉橋人 蔣墒 監生王星燦俱遇賊投河死 歐玉芝耀奎
子年十五遇賊投水死 楊盛熟家榮子聞父被殺痛哭投河死 庠生許體言見文學錄 周懷義

曹子安俱遇賊被執不屈投河死 九月有陸鎮麟遇賊投河死 十月有鄒士模
鄒蕙臣俱堰北人 監生吳梓材俱遇賊投水死 絕食者正月有廩生蔣仁溥
見文學錄 戴洪生楊巷人 舉人吳琳見文學錄 毛德招 七品銜毛晉紳
欽賜舉人楊宣見忠節錄 毛順章 毛飛熊 毛牛大 毛孝行
毛用賓 毛繼亨 毛印松 毛庚書 毛國華 毛西庚
毛發書 毛瑞華俱堰南里人 武生曹遇春杉木橋人俱被賊脅不屈餓死 三月有
庠生曹夢能曹家塘人 蔣禮行誓不蓄髮賊執之憤恨不食死 四月有王行培 王
坤培俱邵巷人被賊脅不食死 七月有史鳳均 朱印文俱楊巷人遇賊被執不屈餓死 八
月有蔣榮占坊東人 陳印大男留人 王洪大下央村人 監生李錦成 儲
綬印 李阿昭胡家村人 監生吳貢琳 湯俊德湯家村人 許壽榮 許

生緣 許生高俱周鐵橋人 章洪昌 葉栢榮 葉寶書 葉寶亨
蔣珊大 王順福墳西村人 監生曹鳴岡大潭圩人俱被賊執不屈餓死 閏八月
有許志來柚山東村人 蔣克昌俱憤鬱成疾不食死 汪效賢旌德縣人在楊巷被賊脅不屈餓死
九月有附貢生蔣庭南 增生蔣邢遇賊不屈同餓死俱見文學錄 十月有鄒
元大 庠生鄒嶧賢俱堰北人賊欲逼寫書記誓不屈節同餓死 史興祿誓不從賊餓死
荊谿紳民陣亡者二月有李赦二拒賊大浦死 三月有吳如珍張渚礄山
拒賊死 王金培 史聽大 臧聽二 黃兆書俱邵巷人 史佩珩 史
鹿餘俱張渚拒賊死 監生崔受祿閘右人拒賊定跨死 黃雲槎 黃慶榮 黃科
榮 黃漢光 蔣壯生俱上干里拒賊力戰死 四月有許恒茂茆圻人 許輔
延恒茂姪同拒賊死 六月有許永兆 庠生遊霖同拒賊楊橋死 附貢生張錦

雲 監生張邦禮 附生潘銘字盤福 蔣身大同拒賊死 任歐義 吳榮張與歐義同擊賊張渚三思橋榮張敦大族先出被殺歐義亦戰死 何川義 吳榮正 宋順高 潘榮三 潘和大俱西川岕倡義拒賊力戰死 七月有張遜大 張上森 張志昌 張五朋 張道奎 史肇延 史肇福俱張渚拒賊死 吳邦雲芳莊人率團拒賊東湯圩受重創死 八月有監生丁文彬 陳順和 陳鎔茂 陳鉅曾俱談埠橋被執焚死 張貴大遇賊大賢嶺力鬬死 蔣全保梅園村拒賊死 閏八月有潘初寶塘頭村人 何銓義 嚴朝進 邱延雄 邱松林 曹功法 呂納川 呂楚輝 徐開大 曹貞大 曹二泉 曹聰發俱張渚拒賊死 九月有黃狗三遇賊力鬬被執焚死 譚榮法 丁順大 談玉鳴 談富村 呂興義 呂雖髦俱遇賊力鬬死 十一月有戴

富林 朱明法 方發明俱結團拒賊被殺 十二月有談金魁 張二大 馮川狗俱遇賊力鬬死 被害者正月有尹煥 庠生尹漢卿煥子 湯致中 湯重光俱罵賊被殺 湯德成 湯鵬霖德成子遇賊父子均被殺 徐佑法 徐盤林俱罵賊被焚死 余小香夙善技擊後投某營隨攻沙塘下鄉賊卡賊懼求降小香請往察其志既至被縶小香坦然曰吾此來將生汝輩乃反殺我耶賊縱之至大浦卒被害 此條係三年錯入 湯順榮 丁禮能 陸光秀 蔣肇雲 庠生周霖 庠生尹繼達俱遇賊不屈死 許二月有陸道高 許恩春 許餘祥 許餘倪 許餘倅 許餘仞 許餘琍 許根桃俱東嶺圩人 許餘琮 許根瑚 許根璟俱川埠人 許佩誠湯渡人 吳步洲 監生吳應林 吳瑞芝 徐祥芝俱芳莊人遇賊被殺 三月有張德書 褚永貴 褚三大俱死孤圩村 蔡連昭俱蔣墅人 陸延嚴 陸盤之 陸永年 陸仲山俱萬畝圩人遇賊同死難 張壽喜張渚人 陳忠大箬山人 陳長壽芳莊人 李祖同 朱徵麟 許恩科 許餘鈺東嶺圩人俱死郭家圩 許庭輔樂善好施遇賊不屈被殺 四月有吳順元六科圩良人素諳風鑑盛夏必衣賊至村順元方囊圖賊呼執爨不應以為重聽也近前喚之順元突以糞杓覆其首罵曰賊賊怒剖其腹時年七十餘 王天富陞平里人姓剛直遇賊不屈死 湯廣遷 丁川定 王慶正俱死張渚 葛玉明 葛與明 李永懷俱白宕里人 周懷之 武生孟浩如俱湯渡人 呂鳴鳳南門外遇賊死 陳堅大遇賊五洞橋與妻同殉 州同銜吳慎之 監生吳謙恩俱與許鳴雖同起義見忠節錄 監生吳克雲 吳栢亭俱遇賊大罵死 五月有吳惇榮芳莊人罵賊被剖腹死 史學之死孟圩村 湯杏大張渚人遇賊死 芮雲大 芮川大雲大子遇賊同死五洞橋 張正和 張松大 董運良 余紀福

周寶榮 錢德元 童生李企賢俱死張渚 六月有任明大 錢天智 陳珊大 陳名大 陳開大俱死張渚 王天閏 范學大同死湖邊 潘應康 潘應祺應康弟城陷奉母避鄉賊擄村殺其母二人奮身往救俱被殺 七月有庠生任延勳字鏡山筱里人潘家嶺結義團延勳往來其間賊偵得之遂遇害 任希明 任吉明俱與延勳同死難 庠生蔣心淵 武生張邦耀 張棋松 張雙喜 張富大 張振芳 張佑根 張同富 張同書同富弟 張寶珍 張法奎 張德奎 張日啟 張孟森 張遐綬 張富朝 張富順 張佑山 張富春 張岳乾 張芹書 潘物寶 史高大俱死張渚 陳大邪死蔣裏村 八月有庠生吳劉牆見文學錄 吳瑞昌 吳大明俱六科里人 吳元林 呂幸義 呂朝明 湯榮山俱芳橋人

溧水縣教論李杜文遇賊不屈被殺見文學錄 殷順官西村人 周全林 周明
生魚池沿人 石步瀛南溪圩人 黃蒙九 袁俊錫俱湖墅人 周盤龍錫山人 許恩
雲袁福圩人俱遇賊死 邵喜大 龔金川 洪生華 周佩榮 湯元德
湯元虎俱張渚死難 閏八月有王喜大死新莊村 王慶生 李青友俱死
山裏村 何八達 何海潮俱死孟圩村 蔣和大張渚人遇賊與妻同殉 蔣和二和大
弟見兄嫂俱死憤罵被殺妻亦殉 張怡大 何遲三俱死龍池山 九月有張天順
單紀大 周佰齡 張高元 張召賓 張賓山 陸才大
陸安慶 賈佐廷張渚人 吳榮魁西村人 湯龍大 蔣兆林 蔣伏
三俱趙家村人 張富元 張順良 張海周 張貞三 陳森生
陳錫昌 陳川法遇賊俱死張渚鎮 張德南 姚魁大同死蔣站橋 十月有
宜興荊溪縣新志 卷五 武事 殉難紳民 十四
王品官死秣陵 陳泰大 陳望高俱死蔣裏村 何掌大張渚武花里人 湯鳳銓
陳興保 張慕雲俱死陳家濱 十一月有潘應貞 潘應昌 潘
應元 從九品潘應甲 潘應奎 潘應祿兄弟六人奉母乘船避湖北村賊突
至母子七人俱不屈死 任鶴泉 任學彬俱篠里人遇賊大罵死 許恩震袁福圩人 楊品
高 潘友德 八品銜潘之維 潘邦和 呂鳴鳳 呂志高
呂奈大俱死北門外 十二月有尹豐大陸平里人 蔣有佑 余雙壽俱死
張渚 自書香四月有吳齊大篠里人攜二子避居五牧賊脅不從乘間縊死 八月有童生
李懋成遇賊不屈投河死 十一月有史九林蔣站橋人 葛庭爵俱賊脅不從投水死 絕
食者二月有潘儒林 吳佩元 吳文會 吳汝遐芳莊人俱誓不從賊
餓死 增貢生吳子湘與許鳴雝同起義見忠節錄 武生王漢加水西村人有勇力賊執之憤恨

不食死 附貢生沈漢章見義行錄 沈知燿 庠生沈雲章俱望道里人率團拒賊不
克抑鬱成疾死 庠生周開祺 鄒裕昆 鄒裕元 鄒謙吉俱不從賊餓死
二年宜興紳民陣亡者二月有曹殿榮佃山人遇賊力戰死 凌望增奮與賊鬬
力殺一賊死 蔣月義田干里拒賊死 三月有曹正高 曹定高正高弟與兄擊賊塘門村
受傷死 曹福湖擊賊而山死 曹春榮擊賊土干村死 附貢生張敬十年與許鳴雝同起義團
事敗輾轉流離至張渚被殺合門多死事實見義行錄 四月有曹德義 曹思成俱大潭圩擊賊
死 史杏標 史喜三 張朝榮桐梓橋人俱擊賊寺橋死 五月有曹益與率眾
拒賊張圩死 曹福高 曹富高 曹昇高 曹懷金塘門村拒賊死 六月有
尹玉賓 尹紹功俱亳村拒賊死 朱光浩湯家橋擊賊死 七月有曹裕昭曹家塘遇
賊鬬死母及妹俱殉 曹壽山與裕昭同拒賊死 八月有庠生曹大宗儲巷遇賊力鬬死 曹
宜興荊溪縣新志 卷五 武事 殉難紳民 十五
懷義大潭圩擊賊死 湯光新 湯鶴松俱遇賊力鬬死 程持志和橋人率眾拒賊死 周茂
林後村人賊至村擄掠茂林率同志迎擊賊盡被縛連舟焚之後賊酋率眾掩捕茂林挺身獨認擄掠慘酷卒無一詞賊縛
之懸其首於竿 十月有曹正和安樂橋拒賊死 曹麟元曹家塘拒賊死 邵志和奮與賊鬬被執
不屈死 十一月有曹載林曹家塘遇賊鬬死 被害者二月有宗渙罵賊死竹簣橋
史廷珍罵賊被殺合門俱殉 毛春發唐貢巷人死南介橋 戴文林西莊人 史富成 史
企常 法多福俱楊巷人 錢義財南社人 謝文杏義莊人 毛錦衡貫莊人 茜
進方後繆墅人 庠生孫本立 邵應元永定里人 薛孟祥 薛德茂 薛
順發俱瀚瀆罵賊死 三月有庠生謝濟傑 毛培珍 六品銜武生秦
贊成 朱正全俱死北石壩村 周之良陽塘里人 監生湯振麟 史福榮
吳鶴鳴路莊人 孫金霖前周墅人 路虎松黃墅人 黃榮坤黃家村人 湯鎖法

吳恩耀俱泉橋人 楊華大新芳橋人 史信茂義莊人 萬國珍 萬炳文遇賊滸溪同死炳文妻子俱殉 周仕昇罵賊中礮死 王國梁性正直賊誘以利不從被殺 四月有楊方義 王盤義 張發根 蔣堯年 蔣萬餘 吳銀大 吳銀安 吳佰富 鄭志冲 鄭志和 鄭炳森 宗法昭俱邵巷人 儲鎖根 儲鎖發俱駱家橋人 潘開寶上黃人 儲高豐義人 蕭殿英 湯定懋俱周鐵橋人 吳利祥路莊人 吳士德 孫錫和 孫錫芝 孫榮華 毛茂祥前周墅人 蔣佑春 蔣金發俱新建人 秦芝寶新市人俱罵賊死 蔣有餘蔣家橋人性嗜讀賊至猶手不釋卷執之大罵死 五月有謝達明性孝友賊將至奉母及弟先他避賊至與妻同殉 陳玉衡馬巷里人 陳玉卿玉衡弟 陳瑞大玉衡子 畢奎蔭周鐵橋人 畢鳳韶 畢鳳夢俱奎蔭弟 蔣馥開 蔣馥增 吳瑶官俱被執不屈死 周廣芹見任慶成孝友錄 陳鳳儀 陳鳳來鳳儀弟同罵賊死 張興初死上墅 鈕盤增 任聲諧俱死豐義 從九品任漢雲 楊萬昌 楊仁義俱死下和橋 任福堂前留村罵賊死 任濟元工書賊欲招爲記室大罵死 州同銜附貢生朱大中死大浦 潘德豐死古竹巷 吳順連死歐瀆 蔡狗大荷塘村人 胡錫球 黃維新俱南社人 胡岳誠山陽圩人 唐益昌邵巷人 俞洪元南斗圩人 孫龍興前周墅人 儲漢珍黃墅人 儲貞寶 儲珍福 儲得桂 儲書升 嵇羣官俱豐義人 秦邦智 秦松茂 秦壽松俱新市人 儲慶元花基村人 楊得昌 從九品任服堂俱遇賊不屈死 六月有丁尚初 盧壽觀俱沙阪里人 謝邦榮甸頭村人 孫佑招前周墅人 秦朝生 監生秦朝陽俱英駐村人遇賊同死難 七月有徐鶴高 徐長貴 許履泰潭圩人 許履川履泰弟俱遇賊大罵死 沈洪奎沈家巷人

宜興荊溪縣新志　卷五　武事　殉難紳民　十六

死西氿 尹景湖瀉村人村罵賊死 史福亨死堯莊街 謝法林死甸頭村 八月有姚啟賢徐瀆人 周大熊曹墓里人 吳惠官路莊人 庠生孫贊 鄒佩玉堰北人 蔣督康南社人 王佑川 金來福俱邵巷人 吳勤華路莊人 儲貞發 路方義黃墅人 庠生吳楚梓泉橋人 秦鑾壽新市人 俞克昌新芳橋人 曹榮昌 朱恩大俱死土干村 廩生路步瀛字式甫精學工文城陷避地湖州中途爲賊所掠賊知爲儒任以書記不從被殺合門俱殉 九月有周甘來 孫隆方俱死孫家壩 蔡克家死官村 許麒奎馬達橋人 朱榮昌 許閱大汴瀆人 周熒雲鸞里人俱遇賊不屈死 十月有萬鳳鳴作詩嘔賊賊執之被鞭箠死 庠生周獻琛 楊沛然 朱厚源 蔣長大楊巷人 監生俞克和 路盛芳 曹迎發 路順昭 尹鎖壽新芳橋人俱罵賊死 張慶保洞里鎮遇賊不屈死 十一月有楊書貢 曹佩紳遇賊同死難

自盡者正月有周發祥滑洛村遇賊與母投水死 李貫增楊增弟痛兄死節憤鬱投水死 二月有張德茂六莊人罵賊投湛瀆河死 謝庭椿義安人 蔣壽昌俱遇賊投水死 三月有蔣救福南莊人遇賊投水死 毛庚義野田里人 王森和吳家圩人俱被執不屈縊死 楊賡伯聞賊至服毒死 湯和懋 湯煥文俱遇賊赴水死 四月有萬葉奎邵巷人賊至自縊死 曹裕良陽溪瀆被執不屈投水死 法玉堂蘚祥子尋父遇賊投水死 徐誠齋無錫遇賊投水死 監生張煥初周鐵橋遇賊投水死 楊書大蝦莊人被執不屈投水死 五月有徐培 監生徐鈞義 徐順大俱下漳人遇賊投水死 八月有曹士大溧陽人楊巷遇賊投水死 庠生王之屏周墅人賊執其父榜掠之之屏請代父得逸賊脅之行中途投水死 九月有謝哲成泉橋人遇賊投水死 絕食者二月有武生閔安邦 監生閔士藩 莊保定俱坊東人被執不屈餓死 楊青 武生楊昔洪賊屢誘不從同餓死 張順福 張兆

宜興荊溪縣新志　卷五　武事　殉難紳民　十七

榮　張翼定俱金紫圩人　庠生蔣燦　增貢生孫陛之新芳橋人　宗開泰
吴桂山吴澤村人俱誓不從賊餓死　三月有例貢生朱金鎰黄澄圩人性豪爽好扶危濟困疾惡甚嚴其品望為鄉里所推重賊至抑鬱成疾死　王廷俊秋溪遇賊被執不食死　毛虎大野田里人
曹士邦溧陽人　方根才　張岳榮　張保榮　張佩榮　張邦榮
張明發俱金紫圩人遇賊不屈同餓死　庠生王琦賊脅不從餓死　袁謙大蔣墅人多膂力備作養母賊氣熾甚無所得食村人在賊中者或勸偕往謙大痛斥之母子卒皆餓死　庠生施炳熙見忠節錄　庠
生陳鏞性孝友憤賊蹂躪貧無以祭不食死　四月有蔣秋隆西莊人　庠生吴育黄墅人
楊新茂西田里人　尹虎元宋安里人　秦義法英駐村人　法禧祥楊巷人俱被執不屈餓死　五
月有閔瑞招坊東村人　孫金成前周墅人　尹德英塘西村人　徐長福　徐裕興
徐林大　徐福昌　徐兆福　徐珊大俱下漳村人　夏發大　周

重刊荆谿縣新志　卷五　武事　殉難紳民　卅六

石成　周順成　瞿序法　瞿虎大　瞿虎芝俱鶴圩人　嵇士林豐義
人　許順法高家瀆人俱憤賊不食死　六月有蔣金茂　萬廷大　萬明華
萬亮華北下漳人俱被執不屈餓死　七月有許金泉　王昌大俱錢墅人賊脅不從同餓
死　蔡寬平　蔡寬靜俱官村遇賊不屈餓死　八月有謝庭瑤義安里人　張瀛大
金紫圩人　張春喜新芳橋人常州遇賊不屈餓死　尹恩明　尹岳秋　張永豐俱新芳橋
遇賊不屈餓死　庠生儲麗仁見文學錄　武生蔣邦彦　任慶和　任錫璋慶和
姪俱賊脅不從餓死　九月有監生馬萬程楊巷人　儲漢德黄墅人俱憤賊不食死　庠生
沈君弼附欽裴名宦錄　監生鄒灃　鄒慶祉灃子賊欲招入僞館不從隨父餓死　童生周
金耀痛弟被擄不食死　范徵書賊至負石投河遇救抑鬱成疾死　附貢生潘七超見義行錄
荆谿紳民陣亡者正月有淩鎖定賊至率團拒之中礮死　史科發　蔣富

川　潘福昌　潘仁榮　潘會庚　潘邦義　潘其福　潘盛
忠　潘庚申　潘漢忠　潘瑞忠　潘誠昌　潘宣定　潘士
金　潘正昌　潘丙元　潘士法　潘信忠　潘湧川　潘壽
方　潘錫昌　潘士昌　潘元明　潘品昌　潘金保　潘榮
昌　潘保和　潘生宇　談連大　談玉和　談大邦　談天
赦　談大文　吴鳳翔　吴川大　吴琴和　吴介玉　曹信
懋　曹林福　徐春元　邱江大　邱鎮德　邱盤大　邱培
興　陸順大　陸向榮　呂榮法　錢天保　沈天榮俱隨鎮定拒賊
死　二月有任聘卡筱里人潘家壩築寨拒賊殺賊甚衆後寨破被執潰罵死　三月有李秀元
率衆拒賊塘南村中礮死　曹福興　曹福佑　曹福康　曹健祥俱邱家兜人隨秀元

重刊荆谿縣新志　卷五　武事　殉難紳民　卅六

拒賊死　四月有任德壽閘官軍至東壩暗結義團於溧陽應之事洩知不免即與賊鬭死　黄耀琛
蔣應華俱臨德壽鬭死　許銓義遇賊力鬭死　曹榮銓拒賊干死　土　曹如松五江渡拒
賊死　八品銜金應標蕉川人率團襄陽岕拒賊死合門俱殉　五月有張志霖見忠節補錄
增生陳章明　增生陳傅巖　增生陳周惠俱鈞橋人　周有雲俱拒賊被
執不屈死　八月有吴會書芳莊人率團拒賊東蕩圩死　十一月有宋秀福率西川岕義勇
臨劉提軍收金保圩殁于陣　被害者正月有湯行高　例貢生湯以成　監
生湯元仁　吴繼芳　吴繼猷　萬隆曾　史陽高　史連科
史祥發　史祥元　史隆坤　史恩科　史栽大　史富高
沈法謙　沈官山　沈金榮　沈愛林　朱福生　尹春發
俱死王家圩　朱兆榮　朱德奎　方天德　沈佑法　沈榮德俱死閶口

村沈喜昌死虞莊 沈聽法死鶴瀨里 朱仁榮死金紫圩 朱維德 沈百福俱死紅塔頭
沈金祥死談墅村 沈富卿死蔣墅村 沈川義 沈坤法 沈森林俱死北門外
沈法榮死徐舍 朱質生死北閘村 沈佛林 沈廷山俱死芳莊 庠生蔣
雲驤 張富二俱死土千村 二月有黃丕初罵賊被剖心死 湯繼順罵賊被殺 樊
叙興長圩人 樊昌大叙興子與父罵賊死 蔣明順 蔣明高 蔣明芳 張
升元俱蔣家村被賊執大罵死 陳寶掌 蹇大犲 張保定 袁川大 湯
壽喜 湯惟順 呂寶庚長發圩人 吳斯觀 吳斯頌 吳斯陶
吳文院 童生吳景雲 吳佑魁 吳羊大 吳育才 吳國
鈞 湯榮三 佾生楊邦翰 庠生楊邦輔 周聽福 周際
章 周木大 周壬山 周明餘俱死芳橋 舉人丁錦書字龍岡積學能文家

宜興荆谿縣新志　卷五　武事　殉難紳民　卆

庭敦睦許鳴鑣起義時與姪步瀛結團於顯德寺前應之團潰後與姪罵賊死見忠節錄 庠生丁步瀛錫書姪
三月有錢天寶 王載春趙家圩人 蔡惟榮 蔡廷大俱蔣瀾圖人 張長
生張渚人俱罵賊死 李五大五牧橋遇賊中礮死 四月有蔡川榮 趙赦大 石
印渠 石福大知過里人俱死坊東村 史祥法 沈順富湖㳇人 附貢生袁
勳金壇人同死湖墅村 孔繼俊 呂福庚俱長發圩人 監生陸允臧 王鎮吉
俱蔣敵圩人 吳成之南華圩人 羊聯大 宋桂 周初均 周大來 監
生石金聲知過里人 楊錢朋長圩人 馬應春袁福圩人 周法餘 談盤榮
談紹良 吳烏大 周賓綖 周寶川俱蔣墅人 吳佩和 宗邦榮
庠生吳邦翰俱西村人 金茂昌應標子見父被殺抱屍痛哭亦遇害 吳祥魁六科里人 蔣
發大 蔣正昌 蔣志祥 蔣旭大俱錢家圩人 許瑞福 錢紹雲

陳三髦 陳海四 陳廷昌俱張渚人遇賊均被殺 丁懷榮罵賊被剖心死 武
生張汝翼 談品珍俱蔣圻里人 張瑞春俱罵賊被殺 李恒昌 李時富
李文彩俱死芳莊 五月有蔣茂大 莊岳奎 宗堯 宗華大俱蔣
圻里人 潘榮川趙家圩人俱遇賊不屈死 呂鵬程北大圩人賊執不從被殺於芳橋 周德元
陳春帆 陳同生俱五祠橋遇賊死同生妻亦殉節 童生崔迺駒 崔迺順
崔五受俱蘭右人遇賊不屈死 六月有廩生吳鴻翥 庠生吳鴻銓俱六科里
人與許鳴鑣同起義拒賊蔣圻橋不克避匿餓將死鴻翥子希一拾螺以養遇賊奪之希一與鬬賊以木杵舂其喉歐血死賊
至鴻翥前鴻銓從後力捹其腰鴻翥奪刀殺賊後賊踵至兄弟皆被殺鴻翥見忠節錄 吳希一鴻翥子 石旭
魁蔣瀾圖人 吳珍奎蔣圻里人 張文燿 監生吳穆之 庠生吳克勤
吳克儉俱張渚罵賊死 七月有吳順採吳家瀆人死徐舍 羅元湘死揚州見孝友錄 蔣

宜興荆谿縣新志　卷五　武事　殉難紳民　坴

芝大 武生江濤俱死張渚 八月有張順魁 宋本大 陶茂英
陶書大 蔣丑大俱蔣圻橋人 潘仁傑 戴茂初趙家圩人 石漢春 石
茂春俱蔣瀾圖人 湯金生 湯金鳳 湯昇茂 張銓大俱張渚人遇賊不屈
均被殺 九月有吳富奎蔣圻里人 徐盈川 徐裕豐 徐宇福俱張渚罵賊死
十月有張萬元 張文榮 張金魁俱張渚遇賊不屈死 十一月有許恩
嶢 許恩岌 許恩明 許恩義 許恩庭 許恩德 許恩
來 許恩佾 許恩秀 許餘鎮 許餘錦 許餘鍈 許餘
道 許餘珈 許根海 許順發 許順富俱袁福圩遇賊被殺順富死節尤烈
合門俱殉 十一月有朱士昌 朱淇盤 朱淇法 朱淇官 朱聽
大 朱初大 朱彭年 朱元生 朱巽官 朱得方 朱得

榮　朱龍昌　朱三大　朱漢舟（俱張渚罵賊死）　自盡者有從九品陸子熙（萬畝圩人）　吳銓大（俱遇賊投水死）　五月有談開甲　楊川大　從九品陸子翹　陸子晉（俱萬畝圩遇賊投水死）　八月有吳維德（塘東村遇賊投水死）　馮健昌（前莊頭遇賊投水死）　羅耀章（新芳橋遇賊投水死）　絕食者正月有佾生吳應台　吳國璽（俱六科里人）　朱輪三　顧林大　陳衍順　陳順生　史詩大　史惠大（俱誓不從賊餓死）　二月有例貢生陸子勤（萬畝圩人）　萬富昌（過知里人）　萬德昌（富昌弟俱以憤賊不食死）　四月有童生吳鴻變（六科里人）　辛順義　吳金寶　吳洪生　吳孝奎　湯佑法　王文發　呂奎貞　呂榮魁　虞昌茂　蔣和元　蔣安大　丁信山　丁洪魁　蔡士明　王富奎（俱蔣墅八被執不屈同餓死）　五月有史朝夏　史恩林　史

恩高（俱蔣坫里人）　袁培基（湖墅人俱憤賊不食死）　周聚成（賊脅不從與妻餓死）　十二月有朱龍高　朱龍大（洪塘村遇賊不屈同餓死）　祀生蔣玉琪　蔣洪貞（父子同餓死）

三年宜興紳民陣亡者正月有吳允中（牽圍周鐵橋拒賊中礮死）　尹維銪（亳村拒賊死）　外委汪鈺（見忠節補錄）　曹琮　福建候補鹽大使曹文江（琮子見忠節補錄）　六品銜福建候補縣丞徐恩基（與文江同拒賊死亦見忠節補錄）　被害者正月有史惟榮　周順安（鶴圩人）　周方余（孫家村人）　邵望庚（邵巷人）　周玉如　史士鎔（義莊人俱罵賊死）　二月有吳鎖慶　吳恩大（俱路莊人遇賊不屈死）　羅蘭山（和橋人喪明病足賊至姪德魁負以走賊追及之均被殺）　羅德魁（蘭山姪）　絕食者正月有史興壽　閔當德（俱猷讀圩人）　王方義（鶴圩人）　吳寶琛　八品銜吳西翰（俱前周墅人）　周裕富　周裕福（俱憤賊不食死）　庠生金森（潘射頭人不受賊招餓死）

荆谿紳民陣亡者正月有史德餘（蔣墅人）　五品軍功松字營勇潘法楷（皆隨攻楊舍死）　被害者正月有吳兆爵（見隱逸錄）　蔣宏盛（見義行錄）

方外陣亡者宜興有僧華禪院住持秀林　澗泉　滿大（俱十年同拒賊死見方外錄）　興福寺僧元泰　大聖菴僧痴菴　白龍菴僧定川（拒賊聖塔山死）　自盡者有鎮龍菴住持信茂（十年四月聞城陷在佛前縊死）　瑞榮（信茂徒）　志能（信茂徒孫俱隨信茂縊死合見方外錄）　荆谿有鄰堂菴住持瑞祥　廣茂（十年四月余振起義瑞祥與廣茂充當義勇拒賊蔣坫橋力戰死）　秀鍾（劉星臣起義秀鍾充當義勇拒賊於西川界受重創死）　被害者有德芹（十年陳家渭遇賊不屈死）　三和　德明（俱遇賊被殺）

宜荆殉難紳民前經送局而年月事實攷核未審者有徐文炳　徐名瑞　監生徐洪瑞　徐桐　徐佩賢　徐在林　徐廷

珍　徐望寶　徐子林　徐偉寶　徐康衢　徐大寶　徐得法　徐法大　徐鳳洲　徐璇洲　徐阿二　徐五大　徐光福　徐光昌　徐芝瀛　徐謨二　徐光宗　徐金庚　徐順慶　徐大章　徐兆蘭　徐當文　徐應甲　徐祝仙　徐富堂　徐坊元　徐品朝　徐盛大　徐文華　徐魁斗　徐名年　徐兆富　徐榮　徐璧　試用縣丞吳俊　監生吳正志　監生吳維雷　監生吳忠　職員吳亦新　佾生吳賢　武生吳峻　吳功　吳得成　吳達夫　吳阿大　吳德壽　吳正寅　吳毓成　吳福增　吳經增　吳用賓　吳迎谷　吳富昌　吳時行　吳邀潔　吳在文　吳望大　吳玉珍　吳

又文　吳大文　吳福保　吳能文　吳全大　吳之俊　吳
體坤　吳松年　吳萬隆　吳可風　吳詩南　吳牛大　吳
兆章　吳宏元　吳邦定　吳金玉　吳達義　吳思敬　吳
榮強　吳奉尊　吳珊大　吳發　曹朝福　曹啟勳　佾生
生曹明新　曹大文　曹文榮　曹文煥　曹銘　曹祥　曹
正　曹正昌　曹應中　曹鎮祥　曹譜宏　曹定大　曹之
詩　曹順義　曹書高　曹亨科　曹盤宗　曹永往　曹天
保　曹正元　曹正時　曹應泰　曹肅　萬之福　萬人雄
萬人傑　萬保大　萬春大　萬申　監生周洪謨　監生
周志高　佾生周志常　貢生周宗華　周廷玉　周均　周

輿文　周禮華　周金昌　周士亨　周之祥　周榮慶　周
餘慶　周春元　周五福　周魯年　周江春　周宗法　周
瑞文　周成緯　周阿大　周紹高　周泗　周驤　周麟纕
子四俱殉周季　周基　監生陳甲範　佾生陳申初　陳視之
陳復初　陳德淇　陳中　陳秀山　陳步高　陳榮瑞　陳
茂森　陳榮懋　陳富順　陳言　陳魯　陳濬　監生盧金
忠　盧器義　盧效忠　盧效廷　盧利溥　盧增蔭　盧春
元　盧兆之　盧穀餘　盧瑞　盧兆　從九品蔣邦基　監
生蔣迪　蔣廣三　蔣滿成　蔣義郎　蔣聽招　蔣泗　蔣
長山　蔣次金　蔣坤基　蔣正官　蔣秉初　蔣應義　蔣

子騄　蔣保成　蔣玉春　蔣媚川　蔣德金　蔣待金　蔣
泰叔　蔣玉和　蔣維元　蔣大邦　蔣文元　蔣茂一　蔣
鎮庚　蔣桂榮　蔣義詒　蔣德昌　蔣載全　監生儲銳
監生儲英武　儲元　儲亢　儲義　儲豐　儲安貞　儲廷
桂　儲嶽生　儲廣元　儲濟德　儲全大　儲師貞　儲奎
福　儲夢元　儲巧大　儲麟貞　儲紹年　儲順三　儲兆
元　儲之生　儲允中　儲兆琛　儲南目　儲保成　儲川
儲孝　監生史文　史克儉　史之仁　史克能　史之服
史志全　史時泰　史厚源　史賓林　史之源　史潮
史士元　史士貞　史士亨　史士和　史之福　史立祥

史文慶　史邦華　史能祥　史大方　史光昌　史江　監
生潘從周　監生潘兆申　潘方　潘熙　潘恩榮　潘同本
潘桂卿　潘掃墨　潘遂墳　潘山大　潘松年　潘福申
潘寅松　潘夏松　潘海貴　潘福科　潘家振　潘灝
潘信中　潘亨　潘文　潘增　潘榮　六品銜任益智　庠
生任榮階　監生任芝科　監生任久玉　從九品任久琅
任元福　任林　任福淵　任國材　任梓亨　任淞淩　任
宣　任福海　任可均　任尉生　任紀仁　任育仁　任廷
瑞　任滿紅　任會宣　任嘉静　任際宣　任宗熊　任九
玉　任丙堂　任長桂　任艮玉　任裴鈺　任鴻得　任之

志銘　朱紹曾　朱紹勤　朱壽高　朱勝元　朱麟珍　朱
鴻吉　朱效明　朱三福　朱惠三　朱達夫　朱斗文　朱
玉三　朱長生　朱仁厚　朱中盛　朱日當　朱大用　朱
廷瑞　朱行雲　朱邦彥　朱金義　朱金鳳　朱小虹　朱
時中　朱昨逢　朱月光　朱壽青　朱錫麟　朱蘭大　朱
小青　朱和二　朱大鳴　朱仁元　朱全　朱鑾　朱芸
朱山　朱四　朱仁　朱來　監生張心蘭　候選吏目張文
浩　張長大　張澤耀　張岳富　張繼大　張福六　張隆
祥　張廣義　張老大　張志和　張明奎　張熙元　張山
大　張芝賢　張乃武　張家驥　張九卿　張壽山　張永

保　張子青　張承之　張元之　張雄大　張炳芝　張際
之　張保安　張惠　張淮　劉之左　劉祥和　劉振興
劉好德　劉金　劉協聽　監生宗俊　宗岳二　宗岳三
宗金義　宗鴻官　宗玉和　宗子心　宗生官　宗秀福
宗硯芝　庠生楊耀珖　楊服善　楊淇興　楊繼昌　楊之
年　楊生林　楊兆江　楊瑞安　楊佩金　楊士琦　楊兆
容　楊又文　楊志奎　楊植華　楊炳華　楊昌華　楊生
華　楊永泰　楊林　楊兆春　楊蘭秀　楊帶大　楊羅升
楊湛　楊大昌　楊之士　楊志源　楊之俊　楊兆華
楊玉華　楊雙喜　楊阿大　楊運方　楊雨洲　楊信華

升　任忠相　任基田　任廷珍　任邦瑞　任國楨　任克
忠　任道重　任玉衡　任嗣宗　任之綱　任元達　任大
興　任元龍　任鏗　任璽　任華　任份　任元　毛文大
毛富昌　毛順生　毛栢成　毛義全　毛順法　戴徍義
戴聰標　戴貴林　戴季　戴楨　戴承　庠生李仁元
庠生李以引　庠生李田發　武生李雲程　李桃源　李俊
華　李子和　李信孚　李芝山　李元珍　李會大　湯巨
亨　湯復生　湯名大　湯發三　湯文三　湯岳書　湯潤
德　湯法珊　湯聽和　湯五福　湯大定　湯貴初　湯元
法　湯元經　湯生　湯照　湯起　湯明　湯宣　湯仲

路臣義　路一元　路富生　路佩詩　路繼貞　路連福
路昇奎　監生許貞泰　佾生許逄春　監生許鑑　監生許
申　許蟠　許杞　許洪全　許寶大　許有光　許有孚
許文載　許承　許增福　許如福　許逢泰　許臣常　許
金大　許士元　許義榮　許乃文　許時甲　許既可　許
聽海　許七大　許廷文　許朝大　許繼林　許貴義　許
振庸　許登年　許維蕃　童生邵鳴岡　童生邵鳴鳳　童
生邵文明　邵保壽　邵順全　邵又文　邵又之　邵明之
邵福元　邵天法　邵文昌　邵福昌　邵順高　候選縣
丞朱振朝　八品軍功朱光照　八品軍功朱一祺　貢生朱

楊炳章　楊兆奎　楊錫華　楊企華　楊廷在　楊順生
楊叶三　楊兆生　楊小大　楊俊　楊瑞　楊全　楊樹
楊丞　堵升瀛　堵慶良　堵德富　堵之時　堵升　堵南
大　何洪三　何福培　何德昌　何正昌　何勁　何安詩
何順六　何六保　何宗支　何慕　何義　王濟清　章
生王宗泗　王珍魁　王亦文　王以文　王老大　王如綸
王鎖琛　王瑞元　王祥大　王塗大　王文瑞　王廷瑞
王德修　王乃文　王學之　王繼香　王之淦　王法才
王又生　王之屏　王紹初　王超士　王富大　王春生
王士亨　王培大　徐士敏　徐士枚　徐航安　武生黄

珍　監生黄明南　監生黄德瀾　黄裕登　黄鳴岡　黄中
理　黄在勤　黄隆魁　黄順林　黄大年　黄元福　黄法
觀　黄琛　沈彦宣　沈庭訓　沈士章　沈順來　沈廷芝
沈法式　沈文虎　沈宇文　沈必成　沈梅生　沈計遠
沈子懷　沈計三　沈國洪　沈國廷　沈宜　沈中　沈
庭　沈繊　沈寶　陸斌　陸文　陸以中　陸以時　陸以
容　陸允文　陸允元　陸大容　陸士開　陸裕　丁啟瑞
丁嘉德　丁三大　丁正夫　丁小山　丁狗二　丁百夫
丁小舟　丁硯大　丁海生　丁楚材　丁其元　丁其昌
丁山壽　丁玉文　丁元　丁濟　從九品崔心存　從九

品崔伍鑑　從九品崔成榮　從九品崔時大　從九品崔福
監生崔徵達　監生崔可嘉　監生崔榮熙　崔問濤　崔
大中　崔汝明　崔安　崔佐廷　崔佑廷　崔洪方　崔迺
明　五品銜孫保中　孫敬求　孫敬伏　孫敬信　孫大綸
孫大本　孫大立　孫泰原　孫楨　孫佑　孫芝　監生
余啟緩　糧丁余道生　余起光　余家章　余元祥　余粲
良　余啟元　余作楫　余作舟　余左之　余右之　余汝
翼　余汝爲　余汝明　余汝聽　余元發　余之正　余復
基　余法　余盛　余謹　余石　方鴻章　方大升　方錫
暘　方大文　方心三　方中夫　方洽同　方正明　方吐

三　方握三　方大道　方仁山　方四大　方得勝　方洪
方俊　方仁　方通　方生　方大　方名玟　程錫慶
程朱　程熙　程必大　貢生錢選　錢春榮　錢明經　錢
錫能　錢晉江　錢士元　錢用文　錢錦章　錢亦夫　錢
才　薛開來　俞廣義　俞中　金義勛　金壽二　金壽三
金山大　金廣法　金元恩　唐酉山　唐虞陛　唐詩琛
唐叶義　唐阿三　鄒夫福　鄒曰　鄒成　馬鳴岡　馬
祥大　馬在茲　馬大福　范會書　汪維屏　汪雲龍　監
生汪榮增　汪以正　童生汪大容　汪灼之　汪福　汪寬
汪洋　汪瀚　汪楨　汪時　汪棟　汪如升　從九品談

茂祥　談以成　談德林　談金科　談二大　談厚富　談
大倉　談開甲　談叙元　談芝　呂文觀　呂友竹　呂友
松　呂富生　呂善成　呂狗二　呂三卿　呂玉定　呂邦
大　呂瑞　呂成　呂心元　呂洪大　菲岳　菲端　胡一
經　胡細保　胡仁德　胡君玉　胡順南　胡科　胡潮
葛新和　葛應旂　葛元法　葛正昌　葛仁　葛作雨　葛
致　葛祥　顧兆基　顧瑞騰　顧生麟　莫炳南　莫定三
莫正純　芮昭　芮祥　馮之君　馮曉善　馮兆容　馮
春容　馮方楫　馮順德　馮熙　趙亨榮　趙守訓　趙時
江球　江淮　江懋祖　六品銜林恩榮　林紹元　林庚

大　林亦枝　林必昌　林三元　林月珠　林保心　監生
林茂　庠生閔松生　閔細保　閔宏猷　閔洪慶　謝之升
謝三大　謝川二　謝文　高生科　高必大　高書　歐
富大　歐榮桂　歐順義　歐賦　尹維城　尹明廷　尹伊
尹年大　蔡天斗　蔡心敬　蔡三大　蔡順興　蔡福元
蔡德大　蔡世臣　蔡鉞　柳惟平　柳毅　華浩清　華
福隆　華開洪　華開時　華永新　華隆海　岳壽林　岳
聖泰　岳忠上　岳劲疆　韓廷桂　姚文照　羅致祥　羅
廷揚　羅以禮　殷川周　殷佑庚　殷恒元　車錫田　葉
榮　葉長華　葉茂榮　洪仲文　洪鶴林　洪文　洪林

洪安方　洪生順　魯坤大　魯正榮　杜元大　杜超魁
杜正大　杜法祥　杜亮彩　衛泰　衛國　韋大文　韋習
之　韋馥　韋慶　韋梓　施安甫　施叶貞　施滿林　宋
朱大　申泰　羊貢元　孟過梁　孟祖懷　孟祖仁　盛巧
大八上元　盛兆甲　盛珊　盛允升　章啟　駱錫恩　駱德奎
駱翼　巢士清　畢開祥　布理問銜杭際恩　虞英浦
虞世方　虞允元　夏琮　夏安夔　鄭禮　彭册大　曾滿
大　倪義　桑狗大　參成裕　參塘爵　程同文　勇世英
勇毅　孔大成　余文　白文彬　姜聽大　匡生南　邱
週　計全福　季大　凌華大　譚詩　應森大　桂松年

蹇二郎　龔升喜　水紹高　宣大明　景其德　景其福
凡昭忠錄所載殉難紳民採訪諸君未經送局者仍錄於左
以俟續考
候選州同儲志宣　庠生史浚　庠生史觀光　從九品方訒
從九品談茂隆　監生湯正方　監生儲徵　監生儲斯藻
監生張仲熙　監生畢如川　祀生蔣紀　童生陳丙遴
童生曹三陽　童生周文甫　童生儲家驥　童生湯大勳
童生儲益　童生羅錦翔　童生周國榮　八品軍功儲習書
方吉齋　黃潤生　管秉書　張愚山　湯往觀　沈社大
毛丹雀　毛岳榮　黃赦大　黃鎖琛　周秋桂　周彩雲

孫正誼　孫正　儲行大　儲金如　儲三雅　儲宗德
儲宗林　朱松標　朱寶森　吳松　吳進　陳天赦　陳立
大　孫餘慶　孫雲溪　孫沛珍　曹福魁　毛樹大　張伯
余　張耕二　張仕夏　張錫大　張明夏　王義隆　王朝
升　黃國珍　湯觀大　湯緒　湯其大　曾方大　曾更新
劉福義　劉得方　劉運達　金四　蔣如山　李會大
許潤銘　蔣巧　蔣順喜　蔣正和　蔣雙林　蔣光遠　蔣
更大　蔣臘四　蔣順大　蔣德大　蔣義大　衛龍大　衛
春　衛更榮　芮會昌　繆梓大　陸同寅　薛秀　薛正蒙
周祥大　蔣在田　陸廷彥　宗普喜　施行先　施欽榮

儲荷英　儲林芝　儲寶生　儲寅生　儲庚二　儲愛喜
儲金大　儲又福　儲聽招　儲運方　儲順庚　儲春福
儲邦清　儲保雅　儲咸有　胡浩大　孫敘林　孫大珍
潘廷祥　楊五福　楊赦二　楊寶大　楊瑞根　楊龍
王世大　莊明大　程持鈞　程大中　程澤揆　劉寶三
史如方　史鎖定　史持大　史方榮　史洪慶　史麟義
史恢緒　李潤義　畢葆熙　畢洪高　從九品江潤　鮑長
壽　芮來順　芮鳴來　蔡敦仁　華正昌　薛正雲　朱三
福　蔣茂高　蔣明如　蔣佛大　蔣志和　候選縣丞楊翼
清　增生吳燦霖　庠生莫樹森　庠生儲道驊　庠生陳葆

中　庠生儲鴻甲　庠生張作樞　庠生王義中　州同銜淩
嘉謨　候選州吏目任蘭生　八品銜張瑞行　八品銜徐雲
超　八品銜張作梅　八品銜史立賢　從九品陳贊周　監
生陸建中　從九品吳璜　從九品陳炳　從九品董祖德
從九品歐正祥　監生任殿可　監生儲熙瑞　監生宗煊
監生許殿宣　監生鄧兆祥　監生任起峻　監生任濤　監
生程琪　監生程琳　監生許其光　監生陸允中　監生丁
聚奎　監生周洪壽　監生史應機　監生蔣春畬　監生任
昂駒　武生宗子雲　佾生任金　陰陽學訓術任蘊章　童
生孫智淵　童生湯煊　童生潘同本　童生汪文斗　童生

朱玉麒　童生毛掄材　童生楊繼光　童生徐杏雲　童生
徐子衡　童生湯大猷　童生湯尚寶　童生丁啟祥　童生
萬允　童生萬桂　童生任芷　童生潘餘慶　童生潘順慶
童生俞龍岡　童生潘元慶　童生潘全慶　六品軍功楊
榮貴　芮聽聲　張光珩　儲榮桂　儲瑞章　儲庭榮　盧
順觀　俞華二　桑狗官　蔣耕培　蔣五大　蔣二郎　吳
寶大　唐義　程增壽　徐川行　吳瑞林　楊慶來　蔣沛
林　蔣喻心　王答將　丁茂昌　唐茂祥　唐正英　唐廷
標　彭邦發　宗橋行　宗岳大　湯來儀　馮應容　宗森
栢　宗森槐　宗申書　宗誥書　吳克義　胡來大　盧文

標 錢六大 包德興 何驥德 何順寶 何壽來 何三
行 何璁 何洪二 何裕生 何廷胡 何富春 楊觀大
張玉讃 王朝元 王松第 周舜行 周晋昌 周盤初
周德詩 周德昌 任耕三 史金瑞 史旭 史余官
堵在端 蔣二 蔣廷楝 宋貴大 衛德三 陸茂林 翟
兆大 陳大定 蔣廷植 徐振麟 儲小 楊大 莊奎照
楊大 方維申 方維傑 曾茂春 任茂元 李國璨
呂夢槐 蔣一山 蔣茂會 儲國儀 程維同 歐富大
歐榮桂 儲泮英 吳裕昭 吳虎生 楊富南 周敬昌
任芝 任和 李大興 沈福保 沈川郎 邵聽生 薛震

雲 宗放榮 江得第 江榮中 江榮德 余祥大 余敬
大 徐酉培 徐祖開 徐紹基 徐步青 徐佩生 徐岳
榮 徐兆甲 儲雲航 朱書大 吳懷芳 吳中樞 吳迎
如 吳瑞華 吳松茂 吳坤和 吳榮吉 吳用炳 吳錫
慶 吳睿 吳川 吳祥福 吳福洪 吳三大 崔景山
裴兆亨 陳洪川 潘炳英 潘襄會 錢榮南 姚應洪
姚榮玉 楊路津 童生楊陞階 張際昌 張朝輔 王周
大 王心培 王有臨 王南昌 王茂達 王謂書 王百
俊 王蒙英 王申錫 王榮貴 方仁潤 方忍夫 莊廷
銓 莊郁文 黃駿聲 程華大 丁進奎 劉隆茂 劉鋆
奎 劉光耀 劉祥隆 劉增興 周德璠 周德嶼 周少
卿 周鳳樓 周盛昌 周培榮 周京元 周天赦 周渭
遠 周正 周其佑 周其德 鄒介眉 鄒添赦 金聽生
任錦芳 任寶甫 任兆基 任小古 任鍾銘 任鼎銘
任同華 任六義 任家驥 史文林 史餘林 史奎林
史有成 史鳳書 史福明 史吉堂 汪均 史揚義
李廣源 李福臻 李維珩 李澤大 許潤田 許增榮
許如昇 蔣長生 蔣謨大 蔣盤大 沈餘慶 沈順三
沈逵心 沈俊才 宋金川 衛又文 萬桂亭 萬有餘
陸繼禮 陸學詩 陸浩然 陸樹松 莫浩初 莫茂初

莫汝洲 翟廷榮 八品銜俞廷洲 九品銜程珍授 監生
周延芝 武生吳廷杰 武生吳志駿 童生任光遠 童生
湯留榮 童生陸樹栢 陳祝三 邵明三 儲書勳 儲順
龍 儲得昌 儲吉祖 儲泉大 儲仕來 儲山河 儲春
巖 蔣義生 許庚大 許富生 許阿大 歐仁茂 歐日
萬 歐興蔡 吳觀生 馬正大 朱寶初 江林慶 儲廷
楨 汪雲麟 劉效才 周鴻順 周金寶 徐志純 徐森
慶 儲時華 陳玉堂 錢玉多 錢麟福 程持經 金炳
堂 許保和 孟祖興 孟阿二 史季純 從九品金煒
從九品蔣甲桂 強正龍 桑春芳 桑烏大 羊科大 劉

孫德　孫西鳳　許瑞生　秋聽大　盛青　金桂　金榜
金煥　金炳　金燦　金煌　金烜　金堃　金琪　邢元福
邢元德　邢元明　徐昌齡　施勝利　金雲來　李行生
蔣彭大　朱壽安　毛國寶　陽宗翰　任紀大　蔣洪昌
蔣順甫　吳金綸　申鼎臣　蔣盤龍　蔣汝霖　金雲標
魏藝　俞茂春　顧四　吳聚源　舉人周葆祺　從九品
張廷楨　儲燕　史觀保　潘元仁　周叶榮　史宗英　吳
寄生　湯耀珖　湯耀珊　談會林　吳撥陽　吳二　潘德
淇　監生周功先　儲翰飛　李步雲　庠生曾宗周　汪全
順　監生儲英夫　許庚　荀堯昌　華繼均　宋泮林　周

運芝　蔣春生　庠生儲秉敬　監生華望之　史克勤　吳
璋　張瑞　莊翼卿　周岳松　史宏驥　師東川　徐奎生
徐瑞林　徐得昌　徐開福　儲川大　儲寅福　儲信隆
儲秉成　儲兆興　儲得魁　儲德培　吳兆華　吳約大
吳鈕大　吳昌富　吳歷元　陳考義　湯賢大　湯三大
湯爾年　湯永年　湯步生　湯佑昌　湯金蘭　毛佛慶
毛鳳城　毛維曾　毛茂大　王剛義　王芳林　宗素
王開行　王順來　王雲龍　邵孟榮　邵孟準　劉得福
葉茂榮　宗茂林　宗晉發　宗照泗　史定大　史順興
史福朝　史廷芳　朱啟華　朱佛慶　胡亞芝　胡盤生

孫效大　孫從政　蔣昭大　蔣中大　蔣颺大　蔣山大
蔣廣三　蔣萬林　蔣滿城　蔣祥升　蔣慶祥　蔣川三
蔣明良　蔣士元　蔣炳元　蔣寶之　蔣永餘　蔣得春
蔣順奎　蔣鴻儒　楊岳明　楊信法　楊富賢　楊榮高
繆佛大　周壽汝　周正朝　周漢方　周盤山　周奎　談
德生　談讀南　呂五林　趙壽六　錢小鈕　姚發壽　姚
聽華　鈕如釗　魏福全　芮華昭　柳素高　柳百祥　柳
祥大　柳盤大　柳洪元　戴高大　唐來餘　謝望餘　謝
耕畬　謝任寶　陸雙福　薛大川　附貢生潘陸吉　監生
程麟　武生薛應珍　武生薛慶麟　儲泉　申嶽臣　周岳

隆　程順慶　潘訓　潘訢　潘詔　陳秀松　程維榮　程
澤民　程一鵬　周允文　周記華　沈望珍　孫奉璋　庠
生儲一耀　周道淵　柳進魁　李保大　卜二郎　任順慶
睦紹宗　史滋培　車景華　張文準　張增福　周廷元
蔣發祥　張容華　王永昌　蔣魁秀　蔣子驥　蔣聿亨
程維銘　程維勳　庠生儲瀾　庠生孫熙甲　陳楚美
庠生任雨　潘財二　談金鎔　蔣兆雲　蔣兆庭　陳錫章
蔣甲珩　蔣保榮　蔣山福　于信魁　儲順三　史福銘
史佩英　史於大　史朝大　史虎大　史申大　史哉大
從九品周履謙　儲燊　蔣洪華　萬文炳　周森榮　周

生福　賈元大　宋秀福　儲海潮　儲進書　儲五福　儲福朝　儲近奎　儲錫之　儲志元　儲福壽　儲伏榮　楊鳳大　楊恩如　楊發金　楊生大　楊振發　楊漢文　楊恩培　周武元　吳成揚　庠生潘鍾淵　吳大　武生張邦翰　孫可官　潘福倉　潘安華　潘金聲　潘保完　潘庚生　邱廷雄　邱培興　邱松林　邱江大　邱銜德　邱盤大　談連天　陸際芳　庠生駱英南　從九品楊慶華　從九品丁晉昌　童生周廷棨　五品軍功戴維楨　候選縣丞史燧　許瑞生 以上宜興

監生任堯圃　監生任璋達　監生俞桐茂　佾生任谷蘭

宜荊續縣新志　卷五　武事　殉難紳民　癸

楊廷高　許同申　吳興伯　張得馬　張光斗　吳賢大

黃德觀　任杏濱　李層夫　任作册　任坤承　任六一

任國香　朱際光　湯秀甫　任紹先　任貽松　馬佩琪

范定周　貢生張西來　庠生沈士蓉　庠生吳俟坊　庠生黃成業　庠生周宗翰　庠生任世勳　庠生閔思立　八品銜宗鳴夏　從九品顧觀揚　從九品鮑慶華　從九朱恩甲　從九品倪家邦　從九品盧宗仁　從九品儲麟祥　從九品吳梧　從九品吳隆元　從九品崔在勤　從九品潘元高　從九品丁裕昆　監生沈順達　監生宗逸山　從九品宗兆春　例貢生宗瑞秋　監生余萬鴻　監生宗萬春　監生朱俊　監生陳立中　監生高振　監生林紹鼎　監生黃則南　監生周卿　武生周寅　祀生徐光宗　祀生李承節　佾生朱廷瑜　候選縣丞李啟瑛　孫秉彝　孫維楨　童生吳任生　童生程廷獻　童生任晉芳　童生任紹基　童生呂文觀　童生周季良　六品軍功顧子豐　六品軍功楊維貞　童生吳士玔　余小農　吳錫壽　任福　邵寶榮　萬天爵　萬天育　葉珍寶　宗貴大　陳茂榮　陳叶大　張金大　張龍文　張仁大　王法貞　王巾大　王榮壽　李元忠　顧錫瑾　潘順秉　李秉彝　呂載大　宗順年　吳祥奎　吳方大　吳文保　朱茂發　朱光焯　江海濤　任

宜荊續縣新志　卷五　武事　殉難紳民　尭

清俊　丁添順　蔣增培　余義大　黃保安　馬貞祥　錢君瑞　顧藻榮　顧沐恩　顧瑞鵬　顧保祥　顧順昌　顧孝祖　楊榮大　楊榮泰　李望佑　李開儉　杜義魁　余際開　孫三大　衛良周　余順昌　崔湘　王彭　葉聽高林芝　周攸大　周習載　周申大　蔣寸大　沈春義

衛徵林　萬順大　盛恩敬　葛法大　葛瑞和　范循和

徐大郎　吳永福　黃希珍　馬巍山　蔣盛大　范會苕

華岐陽　郭東昇　俞得昌　徐應華　陳科大　田寶華

楊義　黃金川　施健　施叶大　史二狗　李安節　李榮壽　尹能守　沈百年　范渭濱　范蓮三　范玉行　魏錫

華　萬聿求　宗氣虹　龐象賢　龐象賓　徐寅奎　儲耕
朱元太　吴正南　吴構大　吴九大　吴喜大　吴冬受
吴三郎　盧錫恩　俞启二　俞協聽　俞廷生　俞洪生
俞萬寶　崔迺襄　崔湘四　崔宜大　崔超大　崔迺升
崔銘正　崔徵香　崔徵登　崔祥大　崔餘珍　陳考成
王洪　陳克儉　陳克昌　陳五大　陳文元　孫洪二
潘肇慎　潘錫爵　錢協大　高正來　高芳西　高洪滿
高茂南　高應書　高南洪　高裕之　何安福　何安禮
楊慶榮　楊源大　張丕基　張標文　張仲榮　張受昌
張可三　張覲大　張金六　張登賢　張朝贊　張添寶

張六保　張松義　張紉蘭　張書高　張湘　王叶川　王
正昌　王應魁　方祖望　劉協德　周順三　周百步　周
良大　周在福　周鳴岐　周叔皆　周士勳　周培名　周
謙益　周連福　周用均　李璠　李襄君　李龍大　李兆
源　李維洪　歐榮二　樓耀宜　任春壽　任文雄　任繼
曾　任百慶　史萬隆　史性謙　史百林　史保南　史同
慶　呂蕙蔭　呂蕙芳　呂蕙榮　呂鵬程　許通海　閔鳳
琴　閔細寶　閔泰川　閔彰年　龔培大　鮑應壽　鮑添
法　鮑佛壽　鮑兆甲　范晉康　范潤雲　蔡勤元　邵順
高　孟五大　孟叙大　葛玩大　葉椿壽　張備　周飛熊

盛學炳　盛行寶　庠生章陛陞　六品軍功監生楊覲
徐練　丁舜華　楊經年　吴思杰　沈三胖　范叙元　儲
大珍　張寶之　張大　任會宜　任孝科　任安科　史萬
章　庠生周璋　張官鳳　張蘭芝　張炳成　張朝喜　謝
五大　余湯二　徐晉珍　徐錦　徐克昌　戈萬大　周鈞
德　趙叙昌　蔡朱大　監生盧廷燮　監生盧望高　監生
盧上珍　監生余映之　徐恩科　徐德龍　徐明大　徐繼
安　徐富廷　徐毛二　徐登高　俞俊才　嵇承文　殷金
生　殷兆庚　孫法如　孫德成　潘愛松　高生魁　毛雙
法　毛順狗　張書綸　張錫光　王川大　唐右三　唐大

三　丁富大　周榮大　周昭大　周信　周茂榮　周富生
周毛大　任晉　任又仁　任學書　任又春　任佩如
任渭邦　任敖金　任亥林　任得明　任義昌　任用璋
任滿和　任裕周　任庚元　任玉榮　任龍元　任之全
任二大　任卯君　任士林　任之海　任懷卿　任邦之
任超林　童生任恩九　任貴云　任明如　任德云　任佩
大　任繼香　任丙科　任順虎　任式孚　任尚大　任祥
元　任祥吉　任松壽　任洪元　任蕙蘭　任繼才　任思
勇　任繼華　任尾虎　任福銓　任金寶　任金順　任艾
之　任順法　任鳴皋　任逢印　任逢甲　任煥章　任佑

才　任德榮　任瑞卿　任錫康　任安福　任得寶　任福
大　任川大　任香大　嚴佑庚　史信安　蔣待珍　蔣書
榮　蔣盤大　蔣狗大　蔣德法　沈法元　沈掌文　陸洪
福　莫定之　佾生錢麟宜　鄭木大　潘金能　監生任吉
門　潘志英　庠生任世德　任棠蔭　武生任立文　王余
大　任順和　周國樑　周杈　監生任拭華　盧英甫　任
吉蒸　八品銜周炘　周盤　周德珩　史能揚　從九品余
志謙　武生周錦文　任順明　庠生陳淇文　張維　庠生
儲寶臣　監生吳漣　監生任正科　監生李景潮　徐又昌
徐子湘　徐了頭　徐赦義　朱順泰　許大　吳鳴雝

吳肖法　陳富緣　陳師謨　陳聚寶　湯有光　周映榮
任泰　金和尚　王福　方虎　蔣宏勳　熊貫奎　屠英
江慶成　徐子香　儲六春　儲秀生　儲翰香　儲昆大
儲聽大　於方山　於應奎　於又法　朱順奎　朱榮二
吳應華　吳岳冊　吳志清　吳宣義　盧仲春　盧生裕
盧紀堂　盧文彬　盧掌受　盧邦照　盧信坤　蘇志和
監生任慶麟　蘇志忠　嵇同鳳　郎廷桂　郎五順　陳作
梅　陳老倍　陳生林　陳順富　殷鳳翔　袁增福　潘松
蔭　錢保林　姚文　高三大　高淋　毛順保　楊天義
楊栢森　張士具　張開順　方洪川　方正虎　金昌林

泳三大　黃勝大　周雲標　周慶増　周川　周巨大　周
德勝　周義　林福大　任法林　任金錞　史安之　史武
大　李太栢　許廷榮　鮑兆榮　馬正昌　蔣孟言　蔣法
昌　蔣來儀　蔣又法　蔣應宗　沈奎元　戴達揚　戴龍
標　衛徵緒　謝徵福　郁天法　薛飛泉　薛勝奎　薄昌
華　張福慶　張玉田　例貢生陸星垣　監生周榆　監生
黃德潤　徐祖同　按經歷余際霖　監生余吉申　監生丁
廷玉　監生任捐起　監生呂景頤　徐沼　徐韶鳳　監生
潘景楠　童生潘桐華　盛一能　胡細發　沈二　朱錫齡
殷佑庚　廩生任志鵬　從九品畢國祥　監生任賢　監

生儲華云　童生蔣椿生　童生王最之　潘佩玉　潘韞玉
潘仁　潘興元　潘恒銓　潘赦大　潘佑隆　潘佑三
潘仲大　潘和元　潘宏法　潘曜仁　潘曜榮　潘曜廷
潘潤珍　潘茂德　李慶咸　監生任重華　任敬大　任茂
昭　徐勝昌　汪金榜　任謙　任謙益　蔣進戍　揀選知
縣任馨　監生任廷科　蔣朝榮　蔡順英　監生任登科
監生任本科　監生任維宣　余吉岡　黃懷義　六品軍功
史紳　許盤大　徐光煒　黃義貞　黃山貞　曹佑高　吳
光祖　錢沛三　錢富高　殷集成　任松堂　郁川豁　駱
法奎　附貢生史培之　錢春榮　黃義大　宗漢文　蔡順

朝　史林昌　史勤昌　史勝文　監生張錫圭　庠生張寶
書　庠生張錦書　庠生張金鐸　監生張昂霄　監生蔣翰
章　蔣洪慶　從九品儲源　童生周鳴鸞　盧大觀　崔洪
大　崔瑞生　崔璜　周庄外委吳鍾　候選訓導徐麗章
宗懷義以上荆谿

右殉難紳民年月事實可攷者五千三百二十有三失攷者九百七十有八載於昭忠錄而未經采送者千三百九十有九都計七千七百八名紙紛於落葉事蹟綴於絲條自同治丙子議修志書始其事者繪山蘭亭兩潘君逢辛任君繼之閱庚辰君培潘君繼之皆以事謝去少逸蔣君一山欽君實

藏其成列亥豕而正辛羊舌敝耳聾目眵腕脫蓋不啻三易稾矣黠鬼之揶揄旁觀視爲甚易褒忠之錄當局自謂無訛然其間有形誤有音淆有名字分歧有前後疊見人經遞代事又逾時采訪諸君頗多物故有出於兩口而閱見異詞有詢諸一人而今昔殊說形疑誤而或不誤音疑淆而或非淆疑爲分歧而甲字不妨爲乙名疑其疊出而同名何必皆殊姓至於鄉里之睚眦行紀歲一名而數十人共之明知纆出不敢就删有漏而後複有詳而後畧秉筆者不能逭其責也有心之士或据所知而辨其濫訂其訛發楸墮之幽光增梓鄉之信史固所厚望已

殉難婦女記

烏虖粵賊之蹂江南也宜興荆谿慘毒爲甚至婦人女子尤甚之甚矣益天地之氣山爲男澤爲女荆南固多山而九谿絡其中三湖環其外澤國之女數嬴于男迫氛既靖乃十夫而九寡子哭其母父慟其女追思巾幗之英不屈以死老者少者妍者媸者貴者賤者富者窶者以孝者以貞者以節者大都視所值之緩急以絜身而全操激切者破肶從容者自殺被戕者或磔或梂或執而紡或燔而灼或刃而屠戮自殺者或剄或縊或仰藥或赴火或沈淵或墜崖或投閣其未遭賊者又或逃於空虛或竄於隱僻匿迹銷聲自甘絕食不知凡幾也昭忠錄既書

之矣而踳駁闕遺難以核實今據來告者正其訛詳其畧仍其傳疑年分類次與紳民記畧同其有見聞甚確而夫族姓氏均無可攷者書事蹟以闡幽光通計鄉邑蓋三千有奇而貞魂泯沒者十之七八殆不啻焉昔王蠋有言比忠臣於烈女夫非以之死靡它烈與忠皆遇變而彰耶今兩邑有職守者文武秩二十餘人死於官者幾人而捐生慷慨裙笄之侶玉碎珠沈何其衆耶意不能不死耶果爾則賊所仇者女流反甚於官長耶班之誡韋之訓固嘗講求於致命遂志耶將禮樂之陶淑浹於此邦者深不獨丈夫竺義卽弱媛亦善成仁耶又豈以身許人之道閨閫之分定切於懷符分祿者耶烏虖烈矣

咸豐十年宜興婦女被害者孝女有王信初女母疾爲割股療之矢志終養年五十二遇賊不屈死貞女有任升泰聘妻吳氏女十九歲夫故奔喪年節三十餘拒賊不屈死孝婦有周思晟妻蔣氏二十二歲寡事姑孝賊縛其姑拷掠備至氏以身覆姑背腦裂死以上月分失攷孝婦有路鳳奎妻史氏三月賊將殺其姑氏乞代賊竟殺氏而免其姑已旌堵泉谿妻陸氏事孀姑王甚謹年六十三四月姑遇害氏枕屍哭罵亦被殺孫樸誠妻吳氏姑被賊勒索氏向賊日財物由我藏非姑所知賊捨其姑以刃脅氏身被斂十創死史坤載妻楊氏姑疾侍湯藥聞賊至姑趣其遠避氏不忍離被殺以上月分失攷節婦有陳聽大妻周氏三十歲寡苦志撫孤年六十四罵賊被殺蔣元勳妻狄氏二十六歲寡年四十被殺蔣孝隆妻孫氏二十六歲寡賊至被殺以上三月談正芳妻蔣氏三十歲寡撫孤成立年六十五閏三月遇害江允祿妻胡氏二十七歲寡年七十八被殺已旌堵列商妻王氏二十一歲寡撫遺腹子象益成人年八十三罵賊被殺媳陸氏死節見前

戴季高妻周氏二十五歲寡撫兩孤成立年五十一罵賊死以上四月徐賡墀妻湯氏光祿寺署正紳女二十五歲寡遺孤調鼎甫三月撫養教誨爲名諸生孝事翁姑持家勤愼年六十偕子罵賊死同治七年旌曹鳳喈妻徐氏二十五歲寡年三十三閉門拒賊賊縱火脅之被焚死以上五月庠生儲道驊繼妻萬氏二十六歲寡賊至不屈死同治二年旌蕭志雲妻許氏二十三歲寡年二十九遇賊不屈死同治十二年旌沈長齡妻吳氏十九歲歸沈逾年夫幕游客死氏撫遺女苦志堅守年四十六被殺杭世英妻虞氏二十五歲寡辛苦撫孤年九十一罵賊被殺姚應民妻蔣氏早寡子夭孤苦異常年六十六被焚死歐順金妻周氏三十歲寡撫孤守志賊至北準瀆氏攜兩兒避匿賊搜得之奪其子氏堅抱不釋賊並殺之村人匿林中知其狀驗時面如生手猶握兒衣焉沈星曜妻潘氏早寡遇賊投河賊援之氏大罵賊發火焚斃之陳廷宣妻許氏二十八歲寡年五十二遇害吳某妻陸氏芳芝媳早寡賊至隨姑梅氏暨女珠妹同被害姜玉麟妻路氏二十六歲寡年四十攜子走避賊掩及以斧斫死王三郎

妻姚氏二十三歲寡依母同居賊至塘田村俱被殺成紹文妻孫氏二十九歲寡矢志守節年五十九遇賊不屈死丁國楨妻吳氏十八歲寡哀毀骨立年十九遇賊闔家俱被殺王洪福妻丁氏二十七歲寡家赤貧翁姑欲令改適氏以死誓紡績奉養十餘年賊至不屈死葛進明妻楊氏二十九歲寡姑苦守節賊至被脅不從中火焰死儲雙壽妻宋氏二十九歲寡年七十二被殺吳秀生妻陸氏二十二歲寡吳壽德妻朱氏三十歲寡俱賊至被殺以上月分失攷烈女有夏坤女年十九遇賊不屈支解死戴長林聘妻徐氏女罵賊被創死以上三月曹炳耀女年十八湯福昌聘妻許氏女年十六徐泰階女湯元仁女俱城陷被殺以上四月施某女庠生炳熙妹年十八徐坤瑞女俱被害以上五月洪安芳女六月被殺朱芝齡聘妻任氏女八月罵賊被殺同治十一年旌楊萬儀女自經未死被賊殺越六日顏色如生吳芳芝孫女名珠妹被殺以上月分失攷烈婦有陸金山妻朱氏賊至不屈死學憲額旌之周

德妻史氏曹墓里遇賊被殺史文德妻徐氏廷楫女遇賊不屈被殺儲正和妻孫氏同夫遇害蔣寶大妻儲氏被賊焚死朱志剛妻徐氏年二十五沈觀光妻李氏年十九吳昭忠錄作曹喜珊妻王氏年二十八蔣雅歌妻吳氏年四十三蔣揚義妻董氏年四十七蔣春壽妻李氏年六十吳近大妻毛氏年四十九毛桂生妻王氏年六十三潘定章妻曹氏年五十七宗惠昌妻談氏年四十六宗方紀妻蔣氏年五十三宗瑞南妻胡氏年二十宗方秀妻許氏年四十三儲連芳妻吳氏　儲邦柱妻蔣氏　儲嵩本妻蔣氏　儲法四妻蔣氏　儲開富妻吳氏　儲子瀟妻黃氏　儲開法妻蔣氏　儲臘大妻蔣氏　儲佩官妻沈氏　宗燃祥妻蔣氏　儲正奎妻應氏　儲彥之妻顏氏　儲菊二妻沈氏　儲法祥妻沈氏

儲天球妻蔣氏　儲遂祿妻潘氏　儲國瑞妻蔣氏　儲邦榮
妻蔣氏　儲蒙撒妻馮氏　儲順隆妻尹氏　蔣興大妻尹氏　儲林
姜可成妻儲氏　路鎖林妻儲氏　儲永昌妻秦氏　儲林
大妻蔣氏　儲德保妻張氏　儲裕喜妻沈氏　儲廷保妻蔣
氏　儲林奎妻蔣氏　蔣順昌妻儲氏　陳順大妻儲氏　儲
長生妻藏氏　儲鎖元妻馮氏　蔣德順妻儲氏　蔣鎖庚妻
儲氏　蔣祿招妻渠氏　路鳳書妻儲氏　蔣天赦妻顏氏
儲命安妻李氏　儲鎖保妻尹氏　儲遂瀌妻薛氏　儲國槐
妻徐氏　儲槐法妻沈氏　胡金泰妻儲氏　路順揚妻袁氏
蔣有成妻儲氏　蔣法奎妻尹氏　蔣志勤妻儲氏　蔣仁

榮妻儲氏　蔣林喜妻儲氏　邵邦法妻顏氏　蔣法招妻儲
氏　馬榮潤妻潘氏　戴蘭森妻儲氏　吳亦奎妻周氏　徐
錫齡妻史氏　戴桐元妻蔣氏　王福昌妻胡氏　戴生榮妻
張氏　吳運奎妻馬氏　徐朝瑞妻陳氏　呂文淵妻閔氏
史虎義妻毛氏　毛秀高妻曹氏　謝文秀妻儲氏　王錫昌
妻蔣氏　唐赦招妻蔣氏　唐又傑妻黃氏　唐富三妻蔣氏
吕賓鴻妻鍾氏俱被殺以上三月　毛佑昌妻陸氏閏三月被殺　舉人周上
珍繼妻蔣氏年八十一罵賊死光緒二年順天府奏旌　蔣全益妻張氏年三十一抱女投水賊刺
以槍溺流爲赤學憲林額旌之　庠生陳雄妻陸氏年七十五子負以走遇賊斫死　徐泰階妻任
氏同女被殺　朱虎大妻許氏同子遇害　湯元仁妻周氏城陷懼辱自毀其容賊環偪氏叱罵

與女同被害　江其裕繼妻許氏賊脅不從被焚死　方根妻史氏年七十二　吳樵妻
杭氏　蔣慶賓妻李氏俱同夫遇害　從九陸其相妻徐氏弟佩科妻
楊氏仲科妻洪氏　胡九皋妻黃氏　生義妻尹氏俱城陷被殺　方樸
妻金氏年六十一　李耀義妻吳氏年五十九　州同銜朱敦豫繼妻吳氏年六
十　蔣浩源妻江氏年七十五　湯鐩妻吳氏年四十八　史集英妻儲氏年七十
馬狗大妻趙氏年五十七　陳克儉妻張氏年八十一　蔣聲華妻徐氏年五十五
程持恆妻陸氏年五十三　庠生路衍翰妻徐氏年八十　庠生任斗文妾
顏氏年八十三　歐福年妻王氏年三十　戴大妻路氏子婦徐氏　戴啟
瀚妻王氏　戴有恆妻劉氏　戴瑞林妻張氏　周成瑞妻卜
氏　戴椎普妻陸氏　庠生毛文燕妻曹氏　歐壽元妻蔣氏

史世鈞妻曹氏　許唐三妻衞氏　任逕妻方氏俱被殺以上四月
吳行南妻賈氏夫被賊縛於柱將殺之氏以頭觸賊并嚙其指與夫同剖腸死　蔣咸信妻閔氏
咸思妻王氏　咸恭妾胡氏賊拘閔氏閔泣罵賊斷其手罵愈厲死最烈王與胡俱不屈死　徐坤
瑞繼妻路氏同女被殺　徐廷光妻湯氏年七十七　江允翔妻蔣氏年七十六　楊
上珍妻周氏　戴更生妻周氏俱被殺以上五月　曹樹齡繼妻吳氏賊脅
不從剖腹死　徐秉鈞妻朱氏年四十九　徐企賢妻李氏年四十九　諶蔭嘉妻湯
氏年八十二俱被殺以上六月　吳斗垣妻洪氏　韋富大妻蔣氏俱被殺以上八月
增生儲瀚妻徐氏罵賊不屈死同治元年旌　姚永隆妻李氏避居塘田村偕孀女被殺同治
二年給事中王奏旌　吳佑賢妻柳氏年三十八以石擊賊賊殺之焚其屍　吳鏡澄妻路氏閤門
死難氏亦遇害　貢生潘士超妻徐氏孝奉翁姑克盡婦道親族僩賢年七十餘被害　王山朗妻

姚氏夫被擄氏抱子罵賊母子俱死　丁長庚妻徐氏賊脅不從剖腹死　吳芳芝妻梅氏罵賊被殺嬸娌陸氏孫女珠姝死烈並見前　周元錫妻余氏翁茂承結團拒賊衆潰賊至閤門死難氏亦遇害　毛開林妻湯氏夫被殺氏追賊罵亦被殺　丁龍德妻吳氏龍德父子被殺氏追賊泣罵賊祈之絕而復甦越兩日卒　監生許國琛妻周氏　徐大牙妻黃氏　陸序南妻王氏俱同夫遇害　庠生毛煥妻石氏年七十餘　曹增培妻張氏年二十四　章德茂妻唐氏年二十五　儲紹珩妻柳氏年四十二　湯炳文妻徐氏年二十九　湯鳳芝妻周氏年五十　湯富瑜妻宗氏年七十　王錦文妻沈氏年二十九　儲祿義妻劉氏年四十八　儲斯蘋妻史氏年三十一　王德增妻儲氏年五十一　儲蟠昌妻史氏年二十九　談某妻蔣氏年七十餘　蔣鳳梧妻許氏年六十六　張鎮之繼妻任氏年三十九　州吏目邵恩照繼妻徐氏年二十七　俞鳳兆妻杭

宜荊續縣新志　卷五　武事　殉難婦女　四十二

氏年三十　庠生路寶銘妻徐氏　楊遜英妻張氏　戴衡妻劉氏　戴師妻陳氏　戴佩繼妻蔣氏　戴科大妻王氏　湯佩瑜妻宗氏　儲縉印妻周氏　儲寶興妻章氏　史景堯妻葉氏　蔣義大妻王氏　吳川大妻馮氏　吳紐綬妻徐氏　周某妻歐氏　方根才妻吳氏　史士孫昭忠錄作自孫繼妻吳氏　曹兆辰妻李氏　陳觀保妻徐氏　褚萬坤妻糜氏　增生蔣恩溥妻吳氏　褚高大妻邵氏俱被殺以上月分失攷　自盡者孝女有監生吳佩嫱女字徐埜元年二十五三月賊至婢掖以走顧母在後令婢扶母自投水死　楊永德女幼聰慧父母鍾愛之及笄母失明女不忍離母歿父爲擇婿誓終身事父年三十五四月投水死　張席成女孝事父母矢志不字年二十九投水死　孔某女保祥姊母有足疾不能行矢志不字奉養終身年五十三投水死　孫某女曾頤

姊陽湖人適吳某夫幕遊在外久無耗歸依母家弟復幕遊女代事母盡孝賊至偕弟妻劉氏投水死以上月分失攷　貞女有臧天德聘妻蔣氏女十八歲夫故奔喪孝事孀姑撫嗣孤成立學憲孫頲旌之年五十六投水死　史錫山聘妻程氏女夫故奔喪守志年五十四投水死以上月分失攷　節孝婦有王百茂妻余氏二十六歲寡奉姑孝敬甘脂無缺姑疾侍湯藥衣不解帶年三十二扶姑避難中途遇賊衝散氏號泣尋姑投淵死已旌　鄧寶仁妻黃氏三十歲寡孝事孀姑撫孤守志賊至將殺其姑氏乞代賊刺以矛負痛投水死以上月分失攷　節婦有增生任星南妾張氏貴州人二十六歲寡守志撫孤備嘗艱苦　賊至抱子投水死孀居僕婦陸保定妻路富雲俱殉賊退得屍面如生咸豐十一年旌　庠生儲士材妻湯氏二十歲寡生遺腹子甫一歲賊至抱子投水死越日得屍子猶在抱面色如生同治二年御史蔣奏旌　毛午大妻史氏二十一歲寡年五十一投水死學憲林穎旌之　陸保定妻路氏早寡賊至隨星南妾張氏投水死　儲應然繼妻蔣氏二十八歲寡撫字前子年三十四投水死　吳印心妻蔣氏早寡家貧

宜荊續縣新志　卷五　武事　殉難婦女　四十三

紡績賊至自縊　史川大妻蔣氏二十一歲寡撫遺腹守志年二十四抱子投水死　董餘義妻吳氏二十二歲寡年六十五投水死以上三月　監生李振林妻吳氏早寡茹苦守節賊至投水死同治九年給事中蔣奏旌　瞿林高妻史氏二十八歲寡年四十六投水死　許元妻朱氏進士蓉孫女三十歲寡年六十投水死　毛榮德妻王氏守節二十四年　吳漢章妻史氏十七歲寡　朱召宣妻莫氏青年守志俱賊至投水死以上四月　任家烈妻王氏二十五歲寡道光十八年旌年七十餘自縊　莊敬之妻徐氏二十三歲寡苦節三十餘年道光二十八年旌年六十餘罵賊不屈負創投水死　江允方妻虞氏　允仁妻范氏虞二十九歲寡年八十四投水死范亦孀居同虞自沈　潘光浩妻徐氏二十五歲寡撫孤守志年四十六投水死子懋文庠生　趙曾啟妻沈氏二十八歲寡孝事翁姑年三十七自縊　曹春茂妻蔣氏二十歲寡年五十五投水死　湯升相妻程氏二十九歲寡孝事庶祖姑年三十五投水死　吳敘恆妻蔣氏十八歲寡年二十九投水死　楊永

攸妻支氏二十四歲寡賊至自經　沈錦榮妻唐氏二十七歲寡撫孤守志賊至被重創投水死
湯月大妻羊氏二十四歲寡　陳健男妻王氏二十七歲寡　汪東海妻蔣氏
二十七歲寡　周川大妻董氏二十六歲寡敬奉翁姑俱賊至投水死　吳載霖妻許氏早寡
紡績撫孤　周書元妻程氏早寡子被擄俱自盡以上月分失攷　烈女有王某女同嫂被擄
行至橋躍入水越日得屍猶相抱　史某女燧妹名月英　監生史燧女名安妹　儲銓三聘
妻楊氏女　任達曾女　蔡廷榮女　增生任星南義女名富雲俱
投水死以上三月　郁明德三女長年二十一次年十八三年十五郁氏闔門投水三女亦同殉同治七年江西
巡撫奏旌　張正煒女年十九罵賊不屈負創投水死　曹伯駿女年十四　張彭榮女　朱
道傳女　程淇二女俱隨母投水死以上四月　蔣儒聘女年十六　馬在珂女
知縣任珍聘妻湯尹襄女　顧某聘妻吳氏女庠生貢媳俱投水死以

上五月　許正明女年十六七月賊脅不從負傷投水死　朱廷璜聘妻莫氏女年二十九月投
水死　路福書聘妻儲氏女年十九事父母以孝聞賊至罹辱投水死學憲林額旌之　庠生湯鵬
沖女年十八　周慶魁女年十五　張錦芳女年十九　汪楨昭忠錄作貞女年十七
淇錫康女年十九　嵇登奎女年十八　吳柏亭女名玉金　蔣春賡女　路
思讓女　岳瑞良女俱投水死以上月分失攷　烈婦有錢德聚妻周氏賊至
自焚死同治七年旌　史某妻周氏燧嫂罵賊不屈投水死　監生史燧妻吳氏子婦湯
氏與伯姆同舟遇賊俱殉女死烈見前　儲月明妻尹氏隨夫投水死　庠生尹德妻蔣氏
年四十一賊令作炊不屈投水死　韋炳基妻蔣氏子燮宸妻史氏炳基父子死難傳載忠節
錢蔣氏聞耗與媳史氏投水死　蔣燧大妻周氏年二十八夫被賊偪投諸水氏入水援夫與夫俱死　儲文
清妻吳氏年四十二攜子投水死　貢生儲廷杰妻沈氏攜子投水死　方煥妻蔣

氏年二十五抱子投水死　蔡廷榮妻史氏攜女及媳投水死　貢生周家駿妻許氏
抱女投水死　任興曾妻毛氏　達曾妻吳氏避居新芳橋達曾被害兩氏攜達曾女投水死　徐
華芬妻周氏夫死難悲憤自縊　任聲詔妻湯氏罵賊被傷負痛投湖死　湖州知府
韋漣妾王氏遇賊自殺　尹之任妻戴氏年二十五　尹之珍妻楊氏年三十三　劉
順林妻陸氏　韋書山妻馬氏俱自經死　王勝高妻楊氏年三十　尹式
南妻張氏年二十九　謝漢雲妻秦氏年二十九　曹鎖高妻尹氏年三十　毛秀
魁妻史氏年三十二　曹祥茂妻毛氏年三十二　曹春榮妻萬氏年七十　吳尚
餘妻許氏年三十八　吳茂生妻周氏年二十六　曹長庚妻葛氏年八十六　丁金
魁妻蔣氏年六十七　儲裕繼妻孫氏　儲信甫妻蔣氏　儲慶麟妻
蔣氏　任曜妻湯氏　儲壽第妻楊氏　蔣朝松妻尹氏　監

生方均和妻胡氏　蔣金魁妻儲氏　方炳妻陳氏　湯瑚妻
任氏　宗允昇妻梁氏　萬炳文妻巢氏　楊聽德妻儲氏
周念之妻湯氏　施泰榮妻吳氏　儲邦英妻蔣氏　儲遺元
妻史氏子法祖妻史氏　尹思理妻張氏思容妻潘氏　張愛
起妻董氏　曹鳳飛妻吳氏　增生曹贊雲妻吳氏　曹永昌
妻蔣氏　蔣厥初妻吳氏　儲虎變妻吳氏俱賊至投水死以上三月　毛
儀魁妻周氏閏三月投水死　周以正妻徐氏罵賊投水死同治二年旌　金榕妻卞氏
投水死同治六年旌　郁曾元妻葉氏　順元妻胡氏　明德繼妻吳氏葉年六十九胡
年五十六吳年四十一賊至偕明德三女闔門赴水死同治七年江西巡撫奏旌　府經歷汪學潮妻陳
氏年五十四　從九汪湖增繼妻沈氏年四十七　汪贊增妻江氏年二十七　布經

慰汪文焱妻朱氏年二十八汪文濟妻曹氏年二十一俱投水死同治七年旌朱道傳妻周氏素嫻賢淑賊至攜子樹基及女投水死同治十一年旌庠生周銘彝妻汪氏抱子投水死光緒二年順天府奏旌庠生周召棠妻吳氏拒賊投水死學憲額旌之史義大妻許氏年三十三夫被擄賊威脅氏大罵不從刃之血流至踵負創投水死監生王麟銓妻尤氏途媳年二十一夫遇害死洑谿村氏罵賊不屈投水死唐乾榮妻丁氏年二十八翁死難夫被擄氏投水死欽毓珍妻曾氏夫死難吳高貴妻歐氏夫被擄俱投水死曹伯駿妻路氏夫遇害攜女投水死張彭榮妻吳氏翁與夫皆被擄攜子女投水死程湛二妻徐氏年三十五夫被擄攜女投水死楊順年妻劉氏抱子投水死邵萬福妻卜氏抱女投水死監生莊俊紳妻錢氏仰藥自盡張華大妻周氏賊強挈之過橋躍水死蔣孝榮妻儲氏闔門死節氏亦同殉周正觀妻徐氏任某妻葉氏寓母俱城陷自縊周鴻翥妻趙氏萬重光繼妻莫氏俱罵賊被創投水死王連桂妻趙氏年六十一程持椿妻黃氏年四十七程持楨妻方氏年三十二江狗大妻程氏年七十汪熾妻王氏年七十一尹元釗妻徐氏年二十一湯尹襄妻路氏年五十七蔡蟠榮妻盛氏年二十七汪均妻徐氏年四十四楊珍林妻岳氏年七十二儲瀚才妻朱氏年二十吳榮遜妻郭氏年三十七江懷瓊妻蔣氏年四十七張寶義妻程氏年三十四岳峻妻儲氏庠生麗仁女儲洋英妻潘氏庠生麗仁媳袁順興妻劉氏夏丕顯妻楊氏庠生吳光熙妻曹氏吳超留妻沈氏吳佩榮妻閔氏史旭初妻徐氏朱文斗妻陸氏顧明書繼妻趙氏蔣學初繼妻許氏方仁毓繼妻程氏孔集珍昭忠錄作留曾妻盛氏毛裕慶妻儲氏俱賊至投水死以上四月庠生施

炳熙妻吳氏遇賊怒罵賊脅之氏急以剪刺喉血噴濺死同治六年旌莊溢之妻儲氏年七十六投水死同治九年旌吳元順妻王氏懼辱自殺強恭川妻周氏年四十九子德初陣亡聞耗投水死范大章妻汪氏年二十九吳紹忠妻陳氏吳振春妻杜氏錢升全妻陸氏萬勳德妻周氏俱賊至投水死以上五月庠生周召培妻崔氏遇賊投水死同治二年旌曹永齡妻史氏拒賊不屈被創赴火自焚死以上六月順天府尹周家楫妻潘氏七月渡江舟至江陰口賊入舟氏捍姑罵賊被刃投江賊去拯起得甦終以受傷病死同治元年御史奏旌詔建專祠周樹芝妻朱氏年四十六八月投水死同治九年旌許寶達妻余氏年老無子依壻度日城陷寄居虞山街衖被賊執奮力相爭負創投水死戴宇昭妻盧氏賊至自盡死以上九月庠生周錦標昭忠錄作周璜妻朱氏十二月投水死任春增妻徐氏居新芳橋夫他往賊至負幼子投水死同治元年旌儲之錦妻湯氏年三十八投水死同治元年旌從九徐耿昌妻吳氏年二十五投水死同治二年給事中王奏旌周慶魁妻蔣氏年四十五攜女投水死同治七年旌潘應奇妻顧氏居漏溝瀆賊至投水死越日得屍衣袴皆密縫學憲額旌之胡景林妻唐氏居吳泗瀆夫被擄氏度不免觸牆破腦死學憲額旌之庠生吳錦妻李氏家貧寄居萬尚書舊第賊見住宅高大疑有窖藏向錦逼勒氏見夫勢危挺身出曰物由我藏釋我夫即取獻賊信其言錦得脫氏入內閉門久不出賊入視氏已縊死周子鈞妻夏氏嫻禮節明大義避居湖瀆數月村女多感悟賊至赴急流死儲順德妻薛氏拒賊投水一子方幼置路側號呼其母亦匍匐入河死丁某妻錢氏某妻邵氏某妻薛氏錢氏龍德媳邵姓媳薛姓孫媳龍德父子被殺妻遇害三氏俱投水死方鴻磐妻陳氏鴻章妻蔣氏鴻磐兄弟死難兩氏俱抱子投水死湯樹昌妻周氏翁被殺夫與子被擄引刀自刎周某妻某氏吳如達妻蔣氏年四十九王霖妻朱氏年二十八夫遇害俱投繯死周某妻某氏子望寅妻馮氏望寅被擄同縊死程春江妻方氏隨夫抱子投水死儲信成妻

吳氏年三十八隨夫投水死　蔣細龍妻孫氏年三十六　儲昆妻薛氏年三十二　錢雁九妻周氏年三十俱抱子投水死　儲寶貞妻蔣氏年二十四抱女投水死　汪三昭忠錄作汪山妻周氏攜子福兒投水死　程致和妻陸氏夫被殺攜子福棠投水死　岳富齡妻周氏攜二子投水死　吳榮燕妻儲氏抱子女投水死　吳柏亭妻胡氏攜女玉金投水死　蔣鳳苞妻歐氏子春膺妻徐氏姑媳投水死孫女亦同殉　湯見三妻潘氏敎諭璐孫媳倡夫兄鵬冲女投水死　許細龍妻徐氏年三十居芳橋夫拒賊陣亡抱子投水死　李保茲妻韓氏翁與夫皆被擄投水死　周光煥妻張氏賊至雲巢投水死　八品銜余恂妻王氏夫禦賊被戕氏枕屍股哭即日投水死　戴坤安妻歐氏夫被殺　儲鶴臣妻史氏夫陣亡　程煥妻汪氏夫死難　吳用和妻任氏夫被擄俱悲憤投水死　湯昌大妻蔣氏嫁數月被擄威逼不從自縊　湯兆慶妻魏氏年二十九　許時肇繼妻歐氏年二十二　王

宜荊谿縣新志　卷五　武事　殉難婦女　四六

淦妻汪氏年六十二　許承魁妻張氏年四十六　周汝佐妻王氏年十九　吳適妻胡氏年三十一　杭熙載妻吳氏年二十八　杭鎮妻趙氏年二十六　陳國華妻王氏年二十七　劉某妻裴氏年二十一　儲金魁昭忠錄作金奎妻嵇氏年五十　杭珊大妻蔡氏　湯燦妻許氏　岳洪禧妻管氏　姜聽大妻蔣氏　許廷泰妻俞氏　徐植勳妻蔣氏　程某妻湖母大某氏　張雲岐妻吳氏　程瑞蘭妻汪氏　儲綸印妻崔氏　徐雲超妻朱氏　陳德華妻楊氏　吳聽川妻胡氏　陳貞泰昭忠錄作泰貞妻王氏　路錫齡妻潘氏　湯保和妻許氏　曹義山妻吳氏　張法官妻曹氏　張珠大妻曹氏　吳虎大妻邵氏　曹起義妻蔡氏　張榮官妻馮氏　劉樹勳妻蔣氏　湯耀珖妻丁氏

陽湖孫曾頤妻劉氏俱投水死以上月分失攷

絕食者

孝女有徐承棣女事母孝矢志不字賊至餓死　貞女有徐景添義女本姓顧氏善事景添妻矢志不字年六十四死難同治元年給事中王奏旌傳載昭忠錄　貞孝婦有鄒益初聘妻王氏夫故欲奔喪未果迨父母歿乃歸鄒事姑孝謹賊至欲投井姑力止之姑死不食卒　以上月分失攷　節婦有毛義高妻胡氏早寡矢志守節三月賊至死難　吳順奎妻歐氏二十六歲寡四月城陷不食卒　趙祥麟妻范氏二十一歲寡年七十二五月死難　蘇應昌妻吳氏二十七歲寡九月賊至不食卒　庠生湯掌綸繼妻朱氏二十七歲寡姊苦終身道光二十八年旌年八十死難　陸文度妻蔣氏二十九歲寡賊至死難同治二年旌　吳鴻書妻李氏二十七歲寡年六十五不食卒學憲額旌之　儲觀字妻宗氏二十五歲寡苦志撫孤年六十一死難　許道徐妻周氏二十一歲寡年三十一死難　任念茲妻周氏二十九歲寡年四十八死難　史杭妻傅氏二十一歲寡以鍼黹度日年四十五死難　周文

宜荊谿縣新志　卷五　武事　殉難婦女　四七

耀妻范氏二十六歲寡年三十五死難　吳五大妻陳氏二十七歲寡年六十一死難　吳玉增妻潘氏二十六歲寡年五十一死難　張光國妻史氏二十八歲寡孝慈兼盡年五十四死難　邵連生妻孫氏三十歲寡年六十九死難　史錫綸妻謝氏二十五歲寡年五十死難　儲甲明妻薛氏二十三歲寡年五十一死難　增生儲堦妻徐氏三十歲寡撫孤守志年六十七死難　楊金兆妻儲氏二十三歲寡孤苦守志年四十三死難　張望林妻周氏十九歲寡夫弟強嫁之縛置舟中有憐之者解其縛氏即投水路人見而拯焉歸守節三十七年死難　儲青培妻尤氏二十五歲寡年四十四死難　儲作霖妻蔣氏二十四歲寡年五十七死難　儲喜福妻鄭氏二十七歲寡年六十六死難　吳大華妻陸氏二十七歲寡姑將嫁之氏矢志撫孤孤長貧不能娶邑蔣氏妻以義女俾克終養氏年七十與媳同死難　潘伯寅妻江氏二十九歲寡家貧知書課徒自給教子有方年五十餘死難　儲進禧妻沈氏二十二歲寡孝事翁姑撫孤成立年六十二死難　沈文彬妻周氏二十八歲

寡仰事俯育孝慈兼盡 周能士妾史氏二十九歲寡撫孤守志 蔣榮官繼妻戴氏二十
二歲寡撫孤成立 儲鑑妻史氏二十八歲寡 儲伯明妻王氏二十八歲寡 邵文郁
妻蔣氏青年守志俱賊至死難以上月分失攷 烈女有許賡颺女賊至隨父母死難 吳勳
女名月英 儲繼宗五女 史廷珍三女俱因賊肆擾隨母死難以上月分失攷 烈婦
有潘慎初妻范氏年五十六賊至西望圩氏匿田間得免賊退不食卒 法一堂妻王氏夫被
害悲痛不食卒 周桂根妻徐氏 黃順培妻法氏常州人俱死難以上四月 胡壽
昌妻張氏年三十一不食卒 盧德嘉妻周氏年四十三夫被殺殯殮後不食卒 唐在新
妻張氏 莊長春妻張氏俱死難以上五月 彭天敘妻李氏年六十五 八品
銜任茂蓁妻徐氏俱死難以上六月 庠生李辰妻高氏隨夫死難同治二年旌 吳
某妻蔣氏大華媳奉姑孝謹賊擾之食隨姑死難 周廷椿妻俞氏昭忠錄作史 氏夫被害哀慟不

食卒 史廷珍妻徐氏子婦某氏同不食卒 許賡颺妻周氏 儲繼宗妻
沈氏 吳勳妻范氏俱同女死難 庠生湯辛達妻顧氏年三十 吳寶元
妻周氏年五十八 陳陛華妻許氏年四十六 徐麟瑞妻曹氏年四十八 黃其珊
妻王氏年七十六 吳曾達妻王氏 武生蔣邦彥妻勇氏 岳士昇
妻王氏 楊公法妻任氏 吳瑞書妻陳氏 朱有錦妻郁氏
田應林妻任氏 監生徐大年妻周氏 張方之妻李氏
宗衛文妻莊氏 曹步瀛妻周氏俱死難以上月分失攷
咸豐十年荆谿婦女被害者孝女有邵鳳期女孝事父母終身不字年八十五
遇害光緒二年旌 周安琛女事母克孝矢志不字年六十七罵賊被殺已旌 庠生吳越卿女名鳳
娟年十五見母戴氏被殺號哭痛罵賊并殺之以上四月 許朝書女孝事父母矢志不字年五十四七月被害

吳名字女孝事父母矢志不字道光年間已旌年七十餘被害同治六年旌 丁某女誦朝珍妻封股療母
疾年六十二罵賊不屈死 任子高女常熟人名翠芝父貿易至荆谿女喬妝相隨父賃鄭氏居湖㳇山中賊至女隨
父遊南岳寺賊搜得之女求代父死賊殺其父而擄女女大罵被亂斫死光緒六年旌以上月分失攷 孝婦有周
鎭鳴妻宗氏孝事翁姑姑歿翁繼娶氏侍奉能得歡心年三十九罵賊死光緒三年旌 陳保大妻李
氏賊將毀宗祠氏入祠抱主大哭遂被殺以上月分失攷 節婦有陸兆昌妻羅氏早寡年四十六
三月被殺女死烈見後 陳雲林妻黃氏 雲松妻潘氏兩氏俱早寡五月賊至姑談氏被殺齊聲
罵賊不屈死氏媳傳與王見後 何駿嗣妻孫氏二十六歲寡年六十一罵賊被殺 孟法林妻裴
氏二十七歲寡年三十六被害 馬萬安妻萬氏二十二歲寡年六十九被害 張耀邦繼妻
蔣氏二十一歲寡年六十一被殺 朱懋高妻張氏二十七歲寡年五十二被殺 范徵英妻董
氏二十九歲寡年五十四被殺 呂開如妻吳氏二十九歲寡年三十七被殺 馬紹堂妻昭忠

錄作錫藩母 傅氏夫亡茹素終身撫妾子如己出年七十八被焚死 鮑傳行妻許氏三十歲寡
漢章妻潘氏青年守節俱賊至不屈死以上月分失攷 烈女有陸兆昌女年二十二秉性
端莊事母能孝三月賊脅不從被鱗傷死與母羅氏同殉 董某聘妻貢生張錦雲女年十七被殺死
橫遭下殮時面如生 知縣丁某聘妻李氏女 庠生高兆芬女 徐再時
女俱被殺以上四月 石某聘妻董開生女年二十三 單某聘妻陳七琴女年十
九俱不屈死以上五月 蔣懷成女年十九賊逼不從擲石痛罵賊殺之并播其屍 周連慶女年十四被
擄乘間以刃刺賊力不敵被殺 章得壽女年二十 吳繼光未婚妻徐氏女俱不屈死以
上月分失攷 烈婦有盧向泰昭忠錄作向黍妻潘氏夫被擄氏痛不欲生執刃斫賊力不敵死 王
慶堂妻潘氏罵賊被殺 陳保定妻馬氏遇賊不屈死媳楊氏見後 蔣茂芝妻臧氏
年五十 方認甫妻胡氏年四十九 陳洪昌妻任氏 庠生石渠妻徐氏

庠生吳庠妻蔣氏　蔡廷庸妻蔣氏俱被殺以上三月　徐再晧妻周氏偕夫及子女同被害　崔承豫妻周氏年七十六賊至大罵賊刃之罵益厲被亂斫死同時遇害者三人均失攷　何雲來妻任氏夫被殺氏號泣追賊罵被剖腹死昭忠錄作同二女殉　庠生高拋芬妻徐氏隨夫挈子女奔避途遇賊同被害　舉人史鴻詩妻徐氏年五十七賊至前洛遇害　徐廷楨妻任氏城陷被殺　庠生吳越卿妻戴氏罵賊被殺女鳳娟死烈見前　徐誠揚妻周氏年七十一　吳發祥妻萬氏年五十　史光裁妻莫氏年四十九　史鴻禧妻錢氏年四十二　蔣天順妻徐氏　崔可鈞妻胡氏　崔可錙妻楊氏　吳乾學妻丁氏　吳羊大妻萬氏　周福山妻吳氏　周佑山妻孫氏　任澤妻朱氏　周與瑞妻徐氏　蔣天赦妻徐氏　崔乘義妻呂氏　呂思魁妻戴氏　佾生蔣啟宇妻張氏

光緒宜興荆谿縣新志　卷五　武事　殉難婦女　[illegible]

庠生崔徵飛妻潘氏　崔徵鑑妻吳氏俱被殺以上四月　王濟清妻沈氏年五十二夫被殺氏追賊泣罵被剮死　佾生吳卓英妻周氏上塘遇賊不屈死　陳廷輔妻談氏　孫開茂妻傅氏　金茂妻王氏談罵賊被殺孫媳傅與王同遇害女張廷春妻見後孀媳黃與潘死節見前　張廷春妻陳氏母被殺與嫂姪媳同罵賊死　吳震起妻趙氏年五十七罵賊被殺於梅林　許澍霖妻儲氏　子寶璋妻湯氏儲年八十三與媳同罵賊死　萬隆泉妻吳氏年七十一　張瑞龍妻宗氏年五十　萬愛泉妻馮氏年五十九　徐盛妻張氏年七十三　周懷海妻吳氏　庠生周宗翰妻潘氏　周懷德妻蔣氏　鄭進來妻陳氏　崔紀初妻徐氏　周阿川妻孫氏　張阿大妻周氏　潘愛官妻王氏　潘發隆妻張氏　吳肅南妻李氏　徐晉姚妻吳氏　潘大川妻史氏　潘聽發妻

曾氏俱被殺　墜崖婦佚其氏與夫姓名賊大隊過湖㳇山蒼梧岕之東南峻嶺危巖不可悉數避賊者多匿焉旁小岑名滾碟礴有攜子婦登者跧伏叢間時出覘望爲賊得并執其子婦出請以身代兩人賊見婦嫵喜從其言棄伏於地近前謂之婦曰俟吾夫與子遠不見者乃惟汝所欲賊如約婦坐臥崖邊賊匍匐就婦身將褫其衣婦急搤賊頸翻身崖絕壁下血濺魂飛玉石俱碎矣隔崖人望之皆多婦之智而驚其烈云以上五月　史陪瀛妻吳氏年三十三拒賊剖腹死　蔣敘春妻吳氏　陳裕昌妻趙氏俱被害以上六月　虞應松妻盧氏年三十四八月被殺　庠生屠墉妻劉氏九月于被擄罵賊死　朱順祖妻余氏　子金春妻史氏昭忠錄作張氏余年五十二史年二十七十月余被殺子金春痛母觸牆死史亦被害　許士勳妻范氏賊脅之行至橋躍入河賊以槍刺殺之同治七年旌　黃泮榮妻談氏拒賊被殺同治八年旌　湯敘高妻蔣氏年四十九剖腹死　朱某妻潘氏年五十八罵賊被焚死　潘金敘妻符氏同子寅松被害　應攀桂妻高氏年六十二同夫罵賊被殺　陳廣興妻談氏　錢

光緒宜興荆谿縣新志　卷五　武事　殉難婦女　[illegible]

芝榮妻儲氏俱擄死　吳光祖妻周氏　周景滿妻陳氏俱焚死　史德慶妻任氏年三十五　張文焯妻徐氏年五十四　張保芝妻楊氏年七十三　張玉田妻何氏年七十三　王天寶妻周氏年十八　陳瑞餘妻崔氏年三十　張淇元妻鄭氏年十九　朱某妻黃氏壬大女年五十五　曹茂山妻楊氏年二十四　湯慶高妻任氏年五十一　湯芳縉妻謝氏年四十二　監生蔣廷棟妻徐氏年六十五　徐雙喜妻邵氏年四十六　許聽招妻陳氏年十九　應時秀妻倪氏年七十二　應時華妻毘氏年六十一　徐盤龍妻凌氏年三十六　陳定邦妻何氏年四十一　徐細大妻陶氏年二十七　陳進元妻丁氏　徐鳳和妻莫氏　徐席珍妻錢氏　孫書大妻馮氏　翟順法妻錢氏　錢順生妻沈氏　錢正祥妻邵氏　錢連潤妻范氏　蔣鳳邦妻芮氏

周貴受妻潘氏　監生陳昌發妻鮑氏　史松大妻應氏　葛
壽昌妻楊氏　李大奎妻陳氏　聶泰元妻范氏　周德潤妻
張氏　陳運才妻黃氏　錢狗大妻蔡氏　錢步臻妻楊氏俱被
殺以上月分失考　自謚者孝女有徐文瑞女年十八三月痛父遇害罵賊投水死光緒三年旌
崔徵益女錢蓮溪繼妻性至孝父病刲股以療賊至夫被擄投水死月分失考　貞女有潘芳榮聘
妻吳氏女未嫁夫亡矢志守貞學憲李額旌之年五十九五月投水死　節婦有周嘉亨妻陳
氏二十八歲寡賊至抱子投水死　蔣蘭珍妻何氏二十五歲寡年三十投水死　以上三月　趙應奎
妻沈氏二十八歲寡城陷投水死同治十年旌　庠生李襄堯妻曹氏　武生襄周妻
徐氏　瓜州外委襄成妻丁氏襄成在京口陣亡丁誓以身殉翁姑年邁諭令撫孤乃起治事家益
貧偕嬸居妯娌曹徐共操作以奉甘旨城陷合門十餘口皆自殺　潘文藻妻許氏早寡城陷攜子女投水死

宜興荆溪縣新志　卷五　武事　殉難婦女　五十三

劉正大妻范氏二十五歲寡年三十五攜女巧大投水死　徐樟妻陳氏三十歲寡年五十投水死
以上四月　沈彭齡妻湯氏三十歲寡守志撫孤年四十四八月攜女投水死　庠生周湛存
妻任氏二十六歲寡賊至攜女豫保投水死越日得屍母女猶相抱同治七年旌　周大均妻陸氏二十
八歲寡年七十二罵賊被創投水死同治七年旌　徐豫妻湯氏三十歲寡誓以身殉家人勸慰乃繫縻親族婚
嫁未嘗一至年七十六暨孀媳孫女投水死光緒元年旌　徐祖培繼妻衛氏十七歲寡勤操作三十年如一
日值匪亂罵賊不屈隨姑湯攜夫弟爲玉女投水死越日得屍猶怒目如罵賊狀光緒元年旌　周孟珩妻蔣氏
三十歲寡苦志守節年七十七賊令炊氏厲聲曰我豈爲賊役耶門前有祖姑貞節坊以首觸石柱死光緒三年旌　史聚
周妻呂氏二十三歲寡孝姑撫孤年六十一投水死學憲額旌之　潘懋昭妻錢氏二十九歲寡撫
孤守志年四十九投水死　貢生馬懋功妻潘氏早寡撫嗣子軼羣文銓如已出軼羣已酉舉於鄉賊至氏
投水死　談廷奎妻蔡氏二十二歲夫客廣東死事姑克孝年四十七投水死　顧禮節妻王氏

二十五歲寡家貧力作撫子女成立年五十九投水死　許鑾勳妻吳氏二十三歲寡年六十一自縊　任
繼勳妻錢氏二十一歲寡年三十九投水死　徐麟祉妻夏氏二十九歲寡苦志撫孤罵賊被創負
痛投水死　江某妻王氏二十八歲寡年六十九投水死　庠生路津梁妻潘氏早寡年四十二
投水死　錢文達妻黃氏二十八歲寡年四十三投水死　程連奎妻劉氏二十九歲寡年五十
九投水死　許方榮妻談氏二十八歲寡賊至自殺　任芝泗妻儲氏二十三歲寡　吳煥
章妻馬氏二十九歲寡　潘光虞妻范氏三十歲寡俱賊至自經　庠生錢青士妻
陳氏早寡守節　丁克忠妻馬氏二十三歲寡俱賊至投水死　以上月分失攷　烈女有增生
徐文燾女隨伯母尤投水死　馮錫懋聘妻宋氏女年十六溧陽城陷投水死　曹九大
女年十八　吳鎮才女　監生余吉申女俱賊至投水死以上三月　許來大未
婚妻閔氏女罵賊不屈偕伯姒投水死　徐某女保春妹兄遠出偕嫂投水死　張蔚觀女年十

宜興荆溪縣新志　卷五　武事　殉難婦女　五十四

八　舉人史鴻誥女年十九　周秉文女名豫珍　劉正大女名巧大　貢生徐
榮圻女俱投水死　庠生李襄堯女　武生李襄周女俱城陷自殺以上四月　佟攀
龍聘妻吳氏女年十七七月投水死　吳智四聘妻沈彭齡女隨母湯投水死　蔣孟
川未婚妻沈氏女年十六賊逼至懼辱自經　以上八月　附生徐爲玉女名元元年十五
誓不受辱隨祖母湯伯母衞投水死光緒元年旌　汪薪孫女年十六罵賊被創投水死　汪秉耀女年二
十　路柏森聘妻王氏女年十八　庠生周湛存女　鮑朝初女　伍
書麟女　徐錫能女　陳念莪二女　徐大晟女俱投水死　庠生吳
淞女性至孝遇賊自殺以上月分失攷　烈婦有陳潤珩妻錢氏攜兩子投水死學憲額旌之
陳達理妻蔣氏賊擄其子氏與爭被創投水死　陳某妻楊氏保定媳姑馬氏被殺抱子投水死
監生徐文瑞妻尤氏年五十夫死難攜女姪姪女投水死　王玉田妻儲氏年六十一　王

信昌妻錢氏年二十三 曹福興妻王氏年二十一 吳某繼妻許氏鎮才媳 陳庚新妻張氏 吳蘭三妻蔣氏俱投水死 吳富廷妻張氏自縊死以上三月 吳曉義妻邱氏閏三月投水死 徐介軒妻湯氏年六十五投水死同治九年旌 徐仕榮妻吳氏城陷投井死光緒三年旌 徐保春妻任氏夫遠出祖姑死於寇氏竭力營葬賊至與夫妹相緊投水死光緒三年旌 胡丕元妻錢氏城陷攜子玉珍投水死 徐鎮常妻劉氏年五十三 庠生史祉元妻李氏年三十四 徐煇耀妻任氏 吳嘉元妻任氏 徐福臣妻路氏 徐榆貴妻吳氏 徐富大妻車氏 吳喬山妻張氏俱投水死 從九任家瑛妻葉氏城陷自縊死以上四月 吳文彰妻周氏衢州學正蔭南女知詩書嫺大體十八歲歸吳孝泰翁姑避難至江口賊夜入舟擄掠氏急以剪自刺血噴濺賊驚救氏躍江心死越日得屍金山下面如生同治三年旌 周仲華妻余氏年五十三自縊 尤慶法昭忠錄作法大妻

張氏年二十一 任宗蔭昭忠錄作蔭棠妻吳氏 任潤妻羅氏 徐殿榮妻蔣氏 徐壽昌妻王氏俱賊至投水死以上五月 徐鈞義妻沈氏夫死難悲憤自盡 顧禮美妻莊氏罵賊投水死以上六月 傅芝蘭妻黃氏九月賊偪不從投水死 庠生許士鰲妻王氏 監生周樹培妻丁氏年二十四賊至欄辱與丁相攜投水死賊退得屍面如生同治七年旌 貢生汪望增繼妻周氏夫死難悲泣投水死同治七年旌 王文林妻杜氏賊將至文林謂之曰吾年已七十有二恨不能殺賊計惟一死耳汝將若何氏曰請先死以安君心遂自投於水 徐錫綸妻虞氏子廷揚妻吳氏虞艱於步履廷揚負以走賊追及廷揚被戕虞偕媳吳投水死 徐樹琪妻吳氏夫死難欲以身殉姆勸止之逾月賊柔母與氏怒罵被創投水死 馬衢銓妻任氏年六十七自縊 周洪元妻趙氏年六十三罵賊被創負痛投水死 陳樹昇妻董氏年二十七常帶利刃衛身遇賊大罵自殺 鮑朝初妻闞氏夫被擄聞耗悲泣攜子女投水死 任長發妻董氏隨夫走避猝遇賊謂夫曰妾必不辱身計惟一死君宜速行遂投水死 任景芳妻徐氏年二十四舟行遇賊與夫相繼投水死 伍書麟妻章氏夫被擄攜子女投水死 吳恆茂妻徐氏賊脅不從乘間拙賊佩刀以刺賊稍卻遂自刎死 庠生余有光妻馮氏昭忠錄作馮氏賊由廣德竄張渚氏度不免投水死 陳念莪妻范氏年二十七攜二女投水死 范佩大妻陳氏年二十九 庠生徐再人妻湯氏 庠生徐洪壽妻趙氏 楊春茂妻許氏 徐景衡繼妻任氏俱抱子投水死 史觀儀妻徐氏年十七 王正榮妻顧氏年二十四 宿州學正徐用熙妻闞氏年八十一 范塔大妻王氏年二十九 監生王鑑衡繼妻尤氏年二十四 蔣錫官妻邵氏 楊秀林妻蔣氏 楊萬昌妻張氏 徐錫能妻虞氏子婦某氏 楊酉奎妻儲氏 徐榮興妻裴氏 陳義昌妻任氏 范聰大妻徐氏 任榮周

妻李氏俱投水死以上月分失考 絕食者貞女有吳同丙聘妻路氏女十二四歲未嫁夫亡奔喪守志年五十一死難 節孝婦有陳銘繼妻周氏早寡家貧以女紅度日孝奉翁姑翁歿事姑尤謹姑亡勉力營葬不食卒學憲額旌之以上月分失考 節婦有路亨嘉妻潘氏二十五歲寡道光二十五年旌年七十六死難 湯輅昭忠錄作之輅妻吳氏二十八歲寡城陷死難 庠生任步墀妻李氏二十三歲寡年二十六死難以上四月 徐文齡妻趙氏二十三歲寡八月賊至死難 蔣祿珍妻周氏十九歲寡賊至姑徐死難殮畢哀痛不食卒 增生傅蓉妻楊氏三十歲寡苦志撫孤年五十二兩子被擄憂憤不食卒 庠生徐履泰妻呂氏二十九歲寡苦志撫孤年四十七死難 蔣寶慶妻於氏二十三歲寡年五十八死難 淮安教授周濟妻蘇氏二十八歲寡工文翰著有儷素樓詩詞年五十一死難 周錫堂妻楊氏二十一歲寡年三十餘死難 蔣聞大妻錢氏二十九歲寡年四十九死難 潘應安妻張氏二十七歲寡年五十三死難 舉人

徐曾炘繼妻史氏二十八歲寡年七十二死難　丁玉培妻王氏二十八歲寡年五十二死難　周富興妻何氏二十八歲寡年六十七死難　庠生周汝明妾汪氏二十九歲寡年六十八死難　周步青妻陸氏三十歲寡年六十六死難　李潤琛妻徐氏二十五歲寡年三十四死難　李墉觀妻吳氏三十歲寡年四十七死難　路質夫妻任氏二十九歲寡　毛懋大妻臧氏二十三歲寡　伍儁文妻魏氏二十七歲寡　李潤嘉妻儲氏二十三歲寡　李保綸妻水氏二十八歲寡俱賊至死難以上月分失攷　烈女有周懷廸女五月死難　徐鍾嶽女隨祖母死難月分失攷　烈婦有華榮慶妻張氏年三十夫與子均被害村人勸其改適氏哀痛不食卒　徐文炤妻王氏同夫不食卒以上三月　庠生葛鴻圖妻許氏工吟詠著有鍼餘集賊至死難　許盤川妻萬氏　許朝大妻吳氏　許隆信妻蔣氏　萬國和妻任氏　徐秉中妻潘氏　徐守曾妻葛氏俱死難以上四月　顧樂能妻徐氏六月死難　陳集榮妻曹氏年三十三八月死難　周富能妻丁氏　丁正義妻錢氏　庠生吳淞繼妻任氏俱死難以上十月　吳鴻賓妻臧氏夫被擄子允中團勇擊賊中礮死氏哀痛不食卒同治七年旌　徐爾熾妻湯氏年六十六　許鶴鳴妻徐氏年五十七　徐培基妻蔣氏年二十九　周廷泰妻韋一作惠氏　徐富林妻吳氏　庠生李紹綱繼妻唐氏　徐堯工妻朱氏　陳壽二妻李氏　任炯觀妻儲氏　張義望妻錢氏　任壽妻徐氏　從九徐榮先妻路氏　徐正初妻吳氏　朱文英妻趙氏　朱義和妻蕭氏俱死難以上月分失攷

咸豐十一年宜興婦女被害者孝婦有張文炳妻吳氏十一月同姑避伏叢草中賊搜獲之縛其姑氏聞姑哀號聲自草中躍出與賊鬬被數十創死姑得走免已旌　節婦有潘瀚妻

宜興荊谿縣新志　卷五　武事　殉難婦女

周氏三十歲寡年四十六八月同子椿生被殺　周德明妻蔣氏二十七歲寡賊至不屈死月分失攷　烈女有倘生曹鳳女四月賊脅不從被重創死　舉人儲鳳藻聘妻徐氏女年十八隨父母避難茗嶺八月賊至豔女色脅以行女大罵不從賊斫他婦以懼之罵愈厲賊怒以亂矛刺死同治元年給事中王奏旌　烈婦有韋韓甫妻蔣氏三月被殺　吳烏大妻陳氏年十九避匿麥田賊搜得之誘偪不從以矛刺死　汪琛妻蔣氏遇賊不屈死以上四月　沈義奎妻周氏年五十五罵賊被殺　周鶴亭妻李氏年六十三被擄掠死以上八月　韋繼球妻談氏十月被殺　史棫妻張氏年九十罵賊被殺臨時猶怒目如罵賊狀　曹紀暘妻黃氏年二十七　蔣福謙妻任氏年五十九　蔣榮妻楊氏年四十七　程永芳妻徐氏　曹正昌妻談氏　史華董妻潘氏　史大裕妻蔣氏　史大雲妻王氏　史大成妻許氏　史杏標妻曹氏　史喜三妻施氏俱被害以上月分失攷　自盡者孝

宜興荊谿縣新志　卷五　武事　殉難婦女

女有潘慶恩女隨父攜弟避難賊追將及以弟授父囑速行且曰兒必不辱言訖躍水死父與弟得脫三日後得屍面如生　節婦有陳國昌妻黃氏二十二歲寡矢志守節年二十九拒賊投水死　烈女有吳國楨女隨母投水死以上月分失攷　烈婦有周鍾傑妻曹氏子婦徐氏三月姑媳投水死同治七年旌　欽幹初妻周氏四月痛夫被殺投繯死　汪顯忠妻周氏六月投水死　舉人吳還繼妻孫氏年四十夫死難殉舉自縊　周高大妻馬氏投水死以上七月　朱廷嶼妻潘氏遇賊投水死同治十一年旌　顧金科妻陳氏　韋順培妻張氏　沈萬明妻閔氏俱賊至投水死以上八月　曹大章妻陳氏九月投湖死　欽士達昭忠錄作碧達妻王氏翁死難夫遇害子被擄哀痛投水死　儲熙瑞妻吳氏庠生之俊女　儲晴泉妻潘氏貢生光甲女俱投水死以上十月　任啟宇妻周氏遇賊投水死光緒三年旌　吳國楨妻鄒氏夫被殺擄女投水死　史薌南妻陸氏夫被執投水死　湯樹成妻李

氏翁與夫均被殺悲痛自經 許汝昌妻儲氏賊脅不從投水死 蔣儒德妻邵氏年二十六抱子走避賊奪其子投諸河氏隨躍入死 蔣召福妻錢氏年二十八 湯發祥妻吳氏年三十一 儲同庚妻嵇氏年七十一俱投水死以上月分失攷 絕食者節婦有蕭士龍妻許氏二十二歲寡孝事翁姑撫養遺腹賊至死難 曹楠妻臧氏十九歲寡苦志撫孤年三十賊誘以金誓不從餓死 蔣士貞妻錢氏二十一歲寡年八十三死難 許榆妻藏氏三十歲寡年七十四死難 許檀妻楊氏二十九歲寡年七十三死難 陳元啟妻王氏二十五歲寡 曹玉田妻許氏早寡俱賊至死難以上月分失攷 烈婦有吳道遠妻蔣氏五月死難 蔣克昌妻路氏 壽昌妻裘氏克昌兄弟被害兩氏哀痛不食卒 吳朝棟妻錢氏 張富林妻史氏 曹光熙妻毛氏 任壽華妻徐氏 任植延妻吳氏 吳道潔妻蔣氏 莊盤大妻金氏 蔣得大妻楊氏 徐大

宜興荊谿縣新志 卷五 武事 殉難婦女 [illegible]

寶妻陳氏 胡浩義妻尹氏俱死難以上月分失攷

咸豐十一年荊谿婦女被害者節婦有陳宇洪妻郭氏二十二歲寡年三十四八月被殺 尹德裕妻徐氏夫病刲股以療三十八歲寡年五十一遇害 王守茂妻許氏二十八歲寡年五十被害 朱順祥妻蔣氏二十八歲寡年四十一不屈死 王錫桂妻吳氏二十二歲寡年五十八被害 蔣林義妻曾氏二十五歲寡 蔣儉和妻吳氏二十八歲寡俱賊至被殺以上月分失攷 烈女有路道平女年十四被殺月分失攷 烈婦有吳應林妻蔣氏 應忠妻臧氏三月同罵賊死 楊冬大妻丁氏年六十五六月被殺 蔣寶福妻許氏年二十四七月被害 石金聲妻毛氏八月被殺 林瓊繼妻辭氏年五十五 陳揆貞妻史氏俱被殺 丁玉山妻陳氏被焚死以上九月 錢培大妻王氏年六十一 張錦霖妻周氏年四十一 張亚光妻范氏年四十一 石葆鴻妻楊氏 何六

順妻史氏 監生許紳昭忠錄作許書紳妻吳氏 錢榮修妻范氏 錢之綱妻臧氏 朱文魁妻何氏 葛肇勳妻黃氏俱被害以上月分失攷 自盡者節婦有吳廷彩妻許氏二十二歲寡八月賊至自縊 潘達和妻許氏二十九歲寡年三十六投水死月分失攷 烈女有朱川義聘妻張氏女年十八八月仰藥死 烈婦有吳繼明妻陳氏三月投水死 吳錦城妻羊氏年二十五七月投水死學憲彭額旌 蔣懷之 王寶元妻吳氏年四十二 陳笠從妻吳氏年二十七俱投水死以上八月 吳成妻錢氏年五十二投水死女死烈見前 周瑞祥繼妻萬氏賊脅不從投水死以上九月 吳元明妻岳氏年三十一罵賊中礮傷投水死光緒三年旌 貢生許乃武繼妻胡氏年三十一遇賊自殺 史序元妻丁氏夫被殺悲憤自盡 徐維垣妻潘氏自焚死 黃聽招妻梅氏年十八 蔣兆春妻謝氏 徐孟愷妻錢氏俱投水死以上月分失攷

宜興荊谿縣新志 卷五 武事 殉難婦女 [illegible]

絕食者節婦有周道純妻顧氏二十六歲寡年四十一死難同治八年旌 丁逢澤妻潘氏二十四歲寡年四十二死難已旌 丁恂侯妻蔣氏二十五歲寡年四十九死難已旌以上月分失攷 烈婦有吳克允昭忠錄作克元妻胡氏年二十一三月夫被殺悲憤不食卒 萬澤妻杜氏四月死難 丁慶萱妻吳氏五月死難 吳信隆妻蔣氏七月死難 謝恆妻吳氏年六十七義方訓子西川岕義團成氏命子文雕曰忠孝不能兩全汝速往勿以家為念家赤貧親友卹之終不受文雕死義氏聞訃七日不食卒事詳文雕傳中 路成澤妻吳氏夫被擄憂鬱不食卒 路襄妻湯氏年六十一死難 李承懷妻牟氏賊擾餓死以上月分失攷

同治元年宜興婦女被害者貞孝女有周茂椿女年十四父母皆歿弟幼女念父母撫弟不字勤操家務年六十三被殺學憲額旌之月分失攷 節婦有呂菊生妻貝氏二十八歲寡年六十八被殺 張祥沅妻錢氏二十七歲寡賊至被害以上二月 蔣卅生妻錢氏二十

九歲寡撫孤守志五月賊至被殺蔣蘊山妻史氏三十歲寡學憲奎額旌之年六十三被殺吳欽文
妻尹氏二十六歲夫死難撫孤奔避懸誓辛年二十九母子俱被害以上八月周德奎妻陸氏
三十歲寡年四十六被殺楊懷琬妻宗氏二十七歲寡年五十八被殺史岱高妻尹氏二十
一歲寡史六行妻錢氏二十七歲寡俱賊至被殺以上月分失攷烈婦有謝東籬妻
蔣氏正月被殺謝東官妻路氏二月被焚死吳愛泉妻韓氏謝錫申妻
儲氏吳浩義妻尹氏俱被殺以上三月何慶增妻沈氏與子婦同被執賊覬婦嫩
欲脅從氏叱罵被殺氏媳吳死節見後何增行妻陳氏芮榮奎妻劉氏俱被殺以上
四月褚遺大妻朱氏年六十二施鎖官妻蕭氏俱被害以上五月周聽德妻史
氏年二十七六月剖腹死裴維幹妻陳氏性貞烈罵賊不屈被賊抉眼割乳斷舌死儲英夫妻
周氏年二十一姑被殺夫被擄追賊泣罵身受數十創死盧永來妻周氏年五十曹興緒妻

宜興荊谿縣新志　卷五　武事　殉難婦女

陳氏年三十一邵文秀妻蔣氏年二十四毛細三妻黃氏年四十二華順林妻
儲氏華壽昌妻路氏曹順昌妻路氏吳翼之妻胡氏俱被
殺以上八月宗友南妻王氏九月被殺朱正全妻楊氏年五十七張三陽妻芮
氏張函嚴妻宗氏張財大妻許氏俱被害以上十月儒士史仲坤
妻余氏賊索銀炙氏以火有同居里嫗偵賊他往負氏走賊怒皆殺之楊某妻徐氏六品銜儼媳拒賊被
害劉元德妻戚氏從孫慶元妻馮氏同被賊掠賊將殺馮戚哀告曰渠有幼孩當延劉後
我願代死賊幷殺之楊兆英妻徐氏年六十一王永芳妻吳氏年三十一蔣萬餘妻
薛氏年六十黃義狗妻昭忠錄作義苟聘妻曹氏年二十二湯廷英妻張氏吳
順虎妻李氏曹鴻高妻黃氏俱被殺以上月分失攷自盡者貞女有楊
儲珍聘妻陳氏女二十一歲夫故奔喪守貞賊至投湖死月分失攷節婦有周銘妻湯

氏二十八歲寡年五十六八月投水死光緒六年旌萬八俊妻徐氏二十二歲夫死難氏投水殉遇救得
延年二十四隨姑及兩妹投湖死庠生楊金標妻潘氏諸生謙受女早寡賊至偕子麼伯服毒死徐
堉元妻陳氏二十三歲寡事姑孝謹年二十六遇賊南準適姑婦失散氏投水死吳廷銓妻宗氏
二十七歲寡楊偉妻徐氏二十五歲寡史二儀妻宗氏三十歲寡余步瀛妻談
氏早寡撫孤成立俱賊至投水死以上月分失攷烈女有庠生史登賢女名紫玉四月隨母投
水死袁瑞祥聘妻王氏女年十九王凝銓女年十六從九周柏齡聘妻
顧氏女年十六俱投水死以上八月張文淦聘妻朱氏女年十七閏八月投水死朱廷
環聘妻方氏女年十九楊翼亮二女楊洛英女蔣鶴鳴女
通判楊亮清女俱投水死以上月分失攷烈婦有何永福妻吳氏與姑沈同被執
賊先殺姑以脅氏氏乘間投水死何盤壽妻邵氏年二十七劉壽蘭妻許氏年六十九劉

宜興荊谿縣新志　卷五　武事　殉難婦女

希龍妻邵氏年六十五張富占妻吳氏年五十六楊叶宜妻劉氏年二十五劉
佩華妻凌氏年七十庠生史登賢妻任氏吳順行妻沈氏俱賊至投
水死以上四月吳鴻慶妻楊氏昭忠錄作殷氏榮慶妻許氏五月相攜投水死吳攀
桂妻蔣氏六月投水死蔣順興妻華氏年二十三抱女投水死學憲額旌之程枚吉妻
裴氏夫被擄悲憤自縊理問銜楊濟英妻余氏子家珍妻徐氏余投水死徐亦
抱女同殉王凝銓妻金氏年四十三子錫文被擄氏罵賊攜女投水死謝恩榮妻徐氏賊擄
其夫幷舅氏氏不屈抱子投水死子遇救得生劉樹勳繼妻胡氏賊至潘射頸投水死王春壽妻
杜氏夫被擄氏號泣攜子投水死賊退屍浮水面顏色如生尹廷宗妻吳氏事姑孝謹遇賊投水死
劉開祺妻裴昭忠錄作代氏縣丞裴珍妻程氏邵合英妻李氏
徐俊連妻蔡氏俱賊至投水死以上八月趙春大妻王氏年九十四十一月投水死

周子良妻蔣氏（夫患足疾氏負之行力不勝乃匿僻處賊獲其夫將殺之氏出乞代賊未許氏奪刃自殺賊退子良痛妻爲已死亦自縊）湯錫康妻徐氏（年三十五夫死難投水死）武生吳殿英妻徐氏（夫被擄攜子投水死）楊守謙妻徐氏（廣豐知縣媛女賊不屈投水死）通判楊堯清繼妻徐氏　蔣鶴鳴妻曹氏（俱攜女投水死）湯作衡妻吳氏（年四十八）徐炳文妻黃氏（年二十俱自經死）胡春餘妻吳氏（年二十九）吳敘才妻蔣氏（年三十二）趙仲陽妻徐氏（年三十）張維官妻儲氏　王聚奎妻史氏　史象構妻儲氏　楊怡珍妻徐氏　閔吉魁妻尹氏（俱投水死上月分失攷）以絕食者節婦有庠生衞廷槐妻任氏（庠生煃女二十七歲寡勤苦撫孤年四十賊氛肆擾匿僻處餓死同治四年給事中王恭旌）許仲溥繼妻周氏（嫁甫半月寡勤苦守志撫前子如已出年六十五死難）周錫芝妻戴氏（二十七歲寡賊至死難以上八月）曹光裕妻馮氏（三十歲寡守志撫孤年六

十三死難）陸雨香妻周氏（二十八歲寡依母家守志撫弟妹成人賊至死難　以上月分失攷）烈女有貢生裴榮程女（八月賊擾餓死）烈婦有趙景程妻鮑氏（年七十一二月死難）戴汝奎妻史氏　戴廷芳妻王氏　戴元朝妻史氏（俱死難以上七月）吳紹先妻周氏（年二十七八月夫被擄哀號不食卒同治四年旌）錢順大妻唐氏（年四十八）袁正茂妻談氏（俱死難以上九月）鄒佩玉妻潘氏（夫被擄痛哭不食卒）邵邁辰妻蔣氏（年二十八）武生毛賓妻董氏（俱死難以上月分失攷）

同治元年荊谿婦女被害者節婦有曹昌大妻錢氏（十九歲歸曹數月夫死難矢志守貞年二十一投於湖賊拯之大罵不從被殺）林正春繼妻王氏（二十九歲寡苦志撫孤年五十二被殺）張邦瑞妻陳氏（二十八歲寡賊至被害　以上八月）汪岳佑妻某氏（十八歲寡撫遺孤成立罵賊被殺子再白哭之哀亦被殺）任雲法妻潘氏（三十歲寡賊至被殺以上月分失攷）烈女

有增生劉丙榮聘妻貢生曹振裕女（年十九賊逼不從被重傷越數日死月分失攷）烈婦有錢定生妻邵氏（正月被害）史志忠妻朱氏（四月被害）庠生王錦堂妻彭氏（賊索銀氏叱之被殺）蔣茂生妻王氏　丁懷芳妻史氏（俱被殺以上五月）吳得義妻周氏（年五十六月賊以矛刺死）蔣麗川妻王氏（年四十一罵賊剖腹死）曹信隆妻蔣氏　朱秋齡妻蔣氏　丁禮學妻費氏（俱被害以上八月）溧水教諭李杜文繼妻張氏（年五十二閏八月罵賊被殺）周正祥妻陶氏（年四十）丁禮能妻談氏　周望成繼妻孫氏（俱被害以上九月）吳生川妻丁氏（年十九）汪佩安妻邵氏（年五十一）張晉朝妻吳氏（年五十一）閔正祥妻陳氏（年四十七）陳二聽妻徐氏（年六十俱被害以上十二月）貢生潘元達妻周氏（年三十二避蘆葦中五日不食賊搜獲之拷掠死）周天義妻陳氏（年五十五）丁敘川妻邵氏（俱被焚死）朱狗

二妻許氏（年二十六）王又魁妻丁氏（年四十四）周計生妻談氏（年四十九）周狗大妻孟氏（年十六）周坤珩妻吳氏（年四十八）吳福琳妻范氏（年四十七）馮明三妻吳氏（年二十）戴信大妻魯氏（年四十六）陳盈福妻李氏（年四十八）邵奎大妻黃氏（年二十）路璜珊妻謝氏　徐富生妻陳氏　楊潤法妻蔣氏　路道登妻葛氏　許鼎熙妻路氏　陳盈亭妻張氏　吳步洲妻任氏　吳葆元妻史氏（俱被害上月分失攷）以自盡者孝婦有范廸祥妻岳氏（年二十五賊縛翁以脅氏氏曰釋翁縛我願從賊信之翁得脫氏乘間投水死已旌）許午埼妻顧氏（刲股愈姑疾年三十八抱子投水死　以上月分失攷）節婦有楊菊莊妻任氏（二十八歲寡年三十六八月投水死）王寶蔭妻宗氏（二十九歲寡撫孤守志年四十八投水死）陳國昌妻黃氏（二十五歲寡年三十八投水死）馬維鏞妻李氏（早寡訓孤成立年六十六縊死）蔣德生

妻徐氏十七歲寡紡績奉母賊至自縊以上月分失孜烈女有與人徐鏞女遇賊投水死同治九年旌傳載昭忠錄閔思誠女年十七懼辱自沈以上八月廣豐知縣徐燧女偕女兄陽徐氏投水死月分失孜烈婦有吳印奎妻李氏吳順發妻蔣氏俱縊死以上二月吳尚顏妻俞氏年五十二徐鴻寶妻殷氏俱賊至投水死以上三月顧生陳咸中繼妻任氏年四十七罵賊被創投水死陳伯遠妻余氏年五十四蔣晉珍妻潘氏年四十四俱投水死以上四月丁溶川妻陶氏六月投水死贈太常博士余啟綬妻蔣氏子維璧妻彭氏七月姑婦投水死蔣瑞甡妻潘氏許集延妻談氏俱投水死蔣金松妻史氏年二十六自焚死以上八月八品銜李杜名妻范氏年二十八夫遇害攜子律大律二投水死蔡佩榮妻田氏罵賊負傷投水死以上閏八月副貢吳錦雯妻馬氏十月自盡余廷揚妻繆氏年四十五投水死同治十三年旌吳毓

宜荊谿縣新志　卷五　武事　殉難婦女　四十一

珍妻王氏年二十四拒賊不從自刎死路長齡妻馬氏年二十二夫被擄投水死任寶芝妻何氏年四十一黃鎮大妻張氏年二十六張二大妻余氏年三十八徐履安繼妻張氏葛寅章妻崔氏任棪華妻楊氏潘壽奎妻呂氏俱投水死以上月分失孜絕食者孝女有潘以仁女貢生錢選妻刲股療母疾夫死難攜孤匿山中餓死月分失孜節婦有吳煥章妻錢氏二十歲寡年五十五閏八月死難馮三大妻趙氏名小娥夫被賊殺村人欲奪其志氏誓死不嫁越二年賊氛四擾氏避匿深山餓死光緒六年禮部奏旌丁仁大妻任氏十九歲寡年三十一死難丁信三妻錢氏二十四歲寡年四十九死難丁春奎妻路氏二十三歲寡年五十七死難丁澤妻張氏二十六歲寡年六十二死難丁裕培妻陳氏二十六歲寡年五十死難丁科元妻錢氏二十二歲寡年五十二死難丁昇吉妻吳氏二十三歲寡年三十九死難丁步瞻妻任氏二十五歲寡年四十六死難丁肇蓮妻

王氏二十九歲寡年六十三死難丁昌大妻楊氏二十八歲寡年四十四死難丁延玉妻陳氏二十六歲寡年五十五死難丁庚大昭忠錄作根大妻董氏二十六歲寡年六十一死難俱已旌吳春大妻蔣氏二十三歲寡年二十五死難蔣甘蓀妻錢氏三十歲寡蔣應槐妻潘氏二十五歲寡俱賊至死難徐連觀妻路氏連觀依佛為僧氏年二十矢志撫孤賊擾同子死難以上月分失考烈女有訓導李杜詩義女名富春八月隨主母餓死烈婦有訓導李杜詩妻周氏年四十八八月訛傳夫死子女均幼遂同不食卒史寶堃妻張氏九月死難徐福棠妻任氏子瑞祺妻周氏任年六十餘周年四十餘賊擾家貧孤孫盛大年十四行乞以供食後俱餓死貢生潘復貞妻吳氏年三十二偕伯姒避蘆葦中餓死徐金芝妻莊氏子佛蔭妻路氏路年三十一賊擾乏食姑婦同餓死庠生路逢吉妻張氏路寶箴妻張氏王開俊妻張氏許康玉妻費氏俱死難以上月分失孜

宜荊谿縣新志　卷五　武事　殉難婦女　四十二

同治二年宜興婦女被害者節婦有謝書奎妻蔣氏二十五歲寡苦節二十年二月被焚死學憲童額旌之孫敬朝妻虞氏二十六歲寡撫孤守志年五十四三月被賊縊死庠生王美中妻湯氏二十六歲寡年三十八四月子被殺氏哭罵賊斫之投屍於湖史關生妻尹氏二十九歲寡年四十五六月被重傷死路企程妻毛氏早寡十月遇害庠生儲曆載妻余氏二十三歲寡苦志撫孤賊至被焚死錢春田妻楊氏二十七歲寡年六十三被殺史京選妻周氏二十八歲寡年五十六被殺史尚大妻楊氏二十九歲寡年五十六被殺儲之傑妻朱氏二十五歲寡撫孤守志遇賊被害以上月分失孜烈女有曹富大女七月隨母遇害庠生王琮聘妻蔣氏女年十七儲炳榮聘妻莊氏女年十二俱不屈死以上月分失孜烈婦有蔡鶴貞妻吳氏年五十七黃國倉妻蔣氏俱被害以上正月曹重高妻貝氏夫拒賊死氏追賊罵亦被殺毛培珍妻曹氏罵賊不屈被焚死蔣招大妻

毛氏年五十四　胡國仁妻蔣氏　胡國義妻朱氏　吳壽春妻曹氏
吳開宗妻曹氏　謝法林妻薛氏俱被殺以上三月　尹學曾妻蔣氏
年四十九遇賊不屈死學憲額旌之　曹巨源妻謝氏年二十九　張佑元妻宗氏年三十六　謝
肅成妻孫氏年五十八　謝鶴成妻蔣氏年三十九　周順林妻蔣氏年四十七　蔣
堯元妻王氏年二十四　儲漢臣妻路氏年五十　張順奎妻芮氏年四十　謝
希賢妻蔣氏年二十八　張德奎妻曹氏年三十六　蔣沖光妻張氏　史芹
溪妻蔣氏　胡九高妻王氏　胡榮三妻曹氏　楊望大妻史
氏　談進第妻宗氏　吳鎖福妻邵氏　戴士林妻宗氏　儲
容妻史氏　史克俊妻芮氏　周經邦妻史氏　曹鎖官妻胡
氏　曹懷義妻史氏　陸普昌妻張氏　芮松奎妻楊氏　蔣

席珍妻路氏俱被殺以上四月　任家孚妻曹氏子澤生妻吳氏曹罵賊死吳亦
同時遇害　張信昌妻蔣氏年四十六　謝榮觀妻儲氏年四十五　張文魁妻路氏
年四十七　蔣金增妻任氏　錢福大妻楊氏　蔣光裕妻周氏　儲
逃祖妻尹氏　路企坤妻宗氏　曹磬元妻朱氏　芮應大妻
史氏　芮茂大妻蔣氏俱被殺以上五月　戴耕禮妻徐氏六月被殺　曹富大
妻昭忠錄作裕昭母　董氏賊至曹家塘同女被害　楊開元妻王氏　張俊英妻周
氏　戴岳秀妻許氏　吳勤大妻儲氏　董盤大妻儲氏子兆
岡妻蔣氏　倪勝榮妻張氏俱被殺以上七月　徐秉銓妻曹氏年二十六　曹
茂才妻蔣氏年五十六　曹炳森妻王氏　俞克昌妻曹氏　呂文淦
妻蔣氏俱被殺以上八月　賀鴻儒妻周氏十月被殺　周榮邦妻吳氏遇賊不屈死光

緒五年順天府尹奏旌　薛書紳妻王氏年四十一　薛應儒妻王氏年二十五俱旱瀆遇賊被
殺　任炳堂妾張氏下邾街遇賊被殺　邵某妻史氏同子志和被殺　庠生王梓敬
妻路氏年三十九　吳孝隆妻儲氏年五十四　湯以賢妻蔣氏年四十八　張念劬
妻談氏年三十八　湯以膺妻朱氏年四十九　湯懋和妻許氏　湯錫申妻
宗氏　周謙繼妻吳氏　徐俊英妻張氏　儲鶴臣妻楊氏
翁錫齡妻胡氏　劉應榮妻孫氏　朱華佩妻吳氏　朱玉佩
妻吳氏　朱南賓妻沈氏　朱維松妻蔣氏　湯鍾英妻何氏
吳升階繼妻湯氏　張翰英繼妻錢氏　蔣歡大妻周氏
嵇得官妻蔣氏　嵇得金妻蔣氏　蔡狗大妻史氏　陳應隆
妻蔣氏　張三大妻丁氏　儲寅生妻宗氏　儲得桂妻吳氏

儲繼行妻蔣氏　儲龍大妻吳氏　唐巧郊昭忠錄作巧章妻芮氏
子亦昌妻曹氏　唐家傑妻蔣氏　唐富奎妻周氏俱被殺以上月分
失攷　自盡者孝女有吳伯昌女年十五父母俱歿哀毀逾恒聞賊至自刎柩旁月分失攷　節婦
有邵朝瑞妻顧氏二十六歲寡撫孤成立年五十五子被擄悲泣投水死媳徐氏見後　徐某妻周
氏二十八歲寡鄰無賴子欲誘之氏密縫其衣雖酷暑不解年六十二衣破碎而縫線未盡脫也賊至令氏炊氏怒曰吾豈
為賊役者以頭觸石死　以上四月　翟明發妻黄氏二十五歲寡年四十六五月遇賊投水死　俞起敘
妻莘氏二十八歲寡備歷艱辛值匪亂八月子法林被擄號泣投水死媳周氏見後　凌耀山妻周氏
二十九歲寡　儲鶴臣妻史氏二十一歲寡守志事姑俱賊至投水死以上月分失攷　烈女有王
服堂女三月父死難隨母投湖死　任科吉二女十二月隨母投水死　烈婦有吳斑妻湯
氏　周季駿妻莊氏俱賊至投水死以上二月　湯之灼妻潘氏年二十四舟泊滆湖

賊至氏泣曰不可使夫無後繫子於橋從容赴水死 任服堂妻儲氏 子漢春繼妻吳氏 服堂死難儲投漏湖死吳悲憤候翁姑殉服卽自縊服堂女死烈見前 任濟元妻東氏 夫遇害 張煥初妻俞氏 夫被殺俱投水死 湯際時妻許氏 年五十七自焚死 吳希載妻李氏 子攜福皆投水死以上三月 蔣金德妻儲氏 年五十六 蔡邦智妻蔡氏 年五十一 李渭林妻唐氏 年十九 張廷曆妻丁氏 張應宣妻周氏 儲俊 昭忠錄作俊卿 妻史氏 謝秀璋妻吳氏 蔣啟泰妻路氏 俱賊至投水死以上四月 庠生曹夢熊妻馬氏 賊脅不從負創投水死 庠生曹紀紹妻黃氏 年二十二服毒死 周茂芳妻施氏 年四十四王墓里遇賊投水死 庠生史觀光妻路氏 懼辱自縊死以上五月 邵保壽妻何氏 年三十二 錢觀成妻路氏 年五十一 尹恩彧妻張氏 陸啟洪妻張氏 俱賊至投水死以上六月 王朝章妻史氏 年二十七七月自焚死同治六

宜荆谿縣新志 卷五 武事 殉難婦女

年旌 庠生王錫文妻徐氏 貢生廷玉女夫死難欲以身殉家人勸其撫孤乃治事賊至郁瀆投水死 毛鴻飛妻謝氏 年四十四自縊 庠生徐忠陛妻田氏 子婦朱氏 曹德芳妻蔣氏 曹順陽妻張氏 俱賊至投水死以上八月 任科吉妻薛氏 十二月投水死二女及笄隨母同殉 邵某妻徐氏 朝瑞媳夫被擄隨姑抱子投水死 俞法林妻周氏 夫被擄隨姑韋投水死 施安富妻周氏 年二十九夫餓死賊誘以衣食卻不內自縊 薛春茂妻鄭氏 年三十五阜瀆遇賊投水死 李振儀妻林氏 徽州人楊巷遇賊投水死 法玉堂妻吳氏 夫遇害 吳孝泉妻謝氏 夫被擄俱投水死 儲兆鴻 昭忠錄作兆洪 妻張氏 年三十五 吳正昌妻姜氏 曹席珍妻潘氏 庠生儲秉淵妻湯氏 戴克欽妻黃氏 吳允松妻王氏 許徵信妻鄭氏 吳正嘉妻許氏 吳應徵妻曹氏 王明三妻蔣氏 周緒妻蔣氏 任琛

妻路氏 秦義法妻楊氏 俱投水死以上月分失攷 以絕食者孝婦有庠生李驍妻王氏 夫死難欲以身殉人以姑老勸止之事姑甚謹姑歿哀毀不食卒月分失攷 節婦有芮恩義妻葉氏 二十六歲寡年六十三月死難 楊裕坤妻馮氏 二十七歲寡孝翁姑撫遺孤備嘗艱苦年四十六七月長子被擄兩次子皆被殺憂憤不食卒學憲林額旌之 儲學尚妻蔣氏 二十九歲寡年四十八死難學憲林額旌之 吳允泰妻周氏 二十一歲寡年七十一死難 張守妻史氏 進士紹聞女勤慎賢淑鄉里稱之年四十二死難 通判楊亮清妻唐氏 早寡値亂人相食氏攜孤至常州依母家兒兄亦乏食不能兼顧乃託孤於兄留楊氏後自返空廬餓死 張經術妻黃氏 二十九歲寡賊至擾之食有欲娶者遣媒謂曰若相從可免凍餓氏不從卒餓死 張錫疇妻程氏 二十二歲寡死難以上八月 蔣琛妻史氏 二十八歲寡年五十二閏八月死難 宗運芳妻秦氏 十九歲寡年五十三死難 王義和妻吳氏 早寡年七十一死難 朱祖林妻張氏 二十一歲寡年五十死難 丁南耕妻薛

宜荆谿縣新志 卷五 武事 殉難婦女

氏 二十九歲寡年四十七死難以上月分失攷 烈女有劉承烈女 名秀雲年十八賊肆掠女偕嫂匡氏匿僻處七日餓死月分失攷 烈婦有謝文虎妻吳氏 年二十一 戴東生妻張氏 戴蘭亭妻儲氏 孫晉義妻施氏 孫天成妻毛氏 俱死難以上二月 庠生謝省傳妻符氏 年五十 毛法大妻楊氏 年三十七 秦克義妻蔣氏 宗友南妻楊氏 俱死難以上三月 庠生謝鴻妻羅氏 賊擾之食病不能起謂夫曰翁姑血食賴汝一人毋以吾為累遂以衣覆首足餓死 錢錫疇妻馮氏 年六十五 庠生毛如舉妻許氏 湯錫襄妻江氏 張佑福妻蔣氏 俱死難以上四月 周儒珍妻徐氏 庠生蔣廷煥妻吳氏 謝蘭成妻王氏 尹法大妻吳氏 孫晉順妻錢氏 俱死難以上五月 楊順元妻李氏 呂培松妻史氏 俱死難以上六月 徐聽林妻吳氏 年五十四 錢開行妻秦氏 年八十一 周嶽中

妻徐氏俱死難以上八月儲某妻衛氏庠生廷槐女避賊至江口資用匱乏無舟僱渡偕弟獄生餓死曹裕良妻徐氏年二十七賊擾家貧同夫及子閉門餓死庠生劉維翰妻匡氏賊氛肆擾與夫妹同匿僻處餓死廩生任廷謨妻潘氏同孫錫璋餓死貢生周玉衡妻蔣氏年四十四湯佑大昭忠錄作佑發妻史氏年五十五增生蔣琦妻羅氏　史福海妻張氏　張占榮妻戴氏　張寶榮妻王氏　法多福妻楊氏　劉生三妻王氏　蔣長大妻胡氏　吳品高妻史氏　嵇壽益妻徐氏　呂霞庚妻葛氏　嵇如初妻儲氏　吳開義妻孫氏　張鳳義妻周氏　張達德妻吳氏　張明元妻蔣氏　李柏齡妻孫氏　朱洪元妻王氏俱死難以上月分失攷

同治二年荊谿婦女被害者貞女有周變梅聘妻徐氏女夫故奔喪

守志五月遇賊不屈被重創死同治六年旌節婦有吳元林妻周氏三十歲寡撫孤守志年六十七被殺王行元妻黃氏二十三歲寡值匪亂女適張姓依母家避難賊殺其女氏哭踊亦被殺吳龍壽妻楊氏二十七歲寡年四十四被殺董貞福妻吳氏二十四歲寡年三十七被殺以上月分失攷烈女有庠生陳時敬聘妻佘氏女匿山芥中遇賊不屈死王慶芳聘妻徐氏女年十五被殺以上九月烈婦有蒯榮大妻錢氏年五十七二月罵賊被殺史栽大妻丁氏年三十中火鎗死蔣桂元妻趙氏年二十六吳欣柏妻談氏年六十四朱金川妻許氏　史老大妻王氏　史廷榮妻蔣氏　朱濤林妻黃氏　丁潤滋妻潘氏　朱仁榮妻朱氏　沈百福妻董氏　尹又春妻蔣氏俱被殺以上三月蔣榮昌妻周氏年二十七賊獲不從被剖心死曹梧繼妻錢氏年五十五賊索銀物罵賊被殺朱正大妻周氏被擄原死蔣兆林妻周氏年五十吳方義妻曹氏年六十七吳順川妻徐氏年三十九吳江大妻尹氏　朱雲高妻曹氏　朱龍年妻路氏　吳應忠繼妻劉氏　方更才妻吳氏　路聽奎妻蘇氏　張榮三妻周氏　沈敘來妻周氏　蔡廷大妻楊氏俱被殺以上四月宗國楨妻吳氏年四十八罵賊被殺梁入吳林妻汪氏年三十五張瑞南妻蔣氏年五十一俱被擄掠受重傷死殷順官妻陳氏年五十被焚死張方來妻史氏年五十九蔣富珍妻史氏年二十五張汝金妻周氏年五十一朱百年妻周氏　沈川二妻黃氏　沈愛林妻周氏　朱福生妻方氏　薛赦大妻朱氏　張信昌妻蔣氏俱被殺以上五月吳和大妻史氏年五十一朱維高妻周氏　沈佛林妻孫氏　朱寅生妻周氏　方中明妻吳氏　蔣榮能妻吳氏俱被害以上六月

州吏目吳超曾妻任氏　朱佩宣妻曹氏　沈順德妻劉氏　趙盤龍妻張氏　朱興福妻陸氏俱被害以上七月曹信元妻朱氏　曹德奎妻周氏　方九福妻朱氏　尹聘朝妻朱氏　薛昭大妻周氏　趙萬和妻方氏　朱德奎妻史氏俱被害以上八月蔡增福妻曹氏九月被害余華成妻何氏年四十九十月中砲死俞玉潔妻許氏賊脅不從被剖腹死從九張定球妻王氏依母家避難居分水墩拒賊被殺母苗氏哭之哀亦被殺庠生丁士欽妻王氏罵賊被殺湯瑞芝妻儲氏隨翁姑被擄掠死吳印開妻蔣氏年三十二被焚死劉歡大妻潘氏　歡二妻吳氏同罵賊被殺湯振麟妻朱氏同夫遇害石維幹妻史氏年六十七庠生吳榮妻顧氏年四十五陳聽招妻張氏年三十六王金雲妻蔣氏　楊仁義妻唐氏　楊秀魁妻吳氏　謝

長生妻莊氏　庠生吳華蕤妻周氏　羊稿益妻龔氏　羊習言妻周氏　羊榮發妻史氏　羊佑魁妻楊氏　羊焕章妻蔣氏　史金大妻丁氏　史滄山妻蔣氏　楊金元妻某氏　楊是大妻徐氏　吳榮大妻黃氏　吳順來妻周氏　吳順福妻蔣氏俱被害以上月分失攷　以自盡者貞女有許咸亨聘妻潘氏女二十歲夫故奔喪守志咸豐五年旌年六十八遇賊投水死月分失攷已旌　節婦有曹家駿妻談氏三十歲寡三月賊至威脅不從被重傷投水死　許玉峰繼妻王氏二十四歲寡八月賊至自縊　錢湘企妻孫氏二十七歲寡撫嗣孤如已出年四十二投水死　吳順喜妻史氏二十九歲寡撫孤成立年六十六自縊死　吳爾位妻蔣氏二十四歲寡撫孤守志年三十八自盡以上月分失攷　烈女有王肇昌女庠生丁士琛女　黃某聘妻儲廷謨女俱投水死上月分失攷　以烈婦

有貢生許鳴雝妻史氏鳴雝倡團死義傳載忠節錄三月氏遇賊投水死　吳忠和妻李氏俊和妻曹氏物生妻王氏賊夜攻潘家燭媸娌三人見賊來窗衆光火四起各抱子女以帶繫腰而投水死同治十二年旌　薛貞官妻陸氏遇賊投水死以上三月　蔣擇魁妻沈氏年三十三投水死　吳仁大妻許氏賊至慴辱縊死以上四月　蔣世辰妻吳氏年五十五五月縊死　吳玉昇妻周氏六月縊死　任濟繼妻李氏妾彭氏　吳國金妻路氏俱賊至投水死以上七月　徐錦江妻蔣氏八月投水死　吳朋來妻薛氏閏八月投水死　王肇昌妻儲氏訓導炳煥女夫被擄氏奉姑奔避艱苦備嘗遇賊投水死女亦同殉　庠生丁士琛妻路氏年二十八夫死雖撫女投水死　徐長法妻談氏賊脅不從投水死　楊耀廷妻徐氏賊至自縊上月分失攷　以絕食者節婦有從九吳允守妻顧氏二十八歲寡正月賊至死難　呂懷德妻蔣氏夫被害守節奉姑賊至隨姑死難光緒三年旌　唐瑞芝妻陳

氏二十六歲寡敬姑慈幼年三十六姑死難絕食卒　潘岳榮妻張氏二十歲寡撫孤守志年三十八賊至四擾子以痰死氏至夫墓痛哭七晝夜不食卒　李鳳元妻吳氏二十五歲寡年五十九死難　宗和奎妻史氏二十八歲寡年五十八死難　吳廷奎妻呂氏二十八歲寡姻若疾孤年五十四死難　宗因奎妻吳氏二十九歲寡年五十七死難　宗殿奎妻吳氏二十四歲寡年五十一死難　宗應綸妻王氏二十七歲寡　黃和高妻嵇氏二十一歲寡俱賊至死難以上月分失攷　烈女有顧生萬康聘妻莊氏女湖南布政司貢珍翹三月賊擾女以窮毀容不食卒同治十二年旌　任某聘妻鹽生陳甲龢女年十九父死難居大浦賊訪以金簪不從與弟均餓死月分失攷　烈婦有徐陛增昭忠錄作佩珍妻蔡氏二月死難　石印渠妻沈氏年三十五三月死難　孫同昌妻吳氏年二十九　孫履貞妻吳氏俱死難以上四月　呂光儀妻吳氏子懷德妻蔣氏賊擾之食姑婦同餓死　宗祚福妻李氏年五十六　蔣懷芳妻

曾氏年五十五　宗儕珍妻史氏年六十八俱死難以上五月　石旭魁妻史氏六月死難　張德南妻許氏年三十七七月死難　周琛成妻陳氏年三十一隨夫餓死　蔣彬元妻陸氏年五十八　陳兆雲妻吳氏年二十一　石宣魁妻談氏年六十八　吳同亨妻王氏　吳肅楨妻蔣氏　史能書妻吳氏　吳書雲妻狄氏　吳芝山妻黃氏　楊書洪妻儲氏　楊兆福妻史氏　楊復亨妻儲氏　呂恢成妻吳氏　吳茂松妻張氏　吳德寶妻蔣氏　史鳳岡妻吳氏　史定妻徐氏俱死難上月分失攷　以

同治三年宜興婦女被害者烈婦有吳恩大妻路氏年五十二三月遇賊不屈被擄掠死

同治三年荆谿婦女自盡者貞女有徐吉甫聘妻宗氏女夫故奔喪

守志年二十四同正月賊復賊又從廣德至張渚女被擄投水死賊退得屍衣帶猶密縫不可解已旌絕食者烈婦有徐鶴高妻史氏隨夫死難月分失攷

宜興婦女被害年月失攷者貞女有莊俊成聘妻徐氏女夫故奔喪守志賊至遇害孝婦有錢洪庚妻蔣氏秀義媳年十九見姑被殺奪刃傷賊賊怒聚亂刃刺死節婦有江三寶妻蔣氏早寡歸依母家年五十一拒賊被重傷死史已立妻周氏子天隆妻孫氏孫朝榮妻張氏朝敘妻王氏周二十八歲寡孫亦早寡張二十一歲寡王三十歲寡三世孀居茹苦守節賊至同日遇害單應元妻張氏二十七歲寡撫孤守志年四十四被殺胡天官妻俞氏三十歲寡年七十五被殺張耀邦妻蔣氏二十九歲寡年六十二被殺邵旭初妻劉氏嫁甫兩月寡年五十二被殺曹開發妻董氏二十五歲寡年五十五被殺徐雄飛妻吳氏二十三歲寡年五十六被殺湯順元妻陳氏二十歲寡年五十六被殺汪錦文

宜興荊谿縣新志　卷五　武事　殉難婦女　卌四

繼妻盧氏三十歲寡年四十六被殺汪錦華繼妻尤氏三十歲寡年五十五被殺錢秀義妻王氏三十歲寡撫孤成立蔣應忠妻黃氏二十六歲寡程夢傳妻吳氏二十六歲寡俱被賊至被殺烈女有莊魁照未婚妻朱氏女年十七母家因避難隨祖姑徐氏投水賊以鎗竿撥之女援槍嚙賊不防刺賊傷左目賊恚甚以矛亂刺破腦穿胸死同治九年旌余祥槐聘妻楊氏女賊以刀斫其肩背痛絕而甦賊退謂家人曰死必歸余屍至夫家五日卒驗時衣猶密縫不可解同治十年旌朱某三女長年及笄賊脅不從與兩妹同被殺蔣峻年女年十六賊脅之行至高岸投於河賊以火鎗擊殺之李錫琳女年十五洪仲英女年十五姚榮佺女庠生儲麗仁二女萬蘊輝二女俱被殺烈婦有庠生任廷銓繼妻吳氏遇賊不屈隨翁夫鬭門同殉同治九年旌路蔭榮妻史氏賊擄其夫氏與鬭欲奪夫同被重傷死徐壽勤妻吳氏年五十九夫被戕子鑾基罵賊死氏亦同時遇害姚榮佺妻李氏作朱昭忠鎔氏遇賊不屈

與女皆被殺蕭繹庭妻吳氏子芝敏妻陸氏繹庭與子芝敏一死狀甚慘與媳陸氏同殉一門女孫張氏見列女條烈婦潘椿生妻徐氏賊至北大浦被害庠生潘賓澍妻路氏賊至大浦被害周漢槎妻吳氏賊獲其舟強偪不從罹水納罵賊刃之貉流盡赤庠生蔣閬嵩吉妻葛氏夫被殺氏罵賊被焚死庠生南妻王氏夫被殺氏追賊泣罵亦被殺蔣蘊輝妻范氏年二十三夫死難氏悲慟不食後賊又至氏刃賊賊裂其屍并殺其二女庠生儲麗仁妻周氏與二女同被殺蔣清大妻謝氏年二十六賊脅以行氏怒罵被剖胸死李虎奎妻蔣氏年五十五賊至李塔殺其夫氏追罵被殺李映西妻陳氏年六十八偕媍媳褚同居賊強偪褚氏怒罵賊殺之褚死節見後汪瑞芝妻閔氏年三十三陸鑑溪妻殷氏年三十五庠生吳振新妻徐氏年六十吳順奎妻周氏年十六吳昭大妻薛氏年三十張浩初妻許氏年二十五儲毓元妻鄭氏年五十五儲聯元妻蔣氏年十七儲

宜興荊谿縣新志　卷五　武事　殉難婦女　卌五

紹舟妾郭氏年五十儲學撰妻徐氏年六十一儲學海妻蔣氏妾何氏蔣年六十七何年二十七黃祥官妻孔氏年三十八孫大經妻趙氏年二十四吳洪大妻蔣氏年二十四稽川大妻匡氏年三十余濤妻路氏年二十六蔣益元妻儲氏年八十五蘇宗韓妻吳氏年五十一許某妻正高某氏年八十一蔣鴻秀妻王氏年八十三郭南榮妻許氏年四十二褚維興妻楊氏年三十崔順華妻金氏年三十六錢萬選妻黃氏年二十九蔣玉瑝妻葛氏年七十二蔣晉康妻王氏年四十吳來發妻劉氏年三十一曹福安妻萬氏年二十岳瑞艮妻周氏　俞生任金妻馮氏　史彝堂妻汪氏　儲佑庚妻蔣氏　儲高亨妻薛氏　儲廷瑞妻尹氏　儲留大妻孫氏　儲裕伯妻任氏　儲伏奎妻尹氏　儲某妻母蔣招戴氏　黃昇邦

妻楊氏　張高儒妻吳氏　張學明妻潘氏　張文貴妻周氏　張順福妻蔣氏　毛鍾璜妻尹氏　史川大妻蔡氏　張復奎妻朱氏　蔣際興妻張氏　蔣耀祖妻尹氏　丁兆榮妻張氏　同知銜戴敵安妻吳氏　戴之同妻徐氏　蔣鎮儉妻謝氏　蔣星大妻尹氏　姚榮佑繼妻蔣氏　增生路誥妻徐氏　庠生路昌期妻周氏　蔣正奎妻尹昭忠錄作任氏　蔣堃增妻任氏　陸學詩妻盧氏　楊瑞英妻任氏　金萬保妻胡氏　楊初大妻謝氏　王順福妻薛氏　杭順臨妻王氏　史惠昌妻毛氏　程夢周妻丁氏　吳順德妻邵氏　黃潤華妻胡氏　閔嘉觀妻陳氏　馬某妻綸秀媳胡氏　許萬元妻尤氏　許

宣統荆谿縣新志　卷五　武事　殉難婦女

洪川妻陳氏　朱阿義妻錢氏　朱春生妻張氏　周滿大妻某氏　夏紀元妻孔氏　錢義狗妻邵氏　趙春全妻陳氏　周某妻蔣氏　庠生鈕昌期妻王氏　王順貞妻許氏　徐三大妻陳氏　蔣三大妻葉氏　葉柏和妻王氏　葉柏榮妻胡氏　葉集珍妻宋氏　許福隆妻吳氏　蔣渭川妻許氏　許某妻殿榮母某氏　許堂山妻徐氏　朱齡香妻吳氏　朱茂元妻蔣氏　黃曰英妻陶氏　黃曰淦妻史氏　黃瑄妻蔣氏　黃雲端妻孔氏　張順乾妻黃氏　謝永發妻黃氏　黃曰珽妻張氏　黃忠粹妻曹氏　俞喬郎妻周氏　史佑生妻莊氏　史洪生妻臧氏　史富生妻儲氏　許佑清妻董氏　許倉

來妻蔣氏　許友仁妻毛氏　許信山妻孫氏　許根榮妻儲氏　舉人潘鼎英妻路氏　儲宮琛妻胡氏　褚德康妻丁氏　黃珣妻史氏　蔣順明妻張氏　宗開南妻陳氏　史之良妻宗氏　史秉直妻路氏　謝禮成妻吳氏　黃斌妻馬氏　黃式玉妻呂氏　黃鳳翔妻陳氏　周學芝妻謝氏　潘開寶妻胡氏　黃應衡妻陶氏　周蘭生妻吳氏　楊佑大妻潘氏　馬開元妻尹氏　曾興福妻吳氏　張執能妻蔣氏　儲順裕昭忠錄作順喜妻蔣氏　潘萬昌妻朱氏　張經邦妻曹氏　蔣鎖奎妻儲氏　蔣兆俊妻儲氏俱賊至被殺　自盡年月失攷者孝女有程華大女年九歲父為賊殺母俞氏投河殉女黑夜啟扉赴水救母明日得其屍猶抱母焉已旌　曹啟勳

宣統荆谿縣新志　卷五　武事　殉難婦女

聘妻祝氏女賊執其父女牽父衣哀號不釋賊斫之負痛投水死　貞女有王維剛聘妻陳氏女夫故奔喪守志賊至投水死學憲額旌之　孝婦有吳順大昭忠錄作潤大妻范氏扶姑避難中途遇賊氏度難免語姑急去賊至脅氏行氏紿曰俟女伴至同行耳延至數刻賊復偪行氏度姑已走脫觸石死賊退姑收葬之　周佑之未婚妻昭忠錄作少瞻媳任氏氏庠生新培女年十七賊將至氏侍翁疾不忍離賊入逼之氏紿往他所出卽投水死　節婦有許萬鍾妻周氏二十三歲寡矢志守節年三十六投水死賊退暫厝河濱逾年遷葬屍猶未腐遠近異之　金春南妻芮氏二十三歲寡撫孤守志賊至投水死　李某妻褚氏映西媳早寡事姑甚謹賊至自殺　蔣忠利妻程氏二十三歲寡年四十投水死　蔣慶華妻李氏二十三歲寡撫遺腹子成立年四十八投水死　蔣邦華妻柳氏二十五歲寡年四十三投水死　周光燦妻蔣氏二十歲寡撫孤王大成立年三十七罵賊投水死　蔣德華妻芮氏十六歲嫁未期而寡矢志堅守年三十九投水死　蔣聿庠妻吳氏二十六歲寡年三十四投水死　邵維城妻劉

氏二十三歲寡撫孤成立年五十二投水死庠生吳漢章妻史氏二十四歲寡賊至自殺程某
妻王氏二十九歲寡吳家壽妻程氏二十五歲寡楊裕增妻沙氏二十八歲寡俱
賊至投水死某妻路氏舉人兆騏義女嫁湖㳇山中侯其夫姓名早寡守節歸依主母賊至自經烈女有
徐金官聘妻舉人潘鼎英女賊脅不從自以剪刺喉死張某未婚妻任漢雲
女賊至張巷投水死李祿生女年十八廩生王斯恭女蔣元宗女孫
思祖女　張容銓女　黃生大聘妻程氏女　路思讓義女
張廷楨義女俱投水死烈婦有吳炳森妻錢氏遇賊不屈投水死同治三年給事中王奏
旌蔣福三妻李氏夫他往而賊至懼辱投水死同治三年旌葉洪大妻侯氏子歸甫三日賊
至被掠脅從不屈投水死庠生邵蔗棠繼妻王氏舟行遇賊奮躍入湖死徐品朝妻劉
氏夫死難氏欲殉未果賊至村人趣之偕避氏曰吾從夫地下矣負幼子投水死許永魁妻姜氏年四十六

宜興荆溪縣新志〈卷五　武事　殉難婦女　四十一

遇賊環偪氏誘其覓美女行至橋奮躍入水死蔣世炳妻許氏罵賊被劍投水死孫士元繼妻
高氏年七十五自殺於宗祠黃義大妻丁氏年十九遇賊投水賊以竿援之不起遂溺死李芝
山妻朱氏夫被殺氏伏屍慟哭撞地死韋繼均妻佘氏賊誘逼不從釋之去氏曰吾知免矣遂自
斷其臂負痛投水死周兆豐妻張氏年二十歸周數月賊至投水死吳忠義妻凌氏賊索財物
脅之以刃氏怒罵投水死朱物大妻李氏年七十三中火鎗投水死曾邀春妻徐氏年二十二
賊至坎下投水死沈官保妻張氏年十八賊至東坊前投水死周華年妻龔氏子婦
王氏賊脅不從齊聲罵賊投水死張順大妻吳氏罵賊斷股負痛投水死吳某妻某氏
子明德妻金氏明德避害姑婦悲泣投水死吳金榜妻蔣氏　蔣福大妻周
氏俱因夫被擄悲泣自經張文邦妻黃氏年二十一姑被殺夫被擄氏痛不欲生投水死潘斌妻
路氏同夫被擄威脅不從投水死王聲和妻張氏年二十六夫死難抱子投水死李元珍妻

馬氏年二十五夫被殺抱子投水死王慶齡妻蘇氏年二十八夫被擄抱子投水死朱耀奎妻
殷氏年三十二顧銘妻俞氏年四十戴福華妻黃氏　徐谷香妻戴氏
杭定遠妻趙氏　儲復珍妻蔣氏俱抱子投水死孫思祖妻沈氏年四
十四廩生王斯恭妻佘氏　張容銓妻錢氏俱攜女投水死強聚昌妻吳
氏年二十八陸隆昌妻蔣氏年二十五鄒鴻達妻申氏年二十俱抱女投水死儲習
善妻史氏夫陣亡張澤耀妻畢氏夫被殺徐坊元妻吳氏夫死難俱投水死
庠生吳晉懷妻李氏年五十七陳定大妻邵氏　陳奎妻蔡氏　曹
國芳妻潘氏俱自縊死錢廣餘妻許氏年四十丁容妻張氏年七十四俱罵賊被
劍投水死蔣順大妻許氏年十六黃純大妻楊氏年三十七陳柏興妻李氏
年二十八王銓德妻朱氏年二十二邵錫疇妻余氏年四十蔣芳蕙妻歐氏

宜興荆溪縣新志〈卷五　武事　殉難婦女　四十二

年七十許柏齡妻孫氏年八十五蔣國賓妻邵氏年七十五朱龍大妻陸氏
年十九王聽南妻邵氏年二十五吳尙瑜妻何氏年三十七彭洪亮妻謝氏
年二十七李瑞高妻陳氏年六十七何世隆妻錢氏年二十二歐上琳妻李氏
年二十汪立功妻陳氏年三十庠生鄒嶸賢妻沈氏年三十五呂揚休昭忠
錄作楊脩妻蔣氏年十八杭錦堂妻蔡氏年三十五曾順泰妻徐氏年二十二周
德隆妻李氏年三十史同文妻馬氏年二十一莊爵魁妻錢氏年三十謝
某妻李氏　舉人潘家瑞妻許氏　許鴻大妻宗氏　許天沙
妻蔣氏　監生蔣正榮妻湯氏　周蔭棠妻徐氏　程華大妻
俞氏　儲連義妻沈氏　儲柏林妻蔣氏　儲義福妻尹氏
儲金保妻黃氏　楊科裕妻沙氏　儲讃英妻顏氏　儲士清

妻蔣氏　儲吉福妻周氏　程某妻方氏　儲臘招妻蔣氏　儲啟義妻薛氏子婦薛氏　儲子常妻路氏　臧某妻儲氏子福德妻儲氏　胡順林妻唐氏　鄒維桑妻史氏　蔣天福妻儲氏　路昌高妻潘氏　蔣在德妻儲氏　庠生史熏熙妻潘氏　同知銜戴仁繼妻吳氏　貢生路思讓妻吳氏子婦俞氏　路明大妻史氏　蔣成勳妻周氏　強會林妻徐氏　潘紀書妻劉氏　周行南妻張氏　黃初法妻毛氏　管興觀妻蘇氏　蔣培瀠妻某氏（昭忠錄作周氏）　吳發餘妻俞氏　陸保貴妻蔣氏　杜生榮妻賀氏　路佩珩妻莊氏　吳德元妻王氏　李正心妻金氏　馮天保妻吳氏　蔣兆榮妻堵氏　張洪大妻

吳氏　湯忠立妻胡氏　張盤大妻儲氏　張增福妻吳氏　李萬昌妻史氏　錢桂春妻李氏　閔盤興妻朱氏　蔣義華妻錢氏　許順發妻朱氏　王錫山妻史氏（俱投水死）絕食年月失攷者貞孝女有周楙遠女（年十三父母俱歿哀毀逾恆及長矢志不字撫弟成立年五十三賊擾之食餓死學憲額旌之）節婦有徐可均妻汪氏（二十六歲寡道光年旌年六十七死難已旌）蔣亦園妻談氏（二十五歲寡年七十八死難已旌）蔣克諧妻王氏子晉亨妻周氏（王二十四歲寡撫孤晉亨成立晉亨死周年二十姑婦惸惸相依共命遇賊肆擾皆餓死學憲林合額旌之）武生尹榮妻汪氏（二十五歲寡勤操家務撫育嗣子年五十四死難學憲林額旌之）庠生徐大紀繼妻潘氏（三十歲寡年三十八死難）吳義魁妻蔣氏（二十六歲寡年五十六死難）吳玉貞妻許氏（二十三歲寡孝事翁姑年四十二死難）庠生雷殷妻周氏（二十歲寡年四十七死難）雷德元妻

邵氏（二十一歲寡年四十五死難）閔行壯妻王氏（十九歲寡年三十九死難）余春祥妻錢氏（二十五歲寡撫遺腹子成立年四十五死難）蔣春林妻王氏（二十二歲寡年四十八死難）儲印善妻趙氏（二十一歲寡年三十八死難）儲隨元妻吳氏（二十五歲寡年三十八死難）胡金浩妻任氏（二十八歲寡年四十四死難）裴大觀妻吳氏（二十四歲寡姑逼醮不從庚申匿牛闌而處其上晝於戶外紡績以自存年五十餘死難）楊福謙妻周氏（二十一歲寡依母守志年三十一賊擾家焚忍餓死）劉開泰妻單氏（二十二歲寡誓以身殉姑勸止之孝姑撫孤年五十三死難）潘鴻緒妻范氏（二十一歲寡年六十餘死難）周發生妻王氏（二十七歲寡年五十六同子不食卒）許會春妻周氏（二十五歲寡年三十八死難）蔣福元妻楊氏（二十五歲寡年五十五死難）許允達妻吳氏（二十七歲寡年四十五死難）烈女有謝培芝女（名秀妹闔門死難女亦同列）王福順女（隨父母不食卒）蔣五大聘妻許氏女　朱某聘妻（順年媳）許氏女　王

順貞女　單虎大女　徐某女　王方義女（俱死難）烈婦有五品銜千總劉星臣妻蕭氏（夫死湖郡傳載忠節錄氏聞信悲泣不食卒）王福順妻許氏（賊氛四擾隨夫及子女不食卒）理問銜謝錫蕃妻于氏妾朱氏子培芝妻宗氏（賊擾乏食闔門死難）吏目任榮妾劉氏子可均妻馬氏（劉年六十一馬年四十二同死難）儲慶元妻芮氏（夫死難哀痛不食卒）沈寶大妻許氏（同子死難）趙三大妻蔣氏（年七十三）胡某妻陸氏（年六十二）周某妻徐氏（舉人曾炘女）知縣儲麟芸繼妻李氏　儲泰妾楊氏　徐順高妻周氏　舉人潘奎光妻路氏　鄭勤大妻王氏　馬德隆妻某氏　王皮俊妻某氏　吏目潘家琳妻吳氏　許生高妻陳氏　許昌富妻徐氏　唐潤大妻陳氏　蔣寶妻許氏　訓導儲炳煥妻周氏　鄭汝法妻徐

氏　單樹田妻陳氏　徐長福妻蔡氏　舉人宗錦妻王氏
陳配亨妻黃氏　錢奠隆妻許氏　許榮壽妻周氏　許聽大
妻唐氏　許佑生妻張氏　吳保大妻徐氏　單虎大妻李氏
夏發大妻王氏　許金貴妻蔣氏　鄒儒大妻錢氏　許生
緣妻王氏　許洪大妻尹氏　朱壽保妻鄭氏　許金聚妻徐
氏　潘順德妻許氏　周祿大妻夏氏　許宏茂妻褚氏　魏
效奎妻蔣氏　胡茂大妻馬氏　裴順三妻徐氏　萬寶生妻
史氏　王春龍妻周氏　章洪昌妻毛氏　許瑞雲妻唐氏
周義珂妻俞氏　蕭細狗妻周氏　高裕昆妻某氏　陸世安
妻張氏　宗老五妻許氏　儲贊燮妻許氏　華文昌妻張氏

施連榮妻臧氏　羅德魁妻顧氏　徐品釗妻劉氏俱死難
荆谿婦女被害年月失考者孝女有黃福南女幼喪母哀毀如成人及笄兄嫂
繼歿父年邁矢志不字奉養無缺年五十餘賊至被焚死　陸朋年女孝事父母矢志不字年六十三被賊焚死　廪
生吳鴻翥女名蓮觀父以拒賊死賊復至女痛哭罵賊賊以石碓擊其背嘔血立斃　陸瑲女年二十四
見母羅氏被殺女號哭罵賊被碎割死　余際寬女年十三偕母避皭山麓賊逼其母女以身障之得脫賊憤怒引
刀斫死　節孝女有陳廷樟女吳寶福妻幼有至性割股療父疾適吳二十四歲寡苦節十餘年賊至被
害　孝婦有葛辰華妻張氏與姑同陷賊中姑病侍湯藥不離賊將犯氏佯作病危狀覓靡粥奉姑越
數日姑歿罵賊被殺　節婦有周得奎妻葛氏三十歲夫故哀毀骨立賊至被劫痛罵身受鱗傷死　王
配金妻張氏二十一歲寡年三十六被殺　陳長二妻某氏早寡勤苦守節年四十遇害　濮
金禮妻吳氏三十歲寡年四十二不屈死　黃映書妻都氏二十二歲寡年四十六被殺　黃

文宗妻李氏二十四歲寡年三十八遇害　許耀庭妻周氏二十三歲寡事姑孝賊至被殺　楊
之英妻任氏二十八歲寡年三十八罵賊死　黃循大妻楊氏三十歲寡年五十六被害　陳其
官妻王氏早寡年五十被殺　監生陸廷瑄妻蔣氏二十六歲寡　董長發妻趙
氏三十歲寡俱賊至被殺　烈女有庠生蔣同翊聘妻李氏女黃川遇賊不屈死　路
欽二女長姑次姑同被殺　金鳳生女中傚死　潘阿珠聘妻盧氏女年二十二　周
艇川聘妻呂氏女年十七　沈朋高聘妻李氏女　徐義大聘妻范
氏女　徐德官女　路蓀義女名巧大俱被殺　烈婦有談氏闔門殉節
三大茂林素林聚團固守溪河口力不敵眾遺談氏一門老幼婦女二十一口悉被焚死　周文應妻某氏年二
十五孝事孀姑克盡婦道賊至遇害　陶雲昌妻周氏年五十二定跨遇賊不屈死　羊菊奎妻某
氏年五十八賊令執炊氏毀鍋哭罵被殺　葉順川妻沈氏賊脅不從投於河賊以矛刺殺之　路大

宣妻朱氏傳載昭忠錄被亂斫死　錢鴻大妻某氏罵賊不屈賊以沸湯淋之號呼竟日遂與子偕
死　崔徵奎妻江氏賊索銀錢不獲被剖腹死　周鳴皋繼妻范氏年五十四夫死難罵賊被
殺　徐順龍妻謝氏拒賊不從同子遇害　趙新發妻高氏年三十罵賊不屈被鱗傷死　朱
蓮官妻蔣氏年六十賊令供役不從被殺　高培元妻張氏　子楚大妻胡氏同罵
賊死　徐德官妻吳氏同女被害　邵廷貴妻陳氏　陳廷效妻吳氏　監
生朱子權妻史氏俱同夫被殺　陳肅昌妻周氏　許順發妻陳氏
史敦來妻戴氏俱被焚死　張巽青妻蔣氏年七十一　張維榮妻任氏年六十
姚光祥妻余氏年四十五　卞生年昭忠錄作生平妻錢氏年四十九　王甲三妻潘
氏年三十二　王德興妻張氏年二十八　李錫麟妻路氏年七十一　陸長源妻張
氏年七十　吳澤若妻沈氏年三十四　杜定元妻陳昭忠錄作唐氏年四十七　褚近

義妻王氏年三十五 徐某妻吳氏年五十 張錫正妻黃氏年三十五 周師錫
妻王氏年七十四 孫明琢妻宗氏年六十一 陳龍慶昭忠錄作隆慶妻某氏年五十
張遵禔妻徐氏年五十三 張遵廉妻李氏年五十 張岳興妻湯氏年七十四
張振芳妻徐氏年十九 宗繼香昭忠錄作繼春妻姚氏年四十 張壽寬妻吳
氏年二十七 張右虎妻任氏年二十六 張宋大妻湯氏年五十 周堯墀昭忠錄作
堯年妻吳氏年二十三 楊川榮妻鄭氏年八十二 陸有仁妻王氏年三十 徐長
齡妻梁氏年二十九 陳連二妻某昭忠錄作卞氏年三十九 周壽元妻陳氏年二
十五 鄭六大妻吳氏年二十一 戴順九妻吳氏年三十四 許信松妻沈氏年二
十三 許近義妻王氏年二十五 貢生胡尹妻秦氏年五十 宗德銘妻周氏
年二十一 顧保大妻吳氏年三十五 卞龍三昭忠錄作龍生妻王氏年三十五 王培脇

重刊荆谿縣新志 卷五 武事 殉難婦女

妻陳氏年六十八 陳順和妻張氏年六十 王品官妻張氏年三十二 王永昌
妻陸氏年三十八 王茂官妻張氏年五十二 殷大榮妻陳氏年三十七 望瑞大
妻張氏年六十三 史孝弟妻董氏年四十七 楊川初妻蔣氏年二十三 陳嘉周
妻張氏年六十七 殷占大妻徐氏年五十六 馮春林妻李氏年二十五 馮安大
妻袁氏年二十六 賈瑞榮妻徐氏年三十一 馮某妻張氏年二十六 吳能廷妻
蔣氏年二十五 湯順觀妻董氏年三十五 蔣行川妻葉氏年十八 倪林書妻
徐氏年六十七 丁學蓮妻史氏年四十八 周緒亨妻葛氏年三十七 周玉林妻
高氏年三十九 陸蔭楠妻洪氏年六十 周樹嘉妻錢氏年六十八 周春妻聞
氏年五十五 周榮宣妻沈氏年二十八 胡元亨妻郭氏年五十 胡增壽繼妻
須氏年四十八 宗歲豐妻蕭氏年二十八 張位昌妻唐氏年四十四 蔣亮大妻

張氏年四十二 陳安大妻某氏年五十 吳維信妻張氏年六十四 儲鳴時妻
徐氏赴瀆女 朱邦榮妻張氏 陳茂榮妻王氏 李小舍妻王氏
王阿松妻李氏 王柏順妻馬氏 王榮大妻范氏 王阿
寬妻胡氏 孫玉福妻王氏 呂阿三妻某氏 陳元德妻閔
氏 陳茂德妻談氏 陳玉亭妻周氏 陸順林妻高氏 陸
尚賢妻蔣氏 陸德明妻王氏 呂連大妻楊氏 馬鍾麟妻
白氏 徐昌大妻吳氏 馬卞林妻楊氏 李瑞和妻吳氏
史企仁妻潘氏 史培二妻莊氏 陸瑜妻羅氏 張沺大妻
王氏 黃廷元妻蔣氏 黃夢熊妻談氏 周盤高妻史氏
盧庭錫妻何氏 盧庭芬妻陳氏 范昌妻周氏 庠生何宗

重刊荆谿縣新志 卷五 武事 殉難婦女

英妻韓氏 任型高妻吳氏 任煒妻楊氏 任如松妻俞氏
任郁文妻陳氏 張福奎妻董氏 舉人任馨妻陳氏 黃
祥官妻方氏 張品珍妻潘氏 路蓀妻余氏 貢生路信妻
昭忠錄作欽母吳氏 路燮臣妻昭忠錄作蓀媿朱氏 楊錫孜妻盧氏 顧
盤大妻湯氏 胡增福妻周氏 馬嘉謨妻丁氏 任春煦妻
王氏 宛平庠生任煥妻史氏 庠生任敬修妻徐氏 路欽
妻陳氏 增生路英甫妻徐氏 庠生路循幹妻徐氏 吳景
祥妻許氏 增生吳子淵繼妻强氏 吳庭榮妻蔣氏 吳飛
翔妻蔣氏 張壽法妻王氏 張岳林妻王氏 沈天富妻馬
氏 談之貞妻曹氏 談紹成妻張氏 丁殿勳妻蔣氏 丁

榮澤妻張氏　丁潤新妻周氏　曹法義妻談氏　曹正發妻荷氏　曹順福妻陳氏　盛細靚妻曹氏　呂心培妻高氏　吳萬春妻董氏　潘盤福妻許氏　許茂松妻朱氏　許富林妻徐氏　許殿林妻蔣氏　許明祥妻陳氏　許記祥妻陶氏　許五大妻徐氏　陳瑞榮妻許氏　王龍二妻許氏　朱佩榮妻邵氏　閔國敘妻張氏　許餘連妻葛氏　許餘道妻方氏　許餘通妻方氏　許餘珊妻葛氏　許餘珈妻吳氏　許餘琮妻陳氏　許餘鎮妻邵氏　許餘鎰妻王氏　許餘初妻周氏　許恩科妻周氏　許恩秀妻范氏　許恩雲妻單氏　許恩來妻周氏　許恩春妻周氏　許恩德妻錢氏　許根梅

妻王氏　許根森妻王氏　許根璐妻錢氏　許餘洸妻陳氏　許餘泉妻徐氏　許恩義妻徐氏　許恩鮑妻邵氏　許佩誠妻周氏　許佩紳妻葛氏　許財義妻蔣氏　許祥林妻徐氏　范學文妻張氏　范泰元妻王氏　成士宏妻王氏　成士榮妻郭氏　何長春妻歐氏　何川郎妻歐氏　宋行昌妻舒氏　宋保書妻某氏　呂宏大妻周氏　馮叶三妻楊氏　徐順川妻何氏　徐瑞庠妻崔氏　戴金元妻蔣氏　戴亨二妻張氏　許增福妻范氏　許燦妻呂氏　孟盤生妻錢氏　崔聿昌妻周氏　趙鳳林妻袁氏　潘汝卅妻俞氏　陳根培妻崔氏　陳作霖妻楊氏　周盤大妻某氏　周集亮妻孟氏

徐七大妻王氏　徐順富妻閔氏　蔣阿聽妻吳氏　談成福妻張氏　許君魁妻周氏　張豪大妻余氏　成應元妻崔氏　沈茂如妻周氏　章寶大妻史氏　談某妻孟氏　黃謙大妻顧氏　史隆發妻潘氏　胡新元妻錢氏　史型芳妻都氏　高朝義妻胡氏　高芳和妻周氏　孟慶華妻高氏　陳家奎妻董氏　王有法妻陳氏　沈國馨妻周氏　陳光遠妻徐氏　沈坤義妻夏氏　沈叔亨妻高氏　周孟熙妻許氏　周紀武妻談氏　許壽南妻邵氏　邵林亨妻蔣氏　孟川二妻衛氏　錢復增妻許氏　鄒攸義妻周氏　陳邦俊妻崔氏　陳雙大妻鄭氏　李亨二妻張氏　高履貞妻許氏俱被害　自

盡年月失攷者孝女有吳肅楨女名莊鳳賊擄乏食母蔣氏餓死女哀毀不食投河殉　貞女有湯芳榮聘妻吳氏女未嫁夫亡矢志守貞學憲額旌之年五十九罵賊被創投水死　節婦有周鴻書妻湯氏二十八歲寡年四十四投水死光緒三年旌　馬川璋妻湯氏早寡撫遺孤教養兼至年五十八投水死　曹承發妻張氏二十八歲寡孤苦守志年五十二投水死　盧望安妻陳氏二十四歲寡值匪亂子器義陣亡投水死　吳壽芳妻鄒氏二十三歲寡孝奉翁姑年四十一賊至自殺　楊柏祥妻任氏三十歲寡年五十投水死　黃旭彩妻錢氏三十歲寡　黃繼官妻史氏二十九歲寡　董珍發妻吳氏二十七歲寡　丁佩懷妻黃氏三十歲寡　呂榮法妻戚氏二十八歲寡　史川嫻妻蔣氏青年守節撫字遺孤俱賊至投水死　烈女有黃愛南女年十七賊脅不從怒罵被創負痛投水死光緒三年旌　江秉耀女年二十罵賊不屈投水死　徐用文聘妻盧氏女年二十二懼辱自經　余吉富聘妻盧氏女年二十三　李忠誠

女(年十六) 張紉蘭女(年十九) 李國琛六女 閔雙順三女 周炳女
程澤揆二女 路思義義女(俱投水死) 烈婦有監生蔣履中繼妻沈
潘氏子季良妻傅氏(賊至潘謂媳曰姑辱身貽先人羞我死汝速自決遂投水死傅亦隨姑同殉)
某妻儲氏(訓導炳煥女名秀玉嫺禮工詩歸沈數月遇賊投水死) 馬汝驄妻余氏(年二十九夫拒
賊陣亡氏悲泣投水死) 史俊昌妻呂氏(年二十四夫被擄姑死難氏悲痛抱子投水死) 程澤揆妻
張氏子婦孫氏(澤揆被殺張攜二女偕媳投水死) 胡君玉妻王氏(年三十夫遇害悲憤自經)
姚和讓妻某氏(年二十餘攜子投水死) 談浩然妻蔣氏(年三十遇賊不屈被重傷投水死)
胡仁德妻潘氏(夫被殺氏哭踊自縊) 周達齋妻李氏(年四十四被賊挖自負痛投水死) 顧
生麟妻高氏(年三十五痛夫被執投水死) 徐敬齋繼妻吳氏(年四十六遇賊龍潭山度不免
自殺於夫墓) 徐承業妻欽氏(年十九夫死難悲憤欲絕曰夫已死安用生為遂投繯自縊) 顧晉貞

重刊荊谿縣新志　卷五　武事　殉難婦女

妻徐氏(抱子兆基投水死) 顧梅妻徐氏(抱孫投水死) 吳文若妻儲氏(年二十五) 王
譜祥妻張氏(年二十四) 徐順高妻蔣氏(俱抱子投水死) 周炳繼妻陸氏(年四十五)
閔雙順妻蔣氏 李思誠妻高氏 李國琛妻路氏(俱攜女投水死) 張
兆華妻周氏(年三十八) 周法川妻吳氏(年二十九) 黃希堯妻吳氏 黃燦
妻馬氏 黃穀貽妻陳氏 任紀橙妻吳氏 任尚德妻潘氏
監生李繩沅妾吳氏(俱自刎死) 孟某妻(監生媳)高氏 李雲康妻戴
氏 黃寅大妻談氏 陳慶員妻陶氏(俱自縊死) 楊德大妻沈氏(年二
十四) 胡玉瑞妻畢氏(年四十) 胡順亭妻潘氏(年十七) 周志妻葛氏(年七十三)
周鍾妻吳氏(年三十八) 周寶華妻徐氏(年四十二) 周法大妻高氏(年四十六) 談
升餘妻許氏(年三十八) 於其芳妻宗氏(年三十七) 吳維順妻王氏(年四十一) 吳

佑春妻嚴氏(年四十) 吳順保妻戴氏(年五十八) 許佑魁妻葛氏(年六十) 張
能信妻吳氏(年二十一) 蔣祥元妻楊氏(年四十一) 楊協仁妻張氏(年二十四) 李
堂海妻胡氏(年二十六) 宗鳴雝妻吳氏 宋潤庠妻任氏 丁錫芳
妻張氏 丁復貞妻黃氏 潘吉祥妻蔣氏 庠生路洪申妻
徐氏 吳秀榮妻許氏 張元愷妻沈氏 許順成妻吳氏
夏玉琳妻袁氏 范循誥妻崔氏 林福元妻王氏 路繼曾
妻任氏 顧德順妻周氏 陳進朝妻任氏 蔣王順妻張氏
路榮曾妻楊氏 陳振華妻蔣氏 丁某妻(壽保母)某氏 張
增慶妻孟氏 張漢英妻高氏 張昭儉妻陳氏 張昭炬妻
王氏 吳殿英妻石氏 陳川福妻蔡氏 郁文華妻石氏

重刊荊谿縣新志　卷五　武事　殉難婦女

石美奎妻蔡氏 周永來妻沈氏 周邦信妻徐氏(俱投水死) 絕食
年月失攷者節婦有余何華妻任氏(二十三歲寡撫遺腹子復基成立年五十二避匿山
中偕子餓死) 倪孔純妻陳氏 徵璜妻周氏 徵琦妻葛氏(三氏俱早寡茹苦守節賊
至同死難) 陳琨妻申氏(二十五歲寡撫孤守志三十餘年死難) 任湘義妻戴氏(二十四歲寡年
六十八死難) 蔣佩璋妻呂氏(二十四歲寡年三十九死難) 史坤大妻吳氏(二十八歲寡年
三十九死難) 談開泰妻孫氏(二十六歲寡年五十八死難) 王阿榮妻陳氏(三十歲寡) 鮑
洪大妻李氏(二十六歲寡) 唐貴能妻王氏(三十歲寡) 吳易書妻周氏(二十九歲
寡) 吳春鴻妻范氏(二十九歲寡) 吳春福妻邵氏(二十九歲寡) 吳德華妻吳
氏(二十六歲寡) 吳學宣妻許氏(二十五歲寡) 呂阿增妻李氏(二十七歲寡) 呂惠
榮妻王氏(二十五歲寡) 鮑壬大妻范氏(二十七歲寡) 鮑九如妻范氏(二十九歲)

寅俱賊全死難 鮑阿春妻呂氏 趙阿五妻王氏 任浩妻薛氏 陳
宗英妻周氏 陳觀光妻邵氏 陳安瀾妻祖氏 陳德才妻
孫氏 陳任宇妻邵氏 陳標榮妻王氏 陳鈁妻祖氏 俱苦節守
志遇賊死難 烈婦有州吏目余吉觀妻沈氏 雲錦女溧陽人夫被害氏避居山中乏食或就賊餐强之偕往氏堅拒遁入深竹中數日餓死 廩生吳鴻翥妻陸氏 夫拒賊死于希一亥蓮觀均被害氏
慟哭不食卒 監生余敬忻繼妻沈氏 夫被戕 吳連珍妻蔡氏 夫死難 吳國
成妻狄氏 子被害俱不食卒 增生徐承基妻朱氏 夫殁兩媳死難哀痛不食卒 八品
銜金應標妻某氏 夫拒賊襄陽界陣亡氏聞耗哭踊而死 沈興三妻周氏 年四十九 潘
儒林妻陳氏 陳夏謨妻某氏 朱晉年妻周氏 周川佩妻
許氏 佾生吳應台妻周氏 吳作貞妻富氏 吳協文妻談

氏 陸履耕妻李氏 傅湧大妻匡氏 蔡天喜妻萬氏 陸
慶文妻周氏 李盤二妻黃氏 史仁義妻陸氏 史洪大妻
孫氏 黃元昌妻吳氏 周雨珠妻徐氏 李忠恕妻潘氏
許某妻 繼霖母 某氏 王志德妻史氏 任德壽妻陶氏 任爍
妻馬氏 任廷華妻朱氏 任琨妻錢氏 陸子晉妻彭氏
陸厚培妻吳氏 史富成妻戴氏 佾生羅樹培妻祖氏 子廷
楊妻傅氏 史季昌妻鄒氏 宗龍元妻蔣氏 沈瑞發妻吳
氏 談福奎妻張氏 談瀛奎妻錢氏 丁之翰妻張氏 丁
宏成妻周氏 丁廷耀妻蔣氏 庠生傅汝濟妻余氏 子達曾
妻王氏 潘觀琪妻呂氏 潘光烈妻張氏 丁煌妻潘氏

許川大妻蔣氏 童生吳丙歡妻薛氏 陳勤大妻潘氏 朱
元大妻徐氏 董川大妻徐氏 周丹鳳妻錢氏 吳文奎妻
虞氏 夏某妻 金義母 某氏 潘某妻 應貞母 史氏 吳松大妻錢
氏 周宗翰妻潘氏 何春林妻王氏 何其寬妻楊氏 范
潮妻高氏 范洵妻王氏 許盤昌妻朱氏 徐春大妻應氏
徐謨大妻方氏 陳二郎妻錢氏 陳元京妻徐氏 陳安
大妻王氏 高觀國妻蔣氏 高明陽妻周氏 陳邦明妻沈
氏 楊迦珍妻徐氏 徐謙義妻張氏 許養田妻彭氏 黃
稼田妻曹氏 萬天盛妻謝氏 王培妻楊氏 王開洪妻張
氏 鮑芳蘭妻葛氏 鄒坤大妻史氏 許春林妻萬氏 俱死難

凡昭忠錄所載殉難婦女採訪諸君未經送局者仍錄於左
以俟續攷

宜興婦女殉難者節婦有戴邦彥妻蔣氏 史青妻鄒氏 儲
翚妻宗氏 顧初妻潘氏 楊定生妻徐氏 胡四妻錢氏
胡瑞增妻畢氏 吳安康妻祖氏 潘喜妻徐氏 曹達義妻
劉氏 張某妻 際昌母 吳氏 顧鴻寶妻金氏 方仁寅妻王氏
延輝妻任氏 沈之桐妻任氏 徐覲德妻堵氏 儲紹貞妻
毛氏 徐耀庭妻路氏 曹貢生妻戴氏 楊貞魁妻錢氏
史貽哲妻吳氏 史鳳岐妻曾氏 蔣某妻 書田母 吳氏 任啟
昆妻徐氏 儲某妻 苞樸媳 周氏 監生汪誠齋妻陳氏 庠生

儲錦城妻史氏　蔣仿名妻吳氏　蔣思仁妻王氏　吳應徵
妻李氏　許朝元妻朱氏　余汝大妻杜氏　蔣元慶妻許氏
烈女有史毓珊女名月英　湯謀女　潘文儀曾孫女名大寶　徐某
女庠生心灼妹　江八壽孫女　吳朝貴女名掌珠　朱符聘妻任存女名秀
貞徐立齋聘妻潘氏女　宗象賢女　宗來儀女　江定奎女
江永女名淑貞　徐企湘女名寶人　徐企湘姪女名嘛人　徐佩鳴女名鳳
姑儲恭女　陳禍三女　萬國和聘妻任氏女　汪某女芝妹　汪
某女五品銜鈞妹　吳長椿女名珍姑　徐錦江女名似英　徐耕存聘妻潘氏
女　徐榮慶聘妻盧氏女　孫倫孫女名顯顯　周某女廷槩妹名素娟　路
繼孫二女　沈慕商女　儲麗江義女名秋菊　徐企湘義女名杏花

陸某義女　烈婦有史某妻庠生景陽母　儲氏　徐舜恩妻舒氏
徐舜治妻王氏　徐學棠妻蔣氏　楊龍妻萬氏　陳繼和妻
吳氏　秦川義妻柳氏　陳汝大妻王氏　秦寶大妻韓氏
監生儲斯藻妻史氏　秦川大妻劉氏　曹興和妻吳氏　張
順祿妻李氏　王和元妻蔣氏　王大魁妻楊氏　監生史鳳
飛妻儲氏　王仲大妻陸氏　周冠容妻徐氏　史坤再妻馬
氏　蔣勤義妻史氏　柳品妻王氏　薛啟忠妻周氏　程萬
齡妻孫氏　儲材妻吳氏　沈錫琮妻李氏　史幼青妻蔣氏
史冠瀛妻余氏　李惠周妻蔣氏　史鳳池妻儲氏　史道
衡妻余氏　史伏義妻吳氏　蔣伯昌妻吳氏　衛隆大妻蔡

氏　史廷璜妾朱氏　劉銘流妻史氏　楊廷瑞妻丁氏　湯
謀妻沈氏　鼎八儲濟妻任氏　金順奎妻周氏　任盛保妻
朱氏　周浩南妻蔣氏　任宏大妻周氏　沈慕商妻湯氏
姜義大妻王氏　潘文儀妻傅氏　金萬選妻宗氏　某妻史
氏　某妻周氏　陸某妻路氏　吳錫芝妻蔣氏　任志貞妻
姚氏　張□□妻儲氏庠生麗仁姪女　尹企程妻戴氏　湯某妻儲氏
庠生麗仁從姪女　翟茂大妻錢氏　馮官虞妻吳氏　宗驤雲妻許氏
蔣某妻庠生熙麟母　徐氏　江八壽妻呂氏子婦張氏　庠生莫
樹森妻徐氏　施懷德妻張氏　徐澤霖妻祁氏　吳某妻庠生
動叔母　楊氏　徐文熙妻丁氏　庠生湯大成妻許氏　庠生任

劍江妻陳氏　庠生萬上興妻殷氏　儲家駿妻吳氏　徐洪
甲妻許氏　七品銜史嶼春妻湯氏　張某妻俞氏俊寶女　從九
任蘭生妻王氏　吳鶴齡妻周氏　吳裕昭妻周氏　吳慶榮
妻陳氏　俞俊寶妻汪氏子婦張氏　崔文郁妻陳氏　崔垂
義妻呂氏　崔聿昌妻周氏　陳在璋妻崔氏　陳啟根妻崔
氏　從九潘克鏞妻李氏　周斌妻楊氏　曹喜生妻史氏
姚協忠妻朱氏　從九許賡藏妻周氏　姚盤庚妻王氏　姚
信和妻周氏　姚協邦妻孫氏　任元純妻史氏　姚南華妻
王氏　何盛占妻蔣氏　張似山妻任氏　任裕之妻李氏
張名奎妻吳氏　監生儲瑞妻胡氏　沈鋆林妻湯氏　監生

鄧兆祥妻王氏子婦王氏　路開麟妻周氏　王松筠妻周氏
監生張子揚妻吳氏　任鍾銘妻周氏　監生儲鳳芝之妻蔣
氏　毛掄材妻吳氏　萬允妻范氏　方烱妻王氏　方焜妻
俞氏　湯來義妻姚氏　張某妻武生鳳池媳吳氏　附生王元充
妻蔣氏　陳得泉妻楊氏　崔迺穀妻竇氏　蔣杏園妻崔氏
唐元榮妻裴氏　唐亭大妻裴氏　唐兆英妻查氏　教授
崔紱妾賈氏　周鴻遵妻任氏　周德琠妻胡氏　吏目崔映
榆妾王氏　宗象賢妻周氏　歐富年妻萬氏　宗某妻來儀媳
周氏　譚伯輿妻褚氏　史來其妻陸氏　史鳳書妻蔣氏
史望成妻周氏　歐順京妻虞氏　史鴻訓妻錢氏　儲同中

妻楊氏　儲師貞妻吳氏　儲漢章妻任氏　吳振斯妻楊氏
姚富林妻羅氏　潘持妻徐氏　江定奎妻張氏妾某氏
楊烏狗妻劉氏　張同昌妻吳氏　蔣慶豐妻史氏　蔣熙宇
妻張氏　蔣萬興妻單氏　蔣懷義妻史氏　蔣華義妻謝氏
張若承妻吳氏　王蔭生妻儲氏　蔡孟容妻胡氏　萬全
生妻葛氏　陸伯元妻儲氏　吳士元妻徐氏　貢生俞廷銓
妻楊氏　徐觀妻湯氏　監生汪榮增妻江氏　儲廷標妻尹
氏　吳某妻湮母顧氏　佾生任蘭湘妻徐氏　儲廷楨妻蔡氏
陳茂榮妻王氏　錢麟福妻史氏　王官保妻何氏　歐佩
榮妻陳氏　歐晉康妻瞿氏　歐勝隆妻趙氏　儲恭妻蔣氏

從九蔣萬生妻吳氏　金桂妻程氏　金榜妻王氏　蔣某
妻二保母周氏　張德大妻蔡氏　管玉珩妻徐氏　監生史懋
棠妻汪氏　周順成妻陳氏　張靖之妻陳氏　吳聚朝妻徐
氏　周士榛妻徐氏　吳萬昌妻徐氏　汪維翰妻周氏　史
甲元妻李氏　呂春俊妻吳氏　陳曾廷妻徐氏　湯發義妻
蔣氏　陳善明妻徐氏　陳大亨妻尹氏　陳隆昌妻潘氏
祁生曹葛妻談氏　徐錫珍妻佘氏　吳懷書妻湯氏　監生
周功先妻儲氏　袁餘榮妻歐氏　張玉田妻吳氏　張怡大
妻蔣氏　光署正銜吳貽善妻潘氏　監生潘裕恩妻曹氏
汪某妻五品銜鈞母高氏　史某妻職貢承緒母張氏　湯歡大妻周氏

監生劉容光妻錢氏　程維銘妻狄氏　儲紹頤妻尹氏
裴書招妻岳氏　從九儲苞楳妻楊氏　湯祖榮妻楊氏　楊
某妻宗氏某妻薛氏俱龍觀媳　孫雲集妻蔣氏　蔣學勤妻朱氏
賈元大妻蔣氏　沈文祥妻周氏　楊某妻欽賜舉人宣媳朱氏　單
某妻杜氏子庠生炳熙妻宗氏　錢掄選妻崔氏　馬汝聽妻
余氏　洪聚英妻周氏　金望高妻許氏　衞又福妻蔣氏
余汝型妻任氏　儲聽生妻周氏　湯有恒妻周氏　程利鄉
妻李氏　儲芹餘妻錢氏　嵇兆英妻陳氏　程時慶妻江氏
周志高妻陳氏　監丞儲文鍔妻朱氏　八品銜史立賢妻
吳氏　監生胡中孚妻曾氏　儲恆妻萬氏　臧福信妻黃氏

監生陸文慶妻周氏　蔣某妻發祥媳姚氏　楊某妻周氏念存
女徐聘昭妻何氏　周念存妻談氏　蔣待名妻丁氏　馬佩
林妻駱氏　程維榮妻俞氏　程時勳妻汪氏　史冠廷妻吳
氏　史川二妻周氏　薛聽妻史氏　庠生徐雲衢妻欽氏
從九儲棠妻周氏　從九儲麟翔妻孫氏　庠生徐應培妻欽
氏　東蔭泉妻吳氏　周三大妻蔣氏　史文俊妻孫氏　史
百林妻楊氏　史兆林妻薛氏　史坤成妻儲氏　謝佑觀妻
宗氏　王錫金妻沃氏　蔡文燧妻呂氏　呂阿大妻吳氏
史仲文妻周氏　孫奉璋妻陸氏　庠生錢一士妻蔣氏　周
吹開妻楊氏　周定川妻吳氏　吳鏞賓妻李氏　徐經營妻

孫氏　監生湯臧妻劉氏　吳聚發妻丁氏　周金仁妻蔣氏
周金餘妻蔣氏　任壽德妻陶氏　儲暾五妻徐氏　袁邦
佑妻王氏　周恩妻史氏　徐錦江妻蔣氏　儲仲蓉妻薛氏
儲連珊妻史氏　監生龔學裘妻孫氏　秦正隆妻繆氏
王松歷妻陳氏　邵子宜妻錢氏　儲榜三妻史氏　孫某妻
監生倫媳余氏　蔣樹高妻張氏　劉年豐妻蔣氏　監生袁邦榮
妾丁氏　例貢陸子翹妻史氏　佾生陸銘妻許氏　程奎光
妻蔡氏　潘家彥妻儲氏　庠生俞其昌妻張氏　監生朱志
暄妻吳氏　周家駿妻查氏　從九羅德琉妻周氏　宗德朝
妻周氏　董王大妻吳氏　唐元榮妻史氏　邵望德妻徐氏

周亭升妻朱氏　周秀章妻王氏　周秀川妻沈氏　蔣炳
初妻薛氏　從九堵鴻逵妻邵氏　例貢路信之妻吳氏　監
生丁夢齡妻王氏　徐福慶妻路氏　徐桐妻崔氏　莊榮慶
妻吳氏　曹春法妻蔣氏　唐金福妻芮氏　唐留大妻吳氏
任芝生妻蔣氏　李盤大妻丁氏　蔣某妻金益媳夏氏　蔣
觀達妻歐氏　路繼孫妻俞氏　蔣謀妻陸氏　余梓妻楊氏
路升奎妻余氏　華敬文妻魏氏　蔡開大妻馮氏　陸榮
春妻張氏　陸映南妻洪氏　岳曉園妻儲氏　岳林大妻曹
氏　孫懷林妻衛氏　唐金二妻蔣氏　唐法榮妻劉氏　湯
喜南妻蔣氏　任某妻鏞銘母路氏　賀德容妻許氏　許介妻

蔣氏　監生周道中妻潘氏　潘蟠三妻吳氏　周鴻順妻董
氏　吳某妻錢氏錦章妹　徐克昌妻蔣氏子婦鮑氏　胡戚妻周
氏　董復珍妻蔣氏　范金華妻薛氏　唐開福妻談氏　叅
壽高妻蔣氏　朱紹曾妻柯氏　楊志盤妻俞氏　楊志奎妻
蔣氏　楊志源妻姜氏　楊順生妻蔣氏　楊忠寶妻許氏
楊萬頁妻李氏　楊兆晟妻孫氏　楊峻大妻邱氏　楊志高
妻潘氏　汪天甲妻潘氏　周鴻逵妻張氏　周洪大妻吳氏
周定生妻莫氏　史對揚妻許氏　楊海先妻翟氏　史朝
揚妻許氏　楊兆奎妻王氏　蔣保生妻韓氏　楊兆江妻黃
氏　蔣正桂妻婁氏　楊兆熊妻蔣氏　楊瑞福妻俞氏　楊

瑞珩妻盧氏　蔣均富妻邵氏　楊兆星妻翟氏　蔣順發妻張氏　楊兆奎妻蔣氏　楊正行妾張氏　楊本妻姚氏　于總周萬全妻買氏　范芹大妻儲氏　胡又生妻蔣氏　蔣逢庚妻吳氏　邵祖六妻湯氏　董喜敦妻呂氏　董尙貞妻馬氏　董雙大妻宗氏　蔣邦大妻滕氏　邵聽招妻史氏　邵祖二妻史氏　余郁文妻蔣氏　唐虎大妻周氏　唐金榮妻吳氏　周槐靑妻朱氏　任楹生妻蔣氏　任懷玉妻吳氏　金萬寶妻邵氏　庠生余維馨妻徐氏　葉永茂妻周氏　楊兆星繼妻錢氏　史金寶妻潘氏

荆溪婦女殉難者節婦有湯映華妻徐氏　程春園妻陳氏

任承甫妻馬氏　曹金大妻陳氏　宗七一妻任氏　宗寶祥妻黃氏　儲桂妻潘氏　吳思杰妻俞氏　黃某妻監生應奎母　吳氏　錢正華妻單氏　宗壽南妻徐氏　陳順年妻郭氏　宗召南妻許氏　周聚成妻朱氏　吳金棠妻湯氏　吳光普妻徐氏　任志安妻周氏　崔某妻儲氏知縣庠芸姊　朱旭初妻薛氏　朱占奎妻蔣氏　朱順成妻吳氏　沈晉培妻朱氏　烈女有荻港巡檢吳光遠女名玉仙　宗兆春二女　宗瑞秋女　萬歆義女名順娥　葛玩大二女　朱茂華女　貢照村女名茜卿　鮑懷珍聘妻蔣氏女　談恩高孫女　蔣恩岐女　潘恩裕女　閔黼卿女　閔恭義女名蓮珍　徐某女名六姑　職員謝六謙女　岳鍾英女名婉珍　岳珩璋女名倩珍　岳德禮女　張慶如女　任均元女　岳維仁女　史某義女名春喜　余啟壽義女　烈婦有庠生徐淇晴妻湯氏　任陞俞妻鮑氏　封職呂宗桂妻邵氏　宗一飛妻蔣氏　徐某妻舉人任鑾媳任氏　李安節妻儲氏　趙某妻李來母范氏　荻港巡檢吳光遠繼妻周氏　徐寅奎妻唐氏　宗求大妻沈氏　貢生蔣賡南妻任氏　孫奎林妻黃氏　庠生任子鎮妻陳氏　任宏元妻吳氏　任繼曾妻吳氏　庠生任坤三妻周氏　周九皋妻李氏　舉人胡瑞椿妻傅氏　李升奎妻許氏　李寅奎妻蔣氏　庠生錢湘峯妻陳氏　庠生任世勳妻蔣氏子婦李氏　職員范雄明妻邵氏　庠生談汝燕妻

陳氏　從九倪家邦妻湯氏　八品銜宗鳴夏妻王氏　蹇培大妻王氏　蔣三郎妻徐氏　蔣聽金妻俞氏　史清標妻周氏　呂旭桂妻王氏　從九徐榮光妻路氏　史某妻有成媳　吳氏　監生宗逸山妻陳氏　從九宗兆春妻吳氏子婦周氏　潘氏吳氏　張某妻監生耀奎母　沈氏　徐金標妻湯氏　鮑元音妻史氏　徐志謙妻盧氏　江龍山妻范氏　例貢宗瑞秋妻王氏　監生周斌妻陸氏　監生任均元妻馬氏　任某妻監生亞華母姚氏　監生許貞泰妻呂氏　洪佩華妻周氏　范某妻江氏　徐雲輝妻蔣氏　徐初大妻吳氏　監生高振妻陳氏　徐立勳妻湯氏　高勳大妻蔣氏　廩生李承節妻徐氏　周

應斗妻吳氏 周順三妻卜氏 方維義妻龔氏 許文達妻
蔣氏 馮巍山妻周氏 趙義貫妻高氏 閔啟仁妻余氏
萬中妻周氏 盛福芝妻姚氏 孟湯渡妻朱氏 衞良周妻
吳氏 吳春生妻閔氏 葛玩大妻張氏 呂某妻葛氏子婦
和妻徐氏 吳照妻曹氏 徐近發妻管氏 張朝鈞妻周氏
張兆魁妻朱氏 孟龍妻周氏 沈芳卅妻李氏 呂榮義
妻成氏 蔣應元妻周氏 丁舜華妻李氏 庠生周璋妻吳
氏 吳某妻趙氏 職員任士琦妻周氏 盧某妻潘氏 宗
求社妻沈氏 職員錢奎元妻張氏 宗觀壽妻李氏 庠生
周金南妻李氏 宗順妻丁氏 潘百林妻周氏 潘金能妻

歐氏 監生任治妻周氏 呂有筠妻吳氏 宗一誠妻徐氏
從九盧從禮妻周氏 監生任吉門妻彭氏 潘恩裕妻曹
氏 許大生妻任氏 王慶之妻徐氏 王德興妻周氏 黃
阿六妻應氏 庠生史梯雲妻周氏 武生周繩武妻談氏
孫錫元妻黃氏 周叙二妻葛氏 史春和妻任氏 郁敦興
妻周氏 周一元妻王氏 經歷余際霖妻周氏 楊菊莊妻
任氏 余良謙妻汪氏 監生任賢妻東氏 任邦三妻陳氏
任逢甲妻路氏 監生任重華妻李氏 張信三妻蔣氏
從九萬上珍妻周氏 貢生徐麗金妻顧氏 林天佑妻蔡氏
高廾芳妻周氏 俞秀林妻張氏 談思高妻史氏 陸佩
香妻李氏 陸紹宗妻曹氏 錢文保妻任氏 駱法奎妻沈
氏 余榮慶妻王氏 職員崔徵瀛妻馬氏 蔣德潤妻路氏
蔣樹高妻高氏 張麟書妻惠氏 鄒某妻樂山媳 周氏 陳
重庚妻周氏 從九盧宗仁妻蔣氏 從九史同文妻馬氏
崔璜妻周氏子婦周氏 錢某妻徐氏 程某妻徐氏 庠生
余際耕妻吳氏 楊克嘉妻丁氏 吳春法妻潘氏 余際梅
妻崔氏 唐恩大妻蔣氏 史盤富妻馬氏 余吉輝妻陸氏
唐叔招妻蔣氏 余坤元妻盧氏 張紹貞妻吳氏 唐亨
大妻蔣氏 余福龍妻潘氏 余用之妻程氏 李昌元妻盧
氏 職員謝六謙妻吳氏 陳同生妻路氏 李申二妻單氏

姚先祥妻余氏 陳義大妻王氏 惠康之妻劉氏 監生
萬揆揚妻吳氏 陳桂大妻陶氏 監生程蔭椿妻徐氏 范
宗韓妻葛氏 夏鳳林妻袁氏 王某妻從九鏞母崔氏 吳念超
妻沈氏 沈遺明妻湯氏 沈錦年妻王氏 任繼貞妻吳氏
楊川大妻鄭氏 湯鳳高妻張氏 戴正發妻路氏 戴盤
順妻徐氏 張沛大妻許氏 任裴玉妻丁氏 張煥文妻余
氏 孟官榮妻徐氏 陸訪銘妻曹氏 史義明妻苗氏 張
義之妻陳氏 周應梓妻吳氏 許順德妻路氏 畢廷光妻
朱氏 蔣蘭貞妻何氏 湯香義妻何氏 鮑士英妻錢氏
任時先妻徐氏 蔣佑高妻張氏 周南啟妻吳氏 吳順龍

妻王氏　蔣玉珙妻吳氏　余生順妻丁氏　岳某妻鍾英媳潘氏　余際黃妻徐氏　余常謙妻王氏　岳珩璋妻金氏　盧汝石妻吳氏　姚光福妻曹氏　吳雲溪妻徐氏孫媳周氏　張增全妻史氏　陳川福妻張氏　岳德禮妻吳氏　莊榮大妻馮氏　陳亮大妻張氏　岳維仁妻吳氏　吳汾潮妻毛氏　周清選妻徐氏　姚祥大妻余氏　莊滿大妻何氏　查得可妻江氏　張萬掌妻吳氏　張三大妻徐氏　庠生蔣星榆妻顧氏　余福貞妻殷氏　沈培之妻徐氏　孟瑞安妻張氏　監生蔣文德妻吳氏　余鳴謙妻宗氏　監生周麗宸妻曹氏　監生徐厲坦妻陳氏　楊協仁妻張氏　陳毓梓妻王氏

潘某妻許大母錢氏　余裕文妻戴氏　余昌大妻史氏　余際華妻周氏　庠生鄒芝林妻湯氏　監生周樹基妻楊氏　余吉成妻葛氏　監生徐運昌妻周氏　盧品祥妻閔氏　盧樂廷妻史氏　周佑發妻徐氏　姚光祥妻余氏　湯某妻儲氏子芳譜妻謝氏　史六大妻馬氏　陳國良妻丁氏　沈巳周妻路氏　吳際雲妻何氏　鮑金春妻吳氏　史渭濱妻居氏　許昺妻郭氏　談仁昌妻陳氏　余元達妻周氏　徐順官妻陸氏　余萬明妻湯氏　余紹齊妻蔣氏　姚榮大妻居氏　湯順鸞妻張氏　談幸成妻錢氏　余蕆金妻黃氏　李邦彥妻蔣氏　蔣清德妻徐氏　蔣阿二妻周氏　蔣聯珠妻周氏　馬殿銓妻潘氏　許菊初妻尹氏　許吉士妻楊氏　徐信法妻莊氏　徐懷壽妻史氏　蔣復基妻余氏　蔣積慶妻朱氏　莊士朝妻史氏　莊應華妻潘氏　馮富昌妻黃氏　黃喜山妻史氏　王三大妻李氏　任炯卿妻馬氏　徐正芳妻金氏　錢煊裕妻周氏　張法可妻湯氏　黃佑興妻丁氏　尹方正妻孟氏　陳法春妻路氏　湯瑞芳妻儲氏　湯繼山妻謝氏　蔣和大妻周氏　周義妻尹氏　庠生余杭妻吳氏　陳介保妻余氏　余際歡妻沈氏　佾生潘盤福妻許氏　沈裕培妻史氏　宗歲庚妻蔣氏　陸德昌妻王氏　陳望大妻黃氏　庠生閔幹臣妻葛氏　史頂元妻黃氏　張仲

仁妻王氏　湯鳳鳴妻吳氏

右殉難婦女年月事實可攷者千七百有七失攷者九百六十有五載於昭忠錄而未經采送者七百九十有六都計三千四百六十八人始其事者卓儒任君其從子厚甫繼焉先後皆以官去墨林史君踵而成之貞姬之后夥於君山之峰激女之波沸於震澤之水蒐羅既廣綜覈為難其或誤或複之繇前於殉難紳民已詳言之迻書者或嫌竹素之繇搜錄者猶恨管彤之缺已經剞劂復有見聞重此芳操謹為續載

被害烈女尚有蔣貴榮女年十七遇賊不屈死　烈婦則從九任士昌繼妻李氏賊脅不從大罵被焚　監生任家聲妾張氏罵賊被殺　以上年月失考　自盡

節婦尚有監生吳小亭妻孫氏（二十八歲寡年三十二庚申五月賊至沙塘港攜子相從投水）烈女則莊福奎聘妻徐氏女（庚申四月遇賊投水）欽咸熙未婚妻崖生胥宗周女（年十三癸亥大亦遇賊投水）張光斗女（年十三父死難痛哭投水）監生任漢齊二女（年皆及笄賊至懼辱隨母投水）從九任鏘女（遇賊投水上年月失攷）以烈婦則史培謙妻殷氏（年四十一庚申四月遇賊被劇引刃自殺）史材成妻張氏（光斗女年二十二辛酉八月夫被擄痛哭投水）從九任家楨妻儲氏（聞夫死難攜幼女投水）監生任漢齊妻薛氏（遇賊投水並偕二女）蔣寶華妻吳氏　從九任士昌妾彭氏（俱投水上年月失攷）以皆在宜興者也其荊谿被害烈女有陸堡里某氏女（匿銅峯下賊得之脅之以刃堅坐不動遂抉其首去數日屍猶不仆）自盡烈婦有顧氏妯娌（城陷攜子避居西陽溝里賊去懼辱赴水村人葬之溝沿題曰顧氏二烈婦墓）至若節婦被椓

於道上（烈婦年三十餘避難遇羣賊欲犯之婦泣誓曰吾守節十有七年義不受辱碎身紛骨不辭也賊怒剚木椓之揭諸道旁鴉鷺鄰人道其事云）產母自沈於水中（某氏婦產兒方墮地聞賊至急啓後門赴水死）剖腹臟而躍輿（某氏女庚申四月遇賊壽山村之氿瀆怒罵不從被賊剖腹臟猶力躍投水上城里人葉葬之賊平後瘞骨者遷諸總墓之側立石誌焉）嚼舌血而噴詈（庚申三月賊擾邑西一婦為賊所得力拒之嚼舌出血噴面大罵賊怒刃之）艱貞奇烈見者心寒聞者齒擊而時地姓族大半闕如烏虖兩邑之大五年之延白骨青霜朱殷黃土冰心石腸之媛湮沒而弗傳者獨斯人也與

宜興荊谿縣新志卷之六

職官

縣令表　學秩表　宜興佐屬表　荊谿佐屬表　城守營表　水師營表

兩邑之所治三省之所交屏山帶湖地曠而險入縣而劇設官蓋其重哉自秦漢置縣中為侯國為郡為州為府復為縣至我朝分縣爲二百十餘年其間官制之因革姓氏之存佚遠則簡近則詳前志已遞載之迄今垂四十年治凡三變道光之季極熾而豐多蓄者姦生養雖者魚爛狗偷鼠竊乘時間興患在盜咸豐之間軍書鱻午孔道衝繁過境誅求將驕卒悍患在兵同治之後大難初平創夷未起招致新甿率多梟桀下之據擾甚於鵲鳩上之厭忻牟於雞鶩患在主客民之胥忌漸且藪盜而

階兵至於教導之責亦有不同時際承平家俎豆戶詩書司教司訓坐鎮而已克復以來士多失業縣磬之居相望鳴琴之風蔑聞養蒙於塾儲英於院非振興不為功夫令長者民命之寄也師儒者士習之源也分治於城鄉所以奉公布法置營於水陸所以緝䟽衛良紛更則事生粉飾則慨伏寬不養恩勤不近名夫豈異人任歟宜興荊谿治同城教同學縣令學秩之表皆令不分佐屬則境判而員多故二縣分表武營統以一人其析沉與文吏殊則又合焉令與學師交媠往來薦紳先生皆能言

之丞尉巡檢以及營守甲子以前無籍可徵書經瓜代多有忽忘水營前志尤畧今復更賡新錄者書之舊任惟瑀識乃識焉疑以傳疑概從蓋闕後之人覽其故焉曰某也賢某也巧某也明某也闇某也效職某也全軀必有指其名而傳其事者矣

縣令

宜興	荆谿
道光朝	
祁之鈐 山西高平人二十一年攝任	姚銑 浙江仁和人監生二十年攝任
謝克一 山東館陶人進士二十二年任	謝克一 二十一年攝任
孫豐 二十三年七月攝任	單昕 河南固始人舉人二十二年任
陸保 浙江平湖人監生二十五年任	李鐙 漢軍鑲藍旗人舉人二十四年任
滿瀚 直隸天津人舉人二十六年任	尹宗濂 直隸南皮人進士二十五年任
邵錕 浙江會稽人舉人二十八年任	陳洙 浙江錢塘人監生二十六年攝任
陳培之 湖南澧州人監生二十九年攝任	蔡岐 四川成都人吏員二十七年攝任

宜興	荆谿
吳煦 浙江仁和人監生二十九年攝任	徐嘉植 湖北人進士二十七年任
唐守道 廣西臨川人進士三十年任	高長紳 陝西米脂人進士二十七年任
	凌譽 浙江人監生二十八年攝任
	邵錕 宜興縣二十八年攝任
	黃純源 府知事二十八年攝任
	黃文涵 湖北人監生二十九年攝任
	許之第 浙江仁和人監生二十九年攝任
	周應樹 府照磨二十九年攝任
	吳煦 三十年任
咸豐朝	
宮克精阿 滿洲鑲藍旗人元年任	周璞 山東人舉人元年任

朝

薛炳 荆谿縣三年攝任
王際相 山東濟甯州人舉人三年任
吳渠彝 浙江餘姚人舉人七年攝任
周守典 河南信陽州人舉人七年任

梁長華 浙江人監生二年攝任
富克精阿 宜興縣二年攝任
景其淦 貴州人拔貢二年任
薛炳 漢軍廣東駐防舉人三年任
朱緗 廣西臨桂人進士五年任

王際相 宜興縣六年攝任
許美身 浙江仁和人舉人六年攝任九年又攝任
王雲鶴 貴州人舉人七年任
章乃登 浙江烏程人貢生八年任
田濤 四川人九年任

同治朝

顏棨階 荆谿縣三年正月攝任
張湑 四川人舉人三年二月攝任
馮恩培 貴州黔西州人附貢三年六月攝任
鄭猗蘩 山東日照人進士三年十二月任
陸鴻逵 浙江烏程人舉人六年七月攝任

顏棨階 浙江安吉人進士二年攝任
厲學潮 浙江定海人附貢生三年十月攝任
曹文煥 安徽太湖人附貢四年攝任
張喬林 河南固始人廩貢六年任
張上德 浙江錢塘人監生七年攝任

廣元 內務府漢軍正白旗人九年攝任
施惠 浙江會稽人附監九年十月任

光緒朝

劉誥 河南滑縣人拔貢四年四月攝任
吳元漢 安徽鳳陽人監生五年九月任

傅琳森 山東平度州人監生八年攝任
潘樹辰 浙江歸安人舉人九年任十二年又任
徐炳奎 浙江蘭谿人監生十二年七月攝任
孫士遠 浙江會稽人監生元年攝任
潘樹辰 二年回任

周鐔 湖北江夏人監生七年四月攝任

區冠瀛 廣西永康州人拔貢五年七月攝任

徐昌緒 浙江遂昌人進士五年十月攝任

錢志澄 浙江嘉興人廩貢七年閏七月任

宜興荆谿縣新志　卷六　職官　縣令　學秩　六

學秩

宜興教諭

道光朝

鄭榮祺

王炳星 崑山人舉人

俞[illegible] 吳江人廩貢

荆谿訓導

龔長青 如皋人廩貢

歸令符 蘇州人舉人

吳尊楷 揚州人附貢

曹樹珊 上海人廩貢

咸豐朝

解杏芳 睢城人舉人四年任

范端甫 蘇州人舉人八年任

孫清楫

趙克儁 丹徒人

陳琮之 蘇州人廩貢二十九年任

陳桂傳 丹徒人附貢三年任

宜興荆谿縣新志　卷六　職官　學秩　七

狄尹 溧陽人舉人九年任

同治朝

朱霞 蘇州人附貢三年任

顧振清 丹徒人舉人三年任

莊其豫 嘉定人舉人十三年任

光緒朝

黃寶清 睢寧縣人孝廉方正七年閏七月攝任

顧振清 宜興教諭三年攝任

徐椽 甘泉人廩貢六年任

莊其豫 宜興教諭元年攝任四年又攝任

朝

奚文彬 婁縣人舉人七年十二月任

楊文傑 上元人廪貢二年任

姚之烜 婁縣人歲貢五年任

道光朝

宜興僚屬

縣丞

陳之瑩 附貢

陳士棻 浙江仁和人監生

鍾谿司巡檢

洪啟培 徽州人

王慶祥

張彥謙

下邾司巡檢

楊祖仲

沈孝任

郭安固

典史

賴以成 二十一年任

咸豐朝

周濟川 江西新昌人監生

朱際昌

王槐 浙江秀水人監生

潘恭堯 元年任

楊溥 浙江人監生九年任

婁體善

唐銘

馮翹 九年任

王熙載

馬篤增

張士照

章錫疇

汪伯勳

王猷 浙江山陰人監生

吳澄川

同治朝

安徽人附生

何式金 三年八月攝任
汪同曾 浙江仁和人監生四年三月攝任
董思贊 浙江長興人監生五年三月攝任
譚克仁 浙江麗水人附貢六年六月攝任
張志賢 四川成都人監生七年七月攝任
吳福疇 浙江山陰人監生九年九月攝任

汪炳勳 安徽休甯人監生三年五月攝任
童勳 順天大興人監生五年五月攝任
周元城 浙江會稽人監生六年七月攝任
吳葆曾 浙江仁和人監生七年七月攝任
衛錫蕃 河南陝州人監生七年十二月攝任
潘臺 浙江會稽人監生九年九月攝任

吳國鈞 四川江津人附貢三年五月任
方宏璋 安徽太平人監生六年七月攝任
姜敦庸 浙江歸安人監生六年十月攝任
盛金鑑 浙江平湖人監生六年十二月攝任
朱凱元 浙江仁和人監生七年十二月攝任
瞿紹勳 山東高密人監生八年十一月任

何式金 浙江錢塘人監生三年三月攝任
孫以溍 浙江山陰人監生四年閏五月攝任
馮嘉琛 浙江山陰人監生五年六月攝任
楊益城 順天昌平人供事六年十月攝任
金墱 浙江錢塘人監生七年十一月攝任
高錫祥 浙江山陰人監生九年四月攝任

宜興荆溪縣新志 卷六 職官 宜興僚屬 十

劉沐淚 浙江山陰人附貢十年十一月攝任
黃海瑞 漢軍鑲紅旗人監生十年十一月任
柳翰香 十二年五月攝任
鄧宗福 福建永安人監生十二年七月攝任
英弼 內務府鑲黃旗人監生十三年十月任

高錫祥 九年十一月攝任
郭家琀 江西南昌人監生九年十一月攝任
王道 浙江山陰人監生十年五月攝任
陳義 浙江山陰人監生十年五月任

宋甲榮 浙江嘉興人附監十三年正月攝任

沈文照 浙江山陰人監生十年六月攝任
柳翰香 安徽潛山人文童十一年八月攝任
張瑞棠 浙江錢唐人附生十二年八月攝任
姚麟書 浙江錢塘人監生十三年九月攝任

光緒朝

張祥和 江西萬安人監生元年二月攝任
汪墉 浙江仁和人監生元年十月攝

蔡敬慈 浙江仁和人監生元年十月攝任
何頌清 浙江蕭山人監生二年十二月

宜興荆溪縣新志 卷六 職官 宜興僚屬 十一

宜興荆谿縣新志　卷六　職官　宜興僚屬　十二

任

王澍　安徽潛山人監生三年三月攝任

攝任

王道　四年二月攝任

程恩綬　安徽休甯人監生三年十二月攝任

陸同華　浙江慈谿人監生五年三月攝任

陳漣　浙江錢塘人議敘六年七月攝任

陸熙敬　浙江平湖人監生五年四月攝任

于富之　順天大興人監生七年閏七月攝任

萬選　江西南昌人文童六年六月攝任

葉承禧　安徽太湖人監生七年八月攝任

道光朝

宜興荆谿縣新志　卷六　職官　荆谿僚屬　十三

荆谿僚屬

張渚司巡檢

沈濟川　浙江山陰人二十年攝任

屠祖愷　荆谿縣典史二十一年攝任

李慶麟　浙江仁和人二十二年任

張臻　浙江山陰人二十四年攝任

俞洵　府知事二十四年攝任

錢俊　浙江山陰人二十五年攝任

湖㳇司巡檢

典史

萬立榮

龔自昶 浙江仁和人二十六年任

潘赤堯 荆谿縣典史二十七年攝任

咸豐朝

徐登禮 浙江山陰人元年攝任

吳士榮 浙江人監生六年攝任

周世熙

陳魁

周濬川

浙江山陰人四年攝九年任

六年攝任

王繼均 浙江山陰人五年攝任

孫曰點 浙江山陰人六年攝任

劉海晏 湖北人七年攝任

程芳祖 廣東南海人八年任十年三月罵賊殉難

同治朝

范景賢 浙江會稽人俊秀三年攝任

汪耀 順天大興人監生三年攝任

吳樾 浙江錢塘人監生三年任

童恒和 湖北江夏人監生五年攝任

朱鈞 浙江歸安人監生五年攝任

周叔蓮 浙江上虞人議敘四年攝任

彭瀾 浙江仁和人監生六年攝任

姚紹先 浙江仁和人俊秀六年攝任

王傳經 浙江山陰人俊秀五年攝任

馬毓和 山東歷城人監生七年攝任

周叔蓮 七年攝任

張錫元 浙江錢塘人附生六年攝任

孫以清 浙江山陰人監生八年攝任

童恒和 八年攝任

賴鍹 廣東嘉應州人監生七年攝任

羅慶昇

孫樹衡

程有裕

光緒朝

順天大興人監生九年攝任

潘紹鍾
十年攝任

邵俊曾
浙江會稽人監生十一年攝任

張坤蔭
順天宛平人監生十二年攝任

王嘉棟
浙江歸安人監生十二年任

謝祖澤
浙江山陰人監生二年攝任

浙江會稽人監生九年攝任

王安瀾
浙江嘉善人監生十年攝任

孫樹衡
十一年復攝任

陳礹
順天大興人監生十二年任

顧鎧
二年攝任

安徽休寧人監生七年攝任

潘紹鍾
浙江山陰人監生八年攝任

陳儒修
湖北江夏人監生九年攝任

趙安瀾
浙江會稽人監生十二年攝任

王景霖
浙江仁和人監生十二年攝任

王安瀾
十三年任

張沅辰
浙江山陰人監生二年攝任

陸熙敬
三年九月攝任

蔡徵葱
六年六月任

龔衡泰
順天大興人監生三年攝任

朱甲榮
浙江嘉興人監生三年攝任

史八成
四年七月攝任

王啟松
浙江黃巖人監生五年七月任

城守營

常州營右軍守備千總　把總　外委千總

道光朝

龔乾 松江人行伍二十三年任
張斌 二十七年任
王長貴 江甯人行伍二十八年攝任

張九如 淮安人武舉二十七年任
錢湘 二十九年任
劉飛熊 江陰人行伍二十九年攝任

韋長貴 江甯人蔭襲二十九年任

咸豐朝

龔良 松江人行伍三年任
周學武 安徽合肥人武舉三年任
徐棟 陽湖人行伍元年任二年調防老鼠峽兵潰死之
金甸鈐 七年任

崔榮升 武進人行伍五年任
錢甸玉 武進人行伍七年任
金殿霖 江甯人行伍二年攝任

方錦榮 江甯人武舉七年任
李文發 淮安人八年任
陳德風 陽湖人武生三年任

同治朝

洪長慶 江甯人行伍八年任

福智 滿洲鑲紅旗人武舉三年攝任
福智 三年任
萬兆龍 宜興人行伍三年攝任
萬兆熊 宜興人行伍三年任

董立勳 甘泉人行伍六年攝任
達彩亮 六合人行伍八年任
石順興 陽湖人行伍六年六月任
薛繼武 無錫人武生十年任

費金綬 蘇州人軍功八年任

光緒朝

虎翼林 安徽鳳陽人行伍元年攝任
石金川 陽湖人行伍二年任
陸洪慶 陽湖人行伍二年任

費金綬 三年復任
胡德 江甯人軍功三年八月任

鄔定魁 安徽六安州人武舉三年十月

任

外委把總　額外外委　溧漕橋添設額外外委西關橋添設額外外委

道光朝

管玉祥 暘湖人行伍二十七年任　王世忠 二十九年任　咸豐三年與西關橋外委同時裁請設同治初復於周鐵橋楊巷置添設外委各一員

咸豐朝

馬殿魁 江甯人行伍七年任　裴方榮 八年任　胡忠 常州人行伍三年任　萬兆龍 宜興人行伍三年任

周鐵橋汎添設額外外委楊巷汎添設額外外委

同治朝

楊廷楨 荊谿人行伍三年攝任　劉明德 常州人行伍三年任　馮萬青 六合人行伍十三年十一月任　潘炳魁 宜興人行伍八年十一月任

宜荊續縣志　卷六　職官　城守營　手

吳文光 江甯人行伍十年任

光緒朝

劉得榮 二年任

吳文光 六年七月又任

黃殿英 武進人武生六年十一月任

宜荊續縣志　卷六　職官　水師營　主

水師營

太湖右營守備駐周鐵橋　右哨把總駐屋川　協防外委把總駐島谿

咸豐朝

楊鎮 山東蓬萊人武進士

同治朝

沈錕 溧陽千總三年攝任

葛廷模 丹徒人五年攝任

光緒朝 | 光緒朝

以上守備等員同治九年奉爵督憲曾 奏定新章裁撤改設
都司及隨巡把總駐烏谿鎮其左哨千總把總外委駐烏谿日

太湖右營都司 隨巡把總

花彪
揚州人行伍

左哨一隊千總 二隊把總 三隊外委 四隊外委

張郁林
江西新喻人武童

熊必剛
湖南長沙人軍功

方克猷
湖北麻城人武童

沈國富
丹徒人行伍

李德正
湖南長沙人軍功

洪致祥
安徽績谿人軍功

宜興荆谿縣新志卷之七

選舉

科貢表 武科表

選舉之制尚已三代取士有貢無科詩曰左之左之君子宜之右之右之君子有之謂文事尚左武事尚右才兼文武不事科分也漢世猶崇徵辟隋始設科專校文藝唐有武舉之科迄明中葉科舉重薦辟稀成化間定武闈鄉會試發解為舉人登第為進士悉如文制文士自郡縣學貢成均者曰歲曰恩曰選後復充以副榜而諸生亦援例焉

國朝因之又別錄優行生曰優貢與選貢副貢比其試士之法

略同前明經義詩策觀其文騎射弓刀石觀其武議者每謂文詞不適政治武技無與兵機然功令之所尊人材託焉陽羨水土秀勁代產文武材科名之盛前志詳之厥後武甚少衰矣近世以來士繇科貢致通顯者方輩英群騰茂實而講武之士亦援魏科其人類彬彬儒雅意射宮觀德其有良將材乎至於徵辟之途自咸豐初舉孝廉方正邑之端行粹學鄉里交推者牽謙讓不肯應沿歷三朝已成風尚至今咸懸焉故即四十年間文武科次之其以年例欽賜者舊表特恩今並列之科貢諸貢皆依時分類兵燹之前學籍靡稽恩貢歲貢或缺其名而還其年傳疑也

道光朝

科貢

進士

二十五年乙巳蕭錦忠榜

曹炳燮 翰林院庶吉士工部屯田司主事宜興籍

二十七年丁未張之萬榜

任 瑛 湖南知府宜興籍

徐家杰 三名益都知縣順天籍

舉人

二十年庚子科

吳尹卿 宜興籍

潘亭山 十五名

許 懋 皆荊谿籍

潘澍森 原名福棠 恩印孫順天籍

二十三年癸卯科

儲麐芸 咸豐庚申進士

徐鳴皋 同治戊辰進士

趙立成

曹炳燮

貢生

任道鎔 己酉府學拔貢 山東巡撫

徐斗文 己酉拔貢同治候選訓導 庚午舉人 皆宜興籍

歐陽晉 丙午宜興優貢署江甯府教授贈都察院經歷

潘承基 癸卯副貢署溧陽教諭候選訓導

徐坤誠 己酉副貢 皆宜興籍

許聲鏞 甲辰欽賜副貢咸豐吳縣訓導 乙卯欽賜舉人

徐又承 己酉欽賜副貢 皆荊谿籍

貢生

朱仁培 宜興廩貢

朱啟宇

王有壬 皆荊谿廩貢

徐大章 順天廩貢

宗召棠

儲 潞 皆宜興增貢

儲廣厚 荊谿府學增貢

尹 芬 順天增貢

蔣 程 陞光祿寺署正

宜荊縣新志 卷七 選舉 科貢表 二

煥孫順天十一名乙巳進士 皆宜興籍

周人卓 順天籍

二十四年甲辰恩科

潘灤霖 順天五名政和知縣

吳葆和

徐家杰 丁未會魁 皆順天籍

徐 鑾 原名馨遠 順天中式 荊谿籍

楊 宜 欽賜舉人 宜興籍

二十六年丙午科

宗 錦 十七名 宜興籍

杭 璐 辛丑恩貢

曹振裕 乙巳恩貢就職州判 皆宜興籍

許鳴雝 辛丑恩貢

陳爾謨 乙巳恩貢 皆荊谿籍

蔣壬文 原名夔颺 庚子歲貢就職訓導

吳 申 甲辰歲貢

徐廷玉 戊申歲貢 皆宜興籍

沈雲從 □□府學歲貢

吳穗堂 甲辰歲貢

路延楨

朱 震 皆宜興附貢

徐成棟 候選同知

余恩溥 署吳縣訓導

汪望增 皆荊谿附貢

宜荊縣新志 卷七 選舉 科貢表 三

宜興荊谿縣新志　卷七　選舉　科貢表　四

徐孔揚

徐冠瀛　皆順天籍

二十九年己酉科

朱志汾　福初子十五名　署金華知府

徐宗襄　原名元愷　平陰知縣

任傳綸　欽孫咸豐丙辰進士

任光熊　原名茂荃　江浦訓導

周保祺　原名臨

路兆驤

潘鼎英　奎光弟　皆宜興籍

丙午府學歲貢

路元選　戊申府學歲貢

路廷濤　庚戌府學歲貢　皆荊谿籍

邵金彪　順天歲貢

咸豐朝

宜興荊谿縣新志　卷七　選舉　科貢　五

馬軼群　十八名

李文濤　皆荊谿籍

任恩錫　原名寅　石首教諭　湖北籍

六年丙辰　翁同龢榜

任傳綸　翰林院庶吉士　景東直隸廳同知　宜興籍

任重光　癸丑十五名貢士　光州知州

恩例

許聲鏞　欽賜翰林院檢討　皆荊谿籍

九年己未　孫家鼐榜

崔廼翬

元年辛亥　恩科

任光斗　原名茂華　隨州州同

徐恩貴

周家楣　蔭南子己未進士

潘家鈺　同治壬戌進士

徐丹桂　順天中式侍用道　皆宜興籍

呂光謙

儲廷槐　辛酉府學拔貢　同治庚午副貢

潘鏡沆　辛酉拔貢考授直隸州州判

許樹棠　壬子副貢

沈□□　壬子副貢

邢時遇　己未副貢　皆宜興籍

崔書鏞

許游　壬子副貢

壬子欽賜副貢

錢展成

任寶森　原名廷琛

潘兆甲　候選同知

潘承緒

朱元曦　考取教習候選教諭

任溥霖　原名博　丹徒訓導

潘道濬

吳協心

陳黃理　同治庚午舉人　皆宜興廩貢

考取謄錄候選鹽大使

錫華孫黃駐知順天中式同知
縣 署處州知府 荊谿籍
周家楣 翰林院庶吉士 順天府府尹 皆宜興籍
十年庚申
鍾駿聲榜
儲虎芸 由金知縣 宜興籍

二年壬子科
潘汝霖 十五名 宜興籍
丁錦書 荊谿籍
周恩溥 考取國子監學口口 恩貢就 同治丁卯舉人
正 順天籍

徐燏 己未 欽賜副貢
潘光燮 己未 欽賜副貢 皆荊谿籍
周鳴鸞 辛亥 恩貢
任昕
職州判
褚一飛

周鎮沅 原名肇辰
朱大來 山東知縣
潘光河
潘光岳
路保和 同治庚午副貢
崔徵彥
許士熊

宜荊谿縣新志 卷七 選舉 科貢 六

五年乙卯科 順天鄉試
崔書徽 荊谿籍
吳登 順天籍
許聲鏞 欽賜舉人丙辰 皆宜興籍
檢討 荊谿籍
八年戊午科 順天

壬子府學 恩 同治甲子舉人
貢婺源縣丞 皆荊谿廩貢
張汝濟
癸丑府學 恩
貢
儲翼肇
丙辰補行壬子 恩貢
儲廷烈
庚申補行癸丑 恩貢
李樹齡
辛亥 恩貢就 職州判

曹光宣
孫陛芝
黃國香
朱振鋆 原名廸
朱慶麟
皆宜興增貢
徐廷楫
潘澍霖 原名榜
蔣文璐 原名玉書

鄉試
朱大澂 署江寗訓導 荊谿籍
任麟元 欽賜舉人授國判 子監學正 宜興籍
九年己未
恩科並補行
乙卯科借浙闈鄉試
蔣世琛

潘喬棟
王子 恩貢就 職州判
周鳳飛
庚申補行癸丑 恩貢就職州
閔森祺 原名起鵬
辛酉府學 恩貢
皆荊谿籍
儲溶
口口府學歲貢

候選州同
崔書徽 乙卯順天舉人
周湛霖 保舉訓導
吳子湘 皆荊谿增貢
湯士梅 候選訓導
儲浚

宜荊谿縣新志 卷七 選舉 科貢 七

滿河訓導
吳清藻 皆宜興籍
潘元燮 亭山子
徐爲偉 原名福辰 家杰弟嘉定教諭
徐葆辰 家杰弟碭山訓導
戴裕源

周賦 口口歲貢
張集英 丁巳府學歲貢
周炳仁 原名奉璋 口口歲貢
歐陽泰 庚申歲貢 皆宜興籍
崔書見 壬子府學歲貢

張光黻
尹瑊楷
儲沆
曹慕雲
朱曾
潘遂吉
任福林 原名聯贊
朱大中 原名懋中 候選訓導
徐熙徵

澄海知縣　皆荆谿籍
談汝諧　壬子歲貢
路　津
周子斌　甲寅府學歲貢　安徽州判
周　鈞　乙卯府學歲貢　皆荆谿籍
朱慶中
湯其倬
史觀光
張　徵
楊亮清　山西通判
陳平詔　原名恩宣
范貫之
徐敬承
朱志昕
龔榮程
任　伊　候選訓導
潘錫齡　候選訓導
張建瀛
蔣汝夔
周玉衡
潘葆源

蔣元福
陳任暘　試用訓導
任之驹　東安知縣
吳　霆　皆宜興附貢
徐之楨　候選訓導
徐麗金
候選訓導
丁于渭
朱士銘　候選訓導
徐大綱　東臺訓導
朱本存
張錦雲
蔣賡南
徐其志

宜興荆谿縣新志 卷七 選舉 科貢表 十

候選訓導
談心田
朱木成 候選同知
徐鳴時 候選訓導
黃一桂
徐錦飛 原名坊
宗子淇
余杭
史錦椿 浙江縣丞
許拱辰
俞文炳 候選訓導
郁賡堯 原名書紳
丁士欽
徐鴻寶
李作梓
楊濟津

宜興荆谿縣新志 卷七 選舉 科貢 十一

蔣青照
蔣乃彊 候選訓導
吳鉚
任嗣英
李毓林
徐錘煇 候選中書科中書
史含章 戸部員外
吳光旂 原名裕
王梓鋆
朱大經 金華府經歷署浦江知縣
湯有仁 候選中書科中書
朱大春 候選訓導
崔望賢 同治甲子順天舉人

同治朝

元年壬戌
徐　郙榜
潘家鈺 翰林院庶吉士山西直隸州知州 宜興籍

三年甲子並補行戊午科
徐璋文 原名大文 光緒丙子進士
徐騰壽 皆宜興籍

徐致章 癸酉府學拔貢
儲鳳藻 癸酉拔貢本科舉人 皆宜興籍

皆荊谿附貢
湯又新 考取謄錄
周滙清 保舉知府 皆順天附貢
任光奇 原名人吉 鎮洋訓導
徐沅瑞 襲雲騎尉
盧慶鈞 原名安國

七年戊辰
洪　鈞榜
徐鳴臯 家杰弟 蔭載知縣 宜興籍

任　凱 紱曾孫 泰州學正
崔廷爵 原名樹培
史光溥 承棨子 考取謄錄候選知縣
許士熊 懋子 皆荊谿籍
潘方儒 順天中式 宜興籍

潘祖棨 癸酉荊谿拔貢 光緒乙亥舉人
錢錫棐 丁卯荊谿優貢 光緒乙亥舉人
儲廷槐 庚午宜興副貢 癸酉舉人
路保和 庚午副貢 浙江知縣
吳錦雯 癸酉副貢 就職教諭

陸爾穀
任大文
芮　璜
譚變臣
崔徵鎬
俞宗洛
季元亮
潘　銘 庚午舉人
陸爾猷

崔蓮賢 順天中式 荊谿籍
六年丁卯並補行辛酉科
吳鴻緒 大挑教職 宜興籍
崔徵彥 清河教諭
吳　林 甯字孫 嘉定教諭

顧　玫 丁卯欽賜副貢 皆荊谿籍
徐邦定 戊辰補行咸豐庚申恩貢
范元熙 壬申補行咸豐辛酉恩貢 皆宜興籍
范　湘 戊辰補行咸豐庚申恩貢

彭鑑鎔
徐應軨 皆宜興廪貢
徐榮圻 原名楚榮
潘宅仁
徐長齡
潘燮臣
崔鑑瀛
俞宗海 癸酉舉人

皆荊谿籍
九年庚午並補行壬戌恩科
徐斗文 署上海教諭
吳協心 甯字孫 大挑教職
朱啟鳳 志汾子 光緒丙子進士

吳蔚英 壬申補行咸豐辛酉恩貢 皆荊谿籍
朱辰熺 原名徵繼 戊辰歲貢
周恭壽 原名恭先 壬申歲貢 皆宜興籍
邵子鏘 戊辰歲貢
吳乃斧 原名晉

沈銘石 光緒己卯舉人 皆荊谿廪貢
蕭希鄴
臧振鷺 原名葆熙
湯大鏞
蔣泰來
習堃尊 皆宜興增貢
顧　榛
任中福

宜荆縣新志　卷七　選舉　科貢　十四

儲廷棻 正孫大挑知縣分發湖北

潘　銘 皆宜興籍

許時中 解元大挑知縣分發四川

蔣仁壽

周安仁 崇明教諭皆荆谿籍

庚午府學歲貢皆荆谿增貢

路洪昌 壬申歲貢皆荆谿籍

史永緒

儲　昕 北河同知

周穀華

黃卓爾

吳　潮

儲廼選 光緒己卯順天舉人

儲汝翼

徐致愉 家燕子順天六名大挑知縣分發東河順天籍

十二年癸酉科

儲廷槐 湖子分發試用知縣

任曾培 光斗子山陽教諭

徐熙仁 光緒丙子挑取謄錄候選知縣

考取謄錄浙江府經歷皆宜興附貢

周邦華

李杜詩 試用訓導

李文尊 浙江從九

周道倫

潘復貞

汪濤淵

宜荆縣新志　卷七　選舉　科貢　十五

路履祥 光緒丙子進士

儲鳳藻 正曾孫皆宜興籍

俞宗海 荆谿籍

周志靖 順天中式刑部貴州司主事宜興籍

徐致靖

浙江府照磨

李杜才 福建縣丞

朱艮弼

周金章 直隸道

任元濬 原名斯慎

楊宗時 江西府經歷

陸景宣 原名紹宣

家燕子光緒丙子進士順天籍

潘葆仁 福建縣丞

朱金襄

路樹森

周維新

安徽通判皆荆谿附貢

周樹八

順天附貢署六安州吏目

光緒

二年丙子

曹鴻勳榜

元年乙亥

恩科

吳燮和

己卯宜興副貢

欽秉衡

宗心淵

路履祥 甲戌貢士嵊縣知縣
徐璋文 翰林院庶吉士荐廣東知府
朱啟鳳 浙江即用知縣皆宜興籍
徐致靖 家燕子翰林院編修順天籍
六年庚辰

潘鍾輝 銘弟十五名
朱銘鎔 荐曾孫
蔣蓴
周光尃 高郵州學政保祺子
儲寶琛 潮子皆宜興籍

徐致恭 丙子補行同治乙丑恩貢
湯鈐 庚辰補行同治壬申府學恩貢
楊宗敬 庚辰補行同治壬申恩貢皆宜興籍
馬謙光 丙子補行同治乙丑恩貢號

徐榮仁
尹冠芳
徐煥章
任如鳳 原名梓林
朱輔臣
宗茂冬
蘇文海
任錫汾 丙子舉人
宗心澄

黃思丞榜
馮仲倏 山西即用知縣荊谿籍

錢錦渠 十二名
潘祖榮 汝蔡孫內閣中書
馮仲倏 庚辰進士
朱葆時 荐曾孫皆荊谿籍
潘家瑞 順天中式宜興籍

職教諭
路方增 庚辰補行同治壬申恩貢皆荊谿籍
萬寶書 原名培元 丙子歲貢
朱方來 原名惠鎔 庚辰歲貢皆宜興籍
范光國 丙子歲貢試用訓導

路道安
朱日新 皆宜興廩貢
徐鳴鶴
許乃武
史毓琦
史道章
李殿歟
朱春毓 皆荊谿廩貢

二年丙子科
任錫汾 宜興籍
五年巳卯科
朱弼臣 宜興籍
沈銘石 雪驤子五名荊谿籍
杜迺選 紱子順天中式宜興籍

郁子湘 庚辰歲貢皆荊谿籍

張煥標
儲重光 候選州同
蔣元英 四川縣丞
蔣琦 皆宜興增貢
史獻書
范熙源
錢鳴珂

皆荊谿增貢
任謙吉
吳毓英
陳楣賀
任麟徵
謝鴻
周同銓
徐仁基 直隸通判
孫謀

陳懋和
周升
任倚鋆
楊允斌 原名之彥 浙江同知
孫廷揚
楊永霱
毛文煒
張建勳
許應唐

湯承緒
朱彌臣 巳卯舉人
宗蔭培
吳欽
丁炳文
吳錫九 候選通判
劉維翰
任錫榮

楊宗濟 浙江府經歷
任錫鎣
楊樹屏 浙江府經歷 皆宜興附貢
蔣光溥
周覍
潘元達
葛時徵
蔣冠芬 原名重光

徐雲楫
許士驁
儲國材
徐雲槐 浙江府經歷
丁燮森
傅元輝
任垻旻 直隸知府
潘孔寅

吳芬

范榮

任汝霖 原名壟 直隸縣丞

閔炳堃 原名質彬

周振庸 戶部主事

任國均 原名逢源 湖南知府

周禮

丁守虔

任國銓 江西知縣 皆荊谿附貢

武科

進士

舉人

二十六年丙午科

徐容光 宜興籍

九年庚午科

張國維

六年庚辰黃培松榜

周霖 分發山東督守備 荊谿籍

宜興籍

元年乙亥恩科

陳德賢 宜興籍

邵廷傑

周霖 庚辰進士 皆荊谿籍

二年丙子科

尹冠羣

周萬全 儘先千總 皆宜興籍

許心存 荊谿籍

五年己卯科

周鳳岐

毛有倫

道光朝

皆宜興籍

周燈 荊谿籍

例仕表 武職表 封贈表 蔭襲表 恩敘表 榮壽表

名位之盛今逾昔矣夫印乎纍紱乎若冠乎裳帶乎博褒章乎雲礽龍賚乎兩邑猗與郁與選舉之途若是夥與雖然察吏以功能也入貲以俊秀也戰征之上狀以有勛也防衛之敘勞以無失也況夫子孫貴則顯乃親父祖賢則任厥嗣教忠教孝非其人不妄假誰昔而然至若推解於里褒揚於朝旌閭於五代樹楔於百齡善善長矣老老尙矣曰例仕曰武職曰封贈曰蔭襲曰恩敘曰榮壽名位虛實雖有不同要選舉之遺意哉故別爲表聚之篇末俾知

天恩聖澤之在兩邑者九峯之山不能齊其高五湖之水不足喻其廣也

例仕

宜興

周新年 福建雒陽巡檢

楊毓恩 浙江主簿

吳光遠

荊谿

徐鍾澤 福建永慶巡檢

徐保興

安徽荻港巡檢

汪以增 署廣東鹽運司運同

河南延津知縣

吳友忠 雲南永昌府司獄

吳馥 山西山陰典史

咸豐朝

蔣誠 江西升用直隸州署南豐知縣

黃頤 山西知縣

徐珍 四川成都府同知

儲鴻勳 浙江運副

陸鳳翔 署浙江縉雲典史

湯道增 江西府經歷

徐恩熙 浙江蘭谿縣丞

周之楨 河南巡檢

路道平 署貴州興義府經歷

萬穰 陝西知縣

周宗翼 湖北南池巡檢

儲國瑞 貴州從九

程熙春 署四川崇慶州改捐浙江知府

任福英 浙江知縣

徐雄文 四川井研典史

歐元望 山東巡檢

余維淸 浙江諸暨縣丞

朱覲光 安徽知縣升用直隸州署廬州府同知改調浙江

陸肇楨 廣東縣丞

余維楨 工部屯田司主事

東炳泰 廣東百順巡檢

湯廉岑 山東縣丞

余鍾麟 廣西周安巡檢

章鳴鐸

曹文江

程以銓

同治朝

雷瓊道庫大使
丁映樞 廣東湯坑巡檢
丁培基 安徽七引巡檢
任恩普 山東觀城知縣
潘紹初 浙江縣丞署孝豐典史
潘葆溶
江西平樂典史

丁嘉浩 四川會城驛丞
朱廷珪 浙江長興典史
徐臻壽 署直隸保定府經歷
任間濤 直隸廣平府經歷
任之驌

楊光熙 浙江府經歷升用知縣
程寅清 湖北同知
方鴻慶
兩淮鹽知事
汪桐 浙江通判
鄒宗灝 四川知縣
萬培壽 湖南縣丞
儲艮
廣西巡檢
程福清

任廷贊 四川長壽知縣
吳錦標 浙江紹興府照磨
陸啟後
直隸衡水典史
王熙 署浙江海鹽縣丞
徐兆麟 署直隸南皮縣丞升用知縣
儲家藻 署浙江松陽知縣保升同知
徐樹德 貴州鎮遠府同知
徐紀堂

朱大紳 安徽直隸州
蔣聯庚 湖南通判署桂陽知縣
徐保承
福建縣丞
徐翰銘 安徽府經歷
徐作霖 浙江府照磨
徐培 浙江巡檢
丁紹宜 河南知縣
吳仲仁

廣西陸川知縣
郜明俊 江西府經歷署安義知縣
吳維堃 安徽府經歷署泗州州判
朱仁達 河南新安知縣
任嘉植 湖北興國州吏目
潘家琳

直隸平泉州州判
曹伯熊 山西澤州府經歷署鳳臺知縣
徐廷勳 署浙江餘姚縣丞升用知縣
孫冠儒 署浙江奉化縣丞
儲文謨 署安徽太平縣丞
吳傑興

福建鹽大使

江西浯谿巡檢
丁嘉言 安徽靈璧知縣
丁嘉賓 河南永城典史
吳崍 順天齊家莊巡檢

光緒朝

直隸阜平知縣直隸縣丞　、署直隸大沽巡湖北道庫大史
檢升用知縣
儲　盈　朱蓮洪　蔣熙恩　吳岡明
廣西馬平巡檢浙江府司獄　浙江衢州府經湖北從九
歷署西安知縣
任廷棻　史普詒　丁協宜
署浙江平陽巡直隸同知　河南交河典史
檢
吳煥章　邱鴻勳　任廷颺
署浙江慶元典浙江驛丞　山西陽城典史
史
湯鍾英　任步蟾　呂辭正
浙江德清典史浙江府經歷升署浙江埭谿巡
用知縣　檢
孫文壽　徐　杰　談鴻儒

宜興荊谿縣新志　卷七　選舉　例仕　美

署浙江常山巡湖南縣丞保升署江西蘆谿巡
檢　知縣　檢
湯大椿　吳　淮
安徽甯國府經廣東巡檢
歷
吳榮栗　潘家銘
署河南滎澤縣禮部鑄印局大
丞　使
褚肯棠　任之驤　任邦翰
署浙江埭谿巡湖北同知　福建同知
檢
汪文安　蔣承熙　汪炳宣
廣東茂暉場鹽湖北縣丞　浙江稅課大使
大使改捐浙江
同知
徐念慈　史家紳

江西巡檢　浙江巡檢
湯守銘　李廷和
浙江典史　浙江從九
程紹清　王侑文
浙江運副　廣東巡檢
程贊清　趙藏陽
浙江鹽大使　廣東巡檢
周家俊　吳兆璟
江西縣丞　直隸從九
蔣世勳

宜興荊谿縣新志　卷七　選舉　例仕　毛

安徽典史
任拱辰
浙江從九
任光辰
江西從九
任元吉
江西從九
裴鳴謙
浙江從九
周鴻飛

江西從九

孫文江 江西從九

曹光照 安徽典史

徐培壽 湖南巡檢

朱良材 安徽縣丞

武職

道光朝

宜興

荆谿

周震豫 上海參將

吳守名 湖北武昌左衛守備

咸豐朝

宜興

湯辛增 署江西廣信營守備升用游擊

徐龍彪 松江營守備署溧陽都司

徐熊彪

荆谿

吳鉦 元和外委

李襄成 瓜州外委

吳廷燦

同治朝

常州營中軍外委

江蘇撫標守備

游勇 常州營中軍外委千總署左軍把總

誠安國 署陽湖外委

萬兆龍 常州營中軍東汎外委千總署右軍把總

吳益祥 署安徽六安營參將

萬兆熊 常州營右軍外委千總

蔣廷岐 湖南補用游擊

潘炳魁 常州營右軍添設楊巷汎外委

楊廷楨 常州營左軍外委把總

光緒朝

徐耀曾

湖北衛守備

馮小樹 山東補用都司

封贈

道光朝

宜興

徐兆麟 以孫鉉秩 晉贈奉政大夫貴州朗岱同知

徐景琮 以子鉉秩 晉贈奉政大夫貴州朗岱同知

徐元傣 以孫大勳秩

荆谿

徐元振 知縣以孫廷掄秩 貤贈朝議大夫臺防理番同知加一級

徐良 以子廷掄秩 晉贈朝議大夫臺防理番同知

朱維屏 以子啟宇職 貤贈修職郎候選訓導

貤贈奉直大夫知州銜江西貴谿知縣

徐大棠以子大勳秩贈奉直大夫知州銜江西貴谿知縣

歐汝諧以孫文秩晉贈奉直大夫知州銜山東登知縣

歐蘊亭以子文秩晉封奉直大夫知州銜山東登知縣

萬繼曾以孫貢珍秩累贈通奉大夫湖南布政使司布政使

萬望學正以子貢珍秩累贈通奉大夫湖南布政使司布政使

萬貢璆以弟貢珍秩晉封朝議大夫

徐大均以子紹侃秩

加一級

徐澍以孫燧秩贈文林郎江西廣豐知縣

徐江燧本生祖貤贈文林郎江西廣豐知縣

徐是模以子燧秩贈文林郎江西廣豐知縣

徐鴻飛以孫錦文秩貤贈文林郎四川新都知縣

徐升以子錦文秩贈文林郎四川新都知縣

徐廷掄同知以子大亨秩封朝議大夫南河宿北同知加一級

徐經以子宗敬秩贈修職郎安徽霍山訓導

徐璋宗敬本生父貤贈修職郎安徽霍山訓導

周大業以曾孫震豫秩貤贈武翼都尉狼山營游擊

無錫金匱縣志　卷七　選舉　封贈

貤贈修職郎安徽潛山訓導

徐書升以子耆純秩貤贈修職郎四川西昌縣丞

金玉以外孫徐延掄秩貤贈承德郎噶瑪蘭通判

曹煥訓導以孫炳燮秩貤贈儒林郎翰林院庶吉士加一級晉贈中憲大夫工部虞衡司主事加四級

曹鴻以子炳燮秩貤贈儒林郎翰林院庶吉士加一級晉贈中憲大夫工部虞衡司主事加四級

咸豐朝

徐在韶以曾孫丹桂秩貤贈通奉大夫按察使銜特用道加一級

徐銳以孫丹桂秩贈通奉大夫按察使銜特用道加一級

徐鳳苞以子丹桂秩

周瑤以孫震豫秩貤贈武翼都尉狼山營游擊

周浩以子震豫秩貤贈武翼都尉狼山營游擊

方松以孫仁溥職貤贈奉直大夫

方燁以子仁溥職贈奉直大夫

張利貞以孫文繡職貤贈奉政大夫

張雲標以子文繡職

程衍以孫嘉燕秩貤贈中憲大夫江西陞用知府加一級

程光域以子嘉燕秩晉贈中憲大夫江西陞用知府加一級

徐起以孫宗敬秩

徐企棠以孫延祺職貤贈奉政大夫候選同知

徐大綱訓導以子延祺職封奉政大夫

陳懋以孫松職貤贈朝議大夫同知銜加一級

陳愔以子松職

無錫金匱縣志　卷七　選舉　封贈

贈通奉大夫按察使銜特用道加一級

黃靖 知縣以子晉秩贈奉直大夫又以孫顯秩晉贈奉政大夫

任紱 知縣以孫傳綸秩貤贈奉直大夫五品銜翰林院庶吉士晉贈朝議大夫運同銜雲南景東同知

任璵 以子傳綸秩封奉直大夫五品銜翰林院庶吉士晉贈朝議大夫運同銜雲南景東同知

朱兆炳 以孫志汾秩貤贈朝議大夫浙江金華知府

朱福初 教諭以子志汾秩贈朝議大夫浙江金華知府

丁健行 以孫作霖秩貤贈朝議大夫

贈奉政大夫

張雲翔 以子文琴職贈儒林郎

張雲英 以子文衡職贈奉政大夫

戴尊 以孫仁職貤贈奉政大夫

戴朝珍 以子仁職贈奉政大夫

楊循理 以孫兆綸職貤贈朝議大夫鹽運司運同

楊廷佩 以子兆綸職贈朝議大夫鹽運司運同

史大奎 以孫揆職貤贈儒林郎

史配江 以子揆職贈儒林郎

史之彥 以子文治職貤贈登仕郎翰林院待詔

徐如梲 以孫學安職

貤贈修職郎宿遷教諭

李麟應 以孫杜文秩貤贈徵仕郎內閣中書銜溧水教諭

李其辰 以子杜文秩贈徵仕郎內閣中書銜溧水教諭

任敦復 以曾孫重光秩貤贈奉政大夫戶部廣西司主事加二級

呂紹奎 以孫光謙秩貤贈奉政大夫

呂宗桂 以子光謙秩贈奉政大夫

徐廷煥 以孫鍾琦秩貤贈奉政大夫同知銜陝西即補知縣

徐紹基 舉人以子鍾琦秩贈奉政大夫同知銜陝西即補知縣

貤贈朝議大夫同知銜加一級

任葆 以孫成塈職貤贈儒林郎

任奕煊 以子成塈職贈儒林郎

任鑅 以孫秉樞職貤贈文林郎

任震澤 以子秉樞職贈文林郎

任一桂 以子春煦職贈儒林郎

丁潤林 以孫芳餘職貤贈儒林郎

丁貽澤 以子芳餘職贈儒林郎

蔣亟光 以曾孫嗣珍職貤贈奉直大夫光祿寺署正加二級

蔣國楨 以孫嗣珍職貤贈奉直大夫光祿寺署正加二

丁晉 以子作霖秩累贈朝議大夫

汪望增 以弟以增秩貤封修職郎廣東番禺縣丞晉封奉政大夫廣東補用同知

汪潮增 以姪文安秩貤贈奉直大夫提舉銜廣東茂暉場大使

汪燮 以姪學潮秩貤贈修職郎山西澤州府經歷

周徵 以子恩壽秩贈徵仕郎國子監學正加一級

任炘 以孫恩錫秩貤贈朝議大夫同知銜湖北石首教諭加一級

任燿曾 以子恩錫秩贈朝議大夫同知銜湖北石首教諭加一級

曹珅 以姪炳燮秩貤贈中憲大夫工部虞衡司主

貤贈奉政大夫

徐熙 以子學安職封奉政大夫

任愔典 以子昕職贈儒林郎州同銜直隸州州判

張光岳 以子汝濟職贈儒林郎

朱兆鈺 以子本立職贈儒林郎候選州同

朱震 以子行方職封儒林郎候選州同

范嘉桂 以孫大智職貤贈承德郎

范昌閣 以子大智職贈承德郎

張振 以子步苑職贈儒林郎

張光徽 以子建瀛職贈修職郎

張光國 以子延琛職

許邦燾 以孫聲鏞秩貤贈徵仕郎翰林院檢討

許茂才 以子聲鏞秩贈徵仕郎翰林院檢討

徐瀛 以孫恩熙秩貤贈儒林郎布理問銜浙江蘭谿縣丞

徐棠 以子恩熙秩封儒林郎布理問銜浙江蘭谿縣丞

徐標 以子保興秩贈奉政大夫同知銜河南延津知縣

徐大申 保興本生父貤封奉政大夫同知銜河南延津知縣

吳方泰 以孫宇名秩贈武功將軍副將銜湖北武昌左衛守備

吳莊 以子宇清秩

級

蔣稱 以子嗣珍職贈奉直大夫光祿寺署正加二級

余如星 以孫啟祥職貤贈儒林郎布政司經歷

余繹之 以孫維序職貤贈朝議大夫同知加一級

余啟祥 以子維序職封朝議大夫同知加一級

余啟綬 以子維璧職封奉直大夫太常寺博士加三級

路學昕 以孫廷楨職貤贈奉政大夫候選同知

路應暉 以子廷楨職贈奉政大夫候選同知

周溶 以子恩祺職貤封登仕郎

吳緯 以孫琮職

事加四級

曹錫晉以弟炳燮秩貤贈奉政大夫工部虞衡司主事加二級

贈奉政大夫

張光序以子樹榮職贈奉政大夫

華鎮以孫承緒職貤贈奉政大夫

華士霖以子承緒職贈奉政大夫

黃玉燮以孫靜安職貤贈徵仕郎

黃若愚以子靜安職贈徵仕郎

黃磬以孫曰仁職貤贈宣德郎

黃獻廷以子曰仁職贈宣德郎

儲遂祉以孫星曜職貤贈儒林郎

儲霄雲以子星曜職贈儒林郎

儲啟以孫成業職

貤贈登仕郎山東即墨典史又以子宇名秩贈武功將軍副將銜湖北武昌左衛守備

吳宇清以弟宇名秩貤贈武功將軍副將銜湖北武昌左衛守備

貤贈儒林郎

吳光耀以子琮職封儒林郎

潘欽以孫光錫職貤贈儒林郎候選州同

潘芸署以子光錫職贈儒林郎候選州同

余啟臧以子繼旭職贈奉直大夫布政司理問銜加二級

宜興荊谿縣新志 卷七 選舉 封贈 卅四

貤贈承德郎

儲炳勳以子成業職贈承德郎

陸仁曉以孫肇榮職貤贈奉政大夫

陸耀文以子肇榮職贈奉政大夫

周鳴以孫璘職貤贈武略騎尉衛千總銜

周學和以子璘職贈武略騎尉衛千總銜

同治朝

儲庭以孫賡芸秩貤贈奉直大夫知州銜安徽當塗知縣

儲進以子賡芸秩贈奉直大夫知州銜安徽當塗知縣

華錫華教授以孫適壂秩貤贈朝議大夫山東補用知府

史萬先以孫浩職貤贈儒林郎詹事府主簿加二級

史光嶽以子浩職贈儒林郎詹事府主簿加二級

程琦以孫持義職貤贈奉政大夫

程維滈以子持義職贈奉政大夫

任大椿以孫重光秩贈通奉大夫河南光州知州加五級

任安上以重光本生祖貤贈通奉大夫河南光州知州加五級

任頂昇以子重光秩贈通奉大夫河南光州知州加五級

周濟教授以孫煒職貤贈儒林郎

周棟以子煒職贈儒林郎

程嘉勳以孫國楨職貤封奉直大夫州同銜加二級

程兆慶以子國楨職封奉直大夫州同銜加二級

路應華以孫森樹職

宜興荊谿縣新志 卷七 選舉 封贈 卅五

崔綬以子迺聲秩贈朝議大夫山東補用知府
任朝銓以曾孫瑛秩貤贈中議大夫三品銜湖南補用知府
任湻文以孫瑛秩累贈中議大夫三品銜湖南補用知府
任欃先以子瑛秩累贈中議大夫三品銜湖南補用知府
徐景瀛以孫家燕秩貤贈朝議大夫知府銜山東陽信知縣
徐一桂以子家燕秩贈朝議大夫知府銜山東陽信知縣
徐敬承以弟家燕秩貤贈朝議大夫知府銜山東陽信知縣

史元淇以孫賡雲職貤贈中憲大夫
史積馨以子賡雲職貤中憲大夫
程顯宗以孫持英職貤贈承德郎
程維賢以子持英職贈承德郎
任家修以孫廷輝職貤贈儒林郎
任灝以子廷輝職贈儒林郎
任瑾以姪子齡職貤贈奉政大夫
任子中以弟子齡職貤封奉政大夫

吳味濇以子協襄秩貤封修職郎廣江縣訓導
朱鴻業以曾孫雋甲秩貤贈通奉大夫安徽候補知府加四級
朱英以孫雋甲秩贈通奉大夫安徽候補知府加四級
朱維嶽以子雋甲秩贈通奉大夫安徽候補知府加四級
徐錦文知縣以子珍秩封朝議大夫運同銜四川成都府同知
吳纘以孫錦標秩貤贈奉直大夫布政司理問銜浙江開化縣丞加二級
吳汾齡以子錦標秩贈奉直大夫布政司理問銜浙江開化縣丞加二級

貤贈奉政大夫
路兆鰲以子樹森職贈奉政大夫
許致祥以孫懋增職貤贈奉直大夫
許榮春以子懋增職貤奉直大夫
李璜以子祖植職贈中憲大夫
李豐以弟祖榮職贈奉直大夫主事加一級

任朝楨以孫光斗秩晉贈奉直大夫湖北隨州州同加二級
任灼以子光斗秩贈奉直大夫湖北隨州州同加二級
任燵光斗本生父貤贈奉直大夫湖北隨州州同加二級
任焞以姪光斗秩貤贈奉直大夫湖北隨州州同加二級
褚可禮以孫一飛秩貤贈奉直大夫五品銜安徽婺源縣丞
褚錫純以子一飛秩封奉直大夫五品銜安徽婺源縣丞
褚可智以姪孫一飛秩贈奉直大夫五品銜婺源縣丞

徐士照以子宗襄秩贈文林郎山東冠縣知縣

任家燧以孫嘉植秩馳贈儒林郎州同銜湖北興國州吏目

任瀚以子嘉植秩贈儒林郎州同銜湖北興國州吏目

朱繼甲以子觀光秩

宜荊縣新志 卷七 選舉 封贈 三六

贈奉政大夫安徽廬州府同知

朱有光以弟觀光秩馳贈奉政大夫安徽廬州府同知

潘文輅以孫家鈺秩馳贈徵仕郎翰林院庶吉士

潘福榮以子家鈺秩封徵仕郎翰林院庶吉士

楊繼修以子孚民秩贈文林郎揚州府教授又以孫

允斌秩馳贈朝議大夫浙江候補同知加一級

楊家榮以子允斌秩贈朝議大夫浙江候補同知加一級

潘湘以子澤霖秩贈中憲大夫運同銜福建政和知縣加一級又以外孫周家楣秩馳贈資政大夫二品銜太僕寺少卿加一級

宜荊縣新志 卷七 選舉 封贈 三七

章代宗以孫鳴鐸秩馳贈奉政大夫同知銜廣西荔浦知縣

章同升以子鳴鐸秩贈奉政大夫同知銜廣西荔浦知縣

光緒朝

周汝礪以曾孫家楣秩贈榮祿大夫二品銜順天府府尹加二級

周秉鈞以子蔭南秩

吳甯孚知縣以孫協心職馳贈奉政大夫同知銜揀選知縣

吳景牆以子協心職

周京以曾孫金章秩馳贈通奉大夫鹽運使銜安徽廬州知府加二級

周淦以孫金章秩

崔景曜以孫徵彥職馳贈文林郎揀選知縣

崔晉冕以子徵彥職贈文林郎揀選知縣

貤封修職郎州學正又以孫家楣秩

晉贈榮祿大夫二品銜順天府府尹加二級

周陰南學正以子家楣秩

贈榮祿大夫二品銜順天府尹加二級

周森棨以姪家楣秩

貤贈榮祿大夫二品銜順天府府尹加二級

任元瑋以曾孫道鎔秩

貤贈榮祿大夫江西布政使加二級

任樹文以孫道鎔秩

累贈榮祿大夫江西布政使加二級

任烜巡道以子道鎔秩

累贈榮祿大夫江西布政使加二級

任陞墀以弟道鎔秩

貤贈通奉大夫鹽運使銜加二

貤封奉政大夫同知銜揀選知縣

任振誠以孫訪職

貤贈儒林郎布政司理問銜

任寶森以子訪職

贈儒林郎布政司理問銜

朱振起以孫光燦職

貤贈儒林郎

朱炳成以子光燦職

贈儒林郎

徐一檉以孫培職

貤贈承德郎

徐熾昆以子培職

贈承德郎

吳荆山以孫煥章職

貤贈奉直大夫

吳端生以子煥章職

贈奉直大夫

張厥望以孫宜銘職

貤贈承德郎

張德佑以子宜銘職

貤贈通奉大夫鹽運使銜安徽廬州知府加二級

周之誥以子金章秩

贈通奉大夫鹽運使銜安徽廬州知府加二級

徐學洙以外孫周金章秩

貤贈中議大夫鹽運使銜安徽廬州知府

周鋕以孫安仁秩

貤贈徵仕郎內閣中書銜崇明教諭

周鳳飛以子安仁秩

封徵仕郎內閣中書銜崇明教諭

儲秘書知府以曾孫家藻秩

貤贈中議大夫四品頂戴浙江松陽知縣加二級

儲同本以孫家藻秩

贈中議大夫四品頂戴浙江松

俞鏞以孫宗海職

貤贈儒林郎直隸州州同

俞廷玹以子宗海職

贈儒林郎直隸州州同

蔣文璐以子仁壽職

貤贈修職郎

史望熙以弟光甫職

貤贈文林郎

高泰來以子懋昇職

贈奉政大夫

高懋鉉以弟懋昇職

貤封奉政大夫

湯以凝以孫有仁職

貤贈徵仕郎中書科中書銜

湯肇修以子有仁職

封徵仕郎中書科中書銜

徐成烈訓導以孫雲槐職

貤贈儒林郎布理問銜浙江候補府經歷

徐樹型以子雲槐職

級

任道源以弟道鎔秩

貤封通奉大夫鹽運使銜加二級

朱桓編修以曾孫仁達秩

貤贈通奉大夫知州銜河南新安知縣加六級

朱麟徵知縣以孫仁達秩

贈通奉大夫知州銜河南新安知縣加六級

朱厚封以子仁達秩

累贈通奉大夫知州銜河南新安知縣加六級

蔣維仁以孫世璨秩

貤贈文林郎內閣中書銜清河訓導加一級

蔣萬昌以子世璨秩

贈文林郎內閣中書銜清河訓導加一級

路應宸以曾孫履祥秩

贈承德郎

儲閎如以孫重光秩

貤贈儒林郎

儲祖培以子重光職

贈儒林郎

湯受祉以孫鍾英職

貤贈奉政大夫

湯祖蔭以子鍾英職

贈奉政大夫

儲寶芝以孫邦榮職

貤贈奉政大夫候選同知

儲遂進以子邦榮職

贈奉政大夫候選同知

儲居貞以孫榮宣職

貤贈奉政大夫

儲豐以子榮宣職

贈奉政大夫

徐延樁以孫仁基職

貤贈奉直大夫知州銜直隸候補通判

陽知縣加二級

儲滄士以子家藻秩

贈中議大夫四品頂戴浙江松陽知縣加二級

儲恩承家藻本生父

貤贈中議大夫四品頂戴浙江松陽知縣加二級

余璋以外孫徐致靖秩

貤贈文林郎翰林院編修

潘汝葵舉人以孫祖榮秩

貤贈奉直大夫內閣中書加四級

潘光訓以子祖榮秩

贈奉直大夫內閣中書加四級

葛筠以外孫潘祖榮秩

貤贈奉直大夫內閣中書加四級

徐綮以孫紀堂秩

貤贈儒林郎直隸候補知縣加

贈儒林郎布理問銜浙江候補府經歷

李大森以孫景鏞職

貤贈奉直大夫州同銜加二級

李兆豐以子景鏞職

贈奉直大夫州同銜加二級

葛篠以子雲章職

贈奉直大夫州同銜加二級

朱金齡以子瑞錫職

貤封登仕郎

李于采以孫金城職

貤贈武德佐騎尉千總加一級

李士端以子金城職

贈武德佐騎尉千總加一級

周以藩以子維新職

封奉政大夫

趙永盛以孫恩溥職

貤贈儒林郎布政司理問

陳昌發以孫寅福職

貤贈奉直大夫州同銜加二級

貤贈中議大夫同知銜浙江嵊縣知縣加三級

路衍範以孫履祥秩貤贈中議大夫同知銜浙江嵊縣知縣加三級

路希鼎以子履祥秩贈中議大夫同知銜浙江嵊縣知縣加三級

朱鉦以弟仁達秩貤封奉直大夫

徐兆昌以子仁基職贈奉直大夫知州銜直隸通判

一級

謝周畯以孫錫楷職貤贈儒林郎

謝公劍以子錫蕃職贈儒林郎

程兆瀛以子濟堂職貤封登仕郎

蔣正榮以孫玉瑛職貤贈儒林郎

徐文炯以子紀堂秩贈儒林郎直隸候補知縣加一級

路學宏以曾孫保和秩貤贈中議大夫同知銜浙江候補知縣加三級

路應升以孫保和秩贈中議大夫同知銜浙江候補知縣加三級

陳德高以子貢福職封奉直大夫州同銜加二級

葛祥瑞以孫辰榮職貤贈儒林郎

葛祿昌以子辰榮職贈儒林郎

潘哲興以孫祥慶職貤贈儒林郎

潘學俊以子祥慶職贈儒林郎

宜荊縣新志　卷七　選舉　封贈　望

蔣世昌以曾孫誠秩貤贈通奉大夫江西升用直隸州署南豐知縣加五級

蔣敦文以孫誠秩贈通奉大夫江西升用直隸州署南豐知縣加五級

蔣咸遠以子誠秩累贈通奉大夫江西升用直隸州署南豐知縣加五級

任存源以孫福英秩

蔣芳振以子玉瑛職贈儒林郎

蔣廣遠以子坤厚職贈儒林郎

尹聿修以孫冠瀛職貤贈武德佐尉守禦所千總

尹學曾以子冠瀛職贈武德佐尉守禦所千總

何鳴泰以孫敬武職貤贈儒林郎州同銜

路起濤以子保和秩貤中議大夫同知銜浙江候補知縣加三級

周棟庸以孫振庸秩晉贈朝議大夫戶部主事加三級

周燎以子振庸秩封朝議大夫戶部主事加三級

史興曾以孫振庠職貤贈儒林郎

史壽山以子振庠職贈儒林郎

王慎型以孫克仁職貤贈儒林郎

王景槐以子克仁職贈儒林郎

湯炳章以子承基職貤贈登仕佐郎

貤贈朝議大夫

任昀以子福英秩贈朝議大夫

任序元以孫凱秩貤贈奉直大夫五品銜泰州學正

任星聯以子凱秩贈奉直大夫五品銜泰州學正

朱用光以子廷珪秩贈奉直大夫五品銜浙江長興

何廷容以子敬武職封儒林郎州同銜

高鵬飛以孫鶴生職貤贈儒林郎布政司經歷銜

高鶴麟以子鶴生職贈儒林郎布政司經歷銜

湯廣存以孫成憲職貤贈宣德郎

湯沅興以子成憲職贈宣德郎

楊素存以子宗時職貤封修職郎

宜荊縣新志　卷七　選舉　封贈　望

典史

朱廷璵以弟廷珪秩貤贈奉直大夫五品銜浙江長興典史

汪廷魁以曾孫以增秩貤贈奉政大夫廣東補用同知

汪光耀以孫以增秩贈資政大夫三品銜廣東鹽運司運同

汪雍以子以增秩

丁仲蘭以孫培職貤贈奉直大夫

丁舜坤以子培職贈奉直大夫

贈資政大夫三品銜廣東鹽運司運同

褚一清 以弟一飛秩貤贈奉直大夫五品銜安徽婺源縣丞

褚一聲 以弟一飛秩貤贈奉直大夫五品銜安徽婺源縣丞

褚一鳴 以弟一飛秩貤贈奉直大夫五品銜安徽婺源縣丞

周家鍸 以子志靖秩贈奉政大夫刑部貴州司主事加二級

周家泓 志靖本生父貤贈奉政大夫刑部貴州司主事加二級

周志匡 以弟志靖秩貤贈奉政大夫刑部貴州司主事加二級

蔭襲

宜興　荊谿

萬程 以父湖南布政使賀珍蔭光祿寺署正

李祖同 以父瓜州外委襄成襲雲騎尉世職

歐元望 以父江甯府教授陽晉襲雲騎尉世職

吳仲 以父千總廷燦襲雲騎尉世職

徐沅瑞 以父溧陽教諭杏儒兼襲雲騎尉世職

凌繩武 以父候選州同嘉謨襲雲騎尉世職

汪文煥 以父原任山西澤州府經歷學潮襲雲騎尉世職

何保和 以父候選同知贈光祿寺卿裕襲雲騎尉世職

周志靖 以父贈奉政大夫家鍸兼襲雲騎尉世職

徐雲鵬 以父溧陽營都司龍彪襲雲騎尉世職

恩敘 捐振案

道光二十二年

宜興
儲　升 附貢縣丞 紀錄一次
儲賡俞　孫　謙　周玉珊 皆從九品銜
黃星照 附貢 加訓導銜
儲東墍　儲　馨　儲登魯
張雲標　儲　棨　潘錫璪
周恩印　周　懷　周星燦

荊谿
黃　鐘 附貢 加訓導銜
路兆勳　路兆奎　路兆鯤
路謹成　路謹恂　宗鳴夏
許正坤　宗陞勳　宗　日
宗贊綸　范　昌　范克恭
范　斌　范蘭桂　周　炘
林增春　范　銓　范　和
范光宇　范蘭生

儲　祺 皆從九品銜

皆從八品銜
許　梁　路遂辰　路喻德
周茂承　周　信　周　騆
吳大敞　盧崇禮　吳廷投
吳廷槐　吳大章　潘懷定
陶林祖　宗一飛　陶　敦
宗兆春 皆從九品銜
曹子晉 從六品銜

道光
裴　珍 八品銜 紀錄一次

二十九年

孫仲華 監生 加州同銜
李夢麟　張朝輔　顧錫齡
周徵彝　黃靜安　蔣作霖
蔣作梅 皆從八品銜
徐世恩 佾生　潘珩初　芮進先
吳蘭蘅　徐錫田　張文輝
儲學高　曹步瀛　曹明華
曹　瑛　曹龍章　曹紀元

周　榕 監生　陸順川　陸彥儒
宗鼎彝　范迪成　徐麗宣
周錫文　潘光訓　路寶箴
路錫芬　路恩錫　吳大亨
崔秉章　崔徵鳳　李杜名
許芳流　許　攀　許　湘
許元之　許與聰　許自峻
祁敦興　何其寬　陸霞年 皆從八品銜
宗瑞秋　許　垠　許　鼎

曹紀振　曹兆科　曹鳳喈
曹樹齡　潘錫璟　王瑞書
歐　荇　任復堂　任士昌
欽用華　許錦程　鄭士和
嚴瑞鈞　吳貢琛　吳西翰
吳恩耀　蔣順昌　蔡之璣
施子香　尹英群　鄭文旭
鄭文毓　馮國棟　馮國梁
黃　愷　黃侶棫　黃　浚
黃　屏　黃式玉　蔣廷喈

盧紀忠 皆例貢加從九品銜
吳誦櫓　許體仁　許　寅
吳炳華 皆監生加從九品銜
范光熙　范循海　范循鎮
吳元懿　吳應桐　徐守和
周　金　周　洽　周　杞
周元吉　周　舫　周允文
高泰豐　曹啟封　曹啟瑩

徐鈐 黃錫祺 黃魁林 崔瑑 崔書昇 崔書俊
黃錫疇 黃桂和 錢品才 崔書銓 崔徵輝 崔徵益
蔣昆山 蔣鶴鳴 吳啟貞 崔徵瀛 崔徵軒 崔徵榜
蔣燕懷 蔣應中 史庚元 崔徵基 李如莢 李如恆
路佩琴 邵學成 史用書 李訓敎 王彬 王用亨
黃興順 黃經緒 張凝書 吳大來 吳大奎 沈麟昌
許協宣 許球 許謨 周隆興 周克昌 崔汝誠
許啟雝 許淙 許洪文 蔣露培 周瑞余 何培春
許灼 潘功祥 黃依仁 崔迺鞏 許燕 許楷
楊敦 華鉅源 周思謙 宗應如 許棨 許如玉

胡仲椿 儲觀孚 吳幹 宗應銓 許炖 許鸞
楊金邦 丁器 吳汝敏 於維城 蔣錦標 許軼麃
王紹堂 吳杏元 何仲山 許燗 許炳 許獻珍
趙鶴年 蔣霽官 徐森棠 徐應鍾
皆從九品銜
徐澤之 宗兆砦 宗振基
宗紹資 宗建章 宗雲鵬
宗維寶 徐匯泉 徐廷桂
徐森齋 楊士培 楊之才
皆從九品銜

咸豐六年
裴珍 八品銜
吳琮 監生
紀錄一次加州同銜
張文鏞 張文衡 曹子斌 徐元度 監生 加按察司經歷銜
畢承緒 畢承楨 張廷琛
儲榮宣 儲雲玻 徐學安 邵望行 蔣文熙 胡仲榮
戴仁 毛文明 周恩祺 周桂
皆監生加同知銜 皆監生加按察司照磨銜
任昕 貢生 張文琴 監生 馮國相 史浩
馮國枚 馮國槐 儲志宣 詹事府主簿
史揆 鄭鴻章 史文治
皆加州同銜 翰林待詔銜

張汝漪 貢生 朱仁虎 監生 徐之淦 佾生 路保成 路錫康
皆加布政司理問銜 張定球 徐聲宣 錢錦章
張建瀛 貢生 趙振 趙培豐 談在鎔
雙月縣丞 談在楷 潘光泮 陳元亮
黃曰仁 沈華大 鄧繹成 鄧裕成
從八品銜 秦卓茂 蔣玉璵 楊彭春
繆芳 繆士初 繆聽銓 楊錦文 楊學文 徐溥霖
蔣邦基 蔣邦藩 蔣宗瀛 施炳熊 莊祖棠 蔣程
蔣宗汶 欽士達 黃詒然 皆從九品銜
黃中和 黃中純 芮士元

黃宗漢　黃宗理　黃贊文
黃維璋　黃希曾　黃樂田
黃錫祜　沈如玉　黃德和
晉從九品銜
周璘 武生
加衛千總銜
榮壽
宜興
楊宣
欽賜舉人年踰百歲江蘇巡撫
題旌給帑建坊壽至百有八歲

俞豫源
議敘州吏目年八十有六得元孫五代同堂學使者以熙朝人瑞額旌之
潘騂
直隸州州判　恩貢生道光二十八年重游泮水學使者以經明行修額旌之壽八十有五歲
吳景牆
誥封奉政大夫候選教諭拔貢生光緒七年年八十有四重游泮水學使以黌宮碩望額旌之

荆谿
宗元鎬
監生年七十有七得元孫五代同堂學使者額旌之
徐廷掄
舉人福建臺防同知年八十有二得元孫五世同堂江蘇巡撫
題旌
欽賜昇平人瑞額並緞匹銀兩

宜興荆谿縣新志卷之八

人物

名宦錄

有圖曰臥轍有記曰留轉有碑曰去思有亭曰望來官民之相親近世爲甚仕宦至此名其榮矣乎夫名者實之賓也毋於巨室毋於文人毋於吏胥毋於役隸尤毋於編氓婦孺之口斯誠足當名宦矣宜興荆谿之民夙偁柔謹凡親民之官或他邑所未宜上臺所弗愜者每涖茲土卒能相安夫下有循良之民而上求循良之吏健不猛寬不弛蓋似易而實難哉古者令長之外有嗇夫職聽訟收賦稅三老掌教化游徼禁賊盜其德澤在民者士之人皆得尸而祝之社而稷之今之訟賦均責縣令縣學博士亦三老之流也丞尉巡檢以及營守猶游徼之任也或養或教或衛民以生或殺民以死思人愛樹甘棠猶且勿翦况親接其音塵者與顧前志載名宦坿於職官之後或別爲志以爲非吾邑之人物不敢扳援也夫吾父母也吾師長也禰位或存焉冢墓或寄焉劫後其子孫或家居焉外之於吾邑夫何忍今自道光以來邑之文武秩其身沒而名在者序而錄之冠諸人物之首俾開卷者快睹焉以爲民人嚮以爲官長式

李玫字玉輝河南河內人以進士宰宜興邑多滯獄下車一月積案盡釐嚴緝捕盜賊斂跡書院久廢倡捐集錢二千緡按月

課士親校文藝復設恤孤局立規條垂諸久遠士民德之
許美身字訽仲浙江錢塘人由舉人攝荊谿縣事禮士愛民吏胥畏服會軍旹旁午過境兵常恃勢喧閧美身輒前諭解之時團防甚密諜者言賊多冒官軍旗幟適有官軍過西鄉萬畝里鄉民誤以爲賊殺數人餘逸去後統兵者欲窮治美身力自引誤之由事得解迨去邑紳民焚香祖道道旁觀者或垂淚邑人繪臥轍圖以誌遺愛設位袁府君廟祀之閱歲復至百姓歡迎數月解任囊橐蕭然
沈欽裴字俠侯吳縣人舉人與荊谿周濟善俱以才名傾吳下道光間司訓荊谿喜奬掖士子多從游者學官月課額名存無

實欽裴始舉行之萃佳作刊曉香堂課藝邑中傳誦暇則與諸名士往來倡酬卒於官以貧不能旋里其孫君弼遂由應宜興試補縣學生庚申之變罵賊遇害
謝元淮字默卿湖北松滋人年弱冠攝尉荊谿恂恂有儒者風嘗師張衢講習詩法治事之暇輒喜吟詠俞樾從德淵宰荊谿時多善政元淮實贊助焉後官廣東鹽法道
程芳祖字子俊廣東南海人任張渚巡檢廉勤愛民咸豐十年三月二十五日賊竄張渚鎮芳祖聞警遽出率團擊賊賊已麕集乃直前批賊酋馬大呼曰吾張渚司程芳祖也殺我勿傷百姓賊刃之指斷者三邇人署告家人曰賊至矣汝曹速自裁復出立堂皇厲聲罵賊遂見殺妻崔氏聞持剪刀出撲賊賊剖其腹燔其屍翌日賊退紳民弁殮之瘞於虬山麓立石誌墓同治五年建祠以祀
周濬川字海門江西新昌人歷署荊谿縣典史宜興縣丞咸豐庚申奉檄辦宜荊團練濬川故嫻武略凡所規畫悉中機宜樂成橋團潰聞警馳援遇賊前鬬身被數十創昏仆家丁許榮負之出翼日死藁葬山中賊平後許榮隨其嗣子至宜興覓骸骨稽反葬南邑官民爭賻焉
吳槐字星堂浙江錢塘人監生穀人祭酒之從孫也性廉靜喜文士尉荊谿時賊初平民多飢死槐在振局晰夕巡省病餓者

無倦色令有奸僕李某甚見親信每搆陷人槐輒營救未嘗受餽謝也卒於官至無以斂邑人李杜詩等爲醵金歸其喪
方錦榮字澄波武舉咸豐間守備時粵逆踞金陵他盜乘閒竊發錦榮往捕多伏禽八年秋盜舟泊爾右錦榮率兵二十餘名往與賊遇追殺數人猝中伏賊火槍死賊颺去事聞大憲以輕身挫銳不爲請䘏士民憐之私立祠邑廟側祀焉

忠節錄

義興之名曷稱乎以表忠稱也銅峯泖谿山峻而水清其人類倜儻祟大節自漢迄明季丹心碧血之倫炳麟史册我
朝深仁厚澤二百餘年民生不見兵革豺牙虺毒寇厲潛吹至

咸豐庚申遭粵賊之亂而變已極矣又有變之變者守土攸責文武無殊柳列宜止於柏人鬪敖乃逸於那處熊羆之將蝟虎之旅尤聞風而先遁城亾與亾反在無職守之士民此主守之變也垣墉溝池以爲固巖嶂谿谷以爲阻設險保國誰昔云然而胡虜孑孑之軍猝張白幟者山皆築保水盡依營衆志成城匪恐地勢此防禦之變也至於賊壘徧野而攻逾亟里社成墟而保衛逾嚴斷脰決腹大都可以無死之傳雖捐軀無益視貪生苟免者其亦貫三光而洞九泉哉若乃文僚武弁筮仕他邦無小無大報國則同致命遂志固其宜矣殉難記既列其名又據其事實之來告者敘而錄之或詳或畧則視採訪者之聞見其有其見其聞而不知姓氏亦據事而書無名之名精爽固不泯也然則荒墟僻壤耳目之所不及蹤蹟之所不經英魂毅魄長留天地間或有晦於當時而終顯於後世者不可得而知也烏虖

歐陽晉字可伯文子九歲爲詩即能倣李青蓮歌行長仮儻有大志文戰輒冠軍以優行貢成均咸豐初署江甯府教授癸丑春粵逆陷金陵陽晉裂帛書絶命詩自經死僕某毀垣瘞其尸懷帛脫歸詩曰首蓿何堪抵蕨薇居然令受亦全歸十年養就干霄氣化作忠魂一縷飛同治初邑人朱大徵司教江甯爲立衣冠冢於雨花臺

徐容光字谿山武舉性伉爽以把總隸督標効用江甯陷禦賊水西門被害

湯道增字滄亭監生署江西武甯縣典史以憂去官奉檄仍帶章武軍練勇積功得六品銜賞藍翎擢府經歷咸豐四年四月賊逼武甯道增率所部赴援歿於紐絲嶺

吳廷燦字用儀以武生投蘇撫標歷署把總隨營克揚州受重傷復隨攻上海積功游保守備賞花翎咸豐六年奉檄進攻鎮江四月二十六日夜率所部搗九華山賊壘被圍歿於陣事聞

賜卹如例廷燦素精鳥曹術謂用兵如置棊當以爭先爲急攻彼顧我布置井井乃韜鈐之要也既從軍未竟其用聞者惜之

李襄成字小峯武生有膽識貧無以養奉父命從軍投漕督標甫以敢戰擢外委咸豐六年攻鎮江戰歿

吳澍恩字雨齋議叙從九品咸豐七年依族父字名於江西入營司文案隨勦有功七月營潰然火藥自燔死

何裕字伯凝世居武華里監生大父安邦玉環營參將見前志父文敏官廣西太平府知事工書裕隨侍受讀兼習兵家言及擊刺諸技人稱文武材父卒於官舉喪回籍至九江遇風覆舟漂柩裕日夜號泣卒求得以歸既葬服闋游京師潘文恭重其

才延教諸孫咸豐五年蘇郡團練裕主其事六年湖勇將作不
靖首惡劉某尤獷悍裕於中秋夜偵其就浴室時伏兵於外遣
子保三往浴保三方髫齡出劉不意刺刃於腹遂擒焉並獲其
黨百餘功狀上
賞州同銜並戴藍翎旋捐升同知八年春胡文忠招致之抵武
昌文忠以憂去遂入李忠武營十月兵敗三河口忠武殉節裕
在圍裏刺力戰殺賊過當中礮死年四十有二子保三隨殉事
聞得
旨優卹贈太僕寺卿
保三裕長子幼從父學悉得其傳尤善用虎頭鉤以從勦湖勇
知名後隨父赴楚軍營潰父令突圍出保三泣曰父死忠子死
孝義也陷陣死年裁十七
東炳泰字書紳以監生援例授廣東百順司巡檢時粵氛熾甚
炳泰訓練民團防守嚴密咸豐十年正月賊犯境炳泰率勇迎
擊力竭死之妻曾氏聞變自盡幼子女及僕陳升俱殉事聞得
旨優卹建祠家屬皆祔祀事載
文宗實錄
徐龍彪字雨亭由行伍功累擢溧陽營都司加遊擊銜
賞花翎所至嚴紀律明恩義部伍肅然咸豐十年三月賊犯溧
陽龍彪以西門當賊衝與知縣倘那布守之教諭徐杏儒其族

祖也賊攻急龍彪意氣慷慨謂杏儒曰阿翁讀書希賢聖成仁
取義正在此時孫得從後幸矣又顧其長子雲驤曰父忠子孝
盍勉之城陷復率所部戰於十三灣巷與子雲驤俱殉龍彪少
師吳廷燦讀四子書略能上口而禀期伉爽有古烈士風廷燦
之祀忠義祠也龍彪拜奠畢泣曰師今千古矣如弟子何益死
節其素志也雲驤五品軍功
徐杏儒字學山兆麟孫以舉人大挑任溧陽教諭父紳諸生有
篤行杏儒少孤從母潘讀教以忠孝鄉舉後奉母家居未嘗遠
游母卒始得官迎孀姊之署事必諮而後行子弟請其故曰吾
事父不逮母又不得祿養今藉姊以盡吾心而已居官嚴操守
訓士有方咸豐十年春賊氛漸逼先遣子奉姊歸與邑令倘那
布議城守時溧陽都司徐龍彪於杏儒爲族孫昕夕過從尤以
名節相砥礪三月賊犯溧陽杏儒守水關城陷公服坐廳事罵
賊死事
聞卹蔭如例
許鳴雝字棲梧歲貢生居芘谿之西舍里父潔以文行稱鳴雝
少孤有至性奉大母及母教謹既長志聖賢之業身體力行勤
學善誨咸豐三年金陵陷大府令各州縣團防鳴雝以德望爲
鄉人所重推爲主首當道以勞績請獎婉辭之十年二月廣德
陷鳴雝年已七十有一結團慷慨三月溧陽陷團里將散鳴雝

急投水被救起衆感其義氣益奮當是時團丁大隊駐樂成橋起而應者宜興文生黃裕謙拒賊上黃武生曹際飛拒賊垠圩生儲炳煥拒賊豐義監生葉炳基拒賊安樂橋附貢生張敬童生張曉雲拒賊金紫里荆谿與人潘汝霖文生傅汝濟蔣頌芬附貢生黃一棣拒賊分流界與人丁錦貴文生丁步瀛拒賊順德寺前廩生吳榮吳鴻翥拒賊六科里州同知吳愼之增貢生吳子湘監生吳謙恩拒賊芳庄義民蔣懷芳拒賊蔣店橋蔣店橋者西南鄉之要會也懷芳死于賊嗚雝復遣義勇來守賊已破溧陽兩月不敢東下常蘇者義勇之力居多四月朔日賊攻蔣店橋三日不退繼至者愈衆自辰至未槍礮並發斃賊數

百礮裂團軍亂賊乘勢奪橋上民兵多死賊遂深入嗚雝知事不濟自沈於河門徒子姝負以出至邑東西望里日夜更番侍守越三日常城陷其明日宜城防兵亦遁嗚雝大慟夜乘守者倦睡作書告諸戚友自明必死狀衣冠經于帳中讀其書者無不泪下子磐亦遇害事聞卹廕如例並付國史立傳嗚雝死後義團之雲起星散者或入西川界退夾浦守湖州最後者還歸潘家壩悍賊四圍孤軍百戰自劉超守義興郡立君子營千五百年來氣節猶亘于今日云

余振字敬鏞乳名妹大張渚人父昌以豪俠負精技擊晚生振振自幼儻蕩不羈傑黠少年爭慕之賊陷溧陽許嗚雝結團拒賊振率少年往意氣慷慨過其戚某曰男兒生不成名死當揚惡余振生平不爲人重且看此行耳時悍賊攻蔣店橋甚急振所率多着鳥槍斃賊甚衆賊比日迭攻四月三日大隊至昌死奪橋振然礮連擊之礮裂勇潰賊蠭至振獨立橋上揮刀殺賊力竭死所率義勇無一還者

劉星臣（昭忠錄星城星臣心誠與誠凡四見）業農兼坊居潘社頭里事母孝有勇畧城陷與劉惠亭結寨社瀆橋以守積兩月賊大隊至惠亭受重傷星臣保餘衆退守潘社頭與蔣玉田等合惠亭傷重不起玉田等先後陣亡衆散星臣潛走西川界界江浙時張文衡

等方鳩資起義星臣至遣其弟方臣及武生蔣熊彪招散衆進攻青峴白峴兩嶺連獲大勝斬賊目單發甚振湖州趙忠節遣使約爲犄角名曰興義勇給以鈐記賊偵知乃移攻湖州之衆併力至星臣迎擊連斃黃衣賊賊從界後懸峯下星臣率衆退屯夾浦未幾又潰收合餘衆走湖州解城下圍趙忠節嘉之給獎五品以千總拔補方臣以外委補熊彪以把總補令統所部扼守楊家莊湖州陷楊家莊營潰方臣與蔣熊彪等力戰死星臣被執賊素識星臣恨其驍勇磔之宜興荆谿自許嗚雝倡義以來以齊民而視死如歸者余振之後獨推星臣蓋忠義其天性也

謝文雕字曉山諸生家貧少孤奉母訓力學比長工艱業漸進詩詞授徒供養粵賊陷城奉母徙避承歡如常時西川岕起義有友馳書招之文雕以母在不赴母曰移孝作忠古人云何吾皆先死以遂汝志耳文雕跪謝請行母揮涕送之比至作書遣人至祁門上曾文正岕破與劉星臣等退屯夾浦單身至杭州乞糧歸而營潰走湖州趙忠節命掌書記湖州陷賦絕命詩數章自殺其母妻先於西川岕破時聞耗自盡云

徐鴻賓字祕山附貢生夙有膽畧技擊尤精咸豐十年四月防兵近鴻賓更集練勇駐南郊十三日賊潛入北門鴻賓鬬率勇入城眾止之不可至南倉橋遇賊鬬死族兄廷桂增貢生同日

沈於洑谿

潘光錫字金門監生候選州同性豪杖義咸豐十年許鳴謙倡義光錫遙應之城陷賊東掠蜀山鎮光錫迎擊多禽獲賊眾大至光錫力戰至中岸村歿於陣兄光旭亦被執賊予以食光旭瞠視大罵賊怒殺之

張鳳池字南湘梁下里人千總銜武生有勇略而氣韻文雅宜城陷後賊擾村莊鳳池年八十有八爲宗長糾族眾拒殺逾日賊麇至鳳池被執抗聲罵賊以木杵舂其首腦裂死從子從孫皆隨殉𩔖聞

賜卹如例時金紫里亦有張鳳池者業儒試不售賊至憤鬱卒

國家皆死難

蔣益元臧林人饒於財粵賊之變年八十餘族人浩及紀常結團禦賊益元悉出家貲助餉妻謂之曰若年已老不挾貲適他鄉殺身亡家得毋悔乎益元笑曰吾得全家爲忠義復何憾妻頷之庚申三月賊自宜城回過臧林浩與紀常率眾邀截賊至集不可當鬬勇大潰浩紀常戰歿益元及五子十七孫皆死焉浩武生紀常布衣

湯新惠例貢生襄王岕人庚申春賊竄張渚新惠與族人邦榮義明銘壽等議按畝出貲按戶出丁得千餘人據險自守自三月至六月賊至軋擊却之賊後四面環攻眾力不支新惠等相

謂曰事急矣偕同志二十人突陣死

張紀三橫嶺人性豪邁庚申四月粵匪竄張渚眾約拒賊紀三與杉樹嶺張國翔率眾先往與賊戰眾潰而退鄰村眾亦至紀三憤曰其果事何後耶君等既來棄仍請前因復進賊左右擊紀三國翔等數十人鬬死國翔武生

楊宣字宣西田里人

欽賜舉人敦學勵行年望既高人稱之曰西田先生咸豐五年以年逾百歲請旌十年三月賊至被執宣引頸就刃賊捨之而殺其子起勤起勛及從子錫蝦宣悲憤自誰子婦朱氏挾之得甦輾徙避地至同治元年賊氛益熾喟然曰吾所以歛恨偷生

者望速平耳今死晚矣遂不食死

吳穗堂歲貢生槑子與子雄瀾孫澄中避居裴王圩賊至穗堂被執雄瀾遮奪之賊刃其手指斷父子均遇害澄中之弟棨元先於賊至張渚時揮刀前鬬殺數賊而死澄中死於潘家壩雄瀾澄中皆諸生

史鴻誥字依堂大興籍舉人選直隸成化縣教諭道梗不果赴咸豐庚申官紳設局籌防鴻誥以耆年任贊功輩旁午徵調無時鴻誥蔣嗣珍等悉心籌劃以公以慎識者韙之城陷守局不去賊至脅之從鴻誥厲聲罵遂遇害

蔣嗣珍字秋坪副貢生候選教諭性伉直邑有大役大振常推

董理不辭勞不受獎以循例議敘得光祿寺署正銜城陷遇一賊故前爲官兵者嗣責數之賊怒剖其腹事

聞卹蔭如例

蔣恩溥字雨蒼增生有文行累爲不售家綦貧課徒恆不給然未嘗一介苟取也城陷罵賊被磔妻吳及女並子景眉景玉均遇害兄起字霞城諸生粵賊至痛飲不食死

潘喬棟字松坪　恩貢生三歲失怙承母教惟謹既長授讀篤志傳經歲庚申賊陷宜城喬棟坐三層樓書室賊入脅以兵不屈刳心死次子煊槼幼子寅孫殉焉

徐慎獨字江伯假儆不羣善篆隸工詩文不事舉業留心經世務嘗考時政得失作治安十策江西巡撫某公與有舊將爲

上聞會以憂去道光辛丑壬寅間海寇事棘作平夷策六篇約前治安策爲四合十篇詣

闕上之待

旨徐慎獨所奏留中其人去而自便時曾文正官翰林聞而訪之則將行矣因與今冢宰萬公青藜宗侍御稷辰輩各爲詩文贈行文正并書海內奇男子江南大布衣楹帖贈之比歸母萬已歿慎獨號痛塚廬三年自爲之傳及粵逆蹂躪襄漢慎獨聞文正督師欲謁見陳方略不果咸豐十年宜城陷與族兄熿同自沈於谿熿字實庵

欽賜副貢生年八十有二慎獨著述見載籍攷所與游皆天下名士同郡湯貞愍尤爲道義交至是殉義論者益賢之謂非大言不慙者比云

史景暘諸生少孤力學家素貧奉母以愉教弟以婉好濂洛關閩之學後進多成就賊至罵賊死

杜有香字藴卿諸生性嗜學尤好讀先儒語錄賊氛初逼嘗以寸紙書數帶問後爲賊殺家人覓屍得之道旁帶間書云不願偕賊生但願殺賊死字畫猶儼然可識

湯申錫字志堂諸生性耿介族黨咸重之咸豐十年三月賊竄裴莊申錫方具衣冠主祀事賊至脅以兵怒罵被殺

王文林湟渚里人聞城陷謂妻杜氏曰吾與汝年踰七十生以辱何如死以榮乎妻曰諾乃自沈於水文林視其氣絶亦投水死

潘奎光字星五弟鼎英字翊清皆東人奎光嘗書得王內史蹟庚申城破與鼎英謀恢復旣聞賊空城去將招鄉團與守甫入城賊至被執令作書記奎光怒投筆札於火遂見殺鼎英以兄陷城中僞爲菜傭以入探得兄耗出赴西川芥與劉星臣等起義芥破退屯夾浦歿于陣

周家錫字鼎生蔭南次子監生性慷慨嘗學柳誠懸文亦磊落如其書庚申之亂與兄家楣將渡江練勇爲恢復計至江陰新

港舟爲賊所及家人或登岸或投江遂相失賊入舟得其兄名刺及蟒衣持向家錫曰是汝物耶家錫恐賊索兄漫應曰然賊擁之行里許度兄已遠遂抗聲罵回身作擊賊狀賊斫之罵愈厲斷舌抉筋以死從兄家杰字梅生監生候選主簿嘗客州縣幕有才名至是亦罵賊遇害事聞並得
旨優䘏
國史立傳本籍建祠

丁士欽字小帆汾子有奇才聞西川芥起義潛籌餉千餘金往未至而芥破餉金爲賊所得士欽被掠乘閒逸出卒於無錫蔡氏蔡氏葬之題曰宜興義士丁小帆先生之墓

治績錄

古者仕不避鄉朱邑之在舒爰延之在外黃皆以鄉秩克樹循聲而會稽郡守乃無聞於故土治行之優與否與蓋昭昭然近在耳目閒今世易地而官易民而理自學博士以外親吏事者大都以去家五百里爲率人疏地遠於古爲難矣邇者宦途日闢師旅之後需治逾亟遴籍拊創夷者覘悲術遇盤錯者驗良工數十年來邑之薦紳先生家有治譜雖秩判崇庳時分久暫而功德之在人者都士載諸筆記野老銘諸口碑彼有人焉蓋可徵已今據其事狀列于篇

周有聲字春農選貢工制藝任丹陽訓導士爭受業齋室爲滿

改桃源教諭洪澤湖濱淤漲地數里有聲奉郡檄清丈招墾闢田千餘頃造册呈部當請新籍田二十頃歸學整修文廟又請田五十頃作書院養士資皆得允行桃邑文風繇此大振以卓異升知縣分發廣東旣至粵陽春劇賊犯吳興有聲往諭散其黨擒巨魁置之法未幾海氛告警奉檄駐海濱晝夜嚴防寇不爲害以積勞成疾卒桃源名宦祠祀焉

萬貢珍字務門肇亥子道光癸未進士由庶常改官戶曹充軍機章京歷主曹文正深器之出守歸德以才敏稱調開封甫蒞治按上控獄百餘浹日而畢無枉者連丁內外艱服闋選貴州有爭沙洲斃命事連坐數十人上憲欲盡置之法貢珍廉得實

惟生主謀陳泉皖省首擒治勢豪某民大快淮西土寇起滿於大府遣艮將梅青長平之擢湖南布政司寬以馭下屬吏有過戒諭之不輕劾也已酉大飢傾奉錢以振復檄州縣胥建義倉減殺楮巡撫李沅發反廣西詔鎮筸兵協剿之屢挫賊鋒後遷大理卿卒

命覡山陵吉地以布政使任內註誤罷歸貢珍官中外久溫良儒雅始終一節其被議也人多惜之以團練功復原官家居不出書畫自娛書似董文敏寥寥寸楮藏弆者爲榮貢珍雅擅藻鑒江忠烈公之未遇也一見驚爲奇士嘗謂人曰此君當以忠節見已而果然

歐文字西青慈亭子由進士任廣西雒成縣葺于清端公祠盡法其治建書院嚴月課文風日上調來賓大姓某聚眾千餘私開鐵廠上憲檄治甚急文念此貧民漁利耳先傳諭散其眾至則開誠曉導不僇一人民大服廠遂永禁丁內艱服闋告近選山東文登縣縣濱海海船驟至民驚擾文親爲船入海諭遣之時傍海軍興文率紳民團防三載事平以同知候升復調鼎縣捻匪出入横甚且撫且剿境得肅清大吏以品正才明留聲素著舉卓異尋以勞卒著有明齋時文養痾漫吟粤徼發音詞草

徐廷掄字步溪良子由舉人教習授福建崇安令三年政聲大起遷臺灣噶瑪蘭通判去之日百姓遮道噶瑪蘭在海外強悍好械鬭廷掄至撫循勸諭俗大化邑有陳某被誣待決廷掄力牒白其冤升同知以鎮靜服刁獷其致仕也民攀留如崇安時歸後力行善事道光已酉水災捐千緡以振年逾八十及見元孫撫軍煙請得

旨賞昇平人瑞額並給緞匹孫保興字稚泉以國子生援例爲河南縣丞署息縣事捻匪擾境興禦之補延津縣知縣賊復至民皆避城下保興開城納民率勇拒賊全活者眾民甚德之

徐鉉字訥堂性豪曠遇寒士必推解由監生援例授湖南芷江縣丞擢湘陰知縣遷平越州知州升郎岱廳同知攝大定府知府所至有聲其在湘陰也拔李制軍星沅於童子軍功其下帷

應試之資既由郎岱抵大定甫下車即脩學宮創書院士氣大振終日坐堂皇決滯獄眾服其敏鉉嘗謂人曰予居官無他術惟案不留牘耳

程嘉燕字臥梅由舉人大挑授南陵訓導以卓異升知縣發江西歷保同知直隸州咸豐三年任廣信府鉛山縣時廣屬他縣皆陷賊竄黃沙港離鉛城纔六十里武弁皆逃去嘉燕率練勇五百出境迎擊境內獲安功狀上嘗得優獎力辭引疾歸嘉燕居官勤慎司訓時多所造就及爲令案無留牘兩造對質必諄諭勸息民呼之曰程外公解任旬日城陷緣交代事尚寓郭外土匪過者皆相戒弗擾曰此程外公居也

徐大勳字成之舉人任江西貴溪知縣創浮橋於江口民不病涉倘之曰徐公橋有兄弟訟產前令屢訊未決大勳諭以至誠弁引咎自責訟者感泣請罷以老致仕貴溪人爲建生祠

沈雲驤字復軒由進士任陝西府谷令地瘠苦治以儉約遷韓城會天旱求雨故事禱於趙文子廟以趙氏童男二人得雨之後輒死其一雲驤慨然曰暘雨不時咎在令何與趙氏事即詣廟爲文以祭甘雨隨注歡聲動百里由是杏民疾苦亟除宿弊韓邑常稅外別賦兵米萬斛官吏侵漁浮額如正供數雲驤汰之三日輸畢無逋者履任九月移疾歸臨行父老以令清貧饋鹽盈千緡弗受家居以著述自娛有穀貽堂詩泰歸草文集

徐宗敬字琁卿選貢任宿遷教諭時值兵警分守西城與士卒同甘苦事平敘功保舉知縣加同知銜宦績載宿遷縣志

丁作霖字雨林由俊秀歷官中牟祥符令陝州牧攝陳州守在中牟時河決作霖急出泰設船救護越數日告匱出庫銀以繼復斷木而浮之以救溺者全活無算上臺以其事聞並褒獎焉

黄靖字竹軒工書由監生充

玉牒館謄錄期滿爲浙江縣丞歷署慈溪龍游義烏嵊縣事以卓異授永嘉知縣縣多盜靖甫下車擒其魁餘盜屏跡人服其明察致仕家居年九十有三以無疾終

徐燧字芝坪道光乙酉南元任江西分宜知縣有孀母訴其子博弈不孝期置之死訊無死法笞其子而苦勸其母聲淚俱下母子皆感悟他治行多類此後任永豐亦有循聲卒之日襄萊蕭然

潘澤霖字卓堂道光甲辰舉順天鄉試第五名闈文傳誦一時以謄錄選福建政和令治尚清簡調浦城莅任即除陋規二千金故事邑令試士富者居前列澤霖悉心校閱拔寒畯冠童子軍此風遂革嘗有土匪嘯聚設計擒散浦民獲安澤霖之未爲縣令也李爵相夙重之檄辦宜興荆谿長興三邑團練城復保奏

賞花翎加運同銜以直隸州用後卒于政和任家無餘財

吳維堃字曉園監生由議敘從九品發安徽省以功升府經歷署泗州州判治在半城鎮濱洪湖稟請築圍保守工竣賊至逼攻甚亟維堃督民戰守二十日斃賊甚衆嘗得優獎值旱蝗維堃勸捐振飢並創義倉解任時民老幼持香送之爲立德政碑於廳事

任光斗字筱春燧子舉人官湖北兩攝荆門州同知治沙洋爲荆郡門戶同治五年捻賊猖獗與沙洋僅隔襄河光斗率民團迭擊退賊之渡河者百餘日始解嚴荆州將軍以親臨前敵斃賊多名上狀加知州銜

賞藍翎借補隨州同知隸任祝林地瘠民頑化以文教創烈山

書院自里外皆就學焉著帽見齋詩稿
邵明俊字牧堂由供事議敘府經歷發江西辦鹽務一清積弊攝南康府經歷有循績嘗捐貲修普濟堂贍老疾太守長白盛元嘉之得紀錄權知安義縣事裁數月去任民咸思之明俊在都久爲人謹厚廉介重然諾同邑宦游者莫不器重焉卒於官寓無餘貲
呂光謙字助堂傻廟里人以舉人官浙江同知分校戊午鄉闈所得多知名士署溫州海防同知賊氛方熾出家貲練勇以賊陷處州會剿功拔署處州守治善後事無枉無縱尋解篆恭文回籍值金陵賊情未幾宜城陷母邵被焚死光謙憤甚與同志糾集義勇扼守長興西川岕號與義軍戰輒勝趙忠節湖防恃爲犄角後賊環攻光謙率數十人潰圍出渡江求援不應倪太守賓璜留辦七邑團練事積勞疾卒
朱仁達字惠卿麟徵孫少力學不售由國子生援例以縣丞發河南入僧忠親王營司文案王稱其勤敏積數年奏保知縣攝息縣太康縣篆息故嚴邑喜鬬訟仁達寬嚴互用民咸感格邑有生花書院增捐膏火貲嚴考課士氣大奮調任太康去之日邑人泣送之立碑頌德治太康如在息補新安縣未任而卒仁達事母孝撫子弟有恩紀戚族内外皆仰給焉
朱偁甲字季雄犍子以拔貢生

廷試得安徽知縣初署霍山歷休甯潛山補銅陵調石埭署無爲州復調桐城均有惠政以功擢知州咸豐癸丑從廬州軍儀院藩李武愍漕督袁端敏深器之先後檄總糧臺在泗州捻賊圍泗甚急州牧鄭沅歿於陣偁甲率僚屬守三四月圍解後督雉河城工工未竟捻逆圍之時英果敏統師駐雉河突圍乞援偁甲獨守城城卒完累功以道員用
賞加運使銜戴花翎軍務平署太平府知府護徽甯道掛衕招徠流亡復業皖南茶釐十餘年甕無餘貲以老疾乞歸
朱覲光字國賓監生由軍功洊保直隸州
賞戴花翎初官皖省咸豐十年權知桐城縣事城爲捻賊踞官軍駐青草塥糧匃浩繁覲光供億無缺李勇毅以桐西北多山檄築碉山口防賊覲光念民瘡痍不堪重役力請罷之而使民自衛桐與懷甯界有練潭水東折入江湍悍不可過曾文正令築江口障水隄懷桐賊役久弗成時覲光方嬰疾奉檄往督閲月竣懷桐遂相繼復同治二年權廬州江防同知踰年迴避改浙江以勞瘁卒
朱志汾字儀緣福初子由舉人援例以知府發浙江入讞局務予矜全温温若無所試及攝篆台州首擒盜魁王某窮治根株郡中肅然尋調攝嚴州增葺雙峰書院校藝必躬親士風丕變賊平後任湖州善後事民多全活終以歡辦保甲積勞致疾卒

儒林錄

古語云容體不足觀勇力不足恃族姓不足道先祖不足稱然而顯聞四方流聲後裔者其惟儒乎孔門既遠儒術日分道將為天下裂自司馬遷作史記漢以後傳儒林者皆以經師當之迨宋中葉崇尚理學濂洛關閩之徒靡然嚮風幾千禩而流徽未沫宜興荆谿風氣純古士之秀外樸中德修於家化成於俗者接踵而起舊志列載儒林嘉慶閒修邑乘者改為理學道光之志乃復厥舊夫通經所以致用也窮理所以肇經也治經之弊流為穿鑿人以之病漢儒說理之弊涉於高眇人亦以之病宋儒周禮之言儒曰以道得民彼徹三才之蘊立千古之極者遐哉不可尚已至於律己誨人粹然無疵雖名位未顯而教澤具存非儒者之流孰能與於斯乎謹即嘉慶道光以來文行交修者綴而錄之其遭時而展為治績遇變而著為忠節已序於前亦不贅也

吳辰字景楓岫子　恩貢生辰年十七而孤家貧習賈非其好也卒發憤勵學身體力行性老病目辰自傭歸晨夕定省母之病革也思食百合未得後每見之輒涕嘗與同里潘凝路應延講學謂學必宜從宋五子近思錄入呂氏呻吟語陸氏困勉錄皆近思之質也初治詩近大歷諸賢風格晚學陶靖節古文亦以醇雅為宗識者稱之辰既以學行聞遐邇四方賢造至者必造訪與究論古今學術而辰益自謙退不欲顯示同異惟曰先正之言固如是俞驗使德淵初為荆溪令雅重辰欲以名應孝廉方正舉再三辭乃止年七十九卒學者稱梅谷先生

路應延字賓軒少失恃承嚴訓謹與吳辰鄉居晨夕切劘遂於性理諸書尤精舉業嘉慶丁卯舉於鄉十年成進士以知縣改銓鎮江府教授士子欽慕從學者滿横舍署中多蒔嘉卉日手一編登其堂花香書韻脩如也在任二十餘年循資升翰林院典籍遂告歸應延攻古文見稱於吳德旋年五十始學詩德旋比之高常侍其詩與古文雜著藏於家生平束身矩矱行誼粹然其誨人也不拘一格鎮江殿太史保儒李殿撰承霖同里任太史泰徐郡丞廷掄程大令嘉謨凡為才士為經師為循吏者皆及門親炙論焉卒年七十七

任泰字階平道光丙戌進士改庶吉士相國英和器之薦修

國史

上問知為啟運孫曰任啟運固非堯舜不陳者宜其有後泰澹於宦情不赴散館歷主鍾山尊經書院講席十餘年甄陶後進文行兼勵嘗就門下問答著經學質疑金陵士人有經師人師之目其歿也於鍾山書院設位祀之方泰為諸生時段若膺延訓其子又與阮文達公為翰墨交及阮師嶺南幕中有請以詩者阮激賞詢其師承以仕秀才泰對籀曰吾老友也尚困諸生

爭即遣使賫書聘之而是年秦瑛於鄉不克就其爲壇坫推重如此

崔紋字受章一字杏圃錫華子幼承家學文行經術氣道光己丑成進士以知縣發分廣東改教職選補訓也選廬州府教授因母老不赴侍奉甚至數十年如一日母喪服闋掌教大梁書院他郡士裹糧而至如安定之在蘇湖間也後選鎮江府教授又不赴家居以先儒書教子弟身體力行敬友朋睦戚族循循鄉黨間足跡罕至城市邑令許公美身甚重之延主東坡書院講席附淑後進敦實紬華士品益勵許公嘗於試書院時招生徒諭之曰惟先生純儒也爲汝輩得師幸矣紋雖遂仕進而憂世之心時見於文詞金陵既陷常集族人勖以大義賊未至前一日卒卒之日遐邇士人聞者識與不識無不下淚

鼓進城字國琛一字璞山榮子性純厚年未冠喪母哀慟過人與稚弟金城恒偕臥起早曆文學游庠後兩登副榜遠近爭師之有已薦賢書而受業者所入俗金悉奉父無少私蓄其教人首重躬行讀書之暇輒推稱嘿坐生平無疾言無妄語不道人短不及人私道光戊子舉於鄉俞公德淵守荆谿時夙重之其任兩淮鹺使也招至幕中校安定梅華書院課藝後以父病星馳返里父嘗啖半丸因病忌不敢進父歿後終身不食半丸著有璞山文集

周蔭南字燮堂秉鈞子與人事父母以孝聞兄歿撫姪如子喜作文雄奇精奧自成一家游京師名籍甚縉紳子弟爭執贄恪脯所得分贍貧乏豁如也嘗捐邑衕置冢地瘞金爲會以助貧喪同里不能自存者必曲爲籌濟俾各得所主惠山書院課文之外以敦行勖多士晚得海州學正州俗強悍士好訟蒞任後集講

聖諭躬爲勸導聞者感奮多就業於官舍逾歲士風丕變彬彬儒雅矣卒于官學官弟子皆涕泣助貲返葬有胸陽哀輓錄蔭南少時即潛心關洛之書有知其隱行者歎爲曾男子居必端坐盛夏未嘗短褐鄙祖其學以辨義利爲先故自授徒迄居官

皆著實效子男二人展績者治京畿劾忠者藏國史女四人長以孝聞次死烈次死節幼者守貞語俱在列女錄中人謂繫於世類云

孝友錄

父母昆弟之倫人有之矣而藏籍相傳詩獨侈張仲孝友何其難也書云孝乎惟孝友于兄弟蓋良知良能之事推而極之可以動天地而通神明孔孟所以待後堯舜所以開先其斯而已孝友原易言哉毀體疑于忍礙神疑于愚讓財疑于矯然摯性之所結一意孤行獨成其是庸行以奇聞常德以變著雖與詩書異乎而表里旌閭同聲朝野誰謂不然爲虐兵亂以來骨肉

不能相全者夥矣明倫之道天合者先其賢士大夫克修人紀及鄉曲之氓豎一節可稱者茲並綴焉

周戊生靈鵠里人母得痼疾侍藥年餘不愈病且殆戊生晨夕祈禱夢白衣老人引至壠墓間指一草示之白英碧葉曰此天星花也能愈汝母既寤按夢尋得之煎湯飲母病頓愈人以比周侯甘草云

黃與順字鳳鳴文聖人議敘從九品性純篤母朱思腑疾每發瀕殆與順封臂愈之至再至三子經純字玉濤亦三割臂肉療母師事溧陽王孝子萃年未三十棄舉業致力於小學近思錄下筆爲文學邃理精顧往往有語錄氣其言必稱師說行必稱

父命先是與順創本圖義倉設子種局以贍鄰近貧乏經純避難江北尤多善舉寇平後治師喪郵友難明鄉約延宗祠光緒元年徵孝廉方正鄉之人將聯名上聞以經純應經純欲遁入山乃止人稱世代封股黃孝子家

史振爲義莊里人父文燦以株連罪戍甘肅振爲年十六即往戍所省親歲以爲常十年後遇赦奉父旋里其省親時途中遇盜者再黃河水溢避大瑀墩三日夜乃免由此得固疾終其身

周登選洋埂圩農人庚申城陷時母目已瞽登選負母避村旁空舍母命其遠避不忍去固强之乃近匿叢莽間心戀母時出潛窺爲賊所得哀告以故賊不解乃指空舍賊以爲有藏鏹也偕之往則母已遭掠死矣登選大慟賊刃之賊退村人見其屍作怒目回顧狀兩手猶抱母云

張晟賢施蕩里人母病割股以療者三母卒晨夕哀泣百日以毀死年纔十有九

任煃字宇昭諸生朝楨次子少事父母先意承志父母歿喪葬誼禮脩德念祖尤切十七世祖際臣祀忠義高伯祖宏嘉祀鄉賢伯祖元璋堂伯楷文祀孝悌皆煃所請道光閒分脩邑志悉心采訪孝友貞節多至五千餘人並請建坊旌表創立棲流所善堂歲荒辦振勸設各圖義倉整頓族規爲無後者繼嗣三黨稱其賢

徐燮字蘭儒弱冠工詩文書學歐陽信本繼學柳城縣每變益工家貧授徒與弟三人同財終身脩脯所入悉奉母屢困南闈應京兆試獲儁館都中公卿爭倒屣與周蓮甫徐沆倡設會館入閩游汴後歷熱河所至輒名重一方求書者踵相接晚年歸里母歿時燮方病一慟遂絕弟鴻章字漁石稟生性孝謹文名亞於兄

任瑛字闇仙敘子敘卒西川任所瑛年尚幼哀毀踰成人生母陳青年苦節得心疾臥牀褥者七載晝夜調護始終靡懈事兄如事父事必諮而後行恭讓與人犯而不校以子秩贈朝議大夫

潛亭山字覺菴陸平里人辰信子舉人一試禮闈即絕意進取教子授徒鄉里欽其學行爭受業焉性友愛有兄二人伯壽山字伯平仲福山字西屛諸生並以學行聞福山尤好讀先儒書避賊時常攜湯默齋許愧菴史南瀾諸集曰此吾鄉理學眞傳也著有西屛詩鈔亭山子復亨事後母終能得其歡心與異母弟元燮尤篤人以王祥王覽比之粵賊至奉母避梅林時斗米千錢復亨賣藥供母自食糠粃母歿後與妻絕食死元燮字理卿亦舉人自幼以孝悌聞母性卞急怒常不解元燮多方極諫有人所難能者母卒感悟父及世父皆以此多之元燮憂世之心甚切顧緘默不言家居課徒迹不至城市東不入公門邑人慕其名者罕覯其面其卒也識與不識皆墮淚云

宗錦字蜀江舉人性篤孝母體羸多疾居不下樓錦奉甘旨進藥餌維虔一夕樓火錦冒火以登竟負母出有從弟三人待若同胞承父志設義倉毀淫祠爲之號永與倉又請於邑令仿隋長孫平法每年豐畝出穀一升儲以待振邑令上其事大府嘉之檄諸郡通行焉

徐廷玉字蘊山歲貢生父潤性好施歲積集貧振饑有撓之者事且中止父怏怏廷玉方弱冠往譬之其人感悟踵門謝因得蕆事後父歿哀毀備至既葬日往省墓母喪亦如之事兄甚敬睦姻任卹之事鄉黨偁焉

許懋字立甫舉人邃經學邑東南知名士多出其門父芬病痢親滌穢汙織母稱其孝年六十遇賊投水得拯長子士熊字履遜嗜古力學文譽藉甚賊將戕其父乞以身代榜掠備楚毒不怖賊感動皆釋之避居江北受業者延七州邑稱爲名師同治甲子登鄉薦逾年而卒

傅鉅字樸齋鈴字古愚俱監生性誠摯昆弟六人惟鉅與鈴得享高年友愛之情老而彌篤鉅好施與鈴尤善理家政叔兄早世鈴教養其子女成立婚嫁畢析產如所生焉

徐培慶字晉僕澤厚里人事親孝昆季五人析產後伯兄業中落推貲贍之延師課季弟讀值歲早疫昆弟染癘田不治培慶

視醫藥並任耰子治其田子志鎬監生幼失恃哀毀若成人及長父病痱偕妻日夜侍中裙廁牏躬自滌濯者十餘年凡戚族鄉黨有急必周指囷贈米汎舟輸粟至今人能言之

宗錫恩字棣園美棲里人監生性懇摯年三十餘僅一子喪妻不娶與葆恩印恩極友愛弟歿撫從子如子有以橫逆來者順受不校人服其大度葆恩監生印恩廩貢生皆事兄謹錫恩子召棠增貢生少受季父印恩教有文譽父晚得足痿疾悉心侍奉無閒寒暑父歿召棠年逾五旬猶作孺子泣曲體父志終其身與從弟同居粵匪至出貲助禦事敗鬱鬱卒印恩子陞英侍父病憂勞得咯血疾甯承以巾不令父見也父歿哀毀未踰年

卒弟陞樟孝謹如兄毋喪三年不居內陞英之死遺妻潘莽喪陞樟後生子炳嗣爲炳監生事嗣毋及本生父毋皆謹順自錫恩以寬和率教弟若子永習馴厚每遇饑祲助振輒數千緡凡善舉多類此人稱爲積善之家云

俞延英字曦臨豫源孫善事祖父毋及父毋毋患瘋疾延英侍病之餘視弟妹寒暖問疾苦不遺毋憂毋歿三年不居內毋性惜穀延英首爲糧倉砌石輸糧遇雨米不染泥其繼志皆類此子企棠習儒業孝如其父尤好讀先儒格言咸豐丙辰旱糴穀以振又偕姻長徐成棟振陽湖昇西鄉語在義行錄庚申賊至企棠憤鬱成疾卒

吳儺吉字笠農居父喪哀毀泣血其師吳衡章爲作麻衣圖贊葬後懸像於室日三至墓風雨無間

蔣啟字啟壽球子性篤摯與仲弟福叔弟文璐季弟玉衡皆以孝友聞家居貝郭父歿既葬墓離居七里日往省終其身無間福字福田精青烏術卜葬親地相地者咸謂不利仲子福笑領之曰兄弟吉吾親安矣卒用之文璐字昌言諸生兩兄多病毋老弟幼家徒壁立而奉親必以甘旨一家數十口衣食不自私宗族待舉火者凡數家玉衡字棣封最有名習申韓學佐治以慈惠稱道光已酉大水傾貲五百緡爲貧甿穀種庚申難作粵匪竄鎮江時就英觀察聘以洋務事在焦山鎮江之圍玉衡聞隔江難民哭聲大震急出金雇舟渡活數萬人時城中文檄不通將軍都興阿兵駐揚州玉衡與有舊遣急足齎書請兵得援圍解歷保至州牧又於焦山之麓創設救生船後請於官置局沿江數百里皆倣其法玉衡既少孤未冠而毋又喪祭必泣諸兄之歿撫從子皆成立焉

羅祖德字懋堂監生幼孤有兄三人祖德事之謹析箸時田產悉讓諸兄兄後貧乏乃更贍之兄歿先後迎三嫂終養焉子炅高字凝山諸生敦族誼工文章著有凝山文集五經纂解炅高孫增億字應輝監生母病刲肱以療撫諸弟成室合食終身

周徵字鼎陶諸生善事父毋毋患疽既潰盥滯吮嗜者日三四

卒愈有女弟嫠而貧賙養備至世父曦卒於泰興從弟皆幼徵迎喪歸家事悉屏當焉平生讀書刻苦至老彌篤著有曉峰樓集述古懿行錄

周琛字鑑淵諸生刻苦勵學試輒高等仲弟堪饑於庠早亡季弟鍾澤亦以諸生客黔死家中負貸甚夥琛念弟室皆孀弱產則分給債則獨償庭以內怡怡如也毋年至九十三侍奉甚至子以培廪生克承親志脩脯不私邑士大夫高其文行

徐恩貴字寶卿延椿子舉人積學敦品嘗置册書言動以自省父患背疽盥滯輒吮每夜泣禱於神竟愈歲庚申父遇害城下恩貴乘小舟冒死尋父屍奉毋避難疾革尚強起以慰毋長子

華臣諸生有文樂亂後家產蕩然撫諸季成立年未四十卒
黃初昇上黃里人奉母避亂中途相失母旋歸遇賊被殺初昇
聞之星夜返櫬尸慟哭葬畢自縊
毛國英幼孤家貧訓蒙自給脩脯悉奉母兄弟終身不析炊粵
匪亂奉母居鄉賊已逼母命速避國英曰母在兒安往賊掠其
母求金英呼曰金出我藏母不知也賊偕往取無所得怒刃之
王國珩字曉峯新瀆人份生夙行功過格母患噎膈幾六年國
珩醫藥祈禱無虛日疾竟瘳母卒後遭忌必蔬食終身不與宴
會
儲材字西屏附監生事嫡居嗣母七十餘年益壽之花忘憂之

草見者心慕林文忠撫吳時獎其孝友旌贈以文材視諸姪如
子生平所著詩文經兵燹俱盡惟哭季弟詩絕句三十首曰鴒
原哀草刊行焉
周在寬字宏卿諸生父煥杓以名諸生教授鄉里粵匪至鄉民
奔竄煥杓憂憤臥病在寬侍湯藥不去賊脅之行以父病告不
聽至中途得脫逃歸父已卒慟不欲生既葬哀毀逾年亦卒
張起莘字任齋廩貢生幼孤力學母疾衣不解帶禱於神願減
筭以益母疾遂痊起莘好施與歲饑振荒爲葬舍以棲餓者里
貧士有遺孤貧之就塾又募建余皮涂燈樓修周鐵橋倡立近
仁堂諸善事難覼縷云

朱殿英字勿堂陽溪瀆人業儒有至性母疾篤殿英嘗糞味不
鹹日夜號泣母竟卒同里王春秀年十九父母俱亡弟秋魁尚
在襁褓兒乳養弟弟長克友于兒終身無閒言
邵亨泰孝子志珪四世孫早孤家貧與母居啜菽飲水歡如也
母卒廬墓三年邵貽南母歐氏遺腹生及長善養母母卒亦廬
墓臥不解衣終喪素衣化爲緇矣
史利賓字觀光諸生事親以孝聞父鳳梧疾偕弟霈人侍湯藥
衣不解帶者累月父卒廬墓兩月後母託疾召之歸數日乃往
墓所母已屬家人毀其廬矣霈人哀毀成瘵疾卒利賓奉母終
杜瑞均母卒廬墓三年

朱應元字曉村父病侍湯藥惟謹歿後築室於墓終喪乃歸繼
母陳染風疾延醫治療三年不倦兄弟無閒言
史範臣字賓武諸生大父疾篤籲天請代刲股療得愈前後以
刲股聞者張光旭字會蔭徐光祖字穀貽爲父疾王籍字硯耕
蔣載陽字孟華爲母疾徐森甲字作舟爲嫡母疾皆諸生也森
甲居生母及嫡母喪哀毀骨立籍與異母兄尤友愛監生則陸
廣漢黃佩蘭以及莊前村之邵永康官村之孫鳳青泉漊圩之
蔣仁裕霞溪之陸徐慶陸在林五人者身列編氓至性勃發其
與任甲生黃邦定丁履鵷歐振麟黃國榮邵逆耕蔡以揚史明
佩陳嘉珩陳茂生李中奎羅元溥宗佩箴沈啟大及死難之陳

慶餘錢希珍蔣徙義均可並傳至若刲股之後加之廬墓如史印龍史文龍史如龍史大麻同姓同德史氏爲孝子之門矣

黄效林祉瀆里人母有錮疾效林割股和藥母疾得痊後效林妻病篤子長庚年十八亦禱神割股時父子割股者又有亳陽里人任光業及子聞懋光業字際歐父吉文母譚氏先後遘危疾均割股以療光業病聞懋亦如之病亦竟瘳人謂孝子之後必生孝子云

俞鉉字梅峰俞鳳喈字丹梧皆嘗刲股以愈父疾鉉兄弟六人怡怡其處鳳喈工詩善書撫教其弟甚至析産時與以膏腴自取瘠者弟後窘之更推已財授之

蔣艮基字敬所幼孤貧善事母母病刲臂愈之母後年高遘篤疾艮基復如前竟不起一慟幾絶服闋後過墓必泣又有隆德春周坤基者皆以母疾刲股至再坤基唐角里人其業巫也

張大生字繼全幼孤貧母病割股療之立愈後喪母負身爲傭以殯朝夕號哭行者感動年八十三無疾卒

王芝艮幼孤母蔣遘危疾割股和藥以進遂霍然愈道光已酉大水芝艮鬻田振之鄉里多賴以濟

潘于忠潘家墒人母丁氏病于忠斷一指煨湯以進疾尋愈族人仲元亦因母病刲股肉里黨交稱之

徐雲福都司龍彪三子母疾殆雲福年甫十三與姊密商割股以療母獲愈溧陽教諭陸肴聲爲移縣請旌

丁瑞庭字玉峰父患疝衣不解帶者數月事兄以敬遜偕

儲升豐義里人篤於内行既析産而兄歿遺孤四人俱幼仍合爨爲延師教授婚娶畢分産爲六從子與已二子均業焉瀕湖苦潦議築圩埂升首捐千金集其事

戴賀字松軒諸生勉子勉居天生圩離邑三十里嘉慶年間勉以分脩縣志在邑中賃閣兩日必省視寒暑無閒父歿喪葬成禮凡父生前善事悉行終其身

周溶字西清父早喪事母委曲承順扇帳温被歷四十餘年不懈母歿哀毁成疾卒遺命以衰絰斂

李嗣公字郊農邑廩生弟光迪字簡廷郡增生家貧昆季不忍析居長兄早卒遺孤一嗣公兄弟撫教之如已出比長爲完姻門庭怡怡終身無閒光迪兼精篆隸工繪事

李其辰字質軒麟應子力學能文屢困童子試叔兄早世遺孤裁十餘歲其辰教養備至既授室又以瘵亡痛悼踰於所生以長孫嗣之母年至八十餘家貧恒典質具甘旨妻萬以鍼黹佐焉

徐之楨字芝庭源進子諸生篤於行誼筆耕奉母先意承志啜菽飲水驩如也族兄廷掄令崇安招之往以親老辭母年八十九卒哀毁骨立撫弟友愛終身無閒言

路于飛字雲閣幼孤家貧奉孀母四十年色養如一日親疾衣不解帶者數月兄卒撫泣動人待寡嫂諸禮甚至行石並勢奇态

路英南字伯純諸生性誠樸喜與人談忠孝事家貧善事繼母剛無作有以奉甘旨耳重聽殊甚然母言未嘗不聞也母歿毀幾滅性昆季五人怡怡友愛嘗遭火災邑令賜以金不受粤逆踞城避地鄉間絶食死

路夏璜字卓堂白宕里人監生弱冠父病痺夏璜晨夕侍父歿痛哭淚成血居母喪號痛擗踊水漿不入口三日晚年歲時祭祀猶涔涔淚下

蔣若魯離墅里人幼喪父哀痛過人母紡績以資讀若愚歎曰兒不能養顧反遺母勞乎乃力耕謀養母病服勤無倦母歿廬墓三年

許友蘭字廷英少穎悟能文數奇不售事父母以孝稱兩兄早歿敬事孀嫂撫幼弟及諸姪延師督課至於成立女弟未嫁夫歿奔喪守貞孤苦無業友蘭養於家與二嫂並請旌建坊友蘭歿後邑人服其孝義擬上狀舉入孝悌祠弟安蘭體兄志堅辭之

金澤源大浦人父國琛客山左積金三百餘爲無賴子所負國琛控之反被毆死澤源幼聞父耗號泣不已年稍長經營得數十金往山左覓父骸歸以未復父讎憤悲成疾卒

張汝濟字望溪　恩貢生嫡庶兄弟共六人汝濟最長析箸時以肥產讓諸弟生母年近期頤患痺經歲侍湯藥未嘗稍懈

任潔澤字訥如監生鑑長子鑑在官潔澤家居事大父母得歡心父妾生子二俱穉父歿後潔澤謹事庶母恩撫二弟

顧旭升字曉滄諸生沈默寡言笑終日端坐習養性法事生母以孝聞撫諸弟恩意尤摯其爲師也生徒有過輒自扑責鄉里悍戾者見之咸愧後以遇賊被害

黃若愚上黃人性爽直家頗裕與兄同居年七十餘始析爨以巨宅讓兄鄉人稱之

周肇桂字秋圃善事母視形聽聲委曲承順常親滌廁牏館於外一味之甘必歸遺母

徐治熙字金周廩生奉父避地江北父患腫疾行動需人治熙扶持抑搔不少離廁牏必親滌父歿家事不以累兄并時其衣食奉養人稱悌弟

陸錫康鄭灣沿人父得癱瘓疾飲食便溺需人錫康延醫診治口侍左右夜則衣不解帶六年無倦志父歿盡哀粤匪之亂遇賊死

曹韓卿稻坂里人兄弟析箸時年最幼與母居及長諸兄迎養母韓卿婉謝之母病割股和藥進母歿哀毁特甚遭賊投水死

曹鵬貞幼孤遭亂母子相失歸問母所在中丗賊營乃蓬首垢面爲丐者往負以歸

許煥字光甫議叙從九品奉母避難湖中賊獲之榜掠其母煥怒與賊鬭賊蜂至與母俱被害

方錫墀字鳳池母死哀毀卒方錫珀亦刲股療母皆方家圩人

陸如松少孤事母孝與弟如梅同居粤逆擾境母戀家重遷兄弟俱侍賊至脅如松行曰母在我何往遂遇害

趙永翊字華卿事親謹順父儻蕩不修邊幅永翊晝夜隨侍揮之去則泣告曰母命也父卒感悟父歿女弟有失所者周恤備至族姪某兩娶婦皆永翊力云

蔣槐大渦橋人隨父避賊山中父被賊掠槐大以石投賊賊追殺之父得逸

任里仁被里人幼孤事母孝庚申之變母年八旬里仁負母避賊中途爲賊所得刃其首不殊絕而復甦仍裹創負母以行後賊屢至里仁侍母不少離竟以遇害又有任益仁者於里仁爲兄弟行亦以孤子善養孀母被斫復生負親遭害其事同其族同其里同其時亦不甚相遠尤一奇也

周志匡字紫孫蔭南孫隨父宦長京師侍大母委曲承順兩繼母皆稱孝友愛從弟妹尤摯成童後肄業太學輒列高等同治癸酉試京兆房考官薦爲宿學力薦不售遽以疾卒

陳慶龍小東門外人明殿元子泰後裔少孤事母孝家貧未娶弟復遠出慶龍傭作供養二十餘年晨起必備母所需乃就傭後母失明慶龍炊而後出晚歸滌廁牏伴臥不離人或與食必先奉母母卒葬村後作草舍于墓旁未嘗一日居家粵賊至被殺于母墓

任濱任泗城陷時兄弟奔至家將奉母避母已自縊賊至兄弟爭擊之被害其同時兄弟爲母死難者許殿榮許陛榮負母至新芳橋母子均被殺許正高許正熙許正和聞城陷藏母於樓兄弟執鍬鋤以護賊至與鬭賊怒縱火焚之母子俱爲灰燼

任慶成年十二偕兄隨母避難澄瀆里遇賊執其兄且去母哀哭慶成請代賊許之行里所度母與兄免投水死時童年代親死者徐盤福年十五與父俱陷賊中以計脫父被殺杭潮子恩榛年十四潮被賊追急恩榛遮護得逸賊怒磔焉其尤慘者從九品職陳贊周被賊執將刳腹子大定伏父身號泣賊并殺之大定年方六歲

杭錫乙事父湘以孝聞湘老盲於目賊至錫乙令家人俱走獨留奉父賊脅之行不從被殺

周廣芹與父同陷賊中賊將殺其父請以身代賊竟從之廣芹從容就刃絕無悔恨又有潘作霖者父爲賊所得持薙草刀與賊鬭父得逸賊怒斷之

宗德大美楊里人少孤終身求乞養母士颩瓦罌供奉甚謹巾帬廁牏浣滌必親十餘年如一日母愉愉然不自知其貧賤也

許纔癸年十一人市乞食賊強致之罵曰吾以母病無所得食故來乞耳豈爲賊用賊怒立斷其首投諸河

謝達明性友愛與族弟玉書同居玉書死達明奉其母如母鄉里重焉賊至闔門死難

馬錫蕃字竹泉清白里人監生賊陷宜興錫蕃方在都聞之遄歸賊至村母被焚錫蕃號哭罵賊死時有丁壽保者奉母避賊從子隨之賊將及母與從子投水壽保號泣亦自沈

余恩宣候選縣丞張渚人父年踰八旬爲賊所執將見殺恩宣

伏父身祈代賊兩捨之後復遇賊死

儲灃尊義人杏元幼子從父兄避亂遇賊執其父兄灃涕泣請釋其父賊義而從之復請釋兄賊怒殺之時年裁十七

夏金義負母避自泥山中遇賊殺其母金義徒手與搏卒見殺

又有朱金春見母被賊害觸石死

吳明德禾豐里人賊初擾携家屬輾徙避地旣而母老憚行明德奉母旋里遇賊賊縛母索銀明德遮前奪之賊先殺其母復執明德剖腹斷支妻金投兒赴水死見列女錄

邵梅臣字迪甫士庄圩人咸豐十年四月賊執其父將行梅臣挺身出曰父年老不如吾隨汝去賊從之父得脫梅臣躍水死

文學錄

天地胡爲不敝也扶輿磅礴之氣鬱久而光日月耀其靈風雲變其態山嶽峙其巒崿江海盪其波濤以至鳥獸蟲魚草木之華實皆各呈其可喜可愕之狀而人之稟清淑而生者旣孰晧焉而積之于胷書之于手麟麟炳炳久而愈新文學之事上矣而在聖門爲下科何也豈不以道德功名學期濟世文焉而已疑不適於實用故乎夫文者質之表也其中不實其外不華宜興荆谿夙多能文士騰茂實蜚英聲上者以經學術其次以史學其次以詞學至于制舉之藝亦能黜浮崇雅成一家言巍乎若君山之雄特浩乎若震澤之巻范人文之萃幾幾乎極盛而

難繼哉雖然六合大矣千古遠矣今試仰以觀俯以察天象依然地輿如故而問談天之璣星宿日增矣論測地之徒山川日闢矣文章之道與天地相終極自倉史而降作者不盡宣其蘊述者豈能盡窮其源人才雖衆戢犄雖緐必有一塗焉爲古所未經俟有志力者之自逦而自至謂我所學者皆已盡於古人此自誣而亦誣古也韓子有云百物朝夕所見者人皆不注視也睹其異則共觀而言之異非爲難之謂謂能獨求其是而不襲於前可傳於後而已矣道光以來文學之士若未能盛於昔時要其不襲而可傳者固有人在也今即都人士之文譽夙彰及鄉曲之儒閉戶力學者並錄之俾覽者亦庶乎知所從

焉
吳德旋字仲倫幼有神童譽旣長以廩貢生入都三試不偶絕
意舉業攻古文宗韓退之氏一主於法時姚鼐方爲海內文宗
學者翕然稱桐城派見德旋所著深結之由是學姚氏者皆步
趨吳氏然德旋實有志聖賢之學旣不爲世用特託於文以爲
養心之助嘗與同里路應廷書云德旋於朱子象山河東姚江
諸大儒之書亦嘗博觀而詳攷之顧自以心雜不專不敢遂名
其學昔人有云一自命爲文士便不足觀殫一生之心力以求
爲不足觀之人而猶未必得殊可浩歎應廷得其書三復誦
以爲有道之言非文人所能託也德旋旣以文重於時又能詩

善書當世名公卿多以厚幣聘之所得隨散去年七十三卒家
無餘財門人時金葬之
吳蓮字宸載西山前人工詩古文又善天文術數之學著有毅
貽集及易象圖說同里周教授濟出其門子自培亦多撰著
劉鑑字彭甫晚號弦齋諸生自少以詩文儁長游京師轉客中
州羈南豐前後十餘年歸古文益進持論極謹嚴嘗作荆南人
物考吳德旋序之謂足以信今傳後平生著述甚夥俱未梓行
從子際辰字春江歲貢生工書畫亦有文名
湯溶字少博先甲孫廩貢生博學能文掌教東坡書院一時俊
彥如李錫瓚穆文溶諸君皆出其門闓文毅公聘修楚南道州
志考古證今人倚信史以膺錄選興化縣訓導嚴立課程爲儲
吳會月三課士翕鄉學陞嘉定教諭課諸生如興化時書法腴
秀得十三行神髓寸縑尺素得者珍之
周上珍字麟書舉人爲文出入經史淵博宏深博覽強識摘錄
古人言有裨身心者自省兼以勵人大挑知縣以母老不就訓
迪多成就如陳明經錫光徐刺史大勳溧陽史孝廉蟠史大令
復善皆出其門下
陳賦字曉樹周鐵橋人拔貢生讀書過目成誦道光庚子脩邑
志與參校與吳德旋路同申武進李兆洛友善日以詩古文詞
相切劘中年目盲口授經義生徒隨聽隨錄爲四書直指經亂

燬惟中庸殘卷尙存
胡淦字鑑淵博極羣書尤邃經學年五十始領鄉薦成果亭少
司寇聞其名延課子弟時張格爾初平淦作蕩平回疆賦三千
言獻之見者咋舌謂能以班張京都之格攄韓柳歌頌之章甫
括似書純雅似詩雖古人復生未肯多讓也旣奉
旨賞翰林院典簿主崇明瀛洲書院晚歸里値歲洊饑貧民無
以自存盜賊且熾淦創捐義社以賑饑殍兼用保甲法條陳之
大府允其請貧者樂生富者安枕語在善堂記子庭樹監生有
文名應京兆試屢薦不售瑞梓順天籍舉人選元氏縣訓導未
及任卒

潘光序字曉村諸生父恩紱令粤東隨侍任所十餘年父致仕歸宦橐蕭然光序以筆耕供甘旨先是母歿封川旅櫬浮厝光序往返萬里負骨歸迨父卒喪葬畢遂舍舉業攻古文詞一時碑銘記狀多出其手性澹泊尠嗜好手一編寒暑不輟與人交恂恂和藹婺源齊彥槐贈聯云心地推忠厚長者頭銜署醉吟先生人以為雅切著述等身毀於賊今存臘稿一卷子謙受字竹庖從子澍森字晴谿同游京師名噪甚謙受為鎮洋盛大士高弟荆學師沈欽裴甚器之顧數奇以附監生屢應南北闈佹得復失訓徒終身弟子多造就者為梓其小題文及試律行世澍森雋京兆試後游豫中士大夫爭聘為師所著詩文兵燹多佚

陳錫光字闐散讀書過目成誦初書院試邑令疑其幼面試之累冠童子軍踰歲補附學生旋餼於庠省闈歷十三薦不售乃絕意進取博涉旁通嘗客維揚鹺署諸名士推祭酒陶文毅總督兩江致之幕府至以海內文宗陳伯玉比之錫光古文學韓柳詩宗明季詞曲豪邁似蘇辛綺旎似屯田白石駢體沉博絕麗追蹤老穆嘗試澄江以方澤禮成命題錫光規仿三大體賦成數千言學使賞歎一時傳鈔殆徧其授徒課藝必偕作故積稾至五千首年七十餘卒卒之前日猶手卷誦讀益勖學其天性也

徐其志字伯宏諸生保舉訓導性通敏工古文詞博極羣書尤講求經世之學為同郡李兆洛入室弟子客袁浦揚河帥以揩幕作治河總畧洞悉利弊粤西賊起博論兵事作叩囊韻語同邑潘光序之謂其綜括史事於三千年來成敗興壞之故暨輿地之形勝軍情之向背糗糧之儲峙戈鋋之利鈍講明切究瞭如指掌其餘著作尚夥並見藏籍攷咸豐庚申賊至被害弟城字仲堅能詩

路元崇字存之父應蘇為邑名孝廉元崇幼承庭訓發憤讀書寢不解衣者三年學大進補諸生試輒高等從游日眾性嚴正不妄交士林咸推重焉

周之誥字助齋之型字半霞之冕弟皆諸生性篤摯敦內行之誥評注經籍至老不倦之型早歲餼於庠尤善詩古體追漢魏律宗盛唐著有半霞詩稿十二卷

蔣科字汝登工古文詞同邑張衢海甯吳騫甚重之選詩文及著述甚多子頌芬家芬頌芬字子香諸生亦以古文名死粤寇家芬好為詩餘有南宋人風味

周鴻遴字雲路諸生父汝為敦行力學有聲庠序鴻遴早歲喪父事母孝四十年如一日撫孤弟成立邃經學善訓迪經其指授輒獲雋去年逾六旬猶誦讀不輟

許玉蟾字可亭歲貢生幼穎悟工文詞游山右李太守荃任所

主講鳳山書院文風丕振著有鳳山雜詠嘉慶間任江甯訓導
監鍾山書院士林翕服年八十卒子泰孫過春皆名諸生
周本智字德輝廪貢生工文章原本經史屢薦不售乃肆力於
詩古文詞一時名士如任安上潘允喆萬望湯翰吳衡章皆推
重之
石鳴玉字璧庚知過里人力學能文嘗與同邑任太史泰胡孝
廉淦溧陽彭進士虎文等聯森社會課角藝屢冠其曹家素豐
慷慨好施卒以困約道光初徵舉孝廉方正邑人謀以鳴玉應
固辭乃止卲金彪輯其文百首顏曰百藝錄序而行之
蔣維城字義和諸生幼失怙食貧力學無閒寒暑爲文俊偉光

明屢赴省試不售晚益好學不倦宗族子弟賴以造就著有八
生十則行世
潘汝棻字春圃居蜀山鎭績學力行嘉慶戊寅登賢書三上春
官不售遂絕意進取閉戶讀書著錄等身教弟子務以實學仲
子光耀壯歲游京師名下士見其文者皆與之交從子光滈字
楚青光焻字尊樓並廪生有文譽
沈雲從字鏡山歲貢生幼奇慧爲文援筆立就弱冠後授徒里
中弟子著籍者數十人如萬方伯貢珍朱孝廉懿初福初其尤
著也與弟雲驤友愛尤篤雲驤四歲失怙雲從飲食教誨之卒
成進士已獨數奇不偶乃託岐黃以濟世延之者投劑輒效

任滄文字進帆庠生諄事親親歿忌日必泣工制藝浸淫古大
家游其門者多知名士尤耽吟詠與沈欽裴劉鐘吳衡章倡和
諸作具有清超雅麗之致晚年學益邃著有進帆文集綴園詩
集子懋先字露園諸生早卒人謂其詩似李長吉云
蔣維金字秉庚諸生善治經至老不勌與雷墅傅鴻騫以經學
相切磋鴻騫字杏芳增生工古文詞著有經解條辨半舫軒偶
鈔子蓉亦增生有文譽早卒
林子春字仰之湯渡人工文兼能詩從兄子友梅亦以詩名包
世臣刊入
國朝詩選

徐達會字與耕棻子諸生壯歲幕游所至皆重其名其在閩也
吳學使鍾駿聘之教子師道日尊子承基字繼畬晚號迂園增
生早有文譽婺源齊彥槐目爲異才荆學師沈欽裴尤器之顧
久困省試李公聯琇視學江蘇得其文深加歎椀教授里中門
多知名士著有課徒草懷粦堂制藝
路元遇字封巖學宏孫歲貢生性和藹事親孝年近七旬猶依
依孺慕生平無嗜好獨耽經史教授里門巷不容車而執業者
滿旁舍弟子以次轉相授多知名士晚歲推經師祭酒邑人尊
之以爲伏生申公之流也嘗效懷素體作草書一時紙貴庚申
賊至被害年八十

邵金彪字秋僊原名彪祥諸生少時見重於同邑潘辰雅周濟
路同申及武進李兆洛自天文地理下及方伎農工靡不周習
健步善啖一飯斗米亦能旬日不食嘗授徒四十里外夜歸明
晨館人啟戶則已在門矣道光癸未歲大饑絕糧偃卧其友宗
召棠贈米十石銀十餅遂起治裝徒行出沭入都餬書供食復
占籍應試改今名宛平令得其文擊節稱才士以冠軍補弟子
員旋餼於庠館某家松文清公與某有戚過見金彪談甚得上
詩千二百言文清欲為延譽薦于朝會誕辰朝士皆集折柬招
之金彪敝衣冠往作山野狀文清知其意不果薦然稱之未嘗
去口也金彪故善擊劍歲壬寅海疆不靖將投營建功既往矣

錫金縣新志 卷八 人物 文學 巽

乃廢然返重游京師得序貢歸數年卒金彪穎敏強記讀書三
過終身不忘為文操筆立就著有文詩集及綠綺琴曲印譜花
經崔書黼錄其集將為付梓遭亂散佚惟花經存
崔書黼字仲綸副貢生與兄書冕同師陳明經賦書冕以詞章
書黼以古文為師所許弱冠餼於庠博誦勤思不為空虛迂闊
之學晚嗜金石以善書稱於時著述甚富詳載籍致張文毅視
學江蘇重其名題通經致用額贈之弟書黻少從學後登賢書
主馬洲書院士人欽慕皆書黼教也書黼敦文竺行嘗閱太湖
風濤之險議捐救生船捐貲勒石事未竟遭粵賊難抑鬱卒有
增生高抱芬者字子悅書黼賞其詩文嘗館諸家賊至亦死難

張錦字秋圃廩貢生游京師肄業成均司成見其文擊節歎賞
延課子弟一時名士皆與交錦得其切磋遂以詩古文名晚歲
潛研經學著有五經闡義十二卷蛾隱居文集十六卷一瓢齋詩
鈔四卷
吳劉檣字立亭嵩字亥子諸生性摯而慧自幼屬文已驚長老
中歲授徒從游者試輒售館課外專力治經嘗病宋聶氏圖三
禮襲謬造虛多失古制精心考訂作三禮圖正訛兵燹後稿佚
子榮及林皆世家學榮廩生治漢易粵匪至率團禦之既敗憂
憤卒林舉人選嘉定縣教諭未任卒
蔣麟翔字春皋廩生績學能文試輒冠其曹後因哭母失明坐

錫金縣新志 卷八 人物 文學 巽

臥斗室中口授耳提課徒教子雙眸炯炯者自謂不及也子光
泰字珠豐為名諸生著有愛吾廬課徒草庚申之難與族姪孫
賡南邢避地西倉里同絕食死賡南字莘洲善填詞邢字軼凡
工文皆諸生
李世綸字晦齋荃長子食貧養志母疾籲天祈代居喪哀毀骨
立試于邑李邑侯數文拔冠多士及院試乃疾作後遂不復應
試從季父森讀書講求實踐經書及四子書皆有撰述從弟錫
紳晉紳錫紳字嘯山諸生能詩工書晉紳字秋泉亦善詩文嘗
酌載文公家禮嫁娶喪祭可遵行者為一編鄉里宗之
歐賦字露堂郡增生性坦直撫城府幼與弟文友愛對牀風雨

有蘇家軾轍風工古文詞邑名宿吳德旋潘光序競爲延與當自賞雁歸過歙人有急難即傾橐付之子彬字儒卿淼字懈卿能世其業

吳介祈字希三舉人有學行司訓合肥諸生樂以爲師工書翰尤精李陽冰篆法嘗錄古箴銘貽同學得者珍之吳琳字瑤圃與介祈同族齊名爲文操筆立就說理精深登辛卯賢書庚申城陷憤不食死

萬貢璆字香巢望子少與溧陽包世臣江都符保森邵陽魏源同郡李兆洛相引重購旅園以奉親廣植花木詞人多從其游性伉爽喜任事邑有善舉咸推董理工書畫若楔有韻著述並

見載籍攷

吳遷字啟堂號止齋早有文譽壯歲游京師與同邑潘金相字少白者交相善名相埒也金相館都中縉紳子弟從游者輒獲巍科遷門下尤多顯達楊方伯能格楊制軍霈令相國寶鋆其最著者道光己亥金相冠南卷於北闈遷亦以是年獲傷晚歸里足跡趾至城邑邑令亦無知遷者楊公能格開藩蘇省於宜邑令謁見時問師近狀令愕然不能置對其不見要人類如此庚申之變遷及子辰皆死於難全家殉焉著有止齋文集亦散佚不存

史紹聞字訥堂與兄承棨幼皆穎異承棨舉嘉慶丙子賢書紹聞繼登數榜道光壬午癸未聯捷選徽州教授諸生慕其名負笈者自遠而至績溪胡侍郎肇智婺源王方伯友端歙朱編脩蘭皆嘗受業者也年未五十引疾歸弟兄煮茗論文不與外事粵賊之難皆絕食死承棨字傳堂

任晟字曙堂所字曉峯惇典子並早慧同補博士弟子員晟制藝宗名大家兼工古文詞道光乙酉以拔萃貢成均族父庶常君泰館相國英和第晟以詩文就質相國見之大爲延譽賀長齡方伯輯

皇朝經世文編延入幕多所商定解館日盡以贏金購書歸從事丹鉛至老不勸著有易義集成春秋四傳折衷離騷述意等

書晟性高潛同歲生龔潤森宰荊谿晟報謁之外未嘗一至龔試諸生於書院以子游爲武城宰命題有生納卷龔問之曰汝知邑有澹臺滅明否生曰如公言其任某乎龔曰是也其爲時見重如此晟居綴園弟昕居東郭怡園日往視兄綴園怡園之詩倡和成帙皆喜獎後進爲時名師有王榮者字午亭貧而好學晟引之門下榮感知自勵聲儁一黌天不假年士林惜焉昕門下尤多知名士登甲乙科者踵相接而昕亦以明經終

儲志爲字念程諸生父文驄以文學名志爲能紹其業學愈邃品愈純生平無疾言遽色子用汝亦名諸生孫適臺五歲能詩十歲徧讀十三經及漢唐宋古文下筆千言有神童之目惜早

卒

范銘字竹亭西䓁里人篤於孝友年近六旬侍慈幃猶依依孺慕性好施與而處已謹約遭横逆泆然置之爲文清剛雋上著有一得草二卷自得草一卷

蔣士文字衷樵歲貢生總角遊庠益肆力於經史壯游淮上周進士濟教授斯郡謂所交諸名士曰蔣君學殖湛深吾鄉佳士也省闈累薦不售晚主宗政族姓賫爲表率從弟文照字硯芸監生亦能文

馬用圭字益齋有光子舉人父敬師督教嚴語在義行錄用圭體父志攻苦甚力爲文根柢經史不屑媚時其獲雋藝至今

膾炙人口

李杜文字冠唐弱歲補諸生如皋令范君得其闈藝甚賞之薦不售招入署時冒氏水繪園爲邑中名勝每遇良辰詞人畢集杜文即席題咏傳誦一時閱歲登賢書後選溧水教諭未任庚申城陷奉母居鄉遇賊被害所著多散失惟存率意吟草二卷

史景灝字子眞廩生敦品誼能文章家貧授徒陶冶曲至徐大令家洪鳴臯昆季從之游皆掇巍科以去著有課徒文鈔弟大埜諸生亦以能文名

儲潮字問濤止次子舉人九歲能文嘗夜讀文選隨月影移坐四鼓乃寢鄉舉後文課不失期者十餘年積稾千五百首邑中勤學者莫之及也又善詩著有芸窗雜咏

儲瀚字茂恭刻苦力學文品高古爲一時名諸生弟濟字峇洲舉人爲文駿厲雄深傾倒時俊晚選雲南尭雄知縣行經蜀中吳制軍棠重濟才學特奏留司筆札焉

儲炳照原名炳字蔚齋諸生好吟咏嘗與任愁先葉超等唱和成帙愛畫溪山水之勝隱居湖汶以詩書自娛

儲鴻字衎齋舉人能文工詩居京師最久每成一藝脫稾後輒爲人傳誦聲名徧于日下著有碧雲詞行世

盧煥字葆光裴渚人諸生早歲積學寒暑一編遇文社雖遠必裹筆往一藝出輒冠其曹著有艾溪詩草

劉廷玉字蘊白廩生幼孤事母孝博學强記能文工書歲科試常冠軍授徒十餘載門下率知名士著作多佚弟廷珍字復唐諸生書法挺秀似其兄遇賊不屈死同時史南屏亜熙者名與廷玉相埒兼善畫亦諸生

儲湄士字麗江同本子諸生能文工詩詞儀徵阮相國嘗曰儲君詩格學輞川香山至寫意處直從三百篇悟出漕督王雨山亦謂與儲君交如飲醇醪非獨詩之能移人也其見重名流如此晚自訂安素軒詩詞稿

儲翼馨字亷泉　恩貢生博覽多識文雅健雄深弟子經指授輒獲雋鄉賢儲同人先生向無專祠翼馨偕族叔祖成因在陸

草堂舊址與建祠致祭焉著有廉泉存稿從孫起鵬亦有文名早卒

李樹齡字松崖　恩貢生爲人古貌古心師事路元週於隱逸交陸與喬於方外交僧掃葉日相切劘遂以詩古文名教授數十年校藝精嚴評無假借粵匪至避亂鄉居鬱鬱致疾卒疾中成秋夜有感詩四章悱惻動人兄樹滋亦有文譽

徐煌字訒堂舉人工詩文沈思渺慮直追先正族人文燾字少山銘字織三俱名諸生文燾文筆英挺詩賦雄奇銘績學敦行爲文長於理境深入顯出著有易說求善略說閒齋筆記

蔣文仲字竹樓性瀟灑有幹畧工古文詞寄籍宛平以舉人大挑發南河時河帥麟公因其年少詢以淮揚水利文仲條對甚悉爲所賞有英年飽學之稱令攝高郵州通判制軍陶文毅視河濟江亦以通材許常校清淮書院課藝衡鑒精塙士論多推服焉

吳尹卿字贊堂有斐子博極羣書尤精制藝弱歲爲郡贊儁試輒冠軍與裴家秦其文爲圭臬弟子自遠而至者數百人既登賢書猶教授爲時有趙立成字禮堂亦舉人能文工詩一試春官不售絕意進取授經終其身

張纁字雲卿號陶軒　恩貢生棠下里人幼穎敏讀書目數行下淹貫經史行文雅正著有陶軒文鈔

許體言字思恕諸生幼承家學博通經史文以古大家自期著有遠山文草後遇賊投水死桑亦散佚子鳳鏘有聲賢序早卒

曹炳燮字鐵香煥孫幼精敏從伯兄錫晉學爲文出入經史根柢嫺深道光乙巳成進士出庶吉士授工部主事以親老告終養有令裕堂試帖行世錫晉字康三廩生季弟贊雲亦受業並有聲庠序

潘嘉謨字楠堂歲貢生學養完粹制舉業尤爲時望所宗周京兆家楣任方伯道鎔徐大令鳴泉太守璋文族弟庶常家鈺俱出門下其薦賢書儁發者尤指不勝僂嘉謨獨屢薦屢黜晚歲絕意進取專以陶鎔後進爲已任庚申賊至避亂轉徙以疾卒子葆源字蘊甫附貢生亦能文

丁本宗字曉山諸生西村里人工書能古文詞家貧授徒教必先行後文性落落寡合惟與蔣榮樾稱莫逆交榮樾字楠堂師瀆里人郡增生

崔迺翬字芋堂錫華孫以進士宰山東晉階直隸州兩充鄉闈分校皆稱得人權黃縣時振興書院試士甚嚴後補陵縣以母憂未及任迺翬少承祖訓名籍甚嘗擬庾子山哀江南賦曾文正官翰林時見之極爲賞其文出入經史博奧蒼堅自成一格晚年尤講地理合肥相國聘修直隸通志以河渠志屬之又檄令視河道迺翬親歷詳考著治河說爲時推重後卒于京師年

六十有七著述見載籍攷
吳同午字午生辰子少通敏博覽羣書爲文衍潔有法喜積書
畫碑刻工詩精篆隸楷法著作甚多俱見載籍攷
周人卓字紉秋與人性開爽豪於文其傳京兆也澍敬亭太史
目爲奇才人卓亦雅善識拔邑後進高才生王斯恭久困童子
試人未之重人卓見其文大驚爲之延譽斯恭卒以詩古文詞
名他邑州類然中年後累游南北一時推服
談汝爲字筠亭諸生爲文豪邁有奇氣試輒高等然數奇不遇
益肆力於古文詩辭弟汝諧字杏庭歲貢生品端方坐立不跛
倚雖盛暑未嘗短襦邑中慕其學者爭執贄門下庚申之難絕

宜興荆谿縣新志 卷八 人物 文學

食僵臥有饋以米者强而後受卒鬻田數畝以償其值其取與
不苟類如此
鄒汝濟字蘭楫諸生堰北里人家貧授徒以能文名尤工詩著
有蘭楫詩草
鄒一冲字翼雲廩生工文尤長於詩賦試屢冠軍李學使煌得
其文激賞嗟歎許以來歲置諸拔萃科未及試李公疾卒人爭
惜之
潘承緒字雨亭廩貢生十試省闈屢薦不售經亂挈眷渡江貧
無隔日炊承緒與子方儒日手一編不輟有以文就正者竄改
立就人咸歎服從兄士起子鍾獄文亦以敏捷稱著有鶴亭經
解及賦鈔梓行賊聞其名欲致之不從餓死承緒賊平還里年
且六旬猶好學不倦方儒傳京兆試敦品勵行事後母以謹順
稱
蔣星榆字白巷諸生屢薦南北闈文譽鵲起公卿間爭禮聘之
從游者均掇科甲有見心集文選
徐鳴時字鏡湖幼聰穎逮長博覽羣書於天文星學卜筭岐黃
各極精妙書法工隸篆尤精詩古文詞著有離騷淺註讀左心
得讀莊心得聽蕉雨軒詞賦
吳淞字半江諸生弱冠即善吟詠儲孝廉徵甲爲序其詩博覽
羣書熟邑中掌故恒與族兄辰考訂前言往行彙錄成帙嘗赴

宜興荆谿縣新志 卷八 人物 文學

承宣試已投卷聞母病徹挨亟歸人以是重之李炳章者字蔚
堂與淞同巷居亦諸生屢薦不售困頓無聊之概常發爲文章
而淞文獨純雅平正然皆爲前輩所稱
儲世臣字子周績學工詩詞鄉試累五薦以上舍生終身著有
鴻雪館詞鈔
吳山字有美諸生歸美里人有精思爲文出語幽邃中年補博
士弟子員不喜制舉業潛心算術嘗以三角八綫之法折減倍
加推求星度作天學分度凡十卷又好作回文詩有璿璣錦餘
圖極巧窮工眩人心目粵賊之變率團拒賊受傷死
周恩霈字春濤徵子少嗜學爲文英偉卓犖尤工儷體及詩賦

家貧授徒發明四書五經義類異同學者翕然宗之既入都備京兆試充咸安宮教習考取國子監學正唐公訓方撫畹聘辦文案改保知縣恰制軍良楊方伯能格皆都中舊居停也蒞金陵均延入署凡翰墨事悉委焉著有六經輯要知不足齋詩集駢文雜存

任夔奏字鳴一諸生詩文高潔有家法中年習算學遂造精詣推測日月五星躔度著有衍明弧線算法衍明四書圖攷衍明人物備攷

徐丹桂字星珊舉人以軍功保案察使銜特用道

貴孔雀翎生有夙慧一藝出輒驚其長老兼工駢體文沈博與

衍人謂盈川復生居京師名噪公卿間遇有大典禮應奉文字每出其手嘗爲某太史捉筆大邀

宸賞不半年太史遂得優擢自是才名益著云

潘家鈺字擷珊咸豐壬戌進士選庶常改工部主事嘗館曾慕懃家以清介不阿爲曾所重丁父艱歸時合肥相國撫吳家鈺上書論事相國深器倚之保直隸州知州發山西尋丁母艱曾文正公夙重其文延之課子待有加禮服闋赴官未幾卒

任慶曾字謝庭增生成童時有才子之目詩文高古同人望而卻步宿儒吳辰極加傾賞慶曾族人任棣華任桐華兄弟俱工詩文棣華字韡亭廩生書仿文衡山尤耽經學桐華字漁亭

蔣仁洲字春浦廩生工文詞門下經其指授輒掇科第去中歲研精周易旁推交通獨有心得晉卜筮兼習青烏家言賊至後屏居斗室積二年抑鬱卒

邵森門字芷香諸生立品端方制藝力追先正家貧教授鄉里從游者皆謹飭之士

鄒鎔士字翔藻廩生家貧嗜學從路元暹游爲文清眞衡古不能俯仰時俗年三十餘始補諸生庚申城陷投河死著有五經奧義五卷翔藻吟草一卷

王斯恭字廷村諸生經藝高古小試輒絀年四十學使臨川李公聯琇至始拔遺得之明年餼於庠斯恭家貧力學尤工詩詞

深古簡淡同邑翁服庚申避亂山中猶囊所著文以自隨兄青岷在長興往省焉爲土人所害聞者悲之著有莪園詩鈔詞鈔青岷亦能詩

葛翰章字墨卿白宕里人性高潔不樂進取構一齋讀書其中顏曰樂在所作古文詩詞及駢體尺牘皆有清新俊逸之致著有樂在齋古文

崔望賢字竺三徵燮子舉人敎習候選知縣少即冠童子軍文譽鵲起嘗館巨室東弟子嚴以文行敦勖師道日尊性峻潔不妄交游潛心宋五子書具有心得著學說一卷發蒙必讀一卷業未竟而卒叢蘭之敗士林惜之

義行錄

孔門之科德行居首前史有獨行傳或涉乎偏矣夫豈以耨而藺蕙茂蓁木頓而樅栝森行以義稱蓋起于後世乎陽羨山水清奇其人多忼慨尙義剪賊之平蔵莠未薙而招致羣桀之徒又陳椽焉非揚清而激濁佩義之徒勢將日起夫喻義之學精矣取義之事大矣充類至極疇可易言大不遺細精不廢麤雖皇降衷厥有恆性聖賢之所不克盡者蚩甿庸豎旨得備其偏端㷭券指囷均樂施之事成梁設渡亦利濟之方或閉戶而厲俗或出門而借交或師緇屋之貞或效披裘之潔修已及物品彙殊焉翳夫懷忠而不以節著佐治而不以績名豪俠之舉見

重於儒林任血之風推端於孝友非必諸文人學士而一行之善各成厥是其激於至性與抑成于好名與善善從長概爲裒錄譬猶君山雄偉而峯之僂大小坏者並峙部婁霞澤蒼茫而水之注東西沈者亦收涓滴也

徐景瀛字濤峯燦孫國子監生候選縣丞少即凝重外和內介視同氣尤篤親屬貧乏賙䘏忘倦佃負租者察其貧輒不責償顧厚周之與曹佩和珩從弟彥容景洞董育嬰堂事數十年殫心經理曉歲鄉望益重人稱者德長者無閒言子一桂成棟皆有父風

一桂字石琴增生性樂善邑有大役奇荒必延經理道光戊申淮揚水災流民渡江一桂與同志倡捐安插留養資水糊資遣還鄉己酉大水復力任振事不足則捐貲以濟振畢而一桂以積勞得疾卒饑民數萬皆愴惻下淚子孫登甲榜入詞苑舉賢書貢明經者比肩接踵邑中仕宦之家偁盛焉

成棟字際雲附貢生少負幹略經理嬰堂義倉諸務多所規畫咸豐丙辰大旱邑北境爲陽湖界西鄉枯瘠尤甚成棟與戚屬俞企棠諴錢粟在作糜以振周被百二十都費不貲鄉人爲詩歌以頌振畢歸米價猶未平又爲麥麪半價以售饑民便之其存心施濟皆此類也

儲雄字翰飛監生家僅中產邑有市廛三歲入僦貲悉用賙乏

嘉慶甲戌旱荒雄於里中捐設粥廠仇者訟之巡撫張公嘉雄樂善好施奏給州同銜斥其仇仇始帖孫麐冀後成進士知宮途縣事廣載慶餘俱有聲庠序

歐謨字兆山監生幼失恃事後母孝積學不售旁通陰陽地理諸書道光三年水災捐貲煮粥所活甚眾後倡建下邾橋及余皮村燈樓又與戚某建男留燈樓捐行者德之

任滄澤字續節援例得理問職幼孤事嫡母色養不怠者四十年敬叔父如父事必諮而後行撫愛從弟恩惻從子推家範者首及焉嘉慶辛酉詔郡邑建文昌廟道光乙未復建崇先祠皆捐多金爲倡并置

市廛賁歲修適澤祖居徐里毗連山鄉恒苦旱爲請于邑令建
利農閘著水激田至今賴之著有毗亭詩稾
蔣嵩字壽朋諸生與易樂善道光間旱潦頻仍前後設廠煮粥
全活無算復偕儲鳳儀諸人立厚餘堂以備荒振捐建三洞橋
經理育嬰堂善舉不勝縷述年八十餘猶啟迪後學講論忘倦
子嗣琦監生廷謨諸生均有父風
俞豫源字鑒泉和橋人議叙州吏目性好施貧者常焚其券
邑中善舉如振饑施藥捨櫬事率捐資爲倡邑侯李旌其門曰
樂善不倦壽登大耋五代同堂
儲家亨字虞獻能文章尤精隸法胡學使高望見之屬其從子

錫騏以百金求書家亨笑曰吾以筆墨自娛乃貨取耶書而還
其金學使嘉之贈額曰廉潔可風
徐治字開倫監生伉激杖義生平救急振乏事甚多族子某秀
而貧資之讀後登賢書作通守鄰村某欲遷塋嚴地治止之倍
償其直
徐鈺字輝山弟銳字慕卿俱監生性友愛兄弟同爨終身一家
二十餘口無閒言素好施與乾隆乙巳歲大饑首捐煮粥徧食
餓者鈺卒銳日夜悲泣未逾月亦卒家人遵遺命合葬焉
周秉鈞字靜齋諸生父汝礪修學著書多行陰善秉鈞少承庭
訓研經勵行尤以濟物爲心邑中義舉皆身任之先後經建橋
梁二十餘所道光庚子辛丑迭辦振局昕夕籌濟人感其誠勸
捐無弗應創立宏濟誠善兩堂歲施米及豬衣以濟貧乏又設
義阡掩骼骨之無主者晚歲猶訓孫輩讀五經洎諸註疏背誦
解說也有錯漏子蔭南文行俱粹語在儒林錄孫曾皆以科名
顯
徐光亨字潔菴主事學至子監生以守祖墓居西洋渚性侃直
有幹略鄉鄰有爭訟輒平之子煜輝諸生亦嘗設因利倉以贍
鄉里
徐名驤字馭良監生孝謹純樸不苟取予慕游楚北所至有聲
吳有斐字雅山廟頭里人廩生順親睦族里黨僉倚授經爲業

道光己亥庚子兩遭水患附近居民嗷嗷待哺有斐以所積館
金糴穀按戶口大小給之
徐升謝莊里人諸生家不豐而好施道光癸未大水傾家振饑
嘗出外鬻田得錢四十餘緡歸途有婦哭者詢爲夫負債將鬻
以償券成矣升即以錢贖之毀其券而返時已除夕索逋者方
在門聞而義之子錫文舉人官四川新都知縣
潘騂字文振允喆子　恩貢生騂承家學能文章尤篤品誼邑
有公事皆推董治嘗督修城垣費省而工固西谿就安橋圮獨
力成之道光戊申重游泮水學使額旌曰經明行修兄人鴻字
文郁附貢生弟駿字文俊太學生均有文行人鴻因侍母疾遂

精岐黃恒蓄善藥以給貧者駿有幹略經理善堂修建橋道貲力交殫又有族弟福森字書常援例得候選縣丞游幕黔中二十載以砥節厲行稱

史緯義莊里人監生敦行嗜學師事張衢友事吳德旋年逾七十學不倦著自怡軒稿李兆洛序行之饒於財捐貲振飢爲一鄉最子大奎能繼其業

黃星照字劬園附貢生博學工詩宿於貲庚子辛丑洊飢星照倡捐施粥從子某貧不能娶資助之尤善獎勵後進子中有父風亦諸生

儲遂泮臧林里人道光己亥七月閒農苦淫雨告災格於例遂

泮年已八十餘聞新撫蒞任往攀轅訴之得入告合郡均以減賦鄉居設立條約嚴禁賭博有爭訟事輒排解與弟遂沽遂藻有三老之稱遂藻年八十餘賊至死於難

謝觀生彭巷里人乾隆五十九年重建三洞橋觀生督傭工所蓄七十金助之

朱以致字瑜堂諸生能文工詩性行純篤與同學友許錫光偕入都許以疾卒目不瞑以致撫之曰我爾身也請以我女爲爾子婦何如乃瞑既爲殯殮以柩歸又教其子於家以致善相地嘗卜吉壤葬祖術者曰地良吉然不利於君以致曰吾祖吉吾之利也卒葬之從子麗宣少穎拔督教甚至及貴賜如其官著有聽雪軒詩文集錫光字芝田大興籍廩生文亦有名

朱兆炳字科吉諸生性嚴毅父苻秉鐸昆陽留兆炳佐家事食指逾百無荒於嬉者晚歲主宗政建議必行族子弟敬畏之容至其家內外靜肅唯聞塾中琅琅誦讀聲子懿初福初懿初字彝堂福初字錦堂皆舉人並擅文譽以經藝教授門下士多發名成業者懿初經理宗祠整修書院各殫心力福初選碭山教諭不赴道光己酉振荒在局尤稱公慎子孫以甲乙科得官者相繼也

萬鵬字曉滄廩貢生性嗜學課子弟無閒寒暑門下士多擢巍科者每聞見一善必書揭於壁有僕數輩咸爲納婦分以資焚

叅道之弟鴻字陶谿沈靜而慷慨佃某死鴻子之棺貸租以卹其孤寡者二十年鄰嫠無嗣歲給衣食臨死猶囑其子曰無怠也年八十無疾終

馬有光字繩愚士棟第九子監生士棟捐建社倉義塾已見前志有光謹守舊規悉心規畫平生尊禮師長朔望必肅衣冠問起居子用圭舉人見文學錄用賓以邑試第一補弟子員孫之淦福延皆有聲庠序

任聲字鄭圃舉人性和品峻數十里內有爭訟一言立解與族子光斗族孫庚宣籌捐經費倡立救嬰堂貧家無復溺女者其訓子弟一以孝弟爲先

儲同木字耦香祕書子郡增生生平嚴取與年八十矣猶以晉負錢二百緡就館姑蘇得修脯償之咸豐元年例得重遊泮水辭不赴長子滄士語在文學錄次恩承遊幕湘省入讞局多所平反

杭斗文字咫軒功臣館謄錄禮部侍郎圖敏奉使出都邀斗文偕行饋贈無所受侍郎卒於山左斗文護櫬抵燕後應黔督勒公聘卒於營子璠字晜山　恩貢生少孤髫齡時祖母欲笞母輒跪求代母以憂成肺癰祖母以怒成膈疽璠侍湯藥衣不解帶者逾年年七十餘忌祭淚輒沾襟刻志讀書無間寒暑著有執中藴義

張維時字素行監生父士楷於龍潭漊口建浮橋每患水衝維時承父志恒加脩治鄉人貧鬻妻措金完之乾隆乙巳歲大飢傾囷振焉嘉慶丁卯又飢出粟給鄰里至明年麥熟止維時熹誦讀好吟詠與張衡陳經黃中理萬之衡諸名士相唱和邑侯唐陶山聞其名賞延至署問民疾苦年八十六無疾終

馬受均字嘉韶邑庠生家素封父炳慷慨好施受均曲意從之無遂邑同學湯路少有俊才妻受均女弟以學問相期許既乃累薦不售家中落遂專毉術方藥濟人不受酬曰以繼吾父好施之志也

徐梢字作模元儐子年十二補弟子員長好學服膺呂子呻吟語後以養親習申韓術游關中歷佐大府幕皆有聲涿州盧敏肅公督楚延致之逆猺之平多用其謀子夢陽字旭庭亦能承家學

徐廷燦字愼齋承高祖維申志擴南郊節孝祠又剏建兩邑節孝總坊遇歲歉助振常千金道光己酉大水捐錢三千緡例得邀獎辭不受邑人稱樂善好施者必首屈一指焉

儲恩紱字秋坪啟儁子監生道光間就銅山令蕭君幕聘値黃河決浮屍隨流下恩紱借資施櫬復勸邑令設局收瘞爲具稿乞督征發振屢駮復請獲允行所救無算子仁培郡庠生端愨有父風

閔銓字忍菴寬厚好施嘗捐田三十畝入祠供祭遇歲歉捐輸尤力道光癸未水災捐貲勸人補種親族中貧乏者時加周卹精於毉不索謝

閔瀾字文瀾監生猷謨里人事祖母孝所識貧乏靡不被德村西張澤橋圮與族父鍈議重建輸錢千緡先資築隄又捐田於社倉積穀備荒

周敏字璞堂周覲字蘭谿俱監生並有拾金返金事敏受業吳展門下爲善一鄉行鄉約以勵風俗儲社穀以備凶荒道光庚子辛丑荐飢設局振濟覲亦慷慨好施善毉不受酬每夏日循行鄉曲遇貧病者施藥療後業中落有負債繫獄者猶鬻產救

之又有周守勳者字凝遠事親以色養親歿哀毁祭必泣愛弟甚至終身不析爨晚年幕游楚北得千金鈔票於道守三日得主還之以百金贈不受

任尹平東潘村人性耿介嘗道得遺金守至昏黑無跡之者乃廷燈書其事於上比曉有人造請驗所識符卽還之

張步苑字翰卿棠下里人由國子生考授州同知雄於財道光己酉歲奇荒東北瀕湖一帶哀鴻徧野步苑與同志周樸齋備馮柳門燦畢勤園士霖諸人各出千金令其子光序及備從孫鼎士霖子承緒隨燦規蒦事宜於周鐵橋設粥局以食餓者全活無算他善舉如積穀借字育嬰施藥捨櫬修治津梁四人者尤不勝縷述備後村人燦夏坊人士霖周鐵橋人俱國子生與步苑友光序字紹堂鼎字西園承緒字守齋慷慨好施更相交善也

徐沆字天石舉人國子監學正性豪邁不羈家貧襆被入都筆耕自給有餘資輒出以濟困乏戚族游京師者必爲位置後復與同志埒立邑館至今設主祀焉

許溥字飛池茫谿里人諸生少治舉業邑名宿徐瀛士偁其高淡以年例

欽賜副榜性懇摯先後喪兩弟涕泣不已家規肅甚子孫有過輒予杖雖班白不稍寬晚主宗政二十餘年族人鮮犯齒讓者

埒許氏義倉置棲流所他善舉多類是

許璵字尹孚　恩貢生早歲工文長有幹畧鄉閒諸善舉多資董理道光庚子辛丑比年大水璵及族父振倡捐徧勸同人得粟數千石貸及鄉鄰振字南英監生死粵賊難

丁汾字春帆舉人考取國子監學錄教授鄉里多所造就道光己酉水潦圩鄉盡湮汾竭誠勸捐設粥局高塍鎭所活甚衆又設恩濟堂捐貲積穀以濟危困

葛筠字邈谿夏璜子諸生能文好義循南周君宰荆邑時筠與其子同學周移任昭文歿無歸柩貲筠往弔賻百金始得旋里季弟箬字修竹從路應廷游學京口所交皆知名士後棄舉子業讀書自娛顏其齋曰吾亦草廬

尹煥揚字春巖聖感里人與叔範四子幼善屬文與兄殿揚齊名性豪邁好施與刋無作有家業以落道光癸未大水倡捐施粥偕族姪佩階董其事全活甚衆子德謙厚有父風縣學附生佩階附貢生

蔣辰字慶霄監生祖純勤祀孝悌祠辰有志行季弟爵產盡更析田與之遇歉歲發粟振貧里黨周卹尤至

李纂賓字如升監生幼有至性嘗籲天刲股療父疾旣長好行陰善里人子有因窶作竊者纂賓察得之潛予以金曰不足可告我何若此也終身未嘗言其名

蔣澤英字勵卿諸生家貧力學尤樂善嘗倡設普堂及棲流所惜字會經理井井咸豐丙辰旱率農人濬渠七八里禾稼有秋鄰村某以負債鬻妻澤英籌畫代償人稱世有陰德以其祖方仁父秀盈俱嘗破產完人夫婦也庚申變起澤英偕鄉里設局保衛拒賊死

張元啟字棲梧蔣培里人監生家世積善至元啟尤豪爽務解衣毓孤助葬之事不勝殫述道光己酉大水圩鄉皆絕粒元啟既振其里復輸三百緡於總局爲繼橋傾道壞附近者常獨修建鄉人樂頌之

潘士超字卓齋附貢生性嚴謹經理書院數十年士子服其公正荆邑侯俞德淵議建王忠烈祠屬士超董其事殫力營搆堂後建甗梅閣祀忠烈高祖毋陳夫人堵文忠向無祠士超爲屋堂左並祀之復栞其全集年八十遇亂死家廟中

湯士梅字辛園附貢生文恪宗桐城方氏以教授爲業旁通星學嘗著地理管窺及門從之梓正色曰此術家言非儒者所樂道也有伯母寡而貧迎至家事如母終身

周介眉字整㚢后塘里人諸生師同邑李進士宮邑名宿吳德旋佣爲兩漢傳經之學宮卒貧未葬介眉造其廬必泣尋助貲卜吉以厝并爲樹碑銘其墓

蔣贇字秉儀監生蔣順良蔣橫村王寶信陳景華俱澗橋人嘉慶甲戌旱贇傾囷振濟道光己酉大水順良等亦倡捐出米平糶

史致中字立堂諸生性孝友仲兄紹聞任徽州教授致中代庀家政十餘年簿記井井人以謝宏微比之母年老失明致中出入扶持三十年如一日尤寬恕好施貧負貸者不責償道光己酉咸豐丙辰邑兩遇大饑捐振累數百金

徐大榮字際華承模子監生慷慨好義遇善舉必傾貲助鄉里待以舉火者數家子元度亦監生渾厚如其父事嗣母謹咸豐丙辰旱偕從叔祖成棟設振局于陽湖之昇西鄉勞瘁不勌

余豐之字紹泰監生少孤事叔父謹待王父昆弟友愛甚篤性寬平橫逆之來勿校也戚族告匱靡不賙雖厚予未嘗責償亦無德色每遇歉歲助振輒千金多與從兄繹之嘉之其事如修大石壩重建桑園橋倡捐積善堂諸善舉不勝縷述繹之字紹敷嘉之字紹亨俱監生嘉之爲萬卷書樓藏書甚富尤倘博雅云

戴朝珍字覲非幼失怙季父榮教育之事大母謹性喜周急有告者雖罄空金畫必設措以應中年習岐黃青烏家言延請者踵相接或遇貧乏反給醫藥貧人倚長者

周京安字稼園上塘里人疏財仗義宗黨通貸者輒還其券道光癸未歲祲饑民就城中食粥者多空室以往京安出粟按戶

給之里無失業者又首輸粟百石捌建誠意堂
崔書晃字賓宣歲貢生父景耀忍辱勤施宗黨重之書晃少穎
異與弟書楠同師俱見賞器語在文學錄性倜儻排解不德有
武士賴其周卹得官後來謝晃名刺以爲誤也道光庚子北民
避荒就食者廡所止宿即爲屋六楹居之自秋至春給薪米不
劉村旁有蘭山進湖中伏石碎舟爲最險有溺弱莊者建燈樓
以標之書晃與耦計覷山濬二小瀆令舟得避風耦濬其北書
晃濬南進山賑皆石底費不貲斃產償直家至中落不悔也
書晃既以樂善世其家諸弟爭效書楠捐產置救生局季弟書
薇亦助田百畝與建義倉咸豐癸丑金陵既陷劫斂蠭起溫台

客民耕荊谿山中者或爲盜縣令謀請兵悉逐之書晃曰是以
莠毒良也與書楠書薇白于縣行保甲令自察奇衺遂得無事
庚申城陷賊掠村投水遇拼然終得疾以歿
許國梁字奇軒諸生好施與歲祲振濟於常捐外別出貲以給
極貧又捐建義倉粵賊至投水死
李雲程字鄧亭廩生性豪邁重然諾與史文學景瀨汪孝廉鍾
燕爲文字交史質純厚終日訥訥汪倣岸不羣俱兄事雲程汪
入都託雲程贍其家歷數年如一日焉
李文濤字曲江與人弟文瀨字言泉廩生幼孤每背母相對泣
母覺誡曰能讀書即爲令子毋徒傷也兄弟益相砥礪既皆成
名家猶廩空或竊文濤刺干邑令令恐其詐曰李某非公不至
安得有此與賊之亂望家遁上文瀨不及從病餓且斃其子有
相識借書僞署者招之往文瀨絕之闔門死文濤制藝以風度
勝文瀨清真雅正人稱二難文濤年七十四卒
湯又新字聽樵附貢生能詩善書以謄錄議叙縣丞品純文粹
交友必端在袁江授徒十餘年一以通經致用爲教
孫仲和字古松仲剛字啟庭俱卞瀆里人道光癸未歲飢仲和
出穀千石以振仲剛亦出穀三百石當道皆額旌之
施鉩華字蔭塘建橋里人家僅中產而勇於義道光壬辰上塘
橋圮出數百金重建之繼又捐貲重建長椿橋獨建由路橋易

木爲石後家業中落終無慍色
張光岳字凝川監生性仁厚婚喪不舉則助之孤寡無依則周
之里中建慰雲橋築隄颿爲水壞光岳齋宿禱神工遂固
周鈺字立齋諸生鴻遠弟幼孤貧事母婉曲承歡三十餘年如
一日母歿哀毀骨立枕凷居廬性誠樸廉取與好善不勌戚黨
重之
張怡曾歸美里人監生父嘗病思魚冰方盛不可得怡曾履冰
求魚冰裂身墮遇救免與兄析產僅廬田四頃悉以讓曰兄多
酬應當藉此弟守門戶數十畝足矣入和橋鎮道得遺金候失
者還之

錢振鎬字企軒北大圩人諸生品詣高峻工制藝嘗游蘇粤西有以百金丐文者峻卻之

周華字蓮塘諸生慷慨任俠凡胥吏舞弊魚肉鄉民者必力排之前後游京師二十餘年偕同志創立會館同鄉告貸雖缺乏亦典質以應有潘某以疑獄被繫力爲營救事得白

芮科法上黃里人性質樸道光己酉大潦捐金助振例得議叙辭不受邑侯旌其居曰好義可風

謝錫由字輔唐監生母毛好施與道光癸未大水爲粥食餓者錫由與兄城蕃弟錫蕃善體母志城蕃諸生早卒遺子秀璋錫由視如己出從兄某客死毓其二孤爲授室置田産自癸未以後凡遇災歲捐金穀常不書名創祠造橋諸善舉更不勝縷述云

陳畤字若木先世震澤人祖廣集歷任宜興教諭荆谿訓導遂占籍焉少好經世學凡農政兵制地利水道漕運鹽課諸事靡不洞晰精於名法家言初客州縣幕欲程儞敬公撫吳聘所上讞牘亟賞之延主章奏自是歷三十年先後大府至者皆倚賴焉畤爲人陰重凡奏議興革諸務成輒削稾絕口不言咸豐初荆谿山中湿台棚民蠢盜勢蠭蠭焉時授策縣官儞般賃者給六品功牌檄爲長使約束其下事遂帖平生息鉅獄振奇荒鄉里陰受其德歲庚申僑居滬上時已病撫軍薛公煥聞其至强起之入行館數月尋卒

李璜字友琴監生父堃元夙以樂善稱璜性豪宕有肝膽初肄儒業旣失怙家落乃棄去習金穀遊游公卿間垂五十年咸豐庚申之亂璜客蘇松太道署同鄉至滬者必力賙之客囊日匱至典質以給同治朝大府議減吳中賦屬璜定草疏入俞允民咸稱便

楊佩箴字暢菴諸生授徒鄉里門多知名士邑西推鄉祭酒晚主宗政寓猛於寬族無犯齒者子邦輔亦諸生廪品工文遭粤賊難絕食死

徐大誠字小山廷掄三子監生有幹略道光咸豐間兩遭大祲大誠日在振局賞力俱殫兵燹後董理善後事任勞不倦性坦直撫城府好爲人解紛顧恤戚族恩意篤摯常立志不作自了漢少受業吳辰門其所行得之師資爲多云

周浩字直軒湯渡里人工楷法性嚴正見者肅然子震豫貴無片牘入公門里黨有爭力爲排解

盧大鴻字汎濱監生立品端方家無宿舂晏如也有庶弟撫愛周至下滸橋圮捌指重建

程薇省字逸帆監生性慷慨家以中落弟嘉杰令江西撤省往視歸以橐中裝分給親族之貧者每邑中辦振必推經理從子鳴鑾昭忠錄作鳴鳳字恩孚例貢生嘉杰子嘗以振事當議叙卻弗受

城附與子福基德基同遇害
潘聯吉字理齋舉人富而樂善以東氿風浪往往覆舟捌捐數千金築長堤以避險堤未成而卒事遂已舟行者至今猶指所築以相語云
杭浦字曉秋廩生道光閒創建從善堂積穀備歉巳酉丙辰歲皆資以振濟
張椒字雲峰附貢生整宗規嚴鄉禁里無樗蒱戲者數十年巳酉丙辰兩歉歲設局振飢全活甚衆後死於粵賊之難
任昀字企嵐廩貢生事親婉愉篤人尤篤恩誼有親串萬氏女贅粵東吳某與旋里絶耗萬孤苦甚昀迎歸生養死葬獨任之

姊適芳庄李姓家業中落依昀居有三女俱爲擇士族嫁焉弁鬻其產邑中凡平糶振荒義倉育嬰諸要舉必推昀董其事
儲浚字企齋附貢生正三子正晚年常經理邑諸善舉浚匯行維護遇水旱與同志捐輸設粥廠多所拯救嘗有宜林圩鄰姓者爲盜所誣十餘人俱就獄矣浚濟白諸令出之人莫知爲浚力也同族本銓字立初雲錦字䄵園於浚爲諸父行皆倜敦行
徐麗金字朗山長岡嶺人附貢生以保衛功得候選訓導毋虚面痕爲貺盤血近鎮曹家山每鑿石朼有火災麗金與邑紳蔣文璐等告于當道勒石永禁道光辛丑巳酉歲豐丙辰歲歉皆輸粟助振

蔣稱字雪遠家僮中人產而性喜周恤戚黨有孤子女三鞠之成人又捌捐蔣氏義社以助振議敘得九品職族人振鋊其師也字健行諸生濟困恤貧尤敦族誼
吳光熙字雲遠家僮中人產而性喜周邮戚黨有孤子女無依者悉爲婚嫁兼習醫以濟人著有諸家醫旨
儲鼎中豐義里人同知銜監生晚年豐於財里中困乏者靡不周給嘗捐貲修大宗祠擴宇五十餘閒先是鼎中貧爲傭行一陰善獲謁逸去有相者謂其面有善氣將來富可十萬貲至五品壽逾八旬後悉如其言
儲濟華監生豐義里人性慷慨有某商貸數千金不能償濟華

不責償且時周之卒年七十九子士英有父風死於難
儲佑元豐義里人性慷慨湖濱向有水患佑元築堤障之每遇歲歉視人之急者陰加賙邮晚歲諸子購美材以爲之櫬佑元貸其材得值修橋鄉里盬倆之
儲雲開臧林里人壯歲捨農業賈遂豐於財臧林爲金壇溧陽宜興衝要每歲祲雲開出家貲貸三邑貧氓多賴以濟人謂鄭卒宋樂不能及也子昱耀字舜卿監生州同銜慷慨如父嘗遇羣盜入村隻身出禦盜皆傷而退邑令王君題其居曰勇益鄉邦
宗昱字穆堂美樨果人監生性樂易好施見有義舉出重貲不

少悋立存存會以周貧乏道光間三遇水災施米粥活人甚眾又與族叔祖錫恩創里中義倉捐建臨津書院俱助千緡庚申之難賊下薙髮令且年已老常雜髮匿室中終以憤懣卒

徐蘊輝字樂山澤厚里人績學能文屢踬童子試親老家貧負債甚夥盡鬻產以償甘脂奉親故無缺也粤匪至二子被掠與妻女俱窮餓死

張棻字芷庭土橋里人廩生稟靜寡欲以正自持年逾六旬尚手不釋卷遇人紛爭排解之咸心服去

周陛芝字樹庭諸生文遜宕有致幼喪父毀若成人兄弟歿後撫諸孤教養備至訓弟子一以朱子小學爲宗同治初邑人擬

舉應孝廉方正力辭不就

蔡錫朋字心莪諸生績學能文善事嫡母五十餘年不少懈粤逆至偕同志守禦城陷守蠡湖濱抑鬱卒孫寬平少喪母與姊養於外家賊執其外祖母將刃之寬平偕姊往救願以身代賊義之捨去食盡採葚以養賊脅共甚哭告以情賊反以二麥餅貽焉時外祖母病創天暑生蛆寬不輒去蛆傅藥卒餓死年僅十歲

儲廣厚字少岳附貢生性友愛析爨時以田產讓弟取給於筆耕印事倪奇娶如也屢躓南闈迭應京兆試俛得復失游黔中入蔣撫軍幕興利除弊多所規畫以保舉選吳縣訓導學規嚴整士氣肅然

吳則仁字大亨吳圩人豪于財鰥寡無告者多仰給焉邑有公事捐輸動千百緡道光己酉大水田疇成巨浸則仁籌辦荒振傾囊出之鄉里稱厚德

馬軼羣字訪山樂人事嗣母以孝稱昆弟間尤友愛性慷爽道光二十九年歲大饑軼羣悉出家貲并多方稱貸以濟庚申賊至以憂憤遇心疾卒

朱本立字卓如監生性伉爽告貸不遴常月給貧發錢米屬鄉人收棄孩送育嬰堂名曰接孩又捐設藥局延醫施藥庚子辛丑己酉丙辰四次振荒率先倡捐居局昕夕無勸其兄木存亦

嘗於小東門外爲食待餓者金陵之陷難民紛至本立邀同志安插寺廟給以口糧過境者資送粤賊至本立竟死難人皆傷之木存字誠齋附貢生

崔徵燮字星齋監生少孤力學試不售從叔某貧無以養徵燮迎於家奉養二十年不倦道光己酉大水悉出貲糧振贍業以中落平時周卹困乏甚至而自奉不妄費一錢云

潘澍霖字應題優行增貢生父渊篤行好善澍霖與弟標皆以能文名授徒鄉里門多佳士標字錦堂廪生性懇摯弟澤霖幼訓之成立母病厥標驗氣得生母愈而標病死子耀文諸生兵燹後力復大界里宗祠祠將成而歿族黨惜之

任森階字合齋諸生學行謹嚴每日課徒必晨起講語錄數則嘗曰士貴立品品不立焉用文性尚儉約葦布終身弟榮階監生年已五十受兄教惟謹粟知醫嬰賊求使治病不可遂見殺榮階子倬字絅堂諸生有文行亦遇害

陳懋字錫純監生洄汶人母老病風臥起需人懋左右持掖歷久不懈庶弟豪蕩廢產更析與之未幾復盡遂養以終身撫從子如己出從孫孤亦然子惇字保庸克承父志同里某諱以母喪告給以棺其母知之登門詬詈亦無慍色惇歿尚有攜錢至門償棺值者

何兆嘉字肇堂性慷慨有友負金三百恥弗能償兆嘉置酒邀之焚其券子宗英字禮庭諸生有父風宗俊業儒有通譜友貧不能娶宗俊貲其妻贅珥爲之完婣

黄學義黄靜安並上黄里人學義慷慨好義每遇荒歉鄉里告貸者歲終輒燔券不責償靜安嘗赴澄江游公善堂久不出同人候之見榜有捐百金不書名者私問主人乃知即靜安也其於鄉里捐振事踴躍輸助尤難殫述

江泰揚翰抒人監生道光壬辰與同里顧亨榮捐建湖洋渚義倉捐貲五千緡田百餘畝知縣趙懷鍔上其事得府通判銜

儲蓍發字汝茂臧林西仁讓里人性好施卹貧濟困之事不勝傳指其歿也磬所蓄貲分助宗祠橋社及施棺局各二百餘緡并還負貸者券不取則燔之時論其仁子淯熊字碁卿金壇縣學生亦敦厚有父風

徐煩監生道光庚子與從弟照並捐田輸貲捌建塘頭村毓善堂義倉己酉丙辰飢照輸粟作糜所活無算照亦監生

周汝爽字深甫之曷孫諸生性廉靜不妄取事孀母愉愉承順兄早歿教養從子英玉恩義交至從子歿撫孤孫如其父居常鍵戶端坐慎交游人謂其外和內介云

談典紹字閒保少孤貧力田自食以愨謹稱居歸徑里族繁而強邑令諭典紹長其族鄉黨服焉里有堤爲衝道屢被水壞偕族子寶珊同里潘斗寅輒貲易石五十餘丈迄今賴焉寶珊監生斗寅布衣俱有端人目

任懷義篠里人家極貧待弟懷山甚厚將爲納婦弟以兄長當先懷義既娶生一子而歿懷山爲人聱析得貲以養嫂孤族人任屐作詩紀其事

陸世安慷慨好義鄉人有以女質直者期滿欲嫁而難歸其直世安召其父母還之且與奩具

蔣泰來字秋舫增貢生孤苦力學粵賊之難泰來載薪米往給湖濱難民並捐煮米豆粥克復後骸骨遍野復鳩貲埋瘞族有嫠子者泰來代贖之本宗賴存血食者五家

周鍾英字端揆監生事孀母能以色養母有愛婢孀守節周之

視如姊己酉丙辰兩次振濟昕夕在局襄辦不辭勞瘁嘗創建宗祠以一身任其事咸豐十年城陷死難

吳光耀字樹滋慷慨好施歲歉出千緡煮粥振飢復於家人治爨時令多入斗米以餉里之年老者曰若輩皆我故舊豈能隨衆入局受嗟來之食耶

歐勝祖龍潭村人監生村有木橋年久朽腐勝祖易以石行人便之離村里許有義橋亦重建焉

儲邦榮字華廷監生州同銜粤賊之難橋梁多毀邦榮於克復後倡捐數百緡建湖頭橋接渡橋皆宜興至金壇要道也又獨建西河橋他事慷慨皆類此

王心培布衣家貧樂善嘗修岳隄增石閘治北塘路顯親寺側有放生池年久淤塞開濬放生又捐金完人夫婦者再每屆冬月周行郭外視塚墓暴骨掩之後有監生孫嘉謨賊陷宜城屍骸枕藉掩埋者以百數

潘光訓字寶堂汝葵子謹愿好施與里多苻以舉火者偶自外歸見道旁嫗攜幼女且行且泣詢其故則以夫病方革將鬻女供藥餌光訓如其值取錢與之嫗女泣謝去

許光奎字壽如少孤善事繼母有異母弟四人友愛甚摯家貧而性峻非義不取一介精相地術嘗爲人得吉壤酬之不受

任伊字棣香諸生誠篤耽學從舅氏陳習申韓術同治初奉母避遇上李倚相時任蘇撫延至幕督兩江亦偕往曾文正公來代先請撫留既歷保五品銜候選教諭文正察其能欲以令牧改保力辭伯兄溥霖卒撫孤姪如子一家仰食者三十餘口僅穀所入謀以養贍然伊自少年攻苦得嘔血疾遭變流離病勢日增及母歿哀毀成疾卒

周應麟字仁吾監生嘗刲股療親疾好施與戚黨有貸不取息不責償子琮字南樵監生精醫琮字少瞻諸生歷游郡縣幕操守廉慎庚申卒於難著述見載籍攷

丁志謙字湖受常俸里人少讀書貧不能延師至里塾竊聽講論歸而識之後爲郡黌弟子有弟已析爨私售兄產略盡志謙

知而贖之絕無慍色

趙習朋字濤溪監生嘗捐穀及田畝設義倉聞者踊躍樂輸得穀二千餘石田百餘畝歲飢不害鄉里賴之楊教諭学民議立育嬰堂於和豐橋習朋捐貲首其事又出千金獨建宗祠

王廷鰲字朗如諸生嫻武藝寄居緑車灣以舟濟避難者賊至水濱廷鰲持篙擊殺之賊衆不敵死時有北大圩錢晉仁陸平里王開官先後均以渡人被害錢字廷津童生與舟子俱死

任茂棻字曉塘性好善日收棄字於道數十年不勌嘗談果報勸人嘗畜租得錢數百緡咸豐丙辰大旱盡用助振粤賊之變二子被擄茂棻猶偕同志爲粥飼餓者

蔣紹棠字鏡心士文子工詩文咸豐癸丑金陵難民麕至紹棠與同志設法留養數年無倦志丙辰大旱力籌振荒遂以疾卒年甫三十士林惜之

張錦雲字湖棟橫澗人附貢生聞爽有幹略鄉里爭鬭一言而情數十年山中地涉訟者嘗偵某屍其族人殺人竄去累將及某錦雲爲擒殺人者詣縣某遂免於累其才能應變多若此

吳延瑞少孤事母孝性樂善咸豐癸丑金陵難民坌集延瑞刱捐設局以養丙辰大旱在城粥局貲不繼幾中輟輸捐者亦觀望延瑞出米二百石錢五百緡與同志謀集錢五千緡以助飢民賴焉

石渠字芸閣素行謹飭應郡試時有女夜奔寓齋渠不納明日託故移去是年補諸生時又有王國梁者字古杉讀書後樓里又潛人國梁峻拒焉後渠於咸豐庚申國梁於同治癸亥皆遇賊不屈死

周煒字丹文湯渡人濟孫少精技擊得祖傳梅花槍法比長讀書留心經世學賊之亂鄉里爲墟煒議復義倉及棲流所擴於舊又刱義祠祀諸姓之無後者初擬欲設義塾未果及是煒以私宇成之里中子弟貧者咸就學焉

張健龍橫澗人監生誠樸好施多行陰善捐貲不署名道光己酉助振銀三百兩庚申之難村落半遭焚燬張氏宗祠獨存健龍暫護之力居多云

吳琛字玉谿家素豐以緩急告者無弗應也童子師許某僦居其里窶特甚琛時賙之助其父母喪葬之資未幾許夫婦相繼歿子女惸惸靡依琛攜歸撫畜使其子與己子同學焉

顧承基字硯亭議敘八品沈靜儉樸遇善舉必行父亨榮刱建義倉承基續捐田輸穀以成父志粵逆擾境逃者麕至承基僦巨舟十餘載難民避湖中者經月多得全活族子超與承基同建義倉宗祠捐貲計千餘金並設惜字會刻功過格

沈雲章字曙卿廩生望道里人與弟漢章俱以文行稱雲章教授溧陽弟子多成就漢章尤伉直臨財不苟金陵陷後溧陽富戶徙家者多依以居餽遺悉無所受粵賊陷溧陽東竄雲章兄弟結團禦之事敗雲章憤鬱成疾渡江而歿闔門死難漢章字秋槎諸生絕食死于家

張孟興北川岕人少孤撫弟友愛獨建分祠庚申夏賊焚掠張渚去衣服揜具狼藉道上族某攜以歸孟興聞大怒索焚之族眾肅然

蔣公陛夾溝里人讀書未成而敦行不怠粵賊之亂謀食戒殺并日收遺棄字紙克復後長其族衣食不繼而瘞暴骨刱義倉又禁農作者盛夏裸體製大幅葛巾徧散之由同族以及異姓暑晝輒攜鏹巡視田間見裸作者飲以茗而勸諭之數日悉

如其禁公陞死而禁不行矣

蔣廷瑞字師愚幼失怙事母以孝聞道光庚子己酉水咸豐丙辰旱先後輸粟助振又捐米三百石設粥廠振事畢以所餘立義倉焉

陳嶽字謙山同知銜監生居湖㳇鎮每逢義舉首先捐輸其身與弟同居臨歿戒子以腴產讓族孫江州同銜監生有才幹年長於嶽嶽有事必諮而後行先嶽歿五年鄉人思之至今不衰

張文衡字平之監生西慕里人粵逆至倡捐千金與諸生謝文雕等據守西川岕累復青峴白峴諸嶺後賊大至守衆潰文衡

先以事去不及於難

萬培壽字雋甫大理卿貢珍孫幼穎敏以病不竟學援例得湖南縣丞因母疾不赴母强之抵楚數月遂告歸母病躬侍湯藥衣不解帶者三月撫庶弟培元恩甚至性耿介非義不取族人有爭悉爲排解其卒也族人來弔者皆涕下

蔣金茂業儒豐義里人粵賊踞城至癸亥歲民不得耕種道殣相望金茂慨然出家藏穀粟盡給里黨已獨掩戶息炊鄰人餉之謝不食偃臥七日死年二十有二

駱詩大駱家濱農人粵逆之亂有某託藏白金百兩賊至燬其廬詩大仍奉金還某感其義分半與之固辭不受

周堃生洑谿里人鰥而貧負擔爲業有餘錢輒用施予嘗與茶衆與蘀村旁有渡天陰月黑時恒立渡頭以燈給遠行者或過雨夕加簦笠焉

徐殿榮洑谿里人兩足俱廢性嗜博粵賊踞城洑谿爲市避亂者麕集疫癘大作殿榮誘賊酋與博多得其貲以飼餓者療病者瘞死者并贖被掠者同治甲子官軍至谿北殿榮具舟迎渡梅林里人蔣發盛首先操舟中礮死殿榮於城復後保八品銜

隱逸録

書始虞夏尚已巢許隨光之倫行義甚高其文辭不少概見孔子稱逸民乃以夷齊居首何與蓋以才爲世用世實需才詩美

碩人之軸易占君子之遯遭世不偶與時偕行人濁我清故可貴也若夫聖明在上可出而仕而烟霞泉石終以自娛疑爲五蠹六蝨之儔率天下而出於無用者然而軒冕貴矣鍾鼎榮矣晚近以來仕途日闢懷才逢時者趨熱如蠅因宴求祿者羶若蟻而或疵俗長往倦游早還去危則寢患於風波適性則宦光於巖穴雖感致非一而高縱不殊紅塵境邈白水心遐反戶鳴琴垂簾賣易時謂城市之隱采藥自給因樹爲居半讀半耕一邱一壑時謂山林之隱薜蘿補屋瓜牛作廬款關無客逃世若僊時謂家居之隱織芒雨履浮葉孤舵稽賜知名樵漁識面時謂浪迹之隱荷卿有言志意修則驕富貴道義重則輕王公

古有抗臥龍之節高伏戀之名求志達道不慕榮華者今之隱逸不知其於古何如而蟬蛻滓泥之中鴻冥埃𡏖之外矯矯曰意絕轗軻要異夫飾智巧以逐浮利者哉至于訪元卿之遺宅傳少伯之舊居三徑之躅荒與五湖之舟渺與或變姓名或詭蹤跡友麋鹿而侶魚蝦以斯爲貞逸與又烏從而掺次之

李心爾字文言和橋鎮人諸生省試一薦不售絕意進取肆力詩古文詞與溧陽史復善同郡錢伯坰李兆洛同邑周濟爲忘形交飲酒賦詩縱談忘物暇則蒔花竹瀹茗焚香喜爲山水游蹤跡罕至城邑嘗有詩云品希叔夜非關嬾文愛昌黎不送窮其興寄如此臨歿命從子盡取所著爇以入殮曰言爲身文身隱焉用文爲也

吳衡章字芍畦兄辰以品學著而衡章以高尚倜儻博學嗜古不事舉子業彈琴詠詩暇則揮毫作字尤精六法寫眞入神品室小而潔繞竹千竿風篁之聲與吟嘯相答唐公仲冕宰邑時雅重之吳騫之歸海鹽也邑名士餞之於任氏之衡門衡章作衡門惜別圖寫生精妙爲時所傳卒年八十有六亂後遺墨殊希得者藏弆爲榮嗣孫兆鰲亦喜詩畫兼能篆刻死粵匪難

陸與喬字子卿上頭里人貧而好古善鑒別名人書畫師事吳德旋工詩古文字體尤奇逸生平未嘗應有司試早歲喪偶不復娶號所居樓曰匪琴樓著有匪琴樓集後粵賊至里無炊煙與喬偃臥絕食死

儲杏元字宮垣豐義里人大興籍庠生工篆隸眞草並精國書性爽曠不爲町畦每出持錢數百纍纏遂自隨飲於酒家餘錢以與乞兒酒後或藉草蔭樹臨風三弄笛響入雲樵夫牧童環坐傾聽杏元嘯詠自恣旁若無人其游行日嘗三十里嘗入郡城寅發巳至日晡飲金沙夜宿於家蓋健步亦天性也道光己酉歲饑杏元嘗袖金就貧家乞火溫酒以金置案上而去其行跡恢詭人莫能測云

朱珩字少白不樂舉業以音律自娛性好蒔菊每秋深花盛開時張飲招諸詞人唱和其間著有橘亭詞稾吳德旋序之謂得力于南宋諸大家

徐星煌布衣常自謂質魯性野不適於用世因字魯野棄舉業不事專意臨池徧學諸名家尤得王內史顏太師神髓磨鐵作研退筆成冢積五十年不懈居城市趾出游非踵門求書者罕見其面

金秋千字曉峯湖㳇人自少出游旣壯還里精技擊喜吟詠結廬深山中種桃千株用自給也日與徒講誦書說劍其間歲庚申年已七十矣偶往龍山賊至火其廬秋千回遁歸遇賊於途奪刃還殺數人餘悉遁越日賊復入山剽掠秋千瞋目叱之皆懾伏有下拜者

藝術錄

學所以爲植也樹草之名曰藝其植之微與道所以達路也依徑之遂爲術其路之陋與雖然大學之教於藝斯游亦謂術之旁出者合其要歸皆大道也蓋天下之事精者爲神物者爲迹古聖人之挪藝事也仰觀俯察得其精矣後之述者取迹遺神安於所習終以自蔽惟賢之優而力之至殫智極慮繇物以窮其精則亦能與天地相通是故樂以導和倚聲製曲樂之餘也書以象事摹楷鑄篆書之末也數以知來察往布著推策數之流也畫繢則出書而推矣壬奇則繇數而變矣醫藥之經藉以濟世形法之說肇自建邦至於弈同博戲宜無可傳然或以通

是紀或以悟河圖雖云小數庸可易言若夫有虞氏之所尚昆吾氏之所珍工良士美遷地弗能摶埴絲末技乎而陽羨名陶昔人遺錄固不可得而沒也善夫墨子之言曰利於人謂之巧不利於人謂之拙屠龍之子學成而無用名雖美絀矣解牛之丁道進而有得業雖卑巧矣世有託業甚尊而中無所得以視藝術之有據者未知何如也道光以來吾兩邑之藝術絕人者固不夥覯而懋越儕輩往往而有其人其德亦不無可傳而德爲技掩亦以衆所傳者傳之云爾

馬炯字敞軒一字琴友士棟弟子監生善琴嘗至蘇州鄭舟有年少生鼓琴者炯亦彈一曲曲未竟鄭舟生稽首曰非荊谿馬十先生乎其知名當時如此又有周士棟者字竹軒鼓琴知風雨任明經晟爲作聽琴行

徐士燕字祖香監生善填詞喜游覽遇佳山水輒行吟忘返月夕花晨與諸友倚聲按拍致相得也又善岐黃凡疑難證羣醫束手者投劑輒効著有息巷詞及詩鈔

徐雲超字洽風工詩兼精音律受畫法於吳衡章寫真人妙人物花鳥並有韻致尤愛潔不喜與俗伍蒔花養竹杯茗清譚綽有晉人風味

儲瑗字淦泉諸生工書始學趙文敏繼參顏歐晚歲專嗜草聖墨瀋淋漓識者寶之

陳金鏞字書溪周鐵橋人張先甲字與乙南棠里人並工書金鏞少受法於吳德旋行草尤有名先甲宗李北海一時傳尚

許敬持字畫橋莊谿里人摹雲麾碑酷肖晚益揮毫無間寒暑琳宮梵宇留多遺墨焉族弟漢章字倬雲亦工書得趙文敏法

蔣泰字秋坪諸生績學能文書工歐陽率更嘗背臨九成宮銘十餘本與原搨無絲毫爽時陸平里監生潘長庚亦以善臨九成宮名得者並珍之

潘宗海字石癡少習金穀遨游公卿間以篆隸名當時尤精鐵筆上接文三橋派同時莫權之字石樵亦工篆刻人並稱焉

周斌甫字柳漁監生書學顏平原得其雄厚並精篆隸畫蘭竹

尤入古生氣拂拂人謂能以書法作畫云
楊懷瑄諸生工楷書尤善畫花鳥道有錫江臨册人珍弆焉
任龄字仁山畫山水兼善寫眞爲吳衡章入室弟子晚更落墨蒼勁見賞於時儉約終身未嘗衣帛
杭澍字枕湖諸生性瀟逸善詩尤工六法仿惲南田得其韻致
徐延模字直夫受篆隸法於懷甯鄧少白旁畫松鶴蒼勁入古
傅濤字曉湖精天文易數道光時嘗謂人曰吳楚當有兵災人咄其妄歲壬寅海疆不靖或問曰汝所云得毋是乎曰未也十數年後當知之及粤逆陷金陵言始驗
呂欽文呂家圩人齠齔而聾從師受京房易口授心解遂善筮

晚更精六壬術求占者戶夜閧有倣門者輒能知其來意云
毛紹武少讀書屢試不售專精卜筮人稱毛半僊
儲就字攀桂諸生嘉慶甲子鄉闈已中式矣因一字疵易去遂棄舉子業習醫入金壇山中讀方書八年始歸遇危證應手皆痊道光辛巳疫盛行就活人無算
法冠卿先世本郡人居和橋鎮善醫有華姓者病已斃冠卿視之曰其血未凝可活也卒如其言後延請日繁常乘白馬有疾之家見其至者喜曰白馬生來矣子吉甫功甫皆世其業
余成椿字澱泉父寶渠善醫成椿承父學道光丙申大疫診輒愈時沈雲從吳光熙聲行前於成椿皆自謂不及也性孝友親屬三十餘人皆待養贍咸豐丙辰成椿年且六旬母年九十夜聞寇警負母趨數里生平工書善畫爲吳衡章高弟先是陸明先字長春其子浩輝字時行亦以醫世其家又有鄒文炳者字简亭娶明先女弟得其傳名與成椿皆相亞
楊宗洛好讀書屢試不售遂精研醫術從梁溪王濟時講論術益進其業師趙明經文炳客揚州患虛損疾宗洛往診之丹陽名醫王獻廷後至閱其方曰此可終身服也服之果效
李樹培字蔦峰精醫術治病應手愈析風寒暑濕虛實內外著八陣圖說長子遜莊世其業次文燠武生能作顏平原行書
楊鑑淇字蘋泉諸生精鍼灸有奇效挾技客游公卿爭延致之

潘以仁字允齋陸平里人棄儒習醫貧乏者不受酬遠近德之時同里增廣生潘楠醫亦有名
傅新甫之奇子與弟澤敷子致遠俱以醫世其家治療有聲從弟溎字友山善鍼灸又喜作小詩畫淡墨梅竹甚秀勁
周謙字君牧習醫有名中歲遇浙人善療傷者悉其術遂專門診治無不痊貧者并給以藥其事母兄尤孝謹
曹鶴俊大澤圩人善拳勇三十六勢悉皆精習以傷科名疑難證投劑無不効人以其行呼之爲曹九時有南蔣墅人吳叙和者亦善傷科貧者就醫不受謝或給以藥鄉里倚之咸豐庚申三月屬賊遇害

閔瑞林官村人業儒性豪俠有手技其授徒也晝課文夕講武尤善治金瘡折損筋斷骨絕皆瘉嘗與人同行村犬吠噬瑞林以巾投之犬應時噴血斃

吳灝字竹嶼歸美橋人附監生游京師文名藉甚尤精青烏術凡水之淺深土之厚薄隱見即能知之道光閒以穆彰阿薦奉旨視萬年吉地

方文林字秋客幼即嗜弈長挾技游吳門與國手陳子僊周小松對栽遜二子後藝益進至有敵者同時金長富吳榮南俱善弈遜二子於方又有蔣思岐字霞軒亦以弈名善擫精音律

楊彭年字二泉以善製茗壺佮陳曼生鴻壽宰溧陽聞其名致之曼生自出新意造仿古式鐫書畫其上號曼生壺皆彭年作也其底有二泉兩字云同時上岸里人邵大亨年少而得名獨早彭年以精巧勝大亨以渾樸勝玉色晶光氣韻溫雅望而知為名手所製大亨雖陶人而性孤傲自高聲價非值其困之時一壺千金幾不可得有邑令欲得之購選泥色招入署餡以重利留之經旬大亨故作劣者以應令怒而杖之亦不呼痛也又為魚化龍壺仰縮吐注靈妙天成大亨死其法遂絕有周永福者善為鶯歌壺學大亨法佳者奪眞與贗幟之變名陶舁號大亨同姓邵赦大多得彭年壺心摹力追盡得其巧妙所製竹段梅椿風擬葵葉諸式時人爭購之

寓賢錄

人之稟靈秀而生者必與天地之靈秀相感故山川有勝境名流韻士往往愛慕流連而不能去此陽羨所以多寓賢也夫宇宙者萬物之蘧廬景光者百年之過客浮生若寄何論他鄉桑梓猶萍梗眇乎小矣然而尋小杜之水榭訪大蘇之書堂或存或亡久更陳跡而唐宋名賢僑道者何以至今不絕也豈不以蹤跡攸經精靈斯在雖年湮世遠不忍沒其人與而況乎聲欬如聆音塵未邈者與嗟夫自粤氛既熾荆水南北百餘里閒衿佩之子綺紈之家生長此邦者湮沒何可勝數而異地之材偶焉託跡乃身去而名留覽斯文者亦可以感矣

齊彥槐字夢樹自號梅麓安徽婺源人嘉慶閒由進士授金匱知縣旋引疾退卜居宜興東珠巷築雙溪草堂其卜居詩云買園種橘荆溪上此語平生似久要行訪任公釣魚渚居臨周子斬蛟橋一廛但取能容膝五斗何須更折腰茶竈筆牀家具在天隨眞欲老漁樵家中有自製渾儀及中星儀游跡所經多留題詠

魏源字默深湖南邵陽人父邦魯道光閒任張渚巡檢文士皆樂與交源時隨任方弱冠與諸文士角藝老師宿儒賭其文輒歎賞邦魯去任後源常至荆溪訪舊為山水之游累月而返後成進士官至高郵州牧

周儀暐字伯恬陽湖人以舉人任陝西縣令自幼才名噪甚嘗於宜興儲氏寓居南郊與邑人徐其志潘濂受吳同年暨方外

埽葉爲忘年友作消寒會拈牌分韻刻燭聯唫積數年始去子勝虎字彀而亦有才名邑中風雅士並與唱和焉

史復善字雅堂溧陽人兄蟠秦母居宜興詣在前志復善偕兄卜築城北後從邑老龐周上珍游進脩焉以拔萃科廷試得縣令官浙十餘年歸與邑名士觴詠倡酬著有拙宦詩存四卷

王琫字介游溧陽人諸生自少以孝子聞學宗程朱言謹行飭留心經世務不爲空虛無用之學善技擊精韜鈐與宜興徐其志友善其志家洑溪罹賊之難琫依以居琫同邑陳觀察鼎萃爲人言於曾文正文正令鼎作私書招之琫不往與二子皆窮餓死

孫曾頤字子期國子監生陽湖人祖讓進士始居宜興之蔣瀆橋與吳明經德旋友曾頤即德旋外孫也喜作詩寄意深婉澹遠有神韻爲方伯貢珍極賞其五言古體謂得初月衣鉢爲之延譽後與任夔奏王斯恭爲詩友倡和無虛日庚申避亂居漏瀆遇賊闔門赴水死著有楚游村居懷人草其六卷

方外錄

釋道僧方外何方者常道也楊墨之徒流爲彼教非中庸之所倒故外之也宜興荆谿山水甲寰區洞天福地冥奥幽迴宜爲仙佛之所窟宅故黃冠緇衣之侶靈奇聳出雖言不雅馴而世常述焉道家者流自國初以後全真之士家焉無間釋氏得禪悟者一二人外或以翰墨顯或以施予傳或以勇烈著雖可書然非彼法矣豈山水之靈秀不鍾於彼耶何今昔之殊耶抑吾思之古者蓬萊之島天竺之國世所傳僊鄉佛土見於禹貢道經者類荒杳阻絕莫由覩聞今則東冥西域重譯而至者中外一家日本三島即蓬萊之屬也印度五國即天竺之遺也語言文字與中土漸通問所謂清虛寂滅之學已絕不復存四海之大亦猶吾兩邑矣夫昌黎有云問其名則非校其行則是方之外與方之內與蓋聖教之漸被日盛矣

僧寶梧不知何許人同治間來游南岳訪伏虎道場故址結茆以居年約百歲終日閉目坐役一徒供執炊有入謁者不爲禮叩以行藏語多隱妙中年曾往峨眉山趺坐十九年歷游天竺靈隱名山古刹蹤蹟殆遍後於金山寺合十坐化

僧靜一邑東潘氏子幼居法藏寺常喜默坐出主烏池龍坡寺經營佛室整飭寺規年七十餘走別所知曰老僧西行有日願居士過我屆期沐浴更衣自作偈後二句云自拾松枝自爨火心無罣礙往西行趺坐而化

僧掃葉法名悟常孫氏子木業儒因婦以蜚語死節祝髮於桃溪之心巷自幼學詩多雄詞綺語與當世詩人交中歲游桑楚

歸詩益槀宕毀賊至避地山中憫流民飢殍勸募集貲爲粥以俟癸亥歲病卒遺集二卷僧雲帆梓行

友月化城寺僧嗜書法以北海爲宗出入顏柳錢伯垧常與游又有在水菴僧佚其名善畫蘭竹與姑蘇墨泉僧齊名而秀逸過之因畫法宗鄭板橋號曰半橋晚更得巨然派獲其一幀者輒索重價云

惟一俗姓程郡人法藏寺僧往杭州慧林寺坐關三年回本寺主講席兼主南岳整飭寺規修殿宇咸豐六年大旱偕邑人徐成棟往陽湖界西鄉振飢蛟橋歲久缺壞勸懇勸募鳩工庀材不期月告成庚申城陷避東南鄉流民凍餒惟一盡出橐金施褚衣作糜粥後有僧瑞蓮者住持東南鄉之禹門禪院梵誦清苦臨卒出所積金糴穀分儲蜀山鼎山湯渡義倉各百石又以番銀三百餅功建蜀山橋焉

僧信茂住西鄉鎮龍菴信茂之徒曰在榮在榮之徒曰志能粤賊至信茂謂二人曰賊禁薙髮吾教滅矣薙祖背君其能忍乎三人同於佛坐前縊死

秀林方橋岱華禪院僧有勇善手技主芙蓉寺丈席退居岱華咸豐十年賊大隊過秀林端坐院中賊至叱之不應將執之秀林突起格鬬賊眾披靡旣散復聚秀林身受重傷潰圍出躍潭中賊追至以矛攢刺之裂腹洞喉死

僧陳父住楊巷祠山廟善醫目有金篦刮膜之技眩瞽求診者踵相接也陳父以藥治之多愈

人物卷八上都計七百有八人官斯土者文吏固皆分治然往往兼攝武營通轄其僚屬之分汛與分縣境界有殊其餘土著士民以籍而論則兩學同宮應試者父子或岐以居而論則一谿爲界遷徙者今昔俄異至於雪泥之客雲水之僧南北羈栖蹤尤不定强爲析屬轉涉支離故不分兩邑云

名宦八人李玫許美身沈欽裴謝元淮程芳祖周濬川吳槐

忠節七十九人歐陽晉徐容光湯道增吳廷燦李襄成吳澍方錦榮

恩何裕子保三東炳泰徐龍彪子雲驤徐杏儒許鳴雝子磐黃裕謙曹際飛儲炳煥韋炳基張曉雲潘汝霖傅汝濟黃一桂丁錦書丁步瀛吳鴻翥吳愼之吳子湘吳謙恩蔣懷芳余振劉星臣弟方臣劉惠亭蔣玉田蔣熊彪謝文雕徐鴻寶徐廷楫潘光錫兄光旭兩張鳳池蔣益元蔣浩蔣紀常湯新惠湯邦榮湯義明湯銘壽張紀三張國翔楊宜子起勤起勳從子錫嘏吳穗堂子雄瀾孫澄中榮元史鴻誥蔣嗣珍蔣恩溥兄起子昇眉璟玉潘喬棟子煊榮寅孫徐愼獨徐檳史景陽杜有香湯申錫王文林潘奎光弟鼎英周家鋤從兄家杰丁士欽

治績二十二人周有聲萬貢珍歐文徐廷掄孫保興徐鉉程
嘉燕徐大勳沈雲驤徐宗敬丁作霖黃靖徐燧潘澤霖吳維
楨任光斗邵明俊吕光謙朱仁達朱僑甲朱覲光朱志汾
儒林六人吳辰路應廷任泰崔紋戴進城周際南
孝友百六十七人周戊生黃興順子經純史振爲周登選張
晟賢任煃徐鑾弟鴻章任璵潘亭山兄壽山福山子復亭元
燮宗錦徐廷玉許懋子士熊傅鉅弟鈴徐培慶子志高宗錫
恩弟葆恩印恩子召棠從子陛英陛樟從孫炳俞廷英子企
棠吳雔吉蔣啟弟福文璐玉衡羅祖德子景高曾孫增億周
徵周琛子以培徐恩貴子莘臣黃初昇毛國英王國珩儲材

周在寬張起莘朱殿英王春秀王秋魁邵亨泰邵貽南史利
賓弟藹人杜瑞均朱應元史範臣張光旭徐光祖王籍蔣載
陽徐森甲陸廣漢黃佩蘭邵永康孫鳳青蔣仁裕陸餘慶陸
在林任甲生黃邦定丁履錦歐振麟黃國榮邵逸耕蔡以蕃
史明佩陳嘉珩陳茂生李甲奎羅元溥宗佩箴沈啟大陳慶
餘錢希珍蔣徙義史印龍史文龍史如龍史天祿黃效林子
長庚任光棠子闓懋俞鋑俞鳳喈蔣艮堪陸德春周坤基張
大生王芝艮潘宇忠潘仲元徐雲福丁瑞庭儲升戴賓周濬
李嗣公弟光迪李其辰徐之楨路子飛路英南葛夏璜蔣若
愚許友蘭金澤源張汝適任濚澤顧旭升黃若勳周肇桂徐

洽熙陸錫康曹韓卿曹福貞許煥方錫堦方錫官陸如松弟
如梅趙永瑚蔣槐大任里仁任益仁周志匡陳慶龍任濬弟
泗許殿榮弟陛榮許正高弟正熙正和任慶成徐盤福杭山
檪陳大定杭錫乙周廣芹潘作霖宗德大許繼霖謝逵明禹
錫蕃丁壽保佘恩宣儲澧夏金義金春吳明德邵梅臣
文學百四十八人吳德旋吳藻劉鏗從子際辰湯潞周上珍陳
賦胡溢子庭樹瑞椿潘光序子謙受從子澍森陳錫光徐其
志弟城路元崇周之誥弟之型蔣科子誦芬家芬周鴻逵許
玉蟾子泰孫遇春周本智石鳴玉蔣維誠潘汝葵子光耀從
子光鴻光岳沈雲從任湄文子懋先蔣維金傅鴻翥子萼林

子春從子友梅徐達曾子承基路元暹邵金彪崔書楠高拒
芬張錦吳劉牆子榮林蔣麟翔子光泰從孫賡南型李世綸
從弟錫紳晉紳歐賦子彬森吳介祈吳琳萬貢璆吳遷子辰
潘金相史紹聞兄承榮任晟弟昕王榮儲志爲子用汝范銘
蔣壬文從弟文照馬用圭李杜文史景灝弟大楚儲潮儲瀚
弟濟儲炳照儲鴻盧煥劉廷玉弟廷珍史重熙儲湄士儲軼
羣從孫起鵬李樹齡兄樹滋徐煊徐文薺徐銘蔣又伸吳尹
卿趙立成張纁許體言子鳳鏘曹炳燮兄錫晉弟贊雲潘嘉
謨子葆源丁本宗蔣榮櫆崔廼彎吳同午周人卓談汝爲弟
汝諧鄒汝濟鄒一沖潘承緒子方儒從子鍾嶽蔣星榆徐鳴

時吳淞李炳章儲世臣吳山周恩霽任燮奏徐丹桂潘家鈺任慶賞任棣華任桐華蔣仁溥邵蘇門鄒銅士王斯恭葛翰章崔望賢

義行二百一十七人徐景瀛子一桂成棟儲雄歐蔣亭任瀍澤蔣嵩子嗣琦廷謨俞豫源儲家亨徐治徐鈺弟鋭周秉鈞徐光亨子煜輝徐名驤吳有斐徐升潘騂兄八鴻弟駿潘福森史繹子大奎黃星照子申儲遂泮弟遂沾遂藻謝覲生朱以致許錫光朱兆炳子謐初福初萬鵬弟鴻陽有光任騂儲同本子恩承杭斗文子璠張維時馬受均徐楷子夢陽徐廷煐儲恩紱子仁培閔銓閔瀾周敏周覲周守勳任尹平張步

苑子光序周備從孫翀馮燦畢士霖子承緒徐沆許溥許璵許振丁汾葛筠尹煥楊子蕙尹佩階蔣辰李肇賓蔣燡英張元啟潘士超湯士梅周介眉蔣鱗蔣順艮蔣樸材王寶信陳昇華史致中徐大榮子元度余豐之從兄繹之嘉之藏朝珍周京安崔書晃許國梁李雲程李文濤弟文灝湯又新孫仲和孫仲剛施鉁華張光岳周鋌張怡曾錢振鎬周華芮科法謝錫申兄城蕃弟錫蕃陳時李璜楊佩箴子邦輔徐大誠周浩盧大鴻程薇省從子鳴鑾潘雎吉杭浦張敬任昀儲浚儲本銓儲雲錦徐麗金蔣程蔣振銓吳光熙儲鼎中儲濟華子士英儲佑元儲雲開子昆燿宗旦徐蘊輝張棻周陞芝蔡錫朋孫寬平儲廣厚吳則仁馬軼羣朱本立兄本存崔徽燮潘澍霖弟標子燿文任森階弟榮階從子倬陳懋子愔何兆嘉子宗英宗俊黃學義黃靜安江泰儲富發子渭熊徐熉弟照周汝乘談典紹談寶珊潘斗寅任懷誠弟懷川陸世安蔣焘來周鍾英吳光燿歐勝祖儲邦榮王心培孫嘉謨潘光訓許光奎任伊周應麟子琮璜丁志謙趙習朋王廷黎鐩晉仁王開富任茂椿蔣紹棠張錦雲吳廷瑞石渠王國梁周爗張健龍吳琛顧承基顧起沈雲章弟模章張孟興蔣公陞蔣廷瑞陳崧陳江張文衡萬培壽蔣金茂駱壽大周蓬生徐殿榮

隱逸七人李心蘭吳衡章陸與喬儲查琛珩徐星煌金秋子

藝術五十三人馬炯周士棟徐士燾徐雲超儲瑷陳金鏞張先甲許敬持許漢章蔣泰潘宗海莫權之周試甫楊懊璜任齡杭潮徐廷模傅清呂欽文毛紹武儲就法冠卿子吉甫功甫余成椿陸明先子浩輝鄒文炳楊宗洛李樹培子遜莊文煒楊鑑洪潘以仁潘楠傅新甫弟澤敷子致遠傅溧周謙曹鶴俊吳敘和閔瑞林吳灝方文林金長鶴吳榮南蔣思岐楊彭年邵大亨周永福邵赦大

寓賢七人龔彥槐魏源周儀暐子騰虎史復善王若孫曾頤

方外十二人寶悟靜一掃葉友月半橋惟一瑞蓮信茂在榮志能秀林陳乂

列女錄

世偁陽羨佳山水者幽巖絕壑以玉女潭爲首蓋天地清淑之氣不獨鍾於男子亦鍾於婦人哉顧處常則柔善難彰遭變則貞明易見傳列女者所繇特崇一操矣是邦禮義夙重巾幗之賢史不絕書至今日而風漸逾厲聿稽事狀厤有數科雖翠未成雛游已析飲冰匪冽餐蘗如飴節婦之操也結縭無聞繫纓靡許琴桐半死管竹孤生貞女之行也哺乳升堂刲肱在室孝婦孝女事可同偁而葭橘空調蘩蘭猶獻北宮徹瑱南鄉表廬節婦亦孝婦貞女亦孝女已感帨拒暴磨笄誓誠烈婦烈女情無二致而扉作粉書金閨香字漆室終縊黃山自沈節婦亦烈

婦貞女亦烈女已凡斯之類或大家表德或窮巷全貞或平日素閑或臨時猝發或沈樞之質遭烈燄而彌芳或古柏之姿歷嚴寒而愈茂無貴無賤有亡有存並宜建烏闕鐫翠珉事佚則單書其人文緐故退傳於注亦有見聞甚塙而忘茲族姓闕彼夫名者譬猶曈玉氣於白虹求得指爲楚璞望珠光於明月蔑由定爲隨珍書其事實精爽尙不泯歟前志距今裁四十載行義之蘼已難搜訪後此庚續知復何時有苦節可貞多歷年所者循前書之例爲坿載焉嗟夫神女依螺仙姬導鶴祝陵化蝶儲嶺棲鴉假詭之蹟涉於荒唐者然歟否歟殆不可得而知矣今茲所據信而有徵至於才淑之儔揚詩守禮范史所偁高秀者也昔者不發今亦茲著若夫膺大耋於百齡慶同堂於五代詩母之頌見於詩詞雖異女宗猶爲人瑞列之恩敘稍覺非倫改載於茲俾知勁草當風亦有忘憂之卉奥藝冒雪非無益壽之華苦盡甘來覽彤史者庶幾破涕爲笑也

黃廣裕女家貧親老弟幼矢志終養紡織以奉甘旨卒年六十六已旌　黃順生女生而瘖然性聰慧母歿侍父得歡心父爲議婚女力辭卒年三十九同治十年旌　吳昌長女孝侍父母矢志不字已旌　邵俊賢女幼喪父侍母委曲承順矢志不字針黹養母爲父立後學憲奎額旌之　徐爾廣女名蓉娥生母卒嫡母愛如已出年十九父疾侍湯藥不解帶者累月父母繼歿哀慟而卒　庠生任星聯女字庠生周恩綬父病刲股父歿日夜飲泣目瞳內陷卒　袁士達女年十七隨母歸甯母溺赴水救之母出女死　張立宗女兄弟繼歿女代子職矢志不字晚年失明備嘗艱苦卒年七十六　曹光熙女字庠生周紹基父病篤籲天求代衣不解帶積

勞成疾卒年十九　拔貢朱用光女父患疫籲天求代父歿貞毀適恆殯後投繯殉年二十六　王鳳岐女孝事父母終身不字卒年五十　黃兆豐女母病賊擾至母命暫避及歸母卒悔恨投水死　姚應豐兩女母寡弟弱不忍遠離母歿茹素終身長女卒年五十六次女卒年五十二　宿遷教諭李芬女庠生徐齊周妻母得風疾不能言女曲體所欲孝養以終　談士德女終身不字侍奉父母二十餘年　談士俊女幼聰慧母早歿父患足疾不忍離孝事終身卒年五十餘　貢生周麟瑞女杭斗文妻能文善楷父病佐弟傭書以供藥餌父歿哀毀逾恆母患瘡刲股以療歸杭後斗文常幕游婦代子職後翁夫繼歿家益貧姑性嚴肅氏紡績仰事俯育孝慈兼盡著有餐柏吟詩稿　庠生周徵女庠生潘遵銘妻父疾刲股以療夫病亦如之皆痊　縣丞尹芬女庠生吳壽祺妻刲股療母疾得愈卒年二十七　會元夏子齡女順天府尹周家楣繼妻江陰人知書能詩母病割臂療之　安順府知府賈致怡女順天府尹周家楣繼妻山東黃縣人父病篤刲肱以療　翰林院編修陸爾熙女贈奉政大夫周志臣妻武進人父病割臂和藥療之　鮑廖書女隨母避亂

母病篤侍奉不懈母歿號慟血淚沾襟哀毀月餘卒　胡氏女袁可大妻二十二歲寡翁姑歿依父父死乃殉　驍武功將軍吳莊女孝事父母矢志不字見年六十二已旌　周懷德女善事父母矢志不字見年六十一　戴廷棟女孝事父母矢志不字見年五十一　程氏女張南珍妻封股療母病見年七十七

右孝女在宜興者

沈寄南女性聰慧父母鍾愛之父歿矢志不字紡績工鍼黹侍母終身卒年五十七　陸復先女孝事父母終身不字父母相繼歿哀毀逾恆卒年八十餘　庠生徐森甲女父病篤日侍湯藥衣不解帶封股以療父歿哀毀成疾卒　吳兆亨女年十六封股療母病母歿操持家務父爲擇婿以侯諸弟完娶爲辭值逆亂父得痿疾復封股求以身代泊父歿女年已五旬痛哭十餘日氣將絕諸弟環守女張目曰吾得隨侍父母矣言畢即逝　庠生吳鼎牆女自幼失明而善伺父母意旨終身不字卒年四十三　張有守女父歿矢志奉母終身不字卒年四十五學憲額旌之　黃思憲女矢志不字孝事終身卒年五十九　羅紹錦女親老多病以弟尚幼遂徵環塡

矢志終養卒年五十七　庠生徐光祖兩女長適崔觀麒次適路應隆父母疾姊妹先後封股以療　許貽遠女親老無子守貞不字奉養終身卒年五十六　鄒庭桂女父疾封股療　陳亨大女適駱遺沾父病危封股療父病得痊　陸信女適羅欽父疾篤日侍湯藥不倦封股以療卒年六十六　海州學正周蔭南女適閔咸之父疾侍湯藥衣不解帶目不交睫得疾卒　任氏女適湯睿傳早寡孝事父母二十餘年　俞氏女適朱斗光二十九歲夫被擄歸依於父侍奉甚得歡心父歿哀慟投河死年四十一　都司徐龍彪女吳廷瑛妻母病侍弟封股和藥病痊復發封股如前同治十一年由溧陽縣請旌見存

右孝女在荊谿者

贈奉政大夫程維湍妻范氏二十九歲寡遺孤在抱産女經旬哀痛幾絕喪葬後奉翁極謹翁疾封股療治訓子成人卒年八十四學憲童額旌之光緒三年旌　胡來復妻周氏十八歲寡事姑盡孝三十年不倦人以爲難卒年五十九　毛聽福妻柳氏二十七歲寡孝事孀姑卒年四十一　項思成妻錢氏

二十七歲寡孝奉翁姑撫孤守志姑疾篤親滌穢器侍奉無倦卒年五十四學憲額旌之　呂春綬妻吳氏二十五歲寡孝奉翁姑撫育嗣子後依母家封股療父疾母病久侍不懈卒年四十　蔣定觀子婦衛氏二十九歲寡夫無兄弟爲翁娶妾生子侍奉甚摯卒年六十餘學憲李額旌之　周子政妻張氏善事翁姑翁病封股和藥疾得痊學憲奎額旌之　羅組璣妻方氏組璣生母疾篤氏封股和藥疾遂痊　潘成俊妻張氏隨潘逾年夫慕游山西婦代子職隨姑避難途遇賊以槍刺其姑氏還姑身乞代賊去負姑歸姑以傷重潰爛死力營殯葬哀毀成疾卒年四十七　沈某妻顧氏荊谿訓導沈欽裴媳二十四歲寡知書翁年老成癱瘓侍奉甚謹親滌穢器翁卒後訓誨遺孤吾弼成立補宜庠諸生卒年六十餘　吳榮昌妻黃氏二十九歲寡姑多病三次割股不令姑知見年五十八　楊敦典妻奚氏二十五歲夫故欲殉母止之曰汝有孕可望生男奈何斬楊氏後乎乃卹哀守志母病篤歸侍湯藥割股嘗糞歷久不倦母得痊　杭憲妻孫氏二十九歲寡母病割股和藥進病即愈

右孝婦在宜興者

許能妻趙氏二十六歲寡姑亡翁無他子爲翁續娶生子事奉甚謹卒年三十七　劉裕才妻夏氏二十六歲夫得惡疾氏典簪珥市藥無怨色夫歿鍼黹奉姑十六載姑卒殮葬自經年四十一　舉人崔望賢妻周氏名家儀字敬之學正蔭南女孝事翁姑翁歿哀毀盡禮望賢服闋應禮闈試氏兄家楣方奉母官京師姑以子多病命氏隨入都望賢竟以疾歿於都中氏年三十刺血作書上姑家用悉以自任不復累姑用解姑痛復爲翁及夫譔行述俳惻詳明著有敬之古文卒年四十二光緒六年旌　李銜芳妻陳氏翁疾篤封股和藥病即愈氏患足疾蹣跚竈前烹飪奉翁歷久不倦里黨稱賢　張世賢妻徐氏入鴿女謙事翁姑姑疾篤封股和藥不令姑知　任協和妻董氏事繼姑孝夫愛其弟家產多予之氏無閒言後病篤繼姑感氏孝爲之祈壽大風傾屋氏臥牀無恙年九十六　胡文敘妻吳氏翁姑病俱封股和藥進聞者難之　馬立均妻蔣氏侍女十七歲父疾封股愈　林子春妻陸氏事舊姑姑疾封股療尤盡孝　李大春妻馬氏早寡孝奉翁姑翁歿事姑益孝

姑歿氏年已七十哀毁經月卒借書瀟爲之傳周某妻任氏庶禮媳二十六歲寡撫嗣孤慈姑疾衣不解帶者半載母歿力營後事以險奩爲父母祭費親族稱孝卒年四十二陸之綱妻任氏姑疾篤氏焚香默禱願以身代割股和藥姑病立愈吳朗如妻儲氏翁患榮忠風痲艱於運動氏侍奉甚謹克盡孝道卒年七十

右孝婦在荆谿者

庠生朱喆初聘妻李氏女十九歲夫死奔喪守志撫嗣子志昕志源成立卒年六十黃濬聘妻史氏女十五歲夫卒毀容縞素抑鬱成疾卒年三十四坊建上黃村　以上咸豐元年旌朱厚堈聘妻潘氏女二十六歲夫故奔喪孝奉翁姑訓誨嗣子卒年七十一咸豐三年旌俞明欽聘妻周氏女十七歲夫死奔喪守志卒年五十沈裕堉未婚妻史氏女夫死甫十四歲矢志守貞謹遵婦道卒年三十九　以上光緒二年旌吳孟麟未婚妻錢氏女十九歲夫死矢志守貞卒年四十六學憲李額旌之蔣家騊聘妻庠生任森階女十五歲夫死毀容易服請奔喪父憐其年少未許氏以死

誓二十歲乃歸蔣事姑撫嗣姪姑歿卒年二十四萬達夫聘妻張氏女夫死奔喪卒年三十賈履儉聘妻王氏女十八歲夫卒奔喪孝奉翁姑撫育姪女卒年六十七杭學渠聘妻承氏女十九歲夫故奔喪守志卒年六十五王維賓聘妻陳氏女十九歲夫死奔喪守志孝事翁姑卒年三十五學憲林額旌之陳朝貴聘妻趙氏女十九歲夫故得鬱疾卒周成章聘妻閔氏女夫卒誓不改字周福生聘妻沈氏女夫卒誓不改字翁姑迎歸侍奉維謹卒年四十儲錦屏聘妻增生李光迪女錦屏殤女甫十二歲誓不改字及長矢志如初姑歿奔喪成服見年五十二光緒二年旌賈某聘妻鄭丕福女賈子死矢志守貞許士忠未婚妻吳氏女十八歲夫死守貞見年七十一潘灝文聘妻學正周蔭南女灝文死難女年十五矢志守貞事母克孝母病割股以療孫文田聘妻孟氏女十五歲夫死奔喪孝翁姑撫嗣子守貞至今歷三十五年八品銜俞灝聘妻殷氏女二十二歲夫故奔喪敬事翁姑姻黨賢之程養和聘妻金

氏女養和死難氏矢志守貞孝事父母

右貞女在宜興者

宗甲泰聘妻曹氏女二十歲夫歿奔喪卒年五十七道光二十五年旌許景篪聘妻史氏女十七歲夫歿奔喪終身蔬食卒年六十八咸豐五年旌史棻聘妻徐氏女二十歲夫歿奔喪孝奉翁姑卒年二十七史長苑繼聘妻吳氏女夫亡痛不欲生終身守志坊建張渚沿谿山崔迺標聘妻儲氏女十七歲夫死矢志守貞臨穴成服卒年五十四吳兆質聘妻任氏女二十一歲夫死奔喪孝事翁姑常誦內則列女傳箸篇卒年三十六　以上旌年失考余際璨聘妻儲氏女十七歲夫故奔喪守志卒年二十八沈成基未婚妻史氏女十九歲夫死守貞卒年三十九周正文聘妻閔氏女二十三歲夫死奔喪守志卒年五十七潘熙丕未婚妻王氏女十五歲夫卒矢志守貞事翁孝嗣孤殤不食卒年三十八崔金榜聘妻儲氏女夫死守貞張某聘妻

鄭氏女夫早殤父憫年將改字之女不可奉父母終身卒年五十朱承宜聘妻李氏女夫歿奔喪史賓善聘妻徐氏女年十四聞賓善訃抑鬱成疾逾年卒年十六歲史氏迎其柩與賓善合葬焉程鳴聘妻盧志宏女鳴嘗嬰病篤不終日卒翁遣歸女誓死乃止卒年五十七史望熙聘妻羅氏女十八歲夫亡奔喪守志見年五十三光緒三年旌姚經奎未婚妻陸氏女夫亡矢志守貞程福基聘妻庠生儲廷標女夫死難誓不改字父嘉其志告於程迎歸守貞李椿生聘妻縣丞儲廷燦女十八歲夫歿奔喪曲順翁姑母病歸侍湯藥代理家務嘗侍姑病昕夕侍側腰間連生數疽不令姑知守貞至今二十八年徐根誠聘妻潘氏女根誠死女十九歲誓不改字父母皆歿祖茂績老多病侍奉維謹祖歿後投水求死家人勸止之見年五十五休甯胡成鍾聘妻潘氏女夫死欲奔喪不果後議改字氏以死誓父母相繼歿撫弟成立見年五十七

右貞女在荆谿者

儲寗鳳妻吳氏十八歲寡卒年七十五乾隆年間旌　庠生汪作槐妻吳氏十九歲寡嘉慶七年旌　庠生盛復旦妻路氏二十五歲寡卒年五十一嘉慶二十年旌坊建七里莊　王廷瑞妻許氏二十九歲寡卒年八十二道光八年旌　蔣在捷妻儲氏二十九歲寡卒年六十道光十三年旌　蔣中翰妻王氏二十九歲寡卒年七十一道光十六年旌　錢仲篪妻尹氏十九歲寡撫遺腹子成立卒年七十三道光十八年旌　余克夫妻湯氏嫁未期而寡卒年六十一道光十九年旌　薛永宜妻周氏二十一歲寡卒年七十六道光二十年旌　庠生畢用和妻馮氏二十九歲寡卒年七十一　史文詮妻任氏二十九歲寡卒年七十歲以上道光二十三年旌　蔣至楡妻儲氏二十二歲寡卒年六十一道光二十四年旌　陸啟中妻蔣氏二十五歲寡卒年五十三道光二十五年旌　周天助妻高氏二十七歲寡卒年八十二　黃允中妻儲氏二十一歲寡卒年三十二以上道光二十六年旌　庠生周翰交妻顧氏十七歲寡卒年三十三道光二十七年旌　張鈞妻王氏二十歲寡

卒年八十二　俞潤之妻朱氏二十二歲寡卒年五十六　儲亨妻劉氏二十一歲寡卒年六十一坊建官村　吳順聲妻周氏二十四歲寡卒年六十六　吳光瀚妻徐氏二十歲寡　庠生萬開先妻吳氏嫁逾旬而寡茹素終身　朱之辰妻姚氏二十七歲寡卒年五十九　舉人史湛恩繼妻黃氏湛恩應禮部試贄宛平黃氏期年病篤氏謹侍湯藥割股嘗糞湛恩歿氏年二十紡績度日計五年積三十餘金攜孤扶柩回籍家無儋產苦節五十餘載卒年七十六以上道光二十八年旌　丁震南妻郁氏二十二歲寡孝事繼姑撫嗣成立卒年六十二道光二十九年旌　張浦鎰妻朱氏二十四歲寡卒年三十六　宗因妻張氏二十一歲寡卒年六十五　蔣燕思妻儲氏二十三歲寡卒年八十二以上道光三十年旌　儲華玉妻馮氏二十九歲寡卒年六十二道光年間旌　朱映辰妻吳氏二十一歲寡卒年四十　孫洪蓮妻周氏三十歲夫故茹素守志服業盛暑卧不解衣親鄰有急必周恤之咸豐年間捐貲修塘路三次創建橋梁卒年五十五　黃士源妻董氏二十四歲寡撫孤成立卒年六十二以上咸豐元年旌　吳潮妻周氏十九歲寡卒年六十餘咸豐二年旌　劉春藝妻湯氏二十九歲寡孝奉翁姑撫孤成立卒年六十三咸豐四年旌　杜志宣妻周氏二十四歲寡矢志撫孤卒年七十六咸豐六年旌　謝義郎妻龔氏二十一歲寡卒年五十六　周敦裕妻吳氏二十二歲寡卒年五十二　周夢大妻曹氏二十二歲寡卒年六十一　史坤泰妻俞氏二十三歲寡卒年七十三以上咸豐七年旌　鄒廷機妻丁氏二十三歲寡孝事翁姑苦志完節　朱義齡妻徐氏二十一歲寡卒年六十七　朱光悅妻程氏二十二歲寡事翁姑甚謹卒年五十一　謝良翰妻許氏二十二歲寡卒年八十二　黃殿亨妻史氏二十九歲寡卒年六十七以上咸豐八年旌　吳大鏞妻徐氏二十三歲寡同治二年旌　史臣襄妻宗氏二十九歲寡卒年五十四同治五年旌　史鏞妻儲氏二十五歲寡卒年六十八同治八年旌　黃瑞豐妻張氏二十一歲寡卒年六十四學憲額旌之　周殿仁妻儲氏二十九歲寡卒年七十二　蔣紹堂妻徐氏三十歲寡卒年四十二　黃應衡妻陶氏二十

六歲寡撫孤守志卒年四十八　朱康齡妻李氏二十九歲寡卒年四十七以上同治十年旌　蔣紹周妻陸氏二十三歲寡卒年六十八同治十一年旌　周汝翼妻莊氏三十歲寡卒年六十六　庠生周琪妻徐氏二十三歲寡卒年六十八　武生周大容妻吳氏二十二歲寡卒年六十七　監生周時敏妻潘氏三十歲寡卒年七十三　周輔妻郭氏二十九歲寡卒年四十四　周瑋妻王氏二十四歲寡卒年四十八以上同治十三年旌　贈刑部主事周家鏘妻徐氏增生承基女夫死難氏年二十八歲事姑誠敬兩姑妹皆守節同志同居撫嗣子燮逾已出卒年四十三嗣子志靖癸酉舉人文綬宜性敏慧能詩事姑孝遇父亡慟哭輒不食未字殤　張彬鏞妻姚氏二十三歲寡卒年四十三　張觀光妻唐氏二十四歲寡卒年六十三　周鈞妻王氏二十七歲寡卒年六十七　周珂妻馮氏二十九歲寡卒年三十九　周紹烈妻蔣氏三十歲寡卒年五十九　周景枚妻劉氏三十歲寡卒年五十一　周卜正妻吳氏三十歲寡卒年六十二　周服膺妻趙氏二十四歲寡卒

年六十一周珊妻許氏三十歲寡卒年五十二周國型妻儲氏二十七歲寡卒年四十周
文載妻朱氏二十九歲寡卒年四十以上光緒元年旌俞企棠妻史氏早寡茹苦守節張
福基繼妻任氏二十八歲寡卒年四十二周昌祚妻任氏三十歲寡卒年八十周惟日
妻戚氏二十九歲寡卒年七十六周體妻沈氏二十八歲寡卒年七十周鑑銘妻吳氏
二十七歲寡卒年七十四周錫妻畢氏三十歲寡卒年七十四周鳴球妻陳氏二十六歲寡卒
年五十三周廣盛繼妻王氏三十歲寡卒年六十周秀奎妻吳氏二十九歲寡卒年五十三
以上光緒二年旌副貢周履祥妻蔣氏二十八歲寡卒年四十八職員俞廷亨妻楊
氏俊良妻陸氏早寡矢志守節里黨偁賢蘇學韓妻胡氏二十六歲寡敬事翁姑撫孤守志卒
年四十二周貞妻宗氏三十歲寡卒年七十一胡光培妻周氏二十五歲寡卒年四十一周
遵妻蔣氏二十九歲寡卒年五十九周中政妻沈氏三十歲寡卒年六十二周文妻呂

氏二十九歲寡卒年四十六周中應妻孫氏三十歲寡卒年四十九周鳳妻陸氏二十六歲
寡卒年五十三周作礪妻許氏二十二歲寡卒年五十九周猷妻謝氏二十七歲寡卒年五十
周英傑妻余氏二十三歲寡卒年七十二周拱妻俞氏三十歲寡卒年五十七周瓏元
繼妻蔣氏三十歲寡卒年六十三周其升妻史氏三十歲寡卒年七十八周羽豐妻
陸氏三十歲寡卒年六十五周敬元妻陳氏三十歲寡卒年五十八周發盛妻錢氏
二十八歲寡卒年五十一周綸妻儲氏二十二歲寡卒年六十二周茂榮妻陸氏三十歲寡卒年
五十六周辰元妻謝氏三十歲寡卒年五十三周發林妻楊氏二十七歲寡卒年四十一
贈承德郎范昌闓妻程氏二十九歲寡勤苦撫孤卒年七十學憲董額旌之以上光緒三年旌
程勝和妻汪氏二十五歲寡孝奉翁姑爲夫立後卒年四十九湯畏三妻蔣氏十七歲寡矢志
不貳卒年六十五學憲額旌之蔣邦彥妻楊氏二十四歲寡苦節終身坊建七里莊張周容妻史

氏二十歲寡卒年七十坊建金紫圩吳錫裳妻潘氏二十七歲寡孝慈兼盡卒年七十二尹思聰
妻潘氏二十五歲寡卒年六十五學憲額旌之尹應臨妻許氏二十八歲寡卒年六十六學憲額旌
之蔣亦園妻談氏二十五歲寡卒年七十八學憲林額旌之史芹山繼妻宗氏二十六歲
寡卒年四十五子觀光諸生俞企顏妻任氏二十歲寡孝慈兼盡卒年三十九學憲林額旌之湯炎
大妻陳氏二十七歲寡學憲額旌之劉廷濮妻孫氏二十一歲寡卒年五十六程時發妻
汪氏二十五歲寡卒年七十二蔣邦澤妻史氏二十九歲寡卒年七十吳恆德妻張氏
二十三歲寡卒年六十八程庭桂妻徐氏二十五歲寡卒年四十楊桂林妻王氏二十六歲
寡卒年六十四蔣崇周妻施氏二十七歲寡卒年五十九史協民妻蔣氏二十六歲寡卒年四
十七王字年妻史氏三十歲寡卒年六十一馬天順妻王氏二十六歲寡卒年八十一吳
鍾妻凌氏二十四歲寡卒年七十八吳大鵬妻任氏二十六歲寡卒年六十四湯儆妻吳

氏青年矢志鄉里偁賢文童儲雲錦妻蔣氏二十六歲寡撫嗣子成立艱苦備嘗卒年六十三以上
旌年失考徐聽貞妻張氏數月而寡悲哀欲殉翁姑諭以大義乃起治事卒年六十二湯樹盈妻
李氏二十五歲寡苦節終身徐石渠妻周氏二十八歲寡卒年六十七湯兆裔妻陳氏
二十九歲寡卒年五十湯貞奎妻錢氏二十二歲寡卒年六十二周仁元妻謝氏二十七歲
寡卒年五十湯振鑑妻劉氏二十四歲寡卒年三十五邵文郁妻蔣氏二十歲寡矢志守節
以終史學潮妻徐氏二十四歲寡卒年三十八丁振興妻徐氏二十七歲寡卒年六十三潘
文耀妻史氏二十歲寡卒年三十三錢順安妻徐氏二十四歲寡卒年五十九羊岳佩
妻周氏三十歲寡卒年七十二湯震恆妻徐氏二十五歲寡卒年六十三毛寶定妻湯
氏二十七歲寡卒年六十二吳躍宗妻陳氏二十二歲寡卒年六十一杭鳳岡妻潘氏二十
四歲寡苦節終身杭鳳梧妻陸氏二十七歲寡卒年六十一徐天佑妻程氏二十八歲寡卒

年五十七杭時進妻陳氏二十九歲寡卒年五十三吳應青妻周氏二十四歲寡卒年四十
蔣明法妻陸氏二十八歲寡卒年八十一俞義元妻吳氏二十四歲寡卒年五十八吳孟
魁妻周氏二十七歲寡卒年五十七陸富元妻王氏二十四歲寡卒年五十八陸文元妻
蔣氏二十六歲寡卒年五十六陸芳桂妻周氏三十歲寡卒年六十一謝山大妻劉氏
二十六歲寡卒年四十一陸映奎妻周氏三十歲寡卒年七十四吳朝大妻王氏二十三歲
寡卒年六十七杭書田妻周氏二十八歲寡卒年五十四庠生杭應裕妻曹氏二十九歲
寡卒年六十二周掄英妻王氏二十八歲寡卒年六十一周作新妻儲氏二十五歲寡卒年五
十五周衡瞻妻沈氏三十歲寡卒年六十五周德麟妻楊氏二十八歲寡卒年六十九周
登選妻史氏三十歲寡卒年四十三周佑觀妻張氏二十九歲寡卒年四十二周功佑
妻張氏三十歲寡卒年五十三周應祖妻蔣氏二十八歲寡卒年七十八周奎妻吳氏

二十九歲寡卒年七十吳保全妻蔣氏二十四歲寡卒年五十二吳壽大妻周氏十九歲寡
卒年五十八蔣禾錫妻潘氏二十六歲寡卒年六十方仁發妻陸氏二十歲寡卒年五十
五潘同山妻黃氏二十六歲寡卒年六十一莊招大妻張氏二十八歲寡卒年六十莊
國柱妻於氏二十六歲寡卒年四十二蔣艮仁妻朱氏二十七歲寡卒年六十六周德全
妻陸氏二十八歲寡卒年四十四蔣東春妻莊氏二十八歲寡卒年四十九蔣瑞龍妻徐
氏二十二歲寡卒年三十九陳漢文妻顧氏三十歲寡卒年六十陸錦雲妻黃氏二十九歲
寡卒年六十九吳瑞朝妻徐氏三十歲寡卒年六十餘陸德中妻邵氏二十七歲寡卒年三
十九王慶雲妻邵氏三十歲寡卒年六十四陸福和妻閔氏二十七歲寡始苦守節謝
沐妻路氏二十二歲寡卒年五十八謝玉虬妻蕭氏二十六歲寡卒年六十三謝祥恢妻
陳氏二十四歲寡卒年六十六謝來康妻劉氏二十四歲寡卒年六十一蔣嘉祥妻吳氏

二十八歲寡卒年四十二顧鴻寶妻金氏三十歲寡卒年五十三任何封妻范氏二十九歲
寡卒年五十八戴士道妻吳氏二十七歲寡卒年六十戴丕承妻王氏二十四歲寡卒年五
十四戴森林妻戚氏二十六歲寡卒年五十五戴邦彥妻蔣氏二十八歲寡卒年五十六楊
汝俊妻戴氏十九歲寡卒年六十九戴國祥妻周氏二十五歲寡卒年五十四史汝雲
妻楊氏二十二歲寡卒年五十二方仁寅妻王氏二十八歲寡卒年四十九史廷俊妻范
氏二十二歲寡卒年五十八吳德尊妻蔣氏二十一歲寡卒年六十八沈全周妻徐氏三十
歲寡卒年四十四戴佩韓妻周氏二十七歲寡卒年五十二芮聯喜妻史氏二十五歲寡卒
年六十周秀章妻王氏二十八歲寡卒年六十一史珩妻傅氏二十一歲寡卒年五十一周
擇英妻沈氏二十九歲寡卒年五十一史紹光妻儲氏二十六歲寡卒年五十二施昌元
妻張氏二十九歲寡卒年五十四胡宗信妻王氏二十歲寡卒年五十胡廷觀妻潘氏

二十三歲寡卒年三十五胡集義妻杜氏三十歲寡卒年五十六胡廷熺妻鄒氏二十八歲
寡卒年四十六胡玫妻董氏二十九歲寡卒年五十九胡集河妻彭氏二十七歲寡卒年六十一
胡瑱妻陸氏二十五歲寡卒年四十七胡孟仁妻馮氏二十六歲寡卒年四十四胡啓純
妻葛氏三十歲寡卒年七十三胡朝宗妻蔣氏二十六歲寡卒年六十四胡律源妻趙
氏二十五歲寡卒年五十胡鴻澤繼妻沈氏十八歲寡卒年六十八胡天德妻蔣氏
二十歲寡卒年三十一胡龍佐妻龔氏二十八歲寡卒年七十五胡士鵬妻孫氏二十歲寡
卒年七十二胡啓高妻陸氏二十四歲寡卒年六十四胡祖義妻曹氏二十六歲寡卒年五
十胡浩興妻裴氏二十八歲寡卒年四十六胡順招妻許氏十八歲寡卒年四十胡振
琢妻杭氏二十五歲寡卒年五十八胡雲芳妻張氏二十歲寡卒年三十四胡瑞貞妻
蔣氏二十二歲寡卒年三十六胡效卿妻沈氏二十四歲寡卒年五十胡洪法妻陸氏

二十七歲寡卒年四十三　胡潤潮妻王氏二十九歲寡卒年五十　胡士福妻史氏二十九歲寡卒年七十　胡壽興妻馮氏二十九歲寡卒年五十七　胡恆興妻李氏二十八歲寡卒年四十八　胡添隆妻周氏二十四歲寡卒年八十三　胡起周妻吳氏二十七歲寡撫孤守志以終　胡學詩妻張氏二十五歲寡卒年七十一　胡永芳妻陳氏二十五歲寡卒年五十八　胡繼學妻蔣氏二十三歲寡卒年七十三　胡德芳妻郭氏二十七歲寡卒年五十五　胡廣海妻儲氏二十四歲寡卒年四十四　方錫堦妻俞氏三十歲寡有婦德以節終　徐棣原妻路氏二十九歲寡撫孤守志　姚邦輔妻沈氏二十八歲寡卒年五十五　陳林瑞妻莊氏二十八歲寡卒年六十八　庠生戴文炯妻張氏二十九歲寡卒年四十二　戴百淇妻周氏三十歲寡卒年五十三　宗銓法妻芮氏二十四歲寡卒年六十三　歐詰繼妻沈氏二十七歲寡卒年六十一　許廷椿繼妻王氏二十八歲寡卒年四十一　蔣維邦妻湯氏二十八歲寡卒年五十

宜興荊谿縣新志　卷八　人物　列女　十三

裴瑞儒妻吳氏二十五歲寡卒年五十六　許祖望妻朱氏十九歲寡卒年六十　陳志信妻周氏二十七歲寡卒年五十八　葉汝翹妻萬氏二十九歲寡卒年五十二　尹萬興妻蔣氏二十九歲寡卒年四十九　曹方來妻史氏二十九歲寡卒年六十　尹富南妻李氏二十三歲寡卒年六十三　曹文蔚妻姜氏二十四歲寡卒年五十　佾生曹安妻周氏二十八歲寡卒年五十一　曹廣秀妻董氏二十九歲寡卒年五十六　曹全曾妻史氏二十六歲寡卒年五十二　曹聘珍妻秦氏二十四歲寡卒年五十八　張德大妻蔡氏二十八歲寡卒年六十六　曹徵潞妻吳氏二十九歲寡卒年四十八　錢伯華妻杭氏二十五歲寡卒年五十六　錢伯英妻陳氏三十歲寡卒年五十　史愈寬妻丁氏二十四歲寡卒年七十二　楊應榮妻鄭氏三十歲寡卒年八十四　褚健輝妻張氏二十四歲寡卒年四十二　邵同倫妻錢氏十九歲寡卒年七十六　邵旭陽妻潘氏二十二歲寡卒年四十四　萬兆昌妻尤氏二十四歲寡苦節終

身　孫賀文妻邵氏二十八歲寡卒年五十八　吳某妻萬氏二十一歲寡卒年七十三　萬應科妻談氏二十八歲寡卒年八十二　徐燁妻潘氏二十七歲寡卒年六十二　洪漢英妻錢氏二十二歲寡卒年三十八　徐文燧妻錢氏三十歲寡卒年七十二　楊命亭妻沈氏二十七歲寡卒年五十九　曹銑妻陸氏二十九歲寡卒年六十　曹春榮妻蔣氏二十四歲寡卒年六十一　徐堂奎妻謝氏三十歲寡卒年四十九　許大星妻任氏二十八歲寡卒年六十四　庠生徐翔妻錢氏早寡苦節終身　徐繩鎬妻邵氏二十三歲寡卒年六十八　徐履初妻莫氏二十八歲寡卒年六十三　徐企政妻陸氏二十九歲寡卒年六十七　蔣兆和妻朱氏二十八歲寡卒年八十　史兆麟妻榮氏二十八歲寡卒年六十一　蔣會寶妻張氏二十八歲寡卒年六十一　蔣廷楷妻李氏二十六歲寡卒年五十八　吳茂興妻錢氏二十六歲寡卒年七十一　蔣文奎妻史氏二十八歲寡卒年五十六　儲生椿妻沈氏二十六歲寡卒年五十八　胡

宜興荊谿縣新志　卷八　人物　列女　十四

佩金妻朱氏二十二歲寡卒年五十六　儲正春妻周氏三十歲寡卒年六十七　庠生儲錦城妻史氏二十九歲寡卒年三十九　儲仁秀妻蔣氏三十歲寡抑鬱而卒　儲紹員妻蔣氏二十六歲寡卒年五十三　徐振鐸妻吳氏三十歲寡卒年五十二　蔣南佑妻唐氏二十四歲寡卒年六十八　史國忠妻沈氏夫亡爲居尼菴　史正連妻翟氏二十三歲寡卒年五十九　史源昌妻邵氏三十歲寡卒年四十八　史廷敬妻徐氏二十四歲寡苦節終身　史正初妻陳氏三十歲寡卒年六十二　史正興妻邵氏二十四歲寡卒年五十八　史坤涞妻李氏三十歲寡卒年七十四　蔣雪觀妻唐氏二十八歲寡卒年五十六　史行泰繼妻陳氏二十七歲寡　蔣華朝妻繆氏二十九歲寡卒年五十二　史坤林妻蔣氏三十歲寡卒年六十　蔣開生妻許氏二十六歲寡卒年五十六　史坤洪妻朱氏三十歲寡卒年六十五　庠生萬士富妻張氏二十三歲寡卒年六十　史康善妻邵氏三十歲寡卒年五十四

萬德系妻蔣氏二十九歲寡卒年六十二蔣元泰妻張氏二十三歲寡卒年五十萬鵬
齡妻尹氏二十五歲寡卒年六十五萬家鼎妻李氏十八歲寡卒年五十四萬芳任妻
王氏二十九歲寡卒年五十三萬于陞妻王氏二十七歲寡卒年六十萬作霖妻蔣氏
二十三歲寡卒年六十四萬維祖妻丁氏二十九歲寡卒年七十萬元傑妻吳氏二十八歲
寡卒年五十九萬檜妻周氏二十五歲寡卒年七十九萬禮林妻吳氏二十四歲寡卒年七十八
萬杏妻史氏三十歲寡卒年七十萬俊思妻馬氏二十五歲寡卒年六十三萬連妻邵
氏三十歲寡卒年七十二萬保康妻曾氏二十五歲寡卒年六十八萬瑩妻馬氏十九歲寡
卒年三十六萬言揚妻吳氏二十六歲寡卒年七十二萬百揆妻江氏二十九歲寡卒年七
十廩生萬晉履妻曹氏二十九歲寡卒年八十二萬邦連妻陸氏二十九歲寡卒年五
十萬熙廸妻唐氏二十五歲寡卒年六十五萬之爾妻路氏三十歲寡卒年五十三萬

觀寶妻陳氏二十六歲寡卒年六十九萬文炯妻潘氏三十歲寡卒年五十七萬正五
妻何氏二十四歲寡卒年四十二萬元裕妻馮氏二十歲寡卒年八十六萬繼高妻周
氏二十六歲寡卒年五十五萬才妻談氏二十六歲寡卒年六十二萬觀德妻邵氏二十六歲
寡卒年五十六萬酉山妻周氏二十歲寡卒年六十五萬德元妻潘氏三十歲寡卒年四十
三萬玉書妻盛氏二十八歲寡卒年五十五萬椅妻夏氏二十四歲寡卒年四十萬貽
蓀妻吳氏二十九歲寡卒年六十一萬撰妻邵氏二十七歲寡卒年六十一萬掄甲妻張
氏二十八歲寡卒年五十一任昌宇妻杭氏二十一歲寡卒年七十一任溶繼妻吳氏二十
九歲寡卒年六十九許亨妻陸氏三十歲寡卒年三十六儲錫嶷妻王氏二十四歲寡卒年三
十九趙懷德妻孫氏三十歲寡卒年六十九趙德謙妻承氏二十八歲寡卒年七十八賈
履勤妻趙氏二十三歲寡卒年七十陳有仁妻楊氏二十六歲寡卒年四十九王佩康

妻萬氏二十歲寡卒年五十一許秉禮妻張氏二十九歲寡卒年五十三杜岳茂妻周
氏三十歲寡卒年五十五蔣福元妻楊氏二十五歲寡卒年五十五杜順福妻談氏二十
八歲寡卒年六十七洪松大妻汪氏二十五歲寡卒年六十六任允肅妻蔣氏三十歲寡卒年
七十一任金聚妻吳氏二十九歲寡卒年六十一任鳳鸞妻丁氏三十歲寡卒年六十三
任景求妻蔣氏二十九歲寡卒年七十四史名顯妻翟氏二十七歲寡卒年六十八史名
陞妻黃氏二十四歲寡卒年六十八張德富妻尹氏十九歲寡卒年六十一陳正興妻
閔氏二十八歲寡卒年五十六蔣鍾桂妻徐氏二十六歲寡卒年五十八孫進朝妻虞氏
二十六歲寡卒年五十四周焴妻戚氏三十歲寡卒年四十朱思明妻蔡氏二十五歲寡卒年五
十八周嘉言妻陳氏三十歲寡卒年六十一周鳳鳴妻朱氏二十八歲寡卒年六十四周
茂祥妻王氏三十歲寡卒年五十一周勝嘉妻朱氏二十七歲寡卒年六十七周琇妻

萬氏二十五歲寡卒年六十周閏奎妻戚氏二十九歲寡卒年六十九周正元妻徐氏
三十歲寡卒年六十二周云得妻沈氏二十二歲寡卒年五十六周宏茂妻陸氏三十歲寡
卒年六十二盛家豐妻錢氏二十五歲寡卒年六十九周硯耕妻路氏二十八歲寡卒年四
十錢敬源妻盛氏二十五歲寡卒年六十四錢墉妻莫氏二十九歲寡卒年四十七吳瑞
榮妻王氏二十八歲寡卒年五十八蔣秀華妻馮氏二十八歲寡卒年七十四葉清源妻
周氏二十一歲寡卒年四十七周嘉衢妻梅氏三十歲寡卒年四十三葉鳳裕妻蔣氏
二十六歲寡卒年五十六吳鎮妻王氏二十歲寡苦節四十餘年周世翔妻蔣氏二十八歲寡卒
年五十九吳聿修妻徐氏三十歲寡卒年六十一周懷德妻余氏二十九歲寡卒年七十四
吳杞妻賀氏三十歲寡卒年八十二周道伊妻蔣氏二十八歲寡卒年五十四吳藻妻
曹氏二十九歲寡卒年五十九周發峻妻王氏二十六歲寡卒年六十六周鳳洙妻張氏

二十一歲寡卒年四十周勤立妻沈氏二十六歲寡卒年六十五居士恆妻蔣氏二十九歲寡卒年七十周正孚妻王氏二十七歲寡卒年六十四周諧妻蔣氏二十七歲寡卒年六十六吳允福周成釗妻葉氏二十六歲寡卒年五十八吳澤妻張氏二十七歲寡卒年六十二吳允福妻裴氏二十八歲寡卒年六十七吳榮楠妻潘氏三十歲寡卒年六十六吳倍豐妻余氏二十五歲寡卒年五十六吳諧久妻蔣氏三十歲寡卒年五十二吳仲達妻蔣氏二十六歲寡卒年六十三吳桂榮妻申氏三十歲寡卒年六十吳方俊妻歐氏二十七歲寡卒年六十六吳聚妻張氏二十七歲寡卒年六十三吳佛行妻朱氏二十四歲寡卒年四十九吳紀元妻潘氏三十歲寡卒年五十五吳學文妻周氏二十七歲寡卒年五十八吳身福妻徐氏三十歲寡卒年五十九吳悅和妻許氏二十七歲寡卒年五十五吳福林妻楊氏二十歲寡卒年四十九吳毓仁妻莊氏二十四歲寡卒年五十六吳瑞清妻徐氏二十歲寡

宜興荊谿縣新志 卷八 人物 列女 七

卒年五十一吳毓禮妻巫氏二十五歲寡卒年六十七楊永高妻吳氏三十歲寡卒年五十八吳應和妻謝氏二十八歲寡卒年五十三吳應春妻沈氏二十三歲寡卒年五十九錢全生妻潘氏三十歲寡卒年五十七吳岳雲妻梅氏二十八歲寡卒年五十五王產興妻夏氏三十一歲寡卒年七十三吳望魁妻周氏二十五歲寡卒年六十八尹觀貞妻王氏二十七歲寡卒年五十九吳保大妻周氏二十四歲寡卒年五十九畢慎行妻陸氏二十九歲寡卒年五十九許汝霖妻吳氏二十七歲寡卒年六十二錢廷楨妻陸氏三十歲寡卒年五十七于仁楚妻吳氏二十四歲寡卒年五十八杭淇耀妻盧氏二十七歲寡卒年五十歐同戴泰年妻王氏二十九歲寡卒年七十五潘仁霖妻吳氏二十五歲寡卒年四十八歐同慶妻陸氏二十九歲寡卒年七十三曹培德妻杭氏二十六歲寡哀毀卒張廷琛妻史氏二十九歲夫亡姑歿哀毀卒張雲翹妻戴氏三十歲寡卒年五十九王復昇妻丁氏

二十七歲寡卒年五十三張順奎妻吳氏二十九歲寡卒年六十張志儒妻杜氏二十七歲寡卒年七十一史邦華妻蕭氏二十四歲寡卒年六十張有奎妻吳氏二十四歲寡卒年三十五秦寶珩妻潘氏二十九歲寡卒年四十九陳行生妻閔氏二十五歲寡卒年五十九黃鉞妻吳氏妾馬氏鉞歿吳氏二十七歲馬氏二十四歲同心守志吳卒年四十馬卒年三十九黃日璉妻戴氏二十八歲寡卒年六十二李三大妻程氏二十一歲寡卒年四十九黃廷松妻錢氏二十八歲寡卒年五十五黃日璇妻胡氏二十七歲寡卒年四十五蔣孚大妻潘氏三十歲寡卒年五十九黃日亨妻吳氏二十三歲寡守節以終蔣亦春妻繆氏二十六歲寡卒年五十八黃式玉妻呂氏二十七歲寡卒年三十八蔣亦武妻黃氏二十六歲寡卒年八十二庠生吳琛妾江氏二十八歲寡卒年四十一蔣天粹妻楊氏二十六歲寡卒年六十九蔣坤元妻黃氏二十七歲寡卒年六十七趙裕貞妻翟氏二十八歲寡卒年六十六裴書

宜興荊谿縣新志 卷八 人物 列女 八

麟妻周氏二十八歲寡卒年五十七周鳳祥妻史氏二十四歲寡卒年四十趙有忠妻翟氏二十七歲寡卒年四十七周開祿妻王氏二十一歲寡卒年三十五張凝一妻周氏二十三歲寡卒年五十七程熊占妻楊氏二十九歲寡守節以終張寶山妻毛氏二十二歲寡卒年四十二任兆聯妻曹氏三十歲寡卒年五十九張祥元妻錢氏二十八歲寡卒年五十二毛榮福妻王氏二十三歲寡卒年五十萬森球妻蔣氏二十四歲寡卒年四十九許欽安妻王氏三十歲寡卒年七十四許金南妻吳氏三十歲寡卒年七十三孫敏倫妻謝氏十九歲寡卒年五十二江允玉妻王氏二十四歲寡卒年四十九江學愼妻黃氏二十六歲寡卒年七十江允文妻程氏二十四歲寡卒年五十七蔣鴻緒妻周氏二十八歲寡卒年六十一黃茂華妻朱氏二十一歲寡卒年三十八許學亨妻楊氏三十歲寡卒年七十四江茂竑妻蔡氏二十一歲寡卒年三十二程德華妻俞氏二十六歲寡卒年六十三

江葉俊妻陳氏二十七歲寡卒年四十一　江鮪妻陳氏二十四歲寡卒年四十六　江允孝
妻程氏二十八歲寡卒年五十二　江汀蘭妻程氏二十二歲寡卒年五十八　江允瑞妻程
氏二十三歲寡卒年五十五　吳寶榮妻方氏十九歲寡卒年四十一　吳隆白妻吳氏二十
七歲寡卒年五十一　李確繼妻徐氏三十歲寡卒年四十一　史光戩妻周氏二十三歲寡卒
年五十一　史順初妻宗氏二十歲寡卒年五十五　褚之讜妻蔣氏三十歲寡卒年四十八
楊文玉妻沙氏二十九歲寡卒年三十九　史沅麟妻蔣氏十九歲寡卒年八十　張廷檜
妻黃氏二十八歲寡卒年四十三　史企尙妻王氏三十歲寡卒年七十一　史之邁妻某
氏二十六歲寡守節三十年　史國華妻蔣氏二十歲寡卒年五十一　高榮光妻蔣氏二十
二歲寡卒年五十六　史瑞球妻程氏早寡卒年五十二　胡法儒妻周氏二十八歲寡卒年四
十八　蔣仁瑞妻史氏二十八歲寡卒年七十二　蔣順剛妻王氏二十七歲寡卒年六十三　儲

德熙妻蔣氏二十六歲寡卒年七十　蔣應忠妻黃氏二十六歲寡卒年四十九　儲士昌
妻范氏二十四歲寡卒年五十二　蔣玉崑妻蔡氏二十二歲寡卒年四十八　儲俊文妻萬
氏二十八歲寡卒年五十五　儲聚斗妻姜氏二十七歲寡卒年六十三　許德明妻史氏三十
歲寡矢志守節以終　杭定榮妻彭氏二十八歲寡卒年六十八　許源慶妻尹氏三十歲寡卒年
六十三　戴雙元妻王氏二十六歲寡守節以終　許允義妻張氏三十歲寡卒年五十三
周志餘妻姜氏三十歲寡卒年六十四　王南珩妻盛氏二十六歲寡卒年五十四　湯榮
朝妻藏氏二十七歲寡卒年六十一　戴士煒繼妻史氏二十四歲寡苦節終身　沈效山
妻陳氏二十八歲寡卒年六十九　周勝基妻吳氏二十三歲寡卒年八十　糜生裴蓉光
繼妻盧氏三十歲寡矢志守節以終　周雲妻張氏三十歲寡卒年七十四　黃淇揚妻丁
氏二十四歲寡卒年六十一　談寶書妻周氏二十五歲寡卒年六十五　强勝祖妻仇氏三十

歲寡卒年八十二　楊元綸妻毛氏　楊秋元妻褚氏　楊榮華妻曹氏
楊金華妻李氏　邵百祥妻許氏　楊中和妻褚氏　邵同
華妻周氏　楊孟亨妻馬氏以上守節年分均失考　歐國茂妻王氏二十九歲
寡苦節撫孤卒年五十九　胡念慈妻鮑氏二十二歲寡卒年三十七邑令額旌之　歐哲聲妻史
氏二十四歲寡苦節撫孤卒年六十五　理問銜徐雲璈繼妻史氏三十歲寡矢志守節以終　杭
佳成妻王氏三十歲寡苦節撫孤卒年八十四　杭文遊妻胥氏三十歲寡撫孤守志卒年七十
五　王若睿妻閔氏二十三歲寡守志撫孤卒年四十七　任渭川妻徐氏舉人光年女二十八
歲寡矢志撫孤卒年六十二　許順珍妻楊氏三十歲寡孝事孀姑撫孤成立卒年七十五　劉年豐
妻蔣氏二十三歲寡孝事翁姑卒年四十九　黃昌大妻蔣氏十九歲寡撫孤成立卒年六十四　談
鳴高妻戚氏二十六歲寡守志撫孤卒年五十七　儲驥妻潘氏二十八歲寡卒年六十八學憲林額

旌之　陸伯元妻儲氏三十歲寡卒年六十五學憲額旌之　芮德大妻盧氏十九歲寡貧苦撫孤
卒年七十二　邵隆大妻王氏二十二歲寡孝事翁姑卒年六十八　邵志華妻章氏二十六歲
寡事孀姑撫嗣子苦志終身卒年五十六　邵瑞華妻周氏二十三歲寡紡績奉姑卒年五十三　宗生初
妻史氏十八歲寡奉姑甚謹卒年六十三　路盤三妻佘氏二十八歲寡悲痛失明卒年五十七　王
德揚妻夏氏夫病刲股以療二十七歲寡卒年六十七學憲額旌之　吳孟賢妻歐氏二十歲寡
撫嗣子如己出卒年六十九　蔣敬宇妻金氏二十九歲寡苦志撫孤卒年五十五　蘇安熙妻胡
氏二十九歲寡孝事翁姑撫育嗣子學憲額旌之　賀九沅妻吳氏二十九歲寡守志撫孤卒年六十四學憲
林額旌之　胡玉汝妻陳氏三十歲寡苦節自勵訓子成立卒年六十六長子承烈主簿孫麟諸生　歐萬
昌妻趙氏二十四歲寡奉姑撫子遭難後姑歿子亡抑鬱卒　顧永盈妻徐氏三十歲寡撫孤成立
卒年七十三　宗聯奎妻史氏二十歲夫亡茹苦守節學憲額旌之　朱善加妻衛氏三十歲寡

辛年五十七學憲李額旌之史欽妻任氏二十八歲寡紡績奉翁卒年五十六閔書傳妻朱氏十九歲寡卒年五十四學憲額旌之許開泰妻陸氏二十六歲寡紡織撫孤卒年六十五周顧祥妻王氏二十四歲寡孝事翁姑紡績撫嗣卒年四十九潘佑齡妻蕢氏二十五歲寡苦志撫孤卒年七十二縣丞褚齡妻周氏三十歲寡患瘋風艱於舉動然事翁姑不懈貧乏者復周䘏之卒年四十五蔣人鴻妻錢氏二十八歲寡卒年六十一學憲額旌之尹琦妻吳氏早寡紡績終身卒年七十二學憲額旌之吳方升妻賀氏二十八歲寡孝姑和妯娌卒年四十二學憲額旌之庠生呂順晉妻戴氏二十九歲寡女紅自給卒年六十八許德宣妻程氏二十三歲夫病刲股以療夫歿矢志堅守卒年五十一盧恆祥妻蔣氏二十五歲寡撫遺腹子成立卒年七十三葉德榮妻許氏二十八歲寡兒女婚嫁艱苦備至卒年五十七吳忠亮妻黃氏二十三歲寡孝奉翁姑卒年七十一吳忠教妻邵氏二十六歲寡撫孤成立卒年七十二華敬文妻魏氏二十三歲寡孝奉翁姑卒年六十史長濟

宜興荊谿縣新志　卷八　人物　列女　主

妻吳氏舉人登妣三十歲寡孝翁姑和妯娌撫嗣子如已出卒年五十曹受祜妻葉氏二十三歲寡悲慟失明推磨度日卒年六十一堵瑞興妻蔣氏三十歲寡卒年六十八學憲額旌之劉同觀妻余氏二十五歲寡苦志撫孤卒年七十三蔣松盈妻潘氏三十歲寡苦志撫孤紡績度日鄉里稱賢卒年五十六學憲林額旌之馮觀虞妻吳氏二十六歲寡紡績度日里無間言卒年六十五儲同申妻楊氏二十二歲寡矢志堅守延師訓子家稍裕即濟貧乏卒年六十一王經茂妻岳氏二十五歲寡撫遺腹子苦志完節卒年四十七許東昇妻施氏二十九歲寡紡績撫孤事姑盡孝卒年五十三張文雍妻孫氏二十七歲寡卒年五十四學憲額旌之呂昌祚妻儲氏三十歲寡卒年五十六學憲額旌之蔣克儉妻史氏二十五歲寡撫孤守志卒年七十餘張映乾妻王氏三十歲寡撫三孤成立卒年六十三任星杓妻吳氏二十一歲嫁未朞而寡撫遺腹子成立卒年五十七陳竹岩妻呂氏二十七歲寡紡績奉翁姑卒年六十二學憲額旌之楊裕坤妻馮氏二十七歲寡卒年四十七學憲林額旌之徐

先祿妻周氏二十歲寡紡績撫孤卒年五十六程澤義妻蔣氏二十九歲寡矢志彌堅苦節二十七年卒許佑林妻尹氏二十七歲寡苦志撫孤卒年七十二許瑞麒妻莊氏二十七歲寡孝姑慈幼紡績終身卒年五十一吳應麟妻楊氏二十歲寡謹守婦道歷盡艱辛卒年六十三吳岳祥妻呂氏二十八歲寡紡績撫孤處妯娌和而敬卒年六十吳雲章妻沈氏三十歲寡爲夫議嗣苦志終身卒年五十三李桂生妻儲氏二十七歲寡嫻女紅習訓避亂憂鬱卒年三十八庠生任廷謨妻沙氏十九歲寡撫孤成立卒年三十六徐步高妻蔣氏二十八歲寡撫孤守志卒年五十三陸德春妻張氏二十七歲寡奉翁姑撫孤子卒年五十五莊榮宣妻陳氏二十八歲寡撫姪爲嗣卒年五十九陳姿邦妻曹氏二十歲寡矢志撫孤卒年五十八邑令陸額旌之徐世德妻唐氏二十七歲寡卒年六十學憲孫額旌之庠生許景雲妻錢氏二十九歲寡苦志撫孤卒年七十一王萬和妻杭氏三十六歲寡撫孤成立卒年五十五張志揚妻吳氏二十七歲寡撫孤守志卒

宜興荊谿縣新志　卷八　人物　列女　主

年四十七陳某妻徐氏丕麓女二十五歲寡姑性剛愎侍奉惟謹卒年七十二陳廷桂妻沈氏二十二歲寡孝慈兼盡卒年五十八八品銜儲賡俞妻王氏二十二歲寡孝事姑勤紡績任彬妾李氏二十八歲寡撫孤守志縫紉自給卒年四十二蔣新畬妻丁氏二十六歲寡敬事翁姑義方教子卒年五十六褚子宣妻許氏三十歲寡守志撫孤卒年六十七史有基妻周氏二十一歲寡守志奉姑克盡婦道史良七妻蔣氏二十五歲寡勤苦撫孤卒年五十一儲裕源妻顏氏二十六歲寡卒年七十一學憲李額旌之庠生潘慶起妻李氏二十六歲寡家貧針黹奉翁姑卒年四十二蔣秀文妻胡氏二十四歲寡卒年七十五學憲額旌之楊得材妻路氏二十八歲寡卒年七十五學憲額旌之謝思然妻湯氏二十二歲寡卒年三十五學憲額旌之杭廷魁妻莊氏二十六歲寡撫孤守志卒年七十一杭富求妻趙氏二十四歲寡奉姑撫子孝慈兼盡卒年六十談鳴高妻周氏子婦邵氏周氏二十一歲寡撫孤節錀成室節錀妻邵氏亦二十一歲寡姑婦相依備嘗

艱苦周卒年八十二邵卒年矢考學憲合額旌之堵列彭妻王氏二十八歲寡家貧翁姑令改適迎者臨門
氏匿僻處不食數日翁姑感悟聽其守志卒年七十餘工部員外朱麗宜繼妻蔣氏妾莫
氏子婦袁氏蔣氏二十九歲寡莫氏二十四歲寡蔣卒年五十七莫死庚申難次子懸丞慶餘妻袁氏二十四歲
寡侍父京師二十餘年卒萬熊祥妻吳氏十九歲寡夫兄與母家謀令改適氏聞之斷指爲誓卒年五十六
譚益隆妻潘氏二十六歲寡同室脅產顧氏謀害氏撫孤栢與百端保護卒年七十九史銘新妻
徐氏二十五歲寡有孤燕巢其窓歲以爲常氏歿乃不復至卒年三十八毛懋妻戴氏二十二歲寡撫孤步
程成立步程殉難氏抑鬱卒年五十二步程妻章氏亦守節見後陳文世妻鄒氏二十四歲寡知文義善教
嗣子苦節五十餘年孫廷玉妾朱氏二十五歲寡女君姚性嚴氏委婉承順紡績採撫女君卒哀毀營葬撫育
嗣子卒年六十邵某妻錢氏二十四歲寡遺孤甫週族人逼嫁氏抱夫主將鳴官事乃止傭工撫孤卒年六十餘
王之翰妻吳氏二十一歲寡家貧無子或勸改適氏截髮自誓數十年不出閫榦人罕識其面丁聚璉

宜興荊溪縣新志　卷八　人物　列女　三三

妻王氏夫八歲能文屢試不售抑鬱卒氏年二十六遺孤甫週姑老在堂仰事俯育卒年五十八廩生尹燦
然妻宗氏二十八歲寡性和順得繼姑歡心妯娌間無怨色卒年六十六子有光諸生學憲林額旌之史應
陽妻任氏宗丞啟運曾孫女二十八歲寡奉姑訓子持家謹愼卒年六十一陳錫恩妻朱氏二十
二歲寡撫遺腹子成立女婉守貞氏事之如事姑子死撫孤孫卒年六十餘庠生陳韶妻褚氏二十九歲
寡卒年八十五子邦勳諸生錢培榮妻周氏十八歲寡有遺腹子黽勉鞠育苦節終身強正方妻
朱氏二十九歲寡卒年六十五學憲夏額旌之潘駿妾陳氏三十歲寡撫孤成人卒年五十三湖南
布政使萬貢珍妾湛氏二十九歲寡卒年五十二光祿寺署正萬程妾陸氏
二十九歲寡卒年四十九子寶書歲貢生寶承山妻褚氏二十四歲夫死截髮投棺以誓相從族某逼之嫁逃
歸母家紡績度日卒年六十九蔣昌恂妻呂氏二十五歲寡家赤貧矢志撫孤卒年六十七吳宏儒
妻李氏二十七歲寡孝慈兼盡卒年六十四孫錫珊妻周氏于歸期月而寡卒年七十九張天

錫妻周氏二十三歲寡撫孤守志辛苦備嘗卒年八十六史開俊妻胡氏二十七歲寡苦節撫孤卒
年六十六學憲額旌之史同斌妻楊氏二十二歲寡孝慈兼盡卒年六十學憲額旌之韋高陽妻
任氏二十三歲寡撫孤守節卒年六十五蔣志炬妻余氏三十歲寡孝慈兼盡卒年六十庠生丁
煥章妻邵氏二十六歲寡卒年六十五蔣可親繼妻馮氏二十六歲寡撫遺腹子成立卒年五
十一褚學成妻周氏十九歲寡撫遺腹子守志苦節卒年七十六蔣雲開妻史氏二十歲寡
撫遺腹子成立卒年六十九孫勳妻路氏進士應廷女二十一歲寡持家嚴肅訓子義方卒年六十四子縉陽
湖籍諸生周庭玉妻潘氏三十歲寡孝事孀姑卒年八十一談方珩妻邵氏三十歲寡孝慈
兼盡卒年六十九學憲額旌之褚國華妻車氏子婦韋氏車氏二十四歲寡卒年六十九嗣子伯興
妻韋氏二十九歲寡卒年八十一蔣佑南妻朱氏三十歲寡矢志撫孤或餽以金氏力卻之曰此端一開必
有託名入戶者嘗終夜紡績盛火於甕苦節二十餘載卒年五十七王象榮妻周氏二十三歲寡遺腹生女蒞

宜興荊溪縣新志　卷八　人物　列女　三四

泣目盲苦節堅守嚙指明心卒年五十九錢閏安妻徐氏二十四歲寡謹奉翁姑喪葬盡禮卒年五十九尹
世藩妻吳氏嫁數月而寡年十九歲苦節四十餘年薛永魁妻史氏二十七歲寡孝事舅姑撫
孤成立卒年四十三張某妻顧氏二十三歲寡卒年八十三子彪廩生吳文炳妻歐氏二十九歲
寡卒年五十四曹尙珍妻李氏二十四歲寡卒年五十一馬達珍妻徐氏二十七歲寡夫死痛
哭失明卒年四十八胡燦章妻俞氏二十七歲寡卒年七十六單葆梧妻徐氏二十二歲寡學
憲額旌之駱佑成妻陳氏二十八歲寡卒年八十一吳葆生妻陸氏二十六歲寡卒年七十四
蔣仁愷妻吳氏二十一歲寡卒年九十四錢若濟妻沈氏二十九歲寡卒年五十一蔣經
紹妻徐氏二十九歲寡家赤貧苦節撫孤避亂時有爲賊誘其子者氏嚴拒之思盡艱辛卒年五十一蔣之
禹妻莊氏二十六歲寡卒年五十九蔣之頤妻錢氏二十七歲寡苦節終身曹茂發妻
孫氏二十三歲寡卒年四十四曹福昇妻宗氏二十九歲寡卒年六十九張立綱妻王氏

三十歲寡卒年七十四褚國泰妻呆氏二十五歲寡卒年七十一程拱美妻俞氏二十八歲
寡卒年六十三盧彰繼妻陳氏三十歲寡卒年五十二許承祿妻楊氏三十歲寡卒年六十
二馮豫坤繼妻周氏二十三歲寡卒年五十七江有光繼妻吳氏二十四歲寡卒年三
十八朱衍詩妻黎氏二十九歲寡卒年五十九許得宜妻程氏二十三歲寡卒年五十八史
坤隆妻范氏二十一歲寡卒年五十四王書奎妻史氏二十九歲寡卒年五十八呂春大
妻吳氏二十五歲寡卒年四十王儒貴妻顧氏二十八歲寡卒年六十王和貴妻崔
氏二十九歲寡卒年六十王名貴妻顧氏三十歲寡卒年七十五歐映陽妻李氏二十
六歲寡卒年六十四閔增年妻顧氏二十四歲寡卒年五十七楊增甲妻沈氏二十六歲寡卒
年五十楊泰昌妻陳氏二十七歲寡卒年五十六俞繼元妻閔氏二十八歲寡卒年七十四
俞敘林妻吳氏二十五歲寡卒年八十八俞天秀妻韋氏二十三歲寡卒年六十三俞龍

宜興荊谿縣新志 卷八 人物 列女 卅五

祥妻陳氏二十三歲寡卒年六十二潘惟華妻沈氏三十歲寡卒年五十一周順昌妻
張氏二十六歲寡苦節終身周鴻大妻張氏二十四歲寡苦節終身王逵朝妻潘氏
二十三歲寡苦節終身儲進喜妻沈氏二十二歲寡卒年六十二史肇典妻許氏二十七歲
寡卒年六十五史肇昌妻周氏二十五歲寡卒年五十八史惟榮妻謝氏二十五歲寡卒年五
十二史奉三妻錢氏三十歲寡卒年六十三劉合大妻蔣氏二十七歲寡卒年六十三謝
禮成妻吳氏二十九歲寡卒年六十八周銘妻湯氏二十八歲寡卒年五十七馮元妻范
氏二十一歲寡卒年七十二馬義妻唐氏二十九歲寡卒年五十九馬英妻王氏二十八歲寡卒
年六十三莫泰善妻蔣氏二十二歲寡卒年七十胥列貴妻曹氏二十歲寡卒年五十徐
佩萸妻匡氏二十四歲寡卒年五十七周德稱妻許氏二十二歲寡卒年六十八陳裕亨
妻錢氏二十四歲寡卒年三十五鮑義謨妻吳氏二十四歲寡卒年五十三蔣聿英妻歐

氏三十歲寡卒年六十羅元溥妻史氏三十歲寡卒年四十一尹紹元妻徐氏二十九歲
寡卒年七十六尹世隆妻莊氏二十一歲寡卒年六十一陳富大妻吳氏二十八歲寡卒年七
十宗步寶妻史氏二十四歲寡卒年四十四孫仙枝妻周氏二十歲寡卒年七十七匡
奎元妻蔣氏二十八歲寡卒年六十二蔣錫珪妻史氏二十七歲寡卒年五十七張望齡
妻周氏十九歲寡卒年五十吳其相妻孫氏三十歲寡卒年七十六吳文豪妻湯氏
二十九歲寡吳在選妻史氏二十七歲寡吳濟松妻陸氏三十歲寡吳賜書妻
彭氏二十三歲寡曹丁發妻蔣氏三十歲寡曹清發妻魏氏二十七歲寡曹慎
忠妻蔣氏二十四歲寡曹名世妻蔣氏二十四歲寡曹祖祿妻談氏二十九歲
寡曹才福妻秦氏二十七歲寡曹富有妻孫氏二十八歲寡曹學文妻蔣
氏二十八歲寡曹西文妻蔣氏二十五歲寡吳方元妻蔣氏吳壽昌妻

宜興荊谿縣新志 卷八 人物 列女 卅六

葛氏曹開法妻韋氏許子陞妻裴氏吳浩妻徐氏吳
文英妻金氏周保和妻裴氏裴惠朝妻陳氏徐洪文妻
儲氏徐錫瓚妻儲氏徐學義妻宗氏以上守節年分均失考周天承
妻楊氏二十四歲寡卒年七十一周虔孝妻謝氏二十四歲寡卒年六十七戴泰年妻王
氏二十五歲寡守節撫孤卒年七十二吳宇英妻朱氏二十九歲寡卒年七十四
史廷寶妻俞氏二十三歲寡見年七十二咸豐九年旌朱鎬妻沈氏二十四歲寡見年六十八
同治元年旌黃徐妻狄氏十九歲寡見年七十一同治八年旌周銓妻史氏二十八歲寡見年六
十一儲企成妻李氏二十四歲寡見年七十一以上同治十年旌李渤均妻朱氏二十六歲
寡見年六十一庠生蔣元掄妻湯氏三十歲寡見年五十四劉金聲妻宗氏二十歲寡
見年五十五以上光緒元年旌姚文開妻張氏二十九歲寡見年七十五陳步康妻余氏

十九歲寡見年五十五嗣子德賢乙亥武魁　增榮芳妻胡氏二十九歲寡見年七十九以上光緒二年旌
庠生潘福英妻徐氏二十一歲寡見年五十一　朱元昕妻徐氏二十八歲寡見年五十一
舉人潘澍森妾祝氏二十八歲寡見年五十二　陸象祖妻吳氏二十四歲寡依母家鍼黹
度日見年五十一　俞廷章妻楊氏二十六歲寡見年六十以上光緒三年旌　邵鳳儀妻周
氏三十歲寡撫孤守節紡績作為子完娶見年七十二　楊甲源妻杭氏二十歲寡見年七十一　王
蒲楊毓恩妻朱氏二十七歲寡撫遺孤燈下課讀事翁謹恪見年五十一子宗俊諸生　談良玉妻
歐氏二十八歲寡孝事翁姑撫孤成立見年七十二學憲林額旌之　潘慶徐妻蔣氏二十五歲寡苦節撫
孤見年七十三　王明龍妻張氏夫病刲股和藥進病愈逾年卒氏年二十九歲見年六十九學憲額旌之　潘
增佑妻胡氏二十八歲寡見年八十三　程學濂妻蔣氏二十九歲寡見年五十八學憲林額旌之
徐培元妻路氏三十歲寡孝奉翁姑見年五十一　江仲之繼妻黃氏二十三歲寡守志撫

宜興荆溪縣新志　卷八　人物　列女　七十七

孤見年六十八　黃禮和妻談氏二十三歲寡見年六十四　陳德淇妻黃氏二十八歲寡見年六
十一　史致立妻薛氏二十五歲寡延師訓子見年七十一　徐澤涵妻許氏二十九歲寡庚申遇
賊屢次投河得救見年五十四　徐震初妻潘氏二十三歲寡撫孤守志值離亂歷艱苦子媳俱夭復撫孤孫見
年五十一　王元福妻許氏三十歲寡見年六十一　尹錫華妻莊氏二十九歲寡見年五十四
訓導潘錫齡繼妻周氏二十九歲寡見年五十五　周慶和妻章氏二十五歲寡撫嗣子
安邦成立見年六十一　庠生儲起鵬妻任氏二十七歲寡見年五十五　吳桂生妾許氏
二十八歲寡見年五十六　邵企仁妻吳氏三十歲寡見年七十九　程介堂妻陳氏二十七歲
寡見年六十二　馮良佐妻丁氏二十九歲寡見年六十　王愷壽妻張氏二十六歲寡見年七
十四　陳大榮妻張氏二十九歲寡見年六十五　黃銀妾周氏二十二歲寡遺孤甫週矢志堅守見
年六十六　陳瑞昌妻周氏二十九歲寡見年七十六　周泰來妻鄭氏二十五歲寡見年五十七

吳士榮妻馮氏二十六歲寡見年五十四　馮春生妻王氏二十四歲寡見年七十一　錢夏
季妻王氏二十九歲寡見年五十九　李聽大妻葛氏二十九歲寡見年五十六　王茂華妻
周氏二十七歲寡見年五十一　俞其英妻汪氏二十七歲寡見年五十八　陸象組妻吳氏
二十九歲寡見年五十　周光佐妻王氏二十一歲寡見年五十九　朱延榮妻邵氏二十六歲
寡見年五十一　歐晉高妻陳氏二十三歲寡見年五十五　邵安大妻王氏二十八歲寡見年六
十一　馬嘉珍妻蔣氏二十二歲寡見年七十八　方德行妻錢氏二十歲寡見年五十一　丁
貽澤妻徐氏二十四歲寡見年六十八　殷望雲妻楊氏二十五歲寡見年七十一　莊觀義
妻盛氏二十八歲寡見年六十四　周金生妻史氏三十歲寡見年五十七　歐麟祥妻張
氏二十九歲寡見年六十八　吳邦彥妻徐氏二十三歲寡見年五十一　戴嘉昌妻儲氏二十
六歲寡見年五十九　薛驥德妻歐氏二十五歲寡見年五十一　史蘭芬妻薛氏二十六歲寡見

宜興荆溪縣新志　卷八　人物　列女　七十八

年六十二　袁上達妻周氏二十一歲寡見年五十一　周維良妻史氏二十七歲寡見年六十四
王裕坤妻吳氏三十歲寡見年六十二　邵兆榮妻王氏二十八歲寡見年六十　陳君
弼妻潘氏三十歲寡見年六十三　宋敘成妻蔣氏二十九歲寡見年六十三　張榮甲妻
徐氏三十歲寡見年五十三　李順泰妻錢氏二十七歲寡見年六十九　蔣玉可妻余氏
二十九歲寡見年五十一　丁佑春繼妻周氏二十九歲寡見年六十三　任服休妻沈氏三十
歲寡見年五十九　曹材培妻江氏二十九歲寡見年七十二　蔣務本妻吳氏二十七歲寡見
年六十一　褚舜朝妻周氏二十一歲寡見年五十八　王洪緒妻陸氏三十歲寡見年五十二
虞隆奎妻蔣氏二十八歲寡見年五十七　史興銓妻王氏三十歲寡見年七十　嵇應亨
妻趙氏二十三歲寡見年五十二　史官二妻呂氏三十歲寡見年五十四　余允衍妻吳
氏二十二歲寡見年六十七　史益源妻顧氏三十歲寡見年六十八　郭文銘妻潘氏二十

五歲寡見年五十六史榮昌妻禤氏三十歲寡見年五十七蔣仁浩妻范氏二十八歲寡見年七十二吳魁榮妻杜氏二十九歲寡見年五十一史慶發妻蔣氏二十七歲寡見年六十二朱錫華妻周氏三十歲寡見年五十一蔣德三妻鄒氏二十九歲寡見年五十四徐伯華妻陳氏二十六歲寡見年六十一蔣尚茂妻陳氏二十八歲寡見年五十八倪綬華妻陳氏三十歲寡見年五十一余思大妻吳氏二十二歲寡見年六十五陳殿昌妻陸氏二十七歲寡見年六十一許伯采妾華氏二十三歲寡見年六十吳嗣孫妻周氏三十歲寡見年六十一戴茂泉妻錢氏二十八歲寡見年七十二儲錦道妻芮氏二十八歲寡見年五十一史順林妻吳氏二十八歲寡見年六十六吳人龍繼妻周氏二十二歲寡見年六十一吳廷耀妻裴氏二十七歲寡見年七十三盛家聞妻張氏二十八歲寡見年六十二鄭信達妻孫氏二十七歲守節撫孤見年五十二陳培英妻吳氏二十九歲寡見年五十一談三

宜興荆溪縣新志　卷八　人物　列女　芜

多妻曹氏二十六歲寡見年六十三徐登芝妻王氏三十歲寡見年五十三尹錫純妻周氏二十九歲寡見年五十三周鳳金妻史氏二十二歲寡見年六十六杭兆祥妻俞氏二十五歲寡見年五十二黃焯妻徐氏二十七歲寡見年五十四邵順行妻周氏二十八歲寡見年六十九候選州同杭鏊銓妻孫氏夫大病日侍湯藥籲天求代夫殁氏年二十七喪葬盡禮撫孤守節見年五十一褚甫栢妻邵氏三十歲寡見年五十五史心玉妻王氏二十七歲寡見年六十七褚景松妻周氏二十二歲寡見年五十四韋鎮元妻王氏二十七歲寡見年六十五王三友妻張氏二十七歲寡見年六十五張廷棟妻黃氏二十九歲寡見年六十一王達朝妻潘氏二十三歲寡見年五十六湯承基妻周氏二十九歲寡見年五十七吳允秀妻崔氏二十九歲寡見年六十一朱廷耀妻莫氏二十九歲寡見年五十六顧承基妻陳氏三十歲寡見年五十八徐乙元妻儲氏三十歲守節至今十九年戴鴻逵妻俞氏三十歲守節至

今十九年邱佩機妻馬氏二十八歲寡見年五十錢正洪妻邵氏二十二歲寡見年五十貤贈儀衛經歷湯道增妻桂氏二十五歲寡見年五十布政使萬貢珍妾汪氏二十七歲寡撫孤成立見年五十子康壎生周家燮妻史氏舉人志昌本生母二十歲寡撫孤避難辛苦備嘗見年五十一舉人朱福初妾潘氏二十一歲寡見年五十一湯之煥妻史氏二十一歲寡孝事翁姑見年五十沈金鏞妻堵氏二十四歲寡謹守婦道見年五十周永川妻蔣氏夫陣亡氏年二十九紡績苦守見年五十朱振彩妻吳氏貞約女母病刲股進夫死難氏年二十三攜孤避難艱苦備嘗丁景松妻尹氏二十四歲寡見年五十學憲額旌之俞道生妻錢氏煥女鳳陽人咸豐三年金陵陷訛傳賊至氏尚未嫁恐受辱急以剪刀自截其喉醫治逾年愈後歸俞二十九歲夫死難悲痛欲殉家人知其性烈環守勸解乃起治事見年五十史元英妻柳氏二十二歲寡見年五十三俞企益妻李氏二十八歲寡見年五十二盧葆榮妻方氏三十歲寡見年五十二吳增如妻史氏

宜興荆溪縣新志　卷八　人物　列女　丯

二十八歲寡見年五十二張成雄妻華氏二十八歲寡見年五十蔣集文妻邵氏三十歲寡見年五十庠生賈楚臣妻杭氏三十歲寡見年五十一史椿林妻周氏二十一歲嫁逾月寡見年五十庠生任庚妻萬氏二十五歲守節歷二十四年錢榮義妻陳氏二十二歲寡見年六十三吳紹虞妻黃氏三十歲寡見年五十史昂軒妻賈氏二十一歲寡見年五十朱連元妻顧氏二十九歲寡見年五十唐葵慶妻方氏二十八歲寡見年五十周毓麟妻徐氏二十八歲守節歷二十一年方文祥妻俞氏二十八歲守節歷二十一年周家楨妻潘氏三十歲守節歷二十年蔣鎮衡妻范氏二十八歲寡見年七十五倪福一妻薛氏二十九歲寡見年五十四陳佩英妻吳氏三十歲寡見年五十四沈德稱妻周氏二十九歲寡見年五十九張洪憶妻王氏二十四歲寡見年五十八周夢麟妻胡氏二十七歲寡姪被賊擄氏以重貲贖還爲夫承嗣見年五十一朱光烈妻蔣氏二十九歲寡見年五十一俞守中

妻徐氏二十九歲寡見年五十九　王汝霖妻馮氏二十六歲寡見年五十四　史德保妻薛氏二十五歲寡見年六十三　吳照榮妻朱氏二十八歲寡見年六十六　徐伏銓妻蔣氏未嫁期而寡見年五十三　侯蟠昌妻徐氏二十八歲寡見年五十二　趙良貴妻周氏二十八歲寡見年七十九　吳得雲妻車氏三十歲守節至今十八年　程夢吉妻吳氏三十歲寡見年五十六　周珩甫妻張氏二十九歲寡見年六十六　周念雲妻汪氏二十九歲寡見年五十　錢兆麟妻徐氏二十七歲寡見年五十三　周佑生妻徐氏二十九歲守節歷二十年　方錫常妻顧氏二十五歲寡見年七十九　錢健華妻許氏三十歲寡見年七十四　湯文浩妻許氏二十八歲寡見年五十　沈瑞義妻潘氏三十歲寡見年五十七　朱志源繼妻吳氏二十九歲寡見年六十　張兆隆妻杭氏二十九歲寡見年五十二　路福程妻張氏二十八歲寡見年五十一　謝維城妻蘇氏二十四歲寡見年六十二　王集保妻羅氏二十二歲守節至今二十

四年　陳文榮妻徐氏三十歲寡見年五十三　朱長壽妻汪氏二十八歲守節至今二十一年　毛步程妻章氏二十三歲寡姑戴氏守節三十年氏亦守節至今一十二年　張忠明妻周氏二十九歲寡家貧苦節撫孤見年五十八　黃集賢妻王氏陝西長安人集賢爲丹徒包港司巡檢歿於官氏年二十五攜孤女避難居宜興爲人縫衣度日女長歸曹氏相依爲生見年五十三

右節婦在宜興者

丁伯沅妻談氏道光九年旌　周汝脩妻談氏二十六歲寡辛年六十四道光十三年旌坊建閘渚　程嘉椿妻吳氏二十九歲寡事姑克孝撫孤成立辛年七十五道光十九年旌　陸顯德妻潘氏二十二歲寡辛年六十七道光二十三年旌　庠生劉洽妻儲氏歸劉兩載而寡孤子廷玉甫週廷珍在孕無孤守志辛年七十三　余敬和妻陳氏二十三歲寡辛年六十六　丁夢魁妻蔣氏以上道光二十六年旌　巡檢徐熙妻閔氏二十五歲寡道光二十七年旌　周藻妻楊氏二十九歲寡辛年六十一坊建七里莊　庠生李樹滋繼妻繆氏二十五歲寡辛年五十五　丁英達妻周氏二十九歲寡辛年四十五　項富昌妻張氏二十九歲寡辛年六十二　潘紀倫妻吳氏二十四歲寡辛年八十一　蔣荷三繼妻繆氏二十八歲寡苦節撫孤辛年五十三以上道光二十八年旌　徐立本妻吳氏二十三歲歸徐未期夫歿將殉親族以其有孕勸慰之後生孤慶蓀茹苦撫育讀書成立辛年六十三孫曾繞膝道光二十九年旌　徐銘偉妻曹氏三十歲寡辛年七十七　徐錫鯨妻吳氏三十歲寡辛年六十二以上道光年間旌　汪新妻陳氏子婦吳氏陳氏二十八歲寡道光十三年捐振銀千兩詳請給額以年例請旌建坊辛年六十八子幹妻吳氏二十三歲寡辛年四十八　許居槐妻駱氏二十五歲寡辛年六十一咸豐元年旌　陳佩妻徐氏二十九歲寡辛年五十六咸豐四年旌　巡檢徐懋基妻潘氏二十七歲寡操守堅貞孝慈兼盡辛年六十七咸豐四年旌坊建七里莊　吳縉妻蔣氏三十歲寡辛年四十七　吳乾元妻楊氏二十九歲寡辛年五十七　許先緒妻史氏二十八歲

寡辛年六十一　丁曰瑚妻萬氏二十三歲寡辛年七十六　方錫朋妻沈氏二十九歲寡孝奉翁姑教養孤子辛年七十二邑令許額旌之以上咸豐五年旌　路汝表繼妻吳氏二十七歲寡辛年五十八咸豐六年旌　江景福妻范氏二十歲寡辛年五十六　蔣殿端妻王氏二十七歲寡辛年五十九以上咸豐八年旌　何綬三妻史氏二十三歲寡辛年七十六　何友洪妻盧氏二十四歲寡辛年七十一以上咸豐十一年旌　徐燕妻路氏十七歲歸徐期月而寡誓以身殉翁姑諭以大義乃止撫嗣子如已出辛年五十同治四年旌　吳光炤妻湯氏二十四歲寡辛年四十五同治九年旌　贈奉政大夫戴經邦妻曹氏二十九歲寡撫孤守志辛年六十一子裕源粟入登將知縣同治十年旌　李任峻妻周氏二十八歲寡辛年七十三　毛春華妻儲氏二十七歲寡辛年五十一以上同治十三年旌　崔紺妻許氏二十四歲寡辛年六十　崔承啟妻蔣氏二十七歲寡辛年七十六　崔錄妻黃氏二十四歲寡辛年六十六　崔邦武妻范氏二十六歲寡辛年六十四　崔輔妻杭氏

二十三歲寡辛年六十五崔至義妻吳氏二十八歲寡辛年七十三崔桂妻周氏二十九歲寡辛年七十七崔守貽妻黃氏二十二歲寡辛年五十四崔秉彝妻蔡氏二十六歲寡辛年五十一崔熠妻許氏二十六歲寡辛年四十三崔書佐妻杭氏二十二歲寡辛年三十九崔詮妻王氏二十一歲寡辛年三十五崔承楓妻謝氏二十八歲寡辛年六十三崔愿妻周氏二十一歲寡辛年四十四崔林妻楊氏二十四歲寡辛年四十八崔雲紀妻邵氏二十三歲寡辛年五十七崔可銳妻王氏二十九歲寡辛年五十一庠生崔爵妻袁氏二十五歲寡辛年六十四崔時忠妻周氏二十八歲寡辛年五十四崔坤榮妻曹氏二十九歲寡辛年八十七崔潤妻周氏二十七歲寡辛年七十一崔永俊妻沈氏二十三歲寡辛年三十八崔澐妻姚氏二十七歲寡辛年六十一崔志盛妻談氏二十七歲寡辛年四十六崔懋昭妻吳氏二十三歲寡辛年六十崔康祚妻徐氏二十六歲寡辛年四十七崔克昌妻吳氏二十一歲寡辛年三

十三　以上同治十三年旌　徐爲玉繼妻路氏十八歲寡辛年三十八從九齊良妻任氏良發源人歿後氏撫孤守節歷十年辛年三十八　以上光緒元年旌　江有孚妻周氏二十二歲寡辛年三十五萬雲連妻楊氏二十三歲寡辛年四十二周應宸妻邵氏二十五歲寡辛年六十六周宗歐繼妻錢氏二十九歲寡辛年四十六周念岐妻朱氏三十歲寡辛年五十二周紹伯妻馬氏二十七歲寡辛年六十八周綱妻吳氏二十九歲寡辛年六十六周瞻謹妻朱氏三十歲寡辛年四十六邵明望妻周氏二十七歲寡辛年七十王茂光妻沈氏二十四歲寡辛年七十趙法興妻楊氏二十七歲寡辛年五十任兆遠妻王氏二十一歲寡辛年七十五任丕成妻潘氏二十八歲寡辛年八十一任天得妻狄氏二十一歲寡辛年六十三任孝晉妻周氏三十歲寡辛年五十六任朝立妻吳氏二十二歲寡辛年五十三任烋妻楊氏二十八歲寡辛年六十五任鄉燮妻許氏三十歲寡辛年四十九　以上光緒二年旌

潘孔濟妻楊氏十八歲寡辛年五十一周寬妻陳氏二十八歲寡辛年六十三周樓桐妻高氏二十三歲寡辛年四十五龐樹光妻李氏二十七歲寡辛年六十八沈長泰妻周氏二十八歲寡辛年五十六周鎔妻葉氏三十歲寡辛年四十二周企孟妻吳氏二十八歲寡辛年七十八周全榮妻史氏三十歲寡辛年四十一周桂妻王氏二十九歲寡辛年六十四周森然妻楊氏三十歲寡辛年六十五周季澐妻張氏二十三歲寡辛年八十五顧萬全妻惠氏二十六歲寡辛年五十六顧禮璜妻范氏二十九歲寡辛年六十顧強先妻葉氏二十九歲寡辛年五十九　以上光緒三年旌　任德峻妻潘氏二十四歲寡辛年七十一任瀟妻徐氏二十四歲寡辛年六十任寶樹妻許氏二十三歲寡辛年六十任逢吉妻周氏三十歲寡辛年四十八任廷富妻潘氏三十歲寡辛年六十任丙妻潘氏二十五歲寡辛年六十六任龍順妻黃氏三十歲寡辛年四十七任紀肇妻錢氏二十四歲寡辛年五十

任謨妻史氏二十五歲寡辛年六十七任益昌妻閔氏三十歲寡辛年七十八任朧妻何氏二十七歲寡辛年五十六任揖妻李氏二十四歲寡守節以終任寰成妻臧氏二十八歲寡辛年六十九任傳義妻陳氏二十一歲寡辛年三十五任可復妻陳氏二十五歲寡辛年四十二任汝成妻何氏二十七歲寡辛年六十四任珣繼妻臧氏二十五歲寡辛年六十一任雲元妻盛氏二十七歲寡辛年六十五任鳳剛妻王氏二十六歲寡辛年四十八任望明妻何氏二十九歲寡辛年四十八任恆德妻裴氏二十九歲寡辛年六十七任恩原妻鄧氏二十一歲寡辛年七十六任成乙妻談氏二十六歲寡辛年五十二任志剛妻何氏二十一歲寡辛年四十一任如鎮妻吳氏三十歲寡辛年四十六任偉妻陳氏二十九歲寡辛年四十六任佩紳妻吳氏二十九歲寡辛年四十二任勳妻潘氏二十六歲寡苦節終身潘知方妻李氏二十六歲寡辛年四十七鍾庭周妻任氏二十四歲寡辛年六十六蔣文通

妻史氏二十七歲寡卒年七十三 任敦妻潘氏三十歲寡卒年四十 任保妻唐氏早寡卒年六十四 任天熙妻潘氏三十歲寡卒年五十二 任邦英妻單氏二十六歲寡卒年五十九 任裕文妻趙氏二十八歲寡卒年三十八 任睿覲妻趙氏二十八歲寡卒年五十三 任棪高妻張氏二十六歲寡苦節終身 任岸清妻邱氏二十九歲寡卒年六十八 任希齡妻范氏二十二歲寡卒年六十三 任華乘妻李氏二十九歲寡卒年四十二 任士立妻朱氏早寡守志撫孤卒年八十八 任鵬薦妻路氏早寡宗族偁賢卒年七十六 任燿妻史氏早寡里無閒言卒年七十二 任念祖妻馮氏三十歲寡卒年七十 任佑艮妻宋氏早寡卒年六十七 任文妻潘氏三十歲寡卒年四十八 任尚達妻潘氏二十九歲寡卒年七十 任持妻吳氏早寡卒年五十一 任香妻吳氏二十九歲寡卒年七十八 任星垣妻丁氏十三歲寡卒年四十五 任南枝妻許氏早寡卒年五十三 任倬妻董氏二十九歲寡卒年六十一

宜興荊谿縣新志 卷八 人物 列女 三五

任仁發妻吳氏三十歲寡卒年五十 任唐年妻黃氏早寡戚黨偁賢卒年八十四 任保齡妻馮氏早寡苦志撫孤卒年七十四 任盤生妻陸氏三十歲寡卒年四十七 任子節妻湯氏早寡卒年六十六 任勝餘妻潘氏三十歲寡卒年七十一 任作球妻潘氏二十九歲寡卒年六十六 任尙友妻姜氏早寡卒年四十五 任卯官妻蔣氏三十歲寡卒年六十一 任洪妻陳氏三十歲寡卒年七十四 任照妻潘氏二十六歲寡卒年五十九 任忱妻李氏早寡卒年六十三 任貞度妻蔣氏二十六歲寡卒年六十一以上光緒三年旌 陳立懷妻周氏二十一歲寡卒年八十學憲恩額旌之 范用芳妻呂氏二十八歲寡卒年六十坊建蜀山 沈文高妻方氏二十九歲寡孝奉孀姑撫孤成立卒年五十六學憲額旌之 鮑敬之妻張氏二十五歲寡卒年四十四學憲林額旌之 鮑成之妻陳氏二十三歲寡卒年五十五學憲額旌之 徐伯松妻高氏青年守志坊建湯渡 徐光燎妻邵氏二十六歲夫死難苦志守節卒年二十七 吳之幹妻曹氏二十八歲寡卒年五十學憲林額旌之 吳佑元妻黃氏二十九歲寡卒年五十二學憲林額旌之 吳尹相妻閔氏二十八歲寡卒年四十八學憲林額旌之 馮錦岳妻羊氏二十四歲寡卒年六十二學憲林額旌之 俞佳桐妻顧氏二十九歲寡苦志撫孤卒年七十學憲撫憲並額旌之 陳煒妻呂氏二十三歲寡卒年七十餘 殷天奇妻凌氏二十歲寡卒年五十六 徐茂棣妻路氏二十歲寡矢志守節以終 徐昇灝妻許氏二十五歲寡卒年七十一 徐麟妻祁氏二十八歲寡卒年五十八 徐耀妻蔣氏二十四歲寡卒年五十三 殷柏全妻吳氏二十九歲寡卒年五十五 徐廷美繼妻佘氏二十三歲寡苦節終身 徐維楫妻何氏二十三歲寡卒年四十一 徐邦植妻李氏二十七歲寡卒年五十四 徐奉高妻歐氏二十五歲寡卒年六十一 庠生葛廷妻沈氏二十九歲寡卒年七十 鮑保安妻王氏二十歲寡卒年四十五 徐世緒妻萬氏苦節四十五年 任維熊妻何氏三十歲寡卒年四十三 徐士楨繼妻周

宜興荊谿縣新志 卷八 人物 列女 三六

氏二十六歲寡卒年六十 任寅亮繼妻鍾氏十九歲寡卒年八十四 黃心孳妻程氏二十三歲寡卒年七十三 丁肇興妻宗氏二十一歲寡卒年六十六 任如松妻潘氏 丁伯官妻張氏 丁濤連妻馬氏 丁順龍妻任氏 丁萬昌妻楊氏 丁慶榮妻宋氏 丁槐大妻王氏 徐境妻陳氏 徐紹湘妻萬氏 徐啓鈁妻蕭氏 徐周生妻謝氏 徐鴻昇妻吳氏 徐紹洑妻堵氏 徐懋績妻吳氏 徐燿先繼妻黃氏 徐培弟妻許氏 徐名鏡妻方氏守節年分俱失考 徐世綸妻吳氏三十歲寡 趙景其妻高氏二十歲寡 徐廷楧妻方氏二十六歲寡 徐時夏妻李氏三十歲 徐奎盛妻吳氏二十三歲寡以上旌年失考 任耀增妻潘氏三十歲寡卒年七十 陸榮增妻湯氏十九歲寡卒年三十六 張勳龍妻董氏二十歲寡卒年五十六 林

德春妻范氏三十歲寡卒年六十許球妻吳氏二十歲寡卒年八十丁莘耕妻蔣氏二十五歲寡卒年四十許錫英妻駱氏三十歲寡卒年六十五許春明妻周氏三十歲寡卒年五十張紹貞妻蔣氏二十三歲寡卒年五十二湯新裕妻李氏二十四歲寡卒年四十五周廣張繼昌妻居氏二十三歲寡卒年五十二周德業妻陶氏二十七歲寡卒年六十五周廣遠妻王氏二十四歲寡卒年六十一錢世瑞妻柯氏二十一歲寡卒年八十二許邦榮妻楊氏二十九歲寡卒年四十五許錫綬妻史氏二十五歲寡卒年三十七許耀妻吳氏三十歲寡卒年七十五許熙妻謝氏二十九歲寡卒年五十二許澤妻周氏二十六歲寡卒年七十八宗國華妻許氏三十歲寡卒年四十蔣懋恩妻潘氏二十四歲寡苦節終身許烺妻錢氏二十歲寡卒年三十九許楷妻宗氏二十七歲寡卒年三十七周會生妻宗氏二十二歲寡勤苦勵節蔣維新妻毛氏三十歲寡矢志守節以終蔣庚申妻王氏三十歲寡卒年六十許鳳來妻周氏二十八歲寡卒年五十九庠生許鳳鏘妻儲氏二十三歲寡卒年四十許慶端妻吳氏二十九歲寡卒年七十五周朝望妻許氏二十三歲寡卒年八十一許冬官妻尹氏二十九歲寡卒年五十一許隆三妻蔣氏二十四歲寡卒年五十一許順祖妻吳氏二十五歲寡卒年六十八沈得榮妻楊氏二十六歲寡卒年四十四於朝尊妻陸氏二十六歲寡卒年四十二邵維燦妻吳氏二十八歲寡卒年五十二任文星妻徐氏二十八歲寡卒年六十一任安世妻儲氏三十歲寡卒年八十八任芸妻單氏三十歲寡任士升妻吳氏三十歲寡卒年五十五任起范妻陳氏三十歲寡任秋桂妻陳氏二十九歲寡卒年七十一任秀魁妻周氏二十八歲寡卒年三十九任騤吉妻吳氏二十四歲寡卒年八十二任陛英妻吳氏二十八歲寡任懋生妻蔣氏二十八歲寡卒年五十三任春生妻王氏二十四歲寡卒年四十九任孔修妻沈氏二十二歲寡卒年四十八任學修妻

周氏三十歲寡卒年七十九任承先妾蔣氏二十二歲寡卒年五十二黃蘭泉妻吳氏二十七歲寡卒年四十一許保和繼妻吳氏二十九歲寡卒年五十五邵朝芳妻吳氏三十歲寡卒年五十三陳琨繼妻申氏二十八歲寡卒年六十三宗煥章妻陳氏二十三歲寡卒年四十八李仲元妻朱氏二十九歲寡卒年六十九胡開生妻吳氏二十五歲寡卒年五十四胡亦定妻吳氏二十二歲寡卒年七十五李有載妻周氏三十歲寡卒年七十四胡應周妻吳氏三十歲寡卒年六十一張紹曾妻吳氏十九歲寡卒年四十五許啟祥繼妻黃氏二十五歲寡卒年五十二惠在明妻沈氏二十五歲寡卒年四十五陸尚高妻周氏二十八歲寡卒年六十二陸企周妻王氏二十七歲寡卒年四十五胡順德妻錢氏二十六歲寡卒年四十六潘譜年妻周氏二十四歲寡卒年五十六胡有良妻虞氏二十四歲寡卒年七十五李景鎬妻周氏二十八歲寡卒年五十九陸寅直妻吳氏二十六歲寡苦節終身陸思孝妻楊氏二十七歲寡卒年五十二陸觀光妻狄氏二十五歲寡卒年三十六陸應均妻陳氏二十七歲寡卒年六十四陸謨妻宗氏三十歲寡卒年五十九任履和妻周氏二十歲寡卒年四十一黃啟昌妻殷氏二十歲寡卒年四十二羊發祥妻尤氏二十七歲寡卒年五十五羊開大妻胡氏二十九歲寡卒年五十四胡雲茂妻夏氏二十三歲寡卒年五十八吳光烈妻湯氏二十九歲寡卒年六十一陸道行妻曹氏二十六歲寡卒年六十七孫望朝妻徐氏二十六歲寡卒年五十七趙得法妻吳氏二十二歲寡卒年四十七馬天藏妻王氏二十七歲寡卒年六十三馬佑銓妻徐氏二十五歲寡卒年六十四黃元盛妻許氏二十九歲寡卒年七十二羊開義妻楊氏二十八歲寡卒年五十二朱佛賢妻楊氏二十六歲寡卒年四十八朱祿義妻曹氏二十五歲寡卒年三十五宗永年妻楊氏二十三歲寡卒年六十二范協曾妻呂氏二十歲寡卒年六十一徐洪福妻車氏三十歲寡卒年六十

三徐松林妻高氏三十歲寡卒年四十四徐濬繼妻趙氏二十七歲寡卒年六十七徐禎翔妻丁氏十九歲寡卒年三十一徐塤曾妻周氏二十七歲寡卒年五十五徐煜州妻潘氏二十七歲寡卒年六十七蔣在田妻徐氏早寡卒年八十楊繼生妻吳氏二十八歲寡茹苦守節徐虎壽妻戚氏二十九歲寡卒年九十四范續明妻尹氏二十四歲寡卒年五十九盧一飛妻李氏二十九歲寡苦節終身徐士傚妻周氏二十八歲寡卒年五十五徐堯年妻吳氏二十九歲寡卒年四十三徐世焕妻陸氏二十七歲寡卒年六十三徐朝元妻蔣氏二十二歲寡卒年三十五徐慶地繼妻儲氏三十歲寡卒年六十二徐亦城妻吳氏二十九歲寡卒年三十九丁應璣妻吳氏二十六歲寡卒年六十三丁利賓妻徐氏二十八歲寡卒年六十九丁壽田妻蔣氏二十二歲寡卒年五十六蔣嘉貞妻潘氏二十五歲寡卒年五十周應中妻羊氏二十七歲寡卒年六十蔣岳正妻馮氏三十歲寡卒年六十八王茂奎妻潘氏二十一歲寡守節五十二年王在文妻沈氏二十四歲寡卒年七十盧彰妻陳氏二十六歲寡卒年四十九袁泰增妻王氏三十歲寡卒年七十二丁于盤妻鍾氏二十五歲寡卒年六十七丁貴大妻周氏二十一歲寡卒年七十一丁秀南妻陸氏二十九歲寡卒年五十九任兆興妻丁氏二十七歲寡卒年六十二周執中妻蔣氏二十九歲寡卒年五十九蔣本大妻談氏二十八歲寡卒年七十五陸尚雲妻周氏二十七歲寡卒年六十二傅文遠妻林氏二十七歲寡勤苦守節蔣祥慶妻丁氏二十七歲寡卒年四十八周廷佐妻臧氏二十二歲寡卒年五十八周剛妻沈氏二十五歲寡卒年六十五周漸妻吳氏二十五歲寡卒年五十七周欽妻高氏三十歲寡卒年五十周桂林妻許氏三十歲寡卒年四十八周德明妻盛氏二十歲寡卒年四十周桃妻王氏二十九歲寡卒年八十餘周檀妻高氏二十九歲寡卒年五十五范渭津妻王氏二十九歲寡卒年四十八錢逸甫

妻鄭氏二十一歲寡卒年六十張仲字妻王氏二十六歲寡卒年五十王厚大妻孟氏二十九歲寡卒年四十七孟慶明妻吳氏二十八歲寡卒年六十一陳邦燦妻錢氏二十三歲寡卒年四十六孟時大妻張氏二十五歲寡卒年四十三周孟勳妻黃氏二十七歲寡卒年四十九周恩連妻應氏二十七歲寡卒年四十三周文茂繼妻張氏三十歲寡卒年六十二周森桂妻臧氏二十五歲寡卒年六十三蔣志清妻陸氏二十六歲寡卒年五十六張秀字妻孟氏二十七歲寡卒年四十九錢鶴亭妻施氏二十五歲寡卒年六十徐綬妻曹氏二十九歲寡卒年六十四蔣順奎妻王氏二十八歲寡卒年五十一徐德遠妻路氏二十七歲寡卒年五十七馮鎬豐妻吳氏二十五歲寡卒年四十一陳達謨妻李氏二十六歲寡卒年五十三陳達厚妻王氏二十九歲寡卒年六十三黃德宣妻余氏十八歲寡卒年二十二路植妻蔣氏二十七歲寡卒年四十八路光國妻陳氏二十一歲寡蔣公裕妻許氏二十四歲寡卒年六十五錢竹軒妻蔣氏二十四歲寡卒年五十九蔣龍大妻邵氏二十七歲寡卒年六十七丁映匯繼妻林氏二十九歲寡撫孤守志陳金郁妻鄭氏二十四歲寡卒年六十九黃穌渭妻潘氏二十七歲寡卒年三十九黃忠恰妻陳氏二十八歲寡卒年六十九陳祥高妻蔣氏二十四歲寡卒年四十一路希升妻萬氏二十八歲寡卒年三十八路榮妻許氏二十七歲寡路希晉妻吳氏三十歲寡抑鬱卒路復一妻沈氏二十六歲寡路瑩妻徐氏三十歲寡矢志守節以終吳方榮妻王氏二十六歲寡卒年六十蔣昌佑妻錢氏二十九歲寡卒年六十許應奎妻蔣氏三十歲寡卒年五十四許增義妻蔣氏二十七歲寡許鳳田妻湯氏二十九歲寡卒年六十許鈞妻史氏二十六歲寡卒年七十七路受祜妻任氏二十四歲寡卒年四十六許應仁妻王氏二十一歲寡卒年六十四吳麟書妻丁氏二十二歲寡卒年三十四周明遠妻朱氏二十八歲寡卒年五十九

張天麟妻湯氏二十八歲寡卒年四十七陳盤大妻蔣氏二十四歲寡卒年六十七吳寔大妻蔣氏二十三歲寡卒年七十五巫時泰妻任氏二十二歲寡始苦守節周朝佐妻戴氏二十一歲寡卒年五十八許財發妻蔡氏二十七歲寡卒年五十九許玉珊繼妻史氏二十歲寡苦志撫孤蔣儀貞妻王氏三十歲寡卒年六十三蔣長法妻儲氏三十歲寡卒年五十九蔣殿宜妻許氏二十九歲寡卒年六十黃元興妻成氏三十歲寡卒年七十六李應懷妻謝氏二十歲寡卒年八十馮慶元妻談氏二十九歲寡卒年六十四徐正方妻金氏二十二歲寡卒年五十五曹綸妻任氏二十九歲寡卒年九十四曹繡妻史氏二十九歲寡卒年六十一許春繼妻潘氏二十三歲寡卒年四十九許其華妻吳氏二十三歲寡卒年五十一許瑞豐妻呂氏二十八歲寡苦節終身許森茂妻施氏二十六歲寡卒年三十九許諭安妻陳氏二十八歲寡苦節以終蔣禎福妻黃氏二十八歲寡卒年五十一

蔣源鴻妻范氏二十九歲寡卒年七十六錢漢章妻張氏二十八歲寡卒年七十二談汝明妻潘氏二十四歲寡卒年四十三曹恩浩妻潘氏二十七歲寡卒年五十一張富餘妻韓氏二十三歲寡卒年六十二曹錫保妻任氏二十八歲寡卒年五十九朱懋懷妻吳氏二十九歲寡卒年六十曹森妻盧氏二十六歲寡卒年五十五曹惟孝妻史氏二十九歲寡卒年四十八曹友孝妻陳氏二十六歲寡卒年七十三虞佺妻蔣氏二十三歲寡卒年四十八虞恕妻李氏二十二歲寡卒年六十五吳武雄妻鄒氏二十六歲寡卒年六十吳顯懷妻范氏二十五歲寡卒年八十二高履綏妻邵氏二十七歲寡卒年五十七曹金大妻陳氏二十九歲寡卒年九十八曹達茂妻劉氏二十九歲寡卒年五十四朱旭初妻薛氏二十八歲寡卒年七十六曹永孝妻佘氏二十七歲寡卒年六十四曹成孝妻程氏二十八歲寡卒年四十六虞克明妻蔣氏二十八歲寡卒年八十一虞方度妻談氏二十二歲寡卒年七十七虞

天沅妻陶氏二十一歲寡卒年七十四吳貞德妻惲氏二十九歲寡卒年四十九虞順龍妻張氏二十歲寡卒年四十談玉書妻蔣氏二十八歲寡卒年五十胡聖嘉妻儲氏三十歲寡卒年七十八胡文珏妻曹氏二十九歲寡卒年八十二吳德虎妻賈氏二十八歲寡卒年六十八吳克燮妻黃氏二十一歲寡卒年四十九吳操妻陳氏二十九歲寡謹守婦道吳方緝妻潘氏二十歲寡卒年四十五吳應仁妻周氏二十六歲寡卒年八十吳元辛妻曹氏二十歲寡卒年六十一吳依仁妻楊氏二十五歲寡卒年六十四吳翼舒妻胡氏二十九歲寡卒年七十九胡書鏞妻黃氏二十一歲寡卒年二十五胡壽高妻沈氏二十六歲寡卒年三十八吳聖智妻彭氏二十九歲寡卒年四十二談大備妻吳氏二十一歲寡卒年三十七陸祖壽妻陳氏二十八歲寡卒年六十三吳萬倫妻潘氏二十二歲寡卒年五十六吳應麟妻唐氏二十四歲寡卒年六十四吳復元妻陳氏二十九歲寡卒年五十五吳

珂妻陶氏二十四歲寡馮某妻盛氏二十三歲寡卒年五十六吳樂妻許氏二十歲寡卒年六十三許廣元妻錢氏三十歲寡卒年七十五許某妻顧氏二十六歲寡卒年八十六徐正原徐鉞妻吳氏二十二歲寡卒年三十三徐廷澍妻吳氏三十歲寡卒年五十五徐正原繼妻吳氏三十歲寡徐寶書妻張氏二十九歲寡苦志終身吳龍壽妻楊氏二十七歲寡卒年四十六吳悅湖妻姚氏二十五歲寡卒年七十五吳友珍妻史氏二十八歲寡卒年五十三吳錫恩妻張氏二十六歲寡卒年四十五成士貴妻錢氏二十四歲寡卒年五十二徐春原繼妻錢氏二十四歲寡卒年六十八徐應奎妻王氏二十二歲寡卒年五十六徐茂松繼妻蔣氏三十歲寡卒年四十四徐松高繼妻蔣氏二十六歲寡卒年四十二徐永年妻周氏二十三歲寡卒年三十七徐燦明妻周氏二十七歲寡徐培芝妻蔣氏三十歲寡徐燦華妻呂氏三十歲寡卒年五十徐熙初妻萬氏三十歲寡卒年五十二

烈妻張氏二十八歲寡卒年四十任鴻磐妻鮑氏二十九歲寡卒年五十二金洪大妻王氏二十九歲寡苦節終身吳惠壽妻李氏二十八歲寡卒年四十二王柏興妻蔣氏二十八歲二十六歲寡卒年四十五潘永來妻李氏二十九歲寡卒年五十四虞添升妻宣氏二十八歲寡卒年五十五周阿三妻陳氏二十七歲寡卒年四十三陳福昌妻周氏二十七歲寡卒年五十八陳烈選妻儲氏二十五歲寡卒年五十五黃元昌妻吳氏二十歲寡卒年五十九蔣恆非妻黃氏二十八歲寡卒年五十一沈如福妻王氏三十歲寡卒年六十一臧炳章妻周氏二十歲寡卒年六十五潘仲周妻余氏二十八歲寡卒年八十顧興生妻程氏三十歲寡卒年六十一顧林壽妻仲氏三十歲寡卒年五十五顧世琦妻朱氏二十九歲寡卒年六十丁掄元妻汪氏三十歲寡卒年四十二王和義妻吳氏二十八歲寡卒年六十蔣廷籓妻陸氏二十八歲寡卒年五十二蔣德培妻周氏二十九歲寡卒年五十一

王官寶妻蔣氏二十五歲寡卒年六十一李順臻妻徐氏二十七歲寡卒年三十八宗國英妻陶氏二十五歲寡卒年四十二王豐盈繼妻高氏二十八歲寡卒年五十一王豐鈺妻錢氏二十五歲寡卒年四十四陳壽義妻丁氏二十八歲寡卒年五十八周啟明妻汪氏二十六歲寡卒年六十六周啟楨妻蔣氏二十七歲寡卒年五十一徐燠文妻周氏二十歲寡卒年六十徐尚志妻吳氏三十歲寡卒年六十九徐國林妻鄭氏三十歲寡卒年七十徐玉峯妻戚氏二十五歲寡卒年六十四蔣敷行妻吳氏二十九歲寡卒年八十三張順三妻董氏二十三歲寡卒年七十三張愛大妻楊氏二十五歲寡卒年七十任若雲妻徐氏苦節撫孤任廷瑞妻陳氏撫孤守志顧元茂妻吳氏二十六歲寡卒年五十四顧增福妻盛氏二十六歲寡卒年五十四丁蘊可妻周氏二十八歲寡卒年四十六丁德祥妻鄒氏二十四歲寡卒年四十九孫明仁妻邵氏二十五歲寡卒年六十四徐懋禰妻許

氏二十八歲寡卒年四十八徐晉發妻吳氏二十八歲寡卒年四十一蔣鼎發妻沈氏二十八歲寡卒年六十七蔣儒生妻沈氏二十六歲寡卒年五十三蔣堯枕妻許氏二十五歲寡卒年五十一吳繼昌妻陳氏二十六歲寡卒年五十六任誠妻鮑氏早寡學憲額旌之瞿德隆妻周氏二十五歲寡卒年六十一蔣夢華妻吳氏二十二歲寡卒年六十五任文生妻韋氏家貧無嗣守節彌堅蔣學川妻楊氏二十六歲寡卒年四十三蔣雲元繼妻朱氏二十七歲寡卒年五十三張三大妻何氏二十九歲寡卒年四十六丁文瑞妻陳氏二十五歲寡卒年五十八丁桂芬妻蔣氏二十五歲寡卒年三十七丁壽華妻蔣氏二十六歲寡卒年五十三丁秀明妻邱氏二十六歲寡卒年五十二丁廷楸妻史氏二十九歲寡卒年五十六任志宏繼妻高氏二十八歲寡卒年八十一聚人徐廷棫妻任氏二十八歲寡撫孤完節任學年妻陳氏貧苦撫孤皆克成立陳恩寶妻居氏二十三歲寡卒年三十四潘香芹

妻丁氏三十二歲寡卒年四十三宗炳燿妻馬氏二十四歲寡卒年四十八許從成妻周氏二十八歲寡卒年四十六閻龍大妻某氏二十四歲寡卒年四十餘任真邦妻許氏

任起駿妻徐氏　任震初妻余氏　徐學易妻李氏　徐廷增妻蔣氏　徐奇魁妻李氏　徐英繼妻周氏　徐紹浚妻潘氏　吳福元妻陳氏　徐世澤妻吳氏　徐珊大妻許氏　徐立忠妻歐氏　徐紹延妻居氏　徐塤妻李氏　徐鈞妻沈氏　徐榮瑚妻許氏　徐元海妻周氏　徐桂枝妻周氏　徐啟鈿妻卜氏　任揆妻張氏　任立勳妻宗氏　任樞文妻王氏　徐福致妻蔣氏　徐家騏妻某氏　徐懋萱妻車氏　徐勝妻吳氏　庠生徐瑤枝妻任氏　徐椿榮繼妻華氏　任敦耀妻

徐聚佳妻周氏二十五歲寡 徐雲梁妻王氏二十八歲寡 徐源岷妻范氏
三十歲寡卒年五十三 周三錫妻王氏二十八歲寡卒年八十二 周順得妻徐氏三十歲寡
卒年四十三 周惟賢妻唐氏二十歲寡卒年四十九 徐正熙妻鄭氏二十九歲寡卒年六
十一 徐光煜妻裴氏二十四歲寡卒年五十二 徐應川妻潘氏二十六歲寡卒年三十六 徐
烜繼妻儲氏二十四歲寡卒年四十二 徐德遠妻路氏二十八歲寡卒年五十七 陳廣道
妻鮑氏二十四歲寡勤苦守節 周岐元妻王氏二十七歲寡卒年五十五 庠生周廷梧
妻儲氏二十五歲寡卒年五十二 周幹生妻毛氏二十九歲寡卒年三十九 周孟華妻湯
氏二十五歲寡卒年三十八 周岳章妻王氏二十六歲寡卒年三十九 葛室妻楊氏二十三歲
寡卒年五十二 蔣萬貞妻蔣氏十九歲寡卒年五十 潘悅安妻胡氏二十三歲寡卒年八十一
任廷政妻王氏二十五歲寡卒年六十四 任彤發妻潘氏二十九歲寡卒年四十 任尚

重刊荆谿縣新志　卷八　人物　列女　四十七

質妻潘氏三十歲寡卒年八十 任俊文妻蔣氏三十歲寡卒年五十六 任騋升妻湯
氏三十歲寡卒年五十五 任嗣浩妻湯氏三十歲寡矢志守節以終 周南愷妻任氏二十
七歲寡卒年五十八 周朝行妻何氏二十六歲寡卒年六十一 吏目任文藏妻許氏二十
九歲寡卒年四十七 董晉連妻蔣氏二十八歲寡卒年五十二 吳豫大妻張氏二十五歲寡卒
年五十三 儲桂榮妾徐氏二十九歲寡卒年六十六 張宜華妻徐氏二十九歲寡卒年四十一
任維屏妻黃氏二十七歲寡茹苦守節 任朝聘妻吳氏二十六歲寡卒年六十二 任來
儀妻張氏二十九歲寡卒年六十七 徐其妻董氏二十六歲寡卒年四十九 王義福妻虞
氏三十歲寡卒年五十 朱阿初妻龔氏三十歲寡卒年四十二 呂阿四妻崔氏三十歲寡
卒年四十五 鮑義希妻王氏三十歲寡卒年五十 王永元妻呂氏二十五歲寡卒年四十
陳應甲妻史氏二十三歲寡苦節終身 陳殿邦妻丁氏二十五歲寡卒年五十 吳銘

趙氏 任繆求妻儲氏 任洪緒妻許氏 任麟樞妻周氏
吳岳福妻陳氏 吳鳳元妻某氏 方根才妻吳氏 吳廷魁
妻呂氏 吳祈慶妻繆氏 陳守歧妻徐氏撫孤成立 任靜招妻陳
氏撫孤守節以終 任篤因妻儲氏紡績撫孤守節年分均失考 以上 馬五庚妻方氏十八
歲寡 吳士龍妻施氏二十一歲寡 徐昆源妻蔣氏二十二歲寡 徐廷楨繼妻
吳氏三十歲寡 徐國用妻袁氏二十六歲寡 徐叔和妻周氏二十七歲寡 徐烜
妻陳氏三十歲寡 許行餘妻陳氏二十四歲寡 徐炯妻方氏二十七歲寡 徐幅
生妻陸氏二十七歲寡 徐念祖妻俞氏二十六歲寡 吳巽友妻李氏二十一歲
寡卒年五十七 庠生吳鴻熙妻崔氏二十六歲寡卒年三十六學憲額旌之 王德魁妻俞
氏二十七歲夫病割股不效事姑甚得歡心撫孤成立卒年五十三 王銘仁妻高氏歸王數月而寡供夫

重刊荆谿縣新志　卷八　人物　列女　四十八

遺像飲食必奠服常縞素器屏彤髹終抑鬱卒 周瑞豐妻顧氏二十二歲寡孝事翁姑撫孤成立卒年六十八
呂洪文妻金氏子婦衛氏金氏二十歲寡翁令改適不可終撫孤子懷玉成立卒年五十六懷玉死
難其妻衛氏二十九歲衣食不繼或勸之嫁泣曰姑爲節婦婦奈何不節乎後爲傭民所食 許治妻陸氏二十
八歲寡卒年七十二學憲林額旌之 許逢源妻朱氏三十歲寡卒年五十六學憲林額旌之 許佑全
妻陸氏二十二歲寡卒年四十二學憲林額旌之 許崇本妻楊氏二十六歲寡卒年五十二學憲林額
旌之 楊裕妻吳氏二十九歲寡孝事孀姑撫孤成立卒年四十九學憲林額旌之 宗應嘉妻潘氏
二十一歲寡事姑孝謹不苟言笑卒年五十二學憲林額旌之 楊亦祥妻蔣氏二十六歲寡守志撫孤卒年六
十六 丁鈞妻陳氏二十一歲寡撫遺腹子成立夫弟妹各爲婚配卒年八十五學憲額旌之 王巨觀妻
於氏二十三歲寡苦志撫孤卒年五十學憲額旌之 楊蕙蘭妻史氏二十八歲寡敬事孀姑撫孤成立卒
年六十八學憲額旌之 宗于紳妻任氏二十六歲寡苦志撫孤卒年六十三 宗保祥妻黃氏

二十八歲寡矢志撫孤荼苦自廿卒年三十八潘居佑妻徐氏二十六歲寡撫孤守志卒年六十呂善長妻史氏二十九歲寡紡績奉姑撫孤成立卒年四十九李廣生妻任氏三十歲寡茹苦合卒撫孤成立卒年四十四陸方之妾戚氏二十歲寡抑鬱成疾苦節以終史天來妻閔氏二十九歲寡矢志堅守抑鬱卒范用廷妻徐氏二十三歲寡卒年六十學憲額旌之范豐亨妻王氏嫁未兩月而寡年十八歲刻苦自勵撫嗣成立卒年三十七蔣學川妻楊氏二十六歲寡守志撫孤備嘗艱苦卒年四十二白銓妻孟氏十七歲寡撫孤守節子死抑鬱卒年五十二學憲額旌之何永忠繼妻費氏二十六歲寡撫孤成立卒年八十三子逢辰乙未舉人周之紈妻陳氏三十歲寡孤苦勵志卒年七十五周柚妻陸氏二十一歲寡事姑撫嗣孝慈兼盡卒年六十周榛妻徐氏二十八歲寡飲泣十年卒庫大使周大鼎繼妻盧氏二十九歲寡卒年六十六林德春妻范氏三十歲寡苦志撫孤卒年六十曹錫祥妻談氏二十九歲寡勤苦撫孤卒年五十一周屏妻惠氏二十五歲

宜興荊谿縣新志　卷八　人物　列女　四十七

寡撫孤成立卒年六十呂聿懷妻史氏三十歲寡親族逼醮氏翦髮毀容矢志撫孤卒年六十一閔黼卿妻王氏三十歲寡卒年五十二王錫田妻翟氏二十九歲寡敬事孀姑撫孤成立守節以終蔣浵通妻周氏二十九歲寡卒年六十餘蔣瑞林妻周氏二十六歲寡卒年六十六庠生崔徵幹妻儲氏二十七歲寡仰事俯育孝慈兼至翁姑歿後哀痛成疾卒年三十九子頤壽諸生舉人馬用圭妻湯氏二十七歲寡孝翁姑訓孤子夫弟欲爲請旌氏力辭之卒年五十四庠生馬之淦妻湯氏夫死難斷髮納棺以皆壽卒年二十七陳庭榮妻蔣氏十九歲寡事孀姑撫孤子憂勞成疾卒年三十三學憲額旌之吳寶印妻陳氏二十四歲寡卒年三十七學憲額旌之吳廷贊妻潘氏二十歲寡卒年四十四學憲額旌之陳念劬妻徐氏二十一歲寡事姑孝敎子嚴卒年五十七路申佑妻徐氏二十七歲寡奉姑孝謹撫孤成立卒年四十四路福疇繼妻朱氏二十八歲寡敬奉翁姑卒年三十八宗龍元妻蔣氏二十九歲寡力食撫孤卒年六十六許德昌妻施氏二十九歲

寡孝事孀姑卒年六十二孝子許士榮妾吳氏二十四歲寡矢志堅貞卒年六十二鮑芳潤妻周氏二十二歲寡撫孤興茂成立卒年五十九興茂死妻呂氏亦守節見下存節婦許天德妻萬氏二十七歲寡撫孤守志卒年五十三曹錫蓀妻任氏弟錫周妻許氏任氏二十三歲寡卒年五十許氏二十七歲寡卒年四十一胡文銳妻蔣氏二十七歲寡孝奉翁姑紡績撫孤卒年五十三吳唐輔妻朱氏子婦王氏二十五歲寡撫孤公選娶媳王氏公選亦早世姑婦相依里黨備質學憲額旌之吳廷芳繼妻王氏二十四歲寡苦志撫孤卒年六十四吳樂芳妻黃氏弟允芳妻宋氏黃氏二十三歲寡卒年五十八宋氏二十一歲寡卒年六十二吳用章妻陳氏二十七歲寡紡績撫孤卒年七十一庠生吳孟啓妻黃氏苦節終身吳蓀瑜妻王氏二十一歲寡卒年六十五吳振孟妻湯氏二十九歲寡教子義方謹守婦道吳文偉妻湯氏二十七歲寡孝奉翁姑矢志堅貞吳開元妻徐氏二十三歲寡紡績奉姑有投梭之烈學憲額旌之沈敘昌妻管氏

宜興荊谿縣新志　卷八　人物　列女　四十八

二十八歲寡貧苦撫孤卒年四十九丁壽保妻瞿氏二十三歲夫死難屢欲投繯以殉皆遇救撫孤守志歷盡艱辛子天憤鬱卒余永興妻蔣氏二十歲寡卒年七十學憲林額旌之吳珍彥妻陸氏孝事孀姑二十五歲寡紡績撫嗣卒年六十二劉崑樣妻吳氏二十七歲寡家貧遺孤二歲翁姑在堂氏藉女紅仰事俯育備嘗艱苦積勞卒蔣阿照妻徐氏潛山訓導紹侃女二十三歲寡貧無依攜孤子依母嫂事母克孝嫂歿善視孤姪後以子死悲憤卒年四十三劉福榮妻章氏二十八歲寡守志撫孤鍼黹度日卒年四十二閔朝祺妻張氏三十歲寡奉姑訓子孝慈兼盡卒年六十六張有爲繼妻許氏十九歲寡卒年四十四學憲彭額旌之張宣曜妻邵氏二十六歲寡卒年四十六學憲彭額旌之陳廷煊妻錢氏二十六歲寡苦節三十餘年學憲林額旌之陳應培妻王氏二十六歲寡撫孤守志卒年五十七陳爾猷妻丁氏二十六歲寡孝奉翁姑訓誨嗣子卒年六十六吳保福妻陳氏二十一歲寡矢志撫孤卒年五十二儲家祥妻吳氏二十八歲寡卒年六十八學憲林額旌之郁繼普妻周氏二十

七歲寡卒年五十三郁定邦妻張氏二十九歲寡夫死投繯遏救持戶撫孤勤操作償債負積勞成疾卒學憲
林額旌之徐祿琰妻周氏三十歲寡孤苦自厲卒年六十九徐肇昕妻顧氏二十歲歸徐期
月而寡鍼黹奉姑茹苦守志卒年五十二吳科大妻陶氏二十五歲寡撫夫弟成立卒年五十六吳亦
剛妻馬氏二十七歲寡謹守婦道卒年四十四錢天詩妻張氏二十九歲寡家貧紡績撫孤卒年七
十八江伯珍妻談氏二十八歲夫死殯葬之費脩作以償年四十八值明匪亂抑鬱卒方斗文妻
范氏二十七歲寡截髮矢志卒年六十四吳洪徐妻李氏二十八歲寡家貧習陶書畫於陶器上得其值
以撫孤卒年六十餘吳煥章妻錢氏早年守志值匪亂抑鬱卒年五十五吳士瀛妻史氏三十
歲寡撫孤守志卒年四十二黃和高妻嵇氏二十一歲寡孝事姑母歿典衣簪葬子疫死悲悼卒年三十
八許漢儒妻俞氏三十歲寡卒年七十二學憲林額旌之麇生任棣華妻周氏歸任
數日而寡矢志守貞卒年五十任友恕妻陳氏夙嫺姆教操厲冰霜勤苦撫孤保全家業周汝南妻

寶荊谿縣新志 卷八 人物 列女 兕

任氏歸周數月而寡奉老姑育遺腹孝慈兼盡任瑞妻路氏二十四歲寡撫孤守志卒年七十五任蒼
年妻王氏家貧守節撫遺腹子成立從子嘉生幼無父母氏撫育如已出拔貢任晟妾沈氏二十
七歲寡撫孤成立卒年五十一吳松大妻錢氏二十九歲寡刻苦自勵卒年五十五吳文奎妻虞
氏二十七歲寡清貧自矢卒年五十八貢祥盛繼妻陳氏二十六歲寡年六十一病革子盤榮刲股和藥
不效卒學憲林額旌之盧信孚繼妻楊氏三十歲寡奉老撫幼孝慈兼盡卒年四十九趙元祥
妻任氏二十三歲寡冰霜勵志難後無依卒苦勢臨以卒徐萬寶妻顧氏十九歲嫁三日夫死矢志
守貞苦節三十三年卒監生徐寶輅妻任氏適永道烜女二十八歲寡樂善好施撫遺孤梓卿煥卿成
立卒年六十徐梓卿妻程氏知縣嘉燕女二十六歲寡事姑任克盡孝道卒年四十一程佛二妻
徐氏二十九歲寡卒年五十五趙廷椿妻吳氏二十五歲寡卒年四十三湯雲法妻萬氏
二十八歲寡卒年五十四尹紹元妻徐氏三十歲寡卒年七十六薛恆榮妻談氏二十五歲

寡卒年五十六黃文友妻吳氏二十一歲寡卒年七十黃令傳妻黃氏三十歲寡卒年八十
七余際開妻周氏二十五歲寡卒年五十四湯振鍇妻劉氏二十四歲寡卒年三十五余
大榮妻陳氏二十一歲寡卒年四十四王亭慶妻周氏二十四歲寡卒年七十五張龍海
妻朱氏二十八歲寡卒年八十三余啟蘭妻張氏二十五歲寡卒年四十五吳思燦妻張
氏二十七歲寡卒年六十九吳思美妻談氏二十八歲寡卒年五十二吳高佐妻張氏二十
八歲寡卒年五十四李簡芝妻徐氏二十三歲寡卒年六十三李玉琳妻張氏二十六歲寡卒
年八十一李廷爵妻王氏二十八歲寡卒年八十張朝佑妻王氏三十歲寡卒年六十黃
在田妻陳氏二十四歲寡卒年五十二周旦妻黃氏二十七歲寡卒年四十九羊學斌妻
周氏三十歲寡卒年七十傅義妻潘氏二十九歲寡苦節終身張兆華妻錢氏二十二歲
寡卒年五十陳朝芳妻林氏二十七歲寡卒年六十八任德茂妻尹氏三十歲寡卒年五十

寶荊谿縣新志 卷八 人物 列女 卒

九陶庚春妻邵氏二十五歲寡卒年六十二嵇錫山妻丁氏二十五歲寡卒年六十二周
蘭芳妻丁氏二十九歲寡卒年五十八邵友恆妻許氏二十三歲寡卒年五十七邵友智
妻白氏二十八歲寡卒年六十一邵于煌妻周氏二十四歲寡卒年六十九邵友臨妻周
氏二十九歲寡卒年五十四尹文達妻徐氏二十九歲寡卒年八十二張慶福妻胡氏二十
二歲寡卒年四十一陸達可繼妻陳氏二十四歲寡卒年六十三陸綸魁妾徐氏三十歲寡
卒年六十八莊西霞妻王氏二十五歲寡卒年六十八尤興榮妻余氏二十五歲寡卒年六
十四俞驥升妻許氏三十歲寡卒年四十八李席廷妻周氏二十四歲寡卒年三十六李
成溪妻盧氏二十八歲寡卒年四十二徐鐘鳴妻甄氏二十二歲寡卒年三十九徐安大
妻成氏二十三歲寡卒年四十九庠生史大莖妻章氏二十七歲寡茹苦守節監生史
炳妾程氏二十一歲寡悲痛憂鬱成疾卒候補主事史森衍妻張氏二十九歲寡守節以

終 儒士史光序妻宗氏二十五歲寡卒年三十八 儒士史福臻妻余氏二十四歲
寡事翁孝謹 丁繹妻張氏二十九歲寡卒年四十六 黃瑞誠妻丁氏二十七歲寡卒年八十一
王文時妻黃氏二十八歲寡苦節終身 吳三錫妻殷氏二十五歲寡卒年八十八 李祖
植妻章氏二十歲寡苦節終身 潘達中妻何氏十七歲寡卒年三十七 程繼章妻何
氏二十六歲寡卒年五十二 程雲彩妻王氏二十九歲寡卒年七十八 王仲家妻蔣氏三十
歲寡卒年五十九 蔣盤松妻張氏二十八歲寡卒年五十三 張士森妻陸氏二十七歲寡卒
年七十 范顯承妻蔣氏十九歲寡卒年六十六 潘映枝妻丁氏二十二歲寡卒年七十三
潘學鍾妻薛氏二十三歲寡卒年七十三 潘學鑑妻歐氏二十四歲寡卒年七十一 潘維
屏妻邵氏二十四歲寡卒年七十五 潘維辯妻周氏二十八歲寡卒年七十八 袁榮節妻
王氏三十歲寡卒年七十一 吳萬洪妻宗氏二十九歲寡卒年五十三 臧炳章妻周氏

三十歲寡卒年六十五 蔣佩璋妻呂氏二十四歲寡卒年三十九 陶德山妻張氏二十九歲
寡卒年七十五 宗國英妻陶氏二十五歲寡苦節終身 史抑大妻吳氏二十八歲寡卒年三
十九 石玉林妻蔣氏早寡苦節終身 陸安詳妻吳氏三十歲寡卒年八十二學憲額旌之 談
亮玉妻歐氏二十八歲寡孝事翁姑撫孤成立卒年六十六學憲額旌之 吳春壽妻水氏二十
九歲寡貧窶處約苦節撫孤卒年五十九 吳羽軒妻李氏三十歲寡孝事翁姑撫孤守志卒年七十 吳文
洛妻儲氏三十歲寡孝慈兼盡卒年四十二 萬瑞元妻宗氏二十二歲寡撫遺孤成立卒年六十
二 吳開雲妻徐氏十九歲寡家貧無嗣苦節孝姑卒年五十五學憲額旌之 吳蔭棠妾陳氏
家主死難氏年二十九哀慟欲殉族人勸其撫孤延嗣後得鬱疾卒年五十四 邱忠龍妻吳氏二十七歲寡苦
志守節撫孤成立卒年六十六 潘文茵妻許氏子婦陳氏許氏三十歲寡撫孤雲賓成立雲賓妻陳
氏二十九歲寡蕊筠孝卓同振清鳳許卒年七十九陳卒年五十 王之祇妻高氏二十三歲寡矢志守節撫
孤成立卒年六十二學憲額旌之 丁學言妻陸氏二十三歲寡 丁學選妻蔣氏二十一歲
寡 黃文宗妻李氏二十三歲寡 黃應書妻都氏十九歲寡 丁英公繼妻錢
氏二十二歲寡 吳受芳妻鄒氏 吳銘烈妻張氏 鄭樂貞妻吳氏
以上守節年分失考 宗正成妻陸氏二十八歲寡卒年五十 吳協成妻周氏二十三歲夫死
每哭必絕而後甦聞者下淚半年後病篤臨死謂諸娰曰吾得從夫地下矣 蔣祿臻妻沈氏二十三歲寡卒
年四十三 許一鳴妻陳氏二十六歲寡撫孤成立卒年六十四
江朝佐妻章氏庠生鴻飛女翁年邁瘓疾氏謹侍湯藥無間寒暑三十歲寡撫孤成立見年七十以子聘珍職
封安人咸豐九年旌 吳慶和妻周氏二十七歲寡見年五十五光緒二年旌 陳榮昌妻王
氏二十七歲寡見年五十三 顧禮湘妻陳氏二十二歲寡苦節堅守見年五十七 顧禮維妻許
氏二十六歲寡緘繡撫孤見年六十二 錢朝楨妻王氏二十八歲寡見年七十四以上光緒三年旌 范

用坤妻臧氏二十九歲寡見年六十五光緒四年旌 吳緒妻陳氏二十八歲寡見年六十二 舉
人徐孔揚妻儲氏二十九歲寡見年五十四 路名駒妻錢氏十九歲寡見年五十二 蔣
志伊妻徐氏二十一歲寡見年七十二以上旌年未詳 儲八驥妻臧氏二十七歲寡事翁謹
夫弟妹賴其教養見年六十學憲額旌之 武舉徐容光妻周氏二十六歲夫殉難金陵撫孤守志見年五
十一 張耀先妻王氏二十七歲寡仰事俯育備嘗艱苦見年六十二學憲額旌之 庠生吳俊章
繼妻方氏二十八歲寡見年六十三學憲林額旌之 黃瑞豐妻張氏二十一歲寡撫孤守志見年六
十九學憲林額旌之 范文培妻徐氏二十九歲寡事姑孝敬痛夫失明見年六十二 巡檢吳冠英
繼妻周氏二十六歲寡見年五十 鮑興茂妻呂氏三十歲寡與姑周氏皆以節稱見年六十一
徐煥卿妻朱氏二十八歲寡與姑任及長姒程並以節稱 朱啟宇妾蔣氏二十八歲寡奉嫡撫
孤持家謹慎見年六十一次子大鏞聘程氏未婚而卒程年二十歲知書工詩矢志守貞 同知徐大亨妾張

氏三十歲寡見年五十一 庠生王繁妻談氏二十六歲寡撫遺腹子成立見年五十四 許鳴岐妻崔氏訓貞苦節女二十九歲寡撫孤成立見年五十六 永廣巡檢徐鍾澤妻任氏三十歲寡見年五十一 贈奉直大夫李豐妻徐氏二十四歲寡見年六十一 徐壽慶妻朱氏二十七歲寡見年五十七 徐辰照妻朱氏三十歲寡見年五十六 余嘉勳妻閔氏二十歲寡孝奉翁姑見年五十 閔君大妻錢氏二十七歲寡紡績撫孤見年五十六 徐廿瑞妻張氏二十九歲寡侍姑孝謹見年五十二 任悅闡妻沈氏二十九歲寡子死紡績營生見年五十六 張兆熬妻陳氏二十九歲寡苦志撫孤見年六十一 王鵬綱妻蔣氏二十歲寡剪髮自誓見年五十二 王覲臣妻崔氏二十一歲寡孝事翁姑見年五十二 范廣祉妻陳氏三十歲寡見年五十五 任寶妻莊氏三十歲寡見年五十 徐映萱妻董氏二十八歲寡見年七十 徐燕妻朱氏三十歲寡見年五十五 任用達繼妻萬氏三十歲寡見年五十一 范伯猷妻駱氏二十

宜興荊谿縣新志 卷八 人物 列女 三十三

九歲寡見年七十六 徐宏大妻吳氏二十六歲寡見年七十三 蔣佑德妻吳氏二十七歲寡見年五十九 周奎大妻徐氏三十歲寡見年五十八 周煌妻吳氏三十歲寡見年五十四 錢念珍妻吳氏三十歲寡見年七十二 徐承恩妻儲氏二十九歲寡見年五十 路袁妻華氏二十七歲寡見年七十二 任廣田妻潘氏三十歲寡見年五十七 虞允亨妻黃氏二十六歲寡見年七十四 許士瑛妻范氏二十三歲寡見年五十七 徐煥文妻史氏二十七歲寡見年五十四 儲明富妻尹氏三十歲寡見年七十二 孟榮大妻馮氏二十九歲寡見年六十七 周向山妻史氏二十一歲寡見年五十九 尤金大妻邵氏二十五歲寡見年六十五 徐葆眞妻張氏二十七歲寡見年五十六 陳文魁妻蔣氏二十八歲寡見年六十三 任紀儉妻丁氏二十九歲寡見年五十九 虞應椿妻任氏二十八歲寡見年五十五 陳壽泰妻徐氏二十七歲寡見年五十二 王鴻海妻閔氏二十九歲寡見年六十五 郭應義妻潘氏二十

五歲寡見年五十五 胡甲祚妻汪氏十九歲寡見年五十 王文時妻黃氏二十八歲寡見年七十一 沈茂和妻周氏二十八歲寡見年七十 蔣發貞妻顧氏二十三歲寡見年五十一 蔣琴鵬妻周氏三十歲寡見年五十 應時選妻曹氏二十五歲寡見年六十六 顧隆福妻周氏三十歲寡見年五十一 張廷棟妻黃氏二十九歲寡見年六十 盛福高妻談氏二十三歲寡見年五十九 蔣瑞乾妻周氏二十九歲寡見年五十八 吳發麟妻江氏二十八歲寡見年六十一 馬保餘妻周氏二十三歲寡矢志撫孤見年五十一 史秉鈞妻任氏三十歲寡見年五十一子毓璆諸生 文童王之慶妻崔氏二十九歲寡善侍翁姑子死婦嫡氏善視之見年五十五 監生史炳妻劉氏二十二歲寡撫孤成立見年六十一子晉榮庠生 儒士史家玉妻宗氏二十歲守節至今歷二十二年 江文藻妻鮑氏二十八歲寡事姑能孝見年五十一 談純文妻李氏二十九歲寡翁姑繼歿力營殯葬守節至今歷二十年 李景山妻許氏舉人繼女二十七歲夫被

宜興荊谿縣新志 卷八 人物 列女 三十四

賊擄歸侍父謹父歿歸李議嗣守節至今歷二十二年 余芳齡妻傅氏庠生汝濟女二十六歲寡善事翁姑翁病刲股和藥愈之人偁女師守節至今歷二十年 李景湖妻潘氏二十九歲夫死雖苦志撫孤見年五十 庠生潘揆清妻徐氏三十歲寡撫孤守志見年五十 謝邦彥妻王氏三十歲寡見年五十 章淦霖妻史氏三十歲寡見年五十七 周永林妻俞氏二十九歲寡見年五十一 王運通妻楊氏二十九歲寡見年六十五 華元煜妻傅氏三十歲寡見年六十七 葛春林妻吳氏十九歲寡見年六十九 任涵章妻蔣氏三十歲寡撫孤守志見年五十一 胡甲義妻張氏二十八歲寡見年五十 許士崧妻范氏二十九歲守節至今歷二十年 王允吉妻錢氏二十八歲寡見年五十八 湯達義妻周氏二十九歲寡見年六十六 徐煜明妻許氏二十三歲寡見年六十九 閔敦華妻蔣氏二十九歲寡見年五十二 張道南妻胡氏三十歲寡見年五十一 監生張文澤妻汪氏妾李氏汪三十歲寡見年六十四子之綱庠生李二十四歲寡見

年五十八　儒士朱增賞妻陸氏三十歲寡見年五十三　六品軍功姚麗妻朱氏二十九歲寡見年五十　吳六大妻李氏二十六歲守節至今歷二十年

右節婦在荊谿者

吳允昌聘妻蔣氏女二十歲夫亡以頭觸地泣告母曰女不幸不能終養皆母矣勺飲不入姊妹嚴密守之乘間入臥室投繯死距允昌之卒僅十一日咸豐六年旌　常熟黃復聘妻彭洪亮女年二十遇強暴逼污憤恨飲鹵死同治十年旌　張廣文聘妻沙氏女十五歲夫死欲奔喪父母未許號哭不食卒　徐貴和聘妻蔣氏女二十歲夫亡慟哭死　戴福田聘妻方氏女十八歲夫死訃至易服毀容越三年父母將改字之氏以死誓歸於戴至夜暴卒年二十一　王奎大聘妻張氏女十八歲夫死欲殉母勸止之逾月母出外自經死　周伯龍周謙榮女伯龍女年十九字李氏子克守閨訓與謙榮女常同卧起有誣以穢行者恐玷清名憤恨同縊死周氏合葬爲雙烈墓　范某聘妻吳氏女夫亡父母將改

字之自經死　吳乃謙聘妻崔氏女夫死訃至不食卒　孫氏女幼喪父門第衰弱爲強暴所逼投水死

右烈女在宜興者

吳某聘妻庠生徐亭女夫亡自盡已旌　蔣榮芳聘妻張氏女二十歲夫亡父欲改字投繯死　徐秉鈞聘妻葛氏女十五歲聞夫死不食卒　王紹成聘妻崔氏女二十四歲夫亡訃至毀容不食以夫葬日服毒死

右烈女在荊谿者

黃珣妻史氏十七歲夫死慟哭幾絕父迎歸氏日在家從父出嫁從夫夫死不願獨生投繯死道光二年旌　朱元榮妻顧氏二十八歲夫死自經姑救甦七終氏乘間縊死同治七年御史薛奏旌　陳卿三繼妻萬氏二十一歲寡夫兄逼令改醮事將成氏誓死不從避外祖處因爲種痘還家夫兄遣人黑夜入室氏驚覺力拒脅以刃不從受十數創死夫弟鳴官捕得其實邑令請旌其烈同治八年旌　周兆培妻錢氏二十二歲夫疾篤就醫於外氏日夜思念一夕夢中驚絕復甦三日後訃至果卒於途家人祕之停喪他處氏知之急尋至柩所慟哭成服勺飲不入口至初虞設奠廚下聞火焰聲家人奔視無所睹氏即於此時瞑目而逝郡邑人均有詩文紀其事光緒元年旌　沈鈖妻路氏二十五歲隨夫避難夫亡既殮哭踊死光緒二年旌　周伯林妻徐氏二十九歲夫故葬畢投繯死學憲毛額旌之光緒三年旌　吳奇生妻徐氏二十歲夫被賊擄訛傳已死悲憤自經死　吳朝銓妻趙氏素性貞靜孝事翁姑二十五歲夫死自經　儲誠熙妻周氏夫死難聞訃吞金死年十七以上旌年未許　朱桂珍妻于氏二十三歲夫死痛不欲生但勸慰之迎喪送葬返吞鍼死　許乃鼎妻洪氏二十七歲夫死不食卒　潘惠曾妻朱氏夫死難守志事姑憂鬱成疾以卒年二十七　周之夏妻蔣氏夫死難殮畢自縊死　褚大衢妻徐氏二十六歲夫死撫屍一慟而卒　史聽貢妻宗氏夫故悲哀赴水死　劉慰行妻蔣氏夫死至七終自縊死　張文彬妻王氏二十九歲

夫死難家人私瘞諸賊氏知之痛哭投河死　蕭一鳴妻張氏二十六歲寡避賊依母家家人私瘞諸賊與兄文彬妻王氏同赴水死　蔣作梅妻黃氏家長卒以子託女君投河死　陳廷喈妻鮑氏二十二歲夫死難悲泣不食至七日忽張目曰今得爲陳氏婦矣言畢即逝　曹佑芳妻高氏二十歲夫死欲殉人以撫孤勸之閱月孤殤自經死　曹茂龍妻董氏二十五歲夫故悲痛自經家人救解得甦送葬畢投水死　萬達仁妻王氏二十一歲夫故自縊死　鄧茂林妻史氏二十三歲寡哀毀卒　吳用賓妻陸氏十九歲夫死欲殉姑勸止事姑甚謹姑卒喪葬畢不食死　黃鳳翔妻陳氏避亂失散訛言翁夫被擄痛哭投水死　周儒珍繼妻李氏三十歲夫疾篤氏籲天求代疾不起親視含殮事畢縊死　李松培妻周氏二十六歲夫死哀毀逾月卒　蔣學潮妻嚴氏二十九歲寡慟哭逾月卒　蔣善餘妻徐氏二十七歲寡哀毀成疾卒　鄒德瀛妻王氏二十歲寡遺腹子殤撤環瑱爲姑備送老具事畢自盡卒年二十一　王榮蘭妻周氏夫卒送葬畢自縊　吳佩誠妻鄒氏夫死難聞耗自盡

右烈婦在宜興者

江旂妻陳氏二十歲夫故截髮自裁姑力勸戢乃廼治事撫孤嫠媳謂其子曰汝成家我無憾即夕自經死年四十二歲咸豐八年旌 徐步堦妻呂氏二十一歲夫死痛哭逾年卒已旌坊建蜀山 陳際青繼妻龍氏鄰村某以有戚屬瞰其夫出屢至誘之氏正色拒某夜懷利刃入室殺工人以脅逼氏驚呼堅拒身受數十刃死年二十八夫歸鳴官申雪邑令許旌其烈光緒元年旌 王之翰妻郭氏夫死難葬畢自縊學憲額旌之 張道南妻周氏夫被賊擄日夜號泣鄰人見其夫屍以告氏即投水死年二十九 許淵如妻蔣氏夫死難投繯死 姚士豪妻許氏二十三歲寡撫孤子子死哭子夫墓七晝夜不食遂死墓側 楊克家妻許氏夫陣亡慟哭卒年三十一 楊慶貞妻周氏二十二歲夫被擄母令改適迎者臨門氏詭言沐浴入內自縊 陸獻珍妻周氏二十二歲夫故繼姑令其改適哀痛不食死 閔森杰妻儲氏夫死慟哭不食卒 湯某妻徐氏宗婧女嫁未期夫死遂殉焉邑令額旌之 蔣康壽妻宗氏二十四歲寡夫兄逼令改適投繯死年二十八 周茂釗妻范氏二十六歲夫死慟哭卒 蔣茂生妻謝氏二十四歲夫故號痛卒 周立章妻查氏二十八歲夫死殮後自經 蔣聽潮妻黃氏二十一歲夫死號泣不食數日死 蔣庭椿妻強氏二十四歲夫被擄號泣不食後聞夫死一慟而絕 查光琛妻劉氏庠生廷珍女二十三歲夫故服毒死 路道宏妻湯氏二十二歲夫故不食死 曹錫純妻俞氏二十九歲夫故欲殉姊娌勸止慟哭逾年死 宗鳴雝妻吳氏二十五歲夫死痛哭旬日自縊死 王德興妻周氏二十九歲夫死難葬畢自縊 鮑彥勳妻張氏二十七歲夫歿葬畢不食死 蔣蘭泉妻許氏夫陣亡聞訃縊死年三十二 任位妻陳氏夫故慟哭死 馬驥妻陸氏夫故即日身殉 朱士珍妻徐氏二十九歲夫故哀毀卒 周元錫妻佘氏聞夫殉難即日縊死 黃廷寶妻任氏夫率義團潰散被賊剖心死氏聞耗投河死 蔣繼昌妻許氏聞夫殉難慟哭而死年二十四

右烈婦在荊谿者

以上兩邑孝貞節烈婦女不論已故見存未旌者均於光緒七年請旌其年例未符而守志待旌者附注于左

劉漢章妻張氏二十二歲寡 徐鴻烋妻潘氏二十五歲寡 王世琛妻畢氏三十歲寡 陳登鼎妻曹氏二十五歲寡 趙仲紳妻吳氏二十七歲寡 儲鳴和妻蔣氏二十四歲寡 洪耀堂妻陸氏二十六歲寡 陸宣珍妻衛氏二十二歲寡 程維珉妻方氏二十九歲寡 黃祜吉妻周氏二十二歲寡 吳洪泉妻方氏二十六歲寡 吳壽昌妻朱氏二十五歲寡 周應桐妻吳氏二十四歲寡 胡承勳妻張氏二十八歲寡 吳玉堂妻萬氏二十九歲寡 胡承熙妻汪氏二十二歲寡 周受孚妻朱氏二十四歲寡 儲一驄妻徐氏二十六歲寡 裴森賢妻蔣氏二十三歲寡 錢鴻初妻賈氏二十一歲寡 潘燮和妻蔣氏二十四歲寡 佘作亭妻周氏二十一歲寡 周君儒妻莫氏二十四歲寡 周彥云妻汪氏二十九歲寡 監生羅仁元妻佘氏二十一歲寡 吳本之妻王氏二十七歲寡 貢生任大文繼妻汪氏二十九歲寡 朱鴻壽妻周氏三十歲寡 張培林妻李氏二十二歲寡 貢生周湘清妾張氏二十五歲寡 吳增度妻潘氏二十八歲寡

以上宜興

節婦

宗曾樂妻王氏二十六歲寡 盧起鰲妻潘氏二十八歲寡 孟德懋妻周氏二十一歲寡 沈德彰妻胡氏二十五歲寡 路江程妻張氏二十六歲寡 路于逵妻徐氏二十四歲寡 貢生吳曾培妻許氏二十八歲寡 周權珩妻宗氏二十三歲寡 王慶祖妻周氏二十七歲寡 閔成之繼妻羅氏二十八歲寡 任兆熬繼妻徐氏二十八歲寡 莫璧源妻周氏二十一歲寡 任勝圭妻潘氏二十九歲寡 於聰連妻陳氏二十八歲寡 路慶兆妻程氏二十二歲寡 庠生路道周繼妻張氏二十九歲寡 路福祺繼妻周氏二十三歲寡 路福恒繼妻儲氏十九歲寡 路福保妻程氏二十八歲寡 儲士史福階妻俞氏二十六歲寡 徐耀大妻范氏二十九歲寡 張本德妻湯氏二十五歲寡 朱兆桂妻吳氏二十八歲寡 庠生王錦藩妻宋氏二十八歲寡 朱繼芳妻吳氏二十六歲寡 閔企義妻方氏二十五歲寡 許士嶙妻徐氏二十二歲寡 周安山妻閔氏二十六歲寡 邵增芳妻閔氏二十八歲寡 朱斌妻徐氏二十九歲寡 徐致遠妻何氏二十五歲寡 徐鴻才妻李氏二十三歲寡 徐慶燊妻朱氏二十三歲寡 史循儒妻杭氏二十九歲寡 周清妻路氏二十六歲

寡以上荊谿節婦

徐啟泰妻倪氏 名瑞璿幼奇慧讀書過目成誦詩才超逸廩生直類謫仙閒作元白歌行體集曰餘存

吳星槎妻任氏 名湘芝著有松筠閣詩及隻鴛詞其憶父詩曰痛别椿庭已六年煢煢母女倚誰憐回思雪案牽衣處教誦毛詩第一篇懷姊詩曰當年分手各西東千里相思一夢中卻憶舊時歡笑處藥欄零落海棠紅

歲貢生任登朝妻周氏 克盡婦道以賢淑稱好學工詩嘗著內則集註分于女昕夕誦讀有望山樓詩集其過翡翠園詩曰金谷荒涼墓尚存午橋風月剩琴尊低徊五十年前事一樹梨花欲斷魂

任東聞妻徐氏 名畹芝有秋芸閣詩詞其借書詩曰玉剪堂前插架書縹緗成帙五車餘昨朝一見心如醉安得微軀化蠹魚曉起詩曰曉風微見透紅霞睡起開窗理鬢鴉誰道儂家盡荊布階前又放玉簪花

庠生吳炘妻任氏 名玉卮有擷香齋詞其題父雙栖圖卷末云圖就嚴尊清健容薇花夜月雨溶溶應憐母氏頤長恨故遺丹青覓舊蹤

李氏女 名翠蓮父業賈居城北母故知書女幼承母教出筆韶秀邑有吳生倚神童文名藉甚女父與相識以女詩詞就正生為點定女心折求一見焉時尚未

笄也父歿服闋母為議婚女曰必才學如吳生者乃嫁之遣媒致意則紅絲已早繫矣將別議女執不肯吳生聞且感且憫有豪賈慕名求姻女叔父豔其富強以字之女抑鬱尋卒病革時與吳生書其後半訣別語云嗟乎才與命乖病因愁甚空半妝之明月長伴孤眠愍廿載之塵緣短如春夢欲求花映柴門重逢崔護環酧玉指復侍章皋太平舟上倩女離魂酒雪堂中雲華再世均非妾所冀也惟冀君努力螢窗題名雁塔異時紆青拖紫駐馬荒郊望三尺之孤墳灑一樽之清醴使野魅山魑咸謂李翠蓮曾見許於玉堂貴客則妾死而不死矣女死年裁二十一遺有翠蓮詩稿二卷

庠生任星咸妻屠氏 名鏡心有玩月軒詩草其秋雲詩曰散卻奇峯入太清卷舒恰似綺羅輕詩人省識秋來薄莫想衣裳想世情白海棠詩曰一場春夢欲醒時縞素全非舊日姿淡粉應斑貞婦淚素紈不入媿奸詩臨粧祇許冰為鑑對酒宜將玉作卮願共黃花同晚節肯教紅燭近階墀

鉛山縣知縣程嘉杰繼妻傅氏 名隱蘭字文卿幼慧喜讀每繡餘輒吟咏忘勸諸姊嘲之曰將作女博士耶微笑不應長更高自期許嘉杰慕其名遂有玉臺之聘嘉杰故名士暇日詩詞唱和徒益精既而從宦江右搢紳夫人及女公子學操翰者多願效焉荊桃之樹芍藥之花滿篋盈箱執贄者相接自是程門立雪多咏絮才矣尤好作回文集句工妙天成前代璿璣近世葉錦香屑不多讓也年七十病革命子嗣嶶錄生平所作詩詞付手民自題曰刈蘭吟

右才淑在宜興者

附貢生徐麗金妻任氏 名和徵通詠道短女幼聰慧好讀詩書有吟秋閣詩存其咏白海棠詩云一叢冷豔退籬根低怨吳妝憶故園寵謝東皇腸欲斷春歸西府淚無痕垂絲已著霜枝色高燭空招月夜魂未許嫣紅爭富貴秋陰深鎖不開門又云卸卻春妝色相空阿嬌無力障秋風梁雲應遜三分白梅雪猶輸一點紅香抱冰心寒蜀錦睡餘銀燭豔唐宮枝頭莫染猩猩血淡粉生姿畫未工

候選縣丞戴廷棟繼妻汪氏 名彩書字桂芬其姊文月字梅芬歸廣西太平府經歷何文敏為繼室工詩及畫有靜好軒吟稾彩書幼與姊闕頡拈牌調鉛繪粉暇更習琴著有雙梧軒詩及聯吟集長女佩金子婦徐貞宜皆穎慧善吟咏佩金有桃蔭軒詩草貞宜有同聲吟草

施某妻儲氏 名秀玉字佩蘅炳煥女幼慧善詩著有天香樓小草其學吟第一篇落句云巢燕滿院落殘花後歸施氏遇難死人以為詩讖云

右才淑在荊谿者

朱維翰妾楊氏 得元孫五世同堂親見七葉壽九十四歲

張步苑妻蔣氏 得元孫五世同堂壽九十歲

右壽母在宜興者

李東禧妻徐氏 附貢生恩濂女得元孫五世同堂壽九十三歲

丁鈞妻陳氏 得元孫五世同堂壽八十五歲學憲額旌之

右壽母在荊谿者

人物卷八下都計列女二千二百二十有五人女從父家婦從夫家外籍婦女從其僑寓之家人數既繇非分邑無繇檢核也

孝女宜興二十九人荊谿十七人其見存者五人
孝婦宜興十三人荊谿十三人其見存者三人
貞女宜興二十一人荊谿二十一人其見存者十三人
節婦宜興九百八十五人荊谿九百六十六人其見存者二百九十八人
烈女宜興十一人荊谿四人
烈婦宜興三十三人荊谿三十一人
坿注待旌見存節婦宜興三十一人荊谿三十五人
才淑宜興八人荊谿三人
壽母宜興二人荊谿二人

人物補錄

古來作史之難其惟人物乎崔浩以直沽禍魏收以穢遺譏人物成之矣志之體畧同於史而偁美不偁惡後嗣之孝慈者莫不欲表揚其前代善者從長亦因其所顧有祖德甚高而子孫不著欲詳事實蒐錄綦艱亦有賢哲之流引嫌自避不以世美為誇必俟論定交推乃嗷梗概而官書之修刻期殊促摭星遺日知不免矣既已付之手民采訪所續送及評議所許可者但當補載無由追莱限於見聞匪有軒輊或疑先進之當從或歎後來之居上皆隅見也

孫士遠字易堂浙江山陰人監生同治光緒間權宰荊谿荊谿山中自克平後客民叢襍盜風頗熾士遠設重賞購名捕於他邑或得盜黨赦其罪令伺羣盜盜皆遠颺念民困未蘇急請減抵免賦聽斷勤敏不受關白無留牘無株累嘗有商訟縣民商訥民辯士遠已誤聽責商矣嘗下察其冤重責民而謝商人轉以此服之在任驅惡娼懲訐拐束胥役卹鄉𣏌或嚴或寬善政難於枚舉經歲去官胥隸兵民水陸送者如雲

吳元漢字樂源安徽鳳陽人監生光緒五年任宜興治以寬誠為尚優卹貧苦禮奬文士又每月佽助尉屬營僚勖以清廉嘗宰宿遷重司教徐宗敬徐故宜興人已歿元漢求其孫延師敎讀並供給誦資人偁其厚

徐景福字介亭浙江遂昌人進士績學著書經術爲治由常熟令調攝荆谿士人聞者皆欣儒吏之至也先是上臺檄縣分條銀公費佐書院膏火奉檄者視爲具文紳士累請不應景福至以陽羨書院遭毀課士未便按糧冊預計五年悉出之擇地改建書院豎文場焉光緒五年兩邑客民叢集墾田稍多藉幕上海狀者指爲積匪從與苛征景福力請上臺得減與宜興令吳元漢尤和衷共濟凡行善政吳輒樂從之其聽訟也開誠勸導不事敲扑每笞一人愀焉終日值邑修志書講求文獻悉心審定既積勞臥疾呻吟中閱讀易聲追周易註解成而疾劇矣臨歿猶以志書爲念無一語及私云

莊其豫字衡峯嘉定人舉人同治閒任宜興教諭兼攝荆谿訓導操守廉潔至丁祭餘銀亦以充公其教士也肫然其接人也退然臨歿作書別諸前輩猶端楷也歿後無以斂官紳士子賻者千餘緡以上名宦（按例載名宦應俟日久論定然既歿而輿情慕誦德澤及人已可想見急錄之以示將來）

邵宣廷（昭忠錄作廷宜）字古愚諸生卓犖有奇氣城陷避地耕圩圩四瀆大河避難者衆阻河以守賊冒死渡河衆驚潰宣廷與邵康侯等四十一人均被殺康侯亦諸生

周英玉字安如諸生少孤善事母以志行自礪常誦家貧出孝子世亂識忠臣二語不置咸豐十年城陷或挽之行英玉亢不動賊至厲聲叱罵遂遇害

施炳熙字蓀衫諸生庚申之難居東鄉施家角村家屬俱殉難炳熙子身至大浦鎮賃卜有同學生在僞署攜番銀五十併賄之炳熙勃然擲諸地曰我念疇昔之誼不忍絕汝汝乃污我耶可速走遲將以硯碎汝首矣其人唯唯謝去卒餓死併生吳卓英字倚勤炳熙社友城陷後妻殉難死叱咤無聊遇賊大罵被磔時又有裴晉字午橋者避難裴塔里以不肯俯首僞署餓死晉亦諸生

張志霖（或云姓宋）字雨文城陷出數百金糾義勇入西川界復至夾浦及湖郡俱有勇名同治二年宜興士民集潘家壩志霖從中指揮殺賊甚夥賊大衆來攻將不支宋秀福白文榮等十七人往甯國求救於劉總戎松山廣德賊阻道守秀福與文榮謀突前破賊卡斬首數十遂達劉營劉厚慰之而未應也比回則潘家壩已陷志霖至大浦爲賊殺文榮本僧人賊至棄僧爲義勇與秀福同在西川界尤倚敢死趙忠節嘗給以儘先千總劄從甯國同被殺於溧陽之長山秀福與焉

曹文江字虹舫以鹽大使發福建充汀漳龍道巡捕官同治三年賊陷漳州文江父琮及文江衣冠罵賊死妻子皆殉候補從九徐恩基適以公至主其家亦殉焉

汪鉦字文虎流寓浙江投餘姚謝部郎敬爲義勇積功得外委充常勝軍前營哨官同治三年八月賊撲餘姚鉦率所部禦賊

眾潰陣亡以上忠節

儲麟芸字稼堂以進士官知縣時曾文正督師兩江駐節皖省檄任太平府當塗縣事城爲賊毀於鄉鎮僦屋以居嚴防堵增郵驛禁攻訐舉考課官民胥便有涇縣王之屏者由滬挈家旋里過關時被官軍誰何幾不免麟芸適至營見之謂其人文弱且男女老幼四十餘口必非奸類力保得釋王詣謝溫慰之絕無德色也其以寬爲治多類此文正以仁恕廉明書生本色倚之裁十閱月以疾去官卒於省邸文正親臨祭奠賻恤有加以上循績

路起濤字鑑淵學宏孫歲貢生父應升事親以孝聞母患肝疾起濤不解衣交睫母歿哀毀幾滅性兄弟早世撫遺孤恩意懇

篤皆克成立平生以古狂狷自任不爲迂拘無用之學嘗誦高忠憲語曰士無常品要在不失其人之本色而已然起濤外若簡易而內實峻整教子以嚴其課徒也不計脩脯盡心教誨中年邃於易探索圖象作易辨三卷咸豐初徵孝廉方正學師將以應舉力辭臨歿之前告親友屬家人毋怛化言畢而逝歿後若干年邑諸生呈其書於學使彭公久餘泒加俾歎題額旌之曰望重儒林以上儒林

謝城蔣字寅甸頭里人諸生學勤行樸宗黨稱善人嘗因卧病籲天刲股母瘉而家人不知也臨歿啟足始知之云

徐亨衢字威中諸生幼失恃事父及繼母以孝聞筆耕所得悉奉甘旨愉愉如也兄卒哀痛逾恆撫弟教養備至親歿後慕游他鄉每遇忌日必減餐飲泣終其身以爲常

史棫字菿園廩生少孤事母孝嘗好鬬蟀聚盆盎案一日爲母所碎遂絕意焉母晚年患瘵晝夜撫摩得瘥則步不縱聲不揚委曲承順母忘其疾

蔣鳳遷字楚堂父敷文少孤事孀母撫穉弟爲時所稱鳳遷生居第三重性如父父病瘥不交者經月父殁哀毀特甚母吳此痰病鳳遷與妻侍奉三十年不懈母愛之甚而伯兄特嚴厲鳳遷順受無慍色析產後推貲以奉凡邑有大振濟大興建書捐不署名諸紳咸樂與其事焉以子誠官江右就養聞伯兄死難

傷慟成疾年餘卒

徐懋昭字載德徐隆橋人幼失恃後母子鮮衣美食從師讀懋昭與田傭伍無違言以是終得親歡顧性好學竊於輟耕之暇向塾師請業稍長通經且耕且讀訓蒙三載積館俸所得執贄陳明經錫光門陳固名宿懋昭得其傳每一藝成師擊節歎賞然竟累試不售粵賊至乃死難

劉榮官許前里南塍人幼孤病廢家極貧而匄行乞得食則自餐粗糲稍可者歸遺有錢輒奉母匄養終身以上孝友

儲徵甲字紀堂舉人績學工文邑名士詩文集多乞其序以行任青陽教諭門徒甚盛嘉慶道光兩修邑志皆與焉著述夥富

惜散佚不存

徐亨字殿邦洑谿里人諸生與族父應桂俱敦行勵學亨教授尤多成就嗜經籍晨書暝寫終歲不勌五經均有評注其所讀書悉丹黃滿目字若蠅頭人性儉樸嘗節日用餘錢爲諸櫝道光巳酉大滂咸豐丙辰大旱皆傾櫝出之得百餘緡以振饑云

應桂字景旦亦諸生

朱麗宣字曙升道光癸巳進士由庶常改工部主事充軍機章京升員外郎記名御史遭憂服闋將赴都未行卒於家麗宣詩文工應制體楷法尤秀絕

廷試卷進呈第五其散館也人皆惜之

儲麗仁字醉石自幼出語已驚長老詩詞古文具有家法游其門者多獲儁顧已困童子試郡守嚴公得其文歎爲宿學拔冠一軍始補諸生城陷後居岳家橋僞鄉官有與相識者聞其病餓遺饋米肉麗仁峻拒之不食死從子乃賡字景卿亦能文年方弱冠攻苦得疾以歿

史登賢字燮堂諸生少孤貧善事母十歲始學句讀任明經晟賞之引之門下既壯博學能文下筆敏捷篆隸繪事皆有聲著有粵遊紀畧懷人集

吳乃希字喻唐廷瑞子少穎特受業任明經晟偁入室弟子工文章善書翰尤長於詩綿麗沈鬱出入玉谿昌谷間一時詞人孫曾頤任夔奏王斯基暨方外掃葉相與倡和皆推重焉著有洗心研慮齋文稾及燼餘詩存三卷嘗咸豐間荆邑尊以乃希父廷瑞捐振數鉅例請獎得官欲上乃希名力辭而止然乃希竟屢赴省闈不售以明經終以上文學

黃國香字澧濱周山人增貢生受業陳明經錫光以善詩賦文詞偁溧陽進士史孟和見而賞之館諸家史宦江右歸金陵既陷僦居宜興上黃里以白金萬兩託國香曰需用則用無徒監守也國香受而窨藏之越數年史所僦舍不戒於火財物畧盡國香奉金還史封識如故也國香𦡆摯和易敎弟子善誘成就者衆歿且十年鄉人偁之至今勿衰

任維屋字益之庠名新培父嵒精曓蘇術佐大府幕有聲維屋七歲能詩長攻古文辭與郡人周騰虎里人歐陽晉相友善才名藉甚父歿後仍守家學時方兵亂綏靖尤切維屋究心經史以儒術飾吏治大吏欲保奏力辭臨終戒子曰我家兩世幕游貧之如故每過刑牘徒增悚勞儻冠不餓死汝曹勿復讀律也

錢熙字曉山灌瀆里人附貢生授徒鄉里從游者多成就道光巳酉大水勸捐振濟勞怨不辭咸豐庚申賊下令盡徹民間祠宇熙謂祠不可毀族人懼禍尤之熙曰吾村四祠大宗祠與他分吾不能主灌谿祠是吾分祠萬金剏建祖業艱難盡綏諸鄉官以賊勢摧辱之不爲動未幾賊令止祠遂得保西北鄉祠宇

之魏煥者惟此巋然獨存
路兆驤字寅山舉人道光已酉大荒有鄉民鬻子俾孚既成券兆驤時為諸生極貧多方假貸為償其直毀其券並給資養貲返之閱其事不以語人咸豐閒奉大府檄辦團練積勞當得官辭弗受其不伐不德多此類也
李馨字心蓮諸生性樸愿撫兄慈姊授徒必盡心教誨順天府尹周家楣受業最久恩誼尤篤摯先後兩游京師其再至也家楣官禮部郎荆谿增設拔貢額馨實與家楣擘議請之也
蔣德休字萬全蜀山人工摶埴業無所師承而藝極精凡茗壺花盆杯盤及一切書案陳設器具色色工致為一時冠以所得

值建宗宇贍親族凡利濟事必輸金成焉德休既以名陶俾絕不作奇淫器士林重之
張似江字芳莊張家蕩人監生有幹濟才瀩湖有五洞橋兩厓石堤長數里日久且壞似江言於邑令施惠施素重其人立捐俸金修之屬董其事似江歿後鄉人傳之勿衰以上義行
路廷立字參之同申從子善篆刻工書從舅氏武進李兆洛游人求兆洛書者廷立輒應之兆洛亦不能辨也
宋之英字樂園堰頭里人業儒工書善畫寫花閒蝴蝶栩栩得志如莊生入夢時也以上藝術
胡漢槎字雲梁陽湖人隨父居宜興毋年至九十餘依依孺慕撫弟尤篤友愛由拔貢生任桃源教諭士人慕領方以卓異見推因母思鄉皤然致仕家居後日與戚友詩酒論文母歿遂不仕云宦賢 右補錄名宦忠節儒林孝友文學義行藝術寓賢四十一人其列女未登者亦綴於後

史文化妻楊氏二十九歲寡卒年四十八 周亦培妻吳氏二十九歲寡卒年六十六 周順生妻邱氏三十歲寡卒年六十 周應蟾妻沈氏二十八歲寡卒年四十 錢珍大妻胡氏二十九歲寡卒年六十一 丁正興妻徐氏二十一歲寡卒年六十一 史培讓妻蔣氏二十九歲寡撫兩孤成立苦志堅守卒年五十九 張初大妻李氏二十七歲寡卒年六十七 俞生任浩妻尹氏二十八歲寡苦志守節卒年六十 曹華如妻任氏二十八歲寡卒年五十八 吳四維妻任氏二十七歲寡卒年五十二 李錫疇妻任氏二十六歲寡卒年四十八 其見存者縣丞歐魁元妻周氏三十歲寡見年五十三 儒士歐魁耀妻路氏二十九歲寡見年五十三 皆宜興節婦

任楨妻閔氏二十九歲寡卒年六十八 任壬儒妻黃氏二十六歲寡卒年六十三 邵德行妻許氏二十三歲寡卒年三十五 任維崑妻羅氏二十六歲寡卒年五十八 任淩霄妻朱氏二十九歲寡卒年六十五 任翩妻蔣氏二十八歲寡卒年四十九 任殿安妻潘氏二十八歲寡卒年五十五 任啟遜妻蔣氏三十歲寡卒年五十 任夔妻嵇氏二十八歲寡卒年四十八 任席珍妻蔣氏二十九歲寡卒年七十一 任賢琛妻朱氏二十七歲寡卒年五十一 任裕齡妻周氏二十九歲寡卒年六十 任添祿妻史氏二十九歲寡卒年四十九 任添福妻蔣氏二十八歲寡卒年六十二 任質彬妻臧氏二十七歲寡卒年五十七 任敏耕妻朱氏二十一歲寡卒年六十八 任咬定妻徐氏二十九歲寡卒年七十二 任義生妻丁氏二十八歲寡卒年六十九 任繩武妻史氏二十九歲寡卒年五十八 任添挺妻陸氏三十歲寡卒年六十七

任期昇妻沈氏二十九歲寡卒年四十七 皆荆谿節婦

庠生王瑨妻任氏嫁匝月而寡夫殯後自盡以殉 方某妻某氏無錫人寓居和橋夫賭博失業將賣作妾氏至浴室自縊 馬某妻某氏常州人夫亡無嗣投河自盡 皆宜興烈婦

某妻都氏佚其夫姓夫亡從母家居大坡圩避賊至上塍圩慘遭賊辱自縊 荆谿烈婦 右補錄列女三十九人

宜興荆谿縣新志卷之九

古蹟

遺址攷

談海市之勝者宮室樓臺垣墉城闕隱隱乎丹碧之華駢羅森峙也不一時而雲散煙銷化爲烏有矣宇宙之推遷其猶海市乎破瓦頹牆昔之金墉鐵寨也寒林枯木昔之羽葆牙旗也甕牖柴扉昔之雲屏月館也荒榛野蔓昔之玉樹瓊蕤也物無久而不變境靡盛而不衰又況乎浩浩滄田茫茫陵谷起鐵騎之氛下銅駝之淚者哉宜興舊志古蹟首載遺址凡城郭之基園林之地樓閣之邱墟有關建置悉爲蒐列公廨驛館毀圮不用者則於廨署中記之獨營制之篇殘也故壘概屏勿錄設險保國之義得毋闕乎今茲所志乃統入焉循而攷之可以識夷阻於山川可以驗盛衰於都邑可以想風徽於義喆可以存典制於前朝若謂備載無遺供詞客之騁游而嘯咏也抑淺之乎論古矣

陽羨城 城址有三一爲秦漢時故城一爲吳赤烏時改築一爲晉永興時立郡析縣移置今南門外土城一名蝦虎城者秦漢故址近小氿小氿名蝦溼今尚倚起處爲蝦籠溼也在水之滸蝦滸以名訛傳作虎猶滸墅之爲虎嘐矣祐邦慶常州賦注乃以蝦虎爲魚名夫白魚食蝦謂之蝦虎此何奇而名城乎吳時城當在今彭莊環里相近地宋書孔顗傳建武將軍吳喜自國山進吳城去義興十五里通志吳城在宜興縣南二十里者皆即此城通志又云吳城一名太伯城則因無錫之太伯城名吳城而混也陳玉璂府志以今宜興治爲漢城舊志以今宜興治爲吳築皆誤吳築之城晉代已廢故宋史倘其地爲吳

城若今治爲尖築則當時長橋在南門外二十步城市衝要安得有此患也今治城蓋起於晉置義興郡時陽羨之縣移在郡城觀隋開皇廢郡改陽羨爲義興縣可知非兩地也宋改宜興之名明拓宜興之址而皆不易其處如宜興即晉義興斯晉之陽羨亦明矣今舊縣城如臨津國山義鄉其地見在宜興荆谿境者畧可追溯獨陽羨之址說多踳駮故攷定之如右

山城遺址有二見舊志 **臨津城**在神安鄉土城里宋初屬臨津鄉後并臨津入五賢故王志云在伍賢鄉也府志載土城隸伍賢鄉者蓋仍王志不改今入神安鄉見舊志 **義鄉城**在義山足見舊志咸淳志謂屬長興者蓋因所隸之地後屬長興也 **綏安城**舊志以大賢嶺南鳳飛嶺北地名城上又名弔橋謂綏安故城在此褚邦慶常州賦亦以爲在章山南距縣七十里按今章山南諸村有釣橋無弔橋有陵上無城上其地去國山城不及三十里不當復有城也又新唐書地志云長城縣武德四年置綏州因古綏安縣名之長城即今廣德交界之長興縣攷綏字讀息遺切即四字之緩氣音今浙江長興境有四安城故址離張渚鎮八十里當即其地改綏爲四字隨音變也舊志以廣德州本名綏安泥廣德以求之不知長興固廣德之咽喉當日綏安割置長城之外廣德地最多故四安城址雖在長興而明史注之廣德州下通志亦入廣

德古蹟也 **永世城 平陵城**陳玉璂府志宜興縣境圖有此二城褚邦慶常州賦注亦謂平陵永世故城並在縣西北隔湫瀆瀆東爲平陵西爲永世按湫瀆在縣西北二十七里北入滆湖見咸淳志以今地證之當即滆湖諸瀆中之邱瀆其地環近處竝無城址且去義興不遠二城何緣更建咸淳志云永世城在縣西北今屬丹陽按西北北字乃南字之訛江南通志云溧陽有古縣治在縣南五十里晉永世縣故址王志亦云宋屬丹陽今屬溧陽是永世之城固非宜興境矣咸淳志又云平陵城在縣西北六十里五賢鄉引皇甫冉詩舊國想平陵春山滿陽羨按臨津在縣西北五十里宋末爲五賢鄉不當復有平陵城也今溧陽縣治左右坊尚題平陵舊治永世遺封則舊志謂平陵城即今溧陽縣之平陵山者爲是 **函亭城**在今函亭鄉楊巷鎮蓋蔣澄封函亭侯時所築俗偁其故址爲城頭地道光癸巳年開有毛姓者栽桑其處得方石二片厚三寸廣長皆二尺餘兩石對合啟視之乃宋進士蔣安上爲其外舅楊中正字順之者所作墓誌銘也誌偁世居函亭爲大族以紹聖元年卒二年葬於函亭鄉函亭城之原銘偁荆山蒼蒼函亭之旁荆水洋洋函亭之鄉云云今石爲粵賊毀碎誌銘載楊巷楊氏譜楊巷在趙宋時先爲城上里楊邦乂之孫因夫遷居於此後名楊巷 以上城

都察院 東察院 西察院 南察院俱見舊志 **酒稅務**有監務廳咸淳志云在縣東南通津橋東按咸淳志秩官宜興有監市務酒稅一員 **湖㳇務**在縣南四十里同見咸淳志按湖㳇宋亦偁湖㳇縣南當爲縣東南咸淳志秩官宜興有監湖㳇鎮一員兼煙火公事 **張渚務**在縣西南七十里同見咸淳志按咸淳志秩官宜興有監張渚鎮一員 **批驗茶引所 稅課局 茶局 主簿廳 陰陽學 醫學 僧會司 道會司**俱見舊志 **縣丞舊廳**見宜興分志 **太湖營守備署**見舊志及新志廨署 以上署

水軍寨咸淳志云舊在宜興縣南境南唐宋延曾以檢校官銀青光祿大夫爲義軍君山十寨水軍都虞候蓋李氏於此備吳越也宜興舊志云其寨之名與寨之地皆莫得詳 **牧馬寨**咸淳志云寨舊有二一在宜興縣法藏寺前一在漳渚村後爲殿司牧放之地所乾道間徙蘇湖等郡 **香蘭寨**咸淳志云在縣東南五十里太湖側香蘭山接安吉州長興縣境按咸淳志秩官有香蘭寨巡檢一員 **分界寨**咸淳志云在縣西南九十里接廣德軍廣德縣界按咸淳志秩官有分

界巡檢一員 **黃土寨 函亭寨**皆元置黃土在縣東北函亭在西北與香蘭分界爲四巡檢司 以上寨

宋苗倉 麥倉 社倉 宋元常平倉 預備糧儲倉 濟農倉俱見舊志 以上倉

周村犒賞庫 潼渚犒賞庫 六平東犒賞庫 虞山水西遺蹤犒賞庫俱見咸淳志志又載宜興潼渚六平監激犒賞酒庫員隸戶部 **鑾駕庫**見舊志 以上庫

函亭在縣西六十五里今函亭鄉之湖墅是也蔣澄及其子休皆封於此舊志據寰宇記謂縣西八十三里者計里稍誤 **雲陽亭**舊志不載今萬金鄉柯山橋有雲陽古社祀蔣默者疑即其故址古屬滆湖鄉東漢蔣橫從光武討赤眉封浚遒侯爲司隸匡路譖死九子悉從降徙默與弟澄渡江至陽羨居焉帝後覺寤誅匡路封橫諸子各於所居之處澄居近洮湖封函亭默近滆湖封雲陽歿而墓焉廟焉固無疑也咸淳志封新不載默王志獨偁陽羨雲陽亭侯當爲攷得其實舊志冒昧從以丹陽縣古爲雲陽疑默封亭侯當在於彼見亦陋矣又按古者鄉侯亭侯之封大率築城以居宜興均山鄉有大城頭成

任鄉有古城庵，未必非以城址得名也。西亭城既近西亭，則雲陽侯城自當去亭不遠。今攷柯城亦古滆湖鄉，去雲陽祉及侯墓之柯山不遠，意雲陽築城在此，其偁柯城或即以柯山名之乎？然無的跡，姑從闕疑。

西亭 蔣澄子通封陽羨西亭侯。

今不知其處。**東亭** 蔣澄子孟封東亭侯。咸淯志封統不載，以西亭偁陽羨，東亭不偁，疑非本邑地。然弟封西亭，兄封東亭，相去正當不遠，王志偁陽羨東亭未可非也。其地無攷。

章浦亭 章亦作漳，見舊志。咸淯志云近章谿。按章山之水注蕭墅蕩爲章谿，出滆練港爲章浦，今章浦亭在滆溂浦，其證也。咸淯志以爲周札封此，寰宇記引臧榮緒晉書云周處封章浦亭侯，豈處先封而札襲邪？

東浦亭 輿地紀勝及一統志引寰宇記云在宜興縣東三十五里，今大浦在縣東，里數相當，古亭疑在其地。

呂亭 在呂山西，亦作計亭。咸淯志云計亭在縣北二十里，即呈隕許氏園之地。按呈隕事見咸淯志。舊志祥異引沈氏筆談畧同。古者十里一亭，有長，漢承秦制，或爲侯封。自西亭至此，皆古驛傳之亭，非後世覽勝之築所可竝也，故列于先。

射虎亭 見舊志。南唐徐鉉詩云：斬蛟橋下谿煙碧，射虎亭邊路草青。咸淯志及通志皆採其語。

五雲亭 在龍游谿中，互見名勝攷畫谿下。

頤山四亭 輿地紀勝引頤山錄，四亭曰綠雲、曰西陽、曰弄雲、曰卧龍。

今按舊志陸希聲陽羨襍詠詩，亭有觀魚，無卧龍。

邵博士谿亭　**慶源亭** 俱見舊志。

浮翠亭 通志云在宜興縣南乾藏寺前，宋治平閒建，亭面東山，蛟川在其北。按寺前舊有社學，疑即其故址。

湧金亭 在善權寺前中道古松閒，亭下泉水西注，其亭有柱無梁，歷久弗壞，咸豐閒兵毀。明沈周詩：松巷湙湙地，亭帷水木陰，泉聲與風響，不動老禪心。又詩：湧金亭子幾曾游，瓦老雲寒水亂流，珍重古松三百樹，有人奪出斧斤愁。見荆谿外紀。

三到亭 在芙蓉寺。見舊志寺觀：唐大毓禪師道場，麗居士三訪之，後人爲造此亭，宋紹興閒僧了淸爲記。

宣詔亭 咸淯志云在城門内左。

須春亭 咸淯志云在城門内右。

棲鳳亭　**巖月亭**　**巉碧亭** 咸淯志云竝在縣圃。

見山亭 咸淯志云在縣治後城門上。

瑞蓮亭 咸淯志云在縣治北，有橋跨城濠。按橋即紫霞橋，城濠今之北關河也。紫霞橋東有曲水亭，疑即其故址。

泳飛亭 通志云在迎春驛前。又引南畿志云舊名弄舟，宋爲放生之所，故名。嘉定閒邑令戴栩撰記，見舊志碑刻。

西石亭 見舊志。陳克詩：石亭梅花落如雪，即指此也。

楚頌亭 在朋谿。宋中書舍人董弃寓居時所築，成蘇文忠公志也。

覽勝亭 在山亭鄉滆練浦，宋處士蔣益祖所築，子孫遂世居焉。鄉評備攷載蔣戶部覽勝亭咸舊詩：當年卜築來南浦，爲愛名山巧當戶。滿逕松篁淸白存，一蓑雨雪絲綸吐。春來春去今非昔，舍北舍南誰是主。獨憶谿流終不改，風帆還落荒亭暮。又詩：覽勝重來值早秋，練光十丈望中收。高風自昔偁三舍，故宅於今只半邱。綠竹淸尊非有約，白蘋明月恰相求。好持節操繩吾祖，莫使谿山空自幽。

孝義亭 見舊志補遺。

丁侯去思亭 見舊志廢畧，萬柴有詩見續志。國朝

喜雨亭 在善權寺後。鄉評備攷：明正統閒巡撫周文襄行節至宜，會夏旱，率令鄒旦、丞李暄禱於善權寺之龍王堂，雨立沛，邑人於寺後建亭，取蘇氏喜雨之義以名之，姜洪撰記，文見荆谿外紀。

清華亭 在縣東撒珠巷。鄉評備攷云陳殿撰丁奉讀書處。國朝周司馬淯即其廢址建亭，曰補亭，咸豐閒兵毀。

采風亭 在東水門外北岸，爲停泊官舫會聚之所。乾隆閒荆令鞠愼建，并刋石坰壁，兵毀，邑紳撥公款建復。以上亭

陽羨館　**荆谿館** 俱見舊志。按常州毗陵驛亦偁荆谿館，以求就漕渠通荆谿，故名。宋高宗嘗駐蹕於此，見一

咸淯志今一統志溷入宜興荆谿館下。以上館

周孝侯拜斗臺 在甘草墩，侯母疾，築臺露禱，每夕拜斗籲天。今國山麓亦有拜斗臺，周氏忠義集以爲侯祈母

壽而築，邑人徐喈鳳、萬柴俱有詩，徐詩見舊志，萬詩見續志。

任公釣臺 見舊志。

李丞相讀書臺 在善權寺。無錫李忠定綱未第時讀書寺中，建炎元年既罷相，復游宜興，後人於其讀書臺址建屋祀之，并祀李蟠、李曾伯，名三生堂，堂中楹聯云：一姓轉身三宰相，三生造寺一因緣。見通志。明朱昇李相臺詩：昔賢心性靜，爲客借僧堂。聽法過苔徑，擁書據石牀。佛燈然雨暗，僧飯煑泉香。雖自紆朱組，幽期豈暫忘。見府志。

望來臺 在城隍廟東。明萬歷閒邑令劉永基解任，士民思其德，爲築是臺，史孟麟撰記，見鄉評備攷。國朝道光初改臺爲迎暉閣，臺下向祀荆令李蟠，後改祀呂仙，門額曰呂祖行宮，今亦廢。以上臺

玩鶖池 廣輿記云池在宜興，昔王羲之玩鶖處，今不知所在。

放生池 在顯親寺側。康熙四十六年勅賜涵碧堂三字額，見通志。以上池

警樓 在太湖濱，明宏治中設以禦寇，沈暉記見舊志。

萬松樓 在大湖山麓，明沈贈君彝別墅，樓高面山，山麓松萬株，故名。陳溥萬松樓霽雪詩：層構萬松杪，登臨雪霽天。殘花光錯落，玉樹色淸妍。谷口通樵逕，巖頭放釣船。湖山如畫裏，吟思

獨悠然仰高樓合清樓舊志俱見自公樓在宜興縣治後明名宦黃邑令道贍廉明公恕訟簡刑清百姓樂業公退之暇即登樓以居見鄉評備攷雲起樓在縣南白果巷明吳納言達可造侯方域壯悔堂集無錫高忠憲與達可予正志同年進士忠憲來宜興常坐臥其上樓額董其昌書今蠲爲宋氏居高忠憲題雲起樓詩吾友搆高樓上與南山友推窗延諸峰憑几揖羣阜樓中列萬卷亦貯泉百缶彝鼎皆商周圖書悉蝌蚪客來賞奇文疑義相與剖遞品陽羨茶呼取惠山酒或時自晏坐淡然一何有青山時出雲白雲時入牖倏忽曳作衣亦或變爲狗起滅千萬端巧歷能算否人生一如此幻化安能久借問天壞間何者是不朽是亦樓在嘯莊明謝孝廉遴所搆鄉評備攷謝遴傳遴於鼎革後晦跡林埜搆竹樓一間顏曰是亦以觴以弈以詩門內荒圃一畦間種茱菽與二三遺老黃冠野服逍遙菊籬荷蒲間所善同年生有應聘居要津者輒復弗與通一邑人爲之語曰一聖二賢舍官力田遨遊其一也南樓在縣東南茶局巷桑梓見聞明周大司空鼎舊居鼎於鼎革後隱居是樓不薙髮非元旦拜祖像不下樓者二十餘年後蠲爲路氏居兵毀湖海樓在亳村陳檢討維崧著書之所侯方域詩陽羨煙雲如青霖其中藏有湖海客自言高臥三十年不曾下樓問今昔見四憶堂詩集畫山樓在縣南大街儲庶常大文著書處人稱爲畫山先生有畫山樓記見前志今樓蠲於他姓九峯樓一名望山樓在縣東東廟巷中經畬堂後儲氏五子讀書處儲畫山有九峯樓課藝其後爲儲中子所居乾隆七年圮清芬樓在筱里任宗丞啓運未仕時著書處今任集名清芬樓遺稾以上樓清心堂咸淳志云在縣治廳西明生堂咸淳志云在縣治廳東直節堂咸淳志云在縣丞廳高士堂咸淳志云在主簿廳巢隱堂咸淳志云在縣尉廳畫谿西堂在宜興縣西畔謝康樂累世詩并畫像見通志按通志有謝公墩與畫谿西堂近爲宜城太守謝朓遺蹟蓋謝氏自晉太守淵居義興其里曰芳硯曰嘯莊在西谿之瀕子孫家焉康樂元暉皆與同族故朓既有墩而康樂詩詞畫像亦築堂藏之也孝思堂在白墖里陳蔣孝子統中父喪既葬廬墓三年建一堂顏曰孝思春秋致祭其中事見南史天遠堂見舊志橫山堂在言村宋建炎中端明學士胡松年卜居陽羨爲屋六楹瞰荊谿而諸山環橫山堂榜曰萬幅平遠今新塘庵即其故址孫覿橫山堂詩爲胡樞密賦古縣山水國萬室蟠其中環城千嶂合並谷百泉通我公擅一壑居雲生澀背放情八極外坐驚雨晚風莪莪十二鬟

非出簾幕重修眉畫新就一抹翠塢坐欣對慨平生例爲說已谷百金置酒地窗戶浮青紅高棱挂笏見采菊誰下逆坡陀徑千丈橫絕垂天雄日麗鶯谷曉沙暄燕泥融悠然命巾車往哉衆容從太白琢天巧朱絃奏三終谿山久寂寥高詞亘無窮天王駕羣英長嘯係九戎焉知橫山下一榻臥老龍功名方鼎來遍祥兆飛熊西州歸謝傅東海來太公千年丁令威騎鶴還故宮見府志又有七律二首見舊志景坡堂蔣侍郎燦別墅荊谿外紀載孫覿寄題蔣宣卿景坡堂詩序宣卿築室荊谿山中別營一堂以平生所蓄東坡詩文礫言并殘章斷槀盡韞藏其中號景坡自書榜仍爲記刻之云云其詩曰王公製練衣謝傅捉葵扇欽若置郵然一息徧海縣東坡百世師乘雲上騎箕文爭日月光氣敵嵩華齊諸儒望先覺坐待成風斵一斤應手揮郢鼻無留堊公生不並時關鍵同一機識真屬具眼造的今中眉詩亾東晳補書受伏生所神交接混茫參差夢中睹授我筆如椽五色光隱聯醉上金鑾殿揮泉灑謫仙西澗草堂在今上干里明周太學叔賁所作以館馬治周砥者馬周俱有官軍後還西澗草堂詩馬詩見前志周砥詩丈夫志四海立身自有餘安能事一室遂欲逃空虛嘉遯蓋貞吉聖人不予愚况當艱難際行止豈欲迂若爲動干戈爰及此林閭風氣混六合理難靜一隅奔走固不恤鄰里誰安居所恤罔悔吝類爲時所驅出門已憂勞入門復歡娛一欣朋徒合再喜景物殊綠竹酒秋色疏花耀前除開軒坐樹杪更取琴與書西山澹相對落日號金烏忽聞僕陽血草木漬模糊殺戮本羣盜良矜爲無辜三歎觀化初人生亦須臾又馬治西澗宴集得輕字餘陰藹新夏交交桑扈鳴朋來撫時景觴酌訴平生緩帶臨前澗移席坎南榮幽思拂素箏商歌諧楚聲中堂微風扇升降禮逾輕酒至賓屢歡主人願忘情相見徒云易人事好乖成爲樂且今朝焉用千古名從容諧真賞飽德飲和平又周砥西澗宴集得體字泳日池館閟翳然此林水夏綠繞澗築夕風當戶起飛鳥翔淺竹游魚在淸泚覽物契眞賞開筵進芳醴賓來詠大雅絲竹含流徽意適神自曠交親情益喜凱風垂南沐頹景汎西委嘉會恆難得世紛方未已凡此賢達人希當與玉體歸樂堂世德堂東邱娛晚堂舊志俱見甘節堂在芳莊五牧蔣惟一女歸贈兵部主事李恪恪卒守節撫孤子震成進士鄉人名其堂曰甘節長洲吳寬爲之記後震又卒撫諸孫成立孫杲登正德辛未進士邑令袁道題詩云翁老兒孤恨獨生一坏黃土百年情兒亡孫又成門戶白髮星星照日明見荊谿外紀及鄉評備考朱萼堂在西廟巷俗稱中宅明吳參政仕故居江陰周高起有朱萼堂看壺歌今改爲吳二忠祠堂之東有太樸樓呵柯閣菰蘆

其昌書榜後歸路氏

南澗草堂 見舊志補遺

在陸草堂 在周孝侯墓側儲孝廉欣講舍儲方慶撰記記見舊志欣自題楹聯云五世猶存君子澤四方爭問碩人居其出入之巷名曰同人以欣字偁之也今堂址改為同人先生祠 以上堂

無倦軒 咸淳志云在縣治廳西清心堂後 **雙楠軒** **一覽軒** **聽秋軒** 俱見舊志

文杏軒 在亳村明陳少保于廷讀書處 以上軒

荊南山齋 在梅林明處士王仁築馬治題王允闓山齋詩谷口水南垂山齋晝日遲遊絲芳草徑歸燕落花時澗有彈琴石巖將洗玉池王喬古仙伯來往亦何期又朱孟筠詩塵迹徧苔衢茶煙出蘿扉物理靜自悟幽懷澹忘機雨晴竹樹淨日落漁樵歸鴻鵠志有得畫圖知者稀又陶凱荊南山齋為王允闓題百尺長松帶女蘿數椽茅屋傍巖阿可籛滿架藏經史野服終年製芰荷夜臥白雲巖下宿朝吟綠水檻前過高情獨立塵囂外不學南山扣角歌

澹木齋 在龍谿渡周宮庶啟蕭舊居任繩隗序云先生取澹然若木之義以名其齋其由中秘而左遷也無喜慍由風塵而偃息也無俗情由旦晝而養晦也時退藏而洗密先生誠脩然若木者矣齋今廢

願息齋 在縣南大街徐司理階鳳以母年老告終養棄官不仕榜所居齋曰願息而吟詠述作於其中齋前有橋有池嚴繩孫題曰浮紅石舫階鳳孫洪鈞願息齋對雪詩用坡公聚星堂韻庭前老柱不見葉只見枝頭低壓雪封苔沒徑三尺深窮巷悄然人迹絕移蘭急護瓦盆凍挑菜還防屐齒折忍饑寒雀際不飛冒溼炊煙起仍滅安得仙翁鶴氅披窗從獵騎鷹韝掣呵硯書箋怕指僵燒酒圍爐舒而續為憶見齊風山寺破壁棲風正騷屑恐尋歸路陵谷迷大片如鴉紛打臂印泥鴻爪合賦觀坡公禪悟隨宜說獨憐冰柱吟劉叉硬語盤空如削鐵又石舫牡丹詩頻年客裏看春紅酒冷香殘轉眼空此日家園理荒徑數枝酉作白頭翁風光爛漫晚晴時婥妮爭憐濟谷姿不雨不晴天最好東闌休假獨閒遲又石舫杜鵑花下詩花事當年盛名流寫作圖浮紅成錦谷還豔奪珊瑚手澤看猶在吟情似舊無澆愁須底物山鳥喚提壺客來常不速小酌兩三人燒燭看紅豔分箋送好春清談搜秘笈雅集得芳鄰酬勸忘賓主何妨醉吐茵又石舫玉堂春盛開同人小飲詩不道春殘花未發客來相訪即憑闌乍經暮雨香滿砌纔過新晴態尚寒入座狂言知不厭驚人險韻和偏難玉堂自是無凡豔休作拈來一笑看珍重闌時直到殘凝添絲障為遮闌推窗最喜凝晨露對酒偏

宜坐晚寒底事驪駒猶未唱祇緣叢豔別來難朋箋好句分投贈更把瑤枝別樣看其杜鵑花下詩首聯自注陳上湖有石舫圖云云想見當時花木之勝兵燹已後化為邱墟池橋之迹渺不復存邑人購其址為陽羨書院 以上齋

茶舍 見舊志徐洪鈞詩春山穀雨時百鳥變晴呀新芽展槍旗采摘徧岩洞何來桑苧翁品題遂作貢舊舍委蒿萊山農尚餘惆不見小龍團歐公致淚颯

查林田舍 到洽到溉所居見舊志按任昉為義興太守邀到洽到溉為山澤遊時有彭城劉綽劉苞劉孺吳郡陸倕張率陳郡殷鈞沛國劉顯及溉洽號蘭臺聚見咸淳志今查林村尚有迎昉橋也徐洪鈞查林田舍詩查林有田舍蒼蒼渺雲樹不緣彥升交兩到宿此寓當年附青雲名噪蘭臺聚西華衣葛練胡乃途人遇攜友過其村慨然念新故

皇甫舍 唐皇甫冉避亂曾居此舊志僑寓載其酬裴十四詩有舊國想平陵春山滿陽羨之句即居此時所作也後人因以名里鄉音訛轉俗偁黃婆舍

柚山精舍 在柚山東麓宋處士蔣之勉讀書處見單子發續風土記亦見舊志山川

蔣三舍 見舊志

荊南精舍 在君山麓明新學士貴卜居宜興築室曰荊南精舍高啟有詩見舊志周祇詩荊谿南向先生宅何但看山醉綠苔任昉臺邊垂釣去周侯祠下放船迴風花春乳千巖雪松瀑晴喧萬壑雷回首舊遊渾晝義登高悵望獨徘徊

甘泉精舍 在會仙巖玉泉祠前見舊志

柳谿精舍 在五雲谿今名盛家渡周宮庶啟蕭讀書處今毀徐階鳳題柳谿精舍幕山谿詞草堂書屋曲曲谿流鎖萬柳弄輕煙坐嬌韓黃鶯幾箇招風引月四序總清幽憑檻釣倚窗吟不覺光陰過芙蕖出水水面青錢大小艇向籬門是高朋攜詩索和主人澹木釋卷一笑相迎船頭客共三人有一人如我 以上舍

周孝侯故宅 在陽山南麓通志偁彰善寺在周孝侯故居旁郎其地也按陽山麓有村曰西周步侯故居當在此今村被兵燬

盧忠肅第 在東撒巷忠肅督師日久未還家居陣亡後迎柩歸里於此居喪其大司馬第額乾隆時猶及見之今為史氏居

堵文忠故廬 在虞山 以上宅

嘯莊 通志在宜興縣西十五里晉義興太守謝泉居此按泉本作淵晉書避唐諱改也今偁其地為北謝里謝方迴有舟行歸抵嘯莊七絕見舊志藝文

趙莊 見舊志

玉潭莊 見舊志王志云李刺史玉潭郎玉女潭刺史名蠙按咸淳志李幼卿字長夫大歷間以右庶子守滁州嘗於義興玉潭作川居與獨孤及屢有倡酬見萬賢李蠙字定臣舉進士試日吏

唱名乃入恥之逕反江東陽羨見隱逸咸淳志古蹟又載趙莊爲李戡隱居之地與幼卿確是二人舊志誤已辨之矣按玉潭莊亦名蒙谿幽居李幼卿寄獨孤常州詩題云時蒙谿幽居在義興益增懷思詩云近日霜毛一番新別時芳草兩回春不堪花落花開處況復江南江北人薄宦龍鍾心謾懶故山寥落水翁綸絲君愛我疵瑕少竊顧仁風寄老身獨孤亦有得李滁州書以玉潭莊見託因書春思以詩代答詩已載舊志又有寄答李滁州懷玉潭莊詩相逢遠歎別離牽三見江皋蕙草鮮白髮俱生歎未再滄洲獨往意何堅愁看郡內花將歇忍過山中月屢圓終日望君休汝騎愧無堪報起予篇張祜又有題李瀆山居玉潭詩亦見舊志按咸淳志云瀆疑幼卿之後舊志分玉潭莊及山居玉潭爲二疑非

南莊見舊志

徐府莊即碧霞庵舊址明洪武間太祖籍楊景舒家以其土田賜中山王爲徐府莊即今莊南有村名徐府莊前

玉帶山莊在園山南明周處士昂舊居王晏玉帶山莊爲周伯仰賦輞川別業空畫圖流花草堂遺榛蕪邈來園林間勝槪玉帶山莊浒練湖山人隱居事無擾子孫耕耘憂亦少曲園疏泉藥徧蔽方亭移石花重繞谿魚林果酒時掛客至題詩復鼓琴白髮高哉雲壑志紅塵遠矣世途心見荆谿外紀

竹莊見舊志補遺

浒練莊臨浒練谿明吳宗伯儼別業儼請少師李賓之冢浒練莊額詩澄澄谿水堪浒練谿名昔見留詩卷練作湔兮孰倡之由來放利終多怨浣紗人去石猶存濯錦江空月長戀何獨此谿名亦忘知是鄉音訛以變神傳谿口甘受誣山號小姑真戲嫚流水無心較是非練耶湔耶誰復辨我願谿頭盡種桑閨中織作常無倦月夜機絲映碧流霜天砧杵鳴深院比屋祁寒無怨咨厥諡元黃有餘羨谿還舊名實不漸猶恐濁人傳未寫爲請大書懸小莊坐令有目皆能見又文徵明詩陽羨西來谿水長晴雲縹緲練生光千年浒湔空陳迹一笑鳶魚付兩忘靜夜星河涵碧落有時煙雨聽滄浪老夫拈出元暉句聊爲幽人賦草堂

予莊在洛澗西本吳宗伯儼別業費少師宏寓居於此舊志有吳儼邀費鵞湖過山莊詩又費文憲予莊詩又明石瑤題予莊詩閒道揮金買碧山春風門巷不長關客來但話農桑事興到時行水石開芳草渡頭鶯語急夕陽江上釣舟還谿山觸目皆詩畫摩詰多情恐未閒神仙小隱亦蓬萊漸與紅塵斷往來落日數聲牛背笛春風一樹水邊梅草堂客散留雲宿苔逕人稀爲鶴開聞築釣磯原未信鳳凰原有鳳凰臺風塵竟日鬢華新夢裏青山說未眞滿地落花人起晏一簾疎雨燕來頻蠶成麥熟歌良吏酒美羊肥賽上神引有報恩三尺在中原無事且隨身山中風日自淸平舊業新田喜漸成看過花枝還結子見馴麋鹿解呼名一年官課剛輸納盡

重刊荆谿縣新志　卷九　古蹟　遺址　十

日柴門少送迎我亦最諳農圃味太行東畔憶歸耕又吳儼予莊晚步詩扶筇閒步洛橋東水色山光迥不同黃鳥引雛青嶂外綠楊倒影碧波中分秧日近愁無雨刈麥時來喜有風造物可隨人意變較量笑殺兩鄰翁

唐家莊在縣西郭命眞庵北明唐襄文公與邑人萬文恭公王別駕升講學處中有池周植叢桂後爲曹氏宗祠兵燬

五橋莊見舊李志

司空山房見舊志

陸氏山居伏牛潭

陸氏金沙洞居咸淳志載宜興古蹟陸氏山居有二一在金牛潭一在金泉按金牛潭即伏牛潭在張公洞後陸敦禮所居也陸墉山居爲金沙洞在湖汊金沙寺亦名鮎魚洞與小心山金泉相去甚遠不得混而爲一張祜有題陸敦禮山居伏牛潭詩又有題陸墉金沙洞居詩俱見舊志陸氏山居下

陸相山房　**玉陽山房**　**牧之水榭**俱見舊志

東坡別墅見舊志明夏瑄詩轡望隆一時文彩遠千古儒風變南夷化雨沾東魯晚卜陽羨居而與煙霞伍悠悠楚頌亭渺渺瀟湘浦又王崴詩當年學士最風流卜築林塘事事幽一片遺墟殘照裏湖光山色不勝秋

天香閣在縣西南白果巷明路吏部遺別業鼎革時遭家居是三子定王猝投之匿居是閣事覺逮繫獄後放歸上元孝廉王演贈詩故鄉歸去一黃冠萬死身輕蜀道難豈有國亡家不破偶然巢覆卵還安山中忍負公孫臼燕上徒悲太子丹試向孝陵祠下望碧潭皎潔劍光寒閣後爲李氏居兵毀

以上別業

許氏落星園在邑亭橋沈括筆談載英宗治平元年有星如月隕宜興邑亭許氏園見舊志祥異

惠氏南園　**北園**見舊志

旅園在縣西後街曹大司空三暘所構築園廣十餘畝有水洞旱洞並以太湖石壘之堅緻奇特巧妙天成旱洞石窗四闢上有平臺可供游眺旁倚白皮松一株水洞則頫瞰洞門水黝如漆凡其境者恍置身張公玉女閒也後爲萬氏涉園萬封翁望自撰記記見前志園兵毀

懷園見舊志補遺

翡翠園一名南園在南門外里許本周靜庵先生故居所俯漁樵所者也挹齋相國廓旁地爲園其子茹公太史繼焉茂樹淸溪雲樅霧閣如遊碧玉界中今則頹垣碎瓦滿目蒼涼墟地悉成荒圃村畦婦豎竟傳爲西菜園矣當日登覽之勝惟許太尉墓墩巋然獨存徐喈鳳同友人游南園詩次杜工部何將軍園林韻南郭尋名勝衝泥過板橋晴雲輕帶雨新水漲連香花徑僮能掃松門客自招深奇興偏劇登涉豈辭遙達者居常僻名園景倍淸苔深眠老鹿柳嫩囀嬌鶯曲徑花迎屐平泉芳入羹磯頭分石坐風磴强追行亭

重刊荆谿縣新志　卷九　古蹟　遺址　十一

做長蘿覆梅欹怪石支翠禽巢小閣金鯽漾清池成趣須頻涉幽懷豈易知入林欣把臂詩卷便相披雨餘梅蕊落獨剝後開花老幹堅如鐵修枝曲似蛇和羹當日事妝額至今賒本是調元地翻疑處士家山翠千層疊谿光萬頃開雨收初迸筍風定尙飄梅好鳥窺人語閒雲傍樹來追陪行復坐衣履盡粘苔鳩外飛輕艇離根溜暗泉澗芹新翦翠峰雪舊堆綵逸興甯辭酒清談不及錢功名且休問樂此好山川杏蕊還含豔梨花已逗亦坐來茶可醉吟就月生涼素鶴飛仍集文魚出復藏憑高一長嘯林靄暮蒼蒼主人年少日身到鳳凰池力謝花磚影歸攜白接羅煙雲娛片野冠蓋起諸兒我性耽幽逸扶筇屢隨林密遮殘月亭虛納暮雲史臣原善詠公子盡能文酒琖當花倒詩題就席分及時行樂是莫問世紛紛言歸喧櫪馬試問夜如何畫鼓當街鬧華燈夾道多追歡愜幽興乘醉發狂歌從此春逾好相期一再過見願息齋詩集第八詩第三聯上句注云園有片

湄隱園 盧忠肅自記見舊志蔣家芬湄隱園懷古百字令野堂詞先生既出聽哀鴻聲緊悲笳聲促拚擲此身都為國撇卻故園松菊仗劍南驅揮戈北走撻伐無停足天心去矣難支大廈傾覆 想見拍馬衝圍鈴衣取印誓不君親辱武穆睢陽香一瓣信史早時摩熟帶玉含輝刀棱繡血留與人歌哭杜鵑啼處年年水碧山綠

楓隱園 在南嶽山麓明吳孝廉洪裕別業泉石亭臺極清幽之勝後捨為寺

漪園 亦名翡翠園在縣東北段家巷周侍御季琬別業花木樓臺遊人心醉陳迦陵詞中有黃雪廊邊舊事水明樓下三生之句後歸史氏兵毀

瀛園 原名行園在城隍廟東偏本謝廷揚故居及儲庶子振竹蔭軒舊址兵毀劉鏗行園紀畧曰乾隆年閒邑人買儲謝兩姓舊址構為城隍廟園事旋中止道光初始疏池壘石池之北有堂南有榭榭之西有亭如舫舫外植牡丹數十株亭西累土為山山植叢桂海棠繡毬山外有橋橋南北悉植碧桃絲柳宿雨初收殷紅漾綠最為勝景樹之東長廊高下修篁蔽窗不見日影竹深留客中有茅亭亭之後為芍藥臺高下三層花光四映旁為卍字竹籬薔薇倚籬而花爛如錦屏其餘湖山嵌空礫花假砌都有幽趣園之外巽閣東聳望來亭西峙高邱喬木又承其隙而掩映之曰行園者取潘岳秋興賦體以行和之義以上園

周袍塢 在離墨山南周三里許上多竹木周孝侯季子肖勇公碩就其地葬侯袍笏為二墓結廬於側洒淚著樹樹為之枯今兩石冢向存周徵謁周袍塢詩卓哉平西侯經文兼緯武浩氣塞兩間中流作砥柱嶠嶠立朝端稜稜冠烏府劾佞折彈奸疾惡如蛟虎奉詔征西行威名懾氐虜二豎攬兵權一朝逞宿怒逼遣赴梁山楞腹持干櫓絕援陷孤軍捐軀報我主戰

肯遣澤州英靈返故土神爽憑一邱休光輝萬古抗懷肖勇公椎心痛失怙歸葬恨無期曷慰終身慕謹瘞笏與袍馬鬣封彌固依墓草結廬洒淚枯林樹至今訪遺蹤指點南山路掘衣上高岡行行二里許於今千百年兩冢峙如故背倚離墨峰面臨蒲水滸展拜奠清尊揭虔香一炷仰止意靡窮悠悠忘日暮見周氏忠義續集山麓又有磨刀塢巨石微窪相傳孝侯嘗磨刀於此與陽山試劍石並傳

清流塢 在潼渚東五里大盧山側明杭濂過清流塢詩逶迤傍水曲窈窕穿雲岑涼風鼓巾幘白日敞衣襟行行力乃疲憩臥修竹林泉香石楚楚籟寂天沈沈還持一觴酒曲流遞相斟悠然無何鄉曠我遺世心幾希蘭亭中典午世所欽我懷斜川游覯古猶覯今後塢為蔣氏業將如統清流塢長林奇興詩煙霞深處偶尋春一卷清泉洗俗氛松捲怒濤生晝雨竹分疎影掃晴雲空山寂寂僧留話曲澗閒閒鹿喚羣我愛幽頭臥石野花將色笑人醺以上塢

芳硯里 通志在宜興縣西谿之陽義興太守謝淵始遷之地村外隆中窪村南一水如硯按今咸任鄉芳硯里俗偁荒村田里即其地

余皮 俗偁周侯斬蛟時余姓得其皮唐姓得其角唐角余皮之偁自此始舊志据咸滔志以為斬蛟時曝餘皮於此余當作餘李堅詩有云小試屠龍技已成遺蹤千載譽英靈軸艫不駭風波惡煙雨時聞草木腥按邊隅之地偁角近水之地為陂余皮或為余陂之譌皮角之說恐涉傅會

離墨村 見舊志宋李堅詩好風吹句落煙村便作棠陰記使君渠有平生絕塵想羣居那得似離羣

東蜀里　西蜀里 與地紀勝云在宜興按即今蜀風村見舊志

五牧 咸滔志在縣西四十七里丁正言陽作壽昌縣君蔣氏墓誌云蔣乂五子皆至郡守故名舊志据唐書乂五子皆至顯秩歷州牧者四人之語疑五牧之名爲附會按漢蔣澄五子並蒞州刺史通南陽太守休丹陽太守政荆州刺史园兗州刺史自休以外子孫皆遷居五牧村蔣氏譜偁為前五牧唐蔣乂五子係潭州刺史仲江州刺史偕及仙先後為汝州刺史佶同州刺史俶後皆葬五牧村蔣氏譜偁為後五牧今按漢惟刺史偁牧太守偁牧此後代之語也當以後五牧為正丁陽誌紹代近可信仙名亞諸兄又與偕同為汝州唐書偶爾遺缺如蔣休本謝五世孫而宰相世系表偁為十世孫也咸滔志注又云今晉陵縣以東運河亦有五牧陳玉璂府志亦以無錫有五牧疑為蔣氏別業攷今無錫五牧宋屬晉陵其地有五牧祠乃蔣氏後裔居運村者所建故以名其地又五牧近村有蔣謝圍俗傳蔣謝曾居此按謝元孫默澄兄弟始自杜陵徙居陽羨蔣謝圍村今俗偁蔣滸步者係趙宋時羊氏圻於五牧蔣氏者所居地本為蔣氏業故用乃祖羊仲從元卿事名之也

𥂁店 見舊

志　以上村

丹井 咸淳志云在縣北三十五里葛墟舊志偁爲葛墟井見山川攷又通眞觀亦有丹井見舊志名勝 **白兔井** 在沖寂觀見舊志山川攷 **胥井** 舊志遺址相傳爲伍子胥飲水處與馬跑泉皆以子胥得名按子胥由溧陽經陽羨入吳無因迂道南山且夜行晝伏豈更有馬也此與子游讀書言村同一傳會舊志山川胥井又名西井者鄉音訛轉也益言村胥井皆以居人姓氏得名如邑之胥村胥塘胥家渡皆是不當以晉陵胥城姑蘇胥門之例求之言村亦見舊志遺址補

以上井

孝感墩 見舊志 **超賢墩** 見舊志遺址補 **高行墩** 在亳村南鄉評備攷劉宋時吳國夫里中高其行稱爲高行先生至今亳村南有高行墩亦猶甘棠之遺意也按國夫事載宋書范叔傳已見舊志行誼 **謝墩** 在南郭外二里許見舊志謝將軍廟又有謝公墩通志云在義興縣齊謝朓爲宣城太守嘗棲止義興溧陽閒墩近畫谿 **衛墩** 在法藏寺東咸淳志唐衛將軍逖嘗居此曰衛墩宋大觀中於其舊基立祠尋廢故址今失所在 **養鵝墩** 見舊志列女蔣宏諱妻史氏

以上墩

碧鮮壇 本祝英臺讀書宅在碧鮮巖邵金彪祝英臺小傳云祝英臺小字九娘上虞富家女生無兄弟才貌雙絕父母欲爲擇偶英臺曰兒當出外遊學得賢士事之耳因易男裝改偁九官遇會稽梁山伯亦遊學遂與偕至義興善權山之碧鮮巖築庵讀書同居同宿三年而梁不知爲女子臨別梁約曰某月日可相訪將告父母以妹妻君實則以身許之也梁自以家貧羞澀畏行遂至愆期父母以英臺字馬氏子後梁爲鄞令過祝家詢九官家僮曰吾家但有九娘無九官也梁驚悟以同學之誼乞一見英臺羅扇遮面出側身一揖而已梁悔念成疾卒遺言葬清道山下明年英臺將歸馬氏命舟子迂道過其處至則風濤大作舟遂停泊英臺乃造梁墓前失聲慟哭地忽開裂墮入塋中繡裙綺襦化蝶飛去丞相謝安聞其事於朝請封爲義婦此東晉永和時事也齊和帝時梁復顯靈異助戰有功有司爲立廟於鄞合祀梁祝其讀書宅偁碧鮮庵齊建元閒改爲善權寺今寺後有石刻大書祝英臺讀書處寺前里許村名祝陵山中杜鵑花發時輒有大蝶雙飛不散俗傳是兩人之精魂今偁大彩蝶尚謂祝英臺云明楊守阯碧鮮壇詩緹縈贖父刑木蘭替耶征婉孌女兒質慷慨男兒情追于不生男木蘭無長兒事緣不得已乃留千載名英臺亦何事詭服違常經班昭豈不學何必男兒朋貞女擇所歸必待六禮成苟焉偭同學一死鴻毛輕悠悠裨官語有無不可徵有之甯不愧木蘭與緹縈荒哉讀書壇荊草含春榮雙雙蝴蝶飛兩兩花枝橫彼美康節翁小車花外行一笑拂衣去南山松柏青 國朝湯思孝碧鮮巖許豈凡碧鮮庵詩俱見舊志藝文 **九斗壇** 見舊志明沈周詩斗壇何業業去寺四百武年年足山雨靈應無今古謝鐸詩九峰山下龍所鍾九峰山上雲濛濛神光夜照清淨宮夢魂直過仙壇東張水曹何桀黠同泰奴心恒恒隨車甘雨山上來不救臺城夜深渴沈郎詩白鶴仙人太乙精夜深曾此禮寒星丹成飛入三天去空見壇前草樹青按舊志云壇高二丈咸淳志云高三尺又據寰宇記梁武帝求雨蔣山神見夢於帝九斗山張水曹能致雨云云今攷張水曹即祠山神張渤也水部員外之封始唐天寶閒梁時不當有此偁蓋後世追記之誤也

以上壇

岳堤 見舊志 **餘霸新堤** 在雲霸村北咸淳志云由成任鄉通神安鄉直達昇潤宋嘉定末攝令淇偁築堤成梁凡十有四臨川陸持之撰記按今成任區范道舍南至雲霸中有大道綿延九里西瀕大河窪下田若干頃在其東俗名九

里長圩即堤址也今堤上大小橋僅存其六 **秦公堽** 即蔣封翁堽明萬歷閒知縣秦尚明邑人蔣芸於西谿南後袁河內築堽以蔽風濤之險見舊志水利 **李公堤** 見舊志水利 **萬堤** 褚邦慶常州賦注西洑北有明萬尚書堤綿亙數里

以上堤

名勝攷

山川瓌秀之狀雖天作地生者必因人而顯經於圖史於記佳境繇茲傳矣苟無名烏乎勝顧世所號爲奇偉絕特者大都在幽迴冥奧之區如逃名之士林密山深人不數數覯此探勝之所爲難也宜興荊谿夙擅名勝前志所載盛矣備矣疑無可復述者雖然山幽莫若谷有時以闢有時以圮水清莫若泉泉有時以出有時以湮今試尋張公之洞而洞門傾矣訪蔣墓之

潭而潭竭杳矣鑿石取乳之𦍕且日出而不窮又況城市有變遷土木有興廢則川原林麓之景亦隨時而易此理之常無足怪者嗟乎桃源蓬島自在人間足跡之經有久暫耳目之及有異同則言人人殊淺歷者不能道其詳深辨者反以誣其實攷之曷能已已夫以一壑一邱紀臨覩之美何足重輕而水土之清淑人物之靈奇繫焉名區勝蹟有美其僞尚猶譏之未悉辨之弗明則他事之闕佚庸堪問乎今故即其可攷者著於篇

銅官山　玉女潭　義興佳山水銅官玉女尤爲衆所豔偁夫銅官之峰興雲降雨瓌變萬狀洵爲一邑鉅觀玉潭所在直部婁耳然而雄偉之形幽奥之蹟奇絕處正不相下每當日麗風和天清雲淨或推窗而望或憑檻而窺俯仰游歷如入畫圖雖小李將軍金碧山水無以過之故世傳義興十景曰蛟橋夜月曰龍池曉雲曰陽羨茶泉曰晝谿花浪曰國山

煙寺曰洴浰雪蓑曰張公福地曰周侯古祠而以銅峰疊翠玉潭凝碧冠之攬其勝而不能辨其名山水有靈得勿笑人乎按銅官直治城於衆山中爲君主故偁君焉在荆谿之南亦名荆南山孫皓封國山時以此爲南岳禪於北麓後立寺遂以爲名今謂銅官之北麓爲南岳此猶國山本封離墨因封禪之碑列於董山呼董山爲國山耳秦漢之際蓋設銅官於此故銅坑之山猶有遺迹或以官爲棺謂袁玘之歿天賜銅棺葬於山嶺其言與王喬玉棺同一不經元蔣捷詩明都穆記中已辨之今溧陽接境之山有銅官嶺而邛州銅官山卓王孫賓爲鼓鑄南陵銅官山李謫仙醉後題詩其得名之由可旁證也去銅官二十里而近爲玉女潭舊傳玉女修煉於此按潭名玉女猶谿號玉女如潞城有玉女泉簡州有玉女山昭化有玉女房池偁玉女泉頭石號玉女擣帛大都以山水明靚者言之今湖汶龍山之洞爲西施洞不必眞有苧蘿女也舊志載文又載東坡調水符詩以陝西鳳翔之玉女洞爲義興之玉潭亦未寀矣

善卷巖　張公洞　善卷亦名龍巖前有寺即國山寺也寺後爲善卷洞洞形卷曲因以爲名後世癖古之士以南華經高士傳俱有善卷之名援奇嗜博遂謂堯時善卷耳今卷作權者音訛變也咸淳志已正之矣又名九斗洞山隨洞名亦偁九斗蓋與廣德之九斗川皆狀其盤迴紆屈猶武昌有九曲嶺邛崍有九折坂不當以汝甯羅山之六斗山峰如南斗者例之舊傳山有九峰狀如覆斗此從後傳會之詞舊志又謂周幽王二十四年洞忽自裂攷幽王在位僅十有一年而吳志載陽羨有空石長十餘丈名曰石室因封國山今乾洞中有石室則善卷之洞與張公洞先後開闢皆在孫吳時洞幽異不及張公而寬曠過之善卷山與張公山相去幾三十里道書偁張公洞云天下福地七十有二此居五十八庚桑公治之然洞至今偁張公與道書所述不符至其所偁張公亦人執異說有謂唐張果老者俗傳之說也有謂漢張道陵者風土記之說也有謂道陵四世孫張輔光者宋元符閒處士王繹之說也繹游洞詩見咸淳志其說不知何据東漢地理志注郭璞云陽羨張公山洞密有二堂景純係晉人則果老之說顯屬誕妄道陵修煉於貴谿山飛昇於靈臺山其餘靈勝之蹟所在多有大都以天師而依附之未可据信竊謂張公即祠山神之張渤寰宇記引梁天監時事謂陽羨九斗山張神能興雲雨則祠山神之成道於廣德棲靈於義興其明證已張爲水神所居之地龍輒隨之今二洞左近固皆有龍湫也且石房白犬出於綏安王璟金魚見於湫水陽羨山穴地脈無所不通張公洞之通於善卷自無足怪但幽冥深遠人自怖慄未敢經耳明王鏊善卷洞歌有洞汝有洞名張公天造偉麗非人功善卷氣勢更若雄奔流下瞰如驚虹

洞門有地平且豐孤山湧起何龍嵸高崖絕壁青復紅恍如身入天帝宮我疑二洞俱仙蹤地下有路應潛通前堂後宇相始終不然氣象胡乃同云云此雖想然之語實確然之事況巖穴之畫修眞煉質類辭伴侶而屛伉儷惟張眞君昭妃李氏夫婦成神後人或合祠之今洞中有張公張姥像明著於國朝邵長蘅游記中然則湖汶山中之張公即善卷之九斗山神又何疑乎

龍池　蛟橋　陽羨山多澄潭靈湫其產蜥蜴者謂之龍池用以禱雨甚著靈應銅峰之巔珠泉之底汕汕洋洋游人所其見而蘭甸之右山獨偁龍池則以其多而名之也龍池之池有三在山頂者一在山腰左右者二皆有蜥蜴蓋石泉甘寒之精氣凝結而成見風日則消昔人謂捕之下山中途輒亡去蓋不知其化也山之南巖名白雲巖開石壁雲擁居盤一白無際若曉嵐之乍開後之人遂謂龍池曉雲即此石矣夫登憑虛之閣以觀日出龍池勝概獨擅一時而況紅輪未睹顥氣方騰有白石爲之增色彼觸石而出者如怒濤之奔騰如亂峰之矗起有不驟月而盪心與然謂雲因石而奇可也謂石即雲所肖不可也曉雲之詩名流題詠俱在前志雲乎石乎概可識矣或者曰此固東坡氏之言也白巖之閒鬥字鉅刻與斬蛟橋十二字筆法相似款尾坡字隱隱可睹然以意揆之知非蘇子書而蔣景坡氏效蘇子之書也蘇居陽羨未久龍池在深山

中叚齒未經非若蛟橋之近城市者投足輒至也雖然東坡不至龍池池之景幾因而誤東坡旣題蛟橋橋之名乃愈以顯昔責侯築橋於兩谿之狹中以尺計深者二百有五十以尺計修者七百有五十長橋之偁自垂虹而外罕有其匹故橋成而老蛟得庇廕焉夫蛟山亦以潭有伏蛟而名而橋下之蛟獨爲人害此斬蛟所由著也厥後築城橋北成市橋南宋元以來中圮復興易木以石自後闤增廓則橋在城內据一邑之中其橋上下如環後人名之曰月橋非以夜月之觀而偁名也然當其脊對景晧魄凌虛四周城垣環如雁齒雨涯樓閣密若魚鱗登橋巔以望南山之蒼茫西氿之渺悉掩映於露光煙靄之中不亦洋洋乎大觀哉

卓錫泉

洴練浦山亭之鄉有泉名卓錫昔稠錫禪師駐杖於此石罅之中甘醴渢然以出謂之珍珠泉亦曰眞珠厥後龍子見於泉源蛇神獻其茶種取種蒔之芳偏山麓陽羨茶泉由茲推南岳矣夫陽羨固多產茶泉之佳者何限以今所聞於潛之泉在湖㳇稅務場後穴廣二尺所厥狀如井源伏而味甘唐時貢茶泉亦上供顧地近囂塵不足以當美景名矣而未勝也著嶺之足村名盧芥地界長興芥片之美陸鴻漸茶經所偁圈嶺茶也有泉自山而下湛於石窪引頸就飲淸冽異常嶺故有柳宿廟采茗者祀之廟前之茶廟後之水鄉人豔偁嘗登石磴以望萬山拱翠目不給賞氣象雄偉奚翅十倍南岳而遐裔鍾秀游屐罕經題詠之輩莫有及者勝矣而未名也然亦有今昔之所傳而號字屢易者鄉以亭名用誌古蹟章浦之亭周侯所封其地近荷花港紫紅遶翠蓋亦佳景之所嘗萃今且亭廢爲墩而章浦之名訛張虎矣攷章浦即今洴練浦改練爲洌吳文肅詩已正之益章山之源匯章谿章谿之流注章浦灩光漂瀲如練就洴當與裂帛之湖濯錦之江互相輝映獨怪今之記洴洌者舍美麗之觀取犓寒之景雪蓑選勝至以名庵豈與夫練瀆開於洞庭練川澄於嘉定雲羅霞綺湲潑披開四時之景無不可愛者哉

畫谿 浮山

谿山之勝每相得而益彰谿以山勝畫谿是已山以谿勝浮山是已而其開名號之叢襍或混或侵不可不案也畫谿本名罨畫谿今偁山谿兩岸嘗植朱藤花靑紅照水絮歷如畫故偁罨畫唐陸希聲更曰棠谿谿流曲折折谿是名王象之輿地紀勝作圻谿受湖㳇諸山之水西北流入蓮花蕩乃東流出於太湖蕩蓋即東瀉谿也是谿實東瀉之上流因其歸注通以東瀉名之又疑瀉爲舍誤因任昉有長谿水東舍之詩復偁曰長谿並援李栖筠置茶舍於此亦名東舍以傳會之夫長谿乃荆谿別名荆谿之水百里東注可謂長矣畫谿紫藤自宋已無今所謂畫谿花浪者蓋泛指落花耳陳襄詩云五雲深處問新亭月裏乘舟半夜行不見桃花相掩映鄉人遥指畫谿

宜興荆谿縣新志　卷九　古蹟　名勝　十八

名人因此詩遂謂五雲谿即罨畫谿而以唐獨孤及五雲新亭宴集詩及許渾泛五雲谿詩皆爲畫谿事實按畫谿白不妨有五雲之名而獨孤及許渾之詩皆指龍游谿言之龍谿名五雲谿見舊志補遺谿中有墅邱章谿流至此中分爲二有村在北水流環之故獨孤云萬峰蒼翠色雙谿淸淺流許云佛廟千巖裏人家一島中千載以下按詩索景如在目前試求諸畫谿則爲景全非矣且畫谿佳景首在紫藤頤山錄明著之許渾紫藤云家在江南罨畫谿不應泛谿時無一語道及滕詩中柳陰荷葉時在夏秋而綠蔓濃陰未嘗無也細觀全詩其爲龍谿而非畫谿者更不止此許及獨孤詩竝見舊志中舊志又載浮山於陽山下云兩峰對峙三面谿環詩人題詠目爲浮峰離碧按凡山偁浮者大都水周四面如惠州博羅安慶桐城均有浮山或嶼於江或嶠於海即如洮湖兩坏山亦偁大浮山小浮山皆以在湖中也今陽山麓之兩峰與陽山相連不可言浮浮山即孝感墩周侯古祠在焉徐嘈鳳曰荆谿十景題有周侯古祠指甘草墩祠非城東隅廟也孝侯故居陽山麓因所母疾拜斗于宅西之墩天感其誠甘草生焉侯煎以進母疾竟愈自茲甘草之墩偁名孝感墩高丈許南峙陽谿波瀾流遶其北迤下成沮澤登高望之如龍浮水面夭矯欲飛兩石梁夾列東西以通行步人謂之龍眼橋侯子孫後建祠于墩頂以祀侯祠之左陽山在焉陰晴昕夕紫翠異觀又有平岡側嶺逶迤起伏至墩旁而萬松聳秀冬夏一色右則水界平疇煙樹村落虞山昆山隱隱若屏障佳景所由偁也詩畫之家每指爲城東隅廟誤矣又按蒲墅亦有周侯祠瞰章谿之千頃枕蠡嶺之九岑林木煙雲氣象雄偉而浮山以一邱一壑早得擅名廟宇雖空畫圖猶昔小島如此一卷千古矣

以上諸名勝但將題列圖景其見其聞者畧爲攷定其餘山洞谿潭見於舊志不復縷紀大抵舟楫旁通之境眺覽易周林巒峻阻之區品題難及陽羨諸山自張渚至湖㳇如深崗覺了奇塘海會諸道巖壑幽深千態萬狀雖昆侖閬風之靈宅蛾眉天竺之邃區以彼況此未或過也樵夫牧豎屣其勝不能像其奇詞客騷人慕其名誰爲導其路偃蹇佛窟千載家寥安得天機敏妙者如元亮之陟南岳子厚之記西山一

宜興荆谿縣新志　卷九　古蹟　名勝　十九

一尋幽而標異哉

邱墓攷

袁玘之葬君山也蹟涉奇詭前志旣傳其異後人又傅會王喬事以天賜銅棺之說改名其山南山之錮千古一坏已夫古者墓而不墳今則壙樹成邱亦謂之墓墓者慕也思慕不忘也蒼梧葬舜紀於山經神靈之域萬世卬焉邑志所載之墓必有關於一邑鄉賢名宦功德可傳故祠祀建於桐鄉永遺愛也采樵禁於柳龍光潛脩也下馬拜於經師懷教澤也薤麟弔於詞客標才名也地以人重志之宜已宜興荆谿前志列邱墓於古蹟厥後乃以官階爲例至於新冢亦復及焉則與古蹟之名誖矣

夫陽羨數百里間蒿里邙壚纍纍之冢何適萬億仁人孝子咨欲表揚其宗祖限於篇章豈能悉載今即前志諸賢墓之佚者著之其新志有傳者墓則坿注焉獨巡檢程君守土殉難兩邑一人長官僚屬循吏忠臣後先相望表而識之亦使虬山之嶺與君山竝傳也

齊周晉興縣男山圖墓在國山麓　唐周司諫日知墓在國山　周拾遺息珫墓在周抱塢以上荆谿　宋吳助教贈尚書灌墓在鍾離宜興　蔣侍郎燦墓在碧雲寺側荆谿　明周知縣滔墓在棠梨　周寺副人瑞墓在棠梨　陳贈都察院左都御史一經墓在亳村萬歷間賜葬見府志　王通判升墓在雲莊太常寺卿唐鶴徵撰墓表　堵文忠公胤錫墓在虞山兵部尚書孫愼撰墓表　徐知縣懋咸墓在曲坊以上宜興　周長史衡墓在梅林禮部尚書湛若水撰墓誌銘　周通判聖瑞墓在潤子嶺　周給諫正儒墓在翡翠園　周部郎伯瑞墓在篠嶺　徐知府申懋墓在下龍潭　徐知縣徵麟墓在塔下山　徐布政紹沆墓在湖㳇之黃嶺以上荆谿

國朝張副使鍵墓在縣西南隅社學墩順治乙酉抗難捐軀有祠　儲知縣雄文墓在公文橋　儲學正高文墓在湯潛　周知縣之冕墓在塘西村以上宜興　儲知縣右文墓在霞山　路知縣衡墓在金雞嶺壽桃墩　儲中書郁文墓在霞山　儲御史燧墓在亳陽　周中書宸鏞墓在篠嶺　蔣同知天麟墓在梧山平原　儲知縣元升墓在南趙圻　儲訓導賜書墓在滄浦　儲教授寶書墓在大潤　徐主事學至墓在東山　路知縣學宏墓在石亭埠梨子園　徐孝子人龍墓在下龍潭　周孝子翰墓在東霞大栗園　任巡道烜墓在洑溪陽家圻　荆谿之周訓導曦墓在潤南　周

教授濟墓在湯渡塘徑下　程巡司芳祖墓在張渚虬山嶺土名花盤基與妻崔氏合葬以上荆谿
周學正贈順天府尹蔭南墓在寶雞幹橋　徐知縣大勳墓在
五瀆高車塢　徐知縣燧墓在五瀆胡家圩　史教授紹聞墓在
在東岸圩　沈知縣雲驥墓在北門外唐家莊　潘知州家錫
墓在梅林莊前坳山以上宜興　任庶常泰墓在亳陽　潘知州萬
布政貢珍墓在黃瀆潤　曹主事炳燮墓在梅林　潘知州澤
霖墓在遺蹤　徐教諭宗敬墓在滄浦　任州同光斗墓在西
洋渚東堰村　朱教諭福初
墓在馬家圩以上荆谿

寺觀攷

僊佛之說肇於東西京故寺觀漢已有之佛舍謂之寺以其森嚴同於府廷謂因捨經鴻臚寺而得名者傅會之詞也觀則高望遠眺甲乙之觀舊畫僊靈僊好樓居供奉者所爲適其性巳自漢巳後二氏之風漸熾鶴館雁堂金碧望於道宗設宮刹以

奉祖故緇衣黃冠之廬所在皆以祝聖名千百年來未之改也
粵賊之變蹂躪半天下所至燬寺觀幾盡迨平後
朝廷用言官言僧道所居非敕建敕賜者不得更造陽羨故號
靈區僊巖佛窟之名今雖不改而琳宮梵寓寥如闃如過碧雲
而問千僧之宅訪元寂而叩貳卿之鐘山色湖光徒增悽愴其
偶有建復者或以爲名賢駐躅之所經或以爲里老議事之所
聚聊構小築未還舊觀也今即前志所載敘厥廢興其舊址重
建而名不列於前志者亦坿記焉

法藏禪寺在縣西南隅見舊志咸豐十年兵燬光緒二年宜令施惠荆令潘樹辰倡捐邑紳士暨住持於藏經閣舊址建復大殿五楹及東西廂房爲朝賀行禮之所僧圓具重建大悲閣五楹其徒善慧於光緒四年重建山門圍牆**地**

藏殿在法藏寺西見宜興分志兵燬**西法華寺**俗名西庵**東法華寺**俗名東庵俱在縣西後街見舊志　以上宜興在城區

通真觀在縣東南隅見舊志今燬**雷祖殿**在東廟巷岳廟西偏明萬歷時道士周文英建　國朝乾隆間道士郭在賢增建山門同治三年邑紳暨道士衛錦雯重修　以上荆谿在城區

九龍庵在東倉門外水浮地舊志入在城區**寶蓮庵**在分鄉巷見舊志俱兵燬**靜山堂**續志靜作淨在三里橋兵燬光緒七年女僧玉蓮重建**大聖院**在烈帝廟東北兵燬重建**新塘庵**在言村本宋胡樞密松年橫山堂故址捨爲庵乾隆十三年重修咸豐十年兵燬同治八年里人盛僧普照重建**興隆庵**在杏里橋西兵燬

古竹庵在古竹村今名枯竹庵按宋紹興中有古竹一株高數丈大數圍乾道間建庵於此額曰古竹元季兵燹竹遂枯庵因易今名亦見舊志軼聞庵兵燬重建**高士庵**在保安寺側見舊志今廢**保安禪寺**在保安山明王稺登詩破殿何年寺殘碑記赤烏瓦穿藤尚蓋梁壞木難扶落葉如相語寒蛩只自呼遠公嘗送客曾過虎谿無據此則寺建

自赤烏陳永定間重建其建改俱詳舊志明鼎革後周給諫正儒隱居於此出貲重建幷書額**虞山寺**在虞山街見舊志兵燬**東隱庵**在吳瀆西兵燬光緒七年重建　以上開上區

中隱禪院在分鄉巷北俗名奇塘庵中有無極禪師塔銘元危素撰其文曰宜興中隱院沙門祖訓年且九十以其
師導禪師塔銘爲請稽諸事狀瞿然而驚曰孝子其何可以不
銘禪師宋宗也系出某諱某母計氏素慕佛乘咸淳四年十月
將誕夢白光盈室者三夕師之生未嘗啼哭北兵至母攜之避
苦中遊兵徧索之俘母去父從求之不得且死某氏憐其孤兒
育於家稍長常語人曰誰無父母吾父死將奈何母之俘當北
行吾願畢此生以求見不然何以生於天地間啼泣誓於觀音
大士旦暮必二千拜期以見父母凡藝事苟可款曲語近人人
者雖至汙賤甘爲之或又隱於刀鑷以遂其志走十寒暑至河
間之樂壽縣有老翁指其處蓋貴宦家既見母久不能辨師乃
備巳乳名與內外族婣抱持慟哭觀者咨嗟涕泣他日請母南
還母曰吾不幸至此朝夕禱上帝乞歸此非不富貴從汝歸死
足矣然居此久人素敬我當徐圖之踰年終言於官而後奉母
以行因請曰母子相離二十有三年幸而見母皆佛菩薩力乃
製行輿坐母其上負戴以行十步則輟爲五禮拜至補陀落伽

山而返仍薙髮報其親從鐵山璃公於廣德東山得度禹步咨
叩同要深坐崖葉晝則以萱夜則霜露凝寒虎迹交前皆弗顧
及菴於道場山侍母進見益奮烈堅忍脇不傅席過杭之淨慈
值無有元公與師語器之後汎舟湖中聞漁歌脫然有省還過
謁元公隔窗聲曰這裏無你棲迹處師拂衣去尋梁慈照菴於
弁山之陽母以念佛三昧終既葬一夕空中有白衣人語曰緣
在宜興乃得玉峯於宜興萬山之中建寂照禪院間過郭門東
北顧祖訓云斯爲吉壤況當通道游方者有所歸宿即走作中
隱院有妙雲祥公首捐小屋與基州將脫因君力贊之拓其地
義士蔣贇徐士滿等爭致財粟院成師亦多來居之浮圖師爲
大司徒號曰定惠正覺明悟禪師至順三年正月六日召大衆
垂示法要趺坐而化闍維舍利無筭分塔於寂照中隱世壽六
十五僧臘三十大德間璃公道行三韓元公其同門元公嗣無
門和尚師固有承傳及師之設祖訓未嘗少忘以至本倩善及
善新善伏等莫不協恭上下雍睦無間遇之不問可知爲師之
門人兵革之變骨肉離散世以爲常若師之堅苦以求其母富
數數然況望其眞參實證悟徹大乘耶然則師不獨以孝儕之
矣乃爲之銘銘曰建炎渡江來六龍維城布護多其宗吳興近
輔支幹隆熊羆奄至迅如風孤兒父母逃苦中父死母俘兒莫
從天長地遠河山重呱呱夜哭天蒙蒙皈依大士極嚴恭隱身

刀鑷薙毋逐十年藏州觀音容迎歸花雲歡聲同一朝剪髮辭樊籠禪林抑擊師瑞公欸聆漁歌萬念空前後際斷無初終西遊荊谿隱玉峯寂而能照眞圓通巖巖兩塔樹栢松史氏著銘示無窮明景泰元年吳煥重刻石見舊志咸豐間禪院兵毀

慈雲庵在唐角光緒二年重建　**萬善庵**在古瀆匯兵毀同治八年重建　**湖音寺**在孝感墩前洲上見舊志兵毀光緒五年僧雲濤建復大殿五楹　**岱華禪院**舊名陽山寺在陽山麓俗傳磨盤山興建失攷咸豐間兵毀同治十三年僧覺成募建　**彰善寺**在陽山西麓　**馬道庵**在孝感墩下庵前爲周孝侯馳馬之道故名宋乾道間建　**會龍庵**在扶風橋天啓二年建　國朝乾隆間僧際濤重修咸豐間兵毀光緒元年陳文毓許應唐募捐重建　以上開下區

李山禪寺在李山麓見舊志兵毀光緒三年僧世德重建正殿廂房共九間　**橋司庵**在紅巷瀆明景泰間董其昌撰記　國朝道光間里人重修　**惠隆庵**在周鐵橋鎮同治六年里人重建　**廣濟庵**在下溪村前見舊志兵毀光緒五年里人陳開泰等重建山門　以上洞上區

宜興荆溪縣新志　卷九　古蹟　寺觀　西

福勝寺在楊母公橋嘉慶十四年里人許惟嘉周有年等重建陳賦撰記咸豐十年兵毀同治四年僧譽林重建　顯**祖庵**在唐門村續忠侯祠東見舊志及宜興分志兵毀同治年間里人錢九昇等募貲重建　**樂善庵**在下郝橋東嘉慶十四年馬循理王祖修吳龍山等建兵毀同治九年里人許樹棠宋斐馬瑞珍許陞玉等募貲重建並增建文昌閣　**崇先庵**在下郝村見舊志兵毀重建　**崇善庵**在漳水橋北棱家塘村前同治九年里人捐貲重建山門舊志入洞上區　**崇眞道院**在瘩門村西南兵毀舊志入洞上區云元至元二年建通志据王志唐開元二年建　以上洞下區

化城寺在和橋鎮下塘見舊志及宜興分志道光初僧晨初友月重建大殿二十三年僧昌古重修山門增建石闌咸豐間兵毀同治十三年僧覺正建復大殿并東西兩寮光緒二年建復山門舊志入萬二區　**三官堂**在和橋鎮中街見舊志　**朝陽庵**在歸美橋東北里許見續宜興志兵毀光緒二年僧如照開道建復後殿三楹　**在水庵**在歸美橋西北里許見舊志兵毀後修建未全　**萬善庵**在萬石橋有東西中三院兵毀同治八年僧印傳正修建復山門舊志入洞下區

法性寺在黃土村東見舊志亦見通志兵毀重建遺額尚存　**圓通庵**在繆墅村前志不載倡建無攷兵後重建　**永福庵**在茅庵村兵後重建　**報恩寺**在丁舍里後　**圓修庵**在周落橋西見舊志兵後重建　**松村庵**在三洞橋西北兵毀同治九年僧印傳正昌重建舊志入洞上區　**萬福庵**咸豐間兵毀同治十年里人白錦宜等重建　**蓼莪庵**在蓼莪山麓相傳王裒葬於此山故名庵多桂樹秋深花發香聞數里游者如市瞿源洙日劉石之亂諸倉荒悉南徙偉元獨不忍離墳墓卒於中原當時豈能越數千里葬此或日元時有王彬字文炎者事親盡孝有哀哀父母之思時人比之偉元讀書山麓沒而葬焉即其廬爲庵蓼莪之名自此顯矣按百瀆王氏皆宗偉元蓼莪之家或其儀墓不然則因王彬墓而傳會之猶丁山有甯相公墓俗人指爲甯威也　**三茅眞君祠**在百瀆山麓俗名小茅山咸豐間兵毀光緒二年僧德善建復前殿祀泰山神殿後開鑿山崖十餘丈建屋五楹供奉眞君因堵文忠禱於茅山而生又旁塑文忠并牽牛星像祀之　以上萬一區　**大聖寺**在和橋東北三里見舊志及宜興分志兵毀光緒元年僧瑞傳募捐重建宜令施惠頒日貞如在是里人楊承壽撰記　**金明教寺**在富村西見舊志兵毀光緒二年建復旁屋十楹

宜興荆溪縣新志　卷九　古蹟　寺觀　圭

西城寺即西城庵在高城西見舊志明萬曆間僧正洪重建　國朝咸豐間僧昌吉修後兵毀光緒六年僧覺成募建周湛霖記　**崇慶禪寺**在歸龍橋東見舊志俗偁從濤寺今里以寺名兵毀　**吉祥禪院**在官莊里建自前明　國朝乾隆間重修楊新撰記咸豐間兵毀光緒二年里人楊兆綸倡捐重建　**西水庵**在裏塘瀆康熙四十五年建因議水車定額邑令胡鳳翬奉憲勒石立碑庵中塘瀆港額限水車一百二十四部咸豐間庵毀同治七年里人重建　**工文庵**在公文村原名公文庵明唐順之與邑人王升等講學於此改公爲工兵毀同治間建復旁屋三楹舊志入開下區　**香雲庵**在高遙橋北見舊志兵毀　**慧林禪院**在百瀆兵毀同治七年重建舊志入萬一區　**萬壽庵**在分水墩同治五年里人重建　**靜壽庵**在蔣灣山南麓兵毀同治八年僧性源募建舊志入洞上區　**老君堂**在和橋鎮南街見舊志兵毀同治十三年重建　**普濟禪院**在鮑家莊兵毀今改爲義倉　以上萬二區

太平庵在西門外興建失攷咸豐間兵毀同治九年里人募捐重建并建路亭以憩行人　**會眞庵**在西壇北見舊志咸豐間兵毀舊時大殿後有古桂兩株因建天香樓塑明蔣尚書守約像其門帖云宋代貢人府明朝宗伯家道齋名

讀書應試者　非心庵即舍利庵明崇禎間武陵女伶王非心演劇於宜興吳氏忽有省薙髮見舊志寺觀及叢閒或曰女伶姑蘇人　仁澤禪院　福善庵　高隱庵　無相庵　菩提庵
安樂淨院俱見舊志　犁雲禪院在北門外俱兵毀　呂祖宮在常富橋舊志不載籤語靈應卜問者如響兵毀以上宜興山亭區
玉泉寺俗名新塘菴在塘門里南唐代建明季蔣允芳重建　國朝乾隆五十七年重修戴勉譔記　古城菴在埜上見舊志兵毀同治十年里人暨僧茂全募捐重建　普照禪院在雲霄里見舊志兵毀光緒二年里人周育材俞恆募捐重建鄉評備考明黃兵部裒赤鼎革後削髮披緇隱於普照院與同志為五經會講究精義製歌詞及進退周旋步武布武之禮邑人無賢愚皆敬慕之時有一聖二賢之謠一聖謂裒赤也臨終沐浴衣冠而逝　敬先菴在亳村北見舊志兵毀　福田院在亳村見舊志兵毀　永興菴兵毀　般若菴在東塘橋南舊在亳村兵毀後明陳少保于廷捨村東南讀書宅移建咸豐間兵毀　白蓮菴一名蓮塘菴在城塘里見舊志元至正間有上人果東卓錫於此井中白蓮自出故名兵毀　范道菴在范道舍見舊志及宜興分志同治間重修　紅塔菴在紅塔頭明嘉靖三十八年里人吳淞張謙等募建紅塔柲菴於旁咸豐間兵毀同治五年里人募捐重建　萬興菴在西墓村宋代建後燬同治七年里人張文緒募捐重建　後桂菴在後桂村見舊志兵毀同治八年里人雷春霖任溶等募捐重建　鏡心菴在前莊見舊志及宜興分志兵毀　衍慶菴見舊志兵毀同治十三年里人重建以上成任區
崇福禪院在夾溝里見舊志兵毀　萬壽庵在蜀風兵毀　餘慶庵在前積梅村西兵毀後重建後進　利益教寺在官村南俗名鍾離寺見舊志兵毀光緒元年僧定禪見明重建　冲寂觀在官村舊名凌霞院見舊志兵毀同治十年里人史承緒募建旁屋八間　普覺菴在後積梅村見舊志兵毀　圓通庵在周聰圩見舊志兵毀咸淳志圓通尊者名湛然姓戚氏荊谿人初住越州曇一法會晚歸天台傳天台教今赤城碧籤岩是也天寶大歷間優詔不起一日說法隱几而化以骨墖附智者大師兆吳越時追贈今號按萬一及荊谿從四區皆有圓通庵庵名以此今則慨塚佛像無復知有圓通尊者況知其為荊谿人乎　新豐禪院在湖頭村見舊志兵毀重建以上神安區

宜興荊谿縣新志　卷九　古蹟　寺觀　三六

聖感禪院在宋安里里本名聖感以禪院偁鄉音訛轉竝偁羅院為宋安寺兵毀同治十年里人重建舊隸山亭區　朝陽庵在宋安里南見舊志庵與山亭侯廟毗連東向因名兵毀後重建後毀　永福寺在滬莊村兵毀同治十一年重建山門　普福寺在白塘墅東興建失攷兵毀後僧結茅以居　亭臺寺在前塍見宜興分志兵毀
符墅庵在大符墅北舊志作胡墅庵　萬壽庵在典巷明嘉靖三年建　國朝咸豐十一年兵毀光緒二年舘國材史成章等募資重建　鎮湖庵在豐義村豐後橋西見宜興分志　東林庵在坊前村東興建失攷向為祓村新建議事公所旁有文昌閣毛如皋謝錫申募建　青雲寺在祝舍村東北二里俗名祝舍庵創自齊梁兵毀光緒二年里人重建　西林庵在戚村西見宜興分志兵毀以上清東區
棲雲院在洮湖濱黃家山即舊志遺址補所載石巖大士也依山鑱石為大士像長六尺餘旁列童男女鐫鑿精巧毀三楹以崖為壁兵毀後石像獨存同治六年黃姓重建　順凝庵在上黃里見續宜興志兵毀光緒元年住持法輪重建　聽松庵在上黃見續宜興志兵毀　大聖堂在前蒲干村兵毀後尚存一墖舊志隸清東區　妙泉禪寺即妙泉菴在琅玕山兵毀同治五年里人曹文玉等建復大殿三楹　慧明禪寺臨洮湖見舊志毀　普門禪寺在大坯山見舊志旁有普門禪師墖按史氏咸淳志唐天寶中普門受度於南嶽寺貞元間歸寂建墖西澗今西澗在離墨山麓上千里旁前明邑人馬治有西澗草堂是也墖雖無攷而史志云許孟容為記石刻今存則當時絕無疑義豈鐵牛僧建寺後復攷儀墓故事為之耶以上清西區
壽福禪院在曹巷村西興廢失攷　經堂庵在楊巷鎮經堂橋北　國初楊夢劍捨基建兵毀後重建　普明院在坊東村見舊志兵毀重建以上宜興山亭區　保興庵在王家圩明嘉靖年建　國朝咸豐間兵毀同治十二年里人重建　知過庵在知過里兵毀重建以上荊谿山亭區
餘慶庵俗名楊舍庵在楊舍圩見舊志兵毀同治八年里人蔣榮階僧惠風募捐重建　白雲精舍在白花潭明初建　國朝乾隆間增建後樓咸豐間兵毀同治六年里人許氏建復前殿三楹　鎮龍庵在談村見舊志兵毀同治

宜興荊谿縣新志　卷九　古蹟　寺觀　三七

十一年里人重建 **終隱庵**在談村明許茂卻聘隱居處見舊志 **長畬庵**在長圩明崇禎時邑紳蔣允儀建并設路亭 國朝咸豐閒兵毀同治五年里人於其恩捐貲重建 **興福庵**在美堀圩見舊志兵毀 **善義庵**在徐舍鎮見舊志一名梵覺寺本係道院俗偁三官堂嘉慶四年增建大悲殿邑令唐仲冕撰記咸豐閒兵毀同治四年僧慧勤募捐建復前殿廊房光緒三年里人暨住持僧增建文昌閣三楹 **天相院**在安樂橋見舊志咸豐五年里人許陸宗楊四姓捐修同治元年兵毀 以上五賢區

碧霞庵在徐府莊見舊志兵毀同治十年里人王月高邵龍棠顧連等募捐重建隸荆谿成任區舊志入五賢區 **慈雲禪院**即舊志西畬庵在西畬村兵毀光緒元年里人重建 **衍慶寺**在柵村東南見舊志兵毀 **大乘庵**在蔣墅見舊志兵毀 **五雲庵**在五雲谿見舊志谿今名盛家渡庵前有亭俱兵毀光緒閒重建 **慶福庵**在鯨塘見舊志 以上從一區

義興庵在上城圩兵毀同治十年重建 **開勝寺**在胥堂村見舊志兵毀同治十一年里人吳楚雄募捐重建

宜興荆谿縣新志　卷九　古蹟　寺觀　卅八

普濟庵在芡墅見舊志兵毀 **鎮龍庵**在歡堂里舊志入五賢區兵毀 以上從二區

清修禪院明洪武末由城中茶局巷移建陳莊見舊志兵毀 **白雲庵**在大樹里見舊志兵毀重建 **佛果庵**在車埰村北舊志作白果庵兵毀重建 **顯德禪寺**在王厦村見舊志兵毀 **妙眞觀**一名鐵佛寺在蝦墓墩四面皆水唐時建明嘉靖閒道士明福重建鐵鑄諸神佛像董其昌題額邑人萬士和撰記曹三暘書丹 國朝咸豐兵毀佛像十存其六同治十三年僧德成募捐建復後殿 **寂塵庵**在埠頭村兵毀重建 以上從三區

鄭堂庵在談墅本名游塘廟爲祠山行宮按祠山廟偁游塘者武進戚墅堰有游塘廟又游塘橋村亦以廟得名此廟建自唐代後因旁奉佛像門臨驛路改爲庵易號鄭堂爲永慶寺今鄉人仍偁鄭堂庵修葺具詳前志咸豐閒兵毀同治十一年里人暨僧瑞芸募捐重建舊志誤入從一區 **石砌觀**在上洋舊名孝義庵明正德閒經里人孫汝琛捨宅改建崇禎七年立邑侯石碓德政碑並設位春秋奉祀遂名石砌觀見舊志補遺觀遭兵毀光緒二年重建 **仁壽庵**在五牧村

慧光教寺在圓照里本爲濟明寺在臨津縣城縣廢寺毀移建于此更名圓照里由此名見舊志分志及續志兵毀

光緒閒重建 **圓通庵**在庵前村宋時建明成化閒吳元澤捐貲重修僧惠勤勒石邑人邵賢撰碑文李雲書丹李寵禎篆額 國朝康熙閒僧寂際重修咸豐元年里人陸慶文修文昌殿十年兵毀同治九年慶文子景宣倡捐重建 **興秀庵**在潘家墻 國初時建兵毀 以上從四區

善慶菴在萬畝圩見舊志兵毀重建 **福田善院**在芳莊俗名東菴見舊志兵毀重建 **天王堂**在蔣墅康熙閒僧望雲重建吳雅言撰記云蔣墅天王堂載在邑志今舊志無之興建失考咸豐閒兵毀光緒五年里人周佛嘉吳壽川周學勤募捐重建按咸淳毘陵志常州天王廟舊傳唐太宗從高祖起義兵有神自號毗沙門天王願力定亂將有豬首象鼻者故所向成功及即位詔天下公府皆祀之天寶初又詔諸郡於城北隅置祠仍建佛殿以天王爲領云云今堂中所祀即此神也 **廣福菴**在蔣墅見舊志兵毀同治閒里人暨寺僧道華重建 以上從五區

九峰禪院即九峰庵在太華山頂見舊志兵毀後重修 **黃石庵**在覺了里見舊志及分志山門兵毀僧寶初重建 **成正庵**本名橋下庵在橋下舊志入永豐區 **普德庵**在橫山內有文昌閣 **慈雲院**在洺橋舊志入

宜興荆谿縣新志　卷九　古蹟　寺觀　卅九

永豐區 **勝壽庵**在俞山見舊志 **正覺庵**在太平山見舊志及分志 **迎眞道院**俗名亳陽觀在東亳陽見舊志兵毀同治六年里人重建 **大覺庵**即舊志大覺院在白墖山兵毀 以上金泉區

勅賜澄光寺在龍池山麓舊名禹門禪院見舊志及荆谿分志康熙三十五年 御書萬派朝宗四字額五十二年 御書法門領袖四字額俱見通志咸豐閒正殿兵毀餘屋尚存同治十年僧悟惺悟然募捐建復大殿 **華陽道院**在東霞埠兵毀 **福泉庵**在鳳飛嶺通志云劉超墳刹辨見舊志注乾隆閒重修見荆谿分志又福泉寺一名何家寺在張渚山南亦見舊志俱兵毀 **泗州庵**在張渚西見舊志明萬歷閒張納陛撰碑文崇禎閒張納禮楷書勒石見舊志碑刻又泗州堂在石門村見舊志按咸淳志僞釋普照明覺大師西國人即泗州僧伽唐高宗龍朔初始來中國景龍四年三月二日人滅度殯泗州中宗一日語萬回曰僧伽何人對曰觀音化身爾帝益加重僖宗朝以骨塑像賞謚眞相云云據此則唐之大士不必現女子身也 **皇儀庵**在獨山楊家村莊貞烈女祠旁兵毀重建 **起龍庵**在清白里興建失攷兵毀光緒二年里人募捐重建 **迎勝庵**在巖里舊志名任勝兵毀同治九年里人董金川張紹貞募捐重建

善權講寺在善權洞側見舊志兵毀同治六年寺僧復建旁屋三楹 禮庵在善權洞口見舊志兵毀 普濟庵在飛鯉村咸豐閒兵毀同治六年里人重建 芙蓉寺在芙蓉山見舊志兵後正殿獨存光緒六年僧明廣募修 伏龍寺舊名復隆寺在葉塘 仁福庵在莊村北 任慶庵在莊村西俱見舊志兵毀 碧雲寺在烟山舊志入金泉區 樓雲寺在烟山見舊志 一心庵在秦山側見舊志 福源寺兵毀同治十一年里人丁蓮谿丁樸安募捐重建 緣普庵在董渚村興建失攷兵毀光緒三年里人募捐重建以上永豐區 大蘆禪寺在大蘆山舊志以爲橫山誤也山曾産異蘆大如斗因名寺僧取蘆一節彫鏤之供奉佛龕傳千餘年不壞咸豐閒兵毀同治十三年僧法如募建丈室及旁屋將創復大殿雲游募化卒於外 南嶽講寺在南嶽山足見舊志道光二十六年僧惟一募捐重修兵後正殿猶存并有旁屋數閒其餘被毀之處尚未建復 楓隱禪寺在南嶽寺北見舊志 西衣庵在南嶽山麓明萬歷閒建邑令劉永基書額國朝咸豐閒兵毀光緒三年女僧信修募捐重建 南隱禪院在象山麓見舊志 青雲庵卽善行庵在君山頂善行洞前見舊志咸豐閒圮同治十二年

宜荆谿縣新志 卷九 古蹟 寺觀 卅

僧定培定心募捐重建額曰選佛院 隱山庵在厂門見舊志及分志兵毀 敬亭庵在紫雲山麓見舊志兵毀 古香庵卽吳忠節炳古香亭址見舊志兵毀光緒三年里人重建 水月庵在石亭埠見舊志 毘盧庵在省田里見舊志 廣果寺在拼練見舊志兵毀光緒二年里人重建 慈雲庵在娑窠里見舊志 北嶽寺在場上見舊志及分志兵毀 眞武堂在潤橋 三官堂在潼渚蒙山下 天福寺在潼渚俱兵毀 施水庵在泗水橋側本名泗水庵鄉音訛變俗施水明吳仕有施水庵碑見舊志碑刻咸豐十年兵毀後重建以上荆谿山亭區

大潮福源寺在大潮山麓見舊志咸豐初僧青蓮重修十年兵毀僅存側屋三楹 靜樂寺在君山側見舊志及續志 積樹庵在西山前興建失攷兵毀光緒五年重建 和剎庵在丁山相傳孫吳時建兵毀同治十年女僧鏡明募捐重建 永甯庵俗名茅庵在白宕里興建失攷兵毀同治十年重建 三官堂在蠡墅見舊志 報本庵在鳳川山崔裕齋周瑞林等捐貲重修 永興禪院在鳳川山見舊志 心德庵在鳳川馬家壇

里人周氏捐建兵毀 大聖庵兵毀以上均上區

敕賜崇恩寺原名磬山禪院在磬山見舊志通志載雍正三年敕賜宏聞法印四字額寺兵毀同治年閒寺僧建復旁屋十九閒 敕賜娛慧寺本名振隆庵在龍山康熙四十四年賜額舊志不載咸豐閒兵毀存屋三楹周永懋兄弟捐貲增建 棲隱庵在龍山娛慧寺西里許見舊志兵毀後僅存屋二十餘楹 淸隱寺在東林兵毀同治閒里人捐貲重建 海會寺在湖㳇南三十里修建見舊志康熙十六年敕建 天隱修祖塔寺於同治閒經里人豎任持重修光緒二年後殿圮 寂照庵俗名上奇塘庵在湖㳇山最深處庵後有無極塔旁丹桂十三株大徑合圍歷五百年無恙當深秋花盛時四面竹木丹碧掩映奇芳醉人天台八柱不足數也 慈照庵在莊西兵後殿宇尚存今廢 普覺庵在扶風山 金沙禪寺在湖㳇鎮南見舊志兵毀同治七年寺僧建復山門殿後銀杏一株有絆馬索痕岳鄂王經過題詩嘗繫馬於此兵後不存 朝陽道院在張公洞前本吳赤烏時道觀後改僧寺唐復爲觀名洞靈觀韓熙載云靑牛將闕尹重來白馬共胡僧卻去蓋紀實也咸淳毘陵志載韓記

宜荆谿縣新志 卷九 古蹟 寺觀 卅一

語牛誤作龍舊志仍之宋乾道閒改爲天申宮有介福殿國初時因道士潘朝陽游張公洞得道改今名興廢修建具詳舊志咸豐閒兵毀同治閒里人重建 敬親庵在侍郎橋西見舊志 毘盧寺在湖㳇鎮南見舊志 河澤庵 橋亭庵俱在湖㳇鎮西見續志 潘山庵卽湖㳇潘神廟旁塑佛像見前壇廟記 碧巖道院在湖㳇鎮內有城隍廟兵毀同治閒重建甯徵彥撰記 順慶庵一名順應在均山麓見舊志 壽昌庵在潤溧兵毀同治閒里人重建 鎭谿寺興建失攷兵毀同治六年里人周佐臣倡捐重建 畫谿古剎在湯渡興建失攷兵毀同治五年里人周煒倡捐重建 覺逸庵在畫谿濱見舊志 禹門禪院在蜀山鎮兵毀今卽其地改建忠義分祠 新庵在蜀山鎮兵毀 崇報寺見舊志光緒二年重修以上均下區

顯親追孝禪寺在南倉橋前見舊志兵毀 敕賜香界寺本名昌福庵在出盤莊俗名竹園莊見舊志及荆谿分志兵毀光緒元年建復後殿四楹殿前銀杏一株其高參天上施水晶蒲桃藤粗如臂夏秋之際雲痕緑緑星實離離眞北地馬乳種也又有水蜜桃有北僧攜核種此每當果熟在樹時以鍼嘗孔就而咂之蜜水盡出至三

印匙寶如初而此者三不復實矣鄉人均以爲珍品梵雲禪寺在筱嶺即梵雲精舍道光間史氏重建潘允序撰記廣福寺在梅林見舊志兵毁福源寺在瑞雲山見舊志俗名新寺因僧山爲新寺嶺寺兵毁龍坡禪院即烏墅寺見舊志俗名烏池在烏墅山兵毁青蓮庵在湖㳚見存大士庵在東趙莊見舊志兵毁福慶庵在滄浦見舊志兵毁香潔禪院　大聖庵俱見舊志以上清泉區

宜興荆谿縣新志卷之十

藝文

載籍攷

文籍肇興已來經之名最先書紀帝王歷代遞嬗史之端與易用卜筮諸家各殊子之屬與詩主性情文詞竝美集之權輿與孔子既歿微言絶大義乖百家竝起衆喙爭鳴鐸虞之記老莊之書屈宋之撰述雖質諸聖人或合或離而精深瓌麗固有不容磨滅者厥後焚於秦而復出於漢則傳注彌繁簡編彌襍成帝令劉向校理祕文哀帝時子歆踵之綜萃羣書撮爲七畧六藝畧爲經類諸子畧之外別兵書術數方技爲三又有詩賦畧即今集類輯畧居首大抵采輯史事之書然班固時已不可攷矣班志藝文分六藝爲九種其史氏紀事之編入諸春秋類未嘗列史類也諸子十家詩賦五種而諸子以外兵書方技俱各四分數術又分六焉至晉荀勖撰中經簿始析甲乙丙丁四部而子尚先於史自李充爲著作郎重析五經爲甲部史記乙部諸子丙部詩賦丁部經史子集之次始定王亮謝朏任昉殷鈞撰書目皆循其部王儉祖暅畧爲異同然隋唐而後史志率用李充部叙而已後世郡邑之記多倣史氏篇目部居所繇不襍厠也宜興荆谿志藝文獨采詞翰道光閒續修始先載籍而部目未分今之詞翰分繫事地載籍之未見前志者總以四部括

之頤咸豐庚申後此邦之書殲於兵火有重付殺青者有獨留
副墨者亦有昔人所述而今兹未覯吾邑所無而他處尚存者
祕王充之論沈魏收之文擲信明之詩追遠知之易傳與不傳
各有幸不幸焉歐陽子之序唐藝文也謂有其名而無其書者
什葢五六今者所述殆復不啻雖然晁宋之玉麺而逾光夜光
之珠燬之不滅晦於今未必不傳於後也後之覽者可無概焉
經類八曰易曰書曰詩曰禮曰春秋曰四書曰經解曰小學
易類 周亦會易注大全十卷○周鼎玉河洛發揮一卷○吳藻易
象圖說二卷○吳德旋周易本義參疑十卷○潘光序易勺一
卷○任晟周易卦辭集說彙纂○路起濤讀易辨三卷○徐銘

易說二卷
書類 周之誥周書增注一卷○吳辰禹貢圖攷
詩類 萬鵬說詩新語○劉鏗詩信○詩詢○潘光序詩勺一卷
禮類 吳劉牆三禮圖正訛二卷○周之誥儀禮注釋一卷○任登
朝妻周氏內則集註
春秋類 劉鏗左午一卷○任晟春秋三傳折衷論解○徐鳴時讀
左心得
四書類 任啟運孟子時事攷○路同申大中本義 論語類說
孟子編年○陳賦四書直指○歐賦四書蠡測一卷○潘光序
四書質疑十卷○劉廷玉四書攷鏡 四書人物備攷○崔書

繍四書經義叢攷○趙立成四書題解○任薆奏備明四書圖
攷
經解類 任泰經學質疑○潘光序經義咫聞二十四卷○胡淦五
經分類駢珠十二卷○傅鴻騫經解條辨○張錦五經闡義十
二卷○李其辰五經精粹○劉廷玉經解○周恩澍六經輯要
鄒銅士五經奧義
小學類 任元璋 國書字彙○路同申鄉土語音音訛傳錄○陳
錫光韻疑 韻辨○徐其志音學撮語一卷
史類五曰古史曰傳記曰譜牒曰刑法曰地理
古史類 徐喈鳳讀史隨筆○任朝楨讀史搜遺○路同申鑑畧二

卷○李其辰歷代史疑辨○劉廷玉讀史論畧○路起濤讀史
隨筆○許懋讀鑑一隅○許士熊明史摘畧
傳記類 史孟麟沈龍岡先生言行錄○吳德旋聞見錄○尹景叔
宋相輯錄○周之誥傳記偶存○潘光序古逸輯覽○周徵述
古懿行錄○任燧忠孝彙編 旌節錄○任晟與逆紀事○宗
錦旌孝錄為宋孝子鳳儀作○任薆奏備明人物備攷○任光斗任氏
先德錄十二卷
譜牒類 吳同午陳迦陵年譜○宗錦宗忠愍公年譜一卷
刑法類 程熙春律例韻言
地理類 吳學錄天下地利關津要害圖說○李飛鯤海塘記畧○

潘觀成拉里風土記○任簪地輿類攷八卷○萬貢璆雲壑山志

子類九曰儒家曰道家曰農家曰雜家曰小說家曰算術家曰五行家曰兵家曰醫家

儒家類 史孟麟明道附言二卷○徐八龍求心編 身心日檢衣言錄○杭璠執中蘊義○蔣維城人生十則○徐銘求善畧說一卷○崔望賢學說一卷

道家類 徐鳴時讀莊心得一卷

農家類 陳錫光播九穀集○周炳仁區種說○蔣作霖溝渠利溉錄一卷

雜家類 吳德旋鎖窗雜志十二卷○吳華墨海然犀○吳辰猗蒸堂筆記○徐其志客窗雜記二卷○許懋刼餘編○路廷銓石林○徐銘閒齋筆記○周之誥閒窗隨筆○邵金彪花經三十三章○蔡錫晉百衲二卷○任烇惜字雜說○黃星照覽古瑣言○高照荆東拾瀋○李杜文流亡畧

小說家類 周之斌五雲外史四卷

算術家類 任龑奏備明面線算法○吳山天學分度十卷

五行家類 路起濤卜筮偶得一卷

兵家類 吳學錄八陣圖說○周仁見知錄○徐其志叩虀韻語

醫家類 錢富邦醫林闡要○楊宗洛曠直醫案

集類七曰文曰詩曰騷賦曰科舉曰彙函曰評注曰詞曲

文類 徐階鳳願息齋集○任宏嘉葵尊文集○潘宗洛文集二十卷○蔣永修日懷堂集○李飛鯤嘉會堂文集○潘廷瑜西園集○周兖補堂文集○李官綠蔭軒文集○周邦光皓峯樓文集○周上珍璞齋文集○任惇典望雲樓文集○崔錫華古文○任湞文進帆文集○周本智友梅齋集○周之誥㝡齋文集○吳辰梅谷文草○吳德旋初月樓文鈔兩集十八卷○潘光序怡雲山房古文八卷 駢體文四卷○蔣科醉經齋古文稿○張錦蛾隱居文集六卷 吳藻穀貽集○陳錫光廣廬稟草○周徵曉峯樓文集○萬貢珍蟾香榭文集四卷○史紹問瀣

眞閣文○戴連城璞山文集○邵金彪秋仙文集○任晟駢體文稿 望雲樓古文○許體言就花軒文稿○吳同午荼山集○吳琛玉溪文鈔序 歐文○崔書糒塵閒文鈔○路起濤鑑淵古文鈔一卷○李社文醉經閣今古文存○徐其志古文二卷○吳邁古文稿○蔣頌芬海震樓古文六卷○周恩澍駢體雜存○任光斗半舫居文鈔○周璋閑閑草堂稿○蔡錫朋崇蔭古文六卷○儲炳章仁素堂古文○李晉紳知非集古文二卷○徐恩貴困學齋文集○潘光滈聽彝堂古文○鄒銅士古文一卷○葛翰章樂在齋古文○崔望賢妻周敬之古文一卷

詩類 徐階鳳滇游草○周成文萊仙剩墨○陳維岳潘賢詩○儲

雄文汜雲詩○周蕎晸蓮詩存○許玉蟾鳳山雜咏○徐人龍
疑儀集○周燦桐庭詩稿○傅鴻翥半舫軒偶鈔○任澄澤蚆
亭詩稿○潘廷升雉城草一卷○任渲文醉閒
詩稿○周本智東珠集○周之誥翌浮閣雜咏○任泰徑蹊詩
草四卷○張錦一瓢齋詩草四卷○吳辰翠竹山房詩○吳衡
章香茅詩草一卷　吳德旋古近體詩八卷○儲徵甲種竹山
房詩○潘光序詩稿二卷○蔣科晴峯吟稿○路元暹怡安堂
詩稿○儲材鶴原哀草○鄒汝濟蘭楫詩草○陳錫光蓴游草
○邵金彪秋仙詩集○李共辰綴園唱和集○程嘉烝梅花吟
館詩草○萬貢璆祝英臺近山房詩鈔○陳懋攡翠樓稿○萬

貢珍蟾香榭詩集二卷○史紹閭湘貝閣詩集○歐文養痾漫
吟○儲瀾芸窗雜咏一卷○黃星照效顰集　環山樓詩集○
儲炳照草堂吟○周鳴鶯佩蘭軒詩鈔○崔耆黼詩源分體
徐之禎迎湖詩稿　迎湖續稿○潘福山西屏詩草○李炳章
秋吟草○蔣頌芬海霞樓詩鈔二卷○蔣家芬拾唾詩草二卷
○李杜文朗吟詩草一卷　李意吟一卷○陸與喬匣吟樓詩
集○徐其志聽雨樓詩二卷○吳同午詠史詩　小桐華館吟
稿○路起濤鑑淵詩鈔二卷　悼亡集一卷○路廷銓无咎齋
詩草○徐煊半舫詩鈔○趙立成吟荃詩集○周恩澍知不足
齋詩集○周守勳拳石山房詩鈔二卷○徐廷模詩草二卷○

儲錫祿匏園詩稿○儲渲士安素軒詩草○徐城聽雨樓詩一
卷○儲炳章霞巘集　同人唱和集○吳淞梅亭詩草一卷○
歐陽晉韶珊詩草○任光斗漢東吟一卷○吳山辮香閣回文
詩一卷　璿璣錦餘圖四卷○潘鏡流閒雲山館詩鈔○任熊
飛慧輪詩鈔○萬秉筱鄉詩鈔○盧煥艾谿詩二卷○孫履泰
集唐詩鈔○王斯崇菽園詩鈔○鄒銅士翔藻吟草一卷○李
晉紳秋泉吟一卷○高槐雲谿詩鈔四卷○高賓耕餘集一卷
○高煦破悶齋詩集一卷○徐啟南永江詩草○葛翰章樂在
齋詩鈔一卷○杭瀾笠西書屋詩草二卷○吳乃希洗心研慮
齋詩鈔三卷○僧悟希擷葉詩存二卷○周昇妻錢氏問月軒

詩集○李翠蓮詩○杭煥之妻周氏餐柏吟稿一卷○程嘉烝
妻傅氏刈蘭吟○任登朝妻周氏望山樓詩集○任星咸妻屠
錦心玩月軒詩草○徐麗京妻任和徵吟秋閣詩存○周濟妻
蘇氏貯素樓詩○葛鴻圖妻許氏鍼餘草二卷○儲炳煥女秀
玉天香小草
騷賦類　胡淦怡軒賦鈔一卷　文選駢珠○陳錫光雕蟲集○任
晟離騷闡義○任昕怡園賦鈔○周鳴鶯韻軒賦鈔○潘鍾嶽
鶴亭賦鈔○徐鳴時離騷淺注　聽蕉雨軒賦一卷
科舉類　吳文斗雲瀾時文李兆洛序○周汝爲田莊文集○周本智芸
菴遺稿○胡淦怡軒試帖初集四卷　二集四卷　課徒草二

卷○周鴻逵健菴文稿○張纁陶軒文鈔○蔣謹菉猗時文一
卷○范銘自得草一卷　一得草二卷○潘光序制藝二卷
試帖二卷○路元暹怡安堂文稿○張錫光友蘭書屋草○徐
廷樞蓼軒存稿○任晟曙堂試律○萬鵬軼雲課藝○周蔭南
萼韡堂制藝○歐文閒齋時文鈔○崔錫華捧硯編○崔錫芬
一枝軒制義○吳遐啟堂制藝　存性堂詩稿○李樹齡漉淦
腹稿五種○儲巽璽廉泉存稿○沈雲驤泰歸草　穀貽堂詩
集○周鳴鸞韻松軒試帖○潘謙受竹廬小題文　如不及齋
詩二卷○曹炳燮令裕堂試帖二卷○崔迺翬叢桂堂時文○
周恩澍春濤制藝　雨甘軒試律二卷（薛時雨序）○石鳴玉百藝錄

○任光熊僅可草○崔望賢祝三時文○史緯自怡軒稿（李兆洛序）
○潘光鎬聽彝堂時文
牋牘類　周蔭南尺牘偶存○儲廣厚鴻雪尺牘
評注類　劉鑑文信○萬鵬經藉藝文箋○葛翰章蘇詩摘句韻編
七家詩註釋
詞曲類　徐睿周籬角閒吟詞稿○邵金彪綠綺琴曲○歐文粵嶺
登高詞○朱珩橘亭詞稿（李兆洛序）○儲世臣鴻雪龕詞草○儲炳
照寄生草○萬貢珍祝英臺近山房詞四卷　粉香綠傳奇○
徐士棻息菴詞一卷○李晉紳紅豆詞鈔一卷○徐其志瑞雲
詞一卷○汶上綠曲一卷○徐珹聽雨樓詞一卷○徐廷楧直
養齋詞四卷○徐鳴時聽蕉雨軒詞曲○徐恩貴曉湖詞稿○
王斯恭莪園詞鈔○葛翰章樂在齋詞一卷○蔣家芬憐影詞

金石攷

載籍之至今益不可勝數矣而壽世之作獨重金石者何也黎
棗遞嬗字或變體事或失眞惟鼎鐘之勒碑版之鐫字形事狀
必從當時信而有徵故足尙也特是盤盂琢誡肇自有熊而丙
申立碣癸巳磨厓至成周而始著沿及祖龍封山刊頌功德徧
傳則金又重於石已宜興舊志石刻列於古蹟銘金之詞闕焉
無聞豈非以彝器追藏往往易主雖吾邑之所有亦可置而弗
問乎然而郜鼎取宋春秋書焉至丞叔德甫之錄率皆吉金與

貞石同收而況烽火之餘古文散佚尋談馬之碑漢刻已盡訪
鳴牛之窖商彝不存失此弗攷後復誰知故卽彝器之存於今
及今無昔有而其文其義足證古籍者載之藝文其碑刻猶傳
而不載前志及前志雖見而攷之未審者補錄校正重典型存
掌故也

彝器類三曰彝曰罍曰槃

商效父彝　王易效父員乍厥彝　效父彝篆文八字今器藏
李氏家按效父作器者之字也易古文錫乍古文作第五字篆
作▯乃員之古文也員字鄦書不收而籀文敗作敗左旁從員
則員乃貝之緐文

周齊侯罍　齊侯罍（罍古文雷卽罍之古省字罍有雷回文也）爲器其旅齊（第一行）侯
命大子大樂遇枽（古段作七）昀（古文韵）宗（第二行）白聽命于（于下有二字乃衍文）天
子曰甚（同甚）則（第三行）爾甚余不（古丕字語詞）其吏（古段作使）女白□（第四行）遄
惠受御爾其遒（遒字字書不載以理度之當爲𪗇字齊侯聘有此字段作齊敬之齊第五行）受御齊
侯拜嘉命（第六行）于天子用璧備二于大（第七行）舞嗣（古文治段作祠）斳（古文）
（折段作誓）于大嗣（古司字亦段治字爲之）命用璧（第八行）兩壺八鼎于南宮子用
（第九行）璧玉二備玉二嗣鼓鍾齊（此下當有字已漫滅第十行）洹（段作桓）子孟姜
器其卩（古卽字與及字皆以卩字爲之）棄部（第十一行）邑蓷𩰾舞用（第十二行）從爾大樂
用鑄爾羞（古養作羞段作祥）𣂪（通銀古从斤从艮之字聲多相通如根作折齦作斷是也第十三行）用
御天子之吏（古事字與使字皆以吏字爲之）洹子孟姜（第十四行）器其卩棄部邑蓷

𩰾舞（第十五行）用從爾大樂用鑄爾羞（第十六行）鈚（亦古銀字省㫐之上半）用御天
子之吏（以上二十九字衍文）洹子孟（第十七行）姜用气嘉命用旂（古段作祈）𩰾（古段作眉）
壽（第十八行）萬年無疆用御爾吏（第十九行）　其二　齊侯女（篆文作中或釋爲中）
（非也）圖爲器其（第一行）旅齊侯命大子立樂（第二行）□枽始宗白聽命
于（第三行）天子曰甚則爾甚（第四行）余不其吏女受□（第五行）遠惠受
御爾其遒（第六行）受御齊侯拜嘉命（第七行）于天子用璧玉備一嗣
（第八行）于大舞嗣斳于大（第九行）嗣命用璧兩壺八鼎（第十行）于南宮
子用璧（第十一行）二備玉二嗣鼓鐘一肆（第十二行）齊侯既遒（當爲濟字之借）洹
子孟姜（第十三行）器其卩棄部邑蓷𩰾（第十四行）舞用從爾大樂用鑄（第十
五行）爾羞險（銅之變文）用御天子之（第十六行）吏洹子孟姜用气嘉命（第十七行）

用旂𩰾壽萬年無疆用（第十八行）御爾吏（第十九行）　齊侯罍銘文可見
者百六十有四字齊侯女罍銘文可見者百四十有一字義有
未通不敢强解大約爲齊侯送女之器桓子孟姜卽齊侯女也
旅卽旅鼎旅壺之旅齊侯命太子大樂者此祠祀時事也宗伯
聽命于天子者此請樂時事也齊侯使宗伯請于天子天子賜
之樂使歸齊侯拜嘉命用樂祀神祀先祖太子之祀用璧玉倍
于君樂則鼓鐘一肆而已齊侯既用樂祀並以其器予女而洹
子孟姜亦用蓷𩰾之舞（蓷𩰾二字不知何解蓋舞樂名也蓷卽勤之古省字𩰾卽疊亦通作勉）復
鑄銀罍銅罍以彰其寵而孟姜後嗣追刻銘文也二罍皆作壺
形而有雲雷文爾雅郭注云罍形似壺大者受一斛是也器前

藏吳氏耐雪齋主人名協褱字雲岡以舉人爲廬江司訓博文
好古其在廬江也每日手鈔古書三千言日不暇則以夜繼之
積古錢幣多至三十萬枚盡遭燬散此罍於咸豐六年以大錢
一千購得之兩罍各重十斤似以金錫褋糅爲之攷其銘文乃
一銀一銅也庚申之變不知所在後見吳平齋觀察兩罍軒彝
器圖釋載兩罍大小輕重無不脗合未知卽此器與否觀察自
謂前一器舊爲揚州阮文達公臧後一器蘇州曹秋舫載奎臧
載有陳頌南釋文二篇引摭該博辨論緐詳以太子爲周太子
洹子爲陳桓子齊侯女罍爲齊侯中罍又以堇𩰾爲陳桓子之
子辨駁左傳杜注頗多傅會復不宗銅銀二字今圖釋之書見

存可披按也

晉銅澡槃　泰始元年□月七日右尚方治御府故二升五升銅澡槃重九斤八兩　第二　銅澡槃隸文二十九字第五字闕前藏惠氏家今不知所在洪氏隸續云第一字甚小而遒勁東都工於隸者未能遠過魏晉后刻今其存者鄧乂彭祈毋稚陸喈數碑以此比之泰山之於丘垤也按晉書百官志少府統材官校尉中左右尚方渡江惟置一尚方又省御府則右尚方治御府固西晉之官也第十五字隸文當本作敨或作敀左旁乃告之變文敀字字書不載即措之變文段作造者隸續作故盉字形之渺

碑刻類有四曰碑曰誌銘曰帖曰題署

吳國山碑　舊志所載据吳騫釋文吳本於宋趙彥衞雲麓漫鈔明沈敕荊谿外紀所闕字並作□其見於二書而碑文莫辨者字外作□以别之今則吳本所有之字更多漫滅然亦有吳本所不辨而碑文尚顯者則去其外□吳本所明載而碑文實非者則標於注內碑文每行二十五字

□□□□□□□□□□□□□□□□□□□□□
□□□□□□□□□□□第一行闕□□□□□□□□□□□□□□□□□□
□□□□□□□□□□□□□□□第二行闕□□□□□□□□□□□□□□
□□□□□□□□□□□□□□□□□□第三行闕□之□□□□□□□□字
茲格於上下光被八幽蟠飛蠉動蝡不歸仁是故第四行□□□□□□
□□□□□□□□咸□□□□此字海昌陳鱣摹碑存右半各字□□□□□□□□□□□
□□王尊□第五行□□□□□□□□□□□□□□□□□□□□□□□□
□□隨不違假民用第六行不犯漫鈔作丕作外紀作不犯於皇□□□□□□
□□丞相沇此三字今亦不存□□□□□□□□□率廬第七行吳云於是□下漫鈔作臣丞相沇兼太常處奉迎凡十字外紀作於是臣丞相沇曰以下闕六十三字並誤今据碑文移正三字餘七字莫可辨者闕之按周必大汎舟錄史能之毘陵志皆云碑無周處名史志又云按處傳處仕吳止東觀令無難督無有兼太常之事然陳鱣摹國山碑第七行第十二字獨存常字下半鱣所摹本亦由騫贈則据碑逐正之語又何云邪衞儀學敞
□□□□□□□□□□□大□□此字陳摹存下半似是大字□□□□
□宮□第八行□□□□□□□□□□□□□□□□□□□□□□
□□□□□□第九行闕所歸□徘徊於此遂基大宮朱昱成化毘陵志遂基大宮謂築昭明宮玉燭□□□澤□清庶吳本誤萬民子來不日第十行□□
□□□延頸跂足外紀作頑嚚乃止率王來庭外紀作獻柔服百禍經緯歷

務日吳不第十一行暇外紀作食□覩六經勿賓百家思該道根數世陵
運大繇未光閭立東觀第十二行□紀賢直建設漫鈔作論壇興宋詞□
闢竊神極化無幽不聞舉逸遠佞寬第十三行雖有刑守適尚功齋
晉矜弱哀賤愍凶□□朽枯上天感應□□第十四行□□□踐甜
初升特發神夢脩受錄圖外紀作靈璽鎮國今圖字尚顯外紀誤也玉璽啓自禍歷
禍人指授第十五行金冊青玉冊外紀作有玉簡者四日月抱戴老人星見
者弌古文一十有弌五帝瑞氣黃第十六行旒翠蓋鴻攡漫鈔作被外紀作擁宮
闕顯著斗牛者弌十有九麟鳳圖龍銜圖負書卅第十七行有九靑
猊漫鈔作蛇外紀作猊白兕吳本誤虎丹□□□漫鈔作鸞彩鳳魚誤衍一字外紀闕下字上二字作魚黑按之碑文形但不以
烏廿有二白鹿白麐外紀誤麐注云大羊白麀外紀作麀白兔卅有

三第十八行白雉白鵲白烏白鳩弍十有九赤烏赤雀廿有四白雀白燕廿有第十九行柰古段作七禎魚外紀誤虎吐書白鯉騰船者二靈絜禎猛獸被原野者三嘉禾秀穎第二十行甘露凝液六十有五殊幹連理六百八十有三明月火珠璧流離第二十一行璧流離俗本漫鈔作拱璧琉璃誤按宋書符瑞志璧流離王者不隱過則至卅有六大貝餘甿餘泉甾田有五大寶禎璧水青穀璧卅有八玉第二十二行燕外紀作兕玉羊玉鴟外紀作螭者三寶鼎禎鐘禎甕祝禎鬲卅有六石室山石闕第二十三行石印封啓吳云晉書五行志曰吳時歷陽縣有巖穿似印咸云石印封啓天下太平九州吉發朱昱云按江表傳歷陽表言石印封啓皓遣使者作高梯上觀印文使者詐以朱書石作二十字有楚九州渚吳九州都之文皓大喜曰吾將爲九州作都渚乎顯天讖彰石鏡光者弍十有弍神□頌歌廟第二十四行靈□示者

宜興荆谿縣新志　卷十　藝文　金石　十四

三讖民推紀湖澤闓通應讖合謠者五禎翁禎僮靈母第二十五行禎因告圖表祥者卅有柰靈夢啓讖禎人授書著驗□□者十祕第二十六行紀外紀作畧讖文玉板紀德者三玉人玉印文采明發者八玉□玉琯玉璜第二十七行玉璲漫鈔作瑗外紀作玦細宋碑文瑗近之玉鉤玉稱殊輝異色者卅有三玉尊玉盌玉盤玉甖清絜光第二十八行服者九孔子蓋閔房記之類河伯子胥王靈朱昱毘陵志云河伯子胥王靈圖亦皆當時讖緯之書宣古文宣言天平𨻶成天子出東門鄂者四第二十九行大賢司馬徽虞翻朱昱云司馬徽善論運命歷數刁元使蜀得之增飾其辭以獻皓寔翻五世學易尤明象數故引此二人爲證推步圖緯甄匱啓緘發璽與運會者二其餘飛第三十行行之[illegible]楃生之倫希古所覿命世殊奇不在瑞命之篇者不可稱第三十一行而圖

也於是旃蒙協洽之歲月次陬訾之口日惟重光大淵獻顧炎武曰日當言辛亥用歲陽歲名失之行第三十二行年所値寶推歲歲歷丙虞震周易實古文寶不從貫著遂受上天玉璽文曰吳眞第三十三行皇帝玉璽閏璽璽漫鈔作解外紀作斛理洞徹對擇之受文受祇懿之懿懼也今借懿爲之吳本作懿誤甚夙夜惟寅古文寅夫大德宜報大命第三十四行宜□外紀作欽乃以柔兆涒灘之歲欽若上此字本當作昊避皓名作上天月正革元郊天祭地紀號天第三十五行璽用漫鈔作寶彰顯命於是丞相沇太尉璆宏璆阿人大司徒燮大司空朝朝卽董執金吾脩卽滕脩三國志皓傳作滕循呂岱傳注作滕脩第三十六行城門校尉歆吳云晉杜預傳有吳都督孫歆屯騎校尉悌卽張悌尚書令忠卽丁忠尚書昬卽岑昬見吳志直晃昌吳云晉甘卓傳父昌吳太子太傅國史瑩覈盧熊云瑩覈卽光祿勳薛瑩東觀令華覈

宜興荆谿縣新志　卷十　藝文　金石　十五

吳云華覈卒於天册元年而碑猶列其名殊不可解等第三十七行奕外紀作亦以爲天道元嘿外紀誤曠以瑞表眞令衆瑞畢至三四篇文表納貢幽荒百蠻浮第三十八行海慕化九域八埏罔不被澤率按典繇宜先行禪禮紀勒天命遂第三十九行因吳國國山之陰告祭刊石以對揚乾命廣報坤德副慰天下喁第四十行喁乙望焉第四十一行四字中書東觀令史立仰古文信中郎將立信中郎將雖不見於三國志及續漢書百官志元劉大彬茅山志云杜陵人孫權用爲立信校尉是吳官有立信之號矣又吳志陸抗傳赤烏中遷立節中郎將吳九眞太守碑又有立忠都尉益皆其類也臣蘇建□此字今碑漫漶吳本作所然不可據信以爲虛字則文法未安以建所爲名則三國時仍沿莽制二名尚尠且晉以前碑未有著某人書者當爲察字察書署名古碑多有之書第四十二行十有六字刻工殷正何赦第四十三行六字吳云國山碑東面一十四行南面九行西面一十四行北面六行右四行左二行文下可辨碑高八尺圍一丈其形微

圓而橢東西二面廣南北狹四之一字徑二寸文起東北而南而西訖於西北凡千餘言碑首上銳而微窪石色紺碧風雨剝蝕東北二面文字尤多漫滅南面下方石碎佚去十餘字西面上泐亦尤深更歷歲月當折一角矣按碑與天發神讖同時此碑讖碑有紐上懸如鐘此碑如鼓以其形圓似囷謂之囷碑此碑篆刻如寶作寶飛作飛皆古文可寶者其餘借字尤多古雅詳卷末定訛宜參看

蜀山草堂碑徐一夔撰 嘉會熊公講堂碑蔣曜撰 東邱娛說堂碑王鏊撰周文通書今在周廟左側 新修蜀山書院碑儲欣撰 重修蘇文忠公書院碑俞德淵撰 丁公去思碑舊志迎恩橋後毀斷道光間將殘碑移置外關帝廟西廡今廟毀碑存移置廟壇左廂 重修內關帝廟碑沈雲驤撰崔書龢書 亳村東嶽廟碑陳一經撰 周鐵橋城隍廟碑吳紱撰 靈山殿碑蔣如紱撰并書 重建靈山殿碑一張邦紀撰一蔣應震撰 重修靈山殿碑一潘宗洛撰一岳駿撰 周孝侯像贊石刻晉謝安題國朝乾隆五十五年吳上翰書楷上石甯康年號誤倒按像贊眞蹟舊藏國山周氏裝潢精艮前明時爲蔣墅周氏所得王毆金題被人取

去周氏扃諸匱中數百年來未嘗輕以示人道光之季始一出焉像雖漫滅而紫黝之中英光凜凜贊則楮厚墨濃書作行楷詞傅在晉不以書名而字畫清挺猶見江左風流咸豐閒藏弆無恙庚申之變化爲灰燼竊歎吾邑周氏後裔鼎盛文士蔡穌蒐羅孝侯掌故更極博謝公手書藏諸苗裔近在梓鄉未及搜摹上石致令千五百年墨寶竟歸烏有而唐時僞撰之墓碑託名於陸王兩內史者沿譌踵謬重加摹刊周鼎斡而康瓠珍鉛刀銛而莫邪鈍翰墨之流傳固有幸有不幸哉

周孝侯誄石刻按石刻冷宗元書白悅跋舊志碑刻注云常州知府夏某撰今事蜀榮昌冷宗元拜晉則常州知府卽冷侯也舊志作夏某者蓋以白氏跋中有今年夏吾郡侯健庵先生莅事斯土景侯之行作誄詞以昭之所偁健庵卽冷侯字舊志不采乃以夏字下吾字漫漶郡侯上又空一格疑此二字爲郡侯字號而并以夏字爲郡侯姓也又嘉靖丙戌爲五年攷陳玉璂府志正德十年常州府同知有冷宗元嘉靖四年知府爲申綸六年知府爲張大綸而五年知府冷宗元不載蓋以隸任一載歷時未久或係僣篆遂從其略古人謂金石文字可以補史乘之闕者此也

五忠閣碑蔣泰書 李氏三忠祠碑方殿籛撰 曹雲山祠碑任垣撰 何公祠碑吳德旋撰 垂雲埂碑陳一教撰董其昌書 下邾橋碑王功撰 易渡橋碑路同辰撰 文興橋碑路同申撰 重建鵬程橋碑萬貞珍撰并書 重建遺愛橋碑周之冕撰 新芳橋茶亭碑曹師稷撰曹應秋書 重建光遠樓碑潘光序撰崔書龢書 新建指迷庵碑胥鼓南撰 梵雲禪寺碑潘光序撰

唐右內率府兵曹鄭準墓誌銘潁川陳齊之撰舊志失載朱士端宜祿堂收藏金石記引洪氏平津讀碑記云曾祖璿祖溥父華俱見新唐書宰相世系表惟不及準世系表太常博士志作駕部郎中吉州刺史準卽吉州之少子可以補表之闕按碑云葬義興縣洞庭鄉震澤里下朱村原所謂洞庭鄉者卽洞山鄉是也下朱村墓今不可得碑石雖存亦不在宜興矣

晉王右軍敬和帖一方王百谷跋 王右軍書周孝公碑三方 王大令書一方 唐張長史肚痛帖一方王百谷跋 僧懷素千字文十方如奇自跋

宋蔡忠惠書二方蔣允敬蔣允睿同跋 蘇文忠書四方董思白跋 黃文節書一方王百谷跋 米海嶽書二方孫淇澳蔣如奇同跋 明歐陽瑜山書 蔣應震自題小像詩三方以上蔣如奇淨雲枝藏帖 蔣如奇書小楷八方董思白跋 岱游記五方 游武夷詩七方 荊谿十景詩十一方徐懋曙撰 六十自壽詩四方侯廣成題詞 中草書十一方子允睿跋 大草書十方 臨褚河南蘭亭帖二方如奇自跋以上淨雲枝帖按此帖及前藏帖舊志所載殊混故復考之 董文敏清暉閣帖舊藏萬氏涉園見續志庚申賊至園燬佚其半 董文敏清鑒石舊藏萬氏涉園今存 國朝陳迦陵填詞圖萬貞珍任湖南布政使時以重價購得手卷勒石藏涉園今存

宋蘇文忠斬蛟橋題石按蘇書有二一爲晉周孝侯斬蛟之橋八字元豐四年令褚理重建長橋榜曰忻齊七年東坡過此爲書字於石崇甯禁錮沈之水中者是也一爲晉征西將軍周孝公斬蛟之橋十二字乃天台謝宋伯家

所藏蘇書宜讀字困修重刻今橋亭中砌壁者是也據蘇公題
橋去後意或不愜更書此字爲謝宋伯所得至紹定間丞修宰
宜興其時長橋已於淳熙間改築石橋蘇書之石亦已無存謝
修以搨本寄父其父因以家藏墨蹟十二字還寄摹勒上石觀
宋伯跋語可證元明之際石亦淪水徐文靖跋種橋帖云吾鄉
蘇文忠手遺僅有題斬蛟橋八字則當時所傳猶屬蘇書原刻
矣原刻石沈於東氿不可再得梁谿浦長源詩云手寫斬蛟碑
尚在鄉人打賣幾摩挲蓋亦原刻搨本之流傳者謝氏所刻
國朝康熙間浚城河乃復出之碑經斷裂跋字間有缺損又失
其尾段初出水時藏石周顧乾隆十一年砌於長橋南步左之
壁間咸豐初法藏寺僧惟一修橋舁歸寺
中旋還原地同治七年乃築亭其上云

坿勒石示諭
改尼庵爲王增二忠祠勒石 光緒元年立
永禁開寶萬金洞山山亭湍泉鄉殘損地脈勒石 光緒五年立
按碑刻一門舊志列入古蹟其撰文書石之人見存者不登示諭勒碑因有關係特坿於後

宜興荆谿縣新志卷之末

襍著

徵祥

古者吉凶之先兆皆曰祥書曰襲于休祥則祥爲吉矣傳曰將有大祥則祥爲凶矣祥者詳也天欲降以禍福先詳審告悟之也賜羨之紀祥舊矣石室肇開吳傳封禪至於劉宋蕭齊銀麐玉烏之書往往而是善乎周內史之言曰吉凶由人陰陽之事非吉凶所生是故雊雉聞而殷宗復興生鵩見而宋霸終失天道之遠不如人道之邇言禎祥則近諂言眚祥則近怪也然獲麟退鷁孔氏不删而符瑞之記妖孽之占後代諸史均未之廢休徵咎徵蓋亦修德弭災所由戒慎乎而況大難方離中興更睹者乎若夫歲之豐歉民之大命係焉四十年來歧麥嘉禾以及雨雹風霜蟲災獸害饑穰之不齊者夥矣概置勿書又烏乎可

道光二十年夏六月大霖雨 水圩鄉多沒 冬十有二月晦震雹
二十有一年夏六月水 冬十有一月大雪
二十有二年夏六月戊寅朔日有食之既
二十有六年春邑中吳氏園有木連理 秋夜大風有赤光自北而南聲隆隆如雷霆流星散隕如雨地大震
二十有九年夏大霖雨五月己酉水大漲溢圩岸數百里田禾

盡沒踰兩月始平　秋七月甲子蛟發湖㳄山市人有溺死者洪水汎濫於市屋卑者水不及簷裁三尺所一晝夜乃退　圩鄉大饑民掘堇塊以食土黑而黏俗偁爲觀音粉

三十年夏麥大熟穗多兩歧　張渚茗嶺西徐嶺山裂其長里所深十餘丈廣丈餘或二三丈遠近聞聲如雷霆所裂之處樹根大如斗者皆截然若鋸斷張渚巡檢繪圖報縣　秋八月蛟發湖㳄山水流漂石有大石自山衝出重千餘斤　大有年

咸豐元年夏宜興學官舍產芝大如盤

二年冬十有一月壬子夜地震

三年春正月日無光　已巳夜燐火四起連夕未止其火或分或合忽遠忽近鳴金逐之卽滅識者憂之曰此生魂也將有大兵明年時河南如此不旬日金陵陷　三月辛亥夜地大震有聲屋宇搖動若將圮臥者皆驚起後連震者數日　夏四月水沸　長星自西北竟天

五年夏旱　冬十有一月甲子水驟湧起立頃之如故凡湖蕩溝渠池沼盆盎之水皆然

六年春正月甲子夜城東北隅雨粟小而色黃上有黑痕一道其味辛澀　夏五月大旱地生毛毛白黑如羊豕長或踰尺若人髮　西谿涸　彗星見　秋蝗　大饑斗米錢六百

七年春蝝生兩邑皆捕蝗　夏麥大熟穗多兩歧　五月霖雨蝗盡死　秋大有年　東鄉民家壁中有血湧出

八年夏從善鄉六科里有震雷出於地是日大雨雷出於農民吳廷富田中四周苗皆蟠枯地陷小坑深廣僅尺許　秋八月有星孛於北斗

九年天雨血空濛若霧不可見以手承之有頃流丹盡淡嗅之微腥

十年春三月庚午雨雪自晝至夜乃止

十有一年春正月庚寅朔大雪深四五尺　冰合太湖中月餘方解冰厚盈尺居人皆鑿冰汲水

同治元年秋閏八月文廟大成殿自焚賊踞城後學官四周皆毀惟大成殿巍然獨存是賊擬改造僞宮興工有期二十日夜中大雷雨巡城賊於雷光中見殿脊有神人踞坐雨止而殿中火起明晨往視灰燼皆白如粉云

三年秋多田豕　冬大雪田豕自斃

四年春有虎傷人甚眾或有出山數十里踰河搏人者逾年未已兩邑令購捕弗獲禱於周平西將軍廟患遂絕

夏五月水圩鄉多沒

七年夏六月大雨雷震邑中姚氏祖廟墉牆雷光著於門如環者二至今十餘年環痕中纖塵不染　秋八月癸亥大雨雹於清津鄉之臧林諸村雹如雞卵禾稼多傷　多田豕

八年春豜食田豕幾盡

十有一年春三月大風發屋龍挾行舟騰空數十里墜於蒲干蕩之濱人得無損　夏六月丁巳地震由東南至西北

光緒二年夏五月龍降於清津鄉江角墅田閒水驟發騰涌入雲

三年夏五月丁未蛟發湖㳄山中是日大風拔木　六月丙申

日暈五色　秋七月螟吳協心螟辨曰光緒丁丑之歲常郡諸屬邑稻田間產墜蟲曰螟蟻排蛹聚叢綴禾端或長翼成厥苗用枯穀黴而滿鄉民告於邑官履畝而則然然以古無此災難於上達余謂宜與舊志載天啓崇禎閒俗生螟者屢矣俗所謂蜑即古所謂螟也甚矣說經之貽誤也詩咏大田禮著月令爾雅釋蟲食苗心螟列於害稼之首自許氏說螟以爲青蟲陸璣之徒遂謂形似虸蚄其頭不赤承訛襲謬愈辨愈歧竊謂螟字從冥其形冥冥列子傳江浦之閒蟲集蚊睫名曰焦螟渺之至矣害稼之螟亦其種屬必謂更冥冥犯法而生者亦傳會之詞蓋螟之急讀爲蟥轉音爲蠓今吳俗俾蟥蠓爲蟹是已螟則曷爲謂之蟹蟹者施也延施而生也蛄蟹强蛘見於雅訓穀中小蟲厥生蔓衍故同以蟹名焉蓋害稼之蟲惟螟與螺雲集霧擁蠡賊之屬無此夥夠蠓亦爲螣爲蝗以其大也螺大而衆襪沓俱來蟥小而衆濈縈不絕孔子作春秋志蟲災書螟於首次亦及螺螺食葉以及穗在於苗之既實螟則食心在於苗之方秀吸其精氣苗遂成莠稻稈既萎不中播種故螟害甚於螺孜許氏致誤之由特以螟蛉桑蟲形小而青與災之螟正當類之不知螟取其微螟蛉之儞以凡蟲名蛉者此爲最小非爲其與害稼之螟等也今試問禾間青蟲食苗之節者有矣食苗之心者有乎此老農所能言而經傳之謬千禩莫正螟之爲物不可明螟之爲災遂不可懲彼解詁者直謂螟蟥之倫無足重輕豈知農畝之無所控告遂至於斯哉故爲之辨以俟廑民隱者察焉

五年清津鄉丁莊民家產子人身牛首墮地死漢五行志有牛禍此殆近之或曰其人平日屠牛之報也　冬十有一月甲申夜雷

七年夏五月有龍起君山蜿蜒雲際迆西北至五牧村捲水沸波大風猝發一農民吹入空中數十丈所方墜下　秋七月螟

閏七月甲午夜隕霜乙未亦如之

紀異

烏虖山川重秀天地再清兩邑之遭變孰有如道光之季以迄於今者乎時變則事變而鬼神情狀之變亦因之起焉夫豕立齊邸牛鳴晉医熊形幻於夏郊虎爪肆於虢廟春秋之經所不載者於傳有之則存而不論未可盡無矣宜興荊谿前志祇識祥異茲編所存分列爲二凡瓌琦之成於天者瑞妖皆曰祥倣經書之靈應之徵於人者吉凶皆曰異倣傳紀之文不雅馴義歸至正其有異乎抑無異乎今左道或倚天以惑民謂禍福爲不足憑謂果報爲不足信悍戾狂誖說近撫鬼豈聖人神道設教之意哉靈佑可以欣祇祟可以懼善報可以勸惡孽可以懲雖耕見耕聞乎固耳目之所及也至於蛇訛獸誕或失則巫謂與齊諧諾臯夷堅洞冥之志爭奇也亦無取焉

道光已酉開長橋下環洞之扁石一墜水涯一倒懸於上欲墜

未墜舟行者指以相戒將召石工修焉費甚鉅遷延無措其明年七月之望有舟子晨過之俯視水側失石所在仰窺則石已如故礦灰粉迹猶未燥也時喧傳以爲神工云

吳巷里史姓甲與乙同族居相近也甲貸錢於乙書券爲約乙屆期攜券往甲攫吞之乙無如何喪氣而返甲遂病呻吟作豕聲半載後忽自牀躍起曰此浴大快家人出走相告見乙家方焊豕於湯既剖豕腹腸閒得一紙墨迹隱然審之則甲前日所吞券也

清津鄉之司馬莊有孫某者當道光季年時宰牛方烹同曹詬其久不出也入視則倒植甑中身已爛熟矣然歷今三十年孫

姓猶有屠牛者

典巷里路某善捕魚道光癸卯漁於村東北之儲家蕩有巨鱷直前銜其臂仆水死

淸津鄉義勝里有張王廟臨河濵廟小而靈咸豐十年粵賊破城後舟行過之賊目命二賊毁神像入廟而仆賊目復入亦然羣賊驚懼急市香燭謝罪良久獲甦吳棨芸樹樵誌有張王廟靈異記曰「吾邑多祀張王凡愛子而憂其羸疾者輒以王姓姓之父呼召公兒名賈氏尊親至矣義勝里有分莊廟廟小而古而神最靈而臨谿將粵賊之至吾鄉結團拒之避難之徒依吾鄉以居往往艤舟祠側環食殿旁有徐姓者將餐忽仆同儔則大噪既悟王廟祭不用豕豚蹄置案爲觸神怒也具香醪爲之祈輒甦無他忠鄉人既已神之閱月鄉團破賊往來谿瀆如織入廟將毁像者數矣或昏暈或譫語或自捕牽呼伏謝罪去遠近以爲神既而邑城不守郡城省城相繼陷而神像瓦解矣夫以王之開百瀆主九斗利民而食報驚動禍福固事之常或疑幻形治水說涉不經然禹父化熊而東海祭禹廟者不用熊白及鱉禁忌相傳固不必不遵也況僧一行七豕覆園斗星遂隱而明徐武功合家奉斗以陷罪將決蹲彘見于錦衣之堂蓋斗在北方象應坎豕王禮斗成道則戒食剛鬣亦宜獨怪事勢既去靈亦隨之豈因餒之方張可懼而不可怒邪則曷怪乎芳子之隊胡盧之軍雨消雲散邪雖然天苟悔禍賊必就殄王在前明助戰彭蠡俘英靈第一余固以鄉兵敗者屆期再舉王其助國戮民哉」

同治戊辰之歲建大成殿工人方舁木有棟材在地或跨以過數十人舁之前邪後許兀不爲動紳士之董其事者具香燭以說焉應聲而舉上梁之辰異香絪縕經日不散

鄭甲温台間人種山菊花隖粵賊肆毒時避難者多伏嚴洞賊不敢入甲投賊爲鄉導獻計薰穴梁師千男塹坂諸山數十洞皆焦爛靡遺有桃花洞最深遂死者尤衆賊平後甲仍山居一

宜興荆谿縣新志　卷末　襍著　紀異　六

夕大雪戶未啓忽失所在次日得之荒塚間家人舁還甲具道爲衆冤死者所曳且曰吾命止一年耳至期甲果病譫家人環守之稍懈甲騰身搜茆屋去妻急挽之得一履數月後龍池僧見圖中一屍未腐出之將報官求驗甲婦聞而往視則其夫也既知爲孽報因收葬云

東鄉某家雇一傭工江北人也一日爲雷震死其黨聚鬨主婦固孀弱竭貲應之瓜分訖爲傭市一棺將就瘞天無纖雲忽霹靂一聲碎其棺黨衆駭散

光緒丙子夏城鄉喧傳有魅翦人髮逾月乃止民間多懸道藏書[illegible]四字於戶以厭之至秋閒又傳有妖人翦紙爲兵睡寐中魘人至死其至也先有青燐入室民心皇皇達旦不寢守者鑼火巡者鳴金農工商賈之家悉置周易一編爲辟禦不祥之計書肆中周易都盡刷印不能及至用他書弁周易數葉於首以應之其時羈旅外至者土人糾察甚嚴宜興荆谿幸得無事而鄰邑奸民頗有藉此陷害客商者

庚辰夏秋之閒有僦居牛磨圩某姓者雷殛其女子母訴天呼無罪既葬雷破墓出屍踞門前長子復爲電掣乃驚呼母曰弟往年操舟截貿絲客乘閒搤殺之兒猝不及禁至今未以告母兒罪也母急向天稽顙雷始收聲

從善鄉蔣墅之東北有圩曰烏窠圩素無居民江北傭收者結

宜興荆谿縣新志　卷末　襍著　紀異　七

葬以居有老婦死將葬田畔相地者曰不吉其子不聽遂葬焉是夕燐火聚墓越日尸夜出歸家次第就子若孫牀前冷手聲撫遍至鄰家推戶撫案入廚飲啜俱盡翻盆於堂列盌於地衆皆爇火聚居竟宵不寐天陰則晡時輒至人皆見之逾夕騷擾不堪鄰人謀當晝火其棺其子至墓周視見墓前有穴鑿和視之白毫毿毿已生於面懼而改葬請巫用桃枝焉其怪遂絕此光緒辛巳春事也嘗聞重人之穴積尸不腐蓋地氣凝陰之所成與

摭佚

經籍乎靡著史筴乎無徵而於傳有之子長作記所謂書缺有閒其佚時時見他說也宜興荊谿之志舊綴佚聞大都新奇可喜之事凡稗史叢談咫聞脞錄問卜之語書夢之篇南華臾之寓言東方生之誕記往往據其遺文信爲實事無怪乎紀鄉評者謂陽羨之僞鵞州因鵞籠書生而名矣陽懷遠鄉評僞攷中語夫自西賊掀亂以後潰兵所擲棄訛火所燎延玉軸牙籤遺文之散墜者何限雖經捃摭十不得一耳茲編所采皆前志失載者其人其事各以類從言擇其尤雅文取其足徵或有荒渺不經雖古帙攸錄亦從缺焉蓋攷信而補遺非逞奇而嗜博也

屏風山爲銅官南面之山舊志不載風土記云陽羨縣令按縣令二字誤陽羨在東漢爲邑置長亦不偁令也袁起舊志作玘太平御覽引風土記作起生有神異無病而亡塚東面有屏風蓋神偶之所坐

癸涇卽今之歸逕河也史能之咸淳志作癸徑云在縣西三十六里經從善鄉穿浒瀰南北三十餘里

鸂鶒塘亦名鸂鶒潭咸淳志云在慶源門外廣袤約百畝今化爲平蕪遺迹無可尋矣

唐李栖筠爲常州刺史捕斬陽羨西山宿賊張度保友黨皆盡里無吠犬乃大起學校堂上畫孝友傳示諸生爲鄉飲酒禮登歌降飲人人知勸荊谿外紀

舊志武事載元至正十二年江東寇陷宜興不著平賊之人元史順帝本紀云江淮盜起陷常州宜興總制納琳討平之卽其年也

孔侃晉元帝初爲義興太守時周札子續聚衆不解周筵與侃協謀卽坐上使人殺之陳玉璂府志

顧衆吳郡吳人明帝時爲義興太守有幹畧蘇峻反繕甲積糧與弟颺擧義兵討之參府志

張茂度本名裕吳郡吳人宋元嘉中爲義興太守素有才能涖事皆理据府志及舊志職官

徐延休會稽人唐昭宣帝天祐中攝義興令廬邸民隱先事豫備越寇犯境他邑騷擾惟義興宴然二子鉉鍇皆知名府志謂楊吳天祐中攝宜興令今按楊吳年號有天祚無天祐据舊志職官錄之

賈昌朝貟定獲鹿人米天聖閒知宜興縣事先是知縣事李若谷改造長橋高廣踰於舊至是昌朝更築之踰年落成昌朝巳去任作詩記之有坐憶蛟橋此日新之句後與若谷並相仁宗參咸淳志按李若谷改造長橋在景德四年賈昌朝更築在天聖六年至七年而橋成相距二十一年陳玉璂府志謂若谷經始未成遷去昌朝克竣之此攷之未審也

韓儒平鄉人明正德閒由進士令宜興會朝廷遣官取天下府州縣志儒乃屬筆於教諭林文聰書成儒爲前序文聰爲後序儒擢太僕寺卿文聰擢甯國知縣參楊懷遠鄉評備攷儒修邑志事府志亦載之楊懷遠曰宜邑自危志後未見有林志蓋書雖成而未刻也

蔣佩字服思堪輿曾孫儒雅廉介事親至孝仕漢由太邱内史

遷冀州刺史在郡清儉妻自負薪入爲尙書令濟約終其身鄉評備攷引毘陵人品記

周賓字子序少折節好交孫吳初召爲諮議參軍舉郡上計後轉廣平太守多政績府志參鄉評備攷

蔣之美字彥叔之奇弟宋熙甯閒進士授太府卿號嚴明時少府卿侯如斗亦厲威嚴吏爲之語曰不畏侯卿杖祇畏蔣侯筆

蔣重珍字良貴之奇五世孫占籍無錫嘉定癸未進士第一簽判建康軍以公事與部使者異議請祠易簽判泰國軍紹定二年入對首言本心外物界限界限明則知有天下治亂生民休戚而已何樂其尊奉哉遷校書郎當路惲之添差通判鎭江府行都火應詔極言主柄下移權臣勢重指史彌遠天下皆知有相而不知有君保全功臣之道可厚以富貴不可久以權也上讀之感動星變求言復申前說進爲君難六箴端平初入對上五事乞召眞德秀魏了翁用之以刑部侍郎致仕卒謚忠文參宋史

吳濟字幼滋父琁崇禎癸未進士兵部職方司員外郎鼎革後足迹不入城市濟補邑諸生以教授自給其詩有娛花集半帙草郎心菴草格律精嚴晚益蕭澹惜知之者少李兆洛文集

路揆字思元居東氿之濱家貧授弟子嚴而能慈發蒙以上隨才成就遠近爭延致武進李兆洛嘗從受業兆洛至宜興必召飲飲罷攜手登深谿橋拳拳以戒殺放生爲訓年八十餘卒嘉

慶庚申辛酉江南舉首爲崔暄崔錫華兆洛又以甲子領解皆出揆門下一時誇盛事云節李兆洛文集

周嘉漢順帝時人初陽羨隸會稽郡永建四年嘉上書以吳越國周旋萬一千里浙江山川險絕難應期會請改隸近郡詔從之析浙江以西爲吳郡以陽羨屬時甚便焉參咸淳志

岳琮纘忠侯霖長子霖自欽州赦還遂家宜興琮作依仁齋招賓客游藝齋習禮樂志道據德齋延學行宏博之士訓宗族鄉黨子弟琮弟珂痛其祖飛爲秦檜所誣廣收博訪參以家藏本輯成籲天辨誣錄上之甯宗覽焉遂追封飛鄂王改謚忠武劉銓桑梓見聞

吳魁字士元明宏治閒歲貢孝友篤學任恭城教諭課士一如胡安定秩滿優遷竟告歸敦族黨教子弟吳氏詩禮自此始府志

陸紹源字德本蓮谿里人明季時父因逋賦役急逮之紹源年甫十二隨役往縣令方坐堂督逋賦階下鞭撻聲如雷次及紹源紹源曰願謁一言畢命無憾令見其年小霽顏曰若亦何言曰公欲糧完耶逋耶令曰國課安敢言逋曰公欲民生耶死耶令曰吾亦欲民生耳紹源曰民積歲而逋之安能一日而入之令自今聚自石至斗銀自兩至錢皆續入而不責則民生而賦不逋矣不然民且死杖下安能使杖下之鬼供賦哉令曰孺子言是與定納期而返聞者翕然偁曰能年十八領白糧北解歷

宜荆谿縣新志 卷末 襍著 摭佚 圭

十有六閲期年畢運返聞者益翕然偁能鼎革時土寇掠其村挾紹源去至其寨魁大驚曰此陸公也鄉里被公澤多矣禮而歸之其信義孚及盜賊如此任啟運清芬樓遺稾

陸梓字艮用明嘉靖閒人篤學工文以隱逸終萬尚書士和贈詩云寂寂柴門掩晝長紅爐一點雪消洋個中意味誰能識都在看山酒一觴其二云爲將恬淡養坤甯銷盡胸中十萬兵一枕鼾甜朝未起半窗紅日鳥無聲子時叙字仰靜其賦心詩有從他滿眼風塵滾只是無私到處平之句年七十獨勵志如少壯題詩曰七十年來老未老每夜遲眠朝起早許多事業易蹉跎惜得寸陰如惜寶史太僕孟麟和之曰七十年來老未老欲

傍花陰種瑤草留取孤根耐歲寒且待陽春出芳早鄉評備攷

陳式字思度以字行康熙時人諸生居從善鄉之蔣墅爲文清真有法尤以勇名同村吳寅祥從學焉嘗偕至河濱眺望輕儵往來如織二人用筋夾取魚鬐皆十不失一以水兩盂盛之式所得魚游泳自樂寅祥得者少時輒死蓋用力稍猛乖傷背脊也人以此定其高下云吳榮芸幗襍誌

權德輿字載之父皐自秦從南徐德輿才七歲從至陽羨及壯追念昔游唐貞元閒嘗送義興袁少府及從弟況赴義興尉序有追思童年游寓茲地之語其與混淪先生文亦偁丱歲遇於荆谿云咸淳志

宜荆谿縣新志 卷末 襍著 摭佚 圭

孟郊字東野集中有寄義興小女子詩云江南莊宅淺所固惟疏籬小女未解行酒弟老更癡家中盡吳語教爾遙可知我詠元啓山買應流甘滋終當學自乳起坐常相隨咸淳志

陸龜蒙字魯望少高放通六經大義性嗜茶置園顧渚山下自判品第嘗升舟設蓬席齎束書茶竈筆牀釣具往來謂江湖散人或號天隨子咸淳志載入宜興遺逸按魯望乃吳人僦居松江甫里其置園顧渚山下自必往來宜興當入寓賢

王无咎字補之建昌人宋治平中來宜興著許氏園隱星記後卒葬靜樂山咸淳志

賀鑄字方回開封人好學藏書萬卷工文詞尤長於樂府嘗著

荆谿集陽羨歌以右班換文倅太平州而卒葬於義興之筱嶺嘗自造石塔刻所作銘咸淳志參府志

文璧字徵明長洲人父林明溫州知府與寓居宜興之吳寬李應楨沈周交璧於吳得文法於李得書法於沈得畫法兼擅諸公之長數遊宜興有荆谿道中詩見舊志又有盆蘭詩云蕤蘭擕自荆谿上小盆春深自著花賓客清閒塵土遠晚窗親試岕頭茶參鄉評備考

尹生業爲圓器俗謂桶匠一日與人入張公洞行未遠失尹生同行者遽出尹生越三日乃歸扣之云爲霧所迷入而扳援磴道以濟初不知爲三日時趙宋宮中大殿久圮欲支葺無良工尹生

曰我能是衆以非素習咸笑之後果集事方悟其奇遇云據咸淳志

無極禪師本宋宗母素慕佛將誕師夢白光盈室者三夕師生未嘗號哭後北兵至俘其母去父不久亦死某氏憐其孤育之少長立誓大士前北行求母閱關十載見母於河間樂壽縣抱持慟哭觀者嗟涕言於官奉母南還以見母爲佛祐願作佛弟子以報從鐵山瑞公於廣德東山得度後過杭州汎舟湖中聞漁歌脫然有省卽弁山之陽築慈照庵毋以念佛三昧終旣葬空中有白衣人呼師往宜興乃得玉峯於萬山中建寂照禪院又相吉壤於東北郭作中隱院元至順三年正月召集徒衆趺坐而化荼毘舍利無算分塔於寂照中隱危素爲作塔銘參荆谿外紀

蓮塘庵僧不知其地族庵創自元至正閒有上人果東者師謂之曰爾之果在東乃自西來移錫茲土時井中白蓮自出因以蓮塘名庵邵金彪花經引杭淮蓮塘庵記

戴佛駒有道術萬歷閒男留部諸生史心巖者年弱冠病幾殆延戴治之戴至卽浴命留浴水澄取濁膩乾之爲丸使心巖吞之因與對坐月餘敎以仙訣病遂愈嘗見其投鉛砂爐中以火煅之出爐成銀爲之殊易問其術則不告也心巖年八十餘卒卒後數十年有男留鄉人見戴於會稽問史心巖尙在否鄉人驚問之則曰我戴佛駒也鄉評備考

清凝上人者貞誠不談禪能詩難明季時入粵督師臨桂伯瞿式耜愛而禮之式耜殉國難殉清凝結廬於柩側朝夕焚香種菽自給衣食時缺終依依不忍去東明聞見錄

嚴灌夫妻愼氏邑亭儒家女唐天祐中隨灌夫歸蘄春越數年無子出之愼旣登舟留詩爲訣云當時心事兩相關雨散雲飛一餉閒自是孤帆從此去不堪重過望夫山灌夫覽詩悽感遂與偕老唐宋遺史

知陽武縣事蔣興祖女嘗宋靖康末金人犯闕攻陷陽武興祖闔門死女年及笄虜帥豔其色將致之北庭行過磁崖女齧指血題詞石壁投崖死詞載徐電發太史釚詞苑叢談

吏部郎路邁妻杭氏有才智明亡邁宗居莊烈帝三子定王投之匿於宅後天香閣因疾延醫診視王見醫曰賜坐醫出語人事遂洩捕者麕至杭急出以珍珠撒庭中捕者競拾珠王乃得逸撒珠之巷由是名（參桑梓見聞錄）

上鄭王天爵妻朱氏事姑費相得甚歡順治初兵搜南山天爵奉母偕妻子奔避中途相失氏扶姑攜幼子匿杕薄間兵至睨氏將掖之上馬氏與姑堅抱不可脫兵叱曰若不釋先以此嫗嘗吾鋒刃將下氏急推姑去姑攜兒行回顧氏已在馬上但揮手曰去去後度姑去遠自力投馬下兵下掖之氏叱曰吾前從汝恐傷姑吾良家女豈與犬豕羣兵怒懸之樹發矢中其股曰敢不從否氏詈愈急兵攢射之中三矢死（清芬樓遺稾）

潘淇泉妻吳氏吳岫女夫死守節事姑以孝聞嘉慶戊午除夕火延及潘外舍時夜過半家人皆寢氏情急一手劍姑於背一手挈嗣子避他所復孑身登樓抱三代木主及先世遺像跪中庭號天願以身殉俄而火逆風燔鄰屋皆成煨燼潘屋當下風反獲全人以爲精誠所致（吳騫文集）

境會亭（褚邦慶常州賦誤入武陽）在茶山路唐時湖常二州守造茶修貢會此白居易有夜聞賈常州崔湖州茶山境會想羨歡宴詩

周孝侯墓在荊谿南英烈廟側俗傳周墓墩周氏忠義錄曰孝侯馬革未還葬山西澤州鳳臺縣周邨今離墨山下者爲孝侯

宜興荊谿縣新志 卷末 襍著 摭佚 十六

袍笏墓英烈廟側者爲孝侯金甲墓（庚申城陷後廟側之墓壙道爲賊所發中有石扉扃固未啟一劍橫卧於土寒鋩燦然拾之應手腐斷石上一玉鉤蓋帶劍之所用以今尺度之長三寸有奇螭首兩角右角端微缺溫潤密栗洵千年珍物也邑中郁氏得之以歸侯裔京兆尹家嵋）

荊谿潼渚山南有大盧寺相傳明僧道衍嘗卓錫於此（邵金彪文集）

陳武帝嘗游義興館於許氏夢天開數丈有四朱衣捧日而至納諸口中暨覺腹內猶熱心甚喜焉（咸淳志）

張公子唐時貴俠子弟也太湖中網得一魚頭有朱書云九登龍門山三飲太湖水畢竟不成龍見殺張公子果爲張所得張云昔太白酌醴鱠神魚千金置一醉乃鱠之（荊谿外紀參鄉評備攷）

給諫何士晉少時父其孝死於桑橫之手母吳氏檢臨命血衣曝園中桃樹上樹爲之枯夜夢老人付一芝告曰此而家報三七而驗後士晉登賢書有芝從枯桑中生是時凶黨懼禍翳叢中欲刺士晉爲二虎所搏幾斃澤中事白逮羣凶有一人逸去索十日不獲忽得之近地詢之則二虎枳其前趾步難越竟抵法屈指計年正符三七之數（府志）

乾隆間宜興西鄉朱家圩有武生朱履中者門前祖墓忽生兩芝之狀如鬼判冠袍畢具遠近觀者甚眾履中後以足蹴之倒於地上絕無根腳祇有血迹二堆是歲履中死以爲不祥遂棄其芝（邵金彪文集）

嘉慶初年夜聞有星如火隕於任進士震遠宅碩然有聲光熊

宜興荊谿縣新志 卷末 襍著 摭佚 十七

能不可逼視久之漸黯明晨起視見一石色黝如鐵此與宋治平中呂亭許氏事相似然許氏落星之園已爲蔓草而此石至今尚存

定訛

吾目能窮千秋乎吾身能周八寓乎古人往矣而欲定古人之訛庸渠知吾所謂訛者之果訛邪庸渠知吾所謂定者之果定邪雖然載籍日博論辨日繁康成神于經者也而晦翁闢之元凱癖于傳者也而光伯規之藉使安藏拙于當時懼抵瑕于後日縱有所見忍而勿言豈實事求是之義哉況乎志乘之作爲徵文攷獻之書哉陽羨山川之會人物之林也前志攸詳不無

踳謬名區古迹今曩殊稱舊名混於他方勝賞遷其故處漁父牧子身經者靡悉緜來學士文人耳熟者未遑親歷肯毋骨毋莫釋疑端襍見語兒多生異說此地理之訛也自漢以來二千餘禩前賢往行記載多淆事或他埒名或兩歧或誤爲秩或迹封土偶倒聯名之字而兄弟亂其行不詳歷世之年而孫子紊其代此人事之訛也春秋三傳其說各睽周易九家厥文亦異史家多忌諱未盡率眞稗官襲傳聞不皆得實攷鄉評而難悉參野錄而又乖此引用之訛也迨書屢轉復經剞劂魯淆鼠璞形變鹿獐許緣之迹麻沙紂紅之音奪漏書成亥豕譜誦者痒不經心刊混辛羊讐校者忽于過目此寫刻之訛也遂學之儒喜用奇字博文之彥恒徵僻書棘句鉤章劌心怵目竊寶古編不知何讀捃摭巒語未識何名稱人難索紕繆易滋此執古之訛也金匱石笈之字弄于祕府山陬水澨之名留于窮鄉侯芭劉棻亦難盡識通俗未攷駴世恐怪因經典所罕見字書所失收改以同音昧其取義甚者以晉隸翻古籀改漢制從近時此信今之訛也且稾有分纂非出一手書經續修不止一時或遺墨模糊或雌黃點竄見聞錯出先後乖違者多矣文章公器疇庸徇私諱前人之缺而曲護焉陋也避後人之攻而緘嘿焉尤陋也獨愧余以譾弱之思荒疏之學蒐羅未廣攷核難精隨得輒書適形挂漏愛我者或以訛之更有訛而增定焉或以訛之

未嘗訛而更定焉是吾師也夫

隋開皇三年罷天下郡以州統縣九年置常州後改爲毗陵郡其時未嘗有府稱也唐制京郡乃稱府武德間改毗陵郡爲常州天寶元年改常州爲晉陵郡至德二載仍復常州並未聞以府稱宋以潛藩之地升府始有知府之官元則郡卽爲府而常州在宋時稱郡元時稱路其稱府蓋自有明洪武始舊志沿革於隋開皇元年唐武德八年乾元三年皆稱常州府疏矣

舊志區圖載宋制在城坊街凡九崇禮坊在荆谿南左遊義坊在南右蛟川坊在荆谿北左昭德坊在北右又有宣德澄清英烈果利集賢五坊竊謂宋時宜城雖在荆谿北而南興門迄建

谿南二里所崇禮二坊在谿南與蛟川二坊在谿北者同係在
城街坊咸淳志已列之坊市中矣至宣化五坊當爲旌表之坊
與街坊異且英烈廟額與果利同賜自宋紹興七年其坊則明
萬歷二十年經筵講官徐顯卿以已表宅坊迻建者碑銘可證
舊志以爲街坊且列之宋代誤也
鄉里之名大氏紀事者十之一紀居人姓氏者十之九宜興東
鄉有潘社頭化酷橋余皮唐角洪巷南劉等邨余皮以余姓名
猶唐角以唐姓名皮卽陂也或余皮二姓居之如朱陳之屬亦
未可知作餘皮餘波者余皮淪咸淳志作餘波淪與潘社頭爲射頭洪巷爲
紅巷南劉爲男留皆鄉音之譌爾洪巷古居洪氏潘社頭爲潘

姓鄉社今他邑之邨以社頭名者亦多矣南劉與北謝名里西
蔣名山相似化酷之橋比于降妖當有故事然已無攷今俗以
周侯任俠事傅會新奇謂射頭爲射兇徒之頭化酷爲化逆婦
之酷紅巷爲斬蛟之血流余皮又作俞皮謂俞氏子助侯斬蛟
分得蛟皮唐氏子得蛟角蛟食人時老嫗三女悉被吞噬既斬
以後男得無患故以男留改名其邨用誌欣幸意在周旋孝侯
年少時事託諸神夢荒誕失實以此求信宜舊志謂邨落俗名
不必盡求其解矣
萬金鄉有北㬎讀如渠後人以㬎字不見字書於宜興分志區
圖中改㬎爲㬎按六書索隱日在癸上曰㬎本作㬎乃古終字
作㬎者之譌竝無渠音舊志山川北渠港注明云一作北㬎竊
謂㬎卽湀之變文湀者闢流引水灌田之名作㬎者流俗後出
之字也湀渠音轉義又相通後遂改爲渠字矣
成任鄉有邨土人呼駱駝渚自前代迄今皆書作㘱㘱坐此三
字不見字書按㘱卽埆之變文埆有角音角亦作㖷音讀如祿
㘱卽地之變文字書以地同坻其實卽陀字俗文作陁者之別
體也玆邨之田瘠薄而迆下故有墝埆陂陁之義至坐字從外
與渚音渺不相涉葢墅古作壄因而訛變耳宜興分志區圖作
陸大嘴未宋其本字而以音同者當之也大抵數百年來相傳
不改之字其始必有所因文人學士概加鄙棄不復溯其本原

辨其沿襲則古字之湮沒者多矣鐘鼎之文字書不載何限哉
坐字從土外卽外之緐文從善鄉有胥堂坐墅見於府志今荆
谿分志坐作艾葢鄉音之誤也坐墅西北瀕白雲涇在水之外
故名
吳圯圩在從善鄉今圯作㐆讀若汜猶峞山之作㞦山皆變文
也古圯有汜音觀漢書張良傳圯上注云應劭從水詳里切可
證大抵從善第一區之地自宋以前半係吳圯里今之吳圯僅
止一圩非舊地矣又誤㐆爲邑以爲從士得聲謬甚
湖㳄在均山鄉㳄字古書未見以哺字作㕭輔字作較誧字作
㕭例之㳄卽浦之古省字土人讀㳄如步或讀父去聲按甫有

捕音亦有俌音讀父去聲者因父字音讀而變也讀如步者吳楚謂浦爲步以音近相假也王穉登荆谿疏云蜀山折而南可二十里曰湖汊湖汊山中大市也宋時置務於此今作汊亦務字之譌按務字從矛聲古在明母今在微母汊字從父聲古在並母今在奉母二音大有徑廷且宋設務時因汊字難識改湖汊爲湖洑偁湖洑務亦未嘗偁湖務也風土記大水别通小口爲浦此浦之水由東瀉谿入太湖故偁湖浦浦沿作汊乃古文僅存之字（溧陽志有張汊山即宜興張山）三二十年來未經辨正可歎也

君山名銅官山以置官采銅得名舊志山川載或説改官爲棺傅會王喬之事荒誕無稽辨見卷九名勝

宜興荊谿縣新志〈卷末　雜著　定訛　圭

香鑪峰在君山正南俗號雄鷲頭舊志疑此即金鷲山按金鷲乃𡸣山之小峯與此無涉

南嶽山舊志云在西南十五里即君山之北麓按北麓一小峯豈得偁嶽葢南嶽即君山孫晧既封國山以君山爲南嶽禪於山陰之麓後人因以名之爾

國山即離墨山咸湻志云國山延袤三十六里高百二十五仞一名離墨山是已三國志作離里吳孫晧以石立室閭偁爲大瑞遣司徒董朝行封禪禮命爲國山舊志謂在離墨西南三里者俗以封禪碑在西南峯故偁之也

善權本作善卷以山岡巖穴卷曲得名作權者因避東昏侯而其後相沿不改也辨見卷九名勝

横山舊志云一名大盧山按横山在厂夼南大盧山在薔薇隝南相去幾及十里

章山舊志以長山北小山當之注云徐志山周廣六十八里高六十八丈近武花沸泉二山又云徐志通計武花沸泉諸山皆謂之章山攷之土人殊多不合按徐志所云據風土記記云章山即方巖連亙甯國界按山自甯國來入荆谿境者第一爲太華山經云太華之山削成而四方故方巖之山取以爲名自太華西北轂嶺以北諸嶺迢遞相接嶺西爲金泉區嶺東爲永豐區周迴六十八里皆章山之枝幹故得通偁章山（咸湻毗陵志張渚源出章山是梅子嶺東之山亦偁章山也）

宜興荊谿縣新志〈卷末　雜著　定訛　圭

正山在茗嶺西北舊志不載但偁正幹山與向山相連按今正山下郵接幹里正幹之名葢由誤併（攷正幹山與襄王嶺近山記失載附注于此）

𡸣山與桐城之𡸣山均以山如菡萏得名其字從山马聲马古作㔾即菡萏之菡字草木之華未發圅然象形也或作圅山圅亦菡也轉音爲烏后切風土記謂亟姥於此得道此與漏湖因漏姓得名之説同一傅會古者族姓之編未有以亟爲氏者

周山因魏博士周生烈得名烈甞居於此其郵名周舍舊志清津區有周舍橋即此地也古時嘗得斷碑乃烈所作或遂謂烈葬於此誤矣

竹山有二皆宜興境一在太湖濱沙塘港口一在古漏湖鄉亦
名柯山卽今之柯山橋咸淳志柯山在縣北三十里有雲陽侯
蔣默墓是也其裔孫渙撰墓碑立於道旁今山已剗爲平地而
小阜之上尚有竹林其地廟祀蔣默俗爲雲陽古祠舊志百瀆
山下附注云今和橋西南有柯山橋而無山亦無蔣墓墓在竹
山是以柯山之名竹山者疑爲太湖濱之竹山蓋未宷矣
計山本作岊山岊卽屺之變文山無草木爲屺爾雅作峐毛傳
釋詩岵屺注文互倒不足疑也
浮山卽今之孝感墩以陽山麓二峰當之者誤辨見卷九名勝
蓼莪山舊志謂王裒嘗隱此非也山足有蓼莪庵元代王彬事

親盡孝廬居墓葬於此時人比之王裒因以名庵及山此與陽
湖新塘鄉之蓼莪庵謂有偉元墓者同也辨見卷九寺觀蓼莪
庵下
梅林澗舊志云源出篠嶺諸山按篠嶺與梅林相距幾十里中
隔滄浦諸山其泉流出謝橋由洑谿以入東氿不至梅林澗也
金沙泉舊志云唐貢山在縣東南二十五里金沙泉卽在其下
按茶譜云湖州長興縣啄木嶺金沙泉卽每歲造茶之所也湖
常二郡接界於此有境會亭每茶節二牧皆至焉泉處沙中居
常無水將造茶太守具儀注犧牲拜敕祭泉頃之發源其夕清
溢造供御者畢水卽微減供堂者畢水已半之太守造畢卽涸
矣太守或還旆稽期則示風雷之變或見鷙獸毒蛇木魅陽睒
焉據此則金沙泉在啄木嶺非唐貢山下也舊志湯泉注又引
徐志陽羨茶泉在啄木嶺按啄木嶺之陽隸長興縣徐所据者
湖州府志而以長興之泉爲陽羨泉疏矣
荆谿舊志云以荆南山得名按荆谿之名最古君山名荆南正
以荆谿得名非荆谿以荆南山得名也
西氿東氿王穉登荆谿疏作汍自注云汍字字書不載當作九
土人以九里計程故名後人因之謂西氿二十七里得三九東
氿一十八里得二九徐喈鳳荆谿賦序辨其誤云泉側出曰氿
二谿泉皆側出故曰西氿東氿按徐說辨矣而未盡也氿從九

九斗古字相通九有糾曲義亦有糾聚義氿泉側出與檻泉之
聲字或作漸今讀如軌古皆讀如九（古軌字亦讀九匏有苦葉之二章軌與牡韻可證也）
直上沃泉之直下有別其形轉曲故偁氿今東西二氿皆屬大
谿爲衆水所會又取糾聚義也或作汍汍卽氿之後出字久九
同聲亦古音之僅存者
章谿舊志谿河不載但云張渚一名章谿按章谿卽今蒲墅蕩
以全受章山之水得名輿地紀勝引寰宇記云章谿在縣西三
十五里是也今張渚以南之山通稱章山梅子嶺東爲永豐鄉
澗水皆匯張渚梅子嶺西爲金泉鄉澗水匯西陽渚至蒲墅蕩
則兩水合併矣是張渚乃章谿上流之一支本名桃谿因張姓

嘗居更名張渚舊志云云本於咸淳志攷咸淳志張渚下云張
疑作章葢因張章音近疑爲聲誤而後之說者多仍之其實非
也
塞谿爛路谿舊志姚谿注謂此二谿應與姚谿近然終無確指
按姚谿卽今之都山蕩塞谿卽馬公蕩爛路谿卽談墅蕩（舊志有馬公蕩無談墅蕩）詳見卷一水記注
東瀉谿舊志云罨畫谿一名東瀉谿俗呼爲山谿按山谿東北
流入蓮花蕩乃東注震澤東瀉谿當指蓮花蕩言之山谿乃其
上流也
屋谿卽篠里河舊志列於篠里河後謂在篠里東南是以屋谿

爲篠里河之上流也舊志注又謂咸淳志有竹谿疑卽今之屋
谿按竹谿爲山澗今芙蓉山下有竹谿干邨與通河者逈別
五雲谿有二一爲均山鄉罨畫谿以陳襄詩有五雲深處問新
亭之句而名也（舊志謂因獨孤及詩名曰五雲谿者誤）一爲從善鄉龍游谿（見舊志山川補遺）谿側有五雲庵庵前舊有亭獨孤及五雲新亭宴集及許
渾泛五雲谿詩皆指此處舊志名勝罨畫谿下誤載之辨見卷
九名勝
洴浰湌亦偁洴綀湖浰本作綀辨見卷九名勝洴綀浦下
南谿河自洴浰至渡濟橋入溧陽界舊志謂古陽羨荆谿中江
故道卽此按荆谿乃今之北谿河臨津之城古偁在荆谿北滑

是也
蠡河舊志水利引陳玉璂府志云越大夫范蠡伐吳開漕今曰
漕河亦曰蠡河按單鍔水利書宜興東有蠡河橫亙荆谿東北
透湛瀆東南接罨畫谿葢卽今之湛瀆河由道成與福境安上
塘楊婆等橋出蠡口絕東氿以達於張渚河者也昔范蠡伐吳
築城在今無錫縣西陽羨諸邑由此通漕非今北運河之漕河
也
宜興城垣舊志云卽古陽羨城建於吳赤烏六年前臨荆谿按
此城乃晉之義興城吳城去義興十五里宋書孔顗傳明言之
今彭莊環里相近有邨名城上（陳玉璂府志作城上甯楷縣志作埭上今俗偁場上）當卽

其地辨見卷一建置沿革卷二城池卷九遺址下
長橋舊志云元豐四年辛酉令褚理易之以石按咸淳志則褚
理重建時仍爲木橋淳熙十一年重造上立神佛祠四列市區
二十有八易木爲石當始於此辨見卷三津梁
周舍橋在縣西七十八里周山橋在縣西九十里舊志並載清
津鄉按二橋實一橋魏周生文進嘗居此地後名其邨爲周舍
山爲周山山舍音混鄉人呼周舍邨爲周山邨而橋之舊偁周
舍今偁周山者其計里之數又或贏或縮遂歧而二之也
歸逕橋本名癸逕橋以跨癸逕得名咸淳志志山水作癸逕志
橋梁作歸逕亦沿鄉音之譌

象賢橋咸湻志云慶源橋舊名象賢此謂迎恩橋南之小高橋
也今象賢橋乃創於後代而襲慶源橋之舊名與三里橋縱橫
相接舊志混而爲一謂慶源橋今名象賢失其實矣
學有靈星門昉於宋代宜興之學重門列戟靈星尤壯觀咸湻
志嘗偁之矣明史禮儀志四載洪武中立太學大成門前曰靈星門字亦作靈蓋靈星者龍星
靈龍音轉卽歲星也蔡邕獨斷以爲火星鄭敬以爲房星今据左傳杜注主穀主道德主福又
爲農官星見經古者養而後教故農父爲教官靈星之尸薦祀於
社鄉學在社故門以爲名而因及於郡縣之學中吳紀聞六載張無垢崑山學記云學門有社壇齋所揜敝於前此縣學有社之證今人不知其義以門有直櫺遂改靈
星爲櫺星舊志學宮亦仍其譌夫靈可爲櫺之古字左傳藏𥂕霝靈卽櫺

宜興荆谿縣新志　卷末　褋著　定訛　三八

也以櫺爲靈殆不古矣所謂說誤於前文變於後也
拔貢每六年貢一人此雍正閒分縣後例觀分志選舉可知不
當在舊志學額中
崇儒書院卽今三賢祠舊志在明道書院之前按史夏隆明道
書院記曰周孝侯墓左隙地可建書院先君子輸稅築基郡伯
劉公邑侯喻公襄其事而宜邑始有書院則三賢祠之偁崇儒
書院亦後人以吳侍御達可記中之語名之也
晉書明帝記太甯二年義興人周蹇殺王敦所署太守劉芳舊
志武事載之按周侯後裔以族貴盛覆于王敦周氏故吏但於
事後訟冤而已蹇獨忠義奮發殺其所署太守亦人傑也人物

諸傳未載其名俟攷
咸湻志蔣默傳云居陽羨滆湖東封爲雲陽亭侯子何邵陵侯
孫志襲祖封蔣澄傳云居陽羨滆湖西封亞亭侯子孟東亭侯
通陽羨西亭侯休襲父封其封統內祇澄通休三人不及默與
孟王志於雲陽東亭上各增陽羨字併默子邵陵侯俱載入封
統舊志據咸湻志駮之以雲陽爲今丹陽地東亭非陽羨封統
但載封於此地者不當載邵陵侯按邵陵爲國侯非陽羨地王
志誤誠非至雲陽實與亞亭同爲陽羨地齊光義亞亭侯碑
父横遭遇讒慝九子悉從降徙後帝覺悟諸子各於所居處受
封亞亭今在滆湖西則雲陽在滆湖東可知矣咸湻志傳文亦

宜興荆谿縣新志　卷末　褋著　定訛　三九

本舊志上云居陽羨滆湖東則下文雲陽上不當更贅陽羨與
蔣澄傳單偁亞亭同一例也澄子西亭侯既爲陽羨則東亭之
爲陽羨不問可知且安知非陽羨二字本在東亭侯上而傳寫
者誤綴於西亭也舊志人物蔣澄傳中正作陽羨東亭侯蔣默蔣孟當遵王志載
入并宜補載蔣志於爵秩中乃得其實辨見卷九遺址雲陽亭
東亭西亭下
周札封漳浦亭侯按寰宇記引臧榮緒晉書周處封章浦亭侯
是札襲父封也漳當作章咸湻志兩偁章浦亭侯秩官作漳山
水作章章浦因章谿名辨見卷九遺址章浦亭下又按咸湻志
周札傳兄子懋清流亭侯縉都鄉侯今清流亭都鄉不知何處

荆谿境有清流鳴宜興境有郚郙亭鄉之名俟攷要之鄉條亭侯與縣侯不同大都不
離故土舊志於周處之封不据臧氏晉書又以咸淳志封統不
載懋稽遂不列於爵秩未免疏漏

晉義興太守謝泉陳義興太守許允宗舊志守令列其名按謝
泉本作謝淵晉書避唐諱舊志据之許允宗本作[允]宗今避
廟諱咸淳志作嗣宗避宋諱也

周魴舊志徵辟注云鄱陽太守忠義傳亦云魴守鄱陽軼聞引
斬蛟射虎記僞鄱陽刺史按漢之刺史乃州牧非郡守也舊志
蔣澄傳僞發州刺史誤亦與同

單錫宋嘉祐二年章衡榜進士舊志選舉列其名文苑傳亦云

錫世居邑東南鄉湖洑按單旻跋吳中水利書見舊志藝文題跋近閲
家乘及縣志始祖與文忠爲同榜進士又妻其甥女自眉山同
徙居宜興因占籍鍔乃錫之弟云云据此則錫登第後乃徙宜
興弟鍔占籍成嘉祐四年進士耳旻於錫爲雲孫之輩其言當
可信今之舊志蓋非旻所見邑乘原文矣

佘中舊志選舉注云咸淳志作余中按佘乃余之俗譌字趙宋
以前字書罕見此文余本有時遮切之音賒斜皆從余爲聲音
轉形歧竟分爲二今宜興中巷里以佘中得名世居佘氏其明
徵也

選舉志凡邑人占外籍者志中例載其名蔣重珍之奇五世孫
也其父文壁始遷無錫遂占籍焉嘉定癸未登進士第一舊志
蔣重珍榜不列重珍於首未免自亂其例

時彥舊志科名坿攷注以唐鶴徵府志列入紹聖丁丑何昌言
牓王志列蔣之武下徐志載蔣不載時誤以時之官爵注蔣下
分志孝悌祠坿注又以時彥宋開封人元豐己未進士第一不
言其爲宜興人毘陵人品記載時彥著其父有還妾事不攷其
父之名而列彥於孝友未知何據云云按今陳玉璂府志蓋仍
唐志之文以時彥列孝友爲宜興人其孝友絕無事實但載其
父還妾生子而選舉志甲科元豐二年既著時彥牓紹聖四年
宜興進士蔣之武下復有時彥注云吏部尚書誠有如舊志及

分志注所云者然府志蔣之武下注云邦美子吏部尚書攷尚
書乃時彥之官邦美乃時彥之字以之武爲吏部尚書而復以
爲邦美子其誤更不止如徐志官爵誤注已也今舊志載時彥
父而佚其名但列還妾事於行誼或疑時本宜興人而占籍京
師或又疑宋有兩時彥然咸淳志選舉紹聖四年進士無時彥
名而元豐二年時彥牓常州進士二十二人不列時彥於首則
時彥竝無同名之人而本籍非宜興亦可見矣咸淳志事載本
朝近而可信咸淳志紀遺書時父還妾事亦僞時邦美陽羨人然紀遺篇首序云所聞異詞不可以類入則亦不以爲可遽也且時彥之父爲鄭州牙校則史謂開封人者當近之其
入孝悌祠也或彥當日曾僑寓宜興而時氏子孫居宜興者因

以爲請如蘇文忠入鄉賢祠之例乎既祠孝悌必有行實舊志一時失載府志以祠在宜興遂以屬之又不攷事蹟而竄入其交行誼竟不顧門類之不相入也

方允武三衢人宋建炎中以武學上舍補官爲宜興巡檢率土兵迎擊金人死於梅嶺贈秉義郎官其三子見王象之輿地紀勝引三衢志三子者唐卿虞卿夏卿官俱至正副使咸淳志紀遺載之舊志名宦作官其子二人蓋字畫之訛

周玘舊志載入忠義云處長子按玘實孝侯次子舊志云云蓋以晉書孝侯傳有子三人玘靖札之文而訛也攷咸淳毗陵志英烈廟下備載孝侯四子封侯加號進爵爲公伯曰靖封肖靈

公仲曰玘肖武公叔曰札肖義公季曰碩肖勇公今舊志增廟亦仍其文以靖居玘先特删去伯曰靖仲曰玘四語耳靈武義勇字既魚貫伯仲叔季聯如雁行玘爲孝侯次子直無疑義或曰四子之追封仍其譜牒譜牒之敘次由於墓碑碑係後來僞撰事實多乖年代尤踳士衡已死而作文乃託其名逸少未生而書石乃假其筆碑載歸葬勒銘之期爲大興二年而史志言太安二年成都王穎殺陸機至是已十七年矣又義之於永和癸丑書蘭亭集序時年三十有三則大興四年乃生也今信僞碑而糾正史烏在其可乎曰碑之不可信者爲其虛造而失實也若後玘於靖實本正史之文晉書孝侯子玘札並有傳玘傳云子勰嗣札傳又載札兄靖子懋晉陵太守清流亭侯以次及懋弟筵與贊與綃下乃云次兄子勰臨淮太守烏程公玘爲札之次兄玘子勰又因靖子而遞及之玘不長於靖灼灼明矣又按舊志孝侯於建武元年追贈清流亭侯而晉書載清流亭侯爲靖長子懋疑亦以冢孫襲封者孝侯傳云玘靖札者或係傳寫誤倒後人乃沿之不改今周氏忠義集全錄晉書孝侯傳於首末復節錄玘札二傳同在集中不難勘正而周譜且以爲侯年十七歲長子玘生二十一歲次子靖生舍宋志而襲晉書聯名之字偶誤於前紀事之文遂變於後而不思兩傳相較自相剌謬也孰得孰失攷古之士必有能辨之者

周寶安子韶韶之變文父卒後爲偏將征歐陽紇平定淮南並有功封江安縣伯歷晉陵定遠二郡太守今舊志忠義寶安傳韶未

附見府志晉陵太守亦無韶名

周正儒舊志文苑傳云原名肖儒崇禎十三年進士兄延儒及第登政府正儒絕不作貴介氣潛心讀書文譽藉甚所著有社集吳吟郎山軒稾按周相國之弟肖儒改名正儀崇禎壬午舉於鄉見楊氏鄉評備攷及周氏族譜正儒則字梓庵庚辰進士召對稱旨擢禮科給事中楊嗣昌擁兵糜餉正儒被召對必痛哭論列天子爲動容奉詔督餉歷陳生餉用餉徵餉三策上皆嘉納因提餉回南遭甲申之變隱居保安寺肆力於宋諸子書著有爐餘倦游集皇城疏草焚餘詩稾

國朝康熙五十六年祀鄉賢祠官職載選舉志入祠載學校志

並非延儒同產今正儒傳獨進士年分不誤其餘皆正儀事不
作貴介氣云云則周旋正儀語也且選舉志注舉人周正儀下
云延儒弟有傳而今傳衹有正儒別無正儀種種刺謬幾不可
解大抵舊志本徐志之文康熙時徐君修志茹公尙存故延儒
及弟正儀不能無傳至嘉慶初甯楷更修則延儒之氣焰消而
正儒之忠讜顯遂刪延儒而改正儀作正儒獨易其名不𡨚其
實以致譌踳爾今當改正儒入忠義詳其眞事刊去原名㑹儒
及兄延儒以下等語而以選舉志周正儀注有傳二字迻注正
儒之下乃與周譜楊評相叶嗟夫勢位愈赫誌狀愈張而品行
之流傳亦愈難磨滅觀二公之有傳無傳可以倒置於當時不

能不更正於後禩然則行實不足傳而紛紛論譔誣美前人者
後之視今猶今之視昔也
陸希聲舊志載入僑寓云昭宗時宰相初以避亂居義興之湖
㳄自號君陽遁叟按希聲居湖㳄有讀書臺侍郎橋遁叟之號
乃在罷相後非初居義興時也
毛㣧舊志僑寓續補中有目無傳葢手民剞劂時脫漏而讐校
者未及𡨚也今爲補刊闕其事實而猶存其姓名庶後之人得
蒐攷焉
王允岡山齋舊志遺址注在紫雲山側按舊志隱逸載王仁字
允岡以先世葬梅林築室名山齋則齋在梅林也其云紫雲山
側者葢因王蒙山齋記篇首有樞密葬紫雲山之語而誤攷王
記全文王淵墓在煙山東峯之紫雲山其子孫盡葬梅林相去
六七十里記文載荆谿外紀可證也
胥井以胥氏嘗居得名舊志補遺謂子胥飲此井者俗傳之說
也辨見卷九遺址
蠡墅舊志遺址補遺謂范蠡功成泛湖嘗居於此按蠡墅及蠡
莊皆以近蠡河得名若泛舟五湖仍居於此則吳已屬越近而
易求外傳何云莫知終極乎然今東鄉業陶者且因此以祀范
大夫不知陶朱之陶古爲邑名而直以少伯代昆吾之作陶也
亦可哂已

普門禪師塔舊志遺址補云在大坯山普門禪寺旁按咸淳志
普門師建塔西澗許孟容爲記石刻今存並無分塔大坯山之
說辨見卷九寺觀
宋慕容彥逢葬篠嶺舊志邱墓遂作逵與府志同沿王志之誤
而未及改正
許氏先墓石刻云許氏先君墓表舊志列之許棫墓前注云王
志以爲郎棫之後旣係先墓不宜云棫後或棫之先爲荆爲武
均未可定按咸淳志載許氏先墓在棫墓後故王志云云碑係
許裔所立係棫後爲先君亦無不可若是荆武則名垂國史且
有爵秩何得不係位號乎

舊志邱墓門又載蔣雲陽侯亟亭侯皆齊光義撰墓碑謂本史能之毘陵志按此据史志誤本而加誤者也史志元本蔣亟亭鄉侯澄墓在都山南唐秘書少監齊光乂義字避諱改爲墓碑裔孫監察御史晁復此字衍立石道旁蔣雲陽鄉鄉字乃亭字之誤侯默墓在竹山唐天寶十五載給事中蔣渙撰湖東枝墓塋志云默十八代孫繪以上皆葬此山挺以下多葬洛陽云云先澄後默默墓碑不著誤本以亟亭侯墓在都山南雲陽侯墓在竹山兩語前後互易舊志仍之則光義所撰墓碑已移屬雲陽而亟亭墓碑爲齊光義撰者𥃧經重建人所共知遂於亟亭墓下復增唐齊光義撰碑六字不知默居湖東渙爲其二十世孫渙所撰湖東

枝墓塋志勒石葛墟日久蕪沒今蔣氏子孫錄其文於家乘卽倂爲雲陽亭侯墓碑此外別無墓碑存也至光義撰亟亭碑樹石年代亦與湖東碑同自宋之紹聖三年紹興十四年德祐元年明之萬歷二十九年五經鐫刻詞或失次近建碑亭重加釐正蔣詒芬校定之始清腴可誦理順怡然議者以光義因御史蔣晁之請而作文乃順其語氣碑倂我族銘倂我祖文法未免太踈不思碑歷八百餘年摹勒幾更豈無缺訛我族我字或係羼竄至銘實御史自撰光義爲製序以勒諸碑序文但倂御史聚宗黨飾餘踪刻珉石示來裔而不言已之作銘亦可見矣

吳封禪國山碑咸湻毘陵志謂之囤碑今本囤下衍山字按宜興囤碑有二靜山堂庵門外尊勝經石幢爲唐囤碑國山碑爲吳囤碑皆以其形似也云在南嶽此誤以南嶽爲國山也自宋歐趙二家始有著論至趙彥衛雲麓漫鈔明沈敕荆谿外紀乃載其文

國朝嘉慶初海昌吳騫爲之攷陳鱣又縮摹鐫石舊志据之詳矣備矣然缺文尙夥誤字不鮮有更正而誤者祇從爲祇筵詞義乖踳有沿襲而誤者祭書之祭仍爲所字不知郭麐祭書見崋山廟碑謂祭視其書而後刻石恐有譌誤猶今之校勘也細案碑刻祭字上半隱隱可辨碑中古字甚夥第十五行及三十四行受作𠬪受之緐文實古受作𤔔之省文受从𠬪夕省聲夕卽舟字省作月亦作𠃌也第三十行飛作飛爲飛古字見於司

馬溫公類篇汗簡作飛卽卂之緐文飛從卂爲義非爲聲也第三十三行實作寔下半爲員員从日聲此字字書音置而缺其義日古亦作田以齊侯甗實字證之知不從貫也至於𤔔攤爲𤔔正瓮爲慈叚黍爲七壁爲礊流離爲琉璃而一作弌神作𥛗宣作宣鶴作鳥信作㐰四表作三衺凡斯之類甚難枚舉又按王象晉輿地紀勝訛國山碑與封禪碑爲二或以王氏之言謂國山實有二碑或謂國山碑下尙有隸書埋於地中此皆謬傳國山碑隸書卽自立石海昌陳升篆吳自立大石五字於上右旁署海甯陳升書五隸字左旁有題名爲嘉慶丙辰海甯吳騫陳鱣武宜興陳經同梧菁權登國山題二十五字乃後人仿漢隸爲

之非古刻也

汾宗元書周孝侯誄詞舊志注云常州知府夏某撰按白悅跋作誄者乃宗元也嘉靖閒知府亦無夏某辨見卷十金石攷

舊志山川門與函山對峙者曰荆山又分大玉山小玉山今俱無攷按大玉山小玉山即大藭小藭與荆山今皆爲溧陽境見卷一山記補此條當在二十三頁函山條之下

舊志職官武秩注云朱子有贈函山前巡檢詩唐鶴徵府志載入詞翰吳紱批徐喈鳳志乃爲補入職官但宜興在宋惟香蘭分界二寨可攷至元而函亭巡檢司之名乃見豈朱子時已有是官邪按函山前離楊巷七里在溧陽境史炳嘉慶溧陽縣志

函山圖題語云函山寨宋巡檢所駐朱子詩碣尚存所係詩碣即贈巡檢詩刻石也是宋之函山寨在溧陽函山前元之函亭寨乃在宜興今其址雖未可指以理揣之必與山亭相接當在楊巷堉近地矣舊志邱墓又据王志載陽羨侯史謟墓在函山寨西唐順府志亦仍王志補入今溧陽縣志明載史謟墓在縣東北三十里桓表翁仲至今尚存王志入宜興者蓋亦疑函山寨爲函亭寨也補此條當在二十八頁崇儒書院條之下

光宣宜荆續志（一）

（民國）陳善謨　修
（民國）祖福廣　周志靖　纂

本書十二卷首一卷，據民國十年（一九二一）刻本影印。

陳善謨，猗氏縣（今山西臨猗）人，民國七年（一九一八）任宜興縣知事。祖福廣，吉林長白人，民國九年任宜興縣知事。周志靖，宜興人。同治十二年（一八七三）舉人，曾任刑部貴州司主事等職。民國六年江蘇各縣修志之際，宜興設局纂修，至民國九年完成。本志續光緒八年所修的《宜興荆溪县新志》，斷代爲書，修至宣統三年，故稱『續志』；又以清光緒、宣統兩朝斷代的志書稱作『光宣』，民國以後事亦附入焉。此志分設表、志傳、録等類目。卷首序言、凡例、纂修姓氏，卷一地理志，卷二建置志，卷三經政志，卷四武備志，卷五新政志，卷六社事志，卷七官職志，卷八選舉志，卷九至卷十人物志，卷十一藝文志，卷十二雜志。全志分類詳細，對晚清時期政治、教育、交通、郵電、實業等方面的情况都有所述及。

敘言

古者郡國圖籍畢上太史於是別國史之例而爲郡縣之書邑之有志葢昉乎此宜興前有危氏徐王二氏之舊志析縣後甯氏之分志先後吳氏之續志新志秉筆皆一時之選用以徵文考獻發揚邑華歎觀止已民國肇建百度維新治國聞者尤重方志大部鑒此咨行省續修通志並輯縣志以備甄采蘇省設局而後檄下各縣敦促成書善謨適於是時承乏邑篆親見夫風土之淸嘉人文之秀偉不乘時建言致令書缺有閒其何以繼往而開來爰與邦人士一再集議詢謀僉同史才則近取梓鄉經費則帑徵

糧畝禮聘徐君保慶周君志靖總攬局務又得諸才彥分門纂訂善謨於聽政之暇時相過從商榷體例續志斷代爲書光宣兩朝自爲起訖比事屬辭與前志若跗萼之相銜入民國來犖犖大事則又仿圖經類纂之例別爲備志以諗來者荏苒三年殺靑將竟不朽之盛業其在斯乎抑善謨有慨夫中國數千年閒有君史無民史史法謹嚴凡民閒薄物細故一切利病所在例不入書方志因之陳義遂狹承修者蹈常襲故視爲一種官書而已若夫記歲時記風土記異聞軼事閒采私家筆錄得稍稍窺見民俗之一二讀者有遺憾焉今者民族自決之聲盈於耳鼓潮流所屆將羣趨於民治之一途是編開始適當鼎革之交深合變通之恉續志雖詳淸事而因革損益已爲政變之先聲備志歷年較短而於搆成地方之要素紀地紀人紀政尤兢兢三致意皆所以策民憲之進行也後有作者益發揮而光大之千形億貌刻畫盡致不以是爲官書之奉行而以是爲民史之前導握鉛懷槧之功過於勒鼎銘鐘之烈與言及之不禁對溪山而神王也已書成善謨例得廁名簡端並不辭引喤爲書其崖略如此民國九年十二月

署理宜興縣知事猗氏陳善謨

敘言二

民國九年冬十一月福廣奉令知宜興縣事既涖任喜其山川清淑人物薈萃日與賢士大夫相接思所以興利除弊者無曠於厥官而縣志責在督修尤兢兢焉以爲先務幸詢諸主者徐君保慶周君志靖知續修光宜志已有成書備志稿本亦將贈成疊經送覲粲乎隱隱各得其所儲君南强又示以地圖圖用精紙采印蔚乎如製錦之有章也秩乎如記里之有鼓也福廣心焉企之徐君等遂請序其簡端竊惟視事方新見聞蓋尠貿然操管義所未安旣而自思徐君等爲是請者豈惟是點綴山川鋪張人物拾

餖飣於故紙襲月露之浮詞以標異於姓名哉必將因端竟委鑒往知來俾斯志不虛存而有以觀其大也今夫因雲灑潤則芬澤易流乘風送響則音徽自遠昔人嘗言之矣光宣以來風會變遷紛紜萬態語其外象似勝從前然而自治則起滅無常學校則振興有待水利未盡修復實業未盡擴充益以風俗澆漓日趨浮競民生凋敝宵小潛滋其不至每況愈下也幾希江蘇情形雖勝於他省而橫流牽率相去似屬無多福廣昔備員省署習聞時事每竊竊以爲隱憂洎來宜興職在親民尤不能不彷徨夙夜也觀于續志凡所稱引固已慨乎其言之備志編次尤詳雖未加論斷然得失自在畦徑可尋簿書之暇日手一編時加省察假爲指南不以爲紀載之書而以爲政治之鑑則所謂因雲灑潤乘風送響以興利除弊者固大有在也福廣雖不敏請事斯語縣之賢士大夫或當許之幷質之徐君等以爲何如其已詳前序者勿贅民國十年六月上浣

宜興縣知事長白祖福廣謹序

光宣續志序

歲在著雍敦牂知事陳公奉文趣修縣志經費既定以擇人爲急集邦人士於庭謀所以膺斯選者公推徐丈煥其爲總纂不佞與朱丈小芴次之又舉協纂五人程君小琴徐君倩仲儲君鑄農楊君若漁潘君伯彥時志靖在蘇弗與聞也既徐丈以病辭知事躓門敦請至再三不獲命次當志靖始以書告聞而驚惶茫然若無所措夫志者史所從出也修史難修志亦何獨不然顧以諉諸下走譬以蠡測海使蚊負山何以能堪再書力辭不獲始來宜而知事以聘書至矣儲君鑄農等又以世父於光緒辛巳吳氏志

實爲總裁宜繼前志服勞未可退卻然志靖終未敢驟應也仍謁煥丈請命未許可而朱丈又衰老斷不能來則志事或因以停頓退而自念雖百無可稱而程君小琴等皆吾邑聞人幸獲同舟事當有濟又斯志距光緒辛巳僅及三十年爲時較近辛亥之變人民安堵如故采訪亦當較易始覥顏應命詎程徐潘三君相繼力辭愴然失望公推蔣君香谷任君亮虞繼之儲君又以事辭公推族弟組園繼之始議采訪限以四月編纂印刷統限年半告成詎意改革之後縣卷散失故紙堆中既難尋檢舊胥遍索亦多居奇鎮鄉地段綿長耳目亦猝難周徧流光荏苒逾限多時筆禿脣焦智盡能索始得依潘君伯彥所定目錄類次編定仍多殘闕未爲完書餘如圖經及志中未載各門均見備志溯自開局至今將逾二載息壤在彼合境共聞未克踐言彌深悚懼志靖自任事以來念茲在茲釋茲在茲每當風瀟雨晦車蹟船脣或況瘁於道途或綢繆於燈火未敢稍自暇逸以負告於鄉邦所堪告諸父老者僅僅如此昔世父序順天志云閱歷甘苦不能無言志靖嘗三復斯言而不禁怦怦欲動也若夫體例之所在文字之所存其閒當否雖諸父老幸賜教督同事亦交相扶助隨時審定終未敢自信覽是編者有以教正之則幸甚歲在上章

涒灘秋八月邑人周志靖謹序

纂修姓氏

督修

知　事陳善謨

知　事祖福廣

主修

徐保慶

總纂

周志靖

監修

徐致章　季元亮　朱葆時　盧葆文　吳之焱

潘鍾瑾　儲鳳韶　周家謨　李逢慶　余鼎銘

湯克仁　萬　康　任方時　儲之儒　徐學曾

朱啟鳳　任之驊　史應辰　朱祖蔭　李棣林

協纂

蔣兆蘭　周學源　任　卓　楊壽祺

參定

程　適　史國琛　儲鳳瀛　任承弼　童　斐

朱其元　史之選　任毓秦　潘德荃　徐鏡清

徐德輝　朱楚善　崔克順　徐在滋　程乃猷

謝保衡　周徵彝　路　珩　儲南強　潘嗣曾

協贊

潘鳳儀　徐翰銓　史悠澤　陳　明　吳其澍

徐仁錄　任鳳苞　吳鴻基　程乃績　儲蘊華

路振夏　周學渠　吳家驄　周志程　潘貽曾

潘烈芬　徐仁鍾　路鴻甲　蔣福顥　吳兆紳

徵訪

路恩耀　徐應軫　朱啟鵬　湯之盤　任德峻

潘　澣　郁　恂　楊宗敬　楊壽勳　程仁熹

俞沐欽　朱陛圭　蔣丙華　瞿璽麟　江際澄

顧　鴻　陳德賢　謝蔚岑　邵　浩　蕭蔚章

呂　靖　邵培生　周邦翰　陸鴻甲　儲　仁

徐則林　史貫忱　呂律和　芮適成　儲壽平

蔣克勳　黃應中　吳　唱　秦介臣　楊宗震

芮光遠　吳文麟　曹賡堯　宗逢洲　楊　權

宗易掄　許漢祥　陸　鼎　趙　鑪　余兆驊

何丙甲　陳　濬　賈如鈞　余克明　盧瑞書

錢士珍　譚祖培　史青貴　朱　毅　嵇宗唐

許鏡江　張　熙　張嘉植　徐宗侃　周　蔚

陳宗器　馮熙侯　儲　湛　徐炳章　丁鏡人

丁文藻　吳樹勛　周之球　徐家俊　周熙濟

錢協邦　潘莘華　潘福祺　呂啟允　徐致治
王企堯　羅致勳　周綱仁　潘錫球　吳葆棠
葛鵬翰　周寶銓　潘振鵬　許子鏐　范富年
李希陶　李植華　陳正鵬　崔克順　崔祖芬
任杏元、任靜涵

校理

潘大綱　徐鈞石　吳楚華　蔣型洛　汪宗藩
史悠第　周保章　周志培　任錫瑞　余克諧
徐　諤　吳　萱　郁仿曾　任慶辰　張　芬
蕭景翹　楊恆辰　汪鏡澂　吳達材　周品高

李開峴　朱煥奎　徐大剛

督刊

周一仁兼收支　汪其淵兼庶務

光宣宜荆續志總目

武備志卷四
綠營
防營
水師
徵兵
新政志卷五
學務 學務公所 勸學會 教育會 學堂
自治 議事會 董事會
選舉 諮議局
警察

社事志卷六
實業 商會 公司 勸業出品附
善舉 振濟 善堂 義阡 義塾
官職志卷七
文官表 知縣 教諭 訓導 縣丞 巡檢 典史 視學員
武官表 都司 守備 千總 把總 外委 巡查
自治職表 議長 董事
選舉志卷八
科第表 進士 舉人 諸貢 考職附 武科
敘進表 例仕 封贈 蔭襲 恩敘 榮壽

學堂獎授表 畢業附
人物志卷九上
名宦
鄉賢 名臣 治績 孝友
人物志卷九中
鄉賢 義行 文苑 隱逸
藝術
寓賢
方外
人物志卷九下

列女 孝貞 節烈 才淑 壽母附
人物志卷十
忠節補遺 忠節補錄 殉難紳民補遺 殉難婦女補遺
藝文志卷十一
載籍 經 史 子 集
碑刻 傳器附
雜志卷十二
徵祥
記異
摭佚

凡例

一　吳氏新志卷數仍宗舊志分爲十卷茲編事實較少而轉分爲十二卷者以加入忠節補遺當別爲一卷故卷數有加人物志最爲繁重茲析卷九爲上中下凡三卷宗吳氏德旋前例也

一　新志變通舊志義例如以橋梁改爲津梁按區分載四祠列學宮內名宦列人物首藝文僅登載籍酌古準今洵屬諦當茲並從之選舉一門全用其例

一　前志疆土改爲地理以兼載古蹟交通營建改爲建置以兼載學宮範圍均較廣也武事改爲武備以承平日久無武事可紀也職官改爲官職以自治職附於文武官後也均非故爲更張

一　經政志戶口賦稅檔卷多闕茲存其概詳見備志光緒三十四年奉文開送民政表荆溪表內所載僧道女冠名數及年歲人數聞諸故老大致虛搆未足爲據宜興民政表又闕故從略

一　官職表武官內有已見前志者以任職較久義應銜接未可從刪選舉志例仕內亦有已見前志者以先後服官階級迥別未可從略均非複出

一　學堂畢業各生附列奬授表後者大都奬授業經合

格未及應試猝逢國變遂致中停與前表初無等差固當附載

一選舉志內恩敘係指本邑振捐敘奬而言若係他處捐振得有銜職既與本邑無關亦與敘奬有別例不應登茲經分別去取蘄與前志義例相合

一茲編斷代爲書人物志內有卒于光宣民國得有褒奬者傳列續志襃奬入備志學堂奬授有宣統授職民國服官者並分見兩志惟服官光宣民國並未出仕者援晉徵士陶潛前例並入續志其隱居闤闠或伏處草茅春秋已高義行流著民國未參與一事者亦入續志

一列女浩如淵海其見存而未旌者尤多登載當有區別茲援婦從夫之例其夫名列士紳者均入續志餘入備志

一茲編上承新志下開備志界限既分不容淩雜故目録較簡事實亦較少其詳略互異之處可與備志並參

以上十則略具大要餘見各引不贅

光宣宜荆續志卷一目録

地理志

區域 原有區圖 自治區 學區 警區

水利 河道 隄閘

交通 道路 津梁 驛傳 郵政 電報 汽船

古蹟 遺址 名勝 邱墓 寺觀

光宣宜荆續志卷一

地理志

區域 原有區圖 自治區 學區 警區

粤自軒轅氏畫野分區以井鄰朋里之數爲邑都師州之加三代以來經土授田率準斯義周制加詳以正疆界即以知民數法至善也自井田廢封建亦變爲郡縣疆界既因此參差人口遂無由核計即歲有開報亦甚不足憑矣光緒三十四年 朝廷厲行自治先定固有區域患名稱之不一也於是以城鎮鄉定其名而以人口繁減爲别定制府廳州縣治城廂

所在爲城市鎮村莊屯集所在人口滿五萬以上者爲鎮不滿五萬者爲鄉宜荆二縣城廂外初爲九鎮後改爲六鎮十鄉以相當人口實繁有徒而按當時版籍尚不及其半則以畫界之始事屬權宜尚未確定也兹著于篇並載原有區圖俾據以攷核其中學區警區亦分别並載焉

原有區圖

在城區 圖六 一圖隸宜興四圖隸荆溪餘分隸

以上宜興荆溪合

開寶上區 圖二十二 村五十三

開寶下區 圖二十一 村四十七

洞山上區 圖十八 村二十七

洞山下區 圖十八 村二十七

萬金一區 圖二十六 村三十二

萬金二區 圖二十一 村四十五

成任區 圖二十五 隸宜興者二十二圖隸荆溪者三圖 村四十六

清津東區 圖十八 村五十九

清津西區 圖十三 村二十

神安區 圖二十五 村四十九

亙亭區 圖十四 隸宜興者十一圖隸荆溪者三圖 村三十六 宜興二十

五荆溪十一

以上隸宜興

五賢區 圖十一 村十一

從善一區 圖十二 村二十九

從善二區 圖六 村八

從善三區 圖九 村二十一

從善四區 圖十 村二十一

從善五區 圖十 村十七

金泉區 圖十七 村六十六

永豐區 圖二十一 村五十五

山亭區　圖二十二隸荊溪者十七圖隸宜興者五圖　村五十四荊溪四十三宜興十一

清泉區　圖十一　村二十五

均山上區　圖十七　村三十三

均山下區　圖十七　村四十三

以上隸荊溪

自治區

城廂　在城區凡六圖一圖隸宜興四圖隸荊溪餘分隸

以上宜興荊溪合

和橋鎮　萬一區一二三四五六七八九十十一十二十三十四十五十六十七十八十九二十二十一二十二二十三二十四二十五二十六各圖　萬二區一二三四五十四十五十六十七二十各圖又第十九圖與高塍鎮合

光宣宜荊續志　卷一　自治區　三

高塍鎮　成任區一二三四五六七八九十二十三十四十五十六十七十八十九二十二十一二十三二十四二十五各圖　山亭區一二三四五各圖　萬二區六七八九十十一十二十三十八二十一各圖又第十九圖與和橋鎮合

官林鎮　神安區一二三四五六七八九十十一十二十三十四十五十六十七十八十九二十二十一二十二二十三二十四二十五各圖　清東區一三四五六七八九十各圖

楊巷鎮　清東區二十十一十二十三十四十五十六十七十八各圖　清西區一二三四五六七八九十十一十二十三各圖　山亭區二三四五六七八九十十三十四各圖　又山亭區一十一十二各圖隸荊溪　從五區一四五六七各圖隸荊溪

方橋鄉　開上區一二三四五六七八九十十一十二十三十四十五十六十七十八十九二十二十一二十二各圖　開下區二十三二十四二十五二十六二十七二十八二十九三十三十一三十二三十三三十四三十五三十六三十七三十八三十九四十四十一四十二四十三各圖

周鐵鄉　洞上區一二三四五六七八九十十一十二十三十四十五十六十七十八各圖　洞下區十九二十二十一二十二二十三二十四二十五二十六二十七二十八二十九三十三十一三十二三十三三十四三十五三十六各圖

以上隸宜興

徐舍鎮　山亭區六七八九十十一十二十三十四十五十六十七十八十九二十二十一二十二各圖　五賢區一二三四五六七八九十十一各圖　從一區一二三四五六七八九十十一十二各圖　從二區一二三四五六各圖　從三區一二三四五六七八九各圖　從四區一二三四五六七八九十各圖　從五區二三八九十各圖　成任區十十一二十二各圖

光宣宜荊續志　卷一　自治區　四

張渚鎮　金泉區一二三四五六七八九十十一十二十三十四十五十六十七各圖　永豐區一二三四五六七八九十十一十二十三十四十五十六十七十八十九二十二十一各圖

清泉鄉　清泉區一二三四五六七八九十十一各圖

蜀山鄉　均下區二十二二十六二十七各圖

鼎山鄉　均上區五九十十二各圖

湯渡鄉　均下區十八十九二十八各圖

震東鄉　均下區二十三二十四二十五各圖　均上區六圖與蘭右鄉合

蘭右鄉　均上區一二三四各圖又第六圖與震東鄉合　均下區二十二十一各圖

湖汊鄉　均上區十四十五十六十七各圖　均下區二十九三十三十一三十二三十三

三十四各圖

川埠鄉　均上區七八十十三各圖

以上隸荊溪

學區

在城區　同自治區

和橋區　同自治區

高塍區　同自治區

芳橋區　同自治區

周鐵橋區　原有洞上洞下二區屬之

官林區　原有神安清東二區屬之

楊巷區　同自治區

蜀山區　原有均上均下清泉三區屬之

張渚區　原有金泉永豐二區屬之

徐舍區　同自治區　諮議局初選舉投票區同

警區

光緒二十九年十二月開辦在城警察宜興荊溪共分東西南北中五區坿郭東南北三門歸入城內各區稽查公所設厚餘堂教練所在積穀倉分區在周王廟果利廟蔣瀆里關帝廟積穀倉凡五區

宣統三年續辦宜興和橋鎮巡警餘未備設詳見警察目內

地理志

水利　河道　隄閘

水利以宣導河道港瀆爲主而以隄閘殿之顧河道港瀆既詳見前志遞年疏浚率在近年僅登其一餘見備志隄閘則各前志均但言其略夫隄以障水加高培厚則漫溢無虞閘以蓄水啟閉因時則灌輸均益靳文襄治河在東黃淮水勢注重隄閘故能厎績奠功近年邦人士亦拳拳於此修廢舉墜視前加謹兹爲詳著于篇以見經營之成效焉

河道

南乾河澱淺易涸兩岸田皆高亢小旱即難於桔槔農苦之光緒中葉知縣事萬立鈞捐廉挪率里人廩貢生尹作梅同知銜胡錫藩監生蔣順盤吳次山等募捐自儀墓橋至夏奠橋一律疏浚深通得資灌溉利賴至今

隄閘

九里長隄在宋瀆爲西鄉新芳橋豐義官林入城要道光緒二十年間里人周英材捐資重築長隄中石埂橋隄面增高數尺隄旁加闊丈餘鞏固至今行人賴之

華蕩埂在清西區八圖華蕩圩東爲壇溧往來要道長三里許光緒十八年里人集資重修

大雪壩在金紫圩西北爲金壇張渚往來要道

郵塘閘新志云張清恪撫吳時檄縣置之前志弗詳今亦虛設光緒二十年大旱知縣萬立鈞履勘至臧村博詢補救僉請修復是閘立鈞即捐廉重建並令里人儲福山儲質夫儲壽珩等董理閘成鄉民建萬公亭於上以誌不忘云

以上隸宜興

大石壩在張渚見舊志光緒十八年蛟水沖塌里人余維序募捐修復宣統元年復被蛟水沖塌省委俞傳兩員履勘詳准以工代振撥帑重建

利農閘分上閘下閘以有利農業故名嘉慶年間里人任潼澤任光溶建立上閘在筱里村東北有橋曰閘口橋下閘在前莊橋南均通筱里河計長十里許因時啟閉圩近田四十頃悉資灌溉焉

長工閘在亳陽村東南長三里許灌田十餘頃有橋曰長工橋通筱里河相傳是橋爲農工合資所建故閘名從之而工人姓名及建造年月俱無攷

洋潭壩在慶善鄉張家塘河西本土堰每遇蛟洪驟發輒虞傾圮光緒二十四年里人邱富源改築石隄以固壩基自此壩內田四千二百餘畝無淹沒之患

荷花壩在慶善鄉葑埭北地形似荷花故名壩內田三千餘畝恃此爲保障

何家壩在從善三區六八兩圖之閒按戴埠緱山之水西由龍潭東來南由西洋渚北注至楊家橋兩水會合橋東西田禾每被淹沒而大興四墐受患尤甚乾隆二年里人何洪卿於楊家橋北築壩以固圩防又於橋東浚河以殺水勢自是水乃曲折東下不至如前沖溢

金山壩俗名泉水洞在小金山北爲圩近山田蓄水區創建於乾隆年間年久傾坍里人宋佛齡宋永康宋際和宋福增宋順洪等讓出近壩田糧鳩工重築加厚壩基以防山水沖激

利農壩俗名下壩在溪梢里距桑園橋半里許乾隆十二年創築光緒二十三年重修

羅壩在何家壩西其地受戴埠西洋渚之水春夏閒東與圩田千餘畝每虞淹沒宣統二年里人盛世等倡築是壩以防水患

西墟閘在座莊圩西乾隆閒潘姓公建同治七年潘吳二姓重修

庵頭閘在座莊圩北光緒二十六年里人吳望義馬凝祥等倡建

秦公壩在山亭十圖滕上村北年久失修傾塌幾盡里人储漢清等倡捐重築

以上隸荆溪

地理志

交通 道路 津梁 驛傳 郵政 電報 汽船

易占攸往之利禮著英蕩之頒文軌大同梯航四達三時納稼十月成梁此固自然之交通亦經常之矩矱也近自新機日闢 朝廷又懸格以獎勵之通郵以惠遠也傳電以戒需也行輪以利濟也論者每謂拙速不如巧遲今則巧與速並臻其極焉宜荆縮轂

浙皖以疲難著稱自設郵政電報汽船行省遂如臂使指呼吸相通驛傳亦改爲文報其裨益新政豈特小小而已

道路

宜興荆溪兩縣道路前志詳言之百二十里達於常州府百五十里達於無錫西至溧陽九十里東至浙江湖州府百四十四里雖一葦可杭顧風雨不時往往停頓或因以裹足自光緒二十九年以後輪船通行常錫溧陽烏溪湖州均即日可達從此征帆如駛商業日增土產流出殆難數計物價由茲騰昂風俗因而滋侈回溯光緒初年景象未可同日而語矣

津梁

長橋在宜興縣治南跨城河西南隸宜興東南隸荆溪正北隸宜興光緒十九年里人集貲重建邑人任道鎔撰記曰吾邑蛟橋亙城中閎宏壯甲江左周征西斬蛟橋下而其名益顯相傳爲漢陽羨長袁府君所築蓋猶板橋也橋袤延數十百丈故人稱長橋云越千餘年至宋元豐中橋燬於火知宜興縣事褚公重建始易木以石迄今又七八百年修橋者屢矣道咸豐中橋上石少傾側行者苦之僧惟一年獨力募修道始平坦人以爲便不數年遭粵匪之亂踞城五年遂於橋上建樓望遠高數十丈城復始毁蓋橋基用是頹矣歲癸巳五月橋東南石欄忽焉倒塌下視圖板亦俱破裂橋勢岌岌初議修葺適四明石工周嘉欽至宜因延視之循覽數周日是橋全體皆潰宜即改作改作費且不貲衆乃集議同人咸願分任募捐各集成數久之事集議乃定郵書告余余深韙之斥金以助而兩邑尊萬公辟公首捐廉爲倡好善者咸踴躍資費坌集于是諏日興作衆力咸奮萬木撐距百人邪許數月而橋基盡

撤爰更鳩工庀材選工於四明選材於太湏石質堅良工力勤奮橋之建也制又如前不儩益勤工以克葳董是役者督視工作句稽出納貲無虛糜涓滴濟用經始於癸巳八月告成於乙未六月事既竣同人復郵書乞余記其事余維成杠成梁王政之先施也矧是橋爲吾邑名勝蘇文忠游止於是題橋勒石今尚完好且熙攘往來日逾千萬曉雲夜月一載在圖經而任其傾頹貽患行旅謂非居是土者之咎乎一旦奮然改爲鼎新舊址爲久遠之圖成羣固之業誠盛舉哉蓋畏難者功罔克就有志者事無不成亦以見諸君子宜力之勤都人士尚義之勇則此一役也觀于吾鄉而人心風俗之厚正大可恃也余故樂爲之記凡爲料若干爲工若干費金錢若干捐資者共若干另具全數刊石示後茲特記其大略云

渡船巷在北水關對面舊有渡船由北水關至紫霞橋兵燹後廢

以上在城

南草塘橋見前志光緒初圯三年里人褚心田褚惠子邵子鄒王琮談南軒等募捐重建巷大橋

舊建宣統三年圮里人辟蘭枝車繼武集資重建韋家橋舊建光緒三十三年圮里人王琮褚宗唐韋洪川重建汸瀆橋見前志光緒三十三年圮里人褚宗唐韋洪川募捐重修旱瀆橋舊建光緒二十年里人許蘭芝王仁榮等重修長巷橋在花圩里嘉慶三年重建光緒二十年重修圓橋舊建圮光緒三十二年里人錢有誠邵秉生等募捐重建萬盌橋在金家灣村東乾隆時建光緒十六年里人金安邦等募捐重建

以上在宜興開上舊區

永興橋一在梅子境村前光緒十五年里人莫德成錢俊德募捐重建盧慶鈴撰記一即五里橋見前志圮宣統三年里人重建並建路亭寺西橋在虞山街西光緒中翟臘生翟天順等募建尹莊橋在尹莊廠後光緒年間重修杭窰橋跨燒香港在官路橋東光緒十四年里人王春園胡順能等募捐重修同心橋在細磚橋村東光緒十六年史德祖張三岳等募建

以上在宜興開下舊區

分鄉橋舊建兵燬光緒初里人邵斌仁重建木橋蔣瀆橋前係木橋載吳志光緒十四年里人蔣企賢童仁和等募捐易石重建新河橋舊建窰洞橋舊建陳橋跨北橫塘河光緒十七年里人陳梅溪張宗海等募捐重建朱籐花橋閔家橋二橋同在齊畝村北均閔姓獨建佛泥橋舊建浯溪橋在浯溪蕩東見前志光緒十七年里人丁鍔章張樹榮等募捐重修朱方來撰記大橋在大橋頭村東光緒三十一年里人陳燮培張熙募捐重建周橋在周橋村西舊建營橋跨北橫塘河在周鐵橋北光緒十六年里人畢承謨張煥標張樹榮陳錦祥等募捐重建新瀆橋跨新瀆港舊建北準瀆橋跨北準瀆港光緒十四年里人鍾萬順募捐重建長安橋一名雙橋舊建漏溝橋跨漏溝港舊建興龍橋跨洪巷港康熙間許守仁重建東柳橋在大浦鎮東舊建西柳橋在大浦鎮西康熙十六年重建壽安橋在大浦北舊建東洋匯橋跨洋瀆港光緒二十六年重修澄瀆橋跨澄瀆港舊建湯巷橋舊建萬安橋一名四百畝橋在湯巷西乾隆三十年易渡為橋橫塘橋一名雙木橋跨橫塘河舊建洪巷橋跨洪瀆港舊建南斗圩渡在東氿口凌家瀆南斗圩公建路亭四角落渡在菱瀆河口

光宣宜荆續志　卷一　津梁　十一

以上在宜興洞上舊區

儒林橋在下邾東街舊建馬龍橋在下邾西街舊建漳水橋在漳水橋村後舊建王茂公橋見前志光緒十七年里人張樹榮宗海宗沅徐致祥等募捐重建徐塘田橋在徐塘田村後舊建馬塘橋在北陽山港舊建萬緣橋即楊母公橋見前志光緒二十八年里人張樹榮徐致祥張梅江等募捐重建興福橋在下干村東舊建永安橋在扶風橋北光緒三十三年里人胡裕大胡伯英馮藻卿等募捐重建王公橋原名武昌橋又名王宮橋在宋莊村後吳志偁在宋莊前誤道光十五年里人徐蓮甫徐金沅永餘永壽沈長庚等募捐重建徐市橋跨鄭塘河舊建光緒二年徐陛芝等重修青點橋跨牛涇河舊建光緒二年里人徐學熙等重修唐門橋在唐門村東嘉慶十六年下邾司巡檢林玉書倡捐王德孚錢學韜匡岐沅陳洪範等募捐重建陳賦撰記前志略長林橋跨長林港在車古東巷港西橋一名普盌橋道光十二年里人重建符瀆橋跨符瀆港毛瀆橋跨毛瀆港彭瀆橋跨彭瀆港午干瀆橋跨午干瀆港歐瀆橋跨歐瀆港王瀆橋跨王瀆港現淤東彭干橋在周鐵橋西南裕嘉橋光緒二十年里人程覲封等募捐重建趙瀆橋跨趙瀆港葛瀆橋跨葛瀆港朱瀆橋跨朱瀆港河瀆橋跨河瀆港徐瀆橋跨徐瀆港師瀆橋跨師瀆港舊瀆橋跨舊瀆港黃干瀆橋跨黃干瀆港龍瀆橋跨龍瀆港南準瀆橋跨南準瀆港蔣瀆橋跨蔣瀆港五寺瀆橋跨五寺瀆港社橋舊建

以上在宜興洞下舊區

西堰橋在萬金一區十七圖光緒二十年鄭杏溪鄭士瑩等募建于橋在萬金一區十七圖里以橋名

光宣宜荆續志　卷一　津梁　十二

光緒十九年鄭杏溪鄭士瑩等募建

善繼橋 俗名李山瀆橋跨燒香港嘉慶二十五年里人蔣如山募捐重建

迎湖橋 在燒香港西口俗名蔡家橋

通澤橋 跨燒香港俗名陳家橋兩橋相距里許光緒十一十二年里人譚燮臣朱明昌等募捐易石重建

褚店橋 在褚店里見前志光緒十六年里人丁鍔章丁志謙丁桂章吳團寶等募捐重建

二龍橋 跨鄭瀆港光緒二十六年丁桂章募捐重修

閘口橋 舊建

繼善渡 在繼善橋故址橋廢行人苦之光緒初年因設渡船俗名外塘瀆渡置有業田十餘畝爲常年經費

以上在宜興萬一舊區

蹇家橋 在萬金二區十四十五圖交界處光緒三十年里人朱陛寅重修

分水墩橋 見前志光緒三十四年劉紹幽瞿璽麟等募捐重修

新塘橋 即萬壽新橋見前志光緒十二年里人劉雲卿募捐重修

新官莊西橋 光緒二十八年里人楊宗敬募捐重建

節義橋 光緒二十年節婦楊李氏楊徐氏楊徐氏楊崔氏合捐楊宗敬經建

允濟橋 光緒二十年楊宗敬等募捐重建楊允祇撰記

义口橋 光緒三十年邑人朱葆時捐資楊宗敬經建

壽星橋 在官莊里官莊楊姓合建

盦安橋 俗名靈甘橋跨莊瀆港宣統元年丁兆鄖蔣守雲等募捐重建

下田橋 在萬二區九圖光緒二十二年馬維綱募捐重建

後亭橋 在萬二區十二圖光緒十九年里人重建

以上在宜興萬二舊區

桂橋 在紅塔里見前志光緒十二年陸氏後裔洪元芝林等重建易木爲石

紅樹橋 在張墅村西石崖木面光緒二十四年里人蕭于申易石重建

新和橋 在北榭里兵毀里人謝熙臣集資重建

凌莊橋 在縣西十二里宣統二年里人馮兆熊雷雲圖雷芝山等募建

凌瀆橋 在凌莊橋北光緒初里人萬隆生雷乃發等募建

西木橋 在宋瀆西光緒二十年僉姓捐資僉恆祥改建石橋周育材撰記

西芳橋 在紅路東村光緒二十一年里人周英材蔣經一捐資創建

塍上橋 光緒二十三年周英材畢心仁

捐資重建改木爲石

西昌橋 在黃干光緒二十一年周英材杜裕奎重修蕭希鄭撰記

北塍橋 在圍圩光緒三十年里人蔣聽南桂榮重修

塘門橋 光緒二十一年里人陸漢臣重修

仙八渡橋 在埀埀坐光緒十三年蕭希鄭凌順榮張雲驥等重修三十二年凌建勳蕭鉢詩等又募捐改建

七房橋 在塘門村東里人陸洪元創建

吉豐橋 在破圩村光緒十七年周英材戴開華重修

天生圩橋 光緒二十二年周英材陸漢儒重修

東塘橋 在毫村東見前志光緒二十三年里人呂謙吉陳薇藩陳德賢捐資重建

西城橋 在呂家圩見前志光緒二十二年呂謙吉率族重建

旺渡橋 在毫村南光緒二十四年里人陳薇藩捐資重修

擸鶴橋 在梅家瀆南光緒二十四年里人沈心田捐資重建

秀凝橋 在梅家瀆光緒二十四年里人沈伯城捐資重修

後庵橋 在梅家瀆北光緒二十五年沈心田重建

興隆橋 在賀家瀆前光緒八年里人賀文龍賀金川捐資重建

永興橋 在賀家瀆後光緒二十三年里人重建

永豐橋 在朱家瀆前光緒十四年周澤霖王克俊捐資重建易木爲石

永年橋 在朱家瀆後光緒二十五年里人王立成朱茂生等捐資重建

永安橋 在新瀆光緒二十六年杜芝芳呂贊虞陳薇藩捐資重建

蝦籠涇燈樓 見前志光緒初里人萬隆生增建樓屋并募助油資

蛟川渡 在蝦籠涇燈樓旁里人萬隆生創設

城塘渡 在城塘村西里人吳用汝等捐設

大圩南塍渡 在城塘橋西北里人周昌林周珍奇等募設

竹門義渡 同治間里人吳和元創設光緒二十年其子選青又添築河埠并建茶亭

五港渡 在馬公蕩西南南至沈師灘東至禾豐圩西至鈕家村東北至舍頂圩西北至戴方圩

橫堰馬草渡 東至宋瀆西至鈕家村里人陳伯純蔣秋和建設

以上在宜興成任舊區

鍾秀橋 在觀瀆村東光緒三十三年里人錢氏重建

永成橋 在袁村東俗稱張子橋光緒九年張佩耕行根募捐重建

西安橋 在南莊河西跨鵲塘西口光緒十八年里人重建

萬全橋 在當渡瀆

村宣統元年里人重建

雙安橋在戈莊村東南宣統元年里人重建

夏奠橋在夏奠橋村西跨南乾河宣統元年里人邵隆川倡捐易石重建

鵲溪橋舊名南廟橋在南莊村南光緒三十二年圮宣統三年里人募捐重建跨鵲塘東口因改名

四司橋光緒十八年重建

茶亭橋舊建宣統二年芮氏重修茶亭

官林橋見前志光緒三十年里人重建

後乾橋舊建

南安橋光緒二十二年重建

黃潭橋舊名孟涇橋兵毀見前志光緒十年重建

五橋舊建

觀橋舊建

以上在宜興神安舊區

新芳橋在新芳里見前志光緒二十三年里人尹冠芳張國雄楊品岩吳少卿募捐重建

秀步橋舊建兵毀光緒二十八年里人張國雄楊品岩募捐重建

迎都橋舊建兵毀光緒十四年尹冠芳張飛熊張國雄楊品岩募捐重建

塘橋在宋安村後見前志光緒二十八年里人張國雄捐資重建

江渡橋在江渡村南光緒二十五年里人秦介臣曹錫義等募捐重建

巽新橋在甸頭村東道光二十二年里人謝

光宣宜荆續志　卷一　津梁　十五

錫申謝錫蕃等募捐重建前志略

鎮水橋在新建鎮東咸豐二年重建

坊前橋在坊前村東光緒五年里人謝體芳芮有孚等募資重建前志略

新橋在新橋村西光緒二十六年重修

郵塘橋在郵塘開鎮中里人合建

水湍橋在英駐村北兵毀光緒二十八年秦介臣募捐重建

太平橋在黃圩村東兵毀光緒二十三年秦介臣秦朝俊募捐重建

亭橋舊建光緒二十四年秦介臣重修

泉左渡在泉左里東北光緒二十八年設

以上在宜興清東舊區

蕩石橋在岫山東南舊建

尖灘橋在岫山村東南跨夾河港

新河橋在岫山南跨新河港

楊家橋在楊家村東西各一俗稱東門橋西門橋西橋宣統二年里人楊沛霖集資重修

道南橋俗稱程典橋在下森墅西北光緒二十九年里人曹法林重修

黃蕩渡在鄒圩山前有落霞渡今廢北移黃蕩宣統元年設

以上在宜興清西舊區

泰昌橋在坊東村東

太平橋一在坊東村東城隍廟前一在部巷街西里許

庵橋在坊東村西橋北有普明庵故名

永安橋在韶巷街西

轄車橋在韶巷街東里許

經堂橋在楊巷鎮見前志宣統三年里人吳鴻基張國雄楊宗震蔣克勳秦介臣曹鏡臻蔣鶴年石山高等募捐重建

以上在宜興丙亭舊區

士起橋舊建光緒二十三年里人集資重修

大瀆橋舊建光緒三十三年里人集資重修

九里橋郎五朝橋見前志又名新橋光緒三十四年集捐重修

堂前橋舊係木橋兵毀宣統三年里人集捐易石重建

長場橋在陸平村南舊建

接引堂茶亭光緒十三年重修

以上在荆溪山亭舊區

光宣宜荆續志　卷一　津梁　十六

文定橋跨南溪河兵毀重建光緒二十六年許陸宗楊曉四姓及僧悟深創捐募集改建石橋胡彬撰記

虹橋在徐舍鎮跨河東西光緒二十七年里人募資改建石橋

永慶橋在本區十圖光緒二十八年里人許竹岩楊葆之募資重建

鎮溪渡在本區蛟溪

以上在荆溪五賢舊區

五雲橋在五雲亭東一名龍溪橋光緒二十四年里人王增榮錢彥賓募捐重建

鯨塘橋在鯨塘橋村東光緒十七年馬凝祥李冠芳募捐重建

萬年橋跨韓溪前設渡見前志光緒十三年王增榮錢彥賓等募捐重建

鎮龍橋在奧瀆里舊建

後龍橋在盛家圩東舊建

通秀橋在鯨塘村西宣統二年李誠甫等捐資重建

種福橋在吳圮圩北舊建

磚橋在本區九圖舊建

田舍橋在大浿圩東舊建

太平橋在蒲墅村北乾隆五十三年里人周子程重建

普安橋在八土橋北里

煥陸浩山募捐重修大圩橋在周巷里同治十年重修孟宅橋在孟宅坂里人何瑞榮募建利家橋同治四年吳姓公建扶安橋在潘光圩溧陽周林春捐建

雙鳳渡在萬畝圩北界溧陽境兵燹後里人創建雙鳳橋今圮改渡陳家村渡乾隆間潘姓創設同治間里人重設蓮溪渡在蓮溪里爲宜溧通衢

以上在荆溪從三舊區

廣福橋在本區六圖兵燬同治年間里人重建前志略觀音橋在潘家壩村西見前志宣統元年里人潘輝清曹挺榮倡捐重修

以上在荆溪從四舊區

大晟橋在塘東村南明季橋燬設渡道光二十五年吳瑞義重建南圩橋在本區七圖光緒季年吳細銓吳珊棋等集資重修趙家圩橋在本區五圖趙家圩村東跨孟亭丁家圩光緒二十四年里人張士英蔣擇奎蔣槐亭蔣銘甫潘錫銓等集資重建

快哉渡在從五區四圖新莊村光緒七年吳宅林吳保全等集資重設

以上在荆溪從五舊區

牛橋在篠里西跨利農閘河見前志光緒三十三年任豫庵重修上高橋在上高村前跨厔溪兵燬光緒四年里人任俊科等募捐重建三十年宋勝榮捐資重修深渡橋即前志紫雲橋跨厔溪光緒三十二年洪水衝燬宣統三年里人任遴募捐重建辟家橋咸豐十一年里人任佩元募捐重建善成橋跨慈湖溪見前志光緒三十二年洪水衝燬三十三年里人徐瑞青任遴募捐重建

溪埂渡在前村橋東西抵後畬百家塘達溧陽南達戴埠魯山渡在後畬東西抵百家塘達溧陽南達戴埠

以上在荆溪金泉舊區

許旁有普安寺因以名橋

金家渡一名斜溪渡在大浿圩北中興渡在分水墩村中南通張渚北達徐舍

以上在荆溪從一舊區

胥家渡在從二山亭交界光緒九年陸云生在西岸建設茶亭

以上在荆溪從二舊區

躍龍橋在蓮溪里同治八年里人史徵福史長春重建前志略曉濆橋在蓮溪里同治四年里人潘煥清潘廷銓重建董家橋在董家兜光緒十一年里人談萬餘史永法重建陸家橋在陳家兜光緒十八年里人陳鳳芝陳耀庭重建龍眼橋在邱家兜南跨金泉區兵燬光緒十七年里人邱富源等募捐重建小兜橋在邱家兜河西兵燬光緒十二年里人邱桂生募捐重建翁村橋在蝦蟇墩妙眞觀前跨白雲涇吳志偁在翁村前誤大儒橋在大儒里兵燬同治八年里人丁培丁觀瀾重建光緒三十年

丁錫魁重修吳志作大樹誤楊家橋在史洋橋北光緒十一年盛兆德募捐重修東庵橋一名東岳橋在波洋橋東南同治十三年里人盛德大募捐重修東港橋在東港村後西隸從三區東隸金泉區同治十一年里人合建厙侯橋俗名舍頭橋光緒二十三年里人丁祖培蔣順之創捐重建壩兜橋在壩兜里里人何吉官募捐重建四墐橋在辟家灣東里人盛揮大募捐重建吳家橋在吳家村澎茫橋俗名八房橋在吳家村張家塘橋在張家塘村後談橋在後談村西姚家橋在姚家所前西橋篠餘橋俗名小打橋二橋均在溪稍里朱潭橋俗名珠堆橋在大樹圩北跨白雲涇北支河宣統三年重修讀書橋在水西村西跨白雲涇南支河王厦橋在王厦村西跨白雲涇南支河迎龍橋俗名寺前橋跨白雲涇南支河逾橋而南爲入煙山要道水勢深洄山光明媚風景如入畫圖塘門橋在西墟後村光緒二十三年明俊妻張氏重修易木以石潘貫橋店園橋俱在西墟後村光緒十六年吳氏重修新圩橋在葑埭東同治九年里人陸文

永豐橋在橫溪橋北光緒二十年邑人馬凝祥重建 公惠橋在五洞橋村北見前志宣統三年被水衝毀里人張德昌丁芝英呂蘭溪募捐重修 錦袍橋在祝陵里人同建 何家橋在張渚鎮明邑人何其愚建故名見前志一名濟安橋光緒二十六年何竹亭重建

以上在荆溪永豐舊區

小南塍橋在王家圩小南塍見前志光緒二十四年里人沈望川朱子清曹煥青募捐重建

以上在荆溪丙亭舊區

興自橋在馬家塘見前志光緒二十七年周致祥倡捐重建 馬橋在本區四圖光緒十七年崔鑑瀛募捐重建 板橋在蠡墅北 太平橋在蠡墅南 聚興橋在趙莊村 樂善橋 長春橋並在本區九圖 小木橋在丁山鎮西光緒十四年里人募捐重建 秀陽橋在丁山鎮南 彥昇橋在任墅村畫溪之北西山之南任昉作別墅於此與到溉兄弟往還故後世以其字題橋光緒二十六年里人高晉文吳旭昇募捐重建 龍山橋在青龍山北 惠鎮橋道光間建舊名萬福橋前志作東鎮橋誤 蝦蟆橋乾隆二十三年蠡墅陳瑞溪堂建光緒十六年里人葛辰榮等募修 龍興橋咸豐九年里人王錦榮募建 三蟆橋在丁山和刹觀音堂南 古橋在湯渡西光緒十九年周振庸募捐重建 柴瀆橋在湯渡東北宣統二年周寶銓重建 鶴渚渡渚有渡船二南渡往周墅東渡界均下二十二圖爲丁山烏溪往來要津前志略 長生渡俗名新橋河渡爲蘭右震東兩鄉要衝

以上在荆溪均上舊區

莊蜀橋在蜀山鎮西道光三年里人周耀遠建前志略 常安橋在蜀山鎮光緒七年里人易石重建 中岸橋在蜀山西中岸村 隆興橋一在蜀山西中岸村一在葛畝村宣統元年崔克慎募捐重建 曹家壩橋在蜀山錢墅北 東大圩橋在蜀山東 承濟橋在蜀山錢墅後光緒初周仲奎

獨建 談家橋在蜀山錢墅後同治中雙橋馮氏獨建 小澗橋在湖汶光緒十五年里人李效山潘福榮等捐建 新橋在湖汶鎮見前志光緒二十年里人李景曜白鎬等重建 甘楓橋在均下區三十二圖 崗下橋在湖汶鄉崗下村 獅子橋在湖汶鄉紙坊村 西川嶺橋在西川嶺腳 廟橋在湖汶鄉省莊 駱駝橋在湖汶鄉無風村 太平橋在新港村宣統三年崔克慎募捐改建 槐蔭橋即前志方橋跨定跨港宣統三年許庭榮等集貲重建改爲三洞石梁 鳳鳴橋即洋瀆橋見前志光緒十四年里人范鶴卿馮品珊范敬亭等集貲改建 周嘉大橋見前志光緒五年里人王煊募捐易石重建十三年又添石欄 介溪橋俗名袁坂橋見前志光緒十五年里人王煊募捐易石重建 錢家橋跨均上十二圖均下二十八圖咸豐間里人徐富林重建 昉溪渡在三洞橋村左 虞墅渡在本區二十三圖旁有水晶庵 鶴嘴渡在錢墅南

以上在荆溪均下舊區

張澤橋跨蠡河見前志光緒二十九年呂兆文閎魯望俞銓張彭齡等募捐續修 趙莊瀆橋跨趙莊瀆在和瀆橋南見前志一名萬壽橋舊建兵燬光緒初年邑人葛辰榮捐建 盛瀆橋跨盛瀆北合趙莊瀆入湖 湯瀆橋跨湯瀆上游除三幹河外龍門河方家圩河二支水折而東注焉 漳瀆橋跨漳瀆或作章瀆舊建兵燬光緒十六年里人周萬餘倡募重建 中郝瀆橋跨中郝瀆俗稱郝瀆一作洙瀆同治十年漳瀆里人范慶山重建 觀音橋跨觀音瀆俗稱五房橋 仕瀆橋跨仕瀆俗稱邵平橋見前志宣統三年里人重建 官音橋跨官音瀆俗名吳望橋咸豐六年里人重建 顧答橋跨呂瀆俗稱小石橋在湖洋渚村東見前志宣統三年顧光啟堂重建 北黃瀆橋跨北黃瀆 雪霄橋跨南橫塘河據大浦上游見前志光緒二十五年里人呂兆文方慶辰黃湘琴等募貲重建 溪西橋跨南橫塘河在溪西村東 淩義瀆圩橋跨南橫塘河在淩義瀆村西 漳瀆圩橋跨南橫塘河在漳瀆村西 永昌橋跨南橫塘河俗名橫塘橋在魏瀆村西前志出鹽莊訛 龍門橋跨龍門河在錢家村

南

張澤磯燈樓救生渡在焉光緒二十九年呂兆文等募捐重修并續置田產北施蕩橋燈樓光緒八年俞文炳創建莊前渡過北施蕩河宣統元年里人捐貲建屋并置存田產楊翰圩渡過南施蕩河南接蜀山界里人江氏創設

以上在荊溪清泉舊區

驛傳

查荊溪縣光緒三十四年財政出入統計表五十八內云查荊邑並無驛站亦無兵差前半月向由宜邑文報局投遞下半月則歸荊邑文報局投遞週而復始按月由縣給發報費工食等項銀合錢一十八千二百十三文

按甯氏宜興縣舊志國初設南北兩塘共設鋪舍一十三所鋪兵二十一名額編銀百五十兩分志內載宜興鋪舍六所荊溪鋪舍七所與前數相符惟解支款內宜興仍載鋪兵二十一名每名工食銀七兩二錢實給銀一百五十兩五錢四分荊溪亦載鋪兵二十一名每名工食銀七兩實給銀一百四十九兩二錢一分五釐與舊志所載大相逕庭自有舛誤如前所載鋪舍改爲文報局額定報費工食未知始於何時吳氏新志但云款目細數均見分志則改更當在光緒七年以後記以俟考

郵政

郵政之始坿屬稅務司嗣改歸郵傳部與船政路政電政各立專司管理先試辦於各行省海關其後乃推行於各府縣成效漸著宜荊兩縣先在商肆坿設信櫃後改代辦均隸於常州郵局至光緒二十三年五月在縣東街開辦二等郵局始通匯兌直接南京總局

電報

宜荊電報局初設於在城東珠巷厚餘堂內嗣因光線不合且電線應與輪船互相聯絡疊經前商會坐辦徐紳德銘商經前商會總理前四川川東道任紳錫汾會商辦理

電政局補用道周　於光緒三十年七月移知宜荊兩縣在宜興東門外沿城牆租地建造西向平屋一所除濱河一進由輪船招商宜局分租外其餘二進均歸本局電房每月租銀十六圓繳由縣署歸入城租造報派徐紳鈞榮經理於光緒三十年十月報明開局隸京師郵傳部上海電政局監督線路由宜興至常州長九十七里共立桿木六百六十四根經行處所宜興和橋鎮武進寨橋十五洞橋丫河各鎮鄉

汽船

招商內河輪船公司光緒二十九年由上海內河招商輪

船公司分設地址在大東門外北沿河航線自宜興至常州無錫溧陽逐日分班往還無閒

華瑞榮輪船公司亦於光緒二十九年開設航線同招商旋停

裕商輪船無限公司光緒三十二年開設亦在大東門外北沿河航線自宜興至常州又至湖州湖州旋停僅至蜀山烏溪

地理志

古蹟 遺址 名勝 邱墓 寺觀

將軍百戰尙賸遺墟處士高蹤猶留舊隖式商容之墓浩氣長存訪遠公之廬精誠如接曰遺址曰名勝曰邱墓曰寺觀往蹟留貽望古遙集大好河山有相爲輝映焉不徒供文人韻士咏歎流連已也四者所載惟寺觀爲多梵宇琳宮彌望皆是亦足覘風尙矣

遺址

拔漕墩在北門外靜山堂東北傳聞下有地屋係陳霸先墓俗名王墳

善教墩在臧村西林寺後明太守儲益夫兄弟讀書其中每於暇時登臨其上西瞰洮湖南望銅峯風景絕佳部郎儲士讓記

洗馬潭在滆湖東塘頭東坡別業之北相傳東坡曾洗馬於此故名

王忠烈故宅在滆南村今爲朱姓居

程氏園在和橋上塘南爲逸士程近庵所築園廣三畝中有池面池堂三楹堂之左有亭內有煖室池西搆石洞洞側有邱周植竹木回廊曲檻小徑通幽池北有溝穿垣而出池水外通稻塍上架小橋置閘以爲啟閉咸豐兵燹堂宇亭橋盡遭燬廢至今園址尙存池石如故

蒹葭莊即今在水庵在歸美橋西北明吳學士中行退省於此後捨爲寺

圓通庵塔在王墓里圓通庵前明嘉靖十三年建旁有石刻款識

枯竹生光處在九苞村西雍正年閒孝子邵志珪者母歿既葬廬墓三載墓旁枯竹炯然有光可照夜行人皆謂篤孝所致

百合場在陸平鄉之東遺蹤之南相傳宋岳武穆與金兵百戰於此四周營壘遺址猶有存者

以上隸宜興

清芬樓在篠里見吳志咸豐季年毀于兵光緒二十六年任曾培任謙益等重建於亳陽

以上隸荊溪

名勝

廟山在湖㳇城隍廟後石壁玲瓏狀若彫琢

畫硯潭在湖㳇省莊村西山下一潭登高望之其形如硯

就下望山其形若畫云

石老圖在湖㳇省莊村後三面石壁狀若圖椅

積石隖在水西澗南見舊志近隖卽松篁夾道嵐翠交妍

水竹山村別成世界舊有額曰彷彿桃源葢紀實也隖內居民均勇姓相傳其始祖勇鎮明嘉靖間由燕城遷此曾官棱寶敎諭

以上隸荆溪

邱墓

周閣學金章墓在高塍夏家村

周少宰家楣墓在雲鸖村東墩上

以上隸宜興

任中丞道鎔墓在山亭區八圖嶺下村

任巡道錫汾墓在東河頭

以上隸荆溪

寺觀

高塍庵在前是岸室基光緒二十八年女僧法寶始建旁室宣統元年妙光復建大殿　蓮池庵在城東南隅雍正六年女僧了塵募建兵燬同治十年女僧信修募捐重建

以上在城

北隱禪寺古名北音寺在開寶鄉十二圖建自何年無考明洪武初里人於舊址築室宣講律令更名庵基墩隆慶初圯道士德壽修復咸豐庚申兵燬光緒十六年里人褚錦辰張洪慶等創建前堂常熟戴沈氏又獨建大殿宣統三年里人褚宗唐張洪慶等集捐重修　慈照庵在裴塔里光緒十六年里人重建　高士庵在保安寺側見吳志前燬光緒十七年僧靜道募建　虞山寺在虞山街見新志兵燬光緒十三年僧雲慶隆德先建大殿嗣建山門後廳　湛濆橋庵在湛濆橋北步咸豐間兵燬光緒二十三年里人重建前進增建路亭　茶亭庵在十里牌光緒十六年重建

以上在宜興開上舊區

中隱寺卽前志中隱禪院兵燬光緒十四年僧廣圓募建大殿經樓及堂廡等凡五十餘楹　寶蓮庵見前志兵燬光緒三十一年女士吳謝氏儲高氏重建　五里庵在城北五里許宣統三年里人重建并設路亭於其西　保福寺在城東南五里許兵燬光緒十二年里人重建　尹莊庵在扶風橋南明同知尹顯建兵燬光緒二十七年後裔尹廷宜尹型重建　萬盌庵在金家瀆村東兵燬宣統三年里人金邦安等重建

以上在宜興開下舊區

犂雲庵在北門外前志偁犂雲禪院誤光緒二十一年里人重建　大悲庵舊建兵燬光緒十八年湯鴻鈞等募捐重建　呂祖宮在常富橋見前志兵燬光緒三十年里人吳家騶等倡捐重建

以上在宜興山亭舊區

永興庵在蔣瀆橋舊建　萬壽庵一在洞上五圖三洞橋舊建一在洞上六圖兵燬光緒三十一年里人吳國賓等募捐重建　香蓮庵在洋溪河南舊建　廣福禪院在新瀆光緒二十五年里人鍾保和及僧樹林募捐重建　萬善庵在茭瀆舊建　潮音禪院在大浦城隍廟東兵燬同治間重修

以上在宜興洞上舊區

祝唐庵在祝唐橋舊建
崇眞道院在唐門村見前志光緒十一年里人徐陛芝徐士洪等募捐重建
福勝寺在王茂公橋見前志光緒十七年被火僧普德重建
興福庵在興福橋側舊建
重鍾庵在水母橋東光緒八年里人丁鑑泉周佩梧等募捐重建
福善寺在竺山中阜之巔俗名竺山庵風景致佳徐皆風曾題正殿曰一片空明嘉慶間里人杭履安捐田咸豐間杭祿元等捐修均有碑記兵燬光緒初年杭桂洪等募捐重建杭紹南撰記
萬善寺在師瀆舊建
崇聖庵在楊家圩舊建

以上在宜興洞下舊區

在水庵見前志兵燬僧英禪覺身次第修建旋被災宣統時僧智海重建
大靈庵在蔣山西南麓兼祀牛神光緒初年里人公建二十年增建後殿

以上在宜興萬一舊區

萬壽庵在塘瀆鳴明成化時創建乾隆乙卯重修咸豐庚申兵燬光緒七年重修
圓通庵在王母里舊稱觀音堂相傳爲孫吳赤烏年建乾隆乙亥里人周芑豐重修兵燬周作人重建里中奉爲里社祀土穀神焉前志略

光宣宜荆續志《卷一 寺觀 卅七

以上在宜興萬二舊區

迎福庵俗名五路廟在北榭村西康熙五年吳奉節創建兵燹後里人張啟鳳吳清泉等募捐重建
普濟庵在瀨塘橋南道光壬午大旱民苦飢相傳大士見身以泥粉遍濟遠近受惠者建庵以報兵燹後光緒二十七年里人吳思孝等重建
普慶庵在軫村康熙年建兵燬光緒二十八年里人吳慶榮謝金銓等重建
普照庵郎普照禪院在雲霧里見前志宣統三年里人重建正殿
玉泉寺在周家濱東南前志稱在塘門里誤光緒十六年僧覺博重建正殿廊房
興隆庵一名痘司堂在塘門光緒年間修建
青龍庵在雲霧村東光緒初年里人重建
萬榮庵在楊堰村舊建
永湖庵在馮家三洞橋舊建
三官堂在佑瀆西岸兵燬光緒十六年邵順餘杜德昌等捐資重建

以上在宜興成任舊區

大聖院即西觀音堂在豐義村西南光緒十六年女士儲薛氏王李氏張氏王氏相繼募建
西林禪寺即西林庵見前志兵燬光緒二十二年里人儲鳳梧等募捐重建
正覺寺一名大坵山即普門禪寺見前志康熙間敕賜寺額正覺兵燬溧陽馬世俊手題碑刻尚存光緒十二年里人黃維璋募建旁齋三楹祀漢秣陵尉蔣子文旱年祈雨多應光緒二十五年僧鍾華募建正殿及山門各五楹
益心庵在小坵山臨洮湖似郎前志慧明禪寺碑燬無考光緒二十年東山村張姓及僧澄光集捐重建
彭山寺在彭莊山東光緒三十年里人曹法林董可親等集捐重建

以上在宜興清津舊區

龍津廟在官村同治年間重建
古野庵光緒二十年重建
正覺寺光緒二十年重建
興隆庵在南莊街光緒七年里人重建

光宣宜荆續志《卷一 寺觀 卅六

以上在宜興神安舊區

三官堂在楊巷鎮北舊建
永興庵在坊西村東舊建
龍興寺在萬塔村東兵燬光緒十二年重建
壽福院在韶巷街西光緒年間重建
玉清庵在東莊村北舊建
興福寺一在西塘門村東同治六年建中繪張王像每至夏水暴漲必有白魚從壽河聯絡而至傳爲白魚朝神云前志漏一在楊埠林東光緒二十年里人蔣壽大韓芝椿等重建
東安寺在前楮村東光緒年閔里人韓芝椿重建
楊保庵在姚溪村東舊建

以上在宜興函亭舊區

南嶽講寺在南嶽山足見前志宣統三年僧耀根重建大悲閣五楹
永福庵在山亭十二圖向係山亭公所兵燬光緒三十二年僧月輝重建後進
南隱禪院在象山麓見前志兵燬光緒十八年僧明圓募建後殿寮舍其徒達周近營大殿
選佛寺即選佛院見前志光緒十三年僧開賢又築室五楹遊展

登臨於斯爲美

毘盧庵在省田圩見前志兵燬宣統元年僧能慈建復爲南嶽寺下院

留衣庵在南嶽山麓見前志光緒二十三年女僧法寶重建大殿三楹

乾元庵舊建兵燬光緒八年重建前進十六年重建後進

雪蓑庵在洴浰東村兵燬光緒年間里人蔣季鑄經建前進中進宣統元年重修後進光遠樓

廣濟庵在胥家渡兵燬光緒九年重建前進十九年重建後進

從善庵在大蘆圩兵燬光緒二十八年重建

以上在荆溪山亭舊區

普濟庵在宜豐橋兵燬光緒閒里人募捐重建前有茶亭

碧霞庵在徐府莊見舊志兵燬光緒閒里人募捐建復大殿

以上在荆溪成任舊區

梵覺庵在徐舍鎮即善義庵見前志光緒九年僧智青重建大殿

壽昌庵在麓田圩兵燬光緒年間芳圩楊氏借僧悟深重建

長壽庵在蛟爪里兵燬光緒年間里人蔣氏重建

茫水庵在蘇橋里兵燬光緒間里人許氏重建

天相院在蘆田里見前志兵燬光緒間院僧募建齋舍七楹

舊殿庵在天相院東安樂橋兵燬光緒閒美樺圩宗氏重建

興福庵在重興里見前志光緒間宗於吳三姓借僧亭茂重建

鎮溪庵在談村兵燬光緒閒重建

興隆庵在駱家兜圩兵燬光緒閒重建

塔庵在美樺里俗名前庵明永樂閒里人宗祐妻金氏建其女孫適祝陵提學副使邵賢捐置庵田國朝咸豐庚申兵燬光緒二年宗氏重建

以上在荆溪五賢舊區

天福寺在萬年橋西雍正六年建兵燬光緒十六年里人重建

雲溪庵在大涱圩北兵燬光緒八年里人重建

衍慶寺在珊村東南見前志兵燬光緒十年重建

吉祥庵在南莊前村康熙三十五年僧空盛募建光緒三年里人黃壽福許開巫等重建

鎮龍庵在奧瀆里前有橋即名鎮龍橋

大乘庵在蒲墅村東宣統元年重建

以上在荆溪從一舊區

廣福庵在丁家村兵燬里人創捐重建

永定庵在霞溪兵燬陸姓重建

以上在荆溪從二舊區

廣惠寺在葑埭兵燬重建前志漏載坿設慶善鄉立第六初等學校

圓聖庵在葑埭兵燬同治十年重建前志漏載

正覺院在西墟後村兵燬重建前志漏載

昌福庵在座莊圩光緒元年吳氏重建前志漏載

顯德禪寺在王厦村見前志光緒十六年里人嵇虎文宋元容邱富源丁培等募捐重建

白雲庵在大儒里見前志光緒三十一年里人丁錫魁重修並建復後殿

東林禪院在西墟前村乾隆十四年潘氏建任翔撰記兵燬光緒元年潘氏後裔重建前志漏載

福源寺在紫雲山前志入永豐區應改入從三區宣統二年里人丁錫魁與僧松明修復正殿廂樓

兜福寺在邱家兜村兵燬光緒元

年里人邱富源邵桂生等重建

觀音庵在邱家兜村河西兵燬光緒十九年里人曹明亮曹明愷邱富思等募捐重建

國治庵在蓮溪里兵燬光緒元年里人史甲科重建

永盛庵在南壩里兵燬光緒十二年里人蔣華亭鄭品槐等重建

妙眞觀在蝦蟇墩見前志光緒二十四年僧普照募建大殿幷旁寮

以上在荆溪從三舊區

太平庵在爵坫里光緒二十二年里人重建

興福庵在爵坫里光緒十九年里人蔣汝銘創建

廣濟庵在趙家圩光緒十八年里人重建

以上在荆溪從五舊區

聖壽庵在俞山吳志偁勝壽庵蓋音訛兵燬光緒三十四年僧介庭募建山門

大覺庵在白塔山見前志兵燬同治十一年僧品蓮募建後殿光緒十一年僧雪峰募建大殿

懺堂庵在浮里兵燬光緒二十六年里人任方成募捐重建

白雲庵在暘泉村兵燬同治十三年里人任錫山任啟豐重建

以上在荆溪金泉舊區

何家寺 在張渚西山岡明邑人何其愚建故名何家寺一名福泉寺咸豐庚申兵毁光緒二十年僧明洪募建旁寮宣統三年僧達洪又募建門廡樓屋

澄光寺 在龍池山麓見前志光緒三十四年僧智德悟來眞吉重建藏經樓寺有盧忠烈書澄心堂額

西崗庵 在長岡嶺光緒二十八年建

大集庵 在祇陵咸豐季年兵毁同治六年里人重建

普濟庵 在裴里村見前志光緒三十年里人重修

東水庵 俗名東庵在五洞橋村東光緒六年人張王寶沈銘山丁順昌重建

西水庵 俗名西庵在五洞橋河西光緒十一年里人張連發張駿發莊鎮大呂芝庭重建

麓鈞庵 在上千村東光緒五年里人黃旭堂黃柏森黃榮標重建

永盦庵 在葉塘村西北光緒十六年里人公建

施茶庵 在南塘圩村後光緒十一年里人公建

興隆庵 在箬山村北光緒二十九年里人沈雲山等公建

以上在荆溪永豐舊區

福源禪寺 在倉浦兵毁光緒十一年里人重建

積樹庵 在西山前見前志光緒十六年里人重建

地藏殿 在丁山鎮東光緒十年僧全德募捐重建

和刹庵 在丁山鎮東見前志光緒十八年里人重修

了當寺 在周墅兵毁同治初重建光緒十三年重修

圓通古刹 在丁山西街光緒十六年重修

崇福寺 在蠡墅西兵毁同治閒里人徐順福重建僧善生又募建樓屋

古靜雲禪寺 在蠡墅台山兵毁光緒十八年僧崇光里人周廷賢陳竹青等募建大殿

寶山禪院 舊建兵毁同治初僧悟雲募建未就其徒心義及官山僧明道又募建大殿

以上在荆溪均上舊區

敕賜崇恩寺 原名磬山禪院在磬山見前志雍正三年賜額宏闡法印乾隆閒又頒御書第一祖庭敕於磬山建坊兵燹後光緒二十一年寺僧宗鑑重建禪堂三十四年重建大殿闔縣鄭孝胥撰記曰磬山之初爲禪院自明天啟閒天隱禪師開堂於此爲臨濟正宗第三十代箬庵玉林繼之其學大興後改爲崇恩寺志稱雍正五年奉玉林敕重建有世宗憲皇帝御製碑文二通經亂悉毁玉林受知於世祖章皇帝賜號大覺普濟能仁國師再召入京至聖祖仁皇帝始命重臣驛送南還則禪院之改名崇恩寺必在世祖時至世宗乃重建之御製碑文雖不可復見意玉林國師受知世祖之始末必諱進於文中可推而知也咸豐粵匪之亂寺毁於賊至光緒二十二年宗鑑來主斯寺與其徒漢禪紹春次第修復而大殿之興工則始於宣統元年十二月八日至三年之秋落成爲屋五楹其深四丈八尺六寸其廣七丈一尺六寸其高五丈五尺六寸其基爲級二十有六縻金錢一萬六千圓有奇中造釋伽佛及二尊者十八阿羅漢像閎麗莊嚴遐邇瞻歎爲善者歡然以增進造孽者惕然以潛歛其爲宗教之信仰風俗之慈祥所係蓋非淺也噫寺之興於國初歷順治康熙雍正三朝之盛于時海內治平人心敦厚朝廷既尊寵高行之士而江南佛學之隆亦爲天下所歸慕寺之名曰崇恩茲非大清列祖列宗之恩澤歟浮圖之道不以盛衰易節古之有國者不以其所養者害人雖處衰世而協於仁義庶幾民德歸厚中國其不亡矣

海會寺 在湖汶南三十里見前志雍正閒賜額寶月清光兵毁光緒閒僧妙參重建大殿藏經閣宣統三年欽賜龍藏又賜宏闡二字以冠海會

金沙寺 在湖汶鎮南見前志岳鄂王繫馬銀杏尚在前志謂兵後不存誤光緒六年僧振參重建大殿光緒十三年僧洪茂續建東西兩廊樓屋宣統元年僧增茂重建前殿

石龍庵 在上袁村山門外皆石石有小孔庵左有小河河底累石如級形家云是官山來龍庵因以名康熙閒里人創建兵毁同治十年里人重建前志闕載

復興殿 在蔣立橋光緒三十年溫州僑民集資創建爲會議公所又曰公廟

法華庵 在湖汶靠瀾里舊建 持

眞道院 在蜀山兵毁光緒十四年道士沈葆元重建

法雲寺 在蜀山光緒十二年里人吳高瑾等建

三官堂 在蜀山光緒十六年僧繼忠建

興福禪院 在前墅兵毁光緒十三年里人周茂蓮王芳玉宗志平等重建見爲蜀山鄉立第三初等學校校舍

淸溪庵 在蜀山鄉三洞橋舊建

以上在荆溪均下舊區

顯親追孝禪寺 見前志兵毁光緒十年僧仁智山金山移錫來宜結茅募建至今廟宇悉復前式

龍坡禪院見前志兵燬同治五年僧靜安重建未就光緒十五年僧定初補建在城潘姓捐助山場有記

新庵在南門外康熙甲子尼慧心建蔣景祁撰記兵燬同治十年尼戒貞重建兼祀華陀座側有丹井一口患者乞水求方頗效近又榜額華陀眞君廟 吉祥庵在魏瀆村兵燬同治十年里人建復後殿 慈照庵在漳瀆側兵燬光緒三年里人募捐重建 正隆禪院在河瀆橋側光緒初年里人重建

以上在荆溪清泉舊區

光宣宜荆續志卷二

建置志

城垣

築城衛君造郭守民古今同之宜興荆溪同城而治實占天然形勢溪河貫其中東西二氿環其外北通漕運南接山鄉百雉周遭畫疆而理萬家煙火環堵以居圮補罅完歲有定時矣近年以來經費支絀僅能擇要修理其餘待修尚多保障之謂何固守土者所宜加意也茲記其略

宜興荆溪兩縣城垣自同治五年宜興令鄭猗蘩荆溪令曹文煥請款修築具詳前志洎光緒二十六年紳士徐葆辰等以城垣年久失修基址鬆陷漸將傾圮女牆及譙樓頹廢亦多亟待重修疊奉省委會勘垂定旋以他紳議弗協遂罷至二十九年僅以南運河息款將城南營牆坍闕砌補所餘磚石權從分頓宣統元年大霖雨城牆灌塌四十餘丈由宜興令賴豐熙荆溪令嚴庚辛會同紳士徐嘉泰路道安等於是年九月十二日興作葺治完固前後所費皆由典捐積穀項下提撥不足則以振餘劃補焉

建置志

學宮祠附 禮樂器 樂舞 學田 丁祭樂器二局 四

學宮之制豐麗宏敞前志詳言之惟是經費未充聲容未備所謂樂由中出禮自外作者蓋猶有憾至光緒中葉始復舊觀奏九成於簫韶舞兩階之羽籥煌煌鉅典翕如純如大昕鼓徵成規具在頻年修葺並著於篇

學宮修復前志已詳言之至所載道光丙午文廟更新不言取資所自按丙午爲道光二十六年至咸豐四年復經歲修會大修費錢至千餘緡則知向之所謂更新者亦僅補苴罅漏取備一時而已光緒六年以後學宮工程既竣比年小修至光緒三十二年復經大修亦費錢千餘緡仍出自歲修會存款云按歲修會原始詳見宜興分志荊溪知縣劉標紀澄中均有碑記乾隆庚辰仲夏邑人朱桓儲掌文蔣重光任道南儲申宣孫祖修周沖霄潘上達潘時敏潘文熙任師塾莫峻明潘玉珂胡曦等歲修公議云吾邑學宮經營七載殿廡堂陛巍煥有加業經詳載新立廟碑及所刊備覽中矣敗瓦敝垣雖觀鼎新於一旦功成告退弗謀保護於將來鳥鼠穴其中風雨侵其外誠恐歷年未久日就傾頹況此番締造艱難十倍時曩更宜鑒從前之覆轍爲未雨之綢繆桓等因首倡捐貲諸同志並踴躍從事募捐不足繼以自捐共成二百餘金公同存典生息用以開歲小修庶幾毋廢前勞抑且不煩斂作善之善者也若夫子本相生繕完之費多多益善更冀有志賡續擴充使經費裕如經理勿懈是又所厚望也并刊有碑記迄今時逾百年累葉相承輪替經管不出原捐十四姓他姓無從羼入立有議單正副冊互相稽核弊竇亦無自而生洪楊之變任師塾後裔秉樞肩負歲修會簿籍轉徙避難而私家簿籍概置不顧亂平據籍句稽會產於以恢復由是歲有贏餘爰典續存并擴充市產章程完善罕與比倫前志均弗詳用載大略以詒來者當與學宮永永無極

禮樂器 樂舞

光緒三十三年 文廟升爲上祀殿瓦及宮牆均改黃色是年秋丁釋奠禮器增設四籩四豆崇聖祠亦改用太牢增設牲俎一餘見前志樂器見樂器局門內樂舞六佾自光緒十年丁祭始選英俊子弟充之魚魚雅雅隨班進退至是而典禮始備

學田

學田分大學田小學田大學田學租解司小學田留支公費詳見各前志茲據學冊所載犁然可考者宜興學田凡二百七十八畝八分五釐二毫二絲荊溪學田凡九百五十畝八釐二毫八絲都計一千二百二十八畝九分三釐六毫今歸勸學所經理收支

丁祭樂器二局

丁祭局經費除編銀外佐以市產租息始自乾隆間邑人潘元喆路應求合捐至今賴之詳見續志樂器光緒七年以後邑人吳之炎潘鍾蓮蔣麟勳迭經籌備既得考生童錢二姓各捐銀幣三百圓加以歲科試新生集捐積有成數而樂器始完存有子金而演樂始舉都計尙虞支絀會考生孫敬行捐田二百餘畝又增置孫姓田百餘畝內屬於荊溪者成任十圖忝字田漾三百十七畝四分七釐五

毫七絲又成任二十二圖惟字田二十一畝六分五賢一圖慮字田一百二十七畝四分三釐四毫一絲屬於宜興者成任九圖常字田十畝五分五釐七毫通共田湊四百七十六畝五分六釐六毫八絲詳見光緒二十八年碑記槩年所入租息分充丁祭樂器二局經費補助春秋祭費學堂經費餘羨則增置市產遇荒則分振貧佃及兩學貧生兼助年終撫恤酌盈劑虛以期有舉勿替云

四祠附

學宫内名宦鄉賢忠義孝弟四祠光緒七年以後增祀者鄉賢則有任烜周蔭南路應廷徐喈鳳徐瀛士陳時李文

濤任溥霖等八人忠義則有徐杏儒徐龍彪潘奎光潘鼎英任杓李文灝等六人孝弟則有宗福義宗德大葉榮盛任伊徐榜奎等五人　按吳氏新志所列鄉賢如周舫單子發萬德鵬萬士和莫大勳孝弟如萬錫雯分志續志皆未載不知何據錄以俟考又按北門外孝子順孫坊所列漢蔣政宋單煦明黃玭儲昌張邱穀周允化潘夏鼎路文軌任文薦　國朝史弘李舒春萬迅蔣正泰蔣春柳友德宗士成萬鎰吳徵黃棟蔣志禮史方修吳志宏余泰元蔣世達杭素麟史周南吳廷獻呂時發蔣茂柏徐廷栻葉榮盛儲鵬文葛衡蕃徐元倬許瀾倉金喜孫萬人儲萬人佐周昌汝順孫朱裕基均漏未入祠附綴於此以備補入

建置志

廨署

廨署未建茲紀其略

宜興荆溪縣署舊址光緒中兩縣令屢規建復未果自宜荆試院落成恆假以治事或仍僦民房初無定居其丞尉及武職更無論矣學署亦未建復教諭訓導均於學宫東西齋後餘屋分居見前志國變改爲縣立第一高等小學

建置志

書院 賓興附

澤宫之外又有書院講學於此課士亦於此導揚文教非淺鮮也宋時朱子申修白鹿書院狀云老佛之宫雖有廢壞罔不修葺獨前賢舊隱儒學精舍顧乃闕而不修長民之吏不得不任其責可謂深切著明

光緒中葉宜荆試院又繼陽羡書院成立長斯土者及邦人士締造經營不遺餘力未幾與各鎭書院均改爲學堂彬彬乎有紘誦之風焉若夫賓興已改充他項僅存其名而仍列於卷告朔餼羊未可忘舊也

書院

重建陽羡書院已詳前志光緒十八年宜興令萬立鈞荆溪令辟星輝又於通眞觀巷書院舊址會紳重建宜荆試院並於其前重建文昌閣經年始竣宏壯如昔各費皆由募集不動正項用銀幣至萬三千一百餘圓錢千餘緡詳見碑記既成歲科試兩縣令輪駐試士與書院同始臻完

善光緒二十九年改爲宜荊經史學堂三十二年又改爲
知新學堂
陽羨書院光緒三十二年改爲經正學堂
以上在城
和橋鎮鵝山書院光緒三十二年改爲鵝山高等小學堂
高塍鎮滆南書院光緒初年里人邵繼先邵子鏘王有謨
倡捐鉅款以滆陽書社改築陳德賢邵迺岡經建光緒十
年竣工三十二年改爲滆南高等小學堂
周鐵鎮竺西書院光緒二十九年改爲竺西高等小學堂
以上宜興

蜀山鎮東坡書院光緒八年里人增修三十二年改爲東
坡高等小學堂
徐舍鎮臨津書院咸豐十年兵燬光緒十三年縣令辟星
輝籌費二千餘緡建復講堂官廳課舍十四年又建樓屋
八楹顏其額曰鍾秀閣光緒三十二年改爲臨津高等小
學堂
以上荊溪
賓興附
張渚鎮國山書院楊巷鎮鵝西書院宣統三年以前仍舊
賓興自鄉會試停止遂爲教育經費所存款產宜荊兩縣
田產通計九十三畝有奇市產及餘款存息歲入銀六百
餘圓
東南鄉賓興田產自鄉會試停止後幷入東坡書院

建置志

祠廟 坊表坿

重祠敬祭清廟肅雍於傳有徵神聽斯在惠迪吉從
逆凶有息息相關者執爲虛無而捐除之繆矣光緒
中葉至今垂三十年邦人士於文廟加謹又重建武
廟文昌廟修岳王廟移王位正室於 朝廷重道崇
儒賚忠履孝至意在在訢合尤足生觀感也若夫坊
表以樹綱常垂矜式茲編所載寥寥無幾豈風氣之
不古歟殆亦物力之維艱使之然歟

文廟 崇聖祠 名宦祠 鄉賢祠 忠義祠 忠義祔
祠 孝弟祠 均見學宮內
武廟 在縣北門大街見前志光緒十七年邑人儲寶琛募捐重建其在鄉續建者一和橋光緒十四年重建一大浦宣統二年重建隸宜興一爵坫里光緒二十八年重建一西溪里光緒間重建均隸荊溪重修者一丁山光緒三十一年一白宕里光緒二十五年均隸荊溪 文昌帝君廟 見前志光緒十八年宜興令萬立鈞荊溪令辟星輝在通貫觀巷舊址會紳捐建其在鄉續建者一和橋光緒十四年一岳山北麓光緒二十八年一官莊光緒初年均建閣一扶風橋光緒九年建亦名天香閣均隸宜興 文武帝君廟 見前志其漏載者二一在大浦城隍廟東偏一在澤厚灣均同治間募建隸宜興續建者一在蜀山光緒三十年潘孔時潘鳳儀談芳辰等重

建隸荆溪

火神廟 見前志續建者二一在周鐵橋東隸宜興一在張渚隸荆溪

龍神廟 在琅圩山見前志光緒十七年里人募捐重建前進五楹兼修龍池

城隍廟 在南大街見前志嗣於廟左重建瀛圖締造有年完好如舊其在鄉續建者一在和橋光緒十二年重建後進兩廊一在大蒲均隸宜興一在清白里光緒九年里人馬文榮經建一在篁里舊稱東菴光緒十三年里人任俊科等重建一在轍里村東光緒十年里人張櫻寶張廷春董林方董玉明重建即楊公廟均隸荆溪

土地祠 前志云鄉祠所在多有不勝紀載今亦從略

東嶽廟 在西溪門外面執見前志光緒二十四年邑人蔣國治等募捐建復其在鄉續建者一在和橋光緒十四年重建一在豐義光緒十七年建一在洞下二十三圖光緒十年建一在北莊村一在塔渚村均隸宜興一在蜀山門外茱花橋東同治間湯肇脩等倡建一在篁里光緒十八年宣統三年里人任其璜任森福等先後募建均隸荆溪

夏禹王廟 前志云太湖中之小山名岕者有四其上昔有禹王廟惟北岕地隸宜興神砂隨風擺漾水面最著靈異六桅漁船歲時祭獻茲查禹王廟僅據周鐵鄉開送在沙塘港餘無所聞武山吳友篁曰神禹之勤僅憑漁祭乎為足慨矣

張王祠 俗稱祠山廟即廣惠行祠詳見前志續建者一在和橋光緒十二年重建一在大浦一在湯瀆一在官瀆一在沙塘港一在西莊村一在背村光緒二十六年里人呂謙吉陳德賢等募建一在雲霧宣統三年建祔普照菴均隸宜興一在徐舍鎮河南光緒十五年霞溪陸氏重建一在五賢區安定里光緒三十年建均隸荆溪漏載者二一在筱里同治六年里人許和文等重建一在蘭右同治十一年里人重建均隸荆溪

烈帝廟 即陳司徒廟見前志續建者一在開上區宣統三年建一在開下區光緒二十八年重建一在大埠村光緒中建

李王廟 見前志菱瀆亦有廟明萬歷中建前志漏載

金龍四大王廟 在丁山鎮見前志光緒十二年重修其續建者一在祝陵光緒十六年里人周霖募捐灰業重建一在烏溪光緒三十年建均隸荆溪

劉猛將軍廟 在宜興山亭區太平菴見前志其續建者一在和橋光緒十八年重建一在楊巷先是咸豐六年大旱蝗禱神有應建廟祀之兵燹後重建一在大浦光緒間蝗浡集禱諸神田禾均無恙宣統二年建隸宜興一在大港村隸荆溪

太湖神廟 在烏溪俗稱王二相公廟以前奉諭旨

加號佑民衍澤又稱衍澤王廟均見前志一在大浦光緒九年七月十二日大浦瀆湖大風雨湖水泛溢神降靈保障民以安盧戴德勿諼宣統二年與武帝廟同建隸宜興一在蘭右同治十三年與指迷閣合建隸荆溪

袁府君廟 即果利廟在縣西南隅俗稱西廟見前志光緒二十九年里人潘鍾杰徐德銘潘濟及任曹萬三賢後裔募捐建復任道鎔捐銀千二百圓足成之并撰記

張公廟 在東廟巷見前志光緒十四年邑人重建後寢四楹徐致章撰記曰大凡恩澤之入人深者雖歷數百年之久其迹將湮其事漸軼而被其德者之子若孫猶念之而不能須臾忘即經風霜兵燹奔踣流離而甫遂生還之願即興報本之思其輸將集事踴躍赴功或有轉勝曩時者此可驗人心之不死大德之不忘而不容以代遠年湮改也如吾宜之祀張公由來舊矣廟在邑南門之東廟巷庚申之難各祠宇半付劫灰而公廟獨巋然存克復後仍葺而祀焉廟左右有餘屋人民初集廬舍猶稀乃取僦直為歲修及祭祀之需經理得宜十餘年來集資數百緡適廟後有廢址歲戊子會中同志僉議構後寢四楹而以前進為堂費不足則都人士爭出貲足成之越十月而工竣余喜其事之當於理而吾宜之人民不忘舊德之足多也故樂為誌之

慕撫院祠 在芙蓉山南箸山兵燬見前志里人沈雲山在西塘杆村東重建

方公祠 在城隍廟瀛園後兵燬見前志光緒十九年守備徐誠檀邑人潘孔時集捐重建徐葆辰撰記徐誠檀又以東門營基隸祠招商建屋僦租為歲修祭費蘭山先於同治十三年建廟以祀與指迷閣合按方公宇有才

漢秣陵尉祠 即忠烈行祠俗稱太師廟在姚村見前志光緒十三年里人黃維璋在大坯山正覺寺內募建三楹以祀

岳王廟 在東廟巷見前志光緒十九年邑人既集貲分建文昌宮武帝廟遷奧神牌敬奉王位正殿并修飾一新名賓始相稱矣

蘇東坡祠 即蜀山東坡書院見前志院旁景行宮今改持眞道院奉主以祀光緒十四年道士沈保元建陽羨書院亦薦享如舊里人更於誕日齊集致祭焉

續忠侯祠 見前志祀宋岳忠武王子霖里人更於王廟東偏設位以祀

官里古社 在官莊里兵燬光緒初里人公建前志漏列

周王廟 即周孝侯祠在周墓墩北見前志俗稱東廟光緒二十七年後裔集捐重修東廡姚烈婦祠光緒二十四年武進後裔亦集捐重修其祀於鄉者一在蒲墅國山宋李衡撰記疊經重修一在雲龍村西與武帝台

祀曰雙忠閣均兵毀未建前志略

吳司徒廟 在賁村西西莊頭見前志光緒十七年燬於火十九年里人謝恩詔蔣根培儲大朝等募捐重建

呂迪功郎祠 在南莊村中臨鵲塘祀宋迪功郎東萊呂祖泰兵毀光緒十八年後裔重建

陳孝潔祠 在大人巷祀明左都御史陳公一經見前志兵毀光緒二十一年宜興令萬立鈞倡捐會同後裔陳明等重建

王忠烈祠 祀明重慶府知府王公行儉與明大學士堉文忠合祠見前志光緒中烈後裔又於溺南故里建祠

忠節祠 在西横街祀咸豐庚申率團禦賊殉難監生周家鍚胞嫂殉難通政使周家楣妻潘氏胞妹監生吳文彰妻周氏歲於春秋二仲上戊官祭

忠義祠 在蜀山祀咸豐庚申殉難者同治四年里人潘光河等集捐以本鎭禹門禪院改建

天后宮 在北門外壇橋西兵毀見前志地係閩涇太蕃業公產光緒二十四年涇人查光佃妻鄒氏集貲重建

西溪貞女祠 俗稱浣紗女廟在蝦籠涇北見前志兵毀光緒元年宜興縣知縣施惠捐建蝦籠涇燈樓里人萬隆生又捐置樓板下即祀浣紗女施惠顔其門曰浣紗女廟

三夫人廟 即三姑廟又名顯聖廟在蜀山麓見前志光緒二十一年里人集貲重建

坊表 附

孝子順孫大石坊 在北門外慶源橋南見前志光緒二十六年邑人蔣麟勳捐重建凡載姓名一百一人

孝子順孫小石坊 在北門外慶源橋北光緒二十六年任烽子曾培易石重建除順孫朱裕基外餘均與前同

孝子坊 在富村南爲邵志珪及其四世孫亨泰建見前志里人井爲志珪立碑

節孝坊 除見前志外漏載者三一在萬一區二圖顧家塘乾隆九年爲顧永蕃妻唐氏建隸宜興一在蜀山高家橋嘉慶二十年爲顧景和妻范氏建一在蜀山北廠山足咸豐九年爲范用芳妻呂氏建隸荆溪續建者九一光緒二十四年爲徐致遠妻何氏建在七里莊一爲王曾撰妻楊氏建一爲邵含芳妻宋氏建均在歸龍橋富村西北隸宜興一爲趙法與妻楊氏建一爲潘維新妻周氏建一爲潘孔濟妻楊氏建均在蜀山書院濱一爲范用宣妻鮑氏建在蜀山北廠山足一爲許焯妻蔣氏建在定跨闓橋東南一爲許文焯妻沈氏建在定跨許氏祠東均隸荆溪

節烈坊 在蜀山北廠咸豐九年爲徐步階妻呂氏建夫亡絕食七日死前志漏列隸荆溪

貞節坊 在歸龍橋南富村西北一爲邵允文妻蔣氏建一爲糜雲龍妻金氏建隸宜興

百歲坊 在和橋鎭北光緒三十一年浙江知府程贊淸爲其母裴氏建

光宣宜荊續志卷三

經政志

戶口 選民 住民

載觀前史身丁有賦計帳有條歲課盈虛於戶口增減靡不勤勤加意焉 有淸定例丁銀隨田辦納停止五年編審歲報增丁未及戶數舊志仍之新志雖載明戶數而主客各戶仍未分明具文而已宣統元年奉文初選諮議局議員於是人民中有選民有住民繼以調查戶口奉文戶數兩月編訂一次口數半年編訂一次每戶各編門牌凡三戶同住者以一戶

爲正戶餘爲附戶二戶同住者以先至爲正戶後至爲附戶口數并以壯丁學童分報詳且密矣而所報各戶果否準確未可知也茲爲分著於後其有未詳則補見於備志焉

選民

宣統元年初選諮議局議員宜興選舉人二千七十一人荊溪選舉人一千四百五十四人其時具有選民資格者往往匿不肯報甚且謝絕登記故爲數止此詳見新政志選舉門

住民

宜興册報闕

荊溪城鄉正戶三萬五千二百十五戶附戶二千九百十六戶

右查照宣統二年荊溪縣署册報

宜興人丁十四萬五千一百六丁內除節年滋生人丁五萬二千三百十五丁欽遵康熙五十二年

恩詔永不加賦外實在當差人丁九萬二千七百九十一丁 女口闕

荊溪人丁十萬八千九百四十六丁內壯丁六萬五千三百七十一人學童一萬九十五人女口八萬九千三百七十二人內除節年滋生人丁四萬四千九

百二丁欽遵康熙五十二年

恩詔永不加賦外實在當差人丁六萬四千四十四丁丁銀詳前志

右查照宣統三年宜興荊溪縣册報按前志載光緒六年宜興册報人丁十一萬三千七百二十三丁見增三萬一千三百八十三丁荊溪册報人丁七萬六千五百七十八丁見增三萬二千三百六十八丁無論前志所載是否精覈而歲閱一世全縣人丁僅增此數固疑問也

經政志

賦稅 田賦 鹽課 釐金 雜稅 鋪郵坿

田賦課稅國初以來定制相沿惟釐金一項則自洪楊之亂抽收助餉始試行於揚州後乃遍行亂平而仍未能去也庚子之變賠款事起賦稅大率有加商民咸奉令維謹盖　朝廷不得已之苦衷爲天下所共諒也若夫地方一遇水旱臣工入告請款夕奏朝俞既豁免錢糧又動撥公帑累年蠲䘏未可以數計云

田賦

宜興舊區十有一區荆溪舊區十有二區凡各則田及折實平田額數詳前志自同治開清丈以來無變更

宜興荆溪額徵折實平田銀米數目同前志

宜興歷屆報墾至宣統元年止已墾完糧各則不等田地都爲六千七百六十三頃六畝二分五釐五毫四絲四忽合折實平田六千六百二十六頃八十七畝五分九毫一絲內平田六千四百六十九頃七十畝二分二釐六毫一絲九忽蓄草平田二頃七十四畝四分九毫八絲高田一十七頃五十六畝七分六釐七毫八絲低田一百四十八頃七十六畝三分九釐九毫五忽蓄草低田二頃三畝三分三釐二毫五絲極高極低山竹地二十二頃七十七畝二分三釐七毫五絲灘蕩塘九十九頃四十七畝五分七釐一毫七絲又宣統二三年續墾啟征高低不等折實平田九百十四畝一分五釐九毫一絲六忽合共已墾啟征折實平田六千六百三十六頃一畝六分六釐九毫六絲六忽宣統三年秋勘認墾不等田四頃五十六畝五分不列前數

按前志所載各則田原丈額數宜興尚有未墾及未屆啟征折實平田一千四十六頃六十一畝一分九毫八絲未墾已墾額田詳確畝數檔卷散失從略

荆溪歷屆報墾至宣統三年止已墾完糧各則不等田地都爲五千五十八頃二十八畝三分二絲四忽五微內平田四千一百八十五頃四十五畝八分八釐八毫一絲三微

蓄草平田十五頃六十九畝二分九毫一絲蘆葦平田十頃二十一畝一分六釐二毫二絲高田九十三頃四十六畝七釐七毫八絲蓄草高田十二頃十五畝五分八毫五絲低田一百四十六頃六十六畝五分三釐四毫九絲蓄草低田二頃十四畝二釐二毫三絲蘆葦低田三十二畝六分二釐六毫二絲極高低山竹地三百四十五頃七十二畝二分四釐一毫七絲蓄草極高低山竹地九十五頃二十五畝一分五釐五毫六絲蘆葦極低田一十畝四分一釐二毫茶地四頃九十六畝五分五釐九毫二絲灘蕩塘一百四十頃八十八畝九分二毫六絲三忽合共已墾

畝征折實平田四千五百八十九頃八十六畝七分九釐三毫六絲九忽七微宣統三年下忙届征新墾高低不等田地五頃二十四畝計折實平田二頃四十五畝一分九釐三絲四忽九微不列前數

按前志所載各則田原丈額數荆溪尙有未墾額田一千八十二頃八十七畝八分七釐六毫九絲以折實額數計尙有未墾及未届啟征折實平田七百六十三頃四十八畝三分一釐九毫七絲二忽四微

蘆灘畝數同治清糧時見丈者宜興凡六百九十一頃七十四畝六分一釐一毫五絲六忽荆溪凡四十五頃九十七畝一釐七毫五絲宜興額征蘆課正銀一千五百二十

五兩五錢五分七釐耗銀一百六兩七錢八分九釐荆溪額征蘆課正銀一百二十八兩五錢六分耗銀八兩九錢九分九釐四十年來湖岸漲坍情形大異迄未復丈歷年實征課銀因不列田賦正項不無含混且檔卷散匿無從詳載

民山畝數同治清糧時見丈者宜興額編絲棉麻布銀山二萬九千六百一十九畝荆溪額編絲棉麻布銀山五千九百三十二頃五十一畝八分宜興額徵山絲銀六十五兩五錢三分七釐耗銀四兩五錢八分七釐荆溪額徵山絲銀一千三百三十九兩九錢九分八釐耗銀九十三兩

八錢上下忙並征茲查原報續認至宣統三年止宜興每年實征山絲銀一百十二兩六錢八分又耗銀七兩八錢八分八釐荆溪每年實征山絲銀六百三十四兩三錢五分二釐又耗銀十二兩四錢六釐其實在未墾及已墾未報民山尙有若干因檔卷散佚無從詳載按宣統三年荆溪縣呈報官冊開額編絲棉麻布銀山共六千五十五頃六十五畝一分五釐比較前志所載贏一百二十三頃十三畝三分五釐因何溢出俟考宜興官冊民山畝數符前志

稞辦舊有門攤課鈔銀漁課銀城租銀荆溪別有茶行銀俱同前志

邑人周學源錢漕記上日宜興荆溪田糧之則六田有

高下高下又不等法以平田爲率層累而遞折之按平田亦有等有蘆葦平田每畝折平田五分有蓄艸平田每畝折平田三分五釐二毫平田之次曰高田每畝折平田八分五釐九毫四絲六忽一纖七塵九渺曰低田每畝折平田七分七毫七絲九忽一纖九塵九渺又次曰蓄艸高田每畝折高田三分三釐三毫三絲三忽三纖二塵曰蓄艸低田每畝折低田三分五釐六毫九絲九忽八纖九塵五渺曰蘆葦低田每畝折低田五分曰極高極低山竹地每畝折平田四分三釐九毫五絲二忽七纖四塵二渺曰蓄艸極高極低山竹地每畝折極

高極低山竹地三分三釐三毫二絲一忽六纖日蘆葦極低田每畝折極高極低山竹地五分而茶地每畝折平田三分三毫三絲三忽九纖二塵七渺灘蕩塘每畝折平田二分五釐二毫七絲八忽二纖八塵五渺六漠則又不專以高低論至銀山一畝每忙僅征銀一釐一毫零蘆灘一畝每年僅征銀二分零其實與所謂極高低地無甚區別惟以不列田糧故丈量科則疏密殊矣餘詳前志計宣統三年止已墾畝征田畝宜興平田約居百分之七十五高田百之十低田百之十灘蕩塘百之五荆溪平田約居百分之八十高田百之八低田百

之八灘蕩塘百之四宜荆多山而瀦水何沃皋之多賦前志固慨乎言之矣當同治開清丈時官吏以舊額不符恐遭駁斥或改蘆灘爲平田山鄉則以山當之迄今報熟愈廣斯害愈著而荆溪爲尤甚戶口日繁未報墾之田尙多此重行清丈之必不可緩也上下忙銀價每兩合制錢二千文帶征地方積穀費每兩錢九十二文庚子後各省籌補賠款鎊虧本省奏定每兩加征錢二百文光緒季年銅圓充斥銀價驟增又每兩加征錢二百文名曰彌補洋虧（俗稱銀圓價爲洋價）上下忙俱同錢漕記下曰漕米解支有白糧有銀有本色詳前志民間完本色

或折色不論每完米一石帶征水腳等費錢一千五十二文本色折色同每歲十一月杪開倉七日各區圖先後有定次先期由蘇藩司定折色價頒示通曉光緒初年折價每石止在三千文內縣官利收折色且於開倉期內特減二三百文然鄉民載米爭赴東南兩倉俱充積加山蓋以穀鮮出境民有蓋藏也自十四五年後比歲荒歉民食漸絀糧倉收米逐漸減少而折價常在四千文左右矣由季年迄宣統初開倉幾若具文後竟廢置其間惟光緒三十年穀價驟落藩署所定折價贏差五百餘文於是糧戶悉完本色即有完折色者董保吏

胥亦要而易之而米貫下中者太半荆溪倉從嚴剔取多押回倉亦充塞宜興縣令恩厚寬和而邮民押回米仍悉數准收計收米近三萬石倉滿則借寺院借徐氏義莊以寄囤會米價旋漲恩得無累舍此俱爲全定折色年分然折價愈增矣向章來年四月完漕終止年外完每石加錢五百文而民閒必舍其所獲之穀輾轉以完折色且遲至來歲加價完者日益多此亦三十年來物力盛衰之表示也折色行而銀價之弊起緣藩署定折價以錢計民閒則通用銀圓歷任縣官自定櫃價照市上每一銀圓抑價由二三十文累至百文糧戶逕以

制錢即銅圓爭完乃有銀七錢三之例然鄉民謹愿錢亦不可多得利獨在櫃胥按光緒三十四年以前每一銀圓不足當千文而折價遞增至五千文外加水脚等費一千五十二文逾年完者再加五百文糧戶之耗於錢價者巨矣此風既開上下忙亦彷行惟抑價較殺耳漕米無帶征費光緒三十年因興學堂奏行串捐每串一張帶收錢五文上下忙串同

坿記報墾復荒案

光緒二十五年秋常州府知府莅勘新墾勒令宜興一縣認報新墾田三萬畝縣令郭曾程告以連年水旱民

力未逮不允乃下鄉飭集各圖書令照荒田數報熟三成不足者交縣押比語郭令三萬之數少一畝則聽參郭令云願以一官抵三萬畝無著之賦相持甚烈繼由漕案書曹立山請暫照府諭如數塡報至來歲八月郭令即將所報新墾並未核勘實由府諭勒認所有拋荒地多高亢本年原熟田畝尚且苦旱何況高阜民怨沸騰環求覆勘等情據實上詳並自請參處奉巡撫批飭府覆勘據實具報如再漫不經心定與該縣并處等因於是知府莅宜覆勘而前案竟全銷矣郭令本署任其毅然上詳時已交卸在即此尤難能也

鹽課

宜興荆溪爲浙鹽行銷區域前志所載兩縣鹽額四千七百引每引四百斤及每引納課正耗銀數至今無甚變更光緒庚子以後賠款事起鹽商亦經派捐價遂逐漸加增查宣統二年二月以前每斤價五十七文三月以後易爲銀圓數即每斤五分七釐最後爲每斤價六分此食鹽也醬鹽價爲六分四釐

蠶金

宜興蠶捐局當同治四年創設時止以張渚湖㳇竹筍爲大宗捐款於和橋周鐵橋等處設分卡而已嗣以比較爲

委員考成又增設張澤橋義西圩等卡征益苛密矣然宣統年間旺收止七萬餘千文約計百貨捐三萬千米捐四萬千絲捐一千餘圓茶捐七八百圓繭捐始萌芽捐數極微自經改革檔卷散失藩署舊文亦付一炬其歷屆委員姓氏及比較盈絀莫可考焉光緒中年委員某詳准加征落地稅捐於城門設分卡激成罷市毀捐局宜興令萬立鈞據情上詳奉撤即日停止坿誌於此以見當時本省長官未忍以聚斂拂民意也

雜稅

契稅　定章每契價銀一兩征銀三分銀價由蘇藩司頒定行縣照征民間田產契價率以制錢二千文合銀一兩納稅訖由縣掣黏印收俗稱稅尾每張帶征錢四百二十文宜興荆溪兩縣每年征解銀自五六百兩至千餘

兩不等
牙稅　卽牙帖稅向章分四等上等每年征銀二兩加耗銀一錢四分二等一兩五錢耗一錢五釐三等一兩耗七分四等五錢耗三分五釐光緒庚子後奉文加五倍征收兩縣每年征解之數大率增至三四千兩矣銀價同契稅另有短期牙照捐以一年爲限繳捐自四圓至十二圓不等不列奏銷
當稅　卽典稅宜興轄一荆溪轄四凡五當典每年各征銀五兩光緒庚子後奉文加十倍征收各征正銀五十兩又耗銀三兩五錢銀價同牙稅辛亥改革停止
菸稅　菸葉每百斤捐錢六百文菸筋每百斤捐錢二百

文由宜荆釐局總收彙解光緒二十六年加坐賈稅每年認繳錢一百二十千文二十九年停止
酒稅　黃酒每百斤捐錢一百文燒酒每百斤捐錢二百文由宜荆釐局統收彙解光緒二十八年加坐賈稅每年認繳銀五百圓二十七年又加四百圓
牲畜稅　大豬每口捐錢二百文中豬一百文小豬五十文湖羊每口捐錢七十文山羊五十文小羊三十文每年額征捐錢六百九十四千一百文由宜荆釐局統收彙解前志有牛稅縣統計表未登當係漏載
房捐　光緒二十八年奉文每房租錢一千文抽捐錢一百五十文主客各半按期由縣署派員收捐每年四季約共收捐錢二千餘千文彙解蘇省房捐局無定額

附地方捐

當捐　城典每月捐錢三十千文鄉典每月捐錢二十千文宣統元年正月均改錢數爲銀圓數此係當捐積穀專款向以厚餘堂從屋爲儲穀之所
茶捐　光緒三十二年十月由兩縣署呈報出示每茶一碗捐錢一文嗣由城廂本業每年認繳錢三百六十千充學務經費其各鎮鄉亦次第開辦均未開報辛亥改革停止

蠲郵　附

光緒九年宜興荆溪被水成災奉
上諭被災田地應完下忙銀米准予緩征
光緒十一年大水奉
上諭緩征被水田地下忙銀米
光緒十四年秋旱奉
上諭緩征本年被災田地下忙銀米已完上忙准其流抵十五年新賦
光緒十五年正月二十七日恭逢
皇上大婚禮成及崇上

皇太后欽獻徽號兩次賸黃奉
恩詔將光緒九年十三年以前民欠錢糧概行豁免
光緒十五年秋大雨四十餘日禾已熟悉淹水中災情最苦奉
上諭被災田地應完下忙銀米准其蠲免已完本年上忙流抵十六年忙銀
光緒十七年夏少雨七月二十七日雨驟至經旬圩田悉淹荆溪山鄉蛟水暴發災尤重奉
上諭宜興被災田地本年應完下忙銀米准其減免六釐荆溪被災無收田地准予全蠲其次分別災情減免二分

五釐一分九釐五釐不等
光緒十八年旱奉
上諭被旱各田應完銀米緩至來年秋後察勘帶征已完上忙准其流抵十九年上忙
光緒二十年大旱奉
上諭被旱各田緩征本年上下忙銀米已完上忙流抵二十一年新賦
光緒二十二年大水奉
上諭蠲免本年被災各田下忙銀米
光緒二十三年春苦雨秋螟傷稼成災奉
上諭蠲免本年被災各田下忙銀米
光緒二十四年大旱奉
上諭被旱未種各田下忙銀米准其蠲免
光緒二十六年秋旱奉
上諭本年無收田地下忙銀米准予蠲免
光緒二十七年水奉
上諭被水無收田地應完下忙銀米准予蠲免
光緒三十二年大水災重奉
上諭被災無收田地本年應完銀米准予蠲免
光緒三十四年大水災情同三十二年奉

上諭被災無收田地蠲免本年應完銀米
宣統元年大水奉
上諭蠲免被災各田本年應完銀米又奉
皇上登極恩詔所有光緒十四年十八年二十年緩征銀米概行豁免

經政志

積儲　常平倉　積穀倉　義倉

國無九年之蓄曰不足無六年之蓄曰急然則積儲者天下之大命即一邑之大命也漢時始設常平倉隋更立義倉自朱子社倉議行法良意美至今遵之

宜興荆溪兩縣常平倉既以兵燹久停未復積穀奉
文帶征累年振糶於前派萬石外所增無多義倉之
分建者或從事整頓歲有加增或仍在因循絶無成
效夫當此戶口日繁地不加廣穀價騰踊較前倍蓰
苟非先事綢繆廣爲儲蓄設遇災荒將何以濟願以
告有心桑梓者

常平倉　積穀倉

常平倉 見前志宜荆縣署未建常平倉亦未建復

積穀倉 宜荆分設已見前志歷年動撥及分存各鄉城倉無存

成半積穀倉 在縣東南茶局巷見前志光緒六年經始宜興荆溪合存穀三千餘石

以上宜興荆溪合

和橋積穀倉 在和橋下塘萬一萬二兩區合見前志倉廒三十餘間穀八千餘石

周鐵橋積穀倉 洞上洞下兩區合在周鐵橋西街見前志光緒初里人公置河字號民房爲倉廒十四年火災燬穀大半當經紳董按圖集捐建倉補購如前數至二十五年奉文帶征畝捐逐年存穀較加復添建倉廒四所門樓四間

以上宜興

新芳橋積穀倉 光緒三十二年後比歲災荒居民鮮食倉儲半撥平糶半給各圖見在無存

張渚積穀倉 舊存城倉光緒十四年大旱分倉給振殆盡嗣經里人在國山書院西另建倉屋六間存穀二千石

以上荆溪

按前志屬於宜興各鄉積穀倉尚有二一在芳橋南
儲開寶兩區穀光緒三十二年災振散放無存一在
官村沖寂觀西儲神安全區清東半區穀屢遭荒歉
散放亦無存倉屋廢壞宣統二年重修改爲官林學
堂其由城倉積穀分存各鄉穀數及年月均無卷可
稽從闕

義倉

在城義倉 在縣東南茶局巷宜興荆溪合見前志光緒初宜興令施惠邑人任重光周家楣各捐穀一千石其後重光子元濬期曼又捐穀一千三百餘石餘亦多所捐助近年田產穀石均有加增歷屆平糶恃以因應

以上宜興荆溪合

西義社 在西察院原址乾隆間里人吳文孝女守貞不字居此晚年奉佛度尼改爲香蓮菴光緒初文孝曾孫紹隆收回入公十一年里人儲寶琛等集貲改建儲穀備振蔣瀆里土地祠亦坿焉

體仁堂 在萬一舊區二圖嚴莊下莊兵燹後下五莊公立有田二百餘畝存穀二百餘石

存善堂 在萬一區十二圖全圖公立有田三十餘畝銀幣二百餘圓存穀一百餘石

誠善堂 在萬一舊區十三圖兵燹後公立有田三十餘畝穀百餘石十二莊輪管

同善堂 在萬一舊區十四圖大潭村光緒三十二年公立有田十六畝穀三百餘石

近仁堂 在萬一舊區十七圖上五莊公立存款三百餘圓

資生局 在和橋鎮本鎮存穀八百石倉廒十間

儲濟堂 在萬二舊區四圖張家村下六莊公立舊與上六莊合嗣經里人楊允斌等倡捐巨款購地分設倉廒四間有田三十畝穀六百餘石

惠滋堂在萬二舊區六圖丁家村倉屋六閒有田十餘畝穀七百餘石

合濟堂在萬二舊區六圖漫瀆村與七圖合建共倉屋四閒存穀六百餘石

遐濟堂在萬二舊區八圖上捧村平屋三閒存穀四百餘石

遐裕堂在萬二舊區八圖蔣年橋平屋二閒存穀二百餘石

思濟堂在高塍下堋復濟堂前係萬二舊區九十十一等圖合建倉屋十二閒樓屋一閒

同濟堂在邑亭橋萬二舊區十二十三圖合建倉屋十二閒存穀八百餘石

積善堂在萬二舊區十四圖李山瀆橋舊有兵燬光緒十九年封職朱明昌以金璧菴廢址倡建倉屋六閒子陞垚復以金璧菴善繼菴業田并入得田三十餘畝存穀五百餘石

官莊義倉在萬二舊區十六圖九十兩莊公立光緒初存穀三百餘石十九年里人楊允斌等合力經理日漸擴充倉廒十三閒存穀二千餘石舊分義倉善堂兩項見已合并兼辦義材寒衣施藥及補助學款

新濟倉在萬二舊區十六圖樓下村六七八三莊公立倉廒三閒存穀三百石

周濟堂在萬二舊區十六圖王毋村上五莊公立倉廒分新舊兩處

伏義倉在萬二舊區十八圖賦村街北平屋三閒有田十餘畝存穀七百餘石

積善堂在萬二舊區十九圖灣里河南四五六七莊公立倉屋六閒有田三十餘畝穀五百五十餘石

崇善堂在萬二舊區十九圖鴉鷺棲村平屋三閒存穀二百餘石

集善堂在靜堂里存穀五百餘石

仁濟堂在西鋤倉廒九閒存穀一百餘石

公信堂在賽中村倉廒六閒存穀三百石

崇本堂在渦南倉廒四閒存穀二百餘石

公善堂在廟橋倉廒三閒存穀百餘石

普濟堂在鮑家莊里人王熙曾王熙庸經理存穀五百餘石

宋瀆義倉先假敦善堂儲穀光緒二十九年里人呂謙吉周育材蕭書白等另建倉廒十閒門廳五楹積存穀千餘石遇災散借鄉戶未歸

仁善堂在成任舊區二十一圖田干里里人薛景高吳英達等經理有田二十餘畝存穀二百餘石

鼎濟倉在清東舊區新芳橋光緒二十三年里人毛有斐尹冠芳黃贊文經建

臧村倉在本鎮北街七圖光緒十五年里人儲湘捐穀百餘石儲質夫購地儲仁儲廷掄路之俊等建倉凡十餘閒存穀五百石

繆瀆橋社倉存穀約三千石宣統三年分存各圖

崇仁堂在洞上舊區十二圖北準瀆河南宣統元年鍾保和沈祥琛歐盤根等經建倉屋三閒積穀二百石

積善堂在洞上舊區十七圖茭瀆鎮光緒二十二年蔣永隆汪朗廷創捐建屋六閒存穀一百餘石

崇義堂在中準瀆吳匡時張永銓等購基建屋四閒積穀一百餘石

樂善堂在南準瀆光緒二十六年朱士華等創捐購屋三閒存穀六十餘石

星善堂在楊家圩光緒三年建

義和堂在蔣瀆光緒十六年郭順英等創捐購地建屋三閒存穀六十餘石

以上宜興

善後堂在均上舊區三圖大港村河北凡三進屋七楹

公裕堂在均上舊區四圖白泥場平屋三閒

積善堂在均上舊區六圖周墓村平屋三閒

同善堂在川埠鄉本鎮有田四十餘畝

亦善堂在川埠鄉查林村有田八十餘畝

樂善堂在川埠鄉上袁村有田九十餘畝

誠之堂在均下區二十一圖蘭石村河北屋三進倉廒五間河南倉廒八間

恆裕堂在震東鄉定跨頭莊光緒九年里人許士照許濟津許洵倡建共屋四楹有田五十餘畝穀三百餘石

緜厚堂在震東鄉雙橋中村屋共四進道光二十六年里人范鍔馮禹莊等募建有田二百八十畝

積餘堂在震東鄉西埊圩有屋三進後進已燬里人范蓀陶吳賓譙吳逸亭等募建有田三百餘畝

公濟堂在湖汶鄉本鎮有田二有餘畝

永善堂在湖汶鄉岡下有田八十畝穀三百石

宮前社倉存穀百餘石

輔仁堂在蜀山鄉本鎮見前志爲二十六七兩圖義倉光緒年間里人潘孔時潘孔鑄潘孔成潘雙福潘鳳

儀史振庠談芳辰周遴之周蔭周煥文等定章輪管增置倉屋十餘間業田數百畝積穀五千餘石遇災濟振兼施義材

亦政堂在蜀山鄉錢墅二十二圖光緒十六年里人周德森周希賢許志洪王芳玉宗志平周順來等創建

集慎堂在蜀山鄉三洞橋

寶善堂一在丁山鄉本鎮有田五十餘畝穀三百餘石一在蠡墅有田百畝穀三百餘石光緒二十五年里人周廷賢等募建

公濟堂在丁山鄉光莊有田七十餘畝

積餘堂在丁山鄉西山前村光緒三十年里人高晉文吳旭昇等募建

公善堂在丁山鄉周墅光緒初里人王熩吳永東等捐建今改名遵美堂

崇善堂在湯渡鄉本鎮有田六百餘畝穀千餘石

育善堂一在清泉鄉塘頭村有田五十餘畝一在前洛村有田一百八十畝

滋德堂在清泉鄉湖洋渚有田五百餘畝穀千餘石

咸新義倉在五賢舊區茫溪里有田五十餘畝

復興義倉在五賢舊區藤橋里有田四十餘畝

駱氏義倉在五賢舊區駱家巷有田十餘畝倉屋二間

美樨義倉在五賢舊區美樨里有田產倉屋

宗義倉在五賢舊區安定里有田產倉屋

永平義倉在從二舊區三圖光緒年間里人朱允成創設

芳圩義倉在從四舊區三圖同治七年楊葆之姚小江創捐置田建屋前志漏

永豐八圖義倉宣統二年里人楊協禮經建

誌德堂在永豐舊區十三圖祝陵村宣統二年周邦熙倡辦存穀五百石

張渚義倉前係租地起廒不敷儲穀宣統二年余鼎銘重建

善慶堂在陸平鄉光緒九年創建

善濟倉在滸淛光緒初年山亭舊區十七圖蔣富奎創建

積善倉在南莊光緒四年山亭舊區二十一圖蔣芝榮創建

以上荆溪

光宣宜荆續志卷四

武備志 綠營 防營 水師 徵兵

綠營

宜荆界連浙皖二省廣袤三百餘里而額設綠營不足百名以守城扞掫司門鑰庫獄分布已屬殷繁防汛遂無從徧及其不足禁䜆詰奸明矣況乎綠營積習加劉忠誠張文襄所稱官由選補兵皆土著兵非弁所自招弁非將所親信既無恩義自難鈐束以傳舍之官馭世業之兵亦如州縣之於吏役欲其整飭服教事所必無情形大抵相同營兵又多疲弱故自

分年裁減而宜荆地方安靖若固然云

宜荆城守營由常州營右軍分駐設守備一員以千總一員把總一員外委三員隸之額兵百五十五名中爲馬戰兵六名步戰兵三十七名守兵百十二名並詳前志同治三年縣城既復額兵減爲馬戰兵一名步戰兵四名守兵五十五名其額設衙署營房處所前志未詳茲查宜興縣境內和橋汛額設營房三間以千總駐之營房前別設捲簷三間並柵欄營門照牆湛瀆汛鍾溪汛各額設營房二間東氿口汛福佑汛楊巷汛下邾橋汛高塍汛各額設營房一間荆溪縣境內在城額設守備衙署一所計營房大小三十四間教軍場額設演武廳三間又捲簷三間徐舍汛額設營房三間以把總駐之營房前別設捲簷三間並柵欄營門照牆湖㳇汛張渚汛各額設營房三間南旐蕩橋汛洴浰汛下新橋汛城塘橋汛王家橋汛各額設營房一間各汛各設煙墩五座望樓一座都計額設衙署營房連同捲簷大小七十二間煙墩八十座望樓十八座千總一員專管東北九汛宜興六汛荆溪三汛外委把總協防把總一員專管西南七汛宜興二汛荆溪五汛外委把總協防自兵燹後不特營房望樓僅存遺址卽衙署演武廳亦概付劫灰守備以下均駐縣城疊僦民居未能復舊

光緒十九年宜荆城守營奉文裁三留七

光緒二十九年又奉文裁三留七改設巡警軍什長三名正兵二十八名

宣統二年全裁

防營

防營以保衛地方者著于篇其緝私營則不著宣統三年十二月飛划營變作防營洶洶將入城應之管帶吳保恕時赴會垣其妻急拒營門下拜曰主將平日待汝等不薄今主將不在此萬不可輕動擾亂茲土兵感其言遂止倉猝之閒保全甚大惜忘其爲何

氏云

光緒十九年後宜荆城守營既節次裁減地方空虛省中遂派營塡防駐紮無定所自漕糧改折乃以荆溪門外南倉爲常駐所宣統辛亥以前各管帶到防及交替年月略焉弗詳茲就其姓名確然可考者附載于後以備一時掌故云

管帶

徐誠檀江南人

杜步階江南人

何惟元貴州人

于青雲湖南人

吳保恕安徽人

管帶以下分駐各鎭鄉隊長姓名無考

水師

太湖水師副中營營官自黄易桂以前無考茲登其略

太湖水師副中營巡防宜興有年屬于撫標駐營小東門外分防各處宣統辛亥其管帶爲黄易桂嗣改爲右營調省以左營調防即肇事之飛划營改革之際意圖入城大掠先至保安會肆劫槍彈幸未得逞撤省另行調防詳見

備志

徵兵

徵兵之制善矣攷歐州徵兵之制有三曰募徵與訂約契載明年限曰記徵記錄國民名數以備應戰終乃改爲普徵國民皆宜親身應徵不得倖免德意志軍制尤嚴貴如皇子亦列兵籍故其兵最精亦最强

光緒季年　朝廷懲綠營之茶弱節次裁減遂參用歐洲制剏設武備學堂所有武舉人進士均得挑選入堂肄習又設督練公所徵兵訓練凡舉行三次宜荆兩縣應徵甚衆不乏可造之材成效未彰國體已變徵兵亦停惜哉

光緒三十三年　朝廷鋭意自强命各省疆臣仿歐西徵兵制剏練陸軍編步騎礮工輜五種應徵入伍爲常備軍三年退伍爲續備又三年爲後備規定全國爲三十六鎭北洋首先開辦南洋繼之江督周馥奏派提督徐紹楨爲第九鎭統制在江寗省城設立督練公所是年六月委三十四標管帶官協參領潘維翰爲宜荆兩縣徵兵員州判周維清副之設局文昌宫先徵十四人應徵者以舊家子弟爲多啟行時兩縣令及合邑士紳均送登舟爲向所未有嗣後陸續應徵者都計二百八五閲月而事竣入伍後

其練習較優者期滿即超授營長次亦考送江南陸師南洋水師第九鎭隨營南洋講武各學堂肄業是爲第一次光緒三十四年督練公所又委提調吕祖綬在常州府城設局委員到縣續徵是爲第二次宣統二年三月吕提調又到常設局委員張志豪到縣會徵先經宜興令申送新兵若干名荊溪令申送新兵蔣順發等十五名嗣以農忙人數較少暫行停撤是年八月仍由吕提調到常設局又委員張灴到縣會徵復經宜興令申送新兵若干名荊溪令申送新兵余叔英等一百十五名是爲第三次徵兵案卷惟荊溪縣第三次徵兵有卷宜興無應徵名數無從填註其第一次第二次徵兵事略出自訪聞仍苦未詳故敘事亦詳略互異云

光宣宜荊續志卷五

新政志

學務　學務公所　勸學所　教育會　學堂

中國學務開世界之先庠序而後繼以太學唐太宗以增舍授講爲主硃方亦切景從宋仁宗以經義治事分齋當世傳爲令式自科舉制行陳陳相因學非所用遂爲通人詬病光緒三十一年　朝廷鋭意振興迺去舊制改新制令行省所屬各設學堂研究中西科學宜荊奉文後次第推行始設學務公所旋改勸學所又設教育會城鎭鄉學堂亦以次籌備雖未能遍設卽遭改革迄今數年略無闕遺多士莘莘英才輩出其留學外國者歸時尤能各奏所長罔非昔日爲之嚆矢也

學務公所　勸學所

光緒三十一年科舉既廢宜荊始設學務公所公推任錫汾爲總理徐保慶朱方來爲協理儲南强爲總幹事是時學堂之已先設者在城惟經史學堂在鄉惟竺西學堂與崇本小學而已三十二年奉文改設勸學所置學務總董兼視學一人公舉儲南强任之是年劃全縣爲十學區創設師範講習所以造就師資故也學堂增設者七所在城

公立二一在鄉公立四私立一三十三年儲南强辭職公推徐翰錡不就嗣奉文改設學務總董兼視學員二人公推謝保衡儲祖麟任之是年知新經正合井爲宜荆公學學堂增設者又七所在城一和橋四男學三女學一蜀山一官林一三十四年增設學堂九所在城凡八官立二公立五私立女學一在和橋者一宣統元年儲祖麟辭職改選吳之安任之是年增設學堂三所和橋一官林二二年正月吳之安辭職改選蔣兆燮任之是月之二十六日各學區因自治調查戶口謠言四起鵝山滆南東城等學堂同時被燬各小學亦多波及輟課暑假以後被燬各堂恢復

者約半數增設者凡五所在城女公學一周鐵橋一和橋二徐舍一三年增設學堂五所周鐵橋二和橋一徐舍二是年七月蔣兆燮辭職復改選吳之安任視學員八月甫經奉文而國變已作勸學所遂廢

教育會

宜荆教育分會　宣統元年二月成立公舉任錫汾爲正會長朱方來潘鍾璜爲副會長會所設前宜荆試院定會章八條

學堂

宜荆經史學堂　在城區原係宜荆試院光緒二十九年朱方來路道安等改設經費以陽羨書院賓興典捐串紙捐等充之三十二年停止

知新學堂　在宜荆試院原名宜荆經史學堂光緒三十二年改

經正學堂　在城區原係陽羨書院光緒三十二年儲南强周學源路鴻甲等籌款興辦

宜荆公學　仍在陽羨書院光緒三十三年周學源等以知新經正歸井合辦

宜荆師範傳習所　在宜荆試院前文昌宮光緒三十二年勸學所設立分日夜兩班半年畢業三十三年停止

以上宜興荆溪合

官立肇新初等小學堂　光緒三十四年宜興縣知縣賴豐熙捐廉創辦校址借設北大街儲宅後遷蔣宗祠宣統末停止

官立明敏初等小學堂　校址借設法藏寺原名南二社小學汪其淵吳之望等創辦光緒三十四年荆溪縣知縣嚴庚辛捐廉改設宣統末停止

宜興官立簡易識字學塾　塾址文昌宮宣統元年宜興縣知縣賴豐熙捐廉倡辦三年停止

荆溪官立簡易識字學塾　塾址內關帝廟宣統元年荆

溪縣知縣嚴庚辛捐廉倡辦三年停止

南一社初等小學堂　校址借育嬰堂光緒三十三年儲

祖麟徐振驥等就原有義塾改辦

南二社初等小學堂　校址借三賢祠光緒三十四年徐

應軫李承溪等就原有義塾改辦

東社初等小學堂　校址借張公廟光緒三十四年程引

鈞等創辦

東北社初等小學堂　校址借關帝廟光緒三十四年儲

南强創辦

西社初等小學堂　校址在蔣瀆里光緒三十四年余克

諧史國瑛等創辦

西二社初等小學堂　校址在杏花園光緒三十四年任

光浩等創辦

女子公學　校址貫西廟巷黄祠宣統二年勸學所設立

以上學堂七所經費均由勸學所給發

私立眀誠女學　在東撒珠巷光緒三十四年曹畝驤捐

貲創設宣統元年移大人巷

以上在城區

鵝山高等小學堂　在和橋原係鵝山書院光緒三十二

年俞致裕蔣翰勳楊宗敬程丕承等改辦經費以鵝山

書院租息及畝捐街捐等充之舊有平屋十七間宣統

元年被燬重建續辦三年添建平屋十間另購校後基

地作操場其費均由和橋學區内籌集

公立育萬小學堂　在和橋鎮宣統二年錢銚張仁鐸俞

沭欽馮曜蔣丙華等創辦胡樹捐平字號田四十七畝

零拱字號田二畝五分湯字號基地六分

私立善羣兩等小學堂　在漕橋鎮城隍廟舊址光緒三

十四年周燮周曜生等募捐創辦宣統元年燬二年改

建樓屋五楹平屋五楹其費除畝捐補助外均由漕橋

附近籌集

歸美小學　在歸美橋宣統元年談海等募捐創辦

開化小學　在楝樹港宣統二年張宗海繆樵仙等募捐

創辦

樂羣小學　在土墩庵宣統三年周兆稷等募捐創辦

公立第一小學　在雲陽庵光緒三十三年蔣翰勳募捐

創辦宣統二年停

公立第二小學　在大聖寺光緒三十三年臾春熙等募

捐創辦宣統二年停

公立第三小學　在西鋤里蔣宗祠光緒三十三年蔣廷

輔等募捐創辦宣統二年停

公立始齊女學　在和橋光緒三十三年黄兆譜張仁鏘
俞宗諫王德培等創辦
以上宜興和橋區
滆南高等小學堂　在高塍原係滆南書院光緒三十二
年王琮陳德賢邵迺岡等改設經費以滆南書院租息
及畝捐等充之宣統二年燬復由邵迺岡等募建開辦
成任公立高等小學　在宋瀆光緒三十一年開辦三十
二年停
以上宜興高塍區
官林兩等小學堂　在官林鎮借設宗姓家祠宣統元年
二月神安清東兩區公立五月遷沖寂觀積穀倉經費
以本區畝捐及糧食茶繭等捐充之
私立求志小學　在臧村儲祠宣統元年臧村儲氏創辦
私立豐義小學　在豐義光緒三十二年儲之儒等以祠
款倡建
以上宜興官林區
竺西高等小學堂　在周鐵鎮原係竺西書院光緒二十
九年謝鴻周同銓等改辦三十一年添建樓屋五楹作
爲學堂經費以竺西書院租息及畝捐等充之
育英小學　在扶風橋文昌閣宣統三年鄭士源馮建侯

捐貲創辦
私立養源兩等小學　在夏芳村宣統二年馮姓捐貲創
辦
儒林小學　在下邾街宣統三年張延賓張脩桐莊拱辰
王延賓等創辦
祝唐小學　在周鐵鎮祝唐庵宣統二年正月吴集英徐
逢湛徐宗侃吴廷珍等創辦
師鄭小學　在下邾街蔣宗祠宣統二年宋樹槐蔣順祿
等創辦三年停
崇本小學　在棠下村張宗祠光緒三十年張宗海等以
張姓公款撥助開辦
以上宜興周鐵橋區
東坡高等小學堂　在蜀山原係東坡書院光緒三十二
年許士熙崔克慎潘孔時等改辦經費以東坡書院租
息充之
公立復粹小學堂　在蜀山光緒三十三年潘子壽潘子
純等創辦經費以文武會公款充之
以上荆溪蜀山區
臨津高等小學堂　在徐舍原係臨津書院光緒三十三
年胡彬吳用賓許鳳岡等改設後因費絀停止

養中小學　在茫溪里宣統二年許養中堂創立
道南小學　在麓田圩宣統三年芳圩楊氏創立
蓮溪小學　在潘家壩宣統三年潘春浩等創立
以上荆溪徐舍區

新政志

自治議事會　董事會

自治之義憲政館奏疏至爲詳明謂自治與官治相對待無官治則無所謂自治惟自治乃相成爲官治合則雙美離則兩傷然則自治固綦重哉昔子產爲政聽鄭人鄉校之言明道涖官設晉城社會之制卽此意也光緒三十四年　朝廷始行立憲以庶政公諸輿論爲主遂以籌備自治爲尤亟宜荆籌備獨先於他縣自奉文改設公所卽自城鎮鄉開始循序日躋城廂議事會董事會相繼成立其中議決如議禁賭方法設禁煙分所習藝所農務分會推廣簡易學塾清查荒地各案皆關地方興革爲自治津梁雖或行或未必行而其足以信今傳後者固昭然若揭也惜乎縣自治正在萌芽和橋高塍周鐵各鎮鄉議事董事各會甫經成立卽遭國變自治遂未著成效云

光緒三十四年　朝廷下詔預備立憲始采用地方自治制度憲政編查館奏定城鎮鄉地方自治章程並擬逐年籌備清單限期成立是年六月紳士蔣翰勳等創設地方自治研究會於和橋十一月紳士任錫汾等創設宜荆城鄉總公所爲籌備自治之計宣統元年閏二月始奉頒城鎮鄉地方自治章程一百十二條選舉章程八十二條三月奉頒民政部調查戶口章程四月奉頒蘇省會議廳議決城鎮鄉自治限期籌辦次序表自宣統元年五月初一日起至四年十二月初一日止依此定限祇准提前不得越後六月奉頒籌備自治公所簡章八條七月奉頒調查戶口及選民資格簡則表式冊式並自治章程疑義簡釋

十一條八月奉頒籌備自治公所通行辦法及城廂自治籌備日期表又奉札查報區域兩縣頒發調查戶口簡明告示徧爲張貼城鄉總公所改設籌備城鎮鄉自治公所九月兩縣先調查城廂戶口十月籌備自治公所申送城廂區域圖（以在城原有六圖分劃六區分段調查）十一月籌備公所議決原有二十六區劃分九鎮（開上開下設芳橋鎮洞上洞下設周鐵橋鎮萬一萬二設和橋鎮官成任山亭設宋瀆鎮神安及淸東北九圖設官村鎮淸東南九圖及淸西亞亭從五設楊巷鎮金泉永豐設張渚鎮荆成任山亭及五賢從善設徐舍鎮均上均下淸泉設蜀山鎮各設立議事處）選派調查員限二年正月竣事十二月兩縣申送城廂戶口一覽表（計戶二千二百男九千八百九十女六千四百九十八）又宣示城廂選舉人名冊二年正月

城廟舉行投票乙級當選徐德輝等甲級當選徐保慶等是時各鎮鄉調查戶口從事者半係辦學人員頗欲實事求是而鄉民狃於保甲門牌向來敷衍不知調查戶口爲何事於是謠諑紛起莠民又從而煽惑之遂於月之二十六七八數日以內和橋高塍蜀山及各處小學堂同時釀成毀學之禍一切調查表册悉付之破毀澌滅自是鎮鄉籌備自治乃不得不中途停輟矣二月城廟議事會董事會舉行互選議事會當選徐保慶等董事會當選徐人驥等三月奉頒府廳州縣自治章程一百五條選舉章程四十七條蓋憲政編查館已於元年十一月奏定頒行者也

四月奉頒廳州縣自治施行細則及籌備日期詳表宣統三年五月至三年九月初一日止六月奉頒流通宣講章程八條廳州縣自治區劃更正辦法兩條一廳州縣所轄之鎮鄉有分屬兩省者定爲兩區域如有彼此相關應行合辦之事按照城鎮鄉自治章程第十三條由該二鎮鄉協議設聯合會辦理之一廳州縣所轄之鎮鄉有分屬二府廳州縣以上者定爲兩項辦法如左(甲)有天然界限或地方公款公產向係劃淸者分爲兩區域(乙)市街毗連者以其市街所占地之小者并於所占之地大者而爲一區域劃至有天然界限之處爲止其被并後所餘之村落得援照城鎮鄉自治章程由舊隸之廳州縣鄰近之城鎮鄉合并辦理七月設立縣自治籌備公所擬訂簡章八條辦事細則十一條經費以宣統二年上忙起三年上忙止所有帶征積穀撥五成之一充用八月縣自治籌備公所推舉儲蘊華等四人充自治流通宣講員城廟議事會呈送自治總規規約八條議事會議事規則二十三條旁聽規則七條議事會辦事規則四條董事會辦事規則九條董事會會議規則十條自治罰則六條九月奉頒蘇紳鄒福保宗法說略謂三代以上宗法與井田並行故其時世家大族多累賢之後裔暴秦興而其法廢至范文正公創設義莊推選莊主隱然有立宗子復古禮之意夫有莊者可行宗法無莊者亦未始不可行宗法擇族中之賢而長者爲之主歲有會月有約集同族少長講明家規凡子弟之無業者就其才質所近責令於士農工商四者之中專習一途族人雖多總不使其怠惰偷安游手好閒而流入於匪僻漢鄧禹功臣也有子十三人使各守一藝此勸後嗣以習實業之證宋陸九部名儒也累世同居一人爲家長一家之事聽命焉此行宗法以教族人之證然則前言往行之可師可法者多矣安在今之人心必不古若耶況乎時局艱難生計或不可恃今日少年尤當急謀所以自立未可以略有倚賴之故而習成游蕩之風各族之爲家長者果能督率而獎誘之庶幾其有效也十一月城廟議事會舉行補選當選

者吳煒暹等均山區分爲七鄉曰蜀山曰丁山曰蘭右曰湖㳇曰震東曰湯渡曰川埠十二月奉頒施行議事會議決案方法四條三年三月奉頒調查戶口表式四種一遷來移去表二承繼往來表三男婚女嫁表四滋生故絕表四月奉頒展長查核自治議案限期條文五月奉頒解釋罰金權限條文整頓自治方法及地方自治對於私人事業之單行法六月宜興萬一萬二成任山亭等區調查竣事改萬二區之西南各圖合并宜成任山亭爲高塍鎮萬二區之東北各圖合并萬一區爲和橋鎮是月舉行投票高塍議事會當選呂贊虞等董

事會當選陳薇藩等和橋議事會當選楊宗敬等董事會
當選蔣丙華等九月周鐵橋投票議事會當選張嘉植等
鄉董張熙等未幾國變（按芳橋周鐵橋始定爲鎮復改爲鄉）

新政志

選舉 諮議局

自古選舉之制莫良於鄉舉里選矣然李固騰書處士有虛聲之懼劉毅上疏中正爲姦府之叢欲求選舉得人絕無私弊戛戛乎其難之宣統元年宜荆奉文選舉諮議局議員於是憲政初頒人民感奮芟除舊習相與濯磨初選既絕少爭持覆選亦均爲得當

其後城廂及和橋高塍周鐵橋自治選舉亦然宜荆選舉實以此稱最云

光緒三十三年九月　朝廷將預備立憲始命各省速設諮議局三十四年六月憲政編查館奏擬各省諮議局章程十二章六十二條選舉章程一百十五條宜荆奉文籌辦遂合設諮議局選舉調查事務所公推郁恂朱滋爲所長於是先調查選民資格不及戶口人數以明令迫促故也十一月造送選舉人名册宜興二千七十一名荆溪一千四百五十四名宣統元年正月奉頒投票所辦事細則開票所辦事細則及調查須知選舉須知各書二月奉札議員額數照選舉章程第六十八條分配法配定常州府屬八縣共一萬九千九十八人應選出議員二十一名又分配初選當選人額數以除選舉人總數每九十人得一人宜興得二十三荆溪得十六又奉頒選舉章程解釋彙抄及投票紙投票簿投票匭是月兩縣分劃投票處共九區合在城爲十區閏二月舉行初選舉投票當選人皆加數選出三月造送初選應選人名册各應選人齊集常州府治在府中學堂舉行複選舉投票宜興當選者儲南强黄應中謝保衡共三人荆溪當選者吳鴻基一人五月宜荆選舉調查事務所裁撤是年同時籌備選舉者爲城鎮

鄉自治宣統二年正月城廂自治選舉事三年六月和橋高塍自治選舉事在自治志中

新政志

警察

道人徇路見於夏書司隸禁姦詳於周制後世游徼踐更之法實源於此然則警察亦猶行古之道也歐洲警務統名巡警日本則以警察定章有行政司法之別有巡查勤務之司既詳且備光緒二十七年
朝廷采用其制始設巡警部繼乃令各省屬同辦警察宜荆兩縣以經費未充始僅行於城廂久乃分設

和橋巡士雖無多成績未甚著然亦頗費籌畫云
光緒二十七年奉　諭旨飭練巡警軍是爲仿行外國警察法之始二十九年宜荊奉文興辦在城內設巡警總局招募警兵六十名延聘警察畢業生查乙照督率教練以兩縣典史爲巡官外委爲巡弁警務長由知縣兼任常年經費約需錢五千餘千文三十四年四月奉頒違警律四十五條八月奉頒憲政編查館逐年籌備清單廳州縣巡警限二年內粗具規模第四年籌辦鎭鄉巡警第六年鎭鄉巡警粗具規模宣統二年二月奉文從本年起每縣巡警名數至少八十名兩縣同城者至少一百二十名巡警

教練所每處至少須滿一百名三月造送巡警第一第二表稟陳歷年經辦情形四月稟調上海巡官徐亞伯等來宜整頓警務兩縣典史始撤銷巡官名目六月申送巡警槍彈數目表自光緒三十四年起宣統元年止共銷耗藥彈一百顆洋藥一百磅土藥三十斤銅殼千顆借領毛瑟槍八桿來福槍二十桿七月奉頒城鎭鄉巡警章程巡警教練所畫一規則擬定學生名額各州縣分繁中簡三等繁治同城者至少一百名中治至少六十名同城者共合九十名簡治者至少三十名是月設教練所招考學生九十名八月迭奉札催籌撥鄉鎭巡警經費兩縣造送預算常年費約需銀一萬六千四百四十五圓宣統三年宜興和橋鎭創辦巡警置區官一名巡士三十名是爲各鎭鄉設立巡警之始然餉械服裝需款頗巨皆就地籌撥商捐縣令不過負督率監察之任而已

光宣宜荆續志卷六

社事志

實業 商會 公司

周禮閭師掌國中及四郊人民六畜之數任農以耕任圃以材任商以市任牧以畜任衡以山任虞以澤俾野無曠土國無游民職業交修本末兼具善乎其爲治也後世惟管仲能知此意以區區之齊在海濱通貨積財好惡同俗故能富國彊兵而齊以霸三代以下不乏明君然重農抑商蹈常習故貨棄於地國恆患貧光緒季年 朝廷有鑒於此迺合農工商爲

一設立專部提倡鼓舞於是各行省知實業之不可緩經始籌畫宜荆兩縣先設商會其後乃有公司觀聽一新雖寥寥無幾亦通貨積財之肇端也爲著於篇

商會

宜荆商會 光緒三十二年設立公舉任錫汾爲總董在滬遥領會務以徐德銘爲駐辦訂定會章二十四條會員三百九十四人事務所設在城東撒珠巷厚餘堂

公司

羨餘織布公司 在城内東廟巷光緒三十二年二月徐在滋等創辦股本萬圓職員五人男女工約百餘人製造用木機及人力每年出品織布約一萬匹五彩被面約一千條

達昌魚業公司 在芳橋北宣統元年二月謝保衡周蔚童裴陳宗器張鵬等招股設立資本五千圓魚池在洞上區三圖巨字一千九百十三一千九百十七一千九百十八一千九百十九一千九百二十一千九百二十一一千九百二十二各號計地約二十九畝有奇土名荷花蕩築隄養魚兼種蒲柳菱芡之屬是年適值大水池埂衝坍營業損失後又添招股本以資整頓云

以上宜興

陽羨墾牧樹藝公司 光緒三十四年李逢慶徐翰淦等招股設立資本五萬圓契買民山八千餘畝山田一百餘畝湖汊沙灘房屋基地十八畝建造總廠資遣客民栽植松竹茶桑等樹兼及播穀蒔芋畜豢牧羊各事總局附設宜荆商會分所設湖汊鎮是時創辦實業備極艱辛董其事者以經理李逢慶爲最力餘詳備志

以上荆谿

勸業出品 附

宣統元年江寧舉行勸業會徵集出品飭府先期設物產

會行縣各委出品幹事長徵集彙送宜荆二縣出品大府殊爲嘉許得奬甚衆幹事長葛鵬程徐應軫以在事出力亦均給有奬憑經費則由自治所於典捐等項籌撥凡銀幣六百圓

社事志

善舉 振濟 善堂 義所 義塾

同光以來承平垂五十年矣而民間元氣迄未全復饑饉又洊作杼柚其空大東同慨賴任紳錫汾與邑中善紳迭爲維持救災則有振濟養生則有善堂恤死則有義阡庚癸之呼徧通於將伯雲霓之望可決

於崇朝往往各出鉅資同聲相應至今燦然各著於篇是可風也若夫義塾雖少學生亦無多然貧寒子弟賴以讀書始基有藉亦於此見德意焉

振濟

光緒十五年己丑大雨水十六年庚寅又水邑紳任錫汾余維楨周恩澤徐致章等同籌振務錢米兼濟民賴之是年順天府尹陳彝曾撥助振銀二千兩旋以順天亦被水災仍由任紳如數籌還

光緒三十二年丙午大水低田悉被淹沒先由兩縣官紳稟陳大府請發帑銀一萬兩按區散放急振是時任紳錫汾旅居上海提倡協振設立籌濟公所於宜荆商會以宜荆緝私營管帶徐誠檀商會駐辦徐德銘兼理振務并於上海設立分局殫力勸募款如雨集事亦夙從任紳子齡時在江寧復言於制府由鹽藩撥振銀一萬兩蘇省又分發平糶義捐罰捐銀兩都計近二十萬圓兩縣紳富另捐煮振貲遣山芋雜糧及加放棉衣亦萬餘圓調查極貧飢口大小共三萬五千有奇共放冬振兩次春振三次又爲廣購急救藥料以防疫癘酌發圩工樁木等費加築各鄉圩岸外來流民經過者酌給振米并爲資遣育嬰堂以災故嬰口驟增經費支絀亦撥款協助復請截借新漕開辦平糶廣勸業戶捐助籽種此則皆由振款外另籌者而災

民始有粒食之望矣是歲也饑而不害固由捐助者之慷慨解囊與籌辦者之艱勞任事而主持提倡實賴任紳錫汾之力爲多其駐宜辦事者則徐紳德銘尤不辭勞瘁宜荆辦振以此稱最云

光緒三十四年戊申歲歉開辦平糶

宣統元年己酉大水圩鄉田畝以歷年加築隄岸故被害稍輕仍由任紳錫汾倡議籌振設立公所共領官振銀及募捐米穀籽種都計銀六萬七千餘圓共放冬振一次春振一次加振一次發給籽種培修圩岸一照丙午舊章而施放籽種皆徐紳翰淦一人經理復由朱紳祖蔭稟請制

府撥帑萬金先後分別散放其鎮鄉捐助巨數者則周鐵
橋漕橋塘前等處最爲踴躍焉
宣統三年辛亥又水省撥宜興急振銀二千兩荆溪二千
七百兩查振大臣馮煦撥振銀一萬兩江蘇義振總會助
銀千圓任紳錫汾又籌撥薯乾高梁麵粉分濟災區民無
菜色

善堂

育嬰堂　在南大街見前志光緒六年邑人周家楣以堂
中經費支絀創助月捐又淸理宜興令施惠捐款還金並
各舖戶日捐復捐建平屋五間以備領嬰到堂接乳又創

設牛痘局捐資開辦復與邑人任道鎔各捐制錢三百千
存典生息即以息款爲每歲春夏延醫種痘之費至今賴
之

思濟堂　在城內西撒珠巷里人徐鳴皐程兆慶等創捐
鉅貲購地建造又價買城鄉市屋取租充費專辦敬節會
及津貼年終撫恤積穀備荒等事光緒十八年城鄉紳耆
徐葆辰等具呈立案十九年勒石二十一二十三年宜興
縣知縣萬立鈞荆溪縣知縣鄭仲龢先後在忙銀平餘內
每兩提錢五文漕米公費內每石提錢十文稟請督撫批
准一律充思濟堂經費宣統末停止

坍借穀桶　在城沿河各埠安設借穀桶便人淘米每
桶盛水十八石辰刻挑水酉刻放水每日可撈米約三
四五升不等積聚晒乾以濟極貧孤苦餘則送年終撫
恤之用光緒二十一年紳董路保和等稟請給示勸募
推廣并禁止以穢物入桶混洗

恤農會　光緒二十四年宜興縣知縣萬立鈞倡捐程廷
颺經辦共發銀幣二萬一千餘圓存莊待撥莊歇遂廢

留醫所　光緒二十二年創辦借設宜興縣署舊址積穀
倉內專供旅客貧病投醫寄宿之所宣統末停止

附粥廠　一在白菓巷法藏寺一在蔣瀆里土地堂或

閒歲一舉或連年舉行無定由在城士紳籌捐施放

以上宜興荆溪合

宏濟堂　在西門外兵毀見前志光緒六年周秉鈞孫家
楣力加淸理積存田二百七十餘畝

崇善堂　在成任區六圖張墅村光緒十三年謝來琛謝
蔚岑等集貲創立建屋數楹置田數十畝藉充本圖公益
事宜之用

敦善堂　在宋瀆鎮兵毀已見前志同治間蕭希鄭周育
材謝蔚岑等淸釐田產經建廳屋光緒季年謝蔚岑蕭蔚
章周志培等復於後進續建積穀倉並改造正屋側廂共

十餘間積存田七十餘畝租金千餘圓遇有年歲荒歉及
地方公益善舉均酌量佽助焉
同人堂　在邑亭橋里人王熙曾王熙肅等經理
集善堂　在賦村萬二區六七八十八十九各圖公立存
田五畝餘銀幣百餘圓經費不足每年由各戶捐助
取善堂　在清東區新芳橋已載前志光緒十七年重建
難民局　在新芳橋街西有屋兩進光緒九年建以備過
境難民棲宿
棲流所　一在紅塔鎮同治十年謝熙臣張啟鴻等稟縣
設立給三聯單遇有路斃報縣掩埋地方不至受累　一

在萬二區和橋鎮下塘南光緒間重建爲流民乞丐棲宿
之所　一在高塍鎮下塘思濟堂右光緒二十八年創建
平屋四間　一在周鐵橋鎮北街外光緒三十三年張宗
沅謝保衡等募建
近仁堂　在周鐵橋鎮北街外咸豐十年兵燬光緒三十
三年張宗沅謝保衡等重建
濟嬰堂　一在周鐵橋鎮東沿河光緒二十年里人張樹
榮張葆榮張宗沅鄭士瑩等捐建　一在和橋鎮上塘北
首光緒十二年公建
接嬰堂　在官林鎮光緒間宜興縣知縣萬立鈞會紳籌
建
陸義社　在萬二區五圖水中村里人蔣翰勳建有田十
餘畝以爲歲時致祭被難無後各紳民之費
思義社　在萬二區永豐瀆後村光緒十四年里人吳欽
因兵燹流亡者多變賣各姓遺產建社致祭
同仁會　在官莊里光緒三十四年里人楊宗敬勸集同
志量捐田產約四五十畝設立此會輪流管理以每年收
入夏施醫藥冬放錢米振恤貧戶鄉閭稱焉

以上宜興

一善堂　在蜀山光緒八年里人潘孔成潘孔述潘鳳儀

周蔭等創捐建設又募銀千餘兩置市屋兩所又募得業
田數十畝每歲終以所入施放貧戶名曰年終撫恤有碑
記
義材會　在蜀山光緒十九年里人潘鳳儀潘孔鑄談芳
辰創立置備義材捨給貧戶並酌發埋葬費
接嬰堂　一在蜀山北廠蜀山舊有育嬰堂在江家橋兵
燬田畝散失光緒二十六年里人潘孔時潘孔鑄潘鳳儀
談芳辰等清理田產得五十餘畝復集款創辦在北廠建
屋三間僱定乳婦一人接收嬰孩送在城嬰堂育養　一
在鼎山光緒七年邑紳徐致泰等募建堂屋八進基地中

各姓捐助計一畝三分六釐坐落形字九百三號四號五號坿設義塾十九年添辦保嬰留嬰章程頗爲完善云

掩埋局　在蜀山光緒十七年里人談在鎔潘孔時周蔭等設局募捐掩埋露骨封築孤墳事竣裁撤

惜字會　坿設蜀山似蜀堂同治十年里人潘祖榮儲榮祺范榮潘鳳儀等創辦置有市屋田產

棲流所　在鼎山東光緒十六年稟縣設立

廣善堂　在湖㳇鄉三十四圖三莊即吳志棲流所遺址同治五年里人李兆豐倡捐改設

慶善堂　在王厦村河西兵燬光緒十八年嵇虎文丁培

朱元容邱富源等重建

元善堂　在篠里舊名誠善堂縣令群星煇改額元善光緒間縣令傅琳森訂定章程十則給示勒石

同春堂　一名寒衣會在五賢區美棹里宗氏經理

存存公所　在五賢區美棹里爲存穀備荒之用咸豐庚申兵燬未復

毓善堂棲流所　在南施蕩橋兵燹後清泉鄉一二三四六七八等圖及十圖上半圖捐貲續設

救生局　創始道咸年閒局設烏溪兵燹後經費不支時作時輟光緒二十五年邑人楊允斌程贊清周志靖呂兆文潘孔時李蓮慶崔克愼等分任勸募城鄉共捐銀四千餘元田二千餘畝並由宜荊兩縣令及浙江長興縣令常年捐廉補助又浙紳姚炳熊由仁濟堂每年協撥銀四百圓賃舟開辦移局蘭山嘴至二十七年造船兩艘一泊香山嘴一泊蘭山嘴後因姚紳筮仕浙款無著將香山嘴船停歇餘詳備志

念誠會　在張渚里人張經綸華蜀江羊金彪程法科華安慶何毓英何紳元余天培盧啟豪程桂芬何竹亭方朓仁華步青華玉如沈振青十五人公立各補錢五十千置買房屋田產所收租息冬施衣夏施藥光緒十六年并入

育嬰堂

育嬰堂　一在張渚鎮光緒七年里人徐申甫何竹亭等集資收嬰送城哺乳名曰濟嬰是年冬邑紳徐致泰因初生嬰孩送城不便遂與張渚司巡檢蔡慈嚴及徐申甫何竹亭等復行創捐並募得千餘金擇地於鎮東南隅建築門廡三楹廳屋三楹將收嬰哺乳一月送城撫養改名接嬰十六年邑紳任國華縣令群星煇里人余光照復慨助巨款共募二千餘金又由何竹亭等商明將念誠會財產一并助入嬰堂乃得成立並舉行育嬰會每人補銀二圓以補經費之不足遂添建廳屋作辦事室始定名曰育嬰

堂　一在徐舍借同仁堂基址建屋四楹光緒十六年本
鎮紳士募設

以上荆溪

義阡

西門外義阡　在山亭頭圖光緒二十七年邑人徐鍾俊
捐開下二十三圖地四畝六分史光溥徐保慶吴煒邏周
志靖徐芝房等購地二畝七分五釐三毫一絲作爲義阡
收埋氿灘拋露屍棺稟經宜興令莊復恩荆溪令全善給
示勒石永禁居民阻撓牛羊踐踏

成任區義阡　一在九圖常字土名南蚪港一在十六圖
萬字九百四十號三畝零一在二十五圖髮字土名沙地
上

光宣宜荆續志〈卷六　義阡　十一

富村阡地　一在萬二區六圖五莊橋旁戎字一千一百
六十五號平一畝五分六釐七毫五絲　一在八圖遐字
一千八百六十號平三畝零又一千八百六十一號平一
畝零

復濟堂義阡　堂在高塍下塘光緒二十八年創建施捨
義材收殮湖濱浮屍路斃及瀕戸貧民無歸者阡地三處
一在本鎮北面大路口一在本鎮東面新村濱口一在本
鎮南面千頂橋共計十四畝

以上宜興

山亭區十圖義阡　宣統二年里人公置傷字一千五百
二十號平田二十畝零

蜀山義阡　一在蜀山北立字民山十五畝有奇　一在
蜀山山腳下克字九百七十八號平田六分四釐九百九
十七號平田二畝二釐五毫　一在王家兜克字平田二
畝有奇　一在下岸圩克字平地二畝有奇原係周浥蘭
堂窖基里人周遴之捨作阡地

烏溪義阡　一在六圖念字號濬河隄上段約五畝零
一在濠溝沿北約五畝　一在二十三圖景字號共三處

光宣宜荆續志〈卷六　義阡　十二

一南港土地廟北一三耙橋東一處墅共計二十餘畝　一在二十四圖維字號八
房村東約三畝零　一在二十五圖賢字號共三處一蘇家圩約三畝一蜀古莊約三畝零一楊圻圩約十畝零

湖汊義阡　絲字號民山十二畝五分外有旅湖徽人義
阡在均下區三十三圖土名灰旁頭鹽人義阡在均下區
三十四圖土名陳家山

從一鄉義阡　一在八圖籍字三百十九號阡地二畝一
分七釐七毫二絲　一在九圖甚字一千五百七十一號
社壇阡地一畝六釐二毫五絲　一在十圖無字一千二
百九十二號阡地二分　一在十一圖竟字一百二十六

號圩地六分六釐九毫六百十三號圩地一畝四分九釐六毫九百六十九號圩地七畝三分一毫二絲　一在十二圖學字一千二百十七號圩地八分六釐

清泉鄉義圩　一在八圖上虞圩談字八百七十七號圩地一畝八分九釐一毫二絲　一在二圖巳字八百七十九號圩地九分又八百八十號圩地四分三釐二毫

慶善鄉義圩　在讀書橋西大灘前甘字號田六畝零里人宋勝榮價購捐助

元善鄉義圩　一在篁里北儀字號　一在湯泉北訓字八百六十七號圩地十二畝三分二釐　一在古溪村東

北諸字十六號圩地十五畝

以上荆溪

義塾

宜興義塾　在西廟巷三賢祠每月由縣撥助經費錢五千光緒三十三年改設南一社初等小學堂

荆溪義塾　在南大街育嬰堂每月由縣撥助經費錢五千光緒三十四年改設南二社初等小學堂

光宣宜荆續志卷七

官職志

文官表　知縣　視學　教諭　訓導　縣丞　巡檢　典史

昔韓昌黎有藍田縣丞廳壁記王介甫有度支副使題名記　有清以來省部以下各署題名所在多有凡以迪前光開後進非徒誌一時之爵秩已也宜興荆溪各署兵燹無存文武各官率貫民房治事不常厥居遂廢題名舊籍亦遭散失迄今追溯惟縣令猶舉其概儒學及縣尉歷任姓名竟無從按圖索驥武官亦然是可慨也若夫縣令以下兼理及代理任卸

有報功過有關與署任同未可從删視學員自光緒季年由縣報請提學委任責成無異專官故以廁文官後焉

知縣

宜興縣知縣	荆溪縣知縣
潘祖蓀 光緒八年七月任	周嗣源 附生光緒十年　月任
魏晦先 光緒十一年九月任	辥星輝 拔貢光緒十三年　月任
孫茂櫺	祁德昌

舉人光緒十三年六月任
張大任
進士光緒十五年七月任
劉　誥
拔貢光緒十五年十一月任
范端揆
光緒十六年四月任
萬立鈞
進士光緒十六年七月任
洪衍慶
光緒十九年六月任
萬立鈞
光緒二十年八月再任
徐錫祉
進士光緒二十四年十月任
薛星輝
光緒二十四年十二月兼理
郭曾程
進士光緒二十五年正月任
劉樹仁

進士光緒十四年　月任
劉　誥
光緒十五年　月兼理
薛星輝
光緒十五年　月再任
許之玨
監生光緒十八年七月署任
薛星輝
光緒二十年七月三任
鄭仲和
進士光緒二十二年十月署任
薛星輝
光緒二十四年　月四任
汪鳴鳳
光緒二十四年八月署任
薛葆楹
拔貢光緒二十七年五月任
劉樹仁
光緒二十八年八月兼理
全　善

監生光緒二十六年八月任
莊復恩
進士光緒二十九年八月任
張仲儒
進士光緒三十年六月任
恩　厚
光緒三十年十一月任
汪鳴鳳
監生光緒三十二年六月任
賴豐熙
舉人光緒三十三年四月任
汪龍標
警務畢業生宣統二年三月任
梁濬年
副貢宣統三年四月任

光緒二十八年八月任
奇　齡
光緒二十九年八月任
恩　厚
光緒三十年九月兼理
呂慶堂
監生光緒三十年十一月任
查亮采
光緒三十一年三月任
顧元亨
光緒三十一年十月任
恩　厚
光緒三十二年七月代理
葛恩元
附生光緒三十二年十一月任
嚴庚辛
進士光緒三十三年　月任
謝成泌
舉人宣統二年六月署任
姚昌頤

宣統二年七月任

學秩

宜興教諭

奚文彬　擧人光緒七年十二月任見前志

黄寅清　光緒十七年七月署任

楊世盛　光緒十八年十一月兼代

張應爔　擧人光緒十九年三月任

荊溪訓導

姚之烜　歲貢光緒五年任見前志

楊世盛　光緒十八年任

程　龢　擧人後成進士光緒十九年三月署任

宋文蔚　擧人光緒十九年九月任

倪家鳳　宣統三年　月任

張應爔　光緒二十一年二月兼理

宋文蔚　光緒二十一年五月回任

顧　雲　貢生光緒二十三年八月任

湯寶森　廩貢光緒三十一年二月任

汪　恒　光緒三十四年六月任

宜興僚屬

縣丞

魏　湘　光緒七年三月代理

李恩植　光緒七年八月代理

程光煒　光緒七年十二月署任

朱康壽　光緒八年十月任

鍾溪司巡檢

林煜年　光緒七年三月代理

陳　義　光緒七年六月回任

謝祖澤　光緒九年八月署任

夏文熾　光緒十年八月任

下邾司巡檢

趙惟榮　光緒十四年十二月任

陳　煒　光緒十五年正月任

沈念曾　光緒十六年二月任

蔡恩錫　光緒二十四年六月署任

典史

莫之林　光緒七年十一月任

孟廣詒　光緒十六年二月署任

陳時夏　光緒十七年四月署任

莫之林　光緒十七年十月回任

光宣宜荊續志《卷七　縣丞　巡檢　典史　六

王維圻　光緒十三年六月代理
孫榮壽　光緒十三年八月署任
王茂華　光緒十四年九月署任
朱康壽　光緒十五年七月回任
戴修璋　光緒十九年正月署任
李湘　光緒二十年二月任
吳爾秋　光緒二十三年四月代理
李湘　光緒二十三年十月再任
王起鸞　光緒三十二年七月代理
冷繼書　光緒三十二年十月署任

于瑞麟　光緒十四年十二月署任
朱兆銜　光緒十五年九月兼代
夏文熾　光緒十五年九月回任

鍾國賢　光緒二十五年九月署任
朱逢裕　光緒二十六年十月署任
徐之楠　光緒二十七年正月代理
王紹燕　光緒二十七年二月署任
顧方衡　光緒二十八年四月署任
莫祺　光緒二十九年　月署任
孫繼陞　光緒三十年八月任

姚紹生　光緒十八年九月署任
萬毓桂　光緒十九年八月署任
馬長康　光緒二十年十一月任
王起鸞　光緒二十四年八月代理
孔憲猷　光緒二十四年九月署任
羅啟祜　光緒二十五年三月署任
張步翰　任卸年月闕
王登瀛　光緒三十一年六月署任
陳儔　光緒三十二年四月代理
徐之楠　光緒三十二年閏四月任

光宣宜荊續志《卷七　縣丞　巡檢　典史　七

沈昭序　光緒三十三年十二月署任
葉承霖　任卸年月闕

荊溪僚屬

張渚司巡檢

于瑞麟　光緒十三年七月任
中闕
于瑞麟　光緒十五年二月回任
周天祜

湖㳇司巡檢

王啟松　光緒五年七月任見前志
王安瀾　光緒十三年八月兼理
陳錫庚　光緒十三年九月代理
王道　光緒十四年正月署任

典史

饒用釗　光緒十八年　月署任
姚紹生　光緒十九年七月兼理
萬毓桂　光緒十九年八月兼理

光緒十八年九月代理
夏文熾 光緒十八年十月署任
潘西周 光緒二十年二月署任
于瑞麟 光緒二十一年二月三任
吳受康 光緒三十年正月署任
吳祥泰

光緒三十年六月署任
鄒清徽 光緒三十一年六月任
文煒 光緒三十三年十一月署任
趙厚澤 宣統元年二月署任
汪厚澤 宣統二年三月署任

沈葆勳 光緒十五年二月任
于瑞麟 光緒二十年七月兼理
應德麟 光緒二十年八月代理
林守廉 光緒二十年十一月署任
劉大銘 光緒二十一年一月署任
鄒恩浩 光緒二十三年十月任
文煒 光緒三十三年九月兼理
章殿榮 光緒三十三年十二月代理
吳受康 光緒三十四年二月署任
王炳元

魏湘光 光緒十九年九月署任
汪湛恩 光緒二十年十一月任
馬長康 光緒二十一年正月兼理
汪毓桐 光緒二十一年三月署任
陳錫蕃 光緒二十二年四月署任
李智植 光緒二十二年八月任
汪開第 光緒三十一年十月署任
張光烈 光緒三十三年五月任
候用劍前關

于瑞麟前關
宣統元年十二月任

縣視學員
儲南强
謝保衡
儲祖麟
吳之安
蔣兆燮

官職志

武官表 都司 守備 千總 把總 外委 巡查

前志以城守營列太湖營前重城守也惟城守營與太湖營均爲坐營非客營茲以官職爲等次列都司於前守備以下次之防汛外委後改巡查名去實存故并列於表焉

太湖營

太湖右營都司	千總	隨巡把總
張郁文 光緒七年任見前志	熊必剛 以下均闕	洪致祥 見前志以下闕
許國祥 光緒十六年任		
張、熙 光緒十八年署任		
生玉賓 光緒二十年任		
湯懷忠 光緒二十三年任		
蕭定拔 光緒二十五年任		
李文華 光緒三十年任		
蘇金龍 宣統元年任		
朱鳳祥		
龔先耀		
呂國華 以上任卸年月均闕		

城守營

常州營右軍守備	千總	把總	外委
鄔定魁 光緒七年九月任	胡德 光緒三年八月任見前志	石順興 同治六年六月任見前志	存城汛 劉明德 同治六年到汛光緒二十九年裁缺
徐闕名 光緒九年三月任	石煥 雲騎尉光緒十七年正月任	王春華 光緒二十七年三月任	湖汊汛 薛繼武 見前志
徐誠檀 行伍光緒十年九月任	傅吉材 軍功光緒三十三年十月任國變廢	趙玉德	楊定魁
徐恩鴻 雲騎尉光緒十三年三月		王春華 宣統元年八月署任 宣統二年三月回任國變	

署任

徐誠櫃 光緒十三年十月同任

焦安邦 行伍光緒十七年十一月任

李桂芳 軍功光緒二十年三月任

石 煥 光緒二十五年八月兼護

廢

光緒三十二年二月到汛 國變廢

張渚汛

黃殿英 光緒七年任

唐錫喜 光緒七年任

湯履魁 到任年月闕 國變廢

胡青雲 軍功光緒二十五年九月任

何開元 光緒二十七年三月任

潘啟元 騎都尉光緒三十一年五月任

何開元 光緒三十二年十月同任

易 訓 軍功光緒三十三年十一月任

曾雲翔 宣統元年五月任二年十二月裁缺

額外外委

周鐵橋汛

潘學禮 光緒十八年六月到汛國

巡查 附

存城汛

石壽銘 光緒二十九年到差

變廢

楊巷汛

淩錦慎 光緒七年八月到汛

徐均培 光緒二十二年三月到汛

馮藩臣 到汛年月闕

談道經 到汛年月闕

周鐵橋汛

潘學禮 由外委改

楊巷汛

石光涌 由外委改國變均廢

石光涵	光緒二十八年十月到汛

官職志

自治職表 議長 董事

自治章程既詳見自治門矣惟得人則治失人則否理有固然而自治尤爲重要也查章程內以設議事會董事會爲入手權與議事會以議長爲綱副議長爲佐董事會以總董爲綱董事爲佐用徵與論之公共資行政之助由會呈請縣令給照轉報存案仍由縣令刊發圖記與受任職務同宜荆二縣膺斯任者尚稱得人惜未徧設云

議長	董事
城廂議事會	城廂董事會
議長徐保慶	總董徐人巘
副議長朱方來	董事郁李棻
和橋鎭議事會	和橋鎭董事會
議長楊宗敬	總董蔣丙華
副議長程丕承	董事俞肇升
高塍鎭議事會	高塍鎭董事會
議長呂贊虞	總董陳薇藩
副議長謝蔚岑	董事邵善養
周鐵橋鄉議事會	周鐵橋鄉董事
議長張嘉植	鄉董張　熙
副議長徐宗侃	鄉佐周　蔚

後記

無錫是中國吴文化的發祥地。七千多年悠久歷史與文明，造就了『梁溪明秀之區，衣冠禮樂甲于江左』的城市人文傳統和深厚的歷史文化底藴。數千年來，文脉綿延，永世流芳。邵寶在《錫山遺響》序中曾經這樣描述：『錫之爲邑，在三吴間。山水清麗豐曠，生其地者，多沉雅秀整，以文名家，代不乏人，詩文之一也。』文化已經成爲這座城市最本色的氣質。爲傳承吴地文明，建設文化名城，進一步彰顯無錫城市内在精神特質，經過幾年的精心策劃，旨在全面整理地方文化典籍的《無錫文庫》編纂出版工作于二〇一〇年全面啓動，二〇一一年起陸續與讀者見面了。

無錫的城市文化曾經爲中華文化寶庫作出過巨大貢獻。顧愷之、倪瓚、王紱、鄒一桂、賀天健、徐悲鴻、錢松嵒、吴冠中，如松秀群嶺，在中國繪畫史上擁有很高的地位；華秋蘋、楊蔭瀏、劉天華、華彦鈞（阿炳），乃韵動天籟，對中國音樂發展發揮了重要作用；李紳、蔣防、尤袤、蔣捷、陳維崧、顧貞觀、嚴繩孫、周濟、劉半農，皆胸懷錦綉，在中國文學史上可謂各領風騷；計六奇、顧祖禹、顧棟高、秦蕙田、嵇璜、錢基博、錢穆、錢鍾書、錢海岳，可稱堂奥廣庭，學造淵源，在中國學術史上卓然大家；顧憲成、高攀龍之東林，唐文治之『國專』，徐霞客之游記，徐壽、華蘅芳之『格致之學』，陳翰笙、錢俊瑞、孫冶方、薛暮橋之經濟學，都堪稱中華文化史上的一座座高峰，至今閃耀着炫目的光芒。

深厚的歷史文化底蘊激發了無錫城市的文化自覺。市委、市政府滿懷對鄉土誠摯之情、對文化敬畏之感，以義不容辭的責任擔當，致力於文化强市建設，以科學的理念和方式對歷史文化遺産作全方位的觀照、深層次的發掘、系統性的保護，匯四海之智，舉全市之力，共襄文化建設盛舉。二〇〇六年十二月，無錫市成功申報國家歷史文化名城，標志着新一輪文化意識的覺醒，并迅速轉化爲文化自覺的實踐。近年來，我市全面啓動惠山、清名橋、小婁巷、榮巷、蕩口等五個歷史文化街區和十個古村落保護修復工程，『護其貌，顯其顔，鑄其魂，揚其韵』；鴻山遺址成功保護的經驗被國家文物局譽爲大遺址保護『無錫模式』，并被授予首批國家考古大遺址公園，闔閭城遺址考古發現則確立了歷史上無錫曾作爲吴王闔閭都城的地位；建成開放六十餘座博物館、名人故居和紀念館；對無錫的非物質文化遺産予以重點保護；每年春天舉辦的中國（無錫）吴文化節、中國文化遺産保護論壇成爲文化亮點，享譽海内外。這些舉措遵循規律，探索文化建設體制和機制的創新，形成了寶貴的『無錫經驗』，得到海内外學者、專家的一致肯定。

在注重保護歷史文化遺存的過程中，發掘、整理無錫歷史文獻著作，展示和弘揚無錫城市的思想精神世界，自然而然成爲大家關注的重點。二〇〇六年，市委宣傳部組織無錫文史專家、學者編撰的十七册三百萬字的《無錫文化叢書》正式出版，引起强烈反響，出版後供不應求，在二〇〇八年再版加印。《無錫文化叢書》集中反映了無錫城市文化精華，展示了無錫城市文化特質，彰顯了無錫歷史文化的厚重，同時也告訴人們，文化精神的傳遞是文化繁榮發展的重要内涵，一旦擦去歲月蒙塵，優秀的歷史文化就會轉化成爲取之不盡的精神財富。

爲了進一步彰顯城市歷史文化底蕴，二〇〇七年，市委、市政府將全面系統整理無錫文化典籍擺上工作議事日程，明確提出編纂《無錫文庫》。由于無錫歷史文化底蕴深厚，卷帙浩繁，内容豐富，編纂工作千頭萬緒，要想整理出一部簡明扼要而又内容翔實、主旨鮮明而又文質彬彬的文獻集成，難度遠大于預想。爲此，我們先後成立了《無錫文庫》工作委員會和編輯委員會，加强對編纂出版工作的組織領導與統籌協調，在尊重歷史、尊重規律、尊重科學、尊重專家的基礎上，積極推進文庫編纂工作。編輯委員會經過反復論證，明確原則，綱舉目張，有條不紊地開展工作。充分憑借地方文史專家的優勢，充分發揮高校人文學院、研究機構的作用，充分依靠出版機構的專業經驗，并邀請國内外著名文史專家指導、把關，形成了文庫編纂的工作合力。

在編輯過程中，我們力求使《無錫文庫》成爲經得起歷史考驗的鄉邦文獻集成。全面規劃又保持開放結構。面對豐富的歷史文化積澱，没有規劃就不可能形成清晰的編纂思路。在前期編纂工作中，編輯委員會經過二十餘次的論證會和專題研討會，形成并確定了《無錫文庫》總書目，明確了收録範圍和内容主體，立足無錫市區，兼顧江陰、宜興，主要體現無錫本土内容，突出人文科學，適當兼顧其他門類。據此，《無錫文庫》收録圖書五百五十餘種，分爲五輯：第一輯『官修舊志』，收編無錫地方志（含江陰、宜興）；第二輯『地方史料專著』，收編反映無錫地方史料的專著與筆記；第三輯『年譜家乘』，收編無錫（含江陰、宜興）地方名人年譜和望族的家譜；第四輯『無錫文存』，收編歷史上無錫作家詩文和專著的精華；第五輯『近現代名家名著存目』，編撰無錫近現代名家名著的書目提要。爲使文庫具有更大的開放度和包容量，《無錫文庫》注重整體設計，在框架分類上既注意整合，又突出重點，考慮到文庫的涵蓋面和系統性；在書目選擇上既注重經典性，又强調代表性，兼顧到圖書本身質量和作者特點；在出版方式上既總體規劃、循序推進，又采取較爲靈活的方式，成熟一批出版一批，不編序號，爲今後增補書目預留空間。

尊重歷史又反映時代特色。《無錫文庫》注重歷史性與時代性相結合，以嶄新的學術角度和現代學科理念對城市歷史文化進行整理和弘揚。編纂工作充分體現對歷史傳統的尊重，儘可能减少評述性成分，杜絶截割、改篡、增删圖書内容，對節選本衹采取作者的自選本。與此同時，以現代學術視野來看待傳統史料，增加收録有價值的歷史資料和文獻，如對民國時期的一些稿本、期刊、會刊、紀念册也予以應有的關注，收入了部分重要的民間史料。

保持原貌又便于讀者查閲。《無錫文庫》除第五輯外，全部采用原版影印方式，力争選擇最優版本作底本，保持文獻著作的歷史面目。爲了便于閲讀、查證、使用、研究，每一輯均撰寫編輯説明，每種書撰寫提要，并編撰《文庫》書目索引。通過這樣的方式，使《無錫文庫》兼具工具書檢索的作用，增强文化典籍整理的實用功能。

如期完成又精益求精。《無錫文庫》作爲一項重大文化工程，編纂工作面廣量大，必須集中力量，一鼓作氣。我們明確，從編纂工作全面啓動開始，花三年時間完成《無錫文庫》出版工作。《無錫文庫》總書目形成後，五輯的書目編纂工作同時開展，整體推進。我們要求，《無錫文庫》編纂出版工作要强化精品意識，力求思想精深、内容精彩、選編精當、學風精良、裝幀精美。文庫編纂出版的每個環節都反復論證推敲，確保經得起歷史檢驗。

《無錫文庫》的編纂出版工作，得到了鳳凰出版傳媒集團的大力支持，鳳凰出版社在版本選擇、編輯出版方面做了細緻的工作；由于《無錫文庫》收録的資料有三分之二散落在全國各圖書館中，中國國家圖書館、上海圖書館、南京圖書館等一批國内知名圖書館爲此提供了積極的幫助；應邀擔任《無錫文庫》學術顧問的專家，都是無錫籍的文化名人和國内一流的古籍研究專家，他們有的不顧年事已高，有的不顧自身工作繁忙，爲《無錫文庫》的編纂工作付出辛勤勞動；《無錫文庫》工作委員會和編輯委員會成員以及編務人員在文庫編纂出版過程中做了大量的工作。在此，謹向他們表示崇高的敬意和由衷的謝忱！

由於《無錫文庫》收録内容涉及範圍廣、時間跨度長，部分書目已經散佚，可利用資料受到限制，加之編輯委員會水平有限，《無錫文庫》的編纂工作難免會有一些疏漏和錯誤，不當之處敬請讀者指正。

王立人

二〇一一年一月

無錫文庫

第一輯

光宣宜荆續志(二)
[咸淳]重修毗陵志

鳳凰出版傳媒集團
鳳凰出版社

無錫文庫工作委員會

顧　問
楊衛澤　毛小平　周和平　譚　躍

主　任
王立人

副主任
曹佳中　陳海燕　吴小平

委　員
方標軍　須　儉　陳堯明　尤文科
何承志　蔡文煜　葉建興　施　展
嚴克勤　劉　川　雷群虎　李祖坤
瞿　敬　華瑞興　周興安　姜小青

無錫文庫編輯委員會

主　編

王立人

副主編

須　儉　姜小青

編　委（按姓氏筆畫排列）

王進雄　王賡唐　卞惠興　全　勤　吴　迪　沙無垢
金其楨　夏剛草　倪培翔　徐志鈞　浦學坤　陳文源
過旭明　過耀華　許墨林　張志清　程勉中　湯可可
蔡家彬　劉桂秋　錢建中　錢菲菲　顧文璧

執行編委

王華寶　王　劍　薛　飛　陳紅彦　林世田　謝冬榮　徐憶農

編務人員

顧志堅　李躍光

無錫文庫學術顧問

（按姓氏筆畫排列）

朱玉麒　朱維錚　江慶柏　李文海

沈衛榮　武秀成　金良年　胡福明

莫礪鋒　徐中玉　陳熙中　許倬雲

張仲禮　張廷銀　彭　林　程章燦

馮　遠　馮其庸　楊天石　趙生群

劉玉才　錢　遜　錢中文　錢文忠

總序

七千年文明史，三千年建城史，江南名城無錫，襟長江依太湖，自古以來就是魚米之鄉，禮儀之邦。無錫文化自泰伯南奔以來，騰蛟起鳳，尚德崇文，在數千年的傳承發展中，教化常持，經世務實，人杰輩出，大家林立，文藻絢麗，錯彩鏤金。舍南舍北皆春水，欲與湖山作主人，數千年的人文傳統，賦予了風光秀美的無錫以獨特的文化魅力，鑄就了城市剛柔相濟、秀逸清麗的文化品格。

無錫是中國吴文化的發源地。早在商代晚期，周太王古公亶父的長子泰伯三讓王位，携其弟仲雍奔吴，定居無錫梅里，建『勾吴國』，『端委以治周禮』，施以禮儀教化；興修水利，授以農桑，不數年而『民人殷富』。泰伯帶來的中原文化與無錫本地土著文明相結合，吴文化以及作爲其重要組成部分的無錫文化就此發端。晋室南渡，北方人群大量南遷，帶來了中原的文化技術，促進了無錫農業、水利、手工業和商業的發展，中原文明再度與吴文化進行融合互滲。在本土文化與异地文化的碰撞和交融中，不斷推動着無錫這座城市的文明進步。

無錫歷史文化『追歷七千餘載歲月滌蕩，遂經四大轉折而成其廣大深厚：泰伯西來，吴文化成焉；永嘉南渡，江左文脉振焉；宋室波遷，江南文風始焉；歐風東漸，錫邑占風氣之先，民族工商文化始焉。數百代鄉彦賢達智慧與創造累積，文獻足徵，無慮百千』（《錫山先哲叢刊》重版弁言）。無

錫文化以兼容并蓄多樣化的形態不斷發展。

崇文尚教，以教促文。北宋嘉祐三年（一〇五八），無錫始設縣學；北宋政和元年（一一一一），理學傳人楊時在無錫創建東林書院，此後無錫出現了喻樗、尤袤、李祥、蔣重珍等一批知名的教育家。至明代，顧憲成、高攀龍等在東林書院講學，此後又有許多書院相繼而起。古代無錫對教育的重視，促進了『崇文』和『尚教』的風氣，也造就了大量的人才。自隋朝開創科舉取士到清末廢除科舉，無錫共出了五名狀元、三名榜眼、六名探花和三名傳臚，并有五百四十名進士，一千二百多名舉人；『一榜九進士』、『六科三解元』，自古傳爲佳話。近代以來，經濟的繁榮進一步帶動了教育的興盛。無錫籍國學大師錢穆曾説：『晚清以下，群呼教育救國，無錫一縣最先起。』此後無錫的實業家紛紛出資興辦文化教育事業。教育的繁興，在極大程度上促進了無錫的文化發展，出現了空前的文化人才崛起的高峰。

文脉綿延，後出轉强。歷來『文化』的概念有廣義和狹義之分，這裏的『文脉』之『文』，用的是狹義的概念，即指經史、文學、藝術等人類所創造的精神財富的總和。在無錫的歷史文化傳統中，自古及今，悠悠文脉，如瓜瓞之綿綿。必須指出的是，從文化發生學的角度來看，早期中華文化的中心是在黄河流域的中原地區，無錫在宋元以前，雖有像顧愷之、李紳、尤袤、蔣捷、倪瓚等一批人文英才，但在整體上，無錫的文氣是自明清以迄近現代達到巔峰。在整個江南地區文教昌明和無錫經濟繁盛、教育勃興的大背景下，無錫地區在經史、文學、繪畫、音樂等諸多領域中，建樹卓越，俊才雲蒸，真正呈現出『人文之盛，冠於南國；碩彦輩出，著述繁實』的局面。

求實務本、重工崇商。無錫自古爲江南富庶之地、魚米之鄉。明代東林講學者將士商并列爲『本行』，講求經世致用；近代早期維新的思想家、實踐家薛福成提出『黜浮靡，崇實學』，大力倡揚『工商爲先，耕戰植其基，工商擴其用』的觀念，這些都成了近代以來無錫人求實務本、重工崇商的重要的思想根源；兼以明清時期，封建自然經濟解體，資本主義開始萌芽，無錫經濟日趨繁盛。鴉片戰爭以後，上海開埠，由於商品經濟的發展和商業資本積累的增加，逐步形成了一個以上海爲中心的，北接江陰、靖江，西連蘇州、無錫、常州的經濟區域。有布、米、絲、錢『四大碼頭』的無錫，被譽爲『小上海』。到了十九世紀末、二十世紀初，無錫許多有識之士積極引進西方生産技術，大力興辦工廠，形成了近代六大資本系統，無錫成了近代中國民族工商業的發祥地和蘇南經濟中心。經濟的繁盛，不僅爲無錫文化的不斷發展提供了堅實的物質基礎，而且也形成了無錫文化的主流形態之一的，具有鮮明特色和豐富内涵的『工商文化』。

文化源長，文獻宏大。在歷史上，無錫有過兩次較大規模的文化整理。一八九九年，《常州先哲遺書》是包涵無錫城市在内的第一次區域性文化整理集成。一九二三年，《錫山先哲叢刊》是無錫真正意義上從城市角度進行的一次文化整理。當時，國家積貧積弱，社會動蕩離亂，身處亂世的有識之士高擎文化的旗幟，以縱覽千古的魄力和毅力致力於城市文化傳統的繼承與弘揚，爲無錫地方人文教育提供了文化楷模，對增强無錫崇文興教氛圍發揮了重要的作用，爲無錫躋身江南名城提供了文化動力，其意義至今爲後人感念。

滄桑巨變，天上人間。經過近一個世紀的奮鬥探索，特别是改革開放三十多年來的迅猛發展，中

華民族强勢崛起。國運昌隆，盛世修典。中共無錫市委、市政府高度重視地方傳統文化的整理弘揚工作。自二〇〇七年提出『建設文明無錫，打造文化名城』以來，無錫全面深入開展歷史文化遺産的挖掘、清理、保護和修復工作，傳承弘揚優秀傳統文化，彰顯城市人文歷史底蕴，掀起歷史文化名城建設新高潮。此後，市委、市政府在《無錫市文化大發展大繁榮行動綱要》中明確要求全面整理出版地方歷史文獻，市委、市政府在《關於深化文化體制改革加快文化强市建設的決定》中再次明確要求編纂《無錫文庫》，正式啓動迄今爲止無錫地區規模最大、綜合性鄉邦文獻集成的修編工作。爲確保《無錫文庫》的編纂工作順利進行，市委、市政府專門成立了『無錫文庫工作委員會』，由市委宣傳部牽頭，設立了『無錫文庫編輯委員會』，計劃用三年時間完成編纂出版工作。《無錫文庫》的編纂，將以嶄新的學術角度和現代學科框架對城市歷史文化進行全面梳理和弘揚，站在時代的高度，充分展示城市深厚的歷史底蕴，彰顯先賢哲人的智慧創造，解讀無錫文化的獨特個性，提煉升華無錫的人文精神，光前裕後，古爲今用，以文化人，由人化文，以史爲鑒，開啓未來。

《無錫文庫》的編纂出版必將發揮重要的文化功能：首先是搶救文獻。無錫自古即有豐富的地方文獻，無論經史子集，都有重要著作流傳於世。然而無錫近代歷經戰亂，一些重要典籍已毁佚，僅有書名存留；還有一些珍貴的明清地方史籍，也以孤本存世，處於若存若亡之間。由於各種原因，一些代表無錫文化的典籍保存於國内外各大圖書館中，在無錫不易見到。從清末到民國期間，在文化上有不少重要成果，而這部分書籍因長期被忽視而處於毁佚的邊緣。《無錫文庫》的編纂就是爲了搶救文獻，保存文脉。其次是古籍整理。無錫先賢留下的載籍很多，但現存書籍，版本雜亂，良莠不齊，整

體而言没有經過系統編排梳理，使用不便。《無錫文庫》的編纂，就是從版本目録學的角度加以梳理，每書皆撰提要，鈎玄指要，便於閲讀使用。第三是服務大衆。《無錫文庫》所收皆爲地方古史遺文，是研究無錫歷史沿革和文化傳承的必讀書目。《無錫文庫》的編纂出版，使這些書籍的使用更加便捷和廣泛，對無錫的文化建設、城市規劃、古迹保護、名勝開發都具有很高的學術價值和實用價值。

歷史唯物主義觀是《無錫文庫》編纂出版工作的重要指導思想。《無錫文庫》是一部具有社會主義新時代特點的典籍集成，編纂理念和選編觀念更加科學，注重學術性、實用性和經典性相結合，并且儘量收入古籍版本研究的新成果，廣泛收集流散在國内外的珍貴典籍。編纂工作中，始終堅持『尊重歷史、尊重科學、尊重規律、尊重專家』的原則，堅持『雙百』方針，對傳統文化中重要的不同學派、不同觀點的資料兼收并蓄，力求客觀、完整和全面。當然，《無錫文庫》不可能包羅萬象，而以文史哲爲主要内容，兼顧其他類别著述，整體呈現出無錫歷史文化的發展脉絡。强化編纂工作的學術規範，提倡實事求是的良好學風，對文庫的整體規模、體例框架、所收書目、版式裝幀等進行反復論證，反復比較，多方聽取意見，慎之又慎，力争使《無錫文庫》成爲一部真正代表無錫文化的綜合性鄉邦文獻集成。

編纂出版《無錫文庫》的盛舉，得到了海内外衆多著名的文史專家、學者教授的熱烈響應。許倬雲、馮其庸、楊天石、李文海、徐中玉、馮遠、胡福明等無錫籍文化名人和劉玉才、程章燦、江慶柏、張廷銀、金良年等專家學者應邀擔任《無錫文庫》的學術顧問，他們扎實的學術功底、嚴謹的治

學風範、卓越的學術見識，爲《無錫文庫》提供了有力的支撑。

千年吴地文明，百年工商繁華，賦予無錫人聰慧和靈秀，創造了具有獨特品質的城市文化和城市精神。當我們手捧先哲留下的珍貴文化遺産，不僅滿懷感恩、敬畏之心，更涌動着不負前賢、勵志圖新的激情，去努力創造城市文化嶄新的輝煌，讓無錫文化大發展大繁榮的春天更加姹紫嫣紅、繽紛燦爛！

無錫文庫編輯委員會

二〇一一年一月

凡例

一、《文庫》所收爲無錫籍作家的著述和與無錫相關的歷代文獻，分爲《官修舊志》、《地方史料專著》、《年譜家乘》、《無錫文存》和《近現代名家名著存目》五輯。

二、無錫地域範圍以現行行政轄區爲準。《文庫》立足無錫市區，兼顧江陰、宜興，適當選收江陰、宜興具有代表性的著作。

三、《文庫》所收著作，以史料價值高、使用價值大爲原則，適當兼顧其版本價值。

四、《文庫》主要采用影印方式出版，《近現代名家名著存目》收入作家小傳和主要著述目録。

五、《文庫》所收著作，其編纂年代下限爲一九四九年；《近現代名家名著存目》則不受此限。

六、《文庫》所收著作，原書如有蠹損、殘缺、漫漶不清處，原則上以相同版本予以換頁、補頁，使全書清晰、整齊。

七、《文庫》對所收每種圖書，均撰寫提要，置於每種書扉頁之背面；每册均新編頁碼，自爲起訖。

八、《文庫》編制書名索引和著者索引，以方便讀者使用。

第一輯編輯説明

本輯爲《無錫文庫》之第一辑《官修舊志》。

無錫自古爲文化昌盛之地，修志傳統源遠流長，延綿不斷。歷代纂修的地方志卷帙浩繁，内容豐富。其特點是修志年代早，數量多，品種齊，質量上乘，在全國方志中占有一席之地。

中國最早的風土記——晋代《陽羡風土記》發源于宜興。清代嚴可均認爲『古地説《山海經》、《水經》外，此爲最舊』。無錫修志事業發達，無錫、江陰、宜興三縣歷代纂修志書五十四部。特别到了明清時期，較他縣猶盛。明代纂修縣志十四部，清代修了十七部。無錫舊志的種類繁多，除了風土記、地記、圖經外，還有軍志、郡志、州志、縣志、合志。從記事的上下限看，有通合古今的方志，亦有斷代的續志，形式多樣。在修志過程中，李兆洛、嚴繩孫、繆荃孫等一些名人親自制定凡例，廣搜資料，考證史實，講求章法，成就了一批名志佳作。在晋代有『文言美詞列於章句，委曲敘事存於細書』（章宗源《隋書經籍志考證》）的《陽羡風土記》；元代有『詞簡而事該，亦地志之善本』（《四庫全書總目》）的《［至正］無錫志》。《［萬曆］宜興縣志》『引史證志，爲修志創一新例』（《稀見地方志提要》）。清《［康熙］無錫縣志》因『秦、嚴并名流，精史法，故其書完美。所爲凡例，尤多名論，誠佳構也』（《續修四庫全書提要》）。《［乾隆］江陰縣志》以其『文亦詳密瞻雅』（《續修四庫全書提要》）受到史學家好評。《［道光］江陰縣志》被贊譽爲『體例精嚴、裁制有法，在當時推爲佳志』（《續修四庫全書提要》）。《［光緒］宜興荆溪縣新志》『其文字之雅，搜輯之宏，誠爲後來居上』（《方志考稿》）。繆荃孫主纂的《江陰縣志》因『石刻及藝文孜孜彌詳，至有價值』（《江陰志略》）。

無錫縣先後修志十三部，散佚四部。宋代和宋代以前修有舊經、圖經、無錫志三部，均散佚；元代凡一修，明代有景泰（散佚）、弘治、萬曆三志；清修康熙、乾隆（二部）、道光、嘉慶、光緒志六部。從晋代到民國，宜興編修志書二十二部，散佚十四部；宋代以前（含宋代）修的九部志書均佚；明代修五部，僅存萬曆志一部；清代至民國修志八次，散佚一部。從宋代到民國，江陰纂修志書十八部，散佚十部。宋代和宋代以前修的五部均佚；明代修八部，存弘治、嘉靖和崇禎三部；清代修志五次。

本輯收録了民國以前無錫現存的二十六部舊方志（本輯之末附宋代的常州府志——《［咸淳］毗陵志》）。從時期上分，宋代一部，元代一部，明代七部，清代至民國十八部。按行政區劃分，無錫九部，宜興、江陰各八部。另附府志一部，其緣由是無錫、江陰、宜興的宋代方志均散佚無存，而常州府的《［咸淳］毗陵志》保存了所轄區内各地修志上繳的史料。

本輯影印的這些志書，有稀見的珍本、孤本，也有名構佳作。原書如有殘缺、漫漶不清處，以相同版本予以換頁、補頁，儘量系統而完整地整理影印出版，以起到資治、存史、教化的作用。

本輯排列順序，無錫、江陰、宜興，後附《『咸淳』毗陵志》。各縣之下以志書出版年代先後爲序。每部志書前冠以提要。

目録

光宣宜荆續志（二）

（民國）陳善謨　修
（民國）祖福廣
周志靖　纂

光宣宜荆續志卷八

選舉志

科第表 進士 舉人 諸貢 考職附 武科

有清以四書文取士康熙初曾廢八股改策論已而仍復舊制光緒季年又改試策論未幾罷時武科已先停蓋舉千餘年相沿積習如唐辭謙光所謂才應經邦惟令試策武能制敵但驗彎弧者悉改絃而更張之從此科目一途遂成陳迹矣宜荆科名夙稱鼎盛比年如徐仁鑄仁鏡兄弟聯登甲科周志章志澂兄弟同登乙榜均爲藝林佳話論者謂仁鑄仁鏡之

祖家杰宰陽信時捻匪將薄城下杰大開城門悉納難民全活無算周志章志澂之母徐氏則以苦節著稱食報殆非偶然易曰積善之家必有餘慶其斯之謂歟諸貢仍循前志類列考職由舉貢爲階附列于後武科亦幷列焉

進士	舉人	貢生	貢生
光緒十五年己丑 張建勳榜 徐仁鑄 致靖長子	光緒八年壬午科 吳用賓 桃源縣訓導 宜興籍	朱啟鵬 光緒乙酉拔貢安徽直隸州州判 宜興籍 萬康祜 原名	范循貝 吳瀛儒 原名維鑾 欽陛芬 路道安

翰林院編修 湖南學政 順天籍 光緒二十年甲午 張謇榜 朱啟勳 志汾子 翰林院編修 記名御史 宜興籍 徐仁鏡 致靖次子 翰林院編修 順天籍	潘紹周 八名戊戌進士 徐學曾 原名煥文 鎮江府教授 光緒二十九年江蘇學政李殿林保送經濟特科 均荆溪籍 光緒十一年乙酉科 朱啟勳 甲午進士	光緒乙酉拔貢浙江景寧縣知縣 荆溪籍 朱其揚 大春子 光緒丁酉府學拔貢朝考以教諭用 朱樹槐 斐子 光緒丁酉拔貢 宜興籍 程適 原名肇基 嘉杰孫 光緒丁酉拔	崑山訓導 儲鳳喈 史悠澤 浙江天台縣知縣 路珩 浙江直隸州知州 袁廷煥 吳樹銘 州同 葉沐春
光緒二十四年戊戌 夏同龢榜 朱瀊奎 啟鳳子 翰林院編修 宜興籍 潘紹周 澤霖子 廣西郎用知縣 荆溪籍 光緒二十九年癸卯	蕭書白 桃源縣教諭 儲鳳林 賡芸子 均宜興籍 光緒十四年戊子科 徐致章 敬承子 癸酉拔貢浙江富陽知縣 宜興籍 李逢慶	貢 荆溪籍 周志韓 安仁子 宣統己酉府學拔貢朝考一等黑龍江知縣 朱煥奎 宣統己酉拔貢朝考一等農工商部七品小京官 周亦昂 宣統己酉拔貢 宜興籍	虞際陽 儲南强 馮炳甲 路琳 盧丕承 均宜興廩貢 路錦榮 楊宗玢 潘孔鏞 路星章

王壽彭榜
任承沆 原名傳杰 道鎔孫 兵部武庫司主事 宜興籍
史國琛 度支部主事 荊溪籍
光緒三十年
甲辰
劉春霖榜
潘浩 翰林院編修
朱振瀛 銘鎔子 陸軍部進材科科長 均宜興籍
史之選 禮部光祿司主事 河南虞城縣知縣 荊溪籍

大挑教諭 荊溪籍
徐仁鑄 己丑進士 順天籍
光緒十九年
癸巳恩科
徐應軨 汎瑞子 山東鹽大使
徐在滋
徐繼聲 均宜興籍
徐仁鏡 甲午進士 順天籍
光緒二十年
甲午科
徐俟 原名敬儀 河南光州直隸州州判
潘浩 甲辰進士
吳星牛
潘德荃 家瑞子

徐僾 原名政儀 宣統己酉拔貢 朝考一等 禮部七品小京官
余兆驊 宣統己酉拔貢 荊溪籍
朱啟勳 光緒壬午優貢 甲午進士 宜興籍
朱楚善 光緒丁酉優貢 宜興籍
楊壽勳 宣統己酉優貢 山東府經歷 宜興籍
胡濟 光緒辛卯副貢
朱耀奎 光緒辛卯副貢 戊戌進士 皆宜興籍

朱春澤
胡蓉蓀
史乙青
朱其卓 睢寧縣教諭
許如松
史祖勳 中書科中書
史之選 甲辰進士
盧鍾書 均荊溪廩貢
湯寶仁
王琮
李時轂 原名時昉 浙江蘭溪縣知縣
潘維宣
蔣兆蘭
吳鏞
謝淇

嘉定縣教諭 奉天通化縣知縣 均宜興籍
史國琛 癸卯進士
朱其元 三品銜湖南澧州直隸州知州 均荊溪籍
徐仁錄 河南沈邱縣知縣 順天籍
光緒二十三年丁酉科
任申之 麟徵子
徐致蓀 鳴皋子
朱耀奎 戊戌進士
潘鎬 承基子
任承弼 原名傳謨 道鎔孫 內閣中書 均宜興籍

蔣乃璽 光緒丁酉欽賜副貢
史紀常 光緒壬寅副貢 癸卯舉人 宜興籍
丁康保 順天中式 荊溪籍
任卓 原名卓章 光緒癸卯副貢
馬驥才 欽賜副貢 何科未詳 皆荊溪籍
路兆蓉 光緒庚申恩貢
湯克仁 光緒甲申補行乙亥恩貢
蔣翰勳 光緒補行辛巳恩貢 署蘇州府教授

吳立道 原名兆熬 河南按察司司獄
李希鄴
呂贊虞
葉煦春 均宜興增貢
馬安廷
王申羲
汪宗藻 原名炳章 浙江府經歷 署長興縣主簿
錢兆華
許廷棻
呂啟先
徐志鵬
潘清華
陳濬 侯選州同
許沆 原名掄甲
杜芝芳

光宣宜荆續志 卷八 舉人 五

光緒二十八年壬寅補行庚子辛丑科
徐德輝 順天中式法部主事
任承沆 癸卯進士
朱振瀛 甲辰進士
吳 曠 原名鍾俊
朱寶瑜 子啟鳳 刑部湖廣司主事
任國琛 山東官台場大使
徐致治 子邦定 均宜興籍
徐振聲 順天中式
史之選 甲辰進士

貢生
徐炳榮 原名凱臣 光緒甲午補行己卯恩貢
章鍾海 光緒乙未恩貢
儲之儒 光緒庚子恩貢安徽直隸州州判
路鴻甲 宣統己酉恩貢
湯鼎華 宣統己酉恩貢就職直隸州州判 以上均宜興
李鏡蓉 光緒甲申補行乙亥恩貢
徐慶麟 原名光燮 光緒戊子補行己卯恩貢
徐翰淦

許 鉞 原名銘甲 熱河知縣
徐顥仁 原名開先
葛啟元 均荆溪增貢
王梓敬
邵繼先
邵于岡
儲廷標
楊金標
許時棻 原名柳
徐邦安
儲宗源
丁作楫 奉天知縣
史汝欽
徐人驥
路昌期
陸漢臣
呂謙吉

光宣宜荆續志 卷八 舉人 六

謝保衡 原名沅
任錫周 子凱
徐仁銓 浙江鹽大使 均荆溪籍
光緒二十九年癸卯科
史紀常 順天中式
童 斐
儲鳳瀛
浙江運副
儲蘊華
周志章
任錫名
潘景藩 子鍾瑾 均宜興籍
徐仲衡 順天中式禮部主事
周志澂
莊拱辰

光緒己丑恩貢同知銜就職直隸州州判
儲榮祺 原名國珍 光緒庚寅恩貢
吳 鋆 光緒庚寅恩貢浙江知縣光緒二十九年浙江巡撫任道鎔保送經濟特科
吳之焱 光緒辛卯恩貢
貢生
崔克順 光緒壬辰補行庚寅恩貢安徽直隸州州判
周學源 光緒庚子恩貢安徽直隸州州判 以上均荆溪
邵光熙 光緒丙戌府學歲貢
儲鳳韶 光緒戊子歲貢署安徽和

周育才
吳 熙
邵文鳴
丁謙益
徐 垠 原名宗藩 浙江府照磨署常山縣丞
俞宗淵 浙江壽昌縣知縣
盧葆文
儲鵬飛
畢紹文
陸其燮
張 堂
張 鵠
楊恆辰 原名柏如 浙江運副
李耀邦
徐承霖
徐銘鎔
周徵驥

均荊溪籍

州州同

邵之俊 光緒戊子歲貢

徐應軫 光緒己丑府學歲貢

賈如鈞 光緒壬辰歲貢

張啟鴻 光緒癸巳歲貢

徐鏡清 原名君培 光緒甲午補行甲申歲貢

朱綬章 光緒乙未府學歲貢

潘大綱 光緒甲辰歲貢分省補用縣丞

楊壽祺 光緒戊申歲貢

以上均宜興

李庚

候選州判

儲子相

儲炳年 安徽知縣

蔣光祖

黃應中

程紹伊 署邳縣訓導

孫祖源

黃執中

黃守先

馮變侯

楊寶華 浙江典史

周冕

蕭蔚章 金山訓導

王文雄 原名綸 奉天通判

儲汝楫

光緒丁丑府學歲貢

史秉章 光緒壬午歲貢

程丕承 光緒戊子歲貢署鎮江府教授

徐翰錡 光緒乙未歲貢

許士熙 光緒乙未歲貢翰林院待詔

朱文瀾 光緒丙申歲貢

余其貞 光緒甲辰歲貢

吳其澍 光緒戊申歲貢河南按經歷

許同甲 光緒戊申歲貢

吳鑾

周蔚

習炳鈞

程廷鑾 安徽知縣

王之幹

周璆 原名鈐 安徽知縣

任鳳祥 湖北隨州州同

許中杰 原名鍾傑

程廷杰

欽湛霖

朱靖培 署湖南安東縣知縣

飽秉鈞 候選同知

湯敬修 浙江縣丞

周瑗

光宣宜荊續志　卷八　貢生　九

直隸通判
芮垂璧
欽湛存
張育中　原名藻鑑
呂律和　均宜興附貢
王有謨
徐錦輝
吳越卿
路長章
尹詰
張宗海
崔克慰
陳時敬
張廷贊
任方時
陳時敘
路恩耀
潘鳳儀
張熙

葛鵬程　宣統己酉歲貢　以上均荊溪

光宣宜荊續志　卷八　貢生　十

李逢王　原名錫疇
丁鍔章
程廷颺　原名國祥
廣東道
徐志翔
李楨
朱其詀
浙江府經歷
李時暘　原名癸暘
汪承祖
安徽廣德州知州
吳國賓
儲賡年
浙江按經歷
朱有章
俞肇升
馬雲楣
光祿寺署正
周徵熊
崔克愼

徐翰文
馮建侯
華之謦
馮襄侯
吳清綬
徐炳章
許際寅
潘宗翰
朱　奎 署安徽潁州通判

潘振鵬
許聲聞
范　彬
潘國鈞
潘嗣曾 光祿寺署正
潘樹棠
陳維宣 候選訓導
史維綱

李希文
汪　霖
吳葆棠
程乃績 浙江縣丞
蔣守仁
張大倫 均荊溪附貢

考職

宜興

楊壽祺 浙江知縣
吳心葵 浙江縣丞
盧丕承 巡檢部選安徽休寧縣汰厦司巡檢
陳　詩

荊溪

程　適 安徽知縣
余其貞 七品小京官
周志章 安徽州同
儲蘊華 浙江鹽大使

任卓 河南直隸州州判
朱文瀾 浙江縣丞
汪琛 州同
余克揚 巡檢
俞宗諫 巡檢
胡承烈 巡檢
吳景修 河南修武縣典史

主簿
胡蓉孫 典史
葉照春 典史
潘子純 典史

武科

舉人

光緒十一年乙酉科
蔣士楨 荆溪籍
光緒十四年戊子科
潘勳臣 荆溪籍

選舉志

敘進表 例仕 武職 封贈 蔭襲 恩敘 榮壽

周官少宰以六敘正羣吏登進厥艮後世言吏治者宗之 有清設官文武並重而因時定制略有變通輸資助邊並策名於銓籍行間著績咸受秩於司勳曰例仕曰武職雖出自他途而同膺器使若夫封贈以廣孝蔭襲以延世恩敘榮壽以章身何莫非 朝廷曠蕩之恩卽何莫非登進俊艮之意也彙列於表以諗來者

例仕 武職 封贈 蔭襲

光宣宜荊續志〈卷八〉例仕 武職 封贈 蔭襲 十五

任之驊 署直隸津河霸昌道
任子齡 湖北道
史善貽 直隸道
朱祖蔭 湖南道
吳煒遹 浙江道
朱燦奎 江西道
任鳳苞 直隸道
任期旻 直隸知府
程贊清 浙江紹興府知府
任錫琪 熱河知府

周金順 廣西候補副將雄勇巴圖魯
李錫瑞 總兵銜北洋大沽營都司
潘奎旭 江西補用參將輯勇巴圖魯
汪炳瑩 靖江營守備署江陰營守備
凌祖淵 署江蘇撫標中軍守備以上均宜興
許時雄 武生兩江總督沈葆楨拔授千總以上荆溪

湯紳 以子又新職贈奉直大夫光祿寺署正加三級補道光朝
任樹勳 以曾孫錫汾職累贈光祿大夫
任培風 以孫錫汾職累贈光祿大夫
任溥霖 以子錫汾職累贈光祿大夫
任華年 以曾孫鳳飛職貽贈資政大夫四品銜郎中加四級
任桂身 以孫鳳飛職累贈資政大夫四品銜郎中加四級
任錫榮 以子鳳飛職累贈資政大夫四品銜郎中加四級
任伊 以孫鳳苞職累贈榮祿大夫

吳家騮 以嗣父光遠難蔭襲雲騎尉世職
吳榮杰 以父琳難蔭襲雲騎尉世職
潘啟元 以祖舉人奎光難蔭又以兼祧叔祖舉人鼎英難蔭均襲雲騎尉世職并為騎都尉世職歸標學習期滿以都司用
潘肇恩 以祖達曾難蔭又兼祧叔祖法曾難蔭均襲雲騎尉世職并為騎都尉世職
潘肇榮 以嗣祖保源難蔭襲雲騎尉世職
潘廷璽 以曾祖光甲難蔭襲雲騎尉世職
周榮 原名維清以父金章郵蔭入監讀書期滿以州判用

光宣宜荊續志〈卷八〉例仕 封贈 蔭襲 十六

任鳳巢 奉天知府
任鳳賡 光祿寺署正
任鳳賓 農工商部郎中
史祖勳 中書科中書
吳榮棨 河南光州直隸州知州
孫增齡 署江西南昌吳城同知
胡樹 署安徽鳳廬同知安慶高等審判廳推事
徐洽仁 直隸同知
儲璞 浙江同知
周志椿

任錫章 翰林院待詔以嗣子鳳苞職累贈榮祿大夫
任侃 錫琪本生父累贈資政大夫
朱兆炳 以曾孫啟鳳職贈榮祿大夫浙江補用道杭州府知府
朱福初 以孫啟鳳職贈榮祿大夫浙江補用道杭州府知府
朱志汾 以子啟鳳職贈榮祿大夫浙江補用道杭州府知府又以子啟勳職贈朝議大夫記名御史翰林院編修又以孫耀奎職貽贈奉政大夫翰林院編修
朱啟瑞 以弟啟勳職貽贈朝議大夫記名

周志端 廣東鹽大使以父家燮難蔭兼襲雲騎尉世職
俞椿年 以父附貢生廷銓難蔭襲雲騎尉世職
汪炳瑩 以祖從九景增難蔭襲雲騎尉世職
汪述祖 浙江知縣以父候選布經歷文泰難蔭兼襲雲騎尉世職
湯嘉麟 以父江西府經歷道增難蔭襲雲騎尉世職
凌祖淵 以祖州同嘉謨難蔭襲雲騎尉世職以上宜興
徐樹銘 以祖贈知府銜恩貴難蔭襲職州同

直隸同知
任承濟 浙江同知
任恩元 江西同知
任承憲 安徽直隸州知州
陳益 山東直隸州知州
陳藝 奉天海城安東鐵嶺縣知縣
徐麟瑞 原名仁鎮 奉天鐵嶺縣知縣
徐敬武 署四川永甯蒲江縣知縣
俞椿年 署順天密雲縣知縣
吳繼高 山東通判署陽穀縣知縣

御史翰林院編修
朱啟運 以姪燦奎職貤贈資政大夫江西補用道
朱啟鳳 浙江補用道記名弼德院參議授榮祿大夫以子羅奎職封奉政大夫翰林院編修
許乃武 以子時中職封資政大夫四川補用道
徐石渠 以孫致章職贈通奉大夫
徐一桂 以孫致靖職贈資政大夫
徐敬承 以子致章職贈通奉大夫
徐家杰 以子致靖職贈資政大夫
徐鳴皋 以孫麟瑞

余燮 以父候選通判贈道銜維璧貤蔭候選知縣
余鍾英 以父附生有光難蔭候選縣主簿以上均荊溪

徐廷勳 浙江知縣
吳國英 浙江知縣
李棣林 直隸知縣
潘瀚
同知銜直隸知縣
張琪昌 直隸知縣
徐德銘 安徽知縣
任紹文 江西知縣
金品三 浙江知縣署布經歷
蔣兆珏 湖南知縣
徐淵 直隸知縣

職贈通奉大夫
徐家麒 以姪致愉職贈通奉大夫
徐葆辰 以姪致章職贈通奉大夫
徐致泰 以弟致章職貤封朝議大夫
徐臻壽 以子仁祿職貤封奉政大夫
徐致誠 以姪麟瑞職貤封奉大夫
徐致英 以子麟瑞職贈通奉大夫
周家錫 以子志靖職贈通奉大夫浙江補用道衢州府知府
周家燮 志靖本生父贈通奉大夫浙江補用道衢州府知府
周志匡 以弟志靖

任其鈞 湖北知縣
蔣以政 湖南知縣
程祖同 湖北知縣
馮寶森 山西知縣
周鴻飛 署江西銅鼓廳通判

吳　孜 東河通判
張汝翼 山東通判
朱寶琪 浙江運副
任鳳飛 浙江運副
周志程 浙江運副

封贈

職　贈通奉大夫浙江補用道銜州府知府
任朗 湖南沅州府經歷投文林郎以曾孫國均職　貤贈資政大夫
任澄 以子鶴齡職　封朝議大夫以孫國均職　晉贈資政大夫
任鶴齡 候選同知授朝議大夫以子國均職　晉封資政大夫
任岑齡 以姪國均職　貤贈資政大夫
史紹聞 敎授以于含章職　贈中憲大夫四品銜戶部員外郎
史鋆熙 以子國琛職　誥贈中憲大夫
史光照 國琛本生父　誥封中憲大夫

周志端 署廣東碧甲淡水場大使
儲鎮藩 浙江鹽大使
周志蒸 浙江鹽大使
戴朝徵 廣東鹽大使
周世駿 兩淮鹽巡檢

程祖惠 兩淮鹽知事
陳宗器 布政司理問
程杏書 署四川涪州州同
儲開第 浙江嘉興府照磨
張嘉植 浙江府經歷署長興縣丞

封贈

史廷昴 以孫光溥職　贈通奉大夫同知銜廣東四會縣知縣加五級
史承棨 以子光溥職　贈通奉大夫同知銜廣東四會縣知縣加五級
史家縉 以子之選職　贈中議大夫四品銜河南直隸州廣城縣知縣
史秉章 以子祖勳職　贈徵仕郎中書科中書
史幹 以曾孫紀常職　貤贈通奉大夫三品銜奉天遼陽州知州加一級
史之煒 以孫紀常職　贈通奉大夫三品銜奉天遼陽州知州加一級
史應辰 以子紀常

王廷贒 浙江府經歷
汪祐春 署河南靈寶縣縣丞
汪鈞培 浙江縣丞
高鶴年 浙江縣丞
湯炳書 浙江縣丞
湯炳章 浙江縣丞
湯嘉麟 江西縣丞
楊其昌 浙江縣丞
徐銓 直隸縣丞
汪維清 浙江縣丞

職封通奉大夫三品銜奉天遼陽州知州加一級
吳奎 以孫榮聚職贈通奉大夫
吳璋 以子榮聚職贈通奉大夫
吳珩 以兼祧子榮聚職贈通奉大夫
楊廷佩 以孫允升職贈通議大夫候選員外郎
楊兆綸 以子允升職贈通議大夫候選員外郎
吳昌 以曾孫鈞職貤贈中議大夫四品銜山西寧鄉縣知縣加二級
吳念典 以孫鈞職贈中議大夫四品銜山

陸鴻誥 湖南縣丞
楊鴻鈞 浙江府照磨
徐大猷 浙江府照磨
吳安保 浙江長興縣主簿
汪景洙 安徽廣德州杭村司巡檢
吳宗源 河南固始往流集巡檢
徐湘南 浙江臨海前所巡檢
李鍾琇 廣東鹽知事
湯鍾英 浙江德清縣主簿
孫多齡 江西主簿

西寧鄉縣知縣加二級
吳萼奎 以子鈞職貤中議大夫四品銜山西寧鄉縣知縣加二級
楊循理 以曾孫允斌職貤贈通奉大夫運同銜浙江同知加四級
楊繩修 以孫允斌職贈通奉大夫運同銜浙江同知加四級
楊家榮 以子允斌職贈通奉大夫運同銜浙江同知加四級
馮濟楫 以孫仲侯職貤贈奉政大夫山西交城縣知縣
馮鴻元 以子仲侯職贈奉政大夫山西交城縣知縣
馮錫侯 以弟仲侯

陳　詩　直隸主簿

張晉謙　北河主簿

湯啟仁　浙江巡檢

俞致愉　浙江巡檢

周　祜　安徽巡檢

陸雲藻　浙江巡檢

徐在衡　安徽巡檢

徐　健　安徽巡檢

吳維城　直隸巡檢

章光輔　廣西巡檢

職貤贈奉政大夫

儲廷標　以子鳳詔職贈朝議大夫同知銜安徽候補知縣加一級

徐大誠　以孫翰詮職貤贈朝議大夫同知銜直隸州州判加一級

徐保慶　以子翰詮職封朝議大夫同知銜直隸州州判加一級

楊翼亮　五品銜候選縣丞授奉政大夫以孫恆辰職晉贈朝議大夫浙江運副

楊光熙　同知銜浙江補用知縣署布政司理問授奉政大夫以子恆辰職晉贈朝議大夫浙江運副

吳超曾　以子錦雯

徐光祖　浙江巡檢

徐增元　安徽巡檢

程宗垚　江西巡檢

孫大齡　浙江泰順秀水縣典史

儲鳳銜　浙江金華縣典史

馮鼎侯　山西長子縣典史

湯守銘　浙江仙居縣典史

徐大勤　浙江從九

周志恂　浙江從九

徐家俊　浙江從九

職封奉政大夫五品銜鎮江府教授

吳鴻翥　以姪錦雯職貤封奉政大夫

程瑞鯤　以孫丕承職貤贈奉政大夫鎮江府教授

程錫黼　以子丕承職贈奉政大夫鎮江府教授

俞永銓　以孫宗淵職貤贈朝議大夫浙江壽昌縣知縣

俞　湘　宗淵本生祖貤贈朝議大夫浙江壽昌縣知縣

俞廷瑞　以子宗淵職贈朝議大夫浙江壽昌縣知縣

俞廷彥　宗淵本生

程祖植 湖北從九
馮寶鏞 山西州吏目
孫遐齡 浙江典史
周梓椿 浙江典史
楊元麟 浙江稅課大使

父贈朝議大夫浙江壽昌縣知縣
俞其洲 以孫椿年職貤贈奉政大夫順天密雲縣知縣
俞企蕃 以子椿年職贈奉政大夫順天密雲縣知縣
俞企懋 椿年本生父贈奉政大夫順天密

儲謙 浙江典史以上均宜興
任國光 原名邦翰 湖北道
任國均 湖南道署督糧道按察使
汪桐 浙江烏鎮同知
崔曝 江西九江府同知

雲縣知縣
俞鏞 以孫宗海職貤贈朝議大夫五品銜泰州學正
俞廷英 以子宗海職贈朝議大夫五品銜泰州學正
周匯英 以曾孫志椿職貤贈通議大夫三品銜直隸補用同知

崔作楨 直隸知府
葛蔭覃 四川納溪縣知縣
徐祖銘 山東知縣
朱其選 浙江知縣
汪述祖 浙江知縣

周鴻緒 以孫志椿職贈通議大夫三品銜直隸補用同知
周茂元 以子志椿職贈通議大夫三品銜直隸補用同知
周桂林 志椿本生父贈通議大夫三品銜直隸補用同知
徐拱辰 以孫淵職

徐時霖 山東奎文閣典籍
汪翰章 安徽縣丞
史恩久 浙江縣丞
葛蔭清 浙江縣丞
徐振鏞 四川瀘州嘉明鎮巡檢

貤贈朝議大夫四品銜直隸補用知縣
徐長齡 以子淵職贈朝議大夫四品銜直隸補用知縣
徐長卿 淵本生父贈朝議大夫四品銜直隸補用知縣
張訓明 以孫琪昌職貤贈奉政大夫同知

光宣宜荊續志　卷八　例仕　封贈　卅七

任甸安　浙江石門縣主簿

張玉衡　江西巡檢署瑞州府經歷

朱其樞　湖北巡檢

史悠慶　江西巡檢

汪衡章　廣東巡檢

銜直隸補用知縣

張洪序　以子琪昌職贈奉政大夫同知銜直隸補用知縣

張洪序　琪昌本生父贈奉政大夫同知銜直隸補用知縣

許時棻　以子鉞職贈奉政大夫熱河補用知縣

陳貞慶　浙江海鹽典史

呂啟明　浙江典史

以上荊溪查前項來案多不註明籍貫按名覆查未免過繁及就其自行註明並原係實官有搢紳錄可攷確係荊溪者另載餘則檄入宜興鶴歷彙滕非得已也又查

潘奎光　以孫啟元職贈武顯將軍兩江游擊泰州營都司

潘鼎英　以兼祧孫啟元職贈武顯將軍兩江游擊泰州營都司

潘傑仁　以子啟元職贈武顯將軍兩江游擊泰州營都司

尹聿修　以孫冠芳

光宣宜荊續志　卷八　例仕　封贈　卅六

前志內載程紹清浙江運副程紹清當即程佐清程福清直隸縣丞似誤當爲湖北縣丞留署黃岡陽邏司巡檢均毋庸重載并爲揭明

職貤贈朝議大夫光祿寺署正加四級

尹學曾　以子冠芳職封朝議大夫光祿寺署正加四級

湯世綸　以孫守銘職貤贈奉政大夫候選通判浙江仙居縣典史

湯衘　以子守銘職贈奉政大夫候選通判浙江仙居縣典史

吳承祚　以子光遠職贈修職郎安徽荻港司巡檢

吳鉌　以子家驄職贈徵仕郎光祿寺署丞

吳利行　以子家驥職贈奉政大夫候選州同加三級

沈松喬 以孫廷鈞職貤贈承德郎布政司經歷加一級

沈維蕃 以子廷鈞職贈承德郎布政司經歷加一級

周啟宇 以子貼職贈奉直大夫五品銜州同

吳光溶 以孫景修職貤贈承德郎

吳南橋 以子景修職封承德郎

吳亦為 以孫鏞職貤贈奉政大夫五品銜候選州同

吳淡如 以子鏞職封奉政大夫五品銜候選州同

吳連 以孫廷桂

布理問職銜加二級貤贈奉直大夫

吳應華 以子廷桂布理問職銜加二級封奉直大夫

吳應奎 以孫心葵職貤贈儒林郎州同銜山東禹城縣典史

吳榮椿 以子心葵職封儒林郎州同銜山東禹城縣典史

周覞之 以孫恭壽職貤贈徵仕郎候選州判

周重慶 以子恭壽職敕贈徵仕郎候選州判

吳應甲 以子立道職贈儒林郎六品銜河南按察司司獄

胡茂林 以子志仁布經歷職銜贈儒林郎

吳榮杰 以子放職贈奉直大夫直隸候補知縣加三級

吳高瑾 以孫葆棠職貤贈承德郎

吳飛雄 以子葆棠職封承德郎

吳彥曾 以子宗源職贈奉直大夫

吳懷曾 宗源本生父贈奉直大夫

吳之俊 以子國英職贈奉政大夫

吳國英 以子安保職贈奉直大夫

吳國材 以姪安保職貤封奉直大夫

宗長春 以子肇祥

州同職銜加二級贈奉直大夫

宗滿春 肇祥本生父贈奉直大夫

朱德潤 以孫明昌州同職銜加二級貤贈奉直大夫

朱肇洪 以子明昌州同職銜加二級贈奉直大夫

湯守銘 以子啟仁職封奉直大夫

談節智 以孫俊熙布經歷職銜加二級貤贈奉直大夫

談泰珍 以子俊熙布經歷職銜加二級贈奉直大夫

蔣獻廷 以孫輔周布理問職銜加二級貤

贈奉直大夫

蔣承顯以子輔周布理問職銜加二級贈奉直大夫

蔣作霖以孫善先布經歷職銜加二級貤贈奉直大夫

蔣輔廷以子乃賡州同職銜加二級贈奉直大夫

朱明昌以子陞慶布經歷職銜加二級封奉直大夫

朱明彩以子陞寅布經歷職銜加二級封奉直大夫

楊襄績以孫宗敬職貤贈儒林郎直隸州州判

楊籌庸以子宗敬

職贈儒林郎直隸州州判

楊松如以姪蔭深布經歷職銜貤贈儒林郎

楊誦春以子蔭深布經歷職銜贈儒林郎

楊文道以子乃逸職貤贈登仕郎候選典史

楊新以孫立本職貤贈奉政大夫候選布經歷

楊鼎郊以子立本職贈奉政大夫候選布經歷

楊承澍以子陞楨職贈奉政大夫五品銜州同

楊熙純以姪宗怡

州同職銜貤封儒林郎

楊懷琪　以孫宗煇職貤贈奉直大夫

楊熙瑞　以子宗煇職封奉直大夫

吳德成　以孫集英職貤贈儒林郎布政司理問

吳榮光　以子集英職贈儒林郎布政司理問

吳集英　以子廷珍職贈奉政大夫鹽運司經歷加五級

張汝濟　以孫宗沅同知職銜貤贈奉政大夫

張燠英　以子宗沅同知職銜贈奉政大夫

張燠初　宗沅本生

父贈奉政大夫

沙燮和　以孫彥槐州同職銜加二級貤贈奉直大夫又以孫鴻逵同知職銜加一級貤贈朝議大夫

沙安節　以子彥槐州同職銜加二級贈奉直大夫

沙椿年　以子鴻逵同知職銜加一級贈朝議大夫

周瑞賓　以孫鳳岐職貤贈武德騎尉千總加一級

周壽元　以子鳳岐職贈武德騎尉千總加一級

陳珪　以孫明同知職銜貤封奉直大夫

陳紹祥以子明同知職銜封奉直大夫
湯仁榮以孫續初州同職銜貤贈儒林郎
湯永初以子續初州同職銜封儒林郎
張生元以孫鑫州同職銜貤贈儒林郎
張飛熊以子鑫州同職銜封儒林郎
曹國和以孫維城州同職銜貤贈儒林郎
曹鎮臻以子維城州同職銜封儒林郎
蔣卓垣以孫鶴年州同職銜貤贈儒林郎
蔣德陽以子鶴年州同職銜封儒林郎
蔣玢以孫克勳州同職銜貤贈儒林郎

蔣啟鎬以子克勳州同職銜封儒林郎
楊裕海以子宗震州同職銜封儒林郎
楊裕昌宗震本生父封儒林郎
馮華彩以子國槐州同職銜封儒林郎
馮受彩以子國相州同職銜封儒林郎
馮朝彩以子國枚州同職銜封儒林郎
史簡書以孫炳燮州同職銜貤贈儒林郎
史坤載以子炳燮州同職銜封儒林郎
唐季封以孫廷溫州同職銜貤贈儒林郎
唐晉以子廷溫州同職銜封儒林郎

光宣宜荆續志 卷八 封贈 卅九

唐仲榮 以孫廷鉷州同職銜貤贈儒林郎
唐一宏 以子廷鉷州同職銜封儒林郎
孫興久 以孫徵魁州同職銜貤贈儒林郎
孫宗禮 以子徵魁州同職銜封儒林郎
唐滋源 以孫徵彥州同職銜貤贈儒林郎
唐鈞 以子徵彥州同職銜封儒林郎
唐勳成 以孫淦麟州同職銜貤贈儒林郎
唐聲遠 以子淦麟州同職銜封儒林郎
俞俊良 以孫汝濟州同職銜貤贈儒林郎
俞景崔 以子汝濟州同職銜封儒林郎

光宣宜荆續志 卷八 封贈 四十

習維新 以孫樹勳州同職銜貤贈儒林郎
習望榮 以子樹勳州同職銜封儒林郎
習堃尊 以孫炳鈞州同職銜貤贈儒林郎
習樹勳 以子炳鈞州同職銜封儒林郎
吳盤興 以孫承先州同職銜貤贈儒林郎
吳榮茂 以子承先州同職銜封儒林郎
楊懷琮 以孫汝源州同職銜貤贈儒林郎
楊家鈺 以子汝源州同職銜封儒林郎
楊宗洛 以孫擢英州同職銜貤贈儒林郎
楊翼運 以子擢英州同職銜封儒林郎

邵培　以孫馨州同職衔貤贈儒林郎

邵慕康　以子馨州同職衔封儒林郎

馬松年　以孫維滏州同職衔貤贈儒林郎

馬玉芳　以子維滏州同職衔封儒林郎

邵如岡　以子善承州同職衔封儒林郎

胡學和　以孫會初布理問職衔貤贈儒林郎

胡永成　以子會初布理問職衔贈儒林郎

潘壽山　以孫慶華布理問職衔貤贈儒林郎

潘復貞　以子慶華布理問職衔封儒林郎

俞企恩　以孫贊清布理問職衔貤贈儒林郎

俞允言　以子贊清布理問職衔贈儒林郎

邵子淇　以孫善養布理問職衔貤贈儒林郎

邵迺岡　以子善養布理問職衔贈儒林郎

以上均宜興

朱傳甲　以子大紳職贈朝議大夫知府衔安徽六安直隸州知州

朱大猷　以弟大紳職貤贈朝議大夫知府衔安徽六安直隸州知州

朱大澂　以子其元職貤通議大夫三品衔湖南澧州直隸州知州

吳爔昌以曾孫益祥職貤贈武驤將軍補用總兵安徽六安營參將

吳聰瑛以孫益祥職贈武驤將軍補用總兵安徽六安營參將

吳睿越以子益祥職贈武驤將軍補用總兵安徽六安營參將

程含章以曾孫廷颺職貤贈通議大夫三品銜廣東補用道加一級

程嘉勳以孫廷颺職贈通議大夫三品銜廣東補用道加一級

程慎齋廷颺本生祖贈通議大夫三品銜廣東補用道加一級

程兆慶以子廷颺職贈通議大夫三品銜

廣東補用道加一級

余維序以姪鍾麟職貤封朝議大夫西城兵馬司正指揮加三級

余維士以子鍾麟職封朝議大夫西城兵馬司正指揮加三級

余以柔以子光熙職封徵仕郎中書科中書

徐懋基以孫學曾職貤贈文林郎揀選知縣吳江縣教諭

徐辛源學曾本生祖貤贈文林郎揀選知縣吳江縣教諭

徐鍾輝以子學曾職封文林郎揀選知縣吳江縣教諭

徐雲楫以增史國

琛職貽贈中憲大夫四品銜度支部主事

潘家銑 以壻徐學曾職貽贈文林郎揀選知縣金壇縣教諭

吳瑞隆 以孫國賓職貽贈奉政大夫五品銜桃源縣訓導

吳守章 以子國賓職贈奉政大夫五品銜桃源縣訓導

潘光訓 以子祖榮職贈奉直大夫內閣中書加四級又以孫嗣曾職晉贈中憲大夫光祿寺署正加五級

潘孔時 以子嗣曾職封中憲大夫光祿寺署正加五級

李兆豐 以孫逢慶

職貽贈文林郎揀選知縣

李景曜 以子逢慶職貽文林郎揀選知縣

周文炳 以子志章職贈儒林郎晉贈奉政大夫

徐鑾 以孫祖銘職貽贈儒林郎山東知縣

徐祺 以子祖銘職贈儒林郎山東知縣

胡玉汝 以孫麟職貽贈文林郎中書科中書

胡承烈 以子麟職贈文林郎中書科中書

馬掄銓 以孫雲楣職貽贈奉政大夫光祿寺署正加三級

馬謙光　以子雲楠職贈奉政大夫光祿寺署正加三級

陳恩寶　以孫濬職貤贈朝議大夫州同加四級

陳子和　以子濬職贈朝議大夫州同加四級

湯鍾英　以子鼎華職贈奉政大夫

馬承基　以孫謙福職貤贈儒林郎布政司理問

馬兆鏞　以子謙福職封儒林郎布政司理問

周詢於　庠生以孫政南州同職銜加二級貤贈奉直大夫

周鎔鈞　以子政南州同職銜加二級贈奉直大夫

周石泉　以子召森州同職銜加二級贈奉直大夫

周泰昌　以孫隆州同職銜加二級貤贈奉直大夫

周子明　以子隆州同職銜加二級封奉直大夫

居熊飛　以子益鳴職封宣德郎州同

余乃昌　以子克明秩封奉政大夫

汪履安　以孫霖職貤贈儒林郎州同

汪繼元　以子霖職贈儒林郎州同

宗紘寶以孫廷鉦秩貤贈奉直大夫

宗如海以子廷鉦秩贈奉直大夫

楊廷榮以孫紹基州同職銜加二級貤贈奉直大夫

楊用賓以子紹基州同職銜加二級封奉直大夫

蔣德亘以孫槐州同職銜加二級貤封奉直大夫

蔣恩沐以子槐州同職銜加二級封奉直大夫

張元泰以孫麟文職貤贈奉直大夫州同加二級

張耀亘以子麟文

職贈奉直大夫州同加二級

鮑煥明以子參職封奉直大夫同知

王漢章以孫洪文職貤贈奉直大夫州同加二級

王望科以子洪文職贈奉直大夫州同加二級

葛夏璜以孫雲章職貤封奉直大夫州同加二級

葛藩以子雲章職封奉直大夫州同加二級

徐廷楫以外孫任曾培職貤贈修職郎山陽縣教諭

丁培以孫道周

職貤贈奉直大夫光祿寺署正加三級

丁培福 以孫道南職貤贈奉直大夫布政司經歷加三級

丁錫根 以子道南職贈奉直大夫布政司經歷加三級

許良 以壻尹冠芳職貤贈奉政大夫

潘致明 以孫鳳儀布經歷職銜加二級貤贈奉直大夫

潘澤溥 以子鳳儀布經歷職銜加二級封奉直大夫

任廷 以子大展知州職銜贈奉直大夫

任頻 大展本生父贈奉直大夫

陳廣瑞 以孫貞慶職貤贈儒林郎布理問銜浙江黃巖縣典史

陳宇奎 以子貞慶職贈儒林郎布理問銜浙江黃巖縣典史

陳葆中 以孫詢州同職銜加二級貤贈奉直大夫

陳廷椿 以子詢州同職銜加二級贈奉直大夫

余鴻遠 以孫陞祖州同職銜加二級貤贈奉直大夫

余乃祥 以子陞祖州同職銜加二級贈奉直大夫

錢兆華 以子廷揚職貤封奉直大夫

曹兆熙以子茹謙職封奉直大夫知州
華球以子之鋮秩贈奉直大夫
何配金以孫正熙州同職銜加二級貤贈奉直大夫
何綸佩以子正熙州同職銜加二級贈奉直大夫
徐廷英以子銘新布經歷職銜加一級封承德郎
徐經義以子國墉州同職銜加二級封奉直大夫
潘復成以孫國鈞布理問職銜貤贈儒林郎
潘變福以子國鈞

布理問職銜贈儒林郎
潘寶豐以子登才布理問職銜貤贈儒林郎
潘光憲以孫子壽布理問職銜貤贈儒林郎
潘孔昭以子子壽
布理問職銜贈儒林郎
周翊以孫煥文布理問職銜貤贈儒林郎
周有章以子煥文布理問職銜贈儒林郎
周禮賢以子德森布理問職銜贈儒林郎
談汝言以孫芳辰布理問職銜貤贈儒林

郎
談在鎔以子芳辰布理問職銜贈儒林郎
宗僎以孫叙倫布理問職銜貤贈儒林郎
宗志平以子叙倫布理問職銜贈儒林郎
查光梅以孫浦布理問職銜貤贈儒林郎
查宗焰以子浦布理問職銜贈儒林郎
周大鏞以孫蔭布經歷職銜貤贈儒林郎
周璇蔭本生祖貤贈儒林郎
周式宣以子蔭布經歷職銜贈儒林郎
周有美蔭本生父贈儒林郎

陳儀以孫文駿布經歷職銜貤贈儒林郎
陳淮以子文駿布經歷職銜贈儒林郎
吳興懷以孫石泉布經歷職銜貤贈儒林郎
吳炳發以子石泉布經歷職銜贈儒林郎
陳克琴以孫潤生州同職銜貤贈儒林郎
陳耀奎以子潤生州同職銜贈儒林郎
周序台以孫希賢州同職銜贈儒林郎
周方仁以子希賢州同職銜貤贈儒林郎
周維新希賢本生父贈儒林郎

王芳玉以孫恩誥貤贈儒林郎州同職銜
王宗海以子恩誥贈儒林郎州同職銜
傅仁文以子煒贈儒林郎州同職銜
潘金敘以子德松贈儒林郎州同職銜
沈溥以孫型秩貤封奉直大夫
沈坤載以子型秩誥封奉直大夫
欽獻琛以子軼羣職贈修職郎鹽知事
以上皆荆溪

光宣宜荆續志 卷八 封贈 三十七

恩敘
光緒三十二年捐振案
尹家俊 監生加布理問銜
秦介臣
張裕鎏
查富經
任麗宸
均由監生加州同銜
楊品岩 監生加縣丞銜
秦長庚
芮有孚
均從九品銜

榮壽
任瑛 縣學生丁未進士湖南知府光緒十二年年八十有重游泮水兩江總督左文襄具題以芹香再撷額以旌之
潘汝明 縣學生光緒十年年八十有五重游泮水學使以恩榮重慶額旌之
胡文美 年九十有二五世同堂光緒十八年江蘇巡撫奎俊額旌之
潘慶昇 年九十有一恩賜八品頂戴
以上宜興
陳正明 年九十有三恩賜八品

光宣宜荆續志 卷八 恩敘 榮壽 三十八

頂戴

崔觀麒

崔亨嘉

崔思睿

崔若欽

崔俊升

崔膺錫

六人同胞壽登八十以上者二人七十以上者四人以例徐伯珍兄弟四皓尤爲遐之郡教授史公度顏其堂曰兄弟眉壽

以上均荆溪

選舉志

學堂獎授表

學堂之興其猶古制乎漢唐以來天子臨雍講學最爲盛與學生皆集京師宋時仁宗始詔天下立學本道使者選部屬爲教授員于時宋祁等奏教不本于學校士不察于鄉里則不能核名實有司束以聲病學者專於記誦則不足盡人材旨哉斯言光緒二十七年　朝廷以時事日艱人才尤亟通諭書院均改學堂大學優等學生送部考試得獎舉貢再試合格得獎進士量材擢用其後又略有變通于是多士雷奔薄海風行宜荆均爲縣區其始惟設小學數年間由小學畢業升入他學或入專門學或出洋留學項背相望騰光於海外揚名於王廷至今佩實銜華均有成績可攷如宋祁所識庶乎免矣彙列于表中學以上畢業亦坿焉

宜興	荆溪
周衡　日本明治大學法科畢業授文學博士宣統庚戌獎給法政科舉人外務部七	朱其玉　日本明治大學商科畢業宣統庚戌獎給商科舉人河南補用知縣

品小京官	
徐麟祥	日本明治大學法科畢業宣統庚戌獎給法政科舉人四川補用知縣
徐仁鎔	日本明治大學法科畢業宣統辛亥獎給法政科舉人
賈士毅	日本明治大學政治科畢業宣統庚戌獎給法政科舉人
蔣履曾	日本醫學專門畢業宣統庚戌獎給舉人學部主事
馮宗毅	兩江優級師範學堂數學理化專科畢業宣統庚戌獎給師範科舉人以司務

宗曜	江蘇兩級師範學堂優級畢業宣統庚戌獎給師範科舉人七品小京官
吳藻華	日本振武學校士官學校畢業獎給步兵科舉人陸軍校
余其貞	京師法律學堂畢業宣統庚戌獎給副貢生七品小京官
崔銓	陸軍部陸軍速成學堂畢業授職馬科副軍校
崔毓葵	陸軍部陸軍速成學堂礮科畢業授礮隊副軍校
崔作棟	陸軍部陸軍師範學堂畢

光宣宜荆續志《卷八　學堂獎授表　卆二

分部學習	
周徵粵	兩江優級師範學堂農學博物專科畢業宣統庚戌獎給師範科舉人以司務分部學習
周斯覺	兩江優級師範學堂農學博物專科畢業宣統庚戌獎給師範科舉人以司務分部學習
吳之安	江蘇師範學堂優級畢業宣統庚戌獎給師範科舉人
馮曜	江蘇高等學堂畢業宣統庚戌獎給舉人以司務分部學習
謝遐銳	

業授一等技士	
崔毓芬	陸軍部陸軍速成學堂礮科畢業授礮隊副軍校

光宣宜荆續志《卷八　學堂獎授表　卆三

兩江優級師範學堂歷史地理學科畢業宣統辛亥獎給師範科舉人以司務分部學習

儲灝 兩江優級師範學堂圖畫手工專科畢業宣統辛亥獎給師範科舉人以司務分部學習

潘景洛 兩江優級師範學堂圖畫手工專科畢業宣統辛亥獎給師範科舉人中書科中書

周南金 江蘇兩級師範學堂優級畢業宣統辛亥獎給師範科舉人七品小京官

吳中望 江蘇兩級師範學堂優級

畢業宣統辛亥獎給師範科舉人七品小京官

吳震澤 江蘇兩級師範學堂優級畢業宣統辛亥獎給師範科舉人七品小京官

朱曾福 江蘇兩級師範學堂優級畢業宣統辛亥獎給師範科舉人七品小京官

朱應奎 北京高等師範學堂畢業宣統辛亥獎給師範科舉人禮部司務

朱寶琨 北京譯學館畢業外務部七品小京官

吳育萬 縣學生江蘇武備學堂畢業授職上尉

徐　潮　江蘇武備學堂畢業考授陸軍副軍校以同知調用

周　衡　江蘇武備學堂畢業考授陸軍協軍校以知縣調用

儲震寰　江蘇陸軍學堂畢業考授協軍校任陸軍輜重兵上尉

周承徽　南洋陸軍學堂畢業授職陸軍少校

周承宣　江南陸師學堂畢業授職陸軍上校

楊　標　保定陸軍速成學堂畢業授職副軍校

潘維翰　安徽武備學堂畢業安徽陸軍一標二營管帶官

潘綬彝　江南陸師學堂畢業授職陸軍校

路振夏　江蘇兩級師範學堂簡易科畢業宣統庚戌獎給師範科貢生以教諭用

周　翼　江蘇兩級師範學堂簡易科畢業宣統庚戌獎給師範科貢生以教諭用

朱競存　浙江陸軍測繪學堂畢業獎給拔貢生

方　中　浙江陸軍測繪學堂畢業

獎給拔貢生

吳越材 浙江陸軍測繪學堂畢業獎給拔貢生

吳樹珊 京師法政學堂畢業獎給副貢生以推事檢察任用

俞致霈 北京法政學堂畢業獎給副貢生

朱焕奎 京師法政學堂畢業獎給副貢生學部錄事

徐其璜 浙江盬法政學堂畢業獎給副貢生

王直民 江蘇陸軍學堂測繪科畢業獎給優貢生充陸軍部藝士

補登

崔作枏 陸軍部測繪學堂畢業宣統二年獎給舉人授測繪科副軍校

任夏常 縣學生兩江優級師範學堂公共科畢業獎給師範科貢生

路敏修 兩江優級師範學堂公共科畢業獎給師範科貢生

吳穎 兩江優級師範學堂公共科畢業獎給師範科貢生

崔克慶 兩江優級師範學堂公共科畢業獎給師範科貢生

以上均荊溪

學堂畢業表附

宜興

曹惠臺　英國伯明罕大學畢業
龔學瀚　日本宏文學堂畢業
潘烈芬　江蘇師範學堂畢業
周錫晉　江寧師範學堂畢業

荊溪

潘子楨　北京高等巡警學堂畢業
邵鏞　江蘇陸軍學堂輜重科畢業
李希文　上海龍門師範學堂畢業
范志超

張維　江蘇師範學堂畢業
張緄　江蘇師範學堂畢業
張鶴彬　江蘇常州府中學堂畢業
吳士彦　江蘇常州府中學堂畢業
周學渠　江蘇師範學堂簡易科畢

李植華　江蘇陸軍速成學堂畢業
李希霖　北京測繪學堂畢業
胡大堃　江蘇師範學堂畢業
汪鏡澂　上海復旦大學畢業
宗渡　江蘇存古學堂畢業

業
周南屏　南洋陸師學堂畢業
周公檄　江蘇兩級師範學堂優級畢業
張嘉植　浙江法政學堂畢業
吳復　浙江法政學堂畢業

江蘇高等警察學堂畢業
楊燦　江南方言學堂畢業
趙鑑　江蘇優級師範學堂豫科畢業

周慶高　江蘇法政學堂畢業
徐楠華　江蘇存古學堂畢業
顧鍾奇　江蘇存古學堂畢業
蕭景麴　附生江蘇存古學堂畢業
周品高　江蘇存古學堂畢業

儲葆瑜 江蘇官立國文專修學堂畢業

蔣有達 京口八旗中學畢業

周冕英 安徽太平府中學畢業

補登

吳濟時 日本醫學專門學校畢業授醫學博士

光宣宜荆續志卷九上目錄

人物志

名宦

施惠

萬立鈞

薛葆楹

顧雲

鄉賢名臣

任道鎔

周家楣

徐致靖子仁鑄 仁鏡

鄉賢治績

任瑛　任重光　徐家杰　程熙春子寅清 佐清

蔣誠　徐鳴臯　徐紀堂　徐瑋文

儲家藻　任凱　周金章　史光溥

周樹人　路保和　戴裕源　朱大澂

朱大經　朱大紳　路履祥　許時中

周光咢　蔣元英　任子齡　任曾培

俞宗海　周維新　儲寶琛　馮仲侯

李錫瑞　楊光熙弟樹屏　徐培　徐光麟

蔣聯庚　程贊清　錢大昌　湯鍾英
任錫汾　任國均　吳鈖　朱弼臣
吳榮棨　丁炳文　丁協宜　朱廷珪　葛蔭覃

鄉賢孝友

路印　路靜思　路承善　宗月高子德調　吳振輔子承祚孫鋼
謝熙臣　程嘉烈　淩榮甲　路錦榮
沙變和　徐澄　儲廷杰　吳文輅
萬國華　周啟宇　潘鍾杰　欽秉衡
湯大鏞　任侃　路洪昌　任珍
朱大來　朱大春　儲之元　周恩澤　周元光

路振鎔子道康　路光磬　淩錫光　任坤三
史文鼎　許藩　許時棻　俞桐
徐思鴿　徐崇基　徐崧生　徐秀鍾
徐洪藻　徐慶麟　汪森　周育材
陳近芷　李庚　任連山　章維琳
許士照　李光豐子景鏞　葛啟元子維序　華福綏
羅裕文　馮鼎侯　吳順九　周廷選
談正奎　儲鳳藻　任錫榮　周辛鎔李紹冰
周維孝　徐祖銘　徐翰錡　周徵騤
馮祖根鄢鳥義　儲榮祺　儲榮萱史耀松史炳鉋炳璋范

權范介諒張飛熊張鵬甲李政甫王維聖史企昇杭金祥
周英材　邵迺岡邵錫球　錢瑞德
胡崇本　張琪昌　朱輔臣　朱啟瑞朱啟運
徐致燕弟致英　周葆頤　周逢壬　周志韓
周文謨　徐挺翔　傅文煒　褚廷芳
黃洪源　任行泰

光宣宜荊續志卷九上

人物志

名宦

居親民之地而奉若神明開治化之原而敷以教導此固一邦之弁冕萬流所仰鏡也光宣間宜荊雖小有不虞幸不旋踵而定然水旱洊至閭閻愁苦士子方沈溺制藝羌無實學所望賢有司引翼撫循使各有以自振顧三十年來其中治績確有可稱者僅僅四人茲著于篇雖未必足當前選要亦其次矣

施惠字普生以同治九年莅任宜興時縣城克復未久百

廢待舉惠能敬恭明神務修民義與士紳協志壹心經營興作凡建復祠廟橋梁及其他一切善舉莫不首捐鉅資爲倡俾底於成在城義倉初復捐穀千石又建復東西氿各口燈樓資皆獨任在縣八年興廢舉墜輿論翕然凡所興造卓然可見者具詳前志其他政績莫能詳焉以光緒四年解任去迄今垂五十年縣人猶思之不置云

萬立鈞字肖圃江西南昌人以進士官刑曹改外銓授宜興縣知縣既下車大試士觀風優其獎給用是具知一縣人士之才否優禮耆儒賓接才彥誥以地方利病民生疾苦而因以爲治又捐廉創設靜存齋小課以經史詩賦倡多士文風丕變其愛才重士蓋天性也聽訟明敏一訊輒立決無待再讞者光緒中葉宜興繭市未開滬賈來競方橋貿繭挾詐不平民情大憤聚衆數千洶洶不可遏立鈞至出片言立解散賈亦得免去榷員吳某以苛繳激變罷市毀釐局立鈞衛員司收票籍靖奸宄勸交易以卹商紓民自任越日而事大定其後吳某訴大府檄縣緝犯立鈞拘無賴在事者數人笞杖決遣報訖不累商民一人其消弭巨禍保全民命類如此立鈞爲治勇於任事而豪於用財嘗捐鉅資創設郵農會貸籽種以濟貧民築鄆塘閘時其啟閉以利農田民爲立碑築亭頌德又開外玉帶河重

建陳孝潔先生祠修張兵備鏈墓皆不費公帑不斂民錢其他小小興作不具著在縣先後八年當官而行不阿巨室豪暴子弟疊受痛懲竟以此鐫職解官歸人皆冤之著有陽羨唱和集二卷乃在官時與縣人蔣學正萼唱酬之作刊板行世

薛葆楹字貽澍安徽全椒人父時雨本浙江名宦後又爲江浙大師世所稱桑根先生者也葆楹以優貢爲江蘇知縣光緒壬寅來權荊溪縣事甫下車東郭牙商某以人命被誣一訊雪其冤後有類是者數獄並獲保全縣故多滯訟葆楹日坐堂皇判決如流期月間遂無留牘由是薛青

天許一堂之稱偏傳衆口葆楹爲洽禮賢才卹寒畯禁娼寮遏賭博嚴戢吏胥俾勿爲民害改作囹圄囚以不瘐死其大較如此是歲夏秋大旱疫時葆楹亦不豫力疾步行爲民所禱甘霖旋霈沴癘亦消歲仍大穰荆南多山犬牙皖浙間時有盜匪千餘麕集梧桐山欲爲變因密牒大府請三省會勦兵至葆楹扶病起率諸軍將入山家人以其病久泥之不聽既而幕賓及同寮交止之歎曰此何等事是豈容顧卹我躬縱盜賊殃萬民乎吾去雖死無憾遂行窮搜山藪巢穴一清比閭頌德迄事歸署閱旬遂卒卒之前夕猶以蜀山民某鉅獄未及決召幕友指示情實且屬

告後令平決毋任枉縱其盡心民事如此

顧雲字子鵬上元人全椒辟時雨高第弟子也以廩貢生應吉林將軍長順之聘纂修吉林通志書成奏進長順附片稱雲學問淹博耽隱著書有　旨以教職用光緒戊戌授荆溪縣訓導莅任時南昌萬立鈞尚知宜興縣事大喜爲縣人士慶得師方擬聘主講席益修經史詩賦古文之學會立鈞被搆去遂弗果雲在官奬進才彦培植寒畯雖父兄之於子弟弗啻也陽羨書院設有季課別試經古詩賦恆以學官主之例致束脯雲率以增奬前列新進生例須執贄舉世斷斷爭雲不以屑意先是荆溪舉人沈銘石得雲所撰翁童墓碣詫爲古人復生以告其同歲生萬立鈞尋知其將至則又大喜以告比雲到官銘石已前卒立鈞以告感冥冥之知爲文碣諸其墓召其子祖瑞受業門下周其空乏游揚其才名遂補學生籍後二年祖瑞死鳩資賻其喪并爲銘石選定遺文序而刻之齋居多暇往往置酒召集才士談藝賦詩惟恐不得當其意在荆溪六七年門下多所造就盋山文派至今不絕歲乙巳調署常州府訓導歲暮假歸明年三月卒於家所著有盋山詩文錄八卷天東驪唱盋山談藝錄吉林通志等書刊行於世

鄉賢　名臣

嗟乎光緒中葉朝政三變大局遂至不可收拾甲申之變罷斥恭邸代以奕劻遂啟倖門戊戌之變崇陵失柄　孝欽再臨朝遂長亂階庚子之變拳匪肇亂　宗社幾墟衢州教案乘間而起江浙震驚而或因以罷或因以囚或從而緩輯之迄今士大夫追維往事慨想當年以爲如周通政徐學士任中丞三人其用舍進退關乎大局安危而皆出於吾鄉同時並耀此山高水長之慕不能不繼匪風下泉而增慨也簡册流傳當永永不朽豈第爲一邑志乘光哉志名臣

任道鎔字筱沅烜子咸豐初以拔貢選授奉賢訓導保知縣官湖北當陽江夏遷直隸順德府知府調保定擢河南開歸陳許道光緒初權河南按察使除江西按察使署布政使升浙江布政使移直隸擢撫山東調浙江以失察編修某起復日期免官居吳門者十餘年母憂服闋光緒二十一年起家署河東總督尋補爲眞居數年兼撫河南移浙江兼學政二十八年遘疾乞休予告歸年八十又四年薨道鎔性勤敏精於吏職所至有名績其守順德也擊卻捻酋張總愚北竄之衆獲其酋朱學孟等賊氣奪不敢北犯畿輔以安其提刑按察也江西尤多滯獄道鎔爲設方

略具條教飭州縣官不得稽壓獄訟又設候審所傍臬署樓左證及無罪者在江西不及三年決獄三萬有贏莅任之初正值大水道鎔殫竭拯濟開從來未有之風以故民尤頌德其承宣布政也清積弊紓州縣困上裕 國課下恤民艱爲直藩才歲餘庫帑增至二百餘萬金其巡撫山東也總兵某進苞苴不納某不自安悻悻求去立奏請解職自是墨吏知懼官邪革心顧道鎔先後歷官任職以治河爲尤著其省財而厎績近世罕有倫比任開歸道時中河出險道鎔馳詣隄上屹立泥淖中督率堵禦歷四晝夜而隄復完先是河工爭險糜帑恆以數十萬計是役也用銀才二萬二千兩其後三廳出險一十八次皆以材備而事敏不致潰決所省無慮百萬其任東撫也齊東黃龍背河決指授方略飭屬堵禦遂不爲患其後桃園又決奏請以工代振力疾董役歷五旬而工竣是役也預計當八十萬乃所費僅二十六萬有奇而餘羨材物値猶十餘萬其再出爲河督也言官謂河督宜移駐濟寧統轄全河河南山東不容歧視請變通成法 朝命道鎔赴豫察所宜以聞比至汴卽疏言河南河工四百餘里山東九百餘里當桃伏秋三汛方事之殷河督專主河南兩岸已有日夜不遑之勢若統轄全河移駐濟寧距河南工次五百餘里距

山東濟南武定中下游七百餘里當大汛時臨河勢頃刻變遷必有顧此失彼之慮是則河督移駐濟寧固屬窒礙而統轄全河亦鞭長莫及不如仍舊制便 上從之任河督五年凡汛期輒移節督防終其任河不爲患歲庚子道鎔入覲 兩宮垂詢河務對以治河之法端在愼重防修節省靡費從來失事皆由人謀不臧不得諉諸天命
上爲動容稱善者再有公忠體國之 褒焉其累承
恩眷若 賜宴及克食聽戲觀花看燈諸珍異衣物及
御書福壽等字不可勝紀性至孝得太夫人歡心母歿哀慕終身其他修建宗祠興復義莊徧刻先代遺書修輯

宗譜振戚族貧乏葢敦本重族其天性也至其慷慨樂善見義必爲在道鎔爲小節故不著所著有寄鷗存稿沅蘭詞鷗館閒吟板行於世又奏疏政書各若干卷藏於家

周家楣字小棠蔭南長子咸豐已未進士選庶吉士同治元年散館授禮部主事累選員外郎郎中充總理各國事務章京記名御史以五品京堂用晉四品補太僕寺少卿光緒二年典試四川尋轉大理寺少卿四年遷順天府府尹以總署章京晉大臣五年丁母憂服闋仍爲總署大臣署都察院左副都御史八年復補順天府府尹充壬午科順天鄉試監臨疊攝禮兵戸各部左右侍郎十年七月免

總理各國事務大臣是年冬授通政使十一年秋署都察院左副都御史權吏部左侍郎十二年五月卒官家楣天性孝友篤於倫紀厚族姻重鄉黨廣交游能使人人各如其意其莅官以鞏國基厚民生爲已任先後再尹順天府百廢具舉爲從來所未有而疊次振荒及兼濟鄰省災祲集貲至百餘萬金全活至不可數計此周京兆之名所以遠出趙張三王之上也至其廿年總署累主外交不激不隨弭鉅患於無形持國家之大體自當時一二王大臣外鮮有知其艱苦卓絕者由今觀之自家楣出總署後十年而兵挫於日海軍悉殲又數年而聯軍入京國事遂不可爲矣豈不痛哉當咸豐末造家楣以庶吉士避亂泰與見有司揭示天津條約痛哭自矢異日苟任此挽救不力者非夫也比補總署章京首爲文文忠所器其後恭忠親王沈文定皆倚如左右手同治九年天津民教衅起中外震動家楣手書抵當事俾準情傅法勿任羅織誅流十餘人而案定　穆宗親政各國使臣當覲見遞國書爭朝儀幾決裂文忠命家楣折衷所宜作遇禮考許外臣行西俗鞠躬禮毋以拜跪繩異族而覲見時御外朝不入內廷亦以示區別從之禮成中外翕然遂著爲令是歲也臺灣生番殺日本數人日本藉端啟衅使柳原前光至京師肆要

挾文忠命家楣與酬酢藉採其隱一日柳原自負大戸莫與對家楣命置酒共酌柳原大醉悉吐狡謀由是爲所持遂得定議受撫柳原將去索詩家楣援筆立成忠憤之氣溢於言表又索諸王大臣書家楣各仿其體署各款授之柳原退謂其徒曰中國有人不可輕也太息去日斯巴尼亞有地曰古巴多產糖奸商誘販華工爲糖廠充役淩虐無人理名曰豬仔多死者事發家楣手定專條致日使轉本國使嚴治又通牒各省禁拐誘日人愀於公議任保護後又設領事古巴主稽察華工慶更生焉法駐閩領事賄埜地將築室遷一棺與銀幣五枚紳民大譁據咨與法使

辯事遂寢俄軍屯駐伊犁議退兵有日矣忽假命案亦決逗遛喻以命案者交界常事退兵爲特約事不得相牽混一再詰責師遂退德國巴使性驕橫縱水師登岸冢楣面斥之遺書駐德使臣莅外部詰責使撤回居憂時洋教士就宜興購建天主教堂紳民控訴縣官問方略冢楣使按契作教堂有無左驗不者卽背約可勿許冢楣詧逆知契之所必無故以是鉗制之教士嗒然去國家席累朝鼎盛之休又同治中興削平大憝雖一折於禁煙之役再挫於英法聯軍而朝野上下鮮能窺徹中外底蘊以故蔽錮者敗於虛憍通達者失之徇縱冢楣嘗因四川教案上書王

大臣備論當時治理民教之失略云教民本中國人訟事當問曲直不當論民教川中有司往往偏護教民卽至抗賦不孝諸案一經教士緩頰立卽省釋或遭反坐其甚者忤逆不治而反咎其父不知激烈之病雖發在目前而爲禍猶淺縱庇之病流毒於將來而爲禍愈深卽目前亦難保其無患浸假而積不相能迭相仇殺禍結兵連噬臍何及又據成都將軍奇稱教民有罪由司鐸送有司究治是直以中國治民之柄授之外人尤不可行川省教案例由將軍主稿今擬概歸總督如此則責任歸於民牧知成敗功罪之難諉疾痛皆其赤子知閭閻性命之堪珍時論多

韙之冢楣常言綏輯雖所以柔遠而禦侮端貴乎自強其在總署凡用人行政練兵簡器造舟設防諸大端疊請當道刻意講求力袪積習猶恐言易行難人鮮毅力嘗爲文忠草疏密陳大計末謂務在上下一心內外一心久暫一心時存臥薪嘗膽之心庶有化弱爲強之望語語沈痛所謂忠肝貫金石古誼若龜鑑者彷彿似之其論事長於辯難每接見各使倉猝應對皆有條理無纖毫罅隙可乘各使皆傾心歸嚮爲有時事關艱鉅牘稿皆其手治甚或竭慮焦思寢食俱廢逮下筆瞬息數百言或數千言往往言人所不能言又適爲人人意中所欲言鈔胥爲之腕脫焉

光緒十年法人以越南故搆釁時醇邸新用事而文文忠沈文定皆前卒獨恭邸與冢楣吳廷芬在總署久熟悉中外大勢於越南事主撤兵平議當事者好大喜功急於自見奏免恭邸軍機處及總署職并斥冢楣廷芬出總署而以貝勒奕劻管總署尋晉郡王長樞廷卽世所稱慶親王者也冢楣既與當事相左會　孝欽后以法事徵廷臣意見冢楣懷不能已獨抗疏言今者各洋水師未立兵艦未備臺灣勢成隔絕無從接濟沿海諸省議防議守軍實不資宜採林椿與盛宣懷所議條約暫予轉圜使此後中國實能自強卽各國自無非理之使屆時力可戰轉無所

用其職方爲長治久安之計又言臣權佐度支職在籌饟官居府尹責在守土在官言官斷不敢苟安畏難倖和局之可成冀去難而就易縱府尹無兵權無錢糧而不敢謂無責任臣前蒙召見諭以出奇制勝敢不勉竭心力以濟艱難卽使無兵無餉此二十四屬百姓皆臣七年以來所性命相依者惟有激以忠義其效血誠此則有戰而已無他策也家楣治順天久善政累累不可勝紀而救災施振其仁德入人至深所謂性命相依其效血誠者非譽言也他如修濬北運河及青龍灣筐兒港兩減河增修沿河各隄皆以工代振論者謂克嗣怡賢親王之烈云又嘗創修

順天府通志而居憂時復續修宜荆縣志重建明倫堂尊經閣祭器樂器諸庫及四祠兩學官齋舍國家拔萃科宜荆兩縣定額止一人家楣得請增額一人設義莊以贍族人其他在籍在官事蹟甚多茲據常事不書之例掇其關係國家安危之大者著於篇他不復紀焉家楣既歿順天府府尹畢道遠薛福辰等爲臚陳政績奏請宣付國史館立傳報可並敕就順天府建立專祠而順天紳民追思懿德復就京師故宅爲祠以祀焉其後三十餘年里人又請祀鄉賢所著有期不負齋政書十卷詩文五卷行於世國史館周家楣傳曰周家楣江蘇宜興人咸豐九年進士改翰林院庶吉士同治元年散館改禮部主事洊擢員外郎中充總理各國事務衙門章京記名御史十二年奉旨註銷御史以五品京堂用光緒元年補太僕寺少卿二年閏五月命充四川鄉試正考官十二月擢大理寺少卿四年授順天府府尹兼在總理各國事務衙門大臣上行走五年夏以母憂去官七年十月服闋命仍在總理衙門大臣上行走十二月署都察院左副都御史八年正月復授順天府府尹六月充本科鄉試監臨八月署禮部右侍郎九月署兵部左侍郎十二月署戶部右侍郎九年六月署戶部左侍郎兼管三庫事務十年七月奉旨毋庸在各國事務衙門行走十一月授通政使十一年八月署都察院左副都御史十一月署吏部左侍郎十二年三月病請開缺五月卒家楣生平孝友篤於倫誼慷慨好施與志存利濟不以境之豐約易其心自爲諸生以至卿貳如一日初家楣充總理衙門章京故大學士文祥深器之其辦理四川教案上書王大臣略言中國地方官向來辦理民教交涉事件教民係中國人但論曲直不論民教川省遇有此等詞訟常多偏護教民甚至抗權忤逆諸案一經該教緩頰卽予開釋或多反坐每有首告忤逆之案不治其子而咎其父持平理獄之官不以爲職而以爲過者不知激烈之病其患在目前而爲禍迫縱庇之病其患在日

後且目前亦難緩而爲禍尤深率此以往必至如雲南甘肅之民回仇殺禍結兵連悔將何及至該將軍等咨稱教民有犯由司鐸送官究辦是轉以中國治民之柄畀之該教決不可行查川省教案向由將軍主稿今擬嗣後改歸總督主政似此則責任歸於地方知成敗功罪之難諉疾痛皆其赤子知閭閻性命之堪珍時論多韙之丁憂里居值洋教士購建天主堂紳民憤訴知縣問家楣方略家楣告以驗契有無購爲天主堂字樣如無卽係蒙購照章不准執業家楣益探其事之必無故藉此以爲斷果如其言教士遂去洎爲戶部侍郎軍機大臣議借洋款五百萬以四百萬辦銅礦家楣謂似此重息銀兩洋人非軍事不借宜亟造兵船以其餘辦銅爭之力奏上加家楣議行其爲府尹也務飭吏治通民隱培本原正風化履任時首劾賊吏王堃官方一肅捕盜營添練洋鎗洋礮以重緝捕提審案件剖決如流京師里諺有云不怕宛平縣止怕到後店後店者胥役私禁處也家楣廉得其實嚴禁之奏建候賢公所於府東偏凡府局大興宛平兩縣人證咸人其中委員經埋備極矜恤通州良鄉爲京東西孔道差徭繁重車頭奸利擾累良民家楣奏設官車局二會神機營調用大車五百輛不煩民而事集京城內外義冢盜據黃土多所

侵損家楣普加修葺掩枯骸以萬計有盜掘者嚴治之家佃並奏籌近畿教養常款提蘆台地方船捐糧捐用充廣仁堂義塾經費戶部給發孤貧放款改支實數奏上均如所請並增設回民義塾六所以化其好鬬之俗家楣爲政凡關係民事廢弛已久者皆不避怨謗毅然規復以功德林留養貧民僧徒日久滋弊改歸官辦內務府所管貧民棉衣銀兩言官條奏亦請歸府尹管理順天府無志書家楣建議創修不十年而書成別輯幽光錄一編表揚節孝刊布閭閻俾資觀感金臺書院爲順天課士之地家楣倡捐葺治廣徵書籍羅列講堂加給膏火資爲肄業之費修府學宮牆祭器樂器以次備具光緒八年順天府鄉試國子監暨學政咨送考生名數浮於號舍者三千餘人試期迫官吏皆愕貽家楣倉卒間奏撥巨款展築闈牆鱗建席號入闈後傳語諸席號生遇兩勿散走府尹來同受從容蔵事旋奏請增建號舍已得 旨旋議格逾三年卒如家楣議行故明裔延恩侯誠端因昌平陵戶控案交家楣查辦既奏結復附請照蒙古王公例發給十成俸銀俾充祭需奉 諭旨允准家楣先後去府尹任皆手書事宜數十條以告新尹家楣之辦振也以幹濟之略行惻怛之心慕捐之數多於帑項私函之告密於公牘光緒四年秋永清

東安武清房山各縣水災家楣遣員往振或請緩徵然日固知例須勘報然被災以後勘報以前小民何所依賴趣即行仍照章會籌蠲振家楣辦災始此八年文安患蝗河隄潰大城河亦決薊州雹災家楣聞報即遣員紳攜款分濟嚴飭捕除堵築民困漸蘇九年夏淫雨河溢順天二十四州縣相繼被災家楣亟遣員紳振撫旋會疏陳災請振 上命直隸總督截漕備振家楣復專摺瀝陳順天被水情形詞甚迫切奉 旨迅速籌款妥爲振撫家楣手定章程十條札行州縣且諭之日各該州縣需用之款立稟本衙門以資籌畫如有災不訴所訴不實及籌請之數不足振濟或領銀領米後不能盡心實惠及民致有揑目遺漏可救不救救非所救皆各該州縣之咎若各該州縣災實必訴所訴必實籌請之數足以拯濟而本衙門不能照數籌備俾得盡心紓災活人則係本衙門之咎痌瘝各求所安災黎環集而覼天日鑒之鬼神知之維時順天庫存振餘款項僅萬餘金已撥助東振三千外無專款家楣偏告各疆吏海關及施振紳士先後得款逾百萬武清實抵災較重放款各以十餘萬計會各直省屢告偏災復以其閭協撥直隸山東江蘇浙江江西湖北等省比去任庫儲尚存十餘萬兩遂奏請發典生息以備凶荒家楣又謂以工

代振爲荒政要策畿東水利以北運河青龍灣及筐兒港兩減河並沿河各隄工爲最自怡賢親王督理後未議重修因慨然以籌款自任借直隸總督李鴻章區分督辦費帑三十萬有奇他工程所費略稱是而平糶施粥官醫典牛給種各局咸次第舉行災民慶更生焉先是山東水災流民紛至京師 諭家楣妥籌撫卹家楣條理周密因應咸宜并派員在直隸獻縣 地方設局留養勿令流離北徙或釀事端十二年二月奉 上諭陳士杰奏前因山東黃水爲災民情困苦節經周家楣等代籌振銀分投散放並廣爲勸募多方籌措實屬勇於爲善歷久不渝深堪嘉尚著傳 旨嘉獎家楣殁其子體先志捐解縣衣千件山東巡撫張曜奏請建坊猶稱江浙閩粤官紳之好義皆周家楣一人倡之所謂存心利物必有所濟周家楣有焉家楣既卒之八月太僕寺少卿鍾佩賢等聯名呈列家楣政績懇請具奏於是兼管順天府府尹畢道遠順天府府尹薛福辰奏曰已故署吏部左侍郎通政使司通政使前順天府府尹臣周家楣心存利濟見義勇爲曾蒙 恩旨嘉獎生平志節久在 聖明洞鑒之中原無待臣下贅陳臣等所不能已於言者該故署侍郎於光緒四年補授順天府府尹講求察吏安民之要倡修順天府志整頓金臺書院

如修府學置樂器加練捕盜營兵以捕劇盜倡設候質所官車局以恤牽連而便行旅至於育嬰義學種桑施粥給孤義家功德林普濟堂等處善舉不憚煩瑣百廢俱興又舉辦近畿教養事宜在任五年釐然畢舉其最不可及者畿東水利自怡賢親王興修以後屢議重修未果該故署侍郎慨然以籌款自任與臣李鴻章商定援以工代振之義及時興辦厥工告竣臣李鴻章稱其公忠體 國繼美賢王似非溢美而該故署侍郎猶欲然自視謂僅能於平水之年聊資捍禦及本年復遭水患果如所言其任事之勇料事之明如此光緒九年順屬因雨水成災偏及二十四州縣仰荷 恩施發帑截漕並蒙 皇太后節省是年中秋進奉銀兩發振該故署侍郎上體 聖慈下求民隱以誠懇之意感動天下官紳合力集捐以資振濟得以無策不施有施必速災後數十百萬窮黎藉免流離失所厥功甚偉當工振緊急之時尚在總理各國事務衙門行走兼署戶部侍郎公事繁重而籌辦工振鉅細畢舉山東黃水爲災倡議籌款協振年來江西浙江江蘇廣東廣西等省屢見偏災紳民助振率賴其提倡以集事本年三月山左黃流復溢該故署侍郎已在病中猶汲汲以籌振爲己任彌留之際以勸振付託僚友無一語及私然

則該故署侍郎之志在保全民命培養國家元氣以仰副我 皇太后 皇上視民如傷之意者固天下所共見共聞而不忍湮沒也臣畢道遠等與之同官共事有年知之甚悉臣黼福辰昔任通永道時遇有要事胥賴該成見聞最確用敢據情臚陳合無仰懇 天恩俯准將該故署侍郎生平政績宣付國史館立傳俾垂不朽而勵將來等奉 上諭周家楣兩任順天府府尹遇事整頓善政頗多辦理災振復能多方籌措不遺餘力實惠在民所有周家楣生平政績著准其宣付史館立傳旋奉 旨在順天府地方建立專祠

徐致靖字子靜家杰次子光緒丙子進士改庶吉士丁丑散館授編修丙戌分校禮闈己丑典試河南京察一等記名道府遷左右春坊贊善擢左中允升右庶子轉左遷侍講學士轉侍讀學士歲甲午中日搆釁致靖疊上封章多所建白慨內政之不修憤外侮之日迫獨居深念未嘗不

長太息也乙未丁父憂歸丁酉服闋仍補侍讀學士 國家自甲午戰敗而後 崇陵警於敵國外患銳意改革力圖自強致靖乃於戊戌之夏首上封事請定國是薦引天下賢豪上佐維新之治皆蒙采納擢署禮部右侍郎一時新政赫然海內望治是秋八月 訓政詔下朝局大變參與新政諸臣皆得罪致靖亦獲譴下刑部獄庚子之變京師淪陷聯軍據廨宇迫遷讓遂出獄待罪十二月赦詔下李文忠聞之趣令相見謂爲厚德之報兼慮其生計之蹙而致靖語不及私文忠嘉歎致靖在獄時侍郎某有通家誼挾氣勢數苦之嗣以附拳匪伏法親友知其事者莫

不稱快致靖獨愀然以謂徇外人意駢戮大臣國之恥也辛丑春南歸卜居杭州杜門謝絕世事自號曰僅叟取僅存意蓋自傷也戊申冬益抱攀髯之痛忠憤悒鬱無以自伸嘗流涕語人曰天下之患在人主無願治之心耳一人有慶則兆民賴之矣未有若 崇陵明聖身爲天子而不能行其志終以幽死者此誠千古未有之奇冤深痛而中國之事所以終不可爲也致靖體質素強學養純粹雖居請室不改其度平居訓誡子孫常言家世以文學顯宜讀書明理奮勉自立無懷倖進若根柢深厚則枝葉自榮論文不立宗派主博通今古發抒義理晚年尤服膺梨洲

船山之學民國六年卒所著有上虞縣志及奏議詩文若干卷論語解未畢稿皆藏於家長子仁鑄字研甫光緒戊子舉人聯捷成進士入翰林歲癸巳充四川主考提學湖南性敏悟學綜中西湘人士翕然宗之以戊戌黨籍罷官痛父羈詔獄上章請代弗許母朱又病歿哀痛致疾卒年三十有四著呻吟今語二卷次子仁鏡字瑩甫光緒癸巳舉人甲午會魁官編修善屬文書法尤秀逸性和藹平生無疾言遽色戊戌父入詔獄請代弗許侍父圜扉者三年憂傷勞瘁積成痼疾閱十數年竟以舊疾增劇卒於都門年四十有六徐致靖請定國是疏曰奏爲外侮方深國是未定開新守舊兩無據依請乾斷特申明

示從速以一眾心而維時局恭摺仰祈聖鑒事竊自臺灣棄後諸國憑陵紛紜脅割推原其故皆由吾行政用人游移兩可莫衷一是積因循之習啓窺伺之萌故也伏聞皇上宵旰憂勤熟講中外之故知當諸國並立之時萬不能復守秦漢以來一統閉關之舊厲精變法若將不及此誠聖明英武知時審變祖宗二百數十年艱難締造之天下可無危墜在皇上矣然膠事以來新政無一舉動學堂特科等事雖奉明旨未見舉辦有若空文天下咸竊竊然疑皇上仍以守舊為是也於是有司不能定政事之趨向庶士不能審學術之宗旨天下搖搖莫定張張無之臣寔疑之夫持籌者不被裏南轅者不北轍開新之與守舊亦然事無兩可必衷一是當此事機萬變之會正羣言紛進之時在朝廷虛衷延納原期兼聽並觀然而新舊兩途既無一定趨向各持所見勢必乖爭將冀其笙磬之同音適至如氷炭之相戾空言徒訌國是滋消甚非發憤圖治之道也臣聞日本受侮泰西翻然變計力行新政遂致盛強臣聞土耳其界歐亞之閒守同俗之舊悍然不屈亦尙自存臣聞印度波蘭泄沓相尋坐受侵削無新無舊竟以滅亡此三者謀國不同而治亂存亡亦因之而異取舍所在宜何擇焉今自中日議

和以來朝旨命開學堂而京師至今尙無片瓦外省所設亦甚寥寥閩粵督撫且置之不理矣朝旨命開商務局而各省尙未通行已革廣西巡撫史念祖邊閩詔書至藩臬不知有是舉矣朝旨命修武備而粵督譚鍾麟乃反廢張之洞經營百萬金之水師學堂魚雷學堂且廢魚雷輪船坐令長鏽矣朝旨許三場對策用時務而鄉會考官見有涉時務者即擯不取矣其他朝旨命裁兵練隊槳路開礦諸事亦已不憚煩言而乃無一切寔遵辦者此無他蓋朝廷於是非賞罰之閒尙未深切著明見諸寔事足以阻新者藉口於舊之可遵趨避仍多方終無成議也臣愚以爲皇上如謂今日之政仍當守舊則宜將一切總署使臣學堂商務洋操船政製造方言鐵路電線盡毀去之明詔內外臣工格守舊章寔力整頓不攜於強敵不眈於他途有再言開新者罪無赦若皇上審敵量時以爲必當變法亦請特頒明諭一切新政立見施行求可求成風從雷動其有仍守舊習阻撓觀望者亦罪無赦如此則國是畫一天下臣民咸曉然於聖意所在有所適從不再如前之游移莫定兩無所成矣臣聞泰西諸國爲政亦未嘗無新舊之分然皆以見諸寔事爲斷無以空言聚訟敷衍塞責者蓋亦慮夫眾議繁興國

是莫定進退失據坐誤事機上之不能爲日本之強下之且不能爲土耳其之弱也臣目擊時艱憂憤莫措是用忘其狂誓率意直陳愚昧之見是否有當伏乞皇上聖鑒訓示謹奏

又保薦人才疏

日奏爲國是既定用人宜先謹密保維新救時之才請特旨破格委任以行新政而圖自強恭摺仰祈聖鑒事竊臣伏讀本月二十三日上諭以國是不定則號令不行固外察時局內審國勢斥守舊迂膠之見求通經濟之變才此誠窮變通久之大經轉弱爲強之左券明詔一下海內忠義之士翹首拭目以觀新政海外各國亦知我皇上發奮振厲中國之強指日可待此孔子所謂一言而興邦者也然臣愚以爲皇上維新之宗旨既定矣而所以推行新法乃猶似委諸守舊之人夫非變法不能自強而非得其人則亦不能變法昔日本維新之始特拔下僚及草茅之士如木戶孝允伊藤博文大久保利通等二十人入直憲法局以備顧問不次擢用各盡其才今日本新法皆數人所定用能新政具興臻於強盛我中國日言變法而不能收變法之效者則以維新之才尙未見用故也臣聞泰西各國富強之由其根原甚遠其條理甚繁非經講求不能通貫今各大臣內自卿侍外自督撫率皆循資按格垂耄而

得今官其中亦非無公忠體國通達世變之人特以論議不一趨向各殊無相與同術同方講明切究者故於一切致富致強之由或畏阻而不願更新或震驚而未得要領於是言守舊者固泥古而誤今言開新者亦逐末而忘本今夫國家之有大臣猶行旅之有鄉導也鄉導苟未識途行旅必受其害今欲舉行新政而委諸不講新學及模棱兩可之人是所謂求前而卻行也故臣以爲不欲變法則已苟欲變法必廣求湛深寔學博通時務之人而用之然後舊習可得而革新政可得而成也臣竊見工部主事康有爲忠肝熱血碩學通才明歷代因革之得失知萬國強弱之本原當二十年前即倡論變法其所著述有俄彼得變政記日本變政記等書善能借鑑外邦取資法戒其所論變法皆有下手處某事宜急某事宜緩先後次第條理粲然按日程功確有把握其才略足以肩艱鉅其忠誠可以託重任並世人才寔罕其比若皇上置諸左右以備顧問與之討論議其先後緩急之序以立措施之準必能有條不紊切寔可行宏濟時艱易如反掌湖南鹽法長寶道黃遵憲歷充出使日本英美各國參贊官游歷海外二十年於各國政治之本原無不窮究器識遠大辦事精細其所言必求其行其所行必求有效近在湖南辦理時

務學堂課吏館保衞局等事規模宏遠成效已著若能進
諸政府參贊庶務或畀以疆寄資其閱歷必能不負主知
有補大局江蘇候補知府譚嗣同天才卓犖學識絕倫忠
於愛國勇於任事不避艱險不畏謗疑內可以爲論思之
官外可以備折衝之選刑部主事張元濟見充總理衙門
章京熟於治法留心學校辦事切寔勞苦不辭在京創設
通藝學堂集京官及大員子弟講求實學日見精詳若使
之肩任艱大籌劃新政必能勝任愉快多所禆益廣東舉
人梁啟超英才亮拔志慮忠純學貫天人識周中外其所
著變法通議及時務報諸論說風行海內外如日本南洋
羣島及泰西諸國並皆推服湖南撫臣陳寶箴聘請主講
時務學堂訂立學規切寔有用該省風氣爲之大開若蒙
召置左右以備論思或置諸大學堂令之課士或開譯
書局令之譯書必能措施裕如著效甚速臣聞資格用人
之法行之承平之世可以止奔競行之多事之秋則不足
以濟時艱蓋行非常之政必待非常之才昔咸豐之末天
下雲擾　文宗顯皇帝宸綱獨斷綜攬羣才動以不
次之擢臨之以不測之威同治初年　皇太后訓政亦不
遵此法破除資格有才必用故咸同之間得人最盛左宗
棠以舉人賞三品卿督辦軍務沈葆楨以在籍道員擢撫

江西劉蓉以一諸生而游曆閩寄此外立功將帥亦多起
自草茅不次拔擢故能兼資策力共濟艱難此破格用人
之成效也今日者事變紛乘需才正亟　皇上既知法
之不能不變矣特恐盈廷之臣雖奉　明詔仍不知下手
之次第施行之緩急或且草率從事覆餗貽譏坐失時機
終無寔效徒爲守舊者之所藉口雖有良法誰與任之臣
是以慮夫不得其人亦不能變法也臣學識淺薄曷足仰
贊睿慮禆助新法顧伏念荷蒙　聖恩擢置侍從深
惟舉爾所知之義敬效以人事君之誠所舉五人平日知
之甚深是用不揣冒昧臚列瀆陳查康有爲張元濟見供
職京曹梁啟超會試留京可否　特旨宣召敕言試功
量加擢用其黃遵憲譚嗣同二員可否　特諭該省督
撫送部引見　聽候簡任之處出自　聖裁非臣所敢擅
請臣尤伏願　皇上既明定國是益矢以怵惕惟厲之
心堅決不搖之志虛衷側席廣集英賢早作夜思如飢如
渴天下人才必將聞風興起爭自濯磨人懷向上之思務
爲有用之學以仰副朝廷亟亟維新之至意新政幸甚
天下幸甚謹恭摺密陳伏乞　皇上聖鑒訓示謹奏

鄉賢　治績

書不云乎往敬用治又曰懋乃攸績此治績之稱所
以爲在位者勖也同光以來仕途日闢時事亦日艱
智能之士乘時爭奮宜荆亦英材輩出其大者炳績
旂常次亦勞心撫宇雖生居山澤類以戇直見稱故
仕輒不顯即顯矣亦恆遭齮齕以去然所去民思至
今猶稱道勿衰豈與夫媕娿逢迎脂韋干進競勝於
一時者所可同日語哉類而書之觀者可以鑒矣

任瑛字憩堂懋先子道光丁未進士以知縣發湖南補桃
源縣知縣又調補武陵時粵寇出沒郴永開當道以軍事
屬瑛兩縣皆未任後攝知祁陽屬歲飢行平糶置社倉導

民積穀設同仁局施棺具三年吏民頌德爲之刻石浯溪
金田賊自粵西乘流而下越永踞道州烽火逼祁陽吏民
倚瑛爲重尋調桂陽移嘉禾莅桂陽日賊攻新田急大府
檄援瑛馳抵新田助城守以蠟書告急於陳紳士杰時陳
方治鄉兵防桂陽一路得書悉眾至內外奮擊賊不支遁
去城卒完嘉禾故磽瘠瑛在官至無以舉火曾文正治兵
長沙廉知清介餽二百金曰用此助君廉無以飢寒自阻
也任武岡治盜得楊升者奇其狀貌貸其死後土寇尹二
毛聚眾萬餘將應粵寇楊升以變告導瑛擊之獲二毛武
岡以安調署永順粵寇李復猷隨石逆入蜀謀結苗匪擾

辰沅瑛扼永順間以阻之復䟦竄回粵東瑛名大震敘功晉知府瑛遽引疾歸瑛在兵間嘗墊發軍需五萬餘金得請永廣本籍文武學額四名著有綴園詩文集

任重光字靜三咸豐癸丑進士同治初知河南光州時捻寇縱橫豫境偕親王駐軍光之長陵或密告陳鎭國瑞有異志王欲奏聞顧左右無足與計事者召重光入密室告之故重光曰陳鎭隨王久矣爲國家出死力辦賊擁旄節當非反者或與諸將爭功酒後失辭爲娼嫉者所搆耳某當察虛實以聞遂單騎詣陳營陳曰嘻人皆謂我反使君何敢見我曰公之戰績婦孺皆知勇氣邁倫由忠義奮發

耳王方倚公平賊百姓望公不啻慈父母公安能反速上書自明耳陳曰使君誠愛我第支應局先散軍中不食三日矣乃邀詣州餔之衣之一單以定馳白王請調至軍前效用王大喜陳亦感之次骨自是諸統帥需陳君援助輒浼重光先容焉其後陳立功齊魯生祠殆徧歲戊辰捻賊竄山東軍次武定郡人募粟六百石餉軍半日而集其力戰得民心加此顧莫知由重光全之也重光智略閎深在光時平積年巨寇郞大年等功成不居其他司牧教養之常不具著著陳鎭事見一身關係大局如此著有知止齋文集四卷金石補遺若干卷

徐家杰字偉侯一桂次子寄籍宛平道光甲辰科舉人丁未會魁進士以知縣分發山東任陽信時捻匪四擾所至無不殘破而陽信獨以堅守獲全先是賊將至難民數十萬求入城守者難之家杰毅然命開城悉納之竟獲保全任益都會旱飢捐廉施振募貲益之鄰縣飢民亦聽其就食全活無算後仲子致靜入詞垣乃就養京師主金臺書院講席十餘年德行文藝爲一時所宗著有正誼堂詩文集

程熙春字少穎和橋人援例以知縣分發四川署崇慶州事治團練行保甲法粵寇三犯崇慶皆擊卻之振境內被

火貧民勤聽斷設鉦筩城隍神廟通民情仲冤抑吏胥不敢爲奸以軍功疊保花翎直隸州知州晉三品銜累署射洪筠連太平等縣筠連界接滇滇賊將襲之有日矣熙春先率練勇往擊走之追入滇境獲諸葛銅鼓而還任太平鄰縣東鄉民搆鬨大府檄熙春嚴捕土匪熙春報曰太平有土民無土匪無所事捕大吏嚴斥之報如初牘三上始悟不復問而言官已劾東鄉令濫殺 朝命大臣馳訊矣尋以知府改官浙江著有律例歌訣子三寅清字贊堂湖北補用知府嘗攝黃梅縣有善政贊淸自有傳佐清浙江運副工八分兼擅篆刻

蔣誠字致齋鳳遠子咸豐初以軍功選授江西臨江府樟樹鎮照磨期年鎮大治鎮屬清江縣舊有長隄障清江下鄉及豐城上鄉山水而清江上鄉受壅害相械鬬訟久莫能平誠相度覃思卒求得故道并增築隄鬧事遂解未幾粵匪陷豐城以誠治團練有名憚不敢犯徐大臣廣縉遣散潮勇二千回籍至鎮刦掠索犒誠懾以兵威勇俯首聽命去尋權新淦縣事時淦已失守二年誠以舟師克縣西岸守之伺閒渡河合官軍復臨江府城還拔新淦距視事初才三月耳將受代諜報吉安潰匪入境新令張鳴岐遽返走誠以團練五百人俘賊多名并禽賊酋賊由他道去

張即莅任夜聞境內以疑賊擊殺湘軍誠促鳴岐疾往彈治不聽閱五日殺八十餘人鳴岐懼罪乃詭報謂事起未受代前而湘軍據實揭報爲方是時敘前後功當晉監司巡撫某遣人示意索重賂不應大恚明年移粵將行以淦獄上牽連劾罷會沈文肅撫江知其冤即定讞復職歷權吉水南豐萍鄉補奉新縣所至明愼庶獄以德化民當其執法行刑亦抱哀矜勿喜之意吉水有白沙鄉積年抗賦誠以大義曉父老責署狀懲村婦丁壯之叫號者由是納賦等諸鄉南豐甲首某怙財勢通官府漁色小戶多受害控前官置不理誠執而痛抶之一縣稱快有民敎搆訟者曲在敎民省府縣神甫各爲關說誠據理立決民大歡即徧諜大府彼敎亦無如何萍鄉戢翦辮雪搆陷禱於神遂帖然奉新政績尤多不具載每去任送者不絕即曾被刑者亦感悟遣送云誠性孝友少時母患痔封股療之病若失幼與兄偶忤母怒遂自投遂至老無閒自奉甚儉約好施與助振尤力先後殆不下萬金雖子孫不得而知焉

徐鳴皋字慕袁一桂三子道光癸卯舉人同治戊辰進士官江西知縣累任星子南城清江宜春雩都廣豐都昌萬載等縣所至淸積牘興文學與民休息民皆頌之性不善事上官故不克久於其位萬載爲員除先後再至亦不逾

兩稔性警敏目短視讀書數行俱下一過輒背誦如流精岐黃術治病輒應手愈然不肯輕試曰吾恐術不精致誤人也所著有條敎錄情僞錄史韻補鴻雪閒談各若干卷

徐紀堂字慊齋以從九品官直隸署寍晉縣典史知縣張某老而病知紀堂才而賢委以縣事由是設義塾興書院建置育嬰善堂禁賭博淸犴獄聽斷明允頌聲流播當時上官稱徐尉有二十一善政云尋攝葛沽司巡檢號爲膏腴紀堂屛斥陋規爲治如寍晉斥廉俸以平道路撥公款以備凶荒比去任邑人爲立碑頌德督部李文忠亟賞之檄充巡捕官在事七八年謹愼自將始終一轍以年老告

歸卒後十餘年盛晉士紳請祀紀堂名宦時文忠猶任直督以年例未符止之乃已

徐瑋文字植之同治甲子舉人累試禮部不售考取覺羅官學教習歷補正藍正白等旗教習議敘知縣瑋文故才高志在甲科改教職注選籍當道重其文行爭相羅致長白將軍宗室岐元尤器之館之家先後十餘載賓禮益虔爲刊其著作歲丙子年五十一始成進士選庶吉士丁丑散館改吏部主事尋以知府分發廣東總督張文襄深器之一權韶州府事再攝瓊州瓊州孤懸海外民俗刁悍又更匪擾之後凋敝益甚瑋文聽斷明決息事寧人抑强扶

弱械鬬健訟之風爲之衰息其遠祖鑑明宣德間嘗守瓊州有惠政民祠祀之尋增祀先後牧守著績者爲十賢祠毁於兵瑋文建復之凡所興革大吏輒報可逾年解任引疾歸當道復延致書局歲餘謝去瑋文篤於孝友與人交久而益敬足跡不入公府而縣中善舉靡不盡力沖襟道抱郎之溫然生平不與人校人亦莫敢以非義干所著有學易一得四卷春秋紀事讀書錄及詩古文詞若干卷藏於家

儲家藻字仲章在文六世孫弱冠工書法潛心經世之學同治初爲浙江巡撫左文襄司奏牘以從定閩粵功保浙江知縣光緒初署松陽縣事松陽故山僻文化未宏家藻捐廉振興書院復斥祆廟糾訟之產坿益之爲延師購書由是士奮於學五年知瑞安平亭民教强患無形十五年調署義烏縣多滯訟不帀月決遣一空尋補上虞其地近接甬江爲浙東海疆門戶時中日搆兵海防戒嚴軍書旁午家藻措置裕如訖役無壓事餘姚在上虞西多鹽梟往者以私銷勒購屢興大獄至是合大股入境閭閻驚擾家藻不動聲色會營兵馳往擒其首惡餘黨悉散梟風爲戢治虞先後十稔民皆安之其有兄弟爭產夫婦脫輻者輒反覆開諭委曲而成全之往往感涕悔悟罷去公暇輒巡

行四郊勸民樹蓺諮詢疾苦藹然如家人父子焉其後以振務著績保道員在任候選癸卯調補平陽致仕歸杜門不與外事親友多乞書者越數日輒一應有顏平原風格年八十卒於家

任凱字捷三以舉人官泰州學正勤學課士一如爲諸生時成就甚夥置文廟祭器修縣人蔡孝女祠采訪孝貞節烈婦女三百餘人請　旌如例卒於官凱天性純孝八歲時侍母疾常徹夜不寢籲天請代母歿居喪若成人其後父篤老善病尋不起凱侍疾居喪亦如之洪楊之難李文忠克復蘇州凱赴滬約同志設鄉導局引大軍復宜興綜

理善後靡不周至而於收葬遺骸尤力云著詩經臆説若干卷

周金章字裁五之誥第五子之誥承家學有循行年十五居父喪一遵古禮既葬廬墓母召歸乃晨入家塾夕趨墓廬宿墓距城七里終喪無間母歿之誥年五十餘矣猶爲孺子泣哀慼行路平生授徒講學一本庸言庸行期於實踐門下士極一時之選其後以忠孝道德文章經濟著稱者不可悉數有扶風河汾之風焉民國七年縣人追思懿德牒具事略幷其子金章籲請崇祀鄉賢內務部議行金章幼而岐嶷比長長身蘿立疏眉秀頰性端謹長老咸驚

異焉弱冠補諸生洪楊之亂鄉里殘破金章年方壯仗策謁皖撫英翰於軍門深爲所器自是贊襄機密功效卓然粵寇既平捻勢猶猖獗蘄黃宛洛淮南數千里所在糜爛金章佐軍府次第戡定英翰以爲材特薦之由縣丞晉知縣直隸州知州花翎補用道引　見發皖省以知府用歷筦五河釐局淮北糧臺全省軍需局旋署廬州鳳陽等府補池州府知府其治廬州也屬大難初夷招流亡墾荒蕪興書院飭保甲平反疑獄吏治稱最李文忠嘗稱其治績於朝曰此吾郡之任延也時　朝廷矜寵勳舊郭寶昌開府鳳陽所部防軍素驕縱軍弁醉毆民幾死金章縛弁嚴治一軍譁噪持械入府將劫之金章正衣冠坐堂皇臨之以威軍不敢逞寶昌與金章夙交好入請亦不許吏民聞之皆爲感涕池州富人張某無子撫異姓子爲嗣張死其猶子等訟於官金章判張媼不宜以私愛亂宗而僉人沈東林實主其事金章命逮之遂脅張媼齎金赴秣陵謁能金章會督幕某與東林爲同學遂誣金章受私枉法竟以此被劾去輿論大譁李文忠亟招之以特用道需次津門越南之役法水師窺伺北洋　朝命直督治畿東練軍文忠以屬金章軍容整肅門戶屹然樞府以爲能駸駸將大用而金章遽以積勞病卒文忠爲特疏請卹　賜祭葬

贈內閣學士異數也

史光溥字芝亭同治甲子舉人累試春官不第以國史館膳錄敘績知縣銓授廣東四會縣知縣四會素多盜光溥懸賞購緝獲其酋陸亞旺等十餘人嚴治之餘皆聞風斂跡縣城居廣寧下游爲山水四會之所縣因是得名光緒乙酉夏山水猝發平地水深數丈漂沒廬舍哀鴻徧地光溥駕小舟四出拯救閱旬水退於是修城垣築圩隄振窮餓工振兼營父母之歌流播遐邇後二年水復至勢不減前而隄工城工一無滲漏傾圮之患民尤頌之晚年優游林下遇里中善舉鄉省災振靡不慷慨解囊惟力是視子

悠澤官浙江知縣凡條陳稟牘必躬呈鑒定其關心國計民瘼蓋至老弗衰云

周樹人宜興籍補大興諸生以典史分發安徽累署六安州吏目及霍邱巢縣典史大鎗華陽巡檢補望江縣典史兼理望江縣事以勤慎名在望江久政聲尤著遇細民爲勢家所壓輒赴縣直其事紳董有搆訟者縣不能決樹人出片言訟立解其攝縣事時議濬城南水利有富室當道力尼之樹人曰是損富室者甚微而益小民者廣且久也卒加議比去任餞送者至數十百處縣中稱爲盛事性純篤事母至孝母沒哀毀骨立罷官歸舊業爲昆季典售殆

盡一不較其內行又如此

路保和字健初庚午副貢累攝新陽崑山太倉等州縣學官以卓異保知縣發浙江尋補餘杭縣知縣縣有南湖淤塞踰百年旱潦俱困以工鉅莫敢議濬保和具圖說陳牒大府累萬言得請以撫標軍士充役并修永安閘藉資蓄洩訖功民不勞而財不匱惠利且百年民尤頌之葺龜山書院補月課進諸生考所業輒就所舉背誦批示窾要自漢唐宋名家文猷識可五六百篇皆能倒覆聽者驚以爲神士皆感奮其聽訟事罔小大隨聽立決尤不濫召佐證其他建城樓設戍所逮積匪修孔子廟置祭器建育嬰堂凡事關教養大率捐廉俸爲之比去任傾城走送有泣下者保和少時遭洪楊之亂嘗治團練比城陷爲賊所得脅以僞職不從剚刃洞腹絕而復蘇去至江北設局拯被難者亂平埘以歸者百有餘人自是經營善後凡規復學宮書院賓興及重建關岳城隍暨盧忠肅堵文襄王文愍諸祠廟蓋廢罔不興役罔不與焉晚年致仕歸猶弁冕縉紳者二十載若水利振荒及籌建文昌宮試院規復陳孝潔祠修張公鏈墓又捐貲修復名賢祠墓凡數十所其急公好義如此至其收卹羣從惠篤婣舊事細故不復著

戴裕源字鑑泉畫溪里人咸豐己未舉人同治辛未用大

挑爲廣東知縣先後權知澄海新會縣事澄海俗佞鬼有所謂降童者無賴子與廟祝比詭言神降其身爲神言惑民又令民必張燈陳優不者疫癘降之由是焚香捨財傾邑奔赴雖縉紳不免焉裕源燭其妄執降童者杖之嚴其禁俗遂革同治甲戌日本生釁臺灣舟師窺海口裕源以澄海爲潮州門戶築礮臺於崎碌海旁以備敵大吏歎爲知兵其治新會也縣有陳林二族瀕海業漁壤相接林富而陳貧林侵據陳氏海界數十里訟於官易數令不能決裕源躬履其地以土名證之邑乘界立判乃令各漁其地毋相侵二族皆服粵俗好械鬬凡訟事官不能平則互相

爭殺裕源所至剖決明允桀黠皆化澄海有同邨二族突相仇建柵築臺然礮互擊裕源聞變立邀營將各乘一礮艇輕裝減從赴之徒行款關守者不應反發虛礮以懼之裕源不動厲色叱其妄諭以禍福始得入逆謁者皆皓首樸辭詰之以此直彼曲對則至彼柵入如前邨其逆者亦皆羸老獨一壯夫挺身辯裕源曰而罪魁耶命二役執以赴舟叉顧營將曰假我二刀營將授刀裕源以屬役曰迨有變可先斬此人違即斬汝比出門眾擁臂將劫奪壯夫大呼不可且伏地乞命眾亦羅拜請罪乃令息兵納械盡投諸海而載其巨礮以歸去官之日兩邑士民攀號依戀若赤子之失慈母焉補鶴山年未五十遽告歸優游林下以卒

朱大徵字芙洲傳甲三子性孝友重厚和平靡疾言遽色同治三年以舉人任上元縣教諭時大難初夷曾文正總督兩江深相倚重檄委善後諸務大徵輯流亡闢田畝表忠節復市廛井井有條理叉陳請籌集鉅貲重建學宮及鍾山尊經各書院清釐院產籍貲膏饌由是俊彥雲集文學彬彬矣前江寧府教授歐陽晉上元縣教諭夏某皆以寇難殉節忠骸不獲大徵就雨花臺爲作衣冠墓勒碑紀事兼牒大府請卹九年調贛榆縣教諭倡率士紳重建明

倫堂光緒四年以養親告去侍傳甲於大通差次是夏江水泛溢漂沒田廬傳甲主振事命大徵棹小舟施散往來炎風暑雨中積勞染疫卒

朱大經字硯畬傳甲四子以附貢官浙江江浦縣知縣時克平未久百廢待舉大經籌貲建復書院聘名儒主講席優給士人膏饌文風丕振叉牒請大府按畝籌捐建倉廒積穀萬餘石備凶荒去任之日士民攀臥途爲之塞云

朱大紳字芴堂傳甲六子稟性溫良氣度卓越內行尤篤光緒中葉爲六安直隸州知州時哥老會匪蔓延全省胥從尤夥大紳令民得自首免罪凡出五六百人民情大悅六安多山鈌水大紳令民開閘浚塘壩二百餘所人蒙其利相隙地捐廉創建工藝所數十間集無業游民授以各種工藝業成遣去續招巡撫陳彝爲手書仁意春生額嘉之旋任和州州故瀕江籍圩隄爲保障大紳令民加意修築並建閘以資蓄洩由是州鮮水患歲獲豐收頑訟棍朱沛霖矜禁錮終身同惡股栗斂跡大紳先後司牧十餘年愛民如子治獄不事刑求專以德化尤加惠士林恆捐廉俸優給書院生廩餼歿後皖人猶頌之不置云

路履祥字芝庭同治癸酉舉人聯捷成進士以知縣官浙江歷任嵊寧海樂清東陽等縣皆有治績在嵊時請械鬭

在東陽淸釐糧田積弊去數百年大害以故民尤頌之履祥爲治尙嚴果於除暴事無鉅細必親臨裁決竟以積勞卒於官其所莅縣民莫不哀之性至孝父以寇亂時歿病中思雞卵不得履祥見之輒慟爲終身不御云

許時中字午樓乃武子中式同治庚午江南鄉試舉人第一光緒庚辰用大挑爲四川知縣初攝宜賓會河決成災時中募資施振全活甚衆尋補瀘州納溪縣知縣納溪當滇黔之衝盜匪出沒不常時中至卽捕斬劇盜焚燬馬嶺盜首劉三鳳巢穴由是萑蒲斂跡余蠻子之亂其黨劉昏亡擁衆擾江安之大渡口折燬教堂大肆焚掠距納溪才一舍時中出不意馳赴淸溪合官軍擊破之陣斬數十人生擒五十餘人奪回教士伍某收獲軍械無算餘匪奔潰瀘屬竟無恙大吏嘉其能　奏獎孔雀翎以直隸州知州在任候補己亥調德陽德陽素多盜嘗白晝劫殺鹽富商三千餘金旬日閒姦贓悉得偵知保正曾秉渠通盜幷置諸法又捕斬盜魁八人一縣驚以爲神逾年還任納溪會歲飢時中舉平糶醵米錢䘏孤貧民咸德之薦卓異晉階知府加三品銜州委某以事觖望嗾侍御某劾時中落職而時中猶力捕盜首楊談等解州其不以得喪自弛如此時中歷官雖以捕盜著頗用重典然亦未嘗不重文化在

納溪修文廟建節孝坊興義塾創舉育嬰獎䘏寒畯在德陽創捐廉俸振興書院課士必親孜孜獎誘不倦一時士奮於學風俗丕變其大較如此時中旣罷職率父僑居江寧數年父憂服闋當道敦勸出山川督趙爾巽特疏雪其冤復原職權知眉州直隸州事誅巨盜藏坤山幷殲餘黨數十人梟匪鴟張時中親率勇隊剿定之州境以安又主籌防局有功　奏保二品銜以道員用會　淸廷遜位川事日棘引疾歸江寧終老焉

周光尊字杏生光緒乙亥舉人己丑大挑二等選授崑山縣教諭在官逾十稔一以體恤寒畯造就通才爲己任弟子執經請業者踵相接悉心講貫無倦容軫恤寒素尤竭力栽成之以故士林矜奮文化日盛有某生以訟牘乞牒縣光尊以職司教誨御之崑俗多抗賦諸生以是繫庠序者歲數十人輒曉以大義莫不踴躍輸將積習爲之一變縣故有儒資會以費絀將替光尊首倡捐資幷募崑山新陽兩令各輸數百金由是歲以爲常士林頌德晚年罷職歸琴書外無長物惟以絃誦自娛著有語錄類輯翼燕居遺訓白話閒吟藏於家

蔣元英字小琴諸生以縣丞官四川慨念蜀中盜匪充斥民不聊生上保衞全蜀十策當道亟賞之累司機要嘗一

攝重慶府經歷再權城口廳分駐高觀場理民銜經歷有惠愛其大較歸於淸廉明愼而已尤喜表揚先烈初莅重慶卽淸釐三忠祠基址其後任道錫汾備兵川東具陳顚末聯三省同志鳩資建復焉其任城口也地居邊徼民蠶而頑前官某再任皆貪酷比去民假盜裝再劫之幾死元英至力反所爲淸操自勵及解任去父老相與太息不置云

任子齡字小棠瑛三子幼穎悟讀書有識不屑屑章句之學父以進士累任湖南知縣子齡隨任研習政治名法家言弱冠卽疊佐石門江華淸泉諸縣幕府並有建樹已而

長沙守聘主讞局法吏數十員並就幕府請方略子齡批郤導款機宜悉協獄成而爭在局廿年案無不決之牘其後移主臬司讞局綜管全省刑名手定聽訟懲奸緝捕逃囚及讞員功過諸條格頒行數十年弗替又定條格刻期讞決疑難諸獄百六十餘起而京控久滯不決者復四十餘宗悉據訟牘反覆推究得其情實決遣　奏結所定讞牘選刻判案棄覽治獄者奉爲圭臬先後疊膺薦剡累保花翎鹽運使銜湖北候補道鄂督張文襄滇藩李經羲敦勸出山始引　見到鄂檄主洋務局會拳匪之亂江防戒嚴教堂被毁者十餘所外人嘖有煩言法國自大沽調單艦至漢肆要挾督撫會檄子齡總理水陸營務督率練軍擕教士馳赴蘄州廣濟黃梅等縣勘結教案二百餘起建復教堂十所夷情悅服始允與江鄂兩督訂保守長江之約是役也論者以爲脫令輕重失均東南必開釁大局益糜爛不堪收拾云他如釐定應城鹽釐蒲圻茶捐章則察治黃州試士聚鬨及隨州武功軍圖變等役莫不當機應變轉危爲安光緒丙午江南北大水　朝廷發帑施振以巡撫主江南總督主江北江督端方電調子齡總司江北振務子齡特請制軍撥萬金專振宜荆焉子齡持身剛介精通刑律善用法而不爲法縛門下士發名成業者甚衆

入官皆有能聲有仕至開府者子齡蕭然不以屑意也

任曾培字厚甫同治癸酉舉人以海運功保教職選授山陽縣教諭在官葺廡宇置樂器引掖後進資給寒儒以卓異保升知縣分發浙江權山陰縣事値歲歉曾培招徠米商斟斗斛定價値推行四鄉以俟秋收由是饑而不害復倡捐集資設常備等倉俾垂久遠山陰形勢若居釜底爲修治寸口閘以防湖三江閘以防海兼收灌漑之利縣有兄弟爭產者兄以暮夜餽萬金明日曾培坐堂皇反覆開譬發還餽金兄弟感悟罷訟去又有姪訟叔據產者叔素入教姪投訴教士比坐獄教士列旁聽曾培持平判決兩

造帖然敎士亦敬服嘗奉省檄緝獲會匪多名凡可原者皆釋之在縣不及二年積訟一清囹圄空虛晉級以直隸州用比去縣民爲立碑築亭頌德有執香送至三十里外者問之李姓其父蒙冤久錮曾培釋之爲慰勉遣去其後丁母憂歸訪親舊周貧乏重建孝子順孫坊建復族祖啟運清芬樓刊訂任子遺書及芹香錄嘗分修縣志歷充鄉飲大賓卒於家

俞宗海字紫瀾和橋人以舉人議敍知縣署東城兵馬司指揮數獲巨盜有勤能稱尋改授泰州學正至則葺治講堂及尊經閣進士而業之復就胡公書院增課經古一時

文風蔚興州人設生主奉之宗海事母孝因侍母疾遂知醫著有醫學辨正四卷其居鄉也亦勇於爲公凡有興設輒爲規畫章制今猶守之

周維新字㪥廷之誥孫少時家貧勵學工文善書以貢生投効皖軍受知皖撫英翰同治末委解左軍西征鉅餉左軍需餉急維新先期至左文襄亟賞之累保直隸州知州維新制行嚴正事上交友侃侃落落坐是頗沈頓顧大吏知其廉飭畀以財政嘗令轉鄂饟皖軍米司淸江轉運總阜陽及霍山釐金剔弊釐奸恆以上不負國下不病民自矢嘗捐廉修霍山書院歲寒施米周貧乏一攝鳳穎同知

豢以母老乞養歸不名一錢行篋中惟書籍法帖而已

儲寶琛字晉三以舉人大挑選婁縣敎諭縣故有學田爲胥吏侵沒寶琛具資畫策得收歸於是興月課以試士又創設融齋精舍專治經史理算等科倡捐建復鄉賢王忠毅施淸惠等專祠重列祀典創建松江七邑待試公所紓士子臨場之困采訪孝貞節烈詳請旌表又創設儒嫠公項歲終周卹之其淸門苦節者有加惠平生精醫理居家時其所主治翌日卽走省覆按不待召請其性情誠篤類如此

馮仲侯字曉滄夏芳里人以進士官山西知縣光緒壬午

戊子分校鄉闈稱得士爲政務廉平嘗平反太原某獄初令浮山俗健訟仲侯日一聽事決遣無滯繼以情喻訟者往往泣求罷及任文城葺黌舍增義塾捐俸修盧川書院士知鄉學交居萬山間霪潦爲害爲疏豐樂渠宣蓄之而惰農事末利多植罌粟仲侯方嚴其禁上官乃主升科重徵仲侯爭之激至調任山陰乃止尋以積勤卒官人民思之立碑廳事

李錫瑞字金門和橋人少從軍以功至副將補北洋大沽營都司值法人侵海錫瑞奉調赴浙守鎭海礮臺法人縱鐵艦來攻錫瑞以礮反擊之艦燼敵失利去臺以得完仍

莅大沽任改樂亭樂亭號饒庶庚子拳亂時羣匪四起錫瑞防剿胥宜境恃以謐民歌頌之錫瑞雖起卒伍然喜讀書善筆札云

楊光熙字焕庭翼亮子讀書明敏善理財以知縣任浙江稅釐局差守正不阿常條陳時事釐剔奸弊大吏多倚之歷二十餘年不他調弟樹屏字建侯附貢生亦以知縣任浙江雙林保甲局差凡十餘年平土客訟爭有能名

徐培字步庭秉性誠愨研精醫理以巡檢宦游浙江累任永嘉麗水等縣典史矢志冰清不受非分一錢暇輒爲人治病應手愈交口稱便會鄉人任道鎔承宣浙藩發防海

防江策試屬吏培占第一遂委主龍山茶釐在事八月宿弊一清尋攝慈溪縣典史會疫癘大作獄囚傳染尤易培多方防護囹圄以安以卓異加級復署平湖縣典史知縣以疾乞假培兼行縣事聽訟勤明案無留牘期年政洽人和奸宄斂跡令死經紀其喪會期滿士紳擬牒大府乞留培以非故事堅止之比去任紳民依戀追送有泣下者

徐兆麟字翊庭狀貌里人筮仕直隸由南皮主簿擢棗强令東強民氣刁悍有嫡孫戕害庶祖母嫁禍他人者兆麟廉得實治如律縣人驚爲神明後歿於津關差所同官佽助其歸葬一時咸稱爲廉也

蔣聯庚字弋香誠三子性警敏讀書通大義習掌故能措諸實用光緒初以通判發湖南尋莅督審局當幾立斷歷任按察皆倚重之湖南京控風素熾有訟販以一人入都控至二三十事不等故一歲中多至三百餘起一經提審蔓延瘐斃者比比也聯庚力言於巡撫卞寶第請重案仍提省鞫治庶獄由巡道躬自讞決得　俞旨嗣是京控者日少歲常不過十起云宦湘二十載嘗攝桂陽令權鳳凰廳同知署湘潭縣事皆有政績鳳凰民爲位於傅公祠尸祝焉都計不及三年餘時皆在讞局專治控案不事刑求洞若觀火平反不可勝紀并有未訊而即平反者籃遠甲

與乙故世仇乙密埋銅頂帶鉤山中甲耕獲之乙指爲康熙間遠祖生員某葬物訟甲盜冢縣判甲誣服獄上聯庚據學政全書謂便頂始於雍正非本於康熙甲冤遂雪武陵有先爭田後訟謀殺者田契甲載康熙乙載雍正縣斷歸乙既甲訟乙殺子於水縣驗實判乙誣服獄上聯庚謂縣斷皆誤據賦役全書雍正間改契爲印紙乙契顯係僞造若夫殺人於水必有撑拒束縛形迹今皆無之查圖繪水塘距乙居甚近斷無殺人而引以近己者決係他屍自溺非甲子果如言長沙某尚書有四房公山三房强售某巨室尚書家以墳故不與也契載四至各留餘地二丈屬

墳主既尙書家越葬一棺巨室訟其盜葬尙書家亦訟其盜買累四十年不決長沙守高萬鵬有折獄才亦束手無策聯庚命尙書家就餘地遷葬父子兩塋昭穆相次兩造各謝去萬鵬及某尙書咸驚異之并惜其淪於下位顧聯庚仕卒不顯晚年幷罷職貧不能歸歿幾無以殮聞者傷之

程贊清字輔堂熙春子官浙江知府才略開敏嘗隨使美國攝金山總領事官又任中西義學監督僑民甚戴之反國後歷任德清會稽桐廬海鹽錢塘等州縣事其績尤以在桐廬海鹽爲著桐廬被水災民飢溺贊清具船以拯稽

口給糧全活萬計疏水而隄障之水勢緩殺而是隄者遂永以爲利人稱曰程公隄在海鹽未久以母喪去官土匪萬餘撲城贊清墨絰攖守簡精壯擊退之事定乃行服闋權知紹興府府屬多匪患而贊清任會稽時治匪有聲及是匪猶懾之相戒斂跡贊清欲有所爲未踰月而國變

錢大昌字簡齋初由謄錄爲浙江縣丞尋援例晉通判改福建累主稅務疊攝福安屏南等縣知縣任上洋廳撫民通判兼攝甌寧縣事時閩中大旱漳龍兩屬故多山赤地不毛大吏察大昌勤樸以兩屬振務屬之道遇甚雨山水暴發大昌跋涉風雨泥淖中浹旬弗懈事辦而民慶更生稱大昌爲錢父焉大昌有求是日記遇朔望輒錄所記焚諸神前曰吾以杜文過之私也其刻勵如此

湯鍾英字軼皐同治閒援例爲浙江典史光緒初累任仙居德清秀水諸縣典史其在仙居解釋山鄉械鬥平其爭悍俗爲之衰止治德清歷時最久名績亦最著德清地處窪下蛟水爲災鍾英集災區分甲乙次第施振倡議改築南鄉十七區土堰爲石塘百餘丈躬董其役塘成提封萬井水患永絕創設東鄉雷甸鎭水柵嚴其啟閉商旅舟楫無復有盜劫者僑民墾荒成熟隱匿不報甚者爲盜賊主鍾英白縣令編門牌舉清丈閭里爲清其他治城濬河造

橋等役莫不竭盡心力爲之累司災振疊保升用知縣署德清縣主簿卒於秀水典史任載德清縣新志治績

任錫汾字逢辛溥霖子以廩貢生中式光緒丙子科舉人時山西薦飢錫汾助縣中父老斂資輸振得數萬金人稱其能歲己卯議輔水錫汾慨任勸募集金至十餘萬核實施振復設醫藥局療病者事竟在廷諸公咸器之促出山錫汾先以國史謄錄有勞至是始就職中書旋改安徽道員戊子己丑閒江浙皆大潦兩江總督曾忠襄聞其名檄主江皖蘇浙振務錫汾不辭勞瘁集資至數百萬金逮災區分别拯濟全活尤衆忠襄特薦遂改發浙江補用軍機

處存記簡放壬辰至浙江初領書局益講求經世之務癸巳權杭嘉湖道勤求治理綱紀肅然明年再任會中日搆釁當道以防務相屬布置嚴密動協機宜常危坐治官書夜以繼日往往晨星欲沒燭光猶熒然也由是賢能之稱播於遐邇汴撫劉樹堂以才堪大用薦丙申簡授四川川東道轄境遼闊兼監督重慶關綰全蜀交涉事加以時方亢旱盜匪充斥錫汾下車議振撫平糶買捕治仇教莠民而轄境大安剏平雲灘之險設舟以救生而行旅稱便釐訂關章改定滇黔礦稅商不擾而國課贏歲終大吏書上考 賞頭品頂戴尋以母疾乞歸養寓居上海庚子之役

錫汾痛畿輔鋒鏑之苦集同志仿紅十字會赴京津救濟并設醫藥局濟急會保全民命燕薊之人至今頌德錫汾雖僑居滬上而縣中大事及義舉莫不盡心竭力爲之其篤於鄉誼如此當袁世凱督直隸時奏請起用且遣員敦勸應 召以母老固辭竟不出民國七年卒於滬寓得請就本籍建專祠

任國均字秉之以諸生援例爲郎改湖南知府襄事讞局治獄平恕無翻異者郴永不靖國均攝官莅治所至爲安郴州地丁夙有差墊吏胥因緣爲奸魚肉良懦國均定經制牒大府令民投匭自輸革二百餘年積弊民尤頌之比再任不啻竹馬兒童迎郭伋也下車獲巨盜鞫之盜仰視見國均驚曰公去復來耶稔知公來何敢復犯法其爲暴徒懾畏如此嘗累筦善後軍裝等局兼籌餉糈有功保道員遂攝糧儲道事兼署臬司仍領善後鑄造振糶銅圓等局及緝私營務處督練處新軍營房工程諸役湘省州縣命案有所謂招解費者盡役擇肥而噬累及富民破家亡身者往往而是國均在讞局時已深惡之及任提刑捐廉四千金發質庫權子母資院司胥吏紙筆定制勒石司署之門檄州縣丞守弊遂革其領善後鑄造銅圓等局挽全省度支之斁湘省財力素絀自國均爲之頓贏數倍各局

餘羨且二百萬悉資新政之用撫湘諸公累薦加二品銜軍機處存記儘先簡放其後以久膺重要總筦度支爲忌者所中遂引疾養痾滬上會遭國變感疾而歿國均家素封善周人急其爲吏實廉嘗自謂吾仕宦垂三十年除廉俸外未嘗濫支公家一錢妄飲民間勺水僚屬間有饋遺未嘗收納此心耿耿可質鬼神云國均父名鶴齡以勤儉刻苦起家晚年益饒裕治家嚴毅子或有過詰誡備至以故諸子皆知振勵而國均爲尤著云

吳鈐字晴溪以監生累試鄉闈不第援例爲山西縣丞保知縣在任候補直隸州補盈鄉縣知縣歷署稷山芮城河

津等縣卒於河津其初任稷山也適丁拳亂人民仇教恣殺加以荐饑道殣相望其勢益亂鈐亟請大吏發倉已債以靖飢民募集金錢以輸償款明年歲大熟省議井歲合徵鈐恐民力弗支猶豫未決父老動色相戒曰吾曹忍以催科不力累賢父母耶悉納如額治芮城俗故健訟前令又以病去官案牘山積鈐到官判決一清多平反者任河津有盜魁數人繫獄前令畏其黨不敢具獄鈐至立延三人境內肅然時朝命厲行新政州縣官多觀望或粉飾者鈐獨謂救時之策在瀹民智瀹民智在設學堂力勸士紳提倡教育以故新政之行河津爲最云

朱弼臣字右甫觀光次子光緒己卯舉人以海運功保知縣分發陝西歷署盩厔山陽吳堡長安興平等縣補甘泉調補寶雞在山陽半載決獄至一千五百餘起頌聲大作吳堡處萬山中苦亢旱弼臣就地籌集鉅資兼牒大府請帑爲開築塘壩百數十所藉資灌溉人民利賴治長安甫下車卽捕獲著名會匪盜賊斂戢大吏臚陳政蹟奉　旨嘉獎庚子拳亂　兩宮西狩幸長安弼臣以首縣會辦內外供給所奉　旨慰勞兼　賜衣料食物明年端節奕有宮監伍三詣所需索供張盛氣凌人弼臣正色拒之伍三咆哮不已勢將用武弼臣立白陝撫升允據實　奏聞

兩宮嘉其守正爲嚴責伍三拘繫之權貴爲之斂跡焉

吳榮棨字峻卿映白曾孫歷知河南鄭鄧二州擢光州直隸州知州皆有名績在鄭時當決河初塞居民流離榮棨捐廉俸給籽種勞徠安集人皆復業在鄧州革健訟之風杜藉尸要索之弊治光州會奉新令改設學堂士紳觀望榮棨首創中學兼設高初兩等小學動合機宜其後光屬學堂遂爲豫省冠國變後僑寓禹縣會白狼匪至大肆焚掠闖入榮棨寓有毆某者問知寓主詫曰此吾鄧州吳青天也速去勿犯麾衆出合寓竟無恙

丁炳文字冠南少孤貧母命輟學習賈炳文慨然曰不讀書是墜先業也乃刻苦自勵母亦篝燈紡績佐之弱冠補諸生再試鄉闈不售幕游皖直閒佐理河工保州判分發南河時河決鄭州炳文襄助堵塞有功保升知縣入讞局折獄明決大吏知其能歷任偃師夏邑陳留溫縣新鄉盧氏等縣所至淸獄訟平冤抑比去民不忍舍其任盧氏值歲饑炳文力籌振濟全活甚衆以積勞遘疾就醫省會遂不起炳文馭下嚴自奉儉居官廉其歸葬也至典質以舉事聞者莫不傷之其族人有協宣者以知縣官直隸累主工振往往戴星出入周歷村墟不辭艱苦宦游數十年頗

著勞勩顧未嘗一膺民社云

朱廷珪字月如維嶽曾孫爲人樸實謹飭儉而好施筮仕浙江佐主者治塘工有功事竣主者獲保舉以千金謝廷珪卻弗受後補長興縣典史日莅狴犴矜恤諸囚禁獄卒罔敢肆虐嘗數行縣事既與士紳久習輸鉅資爲倡鳩資設同善堂歲夏秋捨醫藥冬春給饘續孤嫠月賦錢米暴露者予棺衾閭閻頌德廷珪在官久頗蓄餘資顧自奉儉約如初而散財於里黨貧乏云

葛蔭覃字丙生白宕里人選授四川納溪知縣赴日本考察農林諸政著有日本遊歷記略反國後之任鋭行新政

考績常最縣西北濱江礁峰矗出江面舟觸立糜蔭覃捐金鑿去之患永除縣多盜匪至輒大股縱掠蔭覃練百人爲備一日南鄙有警則躬率往勦策馬過箭山馬墜崖死蔭覃絓林木得免卒麾使前進禽斬數十人而還盜風由是斂戢人瘞馬骨其地署碑曰葛公義馬冢辛亥川中獨立官吏多被戕逐蔭覃以人民愛戴獨全

鄉賢 孝友

春秋以後世風不古考叔遺羹已稱純孝太叔滋蔓即慮難圖名教既衰功利遂勝非復孝友施政之舊矣前史自晉以前輒略而不書毋亦以其常事而忽之歟抑知不揣其本而齊其末小之害及一家大之害及天下積微知著詎可忽諸茲取采訪所及苟有可載罔敢或遺冀以愧彼涼薄樹之彝倫庸行庸言勿替引之云爾

路印字鍾珩邁孫性友愛家貧祖父薄有遺產悉推讓季弟一無所取自城徙周店居勤儉課耕用自給也同族中有靜思者字致孝幼孤善事庶母庶母有疾日夜侍手進湯藥目不交睫者月餘家故貧以儉勤自勵取與不苟人稱其介又有路承善者工小楷以授徒爲業所得館穀悉以奉父母并資弱弟不私一錢云

宗月高美檋里人父蚤死母蔣挈諸孤入城依外家守志月高事母謹先意承志母晚年得瘺疾纏綿牀蓐者五載月高頃刻弗離湯藥溲惡皆親主之疾篤月高睫不交者數月遂病目母歿日夜哭竟失明既葬猶時時遣人扶掖至墓下伏地哀號月必一二次吳衡章爲繪瞽兒泣墓圖贈之歲時祭祀必衣冠侍立依依作孺子慕終其身弗衰長子德淵亦孝友幼時塾師授禮記出告反面及昏定晨省語即履行之年十四父目瞽授以家政內外秩然事父尤謹凡飲食寒燠出入護持至周月高常謂人曰吾大兒在側殊不覺吾之無目也庚申之難父子避居舟中月高

夙嗜酒又苦舟居鬱所至輒登岸飲一日賊猝至德淵負父趨舟賊以長矛攢刺皆出其左右若有人格之者旣入舟急放中流賊追之將及矣忽支港一舟出猛觸賊舟賊怒掠之去遂得脫舟人喈曰今日非宗先生孝感吾屬皆爲虜矣亂平歸里父遽歿德淵獨任喪葬典質以終事不費諸弟一錢曰彼等方弱又各有家室不宜遽當大事也平生屢爲諸弟謀生計雖罄已資無所懟有妹適周早寡爲代權子母錢有逋者輒代償之曰此孤兒寡婦所藉以爲生者也人可負我我不可負吾妹不然安用阿兄爲耶其篤於內行蓋天性使然喜飲酒工爲小詩人多誦其佳

句又兼通書畫不輕爲人作作亦未嘗署款問其故曰待我三十年後學成署款何如其虛懷自抑又如此

吳振輔字竹逸佾生事親孝能默體親心婦潘亦孝謹家雖貧膳羞腆而潔弱冠時父有疾日益甚醫者以爲大虛非人薓不治振輔稱貸無所獲中夜焚香籲天刲股肉寸許和藥進之父神志頓爽明日醫覆視驚曰是何能爾可以調攝愈矣後數日遂復初又二十餘年乃卒振輔有弟友愛甚至其姊子少孤貧飲食教誨俾之成立曰吾寡兄弟姊亦兄也忍漠視吾甥乎常經理祠產增置田宅規制秩然著有竹逸山房詩艸子承祚字愼圖監生候選布政司理問有父風秉性孝友樂善不倦道光二十二年大澇縣城施粥承祚首輸銀六百兩爲倡咸豐六年大旱承祚方出遊其妻江捐田九十餘畝入在城厚餘堂變價助振後數年江有疾慮不起以私蓄番銀六百枚命其子鋤等分送各善堂以備旱潦焉鋤字魚步承祚三子附貢生候選訓導篤學工詩文與同縣潘家鉦周鳳飛任凱潘家瑞等會文課詩著有凝香書屋詩詞合鈔若干卷

謝熙臣字衡渠縣諸生篤于孝友咸豐閒應院試聞母有疾遽馳歸侍湯藥母歿慟絕而甦庚申之難奉父避居湖濱寇至刃及父以身翼之竟得脫亂平羇寓離墨村其從

弟從子輩家居乏食熙臣冒雪走省爲具資糧俾合居同爨閱數年皆能自立然後析居尤好爲善舉設棲流所於紅塔里收瘞道殣閭閻免累募建程墅橋修葺新和橋以便行人夙精醫理同縣任錫榮應院試病臥客邸累治不瘥熙臣爲主方一劑而瘳入試獲雋其平時施診不受酬報貧者幷與藥資鄉里稱盛德焉

程嘉烈字偉卿性孝友爲文豪放嘗援例就國子生應京兆試遇相者謂之曰君試事若竣必中第患變生中梗耳俄入試兩場藝爲同考激賞母凶問突至鄉人僉謂數千里奔波就試延二三日訖事倘中雋亦足慰慈靈也嘉烈

日吾悲摧昏瞀豈復能文況此何等事萬一僥倖將何以爲人卒星夜奔喪歸既葬父命析爨百計諫阻不聽私與仲兄嘉杰議曰伯兄謹厚多室家累願悉以田業讓之嘉杰許諾議遂決粵督耆齡慕其名延主章奏書檄嘉烈故工書體兼顔柳而耆齡亦能詩善書主賓甚相得也著有章粵筆耕錄及哀江南詞五十闋

凌榮甲字芝生分鄉里人諸生性孝友家貧力學嘗課徒於浜泗瀆一日歸省與父同榻寢夜分父蹴榮甲醒謂之曰吾頃夢白髯丈夫左手抱男右手抱女告我曰汝妻當孿生一男一女過此汝當死吾懼焉榮甲以夢幻無憑爲

解然心甚憂之越旬餘母孿生如夢榮甲大懼既適館輒齋沐茹蔬焚香籲天願減齡益父又旬餘父果病亟歸侍湯藥再籲禱於大浦城隍神父病漸愈又一紀乃卒事其母如事父年七十餘課孫至詩父母之德昊天罔極句猶不覺淚涔涔下焉

路錦榮字質卿廩貢生性孝友母嘗患背疽晝夜侍目不交睫者逾月居喪哀毁盡禮伯兄病篤醫家言非白藠豆花不治錦榮出南郊循隴上走覓至父葬所不得坐哭墓側忽見豆叢中白花一枝翹然獨異大喜采歸和藥飲兄病頓愈視從子若已出教養備至粵寇之難挈昆季家八三十餘口渡江避地雖飢寒困苦不忍暫離縣中平糶施粥醫藥及團練等務靡不盡心營辦焉

沙燮和字懷義先世本武進人高祖程萬遷居宜興周鐵橋因占籍焉燮和潛心經史內行尤篤親喪既葬猶日趨塋次號哭期月始已事兄靜山若嚴師靜山患風痹十年燮和料量醫藥代理家政內外翕然兄歿經營喪葬必周必備燮和有妹適楊蚤寡迎養於家敬愛備至庚申之難妹死節復育其孤女嫁之所天既喪復迎養於家而燮和有女適楊亦早寡歸依燮和鄉人稱爲三節母云燮和急公好義里中善舉靡不佽助逾分嘗建四石柱於竺山渚

俾出入太湖商旅知避暗礁人稱爲沙二先生石柱云

徐澄字登之杏儒次子性友愛善治生嘗就先世故宅隙地築室數十楹自處而以祖遺田宅讓諸兄後又購宅旁地建屋移居而以前築之室讓兄焉有姊嫁某氏僑寓山西會歲大飢人相食具旅貲數百緡往晋井迎其姑及女以來供養二十餘年未嘗不腆兼爲豫備喪葬之費使孤女從師讀飲食教誨不異所生從子翔儀從孫志和皆少孤撫養婚娶並力任之其篤於內行如此

儲廷杰字少瞻研齋曾孫諸生保訓導幼喪父家貧篤孝嗜學庚申之難廷杰先出遊賊至其母妻及子女皆赴水

母與女遇救不死廷杰趨歸奉母挈女避居常熟獨身赴滬謀甘旨賊陷常熟急往尋不得死生無確耗乃四出偵訪又不得已而竄身賊中偏詗之仍不得則又滴血枯骼驗之皆不入凡六年始得母於常熟鄉僻尼庵中奉以歸母失明廷杰禱於天日舐之目復明由是授徒養母跬步不離母年八十有六乃終同里徐知縣致章爲賦六載尋親歌以彰之著有漱石山人隨筆大都表揚潜德及自記尋親悲歡離合之作也徐致章賦儲廷杰六載尋親歌曰兒有母兒失母兒幼無父依母肘母陷賊中兒泣走泣走頻年皮骨枯屢瀕於死還復蘇母因賊散敢避賊不恤辱身甘溷迹呼爲牛馬呼爲奴六載流離重聚首兒心念母天不負母目失明兒禱天更舐以舌摩以手雙瞳豁然青且黝兒既得母復成家筆耕奉母永相守二十餘年中一室春融融含飴母弄孫小星三夢熊八旬介壽兒奉爵母猶健康明且聰回首前塵恍如夢痛定思之有餘痛水火刀兵盜喝饑凍滴荒骸兮血枯禱靈卟兮誠貫母不忍聞兒心追溯猶增慟吁嗟乎萬里尋親不顧身以死相捍殉其親古來孝子皆邅迍天獨使孤兒適所願留爲叔世之戚鳳與祥麟

吳文略字寶卿少與兄文軫同學甚友愛庚申之難舉家渡江至夏港遇寇突入舟掠文軫去文軫妻周氏罵賊被數刃絕而復蘇自沈于江以死文略追及兄謂賊曰渠目力不濟不吾若也願代之賊竟釋兄繫之去至華墅與同掠二十餘人繫樓上六七日文略睡夢中輒聞人呼之曰慶祥胡不歸慶祥者其小字也一夕有同繫某約偕走俟夜深脫繫啟後窗先後縋而下相將北渡至泰興骨肉完聚厚酬某而去城復旋里襄理善後嘗與兄子菊孫偕縣令周守典至張渚突有餘賊數百掩至文略趨河干將赴水刻舟適過載以免守典菊孫皆遇害文略著有寄鷗詩文集同縣徐大令宗襄爲之序

萬國華字芝亭爲人醇謹和易有至性兵燹時父雲逵爲賊所傷兼患滯下國華日夜侍不交睫者二旬餘俄而賊復至問何以不去國華以實告賊感動舍之去克平後主持族政修譜葺祠竭盡心力好周邺貧乏遇稱貸必爲籌措償否不計也

周啟宇字玉泉繼母蔣年老善病侍奉無虛夕湯藥必親

進庚申避亂居鄉賊猝至欲戕其母號泣求免願以身代賊竟兩釋之平居解紛難好施與勸人息訟助人婚喪尤盡心公益如庵頭燈樓洋堰義渡皆悉力籌資建置行旅便之

潘鍾杰字沅溪立品端方性尤孝友以讀書未遇投筆從戎爲吳武壯長慶所器武壯之定朝鮮內亂也以鍾杰總糧臺兼參軍事事平保奬知縣花翎五品銜旋乞假歸省爲二親七十稱觴入文稱盛假滿武壯牒趣出山決意終養家居盡孝友暇則手摘東華錄成約編二十卷著閒吟艸堂詩詞若干卷親殁率諸弟廬墓嘗重建果利廟修治

蛟橋辦平糶收納義倉租穀任事不辭勞蔵功不任德尤爲人所難能

欽秉衡字紫垣廩貢生母潘氏遺腹五月生比長家綦貧而性至孝甘旨奉養怡色柔聲母嘗有疾秉衡侍湯藥不交睫者數月庚申之難奉母避居鄉閒聞警輒負母疾走一日爲賊追及釋負促母走獨身扞寇母得逸去已亦幸不死母歿亂未定然棺殮喪葬盡哀盡禮平生專侍筆耕屢空晏如人皆器之

湯大鏞字夔笙九歲喪父母程守節撫之督課綦嚴大鏞先意承志默體親心恆痛父早世刻苦自勵期遂顯揚遇

父忌祭必涕泣顧十試省闈不第以增貢終其身晚歲經理縣中善舉及族務皆克盡其力里黨稱焉著有萱壽室苦吟艸兵燹不存

任侃字少漁增貢生詹事府主簿父培風以刑法佐皖撫幕積勞成疾侃奉母兄命往省侍疾周至父歿坿身之具必謹必備旋奉喪歸時年才十有五族黨咸推重焉母陳年垂八十患羸疾浸溺需人如是者三載侃晝夜侍恆先意得所欲視聽於無形聲之地雖王延石慶不是過也又本儒門事親意偏讀方書遂精醫理顧不輕施治治輒應手愈嘗以千金濟人急及爲人償鉅資殊不屑意絕口不道工書法六十後晨起猶日臨懷仁聖教序百字罔間寒暑著有傷寒條辨及驗方集成等書藏於家

路洪昌字訪疇歲貢生壯歲侍父母疾克盡孝道已而父母一月間先後並逝而母歿時目注其兩弟意憫其弱洪昌以教養矢自任母目始瞑庚申之難攜家避地泰興設館授徒兼課兩弟克平後試提學列優等旋食廩餼兩弟鍾瑞道周亦以是年補諸生越數年兩弟先後死道周二子尤弱小洪昌教養備至不異所生歷十餘年如一日里中稱其孝友焉

任珍字陶山幼喪父由母氏教養成人性孝友以家貧幕遊湘省母病急馳歸已不及見一慟幾絕喪葬畢覲伯兄

疾於京邸會洪楊大熾得南中凶耗仲兄被擄季弟一家死難遂請於伯兄隻身赴救航海抵滬乞食至宜興徧詗仲兄父子不得作零丁揭通衢逾百日遇法藏寺僧掃葉屬爲偵訪始得仲相攜北上同治丁卯以縣丞發直隸充將軍都興阿營務處委員以平捻功　賞藍翎加六品銜復充大沽口新關驗輸委員洋商覬礮臺後隙地欲買之珍白大府速官買以絕其望嘗偕某令查南津災謂宜隨査隨振并截留雜糧爲急振計令不聽力爭之願獨任其咎當事者韙之且令他屬倣行焉尋以功保知縣嘗一攝

故城縣縣丞克盡其職至今津民猶交口頌之

朱大來字履安傳甲長子以廩貢生從馬端敏公軍於安徵之廬鳳間有功累保山東直隸州知州 賞孔雀翎大來事親孝友于諸弟人無閒言性伉直好排難解紛受者翕服宗祠燬于寇大來集族衆鳩資建復嘗累司六安壽州榷務先後十餘年裕課恤商人皆便之

朱大春字介眉傳甲五子附貢生兄弟六人互相友愛怡怡如也嘗侍父任安徽庚申寇警以老母在里門徒步趣歸奉母赴皖寇急輒負母疾走多或數十里兩足創甚弗顧也其後母病革籲天請代母歿哀感行路傳甲嘗主袁端敏大營糧臺駐泗州捻酋苗天慶率衆掩至知州鄭沅

歿於陣傳甲率僚屬登陴固守凡三月而圍解大春晝夜侍側服勞靡閒人稱其孝嘗投効馬端敏麾下保敎職選用未除

儲之元字晉康監生六品銜候選州同知粵寇之亂其父患痫之元手滌中帬廁牏不離左右父歿後弟之儒幼弱教養備至以至於成人終身友愛人無閒言

周恩澤字敬持弟元兆字明之陛芝子事親皆以孝聞而友于尤篤自養親訖喪葬皆恩澤任之不以累弟也元兆事兄恭硯田所入悉以奉兄俾償宿負自眷年至白首同居相依爲命未嘗有析箸意門庭以內融融洩洩論者至比之張公藝鄭濟焉恩澤晚年名望益著縣中有大興作大善舉恆以領袖屬之自重建蛟橋經理文廟尊經閣周孝侯廟及創設京師宜興會館縣中義振平糶諸役皆著勞勩輿情翕服鄉先達任巡撫道鎔從弟侍郎家楣尤相器重遇事輒以就諮焉

路振鎔字企安生有至性母病喘十餘年月輒數發屢瀕於危振鎔率妻盧侍奉弗懈再封臂進之疾大閒父母皆以壽終歲時祭祀必涕泣嗚咽蓋終身如此振鎔性慈善通醫理常集同志創設留醫所救療旅人貧病者而平時

爲人治病遇貧者酬之輒弗受季子道康字幼安亦孝友有父風

路兆睿字才甫應廷子恩貢生性孝友年十五父歿痛不欲生哀毀骨立既而兄嫂繼歿撫遺孤三人若已出庚申之難挈之避江北亂定歸館和橋兼課諸孤以次成立並爲完娶猶子死復撫養孤嫠備極恩義終身合爨未嘗析箸居和橋數十年排難解紛人皆重之

凌錫光字芝譽分鄉里人年十三母患膈疾百治不瘥錫光刲股煇湯以進頃之母嘔結血數升胸膈頓舒疾遂已人咸謂孝思所感云

任坤三字含章諸生父立文死于庚申之難母路哀憤成疾議奉母避地妻周謂坤三曰今者地棘天荆長途跋涉多一人卽增一累萬一震驚阿姑悔何及矣妾宜留第託言守舍可耳坤三不得已從之奉母走靖江母病甚坤三刲臂肉燭而進之遂霍然周竟守節死亂定坤三奉母歸越歲母以暴疾卒坤三以迫不及救引爲大憾遂研精醫理蓄良藥遇暴疾者輒手治之終身不懈曰吾以此誌終天之恨也平居課徒務求實濟嘗集最要文字爲四言韻語教授童蒙水西張生耆嘗從坤三學已而患貧就耕邂逅田間泫然流涕坤三致之塾資以膏火越數年竟補諸

生坤三著有屋溪詩稾

史文鼎義莊里人父之和性慷爽好施與道咸間水旱文鼎父子設廠拯飢多所全濟庚申之難之和被擄文鼎徒步偵訪出沒賊間數月不得遂返會賊退奉母挈妻旋里逾年生一子時寇亂未平方避居妻父家越旬日謂所親曰今吾已有子而不知父之所在此心奚安侍奉吾母幸有兄在吾將偏尋吾父若不得誓不反也遂泝江向金陵賊巢去家人望之切然自是音耗并絕莫知所終人皆哀之

許藩字鑑湖應唐子性孝友父染痼疾藩輒於夜分就竈前焚香籲禱願以身代并刲股作湯以進了不知有痛楚弟藻同居勵學兄弟怡怡迭相友愛父歿哀毀骨立如不勝喪不數年竟卒

許時棻原名柳字星樓漸鴻孫也性孝友篤謹重然諾不苟取與昆季五人事親之職一身任之雖菽水淡泊必誠必敬數十年如一日父有疾昕夕祈禱願以身代躬侍湯藥不解衣者累月父歿哀戚過甚幾至失明仲弟蚤世叔弟業賈不振時棻撫教諸子俾之成立其授徒因材善誘以德行爲本數舉古人忠孝節義等事諄諄誨勉有貧而好學者免其脩脯策其猛進以故所造就多端士云

俞桐字寄琴監生和橋人幼而岐嶷爲曾祖鑒泉所鍾愛稍長就學事親敬長無違禮娶程氏亦克盡婦道方是時鑒泉年躋九十一家三世趨侍左右曾孫夫婦尤得老人歡心曾祖既歿桐隨祖父後治喪如禮未幾連遭父祖之喪自醫藥殯殮喪葬等事靡不竭誠盡孝已而母以哀慟致疾桐偏謁良醫始有起色嗣是出則撙揣生計入則奉侍慈闈教養弟妹又體親心慈善周濟貧乏歲終輒以錢米款門施與不令人知庚申之難奉母播遷母歿雖在患難曲盡禮意旋挈諸弟妹渡江避難亂平歸里次第畢婚嫁居鄉排難解紛公益善舉尤盡心力一鄉推重焉

徐思鵠字正儀洑溪里人幼失怙事母至孝母歿思鵠痛不欲生其弟愼獨時方詣闕上書畀葬事獨任之葬畢投河以殉

徐崇基字直之兵燹時兄弟散失奉父母及嫂由城而鄉奔走不遑後避居浙省山中自出營業閒日必行數十里省親所得甘旨非餕餘弗食迨父母相繼歿再至江北尋兄竟不得年六十餘言及父母兄弟猶涕泣不止

徐崧生字景甫洑溪里人少失恃父燧以南元官江西宰廣豐崧生隨侍委曲承順父卒於官隨諸兄扶櫬歸葬哀禮兼盡每祭祀必泣下粵寇之亂諸兄相繼下世喪葬皆

力任之敬事寡嫂事必諮而後行撫幼弟及猶子皆有恩爲文古邑古香自成一格顧困於童試年四十始補諸生得疾遽卒

徐秀鍾字南如燧孫幼失怙恃業賈寡嬸李爲主家政母事之李病篤秀鍾刲股和藥以進獲瘳里黨稱之

徐淇藻字蓀坡廷模六子幼敏異弱冠補諸生文行修飭鄉先達任直剌重光器之延課孫尋丁內外艱哀毀骨立所以愼重者備至不以諉諸兄後諸兄相繼逝子視羣從生計共之從兄兆麟官直隸病歿無子隻身馳往以喪歸葬且爲之立後焉

徐慶麟字芝楣元度子恩貢生敦品勵學筆耕以養繼母撫異母弟友愛終身無閒言授徒陶冶曲至多知名者母歿慶麟已年逾五十而舉殯之日涕泗交頤哀毀幾不能成禮見者靡不感涕

汪霖字用之稻板里人州貢生州同銜性孝友粵寇之難父母俱歿弟綱才六歲霖負以逃忍飢以飫其弟難平教養兼施俾之成立綱亦事兄如父人兩賢之霖授徒必先道德於文學首辨音韻常以誤人子弟爲戒性好義於施藥禁賭掩埋及修築橋道集穀備荒等舉靡不盡力焉

周育才字曉梅州貢生少孤力學敦行孝弟父人駿歿於

江西南豐某鄉浮厝焉粵逆平育材往省負骨歸葬並修祖塋置祠產以敬宗睦族爲務合羣季同居共食家道日起就宅邊構新居閎敞甲里中析居時悉以讓弟自居舊宅其仲子故嗣弟後弟晚年生子則又命仲子讓產出居迄今里中有昆季爭財者輒舉以相勖焉其他善舉若置棲流所同仁會創建懷梅芳千等橋經營成任區積穀至數千石之多光緒之季連遭大水各圖社倉枵然成任以積穀多貧民賴以存活育材死壬子復水穀散未能斂里人益念育材不置云

陳近芷字猷生鍾溪人父歿母改醮劉劉貧無子未幾又

歿近芷欲迎母歸養不肯則晨夕趨省劉有遺田歲時往
爲之耕歷二十餘年如一日云
李庚字耀西歲貢生天性孝友初以家貧出遊名公敬禮
尋念同氣六人皆蚤世無在者亟歸侍養累司本縣記室
晨昏定省無間父歿三年不入內寢父母忌辰必縞素人
以爲難能庚與前宜興令施惠最相得人或干以私必力
拒而關於民生疾苦及地方善舉則欣然玉成之書學虞
永興晚年筆勢益臻渾勁云
任連山字蓮珊增貢生績學嗜古性尤友愛仲弟某蚤世
乏嗣殯葬立後皆身任之叔弟貧不能娶爲議婚名族拮

据營辦弟死撫遺孩盡恩義中表某以貧故婚娶失時爲
假貸以娶某生子又扶持教誨俾之成立平生以課徒自
給樂道安貧意氣豁如助葺宗祠貲修族譜其篤厚類如
此
章維琳字少綸監生父啟佑恤貧窮厚族姻寄食者座常
滿終身無德色或强貸卽應之歲暮輒賦貧者金隱其名
人莫知也維琳性孝友析產後兄復乾没置不校嗣庶母
劉患痿痹臥病九載調護久無倦容兵燹時劉卒於馬蹟
山其櫬庋周鐵橋承平舊製髹漆可鑑富人某欲以重價
購之泫然曰以棺易金如庶母若嗣父何寧凍餒不忍爲

也立載往殯庶母禮葬之弟死迎其婦養贍撫遺孤成立
週三郤有恩義婚喪艱輒佽助人或負己悉置之嘗以寧
受虧毋搆訟誡子孫生平有左癖暇輒背誦長篇不譌一
字晚年學養俱粹望而知爲長者
許士照字朗山定跨里人歲貢生父懋耄年失明士照日
侍左右爲引說古事破悶以爲常兄士熊歿教其孤成立
勤學不倦年踰七十猶默誦經史無一日置也
李兆豐字恕齋湖㳄人少孤貧母馬氏孝事其姑兆豐能
體母意自食粗糲而大母甘旨未嘗缺兄承緒豪俠好義
不事家人生產每於里中興善舉則取資於兆豐兆豐立

應不以異財有難色也避亂江北時悉擕族親之孤幼教
養之子景曜景鏞景鏞友于甚篤嘗逆致孀姊於家餼之
數十年而從子某游蕩分與財而授之室卒使感悟改行
焉景曜自有傳
葛啟元字聰臚白蕩里人增貢生天性純篤嘗於亂離中
自江北歸繼母喪典鬻衣衾幾盡父好博啟元每夜跡所
在則屏息立戶外俟出尾之返如是者數年父卒感悟館
里中脩脯所入悉以奉父不敢自私父有不懌輒長跪於
前命之起乃已子維序字子敘諸生勤學早世亦以孝稱
華福綬字靜山張渚人監生少孤兄福景以貧鬻宅母恚

甚福綬曲意承順母終不釋曰而能慰我者則還我舊居福綬識之後以經商致饒給亟倍價往贖業者不肯訟之官官矜其孝判予之而母早病風痹福綬常負之出入及是負返其宅母則大怡謂福綬能養志也數分產與弟福熙姊適人而贅資養亦如之居鄉尤樂爲善段橋澗橋圮福綬獨力修治云

羅裕文魏瀆里人父天舍嗜酒而家貧裕文克盡孝養每償逋必先酒家嘗歲盡逭出鬻蔬得錢三十千盡輸之咸豐庚申父以禦賊死難裕文先已被掠返而大慟仍入賊中冒死斂屍歸方避亂時以善操舟奮力脫同里數十人

於難人尤義之

馮鼎侯字芋堂夏芳里人咸豐庚申隨家避亂湖中馬蹟山父母相繼殁寄櫬山中與兄錫侯仲侯舍其側日夜泣哀感行人會匪渡湖至則謂兩兄曰誠舉家去誰視親遺骨者然兄等非宜死守無已弟留可時鼎侯尚少果爲賊虜賊使刺船乃躍身水中漂浮一日夜得不死卒與兩兄會於昭文亂平扶櫬歸葬焉而生計藉鼎侯力耕作資仲侯讀仲侯後以進士宰山右往省之未嘗以遠辭

吳順九字錫機大浦里農人庚申避難賊執其從子某迫充夫役時某方娶順九慨然曰彼弱不任爲吾可代之賊從之挾順九去不知所終

周廷選字莘農芳橋人監生弟莘樵才生而母殁廷選時亦生子乃委傭乳之而使妻乳弟焉庚申避難時廷選常遺妻子負弟以逃弟既長亦謹事兄怡怡無閒人爭羨之

談正奎字榮昌張渚人少孤樵薪自給母何氏苦節正奎事之生致敬死盡哀既葬廬墓三年貧而好義縣西南襄王嶺下有閒徑可達浙江正奎購其地誅茅畚礫以闢之行者稱便

儲鳳藻字丹巖星緯長子同治癸酉科拔貢本科舉人少穎異五歲時讀孟子父以樂善不倦命屬對應聲曰彊恕

而行其敏慧如此庚申之難避地泰興父遘疾展轉牀褥閒嘗藥拭穢久而益謹亂平歸里父殁哀毀骨立盡敬盡禮事母撫弟靡不周至嘗館徐進士鳴皋家館膳稍精美輒不御曰吾母方食粗糲吾獨享此安能下咽乎一試春官不第應河陝汝道尹某聘課其子主賓相得甚恨相見晚會豫晉大旱饑人相食鳳藻篤信程朱館中故設宋五子神位晨起必肅拜至是復夜禱於天乞降甘澍不應則神志阻喪而居停又遘疾殂臨殁執其手以家事相委實則隱微閒先已棼亂不可爲矣鳳藻百計平亭不得由是傺侘寑失常度自謂籲天而誠不格交友而信不孚何以

徐祖銘字蘭孫鑾孫庚申之難隨父母避地上海之閔行已而父祺病歿于崇明時祖銘尚幼弟祖鑅才三歲母儲遺腹生女亂平將歸乏資用會居停主人戚董某無子願丐育祖鑅不得已予之假貸以歸儲以紡績爲活祖銘以貧故弗克竟學改業賈仍不給走山東館族兄致愉官署中迭司鹺務境稍裕遂歸尋祖鑅於閔行不獲躄躠大雪中渡黃浦而南輾轉訪求乃得祖鑅於奉賢縣之某鄉相抱大哭兄弟偕歸謁母母大喜曰今而後吾有以慰而父於地下矣

徐翰錡字友壎歲貢生幼而純篤比長益敦內行家庭之閒雍雍如也成童時祖父甚愛之命侍寢老人夜不寐輒起翰錡必隨起承迎笑語破寂爲歡不僅有事服勞已也嘗以秋試赴白下聞母病即日趣裝歸侍疾送終哀禮兼盡比葬日者卜日告大吉或言與翰錡年命不利莫能決翰錡曰吾母逢吉足矣奚恤其他日遂定平生課徒垂三十載循循善誘成就者眾脩脯所入輒以分卹族中幼孤及貧乏無餘資業師沈孝廉銘石身後一子不祿上元顧司訓雲爲銘石集資刻遺文翰錡接輯甚勤刊成而資不足又紂益之潘太史浩嘗聘翰錡爲蘇州中學監校其後浩卒於京師翰錡方任京師女學監校爲經紀其喪集賻

爲人一日晨起疾書遺屬數紙徑出城躍入黃河以死越數日始獲其尸面如生所著有言善錄性理彙纂家訓等書吾縣自湯歎齋許重炎而後能刻苦勵學以聖賢爲必可爲者鳳藻庶幾近之乃以迂謹窒其靈明輕於一死時人莫不惜之

任錫榮字向生溥霖子諸生候選知州出嗣世父桂身後桂身歿其母猶在堂年已七十錫榮先意承志得其歡心盡孝養者十餘年通判法家言賢守令爭相延致其兄錫汾時方刻苦勵學不問家人生產錫榮獨身任之兄弟同居終身無閒言中歲遽卒未竟所施人皆惜之

周辛鎔字伯循縣諸生性孝友幼時就傅鄉塾聞祖父有疾意不釋夢寐中號泣而醒逮天明疾走歸省其肫摯如此庚申之難常負弟走避不辭勞瘁爲人和易遇事慷慨好周人之急嘗徵租西干村畢夜泊周鐵橋西干火延爇數戶惻然憫之明日返舟西干悉以穀振當厄者鄉人至今稱之又有李紹冰者諸生刲股愈祖母疾亦以孝稱

周維孝字訪梅縣諸生有至性庚申之亂父死難家人星散維孝年十一獨冒死覓父尸歸葬人皆異之異母兄維仁既析居產蕩盡維孝輒分財與之維仁死喪葬如儀并撫其遺孤焉

千金護櫬歸葬兼資事畜其交友肫摯又如此
周徵驥字遇莨諸生性孝友其父游江西久不歸徵驥年方及冠思父綦切適同縣蔣大令誠宦江西乃乞其子請於父爲具裝促歸徵驥始安既念家貧親老兄弟多授徒不足贍其家去游浙江從藩幕徐士莨受錢穀之學既成名公倒屣節縮衣食資諸弟讀書游庠或更習佐幕或改入學堂諸弟亦馴謹刻勵數年皆有成就家道日起時其父已謝世而事母乃益誠敬迨母歿徵驥哀不勝喪未踰月亦卒人皆惜之
禡祖根芳橋人弟炳根渡河舟覆祖根往救之躍入中流

水迅悍不可上抱弟俱沈時有烏義郎者鄭姓塘橋村人亦以救弟並溺死於宜豐橋河其事與祖根同
儲榮祺字席廷恩貢生世居烏溪亂後徙蜀山品端學博尤敦內行事親盡孝溫凊甘旨罔有閒缺居喪守制哀禮兼盡兩兄生計匱乏輒分館穀佐之門庭雍穆順人無閒言榮祺善爲文兼工詞翰東南鄉高才生大半出其門下嘗一應陳學博任暘李封君繼蟠聘往焦山爲之課子稱爲名師云
儲榮宣字向葵豐義人同知銜少習醫精幼科及鍼灸施診不責酬又好施力任公益事羣以愼厚推之事母孝母病刲臂肉和藥進病果瘳同時刲臂愈親疾者有東柏里人史耀松字舜林與其姪炳字克存白宕里人鮑炳璋字則如監生西望圩人范權字元文范介諒字廣成金紫圩人張飛熊與其孫鵬甲武生十里牌人李政甫李山人王維聖楊巷人史企昇字茂洪其中耀松炳好讀書以學詣稱炳璋周邮族姻以義行稱飛熊撫弟妹六人爲畢婚嫁以友愛稱介諒則於避亂時掖母出於河學使給額旌之茂洪婦胡氏事姑亦以孝稱又有杭金祥者因刲臂毀其一指而諱言故然鄉人益敬其孝也
周英材字少梅監生善治生友于兄弟析財時推腴受瘠

已出爲人後而以所後田產讓之諸父某以某貧也從子濂儒孤幼挈之同居損己地宅畀焉喜造津梁濟人以神安萬安爲著
邵迺晌字㓜梧九苞里人監生董里事咸服其公廉善事母與昆弟五人處敬其兄仁其弟姪人無閒言同里邵錫球字小棠事母亦以孝聞錫球工制藝以母得目疾遂輟應試日侍不離爲求母目復明矢行善事尤力
錢瑞德潘家壩人讀書敏慧熟於史事而力農事親曲意承順妻拂繼母指欲出之妻矢改行乃已自處困約然好施與

胡崇本字恆齋監生孝友敦厚父常以夜啜茗茶寮崇本輒持燈往導之歸父遇疾於鄉馳往迎之歿于途乃乘夜負歸喪葬盡禮母嗜蔆飲雖支絀必購備未嘗或缺兄惸獨無依迎歸養之既死任喪葬其待遇從兄弟若從于輩不啻同胞親戚貧乏者貸與之不責償也又輯譜牒建宗祠遇善舉莫不極力贊助云

張琪昌字于芬幼孤家貧甚偕兄潤昌營商兄患其貧乃析爨琪昌走津沽爲當道所器任使悉稱由縣丞保升知縣分發直隸補用而潤昌以經商失利貧不可支琪昌給其資養並爲猶子汝翼等代謀生計又援例得官藉慰兄懷貲用不給即典質稱貸無吝色兄一家竟賴以存活焉子蘊謙晉謙克繼家聲亦友愛有父風

朱輔臣字左甫廩貢生覲光長子少承庭訓與弟弼臣皆以孝友聞父歿家計漸絀兄弟迭出游恆留一人侍母側母歿喪葬畢始各出治生計而輔臣所處甚優遂獨任兩家資用幷贍寡姊育孤甥居家出入兄弟必偕門內外無閒言嘗司鐵東南河務除薊香寶坻四縣水患

朱啟瑞字次芴志汾子附貢生秉性澹泊刻苦勵學敦行孝友嗣庶祖母潘青年守節事之彌謹凡侍膳非餕餘不肯嘗食終其身如此丁父憂哀戚盡禮父疾時伯兄啟鳳

方捷南宮滯都門諸弟皆幼啟瑞獨身侍疾衣不解帶者累月比病篤焚香籲天祈以身代其後母疾亦如之弟啟勳以優行貢成均同客京邸得疾頗劇啟瑞日事醫藥調護備至至復常乃已啟鳳累宰浙江繁劇聲譽赫然而啟瑞不樂仕進以籌振勞績保候選鹽大使啟鳳將爲之介省辭曰吾少無宦情但得父母俱存兄弟無故長敘天倫之樂足矣甲午中東事起啟瑞以憂憤卒弟啟運字幼芴諸生工詞章善楷法肄業浙江詁經精舍及敷文紫陽等書院試輒冠其曹德清俞樾仁和黃福楙錢塘楊文瑩諸名宿皆亟賞之目爲畏友事父母先意承志務得其歡心及居父憂哀毀骨立尋遘危疾口吐黑汁醫家僉謂平時讀書攻苦居喪哀慟所致未幾卒士林惜之

徐致恭字子恪鳴皋第三子光緒丁酉舉人性至孝少失恃迨父年高日夕侍側先意承志父歿哀毀骨立性尤廉潔自授徒脩脯外不妄取一錢里人皆欽其品焉其異母弟致英字子厚諸生嘗侍父宦游江西父引年將歸命致英先歸治家事其生母侍父歸卒於途次致英痛己之不親含殮遂日夕侍柩側悲號竟以毀卒年才三十五

周葆頤字牧卿湛霖子諸生性至孝會省試父有疾小愈矣促葆頤赴試臨期忽心動急遽歸父已彌留一慟幾絕

既葬時時走塋次嗚咽竟日哀動行路母中風疾滲溺需人葆頤率其妻晝夜侍爭滌帬牏母半體不仁起行必扶掖湯藥必日進如是者五載既歿居喪如父時讓產付弟弟死卹弟婦撫遺孤使偕諸子就學江寧一無差別嘗入浙東麗水縣幕歲大澇亟白居停施振而力任其勞全活無算富商某非辜繫獄令屬其偵實商宛轉奉重金卻之又巨賈子應縣試以金贄葆頤請列弟子籍峻拒之其清介如此著有牧卿詩文集五卷客窗隨筆蜀東見聞錄各二卷陽湖左運奎大令爲之序

周逢壬字鹿笙誠敬不欺侍繼母疾五年不懈與弟鈐互

相友愛終身無閒嘗主計不苟毫釐斂緼自安無怍色

周志韓字紫函父安仁同治庚午舉人崇明教諭以廉惠稱通形家言著有地理揭要行世志韓少穎異能文工書得重闈歡心弱冠補諸生從游甚衆門下多知名者事父謹父怒輒自投長跽父歿有宿逋未償引爲己任冀得當以報宣統己酉試拔貢用知縣發黑龍江志韓念邊省少閒宂宿願或易酬遂不辭而往既至僅獲常委鬱鬱不樂未幾卒士林惜之

周文謨字丕先南華里人也性至孝九歲而孤母有疾文謨日夜侍凡湯藥廁牏一身任之年餘母始愈里中賭禁綦嚴豪某憚其剛直誣以破壞禁規搆之獄遣人誘脅從己文謨曰吾母嘗詔吾不能爲天下善士亦當爲一國一鄉善士縱冤死不能降志辱吾母之命也子休矣令壽稔其誣慰釋之豪卒無如何光緒丙午大水文謨就里中舉振貸設平糶各鄉聞之皆響應由是全活無算他如學校橋道義倉等舉靡不竭心力爲之嘗曰吾母以善士望我我豈可以善小而弗爲耶居無何母疾復作文謨侍奉益謹自秋徂春目不交睫者二百餘日母歿喪葬盡禮哀毀骨立遂攖疾不起

徐挺翔字鵰九增貢生幼喪父哀慟若成人然母至輒毅

泣蓋恐傷母心也母疾日夜侍不解衣者累月母屢促返寢則匿影暗坐比母寐則仍侍榻前侍諸弟亦友愛室廬燬於火百物蕩盡母常飲泣挺翔百計羅掘兼盡鬻其妻簪珥建屋數楹以慰母心云

傅文煒字煥卿霞墅里人監生少孤貧事母以孝聞授童子書脩微薄而豐于養母忘其貧母患腹疾謹侍弗離不解衣者十閱月廁牏必親滌疾革籲天請代既歿哀慕終其身董圖事三十年人無搆訟者里有婚喪弗能舉必爲代謀又嘗立宗祠興義倉急公樂善人皆化之

褚廷芳號二六寺前里人一飛少子也好讀書尋棄舉業

服膺程朱致知力行之學期於深造幼孤其同母兄廷分亦丞世事其母曲盡孝道母疾日夜侍不解衣者二百餘日母歿喪葬畢廬墓不去比禫祭一慟幾絕自是攖疾不起不數月卒卒時猶手蓼莪之詩云

黄洪源字大川縣西南溪里人少孤貧力傭以養母甘旨必備母患項疽腫潰洪源輒爲吮膿痛稍止然形狀殊惡夜輒籲天請代一夕母夢神人告曰念汝子孝爲汝救治即以手按患處遂瘖痛若失不藥而瘥

任行泰字欣圃南枝長子隨父館沽瀆匯讀書光緒癸卯大水村廬半漂没其弟失足墮水行泰呼救不及自赴水

援之時方病瘧怯弱不支竭力推弟傍岸遂得出險而已竟以力盡隨流漂没逮村衆環集救起已無及矣時年十六

光宣宜荆續志卷九中目錄

人物志

鄉賢 義行

袁德娟　袁文敏　潘孔鑄　潘孔時
余　淦　儲重光　尹冠芳　陳錦祥
任允升　宗茂冬宗建章　楊用賓
陸濟宗　程丕承　蔣用艮　黃廷魁
歐華元　吳應華任聽元　黃卓爾
許時宣　陸景宣　李景曜白鎬唐正寅
譚變臣　周佐臣周振庸　潘奎元
崔至德弟至倫　王耀光弟榮光　陳炳煊馬謙光馬擬祥
葛辰榮　王　煊　周廷賢　程持義
徐邦定徐德風　李曜宣　駱年大蔣成英

陳昌言　蔣　鎔　蔣卓垣　吳　欽
曹鏡清　陳學聖　陸廷壓　陸漢臣陸其變
丁　培族子殿芳　范克恭　楊裕昌　黃業勤
邵繼先　范光國　范　湘　李新李
徐士艮　周擇霖　徐黼廷　任金安
儲宗源　儲鳳林　蔣承顯　蔣壽昌
史悠成　蔣根培呂光裕張茂開黃天球黃九如徐松
昭　史賢祥　周　燊　潘澤溥
潘錫康潘雙偏　趙恒懷　丁鍔章潘國材
張葆榮　張煥標從子宗海　徐澤霖　屠熊飛

何正熙　蔣景昌　周萬餘　許心一弟心培
蔣翰勳　吳鴻圖　吳順高　嵇虎文
何　翰　許文煥　許　榮　許　洵子如松
楊元瑞　王　琮　潘森山　丁濟南
丁錫耕　吳用賓　吳錫九　吳錦雯
徐長齡　呂兆文　徐炳榮　秦德山
宣笠孚　沈雲章　毛以桐楊家模
許應唐　華　瑛　余維序　余以柔子光昭
蔣存箴　任大鏞　任　源　章俊民
范慶山　曹槐大　程兆慶　任錫鎣

吳　鎣　徐德銘　蔣南生　錢謨明
夏　琛
鄉賢文苑
周于邠　吳景牆　徐宗襄　任光奇
徐斗文子有麟　徐沅瑞子應軫　徐鍾輝子志翔　戴振鷺
章同升　任溥霖　周湛霖　潘家瑞
潘宅仁　楊素仁子宗時　任光第　潘元達陳楣賀
周人駿周家駿　潘祖榮　蔣　蕚
蔣彬若　沈銘石徐葆辰　陳任暘
徐爲倬　任熊飛　吳協心　周恭壽

鄉賢 附選

藝術

人物志

寓賢

人物志

方外

光宣宜荊續志卷九中

人物志

鄉賢 義行

十室之邑必有忠信一介不取歸於潔身孔孟之書於居仁由義行已有恥蓋拳拳焉夫義者宜也行者行所素也燔券指囷史冊亦豔稱之雖或出於矯情或衷諸恆性然入芝蘭之室薰其德者善良居廉讓之閒聞其風者興起睦婣任卹挽澆漓爲醇厚斯亦成周之風已茲志義行竊取斯旨片善足錄敘述不厭其詳亦無嫌於互見蓋善善從長之義云

徐鍾錡字笙陔道光己亥舉人性嚴毅不可干以私平居足不履公府遇事關利害必侃侃爭之人憚其嚴未嘗不服其正也以知縣分發陝西未赴而粵寇難作憂憤卒

吳文昱字安石監生仁厚好施與嘗創設義倉道光丙戌歲饑輸錢五千緡助振例得邀奬辭不受常州府知府程鍾齡題惠及梓桑額旌之子士銓克繼父志亦以咸豐庚申出粟萬餘石散給鄉里里人至今稱之

吳國英字石芝以錢穀佐幕雲陽粵寇陷金陵藩司以度支數絀檄州縣令民閒輸錢粟量予咨奬雲陽故瘠區無應者令逮議勒派國英持不可別議便民而益軍需者數事揭通衢並首捐鉅貲爲倡由是民情踴躍輸將不浹旬遽集錢六七萬緡他縣皆倣行焉其才識閎敏如此性友愛其季弟嘗有急難傾產助之無吝色也

儲雲崧字竹溪鳳儀孫工舉業累試不售與潘嘉謨周蔭南締道義交兄弟析產雲崧一不較中年設米肆於市歲竟度貧不能償者悉蠲之其仁厚如此

儲潞字博山正家子增貢生正爲人方嚴端厚治家有法潞恪守前規坐立皆有儀榘家人子弟悉化焉析產時以正寢讓弟己居偏院曰吾習此移居弗適也縣中大儺一國若狂潞家人闃如無窺戶者自奉甚約振荒則罄橐弗

吝解推族貧若飢寒之在體焉孫鳳藻別有傳

路敦仁字爾安監生宅心敦厚尚義輕財咸豐丙辰歲饑城中施振飢民環集疫癘旋作敦仁倡捐鉅貲設疾廢局棲息病者爲之覆席棚施醫藥全活甚眾庚申春初西鄉民團大集軍械火器無力置備敦仁復創輸千金設協濟局於岳廟與縣中諸紳支持數月心力俱瘁有毀家紓難之風

任庚宣字映白安上孫府諸生咸豐兵事庚宣料量過境軍供督治團練戢軍士安市廛皆有勞力嘗以南義社儲穀及積錢置田若干畝勒石爲久遠計置南門外關聖廟

樂器集資重振惜字會餘資亦以置田今廟雖毀而田故在也佃某貧甚庚申嘗周之比城陷避寇居鄉舉白鏹二使佃藏之匪至廬燬既退佃還鏹厚酬之弗受其感人如此

徐普瑩字丞壽宋莊人幼孤以勤儉起家道光己酉水出粟就祝唐庵施粥貧民賴以存活明年春復以餘穀分給籽種咸豐庚申城陷普瑩賃巨舟送家人往馬蹟山復渡親族百餘人至山供其食宿光緒丙子倡捐重建青龍橋並命兩子分修市橋及青點橋董其役其他書院義倉賓興育嬰一切義舉莫不踴躍樂輸年八十四世同堂宜興

令萬立鈞題額寵異之次子學熙字敬之增貢生性孝友普瑩晚歲墜梯遂痿痹學熙與兄陞芝手進飲膳背負游覲庭中閱年餘療治得愈又十餘年以壽終學熙居堊廬五月不出每祭必涕泣授徒垂四十年篤信程朱之學訓誨後進則以陸清獻陳文恭爲宗主所成就甚眾著有四書輿義摘要近思錄小箋五種遺規劄記一榻軒詩文稿存於家

徐禧疇字卓夫同治甲子舉人績學工文一藝成人爭誦之事父能先意承志有不懌輒效老萊之戲以娛之粤寇之難鄉人多避地江北亂平貧不能歸者爲賃巨舟送之人多頌德既歸里縣中百廢待舉凡清丈及大興作兩縣令輒造門諮訪得其一言爲準嘗途遇拾金者欲分與卻弗受然家故貧甚手鈔芹香錄有污僞職者輒誌之其守義疾惡蓋天性然也嘗授徒門多達者徐氏則侍郎致靖大令致愉大令致章他姓則戴大令裕源儲孝廉鳳藻尤知名

潘福榮字爾常秉正疾惡不苟言笑授徒課子終日危坐無惰容庚申之難福榮誓死不去家人强負以出尋避居西鄉呂家圩戚某投賊歸眾皆諛之獨福榮白眼視屢唾之某大恚欲中傷之遂他徙壬戌秋長子家銑歿福榮感懷身世鬱鬱渡江明年春遂卒次子家鈺見新志

潘承基字蘭亭天性純篤少劬學爲文精深刻練有先正風格道光癸卯中式副榜以鄉望推主縣中義舉己酉大潦承基駕小舟賑民食水退給穀種舉平糶設粥廠置醫局以故饑而弗害咸豐三年粤寇陷江寧難民麕至居之東倉計口授食俾從容自謀生計六年大旱蝗議振承基定計儲穀數千石以待不足益之以麥十年春寇警日至避難者苦乏舟多死於水承基具舟以濟全活甚眾亂平民飢甚人相食承基奉檄施振無濫無遺陳牒常州知府扎克丹移貲興起書院前督李文忠檄筦勸農局務貸民

食種分給耕牛農具承基勤謹從事節局用以備荒又修
葺倉廒勸任直刺重光捐穀千石爲亂後義倉倡始縣中
以田捐與大獄官紳皆獲譴承基本無與諸紳倚重要與
偕至省承基毅然就質訟立解蓋大吏夙聞其勤廉不苟
故一見即豁然盡釋人尤服其義勇云晚年累攝青浦溧
陽崇明等縣校官端士習恤孤寒不爲利疚平生內行尤
篤父嘗患疽日夜侍者累月居喪盡禮兩庶弟皆幼教養
備至平分遺產年逾七旬親見子若孫科名鼎盛一時罕
有倫比

蔣作霖字紉堂和橋西鋤人道光己酉大水作霖率諸昆

季悉出藏穀充振里中富家繼之活人無算咸豐丙辰旱
疫死者相望作霖施櫬殮貧者粵寇亂後設流民局安置
難民定路斃報縣規章開濬塘瀆港定港中旱年戽水之
法人皆便之

李裕宜字春畬監生性孝友父歿家貧獨任生計不忍分
累兄弟友于甚篤子視諸從子其後家計漸亨周濟戚友
無吝色庚申之難雖流離轉徙未嘗不以濟人爲務嘗設
粥廠大浦四隅以食餓者幷施醫藥棺木壬戌癸亥間復
力事掩埋出重資營救被擄世好一家五口友人溺死募
人撈尸得百數十具悉爲掩埋最後竟獲友尸賊窺見裕
宜將捕之適蘆葦中小艇突出遂得逸去亂平後處境日
約而好善之心未嘗稍懈周通政家楣嘗序以壽之

宋鶴皋字德馨周鐵橋人少孤育於異母兄終身事之如
父以農起家修建祠宇置買祭田道光己酉歲祲捐資施
粥遠近就食咸豐丙辰大旱創議疏濬各瀆躬親督率是
歲秋收較他鄉獨豐他如邑中賓興橋梁等務無不踴躍
樂輸縣上其事給扁額以彰之子斐字棫芃諸生少失恃
事繼母能得其歡心性亢爽嘗破家訟土棍馬某置諸法
重建下邾橋並協建文昌閣見前志

鮑佩華字竹溪白蕩里人監生父歿與弟俊華並善居喪

道光間歲旱小橋口當白蕩咽喉涸甚佩華捐五百金疏
濬河道八十餘丈行旅便之俊華亦嘗集同志置寶善堂
義倉備振而佩華孫煥明復於光緒壬寅開濬溪河用承
先志且倡辦年終撫卹云

吳登字蔭堂咸豐乙卯舉人性高淡清貧自守荆溪令徐
景福與有舊下車後遣人投刺再招之以疾辭弗往也當
粵寇初平嘗董清糧之役無纖毫情弊自認祖業十餘畝
其無主者聽存之嘗曰冒占人田君子弗爲其公正如此

吳陛揚字之俊西墟後村里人監生道光己酉水陛揚出
穀百餘石周族姻貧乏者又倡議按圖施粥以食餓者財

力殫盡活人無算而施藥捨棺同時並舉事訖例得議敘固辭弗受

丁于渭字愚溪從三區田圩里人附貢生劬學能文研精性理平生獨居必端坐盛暑不袒裼與同縣王斯恭朱少白相友善砥礪切磋人皆推重道光己酉水出穀三百石與兩弟錦堂錦書汎舟分振全活甚眾

葛藩字屏周夏璜子白宕里人議敘州判嘗託業滬上生計頗裕析產時推讓兄弟以重價購宅傍屋居之售主誣訐藩訟得直復陰使人厚給之不與校道光壬寅與同志創建義倉積穀以備荒而里中貧嫠必月賦錢米以養之

子雲章字小峰嘗以數百金貿木失利乃製爲棺遇貧不能殮者卽施之精醫理齎丹必自治投之輒效志在濟人不斤斤索酬也家僅中產而豫晉洊饑輒捐百金爲倡焉

徐辛源字若泉監生性寬厚樂周人急咸豐丙辰旱饑首出鉅資施振時飢民攫米所在多有佃某爲怨家誣指攫於法辛源直於令出之平生儉約惡衣菲食泊如也訓子孫讀書處世有法皆克成名幼子福謙字稺韓縣學生佐父兄理家政甚井井族子某貧不能娶與從兄雲槐等鳩資玉成之撫猶子有恩義族黨稱焉

汪溥淵字耐齋諸生爲人長厚謙退事繼母以孝聞同治初寇亂甫定溥淵得妻兄湯某遺產計簿察湯族凋零者當爲後卽與之諸佃以耕種乏資溥淵出貲使貸戶五千其後有貧不能償者遂蠲之游粵東司育嬰事能盡力織悉必周佐季父以増督潮屬行鹽錙銖不侵廣州府同知于沆重其學行延聘課子知府李福欲致之曰吾已諾于君矣卒不往嘗官浙江嚴州府經歷某生以試事獲咎梏日中僨甚力請主者釋之尋生父來謝餽以金堅弗受其清介如此

儲廷燦字子明候選縣丞弱冠喪父哀毀盡禮撫諸弟成立悉爲婚娶以家貧棄舉業習刑法家言名公卿爭相羅

致咸豐間館松江府署鄉人避地來者立予安集或資其行李典質弗恤也子均字平叔諸生豪爽如其父讀書目數行下文思敏捷年未四十遽卒人皆惜之

吳紹隆字一廷監生祖士芬爲江寧教諭居官廉至紹隆家益貧遂棄儒習賈嘗懋遷河南閩粵寇擾蘇常奔還救母相見幸無恙其後倉猝失散母妻俱死烈紹隆幾不欲生亂定營業官村境稍裕光緒己丑歲饑宜令孫茂櫄投剌勸輸慨捐穀五十石鎮無育嬰所棄擲死者甚眾紹隆捐資接送城堂全活無算鎮有同仁會施材草草鮮實濟爲募貲立法俾可久西察院世業之東嘗建香道庵後里

紳徐保慶湯之盤等改建義社紹隆捐穀助之族人有貧之者亦時予周卹無悔言亦無德色也

儲君輔字支霄諸生少英挺讀書過目不忘會兵亂志切從戎咸豐辛酉浙撫王有齡檄率常鎮義團助湖州防剿有功趙忠節累保縣丞亂平以莊城御史公光義墓田爲村人龔黄所據君輔鋭身自任立赴金壇訟於官歷三載始得直族人咸服其定見生平雅愛米趙書日臨數百字尤工艸書識者爭寶之

吳鴻緒字纘侯舉人少孤事母以孝聞家貧力學恆以筆耕所入分潤昆季庚申之難初避芳橋鎮有相識某傭書

僞署招之往卻之遂挈家走泗州依兄某居兄爲紹介入靈璧縣幕會舉縣試令不知文試事一委之有夤緣首列者嚴拒之甄拔寒畯稱得人朱觀察儁甲聘課諸孫其後舉鄉榜入庠序者甚盛而大令溺臣及直牧其元其尤著者也晚年授徒芳橋鎮弟子凡數百人率皆砥行立名爲時推重鴻緒以大挑選授贛榆縣訓導報至已前卒

潘光河字鯉門蜀山里人貢生少孤育於其兄光錫比長善屬文博通經史庚申之難光錫率鄉團禦賊死光河奉母走泰興爲參將劉某主記室族姻避寇至者莫不依賴焉母死喪祭如禮尋佐同縣潘大令澤霖上海團防軍需局務以克復宜荆功議敘光河思以科第顯弗受如泰興奉母喪歸葬以筆耕贍家人敎養諸猶子旣授室始與析箸牒請創建荆南忠義祠祀光錫及同時死難烈士復里中義倉謹出納愼蓋藏備凶年平糶鄉里有爭鬬者輒就平亭取決莫不欣然樂從光河旣工文從游者往往掇科第去顧累試省闈不售以明經終

許士熙字晉緋諸生性機警有應變才洪楊之亂官軍復湖州大軍駐宜興南門外採樵者多撤民居材摧爲薪而鳳川一隅尤甚士熙投牒統帥乞禁止始獲保全芋村沈某出其養媳士熙察其夫未忍絕力勸沈某迎之歸和好

如初不數年連舉兩子沈某深德之

崔徽鎬字錫三廩貢生爲任鳴一高第弟子庚申之亂避地江北饔飧不給而頤養老母必精潔拮据甚不使堂上知也亂平歸里重理舊業終日危坐讀書天懷淡定喜引掖後進從游者日衆聞望翕然性持正不阿年七十餘未嘗一陟公庭其居鄉也介而能和嘗戒諸子曰先正有言學得喫虧處正是便宜處平生溫溫無所較尤不樂發人陰私以爲直鄉黨咸推爲長者

蔣元福字振之增廣生粵寇亂後田疇荒廢元福與任光奇徐鳴臯等創議清糧仍董其役歲饑地無宿儲集議建

築倉廒積穀以備荒鳩工庀材董理不懈同治戊辰洴浰燈樓圮集資重建并葺其庵且以餘資置田爲開濬役袁河計光緒辛巳宜荆續修縣志分纂職官選舉諸表族子士㫖字少逸坩貢生候選訓導光祿寺署正光緒辛巳縣中重建明倫堂尊經閣東西齋舍及四祠文廟宫牆墓資董役士㫖皆有勞力文念書院荒蕪商之周通政家楣任中丞道鎔鳩資締搆躬相其成他如請蠲請振請平糶凡涉教養之事靡不與與必始終其役獨不肯經理公款以爲嫌疑之地不可一日居云嘗分纂宜荆縣志嘗汎及殉難紳民

呂謙吉字笠泉坩貢生性醇篤平日授徒自經義外兼講應對進退儀法其弟子多彬彬儒雅晚年盡心公益董理成任全區積穀及樹滋堂社倉甚力同治初募族人集資重建呂家圩東之西城橋既成餘錢十數緍權子母積至千餘緍橋於光緒丙申重建其資卽出於此里人多稱其清白云

談銘字中和工文里人咸豐六年歲旱捐米百餘石振之無德色徵租索逋遇貧甚者卽蠲之焚其券邵如剛字鳳梧九苞里人州同封職光緒丙午大水如剛輸數百金助振其後壁遇水荒復捐穀煑粥以施例得邀獎固辭弗受人兩賢之

周子斌字勖卿雲藹里人咸豐丙辰大旱子斌設敦善堂於宋瀆施粥振飢全活甚衆庚申寇亂城紳舉團防會議城守鄉兵與城勇交鬨經月不決子斌登城呼諭之遂散去尋以團防功保安徽直隸州州判遽卒所著有自勉齋賦鈔課徒艸各一卷經亂散失

周青選字黼堂閒寶鄉洋塘里人縣學生咸豐庚申粵寇陷縣城壬戌冬青選走靖江與同志團練鄉勇爲恢復縣城計常乘小舟往來大江南北籌畫軍事屢瀕於危事垂集而同志呂太守勖堂遽殁青選益以自任甲子春爲官

軍鄉導克復縣城青選本謀也亂平餓殍載道青選百計安輯宜令鄭猗蘐知其賢委董振務以積勞病卒

崔嘉霽原名澍培字厚甫同治甲子舉人性坦夷溫厚不露圭角居鄉善解紛難鮮搆訟者常念糧漕關繫國計民生最鉅輸納不時卽上下交困乃集同志創爲義圖貧乏者爲之稱貸以輸里中免追呼之苦嘗館任中丞道鎔所甚相得道鎔賦讀史詩六百韻嘉霽爲之註釋焉

崔樹森字子衡縣廩膳生咸豐之季粵寇踞城邑闔右當江浙要衝蹂躪尤酷惟渡湖則有島可避樹森乃具舟楫峙糗糒以濟流亡得脫者甚衆

崔鑑瀛字鶴洲廩貢生性耿介粵寇之亂賊酋慕其名欲聘爲記室鑑瀛曰丈夫寧餓死耳安能屈節爲賊用卽日走避與人交坦白無城府顧疾惡如仇一言不合輒拂然徑去人皆敬憚之嘗佐理清糧持正不阿晚年好爲義舉凡橋梁道路救生恤貧諸役靡不欣然樂輸爲里人倡

王樹勳字琴堂湯瀆里人監生余維士張涓八光祿寺署正道咸閒蘇常諸縣徵賦不均小民重困同治乙丑歲饑漕胥某某等藉荒勒費不給者以抗賦論拘繫之莫敢誰何樹勳憤然策上訴清泉區董呂宗桂深韙之遂集諸董聯名徧控大府余維士亦同時上訴蘇撫丁日昌驗實檄常州知府飭各縣徵收忙漕永革浮費嚴治蠹胥於是百年秕政爲之一清而樹勳以公義歛怨卒爲奸胥搆陷長流天鎮云

蔣國勳字芝榮慷慨好義力行公益同治五年襄理清文山亭區田地一秉至公創設洑口燈樓里中義倉義渡及捐振各善舉靡不首先贊助極力玉成之晚年主族政修譜葺祠里有訟事必爲排解消釋嚴禁賭博鄉里無敢犯者

王有謨字卓卿琦子增貢生有幹略博涉經史好孫吳兵法咸豐庚申粵寇據縣城縣人劉星臣等謀恢復集眾屯

於浙江長興縣境之西川岕名與義軍有謨與焉禦賊比有功踰年軍潰轉徙至靖江會府屬七縣合設團練局知府倪寶璜主之謂有謨才使佐籌餉有謨集千金以赴陳說機要寶璜爲達當事檄隨任庶常傳綸別於長興設三縣團練局舊時散勇聞風俱至其後縣城之復有謨率以助攻著最績云事平一爲籌善後卽家居授徒以終

丁長裕萬一區杪田里人務農爲業性廉潔喜周貧乏洪楊之亂長裕流離顛沛妻子星散孑然一身形同餓殍一日晨行道上拾得遺金三十圓自計曰活我而殄彼非仁也矧不拾金吾固未必死乎乃坐俟道旁抵暮一人茫然至且哭且覓長裕問故曰吾昨暮過此不意誤墮袖金今一家八口無生理矣長裕察其實還其金遺金者感其義以六金酬之堅弗受亂平後三年其二子忽歸自遠方由是家道日起晚年益臻饒裕云

李杜詩字企唐增貢生五品銜候選訓導同治中與縣城初復杜詩襄理善後甚力其後縣中如文廟書院文昌宮試院蛟橋諸大役及濬河振荒等務靡不與光緒初續修宜荊縣志分纂營建賦役時又有徐光熙者字耀珊監生亦勇於任事累贊縣中義舉而於掩埋育嬰兩事尤著勞力云

蔣貽芬字幼香科季子監生少能文比長有才識負膽略庚申之難貽芬率團練禦賊頗有斬獲甲子隨官軍克復縣城保巡檢加五品銜光緒初元秋歉牒知縣詳請奏准流抵至今利賴兩湖客民麕聚强墾屢搆大獄貽芬旣集鄉民驅逐復躬詣大府乞定約制會區遵行由是黠者知畏相率遠去至今從一區無土客之爭其他義舉亦罔弗盡力光緒新志輿地圖繪大半出貽芬手筆晚年好爲詩著有悟白吟艸弟冠芬字蘭溪諸生候選訓導能文詞善畫山水身任耆董遇事以老成持重爲主不輕履縣庭也

許宗嶽字子龍茫溪里人諸生爲人有肝膽貌魁梧膂力

光宣宜荆續志 卷九中 義行 十五

兼人咸豐庚申城陷從從祖鳴雝結團於樂成爵坫兩橋率衆擊賊奮勇陷陳後賊大至團潰鳴雝死之義團守潘家壩又潰宗嶽知事不可支徒步走湖州從趙忠節於圍城中爲忠節乞援祁門見江督曾文正並陳縣人謀恢復狀文正壯其意賞爲識膽過人同治初縣中奉檄辦團練宗嶽與王有謨等先後俱至卒隨官軍復城

高鳳飛字月槎任墅人諸生劬學能文粵寇至時授徒江北門下多英彥歸後子姓殆盡里無居人乃招集散亡代謀田宅數年復成邨聚訪諸罹難者氏名請於官立祠致祭

徐岡鳳字振千洑溪里人諸生工詞章家故饒裕鳩資設里中社倉咸豐庚申之亂賊將毀文靖公義莊勢甚岌岌岡鳳隻身馳入賊巢言死力爭聲與淚俱酋爲動飛騎手契箭止之得勿毀其後賊氛益熾以憂憤致疾卒

任序槐字蓉佩亳陽人議敘州同知老成練達爲里黨所推董理積穀義倉施棺等務規畫井然平亭里中爭執無搆訟者嘗舉鄉先輩嘉言懿行訓迪後進光緒戊子水序槐司振務甚力且首捐銀二百圓米二十石爲倡災民賴以存活蘇撫黃獎以扁額爲孫謙益五品職銜光緒丙午大水捐銀百圓助振又與任雒珩等集資汎米粟薯蕷緜

光宣宜荆續志 卷九中 義行 十六

衣等物親歷災區賦予受災尤甚者災民實受其惠宣統元年亦如之嘗曰吾非能好施特體吾大父未竟之志耳時又有任方成者字佩芝東潘人亦好施少時父命持券索逋某所至則其家斷炊累日矣乃焚券畀錢數千俾歸父由是奇之粵寇初平方成族子多孤貧悉資以成立丙午水潦方成出錢米就近擇尤散放又捐銀二百圓繳籌振所繼而獲藏金悉以糴穀贍親族鄰里中貧甚者荆溪令嚴題額褒之且以狀上獎州同職銜

張森泰字直甫滑洛人監生性孝友好施與庚申之難負母避亂山中尋奉母走淮北母命歸省馳走冰雪中無難

色然由是不貣於行亂平歸里毋臨歿猶以振餓殍周貧乏命之森泰遵命力行倡建遠近橋梁者三於本圖義倉振與尤力弟之藩字錦文監生亦孝友兄平生所事靡不盡力贊助云

李玉蚪字雲岩坿貢生敦族誼能文章親族有貧乏者時加周郵尤究心濂洛之學以養正爲歸待人和藹而人不敢以非禮干嘗以片言解紛難息訟累鄉里善舉無不悉力贊助云

周斌字卿宜蒲墅人以孝友著稱洪楊之亂偕許鳴雝等集團禦賊不克率弟姪走避四方拮据衣食賴以存活牧

平後鄉居方正不阿里人有爭一經解釋靡不帖服性仁厚喜周人急遇津梁寺觀諸役輒捐資爲倡誘掖子弟氣習一變均以嚴見憚云

李恩霈字澤敷縣增生敦行績學貞介絕俗授徒里中竟日不舉火晏如也嘗有友欲饋以金坐語竟日不敢出口歎息去恩霈多交四方賢士咸推服其直諒端方焉晚年境愈困而學益邃爲文雅潔沖淡一如其人所著有詩文鈔四卷

路培基字槐卿爲人長厚不校橫逆同治壬申蘇省規復倉收舊制培基力請荆溪知縣潘樹辰革除承平時混漕諸弊光緒初元秋歉西畬蔣詒芬牒請流抵竟蒙 奏准 培基亦與有力焉

李鏡蓉字春浦恩貢生就職直州判性溫厚恂恂下人生平無疾言遽色爲文根極理要尤耽經學辨晰疑難不遺毫髮其教授里中言動皆有準則光緒辛巳續修縣志多所贊助云

史毓瑛字墨林增貢生性友愛庚申之難攜其弟五人避地江北衣食教誨一身任之雖極艱苦弗恤也亂平歸里惟仲弟毓琦先已授室餘多幼弱毓瑛次第爲謀職業畢婚娶俾各有以自立悉以遺產分畀諸弟曰弟等謀食艱

我自足以糊口也平生累與縣中要役如建復明倫堂及陽羨書院創設文廟樂器局鳩資董役不辭勞瘁人皆器之

余維楨字慕周張渚人純粹端直有古長者風兵燹後主張渚清丈輿情帖然壯年入都爲工部主事嘗與任錫汾主募水災救命捐集貲頗鉅周侍郎家楣深器之歸里後會重建蛟橋舉辦藥局維楨皆有勞力其他公益亦靡不踴躍贊助云

楊允斌字恂侯官莊里人坿貢生浙江候補同知歷辦鹽務皆以恤商爲念其在長興時與鄉人之仕浙者集貲設

立太湖救生局艤船烏溪夾浦二港至今利賴居鄉嚴正動必循矩立義倉保管之法司出納者歲一易人行之無弊遠近義舉尤樂佽助工書法眞行皆宗平原人有求之者輒錄先哲格言以應蓋其規過勸善雖於藝事毋廢也

徐煥章字贊堂廩貢生積學工文不自表暴授徒盡心教誨門多知名士持身峻潔不苟取與布衣蔬食晏如也或以訟事告者勸以忍耐退讓勿屈膝公庭人多感化治家嚴肅教子有方生平研悅三禮尤邃於易年七十餘猶手鈔朱子近思錄及通鑑綱目等書一筆不苟臨歿惟諄諄以忠孝勗其子孫云

任久芬字硯芝歲貢生性孝友父母蚤世家雖貧祭祀必豐胰弟死於亂叢葬之後久芬往求不獲哀動行路篤學工書法累試不售絕無怨尤嘗管太平洲保嬰局釐剔宿弊事必躬親去局時送者數百人晚年物望益重自賓興丁祭等項皆推任之事舉而財省無涓滴私光緒戊戌歲大饑舉平糶久芬購米無錫錫遏糴持甚堅久芬走爭酷熱中卒載米以歸歡聲雷動是役也微久芬幾殆平生豐約一致布衣蔬食淡泊自甘無纖毫嗜欲之累

李文熊字尚甫監生三忠遺裔也祖父並業儒文熊少孤改習賈以誠信重於時目爲商家魯連三忠祠故在南郊兵毀文熊資購西珠巷地重建奠主祀典賴以不墜性寬厚戚友以緩急告必量力資之晚年謝事閒居貧甚貸出宿逋合數千緡一不問人皆服其雅量

任汸字芝軒性精敏有幹才凡縣中要役及義舉靡不竭力襄助或有事延司主計事辦而財省當兵燹後白骨徧地叢葬所尤狼藉汸約同志醵資掩埋已獨任其役凡前後五六年常以農隙興役躬莅事指導植立風雪赤日中形貌癯瘁弗恤也食則與羣工共粗糲以私錢給其值不費公中毫釐其勤廉好義如此

周達善字蘭笙諸生少從外舅任伊受刑名之學既成

主守令監司巡撫都統幕府性明決治事尤得體要其館丹徒時徒民恆挾荒抗賦至是并毀縣署令擬請兵剿治達善持不可勸令慴以兵威而施以義振自是抗賦之風遂絕其佐治浙撫也值京津拳亂衢州嚮應仇教巡撫任道鎔檄所司保治安懲禍首全邦交達善本謀也其後佐皖撫誠勳幕前撫與外人率訂銅官山開礦草約輿論大譁達善力主廢約終誠勳任寢不行誠勳任張家口及熱河都統達善皆居幕府所至興學勸工振災清獄他若築路開鑛整飭稅務諸大端莫不因事制宜以恤民利國爲本晚年誠勳解職達善歸終於家

路廷楨字蔗塘歲貢生家貧力學斷虀畫粥晏如也喜吟詠工舉業士人爭師之顧十試秋闈不第遂絕意進取專治生晚年境驟豐好施與從無吝色親族閒賴以舉火者甚衆人以爲有范文正遺風云

儲鴻勳字安仁少孤力學比壯筮仕浙江爲長興泗安司巡檢會兵燹之後鴻勳輯流亡事瘞埋尋以鹽運副歷充收運緝私綱課等局員整頓鹺綱剔除積弊所至有聲光緒己丑縣中大水鴻勳受縣令指察災施振徧歷各鄉不辭勞瘁而舟車資用皆出私囊民霑實惠里中重建蛟橋鴻勳輸財董役力相其成他若醫局任恤會等舉皆規畫

精詳俾資永守歷三十年不替性尤友愛兄弟怡怡親戚貧乏者亦以時周恤焉

任中福字儀青增貢生善屬文出路明經元暹門下稱高弟庚申之難挈妻子走依外舅宿遷訓導徐宗敬出遊魯豫鄉人重其學識交聘爲子弟師及其門者多知名於時既而游燕游浙亦然在都門以世父杓集團禦賊死事狀請䘏得祀忠義既倦游歸里仍設帳授徒凡縣中公益若祠廟義倉荒振等役靡不悉心經理家雖貧而操守廉潔歿後幾無以爲殮人以此尤重之弟星福字疇九府學生亦有文譽書法尤韶秀逼近右軍惜蚤死

蕭希鄭字僕侯蕭莊里人府增生性尙義丹徒趙世寬妻某氏及子蒙喜爲人略賣希鄭鄰村某爲妻孥垂二十年趙徧覓不得而蒙喜自幼訂婚妻父以壻久不歸屢議別配時蒙喜隨儲大令廷棻宦楚希鄭知之屬廷棻攜蒙喜歸歸諸世寬父子夫婦得以完聚又客民馬錦山妻被匪略賣長興希鄭資給錦山控縣得復歸城塘橋毀於兵希鄭與邵頲棠等募資建復其他里中義舉及禁賭博戒爭訟靡不盡力焉子書白字肯甫舉人嘗募建閔溪橋整理敦善堂墳產周給貧乏綽有父風銓授桃源縣教諭未任卒

袁德循字香林開寶鄉前陽里人監生少好學博綜羣籍粵寇之亂藏書一空平生輕財尙義好周人之急其父遺券契一篋逋債甚夥德循悉焚之里中義舉莫不盡力成就嘗重建中深瀆橋鄉鄰爭訐輒就排解一言立決人皆悅服

袁文敏字仲泰開寶鄉前陽里人監生少時累試不售慨然曰天定人定之說古人豈欺我哉遂力行善舉咸豐丙辰大旱饑傾其資得穀六百餘石悉以付振由是全活甚衆縣令以狀上賞給五品銜晚年猶好學不倦讀易與周于邠往復討論具有心得著讀易臆說數卷

潘孔鑄字仲鎔光錫子廩生幼穎異十歲通五經長老皆器之自父殉節死依叔父光河避亂江北及滬上亂平歸里刻苦理舊業文譽赫然授徒自學業外輒以立身行己相勖爲文刻摯深入不諧俗目累試輒蹶四十後卽絕意進取泛涉百家諸子通陰陽風角諸術平生志在利濟里有社倉亂後廢孔鑄倡議興復糾同志序次經理歲會而授受之不十年倉大盈光緒辛卯旱出穀貸貧者秋收薄其息斂之自是遂以爲常性剛直疾惡遇陰險者面斥之弗顧也

潘孔時字亮之幼穎敏嗜學甫成童丁粵寇亂轉徙旁近

獲免亂平歸里家業中落兩兄卒志勵學不問家人生產以屬孔時孔時年少精敏閒用計然陶朱術輒致贏由是資用饒給暇輒讀書自課光緒丙子以監生考取國史館謄錄敘勞以鹽大使註選籍將出山會仲兄孔寅伯兄祖榮相繼歿遂灰心進取撫兩兄遺孤成立見義勇爲數十年如一日戊子己丑連歲再祲孔時出任振事按戶賦錢不遺不濫所濟甚衆大吏嘉之保奬鹽提舉升銜戊戌春米貴孔時邀同志謁縣令舉平糶復集資牒縣請辦積穀爲善後經久計歲辛丑浙皖荊溪山藪閒盜匪倡獗出没不常居民大恐孔時乞縣令牒大府請兵會剿且往說長興令合謀復繪圖附說馳書浙撫任道鎔上方略道鎔故縣人得書奇賞之立分咨蘇皖會師合剿由是巢穴一空訖以無事丙午大潦米尤貴孔時奔走蘇滬謁大吏籌振務往返數四竟以積勞致疾卒其他排難解紛樂成人美以及助振施藥興學等事不具著晚年嚴於課子諸子皆以文名

余涂字葵卿張渚里人五品銜州同知性仁厚喜善舉如瘞暴骼興社倉創義材育嬰等會靡不身先勸導光緒戊子里中旱荒涂董理振撫人情帖服辛卯壬辰閒疊遭水旱復籌資施振且牒請錫輪以紓民困嘗客山東新泰倡

設惜字會收字紙又以新泰乏醫配製丸散施送以濟其缺云

儲重光字靜山豐義里人增貢生州同銜樂善好施親族貧乏者遇婚喪必竭力佽助之從兄光烈死遺孤在抱妾委之去重光亟雇乳媼收養之不以爲德孤殤猶悼之不置嘗創設接嬰堂經理十餘年保全赤子多至數百人

尹冠芳字作梅宋安里人廩貢生工文藝好引掖後進城鄉士紳多樂與之交治公事聲譽翕然倡設取善堂楊巷書院及育嬰堂光緒丙午邑大饑捐資籌振竭盡心力多所全濟又經建迎都新芳等橋以便行旅里人至今稱之

陳錦祥字春山賦孫周鐵橋里人監生謹厚謙和盡心公益光緒初里人議設竺西書院錦祥首捐院基以爲之倡其經理洞上下兩匯義倉多歷年所潔己奉公任勞任怨里人稱爲誠篤君子爲次孫佩南剿湖匪死別傳

任允升字筱雲篠里人縣增生性慈善能擘窠書通醫理粵寇初平癘疫疊起允升施治不索酬報不辭勞瘁以利濟爲心里中遇浮屍道殣或傭工死無親屬者往往被重累允升仿蘇垣一善規程立誠善堂死者由堂請驗給棺埋葬俾死者免暴露生者無牽累且牒縣請立石至今永賴他若社倉義阡惜字等務靡不盡心竭力爲之家僅中資而所事靡不舉由敬信者衆也

宗茂冬字臥松美墅里人廩貢生性好善同治初粵寇平田疇荒蕪民不得食茂冬爲奔走呼號汎粟分給鄉里全活無算其他施棺治橋各善舉靡不勉力爲之著有哦松詩鈔宗建章字質存監生亂後建復祠宇主持族政而與建臨津書院及文定大橋其贊襄捐助尤爲盡力云

楊用賓字葆之芳圩里人國學生性爽直好施與歲終輒袖金巡行鄉里見貧乏者陰給之嘗買田十餘畝值已償矣𡍼聞田主乏嗣賣者非的系乃焚契以田爲公產且於春秋歲祀田主焉

陸濟宗字經葆霞溪里人當粵寇初平娶堵氏女爲室合巹之夕女有涕容詢之則女曾適環圩曹氏不忍更事他人繼宗爲訪其夫資遣之徐舍文定橋燬於兵壞石墮中流妨舟楫繼宗出資募善泅者移置岸旁復集紳耆募建木橋以利行人其好義多類此

程丕承字志軒和橋人歲貢生檄攝鎭江府教授未任文行冠一鄉授徒垂三十年門下士多達者丕承具幹濟才疊任里中公益若積穀倉資生局濟嬰堂鵝山學堂等舉經營管理靡不盡力宜荆閒以調查戶口鄉民大鬨拆毀學堂丕承設法彈治兼令滋事者集資重建校舍恢復教育勞怨不辭里人尤重之

蔣用夏張渚若嶺人性尙義粵寇亂後骸骨徧地用夏督工四出檢拾擇高原瘞埋之凡三千四百餘具旣又設孤錢會歲以三元節致祭同治閒大吏檄州縣儲積穀用夏首先倡辦比年益充由是他圖皆踵行焉張渚斷橋澗口爲長興廣德及南山貨棧車馬運載必經之所或購道旁地建屋妨轉運搆訟經年用夏集鉅資購得之改建南山公所爲山民集會治事之室人情悅服他如禁煙止博等舉亦有足多者

黃廷魁字昆裕社瀆里人疏財仗義樂周人急兵燹後倡

議建復祖祠捐資數百緡又倡捐錢粟建復里中社倉修築葵瀆村南石路及楊家圩橋皆獨力任之兄廣裕逝世遺債券近千緡悉召貸者還其券光緒丙午水廷魁於常捐外復偕同志載米赴西鄉最窪處施振全活甚衆以嚴冬舟居久感寒致疾卒

歐華元查林人耕樵爲業性醇樸樂善好施嘗建萬石及新莊兩橋自川埠入城道出小嶺大嶺間小嶺稍夷大嶺壁立斗削陟降艱危華元捐資購石疊階砌數百級易危爲安行人稱便其他修道路設粥廠恤孤窮靡不樂輸鉅資一鄉皆稱善人焉

吳應華字繼堂誠直好義邑有慈善事輸貲恆先歲晚周行閭巷開袖金賙窮蹙者南華圩人周某貧將鬻女於他方登舟待發矣應華知之疾趨阻畀五十金得勿鬻且爲之擇偶人弗及知事後由周姓自道也其隱德多類此時有任聽元者許橋人好周急亦有全人家屬事

黃卓爾字吉堂上黃里人附貢生績學能文性侃直嚴取與董治公事羣情翕服鄉鄰有爭惟卓爾是質罕至訟庭從叔晉及晉子願俱宦山西卒官及喪歸爲之立後營葬且經紀其家同治己巳出穀置義倉爲諸圖倡壬申復謀諸族人斥基址搆鵝西講舍其他善舉亦稱是

許時宜字燿堂崔家橋人庚申之亂集資設粥局於大浦活飢民甚衆復自外運米百石歸盡散之里中人咸德之後歷三十年樂善不衰幾以是罄已有云

陸景宜字錫郇西夾鄉人諸生性嚴正里黨有爭輒爲平亭皆服其公居近溧陽境相錯姦宄易滋咸豐閒舉人胡淦嘗設防匪局於圓通庵景宜因之即庵內立從善堂專以弭盜息訟爲事其費以近處荒田蘆葦之利充之理董有法人可率循

李景曜字雲巖湖㳇人監生粵匪之亂里落爲墟居人皆覓食於陽湖之雪堰橋景曜齎金往悉周之金盡始止亂平歸里首議建新橋次第舉廢罔不殫勤㳇以山產爲

市輦物求售者往往鬻物於甲而受金於乙名曰匯帳其金輾轉多亡失趾儈利之景曜毅然請於官勒石垂禁弊永革焉同里白鎬字慕香唐正寅以字行分董圖事以勤能稱新橋之建及築鎮西大路二人輸金皆逾千鄉之稱好義者恆與景曜並舉也

譚燮臣字元襄邑山人廩貢生善爲文辭同治初清丈田畝襄事有勞其後設善堂置社倉修津梁凡益於公靡不力爲年七十餘卒家無餘財人皆服其清介

周佐臣字蘧堂湯渡人濟子少岸異不羣讀書過目輒了

丁弱冠丁寇亂奔走廢學嘗以其閒一佐軍幕敘勞得同知而性恬淡無意進取歸後即杜門家居飽中丞源深濟門下士時撫山右招之往亦不赴自更世故識略益裕處置鄉事皆秩如居近湖汊山藪多匿姦佐臣先事白諸縣請撥畯船防緝近山得無盜患與從子煒彙集濟遺書刊之晉略其最著也煒子振庸字肯甫附貢生官戶部貴州司主事以養親告歸性嚴毅不可私干有公事則力任之其居鄉行善猶承祖父志

潘奎元字星聚陸平里人少孤貧傭於鄰右每食舍半遺母而已忍飢力作爲嘗爲霞墅傅某經紀家事粵匪至密

與某藏鏹地下家人無知者及匪平某已先亡遺妻及子奎元以藏鏹告之其家欲分與不受

崔至德字誠庵蘭右里人性孝友善治生貿易湖湘閩浙閒家道大豐與兄弟三人合居不因獨勞而有私殖嘗拾遺金候其人還之與弟至倫皆樂善不倦置里社葺先祠貲力並殫道路橋梁整治尤夥里族頌義不衰至倫字純庵

王耀光字睿甫湯瀆里人坿貢生事父以孝聞貧而好義粵匪踞境時大浦設粥局食避難者耀光鬻市宅一輸金五十光緒丙午大水邑中振飢又鬻市宅一輸金二百邑令榜其居曰推解爲懷弟榮光字仲甫坿貢生同治庚午出資重建湯瀆圩橋

陳炳烜字厚之某里人諸生馬謙光字益甫清白里人恩貢生勵苦勤讀皆以文名炳烜尤崇實學光緒初楚孫客叱入境墾殖侵擾居人炳烜條列處置之法十有四將上之大府格不行及與謙光董匰事乃一意綏輯之謙光始被疑謗久之嚴惠並行主客皆泯仇隙一方以寍經辦積穀俱有實效謙光族人凝祥字瑞甫監生有才略經建橋梁獨多縣境無繭行凝祥始刱設飼蠶之利漸著

葛辰榮字誠齋白宕里人州同銜生有至性庚申之亂弟

繼善被擄自往求之幾遇害弟歸而母柩又陷賊中復與弟乘夜潛往冒死舁出焉辰榮仗義輕財凡書院社倉及他善舉靡不倡助尤好出貲爲人弭訟青龍山多古阡有議招工鑿石者集同志阻之請官勒石示禁

王煊字卓陵周墅人諸生少孤事母孝嘗自外負米歸爭渡溺河浮沈歷時得不死同治初與螽墅陳牧堂籌設粥局於陽湖雪堰橋振避粵寇難者所活甚眾族子炳文歿有遺產煊經紀二十年尺絲斗粟皆記籍卒爲立後而歸之性嚴正里事經其處置靡敢輕易者

周廷賢字沐堂螽墅人監生始甚貧以業陶致富坦邁喜

施因浙境長興有溺女風與縣人徐致泰郝建接嬰善堂附設義塾舉保嬰會鼎山鎭向於歲終設粥局以費絀且中止廷賢分任籌畫得毋廢墜晨赴市囊錢千餘視窶貧罷老者給之日必數十人二十年如一日其餘戚族鄰里之仰周急者多不勝計也

程持義字滄泉和橋人同知銜秉性孝友嘗刲股療母疾咸豐閒避亂馬蹟山友有以五百金託者夜半羣言寇至持義倉猝攜金走比反則已有一空亟以金還之友而不以所失告人

徐邦定字翰卿洑溪里人恩貢生善爲文工左腕書敏達

堪任事建支祠管義莊纂宗譜設文廟丁祭局皆著勤勩與族父德風在嘯莊一帶集貲振乏用垂久遠里人以倡自二徐有徐徐堂之目顧恤戚族恩意周摯里中無力從師者陶冶曲至俾各成立人稱耆德長者無閒言德風字綠崖監生

李曜宣字效三某里人事親祗順丁粵寇亂生養死送皆盡禮轉徙南匯之張江柵以伯兄先故悉召兄之子若孫至教養視己出從孫炳常在茶市貿易山戶持贋銀幣來者皆受積數十枚融毀之浙湖衝要曰五里澗盛漲時人馬坐困鳩貲橋其上便行人蕭某見侮於族將訟之官力勸止至長跪得請乃已其存心長厚多類是

駱年大大浦農人賃田以耕値里中治石梁首詣董役者言願輸百金人問之則積年勤動始有此數也而澗橋里人蔣成英者字福興粵匪初平人相率歸耕無粒米可藉成英適攜穀十石歸盡出分給之自饜糟糠無慍色

陳昌言字德昌韓家村人監生性慷慨好施與周恤鄰里無所不盡從子某亂後孤露撫育若己子爲之授室同處四十年不析箸舉辦萬二區十圖義倉積漸充裕至存穀千餘石任城塘橋馬公蕩兩處燈樓膏火月凡十二斤歷四十餘年不替其好義類如此

蔣鎔字冶如西莊里人性誠樸有古風光緒丙午大澇鎔與吳錫九等倡議集捐購米平糶謹愼將事人心始定嘗經理鵝西講舍頗著勤勩士論翕然

蔣卓垣字竹溪性寬厚不念舊惡里人某嘗挾嫌肆侮辱弗與校役某以訟事被累卓垣爲之解脫人皆服其雅量家僅中貲而性好任恤人有緩急雖空乏必爲籌措里中書院及同仁堂襄理貲助皆有力焉

吳欽字少懷永豐里人附貢生秉性忠厚善排難解紛同治癸酉光緒辛卯疊遭旱暵爲開復永豐瀆港其所居東西界瀆數遭水患爲建橋置閘由是水旱無憂嘗捐貲重

建永豐橋又創立思義社歲時祀里中無後者從姪汝聽避亂失蹤晚歲歸里爲買宅娶妻俾得所人尤稱頌焉

曹鏡清字覲棠楊巷人監生篤實寬厚性尤友愛四世同居從無間言光宣間疊遭大水振飢平糶諸務慷慨解囊了無吝色經理育嬰同仁堂諸務皆著勞力其平時周眷之解紛難尤仗義不辭云

陳學聖字馨齋高塍陳大里人力田好施與庚申之亂難民麕集高塍嗷嗷待哺學聖謀諸婦盡出所有爲粥以食餓者後二年爲賊擄去至蠡國遇白髮叟謂之曰汝不行何待乎忽不見學聖悟遂脫歸亂後命其子德賢倡爲里

中善舉捐資重建東塍橋以石易木平治街衢道路置社倉興書院營義冢莫不盡力焉

陸廷陞字步青天生圩人監生兵燹後里中設撫恤局廷陞偕同志招集流亡代謀生計皆有勞力從弟某自兵中歸年尚幼撫之成立爲清理田產歸之天生橋毀於兵募捐建復其他經理公益皆此類也

陸漢臣字酣忱圩貢生好讀書平生謹以律己謙以下人嘗募建里中塘門橋及紅塔桂橋等橋桂橋本其先世所創至是尤盡力中年設帳授徒喜獎掖後進族中子弟秀出者必引之門下成就之陸其燮其一也其燮字理甫圩貢生其處己待人酷似其師云

丁培字樸堂大儒里人監生同知銜事母孝粵寇之難母年逾七十常負之以行無頃刻離母歿哀毀骨立縣中重建蛟橋鯨塘橋文定橋及建造國山臨津兩書院與宜興令萬立鈞所設郵農會皆首輸重金爲倡又先後經建福源寺白雲庵惠農大儒各橋並築橋南石路六里許其他創設義渡募建善堂施棺掩骼等事孜孜不倦光緒壬午豫氓入境强墾培令族子殿芳馳告荆令飭役遣散由是土客息爭隱弭巨患里人德之有大小阮之目殿芳字菊芬亦監生

范克恭字念齋好施與洪楊亂後里人乏食克恭出私錢作粥以食餓者又日給麩餅人二枚經數月不懈全活頗衆其後子孫蕃盛僉以爲好施之報云

楊裕昌字雨蒼監生楊巷人性友愛急公好義粵匪亂後家業蕩盡裕昌力治耕商漸致饒裕積數年弟自外歸爲授室分宅居之撫諸從子有恩倡議重建經堂橋首輸銀三百圓乾功紬銀三百餘圓悉任之主施粥事數十年不懈光緒戊子旱饑施穀百數十石丙午己酉疊遇水災先後助振銀五百圓又以百五十圓助平糶宜令汪鳴鳳賴豐熙皆題額旌之比年興學尤力臨卒猶以所蓄銀六百

圖命諸子捐助爲學校之用諸子亦克遵治命云
黃業勤字稼軒上黃里人監生讀書授徒累試不售已而其子守先猶子執中同補弟子員遂絕進取意從子某夫婦均歿遺孤二業勤攜歸教養婚娶且爲之經營生計戚蔣某孤露亦如之縣令萬立鈞行部至里嘉其煙賭絕跡題額奬之蓋里中規約雖嚴亦業勤主持之力也
邵繼先字紹棠坿貢生剛直尙義同治初大難初夷百廢待舉繼先經始各圖社倉並立義材會作堂爲圖中議事所光緒初煙賭盛行繼先牒縣出示嚴禁自是鄰近十餘里無染者萬二區初無積穀邀宗人子鏘築萬一萬二倉

廒於和橋鎭儲穀以備荒就高塍創設溺南書院以造士又善解紛難里中數十年來鮮搆訟者
范光國字鑑淵西望圩人歲貢生秉性剛方潔己寡過以維持公益爲己任里有社倉田產頗豐亂後多失之光國逐漸清理復嚴立規條以防侵蝕又嘗經理祠產勤而且清平生師道尊嚴門下多發名成業者
范湘字蘭莊雙橋里人恩貢生居鄉教授性方嚴動止無苟及門化之皆恂恂謹飭粵寇來被掠賊渠慕其名禮之甚至卒計脫歸有知其隱事者言湘陷賊中時賊以好女二納湘臥室湘爲秉燭不寐累數夕也

李新孝字子勤杜文子監生性敦厚謹事兩叔父自少至壯曲盡其道家素封兵燹後資產盡失存者或爲親屬所據新孝一不較曰吾終不以身外物傷骨肉也嘗於茶寮獲遺金待主者至悉還之其行誼皆此類也
徐士艮字質初少聰穎性尤肫篤粵寇亂後家貧甚乃棄儒讀律通錢穀之學館浙江布政使署者三十年莫不器重之浙藩某尤傾服尋移撫蘇皖皆致士艮幕下館蘇時會捕得巢匪六十八人已定讞撫以荊幕不在持牘就商士艮閱牘中名籍有不隸巢者二人曰是宜矜恤撫有難色士艮曰公既就商義當以所見告提刑雖曰專職然生

殺實公主之可不愼乎撫韙其言竟出二人死士艮素質樸布衣疏食無大府幕習所得館金半分潤族媚里中善舉解囊勿吝光緒中葉以後米穀騰貴貧民艱食士艮糾同志創設社倉至今利賴
周澤霖字恂如性鯁直常面斥人過人皆悅服蓋其所持者正也平生以孝弟忠信自勵亦克踐其言縣西戍任鄉永濟黃士進濟等橋皆毀於兵絀於資不果復澤霖首輸百金爲倡復募資以益之不逾年三橋悉復黃士橋道途傾圮亦平治復初蛟橋之役督工三載罔間寒暑光緒戊戌縣大水籌振散給全活甚衆

徐𢇁廷字小泉榜奎孫官河南典史光緒丁丑于役懷慶時方大旱道殣相望甚或遺胔殘缺𢇁廷大不忍沿途雇役瘞之閱兩月資盡而返常慨限於財力無如何也尋改發浙江差次獲小偷訊之得可憫狀給謀生資戒勿偷遣去家故守殺戒𢇁廷行之益力常節縮衣食或典質放生終身不怠也

任金安張渚竹藏村人監生光緒初祝陵東霞埠朱石者改用火藥轟取新法行八不戒往往斃命金安邀集區圖各董牒縣請示勒石永禁後三十年愚民稍稍違犯復集里中董耆重申禁令焉張渚南里許有何家壩者光緒十

八年爲山洪衝決三丈餘水發新街輒淹沒金安鳩資堵築時其蓄洩水歸故道農商交口便之

儲宗源字彥臣汝子增貢生幼孤力學秉性孝友粵寇之亂奉母避鄉閒一日寇猝至母將赴水死急扶掖避蘆中獲免尋走避江北處患難讀書賦詩晏如也兄廷鈞相處極友愛析產時推讓出以至誠若惟恐兄之分薄者諸從兄若廷棻廷槐兩大令實琛敎諭先後物故宗源皆經紀其家盡力若己事校勘在陸草堂七種選本不辭勞瘁晚年經理文廟書院款產必誠必信人無閒言

儲鳳林字仲英賡芸子光緒乙酉舉人爲文得儲氏家法授徒務植根柢多所成就南昌萬立鈞宰宜興多所延攬寓書通款不報過門訪之匿不見立鈞益重之里中農田水利有爭執者輒就鳳林取決咸欣然樂從鄰村有童養媳迫於姑匿他所其父母以被殺訟久不決兩造皆餽金乞向縣官道地呵斥去晚年尤喜程明道及陸清獻語錄取明道詩將謂偷閒學少年意自號學閒又愛東坡明月小橋人釣魚句別號小橋居士云

蔣承顯字有爲西鋤里人監生性剛直尙氣節遇不平事輒抑強扶弱無所避忌又急公好義能周人之急雖夙所怨惡未嘗不通其有無故外雖嚴厲人多樂就之嘗成就

內兄婚娶其後內兄夫婦均歿養其老母育其遺孤俾之成立鴉片盛時所在煙寮林立承顯恐少年被累力禁之月捐私錢若干貸貧者俾營他業里中煙寮絕跡承顯力也子輔周別傳

蔣壽昌開寶鄉大蕩里農人也里多蒱博壽昌罰首惡數人嚴禁之自是人不敢犯義倉儲穀爲里豪某乾沒壽昌集同志與某句稽得穀百五六十石擇廉能者會計之己則力任勞怨不十年積粟至四百餘石置義田三十餘畝建倉廒五六閒定永遠規制有條不紊由是歉歲賴以存濟城紳聞之皆爲歎服平生抑強扶弱出於天性及卒里

人恩之不置云

史悠成字厚生性孝友庚申之難史氏四世同居長幼三十餘人賃兩舟避難舟小不能容悠成挈幼弟走匿錢樂山中其曾祖鴻誥方治團練居城父孑身走避城陷鴻誥殉難悠成得凶耗潛訪兩舟則遇寇懼辱悉死於水急覓父偕往錢樂河濱雇漁人撈尸掩埋標誌甫畢寇突至悠成伏水中三日夜寇退出尋父則已遇害亟覓父尸棺殮畢將自盡忽念幼弟居山中已死弟必不全遂入山求弟則已爲亂兵砍傷急求治療幸而無恙乃以弟屬諸姑閒行赴李軍投効無何克復蘇常歸視其弟無恙意甚慰尋

從李軍復湖州復歸省則弟已病歿一慟幾絕回思一家三十餘人轉徙流離同歸於盡承先啟後責在一身遂決策離營爲似續計已而倡議編纂家乘修葺族人墳墓凡敬宗睦族之事靡不竭力行之晚年子孫蕃盛家業復興然歲時祭祀輒欷歔愾慕涕泗交頤蓋其孝友之誠出於天性然也

蔣根培陵上里人呂光裕南莊里人張茂開横泥潭里人黄九如上黄里人徐松昭柚山村人皆以光緒丙午水災捐鉅資助振宜興令汪鳴鳳各題給扁額旌之根培光裕又各捐鉅資重建鸛溪橋光裕又別捐鉅資重建西安橋而九如父天球亦經建匡莊橋修理山下橋均克盡其力云

史賢祥字德祖邑山東新瀆橋人監生慷慨好義凡歲饑輒首先助振隆冬常置衣絮數十襲施貧者嘗捐資修建新瀆細磚兩橋又嘗創捐本圖義倉以備里中水旱

周槃字于淵蜀山人爲人敦厚有雅量洪楊之亂嘗從里人袁氏舟避難亂平指第宅一區贈之以爲報其所居門内小院布石爲地條有常州李翁來自言兵亂時嘗埋白鏹七百於此願發鏹各分其半槃許之獲如數堅辭弗受悉令持去同治間里中清丈槃實司其事省幹關某以蜀

山本山鄉不當有低田槃導幹巡視汙潦諸田與力爭關悍然不聽强改低爲平槃引爲大疚常言後日苟行績丈必當更正云

潘澤溥字翹士蜀山人慷慨好施與庚申之難避亂上海就閲行創舉石灰窰業收恤鄉人避難者俾就事得食焉亂平歸里首建市屋數十楹振興商業又招集客民墾荒不數載農商復業一鄉稱盛又嘗捐金佐復祠宇有弟不善治生析居時舉所營財産皆與平分無纖毫吝色

潘錫康字笛舟蜀山人性勤懇有幹才同治乙丑官給穀種於農錫康赴省載穀將歸軍人奪其舟錫康謁主帥爭

徐澤霖洑溪里人遷居張渚善理財性豪爽遇善勇爲張渚毗連長興多棄嬰者澤霖集同志創辦接嬰已而集資建設育嬰堂而義倉書院亦多所贊助臨歿前猶招邀同志創設年終撫䘏會至今踵行

居熊飛張渚人市藥爲業性儉嗇晚年頗豐裕獨建南山大㵎橋築西洋渚達張渚石路十餘里免泥濘之困人皆頌之里中疫作捐數百金備施棺已而疫止遂以餘資就清白里設善堂

何正熙字竹亭張渚人監生候選州同知性尙義凡遇災振殫心辦治傾囊不吝屢邀旌獎他如義倉義材施粥施

米與夫修築橋道有獨任者有協助者嘗與徐澤霖創設育嬰堂經費支絀勸募規畫不遺餘力晚年里中推爲耆德人無閒言

蔣景昌琢盥莊農人也家貧好義村後有黃太師木橋頗長遇修葺斂資甚艱景昌乃捐銀三十圓權子母備用事閱廿餘年今有田十許畝銀百餘圓自修橋外可兼助他種善舉矣

周萬餘漳濱里人性好義嘗舟行太湖風浪大作瞥睹一舟傾覆人伏舟底命在頃刻萬餘欲救之同舟者畏險惡不敢前萬餘曰見死不救於心奚忍立趣移舟往救得遡

之帥懲軍人署牒護之還旣貸穀錫康主秋收斂償得請有司設倉歲積之遂爲積穀倉之始其族人有雙福者亦好爲公益光緒中嘗助順直振捐二百緡縣令題額旌焉

趙恒懷字慕韓蜀山人慷慨好義殫心善舉兵燹後紳董潘光河潘祖榮議恢復謂仁堂義倉恒懷與陳昇吳紀棠等首先輸助遂克集事又嘗捐鉅資修治本鄉石路事見潘祖榮謂仁堂及潘孔時重修蜀山南街石路兩記

丁鍔章字鶴亭西莊里人諸生居近浯溪橋橋瀕太湖水勢洶湧樁石傾圮鍔章於光緒辛卯倡議集資修築增設石梭墩兩座以殺水勢橋始鞏固潘國材字卓甫堂前村

人嘗兩修九里五湖等橋又捐資重建堂前橋以石易木歲饑輒籌資助振他如施義材郵孤寒莫不竭盡其力云

張葆榮字蓀軒樹榮弟諸生嘗道遇遺嬰惻然憫之立捐宅基田畝就周鐵橋鎭創設濟嬰堂至今賴之

張煥標字錦庭授徒課農不干非分生平於施振丈量建橋築路及創置積穀義倉興設竺西書院莫不財力兼盡歲輸國課必預選大白錢親齎以納其忠懇如此子熙及育萬皆諸生從子宗海字歗泉亦諸生好爲公益事嘗募建王茂公橋及陳橋創設崇本學校均竭盡心力濟嬰堂缺經費力勸其弟宗沅經理累年墊款賴以不替

二人漳瀆官路橋圮萬餘募資重建舊時橋面石條故狹石工仍之訖功矣萬餘購得廣者使易石工難之萬餘屈膝以請石工感其誠遂爲易之

許心一字竹巖坩貢生秉性端嚴殫心公益嘗設社倉興義學施棺槥卹儒嫠恆節縮衣食捐資提倡又嘗重建臨津書院改建文定橋創建曉虹橋修砌街衢工程鉅萬實心實事人皆器之弟心培亦諸生弟兄友愛至老不衰亦有足多者

蔣翰勳字竹書和橋水中村人恩貢生代理蘇州府教授童年遭洪楊之難亂平刻苦厲學以授徒自給族人某中

年未娶翰勳罄積資俾成婚嘗創設公信堂崇本堂及義倉儲穀數百石又創設濟嬰堂積穀倉鵝山書院莫不規畫精詳足資永守光緒之季創辦鵝山高等小學尤有實力云

吳鴻圖字應田南莘里人從九品職銜家本素封好施與往往袖金入市私給貧者人莫知其誰何也遇振荒育嬰等事斥重金無所吝嘗獨力重建溧陽仁塘口新橋後莊村東橋元善鄉雙橋並築石路數十丈又創設龍游溪渡船所費無慮數千金遠近莫不稱之

吳順高字銀芝八房橋人性敦厚家產僅中人能濟人之急光宣閒疊遭水澇順高輒出錢粟振之多修築津梁道路傭工某竊其穀突相遇順高善言訓誡給以米遣之去晚年好施棺歲常數十具歿後其妻錢克繼夫志亦以好施聞

嵇虎文字虔甫監生州同職銜素仗義有幹才荆溪令辟葆楹檄董區事時客匪兇悍好訟有湘人毆環秀者殺人嫁禍又別有因姦致殺案虎文並白其奸於令悉置諸法客民以墾荒爲名搆訟京外者經歲虎文據理抗辯卒得直其任事之勇類然他若振荒恤貧諸善舉皆力任勞怨鄉里隱受其惠焉

何翰字子涵監生性孝友年五十事母維謹問視澣滌必親必敬友于兩弟慈從子若己出訓誨甚至光宣閒疊遭水患募捐施振財力殫盡尤以教育爲急務創設尙志高等小學建築校舍行籌坐畫昕夕不遑歿之日學子多泣下者

許文煥字雲亭坩貢生友于昆弟從子連城將築室苦乏基文煥聞以宅西隙地畝許并契劵悉與之不受値里人高其義

許棨字瀛溪懋弟賈於市鄰某伺隙盜其貨家人微反脣某怙勢肆無賴棨引咎謝罪乃已歲終索逋某氏不得入

其室見新囤疑有儲粟啟視則二稚子畏寒匿其中惻然憫之反給米數斗去

許洵字純如監生與弟渲甚友愛終身未嘗析箸嘗有通州婦某氏夫疾子幼貧不能自存爲鄰嫗所紿渡江賣與許某爲妻婦痛念故夫不肯成婚洵廉得實償其直送之歸俾夫婦母子完聚洵疾革時子廩貢生如松嘗刲臂療父

楊元瑞字芝雲芳圩里人性敦篤好義嘗途遇婦人哭甚哀問之則夫以博負將鬻己以償元瑞探囊得十餘金悉與之俾得完聚里黨稱之

王琮字一清增貢生性好義光緒初歲旱望溪河水涸田禾枯槁琮勸農民開濬出米振貸不數日河深水滿至今稱便光緒末疊遭水患琮率先捐資提倡募資助振復馳書奉天命其子綸籌資協濟事訖獎州同知平生修建橋梁甚夥而於寺前南草塘橋獨任萬金重貨卒底於成修驛塘設醫局建同仁堂施櫬具作市屋河栅收資爲醫局及同仁堂常費又於里中設社倉及普濟堂以備荒歉經理萬金鄉倉穀均竭盡其力云

潘森山字臥岡南壩里人監生性好善施棺捨絮歲以爲常而於葺治橋梁隄岸爲尤力光緒丙午大水森山發倉粟以振不足捐數百金購雜糧益之里人至今頌德

丁濟南字祖培監生宅心仁厚捨藥施棺歷三十年弗替遇貧不能舉火者給以錢米不令人知也邨北道圮壞集資才數十金濟南以百金益之盡易以石光緒丙午大水圩田盡没爲購穀種數百石汎舟賦予爲來歲春耕之用自是家計中落怡然弗恤也

丁錫耕字敬書監生同知職銜性質直好義光緒丙午宣統辛亥疊遭水患里中施振錫耕輒首倡捐輸並助穀百餘石由是人皆踴躍從事全活無算從二區六圖禮安圩橋壞傾資重建費錢七百餘緡其他建祠修譜輒捐鉅金不吝云

吳用賓字星楡芳莊里人舉人選授桃源縣訓導以持正爲忌者所中罣誤歸爲人敦厚處人事如己事人以瑣細干罔弗應有爭則扶其愿者常得直或出貲隱爲弭患焉自奉儉薄而周人勿吝每值歲祲里中多待以舉炊辛亥以後謝事家居足迹不入城市云

吳錫九字鏡蓉景牆次子附貢生性和易好施與尤敦內行三試省闈不第遂絕意進取援例得通判或勸其出山以親老兄協心又多雅游弗忍也協心垂歿念三子無以自存屬錫九各與田四十畝爲歲膳計錫九泣應命已而

更各增二十焉長姊適談姊壻歿於亂迎姊至家養之終身親戚鄰里以緩急告者靡不周給又倡議建設楊巷接嬰堂累振西北鄉水旱各災光緒甲午汛白米百石施新芳橋急振歲丙午勸族人各出鉅資糴穀糶米使村人運出賣之悉以所贏賑餓者由是里無飢民又與城鄉各善堂廣募博施全活無算

吳錦雯字硯青協襄孫副貢生六合縣教諭爲人方正廉介不輕然諾嘗董區事志存利濟在己無毫髮私經理楊巷同仁堂義倉書院皆實事求是聲望翕然其秉鐸六合整頓士習嚴而有恩士慶得師修葺文廟不辭勞瘁比去

任門下士皆依戀不舍有泣下者既歸以積歲田租所入獨建宗祠不足則罄所有宦囊益之平生自奉至約捐資歲收字紙歷數十年不替云

徐長齡字符九廩貢生庚申之難長齡與其兄子昌避地江西怡怡友愛形影不離兄歿亂平拮据扶櫬歸葬家貧以授徒自給門下經其指授爲文皆有師法其壻父程兆慶創設思濟堂條列規則購置田産長齡之力居多嘗慨亂後文廟釋奠樂器久廢與史毓瑛等赴省會觀禮尋即鳩資置備親率校中諸生集明倫堂習禮屆時肅恭將事極一時之盛云

呂兆文字頡寶增貢生父光謙蚤世事大父宗桂得其歡心粵寇初平新墾者許免稅乃漕書藉荒勒費宗桂既傾衙上訴尋患風痹省府屢鞫兆文輒承命投質竟革數十年來縣中秕政焉光緒丁丑冬湖北客民多人突至清泉十圖山間占墾樵蘇侵奪肆擾人情洶懼兆文邀圖董牒請縣令徙之越明年夏案不決兆文倡議撤其廬舍遷其牲畜什物送縣令發交乃得資遣回籍自是客民在宜者得稍稍就範云

徐炳榮字捷笙洑溪里人恩貢生課徒自給爲人持正不苟嘗殫力清理田畝得荒田頃餘貸耕課息悉充渡船歲

費洎今利賴某歲有楚氓突至占墾伐木居人恇懼白諸吏不得決炳榮冒暑馳諭衆立散去

秦德山字崇峰英駐里人少孤力耕奉母里有傭販某亦謹事親艱苦積得數十金一日失去憤不欲生德山往爲尋覓則金燦然具在焉蓋憫其孝謹潛攜往以遺之者

宣笠孚北斗圩人家綦貧年十三父母相繼逝弟妹皆在孩提勤苦力作撫之成立爲畢婚嫁而已未有室弟既有子逖不復娶處事慤謹爲修治里中木橋積金權子母歲取贏以給二十年無纖芥私

沈雲章字映溪男留里人浙籍諸生常用醫術濟人見善

無不力爲張雙喜者淮上人家無兄弟十歲時被人掠賣爲僧雲章收歸撫育或勸子之不肯後授之室與己子並分田宅然人咸知爲張氏子終不使其易姓也嘗白近村袁某陳某之誣出之於難

毛以桐字莘堂新市里人諸生家貧衣食於授徒光緒戊子大旱高鄉絕粒以桐斥館餼五十金市粟振窮乏富有者愧之争輸財爲同時楊家模字品岩西田里人每值歲祲傾囷以振不足則損及囊橐又不足則書券貸於富室其好義常若不及云

許應唐字作賓扶風里人諸生負時名喜周人困乏稱貸者力不能償折券還之爲人內厚外嚴見者憚肅鄉里有爲不善者惟恐應唐知某少年遊蕩助之貲使有家室卒改行立業焉居恆授二子經勖之曰吾家以忠厚世其傳凡機變涼薄之爲不願汝曹效也至今人猶誦之

華瑛字蜀江張渚人好以藥物濟人所製混元一氣丹六一散等皆有名於時與弟步青醵貲立念誠會始以其贏爲施衣施槥諸善舉厥後資產漸豐乃移充育嬰之用今張渚育嬰堂猶藉是爲歲費

余維序張渚人同知銜張渚山中客民墾荒者以萬計獷悍不可制維序於其始至卽爲度地遣置後一結以恩誼凡社倉貸穀歲歉振乏皆及之無歧視而客民大感有鬬爭勸之立釋人咸服其明幹

余以柔字霽園張渚人諸生父豐之嘗於咸豐間議建國山書院購址未就引以爲憾光緒辛巳以柔創輸鉅貲事興築卒潰成竟父緒焉會州縣舉行讀法之典以柔卽於院中講鄉約盛暑不輟聽者咸肅子光照亦諸生以孝稱實心任事戊戌歲大饑民無所得食光照赴縣請發積穀平糶一方以安

蔣存箴字盤珍西鋤里人里有仁濟堂積穀數十石爲社倉之本存箴經理數年遂克購地築倉漸臻完備

任大鏞篠里人溧水諸生勇果能任事元善慶善諸鄉在羣山中故多盜患大鏞與里人籌設保障會請官給器械家出壯者一人自爲守衛番代徼循部勒有紀其後他鄉亦多效法盜風以戢閭井宴然

汪源字載柏生四歲而孤母吳撫之成立會遭洪楊之亂生計數絀遂棄儒習賈母晚年多病源侍奉維謹夜輒焚香籲天願以身代兄某早世撫猶子有恩飲食教誨不異所生平生宅心仁厚務在推己及人縣中善舉多所贊成如修築橋道水旱災振靡不竭力資助提倡任邮寒衣施米等會篤念尊祖敬宗之義創建祠宇置祭田修宗譜睦

族姻敎子有方處己以儉治事以勤鄉里稱善人焉
章俊民字愼三監生性孝友樂善好施歲服賈得錢悉歸之堂上母嘗患痢日夜侍臥起抑搔扶持湯藥廁牏一身任之同治初避亂如皋獨冒險商販江南謀贍養父母命其弟與偕俊民憐其弱弗與也後年至六十餘始析箸推肥且優者與之弟歿爲猶子經紀累年俟其幹辦乃已爲從弟蔭甫授室助族弟望成大父父之喪叔母死喪葬悉任之從子婚庀金以俟納聘其施於宗族者稱是粵寇之亂戚葉某病甚俊民攜之渡江自是所至輒與偕俾有家室子亦餬於庠葉死卜兆不得又以地讓之葬中表胡

死贍其孀孤同業吳某死爲籌資權子母贍其妻兼舉其喪一日收宿逋分半給吳妻謂同業時彼欠至是業輟且數十年吳妻幷不知有是也其仗義不欺類如此
范慶山漳瀆里農人自奉儉嗇而好施予同里周某蔣某皆貧捐已業田與之又爲湯瀆杭某娶婦晚歲置妾知其有夫亟反之里前洑瀆橋出貲獨建自執畚挶而築堰戽水諸役至卒其婦以任焉凡力行善事多此類其歿也致無中産庇後云
曹槐大曹家巷人性勤儉家貧不娶中年後力田積數百金捐百金倡建杭窯橋其宗祠兵燬獨力創建卒後棺衾外無餘財也
程兆慶字松泉性任俠好施與家本寒也居積致富中歲病失明然歲會月計能自鈎稽出納人咸異之同治壬申與徐紳鳴皋合貲巨萬置城鄉房産積千間以租息㧞辦邑中敬節會兆慶復獨出貲萬餘緡補其不足又奉嗣母許氏遺命助以千金㧞建思濟善堂就堂發給敬節月費積有餘力並添辦年終津貼等善舉焉迄今垂五十年嗚呼兆慶子孫等遵循弗替郡人張提學鶴齡前誤思濟堂碑記謂此事與舉皆程君是賴積劬累瘁以身終之洵非虛語今堂後樓奉祀鳴皋兆慶木主盍合于崇德報功之

旨云
任錫鎣字奐生侃子諸生通刑名之學累佐江南北諸縣令幕秉心仁恕持法寬平遇疑難重案往往達旦不寐愼審情罪所宜嘗戒及門曰求其生而不得死者旣於我無憾我庶幾亦可以自問耳在吳縣有民某爲仇家所陷讞已定移省覆審仇恐事敗以賄進峻卻之白其冤崑山大水饑民聚毆縣佐獲首犯三人撫軍命立置重典錫鎣以爲愚民無知特爲饑所迫不當以常法論具牘力爭卒從輕減事訖不戮一人其在無錫會初設學堂創商捐不逞之徒煽衆罷市焚官宅毀學堂金匱令某亟請調兵錫鎣

以謂造謠煽惑自有罪魁訪察即得一經請兵便同告變將來多殺無辜官民並受擾累雖悔何及力請無錫令電阻案決無株累者光緒丙午縣中大水時錫鑾已謝事歸里創議設查災公所使報災者造冊送所彙呈縣署以免留難並勸鄉董先發義倉振濟以定人心叉手定章程十六條呈縣詳報民氣爲之稍蘇嗣後議獨議振實肇於此云

吳鎏字品南監生樂善好施邑有義舉輒踴躍樂輸其經理留醫局務尤盡心力檢視醫藥日必再至二十餘年始終如一嘗爲某甲胠篋甚鉅偶於質庫遇之邀至家誡曰

汝良家子奈何蹈此吾不汝瑕疵汝毋自誤也甲愧悔拜謝去卒改行晚年通岐黃術遇貧病者兼施以藥鄉里稱善人焉

徐德銘字盤深澄子性慨慷勇於任事縣有善舉輸資協力無所靳以順直振捐勞績保知縣發安徽到省不一月意有不屑遽歸倡立宜興商會濬其智聯其情去官商隔閡之弊而商業以振經始酒捐煙捐房捐寬嚴得中而商民無困光緒丙午大水德銘悉心籌振全活無算越明年遽卒宜紳三年江督張奏獎三品封

蔣南生字含棠南社里人里傍湖多盜居民結團自衛一日盜至南生率衆以救中彈死縣令汪給額旌之

錢謨明字掄元仇圩里人秉性公正不苟取與董圖事三十年圖中無搆訟者人有不平力爲解勸甚或垂涕而道人多感化里中義倉義材等舉皆其倡設處己至儉終身未嘗衣帛而施與了無吝色云

夏琛字燃滄本盧姓爲荆谿荆曹吏道光間創設東氿救生渡船假託張澤橋普濟善堂所爲舟駐燈樓口伺氿中遇險輒往濟家雖貧願力持不懈獄囚有寒苦者恆密爲周邺云

鄉賢 文苑

吳志文學先以儒林茲則僅列文苑非略也蓋其愼也宜荆自同光以來若藝文志所載期不負齋文集寄鷗館政書僅寥遺文大者列　皇朝政典次亦見私家紀載並風行海內弦誦勿衰其勳續亦稱之固不假以爲重若夫沈淪下位嘯咏名山風雨一編筆畬六籍或以訓詁名或以文章名或以詩詞名劍氣珠光一時並耀雖不克見用於世或用而未盡其才然讀其書想見其爲人輶軒之采必有取焉不徒爲山川生色也彙而存之以傳諸後

周于邠字用光洋塘里人少好學性孝友弱冠時熟復論

語行有餘力則以學文二語慨然曰吾人爲學不當如是耶其後昆季析爨宅則讓新田則取瘠昆弟間莫不感歎道光己酉大水于邠首倡施粥先後六閱月全活甚衆縣令將以于邠名上力辭乃已陽山孝感墩舊祀周孝侯姚忠義盧忠肅爲三忠閣而王忠烈堵文忠祔焉于邠重修奠主改爲五忠閣人皆宜之晚年篤嗜程朱之學著至知錄崔書翀序謂其多所發明有裨後學又有鳴珂集三卷中有治安策六禦夷策五海防策四屯田策三三吳水利書一歐陽晉序以爲洞悉時事剴切詳明深中當時積弊又有讀易管見二卷以爲易者其道至大其用至廣然其

理則陰陽而已任練江序以爲簡切詳明其書經庚申之亂均不傳

吳景牆字森齋六科里人弱冠受知學使姚文僖補縣學生道光乙酉舉拔萃試景牆徒手攜筆硯入場獨坐一案題下揮毫立就再試經策皆然學使辛從益知之歎爲異才特拔焉廷試俛得復失歸而教授弟子日進治舉業不尚高古曰此所以應世也舉世不好奚應舉爲然景牆卒不第治經薈萃衆說擇善而從偶抒己見多作商榷語不欲以著述自炫嘗曰名者物之所爭實不副名僘干天忌剏更無其實乎光緒辛巳重游泮水黃學使體芳頒贊宮碩望額以彰之一時名宿如王殿撰仁堪潘尚書祖蔭高直牧心夔皆製序頌爲賀景牆雖鄉居顧年高德劭縣有大事兩縣令及巨紳輒造廬諮訪議洽而後行其有造於地方公益者不可勝舉嘗續修宜興荆溪縣志論者以爲翔實典雅可自爲一書傳世云臨終誡其子勿作哀啟毋乞銘誄索筆書云睦兄弟敎子孫嚴律己寬與人操家約力學勤但務實無求名擲筆而逝年八十有五

徐宗襄初名元愷字慕雲幼以神童名弱冠補諸生應鄉舉不第避喧深山古刹閉博涉羣書靜參奥旨僑道光己酉舉人官内閣中書尋改山東知縣累權冠縣平陰等縣

知縣皆稱職平陰士民爲立碑頌德宗襄工詩詞所著有渡江艸一卷河上吟二卷雲門艸一卷西行艸二卷登岱紀游艸一卷柏蔭軒絮月萍雲詞二卷又續存一卷避兵筆記一卷宗襄深於詞學名播藝林豐潤趙國華嘗輯宜艮嚴廷中清苑李鈞石正定王蔭昌及宗襄詞合刻之題爲明湖四客詞其他著述並藏於家待梓

任光奇字卓儒弱冠補府學生尋食餼貢成均同治甲子光奇佐凱字營肅清宜邑保五品藍翎籌措一切善後甚力光緒庚辰宜荆續修縣志分纂節孝尋銓鎮洋縣訓導積苜蓿資刊鄉先輩遺著如單鍔吳中水利書陳維崧湖

海棲全集蔣錫震豈潛古文謝方連風華閎麗體僧悟詩掃葉詩存及其祖朝楨午橋存稿太倉吳偉業梅村詩詞校正諸書以餉學者光奇故工書體法顏柳晚年治古文甚勤黃體芳王先謙兩學使亟賞之嘗撰書曹娥廟楹聯人稱雙絕傳徧藝林云

徐斗文字理山少好學於舉業外讀書有得輒札記別冊於古今人物臧否治亂得失剖晰甚精以拔貢生中式同治庚午本省舉人歷署新陽縣訓導華亭丹徒金壇上海等縣教諭光緒癸未銓授宿遷縣教諭而斗文已前卒矣斗文績學工文志在用世顧累試春闈不第有志著書亦

未克竟其業子有麟字祥叔廩膳生敦品勵學以授徒自給書畫能傳其婦翁陳任暘之業性和藹慎交游終歲不窺戶閾中年殂謝人皆惜之

徐沅瑞字元之杏儒子廩貢生襲雲騎尉篤學勵行束身圭璧外和而內剛里人皆敬愛之粵寇之難避地泰興就書院課藉膏獎以自給屢空晏如也亂平歸里設帳授徒從游者眾多發名成業以去耽著述工儷體文嘗校勘謙齋文集及儲在陸所選七種續纂徐文靖年譜所著有三友齋詩文集雙桂軒課徒艸藏於家長子應軫字子展光緒癸巳舉人成童時即有聲庠序弱冠後教授江浙閒其弟子掇巍科膺顯仕者以百數顧蹇於遇四十後始雋乙科考授山東鹽大使國變後一權審檢事所著有花萼樓詁經精義

徐鍾輝字玉峰附貢生工制藝兼及詩古文辭書得顏平原法識者珍之兵燹後以授徒自給孤甥萬寶書質美招之來齒諸子閒自課之饋脩脯弗受也猶子洽熙劬於學恆貧以膏火及卒撫育遺孤壽椿爲之授室籍遺產歸之性寬厚遇負逋力不能償者輒蠲之晚年舉債券盈篋悉付諸火著有蘊石山房文稿四卷詩文雜著八卷次子志翔字漸逵附貢生爲人靜穆有才幹嘗主徐舍鎮橋工及

恤農會會計出納犁然筦家政內外無閒言年逾四十遽卒

戴振鷺字子和增貢生父連城以名孝廉累就名公幕府振鷺輒隨侍幼穎悟有神童之目爲俞德淵都轉吳嘉淦中翰所賞顧十試省闈不第以諸生終振鷺能詩頫不自收拾多散失後人掇拾叢殘僅得吟紅仙館雜存一卷瀛洲詩稿一卷

章同升字秋圃縣學生品學並茂嘗游河南陳州知府某延主書院講席多所造就繼任者皆師事之湖南桃源縣知縣進士呂邦俊生平成就於同升不名他師同升尤邃

經學讀毛詩有所見輒手疏書眉朱墨爛然其書後歸漕督楊以增奉爲寶笈子鳴鐸爲粵西陸川縣知縣有政聲

任溥霖字問渠廩貢生丹徒訓導爲文敏捷伉爽原本經濟不爲空言吳中馮中允桂芬見其文亟稱之遂與定交咸豐中粵寇陷江寧縣中舉團練溥霖主其事嚴而不擾閭井以安曾文正駐軍安慶江南士紳集議迎師往往各陳所見溥霖以爲未亂而團加之以練誠合寓兵於農遺意若既亂則團且不能練於何有且團練用以禦賊則不足爲客軍鄉導則非此不可文正深韙之庚申三月賊由溧陽來犯溥霖說總兵劉某進擊之賊敗去其後劉移駐

無錫溥霖知事不可爲然猶督率練勇搘拄帀月比城破始之滬上嘗拊膺太息恨不得尺寸柄殺賊救民越三年癸亥竟以憂憤得疾卒生平篤於內行至性過人諸弟亦皆孝友實溥霖有以先之也嘗倡立南義社并經紀育嬰郵羨等事所著詩文甚富名學壽主人偶稿兵亂散失諸子爲之裒集僅得數卷光緒丁未縣人臚陳事蹟請於

朝祀鄉賢

周湛霖字蘭舟徵子增貢生性孝友博學多才與兄恩霨齊名有二難之目嘗游浙江一時名輩如許觀察時雨呂太史耀斗呂太守書靑輩皆與訂文字交迭相唱和湛霖少喪父事母孝母疾日夜侍不交睫者三月既歿喪葬盡禮兄卒撫字遺孤教養如所生從兄恩祺死䘏其遺孤并爲代償宿逋焉其他敬宗收族之舉甚夥族人至今猶稱之縣中自兵燹後善後大工無慮一二十數往往推湛霖爲祭酒湛霖亦不辭勞怨務使事歸實濟費不虛靡又嘗建設雲藹及永濟等橋修邑西大路毀尼庵改建王堵二公祠修復周平西廟周簡惠公祠清理周孝侯墓及金陵讀書臺等役皆獨任其勞所著有周處風土記輯註一卷忠義集補注二卷周孝侯年譜周簡惠年譜各一卷其從叔閣學金章從弟侍郎家楣爲之序皆已梓行又蘭舟文

集二卷如不及齋詩詞二卷未梓藏於家

潘家瑞字鼎甫少好學弱冠補諸生兄家琳宦游直隸庚申之難家瑞獨力搘拄與父母性命相依得無恙亂後藉筆耕爲事畜計光緒乙亥儁順天鄉試旋應聘至河南授讀今　大總統徐及其弟世光皆當時入室弟子也家琳卒於官辭館奔其喪扶櫬奉嫂氏歸命長子德荃爲兄後撫其女如已女奉庶母張有加禮族黨稱焉累應當道聘歷司糧臺鹺政河工事無不舉嘗以南河合龍工保知縣不就晚年銓授溧陽教諭時德荃已舉於鄉父子皆授徒溧邑文學彬彬溧人士至今頌之

潘宅仁字詒淸廩貢生大父光序父謙受皆邑名宿宅仁贍才而受家學究心掌故爲詩文有法度壯歲橐筆遠游至浙至閩至贛旅浙最久一主台州書院講席累修府縣志益致聲稱當道爭相委重歸後授徒光緒初續修縣志宅仁亦嘗受聘尋辭去著有駢體文鈔梅生賦鈔思苓軒詩鈔各二卷

楊素仁字君叔官莊里人性高峻絕意仕進里中有宦達者屏勿與交自號遠爾居士少時留心經世精習技擊既卷懷無所用則窮老閉戶博覽羣籍研經尤勤評注左氏傳蠅頭朱書累數萬言論据皆有精識善作書今其宗祠

內有榜書二又家藏手冊一嚴古遒潔面目各殊蓋兼有虞褚歐柳諸家之長云自素仁歿後數十年其孫壽祺得左傳評本於戚故家待版行子宗時字宜臣附貢生亦以文學鳴於時兀傲有父風

任光第字石坪篠里人歲貢生懇笁有古風爲文守先正矩度從學者甚盛經其牖迪試輒獲儁邑人萬封君念齋延課孫既許之矣又有以重金聘者光第曰是利吾貧襲吾操也拒勿往其重然諾如此著有水雲居詩鈔經亂散失

潘元達字石溪陸平里人附貢生淸敏具幹才邑里有興舉必資董理少淬志於學以古學冣童子試後應省試不遇乃專心一力於爲詩與同縣王廷村斯恭吳喻唐乃希潘詒淸宅仁及釋掃葉諸人聯社相倡和羣推以爲工其詩寄興淸婉中更世亂變而激宕垂老刪次所作才存數卷周京尹家楣爲之序乃刊行之又按刊澂里詩集鄉先輩張霽青衢遺著也時有陳楣賀者賦孫字杏莊附貢生能詩與元達游著有藝菊齋詩集且精醫術

周人駿字艮卿家駿字莊卿兄弟皆諸生雲藹里人人駿性豪邁攻詩古文亂後游江西佐州縣幕益留心經世博涉旁通兼習奇門壬遁之學著述既多而粵寇猝至道梗

不得歸抑鬱以歿其稿散佚無存家駿少從兄學有文譽兵燹後官淮安鹽巡檢仍事敎讀弟子甚盛著有娛晚軒制藝子濂儒廩生亦能詩文

潘祖榮字冠卿蜀山里人光訓子也以廩膳生選同治癸酉拔貢光緒乙亥舉人累主周京兆家楣岐將軍元所課子弟其後皆擢巍科以去祖榮累試春闈不第官內閣中書文名藉甚嘗乞假南旋過津門謁李文忠一見稱爲國士兼致延攬意而祖榮以叔弟之喪歸心甚急辭去光緒辛巳續修宜興荊溪縣志祖榮與分修之役創建東坡書院講堂募建蜀山大橋開濬官河工程累萬力任艱鉅蘇

撫衛題額旌爲歲癸未再應禮部試不售悒悒致疾卒於京師

蔣蕚字醉園誠長子少穎悟受業於其婦翁儲司訓炳煥門自舉業外兼傳詩詞駢儷之學已而復從陳錫光路元暹兩明經游益務植其根柢爲文力追先正不屑時趨庚申寇亂走南昌侍父母應書院課試輒冠軍文名大噪江南平以詩古第一補諸生江西按察使李文敏慕其才聘爲記室詩歌贈答出其手舉光緒乙亥承宣試累應春官不第與同縣周通政家楣深相契通政謂其才識學問不當以詩人文人目之又嘗論其詩推爲迦陵後一人識者

以爲知言以海運功保敘職選授高郵州學正清介絕俗而培植寒畯汲引才彥如不及尋以禮去官都人士愈久而愈思之家居與宜興令萬立鈞荆溪訓導顧雲爲文字道義交蕚與立鈞唱和詩尤多有陽羨唱和集二卷晚年復選丹徒縣教諭甫莅任而制科廢學官歲俸不及四十金學租倍其數顧田居汙下歲告歉收往往饘粥不繼而廉隅自守如在高郵時常鎮道劉燕翼重之檄飭視察郡縣學堂月致三十金乃克粗具饔飧其後毛提學慶蕃又下檄嘉獎略云蔣教諭清修耆德文學優長服官數十年所至之區雅意憐才陶成後進志操高潔不爲利疚比年宦況益窘口不言貧貞介絕俗允爲士林模楷又云以文行交修之耆宿至於苜蓿盤空饘粥不繼斯亦有司之恥云云蓋隱刺同官之膜視也蕚在任七年再舉優行不受一錢得士之盛爲全省冠如柳詒徵葉玉森輩皆與焉辛亥國變官吏走避一空蕚籍學中禮樂器具管鑰并印信函某紳典守徒手歸貧裝封識暫存旋爲客軍掠奪棄其劣者明年春邑紳籍所餘送歸其德洽人心如此嘗分修宜荆縣志所著有醉園詩存二十六卷醉園齋曰詞一卷其子兆蘭等爲印行

蔣彬若字次園誠仲子也少時與兄蕚同學同師皆以幼

慧名庚申之難同避地南昌出則爲人司記室處則應院課拔高第馳文譽亦與兄埒同治丙寅以詩古補諸生自兄捷鄉闈奔馳南北薄宦高郵獨彬若與季弟薇長侍父任供筆札掌箋記服勞侍奉罔弗周至彬若爲人靜深多智不苟言笑自舉業外兼工詩賦才筆敏妙其詩嘗於光緒丙戌與兄嫂所作合刻愛吾廬稿周通政家楣序以行世彬若居州縣幕府久又數數隨宦通吏事善勾稽擅肆應才恒思自効於當世顧十試鄉闈不第遂絕意進取晚年篤嗜倚聲天人並到奄有清眞夢窗碧山之勝而寄託深遠含蓄不露當時名輩雖號稱詞宗者未之或先也彬

若既歿其兄子兆蘭蒐輯遺箸爲集印次圖詩存六卷替竹盦詞五卷行世

沈銘石字子磻雲驤子少孤獨與兄慶辰居敦品勵學並有聲庠序閒己而慶辰歿銘石治舉業日有名從學者甚衆又以其閒兼治古文而時藝亦益高光緒己卯中式本省鄉試第五名舉人一試春官不第遂絕意進取專以課徒自給爲古文自怡而已徐葆辰者字憇泉一桂少子也咸豐己未舉人嘗爲碭山縣訓導意忽忽不樂一旦棄官歸與銘石故嫺連又同治古文學以寒士得書之難也約置書互讀銘石占集部葆辰占史部積十餘年羣書粗備

葆辰窮年矻矻點勘史籍丹黄殆徧銘石則撰定唐文通纂若干卷兩人從游甚懽暇輒杯茗劇談古今文字得失利病以自相考鏡而要歸於深造自得焉光緒庚辰辛巳閒宜荆續修縣志銘石及葆辰皆任分修暇輒談辯鋒起旁人多厭苦之勿覺也銘石性孤介足跡不入公府其同歲生萬立鈞宰宜興高其品造廬先禮淡然一答而已葆辰短視性和易遇人不作寒暄語後進有請益者輒樂道文獻舊聞及史編長歷大事娓娓不倦其不樂近官府與銘石同顧族望門閥既高邑有公事不能不至偃室也銘石晚年處境尤困未及中壽而卒葆辰既失良友未幾又罹祝融之厄平生著述藏書悉爲灰燼由是鬱鬱寡歡不數年亦卒其後荆溪訓導顧雲屬諸生蔣兆蘭蒐輯銘石遺文爲甄別內外編製序名曰沈子磻遺文集貲鋟版棨入江陰金武祥粟香室叢書以行而葆辰則遺編零落不復能掇拾矣

陳任暘字寅谷本任培風季子出嗣其舅陳時以廩貢生詮籍教職同治閒兩江總督某公檄委綜理焦山救生局務任事數十年員司稱職舟楫精良全活至衆行旅稱便又與京口士紳相習縣有善舉靡不悉力贊成之性倜儻善交際工書善畫作小詩淸婉可誦久居焦山爲四方賢

豪才彥江山風月主人所詣益進前輩如彭剛直後賢如制府端方尤賞其墨梅分隸晚年畫不多作楷書近率更行書宗懷仁聖教序隸書偏仿諸碑工力最深並世如見山曲園皆以蒼老險勁取勝任暘獨秀整敷腴論者以爲正鋒正格非天人並到弗克臻此云所著有京口三山志孫予十三篇直講焦山六上人詩選刊行於世

徐爲倬字芝田咸豐己未舉人嘉定縣教諭工制藝得蘊山堂氣格論者以爲水流花放最利舉業屢累試春闈不第終於學官爲倬能駢文尤工楹聯請者無虛日無親疏厚薄皆應之著名一時晚年治古文攻詞尤力縣麗可誦

所著有聽玉吟館詞補拙齋詩文及楹聯瑣語等稿其兄子致章爲庋藏焉

任熊飛字渭綸績學勵行舉業外兼工詩詞弱冠補府學生旋食餼與潘宅仁徐葆辰等友善會文課詩互相劘切庚申之難避亂鄉僻流離顛沛中猶吟哦不輟著有燼餘詩存二卷長沙左學昌爲之跋盛推挹之

吳協心字鏡如景牆子生而穎異九歲讀文選就卷中音切辨析難字無誤者十五補縣學生旋食廩餼同治庚午舉於鄉庚辰大挑二等癸未選授天長縣教諭以父憂未任協心博綜羣籍長於考據尤精許鄭之學辨識金石刻

難字輒多神悟爲文雄深雅健不名一家顧未嘗以才學自矜也嘗館無錫蕩口其高弟華鴻謨孝廉亦負盛名師弟相契若膠漆拗口高心夔直刺慕其名館之於家課子弟外輒與商訂金石文字往往達旦後游京師與潘尚書祖蔭張文襄之洞梅中丞啟照周少宰家楣朱教諭孔彰互相切劘學問益邃嗣是名公鉅卿爭先延致嘗任淮南江蘇各書局校勘敷文崇文紫陽各書院暨詁經精舍閱卷初游浙江俞太史樾方主詁經講席課卷中或引宜興吳氏渾沌記云云樾歎賞不置混沌記者協心所著書後更名說文稽古編者也旋經浙撫梅啟照介紹兩人定交翁若鉞斧光緒辛巳景牆綜修宜荆縣志協心隨侍在局凡分纂之稾悉綜輯而檢勘焉所著說文稽古編若干卷其門人徐學使琪嘗擬董理刻之未遑卒業今稾藏於家待梓

周恭壽字伯匡歲貢生少孤貧事母曲盡孝謹撫弱弟甚友愛弟蚤世教養遺孤成立不啻已出性和易平生無疾言遽色少受業舅氏徐杏儕之門尊所聞行所知即本之以陶成後進擁皋比五十年所造就及成名者甚眾嘗糾族人醵貲刻其族祖濟所著晉略獨任校讎又捃輯其詩文雜著刊求志堂彙編註釋儲氏欣所選七種校勘堵文

忠全集恭壽中年得軟腳病終日危坐從事丹鉛至老不倦晚年自號塊然翁爲文樸實說理不事彫飾所著有經鈔類及文韻彙編藏於家已梓者有庭訓誌要則其子德咸所裒集而成之者也

潘銘字眉山同治庚午舉人性孝友工古文及詩詞善書畫人爭求之嘗游朝鮮多所撰述文名甚噪顧手不釋卷守朱子讀書法靜坐恆至夜分以故學業日進嘗以試事道淮安知府某慕其名留之以衡文逾月始出人訝其瘦既而知其劬學歎曰是無怪其磬名藉藉也七試禮闈不第光緒庚寅罷試歸會母病劇日夜侍感受寒疾卒著有

望溪樓文集及西域黃河圖考
潘鍾瑜字寶卿承基五子㓜而好學經史背誦如流雖遘會亂離勤學不輟克平後補諸生旋食廩餼吳武壯督師江左尤重文學士耳其名招致幕府一時才儁如張甯通袁項城朱銘盤周家祿諸公皆與訂文字交其後從武壯出師定朝鮮亂軍中有所撰述輒以屬之而朝鮮文學家亦往往樂從其游由是文名藉甚東瀛矣平生酷嗜史漢嘗手輯史漢菁華成帙讀通鑑有所得手疏別紙加以論斷先後成四編常客游間歲一歸省五十之年猶依依作孺子慕後以貢生就職直州判

任鳳翬字梧岡性至孝好讀書雖暑嚴寒不輟間獲疑義雖夜分必起篝燈研究辨明不及待旦也能文及詩著有自怡齋稾
李炳麟字向之坩貢生少孤事叔父母以孝謹聞讀書潛心經史研厥指歸以故時藝古文皆有根柢嘗輯古人嘉言懿行分類摘要匯爲一編年逾七十猶爲及門諄諄講解不倦游其門者多謹飭之士
朱元曦字玉夫少穎悟好讀書古文時藝並有功力以廩貢生考取八旗官學教習保訓導累應京兆試不第嘗主易州夏子齡刺史及江陰陳榮紹農部所課其子夏太史孫桐陳太史名珍副憲名侃皆出其門一時桃李彬彬稱盛焉嘗一署寶應縣教職罷歸以亂後生計未復復出游皖贛名公倒屣爭迎累主記室著有敝帚生詩文鈔藏於家
儲廷棻字柏如同治庚午舉人父沆性沖淡而節概嶄絕好施予亂後家中落乃刻苦自勵於族事則恢復祠宇刻遺書整祠規於邑事則辦勸農局借耔種耕牛以綏輯流亡事平則壯重義倉爲備荒根本計公私賴之晚年朋故雅游歲時會集時人比之南輿九老云廷棻孝事數十年能承志而張其緒後先濟美性本振奇自納矩矱弱冠攻

制舉文以精闢勝肖其爲人洪楊之亂避地泰興爲人擬窗稿易錢以養親日成十藝數十藝不等每一藝出人爭購之亂平歸里與羣從兄弟切劘問學著弟子籍者日衆因材而篤人慶得師光緒庚辰大挑一等以知縣需次鄂省廷棻居鄉久修己教人皆務篤踐不輕語開拓至是涉江漢攬形勝交接當代賢豪思一廓其邁往之志博覽羣籍變通前轍冀以成己而用世乃未幾得從弟廷槐凶耗大慟發病歸還卒先是從子鳳藻以文行卓犖入豫省當道幕府懷志未伸蹈河死得訊後慟之甚每慟輒痛飲疽發背幾死至是才一紀卒以友愛損其天年論者以謂乎

時精神食量皆兼人非是殆享大年可必也孝友亘可風矣又最敦任䘏賴以成就者甚衆治事無鉅細必有恆刻先世遺書數十萬言無一字不親校在鄂任文闈分校分卷以數千計無一不手自評騭經理地方公私事無一不首尾完訖其生平行事截然有法度而流露於文章者類如此

儲廷槐字植三潮子由拔貢中式同治癸酉舉人揀選知縣用陵工保分省補用晉階同知顧不樂仕進以授徒終其身廷槐爲文清眞雅正風韵悠然而經籍之光不可掩抑及門著錄無慮數十百人其取著者則甥朱巡道啟鳳

御史啟勳朱直州貢元文學科名尤昭彰耳目聞云嘗校刊先世遯庵在陸存研樓諸集規復參藩清源同人等祠又掩埋縣境積骸振金泉永豐旱災鐫行堵文忠遺集生平宅心孝友潔身自好文章行誼士論翕然

路方增字蕉農恩貢生嘗受業族叔元暹之門家貧力學累舉鄉闈不售遂以甄陶後進爲己任其誨人也先道德後文藝爲學務植根柢循循善誘終日不倦及門多通達之士性穎悟通天算之學嘗手製渾儀至今尚存其家

徐熙仁字履安石後瀆人以舉人挑取謄錄議敘知縣里居授徒文譽藉甚某中丞聘主書院講席卻之平時勇於赴義里有公事亦率先經畫而足跡不常履官署人多其操行於學無所不窺哀錄古人言行及歷朝掌故成帙著有中和齋遺稿其文多奇逸氣喜作書尤淸勁脫俗云弟榮仁字宅安廩貢生學行與兄齊名而敬事兄與兄杜門敎授多所成就達者爭欲延致之終勿應也著有鑑湖艸堂文集

周穀華字耿之坿貢生少穎敏讀書過目輒識工制藝尤長律賦書法出入趙董間其後與邑人戴振鷺吳乃希輩並以詩名生平著作經亂散佚僅存安分軒律賦律詩都一卷

葛鴻圖字秋江自超字嘯崖皆諸生白宕里人貧而有守致力於詩古文辭鴻圖性雅達旁及書畫篆刻家有園林植嘉卉詞人多從之游自超尤邃史學人隨舉通鑑事相質輒首尾具誦無顛誤博覽彊記至老弗衰二人著述並見載籍志鴻圖子士釗字選青亦諸生有文名自超雲章子也

邵子鏘字玉如工文里人歲貢生胡彬字式之胡家圩人增貢生張樹棠字椒生棠下里人監生吳勍字天俊縣學生皆以制藝授徒有聲於時已困於省試而從游者累登甲乙科昭文令孫仲高由進士起家爲循吏子鏘弟子也

惟勅靜默家居餘並以年望爲里黨推敬公事悉資董治歷任縣令諮度以行諸人著述或存或佚其存者具見載籍志子鏘嘗挍刊堵文忠公集同時有邵光熙者字釆臣九苞里人歲貢生敦品勵學亦有文行

崔徵彥字碩甫迺選字子遴皆舉人蘭右里人徵彥讀書穎敏經目輒誦於口與湖口高心夔無錫薛福成同邑吳協心輩相切劘而詣益進爲詩文才華溢目官清河縣教諭奬進士類視黌舍如家塾得其啟發率雋科第去內行純篤孝於親仁於族姓居鄉任事尤力迺選少邁犖不羈工詩文挾藝遊四方佐山東學使幕十二年識拔多知名

士嘗主講東昌啟文書院增詩賦月課一郡之士聞風循慕焉晚年耽書史論事有精識所著駢體文及古今體詩皆錄於釆文日記中其刊行者有肖音集二卷徵彥所爲尚待蒐輯

歐陽泰字信仲準濟里人歲貢生徐榮圻字吉裳洑溪里人廩貢生居鄉皆砥礪文行教育後進發名成業者輩起與任中丞道鎔交並摯道鎔任浙藩時屢以書招陽泰辭不赴而榮圻歲時致書省候從不以私干道鎔益重之延課孫焉陽泰於舉子業外兼爲詩古文辭著有可遠堂集十六卷

宗心澄字亶卿美樨里人廩貢生陳常字育之官瀆里人縣學生少皆勤學立品端謹不喜舉子業究心於身心性命之理終老罔斁心澄著有鄂韡堂庭訓常著有管見篇皆儒家言傳爲家學

徐鳴鶴字于皋廩貢生家本儒素刻苦勵學工詩文善楷法年未冠即授徒藉館穀以養親甘旨必備庚申之亂避地東臺從游者衆講誦自如也性伉爽胸無城府自少至老爲經師人師者垂六十年門下多知名士晚年經紀書院賓興及文廟歲脩會貲用出入并其他公益事多所裨益云

徐人驥字雲門諸生性和易敦品勵學善尺牘尤工書法馮中丞譽驥典試江南自詭鉅眼必得人驥比榜出無名訪之則方以居憂輟試也時譽驥新簡陝撫遂邀與偕行爲掌書記兼繕奏牘譽驥故老宿又善書人驥久與處學益進後數年以鄉試歸會譽驥罷去遂幕游浙江賢守令爭相羅致司記室者數十年累試不第五十後遂絕意進取其平生所莅乞書者坌集識不識隨興行大小一如其意應之無一筆苟楷書會歐顏之神而去其板滯行書瀟灑秀潤不名一家爲人肖其書外圓內方敦友愛勵節操口不言人過有溫良君子之風

朱啟勳字又芴志汾子幼聰穎讀書過目不忘嗜小學比長益治經不屑屑章句閒參漢宋以會其通舉優行用知縣不就講學於錢塘著弟子籍者千數其高第者多知名於時啟勳工書法善駢文有漢魏風格德清俞太史樾仁和譚大令獻盛推挹之甲午成進士官編修兼直史館尋以御史記名時　朝廷鋭意興學建大學於京師充提調編定學制至今以爲法晚通醫理治輒應手愈庚子都門大疫任醫局提調積勞病卒著有駢體文林類鈔味腴室詩文集

徐德治字政星洑溪里人諸生性篤孝讀書爲文奮勤無

已歷三十餘年積稿至二千五百首邑中書院課士無遠近必與多或成五六藝而居前列者率德治作也文藝之外妙解音律工詩詞下至星卜諸技靡不精究著有耐寒齋詩詞合稿

潘紹周字挺生澤霖子幼失怙恃長嫂周氏勤劬撫育至於成立天資俊邁工舉業絕近韞山堂光緒壬午中式本省鄉試第八名舉人累試春闈不第以授徒自給歲戊戌成進士授廣西知縣權知宣化會土寇猖獗紹周染瘴癘不能視事移疾歸既而仍擁皋比子弟慶得師而紹周竟以數奇鬱鬱致疾卒年才四十有三紹周得第後家居日多於制藝外旁涉詩歌詞曲皆有新意又善弈客京師與國手對讓紹周二子連敗之國手歎服所著有混沌錄西宅吟艸潄芳集百種曲諸稿藏於家

萬邦安字藹卿邑諸生性耿介幼喪母事父以孝聞常刻苦勵學積久遂融貫經籍著有易經類纂若干卷周易變卦說二卷易經類聯二十六卷春秋類編二十卷詩經類編六卷南昌萬立鈞宰宜興時深器異之

吳鋆字釗泉篤學工文兼擅詞賦丞歲補縣學生旋食廩餼貢成均就職直隸州州判分發浙江浙撫任道鎔以經濟特科薦不赴歷主浙中諸名公幕府皆器之而喻觀察

兆蕃尤與相得兆蕃攝藩司鋆亦以保舉升知縣尋奉檄署鄞縣會國變棄官僑居上海浙江奉化士民夙聞其賢赴滬請長民政弗許四明報館聞之延爲主筆藉以發抒憤懣多所規刺所著有鐵花文集新諧鐸鐵花館筆記補眉山館詩鈔多聞景見錄十餘卷待梓弟鋆字銘泉諸生工篆刻丞世有壽石山房印譜

人物志

鄉賢　隱逸

箕山潁水其風邈矣漱石枕流亦成韻事至如誦北山之移文誚終南之捷徑山中宰相或假肥遯鳴高

淨畔耕鋤或聽傳呼動色斯皆究隱而非眞隱逃名適以釣名藏修之士蓋亦恥之苟非其人寧闕勿載回溯兩朝三十年閒蓋一人而已

濟學經字璞齋彥槐第五子也幼時讀書敏悟年十二聞洪楊搆亂粵中從師習武藝者三載咸豐十年四月粵寇至宜興學經以民團戰敗被執夜以計逸去走江北尋投陳國瑞營累戰立功績保舉至參將因與李世忠不協一旦棄去時吳門已復其叔兄學斗寓焉往依之習篆刻得文何遺意尤致力於書體法鍾王神韻盎溢閒亦作畫遊滬上數年以藝自給或勸之仕不應光緒初乃返宜興授

徒不復出南昌萬立鈞宰宜興得其所鐫印章亟賞之招之往亦弗應立鈞益服其高致晚年貧病交困然志節皦然即書畫印章非其人不輕爲作其植品可知已

人物志

藝術

藝術之見於前史者或曰技術或曰方技名雖異實則同上焉入大雅之林次亦補考工之闕若夫公輸飛鵠語既涉於鋪張宜僚弄丸事尤涉於瑣細君子無取焉晚近羣學競陋市井小夫或剽其似以賭口體不足爲重適足增羞耳茲編所載操術非一類擅專家文采可觀矩矱斯在雖小道乎識者可以覘風會焉

顧九皋字松崖善技擊精傷科嘗奉省檄手擒劇盜不受賞遊山左受異人術由是醫學益精里人子爲牛觸洞其腹腸出數尺息垂絕九皋納之傅以藥裂帛束其腹浹旬遂愈又製接骨丹至爲神妙大抵志在濟人不論酬報也裔孫潤身讀遺書其傷科克承祖業云

蕭引字楚良府學生事親盡孝守正安貧不隨流俗波靡顧才高試輒不第同學有襲其文登第者引知之歎曰命也不與校嘗演奇門一千八百局思欲見用於世卒偃蹇

不遇死所著奇門書兩冊存於家

法文淦字功甫冠卿子世業醫文淦克傳家學治病如神於仲景傷寒一科尤邃四方求醫者舟輿爭赴其門著有傷寒詳解診餘叢談等書門弟子得其緒餘多以醫著金國香亦其一也當時鄰近縣邑諸醫大抵淵源文淦稱爲法派其三子燮廷字子馥亦善醫有和緩之目治傷寒藥不盡劑即愈人稱爲法半帖法氏業醫累世皆著盛名至燮廷已傳世十四故所業益精云

楊翼亮字堯門官莊里人少穎悟博學能文通曉易理於堪輿河洛之祕奇門元運之法皆能探索奧旨發明義蘊

著有譯古合奇六卷志遠軒詩艸一卷壽登九十有一
謝鴻字顧淯周鐵鄉傍杏村人附貢生候選訓導嘗充竺西高等小學堂校長精於易理通天算壬遁諸術而於堪輿之學尤長性高潔不屑爲人役同縣顯宦某延葬其母不應創建竺西書院斥田得百金爲倡書宗率更里中橋廟諸碑多出其手治詩古文辭不自矜惜歿後其子蒐輯遺文彙訂顧淯賸稿一卷
盧慶鈐字品珊方橋人廩貢生工舉業才思敏捷其婦大父路明經元暹爲道咸間書家慶鈐從受筆法居甥館晨起啜粥輒以箸畫甌中作書元暹嘗曰他日傳吾筆法者

盧甥也慶鈐垂歲徧臨前代名家書蹟丰姿韶秀中年後專攻座位閒涉蘇黃皆清勁秀發同時善書者周通政家楣爲最高猝未易及而任中丞道鎔陳司訓任暘皆各有所長慶鈐處其閒允堪伯仲詩筆亦倜儻可喜晚年喪子身後孤孫尚幼遺著散落人皆惜之
儲光烈字蘇門樗子豐義里人少時淵源家學工詩賦又從族叔杏元受筆法精篆隸咸豐中以詩賦受知於李學使聯琇補諸生庚申之難諸父及羣從一家皆殉難死惟光烈獲全亂後以課徒糊字自給不取非分一錢顧累試省闈不第竟偃蹇終其身光烈書法能鎔篆隸眞艸爲一冶而出之世人徒知其隸書句請者不絕以故所作尤多平居不尙臨摹案頭不置碑帖當其興酣筆暢往往自出新意天趣盎然亦復妙合涂軌當時善隸書者莫之或先也弱冠即工詩亂後不復作閒應請求往往如古歌謠俳諧雜出蓋無意求工不爲法縛正與平生書法相似家素貧不與外事鄰村有童養媳懵於姑匿他所父母疑姑致死搆訟久媳尋出訟師搆弄勢不測光烈聞立白其事於令婦姑始獲保全其正直好義又如此
莊達珍字皴舟蔣巷里人好書畫不事生產工擘窠書寫山水小幅尤精緻年七十餘猶日坐齋中自課每臨池輒

喟然曰殼難人遂稱爲殼難先生云
俞致裕字乙舟和橋人增貢生善書法倣右軍及襄陽其榜書若楹聯爲世所稱平生盡心公益經理積穀善堂聲譽翕然
陳鏞字漱溪陳橋人附生善艸書宗法懷素夭矯飛動乞書者踵相接又精醫理兵燹中活人甚夥性高介不苟取與亂後孑然一身鬱鬱卒年僅四十許維藩字梓敬上墅村人附貢生工書法得顏平原筆意伸紙疾書至老不倦一時楹聯榜署皆出其手兼通醫理雖疑難之候治輒應手愈性好學晚年鬢髮如霜猶手不釋卷云

任福英字卓夫宦遊浙江巡撫楊昌濬重其才委司糧臺軍裝諸務著勞勩保舉知縣以積勞咯血卒福英善屬文工書法有北碑風格所至縑素塡委一一皆應之市中爲之紙貴云

許聘之字石田茫溪里人增貢生工隸書能詩著有未灰詩艸吳舉人協心序之楊光鎬字卓堂芳圩里人增貢生善書得右軍率更遺意徐逵章字成之邑亭橋人工書畫宜興令萬立鈞器之

崔儋蘭右人有勇力閒嘗步湖濱遇四壯夫舉覆舟弗能勝儋起曳舟行泥淖中里許始釋之夙工書蘭山嘴祠山

廟中咸靈顯赫額乃其手蹟人皆以爲工

畢臣周字笠漁周鐵橋人生有異稟穎悟絕倫及長美丰儀談吐雋妙好繪事自山水人物花卉莫不臨摹汎覽探索古人神髓尤工寫眞無不逼肖里中自廖君可創水染之法笠恆山衍其緒朱起貞吳衡章輩承之至道光末寖成絕學臣周心摹手追遂駕而上之以故聲譽鵲起江浙達官具書幣遣使走迓無虛日咸豐初從毘陵江春浦遊江善花卉而臣周故己先工翎毛由是畫學益進粵寇之難臣周糾同志結義團殺賊復佐名公幕府克復宜興顧成功不居蕭然遠引其在戎幕嘗繪虎帳談兵圖深得小李將軍東丹王遺意又嘗爲白蕩葛氏作瀟湘八景圖張之堂壁數年矣一日葛氏置酒宴客臣周與焉忽從主人索紙筆繪山市晴嵐圖俾易舊製人問故曰山市猶海市也舊作寘之不將爲識者所笑乎其心思縝密如此通音律善度曲聽者莫不傾倒卒年僅五十寸縑尺幅人爭寶之

史震初號溥泉其先有名鑑宗者於順治間自金壇遷宜興震初爲縣計吏然績學敦行而於雅曲尤有神悟咸同閒鄉先正如萬處士貢鏐任廣文光奇任中丞道鎔陳廣文任暘輩均嫻音律翕然奉爲祭酒道鎔贈詩有氣靜則

神怡子曾和汝唱長笛倚樓聲造化元機暢之句任暘贈詩有頻將扇輕點默會古涼州之句道鎔初攝浙藩以禮延致勸之仕謝歸吾邑自 國初遺老娛情詞曲流風未艾震初於音韻反切之學九宮宮商之變悉能探析精妙以廣其傳而品格尤爲高峻云

陳其偉字楙生錫光孫少時遭粵寇難流離失學亂平後改而習畫工花鳥艸蟲樹木而墨梅爲尤高同時如任中丞道鎔陳司訓任暘皆工墨梅論者以爲骨幹蒼勁氣韻生動人力獨到終遜其偉一籌云晚年畫懶於作色以淡墨寫梧桐松柏之屬尤有味外味顧識者較少存作不多

耳
湯鈐字畫溪歲貢生性耿直與人交恆面規人過不爲世俗婉婀態讀醫書數十百種通其術遇艱危證候羣醫束手者輒能起死回生顧精其藝不屑炫其術往往失厚酬又言藥常偏勝不宜多服人皆迂之晚年處境殊約士林稱爲君子醫焉

談鴻儒字稼溪以軍功保雜職分發江西嘗署萍鄉瀘溪司巡檢代理萍鄉縣事工蘭竹有文湖州筆意名重一時子達瀛字越生縣諸生亦能書工鐵筆精竹刻

徐祝封字堯農諸生精醫理病家爭相延致取效如響而

受酬甚微曰吾非藉此餬口第既如此不容不盡吾心耳著有醫學匯纂十餘卷惜身後殘闕矣余景和字聽鴻候選主簿承從父麓泉家學業醫常熟貧者免酬金尤甚者并予藥資全活甚眾著有余注傷寒論翼四卷外科醫案四卷陽湖趙烈文大令爲鑒定會稽孫思恭司馬刋行嘗翻刻葉天士所選醫衡一書以惠來學兼以濟世焉

徐紀南字星門慎獨子洑溪里人諸生幼承家學工正艸諸書尤善擘窠大字瑰奇駿邁見者驚悚晚年好倣朱子飛白體臨岣嶁碑得其神髓性嗜酒醉後膽氣益豪乞書者往往就酒家具楮墨以進興酣走筆若有神助云族子

澂字映淸諸生幼穎悟比長好吟詠工書畫隸法史晨曹全諸碑畫花卉翎毛逼近甌香館壯歲客遊厄於水士林惜之

陸鳴岐以字行別字鳳翔父時行以醫術著名道咸閒兵燹後鳴岐購讀醫書掇輯先世成方研精覃思遂通其術鳴岐治病先務爲謹慎既中竅要迎刃而入鮮有敗事又常嚴辨膏粱藜藿之質衡劑用藥精粗輕重之殊治鄉氓尤有驗他醫處方藥品或過多而雜出鳴岐御之以簡多不過十一二品故專而易達

李道中字行甫和橋人祖樹培伯父遜莊兩世皆以醫名

道中從伯父受醫學精脈理南昌萬立鈞宰宜興時嘗有疾已而其夫人及子媳一家皆病延道中治之皆愈立鈞贈聯額彰之

鮑錫珍字朋山炳璋子縣學生性穎悟讀醫書通其術遂棄儒就醫治病奏效如神鄰里鄉黨莫不稱便又有丁民標者萬一區砂田里人也亦知醫其治疔尤神效遇貧乏者酬之弗受其子孫傳其方尙能收效云

陳贊虞字慕陶監生通形家言恆襄助縣中義舉任鈺字其相埘貢生通醫卜家言其占驗能以易理定吉凶往往多驗潘坤吉字香溪陸平里人通醫學及形家星命之言

喜吟詠著有集詩存稿

陳祺字竹溪從九品幼穎悟七歲能畫馬有生氣既長習音律通書畫工山水人物寫龍虎松石尤有生氣其他藝事一見輒能之其天資明敏如此

黄玉麟蜀山人原籍丹陽幼孤年十三從同里邵湘甫學陶器三年遂青過於藍善製掇球供春魚化龍諸式瑩潔圓湛精巧而不失古意又善製假山得畫家皴法層巒沓嶂妙若天成吳縣吳中丞大澂及顧茶村先後來聘爲各製壺若干事大澂手鐫印章贈之大澂富收藏玉麟得觀彝鼎及古陶器藝日進名亦益高晚年每製一壺必精心

搆撰積日月而後成非其人重價弗予雖屢空不改其度云

人物志

寓賢

緬釣臺之遺跡想玉局之高風雖遊屐暫經輒著爲題詠矧其爲卜居茲土哉茲編所著固未足語此然或懷才未遇倘冊流貽或效績當時商民孚惠亦足稱矣

朱有筠字竹溪常州靈臺人父日敷以醫術著宜興遂家焉有筠既籍陽湖學試南闈不售復北遊補宛平諸生旋食餼中道光甲辰科舉人文名藉甚從遊者衆同治乙丑一甲三名楊霽其高第弟子也三試春闈不第以鹽大使宦遊浙江時粤氛尚熾有筠奉大府檄佐理糧臺尋參提督秦某軍事從復溫台等府敘功晉階四品已而疊攝穿山石堰等場大使借補嘉興批驗大使會三江場大使松某以民竈爭沙地被議檄有筠代之至則以民竈新漲地成於人力前使松議是白巡撫得不坐尋以俸滿截取知縣遂致仕歸時官鹽筴者率致豐厚有筠既退依然寒素蔚爲文壇祭酒學者宗之多所成就焉

朱有光字靜溪有筠弟幕遊浙江援例入仕籍補海鹽縣

典史署鎮海典史事海鹽嘉興府屬而有筠方批驗嘉興有光以故事迴避調臨海臨海有洞緒山者爲黄金滿巢窟彭剛直主撫下其事台州顧莫可使宣慰者有光毅然請行從兩僕抵賊巢宣布　朝廷威德　欽使賢明金滿輸誠納款四境帖然台屬俗强悍多種罌粟動輒鬭狠有光隨事綏弭上遊皆器之檄攝鎮海穿山司巡檢已而復臨海任俸滿受代去遺愛在人久而弗替有光少時傳父業亦知醫所至能活人前宜興令萬立鈞尤賞之

周龍光字樹棠陽湖籍歲貢生工舉業兼擅駢儷詩詞同治初獻百二十韻詩於曾文正文正激賞之後又獻詩曾

忠襄彭剛直諸公皆被容接然卒無所遇僑寄宜興授徒終老其門弟子李炳常茂才爲蒐輯遺著得詩詞律賦數十篇集貲刊行題曰愛蓮堂詩鈔僅存

舒徽志字子琴翀字鳳梧皆涇縣人居官林監生性慈厚有古風族親之相依者不知有匱乏也每有善舉則財力並輸徽志商於浙同行有胠篋取金者知而勿校終身隱其名歸過錢塘遇暴風覆舟無算竭貲拯溺者家以是中落翀嘗以五百金解族人爭人尤稱之

黃惺原名在中字子堃溧水人居宜興性沈默厚重讀書過目成誦行文好爲湛深之思遊庠食餼累試優等充南

菁書院高才生院固富藏書恣其瀏覽所治皆經世學旋改高等學堂復精研西籍於數理尤多心得前後主講如丹徒丁立鈞寶應劉奉璋富順宋育仁皆亟稱其才畢業歸任知新經正兩校教授士論翕然病廢退居仍治學不輟著有知困錄甦民文集待梓弟文中亦精疇人術早世

人物志

方外

方外以修建著者已散見寺觀中茲登其一

覺正和橋化城寺僧庚申兵燹寺燬亂平覺正主斯寺次第規復戒律精嚴宗風丕振由是宏啟道場檀施日積覺正亦刻苦節嗇爲寺置田數百畝建藏經樓丈室極宏敞迨其徒洪仁克傳衣鉢遂應龍池澄光寺聘爲主席傳釋迦文佛戒大開法門抑亦清尙已

人物補遺

任朗字行山震遠孫由文頴館議叙湖南沅州府經廳沅地處衝繁號難治衙胥尤狡猾向藉官長射利爲民累朗在任吏胥不得售其奸民咸德之持躬廉介餽遺屏絶府南龍津橋長里許爲雲貴通衢道光十年五月蛟水漲丈餘城門不得啟閉溺斃人民無算朗日夜駕舟湖濱撈埋以萬計隨奉憲檄復建斯橋朗盡力勸募監築不避風雨上峰嘉其勞保奬以知縣用歴任保靖黔陽龍陽新寗縣事任龍陽時邑被水災圩盡破朗創辦平糶民無饑色水退後倡捐築圩民得耕種頌聲載道時湖盜蠭起朗不避艱險親督緝拏悉抵以法民獲以安去任時父老携幼數千人送朗五十里外揮淚去曰此後安得此好官耶嗣卒於新寗任所諸子扶櫬歸宦囊無餘資云

任國銓字若愚鶴齡長子由附貢生援例授江西星子令下車即倡修白鹿洞書院設育嬰堂義塾整頓義倉民情大悦調南城丁艱服闋權上饒貴溪臨川縣事上饒民悍多械鬬國銓至開誠布公諄勸息爭人多感悟尤長聽斷治饒平反大獄多起有任青天之稱貴溪無爲教匪倡亂國銓到任捕首要置法地方以安尋補龍泉有羅塘灣河淺膠舟國銓濬治始利步嘗視權彝江小姑山口江濤洶

湧船多觸險國銓於江心倡建鐵桩設塔燈以便行人銓宦贛廿餘年歴資已老會以大吏婪索未應遭詿悞罷歸旋應廣西蘇軍門招襄軍務保復原職赴引卒於京邸以上續訪

任澄字鏡清震遠曾孫幼隨侍父朗宦湘任所純孝誠篤朗歴任治績多所臂佐旋回鄉里經理在城義倉二十餘年規晝精詳毫釐不苟整飭之餘更於豐歳翻陳易新羨餘頗多每遇旱潦實依賴之中年失偶戚族爲謀續室澄歎曰既得子嗣奚續爲終身不二色

任鶴齡字鳴臯澄長子誠摯伉爽事親撫弟純謹友愛父澄夙患痰厥疾每發頻殆鶴齡衣不解帶昕夕調護始終靡懈祖父朗宦湘卅年身後蕭索澄嘗愀然鶴齡歎曰爲子不能盡奉養反遺父憂乎乃刻苦自勵一任事畜日食粗糲而奉親甘旨未嘗缺遇事恒先意承志時兩弟岑齡長齡均幼鞠教延師長成完娶并助營第宅終日相聚怡怡絜絜至暮年迄未有一間言鶴齡又通積散之方洪楊兵燹後百務叢委凡族中如協設義莊規復宗祠等事地方公益如脩建橋梁鋪築道路旱潦災祲振卹等事無不輸助多金以成其美戚族之賴以舉火者尤不可僂計清光緒庚寅東南水災數十州縣爲澤國鶴齡慨助三千金

以振嘗諭子國銓等曰余事祖猶抱缺憾欲爲祖妣建支祠置田千畝設義莊以廣祖仁澤斯願蓄之久余年衰汝等當繼吾志以成之嗣諸子仰承先志設樹德堂義莊並建支祠次第舉行邑有構築施醫振糶育嬰粥厰各義舉皆輸鉅金以廣遺志焉鶴齡暨妻徐氏均以助振奉恩獎樂善好施匾額並准建坊以子國均秩封資政大夫以上義行

光宣宜荆續志卷九下

人物志

列女 孝貞 節烈 才淑 壽母坿

自古忠義之士世往往豔稱之惟婦女伏處窮簷其奇節異行有士君子所不知者漢時劉向采詩書所載賢妃貞婦爲列女傳僅止八篇嗣後各史均列爲專門然所載多或百餘人少僅數十人度不過百中之一二夫婦女有見爲孝貞者矣又有見爲節烈者矣蕙蘭挺質松柏經寒處百折以不撓誓九死而靡悔糠粃甘於芻豢艱險視若等夷此豈尋常所能及哉倘聽其湮没無聞是昔已遭不幸而又重遭不幸也茲編勤加甄錄雖窮鄉僻壤采訪必周雖片紙單詞纖毫必載冀以闡揚潛德昭示將來知詩書禮義之閑固歷千百世而莫之能易也若夫才淑以詠絮之英兼采蘋之美鍾郝見稱於禮法芬昭流譽於詞章允異等倫宜登簡冊壽母亦援前志例坿登焉

宜興孝女

江西候補縣丞周家俊女名英蓮通詩書幼時父病革封股療之獲痊後父官江西復病仍封股療之不效痛不欲生母累日泣諭始止母本羸弱又遺巨戚十餘年展轉牀褥間女悉心調護無須臾懈請求理學教弟姪皆成立以積勞病卒年三十七光緒二十年旌 按察司照磨周恩祺女病母

封股療之隨愈然僵臥不能起女侍奉湯藥撫摩疾痛歷五年未嘗解衣臥適歲貢生任錫韓孝翁姑和妯娌夫病亦封股療之夫痊而身疾尋卒

史協和女 事蹟失攷光緒二十三年旌

史熼先女 母馬早寡女立志不嫁助撫孤弟侍母終身

張鶴壽女 以親老弟幼守貞終養並爲弟治產積貲光緒丙午歲後不亥水災捐金二百以助振縣令賴旌其門日女貞垂蔭見年五十四

鄒履祥女 兄弟早亡親老因以終養爲己任守貞不字親病封股療之親歿哀毀成疾逾月而卒年六十一

吳廷芬女 守貞不字孝養父母卒年五十一

吳文煥女 早喪父母守貞不字撫弟成立卒年二十八

奉新縣知縣蔣誠女 號八姑自諸姊于歸念父母垂老以終養自任矢志不字父母起居非女調護意弗愜父歿屢慟屢絕卒以成疾然恐傷老母心旦夕必强起侍奉如是者八年母歿水漿不入口數日病益不支猶日侍殯所上食如母在時及葬力疾哭送未幾卒因母喪未除遺言以布素殮年五十一

監生蔣廷煥女 年十三父病瘵畢力調護並封臂作羹以進及長矢志不字願事寡母撫幼弟卒年二十四

沙益齋女 早喪母事父甚孝矢志終養守貞不字年五十一而卒臨歿謂昆弟曰歸眞返璞白璧無瑕而今而後其庶幾邪

光宣宜荆續志 卷九下 孝女 二

許浚明女 扶風橋人八歲失怙祐長知母孤苦守貞不字助育幼弟襄理家政得母氏歡心卒年四十五

孫偉人女 守貞養親父病割股療之母病亦如之皆立愈卒年四十

歲貢生潘鍾瑾次女 幼通書史性純篤志高抗有問字者輒不樂書楹聯以見志曰盡孝但思閨內守報親不惜苦中磨父母稍臉必躬自洗滌若弟若姪必躬自抱持不欲上勞父母早起遲眠畢力操作與婢僕同甘苦如是者三十年後以殤妹殤姪積悲成疾而卒年四十五

裴進餘女 年十二喪母哀毀若成人鄉里知其賢爭先請字女泣告其父曰父老弟幼責在女身願以此爲己任不願他適也終其身事父盡孝撫弟盡誠卒年三十六

監生王維藩長女 聰慧知書以弟幼弱守貞終養祖父年高侍奉惟謹母疾晝夜進湯藥衣不解帶者數旬積勞成疾而歿年三十一

廩生湯之盤女 名錫華母老病噎遂矢志不字竭誠調護母病劇女終夜露禱請以身代遂病嗽咯血卒年二十七

馮謹德女 姊嫁弟幼母病瘵女因矢志不字奉父母持家政積勞致疾而卒年二十七

浙江知州路珩女 字嘉慧父病封臂療之病瘳母病亦如之每夜必擇稗官野史可驚可喜之事述之以娛親心雖倦極弗順也生有捷才聞節烈等事必詠之以詩著有愁病錄卒年二十三

舉人儲鳳林女 名靜豐義里人父病割股和藥進夜則露禱乞代父遂瘳後歸余其倬

監生任星華女 父歿有通媒妁者女守制不字其後母老病女侍養不離左右守貞之志益堅母歿女徹環瑱屏鉛華侍女工度日誓以終身見年五十四

荆谿孝女

貢生俞文炳女 年二十母歿悲悼成疾逾年卒光緒十五年學使楊頟旌之

潘盤隆聘妻陸氏女 事蹟失攷光緒二十三年旌

潘榮二女 母老多病女矢志不嫁侍母終身母歿未數月抑鬱而卒年三十九

徐月齋女 事蹟失攷光緒二十三年旌

徐用之女 名賽金洑溪人隨父遷居鼎山生十三年父母多病家道中衰女小心溫寄勤治家政年十七父歿女念家貧母病妹弱弟幼泫然

光宣宜荆續志 卷九下 孝女 三

流涕日吾家之存續其責任殆吾屬乎遂誓不適人日夕操勞謀生計奉母必求食之精者有餘分食弟妹已常以糠餅療飢初不乞鄰升斗兩弟年及就傅爲治脩脯使讀書既長爲娶婦令各治家人生產作業妹年及笄爲擇壻嫁之備嘗辛苦然必怡聲愉色以博老母歡母見年七十八康健逾恒女見年五十九已就衰云宣統二年旌

徐盤福女 洑溪人三歲喪母年十五父病奉湯藥惟謹父歿經營含殮一如成人既殯痛定思痛不能自勝水漿不入口未逾月而卒光緒三十年旌

任鈞衡女 年十四父病歿兩弟俱幼母復多病女矢志不字侍母疾經六年無倦容撫兩弟迄於成立光緒二十三年旌

楊阿大女

陸順生女 事蹟俱失攷光緒二十三年旌

余乃賡女 守貞不字侍奉寡母卒年二十七已旌

伍景賢義女 女故無錫人姓楊氏年十二時景賢女畜之女感撫育恩誓不適人以圖報稱及景賢夫婦先後病故女仍守志不移卒年八十四

汪英麒次女 父病篤日侍湯藥割股療之及長適徐方河事姑相夫克盡婦道卒年三十七

浙江主簿湯鍾英妻盧氏女 母疾焚香割股和藥以進母疾卽愈

監生張靜

淵次女（前洛人以父母年老守貞終養親病革籲天請代親歿痛絕復蘇者再奉神主於室中朝夕焚香上食至今不倦見年五十五）

宜興烈女

陳竹春聘妻謝氏女　陳端度聘妻張氏女　陳來山女　徐和大女（事蹟俱失考均光緒二十三年旌）　徐榮義聘妻許本仁女（咸豐十年聞夫殉義不食而死）　潘維城聘妻王氏女　潘光黼女　王和尚女　黃維華使女某氏　黃量習女　邵志開聘妻蔣氏女　周鍾俊女　史攸蘭聘妻江氏女　史來岐聘妻陸氏女　孫濟川聘妻宗氏女　葉隆昌聘妻王氏女　張文濤女　張齡大女（事蹟俱失考均光緒二十三年旌）　孔繁棠聘妻馮氏女（繁棠歿女時年二十四聞凶問以藁刺喉死光緒二十九年旌）　李逢濬聘妻陳作賓女（逢濬卒女年二十三聞訃欲奔喪父母不從越一日乘間服毒死李族迎喪與逢濬合葬已旌）　俞掌綸聘妻程宗垚女（宗垚死女年二十一誓以身殉果抑鬱成疾而卒年二十五）　任廷弼聘妻萬氏女（廷弼卒女哀毀成疾而歿年二十一）　尹順清幼女（年十九未字有誣以穢行者兄羊生橫自塾歸女訴之不待剖辨赴水死時光緒二十七年四月二十四日也）　庠生吳兆鵬聘妻增生史登賢女（兆鵬卒女矢志守貞哀痛而卒年十八）

荆谿烈女

潘雪明聘妻葛氏女（遺墩村人咸豐十年聞夫死難殉之年十六）　潘友臣女　潘金寶聘妻吳氏女　潘丕曾聘妻王氏女　潘源惠女　許福弟女　許根林聘妻葛氏女　徐陞宣女　馬福

昌聘妻王氏女　黃聽昭聘妻梅氏女　張紹貞聘妻吳氏女　陸肇昌女　姚金奎聘妻陸氏女（事蹟俱失考以上十三烈女光緒二十三年旌）　周鴻盛聘妻殷氏女（鴻盛死女年十七銜哀服素誓不別字越四年有議婚者女憤臥不食歷數日投繯死）　惠人隆聘妻曹氏女（人隆歿父母欲改字之女固不可絕食五日死年二十一）　汪雲秀（幼時字浬川查全基年十九全基歿雲秀堅欲奔喪舅貴熙慘不忍聞婉辭謝之雲秀悲憤成疾不一年舅姑繼歿喪過其門雲秀一慟而絕）　相汪大保女（小名小烏頭張渚人幼字查氏子及笄查氏子歿父母匿不使聞女微有所知擬以身殉遂輟刺繡廢膏沐忽忽不樂終日木坐不數月而卒查氏嘉其志迎喪歸葬）　邵某義女楊氏（年十八假母與崔某以不端事逼女女仰藥死）

宜興貞女

沙成榛聘妻奚氏女（周鐵橋人咸豐十年成榛陷賊中女堅貞自守依父母數十年未嘗失其

歡心節孝兩全人咸稱之夫弟乃以禮迎歸卒年七十四光緒十七年旌）　莫兆林妻余氏女（事蹟失考光緒二十三年旌）　莫佑川未婚妻俞景元女（九歲歸東沽瀆匯莫氏為養媳年十四赭寇猖獗佑川被擄不知所終姑以喪子故尋卒翁亦以哭子失明而祖姑猶在堂女乃以終養二老為己任誓不他適日夜紡績為堂上博甘旨圖溫暖四十餘年未嘗一日缺二老歿喪葬加禮擇夫兄輔臣子吉祥為嗣教養成人生平言行均可法卒年六十八光緒間旌）　戴朝觀聘妻奚氏女（年十七聞朝觀訃慟絕復蘇誓死不二父母不忍奪其志即日奔喪家貧以鍼黹博甘旨奉衰姑姑病侍湯藥惟謹姑歿喪葬無遺憾卒年六十九）　汪鳳嘉女　吳長春女　吳寶清聘妻葉氏女　吳朝貴三女　陸德亮聘妻王氏女　黃企儔聘妻程氏女　曹子升聘妻章氏女　曹秉義聘妻王氏女　曹河喜女　胡玉符聘妻蔣氏女　程一泉女　史棻聘妻徐氏女

史丕顯聘妻程氏女　徐金大聘妻馬氏女事蹟俱失攷　以上十五貞女光緒二十三年旌

徐杰聘妻庠生路佩女杰歿女奔喪撫嗣子苦節終身　浙江候補運副徐人驥女儒林郎楊松加聘妻棹松如之七抑鬱成疾卒年二十

徐保興義女戴氏女直隸長垣人幼字同里李氏子咸豐間河決銅瓦廂長垣被水女轉從李至宜無所依韜保興見其端重以爲義女保興夫婦既歿女撫育義弟罔不周至某中丞聞其賢欲聘之女以前已字人誓不許見年七十三

俞企繩聘妻殷灝女企繩死女奔喪守志時年二十一見年七十一光緒二十三年旌

俞汝郊聘妻吳錦堂女汝郊歿女年二十一守貞九年而卒

吳榮輝女祝三歿女年二十一奔喪守志卒年三十三已旌

呂敬修女秀緣小字細六澄清圩人生而秀慧性和婉尙淡泊及笄父母相繼歿秀緣遂守貞不字撫幼弟成瑞讀書成立族人某延其貲產謀陷之秀緣挈弟遠避復破產倡修宗譜得免　候選道庫荆谿令嚴獎給貞孝可風扁額見年五十五

大使朱其偉聘妻任氏女其偉歿女時年十八奔喪守志憂鬱成疾卒

金蟠生聘妻郁子鎣女蟠生歿女年十九奔喪志謹事翁姑鍼黹度日守

童生許定寶未婚妻唐氏女童養夫家未成婚夫病歿女時年十八欲殉之不次投水家人百計救護始止見年五十四

荆谿貞女

宗曾康聘妻余氏女曾康歿女苦志守貞卒年六十一光緒十二年旌

潘錫信女

曹大杰聘妻董氏女　羅餘慶聘妻余氏女事蹟俱失攷均光緒二十三年旌

徐經葆聘妻馬氏女咸豐季年經葆陷於賊女聞之歸徐事姑時年十七卒年五十五光緒二十四年旌

徐曦聘妻崔鳴球女曦卒女奔喪百解不可奪後兄嫂相繼歿父母衰病女日侍膝下父母先後去世女哀毀骨立自是守身益嚴屏膏沐衣縞素非有事雖鄰里不能一面終身不變

郡庠生任星福聘妻王氏女星福歿女聞訃奔喪撫夫兄中福子爲嗣恩勤備至見年六十七宣統二年旌

朱垌聘妻潘氏女蜀山人聞垌死矢志守貞孝養父母卒年八十已旌

宜興孝婦

吳履禎妻錢氏未嫁時割股療父既歸吳又割股愈姑疾夫病亦割股療之年二十九夫歿守節撫孤卒年八十履禎亦曾割股療親人謂誠孝如氏不愧履禎之婦云光緒十五年學使楊奏旌並給貞松並茂扁額

吳德淵妻潘氏溧陽潘太史際雲孫女幼承庭訓凡閨內則列女傳諸書罔不悉其精意事姑惟謹姑久疾氏親侍湯藥手滌廁牏經年不倦姑疾革氏日夜露禱願以身代疾遂愈旋遭洪楊之亂父貽廉罹賊死氏號慟暈絕者數四奮起亂屍中覓骸骨歸殮後德淵病噎氏亦焚香籲天割股和藥以進卒年七十九

從九品吳錫紳妻金氏大浦人金國才女事後姑備曲盡婦道姑生子乏乳適氏新娩長女遂兩乳之自是鞠育顧復恩義備至姑晚年遘膈疾危甚氏與錫紳跽禱中庭爭剜胸肉和藥以進姑疾竟愈延一紀而歿氏

亦享壽七十有四

吳祺增妻金氏善事翁姑翁亡奉姑益謹姑病膈割股和藥進姑立痊延十二年始歿

陸紹湘妻麴氏事蹟失攷光緒二十三年旌

浙江巡撫任道鎔妻史氏史淇瞻女生有至性幼時母疾篤刲臂療之立愈年十九歸任事姑惟謹姑常患肝疾氏昕夕侍側夜不假寐平日先意承志務得歡心偶拂意不必多方勸解往往長跽不起俟姑愉悅而後已臨歿猶以不能終事姑氏爲慽

徐順大妻瞿氏販鬻爲生而事姑至孝甘旨無缺歷六十餘年不稍懈

從九品允文妻徐氏議敘從九徐瑛次女舅病革氏刲臂療之舅歿事姑益謹昏定晨省曲盡婦道嚴寒時常與姑同榻臥以溫之卒年五十六

芮望明妻史氏年二十八而寡事翁撫子各盡其道洪楊之亂翁被擄氏哀號彌月而卒年三十七

黃蘭卿妻吳氏藍田里人吳仲庵長女兵燹時夫被擄姑老多疾氏扶姑避難又竭誠奉湯藥疾久不解遂籲天割股以進立愈終以積勞故早卒年二十三

監生金澍恩妻陸氏　武生金殿榮妻朱氏妯娌和順事姑各竭誠摯姑嘗寢疾歷三年二氏自

啣食外親侍湯藥晝夜不離左右姑年八十而終其於二氏從無間言　朱際艮妻丁氏二十三歲
寡勤女工以養翁姑姑得奇疾氏割股煎湯進姑立愈氏股創亦立愈知之者謂有神助

荆谿孝婦

周光寬妻張氏姑病氏日夕撫摩衣不解帶歷久不懈姑歿翁復病氏禱竈刲左臂煎湯進遂瘳咸
豐六年學使奎奏旌並給星闔摯孝扁額　陳季曙妻史氏　吳公遜妻王氏
張廷春妻陳氏　朱斌妻徐氏事蹟俱失攷均光緒二十三年旌　程一泉
妻邵氏一泉避髮賊盡室舟居泊太婆圩前蘆蕩賊跡至甥一泉持舟去終不返搶氏及其舅姑蕩中氏扶
舅姑渡水甫抵岸賊又至舉刀索金氏身護舅姑臂受數創血流竟體舅姑獲免卒年八十五　忠義徐垟
妻李氏錢塘人幼知書精女紅事舅姑數十年曲盡婦道不一日懈舅姑歿歲時致祭必躬自治饌擇其生
平所嗜者以進夫死洪楊之難氏守義撫嗣子孔鑄教養兼至僾藏二十四孝圖每晨起必爲之口講指畫謂爲人

光宣宜荆續志　卷九下　孝婦　八

當以孝弟爲本講畢始令赴塾　徐潤森妻章氏章柳溪女知書史事翁姑能得歡心値庚申之變流
離瑣尾而猶百計博甘旨不稍缺潤森謀食揚州久不返氏尚青年矢志不二撫嗣子及諸子女悉如己出處妯娌
有禮有法理家政井井有條歲壬辰得旌學使獎給操比冬青扁額　恩貢生徐翰淦妻潘氏
訓導潘鍾杰女年十三喪母哀毀如成人撫幼弟湲備極誠摯年十八歸徐仰事重闈盡得歡心懷抱小姑乳幼
叔分姑氏之勞不遺餘力相夫教子各盡其道處妯娌以和御下以寬姑老病篤時夫弟翰鑄應鄉試未歸姑自知
不起日望之氏多方慰藉復割股煎湯進竟延旬日得與翰鑄一面乃謂翰鑄曰吾猶能一見汝皆汝嫂之孝感也
翁春秋高氏事之必親必敬至老不倦年六十四得痰疾卒翁命翰淦曰冢婦而有孝行當加殊禮殯之內寢可也
其見重於翁姑如此　鮑彥彬妻林氏白宕里人年十九夫歿姑雙瞽動輒需人以故氏欲殉而中止
奉姑如母二十餘年如一日夫弟彥勳亦早世其妻張殉之氏泫然曰娣氏先我全節矣我其奉姑以終吾事乎後
姑病痢氏侍奉湯藥寢食俱廢姑病危氏割股療之愈月餘復病氏以憂勞成疾姑歿竟以哀毀卒年四十四

宜興烈婦

王順庚妻黃氏年十九而寡越二年有逼嫁者遂投水死光緒十五年學使楊奏旌之　王聖
高妻楊氏　王川大妻周氏事蹟俱失攷　吳和讓妻周氏聞夫被難
即以身殉時年三十　吳聽虎妻蔣氏　吳越山妻孫氏　吳振新妻
徐氏　吳兆元妻程氏　吳仲大妻歐氏事蹟俱失攷以上八烈婦光
緒二十三年旌　吳西山妻王氏二十三歲寡紡績撫孤一日由母家歸同里惡少見而豔之曰如此
妖姣可重作新人矣氏聞知閉戶痛哭人定後赴村前投水死子六歲亦隨殞此光緒三十二年事也　潘岳
載妻顧氏　潘鍾瑞妻蔣氏　潘德洪妻蔣氏　潘順甫
妻王氏　潘掄元妻邵氏子婦李氏　潘茂和妻李氏
潘瑞堂妻陸氏　潘大年妻王氏　潘瑞亭妻宗氏　潘

光宣宜荆續志　卷九下　烈婦　九

天梧妻堵氏　潘朝貴妻李氏　潘啟章繼妻舒氏　潘
邦銘妻蔣氏　潘同申妻李氏　潘鎔妻邵氏　潘福田
妻徐氏　潘金標妻王氏　潘京鎬妻蔣氏　潘忝祿妻
李氏　潘秀元妻周氏　潘焯妻吳氏　潘廷誥妻沈氏
潘文照妻許氏　潘光普妻陳氏　潘鴻吉妻許氏
潘光裕繼妻項氏　潘鳳儀妻張氏　潘樞妻吳氏　潘
斌妻路氏　潘光焯妻湯氏　潘聚保妻鄭氏　潘鳳池
妻徐氏　潘鍾源妻李氏　潘葆源妻路氏　潘鍾淵妻
徐氏　潘杞妻任氏　潘光耀妻莊氏　潘鍾嶽妻儲氏
潘光輔妻周氏　潘桂妻許氏　潘道湄妻朱氏　潘

樊文妻路氏　潘兆元妻王氏　潘蓉曾妻李氏　潘仁
榮妻陳氏　潘甘木妻蔣氏　潘芳成妻王氏　樊金文
妻萬氏　樊寶生妻史氏　陳虎山妻朱氏　陳細山妻
錢氏　陳川山妻趙氏　陳朝周妻陶氏　陳永林妻王
氏　陳明山妻施氏　陳柏春妻蔣氏　陳慶珍妻吳氏
　陳素山妻王氏　陳長山妻鄭氏　陳永山妻蔣氏
陳樹德妻陸氏　陳士元妻錢氏　陳士珍妻吳氏　許
時兆妻歐氏　李廷鑾妻吳氏　李添來妻陳氏　李逢
源妻錢氏　李世恩妻盧氏　黄量習妻孫氏　裴順隆
妻陳氏　宋正寅妻許氏　史大銓妻蔡氏　史大芹妻

蔣氏　史愈岡妻許氏　尹申誥妻戴氏　尹景藩繼妻
張氏　尹陶然妻楊氏　孫忠禮妻徐氏　孫忠仁妻張
氏　湯廷英妾張氏　葉增泰妻袁氏　葉澤雲妻宋氏
　葉柏林妻陶氏　葉漢雲妻侯氏　葉富元妻毛氏
葉鴻度妻蔣氏　謝佑官妻宗氏　洪文達妻楊氏　卜
達大妻蔣氏　邢元福妻朱氏　江允卿妾狄氏　江允
厚妻吳氏　江允慈妻程氏　程持源妻徐氏　程壽齡
妻王氏　程福齡妻雷氏　程逢書妻王氏　程五大妻
楊氏　程逢金妻吳氏　程掌大妻邵氏　程兆滸妻汪
氏　程順法妻錢氏　程二大妻吳氏　程盤福妻孔氏

程維大妻姚氏事蹟俱失攷均光緒二十三年旌　程持鈞妻儲氏夫死洪楊
之難氏悲憤赴水死光緒二十七年旌　方子椿妻陸氏　任老大妻周氏
姜康大妻程氏　鄭勤夫妻葛氏　鄭蘭大妻葉氏　凌
耀成妻陳氏　凌招大妻吳氏　陸應洪妻陳氏　陸紹
贊妻宗氏事蹟俱失攷均光緒二十三年旌　陸翼珍妻方氏夫禦髮賊死之氏悲慟漸
絶飲食三閲月而卒年三十　徐琴堂妻路氏　徐天佑妻程氏事蹟俱失攷均
光緒二十三年旌　徐明華妻錢氏年二十五夫歿氏刎頸求殉經救得甦哀悼成疾踰數月而卒
徐金芝妻任氏夫歿悲甚不數日而卒年二十五　蔣開明妻周氏　蔣榮
陞妻朱氏　蔣老四妻管氏　蔣泰來毋任氏　蔣鎖金
妻儲氏事蹟俱失攷均光緒二十三年旌　蔣德陽繼妻張氏歸蔣數年克盡婦道夫歿

殉之年二十九　蔣兆蓉繼妻夏氏江陰夏詒績女性馴謹兆蓉故有妾常以才能凌氏兆蓉乃居
妾於近郊別室後兆蓉寢疾別室中氏恐有他故舟迓之不得重趼走省假農舟載歸越日遂卒氏乘間自縊屍所
以殉年二十九時光緒二十九年十月十一日也是年旌　邵二大妻程氏事蹟失攷光緒二十三年
旌　邵信麟妻楊氏夫死洪楊之難氏聞之從容掘父母簪金遺兄嫁遂以身殉年二十五　楊
學裘妻潘氏同治元年夫殉難氏投渦湖自絶年二十六　周宏亮妻萬氏　周
佩如妻朱氏事蹟俱失攷均光緒二十三年旌　縣丞周兆慶妻李氏恩貢生李
鏡蓉女夫歿氏親視含殮擇從子爲後盡出所有作祭葬之費并爲夫清償夙負事畢仰藥以殉年三十二時宣統
三年正月三日也是年旌　儲思貞妻吳氏事蹟失攷光緒二十三年旌　儲開祥妻徐
氏仰藥殉夫年二十五光緒三十一年旌　朱明文妻王氏事蹟失攷光緒二十三年旌　監
生朱其任妻徐氏夫歿慟哭淚盡繼之以血卒以身殉年二十四　胡山林妻宋氏

事蹟失攷光緒二十三年旌 胡順亨妻潘氏稽墓塘人夫歿痛不自持投水自絕年二十二 錢二郎妻程氏事蹟失攷光緒二十三年旌 錢熔山妻顧氏夫死悲哀不食尋自縊以殉年二十五 何川大妻吳氏事蹟失攷光緒二十三年旌 雲騎尉何麟祥妻潘氏樂平典史潘玉溪三女年十九歸何事孀姑能先意承志未朞年而寡有志殉夫服闋竟仰藥死年二十四 監生路慶生妾田氏夫死於疫氏不食十餘日而歿年二十七光緒二十四年旌 閔盤榮妻王氏嫁未朞年夫歿人欲污之遂投繯死 馮祖根妻裴氏夫以救弟溺死氏慟不自勝尋卒年二十二 蔡川大妻潘氏川大故安徽人徙居縣北青龍橋西成婚之夕花燭失火氏覓衣急不能得川大促之出氏曰吾新婦柰何裸見人川大出將取衣衣之而火已塞屋不得入氏遂焚死邑侯萬公立銘閭之重其人厚殮之 宗慰劬妻楊氏夫死不食而卒年二十五

荆谿烈婦

余吉甫妻宗氏事蹟失攷同治八年旌 歲貢生范光國妾陳氏性剛烈以光國死於冤抑痛之甚葬光國畢卽不食尋自縊光緒七年學使黃奏旌並給烈行可風扁額 俞舍貝妻任氏咸豐十年聞夫殉難投水死年二十九 俞勝和妻任氏咸豐十年歸俞甫二月夫陷於賊殉之 俞明度妻錢氏咸豐十年夫陷賊中逾年不歸慟哭而死 俞二春妻談氏咸豐十年夫遇賊被害卽日殉義 俞秀法妻徐氏咸豐十年間夫殉難卽時投水死 俞秀宏妻朱氏夫亡慟哭死年三十 俞明莊妻任氏 倪惟一妻朱氏 陳仁元妻談氏 陳雲林妻黃氏 陳觀光妻王氏 陳茂開妻傅氏 吳聲雷妻呂氏 吳士珩妻儲氏 徐寶順妻吳氏 徐廷楨妻萬氏 徐洪壽妻趙氏 徐鼎繼妻任氏 馬珍榮妻李氏 蔣壽朝妻鄒氏 盧開大妻

朱氏 盧茂盛妻黃氏 周堃奎妻馬氏 周永年妻萬氏 周鴻盛妻殷氏 史才逢妻張氏 史壽昌妻許氏 沈榮芳妻黃氏 談炳榮妻陸氏 萬瑞芝妻鄒氏 葉福壽妻沈氏 葉春熺妻史氏 許浩榮妻蹇氏 許炳豐妻胡氏 張惠霖妻朱氏 張懷慶妻王氏 朱邦廷妻談氏 朱堃雲妻吳氏 朱維寅妻黃氏 朱邦權妻王氏 朱邦有妻黃氏 宋國英妻胡氏 朱堃大妻閔氏 胡開富妻潘氏 路旭旦妻凌氏 路邦勳妻史氏 錢鳴鶴妻吳氏 毛庚法妻馮氏 伍世登妻張氏 梁賢材妻潘氏 梁賢肇妻潘氏 車時敏妻趙氏

許午培妻顧氏 許烜妻崔氏 許順川妻陳氏 許餘豐妻范氏 許恩庭妻周氏 許寶義妻蔣氏 許根霈妻徐氏 許杏根妻江氏 許佩三妻張氏 許根瓊妻王氏 許東陵妻潘氏 許恩利妻徐氏 許餘堪妻陳氏事蹟俱失攷 庠生許聘之妻楊氏洪楊之亂聘之籌辦團防被賊拘去氏哭之慟卽欲自經子女牽衣啼泣乃俟夜深子女睡熟投水死 潘曜文妻楊氏 潘芳榮妻張氏 潘保英妻陳氏 潘信隆妻吳氏 潘盤隆繼妻王氏 潘同元妻顧氏 潘樹珍妻蔣氏 潘興元妻周氏 潘福元妻徐氏 潘瑞昌妻謝氏 潘芳三妻王氏 潘丹名妻鄭氏 潘應書妻吳氏 潘樹仁妻朱氏 潘

集昌妻儲氏　潘汝奎妻宗氏　潘存福妻張氏　潘福
元姿周氏　潘富華妻董氏　潘順隆妻謝氏　潘丹桂
妻楊氏　潘洵林妻談氏　潘阿川妻徐氏　潘士珍妻
張氏　潘興壽妻楊氏　潘庭珍妻周氏　潘集秀妻楊
氏　潘枋棨妻管氏　潘景春妻韓氏　潘景元妻呂氏
潘源運妻陳氏　潘榆玖妻王氏　潘源春妻吳氏
潘汝榮妻徐氏　潘源洪妻徐氏　潘汝琳妻許氏　潘
石泉妻許氏　潘汝奎妻徐氏　潘源盛妻吳氏　潘源
亨妻馬氏　潘汝能妻蔣氏　潘汝福妻胡氏　潘文正
妻錢氏　潘源明妻梁氏　潘庭瑞妻吳氏　潘桂芳妻

顧氏　潘菊生妻唐氏　潘延材妻周氏　潘景科妻蔣
氏　潘叔光妻尹氏　潘榆成妻周氏　潘保義妻歐氏
潘桂芬妻蔣氏　潘源林妻萬氏　潘汝黻妻蔣氏
潘荊泉妻王氏　潘元仁妻傅氏　潘文高妻陸氏　潘
源福妻周氏　潘汝爲妻周氏　潘俊升妻李氏　潘柏
恩妻呂氏　潘禧延妻曹氏　潘源仁妻董氏　潘汝亨
妻閔氏　潘如松妻宗氏　潘松年妻歐氏　潘春元妻
陳氏　潘源長妻周氏　潘楨桂妻謝氏　潘和大妻馬
氏　潘廣亨妻沈氏　潘溪泉妻許氏　潘源儉妻談氏
潘汝祿妻吳氏　潘高大妻王氏　潘餘慶妻周氏

潘源禮妻徐氏　潘汝昌妻許氏　潘順川妻馬氏　潘
長元妻馮氏　潘懷定繼妻周氏　潘源昇妻郜氏　潘
汝元妻萬氏　潘連正妻黃氏　潘方蘭妻沈氏　潘方
雲妻黃氏　潘源信妻徐氏　潘佩榮妻王氏　潘家棟
妻徐氏　潘家棟妻歐氏　潘龍標妻蔣氏　潘源增妻
張氏　潘順巨妻王氏　潘洪元妻謝氏　潘友臣妻姜
氏　潘增福妻徐氏　潘源勤妻沈氏　潘文彥妻馬氏
潘會和妻邵氏　潘秀元妻沈氏　潘岳榮妻謝氏
潘源昌妻王氏　潘崇槐妻周氏　潘家模妻蔣氏　潘
肇富妻王氏　潘文煦妻史氏　潘順義妻談氏　潘端
元妻董氏　潘順恩妻丁氏　潘元寶妻馬氏　潘文華

妻謝氏　潘韶大妻蔣氏　潘君昌妻黃氏　潘方榮妻
謝氏　潘德和妻陸氏　潘松林妻馬氏　潘懷珍妻夏
氏　潘生林妻周氏　潘榮茂妻宗氏　潘朝奎妻周氏
潘兆明妻陳氏　潘安邦妻許氏　潘懷方妻張氏
潘信觀妻韓氏　潘川大繼妻談氏　潘敬茂妻蔣氏
潘闔椿妻沈氏　潘增福妻凌氏　潘敬昌妻芮氏　潘
濟繼妻顧氏　潘尙德妻馬氏　潘六福妻王氏　潘同
大妻周氏　潘槐森妻曹氏　潘懷定妻黃氏　潘其襄
妻蔣氏　潘懷鳳妻蔣氏　潘雲節妻於氏　潘敬全妻

王氏　潘如松妻楊氏　潘正春妻王氏　潘敬宏繼妻
邵氏　潘增益妻張氏　潘映春妻袁氏　潘銀川妻張
氏　潘尙謙妻吳氏　潘桂林妻史氏　潘君芳妻吳氏
潘庭森妻周氏　潘同枝妻沈氏　潘朝榮妻周氏
潘懷官妻丁氏　潘繼祥妻錢氏　潘俊生妻羊氏　潘
長松妻朱氏　潘仁龍妻楊氏　潘敬亨妻周氏　潘景
源妻張氏　潘昌元繼妻王氏　潘廣基妻蔣氏　潘長
林妻都氏　潘澤妻周氏　潘松榮母董氏　潘漢珩妻
張氏　潘光照妻蔣氏　潘朝大妻任氏　潘柏林妻徐
氏　潘柏榮妻徐氏　潘松盛妻錢氏　潘慶華妻張氏

潘松高妻陳氏　潘洪昌妻周氏　潘松鶴妻馮氏
潘士昌妻周氏　潘仲蘭妻陸氏　潘汝松妻蔣氏　潘
汝順妻周氏　潘錫榮妻歐氏　潘作沛妻張氏　潘錫
芳妻陳氏　潘元禧妻儲氏　潘景昌妻吳氏　潘貞元
妻馮氏　潘源陞妻張氏　潘肇魁妻史氏　潘爵高妻
周氏　潘光煥妻周氏　潘柏昌妻王氏　潘桂發妻王
氏　潘三秋妻周氏　潘松福妻何氏　潘遺大妻陳氏
潘松壽妻蔣氏　潘士恩妻蔣氏　潘汝逵妻王氏
潘汝義妻周氏　潘錫福妻徐氏　潘洪亮妻王氏　潘
錫祥妻吳氏　潘錫利妻王氏　潘源生妻徐氏　潘錫

陞妻顧氏　潘源興妻王氏　潘納陛妻湯氏　潘光煦
妻錢氏　潘朝三妻周氏　潘椿森妻周氏　潘松榮妻
蔣氏　潘狗大妻裴氏　潘金餘妻王氏　潘歡大妻歐
氏　潘桂均妻吳氏　潘洪福妻周氏　潘寶大妻周氏
潘汝貴妻梁氏　潘汝爲妻蔣氏　潘燧妻陳氏　潘
洪昌妻蔣氏　潘錫康妻許氏　潘汝富妻梁氏　潘錫
來妻管氏　潘禾安妻蕭氏　潘文腴妻吳氏　潘勝忠
妻談氏　潘源惠妻萬氏　潘錫信妻吳氏　潘錫元妻
周氏　潘錫武妻吳氏　潘景盛妻蔣氏　潘汝枋妻周
氏　潘文熾妻馮氏　潘文熨妻張氏　潘禾壬妻儲氏

潘炳能妻許氏　潘錫昌妻陳氏　潘錫山妻陸氏
潘鏞翰妻邵氏　潘鑛妻孫氏　潘洪浩妻周氏　潘錫
祥妻黄氏　潘文燦妻馬氏　潘文烈妻王氏　潘錫光
妻儲氏　潘炳生妻史氏　潘錫貴妻梁氏　潘錫忠妻
丁氏　潘汝敦妻顧氏　潘洪魁妻陳氏　潘錫恭妻許
氏　潘如柏妻莊氏　潘錫義妻周氏　潘錫壽妻談氏
潘勤華妻周氏　潘禾昌妻陳氏　潘桂楨妻葛氏
潘錫福妻陳氏　潘光照妻呂氏　潘元欽妻錢氏（事蹟俱失
攷）　潘琪文妻俞氏（咸豐十年夫陷於賊氏七日不食死年十八）　任克耀妻王氏
任景方妻徐氏（十九烈婦光緒二十三年旌）　候選州同

任濤繼妻李氏歸任三載而寡守義撫嗣子越一歲嗣子夭氏泣拜夫主曰我所以不即殉者爲先人血食故欲有以成立嗣子也今夭矣復何所望遂仰藥死年二十五

尹春大妻朱氏事蹟失攷光緒二十三年旌

尹隆川妻顧氏夫歿後七日投繯殉之年二十九

李如升妻蔣氏事蹟失攷光緒二十三年旌

李順德妻沈氏二十一歲寡恐門第寒微見奪於人服毒自經

廣東補用巡檢東承霖妾梁氏承霖卒於廣東凶問至氏服毒殉之

袁達聰妻楊氏周墅人楊順生女相夫勤事翁姑孝光緒二十一年夫歿氏視殮畢哀號辟踊以頭搶地氣絕而逝年二十五

湯順保妻時氏少失怙蘭孫雲樵以爲義女及長歸順保順保故旌德人流寓邑東南鼎山以業爲生氏生子甫八月順保病劇氏泣告人曰夫無近親家無斗粟設有不幸孤兒寡婦既無以爲生即吾夫棺殮費亦無所自出惟我以身殉仁人聞之或將憐而拯之乎若云善事後人非我所爲也比順保垂斃氏竟仰藥與順保同時畢命時光緒三十年六月也年二十二里人葛鶴程集貲葬之并乳其子以成氏志

鮑鍾培妻許氏白宕里人許芝軒女夫歿殯殮畢仰藥殉之距夫死七日年二十五

高鶴齡妻蔣氏子婦鮑氏孫婦崔氏鶴齡及其子萬生孫雲錦皆早世三氏先後慟哭不食死距夫歿均不及十日人稱一門三烈云

宜興節婦

宗樹勳妻史氏二十三歲寡苦志撫孤卒年四十四同治十三年學使林奏旌

庠生宗英妻史氏二十九歲寡事姑孝撫子鵬飛讀書成立

宗同祖妻史氏三十歲寡艱苦守節卒年五十四　以上二節婦學使溥於光緒十八年奏旌

文童宗履豐妻陸氏二十四歲寡見年五十二

吳文畧妻俞氏事王姑及舅姑以孝聞二十九歲寡家奇貧忍苦守義卒年四十四光緒二年旌

吳景飛妻丁氏三十歲寡卒年九十光緒十一年旌

監生吳遂良妻萬氏二十六歲寡卒年五十七光緒十四年旌

吳觀光妻潘氏二十一歲寡終身樸素器用之微有紅色考未嘗一御之平生無戲言視從子如已出家故貧以女工獲小康臨歿召諸從子分其產使嗣焉光緒二十一年旌

吳寶暄妻許氏二十八歲寡忍苦撫孤

吳遜志妻王氏二十八歲寡守節三十五年而卒

吳崇本妻萬氏二十八歲寡事庶姑撫幼子艱苦備嘗晚年病臥不能起而家規嚴整吟誦不輟卒年六十九

監生吳家駒妻王氏年二十一歸家駒越八年家駒病謂氏曰卿年少子幼吾弟又未成立可柰何氏泣對曰吾家廳事不懸有朱柏廬先生格言一幀乎弟若子以此爲訓足矣妾何能致誨之家駒既歿氏躬自課之至於成立平日設屏簾別內外日夕紡績卒年四十五

吳企茂妻金氏二十九歲寡艱苦守節

吳復遠妻姚氏姚餘祥女二十九歲寡卒年七十一

吳玉節妻蔣氏二十一歲寡守節四十八年而卒

吳大川妻周氏二十八歲寡卒年五十五

吳椿齡妻汪氏　吳德明妻徐氏　吳好票妻杜氏　吳芳榮妻馮氏　吳吉齋妻路氏　吳小山妻金氏　吳盤桂

妻蔣氏　吳奎文妻蔣氏　吳大珊妻孫氏　吳保榮妻方氏　吳聿修妻徐氏　吳和尚妻周氏　吳邦儀妻潘氏　吳煥榮妻呂氏　吳寅妻顏氏　吳祖德妻謝氏事蹟俱失攷　以上二十四節婦光緒二十三年旌

吳寶星妻謝氏南莘圩人二十六歲寡圖殉者五其母責以事翁姑撫孤子始從命姑疾侍湯藥衣不解帶者累月見年六十六光緒三十二年巡撫陸奏旌並給操凜冰霜扁額

吳達德妻呂氏二十六歲寡卒年四十八巳旌

吳煥新妻許氏扶風橋許順金三女三十歲寡時遺孤在抱產女經旬孀姑復龍鍾氏以爲義不可死仰事俯畜盡孝盡慈家饒裕或覬覦之氏百計支持得全子洪祥既成立念母氏一生艱苦屢欲請旌氏輒斂容卻之曰節孝分內事也何旌爲見年七十五

吳則仁繼妻李氏子曾培妻許氏孫元茂妻談氏李二十七歲寡紡績之暇課子讀書不稍寬縱卒年九十三許二十八歲寡事姑以孝聞撫遺腹子成立卒年七十三談二十

六歲寡撫孤成立一切操守悉惟王姑李姑許是式見年五十六
吳睿禎妻趙氏二十八歲寡家赤貧采薪治圃足胝手胼不惜勞瘁撫孤肅中成立卒年八十一
吳印增妻陳氏二十九歲寡卒年七十九
吳憙梅妻張氏子婦許氏蔣墅後村人張氏二十八歲寡慟哭氣絕被救始甦撫孤順昌爲娶婦許氏不十年順昌又亡兩世孀居孤苦萬狀能忍人所不能忍張氏卒年七十六
吳義容妻羅氏二十六歲寡廑思殉義親黨畢力阻止撫孤五益晝傭夜績以餬口卒年七十四
吳元龍妻袁氏二十六歲寡家赤貧苦撫遺腹至於成立卒年七十一
吳福元妻衛氏三十歲寡清苦自持卒年六十八
吳善久妻蔣氏三十歲寡艱辛守節卒年六十七
吳顯麟妻王氏二十八歲寡卒年六十二
吳佩章妻錢氏秀楊圩錢金榮女二十七歲寡家赤貧晝賃舂夜紡績食粗衣惡常忍飢寒而教育子女不稍一弛人有憐其艱苦者餽以升斗必卻之卒年六十一
吳榮楠妻潘氏二十九歲寡侍鍼黹以事畜已則往往枵腹卒年六十
吳德成妻徐氏二十七歲寡卒年五十八

吳柏茂妻潘氏二十七歲寡卒年五十七
吳錫珍妻蔣氏二十五歲寡卒年五十四
吳麟玉妻許氏二十二歲寡家貧忍苦撫子女卒年五十三
吳保和妻徐氏西塘頭村人十九歲寡欲殉者數人以其有孕力勸之越五月生子遺鎮守志撫之卒年五十三
吳開啟妻蔣氏三十歲寡守志堅卓撫孤成立儉以持己寬以待人卒年四十九
吳洪川妻劉氏二十三歲寡翁老子幼氏克盡孝慈之道卒年四十六
吳正奎妻鄭氏二十二歲寡持己莊嚴未嘗見齒卒年四十四
吳倘堂妻杭氏二十四歲寡翁欲奪其志氏微聞之誓死自明歸依母家鍼黹度日翁歿氏匍匐奔喪盡哀盡禮撫從子如己出卒年四十二
吳聲遠妻杜氏二十八歲寡憂悼成疾卒年三十六
吳寶材妻蔣氏二十九歲寡卒年三十六
吳寅增妻朱氏二十四歲寡卒年三十四
直隸候補縣丞吳錦文妻李氏李同梧次女年十三母病瘵侍奉不離左右母歿事父益謹撫弟妹益懇到年十八歸吳十閱月夫歿時在直隸氏跋涉關河扶櫬歸葬孀姑

在堂夫弟妹均幼氏長年爲人縫紉以所得爲事畜資姑歿喪葬如禮夫弟妹既成立爲之嫁娶未幾夫弟歿其婦繼亡遺女一氏又撫之俾克成立歷盡艱辛之死靡慝見年五十六
文童吳丕顯妻趙氏趙景瑚女二十五歲寡見年五十四
庠生吳恩湛妻周氏監生周炳文女二十九歲寡矢志守義製作陶器以自活見年五十四
路道容繼妻徐氏二十九歲寡卒年八十六光緒三年旌
路于遠妻徐氏二十四歲寡卒年六十一
路慶莊妻程氏二十二歲寡卒年五十四
監生路福恒繼妻儲氏嫁五閱月夫亡氏時年十九欲殉之旌以前室子炳章尚幼忍死教養之未幾炳章復夭氏一慟成疾遂不起年三十六
監生路福祺妻周氏二十三歲寡見年七十四
路宗翰妻朱氏事蹟失攷以上五節婦光緒二十三年旌
史丕成妻馬氏二十五歲寡卒年六十八光緒七年學使黃奏旌
史乃傑妻蔡氏二十七歲寡苦撫嗣子卒年六十五光緒二十二年學使龍奏旌並給德操恒貞扁額
史貫之妻陳氏二十七歲寡卒年八十五

史元瓚妻儲氏二十七歲寡卒年八十三
史寶宣妻湯氏
史直齋妻朱氏
史春林妻周氏
史文鼎妻張氏事蹟俱失攷
監生史德熙妻蔣氏少時父母轉徙避賊均患病氏侍奉衣不解帶及卒營葬備極艱苦年三十夫歿矢志守節卒年五十二以上七節婦光緒二十三年旌
史漢卿妻程氏二十九歲寡見年七十二光緒二十四年旌
附貢生史琇璋妻楊氏二十九歲寡卒年五十三宣統三年旌
史敬宗妻吳氏二十八歲寡卒年五十九學使奏旌並給志堅金石扁額
史秀英妻孫氏三十歲寡卒年八十五
史紹通妻楊氏三十歲寡卒年六十八
史祥林妻馬氏三十歲寡卒年六十六
史順德妻宗氏二十三歲寡貧苦守義卒年六十
監生史繩武妻朱氏二十一歲寡卒年五十四
史子善妻徐氏二十八歲寡卒年五十三
候選同知史悠繹妻汪氏二十九歲寡見年五十一
李時俊妻邵氏二十四歲寡侍鍼黹所得

撫孤成人卒年五十四光緒七年旌 李仲保妻水氏 李樹君妻朱氏 李汝楫妻張氏 李長林妻程氏事蹟俱失攷均光緒二十三年旌 李逢源妻錢氏二十四歲寡卒年三十三已旌 李錦文妻佘氏二十歲寡矢志守義姑奚亦靑年守節姑婦共鍼黹博饘粥父嘉盲時周之歷十餘年居室火益無依賴寄託某庵時姑年七十餘悲悼成疾氏侍湯藥數閱月姑不起氏經營喪葬既畢欲截髮父母勸阻之迨父母歿服闋乃削髮爲尼募建是岸室尼庵卒年五十 李紹休妻沈氏二十二歲寡卒年二十八 府知事李鍾琇妻儲氏三十歲寡見年五十八 監生黃倬妻徐氏三十歲寡孝事翁姑謹持家務光緒十年學使黃奏旌並給淸節芳型扁額卒年七十八 黃丕嶼妻王氏 黃坤元妻王氏 黃桂山妻汪氏 黃九如妻陸氏事蹟俱失攷均光緒二十三年旌 黃大法妻許氏二十七歲寡卒年八十九 黃錫恩妻曹氏洪楊之亂避居江陰夫歿氏年二十九亂平扶櫬歸

光宣宜荊續志 卷九下 節婦 三十二

里備嘗艱苦奉翁無子各盡其道卒年六十五 黃佑吉妻周氏二十七歲寡苦節終身年六十四 黃柏華妻陸氏二十二歲寡謹事翁姑苦撫孤子卒年六十六 黃志宣妻吳氏監生吳少岳女年十九歸黃越數歲夫歿氏以義不當死日夕操作爲事畜計姑病氏涕泣籲天請以身代卒年六十一 附貢生黃執中繼妻楊氏三十歲寡勤理家政撫孤授室處妯娌和而敬見年五十四 從九品黃允中妻陳氏二十四歲寡紡績撫嗣子勤勞不倦見年五十四 從九品黃載籛妻戴氏二十八歲寡苦撫嗣子見年五十一 儲穀夫妻芮氏二十八歲寡卒年六十六光緒十二年學使王奏旌並給茶苦筠淸扁額 儲一駿繼妻徐氏二十五歲寡 儲仁驊繼妻任氏二十四歲寡 儲鳴和妻蔣氏二十三歲寡以上三節婦光緒十七年旌 儲潤金妻黃氏二十六歲寡光緒十八年學使溥奏旌並給志堅金石扁額見年七十四 儲秉之妻楊氏 儲鴻文妻馮氏 儲正雅妻王氏 儲均妻任氏 儲春浦妻楊氏 儲新大妻任氏 儲延烈妾楊氏 儲惇妻崔氏 儲可彬妻顧氏 儲倎妻楊氏 儲福壽妻吳氏 儲珇妻曹氏 儲歡義妻辯氏 儲芝根妻向氏 儲艮相妻向氏 儲永興妻沈氏 儲開先妻馮氏 儲復妻蔣氏 儲可型妻高氏事蹟俱失攷 儲文洪妻朱氏三十歲寡卒年四十七 儲恩榮妻莊氏二十六歲寡苦撫遺腹子子五歲卽延師課之不吝脩脯一因有文譽補縣學生卒年七十八以上二十一節婦光緒二十三年旌 庠生儲雁題妻路氏二十九歲寡光緒二十四年旌 監生儲賡臣妻過氏性淸剛曉大義年十八歸儲時値亂離之後家業蕩然負債纍纍氏相夫甚力幼時華衣美食習以爲常于歸後抑奢崇儉縮食節衣無毫髮驕惰氣生平以不逮事舅姑爲憾歲時致祭必先日齋戒爇香嗥經至日焚之井躬自治饌以將其意終身不

光宣宜荊續志 卷九下 節婦 三十三

怠年二十五夫歿氏泫然曰負債不償非敦信尙義也棄孤殉夫非尊祖敬宗也於是日夕紡績雖拮据不稍恤以所得淸夙負育遺孤年三十四病革不能醫藥長女元吉禱籲刲臂煎湯進立愈人謂有女如此亦節孝之報云卒年六十七宣統二年旌 舉人儲鳳藻妻徐氏舉人徐禧壽女父病禱天刲股母愈以喪子得瘋疾依氏生活夫歿於豫氏時年二十八家亦貧而奉姑奉母罔不周至柔聲怡色敬禮有加課子讀書尊師重道姑及母享壽八十餘子蘊華登賢書人謂氏孝行所感云宣統二年旌 儲協茂妻張氏二十九歲寡卒年六十七學使獎給節苦風淸扁額 監生儲保城妻汪氏和橋汪度仲女知書通大義兼習句稽之學年二十三夫歿志在必殉家人力阻含辛茹苦垂二十年姑蔣藕池圩士族亦早寡姑婦同志人稱雙節卒年四十巳旌 舉人儲廷槐妾蕭氏蕭文昭女善理家計廷槐病肺氏侍湯藥寢食俱廢疾革刲股療之祈以身代不效時氏年二十四嫡余病瘵氏侍疾衣不解帶六閱月家貧延師課子往往質釵珥佐脩脯平日鍼黹紡績灌園植蔬藉博微利給衣食見年五十三民國七年褒 儲守正妻史氏豐義

里人二十八歲寡卒年六十二儲志宣妻金氏二十二歲寡卒年五十六儲奕慶妻邵氏三十歲寡苦節撫孤卒年五十五儲育英妾高氏二十歲寡卒年四十五儲維城妻湯氏二十八歲寡卒年四十四儲寶成妻汪氏二十三歲寡卒年四十二儲義妻靜氏臧村人二十八歲寡事姑撫子和妯娌不辭勞瘁能得姑氏歡心卒年四十一儲鍾祥妻任氏十九歲寡卒年三十三庠生儲國光妻芮氏儲巷人艱苦撫孤見年五十一張保芝妻蔣氏後賢村人十七歲寡事翁姑撫嗣子孝慈兼至見年七十六光緒十二年學使王奏旌張銅匠妻施氏　張芳隆妻王氏　張丙榮妻金氏　張盤高妻路氏　張成雄妻華氏　張龍生妻龔氏事蹟俱失攷張鳴盛妻孫氏二十二歲寡卒年八十一張文衡妻徐氏二十八歲寡卒年七十一張鴻寶妻潘氏二十七歲寡艱苦守義卒年六十以上九節婦光緒二十三年旌張立中妻

光宣宜荆續志　卷九下　節婦　卅四

孫氏三十歲寡卒年五十六光緒二十八年學使李獎給婦德母儀扁額張文江妻范氏二十九歲寡見年六十六光緒三十年學使唐奏旌監生張廷樞繼妻楊氏二十六歲寡勤儉持家撫孤成立卒年七十二光緒三十四年旌張國光妻史氏二十八歲寡卒年五十四已旌張兆隆妻杭氏二十三歲寡卒年五十二學使奏旌並給節勵柏舟扁額張葆三妻徐氏二十九歲寡殉夫不遂矢志守義見年六十五光緒閒旌張慶壽妻徐氏二十三歲寡無子矢志守義卒年八十張作恕妻吳氏二十九歲寡家貧日耕夜織撫子成立卒年八十張自南妻周氏二十八歲寡苦節終身年七十三張應逵妻丁氏三十歲寡卒年七十三張似江妻周氏三十歲寡卒年七十張朝榮妻吳氏三十歲寡卒年六十九張理齋妻陳氏三十歲寡卒年六十七張鳴瑞妻潘氏二十九歲寡卒年六十一張洪奎妻周氏二十八歲寡事姑撫孤備嘗艱苦卒年五十八張開忠妻唐氏三十歲寡卒年五十三張斌奎妻蔣氏前賢村人二十六歲寡卒年五十一張廣裕妻莊氏三十歲寡卒年五十童生張鍾祥妻呂氏二十六歲寡守節撫姪卒年四十七安徽巡檢代理鳳台縣事張毓桂妻黃氏楊巷人二十二歲寡卒年三十八毓桂故懷甯人張蘭溪妻沈氏二十四歲寡卒年三十五張鴻銓妻孫氏二十七歲寡無子忍苦守義終身不二武生張乃斌繼妻蔣氏二十四歲寡撫己子及前室子一視同仁持家治生產以勤能稱見年五十五文童張翼妻王氏港下村人二十九歲寡姑老有廢疾子女俱幼仰事俯畜心力交瘁見年五十四庠生張世鐸妻周氏二十八歲寡見年五十二監生張俊臣妻徐氏通書史知大義二十二歲寡事姑撫子孝慈兼至見年五十俞文林妻范氏[illegible]漢圩人二十五歲寡卒年七十六光緒十二年學使王獎給壼儀足式扁額俞瑞生妻陸氏俞宗洛妻程氏事蹟俱失攷均光緒二十三年旌俞時熙妻錢氏二十七歲

光宣宜荆續志　卷九下　節婦　卅五

寡卒年七十四俞朝華妻江氏三十歲寡卒年六十四文童周壽曾妻儲氏二十歲寡卒年三十二光緒十二年旌周君如妻莫氏沽瀆匯莫隆和長女二十六歲寡適髮賊陷邑城氏遂吞炭塗面藉免賊禍卒年七十七光緒十五年學使楊奏旌並給彤管揚芳扁額周應榴妻吳氏監生吳樹棠女二十三歲寡卒年七十四光緒十七年旌周鴻元妻王氏三十歲寡卒年七十三周孚先妻宗氏二十六歲寡見年七十五庠生周禮妻程氏禮久病家道中落及卒氏年二十七念嗣祖姑衰老二孤尚幼仰事俯畜責無旁貸乃日夜操作備盡孝慈四十年如一日見年六十六周觀光妻陸氏十九歲丁洪楊之亂避難江北夫旋亡舅姑繼歿氏質簪釵珥以爲喪費亂平負舅姑及夫骸骨歸葬家道衰落日夕紡績縫紉以自給撫從子爲嗣視如己出卒年六十八周召基妻曹氏　周少牧妻裴氏　周一香妻孫氏　周觀謨妻蔣氏　周夢齡妻胡氏　周炳南妻杭氏　周望元妻張

氏
周殿中妻史氏
周福大妻萬氏
周仁洪妻吳氏
周富郎妻吳氏事蹟俱失攷以上十五節婦光緒二十三年旌
周受黼妻朱氏二十三歲寡卒年七十七光緒二十四年旌
周于宣妻王氏雲巢村人二十一歲寡卒年八十三光緒二十七年旌
周福珍妻萬氏蒲頭村人福珍久病貧不能藥氏乃躬自樵蘇盡力所能負以入市既售復樵至再至三日以爲常鬻所得延醫治福珍而自咯粗糲如是者四年福珍終不起時氏年二十九泣貸治喪葬遺孤二苦撫之平日操勞晝夜無間經四十餘年家以小康二孤亦成立氏乃出累年所蓄百餘金命二子集族人創修港頭支周氏譜牒人頌其節益敬其孝見年七十二光緒閏旌
周丕亭妻許氏崔家橋監生許伏齋女二十七歲寡節哀忍痛仰事翁姑處姒娌以睦教子女以義方及洪楊發難日思自絕以自全適長子庠生青選潛謀以鄉勇復邑城棹扁舟江上奔走軍事遂奉之至淮上乃免亂平青選又殁諸孫尚幼氏以長以教諸孫至今以孝義聞告氏之訓也卒年七十四已旌
周秋雲妻徐氏南華圻人二十九歲寡家赤貧摶埴爲生暇則紡織矢志不移撫孤丕顯俾讀書十年通經史識時務家道中興卒年七十七

光宣宜荊續志　卷九下　節婦　三十六

周珍祥妻陸氏二十一歲寡卒年六十九
周允卿妻儲氏二十七歲寡卒年六十九
周炳泰妻王氏二十九歲寡奉姑撫子辛苦備嘗卒年六十二
周恭泰妻張氏二十九歲寡卒年五十四
周望麟妻杭氏二十一歲寡艱苦守義撫遺腹子成立卒年四十三
周錫恩妻張氏二十六歲寡事姑撫孤畢生勤苦卒年四十
周濟隆妻陸氏二十三歲寡卒年四十
監生周畏嵒妻范氏王母村人二十六歲寡事姑撫子以孝慈聞見年五十四
任伊妾陳氏秉性端莊深明孝義十九歲寡卒年三十七光緒十三年旌
廩貢生任大文繼妻汪氏三十歲寡教養孤子紡織經紉以給衣食供脩脯卒年五十光緒十九年旌
任三大妻周氏
任文彬妻王氏事蹟俱失攷均光緒二十三年旌
任大春妻閔氏二十八歲寡卒年六十
庠生任鳳翔妻路氏路壽祺女三十歲寡能事翁姑撫兒女見年五十三

庠生任德興繼妻潘氏二十歲寡見年五十
徐仁大妻任氏二十四歲寡卒年六十六光緒十五年旌
徐宏大妻虞氏二十七歲寡卒年六十二
徐春生妻傅氏三十歲寡卒年七十七
徐法高妻吳氏三十歲寡卒年六十七
徐洪順妻宋氏二十九歲寡紡織餬口撫孤成立卒年八十二
徐聽樵妻儲氏
徐三謨妻萬氏
徐培餘妻戚氏
徐恩培妻朱氏
徐服川妻蔣氏
徐鴻書妻李氏
徐兆泰妻楊氏
徐已元妻許氏事蹟俱失攷以上十二節婦均光緒二十三年旌
徐致遠妻何氏名森字池生贈太僕寺卿何裕女幼侍父兄學劍暇則習繪事及長歸徐髮賊擾邑城舉家奔避氏力斃數賊莫敢攖遂懷挾重貲負翁渡水翁短視艱於行氏扶之而走乃免隨行避難者皆倚氏爲長城致遠績學早世氏時年二十五矢志守義主持家政數十年有經有綵事父母以孝聞卒年五十五所繪寸縑尺帛里人至今珍重之光緒二十四年旌建坊七里莊

光宣宜荊續志　卷九下　節婦　三十七

徐振楣妻周氏二十三歲寡卒年六十一光緒二十八年旌
徐德煐妻史氏夫遇髮賊不知所終氏時年二十九守志撫孤見年八十七已旌
徐省吾妻李氏二十五歲寡紡績度日教子讀書念及艱苦淚常涔涔下遂失明卒年五十九光緒閏旌
徐慶陽妻裴氏二十八歲寡勤苦守義卒年八十六
徐慶餘妻朱氏二十八歲寡卒年六十八
徐光煒妾范氏二十九歲寡卒年六十四
徐金聲妻毛氏三十歲寡卒年六十四
徐源澤妻吳氏卒年六十三守節三十十三年
徐載熙妻潘氏三十歲寡卒年五十七
徐鍾麟妾李氏二十八歲寡卒年五十三
監生徐學誠妻周氏增貢生周湛霖女母嘗病割股療之歸徐五載夫病亦割股夫不起氏時年二十七侍奉衰姑曲盡孝道遺孤二皆夭撫從子爲嗣教養成立卒年五十一
增生徐逢瑞妻陳氏二十九歲寡艱苦守節卒年五十一
增生徐逢祿妻歐氏三十歲寡卒年四十六
徐慶高妻程氏二十七歲寡卒年四十
徐順奎妻許氏二十六歲寡卒

年四十文童徐紹聲妻宋氏廩貢朱輔臣女二十三歲歸紹聲紹聲先病瘵氏急醫所有治
之歷二年紹聲歿氏謹事翁姑翁歿姑年老病痺氏侍養撫微不至以鍼黹所得備甘旨并育嗣子日在隱痛中而
歸寍母氏常怡然告慰也就學明誠女校而家政女工執不廢心力交瘁卒年三十九徐安興繼妻
厥氏二十七歲寡卒年三十五監生徐麟仁繼妻胡氏二十六歲寡見年八十二庠
生徐作霖妻張氏二十二歲寡見年五十一傅金宣妻徐氏十九歲寡事姑盡孝
見年六十八光緒十五年學使楊奏旌陸庠賢妻王氏早寡事姑謹卒年五十八光緒十六年巡
撫剛奏旌陸曉江妻儲氏　陸廷珍妻程氏　陸本賢妻楊氏
陸允璆妻俞氏　陸玉琴妻王氏　陸成儁妻錢氏
陸鳴祿妻錢氏　陸芳珍妻潘氏　陸二官妻周氏　陸
翼珍妻方氏　陸瀛賢妻劉氏事蹟俱失攷均光緒二十三年旌　陸方珍

光宣宜荊續志　卷九下　節婦　三八

繼妻潘氏二十八歲寡卒年七十二廩貢生陸賡虞妻徐氏三十歲寡卒年四十
六陸慶大妻沈氏二十五歲寡貧苦撫孤卒年四十五庠生陸蓀薰妻黃氏
二十八歲寡痛不自勝不一年兩目失明勉撫孤子苦節終身庠生陸彭妻黃氏二十五歲寡艱
苦撫孤兒年五十四監生陸智勉妻潘氏二十歲寡見年五十陳榮昌妻陸氏
馬巷人二十七歲寡卒年九十二光緒十七年學使楊奏旌並給柏節松齡扁額陳松高妻錢氏
陳正芝妻邵氏　陳賦銘妻潘氏　陳登庸妻曹氏
陳阿年妻汪氏　陳天生妻丁氏　陳培生妻周氏　陳
健男妻王氏　陳福妻張氏　陳宗煒妻周氏　陳四叔
妻汪氏　陳芳妻徐氏　陳國英妻顧氏　陳仕衛妻周
氏　陳國鏞妻朱氏　陳仕安妻許氏　陳喬妻徐氏

陳宗焰妻王氏　陳維璉妻金氏　陳艮孚妻王氏　陳
兆山妻高氏　陳黃理妾邵氏事蹟俱失攷均光緒二十三年旌　陳培生
妻鄒氏官村人鄒元松女早寡卒年三十一光緒二十四年旌陳瑚妻畢氏三十歲寡辛苦
守節撫孤及夫弟成立卒年五十一光緒二十八年學使奏旌並給芳徽風邁扁額陳德銓妻王氏
二十八歲寡事姑撫子以孝謹聞卒年八十五陳允章妻儲氏二十九歲寡卒年八十二陳韶
洪妻周氏三十歲寡有子而夭堅忍守義卒年七十二陳彬妻曹氏馬巷人二十六歲寡
事翁姑孝撫遺孤慈卒年七十陳英魁妻丁氏三十歲寡卒年六十七陳柏華妻徐
氏二十歲寡卒年三十四文童陳振先妻王氏中陽橋人二十六歲寡守節數十年而歿
監生倪壽華妻陳氏香富瀆人二十九歲寡無子矢志守義卒年六十九光緒十七年學使奏
旌並給志潔行芳扁額倪壽福妻劉氏二十五歲寡卒年六十九光緒二十三年旌戴鴻

光宣宜荊續志　卷九下　節婦　三九

逵妻俞氏三十歲寡卒年七十六光緒十七年旌戴正方妻儲氏　戴輔臣
妻張氏　戴志淵妻汪氏　戴南林妻丁氏事蹟俱失攷均光緒二十
三年旌戴富元妻陶氏守節四十餘年光緒三十年學使唐奏旌並給彤管流芳扁額戴祖
淵妻王氏二十四歲寡卒年五十二宣統三年旌戴邦華妻周氏三十歲寡卒年七十
四施香義妻謝氏二十八歲寡卒年六十六光緒十八年學使溥奏旌施鳴昌妻莫
氏二十九歲寡卒年五十三監生邵恩煦繼妻沈氏早寡光緒十八年學使溥奏旌見年
七十四邵浩文妻蔣氏十八歲寡事姑撫諸子人無間言卒年二十七邵信川妻周
氏二十七歲寡卒年六十六邵蓮汀妻沈氏　邵錫川妻毛氏　邵士
榮妻呂氏　邵榮瑞妻吳氏　邵純卿妻王氏　邵維賢
妻潘氏　邵維城妻劉氏　邵舜川妻周氏　邵瑞華妻

鄒氏事蹟俱失攷 邵祖林妻陳氏三十歲寡卒年六十六以上十二節婦光緒二十三年旌 監生邵奎森妻李氏二十五歲寡孝事翁姑苦撫孤子光緒三十年學使唐奏旌 邵三大妻朱氏三十歲寡艱苦撫孤卒年八十二 邵德招妻尹氏二十八歲寡卒年六十 邵鳳招妻張氏二十八歲寡卒年六十 邵法大妻余氏二十九歲寡卒年四十五 郡庠生邵文郁妻蔣氏二十五歲寡盡孝事翁姑見年五十二 閔亦魯妻潘氏二十九歲寡忍苦撫孤卒年七十七光緒十九年學使溥以其子庠生兆科之請奏旌之 閔啟義妻方氏 閔忠祥妻吳氏 閔忠虎妻吳氏事蹟俱失攷均光緒二十三年旌 閔塑林妻殷氏二十五歲寡卒年六十三光緒三十二年學使龍奏旌 閔聽川妻錢氏三十歲寡卒年七十三 閔盤金妻史氏二十九歲寡卒年六十六 閔生林妻劉氏二十九歲寡卒年六十二 閔芝大妻盧氏二十七歲寡卒年五十六 監生姚效祥妻單氏二十四歲寡卒年六十一 姚雲章妻芮氏 姚開通妻張氏事蹟俱失攷以上三節婦光緒二十三年旌 候選教諭朱大春妻潘氏二十九歲寡事翁至孝撫孤其揚讀書成立卒年七十八光緒二十年旌 朱振斐妻余氏二十八歲寡艱苦撫孤俾成家業卒年七十 朱楠林妻邵氏三十歲寡卒年八十五 朱兆桂妻吳氏兆桂殉洪楊之難氏時年二十四守節四十年而歿 朱士貞妻陳氏 朱廷纁妻陸氏 朱振聲妻余氏 朱洪保妻周氏 朱阿五妻楊氏事蹟俱失攷以上八節婦光緒二十三年旌 候選縣丞朱其義繼妻吳氏二十九歲寡見年七十一光緒二十七年旌 朱光浩妻蔣氏二十九歲寡紡績撫孤卒年八十二光緒三十年旌 贈資政大夫庠生朱啟運妻儲氏婁縣教諭儲寶琛女二十一歲寡屢持剪自刺時有孕姑以此勸阻之及免身女也復自經姑解救閒諭之始涕泣受命事姑婉娩承順姑及父母有疾皆刲

光宣宜荊續志 卷九下 節婦 卅

股療之卒年四十六光緒三十四年旌 朱庭梅妻余氏豐義里人二十七歲寡卒年三十二已旌 朱洪光妻楊氏楊裕增女二十五歲寡艱苦守志見年七十二光緒間旌 贈奉直大夫庠生朱副周妻歐氏二十三歲寡事姑盡孝敎子有方見年六十四民國七年褒 朱順茂妻徐氏二十四歲寡卒年五十六 浙江補用道庫大使朱塗淇妻姜氏二十一歲寡卒年三十六 朱道銓妻徐氏二十二歲寡卒年三十三 監生朱光照繼妻儲氏二十九歲寡以鍼黹度日至老不衰撫育嗣子恩勤備至卒年七十八 職員朱作梅妻張氏二十三歲寡見年五十三 從九品蔣霖申妻周氏二十九歲寡卒年七十六光緒二十一年旌 州同銜蔣慎夫妻潘氏子婦俞氏慎夫及子凱生殉洪楊之難潘氏時年三十以從子泉深爲後敎養成人卒年七十四泉深妻俞亦三十歲寡事孀姑以孝撫孤子以慈卒年五十九光緒二十二年學使龍奏旌 蔣廣清妻許氏二十五歲寡卒年四十一 武生蔣森茂妻余氏三十歲寡見年七十六 蔣岳保妻吳氏二十一歲寡貧苦撫孤見年七十 蔣恆懋妻詹氏 蔣老四妻王氏 蔣達宣妻湯氏 蔣希賢妻汪氏 蔣紹明妻楊氏 蔣韶鵬妻楊氏 蔣書貴妻施氏 蔣春榮妻徐氏 蔣懷德妻許氏 蔣殿臣妻俞氏 蔣琮之妻潘氏 蔣柏林妻余氏 蔣五福妻儲氏事蹟俱失攷以上十六節婦光緒二十三年旌 蔣肇文妻莊氏二十七歲寡卒年八十六 蔣茂林妻王氏二十六歲寡卒年七十八 蔣順興妻周氏三十歲寡艱苦守志卒年七十三 蔣細寶妻陸氏大蕩圩人少嫻內則識大體既歸蔣知細寶剛直每觸時忌遇事規諫繼之以泣細寶頓悟然怨毒已深仇人搆之訟連年雖得直家已中落細寶飲恨成疾而歿氏年才二十六日夜紡績謀喪葬撫子女時里豪邵某適喪偶聞氏賢而美欲聘之氏日吾所以不即死者爲兒女耳何物狂夫乃

光宣宜荊續志 卷九下 節婦 卅一

作此妄想耶立以簪自剔其目珠血迸流卽時暈絕得救始甦邵某聞之喪膽者累閲月自是莫敢犯者卒年六十四
蔣鶴福妻謝氏三十歲寡敬事翁姑苦撫孤子卒年六十四　蔣滿初妻單氏二十九歲寡辛苦起家撫二孤皆成立卒年六十二　蔣逢貴妻徐氏二十四歲寡卒年五十三　蔣培之妻黃氏二十六歲寡辛苦守義卒年五十二　蔣道宗妻周氏二十四歲寡卒年四十七　蔣瑞康妻殷氏唐角村人二十七歲寡慶欲殉義翁力勸始止勉撫遺孤終以悲悼成疾越七年而卒
例貢生蔣翰章妻黃氏子婦黃氏翰章妻黃三十歲寡勤苦持家撫孤錫黼成立見年七十二子婦黃二十八歲寡事孀姑育孤子克盡孝慈見年五十一　庠生蔣光祖妻王氏三十歲寡翁姑雙瞽兩孤在抱家復赤貧氏織蘆爲席以資事畜後翁姑相繼癱瘓氏盡心侍養久而不懈翁姑歿喪葬如禮節縮衣食令二子入學肄業勉紹書香見年五十四　監生蔣春宇妻宋氏三十歲寡見年五十三　程忠彪妻俞氏靑年守節艱苦自持光緒二十一年旌　程忠煥

光宣宜荆續志《卷九下　節婦　卅三

妻邱氏二十九歲寡勤苦撫孤卒年五十八　程發隆妻王氏二十九歲寡卒年六十九　程烜妻俞氏事蹟失攷　程皆貴妻陸氏夫死洪楊之難子隨歿氏時年二十八孤苦守志以上四節婦光緒二十三年旌　安徽候補巡檢程曜宸妻路氏二十一歲寡侍女工爲生活日夕罔懈事翁姑以孝聞課子士覓不假辭色得補郡學生見年五十四　稽雲福妻張氏車埰村人張承巡女二十歲寡忍苦撫孤卒年三十一光緒二十二年荆谿令辥詳旌並給苦節可風扁額　稽致中妻宗氏車埰村人宗筠谷女二十八歲寡孝事翁姑謹撫孤子見年七十四光緒二十三年旌　馮金餘妻莫氏歸馮甫三月而寡時年二十一終身布素接物謙和其言吶吶然不出口見年五十七光緒二十三年旌　馮樹芳妻程氏二十八歲寡勤紡織撫子女卒年九十四　馮國棫妻周氏國棫病篤百藥罔效氏割股療之延數日終不起氏時年二十九矢志守節不以家貧易操撫子女暨從子俾克成立卒年七十一　監生馮國槎妻周氏二十九歲寡勤於操作刻苦守節撫二孤皆成

立見年七十七　宋祖蘭妻史氏二十七歲寡卒年六十二光緒二十三年旌　郡庠生宋斐妻吳氏事姑黃先意承志處娣姒循禮守法光緒二十三年旌二十四年禮部奬給班鄭遺風扁額　歐正埃妻盧氏二十九歲寡卒年六十光緒二十三年旌　呂岳胄妻董氏二十九歲寡苦節撫孤卒年六十六　呂有禎妻儲氏二十九歲寡苦節撫孤卒年四十六　呂聘泰繼妻吳氏二十六歲寡卒年三十九　庠生呂昭妻俞氏　庠生呂能妻蔣氏　呂秉貞妻汪氏　呂菊生妻史氏事蹟俱失攷以上七節婦光緒二十三年旌　呂培因妻儲氏三十歲寡卒年七十三　呂徂松妻謝氏三十歲寡紡績度日撫孤律和讀書成立卒年六十六　呂掌生妻儲氏三十歲寡事瞽姑撫幼子孝慈兼盡卒年五十九　岳敘廉妻王氏化酷橋人十八歲寡守節四十餘年而卒　岳濟舟妻周氏事蹟失攷以上二節婦光緒二十三年旌　裴森炎妻蔣氏北大圩人二十三歲寡見年七十一

光宣宜荆續志《卷九下　節婦　卅四

裴順法妻李氏事蹟失攷以上二節婦光緒二十三年旌　裴恆茂妻周氏二十九歲寡卒年六十九　余長芹妻錢氏二十七歲寡矢志守義雖貧不移卒年六十光緒二十三年旌　余炳沛妻周氏二十二歲寡見年七十　監生余鍾彥妻馮氏三十歲寡侍鍼黹所得撫孤成立以上二節婦光緒二十三年旌　余乃成妻張氏二十九歲寡見年六十八光緒閒旌　余華珍妻陳氏二十九歲寡卒年五十六　許浚明妻邵氏二十八歲寡勤苦起家撫孤成立見年七十六　許超妻孫氏　許杏春妻陸氏　許國仁妻史氏　許樹滋妻史氏　許兆昌妻吳氏　許時夏妻黃氏　許備成妻朱氏　許通儒妻周氏　許通裕妻周氏　許秉仁妻周氏　許士泰妻丁氏　許希壽妻黃氏　許孟大妻周氏　許國樑妻顧氏　許遂霆妻蔣氏　許

杏元妻周氏　許祥生妻馬氏　許繩妻周氏　許毓俊妻王氏　許耀洪妻朱氏　許應奎妻蔣氏　許揆大妻錢氏　許錫裳妻蔣氏　許瑞豐妻呂氏　許如岡妻方氏　許添爵妻陳氏　許宏道妻史氏　許允義妻張氏　許蘭馨妻勇氏　許丹桂妻胡氏　許家茂妻夏氏　許丹鳳妻岳氏　許天助妻李氏　許允莊妻丁氏　許履恆妻陳氏　許懋銓妻楊氏　許履安妻周氏事蹟俱失攷　許允琳妻周氏二十九歲寡卒年六十二以上三十九節婦光緒二十三年旌　許德茂妻尹氏尹宣廷女二十歲寡卒年三十二光緒二十四年學使瞿奏旌並給松筠節古扁額　許廷爵妻盧氏二十三歲寡善事翁姑謹撫子女卒年七十四　許金生妻唐氏三十歲寡卒年七十二　許楹樽妻周氏三十歲寡卒年六十九　許慶豐妻沈氏三十歲寡卒年六十　湯喜大妻汪氏　湯春法妻宋氏事蹟俱失攷均光緒二十三年旌　廣信守備湯辛增妾邵氏二十二歲寡卒年五十五光緒二十四年學使瞿奏旌　湯惪培妾汪氏二十七歲寡卒年八十四　盧洪昇妻錢氏　盧恆祥妻蔣氏事蹟俱失攷　盧錫璋妻邵氏歸盧甫四月而寡時年二十矢志事翁姑撫遺腹見年五十三以上三節婦光緒二十三年旌　盧雲生妻張氏三十歲寡苦撫嗣子卒年八十　盧興倫妻周氏三十歲寡卒年六十　盧允壽妻王氏三十歲寡卒年五十八　邵麎生盧鏡繼妻管氏二十六歲寡忍苦事姑撫遺腹子卒年三十五　梅德盛妻張氏燈樸村人二十歲寡見年七十八光緒二十三年旌　錢慶元妻顧氏事蹟失攷　錢庚南妻袁氏三十歲寡見年八十三以上二節婦光緒二十三年旌　錢錦林妻汪氏汪英芝女二十六歲寡守志窮居見

光宣宜荊續志《卷九下　節婦　三四

年八十四光緒二十四年旌　錢榮敘妻陳氏錢墅人二十八歲寡卒年七十四　錢望奎妻沈氏北大圩人二十九歲寡事姑謹課子嚴日夕紡績以爲事畜資姑不知無子兒不知無父皆氏力也卒年六十八　錢金文妻沈氏二十八歲寡家貧姑老子幼氏日夕紡績寢不解衣以謀衣食卒年六十　秦煥文妻儲氏英駐村人二十七歲寡守節二十四年而卒　秦允佐妻張氏英駐村人二十一歲寡守節五十三年而卒　秦壽龍妻儲氏事蹟失攷　毛祥茂妻蔣氏新市人二十九歲寡守節三十五年而卒　毛雲祥妻陳氏　毛國勝妻沈氏事蹟俱失攷以上六節婦光緒二十三年旌　毛正開妻陳氏子鎖高妻史氏陳二十歲寡史二十一歲寡姑婦相依備嘗艱苦陳卒年四十四史卒年三十三　潘昃源妻張氏遺蹤村人夫死洪楊之難時氏年二十六　潘本書妻王氏遺蹤村人夫死洪楊之難時氏年二十一　文童潘燮和妻蔣氏歲貢生蔣王文幼女少讀書通大義事舅得歡心夫婦間相敬愛咸豐十年洪楊變起舅不屈死同治二年賊益肆而燮和病甚氏扶掖之渡江避難寓泰興甫五日燮和死氏質珥以殮以殯事畢將殉之燮和臨歿囑氏以歸骨置後嫡嫂徐以此勸阻氏乃備作鍼黹積銖累寸者四年扶櫬歸葬而家業蕩然常藉十指爲生活未嘗求助於人每念置後之囑而兄公僅舉一子無自議及未幾兄公夫婦相繼歿遺孤鳴復才十二齡一氏撫字之就傅授室拮据營辦鳴復妻又早世遺子女各一氏又撫之其劬勞貧困更甚於前尋卒年七十四嘗作恤緯餘生記以自述　潘士法妻王氏　潘瓏元繼妻徐氏　潘應保妻辥氏　潘增佑妻胡氏　潘文照妻許氏　潘順明妻張氏　潘葆溶妾徐氏　潘寶樹妻張氏事蹟俱失攷以上十一節婦光緒二十三年旌　潘鳳儀妻湯氏二十八歲寡光緒三十年學使唐奏旌並給勵節延宗扁額　潘金生妻陳氏楊堰人二十七歲寡見年七十七已旌　潘家銑妻任氏幼喪母愛護二弟弗貽老父憂既歸潘事翁姑能先意承志佐理家政井井有條同治元年夫疫死一家老弱轉徙

光宣宜荊續志《卷九下　節婦　三五

避亂惟氏一人是賴辛苦守節歷數十年卒年八十七　磁州州判潘家琳妻沈氏幼婉靜笑言不苟歸潘事姑孝姑病氏爲進食易衣歷數年如一日夫歿將殉之夫弟許以其子德荃爲之後氏乃忍痛撫之勉以勤讀勖以義方德荃領鄉薦氏之力爲多卒年七十六　潘福森妾莊氏三十歲寡卒年七十五　潘福田妻錢氏錢祥福女二十三歲寡卒年五十三　潘舜臣繼妻汪氏二十六歲寡忍痛撫孤平日撤妝毀容主持家務內外井然年五十餘子女皆成立　潘桂祥妻許氏新河頭人二十八歲寡事翁至孝撫孤成立卒年五十　潘秀瑚妻張氏二十九歲寡誓不獨存親族勸以遺腹未生乃止後果得男忍苦鞠育守志終身年四十六　潘兆林妻史氏二十六歲寡勤苦守義卒年四十三　潘金銓妻吳氏二十八歲寡無子矢志不二卒年三十六　潘紀周妻吳氏二十四歲寡卒年三十四　雲騎尉潘靜芬妻湯氏監生湯敬心女二十七歲寡見年五十三　杜春德妻任氏早寡忍苦守義　杜添大妻吳氏二十九歲寡　杜洪

高妻單氏二十八歲寡以上三節婦光緒二十三年旌　杜應昇妻楊氏二十九歲寡卒年七十八　杜廷川妻任氏二十八歲寡卒年四十九　郡庠生杜啟英妻周氏二十四歲寡事翁謹撫子女成人見年五十五　楊盤順妻杜氏二十九歲寡撫遺腹子成立見年七十四　楊維超妻胡氏　楊珊大妻王氏　楊景昌妻陳氏　楊祥元妻丁氏　楊承林妻沙氏　楊晟妻周氏事蹟俱失攷以上七節婦光緒二十三年旌　楊文春妻王氏二十四歲寡卒年四十二光緒二十七年學使李奏旌　庠生楊宗愼妻徐氏嫁三月而寡時年二十六性剛正靜默不觀劇不與宴事姑孝撫嗣子嗣孫慈終身蔬食布衣見年七十一學使題額旌之　楊莿初妻沙氏沙燮和女早寡守節四十二年教養子女恩威並濟光緒間旌　揚州府教授舉人楊孚民妾湯氏子允濟繼妻李氏湯氏三十歲寡性靜默教子嚴終身布素不入廟不與宴不觀劇卒年七十九子允濟允功俱讀書成立李氏亦三十歲寡事姑謹恪撫前室子如己出卒年四十二　楊錫官妻湯氏二十九歲寡卒年六十二　楊澤仁妻鄒氏三十歲寡仰事俯畜孝慈兼至卒年五十二　楊其昌妻須氏官莊人二十六歲寡事王舅王姑及舅姑克盡孝道持家勤儉卒年三十七　待詔銜楊誦春妻崔氏二十七歲寡見年五十二　候選員外郎楊允升妻任氏三十三歲寡子亦早夭撫嗣孫維護備至好施與里中貧苦頗受其福見年五十一　習望榮妻周氏二十八歲寡卒年八十三光緒二十三年旌　馬紀勳妻張氏三十歲寡卒年六十九　庠生馬敬賢妻吳氏二十八歲寡苦撫遺腹讀書成立見年七十四　馬廉成妻王氏　馬樸成妻丁氏　馬湘儀妻徐氏　馬智成妻周氏　馬保興妻周氏事蹟俱失攷以上七節婦光緒二十三年旌　馬祥華妻吳氏早寡守節四十七年而卒　韋順珍妻張氏二十九歲寡卒年七十一光緒二十三年旌　韋國禧妻蘇

氏二十八歲寡苦節堅貞卒年六十四　沈洪順妻邵氏二十九歲寡光緒二十三年旌時年五十七　沈寅方妻夏氏　沈望成妻周氏　沈士華妻吳氏　沈榮大妻史氏　沈金鏞妻堵氏事蹟俱失攷均光緒二十三年旌　沈須南妻謝氏二十五歲寡撫諸孤成立均能創業卒年六十六　沈廷富妻孫氏侯莊人二十八歲夫亡子殤以從子爲後辛勤撫字歷三十年　汪雲甫妻劉氏二十九歲寡卒年五十六　汪桂仁妻吳氏事蹟失攷以上二節婦光緒二十三年旌　廣東候補道汪以增妾余氏守節二十五年浙江巡撫聶奏旌　武生汪國英妻朱氏二十四歲寡見年五十一　孫路度妻李氏李家橋李盈山女事翁姑曲盡孝道二十九歲寡遭洪楊之難依賴父母得脫於禍亂平父母及其子病歿弟與弟妻繼之遺孤二代幼氏乃閉戶紡績無間寒暑以資衣食二孤竟成立卒年八十六　孫正陽妻陸氏　孫榮奎妻朱氏　孫九敘妻秦氏

孫洪奎妻李氏事蹟俱失攷以上五節婦光緒二十三年旌 孫廷現繼妻朱
氏二十五歲寡卒年六十已旌 監生孫永言妻王氏二十三歲寡勤苦撫孤卒年五十三
孫文孝妻王氏二十三歲寡卒年四十五 孫盤成妻朱氏二十六歲寡卒年三十五
孫景賢妻杭氏二十六歲寡孝事翁姑苦節終身 胡聽芳妻許氏二十九歲寡苦
撫四女卒年六十七 胡邦成妻許氏 胡志和妻戴氏 胡龍義妻
周氏 胡仲椿妻方氏事蹟俱失攷以上五節婦光緒二十三年旌 副貢生胡
濟妻許氏扶風橋人奉祀生許敘盛女三十歲寡縣令萬立鈞濟受知師也聞濟卒憫其貧俾恤孤會月
給氏以撫孤費氏日守節撫孤分也賻顏乞憐辱也竟辭不受見年五十二 王源洪妻顧氏三十
歲寡卒年六十 王世琛妻畢氏三十歲寡卒年五十六 王汝霖妻馮氏 王
芙妻杜氏 王正廷妻陳氏 王蘭繼妻辟氏 王喜德

光宣宜荆續志〈卷九下 節婦 三六

妻丁氏 王榆之妻蔣氏 王名驥妻夏氏 王順德妻
徐氏 王元亨妻江氏 王敘廉妻岳氏 王祖齡妻須
氏 王甘木妻李氏 王爕理妻吳氏 王燦英妻陳氏
王印全妻汪氏 王荆森妻朱氏 王錦堂妻岳氏
王進亨妻吳氏 王佩生妻蔣氏事蹟俱失攷以上二十一節婦光緒二十三
年旌 王達章妻潘氏二十三歲寡卒年七十九已旌 王再章妻談氏二十五歲寡無
子事姑盡孝卒年七十五 王壯榮妻錢氏二十七歲寡卒年七十四 王秋順妻吳氏
二十九歲寡事翁盡禮撫孤成人終身辛苦年五十四 王廷溪妻闞氏二十八歲寡卒年五十三
王愛生妻范氏二十歲寡卒年五十 王菊人妻吳氏二十三歲寡卒年四十八 王
鴻駰妻吳氏二十七歲寡卒年四十五 王維賢妻吳氏二十九歲寡艱苦撫子積疾終

身 監生王耐寒妻周氏王家宕人二十九歲寡見年六十八 監生王丕基妻
周氏二十九歲寡事孀姑以孝聞撫遺腹子成立見年五十七 萬培壽妻儲氏 萬兆
龍妻張氏 萬寶書妻朱氏事蹟俱失攷均光緒二十三年旌 萬祖祥妻
徐氏二十六歲寡卒年七十七已旌 萬盤金妻衛氏二十七歲寡卒年七十二 曹西卿
妻潘氏 曹明高妻張氏事蹟俱失攷均光緒二十三年旌 曹振棋妻李
氏二十五歲寡守節茹素撫嗣子如己出卒年五十二光緒三十一年學使唐奏旌並給義等植褒扁額 芮
海珊妻翟氏 芮柏年妻史氏事蹟俱失攷均光緒二十三年旌 芮育菲
妻史氏守節不二已旌 芮茂林妾王氏二十五歲寡苦志持家卒年七十八 芮艮甫
妻張氏二十二歲寡卒年七十八 芮雲輝妻錢氏二十九歲寡茹苦撫孤卒年六十四 芮
守緒妻路氏二十一歲寡艱苦守節卒年六十一 芮燦如妻繆氏十九歲寡忍苦守節

光宣宜荆續志〈卷九下 節婦 三七

撫嗣子恩勤備至卒年六十 芮正魁妻嵇氏二十五歲寡堅貞端靜矢志不渝卒年四十八 芮
承恩妻黃氏二十七歲寡家奇貧守義撫孤卒年四十七 芮兆麒妻史氏二十八歲
寡家貧子幼傭工度日子陷於髮賊氏日夜悲憤而卒年四十四 唐慶撝妻倪氏二十七歲寡事
翁姑甚謹撫遺腹子成立卒年七十五 唐萬青妻堵氏 唐永海妻俞氏事蹟
俱失攷 劉前中妻楊氏 劉秉之妻陳氏事蹟俱失攷以上五節婦光緒二
十三年旌 劉漢章妻張氏扶字里人二十一歲寡值洪楊之變自殲其形以避難卒年六十九已旌
劉公篤妻路氏扶字里人二十一歲寡守節終身 談稼溪妻孫氏 談培
榮妻曹氏 談懷盈妻萬氏 談節綸妻邵氏事蹟俱失攷均光緒
二十三年旌 談盤昌妻楊氏二十三歲寡哀痛徹骨甫期年鬱結死 葉和壽妻胡
氏 葉朝楨妻儲氏 葉紹英妻周氏 葉文謙妻陸氏

葉運泰妻王氏　葉增福妻呂氏　葉振宗妻馮氏
葉鳳齡妻蔣氏事蹟俱失攷均光緒二十三年旌　葉奎文妻許氏二十五歲寡勤
杵日工鍼黹忍苦撫孤卒年四十七　趙天元妻羅氏　辥丙生妻孫氏事蹟俱失
攷均光緒二十三年旌　辥樹忠妻朱氏二十八歲寡卒年七十八　金信夫妻強氏
金林初妻張氏事蹟俱失攷均光緒二十三年旌　金奐如妻潘氏二十八歲
寡卒年五十　董餘慶妻吳氏事蹟失攷　董立生妻張氏三十歲寡矢志守義事姑
撫孤卒年六十　夏林二妻蔣氏　夏金榮妻陶氏　蕭永福妻謝
氏事蹟俱失攷　蕭富生妻呂氏二十八歲寡卒年五十八以上六節婦光緒二十三年旌
舉人蕭書白繼妻吳氏三十歲寡卒年六十　謝池妻芮氏　謝岳魁
妻楊氏　謝廷標妻許氏事蹟俱失攷均光緒二十三年旌　謝天森妻吳

氏泉橋里人二十五歲寡撫從子讀書成立卒年八十一　邢元眞妻陳氏　杭壽元
妻宋氏　杭金如妻許氏事蹟俱失攷均光緒二十三年旌　杭培林妻莊
氏二十五歲寡卒年四十五　監生杭炳煥妻嚴氏二十八歲寡見年五十七　江允昭
妻唐氏　江允益妻裴氏　江祖煜妻唐氏　江懷琴妻
吳氏　江懷忠妻汪氏事蹟俱失攷均光緒二十三年旌　庠生江景浩妻
陸氏楊岸圩人二十一歲寡苦撫嗣子至於成立卒年五十六　江渭濱妻朱氏坩貢生朱人鑑
次女二十歲寡依父母居苦志守節見年五十二　邱兆甲妻金氏事蹟失攷光緒二十三年旌
邱屏江妻吳氏二十九歲寡卒年五十四　仇銓義妻錢氏事蹟失攷　莊仁裕
妻徐氏蔣巷人二十九歲寡端重少言笑人敬憚之卒年六十二以上二節婦光緒二十三年旌　莊
煥倫妻杭氏二十九歲寡忍苦守義卒年八十二　莊少芝妻周氏二十五歲寡卒年六

十八　莊能榮妻儲氏三十歲寡卒年六十六　莊達甫妻劉氏三十歲寡家小康族
某謀奪之不次凌侮氏矢志苦守曲護孤兒經八年病革託孤於王一倩終得全平時言笑不苟卒年三十八　莊
開榮妻馮氏二十四歲寡孝事翁姑積勞成疾卒年三十　文童莊臨文妻吳氏
二十九歲寡見年五十一　欽立誠妻錢氏　匡正榮妻許氏　郭希鵬
妻程氏　郭德榮妻周氏　堵克升妻馬氏　繆元大妻
許氏　羅杏如妻程氏　褚萬全妻王氏　褚朝勳妻周
氏　柳柏林妻辥氏　沙正亨妻蔣氏事蹟失攷　常志元妻
楊氏字覺修志元入贅未幾洪楊亂起志元不知所終氏時年二十三依倚祖母守節窮居卒年六十五志元
故六合八以上十三節婦光緒二十三年旌　常森妻吳氏城塘橋吳廷椿女二十三歲寡卒年八十
二　季允立妾傳氏　凌承武妻楊氏　丁步瀛妻周氏事蹟

俱失攷均光緒二十三年旌　丁國成妻尹氏二十六歲寡姑婦孀居同心守義卒年七十一　丁
福川妻黎氏誠莊人黎道春長女二十七歲寡茹苦撫孤卒年六十二　丁勤夫妻陳氏
二十七歲寡苦節終身　丁兆洪妻羊氏二十六歲寡苦節終身　侯選縣丞丁正
逵妻舒氏二十九歲寡卒年五十一　管利貞妻余氏事蹟失攷光緒二十三年旌　管
松筠妻朱氏二十五歲寡言語不苟事姑惟孝卒年四十五　法玉田妻陸氏　樊
岳年妻潘氏　方仁莛妻華氏事蹟俱失攷均光緒二十三年旌　方燦庭
妻陸氏二十八歲寡卒年四十四已旌　尹集金妻蔣氏蔣狗大長女二十九歲寡紡織度日
撫孤成立卒年五十五已旌　尹殿掄妻沈氏二十二歲寡守節四十二年而卒　尹莘妻
吳氏二十六歲寡卒年五十二　坩貢生尹誥妻謝氏二十九歲寡見年六十七　華仁
和妻魏氏二十四歲寡卒年四十八已旌　盛開珍妻談氏埠頭村人談紀臯女二十二歲

寡適值洪楊之亂攜孤避寇鄉苦自持卒年八十三已旌 盛明德妻卜氏孟宅坂人卜長相女二十八歲寡紡績度日忍苦撫孤卒年五十二 顧言妻周氏早寡卒年七十四學使奏旌並給節松筠扁額 虞龍魁妻蔣氏二十九歲寡卒年六十四學使奏旌並給節峻寒松扁額 虞雙喜妻吳氏二十五歲寡卒年四十六 章文秀妻徐氏二十九歲寡卒年八十五 章洪法妻周氏二十二歲寡家寒矢志不移縞素持齋終其身年六十六 費細榮妻蔣氏孫行寶妻徐氏蔣二十九歲寡卒年八十二徐亦早寡悲悼病□年三十 爵洪昌妻夏氏二十八歲寡以從子爲後忍苦撫之卒年七十二 袁國順妻丁氏二十四歲寡卒年六十八 咸聞祥妻賀氏二十九歲寡事姑孝撫兩孤皆讀書成立卒年六十五 賀信餘妻戴氏二十五歲寡窮苦守義卒年六十 雲騎尉何熙年妻徐氏二十六歲寡教養遺孤爲之娶婦未幾子亡婦殉氏矢志益堅卒年五十四 從九品鄭士增妻楊氏二十九歲寡孝翁姑撫子女艱

苦勵行見年五十二

荊谿節婦

殷麟芸妻楊氏二十五歲寡卒年七十五同治七年旌 殷芳佑妻辥氏事蹟失攷光緒二十三年旌 監生馬鴻逵妻徐氏三十歲寡卒年七十四同治十年學使彭奏旌 馬錦文妻楊氏二十七歲寡卒年三十四 馬錦雲妻吳氏二十七歲寡卒年四十四 馬慶雲妻徐氏事蹟失攷以上三節婦光緒二十三年旌 馬閏發妻徐氏二十歲寡卒年七十二 增生馬福建繼妻姚氏二十一歲寡見年七十二以上二節婦光緒三十年學使唐奏旌並給節媲松筠扁額 馬珍榮妻李氏十九歲寡卒年二十八已旌 監生馬冠英妻趙氏三十歲寡卒年五十八已旌 五品銜馬之艮妻姚氏二十九歲寡見年五十二 張暄曜妻邵氏二十八歲寡卒年六十一同治十年學使彭奏旌 張景文妻徐氏 張文豹妻陳氏 張福昌妻吳氏 張恩雪妻潘氏 張佑德妻周氏 張本德妻湯氏 張全山妻蔣氏 張耀德妻王氏 張藴石妻劉氏事蹟俱失攷均光緒二十三年旌 張保清妻徐氏二十二歲寡見年七十二光緒三十三年旌 張寶文妻陳氏二十八歲寡守節十六年而卒已旌 張景華妻李氏三十歲寡卒年五十八已旌 張佩菖繼妻朱氏金紫圩人二十五歲寡已旌 庠生張景渠妻俞氏二十九歲寡見年五十三 應明選妻曹氏二十三歲寡卒年七十三光緒元年旌 應德馥妻范氏二十八歲寡卒年六十五 方盤福妻蔣氏二十八歲寡不攷投水以救免撫嗣子艱苦創業卒年六十三光緒六年旌 從九品方光魁繼妻談氏二十九歲寡事孀姑孝撫前室子如己出卒年六十四光緒二十四年旌 范統曾妻錢氏二十九歲寡清貧守志卒年七十二光緒七年學使黃奏旌

范燧煊妻徐氏二十七歲寡事翁姑撫孤子兩無遺憾卒年七十五光緒十二年學使王奏旌並給清節延年扁額 范顯驥妻丁氏二十七歲寡卒年六十 范顯駿妻任氏二十八歲寡卒年五十七 范通曾妻錢氏 范最曾妻呂氏 范顯元妻楊氏 范顯文妻錢氏 范用翰妻邵氏 范循佩妻邵氏 范楨培妻張氏 范迪安妻唐氏 范循浩妻錢氏事蹟俱失攷 范國樑妻周氏二十二歲寡矢志守節搏埴爲生卒年七十餘以上十二節婦光緒二十三年旌 范法曾妻史氏二十七歲寡貧苦守節卒年五十八光緒二十四年學使瞿奏旌並給節行貞操扁額 范習銓妻潘氏二十四歲寡卒年七十三 范光祉妻陳氏西望圩人二十八歲寡艱苦守志卒年七十三 范介蘩妻陳氏二十九歲寡撫嗣子如己出卒年六十九 監生葛銘章妻李氏二十九歲寡卒年三十六光緒八年旌 葛開腴妻吳氏三十

歲寡悲憤成疾而卒葛開庭妻周氏二十九歲寡悲憤而卒庠生葛士釗繼妻許氏三十歲寡忍苦撫孤支持門戶見年五十三周璇妻許氏二十一歲寡事翁姑以孝聞卒年六十四光緒九年旌周毓葆妻裴氏二十八歲寡事翁姑惟孝撫嗣子教誨成立卒年九十二光緒十六年旌周毓英妻王氏二十九歲寡觸階流血欲以身殉母責之曰老翁在堂兩孤在抱遺孕在腹汝死事畜之責其誰任之氏不得已從命卒年八十餘光緒十九年巡撫奎奏旌監生周協儒妻錢氏三十歲寡卒年八十六光緒二十一年學使龍奏旌周斌甫妻任氏三十歲寡守志撫孤備嘗辛苦卒年六十四周應盛妻陳氏二十九歲寡守三十一年而卒周元燮妻戴氏周曙堂妻張氏周石華妻徐氏事蹟俱失攷以上五節婦光緒二十三年旌周祿大妻錢氏二十九歲寡守節三十六年而卒周集銓妻范氏二十六歲寡見年六十八以上二十一節婦光緒二十四年旌周荒大妻宗氏二十二歲寡見

年七十四光緒間旌周純祥妻邵氏二十六歲寡卒年六十八周致洪妻高氏二十歲寡卒年六十三周義寶妻邵氏三十歲寡卒年六十一周茂芝妻何氏蜀山人二十七歲寡卒年五十四周企棠妻羊氏二十九歲寡撫遺腹子成立卒年五十七周漣基繼妻楊氏蜀山人二十九歲寡卒年四十九監生周光鎬妻吳氏二十二歲歸周未三月而寡守節二十一年而卒周裕湘妻談氏蜀山人談汝爲女二十九歲寡卒年四十二周國瑞妻吳氏二十八歲寡不次圖殉經救始免比服闋致祭擗踊哀號鬱憤成疾未及一月而卒周仲芳妻莊氏三十歲寡守節撫孤孤陷於髮賊以從子爲後辛勤鞠育百折不撓終其身人無閒言從九品周國寶妻徐氏二十八歲寡數日不食欲以身殉母以事畜之任曉諭之乃止事翁撫孤勉持門戶見年五十五任怡松妻潘氏二十歲寡卒年八十光緒十年旌任仲新妻許氏二十九歲寡卒年七十八光緒二十二年旌任槐生妻王氏任節繼

妻蔣氏任峻大妻陳氏任掄魁妻陳氏任高魁妻吳氏任樹槐妻呂氏任來儀妻張氏任茂新妻馬氏任廷杵妻周氏任朝魁妻吳氏任應勛妻徐氏任暢芬妻路氏任其緒妻周氏任錦堂妻吳氏任善保妻陸氏任儒彬妻陳氏事蹟俱失攷均光緒二十三年旌監生任長齡妻呂氏早寡守節三十七年而卒已旌任椿枝妻徐氏徐鴻綱女二十三歲寡苦撫孤子又撫孤孫辛勤畢世矢志不渝卒年六十一已旌任兆龍繼妻徐氏二十八歲寡卒年五十一已旌任文孝妻楊氏二十九歲寡卒年七十七已旌任福堂妻田氏二十三歲寡守節二十七年而卒任維球妻潘氏二十四歲寡卒年三十六監生任開第妻戴氏二十六歲寡見年五十七許寶源妻謝氏二十五歲寡家貧無子矢志靡它姑失明

事之彌謹後氏以悲鬱故亦失明然其姑癈疾時猶撫摩之徹夜不寐平時井臼躬操未嘗或懈卒年六十七光緒十年旌許敷典妻蔣氏二十二歲寡勤苦撫孤遇凶年官紳醵資振貧氏獨忍飢不受卒年七十六光緒十年旌許士巘妻徐氏二十二歲寡清苦守節卒年六十四光緒十八年學使溥奏旌許大勳妻黃氏繆瀆人艱苦撫孤守節四十餘年光緒十九年學使溥奏旌並給節勵延宗扁額許奎耀妻曹氏許熠妻邵氏許濟妻潘氏許錫光妻陸氏許淵妻楊氏許厚圭妻王氏許應辰妻王氏許允山妻陳氏許允昇妻王氏許順時妻馬氏許東泰妻董氏許裕松妻徐氏事蹟俱失攷均光緒二十三年旌許顯澤妻范氏二十九歲寡卒年六十九光緒二十七年學使李奏旌並給松筠勁節扁額庠生許中惺妻徐氏舉人徐錦文女幼嫻姆訓舉止淑慎中惺殉洪楊之難氏時年二十五無子女食貧忍苦

矢志不渝卒年六十六光緒三十年學使唐奏旌並給潛德流光扁額
許錫祥妻徐氏二十七歲寡孝事翁姑始終如一卒年五十一巳旌
許如槐妻江氏二十四歲寡守節撫孤日夜紡績以給衣食以供脩脯卒年四十五巳旌
監生許煒妻張氏煒隨父殉洪楊之難氏時年三十茹苦撫孤卒年八十一
許倫彥妻周氏二十三歲寡卒年八十
許靈芝妻陳氏二十三歲寡孝事翁姑苦撫兒女卒年二十九
舉人許士熊繼妻顧氏嫁五年而寡奉翁撫子以孝謹聞亂離之後家產蕩然氏以十指謀生活艱苦終身
宗曾樂妻王氏二十六歲寡卒年七十光緒十二年旌
宗丞昭妻徐氏二十九歲寡見年七十五
宗增祿妻王氏
宗炳妻方氏事蹟俱失攷以上三節婦光緒二十三年旌
宗滿生妻芮氏乾元介人二十七歲寡卒年七十二
宗雲二妻鄭氏二十九歲寡卒年六十一
宗生餘妻吳氏二十六歲寡卒年四十七
楊春榮妻宗氏二十六歲寡卒年八十三光緒十三年旌
楊德昌妻宋氏

事蹟失攷光緒二十三年旌
楊寬和妻鮑氏二十歲寡卒年六十二光緒三十年旌
楊士超妻王氏二十八歲寡卒年五十五
余人偉妻陳氏二十五歲寡守節三十四年而卒光緒十五年學使楊奏旌並給潛德流芳扁額
監生余迺勳妻陳氏二十五歲寡守節三十二年而卒光緒十六年學使楊奏旌並給茹苦筠青扁額
余乃能妻蔣氏二十三歲寡孝事翁姑卒年六十三光緒十八年學使溥奏旌並給節凛冰霜扁額
監生余吉士妻陸氏二十七歲寡苦撫孤女及嗣子卒以勤儉起家光緒二十一年學使龍奏旌並給清節芳型扁額
余維旭妻朱氏事蹟失攷光緒二十三年旌
余錫洪妻張氏二十八歲寡縫織撫孤家門賴以支拄見年六十八光緒二十七年學使李奏旌並給柏節松齡扁額
余乃賡妻潘氏二十四歲寡卒年七十五學使奏旌並給孝竹貞松扁額
余乃西妻楊氏二十四歲寡卒年六十九學使奏旌並給茹茶勵節扁額
余吉珍妻朱氏二十二歲寡守節四十八年而卒胞兄銘鎔爲請旌表建祠張渚祀之候選

按察使經歷余吉庚妻宗氏二十六歲寡守節三十年而卒
庠生余蔭槐妻張氏三十歲寡見年七十二
庠生余克俊妻許氏二十八歲寡見年五十二
王銓賢妻戴氏二十五歲寡撫嗣子成立卒年七十五光緒十六年旌
王得卿妻尹氏三十歲寡貧苦撫孤卒年六十光緒十九年旌
王鴻桂妻徐氏二十九歲寡無子家貧自食其力人與之錢不受卒年五十八
王順成妻朱氏二十九歲寡守節撫孤辛苦萬狀卒年八十六
王守城妻張氏
王旭照妻潘氏
王觀國妻崔氏
王瑞卿妻徐氏
王品珍妻吳氏
王琛妻李氏
王景維妻陳氏
王濱妻邵氏事蹟俱失攷以上十節婦光緒二十三年旌
王志勤妻徐氏二十八歲寡卒年五十光緒二十四年旌
王朋崗妻蔣氏郭家圩人蔣觀光女十九歲寡守節六十四年而卒
王懋法妻陸氏二十九歲寡守節四十餘年而卒
王觀德妻鮑氏二十

二歲寡守節四十四年而卒
王洪能妻吳氏二十九歲寡無子父勸改適氏矢志守節卒年五十一
王時敬妻徐氏淶溪里徐德銘女二十八歲寡家貧子幼氏矢志不二恃女工爲生活子長爲之娶婦未幾婦亡爲謀繼室辛苦備嘗卒年五十時敬故餘姚人寓鼎山
王受鈞妻查氏查磐山女二十九歲寡欲以身殉翁姑諭止之強起操作終以抑鬱故嘔血翁老病氏日夕侍奉憂勞交并舊病加劇翁歿後二十七日而卒彌留時誡其子長齡曰吾兒善事祖母勿墮家聲我死必葬我於乃父墓所無他諭也年四十七
王鴻勳繼妻沈氏二十六歲寡撫前室子女教養兼至一如己出卒年四十三
王柏榮妻高氏二十六歲寡守節二十一年而卒
王之屏妻范氏二十三歲寡卒年三十四
錢茂封妻邵氏二十五歲寡卒年七十六光緒十六年學使楊奏旌
錢金盛妻方氏二十九歲寡卒年七十六
錢之惠妻蔣氏三十歲寡卒年四十七
錢鶴鳴妻吳氏二十一歲寡
錢浩元妻王氏
錢允怡妻歐氏
錢嗣仁妻蔡氏

錢榮曾妻汪氏　錢義臣妻陳氏　錢廷桂妻徐氏　錢文中妻羅氏　錢學山妻史氏　錢會南妻周氏　錢朝行妻徐氏　錢茂德妻王氏　增生錢震川妻陳氏　錢圖南妻徐氏　錢坤似妻吳氏　錢志九妻許氏　錢方瞻妻許氏　錢聲聞妻史氏　錢維城妻陳氏　錢儒銓妻高氏　錢邦貴妻張氏　錢宗燦妻黃氏　錢烱珍妻殷氏　錢靜山妻徐氏事蹟俱失攷以上二十六節婦光緒二十三年旌　錢富祥妻談氏二十八歲寡苦志守節卒年七十一光緒二十四年學使瞿奏旌　錢緒福妻朱氏二十七歲寡拮据撫孤又撫諸孫卒年九十六光緒二十七年學使李奏旌並給守節成孤扁額　錢萬林妻任氏二十九歲寡卒年七十一　錢瑞境妻劉氏十九歲寡事姑惟孝撫遺腹文成立卒年五十六　錢國雲妻吳氏小墉里吳佩璋女性和婉亦厚重不妄言笑事長上以敬處妯娌以和操作無間晝夜治家政具有條理母周寡獨無依氏迎養之雖糟糠不給不使母知之也二十一歲寡以母老子幼忍死事畜之操作益勤家以漸裕終身屛膏沐不衣紅紫守節二十九年而卒　錢川林妻俞氏二十六歲寡卒年四十四　郡庠生錢兆陽妻張氏二十三歲寡欲以身殉翁姑責以大義乃勉儉操家政謹事畜守節終身　蔣鴻文妻毛氏三十歲寡貧苦守節卒年五十四光緒十八年學使溥奏旌並給苦節幽光扁額　蔣物寶妻周氏三十歲寡卒年八十九　蔣根榮妻吳氏

蔣昌海妻王氏　蔣洪盛妻董氏　蔣榮楠妻吳氏

蔣舜通妻周氏　蔣林甲妻周氏　蔣朝榮妻顧氏　蔣進學妻周氏　蔣兆玉妻陳氏　蔣榮貞妻顧氏　蔣全大妻余氏　蔣翰奉妻文氏　蔣鳳書妻王氏　蔣鵬貴

光宣宜荆續志　卷九下　節婦　卌八

妻徐氏事蹟俱失攷　蔣錦昌妻吳氏監生吳松女二十四歲寡紡績撫孤卒年五十二　蔣錫沅妻呂氏二十七歲寡守節五十年而卒　蔣金郎妻宗氏二十三歲寡敎子有方治家有法見年六十六以上十八節婦光緒二十三年旌　蔣望山妻汪氏二十八歲寡卒年六十宣統間旌　蔣國豐妻潘氏二十四歲寡卒年八十九已旌　蔣培成妻馬氏三十三歲寡見年六十六已旌　蔣壽源妻裴氏二十九歲寡茹苦守節卒年八十四　蔣盛大妻王氏二十九歲寡卒年七十九　蔣榮尊妻顧氏二十三歲寡卒年七十六　蔣玉麟妻俞氏三十歲寡卒年七十四　蔣芹芳妻王氏三十歲寡卒年六十四　蔣如豐妻吳氏二十歲寡貧苦撫孤卒年五十九　蔣俊球妻李氏二十九歲寡勤苦撫孤卒年五十三　蔣祥林妻丁氏二十七歲寡事翁姑撫孤子孝慈兼至卒年四十九　蔣開佑妻吳氏二十九歲寡卒年四十八　蔣茂林妻丁氏二十九歲寡卒年四十三　蔣順昌妻裴氏二十九歲寡守節八年卒　文童蔣尊周妻周氏尊周績學早世氏時年二十七無子女撫字從子敎養成立見年五十三　庠生蔣廷煥妻周氏二十一歲寡見年五十五　候選同知徐成棟妾群氏二十五歲寡見年七十九光緒十九年旌　徐順南妻朱氏二十九歲寡見年八十二　徐世臣妻胡氏夫死洪楊之難氏時年十八矢志守節卒年七十四　徐麗保妻潘氏庠生徐汝聰女夫死洪楊之難氏時年二十二誓死守節見年八十一　徐繼勳妻鄒氏二十九歲寡卒年六十九　巡檢徐錫奎繼妻張氏二十九歲寡卒年七十　徐春壽妻許氏　徐錫魁妻秦氏　徐正芳妻金氏　徐豐年妻李氏　徐培祥妻莊氏　徐玉溪妻顧氏　徐星乙妻許氏　徐宗襄妾潘氏　徐慶中妻錢氏　徐祺妻儲氏事蹟俱失攷　徐兆熊妻許氏二十六歲寡卒年九十一以上十六節婦光緒二十三年旌　徐

光宣宜荆續志　卷九下　節婦　卌九

華林繼妻朱氏夫殉洪楊之難氏時年二十八卒年八十三光緒二十四年旌　徐雲程妻
朱氏二十八歲寡見年七十三已旌　徐潤身妻章氏知書史善治家事舅姑以孝聞年二十九
時潤身赴滬遇亂兵久不歸氏矢志撫嗣子卒年五十九學使給操比冬青扁額旌之　徐慶祥妻蔣
氏二十四歲寡卒年五十三已旌　郡增生徐雲澍妻史氏二十七歲寡卒年五十六已旌
徐鴻達妻任氏監生任文榮三女粤寇之亂鴻達不知所終氏時年二十二誓不復活族屬加意防
護乃免亂平家業蕩然氏恃十指為生活以從子為後教養成立俾有室家友愛兄弟其姪卓早喪毋撫之備極恩
勤守節四十一年而卒宣統二年旌鴻達故武進人　徐佑元妻吳氏三十歲寡家貧子幼紡織為生
卒年六十六　徐澤泉妻馬氏二十五歲寡卒年五十六　文童徐巽文妻周氏
二十八歲寡卒年五十一　坿貢生徐雲楫妾張氏二十二歲寡卒年四十三　徐錫恩
妻鄒氏二十八歲寡悲不自勝未及終喪而卒　浙江候補縣丞徐作霖妻霍

光宣宜荊續志　卷九下　節婦　五十一

氏二十六歲寡見年五十八　庠生徐蟠榮妻邵氏二十四歲寡見年五十五　孟應均
妻許氏二十九歲寡卒年四十二光緒二十一年學使龍奏旌並給激揚貞風扁額　孟德懋妻
周氏二十二歲寡卒年五十七已旌　孟應芬妻陳氏二十二歲寡卒年五十七　潘克謙
妻丁氏二十歲寡卒年四十六光緒二十二年旌　潘光斗妻萬氏蜀山人三十歲寡卒年三
十七　潘光榮妻陳氏蜀山人二十九歲寡卒年四十六　潘光鉅妻崔氏蜀山人二
十五歲寡卒年四十六　潘紫綬妻許氏　潘景鏞妻王氏　潘達宁
妻何氏　潘慶裕妻吳氏　潘廷桂妻王氏事蹟俱失攷　潘堃
生妻汪氏二十九歲寡貧苦守節卒年六十四以上九節婦光緒二十三年旌　潘永新妻
陳氏蜀山人三十歲寡卒年八十四　潘明瑞妻陳氏蜀山人二十五歲寡守節三十五年而卒
潘曾述妻曹氏二十六歲寡守節三十四年而卒　潘曾佑妻徐氏二十六歲寡守

節五十五年而卒　潘萼妻許氏蜀山人三十九歲寡卒年七十九　潘燮和妻蔣氏蜀山
人二十五歲寡卒年七十五以上六節婦已旌曹氏徐氏坊建七里莊　監生潘仁霨妾王氏
二十九歲寡子早世氏縫紉自給撫嗣孫成立卒年五十一宣統三年旌　潘以英妻楊氏二十八歲
寡卒年七十一　潘錫恩妻任氏二十九歲寡卒年七十　潘茂庚妻戴氏三十歲寡
卒年六十四　潘聚魁妻張氏二十七歲寡卒年六十　潘明達妻張氏二十四歲
寡卒年六十　潘恆之妻沈氏二十六歲寡卒年五十八　潘連珍妻蔡氏二十六歲
寡守節三十二年而卒　潘豐妻吳氏蜀山人二十八歲寡卒年五十七　潘以壎妻談
氏二十七歲寡守節三十餘年而卒　潘義淸妻吳氏二十七歲寡卒年四十八　潘芝芳
妻李氏二十七歲寡苦節終身　庠生潘世琦繼妻單氏二十五歲寡貧苦守節撫
嗣子成立見年五十三　朱嘉發妻陳氏二十歲寡卒年六十五　朱嘉榮妻陳氏

光宣宜荊續志　卷九下　節婦　五十二

二十二歲寡卒年六十以上二節婦光緒二十三年旌　朱思敬妻孫氏二十七歲寡淸貧守志紡
績自供卒年五十八　朱正璋妻任氏　朱世法妻歐氏　朱克明妻
蔣氏　朱寶貫妻路氏　朱懋文妻莊氏　朱正寶妻莊
氏　朱順六妻黃氏　朱玉寶妻吳氏　朱定澤妻周氏
事蹟俱失攷以上十節婦光緒二十三年旌　朱春輝妻吳氏二十三歲寡卒年六十八已旌　朱
定賢妻潘氏二十八歲寡卒年八十一　蹇華德妻李氏二十八歲寡忍苦守節光緒二
十三年旌　吳株妻馮氏二十三歲寡卒年五十五　吳慶江妻范氏二十八歲寡事姑得
歡心卒年八十學使題給柏節松齡扁額江思濟堂采訪請旌姓氏錄作庚　吳芳榮妻馮氏
吳隆壽妻楊氏　吳應義妻儲氏　吳睿宣妻蔣氏　吳
雲衢妻張氏　吳喜隆妻史氏　吳壽樓妻曹氏　吳慈

妻周氏　吳朝三妻張氏　吳赦保妻史氏　吳申大妻曹氏　吳俊章妻方氏　吳甦昌妻湯氏　吳榮培妻周氏　吳聰啟妻周氏　吳會亨妻任氏　吳寶成妻謝氏　吳　吳本妻巫氏　吳長庚妾王氏　吳洪大妻丁氏　吳習元妻葉氏　吳省仁妻曹氏　吳五大妻褚氏　吳奎耀妻朱氏　吳澤之妻沈氏　吳亦可妻朱氏　吳蘭卿妻王氏事蹟俱失攷以上二十九節婦光緒二十三年旌　吳邦儀妻潘氏潘瑞安女二十四歲寡守志撫孤兄公欲改嫁之氏走匿麥壠中母家訟之官宜興令黃道贈給牒保護俾全其節卒年八十九光緒二十四年旌　吳沅升妻蔣氏蔣中明女二十六歲寡卒年七十三光緒二十四年旌　庠生吳允中妻周氏二十九歲寡見年六十六光緒二十七年學使李奏旌　監生吳梓林

妻劉氏二十二歲寡卒年四十六　吳宣卿妻蔣氏夫績學早世氏時年二十二守節事翁姑以孝聞卒年三十九　吳福興妻王氏三十歲寡痛不自勝絕而復蘇者再寡姊勸撫兩孤從之家貧鍼黹度日不數年兩孤痘殤氏憤懣死年三十六　監生吳維寅妻顏氏二十四歲寡卒年三十三　俞明曾妻任氏二十歲寡卒年四十　俞玉班妻倪氏三十歲寡孝事翁姑苦撫孤子卒年五十九　俞玉鋑妻賈氏二十九歲寡卒年四十九　俞玉輅妻任氏三十歲寡卒年三十九　俞玉鉌妻丁氏二十九歲寡卒年五十九　俞奇祿妻王氏二十八歲寡卒年五十八　俞文良妻任氏三十歲寡卒年五十七　俞文修妻楊氏二十三歲寡卒年四十一　俞愛春妻周氏二十八歲寡卒年四十八　俞郁文妻任氏二十一歲寡卒年五十　俞佑昌妻閔氏三十歲寡卒年六十六　俞仁大妻任氏三十歲寡卒年八十三　俞益文妻任氏　俞用多妻張氏事蹟俱失攷以上十四節婦光緒三十三年旌　俞謙吉妻王氏二十六歲寡守節十七年而卒光緒二十四年旌　俞樁林妻吳氏三十歲寡家奇貧日昃不能舉火有饋食者氏慮無以爲報卻弗受日夕紡績辛苦撫孤卒年六十四　俞玉章妻郭氏二十四歲寡卒年五十四　俞德林妻錢氏二十歲寡卒年五十四　路遵妻萬氏　路達初妻潘氏　路壽生妻萬氏　路承烈妻吳氏事蹟俱失攷均光緒二十三年旌　增生路允中繼妻顧氏二十九歲寡撫前室子如己出子婦死復撫諸孫恩勤備至　庠生路道周繼妻張氏二十九歲寡家貧子幼鍼黹謀生以備業督二子不倦卒年六十二　文童路履仁妻周氏二十二歲寡事翁姑孝撫嗣子如己出卒年三十三　監生路福葆妻程氏二十八歲寡卒年七十以上四節婦光緒三十一年旌　郡庠生路昌世繼妻朱氏十九歲寡以十指爲生涯撫前室二幼女成立卒年七十　附貢生路辰章繼妻程氏二十八歲寡見年五十五　陳春

元妻丁氏二十四歲寡卒年四十八　陳殿南妻李氏三十歲寡卒年四十九　陳國安妻蔣氏二十三歲寡卒年五十五　監生陳廷輔繼妻張氏二十三歲寡善事王姑撫孤成立卒年五十　陳芳叢妻丁氏二十六歲寡卒年六十二　陳寶珀妻劉氏二十六歲寡卒年六十二　陳業貞妻蔣氏二十六歲寡卒年七十四　陳功高妻顧氏　陳彖森妻周氏　陳富昌繼妻周氏　陳芳藝妻邢氏　陳遜堂妻葉氏　陳兆熊妻周氏　陳慶南妻張氏　陳竹村妻奚氏　陳文信妻錢氏　陳克明妻吳氏事蹟俱失攷以上十七節婦光緒二十三年旌　陳鎭華妻周氏二十九歲寡卒年六十六光緒二十八年旌　陳文騤妻崔氏二十歲寡卒年六十七　陳富南妻王氏二十九歲寡卒年六十四　陳增慶妻江氏二十八歲寡卒年四十八　陳增華妻許氏二十七歲寡卒年三

十八監生陳士艮妻黃氏二十八歲寡卒年五十五監生李景瑞妻蔣氏二十八歲寡丁洪楊之變挈孤避難孤夭氏憤恨投崖死李奇保妻胡氏二十三歲寡辛苦守節卒年六十六李玉麟妻徐氏李斯寶妻吳氏李維一妻潘氏事蹟俱失攷以上五節婦光緒二十三年旌李小畬妻邵氏二十四歲寡守節終身已旌鍾雲明妻潘氏三十歲寡見年六十七鍾雲鵬妻潘氏事蹟失攷黃蘭高妻吳氏候家村人二十六歲寡守節十八年而卒黃興高妻丁氏事蹟失攷以上四節婦光緒二十三年旌黃錦文妻吳氏吳奕興女二十八歲寡貧寒守志平日篤於訓子以子既失怙望之益切子卒不肖遂投水死年三十九趙振緒妻張氏二十九歲寡苦撫孤子又撫孤孫孫亦早世氏喟然日吾聞有志者事竟成今蒼天不佑死吾夫死吾子又死吾孫而吾必欲承吾先啟吾後一息尚存吾不可一日死吾志吾其盡人以待天可也乃撫曾孫竟成立卒年八十趙國琛妻任氏趙景禹

光宣宜荊續志 卷九下 節婦 五十四

妻高氏趙景舜妻萬氏趙錫昌妻朱氏事蹟俱失攷監生趙應圻妻吳氏忠義吳廷燦長女幼知大義自父陣亡常誦木蘭辭悲聲動人二十二歲寡撫嗣孤守苦節事姑事母以孝聞卒年五十餘以上六節婦光緒二十三年旌監生欽軼墊妻湯氏三十歲寡撫孤湛仁讀書成立卒年五十一縣令詳旌並給清標彤管扁額程瑢妻徐氏程培源妻周氏程發龍妻王氏程光齊妾沈氏程持志妻潘氏事蹟俱失攷程鍾珏妻徐氏早寡卒年九十六優附生程鍾琳妻儲氏候選州吏目儲成長女幼善讀明禮義嫻詩律工烹飪縫紉鍾琳避賊歿滬上氏時年三十扶櫬歸葬事舅撫孤各盡其道舅疾氏謹侍之目不交睫者踰月醫藥之費時憑十指之所出平日進膳必求甘旨自奉則糲蔬外無長物姒某氏遂起析居之議自是家益貧遂教授女弟子博脩脯暇則事鍼黹取微利以免飢寒苟有餘則以濟人時祭尤誠敬勖其子引鈞勉紹書香得補縣學生年逾七十兩目俱盲督課諸孫以經史子集仍一

字罔誤苦不廢學老不倦勤著有五危同困記析居慘況錄訓子治家約言卒年七十六以上七節婦光緒二十三年旌程元福妻余氏二十八歲寡見年九十四光緒二十八年旌佾生程慶生妻徐氏二十四歲寡卒年九十五已旌陸掄魁妾張氏陸銓貴繼妻談氏事蹟俱失攷均光緒二十三年旌陸景鏞妻王氏蜀山人二十八歲寡卒年五十六已旌陸恆昌妻都氏二十九歲寡卒年七十五庠生陸爻吉妻孫氏二十八歲寡卒年六十一陸應開妻蔣氏二十三歲寡卒年五十盧彤錫妻李氏二十一歲寡見年五十二光緒二十三年旌邵義方妻許氏夫殉洪楊之難氏時年二十九辛苦撫孤卒年五十六邵景華妻謝氏邵紀年妻潘氏事蹟俱失攷以上三節婦光緒二十三年旌邵友權妻陳氏上袁村人陳維英女性貞靜寡言笑三十歲寡辛苦撫孤卒年七十八史德觀妻沈氏史邦興妻王氏史順濤妻陳氏史學

光宣宜荊續志 卷九下 節婦 五十五

德妻陳氏事蹟俱失攷均光緒二十三年旌史坤玉妻陸氏二十九歲寡卒年七十史坤侯妻蔣氏二十九歲寡卒年六十四以上二節婦東岸圩人光緒二十四年旌史悠祺妻陳氏二十六歲寡紡績撫孤課讀不倦積勞成疾而卒年三十六光緒二十四年旌監生史久祿妻黃氏從九品黃廷魁女二十三歲寡卒年三十八孫泰來妻吳氏呂錫成妻俞氏呂壽庭妻吳氏呂協和妻吳氏呂奉庭妻方氏呂鴻文妻金氏事蹟俱失攷均光緒二十三年旌廩貢生呂啟元妻余氏二十四歲寡孝事翁姑而體弱積勞成疾卒年三十一宣統二年旌沈國銘妻何氏沈溥妻潘氏沈念祖妻王氏沈元傳妻陳氏沈松亭妻范氏沈貞裕繼妻吳氏事蹟俱失攷均光緒二十三年旌沈星亮妻許氏二十五歲寡撫孤成立支持門戶得翁姑歡心卒年七十一沈應珍妻

談氏二十七歲寡卒年六十二 儲汝翼妻吳氏 儲廷輔妻潘氏 儲友竹妻路氏事蹟俱失攷均光緒二十三年旌 儲錫藩妻李氏事姑順而勤二十五歲寡歷洪楊之難屢瀕於危矢志益堅以從子宗義爲後家貧敎養兼資不遺餘力宗義早世其婦尋卒遺孤四復撫以成立爲之嫁娶長孫又早世遺兩孤孫女早寡均依氏以爲生歲時賓祭必誠必腆姻族慶弔禮儀必備事事勉力支撐人不覺其爲門衰祚薄也一生拂逆處之坦然次孫祖麟得補縣學生人以爲苦節之報卒年八十五 儲汝霖妻吳氏二十二歲寡卒年四十一 湯寶仁妾金氏二十九歲寡卒年七十 湯定生妻蔣氏事蹟失攷 萬士傑妻王氏川埠人王復元女二十三歲寡忍苦撫嗣子卒年五十三以上三節婦光緒二十三年旌 萬柏雲妻郭氏二十三歲寡卒年六十一 萬瑞芝妻鄒氏川埠人二十二歲寡悲不自勝越兩月竟卒 葉士英妻許氏 葉春懋妻顧氏 薛作信妻蹇氏 薛作朋妻陸氏 薛瑞

裴妻把氏 薛庭茂妻宗氏 薛應球妻張氏 董英珍妻吳氏 董德鈺妻顧氏 卜和上妻徐氏 胡承熙妻汪氏 胡承勳妻張氏 胡文玉妻張氏事蹟俱失攷 監生胡承裕妻吳氏二十九歲寡卒年六十六以上十四節婦光緒二十三年旌 庠生胡自誠繼妻史氏釣橋人二十九歲寡見年五十一 江金川妻顧氏 江甲大妻徐氏事蹟俱失攷均光緒二十三年旌 江經隆妻顧氏二十九歲寡清苦終身年五十六已旌 庠生江景澄妻陸氏年十九歸景澄以績學致疾氏謹侍湯藥衣不解帶者二載景澄終不起家貧翁老以鍼黹博甘旨撫從子爲嗣視如已出守節三十六年而卒 江鳳昌妻方氏弟鳳梧妻范氏方氏二十七歲寡事翁姑惟謹撫孤漢讀書成立范氏三十歲寡翁思子成疾氏謹侍湯藥忍苦耐勞撫孤福亦讀書成立妯娌間志同道合人稱爲江門雙節方卒年五十范見年五十二 江嘉

型妻范氏二十二歲寡守節六年而卒 邱春法妻吳氏事蹟失攷 郭洪葆妻歐氏二十九歲寡卒年六十一以上二節婦光緒二十三年旌 郭鳳鳴妻王氏二十四歲寡卒年六十七已旌 郭德熊妻周氏二十九歲寡貧苦撫孤卒年七十九 羅慶三妻余氏 姜法奎妻李氏 毛雄福妻儲氏 毛鳳雲妻蔣氏 毛萬富妻陳氏 毛永康妻方氏 毛士俊妻史氏 曹啟增妻趙氏事蹟俱失攷均光緒二十三年旌 曹福貞妻孫氏稻坂里人三十歲寡卒年五十五 曹福員妻孫氏三十歲寡卒年五十一以上二節婦光緒三十年旌 常長森妻吳氏 鄭文圖妻徐氏 何偉卿妻汪氏事蹟俱失攷均光緒二十三年旌 何承武妻徐氏夫死洪楊之難氏年二十三守節事翁姑撫孤子紡績度日卒年三十八 庠生何致嶽妻史氏二十九歲寡見年五十七 顧鴻基妻錢氏

丁桂芳妻蔣氏 丁祥生妻周氏 丁幹生妻周氏 丁有敬妻都氏 丁有貞妻王氏事蹟俱失攷 丁德義妻許氏二十一歲寡孤苦守節卒年七十一 丁能如妻吳氏二十五歲寡含辛守節卒年五十七 羊麟芝妻虞氏二十八歲寡卒年七十五以上九節婦光緒二十三年旌 羊望春妻蔣氏二十六歲寡守節終身 佟攀龍妻余氏 蔡欽妻沈氏 蔡連珍妻潘氏 盛修全妻岳氏 盛高奎妻談氏 崔愛祉妻周氏事蹟俱失攷均光緒二十三年旌 崔望瑛妻任氏三十歲寡卒年七十四 崔徵曦妻蔣氏二十八歲寡卒年七十一 崔昨妻范氏二十九歲寡卒年五十三 崔書徽妾王氏二十六歲寡卒年五十 崔克庠妻顧氏二十九歲寡卒年四十六 崔曒妻錢氏二十一歲寡卒年三十二 崔克超妻葛氏二十一歲寡卒年三十二 舉人崔迺遐妾

張氏二十五歲寡見年五十七

祝義觀妻馮氏　鮑產光妻高氏事蹟俱失攷

鮑士英妻王氏白宕里人二十八歲寡刻苦撫孤卒年六十三以上三節婦光緒二十三年旌二十七年學使李給王氏以松柏清貞匾額

庠生鮑廷珍妻許氏二十七歲寡見年五十一

武生雷長林妻周氏後桂村人二十三歲寡卒年六十一光緒三十年旌

戴繼宗妻汪氏二十八歲寡家況蕭條事姑畜子一惟手工是賴姑病氏矢誓戒殺冀挽其危姑果愈卒年七十五已旌

浙江候補府經歷汪文煥繼妻路氏貴州候補經歷路道平次女洪楊難作從文煥晝室舟居常佩利刃以自衛一日有劇盜數人乘夜械劫氏奪盜械出刃猛刺盜驚遁一舟以安文煥尋卒氏時年二十四守志撫孤孤殤以從子爲後又早世氏訓督諸孫自一步一趨以至苞身接物無不詳盡告語又爲道往時流離狀使知處險應變之方平居寡言笑勤操作崇節儉見年七十九已旌

洪裕慶妻陸氏二十七歲寡卒年六十二已旌

項岳來妻張氏二十八歲寡守節六十一年而卒

光宣宜荊續志　卷九下　節婦

馮振夏妻張氏二十一歲寡矢志不易孝事翁姑卒年八十五

馮錦妻羊氏二十六歲寡卒年七十八

謝齡大妻湯氏二十歲寡守節五十年而卒

宋瑞和妻佘氏二十九歲寡守節四十六年而卒

成鳳奎妻農氏二十二歲寡守節三十七年而卒

陶生隆妻徐氏二十七歲寡卒年五十七

華瑛繼妻齊氏二十八歲寡撫嗣子之陽讀書成立守節二十九年卒

談芳榮妻湯氏年十八夫亡痛不欲生以翁姑故忍死須臾卒以悲鬱成疾而歿距夫死才四十日

文童高泰敬妻蔣氏鼎山人蔣錦祥女夫以勤讀故咯血死氏時年二十七生子甫六月守節撫之見年六十二

武生畢邦榮妾于氏二十三歲寡見年六十二

宜興才淑

浙江巡撫任道鎔繼妻吳氏名畹蘭字宛之常熟人貴州羅斛州州判吳似漢女敬奉姑嫜綜理內政罔不懋至工詩詞善繪事近體詩尤得浣花風格道鎔故能詩公餘之暇輒與吳相唱和其守順德時嘗繪退食聯吟圖藝林傳爲佳話題詠殆偏吳著瀟香草堂詩稿周通政家楣爲之序又著沅蘭詞則與道鎔唱和之作也道鎔字筱沅故名其詞爲沅蘭均刊行

丹徒縣教諭蔣萼妻儲氏名慧字嘯風豐義里儲炳煥女幼讀書知大義與從兄光烈相究切爲詩時有佳句年二十歸萼萼故好吟詠伉儷甚相得其持家有健婦名凡刀匕井臼鹹豉諸務常與娣路更番治之其進之舅姑者益復勤慎舅歿事姑益謹姑吳性嚴毅有不愜輒不食臥禁與路跽牀下請罪怒解乃已故又有孝婦名將故世家守寒素風操作至夜分輒飢腸轆轆不可耐隆冬擁敗絮思新緐不可得迄無尤怨心常以吟詠自遣課子勤懇深夜罷讀每口占詩詞命之書曰吾非不能書正欲令汝等識文字用法久久行之即自作不難也其子光蘭九歲能詩母教爲多後姑以久病足不能履地動輒需人慧侍奉益勞瘁尋卒年五十七臨歿作唸呼聲無非飭治甘旨料量堂上一切瑣細而已萼敬其賢孝爲賦悼亡詩近百首慧著哦月樓詩存三卷刊行於世

贈朝議大夫周受霈妻李氏恩貢生李樹齡女幼善讀尤有得於唐宋人詩古文辭父嘗命賦即景詩氏應聲吟日閒步到迴廊迎人是月光一林風

光宣宜荊續志　卷九下　才淑

滿花影亦含香時年才十有一既歸周事上馭下治家政曲盡其道受霈性孝友待人亦寬厚其同產妹適儲希義氏力營殮具雖舅姑在日不是過戚族稱貸氏力謀資給雖身處窘鄉不稍吝一如受霈意受霈客游久內外諸務賴氏一人生子五日則遣就外傅夜則躬自講誦至闌於忠孝節義之文輒慷慨長吟淚隨聲出以故諸子皆能自樹立不負母教平生尤重名節嘗避洪楊之亂舟居大浦賊猝至因挾子投水遇救始免夙邃醫學家人有疾治立愈卒年七十九著杏雲室繡餘吟艸經亂散佚暮年吟詠都一卷待梓

荊谿才淑

郡庠生任敬修妻徐氏庠生徐驥女喜讀列女傳常謂女子立身當以此爲規范事翁姑惟誠惟謹處娣娌和易近情敬修歿氏時年三十一以從子聘珍及光佐爲嗣教以朱子小學時時以孝弟兩字提命之終身不懈亦能文然自纂輯古人言行詰誠諸子外不肯浪費筆墨云

安徽即用知縣程適繼妻潘氏名奇字逸如武進人河南知縣潘鳴球妹早嫺文翰詞法南唐書宗北魏晚年兼工繪事歸適

後事舅姑撫前室子女罔不周至宣統初邑中始設女學奇任文科分教稱職遂公推爲校長由是改訂學規又本多級編制法擴充教室尤重德育自審一生行事以誠樸勤忍爲本遂揭櫫之以爲校訓又設女子藝術教員養成所卒業後分任他校教務又設文算專修科甲種師範講習所免女生旅學之苦著冰琴初集棻猗吟鈔各二卷女子教育談一卷王姑傳隱蘭與其幼女佩芝皆能詩隱蘭著刈蘭吟艸佩芝著如芝軒稿

宜興壽母

監生朱廣壽妻何氏何仁大女性木訥勤操作不事華飾事姑以孝謹閱年三十四廣壽歿而家赤貧氏日夕紡績以爲生歷數十年生計充裕督兩兒耕讀兼營商業率兒婦習勤不稍懈老而益壯壽登百有八歲五世同堂宣統二年詔以貞壽之門四字旌之並給帑建坊　浙江知府程熙春妻裘氏壽登百有四歲光緒三十年三月巡撫誠勳奏給七葉衍祥扁額十一月詔以貞壽之門四字旌之其子紹興府知府贊清爲建百歲坊於和橋鎮北　路炳宣妻周氏見年九十二　湯道增妻桂氏見年九十一

荆谿壽母

王錦霞妻顧氏性淑婉一生敦樸享壽九十七歲五世同堂　周以藩妻楊氏享壽九十三五世同堂　李慶大妻厲氏見年九十一　朱志源繼妻吳氏見年九十

列女補遺

貞女

許輔廷女生有異稟不事鉛華早失怙事母湯氏甚孝謹母疾女日夕侍奉衣不解帶者三月母卒女守貞不字紡績終身年四十六

節婦

從九吳隆吉妻周氏二十餘歲寡事姑孝謹卒年八十一　張錦文妻范氏前洛人范文培女事親孝事夫順夫力學早世氏以母瞽女稚忍死事畜撫從子爲後既得孫而嗣子殁又與子婦史共撫孤孫家故貧日夕紡績以爲生迨女嫁孫婚遂以餘貲推解貧乏將卒藏債券千餘金命孫召負者悉還之年七十六　吳承基妻馬氏二十二歲寡卒年五十六　裴福昌妻楊氏二十七歲寡卒年五十六　府照磨史元英妻柳氏二十二歲寡卒年五十四　王錦文繼妻吳氏二十四歲寡矢志守節撫前室子女如己出見年五十一

光宣宜荆續志卷十

忠節補遺

吳氏新志載殉難紳民婦女凡萬三千有奇類次爲卷甄採勤矣然其於紳民則曰僅十之一二婦女則曰泯滅者十之七八可知窮鄉僻壤聞見難周義魄貞魂闡揚尤亟補苴掇拾不能不有望後人也茲據來稿考覈前志刪其複正其訛略則詳缺則補忠義尤著者傳以弁首餘以類補猶前旨也嗟乎白刃可蹈與天地並壽姓名碧血雖埋爲家國長留光氣縱旌䘏未及俎豆終虛然聞孤竹之餘風同稱義士溯

睢陽之陳迹猶動悲懷所以不朽者固大有在矣編次均以姓爲綱以年爲緯俾展卷瞭然易於問津云

忠節補錄

吳光遠字耀堂宜興人國學生官安徽繁昌縣荻港巡檢有政聲以憂歸會粵寇陷江甯宜興風聲鶴唳一夕數驚光遠及其兄鄉與邑紳督團嚴防數年弗懈咸豐庚申四月十三日城陷光遠拒賊深溪橋力竭陣亡年三十五以忠義　旌崇祀昭忠祠給雲騎尉世職

周坤垣字靜庵諸生宜興人咸豐庚申城陷賊知爲文士脅司文牘坤垣怒罵不屈賊刺以矛洞腹死

朱艮弼字小農荆溪人歲貢生富才藻喜吟咏能駢文庚申之難避居鄉曲猝遇賊脅以威令司文牘遂自矐其目以免作賊人自敘藏於家同時有錢掄選者字蓮溪北大圩人亦陷於賊令作書記不從賊怒馘其左耳血流被面卒不屈囚禁之乘間得脫與艮弼有同志焉

任杓字玉亭荆溪人府學生才高不第屢遭父母伯兄之喪家貧甚遂壹意治生撫三弟成立同里有兄弟因娣姒致參商者杓深爲感歎誓終身不娶叔弟秉樞亦然乃爲季娶婦已而生子三遂各後其一焉咸豐十年篠里聞賊警僉議先事團防縣令以杓故家德望舉以屬之時杓年

六十一矣以老辭不獲乃受事日夕躬督訓練人人懷必死志屢卻賊賊銜之甚六月八日大舉來攻眾潰士卒死者以百計杓圖後舉走就世父榮階於椿頭山問方略賊又麕集搜其身有團丁名籍大怒令跪杓厲聲曰吾乃大清生員豈跪汝毛賊耶賊益怒叢刃之身被數十創猶罵不絕口以死賊退榮階收其屍藁葬之光緒九年以忠義　旌入祀忠義祠（任杓前志已登惟事實未詳志登三月二十五日被殺誤應以此傳爲正）

徐海字岱生弟清字朗生宜興人父鉉任貴州朗岱廳同知署大定府知府治績載前志海清即其官朗岱時所生

也鉉官黔久罷官後遂家焉海以府經歷仍分黔補用清則稟筆就州縣幕同治五年貴州號匪由獨山竄擾遵義荔波淪陷清方在荔波縣幕遇賊不屈死回匪金萬照勾結貞豐賊匪襲踞興義府時海方任府經歷死之一歲之中兄弟並死國難時人稱雙烈焉

周翰蕃字可齋宜興人少有志操習舉業屢試不售遂習岐黃名震一時遠近就診者踵相接庚申之變翰蕃避匿蓻草中嘗絕食三日會賊酋有疾問醫鄉人某以告賊令人踪跡得之陳書幣趣行翰蕃怒目厲聲曰吾恨不食其肉寢其皮乃反爲治疾耶某即承之以刃曰若不從請嘗此翰蕃引頸大言曰固所願也某曰此狂士也去之翰蕃憤恨不可遏遂以不食卒鄉人稱爲蘆中義士云

吳梧字達泉荊溪人監生爲文清俊工篆隸鄉先輩陳錫光潘光序咸器之事母孝咸豐庚申奉母避賊盛家渡明年正月賊猝至負母走爲賊追得送僞首王范汝賢知其通文翰令撰文告梧怒曰吾讀聖賢書列成均豈爲狗彘輩驅使乎賊怒榜之駡益厲割其舌猶噴血駡不絕口遂叢刃之與母俱死時有錢嘉福者同陷賊中覩其事後逸出爲人述如此吳梧已見前志爲從九品入祀昭忠惟事實未詳前志又有吳達泉註云與母避賊與母偕死事實略同或誤將一人爲二人耶

李洪貴字慶芬宜興下邾橋人工繪事得陳洪綬法乳性剛正事親至孝鄉黨稱之咸豐庚申粵賊西竄宜境各鄉村朝不保夕洪貴時居父喪素冠麻衣守墓不暫去里人告警勸其改服潛避洪貴執不可曰父死抔土未乾避將焉往賊至果被執榜掠備極慘酷洪貴大駡不絕聲强以書記又不屈遂遇害

儲膺黼字崧升豐義人咸豐庚申禦賊負重傷瀕未殊匍匐投村西廟千塘水淺不得死賊退以指塗血大書西觀音寺壁曰七刀八劊命不絕留得殘生殺狂賊昔人銜恨射浮圖余且染血誌之壁俄以頸創潰裂卒

吳錦浩字望祥監生吳家村人性伉爽好施與仗義執言鄉黨翕然咸豐庚申粵賊既陷邑城錦浩散財購械結鄉團事備禦始遙應許鳴雝於欒成橋繼應丁錦書於顯德寺拒守煙山又赴潘家壩助戰比有功同治二年三月賊麕至錦浩奮戰被戕本團感其忠義先後禦賊戰死者有封隸人潘繼英陸勤生排頭村人監生陸廷彥邱宗魁楊文林前村里人潘明發後村里人吳顯金吳顯榮吳家橋人吳寓林瑤林莊人周瑞餘車埰村人嵇允文吳家村人吳顯儒吳顯玉吳顯巽吳天大吳紀大八房橋人吳顯濱吳顯維吳正榮吳義榮吳步高吳天法吳德魁吳慶軒吳

望祿吳望壽西嶇人吳顯貴吳顯璥吳秋生吳順義吳雲龍吳平臯吳儒林吳德翔吳德林吳德施吳德蕤吳德凱吳平芝吳兆英吳兆萌吳茂榮吳茂松吳聽魁吳滿潮吳法生吳望佑共四十七人

羅天舍魏濱里人性豪俠嗜酒膂力過人咸豐十年蜀山潘光錫起義結團防禦各村應之天舍年已六十有三意氣慷慨誓殺賊以死四月十六日義團破賊將至里人大恐天舍將老弱遠避獨率死士十餘人拒賊村西永昌橋連斃數賊賊退尋復大至相持久從者王三白頭等見勢不支將退天舍奮身獨進被十餘創力竭不屈死王三白

頭返救被擒怒罵不絕賊剜其腹抉心以去是役也被戕者呂牛大呂河三及王三從弟某呂榮高則受重創旋卒

蔣慎夫州同銜家素封慷慨尚氣節咸豐庚申賊竄東北鄉慎夫毀家募死士屢殺賊後以衆寡不敵與子凱生同被執不屈死

史賢禮字順祖史賢祺字香泰均岳山東新瀆里人賢禮賦性豪邁不苟屈從粵匪之亂賊以威逼之賢禮厲聲痛罵被磔於途時則咸豐十一年八月也賢祺氣度端凝長於文學同治二年十一月賊掠近村賢祺率衆抵禦力竭死

汪文斗字涵秋宜興人父望增於咸豐初治團練庚申四月粵賊陷縣城望增與文斗募團鄉開猝遇賊擁之行望增且走且罵賊重其義未卽害行至裘瀆河濱望增奮入水文斗痛極從之死越三日賊退文斗抱父屍浮出面如生時庚申四月之末事聞望增與文斗均　賜邺入祀昭忠（前志述望增死事時日誤文斗死事亦未詳爲補述之）

蔣青照字亦劉坩貢生王晉字杲卿邑諸生翔羽里人青照於咸豐十年王晉於同治二年均遇賊迫爲書記青照不屈死王晉投河死王晉子人麟見父死亦投河殉

華元和卽華富觀字才青有材力所交多壯士咸豐十一

年正月聞劉星臣復集衆長興西川界亦就近結團以應九月張渚賊大股竄長興元和率團尾之將至襄王嶺衆潰被獲脅之降不屈罵不絕口賊怒斷其手足塗以鹽棄諸道去衆復集舁歸越宿死（來稿云見前志遍查未見不知爲何處人）

陸阿二郭家圩人業農未娶膂力過人咸豐十年四月與其弟某遇賊於途謂其弟曰我止一人汝有妻孥汝其行乎我將與賊致命語畢持刀奮擊連殺三賊卒因衆寡不敵遇害

舒士杉字觀霖監生官林人性友愛兄弟六人終身同炊無閒言道光咸豐閒旱潦頻仍首捐巨貲設廠煮粥全活

無算凡各善舉咸以身任庚申之變賊竄官林投河死

吳鏡澄字錫慶洪楊之亂率妻子避居縣東之白蕩賊猝至鏡澄且罵且擊賊知其不可屈揮刀斫之手折益罵不絕口比死體無完膚其妻路氏見夫死義不受辱挈子玉如德觀暨一女皆赴水死時咸豐庚申五月二日也亂平旌忠義入祀昭忠祠路氏旌節烈祀節孝祠鏡澄篤學安貧文行並飭閫門死難無後士林尤悼惜之

周大鏞字鹿引荊溪蜀莊里人性嚴毅爲學務根柢治經史甚邃江蘇學使李聯琇深器之補府學生里人賀之大鏞曰吾但計學之成否區區者何足計咸豐庚申粵匪猝

至脅之降大鏞大罵不屈賊怒白刃交下幷焚其居骸骨俱燼著有浥蘭堂文稿四卷讀史劄記六卷同燬於火同治三年　旌祔祀昭忠祠周大鏞已見前志惟事實略茲據來稿補登

周有美字一州荊溪蜀山人性孝友父早亡母許氏苦節撫孤有美稍長卽輟讀治生計撫兩弟成立母以慰迨卒哀毀盡禮咸豐庚申方爲母請旌而警耗沓至城鄉戒嚴有美與潘光錫等練團防禦與湖洋渚顧氏張犄角勢規畫井然邑城既陷賊掠蜀山有美等率衆抵禦力竭不敵光錫死之有美亦被創尋卒事平以忠義旌子蔭復請旌大母以竟有美之志云

殉難紳民補遺

宜興紳民殉難者吳國瑛咸豐十年遇賊不屈死　吳利亭咸豐十年拒賊死　吳裕昌大浦人　吳狗大劉家塘人均咸豐十年殉難　吳鴻慶同治元年大浦遇賊不屈死　吳國楨同治元年殉難已旌　吳允中童生同治二年率團禦賊於周鐵橋斃賊多名中礮死已旌祀昭忠　欽超羣咸豐十年遇賊不屈死　朱振彩咸豐十年團防局襄事遇賊大罵死　朱小大咸豐十一年在湖州禦賊陣亡　蔣玉田咸豐十年殉難已旌　蔣佑才咸豐十年禦賊死　蔣有謨咸豐十一年三月十一日禦賊於夏安橋衆潰力竭不支受重創死　蔣榮春下邦街儒里人咸豐十一年九月遇賊殉難　蔣順三社瀆人同治元年二月被害　蔣邦發同治二年五月十五日遇賊不屈賊縛而焚之至死猶罵不絕口　蔣聽周下邦街儒里人同治二年四月二十七日遇賊殉難　任芸生咸豐十年殉難　潘曾寶咸豐十年殉難已旌　盧崇廉　盧崇本　盧崇

德　盧崇義　盧崇正　盧嘉猷均在城人　盧肇龍　盧維慶　盧壯生均雲霧人　盧光諭　盧寶倫　盧書鳳　盧起倫　盧榮倫　盧書孝均沽瀆匯人　盧盤洪　盧庭洪　盧奉璋　盧謀艮　盧謀庸　盧謀隆　盧謀法　盧謀淞　盧彝福均漏南墻頭人　盧潤南　盧金印　盧勤大均瀆頭人　盧鳳鳴　盧敘初　盧法襄　盧法昌　盧崇信　盧洪寶　盧得寶　盧敘和　盧敘福　盧敘德均邑亭橋人　盧丕承　盧鳴盛　盧鳴夏均高塍人　盧丕茂嶺西人　盧光迪　盧壽榮　盧光覲　盧金榮　盧榮　盧逢辰均亭子圩人以上均咸豐十年殉難盧榮倫在六月二十日　盧卓倫　盧重倫　盧書章沽瀆匯人　盧烜亭子圩人以上均於同治元年八

月殉難 盧選倫 盧書常 均沽瀆匯人同治二年八月同殉難 陳國寶 洪巷人咸豐十
年殉難 徐峻保 徐宇坤 徐保初 均石後灣人咸豐十年同殉難 徐西培
咸豐十年被擄至江甯同治元年在五蛪山北被害 劉慶大 咸豐十年年七十罵賊被焚死 劉維明
監生咸豐十年罵賊死均劉家塘人 謝銘澍 文童義安里人咸豐十年遇賊投河死祀楊巷忠義祠 俞
廷銓 和橋人坿貢生有膽略咸豐十年髮賊入境廷銓率衆迎擊力竭陣亡事聞賜卹祀昭忠妻楊氏聞變自
盡 楊光照 楊光浩 均官莊人咸豐十年殉難 陸允中 咸豐十年四月二十三日率團
禦賊殉難年七十五前志略 陸方珍 陸翼珍 均允中子 陸嘯峯 允中姪 陸庠
賢 允中孫均同日死 張煥初 棠下里人咸豐十年十一月遇賊於周鐵橋脅降不從罵且鬬身中數槍
投河死 史鳳書 金鵝山東柏樹里人咸豐十年罵賊不屈死 史清榮 湯盤圩人同治元年八月
被害 金國華 金家灣人州同銜咸豐十年與鄰村劉星臣等協力禦賊不敵被戕 金殿邦 縣學生國

光宣宜荆續志 卷十 殉難紳民補遺 九

華叔 金誠 縣學生 金榮成 縣學生均國華子同死難 裴豹文 縣學生 裴榮祚 均裴
家村人咸豐十年率團禦賊於社瀆橋前軍潰豹文與榮祚督率後隊堅不動在南華圩陣亡光緒十一年旌同祀
昭忠豹文已見前志惟云與裴俊甫同死節與此異當以此爲正 姚元亨 西門外姚家巷人咸豐十年殉
難 芮育非 咸豐十年三月二十五日遇賊不屈死已祀昭忠 許錫文 崔家橋人咸豐十一年五
月遇賊脅從不屈被害 許靈珍 同治元年八月十三日遇賊不屈死 許金生 同治元年八月被害
均崔家橋人 許時夏 監生繆瀆橋人同治元年率團禦賊於社瀆橋力竭被害已旌祀昭忠 周葆
緒 崔家橋人咸豐十一年十一月初十日遇賊被害 邵志和 凌家瀆人同治元年八月二十八日遇賊
負母與鬬力竭母子俱被戕已旌 互見烈婦殉難錄內
荆溪紳民殉難者陳仕鳴 藺右人咸豐十年遇賊投水死妻蔣氏自經死 陳國奢
仕鳴子同殉難 蔣繹言 監生咸豐十年罵賊死 謝慶徵 靜堂村人有勇力咸豐十年禦賊被執脅

以跪不從馘其耳并剖其腹死 毛廣寅 毛家圩人咸豐十年在大浦遇賊死 沈惠芝 漳瀆里人咸豐
十年殉難 盧升元 盧連元 盧三元 盧克嘉 盧順保
盧順奎 盧壽高 盧龍福 盧岳元 盧凝蓀 盧聚
蓀 盧盤生 均南門外大塘頭人 盧望龍 盧兆奎 盧狗大 盧
寶慶 盧發慶 盧福慶 盧應元 均土干人 盧春元 盧聽
榮 盧餘大 均筱嶺人以上均於咸豐十年殉難 盧貴倫 下裴人同治元年殉難 盧載
賡 道人墩人同治元年七月初五日殉難 盧乃賡 道人墩人同治二年八月十五日殉難 丁庭
桂 咸豐十年殉難已旌祀昭忠幷祔祀無錫惠山忠義祠 丁伯雄 府學生咸豐十年殉難已旌 周
榮茂 周蔭椿 均湯渡人咸豐十年同殉難 朱志源 朱志昕 朱志
暄 均同治十年旌入祀昭忠 吳厚宏 已旌 朱慶中 朱錫恩 同治十一年入祀昭忠

光宣宜荆續志 卷十 殉難紳民補遺 十

以上六烈士前志已登漏未注旌補載於此

殉難婦女補遺

宜興殉難烈女有邵志開聘妻蔣氏女 咸豐十年遇賊不屈剖腹死時年十
七光緒二十三年旌 潘富華聘妻董氏女 方東村人咸豐十年殉難年十六光緒二十三年旌
盧兆奎聘妻馬氏女 咸豐十年殉難 馬福昌未婚妻王氏女 幼適馬爲
養媳咸豐十年邑城陷氏佐夫駕舟奉舅姑避難蓮花蕩一日賊跡至女囑夫護舅姑走匿他所獨自守舟度走者
已遠肆口罵賊奮力躍水死時年十八 劉徐九烈女 大莊村劉德揚生女七人咸豐十年長女年十
九最幼者六齡是年髮賊陷邑城潘射頭劉星臣拒賊社瀆橋德揚應之衆知事不可爲乘閒歸謂諸女曰汝等告
幼年遭亂柰何七女同聲曰兒等自有自全計但願吾父掃盡惡氛重見天日耳時警報疊至德揚復赴戰賊稍郤
仍歸視女徧覓之不得至大莊村東渠見有人髮緊總萍荇浮水上疑而起之連得九屍各以其髮互繫頸問如魚

貫然審之其七屍皆德揚女其二屍則西鄰徐姓女年均及笄德揚倉猝掘大阬藁葬之仍赴戰死焉里人重九女之烈名其墓曰劉徐烈女墓
湯惟元女同治二年勸父兄遠避髮賊并以簪銀付兄自縊死
蔣世俊女同治二年賊欲污之不屈死
吳南橋聘妻潘氏女年十八遭洪楊之亂被脅不屈投水死光緒十八年旌
陳松高女受某氏之聘未嫁某氏子死矢志不二後殉髮賊之難年四十二
荆溪殉難烈女有
崔復基長女咸豐十年遇賊投水死年十七光緒二十四年旌
徐鳴陛三女孝奉老母終身不字咸豐十年避難大浦賊至投水死年五十二已旌
朱天爵女咸豐十年遇賊不屈自縊死
儲錫光女王正寶聘妻同治二年遇賊懼辱投水死年十九
宜興殉難烈婦有
徐文照妻丁氏咸豐十年四月十三日邑城陷投城北青龍橋河以殉
徐保初妻陳氏咸豐十年四月二十五日逼於賊投水死
直隸候補知縣徐鍾俊妻儲氏咸豐十年避亂施蕩橋是年四月二十九日遇賊投水死年三十一子同麟在抱夫兄鍾嶽次女年十餘同殉
贈承德郎徐熾昆妻吳氏咸豐十年避賊深林閒未幾爲賊所得不屈死
贈奉政大夫徐培妻曹氏侍翁姑至孝避難鄉窨奉養不衰一日賊猝至欲辱之氏曰吾乃禮義之子詎忍從賊作強顏婦耶言訖觸牆而死
謝長生妻沈氏咸豐十年四月十五日避賊沈瀆蘆葦閒賊蹤跡得之擧矛亂刺氏不屈矛洞胸死
謝生大妻某氏咸豐十年四月十五日爲賊所獲罵不絶口賊以刃擬其頸罵愈厲受十餘創而斃
謝來成妻周氏咸豐十年避賊匿水涯賊蹤至投之水中復刃其頸遂死
謝敦仁妻宗氏同治二年殉難
吳文蔚妻蔣氏二十八歲寡忍苦守義日事女工以自給咸豐十年賊陷邑城氏自盡年七十光緒十一年旌
吳裕昌妻姚氏咸豐十年四月二十七日夫婦遇賊同殉於大浦西柳橋下
吳映庭妻李氏二十九歲寡咸豐十年髮賊勒索金錢氏自經死年六十三
吳勤義妻儲氏庠生儲士漪女二十四歲寡同治二年與其子遇賊並死難光緒三年學使林奏旌
吳紹隆妻史氏同治二年扶姑避難賊猝

至將刃其姑氏力捍之姑走免賊復逼氏氏不屈觸牆死年二十七
吳臘官妻曹氏洪楊之亂爲賊所逼堅拒不從遂被殺
吳五寶妻陳氏年十六歸吳甫數日髮賊至欲污之氏不可賊捽之至蔣瀆擲刃之氣既絶猶挺然直立賊駭走
朱明文妻王氏南準瀆人咸豐十年遇賊抱石投水殉難
湯義祥妻謝氏東莊里人咸豐十年見夫死義極口罵賊遂被戕年二十一光緒三十一年學使唐奏旌並給烈比堅崖扁額
湯煥章妻余氏罵賊被戕
尹富南妻李氏李艮臣女二十三歲寡守節四十二載至咸豐十年遇賊投水死年二十六以上二烈婦光緒二十三年旌
五品銜雷霖春妻王氏咸豐十年遇賊懼污擁子投水死
何川大妻吳氏二十七歲寡咸豐十年扶姑避賊沈瀆叢葦閒賊偵知欲刃其姑氏挺身翼之皆遇害
史協和繼妻陸氏咸豐十年赭寇至恐爲所辱投水自絶前室有一女事後母以孝敬聞氏投水時女亦隨殉越數日屍浮母女猶相抱云
潘長林妻朱氏年三十七
潘昌元妻王氏以上二烈婦咸豐十年隨夫殉難
潘廷裕妻李氏年四十一
潘順福妻陳氏年五十五
潘信珊妻李氏年六十七
潘在川妻丁氏年三十以上四烈婦同治元年隨夫殉難
潘富南繼妻殷氏年二十八
潘三元妻梁氏年三十二
潘敦元妻葉氏年三十七
潘書魁妻陳氏年二十六
潘壽昌妻徐氏年二十六
潘岳林妻華氏年五十一
潘佑亭妻張氏年三十
潘能觀妻陳氏年三十三
潘順芝妻楊氏年三十二
潘雲開妻羅氏年二十
潘德會妻謝氏年二十
潘桂林妻張氏年五十一
潘得富妻蔣氏年四十以上十三烈婦同治二年隨夫殉難
潘俊生妻李氏年五十五遇賊死以上二十烈婦遺蹤村人光緒二十三年旌
蔣鎮金妻儲氏臧村人咸豐十年爲賊所執痛罵不屈被焚死光緒二十三年旌
蔣福壽妻張氏咸豐十年福壽遇賊於爵姑橋死之氏抱兒投水越數日浮起兒猶在抱面如生
蔣惠春妻王氏咸豐十一年四月二十三

日殉難　蔣榮春妻徐氏同治二年四月初十日殉難　蔣慶春妻邵氏同治二年
八月十二日殉難　蔣又才妻吳氏年二十一歸又才甫數日髮賊至又才不屈死氏脅於賊將被
污乃謂賊日能瘗吾夫惟命是聽賊信之瘗又才畢氏乘賊不備投水死　芮廷貴妻蔣氏咸豐
十年髮賊脅從不屈賊以弓絃緊縛其兩將指懸之梁復加繫巨石於其身終不屈指折石隨身墜壓死　芮君
材妻路氏二十五歲寡矢志不二咸豐十年賊至畏逼投水死年四十一　芮思本妻潘氏
二十歲寡苦撫遺孤咸豐十年孤陷於賊氏投水死　盧升元妻周氏　盧順五妻蔣
氏　盧發慶妻何氏　盧盤生妻戴氏　盧三元妻萬氏
盧肇龍妻史氏　盧崇本妻徐氏　盧順保妻邵氏
盧壽高妻邵氏　盧望龍妻蕭氏　盧盤洪妻王氏　盧
重倫妻史氏　盧岳元妻蔣氏　盧惟慶妻周氏　盧潤

南妻吳氏　盧起倫妻史氏　盧寶倫妻莫氏以上十七烈婦咸豐
十年隨夫殉難　盧蒼筠妻周氏　盧丕承繼妻周氏　盧惠倫妻
周氏　盧福慶妻陳氏　盧繼森妻王氏　盧敷倫妻周
氏　盧敘初妻王氏　盧卓倫妻楊氏　盧烜妻何氏
盧萬興繼妻徐氏　盧春元妻陳氏　盧東元妻何氏
盧順寶妻戚氏以上十三烈婦咸豐十年殉難　盧丕緒妻吳氏咸豐十年六月十八
日逼於賊恐被污自經死　盧順申妻周氏二十三歲寡咸豐十年殉難年三十七　盧受恩
妻莫氏二十九歲寡同治二年殉難年五十　盧企孟妻承氏同治二年殉難年四十六　李
滿大妻蔣氏咸豐十一年逼於賊不屈死　周葆緒妻張氏同治元年八月二日死難
年二十一　周廣華妻華氏年十八歸周不一年夫卒孝事姑嫜慈撫從子守節三十年至同治二年

賊至投水死　王茂林妻許氏同治元年八月十七日賊劫之至河濱欲污之氏矢志不從罵不絕
口被殺時年二十　邵斌仁妻史氏凌家瀆人同治元年八月二十八日遇賊不屈長子志和負母
與闔力竭母子皆被戕學使黃奏旌並給節義交輝扁額　史清榮妻潘氏同治元年九月遇賊投水
死　程允禱妻儲氏同治元年殉難年四十七　呂尙德妻儲氏二十八歲寡同治二
年殉難光緒二十三年旌　張志熙妻徐氏避髮賊流徙常州西門外賊得而強逼之偕母赴水死
曹培清妻蔣氏遁於髮賊投水死　楊裕海妻張氏遇賊不屈被害
荆溪殉難烈婦有任法奎妻陳氏咸豐十年四月十六日被賊強逼不從刃洞胸
死　羅裕文妻許氏繼妻沈氏許氏年十八歸羅舅好飲氏佐夫孝養己雖饔飧不給日
必再進酒無缺焉咸豐十年四月舅擊賊死之夫被掠子女死難氏哀痛絕食而卒年三十一沈氏遂適羅隨夫避
難一日猝遇賊氏以身遇其前令夫得逸遂自投水氣垂盡會賊去夫拯救之蘇而復絕時十一年八月十八日也

石庚祖妻蔣氏二十九歲寡咸豐十年八月二十日殉難年五十　朱藻繼妻吳氏
咸豐十年城陷殉難已旌　朱惟寅妻陶氏同治二年遇賊不屈死年三十五光緒二十二年旌　沈
榮芳妻黃氏咸豐十年榮芳死義氏罵賊不屈賊將辱之氏投水死光緒十九年邑令薛詳旌並給玉
潔金貞扁額　庠生沈溥妻潘氏二十九歲寡矢志守節咸豐十年髮賊逼氏作炊氏曰吾身家
清白甘爲毛賊作炊婦耶語竟觸牆而死年六十五光緒十九年邑令薛詳旌並給節操冰霜扁額　蔣綬科
妻任氏咸豐十年粵賊至蜀山掠得氏欲污之氏不屈賊以巨石擊其首腦裂而死光緒二十一年旌　蔣
玉鳴妻沈氏二十六歲寡事姑以孝聞咸豐十年姑已歿而賊至氏抱女投水夫弟玉麟急止之氏曰
吾姑已往吾事畢矣生受賊污不如死完吾節也卒與女死於水時年三十　潘元欽妻錢氏蜀山
人二十二歲寡咸豐十年殉難年五十六已旌　潘光熙妻呂氏咸豐十年殉難已旌　潘習英
妻王氏蜀山人咸豐十年殉難後河村　孟慶華妻朱氏咸豐十年投水殉難　俞明莊

妻任氏二十二歲寡咸豐十年殉難　俞本大妻蔣氏二十一歲寡咸豐十年殉難年二十
三　姚觀光妻芮氏咸豐十年與其子凌雲凌芬及子婦某氏同時殉難　姚仲篪妻戴
氏二十五歲寡咸豐十年投塘殉節年三十七　崔鴻緒妻王氏咸豐十年隨夫殉義　陸文
煥妻王氏二十二歲寡咸豐十年遇賊被執不屈投水死年四十二　候選鹽知事陸兆
銘妻徐氏舉人臺灣理番同知徐廷掄女早寡值洪楊之亂死之　徐志仁妻葉氏咸豐
十年避難沽瀆匯賊至舉矛洞其腹不屈投水殉義其女年十七見母被創挈義妹王氏先投水死　陳慶福
妻薛氏咸豐十一年賊竄張渚氏從夫避之至瀞港夫被害氏遂餓死　王興家妻蔣氏咸豐
十一年夫久疾氏晨夕侍夫促使避賊氏不忍離賊至縛氏拷掠勒索金錢不得氏竟被殺年五十二　候選
州同余啟振妻周氏　候選州同余應甲妻周氏以上二烈婦同
治元年隨夫殉難已旌　祝義觀妻馮氏金壇馮星槎次女十九歲寡孝事翁姑苦撫嗣子同治元

年遇賊於盛家渡投水死年三十二光緒二十四年旌　錢安全妻朱氏監生朱仁山女二十一歲
寡同治元年殉難光緒二十八年學使李奏旌　周廣中妻吳氏十九歲寡同治元年罵賊被創死年
六十四　周泰昌妻黃氏三十歲寡殉髮賊之難光緒三十年旌　監生吳望瀛妻
潘氏二十二歲寡守志撫孤咸豐十年髮賊陷邑城氏出私財六百金助潘家壩民團餉糈勇氣爲之一振屢
創賊賊銜之刺骨同治二年三月賊率大隊攻之民團潰氏抗賊被刃死年三十六　范用霖妻陳氏
二十九歲寡守志撫孤俟遺洪楊之亂艱苦備嘗卒以餓死

續補

前編付刊續有開送事關忠節務在闡揚茲仍分類
補登惟不再分籍貫

殉難紳民

張應榮山亭頭圖潭頭村人咸豐十年四月二十八日賊至村擄掠應榮率衆拒賊力竭被害　許恆
茂同治元年八月率衆拒賊被執脅降不屈遇害時年六十一

殉難婦女

許玉峰女粵匪臨境女不及避爲賊所獲欲污之不屈死學使楊奏旌之　監生許望溪妻
蔣氏庠生蔣新畬女年十三歸許越三年王戌八月遇賊不屈被害學使楊奏旌之　沈質甫妻周
氏咸豐十年殉難年三十四已旌　監生吳景山妻鮑氏早寡咸豐十年四月城陷避難大浦
十月二十八日賊至氏以子授夫弟促使速行投水自經

光宣宜荆續志卷十一

藝文志

載籍 經 史 子 集

藝文著錄以經史子集分載書名蓋唐以來通例吳氏新志宗之茲亦宗其義類各爲目斳於有條不紊惟吳氏志於應載詩文均坿見各門頗爲宏富開者承平日久制作粗完雖有高文雅什不能卒登里乘夫以故老遺集散見四方傳誦萬口邦人士轉闕而不問甚非所以恭梓敬桑也當別爲詩徵文徵以垂諸不朽是所望於後之來者

經類 易 詩 春秋 四書 小學 總義

周于邠 讀易管見三卷

徐瑋文 學易一得四卷

萬邦安 易經類纂二卷 周易變卦說二卷 易經類聯二十六卷

任 凱 詩經臆說

萬邦安 詩經類編六卷

周秉鈞 評註左傳十二卷

楊素存 批註左傳十二卷

徐瑋文 春秋紀事

萬邦安 春秋類編二十卷

徐晉瑩 四書奧義摘要

吳協心 說文稽古編

史學珍 陽羨音韻一卷 切音便覽一卷

周荼壽 文韻彙編

徐應軨 花萼樓詁經精義

史類 奏議 史評 政書 坿史韻 傳記 史鈔 地理 目錄

任道鎔 寄鷗館奏議四卷

徐致靖 奏議

任道鎔 寄鷗館政書四卷

周家楣 期不負齋政書十卷

徐鳴皋 條教錄 情僞錄

任道鎔 庚辛紀事

周湛霖 周孝侯年譜一卷 周簡惠年譜一卷

周恭壽 史鑑鈔類

周湛霦 孝侯風土記輯註二卷

陳任暘 京口三山志

徐致靖 上虞縣志

潘 銘 西域黃河圖考

周葆頤 蜀東聞見錄二卷

任重光　金石補遺
任道鎔　讀史六百韻
徐鳴臯　史韻補
子類　儒家　兵家　醫家　算法　術數　小說家
周于邠　至知錄
朱麗宣　格言十則
徐普瑩　近思錄小箋　五種遺規劄記
任道鎔　諸子格言
徐璋文　讀書錄
宗心澄　鄂韡堂庭訓

陳　常　管見篇
儲鳳藻　性理彙纂　言善錄
周光萼　語錄類輯　翼燕居遺訓
徐仁鑄　呻吟令語
陳任暘　孫子十三篇直講
余景和　外科醫案四卷　傷寒論翼四卷　診餘錄
俞宗海　醫術辨症
史青照　幾何原本詳解三卷
蕭　引　奇門遁甲二卷
楊翼亮　譯古含奇四卷

周安仁　地學揭要二卷
徐宗襄　避兵筆記
許乃武　木民漫筆
儲廷杰　漱石山人隨筆
徐鳴臯　鴻雪閒談
徐爲倬　楹聯瑣語
徐人驥　蘭性生隨筆
潘紹周　混沌錄
吳　鋆　鐵花館筆記　多聞景見錄
集類　文　詩　賦　詞　評註　詞曲

徐普瑩　一榻軒詩文
任重光　知止齋文集四卷
徐家杰　正誼堂詩文全集
任溥霖　學壽主人偶稿
任　瑛　綴園詩文全集
周于邠　鳴珂集三卷
任道鎔　寄鷗館詩文全集
周家楣　期不負齋詩文全集
周湛霖　蘭舟文集二卷
徐爲倬　拙齋詩文

沈銘石　沈子蟠遺文
徐沅瑞　三友齋詩文集
徐鍾輝　蘊石山房文稿四卷　雜著八卷
潘宅仁　駢體文鈔二卷
徐致靖　僅叟詩文
徐宅仁　鑑湖草堂文集
許時中　自怡齋古文
葛鴻圖　怡雲堂古文一卷
邵子鏘　韞玉堂文集
許士熊　高陽遺稿

光宣宜荆續志　卷十一　集類　五

許士熙　滌愆齋存稿
張樹棠　藝古齋文集
潘　銘　茎溪樓文集
歐陽泰　可遠堂殘稿
葛自超　嘯崖古文
周龍光　愛蓮堂詩文僅存
朱啟勳　駢體文林類鈔　味道腴室詩文集
王　湛　槐蔭軒文稿
吳　鋆　鐵花文集
楊翼亮　志遠軒詩草

戴振鷺　吟紅仙館詩存一卷
蔣　芎　醉園詩存二十六卷　陽羨唱和集二卷
蔣彬若　次園詩存六卷
徐宗襄　渡江艸一卷　河上吟二卷　雲門艸二卷
　西行艸二卷　登岱紀游艸一卷
周湛霖　如不及齋詩存二卷
陳任暘　焦山六上人詩選
任熊飛　爐餘詩存
潘元達　石溪詩集二卷
陳楣賀　藝菊軒詩集

光宣宜荆續志　卷十一　集類　六

潘宅仁　思苓軒詩鈔二卷
吳振輔　竹逸山房詩艸
崔廼選　肖音集二卷
潘坤吉　集詩存稿
蔣詒芬　悟白吟艸
史道章　筱藍軒詩集
許聘之　未灰詩艸
吳　谿　荆南漫艸
吳乾體　憑虛閣詩集十八卷
徐八驥　紅豆吟館詩稿

吳　鉶　吟香書屋詩詞合鈔
葛自超　面山樓詩稿
任新培　愛紅館詩詞
朱春澤　越中吟一卷
潘紹周　西宅吟艸
潘宅仁　梅生賦鈔二卷
周穀華　安分軒詩賦一卷
蔣　蓴妻儲慧　哦月樓詩詞存
任道鎔妻吳畹蘭　灌香草堂詩稿
徐宗襄　柏蔭軒絮月萍雲詞二卷

任道鎔　沅蘭詞
徐爲倬　聽玉吟館詞集
周湛霖　如不及齋詞存二卷
蔣　蓴　醉園齋臼詞一卷
蔣彬若　替竹盦詞五卷
葛鴻圖　秋江詞鈔二卷
徐德治　耐寒齋詩詞合稿
周湛霖　忠義集補註二卷
潘紹周　潄芳集百種曲

碑刻 傳器坿

夫窮碧落之碑陽冰爲之寢處語韓陵之石庾信爲之徘徊至今過其地思其人一經品題聲價十倍不特爲山川重抑足爲簡册光矣宜荆舊碑詳載前志槩乎隱隱蔚爲大觀茲僅取新出及漏遺者輯爲是編雖寥寥無幾然吉光片羽亦足以珍正無事以多爲貴也若夫林宗角巾卽傳風尚東坡玉帶久鎮山巖先賢法物留貽卽區區置几案閒亦珍若球琳矣坿登於後與碑刻並峙千古焉

唐蔣伯倫墓誌銘 石在西鄉里蔣氏　首缺　文云　字伯倫其先周文公之 中缺十餘字 漢代濟江居於陽羨今爲義興人也卅一代

無違德唐建安令子慎慎生續續生標標生因理正湛君卽大理正第三子也高祖以還休有令聞逮乎羣從赫奕中朝者矣夫人扶風竇氏體旲否禮天崩靡依賦柏舟以明心期同穴以自誓有子四人卬醜阮諫或岐或嶷載呱載號有兄鉦兄錤弟釭弟鏑志卹孤藐情慟友于見託斯文多慙不敏銘曰于嗟蔣君身歿名存有才可達無過可文逮歸黃壤永訣青雲徵乎龜筮宜爾子孫 邑人蔣兆蘭記曰此石於乾隆二十三年發見於西鄉里人蔣觀龍誌首已泐不知何名然尚存字伯倫等字銘辭有于嗟蔣君句則其爲蔣伯倫墓誌無疑觀龍考知伯倫爲漢雲陽亭侯默之裔唐天寶中吏部尚書洌再從昆弟之子以命名偏旁攷之疑

伯倫名鉅然亦未能證實也第以先世攸關錄此誌及自製跋語載入家乘顧石墨未經流播金石家迄無知者咸豐庚申兵燹石復失光緒三十一年蔣輔周改建宅門忽覩斯石以示族人型洛丙華等其字伯倫等字又泐第知爲唐代蔣君而已其後輔周偶檢譜牒獲覩龍所載始知前經發見文字缺泐向少茲特錄原文於右其昔存而今缺者凡三十字加墨匡以別之俾後人有所取證焉

胥村祠山殿碑 宋單子發撰强公懋書

西城寺碑 明陳一經撰

南塘堵公新阡記 在邑山西南明史際撰文徵明書

堵月泉墓誌銘 明嚴一鵬撰蔣如奇書凡十二方

蔣氏澹香園帖 見舊志碑刻補遺云蔣公允儀集先世家藏名人詩箋石大小共十餘方按允儀故宅在大人巷底粵寇亂後宅毀基歸任氏光緒八年邑人蔣兆蘭蒐得原石五方其中二石刻周天球自書五七言

律詩二十首末附允儀跋一則皆小楷一石刻雙桂行兩首一蔣士元作一于慎行作又雪漁歌一首張鳳翼作書出鳳翼一手并短跋皆行書一石刻一念山蔣公像俞霖贊王穉登楷書念山名士元允儀祖也一石刻笠澤蔣公像贊二首一史孟麟撰一范鳳翼撰皆蔣如奇行書後附允儀跋不全像亦未見笠澤名宏憲允儀父也兆蘭以先代名公遺像餘澤不欲秘爲珍玩悉以歸其後裔俾陷諸洴澗蔣氏祠堂之壁而永永世守焉　按舊志詩箋下當有刻字

蜀山書院講堂記 一國朝周世賢撰吳雯書一國朝周啟舊撰申詒芳書一國朝路邁撰路念祖書一國朝儲振撰張烺書

張船山自書詩石刻 石藏在城茶局巷路氏園詩曰聽風聽雨耐春寒閱盡塵勞夢轉安冷煖宦情如楷柟蕭閒詩味在闌干酒香略許同心對花好還須慧眼看笑謝南園雙蛺蝶莫扇金粉上蒲團後附自跋

張渚獨山關帝廟碑 碑僅存半截國朝鎮海吳騫撰梁同書書

沈暉小蓮邱記 在大湖山明王鏊撰張潔書

陳迦陵填詞圖 邑人萬康藏本

盧忠肅單中七夕歌 邑人謝保衡藏軸

傳器 增

岳續忠侯硯 續忠侯向居唐門今侯宅村即其故址光緒二十五年村人浚井獲一硯長三寸六分闊二寸五分石質細而密背有未央宮東閣瓦六字殊奇古識者謂確係宋物見藏宋莊徐氏

盧忠肅公玉印二方 兩面鐫篆文以今尺度之其一高九分寬八分而強白文曰取彼譖人投畀豺虎朱文曰迫生不若死其一高九分稍弱寬八分稍弱白文曰大夫無境外之交朱文曰孝者孩忠而成道光三十年爲元和錢氏綺所得有緻玉雙印記審定爲忠肅物裝冊與印並藏吳縣馮林一宮詹顯志堂集中有錢映江綺盧忠肅印冊跋反覆引證益斷爲公物無疑光緒三十一年吳縣王宗嘉得之以贈宜興陳任暘陳以前賢遺

物不欲私爲己有因送歸公祠中俾其裔孫葆文寶藏之此玉以曾遇火作呆白色滿布冰裂紋並淡黃沁點然皆完好無缺兩面篆文字畫仍端整歷二百餘年輾轉流傳卒歸公祠蓋公之精氣終古不可磨滅而此印亦疑有神靈默爲呵護云邑人蔣萼有盧忠肅雙玉印歌曰盧公白戰賈莊殉身被四矢及三刃伏屍鐵甲表麻衣衣上煌煌督師印陷公死者高與楊嗣昌乃不羞伯祥伯祥恐不及部役嗣昌恨不殲職方有明運正厄陽九咄哉爾是何雜狗樞輔無謀亦督師豈乏金印大如斗賊假王頭去不還羅衣自繫同玉環汝陷盧公賊陷汝汝死鴻毛公泰山公也德比玉溫潤曾琢雙印表忠藎督師印亡私印存劫火雖爐不能爐記作吳人錢映江跋成馮氏顯志堂王郎宗嘉得之喜持贈吾邑陳任暘玉紋碎若冰紋裂二十六字無漫滅孤忠手澤珍球琳歸藏公祠同碧血徵文考獻一煩窮蒐明臣誰是公之儔化貞新甲不足道熊公袁公疑一流此印即非公故物得附客寶復奚屈櫝以沈檀氣芬茀永爲子孫不祥祓

光宣宜荆續志卷十二

雜志

徵祥

咸應之機亦微矣哉歲月日時無易曰休徵歲月日時既易曰咎徵夫豈天道之適然哉蓋亦人事有以致之光宣之際水旱交乘災異又迭見變端肇矣茲著於篇火下水騰木弱金酸亦以備五行志之一耳

光緒九年七月二十二日風雨驟至太湖水溢沿湖居民惟見白浪如山排空而來相率奔避越日水漸退禾盡淹廬舍幸無恙俗稱湖嘯

光緒十四年旱高鄉禾盡槁

光緒十五年秋八月至冬十月大雨水禾盡淹農民乘桴零星採割穀既久浸尋復生芽或蒸爲米燃薪無出至撤屋材以代

光緒十六年又水

光緒十七年六月二十七日疁墅里農人晝芸田倏見旋風起田中捲水入空際盤旋如車輪農人大恐擲以鋤但見黑氣一股上接雲端良久乃滅是秋旱大疫

光緒十八年冬大寒自十一月初八日至十二月初二日東西二溪及太湖皆冰最厚至六尺許民有凍斃者

光緒二十年大旱

光緒二十五年歲歉民乏食掘地得黑米多者盈石少亦數升隨處皆有然均不敢食今尚有存者

光緒二十八年夏旱大疫

光緒三十二年大水

光緒三十四年元旦子刻雷震

宣統元年大水

宣統三年元旦子刻風雪交作雷聲隆隆閱一時始止是年大水

雜志

紀異

神降于莘石言於晉於傳有之非以語怪振聵發聾使人猛省耳茲登數則亦取其義

刁某通州人宣統間傭於金紫圩張姓一日亭午戴笠著艸屨至場剷艸忽持農具向空亂舞張姓遥視似與人鬥毆狀急趨護而刁某已仆地死屨笠均齏碎兩足縶艸甚固若爲繩縛

城塘橋南有古柘一株頗著神異里左有周祥大者夜半經過月色微茫隱約見二物大如雞卵黄色出入於柘穴間掩取之以示識者曰此柘黄也必數百年而始成當寶

貴之周後被竊再往求禱不可得柘亦旋被焚

各民魏金殿甚謹愿居蕭莊村西耕種有年光緒二十一年五月二十一日金殿同妻徐氏暨夥周進田赴田工作忽遇雷雨三人同避荅下霹靂一聲徐氏周夥同時震死而魏竟無恙人咸異之

光緒二十八年正月初三日城鄉忽同時告警謂幫匪將至居民驚惶奔走遷徙相屬於道甚有挈家遠避者閱數日寂然無他始安

雜志

摭佚

舊志有軼聞新志又有摭佚紀載詳矣顧遺聞軼事缺而未載者尚時時見於他篇掇拾補苴義勿庸綴然采稗官之小説語類齊諧錄野老之傳聞事同燕石則又所不取也茲編所載務在闡揚前徽以維持名教爲敘次先名宦餘以年代爲次

宋景定三年壬戌劉艮貴吳勢卿交贊公田之事宜興宰葉哲不即奉行爲提領劉勃罷見齊東野語

吳賢安徽休寧縣人乾隆年間以舉人奉　命來江南歷權丹陽荆溪江都金匱元和五縣事以憂去官卒袁枚志其墓稱其能單均刑法戢和士民故寅寮均悼惜云

李永書直隸瀛州人雍正十二年以拔貢　廷試一等初官福建知縣遷同知因事鐫級降補荆溪縣歷官至江蘇按察使以强毅稱均見小倉山房文集

方國棟康熙初官分守蘇松道參議威惠兼著最後奉檄采木義興深入山阻衝冒霜雪以疾卒節汪琬方公祠堂碑

杜晦辭字曹師牧子自吏部員外郎入浙西趙隱幕王鄂叛趙以撫御失宜致仕晦辭罷時北門李相蔚在淮南辟爲判官不就隱居陽羨時論稱之見宋王讜唐語林

宋康譽之報楊可試書云先人歿於辛亥歲家今居宜興俟三京帖然則奉老母以還先生能再寄聲以付諸孤則

可訪先生於清淨境中矣見康譽之昨夢錄

周嗣孝字傅八晉平西將軍周處裔也慷慨好義有勇略元至正間明太祖起兵淮上嗣孝往投之轉戰江淮間所向有功太祖既定鼎金陵嗣孝以功陟殿前都指揮使夙善涼國公藍玉而太祖殘忍嗜殺又忌藍玉功假事誅之夷其族嗣孝棄官效公孫杵臼義匿其子自然同隱宜興之晝溪而易自然姓爲吳氏爲卜宅於丁山世通往來嗣孝子姓寖昌藍氏亦得延一綫焉

明平燕將軍歷城侯盛庸墓在開下舊區三十六圖大河頭村據訪稿稱盛氏家譜載盛庸自與鐵鉉守禦東昌退駐京口而靖難之師已入金川門知事不可爲遂隱

居宜興扶風橋今宜興盛氏皆其後裔按史建文四年六月燕王率師自瓜州渡江盛庸以海艘迎戰敗績永樂元年九月奪歷城侯盛庸爵尋自殺則所謂隱居宜興者當已爲盛庸子孫以永樂之雄猜恐不能聽故臣高蹈也

盧忠肅公督天下援兵時有幼年從學蒙師聞公能臨陣殺賊不辭跋涉孑身往擬爲壁上觀至則公卽幃幄中設榻款之見公夜不卸甲不常睡睡亦無定所一夜公方睡忽起自擊雲板卽有部將數十員入幕聽命不三四語公以一令旗付之未幾殺聲遠震金鼓齊鳴師聞之股慄手顫驚起問公公曰無他弟子枕上聞雁聲自西北來西北係敵人出沒之所西北無人雁不驚起今向東南飛料敵必潛兵來襲我我故遣將迎之頃想接戰耳日出繳令報捷師懼卽日辭行公遣人護送歸

明吳文忠堵文襄夫人均有高識文忠殉節黔中其柩歸葬夫人曰日後我切不可與相公合葬相公骨殖歸自萬里之外且爲奸臣逼死其中眞僞無從辨別從權不從經可也文襄卒於潯州軍營夫人常隱痛之臨終命移簀地上家人不可夫人曰相公爲國捐軀死在疆場我當日不能身殉之有愧多矣豈可背相公而安寢牀簀乎以上二則均錄青城子亦復如是

男留史氏明季多聞人而史伯忠繼元揚芳三世諸生文學蟬嫣爲最著伯忠以經師稱於時及門多知名士何侍郎士晉徵時嘗從游憫其貧不受脩脯教之卒成大器其平生著述宏富與弟叔文稱二難繼元淡於榮利不輕接納堵文襄落魄請謁欣然留款文襄有知遇之感作清溪行贈之揚芳精天文鼎革後絕意進取與堵文襄督桐聲蔣沖之吳礽侯周子庭朱北翔諸人往來最密人目爲十癡稱十遁又曰十鈍時徜徉山水間惟以煑茗彈棋自適後不知所終督桐聲已見舊志軼聞而史氏漏載未免缺憾茲據訪稿存其概

明處士許德士墓在孝誠里德士盧忠肅友也行誼見舊志

李容字中孚別署二曲病夫嘗應常州府駱鍾麟聘至無錫江陰靖江宜興講學夜以繼日學者爭迎之

陳榜莊村人諸生康熙十三年善權寺僧白松等恃國師玉林之勢以陳族宗祠在寺內屢議移毀陳族屢拒遂相爭祠寺同付一炬縣聞變逮訊全族榜挺身出獨任主謀獄上總督知其枉方議緩刑巡撫慕天顏崇奉玉林獨奏請正法臨刑神色自若曰吾今始可報祖宗於地下矣語不及私邑之環集而觀者無不爲之欷歔感泣稱爲孝子仁孫云

儲晝山先生大文口吃主靜綜貫羣書入翰苑年餘卽乞假歸所居樓曰晝山日坐其上以著述爲事每日食米不及二勺案懸一囊裝坿子大黃各二兩供口中時時咀嚼

凡五日盡一囊或問此方出何書公曰此予以意會得之日觀書數寸恐起心火大黃所以瀉之用心過度恐腎水枯涸卅子所以蓄之服之頗效故常年不輟耳先生一目十行顧光止寸許以手持書旁人但見其一上一下卽盡一葉故鼻準常黑先生不自知也又錄亦復如是

許立字錄存荆溪定跨里人父承俸當鼎革初以排解汎兵交鬨兵適被酒墮河死其黨訴諸縣坐以擅殺獄頗急立方讀書城南遽出自承繫獄經年事始解兩傳承宣及京兆試主試徐元文愛其才贈額曰熙朝籲俊考授安徽蕪湖縣教諭署縣事以廉得民爲位瓣香焉治績載蕪湖縣志

尹世埏字玉廷扶風里人家貧好學有至性母病刲股以進親歿設如在亭事之朝夕謁如生時親誕日將稱慶遽歿乃有生日不受慶之戒親寢疾時以板榻爲苦急市椶榻未及易乃有臥不椶榻之戒母疾革其父不許祈禱乃有疾不祈禱之戒任釣臺先生爲書三戒說遺之有弟六人躬親教誨胥有文譽季弟至贊尤賢而有文昆季皆壽登耄耋吳大紱爲題同胞七耋額上海道陳題年同渭叜額旌其門

史炳柏樹下村人乾隆間母患疾瀕危炳年甫及冠刲股治之同村史耀松亦刲股治母疾旋愈均以孝聞

葉廷桂字起鵬宜興人乾隆六十年恩貢幼聰穎讀書目十行下稍長卽以文名顧數屆於有司遂絶意進取設帳授徒多高第弟子如史紹聞史承棨崔錫華其最著者也尤喜吟咏工書法得其隻字寸縑珍如璜璧著有桐蔭軒詩文稿子兆崑廩生亦邑中名士當時有大小鳳之目

旅園主人姓蔣氏宜興人不畜妻子與之游者莫或知其名問之亦不以告其所居曰旅園則相與稱之爲旅園主人云善畫人物家貧賣畫自給好飲酒得錢卽輸酒家未嘗有一夕儲然雅不欲負人一錢與人交無所不可而獨

遇富貴人輒多忤喜讀史論事有高識以學仙者爲誕妄不足信而常悠然有世外之思書桃花源記而爲之圖以見志焉曰此固靖節先生寓言也吾神游其間矣

王大荆溪白泥場人少失母而父以盲廢家貧無產業刈薪樵賣以給父食人或謂大宜娶妻冀生子續父後大曰吾力僅可給吾父食畜妻子非吾力也卒不娶已而其父死斂葬畢大告所親欲死父所親止之大曰吾父生時不能一日離大大卽不死孰爲事吾父地下矣卒縊而死

汪德元徽州人傭於荆溪張澤橋錢氏張澤橋至錢家村山路一里餘極險滑德元爲人傭作度歲所入爲衣食貲

而務節縮之積二十二年得百餘金盡出之以修路便行者而不自見德云邑東南梅林村山下一徑東南鄉人入城者必道焉左臨深淵其右皆水田每陰雨泥濘險甚幾不可置足一丐者往來其地十餘年積所丐錢十餘緡買石甃之甃畢卽引去不知所終惜不傳其姓氏亦不審爲何許人自旌闔主人至此皆錄吳德旋聞見錄

迎春橋在荆溪門內營前爲兩縣迎春必經之所前志失載幾無知者按明初江蘇水利圖考內載改築宜興城圖式與今大相懸殊葢斯時玉帶河有南北之分其南玉帶河卽今迎春橋池溝是也東達城根舊爲南水關一云小南門橋左右各有深塘以年久未浚遂致湮塞橋亦圮毀里人支石架渡逮光緒壬寅開浚池溝重修是橋藉存舊迹云

咸豐十年三月有自稱都司王克昌者由廣德率兵數百人至張渚駐承福寺鄉人疑爲賊圍而焚之殲焉皆束手就死無抗拒者始悟爲官軍爲聚骨瘞之狀上大府特頒碧血丹心額以雪其冤鄉人復爲位坿祀火神廟中事已見前志惟於克昌死事追恤未詳茲補其闕

和橋鎭西大聖寺側有古墓一相傳爲古御史墓光緒間邑人楊允斌楊宗敬等呈縣給示勒石永禁樵牧

雜志

考訂 書事坿

傳聞未審則天吳紫鳳或有參差繕寫偶訛則亥豕辛羊未免歧出固有分任其過者非盡載筆者之咎也茲編考訂坿以書事後之視今猶今之視昔覽是書者加以糾正焉幸矣

王犬山舊志云在保安寺前應改爲在掛弓山西南其前卽金雞山

周孝侯廟石刻冷宗元誄詞新志署名上有知常州府四字原刻無之誤

唐衛將軍逖墓在張墅河南舊志云許墅臨大溪誤當改正

宋參政姚希得墓舊志載在龍耳山距大蘆山寺西半里許卽大蘆山也其裔孫姚國樺等圖說可據

高塍鎭思濟堂地在萬二舊區新志誤載成任區

道光二十九年捐振案內秦本榮從九品銜咸豐六年捐振案內秦一臣秦灝皆六品銜前志均漏載

湯燮益郡增生宜興人道光十二年年八十有六重游泮水學使以泮水耆英額旌之儲鳳儀郡增生宜興人嘉慶二十五年重游泮水學使姚以泮游周甲額旌之年九十

有三均應列榮壽前志漏載

荆溪監生吳佩樁女字徐元基咸豐十年三月賊至婢掖以走顧母在後令婢扶母自投水死應列荆溪自盡孝女門新志殉難記誤入宜興又新志殉難婦女記絕食門節婦有吳煥章妻錢氏二十歲寡年五十五同治元年閏八月死難列女錄節婦門又載吳煥章妻錢氏早年守志値匪亂抑鬱卒一人兩載査吳錢氏以守節旌應入節婦門

前志列女內有應訂正者　盧樓氏（樓誤婁卒年七十一誤脫一字）　盧史氏（卒年六十一誤六十二）　盧王氏（建謨繼妻誤廷謨妻）　盧史氏（卒年七十五誤五十）　盧岳氏（二十六歲寡卒年七十誤十九歲寡卒年六十一）　潘軼枝妻周氏（誤丁氏）

書事　附

吾鄉報墾荒田三年起征而光緒五年報出者數甚多官疑其先匿熟也令當年起征民苦之士紳來商請致書撫藩緩征凡三次加所請緩焉（邑人周家楣里居記事）

閘口街在縣東北四十里居漕橋和橋之間光緒二十五年里人邵昌紳經始創闢

鯨塘鎮在鯨塘村東光緒季年成市

敬節堂在和橋下塘光緒八年由吳黃氏吳方氏等捐建平屋三間樓屋六間茹素清修十六年宜興令萬立鈞製霜雪清操額獎之（此則訪稿列入寺觀似有區別未便率登事蹟敬節又未可從刪附載于此）

本書三十卷，據國家圖書館藏明初刻本影印。此書卷十一至卷十九得以鈔補，而卷二十仍然闕如。

史能之，字子善，宋代四明（今浙江寧波）人，宋淳祐元年（一二四一）進士，官至朝奉大夫、太府寺丞。任武進縣尉時，已覺毗陵舊志過於簡略。咸淳二年（一二六六）任常州知府，取看舊志，深感毗陵『山川映發，民物映蕃』，乃『國之屏壤，地非小弱』，而郡志匆繢。『乃命同僚之材識與郡士之博習者，網羅舊聞，收拾放失』，『訛者正，略者備，缺者補』，『閱旬月而後成』。

該志上起春秋吴季子食采邑於延陵，下至成書之年。卷首有圖，卷一至卷三地理，卷四詔令，卷五至卷六官寺，卷七至卷十秩官，卷十一文事，卷十二武備，卷十三風土，卷十四祠廟，卷十五山水，卷十六至卷十九人物，卷二十至卷二十三詞翰，卷二十四財賦，卷二十五仙釋、觀寺，卷二十六陵墓，卷二十七古迹，卷二十八祥异，卷二十九碑碣，卷三十紀遺（辨疑附）。此志歷來被譽爲宋代名志，清朱緒曾稱此志『宋時秩官、科第、人物姓名，尤資考證』，而趙懷玉則直稱此志『體例賅備，可稱良志』。

咸淳毗陵志序

毗陵有志舊矣歲淳祐辛丑余尉武進時宋公慈為守相與言病其略也俾鄉之大夫士增益之計書成且有日越三十年余承 朝命長此州取而閱之則猶故也噫豈職守之遵紬不常而郡事之緐轕靡暇是以久而莫之續邪抑有待而然邪夫周官土訓掌道地圖以詔地事以辨地物以詔地求蓋將使來者有考也而可忽諸毗陵自晉改邑為郡至唐易郡為州代更五季民罹於兵

宋奠九壤江南既平郡始入

職方氏

一馬渡江之後錢唐為

天子行在所縣是與蘇湖秀均號右扶寰宇記所謂人性吉直黎庶淳遜其所從來古矣今山川映茂民物映蕃謹固封圻為國之屏壤地非小弱也而郡志弗續非闕

歟延命同僚之材識典郡士之博習者網羅見聞收拾放失又取宋公未竟之書於常簿季公之家訛者正略者備缺者補蓋閱旬月而后成雖然余豈掠美者哉事患不為。而無不成余之續之所以成前人之志而廣異日之傳云爾後之攬者尚將有感於斯咸淳四禩月正元日四明史能之叙

常州郡號毗陵舊有誌以識山川草木城郭人物田土賦納之事至元乙亥厄于兵燹人書俱亡延祐乙卯都省平章張閭公馳驛經量田土履畝自實限迫吏民皇皇會前本路治中聊城徐朝列文質牒發舊誌一本於路由是有司循已定之規郡民無重科之擾是年冬十月本路揔管提調學校官真定史中議壎命儒學教授三山李敏之重建尊經閣于講堂之北丙辰秋八月落成侯謂教授曰閣成宜書有錢可得郡誌不可得也盍先諸亟命工鋟梓于閣之上以紀其實延祐丁巳孟春吉日

教授遜齋李敏之謹書

咸淳毗陵志三十卷宋郡守史能之譔中
自十一卷至二十卷原闕乾隆癸卯初冬
予將北行少權遠過常州話別因留信
宿持此呈贈聊書數字識所从來且紀
一旹親串聚散之迹尒錯褱玉意孫

甲辰冬奉先妣諱南歸丙午館於桐鄉少權
屬陳君汝琇補鈔是書今遺先子之喪還里而
少權去世已五載其子亦遷居嘉善緇篋展此
不勝人琴之痛因為重記如右餘則並詳前跋後
矣嘉慶甲子五月棘人懷玉

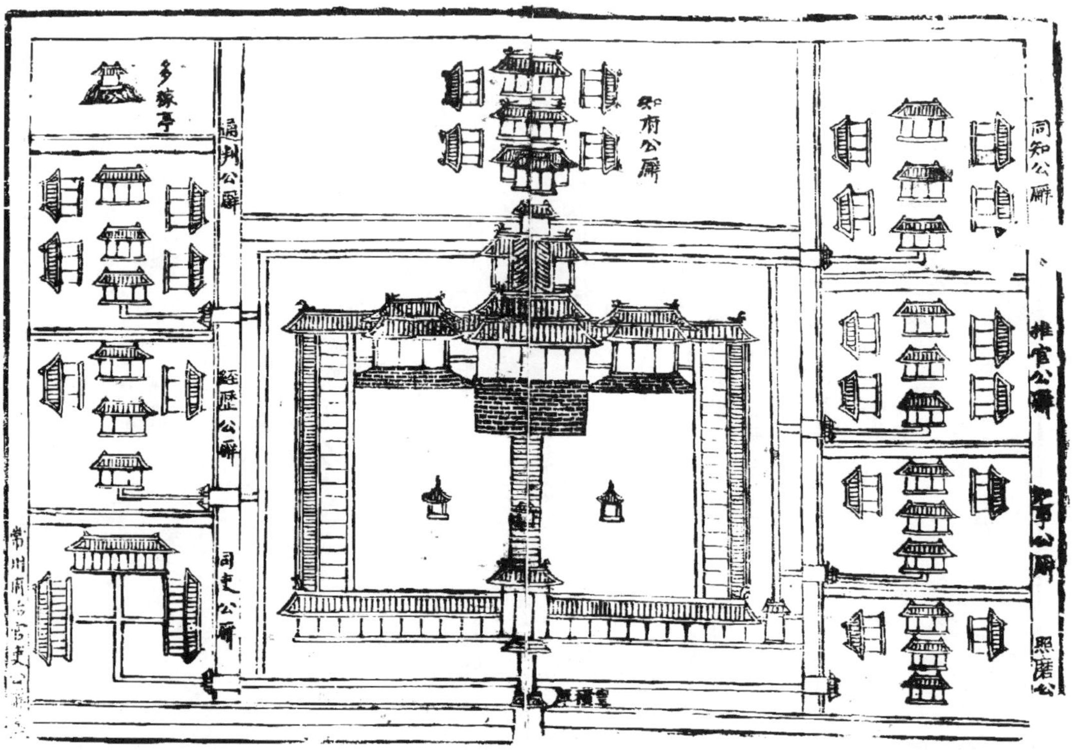

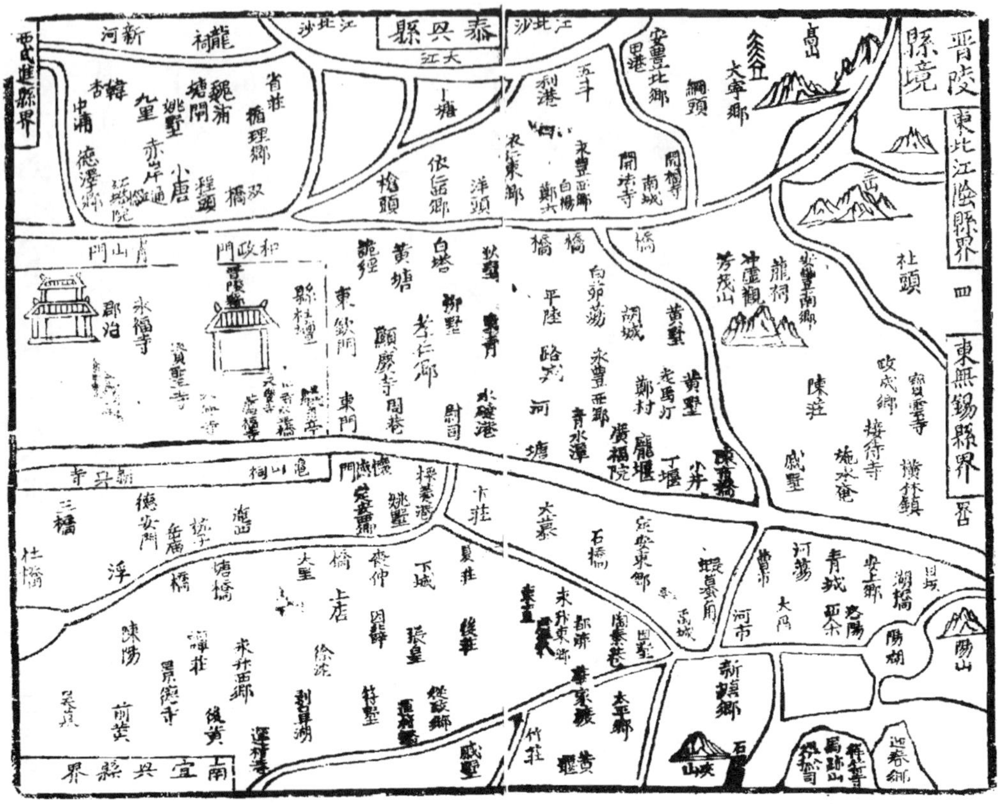
晉陵縣境
東北江陰縣界
東無錫縣界
泰興縣
大江
西武進縣界
宜興縣界
和政門
青山門

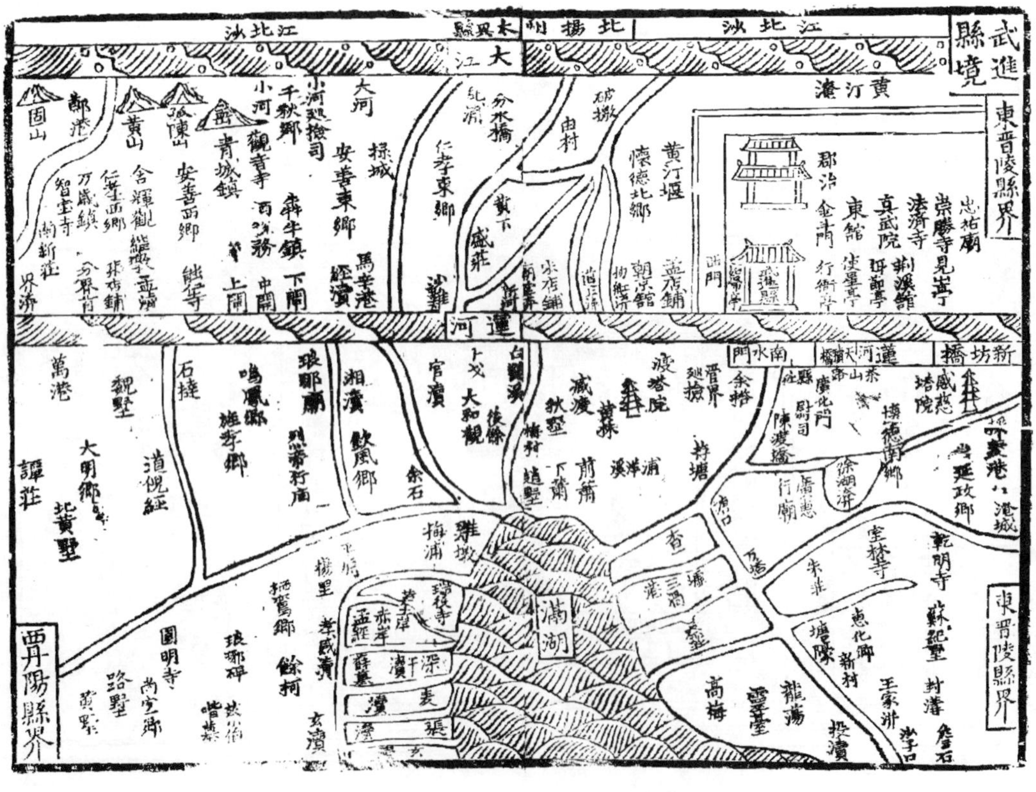
武進縣境
東晉陵縣界
東晉陵縣界
西丹陽縣界
大江
運河
滆湖
黃汀瀆

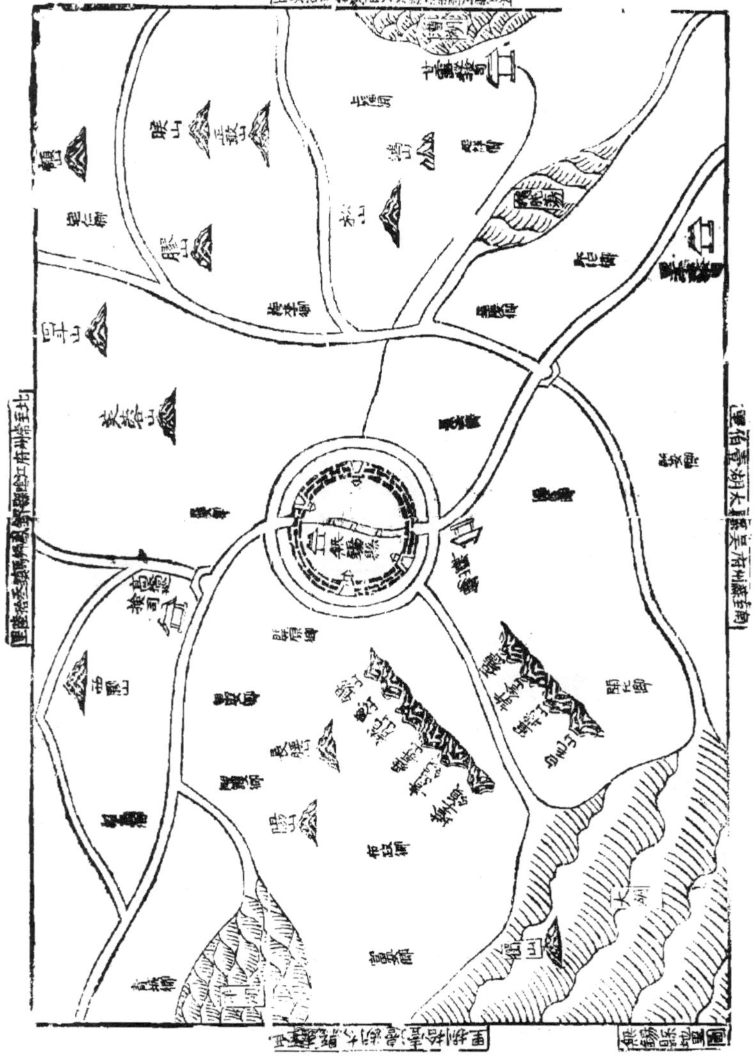
無錫縣地里圖

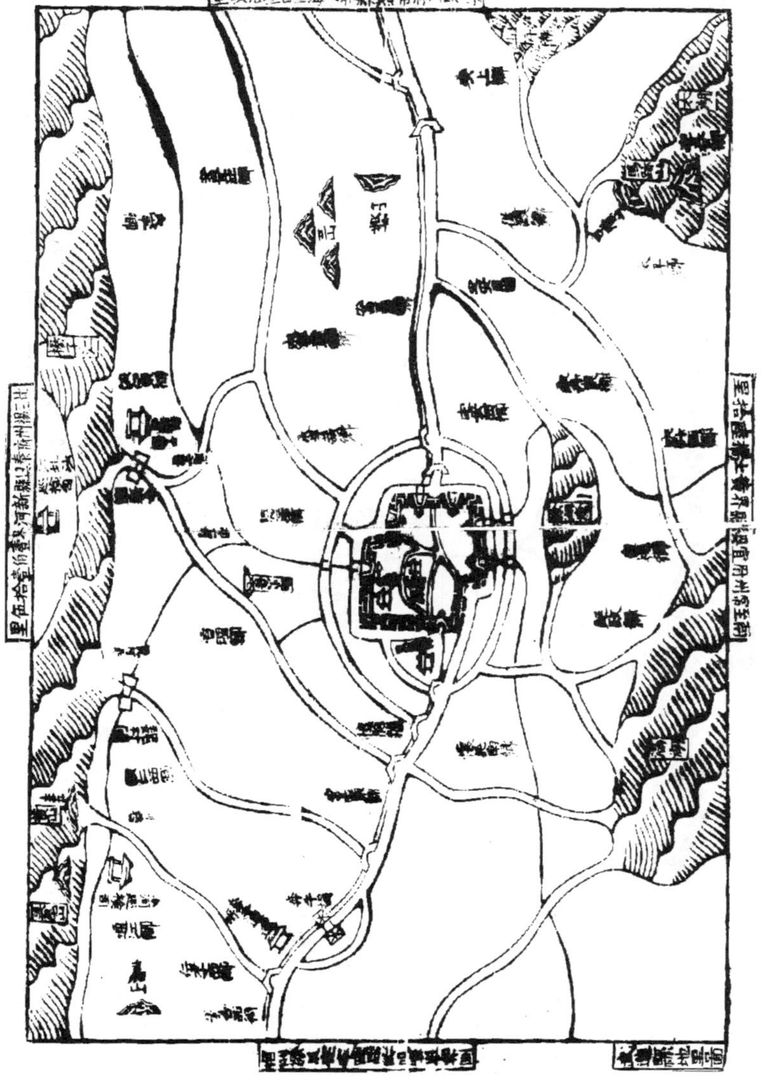
縣地里圖

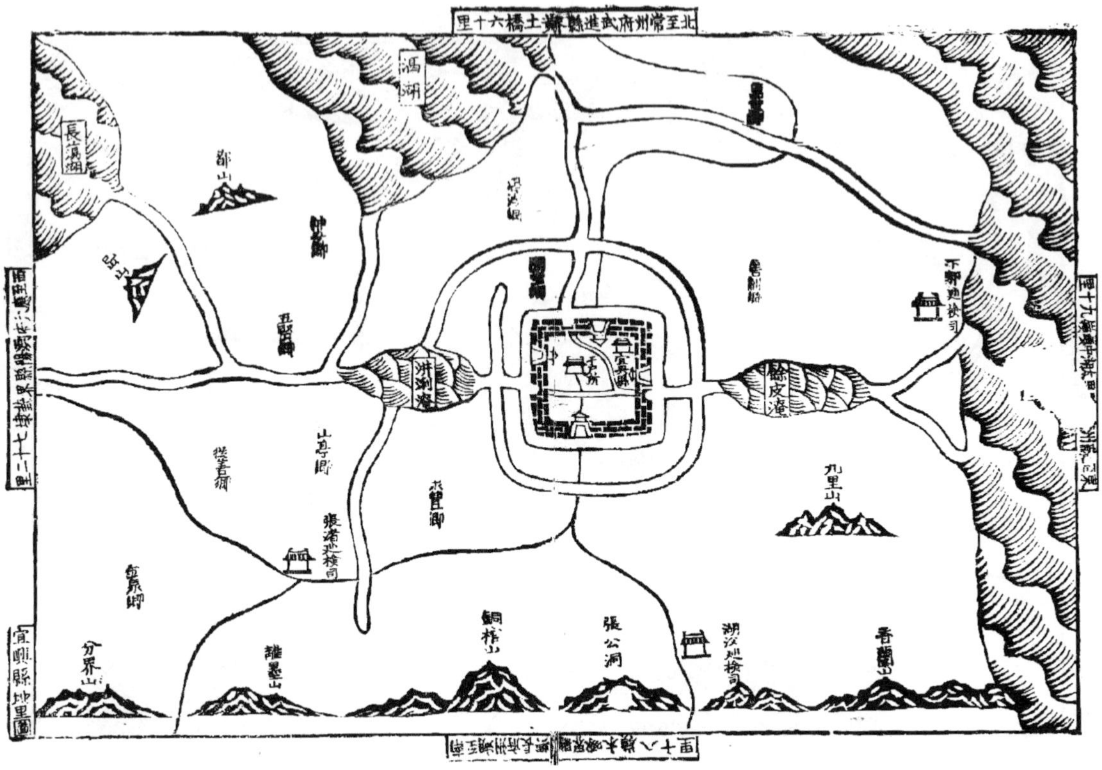
北至常州府武進縣界土橋六十里
宜興縣地里圖
長蕩湖
滆湖
九里山
分界山
離墨山
銅棺山
張公洞
香蘭山
張渚巡檢司
湖汊巡檢司
下邾巡檢司

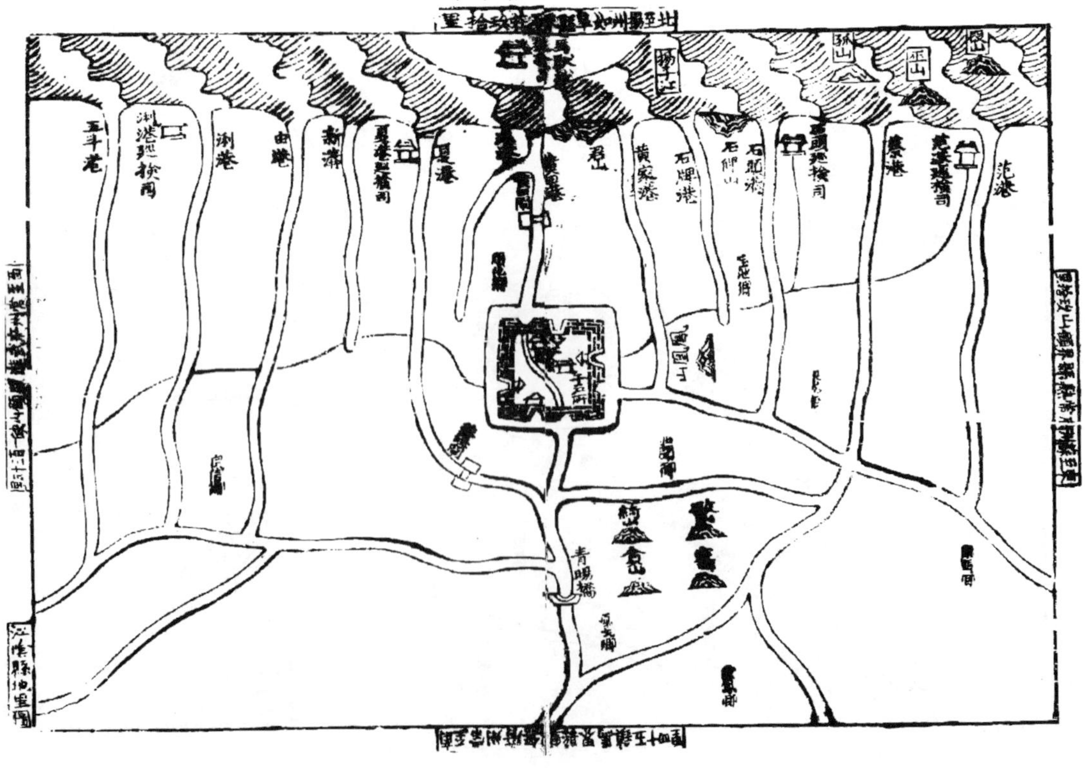
江陰縣地里圖
揚子江
孤山
巫山
五斗港
利港巡檢司
利港
申港
新溝
夏港巡檢司
夏港
君山
黃家港
石牌港
石牌山
石頭港
蔡港
范港
青暘橋

重修毗陵志目録

圖

郡治　郡城

郡境　晋陵縣境

武進縣境　無錫縣境

宜興縣境

卷第一

地理一

郡縣表

卷第二

地理二

敘州　州境

敘縣　縣境

陸程　水程

分埜

卷第三

地理三

城郭　坊市

鄉都　橋梁

卷第四

詔令

卷第五

官寺一

州治　郡官廳

四縣治　縣官廳

館舍

卷第六

官寺二

倉庫　場務

諸坊

卷第七

秩官一

歷代封統　歷代郡守

歷代縣令

卷第八

秩官二

郡守題名
卷第九
秩官三
通判題名　兩教授題名
郡官
卷第十
秩官四
知縣題名　縣官
卷第十一
文事
學校　貢舉
科名
卷第十二
武備
諸軍　教場
卷第十三
風土
戶口[illegible]　風俗

土貢　土産
卷第十四
祠廟
社稷風雨壇　諸廟
卷第十五
山水
山　水
卷第十六
人物一
歷代人物
卷第十七
人物二
本朝人物
卷第十八
人物三
寓賢
卷第十九
人物四

目　五

重修毗陵志目録

目　六

重修毗陵志卷第二

地理二

常古揚州境也在周爲吳季子釆邑曰延陵在漢爲會稽屬縣曰毗陵晉升縣爲郡隋改郡爲州常之名昉此上下幾千載間沿革分合有關於地理之大者往牒可覆也繫年有表纂要有敘故志首書焉

古今郡縣表

表書郡縣沿革之大綱也壤地有廣狹名號有因改治所有遷復表其端如示諸掌矣其併書州與國何明統屬也諸書不同則繫以考異云

	州（至唐曰道國朝曰路）	國	郡（至隋曰州）	縣	考異
唐	揚州				
虞	揚州				
夏	揚州				
殷	揚州	屬吳（史記吳世家太伯奔荊蠻自號句吳）			
周	揚州	屬吳		周章小子（史記索武王封周章曲續通典）	

志

元王四年戊辰		屬越（史記六國表是年書越滅吳夫差爲句踐所滅）			史記六國表元王元年徐廣曰乙丑皇甫謐曰癸酉劉恕通鑑外紀亦曰癸酉赤奮若今從之書四年曰戊辰
		屬楚（史記越世家楚威王大敗越殺王無彊盡取吳故地）			史記六國表書顯王三十六年楚威王七年止書圍齊於徐州不書滅越楚世家云威王七年伐齊敗之於徐州徐廣曰已滅越而伐齊也越世家亦於楚敗越下連書破齊於徐州滅越疑在是年徐廣註乃云顯王四十七年誤按六國表是年乃楚懷王六年通鑑書之三十五年
秦莊襄王二年癸丑		屬楚		春申君徙封江東城故吳墟（後漢書郡國志註春申君城在無錫）	

志 三

始皇二十五年己卯　屬秦　會稽郡

史記始皇本紀二十三年虜荊王，索隱曰負芻也。二十五年定荊江南地，置會稽郡。二十六年分天下以爲三十六郡。

史記六國表三十四年書虜荊王負芻，二十七年書分三十六郡，二事各後一年，今從本紀。

二十六年庚辰　分天下爲三十六郡　屬會稽郡

西漢高帝　會稽郡　統縣二十有六

毗陵縣　無錫縣　陽羨縣　丹徒縣　曲阿縣

丹徒、曲阿二縣今雖屬他郡，但晉初置毗陵郡時皆舊縣，故併書。

晉地理志秦置鄣、會稽、九江三郡，項羽封英布爲九江王，盡有其地。漢改九江曰淮南，即封布爲王。武四年會稽二字謂毗陵當屬布。按史記布傳，羽封爲九江王，漢四年立爲淮南王。晉書六部名異地一，又云九江、廬江、衡山、豫章皆屬布，乃今淮西、江西州。

六年庚子　屬荊國

漢志會稽郡高帝六年爲荊國。史記荊王賈世家十一年布反，爲布軍所殺，當六年後十二年前，布與賈二國並立，無緣兩屬。今據史記、漢志、晉書，晉志作於唐誤，今不取。

史記荊世家謂六年廢楚王信，分其地爲二國，封賈爲荊王，王淮東五十二城，闕會稽，今從漢志文。西漢高帝紀六年請以故東陽郡、鄣郡、吳郡封賈爲荊王。文穎曰吳今會稽。劉攽刊誤謂順帝始分會稽爲吳，殊不可曉，蓋謂固誤。

十二年丙午　屬吳國

史記荊王世家十二年立沛侯濞爲吳王，故荊地。又西漢志全。

以陽羨縣封靈常爲侯國

史記高帝功臣侯表

濞高祖兄子 吳會稽鄣郡 悍無壯王 鎮之乃立 濞

十二年定 侯灌嬰帝元 年以荆令 君從擊鍾 離昧及英 布等功封 高后七年 共侯賀元 年文帝七 年哀侯勝 元年十二 年薨無後 國除

文帝

十二

三四五

志

大

年癸酉

景帝

屬江都國

史記江都 易王非也

前四

家孝景前 二年用皇

年

子為汝南 王吳楚反

戊子

十二年 ……

吳兵破二 歲徙為江 都王卒子 建立

武帝

國除

史記諸侯年表 元狩二年王建

元狩

二年

庚申

自殺國除為廣 陵郡六年更為 廣陵國 ……

曰大江之南五 湖之間其人輕 心揚州保彊或 因此謂毗陵晉 屬廣陵郡國 謂為廣陵郡時 指江都王所都 之地會稽郡名 未嘗改然諸書 亦不言會稽 入廣陵國始附 見于此

元封

以無錫縣

三十七

志

十七

元年

封東越將

辛未

軍多軍為

侯國

史記建元 以來侯者 年表東 越將 兵至 ……漢元封 國除 之年

元封初置刺史

五年部十三州

乙亥屬揚州 漢地理志會稽郡屬揚州

新室 改毗陵曰毗壇 無錫曰有錫

東漢 屬揚州 會稽郡 復毗壇曰毗陵 史志闕再復縣名及分縣之國之年月今附

光武 有錫曰無錫 中興初 天璽閒無錫今章厚載作縣記引陸羽惠山寺記謂

以陽羨爲邑 漢順帝更爲無錫又引圖經謂吳改有錫爲無錫吳漢已

無錫爲侯國 吳改何待於吳國紀國誤耳之所名東漢中興有當因改恐亦不

順帝 分會稽置吳郡 後順帝[illegible]

永建

四年

己巳

魏 封孫權爲吳郡

文帝 吳王屬吳

黃初

二年

辛丑 明年吳王權改元黃武

三十 武

明帝 改丹徒縣 續通典謂武進吳末併入晉陵 通

青龍 爲武進 諸書未載直晉方改郡縣名爲

二年 曲阿縣爲 晉陵此時無之今不取

甲寅 雲陽

吳嘉禾三年 宋中興志丹徒嘉禾三年改曰武進曲阿復曰雲陽

省無錫縣 吳志及晉宋志皆闕初[illegible]

晉

武帝泰始二年丙戌　置毗陵典農校尉（校尉三月令阝吳事後）

置嘉興郡析陽羨縣屬吳興（吳志皓詔曰今吳郡陽羨諸縣地勢水流之便悉注烏程宜分此爲吳興郡）

吳主皓寶鼎元年

太康平吳分天下爲十九州屬揚州　元年庚子　復置無錫縣（宋州郡志無錫晉太康元年復立）

太康二年辛丑　初分吳郡復武進爲毗陵郡（晉地理志謂分丹楊立毗陵郡，又云吳分會稽無錫以西爲毗陵）　置毗陵郡丹徒縣　雲陽爲曲（田典農校尉太康二年省爲毗陵郡，按後漢郡國志毗陵丹徒）　阿縣　分丹徒曲（曲阿無錫皆吳郡之縣於丹陽）

志　十

阿　置武進（郡無錫漢志曰陽晉志曰揚文）　縣　曲阿（異地一兼漢順帝已分吳郡亦）　延陵鄉置（非會稽）　延陵縣　無錫毗陵　置暨陽縣（宋州郡志謂太康二年復丹徒）

（宋州郡志但二年既別立，並晉太康武進吳三年方二年毗陵復丹徒吳兩武陵無錫凡進矣公並書是）

七縣　二年

懷帝以義興郡　置義興郡分丹楊郡（晉地理志懷帝以周玘創義討石冰並義興郡表玘勳但玘）

永嘉屬揚州（宋州郡志義興郡本揚州）　永世縣置（傳謂討石冰陳敏錢璯三定江）

四年　平陵永世（南元帝以玘頻興義兵則爲義）

庚午　二縣

分吳興郡（興郡以彰其功考帝紀斬石冰）

陽羨縣置（事固在惠帝永興元年錢璯反）

國山臨津（乃懷帝永嘉四年在惠帝後也）

陽羨三縣（見志誤兼元帝雖自永嘉六年）

分長城縣（以琅邪王鎮建業又歷改爲晉朝）

志　十一

北鄉置義 方稱制改元立郡乃帝承制行事未可直書爲帝宋志亦云惠

鄉縣 晉地理志帝永嘉元年立凡六縣屬義興非年下義興宋州可考今附郡志云永計會之年世尋還丹楊年月闕

永嘉五年辛未

初改毗陵併改毗陵郡爲晉陵縣爲晉陵 晉地理志謂惠帝又以毗陵郡封東海王世子毗避毗諱改爲晉陵按哀王沖傳謂元帝以毗

郡徙治丹徒縣

徙縣 宋州郡志沒于石勒以沖興郡俱改継毗後考本紀

嘉五年毗薨帝毗沒乃遣帝求兼壞帝在亦未可書爲元帝宋志謂永嘉五年改爲晉陵自毗陵徙治丹徒今從之

元帝太興元年戊寅

徙晉陵郡併徙丹徒治於京口縣治於京 宋州郡志謂太興初郡及丹徒悉治京口今書之元作

口

僑置南蘭陵郡於武 晉地理志謂元帝以江東置南蘭陵等郡於武進立臨淮淮陵

咸帝咸和三年戊子

徙晉陵郡治還丹徒 宋州郡志晉陵郡鑒復徙還丹徒闕年按成帝紀咸和二年十一月蘇峻反三年九月斬之郗鑒傳云陶侃爲盟主進鑒都督揚州八郡軍事以王舒庾亮戰不利還丹徒立三壘拒戰鑒傳他無至丹徒事乃峻反之後未敗之前今定在三年

咸康

罷臨淮監

進縣

南彭城等郡屬南徐州江乘縣乃丹楊郡按南齊高帝紀晉元康元年分東海爲蘭陵郡中朝亂淮陰令整過江居武進縣東城里僑置本一加以南名於是爲南蘭陵人紀特敘帝祖居必不差又宋元嘉方置南徐州於江南此時未之有晉志雖據初置年月未詳附元帝朝

七年 置立南沙
辛丑 縣（宋州郡志）
安帝 復徙晉陵
義熙 郡治還晉
九年 陵（宋州郡志）
癸丑
宋 分宣城郡
武帝 之廣德義
永初 興郡之故
三年 鄣長城及
壬戌 陽羨義鄉
五縣置綏
安縣於義
興郡（宋州郡志）
文帝初於江南 以晉陵郡（宋州郡志列南蘭陵於南徐州下不言其年）
元嘉置南徐州 丹徒縣屬（屬[illegible]附於[illegible]）

八年治京口以 南東海郡（南徐之年）
辛未晉陵郡及（宋州郡志）
南蘭陵郡
屬
元嘉 併義興郡
九年 之平陵縣
壬申 入丹楊郡
之永世溧
陽縣
（義興郡在晉凡六縣永世既還丹楊此又併平陵是省其二以嘗置綏安故宋志凡五縣）
孝武 以晉陵郡
帝大 武進縣屬
明末 南東海郡（晉陵郡在晉七縣後）

齊南沙凡入宋以丹徒武進入南東海郡僅存晉陵暨陽無錫南沙曲阿暨陽故宋志凡六縣

明帝以義興郡
泰始屬南徐州
四年 宋州郡志義興郡宋明帝泰始四年度南
戊申

志 十六

齊以義興郡
武帝屬揚州後
永明復屬南徐
二年州
甲子 置海陽縣 南齊州郡志晉陵郡凡七縣視宋志增海陽闕初置年月

梁 改南東海復南蘭陵 南齊帝紀高帝封齊公策文有南徐州之蘭陵
武帝 郡為蘭陵武進縣 等郡州郡志乃無之又宋州郡志南蘭陵止有
天監 郡 蘭陵承二縣南齊志乃併載
元年 於琅邪郡下必嘗更革史有闕
壬午 誤梁紀云改南東海為蘭陵郡
復之
也
改武進縣 自此以下六事並隋志晉闕年
為蘭陵縣 惟置江陰縣一事見續通典云

志 十七

隋地理志梁敬帝太平三曲阿有武年分蘭陵置江
進縣梁改陵曰蘭陵縣
以晉陵郡以南沙海
南沙縣置陽縣屬信
信義郡 義郡
隋地理志常熟舊曰南沙梁置信義郡下陳廢併所領南沙海
陽
馬

置江陰郡置江陰縣 隋地理志江陰梁置及置江陰郡平陳郡廢縣案陳高祖紀永定元年以江陰郡奉梁敬帝爲江陰王行梁正朔凡是梁曾置此郡

以義興郡

綏安縣立

十八

志

大梁郡 隋地理志綏安舊梁置大梁郡又改曰陳留平陵又宣城郡

陳

高祖

永定

三年

戊寅

改南蘭陵

郡爲東海

郡

陳高祖紀又隋地理志延陵舊置南徐州

舊毗陵志謂無錫縣陳禎明中改吳州尋徙爲縣據陳書後主紀禎明元年割[illegible]郡置吳[illegible]

[illegible]州[illegible]

隋

高祖

開皇

三年

癸卯

南東海郡梁改爲蘭陵郡陳又改爲東海郡開皇九年州郡並廢

罷天下郡

以州統縣

開皇省南徐州 隋地理志

九年

己酉

志

十九

罷晉陵郡以晉陵郡 舊毗陵志稱隋平陳郡廢乃於常熟縣置常州其後割常熟入蘇州常州治晉陵此據元和郡縣志非惟隋唐史不載杜佑通典亦不書惟註言或曰常州置

置常州 延陵曲阿

省義興郡二縣屬揚

省江陰郡州

省南東海又省南東

海郡之丹 於常熟縣故以爲名或若疑辭

徒縣入延 今丹不[illegible]之長始附見又南齊志

陵蘭陵縣 晉陵郡九七縣考隋志無隋惟

入曲阿 晉陵無錫因舊南沙海陽三郡

改義興郡（入信義郡由阿 / 延陵爲隋入揚）
陽羨縣曰（州毗陵下見活 / 華必梁置江陰）
義興縣來（郡縣時皆有更 / 改不闕者又續）
屬又以國（通典稱隋開皇 / 元年省無錫又）
山臨津義（晉陵十三年復 / 隋大業三年改）
鄉三縣併（爲毗陵唐復爲 / 無錫隋唐史不）
入以江陰（載今 / 不取）
縣來屬
（隋地理志 / 借晉陵無 / 錫九 / 四縣）

煬帝　罷州置郡
大業　常州爲毗
三年　陵郡
丁卯　（隋紀及地 / 理志）
恭帝　吳興郡守
義寧　沈法興據
二年　毗陵
戊寅

唐　改郡爲州（按唐書紀後繼 / 年五月即帝位）
高祖　太守爲刺（即義寧 / 二年）
武德　史
元年　唐紀
武德　李子通取（唐李子通傳李子 / 通僭帝位後遷）
二年　毗陵（書陰丹揚晉 / 陵闕年帝紀書）
己卯　（子通稱帝於二 / 年今附是年）
杜伏威得（子通傳又書子 / 通戰敗棄江都）
子通地尋（保京口威盡 / 得其地俄東走）
歸款封吳（太湖襲吳郡據 / 餘杭子通自是）
王（不復西毗陵亦 / 爲所得明矣亦）
（闕年紀書伏威 / 降於二年伏威）
（傳進書封吳王 / 於歸款後今併）
（書之 / 二年）
武德　復改毗陵以故蘭陵（唐史志雖載常 / 州本毗陵郡闕）
三年　郡爲常州縣地置武（初改年月續通 / 典云武德四年）
庚辰　進縣（杜伏威歸國復 / 置常州唐紀）
（唐地理志書伏威降於三 / 年輔公祏傳書）

伏威一朝於六年非四年志書置武進縣於三年嘗得來正州兼先置屬縣今附見是年

以江陰縣分江陰縣置暨州置暨陽利城二縣唐地理志

武德六年癸未　常州陷于輔公祐

武德七年甲申　平輔公祐復常州並續通典

以義興縣分義興縣續通典置武德三年廢國山義鄉兩縣路史與縣爲鵝州又置置南興州置臨津陽羨二縣陽羨臨津滆縣七年改臨津爲南興州唐志直云七年以義興縣置南興州并析置臨津陽羨二縣不言廢有沿革兼諸史捨

武德八年乙酉　省南興州省陽羨臨津二縣以義興縣來屬

武德九年丙戌　省暨州省暨陽利城二縣以江陰縣來屬並唐地理志

隋志言隋廢國山臨津義鄉併入義興之後他書皆不言其置何縣武德三年廢國山義鄉今從唐史鵝州事史不書故附見

太宗分天下爲十道屬江南道

貞觀元年丁亥

貞觀八年　併武進縣於晉陵唐史地理志武進貞觀八年省入晉陵續通典云元年今從唐史

甲午
武后 復分晉陵
垂拱 縣置武進
二年 並唐地理志併義興
丙戌 無錫江陰凡五縣
元宗 外晉陵爲
開元 望縣
四年 唐會要
丙辰
開元增置十五
二十道分江南
一年爲東西屬
癸酉江南東道
置採訪使
天寶 改州爲郡

唐地理志開元二十一年又因十道分山南江南爲東西道增置黔中道及京畿都畿置十五道採訪使又百官志二十年曰採訪處置使分十五道唐會要云開元二十二年初置十道採訪處置使皆與地理志不同今從地理志
唐地理志常州晉陵郡本毗陵

元年 常州爲晉
壬午 陵郡
肅宗 復諸州名
至德 以晉陵郡
二載 爲常州
丙申
乾元置浙江西
元年道節度使
戊戌 唐方鎮表
代宗 外武進無
大曆 錫縣爲望
十二 唐會要
年
丁巳
大曆合浙江東
十四西道置都
年團練觀察
己未使

郡續通典曰天寶元年改晉陵考二書知唐嘗改曰晉陵郡唐紀於至德二載書曰復諸州及官名續通典云乾元元年復爲常州今從唐紀宜興縣圖經云乾元二年割義興縣屬潤州三年復來屬唐志不載今附見

德宗　分浙江東
建中　西爲二道
元年　各置都團
庚申　練觀察使
　　　常州屬西
　　　道
建中　改浙江東
二年　西道觀察
辛酉　爲節度使
　　　尋賜號鎮
　　　海
貞元　復置浙江
三年　西道都團
丁卯　練觀察使
憲宗　分浙江西
元和　道都團練
二年　觀察使爲
丁亥　鎮海軍節

度使

表

武宗　升常州爲外江陰（唐會要常州五縣至此以縣升爲望…不載義興唐地理志書爲緊本朝九域志書爲望皆開初升月日）
會昌　望　爲望
四年
甲子
僖宗　正月鎮海
光啓　軍將張郁
二年　陷常州
丙午　四月武寧
　　　軍將丁從
　　　實陷常州
　　　並蘆紀
光啓　杭州刺史
三年　錢鏐遣杜
丁未　稜陷常州
　　　（五代史吳越世家）
昭宗　十月宣州（五代史吳世家云行密入宣州）

龍紀　觀察使楊　龍紀元年唐行行密宣州觀察
元年　行密遣田　使遣田頵安仁義李神福等
己酉　頵等陷常　蘇常潤州唐行密傳作宣歙池
州　觀察使又云仁義又取常州今
從世家
十二月孫
儒陷常州
大順　九月行密
元年　復陷常州

庚戌　閏月儒復
遣劉建鋒
陷常州
大順　甘露鎮將　並唐紀及孫儒傳　唐行密傳作陳可見
二年　陳可言陷
辛亥　常州
唐紀
景福　行密復遣　唐紀景福元年二月再書行密

元年　張訓取常　陷常州考謹書自元年行密陷
壬子　州　常州此後無再入者安得二年
行密復陷常州張訓傳從擊劉
行狀云景福壬子歲七月從太
祖經毗陵入利港村廣陵謹書
右曰訓以一劍下毗陵未嘗日
伐毗陵常州刺史壬子即元年
太祖指行密亦無再入事唐紀
難據

天復　屬偽吳　五代史吳世家景福
二年　昭宗拜行密東面諸
壬戌　道行營都統封吳王
行密卒子渥立梁改
元開平渥仍稱天祐
渥卒弟隆演立天祐
十六年即吳王位改
元武義隆演卒溥嗣

後晉高祖天福二年丁酉屬偽唐置江陰軍
改元順義七年即帝位改元乾貞
南唐世家：昪冒姓徐名知誥，溥傳位於昪，國號齊，改元昇元，明年復姓李，國號唐。
續通典：江陰縣，偽唐昇元中建爲軍。馬令南唐書、建國譜書以江陰縣別置軍，闕年。二書皆曰南唐，惟一朝史志云偽吳。

後周顯德三年三月取常州，四月常州復入于唐。

丙辰

皇朝太祖開寶八年常州平

乙亥

太宗開寶九年改義興縣爲宜興
實錄云：十月壬戌詔[illegible]州縣名與[illegible]名下一字同者宜改。

丙子 即位未改元

雍熙四年詔常州屬江南道

丁亥 長編

淳化元年以江陰軍爲縣來屬

庚寅

淳化三年復以江陰縣爲軍

壬辰

至道三年初分天下爲十五路

丁酉屬兩浙路
按會要：兩浙路，太平興國中曰兩浙東北路，福建路曰兩浙西南路，至是年書分天下爲十五。

仍置轉運
使副判官

會要國初有轉運使副或曰同轉運使知轉運事丞有同知主管公分路兩浙二員或爲使副或置爲副使或置判官

真宗七月初置
景德兩浙路提
四年點刑獄公
丁未事文武各
一員

會要兩浙路大常博士直史館閤門祗候

三
澤

[illegible]浙路置轉運使副李云貢長編太平興國年至吉劉保[illegible]兩浙[illegible]運使[illegible]也係開寶八年得常州未知領何路雍熙四年又皆設常州屬江南道三朝史志亦是年方書分天下爲十三路兩浙路常州在焉是年方屬兩浙也

長編是年書復置諸路提點刑獄且述聖語謂先帝留意明罰爲諸路提點刑獄[illegible]二年[illegible]路轉運司[illegible]常參官[illegible]知糾察刑獄時[illegible]太宗[illegible]

仁宗正月罷諸
天聖路提點刑
六年獄仍令轉
戊辰運使副管
勾
天聖九月復置
八年提點刑獄
庚午
嘉祐九月罷武
五年臣同提點
庚子刑獄
神宗復諸路武
熙寧臣提點刑
元年獄
戊申
熙寧九月初置
二年兩浙路提
己酉舉常平廣

景德初置文武官提點刑獄之四武臣必有同字虐會要至此方見

惠倉兼管
勾農田水
利差役事
會要兩浙路提點官員外郎林英
十一月
詔提點刑
獄復差文
臣充填
熙寧 以江陰軍
四年 爲縣來屬
辛亥
熙寧五月初分
七年兩浙東西
甲寅路屬西路
九月 詔
毋分路
熙寧詔復分兩

九年浙爲二路
丙辰
熙寧詔復合兩
十年浙爲一路
丁巳
元豐四月 詔
元年增兩浙路
戊午提舉一員
哲宗閏二月罷
元祐提舉常平
元年官
丙寅
紹聖閏四月復
元年置提舉常
甲戌平官
會要兩浙路參議郎周純
徽宗五月 詔

崇寧增兩浙路
二年提舉常平
癸未官一員
政和五月置兩
二年浙路提舉
壬辰鹽事官
政和二月差淮
三年南兩浙路
癸巳提舉茶事
官
九月增置
兩浙路提
點刑獄官
一員
宣和二月改兩
六年浙路提舉
甲辰鹽事官爲
提舉鹽香

會要書局都官員外郎胡敷承勅措置……公事

茶礬事仍
東西路各
一員
宣和二月改提
七年舉鹽香茶
乙巳礬爲提舉
茶鹽公事
高宗六月併提　以常州爲
建炎舉常平司　沿江次要
元年歸提刑司　郡
丁未
建炎二月增置　復以江陰

會要宰臣李綱言守備沿江置帥府要郡次要郡其次要郡守臣帶本路兵馬都監仍置水軍今知軍專一主管水軍防托事但本州志佑廟石刻有建炎三年周守杞結衘於兵馬都監主管水軍之外又有管内安撫司公事會要淳於四年書免兼管内安撫紹興三年書免兼本路都監罷水軍未詳免兼年月會要云浙東西通兩路差提刑

二年兩浙路武縣爲軍（二月癸[illegible]一員今已曾置武臣一員今安政和後安罷諸書闕注事）
戊申臣提刑一
員
八月復提
舉常平官
建炎二月罷武
四年臣提刑
庚戌
紹興十一月置江
二年浙荊湖廣
壬子南福建路
都轉運使
於湖州置
司十二月
移司常州
（會要大理卿張公濟除集英殿修撰充三年罷司）

紹興閏二月
五年詔以諸路
乙卯提舉常平
併入茶鹽
司爲提舉
茶鹽常平
公事
置沿江安
撫司於鎮
江府以常
州屬
（會要權發遣鎮江府劉寧止乞以常州江陰軍平江崑山常熟縣隸本司從之闕罷）
司月
日
紹興八月、詔
十五改諸路提
（會要紹興五年以常平司併入茶鹽司十六年復置主管官如部）

年 參[illegible]官 侍郎王[illegible]輕不能振[illegible]
乙丑 [illegible]提舉常 復置常[illegible]官[illegible]
平 茶鹽公 官之時[illegible]
事 書
紹興 以江陰軍
二十 為縣來屬
七年
丁丑
紹興 復以江陰
三十 縣為軍
一年
辛巳

重修毗陵志卷第一

重修毗陵志卷第二

地理二

敘州

常州毗陵郡軍事治晉陵武進禹貢揚州之南境周封吳國之西陲延陵季子之舊邑至漢改曰毗陵初周大王長子泰伯以王季有聖子昌遜之廼與仲雍奔荊蠻荊蠻之人誼而君之號句吳泰伯卒仲雍繼立武王克商訪其後得周章因封焉史記吳世家泰伯仲雍季至壽夢稱王周章至壽夢又十有四世曹叔達周章凡五世四子季曰札賢壽夢欲立之兄弟皆以國遜札固辭棄室而耕餘祭立封諸延陵其地是已至夫差爲越所滅後楚并越秦并楚天下既一乃置三十六郡浙江東西爲會稽郡漢因之領縣二十有六毗陵無錫陽羨丹徒曲阿在焉高帝六年廢楚王韓信分其地以東陽鄣郡吳郡五十三城封劉賈爲荊國漢書文頴曰東陽今下邳鄣郡今丹陽吳郡今會稽辨見郡縣表十一年九江王英布反殺賈十二年更名爲吳王兄子濞景帝時反前四年封皇子非爲江都王武帝元封五

年置刺史部十三州仍屬揚州後漢順帝永建四年析會稽爲吴郡凡十三城五縣隸焉吴析無錫以西爲屯田置典農校尉嘉禾三年改丹徒爲武進曲阿爲雲陽寶鼎元年置吴興郡以陽羡屬焉晉太康元年平吴隸揚州二年初置毗陵郡復以武進爲丹徒雲陽爲曲阿別分曲阿丹徒置武進縣分曲阿延陵鄉置延陵縣分無錫毗陵置暨陽縣并毗陵無錫凡七縣治毗陵懷帝永嘉元年元帝以琅邪王出鎮建業承制行事析吴興郡之陽羡置國山臨津陽羡三縣長城之北鄉置義鄉縣析丹陽之永世置平陵永世縣凡六縣立義興郡永世尋還丹陽又以東海王越世子毗沒于石勒命哀王冲繼其後避世子諱并縣改爲晉陵治丹徒太興元年郡及丹徒徙治京口江北亂離又嘗僑置南蘭陵郡於武進成帝咸和間復徙治丹徒咸康七年析暨陽置南沙縣安帝義熙九年還治晉陵宋武帝永初三年又置綏安縣於義興郡文帝元嘉八年於京口置南徐州并置南東海郡爲治析我丹徒武進二縣歸之於是晉陵南蘭陵二郡亦屬南徐州南齊於南沙置海陽縣又嘗更革南蘭陵郡（史志闕書辨見年表）至梁天監初乃改南東海爲蘭陵郡武進爲蘭陵縣以南沙置信義郡併以海陽屬以暨陽置江陰郡縣陳復改南蘭陵爲東海郡隋平陳廢南徐州改郡爲州以晉陵郡置常州又省南東海郡併丹徒縣入延陵蘭陵縣入曲阿且以二縣屬潤州省義興江陰二郡併國山臨津義鄉三縣入陽羡與江陰縣皆來屬故隋志載晉陵無錫陽羡江陰四縣大業初廢州爲毗陵郡末年竊據不常唐武德二年杜伏威歸款三年復改爲常州以故蘭陵縣地置武進以江陰縣置暨州置暨陽利城二縣六年復陷于輔公祏七年平以義興縣置南興州置臨津陽羡二縣八年省併省二縣以義興縣來屬九年又省暨州及二縣以江陰縣來屬太宗貞觀元年分天下爲十道屬江南道八年併武進於晉陵武后垂拱二年復分置元宗開元二十一年增置十五道屬江南東道

天寶初嘗改爲晉陵郡肅宗至德二載復爲常州乾元元年統以浙江西道節度使代宗大曆間又合浙江東西置都團練觀察使德宗建中元年分浙江東西道各置使二年合浙江東西道觀察爲節度使尋賜號鎮海貞元三年復置浙江西道都團練觀察使憲宗元和元年升浙江西道都團練觀察使爲鎮海節度常州皆嘗屬焉武宗會昌四年升常州爲望僖宗光啓以後又復竊據昭宗景福元年歸于僞吳後晉天福二年遜于南唐又改江陰縣爲軍後周顯德三年取常州未幾復入于唐

皇宋開寶八年乃隸職分江陰軍廢而復置者三今領縣四境壤道里各附焉

州境

州在東京一千九百八十三里西京二千八百三十三里　行在五百四十里東西二百里南北二百七十里是爲提封之境東百五十里入平江府常熟縣（自界首又五十里至平江）西五十里入鎮江府丹陽縣（自界首又一百三十里至鎮江）南一百八十里入安吉州長興縣北九十里入揚州泰興縣揚子江中流是爲四正之境東南九十里入安吉州西南百八十里入溧陽縣東北三十五里入江陰縣西北八十里入丹陽縣是爲四隅之境

敘縣

晉陵

望晉陵縣古延陵邑杜佑通典言之詳矣秦隸會稽前漢改曰毗陵新莽改曰毗壇後漢復舊名隸吳郡晉隸毗陵郡避世子諱改曰晉陵隋置常州復隸焉

縣境

縣在州東南四里東西四十九里南北百七里是爲提封之境東四十七里入無錫縣五牧橋西二里入武進縣新坊橋南八十里入宜興縣萬金鄉北九十里入揚州泰興縣揚子江中流是爲四正之境東南四十里入大湖無錫縣開化鄉西南五十里入武進縣惠化鄉東北三十五里入江陰縣

良信鄉西北七十里入武進縣仁孝東鄉是爲四隅之境

武進

望武進縣曲阿丹徒舊境吳分丹徒爲縣晉廢歸丹徒尋析二縣復置隸晉陵郡後又嘗僑立南蘭陵郡於是縣南齊太祖四世祖淮陰令蕭整自東海蘭陵避地來居稱之東城里梁改爲蘭陵縣隋開皇九年併入曲阿縣唐武德三年以故蘭陵縣地復置貞觀八年省入晉陵垂拱二年復置後唐天同間僞吳據有其地時江南多事民不奠居徙附郡城

縣境

縣在州西南一里東西五十二里南北百八十里是爲提封之境東二里入晉陵縣新坊橋西五十里入鎮江府丹陽縣永安鄉鋪南九十里入宜興縣神安鄉臧墓橋北九十里入揚州泰興縣揚子江中流是爲四正之境東南四十里入晉陵縣永勝西鄉西南五十三里入鎮江府丹陽縣桂仙鄉東北三十里入晉陵縣德澤鄉西北六十里入丹陽縣永安鄉是爲四隅之境

無錫

望無錫縣泰伯舊國闔廬未城姑蘇皆都此其後楚併吳考烈王元年相黃歇以淮北十二縣封爲春申君越十五年歇言淮北邊齊請徙封江東王許之因城故吳墟越絕云北城泰伯所築寰宇記云泰伯西城去縣四十里高三丈輿地志吳城梅李平墟李或作里縣名昉見漢志陸羽慧山寺記云是山當周秦間大產鉛錫漢興方殫故名王莽改曰有錫後漢復舊名至順帝隸吳郡時有樵者於山下得銘曰有錫兵天下爭無錫寧天下清有錫沴天下弊無錫乂天下濟吳析爲屯田縣廢晉太康元年復置隸毗陵郡焉

縣境

縣在州東南九十里東西百十五里南北百二十七里是爲提封之境東六十五里入平江府常熟縣苑山西四十七里入晉陵縣五牧橋南七十七里入平江府吳縣烏山北五十里入江陰縣陳瀆是爲四正之境東南四十三里入平江府吳縣烏角

溪西南五十二里入晉陵縣白石塘東北七十四
里入江陰縣嶺村西北五十里入晉陵縣五湖口
是爲四隅之境

宜興

望宜興縣荆吳舊境戰國入楚秦滅楚避莊襄王諱易楚爲荆一曰荆邑一曰陽羨漢高帝五年荆令尹靈常以功封陽羨侯隸會稽郡永建四年邑人周嘉上書請縣辟左難應期會請析隸詔以浙江東爲會稽郡西爲吳郡遂屬焉吳寶鼎元年析吳郡九縣置吳興郡以縣屬晉懷帝朝又析吳興之陽羨并長城之北鄉置義鄉國山臨津與陽羨爲四析丹陽之永世置平陵及永世凡六縣立義興郡以表周玘三舉義兵之功尋以永世歸丹陽宋永初三年析宣城之廣德吳興之故鄣長城及陽羨義鄉五縣各割地增置綏安縣復領縣六元嘉六年省平陵歸永世八年隸南徐州梁末即綏安置大梁郡隋平陳郡廢歸義鄉於長城省國山臨津合陽羨爲義興縣隸常州尋復爲郡唐武德七年改南興州置陽羨臨津二縣八年復爲義興縣併廢二縣入焉

國朝太平興國元年避　熙陵御名下一字改今名

縣境

縣在州南百二十里東西百六十五里南北百十四里是爲提封之境東九十三里入平江府吳縣太湖中沂洲西陽一云洞庭西山西七十二里入建康府溧陽縣蔚埭村南六十里入安吉州長興縣垂脚嶺分水北五十四里入晉陵縣孫墅村是爲四正之境東南八十四里入長興縣義鄉山西南百里入廣德軍廣德縣伏牛嶺東北六十五里入晉陵縣百瀆口舊志六十里入武進陵臺村西北九十里入鎮江府金壇縣是爲四隅之境

陸程

東自通吳門至江陰常熟兩縣
南自德安門至長興縣
西自朝京門至丹陽縣

北自青山門至大江南岸

東南自通吳門至望亭

西南自石幢門至建平溧陽縣

東北自東鈐門至江陰縣

西北自朝京門至金壇丹陽縣

水程

運河東自通吳門至望亭驛風波橋西自朝京門至丹陽縣分界鋪

西蠡河自南水門一入滆湖沙子至宜興縣一入太湖西至長興縣東至吳江縣

揚子大洋江西起鎮江東抵江陰南岸橫亙六十里地名于塘孟瀆浦大港小河中流與泰興縣分界

申港在晉陵縣德澤鄉北接江陰無錫兩縣入大江

利港自青山門外河東北至江陰縣入大江

戚墅港在通吳門外十八里南通直湖港皆晉陵無錫接境入太湖

分埜

周官保章氏以星土辨九州之地所封封域皆有分星可觀妖祥鄭註謂大界曰九州州中諸國中之封域於星亦有分其書亡堪輿雖有入度非古數蓋大界易知細度難明毗陵一郡類鄭氏所謂諸國中之封域諸史亦罕言入度且互有異同史記謂揚州屬牛女分（史記天官書牽牛婺女揚州）前漢志謂吳地斗分仍指會稽郡屬焉（前漢地理志吳地斗分埜分會稽九江丹陽豫章廬江廬陵六安臨淮郡盡吳分也）後漢志謂斗十一度至婺女七度一名須女爲星紀之次吳越分晉隋志同但晉志指會稽爲牛一度（後漢郡國志自斗十一度至婺女七度一名須女曰星紀之次於辰在丑謂之赤奮若今吳越分埜　晉天文志斗牽牛須女吳越揚州自南斗十二度至須女七度爲星紀於辰在丑吳越之分埜屬揚州　隋地理志自斗十二度至須女七度爲星紀吳越得其分　又晉志引魏太史陳卓言郡國所入度云會稽入牛一度關吳郡蓋仍據前漢郡名也）大槩可定者次在星紀埜在揚郡之所入細度則未詳也

重修毗陵志卷第二

重修毗陵志卷第三

地理三

毗陵當五季時鄰吳越竟僞吳刺史張伯悰增城築方直雄固至號金斗　太平興國初雖詔撤樓櫓規撫猶歸然也邑有四晉武附郭外二邑皆古邑城市內布郊圻外畫橋梁間錯按圖而觀如示諸掌

城郭

州

內子城周回　里三百一十八步高二丈一尺麓之左唐景福元年淮南節度使揚行密遣部衙將校兵部尚書唐彥隨權領州事重修立祠天王祠鼓角樓白露屋今爲郡治

子城周回七里三十步高二丈八尺厚二丈羅之上有御敵樓白露屋僞吳順義中刺悰增築號金斗城余幹詩云毗陵城如金斗方上義取此門西迎秋南金斗北北極外繚以池公內　國朝仍其舊制建炎中燬於

縣□侯復興繕葺　珪爲記謂州治寓市民舊屋葦材以用之無遠求之擾規舊基壞以築之無創增之修工咭傭直役徒番休史緣姦民受其惠迄今著甘棠之思

羅城周回二十七里三十七步高一丈厚稱之僞吳天祚二年刺史徐景邁築門有九東通吳次東懷德次德安次南廣化西南南水西朝京北青山寧記云青山門舊望江陰海門諸山故名次北和政東北東欽外皆有池太平興國初詔撤御敵樓白露屋惟存城隍天王二祠鼓角樓後移城隍祠於金斗門內之西偏通吳門今爲朝天門

晉陵武進

城附郡治

無錫

城在運河西梁溪東咸邑云無錫城周回二里十九步高二丈七尺四郭　周回十一里二十八步高一丈七尺門皆有屋舊徐記云縣舊城基也

六年令李曾卿重修今門闕有四東曰熙春徑膠山南曰朝京徑平江西曰梁谿徑惠山北曰蓮容徑郡城

宜興

城在荆溪北後漢表玘為令造長橋於溪南去縣二十步今之縣治蓋舊址孫權皆為陽羨長赤烏六年築城周回一里九十步高一丈二尺厚稱之濠闊三丈五尺隋大業初路道德重修陽羨志云晉安定郡為太守治所而縣治在君山後縣如故今門闉有二南二里曰南興北一里曰源慶

毗陵志三 十九

坊市

州晉陵武進附

孝仁東坊自大市魚行以東至通吳和政門

孝仁西坊自大市魚行以西至武進雙桂坊舊曰孝義以旌表孝子得名 國朝避 熙陵御名下一字改今名

定安坊在運河南舊為萬安鄉故老相傳 中興前嘗展拓郡城廢此鄉改為定安坊宋張侍郎宦元名大觀四年以上舍出身初授官告稱晉陵萬安鄉時未展城此其證也但他無文字可考年月未詳

翰林坊在北孝寺南以胡文恭家世掌絲綸故名

聖智坊在崇聖寺東

富業坊在表虹橋北

豐樂坊在水華橋北

椿桂坊在定安坊街北徐守申建以張太傅彥直四子聯第取竇燕山靈椿丹桂為名

佚老坊在和安門內徐守申建以孫中奉庚臣胡公遠相繼退休優游里閈故名

興仁坊在新坊橋西

毗陵志三 四

慈孝坊在新坊橋北

狀元坊在郡前街東史守彌愈建以蔣侍郎重珍魁天下故名

明倫坊在郡前街西史守彌愈建以通郡學故名

雙桂坊在武進縣東以丁都官宗臣校理寶臣聯第故名舊志云本名來賢乾德五年邑人宋維宋緯皆第進士令宋蟾嘗更此名

正素坊在武進縣東廟巷徐守申建以張公舉賜號正素處士故名

北歆坊在武進縣南朝京門街北徐守申建以胡宗
回屢帥邊故名今椿桂張氏子孫有居此者景定間改爲椿桂新坊
世賢坊在武進縣北趙守善防建以張參政守所居
里故名
進賢坊在郡學橋南通金斗門詳見學校
興賢坊在貢院街南
惠明坊在郡前惠明橋側
金斗坊在金斗門街東
千秋坊在金斗門橋南街東
德壽坊在金斗門橋南街西
大市在羅城東南二里舊置務有市令市長典市後
惟差市長貿易物貨以惠民旅務久廢市令今隸
録參廳
諸關城外皆有小市
橫林市在晉陵縣東南二十七里
奔牛市在武進縣西南二十七里
無錫
平政坊在縣橋前街西

愛民坊在縣橋前街東
迎溪坊在縣西向南抵迎溪橋
狀元坊在縣東大市橋以蔣侍郎所居得名
睦親坊在縣東南水碓橋新街
思禮坊在縣東南倉橋北禪寺巷
廣濟坊在縣東南倉橋巷
永興坊在縣東南市橋東
懷仁坊在縣東大市橋東南鎮巷
崇安坊在縣東以寺故名
新橋坊在縣南南市橋西
景雲坊在縣南樊家巷
禮遜坊在縣南唐家巷
三登坊在縣南倉前
遺愛坊在縣南鄒家巷以鄒令漸故名
縣市在縣東街
洛社市在縣北招義鄉風土記云晉王右軍莊後因
鬼神喧呼成市故名
望亭市在縣南新安鄉風土記云隋文帝仁壽二年

置

竹塘市在縣西北六十里招義鄉風土記云晉天福

二年十月置

陸墟市在縣西北四十七里富安鄉風土記云市東

七十步有陽山出石堪作礲曰始民未知開鑿漢

大夫陸端設肴醴以祭後取爲器寰宇記云以東

數州皆藉其用

甘露市在縣東六十里延祥鄉

江市在縣南十三里揚名鄉

陶市在縣南十二里揚名鄉

郭市在縣南十八里揚名鄉

宜興

崇禮坊在縣治前荆溪南之左

遵義坊在縣治前荆溪南之右

蛟川坊在縣治前荆溪北之左

招德坊在縣治前荆溪北之右

舊志載荆溪南曰欽善新安北曰輔賢荆陽令

亦通稱

縣市一在縣南十步東又蛟川坊西入招德坊　在

長橋南

湖洑市在縣南四十里

潼渚市在縣西三十里

張渚市在縣西南七十里

鄉都

晉陵

定安西鄉在縣東南五里

定安東鄉在縣東南十五里

永勝西鄉在縣南五十里

從政鄉在縣東南六十里

太平鄉在縣東南七十里

新塘鄉在縣東南七十里

迎春鄉在縣東南八十里

永勝東鄉在縣東南三十里

安上鄉在縣東南五十里

政成鄉在縣東三十五里

安豐南鄉在縣東北三十里

安豐北鄉在縣東北三十五里
太寧鄉在縣東北三十五里
永豐東鄉在縣東北二十里
循理鄉在縣北二十里
依仁東鄉西鄉並在縣東北五十里
永豐西鄉在縣東五里
德澤鄉在縣西北三里
孝仁鄉在縣東北二里

懷德南鄉在縣東南二里
懷德北鄉在縣西北三里
安善東鄉在縣西北二十里
安善西鄉在縣西北三十五里
千秋鄉在縣西北九十里
仁孝東鄉在縣西北四十五里
仁孝西鄉在縣西北五十里
惠化鄉在縣東南三十里
大明鄉在縣西南七十里

棲鸞鄉在縣西南八十里
旌孝鄉在縣西南九十里
延政鄉在縣東南二十五里
欽風鄉在縣西南六十里
尚宜鄉在縣西南九十五里
鳴鳳鄉在縣西南四十里
舊管三十六鄉後併爲十六雙桂坊與焉

無錫

天授鄉在縣東北三里
開元鄉在縣西南二里
懷仁鄉在縣東北六十里
興道鄉在縣西北四十里
開化鄉在縣西南六十里
太伯鄉在縣東七十里
宅仁鄉在縣北六十四里舊名光宅
青城鄉在縣西北五十里
富安鄉在縣西五十里舊名永安
上福鄉在縣東五十里

南宮喜隋駿國山臨津義鄉併入義興之後他書皆不言其置何緣或從之年亦闕所義鄉今從唐史觀州事史不書故附見

武德八年乙酉省南興州省陽羨臨津二縣以義興縣來屬

武德省暨州省暨陽利

梅李鄉在縣東三十五里

招義鄉在縣西北四十里

揚名鄉在縣西南四十里

舊管三十六鄉併爲二十五今復省其三曰芪

[illegible]歸德

宜興

開寶鄉在縣東北二里

善計鄉在縣東北十五里

洞山鄉在縣東北三十五里

萬金鄉在縣東北四十五里

滆湖鄉在縣西北七十五里

成任鄉在縣西北二里

伍賢鄉在縣西北六十里

神安鄉在縣西北六十里

清津鄉在縣西北七十里

丞亭鄉在縣西北七十五里

從善鄉在縣西北七十里

金泉鄉在縣西南五十里

永豐鄉在縣西南四十五里

山亭鄉在縣西南二十里

清泉鄉在縣東南二里

君山鄉在縣東南三十五里

舊管二十鄉後省其四中鵝南入清泉北入開寶震山入洞山豐義入滆湖

橋梁

州

惠明橋一名州橋在譙樓直南以河故名嘉定中史

守彌兪重建易甓以石
狀元橋在郡學前崇寧中朱守彥建以霍侍郎端友魁多士故名
舜宜橋在迎秋門内紹興二年重建
縣橋舊名靈雉一名化洞晉陵縣舊治在此晉永嘉三年建
倉後橋在郡倉後今廢以上跨子城河
金斗橋舊名甘棠在金斗門外
行春橋在行春門外
月斜橋舊名西斜在迎秋門外唐至德初建
卧龍橋在朝京門内嘉定間趙守善湘重建
甕子橋在青山門内
洗馬橋在行春門南外子城濠側祥符經云隋陳司徒洗馬于此故名以上跨外子城濠
天禧橋俗名驛橋在荆溪館西唐如意二年建國朝天禧中重建故名
新坊橋在天禧橋東梁大同元年建晉陵武進於此分境

元豐橋舊名飛鳳一名望僊橋在新坊橋東唐如意元年建　國朝元豐初重建故名
太平橋舊名通波又名建元齊建元中建唐建元中修後以直太平寺故名以上跨運河
瑞登橋俗名顧塘在外子城南一里西與城濠合流
肅華橋俗名葛橋在瑞登橋東唐如意三年建
顯子橋在肅華橋東
薦橋在顯子橋東
水華橋在薦橋東僞吳興善二年建或云南唐後主時建
裹虹橋俗號八字在水華橋東與運河合流唐儀鳳二年建以上跨後河
虹蜆橋一名市廨在市西坊與後河合流唐至德初建
五熟橋在虹蜆橋北晉永和三年建祥符經云市熟橋
榮橋在五熟橋北亦名甘蔗唐開元中建
三板橋在榮橋北

斜橋在邗溝之匯南直果子巷北直和政門東近永福寺西入斜橋街
永福寺橋在斜橋東北小洞橋在永福寺橋東南直新巷
晉陵縣橋在縣治前
縣東橋在太平寺側
小石橋在通吳門內十餘步南通運河以上跨邗溝北泒
臧橋在新坊橋西北通運河唐永泰三年建祥符經云大夫臧萬寓此故名

邗溝橋在德安門內街東唐至德初建
孤兒橋在邗溝橋東唐正觀初建祥符經云昔徐良卿之子因繼母殂喪殯于此故名
樂家橋在孤兒橋東直永慶寺巷
德勝橋在太平橋西堍北通運河以上跨邗溝南泒

晉陵

通吳橋在縣東南城門外通驛道
東欽橋在縣東北城門外
德安橋在縣南城門外
和政橋在縣西北城門外
青山橋在縣西北城門外
通江橋在青山門外通申利等港
雙橋在和政門外
中浦大彎橋在青山門外一里
查墅橋
黃汀橋並在青山門外
百丈橋在縣西北循理鄉
楊頭橋在縣東北依仁鄉

鄭陸橋在縣東北永豐東鄉
網頭橋在縣東北安豐北鄉
杭子橋在縣南德安門外四里
浮塘橋在縣南德安門外九里
三橋在縣西南廣化門五里晉陵武進分界
陳墅橋在縣東南通吳門外十五里

武進

虹橋舊名小橋在縣西南朝京門外大觀三年建易今名

廣化橋在縣南城門外
陳渡橋在縣南廣化門外四里跨西蠡河舊傳隋陳
司徒建
游塘橋在縣西南十八里跨西蠡河直廣惠行廟
徐湖橋在縣南十餘里
無錫
縣橋在縣治前淳祐間平甃如地
大市橋在縣東二百步跨運河隋大業八年建嘉定
中令鄭之悌易以石梁

倉橋在縣南一里
南市橋在縣南一里餘唐武德中建
將軍堰橋在縣南百步
茅子橋在縣南六十步
女真觀橋在茅子橋西
虹橋在運河西縣倉側直縣學
迎溪橋在西門內
水碓橋在運河西
梁溪橋在縣西五十步跨梁溪通大湖隋大業中建

鳳光橋在運河東善智寺西唐武德七年建
斜橋在善智寺東唐咸亨二年建橫跨二梁之口故
名　國朝崇寧間重建亦名崇寧橋
觀橋在運河東以洞虛觀故名俗傳縣中有九河如
箭上河如弦此河頗湮塞謂一箭折其首云
染涇橋在中街以通涇水故名
度僧橋在南禪寺側
盛巷橋在北門內運河東
沈橋在北門內運河西與崇安寺相望嘉熙間令趙

時棨重建易名趙公橋旁有星星泉
蓮容橋在北門唐正觀三年建通江陰有閘以湖故
名以上在縣城
錢橋在九龍山北通湖
狀元橋在湖埭嘉定間以蔣侍郎舊居故名
潘葑橋在縣北十八里跨運河唐麟德二年會稽都
督唐仁泰建今廢
新安橋在縣南十八里臨運河以通溪故名
風波橋在望亭唐永淳三年建與平江府分境

宜興

長橋在縣南二十歩晉周孝公斬蛟之地陸澄地抄云漢邑令袁玘建南唐徐鉉記橋亦云東西四十尺南北二百五十尺唐人詩云長橋今夜月陽羨古時州李華詩云雲雨生泉窟雷霆落劍鋒 國朝景德四年令李若谷改造天聖六年令賈丞相昌朝更築未遂越明年落成有坐憶蛟橋此日新之句元豐二年郡丞錢垂範行縣舟延燬四年令褚理重建榜曰忻濟蘇文忠過之大書十二字于石曰晉征西將軍周孝公斬蛟之橋因改曰荆溪淳熙十一年里寓趙知宗 倡率重造上立神佛祠四列市區二十有八云

周橋在長橋南跨周瀆治平中令樓閌建紹定間令趙與悊重建

通津橋在縣東跨城濠治平中建俗名新橋

宜民橋在尉司東寶慶間尉趙汝邁重修

歸美橋在縣西北運河之曲舊名龜尾寶慶間丞沈次又倡率改造毁於嘉熙二年令復建焉

福德橋在縣西北跨運河俗名後橋嘉定間里人以石易木亦毁於嘉熙令復舊

通運橋在尉司教場西令趙與悊重建

杜橋在縣東嶽廟西以杜牧之水榭故名

倉橋在周橋南跨寺瀆紹興間令高商老建令趙與悊重甃

寺橋在南門跨寺瀆

新溪橋在南門外六水岸嘉定間以石易木梁

就安橋在南門西南二里令趙與悊重建易今名

謝橋在南門外二里

流杯橋在南門外六里舊傳周孝公射虎處

侍郎橋在湖汶鎮疊畫溪舊傳陸希聲隱居于此蔣穎叔題其宅云二十四亭無沒盡滄浪猶有故時橋樊川集有李侍郎昔居陽羨富有泉石名亦取此

南興橋在縣南門外

源慶橋舊名象賢在北門外二里令趙與悊重建易今名

湛瀆橋在縣北十五里

計亭橋在縣北二十里跨運河亦毁於嘉熙今復舊
葛墟橋在縣三十里跨運河
歸逕橋在縣西南四十五里淳祐間邑人重建
餘霤橋在成任鄉通神安鄉徑昇潤嘉定末攝令洪
倜築堤成梁十有四後以規利於渡者撤之

重修毗陵志卷第三

重修毗陵志卷第四

詔勑

藝祖皇帝混一區宇常以東南偏壘入職方
王言播告視同畿甸
列聖相承罔不以政教乂我受民
中興距　行都五百里而德意所及尤先焉謹摭
大事書之策

開寶諭吴越王取常州詔

勑錢俶朕統御萬邦撫臨兆庶推至誠而待物期率
土以歸心布恵行仁是予本志興兵動衆非我願爲
惟彼江南言修臣禮乂被撫綏之化頗傾依附之心
貢封章則惟見恭勤修外貌則多從减降既云事大
無欲包荒甘言嘗信其忠□□稔豈疑其奸計而又
曡傾誠欵願降冊封既禮分之未虧諒我心之無間
使人頻至詞旨愈尊是以特降近臣俾其略來赴闕
須宣優厚恩禮殊隆何期愁目包藏一旦彰露不惟
多方託故懇避來朝而乃修葺城池選練軍旅教習
戰陣抽點鄉兵爲捍拒之計謀作攻守之準備朝廷

養戎垂二十年心狠貌恭突然自敗向展為臣之禮
適滋覬覦之方每云傾輸盡彰狡詐既行問罪須至
興師今者禁衛出軍雲臺選將冠期攻取直抵昇州
卿任重統戎心專盪寇況早者曾被章奏具述事宜
今驗姦兇果符陳請聞茲討伐必敦忠誠今差侯丁德
裕到彼往三五日可部領兵士赴援且往攻取常州
毗倚之懷寤寐無已故茲詔示想宜知悉

常州平與諭吳越王詔

勅錢俶省所差鎮東軍支使王通今月二十八日走
馬到闕奏今月十五日僞命知常州禹萬誠等歸附
已安撫州城訖事具悉卿位高王霸天付將材明傳
衛社之勳世著勤王之節昨親提銳旅取彼堅城
勢孤而既絕提兵力盡而遂輸降款遐歷寒暄之叚
終成收復之功永增史冊之光輝實副君親之任委
其為嘉賞不捨寤興故茲獎諭想宜知悉

撫定常州勅榜

勅常州管内百姓人户等汝等咸在偏方未霑皇化
以熱耨寒耕之苦困急徵暴斂之風念爾生靈困與
弔伐今者已收郡邑封疆盡殄氛霾當使蒸黎永遂
蘇息所宜遠安家業各有農桑被于臨照之恩共樂
混同之化凡爾民庶體我誠懷故茲榜示各令知悉
並太詔令

淳化寬征詔

詔曰峽路諸州先是賈人舡輸到岸錢常潤等州市
征取筭外境上又倍征者並除之 淳化二年實録

大觀學校推恩詔

學校興崇人才樂育法備令具勸德已行深慮有司
失實尚有遺材傳不云乎進賢受上賞蔽賢蒙顯戮
闕前日賓興之數較其試中多寡惟常州為衆首依
常格推恩非古人上賞之意其知州教授特與轉一
官 大觀三年大詔令

紹興賑卹流民詔

紹興元年三月二十八日　詔常州平江府近有淮
南京東西等路避寇渡江流移失業之民可專委逐
州知通措置賑卹仍依老疾貧乏不能自存人條法
給散及處艱得柴薪每人每日特更給錢二十文七

歲以下減半以本州常平錢穀支撥深慮數目不足平江府降度牒二百道常州一百道變轉應副會要

紹興增置水軍指揮

紹興四年十二月二十日奉 聖旨江南沿江爲軍皆係緊要控扼重地已專委諸路帥臣漕臣打造車戰舡外合行招置水軍教習戰船以備緩急禦敵令臨安平江鎮江府秀常州江陰軍太平池江洪州興國鄂岳潭州各置水軍以五百人爲額並以横江爲名其招軍例物并請受並依雄節指揮則例支破

紹興蠲放被水下户積欠税賦詔

紹興二十九年三月二十四日 詔常州鎮江府實被水第四等以下人户并湖州平江府紹興府下户未經賑濟之前已自流移未曾除放之人下轉運司委官究見諸實並依紹興二十八年九月二十七日指揮施行

紹興二十八年九月二十七日三省言平江紹興府湖州諸縣除放免被水下户逓年積欠擬令户部開具有無侵損歲計 上曰不須如此止令具數便於内庫支降撥還 朕平時無妄費内庫所積正欲備水旱 備本是民間錢却爲民間用何所惜於是下 詔平江府紹興府湖州諸縣災傷所有已前積欠税賦並與除放令逐縣限五日開具合除數目申州覆實申轉運司本司保明申户部候到令本部具數奏請於御前支降撥還其人户私債并欠坊場酒錢並候三年外理還如官司尚敢追索騷擾令監司郡守覺察具名聞奏仍許越訴既而十一月一日詔内藏庫降錢三萬九千六百一十貫七百四十二文付户部充紹興平江府湖州被水人户合放上供物帛錢米數目價直會要

乾道免身丁錢絹指揮

乾道元年二月癸卯

詔朕以淫雨不止有傷蠶麥可自二十五日避正殿減常膳其浙東西路災傷去處人户合納身丁錢絹臨安府紹興府湖常州並與全免一年温台明處州鎮江府並各減放一半將減下之數於内庫計支銀絹撥還户部以充軍用

淳熙間兩縣水澇 御筆

聞常州宜興無錫二縣近遭大水今水勢何如合補種晩稻即日已插種多少不可車戽再種者頃畝若干疾速開具奏來 付張孝貢

淳祐蠲税指揮

淳祐二年七月二十日 省劄常州晉陵武進兩縣

管下拋荒田土無人耕種今來御史臺兩浙運司備到民詞乞行撿放合與審實施行劄付浙西提舉司委官檢踏擾具到管催苗稅去年已放數目及新種荒白帳狀乞從　朝廷優卹減放施行奉
聖旨將淳祐二年兩縣合納應干夏稅不分上中下户並各蠲放一半

技藝

於氏清言毗陵人工寫荷花獨步一郡宋寧宗朝以荷花障進奉喜動天顏特旨授承節郎浙西安撫司計議官家學相傳其孫務道圖寫尤精曾以荷花圖於歸附後附江東道宣慰錢同知經進由是其名愈重

重修毗陵志卷第四

重修毗陵志卷第五

官寺一

君子朝以聽政夜以安身此官寺之所由設也毗陵自建炎後郡城無復舊觀俞侯倏倡而復之諸賢嗣而葺之規模於是粗備矣因革廢興今悉著其顛末併郵驛附于左

州治

州治在内子城唐末郡屬淮南楊氏權刺史唐彦隨經始於　景福元年建譙樓儀門正廳西廳廊廡堂宇甲仗軍資等庫餘六百楹至南唐郡歸我
朝因舊增葺　建炎中燬俞守倏興復後浸以備

譙樓在内子城南常州二大字徐鉉所篆占相者謂筆勢雄偉如金鍾覆群龍乃倫魁接踵之讖　熙寧　崇寧　嘉定已三應矣　乾道初葉守衡創兩挾樓　嘉定間史守彌忞製更鼓十有四銘曰晨昏汝司勸政汝儆相與保之期於有永

儀門在譙樓後列戟十有二左右有便門門之外東西各屋十餘楹

手詔亭在譙樓前左
班春亭在譙樓前右
放生亭舊在行春橋之西北後徙郡圃浄遠亭後又
徙荆溪館之西　淳祐間王守圭徙行春橋之東
南
正廳亦謂設廳（相傳謂舊爲燕犒將吏之所謂之旬設故公厨亦曰設厨）屋五楹
中楣
真宗文臣十條前列戒石銘東西兩廡各十餘楹
客位在西廡入轅門而南爲吏舍
便廳在正廳西亦曰西廳其左有挾屋爲上客位
僉廳在設廳東舊名都廳　宣和間以懷安軍奏令
尚書省公相廳稱都廳乞將本軍都廳以僉廳爲
名　詔從之令諸路倣此其南爲當直司頹廢弗
治　咸淳三年史守能之重葺耳
節制司僉廳附僉廳
平易堂在正廳後　嘉泰間李守珏建
桂堂史守能之所名以堂之南古桂森列也
月臺在桂堂後

問春亭在內子城東北隅　嘉定間史守彌念嘗種
梅數十本中着一亭後四十餘年能之以從子繼
守扁以問春取盧襄雖我故園無分看問渠春色
幾時來之句
宿鳳亭在外子城東北隅以古栢蒼翠史守能之建
取老杜香葉終經宿鸞鳳之句
立齋在平易堂西　咸淳二年家守鉉翁建取易恒
卦立不易方之義
匪懈堂在立齋前西偏舊與平易堂相直史守能之
移建於此堂扁乃　淳熙間
光宗在東宫時書以賜吴守城者
靜鎮在便廳後家守鉉翁建
小東山在便廳後東偏以唐刺史韋夏卿東山在羅
城東南隅且舊觀廢革故名之以存古（未詳所始）
時雨堂在便廳後西偏
浙西道院在便廳西北　嘉熙間陳守采所名
凝露堂在道院後　紹興間鄭守作肅建以唐獨孤
及守是邦嘗有甘露之瑞故名（獨孤有表見詞翰門）

梅露堂在凝露堂後　紹興末葛守伯虛以郡宅梅著異花且有甘露之瑞故名孫鴻慶爲記見文集
多稼亭在子城西北隅　建炎中燬　乾道間晁守子健重建胡蒼梧題扁張南軒爲記見詞翰門
愛梅亭在郡圃　淳祐間李守𡌴建
極高明在外子城上　乾道初葉守衡建名淨遠樓誠齋有犯雪來登之句見詞翰門　嘉定間史守彌忩更名高爽　淳祐八年李守𡌴又更曰景鄉以肯爲廣陵校官實踵道鄉故武允切仰止暇日登城北望或指似道鄉松楸故名　咸淳二年家守鉉翁又更曰極高明
近民堂在平易堂西以下亭堂凡十今廢
虛白堂舊在便廳西　紹聖間廖守正一建
靜治堂舊名惠愛　紹興間陳守正同建
卧治堂楊誠齋有詩見詞翰門
如農齋舊在便廳後　乾道間錢守建所建取政如農功之意
思賢堂在道院西　嘉泰間趙守善防建
燕喜堂在郡圃　淳熙間張守孝曾建
懷古堂在郡圃　淳熙間陳守庸建下臨大池雖旱不涸舊傳郭璞所鑿故名
聞鄉亭在郡圃　淳熙間張守孝曾建
三山閣在郡圃楊誠齋有望三山詩見詞翰門

通判東廳

在州治東
風月堂在廳後　雙檜堂在風月堂東
省軒在風月堂東今廢　宿鷺堂在雙檜堂北

通判西廳

舊在州治西後廢其地併入判官廳今即天禧橋東館爲治

鈐轄廳

舊在司户廳東今廢

教授廳

在州學東　增差教授廳在薦巷

節幹廳

無定所

判官廳

在州治西

推官廳

在判官廳西

錄參廳

在州治譙樓內西偏治□院

司理廳

在譙樓外西偏治司理院

司戶廳

在州治東

吉册七　志五　六

司法廳

在州治東今廢

監倉廳

在司戶廳西

廟官監酒稅廳

無定所

晉陵縣治

縣治舊在內子城西南化洞橋淮南楊氏展築羅城

徙外子城東邗溝上

敬簡堂在廳後　盡心堂在廳後西偏

宣嘉堂在廳事東大觀間令李景得古甓有篆文曰

位至公卿功冠天下久令名宣揚萬姓吉昌宜子壽奇

古時堂初建取二字以名

不濁堂在宣嘉亭南面小池

縣丞廳

廳在縣治西偏

主簿廳

廳在縣治西十餘步

吉六十四　志五　七

縣尉廳

廳在縣東南通吳門外三里

武進縣治

縣治在金斗門外街西

瞻衮堂在廳事西章子厚嘗宰是邑故名

縣丞廳

廳在縣治東偏有松槐堂

主簿廳

廳在縣治東

縣尉廳
廳在縣南廣化門外
無錫縣
縣治在大市橋西
鼓樓在縣橋北
宣詔亭在鼓樓東
頒春亭在鼓樓西
正廳在鼓樓後東西兩廡各十餘楹
書簾在廳後

平清堂在書簾東
不欺堂在平清堂東
清心堂在書簾西
九峯亭在縣圃西
縣丞廳
廳在縣治東
主簿廳
廳在縣治西
縣尉廳

廳在丞廳東
監務廳
廳在縣治東
宜興縣治
縣治在荊溪北
鼓樓在縣治前城門上
宣詔亭在城門內左
頒春亭在城門內右
廳事在鼓樓後

清心堂在廳西
無倦軒在清心堂後
明生堂在廳東
勤清堂在廳後
巢鳳亭在縣圃
見山亭在縣治後城門上
瑞蓮亭在縣治北有橋跨城濠
巖月亭
繞碧亭並在縣圃

縣丞廳
廳在縣治東有直節堂
主簿廳
廳在丞廳東有高士堂
縣尉廳
廳在縣治北城外有巢僊堂直軒竹齋
監務廳
廳在縣治東南稅務
館舍
州
荊溪館舊名毗陵驛在天禧橋東枕漕渠以通荊谿
故名南唐徐鉉嘗有驛橋風月之句（見詞翰門）紹興末
高宗皇帝親征逆亮
車駕幸金陵及還　行都皆嘗
次荊溪館（事見會要）
西行衙在天禧橋東荊溪館西
使星亭在西行衙東
弭節亭在使星亭東

志五　十

荊溪堂舊志云在法濟寺前毗陵驛之東（按舊志記法濟寺前今寺改爲縣學學前隙地即其故基也）
高宗皇帝　建炎三年及　紹興七年
車駕往來金陵嘗一再
次荊溪堂（事見會要）
見山亭舊志云在崇勝寺前與河之南獨孤公所遊
東山相望故名
白雲亭在天禧橋西
皇華亭對薦福寺街南
光華亭在通吳門內街北
艤舟亭對光華亭
如歸亭舊名觀風在朝京門內
晉陵
寅賓亭舊名盍簪在通吳門外二里尉廳之右其廢
久矣咸淳三年史守能之重建稍近城闉易今名
武進
朝京館在朝京門外一里舊傳高麗亭以高麗入貢
嘗館于此初曰如歸（紹興間徐守天民重建改今名）

志五　十一

無錫

太平驛在縣東百步

南門驛在縣南二里

北門驛在縣北一里並東臨運河

五里亭在縣北五里西臨運河梁紘塘通梁溪直抵惠山又有五里橋

宜興

陽羨館舊名迎華驛在遵義坊北臨荊溪唐張祜有荊溪館呈崔明府詩云長橋今夜月遠櫓下搖聲治平中令樓閌重建紹定初令趙與悊撤而新之取唐人艤舟陽羨館之句改今名

泳飛亭舊名弄舟在迎華驛前今爲放生之所故名

重修毗陵志卷第五

重修毗陵志卷第六

官寺二

國家取民有制曰常賦曰征榷帑廪出納所以供公上給郡計也毗陵賦入今不逮昔而調度無異嵗時爲之用之盡知所處矣

倉庫

州

糴納倉在州橋南街東紹興四年俞守俟始創三廪多寄納於寺觀八年王守縉復增八廪又於倉後濬河以便漕餫歲久堙廢今爲廪十有一廳屋三楹爲受給之所

常平倉附糴納倉廪有三

軍資庫總十有七楹在譙門内東偏紹興詔録參專監通判提舉簿書並同簽署

大軍庫在軍資庫東

常平庫在軍資庫西

江防庫在軍資庫東

糴本庫在軍資庫西

牙兌庫在軍資庫西
都倉錢庫在軍資庫西
折帛庫在軍資庫北
夏稅庫在軍資庫東
贓物庫附軍資庫
經總庫在通判廳東廡宣和三年置經制司建炎五
年置總制司舊以守貳遞掌而隸提刑司後因版
曹有請專屬通判主管焉
惠民藥局在金斗門裏　寶祐間奉　旨創建

甲仗庫在設廳東廡至道中詔諸路教閱軍士官給
弓矢知通提舉都監同主管其正監官遞宿焉
架閣庫在小廳西廡倉庫令州以職官縣以丞簿尉
掌焉諸案牘三年一檢簡申監司委官覆閱除之
其應留者移別庫 今廢
雜物庫在小廳西廡
公使庫　國初命諸州置公使庫過客必館寓下逮
吏卒亦給口券此古者使食諸侯之義也
酒庫總四十餘楹在小廳西

錢庫在小廳西廡
銀器庫在公使庫西
帳設庫在小廳西
醋庫在薦巷開寶中詔聽官酤熙寧間令抱課息餘
助公使庫 薦巷舊基尚存今徙孟巷
設廚在浙西道院西

晉陵

省庫在縣治

武進

省庫在縣治

無錫

省倉在縣南
常平倉在省倉西
省庫在縣治

宜興

苗倉在縣城門西
麥倉在縣城門東
常平倉在通真觀前

省庫在縣治

場務

州

合同場在天禧橋西政和二年詔行茶引法廢諸州

榷貨[illegible]馬

造舡場在迎秋門外今廢

莝草場在青山門外今廢

都酒務在金斗城外街東

比較務舊在新坊橋北政和間置

瞻軍務舊在光孝寺後紹興間置乾道皆併入都酒務故俗稱三酒務

都稅務在元豐橋東

樓店務　國初始置於京師又爲店宅務後行之諸郡務久廢所收省地錢以户曹掌之

平准務舊在都稅務西今廢

窑務舊在通吴門外今廢

慶豐園在州橋南

如春樓在大市舊名和旨後改最高又易今名

花月樓在都稅務西

晉陵

橫林務在縣東二十五里

村坊四十有四以下縣村坊其見開者皆淳祐初年數後多停閑

見開

橫山　網頭　史墅　大劉　于塘前

魏橋　洛陽　吳村　周橋　西角東

運村　徐沈　董墅　王墅　新安

符墅　塘門　金斗　梅村　卞墅

王莊　羌墟　穀薛　新村　西流溝

夏墅　許墅　石墅　後塘　車塘

停閑

前黄　虞橋　練墺　南城　鄭陸

黄墅　西角西　關店　胡橋　于塘後

犒賞庫

陳莊　薛堰　板橋　萬春

武進

奔牛務在縣西

萬歲務在縣北
青城務在縣北
村坊四十有四
見開
後餘 皇里 黄土岸 戚莊 余宅
破墩 平原 安橋 卜弋 董莊
蕭村 牙村 夏莊 赤岸 前魚
湯村 塘陽 鄒墟 戚莊東 孫莊
沙子 西李莊 高梅 東李莊 占石
者塘 韓莊 禄城 謝莊 趙莊
停閑
由村 楊莊 陳鴈墅 段莊 張莊
犒賞庫
大吴 邢村 路莊 遂村 三尚
胡莊 董薛 符莊 查墟
無錫
酒稅務在縣南大市橋
望亭務在縣東南

村坊四十有四
見開
賈橋 富村 胡埭 前市 吴戴
蠡頭 宋店 王巷 馮堰 徐塘
梓堰 明德 麻糖 太平北 甘露北
青祈 沙頭 李村 馬橋 鄭店
五牧 西張塘 曹坊 羅店 太平西
停閑
閶江 板橋 利國 甘露南 陸墟南
陸墟北 北張塘 余洪 葛埭 板村
長缸
犒賞庫 内潘葑洛社隸激賞所
潘葑 慶城 洛社 祝塘 錢橋
佐村 吕村 趙墓灣
宜興
酒稅務在縣東南通津橋東
湖洑務在縣南四十里
張渚務在縣西南七十里

村坊六十有五

見開

定誇　道村　祝陵　西陽渚　六平西

離群　上王　鍾離　耒村　又曹義

裴莊　務莊　韋莊　姚村　餘霧

苦竹　謝莊　安樂　南馮墅　市橋

杜橋　宛莊　溪口　後許　胥村

凰川　正曹義　正袁村　官村　葛墟

符莊　莊村　梅村南　梅村北　五牧

四圖　黃土南　黃土北　虞山水東五牧

北馮墅　大浦　廟瀆　大墟　陽山

赤石　上百瀆　塘頭　柯莊　杜莊

永定　王莊　格南　冨村　五城上

五城南　又袁村

停閑

潘橋

犒賞庫

周村　潼渚　六平東　虞山水西遺蹤

重修毗陵志卷第七

秩官一

太伯開國於吳毗陵實在封域之内秦人易封建而郡縣始置守令漢兼用之由魏以後封爵漸爲虛名罕復就國今取其姓字見於史册者書之若使名之置沿革不一且兼統諸郡難獨載於本郡之志惟所領顯然見郡名者則著焉

歷代封統 總四縣

商

太伯太王長子立於吳

仲雍繼立

周

周章仲雍曾孫武王因封於吳

斌周章少子封於安陽

吳

季子札壽夢第四子封於延陵

楚

黃歇爲考烈王相請封江東王許之城故吳墟自爲

郡邑

西漢

靈常高帝十二年封陽羨侯邑二千户詳見叙縣

靈賀常子龔封陽羨侯

靈長賀子襲封陽羨侯

東漢

蔣澄建武間封函亭鄉侯

蔣通澄子封陽羨西亭侯

蔣休澄子丹陽太守襲封函亭鄉侯

孫策封吳侯

魏

孫權封吳王

吳

朱治始仕漢建安中為九真太守扶義將軍以婁由

拳無錫毗陵為奉邑黃武元年封毗陵侯

孫紹封吳侯策子

陸景字士仕以尚主拜騎都尉封毗陵侯

孫紹為柏封陽羨侯

晉

悼王軌字正則武帝子拜騎都尉追封毗陵

始平王子儀武帝孫太康十年初封毗陵

顧祕與周玘共討石冰以吳興太守都督揚州九郡

軍事

周玘處長子永興間三舉義兵別立義興郡以表其

功

札處幼子以討錢璯賜爵漳浦亭侯

錢廣與周玘平陳敏追贈永世縣侯

元帝諱睿永嘉元年為安東將軍鎮建鄴都督揚州

江南諸軍事

哀王沖元帝第三子嗣東海世子毗後詔以毗陵增

本封邑萬户避世子諱改毗為晉

周筵處族子以討王敦加冠軍將軍都督會稽吳興

義興晉陵軍事

顧衆字長始吳郡人以前義與太守與弟颺舉義兵

討蘇峻始為本國督護尋為五郡大督護統諸義

軍討賊張健等又假揚威將軍督護吳晉陵軍事

颺爲護軍參軍監晉陵軍事
虞潭餘姚人爲吴興太守以討蘇峻加輔國將軍督
　三吴晉陵宣城義興五郡軍事
王允之舒之子以討蘇峻行揚烈將軍督護吴郡義
　興晉陵三郡軍事
郗鑒高平人爲侍中以討賊劉徵加都督揚州之晉
　陵吴郡諸軍事
何充廬江人建元初以驃騎將軍出鎮京口都督徐
　州揚州之晉陵軍事

褚裒字季野爲侍中衛將軍授都督徐兖青揚州之
　晉陵吴國諸軍事徐兖二州刺史假節鎮京口
郗曇鑒之孫以北中郎將都督徐兖青幽揚州之晉
　陵諸軍事領徐州刺史
范汪以安北將軍都督徐兖青冀揚州之晉陵諸軍
　事
郗愔字方回以輔國將軍都督徐兖青幽揚州之晉
　陵諸軍事領徐兖州刺史
謝玄字幼度少爲叔父安所器重苻堅入寇詔爲前
　鋒都督徐兖青幽州之燕國揚州之晉陵諸軍事
謝安字安石以總統功拜太保上疏北征進大都督
　揚江荆司豫徐兖青冀幽并梁益雍凉十五州軍
　事加黄鉞
譙王恬字元瑜宣帝從曾孫忠正有幹局勳望在宗
　室右孝武帝命爲都督兖青冀幽并徐州之南北
　部揚州之晉陵諸軍事
王恭字孝伯蘊之子以前將軍鎮京口爲都督兖青
　冀幽并徐州晉陵諸軍事

張玄之以才學顯孝武帝時封晉陵侯自吏部尚書
　爲吴興太守時謝玄爲會稽内史同年之郡人稱
　南北二玄

宋

劉道憐都督兖青二州晉陵京口淮南諸郡軍事
彭城王義康以南徐州刺史都督南徐兖揚州之晉
　陵諸軍事
江夏王義恭監南徐兖揚州之晉陵諸軍事尋進都
督

孝王子雲孝武帝子封晉陵

齊高帝諱道成姓蕭氏歷位相國以南徐州之蘭陵
晉陵義興等十郡封齊公

齊

許勇慧太子家令封晉陵縣侯

梁武帝諱衍姓蕭氏始仕齊中興二年加揚州牧以
南徐州之義興等十郡封梁公尋爵為王又以十
郡益所封國晉陵在焉

梁

陳高祖武帝父文讚梁太平元年追封義興郡公

陳武帝諱霸先始仕梁承聖二年鎮京口授大都督
中外諸軍事東討至義興太平元年封義興郡公
賜印策二年進相國以南徐州之義興等十郡封
陳公尋爵為王又以十郡益所封國晉陵在焉

陳

張種字士苗歷侍中中書令大建初累賜無錫嘉興
縣秩

蕭琢後梁明帝子封晉陵郡王

唐

膠東郡王道彥世祖孫武德初封義興郡公進封王

高儉字士廉武德五年封義興郡公

越王泰貞觀二年正月除使持節大都督揚州常潤
十六州諸軍事以後置巡察觀察節度等使並見郡縣表

蔣儼封義興縣子

義興郡公皓高祖孫江王元祥子

節愍太子重俊中宗子聖曆三年初封義興郡王

晉陵王倜元宗孫徐王琁第三子

蕭昕梁鄱陽王恢七世孫大曆中封晉陵侯後進郡
公

郇王總順宗子正元四年授少府監初封晉陵

蔣乂封義興縣公

晉陵郡王瀛憲宗孫

五代

徐溫僞吳時為兩浙路招討使鎮潤州以昇潤宣常
池黃六州為齊國

李景遹南唐昪從子昪元初封晉陵郡公

國朝
丁德裕以東南路行營都監內客省使爲常潤等州
經略巡檢使
崔彥進從征太原爲先鋒還常州防禦使
馬仁瑀從平澤潞領常州防禦使

歷代郡守太守秦置兩漢三國因之晉宋然惟諸王所封則曰內史隋亦曰太守唐初改郡爲州太守爲刺史天寶審復改爲郡及太守至德復舊迄唐末五季不改

晉
張闓字敬緒丹陽人元帝時爲晉陵內史有威惠所
部四縣旱立曲阿新豐塘溉田八百餘頃今縣有新豐鄉
葛洪晉著頌後蘇峻之役與陶回共督丹陽義軍
闓至晉陵命內史劉耽運粟給餉以功加散騎常
侍
羊曼字祖延太傅祜兄世孫元帝時歷尚書吏部郎
爲晉陵太守
顧和字君孝吳郡人王導稱之曰珪璋特達機警有
鋒不徒東南之美實爲海內之俊遂知名太寧中
領晉陵太守以政著稱
郗邁鑒兄子爲晉陵內史謙愛養士爲流亡所歸擢
兗州刺史
王蘊字叔仁簡文帝時補吳興太守甚有德政徙晉
陵復有惠化百姓頌之太元二年爲徐州刺史督
江南晉陵諸軍
江灌字道群陳留人與兄道齊名初爲州治中歷晉
陵太守
殷仲堪陳郡人父師驃騎諮議參軍晉陵太守嘗表
太伯墓仲堪初任著作郎繼領郡禁產子不舉父
喪不葬所有條教甚有義理
吳隱之字處默鄄城人儒雅廉介事親至孝由尚書
郎累遷晉陵太守在郡清儉妻自負薪入爲中書
侍郎
劉牢之字道堅彭城人沈毅多計畫破苻堅累加輔
國將軍領晉陵太守後代王恭都督兗青冀幽并
徐揚州之晉陵軍事子敬宣
敬宣繼拜晉陵太守與諸葛長民破桓歆於芍陂遷

建威將軍
滕恬之孝武時爲晉陵太守苻堅子丕請降謝元命
渡河守黎陽
王茂之字興元晉驃騎將軍廙之孫少有美譽仕至
晉陵太守
諸葛長民琅邪陽都人有文武材幹義熙初持節青
揚二州軍事領晉陵太守鎮丹徒
劉耽沛國相人簡文帝時爲晉陵太守亦知名
宋
袁顗字景章陽夏人初爲豫州主簿累遷晉陵太守
王蘊字彥深始爲廣德令歷晉陵義興太守
齊
王亮字奉叔以名家擢晉陵太守在職公清有美政
梁
蕭昱字子真武帝從子歷中書黃門侍郎普通間爲
晉陵太守下車勵名迹明憲法除苛戢姦不旬日
郡境肅然卒于官百姓感泣爲立廟建碑復請于
朝詔贈襄州刺史謚恭子

蕭懿字光達高帝長兄始仕齊歷晉陵太守以善政
稱後封長沙郡王
蕭曄字通明文帝孫美姿容善談辯歷給事黃門侍
郎出爲晉陵太守乘折角車被儒服名盛海內爲
宗室推重
蕭直武帝孫封永新侯位晉陵太守
杜僧明字洪照廣陵人少有膽氣以討侯景功進爵
爲侯仍領晉陵太守
謝舉字言揚陽夏人與兄覽齊名江淹一見嘆曰所
謂御二龍於長塗武帝時遷吏部尚書爲晉陵郡
與義興僧遷講經論後爲右僕射
孫廉字思約東莞人天監初爲晉陵太守居官平直
以善政稱時從父謙爲五郡太守亦有惠化武帝
曰東莞二孫廉謙而已
劉孺字孝稚彭城人少聰敏叔父瑱爲義興郡攜之
官每謂客曰吾家明珠也大同中守吏部尚書爲
晉陵太守在郡和理爲吏民所稱入爲侍中
范岫字懋賓考城人博涉書傳尤悉魏以來故事沈

約稱之曰范公好書該博胡廣無以加居官廉介
在晉陵時惟作牙管筆一雙猶以為費

陳

王勱字公濟琅邪人始仕梁為給事黃門侍郎歷晉
陵太守時當兵飢後為政清簡吏民便之太建元
年累遷尚書右僕射時東境大水命再領郡威惠
尤著郡人請立碑頌詔許之
蔡凝字子居考城人博涉有文太建元年歷中書侍
郎遷晉陵太守將之郡吏勑左右修中書廨宇謂

三卅四 志廿 十二

賓友曰庶來者無勞
陰鏗字子堅武威人博通史傳尤工五言天嘉中為
始興王錄事參軍累遷晉陵太守
殷不害字長卿長平人家世儉約事老母養小弟以
篤行稱除司農卿出為晉陵太守召拜光祿大夫
孔奐字休文會稽人為太子中庶子永定二年除晉
陵太守晉陵自宋齊以來為大郡雖經寇擾猶為
全實前後二千石多侵暴奐清白自守妻子並不
之官單船造郡所得秩俸分贍鰥寡號曰神君入

為御史中丞
王猛字世雄本名勇晉尚書僕射五世孫太建中為
晉陵太守威惠兼舉姦盜屏息人以比趙廣漢

唐

李玄道隴西人正觀中累遷給事中擢為常州刺史
風績清簡下詔褒美久之加銀青光祿大夫歸第
薛謙光以與皇太子名同改名登義興人通貫文史天授初累遷
左補闕時選舉濫甚登上疏謂古之取士崇考素
行之原詢鄉曲之譽長安間選臺閣賢望分典大

三八十二 志七 十三

州得韋嗣立楊再思等十九人謙光在選中領鄉
郡後居官可紀焉
齊澣字洗心定州人少聞敏李嶠稱有王佐才開元
中遷給舍論駁詔誥皆援古誼時號解事舍人歷
常州刺史政尚清簡
盧奐懷慎子天寶初為晉陵太守以清白聞見詳符經本傳
不載
李栖筠字貞一趙郡人幼莊重有遠度為文勁迅族
子華稱有王佐才肅宗時拜工部侍郎慨然有安

祖望元載忌之出爲常州刺史歲旱編甿流徙乃浚五渠通江流漑田歲大稔興起學校堂上書孝友傳示諸生

獨孤及字至之雒陽人性孝友爲文長於議論代宗時遷左拾遺歷舒濠二州賜金紫徙常州治尚平易民皆安之甘露降其庭□祖三檜至今猶存丗比之甘棠韓舍人嘗有詩云滿朝山水國舊日風流地右軍年尚少三領東方騎有文集刊于郡齋

蕭復字履初瑀之後以清操著忤時宰出爲常州刺史大曆中有司差天下刺史治最與潤州蕭定濠州張鎰俱第一陸贄奏議云復刺常州閲其治行雖云戚屬修勵清貞建中間同平章事

韋夏卿字雲客萬年人大曆間累遷給事中出爲常州刺史爲政簡易不事條教嘗爲獨孤東山記

李巽字令叔贊皇人累遷左司郎中出爲常州刺史長於吏事吏有過秋毫無所縱股慄讋息常如與巽對

盧元輔字子望懷慎曾孫德宗朝拜左拾遺□□□介能紹祖風歷常州刺史以課最召累遷兵部侍郎

穆贄字相明河内人爲常州刺史有政聲見舊經本傳不載

辛祕隴西人禮學殫洽憲宗初拜湖州刺史時李錡反先取支郡以祕儒者易之祕與逆戰斬賊將進

焚營壁錡平賜金紫遷常州刺史

孟簡字幾道平昌人元和中拜諫議大夫以論事出爲常州刺史浚導孟瀆漑田千頃以勞賜金紫召拜給事中又浚無錫泰伯瀆詳見山水

李從誨襄邑恭王神符五世孫寶曆初擢第歷侍御史知雜事出爲常州刺史鎮海軍節度使李瑑表其政賜金紫

賈餗字子美河南人美文辭開敏有斷累遷考功郎知制誥拜常州刺史舊制兩省出使得朱衣吏前導因用之白居易有戲和賈常州醉中二絕云聞道毗陵詩酒興近來積漸學蘇州

楊虞卿字師臯弘農人累遷給事中出爲常州刺史白居易送別詩云無嗟別青瑣且喜擁朱輪劉禹

錫詩云曾主魚書輕刺史今朝自請左符來
盧鈞字子和范陽人歷監察御史爭宋申錫獄遂知
名進吏部郎中出爲常州刺史有政績遷給事中
後爲左僕射
馬植字存之晉爲安南都護精於吏事政不煩擾裴
休薦之召還出爲常州刺史
楊假字仁之馮翊人歷浙西判官擢監察御史歷常
州刺史
李子智
竇德明襲封鉅鹿郡公並爲晉陵郡太守
李延道姑臧人秦府學士
長孫濬無忌子長安伯
盧幼孫范陽人
韋昭理見素從弟
韋晉承慶子
房挺覲從子
褚琇遂良從孫給事中
崔巽元暐孫

盧瑗翰從子
李翦襄邑恭王神符五世孫
崔璫珙弟
楊恂字莊巳虞卿孫
孫會河朔人晉安縣男
孫徽河朔人並爲常州刺史並見世系表
李孝逸咸亨二年爲常州刺史三月移越州都督
姚元之景龍元年自越州都督授常州刺史
杜庭誠天寶七載爲晉陵郡太守
裴肅正元十四年以御史中丞爲常州刺史九月移
浙東觀察使
賈全正元十八年爲常州刺史正月移浙東
李遜元和五年以前常州刺史授浙東觀察使
薛戎元和十二年爲常州刺史正月移浙東並會稽志
朱實中和四年
張崇天祐三年並常州刺史
五代
李遇僞吴時爲常州刺史安仁義及焚東塘遇出戰

大駡之仁義止軍曰李遇敢辱我乎遇設伏退賊
追至夾岡而回
睦昭符金陵人南唐保大中爲常州刺史州當吳越
之衝屢交兵城邑荒凉政務寬簡招納逋亡未幾
富實
趙仁澤保大中爲常州團練使吳越兵犯境力戰被
執歸錢塘見王不拜責以背盟王怒抉其口至耳
竟不屈相臣元德昭命傅良藥尋愈
姚鳳保大中爲常州團練使
張訓僞吳時
張伯悰吳順義中
徐景邁吳天祚二年
禹萬誠南唐時 並常州刺史

歷代縣令

東漢

袁玘會稽人爲陽羨長始造長橋以利涉邑人至今
賴之爲立廟歲時祠祀不絕
孫權年十五兄策定諸郡以爲陽羨長

晉

賀循山陰人舉秀才除陽羨令以寬惠爲本

宋

劉道産爲無錫令有能名
劉秀之爲無錫陽羨烏程令著能聲

齊

高爽博學多才劉俊爲晉陵令爽經途詣俊俊了不
相接爽甚銜之俄而爽代俊爲令俊迎贈甚厚爽
受餉答書人問故答曰彼自餉晉陵令耳何關爽
事其機悟類此
蕭坦之南蘭陵人父欣至武進令坦之爲世祖爲知
除蘭陵令

梁

伏挺曼容孫幼未舉秀才策爲第一累爲晉陵武康
令
張盾字士宣以謹重稱爲無錫令後馮湘東王記室
死之日家無餘財惟文書千卷酒米數甕而已
劉潛字孝威與諸兄弟相勉以學並工屬文爲陽羨

令甚有稱績

南唐

徐延休會稽人天祐中攝義興令勤卹民事初郡守督事多遣小吏延縣爲民患延休箠而遣之刺史王彥章服其剛正貽書謝過二公錯銓皆知名

楊廷式清叔人爲義興令以清苦爲政民甚安之

重修毗陵志卷第七

重修毗陵志卷第八

秩官

國朝郡守

唐制守臣結銜曰某州刺史五閏亦仍故號藝祖革藩鎮之弊凡諸郡入版圖率命朝臣出守曰權知州事三朝史職官志云端拱後去權字毗陵先屬南唐 開寶七年遣內客省使丁公德裕監吳越軍來討明年刺史禹萬誠以城歸我因命丁公權知焉郡有舊題名燬於建炎兵火 乾道間晁守子健得舊録刻諸石乃謂始於 建隆闕丁公不書自此迄 元符末官職歲月十八九誤且有遺逸氏名亦間舛今別搜討凡國史實録諸書及碑刻所載官職歲月灼然可信者乃書于氏名之下否則闕傳信也至陳守綬以下則有洪公遵所作廳記強守行父而後又各官自書咸得其實焉

晁記書張守方回淳化三年到任繫資善堂講書張乃天禧元年到且資善大中祥符九年方建又書楊守促至道元年到任帶顯謨閣學士促當作佩顯謨藏神宗御集元符元年方建又書邵守必寶元元年到任帶徽猷閣學士邵乃皇祐四年在任徽猷藏哲宗御集大觀二

三三五八 志八

年方建又書陳守襄至和二年到任帶秘閣直
學士陳乃嘉祐六年到帶祕閣校理碑誤率類
此不容偏舉此編上
因其氏名餘不取

丁德裕 開寶八年五月内客省使常州行營兵馬都監權知州事見實録及正史本傳晁記闕

固惟畢 晁記始此但李公沆等進太祖實録表亢命知州悉存姓名不書此

杜載 開寶九年九月右贊善大夫見實録

鄭仲

石皓之 舊圖經止書石公於太平興國四年更立夫子廟於州治之西

柳開 太平興國右贊善大夫後遷殿中丞改知潤州見正史本傳

臧曄

山靖

石熙政 晁記書石公熙政開寶三年到按登科記太平興國六年公方登第兼郡未入故圖

趙籍

郯元規

欒穎

趙化基

張獻可

石該 晁記書石該郭仲恭寶謚崔育皆帶太子太保按三朝史王溥傳國初進司空乾德二年罷爲太子太保故事一品班臺省後太祖曰溥舊相當寵異之即令分臺省班於

東西又 兩朝史職官志叙遷之制太子太
保在左右僕射上秩嘗如此豈列郡守臣所
帶兼考史録諸書四人未嘗爲顯官記
誤兼仲恭乃允恭自帶右階遂見後

周幹臣 宜興縣天申宮止有景德四年尚書都官員外郎知軍州周幹題詩石刻

張子發

呂希之

陳漸

郭仲恭 當作允恭宜興縣天申宮按金龍玉簡石刻有天禧元年四月崇儀副使銀青

張方回 宜興縣天申宮有天禧元年十二月知郡事張方回題詩石刻

馮敢

楊促 當作侃

甯謚

崔育

王仲庸 當作賡本州天慶觀重修三清殿石刻有天

劉賡 聖六年二月尚書都官員外郎知軍州劉賡繫銜

張太沖

夏侯度

李餘慶 天聖七年國子博士後卒於郡葬横山見墓所章望之所撰遺愛録石刻

胡士舉

李昭述　無錫慧山寺重刊陸羽寺記有天聖八年六月尚書屯田員外郎知軍州李昭述繫銜

陳商

郭維

王寔　當作湜本州天慶觀道經傳授圖石刻有景祐四年七月尚書祠部郎中集賢校理知軍州王湜繫銜

王盤

胡端甫

孫仲謀

志八　四

張和之

丘崇道

郭大同

邵必　宜興縣天申宮有張公洞三大字石刻云人守丹易不疑所書皇祐壬辰□□公字壬辰繫四年

彭思永　廬陵人皇祐元年以都官員外郎知常州先時郡多火灾公至其患遂息後尋召為侍御史見明道所撰行狀

胡楷

呂憲

沈之柔

范時道　當作師道嘉祐元年九月以侍御史出守二年四月除廣南東路轉運使見通鑑長編

王安石　嘉祐二年太常博士三年二月除江南路提點刑獄見文集年譜及通鑑長編

沈康　嘉祐三年二月尚書度支員外郎集賢校理新江南東路提點刑獄改知軍州四年五月權管勾南京留司御史臺見通鑑長編吳記元闕

陳求古

路遠

劉述

陳襄　嘉祐六年尚書祠部員外郎祕閣校理在任遷度支司封員外郎治平元年以開封府推官召見葉祖洽所撰行狀

鄭申　元豐中

志八　五

王説　治平四年尚書職方員外郎見王安國州學記熙寧二年三月衝替見通鑑長編

楚泰

王诊　當作汾無錫縣惠山寺有熙寧四年八月尚書司封員外郎集賢校理知軍州王汾所跋曾大父翰林尚書公禹偁題詩石刻

佘從周

徐九思

范子諒

石元令

董組

張安尚

李孝鼎

錢景湛

周濟　本州天禧橋東直武殿有元祐九年正月右朝奉大夫知軍州周濟題扁板刻哲宗[illegible]寶録元祐四年十一月三省言承務郎已上至朝請大夫欲分左右進士加左字餘人加右字從之此制至紹聖二年方改故周守階官有右字

曾永昌

廖正一　紹聖二年見舊圖經建虛白堂注祕閣校理見鄒忠奏議（公）

何琬

呂公雅

真子襟

張徹　宜興縣天申宮有[illegible]通判杜公子民詩石刻云元符庚[illegible]日庚辰繫三年

陳綬　崇寧元年朝奉大夫自此以下洪公遵所記廳壁姓名

朱彥　崇寧元年閏六月以朝散郎守給事中降承議郎出守八月降奉議郎見祐陵事實及江陰縣中[illegible]李子廟碑此貞洪記[illegible]晁記所增

邵饒　崇寧三年[illegible]朝散大夫直龍圖閣三年五月改知蘇州階官見光孝寺石刻

李孝節　崇寧三年十月朝請郎四年十月改知潤州

燕若蒙　崇寧三年正月朝散大夫大觀二年十月改除浙漕

徐申　大觀二年十月朝請大夫提點太常寺大成樂政和元年十二月滿

張綬　政和元年十二月中大夫三年三月宮觀

晁端誠　政和三年四月朝請大夫三年八月滿

葉唐稽　政和五年六月朝請大夫七年八月滿

安沫　政和七年八月朝請大夫宣和元年十月滿

何處厚　宣和元年十月朝請郎直祕閣三年五月提點建隆觀

魏憲　宣和二年十月朝奉郎直龍圖閣三年五月除太常少卿

劉光　宣和三年五月朝奉郎在任累轉朝請郎五年四月再任六年四月衝罷

蔡佃　宣和六年四月朝散郎徽猷閣待制七年五月罷

方闓　宣和七年六月朝散郎八月改除江東提刑

何兗　宣和七年十月朝請郎在任累轉朝散大夫建炎元年十一月滿

周杞　建炎元年十一月朝散郎在任累轉朝請大夫除右文殿修撰兼管內安撫四年六月罷

張銳　建炎四年五月奉議郎直祕閣七月改知秀州貞洪記闕亦晁記所增

徐天民　建炎四年七月左朝散大夫直徽猷閣紹興二年五月改除浙東提刑按李心傳繫年[illegible]紹興元年九月詔文臣寄祿官依元祐法分左右字用樞密院編修官揚愿請也又[illegible]雜記淳熙改元有趙善俊請省去從之故自此至乾道末曾守總所帶階官有左右字

俞俟　紹興二年五月右朝散郎在任累轉朝奉大夫四年五月滿

晉至　紹興四年五月左朝議大夫三年月改差充都督府主管機宜文字

鄭作肅 紹興五年閏三月左朝散郎直祕閣七年三月赴召
謝潡 紹興七年三月右朝散郎七月罷
虞澐 紹興七年五月左承奉郎直龍圖閣在任累轉宣教郎八年十月衝罷
韓肖胄 紹興八年十月端明殿學士左中大夫十一月赴召
王縉 紹興九年正月左朝奉大夫直祕閣十一年正月滿
秦梓 紹興十一年二月左承議郎直祕閣四月改知湖州
陳正同 紹興十一年六月右宣義郎十三年七月滿
徐康 紹興十三年七月右朝奉郎十五年六月罷
葉三省 紹興十五年七月左朝請大夫九月罷

湯鵬舉 紹興十五年 月左朝散大夫直祕閣十六年六月除兩浙運判
強行父 紹興十六年七月右奉直大夫在任轉朝議大夫十七年十二月罷自此以下各官自書
黃積厚 紹興十八年正月左朝請大夫七月罷
莊必疆 紹興十八年八月左朝請大夫十九年四月罷
吳序賓 紹興十九年五月右朝請大夫十一月罷
錢周材 紹興十九年十二月左朝奉郎後除集英殿修撰再任二十三年閏十二月除敷文閣待制提舉太平興國宮
李琛 紹興二十三年閏十二月右朝散大夫改知提舉權提刑兼權二十四年四月改知[illegible]州

孟處義 紹興二十四年五月左朝奉大夫浙西提舉權提刑兼權被旨差往嚴州捕寇
黃敏行 紹興二十四年六月右承議郎權知江陰軍兼權十一月移知和州
錢秉之 紹興二十五年正月右朝散郎三月主管台州崇道觀
李流 紹興二十五年五月右朝請大夫浙西提舉權提刑兼權六月改知明州
杜師旦 紹興二十五年七月左奉議郎浙西提舉權提刑兼權
沈調 紹興二十五年十一月左中大夫二十六年正月改知揚州
榮薿 紹興二十六年二月右朝請大夫九月除直祕閣知臨安府
周石 紹興二十六年十一月右朝請大夫直祕閣二十七年正月改知泰州
梁仲敏 紹興二十七年三月左朝請大夫三十八年二月丁憂

莫伯虛 紹興二十八年四月右朝奉郎三十年二月罷
陳鼎 紹興三十年三月右承議郎通判臨安府被旨差權五月致仕
葉顒 紹興三十年七月左朝散郎三十二年四月主管崇道觀
郭棐敷 紹興三十二年五月朝奉郎在任轉朝散郎隆興二年正月罷
劉唐稽 隆興二年二月右朝散郎在任轉朝請郎乾道元年二月主管崇道觀
葉衡 乾道元年二月左朝奉郎二年十月超召除太府寺丞淮西總領
李瓘 乾道三年正月初四日右奉議郎當月十八日致仕
錢建 乾道三年二月左朝散郎在任轉朝請郎四年五月除浙西提舉兼權八月免權
李安國 乾道四年八月左朝請郎在任轉朝奉大夫六年八月赴召除戶部郎中

晁子健　乾道六年八月右朝散大夫在任轉朝請大夫八年八月滿

莫漳　乾道八年九月左奉議郎九年正月除司農寺主簿

沈祖德　乾道九年正月左宣教郎在任轉奉議郎八月除太府少卿淮西總領就改知饒州

葉模　乾道九年九月右朝散大夫浙西提舉兼權十一月免

曹總　乾道九年十一月右朝奉郎在任轉朝散郎淳熙元年十月改知衢州

陳舉善　淳熙元年十一月承議郎二年三月除直龍圖閣浙東提舉

陳庸　淳熙二年五月承議郎在任轉朝奉郎四年五月滿

楊萬里　淳熙四年五月承議郎六年正月除廣東提舉

李結　淳熙六年二月承議郎在任轉朝奉郎五月罷

章沖　淳熙七年七月朝奉大夫八年八月賑濟有勞轉朝散大夫九年七月滿

張孝貢　淳熙九年七月朝奉郎十一年七月罷

豐誼　淳熙十一年八月朝請大夫在任轉奉直大夫十一年十一月罷

林祖洽　淳熙十三年十二月朝請郎在任轉朝奉大夫十五年二月滿

吳珹　淳熙十五年四月宣教郎直徽猷閣十月除太府寺丞

張商卿　淳熙十五年十二月朝請郎十六年四月轉朝奉大夫十二月除淮南運判

李嘉言　紹熙元年二月朝散大夫十一月被召

曾三復　紹熙二年正月朝散大夫在任轉朝請大夫十一月改差御史臺檢法官

陳謙　紹熙二年十一月承議郎在任轉朝奉郎四年七月除湖北提舉

黃灝　紹熙四年十月朝請郎五年十月除浙西提舉

張貴謨　紹熙五年閏十月朝散郎賑濟有勞轉朝奉大夫慶元元年十一月被召次年正月離任除尚左郎官

趙君宣　慶元二年正月朝請大夫三年八月改知湖州

趙公豫　慶元三年八月中奉大夫四年七月除浙東提舉

王聞禮　慶元四年十月朝奉郎在任累轉朝請郎六年九月滿

李珏　慶元六年十二月朝散郎在任轉朝請郎嘉泰二年十月除湖北提舉

趙善防　嘉泰二年十二月朝散郎以職事修舉及磨勘轉朝奉大夫四年九月被召

葉籛　嘉泰四年十月朝請郎開禧元年五月與新知台州湯郎中兩易

馮璹　開禧元年五月朝奉郎在任轉朝散郎三年十月罷

劉董　開禧三年十月朝請大夫嘉定元年十一月守宫觀

李直養　嘉定元年十一月十七日朝散郎當月二十二日依舊知通州

王遇　嘉定元年十二月朝散郎三年六月除浙東提舉

張煒　嘉定三年七月朝請大夫五年七月除司農寺丞尋改湖南提舉又改知章州

趙善湘　嘉定五年九月朝散郎

呂祖平　嘉定六年十一月朝奉大夫八年十月差知徽州

趙伯麟　嘉定八年十二月朝請大夫

胡衛 嘉定十年四月朝散郎在任轉朝請郎十二年閏三月被召

趙崇模 嘉定十二年閏三月承議郎在任轉朝奉郎十四年四月滿

趙汝逵 嘉定十四年四月朝奉大夫十五年四月以寶璽恩轉朝散大夫十六年正月除軍器監丞二月除司農寺丞

史彌忞 嘉定十六年四月朝請大夫在任轉朝議大夫寶慶元年四月滿

趙彥悈 寶慶元年四月朝請郎在任轉朝奉大夫三年閏五月滿

史宣之 寶慶三年四月五日朝散大夫紹定二年五月滿

鄭必萬 紹定二年五月朝奉郎在任轉朝散郎十一月除將作監丞

江湛 紹定四年正月八日朝請郎當月十五日除淮南運判兼知真州

志八　十二

王定 紹定四年二月朝奉郎九月以皇太后慶壽恩轉朝散郎五年九月除浙西提舉

程有後 紹定五年閏九月朝奉大夫

陳艾 端平元年十月朝奉大夫二年二月轉朝散大夫十月除大理寺丞十一月除大宗丞二年四月除都官郎官

劉淶

何處信 端平二年十月奉直大夫嘉熙元年月罷

謝逵 嘉熙元年十一月二年正月除湖南提刑

衛樵 嘉熙三年六月朝散大夫[illegible]年九月改知[redacted]州

陳采 嘉熙三年十月朝奉郎在任罷轉朝請郎四年九月改知處州

宋慈 嘉熙四年十一月朝奉郎淳祐元年八月轉朝散郎二年三月賑濟有勞轉朝議郎當月除司農寺丞四月改知贛州未離任罷

陳昉 淳祐二年六月三年正月改知台州

章琰 淳祐三年四月朝奉郎直秘閣四年九月罷

陳大猷 淳祐四年十月朝奉大夫將作少監兼國子司業出守五年正月轉朝散大夫六月罷

王鎔 淳祐五年九月承議郎在任淳朝奉郎六年六月罷

王克謙 淳祐六年八月朝奉大夫直寶謨閣七年四月除左曹郎官

李迪 淳祐七年七月承議郎直秘閣八年四月轉朝奉郎八月除直寶謨閣知鎮江府權淮東總領

志八　十三

王圭 淳祐八年七月朝奉郎監行在諸司糧料院出守十一月以江淮茶鹽所賞轉朝散郎九年十月磨勘轉朝請郎十一年十二月以職事修奉轉朝奉大夫再任十二年七月滿

田文虎 淳祐十二年七月朝散郎樞密院編修官兼檢詳出守十一月轉朝請郎寶祐二年七月滿八月轉朝奉大夫十一月離任

陳均 寶祐三年二月朝奉大夫直祕閣十一月除倉部郎官十二月轉朝散大夫四年正月前去職

趙時澥 寶祐四年正月通直郎大理寺丞出守十月以經界賞轉兩官直祕閣五年十月除屯田郎官

馬揚祖 寶祐五年十二月承議郎司農寺丞出守六年四月兼權浙西提刑七月轉朝奉郎尋田司平江兼權淮浙發運司及府事

汪洵之 寶祐六年八月奉議郎司農寺主簿暫權十一月正除在任轉承議郎開慶元年三月起都堂稟議

衛宗武 開慶元年三月奉議郎監尚書六部門暫權七月正除閏十一月別與州郡差遣

陳桃 開慶元年閏十一月朝散大夫浙西提刑兼知景定元年四月罷

孫子秀 景定元年六月朝請郎浙西提刑兼知在任轉朝奉大夫九月兼免

黃大任 景定元年十一月承議郎當月以榮譜徽章轉朝奉郎十二月罷

汪立信 景定二年二月朝奉郎左曹郎官出守在任轉朝散郎六月兼浙西提刑八月正除

趙淲夫 景定二年十月朝散郎司農寺丞兼權左曹郎官出守三年閏九月罷

錢庚孫 景定三年十一月奉議郎軍器監簿出守四年正月有旨別與差遣

洪穮 景定四年四月郎將作監丞出守五年十月罷

孫吳會 景定五年十月朝請郎十二月乞替旨依

家鉉翁 景定五年十二月朝奉郎監行在諸司糧料院出守咸淳二年十月除太府寺丞當月改江西提刑十二月改浙東提刑

史能之 咸淳二年十二月朝奉大夫太府寺丞出守

重修毗陵志卷第八

重修毗陵志卷第九

秩官

郡官

毗陵昔為東南名邦　中興後且隸畿內分佐列屬亞節府舊志開寶長而逸餘官觀者無所從證非闕歟今舉郡邑官負闕之目沿革之繇必詳訂而備載之惟郡丞校官邑令壁記尚可攷因併記名氏焉

通判軍州事一負　國初乾德元年平湖南初命賈玭等為諸州通判開寶八年得常州亦命喬惟岳充職　天聖間避章獻太后家諱改為同判尋復舊廳關題名至隆興初陳倅撫創為之自　靖康曾倅緯始今於簡冊碑碣得十有八人冠于篇端 隋路道德為常州通守見大業記刘通亦為廣守唐寶知敬高翰為長史李核李寥為別駕李懷節為司馬並見唐世系表王遂以朝散大夫為司馬見忠佑捨宅造寺碑

喬惟岳 開寶八年五月太子中允見實録

王化基 太平興國二年大理評事見實録附傳

馬亮 通鑑長編云通判常州吏民有因緣亡失官錢籍其貲猶不足償連逮至數百人亮[illegible]

緩與之期不踰月盡輸所負羅處約使江東以治行聞擢知濮州注云不得其時因鑄錢事附見王道二年

聶震 景德四年大理評事祕閣校理見宜興縣重修周將軍廟石刻

魏昭文 天禧二年四月右贊善大夫見宜興縣天申宮投金龍玉簡記

董黃中 天聖三年屯田員外郎同判軍州事見晉陵縣橫山冲虛觀題誌石刻

劉立之 天聖六年二月承奉郎守殿中丞通判見天慶觀重修三清殿石刻

張昷之 蔡公襄誌公墓云大中祥符八年擢第授樂清尉拜調潤州觀察推官召還校館閣書遷殿中丞集賢校理通判常州

郭昭杲 景祐四年七月朝奉大夫行尚書庫部員外郎見天慶觀道經傳授石刻

謝絳 東都事略本傳云舉進士知汝陰縣遷光祿寺丞爲祕閣校理　仁宗即位尋出通判常州

黃本 治平四年十月駕部員外郎見王安國州學記石刻

錢垂範 元豐三年舊志橋梁門有宜興行縣事

蔡肇 紹聖三年七月見東都事略本傳及宜興縣張公善卷二洞何守瑰所和詩石刻

杜子民 崇寧元年七月朝散郎騎都尉見永福寺佛殿脊記

張元衡 大觀四年朝奉郎見江陰縣新建學門石刻

陳兗 宣和元年八月承議郎見永慶寺改神霄宮石刻

王松 宣和六年二月宣教郎見江陰縣壽聖院泛海觀音院記石刻

朱發 靖康元年八月見永福寺科舉鎖院題壁

曾緯 靖康二年四月通直郎建炎二年十二月罷自此以下陳卒撫所立題名內姓名

吳迪 建炎二年五月朝奉大夫三年二月罷

梁汝嘉 建炎三年五月承議郎直祕閣四年三月除提舉兩浙西路茶鹽公事

鄒漸 建炎四年六月左朝奉大夫紹興二年五月罷

鄭釋之 紹興二年七月右朝散郎九月與通判池州葛通直兩易

葛立隆 紹興三年正月右通直郎通理池州月日四年三月滿

祝仲卿 紹興四年三月右朝散郎五年正月丁憂

陳棐忱 紹興五年四月左朝散郎七年五月滿

楊從古 紹興七年五月右朝議大夫八年十月與通判鎮江府陳奉議兩易

陳惇持 紹興八年十一月左奉議郎通理鎮江府月日九年七月滿

王昞 紹興九年七月右奉直大夫十一年九月滿

王蘋 紹興十一年九月左宣教郎十三年十一月滿

向汲 紹興十三年十一月右朝散大夫十五年十二月滿

陳輝 紹興十五年十一月右朝奉郎十八年二月滿

張瑜 紹興十八年二月右奉議郎十月改差通判湖州

趙善良 紹興十八年十一月左朝奉大夫二十年二月滿

周方崇 紹興二十年二月左承議郎二十二年四月滿

陳森 紹興二十二年四月右奉議郎二十四年四月蒲

錢端立 紹興二十四年四月右朝請郎二十五年正月罷

孟充 紹興二十五年三月右朝請郎七月宮觀

秦烜 紹興二十五年八月右朝奉郎十月除光祿寺丞

沈濬 紹興二十六年三月左朝奉郎二十七年四月改浙西安撫司主管機宜文字

沈邦直 紹興二十七年六月右朝請大夫二十九年閏六月蒲

梁興祖 紹興二十九年閏六月右朝議大夫三十年三月罷

呂南夫 紹興三十年六月左朝奉大夫三十一年與通判鎮江府陳朝散兩易

陳森 紹興三十一年四月右朝散郎十一月宮觀

梅守卓 紹興三十三年閏二月左朝請郎十一月致仕

劉唐稽 紹興三十年六月差右承議郎未赴間改差權發遣軍州事

陳撫 隆興九年二月右承議郎九月轉右朝奉郎

葉安行 乾道元年四月右朝請郎三年五月蒲

沈作礪 乾道三年五月右朝奉郎四年十月丁憂

蔣誼 乾道四年十二月右承議郎在任轉朝奉郎七年正月蒲

葛鄰 乾道七年正月左朝散郎

邢孝錫 乾道八年六月右奉議郎在任轉承議郎

鄭定 乾道九年十二月右奉議郎在任轉朝奉郎淳熙三年二月差主管官告院

李淳 淳熙三年三月朝奉郎在任轉朝散郎四年六月罷

俞叔則 淳熙四年八月奉議郎六年九月蒲

潘昌期 淳熙六年九月朝奉大夫九年正月蒲

向友況 淳熙九年正月承議郎十一年四月蒲

王沆 淳熙十一年四月承議郎在任轉朝散郎十三年六月蒲

張維 淳熙十三年六月朝散郎在任轉朝請郎十五年八月蒲

俞洞 淳熙十五年八月承議郎在任轉朝奉郎十六年正月丁憂

汪擇善 淳熙十六年五月朝散郎紹熙元年正月罷

劉苢 紹熙元年四月朝奉郎三年六月蒲

秦熚 紹熙三年六月朝奉郎在任轉朝散郎五年九月蒲

莫頫 紹熙五年九月朝請郎慶元元年九月蒲

俞允成 慶元二年九月朝奉大夫

徐杞 慶元四年六月朝奉郎十一月罷

張宗穎 慶元五年二月朝散大夫六年正月宮觀

趙師岩 慶元六年四月朝奉郎在任轉朝散郎嘉泰二年五月蒲

韓景叟 嘉泰二年五月宣義郎四年七月蒲

趙時侃 嘉泰四年奉議郎開禧二年八月蒲

孔元忠 開禧二年八月奉議郎在任轉承議郎嘉定元年十月蒲

王柄 嘉定元年十月朝奉大夫二年七月丁父憂

魏珪 嘉定二年十月朝散郎四年十月滿

施累 嘉定四年十一月奉議郎六年十一月滿

李誠之 嘉定六年十一月宣教郎前國子錄八年十一月滿

徐自明 嘉定八年十二月朝散郎前太常博士在任轉朝請郎十年十二月差知永州

朱藻 嘉定十一年三月承議郎十三年三月滿

朱冥獻 以避太子諡改名景元嘉定十三年四月朝奉郎在任以磨勘轉朝散郎又以寳璽賞轉朝請郎十五年六月滿

衛㵾 三十七三 嘉定十五年六月奉議郎

志九 十六

孫起予 嘉定十七年七月承議郎在任以理宗登極恩轉朝奉郎寳慶二年八月滿

徐玠 寳慶二年八月朝奉郎紹定元年八月滿

陸垕 紹定元年八月承議郎

項得一 紹定三年十一月朝奉郎在任以皇太后慶壽恩轉朝散郎五年正月以疾丐祠

趙希賢 紹定五年六月奉議郎六年六月宫觀自此以下趙倅善璚所立續題名内姓名記

章樵 紹定八年十月朝散郎端平元年十一月除登聞鼓院

程士龍 端平一年三月朝散郎三年十一月罷

江師心 嘉熙元年三月承議郎二年正月罷

趙善璚 嘉熙二年閏四月通直郎繼以邉賞轉奉議郎三年十二月改差通判隆興府

黄約夫 嘉熙四年五月承議郎在任轉朝奉郎淳祐元年三月宫觀上政趙倅書交割與以次官添差通判黄承議但以添倅月日考之自相連接趙所書未然

譙習 淳祐元年六月朝奉郎三年八月滿

孫德之 淳祐三年閏八月奉議郎四年六月兩易通判廣德軍

史渭 淳祐四年八月朝奉郎十月仍舊回任通判廣德軍

朱詵 淳祐四年十一月朝散郎在任轉朝請郎六年十月滿

戚如杞 淳祐六年十一月承議郎七年六月改通判慶元府七月以戰事修舉特轉一官再任十一月差充尚書省提領田事所檢閲官

志九 十七

李仁衛 四百五十八 淳祐八年二月朝散郎兼尚書省提領田事所主管文字九年二月丐祠

沈愿 淳祐九年四月朝議郎十年正月丐祠

曾豫孫 淳祐十年十月奉議郎在任轉承議郎十一年十月差提轄榷貨務都茶場

趙必逷 淳祐十一年十一月奉議郎十二年四月浙西提舉司差委權管江陰軍

黄倓孫 淳祐十二年十一月承議郎寳祐二年二月丐祠

趙希悦 寳祐二年八月通直郎三年九月改辟浙西安撫司主管機宜文字

吴采 寳祐三年十二月通直郎四年六月旨别與一等差遣

趙與綸 寳祐四年十二月過直郎六年十二月滿

鞏耕 寳祐六年十二月朝奉郎開慶元年[redacted]月罷

崔同亨景定元年四月承奉郎在任累轉宣義郎三年四月蒲
何宗稷景定三年六月奉議郎五年十二月差監行在封椿庫
劉宗憲咸淳元年六月承議郎二年三月丐祠
司馬扛咸淳二年四月奉議郎

添差通判軍州事一員　宣和初本郡惟褚倅宗諤見碑刻　中興省於　建炎復於　紹興自二年至乾道九年九十有七人陳倅撫記正倅廳壁時併載之嗣是皆不書　淳祐九年李倅知至參之百官題名別紀之石　淳熙迄　開禧僅得二人由　端平鄒倅伸之而下則全備矣

褚宗諤宣和元年八月朝奉大夫求慶寺有改神霄宮石刻結銜
秦湛紹興二年四月右承議郎四年九月致仕自此以下元附正倅題名
孫邦紹興五年十月左朝奉郎六年九月改添差通判平江府
趙彥孟紹興六年八月左承議郎十年閏六月罷
陳裒紹興十二年七月右宣教郎十二月罷
張表臣紹興十三年十月右承務郎十五年七月罷
曾愜紹興十五年七月右宣義郎以鎮江府簽判改差十月罷
洪遵紹興十五年十一月左宣教郎十八年七月蒲
沈長卿紹興十八年正月左通直郎十二月改通■嚴州
汪伃紹興十八年十二月右承議郎二十年二月罷
周冲紹興二十年三月右朝請大夫二十二年四月蒲
自彥奎紹興二十二年四月右朝奉大夫二十三年二月致仕

詹堯謨 紹興二十三年四月右朝奉郎 二十五年五月滿
楊航 紹興二十五年五月右通直郎 二十六年五月致仕
趙伯棣 隆興二年十一月右承議郎
邢鍇 乾道三年閏七月右承議郎 五年七月滿
張堅 乾道五年十月左朝散郎任轉朝請郎 七年七月滿
齊慶曹 乾道九年正月左宣教郎
陳大光 淳熙十六年以太府寺簿差自此以下本廳題名
高壽僖 開禧三年十二月以主管官誥院差 嘉定元年閏四月除籍田令
鄒伸之 端平元年四月以奉使回差 嘉熙元年四月
詹九淵 嘉熙元年四月以大理評事差 二年二月復除評事
黃濤 嘉熙二年六月以秘書郎差 四年十一月除秘書丞
楊白 嘉熙四年十一月初六日當 二月二十五日宮觀
王龍榮 淳祐二年九月至三年十一月通理前任通判泰州月日成兩考 十二月離任尋除太學博士
趙希贇 淳祐三年十二月直秘閣 五年十二月除軍器監主簿
陳挑 淳祐五年十二月至七年七月赴都堂稟議
李知至 淳祐七年以新通判慶元府兩易通判尋改添差 九月到任 九年九月滿

州學教授一員 國朝景祐四年雖 旨許本州立學猶未設官故 嘉祐間陳守襄致書顧公臨請爲郡主學見詞翰門 元祐元年 詔與廬宿等州各置教授一員三年少府下所鑄印今印背文曰元祐三年少府監鑄 題名昉於 淳熙間鄒教補之其所追書明自 紹興吳教槩始外此考求間見一二焉

林虙 崇寧五年四月見武進縣續題名記大觀四年七月見江陰縣建學門記奉議郎
劉涇 見東都事略　　吳槩
鮑彪　　何若
唐堯封　　章夏
陳元師　　朱冠卿
胡元質　　袁孚
葛祺　　徐任
倪稱　　沈清臣
范嗣蘊　　陳伯達
沈瀛　　陳德明
馬先覺　　鍾將之
項宋嘉　　何珪 淳熙九年九月從政郎 十二年七月滿

鄒補之 淳熙十二年七月從政郎十五年八月滿
莫若沖 淳熙十五年八月文林郎十六年該光宗登極恩循儒林郎紹熙二年十月滿
戚麃 紹熙二年十二月至慶元元年三月滿
朱淵 慶元元年四月　萬夢賁 慶元二年十二月迪功郎二年十月丁母憂
張鎮 慶元二年十二月文林郎　陳洪 慶元五年十二月從政郎嘉泰二年四月滿
劉三傑 嘉泰二年四月從政郎開禧元年九月滿
陳奕　張如圭 嘉定六年十二月迪功郎
凌次英 嘉定五年三月文林郎　王泳之 嘉定七年二月從政郎十年四月滿
趙綝 嘉定十年四月從事郎十二年七月滿
余申
葉體仁 嘉定十六年八月十七年該理宗登極恩循從事郎寶慶二年十月滿
鄭直公 寶慶二年十月至紹定二年十二月滿
周應炎 紹定三年十二月
張磻 紹定四年四月至六年七月成資考滿辭任
莊端孫 端平元年正月至二年八月改差行在豐儲倉門
張震發 端平二年十月至嘉熙三年正月滿
王南一 嘉熙三年正月　陳亨祖 嘉熙四年十月
周琮 淳祐元年十月至四年十二月滿

吳附鳳 淳祐四年十二月　戴鑫 淳祐六年四月至九年六月滿
徐一龍 淳祐元年六月至十二年六月滿
柳栻 淳祐十二年六月至寶祐三年七月滿
李夢科 寶祐二年七月至六年七月滿　張錫留 寶祐六年七月至景定二年七月滿
鄭茂大 景定二年十二月至咸淳元年十二月滿
趙若掄 咸淳元年二月到任咸淳四年二月滿任

增差州學教授一員　景定三年十置專處國學人合選出官人俾與正教分授經賦時鄭教茂大以經學在任吳教雄飛遂以賦學充選

吳雄飛　景定三年十月至咸淳元年十二月滿

黃佺　咸淳元年十二月到任

志九　十四

節制司準備差遣一員本州自　嘉熙初何守慶信措置江防有請于　朝創節制司幕書以郡官兼至寶祐三年陳守均乞省本州將領副將二員以其俸歸所辟官初辟右科章元鳳次辟本州軍事推官庫寶先後率以左選人充　軍事判官　軍事推官各一員唐制郡刺史帶團練守捉使所置舉職曰團練判官團練推官國初諸郡或不置刺史置權知州事則曰軍事判官軍事推官仍不備員並見三朝史職官志毗陵自　開寶八版圖守臣曰權知州初置判官　天

四・十七　志九　十五

聖六年增置推官然結銜猶帶團練字盖銓司因舊也天聖六年何滉景祐四年尹仲舒皆以試大理評事為常州團練判官天聖六年黃昌齡八年黃穎皆以試校書郎景祐四年趙誠以試大理司直為團練推官並見天慶觀道經傳授圖重修三清殿及慧山寺重刊陸羽寺記石刻政和二年令吏部與重修勑令所別創分曹建掾之法將簽判職官錄參判司敕會要司理司户司法皆曰判司以州軍大小事務多寡增立員數各委知通依應撥敕會要王京河南府舊十一員大名府舊九員應天府舊十員今置十五員餘州並以次增員大率置司錄參軍一員糾舉諸案稽違在六曹官之上其六曹曰士户儀兵刑工各置曹掾其結銜曹

官曰司某曹事掾官曰某曹掾三京備置餘州多兼
領或一人兼兩曹或以曹官無掾各不同本州亦必
增創佀　政和至　中興僅十餘年既無碑刻可考
文書又盡於兵火且當時大體更革未嘗曰改其職
爲某官不容臆度分別至　建炎初乃復舊制
録事參軍一員沿唐制唐宣德郎裴導見隋陳司徒廟石刻掌州院及
糾諸曹稽違政和改曰左推勘公事司理院曰右推
勘公事當時新制於今可考惟司録及此二員然諸
郡或以曹官無所領曹各不同惟結銜並帶兼管字

十六

建炎初復舊制
司理參軍一員掌獄訟勘鞫五季諸州置馬步院率
用牙校爲都虞候及判官斷獄失中　國朝開寶六
年改司寇院置司寇參軍始用士人以新及第進士
及九經五經選人中資叙相當者充之　太平興國
四年又改司理院置司理參軍選授歷任清白人秩
滿上其殿最黜陟之　政和以曹掾官無詳見録事參軍下
建炎初復舊制
司法參軍一員沿唐制唐李挩見世系表掌議法斷刑　政

和改曹掾官　建炎初復舊制司户同
司户參軍一員沿唐制唐寶曆二年姚賞見忠佑廟碑陰記掌户籍賦
税倉庫受納
監糴納倉一員唐爲司倉參軍唐韋德楚見忠佑廟碑
監在城都税務二員一左右選各近省左
監户部贍軍庫一員右選近省
監比較務一員並左選近省其
監都酒務二員右選舊三員往歲嘗請于朝以一員
改烈塘閘官近又省其一

十七

監烈塘閘一員左右選通差近省淮東總領所取爲辟闕
以圍田所催督綱運官兼
監奔牛閘一員右選
排岸二員右選近省其一
監澂橋賞酒庫十有一員隷三省及户部在州界内故附載
潘封在無錫
右一庫隷　三省左右各一員
薛堰在晉陵
路莊舊遂莊大吳今併　邢村並在武進

青祁　錢橋
甘露　太平並在無錫
潼渚　六平並在宜興
右九庫隸　户部左右選通差各一員

州兵官
權發遣兵馬鈐轄一員
添差浙西路分都監本州駐劄一員近歲因江防有
請創闕
兵馬都監四員子城河南廂差庶姓左右廂差宗室　國朝諸州軍監
皆置都監以閤門祗候以上充三班使臣則為監押
掌郡屯駐兵及訓練之政丘裔天聖六年以右侍禁刁綺景祐四年以東頭供奉官並為監押仍兼在城巡檢見天慶觀道經傳授及三清殿石刻
添差駐泊兵馬都監一員
正將一員
將領一員
副將一員以上二員寶祐三年省見節制司準遣事下
管界寨巡檢一員
指使三員
駐泊醫官一員

重修毗陵志卷第九

重修毗陵志卷第十

秩官四

知縣

國朝重民社之寄至用朝官出宰實録建隆四年六月以大理正奚嶼知大名府館陶縣監察御史王祐知魏縣屯田員外郎于繼徽知臨清縣常參官知縣自嶼等始也其後參用京官幕職及試銜官三朝史職官志諸縣令建隆中始以朝官知縣其後以參用京官或試銜幕職及二班元豐改官制崇寧併改選階無復試銜中興以來又申嚴須入之法常之四邑率用京朝官惟以材選辟則或差選人今隨題名詳略具載焉

晉陵

王昭論 開寶八年六月行令　柴成象 太平興國五年八月將作監丞

賈守廉 雍熙元年十二月試大理評事　馬克儉 端拱元年十月守令

任宗諤 淳化四年試祕書省校書郎　郭仲華 至道元年三月光祿丞在任轉大理丞

孟士雷 咸平二年六月大理寺丞　劉中孚 咸平五年十一月守令

潘洞 景德二年八月試祕書省校書郎　左咸 大中祥符元年三月守令

王昞 大中祥符四年三月守令　張㒚 大中祥符七年三月試祕書省校書郎守令

宋永 天禧元年三月朝請大夫試祕書省校書郎行令按三朝史職官志幕職計考當服者皆奏加朝散階又兩朝史志朝請朝散大夫從五品服緋此選人階高者蔡元道舊典若久於選調加階至大夫選服緋無佩謂之階緋

王應期 天禧二年四月試祕書省校書郎守令

王博文 天禧四年四月守令　張式 天聖元年四月給事郎守令

鄭知白 天聖四年四月給事郎守大理寺丞

范忠告 天聖六年六月鄜州觀察支使宣德郎試大理評事兼監察御史按三朝史志幕職如一至兩使推官則試大理評事掌書記支使以上試大理司直評事又加則兼監察御史此選人帶憲銜者

韓士廉 天聖九年四月潤州觀察大使　劉湜 明道二年二月朝奉郎尚書屯田員外郎

邊瑀 景祐二年十二月給事郎守衛尉寺丞

梁戴 景祐三年九月給事郎守祕書省著作郎

孫抗 景祐五年九月宣奉郎守大理寺丞

相里平 慶曆四年十一月宣奉郎守太子中舍

許愜 慶曆六年　程嗣真 慶曆七年四月大理評事

王惟熙 皇祐元年十一月大理寺丞在任轉殿中丞太常博士

應舜臣 皇祐四年五月大理寺丞在任轉殿中丞

范道卿 至和二年七月祕書丞在任轉太常博士

李巽 嘉祐三年八月大理寺丞　葉敷 嘉祐八年十一月著作佐郎

方孝錫	治平□□□月大理評事	王成	治平三年四月殿中丞
葛汝平	熙寧元年□月太常博士	陳闡	熙寧三年十二月太常博士
蘇液	熙寧十年六月著作佐郎	李孝嗣	熙寧八年七月大理寺丞
蓋士良	熙寧九年八月令	王斐	元豐三年二月著作佐郎
皇甫師中	元豐五年十月宣德郎	上官碁	元豐六年九月宣德郎
趙竦	元祐二年四月右宣德郎	賈公述	元祐五年十二月右通直郎
周昌謣	元祐七年七月奉議郎	葉唐稽	紹聖二年七月奉議郎
陸元光	元符元年六月通直郎	張德洵	建中靖國元年十月通直郎
阮羙成	崇寧二年九月宣德郎	□□亮	大觀元年十月宣義郎

四之四十七 卷十 志一

高元脩	政和元年二月通直郎二年差監大觀西庫		
李碩	政和二年十一月承奉郎	鄭畋	政和六年四月宣教郎
馮滋	政和七年八月奉議郎	王棟	宣和三年二月儒林郎
杜堅	宣和四年二月奉議郎	王賢甫	宣和五年 月通直郎
曾緎	宣和七年 月宣義郎	向公誕	宣和八年 承議郎
張鐻	建炎三年 通直郎	陳昱	紹興元年九月右朝奉郎
曾伋	紹興二年十月右通直郎	徐琮	紹興四年四月右宣義郎
盧宗揚	紹興五年六月右朝散郎	陳履	紹興八年九月右通直郎
蘇□伯	紹興十二年十月右宣義郎	楊鎬	紹興十四年十一月左奉議郎

陳宗翰	紹興十五年十一月左承議郎	李	紹興十六年三月右宣義郎
黃章	紹興十七年十一月左宣教郎	張大年	紹興二十年十二月右宣義郎
魏杞	紹興二十三年十二月左宣教郎		
曹震		林沆	紹興三十年四月右宣教郎
馬階	紹興三十一年五月左通直郎	洪適	紹興三十二年四月右承議郎
曾喜	乾道二年七月右宣教郎	劉介	乾道五年九月右通直郎
范公式	乾道七年九月右通直郎	葉元凱	淳熙元年七月左奉議郎
張遜	淳祐二年十月承議郎	趙師愢	淳熙五年六月承議郎
趙子睍	淳熙八年六月奉議郎	曾梁	淳熙九年十月通直郎

四之二十六 卷十 志一

周玭	淳熙十一年十二月通直郎	錢仲彪	淳熙十二年十二月奉議郎
竇思文	淳熙十六年四月以前孝感令諸司列薦循儒林郎差知		
楊翼之	紹熙三年二月宣教郎	趙□槅	紹熙五年十月承議郎
樓鍨	慶元三年十一月承議郎	張祈	慶元五年二月通直郎
劉廡	嘉泰二年三月奉議郎	鞏峴	開禧元年 月通直郎
葉岠	嘉定元年四月通直郎	臧章	嘉定三年七月宣教郎
魏岠	嘉定六年九月宣教郎	張珩	嘉定七年九月宣教郎
范炎	嘉定十年十月宣義郎	陳艾	嘉定十三年十二月宣教郎
□□昌	嘉定十七年二月承議郎	沈果	寶慶二年二月奉議郎

彭建極 宝慶三年三月通直郎　何潤 紹定元年四月通直郎
唐璘 紹定五年十月承直郎　徐熯
李仁衛 嘉熙四年五月奉議郎　高曆
裘璟　趙時棨 淳祐五年十一月以從政郎本縣丞辟
毛元龍 淳祐八年十一月　杜潛 淳祐十二年二月辟差
池師曾 寶祐三年三月　朱龍翔 景定元年六月宣教郎
胡庭芝 景定三年正月從政郎　馬從龍 景定四年八月以迪功郎本州録參辟
楊光遠 咸淳元年四月迪功郎　何煥文 咸淳三年二月儒林郎

志十　五

武進

牟忠齊 雍熙二年　薛永圖 端拱二年
鄭幾 淳化三年　董拙 至道元年
能自誠 咸平元年　毋丘旦 咸平四年
靖書 景德元年　姜允文 景德四年
元奉宗 祥符元年　胡汀 祥符四年
林用濟 祥符五年　麻温故 祥符八年
路逢吉 天禧二年　趙雅 天禧五年
李衡 天聖元年　王允濟 天聖四年

志十　六

李畋 天聖五年四月太子中舍　張震 天聖八年五月祕書丞
揶察 明道二年十一月歙州軍事推官
何知幾 景祐三年十二月太子中舍　郭及 景祐五年七月殿中丞
劉行成 康定二年十月殿中丞　楊瓊 慶曆二年四月太理寺丞
萬璉 慶曆四年九月太子中舍　張洞 慶曆五年八月大理寺丞
陸秉 慶曆八年四月太常博士　劉唐 皇祐二年十月太子中舍
劉宗奭 皇祐四年九月大理寺丞　章詰 至和二年九月大理寺丞
朱延世 嘉祐二年九月太常博士　張次元 嘉祐五年四月[illegible]禮部郎
黃巽 嘉祐[illegible]月太常博士　劉之才 治平二年十一月太常博士

章厚 熙寧二年四月著作佐郎　王致 熙寧四年四月太子中舍
郭暨 熙寧七年四月祕書丞　張肩孟 熙寧七年五月太常博士
朱師雄 熙寧十年九月祕書丞　孫大同 元豐三年十一月宣德郎
周伯玉 元豐五年四月承議郎　葉遵 元豐八年九月承議郎
白具 元祐三年九月左奉議郎　楊兗齡 元祐八年三月奉議郎
孫勉 紹聖元年十一月奉議郎　季褒 紹聖四年十一月宣德郎
許厚仁 元符三年二月奉議郎　陳師夔 崇寧元年三月通直郎
董介卿 崇寧四年二月奉議郎　吳祖仁 大觀二年二月承事郎
郭三益 大觀三年十一月承議郎　王奐 政和三年三月朝奉大夫

毗志十一　七

毛非熊 政和五年二月宣教郎　張端禮 政和六年六月奉議郎
吳經 政和八年十一月承議郎　林爕 宣和二年二月宣義郎
章誼 宣和二年七月宣教郎　吳誇 宣和三年四月儒林郎
曹夬 宣和八年六月朝奉大夫　梁汝嘉 建炎二年四月奉議郎
石惲 建炎三年三月儒林郎　李坰 紹興三年四月左朝散大夫
高世史 紹興二年四月右朝散郎　吳師直 紹興五年十二月右朝散大夫
周石 紹興八年十二月右通直郎　解致明 紹興九年八月右朝散郎
李璹 紹興十三年三月奉朝散郎　趙伯達 紹興十六年四月右通直郎
邵守之 紹興十九年十一月右通直郎　袁延孺 紹興十二年十一月右通直郎

姚寬 紹興二十五年十二月右宣義郎　吳麟 紹興三十二年六月右通直郎
馮百藥 紹興二十九年五月右通直郎　柴宰卿 乾道元年十月宣教郎
范昂 紹興三十二年八月右通直郎　江琯 乾道三年十月右承奉郎
石磬 乾道二年五月左宣教郎　路彧 乾道九年十月承議郎
趙師龍 乾道六年九月左承事郎　湯國兗 淳熙五年二月宣教郎
陳賈 淳熙三年正月奉議郎　錢牧之 淳熙八年三月奉議郎
季宣翁 淳熙二年八月宣義郎　邵褎然 淳熙十年三月奉議郎
曹熙 淳熙九年二月宣教郎　蔡興世 淳熙十三年十二月宣教郎
蔣芭 淳熙十一年十二月宣教郎

毗志十　八

章澥 淳熙十五年二月宣教郎　胡挺 淳熙十六年四月承事郎
王邁 紹熙三年五月宣教郎　趙堅 紹興五年四月儒林郎
沈皡 慶元二年二月宣教郎　周堪 慶元五年三月通直郎
岳壽雋 嘉泰二年四月通直郎　陳仲巽 嘉泰四年四月
虞仁仲 開禧三年七月宣教郎　陸三省 嘉定元年正月承奉郎
莫樞 嘉定二年九月通直郎　黃士特 嘉定六年四月宣教郎
陳熹 嘉定九年六月通直郎　趙希益 嘉定十二年八月宣教郎
宋天錫 嘉定十四年十一月通直郎　衛湜 嘉定十七年十二月宣教郎
陳說之 紹定元年二月奉議郎　陳夢烈 紹定四年四月宣教郎

朱璪 紹定五年十一月承直郎
徐根 嘉熙三年四月奉議郎
潛起 淳祐三年四月承議郎
朱通 景定四年六月從政郎
龔應之 端平三年二月修職郎
葉酉發 嘉熙三年十月從事郎
衛宗武 寶祐三年六月
吳洪惠 咸淳元年四月奉議郎以前仁和知縣辟

志十 九

無錫

錢惟周 景德元年太常寺太祝
劉龜從 天禧二年太子中舍
宋禹臣 天聖二年大理寺丞
聶厚載 天聖九年彰信軍節度推官
孫崇古 景祐元年衛尉寺丞
王周 寶元二年尚書虞部員外郎
魯友益 慶曆三年太子右贊善大夫
楊寧 皇祐元年祕書丞
魏演 皇祐五年太子中舍
程適 嘉祐四年祕書丞
陳京 嘉祐八年太子中舍
崔大備 治平二年太子中舍
蔡天申 熙寧四年大理寺丞
蕭淵 熙寧十年大理寺丞
王逢 元豐五年奉議郎
柳康中 元祐二年宣德郎
樂昭緯 元祐八年通直郎
張廷偃 景德元年尚書都官郎中
王周 乾興元年大理寺丞
李景 天聖六年太常博士
蘇紳 明道二年殿中丞
李光卿 景祐四年國子博士
鄭戡 康定五年太子中舍
曹平 慶曆五年殿中丞
江揖 皇祐三年太常博士
張詵 至和二年祕書丞
劉慶孫 嘉祐七年尚書虞部員外郎
陳知儉 治平元年太子右贊善大夫
謝仲規 熙寧元年祕書省著作佐郎
焦千之 熙寧六年殿中丞
張毅 元豐二年祕書省著作佐郎
馬防 元豐六年奉議郎
施珣 元祐五年通直郎
施傅求 紹聖四年宣德郎

志十 十

趙侹 元符三年十二月奉議郎
張元度 崇寧元年十二月奉議郎
王勣 崇寧五年三月通直郎
閻與道 大觀二年十一月奉議郎
梛庭䌽 大觀三年四月奉議郎
盛旦 政和二年八月朝奉郎
范景武 政和五年十月奉議郎
安好誠 政和六年十月朝奉郎
劉景良 宣和元年十月奉議郎
黃邦達 宣和三年正月朝奉郎
孫畯 宣和五年四月宣教郎
徐永 靖康元年五月承務郎
鄒漸 靖康元年十一月奉議郎
任儻 建炎二年十月朝奉郎
錢令問 建炎四年十月右通直郎
徐宗愈 紹興二年五月右承直郎
劉寬 紹興五年七月右通直郎
李德鄰 紹興六年十月右宣教郎

無錫志十 十一

江灝 紹興九年十二月左奉議郎
董震 紹興十二年二月左朝請郎
趙南把 紹興十二年四月右宣教郎
吳競 紹興十三年十二月左朝奉大夫
胡舜舉 紹興十五年十月左奉議郎
林珦 紹興十九年十二月右宣教郎
蔡濬 紹興二十年九月右宣義郎
王傅 紹興二十二年十二月左朝請大夫
馮渙 紹興二十六年二月右通直郎
徐梓 紹興二十八年六月右通直郎
李森 紹興三十一年八月右宣教郎
何志承 隆興二年十月右承議郎
李孟堅 乾道九年六月右承事郎晉陵縣丞權縣事八月差知
吳澧 乾道四年四月右通直郎
程坦 乾道三年二月右奉議郎
姚寔 淳熙元年五月通直郎
雍希稷 乾道七年三月左奉議郎

鄭然 淳熙元年六月通直郎
張子產 淳熙三年八月奉議郎
嚴庶 淳熙四年十一月宣教郎
錢著 淳熙三年三月奉議郎
呂棐 淳熙六年十一月奉議郎
謝之德 淳熙八年三月宣教郎
錢牧之 淳熙九年三月奉議郎以知武進縣改差
陳寬 淳熙十年十月承務郎
陳自修 宣教郎未交割兩易湖州安吉縣
趙師蒽 淳熙十三年奉議郎以知湖州安吉縣兩易
王可大 淳熙十五年文林郎
吳獵 紹熙元年奉議郎
沈季豐 淳熙四年宣教郎
李興宗 慶元元年通直郎
吳宰 慶元三年朝奉郎
陳景禹 慶元六年承務郎

無錫志十 十二

蓋銳 嘉泰三年朝奉郎
趙伯鳳 開禧元年承務郎
陳鐘 開禧三年五月承奉郎被旨兩易知縣事九月回僉幕
王田 開禧三年九月從政郎辟令 嘉定元年九月改宣教郎
鄭之悌 嘉定三年九月宣教郎
錢德謙 嘉定六年十一月承事郎
趙崇要 嘉定七年十月
徐賀夫 嘉定十年十一月奉議郎
皇甫埏 嘉定十一年六月
郭正己 嘉定十四年七月
倪祖義 嘉定十六年九月朝散郎
葛文彧 嘉定十一年十一月
楊嗣參 紹定元年二月
黃之望 紹定四年八月奉議郎
趙與諲 紹定五年十月以承直郎辟令
趙汝澹 端平三年正月初以承直郎辟

趙紉夫 嘉熙四年十二月初以承直郎辟
薛師魯 淳祐二年通直郎
高斯行 淳祐五年通直郎
徐時升 淳祐三年宣教郎
趙與勲 淳祐九年承直郎
張濟之 淳祐十一年宣教郎
楊炎 寶祐二年奉議郎
袁從 寶祐四年通直郎
張時祐 開慶元年通直郎
余東 開慶元年奉議郎
劉儒學 景定元年通直郎
劉承 景定二年迪功郎
趙崇顯 景定五年承議郎
朱時發 景定五年從政郎
趙與鄧 景定五年從政郎
柳正孫 咸淳二年從政郎

志十　十三

宜興

孔揆 雍熙二年大理評事
李莊基 端拱二年試秘書省秘書郎
張顏 咸平二年團練推官試秘書省校書郎
陳龜從 咸平三年大理寺丞
孟穆 景德元年
李若谷 景德二年大理寺丞
令狐餘慶 大中祥符元年大理評事
徐汸 大中祥符三年四月大理寺丞
崔仲卿 大中祥符六年太常博士
李昭遘 大中祥符七年十一月大理評事
高繪 天禧元年正月太子中舍
胡楷 天禧五年正月試秘書省校書郎
馮直亮 天禧五年七月衛尉中丞
陳湘 乾興元年四月太子中舍
辛有孚 天聖元年四月大理寺丞

志十　十四

邵谷 天聖二年四月右贊善大夫
李周民 天聖二年十二月大理寺丞
晉昌朝 天聖五年九月殿中丞
周陵 天聖六年十月太子中舍
盛甫 天聖八年將作監丞
陳淨 明道元年十月殿中丞
解發 嘉祐二年四月大理寺丞
王罕 寶元元年正月太子中舍
孫奕 康定元年七月大理寺丞
劉永 慶曆三年正月太子中舍
邊明 慶曆五年七月秘書丞
鄭民彝 慶曆十年八月太常寺太祝
尹文煥 皇祐元年十月太子中舍
燕雍 皇祐三年十月國子博士
李從簡 至和元年四月國子博士
司馬旦 嘉祐二年正月太子中舍
趙文昌 嘉祐四年十二月比部員外郎
吳申 嘉祐七年九月殿中丞在任轉太常博士

王應辰 治平二年四月太子中舍
李杞 熙寧二年四月大理寺丞
王子韶 熙寧六年四月太常丞
陳厚夫 熙寧八年十二月殿中丞
褚理 元豐四年四月奉議郎
李權 元祐元年九月奉議郎
賀璋 元祐七年二月左奉議郎
田覺 元符二年六月宣德郎
葉世隆 崇寧三年八月朝奉郎

樓閱 治平三年四月祕書丞 在任除轉屯田員外郎
路授 熙寧四年四月職方員外郎
李佑賢 熙寧六年九月太子中舍
夏重 元豐元年四月光祿寺丞
李去盈 元豐六年九月宣德郎
周明之 元祐四年十月奉議郎 紹聖元年十月加左字
王梁材 紹聖二年二月宣義郎
王昌兵 建中靖國元年八月奉議郎
陳傑 奉議郎

志十 十五

王師伏 大觀三年十月承議郎
徐孝廣 政和八年七月承事郎
徐大均 宣和六年六月通直郎
呂斌 建炎二年三月奉議郎
黃積厚 紹興元年四月朝奉郎
趙不搖 紹興五年四月左承議郎
閭丘崇孫 紹興十一年五月右奉議郎
鄭知剛 紹興十七年三月左奉議郎
魯冲 紹興二十二年三月右通直郎

劉彥祖 政和二年十月宣德郎
張銳 宣和四年四月宣義郎
趙子嶙 靖康元年八月承議郎
趙子沃 建炎三年八月奉議郎
王祿 紹興二年四月從事郎
趙公白 紹興八年四月左朝奉郎
張壽棋 紹興十四年七月右通直郎
榮彝 紹興二十年六月左朝散郎
施祐 紹興二十四年八月右通直郎

陳迟 紹興二十六年右通直郎
曾愷 紹興二十九年十一月右承務郎
錢從之 乾道元年四月右通直郎
劉揚庭 乾道四年三月左宣教郎
吳千乘 乾道八年十月右通直郎
姚耆寅 淳熙五年五月宣教郎
趙達夫 淳熙四年二月宣教郎
左昌時 淳熙五年九月宣教郎
周梓 淳熙十年九月宣教郎

曾逮 紹興二十九年八月右通直郎
姜詔 紹興三十二年二月右承議郎
王際 乾道二年十一月右通直郎
詹儀之 乾道六年十一月左朝奉郎
黃開 淳熙元年十一月宣教郎
蘇祁 淳熙三年二月宣教郎
王燾 淳熙四年十月宣教郎
鮑文 淳熙八年二月奉議郎
周時中 淳熙十三年通直郎

志十 十六

俞亨宗 淳熙十六年三月從政郎
徐栻 慶元元年八月宣義郎
陳祖永 嘉泰元年四月宣教郎
趙積謙 開禧二年十月通直郎
秦鉅 嘉定三年三月朝奉郎
羅仲舒 嘉定六年十月宣教郎
戴桷 嘉定十一年四月承事郎
陳見德 嘉定十一年二月
謝奕修 紹定三年五月

高商老 紹熙三年七月
張澤 慶元四年八月奉議郎
韓耀卿 嘉泰四年四月朝散郎
張大鼎 開禧二年六月宣教郎
趙伯鯉 嘉定四年四月奉議郎
林惟孝 嘉定九年十一月宣教郎
佳臬 嘉定十四年七月
趙與悊 寶慶二年三月
朱詵 紹定六年六月

汪埴 端平元年十二月
施滈 嘉熙二年十月
王鎔 嘉熙四年四月宣教郎
虞䶵 淳祐三年十二月
趙時籽 淳祐五年九月宣教郎
周蘷發
葉從龍
林應發
葉拡佐
范金 咸淳二年七月迪功郎

計朋龜 嘉熙元年五月
趙時棐 嘉熙三年十二月
趙與京 淳祐三年四月
吳巳之 淳祐四年八月
徐該子
李煒
桂錫孫 寶祐二年月宣教郎在任轉承議郎
林鐵
趙汝禬 咸淳

縣官

晉陵

縣丞一員 國初天下縣置令簿尉闕丞 天聖中始置於赤縣 熙寧四年縣二萬戶已上乃置六年漕臣有請十月 詔晉陵武進縣各置丞一員 建炎初 詔罷諸縣丞惟 嘉祐前員闕及萬戶處存留故置丞如初

主簿一員 國初因唐制 開寶三年 詔縣千戶已上置簿 天禧初賈昌朝獻文于朝召試除晉陵主簿

尉一員五季藩侯率以牙校為鎮將軍盜賊鬬競輒得直達率倚勢為民病 建隆三年乃 詔每縣置尉一員俸禄同主簿而位其下 唐吳幹葛元素見忠佑廟石刻

主學一員 景定三年初置以特科人充

監橫林鎮酒務一員

馬跡寨巡檢一員

武進

縣丞一員

主簿一員

尉一員
主學一員 已上沿革並見晉陵
監奔牛鎮兼煙火公事一員 左右選通差
監青城鎮酒務一員
監萬歲鎮酒務一員
小河寨巡檢一員

無錫

縣丞一員
主簿一員

尉一員 唐寵曾見忠佑廟石刻
添差武尉一員 紹興元年置就洛社彈壓盜賊四年省
主學一員
監市務酒稅一員
監望亭鎮酒務一員

宜興

縣丞一員
主簿一員 唐王廣見忠佑廟石刻
尉一員 唐裴德厚見忠佑廟石刻
主學一員
監市務酒稅一員
監張渚鎮一員
監湖㳇鎮一員兼煙火公事
香蘭寨巡檢一員
分界寨巡檢一員

重修毗陵志卷第十

重修毗陵志卷第十一

之門且鑱石詔不朽王安國記之謂東南絕偉之觀崇寧二年朱守彥於學南建狀元橋五年行三舍法廩士至千人　大觀三年合天下貢士而毗陵五十有三　上賜褒詔曰進賢受上賞郡守校官進秩一等徐申立坊橋之南進賢旁植亭曰榮賜以侈其盛建炎四年兵燬惟大成殿巋然奎扁昭回宣和御書也　紹興四年俞守俟闢四館舍學者七年虞守澐建中外門各五楹殿之後堂五楹東西廡各七楹淳熙十一年張守孝貢撤堂而新之更曰約禮以餘材治直廬正錄位（在堂東偏）禮重堂（在堂西偏為會食所）至十四年林守祖洽建　御書閣三楹藏　高宗所賜六經墨本孝經石刻　紹熙間盛教授赓修兩廡作靈星門嘉熙張教授震發重造靈星門自戟門殿兩翼屋暨堂兩廡易朽以堅築射圃立采芹亭正教授南一葺諸齋吏齋扁今職事位有五正錄直學學諭教諭司計齋有六致道成德興賢登俊維城輔文又有養正齋以訓小學學田有記祭器官書有所内外秩然矣

晉陵武進

學舊附于郡惟晉陵有十哲像在丞廳東偏　景定三年　朝廷增置縣主學員　咸淳元年太守家鉉翁以兩邑學子有請即法濟廢寺改創撤浮屠像塑先聖　先師十哲繪從祀于兩廡立講堂扁以尊經列齋四博文輔仁升俊復禮即寺租為學粮土木既竟將見教養之盛

無錫

學在縣南三百步　嘉祐三年建增廣於　崇寧至紹興　淳熙嗣葺之今　大成殿後有明倫堂直廬兩廡齋有崇禮由義興廉遠恥外有門屋三楹宅稱是

宜興

學舊在縣東南隅　景德四年建　皇祐初徙南興門外　隆興間徙門于學宮之南今　大成殿後有宣化堂明倫堂兩廡繪從祀像齋有六率性尊諭尊古日益維城養正重門列戟靈星門尤壯觀焉

貢舉

貢院在子城東南本漕司監糴料官廨　紹興間監官與時宰有連營度甚廣後省貢遂改為馬大門西嚮中門南嚮東西廡幾百楹正廳五楹廳後監試主文考試位有六又軒屋三楹為會文之地封彌謄錄對讀皆有所歲大比則增葺浮屋十餘楹分列試席距圍棘數十步又設三外門俾羣試者無壅滯之患云

中興前以僧寺為貢院故永福寺大殿東壁嘗有題字云　上即位明年改元靖康天下士毘陵八月乙未鎖永福院中秋引試二千二百八十有二人監試通判軍州事朱發考試知鹽官縣事鄭朴富陽　尚友嵊縣丞崔耀卿權越州稅院婁寅亮湖州士曹洪興祖杭州刑掾謝祖信權吳縣尉邊知白九月四日訖事取春秋以下四十有三人

解額

郡素號多士　熙寧三年第太常者三十有四人六年三十有六人　大觀奏名賜第又五十有三人後罷三舍法復科舉定額四十有三江陰建軍析額之九　紹興間又開西北流寓試郡例增二名請不以時　乾道間晁守子健力言于朝僅復其一總三十五名焉

乾道壬辰吳縣簿權晉陵縣事張貴謨為記云　宣和癸卯　國家復科舉歲陞名薦書考五邑

合四十三人越五年江陰復軍分解九名至紹興丁巳添流寓解名二自是貢士以三十六人為額記丙子年始罷流寓試他郡卒以隸正籍獨蘭陵謂附試數不登僅增其一次舉江陰復為縣又上充五邑之數併失異時僅增其一者自已卯再復江陰軍及今凡五舉亦正取三十四人太守 晁公率郡丞葛云鄭張公堅奏復于 朝從之公名子健

科目

東漢

許武　許景武弟　許普武弟　並舉孝廉

許荆武孫　舉孝廉　高彪舉孝廉試經第一

吳

周魴舉孝廉

晉

周玘魴孫　舉秀才　周札魴孫　舉孝廉

宋

𠀉巨廉舉孝廉

梁

蕭立射策甲科

唐

蔣儼舉明經　高智周舉進士

許景周舉進士連中手筆俊拔茂才異等科

蔣洌　蔣渙洌弟　李紳　蔣伸

施肩吾並舉進士

南唐

杜鎬舉明經

國朝

太平興國元年

張觀鎖廳合格　上惜科名不與特授掌書記

咸平二年孫暨牓

李堪

三年陳堯咨牓

李起　丁咸序　盛貴　王盤

景德二年李迪牓

張處仁　錢治　胡晏　張洑

大中祥符元年姚曄牓

王簡　强弼

五年徐奭牓

蔣堂　張鑄

八年蔡齊牓
李仲偃　邵梁　王樞
天禧三年王整牓
徐天錫　錢尚
天聖二年宋郊牓
陸咸　胡宿　孫夷甫　華參
五年王堯臣牓
張太易　陳萬　馮璪
八年王拱辰牓

志十一　七

林瞻　李緘
景祐元年張唐卿牓
馬元康　丁寶臣　丁宗臣　許上善
程昌言　王景芬　孫中孚　蕭傳
陳錫　孫及甫　胡意
五年呂溱牓
潘好禮　陳亢　孫獻日
徐良佐　裴若訥
慶歷二年楊寘牓

胡宗堯　虞大寧　孫奕　胡縝
李鈞　陳傳　朱誥　張吹立
六年賈黯牓
張瑗　孫昌齡　錢頭　胡朝宗
張天經　陸起　胡宗陽　張著
施肅　虞太微　嚴君貺　王翔
皇祐三年馮京牓
錢公輔　潘隆禮　施辯　裴著水
潘與稽　王夷直　余康使　錢公瑾

志十一　八

虞大熙　李宗孟
三年鄭獬牓
宣閥　奚若冲　邵叔庠　張天占
陳大順　朱伯玉　强相如　陳齊
曹振
嘉祐二年章衡牓
胡憲臣　孫雲　蔣之奇　蘇舜舉
嚴助　丁隲　張思　胡信臣
單錫　胡象德　姚仲容

四年劉煇牓
胡宗愈　李鉞
六年王俊民牓
丁溎　孫授　胡宗哲　胡宗師
李珏　孫開
八年許將牓
袁默　孫廷筠　王澤民　邵光
李鎮　沈兌
治平二年彭汝礪牓

凌浩　馮震　李宗古　沈充
陳穀　陳需　胡宗炎　胡宗回
孫庭臣　馬隆　張磐
四年許安世牓
張舉　李公弼　黃轍　鄭佾
盧約　黃遠　叶安節　張景修
胡宗原　沈師中　沈元　黃康民
張璘　胡惣
熙寧三年葉祖洽牓

蕭㟧　史邅　鄧棐　莊誼
朱旦　陳敏　方次夔　章甫
呂俱　劉籲　蔣津　范子淵
林辟非　張修　應昭式　呂公美
應亞　陳楚材　鄭安平　胡知默
許彥　張敷　王昕　周昌諤
陳之邵　張世望　葛書舉　吳彥
張與　方蓁　李莊　沈通
張昱

熙寧六年余中牓
余中　邵剛省元　張常　華棣
練亨甫　陶兌　邵如　蔡淵
施天倪　祖洽　游勛　葛書思
呂适　邵材　許通　邵潛
李端夫　黃頡　蔡蹈　霍漢英
方穀　葛光　邵權　吳翃
周鎮　沈初　紀孫永　俞讜
祖理　沈禮　朱師古　吳重

丁綖　陸元光　虞防　顧林宗
邵樞　蔣之美
九年徐鐸榜
沈沖　惠專　虞貴　周明之
李彥武　陳廓　沈復　邵濤
吳傳　陳至　黃因　葉申甫
胡覲臣　强倣
元豐二年時彥榜
王渙之　秦元亨
陳嘉言　胡端修　莊徽　張彥輔
周諶　費古　邵叶　李持
劉銳　李詩　蔣靜　凌伯雄
薛開宗　吕衮　王鴻之　蔣天麟
沈光遠　沈偕
五年黃裳榜
鄒浩　余辝　叶安節　暨陶
黃深　陸元成　紀霖　孫昌期
丁元賓　秦宗臣　胡伯适　强佐

張國輔
八年焦蹈榜
周本　馬衷　皇甫漢傑　虞芮
袁黜　張大年　苗蕪　姚祐
周天倪　姚佑　張彀
元祐三年李常寧榜
杜之邵　蔣鍇　張大忠
嚴惇　沈濟　慕容彥逢詞科
郭三益　唐公綽　傅紳
六年馬涓榜
邵榑　王周　胡從易　俞囦
朱衮　蔣圓　蔣　鄭倞
胡充　沈楊　蔣琳
王安民　鄒起省元　薛開明
九年畢漸榜
洪擬　范桓　葛師望　張璿
葛家　尤輝　路喬年　葛長卿
楊植　許德之　黃中美　蔣安上

葛𨍏

紹聖二年宏詞科

瀛州防禦推官知鄂州崇陽縣慕容彥逢

紹聖四年何昌言牓

孫穆　魏憲　葛次仲　湯嶠

胡常　霍旗　葛勝仲　施天倴

唐昌期　李籍　李彥發　錢顯道

錢捷　李熙𡬶　周滂　嚴踰

余思　焦大雅　蔣之武

元符三年李釜牓

余京　惠柔民　江滋　沈積中

華仲平　胡文修　王岡　王瞻

李端淑　唐顧言　蘇昌時　張㳂

孫志康　陳輶　周洞　詹折

余褎　虞蕃　唐彥光　華鎮

元符四年

知河中府録事參軍充兖州州學教授葛勝仲

崇寧二年霍端友牓

霍端友　李端彥　苗安世　胡交修

沈暐　李熙靖　潘允　錢遠猷

曾晏　郃林　袁植　胡賡

孫近　張守　洪遘　李充

成巳　郃哲　吳遷

四年李𪾢牓是年詔舉道題

孫逵

五年蔡嶷牓

丁彬　李謨　李好古　吳懋

施坰　胡世將　唐作求　高志行

吳愈　張汝舟　霍筠　陳時舉

申甫　胡唐老　唐元衡　沈時中

凌翺

是年宏詞科一人

前衢州司理參軍孫近

大觀三年賈安宅牓

吳秀實　惠需　張宰　錢耜

張宇　盧察　張寀　沈松年

陳倜　孫覿　李上行　沈禹卿
費肅　范越　葛師仲　孫棋
孫杞　強公桓　邵邦達　宋康俣
王玘　惠安民　錢紳　李端方
表正功　郭去病　王彦傋　道大亨
李端行　曾璉　徐漸　葛彦成
政和二年莫儔牓
丁宗旦　范振　丁騆　莊安常
許元宗　楊栝　孫畋　凌伯玉

葛正仲　許端夫　孫時　蔣寧祖
吳儆　李僧瀹　許知徵　常因
吳福時　潘佸　王楊　張文
嚴愷　孫畸三年貢士
是年詞學兼茂科一人
文林郎前開州觀察推官李熙靖
四年詞學兼茂科一人
將仕郎孫覿
是年免省學錄樂成賜及第一人

蔣用行
政和五年何㮚牓
張汝能　湯穆　張炎　張燾
李僧石　李元裕　楊陞　錢濬明
胡思忠　戴圭　繆昌彦　單子發
錢縉　唐棣
是年詞學兼茂科二人
儒林郎吳交修
將仕郎李木

八年嘉王牓
何大圭　強公諶　唐楫　薛璿
貝寶　顧克明　胡近　陳煜
林克明　孫謙亨　蔣全　李預
葛价卿　陳端虛　趙士衡　張參
蔣仲龍
是年詞學兼茂科一人
從事郎前越州會稽丞張守
宣和三年何渙牓

强端臣　邰居　張國秀　蔣及祖
周弼　朱友聞　周林　朱德行
蔣榮祖　張革　陳渙　胡珵
費介
四年辛學賜上舍出身一人
丁祉
宣和六年沈晦榜
周棻　吴若　葛立經　陳郁
陳瞦　陸安民　胡浚明　張汝楫

華權　吴中基　周棌　朱舉直
葛立悌　毛逢　張希亮　單時
張翬　胡庸　張旦　湯堯咨
唐悌　陸俊民
是年詞學兼茂科一人
奉議郎袁植
建炎二年李易榜
唐時升　强公述　苗元裔　卹才
皇甫義山　孫衛　錢壽朋　邵咨

蔣夔　孫汝翼　蔣汝功　胡端揆
是年詞學兼茂科一人
朝奉郎袁正功兄植
紹興二年張九成榜
陳祖言　樓林　陳之淵　陳棠
强黻　許虞卿　丁汝龍　盧習
楊炬　周孝能　邵點　元益
陳之茂　許行之時奏名第一
五年汪應辰榜

裴述　姚虞卿　唐畤　濮俊民
周棌　薛允功
八年黃公度榜
周樂　唐友聞　蔣烈　周宗望
丁婁明
十二年陳誠之榜
唐孚　許仲　莊璿　沈以莊
王裳　余攸　孫迨　沈義聞
費鍇　朱賁　唐希勔　程幾

十五年劉章榜

許必勝 一甲第三 沈端弼 嚴阜成 周麟之

李輔 孫觀德 李薦何 何美成

薛抗 吳知常 皇甫秉文 孫希

許晟

十八年王佐榜

吳幬 尤美 龔尹 陳寀

鄒櫄 馮公亮 戴幾先 徐日章

吳幬 許璹 胡觀國 李左

一五十五 志十一 十九

陳長源 沈文 俞舜凱

是年博學宏詞科一人

左迪功郎周麟之

二十一年趙逵榜

蔣芾 一甲第三 陳綱 袁昺 程閭一

虞嶼 陳泰定 符祖文 蔣億

二十四年張孝祥榜

陳資深 戴達先 王淑孫 單倆

惠哲 李允外 沈宗契 沈必豫

周仲昌 莊鴻舉 王淪 沈杞

霍驥孫 惠迪 呂克成 特奏第一

二十七年王十朋榜

唐光謙 邵銳 朱懋德 李遠

沈宗禹 吳博 李好古 吳遇

三十年梁克家榜 江陰隸常州

楊恂 耿秉 楊守 張駒

何武仲 孫璉 陳翥 呂棐

王椿 沈宗說 趙善登 趙不愚

一六十一 志十一 二十

曹炬 曹機 吳師尹 曹嶧

邊寀 吳宗旦 沈蔚 周夢若

三十二年上舍釋褐賜出身

張濤

隆興元年木待問榜

邵文饒 張泌 李祥 邵文炳

蔣蘩 唐鑄 陳紀 趙善章

李純孝 趙師湜 趙善言 沃興祖

李應 申錫 蕭鶚 朱濟

乾道二年蕭國梁榜
蔡勘 莊鴻漸 趙善耆 許際
趙公植 曾壽 章復 戴履
趙汝功 趙伯玉 趙善老 李機
丁逢 張坦之 許時 章樾
五年鄭僑榜
周熺上舍 趙師汚承信郎 趙善登 趙彥輔
沈成章 臧庚 錢之望 孫蕎
朱諤 宋京
八年黄定榜
徐㫤 沈千里 邊密 趙汝嘉
胡濟 詹易守 趙彥弼 趙傑之
吳銑 李日休 鍾㫤臣
淳熙二年詹騤榜
尤槩 趙汝楫 趙師渥保義郎 陳紳
張逢 張諤 譚良顯
五年姚穎榜
吳夢符 吳悝 沈有開 李日宣

陳志
八年黄由榜
傅誠 蔣佑 高可行 沈明祖
傅丙 唐有巳
十一年衛涇榜
元伯涇朝奉郎 周煒上舍 趙善暿 邵宗衡
鄭昉 孫人傑 濮雲 秦榛上舍
十四年王容榜
霍權內舍 錢之奇 于珵 鄭直柔
傅益 錢渡 蔣誼 張驤
費塤修職郎 胡熙載 沈公 王洋
黄叔獻 唐由巳 王元寶武舉
紹熙元年余復榜
濮宇 胡輔之 邊烈 周南
王通文林郎
四年陳亮榜
趙希畸忠翊郎 李世傑 邵文煥 惠純夫
馮多福 宋津 趙彥琉迪功郎 汪仁榮

惠餼　蔣惟曉　孫庭詢　蔣本

慶元二年鄒應龍榜

趙希憲（承節郎）　惠端方　李椿　趙希琦（迪功郎）

錢庭玉（文林郎）　張訢（朝散郎）　沈唐老

三年曾從龍榜

黃敏夫　朱拱臣（迪功郎）　包九成　尤森

于畸　趙希仕（承郎）　趙希琓　于瑀

嘉泰二年傅行簡榜

楊琮　蔣㚟然　施王藻　周大猷

吳宗王　王正之　惠椝　沈宗輔

元泂

開禧元年毛自知榜

惠有大　張篪　周舜欽　孫廷

張晉之　王登

嘉定元年鄭自誠榜

錢明德　錢相　沈超遠　徐潤

施繼寅　祖思　尤熵（迪功郎）　施及（是年試中教官）

陳紘　丁鎔　元伯潛　陳起莘

蔣屋

四年趙建大榜

劉夢呂　濮宲　蔣公擇

七年袁甫榜

鄭子恭（上舍）　張庚　傅學古　趙希柔

十年吳潛榜

王登　趙汝苙　趙汝芷　趙希和

莊夢旂　馬矗　于珙

十三年劉渭榜

彭彝　陸慶洪

十五年賜第一人

端明殿學士簽書樞密院事薛極

十六年蔣重珍榜

蔣重珍　季晞顏　趙興東　蔣安仁

强公璀　薛耆年　張大中　王義端

張正辰　張煥　蕭日新

寶慶二年王會龍榜

費𢍰　惲文　趙希瑾（東義）　湯紀

何倫　趙善焴　施從龍太學內舍　趙盟夫
趙希渠　趙汝炬　趙汝㪅忠翊　趙與鉊
趙汝澮　趙勳夫　趙彦相儒林　蔣孝参
李申錫從事　宋宗
紹定二年黄朴榜
強琪　湯日新　李錫　趙與煇
趙與善　趙與諒　胡元發　丁埴承直
四年上舍釋褐一人
李景勉

五年徐元杰榜
莊公邁　趙與熻宗學上舍　瞿夢龍　趙崇滇
向士璧　蔣應新
端平二年吴叔告榜
趙汝蒞忠翊　胡夢祺　宣發　趙汝軏
嘉熙二年周坦榜
趙崇頔　趙汝礪上舍　强琠　裴邦彦
陳端學　蔣芝瑞　唐明桂
淳祐元年徐儼夫榜

史君訥　趙希櫶忠訓　胡夢髙　王允升
四年留夢炎榜
薛士豫　强應夔　章斗樞　周夢升
蔣㭽　陸當可　蘇浚明
七年張淵微榜
陸宇　閔闐　胡用存　胡晞令
趙與㸑
十年方逢辰榜
趙崇靚　趙孟但

十二年試中教官一人
迪功郎通州海門縣主簿胡用存
寶祐元年姚勉榜
霍超龍
是年博學宏詞一人
褚中
四年文天祥榜
沈亨辰　王桂發　邵煥有　蔣岵
趙必鏮

開慶元年周震炎牓
薛埥　董雷發
景定三年方山京牓
楊宜元　淩萬頃　尤棟　楊起西
王應時
咸淳元年阮登炳牓
趙孟濇　蔣應炎　陳炤　趙崇㶇
邵夢接　楊首龍

重修毗陵志卷第十一

重修毗陵志卷第十二

武備

常內郡也廂禁兵置于郡分寨兵置于縣厥有定制邇年申儆軍實復剏沿江民兵增游擊忠衛二屯郡守實節制之若他司忠節一軍亦駐境上建置之繇並條於左

禁軍

國初以禁軍衛京師　上命征討則遣戍於外　康定後議者以禁兵不耐勞苦不習水土遂募就糧軍始於陝西河北行於諸道乃有在外禁兵本郡嘗置宣毅一指揮後廢不補　嘉祐間　詔荆南等郡置威果兩朝史志今郡有威果亦　嘉祐後置雄節本　熙寧之教　廂軍　元豐陞為禁軍焉

威果六十六指揮
營在州橋南街西額舊營四百人
雄節十二指揮
營在通判廳東街北額舊管五百人

廂軍

藝祖鑒唐末藩鎮跋扈選州兵强壯者部送京師以
補禁衛餘留本城謂之廂兵僅給役使本郡有槹手
有本城槹義同篙三朝史志元文而槹手先發　皇祐中富公弼
安撫京東因募流民伉健者為廂兵訓以武伎東南
做而行之三朝兩朝史志　熙寧二年改兩浙廂軍曰崇節
加教閱二字於軍額繼又以諸路廂兵名號不一併
不教閱皆為崇節惟因事而募如工作部傳埭堰等
及牢城剩負則仍舊焉長編

崇節十九指揮

營在州倉南街西

崇節二十一指揮

營在金斗門内街

崇節三十六指揮

營在行春門内街北

崇節三十六指揮

營附威果營内

壯城

營在廂軍營額舊管百人

作院

營無定所額舊管八十人

遞鋪

營在金斗門外

牢城

營在雄節營東

奔牛鎮閘兵

額管百人

諸縣弓兵

建隆三年　詔諸縣以户口數定弓兵額多寡滿萬
户者五十人餘以次降殺令四尉司之額率加羨盖
後嘗增募也

晉陵

營無定所額舊管一百人

武進

營無定所額舊管九十人

無錫

營無定所額舊管一百二十人

宜興
營無定所額舊管一百一十人
諸寨土兵
郡傅城置巡檢司而屬縣亦置山水寨蓋有警輙補
豫備之意也
管界
寨在西水門外南岸額舊管一百五十人
馬跡 晉陵
寨在縣南百里太湖馬跡山額舊管一百七十五人

小河 武進
寨在縣北六十里鄭港瀆大江額舊管一百九十五
人
香蘭
寨在縣東南五十里太湖側香蘭山接安吉州長興
縣境額舊管百八十五人
分界
寨在縣西南九十里接廣德軍廣德縣界額舊管百
人

沿江民兵
教場
教場在郡治東北隅廣十有四丈袤八十丈軒廳各
三楹翼屋七楹東西廡同 又小教場在郡圃有閱武亭今廢
外縣廢置
水軍
寨舊在宜興縣南境南唐宋延魯以撿校官銀青光
祿大夫為義興君山十寨水軍都虞侯蓋李氏于此
備吳越也

國朝廢
牧馬
寨舊有二一在宜興縣法藏寺前一在潼渚村 中
興後為殿司牧放之所 乾道間徙蘇湖等郡
重修毗陵志卷第十二

重修毗陵志卷第十三

風土

禹貢載土地之產周官稽生齒之數皆重事也毗陵
在唐貢物有 我
朝俾庶邦惟正之供示不擾也於是地不愛寶戶版
日繁咸得以食其土之所有囿於
帝力而不知焉

戶口

按晉太康地志毗陵郡統縣七戶一萬二千宋郡國
志晉陵太守領縣六戶一萬五千三百八十二口八
萬一百一十三隋地理志常州統縣四戶一萬七千
五百九十九唐郡國十道志常州舊領縣四戶二萬
一千一百八十二口十一萬一千六百有六天寶中
領縣五戶十萬二千六百三十一口六十九萬四千
七百六十七元和中戶五萬四千七百六十七周顯
德中戶三萬七千七百八十九
皇朝景德中戶六萬四千七百六十九丁八萬四千
九百九十三祥符中主戶九萬三百六十九客戶五

萬五千四百四十四熙寧中主戶九萬八百五十三
客戶四萬五千五百有八
今主戶
客戶
主丁
客丁

風俗

有吳之開國也建自泰伯宣于延陵高節所興由克
遜以立風俗 左太沖賦
毗陵川澤沃衍有海陸之饒珍異所聚故南
其人君子尚義庸庶敦龎
永嘉之後衣冠避難多所萃止藝文儒術斯之為盛
杜佑通典

土貢

紗十匹 郡下市令司買充
紵布十匹 郡下武進縣買充
按通典唐晉陵郡貢細青紵布十匹潘洞圖經貢
蘋藥產無錫膠山九域志歲貢席三千領支繫

省錢市草於橫林鎮織於　闕下又唐貢茶事見
古蹟門茶舍注以上皆舊貢

土產

穀之屬

稻 爾雅稌稻注沛國呼為稌說文謂稻為秔秔稌屬也稉之名秫字林云稉粘稻而秔稻不粘此其異耳今夏熟者曰早禾冬熟者晚禾品色不一難以枚數

粟 爾雅云稷有禾穄二種江東呼為粟

麥 廣雅云大麰也小麳也又有莜麥爾雅云蟔蜉秋花冬實

麻 有二種一曰胡麻廣雅云巨勝骨可壓油一曰大麻爾雅云枲皮可績布其實為黂用以為乳酪

豆 詩云菽大者紫青黃黑四色小者赤菉二色又有虎爪羊角刀鞘及黑白稿豆亦名鵲豆可藥可食一種名蠶豆四月間有之

帛之屬

羅

綾

紗

紬

絹 叢有機戶善織號晉陵絹今絕之民戶歲輸租絹皆先期于溧陽諸處售以充賦

布 有苧麻二種

貨之屬

茶 詩云茶爾雅云檟苦茶陸羽茶經云浙西以湖州為上常州次之產宜興

炭 出宜興

花之屬

牡丹 多種唐人呼為木芍藥蘇東坡嘗賦太平寺牡丹

芍藥 多種韓詩注云離草言將離別贈此草也王元之謂見毛鄭詩百花之中其名最古

花如紫綿又有垂絲海棠色淡紅多葉而枝下白

海棠 色紅東坡詩云葉厚有稜犀甲健花深少態鶴頭丹又有白山茶山谷嘗有賦

巖桂 一名木犀有丹黃白三色及四時開者

棣棠 詩云棠棣梅聖俞所謂韡鄂芸黃殿後花是也

紫薇 俗謂怕癢花以其木膚時自脫也楊誠齋詩云誰道花無紅十日紫薇長放半年花

酴醿 蔓生承之以架春晚盛甚黃山谷詩云風流徹骨成春酒夢寐宜人入枕囊舊傳洛京貢酒其色如之江西人採以為枕衣

木香 花似酴醿而小有黃白二種而白者香

薔薇 有五色枝多刺東坡詞云笑怕薔薇罥又有薔薇香亦清冽

瑞香 一名錦薰籠張祠部以瑞為睡故云曾廬山睡裏聞東坡詞云領中飄下瑞香驚起謫仙春夢其意甚婉

丁香 一名百結香杜少陵詩云細葉帶浮毛踈枝披素豔

秋香 榦弱花柔香甚清遠

菊 爾雅云治牆其種不一夏已開而秋浸盛東坡與朱遜之論菊多接花遜之曰菊當以黃為正東坡遂賦之曰坤裳有正色鞠衣亦令名一從人偽勝遂與天力爭

梔子 一作支子上林賦云鮮支黃礫注鮮支支子也謝靈運上賦云林蘭近雪而揚猗注林蘭亦支子也佛書呼為薝蔔故東坡有花開薝蔔人間佛之句

木芙蓉 一名拒霜有夏秋二種宋景文詩云木末芙蓉語當時不是真今來木末見愁殺擬騷人自注楚詞搴芙蓉兮木末蓋假之為喻爾

水仙 一名雅蒜有二種而多葉者佳山谷有山礬是弟梅是兄之句

錦帶 一名海仙王元之謂其種得于海州山谷故云枝長花密若錦帶然少陵詩云香閒錦帶羨言可茹也

金沙 似紅薔薇山谷詩云紫綿揉色似金沙

長春 一名月季東坡詩云幽芳本長春暫悴如蝕月

玉簪 一名白鶴質素而香其狀類之古詩云燕罷瑤池阿母家飛瓊扶上紫雲車玉簪墮地無人拾化作東南第一花

紫鶴 似白鶴而小色淺紫初夏先開

玫瑰 一名徘徊花有紫白二色

辛夷 一名木筆初發似之白樂天詩云紫粉筆尖火焰紅胭脂染小蓮花

迎春 一名黃雀兒晏元獻詩云淺艷佯鶯羽纖條結兎絲

八仙 狀類瓊花而八蝶簇一心有小蝶簇聚者曰玉蝴蝶

山丹 東坡所謂錯落馬瑙盤是也

剪金 花如金草全類剪羽

夜合 一名合昏一名合歡嵇康云合歡蠲忿古今注云青裳陳后山所謂探囊一試黃昏湯即是花也

百合 本草云摩羅或云蚯蚓所化根類胡蒜花色淺黃上有黑點如灑墨然

罌粟 本草云罌子粟蘇潁濱詩云罌小如罌粟細如粟與麥皆種與穄皆熟所作牛乳烹為佛粥

杜鵑 唐正元中有僧移種鶴林寺或見紅裳女子遊花下俗傳花神即此花也

石竹 發生花如纈錦李太白有石竹繡羅衣之句

蜀葵 爾雅云菺戎葵有紅紫白錦四色惟黃者如金盃然至秋方開

滴滴金 一名滴露陶弼詩云九秋珠露滴成芽

含笑 有紫白二色丁晉公詩云花名含笑笑何人

麗春 多色花四出葉端如綫稜少陵詩云百草競春榮麗春應最勝

金燈 莖直上末分數枝枝一花光焰如燈晏元獻之說如此

木槿 詩云舜華朝榮夕悴言色易衰爾一名日及花施肩吾詩云但看日及花惟是朝可憐

三·九十七

牽牛 蔓生籬垣花可漬薑梅聖俞詩云時置梅滷間染薑奉盤羞

雞冠 佛書云波羅奢花山谷詩云紫冠黃細網絲窠

玉屑 一名真珠花張芸叟詩云千璣萬琣照庭隅又云綠階遶砌綴真珠

金鳳 一名鳳兒花有數色文與可詩云花有金鳳為小叢秋色已深方秀發

天竺 花如栗而成穗結子甚深冬可翫

凌霄 附木蔓生有毒凌晨仰視花露滴目則喪明左太沖詩云鬱鬱澗底松離離山上苗以彼徑寸莖蔭此百尺條注謂凌霄也

赤藤 亦附木而茂或照影水中青紅可愛詳見畫溪

紫荊 本草云田氏之荊周景式謂古有兄弟意欲分異觀三荊同株歎復合

躑躅

良薑 莖葉如薑花紅紫色

果之屬

梅 多種石亭蘇梅最奇古楊誠齋詩云一相南枝派五房黃紅萼綠蝶驚鸞又有千葉者名江梅其實惟圃消甚酸山谷謂京洛間有一種花香氣如梅類女工撚蠟所成因名蠟梅因此盛于京師與千葉皆無實

桃 多種唐明皇名為銷恨花有緋碧白桃皆千葉無實小春開者為小桃其實有御受桃餅子桃崑崙桃綿桃數種惟十月熟者為寒桃

杏 花類紅梅而豐艷東坡詩云零露滋月葉濕風散晴葩實有丹杏金杏

志十三　七

四·○二

李 花如積雪元微之有葦綃開萬朵之句實有麥熟橫枝紫綠數種李直夫第果品以有郁李一名雀李花粉紅色如朱櫻

梨 花如李而大最宜月下前輩詩云梨花院落溶溶月其實難得佳者

蓮 詩注扶蕖其華菡萏爾雅云芙蕖亦名水芝宋之問秋蓮賦序云天地清令紅蕖菡萏以清令對菡萏蓋謂菡萏為花開之狀花有紅白碧三種皆結實名為湖目又有千葉者無實

藕 白花者乃甘脆昌黎詩云冷比雪霜甘比蜜一片入口沉痾痊其條初抽可茹柳子厚云珍蔬折玉茹

榴 一名丹若又名天漿有紅黃二種王元之詩云誰家巧婦閑針線一撮生紅熨不開

躑躅

良薑 莖葉如薑花紅紫色

果之屬

梅 多種石亭蘇梅最奇古楊誠齋詩云一相南枝派五房黃紅萼綠蝶驚鸞又有千葉者名江梅其實惟圃消甚酸山谷謂京洛間有一種花香氣如梅類女工撚蠟所成因名蠟梅因此盛于京師與千葉皆無實

桃 多種唐明皇名為銷恨花有緋碧白桃皆千葉無實小春開者為小桃其實有御受桃餅子桃崑崙桃綿桃數種惟十月熟者為寒桃

杏 花類紅梅而豐艷東坡詩云零露滋月葉濕風散晴葩實有丹杏金杏

志十三　八

李 花如積雪元微之有葦綃開萬朶之句實有麥熟橫枝紫綠數種李直夫第果品以綠李為首又有郁李一名雀李花粉紅色如朱櫻

梨 花如李而大最宜月下前輩詩云梨花院落溶溶月其實難得佳者

蓮 詩注扶蕖其華菡萏爾雅云芙蕖亦名水芝宋之問秋蓮賦序云天地清冷紅蕖菡萏以清冷對菡萏蓋謂菡萏為花開之狀花有紅白碧三種皆結實名為湖目又有千葉者無實

藕 白花者乃甘脆昌黎詩云冷比雪霜甘比蜜一片入口沉痾痊其條初抽可茹柳子厚云珍蔬折玉茹

榴 一名丹若又名天漿有紅黃二種王元之詩云誰交巧婦閑針綫一撮生紅熨不開秋實甚大又有紅千葉者大如酒杯

四、〇二 志十三 八

枇杷 一名盧橘一名壺橘謝瞻賦云稟金秋之清條抱青陽之和煦肇寒葩于結霜成炎果乎蜀露言備四時之氣也

楊梅 色紫而味甘者不減越梅東坡詩云南村諸楊北村盧謂楊梅盧橘也

棖 皮皺而色黃或縷為藥或搗為齏可薦膾鱠斫齏之味張英叟詩云異味欲搗齏寒香先漬手

櫻桃 爾雅云楔一名荊桃一名含桃俗呼鶯桃有斗蠟二色韓偓詩云合充鳳實留三島誰許鶯偷過五湖

來禽 俗呼林檎王逸少有來禽青李帖陳后山詩云來禽花高不受折昨暮胭脂今日雪

秋子 似來禽而小文與可嘗有詩

海紅 似海棠結子如彈

蒲萄 一名馬乳色紫又有水晶者者味尤勝昌黎詩云勝欲滿盤堆馬乳莫辭添竹引龍鬚

栗 詩云山有嘉卉侯栗侯梅其實熟則罅拆又有榛栗似栗而小又有椎栗小而圓黑

銀杏 一名鴨脚子舊傳三十年方開花著子歐公詩云始摘才三四歲久子漸多驗之信然

棗 有小大二種詩云八月剝棗注剝撲也王金陵字說乃謂剝其皮而進之缪矣

柿 細大不等色皆綠澀以成瀋則表裡俱紅皮薄而味甘

三、七十五 志十三 九

胡桃 一名羌桃本生西羌張騫歸致其種外剛樸而內柔甘孔文舉書云多惠胡桃深知篤意

瓜 二種有外青而內白者有表裏如碧玉色者最甘

西瓜 形如匾蒲而圓色極青翠其味甘冷可留致遠載松漠紀聞近多此種或剖其中漬以蜜經旬皆成汁瀉飲甚佳

木瓜 詩注云楙木爾雅云楙宋何承天謂嘉木當作賦唐蕭嵩亦有嘉木詩

菱 爾雅云菱蕨攈注今水中芰引字林云楚人名菱為芰可食國語屈到嗜芰俗云角是也武陵記兩角曰菱四角曰芰通謂之水栗人多以芰為荷魏鄴賦云丹藕淩波綠芰汎濤剛二物判然矣

四〇三

芡 莊子云雞雍注雞頭一名鴈頭亦謂水硫黄以其日中開花性甚暖堅俞詩云蝟毛蒼蒼磔不死銅盤矗矗釘頭生吳雞鬬敗絳幘碎海蚌抉出真珠明

葛 春生苗引蔓根大如臂煮食甚甘可以已渴

葧薺 爾雅云芍鳧茈注生下田苗如龍鬚而細根如指頭黑色可食

茨菰 一名田酥一名白地栗葉如翦服幹如嫩蒲間小白花根大如杏

棠毬 生山野間有紅黄二色

蔬之屬

山花 或曰防風苗莖纖弱而長味甚甘脆與竹姑並産宜興山茂吉嘗有憶

竹姑 春初雨過則浸山背紅柔嫩甘鮮尤可茹陳子高有吐皎斕斑竹姑赤之句蓋二物同時而出皆珍品也

志卷十 十

筍 爾雅云竹有春初早出謂燕筍而四月浸盛又有貓頭筍及苦筍皆産宜興山谷賦云甘脆慊富小苦而反成味又詩云猶頭突兀想穿籬

蕨 爾雅云蕨虌草木疏周秦曰蕨齊魯曰虌以其初生似虌脚唐人詩云蕨芽已作小兒拳東坡云慙愧春山筍蕨甜蓋多取以配筍焉

芥 有紫芥黄芥惟臺心最辛脆又有芥苗東坡詩云蘆菔生兒芥有孫

菘 多種四時皆有冬初其本尤壯可作虀即周顒所謂秋末晚菘也

芸臺 其子亦可壓油

茭白 一名菰首春亦生筍其大者如兒臂亦謂菰平中有墨者名茭鬱

三九三

瓜 有稍瓜冬瓜二種

瓠 詩云瓠犀爾雅云棲瓣注瓠中瓣也味甘間有苦者又一種名瓠所謂瓜瓠之瓠即今朝盧唐盧懷謹當蒸以召客東坡詩云爛蒸鵝鴨乃瓠壺

蕷 一名蹲鴟本草名土蕷其大如甌皮紫而肉白者名藷蕷東坡詩云香作玉糝羹

茄 酉陽雜俎云茄連華之名當作草避反又名崑崙瓜有紫白二種

胡荽 一名園荽又一種為竹明荽幼幼新昌云鵝不食草

香菜 有細大二種而細者尤香

甘菊 莖紫味香葉可茹又一種莖青味苦不堪食者名苦薏

馬蘭 爾雅云蘺葉微似波稜

志卷十 十一

藥之屬

石蠶 陶隱居云形類老蠶附石而生猶海中蠣蛤草亦動物

杏葉草 一名金盞草蔓生籬下葉葉相對秋後有子如雞頭

石逍遥草 冬夏常無花實生亦不多本草謂此三品産常州

紫菫 本草云晉陵郡名水菊菜

菖蒲 周禮云昌本左傳云昌歜本草云昌陽亦云堯韭別説云陽羨生水石間根葉極緊細一寸不啻九節人多以瓦石器種之又一種葉潤而長隱起如劍脊

蘋藥 一名玉廷又名修脆紫細葉似章牛而光澤開細白花結實如鈴根白色而膩

麥門冬 一名羊韭亦名馬韭花淡紅如蓼結實如青珠根如穬麥

半夏 一名守田又名地文苗一莖莖端三葉有二種相重上小下大外黃內

蘇 爾雅云蘇桂荏注以味辛類荏一種色紫而香為紫蘇又一種兩葉根當花繁白色味辛而香為蘇亦名雞蘇

荊芥 一名假蘇以真香氣似蘇亦名薑竹蓋聲之訛爾

椒 詩椒聊陸璣疏云似茱萸有針刺莖葉堅而滑

白蒿 爾雅云蘩皤蒿其葉似艾俗呼蓬蒿

何首烏 一名野苗又名地精本名交藤因何姓人服之得名秋冬取根赤者雄白者雌

薄苛 莖葉似荏而尖經冬不枯

薏苡 一名屋菼又云起實春生苗莖高三四尺葉類黍開紅白花成穗結實如珠亦名薏珠子出交趾者名幹珠

志十三　四十一　十二

茱萸 禮記云藙博雅云榝九日取以配蒳山谷蕉茶賦云或去藙而用薑是也

香薷 一名香葇似水蘇而葉細俗香茸

桑白根 採以銅刀刮去麤皮取其白霜後乃佳

牛蒡子 一名惡實大如領結子殼類粟小而麥刺俗呼鼠黏子

菟絲子 爾雅云唐蒙又云女蘿本草云赤網呂氏春秋云菟無根言根不屬地今觀其苗即生若綠遍地不能自起得定草便纏繞而上根漸絕焉

鶴虱 一名鵠虱葉皺如紫蘇而尖黃白花似菊結實極細夢溪筆談名地松

牽牛子 酉陽雜俎云盆甑草本草名金鈴亦曰草金鈴

栝樓 詩云果臝之實爾雅云天瓜本草云地樓蔓生花淺黃色實在花下亦名王瓜

薺苨 爾雅曰苨莖似人參而葉小異根又類桔梗但無心耳

羊蹄 詩云蓄本草云鬼目葉狹而長類萵芭花開成穗俗呼禿菜蓋蓄訛為禿

積雪草 葉圓如錢莖細而勁謂之地錢亦名連錢草

垣衣 一名昔邪又名天韭垣嬴生牆陰其在屋上者名屋遊

射干 一名烏扇又名烏霎花開多種亦名鳳翼秋生紅花中有赤點

商陸 爾雅云蓫薚馬尾注廣雅云馬尾蔏陸本草云蓫薚江東呼為當陸莖青赤至柔脆開紅紫花成朵

馬勃 一名馬生園中久腐處虛軟如紫絮彈射有粉

志十三　四十五十　十三

連翹 爾雅云連異翹注連苕本草云旱蓮英類水蘇花黃色結子作房似蓮而小

灰藋 一名金鎖天葉莖赤葉心有白粉

馬鞭草 莖似細辛葉微類蓬蒿花紫色

青葙子 又名草決明苗高尺許葉細而軟花紫白色實小似莧實

天南星 苗如荷莖如蒟醬兩枝相抱花黃色結實成穗如石榴子根似蒟而圓

豨薟 俗呼火杴草苗葉似芥而狹長秋有花如菊實類鶴虱

馬兜鈴 苗如藤蔓葉如山蕷開黃紫花結實如鈴作四五瓣根名雲南亦云青木香

車前 詩云芣苢注馬舄江東呼為蝦蟇衣大葉長穗生道傍亦名當道

瞿麥 一名雀麥亦云燕麥莖生細葉花紅紫赤色劉禹錫所謂兎葵燕麥者是也

茅根 詩云菅茅春生茅布地如針俗呼茅針夏開白花茸茸然根至潔白

王瓜 一名土瓜生籬落間子如楊梅

草之屬

芝 其色有五生則爲瑞

蘭蕙 山谷云一幹一花而香有餘者蘭一幹五七花而香不足者蕙多產宜興

萱 詩云諼草本草云忘憂博物志云萱草忘憂又名鹿葱有千葉者俗呼宜男阮籍詩諼草樹蘭房蓋諼字與萱同

芭蕉 葉碧而脆茂密如林張文潛詩云翠脩舒曉日綠錦障西風方芽甲時移植水石則柔弱可玩

薜荔 蔓生木石垣墻間少陵詩所謂青綠薜荔

鳳尾 生墻垣間其狀類之

藍 葉如水蓼陶隱居云即今染縹碧者亦名菘藍汁可作澱又有紅藍花亦名黃藍博物志謂張騫所致春苗夏花可染真紅

黃草 莖有節而葉類麻其皮可紉爲布

莎草 葉細如茸宋景文詩云青莎秀滿堦

苔 花細如粟少陵詩云雨過苔花潤

荇 爾雅云莕接余其葉苻注叢生水中葉圓在莖端長短隨水深淺本草云鳧葵亦名猪蓴開小黃花俗呼金錢花王融雙聲詩云湖荇曄光華

藻 爾雅云藻石衣注水苔

蓼 一名紫蓼即水紅花一云青蓼味辛辣可和麴蘖其大者名紅草詩云游龍爾雅紅龍古俗呼龍鼓

萍 爾雅云蓱注江東謂之藻其大曰蘋舊傳楊花入水經宿即爲萍或滲萊爲茹所謂萍花是也

蘆葦 爾雅云名葭華葦名葭葦小如葦而實者爲荻亂其萌虇即今蘆笋其花皆名苕

蔣草 一名菰有米如粟西京雜記謂之雕胡少陵詩云願作冷秋菰又云滑憶雕胡飯

時蘿 本草名慈謀勒如馬芹而香辛故云馬芹色黑而重時蘿色褐而輕

莞草 採以[illegible]縟席

燈薪 叢生莖圓而勁

鴈來紅 似藿而葉端色黃如玉樹後庭花也又一種名映日紅其葉盡赤

木之屬

松 花上黃粉名松黃人多以湯淪之其節爲松明東坡詩云坐看十八公俯仰灰燼殘樹皮綠蘚文甚鮮傳可和諸香

檜 爾雅云柏葉松身獨孤公手植三本詳見古跡

柏 樊宗師園記謂柏爲蒼官其子香而可爇東坡詩云銅爐燃柏子又有側柏

杉 爾雅云柀一名煔注煔似松生江南本草云木類松而勁直葉附枝生若針刺

楓 爾雅注云似白楊葉圓有脂而香

槐　博物志云槐初生曰兎目或以汁溲麪作湯餅少陵初所謂碧鮮俱照筯是也
桐　爾雅云一名梧酉陽雜俎謂其孫枝為鳳條
梓　爾雅云椅梓注即楸也陸璣云梓者楸之疏理色白而生子者梓實桐皮為椅梓
檀　色黃而性堅或云黃檀
桂　葉如柹中有縱紋
槻　怪堅而勁
櫟　詩云苞櫟注作䒷櫟人云苞栩爾雅云杼又云栩又云櫟其實所謂橡實陸璣云柞櫟杼栩皆橡櫟之通名莊子狙公賦芧疏云橡子也似栗而小
楠　春生白花成簇秋結細實蜀人謂之讓木言其生直上枝葉不相妨明皇呼為端正

樹
楊　似柞而子可食山海經云作屋柱難腐
櫛　與櫟相類
榆　詩云樞爾雅云樞荎春生莢古人採以為羹羹張文潛詩云修柯遇雲日老枿干雲霄
樗　爾雅樗生樗北人謂之山樗木疏而氣臭莊子所謂臃腫曲拳不中繩墨規矩者也
椿　與樗相似木實而葉香
楮　俗呼為穀生子如彈秋深則紅皮可擣紙東坡有老楮詩
朴　皮鱗皴而厚

楝　東臯雜録江南自春至夏有二十四風信梅花最先楝花最後唐人詩云楝花開後風光好
楊　葉圓潤而赤枝柯短硬昔有喻植楊之利天下易生之木也倒植之而生橫植之而生然一人植之一人拔之雖十日之功皆棄
柳　葉狹長而青枝柯長軟
檉　葉細而枝葉一名西河柳又名春柳夏著花粉紅如粟又一種曰欅柳少陵詩云欅柳枝枝弱
黃楊　歲長三寸閏則縮東坡所謂厄閏年歐公嘗有賦
白楊　爾雅云楊葉圓蒂弱無風自動亦云消楊又有水楊生水際爾雅所謂旄澤柳是也

桑　有黃桑花桑采以飼蠶
柘　葉勁而有穀
冬青　其葉常青四時不改許渾詩云春秋紅實淺經冬綠陰寒唐禁中呼為萬年枝韓子蒼詩云無人知是萬年枝
烏臼　葉似梨杏花黃白而子黑也
椶櫚　亦名栟櫚梅聖俞詩云青青栟櫚樹散葉如車輪
枳　叢生多刺實不堪食俗呼狗橘
皂莢　南史云黃塵污人衣皂莢相料理
棠梨　似樗櫟其木惟可鐫刻

竹之屬

戴凱之竹譜竹有生日謂五月十三日移植最宜亦謂竹醉將枯則生花或云皆竹多用辰日山谷詩云夏栽醉竹逾千箇又云根須辰日斸

慈　叢生冬稚筍在外夏則處中莖圖節踈明皇謂之義竹前輩屢有詩

堇　竹詩音斤堅而後節體圓而質勁

筀　有三月筀五月筀產筍甚多

淡　肉薄節間有粉南人燒以取瀝葉可入藥

苦　肉厚而葉長闊以為笋中虎而甕其筍俗呼甜苦筍

金　色如金其柚枝處仍碧所謂黃金間碧玉外有斑紫水石篠數種

禽之屬

烏　純黑而反哺者曰慈烏腹白而不反哺者則曰鴉亦名鵶烏詩所謂鷽又一種名寒鴉

鵲　俯鳴則陰仰鳴則晴聞其聲則喜故曰喜鵲西京雜記云乾鵲噪而行人至佛書呼為芻尾

鷹　蒼黑色亦名鷙鳥通謂鷹隼

鷂　西京雜記也傳鷹生三子則一為鷂即鳶也俗呼鷂鷹

鸇　似鷹而小

鶻　柳子厚有鶻說亦謂之鷙

鶻嘲　爾雅云似鵲尾短多聲東京賦鶻嘲春鳴或云骨嘲

鸜鵒　似鴝而有情人捕得之則翦其舌可使能言

鶴　射生戶多得灰色者其白者產淮鄉

鸛　詩注水鳥也將陰雨則鳴陶隱居云有二種似鵠而巢樹者為白鸛黑色曲頸者為烏鸛或取其子則旱以能飛薄雲霄激散雲雨

鴈　詩注大曰鴻小曰鴈玉堂閒話云鴈宿洲渚必有伺察者謂之鴈奴金陵詩云人將伺其殆奴輒告之亟舉群寤而飛機巧無所得

鷺　詩注爾雅背云春鉏皮日休詩云數點右鉏烟雨微

鸕鷀　善捕魚山谷詩云鸕鷀家伺魚蝦便

鴛鴦　荊楚記云鄭木鳥羽毛五色雌雄相逐

鸂鶒　尾五色如船柂小于鳧能食短狐壯臺鄉賦云鸂鶒尋邪而逐害是也

鶯　詩云倉庚疏云黃鶯又黃鸝鸝鶹黃公黃栗留昌黎詩云含黃韻鸝鶹東坡云苦厭黃鸎貼酢眠歐公云黃栗留鳴桑葚熟

燕　禮記云乙鳥爾雅云鳦一名玄鳥陶隱居云有二種胷紫身小者為越燕胸斑黑而聲大者為胡燕昌黎詩云陶喧逐風鳦

雀　斑褐色又有黃色者為黃雀八九月飛稻苗間

鳩　爾雅云鶻鳩注今之布穀牝牡飛鳴以羽相拂江東呼為撥穀一名桑鳩土人謂之脫却布袴東坡詩云不愁脫袴溪水寒水中照見催租瘢本草云斑鷦又名斑鳩春分化為黃褐侯秋分復為斑鳩

桑扈　詩云交交桑扈注謂竊脂鳴于三月其聲似之賈逵所謂為蠶驅雀者也爾雅扈作

鳸說文作雇又作鶚

子規 離騷云鵜鴂反騷云鶗鴂顏師古注一名子規一名杜鵑至三月衆芳皆歇其聲云不如歸去晝夜不止

伯勞 禮記云仲夏鵙始鳴注伯勞夏至應陰鳴詩云七月鳴鵙箋云伯勞鳴時寒之候也五月則鳴豳地晚寒左傳云伯趙司至是也

百舌 禮記云反舌說文云五月陽盛于上陰萌于下百舌無陰故無聲朝野雜記云春轉夏止張芸叟詩云學盡百禽語終無自已聲

山鷓 尾長色碧嘴距皆紅

雉 書云華蟲一名山雞俗呼雉雞

竹雞 俗呼泥滑滑其聲如之東坡詩云泥深竹雞滑又云泥深厭聽雞頭滑

鵜鶘 詩云鵜注鵜鶘味袁也莊子注云淘河一名提壺其聲云提葫蘆山谷詩云提壺唯解勸酤酒

練帶 似鵲而小尾長如帶

青菜 色嫩綠而股黃

黃頭 褐色善鬪

畫眉 色褐眉白梅聖俞詩云山鳥本無名而眉如粉畫

繡眼 似雀而小

蠟嘴 色黃褐而喙黃

雪姑 羽毛黑白相錯

白頭翁 似雀而大首有白點

穿鼻 似雀而小鼻端有竅

噪天 善鳴即飛愈高

啄木 爾雅云鴷淮南子云斵木愈齲古今異傳云雷公採藥吏所化歐公有詩

婆餅焦 梅聖俞四禽言云婆餅焦兒不食

新羅雀 色紅多集水中俗傳自新羅梅聖俞詩云赤羽異萬鵶來自東夷國

十二紅 羽毛紅綠碧綠相錯

鶉 列子云蛙變為鶉又曰鼠變為鶉即月令田鼠化為鴽素問云鴽鶉至道聞京師鴽鶉者積于市門而水中絕無蛙聲人有得于水次半為鶉半為蛙

鴿 多種張燕公令其速書雖遠必達名為飛奴人多畜之人有野鴿

鴞 周禮云惡鳴之鳥若鴞也賈誼云鵬似鴞其實一物亦云梟晝日不見物夜則飛鳴

鶖頭 一名禿鶖梅聖俞所謂禿鶖尚欲遠飛去是也

姑惡 水鳥也俗傳婦以姑虐死其聲故云

鬼車 遇陰晦則飛鳴或云鬼車十首一為犬所斷聞其聲則擊犬使鵂以厭之歐公有詩

蝙蝠 本草云伏翼又名仙鼠謂在山穴食乳髓皆千歲頭有冠淳白大如鳩鵲其如鵓未白者皆百歲而倒懸之矣石乳中仙經所謂肉芝也

獸之屬

虎 陽羨有白額虎為周孝公所射近歲有獲二十六虎者劉漫堂宰有詩

豹 爾雅云貘白豹注似熊而小頭卑脚黑駮文又有赤豹

狼 大如犬色蒼其鳴詩孔皆沸

狐 形似狸而黃鼻尖尾大

兔 禮記云明視文選木蘭歌云雄兔脚撲朔雌兔眼迷離

香狸 微有麝氣肉可作羙膳荀輿嘗寫狸骨方帖誰能療風

麞 陶隱居云野肉之中麞鹿可食生不膻穢又非辰屬故道家取以為脯亦名麢有牙者佳古今注云麞有牙而不能噬鹿有角而能觸

志十五

鹿 詩注牡鹿有麀

麂 爾雅云麠一名大麃旄毛狗足

野猪 一名封豕山海經云豪猪狟猪也夾髀有麗毫三數尺狟或作猳吳楚呼為鸞猪月食橡子肉色赤味勝于猪

貒 一名貛犺極肥

猴 一名馬留抱朴子云獼猴壽八百歲即變為猨猨五百歲變為玃玃千歲變為蟾蜍

獺 淮南子云養池魚者不畜猵獺

刺蝟 狀微類猯脚短多刺尾長寸餘人觸之便藏頭足其刺不可嚮邇惟見鵲則反腹受啄人欲掩取如蚌鷸然

鼠狼 生田野中似鼠而尾如帚善捕鼠

鱗介之屬

鱸 鱗細肉脆而味珍出江中其小者生于殷澤隋煬帝所謂金虀玉鱠東南之佳味蓋筆之似橙縷也

鱣 爾雅云江東呼為黃魚鼻長在頷下體有邪行甲無鱗肉黃大者長二三丈本草云鱑

鱘 鼻肉作脯名鹿頭一名鹿肉出江中

鮭 一名鯢俗呼為河豚出江中開歲即有子二月江陰最先春深則溯流而上梅聖俞詩云春洲生荻芽春岸飛楊花河豚生此時貴不數魚蝦蓋謂是也腹有腴白如酥名腹腴亦名西施乳

志十五

鰣 骨纖肉膩而味甚腴梅聖俞詩四月鰣魚連浪花漁舟出沒浪為家甘肥不入罟師口一把青錢趁槳芽

鮰 生江中東坡詩云粉紅石首仍無骨雪白河豚不藥人寄語天公與河伯何妨乞與水晶鱗

鮆 爾雅鮤鱴刀春初出江魚又子鮆四月最盛又有湖鮆出太湖山海經所謂刀魚是也

鱖 山海經注云大目大口細鱗有斑彩東坡賦謂狀如松江之鱸張志和詩云桃花流水鱖魚肥

鯿　味甚肥美少陵詩云漫釣槎頭縮項鯿

鯉　陶隱居云魚王唐人謂之赤鯶公脊中有鱗自首至尾無小大皆三十六又有一種名黑鯉身圓而色黑

青　似鯉而背青色

白　板身肉美多細鯁出湖中者佳少陵詩云白魚切如玉

鯽　本草云稷米所化宜臛食少陵所謂鮮鯽銀絲膾是也

銀　博物志昔吳王江行食膾棄其餘悉化為魚今出湖中有大如指者腊之可致遠梅聖俞詩云乾如會稽筍色比荆州銀

吐鮫　陳子高所謂吐鮫斕斑是也

鯔　身圓鱗細骨軟味甘

鯧　似鯔而頭甚大

橫管　似鯔而小

鰍　春初出江北味甚腴梅聖俞有丁筋勝紫鱗之句

鰻鱺　似鱔而腹大色青黃本草謂善攻碕岸使輒頹圮

鮎　詩云鰋爾雅云鰋鮎注江東呼為鮧本草云鮧

鱔　漢書鸛雀啣三鱣鱣即鱔字或作鱓陶隱居謂荇苓根所化風土記云夏出冬蟄

黃顙　本草云黃䫜一名䰴魺似鮎而小背黃腹白

黃鱔　詩注云鱨

針頭　山海經云其頭如針江東水中有之

餐　似針魚而區此類尚多細不足錄

龜　細大不等又皆有綠毫者史記云通千歲則巢于蓮葉之上

鼈　廬令云寒龜夏鼈一種味當以其肉充臛

黿　似鼈而大今忠佑廟鳳凰池有一黿徑餘三尺

蟹　宜興谿中所產尤美

重修毗陵志卷第十三

重修毗陵志卷第十四

祠廟

社稷生民之本也故郡國首盡嚴事外是則表厲風俗捍禦菑害其得廟祀兹土也亦宜昔狄梁公使江南撤淫祀千七百所而存者四太伯季子伍員與馬可謂知所權度矣今自社稷而下德如季子功如忠佑者書之餘亦附見焉

社稷壇 風雨壇附

州

壇在州治西南隅與學相望按舊經云社稷壇在州南一里風師壇在城東南雨師壇在城西南後徙令地社稷為壇各一主以石蓋倣唐制社稷以石為主其形如鐘剡上而下植于土祥符三年詔定諸州社稷模其狀分給四年頒壇頒壇制于天下先是渭州謂請建風雨壇有司言唐制諸郡各壇于社稷之東西稍北三數十步無立廟之文今社稷後風雨雷師雨師為壇各一主亦以石制稍殺焉歐陽氏集古錄閩遷新社記云大中十年 公遷社于神坤社稷壇皆廣丈有五尺高尺有五寸風師壇如社稷雨師壇廣丈而高尺壇壝之制昉此社以后土勾龍氏稷以后稷氏配有屋十餘楹為祠官齋次

晉陵 壇在縣治東百餘步

武進 壇在縣治西廣化門外西偏

無錫 壇在縣治南百五十步

宜興 壇在縣治南一里

諸廟

州

延陵季子廟按山謙之丹陽誌云南廟在晉陵東郭外北廟在武進博落坡西廟在潤州曲阿今丹陽縣延陵鎮廟有百井多堙廢又云墓在晉陵縣北七十里申浦西皇覽曰季子廟在毗陵暨陽鄉今江陰縣唐開元中元宗命殷仲容摹夫子所書烏虖有吳延陵季子之墓十字以傳大歷中蕭定又刊于石歐陽氏集古錄跋云季子墓自前世相傳以為孔子所書據張從申記云舊石湮沒蓋開元已有本矣又云孔子生平未嘗至吳不得親摹季子之墓又其字壯大非古簡牘所有以名傳之不可遽廢永泰中李守

栖筠郡境十二詠以此居首其族子華和云季子讓社稷又能聽風　國朝元祐間楊無為傑題廟碑曰戰國縱横禮義虧延陵高節救周衰當時若受諸侯惠後世誰傳十字碑　崇寧間朱守彦嘗訪祠廟辨曲阿延陵之非古甚詳今京口廟食獨盛賜額嘉賢封昭德侯而吾州之祠有三一在郡學講堂東偏　淳熙間張守孝賁建　嘉熙初張　授虔發請于朝擬加王爵俾官吏辭謁如式議未克行一在通吳門鐵冶巷即東郭廟一在天慶觀東晉陵令趙彥擣建葉水心為記

天王廟在子城上郡圃西偏舊傳唐太宗從高祖起義兵有神自號毗沙門天王顧力定亂將有猪首象鼻者故所向成功及即位詔天下公府皆祀之天寶初又詔諸郡于城北隅置祠仍建佛殿以天王為額

嘉應城隍廟在金斗門內街西　國朝太平興國中重建後燬于兵　紹興間始闢門建殿　淳熙六年葉守衡增兩廡八年章守沖禱旱獲驗加葺治十三年林守祖洽表靈應于朝賜今額

東嶽行宮在市東前俯運河有天齊仁聖帝殿聖母殿帝后德生殿五嶽會聖樓兩廡皆有象設樓東有嶽司堂西有廣惠行殿郡官辭謁祈求雨暘咸詣焉

忠佑廟在武進縣東帝姓陳諱杲仁字世威晉陵人隋大業間仕至司徒娶沈法興女法興有異謀懼帝未發潛中以毒唐武德三年也夫人轸氏捨宅為寺今崇勝寺是又舍東第為觀號崇仙有疏刻石廟下疏云明政二年乃李子通偽號後法興中神矢斃郡人以帝忠孝文武信義謀辦八絕奏于朝即帝兵仗庫立祠垂拱元年始創大殿乾武四年封忠烈公中和四年加感應朱梁開平四年進福順王淮南楊渥更封武烈王南唐保大十三年吳越兵至柴侯克宏進禦夢帝有陰兵助汝之語及戰風雨晦冥黑牛突行陣間克宏人百其勇俘馘甚衆以功封武烈帝轸氏武烈后張氏賛幽夫人沈氏為沈明后　宣和間睦寇披猖魏守憲率邦人有禱卒不犯四年

賜今額建炎二年周守杞大新營繕　嘉泰閒趙守善防請爵帝二子長曰坦賛惠次曰顒協應侯淳祐四年又奏封帝父為肇靈侯母段氏懿德夫人伊氏昭德夫人長子加濟美次子加助順柴侯封翊靈將軍詳載實錄云江南道士任右元當題廟云松竹蕭蕭野笛悲寂寥冰雪對旌旗前山夜月陰風起神去神來人不知自冢之石今不在

忠佑廟一在東嶽廟後即帝東第唐太和七年令高榮以禱　獲驗重建一在武進縣奔牛魏墅地名陳墓舊傳帝祖父葬焉或曰舊居殿後有小藥磨望靈烟中有紅衣巨人賊懼而遁道士鄧子成為指為故物一在武進縣前蕭里唐末巢賊犯境人築祠焉

廣惠行廟在崇勝寺西　淳祐閒王守圭建詳見武進行廟

五顯王廟在運河南元豐橋西唐天祐三年剌史張崇以郡多火菑建

營田五聖廟在行春門內街南

嘉應侯廟在資聖寺後神姓張夫人呂氏載建安志始封嘉應侯後封東平忠靖孚應王東嶽廟西廡亦有象設

志十四　五

梓潼帝君祠在天慶觀東廡帝君顯于西蜀隆興府七曲山累封英顯武烈文昭忠濟王

柴將軍祠在忠佑廟西廡將軍諱克宏仕南唐為龍武軍都虞侯授右將軍破吳越兵為立祠終奉化軍節度使謚威烈今封翊靈將軍詳見忠佑廟

劉龍圖祠一在忠佑廟西廡龍圖諱晏字平甫初仕遼至都官員外郎領兵歸順織赤心報國四字于旗　建炎三年周守杞以江寇侵畧請援帥精銳七千出奇破之進龍圖郡人德其賜為之祠一在馬跡山水平王廟蓋嘗駐兵馬

周殿撰祠在忠佑廟西廡即周守杞也

五賢祠在郡治後西北隅舊本雙蓮堂徙今地唐獨孤公及　國朝柳公開李公餘慶陳公襄楊公萬里皆郡賢牧舊遇釋奠則分祀示不忘也

先賢祠在郡學講堂西偏祀陳古靈襄楊龜山時鄒道鄉浩陳了齋瓘　淳祐二年宋守慈增祀胡蒼梧瑆

胡文恭祠在報恩寺　淳祐八年李守肇祀今釋奠

志十四　六

後校官率職長修時事云

東坡先生蘇文忠公

眉山人初倅杭守湖往來毗陵有終焉之志自黄移汝謝表有買田陽羡誓畢此生焉晚由儋耳欲還潁昌踐少公對床之約次儀真聞有忌之者竟歸毗陵終于顧塘孫氏之館時建中靖國元年七月也先是嘗有李惟熙謂緣在東南信哉越六十有九年 乾道壬辰晁守子健築祠塑像訪士夫家畫本或朝或野服 凡十摹置辟間復列少公轍與黄魯直庭堅張文潛耒晁無咎補之秦少游觀陳無已師道六君子于兩序釋奠皆分祀又鑱與无咎往来帖晁侍郎公武為之記其畧曰公武聞諸世父景迂生豐寧間賊臣擅國顛倒天下之是非人皆畏禍莫敢莊語公之葬也少公黄門銘其墓壙亦非實録其甚者以賞罰不明罪元祐以改法免役壞元豐指温公才智不足而謂公之斥逐出其遺意稱蔡確謗讟可赦而謂公之進自其還擢章惇之賊害忠良而謂公與之友善林希之詆誣善類而云公嘗汲引之嗚呼若然則公之上清儲祥忠清粹德之請及諸奉議著述皆誕謾與公武因子健之請伏自思念歲月滋久者舊日益淪喪而緒言將零落不傳于是不敢以不能為解惟公當元祐時起於調籍登金門之堂極禮樂文章之選及章蔡竄朋黨于嶺而公獨先朝廷近復黨人官爵而公獨後立朝本末彰明較著如此豈有他哉昔陳仲弓送中常侍父之葬非以為賢從者訾楚公子曰縣也不力非以為不孝皆有為而發豈少公之意或出於此非耶後世不知其然惟斯言是則為盛德累大矣 其碑有二一郡齋一宜興洞靈觀 悉毀不存 嘉定十六年余教授申訪得洞靈舊墨本臨刻乎石且記碑陰有直哉晁也碑之作有以夫之語又集詩文語以祭之其文曰海北雷州縱大鵬之自適天南玉局睇白鶴之來歸迄尋陽羡之粗已示菩提之病痒音容邈廟貌嚴嗚呼裕陵之仁如天積歲月而養成巨木歐公之學如海鼓波濤而放出應龍後萬里以横行駭四方而驚視蜚辭彪蔚奮節孤高果于立論而絶闕河勇于擊邪而鄙嬌激稔含沙之陰毒發下石之危機英雄痛心文章何罪幾州鈇鑄此大錯自知一念之非千丈清不如尺渾政恐盛名之累臨流築室自檥葺茅相從田父笑談之歡殊無老人衰憊之氣剛大自養摧挫愈堅丁壬真一歌空起雲屯之興丙子三萬日難留電往之身想登虬踞虎之風標笑噪犬嗥狐之腥腐中一寒分教再拜款祠骨已朽而名香屋雖低而人傑幾于曳級何以妥靈像設孔新敬微輯杖挹世尊之意諸生逈享共哦讀書善青衿之詩咸淳三年家守鈕翁以法濟廢寺武進縣良田入學以供春秋釋菜

龜山先生楊文靖公祠本舊書堂在懷德門内十餘步先生諱時字中立從伊川學初監本州市易務政和辛卯因卜居焉出宰蕭山甲午復還迄壬寅

周孚先恭先兄弟數游從有問答數條皆遺墨游定夫酢寄二周帖云毗陵士人前欲買田以贍至完今聞買宅以延中立高誼至此可振頹風激衰俗非好賢樂善未易能爾刻石寘辟間胡蒼梧珵珵挽之曰一區歸老談玄宅三鱣空瞻講道堂後燬于兵地歸他族　紹熙二年陳守謙贖以公帑四年黄守灝始立祠于舊地以二周侑　寶慶元年趙守彥悈復修祠事　紹定三年鄭守必萬增創堂宇曰師友淵源中繪濂洛諸先生十有四象以合祭（周濂溪程明道伊川邵康節張横渠尹和靖楊龜山謝上蔡游建安胡安定朱晦翁張南軒呂東萊陸象山竊謂安定在周程之先今位置甚舛）又葺舊堂曰尊德樂道中置先生二周塑像　淳祐間王守圭以薦福寺僧正宗所置私庵田歸于書堂將以為養士用也

晉陵

水平王廟在縣馬跡山分水嶺舊傳王為后稷庶子佐禹平水至會稽誨人浚道後祠之胡文恭宿嘗請登祀典　建炎間周守杞以劉龍圖駐兵遂加

修建

潛靈山在縣德山東有龍井祀嘉山白龍之母禱旱輒應　紹興七年以進士呂結等請封賜今額

化被王廟在縣東小井舊傳為顧凱之廟側有顧陂

吴許二長官廟在縣東南七十里舊傳蕭梁時晉陵無錫二令為陽湖汎溢親視堤堰遂溺焉邦人為立祠云

三王廟在縣東北開福寺側祀東嶽忠佑廣惠之神

順濟龍王廟在縣麴浦出楊子江

武進

廣惠行廟在縣南水門外楞塘村神姓張顯于廣德軍横山唐初封水部　國朝累封正佑昭顯威德聖烈王　寶祐五年改封正祐聖烈真君後加昭德　咸淳元年又加昌福

琅邪王廟在縣奔牛鎮東二里舊傳晉元帝渡江後有此祠

善利廟在縣北嘉山祀白龍之神　紹興七年賜今額

駙馬廟在縣奔牛鎮西祥符經云駙馬戴姓
曹將軍廟在縣青城鎮北
龍堂在縣滆湖西宋大明中以黑龍見建禱旱輒應
靈濟龍祠在奔牛鎮中閘之側　政和三年賜額

無錫

吳泰伯廟在縣東南五里臨泰伯瀆寰宇記云泰伯西城去縣四十里又三瀆乃泰伯所開輿地志云吳城梅里平墟其宅墓故井猶存王令詩云古廟欝崔嵬朱門鎖不開令人不爲讓問或乞靈來
徐偃王廟在縣南二十五里廣塘山下韓文公衢州廟碑載之詳矣衢州本會稽太末縣徐姓皆其子孫或云徐子章禹嘗執于吳其族散處徐揚間黃岩志謂墓在其縣胡文恭宿嘗賦詩云故國無歸日叢祠幾換秋
春申君祠在縣西錫山下即古歷山也祀楚相黃歇唐垂拱中祠廢後復建張繼詩云春申祠宇空山裏古栢陰　在泉水
伍相公祠在縣西青山上山下有渠曰閭江
城隍廟在縣城內

忠佑行廟在市橋南
廣惠行廟在縣南門
東海信郎王廟虞孝恭南徐記云在無錫縣東中廢復建
石城王祠南徐記云或稱宗郎王在縣東三十里
顯應廟在翠微寺西　有潭不盈畝歲或旱潦水無虧盈　紹興三年賜令額尉唐皡嘗有詩云平地巍峩起一峰歷山西畔滆湖東見祠翰門
孚澤廟在縣西南軍將山有龍湫禱雨輒應賜今額

宜興

伍相公廟在縣西九里子胥自楚入吳過此後人爲立祠
果利廟在縣荆溪南舊稱袁府君廟即漢陽羨長袁玘詳見君山　國朝皇祐三年以雨應禱虞大熙作祠銘　紹興間令王梁材始增葺之單子發復序其事　政和初賜今額　紹興九年賜爵嘉惠侯二十六年加字人　隆興二年加明應　乾道六年加永濟　嘉泰元年進慈惠公　寶慶二年加孚

佑　紹定六年加忠　淳祐四年加靈澤有二
行廟一在通運橋一在芙蓉山廣福寺
英烈廟在縣荆溪南舊稱周將軍廟即晉平西將軍
周孝公處也陸機碑云公葬于家之舊原南瞻荆
嶽北睇蛟州追贈清流亭侯謚曰孝唐李忠義詩
云截虎斬長蛟入吳尋二陸又曰行客想遺芳清
風滿蘭菊南唐徐鍇嘗題其冢　國朝景德二年
周守絳與令李若谷增繕絳為記　宣和間睦寇
肆擾其從傳臯欲寇郡捕得之臯云初至宜興長

橋忽睹金甲神告曰我平西將軍也　紹興七年
賜今額十年封忠惠侯二十六年加仁勇　隆興
二年加兼利　乾道六年加義濟　嘉泰元年進
忠武公　寶慶二年加赫義　紹定六年加昭靈
淳祐四年加仁勇父魴始封基德侯至是進積慶
公夫人盛氏累封慈佑恭懿順惠仁勇四子伯曰
靖四封至輔忠濟美廣應延　侯進肖靈公仲曰
玘　忠光業靈佑廣利侯進肖武公叔曰札佐忠
昭義英載嘉惠侯進肖義公季曰顧協忠承慶永

康靈佑侯進肖勇公
永清天王祠在廟東廡錄異記云房州永清縣有一
神祠唐穆宗時邑令之弟至其處徐夢神告曰余
義興人大父即子隱也余受帝命于均商金房四
郡捕鷙獸人為立廟俗號白虎神余恥之幸為正
其謚宣宗大中間襄州判官王士澄刻其事於石
城隍廟在縣治西省倉門　嘉定中令羅仲舒拓縣
圃地附益之　紹定間令趙與悊鑿城西垣築門
臨通衢

東嶽行廟在縣東荆溪北
廣惠行廟一在福德橋一在胥村
忠佑行廟一在源慶門一在鳳川
惠烈行廟在山亭鄉姚村即漢秣陵尉蔣子文南唐
封莊武帝　國朝賜今額
山亭侯一在五賢回圖村祀漢蔣澄唐齊光又撰廟
碑一在山亭鄉
長風廟舊在義鄉縣神姓鄧先為縣令死遂發靈宋
周山圖嘗請加神爵令亡

許八尉廟後漢許馘（或作馘）也義興人靈帝時嘗為是官應劭為廟碑歲久字刓開元中諸孫重立刻八字於碑陰云談馬礪畢王田數七邑宰徐延休一見輒解談馬即言午礪畢必石畢王田乃千里數七是六一蓋謂許碑重立也廟廢碑僅存

衛將軍廟將軍諱逖為邑人佐唐高祖起義汾并擒竇建德挾竇馳突太宗奇之第功拜將軍宿衛以母老丐歸及卒邑人為立廟荆溪濆以平生弓甲挂東西廡王敎嘗撰碑詞許渾詩云虎牢關下護龍旗挾槊橫弧馬上飛漢業未興王霸在秦軍才散魯連歸墳穿大澤埋金劍廟枕長溪挂鐵衣欲奠忠魂何處問葦花風葉雨霏霏　國朝大觀中得法藏寺東舊基衛埈復立祠今廢

謝將軍廟舊傳在六水岸西虞顥詩云虛名但有孤墳在勇節還隨古廟空今南門外謝埈有廟云

梟山廟在湖㳇鎮東二里以地名（朱氏志云其山多梟）舊傳神姓潘兄弟三人遊此山指一草云此堪為茶採之信然後為立祠（單氏志云西有潘嶺）

青口廟在湖㳇南十五里神亦潘氏兄弟

西澤廟在縣治西百步舊傳吳堪之祠原化記云堪邑人為縣吏家荆溪得一白螺嘗自縣歸見飲膳畢具蓋螺化女子為治飪堪怪之女曰天矜君勤小職勑奉配君勿疑又幽明録云堪得螺化為女子號螺婦令聞而求之堪不與令以事虐堪曰令要蝦蟇毛鬼臂不獲即加罪婦為致之令又繆語曰更要禍斗婦又引一獸狀如犬而食火令取火試忽焚縣宇後因立祠　寶慶初里有蔣其姓者淍溧人視祠宇敝黙念他日家積贏當新之自是驟富卒為脩繕

三夫人廟在滆湖鄉柯城沙子口湖之神也俗名三姑廟

三魁廟在英烈廟東廡　熈寧六年邑人余中魁廷試邵剛魁南宮邵材魁開封　紹定間令趙與悊建

先賢祠在縣西南二里　紹定間令趙與悊建祀蔣樞密之奇陳密學襄鄒侍郎浩蘇端明軾汪内翰

藻王待制居正周簡惠葵周文忠必大且給田以
廪守祠者
岳武穆王廟在東嶽行廟西王諱飛　建炎中自桐
川提兵來平劇盜郭吉嘗題金沙寺與張氏壁有
誓清中原語邑人德之肖戎服像于英烈廟　淳
熙八年章守冲易以袞繡（廟有趙倅善譽記）嘉定間其孫
珂守嘉禾屬令戴楠更卜徙今地先是蔣待制燦
題庵扁以邑多訟鉅易嶽為岳至是建廟殆有讖
云（王題金沙寺云予駐大兵宜興緣幹五事過此陪僧寮謁金仙徘徊暫憩遂擁鐵騎千餘長驅而往然後立奇功殄醜虜復三關迎二聖使宋朝再振中國晏安他時過此得勒金石不勝快哉題張氏壁類此）

重修毗陵志卷第十四

重修毗陵志卷第十五

山水

毗陵山水之秀著于經備于圖牒散見於騷人墨客
之篇詠若具區之涵浸慧泉之甘洌君山陽山之挺
特其顯然在人耳目者蓋衆山之宗支流之源也今
合鉅細悉書之

山

晉陵

橫山在縣東北三十五里南唐徐鍇碑云舊名芳茂
晉時常有紫氣右將軍曹橫葬此易今名三茅山
人張存有當時不葬曹橫墓千古猶存芳茂山之
句胡文恭宿詩云此地橫青嶂當年動紫氛將軍
精爽在可鮮勒遺文風土記云有大橫峴以承衆
令運河北也東南有芙容湖山橫其間故曰大橫
令運河北岸有橫林去縣二十七里與山遥望音
昔昔有林木故亦以名南麓有龍井
三山在縣東北綱頭村中峯峭拔亦名高山楊誠齋
詩云三山幸有一峯尖舊傳上有舜田舜井石有

牛跡（詳見紀遺）

夾山在縣東南七十里南北二里包秦陽二小山舊傳秦皇至此

黃公山在縣南八十里去太湖十五里即春申君黃歇所封故吳墟四畨志云黃山有龍泉灣

烏龜山在縣南新塘鄉與黃山相對其狀如龜故名或傳下有楊文靖公舊宅疑以此自號云

馬跡山在縣東南迎春鄉太湖中西南二十里山麓周百二十里與津里山相接山西地名西青石壁屹立下有兩穴跡圓各盈尺深五六寸水落則見舊經謂秦皇巡幸為馬所踐按僧文鑒洞庭記漢郁使君為雍州刺史歸杜祈州經從此山龍馬駐跡留石面時人語曰朝為雍州官莫歸栖九里文鑒詩云瀛州西望沃州山山在平湖縹緲間常悅使君千里馬至今龍跡尚堪攀二說未知孰是

津里山在太湖中四畨志云常州有秦履山注始皇嘗登此後訛為今名唐開成中邵偃作記云山連馬跡夫椒峯巒回合波影映帶實為奇觀云

武進

黃山在縣北七十里小河鄭港瞰大江土人取石以煅灰礦

孟城山在縣北八十里亦瞰大江巴州刺史羊士諤記云晉孟嘉南遷僑居之地下流有孟瀆

孤陳山在縣北與孟城相接

嘉山在縣北八十里有白龍潭

無錫

錫山在縣西五里唐陸羽云慧山之東峯當周秦間嘗產鉛錫漢興遂乏因以名縣（詳見縣序）

慧山在錫山西陸羽云古華山吳地記云華山在吳城西百里冢宇記云山有春申君祠范蠡城宋元徽中沙門僧顯入吳憩華山精舍其巔有方池生千葉蓮花服之可羽化老子枕中記云華山吳西神山是也郡國志云縣有九龍山一名鬬龍隋大業末有龍鬬其上一名冠龍陸羽謂山陽有九隴若龍偃卧蘇文忠詩云石路縈回九龍脊水光翻動五湖天蒼梧云九峯卧蒼龍千柱枕其腹

歷山俗名舜山在慧山南舊為宋司徒右長史湛茂之別墅（今寺北是）文選劉鑠江淹皆有詩茂之有草堂應教唐正元間丘丹詩云偶尋野外寺仰慕賢者躅不見昔簪裾猶有舊松竹張祜云舊宅人何在空門客日過泉聲到池盡山色上樓多

雷山在太湖中馬跡山西風土記云震澤中大雷山小雷山或以為舜漁之（詳見拾遺）

皇山一名鴻山在縣東五十里輿地志云太伯宅東九里為皇山卒葬山南城殷師守晉陵復吳氏一

戶奉祠下

安陽山在縣西北五十一里麓周十八里高百二十仞風土記云周武王封周章少子斌于安陽卒葬此山其下有龍湫南徐記云山出石堪作器用江東數　多藉之峰巒奇峭號文筆峰令趙義父詩云突兀當空勢不羣嶄然頭角起祥氛毗陵自古多英俊可信孤峯解主文

柯山在縣西九域志云柯山在　山側風土記云吳仲雍六世孫柯相所治之地

閭江山俗名驢山在縣西北五十里　有闔閭城

歸山在縣西北閭江風土記云夫差殺伍子胥裹以鴟革浮江國人登此望其歸故名

胥山在縣西北閭江側子胥被殺吳人哀之為立祠

夫椒山一名湫山在縣西太湖濱九域志云縣有大湫山左氏春秋及史記吳夫差敗越于夫椒杜預注太湖中山也

膠山在縣東四十里有興化寺九域志及宋書云山嶺路南有宋中書令王僧達墓又有梁蕭侍郎故

宅其二泉一曰滌硯一曰實乳卒葬于此地產蘋蘩嘗備貢　國朝天聖中宰蘇內翰紳詩云汲泉巖畔鷩猶飲栽筆池邊引鷺翔

夏陰山在縣西三十五里吳地記云麓周十五里高七十五丈與柯山相接西臨太湖

璨山在縣西南七里有明陽觀

北龍山在縣西十八里　山北麓越絕書云縣西有龍尾陵道春申君所築風土記云山有三峯有白

龍潭

橫山在縣西南二十里
孔山在縣西南二十里
華爐山在縣西南十八里
管社山在縣西南二十五里
章山在縣西南三十五里有華藏寺
石盆山在縣西北二十五里
西巔山在縣西北三十五里
長腰山在縣西北四十五里
貫山在縣西北四十五里
苦奄山在縣西四十五里
天穹山在縣西北四十五里
白射山一名白石在縣西五十里有白射廟面太湖
胡山在縣西北四十五里有胡山廟
廣長山
平墖山
雞籠山並在縣西北閶江
獨山在縣南八十里與錫山連中斷為太湖舟行其
中號獨山阿

充山在縣西與獨山相接
朱山在縣南與充山相接
漆塘山在縣南二十五里
大浮山在縣南二十八里
石塘山一名廣塘在縣南二十五里枕長廣溪有徐
偃王廟近有僧剏庵名寶慶
廟山在縣南近偃王廟
路耿山在縣南亦枕長廣溪
過山在縣南四十五里
南山在縣南五十里
南橫山又名許舍在縣南四十里有尤氏華嚴庵
沙頭山在縣南面太湖
吳塘山在縣南
長春山在縣南五十里有普寧寺
竹山在縣南四十五里
軍將山在縣西南五十里近太湖有龍潭南唐兵敗
于此以備吳越旁有隝號甲仗
裏山在縣南四十五里

顧羅漢山在縣南四十五里
羊祁山在縣南四十里
白茅山在縣南五十里臨太湖
芙蓉山在縣南三十里麓周八里高三十丈有龍井
侯山在縣東四十里吳地記云周回七里高三十丈
南徐記云北有白石峴
七雲山一名馬跡在縣東四十三里南徐記云山東
十里有馬跡山寰宇記云七雲山高九十仞
東顧山一名香山在縣東六十五里有寺及子胥廟
又有龍潭寰宇記云山東屬蘇州西屬常州
白檐山在縣東四十五里
松山在縣東五十里南徐記云一名小孤
晶山在縣東四十里
石室山在縣南前連漆塘
琴山在縣南青相村
馬鞍山在縣西二十里

宜興

君山在縣西南三十里舊名荆南山高二百三十仞
麓周八十五里風土記云東漢袁玘為陽羨長逆
知水旱每言殁當為神後無疾而終一夕風雨晦
冥亡其棺邑人夜聞此山有數千人聲旦亟往視
棺在馬走白縣吏民羣至則棺已瘞葳惟見石塚
石壇旁有石板如馬鬣揺拂壇塚遂神之為立祠
俗號銅棺山或傳玘之亡天降銅棺與葉令事相
類輿地志云山巔有池池有三足龜六目龜爾雅
云龞三足曰能郭璞注陽羨君山有之今池尚存
唐陸希聲有君山蒼翠接青冥之句上有龍潭
國山在縣西南五十里延袤三十六里高百二十五
仞一名離墨山舊傳仙人鍾離墨得道于此吳五
鳳二年陽羨離墨山大石自立天璽元年陽羨山
有石裂十餘丈名曰石室皓以為大瑞遣司徒董
朝等行封禪禮吳志載遣司徒董朝兼太常周處
至陽羨封禪國山（舊志云碑有大司徒朝無處名）刻石頌德圜碑
猶存其形如鼓俗呼囤碑又瘞玉璧銀龍銅馬于
碑下字寖漫滅不可讀或稱董山以朝至此故名
靜樂山在縣南三十里君山之東麓唐湛然禪師道

場
横山一名大蘆山在縣西南四十里君山之西麓唐末有靈峰院
芙容山在縣西南三十里君山之南麓唐大毓禪師道場
南嶽山在縣西南二十里君山之北麓有勝果寺孫晧既封禪國山遂禪北山為南嶽漢武移衡山之祭于霍晧取其義
章山一名黄山在縣西南七十里周廣六十八里有畸風土記云即芳巖也有沸泉山武花山連亘入寧國界通典云陽羡有君山國山章山也
計山在縣東北二十五里計亭東山巔有池禿角白龍穴其中將雨則見蔡肇詩云南山嶅嶅天作鼓號名諸龍盡行雨唯有禿角最先到潑墨雲中雪鱗舞近築祠于上
金鵝山在計山西峯郡國志云昔有金鵝集山唐嘗以名州
琅玕山在縣西北七十里俗號良干有龍湫
甑山在縣西南二十五里其形如甑雲氣騰涌若炊

然梁蕭子雲贈海清師還山詩云忽聞甑傍侶萬里自相親寂寞晚霖霽重疊晴雲新唐僧清塞宿畫上人房詩云別来松頂宿知在甑山禪積霧沈斜月孤燈照落泉
唐貢山在縣東南三十五里臨罨畫溪以唐朝貢茶故名
穿石山在縣東南二十里一名蛟山十道志云晉有大蛟孕子人得其 可容三斛嵌空成穴受許攸長流溉民田有石刻唐人盧肇崔光題名
顧山在縣東南三十五里陸希聲退隱于此謂東走震澤震為雷魚龍之所蓄有顧之象故名著二十有七詠記臺池泉石林木之勝載顧山錄 嘉祐中令趙文昌刻石縣圖
蜀山在縣東南三十八里一峰屹立水環其麓亦名獨山顧山錄云顧山東連洞靈諸峯屬于蜀山蘇文忠因其名而登覽焉有東坡祠今不存
烟山在縣西南三十里諸峰環峙西曰碧雲山南曰羅漢山北曰雞籠山西北曰紫雲山上有漁磯臨

嵩山在縣西南三十里多產茶
小心山在縣西南二十五里一名數金嶺即君山西
峯寰宇記云金硎承小心盖下有金沙泉也
獨山在張渚鎮北近章溪
下山在縣南三十五里有甯相公墓或以謂甯戚孫
鴻慶艤舟有詩云蘿牽籬幕翠葉隕砌堆紅宿鳥
来還去徵泉咽復通
虞山在縣東北二十里多連理木
陽山在縣東北二十五里
李山在縣東北三十五里有禪寂寺
安樂山在縣西北八十里與㞶山對峙
竹山在縣東北六十里太湖濱僅一小草阜
柯山在縣北三十里有雲陽鄉侯蔣默墓
保安山在縣東北二十里
龍山在縣南五十里下有武陵洞
蘭山在縣東南五十里麓周二十五里輿地志云石
蘭山旁入太湖晉李顒涉湖詩云旋經義興境弭
棹石蘭渚二山連亘南曰大蘭山北曰小蘭山多
深谷舊傳孫堅釣于此西南曰聖山下有泓潭歲
旱不涸
神山在縣西北九十里洮湖上與大坏山對峙多巨
石林木不產延袤三四里下瞰湖風起水湧濺沫
如雪
小坏山音浮一名長塘在洮湖中輿地記云長塘湖中
有小坏山水 有石室亦有虎跡涸則見
大坏山在洮湖中與小坏山相望南徐志云二山居
洮湖水環四面視之若浮故名
漸山在洮湖中峯巒奇怪以詩有漸漸之石故名之
周山在洮湖西舊傳博士周生烈葬此按論語疏烈
燉煌人仕魏三國區宇豈越境終於是邑邪一云
甞獲斷碑乃烈所作未知孰是
㞶山在縣西北八十五里入溧陽界舊有亭址風土
記云昔山姥于此得道漢建武中甞封蔣澄為㞶
亭鄉侯
都山在縣西北四十五里有蔣澄墓
箬山在縣西南二十里

產蘭花
香山在縣南三十五里與蘭山相接舊傳有人游此
聞其香故名
分界山在縣西南百里入廣德州界
義山在縣東八十里東臨太湖西抵垂脚嶺有義鄉
縣城尚存南入長興縣界

峯

無錫

東天井峯
西天井峯在縣西四十五里皆近閭江有井故
天一峯在縣西北四十六里
龍井峯在縣東三十里芙容山

巖

宜興

會仙巖在縣東南三十五里張公洞側百餘步孤峯
壁立若彫琢然　紹聖閒有老媪見二叟倚石回
眄已遯故名詳見王殿中瞻所記
白雲巖在縣東南五十里罨畫溪西峻踰百仞上有

龍湫雲氣蒸繞禱雨輒應

嶺

無錫

長腰嶺
蒼峴嶺並在縣西北四十五里俗號蒼趙嶺
楊村嶺在縣南四十八里
赤石嶺在縣南四十五里
許舍嶺在縣南四十五里
山門嶺在縣西南二十五里前經漆塘後接塘山

宜興

下馬嶺在縣南十五里山蹊巇險過者鮮鞍
篠嶺在縣東南五里有三隝前後連亘
嶺在縣東南十里
縣嶺在縣東南八里
垂脚嶺在縣南六十里入長興忻溪界十道志云行
人陟嶺多重跰云
啄木嶺在縣東南七十里唐湖常二守貢茶相會之
地

使嶺在君山東舊以此山最高而嶺　前有使承其
君之義故名
槲嶺在君山東多榛栗
山花嶺在君山西
楊梅嶺在君山西昔産蜜楊梅郡府多苛政守任昉
以戕人于險禁絶之
箬嶺在縣西南八十里
偃月嶺在順山陸希聲詩云山嶺依稀偃月形數層
奇石疊空青幾回雪夜寒光積直似金光照戶庭
松嶺在順山陸希聲詩云嶺上春松手自栽已能蒼
翠映莓苔歲寒本是君家事好送清風月下來

洞

無錫

若氷洞亦名北巖洞在縣西慧山陸子泉之上面面
尋泉深不可測吳地記云惠山有洞通陽羨張公
洞唐詩僧若氷駐錫故名獨孤刺史為製碑今存
王武陵有意刻山泉鮮功深造化疑之句楊无咎
嘗為書扁云

古洞在惠山西陸羽云洞陽觀梁天監中建舊有洞
潛通包山歲久跡湮

宜興

張公洞在縣東南五十五里高六十仞麓周五里三
面皆飛崖絶壁不可躋攀惟北向一竇廣踰四尋
嵌空可入觀者秉炬歷百磴至燒香臺（臺淳熙初尉趙伯津所築）石色碧綠如抹乳髓滴瀝有仙人房元武石
奇怪萬狀時有石燕相飛擊行約三里南望小洞
通徹于外徑此而出南唐韓熙載記洞靈觀援白
龜經曰天下福地七十有二此居五十八道書亦
云第五十八福地庚桑公治之即庚桑楚也風土
記云漢天師道陵得道之地　元符間逸士王繹
來遊謂洞以張公名者非道陵乃第四代輔光也
且有詩云高士宸居隔紫烟洞中金闕暗相連輔
光竈冷留香壤太素淵清湧玉泉後夜雲歸雪浪
濕未明人起月華鮮秋光不老巖前麓到此偷閑
亦自賢俗傳以為張果果唐武后時人按東漢郡
國志陽羨屬吳郡郭璞注云縣有張公山洞密有

二室晉已有此名非果明矣唐李栖筠皇甫冉南
唐潘佑皆有詩留石壁間　國朝蘇後湖云銅棺
之南山復山捫蘿絶壁蘚苔斑只今何處可容足
乞我石房雲一間
善權洞在縣西南五十里洞門廣二十尺周幽王二
十四年洞忽自裂奇形怪狀若追琢入者凜然側
足行二十步極夷曠可坐千人鏡石作石像有石
筍高十有三尺號玉柱故張祐詩云金函崇寶藏
玉柱閟靈根十道志云産丹砂鍾乳洞凡有三曰
乾洞乃石室曰大小水洞泉深無底雖旱不枯
司空李蠙少肄業山中嘗見白龍騰驤而出　熙
寧二年僧若冲與其徒秉燧裹糧以入行約三十
里有石碓石牀石羊石馬天然精巧忽大聲震衆
慴而反　國朝陳古靈為郡以公事至賦詩見詞翰門
權當作卷即詩卷阿之義張正素處士舉有絶行
石刻在大中宮作卷
大城洞在湖洑渚西八里門極逼窄僅容一人中漸
平曠聳石如雪號泉米堆又有泉流縈繞焉

武陵洞在龍山下石乳凝結若幡幢羽蓋狀雪瀑飛
注榛蔓蒙密人跡罕至
白鶴洞在張公洞北二里舊傳有白鶴飛翔故名
飛蓋洞在會仙巖顛深踰三丈洞陿人莫進步仰視
如飛蓋然
佛窟洞在張公洞西南三里玉女潭西深可數丈有
泉流入罨畫溪
天井洞在芙容寺前深峻如井
君陽洞在縣東南三十六里當君山之陽故名陸希
聲號君陽遯叟
白馬洞在張公洞後金井潭西舊傳白馬見于此水
流東注經洞靈觀門南與巖水合溉田百餘頃
鮎魚洞在湖洑金沙寺亦曰金沙洞詳見泉類
川步洞在縣東南二十五里令趙與悊築堂于旁

隝

無錫

碧桃隝在縣西北四十八里
西桃花隝在縣西二十里

南桃花塢在縣南四十五里
盤塢在縣西北五十一里
黄塢在縣南二十八里
甲仗塢在縣西南五十里軍將山側南唐藏兵仗于
此
宜興
青塢在湖㳇鎮南五里
圜塢在縣西南十五里四圜皆山中有泉石可愛
張相塢在鳳川沈南書積中嘗留詩

二三三　志二十五　卒

梅花塢在順山陸希聲詩云凍蕊凝香雪艷新小山
深塢伴幽人知君有意　寒色羞共千花一樣春
薔薇塢在縣西南二十五里地多此花故名
趙塢在縣南六十里

江

晉陵武進宜興
揚子江在縣北五十里西接丹陽界東抵江陰中流
西北入泰州涉江東北為三河前漢地里志注云
吴為南江在南東入海毗陵志北江在北東入海
蕪湖為中江出西南東至陽羨入海故云三江酈
元注桑欽水經云中江在丹陽蕪湖東至陽羨入
海郡與平江居下流患易漂溺後築銀林堰以斷
之自是中江無復東流矣
無錫
閶江在縣西五十里太湖濱以闔閭築城于此故名
夫差殺伍員浮屍其中今有廟云

湖

晉陵

二三四　志二十五　辛

太湖在縣東南百里源自安吉州長興縣入宜興又
八十里入晉陵又十八里入無錫由晉陵無錫四
十八里百五十步南入平江府吴縣烏山北湖隄
環郡境總百四十八里五十步亦名五湖周禮職
方氏云揚州其浸五湖注湖在吴南浸可以為陂
灌溉者越絶云湖周三萬六千頃史記河渠書云
于吴則通渠三江五湖韋昭注五湖湖名耳實一
湖今太湖是也在吴西南通典注云五湖在吴郡
吴興晉陵三郡酈元則謂長塘湖射貴湖上湖滆

南通嘉興韭溪陸龜蒙云太湖上稟咸池之氣一水而五名二家之説為近故其詩云嘗聞咸池氣下注作清質至今涵清霄尚且浴白日

芙容湖在縣東五十五里南北八十里南入無錫縣北入江陰軍東南入平江府　北入揚子江越絶及吳地記云無錫湖萬五千三百頃其千三百頃為晉陵上湖又云射貴湖寰宇記云東南流為五瀉水南徐記云橫山北曰上湖南曰芙容湖陸羽云惠山東北九里有上湖南控長洲東洞江陰北掩晉陵蒼蒼渺渺迫于軒户故惠山有望湖閣李紳詩云丹樹村邊烟火微碧波深處鴈初飛蕭條落葉垂楊岸隔水寥寥聞擣衣湖面百里一望皆菰蒲荷芰為江南烟水偉觀皮日休陸龜蒙與毗陵魏不琢載酒賦詩由此經震澤穿松陵抵杭越目其舟曰五瀉胡文恭宿詩云小湖香艷戰芙容碧葉田田擁釣蓬嵐氣欲飛山隔岸秋光不定水摇空歲久湮廢今多成圩矣

陽湖在縣東五十里東西八里南北三十二里中與無錫分派北通茭沿（木曰蛟濤後人訛之）臨津總為三湖南徐記云宋元嘉脩廢成良疇數百頃俗號宋建又云長渠南有小五湖南通陽湖以近陽山故名

武進

滆湖（音鬲）在縣西南三十五里東西三十五里南北百里中與宜興分派郭璞江賦云具區洮滆是矣輿地志云太湖射貴與此亦謂三湖祥符經云湖多白魚南連沙子昔有滆姓擕龍殼歸地遂陷今烟靄中蜃樓常見焉沙子即湖背風浪掀涌亦一險也

無錫

五部湖在縣東北十里東西二十里南北十里南徐記云其源濁而流清溉田百餘頃即陶穀所隱處

濠湖在縣東南七十里中與常熟分派東入漕湖西入蠡湖又東入吳縣烏角溪

蠡湖在縣東南五十里中與吳縣分派寰宇記云范蠡伐吳開此唐地里志云刺史孟簡開太伯瀆東連蠡湖亦名孟河

五湖在縣西北五十里二百五十步寰宇記云中與晉陵分派南徐記云縣長渠南有五湖又有小五湖非周官之五湖也中道長渠溉田五十頃

小五湖在縣南十八里南太湖西大渲滄東長廣溪北梁溪

宜興

洮湖一名長塘在縣西北百里東西二十里南北二十五里與溧陽金壇分派風土記云陽羨西北有洮湖中有大小坏山宋明帝時庚業代劉延熙為義興太守東討孔顗賊黨至長塘唐張籍有詩云一斛水中半斛魚大魚如柳葉小魚如針鋒水濁誰能辨真龍　國朝蘇後湖庠詩云放船出滄灣沙寒鴈行落

河

州

運河東自望亭風波橋入郡界西至奔牛堰凡百七十里有奇史記云禹治水于吳通渠貫江湖齊地志云丹徒水道通吳會六朝都建業自雲陽西城今丹陽鑿運瀆經抵都下隋初嘗廢大業六年詔自京口至餘杭穿河八百里廣十餘丈欲通龍舟巡會稽唐白居易有平河七百里之句

城河一在外子城環繞郡治俗號城濠一在羅城外俗號開河東通吳門西朝京門皆連運河

惠明河西南引荊溪水自南水門入舜宜橋匯入迎秋門經郡前稍東又南入　洞河與後河合流入運河

後河俗號市河自南水門環外子城歷月斜橋金斗橋瑞登橋穿郡市出裏虹橋入運河　天聖中李守餘慶始開鑿鄒忠公作記謂李明陰陽三十年當有魁天下者後如其言詳見詞翰

晉陵

綱頭河在城北青山門外一自通江橋東北入錮頭入江曰竈子港一經楊頭鄭陸直東三十里入江曰利港

武進

西蠡河在南水門南經陳渡橋塘口入滆湖單諤水

利書謂范蠡所鑿今宜興有東蠡河橫亘荆溪北透湛瀆此為西蠡明矣

無錫

弓河在縣東運河側旁有九河號九箭

芙容河在縣北門通芙容河入江陰青暘夏港

宜興

運河在縣北五十步西接荆溪北由源慶門抵沙子湖六十里　淳熙間丞韓隆胄尉秦脩剛重浚有記

東蠡河在縣東十五里東南入太湖　咸平中邑人邵雲甫重浚

溪

武進

白鶴溪在縣西南二十里入滆湖接丹陽桂仙鄉舊傳以丁令威化鶴得名又有丁橋在丹陽縣

三渦溪在縣南三十里北通運河亦入滆湖

無錫

梁溪在縣西南十八里南北長三十里入太湖西至五里橋與運河合流吳地記云古溪極陿梁大同中重浚故名

長廣溪在縣南十八里廣二十五丈袤三十五里與地志云源出歷山西南與太湖相接無錫志云陳勳所導南至開化鄉流分為二

雙溪在縣北五里一西通河泝錢橋一東南與梁溪合流

新安溪在縣南三十里南通太湖東入運河

赤城溪在縣南四十里袤五里南通太湖東入運河

烏角溪在縣南四十五里袤六里東出望亭西入太湖與平江分界

宜興

荆溪在縣南二十步廣二十二丈深二十五丈周孝侯斬蛟橋下即此溪也按前漢地里志實為中江溪貫邑市受宣歙蕪湖之衆流注震澤達松江以入于海風土記云陽羨溪九僅有六餘不知其處子隱時已如此則川源之湮塞可知今波澄可鑑峯巒如畫以在荆南山之北故名

東瀉溪在縣東南三十六里陸希聲頤山録謂山前百餘步衆流合而東故名任昉詩云長溪水東舍顧況云家住義興東舍溪李守栖筠置茶舍于此亦名東舍希聲在昉況後舍譌為瀉雨峯多藤花春時照影水中青紅可愛亦名罨畫溪又名五雲溪陳守襄詩云五雲無處向新亭月裏乘舟夜半行不見藤花相掩映鄉人遥指畫溪名

折溪在縣東南三十六里源出垂脚嶺東北入太湖

章溪在縣西七十里源出章山北入荆溪

蕙湖溪在縣西南八十里源出沸泉山北入荆溪亦名西陽渚溪

陽溪在縣東北四十里源出陽山東入太湖

洑溪在縣東五里北入荆溪

塞溪在縣西北源出洮湖東入洋渰又東入荆溪

爛路溪在縣西五十里北流至臨津前入塞溪

蓮荷溪在縣西六十里源出孓山東入白雲徑

新溪在縣南興門外一里　嘉祐中令司馬旦所鑿

竹溪在縣西南四十五里僅有山澗中産水菖蒲旁多竹土堅如石好事者斲為小峯巒

朋溪在縣東北即下漲港之支流董令升卜居建橋且為之記

涸溪在縣西九十里分界山北多石子雨暴至山水奔迸流入章溪晴則涸

溝

州

邗溝在郡城内一自太平橋西環繞城南出蠡橋首尾俱枕運河為南派一自通吳門内南枕運河沿闤城歷太平寺後出晉陵縣治前入新巷永福寺南匯歸斜橋至虹蜆橋後與後河合流為北派南派僅有流通北派多湮塞或援左傳吳城邗溝通江淮之事為證非也（按左傳哀公九年書吳城邗溝通江淮杜預注云于邗江築城穿溝東北通射陽湖西北至京口入淮通糧道也故前輩于邗字下點斷而斷築城與溝兩事今毗陵是一邗溝與左氏所載不同）

港

晉陵

採菱港在縣東二里北枕運河西南通陳渡橋

戚墅港在縣東十八里北枕運河南入太湖
三山港在縣東南二十里西北入申利二港至揚子
江東北與江陰分界
無錫
直湖港在縣東北三十六里北枕運河南入太湖

陂

無錫
蓮陂在縣東南五十里
赤湖陂在縣 四十六里
新豐陂在縣北三十里
上千陂在縣 七十里

塘

武進
烈塘在縣西十八里前枕運河後入大江 紹熙間
李守嘉言嘗浚臨江置閘以譏防馬
宜興
橫塘詳載百瀆
鸂鶒塘在源慶門外廣袤約百畝

浦

宜興
大浦在縣東三十六里太湖濱李顒詩所謂太湖浦
是也
章浦在縣西二十五里周札嘗章浦亭侯
滄浦在縣東十里流波浩淼有滄浪之意故名

瀆

無錫
青祁瀆在縣西南二十里通五里湖入長廣溪入太
湖
小渲瀆在縣西南十六里與青祁瀆通
洪丘瀆在縣南四十五里入太湖
塘瀆在縣南二十里
馬金瀆在縣東五十五里與平江分界
西謝瀆在縣東六十里與平江分界
漆瀆在縣西南十八里
宜興
都瀆在縣西六十里源自洮湖北滙都山流于孟涇

洴浰滓在縣西二十七里荆溪貫其中通白雲徑
餘波滓在縣東十五里廣十餘里一名餘波湖
洋滓在縣西三十五里塞溪貫其中號南北洋滓北
青魚蕩
黄土滓在縣北五十里亦名白魚蕩縣素號澤國又
有常富等滓

澗

無錫

黄公澗在縣西八里惠山側楚相春申君黄歇城吴
墟故名

宜興

周塘澗在縣西北四十五里
大澗在縣西南十里源出南嶽山北入荆溪
黄潼澗在縣西南五里源出石亭北入荆溪
冶林澗在縣西十五里源出君山北入荆溪
横澗在縣南二十五里源出君山入東瀉溪
洛澗在縣東南二十五里
白馬澗在張公洞側舊傳白馬見于此韓熙載洞靈
觀碑云飛白馬于澗邊卧金牛于潭底

瀆

武進

孟瀆在縣西四十里風土記云七里井有孟瀆漢光
武初潛嘗宿井旁民為指途達江游即位命開此
瀆廣五丈深七尺南通運河北入大江歲久淤閼
唐元和中刺史孟簡浚導袤四十一里溉田四千
餘頃南唐保大初修水門　國朝慶歴三年令楊
璵諭民疏治復通江復祥符經引巴州刺史羊士
諤記云此瀆以近孟城山得名或云孟嘉僑寓之
地又云孟簡所浚未詳孰是
孝感瀆在縣西南七十里通滆湖晉王祥與繼母寓
此卧氷得雙鯉故名
黄土瀆在縣西六十里九域志祥符經皆云伍員取
此土築闔閭城
伯牙瀆在縣西十八里奔牛鎮西二里南枕運河北
入大江
直瀆在奔牛鎮東枕運河通白鶴溪

蘭陵瀆在奔牛鎮北五里齊梁立南蘭陵郡故名地多蕭姓蓋其裔也

無錫

太伯瀆在縣東南五里西枕運河東達蠡湖孟簡嘗浚導袤六十七里廣十有二丈

宜興

百瀆在縣東南七十五里為上瀆在縣北六十里為下瀆舊以荆溪居數郡下流於震澤口疏百派而分其勢又開横塘袤四十里以貫之導荆溪下震澤入松江注諸海瀕湖畎澮皆道焉 國朝治平中令樓閲浚四十二瀆餘悉湮廢按單諤水利書云自蕪湖溧陽五堰達吳江猶人之一身五堰為首荆溪為咽百瀆為心震澤為腹蓋謂脉絡相貫然舊志載瀆名僅七十有二率在是邑然晉陵新塘鄉鴉步村實號百瀆口亦有隸其間者獨闕不書今詳疏於后

陳莊 符 五千 墓

葛 黃 褚店 歐

彭 毛 趙 師

後師 徐 河 朱

楊溪 臼 礱 北津或作準

中津 新 歷 前黃于

芟 杜 南津 後黃于

鴨舍 伍賢 牛路 廟

馮巷 大浦 龔師 蛇

李莊 新漕 馬家 俞家

鄭 寺莊 高莊 西市

臺莊 握或云搤 盛 湯

茅耆或作祁 張 北朱

何談 凌 呂 塢

魏 梁新 土 南朱

王搭 定誇 虞 岸

須 許家 高涇 季家

竹門 前塘 斯塘 許墓

永昌 吳 蔡 蔣

烏 陳埭 堵壚 山

楊巷　吴溪　甑草　蠡
大墟　長令　沙塘　胡
古龍　苦丈　官　蘆
草　了曰　陰陽　莊墅
無口　雙　市橋　梅塘
杭
周瀆在荆溪南一里東西與荆溪接
東湛瀆在縣北十五里西通運河東入横塘
西湛瀆在縣北十五里通東湛瀆入運河
草塘瀆在縣東北二十五里
黄瀆在縣北四十五里
樓公瀆在縣北五十里　熙寧閒令樓閎所開故名
湫瀆在縣西北二十七里北入滆湖
潭
晉陵
清水潭在縣東二里運河北岸歲旱不竭
武進
嘉山龍潭詳見山

無錫
北龍山白龍潭風土記云東晉山民妻娠三年産一
龍色如爛銀七日而昇母死葬山頂後所居成潭
安陽山龍潭廣三尺深丈餘廟曰顯應
軍将山龍潭山頂有三石穴方不盈尺水極深後廟
曰孚澤
香山龍潭詳見山
宜興
玉女潭在張公洞西南三里舊傳玉女脩煉于此
唐權德輿稱陽羨佳山水以此為首獨孤守及答
李滁州刺史幼卿懐荆溪幽居詩有書書寄玉潭
之句張祐題李瀆玉潭山居云古樹千年色蒼崖
百尺陰瀆疑幼卿之後
金牛潭在張公洞後水泓澄不竭舊傳金牛入此潭
一號伏牛潭唐張祐有陸敦禮山居伏牛潭詩云
伏牛真恠事餘事幾山諳日彩沈清壁烟容淨碧
潭詳見澗
龜潭在湖洑側孫鴻慶詩云來從白馬澗聚作烏龜

潭

蔣墓龍潭在縣東南二十里穴出山頂水清有魚或取烹食之食已而殂先是過大雷電龍火輒焚林木後以鐵投潭中遂息蔣景坡書龍潭二大字刻石上今不存

君山龍潭

計山龍潭

聖山龍潭（並詳見山）

渚

宜興

湖洑渚在縣南四十里因水洄洑故名

張渚在縣西南七十里源出章山北入荆溪（張疑作章）

潼渚在縣西南三十五里唐咸通中報恩寺塔記作同渚

石蘭渚（詳見山）

泉

無錫

陸子泉在慧山寺南廡石穴源出若氷洞陸羽品天下水以廬山谷簾泉為第一此居次令聶載厚之味其甘異於他泉感錫之氣耳獨孤刺史記云寺居西神山足山小而泉多會昌中刺史張中丞築室十餘楹護其所皇甫冉歌云寺有泉兮泉在山鏘金鳴玉長潺潺李紳許渾王武陵皮日休皆有詩蘇文忠謁錢道人烹小龍團詩云獨攜天上小團月來試人間第二泉今泉側留詠殆徧不可勝載

氷泉在陸子泉旁百餘步亦出若氷洞石室嵌空淵流渟溢（詳見洞）

龍縫泉在氷泉南山形如龍而泉出石罅一名龍淵楊無為嘗書扁云

惠照泉又在氷泉南　國朝天聖中僧惠照劚地得之故名

竇乳泉在膠山其山與惠山相距四十五里東西對峙唐咸通中建寺得此泉于左廡　國朝皇祐初楊虞部偁有雲竇穿銀井氷甃貯玉漿之句

滌硯泉亦在膠山寺相傳蕭侍郎滌硯之所

宜興

金泉在小心山流入慈湖溪輿地志云金硎承小心此是張祐題陸墉金沙洞居云東溪泉一眼歸臥愜高躅決水金沙靜梯雲石壁虛

真珠泉一名卓錫泉南在嶽唐稠錫和尚嘗曰以此泉烹桐廬茶不亦稱乎未幾有白蛇銜茶子置菴側自是種滋蔓味倍佳時人爭致官府征需無藝寺僧苦之有題壁間曰官符星火催新焙反使山僧怨白蛇遄亦無餘種矣

潛虬泉在湖洑渚幽深泓澄人莫之測中有四足鮎數歲輒一出出必大水禱之則復入于穴陸希聲詩蟠虬小穴出嵌空潛伏幽姿在此中或號華鮎云

沸泉在慈湖溪側源通如沸

湯泉在縣西南七十里水温可浴

於潛泉在湖洑鎮稅場後味甘洌唐脩茶貢泉亦遞進

徑爾雅直波為徑

宜興

孟徑在縣西北四十五里里剌史孟簡所浚以殺滆湖風濤之勢南入塞溪因姓以名徑俗呼為涇耳

癸徑在縣西三十六里穿滆洮入經善鄉南北三十餘里

白雲徑在縣西九里西入溧陽界

鍜徑在縣西二十里南出吼山東入荊溪

井

宜興

小井一名葛井在縣東九里風土記云葛仙翁駐鶴之地有白氣亘天如虹　靖康初令陸元光為記謂　嘉祐壬寅胡文恭宿為副樞　元祐戊辰胡脩簡宗愈為右丞　熙寧癸丑余吏部中魁廷試邵鄉史剛魁南省邵司業材魁開封　元符庚辰蔣魏公之奇入西樞率前一歲氣輒見人以為秀異所鍾此其證應云

丹井一名天慶觀藏殿舊傳漢天師投丹于此一在橫山沖虛觀殿內梁王八百脩道沒以煉丹後仙

去

無錫

泰伯井在縣西四十里泰伯城

東西二天井在天井峯下

龍井在芙容山上

辨井在天下峯

大眼井在惠山大同殿

舜井在惠山中陸羽云南朝以惠山為歷山擬舜所耕於井亦云

宜興

丹井在縣北三十五里葛墟舊傳葛仙翁煉丹于此

西井在縣西南八十里泉湧則溢

堰

晉陵

丁堰在縣東九里

戚墅堰在縣東十八里北接運河

薛堰在縣東南九十里

武進

黃汀堰在縣西朝宗門外通利港

奔牛堰在縣西二十七里輿地志云漢有金牛出茅山經曲阿至此驟奔故名東坡有卧看古堰橫奔牛之句

無錫

五瀉堰在縣北十四里運河西岸

望亭堰在縣西四十五里　國朝淳化元年詔廢馬將軍堰在縣南二里祥符經云唐將軍單雄信提兵道此以鎗止水為堰故名景龍二年置閘在北岸

宜興

西堰在縣南長橋西今廢

埭

無錫

湖埭在縣西南四十里

宜興

葑埭在縣西南七十二里與溧陽分界

廢埭在縣西南四十五里

閘

武進

烈塘閘 詳見塘

奔牛閘 詳見堰

無錫

蓮蓉閘在縣北二百五十五步

斗門閘在縣西北四十里並　國朝元祐間置以殺芙蓉湖水

望亭閘在縣南四十五里風土記云隋文帝至德初置　國朝嘉祐間浚運河導太湖水遂廢

重修毗陵志卷第十五

重修毗陵志卷第十六

人物

古稱毗陵人性朴直俗習淳遜蓋自泰伯季子以來流風胥漸尚矣載稽耆舊魁壘奇傑代不絕書我朝以德業辭章稱者於斯為盛若名節之掀揭理學之淵源尤於世教有補今併寓賢悉書之

晉陵

漢

彭脩字子陽會稽毗陵人年十五侍父行道中為盜所劫脩拔佩刀前持盜臂曰父辱子死汝不顧死邪盜驚謂曰童子義士無廹之遂去鄉黨稱其孝仕郡為功曹後守吳令嘗討賊陣扞太守為流矢所中賊素聞恩信即殺中脩者衆悉降曰自為彭君不為太守服也

晉

朱鳳與吳郡吳震學行清脩老而未調太興初以秘書監華譚薦擢著作佐郎

孫無終太元初苻堅方盛謝玄鎮海陵多募義勇無

終與彭城劉牢之東海何謙在選中命為前鋒百戰百勝號北府兵敵人皆畏之

陳

張崖與東陽鄭灼吳郡陸詡吳興沈德威俱以禮學著名

劉文紹學禮于張崖天嘉中為尚書儀曹郎撰五禮終國子博士

唐

高智周父子長仕隋為秘書學士智周第進士為費令取俸與丞尉均民安其化擢秘書郎三遷蘭臺大夫拜壽州刺史治尚文雅行部見諸生質經義及政得失既乃錄獄訟考耕餉後同中書門下平章事

劉禕之少與孟利貞高智周郭正一以文辭著號劉孟高郭初直昭文館歷弘文館學士名入禁中多所論次高宗容與忝決時政分宰相權時謂北門學士尋拜相王府司馬帝曰卿家忠孝朕子賴卿規矩擢同中書門下三品兄懿之給事中

王遇與弟遐肅宗時道為賊所執將釋其一兄弟爭死賊感其誼俱縱之

秦景通與弟暐皆精漢書號大小二秦君時人非經指授者謂無師法景通仕至崇賢館學士暐復踐其官云

蔣堅元和間在永州學為春秋師

徐仁紀聖歷中名拜左拾遺數論事不合曰三諫不聽可去矣遂移疾歸神龍初宣慰使表其行可厲俗名拜右補闕復以抗奏出授靈昌令

武進

宋

蕭思話南蘭陵人工隸書善騎射以外戚寵任歷十二州牧持節者九禮賢好士人多歸之贈開府儀同三司子惠開惠基

惠開涉獵書史明識過人雖在戚屬喜簡素初為秘書郎仕齊終益州刺史

惠基歷黃門侍郎仕齊遷太常給事中立身退素以善士稱弟惠休惠朗惠蒨俱以仕顯

琛字彥瑜惠開從子頴悟有膽略仕齊為太常博士
歷梁吳興太守郡有項羽祠嘗置神坐于聽事前
後守將多避舍琛至歷階闖室中喑嗚聲遂叱曰
生不能與漢祖爭雄死據此何也卒撤之後歷大
郡不事貲產終尚書侍中子遊少府卿遊子峉聰
敏博學終散騎常侍

齊

高帝姓蕭氏諱道成字紹伯世居蘭陵蘭陵自高祖
整寓武進為南蘭陵人姿表英異少有大量宋泰
始中加輔國將軍嘗東討至晉陵一日破十二壘
後即位每曰使我治天下十年當使黃金與土同
價蓋欲化民以儉云

道度高帝長兄與高帝俱受學于雷次宗次宗嘗曰
兄外朗弟內潤皆良璞也後封衡陽郡王子鈞嗣
鈞字宣禮嘗細書五經置巾箱中賀玠問曰君家多
墳索奚以此為鈞曰巾箱五經最便繙閱兼一更
手寫可永不忘諸王爭效之

赤斧高帝從弟以和謹受知歷雍州刺史勤于奉公
封南豐伯遷給事卒貧無以斂武帝愈加悵惜子
頴胄仕至冠軍將軍

坦之高帝族子以文慧見用歷丹陽尹

梁

武帝姓蕭氏諱衍字叔達同出蘭陵生有異光狀貌
殊特有文在手曰武兒時能蹈空而行長博學多
籌畧王雄每謂所親曰宰制天下必在此人卒如
其言

蕭立南蘭陵人年十七射策甲科自廷尉評再遷殿
中侍御史文學政事為臺閣領袖獨孤及序其文
比之賈馬云

蕭洽字宏稱惠基子也七歲能誦楚辭長好學善屬
文歷臨海太守

介惠基從子頴悟有器識為揚州府長史以清白稱
後拜侍中多所規正武帝甚重之置酒論文時比
烏衣之遊子允引

允字叔佐風神凝重識鑒超詣為太子洗馬陳宣帝
時歷黃門侍郎嘗經季子祠躬荐蘋蘩托異代之

文為詩叙意詞甚清典
引字叔休方正有器度博學能文為儀同府主簿陳
宣帝時拜金部侍郎善書為世所重帝披奏文曰
筆勢翩翩如鳥欲飛引謝曰乃陛下假之羽毛耳

陳

蕭摩訶蘭陵人少勇果屢從吴明徹北伐領騎深入
陣中從横奮擊無不披靡明徹謂曰君材不減關
張以戰多歷車騎大將軍改授侍中左光祿大夫

無錫

漢

虞俊字仲卿明春秋公羊左氏傳哀帝時為御史稍
遷丞相司直王莽秉政左遷新陂令尋名為司徒
俊欲逋歸遂見脅迫仰天歎曰吾漢人也願為漢
鬼不能事二姓飲藥而死光武即位高其節行與
二龔比
王閎字選公明易及天文郡舉為主簿吏始中守山
陰令補侍御史遷冀州不交豪强人號王獨坐並見毗陵先賢傳

高彪字義方嘗訪馬融辭以疾貽書曰周公兄武王
位冢宰猶握沐吐餐垂接白屋公養痾傲世固其
宜也融慙追之彪逝而不顧後舉孝廉校書東
觀遷内黄令有德政靈帝詔東觀畫彪像以勸學
者

晉

顧凱之字長康父悅之為州别駕難王弼易義四十
條凱之博學有才氣為箏賦自比嵇康琴尤善丹
青義熙初為散騎常侍唐杜甫詩云何年顧虎頭
滿屋畫瀛洲又云虎頭金粟影神妙獨難忘世說
凱之倒食甘蔗謂之漸入佳境嘗為虎頭將軍古
今畫録謂其小字

唐

李紳字公垂父悟歷晉陵令因家錫山元和中擢第
李錡有異謀召紳作疏不與書怒囚之錡誅乃免
或欲以聞謝曰本　非沽名也穆宗名為右
拾遺翰林學士武宗時拜尚書右僕射封趙郡公

宜興

漢

蔣默字秀芳詡四世孫父横仕為大将軍從光武討赤眉有功以司隸羌路譜誅默兄弟九人渡江散處帝尋悟命録其後默居陽羡渦湖東封為雲陽亭侯終諫大夫子何前将軍部陸侯孫志襲祖封

澄字少明横幼子居陽羨滆湖西函亭封函亭鄉侯仕至刺史五子孟東亭侯通陽羨西亭侯休襲父封丹陽太守餘無聞唐祕監齊光乂撰碑略曰澄懐忠國之志立全家之道雖滅迹江湖而克雪前恥云

三三三 志六 八

許武字季長會稽陽羨人太守第五倫舉孝廉武欲成二弟晏普名乃析資為三自取膏腴二弟所得皆瘠少鄉人鄙其貪而稱弟克遜晏等並得選舉武泣謂宗姻曰向以二弟年長未豫榮禄故分財取譏今殖産數倍悉以推二弟無所留郡中稱譽翕然仕至長樂少府孫荆

荆字少張舉孝廉和帝時稍遷桂陽太守設吉凶禮以教民俗行春耒陽縣有兄弟訟財上書自劾後皆感悔名拜諫議大夫卒于官人為立廟植碑孫

馘靈帝時為太尉詳見祠廟

周嘉順帝時請以縣隸近郡便期會詳見叙縣

吳

張東字仲節陽羨人時碩邵號知人一見遂友之部為豫章太守餞者百數邵辭曰張仲節以疾不克来暫還與别諸君幸少侯東仕至雲陽太守

周魴字子魚吳郡陽羨人少好學舉孝廉為寧國長歷鄱陽太守魏大司馬曹休帥步騎潛入皖魴與

三八四 志六 九

陸遜邀擊斬馘萬數賊帥董嗣抄略豫章臨江諸郡復設奇計卒平之子處

晋

周處字子隱少好畋獵因父老與言搏蛟射虎勵志改行從吳郡二陸學為文有思致仕吳為東觀左丞太康中歷散騎常侍命討氐羌力戰而沒贈平西将軍謚曰孝當著默語三十篇風土記并撰集吳書子玘靖札

玘字宣珮沈毅有父風為州别駕從事薦除議郎三

舉義旅平張昌陳敏錢璯元帝承制以臨津陽羨
國山義鄉永世平陵六縣置義興郡旌其忠績後
贈輔國將軍子勰臨淮太守彝丞相掾
札字思季察孝廉除郎中歷散騎常侍轉右將軍封
漳浦亭侯時札兄子懋晉陵太守清流亭侯延征
虜將軍武康縣侯縉太子文學都鄉侯勰烏程縣
公一門五侯貴盛未有比
錢廣字敬平義興長城人惠帝末年與周玘顧榮倡
義平陳敏未幾卒贈永世縣侯

宋

吳國夫義興人與錢唐范叔孫俱以義遜稱有竊其
稻者國夫引還為設酒食以禾惠之其人慙服
許昭先義興人父母老病竭力致養雍州刺史劉真
道辟為征虜參軍辭不就叔肇之繫獄七年昭先
料理饋餉無倦色貲產既盡賣宅繼之尚書沈演
之嘉其操行肇之遂得釋
蔣恭義興臨津人元嘉中晉陵蔣崇平為劫見禽云
與恭妻弟吳晞張偕行時錄晞張弗獲收恭及兄
協付獄兄弟爭受刑郡上其事于州悉原之後除
恭義成令協義昭令

齊

周山圖字季寂義興義鄉人謹直寡言始仕宋元嘉
中魏主至爪步山圖應募領白衣隊拒魏兵以功
加鎮軍將軍高帝輔政容啓除沈攸之及攸之敗
高帝歎曰周公可謂明于料事武帝時出入殿省
甚見信任轉黃門郎領羽林西廂直衛

梁

陳慶之義興國山人普通初除　將軍與魏軍相
持凡數百戰魏揭為十三城　慶之陷其四壘九
城鼓譟進擊斬獲略盡中大通間除南北二司州
刺史魏遣侯景下楚州又大破之豫州歲饑發廪
賑民多所全活子昕七歲能騎射仕至臨川太守
魚天愍義興人大通初武帝使陳慶之送元顥還魏
魏合四十萬衆拒顥慶之喻衆登城天愍踰堞而
入遂克之
周文育字景德本新安壽昌人陽羨周薈養為子教

以書計文育曰誰能學此取富貴唯有横槊耳及令騎射大悅既壯隸陳慶之麾下與白水蠻戰身被七鎗慶之偉其節後從陳武帝戰白城抽槊陷陣綢傷百數以功進爵壽昌公終開府儀同三司子寶安折節讀書御下有威惠仕至左衛將軍

陳

許嗣宗義興人為新蔡王外兵參軍後拜義興大守

唐

薛士通義興人仕隨為鷹揚郎將江都亂嬰城拒賊武德初授東武州刺史輔公祏反戰破之封臨汾侯終泉州刺史子登詳見郡守

衛遜詳見祠廟

蔣儼義興人擢明經第太宗時將伐高麗募為使者人憚往儼曰天子雄武威四夷蕞爾國何圖王人脱不幸固吾死所力請行為莫離支所囚以兵脅之不屈高麗平得歸帝壯其節授朝散大夫高宗朝進蒲州刺史摘伏戢姦號良二千石後封義興縣子

蔣子慎黙二十七代孫與同郡高智周友善相者云高公位極人臣嗣子弱蔣侯仕不達其後必興子慎終建安尉子縉謁智周妻以女生子挺歷湖延二州刺史挺生渙洌皆擢進士第洌為尚書左丞渙歷鴻臚卿終禮部尚書日本使嘗遺金帛不受唯取牋一番為書貽其副挺卒洌兄弟廬墓傍手植松柏云

許景先義興人曾祖緒唐初以佐命功封真定公景先進士釋褐神龍間獻服慈閣賦李迥讀之驚異中茂材異等歷殿中侍御史抨按不避權近尋知制誥以雅厚稱張説曰許舍人之文詞旨豐美得中和之氣開元中帝自擇刺史十有一人景先繇吏部侍郎治虢州詔御史以上祖餞帝賜詩且令自賦

蔣乂字德源義興人七歲見庾信泉江南賦再讀輙不忘從外祖吳兢學博聞强記有史才楊綰尤稱之父將明在集賢白宰相張説引乂入院整比圖籍得善書二萬卷德宗以凌煙閣左壁文漫剥名

問又曰此聖歷中侍臣圖賛中誦不失一詞帝歎
異又問神策置軍本末條對甚詳判集賢院父子
並為學士儒者榮之後封義興縣公五子係仲偕
尤知名
係太初中拜史館脩撰參定憲宗實録終檢校僕射
淮陽郡公子曙字耀之第進士歷起居郎
仲孚大直第進士緜右補闕為脩撰歷翰林承旨宣
宗信任之見必咨天下得失未幾同平章事懿宗
朝命監脩國史
偕亦歷脩撰命次文宗實録三世踵脩國史世稱良
史
蔣防澄之後年十八父誡令作秋河賦援筆即成警
句云連雲梯以迴立跨星橋而徑渡于簡遂妻以
子李紳即席命賦韝上鷹詩云幾欲高飛上天去
誰人為解緑絲縧紳識其意荐之後歷翰林學士
中書舍人

重脩毗陵志卷第十六

重脩毗陵志卷第十七

人物二 國朝

晉陵

胡宿字武平晉陵人登　天聖進士第歷館閣知湖
州廣學舍闢齋廬增弟子員湖學盛於東南安定
先生之敎興皆其力也與司馬温公同為考官二
蘊以直言應制科時論翕然博學通陰陽　慶歷
間河北京東同時地震宿言必有内盜起於河朔
未幾王則以貝州叛每謂同列曰宿以誠事主今
白首矣不忍絲髮欺君以喪平生之節官至樞密
副使以太子少師致仕謚文恭從子宗愈
宗愈字完夫　嘉祐四年舉進士甲科　治平間名
對擢同知諫院李定自秀州推官除御史宗愈即
疏言執政任意超擢非當翌日知制誥蘊頌李大
臨不草制皆落職歸班宗愈又以舍人封還詞頭
坐是出判真州
哲宗拜御史中丞入對上問朋黨之弊宗愈曰君
子義之與比嫉小人之姦邪則小人指君子為朋

黨進君子無黨論歷尚書右丞謚脩簡
端脩宗愈子　大觀元年臣寮上言乞將　元符間
臣寮章疏分別邪正輕重之等大抵邪籍上中下
三等皆天下正人端士以紛更　祖　宗之法為
不便者所謂正等上中下皆偷　苟容左右反覆
紛更　祖　宗之法為便者端脩以直言入黨籍
邪等第四人紹興三年贈直秘閣
丁寶臣字元珍晉陵人與兄宗臣俱有文聲尤工於
詩號二丁同登景祐元年第歷官至秘閣校理同
知太常禮院公在館閣久而朝廷益知其賢
英宗每論人物必稱之適智高入寇時守端州以
南方備寡被罪尋復名用寶臣初識歐陽公於峽
州集中有到夷陵時與元珍推官書即寶臣也文
忠參大政言者以嘗薦寶臣借以撼文忠乃指前
事出倅永州尋卒文忠祭以文且誌其墓今雙桂
坊故宅基址尚在
錢公輔字君倚一字純老晉陵人為湖學高第　皇
祐二年試進士第二人　熙寧間擢知制誥兼諫

院王安石得政與議新法不合安石退滕甫公輔
嘗辭之安石主薛向公輔請黜之坐是責守江寧
初劉彝名見　上問湖學門人在朝為誰彝悉數
以對至公輔則以簡諒稱後守婺州東坡有老手
便劇郡高懷厭承明之句為公輔作也
丁隲字公黙舉　嘉祐　進士第眉山二蘓為同
年友以經學倡後進尤長於易春秋為文自成一
家方新法行李定用事辟為屬隲辭以疾於是蘇
軾曾肇孔文仲諸公交薦之會司馬公當國曰士
大夫無不登光之門者丁君獨不來真自重之士
久之除太常博士入門下中書為左右正言時熙
河禽鬼章中外稱賀隲獨以為鬼章西番首領得
之不足為賀　元祐間士大夫之憸險趨競者相
為朋比朝議有五鬼十物之號如唐八關十六子
者隲上疏請竄治之後以胡宗愈親嫌辭儀曹出
知處州公有女適二蘓從子彭孫得甥東坡報以
詩隲賡云秀出眉山有慶門風流長與蜀山存翰
林未老生曾嫡想見纍纍百世孫有文集二十卷

蔣公之奇誌其墓
鄒浩字志完晉陵人登　元豐五年進士第調穎州吳縣簿試學官第一改揚州教授移知安州孝感縣改潁昌府教授　元祐中除太學博士出為襄州教授　元符元年召對除右正言時章惇擅權浩疏惇狥情廢法引所私分挍要路沮格正人擊逼忠諫復列惇六罪惇積怒會明年立劉后浩援仁宗廢郭后并逐尚美人故事乞追停冊禮忤
上意惇黨因擠之謫新州
徽宗即位復官除正言遷左司諫起居舍人　建中靖國除中書舍人遷禮部侍郎改兵部　崇寧初以寶文待制出知江寧府尋改杭州又改越州未赴謫永州移昭州五年許歸常州　大觀間復直龍圖閣以終初劉后為賢妃生子緣是得立然生子纔三月薨后之立也浩三疏諫隨削其槀既貶
徽宗初召還朝首喜歎諫立后事詢槀安在浩以既焚之對及蔡京用事素忌浩乃使其黨為偽疏

謂本宮人卓姬生子后殺其母而取之其辭曰殺卓氏而奪其子欺人可也詎可以欺天乎詔暴其事以故再謫浩修潔有志行記覽該摠援筆數千言嘗授大學於二程先生以行義知名士之及門問道者衆公每曰聖人之道備于六經千門萬戶何從而入大畧在中庸一篇其要在謹獨而已典教潁昌時守范忠宣命撰樂語浩辭忠宣不悅曰翰林學士亦作浩曰翰林則可祭酒司業則不可與陳忠肅為莫逆交天下稱鄒陳自為小官受知於人終身不忘嘗輯薦者詞目曰懷恩錄嶺表既歸即所居堂後闢小圃曰道鄉故知與不知皆稱曰道鄉先生平生所著有文集易繫詞論語解孟子觧義若奏議則楊龜山為之序　建炎追復龍圖閣待制　紹興贈寶文閣直學士謚曰忠子柄
柄字德文莊重篤學幼負俊聲侍忠公如二水黃山谷一見深加嘆賞呼小友未弱冠棄科舉學從龜山先生游先生期以大器每稱之曰是真有志於學乃盡傳其業龜山門人以柄為稱首陳忠肅公

亦稱其才高識遠可以大受　靖康初以元樞李
公薦布衣補承務郎除編脩權給事疏請昭雪忠
公遷謫之非辜且不出　泰陵之意朝奏夕可贈
官贈謚典禮優渥天下偉之素以剛鯁聞剛外敏
中與人不茍合前後奏議炳炳真能世其家者著
伊川語録一卷文集二十卷終天台守

周孚先字伯忱晉陵人　建中靖國初偕弟恭先從
伊川先生游與楊龜山相友善龜山好著書伊川
每以多言害道為戒謂孚先兄弟氣質淳明可與

入道其語邢和叔亦曰二周與楊時似同胞以所
疑為書請質于先生輙得親筆開諭服膺拳拳惟
以顔子為法程門高弟皆推之該太學特恩調四
明臨場改建德尉皆不就　朝廷命白衣上殿賜
承事郎改奉議丏祠　紹熙間黄守灝奉孚先兄
弟祔饗于城東書堂

恭先字伯温初見伊川先生先生曰從事覺有所得
否學者要自得孚先問如何可以自得曰思曰睿
睿作聖須是於思慮間得之又問顔子如何學孔
子到此深邃先生曰顔子所以大過人者只是得
一善則拳拳服膺與能屢空耳兄弟俱由鄉薦入
太學氣質不少異尤篤于信道釋褐授坑治幹官
每以沽名為戒謂子孫曰吾没後毋為誌文碑銘
以重吾不德終身恬于進取

胡珵字德輝晉陵人登　宣和三年第後受舉于元
城先生暨歸先生曰子聦明能護以至道當成令
器珵遂以平日親承問答退而筆之名道護録自
為之序陳東上書攻六賊言者以珵甞潤色其書

攝他官與李綱同舟東下貶梧州人號蒼
梧太守　紹興初名試玉堂尋復元官兼史館校
勘先是奸人得志舊史蕪穢　上命珵筆削貽執
政怒出守晉陵

吴懋晉陵人為禮部貟外郎　建炎初金立偽楚
百官作勸進表懋當草牋奏度不可拒将自裁會
有幸非常者越職為之由是獲免王時雍用是坐
政事堂懋發憤駡曰反虜吾不能擊汝如段秀實
邪時雍面頸俱赤不能對後吴玕莫儔以表狀詣

金營懋竟不屈

胡交脩字已懋登　崇寧二年第　政和五年中詞學兼茂科由翰林學士知制誥拜刑部尚書時朝廷欲以兩蜀交子行之諸路交脩疏陳其害以為崇寧大錢覆轍可鑒今之交子較之大錢固無銅鐵鼓鑄之費一夫坐空舍中日作數十百紙必以偽券抵憲網禍及無辜人服其精識從子世將請祠

上不許嘗為答詔乃引嬀乃命舍人胡寅為之遂為故事交脩兩除詞掖三侍經筵再入翰林渡江後一人而已自文恭脩簡忠獻世掌內外制有四世絲綸集

高宗嘗題御扇賜公云相門韋氏在經術漢臣須拜端明殿學士

世將字承公晉陵人父嘗夢金甲二神人告曰吾唐世老將後生二子因以名焉長即公也次唐老登崇寧五年進士第累官至兵部侍郎出師京口未幾名還除給事中直學士院　紹興八年四川謀帥　上問刑部尚書胡交脩廷臣孰可將者交脩薦世將可用遂除四川安撫制置使兼成都府始公伯祖脩簡帥成都有治行父老曰不圖今日再見吾父人方之張公詠號小乖厓吳玠年謀報虜欲渡河未幾果陷同州世將駐師河池有參謀孫渥勸退保世將指所坐帳曰吾誓死于此矣毋多言乃分遣大將吳璘田晟郭浩楊政出戰數路並捷　朝廷命乘機出兵方行丁秦國憂詔起復世將請老有星隕于營是夕以訃聞謚忠獻唐老守鎮江遇戚方亂死之謚忠愍

丁逢字端叔晉陵人第進士為激賞所幹官會金主遣壻烏林答天錫賀　上生辰怙貴驕黠侮館伴衆憤而莫能折公謂示弱何以為國上書乞借尚方劍斬虜使書奏

阜陵御批付虞相雍公曰此人材氣可尚卿可先一見速具奏來遂錫對故秩除國子監書庫官遷天府倅　上留意邊事命知安豐盱眙二軍皆有政績由潼川漕除川秦茶馬凡供帳公費悉屬去

人服其廉馬政脩舉名還歷卿監尹宗邑帥合肥
進寶謨閣待制卒于官
蔣芾字子禮晉陵人　紹興辛未登進士第二人授
建康府推官秦檜欲羅致拒之檜怒終其身不名
用後附麗者皆竄逐芾獨免禍　乾道初權直舍
人院因　內侍梁琦語徹
德壽宮
上皇歎其忠除簽書樞密院條奏邊防軍功甚悉
孝宗尤極嘉奬拜右僕射同平章事　上方鋭意
恢復芾力陳天時人事未可舉兵凡二千餘言忤
旨讒忌者乘之以正奉大夫致仕
蔡戡字定夫忠惠公襄四世孫居晉陵調溧陽尉督
捕應格罝弗言登　乾道丙戌甲科得節五年所
部十四郡歲以斂銀為痛戡積鹽羨代輸迄今便
之陞漕易湖南憲時李昂霄有異謀傳道洶洶戡
乘其未定単車馳喻其黨相顧駭愕叩首服
寧宗朝為京尹歲澇糶艱勘亟請發粟民賴以濟
侂胄當國乃請老有定齋集行于世

錢之望字表臣晉陵人少放達喜奇計逆亮闖江以
策干虞公允文且謂虜有內潰之勢虞公行其策
亮果殞符離之敗道謁張忠獻請三邊並出師使
虜疲于奔命大功可立張公不能從　乾道五年
登進士第授江西帥屬賴文政猖獗兵鋒甚熾
朝廷旰食參政龔茂良薦之望可任且白　上屢
以此事遣倖文政除金部郎官知楚州募効士五
百射自訓閱勁健齊一虜不敢謀大奚山盜起除
祕撰知廣州盜以舟師指城民大恐之望麾軍奮
擊一戰摧滅陞華文閣待制知廬州卒葬水心銘
其墓
錢相字君玉晉陵人幼頴異壯以詞賦有聲場屋冠
鄉薦登　嘉定戊辰第初任如皋簿班改宰樂平
倅臨漳　端平庚午西山真公薦諸朝擢告院遷
國子簿宗學博士未踰月為監察御史遷右正言
陞起居郎兼史筵權刑侍陞給事中吏侍　嘉熙
辛丑同典貢舉歷兵禮吏書以親老丐歸除閣學
知婺州辭不就奉親歸里得請予玉隆祠登朝十

九年退閒又十四年年八十一終年德俱稱云

武進

張彥直字輔之武進人偽吴太尉訓之後累贈至太傅男七人篤意義方四子孫辟雍聯登　崇寧大觀進士第皆歷官通顯彥養左右就養二十年踰八袠與夫人俱無恙鄉邦榮之前太守典樂徐公申美其事表其里曰椿桂坊蓋取燕山竇諫議詩云

張巨字徽之居武進擢嘉祐二年第舉明經少從安定先生游居鄉與蔣之奇胡宗愈丁隲為四友學易于歐陽文忠公公甚器之薦充國子監直講新經行與同職數人相繼引去時論高之家藏文忠往復書蹟甚富所著文集四十卷易解十卷文忠公為之序

霍端友字仁仲武進人弱冠入太學通六經　崇寧二年舉進士第一授昭慶軍幕官不閱月召見便殿擢置冊府繇右史轉中書舍人遷給事中尋除大司成遷禮侍除待制知陳州時中貴傳詔取瑞香端友曰不可自我作俑疏罷之召還為吏部侍郎有所善者與蔡京厚嘗從容致京意欲升中執法端友不肯附麗忤京意官至通議大夫致仕贈少師有内制三十卷行于世

李端彥字相之武進人父鎮舉進士官至奉議郎著天潛集有古木直無巢野泉清絶釣之句為時人膾炙端彥以　崇寧二年登第臚唱丙科

祐陵覽其對親灑　宸翰云直諒可嘉特與升甲博學多聞其賢已集行于世官至宗學博士

施坰字林宗武進人以太學舍選登　崇寧第時方創辟雍自郫州教授召為直學遷太博　宣和末除除江東提刑朝命鑿銀林河通大江調役繁興坰懼導江入浙蘇秀必受漂溺患亟抗疏寢其役

徽宗下詔獎諭進秩一等嘗除右正言辭不就出持憲江浙福建守信州皆有能聲　紹興十二年除禮部侍郎後以敷文閣待制終生平篤意孝養所至得親庭書必冠帶跪讀遇恩奏補官及弟侄鄉里稱之

張舉字子厚武進人登　元祐四年甲科親老不忍朝夕去左右閉門讀書四十餘年多所論著于古律詩尤清新家蔵書至數萬卷工書精真草隸三體皆造古人妙處以大臣薦起為潁州教官三辭不就其後孫莘老范純夫諸賢交薦曰某樂死草萊後世必謂　朝廷失士東坡亦力薦之以秘省校書名将大用舉迄不出　崇寧間　朝廷賜處士號卒謚正素郡守徐申表其里曰正素坊

李熙靖字安常武進人舉進士中詞學兼茂科除浙東提舉命下乃得河東蓋省吏受賕陰以易之客有得其情者訹熙靖使自陳熙靖曰事君不擇地吾豈發人之私求自便乎時宰聞而賢之白于上除兵部員外郎以言應奉司事忤宰相王黼積四年不遷黼罷為中書舍人入對言燕雲初定宜戒不虞　上曰詩所謂迨天之未陰雨徹彼桑土綢繆牖戶　兩宮北狩張邦昌居攝以熙靖權直學士院拒之憂憤廢食疾且篤謂故人曰百官何日再朝天乎泣而卒贈端明殿學士

張守字子固武進人登　崇寧元年第中詞科除詳定九域志編脩官擢監察御史上防淮渡江六事請詔大臣以選将治兵為急時相滋不悅以守撫諭京城力陳虜必入冠狀願早圖之未幾虜果踐淮　大駕南征有議幸蜀幸江陵者守與張公浚力争之其建駐蹕建康之議一日盛夏張公浚坐息東閣時守已參大政突入執浚手言曰守向言今與同列徐考其人似與昔異不免有患失心是将為天下憂蓋指樞密秦檜也以祠改郡　上眷守不衰建康謀帥　上曰非守不可至鎮數月卒上嗟悼曰君子人可惜謚忠獻張公浚誌其墓曰孝友似張仲文章數班馬云

無錫

杜鎬字文周無錫人性篤學南唐舉明經　國朝歷崇文院檢討

太祖将南郊彗見鎬謂宰相趙普曰當祭而日食猶廢祭況天變如此乎普言于　上迄罷其禮

景德初置龍圖閣待制首以鎬為之澶淵凱還遇

懿德皇后忌日或以軍中鼓吹為疑馳騎問鎬鎬對曰武王載木主以伐紂前歌後舞可據也　祥符二年种放告歸　上宴餞于龍圖閣賜詩命侍臣皆賦鎬辭以素不屬文詔引名臣歸山故事鎬即誦北山移文蓋譏之也

真宗每得古器異書必詢鎬皆能究其本末時人服其該洽至禮部侍郎孫杞

杞字偉長性豪邁遇事敢為廣西歐希範反推𩀱趕為帝而自號為神武公率其徒破環州轉攻桂管埶甚熾

仁宗憂之授杞廣西轉運安撫使杞馳至宜州以覘其變先令吳香區世弘等說其首豪乘間急擊斬首千餘級焚其積聚𩀱趕懼而降希範走保荔支峒併禽戮之廣右平除天章閣待制知慶州蕃酋孟香率部落内附夏人以兵索香有詔還之杞言彼違約舉兵香不可與因移檄問罪夏人讋服

慶歷中范公仲淹參知政事患諸路監司不才多所更易杞與張昷之首被擢用杞博聞强記通

志七　六

陽每自推數曰吾年不過四十六卒如其言

錢顗字安道無錫人舉進士　熙寧間召為監察御史裏行王安石初行新法宰臣曾公亮依違不言顗與侍御史劉琦上疏論安石歷官以来莫不言尊尚堯舜故天下以為賢陛下亦聞而知之遂致公輔今乃首以財利之說務為容悅言行乖戾剛狠自任不知安石之心待　陛下為何如主曾公亮位居丞弼被遇三朝自當悉慮竭忠以身許國反有畏避安石之意更相稱意以固寵榮安石大怒貶顗監衢州鹽稅琦亦坐謫顗將出臺責御史孫昌齡曰君如事安石以得御史亦當少念報國顗今得罪分當遠竄君為美官自以為得策即我視君犬彘不若也聞者悚然東坡詩所謂烏府先生鐵作肝是也

袁植字材老無錫人登　崇寧進士第詞學兼茂科為監察御史金人入寇陳邊防十三事以誅佞人為先不納引疾休致　建炎名為左司諫直言忤臣黜守岳陽會虜騎大入叛臣李允文擾鼎擁

志七　七

衆怙亂公條奏其狀遂遇害久文誅贈直龍圖閣

陳敏字伯脩無錫人喬六世孫也登　崇寧三年第少孤力學安定先生一見奇之曰此錫山之英也年十一廬親墓有芝産于家複葉並蒂色紫而澤人謂陳氏之祥

徽宗朝諸蔡用事斥司馬公諸賢為姦黨令州郡皆立石守倅刻銘焉敏通守天台監司促之急荅曰誣司馬公為姦臣是誣天也倅自立石敏碎之囚其石工官吏悚慄言于敏懼劾敏曰我死且不辭何劾之畏竟挂冠不仕號濯纓居士東坡聞而壯之遺書云風義凋喪植立于頹波狂瀾中惟吾伯脩與景純而已景純刁學士也

陳之茂字卓卿無錫人喬九世孫也入太學與張公九成同登第之茂廷對忤權相以雜犯黜之九成舉第一叩頭殿陛曰臣之學不如陳之茂臣不當成之茂能言人之所不敢言宜奬不宜黜

高宗覽對悚然曰忠言也賜同進士出身調休寧尉以經學為諸儒倡張魏公薦于　朝仕至吏部尚書

李端行字正達無錫人與弟尚行入太學俱有俊聲同登　大觀三年第呂丞相頤浩嘗師之逮貴猶執弟子禮為太常博士高麗遣子入學夷禮不革趍揖無聲宰相蔡京入學議革之端行曰用夏變夷未聞變于夷者當繩以國禮遽趣賓贊引高麗子即日成禮于學禮法皆裁于端行人服其得體後作詩詆京之失出宰鄞縣發憤終身不仕

李祥字元德無錫人登　隆興元年第為國子祭酒慶元六年丞相趙汝愚為言者所譏乞免相詳力爭曰汝愚決策立　陛下天下晏然社稷臣也精忠怫欝何以示後世除直龍圖閣漕京湖言者怒劾祥與楊簡罷之太學六士楊宏中周端朝等上書固留不聽言者喜曰道學散矣六士隨亦懼禍歸無錫絶口不道前事　嘉泰元年謚肅簡葉水心銘其墓

尤袤字延之無錫人入太學登　紹興十八年第從工部玉泉喻樗遊樗龜山先生高第也樗以所得

龜山講明授之由是學益進　紹興間宰泰興金
人犯境官吏望風遁袤獨堅守不去當路交荐官
奉常時
高宗廟號未定方議叔配公諏經訂古悉有根據
人號為尤書厨為內外制及內禪典冊皆服其雅
正有體官至禮部尚書袤形貌不逾人而風度端
凝
孝宗嘗有短小精悍之褒晚年嗜書不倦藏書至
三萬卷為詩平淡陳　齊嘗列之四詩將自號遂
初居士
光宗在東宮因書二字賜之有遂初小集六十卷
內外制三十卷藏于家
焴字伯晦以大父袤奏任　嘉定初元換授山陽法
曹會蕭德慶犯鹽城郡檄撫諭事定就畀邑宰故
秩倅海陵參東淮制幕端平更化入為軍器監簿
遷大府丞檢詳編脩權右司將漕西淮兼帥升農
少總餉淮西再入除理卿遷　出為福建帥漕
改沿江制副尋擢祕監侍講登從槖兼直院知太
平州不赴以內祠奉朝請兼侍讀復貳春官兼脩
史擢工書錄禮書升內翰拜為端明學士擢舉秘
書省提綱史事開國毗陵郡敭歷中外踰三十年
晚力抗疏丐祠年八十三以疾終于家自號木石
稱於世云
蔣重珍字良貴世居錫山之富安讀書一覽即記
嘉定癸未擢進士第一人授湖州幕郡大水與太
守說荒政不合引疾丐祠息意榮進即所居築梅
堂以琴書自娛　紹定已丑召對三疏　時以
為朝陽之鳳尋上六箴　端平更化以左　經
筵與魏隺山真西山為深交其所講明皆聖門義
理卒謚忠文
薛極字會之武進人後居錫山少　鞠於諸　讀書
日記萬言以父任調上元主簿習詞學中詞科為
大理評事通判温州以寺正召出守桐川丐祠不
許　嘉定改元召入會以參政樓鑰荐歷左右司
樞密副都承旨時
朝廷議更楮　有力焉除刑部侍郎

兼檢正未幾除刑部尚書兼戶部遷吏部十五年
賜正身簽書樞密院事奉
寧皇山陵使竣事遷參知政事除樞密使封和國
公性通敏立　朝三十餘年多所裨益以觀文殿
大學士終

宜興

蔣堂字希魯宜興人舉進士　明道初為侍御史郭
后廢堂與范公仲淹孔公道輔極言不可坐黜為
河南發運使歲薦禮部二百人或疑其溢額將得
罪堂慨然曰拔十得五亦足以報國矣知益州州
有漢文翁石室在夫子廟因廣其舍為學宮選屬
官及鄉士之賢者教諸生儒風翕然後以禮部侍
郎致仕堂為人脩潔遇事不少屈好學工文詞尤
嗜作詩多傳于世

邵靈甫宜興人倜儻樂施于家蓄穀數千斛　咸平
大饑或人請糶靈甫曰是急利也請損直曰
是近名也或人又請曰饑將自豐乎答曰有成畫
矣乃盡發所儲得五千三百斛自縣至湖洑鎮除
道四十里浚蠡湖橫塘等水路八十餘里通罨畫
溪入震澤邑人爭受役皆賴以活子梁登進士第
孫剛魁南省蓋為善之報云

余中字行老宜興人幼穎悟　熙寧五年偕兄貫試
禮部中與選而貫黜請自黜以薦兄有司雖不許
士論嘉之次年魁廷對　紹聖三年專對虜使還
奏河朔城隍墮圮乞從密院行下葺治以戒不虞
宣靖間金人長驅城守多不固議者始思其言以
霅川守致其仕

蔣之奇字穎叔宜興人　嘉祐二年第進士舉賢良
方正
英宗初選殿中侍御史陳謹始五事進忠賢退姦
邪納諫諍遠近習閑女謁凡數百言時論偉之歷
江淮荊浙等路發運副使　元豐六年漕粟京師
至六百二十萬石鑿泗州股河以避長淮之險自
是無覆舟之患
哲宗朝知廣州以平寇功除寶文閣待制知熙州
謹斥堠脩守備羌不敢犯　紹聖中道鄉鄒公以

言事獲罪之竒折簡贈別坐責守汝州　崇寧除
觀文殿學士知杭州于東坡為同年進士嘗與定
卜居陽羨之約有文集雜著百餘卷子瑎孫興祖
瑎字夢錫登　元祐三年進士第宰執以明經薦
徽宗擢為大司樂與梁師成議樂舞不合師成怒
瑎荅曰一代禮樂當質經不顧而去燕雲初復廷
臣議上尊號瑎曰
裕陵卻徽號為萬世法柰何諛悅以虧盛德知興
元府軍卒王靖作變瑎禽戮之曉諭餘黨帖服後
引疾奉祠鴻慶宮
興祖以蔭調饒州司録事方臘叛放兵四掠興祖曰
郡守糾史士輯戰具盜不敢謀知陽武縣金人犯
京師道其境或勸興祖避之興祖曰吾世受國恩
此吾死所也監兵有與賊通者興祖斬以狥虜騎
來　敗之而去明日虜益濟師再戰不敵遂死之
贈朝散大夫載國史忠義傳
虞大熙宜興人登　皇祐二年進士第
神宗朝陳密學　在經筵以治行薦凡臺閣選所
薦三十二人大熙與胡宗愈皆預焉累遷至侍講
單錫字君賜登　嘉祐二年第明陰陽圖緯星歷讀
書無不該貫與東坡為同年進士坡愛其賢以女
兄之子妻之來宜興每寓其家錫卒坡祭以文從
子發舉八行科有風土記傳于世孫時
時字行可登　宣和六年第　隆興初召為國子監
主簿遷秘書丞　乾道元年擢監察御史上封事
言飲酒擊毬二事
孝宗喜謂輔臣曰擊毬朕放下多時飲酒朕當自
戒五年春除右諫議大夫　上以目疾久不視朝
及御殿復上疏以諫　上面諭曰卿言可謂愛朕
是冬卒　上為之慨惜
邵材字聖規宜興人　熙寧五年試開陽第一與父
潛同年進士嘗為監察御史郡有以疑獄上者刑
部謂當貸死用事者謂殺人不可貸乃欲坐所奏
且著令材抗疏論曰疑獄當貸者不貸而奏者反
獲罪恐獄吏便文自營不復以疑獄聞矣時王安
石當國司馬公極論新法之害一日語材曰劾去

司馬大官可立待材毅然曰君實正人也可厚誣之乎安石歎曰有是哉可以去矣即自劾歸後以鴻臚卿乞祠而卒

錢即字中道宜興人登　熙寧九年進士第授安州司理初莅事吏有誣服抵死罪即明其冤守將欲薦之答曰治獄得情職也擠人以論功非吾志調睦州推官有寃獄久不決部使者檄往按治且誘以薦剡即折獄平反全活二十三人或誚之對曰吾寧老選中忍以數十人命易一薦哉卒不受歷鄜延環慶經略安撫所至有聲績童貫宣撫陝西患物價騰踊嚴設科條又行均糴法陝西騷然即上疏力詆時貫權傾中外人皆危之不顧也坐是謫永州後以龍圖閣學士致仕謚忠定

唐棣字彥思宜興人初從伊川先生問學先生曰入德之門無如大學今之學者賴有此一篇書其他莫如語孟棣自是有所得遺書載問答甚多纂次伊川語録百餘條方之門人記録為詳

周義字立義宜興人　宣和六年第進士甲科

高宗朝兩為言官論事皆觸權要不得其言而去歷典江浙數大郡

孝宗即位首被超擢時朝議主恢復義累疏陳虜未有釁不可輕舉忤旨符離退師　上思其忠除政府嘗因召對言臣初為言官晚忝侍從事有不可大即論奏小則堂白言雖不盡從固無愧於心出為州事苟難行反覆條奏不從委曲行之不從不至受弊亦無愧於心惟預政已來每與宰相議天下事大率十事之中勉書七八此為有愧耳

上嘉其誠以資政致仕謚簡惠自號惟心先生

郎及之宜興人　乾道中為司封郎時楊和王子俟在宥府乞襲封吏部長貳欲上其事吏以牘呈及之曰　國朝故事異姓王無襲封者雖趙韓王開國元勲亦止及身而已斥去之尋上章告老不許請益力除直徽猷閣致仕

孝宗嘉之語輔臣舉漢公卿餞二疏故事由是朝士皆作歌詩燕餞為一時盛觀

吕祖泰字泰然居陽羨　嘉泰元年以進士論韓侂

胄陳自強蘇師旦周均書出中外大駭有旨祖泰
挾私上書語言狂妄杖決流欽州就逮不慁京尹
受侂胄計誘之曰誰教汝有共為草者汝第言之
吾自寬汝祖泰笑曰何問之愚也吾自分必死而
受教于人且與人議乎京尹曰汝病風喪心邪荅
曰以吾觀之今之附韓氏而得美官者乃病風喪
心也廷中聞之皆悚然歎息四年侂胄死史相當
國求祖泰所在欲官之得旨自便補上州文學改
迪功郎監潭州南嶽廟　疾卒年四十九

重脩毗陵志卷第十七

重脩毗陵志卷第十八

人物三

寓賢

湛茂之宋人為司徒右長史隱于無錫之慧山與南
平王劉鑠為友更以詩章唱酬今普利院即茂之
別墅也詳見留詠門

任昉梁人為義興太守邀到洽到溉為山澤遊時有
彭城劉綽劉苞劉孺吳郡陸倕張率陳郡殷鑄沛
國劉顯及溉洽號蘭臺聚縣北一里有釣臺即昉
垂釣之所至今呼為任昉臺有詩見留詠門

薛戎字元夫河中人客陽羨山年四十餘不仕江閩
觀察辟賓幕下歸復放浪稍遷河南令後歷浙東
觀察使居官不詭名譽解去人多思之

杜牧之唐人殖產陽羨因卜居焉今荆溪北有荒址
舊即牧之水榭題詠甚多如贈許七侍御酬邢刺
史等作多寓情於陽羨詳見留詠門

李蠙嘗於廣教禪院肄業後以夢虱易名登第詳見寺觀門

李幼卿字長夫大歷間以右庶子守滁州嘗於義興
王滁作山居與獨孤及屢有倡酬（見詞翰門）
權德輿字載之父臯自秦徙南徐德輿纔七歲從至
陽羨及壯追念昔遊嘗送義興袁少府及從弟況
赴義興尉序有追思童年遊寓茲地之語其與渾
淪先生文亦稱壯歲遇於荊溪云
陸希聲唐人相昭宗避亂隱陽羨之湖㳇名其山曰
頤山自號君陽遯叟著頤山録及山居二十七詠
（見留詠門）蔣穎叔題希聲宅詩有云二十四亭蕪没盡
溪邊猶有故時橋其逸居之勝蓋可想見
張訓字克明滁之清流人與楊行密號三十六英雄
孫儒為亂從行密擒儒有土軍陳可兒竊據毗陵
訓受命克常州都虞候掩其不備而圖之可兒計
無所措果出迎接訓於馬上案其色變乃手刃之
入城綏撫一軍帖然景福中行密由毗陵入利港
赴廣陵中途謂左右曰張訓以一劍下此郡未嘗
自伐其功即授檢校右散騎常侍守常州刺史今
子孫皆家焉

陳喬廬陵人徙居錫山仕南唐開寶間　王師平金
陵喬痛國亡殞命
太祖皇帝以其忠于所事詔以禮改葬
國朝
張鑄字希顏世居滁之清流後遷晉陵登　祥符進
士甲科王安石其門人也歷官南陽帥與姪昷之
並以光禄卿致仕縉紳榮之杜祁公諸賢各以詩
贈鄉人即居地號東西二鄉
昷之字景山登　祥符八年進士第蔡文忠薦其材
為淮南提點刑獄時楊崇勳恃恩恣横憚昷之嚴
正帖不敢犯　慶歷選諸路監司昷之與杜杞首
被擢用後以光禄卿致仕公卿賦詩凡百餘人杜
祁公為之倡陳述古作序引時人榮之
蘇軾　嘉祐二年與蔣穎叔連名策第宴瓊林日坐
相接遂約卜居陽羨邑人單錫亦同年進士軾以
甥女妻之屬以問田後謫黃州移臨汝上章乞居
陽羨謝表有云買田陽羨誓畢此生嘗托邵民瞻
買宅一區為緡錢五百將挈居偶與邵步月村落

聞老嫗哭聲甚哀異而問之答曰吾家有一居相傳百年今吾子不肖售諸人所以悲耳叩其居即邵所得亟取券對嫗焚之竟不索直自是亦不復問舍寓於顧塘橋孫氏之室而歿其風誼如此詳見祠廟門

楊時南劍州將樂人與游定夫謝顯首同時為程門高弟學者推之陳忠肅每貽詩必稱以先生　政和元年待次越州蕭山知縣自京過毗陵寓早科巷時道鄉鄒公已病公首即臥內就見是冬鄒公卒公為文祭之明年赴蕭山任及滿奉祠遂徙居毗陵講道城東書堂既罷祠官貧甚不果赴部郎慎求在朝以書問所欲公年已七十矣答以欲求一筦庫為貧耳慎求為授常州市易務公聞之曰非見闕於吾事無濟況市易事吾素不以為然縱得祿其可就乎卒不赴五年以秘書郎召赴闕靖康初除右諫議大夫未幾力丐歸　建炎初除工部侍郎明年夏以直學士奉祠是冬始還將樂公居毗陵者十有八年如養浩堂踵息菴諸記中

庸辭義伊川易傳泰山春秋傳諸序皆當時所著也邦人今即其地祠之

賀鑄字方回開封人　孝惠皇后之族孫好學藏書萬卷工文詞尤長于樂府寓居毗陵著荊溪集陽羨歌以右班換文倅太平州而卒葬於義興之篠嶺坡詩有云解道江南斷腸句只今惟有賀方回號鑑湖居士

王居正字剛中　建炎初自江都徙居陽羨為舉子時恥用王氏說既第嘗著三經辨學　思陵朝悉上送官尤為宰臣范宗尹所知仕至兵部侍郎自號竹西

李綱字伯紀邵武人　建炎初作相為汪黄所沮去位嘗遊南嶽有詩贈寺主及留題善卷寺後居錫山自號梁溪漫叟有梁谿集二十卷

汪藻字彥章鄱陽人壻于義興莊氏愛谿山之勝因卜居焉自　崇寧初第高第校三館秘書尚符璽立柱史遂賛書命入翰林掌內制仕朝廷三十年以文學議論推重一世所為詩文千餘首號浮溪

集傳于世
陳克字子高天台人有詩名　紹興中為敕令所删
定官自號赤城居士寓居義興之潼渚
周麟之字茂振海陵人登　紹興二年第中宏博科
金亮渝盟將出使疏陳七不可之說
上以為然擢知制誥請復賜
熙陵所書玉堂兩大字從之今為翰苑盛事詔撰
張循王墓碑奏御　上批其後曰叙事詳盡造語
簡要披覽再四但有歎嘉嘗受旨作立皇子詔有
非朕敢私之語　上讀之稱善終于知樞密院
胡松年字茂老海州人　建炎初入西府　紹興間
奉祠居陽羨之言村築堂以自娛扁曰横山孫仲
益記其事甚詳

重修毗陵志卷第十八

重脩毗陵志卷第十九

人物四

遺逸

季子耕於延陵為聖人所予清規姱節照映千載繇
是潛深伏隩之士代不乏人弗書則將湮没無傳焉
用次所聞以諗來者

晉陵

漢

陸瑁字仲芳毗陵人操履清正明京氏易尚書風角
星筭皆極精奧辟主簿視事旬日謝病去隱會稽
山（見毗陵先賢傳）

陳

何之元世居廬江好學有才思為信義令宗人敬容
位通貴顯訪其　之元終不一造或問之對曰德
薄位隆覆敗可待吾懼及禍耳識者稱歎著梁典
三十卷隱居晉陵隨開皇間卒

唐

竇羣字丹列京兆金城人兄弟皆擢進士第獨羣以

處士客毗陵傳啖助春秋著書數十篇以韋夏卿薦德宗朝為左拾遺

國朝

龎安仁字宅道居城南通五經尤長于易開門授徒張正素鄒道鄉諸公皆嘗執經令天慶觀西廡實諫議陰德錄石刻蓋其所書

霍洞字大清端友從孫居城東之梅坡喜為詩自號筠寮嘗宿田舍見催科吏賦詩云北風吹晴屋滿霜翁見赤體悲無裳閨中幼婦飢欲泣忍飢取麻燈下緝一身匆暇私自憐鳴機軋軋明窓前織成五丈如霜布翁作旋襴兒作袴明朝官中租賦急依然赤體當風立歲饑道殣守多出遊又云朝来五馬去尋春誰信家家甑有塵枕籍道傍宜細問恐非芳草醉　人守聞而止

武進

唐

施肩吾擢進士第後隱洪州著閒居詩以見志

無錫

國朝

錢道人逸其名顗之弟隱慧山蘊文忠贈以詩云毗陵高山錫為胃陸子遺味泉氷齒賢哉仲氏早拂衣占斷此山長洗耳

宜興

唐

李勘字定臣神堯七世從孫幼孤好學拾薪自爨夜無燭嘗默念所記後舉進士試日吏唱名乃入勘取之徑反江東陽羨里人有鬥爭不之官悉詣決嘗集詩之類古者斷為唐詩以譏元白之失云

陸勳嘗寓義興李郢有寄題陸校書禪居詩云惠遠烟霞在方平杖屨隨

蔣逸人失其名錢起嘗宿荊溪賦詩送歸山中

陸龜蒙字魯望元方七世孫少髙放通六經大義樂聞人　學性嗜茶置園顧渚山下自判品第嘗升舟設篷席齎束書茶竈筆床釣具往來謂江湖散人或號天隨子甫里先生

皇甫冉字茂叔丹陽人天寶中調無錫尉避亂居陽

羨

陶詳校書隱居陽羨方千有陽羨山中笑傲情之句

後遊張公洞又寄以詩

高雲寓陽羨皇甫冉嘗題客舍云吳國滞風煙平陵

延夢想惟將山與水處處諧真賞

國朝

王元咎字補之建昌人　治平中來遊著許氏園墮

星記後卒葬靜樂山

慕容暉父惟良領州刺史因家陽羨嗜酒好吟不務

進取所居有雙楠軒聳如蓋嘗從蘇文忠游自謂

雙楠居士王平甫寄詩云坐唱月華青嶂外行吟

悅起白鷗邊從子彥逢 詳見門

蘇庠字養直丹陽人幼為清江引蘇文忠見而奇之

遂知名志不樂仕客居陽羨號後湖居士

元簿字泉卿幼業進士輙棄去喜為書自號耘軒有

歲後書懷云他鄉故鄉老若此新歲舊歲窮依然

烹茶但有二升水沽酒初無三百錢其處約安貧

亦可尚云

旌表

孝弟人心之天移風易俗莫此爲急是邦巷居里處

比比以孝義名表而出之為善者勸

晉陵

宋

余齊民少有孝行傭書以養大明二年父卒于家訃

未至齊民忽語人曰比肉痛心煩甚如割必有異

故尋得報日夜行四百里母子相對慟絶復蘇問

父遺言母曰恨不見汝齊民曰相見何難亟走殯

所號頓而殞郡以事聞詔更所居里曰孝義賜其

母穀百斛 孝義避太宗御名下一字改曰孝仁

薛天生其母罹艱棘嘗蔬食天生亦蔬食母未免喪

而逝天生終身不嗜魚肉齊建元三年詔表門閭

齊

劉懷胤與弟懷則十餘歲喪父衣不絮食不鹽鼓建

元三年詔表門閭

隨

陳司徒杲仁事母以孝稱母病思牛炙適屠禁割股

殷作羮以進病良巳郡上其事詔遣大夫楊績賜
旌表後廟食封武烈帝

唐

劉子翼字小心初仕隋為著作郎峭直有行面折僚
友家無餘貲正觀初召用以母老辭詔許終養江
南巡察大使李襲譽表所居里曰孝慈

趙氏吴康之妻父亡弟幼歲饑母且病丐粟以給長
歸康之尋卒家欲更適誓死不貳

國朝

孫達母周氏封殷起父疾嘗戒達勿從王舍陵學母
卒達哀毁盡禮　崇寧間李守孝節為請旌表
淳祐六年裔孫鎬年七十餘病疽其子裂肝以療
尋愈八年李守迪大書刻名石所居里曰申孝以
貽其家之世德云

施氏達從母中奉廷臣妻嘗書守身二字勉其夫陳
古靈守郡延廷臣訓其子後第進士母廣陵郡君
年九十餘與妻迎養數聚千指鳴鼓會食五從同
炊郡以事聞詔封仁壽縣君仍賜冠帔洪內翰為

記

武進

宋

吴欣之弟慰之元嘉末為武進縣史隨王誕起義會
華欽軍至衆駭散慰之獨留被執將死欣之詣欽
請代兄弟皆獲免齊建元三年有詔旌表

無錫

晉

華寶父豪義熙末戍長安年八歲臨別謂曰我還為
汝冠後長安陷寶年至七十不婚冠或問之不忍
答輒號慟彌日齊建元三年詔表門閭陸羽云惠
山華陂寶所築也

宜興

齊

吴達之嫂亡傭直給喪具從祖弟欽伯夫婦歲饑被
略達之有田數畝售以續郡命為主簿因遜兄又
以先世舊田與族弟弟亦不受棄為閒田建元三
年詔表門閭

黄氏蔣儁之妻夫早世誓不踐二庭家人逼之欲自剄乃巳建元三年詔表門閭

陳元子四世同居百有七口建元三年薦使上其事詔表門閭仍蠲租賦

重脩毗陵志卷第十九

志十九　八

重修毗陵志卷第二十一

詞翰一

記

宜興周將軍廟記　徐鍇

君字子隱義興陽羨人晉鄱陽太守魴之子少而跅弛任俠自處不護細行鄉人以爲暴焉嘗感父老之言以南山之虎長橋之蛟幷巳爲三害於是入山殺獸既而搏蛟浮沉三日竟斷之而出初里人以爲君之没也室家相慶既出始知人患巳之深也乃入吴尋二陸而師之學成義立以忠烈自勵朞年而府交辟嗟夫觀過知仁則向之所爲非巨惡矣吴末爲無難督及王渾平吴置酒高會調吴人曰諸君亡國之餘得無慼乎君對曰漢室分崩三方鼎足魏滅於前吴亡於後亡國之慼豈獨一人渾有慙色荆楚之烈氣凌太原兵滅之餘折而不撓又爲廣平太守積紀滯訟決之一朝君之果也於從政乎何有毋疾罷歸爲楚內史徵拜散騎常侍君曰古之辭大不辭小乃先之楚化行俗易然後從徵及居近侍多所規諷

志廿一

遷御史中丞糾劾不避寵戚梁王彤違法君深文按之齊萬年反權臣惡君之强直以君討之移孝於君有死無二賊策之曰周君才兼文武若專斷而來不可當也如受制於人此成擒耳嗚呼盗有道焉其知之矣及六陌之役梁王爲帥軍人未食彤促令進而絕其後繼君自知必敗賦詩曰去去世事已策馬觀西戎藜藿甘粱黍期之克令終言畢而戰自旦至莫斬首萬計弦絕矢盡而援不至左右勸之退君以爲登門而出義不旋踵遂戰殁焉夫梁王以宗戚之貴兼衆家邦非不知良材爲國之所馮蓋利欲之誘深而愛國之情淺也而況悠悠羣品安足言乎由是而言君之所按非深文矣夫姦臣之於直士其不合有三佞直不同嗜好亦異一也邪正相形才望相絕雖欲企尚不能劾之撫心内愧遂成讎惡二也以小人之性度君子之心以爲善人之進必來排已三也有此三者至於反兵賢人既殞遂及於國夫剖巢破卵鳳凰不翔殺犨殞犢聖人亦逝將軍既殁此西晉之所以淪胥也二子繼德此東晉之所以光啓也君既除害鄉里稱之又嘗著陽羨風土記則精靈所遊留肸有在矣踖以癸亥奉詔爲祠以東禱山嶽歷將軍之廟類想先賢之高風周旋徜徉欲去不忍唯君之見危授命當官必理雖百代之王者顧以爲臣焉郡縣既以時致祠敢即其圖像而爲頌曰深山大澤實生龍蛇左湖右瀆君子之家烈烈周君國之爪牙梁權國圮圮也如何越在童亂所游非類見害則遷過而無遂耽耽白額擇肉朱殷蟜蟜長蛟濆沫飛涎推斑碎掌潤草丹川無文曷行不興將落果見時英見機而作學成德備驗我王庭所居成政所歷傳名敏而應敵正以持[redacted]亦既霜臺糾斯强禦自親及疏何吐何茹翩翩權倖假國之威妬賢醜正言遂其私取彼賢人委之豺虎君實致身曾無二慮恭聞仙詰唯忠是與仰料將軍解形而去遼東千歲歸鶴來翔感加四海魂魄還鄉矧茲蘋藻在渚之陽斯曷補德實無疆

宜興長橋記

昔人作川梁以濟不通舟車所及纜連棋布若乃

勝傑大名聞天下者亦無幾陽羨其一也夫英賢之所踵次邑居之所瞻望山川之精粹宅焉里域之神靈憑焉廢而興之絕而續之豈惟備政足以徼福是橋也徵之譜諜則後漢邑令袁君所造國朝永泰中令丘君新之其他無聞焉中興之初有義夫吳蒙兵須率以私帑備加營搆人頼其利越三十載甲寅歲國步中梗于越冦邑人敗之燒營而遁飛焰旁及宏梁木摧甲寅歲著作佐郎劉君來爲邑長視其制度知非民力之所能濟乃狀其事白于有司上聞嘉尚之詔賜錢八十萬君信而好古寛而得衆政是以和事無不舉乃相與敷王澤因民心備物致用程功揆日器利工善材良事成戊辰歲冬而載明年暮春而畢長五十步廣七步對縣樓而工出跨荆溪而横絕丹艭其飾紛偃蹇而虹舒崇高其勢巃嵸而山立朱輪方軌駟馬連騎營營井井憧憧往來有衽席之安無揭厲之患昔者乘車濟涉聖人以爲難橋梁不脩宣父知其弗能以古方今勝負分矣書之考績傳載異代庸寓害其可廢乎刻之貞珉以示來者唐下

歲春二月十五日記

宜興縣學記　朱熹

紹熙五年十二月宜興縣新脩學成明年知縣事承議郎括蒼高君商老以書來請記而其學之師生迪功郎孫庭詢貢士邵機等數十人又疏其事以來告曰吾邑之學久廢不治自今明府之來即有意焉而縣貧不能遽給以其費乃稍葺其所甚敝亟補其所甚闕且籍閒田五千畝以豐其廩斥長橋僦金七十餘萬以附益之爲置師弟子員課試如法而又日往遊焉躬爲講説開之以道德性命之旨博之以詩書禮樂之文使其知士之所以學蓋有卓然科舉文字之外者於是縣人學子知所向慕至於里居士大夫之賢者亦攜子弟來聽席下無不更相告語相勉勵而自恨其聞之之晚也退而相與出捐金齎以佐其役合公私之力得錢幾七百萬而學之内外煥然一新堂涂門廡靡不嚴備象設禮樂皆應圖法蓋高君之於是學非獨其經理興築之緒爲可書而其所以敎者則非今世之爲吏者所能及而邑之人才風俗實

亦未嘗不善也然考之於古則三登太平之世不常有而驗之於今則常平者獨其法令簿書筦鑰之僅存耳是何也蓋無人以守之則法爲徒法而不能以自行也而况於所謂社倉者聚可食之物於鄉井荒閒之處而主之不以任職之吏馭之不以流徙之刑苟非常得聰明仁愛之令如高君又得忠信明察之士如令日之數公者相與并心一力以謹其出內而杜其姦欺則其法之難守不待它日而見之矣此又予之所身試者故并書之以告後之君子云慶元元年三月庚午既望朱熹記

宜興嘉定修學記　葉適

戴君桷宰宜興既補弟子員食於學視學舍壯整者惟高君商老敬止堂羅令仲舒東序堂亦傾敝餘或闕或毀顧其士陳夔印章悉夫買旁縣材棟優工作疊二年復修廟堂設大門門左右挾前崇門櫺對立西序宗子小學凡職列之次故所無皆具然後俾沈夢龍來言曰噫可記矣荆溪禹貢中江也渚洑澄澈雲木縈帶君山最雄秀巖洞尤怪偉蓋自楚漢爲東南稱首近蘇公去萬里歸周覽天下擇陽羨而居其蹤展陜麗兼之矣方周孝侯童騃肆暴至比異物一旦感激殺虎斬蛟從陸士衡兄弟前死不卻顧大節尚生存或疑非地力之勁挺不能也熙寧更用經義士初昧溺於時開封禮部有二邵集英親策有余還皆盛一京師之大四海之廣一邑而擅魁時者三或疑非地產之文華不能也夫發於勁挺孰若納於中和乎其文辭孰若厚其根本根本學也中和道也安能與哉闕黨互鄉地恥其人也魯多儒衛多君子人美其地也令夫邑之魁材碩厲將進於道必約以性以心肝脾肺腎無溢其情念慮思索無撓其靈則偏氣不勝而中和全矣淺深於學必測之古證之令上該千古旁括百家異流殊方如出一貫則枝葉爲輕而本根重矣學與道會人與德合登高丘可以奮意俯長流可以觀逝則山川雖富同遊於礪載之內義理至樂獨行於物欲之外矣豈非令長修學之本意哉鑿書之溪猶洛沂也善巻之竇亦舞雩也非騷人騁士專而有也嘉定十三年十月乙丑龍泉葉適

宜興岳鄂王廟記　　周端朝

中興三十餘年事論底定於是古武穆王以誼尊宗社志還故疆爲名將第一爰靈[illegible]敵被于荆襄夏鄂追胙王茅廟象震耀矣始建炎間虜酋南軼王柄位未盛已提勁旅轉戰祠洞連奏六捷俘執僞置克復溧陽時巨盗旁午闖宜興殷實吸衆寇犯官旅雌伏縣郭阽陷王亟引兵至境郭吉望風竄匿深匯王追奔殲[illegible]盡還所掠輜舟百餘盗相挻未已率精鋭數千討王多設方略降馬臯愓林聚戢張威武蹴戚方駐軍張渚羣醜企清旁郡邑棄資儲來保宜興踰萬室方蹈躪孔棘賣城畔走近鎮重郛不自保固而宜興外捍虜内攘盗存亡無震王之勳烈雖降在一縣豈不偉歟比聯守將能盡爲是則石城湯池襟帶千里虜已無噍類矣余觀王抗志不撓誓滅强虜既掃空祠庭通闕江漢然後舉肱河洛決背燕趙迄以其身償爲死生視留題金沙寺時氣槩已見英爽有知其當附寅門蹠居庸也而豈望報一邑安其香火之留哉其摧戕寃鬱以功爲謹而宜興之人實曰王之恩我等父母也象設祭嘗與國家褒幽節謚之典相爲後先謂義不根人心亦豈然也顧出閭里綿絶未稱嘉定十一年知縣事戴君楠甫上謁循卽周孝侯祠下慨然曰豐功而薄祀貴爵而附處縣大夫以政廸民者也其敢忌華乎度地塏鳩材餘將爲新宫張侈祀事郡守趙侯崇模王之孫嘉興守珂咸佐其費合凡資用役不及民明年六月會材庀築重堂宏植壺室廡森聳備服南面旟纛儀雅邑人聞溢謹舞還念舊事嘆百年之愈不忌也古者制禮主教民報天地社稷品節降殺先嗇農師國里塢出本祖駿業雖培德性皆示民防範之至也忠名勇績其大者蓋已默扶邦烈顯關世道非一邑得私以爲賜而爲政者教民以不偷其必自豐報始矣相攸斯宇仰挹耆卷之高俯激番畫之清以詠歌王之德於無窮義問交暢善意周匝抑俾英材輩產以保乂王家兹不亦所望於邑之人乎戴君永嘉人端尹岷隱先生之冢嗣端尹嘗以盛心名命其子其爲政宜知本末是宜書

十月既望從政郎本學録周端朝記

宜興先賢祠堂記　　眞德秀

古者鄉先生没而祭于社夫社者報本之事也鄉先生何功而祭于此□蓋嘗深思社之爲羣祀首者以其產嘉穀育烝民而鄉先生之重于鄉亦以其蹈道秉德而牖民於善也育之以保正命牖之以全正性其功一爾然聖門所論必不得已寧去食以存信而君臣父子或失其正雖有粟不得而食焉教導闡明之功若是其重此所以祭於社百世無慚歟後世先賢有祠其人遠矣而言行風蹟凜凜具存鄉人子弟猶有所觀法則雖歷千百祀不可忘也陽羨自晉以來世有顯人若周孝侯遷善之勇死國之忠卓然爲百代標表繇梁而唐文章事業亦或間見可觀迨至國朝則若樂安蔣公儒術爲時所宗雖金陵猶推尊不敢後若古靈陳公則嘗守郡而卒葬于此東坡蘇公則買田築室而終于此二公之學行節守蓋皆一世儀之塋域所藏寢廟所寄雖非其鄉而謂之鄉人可也若道鄉鄒公則歸自嶺南一託宿于道流之館爾而邑之人至今曰吾鄒公也烏乎民之秉彝好是懿德若是非耶然自晉迄今惟周侯寔有廟鄉餘未闢尸而祝之者寶慶三年浚儀趙侯與懃來宰宜興以扶教導人而咸秩于位又惟內翰汪公兵部侍郎王公簡愍文忠二周公亦近世鴻碩或家或寓皆用故事以祠九月望日安侑如禮侯於斯舉其欲邦人士君子相與奮發爲道德之歸乎周孝公同我桑梓有爲若是今昔豈殊吝心苟已何過弗可改壯志一立何事弗可成雖然是非必襲其迹也昔吾先聖之教自春秋賢大夫如史魚之直子產之惠擧以告羣弟子非一至其親切傳授則曰仁而已苟仁矣天下萬善莫不具於其中以之事君而直以之養民而惠何有非仁之功用耶學者審能服膺洙泗之訓而以回雍所從者爲指歸則前脩之言行風蹟雖不規規求合吾見其無不合也祠在縣山川最勝處甫成而瑞木叶符異材奮興此其兆也侯於此多美政今皆不書獨書所以奉乎宜興之士者是年十月乙未建安眞德秀記

宜興復周孝公塋兆記　　劉宰

周孝公墓在陽羨荆溪之南北向廟當其前紹興中賜額曰英烈慶元初進封忠武公周氏自魴四世顗著其盛也一門五侯墓之存於今十有一莫詳其次然公必葬衣冠其中明甚歲久苑宇民居交侵賜地之存無幾近歲有伏義起嗣者所歸僅十之二旋復區分之鄱陽洪君倜儻道相君之孫好事行義其丞是邑也謂古興王之世必禮先賢之墓而法所得祀惟有功於民有勞於國禦災捍患以死勤事者公皆兼之又公之英爽凛凛如生顧廟未葺墓之采樵芻禁非所以崇明德服令典欲亟圖之而局於位會其季年以選掄泠慨然曰可矣乃周視棟宇鳩工庀材以楹計屋凡弊而新之者十有八無而益之者十有四傾而正之者九漏而填之者十甓其壁而飾其像設什器與凡丹堊之漫漶者既又巡行兆域辨其侵而劃相其遷繚之墻踰二百丈樹之杉松合萬有一千本又即墓之中故相朱公倬爲簿領時所築基亭焉以爲致敬之地費家先捐己故助者衆役不干時故作者力九用石米二百緡錢千有五百其助竹木

不麾而不受直者不計經始於歲癸未十有一月丙寅而成於明年四月朔洪君之爲力勤矣既成而屬余以記余雖不文以託名不朽爲幸其何敢辭抑聞前輩謂慷慨殺身者易從容就義者難蓋慷慨殺身苟不勝一朝之忿者皆能之從容就義非沉思審慮不輕用其身者不能也張子房發歲結客報仇耻秦皇如晋鄙不幸爲所及則從荆軻游地下耳及聞圯上之言玩意黄石之編向者排山倒海之氣如水反壑故能不出帷幄顛羸踣項公其斯人徒歟史稱公少時縱情肆欲爲州曲患陸士衡爲公碑謂不偶於俗爲俗所誣徐鍇又以公爲任俠千載之下是否誠難臆決然竊意鍇之言爲近蓋吴魏世讎吴自大帝之世已逼於魏魏以曹休之敗深怨於魴則公之任俠即子房博浪沙中遺意其爲鄉里患苦非公自爾蓋俠徒所萃其勢則然及聞父老之言番然自克又與子房圯下歸來異世一揆前輩以子房所遇爲秦之隱君子庸詎知公所遇非陽羨之隱君子歟遐想當時遇合之由進說之次第與公所以引咎自歸來

必大有可觀而史非班馬登載闕略令人不慊故述之篇末以修陽羨舊聞而附以詩俾歌以祀若公之官閥行治傳記已詳茲不復贅云南山兮嵯峨溪水湛兮平波波不驚兮山宗宗樵者唱兮漁歌遠宇兮煌煌嘉薦兮苾香公之至兮愉愉降我福兮穰穰飛龍駕兮翔鸞御公之來兮倏而去宰木秀兮佳城慰武民兮千古歳嘉定甲申六月朔漫塘史劉宰記

無錫惠山新泉記　　獨孤　及

此寺居吳西神山之足山小多泉其高可憑而上山下靈池異花載在方志山上有真僧隱客遺事故迹而披勝録異者賤近不書無錫令敬澄字源深以割雞之餘考古案圖葺而築之乃飾乃圬有客竟陵陸羽多識名山大川之名與此峯白雲相爲賓主乃稽厥創始之所以而志之談者然後知山之方廣勝掩他境其泉伏涌潛泄瀵潛舍下無址無竇蓄而不注深源因地勢以順水性始雙墾袤丈之沼疏爲懸流使瀑布下鍾甘溜湍激若醴灑乳噴發于禪床周于僧房灌注于德地經營于法堂潺潺有聲聆之耳清灑其源飲其泉使貪者讓躁者靜靜者勸道者堅固境靜故也夫物不自美因人美之泉出於山發於自然非夫人疏之鑿之之功則水之時用不廣亦猶無錫之政煩民貧深源導之則千室襦袴仁智之所及功用之所格動若響答其揆一也予飲其泉而悅之乃志美於石

惠山寺記　　陸　羽

慧山古華山也顧歡吳地記云華山在吳城西北一百里釋寳唱名僧傳云沙門僧顯宋元徽中過江住京師彌陀寺後入吳憩華山精舍華山上有方池池中生千葉蓮華服之羽化老子枕中記所謂吳西神山是也山東峰當周秦間大産鉛錫至漢興錫方殫故創無錫縣屬會稽後漢有樵客山下得銘云有錫兵天下爭無錫寧天下清有錫沴天下弊無錫乂天下濟自光武至孝順之世錫果竭順帝更爲無錫縣屬吳郡故東山謂之錫山此則錫山之岑嶔也南朝多以北方山川郡邑之名權創其地又以此山爲歷山以擬帝舜所耕者其山有九隴俗謂之九隴山或

云九龍山或云鬬龍山九龍者言山龍之形若蒼[redacted]
縹螭之合沓然鬬龍者相傳云隋大業末山上有龍
鬬六十日因而名之允聯峰沓嶂之中有柯山華陂
古洞陽觀秦始皇塢柯山者吴子仲雍五世孫柯相
所治也華陂者齊孝子華寶所築也古洞陽觀下有
洞穴潛通包山其觀梁天監年置隋大業年廢秦始
皇塢塢者村墅之異名昔始皇東巡會稽望氣者以
金陵太湖之間有天子氣故極而厭之梁大同中有
青蓮華育於此山因以古華山精舍爲慧山寺寺在
無錫縣西七里宋司徒右長史湛茂之家此山下故
南平王鑠有贈答之詩江淹劉孝標周文信並遊焉
寺前有曲水亭一名憩亭一名歇馬亭以備士庶投
息之所其水九曲甃以文甓觱覺潏淪潺湲濯漱移
日寺中有方池一名千葉蓮華池一名纑塘一名浣
沼歲集山姬野婦漂紗滌縷其紗皓之色彼耶溪鏡
湖不類也池上有大同殿以梁大同年置因名之[redacted]
大同殿直上至望湖閣東北九里有上湖一名射[redacted]
湖一名芙蓉湖其湖[redacted]南控長洲東洞江陰北淹

晉陵周圍一萬五千三百頃蒼蒼渺渺迫於軒戶閣
西有黃公澗昔楚考烈王之時封春申君黃歇於吴
之故墟則此也其祠宇存以醪酒樂以鼓舞禪流道
侶不勝烽呶遷於山東南林墅之中夫江南山淺土
薄不有流水而此山泉源滂注崖谷下溉田十餘頃
此山又當太湖之西北隅縈蹠四十餘里唯中峰有
叢篁灌木餘盡古石嵌崒而已九煙嵐所集發於蘢
辟令石山横亘濃翠可掬昔周柱史伯陽謂之神山
豈虛言哉傷其至靈無當世之名惜其至異爲訛俗
所棄無當世之名以其棟宇不完也爲訛俗所棄必
其聞見不遠也且如吴西之虎丘丹徒之鶴林錢塘
之天竺以其臺殿樓榭崇崇業業車輿荐至是有嘉
名不然何以與此山爲儔列耶若以鶴林望江天竺
觀海虎丘平眺郡郭以爲雄則曷若兹山絕頂下瞰
五湖彼大雷小雷洞庭諸山以掌睨可矣向若引脩
廊開邃宇飛簷眺檻凌煙架日則江淮之地著名之
寺斯爲最也此山亦猶人之秉至行負淳德無冠裳
鍾鼎昌昌燁燁爲通俗不有宜矣夫德者源也冠

褎鐘鼎流也苟無其源派將安發乎欲其源亦何其
派希它日之營立爲後世之洪注云

重修毗陵志卷第二十一

重修毗陵志卷第二十二

詞翰三

詩

過歷山湛長史草堂　宋南平王劉鑠

兹山蘊靈詭憑覽趣亦贍九峯相接連五渚逆縈浸
層阿疲且引絕嵓暢方禁溜衆夏更寒林交晝常蔭
伊余久緇涅復得味恬淡顧逐安期生於焉愜高枕

酬南平王　宋長史湛茂之

閑户守玄漠無復車馬跡衰廢歸丘樊歲寒見松栢
自慙淮陽老叨忝梁園客暫隱非市朝退省在山澤
離離插天樹磊磊間雲石持此怡一生傷哉駒度隙

過歷山　齊竟陵王友江淹

愁生白露日鬼起秋風年窮悲杜衡暮嘆弔空山
落葉下楚水別鶴噪吳田嶂氣陰不極日色半虧天
酒挹清蕭瑟憑樽還復然一聞清琴奏歌泣方留連
沉沉客子念直是絲竹間

釣臺　梁任昉

道遇垂綸叟聊訪問津惑長從滄浪水乘明至曛黑

蘭臺聚　　陸　傕

和風雜美氣，下有眞人游。壯矣荀文若，賢[illegible]陳太丘。今則蘭臺聚，方古信爲儔。任君本識達，張子復清流。既有絶塵到，復見黄中劉。

和晉陵陸丞早春有懷　　唐　杜審言

獨有宦游人，偏驚物候新。雲霞出海曙，梅柳渡江春。淑氣催黄鳥，晴光照緑蘋。忽聞歌古調，歸思欲霑巾。

贈從孫銘宰義興　　李　白

退食無外事，琴堂向山開。緑水寂以閒，白雲有時來。

題湛長史舊居　　丘　丹

無錫縣西郊七里有慧山寺，即宋司徒右長史湛茂之之别墅也。舊名歷山，故南平王劉鑠有過湛長史歷山草堂詩。湛有酬，味其文，野而興特，以松石自怡，終見止足之意，可謂當時高賢。至齊竟陵王友江淹亦有繼作。余叨茲山，觀三篇列于石壁，仰覽遺韻，若穆清風。遽訪湛氏胄裔，山下有三十餘族，得十三代孫晷，觀其譜書，歲壘塵蠹，年世雖邈，[illegible]尚存。余披宋史，不見其人，心每惻歎，恐失斯人也，因復追緝六韻，以次三賢之末。貞元元年歲在庚午。

身退逃名累，道存嘉止足。設醴降華幡，掛冠守幽谷。偶尋野外寺，仰慕賢者躅。不見昔簪裾，猶有舊松竹。煙霞雖異世，風韻如在矚。余即江海人，歸歟青山曲。

送李侍郎赴常州　　賈　至

雪晴雲散北風寒，楚水吴山道路難。今日送君須盡醉，明朝相憶路漫漫。

宿慧山寺　　吴　武陵

戊辰秋八月，吴郡宋遐景自秦還，共南次無錫，命余及故人竇丹列會于慧山之精舍。是時山林始秋，高興在木。涼風白雲，起於座隅，逍遥於長松之下。偃息於磐石之上，仰視雲嶺，俯瞰寒泉。夕陽西歸，皓月東出，群動皆息，視身如空，玄寂妙論，以極窮奥。丹列有遁世之志，遐景有塵外之心，余亦樂天知命，怡然契合，視富貴如浮雲，一歌一詠，以紓情性。夫良時佳會，古人所惜，序述不作，是闕文也。山林之下，景物秀茂，賦詩道意，以紀方外之遊。

秋日遊古寺，秋山正蒼蒼。泛舟次岩壑，稽首金仙堂。下有寒泉流，上有珎禽翔。石門吐明月，竹林含清光。中夜何沉沉，但聞松桂香。曠然出塵境，憂慮澹已忘。

秋暮登北樓

秋蒲空山悲，客思山樓晴。望散幽襟，一川紅樹迎霜老，數曲清溪遶寺深。寒氣急催遥塞雁，夕風高送遠城砧。三年海上音書絶，鄉國蕭條惟夢尋。

送客　　竇　羣

南渡登舟即水仙，西垣有客思悠然。因君相問爲官

意不實毗陵附郭田

得李滁州書以玉潭莊見託因書春思以詩

代荅　　　　獨孤　及

春物行將老懷君意詎堪朱顏因酒强白髮對花慙
日日思瓊樹書書話玉潭知同百口累曷日辦抽簪

題玉潭

碧玉徒爲名冰壺難比德惟當宋照心可並奫淪色

答李滁州見寄

相逢遽嘆别離牽三見江皐蕙草鮮白髮俱生歡未
大志卷十二　四
再滄洲獨往意何堅愁看郡內花將歇忍過山中月
屢圓終日望君休汝騎愧無堪報起予篇

奉寄獨孤常州時家溪幽居在義興益增懷
思　　　　李　幼卿

近日霜毛一番新别時芳草兩迴春不堪花落花開
處况是江南江北人薄宦龍鍾心懶慢故山寥落水
奫淪緣君愛我疵瑕少願稱仁風寄老身

戲和賈常州醉中二絶　　白　居易

閑遁毗陵詩酒興近來積漸學姑蘇養頭新令從偷

去刮骨清吟得似無
越調管吹留客曲吳吟詩送暖寒盃娃宮無限風流
事好遣孫心暫學來

酬常州陳郎中使君

新年多暇日晏起褰帷坐睡足心更慵日高頭未裹
徐傾下藥酒稍數煎茶次誰伴寂寥身無絃琴在左
遙思毗陵館春深物嫋娜波拂黃柳梢風搖白梅朵
衙門排曉戟鈴閣開朝鎖太守水西來朱衣垂素舸
良辰不易得佳會無由果五馬正相望雙魚忽前墮
三十九十七　大志卷十二　五
魚中獲瑰寶持玩何磊砢一百六十言字字靈珠顆
上申心款曲下叙時轗軻才富不如君道孤還似我
敢辭官遠慢且貴身安妥忽復問榮枯冥心無不可

送楊八給事赴常州

無嗟别青瑣且喜擁朱輪五十得三品百千無一人
須勤念黎庶莫苦憶交親此外無過醉毗陵何限春

夜聞賈常州崔湖州茶山境會想羨歡宴因
寄此詩

遙聞境會茶山夜珠翠歌鍾俱遶身盤下中分兩州

界燈前合作一家春青娥[redacted]舞應爭妙紫筍齊嘗各
鬬新自歎花時北窻下蒲黃酒對病眠人

晚春閒居[redacted]工部寄詩楊常州寄茶同到因
以答之

宿酲寂寞眠初起春意闌珊日又斜勸我加餐因早
筍恨人休醉是殘花閒吟工部新來句渴飲毗陵遠
到茶兄弟東西官職冷門前車馬向誰家

送李校書趁寒食歸義興山居

大見騰騰詩酒客不憂生計似君稀到家將[redacted]作寒
食蒲船唯載樹栽歸

卷三十三

看常州柘枝贈郭使君

莫惜新衣舞柘枝也從塵汚汗霑垂料君即却歸朝
去不見銀泥衫故時

題茶山　杜牧

山實東南秀茶稱瑞草魁剖符雖俗吏脩貢亦仙才
溪盡停蠻棹旗張卓翠苔柳村穿窈窕松澗渡喧豗
等級雲峰峻寬平洞府開拂天聞笑語特地見樓臺
泉嫩黃金湧山有金沙泉脩貢出罷貢即絕牙香紫璧裁拜章朝沃
日輕騎疾奔雷舞袖藍侵潤歌聲谷答迴磬[redacted]藏葉
鳥雪艷照潭梅好是全家到兼為奉詔來樹陰香作
帳花逕落成堆景物殘三月登臨愴一盃重游難自
剋俛首入塵埃

茶山下作

春風最窈窕日曉柳村西嬌雲光占岫健水鳴分溪
燎巖野花遠戛愁幽鳥啼把酒坐芳草亦有佳人攜

入茶山下題水口草市

倚溪侵嶺多高樹誇酒書旗有小樓驚起鴛鴦豈無
恨一雙飛去却回頭

卷三十三

春日茶山病不飲酒呈賓客

笙歌登畫船十日清明前山秀白雲膩溪光紅粉鮮
欲開未開花半陰半晴天誰知病太守猶得作茶仙

贈許七侍御

天子繡衣吏東吳美退居有園同庾信避事學相如
蘭畹清香嫩錦溪翠影疎江山九秋後風月六朝餘
錦肆開詩軸青囊結道書霜岩紅薜荔露沼白芙蕖
睡雨高梧密棊燈小閣虛凍醪元亮秫寒鱠季鷹魚

晴沙見底空無塵青石潛流暗有聲微動松風涵淅
瀝細浮竹月透輕盈桂凝秋露靈液茗折春芽沉
王英應是梵宮連洞府浴池今化醴泉清

憶慧山寺

故山一別光陰改秋露殘蟬歲月多松下壯心年少
去池邊衰影老人過白雲生滅依嵓谷青桂榮枯託
薜蘿惟有此身長是客又驅旌旆寄煙波

重到慧山二首

望中白鶴憐歸翼行處青苔恨昔遊遠向竹牕名姓
下數行添記別離愁

碧峰依舊松筠老重得經過已白頭俱是海天黃葉
信兩逢霜節菊花秋

寄毗陵楊給事虞卿三首　劉禹錫

揮毫起制來東省躡足修名謁外臺好著櫜鞬莫惆
悵出文入武是全才

曾主魚書輕刺史今朝自請左符來青雲直上無多
地却要斜飛取勢回

東城南陌昔同遊坐上無人第二流屈指如今已零
墜意迷今古雲情識卷舒他年雪中棹陽羨訪吾廬

李侍郎於陽羨里富有泉石某亦於陽羨粗
有薄産叙舊叙懷因獻長句四韻　雪

溟鴻不下非無意駑馬歸來是偶然紫綬公卿今放
曠白頭郎吏尚留連終南山下拋泉洞陽羨溪中買
釣船欲與明公操履杖願聞歸去是何年

却望無錫芙蓉湖五首

丹樹村邊煙火微碧波深處鴈初飛蕭條落葉垂楊
岸隔水寥寥聞擣衣

水寛山遠煙風迥柳岸縈回在碧流清晝不聞凫鴈
少知疑初夢鏡湖秋

逐波雲采參差遠背日嵐光隱見深猶似望中連海
樹月生湖上是山陰

舊山認得煙嵐近河水平鋪碧岫間喜見雲泉還悵
望自慙山叟不歸山

翠崕幽谷分明處倦鳥歸雲在眼前惆悵白頭為四
老遠隨塵土去伊川

別泉石

落且須歡喜作鄰州

楊給事新樓

文昌星象盡東來油幕朱門次第開且上新樓看風月會乘雲雨一時回

張公洞　　李栖筠

一逕深窈窕上升翠微中忽然靈洞前日月開僊宮道士十二人往還馭清風焚香入深洞巨石如虛空夙夜備蘋藻詔書祠張公五雲何徘徊玄鶴下蒼穹我本道門子願言出塵籠掃除方寸間機與神靈通宿昔勤夢想契之在深衷遲廻將不還章綬繫我躬稽首謝真侶辭滿歸[redacted]

題慧山寺　　許渾

排空殿塔倚嵓巒秋韻經聲月裏寒兩眼泒泉清户觸九龍飛雨洒欄干蹴沙魚弄金池影聽供烏啼施食盤借問繡衣車馬客幾時抹下脫儒冠

題衛將軍廟

武牢関下護龍旗挾槊彎弧馬上飛漢業未興王霸在秦兵纔散魯連歸墳穿大澤理金劒廟枕長溪掛鐵衣欲奠英魂何處問葦花楓葉雨霏霏

題天申宮殿前冬青樹

霜葉不凋色兩株交石壇未秋紅實淺經夏綠陰寒露重蟬鳴急風多鳥宿難何如西禁柳晴舞玉欄干

晚次荆溪呈崔明府　　張祜

艤舟陽羨館飛步繞疎楹山暝木裏碧月涼煙樹清長橋深夜影遠櫓下溪聲况是無三害絃歌初政成

題陸墉金沙洞居

東溪泉一眼歸卧恨高疎決水金沙靜梯雲石壁虛細吟撚短髮深語笑長裾莫[redacted]道金品常間入洛初

題善卷寺

碧[redacted]南一寺最勝是僊源峻峽依嵓壁清泒注洞門金豎崇寶藏玉柱閉靈根寄謝香林客高蹤不可援

題慧山普利寺

舊宅人何在空門客自過泉聲到池盡山色上樓多小洞穿斜竹重階夾細莎殷勤望城市雲水暮鍾和

題李濆山居玉潭

古樹千夜色蒼崖百尺陰髮冥鼻氣靜神駭玉光沉

上亥青冥小中連碧海深何當煙月下一聽夜龍唫

投常州從兄中丞

綸舟何所往言入善人邦舊愛鵰摶海今聞虎渡江士因爲政樂儒爲說詩降素履氷容淨新詞玉韻摐金魚聊解帶畫鷁稍移橦邀妓思逃席留賓命倒釭吏材誰是伍經術世無雙廣廈當宏構洪鍾佇待撞成龍須諒卵展驥莫先龐應念宗中末秋螢照一窻

夜泊毗陵無錫縣有寄　羅隱

草蟲幽咽樹初團獨繫孤舟夜已闌濁浪執奔吴苑急蹄鍾聲出慧山寒愁催鬢髮彫何易貧戀家鄉別漸難他日親朋應大笑始知甯劒是無端

登慧山北樓　皇甫冉

秋興因花蝶歸心過遠山風霜征雁早江海旅人閒驛樹雲仍密漁舟晚自還仲宣何所賦秖嘆在荆蠻

送張彦歸常州

夜雨頻停棹秋風暗入衣見君常北望何事却南歸

洞靈觀

孤煙洞靈觀積雪春山寒松栢凌高殿莓苔封石壇客來清夜久僊去白雲殘明日開金籙焚香又沐蘭

三月三日義興李明府泛舟

江南煙景復如何聞道新亭更可過處處藝蘭春浦綠萋萋藂草遠山多壺觴須就陶彭澤風俗猶傳晉永和更使輕橈隨轉去微風落日水無波

無錫惠山寺流泉歌

寺有泉兮泉在山鏘金鳴玉兮長潺潺作潭鏡兮澄寺內泛巖花兮到人間土膏脉動知春早隈隩陰深長苦草處處縈回石磴喧朝朝盥漱山僧老林松自古草自新清流活活無冬春任疏鑿兮與汲引若有意兮山中人偏依佛界通僊境明滅玲瓏媚林嶺宛如太空臨九潭詎減天台望三井我來結綬未經秋已厭微官憶舊游且復遲回猶未去此心只爲靈泉留

賦得荆溪夜湍送蔣逸人歸義興山

鸞湍流不極夜度識雲岑長帶溪沙淺時因山雨深方同七里路更遂五湖心揭厲朝將夕潺湲古至今花源若許到雖遠亦相尋

寄高雲

南徐風日好悵望毗陵道毗陵有故人一見恨無因
獨戀青山久唯令白髮新毋嫌持手版時見著頭巾
煙雨臨寒景農桑起仲春家貧仍嗜酒生事今何有
芳草遍江南勞心憶攜手

送魏十六還蘇州

秋夜沈沈此送君陰蟲切切不堪聞歸舟明日毗陵
道回首姑蘇是白雲

題高雲客舍

孤興日自深浮雲非所仰窓中西城峻樹外東川廣
晏起簪葛巾閑吟倚藜杖阮公道在醉莊子生恒養
五柳轉扶疏千峰恣來往清秋香穫成白雲寒菜長
吳國帶風煙平陵延夢想時人趣纓弁高鳥遠羅網
世事徒糾紛吾心方浩蕩唯將山與水處處諧真賞

秋吟　高蟾

陽羨溪聲冷駭人洞庭山翠晚凝神天將金玉爲風
露曾買爲高秋幾度貧

息舟荆溪[illegible]陽羨南山遊善權寺呈李功曹巨　年　士諤

結纜蘭渚晚柴車上連岡晏溫值初霽去遠山何長
獻歲冰雪盡細泉生路傍行披煙杉入激瀾橫石梁
層閣表精廬飛甍切雲翔冲襟得高步清眺極遠方
溼嶂積佳氣叢英多早芳具觀澤國秀重使春心傷
念遠頗從途榮利鶩隙光勉君脫冠意共匿無何鄉

和常州崔使君寒食夜　孫逖

閶道清明近春庭向夕聞行遊春不厭風物夜宜看
斗柄更初轉梅香暗裏殘無勞秉華燭晴月在南端

和常州崔使君詠梅二首

聞說梅花落江南春意深更傳千里外來入越人吟
弱幹紅妝倚繁香翠羽尋庭中自公日歌舞向芳陰
梅院重門掩逶迤歌吹邊庭深人不見春至曲能傳
花落彈棊處香來薦枕前使君停五馬行樂此中偏

題天申宫三首　宋維

殿闕盤空壓巨鼇洗然靈迹助風騷玉龍卧久洞雲
冷玄鶴嗁頻山月高深谷羽童採石菌瑶堂青侶飲
僊桃可憐不悟長生者塵裏區區敝鬢毛

中峰嘉樹綠陰陰洞裏靈蹤已徧尋欲下山門又回
首數聲清磬白雲深
雲風蒲袖倚崑崙龍窟寒生夜睡遲一曲朱絃誰與
聽月斜風撼碧桃枝

贈僧二首　顧況

家住義興東舍溪溪邊莎草雨無泥上人一向心入
定春鳥年年空自啼
出頭皆是新年少何處能容老病翁更把浮雲喻生
滅世間無事不虛空

宿荊溪呈丘義興　嚴維

失路荊溪上依仁忽暝投長橋今夜月陽羨古時州
野燒明山郭寒更出縣樓先生能館我何事五湖遊

送客歸常州　楊凝

行到河邊從此辭寒天日遠暮帆遲可憐芳草成衰
草公子歸時過綠時

自蘇臺泛舟至望亭驛因寄從弟綸　李嘉祐

南浦蒹葭覆白蘋東吳黎庶逐黃巾野棠自發空流
水江燕初飛不見人遠樹依依如送客平田渺渺獨
傷春那堪回首長洲苑烽火年年報虜塵

送陸士倫之宜興

陽羨蘭陵近高城帶水閒淺流通野水綠茅滿春山

自常州還江陰道中

處處空籬落江村不忍看無人花色慘多雨鳥聲寒
黃霸初臨郡陶潛未罷官乘春務征伐誰肯問凋殘

晚春宴無錫蔡長官西亭

茅簷閑寂寂無事覺人和井近時澆圃城低下見河
興緣芳草積情向遠峰多別日歸吳地停橈更一過

常州常郎中泛舟見餞

主人憑軾貴送客泛舟稀過岸隨芳草回橈背落暉
映花雙節駐臨水伯勞飛醉與羣公御春塘露晃歸

寄毗陵徹公

身依吳寺老黃葉幾回看早講林霜在孤禪隙月殘
井通潮浪遠鍾與角聲寒已有南游約誰言禮謁難

送董正字常州覲省　賈島

相逐一行鴻何時出磧中江流翻白浪木葉落青楓

輕檝浮吳國繁霜下楚空春來欣侍阻正字在東宮

又　　姚合

路岐知不盡離別自無窮行客心方切主人樽未空

又　　釋無可

楚檣收月下江樹在潮中人各還家去還家慶不同

又　　馬戴

暫辭讎校[illegible]未發見新鴻路入江波上人歸楚邑東山遙晴出樹野極暮連空何以慈兄弟應思潔膳同

又

去覲一作毗陵日秋殘[illegible]中夜垂石城古山闊海門空灌水寒檣遠背波殘月同何當[illegible]復讎校春集少陽宮

贈常州院僧　　姚合

一住毗陵寺師應只信緣院貧人施食窗靜鳥窺禪古磬聲難盡秋燈色更鮮仍聞開講日湖上少漁船

送喻鳧校書歸毗陵　　方干

主人庭葉黑詩藁更誰書闕下科名出庭中賦籍除山春煙樹眾江晚遠帆疎吾亦家吳者無因到敝廬

題陶詳隱居

芸香署裏從容步陽羨山中笑傲情竿底紫鱗輸釣伴花邊白犬吠流鶯

送江陰霍明府之任

遙遙去舸新侵郭葉兼蘋樹列巢灘鶴鄉多釣浦人虹分陽羨雨浪隔廣陵春知竟三年秩琴書外是貧

送義興元少府　　李端

逢君惠連第初命使光輝已得羣公祖微妨太傅譏路長人返顧草盡燕回飛本是江南客還同衣錦歸

送晉陵王少府赴選

相看不忍盡離觴五兩牽風速去檣遠驛新砧應弄月初程殘角未吹霜越山直下分吳苑淮水橫流入楚鄉孫重郄家好兄弟明年祿位在何方

懷金鵝沈山人　　盧仝

君愛煉藥藥欲成我愛煉骨骨已清試自比校得仙者也應合得天上行天門九重高崔嵬青空鑿出黃金堆夜叉守門晝不啓半夜醮祭半夜開夜叉喜歡動關鎖鎖聲攪地生風雷地上禽獸重血食性命血化飛黃埃太上道君蓮花臺九門隔闊安在哉嗚呼

沇君大藥成兼須巧會見神情無貪長生喪厥生

卲博士溪亭　李郢

野茶無限春風葉溪水千重返照波只去長橋三十里誰人一解枉帆過

秋晚寄題陸勳校書義興禪居時淮南從事

禪居秋草晚蕭索異前時蓮幰青雲貴翱翔絕後期聲房煙架掩山砌石盆欹匆戟農趍靜笙歌夜散遲谷寒霜欲靜林晚磬蟲悲惠遠煙霞在方平杖屨隨骨清須貴達神重有威儀萬卒千蹄馬橫鞭從信騎

茶山貢焙歌

使君愛客情無已客在金臺價無比春風三月貢茶時盡逐紅旌到山裏焙中清曉朱門開筐箱漸見新芽來陵煙觸露不停採官家赤印連帖催朝飢暮匐誰興哀喧闐競納不盈掬一時一餉還成堆蒸之額之香勝梅研膏架動轟如雷茶成拜表貢天子萬人爭噉春山摧驅騎鞭声錯流電半夜驅夫誰復見十日王程路四千到時須及清明宴吾君可謂納諫君諫官不諫何由聞九重城裏雖[redacted]食天涯吏役長紛紛使君憂民慘容色就焙嘗茶坐諸客我回到口重咨嗟嫩綠鮮芳出何力山中有酒亦有歌樂營房戶皆仙家仙家十隊酒百斛金絲宴饌隨經過使君是日憂思多客亦無言徵綺羅殷勤繞焙復長嘆官府例成期如何吳民吳民莫憔悴使君作相期蘇爾

春日自吳門之陽羨道中書事　曹松

勝異恣遊應未遍路岐猶去幾時還浪花湖闊虹蜺斷柳線村深鳥雀閑千室綺羅浮畫檝兩州絲竹會前山眼前便是神仙事何必須言洞府間

周平西墓　權德輿

英威今寂寞陳迹對崇丘壯志清風在荒墳白日愁窮泉那復曉喬木不知秋歲歲寒塘側無人水自流

題獨孤常州湖上林亭　劉長卿

出樹倚朱欄吹鐃引上官老農持鍤拜[redacted]攓簾看水對登龍淨山當建隼寒夕陽湖草動秋色浦田寬渤海人無事荆州客獨安謝公何足比來往石門難

毗陵留別　朱放

別離非一處此處最傷情白髮將春草相隨日日生

題慧山寺　皮日休

千葉蓮花舊有香半山金刹照方塘殿前日暮高風起松子聲聲打石床

懐錫山藥名離合二首　陸龜蒙

暗竇養泉容決決明園護桂放亭亭歷山居處當天半夏裏松風儘足聽

曉景半和山氣白微香清淨雜纖雲實頭事是眠平石脳側空林看鹿群

又二首

鶴伴前溪栽白杏人來陰洞寫枯松蘿深境靜日欲落石上未眠聞遠鐘

佳句成來誰不伏神丹偷去亦須防風前莫怪攜詩藁本是吴吟蕩槳郎

山居即事二首　陸希聲

君山蒼翠接青冥東走[redacted]湖上洞庭前屋向陽[illegible]貝竹牕深夜誦丹經涌泉回洑魚龍忝[redacted]石鷲騰魚獸形爲問前時金馬客此焉還作少微星

不是幽栖矯性靈從來無意泥撮腥浦川風物[redacted]揄鳥高

桃四合雲山借畫屏五鹿歸來矜獄獄孤鴻飛去入冥冥君陽避叟何爲爾一炷清香兩卷經

苦竹徑

山前無數碧琅玕一逕陰森五月寒世上何人憐苦節應須細問子猷看

梅花塢

凍蘂凝香雪艷新小山深塢伴幽人知君有意凌寒色羞共千花一樣春

石兒臺

大河波浪激瀟湘青兒胡爲伏此山遙想楚王雲夢澤蜺旌羽蓋定空還

講易座

年逾知命志尤堅獨向青山更絶編天下有山山有水養蒙肥遯正脩然

觀魚

惠施徒自學多方謾說觀魚理未長不得莊生濠上旨江湖何以見相忘

緑臺

六月清涼綠樹陰小亭高卧淥煩襟羲皇向上何人
到永日時時弄素琴
清輝堂
野人心地本無機爲愛茆堂倚翠微盡日樽前誰是
客秋山寒水有清輝
觀妙庵
妙理難觀旨甚深欲知無欲是無心茆庵不異人間
世河上眞人自可尋
西陽亭
隔林殘日照孤亭玄晏先生酒未醒入夜莫愁迷下
路青人猶似逐流螢
弄雲亭
自知無業致吾君只向空山弄白雲已共此山私斷
當不須轉翻重移文
伏龜堂
盤屈蹙縮似靈龜鬼谷先生隱遯時不獨卷懷經世
志白雲流水是心期
桃花谷
君陽山下足春風藩谷仙桃照水紅何必武陵源上
去澗邊好過落花中
含桃園
小圃初晴風露光含桃花發滿山香看花對酒心無
事但覺春來白日長
茗坡
二月山家穀雨天半坡芳茗露華鮮春醒酒病兼消
渴惜取新芽旋摘煎
松嶺
嶺上春松手自栽已能蒼翠映莓苔歲寒本是君家
事好送清風月下來
桃蹊
芳草霏霏遍地齊桃花脉脉自成蹊也知百舌多言
語任向春風盡意啼
李逕
一逕穠芳萬蕊攢風吹雨打未摧殘憐君盡向高枝
發應爲行人要整冠
鴻磐

落落飛鴻漸始盤青雲起處剩須看如今天路多矰
繳縱使銜蘆去也難

題毗陵驛　　南唐徐鉉

曾持使節駐毗陵長與州人有舊情爲報驛橋風月
道舍人鬚鬢白千莖

題馬跡山　　僧文鑒

瀛洲西望沃洲山在平湖縹緲間常說使君千里
馬至今龍跡尚堪攀漢郁使君爲雍州刺史乘竹馬歸山

題武烈廟　　江南道士任右元

松竹蕭蕭野館悲宋冢永雪對旌旗前山月夜陰風
起被去神來人不知

重修毗陵志卷第二十二

重修常州府誌

重修毗陵志卷第二十三

詞翰四

詩

題慧山寺　　王禹偁

吃入慧山山下寺古泉閑挹味何嘉好拋此日陶潛
米學煮當年陸羽茶猶貪片心眠水石暫開塵眼識
煙霞勞生未了來還去孤負寒蓬宿浪花

陸羽茶泉

蘚石封苔百尺深試茶嘗味少知音唯餘半夜泉中
月留得先生一片心

張公洞　　陳堯佐

空山杳杳鸞凰飛神仙門戶開翠微主人白髮雲滿
衣松間留我談玄機

長生檜檜在惠山大殿之東長十餘丈　　蘇紳

幾年飛錫倦尋芳雲衲斕斑掩竹房一榻夜禪蒲座
穩滿盂春供藥苗香汲泉巖畔驚猿飲栽葛池邊引
鶴翔像室雲昏燈篆小石樓風度磬聲長巢由對擁
銜巢露鶴掃葉前林趁曉霜大抵僧居道俗處此中身

世更清涼

題孤山亭　蔣堂

孤亭深壓秋清溪萬目回環畫翠微梅蕚破香知臘近柳梢含綠認春歸風前列嶂琴三疊雪後羣山玉四圍顧我此來盤礴久塵勞瀟洒頓忘機

送王介甫知毗陵　梅堯臣

吳牛耆畏熱吳田耆畏枯有樹不蔭犢有水不溉稌孰知事春農但知急秋租太守迫縣官堂上怒奮鬚縣官促里長堂下鞭扑俱不體天子仁不恤黔首逋借問彼爲政一一何所殊今君請郡去預喜民將蘇每覩二千石結束辭國都絲鞦加錦線銀勒以金塗兵吏擁後隊劍櫑盛前驅君又不若此革韉障泥汙徐行問風俗低意騎疲駑不情靡不達略細舉其粗曾肯爲衆異亦固爲世趨學詩閒已熟愛棠豈無

冬日送毗陵暹上人

霜風刮地如刀鏃鳥不高飛魚已潛何況削髮冷入骨草屨不畏氷雪霑緣山涉水去幾里晝飯野飯誰人添毗陵古寺苦欲到東我贈行無久淹

留題毗陵潘氏假山

人心本好靜世事方擾擾丘壑未去時庭中結山小長欲見蒼翠何須聽猿鳥有志同向平當期婚嫁了

觀毗陵守公畫草蟲

古人畫虎鵠尚類狗與鶩今看畫羽蟲形意兩俱足行者孰如去飛者翩若逐拒者如舉臂鳴者如動腹躍者趯其股顧者注其目乃知造物靈未抵毫端速毗陵多畫工圖寫空盈幅守公實神授坐使羣輩伏草根有纖意醉墨得已熟權豪不可致節行令仍獨

叔治遺草蟲枕屏

世傳毗陵畫妙絕僧居寧不爲權貴通所與乃忘形吳機三尺素落筆酒未醒忽爲雙飛蜂忽就一蜻蜓螳蜋相拒立促織如可聽蚣蝑與螻蟈行躍勢未停竹蟬及鬼蝶飄飄翻翅翎蚊虻亦具體纖悉皆可名廣宗潘叔治持作枕間屏我行因以贈益見雙眸清

季子廟

信如季子賢自昔知能幾依約有荒祠寂寞無英靈壞梁生濕菌古木憑山鬼英靈豈顧茲青史辭亹亹

夫子篆（碑在江陰申港，卷本常爲縣）

季札墓傍碑古稱尼父篆始沿春秋義十字固莫刻
磨敲任紫苔侵剝因野蘚嗟爾後之人萬言書不淺

送沈學士知常州　歐陽脩

舊館芸香鎖宋寥齋舲東下入秋濤江晴風暖旌旗
颺木落霜清鼓角高吟就彩牋賓已醉舞翻紅袖飲
方豪平生粗得爲州樂因羨君行首重搔

送陳商學士知常州　韓琦

疊鼓聲喧下艤舟出書山蕭瑟別英游青藜照字觀奇
燮朱雀分符錫命優霞爽烏檣晴旆卷星搖漁浦夜
燈幽尊風正熟帆無恙一色江天望蜃秋

餞光禄張卿退居　杜衍

七十引年遵禮經君家何事最爲榮清朝叔姪同辭
禄歸去田園盡列卿遠近溪山資賸賞往還舟楫稱
閑行誰知東路賢哉嘆二阮方能繼此聲

又　歐陽脩

江左衣冠世有名幾人今復振家聲朝廷獨立清光
節閭里歸來白首卿志在言談猶慷慨身閑耳目益
聰明長松野水誰爲伴顧我堪羞戀寵榮

又　呂溱

壯爾盡忠力耆年保素心早東門脫圭組南國傲雲林
水石排清景簷楹入翠陰雜花春瑩酒脆葉夜鶯禽
竹月聊欹枕松風一解襟體清塵累去天得道腴深
坐有三公適中無一芥侵大恩嗟未報何日奉觴琴

又

江上築堂遺世塵堂中虛白見天真丹心許國平生
事皓首還家自在身水樹[illegible]蕙雪軒顏色愛
松筠清時解紱端榮佚不獨賢哉詠古人

又　蔡襄

仰公材世吏師便甘歸老故園池門闌清似當官
處心力彊於少壯時物理自非寄酒兵謀猶在却
因耆濠遲風月如招隱額拂塵裾隨所之

張公洞　胡宿

一室是仙鄉深巖石燕翔隔雲青瑟轉拂水紫芝香
滴露鷥神冷靈襟徹頂涼浮雲應不遠衣袂好相將

常州李使君被召邀臺

綠髮仙郎第一流久拋臺直刺東州三章約法文無
害五鼓歸朝挽不留紫殿舊班趨玉筍青瑣遺業敞
龍樓猶來廟院高清世行看常平出兩侯

陳學士赴常州

金斗城高二浙西使君初拜武都泥射堂五色開雲
的齊隊千兵衣水犀仙閣舊香去辟蠹使軒新蔭李
成蹊下車定有中和曲索米州民日倚覘

題善卷洞　陳襄

陰陽融結此山川便有鹽堆與石田風俗舊來占水
旱却疑乾洞有神僊

又

水洞深無百尺泉白龍蟠蟄已多年誰知此物能雲
雨南濟山南萬頃田

游宜興法藏院觀桂紫菊花

山茶花開菊色紫青桂童童立花裏柔姿翠榦已可
憐更傍幽叢看花蕊山僧揖我臨階坐眼到欄邊心
即喜便欲攜歸種郡齋忍令此地風煙埋

依韻和通判徐郎中毗陵重陽

自憐宮車別帝臺寄言籬菊不須開心喪忍到行春
浦耳病慵攜遲月柸行春樓遲月亭皆在東園天色陰沉鳴鴈過
物華零落暗摧頹却輸小杜憐嘉節酩酊齊山夜始
廻

寒食日常州宴春園

曲池收雨靜無塵結客留連半月春洞裏桃花青葉
嫩墻頭杏火綠煙新風光冉冉非前日物色依依伯
故人官滿又歸延閣去忍將詩酒負佳辰

題張渚道中

班春無術勸汙萊五十年間此一回黃髮路傍應怪
問使君何事入山來

過罨畫溪

五雲深處問新亭月裏乘舟夜半行不見蘇花相掩
映鄉人遙指畫溪名

題毗陵郡圖

平湖千里接荊溪萬頃良田不可隄我欲決渠疏積
水于塘江口地形低

常州郡齋六首

近來無事學攖寧聊得齋居養性靈卧著牀衣穿草
屨誰知參曾解忘形

小亭側畔構山房便是耕雲釣月鄉未達功名窮歎
水此生應不誤行藏

桐花着地雪成痕時有幽禽巧語言應笑使君林野
性日依山水避塵喧

使君非是愛山閒道在盈虛消息間不見白雲無一
事等閒爲雨却歸山

荀令當年此謫居空文惟見七篇餘我今亦作蘭陵
守不忍援毫便著書

一麾來此下品丘也學東山謝傅遊今日鳥聲升水
色不知何似五亭幽

攜家遊東園

紅塔寺前千頃稻青山門外百家村年豐米賤無公
事不惜時來倒一樽

焦千之求惠山泉詩　蘇軾

茲山定空中乳水滿其腹遇隙則發見臭味眞一族
淺深各有值方圓隨所蓄或爲雲洶涌或作綫斷續
或鳴空洞中雜佩間琴筑或流蒼石縫宛轉龍鸞蹙
蜒蟉走四海眞僞半相瀆貴人高宴罷醉眼亂紅綠
赤泥開方印紫餅截圓玉傾甌共歎賞竊語笑童僕
豈如泉上僧盥灑自挹掬故人憐我病蒻籠寄新馥
欠伸北牕下晝睡美方熟精品厭凡泉願子致一斛

遊惠山

余爲錢塘倅往來無錫未嘗不至惠山五
年復爲湖州與秦太虛參寥同至覽唐王
武陵竇羣朱宿詩愛其清簡蕭
然有出塵之姿用韻各賦三首

夢裏五年過覺來雙鬢蒼還將塵土足一踏瀰瀾堂
俯窺松桂影仰見鸛鶴翔炯然肝肺間已作冰玉光
虛明中有色清淨自生香還從世俗去永與世俗忘

薄雲不遮山踈雨不濕人蕭蕭松桂滑策策芒鞋新
嘉我二三子皎然無緇磷勝遊豈殊昔清句仍絕塵
弔古泣舊史疾讒歌小旻哀哉扶風子難與巢許鄰

敲火發山泉烹茶避林樾明牕傾紫盞色味兩奇絕
吾生眠食耳一飽萬想滅頗笑玉川子飢弄三百月
豈如山中人睡起山華發一甌誰與共門外無來轍

秦觀和　輕棹繼幽尋薄暮入青蒼圓頂相攀
迸旃檀瘳深堂層臺淡如洗傑閣森欹翔林莽

含雨濕幽日隔雲光涓涓續清溜辭靡漣幽香
俯仰任登覽悠哉身世忘使君厭棧棧圻與
惟散人顧慚蒹葭陋緣倚瓊林新上千青瀲徽
下屬白磷粦洞天不知老金界無樓臺縞彼人
問世烏蜡閲青旻記得瞳三隱岩阿指與蜂曽
樓觀相複重邈然閟深樾九龍吐情冷蕭蛻
不絶罌味馳千里真朱猶未滅况復從茶仙茲
焉試葵月岸巾臺想消散策佳興發何以慰遨
嬉操瓢繼前轍　參寥子和　山煙弄滅没山
木含蔥蒼刺舟傍遥岸理策升虛堂過遭矚層
巒矯矯如翱翔下瞰平田流淡然浮日光青篁
解初籜晓雨濕清香雖云迫前途真賞豈易忌
杜門晴朔雨宋歷無行人陰曦忽穿漏卉木
欝已新皆泉漱玉齒照眼光璘璘使君美無匹
卓犖遺囂塵風標傲竹栢談笑陵穹旻何愧沉
冥子卧霞與結鄰　揚帆渡江來洗眼鶯翠樾
雲安既容裔鳥哢更清絶陵㟪訪幽蹤瓏瓏亦
未誠㩛我肅目光晴能緩明月任墨拂琅玕風
煙座中發殊勝匡
中人茫茫走飛轍

題慧山寺

踏遍江南南岸山逢山未免更留連獨攜天上小團
月來試人間第二泉石路縈回九龍脊水光翻動五
湖天孫登無語空歸去半嶺松聲萬壑傳

贈錢安道兼寄其弟慧山山人

鴛鴦湖邊月如水孤舟夜傍鴛鴦起平明繫纜石橋
亭慙愧冒寒髯御史結交最晚情獨厚論心無數今
有幾宗寞抱関嘆髙生看老執戟哀揚子怪君顏采
却秀發無乃遷謫反便美天公欲困無柰何世人共
挹真躁矣毗陵高山錫為骨陸子遺味泉冰齒賢哉
仲氏早拂衣占断此山長洗耳山頭望湖光潑眼山
下濯足波生指儂欲逸少問金堂記與慧蕭留石髓

錢安道席上令歌者道服

烏府先生鐵作肝霜風捲地不知寒猶嫌白髪年前
少故點紅燈雪裏看他日卜鄰先有約待君投紱我
休官如今且作華陽服醉唱儂家七返丹
周卯和　舊立霜臺吐肺肝髙風猶自襲人寒
曽將白簡清朝劾却把黄庭静處看谷口退翁
親有道江邊歸客本無官君家
淛得長生術不用金爐九轉丹

贈錢道人

書生苦信書世事仍臆度不量力所負輕出千鈞諾
當時一快意事過有餘怍不知幾州鐵鑄此一大錯
我生涉憂患常恐長罪惡静觀殊可喜脚淺猶容却
而况錢夫子萬事初不作相逢更何言無病亦無藥

贈慧山表大師

行遍天涯與未閑將心到處遣人安山中老宿依然
在案上楞嚴已不看欹枕落花餘幾片閉門偕竹自

千竿客來茶罷空無有盧橘楊梅尚带酸

寄陳述古

慧泉山下土如濡陽羨溪頭米勝珠賣劍買牛吾欲老殺雞爲黍子來無地偏不信容高盖俗儉真堪眘腐儒莫怪江南苦留滯經營身計一生迂

無錫道中賦水車

翻翻聯聯銜尾鴉犖犖确确蜕骨蛇分畦翠浪走雲陣刺水綠鍼抽稻芽洞庭五月欲飛沙鼉鳴窟中如打衙天公不見老翁泣喚取阿香推雷車

再知常州和昔年留别

傴僂山前吏迎我如迎新那知夢幻驅忿念非昔人江湖又放浪朝市誰相親却尋泉源去桃花逢避秦

與孟震同游常州僧舍

年來轉覺此生浮又作三吳浪漫游忽見東平孟君子夢中相對説黄州

湛湛清池五月寒小山無数碧巑岏穉杉戢戢三千本且作凌雲合抱看

知君此去便歸耕笑指孤舟一葉輕待向三茆乞靈雨半篙流水送君行

題感慈寺

碧玉盌盛紅瑪瑙井花水養石菖蒲也知法供無窮盡試問禪師得飽無

薦福老懐真巧便淨慈兩本更尖新憑師為作鐵門限準備人間請話人

歸宜興留題竹西寺

十年歸夢寄西風此去真爲田舍翁剩覔蜀岡新井水要携鄉味過江東

道人勸飲雞蘇水童子能煎鸎粟湯暫借藤床與瓦枕莫教孤負竹風涼

此生已覺都無事今歲仍逢大有年山寺歸來聞好語野花啼鳥亦欣然

題太平寺法華院薝蔔亭

六花薝蔔林間佛九節菖蒲石上僊何似東坡鐵拄杖一時驚散野狐禪

太平寺牡丹

武林千葉照觀空别後湖山幾信風自笑眼花紅綠

眩還將白首看韓紅

除夜宿常州城外二首

行歌野哭兩堪悲遠火低星漸向微病眼不眠非守歲鄉音無伴苦思歸重衾脚冷知霜重新沐頭輕感髮稀多謝殘燈不嫌客孤舟一夜得相依

南來三見歲云徂直恐終身走道塗老去怕看新曆日退歸擬學舊桃符煙花已作青春意霜雪偏尋病客鬚但把窮愁博長健不辭最後飲屠蘇

州表乞常州居住得請

上書得自便歸老湖山曲躬耕二頃田自種十年木

次韻蔣穎叔 時與林宴坐相約卜居陽羨

月明驚鵲未安枝一棹飄然影自隨江上秋風無限浪枕中春夢不多時瓊林花草聞前語疊畫溪山指後期豈敢便爲雞黍約玉堂金殿要論思

題慧山寺 蔣之奇

釋子幽居遠俗紛停橈登覽日將曛湖光已嘆千年變山勢猶驚九龍分迸溜冷噴雙沼雪煮茶香透一柸雲偶因流落尋佳致何意聲名世外聞

瀟灑勢家工翠微白雲淩亂逐人衣流泉噴薄山前去應待玄文作雪飛

遊慧山

還家豈不樂生事未應閑朝日已復去征鞍方更攀傷心百道水關目萬重山何以忘羇旅脩脩醉夢間

訪慧山錢道人不遇 周邠

登山穿破亂雲堆不見高人眼倦開門掩水聲閑白日路無車跡長蒼苔墻頭五柳空摇曳池上雙鳧自往來却棹扁舟自回去過江思上子陵臺

題慧山寺 焦千之

余愛兹山昔屢遊回環氣象冷清幽茂林蔚蔚山蒼翠宴坐瀟灑風颼颼客煮精蔬迸泉眼飛甍比翼參雲頭一徑誰開青步障客泉共泛紫玉甌有思乘興好獨往塵纓未濯莫我留勝遊未到心先厭使歩歷覽氣狹軸生乎趣向與時背泉石夙志嗟已酬兹山獨以泉品貴乃得嘉名傳九州譬人其中貴有物源深混混難窮搜支公去此久愈愛自我往句志百憂

題慧山泉 黄庭堅

錫谷寒泉橢石俱併得新詩蠆尾書急呼烹鼎供茗事澄江急雨看跳珠是公與世滌羶腴令我屢空常晏如安得左幡箕潁尾風爐煮茗卧西湖（幡音安蓋取井傍數）（山石置[illegible]中澄水不濁）

寄闕下諸父兄兼示平甫兄弟　王安石

又聞陽羡溪山好頗與淵明性分宜但願一門皆貴任時將車馬過茆茨

酬邵提刑

嘗放常州逐主人豈知身得荷朱輪田疇況濫川方壅厨傳蕭條市亦貧以我薄材思俯傴頼君餘教得因循詢求故有風謡在不獨饒詩尚未珉（民）

題慧山寺　楊傑

聞說支公最好賢瀛洲可買不論錢樓臺蔽日都無地草木飛春別有天石上[illegible]千峽雨洞山泉落幾家田高閑誰似幽居樂一坐青山不問年

張公洞

慶曆初還自[illegible]川曾携[illegible]酒訪真仙洞天不隔三千丹[illegible][illegible]在四千年[illegible][illegible][illegible]成[illegible][illegible]君朱[illegible][illegible]畫

溪船樵夫不識願山叟欲與何人講易篇

登子隱臺

平西義戰幾百載江左空遺子隱臺鄉俗尚傳三害去地基曾見六朝來人隨湍水年年遠山似屏風面面開誰與宜興訪舊宅至今藏在白雲堆

題善卷洞　蔡肇

相鮮金碧照崔嵬殿閣園林迤邐開留戀白雲禪客少宋寥青嶂曉猿哀山川勝處天能巧景象窮時石也摧靖節遠公如可作不應蓮社愧劉雷

天申宮

勝迹傳來不記年昔聞曾駐漢神仙赤烏方喜靈壇建白馬俄驚梵宇遷觀額自唐因記定官名至宋有珉（民）鐫江南福地雖云衆第一無過此洞天

遊張公洞呈知縣

騎僊御氣已超升嵒洞千秋冷不扃若許煎鉛除白髮敢辭長鑱斸青冥壇場咸爲民祈福嵩艾時因鬼乞靈它日重來尋石髓絳雲深處讀黄庭

張公洞

驊僊御氣歘雲霏洞户千秋敞翠微窩馬至今來祕
祝朔靈聊復借餘威石房故劍龍隨勢空竈殘丹鼠
輙飛欲煉刀圭留齒髮山頭白鶴幾時歸

題南岳寺　郭三益

古木陰森梵帝家簾泉一酌試新芽官符星火催春
焙却使山僧怨白蛇

題慧山翠麓亭　丁寶臣

諦看軒軒面翠微暫來登此已忘機地連佛寺樓臺
古泉落山田稻蟹肥曉徑忽穿清氣入夜船多載白
雲歸世人誰識紅塵外終老功名未拂衣

和慧山泉

誰識澄淵萬古清潢汙擾擾謾縱橫出從山底應無
極泯落人間自有聲江漢想能同浩渺塵沙雖混更
分明從來早歲爲清澤安用茶經浪得名

留題慧山寺　張商英

元符己卯兩浙運判、曾孝蘊作常潤京口奔牛上閘成集賢殿修撰發運使張商英被旨相視遂至慧山寺留題以紀行役

咸陽獲重之明年五月端午子泛船二閘新成洞常
潤組練直貫吳松川淮南柂師初入浙借問邑里猶
茫然茶經舊說慧山泉海内知名五十年今日親來
酌泉水一見信異傳聞千置茶適自建安到青杯石
臼相爭先輾羅萬過玉泥膩小缾蟹眼湯正煎乳頭
雲腳蓋碗面吸嗅入鼻消睡眠滌釜操壺貯甘液緘
題遠寄朱門宅仙人見氷是瑠璃乃知陸羽非凡客

題天慶觀畫龍　胡珵

道人龍中來醉與神物會寫茲蜿蜒質日月爲冥晦
崩翻江海姿素壁起濤瀨呼吸見雌雄抉石疑可碎
蕭森殿陰古泉冥儼飛旆注觀恐騰躍夜半失像繢
飛光著明珠靈祕一何怪爛爛眼覺棟那得久在外
偷兒伺酣睡不怕嬰鱗害願言愼所托未用期一快

題智寶院

六代煙塵兒千年象教尊衣冠悲故里聚落見荒村

題宜興迎華驛　建炎間無名氏

家問不來秋夜長白鷗眠處倚牙檣風搖湖水動山
影天壓孤雲低雁行菊老過時猶嚼蕊魚逃無水尚
嗚榔洗兵馬詔何時下免遣農夫坐女墻

送毗陵太守受代東歸　汪藻

往年我作新安民人人能說劉使君使君本一儒者耳數十載來差未聞我時屈指今州縣似此賢侯當識面那知漂泊千里餘盡載清香日陪宴使君何似人不如昔中政有萬卷書清眞簡淡乃天性文章政事猶其餘向來天子留君住重與毗陵三萬戶誰教一曲渭城歌忽作梨花枝上雨宦遊南北安得同樹循洞郡還須公人生五馬亦不惡與民熙熙爲春風

避地丞亭野步

今日幸無雨天空出遙岑行行不知疲遂至春江潯汲路轉籬落人家在桑陰平疇漲清波隴麥如人深溝畎戲鳧鶩新蒲映浮沉我生本漁樵對此諧初心風物豈不好悲來難自任胡塵暗中原四海如驚禽黃屋狩萬里兩宮隔辰參龍移螻蟻窺月晦蝦蟆侵宇宙有傾覆茲遊豈嶇嶔消憂賴濁醪太息誰能斟

諸公遊慧山

茲山定中腴秀色乃如許連峰積蒼潤嵐氣亦成雨珍泉不浪出世俗那得取羣仙作佛供醒此玉池殷甘寒冠天下缾罍走膏乳兒嬉供茗事雲散入江渚當源起臺殿下瞰松柏古巍甚首梁宋爽氣接吳楚我來值桂月勝儕得嵇呂聊分小蒼璧同吊百年羽躋攀興未極落日在林莽卻立望翠屏中流注嗚櫓

喜晴呈葉常州衛　張安國

使君憂民出至誠欲晴而晴天所矜白衣老人無逢迎香火未收東方明旨麾六龍扶日行羣陰卷盡見太清女擷柔桑男趁耕嬉嬉和氣滿春城去年歲事巳如許田頭試聽老農語浙西更看五日雨麥根爛盡種不上

陽羨春歌　陳克

石亭梅花落如積吐紋爛斑竹姑赤祝陵有酒清若空麥麪蒸魚作寒食長橋新晴好天氣兩市兒郎櫂船戲溪頭鐃鼓狂殺儂青蓋紅裙偶相值風光何處最可憐邵家高樓白日邊樓下遊人顏色喜溪南黃帽應留宛三月未有二月殘靈龜可信浄水乾蔛草青青促歸去短簫橫笛說明年

題雲海亭　尤袤

亭前山色繞危欄亭下波濤直浸山波上漁舟亭上
客相看渾在畫圖間

張公洞

舟次湖㳇侍季父伯兄遊洞靈宗行五里夾道皆喬木參天鶴巢其上若笑若咳洞水淺瀨鳴聲甚悲殆不類人間也入洞宮覽前賢留題徘徊久之由石徑里許達于洞洞深數十丈磴道險絕俯僂僅可下寬廣容數百人大石雖立或下聳欲落若翔磨矛戟相撐拄或豐棟連地蜿起而不斷若虎豹蹲伏俯踞而拏攫中有小門持炬乃得入丹竈井壇在焉由石罅而上皆流石怪形無窮其狀旁行屈曲益深遠不可到其陽有懸崖滴乳水水流澗谷作細乍大自成宮商橫澗得小閣可憩朱藤纏絡崖上丹花𦼮蕤下墜芬香襲人毛髮凜然欲少留而大風作遂歸余遊山川多矣玆游最可紀因成五百字貽我同志以備他日觀覽焉

吾聞荆溪南有地僊所宅十年勞夢想今日着脚歷
扁舟下湖㳇水漲沒砂磧結纜小橋傍杖藜從所適
平岡面坡陁疊嶂堆巖積行行三兩里夾道喬木植
其末幾合抱其高乃千尺風生萬竅響日照四山赤
時摇樹林杪忽見屋宇脊宫門何崢嶸古路頗脩直
長廊景曀曀崩殿人寂寂落昔賢題摩挲壁間墨
捫蘿上層巔俯瞰得深窟危梯交枝撑鳥道穿詰屈
投身作寛縱跼步仍逼窄攀援愁顛躋傲睨驚險僻
懸崖朶頦頷亂石拱劒戟白雲何時横乳溢或自滴
中空正須洞了不見天隙冥行迷近遠傴僂猶擿埴
巉嵒豈人工隱軫入地脉窮幽或篝火俯跪僅容膝
仙壇尚故處丹竈儼遺跡山蟲鳴咿嚘野鼠聲嘖嘖
傳聞老父語以往深莫測中有白玉堂横絶巨石塞
傍連洞庭野欲去不可極潛窺目先旋縱走脉無力
邅迴步西逕突兀出峭壁縱風高枝樛藤蔓青陰羃
芳草何芊綿丹花亦狼籍躊躇古亭上頫仰幽澗碧
可當下流水磊磈欲落石雖云培塿高氣與嵩華敵
其南有空穴潛瀨殷幽黑陰風乎吞吐冷氣森噴逼
蛟龍久伏藏金玉閟簡冊靈蹤信莫昧幻怪紛倏㰦
將無神物守欲與世壤隔平生丘壑念蚤歲泉石癖
豈不思三山所恨無六翮樂哉玆辰遊逸興潛有激
仙翁在何許緑髮尚如昔髣髴笙簫聲徘徊戀鶴翼
俗緣磨不盡夢境坐形役何階築衡茅幽討窮日夕
風雲西北起天地忽改色倉皇促歸旆造物豈戲劇
良游易乖悟真賞難再得寄語山中人重來儻相識

寄題邵先生雲隱二首　陸游
興盡當年句曲秋知歸罨盡弄扁舟有時信脚來沙際拾得殘雲補破裘
尚嫌句漏養丹砂不種劉郎去後花罨盡溪頭雲萬疊不知何處是君家

遊張公洞　曾幾
張公洞府未着脚向人浪說遊荊溪欲看直上翠羽蓋不惜扶下青雲梯勁風翻動上囊口暗水流出桃花蹊却將深處問兒輩一夕蒐夢窮攀躋

發宜興
老境垂垂八十年又將家上鐵頭船客留陽羨只三月歸去玉溪無一錢觀水觀山都廢食聽風聽雨不妨眠從今布襪青鞋夢不到張公即善卷

宜興邵智卿天遠堂
目極雲沙靜眇然邵卿風月過年年鴈行滅没山横晚漁艇空濛水接天南國宗陰春柴柴東風爪蔓日綿綿闊君許作鄰翁否陽羨溪邊即買田

入常州界　楊萬里
老隨千騎入毗陵騎吏朝來有喜聲未到常州三十里此身已作浙中行
昨日愁霖今喜晴好山夾路玉亭亭一峰忽被雲偷去留得崢嶸半截青

毗陵郡齋冬至晴寒
竹屋消殘半瓦霜氷河凍裂一漁航不須宮線量曦影化日今年特地長

題郡齋坐屏
荊溪四面四無山不是荒林即野田忽有石崖天半出飛泉落處悄入煙

二月望日勸農既歸散策郡圃
剩溪老守勸農歸吏散還從郡圃嬉拾得落英纔一掬春風苦向掌中吹

雨足曉立郡圃荷橋
郡池六月水方生便有新荷貼水輕雨後獨來無箇事間聽喚鳥話昇平

春暖郡圃散策
已覺朝來退袷衣日光風力歎如癡倩誰留許春寒

看更把梅花住少時
萱草行間過簇約李花影裏散文書秋風遣我踈園
翁又被春風遣與渠
春禽處處鬧新聲細草欣欣賀嫩晴曲折遍穿花底
路莫令一步作虛行

靜坐池亭

胡床倦坐起凭欄人正忙時我正閒却是閒中有忙
處看書纔了又看山
荷邊弄水一身香竹裏招風滿扇涼道是秋來還日
短秋來閒裏日偏長

太平寺水

太平古寺劫灰餘夕陽惟照一塔孤得得來看還不
樂竹徑荒處破殿虛偶逢老僧聽僧話道是壁間留
古畫徐生絕筆今百年祖師相傳妙天下壁如雪色
一丈許徐生畫水纔盈堵橫看側看只麽是分明是
畫不是水中有清濟一線波橫貫萬里濁浪之黃河
雷奔電卷濫渠搖獨清元自不隨它波痕盡処忽掀
怒濤動一河秋色暮分明是水不是畫老眼向來元
自誤佛廬化作金杷樓銀山雪推風打頭是身飄然
在中流奪得太乙蓮葉舟僧言此畫難再覓官歸江
西却相憶幷州剪刀剪不得鵝溪定絹官莫惜貌取
秋濤懸坐側

尠懷古堂

新葺懷古堂舊臨郭璞池去歲夏徂秋無日不此嬉
炎蒸無暑性芙蕖有涼姿今年池水乾老子來遂稀
豈惟來不留亦復去靡思朝來偶一到又覺景特奇
水含霽後光荷於風處欹便有白鷗下驚起翠羽飛
方池瀲灔東長池橫暨西紅綠向背看觴詠朝夕宜
此堂初無情此池詎何知如何涉斯世乖逢亦有時

多稼亭望三山中峰獨秀而低

三山道是遠連天亭上看來只近簷可惜當初低少
許三山者有一峰尖

梅露堂

藥玉船中酒似空水沈煙上雪都融梅堂客散衣初
靜椽燭燒殘一尺紅

卧治齋

今年一雪徧江淮半月晴光凍未開孤坐郡齋人宗
宋一枝紅燭兩株梅

多稼亭

雨前田畝不勝荒雨後農家特地涼一眼平疇三十
里際天白水立青秧

淨遠亭

犯雪來登淨遠亭飛花着水旋成冰璦田萬頃珠千
樹身在瑤臺十二層

荷橋

橋壓荷梢過花圍橋外饒剡溪無勝處勝處是荷橋

酌慧山泉瀹茶

錫作諸峰玉一涓麴生堪釀茗堪煎詩人浪語元無
擾却道人間第二泉

慧山雲開復合

二年常州不識山慧山一見開心顔只嫌雨裏不子
細髮鬃隔簾青玉鬟未風忽吹白雲拆翡翠屏風倚
南極政緣一雨染山色未必雨前如此碧看山未了
雲復還雲與詩人偏作難我船自向蘇州去白雲穩
向山巔住

泊舟無錫雨止遂遊慧山

天教老子不空回船泊山根雨頓開歸去江西人問
我也曾一到慧山來

寄茶與尤延之延之再寄黃蘗和韻

詩人可笑信虛名擊節茶芽意豈輕爾許中州眞後
輩與君顧渚敢連衡山中寄去無多子天上歸來太
瘦生更送玉塵澆錫水爲搜孔思與周情

題蕭岳英常州朱氏畫草蟲軸二首

常州草蟲天下奇女郎新様不緣師未應好手傳輪
扁便恐前身是郭熙

又

筆端生意已如生點綴沙蟲機杼傳淺著鴉黃作胡
蝶深將猩血染蜻蜓

題安陽山翠微寺　唐　暐

平地巍峩起一峯壓山西畔漏湖東勢侵雲漢千尋
直影落煙村四面同龍窟正當螺髻頂僧居端坐畫
屏中邦人不獨資觀賞旱歲爲霖更有功

題安陽山　　趙　義夫
突兀當空特不羣嶄然頭角起祥氛毗陵自古多英
俊可信孤峯解主文

題獨孤檜　　翁　卷
此檜何人種相傳是獨孤年深成古物名重入州圖
老節堅難蠹皴皮裂似枯托根陳帝廟應不慮樵夫

毗陵天慶觀畫龍呈王使君　　戴　復古
姑蘇道士天酒星醉筆寫出雙龍形墨蹟縱橫奪造
化蜿蜒蒲壁令人驚一龍翻身出雲表口吞八極滄
溟小手弄寶珠珠欲飛攫入掌中拳五爪一龍排山
山爲開頭角與石爭崔嵬波濤怒起挾雲氣不向九
霄行雨來萬物焦枯天作旱兩龍壁隱寧非懶具龍
不用只畫圖猛拍欄干寄三歎

太平寺畫水天慶觀畫龍呈王使君
何人筆端有許力捲來一片瀟湘碧摩挲老眼看不
真怪見層波湧虛壁天慶觀中雙黑龍物色雖殊妙
處同能將此水畜彼龍方知畫手有神通龍兮水兮
其會遇天下蒼生待霖雨

過無錫見李元德祭酒　　劉　過
戀樹棲禽暖不飛不知弓繳有危機季鷹若悟蓴鱸
好應悔江東不早歸
高門掃日鳴珂里吹竹彈絲暖響中宋寓一區如此
宅世間却有兩揚雄

題慧山　　蔣　重珍
龍山慧山兩山雲出能爲雨入爲晴雲山之氣有歛
散歛散之理斯爲神我廬山下爲小隱雲爲動兮山
爲静悠然而出物之澤屹然而峙地之鎮我見雲山
喜與俱雲山無情不見余我比雲山多此見不如一
似雲山無

題洞虛觀　　僧　仲殊
古觀多松檜幽奇近暮秋坐看新月上閑見斷雲愁
野思同花鳥鄉情隔島洲輕寒披鶴氅隱几自搔頭

詞

菩薩蠻　　蘇　軾
買田陽羨吾將老從初只爲溪山好來往一虛舟聊
從造物游　有書仍懶著且謾歌歸去筋力不[redacted]詩

要須風雨時

鳳棲梧

山秀芙蓉溪明疊盡真遊洞穴滄波下臨風慨想斬蛟靈長橋千載猶横跨　解佩投簪求田問舍黄雞白酒漁樵社元龍非復少時豪耳根洗盡功名話

鷓鴣天 陽羨觀競渡　陳克

柳外東風不滿旗青裙白面出疎籬聯來打鼓儂吹笛催送兒郎踏浪飛　傾兩市鬨雙螭家家春酒瀉尖泥儂今已是滄浪客莫向尊前唱教池

浣溪沙 陽羨上元

橋北橋南新雨晴柳邊花底暮寒輕萬家燈火照溪明　烏鳥差池官事了木山彩錯市人驚街頭酒賤唱歌聲

又

疊盡溪頭春水生銅棺山外夕陽明暖風無力小舟横　萬事悠悠生處熟三杯兀兀醉時醒杏花楊柳更多情

好事近 石亭探梅

尋遍石亭春黯黯暮山明滅竹外小溪深碧倚一枝寒月　淡雲疎雨苦無情得折便須折醉帽風鬟歸去有餘香愁絶

重修毗陵志卷第二十三

重修毗陵志卷第二十四

財賦

浙右郡號沃壤獨毗陵田高下不等必歲大熟民乃
足舊傳　紹興行經界履畝定税是邦偶差一等入
畝羸其一賦是以重逋年上下交病其難　咸淳奉
朝旨修明蠲公田賦外版籍瞭然可稽然所入非昔
比而所出不減於昔支吾牽補於是日不暇給不擾
而集則又存乎人

夏租

上供絹舊額壹萬肆阡伍百肆拾壹疋叁丈壹赤昨
於寳祐年間前政知郡趙屯田重行修明經界
除納第官莊并天荒田地外實計下項
晉陵縣叁阡壹伯肆拾柒疋壹丈伍赤近又除公
田外淨合催貳阡叁伯玖拾壹疋叁丈肆赤貳
寸
武進縣貳阡伍百伍拾貳疋近又除公田外淨合
催貳阡叁拾叁疋叁丈柒赤
無錫縣肆阡玖拾柒疋壹丈陸赤近又除公田外
宜興縣貳萬肆阡伍伯壹拾柒兩捌錢又除公田
外淨合催壹萬捌阡壹伯柒拾肆兩陸錢玖分
陸厘捌毫
本州准衣綿肆阡壹伯柒拾兩
晉陵縣陸伯兩
武進縣伍伯兩
無錫縣壹阡肆伯肆拾兩
宜興縣壹阡陸伯叁拾兩
上供折帛錢舊額肆拾萬肆阡陸伯玖拾貳貫玖拾

肆文自修明後實計下項
晉陵縣捌萬伍阡貳伯叁拾捌貫柒伯叁拾叁文
又除公田外淨合催柒萬貳阡玖伯陸拾陸貫
叁伯壹拾玖文
武進縣陸萬貳阡玖伯陸拾肆貫玖伯柒拾文又
除公田外淨合催伍萬叁阡肆伯貳拾捌貫玖
伯柒拾壹文
無錫縣壹拾叁萬叁阡肆伯捌拾伍貫肆伯玖拾
文又除公田外淨合催壹拾萬玖阡秖伯伍拾

淨合催貳阡柒伯叁拾玖疋壹丈壹赤柒寸
宜興縣貳阡玖伯叁拾陸疋貳丈陸赤捌寸
近又除公田外淨合催貳阡壹百貳拾玖疋壹
丈貳赤玖寸
本州准衣絹陸百拾陸疋叁丈捌赤
晉陵縣壹百壹拾叁疋
武進縣壹百壹拾叁疋
無錫縣壹百陸拾柒疋叁丈捌赤
宜興縣貳伯貳拾叁疋
上供綿舊額壹拾萬叁阡玖拾叁兩叁錢自修明後
實計下項
晉陵縣貳萬捌阡陸百壹拾玖兩貳分又除公田
外淨合催貳萬壹阡捌伯貳拾肆兩壹分
武進縣壹萬伍阡伍伯柒拾柒兩又除公田外淨
合催壹萬貳阡肆伯陸拾肆兩壹分
無錫縣叁萬壹阡叁伯伍拾捌兩陸錢陸分柒厘
又除公田外淨合催貳萬肆阡捌拾玖兩柒分
壹厘

陸貫貳伯伍拾叁文
宜興縣玖萬肆阡玖伯柒拾玖貫陸伯柒拾貳文
又除公田外淨合催陸萬玖阡玖伯肆拾陸貫
肆伯捌拾柒文
本州准衣錢
晉陵縣壹阡柒伯伍拾貫叁伯柒拾伍文
武進縣壹阡伍伯伍貫文
無錫縣叁阡肆伯肆拾貫伍伯伍拾文
宜興縣貳阡肆伯柒拾叁貫捌伯玖拾貳文
秋租
上供苗舊額貳拾貳萬捌阡伍伯玖拾貳石玖㪷肆
勝叁合貳勺壹抄陸撮自修明後實計下項
晉陵縣肆萬貳阡貳伯玖拾石柒勝伍合玖勺壹
抄又除公田外淨合催叁萬肆阡肆伯叁石捌
斗捌勝叁合玖勺壹抄
武進縣叁萬貳阡柒伯肆拾壹石貳㪷柒勝壹合
又除公田外淨合催貳萬捌阡壹伯捌拾玖石
叁㪷柒勝叁合

無錫縣伍萬陸阡貳伯捌拾石柒斗捌勝壹合文
除公田外淨合催肆萬玖阡伍百陸拾陸石玖
斗叁勝
宜興縣伍萬伍阡捌伯柒拾叁石壹斗肆勝捌合
伍勺又除公田外淨合催肆萬貳阡伍伯叁拾
柒石肆斗伍勝伍勺伍抄
馬料
大麥舊額玖萬阡陸伯肆石捌勝自修明後實計
下項
晉陵縣壹萬叁阡叁伯伍拾石壹勝壹合
武進縣壹萬伍伯伍拾捌石伍斗貳勝陸合捌勺
無錫縣壹萬貳阡壹伯柒拾玖石捌斗叁勝伍合
伍勺
宜興縣壹萬捌阡捌伯肆拾玖石肆斗捌勝伍合
捌勺
小麥
晉陵縣舊額貳阡伍伯叁拾貳石捌勝肆合玖勺
自修明經界後貳阡伍伯玖石玖斗伍升肆合

玖勺叁抄
武進縣舊額貳阡柒拾肆石貳斗玖勝捌合自修
明經界後壹阡捌伯肆拾玖石叁斗陸勝叁合
壹勺
無錫縣舊額叁阡柒伯壹拾玖石陸斗壹勝玖合
玖勺自修明經界後貳阡柒伯伍拾柒石捌斗
柒勝玖合捌勺
宜興縣舊額叁阡陸伯柒拾石壹斗捌勝柒合柒
勺自修明經界後貳阡捌伯柒拾柒石柒斗壹
勝柒合柒勺
綱目錢
晉陵縣租額每年合解叁阡叁百捌拾肆貫錢會
武進縣租額每年合解貳阡肆伯壹拾貳貫錢會
宜興縣租額每年合解壹萬肆阡捌伯叁拾壹貫
文錢會
無錫縣租額每年合解貳萬陸阡肆伯貫文錢會
上供錢舊額貳萬伍阡貫文
內本州壹萬貳阡貫文

内無錫縣陸阡貳拾陸貫壹伯捌拾陸文
内宜興縣陸阡玖伯柒拾叁貫捌伯壹拾肆文
聖節進奉銀絹
銀伍伯兩
絹壹阡壹伯伍拾疋本州壹阡疋提刑司壹伯伍拾疋舊志云會慶節進奉銀絹從準指揮權免貳年合至拾柒年進奉時淳熙十五年
大禮年分添發銀絹
銀柒伯兩本州伍伯兩提刑司貳伯兩
絹伍伯疋
三酒務生酒日酤舊額伍伯壹拾貫伍伯肆拾文今收趁不等
内增收糴本錢肆拾貫文
經總制錢柒拾叁貫柒伯玖拾文
本州錢貳伯貳拾玖貫叁伯肆文
大軍錢壹伯貳拾肆貫捌伯陸拾文
四分糴本錢貳拾肆貫伍伯壹文
漕司并降本錢壹拾捌貫捌伯壹文
麦酒日酤舊額伍伯貳拾陸貫伍伯陸拾捌文今收趁不等
内增收糴本錢肆拾貫文
經總制錢肆拾玖貫伍伯壹拾叁文
本州係省錢增造還本錢貳伯肆拾貫貳伯貳拾玖文
大軍錢壹伯伍拾貫伍伯肆拾柒文
四分糴本錢貳拾叁貫伍拾壹文
漕司錢壹拾貳貫柒文
正額移用錢壹拾壹貫貳伯貳拾陸文
稅錢每歲舊額壹拾叁萬伍阡柒伯捌拾肆貫壹伯陸拾壹文今見收趁下項
内都稅務祖額每年合解肆萬叁阡伍伯玖拾柒貫肆伯玖拾文
内無錫縣市務祖額每年合解玖阡玖百貳拾貫文錢會
内宜興縣市務祖額每年合解玖阡貫文錢會
内青城務抱息稅錢每年合解肆阡柒伯伍拾玖貫文

内萬歲鎮務抱息稅錢毎年合解陸阡捌伯肆拾
貫文
内張渚務抱息稅錢毎年合解壹阡肆伯肆拾貫
文
内湖㳇務抱息稅錢毎年合解壹萬捌伯貫
内橫林務祖額毎年合解貳萬陸伯貫文
内望亭務祖額毎年合解叁阡貳伯肆拾貫
公使庫歲賜錢叁阡貫文久例不支
租渡月收
東門渡肆伯伍拾文足
東廟前渡玖伯文足
天寧寺巷口渡玖伯文足
臧橋渡壹貫壹伯文足
西排灣渡肆伯伍拾文足
西廟前渡壹貫肆伯文足
西門寨前渡壹貫文足
七里灣渡貳貫壹伯柒拾伍文錢闕
五渤上酒日收舊額柒拾柒貫玖伯伍拾文

都酤庫毎年見解壹萬貳阡壹伯柒拾伍貫文錢會
白地錢毎年合解貳阡伍伯貳拾貫文錢會
諸倉場庫務頭子錢隨所收多寡無定數
湊額四分糴本錢舊額壹拾萬貫文解納　行在所
以酒稅樓店務坊場課利牙契係省錢内撥充
其後撥橫林望亭犇牛三稅務及以村坊改爲
犒賞庫并契歸　朝省所撥分數比舊正放貌
全然不及今農寺催解毎年肆萬肆伯壹拾陸
貫壹伯伍拾貳文多出鑿空
坊場錢
晉陵縣丞廳祖額毎年合解伍阡玖伯捌拾壹貫
伍伯玖拾貳文敗缺者多
武進縣丞廳祖額毎年合解伍阡捌伯玖拾叁貫
捌伯陸拾文
無錫縣丞廳祖額毎年合解叁阡肆伯伍拾陸貫
文
宜興縣丞廳租額毎年合解貳萬伍阡捌拾捌貫
文

場七分寬剩錢減外舊額捌阡捌伯叁拾壹貫陸
伯肆拾文
晉陵縣丞廳壹阡叁伯肆拾陸貫貳伯伍拾陸文
武進縣丞廳壹阡壹伯陸貫捌伯叁拾貳文
無錫縣丞廳貳伯玖拾貫陸伯肆拾文
宜興縣丞廳陸阡捌拾柒貫玖伯壹拾貳文
德壽宮糯米捌伯石 元係漕司將浙東諸州移用降本錢拋糴
漕司耗剩米每正苗壹石帶納伍勝
官兵每月俸給舊額約米伍阡石錢伍阡肆伯餘貫
文今見支米貳阡叁伯叁拾壹石壹㪷陸勝錢
叁阡捌拾肆貫捌拾陸文
諸軍春衣舊額錢貳萬叁阡叁伯壹拾柒貫伍伯柒
拾貳文今支下項
禁軍錢貳萬玖阡玖伯玖拾叁貫捌伯叁拾貳文
五寨土軍錢捌阡壹伯捌拾玖貫壹伯貳拾陸文
廂軍錢貳伯貳拾肆貫陸伯肆拾文
遞鋪兵錢壹阡貳伯叁拾陸貫伍拾叁文
此二項以漕司撥到物帛湊支今不發下

十一

德壽宮百司廳總所漕司兵級錢伍伯捌拾陸貫
伍伯肆拾文
冬衣舊額錢叁萬叁阡陸伯肆拾貳貫壹伯貳拾叁
文今支下項
禁軍錢肆萬肆阡貳拾柒貫貳伯伍拾文
五寨土軍錢壹萬叁阡陸伯壹拾肆貫陸伯捌拾
貳文
廂軍錢叁伯壹拾貫壹伯肆拾陸文
遞鋪兵錢壹阡陸伯叁拾玖貫壹伯伍拾柒文
德壽宮百司廳總所漕司兵級錢玖伯捌拾叁貫
壹伯捌拾文
本州全年合解總所月樁錢壹拾壹萬捌阡壹伯壹
拾貫陸伯肆拾捌文拾捌界錢會係分作拾貳
箇月起解每月解玖阡捌伯肆拾貳貫伍伯伍
拾肆文拾捌界錢會近準　朝省頒行關子總
領所催觧錢關本州已將每月合解拾捌界錢
會玖阡捌伯肆拾貳貫伍伯伍拾肆文並作錢
關起解係拾捌界叁貫準關子壹道解發

十二

通判廳經總制錢

淮東總領所經總錢準總所行下每旬解陸阡貫文拾捌界壹月計解壹萬捌阡貫文拾捌界總而計之一歲解貳拾壹萬陸阡貫文拾捌界近年以來緣所屬拖遠虧解旬數不定

司農寺降本錢係舊圖經一行在羅本錢每歲合解貳萬玖阡伍伯貫文錢関紐計拾捌界捌萬捌阡伍伯貫文每月發多寡不定

提領封樁所六分煮酒錢係舊圖經左藏庫錢每歲解柒阡貫文錢開紐計拾捌界貳萬壹阡貫文其錢即柒正色窠名催理却於所屬解到經總錢內斡那逐旋申解近年以來縣道凋弊務敗壞並解不及數

壹萬貳阡玖伯陸拾玖貫肆伯壹拾柒文禧克過軍口券收買軍需抛降起發米斛水脚官吏食錢等費外餘錢解納左藏西庫此項今無上件窠名

壹萬壹阡貫文移用除本錢於酒務賣糟錢內撥文此年遞年撥省務逐限解到糟錢壹阡貫文貼湊申發

重修毗陵志卷第二十四

重修毗陵志卷第二十五

僊釋

緇黄有廬自漢唐已然 國朝天慶光孝以奉
祖而設允宫刹羅布天下彼悉得以祝
聖名隷毗陵者視他郡雖少然其徒蟬蛻物表幻夢塵世者往往有之因牽聯得書

晉陵

梁

王八百隱於横山修煉歲久白日飛昇後爲立登僊觀今沖虚觀是已丹井尚存

錢眞人田家女建康志云嘗偕姊妹之茅山師事陶隱居誦黄庭内外篇閲三十餘歲普通三年七月其姊佩白練入燕洞而隱妹踵至扉已闔矣

道雲師天監中爲僧於金陵高坐寺臺上講經天花繽紛講竟乃止因名雨花臺

唐

王慧辯字靈機風骨神俊吳中樊高士目爲僊明梁棟正觀間居騰僊觀永隆二年夏五日忽語人曰後五日逝矣是日亭午整衣斂板而終見劉棆之文

普照明覺大師西國人郎泗州僧伽高宗龍朔初游年三十始來中國嘗寓國祥寺殿宇將壞師潜以衲衣置梁上諗于衆曰有人主來修此師遂行其夜常有異香後三十年寺大興皆僧全氏之力又留鏡與笠在外兩邑景龍四年三月二日入滅殯泗州中宗一日語萬回曰僧伽何人對曰觀[redacted]化身爾帝益加重僖宗朝以骨塑像嘗謚眞相云

宋歸眞大中間棄官學道隱横山茹芝絶粒三十年所夕諷誦蛇兎馴伏趙守需目其室曰廣寒

陳元吟修道横山馬刺史植嘗造其廬卒之日有異蹟 二事見徐鍇記

五代

韓禪師名藴魏府人既山光仁之法嗣行解通脱爲衆導師一日示宗飭其徒全軀以葬未幾州剌史誅於浮言伐冢斲棺出而燔之膚爪如生須長數寸益薪熾火不能壞道俗作禮具湯沐繫塑之祠

宜興
唐
劉商彭城人第進士歷尚書郎性沖澹以病免東游
茅山至義興張公洞登畫溪極愛賞遂隱湖洑渚
後樵者見之曰我劉郎中也莫知所終
混淪先生權德與謂卅歲遇於荆溪羽衣古貌瞻仰
不暇未皇問道一別六七年訪我于練湖之濱以
藥囊藜杖自隨焉
毛長不知何代人遊張洞自洞底東至太湖中洞庭
山得石穴而出今山上有毛公洞太湖洞庭山一名包山有毛壇
鍊丹井長自言在洞中東行聞頂上有風波聲及舟
人語乃知地脉潛通云
王氏女乾符中與嫡母裴所生母劉寓居義興桂品
山幼不茹葷攻詞善琴既笄誓不嫁常誦大洞三
十九章一日微疾索筆題石上云翫水登山無足
時諸僊頻下德琴詩 心不恋人間世惟見庭前
雙鶴飛是夕奄逝
善伏師蔣姓義興人一名等熙生即白首誦經典一

干永慶寺水旱疫癘禱輒應
國朝
劉混康吴陞人幼跡曠寄食太和觀一日遇異人於
橋側與語既歸其師呵之曰汝去幾日宿何地混
康恍不知未幾復遇授以呪術治疾輒驗 徽廟
聞而召之先是混康目睫間有灼瘢辭不敢見有
爲舉手移於鬢髮遂入對後住茅山元符萬壽宫
賜號静一先生卒贈太中大夫
魯道幼入天慶觀翊聖院奉洒掃旦汲泉置盂爲供
一日泉湧如沸白其主視輒止已而復沸立飲之
自是陽狂言事率有驗善療人疾時吴中何蓑衣
亦得奇術或往叩醫何叱曰汝郡自有魯道曁歸
訪之魯迎笑曰蓑衣遂得好淳熙間出游數日遍
語知識若别去状趺坐而瞑方葬有群鶴飛翔今
通吴門外菴猶存
陳葆光受業天慶觀嘗賃其武牢白壁授之遂善符篆
治病輒愈撰神仙蒙求三卷晚住茅峯圭亭醮天
登壇示現云

目七行正觀中逃隱出家至天台超禪師所示以西方靜土觀行顯慶五年終於衡嶽

圓通尊者名湛然姓戚氏荆溪人初住越州曇一法會晩歸台山傳天台教令赤城釋籤品是也天寶大曆間優詔不起一日說法隱凡而化以骨塔附智者大師兆吳越時追贈今號

大𥡴禪師金陵人禮牛頭山六代忠禪師密授祖意元和中住芙蓉山與龐居士問答機鋒如電大和中追謚大寶禪師

稠錫禪師舊志云桐廬人開元間卓菴南嶽忽聞嬰兒聲師曰有是哉竭開菴前桐木納衣錫下山得一嫠婦與偶生二子一日晨炊俾復進奠其辞以盡曰非奠盡乃緣盡復取衣錫歸故菴衆詣不納師借二虎與決去留衆懼請止集衆五百爲大禪刹黃嵓志云師名清晏在南嶽飛錫至白龍山有神立侍其左又云娶社氏生二子[illegible]曇鎧杜卒攜三子歸故菴三子俱有聲叢林其餘略同

晉門師姓何氏濟南人侍父玠尉宜興尋卒師泣血終慕元宗詔遺逸郡以師應不起天寶中受度于南嶽寺博聞彊記蕭公定輩皆與游正元間歸宋建塔西澗許孟容爲記石刻今存

大蘆禪師名鑒貞姓潘氏蓟人幼慕禪律父母不能奪送至寶集精舍經偈如夙習大和八年受具足戒謁大梅貞竟師大中間遊陽羨住大蘆院咸通初賜院額李蠙命住善權寺不樂就卒歸大蘆以逝有塔號禪大德

孫菩薩　勝辯禪師　義興和尚並見傳燈錄

國朝

許堅不知何許人乾德間有文行于世幅巾甚𩨘短襴至骭自負布囊未嘗盥浴溪澗中不解衣或問其故曰天象參列可裸裎乎陳舜俞廬山記云嘗宋觀外有堅曬衣石詳見寺觀

申屠有涯性不覊携一麄餅可受八九升一日自楚游吳脫衣附舟舟中之人已十數有涯酤酒斗餘飲竟大吐衆怒逐有涯曰風雪如許棄我何之諸

賢不相容何可共載挈瓶登岸倚木吟曰仲尼非
不賢爲世所不容甚矣同舟子不識人中龍吟訖
跳身入缾中皆駭視奉缾碎之無所覩他日有見
其携缾杖踞坐虎丘云

姚生遊張洞秉燧而入遇二道士對弈生意得食道
士指青泥數塊啖之咀嚼芳馨曰可去矣謹勿語
人生再拜謝潛懷其餘出遇賈胡驚曰此龍食也
泥出洞堅已如石

尹生業爲圜器俗謂桶匠一日與人入張洞行未遠失尹
生同行者遽出越三日乃歸扣之云爲霧所迷久
而扳援磴道以濟初不知爲三日時宫中大殿久
圮欲支葺無良工尹生曰我能是衆以非素習或
笑之後果集事方悟其有奇遇云

觀寺

宫觀宫古者上下通稱觀乃樓觀也仙人好樓居故道家取此義南北朝或稱道館

州

天慶觀在州東南四里舊在行春門城壕晉永嘉初
毛中尉捨宅建梁大同號寶蓮嚴唐景龍改曰龍
興淮南順義中築外子城徙今地 國朝開寶中
郡俞思首創三清殿天聖五年重修六年 上遣
内璫賜眞武象一瓴衛道器稱是大中祥符元年
天書降賜今額五年詔即觀建殿奉安 聖祖神
御長吏朝謁如式今正殿有三前曰金闕寥陽次
曰昊天上有通明閣次曰太清東西脩廊皆五十
餘楹南極北斗五嶽三官諸殿與翊聖眞武院介
其間紹定間新建藏殿屋簷傑棟爲吳中道宫之冠

澄清觀在州南金斗城外西偏舊在武進縣尚宜鄉
舊傳王祥捨宅建祥女妹皆入道自後女冠多其
族 國朝太平興國三年先徙于城東武烈廟七
年州給教場廢地改築廣袤十六畝周都官絳爲
記先是有銅鍾一唐廣德中王玉僊募鑄踰千五
百斤音響清越紹興末取入吳山三茅觀至今
禁廷視爲興寢之節云

眞武道院在法濟寺西 國朝至和二年建舊記謂
有龜蛇之異

晉陵

沖虛觀在橫山梁有王八百修道得仙陳朝以州東
北爲鬼道因築道館以鎮之名登僊中遭燬蕩唐
乾寧初道流張皎然等重建開寶七年大加營繕
徐內史鍇爲記大中祥符二年改賜今額

武進

含輝觀在縣西北七十里梁交州刺史陳文則宅舊
址宋令純有記唐乾封元年告成中嶽有景星之
瑞命天下立景星觀守劉德敏以此應詔大中祥
符二年改賜今額

志二十五 九

大和觀在縣南三十里梁朝始創歲久廢唐正觀中
道流王慧辯於舊址北重建中書劉禕之爲記名
騰僊大中祥符三年改賜今額
昇僊觀在縣西南三十二里唐開元七年殷氏子嗜
酒飲輒一石鬢髮如銀越二載白晝策驢上昇捨
宅建此故名

無錫

洞虛觀在縣東數百步梁大同二年建名青元大中
祥符二年改賜今額慶曆中燼於火嘉祐二年重
建三清殿後寢復舊云
明陽觀在璨山 國朝崇寧中道士盧至柔築庵修
道大觀初茅山元符宮籙劉混康嘗薦之是歲九
月詔賜今額
妙覺觀舊在縣北四十里梁大同二年建名如覺爲
女道士居 國朝至道三年徙于縣南百五十步
梁溪上改賜今額
洞陽觀舊在慧山陸羽記云觀旁有洞潛通包山梁
天監中建隋大業間寺廢洞亦堙其地今隸廣福寺

志二十五 十

宜興

天申萬壽宮舊名洞靈觀在張公洞唐以前爲寺開
元初萬惠超天師投龍簡奏復焉明皇爲題扁韓
熙載記云青龍將閔尹重來白馬共胡僧卻去又
云舊御筆以題額賜洞靈之美名 國朝淳熙五
年內璫王紳有觀古興自赤烏年之句乾道六年
內侍劉能真入道請陞爲宮祝 高廟壽改今額
有介福殿
通真觀在縣東南八十步陳太建二年建名弘道唐

神龍中改興道大中祥符二年賜額玄道避　聖
祖諱改今名有北極閣南唐保大中道士馮道京
建徐鉉爲記弟鍇篆扁閣前有丹井手植雙柏今
不存邑人虞嘉孝詩云雙樹婆娑三百年江南秀色
上參天李堅云璇璿非復舊宮壇獨向徐碑識二
難井底丹靈勿輕汲昔年曾壽兩蒼官紹興末道
士焦善淵請爲　行在寧壽支院嘉定初建輪藏
沖宗觀在縣西北六十里唐弘道元年周長官選所
居井有白兎昇天捨爲觀清井在[illegible]舊名凌霞大中
祥符八年賜額玄寂避　聖祖諱改今額蔣穎叔
詩云兎飛賢令井鯨吼貳卿鍾自性從父希魯常
施鉅鍾神僊傳云南唐隱者許堅至此浴滆湖復
波而逝李堅詩云王兎朝天去不廻空餘露井薦
晨秠屋鈴不語湖如掌無復淩波逸士來

寺院寺本官府之稱後漢浮屠初入中國館於鴻臚寺及造精舍因名白馬寺隋更曰道場唐復爲寺院

州

報恩光孝禪寺在州東南四里舊名廣福唐天復間
齊雲長老維元施舍利卜寺址淮南楊行密因名
齊雲南唐保大中建浮屠七級龕龍僧伽所留國祥
寺衲衣號普照王塔崇寧二年詔天下建崇寧寺
州以此應加萬壽二字四年八月賜塔名曰慈雲
政和元年改崇寧爲天寧即　上誕節名紹興七
年更曰報恩廣孝有司尋以廣孝犯　太宗謚改
今額十二年詔爲崇奉　徽廟道場

太平興國禪寺在州東南四里齊高祖創名建元唐
乾元中僧法𠍇始大之窅堂僊殿甲子諸刹太平
興國中改今額胡文恭記云蕭齊舊刹吳七名藍
蘇文忠嘗賦牡丹詩云武林千葉照觀空別後湖
山幾信風自笑眼花紅綠眩還將白首看䓢紅建
炎初燼於兵僅餘三數殿與甘露戒壇云

薦福禪院在州東南四里楊行密許　建元寺西地
建以歙州清協禪師居之協嘗住廬山香爐峯俗
號爐峯院　國朝咸平中改今額有紅梅閣淳熙
中燬不存舊歲貢闈未建嘗寓試焉

永福禪寺在州東南三里梁天監元年建舊名建□

唐大中間馬刺史植以郡人潘建宗請重造今廢
龍興寺在州東南二百步陳至德中建舊名中興唐
神龍中改今額
顯慈永慶禪院在州東南四里運河南舊傳武烈陳
帝果園唐長興初名正勤咸平六年以承天節名
天下寺觀政和七年避后土號改曰能仁宣和中
詔爲神霄玉清宮詔書刻石大殿今存後宮廢復舊建炎四
年張參政守請爲墳刹改賜今額
新興廣福禪院在州東南四里僞吳時爲浴室院南
唐保大中名新興熙寧中改曰壽聖隆興元年避
高廟冊号詔天下寺觀並改今額
國安禪寺在州東二里唐初名國祥僧伽嘗留衲衣
寺後寖廢詳見仙釋
崇勝禪寺在州東南二里武烈帝西第廟有彭氏捨
宅跪初名杜業更曰福業太平興國中改賜今額
有觀音閣今爲祝　聖道場
正覺寺在州東南二里唐開元中建名開元寺乃李
大夫遷宅舊址　國朝改今額後罹兵燼餘一古

殿有鐵鑊面徑尋及銅模明皇像慶曆中武進令
楊典重飾樂安任舊爲贊畧曰有唐令王君像在
玆三教備躬範鎔出奇嘉定間好事者欲取之有
題于壁云衣冠佛老覆爲儒謂君王雜左衽實至
不筭天宝事可憐捐已奉苞苴遂已至紹定像鑊
終不存
報恩感慈禪院在州東南三里　國朝治平初胡副
樞宿請額建院晁無咎贈感慈老云感慈神駿渥
洼流壁上高僧莫遣酬蘇文忠亦有詩見詞翰門
法濟禪院在州東南二里初名浴堂院　太平興國
中改法濟迺年浸廢　咸淳初元椎管僧德永以
院之江陰莊私獻貴戚家其徒訟于郡家守鉉翁
屏之時　朝建巳置晋武兩縣主學教養無所因
士衆有請白之禮部爲兩縣學就以江陰莊養士
符從之
崇法禪院在州東南二里舊傳武烈帝後圃南唐保
大中名大聖院大中祥符二年改僧伽院宣和
七年賜今額

華嚴教院在州東南四里舊爲太平寺支院名法華有曼殊普賢二臺東西對峙最偉特比歲寖廢爲人撤毁惟門屋佛殿僅存蘇文忠屢嘗遊憩題薝蔔亭云六花薝蔔林間佛九節菖蒲石上僊何似東坡鐵拄杖一時驚散野狐禪

資聖禪院在州東南四里唐咸通中建舍比丘尼國朝宣和六年重繕乾道間創三門孫鴻慶有記

妙勝禪寺在州東南一里有奇晉泰和中李大夫舍宅建陳至德元年邵人姜氏爲尼者三遂增闢唐永初四年名天靜　國朝元祐間賜今額

晉陵

感慈顯慶禪院在縣東南二里元祐三年胡右丞宗愈請爲墳刹賜今額

紅塔禪院在縣西北三里山門題梁大唐某年建字餘多漫剥舊有浮圖建炎間撤去得斷碑云熙寧元年九月重建

廣福禪院在縣東南五里唐天復中蔣栗長者縱充建名齊雲南唐保大中改今額前有雙塔對峙驛

景德禪院在縣西南五十里唐咸通中建名寶田國朝景德中改今額

慈福禪院在縣東南三十里唐咸通中建名永安國朝崇寧二年改賜保安三年再改今額

大中祥符禪院在太湖中津里山嶴始號靈山唐正觀初徙自馬跡山里民杭惲捨祖墓重建寺居重湖疊嶂間最爲清絶大中祥符中改今額宣和四年陞爲寺

接待院在縣東南二十七里

武進

寶林寺在縣南三十里周閔帝捨宅建名法華　國朝改今額

乾明禪寺在縣南四十里唐大中五年馬守建名緣果太平興國中改今額

周□禪寺在縣西南六十里唐正觀中鎮威將軍薛恬武陵王記室薛世緒徐州西曹從事薛法興捨宅共建名樂善　國朝改今額

瑞像禪寺在縣南六十里舊名寶相大中祥符中以

今額
智寶禪院在縣北七十里萬歲鎮梁武帝舊第天監七年舍爲院名慧炬僞吴天祚間重建太平興國中改今額胡耆瑀詩云六代煙塵息千年象教尊衣冠悲故里聚落見荒村
觀音禪院在縣西北六十里唐開元中建名善業國朝元豐初主僧懿登重建尉高子方爲記至唐上將曹公之故居 國朝改今額
能仁禪寺在縣西三十里齊黄門侍郎蕭惠開舍宅建名禪鄉 國朝改今額
無錫
崇安寺在縣東三百步晉興寧初建名興寧本王右軍舊宅太平興國初改今額建炎中燬後重建紹定間創千佛閣千東廡
福聖禪院在縣南梁大清建名護國唐咸享中名靈山後廢天聖間重建改今額俗號南禪有僧伽留錫塔崇寧賜名妙光
壽聖禪院在縣南半里名鳳光唐武德中與橋同建後廢開寶八年兩浙統官施仁福始創浴室院治平中重建改今額俗號北禪
崇教禪院在縣東三十里梁大同二年邑人王建捨宅爲之名祇陁隋大業五年廢唐上元初重建舍昌中又廢乾符二年復舊 國朝淳化二年賜今額
保寧禪院在縣北二十里梁大同二年建名福愛隋大業間廢唐上元初重建淳化中改今額舊傳爲甘羅宅旁有甘湯
興教禪院在縣東南四十里梁大同二年建名施陁紹興元年賜今額
靜教禪院在縣東四十里陳至德元年建名善寂隋開皇中吴郡刺史陳子邁捐資增創大業盡燬唐上元間重繕會昌又廢尋復舊太平興國五年改今額
圓通禪院在縣東七十里唐乾元初建名乾元 國朝景祐中改今額有石刻金剛經
廣濟院在縣東六十里唐乾符三年建名甘露鳳土

記太伯時其地有甘露故云太平興國八年改今
額
普寧禪院在縣南四十里梁大同元年建名長泰
國朝改今額爲僧伽留笠之所
保安禪院在縣南十里　國朝乾道初建賜今額
普寧禪寺舊在縣南二十八里唐乾封中建　國
徙入縣郭鳳光橋北舍比丘尼崇寧間改　舊
扁猶藏佛殿
淨慧禪寺在縣南三十六里舍比丘尼國朝賜今額
旌忠薦福禪寺在歷山梁大同三年建名法雲唐會
昌中廢咸通重建亦名慧山至道中更名普利紹
興初　昭慈聖憲后宅請爲墳刹改今額
崇親報德禪寺在膠山梁太清初建名彌勒隋大業
五年重創至道中更名興化紹興間李丞相綱請
爲墳刹改今額
華藏褒忠顯親禪寺在縣西三十六里青山灣　國
朝紹興中張循王俊即墳建刹賜今額有亭名雲
海瞰太湖騷人墨客多吟詠左遂初亭前山色遥

危欄之篇尤膾炙見嗣韓門後厄於回禄寺非舊觀而
亭如故
翠微禪院在陽山梁太清元年建或云大同二年名
遠山唐咸亨八年改爲禪院太平興國中改今額
開利寺在縣西三十五里洛社舊傳晋王右軍別墅
梁太清元年建名興福景祐三年改今額
普利禪院在縣東南四十三里紹興五年僧超法師建
榜以慧山舊額蔣丞相芾請爲墳刹
觀音教院在縣北門紹興初建
宜興
法藏禪寺在縣南二里舊在縣西五十里談村蕭齊
時建名重居唐上元二年徙今地成悅山門記云
蕭齊之時處縣秋野肅宗之世移城炎方會昌廢
咸通中復大中祥符間賜今額陳古靈嘗賦紫翁
詩云山僧揖我臨階坐眼到欄邊心即喜便欲移
歸種郡齋忍令於此風煙埋蔣穎叔亦有諸禪堂
衆芳詩淳熙中改律爲禪紹定初令趙與赿倡邑
人重剏大雄殿歷於淳熙己酉是年趙令生後二十一年己丑殿成而令卒殆有

頁數云
頴親追孝禪院在法藏寺東爲寺支院　國朝建中
靖國初蔣樞密之奇請爲墳剎賜今額
勝果禪院在南嶽山齊永明二年建唐天寶中稠錫
禪師廬其旁有濯腸池卓錫真珠二泉天然井又
有吳越金書法華經二袠　國朝改今額鄒道鄉
歸自嶺表卜居未遂李丞相伯紀有乞取西庵踵
道鄉之句紹定初重創法堂云
廣教禪院在善卷山齊建元二年以祝英臺故宅建
廣會昌中廢地爲海陵鍾離簡之所得至大和中
李司空蟥於此借榻肄業後第進士咸通間贖以
私財重建刻奏疏于石崇寧中傅侍制楫家以恩
請爲墳剎宣和改爲崇道觀建炎元年詔復爲院
廣福禪院在芙蓉山唐乾元初建名乾元舊刻云亭
蔣大毓禪師駐錫此山熙寧二年更名壽聖有三
到亭紹興八年僧了清爲記有龐居士三到斯山
之語隆興元年改今額
廣福利益禪寺在縣西五十里梁天監十年建名

利益熙寧中加壽聖二字隆興改今額
廣福開勝禪寺在縣西南五十里唐上元二年建名
開勝熙寧中加壽聖隆興改今額
廣福金沙禪院在縣東南四十里唐陸希聲讀書山
房熙寧三年賜額壽聖金沙隆興改今額孫鴻慶
詩云一龕明滅佛前燈破衲猶殘一兩僧說似鴻
盤讀書處試尋幽伴注烏騰
廣福伏龍禪院在縣西南二十里齊永明二年建名
會善唐光化三年僧道洪居之號龍溪彌勒上生
道場熙寧三年賜號壽聖伏龍隆興改今額
禪林禪院在橫山唐咸通二年里人張氏捨宅建名
大廬靈峰太平興國中改今額舊居山麓至和間
僧宗震徙今地有華嚴閣
崇明禪院在縣南七十里唐咸通十二年僧洪贇建
名石佛尋曰會善南唐更名應天太平興國五年
改今額
福勝禪寺在縣東北二十五里梁大同元年交州刺
史楊師利捨宅建陳永定元年名安國太平興國

五年改今額
慧光禪寺在縣西五十里本臨津縣齊明寺縣廢寺亦毀唐上元中重建天寶八載更名圓照太平興國五年改今額
聖感禪院在縣西七十里齊永明元年建名香勝唐會明中更名禪林護國太平興國五年改今額
慧明禪寺在縣西北九十里臨洮湖唐上元二年建名淨土後改善覺會昌中廢南唐保大八年僧惠正重建復號淨土　國朝改今額
崇恩報孝禪院在縣北二十里陳永定二年建名永安一云唐天祐二年周承祐捨宅建名保安熙寧三年更名壽聖保安隆興初又名廣福乾道間周參政葵請為墳刹改今額
報國顯德禪院在縣西六十里唐上元二年建名永業一云南唐保大中崔顗捨宅建名善慶太平興國五年更名保寧為律院宣和四年復舊建炎三年王樞密淵死節其子倚請為墳刹改今額
禪寂禪寺在縣東北三十五里梁普通三年建唐元和間名隱靜太平興國五年改今額
金明禪寺在縣北三十里隋開皇十年建名雨城九中祥符元年改今額
崇慶禪寺在縣北二十五里梁普通二年建名崇善　國朝治平三年改今額
圓寂禪寺在縣南二十五里舊傳荆溪尊者道場太平興國二年賜今額
承福禪寺在縣西七十里梁天監中建後廢　國朝淳熙中重建
法性禪院在縣北五十里梁普通二年建名白塔一云唐乾元初建名聖像光啓二年改今額
顯忠彰孝禪院在縣東北四十里名隱仁建炎三年郭樞密三益請為墳刹改今額
崇報禪寺在縣東南四十五里嘉泰中袁參政說友請為墳刹賜今額
清修禪院在縣東南九十步比丘尼普達建

重修毗陵志卷第二十五

重修毗陵志卷第二十六

陵墓

懷土會於九京之地敬仲舒於下馬之陵思其人也昔賢藏龍在毗陵者不一若周之泰伯吳之季子則尤表表焉至今樵夫牧孺過者必敬彼烏知其人已去之千載耶況表碣巋然聖人之筆猶在然則是邦丘墓之可紀者詎容略而不書

晉陵

吳

公子札墓在縣北七十里通典注晉陵申浦有季子墓 詳見祠廟

晉

曹將軍橫墓在橫山冲虛觀後晉裏因亂離盜發冢壙令潘洞得巨磚有咸康八年右將軍散騎常侍字

劉刺史繇墓在縣北江濱水經云晉為揚州刺史 詳見山水

唐

吳刺史丹墓在仁和鄉北原按長慶集刺史字直存偕至中大夫終饒州刺史銘曰漢中大夫東方曼倩夏侯湛高之作廟貌贊中大夫真存先生白樂天知之作神道銘嗚呼二大夫異代而同符其揆曾逵者乎

國朝

郡守李國博餘慶墓在橫山葬後二十三年為至和元年王金陵銘其墓沈括筆談謂公强政疾惡墓土可以療瘧

胡文恭宿墓在萬安鄉隆亭歐陽公為墓誌銘

鄒忠公浩墓在德澤鄉林莊崇寧歸自嶺表政和初卒葬此嘉定間胡守衛命趙教授綝即墳築庵給公田贍祠事葉水心適為記嗣是郡與邑復歲遣祭淳祐八年春李守迪偕里寓郡僚修謁墓禮云

蔡閣學戡墓在新塘鄉壺公山

張侍郎濤墓在新塘鄉許墓

武進

漢

蔡伯偕墓在尚宜鄉亙村大冢巋然按本傳邕曾在

吳中積二十年意歿後來葬此爾

齊

泰安陵在彭山南齊高帝所葬按南齊書高帝紀云建安四年改武進泰安陵即其地也今隸丹陽縣境在武進之西

國朝

錢兵部治墓在遵教鄉北原里歐陽文忠公爲墓表文王金陵銘永安縣太君蔣氏云宜興人比其配也

逢原令墓在懷德鄉薛村王金陵爲墓表

張參政守墓在懷德南鄉黃林

霍侍郎端友墓在懷德南鄉丁墩孫鴻慶爲誌

丁正言隲墓在廣化門外一里

薛樞使極墓在漏湖西

無錫

周

泰伯墓在梅李鄉冢高一丈四尺周三十五步皇覽見云泰伯冢在會稽吳城梅李墟劉昭云縣東皇山有泰伯冢南徐記云晉殷郁爲晉陵太守嘗表其墓復一戶護守云

吳

荊州刺史顧容墓在縣南十八里冢高一丈八尺周百二十步人呼爲顧墓今縣郭有顧晉巷

宋

新建侯王華墓在縣西北二十五里冢高一丈八尺周百二十步本傳云字子陵琅邪臨沂人大保弘從祖弟卒於元嘉四年

王中令僧達墓在膠山南横山路北冢高一丈六尺周二百步本傳云孝武帝時爲右僕射累遷中書令終義興太守

齊

蕭侍郎墓在膠山寺門又云寺即舊宅

王光祿琨墓在縣北二十五里冢高一丈八尺周百十二步九域志云光祿大夫琅邪王琨墓在無錫

詳見守長

唐

滕刺史邁墓在新橋門外半里荒滕蔚閣有二石獸刻云
唐尚書刑部郎官睦州刺史滕公之墓按蘇文忠
誌滕逵道墓云十一代祖令琛為唐國子司業生
太傅翼翼生贈戶部侍郎抗抗生禮部侍郎盖盖
生戶部尚書珣珣生太中大夫睦州刺史即逵道
六世祖也

國朝

秦龍學墓在慧山其長子湛倅常日還葬後產紫藤
一本圍盈尺纏錯古松狀如偃盖或以為醉以藤
下詞識云

秦少章覯墓在大塚山

張循王浚墓在青山彎詳見寺觀

孟郡王忠厚墓在惠山西北

唐郎中作求墓在開化鄉象山先是訪婺女許史君
德之語曰明年求別知我莫若君願識吾墓予如
其言

尤尚書袤墓在礼山

馮[redacted]鄉多福墓在開元鄉石步

蔣侍郎重珍墓在湖㙭

宜興

漢

袁府君玘墓在君山詳見山水

蔣雲陽鄉侯默墓在竹山唐秘書少監齊光又為墓
碑裔孫監察御史晃復立石道傍

蔣函亭鄉侯澄墓在都山南唐天寶十五載給事中
蔣渙撰湖東枝墓塋誌云默十八代孫繪以上皆
葬此山挺以下多葬洛陽曰從吳者存于舊歸洛
者不悉平本

許太尉馘墓在周瀆西嘗歷司農洪氏隸纂有司
農劉夫人碑謂其配也

許氏先墓在函亭鄉階墅冢甚高廣有石刻云許氏
先君墓表

晉

周將軍處墓在荊溪英烈廟側唐權德輿題其墓云
壯志清風在荒城白日愁幽泉那復曉喬木不知
秋

陳

蔣湘陰侯政墓在白塔村山亭裔孫仕爲散騎常侍安遠將軍

唐

高丞相智周墓在葛墟村詳見歷代人物

衞將軍逖墓在許墅臨大溪詳見祠廟

國朝

郡守陳容學龔墓在箬山去郡後卒葬此孫莘老誌其墓邦人德之州縣歲時遣祭淳祐八年李守迺爲文屬令丞修上冢禮云

賀通判鑄墓在篠嶺字方回號慶湖居士嘗造石塔刻所作銘今在墓傍

蔣樞密之奇墓在滄浦

胡樞密松年墓在梅林

孫尚書覿墓在龜潭

余舍人中墓在杏花村龍潭山前

汪內翰藻墓在楊蔡

慕容尚書彥逢墓在篠嶺

莊待制徽墓在高山

郭樞密三益墓在橫澗

沈尚書積中墓在西坑

蘇待制嶠墓在芙蓉山

董待制弅墓在嶕山

成開府閔墓在橫澗

王樞密淵墓在紫雲羅漢山

蔣丞相芾墓在孫墓

單大諫聃墓在大蘆

周參政葵墓在梅林

王太尉琪墓在篠嶺

王侍郎吾正墓在金竹塢

傅待制楫墓在祝陵詳見寺觀

袁參政說友墓在青塢

胡忠獻世將墓在橫山

劉侍郎應起墓在臺莊

重修毗陵志卷第二十六

重修毗陵志卷第二十七

古蹟

泝桐江而想子陵泛赤壁而懷公瑾地以人勝自昔固然郡介吳門朱方人物風流遺蹟如昨六朝蓋多焉備載不遺亦歷覽周游之一助

州

毗陵地在天禧橋南舊傳地方丈餘盛雪不積豈一郡温厚之氣所聚歟或云在丁氏園

卧氷池一在郡城太平橋南一在武進縣滆湖西曰孝感瀆舊以爲王祥卧氷得魚之所又宅在尚宜鄉爲母捨建道觀按本傳祥琅邪人漢末扶母携弟覽避亂廬江三十年至晉拜太保未嘗至毗陵但其孫俊嘗封永世侯永世縣嘗屬毗陵覽孫導顯於江左子孫往往居此追慕祖德故以卧氷名池孝感名瀆爾

東山亭在荆谿對河大曆中獨孤及守建正元八年常守夏卿爲記略云有唐良二千石獨孤公之涖是邦人安俗阜有仁知山水之樂於傳舍東得勝地築亭號東山今廢記見詞翰門

天慶觀畫龍在三清殿壁題曰姑蘇道士李懷仁筆世傳懷仁酒豪嘗呼龍松江上狎而觀之以此畫入神品一日大醉睨殿壁苦索墨汁數斗成畫裂袂號呼奮擲雙龍立就觀者辟易懼將攫焉胡蒼梧有詩見詞翰門

太平寺畫水在彌陀殿壁郡人徐友畫清濟貫河一筆起西北隅縈繞數十丈却立締視疑若飛濤之騰涌楊誠齋有詩見詞翰門

晉陵

亭一在忠佑廟左爲樊氏茂一在郡後圃一在古縣唐舊址今爲丁氏球川

獨孤公檜有三皆其手植距幾五百載人比之甘棠

九里在縣西北青山門外宋明帝時孔覲自會稽謀逆遣賊將孫曇瓘頓軍于此命齊高帝率軍東討與張永等對壘結營摧破賊柵曇瓘敗走

小井見由水

離宮隋大業十三年救郡通守路道德集十郡兵匠

數萬人於郡東南創宮苑周圍十二里有涼殿四
一曰圓基二曰結綺三飛宇四漏景環以清流陰
以佳木又倣洛陽西苑環十有六宮於夏池左曰
麗光流景紫芝凝華景瑤浮綵舒芳懿樂右曰采
壁椒房明霞朱明翼仙翠微晷城千金回廊複閣
飛觴激水工技精巧丹碧絢麗未及臨幸尋以盜
起莽爲丘墟今夏城遺蹟隱然尚存
古城二並在縣東北二里一方一圓東西對峙或云
虎城亦云皷城
郭坡在縣北三十里晉郭璞葬母於暨陽去水百步
或以瀕流告璞曰即爲陸矣其後沙漲環墓數十
里悉成桑田暨陽今屬江陰與縣接境
胥城在縣東南二十里四蕃志云子胥所築
荼山路在縣西南廣化門外唐湖常二守會陽羨造
茶修貢繇此往返故名
淹城在縣東南二十里與武進接界越絕云吴地有
淹君城是已其城三重周廣十五里壕塹深闊舊
傳水涸斷得朽木可宿火近歲尚有之或云古毘
陵城
韓城在縣北德澤鄉四圍方正南有闕門北近諸廟
皆謂韓王舊傳五季亂離嘗築城堡衛鄉里
武進
蘭陵城在縣北八十里千秋鄉萬歲鎮西南齊四世
祖淮陰令蕭整僑居之地按萬歲寺舊有僞吳天
祚中石刻云寺西去蕭梁帝祖宅三十里東城村
初名皇基更曰皇業寺後百七十五步即其城也
東城天子路在縣北萬歲鎮西或謂秦皇所遊或云
孫氏舊迹宋明帝時訛言天子出及齊高帝受禪
蓋嘗居此言乃驗
傳落城祥符經云傳落按丹陽記季子北廟在城西
大姑城小姑城潘令經云在縣西南六十里
祿城在縣北五十里
醻城潘令經云在縣北三十里
青城在縣西北六十里萬歲鎮南有圜壇高丈餘廣
十畝西有方壇高不盈尺廣七八丈舊傳爲圜丘
方澤又有東郭門今酒務東其南有兩石龜莫詳

所自

金牛臺在縣西三十五里連犇牛鎮輿地志云漢時有金牛出山東石池到曲阿人㭊斷其道牛因驟犇故名又四蕃志云昔馬策湖中有銅牛人逐之上東山入土掘走至此㭊今㭊口及堰皆以此號宋元嘉末竟陵王誕遣參軍劉季之與顧彬之敗元凶劭將華欽等於曲阿之犇牛塘泰始二年建威將軍沈懷明東討孔覬至犇牛大破之齊高帝嘗與蕭順之共登金牛臺見一稭髏橫道曰文王以來幾年矣當復有掩此者乎言之凜然動色

慶亭在縣西五十里與丹陽分界韻書注吳中亭名孫權射虎傷馬地晉顧衆與蘭陵太守季閎於此拒守逆擊賊將張健卒平之

靈石在縣南占石村古祠前形如柱微露於地舊傳有取之者風雹大震遂止或云詹石二姓卜居訛爲此名

無錫

太伯城在縣東南四十里吳越春秋云太伯當商之

陵城

韓城在縣北德澤鄉四圍方正南有闕門北近諸廟皆謂韓王舊傳五季亂離嘗築城堡衛鄉里

武進

蘭陵城在縣北八十里千秋鄉萬歲鎮西南齊四世祖淮陰令蕭整僑居之地按萬歲寺舊有僞吳天祚中石刻云寺西去蕭梁帝祖宅三十里東城村初名皇基更曰皇業寺後百七十五步即其城也

東城天子路在縣北萬歲鎮西或謂秦皇所游或云孫氏舊迹宋明帝時訛言天子出及齊高帝受禪並嘗居此言乃驗

傳落城祥符經云傳落按丹陽記季子北廟在城西

大姑城小姑城潘令經云在縣西南六十里

禄城在縣北五十里

醻城潘令經云在縣北三十里

青城在縣西北六十里萬歲鎮南有圓壇高丈餘廣十畝西有方壇高不盈尺廣七八丈舊傳爲圓丘方澤又有東郭門令酒務東其南有兩石龜莫詳

所
龍尾道在縣西越絕云春申君徙封開此道以為本
邑云
西施莊在縣東四十里吳地記云范蠡獻西施於吳
故有是莊
望亭舊名御亭在縣南四十五里與平江分界輿地
志云御亭吳大帝立晉顧颺嘗監晉陵軍事築壘
于此進討賊將張健梁肩吾有御亭一廻望風塵
千里昏之句寰宇記云隋開皇九年置為驛唐李
襲譽易今名後廢
王右軍莊在縣西北三十五里洛社鎮風土記云晉
王右軍別墅一夕鬨衆喧開如市聲潜窺之狀皆
鬼神因立鎮市今開利寺址是
蕭莊在縣東宅仁鄉梁蕭侍郎別墅今膠山寺址是
梨花莊在縣北天授鄉
湛長史草堂在縣西七里今慧山寺址是文選有劉
鑠過草堂詩十三代孫貢賦詩云祖德今發揚還
同書史冊蓋謂史逸其傳也詳見歷山

李相書堂在慧山寺唐樂公垂紳肄業于此居松竹
中泉極甘爽有詩云上家山家山依舊好昔知松
檜長今來容鬢衰又云故山一別光陰改秋露寒
蟬歲月多
長生檜在慧山寺殿東偏　國朝天聖中蘇內相紳
宰縣時手植後人立石以此名
冥興
陽羨城漢詩荊傳注云陽羨故城在義興縣南十道
圖志云荊溪一名陽泉其音與陽羨相近秦改荊
邑為陽羨豈俗傳之訛耶
臨津城在縣西北五十里周廣二百九十步舊址猶
存南臨荊溪故名
國山城在縣西南五十里周廣二百九十步有壕西
臨漳溪寰宇記云晉初置於離墨山西後徙夷曠
處
義鄉城在縣東南八十里今屬長興
永世城在縣西北今屬丹陽
綏安城在縣西南梁陞為陳留郡今屬宣城

平陵城在縣西北六十里五賢鄉皇甫冉詩云舊國
想平陵春山滿陽羨
任公釣臺在縣北一里臨荆谿任昉爲守嘗垂釣于
此賦詩云道遇垂綸叟聊訪問津惑長泛滄浪水
平明至曛黑舊傳臺高二丈今荆莽中荒址尚存
南嶽
國山碣並見山水
到氏香林田舍在縣東二十里舊傳到洽兄弟所居
任昉過之田此子日下無雙且申拜親之禮
溉詩云六朝冠蓋俱塵土到氏今無薗圃存當時
任昉過田舍野老猶香林村
離羣在縣西南十八里任昉汎谿詩云絕物甘離羣
長懷思去國地臨荆谿疑後人取是句以名近世
金陵李[redacted]賦陽羨百吟有云好風吹句落煙村使
作棠陰記史君渠有平生絕塵到羣居那得是離
羣
呂亭在縣西六十五里漢封蔣澄爲侯其後因家焉
漳浦亭在縣西二十五里滆湖中近章溪有古隆

起俗號張虎墩疑其音相近傳者謁焉晉以此亭
爲周札封邑
射虎亭在縣南徐鉉送馮侍郎詩云斬蛟橋下谿煙
碧射虎亭邊路草青
余皮在縣東十二里舊傳子隱斷蛟曝餘皮于此余
當作餘李堅詩云小試屠龍技已成遺蹤千載讐
英靈舳艫不駭風波惡煙雨時聞草木腥
祝陵在善權山巖前有巨石刻云祝英臺讀書處號
碧鮮菴昔有詩云胡蝶滿園飛不見碧鮮空有讀
書壇俗傳英臺本女子幼與梁山伯共學後化爲
蝶其說類誕然攷寺記謂齊武帝贖英臺舊產建
意必有人第恐非女子耳今此地善釀陳克有祝
陵沽酒清若空之句
杜牧之水榭在荆溪北滆舊傳邑人王公輔治地得
巨横木亘其中云是牧之築榭故址按牧之集有
寄歙州刺史邢郡詩云一壑風煙陽羨里解龜歸
去路非賒寄李侍郎云終南山下抛泉石陽羨谿
頭買釣舟贈許七侍御云他年雪中棹陽羨訪吾

廬自注於宜興近有水榭其後徐鉉送義興趙合
云杜牧舊居憑買取它年藜杖願同歸
李司空山房 詳見寺院
陸相山房在顧山唐陸希聲解相印嘗隱居焉自號
君陽遁叟著顧山録窮幽極深間得其勝輒命以
名如鴻盤雲璒伏龜臺騰蟠石講易壓觀妙菴之
類凡二十有七皆以絶句紀之嘉祐中令趙文昌
刻石縣圃
蜀風在縣西北四十六里唐末常莊為蜀程記云至
宝雞縣過三疊坂田疇村落酷似義興境物故名
宝雞乃鳳翔支邑接東川李堅詩云勿訝常郎誇
酷似情知蘇子賦歸來
趙莊在縣南三十里唐李戡隱居之地與蜀山相對
遺蹟尚存
邊莊在縣南四十五里又五里有省莊南唐封疆止
此與吳越接畛為营屯戍守之所
七里莊在縣東北七里
南莊在縣北五十二里蔣穎叔嘗置義田有云耕舂

煙一龍鈎夜月千尋未荒三徑在不負此生心文
云功成乞身去於此老吾生
許亭在縣北二十里即星隕許氏園之地
五牧在縣西四十七里丁正言隲作壽昌縣君蔣氏
墓誌云蔣又五子皆至郡守故名 今晉陵縣東以運河亦有五牧
西石亭在縣東南十五里地產蘚梅枝幹奇古即蘇
文忠所謂幽香我艾納是也陳克有石亭梅花落
如積之句 見詞翰門
李刺史王潭莊在張公洞西南三里 詳見山水
陸氏山居在金牛潭
陸氏山居在金泉 並見山水
蘇東坡別業在縣北滆湖塘頭嘉祐初蔣穎叔有
卜鄰之約詩云瓊林花草聞前語罨畫溪山指後
期元豐中自黃移汝至荆谿與單君錫共月於黃
土有餉紅灰酒者坡曰僕知有紅灰不知有黃封
真快活人也因號東坡紅又長短句云買田陽羡
吾將老從來只為溪山好其孫峴因家焉
垂脚嶺木二嶺在縣南唐遇春真湖常二守會境上

白樂天詩云盤下中分兩州界燈前各作一家春
茶舍在晝溪上去湖㳇一里李栖筠為州有僧獻
佳茗陸羽以為芬香冠絕他境可供尚方始貢萬
兩置舍洞靈觀常袁鄉從兹地盧仝詩云天子須
嘗陽羨茶百草不敢先開花李益云顧渚吳嵎踏
成道石焙急成山日熛又云大君本以仁為心誰
先此弊流至今李郢云吾君可謂納諫君諫官不
諫何由聞使君愛民慘顏色就焙嘗茶坐諸客幾
回到口重咨嗟嫩綠芳鮮出何力僖宗幸蜀間關
馳貢王守枳詩云令朝拜貢盈襟淚不進新芽是
進心南唐保大四年命建州置的乳茶號京挺乃罷貢
九斗壇在善權山下高三尺周廣十三步山有九峯
如覆斗梁天監中禱雨蔣山未應神見夢於武帝
曰陽羨九斗山有神號張水曹能興雲雨帝如其
言遣使致祭雨隨至今聞以旱告輒驗
雙楠軒在縣城南慕容暉所居狀如偃蓋東坡為命
名參寥子詩云南軒前頭兩佳木先生撫翫常不
足尤愛薰風五月初白銀花開光照屋
醒醉石在縣治元豐間令李元盈題云為山因窯石
人巧奪天機強說醒和醉那知是與非
蔣三舍在縣西滆湖四圍皆澤國宣和間張宝文彥
智遇風寄宿贈以詩和者盈卷今藏其家有西岸
更無通步路四時常有避風船之句

重修毗陵志卷第二十七

重修毗陵志卷第二十八

祥異

紀異類怪紀瑞若誇不書可也雖然春秋災異不削史傳休祥備載是邦有得之遺牒所紀故老所傳者不書可乎哉

吴

五鳳二年陽羨離墨山巨石自立于寶以爲孫皓承廢得立之象

天璽元年陽羨山有石裂十餘丈名曰石室皓嘗封禪以彰瑞應詳見山水

晉

武帝時無錫縣歘生茱萸四株交枝若連理先是有鼯鼠出延陵牟祐令郭璞占曰此郡東明年當有妖樹生若瑞而非瑞辛螫之木也

元帝初鎮建業王導令郭璞筮得咸之井曰東北郡縣有武名者當出鐸以著受命之符後晉陵武進縣人於田中得銅鐸五故云五鐸啓號於晉陵人王廙奏云向見導言晉陵有金鐸之瑞必致中興

大興三年晉陵地震

咸和元年正月月入南斗占曰有兵是月石勒兵至

建元元年晉陵災

大和六年晉陵大水

寧康二年晉陵義興諸縣水

義熙二年陽羨縣有木連理

宋

元嘉十二年義興大水

齊

高帝居武進縣東城里宅南有桑一本高三丈旁出四枝若華蓋幼戲其下從兄敬宗曰此木爲汝生

建元元年七月義興水

武帝即位初義興水

永明九年八月義興大水

建武元年晉陵大稔

梁

天監元年夏四月丙寅武帝即位是月鳳凰集南蘭陵

大同十年三月武帝幸南蘭陵謁建陵有紫雲蔭陵
上食頃乃散傍有枯泉至是復涌

唐

乾封二年宜興邑宰所居有木連理
永徽四年宜興邑民顧氏家產芝草
大曆中獨孤及為郡甘露降其庭

五代

南唐保大中睦昭符為守一日坐聽事雷暴至電光
如金蛇繞案吏卒驚仆昭符不懾聞案下吡吡有
聲雷電倏散得鐵索重踰百斤昭符色亦不變命
納諸庫
昇元二年六月常州大雨漲溢

國朝

治平元年毗陵日晡天大声如雷震一星如月出東
南再震移西南三震星隕在宜興許亭許氏園
藩籬俱焚火息視地一竅深三尺餘星猶熒熒久
漸暗熱不可近後得拳石頭微銳其色如鐵鄭守
伸取以遺潤州金山寺今猶存見沈括筆談

紹興二十八年英守倪虛為郡郡宅梅忽發異花紫
心碧暈時以為瑞
宜興長橋下舊有白獺居出穴四望而嗥則為兵革
之兆邑神而相之今不存或賦詩云淵潛不作捕
魚忙攫報人間赤白囊世道清平渠屏蹟吳音鑿
頗授神方

重脩毗陵志卷第二十八

重修毗陵志卷第二十九

碑碣

歐子集三代以來遺刻僅千卷謂物之終弊雖金石不能自久好古云乎哉郡境四履豐碑巨碣無慮數百歲月滔邁頑缺莫補良而録之此傳久之道也可以傳可以無傳覽者當得於言外

州

太宗皇帝戒石銘紹興間重立（摹黃庭堅書張壽蜀檮杌王明清揮麈録皆云後主頒令箴二十有四句今銘四句蓋裒筆所取）

太宗皇帝御書皇帝字守臣趙彥㦸立

真宗皇帝賜文臣七條（並在郡治）

真宗皇帝建天慶觀勅大中祥符八年立（在本觀）

徽宗皇帝御書大成殿牓宣和間立

徽宗皇帝御書賜辟雍詔淳熙十四年守臣林祖洽重立（在州學）

徽宗皇帝御書建神霄玉清萬壽宮詔宣和元年守臣劉光立（在永慶寺）

徽宗皇帝御書二絶句賜徐㔦常守臣安泳立（在天慶觀）

高宗皇帝御書六經墨本（在州學御書閣）

高宗皇帝御書孝經石刻守臣林祖洽立（在州學御書閣）

高宗皇帝御書親耕耤田詔（又在武進縣）

常州二大字南唐散騎常侍徐鉉書

郡守題名記一紹興十七年郡丞洪遵撰一乾道八年郡守晁子建撰一嘉定五年郡守趙善湘撰

長廊頌天寶十一載儒林郎行晉陵縣尉羅信之撰

天聖中郡守李餘慶重立

開城記僞吳天祚六年水部員外郎倪政明撰

子城興造記蒼梧胡珵撰紹興四年郡守俞俟立

開後河記道鄉鄒浩撰

重開後河記教授鄒補之撰

犇牛閘記中大夫寶謨閣待制陸㳺撰

甘棠橋記

惠政橋記並郡丞趙時侃撰郡守趙善防立

重開新河記郡守趙汝逵撰

常平米記宣教郎太社令建安丘𢕟撰

靜治堂記

梅露堂記
如農齋記並晉陵孫覿撰
凝露堂記吳郡鄭作肅撰郡守李珏立
多稼亭記廣漢張栻撰
匪懈堂記教授莫若沖撰
近民堂記教授劉三傑撰
擊壤圖慶湖賀鑄筆
雙麥記郡守趙伯麟撰
雙蓮記郡守鄭必萬撰
重建五賢堂記中大夫守中書舍人張[illegible]撰
平糴米記郡丞陳桃撰
社稷壇記朝奉大夫知郴州丁逢撰
通判廳題名記一隆興元年郡丞陳撫撰一嘉熙三
年郡人季晞顏撰郡丞趙希璿立
常州學記臨川王安國撰治平四年立
重建學記教授鮑彪撰紹興八年立
修學記淳熙十一年朝奉郎張淵撰
進士題名記一治平四年臨川王■國撰一嘉定十

六年教授余中撰
狀元橋記紹興六年教授鮑彪撰
小井記建中靖國元年晉陵令陸元光撰
復貢士額記乾道八年晉陵權尉張貴謨撰
州學沙田記一乾道七年郡人唐鑄撰一開禧元年
教授劉三傑撰
州學義廪記嘉定元年秘閣校理留元剛撰
魁字嘉熙元年郡守謝達立
教授廳壁記淳熙　年教授鄒補之撰
晦庵朱文公白鹿書堂規嘉定十二年教授[illegible]綝立
東萊呂成公學規文寄臨川聚學諸生詩嘉定間教
授王洣之立
鄒道鄉墓亭記水心葉適撰
元日序拜文淳熙十五年教授莫沖立
杜少陵鳳凰臺詩[illegible]鄒柄書乾道八年立
東坡祠堂記乾道七年昭德晁公武撰
祠堂碑陰記嘉定十三年教授余中撰
祭東坡文嘉定十四年教授余中

東坡和楊公濟梅詩
東坡考牧圖詩
東坡魚枕冠頌並乾道八年郡守晁子健立
東坡寄遠樓詩端平元年郡守程有俊立並在郡学
東坡草書與陳述古夜飲詩在郡東廡
東坡題感慈寺詩元豐八年刻在感慈寺
東山亭記唐正元十一年常州刺史韋夏卿撰
季子廟碑水心葉適撰
東水門記梁谿尤袤撰
重修東水門記三山黃沖遠撰
盍簪亭記郡人張袚撰亭在薦橋
咸淳重開後河記直院祕監王應麟撰
龍興觀三門記大中祥符四年檢校工部郎中周絳撰
九天使者殿記端拱元年散騎常侍徐鉉撰
重修三清殿記天聖六年祕書丞黃鑑撰
道藏經目傳授圖景祐四年郡守王湜立
踵息庵記政和元年延平楊時撰

毗陵三絕教授余中題
毗陵三絕郡守王定題
三學同舍會拜題名一郡人施從龍撰一臨海丞李琰撰
澄清觀記都官員外郎周絳撰
光孝寺修造記廣西經略張貴謨撰
永慶寺修造記晉陵孫覿撰
定光佛記郡守晁子健記
韓長老堂記晉陵令王九成撰
薦福寺僧堂記天聖四年郡貢士丘鎮撰
重修薦福寺記叙宣德郎陳瓘撰
正覺寺明皇銅像贊樂安任膺撰
資聖寺三門記乾道間晉陵孫覿撰
智寶寺記僞吳天祚二年僧澄清撰
觀音寺記元豐二年縣尉高子方撰
忠佑廟陳司徒告身大業十一年六月
陳司徒夫人軫氏捨宅造寺疏僞吳明政二年並唐大中八年唐收輸二

陳司徒八絕碑唐天寶四載沙門德宣撰
八絕後記寶曆二年彭城劉祁撰
司徒神廟碑乾符三年集賢院李壽齊光乂撰
銀香爐記乾符六年沙門謐讓撰
朱梁封福順王告政和間武進令郭三益立
忠佑廟額宣和四年立
重脩忠佑廟記一宣和六年裴璣撰一建炎三年直
祕閣陳括撰一建炎三年太常博士夏之文撰
帝子封二侯告嘉泰四年郡守趙善防立
志廿九
忠佑廟田記嘉定十三年教授余申撰
宋郡侯賑荒記淳祐元年進士出身王允升撰
宋郡侯生祠記淳祐元年建康教授趙若炳撰
武烈東廟碣唐會昌間邑人葛祖如撰
武烈東廟碑南唐保大間徐鉉撰
嘉應城隍廟記淳熙十五年教授莫若冲撰
晉陵
縣廳壁記一祥符中令潘洞撰紹興十四年蒼梧胡
珵撰

宣嘉堂記大觀四年令李景亮撰
縣獄記嘉定間漫塘劉宰撰
不獨堂記晉陵縣孫覿撰
聳亭記一
尉廳壁記
橫山登僊觀記開寶七年南唐集賢殿學士徐鍇撰
沖虛觀詩天聖三年郡丞董黃中撰
芳茂山詩三茅山人金英子張存撰
橫山詩郡丞杜子民晉陵令陸元光撰
志廿九
橫山倡和詩縉雲居士晏會稽陸傳晉陵李公衍吳興
陶光撰

妙覺觀記至道間終南山人韓拱辰撰
壽聖禪院記崇寧間張彥輔撰
福聖禪院妙光塔記景坡蔣燦撰
崇安千佛閣記紹定中天台王定撰
慧山泉字郡守丹陽邵必書
湛長史舊居誌唐檢校戶部員外郎丘丹撰

宜興

縣廳壁記一皇祐六年令國子博士燕雍撰一政和二年會稽傅堯咨撰一紹興己亥令鄱陽左昌時撰
經理邑事總記熙寧二年令尚書員外郎樓閱撰
修文宣王廟記景德四年直史館陳越撰
徙建[illegible]斈記皇祐元年介州刺史張伯玉撰
重修斈記一紹興十六年括蒼陳鎰撰一乾道八年令孫回撰一慶元元年新安朱熹撰一嘉定十二年龍泉葉適撰一淳祐六年宛陵吳淵撰
丞廳壁記一元豐七年丞會稽黃彥撰一乾道二年國子監簿沈文撰一嘉定九年丞古瀛劉璧撰
簿廳壁記一紹熙三年簿吳興陳晦撰一嘉定戊戌簿東郡趙汝漕撰
尉廳壁記紹熙三年尉 陽賈子堅撰
重建尉廨記嘉定十一年令戴桷撰
社倉記慶元元年新安朱熹撰
修常平倉記紹熙五年丞趙師森撰
泳飛亭記嘉定十三年令戴桷撰
修縣獄記治平二年令王應辰撰
獄糧記嘉定十三年令戴桷撰

張公洞字在天申萬壽宮丹陽邵必書
洞靈觀記南唐韓載撰
漢許太尉廟碑令亡
唐衛將軍廟碑邑人王敖撰令亡
晋平西將軍廟記一景德二年郡守周絳撰一元豐八年
周將軍廟碑府君碑陸機撰王右軍書
邑人沃彥撰一淳熙三年蕭德藻撰
復周孝公塋兆記嘉定十七年漫塘劉宰撰
晋征西將軍周孝侯斬蛟射虎之碑眉山蘇軾書
英烈廟額嘉定間丞洪偶立
漢袁府君廟記紹興八年邑人單子發撰
果利廟額記政和元年苕溪王甫撰
祠山廣惠行廟記在胥村崇寧三年邑人單子發撰
岳武穆公生祠記建炎二年令錢諶撰
岳武穆公祠堂記淳熙八年倅趙善譽撰
新建岳武穆王廟記嘉定十一年太學錄周端朝撰
先賢祠堂記寶慶三年建安真德秀撰
殺虎行漫塘劉宰撰

迎華驛記治平四年安定程甫撰
重建陽羨館記嘉定十三年邑人沈唐老撰
長橋記南唐徐鉉撰
重建長橋記一大中祥符三年　撰一天聖二
年鄭向撰
浚運河記淳熙五年尉秦曆剛撰
餘霞新堤記嘉定十七年臨川陸持之撰
復養士橋錢記紹熙五年令括蒼高商老撰
養濟院記嘉定十三年太末陳璧撰
慈幼莊記紹定二年句金王遂撰
瀛澤園記紹定元年漫塘劉宰撰
國山碑在南嶽山吳孫皓時立
蔣氏大宗碑在葛墟道傍唐民部侍郎蔣洌撰
碧蘚庵字在善權寺方丈石上
茶舍碑一唐常州刺史裴肅撰一唐中山劉明素撰
九斗壇碑在善權寺前門左南唐僧□崇肇撰
蜀程記唐韋莊撰
陸希聲頤山錄在縣治嘉祐五年令趙文昌立卷終

重修毗陵志卷第三十

紀遺 辨疑附

郡志舊病於略今網羅採摭粗加詳焉亦既彙列于前矣至若所見異辭所聞異辭所傳聞異辭有不可以類入者略之又闕此紀遺之所由作也辨訛數事併附見之

總四縣

太湖中有大小雷山周子隱謂舜之漁澤而慧山旁有歷山又有舜田舜井後人指爲耕稼之所然河東舊有歷山雷首山會稽亦有歷山舜井象田仍以餘姚上虞名縣衆說殆不一惟郡國記云南朝多以北方山川郡邑名境内之地故以此擬舜之遺蹟吳地記亦云晉宋時始號歷山蓋兩漢地志未之載焉吏侯傳識

張禹後漢建初中拜揚州刺史過江行部士民以江有子胥之神難於濟涉禹請止禹曰子胥如有靈知吾志在理察寃訟豈危我哉鼓楫而過所部郡邑雖深遐之地莫不徧歷焉

酈元云順帝永建四年周嘉上書以吳越國周旋萬一千里浙江山川險絕求得分置遂析江以東爲會稽西爲吳郡三國朱育對濮陽興則謂劉府君有請然攷東漢志不言何人有請但云始順帝未知二說孰是酈元或云酈道元後漢耿絕馬援傳註道字咸無焉

宋高祖始爲鎮軍將軍晉陵韋叟善相桓攸令視帝當得州否叟曰得邊州退而私於帝曰君貴不可言帝笑曰若中當爲司馬其後叟詣之曰成王不負桐葉之言公應不忘司馬之言今不敢希鎮軍司馬得軍佐足矣卒與之

陳武帝嘗遊義興館于許氏夢天開數丈有四朱衣捧日而至納諸口暨覺腹内猶熱心甚喜焉

賜酺昉於前漢至唐猶存杜審言和晉陵陸丞早春遊望及大酺詩有云毗陵震澤九州通士女歡娛萬國同伐鼓撞鍾驚海上新粧袨服照江東以此知唐之聽民羣飲亦有時也

劉禹錫寄楊虞卿詩云曾主魚鞋刺史今朝自請左符來虞卿蓋坐朋黨出守謂之自請亦善爲辭矣

洪景盧嘗辨之載容齋隨筆

陸贄字敬輿吳郡人奏議有云蕭復剌常二年日時寄任甚大曆中也既而德宗即位寖被召用則贄之寓此其鄭尉免歸之日乎

孟郊字東野集中上常州盧使君書略云閣下以仁義道德事其君聞之天下久矣小子願求道德仁義之衣食以為養前守吏部侍郎常公嘗道德仁義之矣常公既去衣食亦去道德仁義願其主張是在閣下復上養生書按唐史盧乃元輔常乃夏卿相繼出郡而東野至晉寓居矣又有送諫議十六叔至孝義渡後寄詩云晚渡明鏡中跨躡毗陵橋寄義興小女子云江南莊宅淺所固唯疎雖小女未解行酒弟老更癡家中多吳語教爾遂可知我詠元魯山肯臆流甘滋終當李自乳起坐常相隨其慈愛之念又可槩想

孫泰山陽人唐中和間以二十萬錢置別墅於陽羨俾其人他徙忽一嫗哭甚哀泰驚問嫗曰老婦逮事舅姑于此吾子不肖李以售人泰惻然曰嫗所居適吾所售適得京中書不復駐此矣爾第居之言訖而近蘇文忠公建中靖國初北歸陽羨傾囊底得五百緡市屋將遷月夜與邵民瞻散步一嫗亦慟泣入問故對如前嫗取券立焚呼其子令奉母還竟不索直遂入城府借屋以居前輩急誼大抵類此二事適在吾州尤可敬嘆

蘇文忠寓顧塘孫氏館初在儀真得暑疾至是寖革不能卧陸宰元光遺一嬾版縱橫三尺偃植以受背公殊以為便竟據此終陸之子屬胡蒼梧為銘曰參寥易簣由禮結纓斃而得正匪死實生堂堂東坡斯文棟梁以正斃木猶不忍僵昔我邑長君先大夫侍聞夢奠啓手奉扶木君戚施匪屏匪几貽爾子孫無曰不祥之器

高緯蚤歲寓橫山沖虛館味泉極甘謂可比惠山惜不入陸鴻漸之品第太平興國中以太常少卿出宰故里　章聖時命其子夷直為尉俾就養焉首訪是泉廢已久至是復騰涌郡別駕董黃中作詩序其事名高家父子泉時天聖三禩也

吳志載孫皓以陽羨山石室開表爲大瑞乃遣兼司
徒董朝兼太常周處至縣封禪今碑自丞相而下
十四人獨有大司空朝而無處名按處傳處仕吳
止東觀令無難督無有兼太常之事豈史氏見處
爲陽羨人輒附益耶當以碑爲正
周將軍廟在縣南東巷前臨荊溪即晉平西將軍周
處之廟有唐模晉碑云内史陸機撰右將軍王羲
之書字畫甲陋文詞鄙俚兼以其時考之多所謬
誤按晉書處於元康七年與齊萬年戰歿今乃云
九年以疾卒陸機於太安元年爲成都王穎所害
今乃云太興二年歸葬是機死已十七年不知爲
此碑者果何人耶處既死於節義當時名士如潘
岳閻纘輩皆作詩弔悼機與處俱是吳人又有雅
故豈應無紀述恐歲久淪亡後人因附會爲此耳
南唐徐[redacted]以祠事過邑爲廟像且詞頗雄健　皇
朝紹興七年賜廟額曰英烈
舊說王介甫與東坡不相能介甫謂坡所作醉白堂
記爲韓白優劣論坡聞而答之謝且不似介甫常

州學記乃學校策耳今常州學記乃平甫文非介
甫也豈好事者誤耶
時邦美陽羨人父爲鄭州牙校部綱入蜀年六十有
四妻亦四十餘未有嗣謂其夫曰我有白金百星
願攜以市妾庶得子爲身後計夫如其言至喻儈
者獲一處子甚端麗扣其繇來默不對且起見其
括髮以布怪問之泣曰妾本京都人父終雅州掾
母子扶柩至此貧無貲鬻妾以歸時惻然亟奉處
子訪其母曰某不願得此舉所餘金畀行橐妻泣
謝遂與謀喪事如部曲抵京訪舍館且爲主葬既
歸妻問故以實告未幾妻有娠一夕夢偉丈夫衣
金紫通者九人皆披敗衲徑趨入金紫者獨留堂
中遽旦邦美生堂後之大生九子故邦美小字十
朐後舉進士仕至吏部尚書
方允武三衢人武學上舍補官爲江東巡檢建炎三
年金人犯境允武率土兵鄉夫迎戰于金泉至梅
嶺而歿事聞特贈秉義郎官其子三人唐卿虞卿
夏卿後俱至正副使信安志所載如此今義興雖

有金泉虜未嘗至疑當時叛將潰卒寇略未可知
但允武死節可尚故録之懼没其實也
陳得一字晞夫岐公洪進後居晉陵崇寧間東游至
日本國得卷書上有丹題付通微三字視之乃天
文星曆遂精推步 高宗朝日食正朔以御史張
致遠薦召至祕省俾正曆筭特命以官辭賜號通
微處士始驗丹書之應歸隱聶墅淳熙詔上其遺
書周簡惠葵嘗爲之序
周其姓者義興人晉永和中嘗出邑暮宿道傍草廬
一女子在焉夜聞有小兒聲呼云阿香官喚汝推
雷車女辭去既而大雷震詰旦視所宿處乃新冢
孫鴻慶賦罨畫溪行有云阿香推雷車政援此事
一云周姓永和其名
綱僊吳氏適張太傅訓祕一栁箱戒勿啓率十數日
一出夜從窻隙歸一日潛啓箱得短劍與皁半臂
歸已先覺怒曰余何背吾言衣半臂奄忽飛去箱
固亡恙先是產一女吳倏自外至乳之太傅叱曰
既去何復還吳不荅惟見燈光一縷如電徐視其

女首已亡矣稟齋筆豐因萍洲可談載其事爲賦
詩略云安得俠婦數十輩夜入胡地殲犬羊收拾
竟土還君王號爲壯士可奮死
史氏義興蔣弘譜妻也生子五歲而寡時年二十有
二誓不嫁誨子以學孫興宗仕顯封慶國夫人初居
滆湖妻甚育鵝自給朝縱去暮揭旗於岸則畢集
焉穎叔嘗賦詩云凌風沉浪白於雲野放湖中曉
至昏一舉招旗畢來集至今人號養鵝墩
洪忠宣皓夫人　氏建炎中　忠宣杖節留虜廷
夫人卒葬無錫白茅山子适遵邁廬墓傍有毬松
之瑞
胡淑脩字文柔晉陵人文恭公之女也事無湖李之
儀讀書善屬文嘉祐中從其祖母至內庭見于柔
儀殿　慈聖光獻后拊之曰是胡氏有學能文之
女乎後上元御宣德門觀燈命婦皆侍后顧曰能
文之女何不來淑脩適在後呼而出賜冠帔時昔
榮之初之儀從東坡中山之辟淑脩曰蘇公名重
一時讀其書有殺身成仁之志宜善事之之儀葬

毋淑脩幸裹穤運土封穴手植松栢以水灌之沸
淚與水俱所植皆茂封靜安縣君
熙寧間吳興朱臨致仕里居有僧智容來謁且言其子
行中因賀曰後舉狀元也明年果奏禮部名時智
容適寓相國寺及殿試行中偶疾作條對不稱意
卷上日方午 裕陵覽而嘉之一日行中過智容
就寺廊引見一丐者相與飲酒斗餘徐曰此人當
唱第先生能留晒乎丐者曰汝云何師曰可冠多
士入寺師不覺驚 但云偶數多望
唶曰始吾見子謂天下無人不知復有此人行中
曰此毗陵余行老未有聞其圖識之及臚傳余果
為第一行中次之行老名中

重修毗陵志第三十卷終

毘陵宋志惟教授三山鄒補之所撰十二卷見宋藝文志及陳氏書録解題今不傳此本咸淳四年戊辰郡守史能之修延祐四年丁巳重刻在鄒志之後而藏書家無著於録者近时查氏夏重補注蘇詩厲氏太鴻纂宋詩紀事皆采用之起地理訖紀遺凡十九門廿三十卷體例賅備可稱良志明洪武初謝應芳增修成化中孫偉德重修種未見其書於上原本於此惟卷首列圖有七而中只東至蘊州府西至應天府云云則已非史志之舊必史圖已佚後人傳鈔者據所知者志之圖以補之耳世之藏書家間有是書殘闕殆半癸卯冬少權購

予原闕十一卷至二十卷丙午夏少詹
閔長洲吳君翌鳳從朱文游本互足缺
失復為予轉借補鈔竟得九卷屢
闕十一卷第一頁及二十卷詞翰餘篇
居於完好可喜如吾鄉志自康熙
間陳君人玉璉修後迄今百餘年
未有繼其事者顧令人之書閒是
請梁谿為以人作書每以唐少卿
鶴徵志為可寶古書甚難良志亦
甦刻事閔余拜又權與之所託乎
裝函裝之並識歲累乾隆己酉冬
之居士趙懷玉書於亦有生齋

嘉慶甲子十月吳縣黃丕烈借校一過

後記

無錫是中國吴文化的發祥地。七千多年悠久歷史與文明，造就了『梁溪明秀之區，衣冠禮樂甲于江左』的城市人文傳統和深厚的歷史文化底藴。數千年來，文脉綿延，永世流芳。邵寶在《錫山遺響》序中曾經這樣描述：『錫之爲邑，在三吴間。山水清麗豐曠，生其地者，多沉雅秀整，以文名家，代不乏人，詩文之一也。』文化已經成爲這座城市最本色的氣質。爲傳承吴地文明，建設文化名城，進一步彰顯無錫城市内在精神特質，經過幾年的精心策劃，旨在全面整理地方文化典籍的《無錫文庫》編纂出版工作于二〇一〇年全面啓動，二〇一一年起陸續與讀者見面了。

無錫的城市文化曾經爲中華文化寶庫作出過巨大貢獻。顧愷之、倪瓚、王紱、鄒一桂、賀天健、徐悲鴻、錢松喦、吴冠中，如松秀群嶺，在中國繪畫史上擁有很高的地位；華秋蘋、楊蔭瀏、劉天華、華彦鈞（阿炳），乃韵動天籟，對中國音樂發展發揮了重要作用；李紳、蔣防、尤袤、蔣捷、陳維崧、顧貞觀、嚴繩孫、周濟、劉半農，皆胸懷錦綉，在中國文學史上可謂各領風騷；計六奇、顧祖禹、顧棟高、秦蕙田、嵇璜、錢基博、錢穆、錢鍾書、錢海岳，可稱堂奥廣庭，學造淵源，在中國學術史上卓然大家；顧憲成、高攀龍之東林，唐文治之『國專』，徐霞客之游記，徐壽、華蘅芳之『格致之學』，陳翰笙、錢俊瑞、孫治方、薛暮橋之經濟學，都堪稱中華文化史上的一座座高峰，至今閃耀着炫目的光芒。

深厚的歷史文化底蘊激發了無錫城市的文化自覺。市委、市政府滿懷對鄉土誠摯之情、對文化敬畏之感，以義不容辭的責任擔當，致力於文化强市建設，以科學的理念和方式對歷史文化遺産作全方位的觀照、深層次的發掘、系統性的保護，匯四海之智，舉全市之力，共襄文化建設盛舉。二〇〇六年十二月，無錫市成功申報國家歷史文化名城，標志着新一輪文化意識的覺醒，并迅速轉化爲文化自覺的實踐。近年來，我市全面啓動惠山、清名橋、小婁巷、榮巷、蕩口等五個歷史文化街區和十個古村落保護修復工程，『護其貌，顯其顔，鑄其魂，揚其韵』；鴻山遺址成功保護的經驗被國家文物局譽爲大遺址保護『無錫模式』，并被授予首批國家考古大遺址公園，闔閭城遺址考古發現則確立了歷史上無錫曾作爲吴王闔閭都城的地位；建成開放六十餘座博物館、名人故居和紀念館；對無錫的非物質文化遺産予以重點保護；每年春天舉辦的中國（無錫）吴文化節、中國文化遺産保護論壇成爲文化亮點，享譽海内外。這些舉措遵循規律，探索文化建設體制和機制的創新，形成了寶貴的『無錫經驗』，得到海内外學者、專家的一致肯定。

在注重保護歷史文化遺存的過程中，發掘、整理無錫歷史文獻著作，展示和弘揚無錫城市的思想精神世界，自然而然成爲大家關注的重點。二〇〇六年，市委宣傳部組織無錫文史專家、學者編撰的十七册三百萬字的《無錫文化叢書》正式出版，引起强烈反響，出版後供不應求，在二〇〇八年再版加印。《無錫文化叢書》集中反映了無錫城市文化精華，展示了無錫城市文化特質，彰顯了無錫歷史文化的厚重，同時也告訴人們，文化精神的傳遞是文化繁榮發展的重要内涵，一旦擦去歲月蒙塵，優秀的歷史文化就會轉化成爲取之不盡的精神財富。

爲了進一步彰顯城市歷史文化底藴，二〇〇七年，市委、市政府將全面系統整理無錫文化典籍擺上工作議事日程，明確提出編纂《無錫文庫》。由于無錫歷史文化底藴深厚，卷帙浩繁，内容豐富，編纂工作千頭萬緒，要想整理出一部簡明扼要而又内容翔實、主旨鮮明而又文質彬彬的文獻集成，難度遠大于預想。爲此，我們先後成立了《無錫文庫》工作委員會和編輯委員會，加强對編纂出版工作的組織領導與統籌協調，在尊重歷史、尊重規律、尊重科學、尊重專家的基礎上，積極推進文庫編纂工作。編輯委員會經過反復論證，明確原則，綱舉目張，有條不紊地開展工作。充分憑借地方文史專家的優勢，充分發揮高校人文學院、研究機構的作用，充分依靠出版機構的專業經驗，并邀請國内外著名文史專家指導、把關，形成了文庫編纂的工作合力。

在編輯過程中，我們力求使《無錫文庫》成爲經得起歷史考驗的鄉邦文獻集成。

全面規劃又保持開放結構。面對豐富的歷史文化積澱，没有規劃就不可能形成清晰的編纂思路。在前期編纂工作中，編輯委員會經過二十餘次的論證會和專題研討會，形成并確定了《無錫文庫》總書目，明確了收録範圍和内容主體，立足無錫市區，兼顧江陰、宜興，主要體現無錫本土内容，突出人文科學，適當兼顧其他門類。據此，《無錫文庫》收録圖書五百五十餘種，分爲五輯：第一輯『官修舊志』，收編無錫地方志（含江陰、宜興）；第二輯『地方史料專著』，收編反映無錫地方史料的專著與筆記；第三輯『年譜家乘』，收編無錫（含江陰、宜興）地方名人年譜和望族的家譜；第四輯『無錫文存』，收編歷史上無錫作家詩文和專著的精華；第五輯『近現代名家名著存目』，編撰無錫近現代名家名著的書目提要。爲使文庫具有更大的開放度和包容量，《無錫文庫》注重整體設計，在框架分類上既注意

整合，又突出重點，考慮到文庫的涵蓋面和系統性；在書目選擇上既注重經典性，又强調代表性，兼顧到圖書本身質量和作者特點；在出版方式上既總體規劃、循序推進，又采取較爲靈活的方式，成熟一批出版一批，不編序號，爲今後增補書目預留空間。

尊重歷史又反映時代特色。《無錫文庫》注重歷史性與時代性相結合，以嶄新的學術角度和現代學科理念對城市歷史文化進行整理和弘揚。編纂工作充分體現對歷史傳統的尊重，儘可能减少評述性成分，杜絶截割、改篡、增删圖書内容，對節選本衹采取作者的自選本。與此同時，以現代學術視野來看待傳統史料，增加收録有價值的歷史資料和文獻，如對民國時期的一些稿本、期刊、會刊、紀念册也予以應有的關注，收入了部分重要的民間史料。

保持原貌又便于讀者查閱。《無錫文庫》除第五輯外，全部采用原版影印方式，力争選擇最優版本作底本，保持文獻著作的歷史面目。爲了便于閲讀、查證、使用、研究，每一輯均撰寫編輯説明，每種書撰寫提要，并編撰《文庫》書目索引。通過這樣的方式，使《無錫文庫》兼具工具書檢索的作用，增强文化典籍整理的實用功能。

如期完成又精益求精。《無錫文庫》作爲一項重大文化工程，編纂工作面廣量大，必須集中力量，一鼓作氣。我們明確，從編纂工作全面啓動開始，花三年時間完成《無錫文庫》出版工作。《無錫文庫》總書目形成後，五輯的書目編纂工作同時開展、整體推進。我們要求，《無錫文庫》編纂出版工作要强化精品意識，力求思想精深、内容精彩、選編精當、學風精良、裝幀精美。文庫編纂出版的每個環節都反復論證推敲，確保經得起歷史檢驗。

《無錫文庫》的編纂出版工作，得到了鳳凰出版傳媒集團的大力支持，鳳凰出版社在版本選擇、編輯出版方面做了細緻的工作；由于《無錫文庫》收録的資料有三分之二散落在全國各圖書館中，中國國家圖書館、上海圖書館、南京圖書館等一批國内知名圖書館爲此提供了積極的幫助；應邀擔任《無錫文庫》學術顧問的專家，都是無錫籍的文化名人和國内一流的古籍研究專家，他們有的不顧年事已高，有的不顧自身工作繁忙，爲《無錫文庫》的編纂工作付出辛勤勞動；《無錫文庫》工作委員會和編輯委員會成員以及編務人員在文庫編纂出版過程中做了大量的工作。在此，謹向他們表示崇高的敬意和由衷的謝忱！

由於《無錫文庫》收録内容涉及範圍廣、時間跨度長，部分書目已經散佚，可利用資料受到限制，加之編輯委員會水平有限，《無錫文庫》的編纂工作難免會有一些疏漏和錯誤，不當之處敬請讀者指正。

王立人

二〇一一年一月

無錫文庫

第一輯

［道光］江陰縣志

鳳凰出版傳媒集團
鳳凰出版社

ISBN 978-7-5506-0290-8

9 787550 602908 >

圖書在版編目（CIP）數據

（道光）江陰縣志 /（清）陳延恩修 ；（清）金咸續修 ；（清）李兆洛等纂. -- 南京 ：鳳凰出版社，2011.2
（無錫文庫. 第1輯）
ISBN 978-7-5506-0290-8

Ⅰ. ①道… Ⅱ. ①陳… ②金… ③李… Ⅲ. ①江陰市－地方志－清代 Ⅳ. ①K295.33

中國版本圖書館CIP數據核字(2011)第036119號

責任編輯　王　劍
裝幀設計　姜　嵩
出版發行　鳳凰出版傳媒集團
　　　　　鳳凰出版社(原江蘇古籍出版社)
　　　　　南京市中央路165號　郵編 210009
　　　　　發行部電話 025－83223462
集團網址　鳳凰出版傳媒網　http://www.ppm.cn
印　　刷　無錫市證券印刷有限公司
　　　　　無錫市揚名高新技術産業園B區75號　郵編 214024
開　　本　889×1194毫米　1/16
印　　張　46.75
版　　次　2011年2月第1版　2011年2月第1次印刷
標準書號　ISBN 978-7-5506-0290-8
定　　價　610.00圓
　　　　　(本書凡印裝錯誤可向承印廠調换，電話：0510－85435666)

無錫文庫工作委員會

顧　問

楊衛澤　毛小平　周和平　譚　躍

主　任

王立人

副主任

曹佳中　陳海燕　吴小平

委　員

方標軍　須　儉　陳堯明　尤文科
何承志　蔡文煜　葉建興　施　展
嚴克勤　劉　川　雷群虎　李祖坤
瞿　敬　華瑞興　周興安　姜小青

無錫文庫編輯委員會

主　編

王立人

副主編

須　儉　姜小青

編　委（按姓氏筆畫排列）

王進雄　王賡唐　卞惠興　全　勤　吴　迪　沙無垢
金其楨　夏剛草　倪培翔　徐志鈞　浦學坤　陳文源
過旭明　過耀華　許墨林　張志清　程勉中　湯可可
蔡家彬　劉桂秋　錢建中　錢菲菲　顧文璧

執行編委

王華寶　王　劍　薛　飛　陳紅彦　林世田　謝冬榮　徐憶農

編務人員

顧志堅　李躍光

無錫文庫學術顧問

（按姓氏筆畫排列）

朱玉麒　朱維錚　江慶柏　李文海
沈衛榮　武秀成　金良年　胡福明
莫礪鋒　徐中玉　陳熙中　許倬雲
張仲禮　張廷銀　彭　林　程章燦
馮　遠　馮其庸　楊天石　趙生群
劉玉才　錢　遜　錢中文　錢文忠

總序

七千年文明史，三千年建城史，江南名城無錫，襟長江依太湖，自古以來就是魚米之鄉，禮儀之邦。無錫文化自泰伯南奔以來，騰蛟起鳳，尚德崇文，在數千年的傳承發展中，教化常持，經世務實，人杰輩出，大家林立，文藻絢麗，錯彩鏤金。舍南舍北皆春水，欲與湖山作主人，數千年的人文傳統，賦予了風光秀美的無錫以獨特的文化魅力，鑄就了城市剛柔相濟、秀逸清麗的的文化品格。

無錫是中國吴文化的發源地。早在商代晚期，周太王古公亶父的長子泰伯三讓王位，攜其弟仲雍奔吴，定居無錫梅里，建『勾吴國』，『端委以治周禮』，施以禮儀教化；興修水利，授以農桑，不數年而『民人殷富』。泰伯帶來的中原文化與無錫本地土著文明相結合，吴文化以及作爲其重要組成部分的無錫文化就此發端。晋室南渡，北方人群大量南遷，帶來了中原的文化技術，促進了無錫農業、水利、手工業和商業的發展，中原文明再度與吴文化進行融合互滲。在本土文化與异地文化的碰撞和交融中，不斷推動着無錫這座城市的文明進步。

無錫歷史文化『追歷七千餘載歲月滌蕩，遂經四大轉折而成其廣大深厚』：泰伯西來，吴文化成焉；永嘉南渡，江左文脉振焉；宋室波遷，江南文風始焉；歐風東漸，錫邑占風氣之先，民族工商文化始焉。數百代鄉彦賢達智慧與創造累積，文獻足徵，無慮百千』（《錫山先哲叢刊》重版弁言）。無錫文化以兼容并蓄多樣化的形態不斷發展。

崇文尚教，以教促文。北宋嘉祐三年（一〇五八），無錫始設縣學；北宋政和元年（一一一一），理學傳人楊時在無錫創建東林書院，此後無錫出現了喻樗、尤袤、李祥、蔣重珍等一批知名的教育家。至明代，顧憲成、高攀龍等在東林書院講學，此後又有許多書院相繼而起。古代無錫對教育的重視，促進了『崇文』和『尚教』的風氣，也造就了大量的人才。自隋朝開創科舉取士到清末廢除科舉，無錫共出了五名狀元、三名榜眼、六名探花和三名傳臚，并有五百四十名進士，一千二百多名舉人；『一榜九進士』、『六科三解元』，自古傳爲佳話。近代以來，經濟的繁榮進一步帶動了教育的興盛。無錫籍國學大師錢穆曾説：『晚清以下，群呼教育救國，無錫一縣最先起。』此後無錫的實業家紛紛出資興辦文化教育事業。教育的繁興，在極大程度上促進了無錫的文化發展，出現了空前的文化人才崛起的高峰。

文脉綿延，後出轉强。歷來『文化』的概念有廣義和狹義之分，這裏的『文脉』之『文』，用的是狹義的概念，即指經史、文學、藝術等人類所創造的精神財富的總和。在無錫的歷史文化傳統中，自古及今，悠悠文脉，如瓜瓞之綿綿。必須指出的是，從文化發生學的角度來看，早期中華文化的中心是在黄河流域的中原地區，無錫在宋元以前，雖有像顧愷之、李紳、尤袤、蔣捷、倪瓚等一批人文英才，但在整體上，無錫的文氣是自明清以迄近現代達到巔峰。在整個江南地區文教昌明和無錫經濟繁盛、教育勃興的大背景下，無錫地區在經史、文學、繪畫、音樂等諸多領域中，建樹卓越，俊才雲蒸，真正呈現出『人文之盛，冠於南國；碩彦輩出，著述繁實』的局面。

求實務本、重工崇商。無錫自古爲江南富庶之地、魚米之鄉。明代東林講學者將士商并列爲『本行』，講求經世致用；近代早期維新的思想家、實踐家薛福成提出『黜浮靡，崇實學』，大力倡揚『工商爲先，耕戰植其基，工商擴其用』的觀念，這些都成了近代以來無錫人求實務本、重工崇商的重要的思想根源；兼以明清時期，封建自然經濟解體，資本主義開始萌芽，無錫經濟日趨繁盛。鴉片戰争以後，上海開埠，由於商品經濟的發展和商業資本積累的增加，逐步形成了一個以上海爲中心的，北接江陰、靖江，西連蘇州、無錫、常州的經濟區域。有布、米、絲、錢『四大碼頭』的無錫，被譽爲『小上海』。到了十九世紀末、二十世紀初，無錫許多有識之士積極引進西方生産技術，大力興辦工廠，形成了近代六大資本系統，無錫成了近代中國民族工商業的發祥地和蘇南經濟中心。經濟的繁盛，不僅爲無錫文化的不斷發展提供了堅實的物質基礎，而且也形成了無錫文化的主流形態之一的，具有鮮明特色和豐富内涵的『工商文化』。

文化源長，文獻宏大。在歷史上，無錫有過兩次較大規模的文化整理。一八九九年，《常州先哲遺書》是包涵無錫城市在内的第一次區域性文化整理集成。一九二一年，《錫山先哲叢刊》是無錫真正意義上從城市角度進行的一次文化整理。當時，國家積貧積弱，社會動蕩離亂，身處亂世的有識之士高擎文化的旗幟，以縱覽千古的魄力和毅力致力於城市文化傳統的繼承與弘揚，爲無錫地方人文教育提供了文化楷模，對增强無錫崇文興教氛圍發揮了重要的作用，爲無錫躋身江南名城提供了文化動力，其意義至今爲後人感念。

滄桑巨變，天上人間。經過近一個世紀的奮鬥探索，特别是改革開放三十多年來的迅猛發展，中

華民族强勢崛起。國運昌隆，盛世修典。中共無錫市委、市政府高度重視地方傳統文化的整理弘揚工作。自二〇〇七年提出『建設文明無錫，打造文化名城』以來，無錫全面深入開展歷史文化遺産的挖掘、清理、保護和修復工作，傳承弘揚優秀傳統文化，彰顯城市人文歷史底蘊，掀起歷史文化名城建設新高潮。此後，市委、市政府在《無錫市文化大發展大繁榮行動綱要》中明確要求全面整理出版地方歷史文獻，市委、市政府在《關於深化文化體制改革加快文化强市建設的決定》中再次明確要求編纂《無錫文庫》，正式啓動迄今爲止無錫地區規模最大、綜合性鄉邦文獻集成的修編工作。爲確保《無錫文庫》的編纂工作順利進行，市委、市政府專門成立了『無錫文庫工作委員會』，由市委宣傳部牽頭，設立了『無錫文庫編輯委員會』，計劃用三年時間完成編纂出版工作。《無錫文庫》的編纂，將以嶄新的學術角度和現代學科框架對城市歷史文化進行全面梳理和弘揚，站在時代的高度，充分展示城市深厚的歷史底蘊，彰顯先賢哲人的智慧創造，解讀無錫文化的獨特個性，提煉升華無錫的人文精神，光前裕後，古爲今用，以文化人，由人化文，以史爲鑒，開啓未來。

《無錫文庫》的編纂出版必將發揮重要的文化功能：首先是搶救文獻。無錫自古即有豐富的地方文獻，無論經史子集，都有重要著作流傳於世。然而無錫近代歷經戰亂，一些重要典籍已毁佚，僅有書名存留；還有一些珍貴的明清地方史籍，也以孤本存世，處於若存若亡之間。由於各種原因，一些代表無錫文化的典籍保存於國内外各大圖書館中，在無錫不易見到。從清末到民國期間，在文化上有不少重要成果，而這部分書籍因長期被忽視而處於毁佚的邊緣。《無錫文庫》的編纂就是爲了搶救文獻，保存文脉。其次是古籍整理。無錫先賢留下的載籍很多，但現存書籍，版本雜亂，良莠不齊，整

體而言没有經過系統編排梳理，使用不便。《無錫文庫》的編纂，就是從版本目録學的角度加以梳理，每書皆撰提要，鈎玄指要，便於閲讀使用。第三是服務大衆。《無錫文庫》所收皆爲地方古史遺文，是研究無錫歷史沿革和文化傳承的必讀書目。《無錫文庫》的編纂出版，使這些書籍的使用更加便捷和廣泛，對無錫的文化建設、城市規劃、古迹保護、名勝開發都具有很高的學術價值和實用價值。

歷史唯物主義觀是《無錫文庫》編纂出版工作的重要指導思想。《無錫文庫》是一部具有社會主義新時代特點的典籍集成，編纂理念和選編觀念更加科學，注重學術性、實用性和經典性相結合，并且儘量收入古籍版本研究的新成果，廣泛收集流散在國内外的珍貴典籍。編纂工作中，始終堅持『尊重歷史、尊重科學、尊重規律、尊重專家』的原則，堅持『雙百』方針，對傳統文化中重要的不同學派、不同觀點的資料兼收并蓄，力求客觀、完整和全面。當然，《無錫文庫》不可能包羅萬象，而以文史哲爲主要内容，兼顧其他類别著述，整體呈現出無錫歷史文化的發展脉絡。强化編纂工作的學術規範，提倡實事求是的良好學風，對文庫的整體規模、體例框架、所收書目、版式裝幀等進行反復論證，反復比較，多方聽取意見，慎之又慎，力争使《無錫文庫》成爲一部真正代表無錫文化的綜合性鄉邦文獻集成。

編纂出版《無錫文庫》的盛舉，得到了海内外衆多著名的文史專家、學者教授的熱烈響應。許倬雲、馮其庸、楊天石、李文海、徐中玉、馮遠、胡福明等無錫籍文化名人和劉玉才、程章燦、江慶柏、張廷銀、金良年等專家學者應邀擔任《無錫文庫》的學術顧問，他們扎實的學術功底、嚴謹的治

學風範、卓越的學術見識，爲《無錫文庫》提供了有力的支撑。

千年吴地文明，百年工商繁華，賦予無錫人聰慧和靈秀，創造了具有獨特品質的城市文化和城市精神。當我們手捧先哲留下的珍貴文化遺産，不僅滿懷感恩、敬畏之心，更涌動着不負前賢、勵志圖新的激情，去努力創造城市文化嶄新的輝煌，讓無錫文化大發展大繁榮的春天更加姹紫嫣紅、繽紛燦爛！

無錫文庫編輯委員會

二〇一一年一月

凡例

一、《文庫》所收爲無錫籍作家的著述和與無錫相關的歷代文獻，分爲《官修舊志》、《地方史料專著》、《年譜家乘》、《無錫文存》和《近現代名家名著存目》五輯。

二、無錫地域範圍以現行行政轄區爲準。《文庫》立足無錫市區，兼顧江陰、宜興，適當選收江陰、宜興具有代表性的著作。

三、《文庫》所收著作，以史料價值高、使用價值大爲原則，適當兼顧其版本價值。

四、《文庫》主要采用影印方式出版，《近現代名家名著存目》收入作家小傳和主要著述目録。

五、《文庫》所收著作，其編纂年代下限爲一九四九年；《近現代名家名著存目》則不受此限。

六、《文庫》所收著作，原書如有蠹損、殘缺、漫漶不清處，原則上以相同版本予以換頁、補頁，使全書清晰、整齊。

七、《文庫》對所收每種圖書，均撰寫提要，置於每種書扉頁之背面；每册均新編頁碼，自爲起訖。

八、《文庫》編制書名索引和著者索引，以方便讀者使用。

第一輯編輯説明

本輯爲《無錫文庫》之第一辑《官修舊志》。

無錫自古爲文化昌盛之地，修志傳統源遠流長，延綿不斷。歷代纂修的地方志卷帙浩繁，内容豐富。其特點是修志年代早，數量多，品種齊，質量上乘，在全國方志中占有一席之地。

中國最早的風土記——晋代《陽羡風土記》發源于宜興。清代嚴可均認爲『古地説《山海經》、《水經》外，此爲最舊』。無錫修志事業發達，無錫、江陰、宜興三縣歷代纂修志書五十四部。特别到了明清時期，較他縣猶盛。明代纂修縣志十四部，清代修了十七部。無錫舊志的種類繁多，除了風土記、地記、圖經外，還有軍志、郡志、州志、縣志、合志。從記事的上下限看，有通合古今的方志，亦有斷代的續志，形式多樣。在修志過程中，李兆洛、嚴繩孫、繆荃孫等一些名人親自制定凡例，廣搜資料，考證史實，講求章法，成就了一批名志佳作。在晋代有『文言美詞列於章句，委曲敘事存於細書』（章宗源《隋書經籍志考證》）的《陽羡風土記》；元代有『詞簡而事該，亦地志之善本』（《四庫全書總目》）的《〔至正〕無錫志》。《〔萬曆〕宜興縣志》『引史證志，爲修志創一新例』（《稀見地方志提要》）。清《〔康熙〕無錫縣志》因『秦、嚴并名流，精史法，故其書完美。所爲凡例，尤多名論，誠佳構也』（《續修四庫全書提要》）。《〔乾隆〕江陰縣志》以其『文亦詳密瞻雅』（《續修四庫全書提要》）受到史學家好評。《〔道光〕江陰縣志》被贊譽爲『體例精嚴、裁制有法，在當時推爲佳志』（《續修四庫全書提要》）。《［光緒］宜興荆溪縣新志》『其文字之雅，搜輯之宏，誠爲後來居上』（《方志考稿》）。繆荃孫主纂的《江陰縣志》因『石刻及藝文孜孜彌詳，至有價值』（《江陰志略》）。

無錫縣先後修志十三部，散佚四部。宋代和宋代以前修有舊經、圖經、無錫志三部，均散佚；元代凡一修，明代有景泰（散佚）、弘治、萬曆三志；清修康熙、乾隆（二部）、道光、嘉慶、光緒志六部。從晋代到民國，宜興編修志書二十二部，散佚十四部；宋代以前（含宋代）修的九部志書均佚；明代修五部，僅存萬曆志一部；清代至民國修志八次，散佚一部。從宋代到民國，江陰纂修志書十八部，散佚十部。宋代和宋代以前修的五部均佚；明代修八部，存弘治、嘉靖和崇禎三部；清代修志五次。

本輯收録了民國以前無錫現存的二十六部舊方志（本輯之末附宋代的常州府志——《［咸淳］毗陵志》）。從時期上分，宋代一部，元代一部，明代七部，清代至民國十八部。按行政區劃分，無錫九部，宜興、江陰各八部。另附府志一部，其緣由是無錫、江陰、宜興的宋代方志均散佚無存，而常州府的《［咸淳］毗陵志》保存了所轄區内各地修志上繳的史料。

本輯影印的這些志書，有稀見的珍本、孤本，也有名構佳作。原書如有殘缺、漫漶不清處，以相同版本予以換頁、補頁，儘量系統而完整地整理影印出版，以起到資治、存史、教化的作用。

本輯排列順序，無錫、江陰、宜興，後附《『咸淳』毗陵志》。各縣之下以志書出版年代先後爲序。每部志書前冠以提要。

目録

[道光]江陰縣志

(清)陳延恩 修
金 咸 續修
李兆洛 等纂

本書二十八卷首一卷，據清道光二十年（一八四〇）刻本影印。

陳延恩，字登之，江西新城人，以候補通判於道光十八年（一八三八）署江陰縣知縣。金咸，字筱莊，浙江錢塘（今杭州）人，於清道光二十一年（一八四一）任江陰縣知縣。李兆洛（一七六九—一八四一），字申耆，晚號養一老人，清代陽湖（今江蘇常州）人，嘉慶十年（一八〇五）進士，授翰林院庶吉士。精通音韵、史地、歷算之學，尤嗜輿地之學，著有《養一齋集》等。李兆洛勤於志事，先後主修鳳臺、東流、懷遠、江陰縣志和武進陽湖合志。其中《鳳臺縣志》歷來爲修志者稱頌，譽爲善本。本志創修於道光十九年四月，次年八月修成。其中『鄉賢』門，未經部議復準，暫缺，由後任知縣金咸續成。記事上接乾隆九年（一七四四），下至道光十九年。卷首目録、舊序等，卷一建置，卷二疆域，卷三山川，卷四民賦，卷五學校，卷六武備，卷七秩祀，卷八祥异，卷九風俗，卷十物産，卷十一至卷十二職官，卷十三至卷十四選舉，卷十五名宦，卷十六至卷十八人物，卷十九至卷二十列女，卷二十一方外，卷二十二古迹，卷二十三寺觀，卷二十四至卷二十七藝文，卷二十八識餘。此志『體例精嚴，裁制有法，在當時推爲佳志』，『尤以卷首之凡例，論斷極精』，『所圖五十餘幅，蓋窮半歲之力，城鄉鎮保，嚴密界劃，條分符合，一邑形勝，如指諸掌，誠他志所鮮也』（《續修四庫全書提要》）。

重脩江陰縣志序

道光丁酉秋奮藻承
天子簡命視學江蘇江蘇使署舊設
江陰明年三月江右陳君以司
馬來攝斯邑篆余方按臨蘇州
及歸試常郡聞邑人士頌署令

賢能下車數月百弛具張適郡
士以考棚隘陋呈請更新余檄
郡守通飭八邑捐修而郡守委
司馬總理其事事頗難集時復
甚促逮逾年科試時輒能委曲
求濟刻期竣功政作增建卷中

機宜余以知司馬果賢且能也
旣而謁余曰江邑志書失脩者
將百年矣邑之人以是役相屬
望甚殷近延紳士商脩之已有
緒略書成將乞鑒定爲余喜券
其必成而諾之歲杪旋署閒嘗

以所擬志稾見示全稾都若干
卷務若干門綱舉目張條析貫
串每門之首冠以小叙皆司馬
所自爲舉此邦興革纖悉人情
風俗簡括以數語而靡弗兼賅
其全書則就諸志之繁簡異同

參攷互訂折其中求其是雖一人一事必再三詳審凡與志館諸君往復辨論決擇者塗乙滿紙丹黃爛然並出司馬一人之手非如他郡邑之輯志秉守令或僅署名校訂已也江陰素稱

繁劇司馬治簿書餘猶能從容泚筆蓋司馬以篤學久困場屋今本才學識三長沕成一書藉以展其素所蘊蓄而余於平日稔知司馬之理庶政頗有志於古循良之風茲觀是書其設施

經濟已可概見而於士習民風之要愛民教士之誠隨在流露是即以此為司馬治譜可也夫人情風俗數十年而一轉移者也其轉移而善者令之所宜獎勸鼓舞也其轉移而不善者令

之所宜防微杜漸也然以千百里外之人驟涖一邑其人情風俗非所習也勢又不能戶察而家咨也非有考鏡之資烏能洞悉興利除弊之原哉斯志也成後令覽之可藉手以奏治績邑

人士覽之可景行以跂前徽闕係詎淺尠也寯藻蒙
命内召兼奉八閩之役不及俟書成與爲商榷以踐前諾惟考棚之成也余既礱石記之矣於司馬斯志實不能無言也爰識此

序

留以弁諸簡端時庚子孟陬月
江蘇督學使者壽陽祁寯藻譔

重脩江陰縣志序

烏乎知縣而同父母之稱哉父母之於子也笑則以喜啼則以戚枵腹而哺其子不顧已之飢與否盛怒

序

而撻其子旋問子之食與否無一念不愛無一子不愛子而才詩書之訓衣食之源可無慮矣又必爲之防隕越焉計長久焉子而

不才詩書之訓衣食之源
幾無望矣亦必為之反覆
冀其悟焉稱貸謀其生焉
拮据未嘗言勞恩勤未嘗
望報出乎天理人情之至

無一毫矯强於其間生我
劬勞所由昊天罔極也烏
乎知縣而同父母之稱哉
延恩幼奉
先大夫玉方府君庭訓立

身首重忠孝稍長示民生
疾苦稼穡艱難延恩謹識
之不敢忘戌戌承乏江陰
為　先仲父雪香府君昔
嘗駐節地甫下車觀民風

問民俗竊不自量惟以正
人心厚風俗為亟念志載
一邑之事邑志續脩於乾
隆九年前縣令蔡君澍迄
今倏將百年倘再不脩匪

特文獻無徵且無以為攷
鑑政治得失民生利弊之
助適年甫集議會　郡尊
飭脩郡志促縣先呈新志
延恩德薄能鮮懼弗勝任

迺萃邑中之有學行者分
司纂輯敦延山長李申耆
先生總持大綱邑人楊儁
凡司馬周木雲明經統理
局事延恩念志載一邑之

事知縣當知一邑之事謹
守昔賢志以經世非以博
物之說參考舊志條定凡
例局每脫一稿送閱雖公
事旁午必勉為溯其本稽

其實求其安目覽手答歷
盛暑嚴寒不敢倦尤於綱
常名教之大風俗人心所
繫垂涕而道焉始己亥四
月及今歲八月告成凡為

類二十為子目八十有四
都為二十八卷剞劂將竣
邑人士乞一言以弁卷端
延恩區區求治之誠已散
見諸志中復何言哉延恩

惟念志載一邑之事知縣
當知一邑之事即當行一
邑應行之事自戊戌履任
夙夜恐懼兢兢力求教養
兩大端頗於茲三載民之

顛連無告者未各遂其生
鄉曲自囿者未盡啓其悟
重維為民父母之名不禁
汗顏有餘媿捫心有餘疚
也時

道光二十年歲次庚子仲
秋月朔旦
例授奉政大夫
欽加同知銜署江蘇常州
府江陰縣知縣歷署蘇州

府常熟縣知縣蘇州府督糧同知常州府督糧總運通判蘇州府管糧總運通判松江府管糧通判候補通判加三級紀錄十二次

江右新城陳延恩撰

江陰縣志目錄

江陰縣志卷首

舊序

施志序 宋紹熙五年邑有志自此始　簽判 俞巨源

大江自京口委折而南浩漾澎湃勢益壯越數百里聚爲澄江之區其山川甚秀其生齒甚繁其風物甚雅而名公賢士大夫落落繼出如騎星辰通德之門奐焉相接也自縣升軍額不惟其地望更重而其去行在所不信宿亦獲附畿甸五等侯之列故守將爲時高選雖在江一隅商舶輻至然夙號清簡少事有枚數當今樂州者必屈指焉郡各有志澄江獨未之作也吳興施公太博知軍事慨然以爲缺典首命郡博士鄭君邑大夫徐君相與蒐獵以編爲書庶幾來者有考鄭君於是質之古驗之今採其土地所有記聞所傳科條所當登載者分爲三十二門計一十卷其文直其事核其目井井也書成而施公以請祠去巨源嘗以幕僚攝承泮宮諸生僉以鋟木爲鄭君請因贊其成且巨源嘗爲施公屬載其作書之自及識其日月敬不敢辭然鄭君爲是書也亦勤矣先賢讀詩之綠竹猗猗知衛地淇澳之產在其板屋知秦野西戎之居隻字片辭坐致千里古人發興於詠歌且爾況紀事之書乎鄭君誠有倣乎此

主修知軍施　邁　纂修教授鄭應申 知縣徐　綱

顏志序 紹定三年　教授 郭庭堅

江陰舊志前廣文鄭應申所編時紹熙甲寅歲也間有考之未詳略而弗備者況歷三紀之餘時異事殊浒有增益盍廣前聞庶免疎缺顏侯奏院一寓目而深有志焉庭堅以文學掾承侯命偕前國學進士蔣汝通纂修之迺審訂是非搜訪遺逸因其編目隨類附入眎前志爲稍詳若曰全備則非庭堅敢知也

主修知軍顏耆仲　纂修教授郭庭堅 進士蔣汝通

重刊顏志題識 元至元二十三年　教授 朱子昌

江陰舊有郡志遺闕泯漫至元丙戌分教於茲重加校正命工鋟梓始爲全書蓋存古也

主修教授朱子昌

重刊顏志序 明洪武九年　知縣 饒元德

予觀宋江陰志作於紹定實起自太平興國以來三百年事略可尋覽大要所詳載者三江防民政學事也其於營屯之設置攻守之備具七百里江面歷歷掌握中無尺地非其所經理民間閘堰之起築租課之耗益二百里郊圻物物在胸臆下無一夫非其所料理以至學校之事皆然眞可見古人爲政之用心矣皇明龍集丙辰春朝廷注意

於天下典故大加訪求用深考究以備觀覽惜乎本境兵燹焚蕩之餘架閣無文驗壁無記於是招集遺老延致儒流胥會於學宮搜葺散亡掇拾殘斷舊書前後續編總一十三卷求之數家晚得張彥翔所藏本讐校始克稍完謄錄鋟刻猶慮中間魯魚亥豕訛舛尚多哲匠藻鑑儻改而正諸不亦宜乎

主修知縣饒元德　纂修庠生張彥翔

賀志序洪武二十四年　縣丞賀子徽

按舊志江陰爲揚州之域斗牛之墟自梁唐宋元而其間或爲郡爲州爲軍爲縣陞降不同而風土未嘗異也昔吳

公子札讓國來耕號延陵季子楚封黃歇爲春申君我朝混一以來則改爲連洋州又封都督吳公爲江陰侯未幾復改江陰縣洪武二十四年春予來貳令到任兩月獨員署事自卯而出終酉而退屈力殫慮思圖補報何暇覽是邑山川之形勝論當時人品之賢否一日有耆士謁予而言曰江陰歷代事蹟備載舊志降自前元迄於今猶有所缺言之若有意於續志焉吁予倥偬中何能與翰墨相接而談及斯文哉然是邑居江之南海之北山明水秀人傑地靈藹然文物之區蔚然詩書之藪蜚英翰苑馳名縉紳皆表表令聞所謂江陰續志奚可不贊襄之遂命邑庠訓

士賀賢校正此書俾鋟諸梓以永其傳儻後之人展斯集而知江陰之源委觀民情而知政教之得失是有補於將來者也

主修縣丞賀子徽　纂修訓導賀賢

陳志序永樂十六年　訓導陳贇

江陰志自宋紹熙甲寅歲郡守施公邁命教授鄭應申編集成書至紹定庚寅郡守顏公耆仲命學錄郭庭堅偕進士蔣汝通纂修之其視前爲詳元至元丙戌教授朱子昌慮其遺闕重加校正命工鋟梓以永其傳國朝洪武辛未二尹賀公子徽命訓士賀賢編續志略而不詳永樂戊戌

秋奉旨纂修志書與邑之文士許用升輩乃審其是非採其遺逸修之然其間損益自媿學識荒疎於古今事蹟恐未詳載尚冀後之君子慨其闕略而增飾之斯具美矣

主修訓導陳贇　纂修庠生許用升

顏志序逸天順中

主修進士顏瑄

羅志序逸宏治七年

主修羅輔

黃志序宏治十一年　邑人高賓

江陰縣志一十四卷總若干萬言故監察御史蘭谿黃公

傅令是邑時所作也宏綱巨領羅絡無遺細目苛條搜剔罔漏可謂盡心焉爾矣去今二十六年歷三四賢令佐未有能板之者乃今大令古磁王侯泮視篆之始首謀及之而適奉明旨遍徵於天下郡邑侯若有先知焉者亦此志之奇遇也刻既成侯乃以敘命賓賓何言哉夫郡邑之必有志也所以物土方存故實觀治忽寓警勉也何以言之昔者先王疆理宇內大邦小邑棊布星羅知夫風以方殊俗以習異不能相一也於是設官分職俾均其政於天下使夫風之澆者於是而同其淳俗之陋者於是而同其雅然職有修否政有疏密而功化之效亦因之有淺深矣故

必志以志之以備一方之故實使後之君子於是而有考焉則夫警勉之意亦行乎其間矣江陰以宇宙彈丸之地遠自商周之際已為泰伯至德之鄉又數百年而為季子遜耕之國自是以來雖經歷代判合無常而土物人文日進嘉美故前人謂人秀而文艮有以也迨我皇明啟運奄有萬方太祖高皇帝定鼎金陵而江陰實維南服近郊首被皇仁之地況承列聖熙洽之化百五十餘年於此是以士俗人風益躋淳美人皆以奮爭為恥忍讓為賢雖或其間不能無少低昂亦以時政有激失其常性焉爾蓋嘗因志求之君子之宦遊於此若干人矣而我士庶或則神明

之父母之在而戴之去而思之追以餞之碑以頌之及其歿也俎豆而尸祝之者有焉或則讐敵以疾之鴟梟以惡之令而抗之呼而逃之羣而譟之聚而訟之及其行也扼吭而唾之者有焉夫由前言之孝弟之道也由後言之亂賊之風也是豈斯土斯人之性朝陵暮谷遷變無常為醉為狂是非無準如此哉其必有取之矣且極敝大壞未有甚於今數年者而我王侯之來曾未數月人已欣欣動色相賀孝弟之心油然而生矣豈又一江陰也邪孔子曰上好禮則民莫敢不敬上好義則民莫敢不服上好信則民莫敢不用情又曰苟子之不欲雖賞之不竊則夫風俗美

惡斷係一人而國家所以法古建官授事責成之意亦斷乎其可識矣惟昔黃公之來適承其敝而深有慨焉是以洗垢吹毛盡發其隱嚴辭正色直抵其罪蓋惟其憂之也深故其言之也切其愛之也篤故其誨之也詳甚知其非得已也志自宋紹定後無續之者國初賀丞子徵嘗一續之而失之淺天順中邑人顏瑄氏又嘗一續而失之駁且復半為襲美於人於是黃始大刊其舊而極其辯焉或曰黃則辯矣然攻或過激求或過深頌或過譽取或過隘亦盡予之乎賓曰雖然亦有說焉孔子作春秋以寓王法而曰吾志在春秋江陰之志固亦黃公之寓志爾豈獨為江

陰發哉讀者不可不知是爲序

主修知縣黃傅　纂修貢生方謨　進士張簡　庠生蘇䜌

庠生顧康

續志序正德十五年　邑人方謨

侍御蘭谿黃公傅先宏治癸丑令江陰慨邑中文獻莫徵以志殘缺謂事無所稽民無所勸乃徧索宋紹熙創志紹定續志國朝洪武續修永樂重修志天順顏志宏治羅志彙而繹之得肯綮揭綱領者十累條目者八十有九集諸生蘇䜌顧康張簡及謨給事蒐討曰制治曰人物屬謨曰疆土曰風俗屬簡曰名宦曰宦達屬康曰雜傳曰異端曰

物產屬䜌曰括志而疆土中如分野星占則公自專之又兼總各所屬焉次第爲卷者凡一十有四題曰江陰縣志書成迄今塵封者二十三年矣我新令上黨王公泮來甫閱月孚窓舊章適徵志之命申自我天皇而奉行督莅者則巡撫少司徒李都憲遂以筆研屬謨收諸生蔣舜文花實相之起自黃公絕筆之年宏治戊午止今正德庚辰俾副宋編用開後始謨悚慄承之遡惟先志備諸家史體而成謨親在弟子之列曷敢自用以別開戶牖哉綱領條目大小悉如其故間小有出入者存道德存名節存隱逸待其人也去將官去特奏去顯宦去方技無是名也進歲貢於諸科之前與進士鄉舉隨比其類也謹錄制誥敕命之詞而封贈系之昭恩典也入貲項下標題某職分註某名籌他日書者尚多也職官年表罷蒐討之詳表近年官也大事記止書大事殺記字以避嫌春秋綱目不敢擬也虛雜辯之篇有辯則各註於本目之下也帙非如先志之繁約之而爲卷九也所謂續志者如此而已也若夫梓而行之使黃公一家之文章一代之令典不至泯其光精又使一邑之風土物情禮樂政教之美惡汙隆得失首自商周中及秦漢晉齊梁隋唐宋而終之入我國朝凡數千百年人莫知所之者於是乎有可稽與可勸者在而我王公力

任之功則非謨所能摸述其偉云

主修知縣王泮　纂修貢生方謨　庠生蔣舜文　庠生花實

趙志序嘉靖二十七年　郡人唐順之

有家者隨其家之所有而籍記之其常也凡其田畮租甔錢貫絲縷豉合龠僮指之數此纖勤治生者之所詳而游閒華飾者之所略也凡其池館花樹狗馬圖畫古物珍器之數此游閒華飾者之所詳而纖勤治生者之所略也二者則更相笑矣而家之所以爲家者則固在此而不在彼也歟郡國州邑之有志自古而已然亦所謂隨其郡國州邑之所有而籍記之其常也禹貢周職方豈非志國邑

之所權輿也哉然自後世觀之則見其有瑣細而俚俗者矣夫其田賦高下之異等墳壚黎赤之異壤九鎮九澤之異名而五戎八蠻之異服其列而載之可也至於篠簜箘簵淮蠙江鼉海錯之纖細則類於草木蟲魚之書而多男少女多女少男之紀則近於閭井鄙俗之談古人何若是之瑣瑣也蓋苟有切於利器用而阜民生辨陰陽而蕃孳息則固不得以其穢雜而略之而況其大且重者乎其所載而詳者固然則其所以不載者亦可知矣後之所謂地志者則異是矣其敘山川也既無關於險夷豬洩之用而其載風俗也亦無與於觀民省方之實至於壤則賦額民

數一切不紀而仙佛之廬臺榭之廢址達官貴人之墟墓詞人流連光景之作滿紙而是嗚呼此何異於家之籍専記圖畫狗馬玩具爲糊綴而租甑錢貫所以需衣食之急者漫不足徵也其亦何取於爲家也歟知家之有籍本以治生而非以觀美國邑之有志本以經世而不以博物則得之矣竊聞國朝集諸儒臣修一統志時兩人相誚其一人欲載科目之數則曰此非進士錄也其一人欲載戶口田賦之數則曰此非黃白冊也科目則別有錄矣不載宜也戶口田畝固天下之大命而經國者所必稽也且若彼之說則禹貢周職方其亦黃白冊也哉彼固以是爲瑣細

俚俗焉而不載也江陰於常州爲屬邑而枕江之衝爲蘇常諸郡北門以故視他邑獨重舊雖有志而宜書不書不宜書而書大率如所論諸志之弊無足徵者至今令餘姚趙君始更修之趙君爲政絜己愛民才敏而慮周凡志中所載田賦徭役戶口食貨謠俗水利防江治盜之源委本末節錯綜棼蓋皆君之所嘗蚤夜盡心焉者其於浮文羨費則盡屏去不事譬如辛苦起家之人斥絕耳目之玩而畢力於家人生事之間一錢粟之盈縮一臧獲之奸良與夫鐍鑰門戶之守雖其錙銖隱賾而聰明智算舉無遺者於是一切以其精神思慮之所及而登之於籍至其纂緝

成編則以屬之學士張先生先生以其國史之餘才而推之以成一邑之史故其所載繁簡刪存能得趙君所用心而著之以爲後來治邑者之所據準又如計然任公之徒精於治生而太史公萃之爲傳凡其仰俯拾取廢居棄與之法與夫卮茜荻漆之細莫不具載能得諸人所用心而著之以爲治生家者所必資蓋爲邑之與治生意嚮或異家籍之與邑志體裁亦殊至其的然當於實用而不取辨於具文焉則一也夫前人以其所用心而著之籍記後人因其所籍記而得前人所用心而守之是以家道能常興而不墜予欲使後之爲江陰者因趙君之所爲志而知其

所用心而守之也爲之書其端

邑人 張衮

邑志之修也予安能爲是役也宋有刻本凡十卷教授鄭應申郭庭堅爲之是時江陰爲軍元至元間嘗一翻刻皆仍故也其後入我國朝繼軌而修有若賀子徵氏顏瑄氏種種而出乃稱縣志焉因革之初旁資事實多出亭父里魁之言文或不副大抵然矣宏治癸丑蘭溪黃君爲令思皇作者羅絡希聞剖析疑義雄辭瓌辯自成一家言是可不謂傑然已乎後若干年宗黃而續志凡得九卷曰方謨氏合前後觀之或謂黃之志縟也多取而寡要奇搜而眩實君子思見其初焉夫初者宋人也略也由略而詳可矣比其詳也不勝其文是故志之難也予安能爲是役也嘉靖丙午巡按御史王公言來按兹土詢志考俗乃以掌故屬之邑令趙君錦俾予詮次爲役予懼焉而不敢當又踰歲巡撫都御史歐陽公必進巡按御史陳公九德相繼督之趙君乃闢延陵書院爲館簡諸生才者五人佐予以從事未幾而劉珪林文煥病亡乃與蔣龍徐鳴玉吳允稍議討之緝其舊文若干萬言凡二十三卷補其遺事凡二十六載有奇門分類別事各有歸而不相殽其綱領可尋也先爲發凡舉例示準繩在兹其去其取非敢私爲異同也

予之少獲自盡者塗轍若此而已至謂得損益之宜適文質之中明先王疆里之故推其精神之運播告於冊以一民志於無窮謂爲有補邦君之治非予所知也始事於丁未春二月越是冬十二月告訖中間予以病廢者若干旬刻既成趙君將正諸有道謁其文冠諸篇端予不佞謹次其槩以見予之懼焉而不敢當者赧焉而有餘媿也

書志後

知縣 趙錦

郡縣分土而治其政若易也而川谷異制民生異習則其所以爲休戚者亦因以異而施之於政緩急亦不能以皆同以不能皆同之政而雜然施之此郡縣之治所以未易言也江陰素稱殷富爲國家財賦之區而地多高卬民嘗苦旱昔人並開諸渠皆自江以達於運河議者因謂以洩震澤之水使入於江而不知其正欲引江之流以便乎農也惟其潮汐往來沙渾易積疏濬未幾而湮淤如故言水利者莫急於江陰而言治水之難者亦惟江陰爲甚其東私港谷瀆之間接乎常熟之慶安去縣九十里而遥其地枕江以爲險其民負鹽以爲利法制既疎習染遂惡小者揭竿黨聚肆行邨井而大者治舟航挺矛刃公肆抄掠於洪濤巨浪之中至抗衡官兵而莫之懼吏捕者少則不能得多則遂遁而入於海故江陰素稱多盜賊之擾而言弭

盜者亦卒無良策夫其急與擾也則政莫有先焉者而其難與無良策則亦以因循曠廢之餘而欲得夫久安永逸之道爾蓋爲政之道猶之治心治心者日省察之而後私僞無所容而本體長明爲政者日飭治之而後孼蘖無所萌而民生長安今或積數年不濬而一旦欲諸渠之並通居常無以稽察其出入先事不能逆折其萌芽而欲寇竊之不作此雖下濕素安之地尚亦不可而況欲以是得之江陰乎故爲政者誠加之意時而考之毋忽其安歲而計之毋畏其藉則施之有序事固無不可爲者故治水難矣而計畝以授功分年以治事所謂導河夫銀者又爲之歲

畜以待需則官府爲歲舉之常而無并集之擾百姓以彌月之勞而獲十年之利即諸渠亦未嘗不可通也至於盜賊之變雖無常形而先事立防則若保甲之法編集提督之有方會哨之舟彼我往來之無間則亦可以消其未形之惡褫其不肖之心而即不幸有變亦不至於滋蔓而難圖矣蓋崇本以清源因時以制變賢哲之士自有良圖而天下之事未有無序而可行懈弛而可幸於無禍者也此其大端也予之始從政於此也睹民物則惻然視案牘而茫然徒切焦勞罔裨治理今而後知江陰之政其先且大者實在於是則又以積廢之餘未能兼舉而且自惟鮿曠

罪深莫克是終之爲懼於是丁未十有二月江陰縣志成邑之事巨細既有載矣而於斯二者則予不能不深致意焉以俟後之君子也邑故有志今志作於大司成水南張公其遺文故實多採諸舊志而提綱以示之準糾繆以協於貞芟蕪以歸於核蒐逸以入於詳使燦然足以信今而傳後從政者有所於稽則公所自得者居多其其繕之費取諸歲會之餘而公自授館迄於告成盡謝廩庖之餽省金凡若干兩同修邑志者五人亦多所謝卻而劉生珪林生文煥中以病亡蔣生龍復與計偕孜孜夙夜克相厥成者則多徐生鳴玉吳生允之功焉皆讀志者之所不可不

知也

主修知縣趙錦　纂修進士張衮　庠生林文煥　庠生徐鳴玉

庠生劉珪　庠生蔣龍　庠生吳允

重刻趙志序萬曆四十七年

知縣宋光蘭

江陰故有志而重緝纂修大司成水南張公司簡焉公以經世文章讀中秘書鏤金鐫玉之編摩烺烺炳天壤何有於一邑之史哉於是應兩臺請執牛耳而校讐之蒐核詮訂實殫窮年之力予得命而涖茲土津津喜曰延陵讓德之區也山水清越篤生顯人遞禪而興熹光彝鼎者節槩凜於嶙峋丰標昂於山斗奕奕載籍詳哉其言之矣甫下

車搜所藏板而彙修之迺知殘落者過半爲之扼腕曰國有史郡有乘邑有志家有譜以紀不磨也是可令其自遺自佚於若存若滅之間乎爰見全書於張氏挈原本而付之梓人令缺者悉補之刻成繙閱再四人物俗尚田賦徭役食貨風謠犂然若曙眞不刊之巨典也是舉也雖不敢藉有成編貪天功爲己力第天眷休明卜年未艾俾斯籍與之並傳不朽司成公七十年來之英爽不至悵往牒於淪湮者意在斯乎意在斯乎聊序數言以旣厥心司成公之文孫曰嘉孺者隸名成均能董其事者也

馮志序 崇禎十三年 知縣 馮士仁

憶筮仕江邑詢掌故以志事以架閣所庋者進乃嘉靖丁未大司成張公所裁定也閱之恍與百年前人晤對父老子弟遺聞半在寒煙蔓草中過此又何知焉因有意於徵文考獻五年軼掌攢眉未皇及也今歲計還之午日賢士大夫始以公牒見屬因推擇史材親爲除舍奉几秉直之董狐則徐徵士遵湯博物之子產則周文學高起僉謀正字各舉所知卜吉授簡與士大夫束牲載書盟曰志非以諛聞以昭鑑也天塹地維金湯玉壘之形勝可略而滄桑陵谷之觀宜綜鼎革太平賜酺安阜鼓腹之熙景可略而儉侈淳漓之俗宜紀風移牛車擔負犢佩成羣之順治可略而権車算緡之苦宜繪時艱麟游麥歧草妖木怪之祲祥可略而蟹蠹碩鼠之殃宜賫省驗摘發如神剖決如流之奇績可略而戴星齧雪之勞宜垂峴首一門五貴一歲九遷之寵遇可略而攖鋒觸敵之丹宜標碧血名布通都交連守相之英風可略而白駒空谷之遺宜發幽芳五釜酬恩三窟市義之榮名可略而履霜貫日之誠宜開生面富表懷淸貴傳綈曳之賢媛可略而殉節全孤之貞宜留彤管頌傳譜載觴詠遊觀之文詞可略而陳謨佐史之編宜勒汗青如是者日有折衷百日而草創具余逌然喜復喟然嘆或曰於前數者有未盡慊耶曰慊矣盡矣不能易

矣但初與百年前人晤對如談羲皇時事神飄飄遠也今與百年中人晤對如談天寶時事淚涔涔下也緬惟五年來跋履到矣疆界能理乎版築勞矣河湟能濬乎拮据瘁矣職業能修乎田功卽矣民物能康乎三壤則矣貢賦能平乎賓興舉矣文教能振乎簡練勤矣武衛能奮乎彰癉分矣風俗能淳乎見之紙上則燦若分犀反之心中則芒如負刺正欲商未了事適以召命行以寸晷披牘與數百年名喆晤對喟然嘆者復逌然喜焉夫千古表江邑者延陵春申而已國風十五遂鎖文身斷髮之蠻風珠履三千因成鬬雞走狗之哭俗顧自漢迄唐人物不少槩見豈皆

為晉陵所收耶郎葛文康邱文定勛閥爛漫宋史今亦何
蕭瑟也然今亦何必借才異代無論駿業鴻文代興不乏之
即正德天啟之季固乾坤一大闔闢也三虎據於蒺藜雙
鳳殞於鴟鴞當年生死不同同之不死既以煇煌俎豆茲
復炤耀簡編恐他邑志乘所罕覯浮名易謝眞氣不磨持
此可以正告中外矣闡微舒鬱志中第一義也特表出之
若取材之富持論之公覽者自見余又何贅焉
[illegible]王修知縣馮士仁、纂修貢生徐遵湯庠生周高起

[illegible]沈志序 國朝康熙二十二年 本府同知危際泰

[illegible]圉錯繡提封萬里幅員之盛亘古未有也邇者滇
黔小醜解甲就縛閩海逋鯨望風納款武功赫濯文德優
崇
皇上坐明堂朝羣辟撫茲輿圖遠過歷代而通志一書未
經編纂何以垂永久以揚鴻休是以徧
命天下守臣詳參舊志增益成書付之冊府彙爲
國史甚盛典也江南素稱浩壤在勝國則爲留都山川人
物甲於天下制軍于公撫軍余公暨藩臬各憲躬勤夙夜
博覽羣搜省有局府有局又令各守土之臣皆以志獻於
時江右沈君宰常之暨陽尤以茲事爲重延請鄉先生暨
邑庠淹博之士本之舊乘加以新參自神熹以來數十年

凡疆里因革賦役戶口懿行藝林存信者十之七質疑者
十之三燦若列眉洞若觀火逾月而志已成予以練兵來
茲禦侮江上暮春抵任入其郛見士民麗秀秩秩彬彬則
知沈君之政化有成也履其畝見野無惰農田無奧草則
知沈君之教養兼至也無暮夜之呼無犬吠之警則知沈
君之綢繆克固也且徵令期會諸大役莫不抵掌立辦下
不擾而上以安沈君何宏才肆應如此哉志成予適有荆
溪之行簿書悤劇不獲效編摹之助而沈君不我遐棄走
使相聞欲予一言附之簡首予不敏竊喜以微名側諸長
者之後敢以傖僿謝乎嘗聞疆圉廣於漢戶口盛於隋然
漢武用兵而海內虛耗隋文操切而元氣彫殘我
國家幅員之遠旣邁周接虞而
皇上天縱神武齊聖廣淵削平諸逆悉奉
廟謨萬幾之餘發爲
睿藻天章煥爛震古爍今無疆維休亦無疆維恤郟鄏之
鼎豈止卜世三十卜年八百哉江陰在唐宋爲暨陽軍在
明爲巖邑賦役繁重江海奧區名雖一縣而棘手嘔心幾
與刺史等今文武諸上憲精明慈厚風厲庶司無有媮於
官怠於位者於斯志也竊有感焉矣至沿革建置前志已
詳碩作名流今志復備又豈俟予爲嘆美也夫是爲序

如臯縣沈清世

縣曷有志乎周官外史掌四方之志而太史陳風十五國之貞淫治亂爰載於詩其郡邑志之肇乎而麟經一書記載二百四十二年之事獨宗邦百里記載尤詳迄今燦若列眉皆藉尼山之筆削以不朽厥後漢制郡國上計簿唐初作十道圖元和作郡縣志宋明有寰宇志一統志此皆蘭臺籤軸博採成編蓋志事之與史事相表裏也久矣顧不重哉我

國家誕膺歷服率土車書壬子之歲

上俞廷臣請徵天下通志維時蕞邑斗城咸載筆從事歟江邑之志劉跡半糊尚係故明萬歷間所遺舊梓近數十

年之人物科名缺焉未載其不委之荒煙蔓草者幾希其故何歟令甫下車攬其風土考其文獻不禁愕然久之爰詢之父老云續志之缺也崇禎之季輟而中隳及

國朝奉檄重修前令脫稿垂成旋以罷官而止噫令固一官爲傳舍哉側維江邑春申故里季子遺風水帶山環代多名彥一秋雙解之佳話猶傳一科十五之餘音未熄而顧茲邑乘曠缺年久杞宋無徵烏乎可乎令也不才濫竽斯邑修舉廢墜實繫予心獨是閭閻凋瘵積逋難清旣拙催科又慚撫字令之面目日憔悴於簿書錢穀中不遑啓暇且蕭然垂橐剞劂無資惴惴乎如白烏頁獄竊有志焉而未逮也比者赫濯

皇威來王萬國

聖天子特命史臣纂修鴻集黼黻太平爰令天下郡邑輯修舊志令因拜手奉命不敢後期乃禮邑之薦紳及博宿弟子員分科採校蒐軼訂訛列卷二十有二較之舊志爲加詳一切梓費令勉力倡捐用藉邑之紳士共勷是舉浹九旬而告成事焉噫令何幸而慰此夙願哉公餘翦燭按帙分披別類起凡秩然有次思夫江邑之繡壤蓉城彊域如昨樸耕秀讀禮讓弗衰繼此之鉅卿學士孝子忠臣與夫貞夫節婦品行文章當必雲蒸霞起垂帛千秋此皆邑

之慶也而令膺民社所宜師慕流徽者惟此名宦一端來暮與歌去思成誦古人所以重樹立也追溯前賢諸君子何如人哉苟不然而貪墨玷箴鶩殘失官邑之人唾之罵之抑相與訐而斥之一旦身名俱敗遺臭難湔以視光簡策而傳尸祝者何啻塗炭之與霄漢絜短長哉是志也所以昭勸懲鑑淑慝令甲可畏直道猶存桐鄉之民豈有令昔歟令二載居官心勞政拙錄無寸長惟此邑志一書得參此盛會以報竣豈非厚幸然而履薄臨淵苦海無畔不禁讀循吏一傳而惘然自失也

邑人　朱廷鋐

今天下固文教昌明之日也
聖天子以聰明睿哲之才著作一時進退百代將六合之大九州之遠括囊而羅列之矣獨一方一邑之兢兢雖然郡邑者天下之分也況吾邑之文獻湮没急待修明者久矣考舊志洎宋以來諸本俱亡失不可問所存者惟黄志方志張志焉志四書鼎革後燬於兵燹惟張志板尚留架閣庫亦殘缺失次且其書所載止於前朝嘉靖嗣後百餘年星移物換典籍淪亡舉沿革興廢盛衰得失之故悉委於草莽而莫之問果誰之責乎

本朝四十年來宰是邑者惟澧州龔公有志修舉屬余業師文學陳芝英編次成集遠稽近考芟蕪補遺庶幾存什一於千百値單興旁午未獲卒業踵事者缺掌簿書猶恐不給至於咨訪掌故則遜謝未遑矣南昌沈公下車之日毅然以纂修爲己任具請上憲獲報可乃訪求遺書得業師所撰舊稿將付剞劂會
當宁以四海蕩平車書一統命儒臣重輯通志
詔下督撫檄行各郡縣徵取成書刻期彙進公乃喟然曰修廢舉墜者宰之職也述往示來者宰之志也矧重以
天子命將閭胥族師黨正鄉大夫皆有所書以登於王宰敢以蒐討之難玩忽不報耶迺設局於學舍召集博士弟子員陳其難劉匪居殷祁雷薛日宣陳玫共羅舊聞互相參考而公與郡司馬危公學博陳公更詳加删定閱三月書成因屬余述其事余惟四海一家萬里衽席幅員之廣於今爲最江邑雖僻小凡山川土田學校防禦吏治民風皆
今天子之德教所存也矧地爲延陵故墟禮樂文章忠孝廉節代有傳人而此百餘年中滄桑更易奇烈偉行尤指不勝屈至若抗聲藻於藝林播謳吟於委巷單詞隻字使後之人可以因言知世論世知人者亦爲太史采風所必

及今是書成而前志所已及與前志所未及無不綜古今該名實舉類别義較若列眉而徵信昭勸即偏長小美鰓鰓恐遺善焉於以備一代之網羅而俟千秋之論定公之功豈淺鮮哉余生長於斯既幸一隅之書得會際昌隆及時編集且喜公之能力任修明不畏難不慢忽有以答
聖天子之休命也至前令之留意遺文余業師之苦志編摩與邑諸君子之同心討論余雖不文敢不援筆而並識於簡端

原修知縣龔之怡　原纂庠生陳芝英

續修知縣沈清世　續纂進士朱廷鋐　貢生薛日宣　貢生劉匪居

貢生殷祁雷　庠生陳其難　庠生陳玫

蔡志序　乾隆九年　學政開泰

蔡君涖治江陰凡九易草木人安事理以有餘暇於是屬其人士謀纂邑乘余惟乘志之因革損益每數十百年而一變諸所載城郭宮室山川溝洫與古今忠孝節廉文人畸士之可法而傳者待有心人稽核補葺以詔來茲明不忘也蔡君有歸休之志當事者勉留之不果去而君之治大成頌聲愈益著江人曰微君茂與成是役也越明年君以年將七十一朝辭位去而書適告成予謂爲賢吏者誠宜一日而有百年之心不傳舍其官以秦越其人也故所

至民樂所去民思否則心搖搖恐夕不逮朝而況能久乎況知其未久而思所以傳諸久久而愈久而愈不忘乎何君之汲汲於是役也君治江陰久矣風檣星軺所見聞婦人孺子所告語遺民故老文學掌故所留傳苟可利江人者靡不周知而以誠行得一一筆之於書有以信今而垂後無疑也君將去而汲汲是役爲不忘也蓋江人不忘蔡君銘心版勒口碑矣謂觀是書者亦得見君之心與其所以爲是可以爲君壽蔡君方欲涖茲土者開卷而獲治術凡因革損益復如君之所以爲則不獨一日之利已也亦永不忘乎江人今蔡君行有日矣觀是書觀君與江人之相不忘孰能忘吾蔡君哉是可誌也

本府同知祖世德

今上御極之七年余膺
簡命佐典毘陵郡署故在郡屬之江陰江海之險資彈壓焉嘗以公餘縱覽山川風土之勝心竊樂之及與士大夫相接則尤恂恂彬彬有延陵君子風旣而徵考邑乘所得日益詳然自前令沈君增修以來不舉者且六十餘稔不殖將落非長吏之憂乎長樂蔡君史中循吏也治江日最久邑所廢墜整理略盡癸亥之夏始以輯志事謀於余余力贊成之爰集邑中碩士適館分纂不鄙疎略推任監修

自惟不文然公事不敢辭也稍與校讐之末剞劂方半蔡君賦遂初去而雄山王東莞羅兩賢令先後接武羅君尤殫心經理克底於成惟志乘爲政教大端俗吏以筐篋置之惟賢者爲能綱羅提挈維文獻於不墜今澄江以風雅奧區得蔡君經始於前羅君善成於後俾千百年之往蹟延於有永厥功豈不偉哉余忝佐郡於郡事無不當問而澄江其尤親也乃喜而誌其事如此

知縣蔡澍

天下創始之易每不如圖終之難然苟其才與力足以擔荷厥事而心又克副之則始事之竭蹶而未有已者一振

作間馴至於成功而甚易此余於邑志之竣而不勝厚幸
也先是余莅江邑泛覽舊志[illegible]缺甚夥重以六十年
來蔑有增輯文獻寖[illegible]謀續修之而政務䃘䃘未克舉
[illegible]亥之夏迫於章縫之[illegible]請[illegible]學行兼擅之文士數人
假館東隱山[illegible]舊而余以荒陋謬推領袖竊於簿
領之暇親鉛槧繼膏晷日濡月染不敢言勞雖諸君銜華
佩實各盡所長而余以井觀蠡測之見調劑於堅白同異
之間用心亦太自苦矣背秋涉冬成竹略就好義賢紳協
謀醵金就梓鏤版未幾余齒邁懸車得請受代獻歲發春
雄縣王君實來公事旁午靡暇及此綴圖而余亦緣瓜期

倥偬兼代嬗有序無能力爲提倡比者事竟將歸重念垂
成之功將就廢墜每一動慮輒忘寢食林鍾上浣粵東羅
君以賢能膺大府推轂題署茲土甫視篆問政所先有以
修志事告者則躍然起詣館檢視集同事諸君奬借慰勉
之未就稿本如干卷則口諷手披秉經酌雅一歸於正視
余前秉之筆削加詳焉其他經費之出納工次之遲速罔
不登高而呼山鳴谷應而邑人之趨事者奔走恐後不啻
屋之建瓴水之東注惟意所之而無所扞格也蓋至余驪
駒在門而斯志已駸駸乎告成功矣余於是重有感也夫
古今來宏鉅不朽之業類多人爲爲之然才與力之不逮
有委葸退沮已耳即才擅矣力饒矣而心所不屬謂是非
我業及之也騎牆而視之中道而畫之壁上坐觀庸詎愈
於才力之俱遜者乎今羅君南海逸才歷江左寖積年
祀邑人拭目新政而先出其餘技彰文表獻其才比於駕
輕就熟而倡導振刷風流令行力更足以濟之且又知輕
重識大體不挾人我去就之見爲町畦務殫厥心底厥績
而後已宜其余之經年拮据而尚有待者君以數月觀成
而晏然也當明中葉蘭溪黃公傅修志書成旋奉徵拜侍
御卷帙塵封者幾二十載迄上黨王公泮爲邑始舉而鋟
行之邑人侈爲盛事莫爲之後雖盛不傳矧余之譾陋雅

於蘭溪無似而藉手於羅君以無負茲役者其捷速較倍
於上黨哉余行矣蓬窗煙水馬首雲山惟此志中風土山
川歷歷相爲映發耳他日彙成全璧伻來惠我一函則臨
風眺望宛在一方諸君子尚爲我三拜羅君之嘉貺乎是
爲序

知縣 羅士瓚

自昔循良之吏多用經術粉飾治具非好爲迂也凡奬勵
名節揚扢風雅網羅文獻漸幾化行俗美匪是莪由焉故
入境問俗觀風考乘採諸輶軒被諸國史用爲潤色休明
之具則志乘實爲治法之先資也俗吏困於筐篋風微人

往莫知所之有來丐索者蟲蠹穿嚙之故簡自在仕學之相左所闕豈細故哉暨陽屏山枕江夙稱三吳壯縣曩予宣力水利視浚海隅密邇封壤略窺江山形勝及人文士俗之美今甲子夏仲需次吳會側聞前尹蔡君方續纂邑志竊以蔡君之才久任名邦躬操筆削高文壯采必有冠冕吳中爲志乘出一頭地者予將訪讀瑤篇用作他日型式旋邀上臺剡薦來宰是邑值蔡君百廢具興之後政平事理深愧嗣音辱承分纂諸君子惠教全書細雨檐花披襟雒誦於獎勵揚扢網羅諸典本經術而恢治者靡不淋漓曲暢彬彬乎質有其文曩所服膺於蔡君者益信爲不

虛而諸君子閎覽博物之長亦於片羽間窺見一班矣緣卷帙浩繁倍於前乘自客冬剞劂寖淫半稔尚虧一簣而原稿中間有商推未定者蔡君馬首載途囑予點勘自揆末學疎淺氣折大巫何敢謬贊一詞惟是蔡君鴻文椽筆已具滄溟喬嶽之觀予僅以尺梯寸綆攀緣上下卽覩高深全體以附驥尾而垂久遠是則蔡君之愛予特甚予亦有藉以報諸君子之嘉也弩之末貂之續特以免賈生筐篋之譏曩昔蟲蠹穿嚙之故簡得分蔡君之餘光以覘全豹耳諸君子尙以子反之殿爲不伎之功哉聊以釋予愧而已是爲序

縣丞俞鐙

古者列國有史掌書國中之事以達於王而天子有小史大史以掌邦國四方之志今縣郡省各有志積之至於天下哀爲一代之全史皆是物也則縣志之作不綦重哉唐荆川先生序江陰舊志云譬諸有家者之籍記凡田疇租甑錢貫絲縷豉合醬罌僮指之數一切有益於家道者雖瑣悉不可遺至池館花樹狗馬圖畫古物珍玩徒以供玩好侈觀美一切無益於家道者槩從其略焉蓋以國邑之有志本以經世不以博物斯言誠得之矣第志之始作常病其簡而不該迨屢經修葺未免過爲粃綴如山川之麗

臺榭之觀仙佛之異及達官貴人詞客流連風景之作紛紜滿紙而吏治民生所攸關者反缺焉不詳其不蹈荆川先生所譏者鮮矣澄江邑志自康熙某年後歷久不修幾於無徵前任古青蔡明府莅江八載政務整肅諸廢具興於乾隆癸亥夏延邑中紳士開館修葺分類若干爲卷若干堪稱美備或謂山川圖繪歌什辭章得毋失之繁余曰江邑之志由宋歷明及我
朝康熙年間修續不啻再四則踵事增華不能槩爲刪薙亦時勢使然當爲秉筆者諒也況其有關於吏治民生之處原委本末洞洞悉悉展卷瞭然又豈有家者專務遊閒

華飾之物反畧織勤治生之具所可同日語哉是雖方隅之記載實爲全史之準據蔡君亦幾費苦心矣甲子春蔡君懸車告去梓未克竣賴雄縣王君東莞羅君兩明府後先繼美又得右丞西江季君暨纂輯諸君子踴躍從事始克成書余初夏莅左丞任得步趨於諸君子之後贊襄盛舉爰不揣譾陋用書數語以記事非敢云序也

主修知縣蔡澍　接修知縣羅士瓚

江陰縣志修輯姓氏

主修

欽加同知銜署江蘇常州府江陰縣知縣候補通判陳延恩

協修

江陰教諭顧翔雲

江陰縣訓導劉銘

總纂

前任安徽鳳臺縣知縣前翰林院庶吉士李兆洛

原選四川石柱直隸同知前內閣典籍翰林院庶吉士楊景曾

就職直隸州州判恩貢生周仲簡

分纂

內閣典籍協辦侍讀今陞貴州廣順州知州章詒燕

廩監生朱九成

附學生蘇幹

附學生汪徵

附學生楊世榮

優廩生祝陛芸

廩膳生蘇逢盛

分校

廩貢生劉瓚

附　學　生沙紀堂
附　學　生徐思鍇
廩　膳　生夏均槎

江陰縣志凡例

一江陰於宋爲軍紹熙五年知軍施邁創爲志紹定三年知軍顔耆仲繼之明復爲縣洪武二十四年縣丞賀子徵始纂縣志永樂六年訓導陳贇繼之宏治十一年知縣黄傅修邑人方譔佐成之嘉靖二十七年知縣趙錦修崇禎十三年知縣馮士仁修入　國朝康熙二十二年知縣沈清世修乾隆九年知縣蔡澍修五十四年知縣牛兆奎修而未竟舊志已多散佚存者惟黄趙馮沈蔡五志卷首併錄舊志各序示不志本也

一目錄爲體例所繫宜與全志血脈貫通先後次序義不容紊今與前志稍異者有建置即有疆域山川故紀建置即以疆域山川次之財賦者生人之大命學校者萬世之準則以次遞列見自有疆域山川即當教養並重也次武備寓安不忘危之義焉次秩祀見國之大事在祀與戎焉次祥異見民和而神降之福焉風俗賴有教物產賴以養於重保障明祀事驗禨祥而後冀蔚成淳厚富饒之象既與民賦學校相通更爲任職官膺選舉者所當講明切究職官求不負教養之責選舉求得能教養之人稱是則職官中有

名宦選舉中有人物矣列女與名宦人物鼎立天地並垂青史貞節不待教而成其㷀苦靡依尢不忍其失所養若方外僅以統歸傳體附類而別系於次且俾方以內者藉以倫常為念志古蹟彌增名宦人物列女之重焉志寺觀彌增鴻哲原野之慼焉置藝文於後彌見德為本文為末之義焉以識餘終因無可附麗而事關勸懲於風俗人心不無裨益事雖小雖雜亦不遺焉此全書先後之序也

一左圖右史兼資稽考之助前志各圖未甚詳確今屬六嚴窮半年之力將城鄉鎮保毛密界畫條分符合

一邑形勝可坐而致雖不敢謂不失累黍然較前加密矣

一舊志嘉言碩畫堪奉為程憲者今志所引必注明某志云以別之不敢勦前人成說以為已有

一前志向有舛誤悉心考覈每注明本某書某志更正以免前後兩歧

一建置以歷代沿革為要斯邑秦漢為鄉晉始立縣說本黃志以黃志沿革下注明悉從宋志且申明宋志去古較近諄諄告語後人不宜妄有刪改今特悉從黃志與蔡志少異邑城歲久不修亟宜興築城河亦宜深濬緣民力未紓暫緩亦以年來他務實多所興舉坐是未能也故於前人疏築工費俱詳載以為興修之助

一紀星野蔡志遵時憲書推步較舊志更為詳密茲從之道里計其遠近坊鄉鎮保郵舖橋梁實繫今名庶可瞭如指掌

一敘次山川當分四境以距縣自近而遠為序茲邑河港全賴江潮深入為農田灌溉之資奈潮挾泥沙每易淤塞故趙志以開通河港為斯邑急務今將現在支港有無淤塞及某河港係每年重濬應每地派夫

承挑一一注明凡漕運水利所關皆詳加考訂

一民賦出於田壤通邑田數若干應徵銀米若干一一開載以免吏胥飛灑之弊斯邑沙洲漲坍靡常昔年動多械鬥巨案今將沙田分腹地瀕江及現在實數臚列藉杜爭奪之害

一學校為萬世師表所在即一邑風化所先凡廟制學制敬謹詳載書院為造就人才之地課程以及膏火經費悉附載焉

一武備不可一日稍弛況現值海氛未靖守禦尤當嚴密斯邑北瀕大江為通崇如泰狼福一帶鎖鑰故志

武備於防江策略尤詳

一秩祀以官為致祭者列於前以廟食民間者列於後黄志懲巫風毁淫祠有益於風俗人心甚大茲巫風稍息仍嚴禁淫祠以端習俗

一祥異應以豐年為瑞以水旱蝗蝻為異守土者資以修省俾弭禍於未形凡涉不經皆所不録

一風俗前志稱美不稱惡今美惡並著有前志所未有實為邇來鄉曲陋習者不避忌諱痛切言之

一物產前明曾以子鱭充貢重為民困旋得疏免民困以甦茲邑别無珍異之物以累民亦斯民之幸也河魚味美有毒嗜食者近漸知戒民非穀無以活紀物產於穀部特詳

一職官前志職官姓名履任年分每有錯誤今悉參考舊志更正

一志選舉不遺雜流仍前志之舊

一名宦前志事實不容妄有增減其已祟祀者永奉馨香其未祀而不可湮沒者今已詳准別祀於報功祠

一斯邑未定鄉賢現候議詳定案至殉明季之難凡已祀忠義者固皆謹載續有所採亦覈實補録各前志於人物各門歸類分載之人互有異同每嫌淆混茲

或從或改各以類分其無所短長在可存可去之列者略加刪汰而各門中所新增必採訪的實無間人言始行登入以不容任情冒濫故不敢避怨瞻徇也

一邑人蘇生榦等近纂列女志未啟志館以前曾為詳加校勘此次即照蘇本檃括備載續以新增無庸重纂

一遁跡二氏不忘忠孝者備録之以勵儒其名而實相背者假如邪說誣民雖著靈異概不登載

一古聖英賢忠臣義士耕釣所及皆為古蹟凡涉怪異附會不敢濫登

一寺觀近無所增仍前志而稍為點竄

一忠藎章疏孝友詩篇可歌可泣即吉光片羽亘古不磨他如有為而作言中有物者亦著録之至若文人詞客登山涉水留連景光之作無裨人心風俗雖有佳章今從割愛其他邑詩文有關邑事者亦別擇登入沈志分內外二集雖賓主犂然稍於體例未合今仍統録不為區分

一識餘體雖別於列傳義有取乎補遺說怪搜奇不可居志乘之末概從慎擇以嚴義例

一斯志雖加詳校而卷帙較繁成書較速魯魚豕亥仍

恐不免閱者諒之正之幸孔幸孔

道光二十年十月既望　雲乃陳延恩手識

江陰縣志全圖

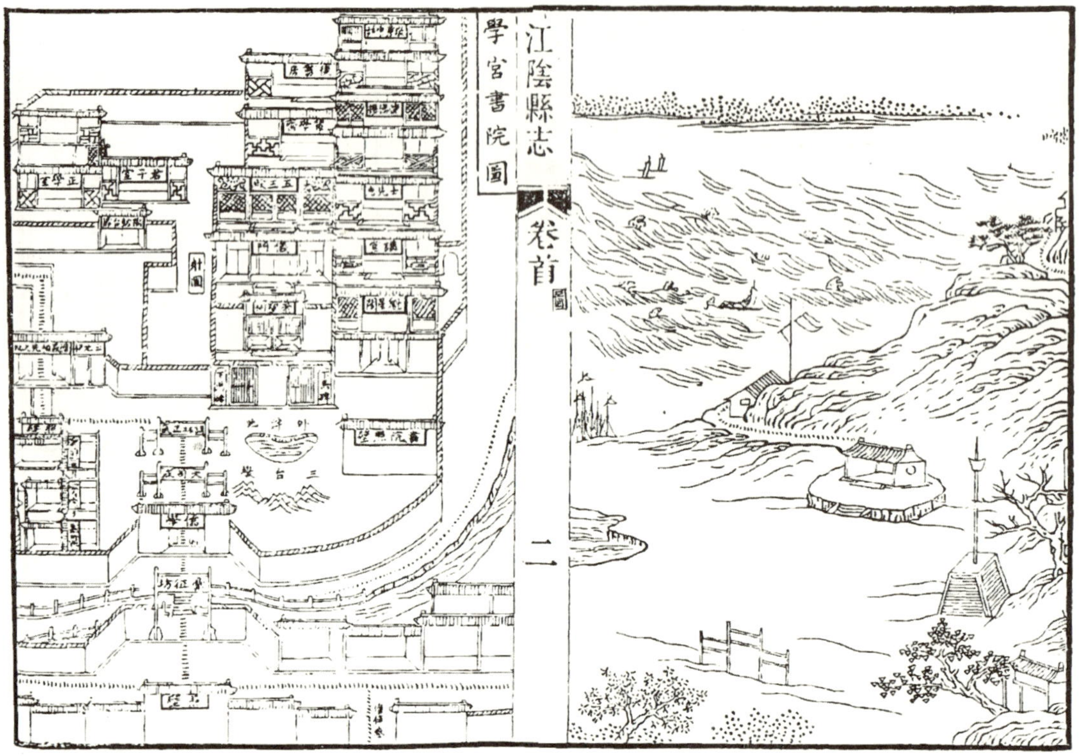
江陰縣志
學宮書院圖
卷首
二

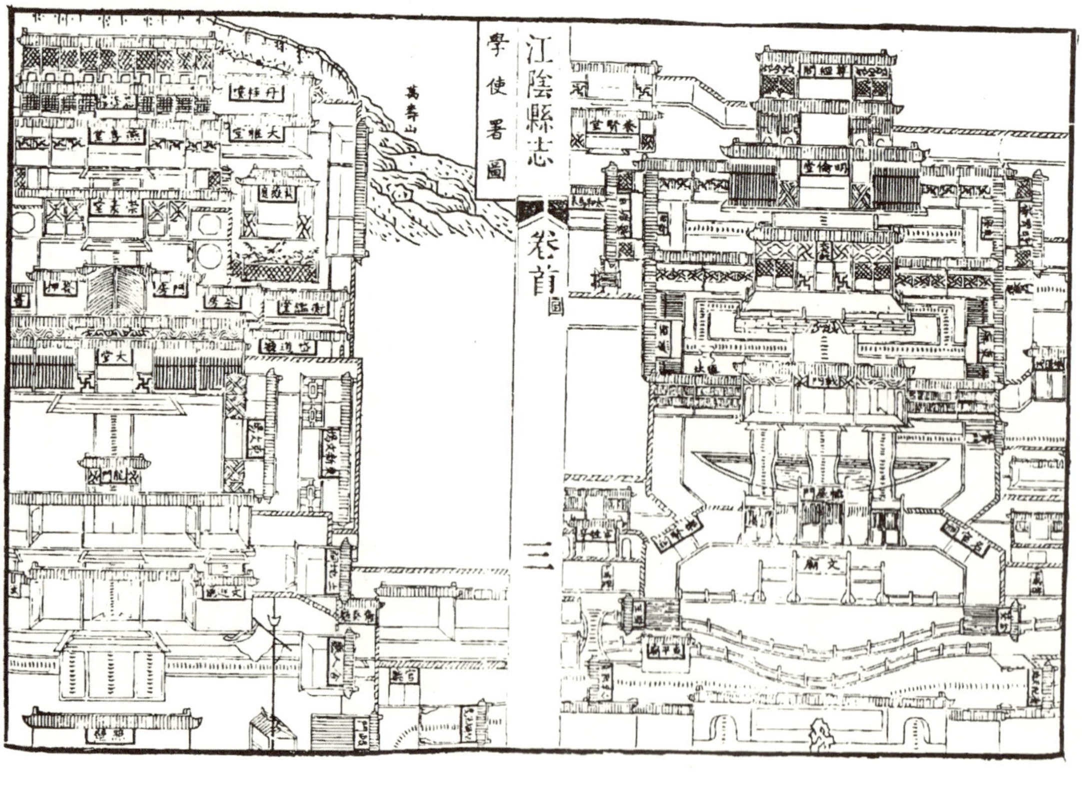
江陰縣志
學使署圖
卷首
三
萬壽山
文廟

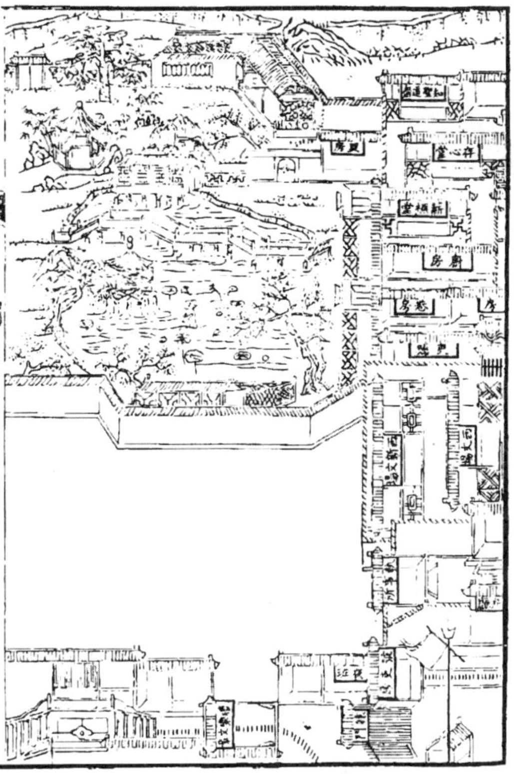

江陰縣志 卷首 圖 四

江陰縣署圖

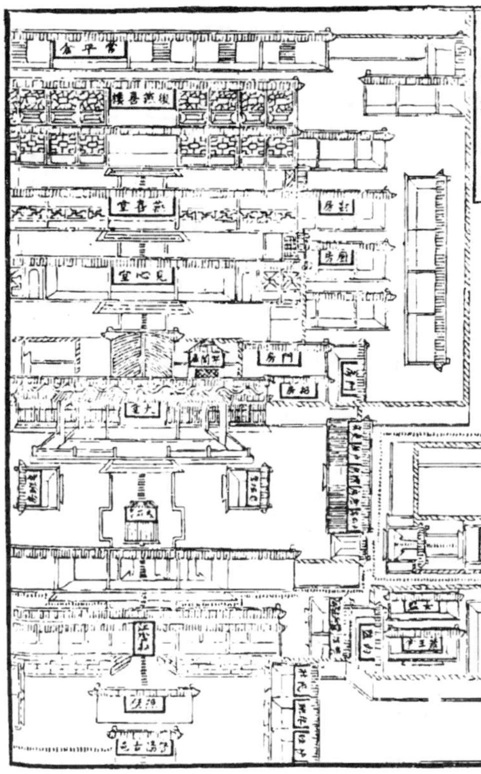

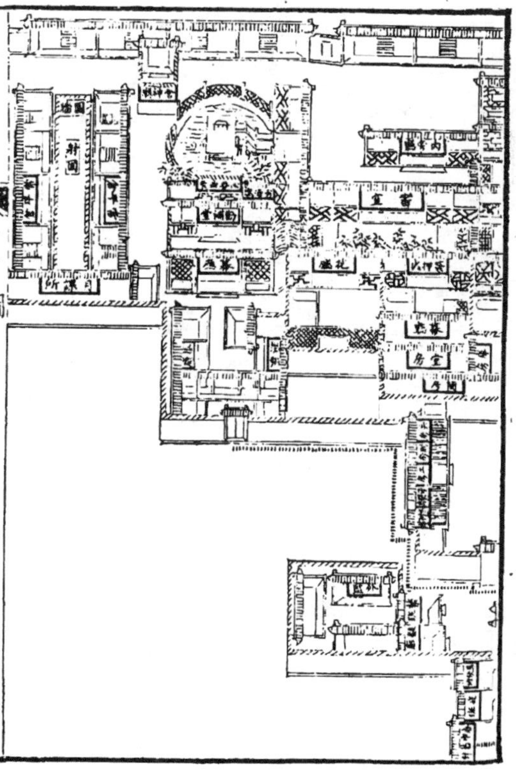

江陰縣志 卷首 圖 五

江陰縣城隍圖

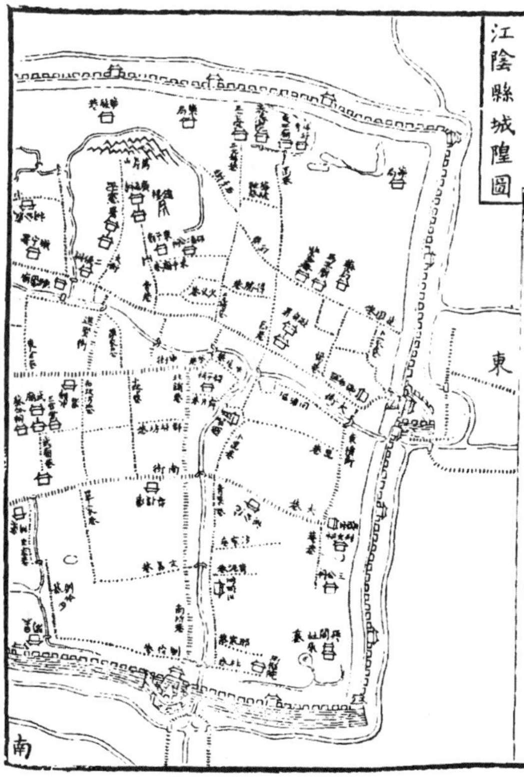

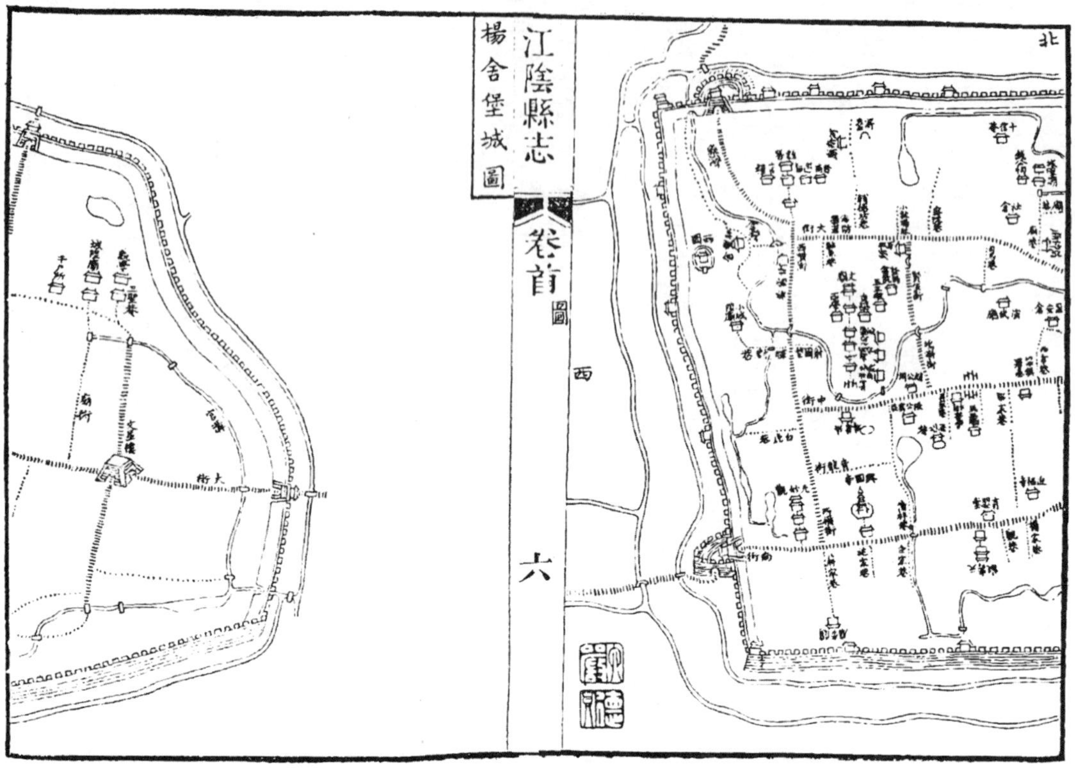
江陰縣志
楊舍堡城圖
卷首
圖
六
北
西

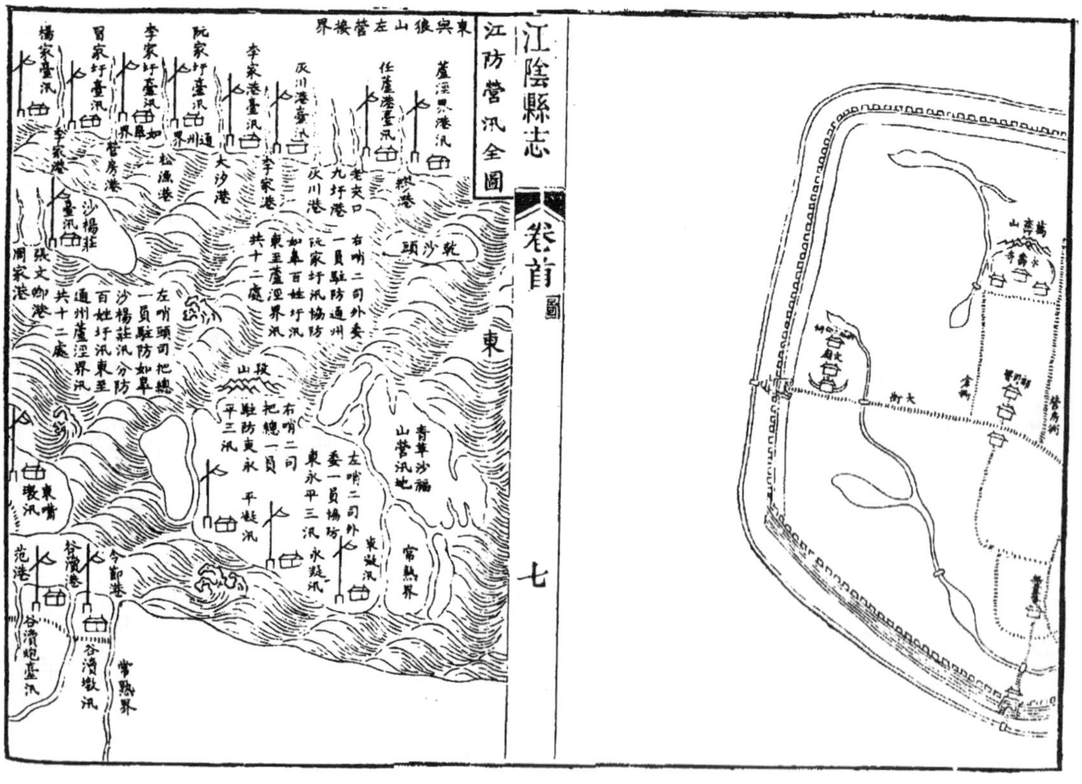
江陰縣志
江防營汛全圖
卷首
圖
七
東
東與狼山左營接界
常熟界

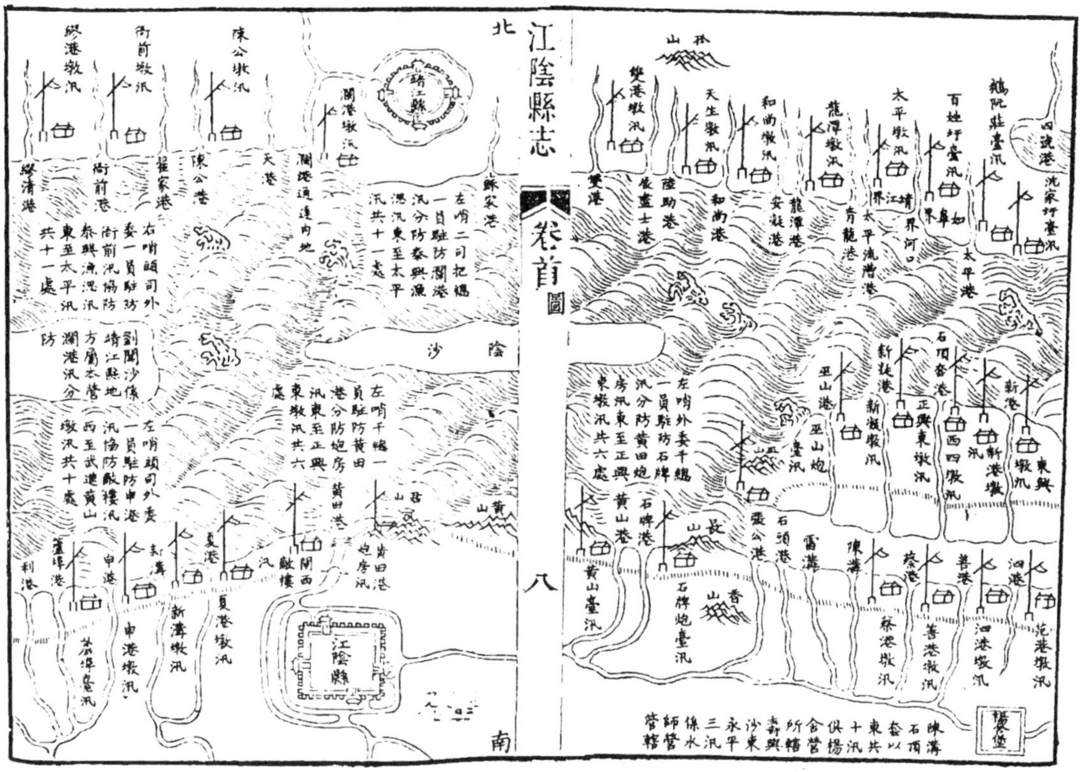
江陰縣志
卷首 圖
八
北
南
靖江縣
江陰縣
陰 沙
陳公墩汛
陳公港
衙前墩汛
衙前港
蘇家港
天港
夏港
夏港墩汛
申港
申港墩汛
新溝
利港
君山
黃山
黃山臺汛
石牌港
石牌炮臺汛
長山
香山
石頭港
雷溝
陳溝
巫山港
善港
泗港
新港
如皋界
靖江界

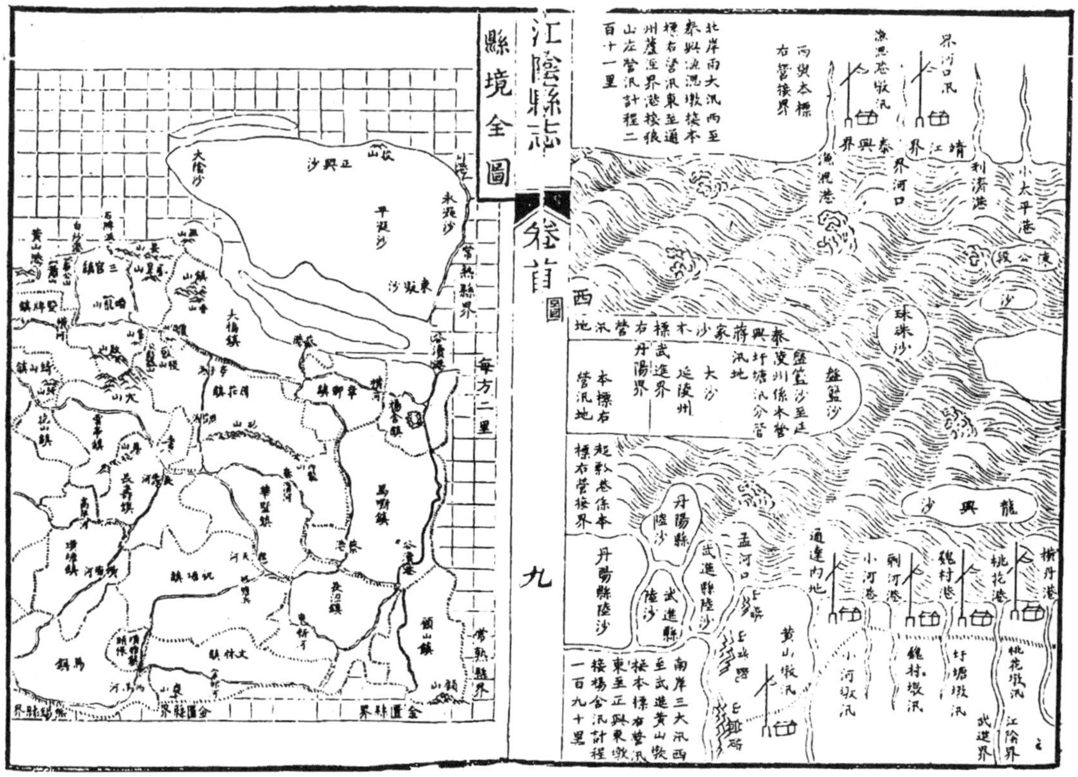
江陰縣志
卷首 圖
九
縣境全圖
每方二里
常熟縣界
西
大陰沙
正興沙
盤籃沙
珠珠沙
龍興沙
大橋鎮
青陽鎮
馬嘶鎮
華墅鎮
長壽鎮
顧山鎮
璜塘鎮
祝塘鎮
文林鎮
丹陽縣陸沙
武進縣陸沙
孟河口
漁洪港
界河口
利濟港
太平港
桃花港
桃花墩汛
魏村墩汛
圩塘墩汛
小河墩汛
黃山墩汛
武進界
江陰界

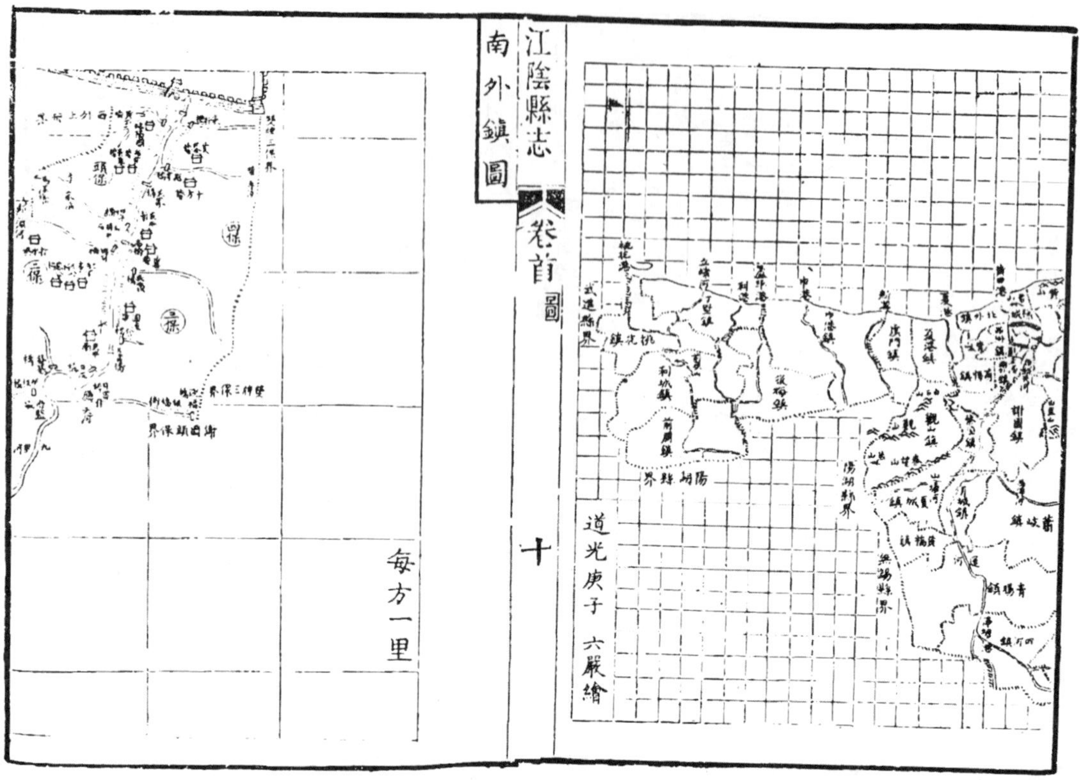
江陰縣志
卷首
圖
十
南外鎮圖
每方一里
道光庚子 六嚴繪

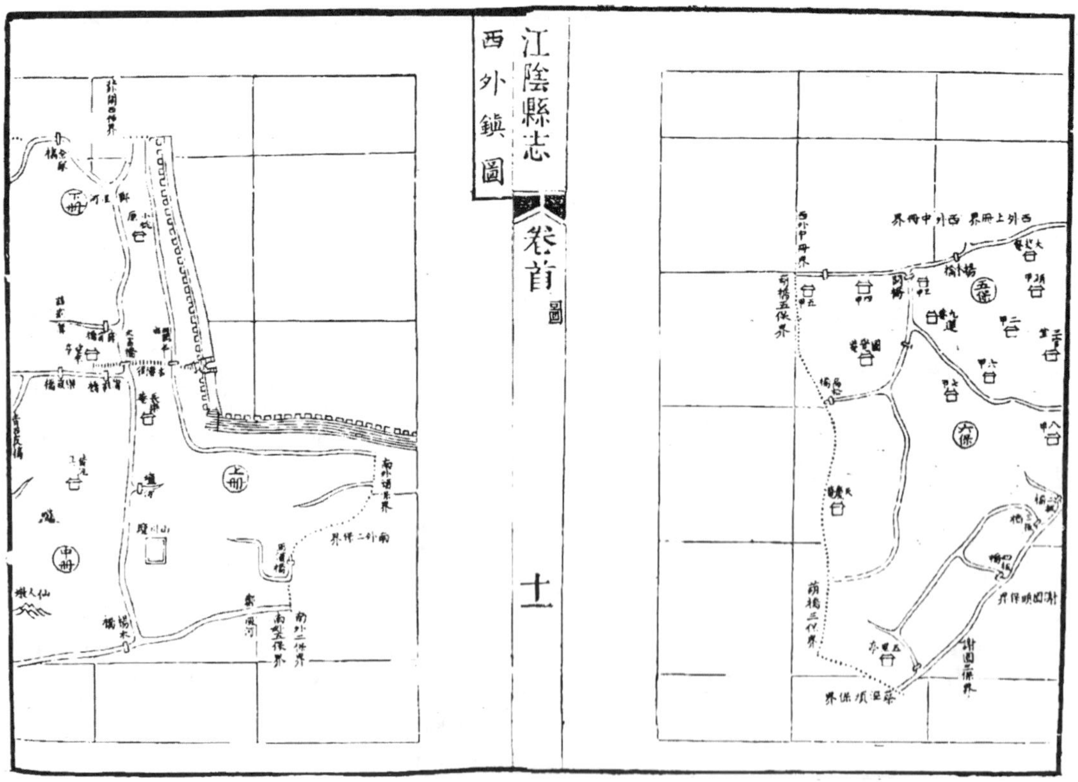
江陰縣志
卷首
圖
十一
西外鎮圖

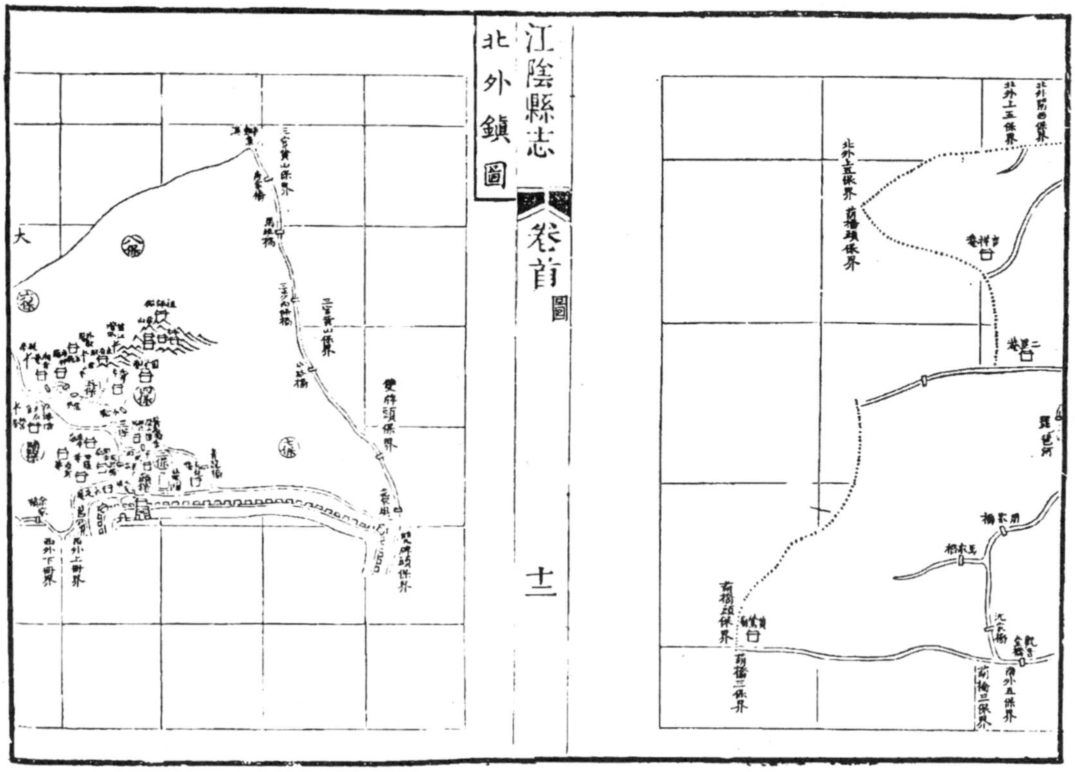

江陰縣志 卷首 圖 十二

北外鎮圖

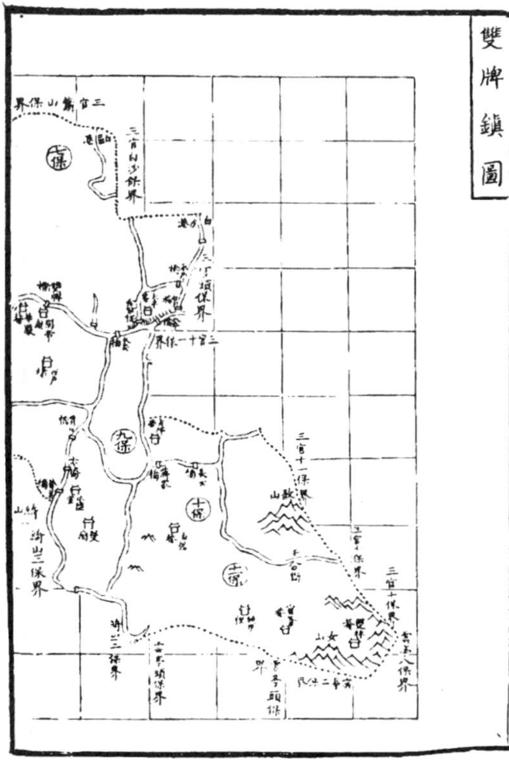
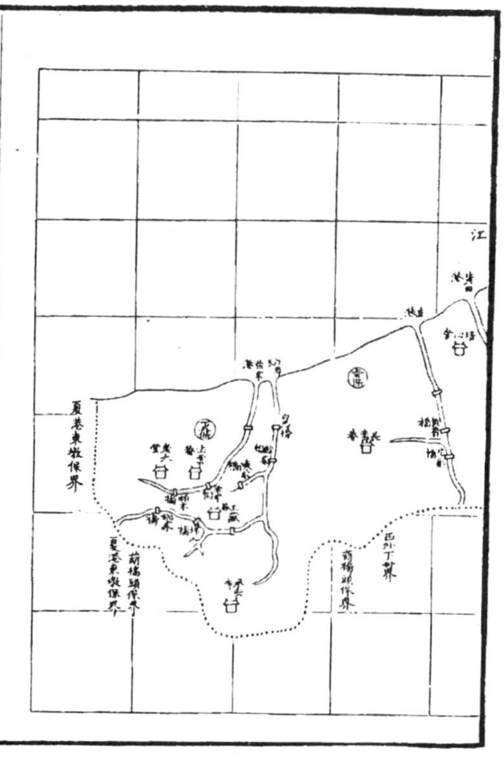

江陰縣志 卷首 圖 十三

雙牌鎮圖

江陰縣志

綺山鎮圖

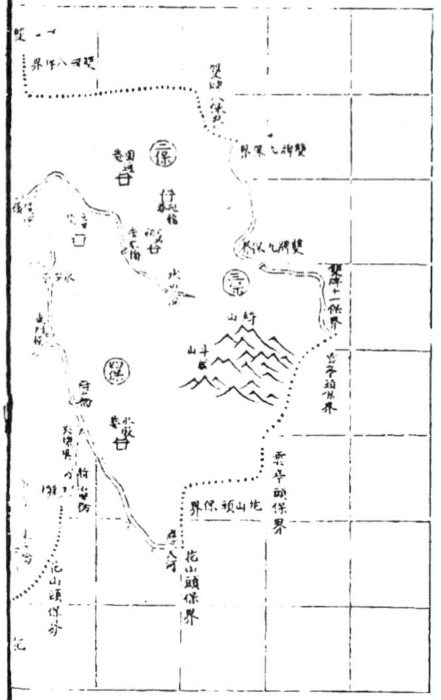

卷首 圖

十四

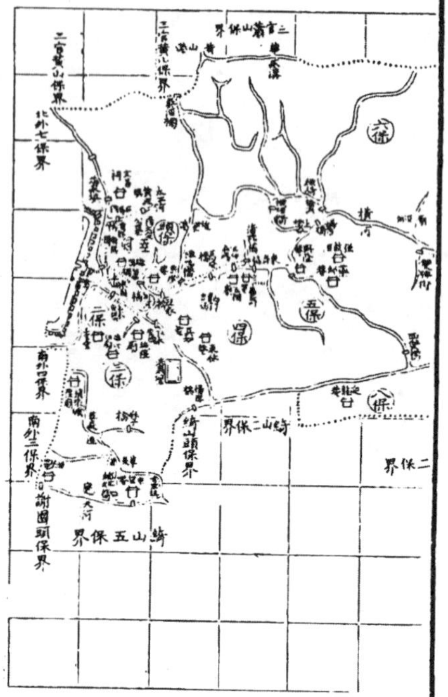

江陰縣志

長壽鎮圖

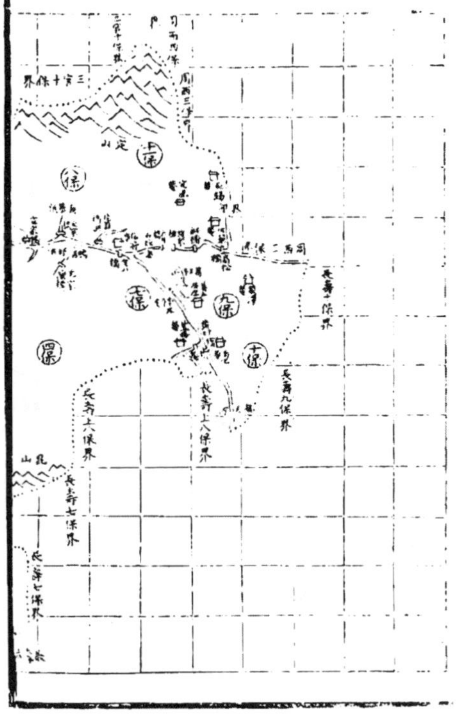

卷首 圖

十五

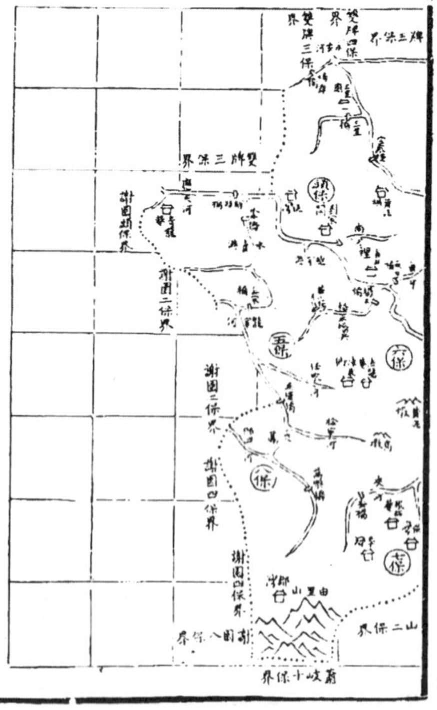

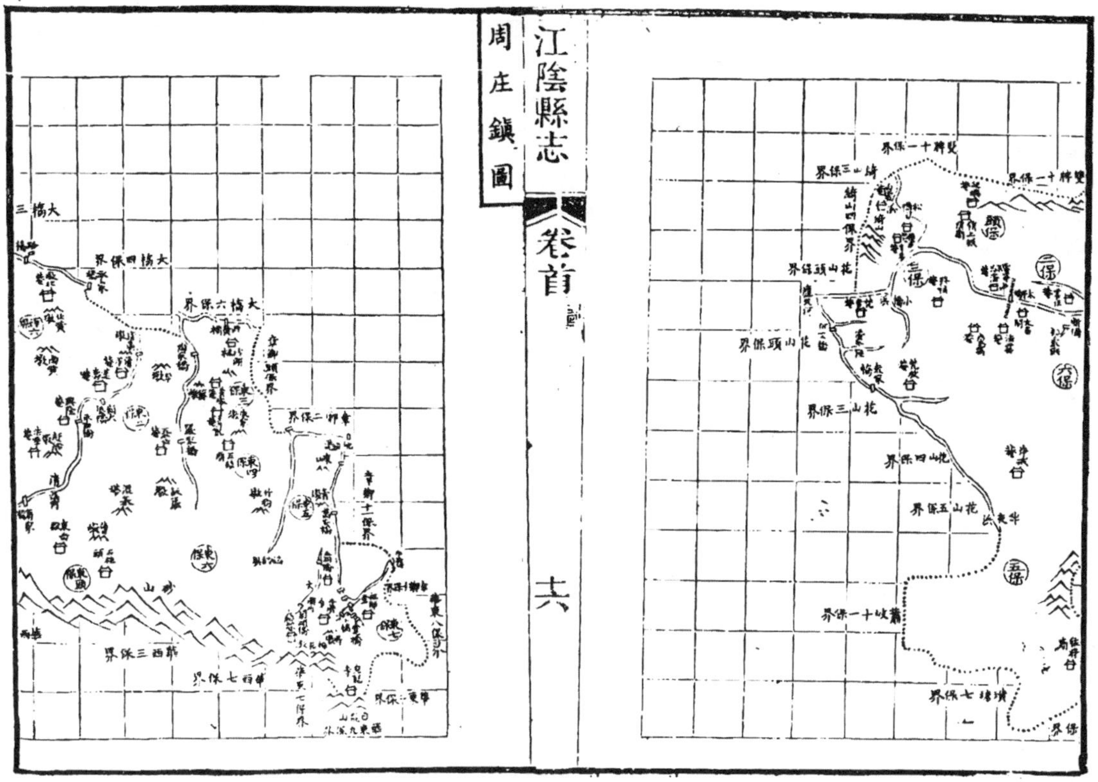
江陰縣志
卷首
周庄鎮圖
六
大橋四保界
大橋六保界

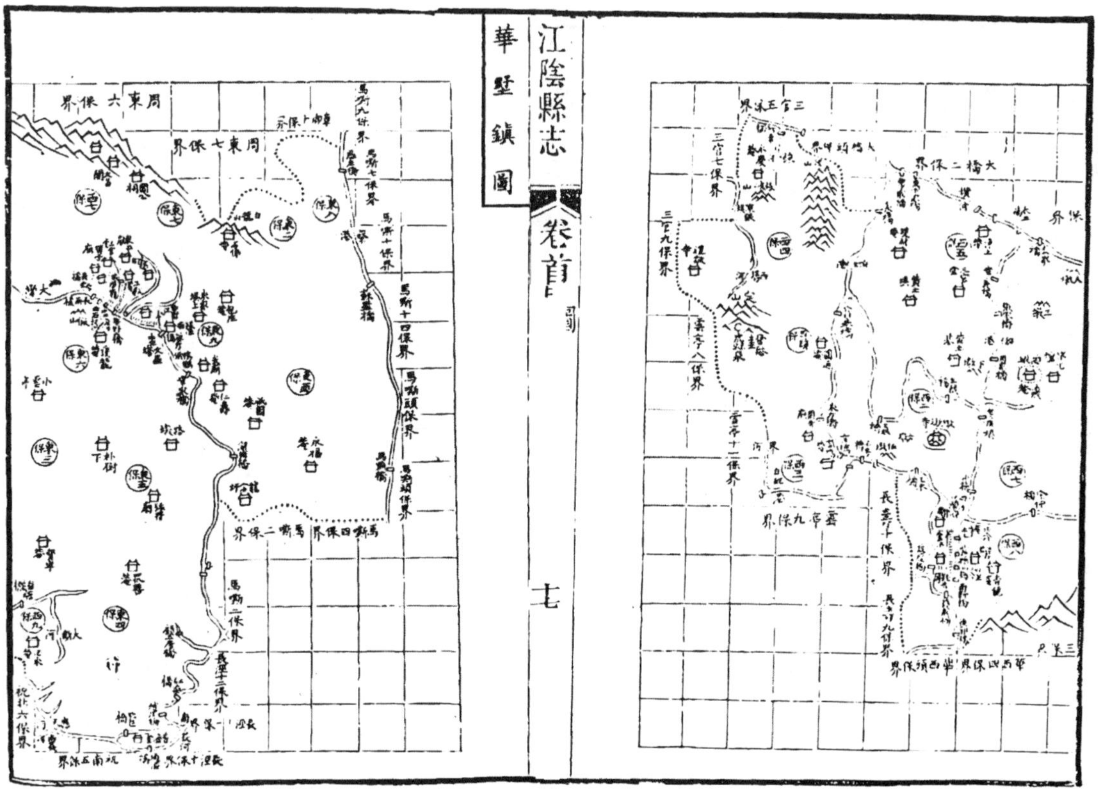
江陰縣志
卷首
華墅鎮圖
七
周東六保界
周東七保界
大橋二保界

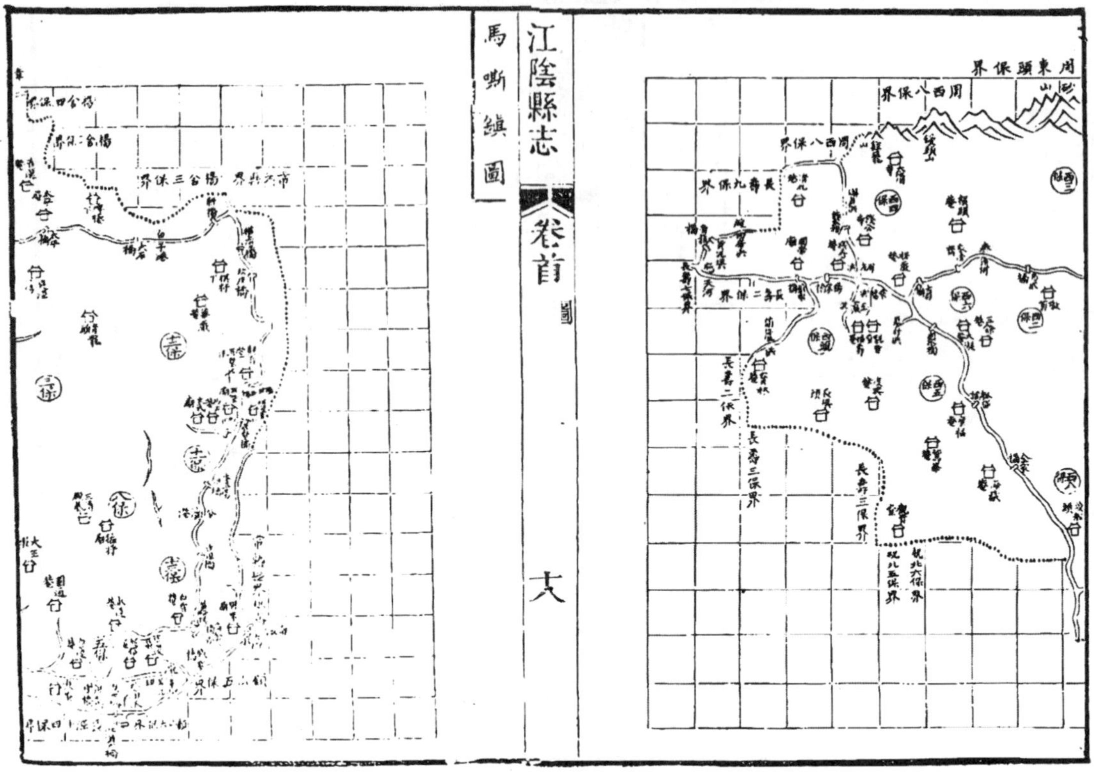
江陰縣志
馬斷鎮圖
卷首
圖
十八

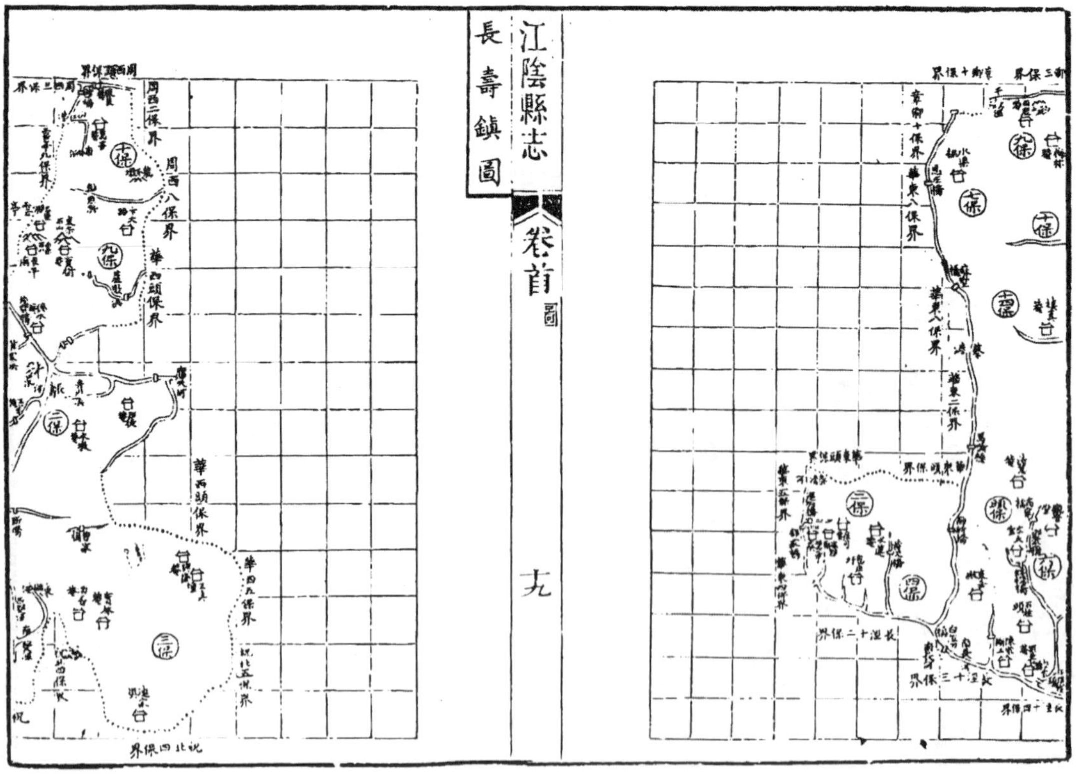
江陰縣志
長壽鎮圖
卷首
圖
十九

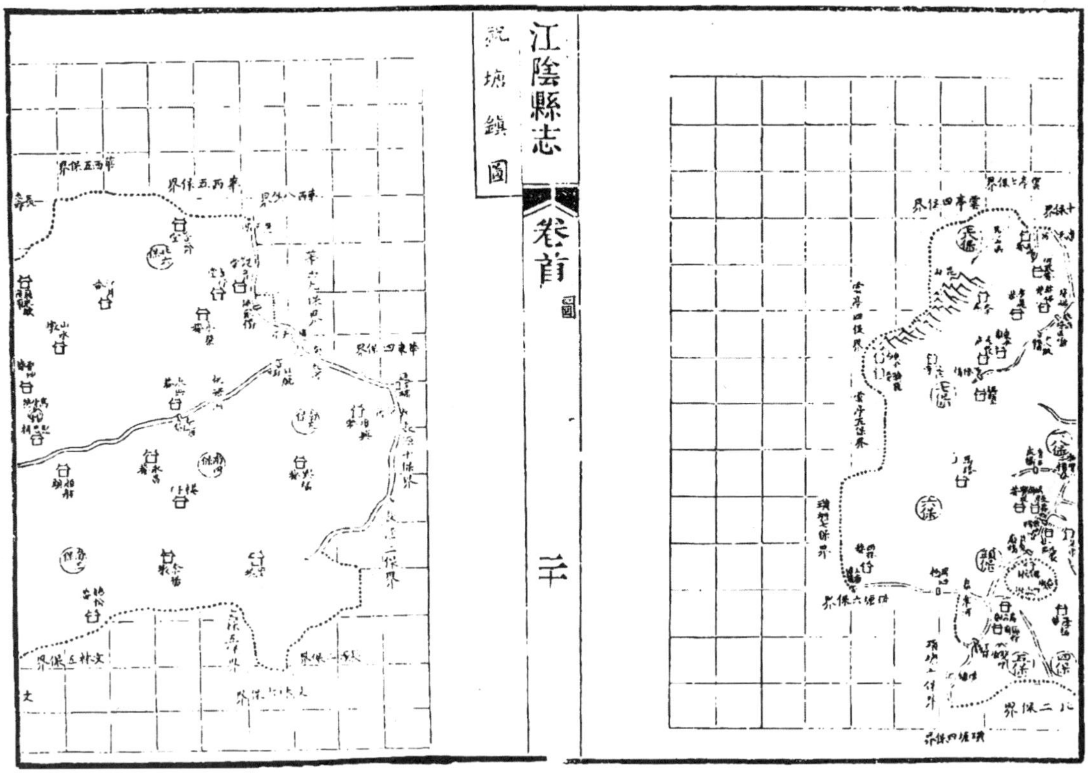

江陰縣志　卷首　圖　二十

祝塘鎮圖

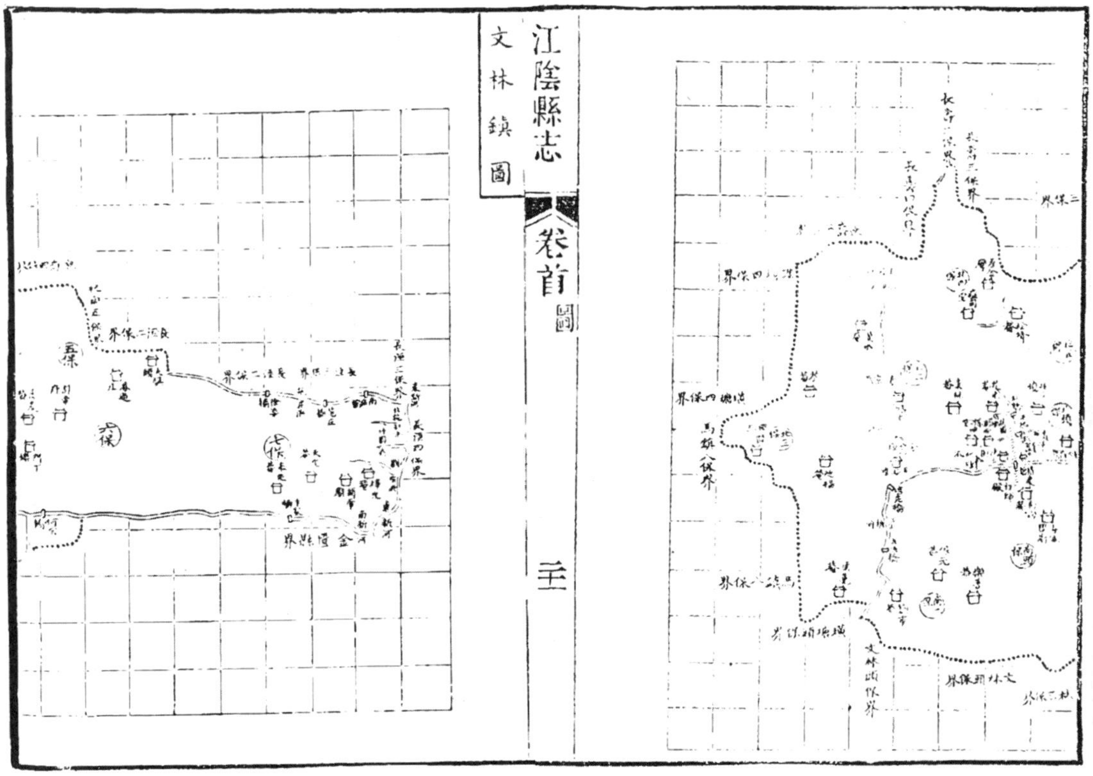

江陰縣志　卷首　圖　二十一

文林鎮圖

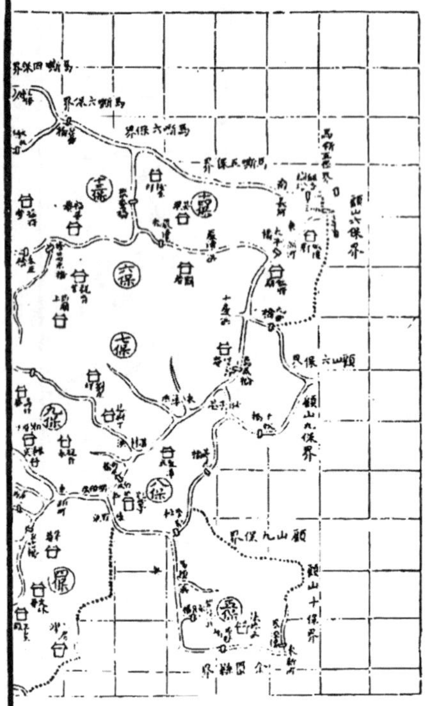

江陰縣志 長涇鎮圖

卷首 圖

圭

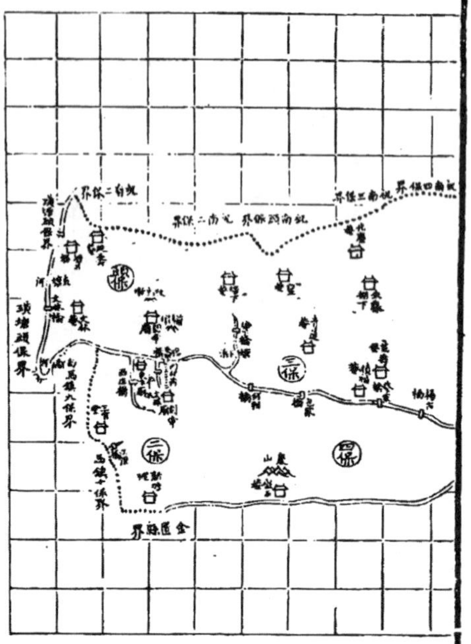

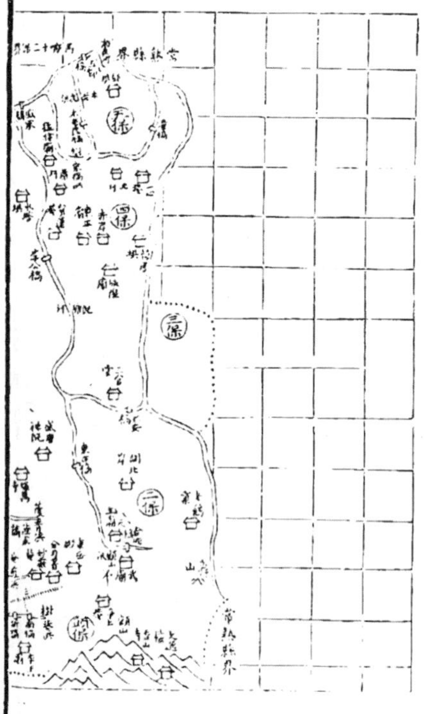

江陰縣志 顧山鎮圖

卷首 圖

圭

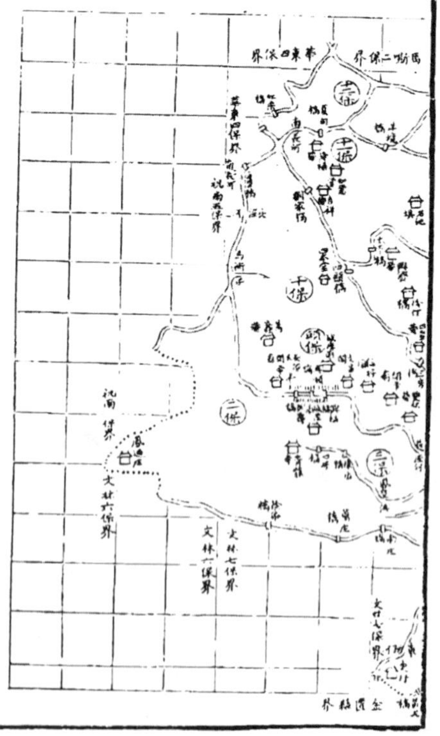

江陰縣志 卷首 圖

楊舍鎮圖

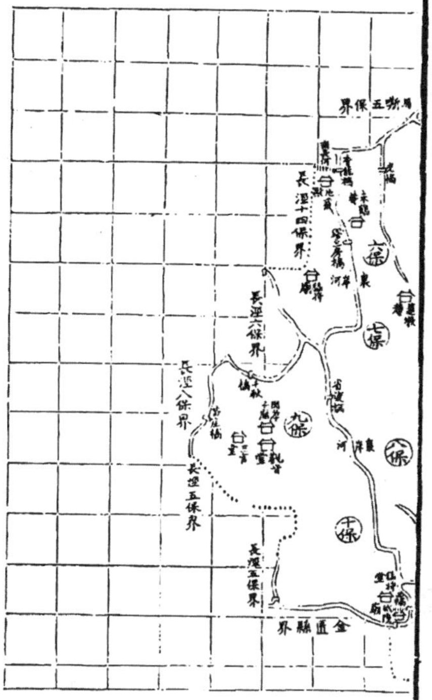

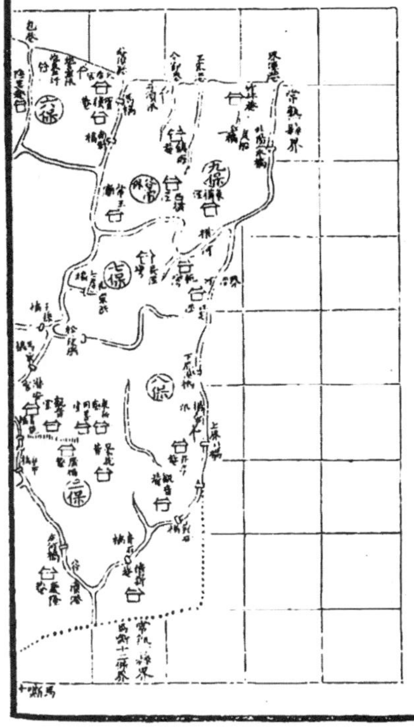

江陰縣志 卷首 圖

章卿鎮圖

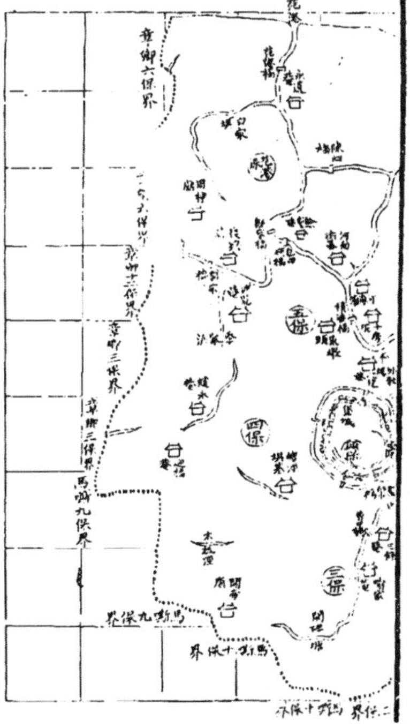

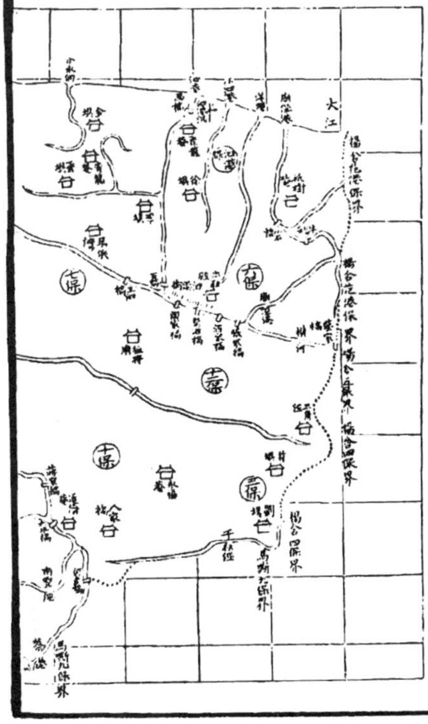

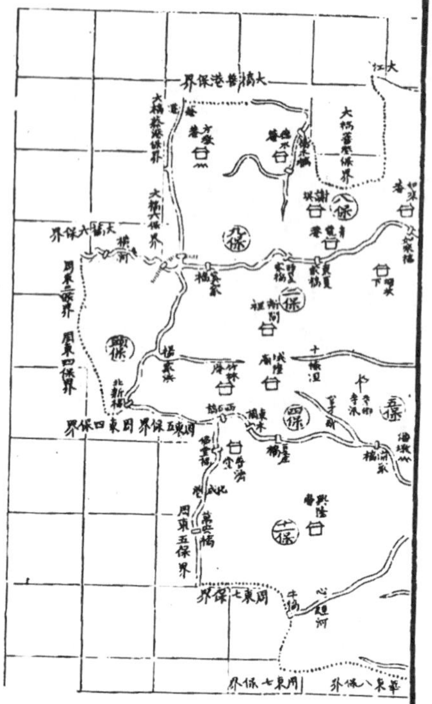

江陰縣志　卷首　圖　卅六

八橋鎮圖

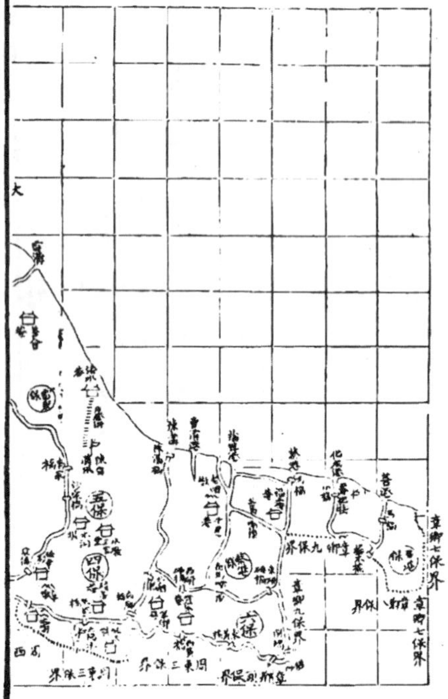

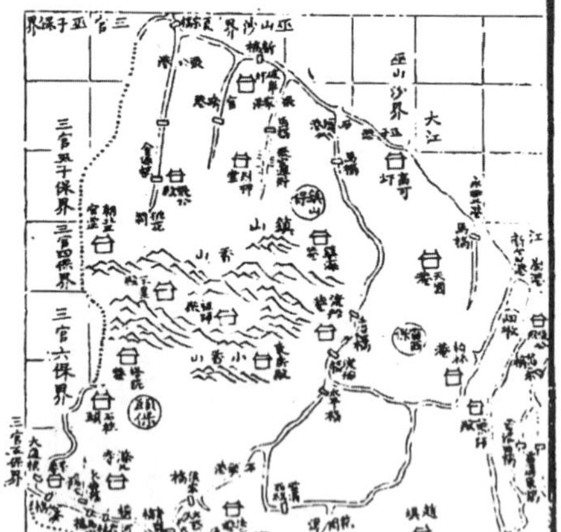

江陰縣志　卷首　圖　卅七

三官鎮圖

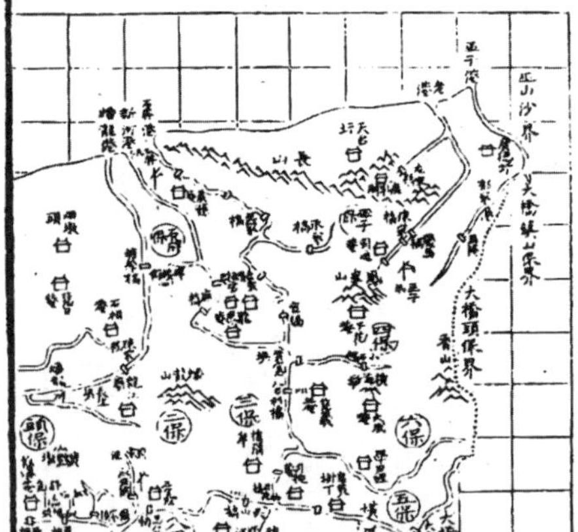

江陰縣志 卷首 圖

謝園鎮圖

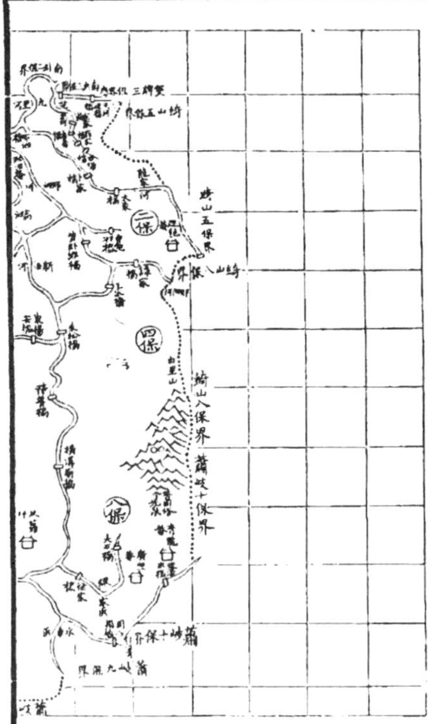

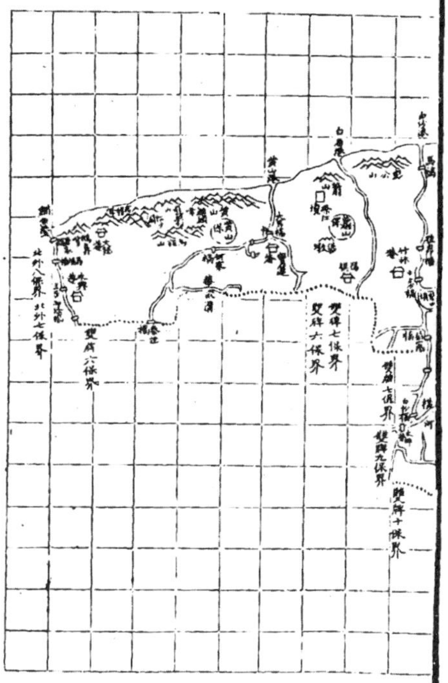

江陰縣志 卷首 圖

蔡涇鎮圖

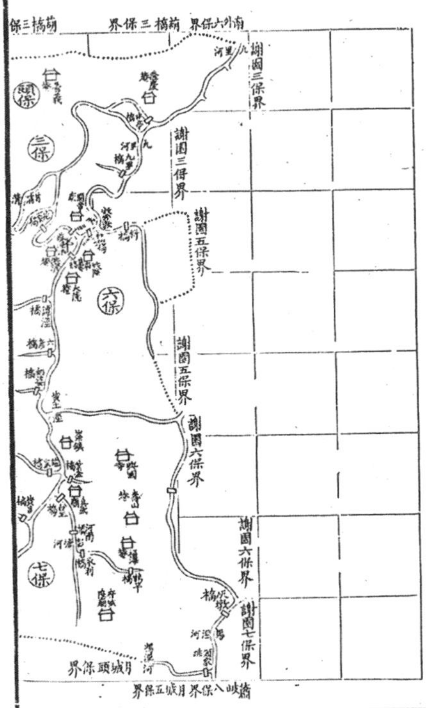

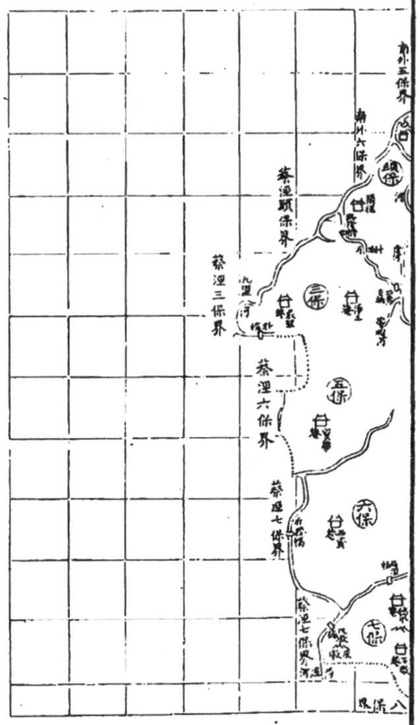

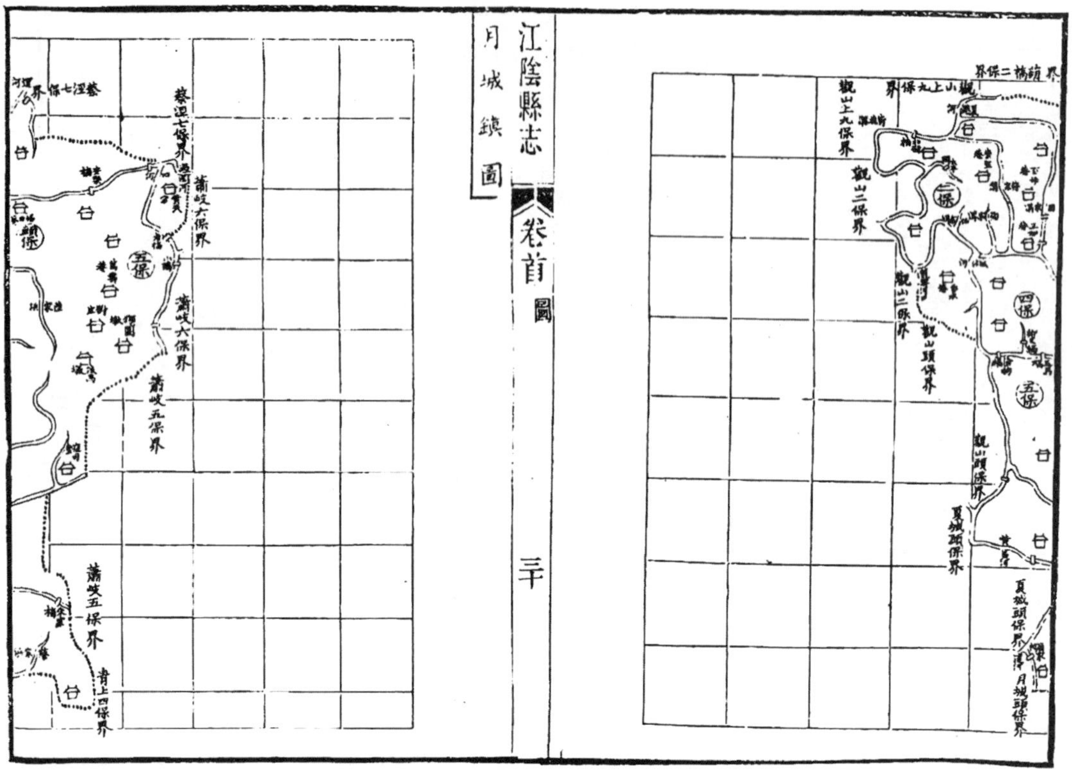
江陰縣志
卷首 圖
月城鎮圖
三十
蔡涇七保界
蕭岐六保界
蕭岐五保界
青上四保界
觀山上九保界
觀山二保界
觀山頭保界
夏城頭保界
月城頭保界

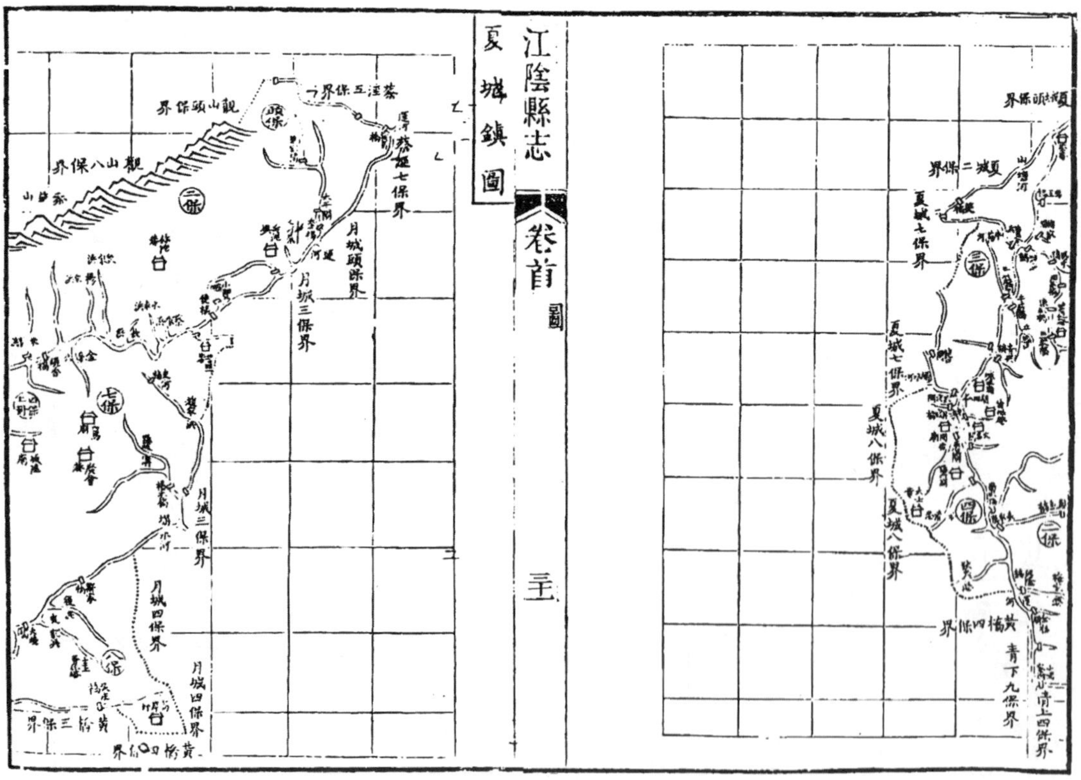
江陰縣志
卷首 圖
夏城鎮圖
三十一
觀山頭保界
觀山八保界
蔡涇五保界
蔡涇七保界
月城頭保界
月城三保界
月城四保界
夏城頭保界
夏城二保界
夏城七保界
夏城八保界
黃橋四保界
青下九保界
青上四保界

江陰縣志 卷首 圖

黃橋鎮圖

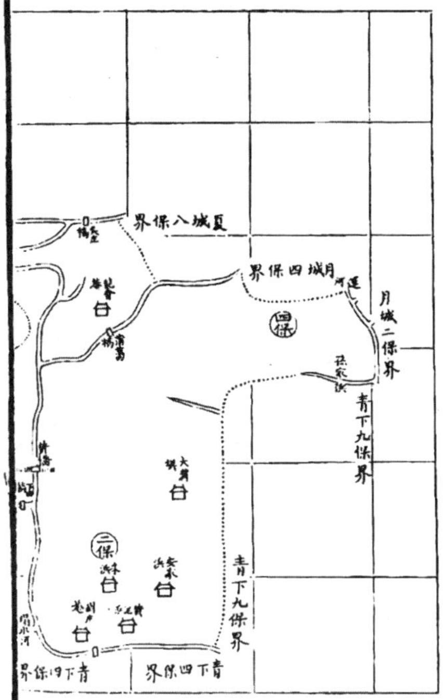

三十一

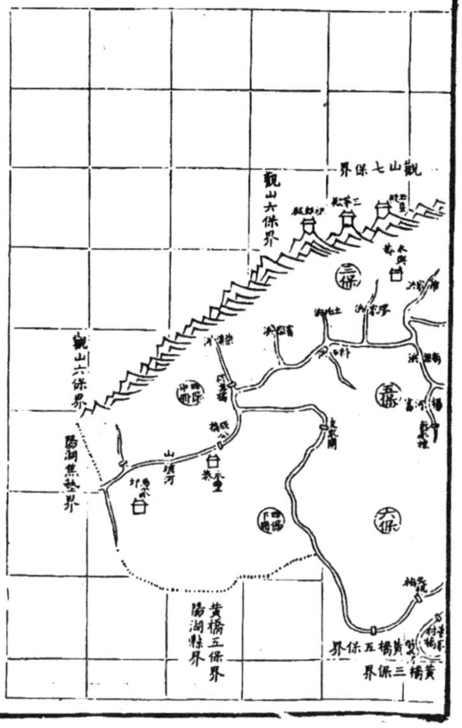

江陰縣志 卷首 圖

青暘鎮圖

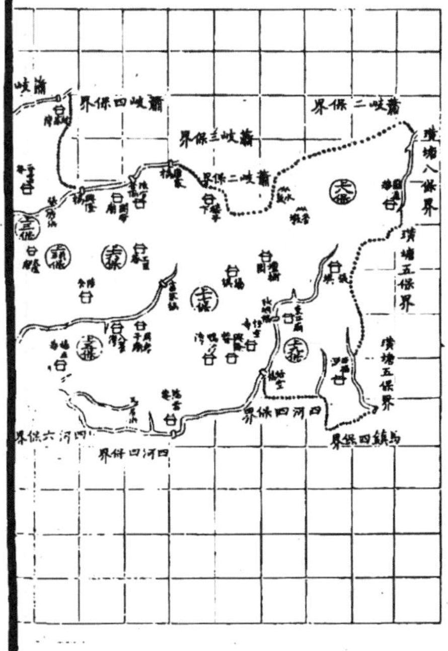

三十二

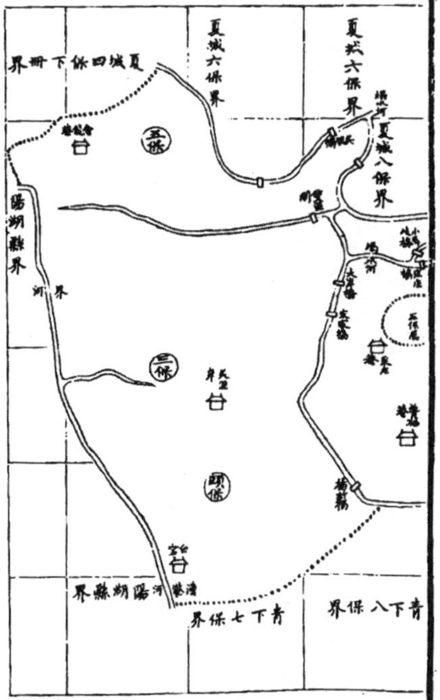

江陰縣志 卷首 圖 三四

四河鎮圖

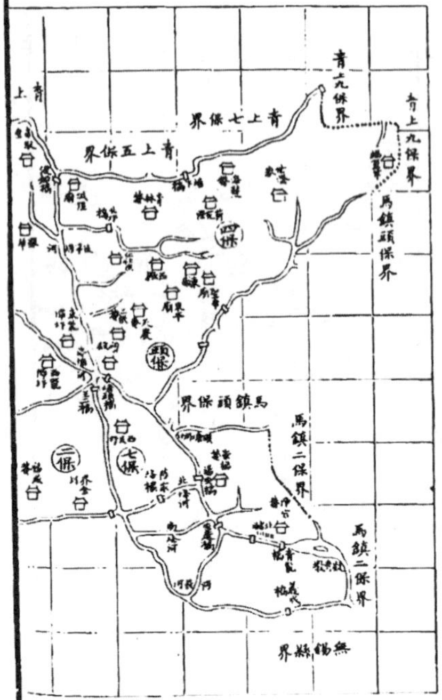

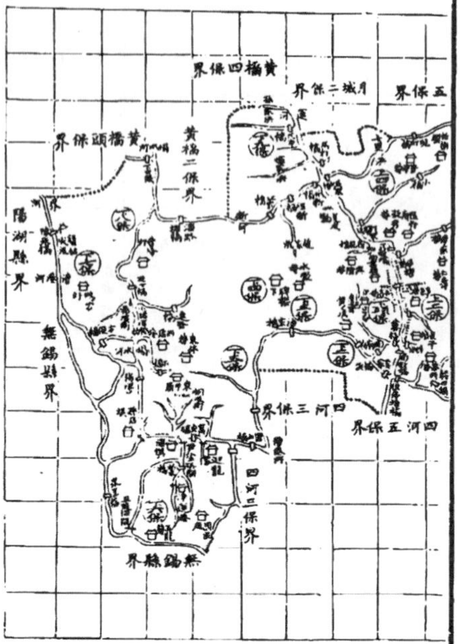

江陰縣志 卷首 圖 三五

馬鎮圖

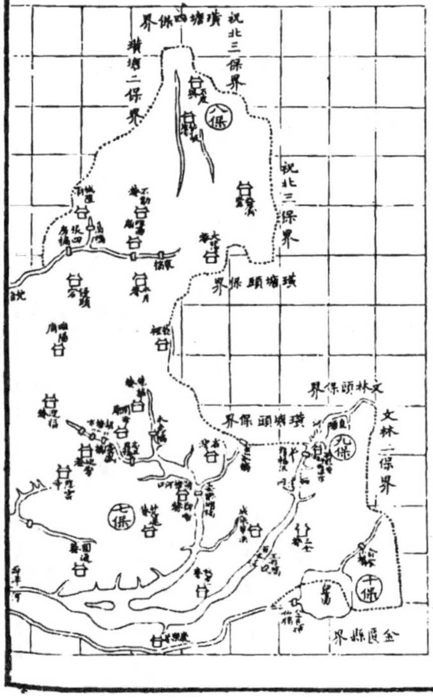

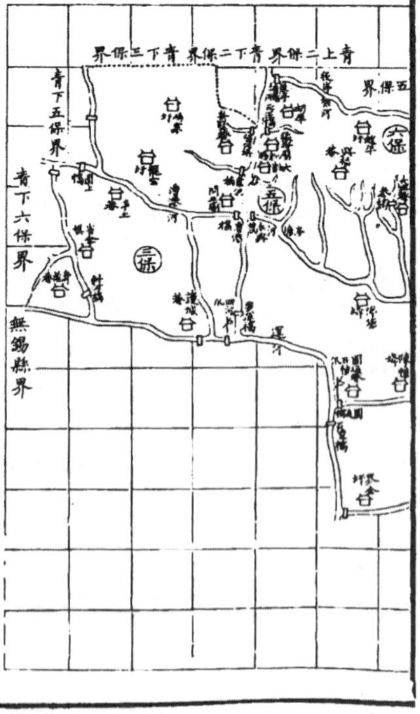

江陰縣志 璜塘鎮圖 卷首 圖 三六

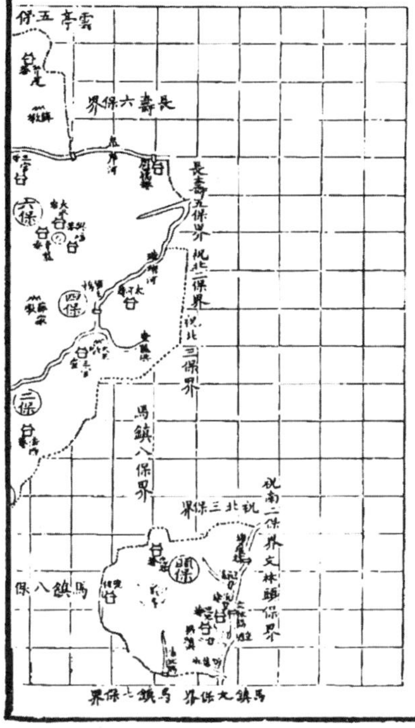

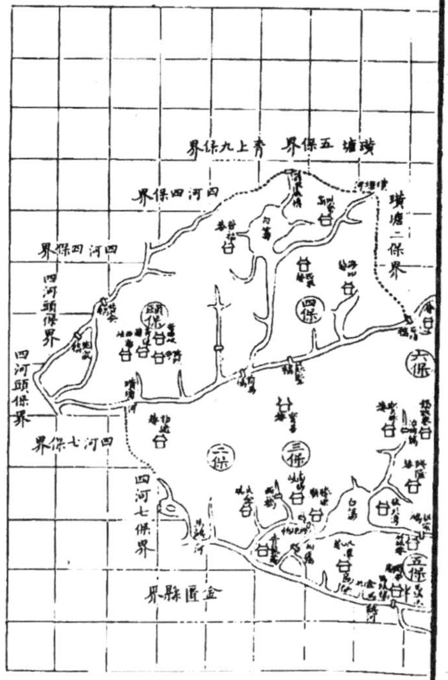

江陰縣志 花山鎮圖 卷首 圖 三七

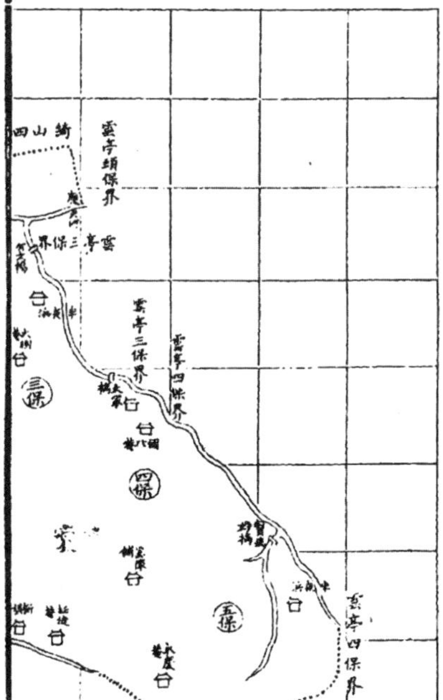

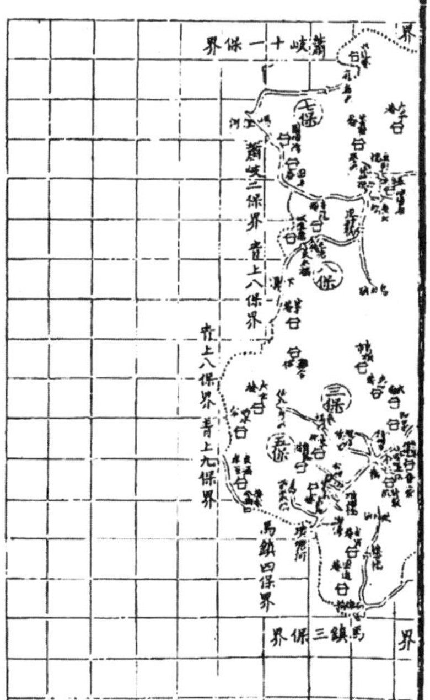

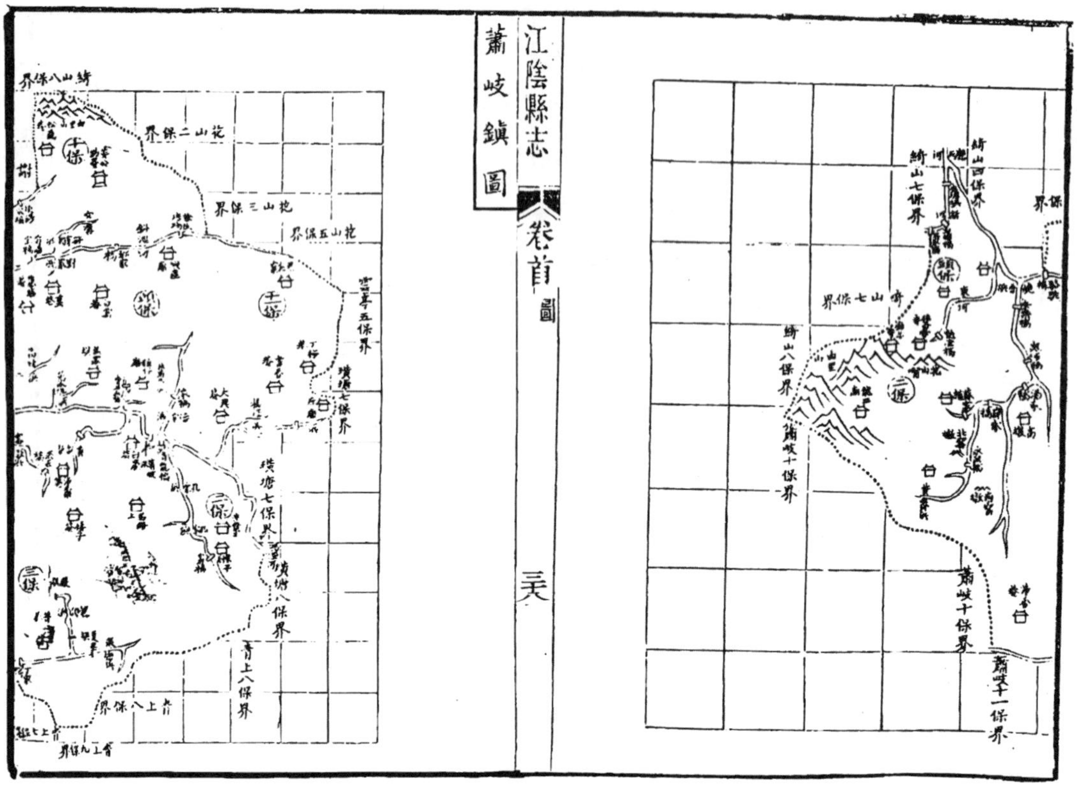
江陰縣志
卷首
圖
蕭岐鎮圖
花山二保界
花山三保界
花山五保界
蕭岐十保界
蕭岐十一保界
綺山七保界
綺山八保界
綺山四保界
青上八保界

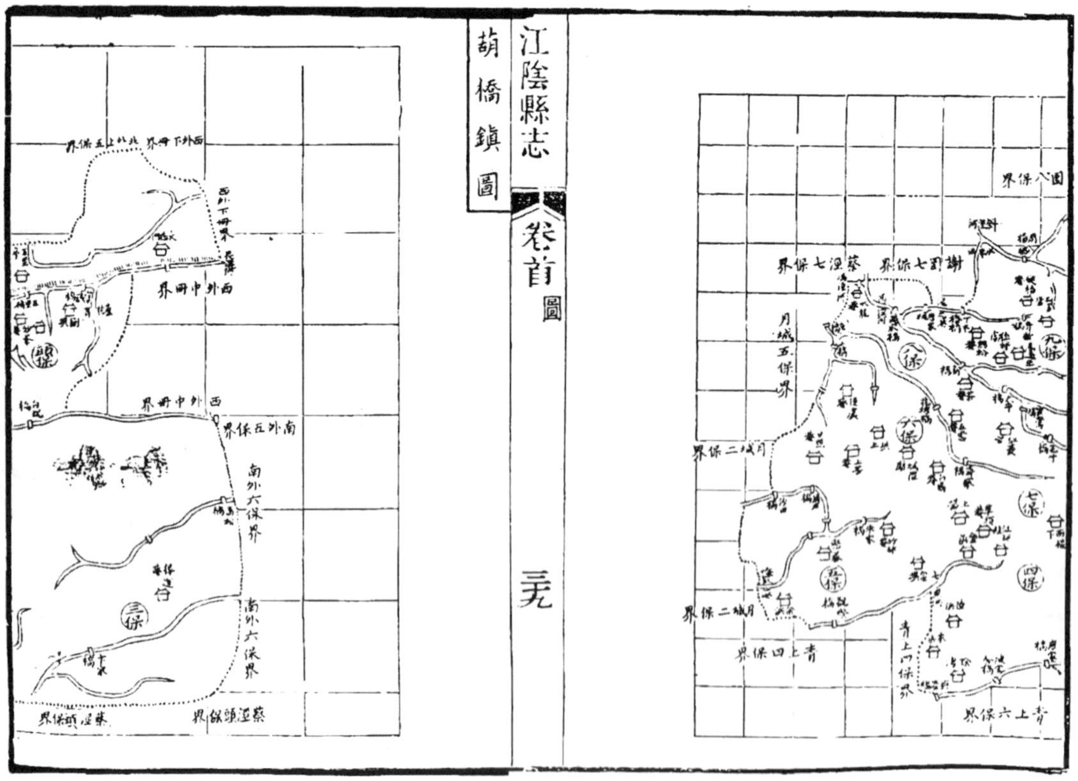
江陰縣志
卷首
圖
胡橋鎮圖
西外中冊界
南外五保界
南外六保界
蔡涇七保界
月城五保界
月城二保界
青上四保界
青上六保界

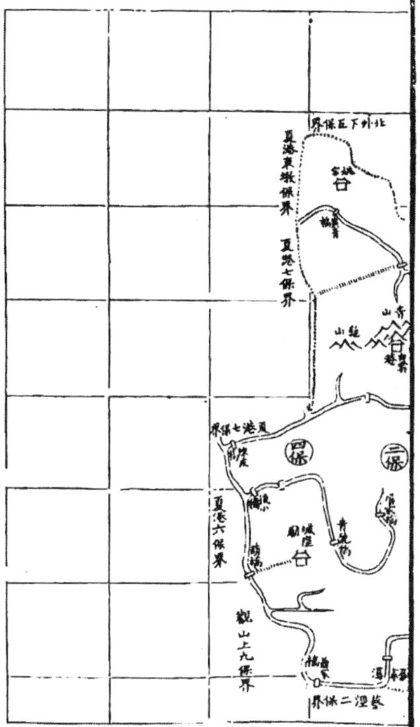

江陰縣志　卷首　圖　四十

觀山鎮圖

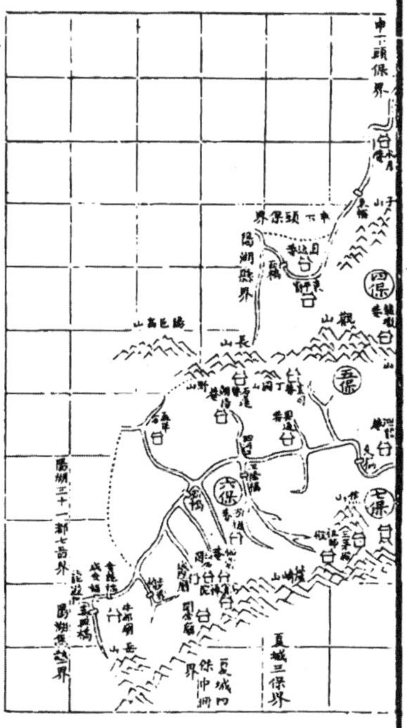

江陰縣志　卷首　圖　四十一

利城鎮圖

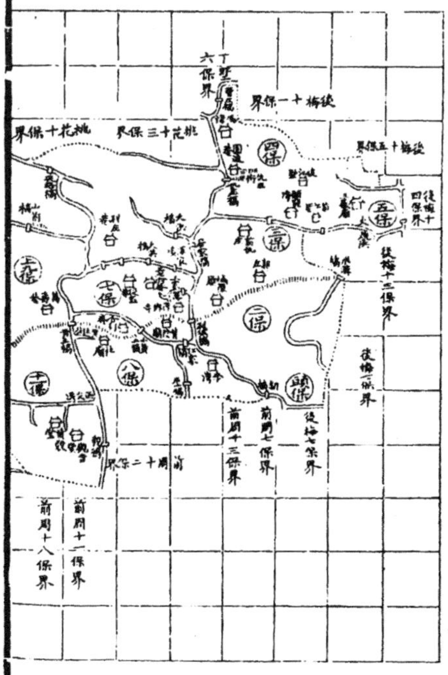

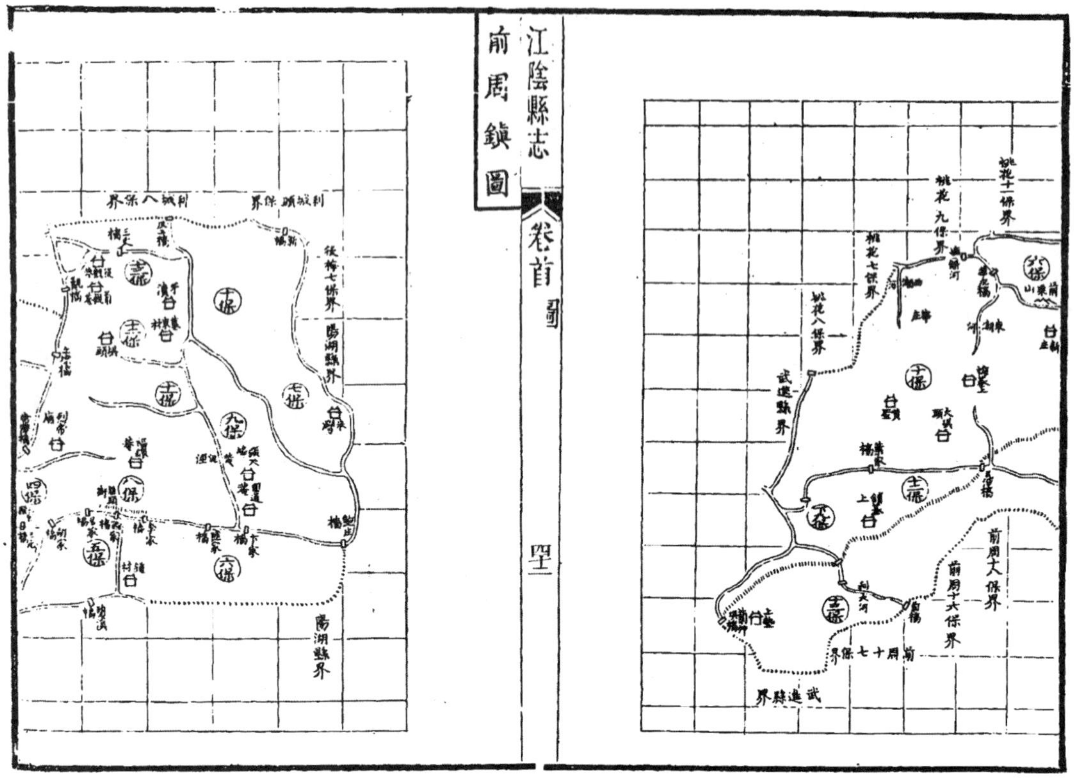
江陰縣志
前周鎮圖
卷首 圖
陽湖縣界
陽湖縣界
武進縣界
武進縣界

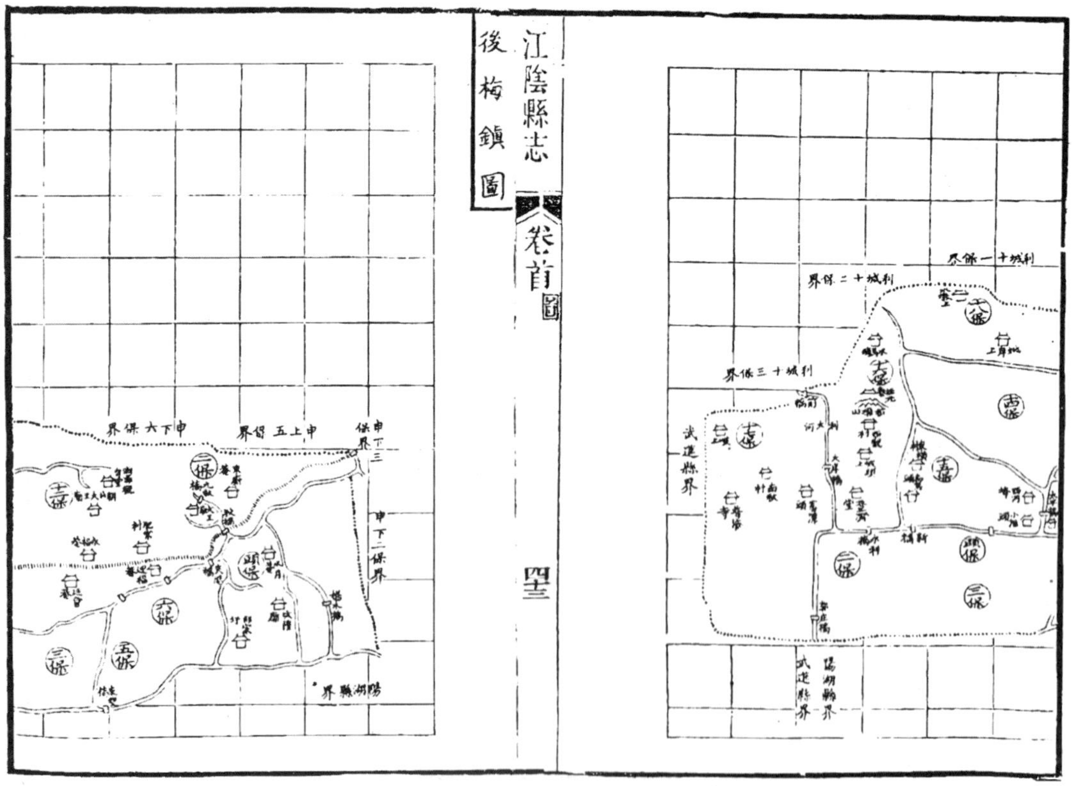
江陰縣志
後梅鎮圖
卷首 圖
陽湖縣界
利城十一保界
利城十二保界
利城十三保界
武進縣界
陽湖縣界

丁墅鎮圖

江陰縣志 卷首 圖 四十四

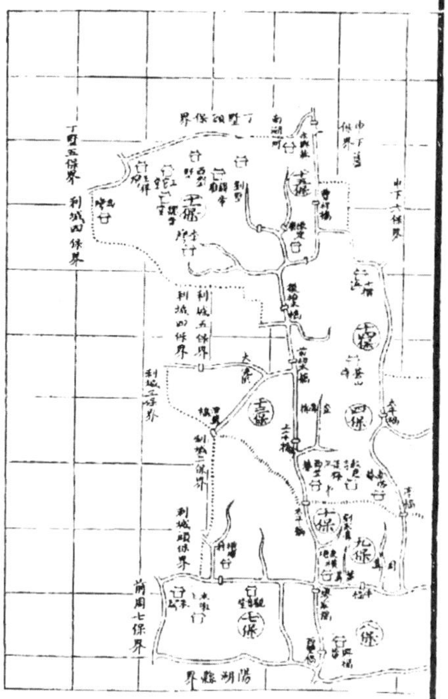

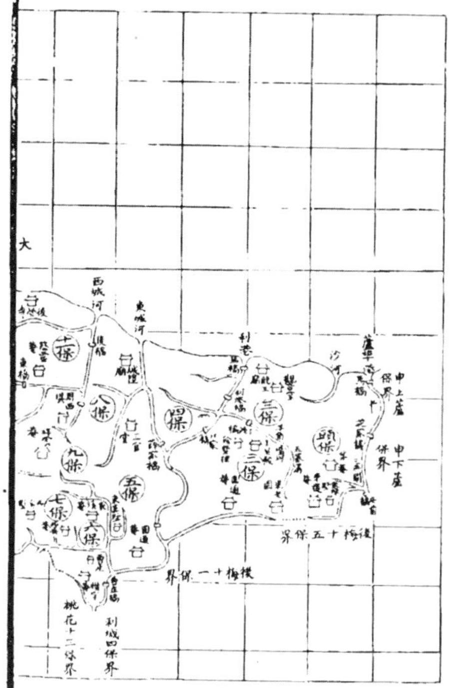

桃花鎮圖

江陰縣志 卷首 圖 四十五

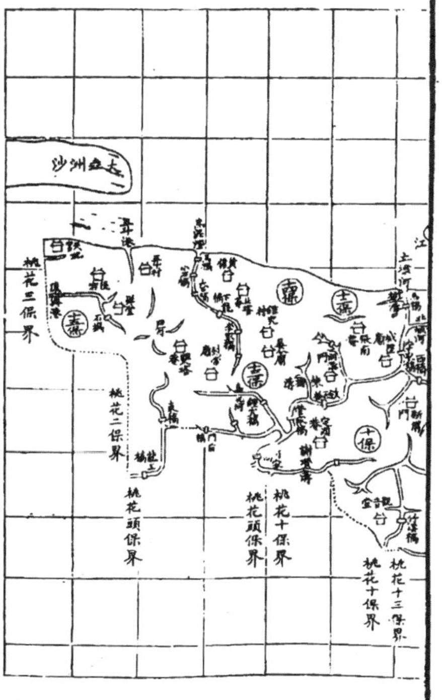

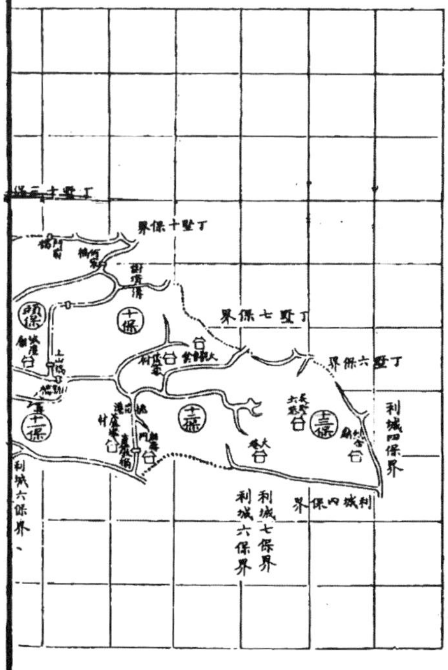

申港鎮圖

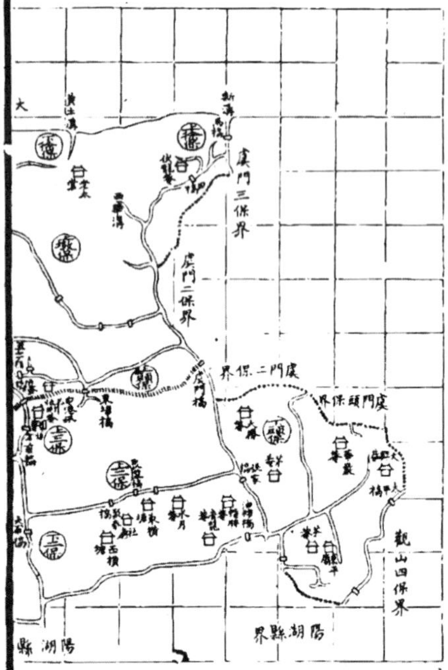

江陰縣志　卷首　圖　四六

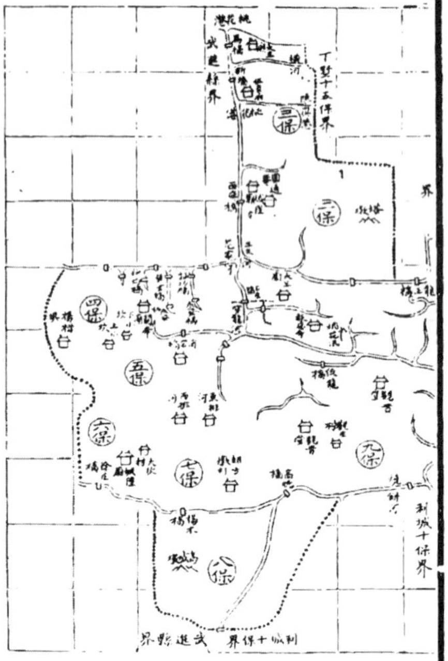

[illegible]鎮圖

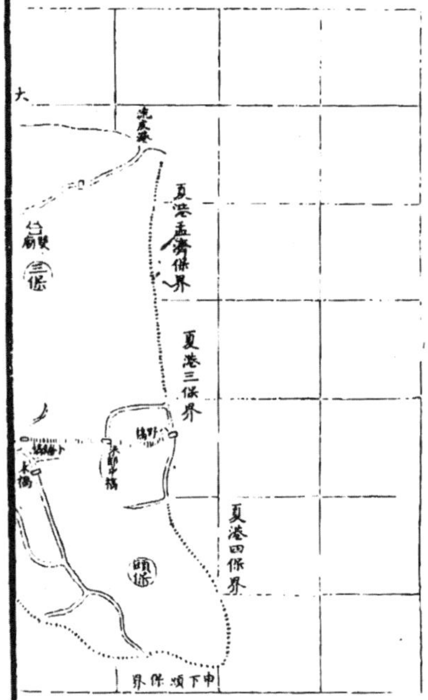

江陰縣志　卷首　圖　四七

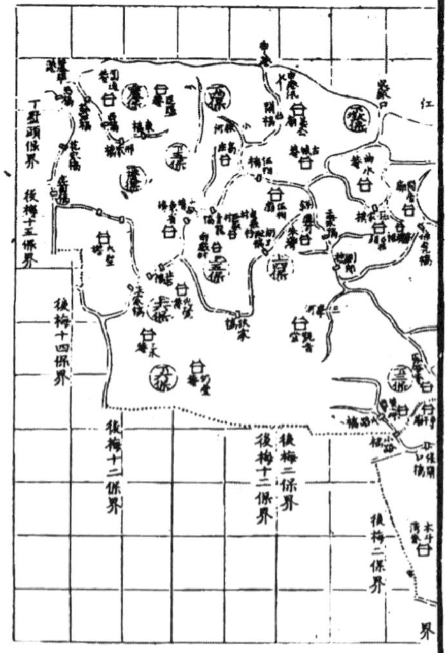

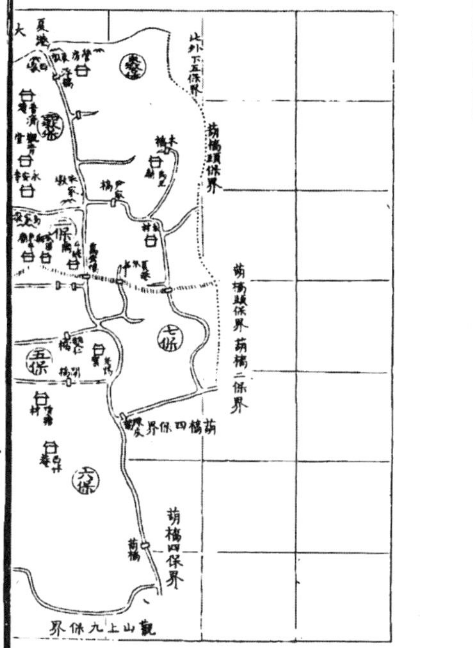

夏港鎮圖

江陰縣志　卷首　圖　四十八

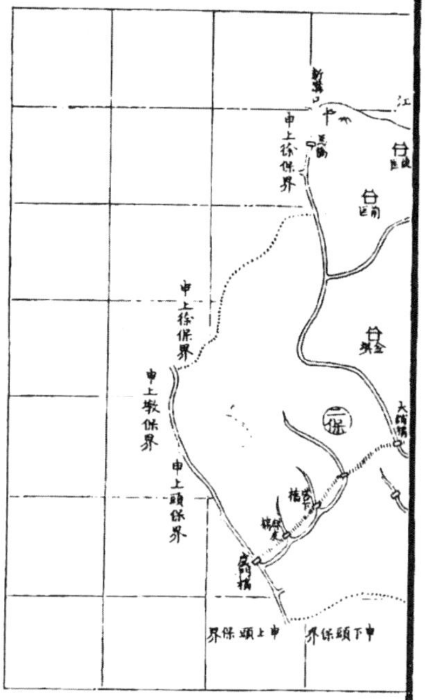

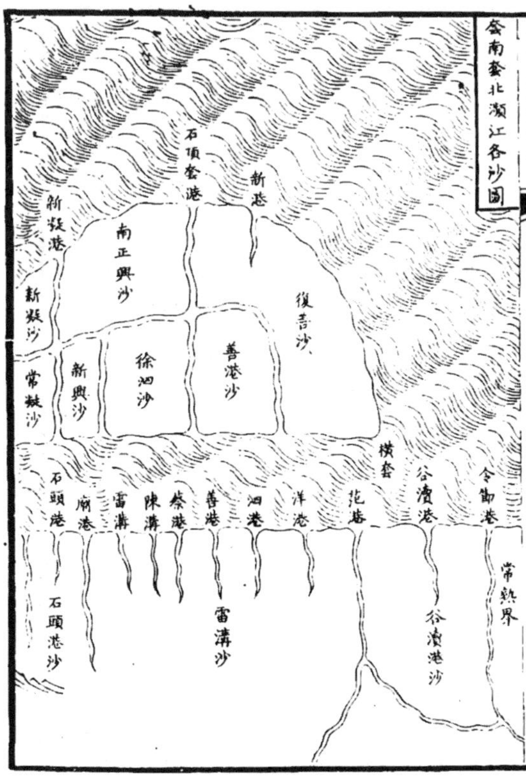

谷南套北瀕江各沙圖

江陰縣志　卷首　圖　四十九

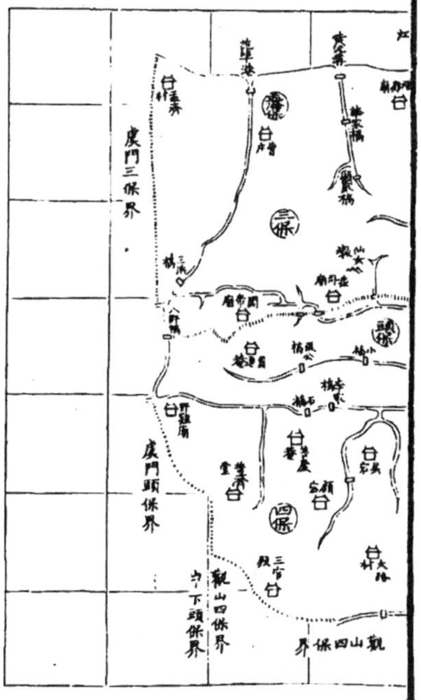

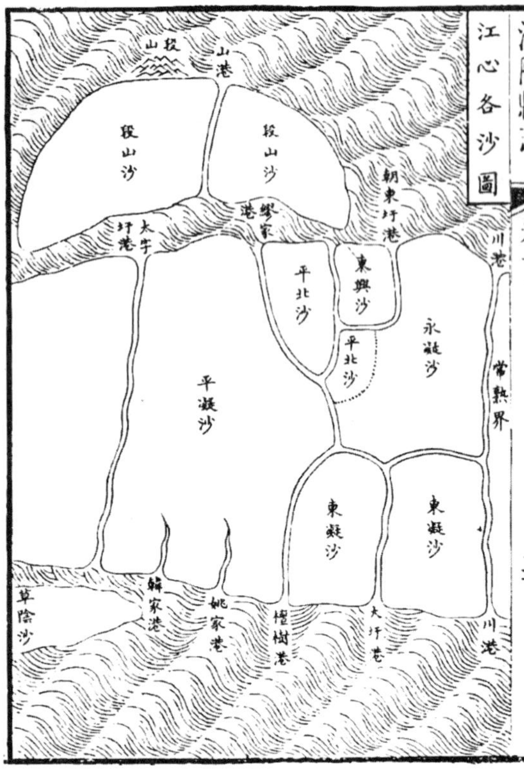

江陰縣志 卷首 圖 五十

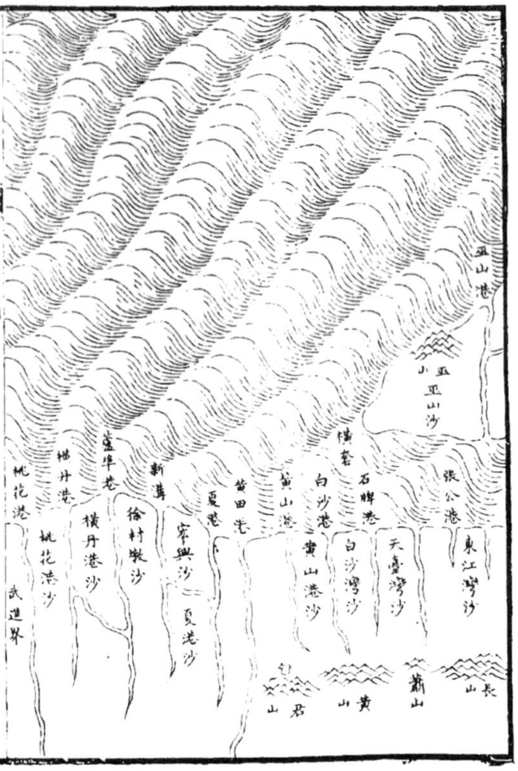

江陰縣志 卷首 圖 五十一

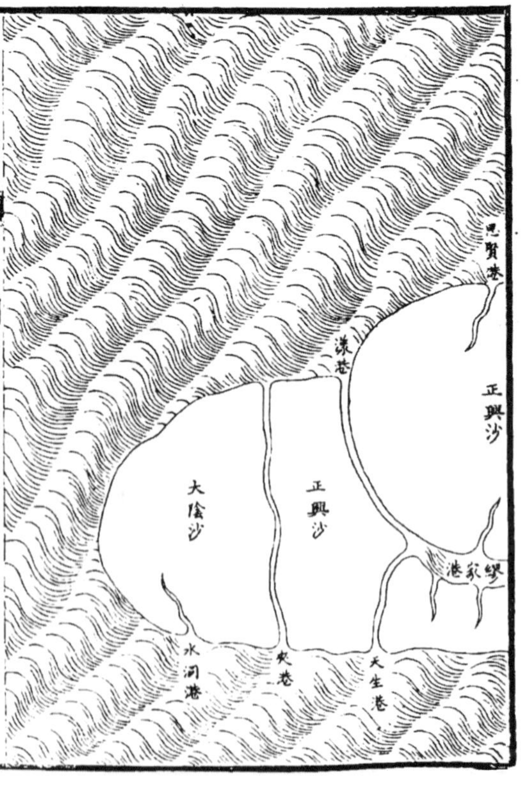

江陰縣志卷之一

建置

江陰爲江海奥區保障之責重矣而無形之捍衛以與斯民講求忠孝大節爲先蓋曰鄉曰縣曰郡曰國曰軍曰路曰州沿革紛紜倫常之道古今不易也即論興作當惜民力城池奠民居倉庫儲民賦刑獄儆民邪工不可緩官署官宇蔽風雨而已義局所以輔政之不逮下至義冢澤及枯骨於生者當何如哉舊志分沿革建置爲二兹從漢志例合爲一志建置

沿革

夏屬揚州

商屬揚州吳泰伯立隸句吳史記吳世家泰伯弟仲雍皆周太王之子而季歷之兄也季歷賢而有聖子昌太王欲立季歷以及昌於是泰伯仲雍乃奔荆蠻以避季歷自號句吳荆蠻義之立爲吳泰伯注引吳地記曰泰伯居梅里在閶閭地北五十里吳越春秋云泰伯當商之末恐中國兵及其境築城周三里二百步外郭三百餘里郡志云泰伯城在無錫縣東南四十里梅李鄉黃志云無錫正與江陰接壤吳越春秋又謂其外郭三百餘里則江陰在其封域無疑

周隸揚州之句吳是爲延陵以封季札史記吳世家泰伯十九世至壽夢立而稱王子四人長諸樊次餘祭次餘眛次季札季札賢而壽夢欲立之季札讓不可棄其室而耕乃舍之後餘祭立封季札於延陵號曰延陵季子宋志云江陰古延陵境也自吳季札避位而耕封於延陵遂爲季子所居之地延陵今統屬之常州而札之墓在申浦　越滅吳延陵屬越元王四年吳王夫差爲越句踐所滅延陵屬焉　楚滅越延陵屬楚以爲春申邑顯王三十六年楚威王大敗越殺王無疆盡取吳故地至考烈時封其相黃歇爲春申君後徙封江東城故吳墟以爲都邑延陵亦在封內

秦滅楚置會稽郡以延陵爲鄉

漢平秦取會稽郡改延陵鄉爲毗陵縣析延陵之地爲鄉屬之是爲暨陽鄉前漢地里志毗陵注季札所居師古曰舊延陵漢改之羅志云縣有暨陽湖因以名鄉則鄉境在湖以西申浦以東及三山石堰芙蓉轍墩等處宋志云秦漢以來郡則會稽縣則毗陵兹以鄉屬是名暨陽注云按魏文帝皇覽云季子冢在毗陵縣暨陽鄉而李吉甫元和郡國志亦云江陰本漢毗陵之暨陽鄉封劉賈爲荆王縣屬荆國暨陽以鄉附前漢地里志會稽郡注高帝六年爲荆國荆國除封劉濞爲吳王縣屬吳國鄉附漢志

會稽郡注高帝十二年更名吳吳國除徙劉非爲江都王縣屬江都國鄉附漢志會稽郡注景帝四年屬江都江都國除封劉胥爲廣陵王縣屬廣陵國鄉附廣陵策文云大江之南五湖之間廣陵國除縣以鄉復屬會稽郡王胥立六十四年詛咒事覺自殺國除復置會稽郡新莽篡漢改縣爲毗壇

東漢誅莽復縣爲毗陵隸屬如故分會稽置吳郡縣屬吳郡鄉附永建四年始分會稽爲二郡浙以東爲會稽郡浙以西爲吳郡毗陵仍屬焉暨陽以鄉隨

後漢孫權據江東國號吳吳郡以縣屬吳鄉附

晉太康元年平吳二年分吳郡置毗陵郡縣屬之鄉附始析毗陵縣之暨陽鄉并分無錫縣地置暨陽縣建治東

土仍隸毘陵郡永嘉五年改毘陵郡爲晉陵郡縣屬避東海王世子諱改毘陵爲晉陵咸康七年罷暨陽暨署立南沙縣

宋齊俱仍晉舊

梁廢暨陽縣置江陰郡徙治君山之陽分蘭陵縣地置江陰縣割蘭陵郡之利城縣并置梁豐縣於暨陽之墟以屬之初晉元帝渡江僑立郡縣以處淮北流徙之衆邑有利城郡有南蘭陵皆隸南徐州咸康以後暨陽分爲南沙今常熟縣是也而利城舊在吳郡海虞北境至宋元嘉八年遷於利浦乃屬南蘭陵及蕭梁置郡而江陰利城梁豐三縣皆屬焉江陰之名始於此按自晉置暨陽縣建治楊舍鎭梁廢之置江陰郡改築君山之陽而建治焉蓋即所謂古城者是也於是分蘭陵縣地及暨陽西境故地爲江陰縣又割蘭陵郡之利城縣并創梁豐縣於暨陽之墟凡三縣屬焉曰梁豐者示梁土之豐大也舊志建置初不詳其歲月僅據沈文阿傳云

侯景平文阿監江陰郡景平在承聖元年則梁之置郡當在承聖之前矣而江陰縣之置或云在敬帝太平年間者非也夫郡不自治既立郡必有附城之縣利城梁豐既非附城則江陰縣之置豈容在立郡後乎考梁紀及通鑑於天監十年云是歲梁之境內有州二十三郡三百五十縣千二十二是後廢置離合不可勝紀

陳永定元年廢梁主方智爲江陰王以郡爲江陰國二年王薨於外郊以武林侯蕭咨子季卿嗣太建三年季卿以罪免封蕭彝爲江陰王至德元年徙郡治於夏浦寰宇記但啟爲郡守徙江陰治夏浦按陳廢梁主於江陰雖建國以奉梁祀而實置郡縣以伺察防守之梁帝但食其所入如山陽公以來之制而已初未嘗有其土地人民也故郡治徙於夏浦而梁氏主自居君山故城或竟以江陰爲梁國疑當時未必有郡守者誤矣

隋平陳國除開皇九年省江陰郡併利城梁豐入江陰縣仍徙治於君山之陽隸常州是時罷晉陵郡置常州大業三年復改爲毘陵郡唐興仍改爲常州

唐武德三年以江陰縣置暨州復分江陰縣置暨陽利城二縣以屬之九年省暨州復併暨陽利城爲江陰隸常州天寶元年改常州爲晉陵郡至德二年復改爲常州會昌四年升縣爲望唐制縣有赤畿望緊上中下之差滿四千戶爲望時天下望縣六十八常州居四晉陵武進無錫江陰也

南唐以縣置江陰軍續通典江陰縣僞唐昇元中建爲軍馬令南唐書建國譜亦書以江陰縣別置軍年不著

宋淳化元年軍廢三年復置之熙寧四年軍復廢建炎二年復爲軍紹興二十七年軍復廢三十一年復置之江陰於開寶八年歸宋版圖至太平興國二年乃錫軍額淳化元年廢爲縣三年從縣人司諫張觀之請復爲軍至

熙寧四年又廢爲縣建炎中興沿江守禦從父老胡崇等請復縣爲軍紹興二十七年因浙西安撫榮薿疏言江陰財賦本出一縣乃供一州之費遂致條役科率倍於他州復廢爲縣三十一年講修江防之策又復之其廢也則縣屬於常州其復也則縣統於軍治至德祐元年元取江陰軍以爲本軍行安撫司事而江陰遂非宋有矣

元至元十三年升軍爲路總管府二十八年降路爲州隸常州路尋以州爲上州隸江浙行中書省元之廢路爲州也州民不堪煩擾於是州達魯花赤兀魯失不花等言於省憲請於朝爲上州隸江浙行中書省

明取江陰州改爲連洋州洪武元年復改爲江陰州二年改州爲縣以揚州泰興縣之馬馱沙來屬仍隸常州府沙在縣北揚子江心孤山凝閣衝流之剩土也孤山卓立波濤中四面潮泥日以附益浸成不壞東西七十里

南北二十里宋元半隸泰興半隸江陰明初乃全以來屬成化七年析縣之馬䭾沙置靖江縣沙屬江陰時立巡檢司鎮之成化三年僉都御史高明以江盜弗靖請於朝增設縣丞分蒞其地七年巡撫滕昭奏立靖江縣屬本府

國朝為縣如故仍以常州府領之江陰向係中缺歸部銓選自乾隆三十三年改為要缺在外調補

城池

梁古城置江陰郡縣時剏築也跨乾明演教二寺故址陳隋唐因之

南唐改縣為軍曰軍城徙而稍西約一里許祥符圖經云周十三里唐天祐十年築建門四東延慶西欽明北通津南朝宗按唐亡於天祐四年此稱十年者蓋唐亡吳王楊行密仍稱天祐之號然則此城吳所改築也

宋增子城門四東曰新津南曰觀風西曰望京北曰澄江外城門五東曰春暉西曰天慶南曰朝宗北曰愛日東北曰建寅新津慶元五年知軍葉賁修紹定二年知軍顏耆仲重修觀風望京澄江三門並知軍史嵩之修

元定江南盡廢城郭至正十一年兵起始詔天下復繕治焉時州人黃傅攝州事率鄉民畚土築之制度減舊矣

明龍鳳三年增築土城甃磚石加女牆周九里三十步高一丈五尺四門仍舊名曰春暉天慶朝宗愛日門皆有樓歲久夷如平地正德元年知縣劉紘始修西南二門六年知縣王銶復裒民築之城還其舊東南北各為水關悉甃以石明年流賊薄城居民賴以保障十年知縣萬玘修北水關十四年推官王鈞架靡木覆簷瓦以避霪雨嘉靖十一年知縣李元陽增城樓八座各當空缺瞭望相屬二十二年巡江御史馮璋得贖錢若干疊石培址甃磚為面幾三之一二十八年知縣毛鵬始改磚城三十一年知縣錢錞聞倭寇浙中亟甃城完北隅之缺義士黃鑾輸銀六千造城三百餘丈倭至民得無患三十三年知縣金柱合四城而甓之高二丈二尺四周

長一千三百九十六丈一尺計九里十三步改北門為澄江門增子城四黃鑾任其三徐洽許登等各捐貲佐役又設城鋪三座敵樓窩鋪二十二座三十五年倭至薄城四十日堅不可破嗣是屢有增修崇禎八年知縣馮士仁修城樓馬道十一年復修南北水關

國朝順治二年大兵南下東南北各傾圮數十丈縣丞卞化龍修之雍正十三年知縣蔡澍請發帑重葺城高二丈五尺寬五尺城頂四尺周九里十三步計一千六百八十七丈三尺城樓四座角樓四座窩鋪十六座水關三座大城門四座

小城門四座乾隆五十四年知縣牛兆奎修澄江門城樓嘉慶五年知縣單澐通葺

外城河自南外陳家橋過永安橋循城西流歷天慶門轉而北至龍鬚河口曰南轉河自南外米行橋循城東流轉而北歷春暉門又折而西至澄江門曰東轉河兩轉河長二千三百九十二丈七尺江潮自黃田港進者由永定壩西分派一達城濠入北水關一循北城由鄭涇河西南入南水關江潮自黃山港進者由秦涇橋歷士橋入東水關東南北三門舊有閘明嘉靖間罷今皆爲水關潮水內達爲內城河長八百四十八丈三尺分流散繞貫徹全城其自南

關入者歷杜康橋至聖母橋抵周橋之北與東關之自堰橋來者合流西行北關水歷倉橋善政橋右折爲二支南流入學宮之玉帶河北流自學垺後度文亭橋道光元年學使姚文田相度學宮形勢命塞學垺後河其自南流入玉帶河者歷蘘征橋屈曲至鴻漸橋歷龍頭橋東至進賢橋與東南之合流者匯焉外河形勢稍濶雖有停滯疏洩尚易惟內城地隘人稠積投瓦礫浮沙停淖動輒填淤無論舟楫鮮通重念人民待汲以炊朝夕饔飧既艱於取水尤恐沴融肆虐當江潮縮涸之日冬令更爲可慮故斯邑城河宜濬急於他邑明崇禎六年學使甘學濶捐濬幷濬玉帶河嗣是不治者三十年

國朝康熙二年知縣何爾彬倡疏六年署縣鄭重十三年知縣龔之怡繼濬然舊制通邑一十八區分工應役在城力役耑責西鄉一二三區西民苦其偏累往往塗飾卒事雍正七年署縣張經始合通邑丁夫計土分段合內外河疏之乾隆四年知縣蔡澍復以河身淤淺詳請大濬民樂趨事閱七日而工竣二十五年知縣汪邦憲三十一年知縣何奏成四十六年知縣吳瑸五十二年知縣牛兆奎五十九年知縣楊世綬嘉慶十六年知縣張南圭道光六年知縣王澐相繼疏濬

楊舍堡城在縣治東七十里介江海之濱最爲要害舊無城明嘉靖間累被倭患且爲鹽盜出沒藪三十七年巡按御史尚維持特疏請建檄知縣杜華趣受事華以兵燹後頗難之里民許蓉出爲規畫得四府協解銀一萬四千兩且出家財佐之不八十日而工竣周圍凡六百餘丈高二丈三尺門四東曰控海西曰通江南曰暨陽北曰翊京水關一引流東注內外河隍畢具崇禎十二年知縣馮士仁增修敵臺窩鋪九十六座嗣後遇有殘缺均係楊舍馬嘶顧山華墅章卿周莊六鎮里民修葺

重修城垣記

國朝知縣蔡澍

暨陽濒江而城自京口抵海洋水道數百里爲扼塞鍵
鑰處當明中葉倭寇陸梁攻圍者數矣乙酉革運邑人
堅壁抗
兵閲八十日而後登陴邑雖小百雉之繫較他郡縣爲重
余以乙卯冬莅任甫視事卽周歷垣塹相度其修廢見
夫雉堞圮壞樓櫓欹側馬道夷卸殆盡而城西南隅拆
裂十餘丈磚礫下墜積成邱陵門扃後潛而登者若履
康衢雖置戍守之而不遑者自若也明年夏五霪潦洊
臻東南兩橋門傾其一角壞及民舍敵樓及四城角樓
皆先後圮塌兩水門橋墻亦全毀其他殘缺摧損之處
直九里中相屬不絶也余以衛民首城郭不敢視爲緩
務臚列其情形請於上官凡三反而始得題達邀給帑
銀及萬金資繕治焉承命日審厥緊夾而先後之凡購
料鳩工授餼董成之役躬親擘畫炎風暑雨不敢言勞
計自十月肇始至庚申五月觀成凡重建㘭門城樓暨
角樓共十數楹東南北水門三南水關橋二拆修東南
月城各一修砌城墻緊工三百六十八丈馬道如之堵
砌城垛三百六十疏建水洞一既報竣奉大部准崇明
縣例核減工匠口糧銀四百兩爲捐俸償之蓋斯城燦
[illegible]而予之心力亦用是告瘁矣爰誌其端委如此
匪敢云
序績也

原報緊工項下城墻一百五十五丈七尺城垛一百五
十一個馬道一百四十一丈五尺南城大城門閶墻東
城水洞東南北三門水關四城大小城門其用料銀四
千六百二十八兩九錢九分有奇其給匠夫銀七百十
一兩九
分有奇
續報緊工項下城墻一百十一丈三尺城垛一百十二
個馬道一百六丈三尺東城大城門閶墻四城坍凸上
半截城墻七段三十六丈九尺南城水關橋兩座其用
料銀三千六百八十九兩一錢八分有奇其給匠夫銀
五百四十九兩
六錢八分有奇
二次水脚銀三百三十
六兩九錢六分有奇
通共用銀九千九百十
五兩九錢三分有奇
奉部核減實准銷銀九千一
百九十二兩六錢三分有奇

計用物料樁木每根長一丈五尺圓一尺二寸蓋樁石
每塊寬二尺厚四寸青方石每塊寬一尺厚一尺城磚
每塊長七寸七分寬五寸厚二寸匠每名
每日工銀五分夫每名每日工銀四分

新築楊舍城記　明　邑人　薛甲

島夷不靖歲擾江南聖天子赫然震怒爰敕督漕命將
出師折其渠魁既受俘於明堂天子曰吁咨爾蒸黎亦
既瘁止如水云潰曷崇其防於時臣監察御史尙公維
持膺命而來按治茲土既飭憲度聿宣皇仁相地所宜
築五城於江海之上萬雉干雲羣醜褫魄迄公莅任不
敢犯其境而吾邑楊舍新城則所築之一也其地聯界
三方控轄吳會前此當事者以其濶遠聲教嘯聚逋逃
每爲奸宄之所窟宅負販之所往來思欲題請建立縣
治而羣議紛然未有成績嘉靖乙卯川沙柘林之寇盤
據踰年習知險阻遂分其衆爲三一從吳淞趨嘉湖一
經孟瀆趨楊鎭其一從茲地入圍江陰攻無錫大肆焚
戮民靡安居者三年而禍猶未弭論者葢思前議之當
行而終未有任其事者至是公所經畧適與議符羣情
咸服然猶私相謂曰茲兵火之餘府庫竭矣財將安出

流移多矣力將安庸且有城而無兵以守猶無城也公
意雖美將有終之難乎既而公移文所屬會計贖金之
餘均給諸城而吾邑得一萬四千餘兩財用充矣常鎭
應募之兵二千餘人公於僱直之外人日給米二升銀
二分使供畚鍤之用徒庸具矣參將把總之官奉旨添
設而未有定所公曰以茲城居之所以遵明旨也規畫
既周綜理有條乃授事於吾邑尹杜侯華俾遵行之先
築參府以昭具瞻次築軍營以處執役之士其次爲游
兵把總司又其次爲巡簡司以處范港之遷入者兵民
不擾萬杵齊聲甫五閱月而工用告成公署之外凡爲
門四爲營房三百間城以丈計凡六百有奇昔之曠莽
鬱爲偉觀民願數年慰於一旦望之者疑若天造地設
恍不知其所自來也邑之父老感今念往樂公之仁圖
報無所而公以期滿將代於是相率請於杜侯願託金
石以永公德於無窮而侯以其文委之於甲甲惟志切
者無淺圖謀遠者無近慮公秉監軍之任當羽檄紛馳
之日豈不知委任責成聽其所爲分別功罪以逭一時
之責而顧身履艱大爲此勞且費之圖者何哉其志誠
切而其慮誠遠也且夫東南之倭懸隔巨海乘風而來
剽掠而去非有攻城畧地之志也待之者譬若穿窬然

但高吾垣墉謹備之而已承平日久生齒盜蕃瀕海富腴悉爲村鎮高甍大棟彌望無涯加以勾引之人日窺月伺而吾無城郭以保障之無兵卒以捍衛之此爲誨盜慢藏安得而不啟戎心也司國計者鑒其所以失而圖其所以得則當如國初湯公和故事擇險築城以壯其猷豈宜列戍徵兵待若嚴敵未見寇而先困吾民也哉皇上之德同符高皇而所委任之臣亦於湯公無忝用能發獨見於羣議之中樹宏規於恒情之外保障有所提挈有人而民得免於流離失業之患則斯築也將東南之人世世子孫尸祝於公豈一隅父老可得而私也然吾聞之彤管之章君子取節則父老之情亦自有不容已者茲賢侯之所爲屬而甲雖不文亦有所不容辭者乎是役也兵憲熊公勉學與有勞焉而成公之志者侯也董役而佐資者列之碑陰既記其事系之詩曰惟明受命萬方畢臣孰勾烏夷逐利遒民千里海壖其塗沒脛孰是徵兵而以力逞以我所短攻彼所長旂靡不理浸成巨瘡憲臣南來獨排羣議據險扼衝屯堡棋置乃築川沙乃營柘林洎及茲土連絡高深先聲所加羣醜脅息謀迨萬年匡我王國我有蟊賊憲臣驅之我有瘡痍憲臣噓之屹屹垣墉惟憲之猷芃芃黍苗惟憲之休蕞爾江鄉憲車戾止覩洛興思懷仁不已皇有天險海無驚濤我詩我歌以比嵩高

官署

學使署在大街虹橋東舊爲巡撫行臺明萬歷間學使者始移駐於此知縣許達道擴而新之府館在其左縣館在其右崇禎間學使倪元珙以轅門偪於通衢每試有擁擠之患價撤民居增拓之

國朝康熙十五年廨宇傾毀學使邵嘉知縣何且純次第修甃前爲屏牆東西植木爲轅門內建鼓亭二左右爲班房東舍八廳西號吏房又東齋奏廳中爲頭門左右爲巡捕廳及巡兵駐宿處門內東土地祠西執事房進爲儀門左右兩角門再進爲龍門門兩旁爲文場正中大堂東凿道廳及內班房西吏廳堂後爲川堂東茶房西卷房進是爲宅門其內爲崇素堂堂之東紫薇庭庭前衡鑒堂庭後丹桂樓樓下大雅堂由崇素堂而進爲燕喜堂後爲佳慶樓並崇素堂而西爲薪櫝堂存心堂堂後爲知聖道齋齋之西爲列岫亭面亭爲池池北有亭曰存雪亭之南臨水爲榭曰香巖其旁又有亭曰知樂乾隆五十二年又拓存雪亭之旁曰平庋畫船如北建小樓曰觀稼嘉慶二十五年學使姚文田審度形勢檄縣蕭蓮修葺通署龍門增高二尺有奇道光十九年學

使祁寯藻檄署縣陳延恩於東西文場外增建新文場二十二楹改製石脚几坐凡爲號二千有奇費由八邑通捐縣飭張世承沙淮張錫齡等董其事學使爲文記之

學使題名

學使者巡部校士禮帷無定舍職也而節駐亦有常所江陰之有試院蓋舊制江南分巡下江而設入

國初仍厥舊後合江上下爲一官江陰與句容駐節常所不之改凡莅斯任者例得題名刻石焉（此係學使邵嘉碑載原文）自雍正三年分設江蘇學政遂專駐江陰而學使爲

朝臣特膺
簡命之官且按轄通省不得與職官合表故於邵公所紀題名
後續載各學使履任年月附於使署之後云

明萬歷四十二年始駐江邑

王以寧 字成所浙江山陰人萬歷四十二年任
駱駸曾 字象先浙江武康人四十六年任
毛一鷺 字儒祁浙江遂安人泰昌元年任
孫之益 四川邛州人天啟三年任
周邦基 湖北麻城人五年任
陳保泰 福建惠安人七年任

李懋芳 浙江上虞人崇禎三年任
甘學濶 字元宏四川鄰水人四年任
倪元珙 浙江上虞人七年任
亓　煒 字選浦山東濰縣人十年任有傳
張鳳翮 陝西城固人十年任
宗敦一 四川宜賓人十四年任
朱國昌 十七年任

國朝

陳昌言 字道莊山西澤州人前甲戌進士順治二年任
蘇　銓 字亥公直隸交河人前丁丑進士四年任
李允昺 字裳居河南永城人順治丙戌進士六年任八年上下江合併回京
李嵩陽 字弦佩河南豐邱人前庚午舉人八年上下江合併任
石　申 字仲玉順天欒州人順治丙戌進士翰林院侍講十年任以後復分差
張能鱗 字玉甲順天大興人順治丁亥進士十二年任是年奉旨以按察僉事提督學政改為督學道
胡在恪 字念嵩湖廣江陵人順治乙未進士十六年任
孫允驥 字淵溪福建南安人順治乙未進士康熙元年任以後上下江復合併
梁　儒 字宗洙漢軍鑲白旗人順治乙未進士四年任
簡　上 字謙居四川巴縣人順治辛卯舉人七年任
虞二球 字天玉浙江定海人順治戊戌進士十二年任
解幾貞 字蘭石陝西韓城人順治壬辰進士十三年任

邵　嘉 字令揚浙江富陽人順治乙未進士十五年任有傳
劉　果 字木齋山東諸城人順治己亥進士十八年任
田　雯 字綸霞山東德州人康熙甲辰進士按察司僉事十九年任
趙　崙 字閬仙山東萊陽人順治戊戌進士按察司僉事二十一年任
李振裕 字醒齋江西吉水人康熙庚戌進士翰林院侍講二十四年任
高　裔 字素侯順天宛平人康熙丙辰進士翰林院侍講二十七年任
許汝霖 字時菴浙江海寧人康熙壬辰進士左春坊左贊善三十年任
邵嗣堯 字九鍼山西猗氏人康熙庚戌進士直隸參議道三十三年任有傳
張鵬翮 字運青四川遂寧人康熙庚戌進士兵部侍郎三十三年任
張榕端 字子大河南磁州人康熙丙辰進士內閣學士三十六年任

張泰交 字公字山西陽城人康熙壬戌進士太僕寺少卿三十九年任有傳
張廷樞 字景峯陝西韓城人康熙壬戌進士翰林院侍講四十二年任
魏學誠 字無僞山西蔚州人康熙壬戌進士左春坊左諭德四十五年任
楊中訥 字尚木浙江海寧人康熙辛未進士左春坊左諭德四十八年任
張元臣 字懋齋貴州銅仁人康熙丁丑進士左春坊左諭德五十年任
胡　潤 字河九湖廣江夏人康熙辛未進士左春坊左庶子五十一年任
余正健 字乾行福建古田人康熙丁丑進士國子監祭酒五十三年任有傳
林之濬 字巨川福建建安人康熙丙戌進士左春坊左中允五十三年任
謝履厚 字坤侯雲南昆明人康熙己丑進士翰林院檢討五十六年任
鄭任鑰 字魚門福建侯官人康熙丙戌進士翰林院侍講六十年任

佟法海 滿洲鑲黃旗人康熙甲戌進士右都御史雍正二年任
俞兆晟 字穎園浙江海寧人康熙丙戌進士翰林院侍讀三年任以後下江復分差
鄧鍾岳 字東長山東東昌人康熙辛丑狀元詹事府詹事五年任
張廷璐 字寶臣安徽桐城人康熙戊戌進士禮部侍郎自雍正八年至乾隆三年凡三任有傳
劉吳龍 字紹聞江西南昌人雍正癸卯進士左都御史乾隆四年任
張廷瑑 字桓臣安徽桐城人雍正癸卯進士工部侍郎六年任
劉　藻 字瀛海山東菏澤人乾隆丙辰宏博內閣學士七年任
開　泰 字靜菴滿洲正黃旗人雍正甲辰進士兵部侍郎八年任
崔　紀 字南有山西蒲州人康熙戊戌進士國子監祭酒十年任
尹會一 字元孚直隸博野人雍正甲辰進士工部侍郎十年任

莊有恭 字滋圃廣東番禺人乾隆己未狀元兵部侍郎十三年任
崔　紀 副都御史十五年再任
莊有恭 戶部侍郎十五年再任
雷　鋐 字翠庭福建寧化人雍正癸丑進士通政司通政十六年任
夢　麟 字午塘蒙古正白旗人乾隆乙丑進士內閣學士十八年任
李因培 字其材雲南晉寧州人乾隆乙丑進士光祿寺卿二十年任
劉　墉 字石菴山東諸城人乾隆辛未進士翰林院編修二十四年任
李因培 兵部侍郎二十七年再任
梁國治 字階平浙江山陰人乾隆戊辰狀元吏部侍郎三十年任
曹秀先 字地山江西新建人乾隆丙辰進士國子監祭酒三十年任

景　福 字介之滿洲鑲白旗人乾隆壬申進士副都御史三十三年任有傳
彭元瑞 字雲楣江西南昌人乾隆丁丑進士詹事府少詹三十六年任
謝　墉 字金圃浙江嘉善人乾隆壬申進士工部侍郎三十九年任
劉　墉 內閣學士四十二年再任
彭元瑞 戶部侍郎四十五年再任
謝　墉 吏部侍郎四十八年再任
沈　初 字雲椒浙江平湖人乾隆癸未進士兵部侍郎五十一年任
胡高望 字豫堂浙江仁和人乾隆辛巳進士兵部侍郎五十四年任有傳
劉權之 字德輿湖南長沙人乾隆庚辰進士禮部侍郎六十年任
平　恕 字寬夫浙江山陰人乾隆壬辰傳臚內閣學士嘉慶三年任

錢樾字黼堂浙江嘉善人乾隆壬辰進士禮部侍郎四年任
平恕兵部侍郎六年再任
劉鐶之字信芳山東諸城人乾隆己酉進士兵部侍郎九年任
莫晉字錫三浙江會稽人乾隆乙卯榜眼太常寺卿十年任有傳
萬承風字和圃江西義寧州人乾隆辛丑進士禮部侍郎十二年任
玉麟字研農滿洲正黃旗人乾隆乙卯進士吏部侍郎十四年任
劉鐶之戶部侍郎十五年再任
文幹字遠臯滿洲正紅旗人乾隆甲辰進士內閣學士十六年任
陳希曾字鏡溪江西新城人乾隆癸丑探花兵部侍郎十八年任
王以銜字勿菴浙江歸安人乾隆乙卯狀元詹事府詹事十九年任

湯金釗字敦甫浙江蕭山人嘉慶己未進士內閣學士二十一年任
姚文田字秋農浙江歸安人嘉慶己未狀元戶部侍郎二十四年任
周系英字石芳湖南湘潭人乾隆癸丑進士戶部侍郎道光二年任有傳
辛從益字謙受江西萬載人乾隆庚戌傳臚工部侍郎五年任有傳
朱方增字虹舫浙江海鹽人嘉慶辛酉進士內閣學士八年任
申啟賢字鏡汀河南延津人嘉慶壬戌進士工部侍郎八年任
白鎔字絛山直隸通州人嘉慶己未進士吏部侍郎十年任
汪守和字巽泉江西樂平人嘉慶丙辰榜眼戶部侍郎十一年任
廖鴻荃字鈺夫福建侯官人嘉慶己巳榜眼內閣學士十二年任
龔守正字季思浙江仁和人嘉慶壬戌進士兵部侍郎十四年任
祁寯藻字淳甫山西壽陽人嘉慶甲戌進士戶部侍郎十七年任
毛式郇字伯雨山東歷城人嘉慶己未進士禮部侍郎二十年任

新建督學察院記

同郡人　孫慎行

在昔大雅歌武王作鎬始辟雍敎化中西南北無思不服而終以豐水之芑長育人才至貽子孫謀其用夫子重嘉數以爲數世之仁蓋人才之關世道學校之關人才若是重也夫南都附國家豐鎬地也跨江南北數千里遊潤學使者巡行或不徧輒他遷去又人文彬盛域中雅推焉郎巡行吏患疲閔日不暇給至今皇上御宇十數年間廟堂累籌畫計增學臣或江北則按臣兼督迄無成議蓋至大比歲學使者缺江南北耆按臣攝者時有之歲癸丑南都若湖廣諸搢紳益嘖嘖議牽省上章請愼行時署禮官乃集議條上以爲南都乃高皇帝肇造之所湖湘又肅皇帝湯沐之所兩地宜隆重同而其地遼濶又同應如羣議各增設一員分董之依而旨下報可迺官議紛如諸事多欲減省是獨議增且諸奏請多患留中久不報是獨隨請隨下蓋我聖天子之

顧瞻舊邦加意人才深矣於是王公欽承新命來督學其地若蘇若松若常鎭若淮揚徐其巡行隨各郡使無常居所設爲院則常之江陰以爲地僻且道理均也其校吾常及大比後遺才則皆於是院未浹歲諸郡業巡行徧公肅風聲嚴象魏所叙急俱中士習察要廟堂高其聲隨以晉大理丞請昔者魯作泮宮詩人頌焉其敎士以色笑其屈羣醜以順長道可謂周詳究至矣而卒也思及淑問之臯陶豈非明刑弼敎行相佐者耶國家設學臣兩畿獨用臺長彈壓是將以明刑者弼敎其治行高等則多異而擢之晉爲理丞是又將以弼敎者明刑殆非無以日來士行不順道頗甚往時三吳俗華地浮卽廟堂崇重憲臣歲歲以功令勤飭猶虞馴戢不易公固名御史博大雍容色笑可親也家自越常令義與用高行選夫以其鍾於越者敎吳則鑑衡易清又以其習於吳者督吳則法程雖犯是宜旌別章癉稍試其試問之餘而聲明倍已而理丞命尙需未卽下衆想望者且謂我聖天子嘉惠豐鎬舊邦無已時而俾王公向留弼敎以觀雅化之成蓋德意良盛夫天下事初未嘗不振厲後乃漸渝學校諸司望也三吳實天下望今日學臣初增又爲後來學臣望然則斯院之設豈惟王公弼

教之精神於是乎新卽聖天子廣厲學宮創法更制豐芑長育之精神實於是永永敢因記院而特先之王公名以寯戊戌進士以廣東道御史任今差院始甲寅九月成乙卯五月因東察院舊所拓新之庀材蔵役則觀察使俞公維宇郡守陳公幼學令尹許侯達道金侯廷璧例應書而以王公命來趣余記者則司理何公薦可也因得並書

增修江陰考棚記　國朝學政祁寯藻

國家培養人才超軼前古士之應科歲試者大縣多至四五百人小縣不下二三百人而秀民之應童子試者更倍蓰焉江蘇爲人文淵藪各屬試院皆漸次增廣而常郡猶仍舊制東西兩文場僅容千四百人而武陽宜荆應試文童每場率二千以外使者蒞事及平時吏役治事之所皆編列坐號華離紛糅巡徼難周隽號亦多頽圮且簷宇卑庳晝景如晦几坐皆用木脆弱易搖又有古樹穿出榱棟之間每當風雨驟至滲漏者十居其半蓋院外隙地率高院內數尺開拓爲難而舊例修葺經費皆支官項動撥尤不易以故東文場於丙申歲大

風毀後雖經更建而規制狹隘西文場之楹欹棟腐如故也戊戌夏余校試常郡目覩生童蹋踏之狀出入凝步左右礙肘心甚憂之適九學廪生禀請勸捐增修卽允其請捐廉爲倡八邑咸踴躍從事遂於歲杪鳩工庀材明年春余將按部淮徐凡調集捐貲選舉紳董則屬之江陰令陳君延恩及廣文顧君翔雲劉君銘夏五月余自淮上歸而工已告竣監者廣高者乎晦者明搖者固新檐古木兩不相使計人列號適逾其數階除溝渠位置秩如陳君語余曰舊文場東院內隙地甚廣其西則鄰近前明功臣二吳侯祠雖經祠裔捐隙地視東猶隘故東西各增建文場十一間東每間十架而西減其二舊有城隍祠內班房在今西新文場地今移建於東因地勢也新舊之間庭各廣丈六尺新文場外夾道各八尺繚以磚墻高丈六尺厚尺六寸其外復以墻繚之重關防也其坐號每人占地廣尺八寸深四尺東西舊文場容七百五十人新文場容千二百五十四人堂上泊水設堂號容二百四十四人几坐俱以厚木爲面青石爲足防抵觸與動搖也四圍濬溝曲達於外備水潦也凡用錢約八千緡而平址購石居其半焉是役也經始於戊戌十二月落成於己亥五月爲時甚促幸尅日告成規模式廓不可無文以示後來余惟事有宜急者不可緩義所當爲者不容辭此舉當籌議時共中委曲繁重之故有非一二言所能殫述者賴陳君主其成諸邑令長師生襄其事士民輸其力江陰職員張世承生員沙淮世承之子監生錫齡董其役雖集貲有難易初議有異同毅然作之及竣厥成而人心晏如也余曩歲視學湖南增修岳州號舍工竣示諸生曰善教者實其居善學者廣其儲廣則不孤隘則無餘請以斯言與多士交勗焉至陳君以一邑任闔郡之勞以數月建百年之功愛士之誠出乎天性此多士所共鑒而無待余言者也

晉暨陽縣署在今楊舍鎮蓋置縣而建治於此非復秦漢以來舊鄉境矣宋齊皆因之暨陽舊治黃志謂在楊舍蔡志謂在莫城未知孰是然黃志在蔡志前二百五十餘年較爲近古今從之

梁江陰郡治在今縣治東卽所謂古城者領縣三曰江陰在郡治內曰梁豐卽晉之暨陽曰利城在縣西五十里利港

陳卽梁郡治爲江陰國其江陰郡治則徙建於夏浦在縣西十八里是爲艦浦城江陰縣治附之梁豐利城從梁舊按夏浦在縣西十里云十八里者舊志據寰宇記文也城之所在或小遠歟

隋江陰縣治卽陳江陰國蓋蕭祉既除陳郡又廢乃自夏浦復遷於此也

唐暨州治卽隋縣治按州制與郡治不同州自治一方而兼領諸縣郡直領縣而已不自治也史謂唐以江陰縣置暨州又分江陰縣置暨陽利城二縣屬之則是既建暨州據江陰之舊治自治江陰一方又復利城之故地還利城而治其西復梁豐之故地還暨陽而治其東而暨州兼領之也厥後省州爲縣復卽

此爲縣治焉

南唐江陰軍治在城西北隅卽今之縣治也自楊吳改築江陰城南唐因徙治於此

宋江陰軍治仍南唐之舊天聖初知軍范宗古刱建鼓角門治平元年知軍孫師閔增置銅壺漏刻旣久而廢紹定間知軍史彌之撤而新之鼓門外爲亭四東宣詔其南東新西頒春其南西新儀門在軍門之次列戟十二內有甲仗架閣二庫對峙於東西廡儀門直北爲設廳其後雙檜堂設廳而外以廳名者二曰常廳簽廳雙檜堂而外以堂名者三曰淸白三淸愛山其以閣名者蓮

風朝陽以齋名者尊美舊名克齋知軍嚴煥所建寒碧以亭名者射亭梅亭百草淸婉芳渚練江其外若漾花池若雪窗若浙西道院尤最著者其江陰縣治則在太平塔之南自熙凝廢軍以軍廨爲縣治者四十六年舊宇日以頹毀建炎復軍乃徙寓於僧舍紹興二十一年知縣趙煥之卽舊治更新刱建凡爲屋一百三十楹規模之偉加於前矣歲辛巳節使李寶以水軍分屯於此遂以縣治爲節堂縣令及簿權寓廣福寺暨李寶還屯許浦乃復紹定二年知縣林庚重修內外一新改築敬簡堂先春堂增葺拙堂刱建氷玉堂及四亭曰見山曰兩山雲曰雨亦奇曰兼淨

元江陰路治卽宋軍治至元十六年建總管府歲久圮壞總管李思恭重建至元二十八年降路爲州官署不易後至元五年知州盧允恭增建儀門正廳前後共十間至正十二年燬於兵僅存廳事

明江陰州治仍元舊洪武二年改州爲縣知縣吳志遠修之二十四年縣丞賀子徽增修宣德五年知縣朱應祖建譙樓天順五年知縣周斌更造堂舍宏治八年知縣黃傅合內外通葺其莅政之堂曰治廳前爲飛軒㲈以露臺中有甬路立戒石亭兩旁夾以廊舍其前儀門東

西各爲榜廊東盡爲獄外鼓角樓其下累石爲址中爲正門門外左旌善亭右申明亭治廳之後爲川堂爲兩廂房川堂之後爲便堂堂左室爲書房右室爲庫房西北隅爲儀仗庫便堂之後爲正衙有燕廳川堂寢室燕廳之東達觀樓樓下省吾軒西爲西齋又西客廚廚前有井由井北入迴廊四五步折而西爲鎮躁園園西半爲澄心池池中爲寄傲臺臺西爲富春洲池東隙地爲蔬畦舊有筠軒洪武初知縣范質所作琴月堂永樂中知縣蔣宥所作俱廢治廳之東舊列三丞之衙一衙有雪巖堂洪武中縣丞李鳳所作後栽勸農巡捕二丞止存水利丞廨而巡捕丞廨則典

史居之治廳之西主簿衙其內玩芳堂宏治十年主簿劉道所作其
巳廢之雙鶴軒亦莫詳其所在也合計縣址東西得五
十二丈南北得六十六丈嘉靖十一年知縣李元陽倣
古設銅壺滴漏尋廢萬歷二十九年知縣郝敬改縣治
於治廳後撤去川堂廂房別爲考室三楹坐西向東顏
曰見節以庭前古栢故也儀門外西上爲倒廳堂以肅
賓客

國朝縣治仍明舊康熙三年知縣何爾彬重修五年知縣龔
爾公建荷亭三楹十一年知縣龔之怡建燕喜堂五楹
二十二年知縣沈清世重修大堂乾隆二年知縣蔡澍
重建大堂五間左右廊舍各十一楹東爲吏戶禮倉冊房西爲兵刑工承發水刑房刱建刑皂班房各二楹又葺川堂架閣庫向日堂舊爲見節堂桐蔭堂書舍桂室乾隆四十二年大堂滲漏知
縣彭維熙重建道光十四年知縣陳希敬修整鼓角樓
重建儀門十九年署縣陳延恩於聽事之堂顏曰見心
堂西廳事顏曰勤補前置花石後臨小池面池建室三
楹曰省過處池中甃臺廣如一楹架木於中楹後以接
之上覆以屋名曰心香曲象李兆洛記之復建池西隙地室
三楹爲諸生月課所旁闢射圃與武士習射其中燕喜
堂後舊有樓亦就圯卽其址建樓五楹左右附以廊宇

落成之始有燕來巢名曰後□堂

浙西道院記　元人　陸文圭

暨居大江之陰東西南百里之近所統狹無監臨隸屬
之煩所處僻無將迎傳送之勞所治簡無爭鬭訟之
囂古稱浙西道院者謂其清靜簡易無爲而□□異
仙隱士之居窮林絕島迥隔塵凡不知其爲官□之□也
也江南道院十有餘所淮東南則如皐崇川江東則當
塗高安湖南北則臨武長林閩之臨漳廣之潮皆是
也而暨獨稱於浙右浙水至錢塘分流左右其間列郡
十有五六唯暨最微衆大不如杭奢麗不如蘇富庶不
如湖秀然暨獨被善名者則以暨之俗非蘇之俗暨之
民非湖秀之民也昔者延陵公子崇退讓之節於爭奪
之吳春秋嘉之實啟封於茲土而衣冠之藏隸刻猶存
香火之祠綿歷不廢淵源漸被有自來矣入其境農樸
而嗇力耕而奉公百工之器質而不窳拙而不華商賈
裁通有無而無高貲厚殖之家士大夫居處循禮好學
而不奔競入其官府官吏畏法而不私守職而能勤平
旦視事日晡而散庭寂如水旁有老檜槎牙雙立清風
肅然令人心醒道院之名不虛得矣圃亭故有匾後遷
之廳西己丑張温夫書又七十有七年而郡人陸文圭
爲之
記

改縣治記　明知縣　郝敬

先君子爲令明作每事獨任而最不喜堪輿言有以術
見者輒嫚罵之山中誅茅一畝率意規畫所稱八卦五
行方位生尅之忌置不問也先君子五十考終母氏每
泣而語諸孤曰是宅相之咎也且戒之曰汝作人不若
父端居官不若父廉徒效汝父滅裂陰陽是自求禍耳
不孝敬涙而書諸紳萬歷庚寅捧檄縉雲縉雲官舍舊
稱不吉以初任未遑改作無何喪一妾殤一子明年調
永嘉官舍又稱不吉乃稍稍易其方向甲午內召人謂
宅相之應也逾年放逐奉老母闕口四方庚子遷江陰
江陰負君山而城大江之支河爲黃田繞乾歷巽逶迤
東折秦望由里諸山羅卉如蓋衙然可謂名勝之區顧
其官舍年久傾圯地役汎泖行其庭晦昧照滲白日無
光先于令者客死左遷內外艱去十餘年間六七人矣
卜地地勝卜人人賢論者歸咎於宅謂吏之當得吉也

嗟夫子三仕爲令矣三易地而皆不吉焉往而得吉哉且予白首播遷十四年老邑宰誠樗散無所用之已則不吉而欲移禍於數椽之屋無當也無何果殤一子僮僕病夜見鬼物母氏惡之攜婦子西歸濱行屬之曰室更吾來不更吾不來矣汝其歸乎不孝乃移文乞休而當事者勉留不得已始爲改作會歲大水用詘且作且輟辛丑工半壬寅落成計前後爲屋四十間撩棟稱是爲戶九十所窗牖稱是爲墻百堵軒巷稱是爲費四百八十金粮糧稱是夏五月二十有二日老母率婦子來居之邑父老相與觴予而祝之曰地得其良日協其祥華屋堂堂我侯戾止既壽且康再祝曰黃山崔崔黃水瀰瀰退食委蛇壽母介妻我侯樂胥老母率婦子停觴而聽之樂也會直指課吏注江陰闒茸考下下母氏愀然舉酒酹先君於座進孺子而數之曰吾疇昔之訓汝忘之乎汝父薄宦宦之數而修繳繳之行汝習拮据之勤而忘靖共之節凡事忽於細者嘗精於大修飾於末者反闒茸於身二者於名孰重夫宅兆可以徵吉人而非以庇凶士卜筮所以佃君子而不以告匪彝使象居舜宮其能吉乎幽厲宅遷雒其弗凶乎茲邑之有官舍舊矣昔人不加飾而令聞不損汝早暮僕僕而所就日

卑錄此論之室耶人耶小子慎之爾其勿忘闒茸之戒吾爲爾訂戶牖之銘維南有堂銘曰明作爾升斯堂執事有恪維北有樓銘曰風力爾陟斯樓振襟獨立不勵不精不忝所生顧諟前軒銘曰厲精不抖不擻亦孔之醜睠彼中堂銘曰抖擻闒之不類是曰罷頓銘爾東房支闒之館茸爲亂草厥象糊塗銘爾西舍蓐茸之居烏乎小子棄爾擁腫勉自逢迎庶勿闒茸敬拜稽首敢忘慈教沐猴而冠從古所誚記之貞珉以告同調我言維服勿以爲笑

心香曲彔記

國朝郡人　李兆洛

江陰縣廨廳事之西有閒館前置花石後臨池池廣如館池中央甃臺廣如一楹草宅之不可登也雲乃先生架木於中楹之後而接之施屋其上從旁而覩比舍如趺所構甃然如花心入其中屏闌折旋八窗洞達予因署之曰心香曲彔蓋先生盡心於民隱曲畢達凝香燕寢此焉存録取適異乎小眠起草同乎精思不可以無述也

縣丞署在縣堂之東順治六年重建歷久圮壞乾隆六年縣丞陳逢霖莅任出己貲次第修整前爲屏牆進爲頭門次爲儀門中爲治堂堂後爲宅門門後爲便堂堂後爲燕廳由治堂東爲鳳來書屋書屋之後爲內房其側爲廂房通寢室並內房而西爲荷廳

重葺衙署記

國朝縣丞　陳逢霖

官有常而守官者無常凡升沉遷徙各隨時異故視所居廨舍若郵傳者古今往往然也況丞之爲職昔人所云鴈行署牘終日哦松無石者其以郵傳視廨也更無足怪余始筮仕而授丞蘇郡之吳縣再從崑山僞所居湫隘闇嘗修飭之矣三徙而來澄莅廳事一望堂宇欹圮庭廡榱甍傾壓以居詢掾吏曰前任何以處此辯耶掾曰擇未圮室居之逮其將圮則又徙之他室予憮然曰嗟署之所以全圮也物衰則復致至則變其在此時

乎爰謀撤內外而新之計工酌費爲金四百餘傾囊將之不足長官蔡公鑒予忱而佽助焉爲治堂爲便堂爲燕廳爲書屋爲內室廂房爲荷廳及門序廊廡庖湢以次相屬各若干楹經始於乾隆七年四月落成是年九月而予之心力如田間主伯驅荊拾礫以肇造其室家旁人或咥然而笑呀然而怪謂予計之左者揣其意不過曰一官如寄曷爲逆旅而爲經久之圖耶顧予惟郵傳視廨者之多而必崇其堂寢固其藩翰使日晚問事退食委蛇不至有屢遷其室與傲寓民屋之患則及若之成而肅觀聽襄政理無不在是焉豈敢自張其勞哉而創始之心有如是者爰書而志之是爲記

主簿署在縣堂之西舊有雙鶴軒洪武中主簿李希泰建葛上安記之後廢宏治十年主簿劉道改建玩芳堂其側前爲屏牆進爲頭門次爲儀門中爲治堂堂後宅門其中爲高士堂兩廂爲書舍後爲寢室乾隆八年主簿李鳳翔於隙地構

堂三楹曰雙鶴復舊制也

重建雙鶴軒記　國朝知縣蔡澍

邑簿署中有雙鶴軒建始明主簿李君秉中莫令士安稱其引雙白鶴長啸應鳴擊節效舞其閒情曠致可思也數百年來鶴去堂虛白雲悠悠彌漫庭院而已乾隆癸亥建昌李君雲翼實來甫稅駕即其基而重新之仍署以舊名而問記於余惟鶴爲羽族珍尚而坡公作雲龍山人記謂山人野士得而好之若簿領歷碌奚取於珍禽之畜哉異哉君之仍是名也然而君之意因大可思矣易云鳴鶴在陰其子和之詩言鶴鳴于九皋聲聞于野君之先大夫以名卿參江南左藩有惠政君翩翩冑子嗣音南邦桐花雛鳳猶子和焉且嘗涉京華直例館天衢之暎俄而原野瞻青冥惜羽翰其能無切雲摶翮之想耶顧君與前簿李君皆出隴西王孫而地望亦復相類君今厲精乃治則潔白之操羽儀之盛且有與李君稱二難者豈獨緱山仙馭之爲雙美乎游斯宇者毋徒作臨皋之清夢觀也是爲記

教諭訓導署在學宮東西詳見學校

巡檢司署舊設巡檢司四員申港石頭馬馱長壽也自成化靖江分縣馬馱一司屬靖轄其申港易爲利港長壽易爲范港與石頭而三至萬歷七年省范港止存石利兩司俱有署一在丁墅利港一在大橋石頭港其後兵毀無專署雍正五年又省利港併石頭爲一司亦無定署僦居民舍而已乾隆二十三年改爲顧山司建署顧山鎮

典史署在縣丞署之左其儀門治堂均如丞制堂前兩旁爲吏書房由堂左折而入爲宅門宅門之後爲中堂堂左書舍堂後寢室

遊擊署在大街高巷東本黃氏民房改爲署前爲屏牆東西翼以轅門門內鼓亭二中爲頭門左右爲班房迆門而西爲官廳進爲儀門更進大堂左右列以廊房堂西雙桂廳更西卷房大堂後爲二堂堂後宅門門東住房門西厨房門後寢室室後射圃

守備署在大街虹橋西本戚氏民房改爲署前爲屏牆東西列柵內爲頭門左右爲班房迆東土地祠進爲儀門更進大堂堂之旁卷房大堂之後爲二堂堂內左書房書房後寢室室旁厨房室後後屋屋後軍裝庫

水師守備署在中街布政北巷西前爲屏牆東西跨以柵門中爲頭門進爲大堂堂東卷房堂西爲庫更西爲射圃大堂後爲二堂堂左書房堂後寢室

楊舍都司署在楊舍堡城明爲參將署
國朝爲守備署後改設都司署仍之前爲屏牆左右翼以轅門門內鼓亭二中爲頭門旁土地祠進爲儀門左官廳右班房更進大堂堂東西翼以廂房東爲藥局西爲庫大堂後爲二堂（今廢）三堂堂西寢室堂後住房

倉庫

盈安倉舊名永利倉在中街協鎮署東初爲濟農倉明正

統元年知縣王子倫建歲積起運餘米以備凶歉者也
而永利倉故基則正統二年巡撫周忱以舊倉散置各
鄉事夥而弊多因併建於朝宗門外一里許宏治九年
巡撫朱瑄又爲撤舊更作嘉靖間毀於倭乃即濟農倉
改建之崇禎初移倉青暘民苦不便知縣馮士仁申請
復舊其制周垣延繞前大門中廳事旁燕室東西廒房
前後各數重共屋一百四十五間傍河爲後倉門
國朝道光間知縣葉維庚易今額
廣豐倉
國朝道光十七年知縣蕭蔭恩以舊倉不敷貯米詳請於舊

倉之西建屋五十一間
和豐倉在縣治西南即宋之都倉也至元間改建易今名
其後遞有增修今爲春辦白糧所前爲頭門次爲二門
旁爲燕室室之後廳五間廒房十間臼房六間
常平倉在縣署西爲積貯存留米石所
國朝雍正七年知縣魏化麟建廒四十間九年知縣蕭廷瑞
增三十五間俱領帑建乾隆初知縣蔡澍添建倉廳三
間墻門一座東西屋各三間厨房二間
架閣庫在縣宅門東宋在儀門內之西明在東曹諸胥案
牘在焉

國朝順治間移建今所高三丈四圍甃石堅整中作層樓庫
南即治廳後屋二廈爲守庫兵止宿所
刑獄
縣獄在鼓角樓內儀門外東偏圍墻四周外爲監門門屋
一間西蕭王堂女棚屋二間吏房三廈東刑吏駐宿房
三廈中爲二監門門屋一間重囚監屋二間一廈東厨
房一間俱
國朝康熙四十五年奉文遵造乾隆五年立木榜於堂左禁卒八名仵作額設二名學習二名四糧每名給米一升燈油柴薪鹽菜錢五文永爲例圍牆外向有
禁卒班房年久傾圮乾隆六年知縣蔡澍重建守獄卒

房三間營兵駐宿房一間
自新所在大街文亭橋北境本社倉廢址
國朝道光十八年署縣陳延恩建東西嚮屋共十一間半以
處竊賊之初犯者每名給資本錢五百文日給口糧薪菜錢夏給扇席冬給棉衣發諭言一道令刑書每三日向衆犯講誦一過俾其悔悟自新其有能製草鞋繩索紡棉諸技各予料物使之工作不能者令看役教導如匝月無成即督令炊爨以免偷惰另撥內丁看役更夫各二名駐宿於內以專稽察巡防之責需用料物器具選誠實副役一名代爲置買設簿註明某犯能某技每日交副役銷售趁錢若干連給資本若干代其存貯如有改過自新者許該犯親屬保鄰等具結保出俾得謀生存貯錢文悉當堂給發
官宇
駐節亭在朝宗門外端明橋南舊在宋五里亭故址明洪

武中知縣王衡建宏治中典史黃泰修天啟六年知縣

岑之豹移建今所

國朝乾隆初知縣蔡澍重建

駐節亭記　明知縣　黃　傅

宏治癸丑夏六月朝廷以傅知江陰事而以南昌黃泰爲典史冬十月朔同載而至適承窮敝之會奉日入望罔匪捐缺稍稍補飾且三匝星紀工不告訖維是南城之南水步代换之亥舊有門曰迎恩兩杜腐墨戴莽衛萬饑軌雨日中爲客惡厭爲居人恐畏有亭無名爲賓旅至止主人將迎候息之所白屋三楹楹間土牆圖之北榮朽壓如鳥折翼敗瓦擁戶蔓草入漏伊威蠨蛸觸撲眼面漏水滴地爲蹄涔爲蟺穴履之者跛焉予甚毒之未有以爲也一日泰請曰盍新之予漫應之曰豈不可哉居無何告材具矣卜得日矣匠工集矣越兩月有門奕然有亭赫然煥然棟然若天墜而地出然究其故則門易以新名仍其舊曰迎恩亭增其舊名𥺸以新曰

駐節既壯而華又甃以潔以甓以堊以碧以牋木不足膺牆不露汚地不獻塗有曠可羣有密可休有福有向可燕以游總其費蓋百數十金不誅於民不丐於公不知其所自來也噫亦才矣落成之日題其額之左方曰年月日知縣縣丞主簿典史某某建嗚呼是誠何心哉夫典史之於縣官末也百廢并而罰不及焉百爲舉而褒不加焉者也泰也無上官之命無寮友之託無下民之請特以一方視瞻之故與往來賓旅之計不繫於其心俛焉孳孳忘其責不在已而惟力之圖不施勞不矜能不衒名使尋乎君子者爲已之事求之於今之世此豈可多得哉予尸焉而享其成私竊愧之故爲之書鑱諸碑以志其善以著吾愧若夫一亭一門之政二三十年物耳何足以累金石哉

望來亭在天慶門外明萬歷中知縣郝敬建

國朝乾隆初知縣蔡澍重建

迎春館在春暉門外一里許舊在章橋南名起春處明宏治十年知縣黃傅更今名正德八年知縣萬玘以春當迎於東郊改建今所每歲班春先一日祀句芒神於其中

五里亭二一在朝宗門外去縣治五里臨九里河爲南路要道明嘉靖間邑人陳力石建一在天慶門外往來者得少憩焉

養濟院在東城內祥符寺西養民之窮而無歸者明洪武七年知縣饒元德重修宏治十年知縣黃傅重建其制周垣延繚南嚮爲門橫門爲溝溝上爲橋度橋入門爲官廳廳左右及倚牆四周皆居廬共屋一百十五間今

爲屋一百四十一間列冊食糧者三百二十一口均給柴布銀四百十五兩一錢八分八釐口糧米九百十八石七斗二合

已廢各宇附

申明亭　旌善亭俱在縣治鼓角樓外

光華館舊爲使星館在善政橋西北宋建

行衙亭在聖母橋南宋建

公使庫在縣治設廳之東宋命諸州置黃志云宋法猶有古人之遺風焉有周之制三十里有宿宿有委五十里有市市有積牢米薪芻瓜瓠葵芋館舍飲食莫不備具以待四方之賓客羈旅使天下之人走天涯如遊里巷所以懷柔遠人宣暢王風以成禮俗也宋命諸州置公使庫過客必館寓下逮吏卒亦給口券嗚呼君子哉法歟何其忠厚似周公也堂堂諸侯七邦衣冠之類相遇一揖而別勺

水不以入焉豈人理哉

熙春樓在古城巷宋建

翠光亭在光華館之北宋建

市舶務在光孝寺西其内有寬民堂宋知軍顏耆仲建

多是堂在市舶務西宋建

養貧院初名漏澤園宋崇寧間置紹定元年知縣林庚增廣舍宇環植以松以處流移貧窶之民死得瘞其地

惠民藥局在城隍廟西備蓄藥餌設官掌之療貧民之病元建

察院爲監察御史莅政之所在縣治東明洪武初知縣

吳志遠建

都察院爲巡撫莅政之所明宣德初建今爲督學署

道署舊在中街儒學東明萬歷初建

國朝康熙元年省道缺十一年以京口水師總兵官移駐三十六年改設副將署仍之

海防廳署在縣治東其初爲府館明萬歷間移海防同知分駐江邑遂以爲專署

國朝乾隆二十七年移駐六塘

御膳廠初名犧曬所在南所巷西歲進子鱭魚於此犧曬明宣德七年建正德九年重修有坊四柱臨市河顏曰方貢天啟元年搜括無礙空地易價充餉止存廠基五分有奇

望節亭在蔡涇閘西爲上官行部吏卒候息之所明宏治十年建

禪鄉館在利城禪鄉寺爲官司路餞之所明萬歷中建

義局

育嬰堂在南街迎福寺西

國朝康熙間知縣陶彝捐置田四十五畝將以營建堂宇尋擢去繼任黃和中於西内青龍街捐買民房八間欲爲堂而未果雍正十一年知縣郭純奉文舉行從諸生夏

宗洛陳大受等議集捐構買民房十四間撤前令黃所買屋材以充修繕自後屢事增拓大門三間東旁屋二間庭中爲涼棚以達廳事左右爲掌會計議公之所各二間廳事三間東爲貯米薪所二間中門内居嬰孩乳婦室三重重各三間東西爲乳婦炊爨所共四間內堂乳婦原額十口嘉慶八年增四口外堂乳婦無定額經費現管漕田九百二十六畝七分三釐蔡志原載三百八畝八分七釐今增六百二十三畝七分七釐沙田二百九畝八分原載六百四十六畝九分五釐有奇內被坍四百八十五畝一分五釐有奇實剩一百六十一畝八分另增四十八畝其坍田現已復漲道光十九年董事張世承呈請勘詳復業山八十二畝原載六十畝今增二十二畝蕩十四畝九分十原載三畝今增一畝九分灘一百

十八畝二釐蔡志後增義冢一處在西外基字二百五十五號丈埣三分八釐二百六
十二號埣五分二百六十七號田一畝六分二釐二百七十五號埣一畝一分三釐有奇三百三十九號田六
分二釐有奇三百四十二號田一畝一分三百四十四號田一分六釐市屋一所即蔡志施棺局
現作市屋賃居冊隸來字四十一號丈基四分八釐有奇生息本銀一千兩陳濬捐錢
二千五百千文衆捐所積城鄉典鋪每年各捐銀一兩一錢
五分有奇又城典每年各捐錢九千六百文鄉典四千
八百文海關每月捐錢一千二百文堂內延司事四人
分司其事僱把門一名差遣一名扇人二名催追租息門媪
一口接嬰察乳悉歸董事總理之道光二十年署縣陳延恩稟請歸入公善堂董事協
各鄉董經理批
准飭議定詳

普濟堂

國朝雍正五年奉文建知縣祁文瀚將邑之章卿華墅馬鎮
夏港前周養老堂五處詳改為之章卿二保屋三十四間田五十五畝有奇
順治間民人錢鳳春等捐建華墅四保屋二十八間田四十一畝有奇康熙間民人朱應章捐建馬鎮八保屋
四十一間田八十九畝有奇康熙間民人孔漢昭捐建夏港四保屋二十六間田四十七畝有奇康熙間民人
朱安能捐建前周三保屋二十四間田一百五十二畝有奇康熙間民人呂見聞捐建乾隆八年
知縣蔡澍將周莊璜塘養老堂二處亦詳改為普濟堂
奉行未久旋即廢弛現惟周東六保於乾隆十八年公
建房屋三十九間置田四十畝有奇仍以普濟名堂

公善堂在廣福寺西偏水月菴故地

國朝嘉慶十五年邑人公建中為呂祖堂東嚮其外左右為
兩朝房中為外堂共屋二進十有五間二十四年邑紳
汪道平等呈請咨部舉行贈材惜字扶疾敬節卹寒掩
骼葘汲七事邑人孫兆鯨倡捐千緡及衆姓蔓捐置田
五百十一畝有奇沙田四百二十畝有奇又衆捐田一
百二十四畝有奇周姓捐北內五保原典趙姓屋一所
各典每年捐錢共三百九十四千文庫房四十千文花
戶票捐一百千文海關五千六百文各槽不等置有義
冢北外殿字三百七十一號山五分雙牌羔字二百二十五號田四分有奇四百三十六號田一畝一分六
釐有奇四百八十四號田六分四百八十五號田七分七釐有奇四百八十六號田六分四釐有奇四百八十

九號田一畝九分五百二十七號田四分五釐有奇五百二十九號田一分六釐有奇周西蕭字一百四號山
三畝三分有奇華東師字八百四十號田二畝八分八釐有奇蕭岐篤字一千四百六十五號田七分八釐有
奇三官彩字三千三十號山六分七釐有奇大橋寫字八十八號山一畝八分五釐有奇八十九號山八分有
奇鶩字五百十一號埣八分五百十二號埣四分三釐有奇五百十六號埣五分六釐有奇五百十七號埣七
分五釐有奇五百二十號埣三分設立碑石禁止樵牧堂內經費出納
公舉董事輪年職管

同善堂在楊舍堡城東門外大生菴西

國朝道光十六年里人周浩捐錢貳千緡建屋三重四側每
重各五間與舊設惜字局樓房十間相連葉廷策郭鴻
飛呈請通詳舉行惜字贈材義學卹寒掩骼葘汲六事

置田充費周浩獨捐常熟田一百五十一畝三分張文灝捐錢五百六十千及衆姓公輸節次增置田畝合計本邑田埒九十三畝六分有奇常熟田埒四百六十三畝九分有奇常熟沙田四十七畝

培心堂在江口居遭風舟覆無可棲止者海寧陳道修請建 茲邑北濒大江商船民船猝遇暴風動遭覆没道光間署縣陳延恩憫行旅沈溺之慘思仿京口設救生船以濟之北外江口有培心堂以居遭風無可棲止者且因布政使梁章鉅曾捐洋銀前令撥有江船帆檣未庀利涉無從船置江干年久易於朽壞又未變價充用近惟庠生季忻於風濤洶湧時偃纜浪船救護暫濟一時但不籌經費立章程終虛善舉年來以多所興塞未是及此今已稟奉巡撫學使府廳捐廉爲倡批飭熟籌經費妥立章程歸入公善堂董事經理於現行諸條外增救生一事爲江邑上民永永造福因規條尚未詳定先將緣起纂入志冀以誌火然泉達之始藉告邑之聞善勇爲者

收養遺孩局未得定所近設於廣福寺內 巡撫裕謙任臬時檄縣愼選董事於冬月收養無依飢寒幼孩行已數年尚無定地無定章署縣陳延恩稟奉批飭籌欵定地擬立章程俾成以爲常免致年年臨時飭辦

陳氏義莊 附 在南街剪金橋西先是貢生陳善欲建義莊未逮而殁子宏略承父遺志捐置義田一千四十五畝有奇以租贍族別設祭田一百四十六畝有奇附非管理於嘉慶八年具題奉

旨旌表仍仿蘇郡范氏之法具立規條以昭世守

義冢 附

萬骨塋在祝塘邱家巷葬乙酉死事者僧印白募建

萬骨塋記 明邑人 徐德求

去祝塘鎮三里有萬骨塋□□年時瘞國殤處也順治乙酉

大兵平江南六月招撫常州江陰民獨城守攻圍且百日城破城中死者六萬七千餘人及□郊野者又七萬五千有奇時有□□□□□邱家巷隙地三畝三分謀於里人□□□□售之徐均益助貲費開壙域拾遺骸掩焉名萬骨塋邑人張有譽諸君于更於其旁建蘭若數楹曰澤枯菴春秋以時作佛事余嘉師爲浮屠其教輕生死捐頂踵乃開築塋兆收拾髑髏以安死事之魂補王政所未逮因序其顚末而爲之記

羅尸墩亦葬乙酉死事者其在雙牌者一藥師殿旁者一南外者四蔡涇者一俱

國朝順治初縣丞卞化龍置又在西城內者一 蔣心逸收瘞民尸八十三具曾孫蔣隆祥立石

東城外義冢十有二處地屬雙牌鎮 明初義民陳安施地三十畝有奇葬其死無所歸者在朝陽關外宏治十五年知縣涂禎從其裔孫陳譜築垣二百五十丈以限侵占萬歷初知縣胡士鰲丈量給帖免科羔字號地六處共田瀆二十二畝有奇景字號田一畝埒二分五釐俱乾隆初知縣蔡澍勸民捐又羔字號田一畝七分有奇汀爾雅募捐又二畝程元章捐又六分有奇查羽吉捐爲育嬰堂義冢又聖字號山二畝里八公置新增念字號埒六分有奇太平菴惜字社置 南城外四 維字號地一畝九分有奇萬歷間水利丞胡傳捐又一畝有奇東林菴後埒七分有奇雍正間保民公捐新增維字號埒一畝六釐有奇楊城西南隅田三畝九分有奇咴應詢等公捐 西城外四 基一畝有奇基字號地四分新增基字號埒九分八釐有奇楊應詢等公捐 北城外三 君山東南麓地二畝萬歷間主簿曾仲文捐宮字號山八畝有奇亦萬歷間官買殿字號地二畝有奇康熙間海防同知李世叅捐

東鄉綺山鎮義冢一致字號地二畝二分雲亭三岡字號地一畝新增水字號一埒
一畝四分八釐又六分五釐曹暹捐周莊四稱字號山五畝光字號地一畝一分李字號山六畝二分
茱字號山二畝僧捐華墅十三羽字號支山一畝翔字號支山二畝四分有奇火字號灘一畝六分
有奇烏字號支山六畝四分官字號田四畝四分有奇皂字號山一畝六分有奇文字號埒三畝八分有奇服
字號地一畝七分有奇新增皇字號山十五畝蘇廷蔭等公捐政字號田二畝五分有奇又埒二畝四分八釐
有奇吳名燦捐帝字號田三分有奇又埒七分陶濬捐馬嘶六推字號埒七分位字號埒一畝六分
禾興橋南地一畝康熙間錢璋捐禾興橋東西地一畝有奇錢凝三潘合光捐新增弔字號埒一畝九分有奇
趙金芴捐伐字號埒一畝六分趙錫申捐長涇六竹字號地凡三處共六畝三分化字號漏澤園地二
十畝今存荒地無幾明顧言捐賴字號紅菱園埒二畝三分有奇劉安勃捐新增駒字號埒一畝五分顧
山九方字號山一畝有奇埒四分有奇沉貲相捐新增萬字號田二分又出一畝一分有奇又田一畝二

分大字號田二畝二分有奇又田一畝六分有奇又田一畝三分有奇常字號田三畝一分七釐王景蘇吳汝
礪吳汝澄周晃吳有泉吳應鴻吳溥吳樹萱公捐楊舍十四惟字號埒一畝六分有奇徵人巳仰
雲捐鞠字號埒九分有奇養字號地四分有奇又一畝四分有奇邵賡揚捐豈字號地十畝有奇又埒四分毀
字號地六分有奇蔡倚人捐分潰墩盤字號埒六分有奇里民公捐范港警字號地三分有奇陳孟載捐又一
分有奇包榮南捐新增維字號田一畝七分有奇大生菴捐又田一畝三分六釐棠廷甲捐又田三畝四分八
釐郭配捐又七分八釐有奇周廷樑捐大橋八能字號山一畝三分又地一分飛字號地三畝有奇
徐海山捐雷溝墩圖字號埒一畝七分蔡港墩堡飛字號灘一畝七分鎮山堡灘六分邵賡颺捐又埒一畝五
分新增雷溝墩圖字號埒一畝五分夏敬一捐三官四已字號山一畝六分有奇黃山大保鮮字號埒
二畝五分康熙間夏敦禮捐短字號山二畝五分雍正初楊升一捐新增短字號田五分五釐楊應陞捐
南鄉謝園鎮義冢一形字號埒八分有奇蔡涇三谷字號地三分傳字號埒五釐

虛字號地七分月城一習字號埒一畝二分有奇徐中瑞捐青暘七父字號埒一畝八分有奇
洪學一李思兼捐竭字號田四畝七分有奇則字號田二分七釐謝東旭捐竭字號田七分七釐內羅尸墩一
周圍一十七弓葛霆立石新增資字號田二畝事字號田一畝八分洪元銹捐事字號田一畝五分有奇愼德
堂李捐四河一凤字號地四分有奇
西鄉葫橋鎮義冢二籍字號山四分有奇吳公發等捐新增甚字號埒四分三釐有奇
夏港三東字號埒四分地一畝有奇徐太和捐徐子成完糧又京字號地五分覲山二秦望
山地四十七畝有奇明正德間黃金捐又地一畝四分虞門三邑字號埒三分有奇華字號埒一分
有奇韭官買埒一分有奇徐士宏捐申港六疲字號地三分有奇滿字號地四分有奇物字號地二分
有奇移字號地三分有奇新增神字號地三分七釐何國華捐徐村小守字地七分後梅十姑字號地
六分叔字號埒八分有奇地一畝兒字號地六分有奇同字號地六分有奇單民也捐比字號地二分懷字號

地九分有奇氣字號地六分有奇連字號地約二分新增同字號田六分有奇利城二而字號埒五分
裳字號埒四分丁墅四交字號地一分八釐切字號地八分仁字號地二分衣字號地七分前周
八上字號田五分和字號田四分下字號田三分睦字號田二分嬉字號田五分入字號田四分母字號田
一畝儀字號田二分五釐桃花十四前字號地二分義字號地一分兼字號地三分有奇退字號埒
九分有奇又三分有奇顧字號埒三分沛字號地五分阼字號地六分虧字號地二分性字號地二分靜字號
地九分情字號地二分逸字號埒六分心字號埒五分
東南鄉花山鎮義冢二言字號埒二畝辭字號田二畝六分有奇蕭岐一宜字
號地一畝二分長壽二滿字號田三畝有奇吳元章捐新增發字號地七分有奇張祖德捐璜塘
一苦字號埒二畝有奇里人公置新增谷字號埒一畝三分張丕捐馬鎮三川字號埒一畝有奇
田一畝一分新增不字號埒六分五釐有奇祝塘十愛字號田二分臣字號田三分黎字號田一畝

五分有奇嚴人何東曉捐新增黎字號田二畝六分有
奇埒一畝六分有奇乾隆間置又同號田三畝二分有
奇一畝二分有奇埒九分有奇田一分 文林二 賓字號
有奇道光間置戒字號田九分有奇 田七畝
新增王字號田一
畝七分王其順捐
東北鄉章卿鎮義冢四 潔字號埒八分有奇效字號埒
有奇知字號田三畝三分有奇 一畝二分有奇得字號埒七分
埒五分有奇孫選母許氏捐
西南鄉夏城鎮義冢二 積字號田四分有奇慶 黃橋一
寸字號地 字號田一畝四分有奇
五分有奇
沙洲善港沙義冢二十一 在王良開新圩東岸南十弓北 十一弓東西各六十一弓貝民公
捐禾豐圩小圩 徐泗沙正興沙一 鳥字號山十畝有奇 復善沙一
一畝遂元捐
東祠堂北地五 巫山沙一 二百八十七號 東凝沙一 山宗
分僧克周捐 山九畝有奇
後圩田四畝 平凝沙一 天壽圩西岸
八分有奇 一百十五弓

江陰縣志卷之一終

江陰縣志卷之二

疆域

紀地輿以星野爲首坤順承天之義也江陰入斗宿六度北極出地三十二度弱　國朝推步較前代加密豈惟詳測量之謂謂於難察者猶當察之剏顯而易明如道里郵舖橋梁守土者可不一一瞭如指掌不下堂階俾窮鄉僻壤不啻以身親之也哉君子入里必式附及坊表見地靈之由人傑焉志疆域

星野

星紀維揚州斗爲吳分江陰入斗十六度 漢書天文志云吳楚之疆候熒惑占

鳥衡緯書荆揚屬上台之下級開陽北斗之第六星也星經云斗之第六星主揚州按星紀之次費直謂起斗十度至女五度蔡邕謂起斗六度至女一度皇甫謐謂起斗十一度至女七度焉志據顧文熊之說以大紀歷推之謂起斗二度盡斗二十二度歷牛六度抵女一度是爲星紀之次其下分野爲揚州吳越爲揚州之南境江陰爲吳越之上流以星紀中天之象言之織女在西北牽牛在東南江陰饒江負海正當兩漢分歧之界蓋去極六十度入斗十六度也左轄天津右蓄天市後樞漸臺前列旗鼓天開巖邑有自來矣然而大統歷法至明季推算已疎況日有歲差星有移度從來十二次皆漸移而東乎敬考　國朝時憲全書星紀自箕四度十七分至牛一度六分測蘇州常州鎮江三府所屬邑皆斗六度縷析至精推步極密矣至如五緯之熒惑南宫之鳥衡謂之總司非分野也三台之分職開陽之互掌抑又遠焉前志備著占驗疏證周詳然天道遠而人道邇非特百里之地未足以當列郡之應也故不備錄

道里

宋軍境東西一百三十五里南北七十二里
元州境東西一百四十里南北一百里
明初改州爲縣以泰興之馬馱沙來屬東西一百七十里南北一百四十四里東西南皆壤地北踰大江中包馬馱浮山諸沙後分馬馱爲靖江遂以江爲界
國朝界仍明舊東西一百四十里南北五十九里東七十里至馬嘶抵常熟境西七十里至前周抵武進境南五十四里至石幢抵無錫境北五里至江界四正東南八十里至顧山抵金匱常熟境西南三十里至夏城抵陽湖境東北八十里至楊舍堡江岸抵常熟境西北六十里至

桃花抵武進境界四隅自邑至京師水路三千二百七十七里陸路二千九百七十里江寧水陸路並四百五十里徑路自丹陽句容三百六十里蘇州水路一百八十里陸路一百四十五里府城水陸路並九十里

坊鄉國朝日鎮保見後

宋以附治地爲南北廂統坊九善政永安二坊隸北廂大街爲界由軍治至建寅門凡街北皆是日北廂升俊北布政南布政欽賢應和北能仁南能仁七坊隸南廂大街以南至朝宗門東西各附城皆是日南廂郭以外爲十七鄉統里五十有五順化鄉里二遷鶯千秋來春鄉里四懷仁守節遵大青山昭聞鄉里五析山慈烏興業招賓金玉太凝鄉里三崇教招賢就日寶池鄉里三甘露祥雲白豐鳳戈鄉里四執竿武興義成安福永陵鄉里二西昌永泰安仁艮信鄉里三安化目清宣就金鳳鄉里三崇驤餘風鳳巢青暘鄉里五上臉常熟黄城依仁修義長壽鄉里五玉臉夜虞善常永康西華化成鄉里二萬福支信崇仁鄉里三白雪石塘缺一白鹿鄉里三散明常鳳汦汝清化鄉里三豐財明遠鳳皇東舜鄉里二東城缺一西舜鄉里二慶雲缺一

元兩廂內增建淳和太平耆德三坊蓋改建舊坊而易其名餘坊鄉仍宋舊

明更南北兩廂爲三坊坊各統圖順化坊以市河爲界凡河以北皆是圖四順一順二順三順四太凝坊南自朝宗門至北鎮巷又自聖母橋至天慶門圖三泰一泰二泰三來昭坊由章橋以

南直附南城其西南亦以市河爲界又由周橋西出中街直抵西城圖二來一來二鄉仍宋舊爲十七鄉鄉統都都凡五十都統圖圖凡三百六十五永陵鄉東界去縣三十里西六十里統都三圖十四一都圖四地名陳墅徐墅繆莊丁墅曹莊東溪墅西溪墅朱莊二都圖四地名黄擔村鍾究村石莊支區村三都圖六地名蘆墩村五斗村後栗村吳墅官莊大坎小坎艮信鄉東界去縣三十里西六十里統都四圖三十四都圖七地名劉墅常墊村江墅仇莊韓家灌後區村前栗村北湖黄墅炎莊西小湖村五都圖九地名鮑莊荅東村常澤村前楊村觀巷南秋村郭莊西觀村六都圖十地名沙田岸後梅村肥常村雙橋村橫塘七都圖四地名譚莊辛莊扈莊來春鄉東界去縣一十里西三十五里統都三圖十九八都圖六地名高莊嚴村張家村曹家村西寨朱宋[illegible]東寨塘頭村蕩里榨頭村牌頭村虞門村曹家大九都圖七地名邵家圩橫塘史巷何巷繆莊橋李莊黄村道士

灣觀山門十都圖六地名盧崎村陶灣村焦山村觀莊夏店村茶埼村鮑莊邵莊黃莊蔣家村高灣村**順化鄉**界縣東隅北隅西隅延遶以附郭**統都四圖二十四**十一都圖十地名徐村顏村後花村孟濟村曹家大袁村十二都圖五地名新村姚家蕩佘家橋望火墩村任家橋十三都圖六地名古鎮尖家橋馬墅橋鮮魚港上大寨里蘇家大王橋村伍相廟橋陸家大雙牌村西黃岐繆家車里果園里十四都圖三地名秦涇橋白沙里張家蕩孫保村

昭聞鄉西界附東郭東界去縣三十五里**統都三圖二十四**十五都圖十地名女山灣東黃岐唐村尤家大黿岐里觀莊北湖里黃家村惠家村河亭街周家場曹家村尼港十六都圖六地名卜家橋趙村石塘橋朱村蔡村鄭家寨十七都圖八地名崇橋村騶駝橋陳莊查墓村胡家巷毛莊黃村季莊定山灣東莊高宗唐橋

鳳戈鄉北界去縣二十里南三十五里**統都三圖十五**十八都圖六地名龔家浜李莊黃土村戴莊顧村焦家村輝墩灌墩橋十九都圖四地名花塘村上村新橋村諸城塘梧空村莒蒲濂二十都圖五地名宊鈞塘豬破塘鈞臺村圖塘村

廖莊新村義城村**太凝鄉**北界去縣一里南三十里**統都四圖二十七**二十一都圖六地名雙橋村連州村山下村善村趙村二十二都圖四地名馬涇村謝園月城橋東二十三都圖十二地名馬涇村橫塘涇後城村淨寺莊顧家大後舍村三里店磨盤墩青山村胡橋村二十四都圖五地名白岸埋曹橋村九里村

青暘鄉北界去縣二十里南四十五里**統都四圖三十二**二十五都圖十三地名善林黃橋村毛莊同岐胥林蔡涇卜兆村鴨蕩莊連墩十七圩後塘村小兆村二十六都圖六地名漕裏村半墩村梅家村道成村新橋村二十七都圖七地名厝墅九頃圩楊莊邵繆村二十八都圖六地名鄧陽村路岐村蘆塘村陳舍莊包墅坊前鄭莊孔墅周村

金鳳鄉北界去縣三十里南五十里**統都三圖二十二**二十九都圖五地名姚舍村黃塘皐岸丁岸薛埼村前陳村許莊土瀆村西埼村三十都圖六地名青墩塘蘇墅前馬村後馬村楊岐黃莊新莊吳莊上廟塘三十一都圖十一地名百丈村竹村孫墅流黃東常村繆莊博豬村須毛村

長壽鄉西界去縣三十里東五十里**統都二**

圖八三十二都圖四地名八丈村黃墅西莊亭城村三十三都圖四地名徐村馬墅繆墅羅墩村**清化鄉**西界去縣四十五里東五十里**統都二圖十一**三十四都圖六地名陳墅張墅唐墅鄒墅侯墅嚴墅三十五都圖五地名社頭村北劉莊湖塘殷墅蘇墅

西順鄉西界去縣三十六里東五十里**統都二圖十八**三十六都圖十地名文林謝墅桂林梧塍富杯村劉莊范莊甾羅墅塘石長袞貞里邵莊三十七都圖八地名蘇李墅李莊新塘馬塘

東順鄉西界去縣七十里東九十里**統都二圖二十六**三十八都圖十二地名習禮村旌節里袁莊陳墅湯村羅莊嚴瀆橋三十九都圖十四地名顧山古塘斥岸任墅曹莊盧墅黃墅歸莊臭莊

白鹿鄉西界去縣四十里東九十里**統都三圖二十四**四十都圖十地名葛墅胡墅婁墅東興村水南村四十一都圖十地名唐墅袁墅袁塘中村秦巷羅莊四十二都圖四地名包巷劉巷景巷長巷塘下村

崇仁鄉西界去縣五十里東七十里**統都二圖十二**四十三都圖五地名章卿夏莊橋曹巷斜塘夏家大四十四都圖七地名水跑村韋巷太平村恩莊坊前

化成鄉西界去縣四十五里東六十里**統都三圖十五**四十五都圖四地名馬巷黃橋村蔡港口四十六都圖五地名彭蒿村于莊沙湖莊石虎門般巷四十七都圖六地名史村下墅尚村盧巷辛莊陶城高莊李家灣姜家滙

寶池鄉西界去縣二十里東四十里**統都三圖十三**四十八都圖三地名石頭港西雷溝錢墅青圩蕩四十九都圖五地名纖墩前白豐後白豐公明巷張岐村王灣村夏場村五十都圖五地名石牌村雷嘴村官橋村售山村

按前志俱稱總四境三百七十四里里為圖統於鄉都者三百六十有五在城者九今合十七鄉之圖僅三百三十四計數少三十有一而三百七十四乃通邑徭賦之額無可疑者因考蔡志每圖分十甲每甲實田二百七十畝則一圖得田二千七百畝以三百七十四圖核之通邑實田一百一萬之數本無不合又考前志稱區圖為區扇或一圖田多區為兩扇而各鄉未分別註明遂至數有參錯耳

國朝坊鄉仍明舊康熙三年清丈田畝分十七鄉為三十六

鎮鎮各領保統鄉城爲保四百四十有四至徵賦均役則仍循都圖舊制雍正十一年通行順莊法以清丈時之鎮保爲序而都圖遂廢（邑中經界宋以來始可考志肇於宋也自行順莊法改設鎮保迄今事越百年尚存坊鄉之名而畛域則茫然莫辨今以現行之鎮保爲據仍備載宋以來府坊鄉都圖里諸名於前次列鎮保詳其四至仍參考舊爲何坊何鄉俾今與昔之分合覽之瞭如焉）

鎮保（市 街 巷附）

東城內十保（缺第四保）東南北三面俱至城垣西至萬壽坊（俗名寺巷）過堰橋至南城以河爲界舊爲順化之一坊二坊及來昭之一坊

南城內五保東以市河爲界南至城垣西至文昌巷（俗名石板巷）及劉伶巷之雙魚橋（白衣閣東隅）北至南街舊爲太疑之一坊

西城內九保東至布政坊巷由單家衖迤至雙魚橋與南內接界其中街則東至東倉衖之東與北內接界南及西俱至城垣北自善政橋循河而東至小虹橋（即睢陽廟橋）以河爲界舊爲來昭之二坊（中街）及太疑之二坊三坊（南街）

北城內十保東至萬壽坊南自善政橋下迤西至暉對巷（舊志無暉對巷疑即通濟巷）與西內接界善政橋而東以河爲界又坊橋以南至中街今亦爲北內保西北俱至城垣舊爲順化之三坊四坊其坊橋南爲來昭二坊之一隅

城內之市東在寺巷口迄坊橋北境南在聖母橋（俗名市橋）西境（今名市口）接連北鎮巷北在縣治前其西城蔣家巷口地雖四達岑寂無市居人朝夕之求非東走市口則西出天慶門

縣前街　西橫街縣治鼓樓南爲暨陽古邑坊自坊南出至善政橋曰縣前街過橋而南達南街曰西橫街（街西曰倉橋巷自倉橋西境北轉曰倉灣曰暉對巷白虎巷街東曰學西巷射圃巷青龍街）

縣灣街縣治春申舊封坊西北轉至澄江門曰縣灣街

大街暨陽古邑坊左轉而東爲延陵故里坊自坊東直達春暉門曰大街（街南曰鮎魚衖司馬巷街北曰輔德坊巷西察院巷東察院巷城隍廟巷

廟巷內曰尚家巷廟巷外向東曰虹橋河沿火衖陳家衖觀音寺巷三元坊巷高巷楊巷花園巷又三元坊巷內之東曰得勝巷斜巷薛破靴巷其西曰火又巷東平廟巷石子街高巷之東曰火神廟巷）

中街　西橫街中折而東至花橋南境曰中街（街北曰賢俊街西倉衖東倉衖考棚街陳家衖街南曰桐梓巷楊家巷郭家巷布政坊巷小塔巷凡中街南出之巷即南街街北之巷惟楊家巷不達南街又布政坊巷內之西曰關帝廟巷）

南街　西橫街南盡處西折至天慶門東折至市口曰南街（街南曰蔣家巷施家巷佘家巷天壽觀巷史家巷單家巷天壽觀巷北又有沈家巷）

東橫街　進春暉門數十步折而南過章橋至財帛司廟曰東橫街（街西曰河南巷今稱毘巷前志稱東橫街南至南城垣今自財帛司廟而南兩旁尼菴道院三四區過此至巽閣則皆田隄無居民）

賢俊街卽鴻漸街俗名新街由中街學宮之東西北折過鴻漸橋俗名新橋又過文亭橋達大街曰賢俊街宏治十年里人徐鼎讓田通路凡八十三丈五尺鼎弟緣撤屋讓基建文亭橋明按使行臺在文亭橋北學校諸生肯爲使院奉由學西過善政橋至縣署前折而東始得達路甚紆建橋通道由學東出路始徑便行臺久廢近又塞學後河而文亭橋下之河亦湮沒矣

南鎖巷進朝宗門北行至市口曰南鎖巷前明歲貢子鯖以勞民故久停止有醃曬所文昌巷北故又稱南所巷巷東過杜棠橋曰杜橋巷曰火街通中市橋巷西曰劉伶巷文昌巷出劉伶巷過雙魚橋西接蔣家巷有街衢舊形今皆阡陌蓋其西郎古木軍寨之地

北鎖巷自市口北至中街曰北鎖巷巷北口有古井相傳井中有鐵索上有鐵鎖因名巷東曰周橋巷巷西曰都督坊巷

大巷聖母橋東至財帛司廟曰大巷巷南自市橋堍沿河而南曰青草巷巷內曰沙家巷黃泥街邢家街自橋堍沿河而北曰眞武廟巷又名小昆巷道廟而北至堰橋曰回塘堰

東城外雙牌十一保內之一二三保隸東外別爲附郭之保東至四保薛家橋南至綺山謝園西至城濠城外四至前志於南外則云北至城門西北外則云東至城牆南至城牆獨於雙牌則云西至東關廂去城稍遠矣今查城外濠以內之地俱納城租課不隸鄉鎮其居民則附於城內之保以編戶故改稱至城濠南西北外倣此北至雙六及三官之黃山墩保舊爲順化鄉

市在弔橋下三叉路口汛兵所駐自路口而東出米牙布會居肆聯接至高家跳止長二里許

街自路口直東至迎春館今廢曰東門街亦稱河北街爲東北鄉陸行孔道橫河淤淺涸河各鎮俱易舟而車自路口迤南曰青龍街過上永安橋卽上蕭橋達河南街出春暉門卽南折過樓下橋折而東至下永安橋卽下蕭橋曰河南街爲東南鄉孔道自弔橋直北出朝陽關至貢鮮橋曰貢鮮街

南城外六保東至雙牌南至蔡涇西至葫橋北至城濠舊爲太凝鄉其附城一里舊爲太凝坊

市在高橋卽陳家橋迤至石子街布牙聚焉自端明橋南至駐節亭臨河數十家舟航相屬雖非大市水程所必經也距石子街東南里許跨應天河曰迎福橋俗名板橋木筏布牙面河鱗次河以南爲謝園鎮而市集處猶隸南外街自朝宗門南出過永安橋俗名瓶罋橋而南至高橋堍曰河西街自高橋東堍南轉至倉基曰石子街其自朝宗門外東過水關橋折南過米行橋臨河有路直至石子街曰船幫自端明橋南循河至五雲橋曰埠下街

西城外一保東至城濠南至南外西至葫橋北至北外西外僅一保而縱廣四五里分上中下三冊論鎭則狹論保則寬舊爲太凝鄉其鄭涇河以內舊爲太凝坊弔橋外循河北轉向稱小桃源

市在弔橋外至新橋卽文明橋今重建改文富過橋至望來亭八九

月間棉花市頗盛布牙僅小販無大賈
街前志稱長樂街今名西門街長里許爲西鄉陸行孔
道
北城外八保附墩保二閘西五堡南至城濠東至雙牌及黃山墩保
西至夏港北至江舊爲順化鄉舊志是鄉界縣東隅北隅西隅延繞以附郭則
東外北外俱爲鄉之地而非坊所隸矣
市在黃田閘迄浮橋下舊志稱江下市者也宋時海舶
畢至王安石詩有珠犀入市之句今惟春初至夏仲有
魚市沿港居民以船爲業船小者曰網船入江擊鮮大
者曰商船次曰漁船於清明後入南北洋採捕夏至畢

歸而魚市止邇來江口淤漲洄洑改流網船漸移而東
入常熟界矣又有豆併新豆來自靖泰諸邑其崇明通
州之木棉川途過載而已北市向無米近年港西江心
新漲成洲頗有沙米入市
街自弔橋直北行在黃田港東岸至江口三里餘皆曰北門街
前志分澄江永凝爲兩截毋庸也街東曰壇巷談家街光孝寺巷君山巷闕
西有街半里許曰小街浮橋東海關分稅處在焉橋西魚牙船埠
十數家又西曰水營房水師兵弁所居
綺山鎮八保縣東八里東至雲亭南至花山西北皆至雙
牌倚山爲鎮長河帶之舊合雲亭花山同爲昭聞鄉

市於明季爲倭毁街形尚存東南諸鎮陸行孔道
雲亭鎮十一保縣東十五里東至周莊南至長壽西至綺
山北至三官定山峙其北毘山界其南中貫應天河舊
合綺山花山同爲昭聞鄉
市跨應天河南曰南雲亭北曰北雲亭街各里許南市
較盛花布莊質庫聚焉
周莊鎮十五保今徵冊分周東西縣東三十里東至華墅章卿南
至長壽西至雲亭北至大橋三官爲東南巨鎮其地南
距砂山西抵定山北帶橫河亭子白蛇兩港貫之又自
繖墩外小阜頗多不知始築緣起舊合三官鎮之東界

同爲寶池鄉
市在砂山西北周數里市西巷門外即長壽界
華墅鎮十八保今徵冊分華東西縣東四十五里東至馬嘶南至
長涇西至周莊北至章卿砂山障其北長河繞其西南
面泰清河俗名華墅浜貫其中爲市河地極遼廓舊爲清化
鄉
市北枕砂山南俯市河東西相距三里南北二里餘邑
中市鎮之大者稱華墅青暘列肆繁盛百貨皆備瀕江
各鄉貿布者午夜坌集率明燈列市習俗已久鎮西南
瓠岱橋陸家橋東郁家橋俱有小集陸家橋頗盛

馬嘶鎮十四保縣東六十里東至常熟南至顧山西至華墅北至楊舍其境東帶谷瀆西環蔡港舊合楊舍同爲白鹿鄉

市有二南在北角北在唐墅（唐墅街與常熟共之中以巷門爲界）

長壽鎮十保縣東南三十里東至華墅南至祝塘西至雲亭北至周莊地稍高田頗瘠磽舊爲長壽鄉

市跨河東西各里許舊志稱長壽爲大鎮考元時有長壽稅務蓋今昔異形矣

祝塘鎮十一保（今徽冊分祝南北）縣東南五十里東至長涇南至文林西至長壽北至華墅舊合文林同爲西順鄉

市跨直塘河廛肆殺列頗稱繁庶

文林鎮七保縣東南五十五里東至長涇南至無錫西至璜塘北至祝塘地俱高阜霪雨不能爲災遇旱輒困舊合祝塘同爲西順鄉

市有門村小集地僻無大賈

長涇鎮十四保縣東六十里東至顧山南至無錫西至祝塘北至華墅水道往常熟所必經舊合顧山同爲東順鄉

市瀕河南北俱有街河北較盛又東有南角及陳墅北有劉家橋小集

顧山鎮十保縣東八十里東至常熟南至金匱西至長涇北至馬嘶顧山當三邑之交故亦稱三界山鎮處邑之東南陲距縣甚遠巡檢分防地也舊合長涇同爲東順鄉

市在顧山之西北隅市之南有裏岸河發源於此滙顧山之水爲來源分二支一西南行至陳墅一北行迤東至北角其東南絕不與金常二邑通流乃知江邑東盡之界即一水而劃然可覩也

楊舍鎮九保（附墩保二范港谷瀆）縣東七十里東至常熟南至馬嘶西至章卿北至江地當白龍山之東北瀕大江明嘉靖

時建堡城今爲都司駐防處舊合馬嘶同爲白鹿鄉

市在城東自青龍橋至城內之鐘鼓樓及北門內至都司署俱繁盛

章卿鎮十二保（附墩保一泗港）縣東北四十五里東至楊舍南至華墅西至大橋北至江及沙洲（東與楊舍接界至江西與大橋接界至復善善港等沙其圩曰蔡港圩）鎮當砂山之北帶以橫河蔡港自西北而東繞龍砂南出地極平曠舊爲崇仁鄉

市有小集二西曰閘上在蔡港口東曰泗港在泗港東俱瀕橫河之北爲市

大橋鎮六保（附墩保五雷西雷東蔡港善港石頭港）縣東三十里東至章卿

南至周莊西至三官北至沙洲橫河界其南香鎮踏山峙於西北石頭港入橫河處有大橋爲陸行孔道舊爲化成鄉（寶池鄉地名有石頭港西雷溝則爲今之大橋鎮化成鄉地名有沙湖陶城則爲今之周莊鎮是昔之分鄉今之分鎮均有犬牙相錯處）

市二南瀕橫河爲詹文橋北接沙洲爲后塍康熙至乾隆間后塍以北接漲沙洲十餘里市極盛今稍亞然間渡北沙必道后塍故其地爲巡鹽公所

三官鎮十一保（附墩保五黃山白沙蕭山石牌巫子）縣東十五里東至大橋南至雲亭雙牌西至雙牌北至江黃山墩保爲鎮之西界直接城闉其東則巫子保抵香山之北瀕江迤二十

餘里鳳凰蟠龍長山紛羅其間舊合周莊同爲寶池鄉自白沙保以西又係順化鄉

市傍巺山橋倉利橋有小集或走詹文橋

雙牌鎮十一保東盡界去縣十五里東至三官南至謝園西至東城北至黃山上三保隸東外下八保皆莊村阡陌交通橫河繞之舊合北外之半鎮同爲順化鄉（順化鄉界縣東隅及北西隅延繞以附郭則北外近城里許爲順化坊其餘皆隸順化鄉矣又是鄉孟濟墩及徐村今附夏港申港）

市在上三保卽東城外之市金童橋亦有小集

謝園鎮八保南盡界去縣十五里北界距朝宗門三里東至綺山南至蕭岐西至南外北至雙牌由里山峙於東九里河繞於西北北址一角則與應天河相毗春時田多藝菜舊合南外之半鎮及蔡涇月城夏城葫橋同爲太凝鄉

市在迎福橋者與鎮地隔一河尙隸南外通鎮無市其南界或走蔡涇

蔡涇鎮七保縣南十里東至謝園南至夏城西至觀山葫橋北至南外地當南行水陸之會宋明以來夏港深通置閘於此故稱南閘今九里河深通而夏港湮名雖存而閘廢矣舊合南外之半鎮及謝園月城夏城葫橋同

爲太凝鄉市臨運河兩橋環峙河之東岸較盛

月城鎮五保縣南二十里東至蕭岐南至靑暘西至夏城北至蔡涇運河出其間傍河崖岸多種竹寒冬水落居民率傭力牽曳巨艦然其弊也遂以壅河爲利故運河淺淤處多在其地（十八家村）舊合南外之半鎮及蔡涇謝園夏城葫橋同爲太凝鄉

市瀕河數十家小集

夏城鎮八保縣西南二十里東至月城南至黃橋靑暘西至陽湖北至觀山以艦浦城故址得名秦望三山聯峙西北山塘河縈繞之南接馬家湖港汊紛錯居民爭舟

往來地勢窪下苦澇舊爲太疑鄉之極南界
市走旁鎮
黃橋鎮五保縣西南二十五里東至青暘南至陽湖西北至夏城地向爲馬家湖西南接芙蓉湖水鄉卑下舊合青暘四河同爲青暘鄉
市傍黃橋有小集
青暘鎮十八保（今徵冊分青上下）縣南三十里東至璜塘南至四河及無錫西至黃橋及陽湖北至月城蕭岐運河貫之舟行至無錫此爲中道舊合黃橋四河同爲青暘鄉
市廛繁密大橋跨運河居市之中自北新橋至南新橋

街長三里餘土名東西南北四街及上下兩塘北來棉花皆聚鬻於此
四河鎮七保縣南四十五里東至馬鎮南至無錫西北至青暘爲水鄉勝地舊合青暘黃橋同爲青暘鄉
市走青暘東有博豬小集
馬鎮十保縣東南四十五里東至文林南至無錫西至四河北至璜塘長河遶其南西洋百丈河道寬廣曠野阻僻夜行宜愼舊合璜塘同爲金鳳鄉（黃志稱青暘金鳳等鄉皆東南產米之區）
市舊傍橋瀕河明時毀於倭今西洋橋及湖塘有小集二處
璜塘鎮八保縣東南三十五里東南至馬鎮西至蕭岐北至長壽地高平不畏澇舊合馬鎮同爲金鳳鄉
市瀕大河當鎮之中北有皐岸市
花山鎮五保縣東南十里東至雲亭南至蕭岐西北至謝園綺山環山爲鎮舊合雲亭綺山同爲昭聞鄉
市走蕭岐或南外
蕭岐鎮十一保縣東南二十里東至璜塘南至青暘西至月城北至花山村居聯屬田疇沃衍舊爲鳳戈鄉
市在參橋

葫橋鎮四保縣西十里東至西外南至蔡涇西至觀山北至夏港境最褊小各鎮惟葫橋虞門田不滿萬舊合南外之半鎮及謝園蔡涇月城夏城同爲太疑鄉而鎮係太疑之西北隅
市廢柴葫橋下街址僅存橋跨夏港爲往郡陸行要途
觀山鎮九保縣西十五里東至蔡涇葫橋南至夏城西至夏城及陽湖（焦墊市）北至夏港嵌衆山之中山田犖确舊合夏港虞門同爲來春鄉
市走蔡涇或焦墊本鎮之夏墊村肆略具
利城鎮十三保縣西五十里東至後梅南至前周西至武

進西北至桃花北至丁墅古利城縣建治地前設利港巡檢今裁土宜藝棉舊合後梅申港同爲艮信鄉而鎮係艮信鄉之西南半隅

市廢仇莊僅有村店

前周鎮十八保縣西六十里東至後梅南至陽湖西至武進北至利城舊合桃花丁墅同爲永陵鄉

市在大岸之東西横村無大集

後梅鎮十五保縣西四十里東至申港南至武進西至利城北至丁墅地近大江申利諸港貫之宜藝棉並產蒲舊合申港利城同爲艮信鄉

市傍西石橋繁庶與申港埒

丁墅鎮十六保縣西五十里東至申港後梅南至利城西至桃花北至江瀕江平曠似沙洲舊合前周桃花同爲永陵鄉

市無大集

桃花鎮十三保縣西六十里東至丁墅南至利城西至武進北至江地處邑之極西舊合前周丁墅同爲永陵鄉

市集石莊港其西卽武進界馬口村有小集

申港鎮十八保今徵冊分申上下又附墩保一徐村縣西三十里東至虞門南至觀山及武進西至後梅丁墅利城北至江舊合利城後梅同爲艮信鄉

市跨港肆廛比密

虞門鎮三保縣西二十里東至夏港南至觀山西至申港北至江舊合夏港觀山同爲來春鄉

市走旁鎮

夏港鎮七保附墩保三河東河南孟濟縣西十里東至西外南至蔡涇葫橋西至虞門北至江舊合觀山虞門同爲來春鄉

市跨港東西向爲渡江舟航所集今稍落寞矣

瀕江各沙縣東二十里自長山之東北麓曰天臺灣至章卿之北蔡港營港等圩延袤二十餘里南接濬由北距

江岸南北闊十餘里其狹處四五里中有横套一河藉通各港之水套南爲腹裏日南沙套北爲瀕江日北沙村落俱傍圩隄一村之長或二三里而茅簷僅一進無重門疊屋者以岸狹不能容也前樹高柳後植修竹中田溝洫縱横畧如古井田惟沙地漲坍靡常昔人稱巫門夜雨爲八景之一今巫山在平沙中去江數里矣而后塍以北自明季至

國初淤漲十餘里緑野青疇煙郁稠疊今皆爲洪流前志稱沙中石頂上有心經向在瀕江沙今石頂在江心沙矣是以前志稱谷瀆港止者今楊舍及章卿之東境僅零星蘆地耳又自長山而西歷蕭山黄山君山由縣治直抵桃花鎮瀕江俱有接漲如白

沙保之白沙夏港之洪興等沙皆零圩碎壤或圍築成
田或仍植蘆具詳田賦
市集走后塍
江心各沙在大江中俗名壽興沙實常熟沙名與瀕江各沙隔套江五
六里西南北三面距江東接常熟之福壽長興等沙俱
以穿港為界通沙延袤幾四十里隸江邑者二十餘里
北腳新漲永興沙界連兩邑蘇常兩府奉檄會勘各以其半隸之勒石港口計通邑沙地較
漕地十一而贏農民盡力耕穫數年間未有不饒裕者
然地懸江中習俗澆漓爭地角鬬浸成弊俗近者小懲
大戒風稍戢矣傳曰衣食足而知榮辱沙洲之富者亦

江陰縣志　卷二　疆域　鎮保　二十

爛然自異邇年水災頻行任卹沙洲之俗由於積習本
上變化之其亦愧勵之轉移豈無術乎哉
市集嚴旺街西曰橋頭近時西沙淤漲與長山對峙有
脫節街及猛將廟各處西路小集頗多

郵舖

宋澄江驛在新津門內知軍王柟建東路為春暉後黃瀦陂塘
孔市後馬杜店諸舖西路為城下望京杜村申港後梅
黃土小湖諸舖
元澄江驛仍宋舊增建光陽樓東路為後黃蕭岐後馬寺莊諸舖西
路為在城夏港邵圩申港後梅黃土炎莊諸舖

明改舊驛為都察院并省東路四舖置縣前總舖及夏港
邵圩申港後梅黃土炎莊凡七舖俱西通武進嘉靖中
毀於倭萬歷四十三年增設南關月城青暘石幢四舖
俱南通無錫各建房舍三間
國朝雍正十年增設黃田舖房舍一間在澄江門外浮橋側
今江邑不置驛舖舍遂久曠不修凡遞公文責成舖兵縣給工食其總舖舍在縣署前春申坊下

橋梁

和豐橋縣治西南數十步宋名潤豐俗名倉橋善政橋縣治南宋名驛橋以使星館在其側也元
改今名明初改善教後仍名善政學西橋學宮王振坊外道光六年知縣王澐倡同邑人創建橋星
門外向有二石梁迨加濬玉帶河盡廢橋址獨建學西橋黌征橋學署門外橋南為黌征坊道光六年

江陰縣志　卷二　疆域　郵舖　二十一

知縣王澐倡同邑人改建鴻漸橋鴻漸街北俗名新橋方謨續志云正德二年知縣劉紘鑿學前河建
趙志云正德十年知縣萬玘建龍頭橋文亨橋東馮志始載此橋當是明季建向為平梁道光元年塞
學後河六年知縣王澐勸捐改建以通舟行司馬橋又名解元俗名馬嘶道光六年易木以石小
虹橋以近虹橋得名又名睢陽廟橋崇禎中建乾隆四年修坊橋學院署東賀志云州人周森重
修康熙十八年錢瑛等重建改名進賢乾隆二年知縣蔡澍重捐建安利橋萬壽坊南宋名永興道光
七年修花橋安利橋東宏治元年張晒倡修道光七年重修堰橋高巷南以跨回塘堰故名章
橋東水關內宋志云知軍顏耆仲重建舊係磚甃萬歷中里人易石崇禎九年易大石為平梁嘉慶間修
周橋回塘堰南嘉祐二年任允恭楊仁旺同修後廢宣德間張彥恭重建成化間修舊係磚甃康熙五十
年朱福成易石乾隆六年知縣蔡澍增橋欄道光七年知縣葉維庚勸捐修聖母橋市口東橋側舊
有聖母廟久廢俗名市橋嘉慶十年重建中市橋市橋南木建杜康橋宋志云舊廣明橋南

水關內東出爲杜康巷道光七年修

右跨城內經河橋十有七經河向自善政橋東卽北折繞學後由文亭橋而東道光元年塞學後河開浚玉帶河故今以跨玉帶河者列入經河而文亭橋之下河已湮廢橋另列後

虹橋學院署西跨暨陽河舊名賓鴻

青龍橋虹橋北跨暨陽河康熙五十四年季聘僧聞谷重建

白虎橋城隍廟東跨暨陽河

廟橋城隍廟鏡臺前

文亭橋鴻漸橋北徐像撤屋所建詳街巷條今石級隆然橋下河塞

觀橋天壽觀東跨雙魚溝

太平橋太平興國寺東其下有溝洩中街以南之水入觀河

翦金橋迎福寺東又名太凝前志稱跨雙魚溝今橋北溝已塞惟南街東段之水猶白橋南之溝稍洩云

魚躍橋南城下白衣閣東隅亦名雙魚

右跨城內支河溝橋九馬志童謠云水沒暨陽橋舉子家登朝以爲邑中科名之驗也

考黃志暨陽河下流穿城出橋在北城門下方謨續志云正德六年築城建門去其遺石則暨陽河下流之廢當在此時今橋久廢無蹟惟北城門中大石一人猶指爲暨陽橋各志具載附見於此

江陰縣志　卷二　營建志　橋梁　三十三

定波橋北門外跨黃田閘崇禎八年趙誥論詠詔兄弟捐建十二年知縣馮士仁設牐板啟閉蓄洩雍正十年江潮衝圮巡撫高其倬委員督縣築閘重建自乾隆元年春至二年秋竣工

浮橋黃田港口順治十六年緣防海口於沿江各港築路架橋是橋架木十三節河東西居民便於通行

北弔橋北門外天啟四年兵使周頌撤知縣岑之豹建石趾架木甃磚

澄江橋北門外社稷壇西跨壇溝天順四年知縣周斌命邑人徐高建雍正十三年修

永凝橋澄江橋北跨君山溝正德元年建

東弔橋東門外正德十年知縣萬玘建石趾架木甃磚按黃志有東橋宏治七年張紀薜珉木建方謨續志云因城缺而通路正德六年築城環圜路阻乃廢則非弔橋可知焉志以東橋爲東弔橋蔡志因之遂與趙流兩志互異今考正

樓下橋東門外數步南轉至河南街所經康熙三十八年江爾募重建易木以石雍正十二年圮乾隆四年知縣蔡澍倡同吳淵張源章郁天陳昭等重建增設石欄

上永安橋河南街至路口所經又名上蕭紹熙四年孫琳倡衆易木以石宣德間葛德海重建道光十四年里人重建

下永安橋上永安橋東又名下蕭正德間陳諧建

劉河橋河南街跨劉河溝道光間重建

迎春橋跨橫河名高家跳道光間易木以石改今名

伍相廟橋永安橋東南以近伍子胥廟得名宏治間湯楧倡建

黃趙二志俱稱石建今高家跳之東跨橫河者僅有木杠近亦圮廢又俗名薜家橋者在其東蔡志鄉鎭圖載之而不列於橋梁亦跨橫河木杠也

東濟橋迎春橋東俗名蒲鞋乾隆八年節婦李仲英妻捐修道光十一年邑人重修

劉采橋跨春暉溝

鳴鳳橋跨越婁港口舊名雞鳴乾隆八年高時貴重捐建

太平橋朝陽關北跨太平河嘉靖十一年重建以貢鱭經此改名貢鮮今復舊名

永安橋南門外俗名瓶罐成化十六年徐頤建石趾架木甃磚崇禎十三年署縣阮晉亭捐修乾隆三年知縣蔡澍重修道光八年里人重修

米行橋與永安橋皆南門之弔橋也皆甃磚康熙四十八年僧木杯偕里人捐建易石乾隆七年知縣蔡澍修道光八年里人重修今石趾架木甃磚

水關橋南水關外康熙五十六年僧木杯偕里人捐修道光八年重修

江陰縣志　卷二　營建志　橋梁　三十四

吳家橋水關橋南跨南外經河成化六年吳濠建崇禎間知縣馮士仁修康熙六十一年僧木杯偕王鍾岱楊元宗等易木以石

陳家橋吳家橋南舊名皐安俗名高橋宣德間陳寅建天順間寅弟子乾修萬歷三十六年韓姓重修乾隆五年知縣蔡澍重修

獅子橋跨季家浜

寇家橋吳家橋北跨黃草涇康熙五十九年僧木杯重建

端明橋跨鄭涇河口萬歷三十六年兵使蔡獻臣建嘉慶間重建

五雲橋駐節亭南跨運河之第一橋萬歷間商人王覃購石兵使蔡獻臣以開河餘銀助建康熙二十二年知縣沈淸世因圮倡捐僧子立募建乾隆五年知縣蔡澍捐修嘉慶初重建道光四年八年兩修橋下之水北受黃田港灌輸運河及應天河潮時水勢洶湧橋工非堅整不足以當震撼也

長樂橋西門弔橋因南有長樂菴故名天順間知縣周斌建宏治間知縣任良才修正德二年知縣劉紘易木以石今石趾架木甃磚

文富橋西門外跨鄭涇河原名文明俗名新橋萬歷三十六年兵使蔡獻臣建道光十三年邑人呈縣陳希敬勸捐重建改今名

右四城外附近橋二十有七北五東十一南九西二
神仙橋蔡涇市景泰間蕭姓建黃志名蕭恩孫橋俗名陳鐵又名集善正德二年重建崇禎五年知縣吳鼎
泰修萬安橋蔡涇市南亦名新橋乾隆間建嘉慶間重建月城橋月城鎮舊名臥龍至正間
石工鮑姓建永樂間徐思讓重建正統間巡撫周文襄命徐思順等易木以石迎秀橋青暘市北亦名
北新嘉靖六年知縣張集建萬歷四十七年焦澂重建青暘橋青暘市中俗名大橋至順中袁得誠
易木以石宣德間沈敏陸濬馮禮等重建康熙十五年杜君美鬻產捐修乾隆初知縣蔡澍清出沿橋水街四年
脩南新橋青暘市南嘉靖六年知縣張集建康熙間馬子虬陶禹賢捐修四河閘橋小青
暘南蔡志載請移建四河閘始末而閘未成乾隆十年知縣劉新翰移建而未蕆工按乾隆二十七年知縣汪
邢憲重修碑記係南十鎮兩夾公捐錢二千餘緡閘始成今穹梁聳峙蓋與閘同建也
右跨運河橋七前志有潤福橋即九里橋宋知軍顏耆仲建在蔡涇市北里許今廢市南三里

有龍津橋即祭鎮橋乾隆嘉慶間圮復以石碍舟行盡撤其趾二橋圮廢無蹟附此備考
新橋南外應天河口舊名慈雲萬歷間兵使蕭丁泰助建崇禎四年兵使胡麟瑞知縣吳鼎泰修康熙間僧麟
驄募修乾隆間知縣蔡澍修道光元年邑人呈請知縣蕭墀重修橋下建閘迎福橋新橋東俗名板
橋又名廣濟嘉靖間建毀於倭易木乾隆四年邢大來等易石道光八年修舖路橋迎福橋東舊名
東望正統間徐南建嘉靖間重建雍正間易木以石綺山橋舖路橋東成化間夏希明建萬歷間夏樹
芳修乾隆五年知縣蔡澍重修道光元年邑人重捐建駱駝橋綺山橋東宣德間夏蒙建夏樹芳修
道光十八年知縣陳延恩濬應天河并重建雲亭橋雲亭市北萬歷間陳大智建天啟間夏樹芳修
乾隆間里人重建定山橋三河口宏治間葛德海建黃村橋三河口東嘉靖二十二年曹忻
建茂墅橋黃村橋東一名景家嘉靖間徐南建萬歷間陳大智易木以石雍正六年李子安等重建
劉家橋茂墅橋東舊名天水嘉靖元年建崇禎初趙遵捐建易木以石嘉慶間里人重建又河南支河

有阿奶橋嘉靖間乳媼徐氏捐建今圮楊家橋劉家橋東一名鄧莊木建周家橋楊家橋東
萬歷間蔣啟芳建弧岱橋周家橋南萬歷間李善祚建金家橋弧岱橋南乾隆間建陸
家橋八字河口金家橋南又名陸觀舍橋天順間趙民瞻建天啟間陸瓊易木以石雍正元年王子文陸
覲侯修跨塘橋應天河東轉處舊名八字正統間徐州建乾隆三十三年張彥果修道光十六年長
涇華墅兩鎮合修改名通經夏甸橋跨塘橋東乾隆三十五年包錫嗣倡捐修洋境橋洋境
村木建白蕩橋洋境橋東道光十一年易石以木銀杏樹橋北角市西北
右跨應天河橋二十黃志有吳家橋宦家橋已廢
雙牌橋東門外東濟橋東三里天啟間陳大智建金童橋雙牌橋東二里謝家橋金童橋東
二里王逵曾居此地吳山橋謝家橋東五里詹文橋大橋鎮詹文市顧家橋大橋鎮東
二里黃家橋顧家橋東四里路口橋袁家橋東木建承家橋路口橋東承進修朱

家橋承家橋東天啟間陳大智建橫橋朱家橋東俗名黃橋閘橋橫橋東即宋縣丞楚執柔
築馬嘶閘故址今稱閘上如來橋閘橋東三里泗港橋如來橋東二里橫河橋楊舍
城北橫河村木建
右跨橫河橋十有五東濟橋以上列於近城按趙沈二志載跨橫河橋皆自城內堰橋至
雙牌橋其東尚數十里缺而不詳蔡志始增補之惟跨橫河橋多木約即石梁亦興廢難考今據著名者列之
秦涇橋黃山南土橋黃山港入橫河口正德間張省國重建
右跨黃山港分支為趙婆港橋二此下皆邑東瀕江各港之橋
白沙橋白沙村
右跨白沙港橋一
石牌橋石筏山南吳家橋長山南得勝橋蟠龍山東今有倉利橋或即是此宦家

橋鳳凰山南土名灣橋司徒橋石牌港入橫河口
右跨石牌港橋五
大橋石頭港入橫河北口正德間陳誕陳譜重建乾隆二年知縣蔡澍重建薛山橋石頭港穿橫河
南出之南宋名永清公明巷橋周莊鎮公明巷村言橋公明巷橋南以子游裔寓居得名俗
訛原橋高宗塘橋周西鎮高宗塘村
右跨石頭港橋五
雷溝西橋大橋東北四里俗訛婁狗矢橋
右跨雷溝橋一
陳溝橋后塍市東里許
右跨陳溝橋一

北新橋馬嘶閘橋南夏莊橋北新橋東南太平橋白鹿山側正統間唐幼重建按趙沈
二志以太平橋蘇墅橋爲跨千秋河今土人但知蔡港耳蔡志以蘇墅通濟青來三橋俱爲跨蔡港之橋仍之
恩莊橋太平橋南景泰間趙以源重建蘇墅橋白龍山南萬歷間土坼得碣爲東坡別業故名
順治五年陶尚虞及子孚尹重建橋成遂作粥賑饑時呼活人橋青來橋蘇墅橋南俗名陶家橋陶
孚尹建通濟橋青來橋南陶近山學山建馬嘶橋通濟橋東南宋忭建陶孚尹修南新
橋馬嘶橋東南
右跨蔡港橋九邑東沿江諸港江口俱釘木不通舟其流亦入橫河而止惟石頭港及蔡港穿
橫河南出而蔡港之下流四五十里所稱南蔡港者也其谷瀆港則當橫河盡處南出與南長河會其橋梁亦
較詳焉
泗港西石橋泗港市西

右跨泗港橋一
斜橋楊舍城東北永樂元年許仲美建萬歷間許鈗修青龍橋楊舍東城外舊名楊舍橋嘉靖間郭
彥榮重建易今名乾隆二年郭元順樹勳修古稀橋青龍橋南丁國治建木道光六年復易石黃
崎橋唐墅南又名永興唐墅橋唐墅市南舊有閘後廢羅莊橋羅莊村
右跨谷瀆港橋六
令節橋楊舍城東北宋溫州同知許鳳鳴妻葛氏死寇難旌節港與橋俱以此名今港廢
右跨令節港橋一
夏港橋夏港市亦名延陵紹定間知縣林庚因瀕江沙岸善傾移稍南長三十五丈永樂初周道通架木又
廢順治十四年繆宏倡捐易石柴葫橋葫橋鎮亦名吳橋以二侯莊田所在也萬歷間徐應科高宏祖
倡捐建今港雖湮而石梁數十丈環洞幾二十壯麗宏鉅規模儼在濟川橋蔡涇市即廢閘故址俗名

南閘橋乾隆四年知縣蔡澍重建
右跨夏港橋三此下皆邑西瀕江各港之橋
馬舍橋吳門鎮鋪路所經正德十六年建
右跨流皮港橋一
世安橋馬舍橋西舊名田橋成化九年姓宮柳演移建改名杏花橋曹氏村西邵家圩橋
杏花橋西舊名鋪橋虞門橋鎮西舊名新溝萬歷中曹一魁臧格重建康熙五十年繆炷修
右跨新溝橋四
中港橋中港口康熙間繆炷易木以石乾隆三年炷子民輿修通濟橋中港市舊名中港橋後港
口另建中港橋此橋遂專名通濟洪武間徐道通建成化初知縣麗永澄重建宏治間復建乾隆五年繆陛繆
塾修大軍橋通濟橋南徐繆二姓木建

右跨申港橋三
張全橋申港丁墅兩鎮之處乾隆間吳文稱易木以石　普善橋　普濟橋後梅鎮俱萬歷
間鍾子和建　上亭橋後梅市北　西石橋後梅市萬歷間梅懷樓夏愛山建道光十八年重建
右跨蘆埠港橋五
利港橋丁墅鎮雍正四年駿聲朱之屯捐建　仇莊橋仇莊村崇禎間錢丁化捐建　利城
橋仇莊村南　鮑莊橋鮑莊村　新橋鮑莊橋北　三官殿橋仇莊橋南
右跨利港橋六
石莊橋桃花鎮石莊市又名聚隆乾隆三十四年祁希源高學周吳乾道等建　大閘橋石莊橋北
黃土橋利城鎮郎萬安橋　陸埭橋黃土橋南　常澤橋陸埭橋南
右跨桃花港橋五

後郭橋雞籠山西俗訛後谷郁廷芝陳大智建　薛家橋薛家村木建　朱公橋周莊市
新橋周莊市南　徐仲橋周莊市北清溪河東轉之處又名虞仲　承西橋徐仲橋東北石
建今易木
右跨清溪河橋六此下皆各鎮大河舟楫通行之孔道
自東南鄉至南鄉西鄉以次為序其各鎮支河小水之
橋則分鎮另敘至於一木一石之微興廢靡常者瑣不
備載
七房橋泰清河口楊家橋東北　泰清橋砂山西南舊名坍石嘉慶間石圯易木十五年僧達如捐
募重建　馬家橋泰清橋東　六房橋華墅鎮西　西石橋六房橋東舊名華墅橋嘉靖間
重建　中渡橋華墅市中蕭道育建崇禎間貢修齡重建雍正十二年陶士廉修　喜鵲橋華墅

鎮東俗名蘿蔔嘉靖三年貢斌建　青龍橋華墅鎮東孫榮之馬君蘭募建榮子朝珍修　望湖
橋華墅鎮東二里俗名章家橋嘉靖間徐應卿建今易木　湖塘橋望湖橋東宣德間徐繼美建
順湖橋湖塘橋東南嘉靖間郁芹郁藻建俗名郁家橋乾隆間孫士成修
右跨泰清河橋十有一
長壽橋長壽市景泰間徐高重建崇禎間知縣馮士仁徵李問政捐修乾隆間重修嘉慶間李正已重建
黃墅橋長壽橋南正統間徐南建　丁岸橋黃墅橋南嘉靖間建　須茅橋璜塘須茅村
朱港塘橋　璜塘橋璜塘市俱嘉靖間夏謹建　前馬橋馬鎮嘉靖十八年徐洽重
建
右跨長壽至璜塘河橋七
新塘橋祝塘鎮東永樂間陸姓建王世奕修雍正間華舜儀徐聲聞重修　祝塘橋祝塘市天順間

徐霔建嘉靖間徐洽重建萬歷四十年孔圻改建石閣乾隆九年知縣王企堂倡同孔傳球孔繼聖姚景文華
鳳翼等重建　培先橋祝塘市西俗名新橋康熙間孔興經捐建　馬鞍橋景泰間徐州重建
直塘橋祝塘市西又名顏家橋徐南孔尚存重建雍正十年里人重修　塘石堰橋塘石堰村
天順間龔敏龔毓重建　繆墅橋塘石堰西　王公橋西洋市北天順間宋武建　西洋橋
西洋市
右跨直塘河橋九
興壽橋長涇市俗名虹橋　興順橋長涇市夏希明建　興福橋長涇市東舊名東大橋乾
隆四十三年張彥果易木以石
右跨長涇河橋三
北角橋北角市地屬長涇馬嘶顧山三鎮之處順治初徽人江國詔建乾隆十五年繆氏重建今名太平

萬歲橋盧墅宋建乾隆十五年僧大鑑重捐建並築隄嘉慶間王君佐雲開徐堂重董建 南角橋南角村顧言助建乾隆五十三年重建 習禮橋習禮村東舊名七里橋夏時重建嘉慶元年夏文森倡購石衆助成

右跨東新河橋四

南橋顧山市南跨裏岸河發源之水 顧山西橋顧山市西周氏建 省度橋顧山鎮北乾隆二十年李周氏重建 李公橋赤岸崇禎間李鵬翀建 萬安橋乾隆五十五年王君聲建 萬福橋乾隆五十年節婦王倪氏周費氏貞女王五姐楊毛氏協建

右跨裏岸河橋六

倪塘橋文林鎮劉家村西南 河塘橋倪塘橋東 新橋門村南宣德間朱善慶建 進澤橋門村東包孟聲建 劉家橋劉莊南正統間周孟聲重建 永安橋文林鎮東亦名東新橋景

泰間朱維吉建

右跨南新河又名富盃河橋六

馬鎮大橋馬鎮景泰間徐泰建 百丈橋馬鎮橋東 博瀦橋四河博瀦市乾隆間里人重建 塘頭橋四河塘頭村正統間薛守道建乾隆五十五年薛信成等修 前渟塘橋四河閘東岸即東對洞橋道光間重建改名永興 漕港橋四河閘西岸即西對洞橋 黃塗壩橋漕港橋西螺姑尖東

右跨長河橋七

馮涇橋馮涇河口月城橋北 玉蟾橋蕭岐市西舊名新橋崇禎間繆玉蟾重建康熙間孫植修 蕭岐橋蕭岐市 薛岐橋蕭岐市東 皐岸橋黃塘皐岸市乾隆初知縣蔡澍易木以石 周泗橋長壽市南木建

右跨馮涇河橋六

雙橋南三河口西二里 燒香橋秦望山南康熙間司子修薛人英顧爾儀丁正甫等易木以石 張公橋燒香橋西乾隆初易木以石

右跨山塘河橋三

貫莊橋跨貫莊河 蔣家橋貫莊橋南康熙間寶蒼菴僧省宗修以上二橋雙牌鎮 黃埼橋跨黃埼河橫河南出之支流也 新涇橋黃埼橋東以上二橋三官鎮 石橋砂山北五代時石橋寨疑即其地亦名十橋屬章卿鎮 萬安橋楊舍南城內 倉橋楊舍城內西北隅乾隆四年惠偉重建 通濟橋楊舍北門外天啟間沈通裕易木以石以上三橋楊舍鎮 劉家橋跨劉巷河俗名東劉家橋以別於跨應天河者乾隆間重建 袁莊橋劉家橋東康熙間易木以石 嚴瀆橋跨舊莊河至正間建成化間吳世完重建 舊莊橋跨舊莊河乾隆四十八年劉姓捐建易木以石

改名聚李 湯村橋跨湯村□乾隆間易木以石 三房橋跨湯村洪乾隆二十九年僧正宗葺捐易木以石 九曲橋跨九曲塘嘉慶間王姓重修 馮塘橋馮塘村徐復重建 陳店橋習禮村 范莊橋習禮村南正統間何仲熹建 邵莊橋范莊橋西以上十一橋長涇鎮皆跨東新河之支流 瞻莊橋赤岸天啟間李如一建 迎龍橋赤岸崇禎間李奕茂建以上二橋顧山鎮 東門橋跨永安河之入應天河處 橫塘橋七里廟西跨永安河正統間葛伯霖重建 楊岸橋三里廟跨永安河木建 松橋綺山東跨松橋浜正統間葛伯渭重建以上四橋綺山鎮 石塘橋界花山綺山兩鎮間在應天河南積水交滙中亘石塘乾隆初知縣蔡澍檄湯元臣等重建并修石塘 寒塘橋花山東徐南建 橫溝橋跨斜涇河 譚家橋花山南 徐皮塘橋以上五橋花山鎮 卜家橋迎福橋南亦名八家橋 楊岸橋跨斜涇河俗名楊安有東西二橋西橋於乾隆初知縣蔡澍重建 後塍橋跨斜涇河徐明欽自梧塍遷此建橋因名以上三橋

謝園鎮馬涇橋跨馬涇河萬歷間僧悟空改建徐家橋跨馬涇河青龍橋蕭岐市南
參橋蕭岐市鴨江橋跨馬涇支河蕭岐市東南俱董家橋馬涇橋東朱家橋
是家橋　花塘橋　盤水壩橋以上十橋蕭岐鎮十八畝橋
長壽鎮北徐村橋長壽鎮東符匠浜橋茂墅橋東南今稱符浜以上三橋長壽鎮祥勝
塘橋馬鎮橋北崇禎間徐宏祚建安樂塘橋跨馬鎮之湖塘河口崇禎間尼常廣募建乾隆
八年唐舜哲修以上二橋馬鎮義成橋跨博瀦南出往無錫之河向爲渡雍正七年曾駕龍倡建橋嘉
慶間修王二橋塘頭橋南孫公渡橋跨後渟塘俗名渡船薛文理建嘉慶間修北圩
橋杜莊西北以上四橋四河鎮張塘橋青暘市北胥林橋胥林村雙廟橋跨五
瀉河後渟塘橋運河東岸後渟塘河口塘下橋鄧暘村北悟空橋　迪塘
橋俱悟空村東毛莊橋漕港橋西萬安橋桐埼村以上九埼青暘鎮夏公橋蔡涇

鎮黃橋跨壩水港天順間楊以清重建康熙間薛高達修采莊橋黃橋西雍正間薛士漢建
以上二橋黃橋鎮西小湖橋跨利大河萬歷間建乾隆元年知縣蔡澍修屬利城鎮大岸
橋跨利大河鮑莊橋跨南橫河前周橋跨南橫河東昇橋跨利大河之支流嘉慶二
十三年建永利橋跨南橫河碧溪橋跨網頭河與陽湖接界以上六橋前周鎮城河橋
跨東城河隆慶間單應播倡建蔡公橋跨排港河乾隆七年知縣蔡澍建因名以上二橋後梅鎮東
陳市橋跨陳市河屬觀山鎮
右跨各鎮支河橋七十有四雙牌二三官二章卿一楊舍三長涇十一顧山二綺
山四花山五謝園三蕭岐十長壽三馬鎮二四河四青暘九蔡涇一黃橋二利城一前周六後梅二觀山一

坊表

暨陽古邑坊縣治前舊曰司牧保障延陵故里坊縣治前東轉大街口宋元曰近民明

曰悅來雍正間燬重建嘉慶初復廢道光二十年署縣陳延恩重建春申舊封坊縣治前西轉縣
瀆街口乾隆初知縣蔡澍道光元年知縣蕭肇重建紀綱法度坊禮樂文章坊學院
署左右德配天地坊道冠古今坊學官左右金聲坊玉振坊舊跨
中街今移玉帶河北彙征坊學署門外乾隆四十六年圯五十三年重建萬壽坊廣福寺巷
龍飛駐蹕坊君山東嶽殿外以明太祖登此山故名迎恩坊舊在南外高橋西境北轉
街口今移駐節亭前節孝總坊節孝祠東道光十一年彙旌節孝公建節烈公坊節孝
總坊北道光十三年彙旌乙酉殉難節烈婦女公建
右官坊現存者其已廢衙署及各神廟表額廢興由於
廟與署弗係乎坊也不備載
大司馬坊城隍廟西爲徐晞立三典秩宗兩飭兵憲坊大司馬坊東爲袁禹臣袁

一驥立三世冏卿父子侍御坊學院署東爲李杲李鵬翀李應昇立進士坊
學院署東爲陳詞立貢士坊學院署東爲陳鳳立少宰司空坊太宰都憲坊
高巷口及楊巷口俱爲劉光濟立詞林正氣坊學官內爲繆昌期立大司成坊學宮
內爲張袁立趙氏世科坊學官東俗名鼎魁侍御坊南鎮巷爲范鳴謙立天官
坊南鎮巷爲劉光濟立孝子坊劉俗巷爲陳其忠立
右科名官閥名德坊表現存者
傳臚坊爲卞思敏立進士坊爲陳薰立解元坊爲徐泰立喬梓傳芳坊爲許
鳳翔芳立文定坊爲邱宗立持平三輔觀風兩浙坊爲范鳴謙立少
司寇坊爲何遷立進士坊爲王誼立清要坊爲王誼立以上九坊大街父子同
榮坊爲合邑父子登第者題名兄弟聯芳坊爲兄弟登第者題名同年十五舉

子坊（爲宏治乙卯科黃昭等立）一秋兩京解元坊（爲景泰丙子科徐泰吳啟立）世
沐恩榮坊（爲華旭立）進士坊（爲林鶚立）進士坊（爲顏暄立）恩榮奕世坊（爲徐晞祖父及子孫立以上八坊中街）繡衣坊（爲李琨立）春官進士坊（爲劉鑾武立）
鴻臚坊光祿坊（爲劉乾立以上四坊南街）繡衣坊（爲曹忠書宏立）進士坊（爲卞宋立）進士坊（爲杜宥立以上三坊西橫街）進士坊五（備載甲科諸人）鄉進士坊
五（備載鄉貢諸人以上十坊鴻漸街）諭德坊學士坊司成坊（爲張袞立）崇恩
坊（爲張誥立）雙鳳坊（爲任濬任漢立）四牌坊（聖母橋西境通衢四達四面爲坊）方貢
坊（醮釃所臨河以上七坊鎖巷）職方坊樞要坊（爲張簡立）世科坊（爲湯鋊湯沐湯明善立）方伯坊廷尉坊都憲坊（爲湯沐立以上六坊大巷）解元坊（爲吳啟立）
繡衣坊（爲嚴萱立以上二坊南外）

右已廢各坊詳其地存其名或石礎可辨或遺址莫尋至前志載有梧塍古塘赤岸三坊鄉鎮寥廓恐涉挂漏不盡詳也

江陰縣志卷之二終

江陰縣志卷之三

山川

江陰瀕江而多山山不種植民不獲山之利城鄉河港賴江湖以資灌溉低鄉遇盛漲無所宣洩其畏潦甚於他邑而潮挾泥沙易致淤塞潮不內入則灌溉無資故畏旱尤甚於他邑宰斯土者勸種植以興地利亟開濬以重農功能一日去諸懷哉若湖北江上湖黃山申港由延陵春申以得名固考證者所必及非斯邑民生之急務也志山川

山

君山在澄江門外二里縣治直北以春申君得名舊名瞰江山俯臨大江北眺維揚南挹姑蘇東望海虞西眄京口洵一邑之雄勝也由西麓而上爲東嶽廟殿前有坊曰龍飛駐蹕（以明太祖曾登此）殿下爲春申君墓循廟而上曰元天門其上有松風亭廢址（趙志云宋志山嶺故有松風亭後易名心遠）有山巔爲眞武廟（俗稱無梁殿）廟西南宋時有浮圖基尚存（明邑人尹嘉賓議重建累石築基而未成）山之北有樓面江曰望江樓朱浮遠堂故址在其上（浮遠堂宋紹興間知軍趙㝢之創建取東坡江遠欲浮天之句江都仲并作記司法李珏柱聯云此水自當兵十萬昔人曾有客三千）舊有翠煙廳時雨堂如斯亭處江亭潮音閣洗心亭（沈志作堂蔣靜學易處後易名澄江）江樹亭皆廢

不可識別矣今自東嶽廟左而上有三元殿殿後有石方廣數丈曰盤陀石（蔡志載盤石流泉旱則竭雨則流蓋石隙積雨所注有似泉耳）其下爲留月嶺蜿蜒坡嘉慶間於盤陀石左重建梅花書院（詳書院條）地當張連二公祠之後非故址也院左闢磴道數百級植梅千本繚以周垣上建石亭遊覽者得憑眺焉

鵞鼻山在縣北四里山勢高斜如鵞鼻俗呼鵞嵋嘴（江自金焦而下大濤直衝磯頭水湍激深不可測今濤漸移而東磯下稍淺矣）

黃山在縣東北六里西自鵞鼻連岡而東爲琵琶峽過峽四五里望若臥龍曰黃山相傳以春申君姓得名上有

敔峯中峯名席帽亂石散布吳時烽火之所其巓元邑人王逢所隱居也其東山隴中凹爲馬鞍山南爲龍頭岡其北巉巖峭壁有山嘴入江曰雞頭灣明邑人方謨鑿石得二島建凌波閣植桃石隙稱小桃源與雞頭灣東西相接者曰大石灣小石灣兩灣各有巨石或臥或立激湍飛濤瀲灩其下如橋如洞奇險清絕爲邑人勝遊地

蕭山在縣東北十五里本以蕭姓所居名之俗譌爲小山上有祭江臺前代以子鱭入貢漁人羣集所也

彭公山在蕭山東舊傳彭越東征爲營處

蟠龍山在蕭山東南一名蛟山唐垂拱中有黃龍蟠其上三日故名

鳳凰山與蟠龍山相接昔傳有鑿石得玉鳳凰於此故名

香山在縣東北三十里十國紀年吳越攻常州張可琮以江陰兵從陳璋敗吳越於香灣此其處也歷石虎門有小峯特出曰小香山有菴曰梅花堂其額爲東坡書由麓而上曰采香徑上有祖師殿繞而東爲兜率院又有最勝塔（土名獶獅窟）越嶺而北有澗數十丈夾澗植桃名桃花洞

浮山在香山北又名巫山子立江湍爲江海門戶故曰巫

子門舊時江濤旋繞其趾今山之北石壁稜稜而洲漲抄聯竟成平陸煙火相望矣

長山一名眞山舊傳梁武時有女於此得仙建至眞觀故名祥符圖經作甄山東距香山二里許西麓有巨石飛跨入江面平如筏故前志亦稱石筏山今呼石牌筏之出没視潮汐長落江邊大石方丈許爲漁人舉網地循麓而上有斥堠礮臺江防烽火在焉東北麓臨江峭壁中空下垂爲大小天臺石其下有石室空洞杳冥人跡罕至

鎭山在香山東北舊志謂昔有虹蜺出此山爲鎭星所隕

化者其說荒唐不可信蔡志移貪山之解祟泉謂出此山未審何據今沒榛莽中莫能識也其北有石獨立如老僧曰和尚石土人以石頂液出爲雨兆東有平岡明時石頭港巡檢敎土兵馳射處

段山在縣東北七十里大江中與楊舍堡相望傍山沙渚曰段山沙

綺山在縣東十里昔吳王泛舟其下見野花錯繡如綺故名山有虎礪石斕斑如虎隱踞巖壁間東有善利泉味甘美泉流分注曰兩水灣俗謂令水灣陸文圭墓也

敔山在縣東十五里山脊形如鉏鋙故以敔名俗名杷齒

山一名貪山梁大同中有樵夫識金銀氣掘之爲石所壓故名貪

定山在縣東二十里雄峻磅礴爲邑諸山之冠山勢岡巒迴合面各異形舊傳有定光佛示現故名又以山之西阿有女仙臺太守女於此修仙得道亦名女山其西曰娥墓嶺南俯應天河東至三河口又東三里有兩坡突出崖谷嵜然澗道紆折而入高峯如屏泉石綺麗則黌塔灣也明時葛氏別業有三十一景今廢下爲飛錫菴唐法嚮駐錫處菴又有玉乳泉俗名虎跑瑩白甘腴循灣北上爲千僧基前代故叢林地毀廢已久今仍建僧廬焉

彭墓山本定山支隴在張岐村亦名張岐山

售山在縣東二十五里梁天監中劉售嘯聚於此自名爲售山

稷山在縣東三十里唐薛稷有別業於此亦曰薛山下有長洲翰林顧淞墓

覆酒山在稷山東山極低小形如覆舟曰覆酒者音之譌也

赤石山在縣東三十里高僅數丈俗呼繆墅墩上有周穆王廟遊仙塘赤石亭俱廢山下産紅石郭璞云赤石山

下有朱砂是也

砂山在定山東南十里爲華墅鎭之屏障其西支嶺曰雞籠山迤東有泰清寺又東爲牛嶺山頂有五峯曰五峯頂（上有石方廣不盈丈曰金鳥石）登山四望具區揚子隱約可見東峯建文昌閣山頂砂磧隱隱如列塚昔楊吳武義間敗吳越兵於砂山豈其地歟東北麓爲趙孝子墓

白龍山在砂山東二里舊傳有白龍遊其上今龍洞在焉一名龜山北數里有小阜曰白鹿山吳王獵得白鹿之所故名

顧山在縣東九十里舊名香山以界於江陰無錫常熟三

縣故名三界山半麓爲香山寺建自梁大同中寺有山茶樹相傳爲昭明太子手植寺左有文選樓

由里山在縣南十五里郭璞條山記云由里山前瓠子岡山之得名以此或曰山四面皆九里譌九爲由或曰兩峯相倚如妯娌名妯娌或又曰山有石磧作鯉形名游鯉西曰楊梅隖其南葛文康墓在焉由墓而下爲令光亭爲九蓮菴其西爲山居菴山人李奇棲隱處折而東爲松蔭菴上有白龍洞山巔作雲邪人以爲雨候其旁小峯北落者前志分此爲華山

毘山在縣南三十里俗名時山以有時姓居此也有寺曰

能仁亦名中山寺

慶山在縣東南五十里富杯河之南以慶雲里得名一名盤石山界屬江陰金匱間

青山在縣西五里形甚卑小寰宇記云上有干將鑄劍鑪九所又名九鑪山

秦望山在縣西南三十里南徐州記暨陽縣西有秦履山是也其峯有三曰頭茅峯二茅峯三茅峯皆建元帝殿其頂二曰烏塔曰箬帽武陽諸峯環列左右東曰雙奶山兩峯並立西曰仙人墩俗呼蘆岐山墩下蘆岐菴烏窠禪師放螺異跡在此其東古八曰雞籠山與砂山雞籠名同地異

焦山在秦望山北舊志云樵山之譌

觀山在焦山北山頂如屏東西分嶂諺稱觀山頂上玉屏風者也其前兩峯矗立一道中通曰觀山門其西南支曰丁國山

高山在觀山西俗稱舜過山北岫爲唐人魏璞隱居處今其地尚名魏村山南有野山嘴入陽湖界

白石山在觀山北岫如伏獅又名獅子山山產白土如石可磁可罐陶者取焉

前栗山在縣西六十里山不甚高而單椒獨秀山旁多種瓜味甘美今稱前栗瓜是也

萬壽山在城內學使署後舊志不載蔡志刪諸山跡俯處未習形家言不能定其說也附識於末

江

揚子江在縣北二里西接武進達京口北越靖江抵通泰東達常熟又東流入海中有段山巫山石釘三角等沙江潮一日夜再至呼吸萬里吐納百川旁灌諸港

湖

芙蓉湖距邑南境三十里以湖水繞三山下名三山湖又名射貴湖地隸無錫陽湖兩邑其東壤屬江陰者則馬家湖也當青暘四河夏城月城四鎮間與芙蓉湖接壤

中界一滕前代時澄波千頃葭菼叢生固汪洋一大瀦澤也明宣德時巡撫周文襄塞湖爲田築土爲隄凡闢芙蓉湖田三萬六千畝屬陽錫兩邑馬家湖田七千三百畝屬江陰四圍長河繞之所築隄廣數丈各圩田塍羅列村落碁布芙蓉湖境稍低湖心尚有方沼數十畝爲當日遺蹟馬家湖則皆膏腴沃壤非復舊觀惟淫霖水溢墟落浸漫居民挈小舟出入有浮家泛宅之慮焉

前湖在縣東南隅南唐時何氏女避亂遇賊不屈自投於湖卽其處也舊爲巨浸築城後盡塞爲田僅存小沼人猶指爲湖云

胥湖在縣東四十五里相傳伍子胥入吳過此擊劒而歌因名胥歌村湖在村側

織墩湖在縣東三十五里宋紹興間詔爲放生池湖中土阜傳爲吳王第八子墓宋志云其地四十七畝有奇今四周水僅尋丈寖非舊矣

暨陽湖宋志云舊經在縣東十五里又有螺州並莫詳其所在

河港

內城河

南轉河

東轉河以上詳見城池

鄭涇河在朝宗門外自高橋分流入端明橋西行二里許至龍鬚河口合南轉河北入江萬曆三十六年兵備道蔡獻臣以諸生尹嘉賓請檄里民開濬

龍鬚河一名新河在澄江門外自永定壩繞西而南接鄭涇河向因殺江潮水勢疏之今爲兩轉河通黃田港之道

黃田港在澄江門外春申君開以溉田故名爲江潮出入之總匯前志俱以貫城闉南出而與九里河接者爲舊渠今築永定壩港水西轉而入鄭涇河出端明橋南與運河及應天河會

澄江河一名壇河在澄江門外引東轉河水北行而西繞邑厲壇由澄江橋口入黃田港

鮮魚港在君山東引外城東轉河入江今久淤

右近城河港

夏港在縣西十里傳爲夏禹所鑿故名黃志云南引五瀉堰過青暘北至山塘河口折而東過祭鎮出蔡涇閘北入江迤邐七十五里介縣境而中分之蓋江陰百瀆之宗經浙西列郡之喉舌洪荒以來禹跡所及固已有之非若申蔡諸港智𠞊而力爲是故志河渠者必於是乎先焉今自運河西岸蔡涇廢閘爲入口處西行折北十餘里入江其支河西行者北爲淩家溝又北曰吳涇河在葫橋鎮東出者曰聶家溝北曰南溝又北曰郭家溝曰陳皮溝

曰橫塘溝分支南行者爲崇溝河一名龍游河長十六里繞雒籠秦望蘆岐等山之陰向南行至焦墊接三山石堰之水又分支東通運河者爲龍章河俗呼黃昌河

國朝康熙四十三年及四十七年雍正十三年相繼濬乾隆四年知縣蔡澍重濬自蔡涇閘至港口馬橋內小石橋長三千八百四十丈八尺夏港葫橋觀山蔡涇四鎮業佃協濬並濬龍游河自夏港河口至汪家橋陽湖界長二千六百六十六丈一尺觀山近河各村莊濬又疏通高家善岸聖斯三溝善岸高家東西對直中隔一田長九十步高家聖斯亦東西近接中隔田塍長二百二十步三溝相望阡陌間之不相融貫善岸由大河進湖尚無旱涸之患而高家聖斯水出橫塘河紆迴而入瀰汐難達且南近鳳凰白石諸山時遇淫雨山水泛溢旱澇交病乾隆七年知縣蔡澍相度形勢合買田二畝餘開通三溝大河之水輾轉貫輸遇有淤淺亦宣洩通暢矣向例夏港河本夏港葫橋觀山蔡涇四鎮分開惟觀山上四保與下五保以不肯協開訐訟不已

雍正五年知府包括勘令下五保協挑三百十七弓後知府梁敎書飭照前議乾隆三十八年知府費淳仍照前例協挑惟龍章龍游二河不在此例各保應挑段落悉照舊規勒石永遵

龍章河　龍游河

國朝乾隆二十八年五十年觀山下五保民合濬夏城一保附近田畝循例協濬

流皮港在縣西二十里分夏港水北行入江

新溝港在縣西二十二里自三山石堰北行三十五里入江其支河曰黃溝長二十餘里南通陽湖又南曰橫溝流注西南爲申港東北溉田所資又有大路溝及小支河七又有橫塘河界溝河東至觀山門西達陽湖界明天順三年知縣周斌濬七年主簿劉道濬萬歷間里民曹魁倡濬

國朝康熙三十八年知縣黃和中濬乾隆四年知縣蔡澍濬自港口武廟至陽湖界長二千七十九丈五尺虞門申港二鎮沾水利者業佃協濬並濬橫溝河自新溝至陽湖界長一千二百二十二丈夏港鎮三四六保申港鎮一保虞門鎮一二三保業佃協濬

申港在縣西三十里傳爲春申君所開故名自陽湖界西三河口北行至大軍橋又北過申港鎮之通濟橋迆而東又北過劉郎橋西行過伍相橋折而北過閘口長三十餘里入江西面支河四順塘河通蘆埠港及利港西界溝大脈河斜溝河俱通蘆埠港東面支河五北橫溝西橫溝橫塘河東界溝范埠溝俱通新溝港宋大觀間縣丞于溥濬乾道間運漕姜詵知軍徐蔵大濬明洪武二十四年濬天順四年知縣周斌濬宏治七年嘉靖元年重濬崇禎間

里民繆應魁倡捐三百金濬港三十餘里知縣馮士仁旌之

國朝乾隆四年知縣蔡澍濬自閘口至陽湖梅家灣長三千二百六十九丈例於申港後塍兩鎮沾水利田畝開挑並濬范埠溝長九百六十二丈五尺夏港鎮三保虞門鎮一三保業佃協濬十九年四十二年重濬

利港在縣西五十里自陽湖界塘河入前周大小鬼涇西北入南橫河經利城約二十餘里至丁墅入江支港曰羊角嘴薛家浜寀溝門宋大觀間縣丞于溥濬隆興二年知府劉唐稽濬乾道二年運漕姜詵濬明嘉靖間頻濬

國朝乾隆四年知縣蔡澍濬自上東湖溝至陽湖界長五千四百三十三丈五尺向例十二

丈底闊四丈後梅前周利城桃花丁墅四鎮沾水利者分段開挑四十二年知縣趙源治濬

立埭河在利港西五里一名橫丹河自武進界東北行至丁墅入江東曰西城河亦名找溝更東曰東城河亦名質港明永樂嘉靖間濬

蘆埠港在縣西五十里深廣與申利二港等南自陽湖網頭河入北行逾順塘河西繞後梅轉北過普善橋東折轉北過張全橋又過馬橋入江其西面支港曰西潮溝西湖河稍南曰下開口又南曰橫溝河排溝河其東面曰後溝順涇溝大脈河西由西順塘入東由東順塘入明成化間僉事伍性濬宏治九年縣丞張銘濬嘉靖二年重濬

國朝康熙二十二年四十七年俱濬乾隆四年知縣蔡澍濬

自陽湖界至馬橋長三千十二丈五尺丁墅申港後梅三鎮沾水利田畝派夫挑濬並濬排溝河長七百六十弓後梅利城兩鎮沾水利者挑濬三十一年四十二年復濬

桃花港在縣西六十里前明為海運故道南自陽湖界入前周經利城丁墅至桃花入江支流為小橫河萬家河小三叉河川龍河小桃花河明洪武二十八年濬正統四年巡撫周文襄濬天順三年知縣周斌濬宏治十八年通判姚文灝大濬並疏申利立埭三港嘉靖元年濬並濬申利二港二十四年知府符驗濬

國朝康熙三十六年知縣耿慶濬乾隆三年知縣蔡澍濬長四千七百九十四丈八尺內武江兩邑公開一千五十五丈八尺江邑全開三千七百三十九丈例於丁墅利城桃花前周四鎮沾水利田畝業佃協濬十八年重濬兩邑分挑段落有冊存縣永遵三十一年四十一年繼濬

五斗港在桃花港東一名小利港今淤又東曰烏泥涇亦淤

利大河桃花港西面支流也自桃花蘆墩橋南入口西南入利城又南至前周達南橫河北合桃花港入江明洪武二十八年及天順三年濬

南橫河自前周利大河口過永利橋東行北自青魚口入桃花港又東過桃花港口又東則南有虎塘涇通陽湖界又東曰鬼涇口又東曰小鬼涇口亦南通陽湖又東

有黃泥涇又東過利港口至後梅又東至西間為蘆埠港口港之南通網頭河達陽湖界蘆埠之東又有小橫河

順塘河橫亘利港蘆埠港申港之中自利港東入口過順塘橋貫蘆埠港又東達申港自蘆埠而西曰西順塘分支入排溝河其東曰東順塘分支入大脈河明宏治九年縣丞張銘濬

國朝乾隆四年知縣蔡澍濬自申港大河口至順塘橋長二千四百十四丈申港利城後梅三鎮沾水利田畝派夫協濬

右西境河港

黃山港在黃山東環山而西南爲趙婆港南引橫河水西引城外東轉河水入江明洪武十七年濬萬歷十五年知府譚桂濬

白沙港在三官鎭南引橫河水過白沙橋入江明洪武十八年濬

國朝乾隆三年知縣蔡澍濬雙牌鎭七保開三百七十五弓三官鎭一保開七百五十弓白沙墩保開一千四百八十弓蕭山墩保開一百九十五弓

石牌港自司徒橋西引橫河過宦橋西北行入江

石頭港在縣東三十里自大橋南引橫河經鎭山東觜至橫套入江支港在橫河南者西有南橫涇北橫涇東有旱塘涇在橫河北者西有張公港宦路港東有永豐港新富港廟港

國朝乾隆三年知縣蔡澍濬大橋鎭一保二保并兩墩保開二千四百五十七弓石頭港沙各圩開八百三十五弓

白蛇港在橫河南自雲亭引長河水至周莊北行入橫河接石頭港入江

國朝乾隆三年知縣蔡澍濬長六千二百十弓大橋周莊長壽雲亭沾水利者均開

雷溝港在縣東三十五里有東西二港西自三保橋引橫河水北過陳莊橋西雷溝橋與東港合東自胡仙橋過段橋何彥橋東雷溝橋與西港合北行至橫套入江東有曹塘港楞港明洪武二十五年濬

國朝乾隆五十七年濬大橋鎭三保雷東墩保業佃協濬並濬陳溝港

陳溝港在縣東三十七里南引橫河過北廟橋又北行歸橫套入江東面分支爲南馬蚚涇東行達蔡港又北分支東行轉北爲曹靑港又南馬蚚涇分支北行爲蒲鞋港明洪武二十五年濬

國朝乾隆四年知縣蔡澍濬自橫河口至港口長一千九百二十一丈二尺大橋鎭五保業佃協濬

南北蔡港在縣東四十五里自閘橋東北引橫河過興隆橋北行過沈家橋歸橫套入江橫河南面爲南蔡港自閘橋東南行過北新橋又南行分支爲化成港其東行者過濟疑橋南過太平橋恩莊橋分支南通谷瀆港又南過通濟橋馬蚚橋南新橋至蔡港口與長河東新河合而東流明洪武二

十五年濬

國朝乾隆四年知縣蔡澍濬南蔡港自章卿閘至馬蚚何彥墹基長三千八百二十四丈八尺章卿潔效必改四字號應開一千四百二十九丈三尺八寸內有才良知過得稷六字號向例止開橫河不開蔡港者亦認協開五百三十弓佚開橫河時潔效必改四字號亦協開五百三十弓彼此均濟具詳立案其餘慕貞男三字號應開六百八十三丈四尺二寸又華東鱗濟帝三字號馬蚚衣位有陶唐罪六字號共應開一千七百十二丈並濬北蔡港自章卿閘至北墹基長一千九十丈大橋鎭彼飛兩字號開六百六十九丈章卿知過兩字號開四百二十一丈

泗港俗名私港在蔡港東三里久淤

國朝乾隆四年知縣蔡澍濬長二千餘弓章卿才良得稷四字號業佃協濬

范港在泗港東三里屬楊舍鎭其東爲包港已塞明洪武二十五

年濬

谷瀆港在縣東六十四里其南自北角引長河及東新河水北行東過黃崎橋池北過唐墅又北過黃土橋池西北至陶家灣過楊舍堡城東又北行橫河自西來會又北過斜橋至馬橋北袤延三十里入江明洪武二十五年濬天順二年知縣周斌濬萬歷四十四年縣丞余茂先濬

國朝嘉慶二年二十四年道光十六年馬嘶楊舍兩鎮呈請挑濬（楊舍在縣境之極東清水南來者至北角而止楊舍遠隔二十餘里不能挹其餘潤所恃以入河達港者惟江潮今令節港范港包港俱阻扼不通引納江潮者惟谷瀆港及橫河引各港之潮耳然濬橫河者諸段不能實力開挑泗港一帶尤爲狹淺濬谷瀆則馬嘶諸保阻撓苟且牽責致坎莊一帶尤爲壅塞谷瀆淤則旱潦交受其病向例自窯墩溝池南至黃崎橋係馬嘶弔民伐罪四字號照田開挑自窯墩溝池北至子孫橋東面長一千八百十三弓係楊舍恭維鞠傷四字號沾水利者開濬自子孫橋至斜橋長一千四百八十五弓係楊舍毀女盤三字號沾水利者開濬惟斜橋至江口長四百三弓合恭惟鞠傷女毀盤七字號平田均攤公挑）

令節港在谷瀆港東二里宋政和間縣丞楚執柔濬並濬

市墩河今淤（蔡志云港形已失）

界涇河在谷瀆港東三里東爲常熟界

橫河在縣治之東橫亘邑境東西凡七十里東抵常熟界西自東關永安河入口轉北經土橋（分支北行由黃山港入江）司徒橋（分支北行由石牌港入江）大橋（分支北行由石頭港入江南行入白蛇港通應天河）又東過顧家橋（橋西分支北行入大頭楊家許家等涇及下浜又北至旱塘涇通石頭港）歷袁家橋清溪河來會（南面支流爲嚴松涇嚴家涇北面爲小涇河家東涇）又過東陳溝口（南面支港爲陳三涇黃泥涇蔡家涇北面爲張家涇宋家涇）南過橫橋又東過護龍橋（土名閘上）蔡港貫焉（北行由橫套入爲北蔡港南行經馬嘶入南長河爲南蔡港）又十餘里接楊舍城凡經雙牌三官大橋周莊章卿楊舍等鎮聯絡諸港吐納江潮灌溉東境田疇數千頃宋天禧間知軍崔立創開嘉祐間縣丞楊士彥濬政和四年知縣王有濬明天順五年知縣周斌濬正德九年知縣萬玘濬嘉靖元年知縣王泮濬萬歷十年又濬

國朝康熙四十八年五十年雍正四年俱濬乾隆五年知縣蔡澍濬八年復濬（自東關永安河至楊舍接常熟界計七十餘里長一萬二千四百四十七丈四尺雙牌一保濬橫河一百五十三弓四五六七八九十十一共八保濬橫河二千二百十五弓一保又濬永安河一百八十二弓二保濬永安河一百八十二弓三官一二三四五保濬橫河二千三百三十二弓大橋一二三四六保濬橫河三千三百七十六弓三尺五寸周東一二三保濬橫河五百八十四弓周西一二三四五保濬橫河一千七百二十五弓章卿一保至十一保并泗港墩保濬橫河二千四百九十七弓五尺又趙氏認開公河四十弓楊舍四五六保并范港墩保濬橫河二千三百二十弓二尺五寸一二三八保及馬嘶十一十二十三十四保濬谷瀆港）十八年二十五年三十二年四十八年俱濬嘉慶二十四年道光十五年又濬

觀莊河在縣東十里黃志云分長河西行合橫河以入江

今塞

市墩河在縣東四十五里沈志引宋政和治河記云市墩承蔡港之下流疑即蔡港之南蔡志云今塞

右東境河港查東境有楊彭港前志失載道光庚子大水署縣陳延恩開濬洩之附誌于此

運河一名經河南自四河口引五瀉河水過渟塘河漕港河口北至青暘月城埸水港自西來會又北過馮涇河至二河口山塘河亦自西來會更北過崇溝河茶鎮橋蔡涇鎮其支流爲蔡涇河北流入於夏港舊有閘今廢再北爲九里河經五里亭支流爲高泗河新涇河歷五雲橋支流爲鄉涇河其直達城濠者曰南潮河自錫邑至此長四十五里爲漕船來往之經途通

邑河渠此爲要匯宋皇祐間知軍葛閎集粟二萬斛給民濬之後知軍邢蕡知縣張宗濤繼濬明宏治間水利主事姚文灝議大攸拓恐妨民田且貲力不給遂止正嘉間知縣萬玘孫應奎趙錦嗣濬萬歷末同知萬建侯濬崇禎間知縣馮士仁濬

國朝康熙三十七年知縣耿慶濬是時并開內城河通縣均派城河長九百四十五丈五尺每丈用夫二名共派一千八百九十一夫運河自南外三叉河至蔡涇石牌此段因兩岸高聳起土艱難每丈用夫三名共派四千六百三十夫五分自蔡涇石牌南至月城小青暘菴此段平坦每丈用夫二名共派八千九百二十夫以上九里河計一千五百四十三丈五尺經河四千四百六十丈又城河運河大小壩二十座派夫填築用一千四百八十夫通縣共派一萬六千九百二十一夫四十二年知縣陶

彝濬五十二年知縣陳協哲濬乾隆二年知縣蔡澍領帑募夫挑濬河分十六段第一段自南外三叉河至菴基長三十七丈五尺原估面寬六丈河底寬三丈開深四尺每丈計土十八方舊河形面寬四丈深一尺五寸斜坡折深七寸五分應除舊土三方實挑新土十五方共挑土五百六十二方五分 第二段自菴基至二板橋長二百四十二丈五尺其挑土三千六百三十七方五分 第三段自二板橋至五里亭長三百四十丈原估開深五尺每丈計土二十二方五分舊河形深一尺斜坡折深五寸應除舊土二方實挑新土二十方五分共挑土六千九百七十方 第四段自五里亭至斜涇河長一百一十丈共挑土二千二百五十五方 第五段自斜涇河至井亭橋長二百七十七丈原估開深五尺五寸每丈計土二十四方七分五釐舊河形深五寸斜坡折深二寸五分應除舊土一方實挑新土二十三方七分五釐共挑上六千五百七十八方七分五釐 第六段自井亭橋至張涇橋長七十七丈七尺原估開深四尺每丈計土十八方舊河形深二尺斜坡折深一尺應除舊土四方實挑新土十四方共挑土

一千八十七方八分 第七段自張涇橋至蔡涇長四百二十六丈五尺原估開深五尺每丈計土二十二方五分舊河形深一尺斜坡折深五寸應除舊土二方實挑新土二十方五分共挑土八千七百四十三方二分五釐以上七段俱有高闊 第八段自蔡涇至譚涇橋長一百九十三丈五尺亦每丈實挑新土二十方五分共挑土三千九百六十六方七分五釐 第九段自譚涇橋至黃昌溝長六百四十二丈五尺原估開深四尺每丈計土十八方舊河形深二尺斜坡折深一尺應除舊土四方實挑新土十四方共挑土八千九百九十五方 第十段自黃昌溝至山塘河長三百三十二丈五尺亦每丈實挑新土十四方共挑土四千六百五十五方 第十一段自山塘河至馮涇河長二百六十丈原開深五尺每丈計土二十二方五分舊河形深一尺斜坡折深五寸應除舊土二方實挑新土二十方五分共挑上四千二百二十三方 第十二段自馮涇河至月城橋長六百六十丈亦每丈實挑新土二十方五分共挑土一萬三千五百三十方 第十三段自月城橋至閔家橋長七百二丈原估開深四尺五寸每丈計土二十方二分五釐舊河形深一尺五寸斜坡折深七寸五

分應除舊土三方實挑新土十七方二分五釐共挑土一萬二千一百九方五分第十四段自閔家橋至章家浜長四百八十四丈五尺原估開深三尺五寸每丈計土十五方七分五釐舊河形深二尺五寸斜坡折深一尺二寸五分應除舊土五方實挑新土十方七分五釐共挑土五千二百八十五方三分七釐五毫第十五段自章家浜至南新橋長五百八十三丈原估開深三尺每丈計土十三方五分舊河形深三尺斜坡折深一尺五寸應除舊土六方實挑新土七方五分共挑土四千三百七十二方五分第十六段自南舖橋至大土菴基長四百十六丈亦每丈實挑新土七方五分共挑土三千一百二十方以上九段俱平坦通計土方九萬十四方九分二釐五毫每方請給銀八分該七千二百一兩一錢九分四釐內南外三又河至蔡涇共土方二萬九千八百三十四方八分因岸高難於起土每方請增給銀四分該一千一百九十三兩三錢九分二釐共計銀八千三百九十四兩五錢八分六釐連築壩岸水通共估銀九千三十一兩五錢四分六釐除橋木變抵銀四十五兩一錢八分實用銀八千九百八十六兩三錢六分六釐工竣冊報奉部駁減土方銀四百五十三兩二錢六分二釐又緣陰雨連綿加增車戽添給夫工并督工官薪水書役地保飯食紙張等項蔡澍捐廉賠補

三十三年總督尹繼善巡撫陳宏謀奏請開挑運河嗣後可用民力免動公項嗣於三十八年五十二年嘉慶八年二十年道光六年十六年民力開濬通縣均役（起夫分段細冊縣吏掌之築壩戽水通河各事宜簽董經理並派佐貳官分段督工）

高泗新涇河在五里亭對岸運河支流也

國朝乾隆四年知縣蔡澍濬（自運河口至謝園長三百四十一丈爲高泗河自高泗河口至謝園高頭田畔長二百十丈爲新涇河並係謝園一二三四保業佃協濬）

斜涇河在縣南八里自運河五里亭分九里河水經由里山南歷謝園花山蕭岐三鎮長十五里（支河東南與馬涇河合亦通馬

江陰縣志　卷三　山川　河港　卅一

浮）

國朝乾隆四十三年五十一年濬（謝園蕭岐兩鎮業佃協濬）

馮涇河在縣南二十里自月城橋北分運河水東行至蕭岐（分支北出者爲馬涇河）歷皐岸北過周泗橋與長壽河匯南行過丁岸橋與璜塘河匯

國朝乾隆三年知縣蔡澍濬（自運河口至蕭岐長九百五十九丈一尺月城蔡涇謝園蕭岐四鎮沾水利者業佃協濬）三十二年四十一年五十一年濬

山塘河在縣西南二十里自武邑匯水橋引三山石堰水繞秦望白石諸山東北流經張公橋燒香橋雙橋出三河口達於運河

江陰縣志　卷三　山川　河港　卅二

國朝乾隆三年知縣蔡澍濬（自運河口至匯水橋長二千六百八十二弓夏城各保業佃協濬）

漕港河在縣西南二十五里自四河口分流西行折北與山塘河匯

塌水港在山塘河南自楊灘口東北流出月城北達於運河

渟塘河在縣南四十里其河有二曰前後渟塘河（一自對洞橋至塘頭橋一自青陽市南東岸分流經渡船橋與前渟塘河匯）

南長河自匯水橋西東南行過蟠姑尖黃塗壩對洞橋（運河西郎漕港河）穿運河而東過塘頭橋（口對洞橋而東即渟塘河）再過璜塘

河口經北漘達馬鎮（五瀉河水分支自燕橋來會即馬鎮河）歷西洋白蕩（五瀉河水分支自崇村橋來會即西洋百丈河）又東北至西陽橋（自馬鎮至此爲西陽河）過富杯河口至塘石堰繞祝塘鎮（自西陽橋至此即直塘河）又東北過新塘橋達八字河口過跨塘橋（長涇河自南來會此下即東長河之尾與常熟通流者）又東泰清河及蔡港來會又東過白蕩橋谷瀆港來會又東過北角東新河顧山河自南來會又東北過永安橋入常熟界（按各志俱不載此河蔡志始立此名蓋自郡至常熟道也今仍其舊而注明即某河港庶不至複混云）

右南境河港

應天河一名長河自八字河口引南長河水北行過周家橋（北面支流爲泰清河通華墅）西歷劉家橋（北面支流爲周莊河）茂墅橋（南面支流爲長壽河）西北至三河口（北面支流爲白蛇港通大橋周莊鎮）歷雲亭橋（北面爲松橋浜南面爲燒香浜）繞定綺諸山由迎福橋西入運河明嘉靖七年知縣張集濬

國朝乾隆四年知縣蔡澍濬（自南外三叉河口至茂墅橋長四千九百十二丈九尺南外二保謝園三保雙牌三保綺山花山雲亭長壽周莊鎮全鎮華東四九保華西一四六七八九保馬鎮二三五六八保業佃協濬）嘉慶十五年道光元年俱濬十八年署縣陳延恩重濬（延恩戊戌春三月蒞任值邑有開應天河之役適陰雨兼旬時將登麥衆議罷役延恩重念斯河爲農田水利所關日詣工次勸諭并爲文虔禱感獲晴霽旬餘竣工告成謹識以昭神貺）

長壽璜塘河在縣東南三十里自馬鎮璜塘河口北行歷前馬橋經璜塘北過須芧又北會馮涇河經長壽鎮至四河口入應天河

清溪河自周莊浜口分應天河水北行經後過橋（亦名後郭）至周莊轉東歷承西橋入橫河

國朝乾隆四年知縣蔡澍濬（自後過橋南至亭子港口長二千四百三十一丈周西城河茂三字號周東稱字號業佃協濬）

亭子港一名錠子港自周莊鎮北之四河口（西會白蛇港）與清溪河接而北入橫河

國朝乾隆四年知縣蔡澍濬（自四河口至橫河長二千三百六十丈七尺周西海鹹河重潤字號業佃協濬）

泰清河自應天河桑家浜入繞砂山而東過湖塘橋南出馬崎浜仍會於應天河（自湖塘橋南行至梨頭尖分一支東行者至三條河東南盤曲出南長河南行者入紅柴浜轉西亦入南長河）

國朝乾隆四年知縣蔡澍濬（自河口至華墅青龍橋長一千三百五十丈四尺華西二三五八華東一三五六七保業佃協濬）

南新河一名富杯河在縣東南六十里自西洋橋北分支東行過文林富杯（西有西莊浜門村浜東有孔涇浜塘下浜）又東過何村橋經河塘橋入東新河明天順二年知縣周斌濬

東新河在縣東南八十里引錫邑五瀉河水東北行過習禮橋東行至南角橋南過陳墅至黃莊入常熟界其白

南角北行者過萬歲橋至北角達南長河（支流爲[illegible]河西行過長涇之北）宋政和間縣丞楚執柔濬明洪武二十五年重濬

長涇河自東新河入口迤西過長涇鎮又西北行出南長河

裏岸河自顧山發源西過新橋分爲二支一向西南行至陳墅東與東新河合一向北行過省度橋又北至北角入南長河

倪塘河在縣東九十里由谷瀆港而東南至顧山入無錫界

便民河在縣東南六十里由長河轉東南而入新河今塞

右東南境河港

橫套河在蔡港石頭諸港之北蓋自沙洲增漲離江寖遠故於南北沙交界處疏鑿此河以通潮水東自泗港大馬橋起西盡巫山港止橫亘二十餘里由沙洲新開諸港入江（各就瀕套圩段均役開挑）

巫山港在巫山之西引江潮入橫套河（套南爲南沙港西爲埠頭港）分灌巫山新凝各沙小港

石頂套港在巫山港東十里介復善正興兩沙之交北引江潮分注各小港南入橫套河（東爲四圩港三圩港俱隸復善沙）今香山東有張家港而石頂套港不著

新港在石頂套東五里跨復善沙中北引江潮分注各圩諸小港南行入橫套河

大馬橋港在新港東五里北引江潮經復善沙入橫套河

穿港在江心沙（港西爲東永平凝等沙屬本邑港東爲福壽長興等沙屬常熟）潮汐往來爲江心各沙水利之匯（西有大圩港姚家港韓家港繆家港屬平凝沙）

右瀕江及江心各沙河港

附

白茆塘在常熟境

國朝康熙二十年巡撫慕天顏疏請開濬以塘爲蘇常兩郡要津邑之東境水利資其蓄洩檄令協夫助濬雍正五

年山東巡撫陳世琯按臨督濬知縣陳陛誠奉文襄事夫數以十分計派常熟當其四太倉當其二長洲崑山無錫江陰各當其一　乾隆三十五年借帑協開限以三年攤徵歸款（按白茆塘係常熟洩水要道前因江邑曾協濬而附載此今又數經大濬役不及江陰蓋江邑東鄉地高水利所不及也）

與知軍徐宗丞論水利劄子　宋邑人　曹宗

竊見江陰地勢在浙西最爲卑小當運河下流與常州地界參錯其水自常州經由申港利港以入於江逐時潮汐卷帶沙土壅塞港道至春夏之交雨水無從發洩或已布種而淹沒或水不退而失時況丹陽練湖白鶴諸溪之水西自常州黄汀堰來每上水大必决而入於江陰其南太湖震澤吳淞深谿一帶水大久皆注於運河皆自五瀉堰奔衝而下申港利港出江之口不快其水聚而不出不知江陰疆界多少而能受諸處有入無出之水乎其害惟江陰尤甚今幸有出江之口不能疏鑿而使之通宜乎無有豐歲公利所失益多民亦漸皆

流徙若非大府矜憐哀憫特爲申明則二港之河終不能開鄉民無從得食矣

乾道申利治水記

宋 教授 章 治

上卽位之二年歲在丙戌詔遣轉運副使姜公詵按視浙西四郡水利與守臣條具以聞遂以八月次於江陰知軍徐公蔵相與研究利病延見父老審訂其說曰江陰北臨大江地勢洿下潮汐往來浮沙停淤港瀆善於夏秋淫雨浙西數郡百川並委瀕港七鄉並湖三山低昂之田混爲一區尋丈而增膚寸而落十年之間淹沒者一百六十七萬餘畝歲額秋苗以一二萬計公私病焉故申港利港皆宜治蔡涇之牐西通夏港大江之潮由之以上下東連漕渠五瀉之水因之以盈縮摧廢既久亦宜治乃並衛上奏有旨以丁亥歲興申港之役己丑歲濬利港輟爲御之資以充經費越孟春日鳩工徒趲工兩役並舉軺車隼旟聯轡於邁撫勉存問衆說忘勞迨仲春二十三日迄工起三河口以西折北抵江地與毘陵犬牙相錯分治其在吾境者二十九里深九尺廣六丈下流之廣幾倍焉用工三十六萬有奇牐之故址距河差遠兩翼迫蹙波流悍急易以頹壞乃移基並

東直抵漕渠拓而大之易木以石屹然對峙長各有十三丈四尺高一丈八尺土木鐵石之工萬有九百貫錢以緡計者三萬二千三百有奇米以石計者一萬一千四百有奇而二利興焉出陂澤爲平疇變沮洳爲膏壤七鄉歲入增十餘萬石毘陵諸邑固當倍蓰凡浙西之田陰獲利者又不知其幾千萬頃也蓋自嘉祐六年詔廷遣都水監簿相視河渠郡守都官郎中楊士彥建議開導檫柱等六河不及申利二港厥後水利不講且踰百禩而蔡涇牐壞已二十年矣至是工役存與徐公曰動大衆建大利幸聖君矜吾民財用許出於官而郡止一邑調度不支且奈何重費一大農吾再歲於此摘姦汰浮冗銖積寸累凡得緡錢一十萬非以備乏絶將爲用建牐濬港既以是充且謂利港在毘陵之利多宜以屬之而江陰所宜增濬漕渠下通黃田以防氾濫絶壅滯預請於朝儲所蘸錢六萬八千六百緡命郡從事王悰掌之以備他日工役之費報可聞者太息咸謂上不耗國下不斂民則是舉也善之善矣始叙顛末俾來者有考云

嘉定開運河記

宋 簽判 蔣惟曉

古暨爲今偏屬實楚春申君封邑食客侈於四公子至我朝而珠璣魚蟹之富尚見於詩人之詠歌比年以來乾溢相仍民貧而郡亦凋敝夷考其故蓋地勢中窊旁仰所恃以爲利者遠湖近江達於渤海導河自城闉南出黃田西距五瀉最大曰漕渠其播爲支派眞若瓜蔓蛇足可瀦可洩不獨資農田灌溉之用而江淮川廣不檣水柁皆於此焉寄徑其利實徧於東南今也歲久不治積沙反壤幾流如陸農桑商販官運家供往來交帶於是畎畝川澤之息疑若地受其實鱗次尾銜之舟或不顧出於其塗守地者非恝然不以動心錮於力之弗逮則勇爲之志沮矣嘉定己卯春邢侯燾以扈丞出守政足以召和而年屢豐才足以行志而事易舉越明年乃濬九里河以疏滯土會水澤腹堅雨不時若而漕河亦病於膠舟旅於艇船者羣譁臺使而河議興焉乃經乃度乃宜乃理爰卽其所敦從其宜命縣令張君宗濤董其役起自茶鎭之檫橋極於青暘之居墅地以里計者倍十而遙役以鄉受者纔四而足面之闊爲丈者八底則五之深如其底十之一時也風林霜斂霧景温如濕不濡足稟不栗膚天從民欲萬畚歡趨太守率僚行視目注指顧舒疾遲勤瞭然掌見勸懲有差一出而集

縈紆回折若蝸蟠蛟旋夷曠淵渟若縠縐練曳征帆交錯如飛如馳人心樂成地勢改辟並河之民爭請於郡斷港絶潢交流旁注因其餘力又自檫橋而上逆於朝宗門陸續鳩工城外內之河渠頓還舊觀夫銳於至而倦於去此人情也奮於有餘而尼於不足此事勢也今部使者趣還於前郡大守報政於後乃能以人情之忘者爲勤事勢之難者爲易茲一役也而二美具焉然而侯之心方慮乎潮汐委輸易積難散目前之利不越數年力役數興利反爲病乃括戶籍之沒於官者專留司存掌其歲入弗以他用每於農隙歲一舉行不以濬治費民期爲永久之利民德侯侯之深而借其歸之不可留也乞鐫諸石以垂不朽觀侯之爲郡化瘠爲饒開山蹊以通道植橋梁以利涉治舍館以逆賓下而圖池器物之飾亦煥然一新蓋百廢具舉而此其尤也是役也爲丁夫九千三百二十有七始事於仲冬之晦歲除而工畢惟曉獲從寮吏目覩盛舉故樂慰邦人之意姑志其歲月云

九里河議

明 通判 姚文灝

東南諸河惟此易壅推原其故蓋有三焉一是黃田潮來自東而西蔡涇潮來自西而東交衝互激介會紆迴湧淤泥沙積聚壅塞一是潘起浮土堆積兩岸風雨淋洗旋復入河日河形曲臨崖勢高陡疏鑿既深兩阜壁立積水之後遇沒輒崩少劉一隅便壅數丈一是中吳地勢沿江有山爲之包防近山土壤迤邐降起山脈引帶生氣流通日漸增長如古書傳所謂息壤造化之理則然不足爲怪坐此三故人不察除以致此河最易堙廢今欲開挑務圖遠利毋規近功必先鑿去兩岸積土使與裏叫相平却又鑿去兩岸本身各一二丈彼隨其勢以漸入河如馬槽狀期兩年功程成就此事先年止是修岸次年方可開河但農民孱弱力不任事官府拘役人不樂趨久勞無功志又怠懈合無量令該役人夫出辦食費錢物官爲收貯雇倩靖江等處專業土工包辦開挑取其所必費而免其所不欲爲還其土夫自作本業官省程督民不失農兩皆便益再有不敷查支在官銀錢湊功其議如此使得施行必有明效但劄塞上田過多或致貧民失業惟有才良長吏爲政久而得民深積累經畫購買諸田財力充餘調度整暇徐依原議以漸爲之而又相度形便改鑿河口別出蔡涇之南拒抑蔡涇潮流不使東行以相衝鬬則百數十年流通必可坐策而江陰之民或少息肩矣謾志之以備後之君子講焉

開申利桃花三港記

明 知縣 黃傅

國朝宏治辛亥以來三吳災沴頻仍而壬子尤甚自冬十一月至明年春二月恒雨既入夏猶斷續不休積潦騰湧匯爲巨浸魚鼈且入市巡撫都御史何公鑑大懼驛書以聞詔工部侍郎徐公貫來視便宜處治之於是訪異能詢黃髮考故事采衆說而本府通判姚公文灝以其習察熟圖之策獻焉於是建議以爲三吳地形東北傾蘇松常三府東北屬縣百川之所取道以入江海而瀕江並海之處歧流支浦探刺內地鉤絡漕渠者是謂斗門斗門閉閼水無所歸故妄逆行而爲災不急決去斗門壅則愈益彭亨怒鬱橫奔禍逾烈矣乃發丁男二十萬以十五萬東治吳淞七浦白茆於蘇松以五萬北治申港利港桃花於江陰武進之交月給丁夫人米五斗放散儲廩若干萬武進縣丞闞勝主桃花江陰典史黃泰主利港無錫典史劉寰主申港而姚公實撫摩督察之益奔走暴露於水霜草莽者六十晝夜壬子甲寅冬春之接也三河之役利港爲最力赤塊黃茅僅辨形跡曾無禱筆之鑿平陸而窪之丈有半面廣九十尺底減三之一長三千五百三十丈有奇有事之初姚公爲壇告神畢卸衣冠操畚鍤塗手雨汗負土登陸躬其勞以倡之於是長吏效法衆夫駭悅驩呼趨事不淹時而就功者悅以先之誠以勸之也大臣報命上其功天子錄之擢爲水部敕總三吳水利公事由是洪流決驟如赴沃焦化菹澤爲桑麻更波濤爲衽席云

論本邑水利二則

明 知縣 趙錦

江陰南扼太湖北繞揚子江太湖之水自無錫入於運河運河之水自五瀉堰入者達於經河自夏港而入江其東自高六堰轉水河入者達於東境之河港而入江其西自洛社橫林戚墅堰丁堰黃打堰入者達於西境之河港而入江顧地形東西北三境高西南一隅下高田十之九低田十之一故水患所及者少而旱災之所及者廣也低田沿於經河漕港而水勢達於夏港新涇隄防固厚非久潦未足深患高田則瀕於令節桃花諸港東新利大諸河其在腹地者雖有池塘車戽易竭今以諸河港之不通而白鹿東順永陵良信等十幾鄉之田望大江於數里之外而不能扼其一勺之餘波一遇旱災坐視其苗之槁而莫之救也哀亦甚矣

江陰之水有二北自黃田港流注諸河達於境謂之江湖南則太湖梁溪之水溢於無錫之運河自五瀉諸堰而來西則丹陽練湖白鶴諸溪之水溢於武進之運河自黃汀諸堰而來達於境謂之河水夫水之來也有所受而後水能爲利其溢也有所洩而後水不爲害是故四境之內其在東也凡爲溝港涇者十三鮮魚港趙婆港白沙港石牌港石頭港西雷溝東雷溝蔡港港私港范港谷瀆港令節港界涇惟谷瀆港蔡港石頭港爲大其港身袤四十餘里有奇北通大江腹裏南通應天等河跨崇仁寶池清化化成白鹿五鄉資溉民田最博橫河貫其中今既塡淤水絕壞斷諸港不通雖有江流之入中過而不逝歲受旱患者也其在西也凡爲河港有九夏港流皮港新溝河申港蘆埠港利港立埭港卞斗港桃花港惟申港蘆埠港利港爲大其港身袤三十餘里有差南通武進絣頭河北通大江跨永陵良信來春三鄉民田多賴爲利中有順塘河橫亘其間便塞不通歲

旱益甚其崇溝河長十六里隸來春鄉沿秦望山下通南山塘河河隔水濫山水迸發田沒無救旱時又以田高於河崗盡人力穀不易熟此則水旱並患昔也堤花港近利大河與武進半之通則分受其利塞則均害焉其在西南則青陽一鄉有前渟塘九頃圩後渟塘三尖圩謝北村等處最爲窪下多被水災其次坍水港河口浸臨中流徵細週旱稍患之餘壞沃肥種秫稻茂入畝可一鍾旱患不及其在東南是爲東順西順長壽鳳支金鳳五鄉田多高卬湯村東新南新李岸官祿倪漕清溪泰清長壽直塘諸河聯絡其中疏之則治其秀涇河約表十里界蕭岐花塘高岸上廟堂四處河身徐小西通經河東通長壽河流波俱不能納此則水旱俱患者也旁有黃天蕩地形較下上性疏惡水至瀰漫其害九劇凡高卬者利江潮之灌注低窪者苦湖水之泛濫江潮由諸港以入而衆河爲之接引湖水由諸港以出而衆河爲之受瀉此其大較也支分而委治之則存乎其人前輩鑿河穿渠縱橫曲直灌注輻湊各有條理發一不治則害生盡廢不治則害成不可圖也漢人有言通溝瀆畜陂澤所以備旱也觀地形令水工準高下隨大河洩暴水築田圍所以防澇也江陰河港湖沙易壅勢不能久近者一二年遠者四五年通治之勞民不可殫紀凡浴江去處宜設閘座以時啟閉每春撈淺理其閘外功減數倍矣其橫河往昔設閘力不能守終至於廢又懼勞民數年而不一濬棄地爲河棄河爲草莽其利害大小何如也潮沙之淤以漸而積疏濬之功當有次第加某河某港淤淺宜五年而一開某河某港淤稍深三年而一開計用夫力若干工食若干每歲徵收導河夫銀兩不得別項支用盡以一定之數立爲循環之法而官所不足者臨時復責之近便得利人戶則開濬之役歲有而不爲勞民饒而少害豈非興利除害皆可豫爲定計者乎

上御史俞公請濬橫河書　明邑人方謨

江陰之有封域卑下瀕江其江之條諸港者西有黃田桃花申利諸港東有石牌雷溝谷節諸港自南至北皆放水於江竟無瀦水以分流溝澮爲灌溉者利未知軍崔公元湖其源流擬其逆順東從谷節西至趙婆平地鑿河四十九里爲堰於城之建寅門名曰橫河蓋以諸港爲縱而界此河於諸港故曰橫也既廣且深亦通而諸暢計累工四十萬有奇散縉紳二萬二千三百縣志可稽也江之潮自趙婆港入橫河者分下蕭滸永安河曹家村黃家巷獅山東西及土橋沿北諸浮至蕭山而薇又分盧涇觀莊北湖蔣家橋女山灣松橋雲亭至南水灣與長河會潮自雷溝石頭入橫河者分黃岐蟠龍香山灣橋售山白豐纖墩陶城而清溪迤邐周花史村石橋皆此水也潮自令節入橫河者分黃橋章鄉楊舍南逵赤岸與長涇計農田之沾其沃潤者四千餘頃米史崔立列諸循吏者以開是河爲民利故也緣澥沙往來壅滯至易嘉祐中楊士彥濬之入國朝來洪武天順閒相繼疏濬卒無成效宏治間水利主事姚公文瀕與知縣黃公傳有開河駁議黃公每言是河未復故宋爲缺政正德初僉憲高公聿興大利於趙婆雷溝石頭范港令節五港擬建五閘旋以經費不支輒罷推橫河嚴壅屢高而凡支涇旁濬聯於是河者外之潮汐無所通內之淫霖無由洩以致南畝萊蕪農業日廢皆由於大利之不興也然此河之頻作頻輟終不能底績者其故何哉如縣治南有九里河者亦潮衝而易壅上官入於斯出於斯故三年一濬或五年一濬未嘗民告勞而官病之惟是河去縣治稍遐上官見聞所不逮講水利者僅爲塗澤耳目計誰克爲此用心哉謨每歎橫河所處之不幸也況又公私不同愛憎亦異局於見者爲泥時之說利於侵者爲駕僞之說狃於近者爲靳費之說此又與於不興之甚者也惟臺衡審擇相度獨斷而行之造福於江民靡鮮矣

重濬申利桃花三港記　明邑人張簡

江陰在常郡地最下鄰封武進無錫之水必趨若震澤之水溢晉陵則由戚墅過石堰入申港溢梁溪則由五瀉河趨漕港會於石堰其溧陽荊溪滆湖之水自宜陵網頭河經利港以達於江而孟瀆壅而不流則丹陽練湖之水溢而合趨江陰此則桃花港及申利二港之原委也故近江港浦數十工鉅而易堙者莫如茲三港宋乾道間轉運使姜公詵知軍徐公蒧稔其利害故疏鑿三港以便民入我國朝夏忠靖周文襄二公以時濬治功德在人嗣後游沙積葑河漸淤壞公私困竭巡撫都御史何公以事聞詔以工部侍郎徐公提督水利事邑民以三港並壅事請公可之事下知府華侯仲賢侯度三港受旁縣之水乃議武進治桃花港無錫治申港江

陰治利港主之者縣令呂侯鏜徐侯鋭黄侯傅董其役者武進丞闞勝無錫尉劉實江陰尉黄泰而府倅姚文灝並督之功成民悦時宏治甲寅春也迄今二十餘稔泥積沙壅莫辨故道江潮既遏湖水時溢正德庚午戊寅己卯間三遘水災辛巳歲廷臣始以三吳水利建白今上方嗣寶位治化一新乃命大司空李公總督水利事仍理巡撫是歲秋行部姑蘇以江南患多工大請官分理復遣水部郎中林君文沛員外郎嚴君某任其事時大令王侯泮方以興修水利爲心乃以三港民情事請並報可下知府王侯教覈其實循例檄武進濬挑花江陰濬利港推申港則夫春濬而未竟復檄無錫分畢其工而府倅王侯嶽兼三港之役勞勤靡憚守令星帮絡繹相忘勞苦始事於春正月告成於三月三港中利港爲艱鑿平壤而窪之廣九仞深二尋計五千七百六十三丈有奇二港深廣如之鄉之士大夫謂不可無文以紀休美某從大夫後乃撰次其事以俟後之君子採擇焉

重濬橫河記

明 邑人 張簡

江右上高傅侯先以興化節推有聲擢今官履任以來慮以律已勤以莅政會連歲三吳水災公私大窘歲蠲民租什之三正德辛巳廷臣以三吳水利告今上方踐寶位屢念民生乃俞廷議以都憲李公拜大司空總督江南水利事仍理巡撫是歲秋按臨所部徧咨疾苦以橫河爲邑水利最要乃倡議疏濬於壬午首春以督濬事屬之侯既事事萬夫趨役畚鍤如雲侯乃止宿河滸往來勞徠自忘其疲縣令佐王侯泮毛侯鋭趨事惟謹侯慰懌之語益溫河東趨絕蔡港縈迴可半里侯訝其迂曲曰非故道也乃命董役義民趙梅經理之梅曰河直疏鑿工甚省田多某業願斥以佐官侯可之非悔業者則又捐錢若干緡購之河既鑿果故道也工省事集丁夫懽踴號其河曰傅公河蓋加以美名意也非侯愛民得民烏能致是哉是河之役自宋崔侯創建繼爲知軍楊屯田士彥濬之在宋率五十年一濬入我國朝洪武甲戌重濬天順辛巳再濬至於今壬午更六十年一濬然非得人如傅侯則大令言不行而大司空任不專烏能成是功耶嗚呼西門豹不能引漳水而民歌四起邦人之歌其能忘情於我侯耶余目覩茲盛庸書以記之

開濬事宜

國朝 知縣 蔡澍

予自令江後博稽邑內水利見各河港多壅滯未濬者大爲農田累乃先後檄里民竭力濬之於政稍暇躬親按視炎風暑雨勿敢避也數年以來頻見成效乃舉開濬時已試之法次爲數則并採昔賢耿橘陳瑚諸議詳悉酌定後賢審擇而行之或不無一得云

一測量凡驗河淺深以水不以岸岸蓋有高低水無不平也當於未戽水先刻水痕於岸上就兩岸痕以簠拽之量其闊狹乃立一碑寫某處某號此老岸淺若干老岸闊若干水岸闊若干河底應開深若干闊若干至開畢驗河底信椿試仰刀弓更以水線通之則淺深闊狹無遁情矣

一下椿凡量度河身先於兩岸立椿循岸以弓量之至若干丈立一椿木由此每里立幾椿其河身長幾里幾丈瞭然可知其兩岸闊狹亦於兩椿拽簠量其若干丈尺則逐段闊狹不等亦瞭然矣又從兩岸中間立一長椿釘於河心土內刻水痕於椿上與兩岸所刻痕齊可以互相考覈就此椿繫線與兩岸椿縱橫斜互牽拽卽爲算土方之準欲測水深若干則繫線此椿之頂懸墜沉入水底卽知深淺若干應開深幾何可從此算矣迨戽水已乾河底既出乃下信椿假如某段應開深五尺用木一截二三尺許烙印編號名爲信椿先釘在河底再用木長一根名爲送椿送信椿入地五尺而後止將來挑土露出椿頂則知河已開深五尺矣

一算土方凡工段勿計丈尺止算土方蓋同此一丈河也河面有闊狹河底有淺深則工力之多寡不等若第以丈計則狹而淺者工力多闊而深者工力少派役不齊胥吏從而作弊故必算準土方公平分派至挑濬之時每面十方畱一土柱印官親臨查勘以驗淺深闊狹積至千萬方燭照無遺又工部尺較今量田弓丈小什之一算方必依部尺畫一裁量嚴禁陰增弓步灑派鎭保以致妨工累民

一分段假如河長五十里當分十段每段五里之水也先開一段爲樣河次戽第二段水以次而開築壩併工先開一段爲樣蓋防驟雨淫溢致壅戽五十里之水也

一遣工每方一丈深亦一丈須用十人挑土三人掘土裝担一人爲炊認定土方聽其斜夥力作每人担土百尺每担可挑土四尺計土二十五担則此一方土淨矣至於從卑至高用力爲難尤須更換接替若淺灘多生蘆根鈲鋤費力用牛耕之可代五人之力每日黎明鳴鑼夫頭率衆赴工踴躍劾力督工官止監督一處察其土方至某時

挑盡即以爲例他處止須勘驗土方使知勤惰不必時時點夫處處巡工也 一編號凡河夫不編名夫常有移夫之弊隨督工官所至移易點名其間隱匿人數捱從考驗應編定字號某鎮某保暨一小旗再立一木牌上書每鎮應開河幾十丈實土方幾百幾十幾方夫幾百幾十名其夫役花名統列於冊有病逃代替者亦註之每夫給一腰牌書名年貌驗牌點名則彼此移易之弊除矣 一堆土凡河中起土役夫偷力卸於沿河堆土一經霖雨土隨水卸仍復淤塞必離岸數丈立標爲準挑泥由遠及近或補岸或壅田勿令雨沖下河而後可若兩岸田低應築圍岸捍水者則以濬河之泥增築隄岸 別令種田居民隨濬隨築河深而隄益高此兩利策也 一埝弓河既開畢當以弓量之以徑畢深以弦量闊假如河面闊五尺深一丈即以毛竹接長作弓其弦五丈自弦至背徑一丈開河之後以篙竪弓而行弓弦向上形如仰月以準岸上水痕弦出岸上則深不及一丈而河淺岸凝弓梢則闊不及五丈而河上狹責令如式但須兩岸水痕皆準則淺深闊狹不差分寸 一水線土方既盡必於河底當心深開一線導水流行如水不到處卽河底尚高再加挖深必至順流無礙

一止水線須合底平方有準又河中腰壩之基悉爲劃盡使一線通流方得淺深如一否則諸壩攔截每段之水線雖通而全河之水線不貫河內淺深仍復不等不可謂工已完也 一開壩河工既畢開壩放水若留壩基在下不惟妨運且使泥沙停蓄須先在壩下掘挖壩渾其深闊與壩之高厚相等然後掘壩土入渾庶河底無留滯之患 一派夫照田役夫厥例甚古然規避影射狡點每易脫漏浮派統括良善多苦重科而僉點夫頭差委書役尤滋勒索派數諸弊必於舉行之始密弔應役區圖總冊覈明各業戶認管畝數然後通融算派冊任胥役擅權盈縮至夫頭約束衆夫祗於下宕時看驗點充切勿先期僉派致啟倩囑移換之弊其監工書役官給飯食派斂必懲則錮累永除公事易竣矣 一普濬河有幹支均係水利先後疏濬固有次第而灌溉所藉不僅幹支兩河支河之中更有偏渠小港雖屬溝洫附近之田待澤至亟若祗濬支河不治小澮則內地反高外河雖通終成阻滯宜於濬河既畢凡通小澮之處俱令隨時一律開挑務使內外大小脈絡節節深通則灌溉之利普矣 一撈洗濬河之期不一或數年或數十年事雖善舉而勞民費財不可以爲常也江邑瀕臨大江潮汐出納壅塞至易數歲不濬漸成陵陸計惟於開濬之後相視各河形勢按年遞加撈洗使泥沙不至於積則大役不至數興而民無重困矣

開濬通邑河渠記

國朝邑人蘇濱

古來以人事濟天工者惟水事爲大故建都立邑必相其邱陵原隰以利其水泉之道使足以雲溉而衣食其民其在詩之詠公劉也以相陰陽而觀流泉爲建邦之始事其詠召伯也以原隰平而泉流清爲營邑之成功則水之利於民誠大矣我

國朝奕葉太平德澤所敷重熙累洽宇內跂行喙息之物靡不各得其所乃猶上廑

宸衷特命總理巡方大臣宣示守宰親民之官履行畎澮凡傍河田畝需水利者悉令酌量疏通

聖心之子愛元元至矣三吳澤國厥土塗泥而本邑襟帶江海南來山脈蟠結起伏畦步異形藝田者兼山農澤農平地農恃水浸灌者九亟邑中內水則震澤梁溪丹陽白鶴諸派合流以洩於江外水則早潮晚汐驚瀾怒濤噴薄以達於河澮內外交迸泥沙易淀恒致塡淤故雖通

潮有運河橫亘南北境者有橫河應天河爲水之經江潮之由東西境入者有夏港申港利港桃花順塘蘆埠范埠新溝橫溝蔡港石頭白沙石筏陳溝諸港爲水之緯其他山塘高澗龍游龍章新涇菱塘斜涇馮涇白蚬清溪泰清亭子等河縱橫繆葛既多且備無不因循日久淺者絕流成陸深者沮洳壅隔頃遇災旱父老相顧傍貽無策豈多歧之亡羊亦積弊之難起也夫成大功者不謀衆興大利者不諳俗此獨斷決行之說也而攸兌以和民重巽以申命則從容綏圖之說也然非牧宰之才與識實能灼見事先且非其人之德性有以主其才識則雖興事任功亦無能不疾而速也善乎自吾江建邑以來未覩賢侯如蔡公者公以名進士宰江陰四稔於玆廉以率屬勤以勵已風移俗易善不勝書而爲德於江民之最遠大者莫如河渠之咸濬也先丁巳冬底瀆渠水涸往例祗下閘蓄水撈淺通艘公奮然請帑首濬運河既有成績將舉邑河盡濬之特念民力未易輕舉當因勢利導焉去秋穫乾民始敷思甘澤公曰機可用矣會父老來以濬渠告公嘉獎之於是告者日益衆利弊日益晰己未春農隙鳩工合耦鼓舞而速成之邑中諸渠凡經緯支幹有利於農疇者其三十有六處

無不一時俱濬廣長深入比舊有加兆民感德鴻躍超事萬鍤皆興蓋惟公之才識有以終始其事而德性復有以堅定之也間考古來水利鄭國鑿關中八渠而秦地益饒西門豹之穿鄴也曰今日父老厭苦尙令父老異日思我言然此猶淺近之功效蹄駮之霸圖豈如我公實心實政眞能以人事贊天工者哉宜其與召伯同功克繼公劉之成績而斯民飲德遙望𡺚原流泉間且不勝泂酌之意然則公雖欲辭頌禱而民其曷已哉頌曰粤惟我公神君慈母克剛克柔撫莅茲土粒我蒸民大利在水滌源澤陂壤賦是起

帝曰念哉咨汝艮宰疏之鑿之吸江飲海千耦來同畚鍤趨工公曰弗亟民集雨風濕我邦族康我婦子我公精神滃演此水麥隴陰陰馴雉朝雊人恬物熙以娛老壽天施地生益道大光决以健決坎以順藏賢勞有成永綏邦境於鑠斯年受天之慶

開挑城運兩河碑示

國朝知縣 葉維庚

爲勒石遵守以垂久遠事案奉本府程批前縣王呈詳城運兩河三十六鎭通派開挑緣由卷查該馬家湖田畝係塞湖爲田四圍堤岸皆附近夏城等四鎭居民修築康熙問呈准優免該四鎭一切差徭至嘉慶十五年開挑運河該四鎭呈請援照陽錫二邑芙蓉圩之例連挑河亦並優免該前縣張南圭據情詳奉前撫憲批准免派道光元年又値開河該縣將四鎭應出夫役灑派三十二鎭旋據合縣紳耆呈稱城運兩河分年挑濬素係通邑按田出夫從無除免一鎭一保之事仍照向例通邑派挑前縣王克勤以輿情未協詳請凡遇挑河年分若水大則該四鎭修築圩岸勢難兼顧河工應免派夫倘遇旱年並無圩岸可築即同通縣各鎭派挑以昭公允等情前來本府復確加查核康熙三十年碑示只有優免差徭並無挑河字樣該縣城運兩河湖自康熙至今挑河次數不知凡幾皆係三十六鎭公派誠以該四鎭捍禦隄防不無勞苦因免差徭以示體恤而挑河係地方公務不得謂之差徭設開河亦在差徭之內前八之智未必不若後人當初次派夫必早有人控告何須百餘年後必待謝陵等出控耶至一縣有一縣之情形彼此不同謝陵等以江邑之人而援外縣之例何以服合縣之心況馬家湖與芙蓉湖難以並論芙蓉湖成田三萬六千餘畝地勢低窪堤身廣濶圍岸綿長修築不易馬家湖志載田畝皆膏腴沃壤且僅七千三百餘畝應修圍岸較芙蓉圩不過五分之一何能援以爲例況該四鎭現在隱射詭寄免差之田已有二萬八千餘畝之多此時復欲以應出之夫派諸三十二鎭無怪合縣紳耆之不服也仰即再行確核悉心妥議覆詳並具詳撫藩二憲察辦嗣奉府憲程札內開奉布政司賀札奉蘇撫部院陶批江陰縣城運兩河爲合邑居民所利賴向來三十六鎭通派開挑所有馬家湖等四鎭於康熙年間呈請優免差徭碑示並無挑河字樣歷屆開浚皆係通邑均派從無異議維嘉慶十七年經謝陵出控更立新碑遂致紳士等控告紛紛輿情不協現據該府縣確加體察議請仍循舊章通縣派夫實屬允當嗣後凡遇挑河之年該四鎭一律派夫以昭公允而杜推諉等因由司轉府下縣飭遵在案合行給示勒石以垂永久嗣後凡遇開挑城運兩河仍照嘉慶十五年以前舊章通縣三十六鎭按照業食佃力計畝派夫以昭公允所有四河靑下黃橋夏城等四鎭應遵各憲批示永遠遵照辦理勿再藉詞推諉致干重咎

閘堰

黃田閘在黃田港江潮由此入灌諸河舊有上閘址在今閘之南百步莫詳刱始宋大觀間縣丞于溥改建今地元明因之洪武三年置閘官以司啟閉正統元年重建并建石橋知府莫愚請於巡撫周文襄凡役夫二千五百名用石四萬五千丈木二萬一百棵磚二千萬一千方灰四萬觔鐵一萬一千觔米二千九百石

國朝康熙二十一年知縣沈淸世重設閘版雍正十二年知縣郭純詳請重建檄委原任保寧府知府陸錦董理更建閘橋名定波加築永定壩知縣蔡澍監修

蔡涇閘在九里河西節制夏港潮水舊名下閘亦名南閘宋開禧間知軍葉延年重建元明因之洪武三年設閘

官正統元年知軍王子倫重建亦知府莫愚請於周文襄凡用石四千五百丈木二萬二千棵磚二千萬二千方鐵一萬觔有奇役夫二千五百人米二千九百餘石嘉靖八年知縣劉欽順重修今廢

四河閘在縣南四十里鈐束運河北障江潮南節五瀉溪湖諸水糧艘往來資其濟運爲通邑水利之要區康熙三十六年知縣耿慶詳建歲久塌圮乾隆三年知縣蔡澍詳請移建於舊閘北里許奉憲檄勘估而絀費未就九年知縣劉新翰以沿塘十鎭士民請計畝公捐閘移建始成二十三年復圮二十六年知縣汪邦憲援十鎭公捐例重建完固至今每屆受兌設版啟閉焉

新涇閘在新涇河口宋知軍施邁建以節漕河之水旋廢

五斗港閘在丁墅鎭亦名找溝閘久廢

國朝乾隆七年知縣蔡澍檄里民重建

申港閘在本鎭港口康熙三十八年邑紳繆煃捐建

桃花閘在桃花港口久廢

分水閘在小桃花港口乾隆四年知縣蔡澍檄里民建

馬嘶閘在橫河蔡港之交宋政和間縣丞楚執柔建久廢今石址猶存土名閘上

唐墅閘在橫河谷瀆之交亦楚執柔建久廢

令節閘在楊舍堡城北令節港口今廢

黃山閘在趙婆港口明萬歷間知府譚桂創建今廢

三關淺水閘按此於水關爲二尺堰以蓄水即今公善堂寒冬蓄汲之法也第昔用閘而今築土壩耳

回塘堰在東城內沿濠今址尚存

利楚堰在東門內宋縣丞楚執柔建久廢

永定壩在澄江門外土名魚行壩明宣德間築後爲奸民盜決邑多災眚

國朝康熙三年知縣何爾彬力主堵塞遂鑿龍鬚河以殺水勢并建禪院鎭之

政和河港堰閘記　宋　邑人　蔣靜

惟江陰地廣民稠爲毘陵五邑之冠壤四高中下而旱乾水溢比旁縣爲鮮嘗竊怪之已而披按地圖大江橫

其北太湖處其東南而挹北江之湖汐釃具區之泛溢爲河港以十數派而爲溝洫分而爲畎遂若身之血脉失其節宣則病或乘之此天禧之崔屯田立嘉祐之楊都官士彥所以汲汲於橫河市墩令節蔡港以爲下車政治之先而書諸國史形諸褒詔記之楊蟠之文民到於今稱焉蓋導江水而南被其最巨者由黃田港閘距五瀉堰爲漕渠而漕渠之東有河曰市墩又其東曰新河新河受令節港之水市墩承蔡港之流皆北引大江南匯代洪港而震澤之餘波暨焉猶或滯而不周崔乃西起漕渠東至令節鑿河以貫之於是縱橫絡繹與百瀆相爲經緯而田窪者仰旱者澤瘠者腴介於江湖之間暨陽獨爲沃野此士彥所以一理前人之迹而百姓重賚其利也迄今五十餘年橫河故道堙没略辨市墩新河代洪港悉又反壞而具區之水由無錫而入者既不得洩北江之潮由諸港黃田牐而注者又過而不逝於是白鹿化成等數鄉之頻苦旱潦而比歲六年之閒秋賦之捐者五朝廷信賞必罰於民功尤重以承流宣化之官苟且歲月雖欲獻議而部使者沮不得爲所以不能仰副朝廷寄委之意者郡邑外臺之罪也政和甲午縣丞楚通仕執柔患之乃行視水道謂利害之當與

者莫先崔侯之所鑿與楊守之所濬當捌牐馬嘶岧堅二橋之旁而築堰邑東門之外以南洩震澤北節大江規二水之盈虛而爲啟閉則善無以加乃度地計工因農隙貸常平錢穀而集夫萬四千七百有奇延袤深廣計夫授步二河一港同日皆作丞躬察勤惰激賞勸工而食利之家爭出私錢佐費於是三河新流迭迪兩牐宏壯作始乙未冬十一月辛巳畢工十二月庚戌以明年三月己巳將濬橫河會知縣王承奉有來遂相與戮力自邑之回塘堰出建寅門東至石牌港皆令所董由石牌以達令節則丞之所部不逾月工就而東門之堰亦完積工四十萬而民不以多辭散繙斛二萬二千三百而官不以費畜乃知令丞此舉不爲小補與夫職爲民官而恬不以民爲念者不可同日而語矣始丞之議是役或謂歲方歉民未可以輕擾而丞以歲歉之患政由水利之不脩苟佚道使民其將勞而不怨至是邑人果以令丞功利之實相與藝石以待書予謂十月所視不待記而可知而崔楊偉績不致蕪沒而無考則或在於是乃濡筆識之俾鑱石以示遠云

重建黃田閘記

宋邑人 蔣靜

暨陽城北一里許有港曰黃田世傳以爲楚黃歇開以溉田而後人以是名之者也北引大江橫貫城中者出於郭逶迤曼衍截蔡涇過茶鎮至五瀉堰凡七十五里而距二浙之漕渠其播爲支派若瓜蔓蛇足東暨無錫西交晉陵繚繞縱橫又不知其幾里而溉田頃以萬計告資潮汐爲膏腴莫測其盈虛則乍滿乍除雖有餘楲不能運之於無所渟滀故昔卽港口置上閘以啟北江之瀰又接蔡涇爲下閘以節制旁浦之水於是雨不時至無涸絕焦枯之憂霖淫弗節無羨溢漂墊之患而昔之芟牧其中或終古瀉鹵者皆稻粱沃野而富商大賈長檣巨艦夷蠙海錯魚鹽果布之屬輻湊於城中故居民富饒井邑繁盛臺門雉堞與列郡等而令之縣令益嘗守以二千石矣其流詠詩人見於荆國王文公與朱明之昌叔賡唱頗以春申溝港爲可疏而大夸珠犀魚蟹之富乃知黃田港爲要津而閘之創置則歲久失傳不可考而知已比年以來港浸反壞而牐亦破毀如漏戹故旱乾水溢農人疲於畎畝商旅困於舟航而粟帛之奉朝廷租賦之輸州縣者往往終日不行尋常郡縣之吏多苟且歲月無實爲民之心而監司復漸一時疏導繕完之費而不知財賦之所由出故雖功利炳乎目前循持議數年不決可爲長太息也大觀戊子徐侯由來守毘陵會令尹徐君充邑丞于君溥主簿徐君賁縣尉韓君立之躡至訪知縣民之瘼無大港牐者而水利實丞之職丞乃詳究籌畫之雖已取成於心而有俟時者會歲事稍登人樂自効得錢三百萬以市材命工迺以庚寅季冬卜上牐之艮址於舊基之北百步外爲之而成於明年政和改元之正月人人知暫勞之爲永逸皆樂事而勸功增卑而倍薄其版築剛實規制宏壯反觀舊址若坐巍阜視培塿焉乃作亭乎其左以謹司閘闔之節立廟乎其右以妥安神祇之靈且使出沒於驚瀾怒濤之間而望吾牐而濟焉者得亭以少休而收大幹之魂得廟以恭謁而申更生之禱也三者備矣乃吏濬上下流之積沙去支港之游土復以餘材作新下牐昔人之所經營於是乎盡而圖境之民可知數十年食魚與稻亡凶歲憂漕輸者亦省卒而功倍矣郡侯題之爲大書其牓且酌酒勞丞而謂之曰利源之出管乎是矣不可使鄰邑弗獲其施俾復西導申利二港注之晉陵武進而兩邑之人因相與戮力按疏下流以達州城之北使灌浸周於郡境而風檣萬里順流而縱者朝江海而夕毘陵也於是商賈歌於川塗居民賀於里巷而耕夫耘叟歡欣鼓舞願置刻於康衢屬予以記且欲後之爲政者知港之惠如此無荒忽前人之功而爲行道之所笑是亦古人所以不用財賄而廣德於無窮也

淺水閘記

明邑人 張袞

江陰四門南北東三門皆設水關潮汐患乎未有閘也北倚大江直受江水之激射朝浮暮涵北攻冬寒坡中無勺水自潤況舟楫乎嘉靖丙午連遭旱魃人情洶洶城內外居人艱出私錢自效邑大尹戲鄒趙君聽民之請復令公舉耆民三人領之成畫既定趙君人韙推府剡溪裘君來署縣事乃布令國中指揮各役關北閘東則陳鶴徐治主之關以南屬之黃鑒鑿顧獨力是究水利丞王南山總其事其爲制也壘石爲防中橫以檻去河底二尺有餘潮至則舟從以人退則積水不流於檻泫泫渠渠蔚有嘉利惟北築高三倍以禦湍急東稍次之令江水從外濠迤邐而東又南轉以入於闗之河此其大較也趙君既竭石道旁俾予書之以永惠於來者

永定菴長生書院記

國朝邑人 曹禾

江陰古暨陽地也其城後枕君山前瞰馬鞍東南諸山屏帶拱揖長江浩淼經流其北邑中水道皆吸引江潮閘堰啟閉得其要領故紆流回抱經帶有情此其得水之利也勝國之初民殷物阜文風甲第爲四邑冠二百年來法弛民怠水利不講諸港堙塞古人遺制什失其九寖至崇禎末季驟開此壩江潮北來激射如箭乍盈乍涸衝突異常靑烏家皆謂此爲元武水不特病民抑且病吏已而刦灰遍邑占者之言始驗先戶部每談及茲役常欲倡始興復未副此志康熙改元於潛何公來治此邦下車之始問民疾苦周覽城郭山川慨悉利害毅然欲復舊觀會政事伊始未暇也於三年之春募民塡塞不閱月壩成廣若干丈袤若干丈費若干工於四年之冬慮壩成復毁圖建菴其上以永其業未亦參末議焉先是癸卯之春公捐俸濬治內外城濠秋闈南北舉於鄉者四人不遂得由胄監登賢書成進士則人文風水說公之洞鑒已信於前事矣今茲壩成工落公得內召擢禮曹主客司樞淸華之選三尹芳威馬公亦同時擢令建陽則壩之役已利於官茲土者矣昔范希文知饒州見饒士人文寥落爲相山水形勢移學宮對畞文筆一峯已而彭汝礪遂大魁天下希文亦由潤州轉

越州內擢政府饒之人士祠公者迄千百年而未絕何公德於吾鄉大庇斯土使有汝礪其人者出焉則公既以功名顯吾鄉之祠公者不且與希文比隆哉茲壩之成禾實始終其事竊謂知公之深遂不揣僭筆而爲之記

四河閘記

國朝知縣汪邦憲

江邑舊於黃田港四河口並建閘座資蓄洩利漕運其後四河閘先廢黃田亦就傾每冬月漕運開兌北用黃田閘南則四河口及溝港悉築壩蓄水漕艘發乃決而通之商農兼病者數十年矣前令蔡君澍詳請籌撥移建不克歲甲子沿塘十鎭士民願計畝公捐請於前令劉君新翰轉報上官閘始成歲戊寅閘復圮士民挼前例請因授董經理務爲完固經始辛巳十月至壬午十月告成蔡劉兩君之用心與十鎭士民之好義皆不可泯沒爰書其始末使後之修舉者有所稽焉

潮汐 附

潮信每月初二初三初四及十七十八十九共六日謂之大信外口水痕增高四五尺漸入漸減至末流僅尺許然沙之積此處尤劇以其強弩之末僅能送之入不能挾之歸也初五以後二十以後潮痕日縮謂之小信漲不過二三尺遠者竟不至矣若嚴冬沍寒名凍殺潮故土人以十月潮進港爲創見也

潮候初一十六並寅初申初平初四十九並卯初酉初平初六廿一並辰初戌初平初九廿四並巳初亥初平十一廿六並子初午初平十四廿九並丑初未初平大抵潮水入內來三時去三時去之時稍有餘而潮自海

門長起由東泝西以遠近爲遲速焉黃田港與上海黃浦江相去三百餘里黃浦江潮落時即黃田港潮長時泥時言潮者非

潮風西風名退潮風雖大信不盛西北風次之南風雖至而平東風稍盛北風大盛東北兼作名曰風潮大信潮入內地或一二十里若七八月間颶風陡發潮入洶湧百倍尋常不特田禾渰沒廬舍人民亦多漂溺謂之海漫

潮時早春初起背春涉夏漸盛夏秋之際極滿盈矣八月十八日俗謂潮頭生日視常加倍過此漸減及冬而平惟處暑白露之交稻初花豆始實木棉結果時風潮

一至百昌皆敗而瀕江及沙洲被患尤甚
國朝雍正間知縣郭純於江心東永平凝等沙建築土墩四
座高二丈面寬七十弓底寬一百十弓堅固高壯爲沙民秋季避潮之所
焉

江陰縣志卷之三終

江陰縣志卷之四

民賦

國家休養生息江陰戶口較宋祥符間幾十倍其數田
有定額惟沙洲增損靡常我　朝平賦薄征革除一
切徭役苛政而　蠲復之恩尤較前代有加無已關
榷鹽筴皆因民而不病民守土者撫茲繁庶而欲講
求富教則廣積貯以裕民食行保甲以興民行其大
端矣志民賦

戶口

宋祥符間稅戶一萬二千二百七十五口一萬二千二百

二十八客戶一萬七千六十四口一萬七千六百二十
七
紹興五年主客戶共三萬三千三百三十九口共約十餘
萬
乾道六年稅客戶共三萬三百有二
紹熙五年大甲五百一十一小甲六千七百八十三
紹定三年戶六萬四千三十五口一十萬五千八百一十
二
元戶五萬四千一百二十五口三十萬四千六百七十二
明洪武十年戶二萬九千一百二十八口一十三萬三千

六百四十五
二十四年戶三萬六千一百五十二口二十一萬二千八
百二十六
永樂十年戶四萬五千五百六十七口二十七萬七千九
十四
宣德十年戶五萬二千九百六十一口二十五萬二千九
百九十二
正統七年戶五萬三千五百六十二口二十五萬七千二
百一十三
景泰三年戶五萬六千四百一十九口二十六萬六千四

百五十九
天順七年戶五萬六千五百一十一口二十六萬六千六
百六十九
成化十八年戶五萬九十一口二十二萬七千八百四十
一馬駄沙置靖江縣開除戶七千七百二十一口三萬九千九百三十一
宏治五年戶五萬一百二十一口二十二萬八千三百六
十三
十五年戶五萬一百二十一口二十四萬五千二百七十
正德七年戶五萬一百六十四口二十五萬二千六百七
十八

嘉靖元年戶五萬一千一百一十七口二十二萬九千二
百六十五
十一年戶五萬一千一百四十五口二十二萬九千六百
七十四
二十一年戶五萬一千一百三十四口二十二萬九千七
百七十九
三十一年戶五萬一千一百五十二口二十二萬九千六
百四十八
四十一年戶五萬一千一百八十六口二十二萬九千六
百七十五

隆慶六年戶五萬一千一百二口二十二萬九千五百九
十七
萬歷十一年戶五萬一千一百三十五口二十二萬九千
八百二十五
三十一年戶五萬一千一百一十三口二十二萬九千七
百八十五
四十一年戶五萬一千一十三口二十五萬六千九百七
十四
天啟二年戶五萬二千五十四口二十八萬五千一百二
十四

崇禎六年戶五萬一千四百七口二十三萬五千四百六十（沈志云明初戶給一帖備開籍貫丁田產業於上俾民執照軍匠籍例不分戶每十年一造黃册成宏以後例無增減且有增無減浸成粉飾之具　國朝康熙間愈其弊遂發當差之丁則率失於豁除有主伯亞旅累十盈百而披籍無名者有孑遺而完丁動至數十者後編審之令下貧民始免賠丁之苦矣）

國朝康熙十一年戶五萬一千一百四十五丁口三十九萬九千六百七十四（蔡志編審之例始於順治初年沈志斷從康熙十一年爲始潤畧殊甚蔡特著其失核之故復以前志既闕重補恐涉傳會今仍之）

原額當差人丁一十三萬五千四百六十（蔡志云自差丁廢而此例不復著紀盛恩也）

編審加增人丁五百四十（蔡志云編審定於五年其戶口以初編爲額自後第[illegible]紀實而文從省也）

續加增人丁三百九十一

十一年編審增丁六十九

十五年編審增丁六千一百七十六

二十年編審增丁五百八十六

二十五年編審增丁三千一百二十二

三十年編審增丁二千一十三

三十五年編審增丁一千二十五

四十年編審增丁一千七

四十五年編審增丁五百三十三

五十年編審增丁五百四十七（五十二年奉文嗣後編審之期輸丁賦額止據五十年丁册爲定以後增益口數爲盛世滋生黃口中丁祇列黃册以彰盛治永不加賦）

五十五年編審滋生人丁三百二十七

六十年編審滋生人丁三百一十五

雍正四年編審滋生人丁三百四十六（六年部議丁隨田辦案內奉文將原編丁糧攤入田畝徵輸）

九年編審滋生人丁三百五十一

乾隆元年編審滋生人丁三百四十七

六年編審共戶四萬二千八百八十二丁口一十五萬五千九百九十六

十年編審滋生人丁二萬三千八百八十八

十五年編審滋生人丁三萬三千九百四十五

二十年編審滋生人丁五萬六千一百八十四

二十五年編審滋生人丁六萬八千七百六十三

三十年編審滋生人丁五萬一千四百四十九

三十五年編審滋生人丁四萬三千一百八

四十年編審滋生人丁九萬二千六百六十四

四十五年編審滋生人丁一萬二百八十

五十年編審滋生人丁四千七十五

五十五年編審滋生人丁八千三百六十六

六十年編審滋生人丁二萬三千九百一十三
嘉慶五年編審滋生人丁三萬四千五百
十年編審滋生人丁七萬一千八百五十七
十五年編審滋生人丁八萬七千五百三十九
二十年編審滋生人丁一十四萬七千五百一十六
二十五年編審滋生人丁二萬二百一十二
道光五年編審滋生人丁一萬八百九十四
十年編審滋生人丁一萬六千七百五
十五年編審滋生人丁九千八百八十五
十九年編審滋生人丁六千七百二十一實在共戶八萬

九千三百六十五丁口九十七萬八千四百六十一男五十六萬四千六百三丁婦女四十一萬三千八百五十八口

保甲　附

保甲之法前志未詳考

國朝乾隆七年部文內開據江蘇巡撫陳宏謀題內稱竊照保甲爲弭盜之法人皆知之而各屬未盡奉行蓋保甲之根在於清查烟戶一戶親丁男婦若干名僮僕若干口作何生理有無執業田地必一一詳查開載給以門牌照造册底存案無籍流匪難於混入十戶立一甲首九家之孰邪孰正孰貧孰富無不周知則烟戶查清不特互相稽察匪類不能托足即地方偶遇災歉應賑戶口極次貧民亦可按册查考不致混冒則保甲之法並於查賑有益矣

嘉慶十九年奉文通行保甲法

道光二年奉文在京各衙門及直省各督撫嚴飭所屬認眞稽查並於巡歷之便親加抽對務令簡要周詳實力奉行

四年奉文通行保甲法

十九年署縣陳延恩參用古法兼採成規委員分查保甲一切悉由捐廉所定詳細章程有刊行條約存案茲

不備載

實行保甲說　國朝署縣　陳延恩

知縣爲親民之官教養其大端也然欲踵門而提命之比戶而周𨛦之非惟力有不逮亦勢有不能蚤作夜思然即本地之良民以化本地之愚民心所素服者其啟導爲易入即本地之富民以濟本地之窮民日所親覩者其憐憫爲最眞此延恩無窮之厚望欲於保甲中一一行之者也前人行保甲多爲淸盜賊淵藪兼爲辦賑查貧戶而設固已延恩竊不自量謂保甲即周禮五家爲鄰五鄰爲里之義而相救相保相周相恤之義無不備具其中果以實心良法行之實於風俗人心大有禪益如日稽核戶口而已則有烟戶册在稽核田畝而已則有糧賦簿在又奚必貧吏增數千金鉅費之債券勞神苦思爲此虛糜無益之舉哉除將刊行查辦纖悉章程存案外茲將查發現行須示規條摘錄如左

一朔望宣講祇及城垠在遠鄉約或恐奉行不力今飭各甲各牌中公舉高年碩德一二人於公所宣講外并

講古來孝子悌弟事實俾知嚮慕一自鄉舉里選之
法廢士人惟以弋獲科第爲榮以能作詩文爲不廢本
業於倫常實行或恐不講今飭首董就各甲各牌中不
論士農工賈有能孝順父母友愛兄弟者書其姓名事
實報縣俟采訪確實由縣嘉獎以昭激勸其家道殷實
能力行善事者亦准報縣由縣訪查得實給以匾額并
爲維持善舉永杜擾害一城鄉貧民即不讀書應試
亦當教以識字城鄉富民設遇荒年歉歲豈能坐擁倉
箱與其貽悔於後何若籌慮於先屢經諭勸興舉義學
義倉尙未普律遵辦今飭各就牌甲中實力勸建報縣
立案立予優獎一鰥寡孤獨廢疾貧苦無依者皆爲
發政所宜先而敬老慈幼爲尤急前經諄諭勸捐敬老
會恤孤會尙未普律遵辦今飭甲首牌首另造一冊詳
細登記敦勸十家百家中議定或按日或按月或濟一
人或濟數人或公濟一人量力佽助就近施予旣無冒
濫之虞零星集捐復免煩難之慮辦成一冊准即報縣
請賞一乘喪饕食因而破家致使朝死夕埋最爲茲
邑鄉村惡俗今由縣刊刷大書永禁乘喪饕食如違許
喪家及保鄰協同扭送告條發交各牌甲實貼日久風
雨損壞准再請領以挽澆風以興孝治一逼醮搶醮

爲斯邑鄉氓恬不爲怪之事喪良敗化莫此爲甚今由
縣刊刷大書永禁逼醮搶醮如違許被害之婦及親屬
保鄰立行鳴究告條發交各牌甲實貼日久并准再領
以懲刁風以維苦節一淫戲娼妓賭博賊匪最爲地
方之害大干厲禁現雖節經嚴行整飭稍知斂跡然鄉
鎭窵遠或當暮夜或匿僻區查訪需時差拏慮擾諺云
官禁不如私禁今飭甲首牌首即一甲一保中公議禁
止一切違者議罰若干重則立時送究具結報縣存案
庶不待禁而自除如不遵奉倘別經發覺甲首牌首一
併究辦一鴉片流毒害不勝言現在功令森嚴久經
告誡殷肫實已唇焦穎秃近來拏辦亦極不遺餘力再
不悛改死期將至每念及此且憤且憐是欲救轉瞬之
死斷難寬今日之刑今飭甲首牌首先就每甲每牌中
查明如有仍前吸食販賣之人立即禀縣研鞫得實定
加獎賞如知情徇隱一
經破案并提牌甲究問

田壤

宋紹熙五年田一百二十五萬餘畝
紹定三年田一百二十五萬三千六百二畝零
元無考
明洪武二十四年官民田地山灘九千九百一十一頃三
十畝五釐二毫
永樂十年一萬二千八百五十九頃三十五畝二分二釐
一毫
宣德七年一萬三千九百八十六頃八畝四釐二毫
正統七年一萬四千一百頃三十畝五分四釐
景泰三年一萬四千六十七頃一十畝一分五釐一毫
天順六年一萬四千五十六頃四十一畝八分九釐五毫

成化十八年一萬一千四百一十五頃五畝三分九釐五
毫
宏治十五年一萬一千二百一十一頃五十八畝二分三
釐一毫
正德七年一萬一千四百一十五頃五畝三分九釐五毫
嘉靖二十一年一萬一千四百一十六頃二十一畝二分
萬歷十年一萬一千八百七十二頃七十一畝八釐六毫
崇禎十二年會計通縣平圩低沙田塗豆地灘山塘蕩民
山共一萬一千六百二十一頃三十七畝七分九釐二
毫五絲六忽

國朝順治十七年平圩低沙田坍灘蕩民山共一百一十一萬五千八百八十六畝五分七釐七絲四忽一微

十八年陞增平圩低田坍蕩共三百七十八畝九分六釐一毫二絲六忽七微二纖三沙三塵七渺四漠一埃

勘減缺額坍蕩共一百七十五畝九分一釐一毫七絲六忽

康熙元年陞增平圩低田坍民山共一百三十九畝四分一絲一忽九微四纖二沙二塵一渺三漠六埃

勘減缺額坍蕩共一百八畝四釐二絲九忽

二年陞增平圩低田坍蕩共五百二十二畝七分五釐五毫五絲八忽一微三纖一沙二塵六渺七漠六埃

勘減缺額坍蕩民山共三百九十七畝四分五釐七毫五絲一忽

康熙三年平圩低沙田坍蕩民山共一百一十一萬六千二百四十六畝二分七釐六毫九忽六微九纖六沙八

塵五渺二漠三埃

五年陞增平圩低田共三百三十五畝五分四毫三絲二忽二微

勘減缺額低田坍蕩共二百七十五畝四分一釐一毫一絲四忽三微

又丈增平圩沙田坍蕩共二萬七百八十一畝六分六釐九毫二絲五忽八微二纖三沙一塵四渺七漠七埃

勘減缺額低田民山共二千六十四畝三釐二毫二絲九微四纖

六年平圩低沙田坍灘蕩民山共一百一十三萬五千一百四十四畝五分六釐八毫五絲四微八纖

十六年陞增平圩低田坍蕩民山共七百九十六畝九分六釐二絲二微三纖

勘減缺額坍蕩民山共四百六十二畝四分七釐八毫五絲一忽三微

二十二年平圩低沙田坍灘蕩民山共一百一十三萬五千四百三十九畝五釐一絲九忽四微一纖

三十一年起至五十年止轉則平圩低田坍共七百二十五畝六分六釐九毫一忽二微七纖

新陞平圩低沙田坍灘蕩民山共七百八十七畝三分八釐四絲九忽三微四纖

勘減低坍灘蕩民山共七百二十五畝六分六釐九毫一忽二微七纖

以陞抵減外實陞折實平田六百五十一畝九分六釐五絲九忽四纖二沙五塵四渺五漠六埃

乾隆七年起至四十年止轉則平低沙坍共一千七百三十一畝七分七釐六毫九絲二忽六纖四沙

新陞平低坍灘蕩民山共一千七百三十四畝六分八絲八忽九微三纖

勘減低坍蕩民山共一千七百三十一畝七分七釐六毫九絲二忽六纖四沙

以陞抵減外實陞折實平田一千一百六十六畝六分一毫二絲八忽三微七纖九沙五塵二渺九埃五巡七須

四十五年起至四十九年止轉則平低沙坍共三百五

十五畝八釐

新陞平低坍灘蕩民山共一百一十畝一分八釐五毫五絲二忽一微

勘減坍灘蕩民山共三百五十五畝八釐

以陞抵減外實陞折實平田二百九十四畝七分四釐

蔡志云本邑田壤於順治五年重行釐正將瀕江沙田歸入蘆政辦課又以明季多荒廢溢額之田大爲民累特行清丈豁除康熙三年通行履畝改定各種科則民間執産之戸給有由單以杜重複欺隱槩縣照原編均爲三百七十四里統以五十都以一十八區冠之每圖分爲十甲甲領田二百六十九畝五分一釐有奇各則不等以折實平田爲度四十六年知縣陶彝改行順莊其法以鎭統戸以戸統田事未通行旋舉郎罷雍正十一年布政使白鍾山革除區扇通行順莊永爲定例綜計邑內城鄉鎭保共字號四百四十有四分鎭領之各鎭田數分晰備載復以從前都圖舊目注明於鎭保之下以便參攷至鄉統都圖以地形序故自西起鎭統各保以字號序故從東始事各有宜其爲清田便民之義則一今仍之惟自乾隆四十九年以後停止陞增勘減因查核嘉慶十六年清釐各鎭所管各則田數縷晰於

後

東城內舊爲來昭坊統圖二今以鎮領保編字號九天地元宇宙洪荒日月

共管各則田六百五十八畝九分八釐五毫五絲七微

南城內舊爲太疑坊統圖三今以鎮領保編字號五盈昃辰宿列

共管各則田一百九十二畝四分五毫一絲一忽一微

西城內舊與南內同隸太疑坊今以鎮領保編字號九張寒來暑往秋收冬藏

共管各則田六百八十五畝四分六釐八絲八忽

北城內舊爲順化坊統圖四今以鎮領保編字號十閏餘成歲律呂調陽雲騰

共管各則田五百六十畝一分三釐一毫四絲八忽三微七纖

綺山鎮舊爲昭聞鄉統都三圖二十四今以鎮領保編字號八致雨露結爲霜金生

共管各則田一萬八千二百五十五畝九分五釐四絲三微九纖

雲亭鎮舊與綺山同隸昭聞鄉今以鎮領保編字號十一麗水玉出崑岡劍號巨闕珠

共管各則田二萬九千七百四十八畝二分八釐四毫六絲二忽九微二纖

周莊鎮舊爲寶池鄉統都三圖十三今以鎮領保編字號十五稱夜光果珍李柰菜重芥薑海鹹河淡

共管各則田五萬四千九百七十四畝四分七釐五毫九絲七忽三微五纖

華墅鎮舊爲清化鄉統都二圖十一今以鎮領保編字號十八鱗潛羽翔龍師火帝鳥官人皇始制文字乃服

共管各則田五萬六千二百四十八畝一分七釐三毫七絲五忽三微一纖

馬嘶鎮舊爲白鹿鄉統都三圖二十四今以鎮領保編字號十四衣裳推位讓國有虞陶唐弔民伐罪

共管各則田四萬七千二百六十五畝四分九釐八毫八絲九忽二微

長壽鎮舊爲長壽鄉統都二圖八今以鎮領保編字號十周發商湯坐朝問道垂拱

共管各則田三萬九千八百五十八畝六分九釐八毫三絲二忽四微四纖

祝塘鎮舊爲西順鄉統都二圖十八今以鎮領保編字號十一平章愛育黎首臣伏戎羌遐

共管各則田四萬六千四百四十三畝二分五釐一毫三絲一忽四微

文林鎮舊與祝塘同隸西順鄉今以鎮領保編字號七邇壹體率賓歸王

共管各則田三萬八千一百四十六畝五分一釐八毫一忽六微

長涇鎮舊爲東順鄉統都二圖二十六今以鎮領保編字號十四鳴鳳在竹白駒食場化被草木賴及
共管各則田四萬七千一百七畝一分七毫六絲六忽七微三纖
顧山鎮舊與長涇同隸東順鄉今以鎮領保編字號十萬方蓋此身髮四大五常
共管各則田三萬三千四百五十六畝七分二釐九毫四絲四忽七微一纖
楊舍鎮舊與馬䭾同隸白鹿鄉今以鎮領保編字號九恭惟鞠養豈敢毀傷女另墩保二一谷瀆盤字范港鬱字
共管各則田二萬三千一百六十一畝三分七釐一絲六微墩保田數詳後

章卿鎮舊爲崇仁鄉統都二圖十二今以鎮領保編字號十二慕貞潔男效才良知過必改得另墩保一泗港樓字
共管各則田二萬四千五百九畝一分九釐八毫三絲六忽九纖墩保田數詳後
大橋鎮舊爲化成鄉統都三圖十五今以鎮領保編字號六能莫忘罔談彼另墩保五善港觀字蔡港飛字雷東驚字雷西圖字石頭港寫字
共管各則田一萬九千七百二十四畝五分一釐四毫四忽七微二纖墩保田數詳後
三官鎮舊與周莊同隸寶池鄉今以鎮領保編字號十一短靡恃己長信使可覆
器欲另墩保五巫子禽字石牌獸字蕭山彩字黃山鮮字白沙畫字
共管各則田三萬三百八十八畝四分五釐七毫五絲九忽五微墩保田數詳後
雙牌鎮舊爲順化鄉統都四圖二十四今以鎮領保編字號十一羔羊景行維賢克念作聖德
共管各則田三萬八千三百四十八畝六分九釐三忽七微三纖
謝園鎮舊爲太疑鄉統都四圖二十七今以鎮領保編字號八聖德建名立形端表
共管各則田三萬四千五十二畝六分八釐九絲二忽七微五纖

蔡涇鎮舊與謝園同隸太疑鄉今以鎮領保編字號七正空谷傳聲虛堂
共管各則田二萬四千五百六十五畝五釐四毫八絲一忽三微
月城鎮舊與蔡涇同隸太疑鄉今以鎮領保編字號五習聽禍因惡
共管各則田二萬二千二百九十四畝九分六釐七毫四絲六忽一微一纖
夏城鎮舊與月城同隸太疑鄉今以鎮領保編字號八積福緣善慶尺璧非
共管各則田一萬九千七百六十一畝九分四釐六絲九微八纖
黃橋鎮舊爲青陽鄉統都四圖三十二今以鎮領保編字號五寶寸陰是競

共管各則田一萬三千八十四畝二分六絲三忽八微
青暘鎮舊原隸青暘鄉今以鎮領保編字號十八資父事君曰嚴與敬孝當竭
力忠則盡命臨深
共管各則田四萬五千一百五十八畝四分四釐四毫
五絲四微
四河鎮舊與青暘同隸青暘鄉今以鎮領保編字號七履薄夙興夜凊似
共管各則田二萬九千四百九十三畝七分四釐四毫
六絲五忽二微
馬鎮舊為金鳳鄉統都二圖二十二今以鎮領保編字號十蘭斯馨如松之盛川
流不

共管各則田四萬二千六百一十八畝四分一釐三毫
一絲七忽二微六纖二沙
璜塘鎮舊與馬鎮同隸金鳳鄉今以鎮領保編字號八息淵澄取映容止若
共管各則田三萬七千七百二十四畝五分二釐六毫
一絲三忽三微六纖
花山鎮舊與雲亭綺山同隸昭聞鄉今以鎮領保編字號五思言辭安定
共管各則田一萬四千六百九十六畝三分三釐三毫
七絲八忽八微二纖四沙
蕭岐鎮舊為鳳過鄉統都三圖十五今以鎮領保編字號十一篤初誠美慎終宜令
榮業所

共管各則田五萬九百三十一畝七分六毫二忽七纖
葫橋鎮舊與蔡涇謝園夏城月城同隸太凝鄉今以鎮領保編字號四藉甚無竟
共管各則田八千一百四十八畝九分二釐六毫三絲
八忽八微六纖
觀山鎮舊為來春鄉統都三圖十九今以鎮領保編字號九學優登仕攝職從政存
共管各則田三萬二千二百九十九畝四分七釐七毫
五絲二忽六微三纖
利城鎮舊為良信鄉統都四圖三十今以鎮領保編字號十三以甘棠去而益詠樂
殊貴賤禮尊
共管各則田二萬九千二百六十四畝九分六釐四毫

七絲八忽九微四纖
前周鎮舊為永陵鄉統都三圖十四今以鎮領保編字號十八卑上和下睦夫唱婦
隨外受傅訓入奉母儀諸
共管各則田二萬四千二百七十畝九分三釐一毫六
絲八纖
後梅鎮舊與利城同隸良信鄉今以鎮領保編字號十五姑伯叔猶子比兒孔懷
兄弟同氣連枝
共管各則田二萬六千八百九十一畝八分九釐七毫
二絲三忽
丁墅鎮舊與前周同隸永陵鄉今以鎮領保編字號十六交友投分切磨箴規仁

慈　隱　惻　造　次　勿　離

共管各則田二萬六百二十一畝八分六釐四毫七絲七忽九微五纖四沙

桃花鎮舊與丁墅前周同隸永陵鄉今以鎮領保編字號十三節　義　廉　退　顛　沛　匪　虧　性　靜　情　逸　心

共管各則田一萬九千二百七十二畝六分一釐三毫九絲七忽七微

申港鎮舊與利城後梅同隸良信鄉今以鎮領保編字號十八動　神　疲　守　貞　志　滿　逐　物　意　移　堅　持　雅　操　好　爵　自　另墩保一　徐村小守字

共管各則田三萬八千二百四十一畝六分九釐九毫四絲三忽九微五纖墩保田數詳後

虞門鎮舊與觀山同隸來春鄉今以鎮領保編字號三邑　大華　小華

共管各則田八千四百三十二畝四分三釐二毫九絲二忽

夏港鎮舊與觀山虞門同隸來春鄉今以鎮領保編字號七夏　東　西　二　京　背　邙　另墩保三　河東丙字　河西納字　孟濟保孟濟字

共管各則田一萬二千九百三十四畝九分九毫六絲六忽七微墩保田數詳後

南城外舊與南丙同屬太疑坊今以鎮領保編字號十八行　維　賢　克　念　作

共管各則田六千七百六十四畝五毫五絲八忽六微

西城外舊與西丙同屬太疑坊今以鎮領保編字號一基

共管各則田四千四百一十八畝七釐四毫四絲九忽七微

北城外舊與北丙同屬順化坊今以鎮領保編字號八面　洛　浮　渭　據　涇　宮　殿　另墩保二　闖西仙字　五堡靈字

共管各則田二千九百九十二畝八分二釐七毫七絲八忽一微八纖墩保田數詳後

各墩保北外二　楊舍二　章卿一　大橋五　三官五　申港一　夏港三

共管各則田五萬八千六百二十五畝四分三釐七毫一絲六忽六微八纖

以上通共平田及不等田一百一十三萬七千二百九十五畝九分八釐七毫六絲二忽九微四纖四沙

凡爲平田九十一萬五千八百四十八畝九分五釐四毫二絲七忽二微七纖八沙

凡爲圩田一萬七千一百六十三畝六絲七忽一纖每畝折實平田九分七釐二絲七忽三微一纖三沙七塵六渺一漠六埃該折實平田一萬六千六百五十二畝七分九釐八毫五絲一忽一微

凡爲低田四萬二千九百七十七畝九分六釐二毫九絲七忽五纖每畝折實平田八分三釐六毫七絲二微三纖二沙九渺六漠四埃該折實平田三萬五千九百五十九畝七分六釐一毫三絲六

忽七微
凡爲沙田二百六十二畝六分三釐五毫二絲八忽五微九纖每畝折實平田五分二釐一毫三纖一沙七塵四渺六漠三埃該折實平田一百三十六畝八分三釐三毫六忽七微
凡爲墩埄六萬一千五百一十八畝五分四釐七毫七絲一忽三微七纖二沙每畝折實平田五分七釐八毫八絲八忽九微二纖四沙二塵九渺二漠該折實平田三萬五千六百一十二畝四分二釐五毫五絲一忽一微
凡爲灘蕩三萬五千七百六畝二分二釐八毫三絲六忽六微七纖四沙每畝折實平田一分六釐二毫八忽八微九纖八沙七塵一渺七漠五埃

該折實平田五千七百八十七畝五分八釐六毫三絲九忽一微
凡爲民山六萬三千八百一十八畝六分五釐八毫三絲四忽九微七纖每畝折實平田五釐七毫八絲八忽八微八纖二沙三塵七渺九漠三埃
該折實平田三千六百九十四畝三分八釐七毫六忽七微
通共折實平田一百一萬三千六百九十二畝七分四釐六毫一絲八忽六微七纖八沙
圩坦附東南水鄉最低窪處爲圩坦有岸者曰圩無岸者曰坦
來春鄉十都四圖圩一十二坦一十二盆塘圩田七頃八畝一分六釐高灣圩田七頃三分湯古岸圩田八十四畝七分小黃岸圩田八十畝施家圩田八十三畝鴨蕩圩田一頃六畝五分楊家圩田九十七畝黃溝圩田一頃二十一畝中岸圩田一頃五十四畝五分大黃岸圩田七十畝六分大蔡尖圩田一頃二十畝小蔡尖圩田二十九畝邵家五頃坦田八頃七十三畝趙岸坦田一頃五畝焦許岸坦田五十畝七分劉家岸坦田五十畝七分西湖岸坦田七十一畝蔡岸坦田九十三畝窩塔坦田四十五畝蒔蕩坦田一頃五十畝義岸坦田八十三畝張岸坦田四十五畝北楊岸坦田一頃六十七畝翁岸坦田四十五畝
良信鄉五都五圖圩三坦八溝岸圩田五頃一十八畝八分毛岸圩田八頃三十五畝八釐大岸圩田二頃八十畝四分賴岸坦田八頃八十畝陳溝

東坦田三頃三十九畝九分烏嘴岸坦田八頃一十三畝五分黃洋岸坦田三頃一十七畝七分黃天蕩涇西坦田四頃四十四畝一分後溝栲栳蕩坦田一頃六十四畝八釐石塘洋西坦田一頃五十四畝六分夏莊白岸坦田一頃八十七畝三分八圖圩三坦五章溝圩田一十四頃五十五畝六分五釐賴岸西圩田七頃四十三畝八分八釐蔡岸圩田七十畝七分火燒坦田六十三畝八分劉岸坦田二頃五十畝四分蔡岸坦田五十畝郭溝坦田八十畝趙婆蕩坦田四十畝六都二圖坦一十一蒲埂岸坦田六頃一十九畝三分夏家坦田八頃三十五畝七分夏家岸西坦田五頃六十一畝四分二釐張溝坦田五頃二十六畝八分牛塘坦田一頃一十二畝五分排底岸坦田八十畝坵家坦田五頃三十五畝五分四保岸坦田二頃四十七畝李家岸坦田七十四畝

石溝岸坦田八十二畝三分 毛都岸坦田三頃三十三畝 新增攔岸圩道光十一年築田蕩三十七頃
昭聞鄉十五都六圖坦五吳家坦田一頃 陶家坦田一頃一張家坦田六十一畝 菖蒲大小三坦田二頃三十畝 伏宇坦田九十畝 十七都二圖坦二十二包車圩坦田八頃二畝五分 一十韓塘圩坦田二頃九十二畝八分 黃市村坦田二頃三十九畝 高宗塘橋坦田二頃九十九畝 四河口坦田一十頃六十二畝五分 白蛇港坦田一十五畝 十八畝坦田五頃六十五畝 河流塘坦田四十畝 池坦田一頃二十五畝四分 楊家村坦田四頃五十四畝 駱駝橋坦田一頃六十畝七分 張岸村坦田三頃二十三畝 徐家坦田五頃二十四畝 坵家村坦田三頃七十九畝 潘家坦田五頃一十畝 潘家

蕩坦田九十四畝二分 蘇家洞坦田八十九畝九分 石塘橋坦田二頃九畝九分 百家橋坦田八十九畝四分 省田圩坦田一頃三十一畝九分 省岸圩坦田二頃五十六畝 祝家坦田三頃四十畝九分
太凝鄉二十三都一圖圩一十六坦一十一北盆塘圩田六頃三十九畝八釐 前蕩圩田三頃五畝四分 長岸圩田一頃五十七畝 長茭圩田二頃九十七畝七分 四十畝圩田四十畝 後蕩圩田五十四畝 前曲裏圩田四十四畝 東山圩田一頃九十五畝一分三釐二毫 流岸圩田一頃一十二畝 一蒲字圩田二頃六十八畝九分五釐 白水圩田三頃四十二畝四分一釐 郝涇圩田六頃七十五畝三分四釐六毫 上中九十畝圩田一頃五十畝 灰塘圩田四頃六十八畝五分 馮涇圩田九頃七十畝 後裏圩田二十七畝 北白蕩坦田三頃三十畝 夏城村坦田四頃一十五畝 東山落岸坦田二頃二畝 單涇坦田一頃七十畝 前蕩樁坦田一頃二畝 蔡家坦田一頃五十畝 北白蕩尖坦田二頃三十六畝 南尖白蕩坦田四頃四十畝 謝園公岸坦田一頃八十畝 東山中坦田一頃六十八畝九分 徐家村坦田二頃一十七畝一分五釐
青暘鄉二十五都一圖圩四坦一十二南新塘圩田一十頃六十一畝三分八釐 東西麥尖圩田二頃二畝九分六釐 南狄尖圩田二頃二十一畝八分 東狄尖圩田二頃三十二畝 南狄尖坦田三頃五十畝 東狄尖坦田一頃七十五畝 岐岸坦田二頃二十畝 梅家坦田八十七畝 蒲字坦田一頃七十六畝 山尖坦田一頃三十七畝五分 蓮洲坦田二頃四十一畝八分 一百四十畝坦田一頃四十畝 羅洋坦田二頃一畝二分 西塘涇坦田一頃一十畝八釐

周蕩坦田二頃一十畝七分三釐 梅岸坦田二頃四十八畝七分 二圖坦一十六楊家口坦田二頃一十七畝五分 蘇家岸坦田四十六畝七分 宋家岸坦田四十三畝九分五釐 吳蕩坦田八十一畝八分五釐 木梳坦田七十七畝四分 季家坦田六十八畝 蘆涇坦田一頃一十七畝八分 東坊坦田六十四畝 中坊坦田三十六畝四分 西坊坦田一頃六十八畝七分 新岸坦田一頃六十畝八分 孟家北坦田七十四畝八分 孟家東坦田七十畝一分 孟家西坦田二十三畝五分 陸家蕩坦田一頃三十二畝九分 塘下村坦田八十六畝 三圖圩五上漕蕩圩田一頃九十六畝五分 下漕蕩圩田一頃七畝 猪圈圩田一頃二十六畝 陳大岸圩田四頃二十五畝三分七釐 瓦古岸圩田五頃一十八畝五分 六圖圩一十七馬家湖上中下尤家圩田四頃七十二畝三分

省田圩田二頃七十一畝黃涇岸圩田二頃一十畝五分上沙家圩田一頃九十二畝中沙家圩田二頃一十六畝下沙家圩田二頃一畝八分上中下葑岸圩田三頃八十六畝三分五釐上中下舍梅蕩圩田四頃六十畝六分生岸圩田三十四畝四分淩岸圩田四十四畝馬家蕩圩田七十五畝一分張涇圩田一頃三十五畝蒲蕩圩田一頃八十九畝五分湯家圩田一頃七十二畝東後塘圩田六十九畝八分八釐西後塘圩田一頃六畝六分劉莊圩田五頃八十三畝一分一釐一毫八圖圩二馬家湖南圩田一十九頃八十畝六分九釐北鴨蕩圩田四頃三十九畝六分五釐九圖圩十南鴨蕩圩田四頃七十六畝九分四釐蟹戽尖圩田八十畝范岸尖圩田一頃一十一畝五分趙家底圩田二頃一十一畝五分西塘圩田一頃七十三畝三分東塘圩田二頃二十一畝

烏地大岸圩田五頃九十九畝八分下尖圩田四頃七十八畝楊淮圩田四頃五十畝七分毛涇圩田四頃五十九畝八釐十一圖圩七馬家湖北圩田五十頃九十二畝二分八釐六毫山塘圩田三頃五十四畝五分八釐廟堂圩田二頃八十四畝黃岸圩田一頃三十五畝東蕩圩田九十三畝五頃嚴家圩田一十一頃一十九畝七分三釐五毫長嶺圩田五頃五畝四分十二圖圩一十七圩田七十三頃四十八畝九分一釐八毫十三圖圩二十一沒稻岸圩田三頃四十三畝一分八釐繆家圩田四頃三十五畝二分西盆塘圩田三頃九十四畝六分東盆塘圩田四頃八十九畝四分一頃三卜畝圩田一頃九十六畝北狄尖圩田一頃一十一畝六分六釐中蒲圩田六頃八十七畝九分三釐雙涇圩田二頃七十三畝四分周堅圩田七頃八十七畝四分一釐九毫上施家圩田三頃八

十二畝八分八釐下施家圩田三頃八十五畝三分五釐唐家底圩田三頃一十九畝九分鄒家圩田一頃七十五畝於家圩田九十一畝曹岸圩田一頃五十八畝六分五釐張家圩田二頃一分五釐唐家圩田一頃六十五畝崔岸圩田一頃七十二畝七分茭岸圩田三頃七十畝五分顧家圩田二頃一十三畝馬奇圩田三頃四畝一分二釐二十六都一圖圩三漕港東圩田九頃八十畝六釐六毫漕港中圩田九頃八十一畝九分八釐三毫漕港西圩田一十二頃五十二畝八分七釐二圖圩六九頃圩田七頃九十七畝二分繆涇圩田四頃五十五畝屠涇圩田三頃九十五畝五釐毛程圩田五頃九十七畝四分一釐下圩田八頃一十四畝五分五釐五毫盛家尖圩田二頃九十七畝九分九釐三毫三圖圩九八十畝岸坊圩田六頃三十八畝九分一釐五毫梅家蕩圩田六頃一十四畝四釐五

毫西港圩田五頃八十一畝五釐新河圩田六十九畝八分九釐東塘圩田七十五畝後塘圩田一頃五十畝後塘北圩田七十九畝六分柏岸圩田一頃九十畝下魚蕩圩田九十一畝四圖圩六南北六頃圩田八頃四十三畝五分六釐牛車圩田五頃一十八畝八分五釐四毫萬家圩田三頃三十九畝四分六釐七毫上龍蕩圩田二頃一十畝五分七釐六毫謝家圩田一頃二十六畝九釐八毫漕涇圩田一頃一畝七分九毫五圖坦四塘下橋坦田七十八畝渡船坦田一頃三十六畝八分三釐寺港坦田六十三畝八分陳村坦田八十二畝一分二十七都三圖圩一十五徐家圩田三頃二十五畝三分五釐時家圩田三頃一十四畝六分六釐上圩田六頃一十七畝八分九釐七毫屠家尖圩田四頃一十六畝七分三釐五毫南圩田一頃六十八畝三分九釐一毫側田圩田八頃一十二畝九

分八釐七毫王岸圩田一頃二畝二分一釐碓杵圩田一頃五十五畝北圩田一頃三十畝後裏東尖圩田三頃三十畝六分三釐四毫後裏西尖圩田三頃七十畝一分四毫浮漿圩田三頃八十七畝四分四釐鯉魚蕩圩田一頃三十八畝六分八釐古蕩圩田三頃一十二畝一釐孔家圩田三十二頃五十二畝一分七釐二毫五圖坦四布秋底坦田三十八畝二分九釐菩提蕩坦田一頃九十四畝五分西路村坦田一頃二十八畝六分廟墩港坦田二頃四十五畝一分九釐二十八都二圖圩一十二坦八省岸圩田三頃九十五畝鷺鷥圩田六十三畝九分六釐趙婆圩田五十六畝二分五釐黑稻圩田一頃六十三畝一分楊莊圩田一頃五十二畝七分楊莊東圩田八十一畝四分窰下圩田六十九畝一分八釐張塘北圩田五十九畝一分楊莊後圩田一頃二十一畝五分丁家圩

田五十二畝張塘東圩田七十九畝二分張塘西圩田七十九畝五分蘆塘坦田一頃一十四畝廟堂坦田四十四畝二分郭莊坦田六十八畝六分楊莊坦田九十畝九分七釐五毫謝莊坦田二頃三十九畝八釐八毫鄧陽坦田四頃七十九畝一分九釐一毫北瀦坦田二頃四十五畝八分小省岸坦田一頃一十六畝五分鳳過鄉十八都一圖圩一十三三頃圩田二頃五十四畝六分三釐虞場圩田二頃二十五畝大岸圩田一頃二十二畝大岸西圩田二頃一十一畝八分毛岸圩田九十七畝窰下圩田九十五畝大岸南圩田八十五畝張蕩圩田一十五畝省岸圩田七十四畝六分蕭字圩田三十畝長岸東圩田一頃四十二畝八分長岸西圩田三頃二十畝六分獾墩圩田四十八畝二圖圩二十八灰岸圩田三十三畝黃天西蕩圩田二十二頃三十七畝三

分四釐六毫尖岸圩田一頃三十四畝三分龍蕩南圩田四十畝龍蕩北圩田二十九畝黃天東蕩圩田四頃九十二畝二分華岸西圩田五頃三畝二分華岸東圩田二頃二十一畝五分鯉魚蕩圩田一十三頃七十五畝六分五釐宋家圩田五十畝長岸北圩田七十畝六分嚴岸圩田六十六畝六分灰羅圩田五十六畝黃岸圩田三十畝黃涇圩田八十九畝八分計南圩田三十五畝窰岸南圩田一頃窰岸北圩田八十四畝五分沙草西圩田二頃八十五畝沙草東圩田一頃一畝一分張塘圩田一頃二十畝二分窰岸東圩田六十畝九分薛歧北圩田一頃四十八畝薛歧南圩田五十八畝龍蕩東圩田三十九畝四分後蕩圩田四十畝任岸圩田四十二畝姚舍圩田六十畝三圖坦一十七獾墩橋東坦田一頃五十四畝龔家橋東坦田一頃七

十畝獾墩橋西坦田一頃二十一畝張塘東坦田五十畝七分南斜港東坦田一頃六十畝南斜港西坦田二頃五十畝徐皮塘橋東坦田一頃三十六畝八分鄧陽橋南坦田一頃九十六畝八分四釐吳家橋東坦田二頃二十九畝鄧陽橋北坦田一頃一十五畝五分孫家西圩坦田一頃二十三畝七分洪塘橋坦田二頃二十五畝黃鶯涇坦田七十五畝袁家坦田五頃三十八畝九分薛歧南坦田三頃五畝龍蕩坦田四頃一十畝五分薛歧東坦田三頃一十五畝八分四圖坦一十七花塘坦田七頃七十五畝窰岸北坦田一頃二十畝葛家坦田五十三畝蒲莊村坦田一頃一十三畝孫家坦田二頃三十畝釣臺村坦田二頃五十畝石墩坦田三頃華岸東坦田六十一畝新橋坦田二頃五十畝虞溝塘坦田二頃三十畝石塘橋坦田七十畝蔣堰坦

田七頃一十畝薛歧北坦田四頃八十畝六分一釐盆塘坦田一頃六十八畝前馬橋坦田五十五畝蕭歧坦田六頃窑岸坦田一頃四十畝

金鳳鄉三十都二圖圩二十五黃家東圩田二頃八十六畝三分六釐道士圩田九十六畝大岸圩田一十八畝三分莊家圩田四十六畝彭家圩田一十五畝北黃涇圩田二十八畝李家圩田二十六畝唐家圩田三十三畝楊涇圩田四十畝花家圩田九畝柳家圩田二十七畝九分姚歧圩田二十九畝四分尖塲圩田四十七畝黃岸圩田一頃三十六畝二分碓杵圩田七十三畝周岸圩田三十七畝黃家中圩田七十二畝黃家西圩田二頃八十六畝三分六釐張岸西圩田四十畝八分五釐張岸東圩田四十二畝八分野岸圩田二十畝一分陳家圩田三十二畝七分夏家圩田二十五畝四

分嚴涇圩田一十五畝五分南黃泥涇圩田一十八畝十二圖圩一十五火燒圩田七十畝奚家圩田二十四畝孫家圩田六十五畝斷岸圩田四十五畝石塘圩田九十六畝懷岸圩田四十畝黃岸東圩田九十畝螺螄圩田一頃六十五畝宋家圩田四十五畝黃岸西圩田二十五畝五分姜岸圩田六十畝萬岸圩田八十三畝七分周岸圩田五十一畝家西圩田四十畝邵岸圩田一頃八十七畝四分七釐三十一都七圖圩八茭場圩田九頃九十三畝九分四釐岳圩田八頃九十畝一分大岸圩田一頃七十畝四分盛家圩田一頃六十三畝三分二釐湯家圩田二頃七十畝四分一釐潘家圩田八頃八十一畝三分七釐積田圩田三頃八十七畝二分孫家圩田五頃九十七畝一分八釐五毫十圖圩一十三唐岸尖圩田五十二畝西大岸圩田三十八畝七

分西朱圩田九十八畝七分五釐孔岸圩田九十六畝蘆岸圩田七十八畝、任岸圩田六十八畝二分南彭圩田一十四畝七分北彭圩田一十四畝四分六十畝圩田五十四畝二分陶家圩田四十六畝五分橋頭圩田三十三畝排下圩田二十九畝二分花家圩田三十六畝五分

修圩議

明 通 姚文灝

一圩田內外所作橫塘直浦大岸小塍亦是古人井田之遺法古之井田賴溝澮封畛以備旱潦今之圩田塘浦岸塍以備旱潦但井田之溝澮封畛多且濶圩田之塘浦岸塍少且狹所以古之水旱易備今之水旱難防然嘗考其故蹟又知塘浦岸塍初作之時亦多且濶所以狹少者乃後人惰於修循而壞之嘗思百姓不欲飽食則已若欲飽食必須盡力於塘浦岸塍之役官府不欲足民則已若欲足民必須盡心於塘浦岸塍之事大抵不論低田高田俱以十分爲率低田以一分爲隄岸高田以一分爲溝池則餘九分可以禾無旱潦一

五等圩岸式田低於水者底濶一丈二尺田高於水二尺者底濶一丈田高於水三尺者底濶九尺面濶比底各減半高亦以水爲準外面各離水八尺若溪湖衝激去處願增者聽

一各圖圩岸俱著排年分管若本圖原有十圩則每甲一圩若不及十圩則將大圩分轄之若十圩以上則併小圩兼管之分管既定然後立封牌爲誌

一對牌以石爲之長五尺濶四方各一尺五寸皆豎於圩南土二尺五寸四面刻字前云某字圩後云某縣幾都圖幾甲排年某人左云官民田若干右云糧若干下二尺五寸培而築之

一應修圩岸該管排年量田高下照依五等岸式督率圩戶各就田頭修築不論有田多寡但以田頭濶狹爲則假如田頭濶五丈者即修岸五丈濶十丈者即修岸十丈或有逃戶田頭及溝頭岸則衆共修築其圩心田戶若有徑塍者自修徑塍無徑塍者與衆同修逃戶及溝頭岸排年則管修一圖圩岸糧者則管修一區圩岸各縣治農官則提督一縣各府治農官則提督一府若一圖圩岸不修罪坐排年一區圩岸不修罪坐糧者等而上之一縣一府責各有歸一法不論田頭濶狹但論有田多寡照田出人照人分岸一總修築亦可

一有等極低圩岸又係貧難

及逃絶戶田產者治農官務要督令該管糧者將槩都或槩圖有圩人戶照田起倩借力併工修築一高鄉溝渠亦須併工開濬其法亦令糧者將槩區人戶照田起倩通作一處會同里老相勘本區該開河渠幾處某渠爲急某渠又次之議定依次併工開濬周而復始工程小者或今年開幾渠明年開幾渠工程大者或今年開半段明年開半段一低鄉有等大圩一遇雨水花然無救該管人員務要督率圩戶於其中多作徑塍分爲小圩大約頻渰去處一圩不過三百畝間渰去處二圩不過五百畝一圩田外有等坦田往往被災而不敢報災深可閔惜今後俱要築爲圩岸一低圩岸內再幫子岸一條高及一半如階級之狀老農謂之抵水岸一圩岸上俱要砌內外車埸高低水洞不得因車水放水輒便掘岸一凡邊臨湖蕩圩岸外須種茭蘆以禦風浪其狹河宜洩去處却不許一槩侵種以遏水勢一高鄉田畝去水窵遠無從車灌者令田戶於田內開塘蓄水備旱或所開之塘滲漏不蓄水者於他處挑取黏土和灰築底自然蓄水一近山高田無水車灌者令得利戶於山坳田尾共買地開塘以收蓄泉源及雨水亦可備旱一高鄉河埭臨水二三丈間不許

人翻耕種蒔以致浮土下河止許栽芋茅桑棗等項一近時水道大半築塞官府憚於修橋則築塞沿塘河口百姓懶於修圩則築塞通水溝頭小利大害上下不知必須漸次開通若是洩水隘口雖盜椿魚簖亦不宜槩釘一凡緊要洩水河內但依古人建造木橋宜洩快便不得輒造石橋遏東水勢

沙田 蘆田之名宋嘉熙間始見於籍元浙江行中書省屬有蘆洲田而邑志莫考舊志所載俱以爲自明萬歷間始漲或附老岸或界江心葭葦叢生故名蘆洲然辦課者僅田六萬餘畝至國朝增漲逾於舊數其地自雷陳等溝迤北有水套東西計二十餘里與漕田接壤套分南北統名南沙在江心者曰江心沙亦名北沙南北沙中又各自爲一名沙更統圩圩復分段總計全數約得漕田十分之一蔡志做各鎮順莊法分晰纂詳但漲坍隨時今昔稍異茲備載辦課實田而以已廢各沙附焉

套南各沙 統名曰南沙南至馬路漕田北至套自雷陳溝迄界涇常熟界縱橫約二十餘里內分腹地瀕江兩項辦課

雷溝沙 後塍北夾套西掛一圩夾套西掛二圩夾套西掛三圩夾套西掛四圩夾套西北掛耳圩

腹裏田岸九千二百五十九畝二分一釐

瀕江田岸一百九十七畝五分三釐

東江灣沙 雷溝西葛家四圩掛耳圩朱七四圩太平四圩并五圩安樂五圩并六圩張公港岸圩官路下腳圩

腹裏田岸五千一百七畝六分一釐

腹裏草灘六十三畝八分九釐

瀕江田岸八百一十一畝四分九釐

瀕江草灘九畝三分

瀕江水灘七十四畝五分八釐

石頭港沙 東江灣西港內東西沿邊小圩山腳圩史三小圩王靑小圩金山錢貴小圩西破圩高可三圩掛耳唐葵馬二小圩唐葵掛耳圩李喬小圩高可五圩楊三小圩西大圩馬二小圩西大圩東掛耳廂子高可二圩嚴賓小圩高可三圩高可四圩高可復修四圩高可四圩小耳周柏一圩盧明小圩周海小圩周柏二圩潘學小圩周柏二圩西掛耳周柏三圩周柏四圩高可六七北新圩西岸腳高可西六圩西岸腳高可西六圩北岸蕩徐四補額圩王木劉松小圩陳高一圩陳高二圩陳高三圩唐曠周仁小圩劉明小圩劉鎮小圩陳高四圩西掛耳陳高四圩陳高東小掛耳圩陳高三圩東小耳陳高五圩蘆蕩圩孫奉前圩孫奉後圩桃源一圩桃源二圩小灣大圩小灣二圩金三小圩徐四後圩徐四大圩并掛耳徐四復修圩徐四新興圩徐四掛耳圩劉松小圩司前一圩司前二圩徐四大圩東岸高可六

七北新圩西岸高可六圩高可七圩高可六七北新圩高可西六圩高可五圩切外復修圩・高可東六圩周仁劉明小圩

腹裏田岸六千九十五畝九分五釐

天臺灣沙石頭港北東一圩獅子圩雞婆灣圩

瀕江田岸五百九十一畝九分六釐

瀕江草灘二百三十四畝二分八釐

瀕江水灘六百九畝三分七釐

谷瀆港沙雷溝東接界常熟界文林圩永凝圩官路西圩東圩復興圩永興圩北新圩并掛耳烏沙港新圩舊東圩

瀕江田岸五百七十一畝五分三釐

江陰縣志 卷四 三十二

瀕江水灘八百一十二畝五分

另近城及西鄉新漲草水灘皆瀕大江亦附南沙辦課

白沙灣沙一二三四等圩

瀕江田岸一百八十四畝一分四釐

瀕江草灘二十九畝九分九釐

瀕江水灘四十七畝

黃山港沙二圩三圩蕭山新圩

瀕江草灘二十八畝八分五釐

瀕江水灘一百八畝一分二釐

夏港沙距西城外十里統河西烟墩保并東墩丙字等圩

瀕江田岸八十九畝七分九釐

瀕江草灘一百八十畝八分二釐

徐村墩沙沿江永盛圩

瀕江草灘二百五十八畝八分九釐

橫丹墩沙沿江高興圩

瀕江田岸一十九畝七分七釐

瀕江水灘五十三畝九分六釐

桃花港沙西興西長等圩

瀕江草灘一百八十四畝九分一釐

套北各沙南套北南界南沙北瀕江舊名北沙今統名南沙亦分腹裏瀕江辦課

民賦 沙田

江陰縣志 卷四 三十三

新興沙後塍西北西興圩日新圩合頂圩南中圩・中分圩西南朝東等圩

腹裏田岸三千五百五十畝九分三釐

常凝沙新興西永興等圩

腹裏田岸二千五十四畝八分五釐

腹裏草灘四十一畝七分一釐

新凝沙常凝北梅桀圩四口夾廂圩第二老三圩第一圩六圩劉萱等圩合界圩常凝界西夾洋圩伏興圩夾洋圩新興安樂圩宏長圩四口王高圩

腹裏田岸七百六十五畝四分四釐

瀕江田岸五百一十畝三分六釐

瀕江水灘四百二十六畝八分七釐

巫山沙 新凝西　山東大圩　并小二勝與官楚新圩 山前圩　西隆圩　山南大圩　西南掛耳圩 山北一圩　馬路東小圩　山東小二圩東南掛耳 山前二圩　灣新合東套圩　港東掛耳圩　北沙掛 耳圩、永安圩　廣德圩

腹裏田岸八百一十四畝一分

瀕江田岸一千九百九十六畝六分九釐

瀕江草灘一百二十三畝五釐

瀕江水灘八百三十八畝一分九釐

徐泗沙 新興東　顧鈿等圩　東套天字合界圩　合頂 圩　石幹圩　吳堂石幹等圩一

腹裏田岸一千四百三十八畝一分

南正興沙 徐泗北　天字圩　黄字圩　太平圩　安樂 圩　永興圩　合界圩　夾套圩　安樂西凝

圩

腹裏田岸二千三百五十二畝三分四釐

善港沙 徐泗東　王艮圩　李六圩　江策圩　朱潮圩 展學圩　扇子圩　曲尺圩

腹裏田岸三千六百七十畝七分七釐

復善沙 善港東北　東掛圩　東興圩　南興圩　復興 圩　太平圩　安樂圩　北興圩　西成圩　西 隆圩　北盛圩　元字夾套圩　西興圩　橋東西圩

腹裏田岸一千四百八十三畝五分

腹裏草灘一百八畝八釐

江心各沙 在大江中與正興沙對峙中隔江面約四 五里西南北三面皆距江東界常熟福壽 長興等沙統名江心沙亦名北 沙土名壽興沙照瀕江例辦課

東凝沙 川港西與常熟接界北爲永凝沙　中大圩　東 尖圩　黄德圩　邵字於洲圩　姜五圩

瀕江田岸八千三百七十二畝三分五釐

瀕江草灘二百一十六畝八分五釐

瀕江水灘一千八畝五分四釐

永凝沙 東凝北　陸成圩　天字圩　地字圩　元字圩 黄字圩　日字圩　月字圩　洪字圩

瀕江田岸八千九十四畝一分六釐

瀕江水灘五千七百六十六畝一分五釐

平凝沙 東凝永凝西　宗山圩　朝東圩　殷明圩　周 泉圩　東興圩　天壽中興圩　南興圩　西興 圩　北興圩　萬年掛耳圩　北興西嘴圩　復興圩 安字圩

瀕江田岸三萬五千五十二畝四分五釐

瀕江草灘一千一百三畝五分二釐

瀕江水灘二千四百四十畝七分三釐

正興沙 平凝西南北西三面距江　永盛圩　復興圩 和字圩　泰字圩　茂字圩　盛字圩

瀕江田岸二萬一千一百二十八畝八分

瀕江草灘三千八百六畝五分五釐

瀕江水灘七千八百四十四畝六分六釐

平北沙 平凝北　合界東新圩　合界西新圩

瀕江田岸二千六百七畝八分九釐

瀕江草灘二十五畝五分八釐

東興沙 平北東　添祿圩　永興圩

瀕江田岸一千八百二十二畝八分九釐
瀕江水灘二百三十九畝一分八釐
新漲南北各沙 照江心例辦課
宏興沙 夏港沙北 一二三四段等圩
瀕江田岸二畝九分四釐
瀕江草灘三百畝
瀕江水灘三百畝
段山沙 正興北 港東圩 港西圩 萬盛圩 永興圩 萬順圩 萬豐圩 北新圩 永利圩 套港圩 水套圩 永茂圩 永盛圩
瀕江田岸三千一百九十六畝五分二釐

瀕江草灘二千五十五畝四分
瀕江水灘二千六百一十四畝七分二釐
大陰沙 正興西 圩名缺
瀕江草灘二千四百三十八畝九分六釐
瀕江水灘二千四百四十一畝二分五釐
草陰沙 正興南 圩名缺
瀕江草灘九百二十畝二分四釐
右腹裏田岸三萬六千五百九十二畝八分 內七分科則田一萬一千五百一十七畝三分六分科則田八千六百二十畝八分一釐五分六釐科則田五千五百六十二畝六分七釐三分八釐科則田一萬八百九十二畝二釐

瀕江田岸八萬五千二百五十一畝二分六釐 內七分科則田七十畝二分九釐六分科則田四百九十八畝四分四釐三分八釐科則田八萬四千六百八十二畝五分三釐
腹裏瀕江草灘一萬二千一百三十畝八分七釐
瀕江水灘二萬五千六百二十五畝八分二釐
通縣沙洲各則田灘共一十五萬九千六百畝七分五釐 南沙科則分四等七分六分五分六釐三分八釐北沙祇有三分八釐一等江心及新漲各沙俱同草灘一分二釐四毫四絲水灘六釐二毫二絲

按蘆洲田畝定例五年一丈坍者免課漲者陞科以杜隱匿賠累之弊又以腹地離江較遠漲坍不及每屆丈量時恐滋紛擾祇將瀕江漲坍之處照舊列入丈冊便民之意至周也至新漲沙田嘉慶十七年議准每灘一

畝繳銀八錢歸民陞科執業道光八年巡撫陶澍奏明凡有新漲沙地官爲召佃徵租解司撥充通省水利公用旋經御史許於十九年奏准將八年以前繳價有案者准作民業八年以後如有新漲著即勘明有碍水道即行剷除無碍水道官爲召佃輸租此係因時權宜之計而沙民攘奪之風則可稍息矣

已廢各沙 附

鶴洲沙 北城外君山之西順治間坍沒
黃鶯沙 平凝南順治間坍沒
永興沙 永凝北康熙二十三年業戶趙茲報陞後緣常熟人告爭詳定勘分兩執其業旋報坍沒
鐵牌沙 復善北康熙四十年坍沒
三角沙 段山南康熙五十年坍沒
平北沙 段山南康熙五十三年坍沒

賦額

宋夏稅本色綿三萬二千一百二十九兩五錢絹四千九十七疋七寸六分五釐大麥一萬四千二百二十石四升小麥二千二百八石八斗七升折帛錢八萬九千四百五十五貫八百八十七文秋租苗米四萬二千三百四十五石四斗八升鹽米一萬一千三百一十八石衫布二千五百一十五疋三丈五尺折錢一萬三千八十二貫五百五十五文

營田租夏料折稅錢九百九十九貫六百二十三文大麥一百七十二石九斗四升秋料折苗錢六百二十三貫八百七十六文稻一千四百一十五石四斗七升

常平稅租夏料一百八十一貫七百八十五文大麥三十五石六斗五升小麥八石九斗八升秋料租米二百五十九石七斗七升豆五斗五升沙田錢一千六百一十六貫一百九十四文

役錢正錢二萬四千九百三十四貫零官戶增半錢五千四百五十四貫零以上俱照紹熙五年數營田租項以下均在兩賦之外

元夏稅絲一千九百七十六觔二兩九錢八分四釐綿二千二百四十二觔一十四兩四錢一分二釐中統鈔九千錠三十四兩二錢九分八釐秋租米七萬九千七百二十二石四斗九升三合

明夏稅洪武十年小麥一萬九千五百五十五石三斗大麻一千三百八十觔木棉六百九十觔永樂十年小麥四萬一千四百八十七石四斗九升二勺宣德十年小麥三萬八千七百三十六石五斗八升二合三勺成化八年分立靖江縣開除麥一萬二百八十六石五斗八升四合九勺實科麥二萬八千三百四十九石九斗九升七合四勺宏治十五年小麥二萬八千三百六十石一斗七升八合五勺除撥江無徵三百九十六石二斗三升七勺實徵小麥二萬七千九百六十三石九斗四升七合八勺正德七年小麥二萬八千三百四十九石九斗九升四合九勺秋租洪武十年米豆四萬八千三百七十五石五斗永樂十年米豆一十萬二千三百九十六石七斗七升九合九勺山租鈔七萬八千七百五十六文馬草一十七萬六千五百一十五包

四觔七兩宣德十年米豆一十萬八百二十八石五斗八升八合九勺山租鈔八十四貫七百六十三文成化八年分立靖江縣除米豆一萬九千六百二十一石八斗八升七合四勺山租鈔一貫七十二文實徵米豆八萬一千二百七石三斗九升一合五勺山租鈔八十三貫六百九十五文宏治十五年米豆八萬二十六石九升三合八勺山租鈔一百六十三貫六百九十五文馬草一十五萬一千二百四十八包四觔二兩正德七年米豆八萬一千二百七石三斗九升一合五勺山租鈔一百六十三貫六百九十五文馬草一十五萬三千六十五包七觔六兩以上二稅俱分別本折均解至嘉靖間巡撫歐陽鐸併夏稅於秋租合徵列數如左

兩稅總額嘉靖十六年平米一十七萬九千五百八十八石五斗四升萬曆十年平米一十七萬九千八百四十八石九斗三升三合九杪內本色米六萬二千五百五十石五斗八升七合五勺六杪折色銀四萬六千七百七十二兩五分二釐五毫六絲崇禎十二年本色米七萬二千九百一十二石六斗八升三合七勺折色銀八萬九千七百九十八兩四錢七分七釐

國朝順治十七年原科平米一十七萬九千八百四十九石二斗三升八合八勺二杪四撮九粟四稞以折實平田按畝計派數詳田壤舊制本折色起存錢糧在於平米上各則驗派今俱於折實平田上一則起科通縣共額徵條銀九萬一千五百二十八兩七錢七分七釐三毫八絲七忽六徵一纖八沙四塵五漠米五萬九千六百七十四石八斗九合六杪一撮六圭八粟麥一千一百三十八石六斗二升三勺八杪三撮四圭二粟五稞

十八年至康熙二年增科平米一百二十三石三斗二升九合一勺八杪四撮九圭二粟四稞一粒六粞以陞科轉則田畝除勘減缺額外計畝均派數詳田壤額徵本色米麥四十三石五合七勺二杪六撮九圭八粟三稞八粒三粞折色銀六十六兩八錢八分三釐九毫七絲九忽四微九纖一沙二塵九漠二埃

康熙三年至五年增科平米二千三百三十四石七斗五

合四勺二杪五撮三圭九粟五稞三粒一粞額徵本色米麥八百一十四石一斗四升一合六勺三杪五撮五圭七粟三稞八粒九粞折色銀一千二百六十六兩一錢八分九毫五絲五忽

十六年增科平米七十七石四斗一升二合一勺九撮一圭五粟九稞六粒一粞額徵本色米麥二十六石九斗九升四合一勺二杪九撮八圭六粟五稞六粒九粞折色銀四十一兩九錢八分二釐一毫九絲五忽二微四纖八沙九塵四渺二漠三埃

三十一年至五十年增科平米一百一十七石五斗四升六合五勺二杪九撮六圭四粟七黍額徵本色米麥四十石九斗八升九合二勺七杪五撮六圭九粟三稞三粒九黍折色銀六十三兩七錢四分七釐九毫二絲五忽三微七纖九沙六塵一渺三漠八埃

乾隆七年至四十年增科平米二百一十石三斗三升四合六勺九杪五撮七圭九粟三稞五粒四稷四糠一粃二粞五禾額徵本色米麥七十一石八斗四升三合五勺折色銀一百一十二兩九錢一分二釐

四十五年至四十九年增科平米五十三石一斗四升三合七勺額徵本色米麥一十八石一斗五升六勺折色銀二十八兩五錢二分七釐

按從來田壤時有減陞自乾隆四十九年以後田不轉則賦不加增著爲定例并於滸課款目刪繁就簡茲照新刊賦役全書將現行起科則例額徵銀米及起存諸項詳列於左

起科則例平田科平米一斗八升二勺九杪六撮九圭八粟六稞三粒圩田每畝折實平田九分七釐二絲七忽三微一纖三沙七塵六渺一漠六埃科平米一斗七升四合九勺三杪七撮三圭二粟二稞六粒低田每畝折實平田八分三釐六毫七絲二微三纖二沙九渺六漠四埃科平米一斗五升八勺五杪四撮九圭六稞九粒沙田每畝折實平田五分二釐一毫三纖一沙七塵四渺六漠三埃科平米九升三合九勺三杪四撮七圭八粟七稞一粒墩埒每畝折實平田五分七釐八毫八絲八忽九微二纖四沙二塵九渺二漠科平米一斗四合三勺七杪一撮九圭八粟五稞九粒灘蕩每畝折實平田一分六釐二毫八忽八微九纖八沙七塵一渺七漠五埃科平米二升九合二勺二杪四撮一圭五粟五稞五粒民山每畝折實平田五釐七毫八絲八忽八微八纖二沙三塵七渺九漠三埃科平米一升四勺三杪七撮一圭九粟八稞五粒

每平田一畝科本色米并麥改米五升二合七勺九杪三撮六圭一粟二稞七粒八稷五糠二粃四禾科白米六合三勺五杪二撮七圭七粟二稞一粒五黍八稷三糠五粃六粞九禾科漕贈五米二合四勺四杪八撮六圭一粟三稞二粒九黍五稷四糠三粃五粞科折色秕糧灰石銀六分八釐三毫八絲六忽二微二纖八沙五塵五渺八漠七逡八巡科漕贈十銀四八毫七絲九忽九微四纖八沙三塵七渺九漠六埃二巡科九釐地畝銀一分一釐六絲六忽五微三沙四塵五渺七漠七埃科徭里銀一分二釐四毫五絲六忽七

微七沙二塵八渺三漠八埃九逡九巡遇閏之年增徵閏月米九杪七撮九圭五粟三稞九粒二黍七稷一糠六粃七粞八禾減徵漕糧漕贈改折灰石等米一勺二杪二撮七粟二稞六粒七黍一稷七糠三粃二粞八禾增徵折色秕糧灰石等銀二毫六忽六微九纖八沙六塵九渺六漠四埃六逡八巡減徵漕贈銀一絲一忽四微五纖九沙九渺一漠八埃五逡九巡增徵徭里銀二毫七絲五忽二微九纖二沙二塵七渺六漠七埃八逡二巡

每平田一畝科本色米并麥改米六升一合五勺九杪四撮九圭九粟八稞一粒六黍二稷二糠九粃四粞三禾科地漕銀九分六釐七毫八絲九忽三微八纖七沙六塵七渺九漠二埃七逡九巡人丁銀一釐八毫七絲八忽九微五纖九沙六塵三漠五埃八逡匠班銀一毫一絲六忽三微六纖九沙五塵六渺三漠七埃九逡

按通縣以折實平田按畝計派該平米一十八萬二千七百六十五石七斗七升五合一勺現在起存錢糧俱

於平田上一則起科今將實徵銀米細數列後

實在通縣共額徵本色米六萬二千四百三十八石四斗一升二合以現在折實平田計派數詳田壤每畝實完本色米六升一合五勺九杪四撮九圭九粟八粿一粒六黍二稷二糠九粃四粞三禾遇閏之年以增抵減外實減徵米二杪四撮一圭一粟八粿七粒四黍四稷五糠六粃五粞

額徵折色銀九萬八千一百一十四兩七錢一分五釐另攤入人丁銀一千九百四兩六錢八分八釐匠班銀一百一十七兩九錢六分三釐共額徵銀一十萬一百三十七兩三錢六分六釐以現在折實平田計派數詳田壤每畝實完折色銀九分六釐七毫八絲九忽三微八纖七沙六塵七渺九漠二埃七逡九巡遇閏之年以增抵減外實增徵銀四毫七絲五微三纖一沙八塵八渺一漠三埃九逡一巡每畝攤徵人丁銀一釐八毫七絲〻忽

九微五纖九沙六塵三漠五埃八逡遇閏加攤丁銀四絲八忽九微二纖八沙三渺三漠五埃七逡七巡每畝攤匠班銀一毫一絲六忽三微六纖九沙五塵六渺三漠七埃九逡

無閏年每折實平田一畝應徵地漕丁匠正銀九分八釐七毫八絲四忽七微一纖六沙八塵四渺六漠六埃四逡九巡共應徵銀一十萬一百三十七兩三錢六分六釐遵奉部咨正耗分別統徵無耗平戥計每畝應徵隨正七分耗銀六釐九毫一絲四忽九微三纖一塵七渺九漠二埃六逡五巡四須共應徵耗銀七千九兩六錢一分六釐計每平田一畝應徵二共無耗平戥銀一錢五釐六毫九絲九忽六微四纖七沙二渺四漠九埃一逡四巡四須通共徵收地漕丁匠正耗平戥銀一十萬七千一百四十六兩九錢八分二釐

有閏年每折實平田一畝應徵地漕丁匠正銀九分九釐三毫四忽一微七纖六沙七塵六渺一漠六埃一逡七巡共應徵銀一十萬六百六十三兩九錢三分七釐遵奉部咨正耗分別統徵無耗平戥計每畝應徵隨正七分耗銀六釐九毫五絲一忽二微九纖二沙三塵七渺三漠三埃一逡三巡一須九臾共應徵耗銀七千四十六兩四錢七分六釐計每平田一畝應徵二共無耗平戥銀一錢六釐二毫五絲五忽四微六纖九沙一塵

三渺四漠九埃三逡一須九臾通共徵地漕丁匠正耗平戥銀一十萬七千七百一十兩四錢一分三釐

額徵門攤城租漁課營田等銀四百五十三兩八錢九分五釐隨正七分耗羨銀三十一兩七錢七分三釐遇閏之年加徵銀三十二兩三錢二釐隨正七分耗羨銀二兩二錢六分一釐此項彙入地丁內起解細數詳雜稅

解支起存欵目

本色起運

戶部項下漕糧正兌該米三萬五千四百六十八石五斗八升七合遇閏減運米八十二石九斗七升三合

加四耗米一萬四千一百八十七石四斗三升四合八勺

遇閏減運米三十三石一斗八升九合二勺

漕贈五米二千四百八十二石一斗四升一合九勺遇閏減運米五石八斗九升

白糧正米三千三百八十五石

白糧耗米一千一十二石三斗

舂辦并續增耗辦米一千七百九十八石七斗四升

運船水手飯米二百四十三石七斗二升

各倉項下揚州倉正丈壓增米九百三十六石七斗一升一合

五勺

淮安倉正丈壓增麥改米五百八十三石九斗三升八合

九勺

壽州倉一百六十二石五斗九升三勺

鎮江倉六百二十一石三斗六升二合五勺

江興等衛乾隆五十三年始原裁京口兵糧改本月糧米

三百七十二石二斗三升三合三勺

江安糧道項下額撥漕項行月米一百五十石一斗三升八合一勺此項米石係於地丁米內撥出如遇田畝被災將應蠲之米於南米款內一體扣蠲此米仍行照額撥解

南糧項下徵米一百一十四石八斗一升一合七勺遇閏加徵米二十一石九升九合一勺又應減徵壓科充餉米五升四合四勺按南糧原徵米八百四石九斗七升九合三勺內除乾隆二十九年省倉白粳改漕米四十石二升九合五勺又京口裁兵案內以南改漕米五百石歸入漕糧項

八合一[illegible]併漕項米一百五十石一斗三升並安糧道項下開列外實存前數

右起解漕白南糧正耗等米六萬一千五百一十九石七斗一升遇閏減運各米一百二十二石五升二合二勺加增南糧米二十一石九升九合一勺又應減徵壓科充餉米五升四合四勺

本色存留

實存恤孤米九百一十八石七斗二合遇閏加徵米七十六石五斗五升八合五勺

折色起解

江蘇布政司項下起存地丁并雜辦壓丈增等項共銀五萬九千九百五十七兩五錢一分九釐遇閏加銀七十六兩八錢四分七釐

節年丈壓增併優免田糧充餉銀八百九十五兩六錢四釐遇閏加銀一十六兩五錢八釐

節年編審并優免及不免餘丁充餉銀二百二十五兩一錢五分九釐遇閏加銀五兩八錢六分三釐

舊編裁扣及抵銷餘剩充餉銀四千一百三十七兩二錢一分八釐

續裁充餉銀五百兩七錢三分四釐遇閏加銀六十五兩八錢七分二釐

各案新裁并已復工食仍裁充餉銀三千三百六十六兩一錢七分七釐遇閏加銀七十七兩八錢八釐

奉裁亳州倉麥折正損費改歸充餉銀七百二兩九錢七

分二釐
奉裁驛站各項充餉銀三百七十三兩三錢三分三釐遇閏加銀三十一兩一錢一分一釐
節年陞科充餉銀一百四十一兩四錢三分九釐遇閏加銀六錢八分七釐
奉裁海防同知各役工食充餉銀五十四兩遇閏加銀四兩五錢
奉裁水利通判俸工充餉銀五十九兩八錢二分遇閏加銀四兩
文廟各壇祭祀香燭餘剩充餉銀七十二兩四錢二分一釐
奔牛遞運所歸併毘陵驛駕船水手各役工食不等充餉

銀一百四十八兩二錢遇閏加銀一十二兩三錢五分
河工正費歸入地丁充餉銀九百四十五兩五錢三分一釐
右起存新舊奉裁改歸新陞充餉共銀七萬一千五百八十兩一錢二分七釐內除均給孤貧銀九十四兩一錢八分九釐彙入雜欵額撥漕項銀一百三十九兩二錢歸入江安糧道項下又徑給致祭文昌祠銀四十兩武廟銀六十兩閘夫工食銀四十二兩四錢八分外實解司正銀七萬一千二百四兩二錢五分八釐遇閏應加解正銀二百九十五兩五錢四分六釐內除撥文廟閏月香燭銀六分均給孤貧閏月銀一十兩四分四釐實加解銀二百八十五兩四錢四分二釐按蔡志有撥辦本色顏料布疋等項鋪墊水腳等銀於乾隆二十年奉文統歸司庫地丁銀內動辦

實解地丁隨正七分耗羨銀四千九百八十四兩二錢九分八釐遇閏加解耗銀一十九兩九錢八分一釐
實解起存地丁并丈陞增損腳正銀七百二十三兩九錢三分七釐遇閏加解正銀九錢六分八釐
實解損腳隨正七分耗羨銀五十兩六錢七分六釐遇閏加解耗銀六分八釐
蘇松糧道項下輕齎銀四千一百六兩四錢七分三釐又損腳銀四十一兩六分五釐解費銀八十二兩一錢二分九釐
改漕案內加編銀五百一十五兩九錢十分五釐又損腳銀一十五兩四錢七分七釐

七分折色蘆蓆楞木松板等銀一百五十五兩八錢八分八釐又解費銀三兩一錢一分九釐
改漕案內加編七分折色蘆蓆木板銀一十九兩五錢八分五釐又解費銀三錢九分二釐
節年陞丈增輕齎本折蓆木銀五十九兩四錢四分四釐
三分本色蘆蓆楞木等銀七十四兩六錢七分二釐內已除去改撥灰石銀一兩六錢一分三釐
改漕案內加編三分本色蓆木板銀九兩五錢八分四釐
漕折灰石銀一千一百三十九兩八錢二分七釐連撥入三分本色蘆蓆銀一兩六錢一分二釐在內遇閏加銀一百四十一兩三錢六分

漕贈十銀并加編銀四千九百四十五兩四錢五分遇閏減編銀一十一兩六錢一分六釐內已除去加增道冊銀一錢六分四釐又減徵蓆木銀一釐

揚淮壽鎭等倉米麥折銀二千二百一十九兩三錢九分一釐又損解銀五十兩二分五釐

鎭江衛淺船民七料銀八十八兩二錢四分八釐又解費銀一兩七錢六分五釐

解通由閘銀二百七十二兩八分

漕截銀一千四百七十五兩一錢八分四釐按此欵照依浙例每正米并二五耗米一石給銀三錢四分七釐計正米并二五耗米四千二百五十一石二斗五升編徵前數

負重銀八十八兩四錢七分九釐

束包夫工食銀一百兩八錢查漕運議單每船二名每名工食銀七兩二錢計船七隻共一十四名編徵前數

裁存經費銀一千一十八兩七錢八分

千總俸工銀三十五兩七錢六分二釐

隨帮廩工銀九兩八錢六分三釐

節省充餉銀六千九百四十兩二錢三釐

右連損腳解費共銀二萬三千四百六十九兩六錢又道冊應增銀四兩八錢二分一釐實解蘇道漕項正銀二萬三千四百七十四兩四錢二分一釐遇閏以增抵減外實加解正銀一百二十九兩七錢四分三釐

實解漕項隨正七分耗羨銀一千六百四十三兩二錢九釐遇閏以增抵減外實加解耗銀九兩八分二釐

江安糧道項下額撥漕項銀一百三十九兩二錢此項銀兩係地丁內撥出如遇田災將應蠲之銀一體扣蠲此欵仍照額撥解

額徵過江水腳米折銀九百四十七兩六錢四分八釐

陞丈增銀一十三兩三錢六分

鳳陽倉麥折正銀一千六十一兩九錢九分四釐又損腳銀三兩一錢八分六釐解費銀二十一兩二錢四分

右實解江安道漕項及損腳解費正銀二千一百八十六兩六錢二分八釐

實解漕項隨正七分耗羨銀一百五十三兩六分四釐

折色存留支給

俸工開支 撫院衙門各役工食銀九兩內皂隸一名工食銀六兩遇閏加銀五錢鋪兵分編半名工食銀三兩遇閏加銀二錢五分

蘇松糧道衙門俸銀二十兩

本府衙門各役工食銀一百三十二兩內禁卒一十二名每名工食銀六兩共銀七十二兩遇閏加銀六兩庫子四名每名工食銀六兩共銀二十四兩遇閏加銀二兩斗級六名每名工食銀六兩共銀三十六兩遇閏加銀三兩

督糧通判衙門俸工銀五十九兩八錢二分內俸銀一十一兩八錢二分步快八名每名工食銀六兩共銀四十八兩遇閏加銀四兩

總捕通判衙門俸工銀五十九兩八錢二分內俸銀一十一兩八錢二

分步快八名每名工食銀六兩
共銀四十八兩遇閏加銀四兩

府學衙門廩糧工食銀五十三兩六錢內廩生八名每名廩糧銀四兩共銀
三十二兩遇閏加銀二兩六錢六分七釐門子三名每
名工食銀七兩二錢共銀二十一兩六錢遇閏加銀一
兩八錢

本縣衙門俸工銀九百八十兩內俸銀四十五兩門子二名每名工食銀六兩共銀
一十二兩遇閏加銀一兩皂隸一十六名每名工食銀
六兩共銀九十六兩遇閏加銀八兩內於雍正七年酌
裁二名抵給仵作工食民壯三十名每名工食銀六兩
又每名加增器械銀二兩共銀二百四十兩馬快八名
每名工食銀六兩又每名支馬匹草料銀一十兩八錢
共銀一百三十四兩四錢遇閏加銀一十一兩二錢鋪
兵三十七名每名工食銀七兩二錢共銀二百六十六
兩四錢遇閏加銀二十二兩二錢無錫縣高橋起至江
陰止鋪兵六名每名工食銀七兩二錢共銀四十三兩
二錢遇閏加銀三兩六錢禁卒八名每名工食銀六兩

共銀四十八兩遇閏加銀四兩轎傘扇夫七名每名工
食銀六兩共銀四十二兩遇閏加銀三兩五錢庫子四
名每名工食銀六兩共銀二十四兩遇閏加銀二兩斗
級四名每名工食銀六兩共銀二十四兩遇閏加銀二
兩修蓋銀五兩

縣東西兩學衙門俸工廩糧銀二百五十七兩六錢內俸銀八
十兩廩生二十名每名廩糧銀四兩共銀八十兩遇閏
加銀六兩六錢六分七釐齋夫三名每名工食銀一十
二兩共銀三十六兩遇閏加銀三兩門子三名每名工
食銀七兩二錢共銀二十一兩六錢遇閏加銀一兩八
錢膳夫二名每名工食銀二十兩共銀四十兩遇閏加
銀三兩三錢三分三釐後以膳夫一項一併歸入廩生
項下給發

縣丞衙門俸工銀七十六兩內俸銀四十兩門子一名工食銀六兩遇閏加銀五錢皂
隸四名每名工食銀六兩共銀二十四兩遇閏加
銀二兩馬夫一名工食銀六兩遇閏加銀五錢

主簿衙門俸工銀六十九兩一錢一分四釐內俸銀三十三兩一錢一
分四釐門子一名工食銀六兩遇閏加銀五錢皂隸四
名每名工食銀六兩共銀二十四兩遇閏加銀二兩馬
夫一名工食銀六兩遇閏加銀五錢

典史衙門俸工銀六十七兩五錢二分內俸銀三十一兩五錢二分門子一
名工食銀六兩遇閏加銀五錢皂隸四名每名工食銀
六兩共銀二十四兩遇閏加銀二兩馬夫一名工食銀
六兩遇閏加銀五錢

巡檢衙門俸工銀二百三十兩七錢二分內俸銀三十一兩五錢二分皂
隸二名每名工食銀六兩共銀一十二兩遇閏加銀一
兩弓兵二十六名每名工食銀七兩二錢共銀一百八
十七兩二錢遇閏加銀一十五兩六錢

右各衙門官役俸工正銀二千一十五兩一錢九分四

釐遇閏加支正銀一百二十二兩一錢一分七釐

隨正七分耗羨銀一百四十一兩六分三釐遇閏加支耗銀八兩五錢四分八釐

祭祀開支

文廟春秋祭祀銀四十八兩一錢二釐又朔望香燭
銀二兩五錢七分四釐遇閏加銀六分此項係地丁閏月內撥入

文昌祠春秋祭祀銀四十兩此項係地丁內撥入

武廟三次祭祀銀六十兩此項係地丁內撥入

社稷等壇祭祀銀一十兩九錢四分七釐

厲壇祭祀銀三兩二錢八分四釐

火神廟常雩禮祭祀銀共二兩一錢八分九釐

各專祠春秋祭祀銀二十四兩八分三釐
右祭祀正銀一百九十一兩一錢七分九釐 遇閏加支正銀六分
隨正七分耗羨銀一十三兩三錢八分二釐 遇閏加支耗銀四釐
雜欵開支 各上司按臨行香賞用紙筆銀一十二兩
本縣印官到任公宴祭祀等銀三十兩六錢六分七釐
祈晴禱雨銀二兩四錢
本府各官賫繳勘合關領時憲書銀一十兩
鄉飲酒筵銀一十兩
會試舉人盤費銀四十二兩七錢五分 此欵於雍正九年奉文以各州縣三年均編之銀於會試年照通省赴試文武舉人按名均給

府歲貢坊儀銀一十一兩二錢
縣歲貢坊儀銀二十八兩 歲貢坊儀二欵於乾隆二年議定六年統算均給
鄉試提取謄錄生工食銀三兩三錢三分三釐
科場席舍銀一十三兩九錢五分八釐
武場供用銀六兩六錢六分七釐
府書造册紙張銀一十三兩
本府歲底新書節炭銀一十兩
本縣歲底新書節炭銀一十八兩
看守道院門子六名每名工食銀三兩六錢共銀二十一兩六錢 遇閏加銀一兩八錢

本府公館門子一名工食銀三兩六錢 遇閏加銀三錢
巡鹽民壯一十四名每名工食銀七兩二錢共銀一百兩八錢 遇閏加銀八兩四錢
閘夫工食銀四十二兩四錢八分 此項係地丁內撥入
養濟院孤貧男婦三百二十一名每名給銀一兩二錢九分三釐四毫共銀四百一十五兩一錢八分九釐 遇閏加銀一十兩四分三釐
右雜欵正銀七百九十五兩六錢四分四釐 遇閏加支正銀二十兩五錢四分三釐
隨正七分耗羨銀五十五兩六錢九分六釐 遇閏加支耗銀一兩四錢三分八釐

雜稅

宋 酒錢 額徵都酒務三萬二千四百七十二貫零戶部贍軍酒庫十三萬八千六百九貫零荼村酒務五千八百三十三貫零利城酒務六千六百三十八貫零
稅錢 額徵都稅務三萬二千四百七十二貫零荼村務六千七十二貫零利城務三千三百六十二貫零乾道間又有楊舍蔡港申港三稅場一萬九千二百三十四貫零
物力錢 一十七鄉通徵計錢二百十七萬二千八百零
元 稅錢 在城務鈔一千一百八十錠九兩一錢
明 稅課 洪武初設大使一員領之成化宏治間稅課局正辦課鈔一萬一千九百四十一錠三貫四百四十文錢一十一萬九千四百一十六文內商稅課鈔一萬一千二百二十五錠三貫二百四十文錢一十一萬二

千二百五十六文門攤課鈔三百七十四錠錢三千七百四十文酒醋課鈔一百八十三錠四貫八百四十文錢一千八百四十文房地賃鈔一百三十七錠四貫六百文錢一千二百八十文油榨賃鈔一十九錠一貫六百文錢一百九十二文桃梅李果課鈔四貫一百六十文錢八文正統二年裁汰大使歸縣兼管嘉靖間巡按朱實昌以徵稅煩擾更爲門攤令牙行四季收貯歲終起運又有靑暘蔡涇長涇夏港馬䭾沙五處分局收稅旋設旋廢

無定額

國朝門攤課銀三百五十八兩三錢四分八釐隨正七分耗羨銀二十五兩八分四釐解費銀七兩一錢六分七釐隨正七分耗羨銀五錢二釐遇閏加徵銀三十兩五錢六分隨正七分耗羨銀二兩一錢三分九釐解費銀六錢一分一釐隨正七分耗羨銀四分三釐

漁課銀一十五兩一錢八分四釐隨正七分耗羨銀一兩六分三釐解費銀三錢四釐隨正七分耗羨銀二分一釐遇閏加徵銀一兩一錢九釐隨正七分耗羨銀七分八釐解費銀二分二釐

隨正七分耗羨銀一釐

城租銀三十六兩八錢五分二釐二毫六絲隨正七分耗羨銀二兩五錢八分

楊舍營田租息銀三十六兩四分隨正七分耗羨銀二兩五錢二分三釐以上四項均歸地丁統解司庫

牙稅銀三百三十九兩六錢隨正七分耗羨銀二十三兩七錢七分二釐截至現年止共計八百四十九戶

典稅銀一百三十兩隨正七分耗羨銀九兩一錢截至現年止共典鋪二十六戶

田房稅銀無定額每契價一兩稅銀三分隨正七分耗羨銀二釐一毫

牛猪稅銀六十四兩一錢九分隨正七分耗羨銀四兩四錢九分三釐

蘆課銀五千五百五十兩六錢一分二釐隨正七分耗羨銀三百八十八兩五錢四分二釐沙洲漲坍無常課額靡定故歷屆完納各有不同今以現在所徵之數錄而存之以上五項隨徵隨解

匠班銀此項於雍正七年奉文免徵匠戶攤入田畝并徵詳賦額

蠲復

宋雍熙三年悉蠲江南昇宣等州十四州逋租

建炎二十一年以江淮間民復業未久寬其租賦

元大德三年免夏租之三

明洪武二年免江南州縣逋賦

國朝順治元年免本年稅糧十分之七兵餉十分之四其明末無藝之徵盡予除之

康熙四年免順治十八年以前舊欠錢糧

六年免元二三年以前地丁錢糧

十年免六年以前地丁錢糧

十八年奉

旨江南財賦繁多舊欠無徵錢糧再行徵比恐累小民其十二年以前錢糧俱著蠲免十三年以後至十六年止俱自十九年起分十年帶徵以紓民力

二十年奉

旨蘇松常三府坍缺板荒田地賠糧自七年爲始一應蠲免又奉

旨兵革寢息人民乂安十七年以前民欠地丁錢糧槩行蠲免
二十三年奉
旨江南等省用兵以來供應繁苦宜加恩恤康熙二十四年漕糧
著免三分之一又自十三年起至二十二年止拖欠漕項錢糧
自二十三年爲始每年帶徵一年以蘇並徵之累
二十六年免江蘇所屬各郡縣二十七年地丁并二十六
年未完錢糧
二十七年免十七年以前未完漕項銀米
二十八年免積年地丁屯糧蘆課米麥雜稅
三十年輪免江蘇漕米一半

四十年奉
旨江蘇所屬除漕項外其四十一年地丁錢糧槩行蠲免
四十五年奉
旨四十三年以前未完地丁銀米俱著蠲免其舊欠已完在官而
本年錢糧未足者准扣抵
四十六年免未完漕項錢糧米麥
四十九年奉
旨江南舊欠四十七年以前未完地丁錢糧於五十年起分四年
帶徵四十七年漕項錢糧於五十三年帶徵
五十一年奉
旨江南全省除漕項外五十二年應徵地畝人丁銀俱著察明全
免其歷年舊欠并免徵
雍正六年免康熙十一年至五十年未完地丁等銀
十年奉
旨江蘇所屬官侵吏蝕包攬錢糧分爲十年帶徵實在民欠更緩
作二十年帶徵自本年爲始卽以帶徵完納之分數爲次年蠲
免之分數（此項錢糧於雍正五年奉旨以江蘇所屬積欠繁多特委總理大臣統行清查各州縣委員協同印官按戶挨查凡有官侵吏蝕包攬等弊照數自首查竣之日造册彙申題達分別帶徵）
十三年
高宗登極恩詔各省民欠錢糧係十年以上者該部查明具奏豁

免又奉
旨雍正十二年以前各省錢糧實在民欠者一併寬免又清查積
欠錢糧內有官侵吏蝕亦照民欠例寬免又准副都御史陳世
倌奏凡蠲免錢糧耗羨銀亦准豁免又奉
旨准果親王奏江南等省漕項蘆課及學租雜稅等銀俱著豁免
乾隆十年免十一年直省錢糧
三十二年輪免江蘇漕米
三十六年輪免江蘇錢糧
四十三年輪免江蘇錢糧
四十六年輪免江蘇常州府漕糧

五十五年奉
旨本年各省應徵錢糧按年輪蠲於五十六年爲始分作三次按年輪免每年免三分之一
五十九年奉
旨六十年各省應徵錢糧著再加恩分年輪免於乾隆六十年爲始第三年免江蘇
又蠲免各省節年正耗民欠因災緩徵帶徵銀
六十年奉
旨丙辰元旦爲嗣皇帝登極初元卽將嘉慶元年各直省應徵地丁錢糧按年輪免於嘉慶元年爲始分作三次按年輪免每年免三分之一
嘉慶四年奉
旨乾隆六十年以前各省積欠緩徵地丁耗羨及民欠籽種口糧

漕糧銀兩並積欠緩徵民借米穀草束等項現在應徵者並行豁免
十四年奉
旨從前各省偏災地方所有借給貧民籽種口糧牛具等項著予豁免
二十四年免二十二年以前積欠銀米
道光十五年免十年以前銀米

積貯

常平倉在縣署西收貯穀石年豐穀賤增價糴入歲荒穀貴減價平糶以濟民食從前穀數未有定額

國朝雍正十年巡撫喬議定將江蘇所屬州縣分爲大中小三等江邑爲大縣定額貯穀三萬石如有動用隨卽補足著爲成法平糶之期遇青黃不接有司卽照市價酌減詳請舉行其法於四城分設廠廠遴殷實好義紳士經理以杜胥役侵漁及行舖販囤有司不時至廠稽察自一升至一斗使小民源源買食務沾實惠

社倉卽古義倉其法勸捐於豐年給貸於歉歲以本地之儲爲本地之用誠善舉也江邑自雍正三年知縣祁文瀚奉文經始勸捐穀二千五百二十七石五斗二升二合乾隆元年知縣蔡澍勸捐穀三千十二石一斗二升復以出納必有專司於在城華墅青暘申港分設四倉

社長司之春時借民穀種秋成加息輸納歲歉免其息大歉則併本穀至來秋交納每年穀一石除耗穀一升每倉給倉夫飯食穀十石均於息穀內支銷四倉設後增捐收息至乾隆中積穀七千餘石復添設大橋楊舍利城長涇璜塘雲亭六倉道光十四年又添設花山一倉雲亭分出迄今各倉貯穀共九千七百四十三石八斗五升四合在城社倉舊設文亨橋北久圮十八年署縣陳延恩卽其址建自新所二十年諭董淸查城鄉各倉以重儲積議將坐落北內五保籍沒鮑姓入官房屋一區詳請撥爲在城社倉

平糴說 國朝邑人陳應蛟

平糴之法昉自李悝後耿壽昌因之穀賤增價而糴穀貴減價而糶不傷農不病民法良善已顧其弊有二常平之粟糴於官臨時糶給計每人受粟日一升幼小半之荒原窮谷赴州縣治所遠者百里近者亦數十里所糴甚少彳亍道中往返顛踣而城市倚游反得日至糴所作奸盈橐其弊一也又出入勾校假手吏胥奸胥與奸民比有一人冒糴多至數十斛者饑民枵腹來自遠陬延至日晡或不得升合以返其弊二也前弊尚易革城市郊野各置給粟所以均道里可也至革吏胥之弊其道無由夫亦曰委諸士大夫而已士大夫敦名節厲廉隅非公不登長吏之庭守兹土者信任之務使一節一區不飽奸囊實以蘇民困而後已富鄭公之知青州趙清獻之知越州全活甚衆胥是道也若乃減抑米價遠商聞風裹足富民閉糴愈堅是直遏糴豈平糴歟顧委士大夫之說抑有末焉如長吏者志存谿壑吾不知其所識士大夫又何如也

社倉說 國朝邑人陳應蛟

社倉創於隋之長孫平後朱子因建安賑食籍其法行之最善夏貸粟而冬償入息視年之上下積粟既多并寬其息利誠溥哉自所司者視爲利藪告貸不時給矣豪强得中飽矣出貸有克扣取償有浮索矣其新舊社長之瓜代也里胥混指某甲可充甲以賄免復指某乙可充乙復如之於是社長之責不在殷戶而在疲民閭閻不重困歟良有司念其積弊如此斥奸胥簡耆德擇一鄉之衆所樂推者俾之專司其事以時斂散不爲貧民所指怨以公收貸不爲豪右所把持庶幾三九積儲藏於倉不啻藏於家而併無俟平糶之濟所不及也

清釐社穀稍蘇民困說 國朝署縣陳延恩

斯邑鄉間放黃米債重爲民困貧民於青黃不接時懇求中保憑田抵押向豪右借米一石秋成後還本米外加息四斗設有不敷小民賣田産以償甘之如飴謂能救目前之急也近日民之貧者蓋貧未必不由於此夫重利盤剝例有明禁屢申禁令而禁之不得者日禁之而先無以濟之是絕其告貸之門而速之斃也延恩竊思斯邑社倉志稱貯穀九千餘石吏歷年所未曾澈底清查兹經特論紳士王賓珪沙淮祝維祺張錫齡等爲社倉總董設法清釐於有力者著令盤查足額於赤貧無著者量予稟請詳豁妥立新章慎重收借城內文亭橋社倉久圮無寸椽片瓦之存延恩於下車伊始即其舊址改建自新所收養賦匿今當清查之初城內穀石豈可不實貯在倉擬將籍沒鮑姓入官房屋一區詳請撥爲社倉於貯穀外爲總董等辦公之所應貯城倉之穀即首先清出歸貯以資接濟雖杯水車薪未能博濟於一二借重利貧民不無裨益且俾前人設立社倉之功無廢墜焉

關権

宋折帛場在軍資庫內

都酒稅務在坊橋下

利城酒稅務在利城鎮

崇村酒稅務在崇村鎮

市舶務在光孝寺西知軍顏耆仲即務中建寬民堂又各鄉有石橋申港白土杜店永昌蕭歧余皮長壽雲亭承堰雷溝令節各酒坊

元在城務在安利橋北

悟空務在鳳戈鄉

利城務仍宋舊在良信鄉

長壽務在長壽鄉

明稅課局即元在城務洪武元年改建正統二年省十二年復設又於青暘蔡涇夏港習禮鎮馬駄沙五處各設纂節收稅後廢嘉靖四年巡撫朱實昌以徵稅煩擾改爲門攤

國朝黃田港稅房在澄江門外黃田港口係江海關分設凡

貨物由江海達內地者於此照驗收稅其則例與海關同

江海鈔關設於康熙二十四年每年輪差部員六十一年歸併江蘇巡撫兼管委蘇松巡道監收江邑上自京口下迄劉河中亘江面數百里沿江各港俱遵例釘塞不通舟楫惟黃田港商旅通行為江海各貨所入要隘故港口設立稅房科稅則例悉遵須行木榜但海關統榷海貨條目繁多而由本境入者不過尋常物產及農田花豆無貴重珍異之品其與海關則例相符者寥寥無幾乾隆七年奉

旨米豆雜糧概免輸稅於是商賈舟航連檣入口或投牙易價或取道往蘇貿易咸稱便焉

請革濫設巡船疏畧　國朝　舒赫德

為密陳稅務騷擾之弊以清關政以惠民生事伏查江蘇滸墅關為貨船往來之地稽查收稅期於裕課通商仍應近關之處不無支河小港私行偷漏故於三十里之內量設巡船以資偵緝載在關誌原不許越界擾民自後關蠹與土棍勾通射利遂於離關百里及二百里之常熟無錫江陰等縣地方如暘尖顧二房廊港下橋

陳墅南角北角等處無不差人盤查紅船之外佐以白船肆橫無窮按定例上貨土卸自無錫江陰以至常熟本與滸關遠不相及而一過巡船即小民塈田之餅換布之花㨂官之操質當之穀亦俱指為私貨百般刁蹬稍不遂意即牽挽到關人則牢阱班房貨則倍罰數料而以所罰之半給與巡船充賞故巡船愈樂肆其强橫南角北角之巡船闖曾經前部臣張鵬翮飭遂有案撫臣張伯行嚴禁有碑乃近年以來全無顧忌竟將碑文毁滅更於南角北角前往常熟必經之路離關一百五六十里王莊地方創立一柵每一米船不得出三四石之外每石使費勒出四五分不等又必另取米穀或數升或斗許名為雞鴨食而後許過有不依允將船戶責以籌片以致小民怨毒無可伸訴於雍正十三年秋間海保進京之際該地方小民有拆毁柵座打毁巡船事案拘拿無錫江陰金匱常熟昭文等縣案犯多至二百餘人並非客商俱係百姓該督撫將為首者問擬立决經法司向該部咨查其王莊等處柵座巡船俱屬近來私設故復行駁審現在未結此違例害民之實證也夫小民敢於身捍法網其罪固有應得然情屬憤激非該關違例擾害何至若斯以上事件該地方大臣豈俱漫無覺察臣用敢據所風聞冒昧上瀆等因具奏旋經戶部議奏滸墅一關於雍正二年欽奉

諭各關將應上稅課遵照現行則例刊刻木榜張掛各口不得任意苛索行據蘇州織造兼管滸墅關稅務胡鳳翬冊開額設口岸有崇福等三橋望亭等七港共十處報部在案其王莊暘尖顧二房廊港下橋陳墅南角北角等處從前並未報部乾隆元年准都察院因金匱等縣拆毁柵座巡船一案以前項口岸咨查臣部臣部將未經達部緣由咨覆在案今該御史舒赫德奏稱海保於離關百里及二百里之常熟無錫江陰等縣私立柵座濫設巡船以致雍正十三年秋間地方小民有拆去柵座打毁巡船之案牽連二百餘人為首者問擬立决經法司駁審現今未結等語除此案應聽刑部審擬完結外其管關官越界擾民之處該地方大吏例有稽查之責但該御史所奏係屬風聞是否情實臣部難以懸擬應咨行該省督撫詳查具奏并令將該關私設柵座巡船之暘尖各口岸相度情形果係實在可以偷漏之處止設役巡查令貨船直赴正關上稅不許違例私收如非該關要隘不應設立生事擾民者即行拆毁報部可也

請撤巡船條議　國朝知縣　蔡澍

遵查阜邑之南角北角距關均有幾及二百里之遙地處腹裏河道淺狹止通附近荒僻村莊並非要津向無客貨船隻經行是以未曾設立巡查口岸乃關蠹勾通白拉假以偷漏為詞聳稟關憲每處設巡船詐害百出康熙二十一年經士民官廷弼等控蒙前撫憲佘批飭立碑禁止日久漸蹤舊弊五十三年又經士民蘇介福等控蒙各憲批詳勒石永禁五十七年又蒙各憲批准咨部禁除塵案山積現有碑摹可考至雍正八年關憲詳設王莊等各口而阜縣之南角北角原未議及因未奉有檄飭卷宗不謂近年以來關役又復違禁於此二處駕船守巡凡農船裝載雜石粟正布斗麥觔花向附近鎮市易銀者俱必盤查阻滯需索飯食使費且查南角之東數里在金匱縣與阜縣接界之王莊地方北角之東數里在常熟縣與阜縣接界之嚴塘莊地方近俱設有稅房攔河建立水柵差派丁役柵夫節節把守查阜縣東南隅各鄉村距阜邑縣治有六七八十里不等距熟邑各巨鎮不過二三十里耳常熟繁闠而阜縣荒僻各鄉農民僅以土產載赴常熟易銀以為公私應需

之用嗟此農船甫過南北角之需索即又有王莊嚴塘之使費愚民畏懼拖累惟命是從又如早晚暮夜將柵關閉民間有迎親延醫喚穩等事往來俱應停候遠近莫不切齒實爲地方之害此私增各口之不便於民在阜邑爲尤甚也查未設冗口以前課不加絀既設冗口以後稅不加增則冗口之設徒飽闢蠹之貪饕重遺閭閻之擾累明矣況如阜縣之黃田港常熟之福山港徐六涇等處久經海關遣役把守稽查素無偷漏之事則詳闢所增各口概行裁撤民累可杜民困自蘇永沐

皇恩憲德於不朽矣

鹽筴

明制各所商鹽四季掣驗

國朝因之迨後定爲一歲兩掣首掣以孟冬月爲期次掣以仲夏月爲期乾隆二十六年浙江巡撫兼管鹽政莊有恭奏明浙省額引例分夏冬兩掣夏掣定於六月冬掣

江陰縣志　卷四　民賦　鹽筴　六十四

定於十二月現在本邑年銷正引五千一百三十七引又計丁加引九千一百七十五引共銷一萬四千三百一十二引(杭所掣銷八百引嘉所掣銷一萬三千五百一十二引)乾隆元年奉

酌定增觔改引將杭嘉紹三所引鹽循照兩淮舊額每引加五十觔連包索共三百三十五觔(常熟江陰二縣間之永壽沙係合永凝壽興二)沙而并名之孤懸海外迤西六十餘里爲如皋之扁擔沙最近爲斷山紅地方叢雜私販往來莫能禁止若令居民航海赴內地買鹽殊多未便是以令常熟商人運鹽設店售賣配銷餘引免輸工費雜費以資轉運巡緝之用

蔡志云江邑鹽筴隸兩浙鹽運司例以本商赴浙上稅領運回籍引以三百觔以下爲率凡鹽船抵境報明有司聽候盤驗過本商領發設鋪處所分銷其各鋪牌面例由本縣詳請憲烙給發乾隆四年知縣蔡澍奉文查明計引之多寡酌請換給奉烙頒行嗣緣各商以引牌多寡不均致行爭競隨移管鹽縣丞陳逢霖確查妥議重行配給永爲定額又本邑接壤大江淮揚對峙每多私販以致官引壅滯虧課累商向設管鹽縣丞石頭港巡檢專司巡緝惟邑東南鄉地隣錫邑小民往往以彼地價廉越境市買雖係自食非同販賣然亦干例禁多罹法網查江錫均運浙鹽一體輸稅亦應一體售價即或水程較遠照例應增無幾而時價每有太昂之處雖積習相沿亦究心鹺政者所宜詳議而圖其盡善也

按私販法當嚴禁設立巡快所以緝私乃近來巡快於巨舶積販徇非賄縱即畏葸不前於無知貪利窮民手攜肩負鹽僅數十觔需索不遂拘以塞責甚至以拒捕毆差聳聽小則破產傾家大則囹圄久羈重遭拖累勢必至驅爲盜賊而後已延恩涖任嚴行整飭其風稍戢有不忍已於言者爰附記於此

徭役

宋役法有衙前里正戶長耆長壯丁諸名皆括民田之數

江陰縣志　卷四　民賦　徭役　六十五

而撥充之熙寧間復行保甲南渡後更定三役法曰催役曰助役曰免役寬剩至乾道中始行義役按役多寡輸金買田以給當役者

元役法與宋制畧同在城曰坊正在鄉曰里正皆主辦稅事後又改爲季役其次曰貼役雜役泰定間復行助役法大約與宋之義役等

明役法有二曰里甲之役編民以一百一十戶爲里推丁多者十人爲長餘百戶爲十甲甲凡十人每里立里長一人甲首一人城中曰坊鄉都曰里是謂排年今年役里長一人(甲首十人協辦)明年役糧頭一人又明年役總甲一

人又明年役書手一人十年一周其出銀聽用曰慶賀
曰祭祀曰鄉飲曰科貢曰恤政曰公費曰備用其出人
聽調曰聽差丁田之役以黃白册籍按丁田多者爲上
戶編重差次者爲中戶編中差少者爲下戶編下差或
一戶編一差或數差或數十差或數戶朋一差是謂均
徭其徭有三一京役二府役三縣役此外有驛遞供役
尋常細役而重大役曰糧長曰解戶其次曰塘長曰魚
甲惟解戶爲重而最重者糧長尤甚明之重役正嘉間曰庫子曰斗級隆萬間曰坊長法立弊起旋即革除獨糧長一役初分區戶運夫二項後改糧長則兼區運而名之矣有兌軍糙糧有民運白糧白糧一差蘇松常嘉湖五府二十五縣之富民親運白熟細米解京後免而旋復夫七省糧儲

俱用軍漕獨此必須民運而民之苦於賠累有不勝殫述者此兌軍與白糧並苦而白糧爲尤苦也
國朝順治十四年巡撫御史張中元禁革首名糧長
十六年實行官收官兌
康熙元年巡撫韓世琦飭行均田均役法
十三年布政使慕天顏請立均田均役定制知縣武茂周
遵行之本縣田畝分一十八區區分上下二扇統都五十圖三百七十四每圖析爲十甲甲領田二百六十九畝五分一釐有奇輪年當差有漕頭里長二役如甲年一六乙年二七挨年遞充週而復始漕頭五年一輪里長十年一派糧田不足一甲者甲下之戶按畝均貼漕頭專主修理漕倉及鋪飾夾墊諸費雜派差徭俱里長當之其外修城濬河井一應飛差隨時派值不在定數
雍正七年巡撫尹繼善定隨漕解費以充公用其向設漕
頭名目五年一輪者永行革除
十一年布政使白鍾山改行順莊法以鎮保村莊挨戶簽
註順道催糧其從前區扇圖甲之名槩行刪除十年輪
充之里長亦革
乾隆二年巡撫邵基奏定分别官民兩役法開濬河渠有
官挑民挑之别凡糧艘往來及江湖河海要區專資通
洩之處俱動帑委員勘估修濬其支河汊港爲灌溉田
疇而設者每歲農隙之時業戶給食佃民出力及時開
挑圩岸亦循例修築其外一切大工役詳明動帑小徭
役按戶照田均值毋致偏累本縣運河向係請帑開挑乾隆三十二年改用民力始按通縣三十六鎮計畝均挑

江陰縣志卷之四終

江陰縣志卷之五

學校

自井田廢無恒產因無恒心崇 聖道以正人心賴有學江陰縣學宋范文正記范宗古重建則景祐前已立後屢修拓今更大備講舍鄉塾亦具舉賴教以助養之不逮故志田賦即繼以學校志學校

廟制學制

宋軍故無學初建廟於觀風門外學者肄習其中後知軍范宗古以鄰郡獄卜遷軍治之東南景祐三年范文正記之後廢為營屯紹興三年知軍崔頌因廢稍葺之以縣丞莫份攝教事五年知軍王棠始請於朝建命教堂東西齋四曰誠身遜志進德育英知軍富元衡徐蕆詹徽之繼修胡珵鄭僇莫伯鎔皆有記嗣是教授徐逢年重立講堂方萬里創設義廩孫應成再建西序知軍顏耆仲重修東序拓泮宮外門建御書閣藏眞宗文宣王贊徽宗付河北羅使司御劄及大成殿額八行八刑碑高宗御書孝經理宗作新士風碑清孝公祠先賢祠方萬里記之初淳熙中知軍樓鍔設貢院選士在愛日門外祥符寺之側開禧元年知軍戴溪遷於軍學之東其縣學榜附於講堂西偏屋而為之名元豐二年縣令楊孝孺鑿學前河黃俶記之大觀四年常州軍知軍徐申穴內子城建縣學門作觀臺

并內外二橋林虞記之

元州學仍宋知州張獻李師善翟諒相繼興作學宮舊有雙池植蓮其內上各有亭曰光風曰霽月歲久堙蕪大德五年張獻度地東南隅築室三楹名曰君子堂史孝祥記之至正間廟學燬於兵

明江陰侯吳良因故址創立廟學洪武三年知縣吳志遠重修十五年知縣王衡教諭鄭江建講堂於廟左二十六年教諭蔡永升縣丞賀子徽議為左廟右學乃更建於講堂址而以廟址為明倫堂三十年知縣蔣宥增建戟門廨舍射圃宣德六年巡撫侍郎周忱知縣朱應祖重建大成殿明倫堂君子堂時習日新二齋楊士奇記之天順六年知縣周斌購地拓學門李賢記之自是以後不治者三十載宏治七年知縣黃傅始修之購民廬為名宦鄉賢二祠正德二年知縣劉紘復修之張愷記之外為石坊門入為櫺星門又入為泮池方廣十五畝甃石兩厓即宋學前河也池上架石為橋者三穿為九洞橋北為戟門左右為兩翼戟門北中為正殿殿前為月臺殿東西為兩廡西廡之右南嚮為祭器庫東嚮為刑牲所是為廟制並廟門而東為儒林坊入為學門循東牆踰橋西折而北為二門曰禮義相先之地又折而西為正爾容門由門循廟而北正

中爲明倫堂堂後爲奎文閣東爲時習齋西爲日新齋齋左右翼以樓由時習齋入南嚮爲君子堂由日新齋入南嚮爲養賢堂師生會饌之所由正爾容門出而東爲教諭廨君子堂後爲訓導東廨養賢堂後爲訓導西廨並教諭廨而東爲射圃有堂曰觀德廟門之東爲名宦祠又東爲興賢坊西爲鄉賢祠又西爲育俊坊是爲學制合廟學周垣凡四百五十八丈九尺十一年知縣萬玘建號舍九聯於觀德堂後凡五十四舍十五年知縣王泮次第新之喬宇記之葺奎文閣高賓記之嘉靖七年知縣張集重修湯沐記之購廟南民舍爲通衢鑿池跨橋旁立廡屋八年知縣

劉欽順奉例建敬一亭介明倫堂奎文閣間十年知縣李元陽奉例建啟聖公祠呂柟記之在觀德堂前正南爲殿中祀啟聖王以先賢顏路曾晳伯魚孟孫氏程珦朱松蔡元定配殿左右爲齋室前爲正門門左爲碑亭右折而出爲外門改射圃於外泮南爲門門內兩傍爲亭左亭刻道統聖賢贊又正北爲青雲樓有講學行禮額樓後爲屏東西垣爲角門垣之外爲委巷十八年知縣孫應奎修齋樓二十一年知縣吳維嶽修戟門撤廟門坊爲學門額斯文在茲增吏舍一區萬歷初知縣劉守泰重修廟學劉光濟記之二十六年兵使彭國光知縣劉學周復議修復教諭王之夔董其事季科記之三十七年知縣許

達道教諭戴士傑訓導李應鏜王德倓建聚奎亭於啟聖祠之東南時祭器多殘失德倓獨修補之其後知縣朱光蘭建講習堂於聚奎亭後崇禎元年署縣武進令岳淩霄修造鄉賢祠大成殿鼎鉼做壞教諭江之湘鳩貲重鑄東齋傾廢訓導潘洪度修復六年學使甘學闊捐濬學河十年學使倪元珙令訓導莊繼光督修庀材鳩工銳然更始殿堂門廡階礎墉垣俱極堅精十一年教諭譚振舉濬學宮前印池得古井闌爲宋治平間物

國朝鼎新值明季兵燹後自大成殿明倫堂外俱榛蕪不治順治九年教諭陳鎧創爲修復規制粗備嗣後學使石

申張能鱗相繼修之能鱗有記康熙中知縣何爾彬龔之怡教諭宗章峻次第增葺二十三年知縣陸次雲加潤色焉雍正四年知縣祁文瀚倡捐大修令紳士夏敦禮董其事正殿齋樓稍已改觀乾隆二年知縣蔡澍始大興作首建明倫堂學使張廷璐記之奉例擴啟聖祠爲五王殿作兩坊以節行人東曰金聲西曰玉振更彙征樓爲坊濬河池甃隄防改圜橋繚石垣凡昔之因陋就簡者至是而規制大備學使劉藻記之五十三年學使沈初知縣牛兆奎重修邑紳趙時煦董其事始於春三月越明年仲秋功竣自大成殿而外次第修整自彙征橋而入則崇聖祠

易建一新王曙記之進賢門內莫不整飭邃嚴又數十年名
宦鄉賢祠之僦於外者俱還舊觀詳見學使沈初碑記時煦又念
後有損壞隨時修葺則不致工鉅費繁捐置沙田若干
畝歲入租息若干緡以爲歲修之費初年收租貯存官庫自嘉慶
十八年以來縣諭董事分任收租督工之事道光六年
以前祝純嘏董之修改戟門左右翼爲文武官致齋所
加高宮牆十數丈石刻
聖像舊近神案高不逾几至是崇奉於神堂高座道光七年陳
培因董修黌門通行加高宮牆修葺泮池三橋易木闌
以石建宰牲亭於鄉賢祠之南九年至十二年董事祝

登墀張世承築黃石牆五十八丈九尺甃以麻石修建
學頭門加高五王殿十三年後登墀子維祺仍偕張世
承董理工程修尊經閣大成殿戟門易其朽腐重製配
序神位神櫥神案又道光元年學使姚文田相視陰陽
濬學前河而折旋其東南塞學後河而瀦蓄其西北邑
人士遂於六年集貲疏濬深廣撤舊磚橋購民房移金
聲玉振兩坊及下馬碑於河之北增建石橋於玉振坊
之西改棗征橋以石兩橋之間重甃石岸上締石闌於
是河流通暢氣象更新此規制之大略也其祭器樂器
殘缺未備者知縣單澐張南圭蕭瑾王澐陳希敬相繼

修整增益每歲春秋致祭習舞明禮禮儀卒度故人皆
稱廟學規模宏敞肅穆上丁釋奠恭敬整齊而鄰邦問
禮來者踵相接也

今廟制

大成殿三間中設至聖先師位有石刻像旁列兩龕供四配位東西兩序各一龕供十二哲位殿屋正懸
列聖及
今上御書匾額東西兩翼以通兩廡

月臺甃石爲陛壞以石闌中左右三階

兩廡東廡七間祀先賢三十九位先儒二十六位西廡七間祀先賢三十八位先儒二十六位

丹墀甬道三條拜臺兩方其西南有瘞坎

祭樂器庫各三間在兩廡之南東西相嚮舊爲文武官致齋所今移於戟門旁以東爲祭器庫西爲樂器

庫

戟門三間亦曰大成門

齋房東西各三間即戟門之左右翼也今爲文武官齋房

泮池方廣畝許界池爲甬道三道各一橋

櫺星門三橋之南甃石爲柱朱柵門三門之內外繚以周垣塗以丹雘

名宦祠三間在櫺星門外左詳祠廟

鄉賢祠三間在櫺星門外右詳祠廟

宰牲亭在鄉賢祠南道光七年建

文廟坊在櫺星門外正中面河

玉帶河舊引城內濠之水東自龍頭橋入口經鴻漸橋繞學牆而南環抱學宮由西轉北會流而過善政橋

形勢鈐束狀如玉帶其舟楫往來皆由學後繞而西道光六年塡塞學後尊經閣以東舟行徑由學前較爲通暢其尊經閣以西留以蓄水撤去文廟坊前橋二座增建石橋一座於玉振門西

金聲玉振坊 先是廟門前爲通衢乾隆六年增建兩坊於左右立柵門以節行人在玉帶河之南道光十六年移建於河之北

屏牆 設兩穴爲龍眼前爲止步街街南爲外泮池

廟左右坊 東曰德配天地西曰道冠古今

黌門 廟側門也在戟門外之東旁祭祀行香文武官至門外下輿馬道光七年重建

崇聖祠 舊爲啟聖祠雍正中奉例擴而新之殿三間南嚮五龕以次而前供五王神位東西列四配及從祀位其前儀門三間又前爲外門初時與黌門遙對乾隆五十三年重建改爲南嚮加以闌牆左右立柵門下馬碑道光十二年殿圮重修十九年重葺南面屏牆

今學制

彙征坊 學署之前向爲彙征樓歲久且圮乾隆七年改建爲坊對坊街南俱係民居加砌照壁

彙征橋 在彙征坊內跨玉帶河道光六年重建

頭門 三間榜曰儒學內有大司成坊詞林正氣坊俱詳見坊表

忠義孝悌祠 在頭門內並列者爲雙忠祠貢公祠俱詳祠廟

二門 三間中一間署云禮義相先之地東土地祠西城隍祠道光十九年重建

進賢門 在大成殿左翼門外東嚮

明倫堂 在大成殿後三間兩翼屏門刻孟子居天下之廣居一節歷朝碑石具厝於壁舊有同年十五舉子一秋兩京解元二額新增探花季芝昌會元夏子齡解元鄭經三額歷朝文武鄉會貢舉題名兩翼左右設鼓鐘凡講學行禮丁祭習儀在焉

尊經閣 上下五間在明倫堂後閣下中間供文昌神位朔望於此行禮閣上供文昌神像尊藏奉頒御纂諸書及經史子集以備邑士觀覽

時習齋 在堂前東偏中三間通教諭廨南北各三間有樓前爲步廊

日新齋 在堂前西偏通訓導廨制與時習齋同

教諭廨 在時習齋內中爲君子堂三間其前有門南嚮其東書房四間其後內屋四間從屋三間廚房二間道光十五年教諭顧翊雲修理

訓導廨 在日新齋內中爲養賢堂三間側廂二間其前書房四間庭有門東嚮其後內屋三間廚房一間又新增後屋三間一街道光十五年訓導劉銘起造廚前有井爲節愍公馮厚敦妻王氏殉節處訓導黄恩孫澍徵題石表之

三台墩 尊經閣後積土成堆築如三峯今學頭門內亦有三台墩云

祭器

銅方香鑪一 銅淨瓶二 銅酒尊一勺一 銅簠二 銅簋二 銅籩八 銅豆八 銅爵一百有五 錫大方燭筌一對 錫次大方燭筌二對 錫中方燭筌六對 錫大圓燭筌七對 錫小圓燭筌十對 錫方香鑪四 錫中圓香鑪六 錫小圓香鑪八 錫香盤十四 錫花瓶四對 錫酒尊四 錫鉶十 錫簠八 錫簋八 錫毛血盆七 錫細花酒壺一 錫提鑪一對 羊角提燈一對 銅璋一 錫沙池一 木沙池六 銅盥洗盆二 鐵焚帛盆一 竹籩四十 木豆一

百四十有六 帛匣十有四 牛羊豕俎各一 祝文版二 瓦登一 收貯大櫥二

樂器

麾二（有架） 旌二（有架） 金鐘四（架一） 玉磬四（架一） 編鐘十有六（架一） 編磬十有六（架一） 大成鐘一（有架） 大成鼓一（有架） 大鼓二（架二） 鼗二（架二） 搏拊二（架二） 柷一（有架） 敔一（有架） 琴六（有臺） 瑟二（有架） 龍笛六 鳳簫二 洞簫六 笙六 塤二 篪二 龍蓋一（有架） 翟籥三十有六（桶二） 木笏八 收貯柏木櫥二 板箱一

書籍

欽依臥碑

欽定書經傳說彙纂（二部） 詩經傳說彙纂（二部） 春秋傳說彙纂（二部）

三禮義疏 四庫全書考證 學政全書（三部）

大清通禮（二部） 禮部則例（二部） 科場條例

文廟樂譜 四書文（二部） 墨卷

御纂周易折中（二部） 周易述義 詩義折中

春秋直解 日講四書解義（二部） 性理精義（二部）

朱子全書（二部）

御定孝經衍義（二部）

御批資治通鑑綱目（二部）

御製訓飭士子文 日知薈說（二部） 樂善堂賦

盛京賦 武英殿聚珍板書 補笙詩

采蕨得米詩 改教詩 平定金川碑文

文廟碑記

世宗上諭

聖諭廣訓

南巡盛典

十三經註疏 二十一史 明史

學田

縣額學田共平圩塳蕩六百七畝三分有奇（內平田四百七十八畝四分有奇 圩田二十五畝一分有奇 塳二十畝一分有奇 蕩八十三畝六分有奇） 學額學田共平塳河三百八十二畝六分有奇（內平田三百七十三畝五分有奇 塳七畝七分有奇 河灘一畝三分有奇） 兩共折實平田九百五畝一分一釐五毫每年額徵夏麥一百八十四石七斗九升三合秋米四百三十石四斗六升九合柴薪二萬四十一觔隨時易價歲完條銀九十兩三錢三分三釐九毫漕米五十六石九斗一升一合七勺解司庫銀二百十三兩四釐凡有給廩賑貧聽學院赴司提用祭祀香燭等項由司詳院撥給乾隆十年請定教諭訓導分管分收教諭一半應解司庫銀二百六兩五錢二釐（內給贊禮生員膏火銀十

六兩暨陽書院生童飯食銀四十兩魏忠憲秋祭銀二兩鄉賢徐之龍秋祭銀二兩繆文貞李忠毅秋祭銀一兩九分四釐共銀六十一兩九分四釐實解司正銀四十五兩四錢八釐

訓導一半應解司庫銀一百六兩五錢二釐［內給廩生膏火銀三十四兩暨陽書院山長脩膳銀二十兩魏忠憲春祭銀二兩鄉賢徐之龍春祭銀二兩繆文貞李忠毅春祭銀一兩九分四釐共銀五十九兩九分四釐］實解司正銀四十七兩四錢八釐

續奉提解廩生膏火銀三十四兩實共解司正銀八十一兩四錢八釐［宋故有田若干畝歲入米麥豆千餘石以供廩食元學廩則視宋為倍明洪武十五年撥田租六百石為師生俸廩及春秋二祭之費嘉靖二十四年知縣趙錦又籍民田若干畝為學田暨民人張惠捐田六十四畝八分庠生湯齊捐田二十九畝一釐今歷時已久田畝無存附誌於此以不沒前人之善］又雍正十二年奉憲檄撥慧凝菴入官沙田八十九畝九分六釐額租夏麥二石七斗三升秋米二十八石八斗一升歲收租息除完納糧賦外為西學歲修費

修學沙田嘉慶三年邑紳趙時煦等呈買正興沙永興盛等圩入官灘地一千九百四十二畝道光七年知縣葉維庚詳請轉科丈增灘地一百二十八畝六分有奇每年分別版租補糧共應徵收錢五百三十七千有奇除完蘆課外隨時支銷歲修經費

賓興田三十六畝七分五釐雍正五年海防同知李世金捐置除完納錢漕外於賓興年給助鄉試士之不給者教諭掌之原額收夏麥八石七斗四升八合秋米二十四石二斗二升五合乾隆五十年減去麥三石一斗四升實徵夏麥六石一斗八升減去米十石二斗八升實徵秋米十五石三斗二升

吳公祀田十畝明學使駱駸曾置原額徵收夏麥三石秋米十石除完納錢漕外為訓導吳公應芳祠祀之費易代以後佃農私鬻祀將中絕康熙六十一年知縣葉紹芳釐復酌減米租每年實收夏麥三石秋米七石其田坐落謝園鎮四保名字八百十號訓導掌之

景祐重建文宣王廟記　宋　范仲淹

吾夫子之道用則行而天下治舍則藏而天下亂譬覆載之仁無待於報照臨之明不求其助袞其服廟其神豈吾聖之心哉蓋後之明王尊道貴德而不敢臣故奉之以王禮饗之於太學昭斯文之宗焉成均博士范公宗古之守江陰也謹明命從至誠黜豺狼之兇禮多堯之善慶典皆舉積訴咸辨清風之下人則謳歌陽春之來物自鼓舞居一日命諸秀前席而言曰先師之堂前制未顯鄙於郡獄驗斯甚矣豈奉嚴之意耶然重於改作子大夫謂之何哉諸生拜而謝曰惟公之言惟士之望盍請遷焉乃於軍治之前南隅藉高明審面勢擇工之善揀材之良登登丁丁不月而成堂焉巍奐廊焉徘徊大廈斯清高門有閎乃聖乃賢儼乎其位作階以進依然金石之音彝器以新燦乎俎豆之事既嚴既翼以饗以時又命曰二三子服斯文履斯道存誠顏閔之際致化唐虞之上協吾聖之教也豈徒廟為哉諸生復拜而謝曰請事斯語矣

紹興奉詔新建軍學記　宋　郡人　胡　珵

紹興五年秋八月權知江陰軍事王棠請於朝曰軍故縣治有學蕪廢餘十五年士無所於業今升縣復軍法得視列郡應立學官教授員軍有閒田以畝計若干官籍其租士廩是充士之少若長願補學官弟子其員二

百有四十畝冒以聞詔可於是以左儒林郎范雩充軍學教授以其田贍學官一如所請未幾講堂雩宏兩序端直舍次龍深庖湢潔具學制大備其從事陳剛中曰禮天子命之敎然後爲學請以命敎名堂屬其同舍郎胡珵紀厥事乃爲著其大略而告之曰江陰古延陵也季子墓距縣治西三十里列在祀典廟食一方千歲相望遺風固可想也學官弟子朝夕肄業其中克究師友淵源所自勿貽前聞人羞則爲無負刱軍興以來公私告匱朝廷爲之捐田租命師儒一切庠所愛惜所望於學官子弟宜如何嗚呼克咸自勉爾矣抑予聞之魯僖公作頖獻馘獻功修頖宮故事職也長江之陰萬室之封軍無小足以爲政信能治其賦役明其獄訟訓其桀黠而師其賢人毋遽薄此蕞爾壘者鄭人鄉校始議子產後且更誦其遺愛第徐觀之

紹定重修學記

宋知軍　方萬里

國朝自慶歷三年詔天下郡縣立學江陰爲浙右小壘宜以是年應詔及按圖誌蓋自景祐三年文正范公作宣聖廟記已謂言大厦高門金石俎豆之盛則知江陰先自有學正不在慶歷應詔後也惟江陰建學爲最久

故人物儲美習俗陶粹有他郡所不能及渡江以後郡嘗一廢爲縣旋復爲郡故廟學得如舊制灃河旁環正合古諸侯半水之義其前闢城爲門因城爲樓浮圖對峙如卓筆池葉隄柳映帶左右蓋其藉高明挹清淑宅一郡之形勝者也獨儒星門外迫泮橋內連設戟淺隘弗稱稍南百步直接通衢僅以升俊名坊而編氓翼居囂雜特甚自昔病之紹定元年龍谿顏侯耆仲來守是邦易升俊坊於中街之西撤去民屋拓爲平壤遷儒星門於坊之舊址柱石壯偉丹堊鮮明寘奎傑閣泮宮城樓華匾新題照映霄漢東西齋序整飭邃嚴會不閱時黌宇改觀維顏侯以淳熙法從之孫揆世科躋班著其爲郡也政平訟理千里如春利興害除百廢具舉諸生被侯之賜方深而侯以擢去然則是記也其遺愛之碣也歟

重修廟學記

明　楊士奇

太祖高皇帝正大統之三年詔嶽鎭海瀆封號如古制以山水稱忠臣烈士稱當時初封出於歷代所加者一切罷去孔子明先王之要道爲天下師以濟後世非有功一方一時者比封爵宜如歷代所尊榮著於令典垂之千萬年而定鼎之初首建學立廟京師親臨釋奠又詔通祀於郡縣又詔罷從祀之戾於孔氏者所以撥前聖之大中而垂永代之鴻範也江陰縣學歲久而敝侍郎周君巡撫過之作大成殿十有六楹東西兩廡各三十有四楹殿之後爲明倫堂亦十有六楹左右爲兩齋各四十有四楹庖廩門垣咸備以固高敞宏麗加於舊規相斯舉者知縣朱應祖縣丞吳得勝胡旭主簿胡忠而忠始終效勤經始於宣德六年二月成於明年六月記作於十年十有一月

重修文廟儒學記

明郡人　張愷

江陰常之屬邑其學自國初吳襄烈公良因宋元舊址創而爲之宣德間巡撫侍郎文襄周公忱嘗加修葺迄今百餘年間因陋就簡補葺頹廢匪無其人而梁棟之敝蠹渠道之湮塞規制之湫隘蓋未有創建而改作之者正德丙寅進士劉君紘釋褐來領縣事顧瞻廟學或敝或陋未稱所以妥明靈崇教化之意圖欲撤而新之諸生方謀輩偵君之志有足爲也因以請焉而君慨然以爲己任遂因衆舉趣召義民陳譜陳天祥湯楷蔣鋌

與之規畫經費相度地宜鄉人樂之士輸其財民布其力乃鳩工市材卜日興事經始於丁卯四月閱再歲而功成焉其廟制則新大成殿而廊其兩廡東西各增其楹若干構大成門而展其兩隅左右各增其楹若干露臺中墀斬鑿宏敞乃因池爲泮者一而半實以土架石爲梁者三而九穴其洞又因元豐故迹就邑士徐推官鼎所獻腴田穿河通渠爲丈計者長以百爲尺計者廣三十水泉環繞氣脈流通爲泮東橋爲儒星門爲大成宮門雕欄石楯丹碧熒煌而於宮垣之外大書刻石以節往來於是巍然煥然歲時對越有常尊矣其學制則於廟之東偏匾儒林坊於門外闢縣學門於坊內明倫有堂而禮義正容二門逶迤而入奎文有閣而時習日新兩齋對峙而起屏障設而內外以嚴藻繪設而觀瞻有具至若禮器有庫牲殺有庖齋宿有館賓僚有廨養賢有堂儲粟有廩觀德有圃紀功有亭凡有事於學者無所不備而諸生敬修習業有常處矣由是進而升焉有以興其宮牆日月之思退而學焉有以致其仰鑽瞻忽之力廟學之建於是大備君安福人也自其伯祖忠愍公以春秋起家名聞天下代有顯人其得於聖人之教深且厚矣君之來官才足以達於政德足以感乎民

於是舉也不傷民力不費公帑運之一心而有餘君既以政最徵入諫垣方大厥施而以計闔合學諸生恐君之功泯而無傳乃介吾友張琦屬愷爲之記愷亦世家暨陽敢忘所自遂述其梗槩如左

重脩儒學記

明　邑人　湯沐

惟嘉靖丙戌冬鼓城張侯集來治縣事號令明肅境內悉治越明年冬季議新廟學謂茲仆者宜起卑者宜崇背者宜順毀者宜堊廟宮之前民居多雜制非所宜民喻侯志咸願樂從侯以倍值償之得區問葺宅址若干畝庀材鳩工愼選督視豫其遺措中通爲甬道旁爲兩廡跨池梁者一直南爲屏翼以二亭復於夾道之東西各樹一坊以表鄉士臺寺之長職廡成召諸賈客居之以售書籍若槐市然其若大成坊同年舉子坊鼎新以建三台墩復增築之玉帶後河勢若相戾鑿爲月堰俾環之堂閣齋廬亭圃庖湢亦皆次第加葺不數月功告成教諭何君璉訓導陳君思順陳君懋德率諸弟子某某委記於予予因謂之曰諸君知侯作新之意乎夫宮牆可以譬吾道之淺深堂室可以喻入道之次第高明中庸廣大精微故脩德凝道所從事者也承學者來游來歌得其門踐其域能不反觀近取靜存動察以求得聖賢之依歸以無負乎君師之養育而敢暴棄安於卑小蠱僻之爲非予之望也此固侯今日作新之意也抑侯之尊南中丞公嘗爲御史提學茲土今日及門之士尙有佩其格言奉其餘矩者則侯之斯舉孰不曰承家之孝有司六事學校爲首侯能急之又孰不曰體國之忠曰忠曰孝政事顧不偉歟斯役也費出於義助工樂於子來程舉於旬朔則侯之才之賢足徵矣相咸者丞鄭自璧右文之意爲多予不佞遂摭爲之記

重建明倫堂記

國朝　學政　張廷璐

學宮之有明倫堂士子以時講習其中人材於是乎出風俗於是乎成三代盛時庠序學校之取義胥未有易此者江陰古延陵地禮讓之遺舊矣而科名文物之盛則肇於宋時傳者謂學之立亦自宋始按志載范文正公廟碑守江者爲范宗古乃大興學其記中特褒美之而勉以致唐虞之化協至聖之數云蓋景祐三年也由宋迄明代有改易然講堂常在廟之左至洪武間以教諭蔡允升議左廟右學乃移廟於講堂址而以廟址爲明倫堂宣德七年巡撫周文襄更規制檄縣令朱應祖董其事是時察院署在江邑卽今學使者駐節處也恭遇我

朝文治日新惟江邑以使者駐節故學之制視他邑尤擴每當試時士子環集堂中典書習禮鏘如肅如顧其制既擴時久卽傾雖小葺之難復其舊先是雍正四年宗伯文定楊公捐千金大治殿廷時邑令山右祁君爲主倡而於斯堂未暇及也歲庚戌余奉

命視學率諸生謁廟畢升明倫堂左右環顧榱題就朽牆宇半頹卽謀所以整之者會邑令多相繼移去莫主其事及余三任於此而古靑蔡君寶來乃曰及今不治後難圖也集邑之縉紳議脩君捐俸首倡邑人莫不踴躍材不賦而羡匠不發而多越半載而告成比予再歸謁廟而朽者新頹者整金碧輝煌頓革厥觀矣夫數十年之禆苴而未逮者惟賢令之一倡而人爭鼓舞以從之何其神以速也戊午冬余事竣還

朝江人士環請曰願有記余重令尹之賢視范宗古朱應祖有其過之愧余以九年按部無能若文襄之倡率獨深有味於文正之語之果親見於今也於是乎書

君子堂記

元　同知　史孝祥

暨陽郡庠之南古有雙池蒔以荷花表以嘉樹古潁水之制也二小亭翼然池上曰光風曰霽月爲學者詠歸游息之地歲久亭墟地亦蕪穢不治其爲士者病之大德五年張侯時舉來牧是邦暇日過焉臨池徘徊思起其廢乃度地東南隅築堂三楹以面之陶淸鑄明局勢顯敞翕受佳致涵泳聖涯每南薰徐來淸馥橫度亭亭淨植露卷雲舒亦美觀也夏五月堂成侯與賓客來游欣於所遇池葩岸卉亦有悅色乃舉酒屬客問所以名蜀客史孝祥復於侯曰夫中通外直不蔓不枝可以遠觀不可褻玩是爲花之君子茲非濂溪先生之語乎先生憫世道之胥溺感斯花之獨淸較德詡芳而以君子之名加之其旨深矣今堂近在宮牆之中而玩芳領勝其間者皆吾黨之士也游聖人之門觀君子之花味先儒之訓吾意目擊道存心融意會其同爲成德之歸斯昭昭矣請名君子之堂而寓盤盂几杖之訓以爲二三子進德修業之助不亦可乎侯喜而笑曰之命之矣君其爲我書之孝祥曰諾乃詠其事而爲之記如此

復吳公祀田記

國朝邑人楊名時

學之西齋祀吳文譽先生其來舊矣先生諱應芳浙之歸安人前嘉靖時以明經訓導吾邑有德於生徒甚厚西齋即先生所居既去而人懷思之故祀諸此學使者駱公爲置祭田十畝從諸生之請也詳見繆文貞公祠記中近以佃者非良私鬻是田而祀將中絕諸生王文震等咸不平訓導潘君惟順失舊典是懼具以實白諸當事蓋吳先生勤於其官於法得祀而主祀者實惟司訓有其舉之莫敢廢也邑侯葉公乃奉督學鄭公檄蘊田歸縣斂租以供使姦猾罔可隱欺豪强罔可兼幷春秋之祀幾廢復興用是前賢永妥而士論翕然矣先是吳先生肇祀之年宰吾邑者有莆田宋公光蘭董其事今葉公生同方宦同邑而又同有力於吳先生之祀事如此後先輝映何可弗書葉公名紹芳福建閩縣人康熙庚辰進士爲宰有惠政且能振起學校此其一事也訓導潘君名謙光常熟鄉貢教諭則吳縣鄉貢王君奕章也學中諸子走書請曰願有記遂記之俾來者得考焉

書院

暨陽書院在學宮左先是學署內有講堂三楹爲邑人課業地康熙間知縣陶彝題額記之歲久頹圮乾隆三年知縣蔡澍請於督學使者就東城棲霞精舍稍建書寮延山長主講席仍顏曰澄江從古也其脩脯經費則取給學租羨餘并學使者與長令協助焉壬戌秋大興廟學從紳士繆詵等請以僧舍非育才地改傍學宮爲便乃即已廢講堂廓而新之前建門三楹後爲廳事山長設講席於此廳後樓三楹其外庖湢寢處各有常所乾隆二十三年學使李因培以規制未備檄縣與建邑紳蘇士鎬陳昌齡等踴躍襄事不逾年落成易名曰暨陽書院其制講堂三楹堂之前爲門門外爲奎星閣堂之後爲廳事廳事後爲樓者二共六楹廳事之右爲書舍共一十九楹山長署其軒曰輩學在院一切經費舊存及新增田畝銀兩詳見於後

山長題名

沈濤 字宏吕邑人乾隆丙辰進士

邢和 字紹聞邑人雍正癸卯副貢

華歷翔 字世美金匱人乾隆戊午舉人

方世壯 字冬日安徽桐城人康熙庚子舉人

侯陳齡 無錫人雍正癸丑進士

張迪 字恂叔丹徒人康熙癸巳舉人

謝祖庚 字韞輝常熟人乾隆戊午舉人

吳哲 字頡賢武進人乾隆己丑進士

張潮普 字應占丹徒人乾隆壬辰進士

李惇 字孝臣高郵人乾隆庚子進士

葉紹桂 字琴柯浙江歸安人乾隆癸丑進士

王寰 字甸方金匱人乾隆庚戌進士

潘曾起 字容齋宜興人乾隆壬辰進士

張詒 字南溪崇明人孝廉方正

錢兆鳳 字在郊金匱人雍正乙卯舉人

李夢總 字登五嘉定人乾隆丙辰進士

許廷鑅 字子遜長洲人康熙庚子舉人

方國柱 字敬亭安徽桐城人乾隆甲子舉人

胡世科 字希哲安徽涇縣人乾隆己未進士

盧文弨 字紹弓浙江餘姚人乾隆壬申探花

黃甲 字萊坡江西廣昌人乾隆丙子副貢

錢維喬 字竹初武進人乾隆壬午舉人

伊桂 字丹木山東歷城人乾隆辛未進士

李枝昌 字莪村浙江桐鄉人乾隆戊辰進士

徐嵩 字朗齋無錫人乾隆丙午舉人

張 安徽潛山人乾隆乙卯舉人

施鸞坡 字惺渠崇明人嘉慶壬戌進士

應泰華 字蘅船浙江永康人乾隆甲寅副貢

蔣泰階（字雲簪，吳縣人，嘉慶戊午舉人，後中己巳進士）殷長福（字伯謙，甘泉人，嘉慶壬戌進士）

丁履泰（字安之，武進人，嘉慶己未進士）李兆洛（字申耆，武進人，嘉慶乙丑進士）

舊置田畝乾隆間紳士捐漕田三百十一畝蕩八畝由縣詳請撥給平北沙西新三圩田一百七十四畝六分有奇丈增田七畝七分有奇丈增岸一畝六分有奇續撥段山沙合界圩田八十二畝五分有奇划場戕岸四十六畝一分有奇水草灘二百畝後因胥吏將田換段移坵揑報坍沒道光間邑丞姚儲奉檄清釐實存田二百八十畝九分有奇沙田三百六十七畝七分有奇

新增沙田道光癸未署縣王溎捐置大陰沙田一千五百

八十畝九釐大陰沙划場岸八百畝有奇草陰沙田七百九十畝三分有奇草陰沙田岸一百二十九畝有奇

續收因訟撥入田六百十六畝有奇

原存生息銀五千兩嘉慶間輾轉虧挪三千七十七兩七分六釐實存二千餘兩叕錢二千七百千文又道光四年學使周系英撥入義賑贖錢五百千文暨學使辛從益捐洋銀三百圓均存商生息

重建書院記

國朝知縣蔡澍

江邑人文甲吳會當元季時西山裔蔡以忠始建書院至明代而東林講席盛於梁谿邑中不復更設逮入本朝當事者搆講堂於學宮射圃前以課士然師生朔望一集事訖散去桐山張公視學江左雅意作人余以雍正乙卯冬吏茲土承張公指延邑進士沈君次山主教席撥公田五十餘畝供師生廩餼膏火不足又與公括倖以助張公內擢都憲劉公繼任分俸一如張公又親臨書院訓迪之於是學者適道然來矣而以棟宇欹頹時方亟學工未暇修整遂相方城東精舍移院於彼嗣是沈君謁選去延金匱錢君在郊繼席錢爲余分校南闈所得士偕學博田李二公先後與邑士與文廟行歲科薦售食餼遊庠者多出院中邑人多歸績余者於戲此前後各憲振作之功并掌教諸君啓牖之力余何庸之有壬戌歲嚮墻事竣爰念書院寄僧舍觀瞻不稱於舊講堂地復爲門序堂位各三楹堂後爲奎宿樓上下六楹廊廡俱備夫物有以類而相從者書院之建於黌宮者宜也攷學記云小學離經辨志至知類强立大成之期爲數九年而官茲土者不逾時觀去惟桐山張公膺特簡持節江左九載教澤深厚淪入肌髓余鹿鹿簿書中鞅掌盤錯今已八稔矣其與江上士民骨肉相期凡江之子弟皆吾子弟江之師傅皆吾賓友有不日望其教學相長觀摩相得以宏深醇邃之材備公輔弼亮之器無負各憲之栽培而可與聖賢相質對者歟則近聖人居者又當思推已淑人之道不徒託之講誦必見之行事之

爲深切著明也夫事不難與謀始而難與圖終惟茲書院數百年來興廢迭乘繼今日而護持振興時其葺治俾延陵風雅繩繩彬彬以綿教澤於勿替不有藉於後之君子之與我同志哉是爲記

興建書院記

國朝學政李因培

暨陽有書院自元始州人蔡以忠創之修西山之學問於朝賜名澄江書院許北郭恕爲山長益用實學厲多士士風以振厥後漸廢弛至明遂圯三百餘年莫能復建雍正乙卯青州蔡進士澍尹是邦始考故址創講堂三楹而規制未備物力亦不支乾隆乙亥歲予奉命視學江南至暨陽旣入學釋奠退而臨視書院則湫隘無以供游息念書院原輔學校所不及使學者習焉安焉相觀而善今力旣不足延明師無由作育人才廣國家德意心滋戚焉迨己卯春爰進都人士周諮僉以爲非改作莫能振興非捐輸莫由集事以一邑之餘力養佳弟子而陶成之計莫便於此乃卽故講堂拓而大之相陰陽審面勢門庭堂廡以次繕完黝堊丹漆以時備具費至若干緡復以其餘力置田若干頃爲久遠計於是規模始立已復爲諸生求師得錢塘盧紹弓學士惠然

肯來擁皋比譚經一時人士競向風焉既予改視浙學行有日矣邑人士礱石請曰復公書院莫能成乞爲之記則匆遽未暇也比予復來而羣情益鼓舞續有捐輸膏火之資亦益充士更蒸蒸向學會予復奉命當去念與多士相習久情固不能無言也夫書院之興莫盛於南宋維時天下四大書院皆以大儒倡率從者至數百人切劘乎身心性命其所造就蔚然爲儒宗流風餘思百餘禩而弗墜若蔡以忠許北郭皆私淑朱賢者也方今聖天子雅意作人古大學之教蔚然復興暨陽地雖小有鄉先生之模範而又幸生文治昌明之會遊於此者其可不砥礪自立哉夫樂成易圖始難人情也靡不有初鮮克有終士之大患也予官於茲前後凡八年恒以時至書院與多士相見察其行誼第其學業見夫循循自好能養膏希光者私心竊喜之予雖去固惓惓於暨陽弗能忘焉是役也輸財以佽助者有邑之紳士多人董其成者爲縣令汪君邦憲監院事者爲教官潘謙宏趙寅例得列名碑陰使來者有所勸於是乎書

重修暨陽書院增置沙田記

國朝巡撫 陶澍

江陰之有書院肇於元人蔡以忠初以澄江爲名自明逮我朝遂建廢矣乾隆三十年學使滇南李公因培拓而大之改題曰暨陽書院閱今六十載復就敝廢生徒充數道光三年湘潭周公系英以戶部侍郎來視學慨然思所以振興之捐廉倡葺復諭蕭令璜檢核濱江沙漲之田三千餘畝議購充經費遴委縣丞姚倩履畝勘丈未竣事而周公卒於任余來蘇時屢諭王署令溱及姚丞以竣竟厥緒規程一切則致書山長李先生兆洛俾衡定焉今秋姚丞以咨部畝冊至且述諸紳士意求紀顛末書其事之克成也援筆記之兼以爲諸生曰書院之設所以佐學校廣教澤也今直省州縣莫不有書院率多虛設未能有實濟乃江陰則以學使者所駐刱自目擊心籌如前李公與周公皆胣然以諸生之業爲業而經之營之勞來之飲食之一時令丞因得以附益而玉成之夫豈以增益升斗博諸生感激之虛譽哉因將大有造於諸生也夫膏火不繼無以示獎勵未能養而言教司牧者之責也若獎勵之資已裕而學之不進行之不修則亦諸生之恥也昔陸子靜在白鹿洞講君子喻義章聽者流涕朱子以爲切中隱微深痼之病誠學者所宜致思矣江陰在江以南爲文章節義之區如往時殉節守城以一典史爲之倡而庠生紳民同心蹈死至數萬人其忠義耿耿歷久猶生足以立頑而起懦余頃採芻議請祀典尚有遺者復捜軼事而表章之矧諸生生長聖世沐浴涵濡其所志當更有進於此者觀李先生所定規程余尤爲諸生歆焉是舉也登高之呼實賴周公蕭令璜籌議以發其端王令溱捐資以亟其成奔走履勘則姚丞之力也其董事及洲畝息金歲入歲出之數另書於石以示久遠

捐置暨陽書院沙田記

國朝知縣 王溱

江陰之有書院也自元蔡君以忠捐別業創之詔賜澄江書院名逮明廢圮萬歷丁巳歲知縣宋君光蘭教諭梅君敬祖於學宮啟聖祠後重建堂楹爲邑人講習之所國朝康熙中學官荆君子邁陳君寅亮修之增葺者則知縣陶君彝蔡君澍而邑人朱君景標亦助田五十餘畝爲

膏火資焉乾隆三十年學使李公因培始拓而大之更名暨陽書院規制略備經費未充皇上御極之三年學使周公莅澄江慨然振其廢弛既捐廉倡修又爲圖生童膏火久遠之計會縣有新漲大陰沙田二千三百八十畝零草陰沙田九百二十畝零知縣事蕭君白之周公請於方伯撥入書院邑丞姚君躬履海濱勘丈繪圖事未集而蕭君以憂去越二年予始來攝縣事諏稽地治辦政役之施舍觀風書院校士習之勤情因進其紳士問所撥沙田足充經費與否僉言沙田例繳部價銀每畝八錢合計所撥當繳銀二千六百兩而贏議以田所入租分五年繳司俟清之後乃以租入充經費予念院中需此孔急遲之五年則已有名無實又歲月愈遠人事愈不可知小有勸捐則善舉復繫予雖權事忝爲士民一日之長不敢以非其責辭也乃衷所入俸廉傾其橐代之一限并納列其情上大府大府以爲宜乃於八年二月十八日彙銀解司准庫收存檔然後書院經費即時可以無乏邑士紳復相與條定章程俾可遵守然距周學使定議時已五年矣予之爲此徒以繼前令之所未竟以成學使周公之盛心藉以上副各大憲造就人才之意粗舉其端而已耳至於權

出入謹收支益恢而大之能無望於司其事者乎諸書
稽古修身愼行卓然爲
國家名臣濟美於邑中先正能無望於肄業於此者乎邑士
紳來請曰願有記也爲書而揭諸壁周公名系英湖南
湘潭人蕭君名璀浙江山陰人姚君名儲安徽桐城人
書院董事則邑人祝君登墀沙君崇耿君覲光李君鎔
澄江書院在武廟西偏元州人蔡以忠以別業建講堂
與生童講學於內有司上其事設山長官一員領之并
賜今額革代後廢
延陵書院在城隍廟右明成化五年同知謝庭桂倡始
史氏後裔捐貲協建嘉靖間知縣李元陽迎季子神位
於堂而祭之萬歷初改總練官署崇禎末兵燬
梧溪書院在席帽山下嘉靖間知縣李元陽建後廢

愛溪書院在學內隆慶間訓導范承寵捐俸搆講堂三
楹濬沼築垣以課諸生署縣高揵即其地題曰愛溪後
廢
梅花書院在君山尸祝學使蘇銓處年久圮廢嘉慶間
諸生曹大鈞何春煦集貲重建並設號舍數十間學使
湯金釗會令書院諸生會課於此
陽城書院在學宮南康熙間陽城張泰交視學江左淸
介拔俗邑人定海令繆燧建此以誌遺愛
桐山書院在廣福寺右邑人蔡寅斗高文棟以學使張
廷璐莅任九載教思所及歷久弗諼建此尸祝今廢

錦帶書院在顧山山故有梁昭明太子讀書樓知縣蔡
澍旁搆院舍五楹署曰錦帶因太子有十二月錦帶書
用以誌美也右自梅花書院以下非生童肄業所以同書院之名故連類附載
社學　義學附
養正書館在學宮東南明天順間提學御史陳選創建
歲久蕪廢市民踞之宏治時知縣黃傅逐民出延師招
民間之秀并拔取附城社學諸生教習其中其制前爲
門北嚮入門爲前庭內爲廳事四周爲書舍更後爲院
院中有池邑人吳仲義捐助臨池爲小軒總其地址東西二十
九步南北一百四十七步萬歷間知縣朱光薦改爲推

官行署入
國朝以兵火廢里民即其地搆土神祠
東門社學在里仁坊北亦御史陳選建宏治十年知縣
黃傅修嗣是推官王鈞知縣謝寳郝敬相繼增葺周垣
凡三十四丈入
國朝棟宇盡廢乾隆間諸生徐方行呈請修復未果地在火神廟旁
地字四十號丈基一畝二分四釐四毫一絲六忽
西門社學在天慶門內宏治十五年知縣涂禎創建周
垣凡二十三丈今莫詳其處
虹橋社學在虹橋東正德十三年推官王鈞改火星廟

爲之方志稱深邃曠邈爲江城第一社學今廢

北門社學在縣治西北北嚮基地三分今廢其址亦没

爲民廛

城鄉各義學初無常處明正德間知縣萬玘於在城及

四鄉大鎮創設自在城諸社學而外惟華墅青暘祝塘夏港先之他鎮未及嗣後迭

有興廢

國朝各州縣節次奉文廣設義學知縣蔡澍以次增創乾隆

癸亥各城鄉開設始遍

東鄉各鎮經學乾隆癸亥倡設經學館於顧山文選樓邑境東接海虞南界梁溪顧山其分界處也文風較盛故蔡志序義學以此爲首今仍之而以各學序次編列東內館設眞武殿西內館設興國寺以上兩館脩脯均係詳撥慧發菴官田租息充給南內館設準提菴北內館設許宦官房南外館設法喜菴西外館設長樂菴北外館設土地祠雙牌館設文昌閣

三官館設三官殿大橋館設法水菴章卿館設文昌祠楊舍館設三聖菴馬嘶館設觀音堂雲亭館設三元菴花山館設大樹菴周莊館設法鑑菴華墅館設三教菴長涇館設三覺菴謝園館設那泗菴蔡涇館設三官殿夏城館設白馬廟黃橋庠生嚴繼光捐建書塾十間青暘館設錦樹觀四河館設天敬菴峭岐館設三官堂長壽館設光嚴菴祝塘館設東林菴文林館設仁壽菴璜塘館設洗心菴觀山館設觀音菴夏港館設東平廟申港館設季子祠後梅館設報恩寺前周館設三官殿利城館設圓通堂丁墅館設觀音菴桃花館設石莊觀音寺巫山常凝沙館設常凝菴徐泗正興沙館設普渡菴復善善港沙館設萬壽菴東永平凝沙館設江神廟以上舊設義學俱廢

新設義學在馬嘶鎮塘墅東街邑人趙金芴於嘉慶二十一年出貲建屋三進共七楹捐備脩脯里中子弟願學而無力者延師以訓之

江陰縣志卷之五終

江陰縣志卷之六

武備

江陰爲江海門戶自南唐歷宋元皆駐重兵防禦前
明防倭寇益嚴故稽歷代迄今軍與水軍凡兵額營
汛訓練器械纖悉備載於篇而於江海形勢論險要
攻守者爲尤詳時當承平兵革不用而備豫不虞使
材官卒伍有勇知方願與說禮敦詩者共勉旃志武
備

軍制

南唐始置江陰軍設軍監使又置水師戰艦屯江陰

宋隸兩浙路廂軍曰崇節營以指揮統之建炎後更曰雄節舊志以雄節營爲禁軍崇節營爲廂軍又云雄節本熙凝敎閱廂軍元豐陞爲禁軍蔡志駁云宋兵制有四宿衛備戰者曰禁兵諸州駐防者曰廂兵地民團集者曰鄉兵諸部內屬者曰蕃兵其邑之兩軍皆故廂兵特以敎閱團集陞拔禁軍非崇節本籍也舊志以崇節雄節分禁廂者謬按雄節之名始於建炎在熙凝時尙未有也元豐何由陞拔乎舊志經蔡志駁正今仍之又有水軍乾道四年置作院熙凝六年諸州皆置作院製造軍器牢城營郎城守兵以有罪決配者守之土軍曰石牌寨曰申港寨二寨皆太平興國中置弓兵曰尉司弓手寨袁燮有記水軍曰駐劄水軍寨以上營地軍額舊志云雄節營在都倉北額五百人崇節營在望京門內額五百人後橫江水軍在其中又號水軍營額亦五百人牢城營在觀風門外沿河西作院無營額二十五人石牌申港二寨額各二百一十人尉司弓手寨在尉廳側額二百人駐劄水軍寨在縣西郎許浦水軍之所分駐額三百人先是淳熙壬寅始營寨屋三百六十五間甲辰春乃駐劄於此其本軍措置分屯處所小石山寨將官一員正軍三百人黃田港寨將官一員正軍三百人夏港寨將官一員正軍三百人六射垛寨訓練官一員正軍一百人君山感化院將官一員正軍二百人光孝寺統制一員武德正軍一百人訓練官等畫夜沿江巡警提督諸寨官兵貢院統制一員乘義將官一員正軍二百人聽候調遣隨軍火頭白直三百八十三人亦依軍數多寡分隸其紹興烽燧處所尉司三所君山黃山夏港石牌巡檢司八所石牌港石頭港雷溝港陳港蔡港季港范港令節港申港巡檢司八所五斗港諸墟江岸鍾究江岸橫擔汀岸利港西頰桑墟江岸申莊江岸申港東頰

元官軍曰鎮守萬戶府鎮撫司千戶所額數無考賀尨云元在軍教場設萬戶府名曰演武及千戶一十五翼并鎮撫司土兵曰申港巡檢司石牌巡檢司馬馱沙巡檢司長壽巡檢司俱仍宋制

明初官軍曰江陰衛改爲連陽衛又改爲守禦百戶所又陞爲守禦千戶所衙縣治東郎元萬戶府隸後軍都督府土兵曰利港巡檢司石頭港巡檢司范港巡檢司新港巡檢司郎馬馱沙巡檢司永樂四年移署新港弓兵原額百人後漸裁減中葉以後次第裁官民兵曰民壯宏治六年僉點民壯千四百六十名爲武備正德十一年減額三百三十八人十年一編升點貧富就中擇一人爲千長十四人爲百長二十八人爲旗頭各領民壯二十五人二八爲總書天啟後罷曰募兵嘉靖二年巡撫吳廷舉議大縣兵不過五百中縣三百小縣二百點丁田上者爲正戶次爲貼戶每名出銀七兩二錢備諸習武藝者充之二十三年倭寇至巡按尙維持於各鄉里總名下徵銀召募謂之土兵協同民壯防守而以浙兵佐之隆慶二年議革曰楊舍營嘉靖三十三年倭警題建水陸官兵原額五百餘名至萬歷初共存二百名崇禎初復添至四百六名曰江陰營萬歷元年設天

啟二年題改統水陸浙內河四營水陸營兵共二百四十人內河營兵六十人浙營兵一百四十人曰火兵受廛之民更番守宿曰火兵萬歷十一年編派以五十名守庫獄一百二十九名巡邏街坊俱排門出工食對支二十四年巡撫趙可懷議定三十五名專守庫獄每名歲給銀五兩派入均徭餘仍責之街坊居民二十八年知縣郝敬令排門人自行看守盡革火兵巡警不廢而免催科民甚便之曰參將營崇禎十七年設統水陸官兵共一千人自常鎮道駐劄所轄官兵曰標營萬歷間設正副中軍各一員標兵一百八十七名曰遊巡營崇禎中以江洋多警設無專署巡江上下西抵金焦東盡狼福兵額三百名曰靖氛營崇禎十年設俱常鎮道統轄

國朝官軍設江陰楊舍城守營京口水師營分隸提標督標管轄土兵曰民壯額設三十名曰弓兵隸顧山巡檢司額設二十六名

城守

江陰營屬提督軍門管轄兼轄靖江營順治二年設參將一員統領遊擊都司守備各一員步兵五百八三年改都司五年改守備俱屬常州營十八年將常州營參將調江陰統轄常熟江宜靖楊孟七營康熙四年改副總兵統轄常鎮二府水陸汛地七年改遊擊仍統常州以下七營八年復改副總兵統轄蘇松常鎮四府十一年改守備又議改遊擊轄江靖楊孟四營雍正十年楊孟二營改設都司隸提督軍門祗留靖江一營仍轄

現設遊擊一員駐本城中軍守備一員駐本城千總一員守東鄉路汛把總二員分左右哨守西南鄉汛外委千總一員協同經制千總防守外委把總二員協同經制把總防守額外外委一員在營差委

馬戰兵十八名內外委千總一員外委把總二員額外外委一員步戰兵三十六名守兵二百二十名

官坐馬十六匹遊擊六守備四千把總各二戰馬十八匹巡船七隻

原設馬戰兵三十名步戰兵一百十名守兵三百三十九名官坐馬十六匹戰馬三十匹唬哨二隻巡船七隻自康熙至道光歷次裁減馬步守兵二百五名戰馬十二匹今載現在實數如右

楊舍營駐劄堡城屬提督軍門管轄順治二年設守備一員把總一員雍正七年增設外委把總一員是營向隸江陰營遊擊管轄雍正十年於武職陞遷等事案內部議改設都司僉書隸提督軍門

現設都司僉書一員駐堡城把總一員駐堡城分防各汛外委把總一員駐華墅汛協同經制把總防守額外外委一員在營差委乾隆二十八年增設

馬戰兵八名內外委把總一員額外外委一員步戰兵三十一名守兵一百三十七名

官坐馬六匹都司四把總二戰馬八匹巡船二隻

原設馬戰兵十名步戰兵七十名守兵二百八名官坐馬六匹戰馬十匹巡船二隻自康熙至道光歷次裁減馬步守兵一百十二名戰馬二匹今載現在實數如右

營田惟楊舍營有之計一百八十畝二分係前明嘉靖三十七年置坐落本鎮各字號近堡佃民賃種每畝納租銀四錢每年額租銀七十二兩八分除完本縣條漕銀三十六兩餘銀解蘇藩充餉向例本營徵收完解後因佃民逋欠營員困於催追乾隆四年都司穆秉常會縣通詳歸縣徵收完解

水師

京口營駐防本城屬總督軍門管轄原設鎮守京口左右兩路水師總兵二員屬京口將軍管轄康熙二十四年改左路總兵為京口水師總兵裁右路總兵三十六年裁總兵改設副將

現設副將一員駐本城防守江陰武進靖江通州如皋泰興等處兼轄右營高資兩營仍分駐瓜州遞護糧艘後以本城衙署坍廢遂以瓜州爲常駐地遇有巡哨應輪三五七月會同沿江文武各官巡哨遊擊一員駐靖江中軍守備一員駐本城千總二員一駐本縣黃田港汛一駐靖江把總四員一駐本縣三沙汛一駐武進圩塘汛一駐靖江團港汛一駐如皋沙楊莊汛外委千總二員一駐本縣石牌汛一駐靖江外委把總四員一駐本縣三沙汛一駐中港汛一駐通州阮家圩汛一駐泰興漁漗汛額外外委五員四駐本縣一駐靖江在營差委馬戰兵六十九名內外委千總二員外委把總四員額外外委五員步戰兵一百五十七名守兵五百五十一名捕舵繚椗手步戰兵四十五名水手守兵九十四名各兵連靖江水師營在內南岸駐五百五十四名北

岸駐三百六十名官坐馬三十四匹副將十二遊擊六守備四千把總各二戰馬六十九匹海哨船八隻吧唬船四隻南北各二快哨船六隻南岸四北岸二以上海哨船隻每屆脩期解交鎮江船廠承修吧唬快哨船移交江靖二縣動支存公銀兩承修

原設馬戰兵一百名步戰兵四百名守兵五百名捕舵繚椗手步戰兵一百五十名水手守兵三百十八名官坐馬三十四匹戰馬一百匹沙船三十二隻唬船八隻小吧唬四隻康熙二十四年至雍正十年歷次增添補舵繚椗手及馬步守水手等兵五百七十五名自康熙至道光歷次裁減捕舵繚椗手及馬步守水手等兵一千一百二十七名戰馬三十一匹今載現在實數如右

防汛

江陰營夏港汛兵二名申港汛兵三名後梅汛兵二名前周汛兵二名桃花汛兵二名五雲橋汛兵五名有木樓巡船蔡涇汛兵三名三河口汛兵五名有木樓巡船靑陽汛兵三名海姑尖汛兵五名有木樓巡船馬鎭汛兵五名有木樓巡船四河汛兵五名有木樓巡船月城汛兵三名石幢汛兵三名璜塘汛兵二名蕭岐汛兵二名文林汛兵二名長壽汛兵二名雲亭汛兵二名南角汛兵五名有木樓巡船祝塘汛兵二名八字河汛兵五名有木樓巡船周莊汛兵三名長涇汛兵三名三官汛兵二名大橋汛兵二名朱橋汛兵二名巫子汛兵二名陳霤溝汛兵二名以上每汛營房三間西洋橋汛兵二名長壽浜汛兵五名以上每汛營房六間

楊舍營章卿汛兵七名華墅汛兵十名木樓一座巡船一隻水手五名北角汛兵八名木樓一座巡船一隻水手五名顧山汛兵九名唐墅汛兵七名界涇汛

兵七名谷瀆墩汛兵七名炮臺汛兵十名紅彝炮二位炮房已坍范港墩汛兵七名泗港墩汛兵五名善港墩汛兵五名蔡港墩汛兵五名東嘴墩汛兵七名西四墩汛兵七名新港墩汛兵七名東興墩汛兵七名以上各汛俱營房三間惟新港增建營房五間

京口營黃田港砲房汛稅房鶩鼻墩撤并兵七名按舊設墩汛二十九處乾隆元年奉文允水師營詳請撤并祇存今數黃山臺汛大石灣黃山墩撤并兵七名石牌臺汛蕭山煙墩石牌西墩撤并兵七名巫山臺汛石牌中東兩墩撤并兵七名新凝墩汛兵七名正興東墩汛正興西墩撤并兵七名東凝沙汛在江心兵七名平凝沙汛在江心兵七名永凝沙汛在江心兵七名閘西墩敵樓汛五堡墩撤并兵七名夏港臺汛夏港墩撤并兵七名新溝臺汛兵七名申港墩汛孟濟墩撤并兵

七名蘆埠臺汛利港蘆埠墩撤并兵七名桃花墩汛橫丹鍾九墩撤并兵七名以上各汛俱營房三間瞭望一間惟永凝沙增建營房八間爲汛官查駐所

右汛地俱屬本邑南岸詳註如前至南岸圩塘等汛及北岸各汛皆鄰境所統亦列其名目及所屬地方於左

圩塘墩汛兵七名魏村墩汛兵七名小河墩汛兵七名黃山墩汛兵七名以上武進界北岸界河口汛兵七名繆港墩汛兵七名衙前墩汛兵七名陳公墩汛兵七名瀾港墩汛兵七名雙港墩汛兵七名天生墩汛兵七名和尚墩汛兵七名龍潭墩汛兵七名太平墩汛兵七名以上靖江界阮家圩臺汛兵七名李家港臺汛兵七名灰川港臺汛兵七名任蘆港臺汛兵七名蘆涇界港汛兵七名以上通州界

百姓圩臺汛兵七名鶩阮莊臺汛兵七名洗家圩臺汛兵七名沙楊莊臺汛兵七名楊家臺汛兵七名冒家圩臺汛兵七名李家圩臺汛兵七名以上如皋界漁漶港墩汛兵七名泰興界

內地馬路

東馬路自春暉門沿橫河至界涇接常熟界計程七十里

西馬路自天慶門至禪鄉接武進界計程七十里

南馬路自朝宗門至馬鎮接無錫界計程五十里

沿江馬路

東馬路自黃田港至烏沙接常熟界計程九十里共設馬橋十八座黃田港木橋一座黃山港白沙港石牌港巫子門郁家溝鎮山保張公港象港官路港石頭港石橋各一座巫山西套木橋一座新凝港石橋一座小木橋一座石頂套木橋一座新港東套泗港木橋各一座范港石橋一座谷瀆港木橋一座

中馬路一條巫山墩至泗港計程二十里共設馬橋五座善港蔡港陳溝雷溝趙婆港石橋各一座

西馬路一條自黃田港至桃花港接武進界計程七十里共設馬橋九座夏港木橋一座流皮溝新溝申港蘆埠港利港橫丹港五斗港石橋各一座桃花港合界木橋一座

關寨

靖海關澄江門外黃田港口朝陽關春暉門外二關並明正德三年知縣劉紘推官伍文定以備倭創建置屯守敵樓君山西黃田港北置烽燧軍器爲江防要隘崇禎末知縣李令晳建今故址坍入江

石橋寨縣東章卿馬嘶交界處申港寨本鎮江口石牌寨縣東眞山北江口三寨俱廢

教場

水軍教場宋水軍統制陳俊闢於縣之東南今莫詳其處內教場縣治東宋爲軍教場今所稱小教場也武員常操閱視於此君山教場君山西南明正德元年推官伍文定創闢操演民壯於此今爲大教場武臣大閱及學使者校試武童皆在焉

牧馬場附黃山港口大江之濱係城守水師兩營於公項內價買民間完糧草水灘各分界址爲放牧營馬之處按營伍馬匹所以備馳驅壯武備設有定額按名給發馬乾令其收槽喂養羸瘠者以軍政按治蓋惟恐任意縱牧或致踐食田園爲農民困也江邑兩營駐防坐騎雲集雖各營嚴戢牧放而兵廝無賴往往違禁作踐度越畛畦近郭園林蔬圃輒遭蹂躪里民莫敢誰何知縣蔡澍節經移會兩營和衷議禁兼着有牧馬處所厥風稍息然日久法弛恐跋扈之徒仍蹈往轍不可不嚴加約束也

形勢

大江自西南奔注亘邑境東北而入於海其沿江都邑金陵爲南七省咽喉京口爲南北鎖鑰江陰乃江海出入門戶也邑境四至形勢東北自常熟界入楊舍控水陸之衝路由香山橫河以抵城東南自顧山長涇文林入路由砂綺定山應天河以抵城南由金匱入有數道胥以青暘爲中匯而水道必由四河口西自毘陵入夏城桃花俱通行而陸由秦望山水由三河口明其所從入則形勢瞭然矣蓋區宇之混一偏安以及竊據者不一而軍行屯聚所卽爲險阸南唐都金陵都揚州吳越都

杭兵由東入故相率戰於砂山香山張士誠起泰州明太祖起濠泗取江陰由西入故與戰於秦望山下明季倭寇沿江闌入故東起令節西迄桃花一有不虞卽戰於城下水道若魏太武金亮俱屯瓜步宋將韓世忠金將兀朮戰黃天蕩則黃田港外應駐舟師爲捍禦討元別帥航海攻兩浙及海寇竊發奄至則鵞鼻巫門上下爲戰場此形勢之無定者也若其有定者廖角臺前兩河相對海闊一百二十里爲第一重狼福兩山相對江闊一百二十里爲第二重江靖相對江闊四十里爲第三重圌山永生洲相對江闊一十餘里爲第四重至京口瓜步則在閫閾內矣海艘浮空擊汰而來望見陳錢則喜陳錢者海中之標至此則可進泊洋山耳洋山有嶼十八可藏數百艘水鹹不可飲惟山巔一泉清甘寇必泊此汲水視風遇東北風卽入馬蹟犯浙流入蘇松遇東風卽由茶山犯淮揚流入常鎮發碇必於洋山是山固江海之閫限也閩浙瀕海多山險阸易防江南地多平衍海艘闌入所在可逞其侵軼然則防江須上下聯絡防海在會哨以時官軍先據洋山操建瓴扼要之勢廖角臺四處重重接應則臂指之功成矣江南通志云常州之地北枕大江與泰興相對靖江雖接泰興並處江北實仍隸常州以爲犄角之勢而南岸之縣則爲武進江陰

武進孟瀆河口有孟河堡城縱橫三里明嘉靖間所築
國朝康熙二十年巡撫慕天顏開濬建閘始復舊制其地最稱險要東至魏村閘南宋置寨於此又東至桃花港與江陰分界又東至申港爲春申君開浦置上下屯之地又東爲夏港口黃田港口與靖江縣諸沙相對又東過江陰縣爲君山黃山黃山之西北連大小石灣地勢奇險吳時嘗置烽堠於此又東至巫山獨立中流與如皋相對爲江海之門戶又東至谷瀆港爲楊舍城協防重地又東至川心港入常熟界

江防

大江自京口下流東注歷通州狼山盡處而入海江邑實爲江潮赴海之尾閭海道入江之鍵鑰故邑之防江實兼防海就邑境而言西接武進東迄常熟纔一百四十餘里若以水師所轄全壤言之則上自武邑黃山墩下

抵通州蘆涇港計程八百餘里設險控馭之法不可不籌其盡善也夫地形之水陸既殊則制勝之常變亦異平時之備豫者其要有四一曰專彈壓形勝之地將卑師少不足示威原設水師總兵旋改副將統左營重兵專駐江城而以遊擊分駐靖江其高資牌灣瓜步諸處海道相連險要聯屬故兩營俱隸管轄所以一將權而專保障者在是惟副將以趲漕故時駐瓜步距邑遼而聲勢不屬非設官本意也宜令副將專鎮本邑而趲漕之責則委之海標隨旗副將此軍制之宜復舊者也一曰謹分汛分汛之法嚴斥堠謹瞭望居陸地以防海警

墩汛之設視會哨爲尤要今南岸墩汛十有九邑及武進瀕江之壤屬焉北岸墩汛二十有三靖泰如通瀕江之壤屬焉數百里中平野綿曠而在汛實止兵目數人分防汛弁或數月不一至其曠職弛備實甚惟於諸汛中權之處俾各弁親駐巡防庶幾有備無患此防緝之宜嚴飭者也一曰重遊巡哨船之設立法洵善然撑駕不過捕舵坐艙僅屬兵目則名微而勢不振今防汛既責之千把所設各外委除佐防之外宜令其專任巡哨之責則在船兵目皆有所統而知效命矣一曰嚴會哨水師定制上自江寧協標下盡崇狼二鎮通會遊巡法綦嚴密然所委任者或不能徧察踰期爽候率有交相容隱之弊惟於會哨之期大帥別選就近賢能將弁察其虛實有違誤哨期者嚴予處分則兩船交會晷刻無爽矣然此特無事之日防其未然耳若事起倉猝則折敵應變之道更有三焉蓋江防之法雖重上游而患所從生多自下而上海寇道由東南來倭寇道由東北來而皆從步洲洋問途長江以爲窺伺京口金陵之計待之者當聯合崇狼兩鎮及吳淞劉河諸營於入江咽喉處屯重兵列戰艦拒而遏之則寇兵雖衆必不敢落帆而道長江此用正之所以扼其吭也若寇已深入則當

以奇兵從後截擊之蓋海船雖巨率多粗重水師戰船輕儇剽疾騰躍如游龍追撲至易康熙間海寇直入長江崇鎮總兵梁化鳳率舟師截格於步洲口卒獲大勝其明驗也至於攻其不備出奇無窮又有設伏制勝之道自廖角以西若劉家河徐六涇四房沙巫子門鵞鼻嘴觀音山黃天蕩徐山門諸險悉皆叢沙嶼渚依山夾島之處若統會南北兩岸營防節節置伏覘寇船之所至而邀截之即寇所不至亦多建旗鼓以張其勢海船深入重地汪洋之中四面受敵成殲寇之功必矣馮志云江防者以防倭也然防倭於江猶易防賊於江甚難倭寇之入或從金陵突衝或從海虞延蔓未有自江登陸者

大抵禦倭當在海前人言之詳矣嵩一禦之江亦勿使登陸可耳至瀕江之人騁其驍雄習於泅汨與鹽艄漁舟淩風駕濤朝發夕返走死如騖之徒中堅洞骨之器不戒而集其始未嘗不以自禦而乘便則以禦人尋常以禦人於江陬而伺巧亦竊發於內地若凶年饑饉游手梟民乘釁而起者不與爲分邏守汛俱與爲緣雖有密網多漏吞舟議者謂江盜勢不能除莫若善爲之用今水不設耆民捕盜乎郎廉此輩可用者充之有勞則榮以冠帶俾領家丁有犯則戮以警衆收一人即減一盜矣至於要害之區綰轂之口多則十人少則入人巡以總哨晝夜防守俾金鼓相聞策應相及免召募征調之煩又成首尾聯絡之勢粟米金錢庶不至委之無用也

歷朝江防事宜

前宋元嘉二十七年魏太武帝率大衆至瓜步命領將軍劉遵等將兵分守津要遊邏上接於湖下至蔡州陳艦列營連亘江濱自采石至暨陽六七百里 唐李希烈之亂韓滉鎮潤州造樓船三千杭以舟師由海門大閱至申浦乃還 周顯德二年王師征淮安吳越王俶屯兵境上以待周命相吳程欲遂取

常州會南唐有詔安撫江陰吏民元德昭請姑伺之俶不從直趨常州又使路彥銖攻南唐宣州唐羅晟帥戰艦屯江陰 建炎三年安撫使劉光世制置使韓世忠各提重兵有詔江淮宣撫使總護諸將世忠乞不受節制上怒光世郎時自江州移屯江陰又諜報兀朮將自海道窺江浙世忠亦駐軍江陰 紹興四年三省樞密院同奉聖旨勘會江南沿江爲軍皆係緊要控扼重地除已措置專委諸路帥臣漕臣打造車戰船外合行招置水軍教習戰船以備緩急禦敵內一項今臨安平江鎮江府秀常州江陰軍太平池江洪興國鄂岳潭州各置水軍以五百人爲額並以橫江爲名其招軍例物并請受並係雄節指揮則例支放 紹興五年劉光世充淮西太平州宣撫使水賊邵清擾通泰有大小戰船三千餘至是抵太平州城下詔光世討之又犯江陰軍及崇明鎮遂爲光世所圍勢蹙乃降 隆興二年指揮勘會通泰江陰軍海道江面闊遠切慮任責不專三省樞密院同奉聖旨令范榮專一措置捍禦通泰廖角楚州鹽城縣水陸一帶江面如有緩急互相策應是年知軍州宋藻節使李寶各有申請利害 乾道六年左翼軍統領李彥椿駐劄造寨屋二千四百九十二間 乾道八年知軍向子豐劄子契勘江陰軍邊臨大江正是下流北與通泰相對東連海道西接鎮江最爲控扼昨自建炎之初朝廷差撥喬仲福等軍馬在此屯駐防過盜賊至紹興間邊場罷嚴併歸大軍三十年以來鎮江分差木軍三百人在軍彈壓後兵騎臨淮拘收前去續有李寶馮湛李彥椿前來駐劄逐年防秋之際尚於福建路分差海船在軍艤泊至乾道六年李彥椿移屯許浦自此本軍全無軍馬欲望朝廷詳酌事體近屯駐大軍去處分撥三五百人在軍屯泊不惟盜賊屏跡居民安堵江上不測有警亦可應援後不施行至淳熙七年始得請於朝以許浦水軍三百人分駐於此開禧元年奉旨駐劄水軍遇有邊警急切許從本軍守臣時暫遣發仍聽節制 紹定三年李全寇海陵聲搖江浙檄移閔備江陰控帶長江聯淮接海尤是護風寒處郡守史寯之下車甫踰月適赤白囊交至亟請兵分屯以廣聲援淑可調殿司禁旅千五百人來戍制闢兼資參決列將仍稟節制乃約軍數而割隊伍度地宜而創堡柵截上供以資口券厚犒饗備器具使之至有所歸作有所用士感悅思奮廂禁兩軍土兵弓級與夫屬縣民兵亦各整治蒐閱課以藝能申嚴紀律信用賞罰合中外之兵

其數及萬自始謀至迄事軍整民安史侯盡備守之策合措置之宜吞啖告捷抑亦同心協濟之效歟 淳祐中蒙古兵圍襄陽入嘉定分兵自海南犯兩浙將渡江薄江陰軍簽判趙良珂帥舟師備火筏攻之焚其舟下餘復其主帥 元至元十一年築江陰城以備江時州人黃傅攝州事率民畚土築之 至正七年沿江民起兩淮運司宋文瓚請備長江不報後十年州人朱定作亂不能平江浙行省討之定求救於僞周盛稱江南上地之饒士誠遣弟士德率高郵賊衆渡江攻常熟遣其別將來擊江陰軍知事朱道遂以城降 明龍鳳閒兵克江陰定遠侯吳良方統制丹陽命良移兵鎮之後張士誠分兵來寇太祖率兵督戰追至巫子門俘獲無算 正德初河北盜劉齊作亂犯江陰大縱焚掠郡守李嵩赴救躬擐甲胄以勵士卒大敗之

訓練

各營兵制不同而訓練之法大約相等在營各兵馬戰各隊專習馬步弓箭餘守兵分習弓箭火器籐牌各技近

更增學跳馬圈棍長鎗撲刀諸藝俱奉軍門頒式擬教師詣營督演之惟盛暑沍寒停止操練餘月分別技藝輪日演習常操日汛防各兵不與祇令專汛千把總於查汛日就便試練之俱於各營署射圃閱視驗其能否以行賞罰惟歲時大閱則羣集於君山大教場初較騎射更舉火攻演連環子母炮藤牌各軍作熊羆裝馳驟衝掠跳馬圈棍以次畢試然後奏鼓揚幟合圍演陣五花八門隨厥意匠坐作止齊靡不井然有法更於冬初陳炮江濱演放數十里中江空浪息舟楫不行謂之洗炮首春則列隊迎喜視喜神方所在處霜降整旅圍營俱於君山教場櫜鞬甲冑馳道揚鑣所以順天

時肅營伍也今久不行統轄大帥歲一按閱論功行賞有差於是士心鼓舞爭思自劾邑雖褊小軍容之盛爲前代所罕及云

軍裝

江陰營現貯鐵盔二百四十 鐵甲七十九 棉甲一百六十一 號帽二百四十七 滾衣二十一 號褂二百四十七 官弁戰箭九百十 兵戰箭二千四百三十 角弓七十九 劈山炮五 過山鳥五 子母炮八 火搭二十 雙手帶十 鳥鎗一百十五 長鎗十 鉞斧一百十五 腰刀一百二十五 鳥鎗兵腰刀八十 牌刀二十一 籐牌二十一 夾帳房二十四 大小凉篷二 帥旗二 令旗一 營門旗二 大旗八 小旗四十八 先鋒旗十 紅旗二 黑旗二

楊舍營現貯鐵盔一百五十七 鐵甲六十八 棉甲八十九 號帽一百六十五 滾衣十五 號褂一百五十二 紅彝炮二 靖平炮二 過山鳥三 子母炮四 馬蹄炮七 虎尾銃二 鳥鎗七十四 馬鎗二 鉞斧七十四 腰刀一百十八 牌刀十五 籐牌十五 夾帳房十二 單帳房十七 大小凉篷二

大小旗一百十一

京口營現貯鐵盔甲八百二十二 花鐵甲三百六十二 鐵甲二十七 花棉甲三百七十一 棉甲一百六十一 號帽八百七十二 滾衣八十一 號套八百二十三 官弁戰箭一千七百七十 兵箭八千八百八十 大火箭三百六十 一窩蜂六百四十八 羣虎箭四百三十二 五虎出穴三百六十 追魂標四十五 五虎鉢頭七十二 追魂鉢頭四十五 硬弓三十 角弓二百七十五 靖平炮六 行營炮七 子母炮二十 大鐵炮五 百子炮一百二十 磨盤

炮十　西瓜炮七十二　鳥鎗四百八　小鳥鎗十五
雙手帶三十四　長鎗十　馬鎗十三　鈎連鎗五
拐鎗五　鉞斧四百　腰刀四百八十九　大刀五
十　挑刀三十六　撲刀五　雙刀一　牌刀八十一
春秋刀一　馬叉一　雙鐧一　籐牌八十一　夾
帳篷六十　單涼篷二　令旗六　大纛旗二十　門
旗二　先鋒旗二十　紅旗三十二　小旗一百
炮房附　一在演武廳北一在北城內皆三間安置紅彝大炮乾隆三年知縣蔡澍重建并加置炮罩
火藥局　城守營局在高巷火神廟東水師營局在東城北隅楊舍營局在堡城都司署旁

江陰縣志卷之六終

江陰縣志卷之七

秩祀

春祈秋報凡以為民求福也斯邑壇壝率多傾圮亟
新之以昭祀典凡中祀羣祀與忠孝節烈及死王事
而捍大災患者皆合祭法例得備列其歷年既久之
家祠并附於末夫勤修祀事以冀年穀順成災沴不
作守土之責也而神所馮依豈僅在俎豆之馨香乎
志秩祀

壇壝

社稷壇在澄江門外一里宋軍社壇稷壇同在觀風門外
縣社壇在天慶門內元因軍社明洪武三年知縣吳志
遠徙今地初為二壇八年合為一壇正德九年重建
國朝因之歲以春秋仲月上戊日為民祈報用羊二豕二帛
二代鹿羊一兔二其地東西五十三丈南北三十二丈
壇北向高一尺四寸四分縱廣一丈五尺四陛各三級
繚以周垣為四門自北門入石主一高二尺五寸方一
尺一寸形如鐘剡上而培其下於土中木主二高二尺
二寸方四寸五分一書縣社之神一書縣稷之神藏附
近廟宇潔淨處祭時安設壇上舊志載牆西有齋房神廚宰牲房久廢　雍
正十年重修乾隆四年知縣蔡澍增高圍牆蓋陶瓦立

扉戶隙地遍栽松柏歲久盡廢道光十九年署縣陳延
恩捐廉修築如制
神祇壇在天慶門外西南一里明洪武三年知縣吳志遠
建初亦二壇八年併爲一以城隍神合祭縣丞賀子徽
修正德九年重建
國朝因之歲以春秋仲月諏吉致祭乾隆二十二年奉文與社稷壇同日致祭用
羊三豕三帛七代鹿羊一兔三其地東西五十二丈五
尺南北三十五丈壇南向制與社稷壇同爲四門由南
入前志載舊有神廚齋房宰牲房俱久廢木主三一書雲雨風雷之神居
中前志稱風雲雷雨今照會典更正一書本縣境內山川之神居左一

書本縣城隍之神居右乾隆元年知縣蔡澍修築增高
圍牆歲久盡廢道光十九年署縣陳延恩捐廉重建
先農壇在春暉門外一里雍正四年奉
旨各府州縣於該地方擇潔淨豐腴地照九卿所耕耤田四畝九
分之數設立先農壇於雍正五年爲始每歲仲春吉亥致祭用
羊豕各一帛一鉶一簠簋各二籩豆各四知縣祁文瀚
於東外雙牌二保買田五畝八分以四畝九分爲耤田
餘作壇基五年奉頒壇制署縣張經邁式築建周圍築
土爲牆門南向壇高二尺一寸廣二丈五尺木主書先
農之神主式高二尺二寸闊四寸五分厚九分座高四
寸五分闊八寸五分厚四寸五分壇後正房三間中奉
神牌左貯祭器農具右藏耤田瑞穀配房二間辦祭品
於東居佃農於西壇前爲耤田居期巳時致祭午時耕
耤前期致齋二日乾隆八年奉文每年孟夏諏吉行常
雩禮社稷神位居中先農居左山川居右詣壇將事雍正
十一年奉文蜡祭亦於先農壇行禮乾隆十年停止道光十九年署縣陳延恩以
壇屋圮廢捐廉重建并購雙牌三保景字七百七十一
號田七分四釐五毫七百七十八號田五分七釐八毫
捐祠充費以給佃農
邑厲壇在澄江門外一里與社稷壇連牆並列明洪武三

年知縣吳志遠建天順二年修宏治七年復修
國朝因之其地東西十九丈南北二十七丈繚以周垣門南
向正中設壇歲以清明七月望十月朔祭邑中無祀鬼
神用羊一豕一前期三日守土官具牒告城隍之神居
期迎神臨壇主祭壇久圮廢道光十九年署縣陳延恩
捐廉重建

重修社壇記　宋知軍陳研

郡守古諸侯也有民人社稷則當知所重而不可忽蓋
天子社壝方五丈取諸土數諸侯則半之社東而稷西
俱以北面爲尊祭之日三獻皆南嚮於北墉下荅陰之
義也又必周以垣牆外闢正門植木以表其處爲主以
象其神風師雨師皆附於社本倣唐制然風師箕也壇
宜列於東雨師畢也與雷師同壇則宜列於西其所從

來亦遠矣江陰社稷之壇在軍之西南地平且正貢土穀之神所依焉者而歲久荒圮頹垣斷塹樵牧所易門顧南入殊乖面埶之宜舍事頗遠於壇儀學洗列於前棨則進不便於登陟故每祭則往往旋幄蘧篨以列獻次其壇校以古尺不及土數之半而又輒甓斷闕法所當修春秋祈報研屢嘗愓焉內動其心以爲怠忽若此奉牲以告神其吐之平水旱相仍未必不由於此久欲改作而軍帑空匱以故未暇由是節費銖累度能辦此遂擇穀旦稍展其壝以從古制而陶甎易之一新立石壇上以爲其主徙屋稍南壯其規模以便祭事牆仞重整門改北嚮而爲路於東垣之外西轉順入焚幣有所待贊有室復取土之所宜環植以松輿工於紹熙辛亥正月已未粵二月甲申用成土木工匠之費一毫無擾於民是歲春秋躬率僚吏有事於此四顧山川頓若改觀神其顧歆而庶無旱乾水溢之盭乎研解印伊邇幸於是舉僅克有成以不失所重深欲後人知研欲作之意故命僉幕述以爲記

重建社稷神祇邑厲三壇記

國朝署縣 陳延恩

國家祀典歲以春秋仲月祭社稷暨雲雨風雷山川城隍之神以清明節七月望十月朔祭邑中無祀鬼神皆有壇江陰社稷壇在澄江門外北一里神祇壇在天慶門外西南一里邑厲壇與社稷壇連牆並列樵牧有禁繕治以時非守土之責歟延恩初攝縣事躬詣致祭見三壇皆傾圮無存深懼年不順成民有災眚神或怨恫也爰亟捐廉飭董事張世承及其子錫齡鳩工庀材悉遵舊制次第功竣謹稾志重建年月如右以詒後之爲民祈福者焉

重修先農壇記

國朝署縣 陳延恩

延恩於道光戊戌春攝知江陰縣事甫下車力除壅蔽求通民情父老走相告曰邑有先農壇在春暉門外一里年久圮廢無以肅明禋我侯莅止百廢具舉敢告延恩謂獺祭魚豺祭獸蠢茲微物猶知報本矧祭以報嗇食爲民天重農所以知艱耕耤所以教孝忝膺守土敢視其廢而不舉歟爰歷近郊求索故地見壇址隱約在荒榛斷棘中舊宇寸椽片瓦無有存者葢壇建自雍正五年惟乾隆初稍稍修葺距今倏將百年矣亟捐廉鳩工經始於三月八日重建門一繚以周垣中築壇一壇後建殿三間中奉神牌左貯祭器農具右藏耤田瑞穀東西建配房二間爲治祭品居佃農之所踰三旬工竣壇之高廣一如舊制復念佃農守護壇宇承種耤田輸租所餘不敷養贍爲增置景字號禾田一畝三分零聽其耕種納賦外悉與之往歲斯邑屢困偏災是秋幸登上稔父老歡欣謂蒙神貺如響斯應延恩重念凡教養斯民冀有以感通之者莫不當然愧未之能也經理董事張世承其子錫齡請爲文記之因誌神貺且勵職守焉

里社鄉社明洪武八年命耆老歲以春秋仲月用羊一豕一各祭其五土五穀之神今於仲春二日致祭

廟

關帝廟在布政坊巷右明初江陰侯吳良改元代澄江書院建初爲道院殿三間宣德中易院爲廟嘉靖間重修

明末邑被兵公私廬舍俱燬而廟獨存

國朝康熙十八年總兵劉選勝修之二十五年總兵林本直遊擊袁尚齡海防同知孫詒謀知縣劉光夔率屬重修構頭門儀門各三間中砌甬道達於南街五十年海防同知王琦改建儀門爲樓雍正三年追封三代並列祀典五年定前後殿祭品器數即後樓爲祀先殿乾隆五年知縣蔡澍增建朝房殿角樓各二間兩廊各七間五十三年學使沈初知縣牛兆奎增建後殿三間於後樓之東歲以春秋二仲諏吉及五月十三日致祭

重修武廟記

國朝知縣 蔡澍

予來宰江邑之明年改建明倫堂工甫竣見武廟舊制湫隘兼之歷久不葺思擴而新之協謀於同城文武諸君子及紳士耆商之好義者而督理營謀則守戎劉君毅然任以爲已責乃劇金鳩工刻日興作漫漶者撤之狹隘者拓之高甍峻棟赤白綺炳其東西隙向爲營壘所侵薘正舊址增創廊廡十餘楹環以朱檻繚以粉垣更延畫工圖史冊所鑑稱者淋漓壁間風馬雲車靈氣倘怳以次及大門戲樓及殿角諸小樓煥然改觀計武廟工竣距余修明倫堂一時相去纔數月耳一歲之內兩廟並新亦一時之盛也已

重修關聖廟記　國朝學政　沈初

江陰之有帝廟實昉於江國公吳襄烈建崇凝院於布政坊右以虔奉金容

本朝康熙三十五年水師總兵官林本直等率屬修建繼是屢有增葺欽惟

世宗憲皇帝勑建專祠追封三代公爵並列祀典

今上皇帝聖武遠揚深維百神懷柔擁護之義屢加帝封號爲忠義神武靈佑關聖大帝祀事與文廟相埒江陰爲古巖邑曩時曾宿重兵代有名將國家一戎大定之後綢

繆鞏固水陸營並駐江城百數十年來解甲歲戈父老扶杖觀化然聽鼓鼙則思將帥之臣聞風徵則動頑儒之慕凡其仰帝之臚迪而肅帝之禋祀者其敢忽諸歲在戊申邑之官紳士商民兵謀新帝之廟廷踴躍輸將自五月興工七越月而告竣玉宇嵯峨金鋪嚴翼牓題照耀丹碧熒煌於萬斯年佑我

皇祚所謂雲雨不崇朝而徧水泉不擇地而湧蓋志氣清明神功妙應鼓舞萬物道在乎此敬泚筆而爲之記

文昌廟在春暉門朝陽關外嘉慶六年奉

旨列入祀典一切儀制一視關帝廟知縣單湮即舊廟修建正殿三間前爲儀門東西爲文武官齊集之處後供帝君先代神位每歲仲春三日誕辰仲秋諏吉致祭朔望就儒學尊經閣下設位行禮

城隍廟在大街明洪武初江陰侯吳良即古演教寺改建正德五年修嘉靖元年災六年知縣張集鼎建

國朝順治間寢樓燬復建雍正初兩廡圮道會司陶重源募修十年署縣蕭廷瑞奉文修理乾隆元年工竣廟南向前環河橋跨其上傍樓爲鼓亭二入內爲頭門東爲土地祠西通愍忠祠進爲儀門上有樓中爲正殿東西廡各十數楹殿後爲寢爲妝樓殿之西爲宿齋所道侶居者前曰東隱山房後曰天一山房三十六年知縣顧信重修四十六年竣事迄今歲事修飾崇閎煥絢爲一邑壯麗所每歲春秋二仲合祭於神祇壇朔望誕辰祈告詣廟行禮

重修城隍廟記　國朝知縣　蔡澍

自畿甸至郡邑咸廟祀城隍神春秋報享秩視山川社稷由來尚矣江邑城隍神廟洪武初邑侯吳良以演教寺改建嘉靖間燬於火邑令彭城張君鼎新之迄今二百餘年矣門廡殿寢日就頹圮蔑雖屢經葺治未有能大興作也

世宗御宇之十年

詔有司動帑修理城隍神祠時蕭君廷瑞攝縣事屬六曹吏告之曰茲固吾吏民事也敢上糜少府錢若曹盍圖之吏承命募修越數年未竟厥功乙卯冬予承乏茲邑趨詣祠下周環覽觀因慨然歎大役之難於圖終也亟諭董事人力爲之勸由是輸者益奮又越二年工始落成增設鼓亭神庫各二寢門一餘俱易朽腐爲堅固擴卑隘而崇閎視前制有加焉謀始於雍正壬子九月告成於乾隆丁巳七月邑父老請余誌其事予惟江陰僻處東南地瀕江海生齒之繁不下數十萬戶考之前代亦屢多故矣

國朝來波恬境謐四氣叶調百穀成茂民生其間享

朝廷休養生息之德澤至優且渥也抑亦

聖人在上百神從令則保障斯邑者效靈贊化於
天子以左右羣黎其功亘不誣矣春秋報享之地固宜亟爲繕修
以答神貺釁重之以
明詔乎是役也頁貲二千餘金而民不以爲費役工萬餘而民不
以爲勞民之敬事吾神如此而神之所以嘉惠於
民者又豈有涯哉予因摭其本末以埀之不朽云

呂祖廟嘉慶十一年奉文每歲春秋二仲諏吉致祭向在
琪琳菴二十一年改就廣福寺之公善堂
天后廟舊名天妃宮在黃田港浮橋西康熙四十三年建
乾隆五十四年紳士趙時煦等呈請詳入祀典
睢陽廟在大街虹橋西明宏治九年知縣黃傅毀五通像
遷廣福寺門廡神像奉祀其中舊廟止三間北向乾隆
十二年知縣劉新翰改建南向臨河儀門三間大殿三

間後樓上下各三間旁列南雷二公像鐵鑄賀蘭進明
跪階下觀者必箠擊之今僅存半體道光十七年修

睢陽廟記　明邑人　張簡

睢陽之在江陰舊未有專祠祀之者於報功崇德之典
大弗克稱宏治丙辰蘭谿黃侯傅尹縣之四年鋭意崇
正於諸淫祠邪祀及廟貌之不經者悉釐正燔奪而於
功德及民之賢哲貞烈則必表章以祀蓋古聖王制祭
祀意也乃於是年之冬仲廿有一日撤市西廟祀遷有
唐睢陽守臣御史中丞張公而祀之廟貌既專有嚴有
翼始稱崇報惟公之守睢陽以疲卒數萬嬰孤墉抗方
張之虜鯁其喉牙俾不得搏食東南牽制首尾賊遂潰
於梁宋之地大小數百戰雖力盡乃死而唐全得江淮
財用以濟中興江南諸郡亦偃然賴以安堵公之功眞
可謂死事定國者矣愚考頃歲辛未壬申間悍賊搆亂
於河北流劫山東諸郡縣我皇上命將董師出擊賊賊
奔潰鼠竄越徐邳守者弗能禦乃突過河掠太和官軍
攻城戰弗利賊遂入河南境脅掠動數萬河南大窘天

子震怒調發各鎮兵馬誅斬始定其間戕戮人生膏血
草野殆以數十萬計慘不可言向使有公一人督軍截
下邳賊豈至是哉以此況彼引喻利害雖顯祠祇祀子
萬世可也稽諸祀典於義爲大彼歲時札瘥邦人咸禱
囘不應茲豈細故哉公在唐贈揚州大都督國朝贈
如之外有東平忠靖之號蓋後人崇奉私祝之意云

火神廟在花園巷舊屬紫金菴後改今廟雍正十三年奉
文於六月二十三日致祭
劉猛將軍廟在南外駐節亭右雍正三年知縣祁文瀚奉
文建神姓劉諱錡宋提舉江州太平興國定淮南江東
浙西制置使陰驅蝗蝻以除民害景定四年封揚威侯
天曹猛將之神歲以正月十三日神誕致祭及冬至後
第三戊日報享葫橋花山蕭岐雙牌三官諸處各有道行宮近歲青暘善港沙並肖像祀之

光十七年巡撫陳鑾奏請
御書福佑康年四字匾額十八年署縣陳延恩摹泐恭懸以上各廟官爲致祭序列於前其非官祭而廟食民間者列後
東嶽廟在君山西麓吳赤烏年建明洪武初江陰侯吳良
重修前有龍飛駐蹕坊以太祖嘗登此也其在顧山者
里民鄒善長建
眞武廟一在君山巔一在周橋東宋元祐間建名佑聖道
院一在祝塘相傳吳赤烏年建一在前周名上聖堂一
在橫河南朱家橋東名驅邪道院一在靑暘南街名元
帝廟

東平廟一在廣福寺一在忠孝古里其在廣福寺者向崇奉於寺之山門嘉慶三年移於寺之東道光六年署縣王濮倡捐購買民房重建頭門并於殿之東建屋三間爲都天王殿

龍王廟在由里山宋天聖元年知軍范宗古建紹興十一年知軍富元衡重建明天順三年大旱知縣周斌躡遺墟得宋故碑而祝之龍見煙雲之表頃焉大雨如注明年水患禱之立晴因鼎新廟貌刻龍王木像五旱則鼓吹儀仗導迎入邑雨則送像入廟

國朝嘉慶十二年旱學使莫晉步禱至廟齋宿十日亦得感

應又夏港利港俱有龍王廟今北外東嶽殿側亦有龍王堂

由里山龍堂記　宋縣尉陳珪

聖宋乾興初祀皇上纘照之始命太學博士范公宗古出治澄江越明年甲子自仲春不雨至於五月稼焦南畝雲密西郊暬暬居民未遑啟處公焚禱禳禬逮於旬日絕無靈貺遂訪耆舊云由里山白龍洞往俗相傳旱則請禱公乃令珪亟往除道先日告期是月十有三日齋潔中夜而往未曙至止陳祝祭於山隈之舊壇既畢率僚屬耆艾躬陟山巔加焚奠於洞戶之上洎乎茜旆回旋油雲紛郁是夕雷電大震霈然達曙浹洽千里翌日龍見於西南隅蜿蜒層霄曳尾如練羣黎仰止悚駭神異自是祁祁之勢經旬未歇芃芃之苗卒歲有望逮乎澄霽公恪薦牲牷觀稼而歸乃謂僚吏曰非建祠未足答神之休爰卜舊壇之址構爲新堂瓴甓塗墍精潔嚴肅夫民者神之主神者民之依護來者觀之匆謂我怪於事而佞於神將欲教斯民虞水旱而禱豐穰也

江神廟在平凝沙殷明圩明天啟五年僧不二建

金龍四大王廟在北門外永定壩乾隆三年建瀕河爲樓北俯定波橋神姓謝行四諱緒隱居錢塘金龍山見時事不可爲矢志殉國聞元將追帝厓山陸秀夫負帝沈海乃憤激作絕命詩投水死立急湍中經旬不仆鄉里異之明祖興與元師戰神於空中助之捷聞敕封金龍四大王賜祠祭自明入

國朝屢拯民災舟行遇險有禱輒應涉江海者必虔事焉

藥王廟在大街文亨橋東祀伏羲神農黃帝以歷代名醫配元延祐間建設醫學官以典其祀明知縣黃傅以爲

僭而毀之

國朝康熙二十二年知縣沈清世復祀今廢

夏王廟在夏港口東百餘步前志謂港爲禹王所疏故鄉人廟祀之

伍相廟在申港口距江二里許祀周時吳相伍員

晏公廟在申港口伍相廟右祀水神平浪侯

烈帝廟在前周鎮祀隋司徒陳公杲仁公武進人南唐封烈帝宋賜額忠佑

莫大王廟在長壽鎮莫城南唐有江淮時此爲邊境莫寵邊臣也死矢石間血食於此

周孝子廟在顧山西北孝子名容居唐墅南其系譜在莫
城周氏宋治水利御史姜源有詩跋後今城中涌塔菴
亦奉神像

馬王廟舊在城隍廟西今移建火神廟旁爲城守營官兵歲祀之所其在中街節孝祠後者水師營建

城守營移建馬王廟記　國朝署縣陳延恩

詩云吉日維戊既伯既禱毛傳伯馬祖也重物愼微將用馬力必先爲之禱其祖孔穎達疏曰馬國之大用王者重之故夏官校人春祭馬祖夏祭先牧秋祭馬社冬祭馬步注云馬祖天駟先牧始養馬者馬社始乘馬者馬步神爲災害馬者既四時各有所祭馬祖祭之春其常也用馬力則又禱之後世本此營驛皆立馬王廟焉而營爲尤重封號昉於何時無可詳考而周制原蠶有禁馬與蠶同祖天駟其說固無可易者也江陰馬王廟

舊在邑城隍廟西卽前明延陵書院故址始爲城守與水師合繼則水師別建遂獨爲城守營將士春秋奉祀之所地苦卑窪前人屢謀移建以艱於費不果道光已亥殿梁遭風雨摧折廟幾傾頹營把總盛君鳴遠白上官卜移於本營火藥局西隙地南向建屋二重前重以中爲門東西爲與祭嘉會所後重爲殿安奉神像綴以拜臺甬道前重兩旁皆有門東通火藥局西達空基地既爽塏制復宏整其木石磚瓦前移舊料改作後悉庀材新造經始於是歲十月八日越明年三月工竣計費泉三百緡以舊廟基歸入城隍廟得津貼泉百二十緡得通營捐集泉百二十緡餘皆盛君與馬隊經挪須籌項歸還者余自戊戌來權邑篆見先農社稷雲雨風雷山川及邑厲諸壇年久傾圮亟爲捐廉重建非敢侈觀瞻求稍盡爲民祈報之心而已盛君是役志與余同乞余文記之余維人果知義所當爲以必爲爲念則無事不可爲之慽斯廟工費非巨前屢議遷而不果今乃奔走竭蹶以臻於成盛君可謂勇於爲義者矣雖然余更有望焉魯頌曰駉駉牡馬在坰之野序說僖公寬以愛民務農重穀牧於坰野鄭箋云必牧於坰野者避民居與良田也按邑志載江口有兩營公置水草灘一區舊爲分界牧馬處邇閒厩卒憚遠就近放牧附郭田園麥禾菜果之屬間遭踐食農民睨視吞聲畏威飲淚莫敢誰何或所傷實多始赴愬於庭屢經示禁并以文檄移營雖今閫帥嚴明禁尚未戢盛君能熟籌良法永杜吾民重困神之所歆在德將必有邀享格而錫蕃庶者其功又豈第移建之所可等量哉庚子四月立夏後一日

前湖烈女廟在東城內女何氏南唐時人詳見列女明正德間邑人張紀倡修嘉靖中季科建坊曰英烈

華烈婦廟在東城外永安橋南一名風義菴卽明烈婦華緯妻吳氏詳見列女舊志稱華六娘子廟道光二十年署縣陳延恩念廟襲俗稱殊失表彰節烈以維風化之義爲書廟額易今名

楊舍鎭城隍廟在堡城內大街北廟前有義井明萬歷三年邵南川浚

關帝廟在堡城北門內

東嶽廟在堡城東門內以上三廟前志未載以各鎭俱有載不勝載也然楊舍爲濱江要地有城池有職官三廟爲朔望行香旱澇禱祀之所故附志之

祠

名宦祠在文廟櫺星門東明知縣黃傅奉文建

國朝乾隆六年移戟門之東五十三年復舊祀梁縣令司馬公筠唐縣令趙公和宋知軍崔公立知縣楊公孝孺縣丞于公溥縣丞楚公執柔知軍王公棠教授鄭公滲浙江路馬步軍副總管李公寶知軍徐公葳教授尤公袤知軍樓公鍔縣尉袁公燮知軍施公邁教授鄭公應申

知軍戴文端公溪知軍趙公彥适知縣林公庚知軍顏
公耆仲教授郭公庭堅知軍史公寯之教授史公蒙卿
元州尹李公師善州同韓公摶州尹張公紹祖昭勇大
將軍蒙古丑厮公明江陰侯吳公良靖海侯吳公楨同
知張公宗璉知縣王公子倫知縣周公斌知縣謝公甯
巡撫周文襄公忱知縣黃公傅知縣涂公禎知縣劉公
紘縣丞黃公霆知縣王公泮訓導戎公斌知縣趙公錦
教諭林公烈知縣錢公錞主簿曹公廷慧知縣李公芳
教諭王公之夔學政亓公瑋典史閻忠烈公應元典史
陳烈愍公明遇訓導馮節愍公厚敦

國朝兵備道胡公亶學政邵公嘉總兵劉公選勝學政邵公
嗣堯學政張公泰交學政余公正健河道總督陳恪勤
公鵬年巡撫張清恪公伯行浙江總督節制江南李敏
達公衛常州府知府魏公化麟巡撫徐文穆公士林常
州府知府包公括江蘇巡撫陳文肅公大受學政胡文
恪公高望學政周公系英其名宦有傳而向未崇祀者
道光十八年署縣陳延恩詳准別設報功祠祀之權設位於
邵景二公祠內擬卽擇地建祠
鄉賢祠在文廟櫺星門西明知縣黃傅奉文建
國朝乾隆六年移戟門之西五十三年復舊宏治中奉十八

主祀前宋吳公欣之宋工部侍郎葛公宮太常寺博士
葛公密煥章閣待制耿公秉工部郎中胡公鏜朝奉郎
贈太師溫國葛清孝公書思校書郎趙公發少保左丞
相葛文定公邲同知樞密院事邱忠定公崈元廉訪使
贈吳興郡侯陸莊簡公垕俞公奕曾俞公遠平江路府
判宋公仁輔杜公友開梁公益睦州同知李公士龍明
肇昌府知府孫公亶大理寺正嚴公本嘉靖中增祀周
吳季子札宋寶謨閣待制胡公琢司農少卿吳公當可
元王公逢明大理寺卿湯公沐按察司僉事貢公安甫
薛公章憲崇禎中增祀明趙公鉉按察司副使薛公甲

侍讀學士張公袞張公汝翼諭德贈詹事繆文貞公昌
期御史贈太僕寺卿李忠毅公應昇按察司副使顧公
言福建巡撫袁公一驥康熙初增祀明按察司副使史
公良佐光祿寺卿劉公乾兵部郎中趙公與治布政司
參議貢公修齡夏公樹芳合前共三十八主乾隆初蔡
志添載至九十八人道光十九年署縣陳延恩核案詳
准應增奉
旨入祠之
國朝神木縣知縣贈按察司僉事徐公之龍禮部尚書贈太
子太傅楊文定公名時及明按察司副使黃公昭中書

舍人戚烈愍公勳

國朝定安縣知縣戚公藩朱公衣合巳前三十八人爲四十四

主

道光十九年十一月江陰縣爲循例原情擬議詳請以釐祀典以息紛爭事竊卑職奉憲委署江陰於抵任後卽以名宦鄉賢祀典移學查詢當於道光十八年七月十一日據學移開接准縣移竊維秩敘前賢 聖世重明禋之典表章先德後來深仰企之思政寓激揚禮宜明備本邑名宦鄉賢祠宇由來已久其應列祀典者是否一律齊全其未經雍正三年 奏定章程而先已入志者是否仍舊奉祀其已經 奏定之後而續經載在志乘未奉 奏准者是否概未入祠典禮之當明卽紀綱之所繫現今秋祭在邇亟宜移詢爲此合移請頒查照來移速卽查明原列祀典者有無缺少如有殘損卽當諭董脩補至雍正三年以後未奉 諭旨准入者概難昭祀而後經載入邑乘或已早經奉位亦未便遽就湮沒可否查明凡不應設位而原已奉祀及尚未奉祀而已載志乘者另設總位彙書姓氏別祀於他室則報功崇德格遵 功令之嚴而發潛闡幽隱寓表揚之意將於秋丁以前普律飭董安辦屆期會同行祭以昭核實而免向隅事關鉅典佇望商権紳衿採訪輿論卽日移覆等因到學當諭學董等查覆茲據工程董事張世承祇維祺稟稱查本邑名宦鄉賢祠現設神位均經脩整並無損壞惟名宦祠內乾隆五十七年邑紳趙時煦議祀渺碑將邑蔡志列祀內之明江陰訓導吳公應芳 國朝常鎮兵備道胡公亶江蘇學政張公泰交邵公嗣堯余公正健河道總督崇祀賢良陳恪勤公鵬年直隸總督節制江南李公衛江蘇巡撫張公伯行入位遺去增入蔡志列名宦傳不列祀內之明江陰典史 賜諡烈愍陳公明遇 國朝江陰知縣超擢常州府知府魏公化麟兩位又增不列蔡志名宦傳祠見江南通志名宦統部內之蘇松巡撫都御史周文襄公忱一位共定碑位爲五十一而吳公應芳碑已除名位現仍設後增奉 旨題准入祀江蘇學政胡文恪公高望江蘇學政周公系英二位現在祠祀共五十四位謹考周公忱築芙蓉馬家二圩功德在江陳公明遇魏公化麟亦實有功於民自應照碑列祀其所遺位內恭

查舊卷李公衛係於乾隆五年欽奉 純皇帝允准者自應仍請補位入祀胡公亶不獨邑志有傳且列江南通志傳內邵公嗣堯張公泰交余公正健陳公鵬年張公伯行亦皆有傳列江南通志功績顯著應否補位仍照蔡志入祀伏候主奪又查舊卷有乾隆十年奉 旨題祀而未設位者江蘇巡撫徐公士林升任常州知府包公括乾隆二十三年奉 旨題祀而未設位者升任江蘇巡撫陳文肅公大受亦應恪遵補祀又查蔡志名宦列傳除已祀外自周楚相封春申君黃歇以下至明江陰丞擢龍泉令張公醇儒計前代五十五公內核傳載政績宋江陰縣簿張公汝明僅見敦寅誼一事簽判江陰官終樞密院都承旨贈光祿大夫諡忠敏辛公棄疾暨元江陰州判官至副詹事烏古孫公良楨等三公雖統其生平之設施卓然爲人臣表率而協諸有功則祀之義於江陰獨未有所昭著似不若祀賢良鄉賢等祠之例論兼德也餘五十二公考傳固各公之善政有大小不同要皆有功及於江民者世遠年湮未親聞見不敢妄加軒輊外此及志載 國朝未祀名宦者十七人則尤去官未遠口碑猶存雖未克邀 題表入祠而民不能忘遵諭議祀別室惟學宮爲至嚴至尊之地定例惟名宦鄉賢忠義孝弟貞孝節烈四祠得附麗學宮餘概不得附列似不宜在宮牆之內議加奉祀之所而宮牆之外左右相近又無公宇可改建者查邑城東平廟巷有邵景二公祠其祠宇外爲門垣內本屬一重係蘇松等郡士子頌前江蘇學政邵公嗣堯惠政捐建專祠肖像供奉春秋官爲致祭數年前又緣江民追戴前江蘇學政景公福德澤就邵公祠後增宇一重三楹中奉景公神位因改題門額爲二公祠者始此西序立有景公時齋奏承差爲公遞摺之徐大本位其東西兩間南向現隙宇復新整似可從權各設神龕一座東龕內設位一將邑志名宦傳中前代諸名宦未入祠者彙書爵銜姓名於上西龕內設位一將邑志名宦傳中 國朝諸名宦未入祠者彙書爵銜姓名於上似於體制亦屬無乖其春秋如何祭法及祭費所出奪後再議至鄉賢一條入傳入祠各志本有區別自蔡志將列傳者八十二公內除劉公光濟外并將不在蔡志鄉賢傳而在前志鄉賢傳內之宋處士王公令元處士許公恕明主簿黃公常處士張公機共八十五公概列祠祀復將明尚書劉公光濟以下十三公屬學憲批送入者載明批送年月另附於後以俟論定越數十年

前縣憲牛公兆奎脩志後議有去留泐碑祠壁又經爭
執有案歷久未有定論今蒙飭查即欲議祀別室職等
俱不敢與議所有遵諭核議緣由謹抽印邑蔡志名宦一
傳全卷簽明擬祀別室諸公其已祀不必祀者亦逐一
晰又學宮名宦祠二頁簽明現在有位無位稟覆再
祀志外名宦若脩志之前縣憲蔡公澍政績懋著江民
慕戴可否一體附列擬設　國朝名宦總位內仍請博
采輿論一面并飭鳴贊生員將蔡志事實呈報核奪等
情又據鳴贊生員夏翼琳蘇幹陳鎮陳疇稟稱遵查一名
宦祠碑崇祀五十一位現在一律齊全多吳公應芳一名
位又奉部准前學憲胡公周公共五十四主查康熙中
沈脩志載崇祀名宦四十九人現缺學政邵公嘉一位
又查蔡脩志載五十六主有各大憲七位本未立傳故
碑不載而脩主未重脩今按兵備道胡公亶學政邵公嗣
堯張公泰交余公正健總河陳公鵬年巡撫張公伯行
通志有傳直督李公衛銅山縣人任浙江總督時節制
江南奉部題准崇祀鄉賢兼祀名宦憲行刋縣移學
牒報設位日期又志載之後有巡撫徐公士林升任常
州府包公括升任巡撫陳文肅公大受俱奉部覆憲檄
在案應請置主十一位一體入祀其餘志載未祀名宦
年遠者功績稍遜年近者未奉　題請不得入也又查
鄉賢祠碑崇祀四十二人現在祠位亦一律齊全多蔣
靜曹宗曹岠卞棨薛格曹宏蔣舜民張誼李科章耿光
季芷十一位係嘉慶二十一年以後各裔查照蔡志自
行補送查沈志崇祀鄉賢三十八人與碑符合所增黃
戚徐楊四公允宜崇祀又查蔡志鄉賢祠主九十八位
照碑多五十六人內四十二人沈志俱未崇祀又十四
人奉學憲批入雖在雍正二年以前而日久尚未論定
惟查未經　題祀名宦中如　國朝知縣劉景綽以下
十七位功績在民謳思不置理宜詳加考核題請崇
祀或先立總位暫祀他所以慰民不能忘之心等情到
學敝學細閱該紳士所稟名宦事件其中祇邵公嘉補
請設位各有意見餘則大略相同敝學細詢其故張世
承等以邵公曾列邑沈志名宦至蔡志已不在傳中故
未請補至已祀諸公應無庸議其已奉　諭旨准祀
現未設位者李公衛徐公士林包公括陳文肅公大受
四位自應即行補位至曾在祠中後經遺去之胡公亶
邵公嗣堯張公泰交余公正健陳恪勤公鵬年張公伯
行六位應否補祀伏候核奪其不在名宦祠而在名宦
傳擬祀別室之補六十九公亦屬公論惟擬不必祀之張

公汝明辛公棄疾烏古孫公良楨等三公並請補祀志
外之前縣蔡公澍均候尊裁擬在邵景二公祠內設立
總位尚屬合宜亦祈酌奪該紳士所請祭法祭費均望
示遵外至鄉賢一節該紳等俱以爭執有案至今未
定礙難議覆竊思事關大典未便以不議虛懸伏祈
卷核奪申詳定案以肅祀典而息浮言等因到縣卑職
伏查據稱名宦正祠於乾隆五十七年邑紳趙時煦議
祀將蔡志列祀內之吳公應芳胡公亶張公泰交邵公
嗣堯余公正健陳恪勤公鵬年李公衛張公伯行八位
遺去增入蔡志列名宦傳不列祀之陳公明遇魏公化
麟又增不列蔡志名宦傳祠而見江南通志之周公忱
故碑位爲五十有一名而吳公應芳碑雖除名位則仍設
連後經　題准之胡公高望周公系英現實共設五十
四位其吳公應芳碑位何以除名牌位何以仍設無憑
臆度而陳公明遇魏公化麟周公忱既備見蔡志名宦
傳及江南通志名宦統部中且已久經昭祀應如該紳
等所議悉仍其舊趙碑所遺位內之李公衛係特奉
題准者急應如該紳等所議同蔡志以後續奉題准
之徐公士林包公括陳文肅公大受一律敬謹添入又
胡公亶張公泰交邵公嗣堯余公正健陳恪勤公鵬年
張公伯行皆久經蔡志列入祠內之五十六主中不得
違憑趙碑輕議撤祀亦應如該紳等所議一同置主至
所議邵公嘉各有意見據該紳等以未列蔡志故未請
補殊不知沈志脩於蔡志之前彼時已載明崇祀名宦
四十九主中自應如該生等所議共添十一主以肅明
禋而符舊典此外凡已入蔡志而未　題准及向未入
祠者議將別祀他室以待論定據稱邑城東平廟巷邵
景二公祠內現有隙宇東西兩楹南向從權各設神龕
一座東龕設總位一橐書前代諸名宦未入祠之爵銜
姓名於上西龕設總位一橐書　國朝諸名宦未入祠
之爵銜姓名於上體制無乖所議甚允惟名宦鄉賢不
可偏廢今僅將名宦集議請定而鄉賢以未有定論未
據議安自應仍飭速議移奪不可不預爲之地擬請先
將東龕分設二總位以祀前代及　國朝未入祠諸名
宦以西龕爲將來祀前代及　國朝未入祠諸鄉賢之
所但與正祠既屬有間未便仍　襲名宦鄉賢之名應請
顏東祠日報功西祠日崇德則禮緣義起不干功
令之嚴而政以人存藉寓表揚之意查所議未經入
而列在名宦傳今擬請　祀別室前代自春申君以下至
張公醇儒五十二人及　國朝劉公景綽以下至張公

經十七人均屬衆論允協内惟韓蘄王按宋史建炎三年牒穀兀朮將自海窺江浙詔王以制使駐軍江陰及兀朮分道渡江諸屯皆敗王乃自鎮江退保江陰聞杜充以建康降敵帝如浙東王分軍三道俟敵歸邀擊之帝召至行在奏留江上截歸師盡死一戰帝賜札聽留明年上元金人引兵趨鎮江乃先屯焦山以扼之卒成黃天蕩之捷幾擒兀朮蔡志節錄史傳蔡詳以徵王於江陰實有防禦功顧春秋祀典缺然謂王未至江陰蔡志已刊其誤推原其故殆以黃天蕩之捷屏扞東南功在社稷史冊炳蔚非一邑人所得尸祝焉耳然昔人以王功德之盛未敢私祀今以王未入祠彙書姓名不足以示尊崇質請並列諸賢之心必有應然不安者擬請特設一位奉於兩總位之中以旌異之又春申君為楚相以考烈元年受封賜淮北地十二縣後十五年請改封江東城吳之故墟今江陰在其境內君山黃山皆因以得名黃田港申港傳為始由疏鑿擬諸得姓受氏下至別子始為大夫為百世不遷之宗所謂有功則祀誠當奉為鼻祖蔡脩邑志削王敬則而以冠諸傳首不為無見顧何以春秋享祀始梁司馬筠而不得同與血食豈不以史稱傾聽李園之邪謀與呂不韋同惡雖有止白起卻秦兵保太子之功不得稍從末減故不能溺一邑之私情紊萬世之公議蔡志列為傳首未著其所以不入祠之由且寬其罪而彰其功特顯揭之以為為臣不終者戒是論報功不可不祀而千秋論定并不若暫從別祀諸賢日久尚可移祀正祠者比亦請於彙祀前代諸名宦總位之左另設一位以區別之又該紳士等議不必彙祀者三人謂有宋江陰縣簿張公汝明僅敦寅誼未有功於斯土議不當祀按蔡志稱有尉貧病市物不時予值部使者欲繩以法汝明鬻槖中裝以償之敦寅誼也請即此數語而繹之曰有尉貧病市物不時予值緣於貧病則不得謂尉貪鄙以不時予值欲繩以法則不得謂部使者刻苛情有可原法無可徇尉欲償則無措不償且得罪殘喘憂危迫於旦夕不聞當日縣令倡為資助汝明以縣簿而鬻槖中裝以代償其居心之近乎仁可見且代償而出於鬻槖中裝其平日之不貪可知不忍友朋以貧病獲罪其不忍漠視斯民以困苦而陷於法又可類推推斯意以臨民足以愧浮薄而敦忠厚其有益於此邦風俗人心者甚大特蔡志言簡而意未賍致啟今日之疑不得謂僅敦寅誼未有功於茲土也又謂有宋辛公棄疾史傳邑志未載政績與祀

典不符議不當祀按宋史綜核棄疾生平其大節在持論勁直不為苟合觀其乾道四年孝宗召對因論南北形勢及三國以後人材侃侃不屈卓然有古直臣之風史書紹興三十二年授承務郎簽判江陰略之也然傳首冠以性豪爽尚氣節世有性豪爽之士而肯頌瑣以攖民者乎世有尚氣節之士而不以正人心維風俗為念者乎況明言其勁直不為苟合則其簽判江陰日不諂事上官以得罪百姓又可想見未可泥史傳未書政績而遽議罷祀也又謂有元烏古孫公良楨亦於江陰無昭著事實議不當祀按元史稱良楨資器絕人好讀書至治二年蔭補江陰州判有惠政無何以憂去服除補官所在著績及拜陝西行臺御史劾罷遼陽行省左丞相達識帖木邇御史中丞胡居祚中外震懾繼又疏上求賢材御經筵正身脩德疏又請以許衡從祀廟廷至元十三年以良楨疏冊立太子召為副詹事為太子陳正心誠意親賢遠佞之道太子嘉納蔡入良楨江陰名宦傳而申明其所以立傳之由曰凡號稱名宦者必有功德以及於民良楨雖歷任有聲而於江陰獨無所表見其列之何也重其人也觀其後之設施卓然有醇儒氣象焉惜其遽以憂去耳不然愛人學道烏在大用之不可小試哉且元史良楨傳數千言舉其大故畧其小耳是蔡志暢發所以列傳之由其言明且清本可援蔡說以不議定議況蔡引傳語入志大書特書蔭補江陰州判有惠政之言顧乃曰於江陰獨無所表見此則蔡志之未檢世有政績加於惠政之外者乎是尤非張公汝明辛公棄疾之未明言政績所可相提並論且良楨當日請以許衡從祀後之人併靳良楨以彙祀又不煩言而定者矣以上三人仍擬照志一同並祀因思學宮專祠體制嚴明不敢妄置議論今以別祠改名報功聊志去思非必有同定例似可稍存善善從長之意故特擬仍據蔡志更請增祀二人按宋晉師虞允文京口之捷實河北李公寶之忠勇有以啟之今已奉祀名宦祠矣稽蔡志李傳下附錄先是紹興三年水軍總制部青叛劉光世招降之六月青復叛犯江陰光世令王德就擒之青用火牛衝陣德命合軍持滿萬矢齊發牛返奔賊衆殲焉事見北盟錄馮志則云紹興五年水賊犯江陰為光世所圖青窮蹙乃降蓋本紀事本末蔡志附書李傳并申以光世平部青事雖紀載年月不同要皆立功於江陰今將諸賢彙祀別祠則光世似宜增祀又按元懷遠大將軍江陰路達魯花赤水軍萬戶張公禧

以威鎮海島今既擬彙祀矣稽蔣傳蔣卒子宏綱襲鎮
江陰少從其父攻城徇地素有功及之鎮盜起吉安宏
綱率兵往捕未逾旬擒之連破建德溪寨諸賊後從右
丞劉深征八百媳婦國力戰而歿進封齊郡公謚武宣
事見元史蔡志以張蔣父子之功比之明吳良兄弟吳
良兄弟並皆入名宦祠蔣至今日始獲彙祀而蔣之子
宏綱復抑而不得與別祀之列致泯其襲鎮江陰父子
濟美平賊以捍民患之功庭堅不祀何以勸善人子之
於父母善則歸親在宏綱之心或可無憾而度諸發潛
闡幽之誼宏綱似亦宜增祀矣再據稱志外名宦前邑
令蔡澍政績懋著江民慕戴且纂脩邑志厥功甚偉似
可俯協輿情從該紳等所請一體彙祀其一切祭儀祭
法規條統候飭董妥議所有脩葺新祠備置龕主由縣
捐廉飭辦每年春秋祭費由董核數立案赴縣給領至
鄉賢一節未便任其不敢與議虛懸祀事仍即移學飭
議覆到另詳卑職先將此案於十八年十二月初六日
具詳學憲本府即於十二月十八日奉學憲批開所議
名宦祠位增補移祀各條均屬周妥如詳擬行其鄉賢
一節仰即會同該學妥議詳報等因遵已涓吉於本年
正月二十六日將名宦正祠牌位一律見新補齊報功

江陰縣志 卷七 秩祀 祠 卅二

祠龕主一併置辦齊備隨同學憲安奉致祭在案卑職
又以鄉賢崇祀大典攸關疊次移學抽印蔡志鄉賢傳
冊并議有去留泐石祠壁之碑及歷來爭執之案開具
節略飭各紳士簽出應祀不應祀字樣或奉祀正祠或
歸入現擬另立崇德祠位條覆核詳俾與名宦報功兩
相輝映去後旋於六月二十六日據學移稱溯查蔡志
鄉賢祠以八十五位爲應祀後附十三位爲係近今奉
憲檄批准經紳士蘇士宏呈請嚴加核實以定去留緣
集邑紳公議未成姑載批送年月另附志後以俟論定
迨乾隆五十七年紳士趙時煦等又本蔡志以前各志
立議定祀鄉賢爲周吳公札南宋吳公欣之宋葛公宮
葛公密葛公書思耿公秉邱文定公崈葛文定公邲胡
公璨吳公當可趙公發胡公鏜元宋公仁輔陸莊簡公
屋俞公奕曾俞公遠杜公友開梁公益李公士龍王公
逢明趙公鋐嚴公本孫公亶薛公章憲湯公沐黃公昭
貢公安甫劉公乾史公良佐張公汝翼張公袞薛公甲
趙公與治袁公一驥顧公言繆文貞公昌期李忠毅公
應昇貢公修齡夏公樹芳戚烈愍公勳 國朝楊文定
公名時徐公之龍共四十二位泐碑祠壁其蔡志原祀
內之宋陳公思道蔣公靜葛公勝仲呂公天策吳公範

王公令曹公崈葛公立方曹公岠呂公棐王公齊趙公
夢極吳公竽王公呈瑞包公天麟元繆公鑑陸公文圭
單公濟之吳公方李公辰許公恕明張公宣孫公作顧
公琳黃公常顏公澤徐公晞黃公敏卞公榮李公琨張
公機陶公震薛公格徐公度曹公宏蔣公舜民王公格
吳公琨張公誼吳公鳳趙公用賢高公貫 國朝朱公
衣共四十三位及蔡志另附俟論之明劉公光濟劉公
羽季公科 國朝戚公藩陳公燦章公耿光夏公敦仁
耿公勳朱公廷鉉季公芷徐公世沐許公觀繆公宏仁
共十三位概從刪列而現在祠中奉祀之位則碑載四
十二位之外蔡志原祀內之宋蔣公靜曹公崈曹公岠
明卞公榮薛公格曹公宏蔣公舜民張公誼及蔡志另
附內之明季公科 國朝章公耿光季公芷仍列位祀
均宜亟加論定由學通飭合邑紳士詳查鄉賢祠位應
從所定八十五位或應從祠碑四十二位至蔡志附後
之十三位應否崇祀均須確切呈明旋據紳士楊景曾
周仲簡等十一人呈稱現脩邑志鄉賢一門經發通啟
論令公議去留未有定論職等彙齊前後各志考核自
脩沈志以前祀典釐然並無異議至乾隆八年前縣蔡
邑乘相距僅數十年增祀諸公較前逾倍致有控案

江陰縣志 卷七 秩祀 祠 卅三

茲當輯志若循沈志之舊則應增者不過數人若照蔡
志全收則恐復蹈前轍爲此遵論呈明迅賜牒縣詳請
示遵等情又據舉人蔣曾壎等十四人稟稱始祖靜爲
宋少師素奉祀於府學先賢祠明成化六年奉憲飭治
祠於縣學落成崇祀僅止五賢始祖靜已在其內祠中
碑記可據又十一世祖舜民正德進士歷官有惠政前
志炳據久經崇祀伏乞查核事據率舊章而崇奉祀等
情又據廩生葛湘稟稱生祖勝仲立方勝仲入宋史文
苑傳謚文康其文章風節經濟循良之實卓卓可紀立
方文康之子文定之父郡縣志載其操履之正合查二
公經前人論定竟任情斥奪呈明移縣以振墜典等情
又據縣丞曹文炳等十二人稟稱職祖宋朝奉郎監尚
書六部門宗山公諱崈宋左宣教郎通判饒州巨山公
諱岠明山東道監察御史毅之公諱宏崇祀鄉賢各有
實跡趙時煦撤鄉賢過半職祖均在其中職等隨即呈
明前學師補位入祠伏乞移縣立案等情又據舉人包
義繩稟稱六世祖包天麟宋舉博學鴻詞入元屢徵不
起明宏治朝邑進士張公簡上書當事請祀鄉賢嘉靖
朝邑進士張公袞脩縣志纂入鄉賢傳既已議祀於前
自不得輕刪於後伏乞移縣施行等情又據鄉耆顧一

麟等十五人稟稱十一世祖琳明正統間大理少卿薛文清公稱爲養士百餘年僅見此人卒後三十餘年邑侯黃膺已志載入人物傳時未有鄉賢名目旣而王志至趙志始校集入鄉賢祠有馮志及國朝沈志蔡志均歷歷備載呈請移縣仰復存故祀等情又據祀生徐秉衡等十人稟稱遠祖睎　顔明兵部尚書久經崇祀鄉賢蔡志炳據況生祖沐我朝天高地厚之恩設有祀生一名世襲罔替伏乞隊縣　存祀等情又據生員吳玉堂等六人稟稱生祖諱鳳明嘉靖詔旌爲孝子蒙蔡侯以孝爲百行先且出自未嘗讀書食貧傭作之鄉人故特入祀鄉賢宮趙時照撤位時未聞通知合邑公議亦未呈明縣學伏求縣詳憲毀碑正祀等情又據原任江西瑞州府高安縣知縣趙同驥稟稱九世族祖明禮部尙書謚文毅諱用賢崇祀我邑鄉賢有年因有人並未確查以舊志載有常熟籍字樣誤疑議刪查宗譜明李貞撰墓誌銘載先世自宋室簡國公生朝請大夫士鵬守江陰軍家焉十四傳松雲公寶賛常熟錢氏定家居松雲生永遷公玭永遷公生益齋公承謙公父也是常熟並非祖籍其爲江陰人明矣再邑志鄉舉甲科兩係自嘉靖至崇禎不特文毅本身備載其父承謙其孫士春士錦亦係載詳晰其父子祖孫均爲江陰人又明矣再者文毅已於江陰城內特設專祠官爲致祭合併聲明等情又據文生高照等八人稟稱十四世祖明宏治進士浙江按察司副使署按察司事諱貫所至俱有政聲居鄉亦孚物議惟名實在草野故俎豆在膠庠伏乞恩准牒縣一體崇祀等情又據劉秉勝等六人稟稱嫡祖明吏部尚書諱光濟於康熙二十七年合邑紳士遵康熙七年嗣後遇有鄉賢著各直省學政彙實年終咨部之　上諭公請崇祀鄉賢蒙前學憲李覆查得實批送入祠咨部在案今因邑侯陳會同將鄉賢通論裔等始悉祖位爲趙時照撤去查嫡祖光濟沈志內早載明已祀鄉賢伏叩移縣補位等情又據生員季忻稟稱嫡祖諱科族祖諱芷於康熙五十七年經合邑紳士耿人龍等公請崇祀鄉賢蒙前學憲謝遵康熙七年自後名宦著各直省學政彙實批送年終咨部之　旨查准入祠咨部在案乾隆五十九年趙時照撤去時生胞叔遠宦江西父伯奉祖母隨任未悉嗣於嘉慶二十一年生胞兄現任安徽太平縣教諭悖再姪現任詹事府少詹芝昌等控縣荷前邑侯蕭批准移學補位并詳明學憲在案惟有仰叩移縣定祀等情又據生員

戚祖厚等十人稟稱十世祖諱藩順治壬辰進士原任陝西安定縣知縣卒於康熙十四年至十八年閤邑紳士張光第等二十三人具開實行呈請前學憲部蒙飭縣府申詳隨經儒學縣府遞詳至前巡撫慕批如詳崇祀鄉賢載入江南通志乃蘇士宏稟百餘年間入祠者爲數太多然以生等考之自周至南宋一千四五百年僅延陵季子札一人而宋至明季不過四五百年竟有數十人則自明季至蔡邑侯脩志時百餘年間僅有十三人原未爲多且伏讀乾隆二十年　上諭名宦鄉賢其入祠年歲已久者姑免追究恭繹　聖意雖在輿論不孚之輩猶蒙　寬大之恩況言行卓卓萬無疑議者乎伏乞秉公移詳仍祀鄉賢等情又據監生陳祖望等三人稟稱生等高高祖邑庠生諱燦於康熙年間合邑紳士耿人龍等遵例公請崇祀蒙前學憲林批送咨部在案是生祖入祀在未經改咨祀爲題之前並非違例乃祖位爲趙時照所撤亟叩移縣補位等情又據監生章壽等二人稟稱趙時照將崇祀之劉公光濟等十三人名位撤去生等將生祖諱耿光於嘉慶年間呈縣補位經縣詳學憲聲明事在未經定例以前入祀等情在案是生祖崇祀出則無文入則有案伏乞覆縣辦理等情又據生員夏復初等十六人稟稱生等九世祖夏敦仁康熙廩生卒後三載康熙五十年經合邑紳士孔毓璣等五十餘人呈請前學憲張蒙飭縣府申詳經儒學縣府遞呈詳至前藩司金蒙批所開事跡堪以崇祀但尚宜俟年久論定再行結報越九載鄉評允協通學紳士於肯播等多人又以歷久論定環籲前學憲謝蒙批核准崇祀自此設位載入江南通志迨乾隆八年蔡邑侯脩志秉筆者執不具　題不得入祀之議以八十五位爲應祀以劉光濟等十三人俟論定生祖亦在其中殊不思入祀鄉賢康熙年間本有　題咨兩項故從前列祀諸公除楊文定公係奉　旨外亦未盡出於　題雍正三年始有不具　題不得擅入之例而奉　旨通查概未核報是以仍照舊章並未予奪則生祖原不在不具　題不得擅入之例爲此懇求移縣等情又據生員徐曙霞稟稱生祖徐　世沐歿後江邑紳士公舉鄉賢前學憲謝遵康熙七年　奏准之例批送入祠似與雍正三年　奏定以後擅入者有間伏查學政全書開載如果功績不愧名宦學行允協鄉評者將姓名事實造冊具結送部覈准仍許留祀生祖學行鄉評允協似與覈准留祀之條相符伏乞移

縣等情又據原任涇縣訓導汪道平等三十六人稟稱蔡志原祀內之夏敦仁學行卓然具載江南通志爲此公籲移縣仍予留祀等情又據舉人何栻等六人稟稱查所撤之位內如趙公用賢徐公晞則　欽定學政全書內載明江陰縣趙用賢祀生一名徐晞祀生一名劉公光濤則沈志內載明已祀鄉賢蔣公靜孫公作於前明成化六年已與吳公季子五賢同祀實爲江邑鄉賢之始其餘諸賢之行誼事實分見於江南通志常州府志及前各志中者歷有可考爲此環叩縣請邑主遵照蔡志九十八位崇祀等情又據原任太平縣訓導顧師竹等十五人稟稱江邑鄉賢如蔣待制孫司業文章政績卓犖可紀前人吹毛索瘢奪其祀典本屬苛見竊讀八十五位之數不當易伏乞移請復還舊典等情又據紳士劉瑕等九人稟稱鄉賢祀位九十八主　國朝崇祀者僅十數主查乾隆二十年例有入祠已久姑免追究　聖朝盛典煌煌學政全書可據伏乞查照入祠已久定例詳請照舊定祀等情又據舉人徐濬等十二人稟稱江邑鄉賢蔡侯纂脩增入崇祀九十八主乃有以人數之多輿濫厠之議是邑稱十室忠信必不見於鄉閭而人越數傳孫子亦得非其祖父茲當邑志興脩之日當値遺型其仰之時爲此環叩移縣仍照舊章等情又據舉人鄭經等六人稟稱前邑侯蔡重脩時仍各志之舊并奉　旨題祀奉憲咨祀者其入祀九十八主緣有蘇士宏之控縣學互移合邑傳議迄無定論前人於祀典不容輕議如此此次重脩更遠隔百年舉人等復何能置議竊思當時下詳上准諒非無據況恭讀　欽定學政全書乾隆二十年有入祠年歲已久者姑免追究之　諭准有難求移請以邑憲仍舊崇祀等情又據鳴贊生員陳晹等八人稟稱以我

朝重熙累洽忠義之邦人才輩出乾隆初綜合鄉賢由歷朝以及　國朝崇祀者猶不能以百計以此信遵側核准公請入祀諸公爲不濫我侯來署是邦詎乾隆初已將百載下車三月首下爲一鄉一邑求賢俾民有所矜式等諭以觀民風下車四月復行查名宦鄉賢有無缺位移文以崇祀典旋經董事鳴贊獲准補祀名宦十一主外加功績在民祀以報功者七十人按名宦來守是邦數年不過一位鄉賢生於斯土亦或數年一出我侯知其然故初定報功祀事即諭將崇德章程我侯既雅意搜羅尚至三而至再生等宜竭誠抒擬以安舊而錄新此正九十八賢浮雲難蔽之秋城鄉各士請雲

得附之日也環叩移縣傳鄉賢舊貫是仍以杜後日擯議再飭紳士將人物一條悉心採訪以備據實甄陶入祀崇德等情又據稟生薛　獻可稟稱邑有鄉賢祀於黌序自雍正三年著令非奉　俞旨不得擅入祀後蔡公纂脩邑志遂定例入祀者八十五位其奉批尚未論定者一十三位姑從附祀之例此鐵案可據也乃趙時晦等立議泐碑僅祀四十二位其蔡志原祀內之四十三位及尚侯論定之十三位概從刪黜此一時苛刻之見不可據以定論考江邑宋元志俱軼不存惟明黃張焉及　國朝沈志四家尚傳黃之黜蔣公靜也以瑞烏頌其黜孫公作也以答性難一說此苛求之語言文字之間吾不知本此意以衛八十五人者其所存有幾也善乎謬文貞之言曰論先賢者亦論其大節而已一語畫之且郎以蔡志論志中別立鄉賢傳一卷八十五人者遺載四人宋王公令許公恕明黃公常張公機四人之中王公別載儒林傳許公號北郭生其詩曰北郭集亦當時知名士子節見忠節傳言係恕子恕詳鄉賢傳其爲漏署可知黃張二公皆不審附載何門又於十三人中羼入劉公光濟一人劉公政事風節卓然可列此席但既格於成例亦當姑從附祀別列他傳此亦當時秉筆者之疏也總之勝國以前世遠事逸並無案牘可稽八十五人者不能有所進退庶爲合邑公論抑生更有請者自周至趙宋千五百年之久而入祀者僅止兩人何寥寥也考後漢彭脩字子陽會稽毗陵人見范書獨行傳又考郡國志吳郡第五縣毗陵季札所居北江在北注引越絕書有季子冢皇覽曰曁陽鄉今後漢書傳曰會稽毗陵者順帝已分會稽置吳郡傳文猶仍其舊稱也今江陰地在漢正爲毗陵縣至晉太康二年始分毗陵及無錫地置曁陽縣則彭公乃江邑鄉賢之最古者宜次吳季子後庶干餘年中增光邑乘此有正史可憑者不得援定例以難之也伏惟裁擇等情各等因到學查紳士揚景曾周仲簡等職可纂輯以蔡志鄉賢較馬沈諸志增祀逾倍稟請詳奪自係愼重祀典之意並非好爲議論者比至該賢裔各稟廣徵博引不忍祖宗德業久而就湮仁孝至情均可共諒現據合邑紳士公呈或請從寬或請由舊語雖各出見則相符懇祈俯順輿情斟酌詳辦至稟生薛獻可所稟後漢彭脩宜入江邑鄉賢不爲無見仍候裁擇施行等因卑職伏查江邑志乘宋元以前俱軼不可考明宏治間黃志鄉賢門崇祀前朱吳公欣之朱葛公宮葛公密瞅公秉胡公鐘

葛清孝公書思趙公發葛文定公鄒邱文定公宗元陞莊簡公垕俞公奕曾俞公遠朱公仁輔杜公友開梁公益李公士龍明孫公亶嚴公本爲十八人明嘉靖間趙志郎張志增祀周廷陵季子札宋胡公瑗吳公當可元王公逢明湯公沐貢公安甫薛公章憲爲二十五人明崇禎間馮志去薛公章憲增祀明趙公鈜薛公甲張公袞張公汝翼繆文貞公昌期李忠毅公應昇顧公言袁公一鶚爲三十二人 國朝康熙二十二年沈志復祀薛公章憲增祀明史公良佐劉公乾趙公興治貢公脩齡夏公樹芳爲三十八人以上諸賢久經論定從無異議乾隆八年蔡志學宮門載鄉賢祠神位九十八主於前志三十八人及 國朝題准人祀楊文定公名時徐公之龍共四十人外增入宋陳公思道蔣公靜葛公勝仲呂公天策吳公範王公令曹公宗葛公立方曹公岠呂公棐王公甯趙公夢極吳公等王公呈瑞包公天麟元繆公鑑陸公文圭單公濟之吳公方李公辰許公恕明張公宣孫公作顧公琳黃公常顏公澤徐公晞黃公敏卞公榮李公瓛張公機陶公震薛公格黃公昭徐公度曹公宏蔣公舜民王公格吳公瑄張公誼吳公鳳趙文毅公用賢高公貫戚烈愍公勳朱公衣四十五人又

附載各學憲批送明劉公光濟劉公羽季公科 國朝戚公藩陳公燦章公耿光夏公敦仁耿公勳朱公廷鋐季公芷徐公世沐許公觀繆公宏仁十三人此九十八主所由來也蔡志附載之十三人其按語有云前代名賢林立翕悅無異辭近日增祀諸賢奉憲檄非俞旨也邑之訾警者齗齗然難之姑據儒學原冊詳其批送年月以俟論定其時職貢蘇士宏具呈略曰由周迄明二千餘年不過二十六人康熙十六年戚公藩入祀二十四年戚公勳入祀俱循例詳咨迨後子孫有氣力者虛開事實僅從司衛處句允十餘年間先後入者十三人合兩戚公共十五人豈今人遠勝昔人耶十五人中惟中翰戚公勳死守殉難允堪不朽若公弟藩文名播海內大節則未敢知也況餘人乎又稱昔宋蔣待制靜孫司業作文章政績久列祀典蔣以進瑞烏頌孫以答性難說徽偏黃公傳斥之彼何以黜 此何以祀毋乃刻於古而恕於今與雍正二年五月奉 旨通行直省分別去留僅留兩戚公及朱公衣餘概斥去然朱衣之留以詳明三院故仍准達部非謂其果賢於十二人也又稱然則 本朝人物遂無可祀者與曰有楊文定公已入賢良祠 自應祀諸鄉校外此則神木宰贈

按察司僉事徐公之龍抗賊不屈父子偕死蔭虛嗣乏實可憫惻至今尚未從祀亟應詳請入祠二公外無可鼎足而三矣然則前代從祀遂無可議者與曰惡得無議繆文貞公所定止二十四人益之者益以繆李二公可耳馮沈兩志遂爲三十八人三十八人中歷代得二十人有明一代得十八人幾以一代匹歷代不其濫與然此皆前志定入鄉賢者 今祠中之主幾倍之在前志三十八人之外無可增在 本朝二戚一朱一楊外絕無可據之案牘伏惟嚴加核實舉前志不入鄉賢及現在應去者斥之并四十二人中摘其有可議者黜之而亟爲徐公之龍請祀則人心允協等情經前縣蔡批候儒學傳同合邑紳士秉公妥議牒覆詳定又按邑人趙時煦碑記略曰聿稽黃志載奉祀者十八賢趙志沿之增祀延陵季子七人共二十五賢馮志沿之增祀趙公鋐八人共三十三賢其誤增者現列府先賢之黃公正色列常熟趙文毅公用賢也以故沈志缺二賢而增祀史公良佐五人共三十八賢自有周以迄 國朝康熙二千餘年僅得三十有八至乾隆初蔡侯脩志於應增黃公昭戚公勳徐公之龍楊文定公名時而外倏增至八十四人五十餘年來有心者多訝之時煦詳稽各志

始知蔡稿所增一本諸趙志抑知趙志出張水南先生手當時薈萃邑中之有一行一藝者各爲立傳而統目之爲鄉賢於其誌祠廟也則特書以別之曰奉祀吳季札某某共二十五人即繆文貞公所據之數也是趙志之祠內諸賢原無濫溢蔡稿之秉筆者不察而併錄統謂鄉賢者其誤不在水南矣予故日勿泱以鄉賢之目而當決之以崇祀鄉賢之目也茲仍各志之舊還其誤者而列四十二賢敬製主入祠等情茲經卑職彙核卑邑志書自前明宏治間黃志起至 國朝乾隆八年蔡志止凡五易稿其中鄉賢一門遞有增減黃志原定十八人趙志即張志因黃志而增爲二十五人趙時煦碑則僅言趙志而未言即張志馮志去薛公章憲餘因張志而增爲三十二人趙時煦碑則直言馮志沿之增祀爲三十三賢未言去薛公章憲與三十二人原數不符而以黃公正色趙文毅公用賢爲誤增其實原數內并無此二公 國朝沈志復祀薛公章憲餘因馮志而增爲三十八人趙時煦碑則謂沈志闕二賢增祀爲三十八賢就三十八人中去二賢而增五賢則三十七賢亦與原數增減不符蔡志因沈志而增爲八十五人趙時煦碑則言增至八十四人并稱爲悉本張志統謂鄉賢者

備錄之蔡志附載之十三人中有戚公藩而戚公勳朱公衣本不在其列蘇士宏呈則言除兩戚公外十餘年間先後入者十三人殆以蔡志附載之十三人去戚公藩而連朱公衣在內此人數之參差不齊也又互核蔡志於附載十三人按語一則乃申明十三人之俟論定蘇士宏一呈乃旣斥蔡志附載之十三人又斥續增之人并欲將原定之四十二人亦須摘其可議者黜之趙時煦一碑乃謂蔡志係本趙志之統謂鄉賢者而併錄之而決以崇祀定四十二賢又卷查乾隆十二年前縣劉令因蔡令新志甫出物議紛然據邑紳楊世楊名宁之稟通詳請將蔡志失眞之處重加訂正奉批議詳日久未覆直至於今茲經卑職移學飭議現據合邑統遞公呈二十五紙計議覆紳士共二百十一人其楊景曾等十一人呈詞乃職司纂輯於紛紜聚訟之後不知河所適從未下斷章稟請詳奪其出於各賢裔呈詞如蔣曾爊等十四人乃言蔣公靜蔣公舜民之當祀并何栻等六人亦以蔣公靜爲言葛湘乃言葛公勝仲葛公立方之當祀曹文炳等十二人乃言曹公宗曹公岠曹公宏之當祀包羲繩乃言包公天麟之當祀顧一麟等十五人乃言顧公琳之當祀徐秉衡等十人乃言徐公晞之當祀並何栻等六人呈中亦言及之吳玉堂等六人乃言吳公鳳之當祀趙同驥乃言趙公用賢之當祀并何栻等六人呈中亦言及之高照等八人乃言高公貫之當祀劉秉勝等六人乃言劉公光濟之當祀并何栻等六人呈中亦言及之季忻乃言季公科季公芷之當祀戚祖厚等十人乃言戚公藩之當祀陳祖望等三人乃言陳公燦之當祀章燾等二人乃言章公耿光之當祀夏復初等十六人乃言夏公敦仁之當祀汪道平等三十六人呈中亦言及之徐曙霞乃言徐公世沐之當祀其出於地方各紳士公呈如汪道平等三十六人乃又專爲夏公敦仁言之何栻等六人旣爲趙公用賢徐公晞劉公光濟蔣公靜言之并言孫公作之當祀顧師竹等十五人乃又專爲蔣公靜孫公作言之劉璥等九人徐淵等十二人鄭經等六人陳畸等八人乃皆統言九十八主之悉當祀薛獻可乃旣爲蔣公靜孫公作言之兼言八十五人之當祀并又言後漢彭脩之當請增祀此百年來各執一詞未經定議之原委也又細核從前蘇士宏呈排沮諸人不遺餘力楊名世等呈亦極言蔡志之失眞前縣劉令稟備陳新志之不協輿論趙時煦碑定爲四十二人持論極嚴他如王學琦季德彰

章本烈趙城之徐聯封貢蔭桐等動輒數人十數人聯名控訟要皆各執一詞互相傾軋實書之不勝書現在公呈二百十一人除楊景會等一呈外其二十四詞僨僨不平之意層見疊出異曲同工凡此者每種或數千言或數百言不等篇幅浩繁固不能一一備錄謹就其中有命意之所在各抒所見爲據事而言者摘出如右其涉於意氣用事互相攻擊而徒以口舌爭之空言悉從刪節旣省冗繁且現當和衷商酌期於委曲求濟之時免致以語言文字之故又操同室之戈此於一切篇章懺加飾錄不肯使唇舌空爭反生枝節之鄙見也卑職竊謂志乘之作以考文徵獻之資爲信今傳後之具祀典所存關係九重固不可顧忌浮言致滋冒濫亦不可拂違輿論專事苛求如卑邑志書鄉賢門前此旣各相牴牾一任多年飭議總以不能聯爲一體卒無安覆遂至百年來奉檄重脩之志因而擱筆此議不定邑志萬不能成書志之久而無成也以此然若不及今纂輯將日就湮埋老成代謝一切典常必更無從稽考且現今府志久經開局屢奉檄催端賴縣志竣功乃可渤成府志似火文書殆無虛日志之不容不成也又以此以久而無成之事迫不容不成之時卑職才識譾陋本不足以當此任倘於此猶復因陋就簡則依樣葫蘆恐昔日議蔡志之未爲成書者不旋踵而卽見於今日若徑情直行惟以刻覈爲能則今之各爲其祖父者已嗷嗷不休可不待棗梨竣役其尋訟勢必立起波瀾卑職之獲罪江上也滋甚是此書之難成由此事之難於斷制而處於不能聽其不成之時惟有就難於斷制中求可爲斷制之道夫所謂斷制之道亦惟遵　諭旨遵部文遵憲批而已無加歲遠年湮稿卷霉爛於數十年前結訟時執應祀之說者則云曾經奉批曾經達部執不應祀之說者則云并未奉批并未達部其時府縣之斷卷殘批中已每以闕失腐爛無憑定斷爲言況更迨於今平至於　　諭旨揭日月以長行永爲萬古法守可以得所依據乃從前本由督撫學憲批送其已經批送者後裔遂以爲合例矣康熙年間亦有　題咨兩項康熙七年奉　　　旨嚴覈後遇有鄉賢著各直省學政覈實年終咨達雍正三年始有不具　題不得擅入之例由此觀之雍正三年以後乃可撫例爲斷卑邑蔡志脩於乾隆八年距雍正三年定例時未遠所有批送咨達者多在未定例以前似不能援例以繩旣往之人特蘇士宏呈稱雍正二年五月奉　　　旨通行直省分別

去留僅留兩戚公朱公衣餘概斥去則是不特蔡志附載之十三人除戚公蕃應斥即續增之四十五人除戚公勳朱公衣皆當斥矣溯查當日奉旨通行經各督撫飭查議覆卑邑人各一詞相持至今卒無妥覆從何會議具詳似以昨據夏復初等呈稱奉旨通查概未核報是以仍照舊章並未予奪之言爲是因又卷查嘉慶二十一年據學移章本烈等呈剖趙城之等詞內鈔粘稱雍正五年奉旨查汰具詳有檄撤主爲各姓子孫賄匿槀案無存等語不知院司道府案卷層層何能賄匿倘經早撤蔡志不應仍載九十八主等情亦屬近是是有通查之旨而無撤主之檄即令果有此檄嘉慶年間已據控稱賄匿無存況更迨於今乎蘇士宏呈中僅留兩戚公朱公衣餘概斥去之詞殆因當時曾有發此議者未計及非衆論所孚并未詳定遂不察而以此說可爲定論即牽連於諭旨通查之下而未分清界限從而和之者愈習焉不察而囫圇讀下誤爲悉已斥去如果早經並撤蔡志何尚備載此理之易明者也即今之見於私家記載及桑梓聞見錄并各紳士家所藏之批檄呈稟卒皆餖飣鈔存並無全案其得之父老所傳聞又僉以匿稿爲詞不特縣卷無存即各署案卷亦云杳不可查夫案卷皆無存而不可查私家著錄及鈔存零簡更安可爲據爲今之計如欲澈底清查以間執各自爲說之口自仍應移學飭合邑士民公議除合例之外將應去應留者逐一議定如實應留祀由地方紳衆呈到冊結稟學移縣通詳咨達候奉俞旨而後准入如實不應留祀亦須出於地方公評據情詳咨雖久經入祀亦恭請特旨撤斥使不許後裔子孫再行饒舌如此澈底清查方足以成鐵案奈因人數衆多一一核實辦理欲定一人之議非累月經時不可而由學由縣而遞達於三院再由咨奏候旨恐辦一案動輒迺年現在縣志固不能停筆以待兼以府志早經開局又何能因一邑之故而悏合郡之事然使果能澈底清查豈容因急欲成書遂苟簡從事甘蹈不核實之從而不停筆以待郡府志因此而牽掣致悵亦緣因公愼重起見不復避波累之咎而稍存勉強草率之心然而澈底清查必以地方公論爲斷如蔡志因蘇士宏呈而以十三人歸於附載其時與蘇爲難者已不乏人使果公論僉謂十三人皆當從刪則早已刪除可并不歸於附載矣迨趙時煦僅留四十二人之刪一出而并倒戈相向者實繁有徒厥後

僅據稟控批准補位入祠之案不一而足使果公論僉謂四十二人外皆當從刪則竟即刪除可無補位入祠之舉矣即未經補位附載之人凡上控而批飭妥議詳覆者卷查皆不過據一稟而批候飭議定奪奉一批而移學飭議詳覆仍屬人自爲說從未會同議妥申詳一案以此見人心之不易從同公論之猝難強合各相牴牾倏及百年既無妥議那得成書今縱使府縣兩志俱暫聽其緩業必俟此議定而始成書恐前屆百年而不能定者即後更百年而仍不能定就令於此不能定者終聽其置之高庋而一邑考鏡之資合郡蒐羅之要亦悉聽其因而中斷邪蓋申詳有據始能犀逐水分而集議無期終必案同冰擱故蔡志中續增之四十餘人及附載之十餘人不特概加裁汰莫由得此定議以據詳即欲悉請咨題猶慮未及周諮爲藉口卑職經年考証中夜徬徨非闇瞻徇而騎牆用以調停爲中立緣制事必因乎衆志亦定疑端覘夫今情雖不敢誤用其寬亦何可過流於刻苟遇今日之新增自當從愼若論前賢於既往未便苛求但三人占則從二人之言以今日二百十一人之二十五詞觀之惟楊景曾等十一人未下斷章然亦未嘗言續增四十餘人及附載十餘人之必當斥其餘若蔣魯壎等人數多至二百人呈詞多至二十四紙雖未將續增及附載之人逐一全行標出而指名標出之應祀者或言已奉設有祀生或言已奉設有專祠或言已載通志或言已准留祀或言原議刪而主仍列或言籍未誤而譜可稽已二十二人二十二人者如此其他亦可概見且鄭經等呈中明言由奉旨題祀奉憲咨祀者共九十八主即不啻全行標出況又有薛獻可一呈乃統言八十五人之當祀劉掇等四呈并統言九十八人之悉當祀乎此二百餘人雖不足以概一邑而既至二百人之多人心大可概見若謂自蔣魯壎等以迄徐曙霞之十六呈皆各爲其宗祖出於孝子慈孫之私意非由大公至正之定評又何解於汪道平等三呈皆爲他人而發更何解薛獻可一呈直爲八十五人而發劉掇等四呈兼爲九十八人而發乎則不謂爲公論不可也公論似不可違也特尚慮未及周諮不可遽執爲悉請咨題之據耳若竟從裁汰得毋大拂今日之人情乎此可知王學琦等諸人皆在往日據事而爭絕非今日之情事何則以今日由學偏發通啟飭令合邑公議今悉以存祀爲爭竟無一左袒王學琦等者人心不尤大可見乎衆口鑠金自以今日之言爲

公論伏讀乾隆二十年上諭名宦鄉賢其入祠
年歲已久者姑免追究等因誠如咋據戚祖厚等稟稱
恭繹聖意雖在輿論不孚之輩猶蒙寬
大之恩似當於雍正年奉旨查汰而未核報之
後取善善從長之義而邀乾隆年論以年歲已
久姑免追究之寬典弁惟據公呈在今日雖無臧否之
歧談而思物議在當時究有雌黃之陳迹若竟照蔡志
並收保無有重理王學琦等之說者一留罅隙便啟議
評何肯於集事之初自貽以反唇之戚況趙時煦碑有
蔡志本諸趙志趙志於一行一藝各爲立傳而統目爲
鄉賢其誌祠廟也特書奉祀吳季札某共二十五人蔡
志不察而併錄統謂鄉賢故日勿決以鄉賢之目而當
決以棠祀鄉賢之目等語平情而論所見未爲不確特
既於蔡志併錄後列在祀典矣而趙時煦以一鄉宦未
經和衷共議而遽欲頒還舊觀勒碑獨斷又未通禀申
明立案其咎在疏而不得非其毫無依傍擅以己意爲
去留非然者如諸人果邀奉祀則趙志載明祀位何以
僅稱季札二十五人乎是諸賢因蔡志併錄以入祠致
招異議恐今日因公呈爭祀而統列復惹浮言而後奇
胥毀賢孝之褒共作敬尊之請不特明禋忽廢大忤孝
思正虞崇德另開猶違奢願故今日之事撤主勢有所
不能統祀義有所不可緣情以斷蘇士宏意在嚴斥并
云四十二人中尚須摘黜未免有傷忠厚可無庸議沈
志以前三十八賢誠如楊景會等所言祀典聳然並無
異議卽蘇士宏呈何嘗不謂此皆前志定入鄉賢者在
前志三十八人之外無可增在本朝二成一朱一楊
外絕無可據之案牘可見刻意從嚴如蘇士宏者亦以
四十二人爲應祀且欲爲徐公之能請祀趙時煦碑則
於成公勳楊文定公名時外又謂應增黃公昭徐公之
能卑職覆核無異以上四十四主相應禀請一律查明
牌位是否完好敬謹崇祀其蔡志續增內自宋陳公思
道起至明高公貫止并另附侯論之明劉公光濟起至
國朝繆公宏仁止共五十四人相應禀請仿照上年
於名宦祠外議立報功別室另設總牌彙祀之例而變
通之不復主另立崇德別室之議統使附於正祠用慰
諸裔仁孝之心而另設總龕查明補位以稍示區別列
爲從祀正祠猶祔免子孫攘臂之爭祀典仍嚴杜道路
吹毛之漸以舍短從長制羣喙迸去留以有舉莫廢
副衆懷祀分主從如此則議得以定事得以集而志乃
得以成似於功令不致有違於今昔情形不致兩歧

於百年纏訟之不休藉得批示立案永斷葛藤至各公
呈多以趙碑爲私碑吳玉堂等六人并請詳憲毀碑皆
不免意氣用事竊謂趙碑不無所見特未經地方官詳
定出名立石而以一鄉宦獨斷泐碑究屬不合今擬崇
祀者悉屬碑中有名則碑可無庸毀附增者統於祠中
祔祀則碑已不足據況一經議妥各相允洽卽與名宦
報功事宜一同通詳請示立案尙須另泐豐碑將崇祀
從祀姓氏酌中定議緣由一一載明以昭示來許趙碑
將不廢而自廢又何庸毀再薛獻可禀請將後漢彭修
增祀一節考史傳勇子時盜卽目爲義士後張子林等
數百人作亂修障捍太守而爲流矢所中賊素聞其恩
信殺弩中修者餘悉降散言曰自爲彭君故降風節凜
然可興起百世之下其地址亦考覈得實信爲江邑鄉
賢冠冕但蔡志以後並無增入之人若不照例詳咨又
不足傳信而專爲一人而發恐屬唐突應請俟採訪人
物得人另祀崇德別祠時卽以彭公修弁於崇德之首
庶不負該生表彰先德之心兼可爲合邑矜式儀型之
助經卑職先將酌議緣由於八月二十六日具詳學憲
本府卽於九月初六日奉學憲批開查學政全書雍正
二年議准名宦鄉賢風教攸關相沿歲久冒濫實多若
無實蹟報部革除又乾隆二十年奉上諭其入
祠年歲已久姑免追究等因欽此查江陰縣鄉賢祠祀
百年以來未有定議前後呈詞紛如聚訟揆之祀典則
不肅稽之邑乘則闕如非所以妥前哲風後賢也茲值
重修縣志之初必以釐定鄉賢爲要該縣據學移各呈
詳加覆核斟酌羣情參考例案斷以沈志以前之三十
八人並增六人共四十四主謹請正祠崇祀實爲允當
其蔡志續增共五十四人并請附入正祠另設總龕稍
示區別列爲從祀等語自係欽遵乾隆二十年
諭旨核議均屬周妥仰卽照辦載入縣志通詳立案永
免爭執總之祀典昭垂風勸所繫不宜苟可繩既往尤必
致愼方來此後續有採訪務遵定例其學行允符鄉評
者造具事蹟冊結通詳核辦奉准後卽應歸入正祠崇
祀其從祀一節寔因年歲久遠不敢輕議前賢體諸裔
親親之心從合邑善善之舉此後不得援以爲例更議
加增且既有正祠崇祀以待後來之賢卽前議崇德別
祠并可無庸虛置以歸核實而杜冒濫至廩生薛獻可
呈請後漢彭修增祀考之史傳遇盜全親殺身捍守孝
義之行名節凜然允宜表彰以崇鄉望惟會稽之毘陵
是否卽係今江陰地仰再會同該學考證明確通詳核

辦此繳等因遵即宣付志館除將遵飭查議後漢彭修人地是否無誤一節侯由學覆到核議詳覆學憲另行通詳外合將崇祀名宦鄉賢兩案始末根由遵批通詳立案伏乞憲臺鑒核　右詳督撫藩臬巡道府憲

道光二十年七月江陰縣為詳請批銷從祀名目標為俟定鄉賢以照慎重而息紛爭事竊照卑邑重修志乘查議鄉賢一案會將酌擬緣由於上年八月具詳顯陞憲詳部於九月奉前難憲祁批開查學政全書雍正二年議准名宦鄉賢風教攸關相沿歲久冒濫實多若無實蹟報部革除又乾隆二十年奉　上諭其入祠年歲已久姑免追究等因欽此查江陰縣鄉賢祠祀百年以來未有定議前後呈詞紛如聚訟揆之祀典則不蕭稽之邑乘則闕如非所以妥前哲風後賢也茲值重修縣志之初必以檢定鄉賢為要該縣據學移各呈詳加覆核圖酌輿情參考例案斷以沈志以前之三十八人並增六人共四十四主謹請正祠崇祀實為允當其蔡志續增共五十四人并請附入正祠另設總龕稍示區別列為從祀等語自係欽遵乾隆二十年　諭旨核議均屬周妥仰即照辦載入縣志遵詳立案永免爭執總之祀典昭垂風勸所繫不宜苛繩既往允必致

慎方來此後續有採訪務遵定例其學行允符鄉評者造具事蹟冊結通詳核辦奉准後即應歸入正祠崇祀其從祀一節實因年歲久遠不敢輕議前賢體諸裔親覬之心從合邑善善之舉此後不得援以為例更議加增等因遵即宣付志館并遵批通詳立案旋於上年十二月據舉人包義繩等赴前難憲祁案下具呈奉批仰江陰縣會同該學詳查例案悉心再議通詳核奪等因遵又移學飭議嗣據志局纂修原選四川石砫廳同知楊景會等稟請弔據迅詳經卑職批候弔據飭覆核案詳辦又據監生章燾生員夏復初等先後具呈均經卑職批候移學一併查覆議詳本年二月據原任江西高安縣知縣趙同驥等赴驗轉案下具呈奉批仰江陰縣查照定例悉心妥議通詳核奪等因又據舉人包義繩等赴前署蘇藩案下具呈奉批查此案前據該縣詳奉各憲批府核議尚未覆詳定案今該舉人等具呈前情查閱鈔粘已奉學憲批縣會同該學詳查例案再議應候該縣學等詳到察辦惟本署府核查志載歷代題定及　本朝達部有案者自應一併崇祀未便另議更張其舊志所列未經詳　題有案諸賢如實有卓行可為鄉里欽式宜遴崇祀之典者應由該縣學核實查明先

行列載志乘統入正祀再行查造各賢事蹟清冊仿照彙辦節孝之例詳請　題報節孝已辦有成案鄉賢事同一例亦不致有干部駁似與例案無違而輿情亦可允協該縣學即再確核妥議詳奪等因又據舉人夏翼謀等赴前署蘇藩案下具呈奉批查此案前據舉人包義繩等具呈即經明白批示在先　題定有案者縱使年遠無案可稽而舊志既已載明　題定即與案卷無異其應崇祀自不待言該舉人等故祖夏敦仁先雖由府縣具詳有案但係未經　題定者應如前批先行列入志乘鄉賢正祀由該舉人另備事實清冊呈請彙詳　題報等因續奉蘇藩以接管移交前事札飭立即會同儒學查明先行列入志乘鄉賢正祀并飭該舉人等備造事實清冊詳請彙　題此後凡有事同一例可以類推者即照包舉人及該舉人前後赴府呈批辦理以免各裔紛紛赴府請示等因各下縣均經隨時移學飭議去後尚未據移覆前來卑職伏查卑邑鄉賢一案前詳備陳原委文義冗長茲不贅敘緣卑職既不敢妄涉刻苛尤不敢稍滋浮濫實於萬無良法之中勉思兩合經權之道故有擬於崇祀鄉賢外另設總龕分為從祀之請業奉前難憲祁批准飭詳在案卑職此議原因蔡

志載鄉賢八十五人附列十三人之書一出控訟百年飭議未定自不能仍照蔡志統列如須統列亦必當　題達方能定案計按人查取冊結并非由賢裔備造須出於地方公呈詳辦勢必曠日持久新志凝難停筆以待且恐一旦請祀鄉賢至數十人之多未必能邀概准諸賢業經與祀多年未肯於卑職任內或致哉撤是以稍就變通為區別分列從祀故原詳有正祠猶耐免子孫攘脅之爭祀典仍嚴杜道路吹毛之漸以舍短從長制羣喙迹展去留以有舉莫廢副衆懷祀分主從等語乃難於遽定不能不定而又非可擅定遂以不定為定之苦衷誠如前難憲祁所批體諸裔親覬之心從合邑善善之舉而為此調停兩全之計也今查各裔呈詞多以從祀為爭其誤會從字之義一似以父從子以祖從孫蹟若涉於逆祀者殆未細審別設總龕之言所謂從者乃從於廟堂非從其孫子此可姑置弗辯然從祀之議本欲止爭冀得不定之定茲既仍有爭執又奉批示飭議另詳是於難遽定者終歸於不能不定又何必以不定之定為調停自常照例徹底查辦通詳　題定卑職不敢迴護原詳固執初見所有前經詳准從祀一節相應陳明更正詳請批銷特各呈稟僉以蔡志為著龜

殊不知鄉賢一門黃志原定十八人趙志增爲二十五人馮志增爲三十二人沈志增爲三十八人至蔡志而遽增爲八十五人者蔡志所本趙志出張水南手當日薈萃邑中之有一行一藝者各爲立傳而統目之爲鄉賢本非崇祀之鄉賢亦猶之乎人物英賢之通稱耳其於誌祠廟也則特書以別之日奉祀吳季札某某二十五人即繆文貞所據之數是趙志祠祀諸賢原無濫溢蔡志不察而併錄統謂鄉賢者乃其致誤之由觀於前乎蔡志之馮沈二志并未誤增便可參攷而證其誤若其附載十三人之按語則固明言嘗警者斷斷然難之姑載批送年月以俟論定等語逮此書既出物議紛然經前令通稟邑紳許告呶呶不休致奉各前憲檄飭弔版燬書諭令重纂冰斸直至今日雖各呈稟悉奉蔡志爲蓍龜在卑職似不能顯違憲檄而以飭燬之書仍畫依樣葫蘆自取咎戾至舉人包羲繩等詞稱入祠各主俱奉　俞旨等情竊查蔡志所載鄉賢自吳季子至戚公勳皆　明以前人惟國朝楊文定公名時在雍正三年非奉　旨不得入祠之後故特加奉旨字樣若餘人悉屬奉　旨則必皆在雍正三年後入祠雍正三年距乾隆七年修志時僅閱十八

江陰縣志　卷七　秩祀　祠　兲

年除沈志以前輿論允孚毫無遺議久已列爲崇祀諸賢外餘四十四人豈有一十八年中連奉四十四旨之案乎且舉人包羲繩原呈稱伊六世祖天麟明宏治朝張簡上書當事請祀鄉賢嘉靖朝張袞修志纂入鄉賢傳今忽又詞稱奉　旨自相矛盾餘呈大率類此所以纂修楊景曾等稟請弔據以難之而該舉人等茫無依據第以冒昧措詞失於檢點爲引罪之言又各呈詞皆執蔡志鄉賢論一則曰非　題定者不與再則曰標其題　定者著於篇遂以此爲鐵據豈知有明以前固無所謂題定雍正三年以後十餘年中何得有四十四次　題定之案倘彼時果皆有案可稽更何來此指摘之多口所可不辯而明此足見蔡志之疎非比尋常之忽略於列祠祀則誤載趙志所統謂鄉賢而於論斷則又漫稱　題定其餘舛誤尚多所載之人與所序之語各不關照是志於蔡前令手未及告成乞老以去又經王羅兩令事隔數年重理舊緒其時志館諸人亦已屢易并非一氣呵成未免率爾落筆坐令衆口鑠金奉飭重纂當時所以有未爲成書之議原指誤增統列率標　題定等病而言今似難以前志載明　題定爲準而各　該裔於將屆百年之事未悉根源凡其　憑蔡志爲鐵據以爭者皆不知早經奉檄飭燬現修新志有斷不能以蔡志爲據之苦苟非然者卑職甚思成人之美何樂與諸賢爲難而不統列蔡志誤增統謂鄉賢蔡論誤標　題定鄉賢使往日并無嘗議非有多年之控訟致干憲飭卑職又何肯多費唇舌與衆人爲難而不照蔡本全收乎該舉人等書生迂陋未嫺例案無怪所言皆隔靴搔癢故一切爭執之語無從與辯似皆可毋庸置議也惟卑職前詳初議以調停爲中立寓分別於渾融不從苟論所以息爭訟也不列正祠所以免詳題也欲以不定爲定者既仍拂各裔之心遂於非可擅定者乃別無兩全之道蓋前志如無駁飭雖向來辦理不免參差或溢冒濫亦不妨因仍從事即令舛誤猶得以由舊爲詞而前志業被議彈雖諸賢與祀已歷多年絕無衞德亦必須遵議飭查重辦詳　題方可定久翻之案事至今日不必口舌空爭應以遵照憲批議詳祀事俾無向隅之人兼獲明禋之奉則塵牘以清紛爭自息爲第一正義卑職一與各前賢無德無怨不特不敢苟惟願由卑職任內一一飭取冊結悉邀詳達統歸正祀豈非甚幸但鄉賢一事部議甚嚴每請祀一人其難其愼并須專案詳辦似恐難照節孝彙報辦理然此向

江陰縣志　卷七　秩祀　祠　卅九

可姑俟取齊事實冊結之日再行詳請示遵惟未經取齊事實冊結　題報覆准之前遽先統入正祀於義稍覺未安以例應先　題報而後入祀似未可先入祀而後　題報卑職細繹　聯署憲黃批祇殆因查造事實冊結非可期諸旦夕而志書現當趕辦不能闕此一門姑令先行入祀庶得急就成篇卑職愚昧之見竊以爲志當垂成誠不能候四十餘賢冊結查造取齊　題報覆准而始成書其諸賢久經誤列與祀亦未便以現未徼底查辦　題定反漏而不載益啟各裔之爭端可否略爲通融仍以原詳列爲崇祀者載入新志而以前爨憲祁批准列入從祀諸賢今據陳明更　正詳請批銷從祀名目標爲候定鄉賢彙刻於後俟奉　題准再行明晰補載歸入正祀如此則諸賢概得正大光明以歆祀志書可弗因噎廢食於將成既泯忽漏載於久經誤列之爭復　免因急就而先　入正祀之慮是否有當伏候批示祗遵　右詳學府憲

道光二十年七月初六日奉學憲毛批開江陰纂修志書該縣於崇祀鄉賢外將蔡志續增五十四人別設總龕分爲從祀詳經前院祁批照辦載入縣志通詳立案旋據舉人包羲繩等呈控又經前院批仰該縣會同該

學詳咨例案悉心再議通詳本年二月並據原任高安縣道同驗等具呈亦經本部院批仰該縣查照定例安議通詳核奪各在案查各處志書其人或一行一藝有可稱者大率爲之列傳使日久年遠後人猶知爲此鄉之望若崇祀鄉賢祠則必題准有案方能列入祀典至從祀之議原因蔡志續增之人無案可稽係屬從權變通之舉今該縣詳請批銷從祀名目自應如詳查銷并嚴議詳褾爲候定鄉賢彙列崇祀鄉賢之後俟題准後再行明晰稱載歸入正祀仰常州府悉心安議通詳核奪繳

道光二十年八月江陰縣詳爲請示事憲臺批卑縣詳請批銷從祀標爲候定鄉賢緣由奉批查此案現奉學憲批府悉心安議通詳核奪等因希候核議詳請各憲批示飭遵即照會志局此覆等因下縣奉此卑職查江邑志乘現屆垂成各稿俱已給匠刊刻惟鄉賢一門尚未奉有示遵未便發刻現奉憲札嚴催局董礙難停筆以待卑職前詳所請批銷從祀標爲候定鄉賢以便飭局照辦之處緣奉前批是否即行照會志局如詳照列先刻卑職未敢擅便相應具文詳請仰祈憲臺明白批示祗遵　右詳府憲

道光二十年八月十九日奉府憲批開查該縣志書現奉憲札嚴催各稿既俱給匠刊刻鄉賢一門未便延缺查照前詳照會志局先行列入仍候查核具詳各憲批示飭遵此覆

候定鄉賢爲蔡志所增朱陳公思道王公令顯謨閣直學士蔣公靜太常寺卿葛公勝仲吳公範呂公天策朝奉郎曹公崈吏部侍郎贈太師許國葛公立方饒州府通判曹公岠御史呂公棐中奉大夫王公寗給事中趙公夢極太府寺丞吳公竽太湖令王公呈瑞包公天麟元繆公鑑陸公文圭許公恕單公濟之吳公方迪功郎李公辰明司業孫公作編修張公宣布政司參議顏公澤兵部尚書徐公晞常州府訓導黃公常興化府經歷黃公敏張公機大理寺副顧公琳戶部郎中卞公榮御史李公琨戶部主事陶公廷威檢討薛公格刑部員外郎王公格按察司副使高公貫按察司副使徐公度御史曹公宏按察司僉事蔣公舜民撫州府訓導吳公琨合州學正張公誼吳公鳳吏部侍郎趙文毅公用賢四十二人暨蔡志附載明吏部尚書劉公光濟劉公羽布政司參政季公科

國朝刑部主事季公芷徽州府教授章公耿光徐公世沐耿公勷許公觀大理寺少卿朱公廷鋐繆公宏仁陳公燦夏公敦仁現候核案詳定

忠義孝弟祠在學宮內雍正元年奉

詔建十二年立石祀歷朝忠臣十三人

國朝一人歷朝義士十一人歷朝孝子六人

國朝旌表孝子二人歷年增祀歷朝忠節十一人義士三人孝子三十二人乾隆四十一年

欽定勝朝殉節九人歷年旌表孝子三人道光七年彙旌勝朝殉節一百三十八人

國朝忠節三人共二百三十二人道光十八年彙旌孝子順孫五十一人內二人停止設位　姓名行實別有傳

節孝祠在中街學宮東雍正元年奉

詔建乾隆中節裔楊謙益陳大中兩次倡修六十年邑紳趙時煦倡諸節裔拓而新之道光七年十一年節裔陳培因祝登墀集貲改建正祠三間設歷代節孝貞烈婦女暨
國朝旌表之位東西分列題名碑石左祠三間設道光十年十六年兩次彙旌之位右祠三間祔祀未及請旌及阨窮而格於年例者正祠之前正廳三間恭錄
欽詔懸於正中前爲大門餘爲坐集之所祠右坊一爲十年彙旌諸氏立勒三千二百六十八人姓氏於碑碑覆以亭十六年續請五百三十三人附焉街北坊一爲七年彙旌乙酉殉難節烈諸氏立勒石建亭如之

重修節孝祠記　國朝邑人趙時煦

節孝祠於雍正元年欽奉
恩詔敕建所以章婦烈獎閨貞也吾邑自南唐何烈女遭際亂離遇賊不屈自淪於前湖後人立廟祀之尸祝不絕流風所被觀感日深禮法自閑鬱爲善俗祀三吳婦女莫得而比焉宋元以來記載闕佚明邑宰蘭溪黃公蒐討遺籍捯成志書纂輯列女凡三十三人皆奉詔旌門者惟進士陸呂妻以下三人爲諸生張簡人等所薦達而猶慮其有未盡也復綴之以論辭曰節婦之旌否視有司之達遏有司之達遏視其家之力力不力故使貧無斗菽即茹荼嚼蘗何足望蔡女之末光富擁千鍾即列鼎累裀亦可排其姜於下陳諒哉斯言古今一揆也某維春秋之義善善欲其長伏讀
世宗詔曰旌表節義乃彰善大典每見直省地方有力之家尚能
上達而鄉村貧窶之人則多湮沒無聞深可憫惻著督撫學臣
及有司徧加採訪務使苦寒守節之家同沾恩澤至節婦年逾
四十而身故計其守節已歷十五載以上者亦應酌量旌獎
恩至渥也
詔又曰旌表節義給銀建坊民間往往視爲具文未曾建立恐日久仍至泯沒不能使民間有所觀感著於地方設立祠宇將前後忠孝節義之人俱標姓氏於其上已故者設牌位於祠中
慮至周也祠舊有堂三楹兩事修葺楊君謙益勒實於碑版陳君大中復刻主於屏間歷年既深傾圮滋甚甲寅夏邑人士謀所以新之并屬某董其役重建門塾三楹揭蓋正室周垣繚之功既成某集諸同輩議曰天下有有其德而享其報者亦有有其德而不得享其報者是豈其人之不幸也哉於是就祠旁隙地建正堂三楹饗堂三楹俾無力請旌及與成例稍有未符而卓然苦節者皆得從祔祀之列所以體
皇仁而表潛德其在斯乎然而某竊有慮焉昔范蔚宗作後漢史所纂列女一篇謂但搜次才行尤高秀者不必專在一操此特其史例則然初未及於俎豆之盛典也某老矣滋懼後世無識之徒或以某爲口實遽謂從祀之主嚴不如寬假令輿論有未孚鄉評有未協者一旦而預於灌獻之事則某豈敢任其咎乎佐某藏事者同里陳君培因也

重修節孝祠記　國朝學政廖鴻荃

國朝崇尚節孝旌獎優渥所以重彝倫厚風俗也自
憲皇帝詔督撫學政徧加採訪歲終彙題俾免淹滯又恐既請旌而坊未及建日久仍至泯沒
諭於地方公所設祠宇以時祭之使民有所觀感
恩厚慮周億代感仰今
上御極之七年復
允江蘇撫臣請以武進陽湖未旌苦節若干人總建一坊嗣是他州邑多仿行之凡前朝往代窮鄉僻壤志行久闇幾就湮滅者咸仰叨
恩旨錫香款祀綽楔旌閭於庠盛矣壬辰春余奉
命視學吳中校文之暇恒以表章幽燬爲念適澄江重修節孝祠踰年工告竣邑紳士請記其事余維旌獎節孝坊祠並重然亦賴彼都人士好善樂輸隨時修拓乃以永垂不朽攷江邑節孝祠奉
敕建於雍正元年地在學宮東有堂三楹謙益楊氏大中陳氏歷事繕葺乾隆六十年重修增建三楹於右俾無力請旌者得從祔祀之列名待旌祠時則有趙時煦等董其役越今三十餘年矣邑恩貢生陳培因以祠宇狹設位日益多慮久勿能容也適於道光七年間與職監祝登墀集諸節裔倡議集貲拓建兩進於後而虛前堂爲承祭

官坐集之所會部准乙酉殉義紳民入祀忠義祠其婦女七十餘人祀節孝祠仍給銀建坊前學政朱方增因率屬官分詣各祠安位稱盛舉焉邑人又援武陽例採闔邑節孝貞烈婦女三千二百六十八人請總建一坊道光十年題奉部議覆准時陳岩因已亡祝登墀獨購辦坊料甫諏吉亦身故登墀子生員維禎仰承父志爰偕紳董節裔等踵成其事增建彙旌祠於左堂亦三楹節烈坊在祠外路北節孝坊在祠旁路南節烈坊之北節孝坊之南又蓋造兩碑亭鐫列女姓氏其上計自七年以來鳩工庀材歷數寒暑勿輟至本年五月工始蕆費凡六千緡有奇亦可謂經營盡善堪以垂後者矣

延陵季子祠在申港鎮西卽季子墓地也宋慶元中封昭德侯明洪武初詔去封號題木主曰延陵季子之神祠建於宋至明正德五年知縣王鉼請於巡按御史謝琛始列祀典隆慶五年知縣劉守泰修武進鄭鄤題額曰

至德第三人楹聯曰星斗夜寒君子墓風雷時護聖人書謂十字碑經雷雨斷而復完也

國朝

聖祖御書讓德光前額祠中堂奉季子像前爲十字碑亭又前爲謝恩樓後爲守祠僧舍乾隆間知縣蔡澍重修又分祠二一在縣治東一在夏港鎮

延陵季子廟記　宋常州知軍朱彥

常州古延陵也吳季子所封之地至西漢爲毘陵又至東晉爲晉陵宋齊因之隋平陳廢晉陵爲常州唐因之或曰晉陵郡自晉武帝太康二年分曲阿爲延陵至隋徙治丹徒唐武德三年徙延陵還治故縣今潤之延陵鎮是也杜佑謂曲阿延陵有季子廟非古之延陵古延陵在今晉陵縣其說明矣而孔子所書季子墓碑歲久益湮沒開元中明皇敕殷仲容摹刻之大歷十四年潤州刺史蕭定重刻石延陵廟中於是俗習徒見潤之延陵季子廟而不知常州實古延陵而季子所封也余以罪謫守是州因考太史公書歷代地志通典圖經得其詳矣又得其所謂季子墓在晉陵縣北七十里申港之西又曰暨陽鄉而暨陽隸今之江陰縣乃屬令趙士肥訪之得大冢於暨陽門外三十里申浦之側有季子廟與史記地志通典圖經合於是表識其墓謹樵牧耕鑿之禁又摹取孔子所書十字刻碑墓上設像祀之學中以時率吏士諸生拜焉所以示邦人貴有德也又備論歷世廢興與俗習之變易刻之碑下後有君子得以覽觀焉

范文正公祠在大巷康熙中裔孫君聘請建十九世孫彌山重建

蔡西山先生祠在武廟西祀西山先生九峯先生肇建元代改建於明

國朝乾隆八年後裔寅斗等呈請復建以創建澄江書院之以忠配祀九峯子始居江陰

二侯祠在虹橋東祀明江陰侯吳襄烈公良靖海侯吳襄毅公楨明嘉靖十一年改火星廟建萬歷間知縣許達道崇禎間知縣馮士仁修

國朝順治間知縣武茂周以明武畧將軍千戶沙原德康熙間知縣沈清世以明明威將軍萬戶郭旺郭讓從祀又祀

國朝京口左路水師總兵官劉選勝乾隆八年吳氏裔修葺致祭道光七年詳准以明永義侯桑世傑東海郡侯徐

公輔指揮同知曹淵襲封靖海侯吳忠總旗奚士鐘百戶奚得奚宣奚宏游擊將軍沙濟飛熊衛指揮郭希聖郭邦清義兵王華一附祀

重修二侯祠記

明邑人夏樹芳

江陰古利城地封壤雖僻實江南形勝之區東連吳越西通淮楚蓋金陵之門戶而江海之要衝也我江國襄烈吳公海國襄毅吳公奮騰風雲從高皇帝定鼎左馮右翼爲開國之元勳自功臣建廟而外以二侯之保乂我江陰實多爰闢二侯祠崇德報功祀典攸邑宜矣逮乎孫枝茶弱帶礪寖盟遂使虎變龍驤之烈莫繼弓裘補天浴日之功委之灌莽有識者其謂之何我邑侯東陽許公莅政之日瞻拜侯之祠下慨焉憫焉以興滅繼絕仔肩其任重剏大門三楹二門三楹大堂三楹東建更衣所西建亭胙堂各三楹朝夕糾虔以襄厥事軒橑宏敞比前所搆巍然煥然豈二侯之英爽如日星之麗天江河之行地獨於許父母寄豪傑作求之想主張是

而推移是勿亟予家而成此偉觀者歟樹芳伏在江濱佩服二侯之鴻烈殄隨扶輿且謂二侯之大有造於江陰者隱隱隆隆其肸蠁尙何可追也遂奉許公之命而記其事

重修二侯祠記

國朝邑人沙張白

豪傑之士際風雲之會依日月之光勛名著於竹帛俎豆垂諸千秋蓋其志在濟天下安民生與開基帝王眞有才臣合德者非僅僅斬將搴旗建一割之雄已也惟名世大儒於異學紛歧之日闢邪說倡絕學覺人心於久夢障狂瀾於既倒斯其氣足相配而功足相侔惟其氣相配而功相侔故雖古今異世而適然相逢自有不介之合張白於吾師西山張公修二侯祠者見之二侯百戰之勳載在國史不待揄揚獨其守江陰也能以倥偬戎馬之暇繕城隍墾蕪棄招流亡問疾苦鋤刑濟稅撫綏江民又延師儒以訓其俊秀絃誦之聲與刁斗之聲相雜蓋以絳灌之略而兼召杜之良古功臣之所難也禮功在國者祀德在民者祀祔食太廟塑像勳祠是有明所以報功也專祠一邑百世不祧此江陰所以報德也報功之祀以一代之存亡爲興廢報德之祀以百代之尸祝爲俎豆吾江陰之祀二侯猶潁川之祀黃霸河內之祀寇恂也議者乃謂

聖朝鼎建故明勳臣祠廟應廢何其言之謬歟祠在虹橋之東歲久傾圮西山公獨倡鼎新焉選得靖海侯九世孫漢列之子矜俾奉祠祀憶何興滅繼絕恩禮優渥也落成命張白爲文以記張白始祖日原德二侯副將也佐兩侯血戰有殊勳佐兩侯撫民有惠政其沒也祔祀延陵書院院燬祀中絕張白請於先生得以木主祔祭又拔弟三卿於諸生中命與吳漢同奉祀事公之恩施兩姓又何厚哉公甫下車首謁延陵季子祠墓加修葺焉其繼及兩侯也公名能鱗字玉甲西山其號也順天大興人順治丁亥進士以禮部員外郎督學三吳宋大儒橫渠先生裔也

張連二公祠在君山嶽廟東偏明宣德九年初建山之西麓祀常州府同知張公宗璉後圮廢宏治十一年知縣黃傅撤天妃宮材重建之久之復廢天啟四年邑人徐

宏祖等捐資重建明末又廢

國朝列入祀典嘉慶間曹大鈞何春煦等以明萬歷間僧永明所建君山禪院內有連侯祠祀海防同知連公繼方歲久亦壞卽其遺址重新之以前三楹奉張侯木主後三楹奉連侯像請復祀典

君山廟記

明楊士奇

君山廟者祀常州府同知張侯之廟也爲政而能愛民生則父母之沒則烝嘗之皆由其誠有以致之也張侯之同知常州也奉部符專督農事既至視民如子嘗爲之興利常行視水教之蓄泄躬履壟畝察穜植而爲之勸或時坐塍間相爾汝語如家人未嘗[illegible]尊人遇老病鰥孤卒有恩意所過飭勵學校正士習士甚戴之上官知其得民也有所賦輒檄之督民恐以緩累侯則爭起趨事然侯終不以慮譴而急民是時天下軍伍滋繁

軍之姦黠者率用賂規匿而詭傳平民於籍民被杜比比朝廷以璽書分命御史清理其要在覈姦直枉御史當詣蘇常者言於兵部常州必得張同知其事乃有濟部遂以檄侯御史時銳意得軍爲功不復矜念民枉侯固執民實非軍敢違璽書不從御史不可奈何數出無禮語詬詈之侯忿鬱不能平數日疽發背卒然常之人賴侯以免於枉者猶十七八時蘇之佐郡者極力助御史得軍而枉民動以千計愁苦嗟怨於道路累年不解常之人以是益思慕侯不已侯素潔泊廉介不苟取一毫自入仕未嘗以家累隨公退坐一室蕭然讀書焚香而已易簀之先夕侍藥者入其舍索燈燭悉無趨出取膏油一盂以入侯遂見覺謝御之其操類此侯先是翰林庶吉士爲刑部主事春坊中允大理寺丞皆有政績嘗奉命督事廣東福建皆有惠及民此特載其在常者耳侯卒之日民老壯奔走哭於庭皆哀具儀奠祭累日柩行自衣冠送者數千人非積誠而能致此乎後數年江陰士民朱善繼善慶周孟德孟敬因衆民之志協謀作廟於邑之北君山以祀事來請書於石併作迎享送神之詩使歌以將事侯名宗璉字重器江右吉水人永樂第一科進士朱氏周氏皆尙德崇義之家詩曰肅穆

兮侯堂酌山泉兮薦林芳洽洽風兮髣髴侯戾止兮佩玉璩瓊仁侯兮撫我動與息兮有教稼芃芃兮速嗜侯顧我兮樂以笑侯乘兮蘭棹倏東皋兮忽南畝溪有鯉兮陸有䴵侯赫覩兮敢余或侮侯來遲兮逝何疾侯之逝矣我民以戚山之明兮水之麗侯含慈兮安適侯懷故鄉兮旦往夕來祚我佑我兮無遐遺謂二氣兮平四序下無汎濫兮高無暵災沼有魚兮芷有薔公無負遹兮私庾足俾我民兮詒孫子承侯福兮千百世祀

周文襄公祠在靑暘鎭大橋西祀明巡撫周公忱公築芙蓉馬家二圩歲入米五六十萬石功德在民立祠祀之

國朝康熙間知縣龔之怡以明知縣黃公傅胡公士鼇從祀學使李振裕巡撫湯文正暨知縣陸次雲蔡澍歷加修葺

貢公祠在學宮內祀明御史貢公安甫乾隆十八年裔孫震等請於學使雷公鋐至四十三年始建

貢御史祠記　國朝邑人趙曦明

嘗考江邑人物盛自故明武宗熹宗委權奄寺能不卹其身以憂其君者得五人焉前則御史貢公學静史公良佐以劾劉瑾廷杖職方黃公昭以忤瑾削籍李戒菴稱爲一時三忠後則文貞繆公忠毅李公以攻魏璫捐軀碧血所記六君子之二也明運告終

聖朝御宇五人事蹟並昭史乘而洋洋輿口者繆李之外惟貢御史公而已明少與公十五世孫名震號息甫者同門相得一日偕詣學宮雙忠書院趨入瞻拜因謂息甫君家御史公亦應有祠息甫曰極不忘也康熙五十五年族祖某已得請於學使林公而所購地喧卑湫隘不可以棲先御史之神謀改圖而有待耳至乾隆十八年息甫已登仕途由建平調知靈壁縣事而閩粵雷公視學江蘇乃糾族人應芳應芬鉦永寧等呈請如繆李例建祠於學宮報可節縮淸俸五年得二百金以爲倡比解組歸又與族衆商儲蓄并濟以家祠公項涉二十三載費五百餘金然後由門而堂而寢規模咸備四十三年

四月癸亥始克奉主入祠息甫下世春秋已四易矣越二年明歸自杭其猶子清以息甫之故來問記明以公之淸德重望非小知小言之所能稗不敢當者久之旣而思公祠與雙忠書院接宇連甍揭示一邑之有裨於風敎也又私喜數十年前之言之不虛也又歎息甫之用心其勤若此而不獲睹厥成與史黃及御史公同仆同起史公未有祠而黃公并未祀於瞽宗也且昔韓昌黎作新修滕王閣記尙以名列三王之後爲榮耀明豈敢仰企昌黎而公祠重於滕王之閣顧得挂名樂石榮耀爲何如者遂不自揣而詳述顚末以爲之記

愍忠祠在城隍廟西祀明贈光祿寺少卿知縣錢公錞公於嘉靖三十四年禦倭死事建祠肖像祀之殉難義勇楊成陳裕塑像其旁歲久圮廢崇禎元年知縣吳鼎泰捐修增祀殉難兵邢惠郭斌

國朝康熙二十四年知縣陸次雲以主簿曹公廷慧典史閻

公應元從祀今閻公另祀三公祠道光七年詳准以同
時禦倭義士李祥等十人金鳴等十八人李安陳選楊朝
卿楊朝枘附祀

愍忠祠記　明邑人王廷賓

公諱錞字鳴叔別號鶴洲登嘉靖庚戌進士壬子來令
江陰浙中倭寇大作邑治瀕江勢據民恐時久安亡戒
公且新至乃肩劇飭備完繕城郭明年寇犯太倉徵兵
應禦悉殲我良募補復充又明年寇全逆戰不利乙卯
春寇從三丈浦趨江陰公禦於石幢矢盡繼以瓦石身
被一矢賊遁出江公度其復來營華墅以待賊果至我
兵斬首九級距不得進乃更合常熟寇三千餘分半寇
靖江半從蔡涇入公方從兵憲援靖江聞報亟還賊攻
城不克大肆焚掠民避寇入城者日萬數公痛憤必欲
一決戰兵僅四百合狼兵鎮江兵僅千帥之出城公嘗
以法懲狼兵縱肆者銜公遇寇先遁餘衆望風皆遁公
獨與親兵五十餘人奮鬭草間伏起刺公公身被數刃

遂遇害從公死者二十餘人天大雷雨晦冥不辨咫尺
賊懸公首營中夕募諜者得之乃克殮城中居民皆慟
哭戶設公主以拜朝廷特贈公光祿少卿蔭一子立祠
於縣歲祀之公以書生初出仕即守孤城對勍寇首尾
四年不遺餘力竟以身從精誠所徹感動天人斯亦異
矣或曰公嘗以印印其裏衣使郊原有辨又每聞寇虐
輒推案怒咤謂張睢陽何人其忠勇持必死志久矣君
子以是尤悲而重之其爲令清苦於民不忍纖芥傷且
練於政編徭與水利捕獲悉有良法可傳其先湖州安
吉人七世祖喜興事太祖高皇帝有戰功授千戶官子
孫嗣不失職調遼府左衛嘉靖十八年調顯靈衛祖康
父最母周夫人配蔣夫人蔣宗室光澤之甥女先公遺
難歸侍其姑於家遂生一男即受蔭者公亡於乙卯六
月十三日實生男之三日蓋天將留公之後也公年三
十有一後九年爲嘉靖癸亥公同榜進士山西王公道
行以兵憲鎮江陰念往蹟惡廟弗稱悼烈弗彰乃大新
厥宇秩其祀儀斵碑
勒文用照示於無極

重修愍忠祠記　國朝知縣蔡澍

明嘉靖三十四年江陰令荊州錢公禦倭寇力戰死之
事聞贈光祿寺少卿世蔭一子錦衣百戶建祠城隍廟
之西偏顏曰愍忠春秋祀以羊豕帛各一殉難義勇楊
成陳裕祔後增殉難兵邢惠郭斌稱四烈士焉
國朝因之按祭法以死勤王事則祀之能捍大患則祀之明
自中葉以降海氛不靖東南之民騷然浙東西爲海彊
孔道倭虜所出沒被禍尤烈而節鉞大僚下逮令長輒
相顧錯愕惟以閉城自衛爲良策甚有聞風棄地竄突
山谷間僅以身免公以理學名儒釋褐莅茲土聞賊發
鄰省則預爲守禦計嘉靖甲寅倭寇犯境公屢敗卻之
明年乙卯寇大至公禦之塘頭石幢華墅諸處皆各有
斬獲既而倭悉其醜類蜂擁薄城公日夕嚴戒且撫遠
郊避難者聽命於兵使兵使王某屏息不戰而江民危
矣公奮忠勇推案而起率兵四百突圍決戰麾下揚成
等先後戰亡公單騎格鬭力竭罵賊死時雷雨交作天
日爲昏遺民男女哭聲動地倭遂巡解退若有陰驅而
疾掃者於是孤城獲全而濱江數郡亦皆帖然以靖嗚
呼公之功何其偉哉固宜享百世而弗替也祠以歲久
就圮乾隆丁巳士民協力鼎新而屬諸城隍廟之右合
道士供其掃除西室三楹另設明主簿曹公廷慧典史

閻公應元兩木主曹亦以禦倭有功閻殉節於明季皆
前令沈君清世增入者予誌斯役爰述公之大節俾來
者知所處事焉公名錞字鳴叔號鶴
洲嘉靖庚戌進士死時年三十有一

吳公祠舊在學宮明倫堂西祀明訓導吳公應芳公歸安
人字文譽教澤及人諸生德之請於學使駱公駸曾建
祠爲置祀田十畝繆文貞公記之易代祠毀每歲春秋
設位暨陽書院講堂祀之

雙忠祠在學宮內祀明繆文貞公昌期李忠毅公應昇康
熙中兩家後裔請於學使許公汝霖建祠學宮西雍正
中遷今地忠毅公另有專祠在顧山鎮東名忠節祠

雙忠祠記　國朝學政魏學誠

雙忠者文貞繆公忠毅李公也余知識之年侍先大夫獲聞古今忠孝節烈之事奇偉之人私心嚮往之至前明天啓之世中朝士大夫罹逆奄之禍駢首詔獄不瞑天日極拷掠鉗灼之慘九死而不悔其堅貞之節浩瀚之氣眞足塞兩間而橫四海矣丙戌春余奉

命視學江左來蓉城始讀從野堂落落齋兩集繆李兩先生之梗概悉見於此說者曰文貞無言責可以無死而必出之於死者曷故又謂疏魏璫二十四大罪未盡出於先生之手此皆不足以知文貞者也鋤奸之疏不出於文貞無損於繆盡屬之文貞亦無損於楊彼二三君子日夜所圖維剖肝瀝血而談者何事苟有利於君聽何所不爲楊之立說繆之揮毫所在必然也夫何疑若殺忠者孝性生加以一往之致在廷莫匹其罪狀魏璫也不遺餘力其言主柄之不可下移在幼主則曰何不去忠賢以終其寵在忠賢則曰何不早自引退以全其軀一分明懇惻忠臣告君之義與劉子政論外戚封事今古一揆使當時宰相有一李東陽爲之彌縫調護則奄焰必不至於燎原黨人必不至於糜爛宗社必不至於邱墟矣嗚呼方其臨命之頃重念親恩願生生事佛何其無聊也論世者亦可以得其成仁之由矣夫天之生才或曠

代而一見或異地而一人獨是繆李兩先生爲梓里爲瓜葛爲同朝而同死同享千萬世之名豈不偉歟此雙忠祠之所由建也進士訦謀於余曰祠既訖像乎祏乎余應之曰尊其瞻視令甲所弗禁也惟孝孫爲之

三公祠在東城前湖之南祀明典史閻公應元陳公明遇訓導馮公厚敦舊爲棲霞菴卽閻公授命處公有遺像在來二里生祠乾隆八年移像於菴并塑陳公像額曰閻陳二公祠十六年知縣劉新翰捐修二十九年知縣汪邦憲撤佛像移二公像於後殿增馮公像並祀之易今額四十一年

賜故明殉節諸臣通謚閻公忠烈陳公烈愍馮公節愍嘉慶二十五年知縣蕭瑾從紳士楊敦厚等請始捐廉致祭道光八年學使朱公方增知縣葉維庚以同殉紳民設位祔祀勒石廡壁

閻陳二公祠記

國朝知縣蔡澍

有明肇造區夏垂三百年神熹兩朝天厭其德難䢜於流寇禍集於懷宗中原陸沈磬聲望拯我

世祖提師入關芟除逆亂慰安元元凡守節仗義之臣莫不嘉獎及師下江南金陵不守斯時之死節者惟江陰縣尉閻陳二公材最良官最卑忠最著余以雍正乙卯歲奉

命莅茲土始至之日省案牘問民疾苦不遑他務頃年以來治久事簡修舉廢墜方謀表章二公之烈適諸生楊振聲周之麟等請以閻公殉節故地曰棲霞菴者爲崇祠並祀陳公予惟甲申乙酉間有明勳舊貴戚社石之臣受國厚恩者何限吹枯噓生出奴入主高自標榜者又何限然流氛四起而莫展一籌闖賊犯京而爭拜馬首蒙面喪心若此其甚如二公者以卑末之吏具文武之才値

神聖應運之初處君國滅亡之後卽使潛踪遠遯亦當爲淸議所

寬苟其免身圖功宜力

王室必有卓卓可表見者而獨守王蠋不事二君之義臨城招撫自誓彌堅協守八旬與民俱盡豈非孔孟所稱殺身成仁舍生取義者耶因諸生請定爲崇祀并勒石以慰邑父老且爲後之爲人臣而不克自盡者勸是爲記

三公祠記

國朝學政湯金釗

欽惟

高宗純皇帝褒忠闡幽凡勝朝殉節諸臣分別

賜謚蓋以扶植綱常垂教萬世至深遠也江陰前後典史閻公陳公訓導馮公以守城不屈得謚忠烈烈愍節愍城東南隅有棲霞菴爲閻公殉節地邑令蔡公澍因以祀閻陳二公邑人復增祀馮公額爲三公祠而以衆義士配焉邑令劉公新翰學使雷公鋐暨諸董事先後醵金置田春秋祀事弗替金釗維純臣事君有死無二三公當明社旣遷之後欲以區區一邑抗拒

大兵力竭城陷視死如歸雖未知其仁然而忠矣可以愧後世爲人臣而有二心者宜其仰邀

聖鑒荷易名而傳無窮也夫翼持名敎使者之責也故樂爲之記

三公祠祔祀殉義紳民記

國朝學政　朱方增

江陰三公祠祀明江陰縣典史忠烈閻公烈愍陳公訓
導節愍馮公蓋順治乙酉以孤城拒
大兵城破不屈死者也時紳民從死者甚衆百餘年來未列
祀典道光六年中丞陶公允士民之請上其事於
朝得
旨以姓名見志之邵康公一百三十八人祀忠義祠中丞復允
以散見家乘經後嗣舉報之倪紹祖等七十五人建立
公祠並昭肸饗邑人士絀於經費安佑之地闕焉值余
駐輶伊始以其事來請余曰諸紳民與三公同時殉節
歿仍同歆俎豆禮也其祔祀於三公祠宜僉以爲允乃
奉栗主分設兩序祔祀日余親詣行禮焉夫諸義士
當明社既屋之後同心捐軀此其忠義之性勃發一旦
成敗利鈍皆所不計又豈計及於没世後有褒顯之者
乃事久益彰卒得
賜祀如例此固
聖朝如天之仁要亦忠烈鬱勃之氣不可磨滅故不望報而其報
自至不求名而其名自顯然則忠孝廉節之事苟能盡
其在我發潛闡微必有其時非理之較然者乎諸人殉

義在順治乙酉題請在道光乙酉元運之若適契乎
人心之同則尢可異也爰書之以爲名教勸是爲記

祔祀紳民姓氏

戚勳　潘文先　許用　夏維新　王華
呂九韶　黃毓祺　徐趨　以上乾隆四十一
年奉　旨入祀忠義祠道光七年邑紳士請於
學使朱并祀兹祠
邵康公　金允鏜　方有聲　周高起　王清芳
宋玥　王廷材　王子固　顧大本　李問政
李芳　曹燧　王錫齡　戚京　張維祐
張遒　張誠　凌啟芳　王從讓　王之經
湯瑞明　張之英　王宗賢　蔡良臣　徐五桂
徐六柱　王允貞　王命鼎　王命新　王啟新
王永貞　王惟敬　王運泰　王元吉　王穆如
王永昌　王大政　王大諫　王大讓　王大成
王世茂　王選　王錫禧　程永清　徐松齡
高明德　高啟隆　趙應選　周振伯　周懷亮
季世美　季從孝　劉因可　王應科　王應甲
黃瑞伯　管翼　管某　沈璘　沈搏
王鳴弟子　高燕觀　王景　陳景雲　唐羽馱

姚某　周應元　陳龍泉　陳玉泉　陳士傑
朱見亭　顧叔蔫　談新　史逵尊　尹全
章懋賢　蔣文經　章重光　陳式玉　王泰
王謝　何石奇　高一鯤　董去華　吳幼學
吳幼志　吳幼蜚　馮延周　陸鴻圖　陳定育
章明敘　章獻　林鳳儀　黃楷　史補袞
官士元　沈應乾　蕭憶江　高旭　陸愼所
高應麟　王肅袁　薛啟芳　季惟明　錢求
王秀　徐彬　邢漢　陳憲忠　顧瑜
齊程　章懋學　章懋才　徐亮工　史纘勳
張士偉　張士俠　高日增　何君碩　胡正泰
胡正升　吳鼎隆　徐步　耿以誠　史上表
薛耀明　方啟明　程斗望　董臣虞　董大有
周克新　梅舒白　徐杞齡　許國泰　許謙亨
陸某　陸瞻岑　趙某　以上道光七年奉
旨入忠義祠請於學使朱兼祀兹祠
倪紹祖　趙行芝　俞大舍　徐栢齡　徐世昌
祝有春　祝有明　祝道通　沈鳳章　沈大勳
沈大業　沈翼明　沈自明　陳仕奇　張汝發
夏嘉祚　張身建　張應瑞　張湛　朱隆祧
袁良驥　袁茂德　袁晉卿　袁客卿　袁升
袁應祥　袁應祺　袁鄉　袁琦　袁世望
袁邦華　袁邦瑞　袁希祖　王明儒　王明傑
王永光　陳永譽　陳宗緒　陳所知　陳所志
陳所傳　陳善教　陳修德　陳滋德　陳元勳
沙士奇　沙有思　沙正已　沙志賢　沙永孝
沙永疑　沙永隆　沙永祥　沙永瑞　沙玉賓
沙顯宗　沙廷宗　沙繩宗　沙命新　沙鼎新
沙克新　陳大有　陳大成　陳大節　陳應達
陳應登　陳應元　陳鳳翱　張光裕　張光被
張鼎台　張國威　張廷樞　張鼎新　張鼎鉉
以上詳奉三院祔祠設位
高一鶚　高三捷　高瑤　高[illegible]握　高號奇
高懋功　高懋貞　高懋艮　高[illegible]　高懋德
顧大全　顧道成　顧紹魁　顧紹進　顧爵
顧燦　顧其秉　顧憲文　顧憲章　顧憲華
顧希聖　徐汝翼　徐汝爲　徐汝明　王命先
王希曾　王命凝　王大德　王聲　張汝揚
沙謹　沙登明　沙復宗　沙昌宗　沙自新
徐從益　繆鍾理　繆鍾粹　繆鍾祥　繆鍾俊

繆文輝　繆文炫　繆文炤　繆文炳　繆文煥
繆文耀　繆文燗　繆文灼　繆際亨　繆大章
湯文懿　湯文驤　湯文駿　湯文騤　湯鳳翔
湯起鳳　湯驗鳳　湯一和　湯一鵷　湯一宗
湯映蓮　湯揚　湯扶　湯招　王汝鳳
王汝華　王汝豹　王居之　王行之　范可裕
范樹名　陳以仁　陳以義　陳登源　李國茂
李德茂　李芝茂　任葵陽　任大受　任光祜
繆鈺　謝永剛　夏器之　袁象鼎　袁廷選
徐一夔　徐光祖　施懋訦　耿鳴雷　陳廷獻
胡熙宋　周新頫　高瑞　韓某　以上道
光十六年續詳三院補祠設位

戚公祠在城隍廟小巷祀明文華殿中書舍人戚公勳郎
其閤門殉節地也道光十七年邑人金安世等捐建

戚烈愍公祠記　國朝學政白鎔

自昔鼎革之際見危授命代不乏人而或官其地或居是鄉同時以義烈稱殞身湛族九死不悔則稽之史冊實難其人若江陰戚烈愍公者可謂浩氣凜然不朽千古者矣考公早年以諸生屢困場屋至崇禎壬午始得推擇爲中書舍人旋遘甲申之變間關金陵復奉敕出督閩餉抗疏陳言深爲史閣部所倚重會大兵抵江陰故典史閻忠烈公嬰城固守公本鄉民或勸其間道脫歸公誓與城俱亡知城必潰預積薪樓下城破日率妻妾子女七人次第畢命舉火自焚僕婢從死者凡十三人嗚呼公之從容就義誠莫與比隆矣公在勝國時不過一七品散秩耳非有高爵厚祿身荷重寄膺社稷民人之責者也當夫興朝受命郎不能委贄裸將苟削迹江湖遯淪畢世孰得而禁之乃公則視死如歸全家碧血迄今追溯其事猶足令人感且涕也公於江陰死事最烈而二百年來未有專祠道光十七年四月邑人孝廉金安世庠彥薛人鑒楊世章樹棨等竭力勸捐於公死節舊地創建祠屋輪奐一新越六月而告成戊戌春金君計偕入都以余曾視學江左屬余爲記余維公之取義成仁昭垂天壤而暨陽爲公梓里且公之故宅與學使廨宇相距不過數武余曩者慨慕流風而其時楹桷未成未得展謁以蘋之薦今仰奕奕壇垣寢成曼碩雕俎升香以妥以侑亦

可以慰忠魂而快人心已公之死難與閻忠烈公並稱忠烈通州之祠於丁酉歲刱建而公之祠宇亦於是歲適成南北數千里不約而同殆亦昊蒼默相以彰忠義之靈久而弗泯千百世後知扶植彝倫有與乾坤並壽者謂非頑廉懦立之一助歟乃爲迎神送神之歌其辭曰迎神兮雲鄉臨大江兮湯湯靈之來兮瑤閶乘素車兮霓裳感興廢兮滄桑矢臣節兮天常崇廟貌於枌榆兮悲故土之不能忘送神兮青林返紫府兮崑岑望潞河兮天淨羌異境兮同心載靈旗兮鬱森永萬古兮居歆願降福於斯民兮夭札疵癘之不侵

邵景二公祠在東平廟巷本邵公祠康熙中蘇松人士公建祀學使邵公嗣堯道光丙戌邑人重建後有隙地數弓建屋增祀學使景公福公乾隆間有德於民甚厚至是始與邵公並祀焉

趙公祠在章卿祀宋知軍趙公士鵬並祀明文毅公用賢裔孫友琴捐置祭田奉祀一在中街儒學東鼎魁坊下祀宋校書郎趙公發明孝子鋐兵部郎中與治文毅公用賢

國朝旌表忠義明季殉節廩選道光九年裔孫金芴同驥等公建

魏忠憲公祠在青暘祀宋魏公勝公拒金殉難立廟京口賜葬錫山子孫由錫邑徙江陰後裔士元呈請建祠

徐東海郡侯祠在南街蒴涇橋祀明徐公公輔孝子時進道光九年呈請捐建道光十九年呈請關查增祀按察司廉使徐公弼

徐僉事祠在馬鎮西洋里祀
國朝陝西神木縣知縣贈按察司僉事徐公之龍乾隆二十
年四世孫宏仁建
陳烈士祠在北外五堡烈士名忠宋人從討笠墩盜遇害
宋元皆有封號明洪武二年封陳烈士之神祠在新村
宏治中知縣黃傳以巫覡托神惑衆毀之嘉靖中知縣
趙錦重建演武場右萬歷中改今地
吳義勇祠在青暘南衖祀明禦倭死難團長吳兌
周義勇祠在北外祀明義勇周藺藺禦海寇死事向祔陳
烈士祠乾隆八年裔孫志謙請建今祠以上各專祠官爲致祭其非官
祭而後裔奉祀者列後

奚氏家祠在四河鎮祀先賢奚容子蒧
施氏家祠在大橋鎮香山北祀先賢施子之常後裔由崇
明來江陰建祠
包孝肅公祠在文林鎮門村宋南渡時公孫欽自合肥徙
江陰建祠明季廢
國朝康熙中後裔澤等重建
周濂溪先生祠一在青暘明正統中建一在顧山亦明建
國朝乾隆初重建
程氏兩夫子祠在舜井巷雍正中後裔建

劉屏山先生祠在夏港遞舖祀宋儒劉公翬四世孫太常
博士廷銓居是里元時建祠歲久湮廢
國朝乾隆八年重建
朱文公祠在青暘雍正十年裔孫士駒請建
耿待制祠在觀山大村東祀宋煥章閣待制耿公秉明初
建後毀
國朝雍正五年重建
葛清孝公祠在青暘市南祀宋朝奉郎贈太師溫國公葛
公書思
邱忠定公祠在四河界涇祀宋忠定公密

郭教授祠在長涇陳墅祀宋軍學教授郭公庭堅後裔昌
烈等建
孔公祠在祝塘鎮西莊祀宋武功大夫孔公扈

孔公祠記　國朝學政　張能鱗

梧塍之有孔氏始武功大夫扈紹興間以統制守江陰軍因家焉十四傳爲處士扑始建聖廟又三傳爲諸生與綱鋐琚移建於西莊大擴舊制其堂以奉先聖祖也配以沂國宗也次配以武功大夫梧塍所自始也其廡事以集族人東廡以祀有德西廡以祀有功示勸也其田以供祭矢弗黷器以備物矢弗假義也訪遺支之在婁者使其祀春秋聯族屬也其族姓愿樸而力田諸生好德而文以世其家司馬子長適魯過闕里見車器行策皆有先民遺風流連不忍去今天下聖道昌明士習盡一躋斯廟覩俎豆禮器睪然其有思乎豈獨聖人之子若孫勉焉願學聖人也

徐忠壯公祠在夏港永安寺側祀宋徐公徽言公靖康初知晉寧軍多戰功後殉金將婁室之難贈忠壯四世孫都統制箸居夏港捨宅爲永安寺建祠於旁

徐司馬祠在綺山北麓祀明兵部尚書徐公晞

顧大理祠在青暘祀明大理寺寺正顧公琳萬歷中建後燬

國朝雍正十二年重建

張學士祠舊在都督坊巷祀明侍讀學士張公袞今廢其分祠在南外迎福橋

張氏家祠在青暘東衖祀明鄉賢張公汝翼

尚公祠在楊舍西門內祀明巡撫尚公維持及知縣杜公華

蔡公祠在南外端明橋南祀明兵備副使蔡公獻臣後改爲駐節亭移像於後

黃義士祠在順二坊祀明蘇州衛指揮黃公鑾今祀忠義祠專祠已廢

黃義士祠記　明　王世貞

自倭釁起嘉靖之壬子而稍息於壬戌十年之間大者破城邑小者蹂閭井其銛鏃之不施於三吳者無尺地而三吳諸富人或兵或燹或虜或以家徙或以身竄卒不能捐其所垂散之貲以予縣官不得已而縣官用軍興法逮鞭箠之令嚴而後其私稍出若椎骨而監其髓上之厲下與下之讟上睊睊焉交相讓而沴氣作其始也不惜剸其家以賄賊而不肯爲其上其既也忘賊之壽我而不忘上之毒我於賊之後也其於道誠悖而於計則誠拙矣無他欲蔽之也獨江陰有黃宗周翁者家世以富貴而黃翁自儒起由邑諸生補太學上舍故通經衛辭於上下之分與所爲損益之大先是戊申歲未有倭釁而翁與江陰令謀爲邑枕江得無爲盜竊乎且城皆土是可坎而登也計以爲覽之便首捐金六千身長其南東面之役凡三百丈有奇不踰月賦畢臺使者後先擬上翁狀翁謝曰江陰民城江陰分也而何上狀爲乃僅得襄旌居五年而倭作且及城城以饑故堅第之藏粟翁乃輸兵儲粟爲石者七千而睥睨之卒且夕餉爲石者千賑貧民避兵爲石者二千令復議予城增於門凡四而翁任其三顧其子諸生道事板築焉至明年丙辰倭遂傳城內薄而攻者四十日而不破又明年丁已天子大發兵屬尚書文華討倭責諸富人金助軍翁捐復七千於是尚書借督撫牒翁爲蘇州衛指揮使翁辭曰吳民助吳兵餉分也不可則懸其牒人謂黃翁是牒不當翁捐十之一豈其以浮取故而避之翁不答而謂道曰是牒者尚書餌也且鈞我我橐懸磬矣尚書果欲悉卷翁餘貲不得起獄以箸翁而奪其牒始翁之爲

家也阜帽布衣徒步斤斤然食不再肉從不累僕無圍池器用妾御聲酒之好諸富人籍笑之曰是夫也殆爲人積者也既翁之爲縣宮捐米者前後萬石金萬四千而富人益笑曰夫夫果其爲人積者哉翁卒而諸城居者稍稍追歎曰微黃翁吾儕其不肉倭也而臺使監司行部者得其事顧謂江陰令微而人之力與倭其此城矣於是其富人亦伏而相與謀立祠於翁里以示報翁之子道謝不敢當曰先人以諸父兄故毀家以扞之而不肖乃以先人故勞費我諸父兄請竭不臏之裝而爲家祠以姑答我邑大夫與諸父兄指乃郎居之左爲祠肯翁像於中而以媼趙配謂翁之得成其業與志皆媼力也落成而道卒其弟子諸從孔明祀事則鄉之人橐牲楂酤而來拜曰是無以報黃翁萬一請歲歲無廢伏臟太宰劉公閩而嘉之爲顏其楣曰崇功報德而道益謝不敢當曰先人業不仕僅引邑人分毀家而扞諸父兄毋所任功亦毋所任德顧謂不佞其爲我記成事而已不佞乃言曰知禮哉道也夫所謂法施於民能扞大患者其於黃翁祀固當然此皆請之天子下禮官議報可而後行夫家祀不及鄉鄉祀不及國道以國人鄉人之指而約之僅從家人禮庶幾其有永哉因記其事授

道刻之石翁諱鑾卒之年七十有二道博學爲諸生數舉不得志改尙書禮部史當有官厭而游江湖間其歌詩人人稱之與予善

江陰縣志卷之七終

江陰縣志卷之八

祥異

洪範卿士惟月師尹惟日見政治之得失爲祥異所由來所以儆官邪也災異莫大於水旱饑饉江邑高鄉防旱圩田防潦沙洲防風潮民鮮葢藏何以禦災害其他妖異雖不多見備錄之足爲恐懼修省之資而所以弭民災感天和非敢侈言徵應其必夙夜默凜於徵應之先哉志祥異

（晉）太康七年十二月已亥毘陵雷電南沙司鹽都尉戴亮以聞

永昌二年正月赤烏見暨陽

永昌中暨陽人任谷因耕息於樹下一羽衣人就淫之既而失所在遂有娠積月將產其人復來以刀穿其陰下出一蛇子便去谷遂成宦者後詣闕上書自言有道術帝留宮中郭璞上疏諫不聽帝崩亡去

咸康五年四月下邳民王和僑居暨陽女可名可女年二十自云上天來還得徵瑞印綬當母天下晉陵太守以爲妖收付獄至十一月有人持柘杖絳衣詣上車門口列爲聖人使求見天子門候受辭辭稱姓呂名賜其言王和女可右足下有七星星皆有毛長七寸天令可命爲

天下母奏聞郎伏誅并下晉陵誅可

陸安中輔國將軍孫無終家暨陽地中聞犬聲尋地坼有雌雄二犬子皆白色取而養之皆死後無終爲桓元誅滅尸子曰地中有犬名曰地狼夏鼎志曰掘地得犬名曰賈此蓋自然之物不應出而出爲禍也

前宋元徽中暨陽縣女於黃山穴中得二卵如斗大剖視有人形

齊建武二年魚子英於芙蓉湖捕魚得赤鯉持歸以穀養一年化爲龍

梁大同元年有鳳止於南鄉慈雲寺樹飛鳴而過故以鳳

過名鄉

陳太建四年江水赤如血

禎明中江水赤自方州東至海

唐垂拱中縣東二十里有黃龍盤於山三日始沒今名盤龍山

宋天禧二年二月蝻蟲生

政和五年主簿俞光祖於官倉獲一烏體全白喙目脛掌俱紅待制蔣靜奉祠里居撰政和聖德瑞烏賦以進

紹興五年八月水

紹熙五年大旱民食草木

慶元元年饑死徙甚衆詔免夏賦且賑之粟

六年大旱民乏食

開禧三年夏秋飛蝗蔽天

嘉定十一年旱蔬麥皆枯

元至元二十七年五月大水

至正十一年永凝鄉陸家一豬產十四豚內一豬身而頭面手足俱如人

十五年十月六日地起白虹是日午江陰州城陷

大德四年七月颶風起水暴溢民胥漂溺

明正統三年旱　免糧四百六十七石

五年旱　免糧一萬一百四十九石

八年夏旱秋大水　免租一萬六千九百六十九石

十三年旱

景泰五年正月大雪平地深三尺五月大水傷稼民乏食賑之　免租六千八百石有奇

六年夏旱蝗　免租四萬七千四百五十六石

七年旱　免租五萬一千一百八十石

天順四年水　免租一萬三千三百二十三石有奇

七年水　免租三千三百石有奇

成化元年水　免麥米五萬二千六百七十石

二年水 免麥一萬二千五百二十七石

四年旱 免租七千三百石

七年水旱兩災 免麥五千八十二石糧三萬七千八百六十三石

八年水 免米二萬三千五百六十三石

九年水 免米一千九百七十一石

十三年水 免麥一萬六千七百二十七石

十七年春夏大旱秋大水渰沒田疇壞民廬舍人多溺死

免租四千六百五十三石

十八年旱 免麥八千三百四十二石

二十一年旱 免糧三萬二百五十石

二十三年旱 免糧二萬三千八百五十三石

宏治三年由里定綺諸山傾泉湧秋大魚出江滑長十餘丈身橫鬐鬣不動衆刲其肉皆純膏取以照夜未幾潮至魚去

十八年旱 免糧三萬三千七百三十三石有奇

正德元年旱 免糧三萬八千六百九十九石有奇

三年旱 免糧一萬九千六百五十五石有奇

五年夏大水浸淫三月爨煙幾絕

六年夏疫

七年秋海潮溢

十年大水 免糧三千五十六石四斗有奇

十三年大水 免糧二萬二千二百四十二石有奇

十四年春地震夏秋大水 免糧四萬四千一百四十三石有奇

十五年麥冬秀

嘉靖二年饑

三年春地震

五年二月大雨圩坦壞二麥死七月石頭港巡檢任忠妻王氏一產三男

七年冬地震

八年六月飛蝗蔽天食竹草葉盡

十五年四月大雨雹平地積寸餘二麥死

二十三年大旱

二十四年大旱

二十五年大旱人屑榆皮以食流殍載道

三十二年雨赤豆地生白毛倭寇至

三十三年日出時有黑圓如日者百數與日並行又有覆日如月魄而差小者日光茫昧四漏如綫

三十八年大水

四十一年大水

四十四年四月二十四日大風拔木

隆慶元年訛傳將選宮女民間嫁娶一時都盡八月二日

大風拔木六晝夜水暴漲禾盡秕

二年正月朔風沙晝晦六月大風

萬歷元年十二月雷震

五年大水

六年蟲冬大雪木冰改折漕糧米二萬六千九百八十九石七斗一升八合每石折銀五錢

八年大水

九年秋海潮溢陡起數丈沿江居民漂沒殆盡

十一年大水免米五萬二千九百五十四石六斗八升

十五年水民食草根樹皮殆盡免本色米一萬二千六百六十石二斗四升八合折

色銀七千五百九十一兩六錢三毫

十六年旱改折漕糧三分每石折銀五錢省免輕賫等銀一千五百六十六兩四錢六分一釐五毫一絲

發賑銀一千一百兩穀八百八十一石一斗四升

十七年大旱發賑疫死者載道免本色米一萬四千七百二十九石一斗三升四勺

折色銀一萬二千八百五十七兩六錢六分發賑銀五千七百兩

十八年二月二日地震

二十一年雹改折漕糧三分每石折銀五錢省免輕賫等銀一千五百六十六兩四錢六分一釐五毫

二十三年水改折漕糧正米連耗每石折銀七錢省免輕賫等銀五千二百四十九兩八錢二分七釐

一毫

二十四年水改折漕糧正米每石折銀五錢省免輕賫貼役等銀二千五百八十五兩三錢七分三釐

二毫二絲

二十五年春大風雨土夏秋大雨

二十六年一歲兩災改折漕糧三分省免輕賫貼役等銀一千五百六十六兩四錢六分一釐

二十七年春久雨無麥改折漕糧正米省免輕賫貼役等銀三千五百三十三兩二錢五分

二十九年大水無麥改折漕糧正米二萬二千一百一十石七斗七升八合每石折銀三錢五

分七釐

三十三年夏秋大旱

三十五年正月二十五日地震七月蟲食禾八月布穀鳴

三十六年三月大雨至五月止賑之

三十七年大水禾半登

三十八年五月連雨沒青苗殆盡改折漕糧正耗米六千六百五十六石五斗有

奇

三十九年八月黑蟲如蠶食禾穗禳卻之

四十年夏大水秋大風禾豆損冬煖桃柳敷

四十一年雨損二麥有秋

四十四年夏大水秋旱蝗冬日暈生珥白虹貫天

四十五年飛蝗集亘數十里

四十六年春雨傷麥九月二十六日曉白氣見東南半月

而滅尋有星孛於東方移而北光長數丈亘天中

四十七年蝗

天啟元年訛傳選宮女民間嫁娶多不備禮
二年六月九日大霧
三年九月十五夜邏人鋪失火請鑰不卽發火延麗譙焚死邏犯四十八名邏卒二名先是五月火星入南斗十月退舍十二月二十二日申時地震
四年正月晦日食色紅有大星見日旁十一小日環之二月有大星如蛋自北移東沒四月淫雨積旬傷麥五月雨五晝夜不止江湖漂沒五千餘家積屍無算六月異星晝見去日僅尺其光動搖七月連雨三晝夜後蒔烏稻復漂沒

五年正月大霧晝晦聞雷二四月淫雨傷麥六月八月天鼓鳴旱甚七月二十六日太白經天
六年正月雪大雷電春夏雨無麥四月天鼓鳴六月大旱蝗七月大風雨拔木偃禾江水溢民多溺死冬不雨饑民采食圖山乳石十二月二十八日木冰
七年正月朔天鼓鳴三日不絕大雨連十八晝夜十九日至二十一日風雨雷電大雪雹二十二日濃霧四塞鳥雀多凍死三月青蟲食麥苗秋蝗傷稼九月雨十一月江流涸
崇禎二年九月不雨至十一月
三年春不雨無麥五六月大雨禾菜盡傷八月大雨苗不實
六年六月二十五日烈風猛雨圩岸衝坍飄溺人畜田禾瀕江尤甚九月二十八日風災田禾若掃
七年四月七日黑雲起東北大雷電以風雨雹麥盡秋蟲冬大風雷既晴氣煖二麥舒穗草木花
八年春多雨夏不雨二麥損六月雨至八月損稻民饑
十年正月朔日食中秋後至明年春杪旦晚赤氣彌天月色赤
十一年四月十九日至二十四日大風損麥過半六月不

雨八月飛蝗蔽天食禾豆草木葉殆盡捕不能絕冬旱赤氣彌天蝗遺子復生食麥苗十月二十三日五龍垂天不雨
十二年正月二十五日夜雨小黑豆四月旦晚蟲聚鳴於天五月旱蝗
十三年風霾雨土五月至七月不雨八月虎至傷人
十四年大旱米價每石三兩有虎至捕得之
十五年正月朔大雪以客歲無年民饑多疫死
十七年三月十八日月赤如血
國朝順治八年六月淫雨六晝夜禾苗爛死十月朔日食晝

幾晦
十年十一月大雪木冰
十一年六月大風拔木
十二年麥秀兩岐
十七年五月晦大雨旬日不止山裂出水平地深數尺舟航入市古岸皆傾
十八年六月大旱日中飛雪七月蝗不爲災
康熙元年麥大稔秀兩岐秋大有年米價五錢零
二年大旱
三年彗星見

四年七月大風拔木
七年春白氣亘天彌月六月十七日地震
八年十月雷
九年五月連雨不絕蔬禾盡沒民廬多壞
十年六月旱至八月始雨
十一年六月飛蝗蔽天
十二年正月三日夜聞雷有大魚數丈死江渚
十三年正月至五月淫雨六月至八月大旱十月至十一月復淫雨
十五年五月至六月大雨田禾沒民廬壞

十六年五月大雨雹損麥苗六月大雨禾苗盡沒
十七年秋大旱
十八年五月不雨至七月汀潮涸禾槁民食草根榆皮賑之給米六千五百九十石銀一千八百八十三兩
十九年六月大雨積旬平地水高數尺漂沒廬舍人民死者不可勝紀勘報災田六十三萬二千一百九十三畝蠲緩銀米
二十年大疫
二十二年正月至四月淫雨麥大損十二月雷
二十四年三月大雨六日水深數尺
二十六年大風發屋拔木

二十七年四月朔日食歲大稔
三十年七月大風潮溢沙田淹沒
三十一年正月朔日食大有年
三十二年夏大旱秋大水冬煖桃杏梅花蠲免漕糧三分之一
三十四年正月朔大雪半月始止三月大雨雹五月淫雨十日無麥禾冬煖無雨雪蠲免漕糧七分
三十五年六月颶風海嘯洲民溺死數百人七月大風雨發屋拔木
三十七年正月朔日食夏無麥
三十八年秋蝗不爲災

三十九年大有年一禾九穗

四十一年二月三日白氣丈餘自西起更餘乃滅四月淫雨無麥

四十二年大有年冬煖草木花

四十三年四月二十日大雷雨雹數日不止麥損

四十六年二月月旁有星搖動紅色秋大旱八月大雨雹勘報災田五十七萬七千八百三十八畝蠲免地丁銀九千四百六十七兩三錢五分六釐米一百八十八石三斗七升二合賑大小饑民三十二萬六千二百七十一口給米一十萬八千六百九十一石五斗

四十七年夏大水不成災

四十八年有年

四十九年大有年

五十一年冬地震

五十三年十月望日食既十二月大雷電

五十四年正月朔日食夏大水

五十五年夏大旱池河涸禾苗萎勘報災田五十四萬八千二百九十七畝二分蠲免地丁銀九千五百五十一兩一錢七分八釐米二百二十一石三斗四升九合賑大小饑民九萬二千二百六十五口給米二萬四百二石四斗三升三合

五十七年有年

五十八年正月朔日食大雪大有年

六十年五六兩月不雨江湖不至田禾災勘報災田五十四萬七千三百三十四畝一分蠲免地丁銀八千五百二十九兩八分米一百九十七石六斗七升一合

六十一年五月至七月不雨七月有星自西而東聲隆隆白光長數丈田禾災勘報災田七十八萬七百七十八畝九分蠲免地丁銀一萬三千八百五十八兩九錢九分米三百三石八斗七升八合賑大小饑民一十一萬八千五百三十口給米二萬四千八百一十九石三斗貧生二百九十一名給米六十四石二升

雍正元年五月至七月不雨江湖不至八月飛蝗四塞成災勘報災田八十六萬七千四百五十畝六分蠲免地丁銀一萬六千三百五十七兩二錢七分六釐米三百五十八石六斗五升六合又奉撥米煮粥賑大小饑民二十四萬五千八百三十四口用米二千四百七十八石四斗柴四十九萬五千六百八十觔貧生一百二十名給米二十一石六斗

二年七月十九日夜颶風作海潮溢瀕江及江心田岸衝

坍廬舍多圮死者甚衆勘報被災沙田七萬三千七百五十一畝三分蠲免蘆課銀八百二十二兩請撥漕米煮賑四月計大小饑民五十八萬八千九百四十口并發銀二百兩苫蓋坍塌民房

三年二月日月合璧五星聯珠

五年大寒木冰

六年冬申港民蔡元臣妻於氏一產三男

八年大有年

十年七月十六日黃雲蓋天是晚颶風大作江湖泛溢聲震山谷拔木毀屋平地出水數尺繼以暴雨不休南北兩門水及城板北外浮橋漂沒傍橋里餘民舍皆壞瀕江及各沙溺死居民數千人禾稼連根掃蕩爲百年未

見之災（勘報被災漕田六萬六千八十三畝蠲免地丁銀一千一百一十九兩五錢米二十五石三斗四升四合被災沙田一十三萬二千二百六十八畝七分蠲免蘆課銀三千四百五十三兩九錢賑各沙大小饑民二萬五千一百四十七口給錢一千九百五十九千八百四十文米一百八十石賑水師被水兵丁一百六十一名給銀一十六兩一錢後因來春青黃不接復賑大小饑民二萬九千五百三十七口給米一萬四千六百三十四石十斗三升五勺）

十一年夏大旱秋雨不成災

十二年六月朔淫雨五晝夜六日雷電大作風雨驟至低田災（勘報災田二十一萬二千八百三十三畝蠲免地丁銀九千九百二十五兩六錢四分米二百一十二石六斗八升七合賑大小饑民七萬六千一百八十六口給米二萬一百五十二石二斗六升）

十三年秋稔

乾隆元年夏秋淫雨低田災（勘報災田三千四百三十四畝九分九釐蠲免地丁銀一百五十二兩四錢三分九釐米三石二斗六升六合賑大小饑民二千四百六十七口給米六百七十石三斗五升又因冬月嚴寒將鰥寡孤獨貧民復加賑濟計大小饑民六百八十七口給米一百九十六石六斗五升）

二年學宮銀杏自焚沃以水火益熾六月暴雨五晝夜不止江潮河水泛溢低田災（勘報災田四萬九千二百畝三分八釐蠲免地丁銀二千二百九十七兩米五十三石三合賑大小饑民三萬八千八百一十二口給米一萬七百八十九石八斗貧生五十七名給米一十七石一斗）

三年五六月不雨七月東鄉蝗生蘆葦中旱益甚高田災（勘報災田五十四萬八百二十八畝蠲免地丁銀二萬五千八百三兩米一萬六千七十四石二斗九升九合賑大小饑民六萬八千三百五十五口給銀一萬二百五十一兩米九千六百四十九石九斗）

四年秋有年

五年夏稔麥秀兩歧秋瀕江沙洲青蟲食苗節勘不成災

六年七月颶風起沙洲潮溢民舍漂沒

七年秋稔

八年夏麥稔五六月淫雨低鄉被淹高田大稔

九年夏麥稔十月李樹花

十四年南門外有賃屋居者牀帳皆有血保鄰聞之官訊無所得疑揣間血復從地仰射發而視之竟莫知其所以然

十八年七月有星如月從西墜有聲

二十年秋大水蟲食稼八月寒霜早降禾苗盡枯民疫（勘報八分災田一萬八千三百五十畝七釐六分五分災田三十二萬八百四十七畝四分五釐勘不成災田一十二萬三千一百七十四畝五分八釐蠲免地丁損腳俸工等銀二千八百八十三兩七錢九分三釐兵恤米六十三石三斗三升五合六勺並捐發義賑）

二十一年大疫

二十二年大有年圩田倍收

二十四年秋淫雨成災（勘報五分災田四十四萬九千三百畝一分勘不成災田一十九萬七千四百二十一畝蠲免地丁損腳俸工等銀三千二百一十九兩八錢九釐兵恤米七十四石四斗八升三合四勺）

二十九年五月地震

三十一年四月大風雨以雹西南城外吹倒石坊一座拔起大樹二株勘報五分災田三萬二千畝勘不成災田一萬三千畝蠲免地丁損腳俸工等銀二百六十一兩六錢七釐兵恤米三石八斗四升六合三勺

三十三年三月大雨雹積地盈尺秋大旱苗不實西鄉尤甚勘報五分災田一十萬三千畝勘不成災田三萬八千畝蠲免地丁損腳俸工等銀九百三兩一錢二釐兵恤米一十三石二斗七升八合

三十四年雨雹傷禾勘報七分災田九千八十七畝四分三釐六分五分災田三萬二千二百一十一畝六分二釐勘不成災田二萬八千七百五十一畝九分四釐蠲免地丁損腳俸工等銀三百七十四兩四錢一分一釐兵恤米五石五斗四合九勺

三十六年大風雨扁擔沙飄沒四五十家

三十八年春夏大雨二麥俱壞秋歉收

三十九年四月金星晝見麥歉收夏旱苗槁秋蝗勘報五分災田九萬五千六百畝一分九釐勘不成災田二萬二千八百七十八畝四分六釐蠲免地丁損腳俸工等銀六百九十九兩二錢八分四釐兵恤米一十石三斗一升三合四勺

四十年夏蝗秋大旱河流絕高下俱災勘報七分災田一十萬三千八百二十二畝一分七釐六分災田一十五萬六千九百十七畝三分勘不成災田一十八萬六千五百二十三畝蠲免地丁損腳俸工等銀七千一百一十九兩六錢三分六釐兵恤米一百一十三石二斗八升四合二勺賑大小饑民一十一萬八千五百八十口給銀二萬七千三百九十一兩二錢七分五釐

四十六年六月大雨颶風並作江潮溢沙洲及瀕江廬舍俱壞居民淹斃甚衆

五十年正月朔日食五月至八月不雨河流涸絕高下俱災民無食勘報六分五分災田六十七萬九千五百三畝三分勘不成災田一十一萬五千九百九十六畝五分二釐蠲免地丁損腳漕項俸工等銀六千五百一十五兩一錢一分二釐漕糧行月兵恤等米三千七百五十三石七斗七合一勺賑大小饑民一十七萬七千九百七十八口給銀二萬二千三百二十五兩並捐發義賑

五十一年正月朔日食歲饑民食草根樹皮夏大疫

五十二年秋稔

五十三年夏大水晚禾傷

五十八年夏大水馬家圩成災緩徵本年錢糧

五十九年七月大風雨拔木沙洲圩岸衝坍

六十年正月朔日食

嘉慶元年正月大雪寒甚冰柱長幾至地樹木凍死

四年日月合璧五星聯珠

六年秋稔

十二年夏旱

十五年正月朔立春

十六年秋八月有星孛於斗柄之西長二三尺漸移而南光芒數丈

十九年大旱七月中河水涸絕河底俱坼地生毛野蠶食松釵殘盡歲大歉勘報七分災田七十五萬六千一百八十九畝八分七釐勘不成災田六

萬三千一百九十六畝八分八釐鐲免本年銀米十分之二賑大小饑民一十八萬三千七百二十九口給銀二萬九千八百二十兩一錢五分並捐發義賑

二十二年三月四日夜興國寺浮圖焚

二十四年夏旱高阜災勘報勘不成災田二十一萬八千二百六十畝五分九釐緩徵本年銀米十分之二

二十五年夏旱七月天漢中光長丈餘有聲移時漸沒

道光元年四星聚於壁夏秋大疫村里中數日之間有連斃數十八者有一家數口盡歿者

三年夏大水被淹之家用小舟泊於屋內男女老幼食宿其中沙洲廬舍飄坍殆盡九月水始退魚蝦甚夥人以

為糧勘報九分災田二十一萬三千一百七十二畝六分七釐鐲免本年銀米十分之六八分災田九萬八千三十一畝二分九釐鐲免本年銀米十分之四七分災田五萬九千九百四十六畝七分八釐鐲免本年銀米十分之二勘不成災田一千三百九十六畝四分七釐賑大小饑民一十五萬七千五百五十三口給銀五萬二千二百四十四兩四錢並捐發義賑

四年十一月大風江船覆溺者甚多港口積尸無算

五年八月星孛於胃昴之南北指光長丈餘經月乃滅

七年九月有紅白暈圍日四旁又有貫於日中者至暮始沒

九年正月朔立春七月旱

十一年夏大雨盈尺江潮暴漲水高於田秋霜早降田禾災勘報五分災田二十萬六千二百九十六畝三分八釐勘不成災田二十二萬五千一百六十七畝七分四釐鐲免本年銀米十分之一并緩徵舊欠銀米捐發義賑

十二年冬大雪

十三年春夏陰雨麥稔七月風潮大作日光黯慘作淡綠色十月雷雨兼旬稼傷成災勘報勘不成災田二十八萬四千五百一十七畝九釐緩徵本年銀米二分五釐分作二年帶徵並緩徵歷年舊欠捐發義賑

十四年秋大雨市可行舟

十六年秋飛蝗自北而南多集江涯山足嚙食草根殼大稔

十七年夏蝗復生不為災六月烈風暴雨有龍自西北經

東南江船泊浮橋內者衝破屋壁入人家大木斯拔縣治屋脊壞

十八年十一月城西隅火流自天色青赤有聲如是者四次

十九年正月大雪盈尺三月大雨雹積地二三寸四月復雨雹觀山農人有獻兩歧麥者署縣陳延恩卻之而給匾其家九月苦雨兼旬晚禾半傷勘報勘不成災緩徵本年銀米二分四釐

江陰縣志卷之八終

江陰縣志卷之九

風俗

政治得失而祥異因之風俗美惡而興革從之風俗者治化之原人心之驗也舊志稱美而不稱惡今則奢儉正頗與俗尙占驗里巷諺語並著尤於時弊慨乎其言之夫移風易俗司牧之事而士與有責焉居官以正人心立維風俗之本居鄉以惇孝弟端維風俗之基此名宦人物所自出也志風俗

四民

吳都賦云士有堅貞之行俗有節槪之風雖槪稱吳地而江邑尤爲近之宋葛郯謂得江山之助故其人秀而多文有淮楚之風故其人愿而循理黃志云上士畏義篤道貞白淳固富貴不能蕩其心生死不可易其介中士瓌詞傑作可與珠玉爭光下士不欲矯世以沽名且爾從衆而同俗趙志云後生晚出皆知慕效前輩談古文章論字法其闊略不修學者毀節仕者貨法衆共不齒焉志云自隆萬以來人品文品俱矯然自立不屑逐世博名以故忠烈挺生垂光載籍昔人論士如此我

朝久道化成俗益淳茂自

國初至乾隆間薦紳舊族厲名節崇禮讓勇於爲義凜然不

可干以私寒畯之士孤介自守同人相聚問學切劘作爲文藝祟根柢而不尙浮藻大都考文徵行略如葛郯諸人所云雖屢變而不離其宗迄今數十年間風會稍遜其砥行立名者倍兢兢云延恩念士爲四民表率甫下車他務未遑以端士習剴切勸諭旋卽觀風以惇崇孝弟搜訪賢才諮詢民俗利弊爲主令各據實指陳不作時藝試帖先期飭闔邑生童領卷期以十日集卷擇九分日覆試平日恒以先行後文嚴義利重廉恥諄諄勸戒書院除逢縣課躬詣扃試逐卷披閱拔九加獎外恐諸生心鶩外務每月加字課六卷恭默聖諭廣訓隆學校以端士習一條不惟藉以習楷深望日擊道存束身軌物更設署課招致文士集賓廳講論道藝因恐妨寒畯塾課未多舉行斯邑爲人文淵藪積年得山長校官啟迪之盛賢士大夫觀摩之益士習頗蒸蒸日上附誌以見舊志嘉獎之非誣

農之家十居八九農無田而佃於人者十居五六農人自食其力歲收豐歉一家之盈絀係焉故三時耕作不敢不勤惰游者尙鮮其佃於人者視年上下按額償租是爲良佃若奸佃則或一田兩賣謂之樓賣欠租不償將田轉權而私收其值謂之盜權秋成稍歉强悍者倡首抗欠羣相效尤謂之霸租復有以糠粃土塊攙和米麥挜交甚至用水潮濕輒至霉爛尤爲惡習至設立保甲原爲弭盜衛農不令催糧今則黠保奸胥以多田之家報充甲長遇有欠戶勒令代完民或因此破家則復報一人以充數又青黃不接之時室如懸磬牟利之徒乘

其急乏貸以米石而故昂其值謂之放黃米一俟新穀登場按月計利清償至有數石之穀不足償一石之米者貧農之苦殆不堪問就而論之奸佃不懲業田之家困奸佃不職業農之家尤困交相困而上虧國課下乏蓋藏鮮不由於此也延恩渰佃遇頑佃抗欠察非實貧者懲不少貸惘甲長賠累嚴禁差役需索惟借黃米債一節如渴飲鴆尤爲今日重困然只禁富戶盤剝而不與以告貸之路則貧民益無以爲生現論董清聲社倉爲貧民支借計并於保甲中力勸廣建義倉期重債不禁而自絕附誌以諗後來

工作無奇巧金銀銅錫稍佳鐵最粗惡銀工善滲銀石工染戻會風氣漸趨精巧木工分大小匠大匠營造小匠製器具自嘉慶以來有力者多造房屋工用遂廣小匠

器具亦益精土工築垣運甓外無他長陶工以土色非宜恒至苦窳故東南鄉西鄉雖俱有窰僅燒磚瓦竹工無細製染工多溧水人畫之善者不可爲工工則粗解繪事而已合各工較之木工勤作不苟爲上土工窳惰爲下

士人重農逐末者寡其行賈於外惟布穀木棉豆餅雜物近在淮揚遠及襄漢而已外此則積囤米麥居多典業在乾隆以前皆徽商今則大半皆土著也居停客貨平章市價而低昂之謂之牙行負販各物營微利以自給謂之經紀布牙則惟西鄉日市餘皆以天色未明張燈交易日出而罷其短陌攙私雖市肆常有而夜市爲甚且婦穉帶星貿易途遇奸宄間有攫取者四門米行升斗大小不同因之價值不一木行大者接西客小者在郡垣接本郡販客或在金陵接上河販客木有西木廣木之分價有起貫展貫之別丈尺有老篾同篾之異他如農田各器耕牛豚豕等畜春夏間某鄉某鎮俱有集期有古交易而退各得其所之風焉大率商賈習俗富則教子讀書貧則依人謀食勢使然也蕩檢者尚少布莊夜市始見黃志自前明迄今積習相沿延恩力懲其弊而衆說紛紜堅執習俗相安之見幾難挽回經屢諭議禁力加懲創今市改爲自清晨至日昃而罷通飭城鄉布牙具結遵禁其短陌攙私及米行升斗不同積弊確

鑿悉行嚴禁特恐行之一時而不能持之以久附誌以期永遠禁止

婦女

衣冠士族婦女率閒靜莊愼無穠麗冶游之習中人之家織紝鍼黹惟其所習農婦專事紡績兼饁餉之勞輕獧衺蕩漸染不及風亦淳矣近時覩優禮佛漸不加檢而守禮者尚不隨波靡云孀婦貧苦無依不得已而改適例所不禁斯邑鄉村惡習竟有本婦矢志守貞親屬圖謀田產強逼改嫁者始則甘言引誘繼則凌逼百端婦倘不從引匪類硬作媒証乘夜肆行強搶以致奪志傷風甚有孀婦冤憤自盡者昧良敗化至斯已極延恩以此種案件層見迭出爲之髮指雖疊示嚴禁并屢經嚴辦風猶未息念孀婦力能逕呈申訴者十不一二而控案者尚接踵而至此外無力含冤者更不知凡幾故於查竣保甲後刊發大書嚴禁逼醮搶醮告條許本婦及牌甲扭送俾有犯必懲稍知斂

哉特書於此敬告同志永維苦節永懲刁風

二氏

僧有清修應付二種清修戒律精嚴十不得一應付飲酒食肉禮懺則音樂鼓吹儼同戲劇道士稍有術者解祈晴雨書符籙餘則作齋建醮與應付僧同別有火居道士家室妻子無以異人其黠者朋比師巫矯誣神鬼以誑民財女尼間有守規矩勤諷誦者而少年敗壞清規者亦復不少更有所謂坐期場作佛會於寺宇寬廣之所不分男女醵分輸金雜遝羅拜內一人自號佛頭鈔撮鄙俚詞句對衆朗誦名爲宣卷雜坐至三四晝夜或

句餘不止四鄉及附郭俱有之此又二氏之波流不已大壞法門者也現奉憲檄遵旨通飭嚴禁婦女入廟燒香丁男坐會念佛如邑城北門外三月二十八日東嶽廟會徹宵達旦男女混雜爲尤甚今皆先期示禁委員查拿所當永久欽遵

遊民

民無職業者放蕩不檢往往三五成羣飲博打降夥謀誘詐或舞弄刀筆散其徒黨探刺官民雜事搆釁告訐一人佯出從中恐嚇取財或甲與丙同謀訟乙故訟丙爲乙黨令丙陽助而陰擠之均謂之串詐遇有司親自收狀當堂審駁者其風稍息有一等無藉疲民爲有司卯差奔走謀取印票騷擾鄉民酒食舟車需索無厭名曰白役復有惰游失業探聽慶弔等事十百爲羣强索錢物名曰秋風至搖攤聚賭花鼓灘簧破家喪身傷風敗俗尤屬四鄉惡習黃志有云沿江居民遇客船滯閣則嘯其黨剽掠之并其船剖分之月城居民深夜運土塞河客過而舟膠乃倩以分剝因攫奪其貨物近雖不至若是之甚然亦竊運磚石乘夜擲河膠阻客舟以索錢物西鄉申港後梅各村落竊匪甚於他處甚有牛隻被竊轉向其魁贖取禁令雖嚴其風未之息也地棍擾害閭閻萬難姑息訟師舞弄刀筆尤當翦除延恩逢放告收呈常以不濫准准卽審審卽結九字時稟諸心於不濫准三字尤爲緊要蓋少准一呈不特令健訟者無所施其串詐之技卽畏訟良民亦少受經差索詐之害近來無情誣

控之風稍戢紳衿則事不干已僉知自愛裹足不前矣灘簧賭博一切惡習諭禁非不嚴明訪拏仍難淨絕現行保甲諭牌首甲首議禁議罰諺云官禁不如私禁旨哉斯言黃志所載沿江月城兩地膠舟剽奪情事數百年來風移俗變有異曩時竊匪自設立自新所豢養後兩年來絕少逾貫報案惟偷牛勒贖重爲農困實舊志未有之惡俗屢經嚴辦宰殺盆塘冀遏其流特明著聚匪銷贓地方以期訪獲重懲無令滋蔓

通尚

古禮不盡行冠禮惟明萬歷間知縣劉守泰爲所拔士周從文諳學一行婚禮親迎惟

國朝乾隆間知縣蔡澍下令邑中士族行之今已久廢惟以綵輿鼓吹有爵者牌扇旌蓋媒儐導行交拜合巹諸儀得古禮大略而已喪禮用音樂尚浮屠舉殯既卜日前

一二日受弔晚設奠曰唐祭卽古祖奠意厥明引柩赴墓儀從盛者載路里許哀麻哭泣都不戾於古惟堪輿不能無惑鄉民朝死夕葬富人謀吉兆不得有淹滯數十年者矣祭禮有祠者多以春秋二仲祠祭無則祭於堂祠之有無祭品之隆殺視其子孫之家財不衷古禮以卿大夫士庶民爲等差也其他所祀無常惟祀五通爲惡俗香花牢醴皆極盛召戚黨張樂設筵以道士祝之詞甚鄙俚名曰茶筵且必以夜必夫婦親之達旦而後已所費動數十金淫祀無福可謂至愚右婚喪祭祀大端若此至如賓朋宴集交際之文宮室輿馬飲食衣

服之用類皆厭樸陋尚華侈不知今日之儉已敵往昔之奢康熙間米石七百肉觔三十明萬歷間修廣福寺碑載豆油十石銀十二兩三錢較之今日物價不啻倍蓰況又從而侈之何以善其後乎俗去太甚冠禮久不行詢斯邑昏禮及家祭禮雖不盡合於古從宜從俗尚無悖謬惟葬禮在城則失之太遲在鄉則失之太速遲葬固干例禁而速葬至朝死夕埋尤傷孝治其速葬之由因每遇喪家前後數村攜挈男女聚坐饕食如擇期安葬索食如前在富者力可支持爲親應不惜費貧民賣田鬻產何堪兩次聚食故不得已而速之且斯邑喪事飲食之費重於棺槨逼婦改醮之案被控者多以抵用費藉口人家不幸而遭死亡凡民有喪匍匐救之之謂何乃可乘喪使人破產且使人因而速葬其親以傷孝治乎今於清查保甲後按牌甲刊發大書嚴禁乘喪饕食告條違卽扭稟俾各觸目警心除陋俗以厚民風至五通淫祠現奉憲飭遵 旨拆毀業經出示奉行近聞鄉城愚民病不

服藥見婦女肝火上炎兩頰微紅聽信司巫指爲邪病以致破產棄家傷康敗化嗣後吾民病宜延醫服藥切不可再爲邪說所惑致干功令

勸諭親迎約

國朝知縣　蔡澍

竊惟夫婦爲人倫之首閨門實起化之原是以詩詠關雎書美釐降易首乾坤春秋譏不親迎凡以二姓之交嚴配耦廣似續所係甚鉅不可不愼也攷之婚禮曰問名矣納采矣納吉納徵矣儀節亦云畢具而殿之以親迎曰壻親迎既奠雁御輪而先歸俟於門外婦至則揖以入先王制禮豈故多其曲折以爲束縛斯人之具哉蓋天下事必愼重於始而後可永好於終如谷風陰雨及氓之蚩蚩二詩朱傳皆謂婦人爲人所棄而作所以然者以禮教不修縱欲昧理合之甚易故離之不難也先王逆知天下後世必有蔑禮相從中道棄捐而乖夫婦之經者故制爲六禮以閑之蓋曰必如是而後爲夫婦一禮不備則亦猶之苟合而已矣我江邑地介三吳本稱文物之邦喪祭禮儀頗爲近古卽婚姻之家卜吉聘定亦猶彷彿古人納采問名之遺意獨親迎

一節無論城鄉士民則概未有行之者夫女子之守貞待字非過難也蓋天理當然有不如是而不可者故其始也問名納幣已極禮物之周詳而于歸之夕又有夫子執贄相迎所以謹匹配之交作兩姓之合者無不鄭重備至如是而往從之則陽往一陰來既無輕身之嫌先婦後已見唱隨之義此夫婦一倫所由與君臣父子昆弟朋友並昭天壤永垂不斁也自親迎之禮不講未見良人之出戶忽覩邦媛之入門婚媾無文苟且相就其與無媒而自合者相去曾幾何哉迨其後也或終風而悼謔浪或抱布而謀賄遷或曰愛已弛矣黃衣亦可爲裳或曰傷哉貧也糟糠何妨易米更或磨笄方新輒赴相如之約抑或兩髦如舊忽傳紅拂之奔甚且人盡夫也奚靡蕪之關心宛其死矣樂他人之入室種種乖張俱傷倫化溯其由來皆爲婚禮不明親迎久廢遂使夫婦之間視同陌路風俗至此此亦司土者所當急爲轉移者也請與江邑紳士民人約城廂爲四鄉之觀瞻復古禮當自城廂始紳士爲四民之標準端化源當自紳士始紳士循禮則庶民協應城廂循禮則草野向風將見自貴及賤無不親迎之家由近曁遠罔非親迎之俗教化興而風俗同由是編之志乘書曰江邑親迎之

禮自某年某月某令涖任始異日太史採風輶軒問俗謂海隅僻壤猶存古風也豈非彬彬盛事哉況今天子特命儒臣纂修三禮行將頒行天下永垂法守則親迎之禮尤本朝令甲所在不可違玩隕越者也如以某之言爲迂誨之諄諄聽之藐藐縱習俗相沿不能繩之以法諸紳士民人自思違禮失義抗父母之教命忽國家之令典其何以自處耶蓋庶民興則感激奮發而轉移有力某爲四民重則之士君子有移易化導之責者也匹夫而化鄉人古有其語況紳士躬行倡率有不風流令行乎於紳士尤有厚望焉各其諦聽無厭髦言

右節采前志參以近時習俗不敢妄爲諱飾延恩自涖斯土時以教養爲重更有事裨風俗屢諭飭行而未經議覆及尚未具舉者附存其目敬諗後之同志以冀非託空言

鄉飲酒禮　訓俗型方莫善於行鄉飲酒禮行斯禮必慎選邑中高年碩德之人爲賓介不得以虛譽無實者濫與斯列久經移學選舉未准議覆

養老會　狎侮老成有關風化高年失養尤屬堪憐今諭就近集貲養就近老者使後生小子皆知尊敬郎皆知嚴憚以厚風俗尚未通行

恤孤義塾　節婦望其子讀書成立尤切孤兒不得讀書更爲可憫今諭城鄉廣建恤孤義塾專爲孤兒讀書之地以表異几民洵於教節養蒙大有裨益屢經苦口勸諭尚未通行

種樹　斯邑三十三山皆童屢諭種樹以開自然之利而未見遵行者殆艱於開墾防守遂畏難中止耳斯民之利在斯民之自取若維持防範之守土者固不憚煩勞也

養蠶　斯邑鄉民多精紡織度日而比年木棉常貴布値常賤所以小民生計益艱諄諭農佃兼種桑養蠶以防布滯尚未遵行

積穀　斯邑戶鮮蓋藏諄諭仿行武陽積穀會在城按圖集貲存典生息在鄉捐穀公貯力敦任卹以備凶荒今方諭董清查社倉積穀兼勸廣積查辦伊始尚未據稟覆

沙洲義學　地逼大江風氣剛勁每因爭奪沙田釀成巨案近日此風稍息戶口日增其中子弟豈無秀良諭勸好義者共建義塾於沙洲俾其子弟多讀書以變化氣質尚未遵行

楊舍同善堂　斯鎮民多樂善建堂倣城中公善堂行贍材等事曾以規條呈閱皆極妥善惟敬節恤孤二事尚闕簽論議增願即日奉行載入新志爰類及以誌厚望

歲時

歲元旦放爆竹啟門肅衣冠拜祖先隨拜父母以次揖賀出赴師長尊行家展謁以及等夷親交立春前日有司官迎春東郊綵亭鼓吹裝演戲劇故事自迎春館擁太

歲土牛至縣治達旦祀勾芒神於儀門東擊鼓者三繞土牛三匝而鞭之樂工以小春牛分送官府搢紳正月五日祀五路神十五日上元節龍馬獅子諸燈競作各廟俱張燈設樂城隍廟爲最盛搓粉爲丸曰團圓以糯穀投焦釜曰爆孛婁又曰卜流花以占休咎上元後營官迎喜神甲胄旗幟嚴整煥爛近年罕見矣寒食爲百五節男女以麥葉簪髮清明掃墓間有墓祭者冢上標以紙錢三月二十八日爲東嶽誕辰城隍神賽會登山旌旗輿衞闐咽街衢觀者如堵四月八日僧尼作浴佛會十三日申港季子墓集場商賈輻湊買農具者悉赴

蓋是日爲季子誕辰士人咸往謁墓因而成集亦見愛慕前賢者衆也午日泛蒲觴食角黍門懸艾符婦女簪繭虎彩勝龍舟競渡南自五雲橋北抵闇口畫舫笙歌中流間作不及郡城什一也夏至食餛飩六月十九日廣福寺作觀音會雜賣惠山泥人耍貨兒童爭購以爲戲七月七日夕穿鍼乞巧或有以盆盛水曝日中抛鍼浮影驗其巧拙者中元食茄餅盛舉盂蘭盆會晦日以五色紙作燈燃於地曰地藏燈衢巷皆徧中秋食月餅并相餽遺以香爲斗置高臺爇之曰燒斗香競設酒肴瓜果以玩月二十四日以粉糰祀竈重九日食重陽糕

翦五色紙旗插其上以祀先及竈登高至君山挈榼小飲霜降節營官迎霜隊伍一如迎喜今亦罕見十月朔掃墓略如清明冬至賀履長節臘月八日雜果蔬爲粥曰臘八粥二十四日送竈神翦紙爲旗蓋輿馬延羽士諷經禮送掃舍宇是日丐者花面插羽儺於市曰跳竈王除夕插松柏於檐端祀神祭祖畢懸祖先畫像封井接竈以白堊畫地作弓矢飛錢米囤之形換桃符春帖老幼圍鑪或達旦不寐謂之守歲爆竹聲恒終夜不絕今則偶聞聲響亦以見生計之絀也

農占

元旦侵晨風自東南來歲大稔其次東風又其次東北風遇西風則歉七日爲人日晴則少疾疫八日爲穀日昏時看昴宿去月幾何若星與月逼是爲參星過月主旱否則多水立春日宜晴暖二月十二日爲花朝晴則百果熟社日宜雨三月三日聽蛙聲午前鳴高田熟午後鳴低田熟十一日麥誕四月四日稻誕皆喜晴八日夜雨傷小麥十三日雨麥歉收十六日晴則水雨則旱惟陰雲爲佳十八日雨高鄉無收立夏太陽無暈旱有暈水芒種後壬日爲梅恒多雨半月忌雷端午日雨主來年大熟夏至日起時時分三候每時五日中時雷多雨

五月甲申乙酉日雨則大水二十日爲大分龍次日雨主豐稔立秋日忌雷立秋後忌虹處暑不雨禾大耗八月二十日爲稻藁誕宜晴小雪有雪主穀賤十月朔清和一冬少寒十一月十七日爲彌陀誕早起占風南風米貴北風米賤冬至後第三戌爲臘臘前三番雪名曰三白主來歲大豐

諺語

年朝烏鹿禿高低一齊熟未蟄先蟄一百廿日陰濕春雷須見冰弗冰弗肯晴二月逢三卯棉花貴如寶三月無三卯田家米不飽三月溝裏白溝底一畝麥麥秀風搖

稻秀雨澆低田只怕迎梅雨高田只怕送梅雷黃梅寒井底乾時裏寒没竹竿二十分龍廿一雨石頭縫裏多是米二十分龍廿一甇拔了黃秧便種豆小暑一聲雷四十九日倒黃梅六月初三一個陣上晝芸田下晝困六月弗熱五穀弗結伏裏西北風臘裏船弗通朝立秋凉颼颼夜立秋熱到頭秋分在社前斗米直斗錢秋分在社後斗米直斗豆九月十三晴釘靴掛斷繩十月初一西北風糴新米糶冬春立冬晴魚滿汀小雪雪米賤極臘月雷地白雨來催雨春夾一冬無被暖烘烘除夜犬不吠新年無疫癘日落雲裏走雨落半夜後日没胭

脂紅無雨但有風月如仰瓦不求自下月如掛弓少雨多風久晴防戊雨久雨望庚晴朝華夜華無水澆瓜行子春風有夏雨落子臘雪有禾登戊子已丑甲寅晴四十五日滿天星夏至酉逢三伏熱重陽戊遇一冬晴春雨甲子赤旱千里夏雨甲子乘船入市秋雨甲子禾頭生耳冬雨甲子雪飛不已

方言

虹曰甇坎曰潭孔曰洞支港曰浜堂庭曰天井箸曰快托盤曰反供飲食曰吃器物曰家生曰末事覘人曰張足曰彀何物曰到則曰舍個如何曰那呢六畜曰中牲認曰倿扶曰樐捧曰掇首飾曰頭面翟姓曰宅盛姓曰綻章姓曰臧季姓曰據吳姓曰洪兒曰倪歸曰居大曰杜惟大黃大蒜大麥曰代學曰斛

江陰縣志卷之九終

江陰縣志卷之十

物產

詢風俗而思民之亟於教辨物產而思民之亟於養也斯邑物產非不更僕難數而山不種樹農不畜毓女不浴蠶圃於俗而坐失其利民以穀為命邑之民多恃紡織為生士從田間來當知稼穡艱難之故矣

志物產

穀之屬黃秔稻穀黃米白有大柴黃細柴黃牛毛黃諸名粒大性堅宜飯白秔稻穀米俱白有短株鐵塘青諸名早收者爲瓜熟稻香珠稻有黃芒白芒烏芒三色粒小而長入他米炊之味極香美出西鄉者佳紅蓮稻芒紅粒大最佳五月種九月熟烏頭稻又名烏須熟最早性柔稈韌可織屨一種熟稍後而米有斑又芒長色紫者名蘆花烏早白稻白芒赤粒八月熟一種九月熟謂之晚白又名蘆花白辮稭稻穗甚密顆稍圓細宜腴田紫芒稻似黃秔而芒紫中秋稻粒大而白四月種八月熟金城稻粒尖而紅穀之下品白蘆秈稻莖粗葉長穗秀葉中色白性硬一種莖葉細短者爲細子秈糯稻白殼者松江糯紫殼者猪肝糯色斑者虎皮糯勁稈者鐵梗糯無芒者光頭糯早熟者趕陳糯莖葉細韌宜繩者麻筋糯又一種名碧綠身芒紅粒長色白醸酒清洌炒者之鬆脆產桃花鎮者爲最紅絲稻此種晚播亦能秀實葉深翠中有凝露一點又一種宜極高隴久早不枯小麥有紫稈長萁燒頭白稃數種大麥有紅筋老秖芒數種穬麥亦名元麥青嫩即可食既收農家多磨作糲和飯食之蕎麥花白葉青梗紅實黑七月種九月熟遇霜即枯蠶豆以蠶時熟故名產夏港者粒大黃豆大小早晚不同惟名珍珠黃烏眼黃者爲上青豆早熟者小晚熟者大及其未老采莢食之味腴美黑豆一名烏豆紫羅豆色紫粒大青黑花紋有僧衣

豆褐色差圓綠豆實小性涼可造粉赤豆似綠豆而稍大豇豆色赤黑四月種六月熟豌豆一名寒豆喜夾麥生瑪瑙豆黃黑相間亦名羊眼豆黎豆實圓而細雜生麥田中取作腐日粉陽腐扁豆有青紫白三種白者入藥芝麻粒細味腴黑白二種可壓油稷俗呼爲蘆穄以黃紫分秔糯又一種稈葉相似實包葉中長五寸許粒如豆可煮食俗謂芋米

菜之屬芥有紫黃雞腳千頭諸名韭蔥蒜薤筍青暘蔡涇爲最白菜一名箭幹冬時佳蔬至春生薹擷食子可壓油烏菘大葉短幹色青黑者名塌菜又名油菜一種似白菜名三月白一種白筋碎邊名水團頭莧有青赤二種忌鱉同食菠薐芹叢生水際紫莖綠葉萵莙薘俗名甜菜萵苣山藥即薯蕷其苗蔓生子亦可食茄一名崑崙瓜有青紫二種蘆菔今作蘿蔔生白沙者佳胡蘆菔小而黃芋大者爲芋魁沙洲廣種之瓜王瓜有青皮白皮二種菜瓜有青白牛角等種引蔓結實者絲瓜大如枕者冬瓜稍圓而黃者南瓜茨菇一名烏芋壺盧一名匏甘者可食苦者作器刀豆以形似名延籬豆莢長如帶亦名裙帶俗呼延籬豇一種短而肥者名土籬豇茭白俗名茭手生水中蕈松蕈爲尤美薺馬蘭

果之屬梅青圓縮蒂者硝梅城東韓園及周莊纖墩者佳櫻桃月城鎮最盛杏桃沙洲來接本所生者曰時桃沙桃大而味甘出韓園者曰五月桃壽星桃李出長涇名家慶子者佳枇杷來禽俗謂之花紅棗葡萄有紫白二種梨十月熟者最大柿有銅盆牛奶諸名石榴香櫞橙橘金橘銀杏俗名白果錦荔枝荸薺香瓜柴鎮長涇最多西瓜宜沃土蓮菂藕菱四角一種最多清水生者殼薄肉香芡亦名雞豆

藥之屬菖蒲叢生石上葉勁狀如劍脊細者爲石菖蒲檉柳一名西湖柳葉如柏花如粟何

首烏一名夜交藤秋冬取根赤雄白雌 玉竹一名葳蕤 蒼朮秦望山產者有珠斑 珠兒
參產君山 土沙參 百合 芍有赤白二種 山查一名棠球 紫蘇
半夏一名守田 金銀花 益母草一名茺蔚有紫花白花二種以端午或小暑日收貯
薏苡土名菩提珠 茱萸 薄荷 藿香 香薷 桔梗 荆
芥九里河兩岸多植之細莖者佳 防風 枸杞根日地骨皮 枳實土名枸橘皮即枳殼
車前子 香附子 天瓜一名栝樓俗稱瓜蔞根日天花粉 馬料豆雜生
蘆荻間粒細而黑 萆麻子斑如巴豆可壓油 石絡 土山漆一名銅筋鐵骨草
茅根 夏枯草冬至生夏至枯其花盛暑煮以代茶 豨薟莖赤而方者良 地黃
蒲公英一名黃花地丁一名紫花地丁 三角楓 如意草一名箭頭草 馬勃
馬鞭草 桑白皮 野梧桐生江岸

江陰縣志 卷二 物產 果 藥 三

木之屬 松園亭所植鐵崖松爲貴羅漢松次之 柏柔條下垂者瓔珞柏扁葉者扁柏亦名側柏又有刺
柏渾柏 槐 桐 椿葉香者椿臭者樗 梓楸類其梓實桐皮者日椅梓 桑湖桑葉大
而厚花桑子桑葉小而薄 檀有黃白二種質最堅 柘木理堅韌可爲任重之器 黃楊有直腳錦堅諸
種 銀杏俗名白果樹 棠梨木可鑴書赤者尤良 椐有綿椐沙椐峭皮椐質皆堅粹作器最光
澤 榆細葉者堅韌可爲田器其莢旱如稗澇如魚年豐如稻 楝苦楝皮青而斑初生性燥易裂代去
再生性稍韌再伐而生製器乃佳黃楝根枝多自然樛曲宜爲犁轅及牛牽 楓脂爲芸香 鴉臼實可
爲臘其核壓油 冬青 柳 穀皮白者穀斑者楮 皁莢 樸 椶櫚
椒
竹之屬 燕竹燕來時筍生 台竹俗名滑皮質韌而節高 護居竹俗名雞哺 紫竹
篋竹皮質柔韌葉可入藥 筆竹俗名黃侯竹五月生筍味苦 水竹細而堅韌 慈竹

叢生節疏子母竹也 鳳尾竹有僅尺許者有高丈餘者皆供清玩 石竹節疏中實 結竹節高
而不甚大 斑竹質黃而文斑 淡竹葉可入藥 天竹冬時子紅非竹類而以竹名
花之屬 迎春 梅有綠萼紅梅玉蝶三種 杏 桃 李 蘭 梨
玉蘭紫者爲辛夷 牡丹 芍藥 海棠深紅者爲貼梗粉紅者西府長蒂者垂絲
山茶朱紅千葉者名寶珠最佳 薔薇其類有十姊妹佛見笑諸名 玫瑰 荼蘼
木香黃白二種 杜鵑千葉者名套鵑最貴 紫荆 繡球有木本草本二種 郁李
木槿赤白二種 虞美人 罌粟 石榴 荷 夾竹桃花單
瓣五出嬌豔類桃葉狹長類竹 葵五月開者蜀葵七月開者秋葵又有向日葵 百日紅色紅紫最
耐久 薇有紅藍紫三色 玉簪 鳳仙 桂有四季早晚各種 秋海棠 雞
冠短僅盈尺者名壽星雞冠 菊 江西蘭一名蘭菊 萱一名忘憂一名宜男春夏秋三時俱

江陰縣志 卷二 物產 木 竹 花 四

有花 木芙蓉一名拒霜 蠟梅 長春四時皆開 月季有深紅淡紅白黃諸色
草之屬 蒲生水田中可編可織西南鄉多種之 蘆 茅 蘋 藻 蕉 吉
祥草叢生結子可供清玩 綠蓋一名萬年青 薜荔 紫草 江草 黃
草二草皆織屨 虎耳 游龍 旱蓮 映山紅 蓼 雁來
紅
禽之屬 雞白毛烏骨者爲貴 鷺有蒼白二色 鴨 雉 烏 鴉似烏而項白
鵲 山鵲頭黑身淺藍 鷹捷飛善搏者黃鷹次鴉鶻鴉鶻至小爲雀鷙 鳩 鸜鵒
俗呼八哥翦舌能言 鴿 燕有紫燕蘆燕二種 鶯 雀麻色一種黃色者名黃雀秋時青喙
金鳳二鄉最多 桑扈 畫眉 啄木綠色長喙能啄木取蟲 蠟嘴 白頭
翁 探桑子一名桑白頭桑甚熟時有之 告天子褐色鳴愈急飛愈高決起凌霄若有

所訴故名 百舌 鳧俗名野鴨小者名水壺蘆 鷺鷥 翠鳥翠羽丹觜亦名魚虎 黃頭性剛喜闘 鵪鶉東南鄉好畜之使闘與闘蟋蟀同干例禁 繡眼 楊葉頭白頂黑身灰色 偷倉 鷺白者白鷺黃班者麻鷺黑者鷺即姑惡也朝鳴雨晚鳴晴 苦鳥

獸之屬牛湖種肩豐肉肥氣雄而力弱山種肩小骨瘦貌削而力强沙種肩塌臂尖耐勞苦水牛江北者長與種露筋者爲種俱强力白毛者沙種品下江西鄉土性堅須壯健牯牸激江沙土用耒犢南境土雜冬種俱宜 羊 犬與牛俱不可食戒食者不染時疫斯說極驗 兎 狐 貍 豕 貛猪貛類猪狗貛類狗 貓 獺 蝟俗名偷瓜狨 黃鼠狼毫可爲筆 鼠家鼠化蝠水鼠化鯽田鼠化鴽松鼠尾芃臭鼠眼瞽出則雨

鱗之屬刀魚春江首出肉細味腴 河豚立春出江中盛於二月鋭尾膨腹口能作聲性熱最毒烹治稍不慎食之殺人子毒更甚煮不極熟食之脹死服荆芥烏頭附子等藥時尤忌食中毒者間有以槐花微

炒與燕支等分打碎調以水灌解之或用龍腦浸水或用橄欖汁亦解然設有不效豈非恣口腹而忘軀命乎善保軀命者切不可食 膾殘長大如簪表裏瑩白無骨與腸 子 鱭出於初夏體瘦而子滿腹蒉炙味尤勝 鰣初夏出甚惜鱗纔掛網即隨水上燦如銀雪江味稱最 鱘鼻長等身骨脆無鱗 鮰 鱣鼻口在項下無鱗大者長二三丈俗名著甲黃魚 鯉 鯿 鱸 鱖 鯽別種有金銀玳瑁三色祗畜盆沼不可食 鰱有白花阜三種 青魚烏青味鮮草青味劣 白魚似黃鰭而色白 黃鱨頰骨皆黃 黑魚 鱓 鯔江鯔食蝦味鮮河鯔食泥味劣頭銳者蛇鯔最下 橫趕亦名淮魚 鮎巨口豐腹銳尾無鱗 鰷 部陽亦名鯧魚圓身燕尾俗名鏤鰋魚 吐鮫俗名土鯊 蝦虎以善食蝦名 鮁 鮅似叶鮫 塌沙一名比目形如箬附沙而行味亦美 銀魚出湖塘河今近城皆有 鱔 鰻有江鰻河鰻二種 鰍盛於八九月

介之屬龜 鼈 蟹出南鄉湖水者勝 蟛蜞 蝦白蝦殼軟味鮮梅蝦五六月間尤勝其紫色長箝者鐵爪蝦味劣 蜯 蛤蜊 螺大曰田螺小曰螺絲 蜆似蜯而細一名扁螺

蟲之屬蠶 蛙俗名田雞又名護穀蟲有功田禾不可食 蝦蟇一名蟾蜍 蟬 蝙蝠 蛇色綠者青綃色灰者蟣蠖赤質黑章者赤纏黑而尾禿者禿虺細而黑者烏風似青綃而長首有黃文如王字者王蟒又一種短而四足名望板蝹者毒無與比生水中者水蛇 蜥蜴俗名四足蛇一種褐色而緣屋壁者壁虎 蜈蚣俗名百腳 蜘蛛 蜂釀蜜者蜜蜂作房倒懸者壺蜂細腰穴土者土蜂穴屋椽者鐵嘴壺蜂 蝶一種黑衣朱點者楊山拍 絡緯俗名絡紗娘 蟋蟀俗多畜之使闘 蚱蜢 螳蜋 蜣蜋一名蛣蜣好轉糞爲丸 蜻蜓 螢俗名游火虫 蚊 蠅俗名蒼蠅多則歲歉有蒼荒蚊熟之諺 蛭俗名馬蟥 螘白者善蠹木有赤腰者有翼而飛者 蠛蠓 蚯蚓 螔蝓俗名沿游

貨之屬棉花西鄉及沙洲產最多有白紫二種白者復有大花沙花之別子可壓油餅供牛食 布堅緻細密所謂雷溝大布是也淮揚各郡商販麕至秋莊尤盛 羊毛布以羊毛彈和木棉中紡紗成布黃山女工多業之 蒲席 蒲扇邑西民多業之 竹汗衫截淡竹梢線穿成衫疎爽利汗輕細者佳出夏港鎮 莎衫即蓑衣 草履草莖稻稭爲之出香山者佳 蒲包爲用不一邑酒焦墊有市遠近往購棉花稔則其價昂以包棉用九廣也 紙爆 茶食長涇市爲佳 酒杜酒甘醇百花芳冽餘名類甚多槩曰白酒 絲務業蠶者少絲不多出然爲農桑重務故附存之

江陰縣志卷之十終

江陰縣志卷之十一

職官一

江陰自晉立縣故紀官自晉始武職則北宋無徵故自南渡始由歷代以逮　國朝凡改并增省及諸官之爵里姓氏除罷有可攷者皆臚列於表而附以祿秩之差等　朝廷設官以庇民非以病民官之賢否天道國法淸議三者俱不容誣吁可畏哉志職官

	縣令	丞	主簿	尉
晉 先年	庾懌 見宋志			
宋 明帝泰始中	縣令 王敬則 臨淮射陽人宋志無年宋書在泰始中			
齊 鬱林王先年	縣令 綦毋欽之 見南史茹法亮傳			
梁 武帝先年	郡守　縣令 沈瑀 宋志武帝時自暨陽令擢兼尚書右丞南史字伯瑜武康人			
天監初年	司馬筠 字貞素河内温人有傳			
元帝承聖元年	沈文阿 字國衛吳興武康人南史儒林傳侯景平陳霸先以文阿州里表爲原鄉令監江陰郡宋志同			
敬帝太平二年	黃他 見宋志			
陳 後主至德元年	郡守 倪啟 見宋志有傳			
唐 先年	縣令	丞	主簿	尉 鄒待徵 見宋志拾遺
元宗天寶七年	李嘉祐 字從一天寶進士有傳宋志無年按唐詩紀論嘉祐			

江陰縣志　卷十一　職官　一

江陰縣志　卷十一　職官　二

天寶七年進士調江陰令雖唐制登科調官未必同在一年姑據之可也

德宗貞元中

湛賁　見郡志

穆宗長慶中

武登　見宋志拾遺

文宗太和初年

張伯達　宋志云唐太和初爲江陰令見興建寺碑

任失名　見興建寺碑

崔失名　見興建寺碑

劉失名

褚失名

許失名

俱見興建寺碑

懿宗咸通初年

趙和　宋志云咸通初爲江陰令有傳

竇失名　見宋志詩文

昭宗天復三年

張蘊　宋志云天復中爲江陰令有授令牒文見拾遺實天復三年

昭宣帝天祐中

張可琮　宋志天祐中

失年

張唯貞　見李中詩據沈志補

虞昭

靈紡孫

王汶

以上三人蔡志注失年今仍之

狄知檢

見新唐書

崔育　見舊唐書

南唐　知軍

羅晟

宋　知軍　通判　知縣　路分　教授　知錄　縣丞　司理　司戶　司法　主簿　縣尉

蔡志司法下尙有兵馬二職然終宋之世

太宗太平興國二年 戴元 太常博士
張可用
十 李汶 殿中丞
五年 皇甫詢
六年 胡丕 太子中允
七年 陳矜

舊採無一人故闕之

八年 康戩 秘書丞
雍熙二年 宋臯 著作佐郎
三年 魏傳式 太子左贊善大夫
端拱二年 皇甫選
淳化元年 劉日用 殿中丞

三年復軍
四年 吳直方 殿中丞
至道二年 張瓘 殿中丞
真宗咸平二年 傅演 虞部員外郎
五年 李允昇 國子博士

景德元年 趙遂良 殿中丞
大中祥符元年 張仲甫 都官員外郎
三年 宋臯 祠部員外郎直集賢院
四年 狄棐

太常博士

五年 樂黃庭 殿中丞

七年 石待問 太常博士

八年 丁慎修 屯田員外郎

天禧三年 馮瓘 太常博士

四年 崔立 字本之，河南鄢陵人，職方員外郎，有傳

乾興元年 范宗古　黃霖 山西高平人，國子博士，有傳

仁宗天聖二年 李含章　方仲容

太常少卿

四年 王琨 都官員外郎　陳象言　陳珪

五年 朱昌符 字明之，沛國人，太常博士，有傳

六年 于鈞　王拱　劉潤　徐國賢　杜德孝　沐

七年 楊偕 太常博士

八年 張其 字公直，長清人，河北都官員外郎，有傳　林瞻

明道元年 馬尋 虞部員外郎　邢處均

二年 楚職

景祐元年	劉沫	國子博士
二年	郭道晛 劉立德	
三年	劉劭賢	駕部員外郎
寶元元年	張盤之	駕部員外郎
慶曆元年	鄭有章	
二年	李喬	駕部員外郎
三年	逢沖	駕部員外郎
四年	薛利用	
五年	汪隨	職方員外郎

六年	臧舜舉	駕部員外郎
七年	王嘉知	
八年	徐宗說	都官員外郎
	方立	
	田京	祠部員外郎
	劉攽	字貢父江西新喻人掾東都事呂當在廬歷中行傳
皇祐元年	陳大素	祠部員外郎
三年	葛閎	屯田員外郎有傳
四年	蔣祺	
至和元年	劉玘	都官員外郎

江陰縣志　卷二　職官　十一

二年　張次元

嘉祐二年　王端（都官郎中）　冕遹彥

四年　黃炳（職方員外郎）

五年　章峴（職方員外郎）

六年　申從善　楊蟠

胡獻臣（光祿少卿　職方員外郎）字公濟安人進士

七年　楊士彥（都官員外郎有傳）

英宗治平元年　徐師閔（虞部員外郎）　唐叔問　張彥卿

劉握

丁篤

琉

江陰縣志　卷二　職官　十二

神宗熙寧四年廢軍

李執柔（大理寺丞）

五年　傅天翼（太常博士）

六年　陳郛（著作佐郎）

九年　楊孝孫（字逢南祿建建安人太子中允）有傳

元豐元年　許佖（字伯齡齋陽人）

二年　方允升（黃志云新增見縣學開河記）　潘世昌

三年　王璘（殿中丞）

六年　方穀　承議郎

哲宗元祐元年　張廣臣　奉議郎

四年　張世望　朝奉郎　王廸

紹聖元年　周沚　通直郎

四年　趙三錫　朝奉郎

元符三年　王衎　通直郎

徽宗崇寧元年　趙士翃　承議郎

四年　李孝遠　承奉郎

大觀元年　后景衍　會稽人奉議郎大觀建學記衎

顧植　吳郡人見大觀建學記

朱年霈孝恭

作衎

三年

四年　徐充　字樂卿錢塘人奉議郎

于溥　安徽臨淮人有傳

徐震

韓立之

政和二年　李知元　宣議郎

三年　朱耜　宣議郎

楚執柔　有傳

王有　黃志云此下缺政和六七二年并重和一宣和年凡七年欽宗靖康一年及高宗建炎元年共

俞光祖

十二年

高宗建炎二年　胡紡　趙公稱　邵知柔

三年　李易

四年　向子忞 字宣卿　張銳 奉議郎直祕閣

紹興元年　崔頌 右朝奉郎　蔡詹　昌甫夫　葛立中

三年　薛徽言　趙不易　宋愈　黄份

五年　王棠　周彥世　陳剛中 左朝奉郎有傳　有傳　范雲 左儒林郎教授始此

七年　紀交　李竦

八年　蔣璿　錢諶　沈斐 左從事郎　范彬

九年　錢濬明 左朝請大夫

十二年　章傑　丁昌朝　趙溴之　甯亮衡 左宣教郎　鄭繆 江西玉山人從政郎有傳

十三年　趙士鵬 右朝請大夫　趙子淙

十四年　王康侯 文林郎

十五年　蔡禎　趙伯琥

十六年　右朝奉郎　沈濬 宣教郎　蘇璠

十七年　石嗣慶　蔣及祖 左朝散郎　楊倚泰

十八年　王瀹

十九年　趙霑之 字智大右朝請大夫　高惟正　慕容紹

江陰縣志 卷二 職官 十七

二十年 俞觀能 從政郎 沈作式

二十一年 宋璣 朝請大夫

二十三年 黃敏行 右承議郎 李孝純 王日接

二十四年 徐嘉 以臨安通判權知 盛康朝 宣教郎 郭定

二十五年 張叔豹 右朝散郎 謝賓

二十六年 談處 從政郎

二十七年廢軍 趙師嚴

二十八年 姚絜

二十九年 呂祐 無貢志

三十年 曹紹 張成之

三十一年復軍 楊師中 右朝奉大夫 璹

江陰縣志 卷二 職官 十八

夫

三十二年 呂令問 右承議郎 李衮 字幼安山東歷城人有傳 高嘉 宣教郎 張邈 施廣 湯恬 司法始此

孝宗隆興元年 朱藻 左朝散郎 朱孝聞 宣教郎 陳雄 趙伯晟

二年 吳能 承議郎 章洽 迪功郎

乾道元年 蔣天祐 右朝奉大夫 孫藏 字子禮河南雒陽人右朝奉郎有傳 趙利 趙伯林

二年 王淙 朝奉郎 翟嗣孫 奉議郎乾道治水績 胡宦 吳時顯 見治水績記

二年 戴逵先 左宣教郎 記馴作淳 閻 佑汪義和

四年 王正己 右通直郎 余耆言 承議郎 尤袤 字延之無錫人宣教郎有傳 趙師湜 胡 燮

五年 趙善待 奉議郎 魏中復 迪功郎

六年 潘 甸劉倓守 宮惇夫鄧 杞

七年 朝奉郎 承議郎 霍 錫 通直郎 趙公保

八年 向子豐 朝奉大夫 趙汝諭 承議郎 宋之瑞 迪功郎 趙善任

九年 嚴 煥 朝散郎 貝欽世 字聖美浙江上虞人奉議郎有傳 胡 衮

淳熙元年 趙善㙉 宣教郎 趙公杲 聶晉繪高 振

二年 錢仲之 朝請郎 李應馬 通直郎 義臧展 武功大夫路分始此 迪功郎 沈 綱 李 失名

三年 顧 宣 承事郎 王 失名

四年 蔣 雎 承議郎 鄧 倫 奉議郎 徐 格 訓武郎 李 沐 修職郎 趙彥誠 秦 堣 黃志作堣

五年 曾 楷 王處義 趙師召

六年 奉議郎 林元普 承議郎 陳彭夫 奉議郎 洪 樞 承議郎 張 榮 武翼郎 武節大夫 錢壽仁 曾 濟 樝 失名 蔡志誤入司法

七年 樓 鍔 字巨山浙江四明人朝奉郎有傳 高子津 朝奉郎 鄭 適 宜興人奉議郎 周 祐 武經郎 陳 祐 武德郎 馮 俶 武顯郎 李大椿 許 爨李 紡

八年	[illegible]陳伯達 武德郎 奉議郎			[illegible]		鄭昌期 嘉泰志誤入七年	
九年	史淵 奉議郎	閻必端 承議郎	張序 字八 庠承議郎	趙善本 武經郎	李[illegible] 嘉泰志誤入八年今改正范良史以下同	范良史	趙宋衡 張 失名
十年			劉繼忠 武經郎	任汝弼 迪功郎	趙善達		
十一年	王師古 承議郎	夏忠厚 承奉郎	高世砥 武節郎			陸鎡	
十二年	趙不違 武德郎	俞沾 奉議郎	劉鎮 武經郎	莊璣 武經郎	俞佺	李珏	陳銘 夏燮 字和叔浙江鄞人有傳
十三年	闕一德 承奉郎	夏頤 訓武郎	孫暐				
十四年	侯[illegible] 朝散郎	李師邈 訓武郎	周煒 修職郎	葉鉦	盧安仁		

十五年	童煇 承事郎	鄭孝祖 武義大夫				李滋 向子倫	
十六年	陳研 朝奉郎	程準 奉議郎	聞大猷 訓武郎	繆天與 從事郎			
光宗紹熙元年	姚舜陟 奉議郎	顧溪賢 武翼大夫	呂鎡				
二年	詹徽之 朝奉郎	章允國 宣議郎	周伯源 訓武郎		張思齊	陳時中 薛齊誼 高時錫	
三年		徐綱 朝散郎	葉滂 武翼大夫	鄭應甲 有傳		余峴	
四年	施適 朝散郎有傳	俞巨源 奉議郎	湯允中 訓武郎	錢纂 訓武郎	施國威 秉義郎	李德存	葉館 蔣健
五年	邵選然 朝散大夫	吳惟謹 武功大夫	趙善琥 武經大夫			趙崇儼 陳擬	

寧宗慶元元年　陳志同 承議郎　趙公御 承議郎　周麟 武翼郎　韓殊 修職郎

二年　吳子方 朝奉大夫　錢巽 寄理宣教郎　閻得志 武德郎　陳武卿

三年　陳序 朝請大夫　王傅 武德大夫　郝誧 武翼大夫　馮琳 武經郎　吳括　趙善晦　周幽

黃志按王處義以下舊志失不著年不敢妄爲附隸以次序列于右

四年　沈瞳 通直郎　楊定 儒林郎　齊準　潘世修

五年　葉畬　趙師柄　馮興宗

六年　朝請大夫　承議郎　史淵　邢徹

嘉泰元年　韓元老 奉直大夫　謝□ 承務郎　孫魏 宣教郎　王柟 字木叔浙江永嘉人朝奉郎有傳　趙伯鳳 發務郎　上官祺 迪功郎　趙崇倫　朱拔臣　郭伯逭

二年　李彥仁

三年　王璡

四年　溪周世得 奉議郎　胡元卿 字□內浙江永嘉人朝奉郎有傳　余察林　申

開禧元年　葉梓 從事郎　楊迴　姚琪

二年　呂□　趙師律　胡□ 承議郎　褚瑄

江陰縣志 卷二 職官 二十五

葉延年
三年 燕士能 朝請大夫 趙□遠 朝散大夫 召傅 何處傅 通直郎 陳 復 莫 煥 趙彥稔
嘉定元年 劉大成 通直郎 元 浙 迪功郎
二年 邱□霆 奉務郎 顏叔玠 黃仁裕 李 椿 本年特差 霍 棣
三年 湯思彥 樂傳辰 王大昌 趙崇价 司戶始此
四年 余 鑄 張 案 黃德洪
五年 吳 炎 張 案 昭武人奉議郎 胡 玢 迪功郎 李立正 趙汝叔 凌 遵
六年 張仲通 張作朋 趙彥祝 何世昌
七年 陳宜紹 張 綰 胡松卿
八年 王 仁 徐逢年 袁叔元 施 洽

江陰縣志 卷二 職官 二十六

九年 馮今圖 呂永年 朝奉郎 迪功郎 周安疆 曾 坦 蔣公諒
十年 應懋之 承議郎 鄭 容
十一年 蔣惟曉 張宗瀚 方萬里 迪功郎 錢 選 樓伯覺
十二年 邢 □ 通直郎有傳 王 璠 沈 森
十三年 張 龔
十四年 淳 劉 楨 沈 繩 朝散郎 鄭子恭 迪功郎 孫應成 迪功郎 林靖之 趙汝楞 曹 鑰
十五年 程 寔 史 鑄
十六年 胡 綱 朝散大夫 黃宋隆 趙 祖 李似祖
十七年 徐承卿 徐 植 鄭貽孫
理宗寶慶元年 司馬述 陳 燵 戴援之 施德懋 莫 埴

承議郎 從事郎

二年 衛樸 徐旦 承議郎 盧子章 朝散大夫 唐嗣祖 滑起 夏良臣

三年 張即之 字溫夫 林庚 有傳 凌遠 黃蔡二志俱作蘧今從沈志

紹定元年 顧嘗偏 福建龍溪人朝奉郎有傳 鄭宗玉 郭庭堅 從政郎迪功郎轉文林郎有傳 蔡元龍 王莊孫

二年 趙汝選 趙特壕 韓淵 葉德新

三年 史寓之 朝奉大夫有傳 高不儔 沈大逭

四年 石祖文 錢孝友 丁倚

五年 方萬里 朝奉郎 陳南一 文林郎 林必大 趙拔夫 趙與珍

六年 趙希理 黃紹庭

端平元年 趙汝鏊 朝奉大夫 周大中 翟蒸 邵奕 吳剡

二年 史騫之 朝奉郎 顧德履 徐琳 王丙發 袁循 黃志作求循

三年 邢凱 朝散郎 莫烈

嘉熙元年 趙孟修 趙希鄙 蔣拱

二年 王杆 趙汝撿 施從龍 從事郎 李湘 趙時言 歐振公 李柄 奉直大夫 向士本

三年 趙師宮

四年 尹濱 承議郎 郭庭堅 按敕授郭庭堅下注轉文林郎當即此人 趙若雄 趙時檣 趙崇塤

淳祐元年 王克仁 曾撝 蔣應炎 胡煒 錢鏜 姚璪 趙必洋

江陰縣志　卷二十二　職官　二十九

修武郎閤門宣贊舍人　沈志有周麟無管摺此從黃志　迪功郎

三年　趙汝讜 朝請郎　林夢齡陳失名　李天錫

四年　趙希璧 奉議郎　潘 夔　趙崇𢷤 修職郎　趙謹夫　于庭蘭

五年　陳 鎔 朝請郎　計朋龜 黃志册作明　沈天湘　韓 境

六年　翟 絜　史采之 趙與大

七年　趙●侯 承議郎　吳 琪　陳 將 迪功郎　許穎淇　高興祖

八年　楊纖 朝散大夫　鄭 南　朱 誼 李煥文

九年　陳允修 奉直大夫　許 棨　顏汝勲

十年　趙與緯 字德文浙江於潛人　趙與追　沈 闓

江陰縣志　卷二十二　職官　三十

迪功郎有傳

十一年　汪之垂 朝請郎　趙汝賁 修職郎　劉 埏 任伯駿　王 應

十二年　陳 協 朝散郎　呂有年　沈應年　黃俊發

寶祐元年　黃堂番

二年　潘 夔 朝奉大夫　趙圓卿 葉文孫　周會孫　林子善

三年　劉 丁　徐元積 張紹賢　婁應元

四年　胡 煃 奉議郎　王子鎮　迪功郎　周 甲 張大澤 趙孟建

五年　湯厚之　葉 正　趙希侄

六年　吳 璞 承議郎　何 田 朝奉郎　趙孟璒　李光大 迪功郎　常晞尹

開慶元年　王 琮 奉議郎　趙處曾 見黃志拾　沈 仍 錢夢龍 顧 遷

方國寶 修武郎
遺

景定元年 楊㦸之 武節郎 史肖之 俞 煜
朱大年
劉壽翁

二年 龔準 朝奉郎
李應龍 迪功郎
史衍之 黃 申
賈士英

孫應鳳 承議郎

三年 李壎 奉議郎
趙證夫

四年 楊珏
曾智孫
趙崇蘐
黃翔龍

孫桂發 朝奉大夫 朝奉郎

五年 沈昌大邵 朝散大夫
檟 錢 細
趙汝鈞

何逢吉 朝奉郎

度宗咸淳元年 趙孟奎 奉議郎
林千之 迪功郎 朱國英
唐天麟
倪升公

二年
趙良珂 有傳
吳 祝
趙孟埉 趙孟搗 東尉
邊雲遇 西尉

三年
朱國英
史振孫

四年
陳純仁
趙必成 孫汝諧
程應求
沈復之

五年
喬 觀
丁 蟠 西尉

六年
史蒙卿 字景止賁
趙與滄
趙孟廣
葉仁榮王 基 西尉

七年
州明州人進士有傳
陳紹商 許 謙 章廉伯
戴 程

八年
李炎午

九年
高純厚
趙與琥
胡應青 東尉

十年
李世修
張起予 邵 失名 楊 在
趙孟林

帝昺德祐元年 鄭 端陛 煥 見宋史黃志作端

宋太祖朝職官俱無考故表起自太宗主簿張汝明馮志始載於職官記註云乾德五年任若列於表首則知軍以下均缺僅列主簿一人似不合體而馮沈蔡三志俱爲立傳因附誌於此

元

路達魯花赤 總管 同知 治中 判官 推官 經歷 知事 照磨 司獄 獄丞 錄事司達魯花赤 錄事 司候 判官 典史

至元十三年 陞軍爲路 無考 無考 無考 無考 無考 無考 無考 無考 無考 無考 無考

至元中 李惠恭 見黃志云見蔡志 史孝祥 黃志云見賀志 曹伯啟 字士開碭山人有傳 王文信 見墻東稿

儒學教授 學正 學錄 蒙古教授 陰陽教授 醫學教授

江陰縣志 卷二十二 職官 三十三

至元二十三年 朱子昌 永嘉人見宋志重刊序 無考 無考 無考 無考 無考

平準行用庫提領 使 大使 副使 織染局 局使 副使 雜造局 大使 副使 府倉大使 副使 惠民藥局提領 稅務提領 大使 副使

無考 無考 無考 無考 無考 無考 無考 無考 無考 無考 無考 無考

州達魯花赤 州尹 同知 判官 知事 提控案牘 儒學教授 黃志儒學教授下尚有大學訓導小學訓導

至元二十八年 兀魯失不花 見改州記并賀志 降路爲州 曹定國

古字學教授等職亦俱無考

至元庚辰至甲午凡十五年 李淦 見府志 徐元鳳

江陰縣志 卷二十二 職官 三十四

成宗元貞乙未丙申凡二年 范楷 見改州記

大德丁酉至丁未凡十一年 宋仲仁 字春卿山東聊城人見梧溪集有傳 張政儀 字仲威見墻東稿 王德剛 見吾子堂記

五年 張獻 字時舉直隸定州人見君子堂記有傳

十一年
王郁 見墻東稿

失年
石末剌不裔如山花
盧彥達
蕭瑛
李師善 字復初直隸范陽人見墻東稿有傳
理熙 見重修公署記
楊子明 海寧人見梧溪集
周濟
甘公亮
張模
史堅
鄭介

武宗至大戊申至辛亥凡四年
答里馬吉的 見墻東稿

失年
靳仁 字利安洛陽人見梧溪集
康棣

仁宗皇慶中
察罕不花

延祐元年
曹艮

二年
張國綱 見墻東稿

延祐甲寅至庚申凡
韓搏

七年
山東益都人見墻東稿有傳

英宗至治辛酉至癸亥凡三年
朶爾質班 見墻東稿

泰定帝泰定甲子至丁卯凡四年
烏古孫良禎 字幹卿見墻東稿有傳
廖廣寧 江西人進士

文宗至順庚午至壬申凡三年
張紹祖 字可久安徽宣城人有傳
萬 失名 昭信人見至順浚河記有傳

失年
何鏞
蕭琮 俱見梧溪集
吳里

順帝後至元乙亥至庚辰凡六年
理熙 字伯雍
盧允恭 字士禮高唐人
翟諒 字仲直
淩來丁
梁惟清
鄧定 見梧溪集
謝成已
陳文杰 字漢卿武進人見梧溪集
程儀可 見梧溪集
王選
翁仁實 上饒人見梧溪集

失年
劉 失名
李仲常 金華人見梧溪集
邢泰 字亨翁見梧溪集

至正八年
靳廷玉 見慶福寺重鑄鐘建樓記

失年
許敬之

十四年
李良臣
趙仲芳 俱見梧溪集

失年
張仁 有傳
朱子才 見梧溪集
貢師元 見府志
高雲卿 見羅志

十六年
李道存 見輟耕錄及羅志

司獄
倉監支納大使副使稅務提領大使副使巡檢
提領

泰定三年
無考
無考
無考
無考
趙文榮 馬馱沙見墻東稿
無考

元統元年
趙文榮 見巡檢

明

知州
學官

此下無考以今州制觀之蓋仍元舊亦有同知判官知事提控案牘或吏目之類與

或仍元制名教授或名學正俟考

元至正丁酉至太祖洪武二年己酉凡十三年
張谷珍 安徽和州人
黃允中 臨湘人見用齋漫稿
孫景文 字彥民丹陽人見府志及吳良勳德碑

唐德懋 安徽和州人
潘有慶 湖北黃州人俱見羅志以上三人皆以知州攝本衛指揮使故蔡志入於武職今從黃志入文職武職不復贅焉

洪武元年
知縣
縣丞
主簿
典史
巡檢
教諭
訓導二員
稅課倉使副使
蕭龍 大使
閘官

二年
改州為縣

三年　吳志遠　傅學
錢文德
朱貫道　吳失名（浙江西安人石頭港）　陳晟（字彥昇 儀真人）　惠連（字子及 邑人）　王失名（副使）　楊遇春（黃田閘）
劉安道（蔡涇閘）

五年　饒元德（江西宜黃人）　傅浩（山東陽穀人）　魏勉（安徽宿州人）
袁輿（字仲徵 邑人）　掐敬（字敬先 大使）

六年　賀公宣（蘇州人）

七年　張庸（字熙載 笠澤人）

八年　王亭道（字逢泰 山東曲阜人）

九年　王堯禮（山西太原人）　趙志學（天水人）
潘仲瑶（河南滎陽人 大使）

十年　范寶（字文質 直隸元氏人）　李鳳（字景儀 山西陽曲人 有傳）
劉鈞用（直隸廣平人 馬駄沙）

十一年
鄭江　謝林　劉敬禮

十三年
（字朝宗 興化人）
（字墳樹 武進人 大使）　吳權（府志下有錢仲益名 志無 副使）
孫敬道（倉大使）

十四年　李秉中（前志失年今據府志入此）
周彥昭（倉副使）

十五年　王行（山西沁水人 府志行作衡）

十七年　彭伯華（蔡志在二十年今據府志更正）
項容方（安徽歙縣人）
孫彥禮

二十一年
朱衡（浙江蕭山人）

二十四年　高觀　賀子徵（字子賓 江西廬陵人 有傳）　李希泰　李道同
白德

二十六年
蔡允升　郭廷獻

王子躍

二十七年
周恩 浙江黃巖人貢生有傳
楊從禮 雲南昆明人賢良方正

三十年
聶宥 字文思浙江錢塘人進士有傳
周效忠 江西南昌人福建廉使降倉大使

成祖永樂元年
胡原善 江西饒州人
朱逢掄 字叔服江西豐城人

二年
劉玘
李益

三年
李寅

四年
王敬
劉博 新港

七年
朱衮
鄭道銓 湖北麻城人黃田關

十年
李進 資縣人
鄭文徽
陳睦
張常 字彥良江西豐

城人

十三年
王恕 直隸霸州人
胡昌 江西南昌人范港
高原聖 江西永豐人

十四年
高誠 陝西邠州人利港
劉惟清 陝西膚施人新港
舒玉成 江西豐城人黃田關

十五年
葛寅 山東館陶人
溫□ 山西祁縣人
崔鏞 山東益都人黃田關
徐孟初 浙江定海人

十六年
張再隆 江西永豐人
彭應隆 湖北蘄圻人
劉彬 直隸昌平人

十七年
潘甫整 直隸文安人新港
東珙 字文璧福建浦城人舉人
陳鑑 湖澤人舉人
陳福

十八年
潘道
河南靈寶人范港
王諒 直隸曲陽人利港
高誠 復任
魏真 柔縣人石頭港
任惠 字彥李邑人

十九年
山東福山人
田厚 河南河內人
王偵達 山東泰安州人

二十年
呂孝先 山西蒲縣人范港
陳敏 直隸永清人利港
王智

二十一年
董獻 直隸寶坻人
曾仕圭 浙江平陽人
河南拔濬人新港
顏友諒 直隸遷安人石頭港
李仲高 福建福清人

二十二年
汪人瑜 浙江鄞縣人
劉泰和 浙江松陽人
胡忠 湖北江陵人
徐榮 河南魯山人
高文 山東陵縣人
潘友才 山東長山人黃田閘

仁宗洪熙元年
王剛 山東蓬萊人
王景中 河南祥符人石頭港
徐因 福建建寧人舉人
楊穩 山東掖縣人范港

宣宗宣德元年
楊時 湖北武昌人
樊珏 河南林縣人利港
陳晉 江西泰和人舉人
阮叔明 利港
楊瑀
趙文富 四川江安人蔡涇閘

江陰縣志 卷二十二 職官 四十五

楊政 新港

二年
劉剛 山東茌縣人由御史改
吳得勝 湖南桂陽人治農
許信 山東歷城人
嚴頤 字士正江西泰和人舉人

三年
朱顯祖 湖南武陵人按察使降
鄭琮 湖南湘鄉人
蘇雯 長鄉人石頭港

四年
黄員 廣西蒼梧人范港黄志作眞員
盧銘 湖南寧鄉人

五年
李孟暉
李浩然 浙江歸安人舉人泰志誤入三年據黄府志更正
彭偉 江西萍鄉人

六年
胡旭 四川巴縣人
馬驥 新港

江陰縣志 卷二十二 職官 四十六

七年
黨智 陝西富平人石頭港

八年
王子倫 廣東南海人有傳
李環 浙江仁和人管糧
徐才

九年
李政
吳武 據府志補入

英宗正統元年
熊仲邦 江西南昌人
黄鍾

高[illegible] 山東[illegible]
陳玫 山西[illegible]人舉[illegible]
何全 江西[illegible]人舉人
[illegible]
趙[illegible] 浙江[illegible]人[illegible]
錢諡 吳縣人
蔣瑛 浙江杭州人

三年
張宣

四年
黄儆 福建侯官人
李剛 直隸肥鄉人石[illegible]
項廷燕 浙江處州人舉

頭港人

五年　錢寶　鄭文政　席正　李文韶

六年　李永本　熊恕 范港　陳康　秦立 蔡涇閘

七年　陳憲章 浙江會稽人石頭港

八年　楊昇 河南延津人

九年　張達 山東益都人　李聰 山西澤州人利港　呂順 新港

十年　邢思聰 湖北公安人石頭港

十一年　胡清 江西新建人　孫欽 山東平度人利

港

連整 山西蒲州人范港　解嚴 山東金鄉人利港

十二年　曾貫 江西泰和人　白圭 直隸河間人　周良玉 浙江臨海人　陸剛 浙江錢塘人復任　楊林 福建順昌人黃田閘

十三年　毛璣 石頭港　陳鉉 江西南昌人舉人　復稅課局

十四年　吳善觀 浙江海寧人　甯直 河南河內人新港

代宗景泰元年　盧彬 湖北羅田人　趙皐 浙江山陰人　陳理 四川大足人　劉忠 范港　王循 直隸武邑人　趙麟 江寧人　方源

河南光山人利港

二年 張廷綱浙江嘉興人 賈義陝西三原人 伍庸江西安福人人 王瓊江西安福人 賴處江西金谿人蔡涇閘

四年 鄧師晦交阯清威人知州謫任 吳彬河南扶溝人利港

五年 張用濟河南郟縣人 邱芳陝西扶風人 周義四川銅梁人 張儁直隸永清人范

港

祖原直隸撫寧人石頭港

六年 朱衍浙江山陰人 楊玘河南汝陽人

七年 史莊浙江鄞縣人利港

英宗天順元年 周斌 楊斌 郝鑾 潘希信

字國用直隸昌黎人進士由御史改任有傳
山西猗氏人
左觀湖北江夏人范港 直隸臨城人新港
浙江遂昌人黃田閘

二年 王允河南洛陽人 唐貴山東萊陽人石頭港

三年 王瓚江西金谿人 丁瑄山東蓬萊人新 柴誠浙江江山人舉 白海河南鞏縣人蔡

港
人
涇閘

四年 楊華江西上高人 孫燧直隸冀州人利港

五年 虞磬浙江開化人舉人 黃鍾江西都昌人 趙志才四川夾江人黃田閘

六年 黃常直隸深州人 劉恭陝西岐山人 宋理直隸涿州人石頭港

余子厚

江西上饒人
滕春　山東招遠人新港

七年
徐麟　河南武安人據府志補入
曹蘭　湖北咸寧人舊志作瀾
新港巡檢止此荅濟設縣丞省之未幾遂割隸靖江
樊環　直隸肥鄉人黃田閘
謝獻　山東濟寧人蔡涇閘曹志作瓛

八年
龐永澄　直隸景州人
孫儀　直隸武邑人
滕春
趙玘　河南鄭州人范港
于昇　山東萊陽人舉人
尹端　山東德州人蔡涇閘

憲宗成化元年
敬惟聰　湖北襄陽人
張瑢　山西平定州人利港
沈翱　直隸永清人石頭港

二年
郝艮　直隸新樂人
熊祥　山東邱縣人范
魏珍　山東濟寧人舉
周宗　直隸平鄉人黃

港
人
田閘

三年
王秉彝　添設縣丞分管馬馱　字好德抄四川巴縣人舉人有傳
王艮　直隸大城人石頭港
夏鍾　字時秀湖南華容人監生

四年
田聚　陝西藍田人
尹政　湖南衡陽人
趙安　壽安人
李本　直隸獲鹿人范港
駱善　直隸任縣人舉人

五年
范矩　廣西灌陽人
張熙　湖南武岡人
王晃　字服周河南偃師人
黃玘　浙江臨安人黃田閘
楊名　山東萊蕪人蔡涇閘

六年
蕭謙　湖南茶陵人
姜紹　直隸阜平人
李雍　直隸盧龍人石頭港

七年　唐絹 字世用，廣東瓊山人　梁穀 山西稷山人　李文暉 廣東東莞人，范港。是年割新港隸靖江

八年　馬文麟 字獻圖，湖北均州人　滿志 山西雞澤人，利港　李彪 河南嵩縣人，范港

九年　高林 直隸密雲人　蔡輔 福建南平人　陸宣 字汝爲，廣東高要人，舉人

十年　韓玹 直隸唐縣人

十一年　謝寧 字安世，福建惠安人，進士，有傳　薛顧 綏德衛人　趙宏 甘肅靈臺人　齊翱 山東朝城人，范港　馬聰 直隸南宮人

十二年　閻泰 直隸易州人　李春 字時雍，浙江富　邱祥 山東陵縣人，黃

陽人，舉人　田閘

十三年　高淵 山西嵐州人　蔣璇 直隸河間人，石頭港　晁璧 浙江餘姚人，范港　石洪 湖北松滋人，蔡涇閘

十四年　王璘 河南孟津人，管糧　呂芳 山西陽城人　孫藻 山東即墨人，石頭港　王本義 字汝宜，湖北松滋人，舉人

十五年　李傑 山西大同人，治農　王學程 山東濱州人，利港　張守貞 字司直，雲南安寧人，舉人　梁寧 山東聊城人，黃田閘

十六年　賀齡 陝西商州人　張敏 山東壽張人，石頭港　廖廷璋 字朝用，廣西蒼梧人，舉人　張俊 直隸平谷人

十七年　黃璉 字汝器，山東濟陽人，進士，有傳　張昇 陝西膚施人　武文 陝西華陰人，范港　許默　張興賢 四川巴縣人，蔡涇閘

山東掖縣人利港

十八年
何鑒 陝西同官人管糧
程瑢 江西新建人

二十年
伍瓊 福建晉江人
崔顯 屯留人
楊璉 山西朔州人
賈忠 山東濮州人石頭港
張來 山西文水人范港
曹瓊 直隸景州人蔡涇閘
祝貴 直隸長垣人利港

二十一年
李信 山東壽張人范港

二十二年
徐璘 山東濟南人石頭港

二十三年
丁禧 字天錫江西豐城人
朱林 山東鄒縣人利港
林德陞 字子高福建長樂人舉人

孝宗宏治元年
劉憲 山東淄川人
黃凱 泰州人
楊遠 河南雒陽人治農
岳宗 直隸定州人
王錦 直隸任邱人范港
耿玘 直隸博野人利港
廖清 字廉夫江西永新人舉人
王聰 陝西華陰人蔡涇閘

二年
任賢 字廷舉山西平遙人
王鳳 河南中牟人范港

三年
劉亨 直隸博野人
李福 石頭港
劉瑛 字器之江西鄱陽人舉人
馮艮 山東章邱人黃田閘

四年
劉敏 山東蓬萊人
李端 直隸定興人利港
曹通 山東諸城人蔡涇閘

李廣

					山東膠州人范港				
六年	黃傅 字夢弼浙江蘭谿人進士有傳	李倫 陝西宜川人督糧	劉道 直隸通州人	黃泰 江西南昌人				劉睿 河南臨漳人	
七年		莫澳 湖南慈利人府志作湨			李素 直隸邯鄲人利港		胡燦 字希哲江西新淦人		高安 廣東清遠人黃田閘
八年		張銘 河南臨潁人治農			田裕 河南雒陽人石頭港		崔瑄 山東膠州人舉人		盧滿 直隸新城人蔡涇閘
九年					郭旺 直隸清苑人范港趙志晚		林德陞 復任 李恭 字思敬湖北均州人		
十年					邵禮 利港 魏恕 石頭港	王雄 沈陽人舉人			

十一年	熊吉 字伯修江西臨川人	黃寬 山東德州人治農 鄒隆 河南羅山人 馬志高 直隸東光人管糧							
十二年	涂禎 字實賢江西新淦人進士有傳								
十四年		孫景 湖北均州人							
十五年		楊顯宗 河南嵩縣人管糧				閻祖 直隸邯鄲人			
十六年				陳德			王鎬		印洪

福建閩縣人

字宗器河南洛陽人監生有傳

桃源人 黃田閘

十七年

盧寧 山東德州人 范港

張森 浙江餘姚人舉人

何玉 廣東茂名人

李厚 山東平度人 蔡涇閘

十八年

俞廷榕 江西永豐人管糧 舊志作格 榕據府志改正

步聰 貴州都勻衛人

郭瑩 四川內江人

吳珣 江西進賢人 利港

楊安 石頭港

陳器 廣西馬平人

[illegible]元年

劉紘 字景曙江西安福人進士有傳

程鵬 陝西延安衛人

顧璘 湖北均州人

二年

傅大倫 直隸景州人

程朋 直隸成安人 范港

三年

袁溥 河南蘭陽人 管糧

張慶 山西遼州人 利港

王鉞 山東德州人 黃田閘

劉珏

山東德州人 蔡涇閘

四年

王鉼 字朝重河南郟縣人

余凌雲 江西豐城人有傳

劉璽 湖北均州人

石在 山西定襄人 石頭港 蔡志作范港

程福 陝西涇陽人舉人

五年

張輿 河南臨漳人 黃田閘

六年

黃霆 字和之河南淅川人治農有傳

楊鋌 安徽太和人 舊志作鋌 據府志改正

陳有道 河南淅川人 利港

張綱 陝西長安人舉人

蔡文舉 南河人

七年

萬玘 字宗玉河南鱗德人

孫章 石州人

溫聰 直隸文安人 石頭港 蔡志作溫宗

羅幹 江西永豐人舉人

畢彖 直隸盧龍人 范港

八年
馬縉 安徽太和人
聞元奎 浙江鄞縣人
張敵 字叔我，江西德興人，舉人

九年
鄧移 江西清江人
蔣賢 直隸文安人，范港

十年
郭章 直隸新安人
王珩 山東觀城人，石頭港

十一年
趙世文 山東平陰人
侯權 山東汶上人，范港
耿光 字謙甫，湖北麻城人，舉人

十二年
陶儀 字時莊，浙江秀水人
殷相 山東兗州人
陳好學 直隸文安人
沈芳 浙江慈谿人，范港
戎斌 字尚賢，浙江鄞縣人，有傳
劉達 山東沂州人，黃田閘

十三年
曾棠 字方召，四川嘉定州人
施尚榮 字仁夫，福建光澤人
董奇 雲南安寧人，利港
蔡忠 廣東香山人，黃田閘

介完 河南汲縣人，石頭港

十四年
栗蘭 字廷秀，陝西南鄭人
馬俊 直隸薊州人，范港
趙棠 直隸固安人，梁淨閘

十五年
王泮 字文淵，直隸藏州人，進士，有傳
毛銳 字克成，江西湖口人
賈爵 直隸薊州人，利港
陳思順 字于和，直隸霸安人，舉人

十六年
華淳
陳全

字宗禮，直隸大興人
河南新野人，石頭港
馮禮 山東商河人，石頭港

世宗嘉靖元年
雷雨 字子化，陝西蒲城人，給事中謫任
朱瓚 江西浮梁人

二年
張璠
汪暹
曾儀
李大經

江陰縣志　卷二　職官　六十三

（續）	三年		四年
字廷珍直隸滄州人			
	潘洪 山東德州人	陳進 河南汜水人	
江西浮梁人范港	李銓 直隸完縣人利港	任忠 山東陵縣人石頭港	
			何璉 廣西橫州人舉
	盧金瀾 廣東東莞人舉人		
四川郫都人			
直隸安肅人黃田閘			

（續）	五年	六年	七年
	張集 字汝思福建晉江人趙志作晉州		
	喻義 安居人管糧	鄭士璧 河南祥符人舊志作自璧	
	于泰 直隸東光人		
	趙景 山西夏縣人利港	劉聰 山東恩縣人石頭港	楊衍 江西安仁人范港
人			
	陳懋德 浙江麗水人		汪栗 江西都陽人蔡

江陰縣志　卷二　職官　六十四

（續）	八年			九年
	劉欽順 字體乾湖北石首人			
	魏希哲 湖南寧遠人	金魁 山東陵縣人	毛暉 安徽太平人管糧	
	咸大昌 山東萊陽人			
	倪鵬 江西安仁人			
港	宋隆 山東海豐人利港	崔運 范港		陳塘
	莊繼善 廣東揭陽人舉人			
志誤作汪棐				趙儲
	李宦 山東平原人蔡涇閘	宋愷 河南安陽人黃田閘		

（續）	十年	十一年	
	李元陽 字仁甫安徽太和人進士有傳		
	盧煥 直隸永年人管糧	彭進 曲縣人	韓珍 山東郯縣人治農
福建莆田人范港		沈政 直隸滄州人石頭港蔡志誤入九年據趙志改正	
	熊清 山東萊陽人舉人		
浙江蘭谿人歲貢生有傳		楊熙 趙志無據馮志補	
		是年省蔡涇閘併領於黃田閘	

江陰縣志　卷二　職官　六十五

十二年								楊貴 河南沈邱人	
十三年	王玉汝 字體成 廣東東莞人 蔡志誤入十二年 據趙志更正				李埧 直隸河間人石頭港　彭才 直隸大城人利港	劉教 字道夫 江西廬陵人舉人	姚沈 浙江慈谿人		張鑾 河南孟縣人
十四年		何玹 湖南城步人管糧	許訓 河南靈寶人		王思恭 山東平原人范港			邱文浩 江西安仁人	
十五年		李宗商 直隸肅寧人 趙志脫		鮑祚 浙江鄞縣人知印					
十六年	孫應奎 字文卿 浙江餘姚人				楊伯清 湖南藍山人利港　周遠 山東掖縣人石頭港		劉班 湖南辰溪人		

江陰縣志　卷二　職官　六十六

十七年		李久學 直隸房山人　楊暉 湖北長陽人管糧		徐貞遠 瀘州人	吳允寧 直隸真定人范港			黃中 河南羅山人 蔡仍趙馮二志誤入十八年 據沈志更正	查北 江西星子人
十八年		龐盛 直隸元氏人治農	方天陟 浙江淳安人		宋高 河南河內人石頭港	張溥 山東平原人			
十九年	吳惟嶽 字峻伯 浙江孝豐人進士有傳								
二十年		陳貴輔 錦衣衛人管糧　許仁 甘肅涇州人治農　楊埧 九城人 趙志作大城			石珉 直隸博野人范港	黃鎬 寶黃人	費良 江西鉛山人		陸用 廣東高要人
二十一年		范仲祥　龔柯					趙思仁		

四川羅江人　浙江義烏人　字守道直隸大名人

二十二年　黃仁字子任河南汝陽人　王懷仁直隸清豐人　劉瑞直隸定州人石頭港　郭德秀河南虞氏人

二十三年　盧堯俞浙江東陽人　戴珍河南新蔡人　連何隆山西襄垣人利港　葉濟福建莆田人范港　龍學昂江西泰和人舉人　朱天錫河南偃師人

二十四年　趙錦字元樸浙江餘姚人進士有傳　王南山字壽卿福建南平人治農趙志誤入二十三年　鄭本立字道生浙江山陰人　劉寧直隸三河人利港　張永隆慶人石頭港

二十五年　俞希馨字宣之浙江永康人　吳僑浙江慶元人舉人

二十六年　王麟　林烈　楊符

字仁瑞陝西興平人　字孔承廣東東莞人舉人有傳　字子器江西貴溪人

二十七年　毛鵬字汝南直隸棗強人　蔡通福建同安人　楊鎬湖南武陵人

三十年　曹廷慧山東人有傳

三十一年　錢錞字鳴叔荊州顯陵衛人進士死倭難有傳　毛栻　陳文昂安徽太和人　蕭泰式江西人

三十四年　金柱字中九浙江上虞人進士有傳　杜孝秀　鄒炯浙江孝豐人

三十五年　徐居易山東肥城人利港　周寅佩江西分宜人　吳應秀浙江歸安人

三十七年　應昂浙江江山人府志在三十一年　侯晗浙江臨海人按沈志列入訓導

今依沈蔡二志

三十八年
杜華 直隸滄州人
孫鳳 河南商邱人利港
蔡志從馮志之舊補入教諭

三十九年
嚴大觀 浙江烏程人

四十年
高大化 山東沂水人府
楊裔 浙江臨安人石
李師周 廣東廣州人

志作唐大化
頭港

四十二年
王佑 直隸東安人利港

四十三年
王成芳 字克濟寧羌衛人進士有傳蔡志作永方誤
劉宗觀 江西萬安人
周化 江西安福人

四十四年
萬承業 湖北京山人石

頭港

四十五年
鄭昊 字祖欽直隸順德人
劉相 直隸灤州人利港
章應經 浙江臨安人府志作章應綬誤

穆宗隆慶元年
李芳 字文叔浙江嘉興人進士有傳
鄭時雝 進士工科給事中謫任
王汲 浙江鄞縣人石頭港
林會春 福建人
朱辰 湖北黃岡人
王世儒

臨津人

二年
聶廷璧 字祖耀山東安邱人
周煬 浙江鄞縣人利港
錢淳 湖廣人
范承龍 字秉義山東人有傳府志脫
周國珍 江西人

三年
龔廷璧 字若純雲南建水人
何崑 江西大庾人管糧

四年
張言
萬承吉
李應德

浙江餘姚人
四川墊江人石頭港
山西絳州人瑪志在五年

五年
朱岡 江西安福人治農
何良用 浙江分水人
王軻 直隸元城人利港
楊茂先 廣東人
許楨 浙江錢塘人

六年
劉守泰 字交甫湖北麻城人進士有傳
何崑 江西大庾人據府志補入
張錡 湖北監利人
譚宗建 廣東澄海人

神宗萬歷元年
孫紹卿 直隸肥鄉人
馬宗書 山東滕邑人范港

二年
童蒙吉 浙江昌化人水利巡檢
曾士濟 河南鄭州人利港
湯煥 字堯文浙江仁和人有傳

三年
高希傅 雲南楚雄人管糧
宋朝冠 河南商邱人
戴春 安徽南陵人

四年
翁仲益 字鎮德福建晉江人
廖汝亮 江西泰和人
曾好論 安徽建德人范港
王允學 上元人
姚相 直隸新城人

五年
胡士鰲 字爾濟[illegible]安人進士有傳
王郊 浙江海寧人
杜芳 四川遂寧人府志在隆慶五年
胡士華 福建沙縣人

六年
劉楷 四川綦江人水利巡檢
甘皐 江西豐城人利港

七年
侯宗曾 山東平度州人范港范港巡檢止此九年裁
劉廷璋 安徽當塗人

八年
路廷臣 山西屯留人巡捕
宋承祐 浙江諸暨人
宋思顯 福建侯官人
陳懷 直隸新城人利港
方玘 江西南城人

九年
黃一和 湖南沅陵人
黎首輔 安徽定遠人利港
張韶 華亭人
陳傚 安徽桐城人
許天奇 沛縣人

十年
王可學
李廷挺
趙重道

	十一年	十二年	十三年	十四年	十五年	十六年
	錢汝梁 字用甫浙江烏程人進士有傳				林守信 錦衣衛籍	
河南宜陽人水利巡檢	張宗魯 直隸昌黎人巡捕	賈用中 直隸天津人水利巡檢	王家相 浙江上虞人巡捕			程啟章 江西上饒人水
福建甌寧人		蘇令德 廣西陽朔人		朱希夔 湖北監利人		
		龔濟 福建福清人	王文祿 浙江慈谿人			奚孚傳 廣西全州人
	俞汝升 浙江建德人石頭港　劉汝春 江西清江人利港					趙緯 浙江上虞人利
				趙子玹 浙江蘭溪人		
吳江人	徐士吉 安徽繁昌人　李芬陽 四川眉州人府志十四年任	馬朝龍 安徽潁上人府志十三年任			劉鳳儀 陝西寶雞人	劉希舜 浙江武義人
	丁相 安徽蕪湖人			胡廷棟 湖北黃岡人		劉仲仁 安徽繁昌人

	十七年	十九年	二十年	二十一年	二十二年
	朱家相 福建侯官人進士			朱與魁 浙江海寧人	陳臣表 浙江鎮海人
利巡檢	劉師原 江西興國人水利巡檢　郭一坤 河南安豐人巡捕有傳			李逢春 浙江長清人巡捕　曹遇伸 山東福山人水利巡檢	
	李載登 湖北石首人	葉應昌 山西平陽人		徐思愛 浙江山陰人	
		諸士達 浙江餘姚人			王宗京 浙江永嘉人
港		徐滔 浙江於潛人利港			
		楊汝諷 浙江蘭溪人			王之夔 丹徒人有傳
			宗賢 安徽宣城人	歐陽光 蕭縣人	
			施良棣 安徽太平人		陳容 福建莆田人

	神宗萬曆二十三年	二十四年	二十五年	二十六年	二十七年
兵備道		彭國光 江西德化人進士是年始駐江邑			
海防同知	史起欽 浙江鄞人進士是年始駐江邑				詹獻策 浙江常山人舉人
知縣	郝岳 河南光州人		劉學周 字翼辰湖北武昌人進士有傳		
縣丞	李天爵 江西浮梁人捕巡	于宗道 浙江義烏人水利巡鹽	戴璉 福建長泰人捕巡		鍾曰敏 江西南昌人水利巡鹽
主簿		周世亨 四川合州人			
典史			馮文祥 福建建寧人		
巡檢			李子恭 江西進賢人石頭港	虞應壽 浙江義烏人利港	
教諭					張懋貢 上海人
訓導二員				曹悌 安徽霍邱人	
稅課倉大使閘官		劉守 陝西山陽人		陸季卿 廣東高要人	

	二十八年	二十九年	三十年	三十一年	三十二年	三十三年
兵備道	梁祖齡 進士				蔡獻臣 福建同安人進士	
海防同知		樊毅 江西南昌人舉人				
知縣	郝敬 字仲輿湖北京山人有傳				余士奇 字才伯廣東東莞人進士有傳	
縣丞		施大昇 浙江永嘉人捕巡		邵應星 浙江蘭谿人水利巡鹽	廖正心 湖北潛江人捕巡	
主簿		余有鄰 遼東人				
典史			甯世寶 福建建寧人			涂嘉慶 江西南昌
巡檢	羅志祥 福建龍溪人石頭港				于惟精 山東招遠人利港	
教諭			張拱極 丹徒人			
訓導			王言炳 金壇人	徐榮 浙江遂昌人		
	李秩					

人

三十四年
胡 湖北江夏人水利巡鹽
傅會仲文 字汝嶽江西泰和人歲貢生有傳
李應鑑 安徽望江人
計思義 據府志補入

三十五年
王宇 浙江山陰人巡捕
施元綬 浙江山陰人
馬守一 山東齊河人石頭港
戴士杰 字眉陽崑山人舉人
王德俊 浙江永嘉人

有傳

三十六年
連繼芳 福建龍巖人進士
金秉節 浙江山陰人利港

三十七年
許達道 浙江東陽人
胡大德 浙江山陰人據府志補入

三十八年
臧爾勸 山東諸城人
張應中 江西萬安人
宋紀芳 江西奉新人
上官彬 江西南城人
是年裁黄田閘官

人進士
人舉人
人據府志補入
人

三十九年
錢應召 浙江會稽人巡捕
陳敎美 福建同安人
尹湯臣 河南胙城人利港
周祐 安徽滁州人

四十年
高廉 浙江會稽人水利巡鹽府志在三十七年
梅敬祖 湖北黄岡人
楊徽元 嘉定人
朱良禎 江西萬安人

四十一年
陳瑛 福建晉江人進士
孫良發 福建惠安人

四十二年
王桂 山西陽城人舉人
萬建侯 湖北雲夢人舉人
吕應芳 甘肅洮州人衛巡捕

四十三年
金廷璧
余茂先
吳志義

字德潤江西進賢人
福建寧化人水利巡檢
浙江義烏人

四十四年
李致中 浙江縉雲人巡捕
陳國璽 湖北光化人據府志補入

四十五年
蕭丁泰 字吉甫湖北漢陽人進士
宋光蘭 字孚斯福建莆田人
王嗣蕙 浙江錢塘人
譚世講 湖北沔陽人
李可學 安徽貴池人
沈延和 崑山人

四十六年
劉賢 浙江山陰人水利巡檢

四十七年
趙國偁 直隸延慶州人
張可教 山西介休人
傅時榮 江西臨川人
周應龍 湖南益陽人石頭港
王養蒙 高淳人
曹之屏
劉繼周

湖廣人水利巡檢
湖北黃岡人利港

光宗泰昌元年
曾惟唯 廣東南海人進士馮志惟作道
羊世德 浙江海寧人

熹宗天啟元年
陳九成 字儀甫河南祥符人進士
徐彥英 浙江會稽人巡捕
李良心 浙江會稽人利港
郭維藩 沛縣人
孫履端 吳江人

二年
楊宏備 江西南昌人進士
劉澤遠 河南祥符人舉人
劉日曦 字馭初江西彭澤人進士
王承鎮 四川重慶人水利巡檢
楊鍈 江西豐城人
鍾繼韶 福建龍溪人石頭港
羅文家 廣東順德人
張化源 字羽峰皐山人舉人有傳

三年
沈大成 浙江山陰人
韓紹達 浙江會稽人利港

江陰縣志　卷二　職官　八十一

四年　鄒用章 江西宜黃人舉人　張履芳 浙江義烏人巡捕

五年　周頌 浙江臨海人進士　岑之豹 字于文廣東順德人進士　陳善寶 湖南江華人永利巡鹽　倪惟屏 浙江桐鄉人　馮啟旦 金壇人

六年　王佐　沈大球 江西浮梁人　郭喬城 福建晉江人利港

七年　溫知新 江西新喻人巡捕　鄒之訓 湖北麻城人　葉夢魁 福建甌寧人石頭港

莊烈帝崇禎元年　吳時亮 浙江烏程人進士　吳鼎泰 字葆中廣東吳川人進士　張醇儒 字簡安浙江崇德人恩貢生有傳　張鼎鉉 四川忠州人　張三捷 陝西朝邑人利港　王之湘 安徽桐城人

二年　是年裁一丞以典史兼巡捕　柏維佐 贛榆人

江陰縣志　卷二　職官　八十二

三年　莊鐸 江西興安人舉人　徐文璜 浙江錢塘人　周茂才 浙江秀水人　黃休憲 福建莆田人石頭港　王世衡 直隸清苑人

四年　吳麟瑞 浙江海鹽人進士　蔡加蘩 雲南南寧人恩貢生　許國忠 浙江長興人　梁濩 直隸景州人利港　潘洪度 海門人

五年　趙英 河南盧氏人　蘇雲墀 浙江餘姚人　莊起敬 丹陽人

六年　徐世蔭　陳維舜　張元瓏

七年　浙江開化人進士　馮士仁 字允恩四川梁山人進士　陳四美 福建莆田人　俞茂椿 浙江山陰人　浙江上虞人石頭港　上海人　莊繼光 金壇人

八年　徐方震 福建南靖人　王自得 江西大庾人利港

九年　胡自得 莫讓人　孫大奎　譚振舉　劉世用

江陰縣志　卷二　職官　八十三

四川墊江人
廣西蕩浦人馮志作讓仁
江西德化人石頭港
四川蓬溪人
徐州人

十年
曾化龍　福建晉江人進士
孫旭　字𣱼初浙江嘉善人
唐廷龍　廣西全州人利港
吳懋曾　安徽婺源人

十一年
商周初　浙江會稽人進士

十二年
林銘鼎　福建莆田人進士
張嘉嗣
王臬文　字君賀福建閩縣人
閔自寅　山西平魯人拔貢生
浙江烏程人舉人十六年陞任本府知府
程于古　浙江人宏光元年任

江陰縣志　卷二　職官　八十四

以上二人沈志失載今據題名碑及府志補列於此

十三年
李時茺　直隸霸州人進士馮志茺作茺
李今晉　字端木浙江歸安人進士
鄧徽　南都人據府志補入
劉桂　湖北孝感人利港
沈浣先　崑山人

十四年
胡廷楨　江西南昌人據府志補入
張師載　四川人據府志補入
閻應元　字麗亭直隸通州人有傳
徐廷選　松江人蔡志脫據沈志補
馮厚敦　字培卿金壇人有傳

十五年
張調鼎　福建甌寧人進士
許晉　興化人

十六年
潘文起

十七年
馬鳴鑾 浙江平湖人進士
林之驥 福建莆田人進士
吳士英 貴州務波人
陳明遇 浙江人有傳
鎮江人蔡志腴據沈志補
鄒應昌 江西德化人

江陰縣志卷之十一終

江陰縣志　卷二　職官　八十五

江陰縣志卷之十二

職官二

國朝　兵備道　海防同知知縣　教諭　訓導　縣丞　主簿　典史　巡檢

順治元年

二年
張健
王失名
方亨 河南人殁陷城中
陳觀天 江寧人貢生
花龍 盛京遼陽人恩貢生
鄒應昌 江西德化人
彭國貴 江西南昌人利港
王[illegible] 湖南湘陰人石頭港
原設巡檢二員後於雍正五年裁利港司歸併石頭司管轄

江陰縣志　卷三　職官

三年
陳服遠
劉[illegible]緯 字綝溪四川內江人進士有傳
朱廷獻 沛縣人貢生

四年
楊廷詔 山東萊陽人
宋失名
李長秀 直隸玉田人進士

范光遇 浙江鄞人進士 以上二人沈志失年附列于此

五年 張明[illegible] [illegible]人吏員

六年 [illegible] 字孟超安徽石埭人舉人有傳

七年 原毓宗 陝西人進士

九年 武茂周 字泰寰杏山人有傳
魏鵰鵬 安徽虹縣人貢生
靳儁 山西屯留人貢生
馮業啟 順天大興人
陳文燦 直隸通州人

十年 胡寶 字保林浙江仁和人進士有傳
張昌爵 浙江山陰人

十一年 梁國衡 直隸饒陽人貢生
張汝成 順天大興人

十二年 劉芳衡 安徽宣城人舉人
王孫勵 浙江慈谿人石頭港

十三年 李甘來 山東蒲臺人貢生
方廷元 江西貴溪人
張許璜 河南滑縣人
楊彬 浙江慈谿人利港

十四年 劉鉽 陝西雒川人進士有傳
段袗 湖北大冶人貢生

十五年 馮泉疆 字中立山西蒲州人進士有傳
何景明 安徽青陽人貢生
虞士焕 浙江上虞人

十七年 孫大綸 山東萊陽人進士有傳
史存恕 蘄縣人貢生
馬世道 浙江山陰人生員
舒子彥 湖北興國州人貢生
饒惟肅 直隸東光人貢

							生		
十八年	陳彩 廣東人進士是年奉裁改設總兵		何爾彬 字精星浙江於潛人拔貢生有傳						王忻 浙江義烏人 陳文科 浙江山陰人自萬國貴以下王肇魁陳文燦王孫錫楊彬王忻陳文科七人前志失載今據府志補入

	海防同知	知縣	教諭	訓導	縣丞	主簿	典史	巡檢
康熙元年	胡繼芳 貢生						屠信臣 浙江仁和人	
三年	陳瞻遠 浙江義烏人			是年裁訓導				
四年			宗章峻 江寧人舉人					
五年		龔爾公 直隸永年人拔			李華秀 直隸玉田人貢			

	海防同知	知縣	教諭	訓導	縣丞	主簿	典史	巡檢
		貢生			生			
六年						章立選 浙江會稽人		王化鳳 陝西渭南人前志失載今據府志補入
七年	王迦 山西人貢生	周瑞岐 四川蓬溪人舉人					王佳節 福建晉江人	
十年					萬照藜 河南洛陽人貢	姚啟祥 陝西渭南人		

	海防同知	知縣	教諭	訓導	縣丞	主簿	典史	巡檢
					生			
十一年	奚祿詒 字蘇嶺湖北黃岡人進士有傳	鄭之恪 字雲石湖南澧州人拔貢生			伉德友 遼東人官生		王陛第 陝西華陰人 蔣會基 浙江西安人	
十三年	韓俊傑 陝西鄜州人廕生					王國政 順天大興人		
十四年							王承印 甘肅岷州人	

年	一	二	三	四	五	六	七	八
十五年		何旦純 字巽之浙江錢塘人舉人			孫德茂 浙江錢塘人監生			
十六年			趙雲 吳江人舉人	邢襄 高淳人歲貢生 俱府志是年復設				
十七年			荆子適 字歇庵丹陽人歲貢生有傳				王永祥 福建浦城人	
十八年	劉源 遼東人				沈嗣仁 浙江海寧人監生			
十九年		王徽賓 字鶴升山西汾水人監生				吳大成 浙江餘姚人		
二十年	牟樞 直隸真定人進士	沈清世 字階平江西新建人軍功議敘有傳		陳亮寅 句容人副貢生	祝世臣 遼東人刑部筆帖式		陳驥 浙江山陰人	
二十二年	危際泰		饒復亨					

年	一	二	三	四	五	六	七	八
	直隸人貢生		安徽旌德人歲貢生					
二十四年		陸大雲 字雲士浙江錢塘人由監生試博學鴻詞有傳					張宏蘊 燕山衛人吏員	李應泰 山東嶧縣人吏員石頭港
二十五年							王玉碧 陝西三原人吏員	
二十六年	孫詒謀 鑲紅旗人							
二十七年					胡日佑 浙江海鹽人附監生			
二十八年		梁殿柏 廣西懷集人舉人						周鑑 直隸香河人吏員
二十九年			程登鼎 安徽歙縣人歲貢生					

三十年		張國輔 鑲藍旗人本府通判署						
三十一年		劉衍齡 山西安邑人進士			楊琨 陝西宜君人拔貢生 王禹鼎 順天大興人歲貢生			
三十二年		劉光鉞 字一士遼東人監生	王蔭槐 青浦人官學教習					
三十三年		耿慶 河南虞城人歲貢生				趙天勳 陝西涇陽人監生	王國俊 直隸肅寧人吏員	楊廷樞 陝西富平人吏員
三十四年				胡峒齡 安徽涇縣人歲貢生				
三十六年	張學周 山西安邑人							

四十年		李士徽 江西臨川人監生蘇州府同知署						徐致禧 山西太平人內閣供事
四十一年		陶彝 字敏齋直隸棗強人進士有傳						
四十三年	王琦 山東博平人							
四十四年						王元吉 順天大興人監生	李之錩 山西靜樂人吏員	谷象晉 直隸容城人吏員
四十六年		馬天眖 順天人監生本府通判署						陳維城 順天大興人吏員
四十七年		黃和中 鑲紅旗人歲貢生						高旭 直隸眞定人吏員
四十九年			鮑開 字孝儀常熟人	潘謙光 常熟人歲貢生				

五十年
汪養純 字謹齋河南開封人進士有傳
舉人消傳

五十一年
宋堯英 崑山人舉人
胡宏祖 直隸梁城所人吏員
劉燃棠 浙江山陰人吏員

五十二年
王枚士 直隸寶坻人
周中鐸 浙江山陰人監生本府通判署
張侯 順天大興人監生有傳
曾信 直隸雄縣人吏員

五十三年
陳協哲 陝西富平人歲貢生
彭瓊 湖南龍陽人附監生

五十六年
李世金 鑲藍旗人

五十七年
鄭榮 雲南趙州人舉
王國佐 直隸永清人吏
張誠 順天大興人吏

人浙江縣籍
員
員

五十八年
龔紹芳 字芸三福建閩縣人進士有傳
王奕章 吳縣人歲貢生
張文學 直隸通州人吏員

六十一年
郁焜 青浦人歲貢生

雍正元年
金宏煊 浙江桐鄉人監生
陳鑑 直隸武清人吏員

二年
李玫 山西曲縣人監生兼攝縣篆

三年
祁文瀚 字北溟山西曹陽人進士有傳
胡崑 安徽貴池人舉人
沈儀 順天宛平人吏員
鄢琮 直隸新州人吏員

四年
朱會 長洲人歲貢生
韓夢魁 山東昌邑人附貢生

五年
劉紹岐
陳陞減
車儀遴 高郵人歲貢生
是年裁副港巡檢

六年
鑲紅旗人 是年移駐府城
字字和 湖北孝感人舉人
丁應憲 山東諸城人舉人靖江縣署
潘飛龍 四川人歲貢生南匯縣丞署
張經 字御六滿洲正白旗人由太常博士候補同知署有傳
田有伊 江都人舉人
于利亨 山東歷城人吏員

七年
魏化麟 字素書江西南昌人歲貢生有傳

八年
白潔 鑲白旗人 是年仍駐江邑

九年
郝之秀 山西汾陽人歲貢生
楊世芳 奉天承德人吏員
辛臣魏 陝西膚施人吏員
蕭廷瑞 山東曹州人舉人
張鎬 順天宛平人吏員

十年
郭純 甘肅甯當人歲貢生署十三年又署

十二年
鄭金 浙江上虞人監生
沈德蘊 安徽石埭人吏員

十三年
余家璣 貴州鎮遠人舉人賢良方正
蔡澍 字和叔山東高苑人進士有傳

乾隆元年
張世棟

四年
湖南黔陽人
李基溥 安徽當塗人歲貢生
董燦 直隸盧龍人貢生
顧天祚 直隸通州人吏員
王秉直 浙江慈谿人吏員

五年
陳逢霖 字耕心浙江蕭山人監生州同借補

七年
祖世德 漢軍正藍旗人監生
霍位喬 山西馬邑人拔貢生

八年
李鳳翔 字雲翥江西建昌人監生
宋宏業 順天宛平人內閣供事

九年
王企堂 字紀遠直隸雄縣人舉人署
羅士瓚 字書三廣東東莞人歲貢生官
吳儒清 泰興人舉人
俞鐙 字起鳴浙江新昌人拔貢生直隸州州判借補

十一年
學教習議敘署
劉新翰 字鶴飛廣西永寧州人舉人中明通榜
沈曰務 浙江餘姚人供事
李開宗 浙江會稽人

十二年
金長發 浙江山陰人吏員署
王履祥 浙江山陰人吏員
梁錦 順天大興人監生

十三年
張曾詔 湖南衡山人進士署
祖世德 署任兒海防同知
濟恂

安徽桐城人進士

十四年
潘恂 署任見知縣
黎常功 直隸順德人監生

十五年
孫耀德 直隸懷來人舉人署

十六年
張學賢 雲南寧州人舉人
程霞 上元人舉人

十八年
李世保 山東德州衛人舉人
高九思 陝西米脂人舉人署
胡文伯 本府兼攝
張學賢 署任見知縣

十九年
范鎔 浙江會稽人附監生
周鳳岐 浙江永嘉人舉人
沈治 浙江山陰人監生

二十年
霍林 安徽蕪湖人歲貢生
傅緻敏 順天大興人吏員

二十一年
潘錦璋 浙江餘姚人

二十二年
長祿 內府正黃旗人舉人署
朱鏞 浙江淳安人進士
華坦 金匱教諭署
褚階 直隸宣化人監生署
汪邦憲 浙江錢塘人舉人中明通榜

二十三年
賈鍾琪 山西絳縣人貢生
趙寅 安徽廣德州人歲貢生
周國樑 浙江會稽人吏員

二十五年
張起鳳 浙江海寧人進士署
潘謙宏 江都人舉人
李洋 廣東嘉應州人監生署
陳鈐 浙江會稽人署

	二十六年	二十七年	乾隆二十八年	二十九年	三十年	三十一年
知縣	牛綸 直隸天津人貢生				許鋼 滿洲正紅旗人舉人署	何[illegible] 福建漳浦人舉人中明通榜
教諭						
訓導						左亮 安徽鳳陽人府學教授署
縣丞					潘履恒 浙江德清人監生署	郭[illegible] 江西新城人監生
主簿	周國棟 署任見典史	是年裁 朱廷麟 順天大興人監生	孫廷楷 浙江歸安人監生	何其穎 陝西富平人監生；顧崧 四川華陽人監生署	王紹安 山西徐溝人附貢生署	
典史					宋斌 江西泰和人附貢生署	龔熊光 山西潞城人吏員署；姚鉞 安徽桐城人監生署
巡檢				沈鳳樓 浙江山陰人監生		

	三十二年	三十三年	三十四年	三十五年
知縣	單燽 山東高密人舉人署；陳模 浙江錢塘人舉人署；趙秉鍾 陝西涇陽人舉人		李爈 河南滎澤人舉人署；張掄甲 山東金鄉人監生署；顧信 順天宛平人監生	
教諭				
訓導	吳廷珀 安徽歙縣人舉人			
縣丞	王兆棨 浙江錢塘人監生	張峻 山東濟平人吏員署；王兆棨 回任	沈鳳樓 署任見巡檢	王兆棨 回任
主簿			沈鳳樓 兼署見巡檢	劉大啟 福建長汀人監生
典史	梁灝 浙江會稽人監生署	何應杰 浙江山陰人監生		陳本榮 福建歸化人監生署；李吉瑞 漢軍鑲白旗人監生
巡檢		石頭港巡檢于是年移駐顧山		

江陰縣志 卷三 職官 手

三十六年
劉大啟 署任見主簿
丁文科 漢軍鑲黃旗人筆帖式

三十七年
鍾儀祖 江西會昌人進士
林墇運 山東文登人舉人署
劉大啟 署任見主簿
沈鳳樓 署任見巡檢

三十八年
戴湯蓍 順天宛平人監生
余鑰 浙江仁和人監生
李際夔 廣東嘉應州人監生
徐玉衡 浙江錢塘人舉人署
廖光談 貴州貴定人舉人署
李際夔 署任見典史

三十九年
郎漣 江西南昌人舉人署
廖光談 署任見縣丞
廖光談
李際夔

江陰縣志 卷三 職官 主

四十年
郎漣 署任見縣丞
林墇運 署任見縣丞
張存性 直隸深州人進士
回任
署任見典史
羅安國 浙江富陽人吏員
陳廷棟 浙江錢塘人監生
鄒鈞 安徽涇縣人監生署

四十一年
林培由 山東文登人舉人
蔣鑫麟 青浦人舉人署
鍾邁書 [illegible]安縣人[illegible]人
吳璵
周成榮 浙江錢塘人監生署
浙江[illegible]人附監生

四十二年
彭維熙 湖北雲夢人舉人
程廷元 安徽太平人舉人
王元溥 吳江人歲貢生署
林大櫟 江西浮梁人監生
貢錦[illegible] 河南祥符人監生署
揭元鱗 江西南豐人監生

四十三年
吳璵 署任見縣丞
何世璠 四川金堂人舉人署
李[illegible]封
黃觀楷 安徽宿松人拔貢生
馬光曜 安徽懷寧人武生

	四十四年	四十五年	四十六年	四十七年
貴州黔西州人舉人候補知州署　趙源治 四川西充人拔貢生		宋鎔灝 漢軍鑲紅旗人貢生	柳春暉 河南太康人監生本府通判署　耿人麟 山西盂石人　俞鎬 浙江新昌人拔貢生	吳瑛 再署
			鄭廷桂 元和人舉人	
	何啟秀 湖北東湖人廩貢生	許墊 署任兒典史	王光陛 直隸永清人吏員	徐世燦 福建閩清人舉人署　章洲
	許墊 浙江海寧人監生署　龔興第 湖北漢陽人監生			

	四十八年	四十九年	五十年	五十一年	五十二年	五十三年
				毛兆奎 直隸天津人廩貢生		
		王鑾廷 華亭人廩貢生署	戴鼎 安徽婺源人舉人			
	吳士堅 字二湾吳江人舉人			陳世和 崑山人廩貢生		黃恩 安徽婺源人舉人
浙江會稽人監生	劉衡芳 江西新昌人監生	吳壽康 浙江山陰人貢生	何家掄 浙江蕭山人附貢生			戴炳 安徽婺源人副貢生署　何家掄 回任
				翟一鑄 安徽涇縣人監生	周士標 浙江鎮海人監生署　翟一鑄 回任	
		吳文瑜 江西宜黃人監生署	馬詩元 浙江會稽人監生　駱朝濟 浙江山陰人監生署	葉模輝 廣東嘉應州人監生		
						胡參佺 順天宛平人監生署

五十四年
胡潁 本府通判署
張潮觀 丹徒人廩貢生署
畢所密 山東文登人舉人署 有傳
梁蘭生 直隸遵化人廩貢生
鄧元發 安徽涇縣人
吳兆坤 安徽全椒人附貢生署
王輝曾 滿洲正黃旗人監生
王毓琦 直隸棗強人監生署

五十五年
張賓枝 安徽桐城人舉人
劉世訢 安徽南陵人舉人
歐陽甲 山東濟寧州人吏員
李毓秀 廣東嘉應州人監生
劉濟 直隸盧龍人吏員
龔濤 江西南昌人監生

五十六年
胡睿佺 前署本邑巡檢見巡檢
龔濤 巡檢兼理
賈鍠 山西汾陽人監生署
潘廷秀 浙江山陰人監生
吳溶 順天宛平人供事

五十七年
胡睿佺 主簿兼理
何家掄
吳溶 巡檢兼理
潘廷秀
高延齡 順天大興人監生署

五十八年
楊世綬 安徽宿松人監生
高朝樾 常熟人貢生
回任
回任
吳際祿 浙江錢塘人監生

五十九年
吳士璽 再任
胡睿佺 主簿兼理
黃永澄 直隸通州人廩貢生
胡紹宏 順天大興人監生

嘉慶二年
劉繼政 山東諸城人吏員署
辛鵬三 江西新建人內閣供事
李元 浙江會稽人吏員

三年
李士衡 江西龍泉人拔貢生署

四年
單灝 字樹萱江蘇山人舉人有傳 一
胡紹宏 回任

五年	六年	七年	八年	九年
	畢聞煜 湖南善化人舉人署　畢濬 回任		馬鏻 山西曲沃人舉人署　徐學瀚 署任見縣丞　畢聞煜 再署	師承祖 字禹門陝西韓城人貢生舉孝廉方正
	徐學瀚 安徽懷寧人監生			
陳松年 浙江山陰人吏員署　王愉 順天大興人監生				
		潘丙烘 廣東興寧人監生署	周駿 順天大興人內閣供事	徐學瀚 縣丞兼署　周駿 回任

十年	十一年	十二年	十三年	十四年	十五年
	孫[illegible] 浙江歸安人舉人署	黃鶴 字仲卿貴州清鎮人進士		馬麟書 山東齊河人監生　魏耀曾 武進縣丞署　鄧文鏡 順天宛平人監生	姚儲 字餘園無錫縣丞署
					劉因篤 鎮洋人廩貢生署
楊雲翊 鎮洋人廩貢生署		程璜 南匯人廩貢生			
				鄭祖經 浙江歸安人監生	王璐 順天宛平人監生
張甯鉌 安徽桐城人監生　鍾承鎔 安徽舒城人監生署	劉鵬齡 順天大興人監生		潘周 浙江會稽人附貢生署	袁廷麟 江西萬載人附貢生	

	兒後縣丞						
十六年	張留聖 河南祥符人進士	王錫康 字容帆太倉人舉人		王棻 安徽廬江人監生		朱詔 浙江山陰人	錢纘武 浙江錢塘人監生
十七年	蕭埕 字□軒浙江山陰人由吏部則例館議敘			劉毓秀 江西上饒人舉人			

十八年				黃廷麟 主簿兼署			張垂道 江西安義人吏員
十九年				吳汝弼 湖南長沙人附貢生			王棻 縣丞代理
二十年				姚儲 安徽桐城人監生			王炳 順天大興人供事
二十一年			黃□銓 崇明人拔貢生	朱湘 順天大興人監生署	楊佛保 廣東曲江人監生		

二十二年				姚儲 回任	陶禮 浙江會稽人供事		
二十三年			吳彭年 安徽歙縣人廩貢生	全福 滿洲鑲白旗人監生；姚儲 回任；吳繼曾 浙江會稽人庫大使署		陶禮 主簿代理；陸世廉 浙江山陰人監生署；劉育堂 湖北漢陽人監生	周駿 再任

二十四年				姚儲 回任			
二十五年			王錫康 教諭代理	全福 再任	劉育堂 典史代理；張逢恩 山西襄陵人增貢生署；吳一燕 字□堂浙江錢塘人		

道光元年
東 瀅 丹陽人舉人署
蔣 綸 字雲客如皋人優貢生
監生
舒[illegible] 四川涪州人監生
曹 成 順天大興人供事

二年
姚 儲 回任
項炳森 浙江嘉興人附監生
吳一夔 回任
劉光照 江西奉新人監生署

三年
鄧葉乾 字健菴廣西臨桂人舉人署
王克勤 直隸天津人監生
畢以紱 山東文登人監生
姚 儲 崇明縣丞調任
劉光遠 湖北江夏人供事

四年
黃毅貞 順天大興人監生署
沈啟庶 浙江海鹽人署

五年
王 濬
陳廷銓
錢 勳
吳繼堂

字湘衡浙江山陰人舉人署
廣東興寧人監生署
浙江嘉興人監生
河南陳留人歲貢生

六年
陳仁榮 長洲人廩貢生署
孫澍徵 安徽壽州人歲貢生
吳一夔 回任
劉光遠 回任
王正模 江西廬陵人監生署
王 灝 浙江慈谿人吏員署
何[illegible] 順天宛平人監生
吳繼堂 回任
王字彬 直隸清苑人吏員

七年
龔維庚 字商佫浙江秀水人進士
曹樹奎 上海人優貢生署
黃昭時 崇明人舉人
吳一夔 主簿代理
姚 儲 署宜興縣回任
祝 棪 浙江海鹽人附生
吳一夔 回任
俞啟源 順天大興人監生
周大淳 湖北江夏人監生署
鄒承謨 順天大興人監生署
王慶倍 浙江蕭山人監生
勞永清 順天大興人供事

八年
姚 儲
潘遇禮
吳一夔
王元發

江陰縣志　卷三　職官　三二

縣丞署任

長洲人舉人署　主簿代理

劉銘　字筱山江都人舉人

姚楷　署貝湖縣　回任

張遇恩　署任見主簿

順天固安人監生

九年

德富　漢軍正黃旗人舉人

十年

楊煜奎　廣西荔川人附生

蔡承勳

程德溥　湖北天門人監生

趙秉愷

浙江錢塘人監生署

江西南豐人供事

虞多森　浙江錢塘人供事

十一年

鄭秉乾　再署

沈之彥　浙江歸安人廩貢生署

張聯璜　安徽桐城人監生

十二年

陳宗敬　字笠瀨浙江海鹽人進士

畢以紱　回任

常恩　字静齋漢軍鑲紅旗

王炳　順天大興人議敘

江陰縣志　卷三　職官　三三

人鑲紅旗

吳一鵬　代理

常恩　回任

十三年

羅孝福　湖南善化人監生署

吳城　字吹伯

張聯璜　回任

常恩　回任

十四年

殷沛

吳一鵬

徐恩榮

徐恩榮

丹徒人廩貢生署

回任

王慶祐　順天大興人監生署　回任

盛森　典史兼署　回任

徐恩榮　再署

十五年

顧翔雲　字侍蘧元和人舉人

王慶祐　典史代理

吳一鵬　回任

十六年

段晨燦

姚大成

陳康福

貴州仁懷縣人增貢生候補同知署
浙江錢塘人監生
順天大興人監生署

十七年
蕭[illegible]恩 字海原浙江餘姚人監生
徐裕 字子鈞安徽桐城人監生

十八年
范鳳諧 江西南城人舉人署
[illegible]準 安徽婺源人監生

陳延恩 字登之江西新城人監生候補通判欽加同知銜署
史致[illegible] 順天大興人監生

十九年
沈傳[illegible] 字竹君浙江歸安人監生署
孫文炤 字星源河南中牟人監生
曹鈐 浙江仁和人監生

武職

宋
高宗建炎元年
雄節指揮 無考
異節指揮 無考
水軍將官 無考
駐劄水軍將官分屯將官
喬仲福 見宋志形勢不著官稱

三年
劉光世 江東安撫使
韓世忠 字良臣延安人江浙制置使有傳

紹興元年
李進

四年
耿進
孔屋 浙江溫州人統制蔡志脫據沈志補

三十一年
李寶 河北人馬步軍副總管有傳

孝宗乾道五年
馮湛 御前水軍統制

六年
李彥椿

淳熙九年
陳俊 見宋志嘗案不著官稱
左翼軍統領
光宗紹熙三年
江伯夔 見宋志嘗案不著官稱
失年
岳飛 建炎中金人犯泰州飛保江陰軍沙上
當思訓 統制
陳輔 統制

元
世祖至元十二年
安撫使 李世修 見李煥墓碑
安撫副使 陸煥 見墓碑

萬戶府
達魯花赤 忽哩哈李八撒完者都
萬戶 赤兒 黃志云同志 見賀志
副萬戶 黃志云見賀志蔡志
經歷 無考
知事 無考
提控案牘 無考
照磨 無考
千戶所
達魯花赤 無考
正千戶 呂德 字伯有靖江人見續東
副千戶 無考
彈壓 無考
百戶 無考
至

賀志一稱上萬戶
脫脫 黃志云見賀志忽哩哈赤子
稱正萬戶
脫因 見賀志李八撒子
張作都者完
脫倫安 黃志云見賀志完者都子蔡志脫
稱十七年任
元
丑厮 字靜如黃志云見賀志紀哈理
完仁山 見稽溪集蔡志完顏作宋
首顏帖木兒 黃志云見

中
張禋 亦添有傳 朝賡東安人名志見蔡志有傳
賈住哥 賀志亦完者都子 見稽溪集

明
元至正十七年丁酉至洪武元年戊申凡一十二年
指揮使 吳良 安徽定遠人有傳 僉衛在元至正十七年
副元帥 吳禎 良弟有傳
經歷 倪維桂 安徽六安人見倪惟譜藝志
千戶
百戶
鎮撫

二年 沙原德 字鉴之江都人有傳 是年廢衛立百戶所
趙鵬 字雲南安徽全椒人見黃常文稿有傳

三年 陳存道 字宏伯見用齋漫稿

十一年 卜亨 見用齋漫稿
文 失名 見沈移鎮序 是年陞百戶所為千戶所

十三年 是年廢千戶所除守禦官
趙存性 鄭子見沈移鎮序

失年 郭旺 字明玉安徽六安人洪武中任有傳
陳壽 見陳志
何得成 安徽和州人有傳

江陰城守營

明

神宗萬歷元年

總練官 孫光祐 鎮江衛指揮以下各官縣志均失載

守備

哨官

據舊志補入

五年 陳旭 鎮江衛指揮

八年 高忱 蘇州人進士

十一年 武懋德 太倉衛指揮

十五年 李化龍 太倉衛正千戶

十七年 汪良棟 太倉衛指揮

二十年 陳恩 太倉衛指揮

二十一年 曹子明 鎮江衛指揮
戴天錫 鎮江衛指揮

二十四年 曾天錫 蘇州衛指揮

二十六年 袁時隆

蘇州衛指揮

二十九年　李逢春　鎮江衛指揮

三十二年　朱萬年　鎮江衛指揮

三十三年　張寵文　蘇州衛指揮

王瑞廷　太倉衛正千戶

三十四年　侯承祖　金山衛指揮

金山衛指揮

三十五年　萬必忠　金山衛指揮

三十七年　王道濟　武進人進士

四十二年　王之屏　鎮江衛指揮

王伯勳　鎮江衛百戶中軍

史振南

鎮江衛指揮

四十三年　姜志郊　鎮海衛指揮進士

四十五年　王國　太倉衛指揮

四十六年　高應魁　鎮海衛正千戶

光宗泰昌元年　尹尚元　鎮江衛百戶

熹宗天啟元年　王道濟　再任

莊烈帝崇禎二年　朱之充　本邑指揮進士　是年改設

唐夔　華亭人武舉　沈世德　丹陽人水哨

八年　馮應魁　遊巡營領兵官附　吳淞所人武舉會勳有功加守備銜　儲賁　長洲人武生陸哨

十一年　鄒瀚　鎮江衛正千戶武舉　楊夢蛟　武進人浙哨

王見龍　火角營領兵官附　顧必超

	（續前）	十七年
副將		
參將		張宿 參將 高郵人駐黃田港 是年設立參將營統領守備一員哨官十員沈蔡二志僅載張宿一人餘無考附列於此
遊擊、都司	鎮江衛官生會勦有功加守備銜	陳瑞之 湖北江夏人失年 附
守備	嘉定人內河哨	陳竑 附 遊巡營哨官 嘉定人；周倚 附 火角營左哨 武進人；張雲翼 附 火角營右哨 吳淞所千戶以上俱失年

國朝	副將	參將	遊擊	都司	守備
順治二年		朱儀 山東濟寧人 是年設立統領遊擊等員	王家柱 鎮江人	高志春 河南人	王秉誠 天津衛人
三年		是年改為都司		楊宇 陝西人	
五年				是年改為守備	
六年					劉[illegible]盛 正紅旗人
七年					張世榮 直隸人
十年					劉衍 遼東人

年	副將	參將	遊擊	都司	守備
十四年					施遇美 直隸人
十七年					張六吉 順天人
十八年		王永爵 順天人武舉 是年自常州移駐統轄常無江宜靖楊孟			
康熙二年		吳標 浙江海寧人武生			
四年	張思遷 陝西榆林人 是年設立統轄常鎮				
七年	是年改為遊擊仍統轄常無江宜靖楊孟		胡師韞 京衛人進士 沈蔡二志俱列入八年今據改設遊擊年分更正		劉瑞符 山東人
八年	徐自貴 遼東人沈蔡二志俱列入七年今據改設副將年分更正 是年改設副將				

統轄蘇松常鎮	游擊	守備	千總	把總
康熙十一年	汪滿明 陝西人 是年改爲守備旋仍設游擊轄江靖楊舍		唐文 天津衛人	褚惟洪 蘇州人
			黃正	張大信 河南人
十二年	周大生 浙江人武舉	趙鎮 京衛人武舉	鄭志 靖江人	汪德 見千總
二十年	辛性溫 山西人進士		嚴井成 山西太原人	邢魁元 山東人
二十一年		徐應鏃 直隸元城人	陳忠 揚州人	崔啟元 安徽亳州人
二十二年	韓世臣 直隸人		張大成 河南人	姚登科 山東人
二十八年	高尚齡 河南人	王國珍 陝西人	常起鳳 山西人	張文錦 安徽安慶人
三十八年	劉寵 福建人		汪德 揚州人	孫應豹 山西大同人
四十年		侯永吉 直隸人進士	王龍 河南人	張志標 河南人
四十五年	李時新		儲鼎	

	游擊	守備	千總	把總
	直隸人		常州人	李應舒 山西人
五十三年	李成龍 松江人		宋旭 遼東人武生	宋奇 直隸河間人
	陳昇 陝西人		王大有 河南人	王大有 見千總
五十八年		任灝 陝西人	蔣連昌 河南人	趙應龍 山東臨清人
六十年		楊煒 安徽潛山人	任國樑 山東人	程榮 直隸人
雍正三年	高顯揚 河南人		徐暉 福建人	傅應魁 邑人
七年		施可立 松江人	賈濬 金山衛人	高廷爵 山東人
十年	是年揚泰二營改設都司隸提督軍門轄江營仍歸統轄		陳希順 松江人	李春融 山東人
十二年	車鑑 直隸文安人進士		張嘉賓 嘉定人武舉	劉大勇 松江人
乾隆元年	張昺 漢軍正紅旗人侍衛		李朝鼎 松江人	王應祥 松江人
三年		張尚武	伍進	

四年

上元人

麗水人

李虎 邑人

張成額 滿洲鑲白旗人侍衛

劉成鳳 松江人自唐文祁下共二十一人舊志俱失年依次序列於右

張新 麗水人

高翀 邑人

楊泰 武進人

宋[illegible] 蘇州人

李文魁 崇明人自楮惟洪而下共二十五人舊志俱失年依次序列於右

五年

張績 武進人

六年

王世臣 山陽人雲騎尉

汪鵬遠 陽湖人

蔣紹文 邑人

七年

朱衣 江西人

十年

劉鋐

王爵

十一年

華亭人

吳江人

十二年

兆敏 漢軍鑲黃旗人進士

牟安邦 江西新城人侍衛

十三年

徐士元 華亭人

十六年

徐士元 崇明人

十七年

柳玉書

十八年

馬誠 河南南陽人

碭山人

十九年

趙國相 吳江人

潘[illegible]才 六合人

二十年

王斌 直隸靜海人

二十二年

白雲上 河南河內人侍衛

羅林 靖江人

錢鵬 邑人

二十四年

蕭鍾偉

	湖北漢陽人附貢			
二十六年		常紹泰 丹徒人		
二十八年			王天祿 金山人	張廷貴 見千總
三十二年			王灝 溧陽人恩騎尉	
三十三年	黃大謀 浙江仁和人進士			
三十五年	冉應爵 安徽南陵人		張廷貴 靖江人	黃斌 吳江人
				范克峻 華亭人
三十七年				劉錫爵 吳江人
三十八年		王大鋼 山東歷城人		
四十年	鄒承緒 廣西藍川人進士		鄭鼎藥 安徽鳳陽人武舉	
四十二年				王時繹

				丹徒人
四十三年			張鈴 華亭人	
四十五年			李沿 華亭人	
四十七年	陳書 廣東南海人進士	張聯薇 直隸衡水人進士		王朝努 武進人
四十九年			鄭琦 安徽休寧人恩騎尉	
五十四年			劉加得 丹徒人	
五十五年	周廣試 貴州遵義人			
五十九年		徐宗仁 湖北竹溪人		
六十年				王萬年 邑人
嘉慶元年				徐鎮 丹徒人
五年				劉士魁

江陰縣志　卷三　職官　五十

					丹徒人　徐恩 丹徒人
八年		德壽 漢軍正紅旗人侍衛　周廣試 再任	曹正銑 字清泉安徽青陽人武舉		
九年				吳燮 上元人武舉	尹長清 邑人
十一年				謝芳 丹徒人	
十三年					張瑞林 邑人
十四年		保恒額 滿洲鑲藍旗人	甘志榮 貴州貴定人		
十七年					黃桂林 安徽全椒人
十八年			陳長鵬 直隸清苑人	何玉華 丹陽人武生	
十九年			盧俠		黃鳴春

江陰縣志　卷三　職官　五十一

			直隸獻縣人武舉		靖江人　汪虬 丹徒人武生
二十年		周志林 四川崇慶人			羅法 邑人
道光四年		張嵩 山東恩城人武舉	李輝運 字建功山東樂陵人侍衛	張鯤 安徽鳳臺人	
六年				魏乾 華亭人	盛鳴遠 武進人
九年		珠爾恭阿 蒙古正黃旗人侍衛		冉鏜 丹徒人	
十年		經文泰 字舒和滿洲鑲黃旗人監生			
十三年				興奎 京口駐防蒙古正白旗人武舉	
十四年					安康 京口駐防蒙古鑲白旗人武舉
十六年			夏有祥 江都人		
十八年		恒山			

正黄旗八旗營

楊舍營

嘉靖二十三年初設參將一員萬歷三年改守備八年改總練指揮崇禎間復改

明守備統水陸哨官二員舊志僅載各官姓氏不著官稱年亦俱失此外各志并無

所載姑依舊志序列於左

失年

朱英 進士

沈光先 宿州衛指揮

徐道 皇陵衛指揮

管茂先 新安衛指揮

金大受 廬州衛指揮

余應登 進士

江陰縣志　卷二　職官　五十二

潘逊 進士

武懋德 鎮海衛指揮

韓相 進士

趙豸

孫懋功 蘇州衛指揮

袁時隆 蘇州衛指揮

查國寧 進士

毛應舉 南京羽林衛指揮

高應登 進士

張應乾 進士

張鵬翼 進士

游廷桑 武舉

潘應奎 重慶衛指揮

王光澤 新建勅衛武舉

熊道傳 潘南衛武舉

錢鼎炎 哨官 武進人

國朝

失年

守備

把總

李國盛 順天宛平人

羅英

江陰縣志　卷二　職官　五十三

武舉

高尚義

得功 世襲千戶沈志作徐得功

李振龍

順治十六年

張雲翥 順天人武舉

康熙四年

李尚文 山西大同人

十一年

朱成格

	正黃旗人	
十四年	張瑞徵 直隸南宮人進士	
十九年	賀世雄 陝西人進士	
二十二年	劉全美 河南人	彭太 河南商邱人
二十九年	杜養性 山西大同人武舉	李亨嘉 山西榆次人武舉
三十一年	符愼獨	

	奉天人進士	
三十五年		張斗糠 寧夏衛人武舉
四十一年		孫廷銓 常熟人
四十三年	張伍 江南人	周燦 江寧人
五十八年	陳昇 寧夏衛人	
五十九年	黃元亨	

	陝西人	
雍正元年	王聯科 山陽人	
二年		楊順 松江人
三年	盧昌 廣東人	
四年		趙翔 上元人
		沙定邦

		崇明人
五年		何有得 福建福清人
六年	李琨 遼東人	
	都司	把總
雍正十年	穆秉常 直隸臨榆人 是年改設	
乾隆七年	周兆正 陝西石泉人	

八年		孫鴻猷 陽湖人
十三年	韋通 山東鄆城人	
二十年		羅林 靖江人
二十二年		吳國祚 上元人
二十三年	吳惠 漢軍鑲白旗人武舉	
二十七年		韓成勳 華亭人
二十八年	孫珍 山西寧武人進士	
二十九年	蔣威 直隸撫寧人進士	
三十四年		劉士龍 邑人
三十六年	吳自成 四川松潘衛人	

三十八年		王廷佸 邑人
三十九年		李浴 華亭人
四十四年	柳若棟 陝西榆林人	劉加得 丹徒人
四十七年	李中漾 貴州銅仁人	
五十四年		趙洪 靖江人
五十五年	王涵 漢軍正紅旗人治儀正	
嘉慶四年	張廷棟 直隸河間人武舉	
六年	萬勒炳阿 滿洲正白旗人侍衛	
十一年		顧勇 邑人
十七年	胡光煥 廣西馬平人	劉得 靖江人

二十二年		湯鴻高 武進人
道光二年	葉雲龍 山東濟寧人	
六年	袁占奎 貴州貴筑人進士	
十二年	恒玉 滿洲鑲黃旗人進士	
十八年	邢惟新 廣東海陽人雲騎尉	

水師營

	總兵	遊擊	守備
國朝[illegible]一年	侯襲爵 字公言遼東人都督同知是年由京口移鎮江陰	李良臣 陝西人	吳道正 神武衛人進士
十二年			王相 山東人
十四年		樊英 陝西人進士	
十七年	劉選勝	馬從龍	

	字文伯湖南常寧人左都督加一等有傳	雲 山東人府志作從	
十九年		鮑邦進 山東人進士府志作邦俊	
二十一年			陳起鳳 金吾左衛人武舉
二十二年		張定國 滄州人	
二十三年	陳奇 陝西榆林衛人據府志補		

三十年	林本植 遼東人狀元據府志補		
三十三年			張璉 直隸人

	副將	遊擊	守備	千總	把總
康熙二十六年	周宓昇 直隸人進士是年裁總兵設副將	馬超 甘肅寧夏人		趙邦位 李國忠 自趙邦位而下共二人蔡志俱失年依次序列於右	張奉 宋天祥 李長春 南世宗 郭傑
三十七年	李瀛鴻 直隸人				

四十一年	皇士英 滿洲人				自張泰而下共五人舊志俱失年依次序列於右
四十二年	李近 福建人				
四十五年	張緯 滿洲人	馬鄉 甘肅寧夏人			
	陳倅 福建人				
四十六年	王政行 福建人				
四十八年	鄂爾 滿洲人		王卿 山東人		
五十三年			陳元 福建人		
五十八年		徐成德 滿洲人世襲			
五十九年			陳善治 四川人武舉		
六十一年	尙之璿 滿洲人				

雍正二年	劉夏臣 河南人				
三年		馬祚 陝西人			
七年	徐世龍 四川人				
	蔡勇 福建人				
八年			許岱 福建人		
九年		顧寶 廣東人			
十一年			顏時鼎 直隸人	莊嗣敬	徐萬春 見守備
					姜維正
十三年	潘林祚 福建人	徐灝 鑲黃旗人	劉士龍 山西人		
乾隆元年				姜維栢	
三年	辛開元 湖廣人				蘇源鼎
					許奇

四年				林懷	
五年		姚捷 福建人	畢金勝 江南人	王凱 陝西人	
				吳士貴 江南人	
六年	蔣麟經 福建人		李遠 江南人		
七年	陳鳴夏 福建人進士		趙安國 山西大同人		陳沂 江南人
八年			徐萬春		鄭世綱 見千總
					湯世成 江南人
九年					李安 江南人
十年	王溢		俞虎		
十二年				姜禹 崔之雄	王得功 見千總
十四年		沈鎮國			徐邦貴 見千總

十八年				徐邦貴 丹徒人	席顯文 丹徒人
十九年	柯地祐			鄭世綱 直隸人入籍江陰	呂九錫 江都人
					戴應龍 江都人 周汝昇 鄧士元
二十一年	張勇				楊□紀 丹徒人
二十二年			黃濤		孫永貴 見千總
二十三年			王聖 華亭人		李天桂 丹徒人
二十五年	楊元超 廣東吳川人				
二十七年		黃燦、 孟琳 上元人		王得功 丹徒人	

二十八年	二十九年	三十年	三十一年	三十三年	三十四年	三十五年
			陳奎 浙江定海人			
	臧與邦 雲騎尉	楊適春 上海人				
		馮以太 朱民奎 順天大興人			孟端	
孫永貴 丹徒人						
馬凱 見千總 朱瑞璵 丹徒人				傅龍光 江都人	王永安 見千總 李文錦 江都人 田永安 江都人	殷得

	三十六年	三十七年	三十八年	三十九年	四十年	四十二年	四十三年
	金彪		龔兆 豐城人				
	孫德麟 丹徒人			盧廷柱 通州人			
	馬陞			王時敏 丹徒人			
		王永安 江都人 馬凱 丹徒人		陳鴻 丹徒人		徐天德 上海人	王士傑 見守備
張和 江都人		藺世昆 江都人		吳起龍 江都人	安吉 邑人		湯聯 見千總 楊世泰 江都人

四十四年	鄭文來 浙江黃巖人	趙璠 通州人			
四十七年			王長柱 順天大興人		
四十八年		巴圖魯 滿洲人			
五十年	胡虬龍 浙江歸安人 進士	馬玉魁 山東東阿人 進士	王士傑 安徽來安人 武舉	王鵬 丹徒人武舉 沙長俊 丹徒人	
五十一年	陳安邦				
五十三年				湯聯 丹徒人	
五十四年			孟光 通州人		
五十五年		馮建功		馬俊 丹徒人	葛洪章 見遊擊
五十六年					楊時和 見千總
五十七年	王殿元				

	浙江黃巖人				
五十八年			邱章		
五十九年					葉果 見千總 杜大本 丹徒人
嘉慶元年		吳坤 常熟人		楊時和 江都人	顧大年 見千總 趙鑲 丹徒人武舉
二年			徐環 常熟人		
三年				葉果 安徽盱眙人 武舉	李時春 丹徒人
六年	劉崧 安徽巢縣人				
七年	楊華 福建同安人				
八年					宋經華 丹徒人

江陰縣志 卷十二 職官

年	一	二	三	四	五
九年			葛洪章 見遊擊	顧大年 江都人	沙萬清 見遊擊
十一年	章鎮 浙江鄞縣人	趙瑞 浙江太平人			何海 邑人
十二年		葛洪章 丹徒人	顧世相 阜寧人		
十三年	沈天貴 浙江黃巖人				
十四年			徐成達 通州人	沙萬清 見遊擊	楊震 丹徒人
十五年				王麟 丹徒人	奚元 安徽石埭人武舉　吳嘉賓 邑人　毛天祜 江都人
十六年		邵元得 常熟人			禪大鴻 邑人
十七年	陳占鰲 湖北黃岡人武舉		周國祥 江寧人武舉		殷奇 江都人

六十八

江陰縣志 卷十二 職官

年	一	二	三	四	五
十九年	羅光炤 福建漳浦人騎都尉				阮兆奎 泰州人
二十年					張斌 江都人　葛鵬高 見遊擊
二十四年	曾鳳山 河南鄭州人武舉				凌慶華 見千總
二十五年	倪起蛟 浙江鎮海人武舉	吳暘 上元人武舉		孫萬清 江都人武舉	
道光元年			沙萬清 見遊擊	葛鵬高 見遊擊	孫國安 見千總　黃錦星 見千總　應敭 丹徒人
二年	龔鎮 華亭人				
三年		沙萬清 丹徒人			李大銓 丹徒人

六十九

					王政先 丹徒人
四年	楊摯龍 丹徒人				
五年					杜雲 丹徒人
六年			楊式敬 通州人武舉		
七年				鄭長清 句容人武舉	

八年	莊芳機 福建平和人				張麟 江都人
九年				黃錦星 江都人	王嘉謨 丹徒人；戴錦韜 丹徒人
十年	田松林 通州人	麋延慶 阜寧人	黃琴 通州人	孫國安 江都人；凌騰鰲 句容人武舉	

十四年	張成龍 崇明人				
十五年		萬鵬高 丹徒人	錢朝舉 清河人		仇定遠 句容人武舉
十七年	林明瑞 浙江黃巖人			凌慶華 句容人武舉	莊萬清 丹徒人；王淳 江都人
十八年			徐濤 華亭人		

祿秩附 秦建郡縣志官制當自秦始茲編紀沿革悉從黃志晉始建縣故志祿秩自晉始

文職

晉暨陽縣令一人大縣置令小縣置長如漢制秩千石者六品田二十五頃六百石者七品田二十頃諸縣入品田一十五頃主簿一人令自調用無秩尉一人縣令千石者尉入品田一千五頃諸縣九品田一十頃俱銅印黃綬朝服武冠江左止單衣介幘

前宋暨陽縣令一人千石者六品六百石者七品銅印黑綬進賢兩梁冠丞一人通典晉後無丞宋書百官志縣之丞尉列在九品則宋爲有丞晉梁陳無之尉一人九品

齊暨陽縣令一人尉一人

梁江陰郡梁豐江陰利城縣附通典郡守及丞爲十班蓋梁制官吏爲十八班以班多者爲貴州郡縣祿雜給米絹布絲綿多寡等數未詳郡守一人十班郡丞一人十班司馬

一人七班銅印黑綬絳服武冠主簿一人七班縣令一人七班主簿一人令自調用尉一人

陳 江陰國江陰郡通典敘陳官九品數十百員而繫之曰右承梁制則梁陳各官名秩大同太守一人六品郡丞一人七品餘官如梁制

隋 江陰縣令一人從六品田二頃五十畝祿一百四十石丞一人從八品主簿一人令自調用尉一人從九品

唐 暨州唐書通典三萬戶以上曰上州刺史一人從三品田一十頃俸三百三十石別駕一人從四品田八頃俸二百四十石長史一人從五品田四頃俸同別駕司馬一人品秩同長史錄事參軍事一人從七品田四頃俸六十五石錄事二人從九品各田二頃五十畝俸四十九石五斗司功參軍事一人司倉參軍事一

人司戶參軍事一人司田參軍事一人司兵參軍事一人司法參軍事一人司士參軍事一人參軍事四人文學一人以上俱從八品田三頃俸五十九石五斗醫學博士一人從九品田二頃五十畝俸四十九石五斗市令一人品田俸同醫學博士丞一人品田俸同市令江陰縣改設縣令一人從六品田五頃俸八十五石丞一人從八品田三頃俸五十九石五斗主簿一人正九品田俸同丞尉二人從九品田俸同主簿

南唐 江陰軍無考

宋 江陰軍知軍一員品秩無考據諸州刺史從五品知軍恐同職田七頃俸六十千至七千凡八等各以官稱州望而異祿粟亦據刺史五十石凡一石給六斗米麥各半簽判一員從八品田三頃俸二十千祿粟二石司理一員從八品田二頃五十畝俸一十二千祿粟四石三石有二等司法一員品田俸粟同司理司戶一員從八品田二頃五十畝俸十千祿粟三石二石有二等知錄一員品俸無考教授一員品無考據諸州文學助教從九品教授恐同田二頃五十畝路分一員品無考田七頃兵馬都監一員品無考田四頃兵馬監押一員添差駐泊都監一員添差都監一員以班直選無常員知縣一員從八品田六頃俸二十千祿粟五石至三石有三等丞一員從八品田四頃俸粟無考主簿一員從九品田三頃祿粟三石二石有二等尉二員品田俸粟同主簿東西各一員後省東尉石牌寨巡檢司巡檢一員申港寨巡檢司巡檢一員茶村鎮酒稅茶鹽務監鎮一員利城鎮酒稅茶鹽務監鎮一員都酒稅務都務二員贍軍一員以上品俸俱無考

元 江陰路達魯花赤兼管勸農事一員正三品田八頃月俸鈔八十貫總管兼管勸農事一員秩同達魯花赤同知一員品無考田四頃月俸鈔四十貫治中一員品無考田三頃月俸鈔三十貫判官一員品無考田二頃五十畝月俸鈔二十貫推官二員品無考各田二頃月俸鈔一十八貫經歷一員品無考田二頃月俸鈔一十七貫知事一員品無考田一頃月俸鈔一十二貫照磨兼承發架閣一員品無考秩同知事儒學教授一員正九品月俸米五石鈔二十五貫學正一員品無考月俸米三石鈔一十五貫學錄一員品無考月俸米二石鈔一十貫蒙古字學教授一員正九品月俸鈔一錠一十貫醫學教授一員品無考月俸鈔三十八貫五錢陰陽教授司教授一員品無考秩同醫學教授司獄司司獄一員品無考田一頃月俸鈔一十三貫丞一員平準行用庫提領大

使一員副使一員織染局局使一員副使一員雜造局
局使二員副使一員府倉大使二員副使一員惠民藥
局提領一員稅務提領一員大使一員副使一員（以上品秩）
（俱無考）錄事司達魯花赤一員（正八品田一頃五十畝月俸鈔一十五貫）錄事
一員（品無考秩同達魯花赤）司候一員（品秩無考）判官一員（品無考田一頃月俸
鈔一十二貫）典史一員（品無考月俸米八斗鈔四十貫）巡檢司巡檢一員（品無
考田一頃月俸鈔二十貫）江陰州（改設）達魯花赤一員（從四品田五頃月俸鈔五十貫）
州尹一員（品秩田俸同達魯花赤）同知一員（正六品田二頃月俸鈔二十五貫）判
官一員（正七品田同同知月俸鈔一十八貫）知事一員（品田無考月俸鈔一十二貫）提
控案牘一員（品無考田一頃月俸鈔一十貫）儒學教授一員（品無考月米五石俸

（鈔二十五貫）大學訓導十一員（品無考月俸米二石五斗）小學訓導一員（品無
考月俸米二石）蒙古字學教授一員（品無考月俸鈔一錠）澄江書院山長
一員（月米三石俸鈔一十五貫）和豐倉監支納一員大使一員副使
一員在城務稅務提領一員大使一員副使一員悟空
務稅務提領一員大使一員副使一員利城務稅務提
領一員大使一員副使一員長壽務稅務提領一員大
使一員副使一員利港巡檢司巡檢一員石頭港巡檢
司巡檢一員范港巡檢司巡檢一員黃田閘提領一員
蔡涇閘提領一員陰陽學學正一員醫學學正一員（以上
品秩俱無考）

明江陰州制仍元江陰縣（改設）知縣一員（正七品月俸米七石五斗實支一石
二斗五升）丞一員（正八品月俸米六石五斗實支二石成化五年增設一員分涖馬馱沙後立靖江縣
省）治農丞一員（品秩同宣德二年增設後省成化九年復設）管糧丞一員（品秩
同宣德六年增設是年又增設撫民丞一員後省）主簿一員（正九品月俸米五石五斗實支二石）
典史一員（未入流月俸米三石實支二石）儒學教諭一員訓導二員（俱未
入流各月俸米二石廩米一石全支）利港巡檢司巡檢一員石頭港巡檢
司巡檢一員范港巡檢司巡檢一員新港巡檢司巡檢
一員（俱從九品各月俸米五石實支一石三斗）稅課局大使一員（未入流月俸米一石
五斗實支一石二斗）黃田閘閘官一員蔡涇閘閘官一員（俱未入流各月
俸米一石五斗實支一石二斗）陰陽學訓術一員醫學訓科一員僧會

司僧會一員道會司道會一員（以上俱未入流秩無考）
國朝江陰縣知縣一員（正七品月俸米七石五斗銀四十五兩雍正七年定給養廉銀一千二百
兩）儒學教諭一員復設訓導一員（原品俱未入流乾隆元年教諭改正八品
訓導改從八品各俸銀四十兩）水利巡鹽丞一員（正八品月俸米六石五斗銀四十兩乾隆
元年增給養廉銀六十兩）管糧主簿一員（正九品月俸米五石五斗銀三十三兩一錢一分四
釐養廉同丞）巡捕典史一員（未入流月俸米三石銀三十一兩五錢二分養廉同主簿）利
港巡檢司巡檢一員（雍正五年裁歸併石頭港）石頭港巡檢司巡檢
一員（從九品月俸米二石五斗俸銀養廉同典史乾隆三十三年改爲顧山司駐顧山）陰陽學
訓術一員醫學訓科一員僧會司僧會一員道會司道
會一員（俱未入流）

武職

宋雄節營十五指揮崇節營三十五指揮水軍營土軍寨分屯營寨員額俱多寡不齊無考

元安撫使員秩無考安撫副使員秩無考萬戶府達魯花赤一員正三品虎符月俸鈔四錠四十五貫萬戶一員秩俸同達魯花赤副萬戶一員從三品虎符月俸鈔三錠二十五貫經歷一員從七品月俸鈔一錠九貫五錢知事一員從八品月俸鈔四十二貫提控案牘一員月俸鈔三十五貫鎮撫司鎮撫二員正五品金牌各月俸鈔一錠二十貫千戶所達魯花赤一員從四品金牌月俸鈔二錠五貫千戶一員秩俸同達魯花赤副千戶一員正五品金牌月俸鈔一錠二十貫彈壓二員從八品各月俸鈔二十四貫五錢百戶所百戶二員從六品銀牌子

月俸鈔一錠九貫

明指揮使品秩無考副元帥品秩無考經歷員數品秩無考守禦千戶所正千戶二員正五品各月俸米二十六石實支四石二斗副千戶二員從五品各月俸米一十四石實支三石八斗百戶八員正六品各月俸米一十石實支三石鎮撫一員從六品月俸米八石實支三石吏目一員從九品月俸米五石實支一石五斗江陰營總練官一員品無考歲支廩銀三十六兩紙劄銀二十四兩守備一員天啟間改設品無考月俸銀五兩八錢五分水陸浙內河哨官四員品無考歲支廩銀一十六兩紙劄銀二兩四錢標營總練官一員萬歷間設品無考歲支廩銀三十六兩紙劄銀三兩二錢哨官二員遊巡營總練指揮一員崇禎間設品秩無考領兵官員數品秩無考哨官員數無考靖氛營初名火角營崇禎間設屬常鎮道管轄領兵官員數

無考哨官員數無考參將營參將一員崇禎間設品秩無考守備一員品秩無考哨官十員楊舍營參將一員嘉靖間設品秩無考守備一員萬歷間改設品無考月俸九兩總練一員萬歷間改設水陸哨官二員

國朝江陰城守營原設副將一員參將一員遊擊一員都司一員守備一員康熙十一年額設遊擊一員從三品歲支俸薪心蔬馬乾等銀三百一十兩五錢四分養廉銀四百兩水師營同中軍守備一員正五品歲支俸薪心蔬馬乾等銀一百四十三兩五錢六釐養廉銀二百兩水師營同千總一員正六品歲支俸薪馬乾等銀七十四兩四錢養廉銀一百二十兩水師營同把總二員正七品各歲支俸薪馬乾等銀六十二兩四錢養廉銀九十兩楊舍營水師營同外委千總一員正八品歲支馬糧一分養廉銀一十八兩水師營同外委把總二員正九品各歲支糧餉養廉等銀與外委千總同

楊舍營水師營亦同額外外委一員從九品歲支馬糧一分楊舍營水師營同楊舍城守營原設守備一員雍正十年改設都司僉書一員正四品歲支俸薪心蔬馬乾等銀一百九十四兩一錢九分四釐養廉銀二百六十兩把總一員外委把總一員額外外委一員水師營原設總兵一員康熙三十六年改設副將一員從二品歲支俸薪心蔬馬乾等銀五百三十五兩八錢五分八釐養廉銀八百兩遊擊一員中軍守備一員千總二員把總四員外委千總二員外委把總四員額外外委五員

江陰縣志卷之十二終

江陰縣志卷之十三

選舉一

選舉者士人進身之始非士人立身之大也故循名責實不特三年大比猶成周三物賓興之遺即漢代資郎魏晉雜流皆人才所自出江陰文武選舉代不乏人國朝兩行制科更有薦辟分繫於表非榮選舉之名求副選舉之實附列封蔭敎孝而敎忠之義存焉志選舉

	宋	太宗淳化三年壬辰	眞宗咸平三年庚子
甲科		孫何榜 葛昭華 字文主大理寺丞	陳堯咨榜 沈緘
特奏	黃志宋史科舉進士明經諸科之外	又有特奏名者始于晉天福中以士之貢于鄉而屢絀于禮部或廷試所不錄者積前後舉數參其年而差等之遇親策士則別籍其名以奏徑許赴試	
鄉舉			
辟舉			

	大中祥符五年壬子	仁宗天聖二年甲子	寶元元年戊寅
甲科	廣德軍判官	徐奭榜 葛宫 字公雅工部侍郎有傳	宋郊榜 李喬 職方員外郎 呂溱榜 沈遵 緘子太常寺博士
特奏			
鄉舉			
辟舉		曹平 賜同三禮出身	

	慶曆二年壬午	皇祐元年己丑	嘉祐四年己亥
甲科	楊寘榜 葛密 字子發太常寺博士有傳	曹棐 葛璀 馮京榜 葛汝平 字正叟宫子屯田員外郎	劉煇榜 曹確
特奏			
鄉舉			
辟舉	葛武 字君昌賜五經出身儒林郎		

苗穎 字公易國子監直講

六年辛丑
王俊民榜
葛敏求 字子明司農寺丞

八年癸卯
許將榜
杜昱 字宜中通直郎
葛中復 舉明經

神宗熙寧三年庚戌
葉祖洽榜
葛書舉 字規叔長垣令

六年癸丑
余中榜
葛書思 字進叔密子朝奉郎贈太師諡清孝有傳
葛光

元豐二年己未
時彥榜
蔣靜 本宜興人 字叔明顯謨閣直學士有傳

哲宗紹聖元年甲戌
畢漸榜

葛師望 字興周中奉大夫
葛牙
葛長卿 字才傳
葛韓 字子廣

四年丁丑
何昌言榜
葛次仲 字亞卿書思子中書舍人大司成大中大夫

徽宗大觀三年己丑
葛勝仲 字魯卿書思子太學正諡文康有傳
賈安宅榜
葛師仲 字範卿秘書省校書郎
曹璉 字汝器左中奉大夫
葛彥成
史範 字執候舉八行不就有傳

政和二年壬辰
莫儔榜

葛正仲　字孝卿書學子軍器少監

四年甲午
孫安民　字君澤上舍出身從事郎

五年乙未
何㮚榜
王廉　字彥簡
繆昌彥　字公信壽昌令

重和元年戊戌
王嘉榜
何亨升　字公美康州刑曹
呂天策　字彥猷政宣間詔舉方興被詔不就有傳
葛騏　字子有嚴州教授
李預　字達先辟雍上舍官中大夫
葛价卿　字朝倚上舍出身
趙士衡

宣和三年辛丑
何洪榜
朱德行　字彥和

六年甲辰
沈晦榜
葛立經　字權之次仲子直龍圖閣
吳仲基　字叔行迪功郎
朱舉直　字正民廣德軍教授
唐悌　字民望
葛立悌　字順之宗正丞

高宗建炎二年戊申
李易榜
高時升　字志行青陽令
余壹　字進道福建提刑司幹官
胡端彥　字英弼

紹興二年壬子
張九成榜
强敞　字叔章常州通判
蔣珪　字公執邵武判官

五年乙卯
汪應辰榜

八年戊午

洪俊民 字敏夫饒州教授

吳仲逵 字仲容青陽丞

葛璘 字子平朝奉大夫知通州

蔣溫卿 字直儒廣德丞

韓瑀 黃公度榜

繆昌朝 字公敏羅田令

字德溫滁州教授

曹宿 字宗山璉子朝奉郎有傳

葛立方 字常之勝仲子吏部侍郎有傳

王誼 字行之岳州教授

葛立象 字儼之

十二年壬戌

陳誠之榜

趙端行

五年乙丑

曹岠 字巨山饒州通判有傳

字彥質賀州推官

譚穠言 字次皋

朱賁 字明叔廬州教授

邱程 字彥式縣尉

蘇磻 劉章榜

字宗[illegible] 古官[illegible]

何美成 字彥修

黃許 字齊卿提轄榷貨務

胡适 字宗侍朝請郎秘議官

十八年戊辰

王佐榜

葛郃 字周先承事郎

江陰縣志　卷十三　選舉　九

王訢　字克之　揚州教授

二十一年辛未　趙逵榜

史石　字季明　紹興知錄

黄昴　字晦叔　全椒令

趙偉之　字德遠　宣教郎　監糧料院

趙侃之　字德和　宣教郎

徐嘉謀　字員端

趙倜之　字德章　明州推官

二十四年甲戌　張孝祥榜

繆天回　字聖微

葛郯　字謙問　朝請郎　知撫州

趙虔仲　字弁遠

徐彥言　字彥智　朝奉郎

石邦彥　字光國　朝奉郎

江陰縣志　卷十三　選舉　十

趙善淵　字彥深　眞州判官

二十七年丁丑　王十朋榜

朱燦德　字汝賢　宣教郎

吳博古　字敏叔　侍郎　有傳

李好古　字敏求　台州教授

三十年庚辰　梁克家榜

丁瓘　字希音　主簿

耿秉　字直之　兵部侍郎　煥章閣待制　有傳

葛興國　字獻可　西安主簿

何武仲　字文伯　建康通判

杜正民　字民則

呂棐　字元忱　朝議大夫　監察御史　有傳

曹粲　字居中　洪州教授

曹機　字虞卿　修職郎　縣尉

葛嶧 字魯山

孝宗隆興元年癸未 木待問榜

邱崈 字宗卿探花謚忠定有傳

李雲 字□民縣尉

曹木 字去非直教郎

孫漴 字唐卿縣尉

胡琢 字叔章徽猷閣待制有傳

張芸 字德成

葛邲 字楚輔立方子少保左丞相謚文定有傳

杜敵 字時舉承議郎

乾道二年丙戌 蕭國梁榜

王甯 字德和中奉大夫直徽猷閣有傳

胡宗茂 字叔頁

何次皋 字仲韶通直郎

趙保之

字德恭朝散郎

五年己丑 鄭僑榜

吳漢英 字長卿朝請大夫兵部郎官有傳

葛興宗 字仲抗泰州教授

唐廣卿 字述道全椒令

朱謂 字元直南安軍教授

錢之望 字表臣知襄陽建興廬州等府有傳

八年壬辰 黃定榜

趙善□ 字子中大中大夫給事中有傳

胡□度 字德俊知縣

淳熙二年乙未 詹騤榜

徐向 字彥功饒州教授

湯鼎臣 字兆宗桐廬丞

謝遺規 字仲宏宜興尉

趙億之 字大鈞從事郎

五年戊戌

姚穎榜

吳竿 字允成太府寺丞有傳

趙輅 字伯達主簿

八年辛丑

黃由榜

耿羽 字儀父秉子太學博士

何大正 字季昭丹陽丞

十一年甲辰

衛涇榜

任沇 字文叔丹陽尉

繆嘉猷 字仲艮浮梁丞

余伯麟 字茂振提管

十四年丁未

王容榜

蔣廷英 字致堯徽威令

沈嘉徵 字邦佐大冶丞

光宗紹熙元年庚戌

余復榜

胡之邵

李琥 字伯康彭澤丞

字景才鎮江司法

趙侂之 字德象

胡閎之 字廣時鄂州簿

周山 字之翰紹興監鹽

吳英 字宋卿常州監務

寧宗慶元二年丙辰

鄒應龍榜

楊冠 本泰州人 字濟卿文學

何浣 字師禹

王實 字益之上庠恩例終岳祠

任應擧 字子美縣尉

戴思中 字子先縣丞

杜嶠 字仲山主簿

元必勝 本開封人 字謙仲

蔣永敬 字子直

五年己未

胡掄 字良材

嘉泰二年壬戌
傅行簡榜
湯一德 字謙叔
吳俯 字仲伯文林郎

開禧元年乙丑
毛自知榜
吳嵩 字時文司農少卿有傳

嘉定元年戊辰
鄭自誠榜
葛成 字師古沅黃教授

曹汲 字彥修

四年辛未
趙建夫榜
王星瑞 字幸夫太湖令有傳
趙當 字仲山承奉郎
趙公鉞 字叔雅
茅仁儒 字景淵
李芾 字德章
元必昌

字齊仲

七年甲戌
袁甫榜
吳復 字淵卿
徐天麟 字方叔黃州僉判

十年丁丑
吳潛榜
楊瑞叔 字子正江東憲幹有傳
趙公篆 字文叔

十三年庚辰
劉渭榜
吳彥翔 字居翼
靳東庄 字春伯海南教授有傳
何鎮 字真卿
虞疇 字叔之司農少卿
呂景望 字太叔
趙師棠 字南伯
趙大用 十五年舉備科見甲科
趙炎 十五年舉備科

十六年癸未
蔣重珍榜
何丞叔 字師皐
趙發

字達甫探花祕書省校書郎有傳
杜樓 字景輝
蔣熊 字仲熊
葛興孫 字景千
吳行可 字見父牟子
蔡瑜 字叔瑾
趙丙 字南仲
胡鐺 字伯還知寶慶府有傳

理宗寶慶二年丙戌 王會龍榜
李時選
趙伯代 字積慶師業父
字伯英
李必萬
吳從善 字彥澤
孫夢元 字問卿
趙甯 字康叔

紹定二年己丑 黃樸榜
吳濤 字晉伯
王登瀛 字叔同
呂宗元 字仁甫
吳大發

趙彥扶 字廷秀公棠子
繆汝礪 字利卿
曹潮 字朝卿
邢汝進 字亨伯有傳
陳忠遠 字孝立

端平二年乙未 湯舉 吳叔告榜
高一鳴 字伯震銀青光祿大夫
字叔謙
吳津 字登叔
陳維新 字德懋
趙師攀 字周卿

嘉熙二年戊戌 周坦榜
胡澄 字濟之德清令
趙大用 字通甫
包璽 字仲卿

淳祐元年辛丑 徐儼夫榜

江陰縣志　卷十三　選舉　十九

四年甲辰
杜應酉　字開先
留夢炎榜
王一鳴　字希聲
湯焱　字國寶
葛寶
湯爽　字宗召

七年丁未
張淵微榜
何攀　字龍友浣子司理
孫杓　字端友縣丞

十年庚戌
方逢辰榜
高惟日　字仲陽司法

寶祐元年癸丑
姚勉榜
陳定　字希能推新子舒城令
闞翁　字民瞻推官
吳演章　字景雲

江陰縣志　卷十三　選舉　廿

四年丙辰
文天祥榜
陳必達　字希堅維新子監行在左藏庫
杜應龍
黃大同

開慶元年己未
周震炎榜
龔應午　字伯南
趙炎午　字光道
袁天任　字有大山陰令
樂霖　字民望鎮江僉判

景定三年壬戌
陳穎　字德秀

五年甲子
郭子炎　字明仲

度宗咸淳元年乙丑
阮登丙榜
趙慶老
何敏學　字時甫
闞閎　字叔遠
徐何　字子聞
包天麟　舉博學宏詞有傳

三年丁卯

陳文圭 字子方有傳

四年戊辰

陳文龍榜

靳夔之 字德輿

劉伯玉

趙石禮

史源 字茂深

靳天成 字子珍

史作肱 字君舉

王定 字平甫

何源 字資深

七年辛未

張鎮孫榜

徐元鳳 字仲翔

奚世炎

俞煜 字景暉

九年癸酉

郭登龍 字雲仲

十年甲戌

王龍澤榜

王申

失年

李森茂 字實甫

耿與文 河南盧氏縣知縣。黄趙與三志俱脱。沈志云紹聖間進士，後家於盧氏。蔡志入於紹聖四年，似未可據，今仍沈志列此。

趙應佳

趙有元

趙德生

陸煥 字元輝安撫使

沈迴 械子以下失科

蔣延年 字堅叔靜子朝請大夫倅揚州

曹岍 字伯達埴子知昌州

曹格 字伯尹完子奉直大夫

史鐸 修職郎

邱壽雋 字資長完子刑部侍郎徽猷閣待制江西安撫

邱壽邁 字遠翁大司農卿贈特進

邱汲

邱必恭 字漢直壽邁子知桂陽軍

汲子金壇令

王鐩 字子開中奉大夫

吳淵 漢英子迪功郎通判石港鹽場

吳沫 修職郎監池州酒庫

吳藻 修職郎德清丞

章建

元 甲科 鄉舉 辟舉 雜流

仁宗延祐元年甲寅

黃輿 字子高常熟教授

包植 字德立樂清尹

包樸 字德文同知諸暨州

耿亢 字立之宣教郎 三魁鄉薦

四年丁巳

陸文圭 見宋鄉舉

英宗俞失年

耿慶 解元

順帝至元元年乙亥

陸庸 字孔至文圭從孫

至正元年辛巳

梁益 字友直有傳

七年丁亥

包英 字叔蘊諸暨學正有傳

郭道廣 字茂四至正間舉賢良方正

舊志元初未[illegible]甲科自仁宗始用[illegible]括取士華[illegible][illegible]士于廷而試之曰賜出身即宋之進士也其科分無考統列于左

朱正言 字明通揚州路總管有傳

邱立夫 字景唐揚州路學教授

邱介夫 溧陽縣丞

宋仁輔 歲貢平江路通判有傳

陸可大 浙江省院照磨以下省掾

李晟 字吉父以薦召試迪功郎史館編校改參制置司幕府事有傳

侯允嗣 漳州路經歷

吳方 字季仁延祐中薦授處州學錄不就有傳

龔森 字仲實江西興國縣尹以下譯史

陳傑 字漢臣薦授江陵路稅課副使不就

袁則忠 字國良浙江龍游縣主簿

侯邦 字仲遠臨江路推官平江路治中

邱堅 廣西路字學教授
邱基 黃巖判官
袁德誠 晉陵教諭
徐邦 字子奇齊東廉訪司僉事有傳
陸縊 字毅之扆子興元路學錄
陸銓 字衡之轉運大使
陸永 字孟修銘子仙遊巡檢
陸孔思 黃岡書院山長
夏寀 字茂之本州教諭
夏元 本州教授

有傳
邱元鍾 字士英舉茂才明道書院山長
張端 薦授和靖書院山長官至江浙樞密院都事有傳
張兗 字子恭舉儒士浙江廉訪使司書史
朱申 字南伯海陵州文學陞路學教授以下大臣薦舉
劉換 字公垣帥府照磨有傳
許恕 字如心登江書院山長有傳以下舉文學
吳維訦 字士振明道書院山長
杜光起 安豐平江二路學教授

史員
李通 平江路財賦都目中正院史
吳均浩 南平縣典史 舉遺逸

夏淵 字師顏上海主簿
章賢仲 字東侖永新州判官
張縉 字敬之浙東廉訪使

湯虎 字子賢溫州路學教授
郭登 字雲仲無錫州學正師宋鄉舉郭登龍
章君祥 字瑞吉黃州路學錄
章同孫 諸暨州判官
夏鼎 字仲寶松江府判官
陳坦 字平伯黃巖縣知縣以下舉才德
吳伯川 滄州知州
范彬甫 壽春縣簿以下舉人材
耿福
邱定夫 字則游武隆州同知有傳以下俱錄

宋故官子弟

貢則榮 字國華 慶元路學教授

徐登 字昇甫 婺州路學教授

明　甲科　鄉舉　貢薦　辟舉　頒例　雜流

太祖洪武三年庚戌

曹友 字克端 陝西安塞縣知縣

郭貞 見甲科

蕭連 字子及 舉經明行修 本縣訓導 有傳

宋楙

包軏 字德輦 □□衛經歷

謝熙 字時雍 河南鄢陵縣知縣

徐晞 字孟初 兵部尚書 有傳 以下吏員

蔡德

四年辛亥

吳伯宗榜

郭貞 字以凝 陝西鞏昌府知府

字時勉 舉賢良方正 江西泰和縣知縣

華純 字誠甫 光祿寺署丞

湖廣常德府經歷

十一年戊午

吳績 字以功 河南祥符縣知縣

章磐 字鴻漸 舉孝弟力田 河南嵩縣縣丞

梅時芳 字士俊 四川蒲江縣知縣

朱璧 橫海衛經歷

十二年己未

吳純 字以文 四川綿谷縣縣丞

徐行 字遵甫 浙江紹興府經歷

屈完 上林苑錄事

許節 字文度 恕子 舉文學 禮部主事 有傳

趙驛 字邦瑞 湖廣茶陵州州判

蔣禮 直隸陽城縣縣丞

十六年癸亥

邱文浚 字宗彥 長樂縣知縣

李文 直隸任邱縣縣丞

十七年甲子

李敏

繆煜

鄧宏 字毅夫 舉聰明正直 陝西

陳滋 字惟庚 上林苑監副

王愷

十八年乙丑

字惟學 浙江瑞安縣教諭

見甲科鄉舉

藍田縣知縣

朱哲 字克明 東城副指揮

福建清流縣縣丞

十九年丙寅

沈鎔

邱擴 字宗博 舉講論治道 福建按察司僉事

陳湖 字鵬擧 廣西按察司僉事

陳文 寶城縣主簿

李貞 刑部主事

劉本道 戶部侍郎 有傳

二十年丁卯

繆煜 見甲科

黃益

張庸 字熙載 本縣訓導 以下舉明經

趙誠 字本敬 直隸元城縣縣丞

秦志道 福建延平府經歷

許士良 原名能 字景能 直隸內黃縣知縣

孫作 字大雅 國子監司業 有傳

趙松 字國華 湖廣沅江軍民府經歷

劉源 直隸容城縣縣丞

二十一年戊辰

繆煜 任亨泰榜

韓城

陳晟

王爔

張信

字季光 吏部員外郎

字彥昇 浙江杭州府推官

字和之 直隸東明縣知縣

四川重慶府遞運所大使

二十二年己巳

高繼能 監察御史

袁琛 字仲徵 本縣訓導

薛鑿 字子珍 浙江海寧州州判

周忠 福建晉江縣縣丞

二十三年庚午

邢用 字齊民 廣東雷州府通判

包極生 字叔翰 浙江金華府訓導

郭驥 字德祥 直隸定州直隸州州同

陳瑶 湖廣稅課局大使

二十四年辛未

池澄 字永清 吏部侍郎

任惠 字彥孚 本縣訓導

黃中 字通理 江西豐城縣主簿

徐森 福建晉江縣縣丞

二十五年壬申

蔣昇 廣東韶州府通判

包尼援 字師聖 湖廣岳州府同知

湯迪 湖廣兩路口巡檢

二十六年癸酉

翟斐

黃常

高孝宗 字子亢 鴻臚寺序班

薛會

二十七年甲戌
二十八年乙亥
二十九年丙子
三十年丁丑

湯銘　字仲新訓導
沈斯　字斯會兵科給事中

字成章兵科給事中
沈迪
孫直　字叔誠陝西鞏昌府知府有傳
芮敬
吳轂

字叔彝常州府訓導有傳
禁志王常註引郡志一作黃常疑爲一人但姓字官職各不同今依黃志重補王常另列於後
包英　見元鄉舉至是再舉亦不就
張宣　端子翰林院編修有傳以

湯爍　字文伯廣東清遠衛經歷
李民敬　字德夫浙江寧波衛經歷
許芝
徐敬　字鍾秀江西撫州府經歷
王詔　字世宜寺丞
夏諒　字元貞福建順昌縣主簿

福建清流縣主簿
吳義　典史
錢泉　福建閩縣主簿
徐敬　字彥莊福建晉江縣縣丞
張浩　字宗大國子監典簿
潘廷璽

二十一年戊寅
惠帝建文元年己卯
二年庚辰
成祖永樂元年癸未

周欽　字敬之浙江富陽縣知縣
袁順　字孝友廣西扶綏司僉事
何瀲　字彥清江西袁州府知府

刑部主事
徐明　字明晉前志脫據湯志補
戚業
汪溢

下第秀才
王叔紀　湖廣平江縣縣丞
徐遜　字伯敏都督府斷事
梁桓　字宗武雲南宜良縣主簿
趙叔墩　字横浦鹽場司令以下舉人材

夏謹　字元敬江西撫州府照磨
夏文燦　字敬夫廣東欽州吏目
夏文選　字純夫廣東惠州吏目
鄒奎　字文治浙江定海縣主簿
陳沐　字新之湖廣黃州府照磨

光祿寺監事
徐禎　山東淄川縣主簿
周旋　浙江雙穗場大使
房蘭　新城縣縣丞
李觀　山東黃縣稅課局大使
朱楨

二年甲申

曾棨榜

有傳
蔡庸　見甲科
宣績　見甲科
韓庸　見甲科
朱貞　見甲科

謝玉　字廷玉中都留守司經歷
周以大　名樸以字行福建福州府知事
何屏　字維翰湖廣永州知州
陳淮　字宗洋直隸文安縣主簿
李士行

徐譜　字子猶知事
徐禎　字子祥浙江慈谿縣主簿
蔣濤　字欽齋州判
蔣偉　字邦彥山東泗水縣知縣
吳楠　字元甫石城縣主簿

福建興化府照磨
陶萱　四川綿州州判
薛貴　直隸霸州州判
萬昱　四川雜造局大使
陳寶　廣東潮州府南澳司巡檢
吳浩

三年乙酉

韓庸　字定理戶科給事中
宣績　字宗熙湖廣武昌推官
朱貞　字汝良四川布政司參議
蔡庸　字叔常湖廣永州府同知

朱珉　字公美陝西布政司右參
張鉉

浙江衢州府知府
周賢　字宗賢龍泉縣知縣
嚴立　字與權光祿寺大官署丞事
吳義　字德全江西吉安縣知縣
戴宣　字宗道廣東龍川縣知縣

陳言　字嘉謨福建福寧府經歷
徐治　字敬修鴻臚寺序班
徐洽　字恒修鴻臚寺主簿
黃穀　字世禄廣東瓊州衛經歷
張㷆　字正夫南城兵馬司指揮

福建沙縣主簿
陳晟　直隸薊州州判
潘富　新喜縣巡檢
劉和　山東萊州府稅課局大使
林翔　四川建昌倉大使
殷諒

四年丙戌
五年丁亥
六年戊子
七年己丑
八年庚寅
九年辛卯
十年壬辰

顧潭 呂鏜榜

政
戈恤 字德誠廣東化州府同知
黃珩 字宗禮福建閩清縣知縣
顧潭 見甲科

何潦 字敬源山西布政司左參政
盛偉 字景謙監察御史
蔣黻 字以章工部主事
徐岳 字仲山直隸河間縣知縣
馬震 字孟超河南光山縣知縣
居諒 字友諒江西萬載縣縣丞
焦良 字元善浙江平陽縣主簿

吳舜 字文德兵科給事中
何漢 字叔雲浙江永嘉縣知縣
徐麟 字子昭浙江處州府知府
李輔 字文伯山西布政司右參議
鞠斌 字彥文陝西鄜州府知府
朱安二 揚州府知府
陳剛 字子來浙江天台縣知縣
陳禮 浙江紹興府司獄
唐名 浙江慶元縣知縣
諸安

趙鈴 字子和廣東龍門縣知縣
章惟寶 字楚寶湖廣按察司經歷
李應奎 字文徽兵馬司吏目
章孔逖 開州州判
朱儼 字起陽貴州鎮遠衛經歷
陸晃 字伯元陝西金州州同
貢甸 字虞臣山東滕縣縣丞
唐虔 字際之江西上饒縣主簿
章惟雍 字子熙浙江杭州右衛知事
夏樹芬

北京倉大使
朱組 陝西西安後衛知事
謝傑 四川布政司案牘
劉珩 南京旗手衛倉大使
王珍 直隸昌平縣典史
沈濟 山東萊陽縣典史
顧賢 直隸薊州州市文河泊所大使
胡黻 山東恩縣主簿
李源 浙江海鹽縣巡檢
薛廷瑞

十一年癸巳
十二年甲午
十三年乙未
十四年丙申
十五年丁酉
十六年戊戌
十七年己亥
十八年庚子
十九年辛丑
二十年壬寅

字澤民福建布政司參政有傳
陸昌 曾鶴齡榜 字永和
陳璇 字汝衡浙江按察使

陳璇 見甲科
陸昌 見甲科

宋敘 浙江嘉興府通判
周怡 字公俊河南永城縣縣丞
陸俊
金宣
俞華
陳清
劉繹
袁芳
承繪

兩浙鹽運司大使
何信 兩浙鹽運司批驗所大使
張源 陝西城固縣稅課局大使
邢祐 直隸密雲縣古北口倉大使
史源 山東濰縣主簿
陶廣 廣東韶州府稅課局大使
許子高 直隸永平府司獄
宋銘 廣東南海縣馬寧巡檢
蔣茂 江西下河泊巡檢
王賢 山東招遠縣巡檢

字藻仲武英殿中書舍人
王輔臣 字翼明山東泰安州知州
韓應芳 字茂遠中城兵馬司指揮有傳
王來詔 字嘉猷浙江仁和縣主簿
徐中立 字從南光祿寺署正
黃復亨 字子中浙江山陰縣縣丞
陳梓 南城兵馬司指揮
陳本 字穆山南京中城兵馬司指揮
王達 字惠霖福建泉州府照磨
謝君志

黃家堰巡檢
蔣良能 江西餘干縣典史
姜叔莊 廣東黃家山水驛驛丞
李亨 巡檢
時祐 閘官
陳訓 四川榮縣典史
程繹 江西南昌府倉大使
薛秉 倉大使
謝敬 山西岢嵐州州判
徐納 浙江蕭山縣主簿
邢哲

二十一年癸卯
二十二年甲辰
宣宗宣德元年丙午
四年己酉

李信 邢寬榜

李信 見甲科
胡忠 湖廣衡州府同知
許鳳翔

字伯純湖廣黃陂縣知縣
蔣昂 字士昂兵部職方司郎中
吳信 字永孚國子監助教
黃敏

浩本 江西上猶縣浮龍巡檢
陳立 江西貴溪縣管泉寨巡檢
王禮 福建福寧縣青灣巡檢
王寧 湖廣長沙府永豐倉大使
盧宗善 湖廣辰溪縣縣丞

四川順慶府經歷
曹鵬 字子翀鴻臚寺主簿
梅中立 字正夫江寧縣主簿
王選 字舜舉浙江湖州府通判
曹駟 字子行湖廣湘潭縣縣丞
王逅

江西鉛山縣主簿
金昇 倉大使
殷員 會同縣典史
韓襄 浙江開化縣稅課局大使
徐義 湖廣枝江縣典史
謝敬

五年庚戌
六年辛亥
八年癸丑
九年甲寅
十年乙卯

字時舉江陵縣教諭
王璡 字士瑢訓導

福建興化府經歷有傳
黃環 字祖中湖廣棗陽縣知縣
黃寬 字子舒湖廣羅田縣知縣
顧行 字正道湖廣景陵縣知縣
吳海
龔毅 字近仁廣東布政司參政

李彥祥 字鈞州河南密縣縣丞
薛成 浙江錢塘縣縣丞
石玉 河南祥符縣縣丞
張叔禮 戶部廣積倉副使
吳原道 江西廬陵縣知縣

字舜賢江西峽江縣知縣
馮堯 字本大江西廣信府經歷
夏祖仁 字德容光祿寺署正
王遷 字介石鴻臚寺序班
馮垠 字道安龍泉縣主簿
王適

直隸滁州州判
吳章 直隸雄縣典史
丁順忠 浙江山陰縣典史
薛鑲 字慎言湖廣湘潭縣典史
喬世良 福建崇安遞運所大使
徐英

英宗正統元年丙辰
三年戊午
四年己未

王斌 字士珍教諭
任溶 字元[illegible]
徐剛 字逵璉山東濮州知州

徐安 字叔凝四川順慶府推官
薛篤 字文勝
張鑑 字庭物湖廣江華縣教諭

黃任 河南裕州州判
郭豫 字彥章湖廣臨湘縣知縣
邵南 浙江義烏縣主簿
吳勗 浙江錢塘縣縣丞
李公諒 河南洛陽縣縣丞

字楚峰光祿寺監事
張鵠 字汝礪光祿寺監事
賈衡 字以材河南鄧州知州
薛敷 字安敬奉天府經歷
陳力 字子相福建邵武府通判
姜惠

山東聊城縣典史
秦惠 遼府典簿
吳宗 江西高安縣縣丞
張芳 南京工部軍器局大使
陳純 湖廣寧遠縣白面寨巡檢
潘方

六年辛酉
八年癸亥
九年甲子
十年乙丑
十二年丁卯

卞榮 商輅榜 字華伯戶部郎中有傳

卞榮 見甲科
杜宥

江華縣教諭
顧琳 字汝玉大理寺寺正有傳
王璣 字公美廣東惠州府推官
蘇韡 字廷茂廣東韶州府知府有傳
蔣善

縣丞
徐麒 字本中有傳
繆盛 字成章福建延平府推官
朱璲 江西臨江府知府
朱祖 長史
朱安七 字德剛秦府紀善有傳

湖廣麻城縣縣丞
王尚 字元朗楚府舍人
徐綗 江西廣信府經歷
戴晟 字用明福建邵武府知事
薛迎 字世和光祿寺署正
朱承恩

浙江錢塘縣典史
嚴玉 湖廣道州州同
吳宜 浙江溫州府倉大使
夏瑞 山東東平州倉大使
仰惟仁 江西南昌府倉大使
趙坤

十三年戊辰
彭時榜
見甲科
陳蘭 見甲科
字仲良廣東南雄府推官
華旭 字彥暉江西吉安府推官
[illegible] 字廷用江西高安縣知縣
楊瑜 字廷璲彭城衛倉經歷
莊鏜 字公武福建清流縣縣丞
王徠 遂孫
許能 更名士良 見鄉舉
邱文海 字宗大四川綿谷縣主簿以下舉賢良官貴志云閩字無謂莊賢字之謨然志列三人皆同又另有賢良科則非誤矣姑存之
教諭
袁希舜 羽林衛經歷
王魯 字賓夫寧州州同
夏興 字子衡山東金鄉衛知事
馮坤 字本和直隸永平府經歷
王維城
龍泉縣縣丞
周盼 湖廣永州倉大使
沈乾 浙江永嘉場大使
戴昌 河南魯山縣典史
何昱 南京倉大使
楊景和

十四年己巳
代宗景泰元年庚午
陳蘭 字楚芳山東按察司僉事
任渼 字元量湖廣黃州府教授
王誼 見甲科
陳旦 字仲寅直隸武清縣教諭
王溢 字孟洋福建寧德縣縣丞
程可 字傳可山西徐溝縣縣丞
趙尚忠 字叔敬批驗茶引所大使
陳良 字溪傑保定府經歷以下舉賢良
陳士信 字原孚國子監典簿
陳士良
字宗甫陝西漢中府通判
王維禎 字文典雲南霑益州州同
徐昱之 字德馨上林苑苑丞
薛朝楨 按察司檢校
張鴻儀 字羽吉戶部檢校
徐有道
浙江嘉興府倉大使
俞勝 浙江杭州府知事
黃唐 字堯甫福建莆田河泊所大使
龔正 浙江四明驛驛丞
許瑞 馮志瑞作端 湖廣江華縣琵琶倉大使

二年辛未
三年壬申
四年癸酉
五年甲戌
孫賢榜
杜宥 字叔寬湖廣道御史有傳
陳懋 見甲科
嚴萱 見甲科
吳鏜 字維聲直隸薊州州判
張瑛
湯祐 保安衛經歷
馬良 字仲良雲南布政司吏目
字原善淮安府經歷
薛鑑 字德昭浙江東陽縣主簿
趙彰 字彥禮浙江浦江縣知縣以下舉材能
邱資深 字逢源湖廣巴陵縣知縣
邱嵩 字宗年浙江瑞安縣主簿
字汝賢雲南黑鹽井提舉
陳文謨 字禹謨江西玉山縣縣丞
張麟瑞 字趾仁河南禹州州判
劉文彥 字士美鴻臚寺序班
徐有登 字思道陝西臨洮府通判以軍功陞同知
葛天祚 湖廣竹溪縣巡檢
吳天祐 福建光澤縣稅課局大使
何玉 浙江台州府廣儲倉大使
吳彝 浙江樂清縣廣豐倉大使
高瑀 山東即墨縣典史

六年乙亥
七年丙子
英宗天順元年丁丑
黎淳榜
嚴萱 字廷暉江西按察司僉事
徐泰 順天 字士亨解元湖廣荊門州知州有傳
吳啟 字文舉解元河南滑縣知縣
邢容
薛誠 字汝貴
朱鎬觀 吏部侍郎有傳
章庠 字景序江西袁州府知府有傳
李英 字世彝邳州衛知事
薛復 字復善廣西按察司僉事有傳以下舉懷材抱德
黃大同 南京光祿寺署丞
湯三省 陝西西安府經歷
黃繼立 字志學中書舍人
余伸 鴻臚寺序班
邱峻 字彥選光祿寺署丞
沈巽 浙江蘭溪縣瀔水驛驛丞
唐格 浙江瑞安縣豐積倉大使
王樬 山東臨清州廣積倉大使
周雲 湖廣沔陽州吏目
胡鵬 廣西懷集縣燕[illegible]寨巡檢

江陰縣志 卷十三 選舉 三十七

二年戊寅
石嵩 福建永春縣縣丞
薛兼 字兼善 遷科給事中
郁廷彝 字元伯 雲南按察司經歷
周經 湖廣新化縣典史

四年庚辰
王一夔榜
王誼 字克正 刑科給事中 河南按察司僉事
徐鄖 字安卿 山西按察司廉使 以下舉儒士
李燚 光祿寺署丞 有傳
周華 福建詔安縣元鎮倉大使

五年辛巳
章瓊 字孟瑛 昌化縣訓導
邢譽 字公達 浙江慶元縣訓導 以上洪武朝
徐應震 字長卿 兵馬司指揮
徐傑 雄崖守禦所吏目

六年壬午
侯常 解元 見甲科 前志脫採實
包良輔 字堯助 四川潼川州州同
張忠 字體道 泰明經 浙江僉事
顧孫綬 字與之 按察司知事
沈邦棟 字元梓 浙江蘭溪縣典史
韓嗣芳 字茂實 鴻臚寺序班
陳佶 馮志作秖 字代玉 桐城驛驛丞

舉孝略補
蔡彝 見甲科
包爕 字廷瓚 福建南靖縣知縣
府訓導
吳謨 字原謨 舉人材 東官伴讀
成勳 字羽民 文華殿中書舍人 有傳
譚鳳梧 浙江溫州府司獄
沈玉 字時寶 山東布政司理問
嚴本 有傳 以下舉儒士
韓文明 字欽華 江西布政司理問
袁億 湖廣茶陵州稅課局大使
王方 字克義
袁順
孔宗曾
姚一鳳 青浪衛經歷

七年癸未
顏理 見鄉舉
孔宗道 字尊尼 文華殿中書舍人
葛仲元 馮志葛作萬 信陽衛經歷

憲宗成化元年乙酉
顧瑄 見甲科
字性之 直隸慶都縣訓導
朱紳 見鄉舉
王賢 山東昌樂縣知縣
周廣平
張繼武 字元輔 廣東都司斷事
劉升 十郡志升作抃 字完甫 湖廣攸縣巡檢

江陰縣志 卷十三 選舉 三十八

二年丙戌
羅倫榜
顏瑄 字寶之 瀘孫 戶部主事
陳憲 字國秀 戶部郎中
華霖
朱紳 字舜文 江西南昌府通判
李參 見甲科
禮科給事中 以下舉楷書
字用卿 鴻臚寺序班
郭舟 字裕川 江西袁州府經歷
徐譽 字處譽 山東按察司僉事
李元鵬 字舜揚 光祿寺署丞
王文立 字闇心 常平倉大使
陳耘 字德耕 監察御史 浙江按察司僉事 有傳
張毓美 字可大 鴻臚寺序班
陳韶 字元定 四川馬湖府經歷
沈遠 字志遠 直隸賀皇縣知縣
曹世學 字汝達 順天府照磨
耿汝爲 江西進賢縣主簿
楊信民 字以行 山東日照縣知縣
陳昶 字堯謙 山東泗水縣縣丞
沙復明
徐思義 字士和 山西壺關縣縣丞

三年丁亥
字天性 禮部郎中
王嶽 字國才 湖廣巴東縣知縣
王常 字彥常 四川夔州府推官
中書舍人
顧可學 字元甫 浙江溫州府經歷

四年戊子
萬吭 字天和 雲南南安州知州
龔數 字惟學 山西臨縣知縣
夏謹 字元德 鴻臚寺主簿
吳藝 字秋安 湖廣衡州府照磨
夏能 字子模 謹子 文華殿中書舍人 有傳 以上永樂朝
林阜 刑部司獄
張昞 見甲科
嚴啟芳 字少泉 安仁縣主簿

七年辛卯
夏彝 順天 字良貴 福建泰寧縣知縣
夏彝 見鄉舉
徐訥 字敏夫 與賢良方正 尚寶司丞
李琨
張元霖 山東臨清州州判

江陰縣志　卷十三　選舉　三九

八年壬辰
張昞　吳寬榜　字時顯福建浦城縣知縣
任彥常　字古甫提學副使
見甲科
許芳　見甲科
謝珍　字世賓湖廣景陵縣縣丞
薛澤　舉明經
[illegible]幹　歲薦才江西南康府照磨以上宣德朝
蔡九敘　字亦泗福建甌寧縣典史以下舉人材
劉敬　字以莊江西萍鄉縣知縣
林稷　江西安仁驛驛丞
沈拱辰　浙江[illegible]儲倉大使
張嘉言　[illegible]石驛驛丞
蔣承禧　湖廣公安縣典史
王國政　字繼玉直隸容城縣典史

九年癸巳

十一年乙未
許芳　謝遷榜　字茂之鳳[illegible]子
李琨　字德嘉監察御史有傳
李參　字宿卿湖廣安鄉縣知縣
王淮　字柏山
劉讓　字以順浙江青田縣知縣
朱遜　福建政和縣主簿
周玉　江西浮梁縣縣丞有傳以上正統朝
曹希臯　字尊樂河南汜水縣典史
吳安道　山東棲霞縣典史
朱承源　應天常平倉大使
陳永明　字抱和浙江杭州府廣積倉大使

十二年丙申
馮澤　字大川南京錦衣衛經歷
徐敏　舉孝行

十三年丁酉
劉繼武
楊完
王軏
錢桂芳

江陰縣志　卷十三　選舉　四〇

解元見甲科
何義　見甲科
字瑞芳湖廣竹山縣知縣
舉材能山東范縣縣丞
字汝芳河南牛山司巡檢

十四年戊戌
劉繼武　曾彥榜　字葵之
陶廷威　見甲科鄉舉
徐升遠　舉材幹歷官節推晉僉彰德
王復道　舉行義
章服　字南儀儀眞廣實倉大使
張光禮　廣東四會縣典史
陳有年　驛丞

十五年己亥
朱鑑　字孔昭河南郾城縣縣丞
鄒公宣　字誠之翰林待詔以下舉明經
蔣崇英　南京左倉衛大使

十六年庚子
徐元獻　字尚賢有傳
王訢
胡振芳

十七年辛丑
朱昕　字啟東江西南康縣知縣
薛格　見甲科
趙熇　字惟敬湖廣永興縣知縣
王覲　廣西富川縣教諭
季有鵬　字先卿刑科給事中以下舉人材
王軒　浙江東陽縣典史
陝西富平縣典史
吳璉　字仲文四川簡州吏目
張維臣　[illegible]湖驛驛丞
薛容　直隸故城縣知縣

十九年癸卯
吳泰　字進之浙江嵊縣教諭
閻掞　字惟正高州通判
王杲　字惟俊龍泉縣教諭
孫良翰　字大年陝西白水縣縣丞以下舉儒士
蔣一鵬　字復爵浙江歸安縣主簿
沈漢

二十年甲辰

二十一年乙巳
何義 李明榜 字孟宜工部郎中

徐鼎 字伯器湖廣永州府推官
陸勉 字懋之南京刑部郎中
馮江 字會川四川瀘縣知縣
楊輔 字廷佐

俞璿 字彥衡有傳
王挍 逢子通事司令翰林博士兼文華殿經筵事以下失科附
薛銓 學正

南京禮部鑄印局大使以下歲貢生
薛泉 江西廣信府檢校
沈倫 河南武涉縣縣丞以下戶工二部書算
徐謙 字仲常浙江海鹽縣縣丞
薛諭 湖廣石門縣典史

二十二年丙午
湯沐 見甲科
史熙 字晦之
陳哲 字明卿
曹忠 見甲科
屈霖 見甲科

許鏇 山東費縣典史
許南 湖廣黃岡縣縣丞
李奎 江西建昌縣縣丞
何埕 直隸慶雲縣縣丞
陳儒 江西德興縣縣丞

二十三年丁未
曹忠 費宏榜 字原孝工部郎中
屈霖 字天澤刑部郎中有傳
朱叔綸 字大經福建大田縣知縣

孝宗弘治二年己酉
嚴謨 字舜俞
曹纓 字廷用
陶繼威 見甲科

陳校 字子教四川榮昌縣縣丞
張元 通政司知事
張宗 廣東南雄州平田司巡檢以下稅戶人材
史衡 福建連城縣知縣

三年庚戌
陶榆 字國祚浙江餘姚縣知縣
徐文煥 四川敘州府通判

四年辛亥
徐訓 字世重

五年壬子
夏從壽 見甲科
薛金 見甲科

何壽 浙江永嘉縣知縣
劉敬 福建建陽縣知縣
花本 寧府良醫正以下醫生
陶思德 淮府良醫正
徐吉 字仲吉太醫院院判

六年癸丑

七年己未科

夏璪 字廷華，陝西耀州知州

王格 字文弼，工部員外郎，有傳

朱景 字顯卿，前軍都督府都事參軍

王彬 字元質，浙江湖州府推官

鄧彩 靖江籍

八年乙卯

夏從壽 字如山，右副都御史巡撫鄖陽，有傳

陶廷威 本姓周，名麓，南京戶部主事，有傳

薛格 字平甫，翰林院檢討，有傳

黃昭 見甲科

徐圭

字廷模，廣西連州吏目

陶紀 字守經，浙江邵安縣知縣

徐文質 太醫院御醫

陳璉 太醫院醫士

繆應時 太醫院御醫，有傳

趙應春 太醫院御醫

耿鎡 字純禮，太醫院吏目

蔣應科 字文舉，太醫院吏目

徐頤 字惟正，中書舍人，以下俸

朱熊 字惟吉，通政司知事

徐世英 字國用，南京通政司左通政

字[illegible]，馬錫鼎子

薛球 字良韶，安仁縣知縣，有傳

邵經 字孔延，山西潞州知州，有傳

卞思敏 見甲科

徐經 字直夫，元獻子

[illegible] 見甲科

黃箸 見甲科

林鶚 見甲科

胡凝道 字大猷，江西饒州府通判

黃斌 字良用，南京戶部員外郎

周俍 字應文，中書舍人

袁鑾 中書舍人，以下工諭事

袁德常 字以常，中書舍人

王應言 字近渠，山西洪洞縣縣丞，以下儒士

王志賢

[illegible]司

黃魯 字魯生，山西陵川縣縣丞

老人

周麟 鴻臚寺序班

譯字生

張立 鴻臚寺序班

通事舍人

薛如洛 黔江千戶所吏目

吏部

九年丙辰

黃昭　朱希周榜　字明甫福建按察司副使有傳
湯沐　字新之大理寺卿有傳
高賓　字舜卿江西布政司參議有傳
夏安甫　字克仁斌子浙江道御史山東按察司僉事有傳

徐方道　改名宏　字尼積南京員外郎
高貫　見甲科
顧晃毅　字士宏
陳瞻　字德卿

徐廉　字克儉
張昉　靖江學　字元亮前志俱失年今據府志列入

知印
陳永禧　字與寮太平府訓導　孝行
張毓芳　備官　府學生
陶廣　字伯成廣東韶州府稅課局大使
龔材　陝西蘭州府通判
蔡仁　江西樂平州州判
徐輅　湖廣桂陽州州判
陳恩　字子仁楚府典膳
曹文炳　鴻臚寺署丞
曹一解

十年丁巳

顧廉　字簡之浙江昌化縣訓導
陳訥　字敏之湖廣蘄水縣教諭

山東布政司都事
曹世隆　鴻臚寺署丞
張汝誠　鴻臚寺署丞
張芳　南京軍器局大使
溫永昌　五官司晨
曹宏祖　太醫院吏目

十一年戊午

姚惟賢　字子賢浙江嵊縣知縣
高贄　字孔載福建柴安縣知縣
季天寅　靖江學　字性之河南汝州訓導
趙墉　字邦成

十二年己未

倫文敘榜
高貫　字道唯浙江按察司副使有傳
林鶚　字橫舒兵部員外郎

王瑞之　見甲科
劉乾　見甲科
薛貫賢　字思齊衛經歷

十四年辛酉

劉乾 字克柔光祿寺卿有傳

史良佐 字禹臣雲南按察司副使有傳鄉舉失科

邱煥文 字熙章直隸溧州知州

張履信 字漢臣衛經歷

十五年壬戌 康海榜

夏承業 榜姓徐 字世廣山東高唐州學正

十六年癸亥

薛金 字子純廣西按察司僉事有傳

卞忠敏 字行甫有傳戶部郎中

王廷秀 字國英

十七年甲子

王莘 見甲科

蔣賢

見甲科

十八年乙丑 顧鼎臣榜

張簡 字允敬廣東布政司參議有傳

張簡 見甲科

陳英 字秉忠南京府學訓導

楊海 大理寺評事

王敏 字彥才福建興化府經歷 以上二人失年附於此

武宗正德元年丙寅

施濬 靖江學 字國賓

二年丁卯

杜宗 順天

孫漢 字子瀛四川茂州知州

徐度 見甲科

承天秀 字鍾之河南南陽府同知

朱悌 字民望江西萬安縣教諭

三年戊辰 呂柟榜

江陰縣志 卷十三 選舉

四年己巳

徐度 字克宏廣東按察司副使有傳

王瑞之 字獻夫廣州按察司僉事按察志誤列十二年今據趙志更正

許溥 字文博浙江秀水縣訓導

五年庚午

陳鳳 順天

湯銀 靖江學

字鳴岐

字器之

周縈 見甲科

劉羽 字翥鳳撫武子有傳

顧康 字凝伯琳子

姚相 字吉人浙江仙居縣知縣

六年辛未

張稷

江陰縣志 卷十三 選舉

八年癸酉

字舜臣江西崇義縣知縣

十年乙亥

吕惟高 字尚志江西瑞州府訓導

吴崑 字仁夫江西撫州府訓導有傳

十一年丙子

曹安 見甲科

張衮 見甲科

包真 府學 字邦彦南京右衛經歷

十二年丁丑

舒芬榜

王華 字元聘格子四川按察司副使有傳

曹安 字毅之忠子山東道御史有傳

蔣舜民 字廣仲山西按察司僉事有傳

蔣莅 字汝舉

十四年己卯

趙欽 字子明

蔣璠 字良輔浙江杭州府通判

陳儞 字宏毅福建福州府通判

周儒 字汝為

陳沂 字與之福建永安縣知縣有傳

方謨 字孔章有傳

陳紆 靖江學 字汝修浙江溫州府訓導 府志作天爵

十五年庚辰

蔣舜錫 字虞明

陸載 靖江學 字東容浙江定海縣訓導

顧復 字德中

十六年辛巳

張袞 楊維聰榜 字補之翰林院侍讀學士太常寺卿國子監祭酒有傳

蔣閎 字文六福建仙遊縣知縣

卞槐 靖江學

世宗嘉靖元年壬午

沈天麟 字碩伯浙江義烏縣知縣

花貴 字文成山東萊蕪縣訓導

以上三人失年附於此

吳莢 字瑞夫浙江壽昌縣知縣

薛甲 見甲科

趙鑒 字子剛江西南昌府推官

徐臣 字仲鄒福建南平縣知縣改湖廣夷陵州州判

何遷 見甲科

二年癸未

周鰲 姚淶榜 字起龍吏部主事

奚梅 字濟之

三年甲申

張獻 字仲舉

四年乙酉

趙鍾

字子元江西撫州府通判

夏初　字子復

陳瀛　字會之山東平度州知州有傳

五年丙戌

張誼　字惟正四川合州學正有傳

七年戊子

童吉

黃憲

字養正

字一顧浙江黃巖縣訓導

吳孝亨　字鴻漸歸化縣知縣

薛如淮　見甲科

黃邑　見甲科

陳詞　見甲科

趙承謙　常熟籍

一見甲科

姚麟能　字本才相子

八年己丑

薛甲　羅洪先榜　字應登兵科給事中江西按察司副使有傳

儲[illegible]新

黃正色　無錫籍　字士尚太僕寺卿有傳

陳詞

字子達戶部主事

九年庚寅

趙瑄　字子秀河南桐柏縣教諭

十年辛卯

湯校　字師尚

徐亮　見甲科

承林　德州衛籍　見甲科

十一年壬辰

林大欽榜

吳祺

承林 德州衛 字汝卿
字吉夫 直隸易州州判

十二年癸巳
蘇徽 見鄉舉

十三年甲午
吳節 字子甘 新昌縣知縣
吳遜庭 拔貢 見鄉舉
徐雨 字文化 新城縣知縣 改湖州府教授
趙大河

見甲科
陳崇慶 武進籍 見甲科

十四年乙未
韓應龍榜
陳崇慶 武進籍 字懋貞 廣西按察司僉事

十五年丙申
徐楷 字來臣 浙江烏程縣教諭

十六年丁酉
須道 字其南

十七年戊戌
茅瓚榜
趙承謙 常熟籍
王之禎 字維翰
袁繼隆 字問學
王臣 字子忠
徐材 字懋卿 戶部郎中 有傳
張奎 字文亨 江西新淦縣訓導

十八年己亥
字從光 廣東布政司參議
黃僊 字貢卿 江西撫州府通判 有傳

十九年庚子
陳舜卿 字禹忠 山西平順縣知縣
馮義同 字士章 廣東茂名縣縣丞
陳大經 字汝誠 浙江諸暨縣教諭
湯明善 字汝一 淮府左長史 有傳

二十年辛丑

張瑪　字子佩　浙江嘉興府推官

蘇磁　字叔強　國子監助教

沈坤榜

徐亮　字子實　浙江秀水縣知縣

何遷　德安籍　字懋益　刑部侍郎　有傳

沈謙　字貞鳴　江西餘干縣訓導

姚臣　拔貢　字蓋人　浙江歸安縣縣丞

二十一年壬寅

顧鼎　字務之　江西興國縣訓導

二十二年癸卯

繆俊　字用章　廣西梧州府通判

劉光濟　見甲科

陳學謨　見甲科

方兗　字思化　直隸河間府同知

邵業

蔣鵬　字時舉　山西吉州訓導

二十三年甲辰

秦鳴雷榜

陳學謨　字思貴　南京工部郎中　有傳

劉光濟　字惠謙　南京兵部尚書　有傳

田鏄　字文化　浙江崇德縣知縣　廣西衛籍

聶汝橋　應天籍　廣西桂林縣知縣

二十五年丙午

沈奎　見甲科

陳甲　見甲科

周傅　字汝守

張瑛　字朗玉

二十七年戊申

蔣龍　字時從

二十八年己酉

徐汝　字伯兗

趙與治

徐大年　副貢　字長卿

二十九年庚戌

見甲科

唐汝楫榜

薛如淮 字東卿南京刑部主事有傳

吳懋

三十一年壬子

唐覲 字子朝

謝璧

李科 見甲科

朱大桂 靖州學正

曹淮

三十二年癸丑

陳謹榜

陳甲 字會先浙江義烏縣知縣

趙興治 字道隆兵部郎中有傳

李科 字與登江西布政司參政有傳

三十三年甲寅

卞穀 湖廣通山縣教諭

三十四年乙卯

林琛 字邦獻湖廣荊門州知州

黃學海 見甲科

王嘉會 見甲科

陳紹[illegible] 見甲科

三十五年丙辰

諸大校榜

趙大河 字道源浙江按察司僉事有傳

劉麒

三十七年戊午

趙用賢 常熟籍 見甲科

趙璜

周有容

譚志 以上三人據府志補入

龔天祐 福建寧化縣訓導

三十八年己未

丁士美榜

沈奎

字文叔江西布政司參政有傳

三十九年庚申

李琦 字伯玉通政司右通政鄉舉失科

陳紹登 字燿之號廣子按察司副使

吳大器 見鄉舉

四十年辛酉

吳大器 順天 字汝容江西撫州府通判

范鳴謙 見甲科

四十一年壬戌

由時行榜

王應昌 字君謨浙江布政司參議有傳

黃學海 字宗宇正色子江西贛州

張文學 字濬川江西撫州府教授

四十二年癸亥

府知府

王履仁 字體元福建長泰縣教諭

四十三年甲子

袁鍾臣 字永謙有傳

朱卿 湖廣武陵縣訓導

蔣鳴環 字利振直隸清苑縣知縣

四十五年丙寅

夏秉 字體仁

張璠

穆宗隆慶元年丁卯

陶元

繆乾亨 字子嘉

凌雲 靖江縣訓導 以上四人失年附於此

薛道 恩貢 字世語

徐鳴玉 浙江壽昌縣訓導

二年戊辰
張承學 字宗魯
三年己巳
朱汝 恩貢
四年庚午
梅國光 字用賓
趙湑 字道昭浙江富陽縣訓導
張明瑞 字元朗衣丞江西上猶縣知縣
五年辛未
范鳴謙 張元忭榜

字貞夫御史有傳
六年壬申
趙用賢 常熟籍 字汝師承謙子吏部侍郎贈太子太保禮部尚書謚文毅有傳
陳三謨 高郵州判官
蔣遵化 失年 字本一
神宗萬曆元年癸酉
薛旼 本姓青
王夢麒 恩貢

二年甲戌
字從魯
字應龍廣東歸善縣知縣改浙江金華府教授
徐河 字仲圖浙江湯溪縣知縣
四年丙子
徐有存 字在思
孔時中 字化之
六年戊寅
袁夔臣 見鄉舉
七年己卯
袁夔臣 順天 字承勳河南魯山縣知縣

鄧汝楫 [illegible] 字[illegible]龍門縣知縣
郁文周 字文叔長樂縣知縣
張修德 字季成
史邦載 見甲科
薛履祥

字世吉廣東澄海縣知縣

八年庚辰

張懋修榜

史邦轍 字元熙南京兵部郎中福建汀州府知府改河南禹州知州

劉邦徵 字子垂廣西荔波縣知縣

周中立 府學 字濂涯福建興化府教授

十年壬午

王廷賓 字明揚江西德安縣知縣

繆元亨 字汝嘉溧陽縣訓導

有傳

十一年癸未

朱國祚榜

袁一驥 字德良僉都御史福建巡撫有傳

袁一驥 見甲科

十二年甲申

高鉍 拔貢 字宗禹太平府教授

十三年乙酉

蔣啟[illegible]

字從魯

字應龍廣東歸善縣知縣改浙江金華府教授

二年甲戌

徐河 字仲圖浙江湯溪縣知縣

四年丙子

徐有存 字在思

孔時中 字化之

六年戊寅

袁堯臣 見鄉舉

七年己卯

袁堯臣 順天 字承勳河南魯山縣知縣

鄒汝楫 順天 字宏[illegible]廣東龍門縣知縣

郁文周 字文叔長樂縣知縣

張修德 字季成

史邦轍 見甲科

薛應祥

見甲科

二十年壬辰

翁正春榜

顧言 字尙寳布政司參政有傳

蔣應譙 見甲科鄉舉

二十二年甲午

蔣應證 見甲科

趙樹楨 字汝一溧水縣訓導

杜燾甫 字儀卿常熟縣教諭

陳繼芳 字世茂□孫雲南按察司副使

二十四年丙申

袁顯卿 字德符浙江桐鄉縣教諭歷國子監學正

繆正之 府學 字巳先安慶府訓導

史之俊 府學拔貢 字士豪

周寰晉 拔貢 字從儒廣西梧州府通判

有傳

二十六年戊戌

趙秉忠榜

張履正 字我先江西廣信府知府陞九江道有傳

邵重光 字燿卿湖廣藍山縣知縣

二十八年庚子

李勝之 順天 山西保德州知州

徐文光 府學 字子野浙江奉化縣教諭

王羲明 見甲科

卞三錫 字有懷嘉定縣訓導

繆昌期 見甲科

袁文 字古華

張紹芳 字世俊爰孫

郁廷芝 字元徵文周子有傳

呂鳳儀 江西中式

二十九年辛丑

張以誠榜

王羲明

李元聲 恩貢 字伯和

三十年壬寅	字淳古廷對一 子工部主事		馮世淳 字賢臣
三十一年癸卯		曹萬程 改名脩齡 見甲科	
三十二年甲辰			袁士章 浙江開化縣訓導
三十四年丙午		戚士騏 字仁東 明通榜	李學文 府學 虹縣教諭
			袁一麟 字德仁
三十五年丁未	黃士俊榜 蔣謐 榜名廣謐 字欽之 江西布政司參政 有傳		
三十六年戊申			高拱極 府學 字仲垣 太倉州訓導
三十七年己酉		尹嘉賓 解元 見甲科	
		王良臣 常熟籍	

		見甲科	
三十八年庚戌	韓敬榜 尹嘉賓 字孔昭 湖廣提學僉事 有傳		錢紀 山東城武縣教諭
	王良臣 字忠堯 嘉言子 河南按察司副使		
四十年壬子		張紹祖 字世良 袞曾孫 崑山縣教諭	謝盟 浙江烏程縣訓導
四十一年癸丑	周延儒榜 繆昌期 字當時 右諭德 贈詹事府詹事 謚文貞 有傳		
四十二年甲寅			嚴師達 蘇州府訓導
四十三年乙卯		張有譽 見甲科	
		李應昇	

見甲科

王運昌 見甲科

王夫韶 字舜臣 鳳陽縣訓導

四十四年丙辰

錢士升榜

李應昇 字仲達 福建道御史 贈太僕寺卿 諡忠毅 有傳

楊泳濤 字淙子 戶部郎中

張[illegible] 字而安 浙江孝豐縣訓導

四十六年戊午

繆[illegible]佑 字爾中

四十七年己未

莊際昌榜

曹修齡 字國祺 浙江福建江西參議副使 有傳

王運昌 字乾符 良臣子 山東鹽運司副使

湯運飛 恩貢 廣東靈山縣教諭

徐汝化 字可成 以上二人失年附於此

劉良桂 恩貢

顧端一

光宗泰昌元年庚申

熹宗天啟元年辛酉

字德之 太倉州訓導

黃毓祺 恩貢 字介子 有傳

二年壬戌

文震孟榜

張有譽 字[illegible] 子南京戶部尚書太子太保 有傳

趙繼熙 字群宇 有傳

曹玑 見甲科

錢國珍 字席之 石埭縣教諭

四年甲子

朱[illegible]烈 字孟武

徐日升 見甲科

徐熙 改名公燮 字舜朋 浙江孝豐縣知縣

王夢鼎 常熟籍 見甲科

沈[illegible]金 成縣籍 字仲[illegible] 禮部主事

五年乙丑

余煌榜

唐[illegible] 府学

徐日升　字如之福建漳州府推官有傳

字賓沂寧城縣訓導

六年丙寅

徐宗賢　字崇聖浙江杭州府訓導

七年丁卯

張有譽　常熟籍　見甲科

王夢鼎　常熟籍　字兆吉

趙士春　常熟籍

莊烈帝崇禎元年戊辰

劉若宰榜

張有譽　字午鄉廣東曲江縣知縣有傳

見甲科

徐遵湯　副貢　字仲昭有傳

湯洗心　字潔修江西瀘溪縣教諭

湯澄心　字靜修廣東南雄府教授

二年己巳

三年庚午

張應福　字五高紹祖子

曹天錫

徐宣民　副貢　字爾瞻

見甲科

沈鼎科　見甲科

徐調元　無錫籍　見甲科

四年辛未

陳于泰榜

曹天錫　字達夫福建莆田縣知縣

沈鼎科　字鉉臣兵部主事有傳

五年壬申

王夢鼎　字兆塵工部主事

徐遵堯　字伯勳

六年癸酉

徐亮工　字庚欽陝西長安縣知縣有傳

夏繼新　字爍焉有傳

薛寀

字爾錫丁丑

明通榜

徐興沐 字仲揚有傳

徐榮初 江都籍 見甲科

七年甲戌

劉理順榜

徐榮初 江都籍 字完赤南京工部郎中

周汝明 府學 字吉甫崑山縣訓導

曹尚志 字秉公有傳

八年乙亥

陳國柄 拔貢

字子正

九年丙子

趙士錦 常熟籍 順天 見甲科

胡文光 字汝叔森州府教授

徐沾 字伯宏溧水縣教諭有傳

十年丁丑

劉同升榜

曹玑 字子玉戶部山東司主事有傳

趙士春 常熟籍

字景之刑部

孫探花左春坊左中允兼翰林院編修

十一年戊寅

趙士錦 常熟籍 字全之用貢孫戶部員外郎

徐調元 無錫籍 字爾鑄湖廣黃岡縣知縣

奚遴宣 字士衡

十二年己卯

李子和 順天

趙宇里 副貢

字梅臣勝之子

字子駒

李耿 順天 見甲科

曹玘 字子瑜

張羽文 武進人 字子彝

裴春魁 武進人 見國朝甲科

十三年庚辰

魏藻德榜

繆大百

十五年壬午

李耿 順天籍 字道廉 勝之子 山東壽光縣知縣 有傳

戚濬 見國朝甲科

董天翮 武進人 見國朝甲科

薛振業 字復之 見國朝甲科

章經世 字趣之

字宋良 四川江安縣知縣

十六年癸未

程如旻 字晏如 有傳

十七年甲申

趙孔熠 恩貢 字蘊生

徐曾 字魯初

徐纘禹 字士祿

蔡宗源

李際春 字春臺 丹陽縣訓導 有傳

以上四人失年附於此

江陰縣志卷之十三終

江陰縣志卷之十四

選舉二

臺灣總督府圖書館藏

國朝　甲科　鄉舉　貢薦　辟舉　應例　雜流

順治二年乙酉

朱選 見甲科
邱鎣 武進人 教諭

夏元熙 字承侯甘肅寧夏府同知
陶孚尹 字詒先桐城縣訓導有傳
殷序 字炯儒江西餘干縣縣丞
楊名世 字聖勳泰興縣訓導
繆燧 字變喉浙江定海縣知縣有傳
蔡濱 字岷江國子監學正有傳
蔡鵬 字為賓湖南長沙縣知縣有傳
何純修

徐瑤 字尹達浙江仁和縣縣丞署壽昌縣知縣以下四庫館謄錄
繆汝芬 浙江錢清場大使
繆廷光 字士瀕福建仙遊縣楓亭司巡檢
馬純貞 字順南照磨以下吏員
劉煥如 直隸文安縣主簿
許良棟 工部所丞
曹繼昌 字恒初山西汾西縣典史

三年丙戌

李芷 見甲科
徐之龍 恩貢 字仲升陝西神木縣知縣以死事贈山西按察司僉事有傳
徐應星 字會日鎮江府教授福建邵武縣縣丞署甌寧縣知縣有傳

四年丁亥

李芷 呂宮榜 字蘭儕福建福州府推官刑部主事
董天翮 武進人 浙江鄞天台兩縣知縣

五年戊子

裴春魁 武進人 字涵斗山東汶上縣知縣
陳國禎 字子喬湖南常寧縣知縣
夏霖 見甲科
黃獻明 恩貢 字孟躬湖南長沙府同知
趙淶 字漢如池州府教授
黃琦 副貢 見鄉舉
徐來清 副貢 見甲科鄉舉
俞龍騰 副貢 武進人 字公調河南安陽縣知縣
趙延先 副貢 常熟籍 字錫春陝西按察司副使
張聖傳 副貢 字源孟

字敬安湖北荊門州吏目
許大定 字與須湖北鹽驛道
朱化龍 字亮寅湖北沔陽州知州
繆民墉 字正方盛京奉天府治中
許朝柱 字平湖河南開封府同知
許朝棟 字浦雲安徽宿州知州
許朝枚 字克生安徽徽州府通判
吳若臣 字有容河南獲嘉縣縣丞
徐學乾 字聖敬山東恩縣主簿
祝錦中 字元章河南祥符縣主簿有傳
繆鴻

姚儀鳳 字羽儀江西南安府經歷署上猶縣知縣有傳
韓鼎成 字公甫臨清閘大使
李起維 宜溝驛驛丞
張繼達 經歷
吳琬玉 江西建昌府經歷山西洪洞縣典史
蘇瀚 字北海福建閩縣縣丞
洪鵬 字天池署廣西鬱林州吏目
張遜 字弓進署陝西漢陰縣典史

六年己丑

劉子壯榜
夏霖 字雨三四川保寧府知府有傳

七年庚寅

黃路清

八年辛卯

徐來濤 順天 見甲科
黃琦 順天 字奇玉 寶應縣教諭
惠疇 見甲科
宋士顒 前志宋誤作王 見甲科
章燦

字心刈 鳳陽府訓導

金溎 江西候補州同
繆之鏡 字鼎輔 山東歷城縣主簿
曹江 字山宗 廣西安平州州判
沈鳳 字凡民 安徽宣城縣知縣 有傳
翁晟

字位思 直隸平谷縣知縣 以下方略館供事
高岡 字秋坪 廣西平樂府經歷 署昭平縣知縣
龔盛清 字潔笙 江西南康府經歷
繆汝邁 湖北荊州府經歷
夏祖焞

九年壬辰

鄒忠倚榜
徐來濤 字潁穆 主事 有傳
宋士顒 字蘊生 山東平原縣知縣

字元龍
薛垣 字羽宸 有傳

姜齊 恩貢 字東表 湖南澧縣知縣
張國樑 字仁俟 老拔 訓導
徐卓 拔貢 後中丁酉副榜見後

字鹿天 浙江江山縣縣丞 署龍巖縣知縣
楊方增 字卒升 桃源縣主簿
夏暹 字金輅 光祿寺署正
繆湘 字泉叔 浙江錢塘縣縣丞
繆謙 字映蔡 丹徒縣訓導

字尹儒 直隸保安州吏目
湯嗣楲 山東武定府司獄
閔時範 字紹音 安徽池州府大通司巡檢
何東旭 字丙照 廣西永淳縣巡檢
袁銓 字理衡 廣西灌陽縣柴順

十一年甲午

鄧鍾麟
陳所學

十二年乙未

史大成榜
鄧鍾麟 字玉書 翰林院檢討 有傳
惠疇 字亮采 太平府教授 有傳

見甲科
王履昌 常熟人 見甲科

字君俞 鳳陽縣訓導
鄧宇光 拔貢 字子發
劉匡居 副貢 字幽斯

徐桐 字朝陽 昭文縣訓導
陶治 字銘成 廣東肇羅道
陳大中 字昭時 貴州思恩府知府
蘇泰 字龍城 福建臺灣府知府
章全節 字來被 順天府西路同知

巡檢
金武和 字運昌 湖南江華縣錦岡司巡檢
繆玉堂 安徽建平縣梅渚司巡檢
程大川 山東臨朐縣典史
張大申 字維甫 廣東潮陽縣典史

十三年丙申

成濤 字价人 陝西安定縣知縣 有傳

陳自正 字端人

陶廷梁 福建將樂縣知縣 有傳
陶棻 字佩芳 雲南羅平州知州
趙時煐 字俊千 浙江錢塘縣知縣
趙時熙 字泰圻 廣西江州州同 有傳
趙作基

方鈞 字如川 福建惠安縣典史
沈邁 字欣遠 廣東香山縣典史
劉琪 字春甫 浙江烏程縣典史
許雲行 字代石 雲南施甸司巡檢
繆楨 廣西羅城縣典史

十四年丁酉

夏長玉 字無瑕

徐卓 順天副貢 字山公 考授州判
金璜 副貢
張廷儀 副貢 字渼三

江陰縣志 卷十四 選舉 五

周維新 副貢 武進人

十五年戊戌
孫承恩榜
朱運 字蘭青 直隸保定府推官 有傳
沈知時 字樹明 考授訓導

十六年己亥
徐元文榜
王履昌 常熟人

十七年庚子
徐汝聰 字在音
韓衍芳 字繩佚 考授訓導

字鵠亭 河南南陽府同知
趙曾喈 廣西東蘭州吏目以下則例館供事
蘇登瀛 字閬僊 廣東文昌縣知縣
蘇登務 字仰山 長蘆鹽運司經歷
金成基 字念曾 山西左雲縣典史
蘇登泰 字東溪 福建晉江縣知縣
繆肅敬 湖南臨湘縣桃林司巡檢
蘇珽 字觀威 湖北黃梅縣縣丞
馮錫培 字錦舟 署廣西懷遠縣主簿
蘇椿

趙起英 字煥兮
劉曾 副貢 字孝若
丁治時 武進人 字宇平 考授訓導

康熙元年壬寅
章耿光 恩貢 見鄉舉

二年癸卯
張光第 順天 見甲科
張光第 見甲科鄉舉

字六年 安徽無爲州知州
沈德培 字晉笛 浙江候補府經歷
殷堂 字蔭楷 湖南慈利縣知縣
晉□陽縣縣丞以下內閣供事
賈學詩 字斆□ 河南滎澤縣知縣
吳雅學 字海應 河南南召縣李清巡檢
吳焯 雲南麗江縣知縣 有傳
徐鴻 字用羽 山東海豐縣典史
金煦 字旭初 山東禹城縣典史
徐汾
沈紹文

江陰縣志 卷十四 選舉 六

曹禾 順天 見甲科
裘天錫 見甲科
顧書 常熟籍 字相黎

二年甲辰
嚴我斯榜
曹禾 字頌嘉 孔子 內閣中書
瞿廷俊

五年丙午
章耿光 順天

字環州 浙江瑞安縣縣丞
直隸唐山縣典史
陳宏器 字希侶 昭文縣訓導
繆資濤 安徽績溪縣典史
陳宏厚 字晉昭 山東滕縣縣丞
季德彰 江西贛州府經歷以下武英殿供事
陳宏濟 字澍周 山東候補鹽經歷 署滄州州判
徐閎 湖北大冶縣典史
金舒謨 字西論 河南候補主簿
周如鈞 山東曹州府司獄 玉牒館供事

字子觀 徽州府教授 有傳
趙國權 字異行

六年丁未
繆彤榜
裘天錫 字長齡 春陵子 內閣中書 湖北武昌府知府 有傳
張光第 字孟及 有譽子 內閣中書

八年己酉
宋廷銓

陳鏞 館供事
字映庭 河南祥符縣縣丞
施恂 字懋功 甘肅慶陽府經歷
曾長忠 字應宸 古北口士城子巡檢
宗人府供事
周如淵 字西堂 廣東增城縣主簿 國史館供事
龔嗣襄 字齊一 甘肅成縣典史
楊淮 字桐山 山東蒙縣平堰閘閘官
曹文煥 河南洧川縣典史 會典館供事

見甲科
祁國男 銅山縣主簿
李楨 四川江油縣中壩場巡檢
薛渭英 字九徵
九年庚戌
蔣起傳榜
趙廷珪 常熟人 字禹玉士奇孫鄉舉失科
繆梓 恩貢 字蒞材八旗教習
趙墉 字韍銕直隸候補從九
周燮 字巽廷浙江候補巡檢
薛日嚴 字有六
吳繼祖 字序皇山西太原縣典史
是年復貢
徐斗南 字燮南廣西容縣典史
十一年壬子
盛樹康 字靖侯揚州府教授有傳
張世鈁 字元矩宿遷縣訓導
孫境統 字錫昌湖北荊州府通判

江陰縣志 卷十四 選舉 七

十二年癸丑
潘鼎 拔貢
蘇元誠 字立方招收場鹽大使
十三年甲寅
黄飛捷 字雲舉有傳
蘇懋德 字載行廣東龍白縣知縣
十四年乙卯
惠潤 見甲科
陳良弼 署河南商邱縣主簿
十五年丙辰
張世鎔 恩貢 字行儼有傳
夏世安 字子靜有傳
蔣時典 字詒齋湖北荊門直隸州知州
十七年戊午
吳永福
黄瑜
趙球

字階秀內閣中書有傳
字求玉
耿勳 副貢 字子鼎有傳
字紳佩浙江平湖縣知縣
陳燁 字省明廣西候補從九署河池州州同
十八年己未是年特開博學宏詞科
曹禾 由進士中書考取博學宏詞擢翰林院編修官至國子監祭酒有傳
入科聯典遂詔入選者惟曹禾一人依年載入甲科至乾隆丙辰應試者四人俱未入選則仍列此
殷墱 字彙實四川候補縣丞署清溪縣知縣
十九年庚申
戚鏞 字聲遠
殷垣 字玉綏山東候補縣丞署汶上縣知縣
二十年辛酉
朱廷鏞

江陰縣志 卷十四 選舉 八

字綉夫
殷思銓 字少循江西候補縣丞署道庫大使
高璜 字呂玉
朱霞 字綺成績溪縣教諭
趙天潤 見甲科
繆惠 江西候補縣丞署南昌府經歷
二十一年壬戌
蔡升元榜
朱廷鋐 字玉汝大理寺少卿有傳
朱偉 字覺先
趙天潤 字霖蒼刑部主事
陳廷桂 安徽廣德州廣安司巡檢

二十三年甲子

薛元敏 字子粹鹽城縣教諭有傳

趙錫仁 見甲科

張光遠 字雲仲

二十四年乙丑

陸肯堂榜

惠澗 字沛蒼醫子刑部郎中有傳

二十五年丙寅

謝天植 字昔民廣西羅城縣知縣有傳

徐恪 拔貢

二十六年丁卯

金秉哲 字聖本湖北宜都縣知縣

二十七年戊辰

莊一飛

二十九年庚午

楊名時 見甲科

湯肯時 字而雲

王位坤 順天副貢 字育公

三十年辛未

戴有祺榜

王熹 字笠亭河南候補從九署河內縣典史

蘇珩 署長洲縣教諭

張墒 字潤之山東單縣主簿

殷思尹 字焯然浙江嘉善縣知縣

殷思濂 字小溪江西都昌縣知縣

沈芝田 字湘農安徽休寧縣知縣

繆隆瀍 字丹山湖北利川縣縣丞

蘇崧 字少峩署蘇州府教授

施曰瑞 字觀玉廣西富縣典史

吳柄

楊名時 字賓實翰林院檢討官至禮部尚書諡文定有傳

三十一年壬申

張世祿 字振聲

三十三年甲戌

胡任輿榜

趙錫仁 字靖侯山東淄川縣知縣有傳舊志誤入三十年今據題名錄更正

王謨 字聖穆

三十四年乙亥

蔣培 字穀詒有傳

三十五年丙子

王辛元 順天 見甲科

陳均 見甲科

馬卿棠 字玉汝

陳[illegible]

三十六年丁丑

沈中桂 晉沛籍 字南岡直隸玉田縣知縣

字孟堅直隸永清縣縣丞

夏祖燁 字挨庭署山東東昌府經歷

繆舒第 江西大庾縣典史

趙[illegible] 字翰周四川候補道署龍安府知府

沙沂 字詠亭湖北石首縣知縣加捐知州

蘇[illegible] 署安徽壽州州同

陶廷楹 雲南候補吏目署昭通府經歷

王[illegible] 字稚之候補長蘆鹽大使

沙瀛

三十七年戊寅

曹鼎銓 恩貢

張世釪 字紹闓

湯大輅 拔貢 見甲科鄉舉

字士登署安徽徽州府經歷加捐布經歷

繆輪 字用之貴州候補縣丞

陳燮 字克明浙江候補縣丞

沙心培 字雲樓浙江蕭山縣知縣

蔡思泉 湖北候補從九

三十八年己卯

孔毓璣 見甲科

王懿 字子裕

范光晨 字志和有傳

四十一年壬午

湯大輅 順天 見甲科

張朝珍 字志熙有傳

江陰縣志　卷十四　選舉　十一

繆詵 見甲科

章玉樹 字愼風上元縣教諭

劉嘉本 見甲科

錢玗 字瑩書湖北候補從九署利川縣分防縣丞

陳九如 字光裕刑部廣東司額外主事

李有俊

字瑞甸署溧陽縣訓導

繆樹棠 浙江候補從九署孝豐縣

四十二年癸未

徐烈 字宗發有傳

四十三年甲申

黃秀萃

四十四年乙酉

張觀瀾 字阜來考取中書

惠元輅 順天副貢 字鶴山湖北宜城縣知縣

天目司巡檢

繆炘 山西候補從九署陽曲縣典史

四十五年丙戌

王雲錦榜

陳均 字秉侯翰林院檢討廣東學政

繆詵 字繩孫河南郏縣知縣有傳

繆日熙 字子春陝西候補從九

繆士升 湖北候補從九

趙琳 字紹宣直隸灤山縣典史

四十七年戊子

邢大用

孔毓槐 恩貢

江陰縣志　卷十四　選舉　十二

字肩敏

汪鶴皋 見甲科

高潔 字方雪休寧縣教諭

朱廷銓 副貢 字寅敘

繆榮吉 字伯康四川候補通判署南充縣知縣

吳文勳 署四川江津縣典史

孫履信 陝西候補未入

吳疇 四川漢州吏目

徐騰珍

四十八年己丑

趙熊詔榜

孔毓璣 字象九浙江常山縣知縣有傳

劉嘉本 字培棠四川太平縣知縣

江陰縣志　卷十四　選舉

		歷禮部主事改直隸霸州知州		雲南賓川州吏目
四十九年庚寅	王辛元 字十方松江府教授			繆永豐 江西永豐縣表湖司巡檢 錢鳳傳 廣西宣化縣金城寨巡檢
五十年辛卯			孔傳熾 字敬叔元和縣訓導	徐士模 湖北候補未入
五十一年壬辰	湯大輅 王世琛榜 字乘霖翰林院檢討有傳	夏時鎮 字定初	繆昆塤 副貢 字坤庭山東沂水縣知縣 趙文鎔 字月湄	夏問裕 廣西候補未入
五十二年癸巳	汪鶴臯 字天聲	黃運鵬 字錦譽		
五十三年甲午		張世綸 字入鳳光第子 李焯 字煥章 高五行	顧騤 字上襄	

十三

江陰縣志　卷十四　選舉

		字朗僑陝西三原縣知縣有傳	
五十五年丙申		季芳簡 字文在內閣中書直隸真定府同知	
五十六年丁酉		章錦 字睿西 季起鳳 字舜儀	繆植 字深培青陽縣訓導有傳
五十七年戊戌			奚宗彥
五十九年庚子			耿入龍 字書升
六十一年壬寅			周豐 金天寶 字維鏊 張世鉉 失年 奚文灝 府學拔貢 見甲科鄉舉
雍正元年癸卯		薛周 字惠寧	

十四

江陰縣志　卷十四　選舉

沈濤　見甲科
楊亭　拔貢　字簡在考取教習山西谷灘縣知縣有傳
湯顯志　字鵬士庚戌明通榜績溪縣教諭有傳

二年甲辰

薛龍淵　字源崑
王以徹　字均之
周元貞　副貢　字萬貞部門縣教諭
邢和　副貢　字紹聞考取教習台山縣教諭

四年丙午

張廷槐　見甲科
王璽琦　府學　字韓起有傳
奚璘成　字文朱江西永寧縣知縣
孫謨　見鄉舉
繆錦　字丙平廣東恩平縣知縣

六年戊申

徐鋭　優貢　字賓三蘇州府訓導有傳
孫謨　字昭文舉賢良方正江西

十五

江陰縣志　卷十四　選舉

七年己酉

章士鳳　字鳴梧玉樹子福建寧德縣知縣
陳元　副貢　字廷颺
張自漢　字雲衢
吳汝翼　拔貢　見鄉舉
薛彩　字九苞

樂安縣知縣

八年庚戌

徐邁　字月帆有傳

十年壬子

姜文灝　順天　見甲科
錢掄　字選士
畢元超　字振凡丁酉明通榜六安州學正
夏宗瀛　副貢　字淵發
薛奇戟　副貢　字大章四川新津縣知縣

十一年癸丑

程俊榜
張廷槐　字綸翰江西新喻縣知縣
姜文灝

十六

江陰縣志　卷十四　選舉

十二年甲寅
江西新淦縣知縣有傳
須天祿　字漢劍

十三年乙卯
金鑑 順天　字志遴 丁巳 甲戌兩發明通榜 刑部主事 有傳
王文震 拔貢　後中戊午副榜 見後

乾隆元年丙辰 是年特開博學宏詞科
曹燮 恩貢　字鳳彩 婺源縣教諭
湯鎮仁　字愷士
張廷樾　見甲科
金鑑　見鄉舉
麦春 順天副貢　見甲科鄉舉
蔡鎮斗　見鄉舉貢舉
翁照　字霽堂 以上四人皆舉博學宏詞 有傳
夏宗瀾　附監生 舉明經修行 國子監助教 有傳

二年丁巳
沈濤　子敏中榜

十七

江陰縣志　卷十四　選舉

三年戊午
字次山 江西長寧縣知縣 有傳
包彬　字文在 有傳
陸時亨　字建五
胡一飛　字鑑與
王文震 順天副貢　字夢屺 國子監助教 山西吉州知州 有傳

五年庚申
沈洪　字潤千

六年辛酉
凌存 順天
夏宗漢 府學
見甲科
字生二
吳汝翼 順天　字湘舲 壬戌明通榜 四川青神縣知縣
賈震 拔貢　後中丁卯副榜 見後
沈大中　字用晦 濟子 壬戌明通榜 泰興縣教諭
趙元樾 優貢　字慶山 四川敘州府經歷
黃鈞　字斐中 陝西韓城縣知縣

七年壬戌
徐廷勳

十八

字鳴謙池州府訓導

九年甲子

季毓梳　順天　字心畬浙江鹽大使
楊名寰　字人彥
金起龍　字時中乙丑明通榜無爲州學正
龔寅斗　順天副貢　見鄉舉

十年乙丑

錢維城榜
湯春　字蓀安直隸臨城縣知縣改安慶府教授
程文　優貢　字汝章泗州訓導

十一年丙寅

於國寰　字治光

十二年丁卯

殷兆熊　順天　見甲科
賁震　順天副貢　字惠南安徽靈璧縣知縣
龔寅斗　順天　有傳
字芳三國子監助教有傳
張文爔　副貢　字燿南安徽廣德州州判
薛龍鑲　字鳳池
沙繩照　字炳南婺源縣訓導

賁永凝　字宇濟

十三年戊辰

董顯祖　字慎威盱眙縣訓導

十五年庚午

金援銓　順天　字衡達丹陽縣訓導
徐曉　恩貢　字光上
趙貢松　字宗岳廣東瓊海關庫大使
唐繼暐　字亦文穎上縣訓導
賁應芳
楊彬　順天副貢　字羽君沛縣教諭

字子郁
季廷枚　副貢　見鄉舉

十七年壬申

季廷枚　字捷池甲戌明通榜四川屏山縣知縣
邢奇　優貢　字象三歙縣訓導
龔春　恩貢
王兆魚　字端翼吳縣訓導有傳

十八年癸酉

繆潤　順天　見甲科
夏敬輿　副貢　見鄉舉
薛鼎魁
杜一鳴　貢　府學拔

江陰縣志　卷十四　選舉　壬

字彝元荻州學正
貢應芳　字俏蒼崑山縣教諭
字開荊就職直隸州州判
王世槼　拔貢　字詠斯

十九年甲戌
莊培因榜
殷兆瀧　字會膺甘肅伏羌縣知縣
繆潤　直隸完縣知縣有傳
宋兆南　字玉參建平縣訓導

二十一年丙子
吳楷　順天　見甲科
殷學誠　字向方有傳
殷印中　順天　字懷菁四川長壽縣知縣
王廷柏　順天副貢　字浦飛廣東普寧縣知縣
吳棟　字湘雲四川內江縣知縣改婺源縣教諭
黃鉦　副貢　字西方泉山教習候選知縣
陶勳　字宗唐
杜一鴻　見甲科

二十三年戊寅
包廷琛　府學

江陰縣志　卷十四　選舉　圭

字顧丞

二十四年己卯
徐柱　字雲志
程式　字汝金
陳元音　府學　字鳴和

二十五年庚辰
畢沅榜
吳楷　字景儒雲南鎮越州知州有傳
夏敬興　順天　字與台鹽城縣訓導
程鵬　見鄉舉
汪曦巴　字鳳階錫章孫河南偃師縣知縣
夏敬授　副貢　字象辰號曦直隸州州判
楊名源　原名巨源副貢
徐賓選　字掄元
字太初五河縣教諭
程鵬　字汝南
繆秉彩　字淥存
王雲翺　字中和

二十六年辛巳
王杰榜
杜一鴻
李文濬　恩貢　字維城合肥縣教諭

二十七年壬午
字儆吉江西南昌府同知
唐紳　見甲科
康鳴鳳　字謌巴
周點　副貢　字時表
金拱闓　副貢　字光浦福建九溪縣知縣

二十八年癸未
秦大成榜
唐紳　字賢書雲南尋甸州知州

二十九年甲申
殷兆鏞　字鶴山

三十年乙酉
曹柏齡　字耕石翰林院典簿
陳于逵　原名宏志副貢　字昂青廣西鬱林州州判
朱鏞　拔貢　字與持沭陽縣教諭四川蘆山縣知縣有傳

三十一年丙戌
六映閭　字登瀛

三十三年戊子
陶廷梅
夏大韶

三十五年庚寅
字鼎燮滁州學正
劉時煦　順天　字曉蒼儀徵知縣
字元音
陸椿　府學恩貢　字士雄
裴嗣棟　恩貢　字廷相
繆瀛　字二溪蘇州府訓導

三十六年辛卯
繆琪　順天　見甲科

三十七年壬辰
吳大猷　府學

三十九年甲午
字建奇
吳文鴻　字粵池
曹基鼎　字穆祖
繆晉　順天　見甲科
殷起源　順天副貢　字步雲浙江石門縣知縣
朱世純　字哲明安徽建平縣知縣
湯裕　字岵瞻山東鉅野縣知縣有傳

四十年乙未
吳錫齡榜

繆　晉　字省微翰林院編修歷侍讀山西平陽府知府

繆　琪　字漢瞻廣西鬱林州知州

四十一年丙申

卞　玉璧　原名天　字彥瑛

四十二年丁酉

曹鳳儀　順天　字與齡

湯元煒　副貢　字奎照

陳炳德　拔貢

字伯謙安徽旌德縣知縣

四十三年戊戌

曹汝夔　字質成

四十四年己亥

高應飛　字見龍

曹大文　副貢　字錫城官學教習

薛　淇　見甲科

沈　逵　字孚備四川茂州知州

四十五年庚子

陳宏度

張　鑑　恩貢

見甲科

字翼唐

王兆芳　字叶祥

包　敏　副貢　見甲科鄉舉

四十七年壬寅

於　璋　字奉宜

四十八年癸卯

繆汝和　順天　字協夷浙江餘杭縣知縣

章世綱

字詒武有傳

四十九年甲辰

繆炳泰　字象賓南巡召試取中書擢兵部郎中有傳

薛鳳來　字讓人

五十年乙巳

沈大曜　恩貢　字藻林

五十一年丙午

蘇鳳鑾　順天　字息盧

王世椿　府學　字林宗

龔鋕玉　字藝臨

陳　瑛　字潤英

包敏　見甲科
張錤　見甲科
夏南學　字稼成
邢灝　字子容
程徵梅　字庾南　破山縣教諭

五十二年丁未
史致光榜
陳瀾　字蔚泉　宏度子　晉湖北武黃同知　有傳
周鏞　字匠甄
沈豐　字寶炎
朱櫻　字上蘭

五十三年戊申
薛淇　字應霖　吏部文選司主事　湖南常德府知府
張錤　字天石　湖北武昌縣知縣
殷圻　順天　南元　見甲科
王熊　天津
蘇琳　順天　召試見甲科
蕭麒　字徵瑞
夏組州　副貢　字凝之
何寶城　副貢

五十四年己酉
胡長齡榜

五十五年庚戌
石韞玉榜
包儆　字起元　雲南楚雄府知府　有傳
王蘇　字延庚　翰林院編修　湖南
字理涵
張煥　字日宣
沙照　字耀耆
胡椿　年老　欽賜見甲科
字映台
季麟　拔貢　見紀郷
薛鎮遠　恩貢　字映六
王朝幹

道御史河南衛輝府知府 有傳
字振岳

五十七年壬子
胡椿 字大年 年老欽賜檢討
薛志亮 見甲科
趙賡榕 字嘉蔭

五十八年癸丑
潘世恩榜
陳秀度 字師儉
薛志亮

字萬選 福建臺灣府淡水同知 有傳
殷圻 字玉田 兆蕃子 順天府治中

五十九年甲寅
季麟 順天 字興部 直隸鉅鹿縣知縣 有傳
徐晥蘭 字燕方 貴州遵義縣知縣
鳳應韶 字德聲 右俻
季悰 副貢 字敘堂 太平縣訓導

六十年乙卯
黃恬 字蘭皋 福建浦城縣知縣
薛鳳煥 字桐軒 夢魁子 山西沁水縣知縣
繆紱 順天 字芷庭 直隸甯河縣知縣
繆棨 順天副貢 字沛之 甘肅候補知縣
莊椿 字景江 咸安縣教諭
王騏 字上聞 景山教習 山東候補知縣

嘉慶元年丙辰
梅鳳壽 恩貢 字丹崖
夏祖耀 字庚揚 就職訓導
繆彬 字恭安

三年戊午
王應辰 見甲科
繆聘 順天副貢 字麗山 山西太谷縣知縣

四年己未
高觀復 恩貢　字巷石

五年庚申
張廷銳 順天　字千清　内閣中書
戚昂　見鄉舉
繆新　字銘如
徐紹基　字尹先
楊懷曾　附貢後裔　特恩欽賜見甲科

六年辛酉
顧皋榜
王應辰　字協三　四川新繁縣知縣
夏寶朔　字循陔　盱眙縣訓導
吳謙儀　見甲科
陳芳杜　年老　欽賜見甲科
許信 順天副貢　字補松　福建沙縣知縣
高觀闓 拔貢　字贊輪

七年壬戌
吳廷琛榜
吳謙儀　字省三　貴州湄潭縣知縣
季熙 府學　字省禹
金捧閶

字鼎堂

九年甲子
陳芳任　字庭昕　年老　欽賜檢討
金鼎 順天　字燮州　建德縣教諭
賀大綸　字介城
繆庭槐 順天　見甲科
徐彪　字李韜
趙殿才　字一濤　年老　欽賜

十年乙丑
彭浚榜
繆庭槐　字對揚　甘肅甘州府知府
夏模 府學　字思範　縣訓導　有傳

十一年丙寅
繆麟書　字文敏

十二年丁卯
繆玉銘 順天　見甲科
徐澐　字保定　年老　欽賜副榜
繆庭標 順天　見甲科
汪遒平

十三年戊辰

吳信中榜
繆廷標 字鐵亭

字海門遷縣訓導
顧師竹 字荷山太平縣訓導
陶文蒸 字獻琛
許椿頤 順天 字偶泉天津二召試
杜星燦 字朗君宿州學正

薛傳源 字資堂
謝廟顯 副貢 字蔚村廣東羅定州州判
陳詩觀 原名觀 副貢

十四年己巳

洪瑩榜
繆玉銘 榜名琛 字右屏宗人府主事

字午門就職直隸州州判
李 穎 見鄉舉
馬玉樹 字蔭嘉 以上二人皆年老欽賜副榜
尹 伯 府學恩貢 字東夏
陳增因 恩貢 字樹堂

十五年庚午

周 望 字遠之
徐郁霈 字子雍定遠縣訓導
戚 昂 字遜若
吳 烈 字紹凝 以上二人皆年老欽賜

劉澄源 字瀾伯
龔 湘 年老欽賜副榜見鄉舉

十七年壬申

卞 登 府學

字思上
夏兆熔 字君圖

十八年癸酉

繆文增 順天榜 姓陳 字樹亭太和縣教諭
錢秉德 字亦士四川雅安縣知縣
趙同驤 字斯展江西高安縣知縣
王 戴

陶兆璧 拔貢 見鄉舉

字維安
陸中 字道南
李穎 字小尹有傳
徐元鋮 字筠舲
龔昶 字㭢唐以上四人皆年老欽賜

十九年甲戌
黃杰 府學 字斗南
王春 字寳關
二十一年丙子
徐闇 字字恬太湖縣訓導
陸發 字蘋頫
章詒燕 榜名燕 字鶴門內閣典籍
周樾 副貢 字公衡就職教諭
二十三年戊寅
吳杰 字伯偉穎上縣教諭
杜文收 字戟唐

沙楷堂 字偉卿照子宿遷縣教諭
二十四年己卯 陳沆榜
楊景曾 字儁凡名搢曾孫翰林院庶吉士改內閣中書提管典籍四川石砫同知
金謂 順天 字一士蒙城縣訓導
王湘 恩貢 字寶薔
張肯堂 副貢 字培之
夏璵謨 優貢 見鄉舉
二十五年庚辰
周仲簡 恩貢 字木雲直隸州州判

道光元年辛巳
季芝昌 順天 見甲科
黃蔭桐 字蓬齋
包義綖 字書先敏子
沈琳 字奏曕
徐照 字麗江
於炘 恩貢 字景昭
祝晉十 字子常增生舉孝廉方正六品頂帶

江陰縣志 卷十四 選舉

二年壬午

陳長頎 字投嵩詩觀子寧國縣教諭

陶兆堂 字汭南

蔣鎮潘 字羲金

薛永年 副貢 字静山

何春暉 優貢 字淡安就職訓導

四年甲申

程嵩里 字石泉

五年乙酉

夏輿謀 字式孝就職太常寺博士

顧敬忱 副貢 字恂若

沈琛 字稼卿

繆延棻 順天拔貢 字遊雲四川長壽縣知縣

祝階椿 字申久

郭元亮 拔貢 字際之

楊夢松

三十七

江陰縣志 卷十四 選舉

六年丙戌

見甲科

汪瀛 字海鑾就職訓導

八年戊子

王繼之 字志孝騏子

孫韶 字虞鈞就職訓導

周鈞 字秉之分發東河試用知縣

祝陛葵 優貢 字藝芳

九年己丑

楊夢松 李振鈞榜

祝自五 府學 字秀峰

十年庚寅

字公能

薛濱 字瀛泉

十一年辛卯

湯聘之 字孟莘

郭濂飛 府學 字笠夫就職訓導

十二年壬辰

吳鍾駿榜

季芝昌 字雲書麟子採花翰林院編修歷侍讀前任山東學政現官內閣學士兼禮部

王埜 字翼清

繆桂 字瀛階

金安世 原名晉康 字子晉

三十八

十四年甲午

侍郎浙江學政

繆步瀛　順天　字雲士

夏子齡　見甲科

高塏　字宿川

十五年乙未

葉春芳　順天　字叔重廷策子

金棟　順天　字硯孫

高銑　字受存緻復子

徐淵　字靜涵

蔣曾熯　字作求

張錫穀　字雲史

趙坊　恩貢　字午橋就職教諭

楊楷

十六年丙申

夏子齡　林鴻年榜　字百初甄謀子會元禮部

十七年丁酉

儀制司候補主事

繆步青　順天　字仲英

鄭經　字守庭解元

何栻　字蓮舫耆煦子

陳友蓮　字乙舟

陸楨　字子幹

字巽山就職訓導

曹毓瑛　拔貢　字琢如兵部七品小京官

十九年己亥

武選舉

明

甲科

鄉舉

將材

世宗嘉靖四十三年甲子

管明遠　字豹手

陳謹　失年　浙江山陰營守備

徐公輔　字良卿本淮西英六人從江陰從征陳友諒遇害贈輕車都尉懷遠將軍指揮同知東海郡侯

神宗萬歷四年丙子

於藝　山東榜　字汝芳世襲山東鰲山衛正千戶

胡海　河南衛指揮僉事

四十三年乙卯

陳國藩

陳恭

字鎮遠辛酉再舉 濟南衛後所千戶

熹宗天啓元年辛酉

陳震亨 見甲科

戴儼如 見甲科

吳憲武 字元哲副榜

范興全 以軍功授昭信校尉調泗州衛百戶

朱虎 字景芳蘇州衛指揮

倪英 字世傑南京留守左衛指揮僉事

許琳 字世芳錦衣衛總旗陞正千戶

二年壬戌

戴儼如 沈志如作儒 字冠玉湖廣鎮算協副將

范澄 千戶

五年乙丑

陳震亨 字百里浙江都司守泗州死事附昭勇將軍有傳

莊烈帝崇禎三年庚午

沈沭 順天 字泗選

湯濟 千戶

陳天錫 千戶

六年癸酉

劉纘龍 字雲翔

曹頤 百戶

陳應環 字士華

九年丙子

陸鰲 前元見 國朝甲科

陸獻忠 以武功官都司僉事加昭勇將軍

楊嶸校

十五年壬午

陸龍 見 國朝甲科

顧欽命 字運侯吳江營守備

陳駒 浙江榜 國朝辛酉再舉見後

京營守備浙江台州總練

潘熊 字非熊湖廣副將

徐元杈 字上用指揮僉事

范延慶 字德卿鎮江衛指揮

國朝

甲科

鄉舉

將材

順治五年戊子

趙誌 見甲科

高世勳 字雲龍以軍功議敘守備

九年壬辰

王玉璧榜

陸龍 字雲車兩廣督標中營都司

陸鰲 字雲濤甘肅永昌衛守備

陳駒 字千里浙江寧波府守禦

周士鶚 字御音守禦所千總

曹全 字三省靖江城守營守備

李一虎 字玉山直隸大名營守備

裴袞錫 武生廣東順德營遊擊

十一年甲午

謝廷選 字德榮山東登山衛千總

謝士奕 字億兆福建泉州同安營遊擊

十二年乙未

余國柱榜

十四年丁酉

趙誌　甘肅大靖營守備

徐安國　字康侯江西九江衛守備

王昌齡　丹徒籍　字觀恒貴州烏撒衛千總

繆璵　見甲科

沈震　字君選

高銓　字龍彩吳淞營守備

李陞榮　字思皐京口左營千總

高錦　字德龍京口右營把總

繆嘉謨　字哲侯武生直隸遵化營都司

徐遐年　青堰營千總

十七年庚子

繆璵　林本直榜　字瑤石

馬逢元　崇明籍　字天錫陝西白土關參將

馬逢元　見甲科

朱纓　見甲科

史韜　字賡之

王鑾宗　字克廣

徐宜受　字爾屏

邵德　字玉柱廣東順德協副將

禪國華　京口右營把總

安定國　漕標佃湖營都司

禪廷機　河標中營都司

徐朝品　平望營把總

康熙二年癸卯

吳位思　武進人　見甲科

王斌　字學西

陳粹　字子純

錢鼎　字君調

戚嘉　太倉籍　字會美

俞俊　無錫營把總

劉士龍　楊舍營把總

盧元　太湖營守備

吳鵬　字濟南武生直隸宣化營都司

陶奎　字剛中撫標中營把總

三年甲辰

吳位思　吳三畏榜　字文昭廣西上思營參將

朱纓　字子爲淮安衛守備

符湛英　金壇籍　字友玫

邢定波　字春江武生松江提標守備

鄧宗南　武生常州營千總

王萬年　金壇營千總

五年丙午

殷璉　見甲科

沈佐國

蔣紹鵬　安徽潛山營千總

陶飛鴻　字蒼森蘇州城守營把總

六年丁未

八年己酉

九年庚戌

十一年壬子

秦蕃信榜

殷　璉　字介榮江淮衛守備

張英奇榜

貢　煒　字介熙山西楊方口守備

字禹珍

吴天祿　字雲卿

貢廷謨　字希上

王長璧　字謹侯

貢　煒　見甲科

章猶龍　字求可

繆　桐　字楚楨

戚福國　太倉籍

陶飛熊　字雲坡武生福建汀州鎮總兵

邢定國　蘇州城守營社壇汛把總

尹長青　字耐菴武生溧陽營千總

張　忠　平望營把總

張　浩　撫標右營千總

吴嘉賓　上海營遊擊

王殿魁　武生宜興營千總

邢恩湛　字煦蒼崑山營把總

金振玉　字綍如撫標左營把總

許　鉅　字子受署孟河營守備

十七年戊午

二十年辛酉

二十三年甲子

字子受

吴　斌　字鼎玉有傳

程亦灝　字子振

王耀宗　字克昭

陳繼平　字亦宰

馬卿陞　崇明籍

長淮衛守備

陳　安　字正公

陳玉殿　字殿臣

張　禎　字兆賓

薛象瑛

王于賓　字用侯

楊大魁　平望營把總

周德全　字漢藩常州中營把總

劉鶴年　靖江營把總

二十六年丁卯		何天祚 字汝來 張治 字采臣
二十九年庚午		殷維甯 字維屏陝西大通衛守備 趙氏騊 字昂公
三十五年丙子		繆熺 字文斌
四十一年壬午		司天爵 字子修 鍾維嶽 見甲科
四十四年乙酉		趙嶸 見甲科
四十五年丙戌	鍾維嶽 字會峯侍衛歷任副將署總兵以固原參將職歿有傳 趙嶸	

四十七年戊子	字聞翹湖北武昌營守備	趙載森 字文奕
五十年辛卯		袁拱乾 字象垣
五十三年甲午		鍾維嶠 字禹峯
雍正元年癸卯		王愼 字聿修 周斌 字衛君
七年己酉		湯儁 字為煥浙江衢州鎮標千總
十三年乙卯		陸奇 字殿英
乾隆九年甲子		陳鳳梧 字九苞浙江溫州平陽右營都司
三十年乙酉		陸大鵬 字青萬
三十二年戊子		金大鵬

字喬臣

三十九年甲午
張印　字信臧

四十五年庚子
吳安邦　字宇寧

五十三年戊申
孫縉　字步青

五十七年壬子
金臺　字鶴朝署京口左營千總
貢鉦　字其相泰州營千總

五十九年甲寅
章杞　見甲科
邵永福　字錫五浙江溫州鎮總兵

六十年乙卯
徐信　字隨選蘇州城守營千總
邵丞烈　字錫九
司善　失年附

嘉慶三年戊午
金綸　字治圖撫標右營千總
孫大鵬　字雲溪

四年己未
李雲龍榜
章杞　字午橋侍衛廣東南韶連鎮總兵有傳

五年庚申
陸奏宣

六年辛酉
邵永忠

九年甲子
陳寶　字綵廷

十三年戊辰
蔣謙　字讓廷

二十一年丙子
王昂

二十三年戊寅
王紹麟　劉河營把總

道光元年辛巳
郭雄
吳慶華

八年戊子
郭淇

十二年壬辰	邵述之
十五年乙未	邵繼之

封贈襲蔭附

（宋）葛惟甫以子宮贈開府儀同三司吏部侍郎

葛密見甲科以子書思贈通議大夫

葛書思見甲科以曾孫邲贈太師溫國公

葛勝仲見甲科以孫邲贈太師齊國公

葛立方見甲科以子邲贈太師許國公晉越國公

葛鍚以子師望贈中奉大夫

葛宥以子奉世贈中散大夫

葛安世以子長卿贈中奉大夫

沈緘見甲科以子遵贈太常博士

邱邈以孫崈贈太子少保

邱經以子崈贈太子少師

史覲以子漢英贈朝議大夫

曹碩以子璉贈金紫光祿大夫

曹礎以子球贈朝請大夫

曹球以子岠贈朝散郎

曹檜以曾孫址贈銀青光祿大夫

曹溱以孫址贈銀青光祿大夫

曹鑄以子址贈銀青光祿大夫

（元）包天麟見辟舉以子植贈承事郎以子澐贈江浙儒學副提舉

夏祖禹以子鼎贈承務郎

（明）薛騏以子復贈奉政大夫廣西按察司僉事

嚴俊以子本贈承德郎大理寺寺正

胡仲得以子海封明威將軍指揮僉事

陳冀平字希宗以子璇贈文林郎貴州道監察御史

陳恕字希仁以子耘贈文林郎交趾道監察御史

徐子敬以孫晞贈資政大夫兵部尚書

徐彥能龍巖縣典史以子晞贈資政大夫兵部尚書

劉滋以孫本道贈通議大夫戶部右侍郎

劉得成以子本道贈通議大夫戶部右侍郎

景子華以子信贈徵仕郎翰林院檢討

顏讓以子瑄贈承德郎戶部主事

陳愲以子蘭贈承德郎刑部主事以子蕙贈奉政大夫戶部郎中

龔興甫以子毅贈奉政大夫戶部郎中

卞時濟以子榮封奉政大夫戶部郎中

徐訥見辟舉以子世英贈奉政大夫通政司右參議

王逵以子誼贈文林郎刑科給事中

顧秩字伯常以子琳贈儒林郎南京大理寺副

蘇　源以子韡贈奉政大夫萊州府同知
華　旭以子秉彝贈奉政大夫禮部郎中
楊孟芳以子瑜贈徵仕郎彭城衞經歷
嚴　完以子豈贈文林郎南京陝西道監察御史
鄧師晦江陰主簿家於官以子縱贈徵仕郎光祿寺署丞
李惟吉以子琨贈文林郎監察御史
何　組以子義贈承德郎戶部主事
曹　杲字景輝以子忠贈奉直大夫工部虞衡司員外郎
時　觀以子信贈武略將軍管軍副千戶
屈遂良字良卿以子霖贈承德郎刑部主事

夏　傳字時訓以子從壽贈奉直大夫戶部員外郎
薛　墀字廷瞻以子格贈徵仕郎翰林院檢討
華秉仁字天德以子純封徵仕郎光祿寺署丞
劉　傑字以行以子乾贈亞中大夫南京光祿寺卿
高　相字用寅以子貫贈奉直大夫戶部廣西司員外郎
黃　哲字孟賢以子昭贈承德郎兵部職方司主事
林　愷字舜臣以子翯封承德郎兵部武選司主事
薛　雲以子金贈文林郎戶科給事中
湯　鏞以孫沐贈通議大夫都察院右副都御史
湯　虞字應仁以子沐贈通議大夫都察院右副都御史

陸元敬字子恭以子勉封奉政大夫鄧武府同知
張　紀字仲綱以子簡封承德郎兵部武庫司主事
卞　賢以子思敏贈文林郎南京太常寺博士
姚　銓字景平以子相贈文林郎仙居縣知縣
貢　鐸字伯振以子斌贈文林郎南京左軍都督府經歷司都事
貢　斌見鄉舉以子安甫贈奉政大夫山東按察司僉事
朱　斌字世昌以子泉封文林郎通政司經歷
徐　緯字緝之以子度贈奉直大夫南京戶部貴州司員外郎
蔣廷萱以子舜民贈文林郎清豐縣知縣
張　誥字惟周以子袞贈奉直大夫左春坊左諭德

夏　謹見辟舉以子範贈奉政大夫通政司右參議
劉　和字永和以孫光濟贈資政大夫南京兵部尚書
劉　緒以子光濟贈資政大夫南京兵部尚書
陳　鳳見鄉舉以子詞贈承德郎戶部主事
張　岵庠生以子蕙贈修職郎光祿寺監事
承　銀以子天秀贈承德郎順天府通判
邵　英以子經贈文林郎武强縣知縣
薛章憲字堯卿諸生以子甲贈奉政大夫四川按察司僉事
朱　僊以子哲贈文林郎東城兵馬司副指揮
張　旦以子縢贈文林郎東城兵馬司副指揮

陳諶見應例以子澶贈奉政大夫伊府長史
王倫以子格贈奉直大夫刑部員外郎
薛鏊見應例以子如淮封承德郎刑部主事
鄧奎見應例以子欽承贈登仕佐郎鴻臚寺序班
陳恕以子韜贈登仕郎工部軍器局大使
陳鳳翰字文習以子舜卿封承德郎廣信府通判
陳潮見應例以子本贈文林郎中城兵馬司指揮
王晉見應例以子嘉言贈奉政大夫浙江按察司僉事
沈元以子奎贈奉政大夫浙江按察司僉事
徐衍芳字汝聲庠生以子有登贈徵仕郎光祿寺署丞

趙祖美以子士履贈奉直大夫工部員外郎
王洧以子彬贈文林郎衢州府推官
趙承謙見甲科以子用賓贈朝議大夫南京國子監祭酒
范沐以子鳴謙贈文林郎福建道監察御史
季葵字子忠以子科贈文林郎兵科左給事中
王維城見應例以子良臣贈奉政大夫刑部郎中
史鎰字汝器以子邦載封承德郎兵部主事
張吕以子令聞贈奉政大夫刑部郎中
周鑾字朝卿以子憲章贈文林郎歸化縣知縣
王廷賓見鄉舉以子羲民贈文林郎浙江平湖縣知縣

王格見鄉舉以子莘贈中憲大夫四川按察司副使
袁甫字惟章庠生以孫一驥贈通奉大夫福建左布政使
袁禹臣字承謨庠生以子一驥贈通奉大夫福建左布政使
尹延綬以子嘉賓贈奉政大夫湖廣按察司僉事
吳浮字穆之庠生以子大器贈文林郎德安縣知縣
蔣龍見貢薦以孫謹贈亞中大夫江西布政使參政
張輔以曾孫有譽贈光祿大夫戶部尚書太子太保
張汝翼字雲程庠生以孫有譽贈光祿大夫戶部尚書太子太保
張履正見甲科以子有譽贈光祿大夫戶部尚書太子太保
徐憲明字伯敏庠生以子日升封文林郎漳州府推官

張明治字伯輔以子育葵封文林郎曲江縣知縣
沈明瑜字朝聲以子鼎科封文林郎建陽縣知縣
曹尚志見貢薦以子玑贈承德郎戶部主事
陸可履以孫獻忠贈昭勇將軍都司指揮僉事
陸應寅以子獻忠贈昭勇將軍都司指揮僉事
徐明孺字元亮庠生以子葆初封承德郎南京工部主事
戚士騏見鄉舉以子勳贈徵仕郎文華殿中書舍人
夏永字希年以子彝贈文林郎泰寧縣知縣
夏樹芳見鄉舉以子寶忠贈徵仕郎文華殿中書舍人

國朝
夏國新字皐如以子霖　贈中憲大夫紹興府知府加一級

沈嵩教 以子瓚明 封承德郎辰州府通判
蕭士珩 以子廷選 封明威將軍龜山衛千總
馬生周 以子逢元 封明威將軍白土關參將
繆嘉謨 見將材以子燧 贈文林郎定海縣知縣
朱正隆 以子選 贈文林郎直隸保定府推官
曹尙志 以孫禾 貤贈朝議大夫國子監祭酒
曹　玑 見甲科以子禾 贈朝議大夫國子監祭酒
朱　衣 字子吉以子廷鉉 贈奉直大夫監察御史
朱景標 以子化龍 封儒林郎
蔡艮佐 以子鵬 贈文林郎長沙縣知縣

楊起鯤 以孫名時 贈資政大夫雲南巡撫
楊履泰 字紫來以子名時 贈資政大夫雲南巡撫
惠　疇 見甲科以子潤 贈文林郎
惠　潤 見甲科以子元䩄官知縣郎中如本身應授官階 封奉政大夫刑部
徐世沐 字爾瀚庠生以子㦗 封文林郎東强縣知縣
陳　燦 字粲生庠生以子均討加五級 贈奉政大夫翰林院檢
孔興綱 字蓼園庠生以子毓璣 贈文林郎常山縣知縣
劉餘潤 以子嘉本 封文林郎太平縣知縣
章壽穀 以子玉樹 贈修職郎上元縣教諭
沈世瑞 以子中桂 贈奉政大夫玉田縣知縣加五級

許　松 庠生以孫大定 貤贈中憲大夫湖北鹽驛道
許　觀 字上公庠生以子大定 贈中憲大夫湖北鹽驛道
繆　煃 以子民墉 贈奉政大夫奉天府治中
王人瑞 以子辛元 贈登仕佐郎松江府教授
繆　疇 以孫詵 貤贈文林郎郏縣知縣
繆宏仁 字廣敏以子詵 贈文林郎郏縣知縣
孫允升 字會嘉以子謨 贈文林郎樂安縣知縣
孫允臨 以出嗣子謨 贈文林郎樂安縣知縣
高啟隆 字子升監生以孫玉行 貤贈文林郎三原縣知縣
高　爆 字汝峯庠生以子玉行 贈文林郎三原縣知縣

吳宏道 以子若臣 贈儒林郎獲嘉縣縣丞加三級
湯　挺 以子大輅 贈文林郎翰林院檢討加一級
楊履謙 字孚敬以子名宁 封文林郎徐溝縣知縣
湯象賢 以子顯忠 貤贈脩職郎績溪縣教諭
季　企 字峻之庠生以孫芳靄 貤贈奉政大夫正定府同知
季宗彝 字厚詒庠生以子芳靄 贈奉政大夫正定府同知
邢楚玉 字鉴吉庠生以子和 貤贈脩職郎含山縣教諭
夏　霈 字若時庠生以孫宗灦 貤贈文林郎國子監監丞
夏敦仁 字調元以子宗灦 贈文林郎國子監監丞
周壽禧 以子元良 貤贈脩職郎祁門縣教諭

張士傑 字爾奇以孫廷樾 貤贈文林郎新喻縣知縣
張德沛 字釆霖以子廷樾 贈文林郎新喻縣知縣
趙鉉文 字羨之庠生以子天潤 封承德郎刑部山西司主事
殷任賢 以子璉 封明威將軍江淮衞守備
金　瓚 以孫秉哲 貤贈奉直大夫歸州知州
金元振 以子秉哲 贈奉直大夫歸州知州
繆嘉舉 以孫錦 貤贈文林郎恩平縣知縣
繆　烇 字雯遂監生以子錦 贈文林郎恩平縣知縣
夏　霈 以子元超 貤贈脩職郎六安州學正
金猶龍 字子逸增生以孫鑑 貤贈奉直大夫刑部雲南司主事加一級

金映日 庠生以子鑑 封奉直大夫刑部雲南司主事加一級
蔡　鵬 見應例以子寅斗 贈文林郎國子監助教加二級
沈士傑 以孫鳳 貤贈文林郎建德縣知縣
沈國元 以子鳳 贈文林郎建德縣知縣
楊允秀 以孫方增 貤贈徵仕郎州判銜借補桃源縣管河主簿
楊名炯 以子方增 贈徵仕郎州判銜借補桃源縣管河主簿
金映台 以子起隆 貤贈脩職郎無爲州學正
陳王鑑 字羽廷以孫鳳梧 貤贈昭武大夫浙江溫州右營都司
陳學洙 字聖傳以子鳳梧 贈昭武大夫浙江溫州右營都司
貢安貞 字秉文以孫震 貤贈文林郎建平縣知縣

貢履貞 字其旋以出嗣孫震 貤贈文林郎鳳陽縣知縣
貢球若 字東玉以子震 贈文林郎建平縣知縣
貢　基 監生以子應芬 貤贈脩職郎崑山縣教諭
王序賓 以子兆魚 貤贈脩職佐郎吳縣訓導
季芳靄 見鄉舉以子廷枚官知縣 贈奉政大夫眞定府同知如本身應授官階
陳　瞻 監生以子大中 贈文林郎定遠縣知縣
繆　煌 以孫潤 貤贈文林郎獲鹿縣知縣
繆之鏞 以子潤 贈文林郎獲鹿縣知縣
吳輝緒 以子楝 贈文林郎內江縣知縣
吳汝明 字睿鄰監生以子楷 封奉直大夫騰越州知州

杜紹芳 以孫一鴻 貤贈奉政大夫南昌府同知
杜　楷 字敬書以子一鴻 贈奉政大夫南昌府同知
殷國柱 字玉蕃庠生以子印中 贈文林郎零陵縣知縣
王九錫 字明九以孫廷柏 貤贈文林郎花縣知縣
王嘉言 字園臣以子廷柏 贈文林郎花縣知縣
汪鶴皋 見甲科以孫瞻屺 貤贈文林郎偃師縣知縣
汪　翼 字維敬貢生以子瞻屺 封文林郎偃師縣知縣
楊廷鎮 字秉鈞以子有源 貤贈脩職郎五河縣教諭
屠乾修 以孫紳 貤贈奉直大夫尋甸州知州
屠　芳 以子紳 贈奉直大夫尋甸州知州

屠　緡　以弟紳　貤封承德郎廣州府通判
蘇　英　以孫泰　貤贈朝議大夫臺灣府知府
蘇廷蔭　字南棠以子泰　贈朝議大夫臺灣府知府
章玉樹　見鄉舉以孫全節　貤贈奉直大夫安州知州
章士麟　字公振以出嗣子全節　貤贈奉政大夫溫州府同知
章士鳳　見鄉舉以子全節　贈奉政大夫溫州府同知
蘇士宏　字逸濱附貢生布政司理問銜以子元誠　貤封脩職郎招收場鹽大使以孫登萊　貤贈文林郎扶溝縣知縣
蘇元誠　見應例以子登萊　贈文林郎扶溝縣知縣
閔積忠　以子時範　貤封登仕佐郎銅陵縣巡檢

趙天源　字宗潢以子元槐　貤贈脩職郎廬州府訓導
趙天濟　字玉津監生議敘知縣以孫時煦　貤贈儒林郎江州州同
趙元槐　字碧霞貢生以子時煦　贈儒林郎江州州同
趙元植　字丹霞以孫佑基　貤贈承德郎開封府通判
趙日煥　字東美以子佑基　贈承德郎開封府通判
陶士銓　字一清貢生候選縣丞以孫廷梁　貤贈文林郎將樂縣知縣
陶　洪　字鍾靈庠生以子廷梁　贈文林郎將樂縣知縣
會鶚龍　武生以子秉忠　貤贈登仕佐郎古北口巡檢
岕　沆　以出嗣子鵬　貤贈昭武都尉宣化營都司
岕　滋　候補州同以子鵬　贈昭武都尉宣化營都司

徐　達　字譚上以子斗南　貤贈登仕佐郎融縣典史
繆　錦　見鄉舉以孫晉　貤贈朝議大夫平陽府知府
繆　琛　以子晉　贈朝議大夫平陽府知府
繆民埴　以孫琪　貤贈奉直大夫養利州知州
繆之錤　以子琪　贈奉直大夫養利州知州
朱學濂　以子世純　贈文林郎夏津縣知縣
湯　政　以孫裕　貤贈文林郎鉅野縣知縣
湯毓芝　以子裕　贈文林郎鉅野縣知縣
殷兆燕　見甲科以子圻　贈奉政大夫寶慶府同知
殷印中　見鄉舉以子起瀛　封奉直大夫石門縣知縣加三級

沈　濤　見甲科以子大中官教諭　贈文林郎長寧縣知縣
陶　濟　字巨川附貢生以子廷梅　貤贈脩職郎除州學正
徐廷棟　字彩章監生以子汾　貤封脩職郎瑞安縣縣丞
徐　汝　以子桐　貤贈脩職佐郎昭文縣訓導
徐　桐　見應例以外孫戴堅　貤贈奉直大夫台州府通判加一級
薛　辰　字端極廩生以孫淇　貤贈奉直大夫吏部文選司主事加一級
薛來珏　以姪淇　貤贈奉政大夫吏部文選司主事加二級
薛　珩　字佩雅以子淇　贈奉政大夫吏部文選司主事加二級
沈　淇　字渭千以孫達　貤贈奉直大夫簡州知州
沈大坤　字黃裳以子達　贈奉直大夫簡州知州

沈達 見鄉舉以子芝田 贈文林郎德清縣知縣
繆埶 以孫汝和 貤贈文林郎餘杭縣知縣
繆琮 以子汝和 封文林郎餘杭縣知縣
繆民塽 見貢薦以孫炳泰 貤贈奉政大夫兵部職方司郎中
繆廷鈖 以子炳泰 贈奉政大夫兵部職方司郎中
程淇 字瞻菉以子嶺梅 貤贈脩職郎碭山縣教諭
王兆魚 見貢薦以孫蘇 貤贈朝議大夫衛輝府知府
王曙 字東田附監生以子蘇 贈朝議大夫衛輝府知府
包堯武 字元魁以孫敏 貤贈奉政大夫開封府同知
包錫嗣 字文山以子敏 贈奉政大夫開封府同知

陳天選 以孫于逵 貤贈徵仕郎鬱林州州判
陳健 以子于逵 贈徵仕郎鬱林州州判
陳佐 以子宏厚 貤贈登仕郎堂邑縣主簿
陳偉 以子鏞 貤贈登仕佐郎韓莊閘閘官
高焯 字愼威庠生以子网 貤封脩職郎平樂府經歷
張驥德 字艮御監生以子大中 貤封登仕佐郎潮陽縣典史
蘇更生 字問青庠生以子懋德 貤贈脩職郎南雄府經歷
夏敬渠 以子祖焞 貤封登仕佐郎保安州吏目
繆之銓 以子晉階 貤贈登仕佐郎東蘭縣吏目
徐泰昇 字協恭庠生以子琋 貤贈脩職郎鎮海縣縣丞

金仕 以子式和 貤贈登仕佐郎江華縣巡檢
吳葵 字補堂監生以弟焯 貤封脩職郎淸泉場鹽大使
繆民址 以孫鴻 貤贈文林郎平谷縣知縣
繆錕 字獻之以子鴻 封文林郎平谷縣知縣
陳世濟 字登瀛監生以子柄德 贈文林郎旌德縣知縣
薛迎泰 字際昇庠生以子夢魁 貤贈脩職郎泰州學正以孫志亮 貤贈奉政大夫臺灣府同知
薛文然 字景明庠生以子志亮 贈奉政大夫臺灣府同知
徐淘 以孫畹蘭 貤贈文林郎遵義縣知縣
徐郁文 監生以子畹蘭 贈文林郎遵義縣知縣
黃龍驤 字志千以孫恬 貤贈文林郎浦城縣知縣

黃大來 字開泰以子恬 贈文林郎浦城縣知縣
吳宗岳 以孫謹儀 貤贈文林郎湄潭縣知縣
吳應軫 以子謹儀 贈文林郎湄潭縣知縣
周銓 以子如筠 貤贈登仕佐郎曹州府司獄
周鋐 以子如淵 貤封登仕佐郎陸豐縣巡檢
周如蘭 以弟如淵 貤封登仕佐郎河源縣巡檢
周如海 以弟如淵 貤封登仕佐郎南海縣巡檢
楊錫光 以外孫繆庭槐 貤贈文林郎通渭縣知縣
繆淳 以孫庭槐 貤贈朝議大夫平涼府知府
繆秉奎 以子庭槐 贈朝議大夫平涼府知府

繆秉衡　以孫玉銘　貤贈承德郎宗人府主事

繆彝鼎　以子玉銘　贈承德郎宗人府主事

葉鳳岡　字徽菴庠生以姪廷策　貤贈奉直大夫內閣中書加四級

葉鳳苞　字孚嘉布政司理問銜以子廷策　封奉直大夫內閣中書加四級

季　愷　以孫麟　貤贈文林郎鉅鹿縣知縣

楊敦裕　字伯雍庠生以子景曾　贈奉直大夫內閣中書加四級

楊敦厚　字仲威庠生以出嗣子景曾　貤贈奉直大夫內閣中書加四級

史有光　字問樵庠生以外孫季芝昌　貤贈脩職郎國子監學錄

季　熙　見貢薦以子麟　封文林郎鉅鹿縣知縣以孫芝昌　貤贈朝議大夫翰林院侍讀加二級提督山東學政

季　麟　見鄉舉以子芝昌　贈朝議大夫翰林院侍讀加二級提督山東學政

邵學勝　以孫德　贈武功將軍廣東順德協副將

邵天一　以姪德　貤贈武翼都尉狼山鎮中營遊擊

邵廷貴　以子德　贈武功將軍廣東順德協副將以孫永福晉　贈武顯將軍浙江溫州鎮總兵

邵　德　見將材以子永福　贈武顯將軍浙江溫州鎮總兵

章達道　字正行以曾孫杞　貤贈武功將軍浙江杭州協副將

章文煥　字金式庠生以孫杞　贈武功將軍浙江杭州協副將

章衞南　字縈波武生捐職州同以子杞　贈武功將軍浙江杭州協副將

章朝桂　字瀚亭監生以弟杞　貤封武翼都尉浙江衢州營遊擊

章朝樞　字竹溪議敘主簿以弟杞　貤封武功將軍直隸三屯協副將

陶惟正　以孫飛熊　贈武顯將軍福建汀州鎮總兵

陶　奎　見將材以子飛熊　贈武顯將軍福建汀州鎮總兵

陶飛鴻　見將材以弟飛熊　貤贈武翼都尉漢陽營遊擊

邢壽愷　字昌侯以子定波　贈武德騎尉松江營守備

趙時炯　字鑑融監生以孫球　貤贈文林郎平湖縣知縣

趙崇基　字用培監生以子球　贈文林郎平湖縣知縣

莊　道　字養浩以子椿　貤贈脩職佐郎鳳臺縣訓導

夏鴻軒　字承芭庠生以子翼朝　貤贈脩職佐郎盱眙縣訓導

金裕恩　庠生以子皋　貤封脩職郎建德縣教諭

繆執樞　以子鉞　贈文林郎寧河縣知縣

沙宸誥　字紫綬監生以孫沂　貤贈文林郎石首縣知縣

沙　昱　字渭田布政司理問銜以子沂　贈文林郎石首縣知縣

汪步仙　字右銘以子道平　貤贈脩職佐郎涇縣訓導

顧　美　字景開監生以子師竹　貤贈脩職佐郎太平縣訓導

杜一翔　字鳳千監生以子星燦　貤贈脩職郎宿州學正

趙永澄　以孫同驥　貤贈文林郎高安縣知縣

趙貴梓　字敬植庠生以外孫康兆奎　貤贈奉直大夫刑部廣東司主事加一級

錢鴻禎　字玉勳以孫秉德　貤贈文林郎樂山縣知縣

錢果成　字方達以子秉德　贈文林郎樂山縣知縣

蕭　麒　見貢薦以孫嗣顯　貤贈徵仕郎羅定州州判

蕭鍾玉見鄉舉以子嗣顯　贈徵仕郎羅定州州判
徐宗勉字賓王以子闓　貤贈脩職佐郎太湖縣訓導
徐瑤見雜流以子郁霈　貤贈脩職佐郎定遠縣訓導
季德彬字珽如以子憆　貤贈脩職郎太平縣教諭
沙照見鄉舉以子楷堂　貤贈脩職郎宿遷縣教諭
金捧閭見貢薦以子諤　貤贈脩職佐郎蒙城縣訓導
沙徐行字懿全以孫心培　貤贈文林郎黃巖縣知縣
沙旦勳字岱峯以子心培　贈文林郎黃巖縣知縣
沙然乙字映藜以姪心培　貤贈脩職郎金華府經歷
馬治字文園布政司理問銜以子錫培　貤封登仕佐郎陸川縣巡檢

吳履青以子疇　貤贈登仕佐郎漢州吏目
吳履中以子繼祖　貤贈登仕佐郎太原縣典史
吳侍良以子嚴　貤贈登仕佐郎泰和縣巡檢
徐士良字柱屏以子信　封武略騎尉蘇州營千總
楊炳文以子大魁　貤贈脩武校尉楊舍營外委把總
金振邦字安玆以弟振玉　貤封脩武校尉蘇營外委把總
繆烇字文熙例貢生考授州同以子民埴　贈儒林郎以下捐封附
繆焮字文煇例貢生以子民城　贈儒林郎
繆陛字丕承附貢生以子珩　贈儒林郎
繆永昌字宏久附貢生以子秉淵　贈儒林郎

徐兆稷以子鑽　封儒林郎
朱彝德字宏若以孫櫻　貤贈文林郎
朱服銘字載華以子櫻　贈文林郎
王維義字用宜附貢生以子掄元　贈奉直大夫
陳善字儆齋以子宏濟　贈奉直大夫
陳宏度見甲科以子瀾　贈奉政大夫
趙元槐見前以孫金芴　贈通奉大夫
趙時煜字西華例貢生候選知州以子金芴　贈通奉大夫
葉鳴皐字來鶴以孫鳳苞　貤贈儒林郎
桀逢元字向榮以子鳳苞　贈儒林郎

張瀾字文澂以孫兆熊　貤贈徵仕郎
張廷椿字蔭千監生以子兆熊　贈徵仕郎
張廷楠字豫章以孫世承　貤贈儒林郎
張熹字仁育以子世承　贈儒林郎
張址字萬書庠生以子鈢　贈奉直大夫
祝景淇字衛瞻庠生以孫嘉燕　貤贈儒林郎
祝朝梅字公瑞庠生以子嘉燕　封奉直大夫
沙凱字靖遠以孫鵬振　貤贈奉直大夫
沙廷賢字文魁以子鵬振　贈奉直大夫
沙廷策字董三以孫昺　貤贈朝議大夫

沙宸誥 見前復以子昺 贈朝議大夫
沙昱 見前復以子沂 贈奉直大夫
沙昺 字耀南同知銜加一級以子瀾 封儒林郎
袁明揚 以外孫沙瀾 貤贈儒林郎
章程 字楚江例貢生以子燦 封奉直大夫
夏泌 字惠夫以孫榮詔 貤贈儒林郎
夏逢年 字康田以子榮詔 封儒林郎
承王恩 字來宣以孫繼和 貤贈儒林郎
承範 字楚藩以子繼和 贈儒林郎
陸日森 字永明以孫正芳 貤贈儒林郎

陸大成 字[illegible]以子正芳 贈儒林郎
郭光裕 字繼汾以孫愷 貤贈儒林郎
郭鳳翾 字雲翼以子愷 贈儒林郎
郭光昆 字煥文以孫霦 貤贈儒林郎
郭舜基 字大儒以子霦 贈儒林郎
黃鍾靈 字公連以孫誠 貤贈儒林郎
黃煥基 字文昭監生以子誠 贈儒林郎
黃吉 字廣華監生以弟誠 貤封儒林郎
繆秉忠 以子聘 贈文林郎
繆庭標 見甲科以子炯 贈文林郎
黃維鏞 字倫表以子溱 貤贈登仕郎
馮敬授 以孫治 貤贈儒林郎
馮運 以子治 贈儒林郎
張廷玉 字天培以孫文灝 貤贈武略騎尉
張維錦 字秀成以子文灝 贈武略騎尉

右封贈

（明）吳高 江陰侯良子嗣侯署前府都督僉事
吳忠 靖海侯楨子嗣侯歿於王事
陳翊 合浦侯清子襲南京濟川衛中所副千戶
陳進 翊從子襲翊職

陳公亮 進從子襲進職
郭讓 明威將軍旺子蔚州衛指揮僉事
郭真 讓子南京飛雄衛指揮
郭雄 真子襲真職
郭隆 雄子襲雄職
郭玉 隆子襲隆職
郭繼祖 玉子襲玉職
郭世臣 繼祖子襲繼祖職
郭坤 世臣子襲世臣職
郭希聖 坤子襲坤職兼理屯田事崇禎八年流賊犯衛與子邦清統衛兵斬賊百餘賊大哨雲合刃傷

遏體戰死兵部尚書范驗功請卹其次子邦治應襲。國朝賜通謚烈愍入祀鳳陽忠義祠見勝朝殉節諸臣錄

沙　義　武略將軍原德子襲百戶職調瀋陽中護衛左所擢本所副千戶

沙　敬　義子襲義職

沙　遜　義從子襲敬職

沙　濟　義從子襲遜職正統中充遊擊將軍守雁門死土木之難

沙　安　濟孫濟子鎭早卒安襲濟職擢正千戶坐事免

沙　寗　安從弟安無子寗襲安職

沙　榮　寗子襲寗職

沙宗岳　榮子襲榮職

沙勝金　宗岳子襲宗岳職

沙毓金　勝金弟襲勝金職

聶　垣　大同鎭朔衛指揮同知貴子襲貴職任保安衛指揮同知

何　澄　福州右衛指揮僉事降貴州安莊後所百戶

何　銘　澄子襲澄職除湖廣蘄州前所百戶改沔陽前衛指揮僉事貴子襲貴職除山東濟南所調後所宣德元年征交趾戰歿無子

何　英　銘弟襲銘職

何　洪　英子襲英職擢本所副千戶

何　泰　洪子襲洪職調五開衛副千戶

何　勳　泰子襲泰職除五開衛千戶調本所擢本衛指揮僉事加同知

程　文　武節將軍禮子襲禮職除蘇州衛正千戶隨征雲南調玙海衛

程　貴　文子襲文職

程　鐸　貴子襲貴職

程　縉　鐸子襲鐸職從征雲南土寨有功

程　鵬　縉子襲縉職

程　雲　鵬子襲鵬職

程　爵　雲子襲雲職

程　衢　爵子襲爵職

趙存信　鎭撫鵬子襲鵬職除西安後衛

方　瞰　浙江都司都指揮僉事榮子襲榮職除朔州衛指揮僉事

方　忠　瞰子襲瞰職除保安衛指揮同知

方　諒　忠子襲忠職

方　智　諒子襲諒職

方　詡　智子襲智職

方　進　詡子襲詡職

方　宣　進子襲進職

金　銓　廣寧中護衛百戶陞常州衛指揮僉事安子襲安前職

金　誠　銓子襲銓職

金　貴　誠子襲誠職

金　珍　貴子襲貴職

金　鏜　珍子襲珍職

姜　昇　西安前衛百戶禮子襲禮職隨駕有功擢前衛中所副千戶

姜　瓛　昇子襲昇職

姜　通　瓛子襲瓛職

姜汝淮　通子襲通職

姜　棟　汝淮子襲汝淮職

姜應兆　棟子襲棟職

姜聯芳　應兆子襲應兆職

奚　倫　貴州平越衛右所總旗成子襲成職

奚士鍾　倫子襲倫職從征薊川戰死蔭百戶

奚　得　士鍾從子襲士鍾職征苗與二子宜宏俱戰死

奚　能　得子襲得職從征都濤有功擢副千戶

奚　傑　能子襲能職從征乖西有功擢正千戶勦鎮筸擢指揮僉事

奚　都　傑子襲傑職

奚天寵　都子襲都職

奚國柱　天寵子襲天寵職征播征苗有功擢指揮同知封驃騎將軍晉階從一品

奚光先　國柱子襲國柱職以計擒叛酋擢雲南參將

范　海　南京水軍前所正千戶玉子襲玉職

范　熊　海子襲海職

徐　成　富峪衛百戶壽子襲壽職

徐　俊　成子襲成職

徐景春　俊從子襲俊職

徐　玉　景春子襲景春職調驍騎衛

徐　隆　玉子襲玉職

時　泰　武略將軍信子襲副千戶

時　鳳　泰子由總旗擢錦衣衛百戶累陞本衛千戶

陳　俊　南京留守前衛指揮僉事六一子襲六一職自俊至六世孫輔以次襲六一次子興調守江陰遂占籍

王　毅　臨沂侯貞子襲秦川衛指揮同知改西安右護衛毅弟貴占籍江陰

王　宣　毅子襲毅職

王　震　宣子襲宣職

王　泰　震子襲震職

王　武　泰子襲泰職

王　化　武子襲武職

鄧　樅　字廷器本宛平人父師晦官江陰主簿因家焉其先鄧明字光遠交阯人唐宗室永樂間納土歸命官交阯道參政從征有功擢工部尚書至樅以前功授錦衣衛指揮樅辭武就文乃予鴻臚寺序班又准順天府學額外廩生一名並世襲樅遂官序班陞光祿寺署丞

鄧　璧　字文府樅子襲序班職

鄧欽承　字紹恩璧從子襲序班擢鴻臚寺主簿

鄧汝楫　見鄉舉字宏濟欽承子襲廩生

鄧汝舟　字宏載欽承子襲序班擢光祿寺署丞七奉詔封安南三使遼陽晉鴻臚寺少卿

國朝徐　溶之龍七世孫嘉慶間　賜恩騎尉世襲准作武生

徐德蔭溶子襲恩騎尉准作文生

右襲

宋蔣延壽莆子通州知州調泰州

曹耀之址子左金吾衛將軍

元邱定夫見辟舉忠定四世孫授武龍州同知辭不就

袁則榮見辟舉山陰令天任孫慶元路學教授

徐　登知江陰軍蕆六世孫婺州路學教授

明曹　濬淵子錦衣衛正千戶

湯世賢字右卿沐孫湖州府通判

趙琦美字元度用賢子刑部郎中

趙隆美字文度用賢子敘州府知府

趙士履字坦之用賢孫工部員外郎

繆虛白字釆室庠生昌期子戶部檢校

李遜之字膚公庠生應昇子送監讀書

陳　駒見武鄉舉震亨子杭州衛小旗

國朝徐錫綸之龍子送監讀書

楊應詢字蒼巘名時子候選主事

右蔭

江陰縣志卷之十四終

江陰縣志卷之十五

名宦

三代下惟恐不好名乃勉中人語求治而惟名是鶩弊將不可勝言名宦者實至而名歸之非自爲名也輶官兹土之已崇祀者詳其實政有功兹土而未祀者令以慰民思別祀於報功祠并詳其事實以待論定其綾祀名宦之大吏而無專著兹邑之實績存其名不繫以傳昭覈實也志名宦

崇祀名宦傳

梁司馬筠字貞素河內溫人孤貧好學師沛國劉瓛爲瓛所器博通經術尤明三禮天監初除暨陽令有清節入

拜尚書祠部郎

唐趙　和咸通中爲江陰令才能治劇數斷異獄楚州淮陰有農人以莊契質於西鄰及往贖納錢八百緡西鄰以無保佐沒其錢不予契官不能直越江來訴和匿其人竄西鄰於江寇中勾攝之籍其產中有錢若干緡詰之則曰此鄰家贖契錢也趙乃出農人令取錢西鄰叩首伏辜其明決多類此

宋崔　立字本之河南鄢陵人舉進士天禧四年知江陰軍邑有利港即越絕書所云利浦久廢塞立出教濬治

漑田數千頃又開横河横亘邑東凡七十餘里吐納江
潮灌漑東境田疇沾水利甚溥自立祠始後歷嘉祐政
和以迄
國朝代有疏濬厥功爛焉累遷太常少卿
楊孝孺字逵甫福建建安人熙寧九年以太子中允知江
陰縣爲治寬猛相濟安而有序盜賊屏息邑無游民平
居博覽史傳尤精性理之學
于　湧安徽臨淮人大觀四年爲江陰丞悉心水利嘗於
黄田蔡涇諸處置上下閘決淤塞以利灌注旱潦有備
且省漕輸之卒過半又西導申利二港注之武進利濟

鄰邑其功甚溥
楚執柔政和三年爲江陰丞時横河故道湮沒執柔乃治
市墩新河以代洪港使水疏而不壅蓄而不溢白鹿化
成等十鄉之田計六千五百七十三頃有奇頻苦旱澇
至是盡除其患
王　棠紹興五年以左朝奉郎知江陰軍先是建炎以前
卽廟爲學軍興後廢爲營屯紹興三年知軍崔頌稍修
葺至棠乃請於朝更新之拔邑中子弟爲學官弟子員
更以軍間田充士廩又乞截留秋糧以贍軍儲士民咸
戴之

鄭　滲江西玉山人紹興十一年任江陰軍教授學博志
高文行交脩加意引掖後進紹興十四年奉詔脩學滲
爲之記
李　寶河北人紹興三十一年金亮犯邊寶被命統水軍
駐江陰敵以海船從膠西進寶逆戰火箭射其油帆風
利火烈燒敵舟千餘敵氣懾高宗遣使諭賚命學士院
草詔加節度使寶立節堂於縣治之東偏以榮上賜其
麻制曰千艘水擊威名遠駕於伏波萬舸灰飛偉績更
高於赤壁蓋實錄云人知金亮授首淮甸不知海道之
捷先有以奪其氣也

徐　蕆字子禮河南雒陽人初守饒州蕆家吳懼勤覲於
遠請易旁小州人稱其孝乾道初來知江陰軍時邑方
遭水患蕆至詢民疾苦疏請盡蠲秋夏租稅報可先是
建炎間緣陳通之變臨安府請將和買綢絹分配諸州
江陰增四千餘匹相因者且四十年蕆力言之減十之
三命下之日歡聲動阡陌
尤　袤字延之無錫人從喻樗汪應辰遊究心程氏之學
尋魁南宮擢第爲泰興令吏民爲立生祠不樂吏事以
宣教郎補江陰軍教授尋以薦召除將作監簿大宗正
闕丞人爭求之陳俊卿曰當與不求者遂除袤虞允文

以史事過三館問誰可秘書丞者僉以袤對亟以授之張栻曰眞秘書也歷官禮部尚書方乾道淳熙間有忌程氏學者目爲道學將攻之袤在掖垣首昌言以破邪說且謂此名一立賢人君子宜無得免後果有韓侂胄禁錮道學之禍人以此服其先見年七十卒諡文簡

樓鍔字巨山浙江四明人淳熙七年自樞密院編脩來知江陰軍初下車適當大比見貢院傾圮卜地欲新之會歲洊饑不果及稔鍔已秩滿乃藉浮屠材斥羨金七旬而訖工成始去

袁燮字和叔浙江鄞縣人生而端靜勤學不怠少長慨

然以名節自期入太學登進士調江陰尉先是尉司無棲兵之所弓手率散處燮至嘆曰此曹之設以備不虞羣焉而居猶恐勿及散處若是如緩急何乃請於常平、使者得費以建弓手之寨值浙西大饑常平使羅點屬任賑恤燮命每保畫一圖悉載田疇山水道路以居民分布其間合保爲都合都爲鄉合鄉爲縣戶數民業披圖瞭然累遷國子祭酒秘書監除禮部侍郎兼侍讀與史彌遠爭和議罷之尋起知溫州進直學士奉祀卒諡文獻學者稱爲潔齋先生

施邁紹熙四年以朝散郎知江陰軍時徵科繁重而公用尚不足逋官錢至二十四萬餘緡且大軍移屯商旅絕跡於是嬴蚌蔬茹亦皆科稅邁疏請蠲減以寬民力尤篤意文獻屬教授鄭應申纂脩志乘江邑有志自此始

鄭應申紹熙三年任江陰軍學教授邑舊無志知軍施邁始命應申創爲之蒐抉載籍網羅散亡成志十卷邑中文獻賴以不墜

戴溪字肖堅浙江永嘉人少有文名舉省試第一嘉泰四年以宗正簿知江陰軍多惠政先是愛日門外有居養院溪重建易名安濟俾老而無歸者居焉月給常平

軍貲庫錢米冬夏各有支犒建貢院振興文教累官史職陞博士奏兩淮當立農官括閒田以爲救農之策仕至龍圖閣學士致仕卒紹定初賜諡文端

趙彥适開禧三年以朝散大夫知江陰軍振興文教重修學宮克繼王棠之績

林庚寶慶三年知江陰縣多惠愛邑故有漏澤園庚增廣其舍又籍餘糧二百餘石以食獄囚之無家屬者

顏耆仲福建龍溪人紹定元年知江陰軍爲政以教化爲先捐金修學立葛清孝公祠先賢祠於講堂之左右朔旦謁殿士服不整則備襴幞革帶以資寒士命教授郭

庭堅招集儒童開敏者厚加激勸取朱子小學鋟木以傳又命庭堅纂修續志一時百廢具舉

郭庭堅紹定元年軍學教授自紹熙甲寅創爲邑志至紹定壬辰閱三十八年知軍顏耆仲命庭堅及國學進士蔣汝通續修之庭堅采摭見聞摧揚事實多補前志所未詳者邑乘於是始備

史寯之紹定三年知江陰軍是年冬李全兵抵海陵吳越震動邑當要害下車甫踰月急請兵分屯以廣聲援報可調禁旅千五百人來戍乃搠堡柵峙糗糧備器械使至有所歸作有所用士咸感奮自始謀至迄事軍和民

安寯之力也復鄉飲酒禮建鼓角門尊美亭修主簿廳及朝宗觀風澄江三門浚貢院洞溝增建軍教場邑中廢墜靡不修舉

史蒙卿字景止貴州明州人咸淳元年進士任江陰軍學教授時四明之學祖陸氏而宗楊袁及沈煥舒璘繼起復主其說蒙卿爲學淹博著書立言一以朱子爲法著有小學紺珠惜其書不傳

（元）李師善字復初直隸范陽人大德間尹江陰陸文圭作去思碑稱其有五善焉約己清苦一也禮敬儒先二也勤恤民隱三也沮斥豪强四也期令必信五也如輿起學官延聘經師泥行卻蓋救水潦之災露宿停車除螟蝗之害橫閭里者必治擾官府者必詰兩造在庭片言可折私謁入門一介不取法不曲於己之所親令必伸於人之所憚此五善之實也

韓　搏山東益都人延祐中同知江陰州甫莅職會歲大祲務穡勸分恤貧賑寡由是歲饑不害杭民苦糴省府令派江浙稅戶船粟往哺文移峻急搏屢申乞截留綱運以救一州久乃得請百姓呼舞米值頓減主帥不職屯軍橫里中擒至有小校歷階上挾卒馳去搏大怒條軍中不法事將按舉之同列不署名搏爭之力卒置於

法姦人假巡邏爲名脅取民貲收繫之行賂規脫搏持不可窮詰奸狀斃於獄有挾讐指平民爲盜者平反之有長官縱其下奪民妻者劾治如律尤留意文學儒服踵門者禮遇之有諂搏私於儒人者笑不言

張紹祖字可久安徽宣城人至順中以廷對第五人尹江陰州不受私謁案牘山積剖決如流邑有旱潦勸民賙恤寢食勿遑陸文圭爲作去思碑

丑　廝字靜如蒙古人以昭勇大將軍來鎮江陰謙恪向義人悅慕之征閩寇衞海漕咸有功至正十一年淮西亂督軍九江取道安慶前後出師凡二十九捷十二年

冬寇復水陸並進連破之輕舟逐北中流矢卒王逢有
故將軍歌
明吳　良安徽定遠人初名國興賜改今名少與弟楨俱
以剛勁有知略聞濠泗間太祖起兵並爲帳前先鋒丙
申從定建康又從大將軍徐達克鎮江下常州進鎮撫
守丹陽丁酉與趙繼祖等取江陰張士誠兵據秦望山
良攻奪之遂克江陰以良爲指揮使守之時士誠據全
吳江邑當其衝士誠數以金帛啗良將士太祖諭之曰
江陰我東南屏蔽汝約束士卒毋外交毋納逋逃毋貪
小利良奉約維謹繕城池明斥堠礪器械尋進樞密判

官士誠舉兵來寇良率弟楨出北門與戰潛遣元帥王
子明馳南門合擊大破之尋復寇常州良遣兵從間道
殲其援兵於無錫太祖嘗召良勞曰吳判院保障江陰
使我無東顧憂功甚大命學士宋濂等爲詩文美之遣
還鎮太祖詣江陰勞軍周巡壁壘嘆曰良今之吳起也
吳平加昭勇大將軍移鎮蘇州三年授開國輔運推誠
宣力武臣榮祿大夫柱國同知大都督府事封江陰侯
食祿一千五百石予世劵十二年齊王封青州命良往
營府第納其女爲王妃十四年卒於青年五十八贈江
國公諡襄烈子高嗣永樂中廢爲庶人宣德十年子昇

乞嗣不許子孫籍居江陰
吳　楨良弟字幹臣初名國寶與良俱從克常州江陰有
功丁酉擢天興翼副元帥助良守江陰數退僞吳兵擒
士誠驍將朱定授英武衛指揮使丙午大破吳兵於巫
子門元年復從攻僞吳連破胥葑二門士誠就縛進僉
大都督府事三年命爲靖海將軍練軍海上其冬封靖
海侯七年有海警復總江陰四衛舟師出捕倭至琉球
大洋獲其人船獻俘京師十一年奉詔出定遼得疾輿
還京師明年卒追封海國公諡襄毅與良俱肖像功臣
廟子忠嗣侯二十三年追論楨胡黨爵除子孫亦居江

陰
張宗璉字重器江西吉水人永樂甲申進士累官南京大
理丞宣德元年覈福建軍籍務廉恕明年坐奏事忤旨
謫常州府同知待民如子躬視水利整飭學校遇老病
鰥孤率有恩意時御史李立奉詔釐江南軍籍受黠軍
詞多逮平民實伍宗璉固爭立謾罵之宗璉臥地乞杖
曰請代百姓死立意稍解免株累者甚衆然宗璉心積
不平疽發背卒生平以清節自持方病革召醫至室無
燈燭童子從外索油一盂入猶卻之力及喪歸郡民白
衣冠哭送者數千人立祠君山祀之

王子倫廣東南海人宣德八年知縣事政以仁愛爲本公
平廉介徵拜監察御史去之日行李蕭然
周　斌字國用直隷昌黎人由進士拜監察御史天順元
年以言事忤旨左遷知江陰下車甫踰月勸善直枉痛
繩姦惡風化大行開通河港凡數十處以廣灌溉凡學
宫縣治壇祀橋梁無不脩葺始申請創設利港巡檢以
司巡防盜賊屏息在任六年遷開封府知府既去邑人
爲圖像畱衣舄勒碑紀德焉
謝　甯字安世福建惠安人成化丙戌進士十一年知縣
事絕苞苴興廢墜江邑社學久廢甯度在官之田舍以

爲學簡老成莊雅士爲之師向學者甚衆遇歲旱徒步
禱雨及秋水暴溢發廪賑之民無飢色遷刑部主事
周　忱字恂如江西吉水人永樂進士官至都御史宣德
中巡撫江南凡有利於民生者知無不爲邑南舊有馬
家湖與芙蓉湖接界忱周歷相度塞湖爲田（詳見山川芙蓉湖）
凡闢膏腴地四萬三千畝有奇歲入畝一鍾正統元年
重建黄田蔡涇二閘並設刷沙船二以鐵帚繫船尾隨
潮往來疏刷民甚便之忱初至江南銳意興除講求甚
悉嘗操舴艋夜叩邑人嚴本扉嚴已臥蹶然起曰此必
故人周恂如也披衣迎之果忱深談至夜分出二伏卵
啖之所詢皆民俗利病卒諡文襄今專祠在青暘
國朝康熙間知縣龔之怡並以前令黄傅胡士鰲從祀焉
黄　傅字夢弼浙江蘭溪人宏治庚戌進士癸丑知江陰
縣事年方少吏民或易之傅鋒穎不露而迎刃運機動
中肯綮三月而令大行先是民俗嚚嚚持吏短長吏多
罷免簿書叢委棼不可理傅提綱挈領事事條舉不期
年官無負租野無罷民尤能崇正學屏異教去境内淫
祠殆盡脩縣志一十五卷理嚴事覈尠有繼者在任六
年徵拜御史尋卒年僅逾三十著有白露山人集
涂　禎字賓賢江西新淦人宏治己未進士壬戌知縣事

莅事勤敏持身謹飭述儒先論說孳孳不倦以其暇延
邑中賢士切劘道義訟簡刑清徵拜河南道御史正德
初言事不諱爲逆瑾所中死於獄士大夫哀之爲文望
祭於君山
劉　紘字景贍江西安福人忠愍公球四世孫治春秋有
名宏治乙丑進士正德丙寅令江陰初下車海寇施天
泰擾境設備不敢犯堂左右立二橱分庋案牘日以次
發視而謹其扃鑰勾稽賦役除里書飛詭之弊時詣學
課諸生業且問興革所宜毁淫祠禁巫覡民偶饑至輟
堂食錢益賑最聞徵爲南京戸科給事中俄被逮先時

紘以職事入朝道淮陰有巨璫猝至紘從子持慶守淮安方侍紘語未暇省璫璫怒即誣訐持慶併中紘獄成持慶坐免紘得白然因暑致疾竟不起年三十六

黃　霆字和之河南淯川人正德六年任江陰丞大盜劉齊來寇霆戎服慷慨誓妻孥曰吾不勝與若等俱死毋爲先人辱乃登城呼彎弓射賊賊奔狼山盡殲之擢肅寧知縣

戎　斌字尚質浙江鄞縣人正德十二年由監生任訓導沈志謂舊不立傳故事無考然祀於學宮必有以也

王　泮字文淵直隸磁州人正德丁丑進士授江陰令衙

舍蕭然妻子皆布素宏治中邑令黃傅脩邑志十五卷皮閣二十年至泮始付之梓并囑方謨續之文獻犁然大備而不署已名徵拜御史士民攀號而送者千餘人

趙　錦字元樸浙江餘姚人進士嘉靖乙巳知江陰片言折獄人不敢干以私以表揚貞孝爲已任嘗屬邑人張衮修邑志二十三卷値歲運旱取民間所食樹皮呈大吏因得發粟賑全活萬計包港斜橋諸處舊爲盜藪單騎往諭火其巢嘯聚者屏跡性伉直上官有徵索怒笞其役以是忤直指陳九德將劾之草具都吏黃淮泣不忍膽陳問故叩頭備言錦治行陳慚竟登薦牘秩滿徵

爲南臺御史會元旦日食抗疏論時相嚴嵩削籍歸嵩敗起爲光祿卿奏免江陰貢鰣得以銀代累官尚書都御史

林　烈字孔承廣東東莞舉人研精理學私淑白沙先生嘉靖二十六年署江陰教諭其來也挾書數冊攜一童子坐學舍讀書蕭然自得

錢　錞字鳴叔荊州顯陵衞人嘉靖庚戌進士壬子來知江陰廉明剛介勇於有爲聞倭寇浙亟甃城完北隅之缺厚集鄉兵以待三十三年倭至迎戰卻之明年倭掠靑暘錞兵不滿百追至塘頭倭小卻復大至遇之石幢

發三矢連殪三賊身亦被一矢團長吳兌扞之得免兌以傷重死倭亦卻錞爲文祭兌軍心益奮翌日倭逕從華墅趨城合常熟之寇三千餘人攻縣東門時錞已整兵還城啟門納鄉民之避寇者賑以粟且請兵於兵備王崇古不應乃取印印衣推案起曰睢陽何如人哉吾誓不能與此賊俱生遂提兵數百突圍出以狼兵爲先鋒至九里河狼兵遁錞獨與義勇楊成陳裕等五十餘人接戰無不一以當百地險馬仆成以所乘馬易之會伏起被絷墮馬成裕交翼錞體糜如醢錞亦身被數十創顧謂成裕曰吾死國分也遂俱遇害義勇金鳴等十

人悉赴鬭死時天大雷雨晦冥咫尺不辨百姓哀號徧野而崇古僅以探賊被殺聞贈光祿少卿蔭一子入監建祠死所成裕從祀殉難兵邢惠郭斌亦附焉後巡按周如斗白其事乃世襲一子錦衣百戶錞死時年三十一今專祠在城隍廟之西偏

曹廷慧山東人以貢任江陰簿有智略精騎射邑令錢錞旣死寇復至守者欲偕廷慧竄叱之顧其子曰此吾與若死所遂奮臂大呼彎弓向賊曰吾射賊左眼則中左復曰射賊右眼則中右賊駭遁明日賊作牛皮帳攻城廷慧束火藥薪中爇之復擊以磤賊稍退在圍中四十

餘日欲告急大吏無由達有儒生薛亶請行募習水者二人與俱七日始達然援兵竟不至後有樊參將提卒千餘來廷慧爲內應賊始解去以功擢蘇州府通判

李　芳字文叔浙江嘉興人進士初令曲周隆慶元年調知江陰咨詢利弊銳意興除北運則請各區分解掛籌則請定價折銀貢魚改爲吏解不煩魚戶積穀請貯縣倉兌輸府費又江邑舊不買官布鄰封有牵累者力請捐之報最行取入都會有忌者以郡丞閒住士民德之建祠文亨橋右

王之夔字子一丹徒人由歲貢任江陰教諭性廉峻生徒有過輒面折之時學宮久圮之夔戴星監葺殿廡齋舍煥然一新轉雲南府教授以不屈滕黔府旋拂衣歸

亓　瑋字選浦山東濰縣人進士崇禎十年任江南學使衡校公明文風丕振六郡人士合詞請祀

閻應元字麗亨直隸通州人起掾吏爲京倉大使崇禎十四年遷江陰典史始至有海賊顧三麻欲薄城應元率居民千人堵江濱發一矢殪一賊賊膽落遁去大吏以聞久之遷英德主簿會國變挈家僑居邑東之砂山乙酉

大兵南下邑士民許用等奉典史陳明遇嬰城守明遇騎迎

應元應元投袂起馳入城時

大兵薄城下者且十萬城中兵不滿千且無矢應元命束藁爲人乘夜置堞間內鼓噪比曉獲矢無算旋遣壯士縋城斫營

大兵卻故廣昌伯劉良佐馳城下說應元降應元曰某明朝一典史耳尚知大義將軍胙土分茅乃靦顏爲前驅何面目見吾邑義士民乎良佐慚而退逾月貝勒統軍至縛降將吳志葵黃蜚至城下說降應元罵之貝勒知不可動攻益急礮聲徹晝夜凡堅守八十一日而城陷應元率死士巷戰殺傷千數見勢不支躍身投前湖水不

沒項被執見貝勒挺立不屈一卒持槍刺其脛始踣地擁至棲霞禪院大呼速斫我而死死時大書於院壁曰八十日戴髮効忠表太祖十七朝人物六萬衆同心取義畱大明三百里江山

國朝乾隆四十一年

賜謚忠烈邑人舊祀於西城夾二坊乾隆八年改建祠於東城棲霞菴並祀陳明遇又益以訓導馮厚敦今名三公祠

陳明遇浙江人崇禎十五年任邑尉乙酉江邑士民倡守城議以明遇得衆心推主兵明遇乃迎應元入與俱守城破被殺手猶握刀僵立不仆闔門投火死乾隆四十

一年

賜謚烈愍

馮厚敦字培卿金壇人貢生崇禎十四年任邑訓導乙酉城圍厚敦雖不嫺武事然時率諸生巡歷勉守陴者以忠義詞旨激烈城破從容正冠帶自縊於明倫堂妻王及其嫂姊結袵赴井死諸生從厚敦死者十三人學役劉俠斂之乾隆四十一年

賜謚節愍

國朝胡　亶字保林浙江仁和人以翰林分臬江南時兵備署猶在江邑也順治已亥夏猝有海警潤城失守大吏令偏裨來協禦亶謂客兵徒擾民無益止之單騎巡歷出儲粟四百石犒守陴者民心稍安適中丞列營雲陽毘陵間亶將上謁士民環畱之號聲徹四野亶泣曰誓捐七尺與此城共存亡耳中丞乃專以江境委亶亶益嚴爲禦備計賊至馬前曰願見胡兵備亶徑出大呼曰若輩知以孤城抗

大兵三月者乃江陰耶若欲下江陰江陰未易下而四面之兵已斷汝歸路矣賊聞語色動遽揮船去是役也自金陵而下戎馬蹂躪數百里無炊煙獨江上安堵如故迨京口既復亶疾馳入安集撫綏釋羅織者無算以內召

去

邵　嘉字令儒浙江富陽人順治乙未進士康熙十五年以僉事任江南提學道擢任去尋卒諸生請祟祀句容江陰兩縣名宦祠俱駐節地也

劉選勝字文伯湖南常寧人以左都督充左路總兵官駐節江陰前總兵某縱卒行暴至握槊入民家選勝至懲其尤橫者某家人滋事執而縛之某之子詣轅請謂曰公子欲庇家人壞國法耶卒置諸法

邵嗣堯字九綵山西猗氏人康熙庚戌進士三十三年以參議任江南學使清節峻立校藝以簡質爲宗著有四

書講義傳示學者履任甫半載按試蘇松以勞卒兩郡
人士建祠肖像祀之
張泰交字公孚山西陽城人康熙壬戌進士以太僕卿督
學江南刻苦勵操人莫敢干以私洊擢刑部侍郎去任
後邑人構陽城書院奉之
余正健字乾行福建古田人康熙丁丑進士督學江南衡
文根據理要訓士諄切
陳鵬年字北溟湖南湘潭人康熙辛未進士官河道總督
諡恪勤雍正十三年奉文入祠督撫統轄全省嘉績善政省志各有專傳於邑
乘傳之則非體其祠祀各郡邑遵詔旨也故特書其入祀之年而傳文從闕郡守統治入邑義例從同

惟巡撫周文襄開治芙蓉馬家二湖江人被澤尤溥兼有濬河脩學諸績且青暘立有專祠數百年來謳思猶
昔則仍爲立傳
張伯行字孝先河南儀封人康熙乙丑進士官江蘇巡撫
諡清恪乾隆六年奉文入祠
李　衛字又玠銅山人官浙江總督節制江南諡敏達乾
隆六年奉文入祠
魏化麟字素書江西南昌人以歲貢令丹陽人呼魏青天
及任江陰布袍襆被專以清約化民摘伏如神嘗有捕
役某亡其家莫知所之一日獲盜三人化麟忽詰曰若
輩非但爲盜且殺人有某婦具控自首者免罪盜錯愕

不承化麟命將三人分繫夜半秉燭坐繫一人至謂曰
吾頃訊某謂殺人由爾盜遽曰渠自主謀奈何獨以委
我令某屍猶在某處也詰朝獲屍盜具吐實雍正七年
大吏清查錢糧行部所過吏民咸惴惴化麟先期集區
書保甲造細冊呈之大吏至但覈數而已比戶晏然以
治行第一超擢常州知府詿誤落職及開復署徽州府
乾隆六年復知常州逾年勘靖江水災渡江值大風雨
夜泊沙渚中得寒疾卒卒之日署無餘貲發篋得質庫
劵三十餘紙武進令趙錫禮爲之營斂
徐士林字式如山東文登人康熙癸巳進士官江蘇巡撫

乾隆十一年奉文入祠
包　括浙江錢塘人康熙丙戌進士知常州府乾隆十一
年奉文入祠
陳大受字占咸湖南祁陽人雍正癸丑進士官江蘇巡撫
諡文肅乾隆二十四年奉文入祠
胡高望字豫堂浙江仁和人乾隆辛巳進士兵部侍郎前
後任江蘇學政六載捐已貲廣書院生童額教思覃粹
俊髦咸知向學先是弟子各習一經乾隆間功令俾習
五經高望湛深經術取漢宋諸儒經義剖析詳明以訓
諸生諄復不倦士子如獲嚴師官終左都御史諡文恪

周系英字石芳湖南湘潭人乾隆癸丑進士戶部侍郎道光二年任江蘇學政以培養人材爲己任訓諸生以躬行實踐之學念暨陽書院久失脩葺紬經費移文撫軍撥江濱新漲沙田若干畝以充費一時寒畯咸知奮勉癸未江湖水溢邑濱江被災尤甚捐廉爲倡賑糶章程多所裁定四年十一月卒於官

未祀名宦傳

陳倪　啟至德初爲江陰太守徙江陰治夏浦爲艦浦城

唐李嘉祐字從一天寶進士調江陰令從政不苛民庶親服自常州還江陰道中有詩云處處空籬落江村不忍

看乘春務征伐誰肯問凋殘可見其愛民之意

宋范宗古山西高平人乾興元年以成均博士知江陰軍軍舊有

文宣王廟宗古以鄰於郡獄非尊嚴之意乃遷於治之東南門堂俎豆一新范文正嘗爲之記他如戟署使館城門川梁之制亦皆繕築閎整焉

朱昌符一作昌叔字明之沛國人工詩與王安石相酬答安石懷江陰詩有泰伯人民堪教育春申溝港可疏通之句朱志郡守題名記稱其儒雅端範課最出倫

張　其字公長直隷清河人天聖八年以都司員外郎知江陰軍吏盜民錢三百萬蓋二十年矣其摘發捕繫數十人轉運使趙惇謂曰此應賞典願寬吏吾以聞其曰按盜法也殺人以求賞非吾心也悉召吏諭以早償則從末減不爾且死吏親屬聞者爭出錢十日而足乃推死者二人爲首餘悉不問趙愧謝曰公長者殆非予所及也

劉　攽字貢父江西新喻人慶歷中與兄敞同舉進士調江陰簿英爽通豁初與王安石友善後議論多不合貽書爭青苗甚力又詩送之曰青苗助役兩妨農天下嗷

嗷怨相公惟有蝗蟲感威德又隨車騎過江東因漸疎仕州縣者二十年始遷國子監直講元祐初爲秘書監官止中書舍人

葛　閎皇祐三年以屯田員外郎知江陰軍時江陰軍守田較他郡爲厚閎謂士少租重取之無名所得七百斛悉輸之官庾運河自黃田港達五瀉堰多淤梗積潦害稼閎募里豪得粟二萬斛爲開濬費餘粟疏凿以資後役

楊士彥嘉祐七年以都官員外郎知江陰軍橫河自崔立剏開歲久淤塞士彥復大濬之灌溉有資輓運省費迨政和甲午縣丞楚執柔濬橫河邑人蔣靜爲之記猶追

稱立與士彥後先創守之功
陳剛中紹興五年籤判江陰軍時知軍王棠新建軍學剛
中曰禮天子命之教然後爲學請以命教名堂從之按
視水災閔民困於横徵欲請蠲其稅而以去留決之嘗
題詩悟空寺云八微言或棄歸休從此始以見志六年
擢大理丞
張汝明字舜文任主簿有尉貧且病市物不時予值部使
者欲繩以法汝明鬻槖中裝代償之
韓世忠字良臣陝西延安人忠勇絕倫爲中興名將第一
建炎三年牒報兀术將自海道窺江浙詔世忠以制置

使駐軍江陰及兀术分道渡江諸屯皆敗世忠乃自鎮
江退保江陰聞杜充以建康降敵帝如浙東世忠分軍
三道俟敵歸邀擊之帝召至行在奏願留江上截歸師
盡死一戰帝賜札聽留明年金人引兵趨鎮江乃先屯
焦山以扼之大敗兀术於黃天蕩具見正史
辛棄疾字幼安山東歷城人性豪爽尚氣節紹興三十二
年授承務郎籤判江陰時年二十三乾道三年孝宗召
對因論南北形勢及三國晉漢人材持論勁直不爲苟
合官終樞密院都承旨紹定六年贈光祿大夫謚忠敏
貝欽世字聖美浙江上虞人乾道九年知江陰縣濬治運
河民爭輸金不費公帑踰月告成
王　枏字木叔浙江永嘉人嘉泰元年以朝奉郎知江陰
軍開渠五百里有功水利
邢　𤅢嘉定十二年以通直郎知江陰軍時九里河淤塞
大濬之復自𢶒柱橋而上逆於朝宗門次第鳩工功成
而民不擾又慮潮汐往來浮沙易積力役數興利反爲
病乃括戶籍之沒於官者專置司掌其歲入弗以他用
每歲農隙一舉行不以浚治費民期爲永久利民深德
之他如開山蹊通道路植橋梁治舍館皆著稱當時
趙景緯字德文浙江於潛人淳祐初任江陰軍教授率諸

生以矩矱士子咸被其化
趙良珂咸淳二年簽判江陰時元兵自海道犯兩浙將薄
江陰良珂帥舟師備火筏攻之焚其舟十餘獲其主帥
江陰獲安
元
張　禧直隸東安人剛勇峭直年十六即從大將阿木
魯元帥察罕徇諸州郡後爲主將所忌將置之法依王
鶚以免鶚請於左丞闊闊薦禧與其子宏綱俱入見由
此知名世祖平宋禧戰功多至元十四年加懷遠大將
軍江陰路達魯花赤水軍萬戶威名播浙西海島入朝
進昭勇大將軍招討使加鎮國上將軍都元帥旋拜中

書省平章政事禧卒宏綱襲鎮江陰少從其父攻城徇
地數有功及之鎮盜起吉安宏綱率兵往捕未逾旬擒
之連破建德溪寨諸賊後從右丞劉深征八百媳婦力
戰死追封齊郡公謚武宣子漢當襲職讓其弟鼎襲江
陰水軍萬戶

曹伯啟字士開碭山人至元中爲江陰路經歷時江南初
定士夫殷集公餘每與陸垕陸文圭輩講摩義理吟詠
酬答卒未嘗有廢事累遷集賢侍讀學士至順中追封
魯郡公謚文貞

張　獻字時舉直隸定州人大德五年尹江陰州令修政

洽創校官之宇闢小學之廬史孝祥爲作君子堂記

趙宏偉字子英山東甘陵人大德五年用中書董士恒薦
起僉浙西道肅政廉訪司事大風海溢潤常江陰等州
廬舍多蕩沒民乏食宏偉將發廩賑有司以未得報爲
辭宏偉曰民旦暮且死擅發有罪我先坐遂發之全活
者十餘萬人又有臧夢解者慶元人也知海寧州有異
績至元二十七年夢解滿去已五年矣屬江陰饑江浙
行省屬夢解賑之夢解不爲文具躬至其地人給以米
所活四萬五千餘人二人皆不仕於江陰而澤及甚大
後宏偉卒於泰定三年追封天水郡公謚貞獻夢解以

湖南宣副使致仕至元元年卒士大夫稱之曰魯山先
生

宋仲仁字春卿山東聊城人官知事颶風作海水暴溢民
居漂溺幸而免者纍纍告饑州聞於省未報仲仁亟發
廩賑之曰躐位矯令惟某罪全活無算

烏古孫良楨字幹卿澤之子也至治二年蔭補江陰州判
有惠政無何以憂去服除補官所在著績拜監察御史
數上求賢才御經筵正身修德疏又請以許衡從祀孔
子廟廷至元十三年以良楨疏冊立太子召爲副詹事
爲太子進正心誠意親賢遠佞之道太子嘉納焉

萬　失名昭信人至順壬申同知江陰州寬明果斷修潔公
勤人不敢干以私濬蔡涇閘罰不施而事集元之名宦
見於陸文圭碑記者四人萬其一也

張　仁至正十四年判江陰州先是州東菴有奸僧私某
家僕婦殺僕投井中築垣其上其主不知也僕父訟於
官久不決仁廉得其狀發井見屍僧婦皆服辜

明

何得成安徽和州人與弟貴從明太祖下滁州得成以
功官萬戶守江陰貴屢獻奇謀於都督吳良奏授百戶
進指揮僉事

趙　鵬字圖南安徽全椒人以鎮撫守禦江陰恤軍愛民

時兵革初靖積骸徧野鵬悉收瘞之
郭　旺字明玉安徽六安人初官千戶取金壇克常州下江陰擢萬戶仍行江陰守禦遷惠州衛指揮僉事子讓襲任出海備倭與敵遇身中七十二鎗卒旺讓俱葬江陰青山子孫遂占籍
沙原德字益之江都人以百戶從吳良守禦江陰撫流亡闢荒地時張士誠竊踞窺伺原德從良大小數十戰功稱最洪武元年從吳楨征閩擒陳友定還次昌國進征蘭秀山爲礮所中輿疾歸卒洪武三年論功追封武略將軍予世襲

李　鳳字景儀山西陽曲人洪武十年任江陰丞廉勤愛民政事修舉遷知泉州府
賀子徵字子翬江西廬陵人洪武二十四年任江陰丞持身廉約率民以禮修邑志四卷
周　恩浙江黃巖人洪武二十七年知江陰縣廉以律己嚴以率下時經制草創恩至而明憲度厚風俗爲明代邑令之冠
蔣　宥字文惠浙江錢塘人洪武末由進士任知縣慷慨有爲不矜明察折强扶弱修儒學建儀門甬道射圃文學之興自宥始遷建寧通判

陳　選字士賢浙江臨海人自幼即以聖賢自期天順四年會試第一憲宗朝督學南畿頒冠婚祭射儀於學令諸生以時肄之江陰養正書院選所檄建也又作小學集注以教諸生每按部嘗止宿學宫察諸生誦讀力崇雅正斥纖怪靡弱之風後爲中官誣陷正德中追謚忠愍
王秉彝字好德四川巴縣人舉人成化三年令江陰時馬馱沙尚未設縣民困於賦役秉彝躬履其地驗沙之四隅以漲補坍以甲羨餘補乙之不足積逋始清匿田者諭以法悉使自陳無隱招流亡助穀種資婚葬贖子女三年以薦去民歌其德爲立去思碑

黃　璉字汝器山東濟陽人成化辛丑進士十七年知江陰踣擊奸惡宵小屏息徵入將拜諫官見嫉於閹臣萬安授鎮安州牧有平賊功止得常調官終杭州府同知
王　鎬字宗器河南洛陽人宏治十六年由監生任訓導教諸生以至誠爲本無詭言飾行歷八年如一日士多愛之
余淩雲江西豐城人正德四年任江陰丞七年流賊犯江陰淩雲以鐵蔆角密布城外淖土中縱牲畜其間賊爭掠之悉陷擒數人餘遁去

趙　儲浙江蘭溪人嘉靖九年由歲貢生任訓導嘗問學
於章楓山道範嶷然立課士程亹亹不倦

李元陽字仁甫安徽太和人嘉靖丙戌進士改庶吉士篤
志正學以直道稱出知江陰築城興學毀淫祠弭江盜
抑强直枉表章節義更以其間搜遺賢訪古蹟寄諸吟
詠常於席帽山建梧溪書院與方讓為布衣交

吳維嶽字峻伯浙江孝豐人嘉靖戊戌進士知江陰為政
廉平尤篤意文學所鑒拔多知名士以最召當補臺省
年少不及格為刑部郎與王世貞同曹詩名相頡頏後
官至大中丞

金　柱字中立浙江上虞人嘉靖進士自高安調任江陰
時當兵燹之餘下車即增修城隍練卒伍聚火器大開
水竇令鄉民移家入郭未幾山賊麻葉徐明犯境柱擐
甲升陴防禦賊稔城中有備遂遁去

王成芳字克濟寧羌衛人嘉靖壬戌進士初視縣事吏胥
多玩法成芳虛心體察悉得其窾會吏不敢欺性儉約
衙齋至不肉食擢任去什器悉還諸坊長士民攀號為
之罷市

劉守泰字交甫湖北麻城人進士隆慶六年知江陰歲旱
雩禱草履步行甘雨立降定冠婚喪祭四則附以律例
曰諭俗編又著有江城末議諸書遷吏部主事

范承寵字秉義山東人分教江邑築講舍三楹傍青雲樓
令諸生各以地遠近分日課業其中別駕高捷來權邑
事題曰愛溪書院

胡士鼇字爾潛福建詔安人萬歷丁丑進士知江陰建倉
濬河剏立文社得士繆文貞人服其識簡儒童之秀者
送楊舍社濱江人士咸知向學邑人於城隍廟東為甘
棠祠祀之

錢汝梁本姓卜字用甫浙江烏程人萬歷癸卯進士知江
陰年甚少決事如老吏禁佐貳勾攝卻羨餘均解額招

流亡戢强暴不妄費民一錢上官供億亦多所裁節三
年竟左遷去士民立生祠祀之

郭一坤河南安豐人由拔貢任江陰丞操守冰潔佐政衡
平奉上牒據理折衷有不合輒與守令抗左遷去歸裝
猶來時敝簏也

劉學周字翼辰湖北武昌人進士萬歷二十五年知江陰
戟鬚電目精敏强記摘發吏蠹殆盡奸豪斂跡畏之如
神嘗定清糧清役諸法民便之請勒石縣門以父憂去
服闋起補南陵復改江陰兩邑爭之各赴闕陳請忽遘
疾卒

郝　敬字仲輿湖北京山人博綜經史萬歷己丑進士令縉雲永嘉兩邑擢給事中劾時相左遷知江陰首舉鄉約著訓規一冊嚴保甲分團設舖盜賊入境即獲沿江多鹽梟招水兵領以哨長給火藥軍器巡緝防護江海安謐以水災請蠲不得移沙田無礙銀抵之又改編以紓賠丁之苦移項以絕坊長之累事愈劇法愈周然少暇即憑覽江山寄諸吟詠試童子拔繆尊素於稠人中邑之風雅益振以强項忤上官聽調歸歸而削桐爲棺刻詩其旁有南柯好夢君須到勝似江陰與永嘉之句後有薦者卒不起所著九經解奏疏詩文並行於世蔡志

云郝敬重望天下仰之而明史稿於敬令江陰頗有遺議敬以劾時相左遷亦以忤上官去位忌者之謗辭有自來矣讀其修縣治文述母夫人戒語蓋正自白其清白吏子孫也而沒後乃轉以誣之不亦異乎襆被而歸桐棺以葬清節矯然必有能辨之者

余士奇字才伯廣東東莞人萬歷戊戌進士視縣事五年誠慤愛民有古循吏風邑人祀之君山麓

曾仲文字汝煥江西泰和人由歲貢任江陰簿常買田設義冢於君山之麓俸入輒鑿井以便民部糧至黃河口遇劇盜斫其胸頸者再皆中船艦遷梓潼丞後以王官來江陰民爭致壺漿款之

湯　煥字堯文浙江仁和人隆慶庚午舉人萬歷間署江陰教諭清嚴有操工翰墨持縑來索者應之無倦色獨不可以金帛致徵爲翰林待詔寵賚甚厚名聞吳越

戴士杰字眉陽崑山人萬歷辛卯舉人署教諭雅意作興建聚奎亭進諸士講德論文日課月程所成就多文行兼優之士遷國子監助教官至憲副

張化源字雨峯崑山人萬歷己酉舉人天啟間署教諭有節概朔日令長謁廟諸生有長跪陳事者掖而叱之遷台州司理去邑人懷之謠曰前戴後張玉出昆岡

張醇儒字簡安浙江崇德人少有文名天啟中以恩貢除江陰丞恂恂有儒者行言及金錢輒面赬當道咸重之薦擢滇南龍泉令

國朝劉景綽字練溪四川內江人崇禎丁未進士順治三年知縣事時方兵燹之後四野蕭然下車一以撫綏安集爲主邑有大獄株連數百家得其籍焚之未幾坐緩催科解官卒於邸舍

武茂周字泰寰杏山人順治九年知縣事前令李長秀以貪婪被糾茂周任事六年未嘗取民間一錢

陳　鍹字孟起安徽石埭人順治乙酉舉人署教諭自兵燹後學宫自大成殿明倫堂外不遺寸椽鍹偕諸生經營相度捐己貲勸義助不受罰鍰不侵牙戶磚甓木石

釘灰丹漆諸瑣務皆親自董理數月後復還舊觀有里豪欲中一生許餽兼金三百鎰正色拒之奉郡守檄收校遺童雖勢要無由通一竿牘在任數年擢知輿縣事

劉　鋐陝西雒川人順治己丑進士十四年任海防同知十六年海逆犯順時兼攝鎮江府篆安插客兵招集流亡兵民安堵兩郡士民咸歌思不輟

馮臯彊字中立山西蒲州人順治乙未進士來知縣事明察有威事至立決在任四年積猾奸胥爲之屏跡邑故有逋稅數千臯彊設法清釐自此得專辦本年正供民以不困又逐妓女禁演劇及諸縻費俗以益醇

孫大儒山東萊陽人順治己丑進士十七年來任同知清嚴自持戢兵安民惠澤遐被

奚祿詒字蘇嶺湖北黃岡人順治己亥進士康熙十一年任海防同知邑有大盜程南山聚衆劫掠前守令莫能治密捕之并其黨五人同日伏辜所著有四書養正錄

何爾彬字霜崖浙江於潛人由拔貢知江陰夙與王新城以詩文相友善新城亟稱之兼通堪輿術相度地形以北方元武水直射城中故歷朝多劫運乃捐貲買民田與縉紳曹禾蔡鵬翬議築漁航壩鎮壓水口令潮勢紆迴以入壩成名曰永定同時靖江令鄭重望與爾彬埒爾彬擢吏部去鄭來攝篆未幾亦內擢

沈清世字階平江西新建人康熙間以軍功議敘選江陰令時漕頭里長陋規有所謂三銀五銀者清世以諸生范光晨言力請革之又建五雲橋於駐節亭之南以匯九里河之水水師大帥侯以勳戚鎮江陰伍卒恃勢張甚驅里民爲之役清世白帥帥不納清世正色曰設兵所以衛民帥可厲吾民令亦得厲若卒矣帥語塞民乃帖然江邑舊志殘缺清世倡捐脩輯釐爲二十二卷九旬而告成後卒於官葬邑之北郊

陸次雲字雲士浙江錢塘人初授郟縣令以憂歸服闋補

江陰鋤奸胥懲豪猾禁巫覡不逾年治行推第一每課士面指瑕瑜有若師弟勞農勸民如與家人相笑語士民親之以脩學濬河葺城垣諸大役挪墊詿誤聞者傷之所著有澄江集玉山詞及選輯五朝詩善鳴集古今文繪行世

荆子邁字默庵丹陽人貢生康熙間任教諭脩祀典葺學宮設課士法擇詩古文詞尤雅者梓之顏曰江上友聲脩葺名宦祠有學役於祠旁鋤地得白金以獻揮之去曰吾敢染指此金乎以屬邑人士築宮牆三十餘丈署府事趙某奉檄賑饑知子邁賢一以委之殫心籌畫凡

百晝夜活饑民數萬後以憂歸曹司成禾作序送之

陶　彝字敏齋直隸棗强人康熙庚辰進士知江陰聽斷敏決屢折疑獄先是催科無術吏胥因緣爲奸多飛灑包攬之弊彝創立順莊法以鎭統保設滾簿分限輸納不煩差役民無逋賦邑人稱便彝去法旋廢迨雍正三年大吏通飭遵行計距彝創法時已三十餘年矣以上考擢主事歷御史臺出爲兩浙鹽院康熙五十七年率同官請立儲予杖讁戍尋赦歸年已八十餘矣

汪養純字謹齋河南開封人康熙辛未進士（蔡志海防題名作順天宛平人庚辰進士）知太谷縣以卓異薦擢常州海防同知究心理

學負經濟才其至也與士大夫相見必諮訪利弊銳然有爲時巡撫張伯行與總督噶禮互訐

命朝臣某勘問檄養純爲巡捕某意左噶養純踞白曰中丞清節重天下令以場後風聞具題而制府借他事相中海内激揚視此一舉願明公察之某叱曰無妄言養純太息而出越日將對簿張易囚服就聽鞫噶昂然率從人徑入養純前曰請姑詈噶怒甚問曰爾何官則朗應曰常州府同知某也噶目懾之後某竟論張死而養純已向署巡撫乞休去矣及更

命覆讞

諭降

諭旨而召噶飭部議罪養純直聲震一時大臣多欲薦之者稱疾不出

鮑　開字孝儀其先歙縣人僑居吳門遂隸籍康熙庚午舉人任教諭每月課拔佳卷一再試甲乙不爽聞邑儒陳其難精易理往叩之時陳已臥病開就正榻前漏下乃返辛卯成進士官翰林

葉紹芳字芸三福建人康熙庚辰進士筮仕隆平以憂歸服闋補江陰令先是邑中收漕納米一石止給八斗串民病之紹芳力請歲省民米數千又定官收官兌通倉

交納之法不限區扇米至即受俾無守候之苦邑之南北角有巡船越境擾民民與訟闞吏餽紹芳千金冀袒其獄卻之闞吏由此稍戢四年罷去

祁文瀚字北溟山西壽陽人康熙癸巳進士筮仕來安以憂去服闋補江陰令吏民日出境候不至忽單騎憩東郊之文昌祠越宿始知爲新令尹也皆大驚數月簡靜無爲黠者稍稍狡縱乃密訪數人庭詰之繩以法後無敢犯者時民俗輕生多以小忿自經溺水死文瀚委曲諭之俗爲之變又命案告訐家多破文瀚廉知其弊聞報輒飛騎往奸謀以息會浹旬不雨焚疏易服宿齋宫

越三日大雨盈尺歲大稔文瀚仁心爲質每出一諭若吐肝膈去官後邑人彙刊之比諸陸嵩湖之令靈壽云

張　經字御六滿洲鑲藍旗人太常博士雍正五年署縣事履任三日吏捧勾稽簿進凡六十有五人皆縣小吏也前署令以獄不能置籍民屋羈之公詢諸吏曰奉部將行清查前官意若等有侵蝕預拘以待耳經蹙然曰侵果實繫固當未行清查遽囚之非法也立出之前令陳以虧帑子被拘經分以俸邑有疑獄前令株究無已廉得實盡釋之內外城隍久不濬河身如陸以諸生高文棟請議疏濬舊法止役西四鎮民經不忍獨累一方

通邑均之著爲令時已擢松江府同知或說之曰公將去此役可聽之來者何徒自勞也經曰某今日未離此土即有此土之責敢膜視耶卒舉行之日巡河上撫慰民夫勞以羊酒工訖未嘗鞭一人及將赴松城中西河尚多淤不欲再費民貲出俸錢百千募民竣事士庶感德相率作亭於進賢橋西刻石志不忘云

張廷璐字寶臣安徽桐城人康熙戊戌進士雍正七年以禮部侍郎任江蘇學使接物以和持己以介高才碩德海內宗仰莅任九載多士向方而被澤者斌斌如也

蔡　澍字和霖山東高苑人雍正癸卯進士十三年選授江陰縣令甫下車周歷城垣即請帑繕治重建角樓馬道水關月城甃磚垣三百八十餘丈自丁巳十月至庚申五月而功成邑舊有橫河自唐知軍崔立刱始灌東境田疇甚溥歲久幾爲陸澍莅任大濬之疏故道七十餘里又濬漕渠及沿江各港炎風暑雨旅處畚鍤雜作間數年潮汐畢通嘗採昔賢耿橘陳瑚諸議詳列開濬事宜江人至今守之在任九年婦孺咸識其面事至裁決如神乾隆癸亥屬邑人士脩葺志乘已屬藁會代去後令羅士瓚續成之

景　福字介之滿洲人乾隆壬申進士三十三年以都察

院副都御史任江蘇學使是年秋邑大旱有司不以上聞徵稅如故西鄉民相率鬨縣堂人挾槁苗一束委棄庭中頃刻山積闈者以大言嚇之幾至激變福甫下車謁廟畢聞報單騎往諭并揭榜慰安之民羅拜馬前立解散翼日巡撫至欲大創之逮捕四出囹圄至不能容福以民饑飛章先入告僅誅首事者數人餘悉宥閭閻賴以安感德者久而不忘道光十一年立祠祀之

畢所密山東文登人舉人乾隆五十四年署縣事清節最著爲政嚴察有扞網者痛繩之奸宄惕息每治獄剖決如流民無羈滯之苦值時亢旱茹素步禱雨立至人以

爲至誠所感莅江甫三月即代去民思之至今呼爲畢青天云

畢　澐字凝齋浙江蕭山人乾隆壬子舉人嘉慶四年令江陰前令牛兆奎楊世綬以貪墨著吏胥倚勢作奸民困苛政澐至首革浮征減十之六禁戢奸胥之貪肆者斷獄如神吏不敢欺邑城久圮澐捐廉倡脩功成而民不勞書院舊有經費錢三千五百餘緡商爲生息前令梁某張某陰用之澐清釐歸額又請免每年挑濬徙陽運河之役民免派累八年以治最調任長洲後官至淮揚道

莫　晉字錫三浙江會稽人乾隆乙卯進士第二人嘉慶十四年以太常卿任江蘇學使每試士終日坐堂皇校閱不倦嚴禁懷挾有犯必繩以法無少貸士皆奉法自勵時值亢旱率屬步禱復以雨不時至躬詣距城十餘里之由里山龍神祠齋宿十日其誠切如此比内擢益究心理學重鋟名儒學案等書遇門下士輒以身體力行相勗官終倉場侍郎

辛從益字謙受江西萬載人乾隆庚戌進士二甲第一道光四年以工部侍郎任江蘇學使先是使署薪米皆取給於縣從益莅任峻卻之廚傳所需悉從民價江蘇賦額倍他省浮征既病民而索規又病官乃嚴禁包漕舊習札行各屬毋得凌虐士子手疏上之大都以法貴持平事期可久爲言七年卒於官

江陰縣志卷之十五終

江陰縣志卷之十六

人物一

延陵季子以紹至德見重聖人而終老是鄉此間人士宜其興起者衆也道德文學氣節經濟旣代有賢哲而前明甲申乙酉間邑民以愚忠爲我　朝褒寵所先彪炳史冊若鄉賢之久未論定者其子孫至今爭持甚力不失爲仁人孝子之用心也夫志人物

崇祀鄉賢傳

〔周〕吳季子札吳子壽夢第四子壽夢以札賢欲立之札辭不受退耕延陵之野事詳春秋傳及史記吳世家其卒

也孔子書其葬處曰嗚呼有吳延陵君子之墓在縣西三十里之申浦

〔前宋〕吳欣之元嘉末弟嶰之爲武進縣史隨王誕起義元凶劭遣華欽攻之吏人皆散嶰之獨見執將死欣之詣欽乞代弟命詞旨哀切兄弟皆免齊建元三年詔旌之

〔宋〕葛宮　宮字公雅大中祥符壬子進士授中正軍掌書記善屬文上太平雅頌十篇眞宗嘉之召試學士院進兩階知南充縣値東川饑部使者檄守資昌兩州以惠政聞知南劒州土豪彭孫聚黨憑山澤爲盜宮遣沙縣尉許杭諭降之並溪多產銅銀吏挾奸罔利課歲不登宮一變其法歲羨餘六百萬三司使聞於朝論當賞宮曰天地所產吾盜之又可爲功乎徙知滁秀二州秀介江湖間吏爲闢涇瀆上以征往來有婚葬趨期者多爲所阻宮命撤毀之歷官工部侍郎著青暘集二十卷

葛密　密字子發宮弟慶歷壬午進士爲光州推官豪民李斯殺人嫁其罪於邑民葛華且用華之子爲證獄具密得其情出之仕至太常博士年五十請老或止之笑曰俟罪疾老死不得已休官安有餘裕哉卽退居青暘之上湖自號草堂逸老著上湖集二十卷以子書思贈通議大夫

葛書思字進叔密子熙寧癸丑進士爲建德主簿時密已老欲迎之官密難之書思曰曾子不肯一日去親側豈以五斗米移素志哉遂投劾歸養十餘年近臣表其志行以爲泗州教授不就密不得已許以他日偕行始乞監新市鎮居父喪哀毀骨立盛暑不釋苴麻服終不忍去家舍後官至朝奉郎徽宗朝特詔謚清孝著安遇集十卷紹興間以曾孫邲追贈太師溫國公

耿秉　秉字直之紹興庚辰進士歷官兵部侍郎兼給事中終煥章閣待制厲操剛方律已清儉所至以利民爲事兩爲浙漕始以江陰軍認納和買絹匹不堪乞令臨安

府以酒息輸代繼奏本路數邑版賦之重獲蠲減以萬數申請役法六事遠近遵之其在臨安百姓立美政廟以祀知廣德軍值歲祲發常平倉活饑民萬餘自劾矯制之罪朝廷特加奬異著有春秋傳二十卷五代會史二十卷

邱崈字宗卿隆興癸未進士爲建康府推官丞相虞允文奇其才奏除國子博士賜對言恢復之志不可忘恢復之事未易舉宜甄拔實才責以內治遵養十年乃可議北向時方遣范成大使金祈請陵寢崈言汎使亟遣無益大計徒以驕敵遷太常博士出知秀州華亭捍海堰

久廢鹹潮壞田蘇湖皆受其害崈奏剏築隄三州舄鹵復爲良田知平江府被命接伴金使之賀生辰者金正朔與宋不合告以南北異同合從會慶節正日隨班上壽金使屈服孝宗喜謂崈曰成禮而還卿之力也光宗卽位除四川安撫制置使兼知成都府崈素以吳氏世執兵柄爲慮陛辭奏曰臣入蜀後吳挺脫至死亡兵權不宜復付其子挺死崈奏乞選他將代之遂革世將之患其後韓侂胄復以兵權付挺子曦曦叛人乃服其先見寧宗卽位赴召以中丞謝深甫論罷之尋復職知慶元府韓侂胄出北伐議示崈知崈平日主復仇冀可與共功名也崈曰中原淪陷且百年在我固不可一日忘然兵凶戰危未可僥倖以誤國進敷文閣學士改知建康府將行侂胄曰此事姑爲遲之崈因贊曰惟無搖於異議則善矣陞寶文閣學士江淮宣撫使時宋師克泗州崈欲全淮東兵力爲兩淮聲援奏泗州孤立淮北所屯精兵幾二萬萬一金人南出清河口及犯天長等城則首尾中斷莫若棄之還軍盱眙從之金人自渦口犯淮南或勸崈棄廬和州爲守江計崈曰棄淮則與敵共長江之險矣吾當與淮南俱存亡益增兵爲防進端明殿學士侍讀尋拜簽書樞密院督視江淮軍馬有韓元

靖自北來自謂琦五世孫詰所以來之故元靖言兩國交兵北朝皆謂出韓太師意今相州宗族墳墓殆不可保語畢始露講解意崈以聞先遣王文采持書幣以行金帥答書詞順繼遣陳璧充小使璧言金人詰使介既欲和矣何爲出兵眞州以襲我崈請朝廷移書續前議已而金人議和崈謂彼誦言以用兵出侂胄謀若移書往宜暫免係銜侂胄大怒罷崈侂胄誅起江淮制置大使兼淮南運使招集邊民二萬號雄淮軍未幾以病丐歸同知樞密院事卒謚忠定著有忠定集十卷拾遺十卷

胡　瑑字叔章隆興癸未進士淸約廉介歷三朝由六察陞諫官論事剴直終中奉大夫寶謨閣待制

葛　郯字楚輔少以蔭授上元丞會金人犯江上元當要衝郯不擾而事辦後登隆興癸未進士除國子博士輪對論州縣受納及鬻爵之弊孝宗獎諭除著作郎歷正言首疏以畏天愛民爲先又論茶鹽酒稅歲增之害詔令條陳郯以六事對皆切中時弊除侍御史論救荒三事遷中書舍人歲旱求言郯大畧謂庚允文制國用南庫之積日以厚戶部之入日以削罷兵以來諸將皆以賂得遷其勢必至掊克取償宜精其選遷給事中光宗

卽位勸上專法孝宗正風俗節財用振士氣執中道恤民力選將帥收人才擇監司明法令上嘉納除知樞密院事紹熙四年拜左丞相專守祖宗法度薦進人物博采公論未期年除觀文殿大學士知建康府改隆興請祠寧宗卽位上疏言今日之事莫先於修身齊家結人心定規模判紹興府簡稽不遺巨細嘗日十二時中莫欺自己改判福州道行感疾加少保致仕卒贈少師謚文定配享光宗廟廷有文集二百卷詞業五十卷

吳　當可字時文竽仲子開禧乙丑進士官至司農少卿忠言直節名重一時晩歸鄉里徜徉林壑觴咏自怡平生喜獎後進郡之名士多出其門著補劓叢稿

趙　發一名艮發字達甫嘉定癸未進士第三人端平初上欲除發諫省會當國者先遣所親諭意發謝絶之命遂寢終秘書省校書郎工部郎中胡鏜狀其行日和而肅介而通不容容以全不矯矯以異盎粹然君子儒也可謂知言

胡　鏜字伯遠嘉定癸未進士知寶慶府爲工部郎中學有根本以四書爲實用一室蕭然凝塵滿几處之晏如嘗有詩云貧居三不往薄宦兩無求三不往謂州郡富室時貴也兩無求謂薦剡財利也

元

陸　垕字仁重父煥宋末爲江陰軍安撫副使乙亥丙子間江浙盜蜂起煥招民義捍鄉井垕實左右之至元間伯顏兵南下垕時未冠造軍門與伯顏論議兵遂不入境奏授江陰軍判官累官浙西廉訪副使所至夷其豪强貪墨褫職者數十人有以簫鼓迎神聚衆至數千人杖其首而投土木偶於江發奸擿伏咸以爲神始在新安有爭葬者各指一冢莫知日月久近垕視之謂曰必發而冢爭者色變懼亡去驗之果虛冢也吏解官錢止驛舍兩人與俱稱錢被盜垕召在行者詰之獨指其一贓具在或問何以知之垕日吾覘其容止耳及在湖

南有婦獨居夫久不歸或誣婦與僧有謀指道旁死人爲證㞐疑死人夏月冬衣乃破僧械留獄中明年夫歸獄乃白㞐性至孝治家有法立義莊設義塾恤民役不均多至破産㞐立約先自所居成化一鄉分戶九等各出助田若干歲入之粟輸一人掌之歲終會其成旣羨餘別買田而各歸其所助行之二十年一鄉之中無病役者卒贈嘉議大夫上輕車都尉吳興郡侯謚莊簡

宋仁輔歲貢生仕東流縣尹平江路府判致仕平生不營家計草屋三椽棲遲終老若無名爵者

俞奕曾字仲山家故饒輿臺皁隸仰給門下者甚衆奕曾

獨被儒者服折節交當世士江浙亂鎭邑爲墟奕曾改築環堵室於故居西偏一榻容膝焚香默坐四十餘年不至城府貴遊莫得窺見喜異書至老校讐不倦著有空谷吟稿

俞　遠字之近奕曾子居空谷里人稱空谷先生身癯神骨秀竦好讀書隱居教授有質疑義者應之若響里中子弟承遠教揖讓進退與爲詩文皆有法度遠生長兵餘築土爲室掃地爲席而於古誼甚篤故人孫岵自常來歸均衣食奉之晚得廢疾家人或出誶語遠曰孫岵先生貧而歸我何忍以疾棄之歲大祲耕傭病將死家人迫令去遠曰使昇歸而死豈不以昇故死之乎且若素事我今病而歸之非人情也未幾死棺衾殮之著有豆亭集學詩管見行世

杜友開字陽父授徒自給妻吳辟纑助之天啟後災荒學徒散去朝夕不給吳昆弟屢勸斬邱木鬻墓地可少延誓不可繼欲挈吳歸吳曰夫旣盡孝妾獨不能以義自處乎竟窮餓相繼死王逢爲作雙連環歌

梁　益字友直本閩人至元間父國柱任常州路教授來遊江陰遂家焉益於至正辛巳舉浙江鄉科明毛鄭詩通春秋文辭根据典雅郡中金石傳記皆出其手其教

人以變化氣質爲先自陸文圭卒浙西學者多從之遊著有三山藁詩緒餘史傳姓氏纂詩傳旁通

李士龍本汴人父爲江陰軍吏因家焉士龍讀書知大義精武藝以先鋒從丞相脫脫南征有功官睦州同知撫農閱兵民賴以安長鎗氏掠地至睦士龍率所部擒斬之寇兵益至力不敵有以敵號遺之者斬以狥及勢不可爲取槊植地曰吾報主盡矣勿令敵斫吾頭遂倚馬仰藥瞠目而逝年二十五

王　逢字元吉居黃山自號席帽山人其後避地松之青龍江以祖母徐手植雙梧於江陰橫河上不忍忘又自

號梧溪子初至正間江陰盜起陷城邑東鄉之民多脇從浙東帥觀孫克復欲屠之問於逢逢曰民非好亂無父母耳帥悟民皆得生無錫民罹鋒刃者逢收其骨瘗之當事交薦逢茂才異等皆以疾辭偽吴張士誠辟之不就明洪武中郡縣交辟皆不就著梧溪集題詠多亂離時忠孝節烈事足稱詩史云

明趙鉉字文鼎元至正間祖琦父思善聚衆禦賊見執不屈賊怒盡殲其族鉉方六歲與母吴匿姑夏節婦家賊跡之又匿舅氏吴士益家賊復購之急士益挈其母子依杭州外姻方氏會杭州大擾母子遂相失其姑亦

避兵蘇州有義僕承信者聚趙族斬賊報仇復於杭州求得鉉還夏姑育之後偽吴平鉉歸語及母輒涕泣不食一日棄家出曰吾不見母誓無歸也歷走吴越數十州不獲後於會稽遇鬻牛者周安道於旅邸言狀求得於鄞之畫錦坊蓋母子隔絕者十有八年矣奉母歸又十二年終

孫亶字叔誠以歲貢生由戶部主事知鞏昌地邇西陲亶至至誠率物興起士風先是西戎時入剽掠聞亶名稍稍歸服值歲饑民耕缺種亶解袍帶易蕎麥百斛與之種歲仍大熟丁內艱歸軍民乞留詔起莅事如故秩滿郡民復請留詔進秩嘉議大夫仍治鞏昌歷再考留益力凡三十年不離鞏昌平生慷慨有大志事親孝休於家者八年居恒未嘗一至郡縣門及卒篋無餘物

嚴本字志道本崑山人僦居江陰遂占籍焉家故貧爲童子師得斗粟尺布躬負歸養父喜讀書取五經諸史之要者丹鉛之以識心得以儒士薦任刑部主事遷大理寺正時法網密獄吏文致多以故縱及大不敬爲擬本爭之曰國家定律除叛逆外別無故縱之文即不敬所犯殊科安得一概重比傷聖朝明慎至意得條著爲令其他平反甚衆尚書宋禮奉命採木於蜀本輔行烏

蒙蠻初見漢官徒衆驚疑負弩至禮愕不知所出本從容諭以朝廷威德蠻衆慴服叩頭去居官清峭然未嘗自廉而汚人會奉使督辦於太平僦居僧舍有懷金誤投本所者笑卻之即日徙舍故事督辦後期者例罰工作本不忍急責民寓書其子鬻田爲工作費安慶鄉民七人夜漁於河竊民舟米軍衛邀功抵以强劫重辟本一訊知其冤改以杖徒有御史陳旭子與鄉人同飯於肆俱爲邏者所獲蓋鄉人前爲盜劫人事覺而逃餘黨七人已棄市鄉人旣就繫懼拷掠誣引御史子同盜且分之贓案具而鄉人死御史子無以自明謬以其母簪

珥爲贓本閱案見前七人招服未嘗有御史子及召事主驗所入贓非其物疑而問之其子號痛稱寃公將直之同列皆謂成獄久不可改公曰御史子有寃而不得白執法者能無慚乎乃獨署其案聞於朝而釋之又艮鄉民失馬疑其鄰盜之執告於縣縣丞亦以爲可疑因拷訊過重而死法司坐丞決罰不如法當徒而又坐告者以絞公曰因公殺人罪丞當矣告者因疑而訴豈可坐以誣告致死哉所擬則似丞與告者各殺一人矣遂駁正而活告者蘇州衞卒十餘人駕舟運餉泊河西務夜劫客其中一人爲事主所殺餘黨懼事覺無以自飾

見鄰舟有押解人帶兵仗防囚而行者因謬指押解人劫商財謂其侶往救而被殺擒報於官皆誣服本覽其牘疑之曰押解人與囚同舟借使爲盜囚必知之駁令驗問果得其實遂釋押解人而正盜之罪其他事尚多而數條活人於死爲最著翰林張洪長史周忱爲傳見戒菴漫筆安成李時勉送嚴大理序有耿介不阿犯顏據正廉潔不汚用法平恕勇於爲義不計利害履行堅確議論慷慨之譽著有律疑解略刑統輯義兩書

湯　沐字新之宏治丙辰進士授崇德令崇人爲立生祠擢御史按山西舉彈無所避遷湖廣按察司僉事值逆瑾擅政怒不已附斥爲武義令瑾敗起爲廣東僉事理鹽政釐剔奸蠹不畏强禦歷官浙江廣東布政使貴州四川巡撫其在浙毛九寇孝豐在蜀芒部寇松潘皆討平之內召大理寺卿值欽明大獄起上意有所主沐昌言曰律令高皇帝所定臣死不敢縱舍用是三奏讞三不稱旨免官家居六載廷臣交薦不起孝友天植性廉介通籍三十餘年僅有竹莊數畝世廟嘗書額賜之一曰存敬一曰處之泰然卒贈工部侍郎諭賜祭葬

貢安甫字克仁與父斌同舉應天宏治丙辰進士令長垣擢御史慷慨敢言時張鶴齡怙寵驕恣安甫抗章劾之

武宗嗣位考功楊子器以山陵事下詔獄疏救之劉大夏請老疏留之逆瑾擅政劉健謝遷相繼引去安甫草疏與南給事戴銑等力爭瑾怒矯旨逮訊鎭撫司收錦衣獄會主事王守仁疏救廷杖發編戶直聲動天下瑾誅詔還官不起再以薦起山東僉事不三月引疾歸性負骨鯁正德中見時事不可爲輒裂眦出血叫呼不已居家以孝友聞

黃　昭字明甫宏治丙辰進士授刑部主事改兵部職方司正德初逆瑾擅權抗節自守瑾怒罷之瑾誅起廣東按察司僉事晉福建按察司副使理屯鹽戎務疏剔宿

蠢披呈隱匿黃田山寇嘯聚有司莫能制聞昭往擒相
率散去城門卒葉元保倡亂昭行間諜擒首惡亂遂平
方考績聞母訃卽日冒雨跣行奔喪歸生平扶植人倫
善獎後進口未嘗言人過工吟詠尤長古文

史艮佐字禹臣宏治己未進士授行人擢御史正德初與
貢安甫等劾逆瑾下詔獄拜杖削籍還無以爲家依高
賓兄弟居因號借山居士瑾誅起雲南按察司僉事晉
副使平十八寨叛苗濬滇池海口得農田千頃告歸二
十餘年卒著有雲壑吟藳

劉　乾字克柔宏治己未進士授戶部主事遷郎中五督

糧餉累疏言邊事切中利害其督餉薊州逆瑾嫉其亢
直使人縱火燒屯糧馬草坐罪逮繫事幸得白改兵部
武選司釐正選格請託不行歷官光祿寺卿陳言二事
其一以勾稽往牒立條例愼出納其一以本寺煮醪費
繁請移北寺爲便詔從之歲省費十倍因災異自陳致
仕卒賜祭葬

薛章憲字堯卿少爲諸生退學鄧暘之溪上洽聞博物傑
然稱古作者吳人都穆讀其文擬之商彝夏鼎性喜佳
山水意之所之輒輕千里赴焉居恒斂肱默坐古貌瞿
瞿著有鴻泥堂集晚號浮休居士

張　衮字補之正德辛巳進士改翰林院庶吉士累遷侍
讀學士掌南院値世廟右文明大倫正大祀皆與議先
是議禮諸臣逮繫侍郎何孟春等抗疏忤旨無敢救衮
獨上疏請釋復奏罷陜西織造止雲南採取撤浙江內
監性孝友先業悉讓兩弟爲文謹嚴嘗修江陰縣志著
有水南集

薛　甲字應登章憲子嘉靖己丑進士禮部主事擢兵科
給事中時方士邵元節用事夏言與之表裏甲四疏指
切時事而排斥異端尤切言惡之嗾黨論謫湖廣布政
司照磨後擢四川激盧兵備僉事江西分巡南贛副使

在激盧解蒙撤數世之讐靖永播方萌之難在南贛誅
葉廷春之負固招羊角水之堡城而贛故王守仁開府
地衷其法行之勛績最著以忤嚴嵩歸會倭警甲倡議
城楊舍堡邑令錢錞死難甲從亡卒中認其屍哭而殮
之隨移書按撫得贈卹其學宗紫陽而參伍象山陽明
嘗謂敬吾未能姑以畏階之因自署其室曰畏齋著有
四書口義心學淵源錄心傳書院講義易象大旨薛子
緒言藝文類稿諸書

趙與治字道隆嘉靖癸丑進士初師事胡正蒙胡欲爲謀
館選謝不就授曹州知州俸入外不私半鏹會大計嚴

嵩當國筐篚塡溢與治但循例投刺大忤嵩子遂調四川廣安事上官亢直不阿發巨室俞某奸狀俞募善水者斷其舟維于瞿塘幾覆與治白當道置之理御史行部奸胥輒勾訪羅織與治廉得主名榜階下衆皆慴伏遷襄陽府同知南戶部員外郎轉武選聞母病歸屢荐不起家徒壁立布衣蔬食往來城郭一平頭奴隨之見者不知爲品官也年八十八卒無子產薄不能具喪葬兵使蔡獻臣經紀之

張汝翼字雲程廩生七歲從師受書至父母之年不可不知輒流涕被面師問之曰吾父年五十一母年五十矣

父嗜酒預以修金付酒家聽其飲母隕于羹終身不啜羹歲饑養姊及甥于家妻子分糠覈食遇人無賢不肖一飲以和雖處橫逆不校也至老講學不輟時言學者宗良知汝翼弗善嘗言操戈紫陽以投時好卽取提徑吾不願也每對人輒談古行誼人有踰檢必反覆勸諭令其愧悔而後已一日忽自笑或問故曰覺生平殊無可恨耳其自信如此

袁一驥字德良萬歷癸未進士歷儀曹請建儲請日講請復建文年號得旨改正後聞父病乞歸起補湖廣按察使會有楚藩之變與讞事特從寬議父歿服除巡撫福建時稅璫高宷橫恣一驥先有疏禁販罷稅復箚其黨璫啣之一日商民以璫取肆物不貲羣起赴愬璫乘國喪撤衞擁衆入署劫一驥會官兵環集璫遁疏聞五上得報責宷激變撤回閩人驩呼動地一驥卽六疏乞歸得旨褒以撫閩有功令閩立專祠祀之

夏樹芳字茂卿先世素封至其父以役廢產樹芳少食貧教授里中萬歷乙酉舉於鄉念母老不欲少離三上公車後不赴隱居毘山東麓數十年當道並薦於朝請如陳獻章吳與弼故事樹芳若不聞也年八十卒所著有消暍集詞林海錯女鏡奇姓通譜諸書

顧　言字尙實萬歷壬辰進士初令慈溪捐俸遷縣治與文學抗節抑礦璫片言定軍變立徵解良法以除民累開杜白二湖以興民利因强項不阿僅轉南曹由刑部郎出守南昌忤時相左遷汝州歲大旱徒步雩禱謂民命重於官守不候旨發帑金全活萬計又復書院通水利擒盜魁治巫嫗旣以戶部郎督餉延綏丁艱起復以職方郎爲浙江按察使司僉事旋有四川參政之命卒於金華道中慈汝士民聞而哭於生祠各請祀之名宦

繆昌期字當時少善屬文以名節自砥萬歷癸丑進士選庶吉士與楊漣左光斗善梃擊事起昌期語人曰一御

史以風癲二字出脫亂臣賊子一御史以奇貨元功四
字抹殺忠臣義士葢指劉廷元劉光復也廷元因嗾劉
文炳劾之甫授檢討卽移疾歸天啟辛酉補官典試湖
廣論以周公愛君爲題程文有仇士良趙高等語大觸
魏璫忌時璫勢驕恣昌期語座主葉向高謂公三朝老
臣當以去就爭之無使中人手滑向高迂其言頷之而
已晉贊善諭德璫營生壙於玉泉山令其客以碑文請
昌期正色曰生平恥諛墓況肯爲刑餘辱吾筆邪璫銜
之刺骨楊漣二十四罪之疏人僉謂出昌期手名賢次
第斥逐昌期必灑涕言別明知爲詗者所見勿避也中

旨勒令閑住丙寅春與周宗建同逮中途作自序千言
及下詔獄楚毒備至櫜饘中傳片紙出自是遂絕斂時
十指墮落諸子捧掬納袖中聞者無不悲痛昌期天性
純孝父未疾卧蓐十七年每中夜聞謦咳必整衣起立
牀下接引後學娓娓不倦非其類者嘗目攝之出語皆
具救世苦心因持局過峻遂罹黨禍崇禎初贈詹事謚
文貞著有從野堂集
李應昇字仲達萬歷丙辰進士授南康府推官至卽決積
案七八百餘出寃民江九五等一十九人民歌之曰前林
後李淸和無比林謂閩中林學曾也擢福建道御史首

陳保身及內操以淸政源再陳吏治民隱以固邦本其
大快公論者劾魏廣微魏忠賢崔呈秀及救萬燝四疏
呈秀被黜奧援復起嗾黨誣論削籍歸與高攀龍周順
昌同被逮時緹騎旁午應昇慮人情憤激聞命卽先入
郡與親知訣及開讀郡士民環集爭欲甘心緹尉應昇
搏顙丐免或有勸效高攀龍者答曰應昇如草草畢命
詒吾親縲絏中死不瞑目今歸死詔獄吾分也旣赴獄
五毒備至坐贓四千嚴比同年及門人爲貸輸卒不免
將死作詩與其兄應炅訣別時年三十有四應昇事父
母孝事兄悌傷季弟早歿獄中猶爲作壙記崇禎初贈

太僕寺卿謚忠毅著有落落齋集
貢修齡字國祺初名萬程安甫四世孫萬歷己未進士知
東陽縣革耗羨蠲贖鍰撫流亡杜干請攝義烏事治行
一如東陽三薦卓異士民畏壘祀焉內召已注吏部奄
黨齕之補刑曹引經斷獄稱明允晉少參董浙漕革陋
規至盡再副閩臬以介直不容投劾歸復起江西少參
分守湖東單車就道與江撫某不合解組歸著有匡山
斗酒堂諸集
戚
勳字羽民諸生以例入南雍授中書舍人乞假歸國
變福王建號授前官奉命督閩餉將行奏請設官防江

倩詞懇摯比反福王已被執遂自青暘移家入城在圍
中堅守八十一日城破積薪繞屋焚香具朝服北面拜
呼烈皇帝大書於壁曰大明文華殿中書戚勳死節之
地先命三妾二女一婢投繯遂縱火自焚死一門死者二十一人
賜謚烈愍著有留丹集佩朱隨筆
國朝徐之龍字仲升恩貢生授神木縣知縣撫以恩信逆賊
王永疆高有才倡亂攻城之龍擐甲執戈嬰城固守其
二子廷綸寵綸亦踴躍襄事久之力不支城陷之龍父
子皆被執不屈賊猶縻之未卽加害
大兵進勦賊知不免遂刃之龍父子家屬十一人皆被害事

聞贈山西按察司僉事予祭葬廕一子嘉慶間
賞恩騎尉世職
戚　藩字价人勳弟順治乙未進士知安定縣縣本山瘠
又值旱蝗藩多方撫卹流徙復業捐公費節驛役以抵
民逋賦其催科不假胥役但以官符付里正賦咸辦暇
則課諸生肄業人文爲之一變尋以事去不名一錢爲
人硜介專靜不事浮競制藝與熊劉齊名康熙間寓十
方菴無疾卒祀安定名宦祠
朱　衣字子吉恬澹無他嗜好閉戶窮經尤喜談詩與程
如嬰周捷同輯明詩歸若干卷家屢空衣處之怡然嘗

於除夕獨登君山坐臥大石上賦詩自樂其意致如此
著有卷齋詩稿藏於家
楊名時字賓實爲諸生日卽究心性命之學康熙辛未進
士改庶吉士舉主李文貞深重之從受學詣益精邃授
檢討提督順天學政教諸生以居敬窮理爲宗擢侍講
入直
南書房授直隸巡道時直隸未設按察使巡道專理刑獄名
時廉斷稱最累遷貴州布政使雲南巡撫值西藏用兵
屯滇以待進止名時捐廉建屋百數處之饋餉皆計里
給值民輸兵糧者請折銀徵解又舊有公件子孫丁銀

等項輸納反倍於正額悉爲均役減派擢雲貴總督以
洱海尾流爲沙石壅數爲患奏請疏浚費皆官出凡利
民事以次舉行坐事落職聽勘承訊官多所捃摭禍幾
不測賴
世宗知之深得不罪居行館七年未嘗一日廢學凡古昔聖哲相
傳性命道數之旨益深思而力討之
高宗御宇起禮部尚書管國子監事仍直
南書房受事後日以講明理學造就人才爲務薦經術之士
莊亨陽秦蕙田等七人分掌教事請增順天江南陝西
解額黔中苗亂上綏定苗疆方略皆見施行未幾疾作

授遺疏以治化方新
聖躬惟健行不息
聖德必日進無疆爲言語不及私比卒
上震悼降
旨稱名時學問醇正品行端方
贈太子太傅入祀賢良祠
諭賜祭葬
賜諡文定著有四書易經詩經劄記採入
四庫全書文集若干卷
俟定鄉賢傳各傳因俟詳定故照蔡志原本全錄至許公恕黄公常張公機蔡志本缺傳則據沈志補入又李公芷沈蔡二志俱無傳今僅列其名以俟他日詳定補傳

宋陳思道既喪父事母兄以孝弟聞鬻醢爲生母病思道衣不解帶者數月母喪水漿七日不入口既葬廬墓悲慟晝則白兎馴狎夜則虎豹環廬而臥其妻時攜兒女詣之拒不納咸平初賜束帛旌其門

王令字逢原籍維揚遷江陰常作孟子講義與王介甫詩文往來而守正不阿介甫重其志行謂爲學君子而不已者也卒時年二十八介甫誌銘其墓

蔣靜字叔明本宜興人因內父劉谷居江陰第進士調安仁令俗好巫疫癘流行病者雖死不服藥靜悉論巫罪毁淫像三百軀投諸江知壽縣奏罷乾蛑之貢有旨減其六知陳留縣與屯將不協罷去徽宗初立求言靜上言多詆元祐間事又獻瑞烏頌士論少之繇職方員外郎遷國子司業帝幸太學命講書無逸篇進祭酒爲中書舍人以顯謨閣待制知壽州徙江寧府茅山道士劉混康以技進其徒倚爲姦利奪民葦場彊市廬舍詒至府吏不敢治靜悉抵於法徙睦州移病提舉洞霄宮越九年召爲大司成出知洪州後告歸加直學士卒年七十一贈通議大夫著寂照堂集

葛勝仲字魯卿書思子紹聖四年進士調杭州司理參軍

林希薦試學官通詩書禮三經及詞科俱第一除兗州教授入爲太學正上幸學多獻頌勝仲獨獻賦上命中書第優劣勝仲爲首差提舉議歷所檢討官兼宗正丞遷禮部員外郎權國子司業時朝廷命諸生習雅樂樂成進一官遷太常卿宋自建隆至治平所行典禮歐陽脩嘗裒集爲書凡百篇號太常因革禮詔勝仲續之增爲三百卷詔藏太常及建春宮以勝仲兼諭德勝仲爲仁孝學三論獻之太子復采歷代太子善惡成敗之跡日進數事詔嘉之徙太常少卿除國子祭酒尋知汝州李彦括田破產者衆勝仲請罷不當括者彦怒劾勝仲

上寢其奏改湖州尋徙鄧州朱勔先求白雀之屬勝仲
不與至是媒蘖其短罷歸建炎中范宗尹爲相几前以
朋附被罪遠貶者咸赦還復知湖州防盜賑饑皆有功
紹興元年丐祠歸十四年卒年七十三謚文康子立方
官侍郎孫邲爲右相自有傳
吳　範字執侯大觀政和間詔舉八行閭里以範應守志
不就子仲基仲達皆第進士太后回鑾封範承務郎嘗
出貲建縣學東廊十五楹士皆頌之
呂天策字彥發隱居不仕善詩尤精於書法體兼數家有
石刻十卷藏於家政宣間書學方興被詔不就人號曰

呂詔君
曹　宻字宗山璉之子以文名世第進士仕至朝奉郎江
陰廢郡爲縣屬毘陵舊無產稅則例民輸丁鹽錢視他
縣獨倍力請均之郡從其請人皆德之所著有茗溪集
鍾山集抱關前後集論語注十篇又子格裒集彙次刊
成戲綵堂稿二十卷樓鑰戴溪爲之序格至中奉大夫
葛立方字常之勝仲之子第進士有文名以郎官攝西掖
忤秦檜奪職後仕至吏部侍郎所著有歸愚集五十卷
外制集五卷西疇筆畊五十卷韻語陽秋二十卷方輿
別志二十卷以子邲贈太師許國公晉越國公

曹　岠字巨山朝請郎球之子第進士自京口分教受知
於節使李寶辟置幕府移檄山東皆其文也詞氣激烈
軍中感動特授左宣教郎終饒州通判
呂　棐字元忱紹興三十年進士仕至朝議大夫監察御
史始爲岳渚法掾擅發常平倉賑饑爲當路所知編光
廟寬恤詔令又進寶鑑論二卷請法藝祖
王　寯字德和三魁鄉薦乾道丙戌中乙科終中奉大夫
直徽猷閣逮事三朝凡所敭歷綽有休聞有笑菴集十
卷
趙夢極字子中官大中大夫給事中開禧初輔翼東宮因

論兩浙身丁錢絹重爲民困轉以上聞御扎亟賜蠲放
人多德之
吳　竽字允成第進士敭歷中外所至有聲秘書陳耆卿
稱其目如電采筆如川駛所交如葉水心適陳龍川亮
皆相器重終太府寺丞子行可當可皆以儒科擢第
王呈瑞字莘夫第進士辛未南省第九人終太湖宰著易
膚其後有楊端叔字子正第進士丁丑南省第四人終
江東憲幹有自嬉集靳更生字春伯登庚辰進士第終
海南教授有南華經解三人皆以文鳴
包天麟字仁甫孝肅公拯裔孫也咸淳四年舉博學宏詞

科入元避世著書有易書詩春秋四經傳義行世累徵稱疾不起詔旌其門曰耆德年八十三而卒手未嘗釋卷邑人號其村曰文林郎今文林鎭所自名也宏治中邑人張簡上書當事請祀鄉賢嘉靖中崇祀子植樗俱甲科植任府學教授善訓誨士子陞樂清縣令見郡志名宦樗任浙江儒學提舉贈天麟如其官按明宏治中張簡上書當事請祀鄉賢所謂當事即蘭谿黃公也黃公以書中葛公宮葛公密葛清孝公書思耿公秉胡公鏜梁公益孫公亶入祀而包公天麟未經列入至稱嘉靖中崇祀考趙志正修於嘉靖時其祠祀冊亦無包公天麟蔡志所載不知何據

〔元〕繆

鑑字君寶號苔石居江陰之瓠岱橋棲遁高尚不

樂仕進耽吟咏所著有效顰集行世楊維楨與陸文圭舉似其詩謂可次渡江後三詩家之餘響如家況云雁沈秋驛雨雞送曉窗燈遺與云門因好客時時掃窗爲看山面面開皆傑句也

陸

文圭字子方幼穎悟讀書過目成誦終身不忘博通羣籍及天文地理醫藥算數之學宋咸淳初年十八以春秋中鄉選宋亡隱居城東學者稱之曰牆東先生延祐設科有司强之就試凡一再中鄉舉文圭爲文融會經傳縱橫變化莫測其涯際東南學者皆宗師之朝廷數遣使馳幣以聘以老疾不果行卒年八十五爲人剛明

超邁以奇氣自負凡天下郡縣沿革人物土產悉如指掌先屬纊一日語門人曰以數考之吾州二十年後必有兵變慘於五代建炎吾死當葬不食之地勿令封樹庶無暴露之患其後江陰亂冢墓盡發人乃服其先知有牆東類藁二十卷邑中金石之文多出其手筆詳元史賀志云取秦漢唐宋以來文章係民彝世教者類編爲書五十卷名師宣堂文

許

恕字如心家北郭故號北郭生能詩尤長古體思深旨遠論事多激昂部使者薦授澄江書院山長不樂即棄去浩然自得與山僧野子相往還人莫識也恕少有

志才能自樹會天下多故因去之海上慕韓伯休爲人旁通其術所著有北郭集行世

單

濟之字君濱乙亥之亂里寇竊發燬其家父兄皆遇害濟之挺身出救寇亦縛而焚之火半救至脫身獲免早夜思復讐糾合民兵擒賊磔之讐既復遂闔門謝客非慶弔不入城市不喜與富貴交騶騎闖門輒避匿不見年垂七十卒屬纊之夕索筆賦詩云人皆有死我豈獨仙霧散雲收白月在天

吳

方字季仁宋八行先生範七世孫受學陸子方之門諸子百家靡不究延祐中有司薦爲處州學錄不就自

號懶菴居士家非甚豐而樂賑人之窮蔡港務官虧稅錢一千三百緡將鬻女以償方爲代輸其人請以女備使令拒勿納寓官有受代死無所歸者方適自治壽藏讓其地葬之金華黃溍銘其墓曰勳人者義澤物者仁時以爲知言

李　辰字吉父家貧力學有志操縉紳交薦其才召試迪功郎史館編校改參制置司幕府事以母老歸養數年母卒衰絰不釋寢苫蔬食廬墓六年絕意仕進鄉邦賢之

（明）孫　作字大雅一字次知門人弟子以清尙先生稱之

而不名著書十二篇號東家子江西饒介之負才不輕與人獨喜其書曰勉成之會有識者至正兵起挈家三吳間盡棄他物唯載先世藏書兩敝簏而已太尉張士誠聞而廩祿之卒以母病謝去久之衆爲買田築室寓於淞洪武癸丑朝廷議采天下士纂脩天文書時學士宋濂與總裁求士於禮部尚書牛諒諒首以作對因薦入詔與編脩越六月書奏例除翰林編脩官以老病乞外授太平府學敎授三年陞國子助敎又明年陞國子司業前後八載皆儒官作器宇凝靜通亮過人與人交初若秋霜不可狎久如冬曦不忍去雖或以是非相煽

惟自切責不以怨人性無雜好惟著書自怡宋潛溪先生得其圖說答性難等篇極爲推許以爲王魯齋金仁山許白雲諸公未知孰先後也

張　宣端之子字藻仲讀書過目不忘十歲能詩文既長益肆力於學楊山居鐵崖二公文采名天下得其詩尤嘉賞一見爲忘年交洪武初徵授翰林院編脩深被知遇明祖呼爲小秀才知其尙未有室特命歸娶宋濂爲序送之後謫濠道卒所著有春秋胡氏傳標註五經標題靑陽集皆未及行行者惟四書點本留刻郡庠其春秋胡氏傳標註鄱陽周伯琦爲序謂其潛心研究羽翼

文定之學云

顏　澤字澤民永樂壬辰進士授鎭遠府知府府新設民多梗化澤因俗爲治奏請立學其化大行陞福建布政司參政

徐　晞字孟初永樂中由縣掾吏入仕初授繕工司都事歷工部郎中英宗卽位陞兵部右侍郎奉命簡閱陝西臨洮諸衛軍士尋以邊警佐甯陽侯陳懋鎭甘州正統初召還實授右侍郎復往鎭涼州莊浪諸要害晞奏請建學立師以振文敎尋轉南京戶部左侍郎歲辛酉征麓川命晞督饋餉賊謀間道掠糧晞訓勵士官出兵擊

破之餉道以通凱還晉兵部尚書充殿試讀卷官丁丑
乞致仕卒遣官祭葬
黃　常字叔彝與同里包英惠連並以博洽聞洪武初舉
明經不就隱居游鯉山後薦爲本府訓導三月即歸復
調建陽主簿著宏書七十二章小學通義十卷
黃　敏字叔才正統中繇貢薦任興化府經歷潔廉自持
人不敢干以私嘗督造戶口食鹽冊驗丁論稅立法有
方莆田縣丞葉謀舞文厲民敏以事械治之後爲丞所
誣罷歸莆人立碑北郭門外
張　機字子樞自號澄江懶漁所爲多隱德事常作留耕

堂以示志吳門高啟爲作澄江懶漁說
顧　琳字汝玉少治春秋善屬文父伯常舉鄉試歿於寇
琳始十歲問其母曰大人安在母語之故因慟哭復讐
乃白其狀於縣事聞朝廷正統庚申以貢仕南大理寺
副疑獄盈案片言立決不狥權璫王振請託已巳之變
琳在任鬱鬱作詩貽廖忠愍有托事致諷之義時薛文
淸官大理見而歎之曰國家養士百餘年僅見此耳密
薦爲左寺正有徐玉者爲內臣所誣坐斬琳核駁至再
竟釋之玉父懷金來謝琳正色卻之曰顧法如此豈私
汝邪同官惡其異已使人論其縱出琳繫獄數歲日讀

陸贄奏議不輟南臺蕭惟禎馬文昇抗疏辨之適英廟
復辟事罷仍舊官未幾乞致仕家居十五年閉門讀書
口不及世故暇則芒鞋布衣徐步溪谷之間其言曰三
徑黃花隨意玩半竿紅日放心眠此可以識其槩矣比
卒鄉人私謚曰節菴先生著鄉田集平反錄羅志謂操
行孤騫正言不詭近代人物宜首屈指
卞　榮字華伯年二十中正統乙丑進士歷官戶部主事
員外郎常奉命簡戎馬南畿監稅河西務幹辦金沙洲
所至皆能其官善爲古詩歌客京邸卷冊塡委几上每
退食輒磨墨泚筆頃刻數十篇既告歸居陶城私第讀

書不倦間入城城中好事人爭先迎致蓋自大江以南
南抵越北抵吳無一人不知榮無一家不蓄榮篇什者
善飲酒廣筵招之不可得遇知已則竟造索酒或至夜
分達旦亦未見其號呶傾側也年六十九卒葬崇壽山
有蘭堂集行於世蘭堂其自號也
李　琨字德嘉成化乙未進士授行人遷監察御史巡按
山東羣盜聞風解散奉勅兩廣檢勘公事風裁凜凜時
臺臣有冒寵久任納賄鬻爵者琨抗疏劾免之直聲大
震未幾卽世琨性質實不詭隨常慕漢暴勝之爲人至
城府一謁守令後畧無陳託烟黨或干以事輒謝絕之

陶廷威宏治六年進士授南京戶部主事卒於官本姓屈名震廷威其字也少孤鞠於舅氏陶祺遂蒙其姓復宗恐傷舅氏心不忍悖爵遲之而後復爲人和易朴質與之處如其家人骨肉居無復設防畛云

薛格字平甫弱冠領成化庚子鄉薦宏治癸丑成進士改庶吉士時闈試中秋無月格詩有云關山有調空聞笛烏鵲無聲倦倚樓稱爲警句授簡討以養親乞歸三年卒初在史院時內廷發小璫聰慧者數人令教習疑難字劉瑾與焉格見瑾語言狀貌語同官曰此奴無善相應叱遣之王孺人與聞此語格沒後瑾專權猶念及

其子檄府招之王孺人曰爾父當日深惡瑾莫若避嫌遠害遂辭不赴

王格字文弼號懼齋篤志好學籍有時名宏治壬子領鄉薦就選南京工部司務時逆瑾用事仕途險媚格堅執素志不緣禍福少阿凡歷再考士論謂其問學有源清介不苟已而擢南京刑部署員外郎尤留心欽恤平恕詳愼權貴無敢干以私者前後在司屬九年乃引年致仕歸生平足跡不入公府端愼簡重不以色親人有古君子風子莘成進士見政績

高貫字曾唯與兄賓同舉宏治乙卯應天鄉試已未成進士授工部主事分治三汊河牐多所興革三年改刑部員外郎執法不阿有千戶張福訟而抗法愬之逆瑾遂下貫詔獄邀重賄將復之貫不應謫知遼州已遷戶部郎陞浙江副使奬廉黜貪各得其情中監某在市舶謬爲恭謹而貫故遠之遂絕請託之弊貫天性峭直居官奉職不少假借至論經術談詩文又鰓鰓忘分推誠也丙子考績京師道卒兄賓先成進士官江西參政弟贊以鄉薦爲崇安令

徐度字克宏戊辰進士初任信陽知州累遷廣東按察司副使自少居貧力學晚歲登仕歷有政績

曹宏字毅之父忠以進士起家少聰慧弱冠爲縣諸生文譽日起正德丙子舉應天明年舉南宮庚辰調知南豐縣南豐負山多盜宏至遂不能爲民害爲政務先禮樂表曾子固之廬爲後學勸擢山東道御史抗疏劾權貴不避奉命按四川軍伍適獠人犯關設策勦平之事聞賜白金文綺以母老請侍養歸甫二年當事思其賢方復召而卒年五十平生寡言笑於人落落詩歌古文詞逼古作者云

蔣舜民字虞中正德丁丑進士初任新豐多惠政均田賦蘇甲里脩馬政撫逃民除驛弊而均田之制使民得安

生流亡歸業迄今賴之以不狥勢宦囑託曲爲下石先是御史王溱母弟殺人舜民依律成獄溱遂奏其均地變亂成法下撫按公勘俱白其功猶僅從常調轉眞定同知督撫委以邊防遂上事宜七十餘條兼以五臺木稅屬之文官遂除宦官尅剝之害太宰王瓊知其廉能擢浙江僉事復以執法出罪忤上官論調浙紳在朝者力辨之調山西僉事督理屯政積弊一清舜民素嫺兵畧見雁門形勢思倣木牛流馬車戰火攻之制事將成以失迎上官致仕歸銓部推太僕卿不報卒年七十

吳　崑字仁夫正德初由歲貢任撫州府學訓導持已莊

敬率家人以孝弟與其弟白首同居可以媿世之分荆燃萁者

張　誼字惟正嘉靖初由歲貢任開州訓導陞合州學正性好編纂建樓藏書晨夕坐臥其上搜討舊文常葺家乘著宗儀二十條以訓族人又讀史得偶語爲編曰讀史類聚三十卷雖里塾稚蒙皆可誦習

吳　鳳順化鄉人年五十歲未嘗讀書居常賣餳爲業晨出見市餅者出一大錢買之納諸懷中急持而歸人問其故曰吾以遺吾母也如是者歲以爲常又嘗賣骨簪雜物於市一惡少虐取之鳳不較或嗤其懦鳳曰設吾與較恐詈及父母也母亡白楸之棺殮以時服又皆貸于人早夜傭作以償既葬母夙興拜墓下具盥盆進餠食如生以母生前不頮面不食也伐樹枝爲居棲號墓側歷十二寒暑國人言于有司核實詔旌爲孝子

趙用賢字汝師參議承謙子先世爲宋宗室有士鵬者守江陰軍因家焉後徙常熟用賢少有才名登隆慶辛未進士選庶吉士第一授檢討萬歷丁丑江陵相不奔喪臺省保留用賢抗疏請聽終制拜杖闕下爲編氓癸未召復原官晉中允時遷人輯集欲反江陵政而江陵舊人猶布滿九列因倡黨人之議用賢疏極言黨禍與吳

編脩俱乞歸不允後晉洗馬祭酒歷宮吏部侍郎與選郎顧憲成辨論人材以進賢退不肖爲已任竟用讒歸先是拜杖日封敗肉如掌陳夫人腊而藏之每見其嚙齒擊案輒奉櫝進曰盍爲餘腊地乎雖爲之斂容歎息終不能改也其爲文章博達詳贍尤長于奏疏尺牘有文集行于世贈太子太保禮部尚書謚文毅

劉光濟字憲謙嘉靖甲辰進士授戶部主事轉員外郎中出守衢輝內艱補濟南擢山東憲副外艱補浙江轉江西參政遷太僕寺卿晉都察院右副都御史巡撫江西所至各有聲績在戶部時奉命榷臨淸剔蠹孔幾盡値

庚戌之變大同勤王師首至廷議遣郎一人餉之勢不可前諸曹郎面皆土色光濟毅然請行竟達命雲中軍士懽聲如雷比歸家人驚喜出望外在南贛時大旱民有種藍者二千餘人壅上流以溉下流之農亦聚千人往爭不勝撫臣論之不聽遽上章告變詔討平之發兵有日矣光濟惻然曰民爭水利耳何至拒命請往諭之其人初猶露刃自衛見光濟輕行乃來謁光濟具悉其禍福其人咸搏顙自悔羅拜馬前曰惟公生我光濟以其二魁還詣臺杖之數十衆遂安嘉靖末民苦賦役光濟撫江西定賦役奏聞通行天下事載會典中至今遵

行之召爲南京戶部侍郎明年改吏部再晉南京吏部尚書轉兵部參贊機務時江陵奪情議起僉都王篆欲光濟首倡合疏光濟堅執不肯列名曰天子留相國以情我曹當持之以禮江陵聞而銜之遂嗾御史曾士楚論歸累薦不起萬歷甲申卒於家廕嗣搆難失職䘏典不舉生平著述多散軼不傳

劉　羽字鳳來別號東岡繼武子也繼武中成化丁酉解元戊戌成進士未幾卒羽時尙幼摧裂如成人母撫之慟勸曰且休矣無自毀以隳前烈乃下帷攻苦漏盡輒淚潸潸下正德庚午登鄉薦試進士不第後縱遊齊魯間素與樂陵令許公逵友善訪之留數月寇適至爲許公畫守禦策公如其言賊駭遁許公晉按察備兵武定將上其事曰因人之力以享名吾不爲也辭以母在此身未敢許人許公强留之一日忽心動適母病書至卽不辭徑去由是家居養志未嘗一刻離無何母卒廬於墓側泣血三年未嘗見齒有高子羔之風

季　科字與登五世祖有開官給事科年少高才得其祖名文昌者所傳心解制藝力追先輩中嘉靖壬子鄉試癸丑成進士授官行人司奉使稱職擢爲禮科給事中歷吏兵工有淸舉錯劾陸尉興河渠諸疏乙丑大計以

資望推秉筆卻餽懲貪公論允愜補江西布政使右參政多所釐剔隆慶丁卯以養母請告歸時年三十有六於舍後築淸機園日脩色養謝絕塵事母年九十終猶篤孺慕所著有華陽會語寄寄堂槀閒居雪浪鷗盟諸集

國朝

季　芷

章耿光字子覲號腹庵明太祖賜儒籍章庠之裔孫也貢性醇謹鼎革時奉父避兵草棘間瀕於危而得脫弟某守城死難每念及輒涕流康熙丙午舉於鄉辛亥任徽州府教授訓諸生敦本立品脩黌宮置學田創建社學

教化一新攝歙縣學篆值山寇竊發或勸少避耿光守庠序弗去及歸郡人設主以祀焉家世曲臺禮因患陳澔集註多舛誤更著禮記纂註頗詳密學者宗之其孫玉樹復以禮經雋壬午教授上元縣學曾孫士鳳中己酉

徐世沐字爾瀚邑諸生沈潛好學自成童迄耄耋未嘗一日釋卷所著有學庸論孟易詩書禮春秋孝經小學講義統名曰惜陰錄別爲心性圖二卷性學吟四卷分晰異同多先儒所未備窮年鍵戸纂述外人罕見其面當道式閭學使惺齋李公尢推重之生一子恪博雅能詩

文選拔入成均歷任棗强羅溪令以勞卒於官孫崑補邑弟子員家居聞訃赴粵扶父柩亦卒於粵士論惜焉

耿勳號節菴康熙戊午副車品行端潔不屑屑爲詞章之學家甚貧而淸操愈厲知交多貴顯者累招不就楊文定公夙推尊之及旣貴勳亢前輩禮自若以教習謁選卒於都門士林咸痛惜焉子人龍字書升廩貢生淳古敦樸恂恂若不出口及叩其中於先儒宗旨貫串融釋淵如也會督學胡公問士於文定以人龍對遂延閱卷初胡與文定爲辛未同譜俱出安溪相國門安溪素談成宏法故胡以此取士而外論或議其失眞及人龍

入頗有所裁正後陳檢討視學粵東復邀與偕往旣歸以沈約韻書傳久多龐雜乃手著韻通三十餘卷於音切辨析毫芒又著易解蓋得諸梅正平之後云

許觀字上公故明諸生甲申後更字尙公父松宜邑高材生亡時觀甫七齡悍族涎其資齮齕之繼室戴氏挈觀依母家弱冠蒙母姓游郡庠刻意力學博涉經史革運時奉母避兵赤岸里交李膚公遜之始謝舉子業肆意于詩古文著有善養集多紀述甲乙間事知言者以爲有少陵詩史風母亡不能營葬地寢臥柩旁者數載弟國少觀四歲親爲授書偕隱東城隅飲食遊處必偕

國先卒家事一以身任之尢好爲利濟事嘗捐資濬秦涇支河里餘晚歲習靑囊術貧乏者邀之視疾昏暮風雪輒應酬以鏹揮去之其耿介如此子大定字禹淸少負奇氣擅幹濟才以補武庠鬱鬱不得志遂從辟書佐幕遨遊齊秦魯衞淮泗間熟諳黃淮形勢瞭如指掌遂留河工宣力相度阻隘扼塞險要事半功倍靡不底績積數載考績稱最授兖州府運河同知管濟寧河道甫抵任前官方虧帑數萬金爲代任卒坐是貽累在任築城濬河除回匪析寃獄民稱神君旋擢湖北鹽驛道歷署藩臬道府縣篆敭歷二十餘年所至以幹練敏達聞

於時其行誼則酷肖其父云
朱廷鋐字玉汝中康熙己酉鄉舉謁選上元縣教諭壬戌成進士授淳化令值歲大饑秦民流亡過半當道檄許貧民貸粟富室廷鋐慮生變請止之亟出倉穀千百石賑濟會得
旨發賑得免舉劾以才能兼攝武功同官鄠縣三邑篆各著政聲督撫薦揚內擢御史風節清剛疏請官員以卓異行取者不入常例銓次又請充發烏喇人犯免其就五城枷責不致負創道弊一條著爲定例又長至郊祀有大司農等七人未與齋宿廷鋐飛章彈劾祀典整肅歷陞奉

天府丞大理少卿皆恪謹盡職以老致仕卒於家生平長於詩所著有南樓江花等集其子冲歲貢亦以能詩世其家學焉
繆宏仁字膚敏爲文貞公昌期之曾孫祖純白父疇咸宏仁幼卽端重長爲制藝鎔今鑄古不涉時趨補弟子員第一餼於庠屢試棘闈不利杜門課子潛心理學諸書著有自約言隨筆家訓皆由淺入深以小喻大脩己教人之法莫切於是生平敦孝友不言而躬行鄉里稱爲長者子詵字繩孫以甲科歷任宜章新鄭令所至清介著聲爲能世其家學云

陳　燦字粲生邑庠生有至性年二十一母卒號泣廬墓側者百日以父命勉入塾有間輒省墓徬徨不忍去及父歿破產營葬事事繼母庶母皆盡禮鄉里式之雅好周恤不計有無鄰有周姓者以家貧生女將溺之燦聞之急往救不時資助其家故其終身視燦如父子均字秉侯號一泓讀書嗜古文筆清華秀麗具臺閣氣象受知學使吉水李公試輒高等初燦家本儒素以慷慨好施家計益窶均出就館所得脯脩皆以遺親分毫無所私依袁了凡行功過格常著省身八箴於座右舉康熙丙子鄉試第二人登丙戌進士官庶常己丑充同考官

甄拔多名士丁酉
廷試稱
旨遂奉督學廣東之命事竣還朝卒於京師
夏敦仁字調元霈之長子霈故邑所稱夏孝子若時也敦仁以五經世其家渾厚樸茂制義言有本原滾滾不竭自稱識字布衣著愛日編等書數種後進咸慕之尤存心利濟始霈以斜涇河民田資灌溉濬之後復就淤敦仁大捐貲以濬身董其役至今父老耕畔者猶稱述夏氏之德弟敦義幼號神童見沙際壽傳次敦禮國學生積行讀書倡捐脩學次文彬廩貢生至性純篤居喪哀

毁盡禮行文自成一家人謂敦禮如兄之好施文彬似
兄之好學

崇祀忠義傳

前宋徐　耕富而尚義元嘉末邑大饑以米千斛助官賑
貸議者以方漢卜式詔褒之授縣令秩不受

宋耿　秉見鄉賢

元李士龍見鄉賢

蔡廷秀字君美宋西山裔父以忠創建澄江書院廷秀博
學多聞器識沈毅爲袁州推官時蘄寇陷袁州廷秀被
執三日罵不絶口遂遇害初左丞烏古孫良禎薦廷秀

江西省檢校命下已死

許　晉字德昭有武畧子如璋亦英毅至正壬辰紅巾賊
起晉潛集勇士資以衣糧保護鄉井陰約官軍與賊戰
已爲内應官軍戰不利晉帥所募酣鬬於城北祥符寺
前會賊黨自他所來犄其後如璋與家僮往援手刄數
人破圍入父子俱戰歿官軍求其屍還葬父老皆墮淚
曰父死忠子死孝名其里爲忠孝里

吳　重字士宏饒於貲張士誠踞土僭號其僞左丞朱定
索糧於重重以士誠僭逆詈弗與定遂圍焚重居殲其
家惟八歲孤遠獲免詳史自守三義記

明許　節字文度恕子詩文皆得父傳洪武中以文學舉
起家江山縣主簿擢禮部主事有能名時周王母薨而
馬后猶在上命百官成服節據禮抗疏爭之不納翼日
百官喻旨易服入節獨緋衣進見上震怒謫成五開尉
以死論者謂主事卑官耳能昂首奮氣爭辨於盈廷唯
諾之時可謂不負禮官者矣著有述古齋集

陳　清字心水明初授江陰副千戶以功封合浦侯謚忠
武

朱安七字德剛洪武末以才德薦爲秦府紀善建文時靖
難師起與茅大芳鐵鉉同誓師遏之成祖即位戮諸不

用命者縲絏以死

徐　麒字本中洪武癸酉奉勅持節諭蜀事竣還應授顯
秩以終養辭子悆字景南悆字景州應詔輸粟正統間
旌爲義民景泰間賜冠帶欲追旌麒又進鞍馬得表墓
旌義

周伯源傾財好施爲德於鄉正統間其孫珪字孟敬出粟
賑荒貢馬助邊祖孫俱旌爲義民詔碑伯源之墓

陳　瑩字榮甫子安字孟寬正統中安出粟二千石賑饑
詔旌義民又輸芻藁六千束助邊乞加恩於父詔碑義
民於瑩之墓凡義塾義冢成梁甃道皆捐貲不懈舉謨

其後也
夏　蒙字孟承景泰間貢鞍馬芻秸以助軍興詔給冠服辭不拜請旌其祖允墓從之成化間復出粟二千石助賑饑
顧　琳見候定見鄉賢
湯　沐見鄉賢
貢安甫見鄉賢
史艮佐見鄉賢
黃　昭見鄉賢
黃正色字士尚其先於元末為江陰教諭遂家焉嘉靖已

丑成進士令仁和香山南海所至稱神明南海霍文敏為正色座師霍氏有犯一繩以法文敏以為賢擢御史首論兵部尚書張瓚武定侯郭勳士論韙之荊山侯崔元巨璫鮑忠護章聖皇太后梓宮還葬承天怙寵黷貨正色疏列其不法狀忠等轉誣正色於梓宮前乘馬張扇上怒杖之闕下賴文敏力救得戍遼居戍所三十年遼左人士從之遊成就甚衆隆慶中復原官進南京太僕寺卿致仕歸卒祀遼陽三忠祠又祀府先賢祠
陳皋謨字思贊嘉靖甲辰進士除知蒲州蒲當關洛要衝最繁劇宗室列邸其間豪猾難馭皋謨絜已持法以身為範不煩搏擊而俗自化三年被徵士民立祠祀之擢刑部員外郎遷南京營繕郎中廉介如治蒲弊源俱絕會倭寇起海上檄理城守冒暑焦勞卒於官既卒而有廣西僉事之命當在蒲時識拔張四維於諸生中為完室授館著有薄遊北遊南都諸稿
黃　瀾字原之庠生屢舉弗售以孝弟力田為務生平多善舉設義學鑿義井置義莊姻黨有急屢告無厭色凡羈旅阻厄者咸計程廩授之正德間歲饑發粟千斛有奇給散鄉人置五竈為糜食餓夫所活千計死者棺斂之事聞旌其門

黃　鑾字世鳴諸生倜儻多奇計嘉靖間捐金六千兩甃城東南面三百餘丈以備倭警歲丙辰倭益猖獗復輸銀二千兩增子城三座倭環攻三十三日不破民賴以全圍城時輸粟七千石以給士兵再輸粟三千石以安客兵給貧民之無食者後趙文華索軍餉縣無以應又助軍興銀七千兩邑人為立專祠
王　遠字既明負至性擅才畧通天文地理風角諸書親歿廬墓三年嘉靖中倭警長吏推擇統鄉勇為障禦倭由百丈登陸薄江上鄉民奔竄死傷枕藉遠集衆保障全活無算官給牢醴糈鏹盡散士卒歸有光為立傳

吳　兌字前林靑暘圍長魁岸有膂力嘗之京遇盜發嚆
矢附耳過兌發矢亦如之盜驚下馬問客何人曰我江
陰吳兌也盜謝罪去嘉靖乙卯倭再犯江陰兌從錢錞
率千人禦之斫陣摧其鋒寇稍引退又自無錫來掠靑
暘錞命禦倭於石幢策馬統鄉兵百人往馬畏木梁不
肯渡兌挾馬而過至鄭莊港突遇倭鄉兵驚散兌獨與
鬬倭皆怯將泅水去水深不可過登岸復戰會錞被矢
傷倭雜至兌當其衝失足墮水被數刃佯死倭乃去舁
還一日卒錞爲文祭之萬歷中知縣劉守泰請置特祠
詔從之今靑暘市南義勇祠是也

楊　成字國用錢錞募爲親兵嘗以兒呼之錞憤倭殘掠
集義勇數十人親訓練每出陣撫成背曰吾不忍百姓
遭此屠戮願以死救民兒務努力成奉命感奮一軍踴
躍乙卯倭大至成隨錞出南郊躍馬衝鋒奮呼接戰於
九里灣地險馬仆成急下馬掖錞乘之伏兵起草間前
鋒狠兵驚潰成與陳裕邢惠郭斌及鎭江義勇金鳴等
十人怒呼格鬬以身翼錞無不一以當百力竭賊蟻集
戳錞墮馬成抱錞攖鋒刃瞋目罵賊體糜如醢錞遂遇
害裕惠斌悉死之事聞從祀錢侯祠廡
趙用賢見侯定鄉賢

繆昌期見鄉賢
李應昇見鄉賢
陳震亨字百里天啟乙丑武科進士崇禎間流氛逼泗陵
奉詔以都指揮調守七月寇大集盱眙按臣梁雲搆徵
師勦禦震亨慨然曰朝廷重陵寢無盱眙則無陵寢矣
臣子致命在此時也時寇勢方張震亨所率浙兵僅五
百殺賊無算殲其賊首賊遂大譟合圍追擊自辰至酉
飢且渴外援莫至矢盡兵絕爲賊射落兜鍪乃裂帛纏
首戰益力格殺數十人被執罵賊至斷舌詈聲不絕死
時僵立不仆怒目裂出事聞詔贈昭勇將軍建祠死所

蔭一子
國朝乾隆四十一年
賜謚烈愍
戚　勳見鄉賢
李　耿字道廉大興籍崇禎庚辰進士官壽光知縣
大兵下壽光自經城上死
賜謚節愍
朱養時曾藩監國於紹興授兵部郎中一作河南道御史紹興師
潰曾藩退保舟山舟山破抗節死
賜謚節愍

潘文先丹徒人職官表照沈志作文起蔡志漏江陰訓導罷官後城破與
訓導馮厚敦同死
許　用字孝孺學夷孫□棟子垂髫冠邑庠讀書通大義
每自勗曰讀聖賢書當學聖賢事乙酉南都不守會同
學哭於明倫堂方亨莅縣任諭士民薙髮衆不願亨厲
聲笵語怵之用曰頭可斷髮不可斷也衆噪而出遂定
守城之計居圍中與閻應元陳明遇商榷機務中秋月
夕效楚歌作五更轉曲教守陴者按拍倚歌聞者泣下
及城破於所居後樓跪抱母李氏膝舉火自焚死時年
三十有六從死者妻某氏弟某女弟二人婢僕十一人

舉家十七口其伯父國泰亦諸生妻亦李氏次子謙亨
字受豫長媳林氏甥女二人俱同焚死惟謙亨之兄萃
亨得免於難有賃用門屋居者將舉火遣之去其人曰
主人自焚客將焉往亦俱死
夏維新字燦焉崇禎癸酉舉人城破日死
王　華庠生城破日死
呂九韶武進庠生在江陰會城破自刎死
黃毓祺字介子鑾曾孫恩貢生慷慨負奇氣於學無所不
窺與弟毓祁並知名見明政日衰憂時感事多發爲詩
歌周延儒未第時僑寓其家一日與談毓祺舉案上硯

擲之不中歎曰恨不殺此誤國兒乙酉之變江陰城圍
毓祺與門人徐趨客鄧大林等舉兵行塘以應城內城
破毓祺念四方未靖擬圖後舉乃逸去明年歸里見其
親屍出於棺營葬畢悲憤抑鬱僉人謀以前事羅織之
兼徐趨事敗復逸去子大湛大洪被收兄弟方爭死而
毓祺以敕印事發捕至所司詰曰若欲何爲曰求一死
耳下金陵獄吟詠不少輟將刑或以期告取襲衣自斂
趺坐而逝仍戮其屍時年六十有一著有古杏堂集大
愚老人集毓祺在獄時從子大澳後更名覺納橐饘或勸之
避不去毓祺既死獨大湛入旗爲奴湛妻周氏當行自

刎於郡庭不死卒投繯死湛既行偕紹元傾貲贖以歸
徐　趨字佩玉庠生行塘事敗逸去後偵知江陰無備率
壯士十四人襲之不克死　自陳震亨以下皆乾隆四
十一年入祠
邵康公歙縣人壯勇善刀槊與程壁俱僑寓江陰乙酉守
城壁薦康公有武畧衆推爲將遇戰深入陷陣矢石無
所避城破巷戰死
金允鏜字君若父態字敬軒有善行允鏜行如其父兩世
皆舉鄉飲賓受八品冠帶乙酉之變允鏜與妻黃氏同
殉難

方有聲字克駿諸生試輒冠軍遇生徒之貧者不受脩脯
邑令吳鼎泰器重之圍城中死難
周高起字伯高博聞强識工古文辭早歲餼於庠與徐遵
湯同脩縣志居由里山遊兵突至被執索貲怒詈不屈
死著有讀書志
王溍芳字遠之庠生研心易理在圍中無慼容日焚香讀
易城破援筆題詩曰壯志已隨燈焰滅丹心期與水長
流令婦徐氏先死隨正衣冠自經
顧大本字南宇爲人樸直少戇年八十餘城破兵以其老
也縶之不即殺大本呼天指日誓以身殉乃殺之

曹燧字開禧年十六遊庠江濱盜起鄉民恐竄燧出貲
練鄉兵謹偵禦境獲安乙酉兵至倉墩迎戰衆潰燧慨
然獨前曰此吾授命之日也揮刀陷陣死年二十九
王錫黼字秀之庠生有勇力任俠好義城圍黼與妻妾訣
曰吾死若其奈何俱泣曰君報國吾等誓相從於地下
黼攖城捍禦多所殺傷城破穿脅懸諸梁以絶妻妾皆
赴火死
戚京世襲太倉衛指揮調兵備道中軍守備變作兵使
馬鳴霆逸去京母章氏勉京死守京死之母自經
陸瞻岑城破自焚死僕季自明從死

高明德字中和子啟隆字子升監生城圍明德命妻媳避
兵於邑東啟隆出城探母居十餘日啟隆妻謂之曰父
捍危城子豈得久離乎啟隆縋入城父子偕死
趙應選字少泉被執不屈死孫天潤壬戌進士
劉因可字叔宗遇兵不屈斷其頭身植立不仆合營驚異
黃楷字端伯諸生管燕翼及弟某沈璘沈羽摶王鳴弟
子某高觀王景陳景雲唐馱姚某十一人皆殉難或歌
之曰從容就義黃端伯儒服賓賓好自刎壁上留詩管
燕翼兄弟雙雙居城北沈璘膽氣粗如斗銅礟發來擎
左手獨奮沙場沈羽摶拖腸猶戰勇桓桓王鳴弟子鏃

穿腦翻身射人然後倒高觀敗衄成纍俘寸磔不降甘
鑽鈇東門銷鑰歸王景終焉身殉銅魚影蠟炬輸忠陳
景雲膏明徹夜還自焚帶箭唐馱過九九奪刀還斷驍
雄手姚家有子顏如玉血濺瓊葩委溝瀆（蔡志端伯訛作瑞伯致詳題時以黃楷黃瑞伯爲二人）
尹全章重光字璧陳蔣文經陳式玉字尊度王泰王謝何
石奇高一鯤馮延周陸鴻圖陳定育史纘勳皆諸生殉
難死林鳳儀史補袞亦諸生令妻女子媳先死後冠服
赴井死
沈應乾蕭憶江高旭陸愼所高應麟王肅衷薛啟芳季惟

明錢求王秀徐彬邢漢字友石陳憲忠顧瑜齊程皆老
民殉難死
董臣虞字去華子大有字希友皆諸生同死章明敘諸生
與子獻同死李問政字涵醇與子芳諸生同死王從讓
字遜甫與子之經同死臣虞去華前志兩見以致詳題亦作二人
徐松齡杞齡徐五柱六柱王應科應甲章懋賢字爾希諸
生懋學字爾敏懋才字爾嘉吳幼學幼志幼蜚皆諸生
張士偉士俠均兄弟同死周振伯白石山戰死弟懷亮
城破巷戰死季世美虞門戰死弟從孝城破巷戰死
高日埼與妻同殉難死何君碩胡正泰胡正升吳鼎隆耿

以誠史上表程斗望梅舒白皆殉難其妻皆守節撫孤
周克新殉難其女守節陸某花山人遊騎入其家同子
持戈與鬬衆併力殺之其妻揮斧捍禦中矢死女被掠
自刎
朱見亭方啟揚合門焚死談新諸生一門二十一口俱死
史達尊諸生父子叔姪俱死宦士元二弟四子俱死徐
步一門十五口赴井死薛耀明二十一口俱死張維祜
字有秩諸生被難死子誠姪邁諸生赴泮池死王允貞
字彥伯子命鼎姪命新啟新皆諸生守城死其族永貞
惟敬運泰元吉穆如永昌大政大諫大讓大成世茂選
錫福皆死前志大成訛大武選訛遜
宋　玥字采兮勸父士達出避城破日死王廷材字用之
與弟子固代兄之頴守城俱死蔡艮臣遣弟艮佐出避
一家十八口皆死程永清字舒白遣其妻挈子出避城
破死死麥啟芳合門皆死子士英甫九齡或負以出張之
英守城死子俊民既絕而蘇陳龍泉本姓徐與弟玉泉
子士傑字仲靈合門三十八口同焚死惟士傑子永錫
方三歲藏米櫃中得免趙某諸生城破日與妻及三男
二女自焚有三歲遺孤老嫗抱匿空棺得免蔡志誤以龍泉玉泉
為士傑子詳題後其裔孫請更正

顧叔薦江陰營把總協力守城城破死湯瑞明分守西城
悉力捍禦城破接戰被創死王宗賢字尚之家清化鄉
率鄉人捍禦中流矢死周應元字天授應募守城圍急
殺傷數十人奪圍出西關被環弩死
徐亮工字虞欽崇禎癸酉舉人任吳堡縣知縣有惠政退
休後歿於變　自邵康公以下皆道光七年旌
國朝徐之龍見鄉賢
徐廷綸寵綸見徐之龍傳道光七年旌
鍾維嶽字魯峰康熙丙戌武科進士授侍衛累遷廣西新
泰營參將革除安南入貢開關茶果陋規造盔甲弓刀

四百餘具調補督標前營獲劇盜百餘擢廣東黃岡協副將值歲饑米價騰貴倡所屬捐俸買穀三千石建倉厫積貯借給貧兵米價以平會有忌者摭微事中傷之調直隸督標副將雍正六年噶爾策凌擾陝西

宗以維嶽可用

見命隸大將軍岳鍾琪麾下維嶽素以材勇見知於岳至則欲倚以立功遂令任固原城守參將督官兵進勦遇賊兵擊破之賊遁去會天寒雪甚士卒凍飢裂指墮膚幾無人色或勸之返維嶽歎曰用兵之道有進無退敢畏避邪進至巴里坤疾作曰已矣此吾畢命處矣歿於軍道

光七年旌

未祀忠義傳

明徐公輔字艮卿六安人其祖從明祖渡江任蘇州府通判徙居江陰公輔以指揮同知任浙東右翼金斗尉右副都元帥龍鳳九年從征陳友諒彈中腦猶力戰被獲不屈死追封東海郡侯輕車都尉懷遠將軍入功臣廟歲祀康郎山弟弼字安卿龍鳳中從公輔下徽州婺源歷官山西按察使祀休寧名宦祠弼子遜字伯敏江西泰和縣知縣有政績

曹　淵字伯淵宋駙馬壯裔孫氣勇過人元季盜賊蜂起里中糾義社推淵爲首出米千石供軍食屢平劇盜明祖取江陰淵率父老迎謁賜御書榜爲義軍帥以禦張士誠軍功授統領兵民元帥守秦望山轄沿江諸堡洪武元年士誠平義兵歸農有劇賊流入觀山劫掠淵集兵纔滿百人即馳與戰手殺數十人中流矢死詔贈浙江都指揮使司同知廕一子錦衣衛千戶學士宋濂作詩輓之

許　蓉字子城豪爽有才畧知縣錢錞因倭警委統民兵千餘固塞港口明年倭至接戰於楊舍之北倭焚舟遁去後錞命探東路軍情倭焚其室歲戊午巡按尚維持

創築楊舍城率子六人董其役捐金助之維持欲薦諸朝力辭其僕陳周朱貴皆隨蓉禦倭力戰死

李　安嘉靖間倭亂倡義保聚力戰死時有陳選兄弟亦統衆禦倭倭伏發襲殺之知縣錢錞並爲指葬表墓

周　蘭嘉靖間海寇侯仲金劫人於江蘭應募駕大艦奮擊之夜半乘怒潮挺鎗躍上賊舟賊衆披靡殺二十餘人溺死者無算賊潰逸會援兵不集賊糾後勁逼戰蘭度不敵投江死經二十日屍浮進黃田港抵家後扉而止顏色如生尚堅握長鎗作鏖戰狀郡守義其事遣官致祭立專祠

陸　珍字席之順天武舉與李忠毅友善忠毅下詔獄珍
奔走號救忠毅畢命珍偕忠毅兄應旻營斂崇禎初復
偕請卹典當事重之
程　璧歙縣人監生寓江邑乙酉城守乏糧璧捐金三萬
五千以助往徽州乞援於金聲江天一及返城已陷爲
僧於徐墅以老

崇祀孝弟傳

前宋吳欣之見鄉賢

宋陳思道見侯定鄉賢

葛書思見鄉賢

耿軫耿角秉孫羽子並以孝聞理宗朝累奉徵辟以養親
力辭上官均滿中行各贈以詩并顏其堂曰溫凊

元李辰見侯定鄉賢

章　齊字敬叔性至孝學成不仕父文死雷溝亂兵中求
屍不得哀慟絕粒者七日書蓼莪首章遺子庠擲筆而
逝

明趙鉉見鄉賢

吳　運八歲喪父祖父母老而瞽母邢苦節運每晨出販
果餅以資贍養母夏日病思飲冰不可得運呼號告天
忽雨冰奉母食之病愈母亡刻木肖像晨夕上食如常
部使者以母子節孝奏旌其門
俞　達性友愛其兄服賈遠方他賈犯榷鹽禁連坐達閔
兄孱弱代遣於濠三載乃歸
劉　羽見侯定鄉賢
吳　鳳見侯定鄉賢
顧　金賈中州四十年一日挈百金歸散其族展祖父母
墓見侵葬過半攀木悲號訟遷侵冢立碑表識拜墓而
去
蘇伯宗字汝立家故貧九歲喪母父震得膈疾割股進之
愈

繆應時字行甫少失怙以醫名於時孝事節母徐氏母病
膈應時焚香告天願減年延母算嘗母糞以驗疾憂勞
痛瘁不一月鬚鬢皆白母尋愈崇禎六年旌
顧　桂字明卿祖濟父繽被誣殺人置獄桂年十二挺身
訟寃祖父俱得脫訟庭碑仆壓不死渡湖風惡溺不死
李忠毅爲誌
陳　紱字廷章甫垂髫隨父歸自滎縣幕泊舟江岸父失
足墮水紱奮身投江捫救善泅者繼下見父子相抱水
底水深數十丈俱救之起
徐從益字謙甫九歲喪母號泣欲殉姊止之十二歲父遣

疾倭至家人悉走從益跪哭卧所不起倭斂刃去後殉
乙酉之難
殷　善字斗墟母疾號泣籲天願以身代獲痊後母卒廬
墓三載當事式廬給額
李光祖少喪父孝事母愛其弟終身未嘗異財
沈　楷字可端爲里塾師貧修脯以養母母卒廬墓哀號
三年邑令林守信旌之
方雲龍字遠飛父病目日漱舌舐之豁然復明母患崩漏
束衣藉草偕妻蔣氏卧榻下坐擁起扶者累歲蔣躬爲
浣濯每夕叩天請以身代母疾遂瘳

周宗孝孝事其父夜有盜入室縛其父灼之宗孝持鐵銃
奮身入一擊銃折盜首分爲兩羣盜駭舁屍去父得不
死
王之誠少失母日擔水以養父雖堅冰冱寒不少息父好
佛兼好飲香燈旨酒之費欣然奉之每夕候父熟睡乃
寢朔望必禱於神願捐已壽以益親身衣百結衣而以
新衣奉其父或勸之娶曰增一食指父養必缺惟念嗣
續計拮据爲弟納婦云
范　智字仲才少孤育於范傭身以養嗣母母或不悅跪
而請杖母年九十三卒初母有義女欲配之智曰既稱
兄妹不可亂終貧不娶里皆名爲范孝癡
徐應徵父梧官烏程教諭空囊歸盜疑有蓄夜半劫之徵
恐驚父出迎盜罄已橐與之盜猶欲得其父楚掠備至
繼以火灼身無尺寸不焦卒不言父所在盜去應徵已
死
呂正和字汝通母遘疾呼號禱天至嘔血數升父愛其弟
正和推產與之學使旌其孝三與賓筵子逢字錫亦以
孝聞
黃三讓字汝遜父槊客淮北又生子不欲歸三讓走千里
迎還析產厚其弟萬歷中賜章服

於化民字岵懷四歲而孤奉母繆氏竭盡誠孝當事疊加
崇獎
繆鍾理字守恒幼失怙恃事祖至孝祖忠奇疾思飲鹿血
鍾理焚香祝天刺臂血盈盞以進祖飲而甘之遂愈又
八年卒鍾理居喪哀毀咯血數升生平多焚劵讓田之
事善醫著化機淵微二卷
王湛盧字用子諸生母毛氏早寡教湛盧勤讀夜常達旦
母死既葬晨夕繞墓哭竟以羸毀卒
管孝子名不傳十歲失怙孝子朝夕籲天乞益母算貧不
能娶躬自執炊勉求甘脆以進三十餘年如一日母以

壽終旣斂孝子慟哭七晝夜眼血流地竟死棺傍
李　御家貧躬耕養母母嘗病瞀御禱於天久之復明崇
禎年旌
徐時進字元脩諸生博學能文專親養志饘粥脩脯悉以
奉父父一擲輒盡又曲貸佐歡母喜女若甥俱養於家
母卒號呼擗踴痛不欲生越七日一慟仆地不起遠近
哀之
韓廷美字奉泉性純孝父疾衣不解帶者二年復患惡瘡
口吮不以爲穢嘗服賈於外發布貨五百金付農戶旋
值水災日予向鳩形鵠面之人索前逋不忍也悉火其

券而歸
徐紹宗字慕疇父入蜀不返紹宗徧訪十餘年始遇於夔
州奉節縣痛哭迎歸中途父疾作卒負喪歸撫棺哀號
數日而卒直指旌其門
劉光祖字榮先好學能文兼以工醫多活人侍父疾衣不
解帶有友寄千金遠遊者被兵火金亡友歸變產償之
子于阜品詣純粹亦有父風
國朝陳其忠字丹忱至性過人家貧授徒以養父母患痼疾
衣不解帶者經年母歿擗踴幾絕寢苫枕塊衰麻哭泣
一如古喪禮祭必竭誠晦朔必宿墓廬號慟康熙年旌

葛撫辰字全五增生父雨新爲宵人戕斃撫辰臥薪枕塊
控官復讐養母先意承志推產與羣弟復撫育其姪以
成立
周士鍠字品三父御階命服賈乘間輒歸省曲致奉養嘗
隨父索逋揚州典衣供膳而自忍餓衣盡委頓草間得
遺金乃奉父歸父疾籲天泣血願以身代跪進藥父飲
之覺有異香遂瘳母患癰痢垢穢必親浣濯歷三年不
倦父母歿哀毀骨立廬墓終喪仍出賈春秋必返設奠
墓所愛慕如生時
黃文羲字麗華家貧力耕以糠粃自食養父母必有酒肉

父母歿哀毀廬墓
薛雲開字大文監生性至孝嘗隨父渡江遇暴風雲開涕
泣呼天祈脫父難舟幾覆而免父卒廬墓三年　以上
乾隆年旌
夏禹鈞字飲和父卓之好潔飲食必親調父疾糞溺污牀
席躬爲拂滌少精醫延診者無虛日以侍父故力辭間
有急而求者必計程數里內者應之遠卽不往也
章德培字上之家極貧母王氏早寡奉養盡孝以販蔬爲
業得值養母每飯必具腥夕必設酒凡事必求其喜悅
偶醉與人忤或叱之曰訴汝母卽斂手退惴惴然惟恐

母知而怒也歸則跪伏母前時其飢飽寒燠以爲常母
壽至八十餘
陸祚昌父歿廬墓期年妻閻氏明典史忠烈女亦善事舅
姑
徐來清字頌穆順治壬辰進士篤於天性偕兄原博共飲
食同卧起將與計偕念二親不欲行父强之促裝既得
部曹觀政三月父母與兄相繼歿哀痛奔歸喪葬訖毀
至滅性遐邇共憐其死孝云
陸　利字忠義少孤貧舌耕養母母亡哀毀骨立既葬匍
匐冢旁哭曰母在此兒安忍去衆迫之歸勿聽且曰必

欲歸我我其奉母於泉下衆感歎爲壘石作室使可坐
卧間出爲童子師每風雨獨攜一穗火走數里就廬以
宿數見長蛇帀墓下不爲懼又有白兔朝夕如送迎者
居八年以死
陳　增字益侯家極貧竭力以供甘旨母病躬親湯藥日
夜不離及卒泣血吞聲懼傷父心父性喜燕飲每集親
朋家增潛伺門外俟父出執燈扶歸父歿廬墓三年晝
夜哀號兩目失視未幾復明僉以爲孝行所致
趙調鼎字羲文父海若以連坐繫獄死母遣配瀋陽調鼎
請隨行法不可後聞軍配老者例得還籍乃徒步跡至
古城屯始獲見母屯人索百金方聽歸調鼎空囊襆被
惟持母號泣而已或見而憐之榜於市醵金數十錠佽
之始得歸日負母行二十里體素羸朔風寒雪肌肉凍
裂血流至足值母病留都下半載調鼎抵家告貸迎以
歸時年七十餘矣居一歲卒計往返萬六千里人咸稱
萬里尋親趙孝子云
徐尙懋字岐洲父應集爲盜劫盜黨行賄坐誣遣戍嶺南
尙懋請以身代居戍所二十餘年赦歸授徒以終
沈濮遇字振公庠生父患瘋疾起居抱持嘗含哺飼父及
卒哀毀踰禮終喪不入內室友愛其弟撫姪授室人無

間言
葉子芳父玉林貿易廬鳳間中途被盜流滯江湖者十年
子芳孑身萬里尋父遍歷西江閩粵至浙中遇於餘姚
逆旅奉之歸以積勞遘疾卒父年八十餘每向人言父
子重逢時事聞者皆爲泣然
蔣之傑字漢卿庠生父遘奇疾嘗藥視糞病七年卒晝夜
哭踊盡哀
湯肇元字臣尹庠生事親孝父病目將瞽親爲之舐一年
而目明弟爲邑豪所陷文致大辟肇元盡產營救得雪
人多其才或勸之科舉曰昔乙酉兵變閻公集衆守城

嘗招我矣我以父老爲辭今應科目是負閭公也卒不
赴試
徐鳳梧字初莘父喜任俠鳳梧曲體養志母以勞得疾侍
奉湯藥旦晚不懈哀禱於天願減算以益母母畏寒每
夕捧母足卧母亡逾年卒
包廷贊字貢卿與妻潘氏孝事嗣父母父母怒夫婦跪勸
至色霽乃已父亡母目瞽卧床十年侍湯藥極誠
季兆斗字星燦母年六十疽發背將死兆斗同妻顧氏互
吮膿血晝夜衣不解帶母獲痊
王士奇父遘危疾號泣籲天願以身代潛割左股進父病

瘳越七日士奇竟歿時年甫十六
趙氏龍字德公庠生母病一月穀藥不嘗氏龍割股給以
鹿肉進之頓愈
江士列庠生割股療祖父疾
夏霈字若時庠生維新子有孝行遇親諱日素服齋居
泣涕竟日
黄覺初名大澳字子瞻庠生父毓祁早卒事母盡孝母
卒早夜呼號淚繼以血後伯父毓祺事發或勸之避泣
曰避將安之且伯父徒以有明六十年老諸生自求就
死鞫者得情當不及族族亦命也今伯父家昆季俱就

逮微覺誰視獄者乃詣金陵納橐饘匍匐周旋不避艱
險及讞定隱居定山粥糜不給研精經史著有静學齋
集詩通内篇外篇雜篇宋後史各若干卷
陳芝英字英儒明時子明時患痢中裙厠牏手自湔滌與
兄芝芳友愛不異產嘗纂脩邑志取明季迄康熙甲寅
五十年事孜孜搜討意在表微闡幽未竟而卒即沈志
所據本也著有深柳堂詩文集又輯江陰詩粹
沙際熹字元文庠生少時讀書一覽成誦兼析其義與李
宗泌邢孝儀夏敦義稱四神童稍長言笑不苟動以古
人自期居父喪哀毁踰禮事後母以孝聞

王沐字聖濡增生痛父少孤早世事祖母及母孝養備
至其學博綜典故邑令延主經學於後進多所造就
許觀見候定鄉賢
吳琳字葉書庠生篤於倫紀弟衡友出爲叔後請父析
產與弟均衡友早世撫其孤如已出婦周氏亦善體琳
意孝事舅姑父母歿徒跣二百餘里丐文以誌親行生
平力學博覽著有周易講義十卷
繆烇字雯逐監生幼失怙母常卧病日夕奉湯藥積數
十年無倦色與兄炌友愛甚篤炌遘疾姪復夭撫姪孫
成立又鄰有鬻婦償逋者捐貲代償有舊家女急難售

宦族爲贖還擇配

張士俊字爾玉乙酉之難父母出避於外士俊偕兄士偉弟士俠守城城陷士偉士俠殉難士俊抱家祠木主從火中出額背焦爛求得父母盡力維護性尤慷慨歲饑自外郡載粟二百石歸盡散之

煬履泰字紫來乙酉之難時年十五隨父起鯤出避中途相失負母匿江邊蘆葦中忍飢累日旣與父遇渡江舟覆比遇救母氣已絕履泰悲號欲赴水死起鯤止之乃負母屍葬焉事父孝謹與弟履謙履恆友愛甚篤

邢鼎卿字元甫偕其兄弟扶母避難城南兵至以身蔽母

被七創母獲全鼎卿絕而蘇兄弟負以逃其創潰忽一人授藥寸七糝之立愈

王廷璜一名錫瑞父佩林緣前縣虧帑事與母徙配長安瑞時年二十餘在家悲泣思慕越二十載往配所尋親得見父悲母已死號慟欲絕負骨歸葬明年復往父已衰病不能充伍請諸當事乞領歸許之背負其父歸晚年遂患足跛不能行

徐世啟字爾正庠生當順治乙酉江陰守禦兵未撤馬有遊牧於野者世啟弟世美方總角見之騰而上騎卒挾之去母陳痛幼子之被掠也晝夜哭無時目遂瞽時家

赤貧世啟方以營作謀養不能遠離母及遊庠娶婦乃告母曰母無憂弟苟在兒必挈之歸遂由江泝淮抵山東凡屯衛之所皆踪跡之無所得返之金陵忽遇於城下相與抱持而泣因偕往主人所告以誠乞攜歸不許乃返釀金往贖歸母喜極而哭哭已拭淚目頓明如初

吳德名母早卒父聲起病篤夜禱於北辰願減己年益父算割股以進父尋愈

邵沅芳以牙戶爲業母病篤割股和藥療之

黃　壽字聲遠母早卒傭力養父遇酒肉輒攜歸所傭不出鄉里雖厚其値亦不遠去欲便於侍養也父卒後自

痛奉養之薄不復近酒肉劉文定題其門曰暨陽雙孝謂與其族弟文羲也

程士誥字紫書早失怙事母孝課徒養母母病衣不解帶居喪盡哀

許維峻字宗嶽世業醫事母孝所受値悉以奉母不私一錢母卒廬墓以終

張源深字增霖母病瘧割左膊肉煎湯以進母旋愈又十二年而歿

吳有章字文煥課徒養母天寒每夜必自館舍歸爲母溫其被有相者告以色不善有章以不獲侍養爲憂涕泣

禱於天一夕行至縣治前石坊驟傾去身尺許竟得免
人謂爲獲天佑云
樹雲榛隨父卓如夜行父失足墮溪中欲救無策即自投
於溪抱父屍死焉
林廷佐業農父病劇刲股肉以進立瘳逾十載終
金猶龍字子逸增生幼失怙事母孝母老病虔奉湯藥衣
不解帶者數年一日母病驟危刲股煎湯以進母病即
瘳
曹鳳嬉少孤家赤貧行乞養母得食必先歸奉母雖腹中
極飢不忍食必問母已飽然後食或憐其孝與之肉持

以歸如是者幾二十年及母卒負土成墳於墳旁築一
土室終身居之
沙烈宗字仲裘兄復宗弟昌宗同殉乙酉之難烈宗奉母
出避備經艱險母賴以全事平歸恢復始祖武略將軍
原德賜宅
張昇法業農父母既葬廬墓三年
汪步仙字右銘甫三歲父誠遊幕閩粤絕音問年十七攜
一纖一袱徒步由浙入閩尋父再入粤歷海之瓊崖病
卧經旬夢神指示赴某處果與父遇隨侍三年偕歸後
父病危焚香禱神割膺前肉煎湯以進父甘之漸愈而
步仙創亦平
蔣漢惠字志隆父永忠病焚香祝天劀臂肉和藥以進母
歿廬墓三年
謝　霖字東緯善醫父邦基病諸醫治罔效霖倚方禱於
神刺臂血和劑以進病尋愈母患四肢麻痺起卧扶掖
往往自夜達旦
夏鴻軒字承芑庠生母歿卧宿棺旁至終喪父敬授遘痢
疾侍湯藥滌穢溺衣不解帶者三月父歿一慟而絕急
救乃甦
祝璿墀字廷輝監生祖朝棹患鼻淵目疾每夜必籲天祈

禱逾年朝棹夢人鍼砭之兩疾並瘳祖母病劇焚疏願
以身代夢人指示某處有妙藥訪投果效
曹茂春吳氏僕也甫三歲其父遠逸母守主家茂春長聞
父在閩泣辭母齋五日糧攜一襲衣出尋父抵衢州過
仙霞嶺薄暮遇虎直前叱之虎帖耳去遂抵福州初其
父至閩投督標下會臺灣生番越界調往征之有功歸
多獲賞賚復娶妻生二子置產土著留茂春數月遣歸
迎其母遂返白父命母不可再往復命於父則父死矣
後母挈其弟改適臺灣茂春渡海抵臺尋訪遇之詢父
葬處後母言在某鄉某邱茂春欲挾弟歸後母不許復

渡海至閩謀負父骨歸葬至其所墓無封識卒莫能辨
悲號行乞歸主高其行脫僕籍
金　慶王氏僮也性至孝其主貧不能畜慶乃奉其父別
居父年已踰艾不事事慶進饋必精腆父每自外歸色
不懌必進酒令歡而後已如是者二十年父卒每食必
奠奠必呼其父如生時奉養狀　以上道光十八年彙
旌曹茂春金慶照例停止設位
　宋祀孝弟傳
宋蔣九成字君韶母患目疾逾年九成哀禱於天叩頭流
血寒夜揮淚成氷母目旋愈九成歿子四人恭良謙讓

廬墓期年有紫芝生冢之異
元邱定夫字景游授武龍州同知以疾辭與兄揚州教授
立夫字景唐弟淞陽縣丞介夫字景南同居友愛爲時
所稱子堅基皆以文學世其家
惠希孟字秋厓兄希顔弟希黠皆無嗣希孟奉兄撫弟篤
愛無間著有易象鉤元十卷雜禮纂要家範五卷
惠　連字子及至正間奉母避亂吳下備歷艱險王逢作
惠孝子詩贈之
明季：：葵字子忠敦行孝弟能以菽水得親歡設教里中
尢嚴於督子子科既貴布素如故

黃　道字吉甫鑾子樂善好施慷慨一如其父鄰里待以
舉火者數百家事親孝撫兩幼弟如子友人徐汶族兄
珽死並收其遺孤子之著有燕山白下寄潤游留樂菴
畫眉折柳諸集
許　道字汝達歲貢生任聞喜縣丞事後母曲盡孝養子
學閔亦以孝聞學夷別有傳
張嘉孺字元禮袞孫監生事母至孝直指郡守邑令俱旌
之
邢　緯割股療母病嘗同弟服賈弟折閱推已資與之舅
氏錢元罹罪所司欲加以刑緯奮身請代卒獲免人皆

義之
朱家相字章甫諸生事親恭謹而飲酒無量父疾革瞪目
不語家相跪請所欲言曰汝能戒飲吾即瞑矣遂泣拜
斷酒終身涓滴不入口家素貧盡誠養母母亡絕粒三
日待兩弟亦篤愛
李應炅字伯發諸生忠毅兄也忠毅被逮炅護送三千里
比下詔獄納槖饘候起居染疾幾殆無倦色忠毅斃獄
中遺骸三日始出手捧辨視而後斂徒步扶櫬歸崇禎
初匍匐訟冤請卹應昇沒父封大僕鵬翀得優游林下
以全終者應炅養志力也母歿後遇忌日哭過哀咯血

卒妻徐氏亦以哭姑喪明
陳大才七歲父死孝事其母以壽終
黃之量病濕傷足扶侍至九旬而殁
薛　㑺偕兄弟力穡養親爲人敦慤不苟
任　俠字五游庠生貧而力學廬父墓割股起母疾於衰年
陳淳卿訓徒給養父母病一再割股療愈
宋昌武割股療親以壽終
趙秉聖孝子鉉後割股療父疾人稱爲小孝子
陸　策以割股孝行有司給粟帛二十餘年

馮大同字與和躬耕服賈養孀母割股療病邑令聞其孝致賓筵
俞治倪誠王正宗王之綱皆以割股稱孝
許　誥八歲刲股療母疾邑令宋光蘭給額日孩心純慕
徐　標諸生與弟玉光皆少而死孝人咸惜之
繆希孟希曾讓宅焚券以孝友聞
夏汝復字仲脩父石涯生六子汝復幼出爲朱氏後石涯被罪將遠戍諸子擁圜扉俟父出汝復從衆中抱父足哀號乞身代有司爲更檄具其事遣之軍吏覩檄歎曰此孝子也縱之歸旋喪母諸子分母槖以仲兄出後叔氏故不及汝復即讓所受
王大成弟夭有遺腹子大成厚撫之終身不析箸
陳鳳鳴善撫異母弟妹以誠慤見重
鍾子和八歲喪父弟子諧甫四歲就養於舅氏稍長攜歸終身同爨
仰文才字士奇孝事孀母四十餘年撫孤姪周卹兩貧妹耄而不衰
許　讓字遜夫善事繼母友愛幼弟酷貧而介親知憐其窘周以一金經年還之居恒斷炊課讀自若
黃三傳字汝經慷慨好義兄三道無妻子三傳侍養甚謹

兄未食不敢先歲歉捐粟賑饑全活甚衆
徐沾字伯宏徐與沐字仲揚兄弟孿生均有孝行嘗讀書僧寺暮必歸省爲父濯溺器整牀褥始攜膏油以行兄弟食不異席出入必與偕比與沐登鄉舉愴然不豫兄問故曰吾兄弟不離跬步今將獨上公車用是怏怏耳遂罷會試越三年沾亦捷沾任溧水教諭偕弟行終身不析爨
徐子忠字懷月與弟仰月友愛篤摯終身不異爨
陳明時字汝艮諸生博綜經史尤精易學象緯輿圖多所通曉少爲尹嘉賓高弟父被冤請身代囹圄猶晝夜誦

習不轂當事者察其究白之後兄弟分財以腴產讓諸弟自取瘠田數畝曰得無飢足矣性耿介不喜貴游爲人師規言矩步著有息菴詩文集天文管窺羣芳集諸書子芝芳芝英以詩文名芝英見崇祀孝弟傳

季　宜字汝義參政科孫科子同寅生宜科命爲長子同春後時同春已病革宜年甫十三同春握手作永訣語宜即哀痛欲絕居喪如成人孝事嫡母不貽母纖介憂比長會文他所或夜雨衝泥歸過寢室必釋屐行懼驚母睡也奉所生父母不以爲人後殺恩禮待兄弟篤愛無閒

張　某失其名青暘里人業屠狗父母老而好飲某日沽美醞鼓腹吳謳舞蹈以侑觴父母歡然酣醉乃休親年皆九十餘歿晨夕思戀悲不自勝

國朝繆懋時字養眞鍾理子崇禎時邑大疫懋時施藥療治全活無算天性孝友家產悉讓昆季兄早歿養寡嫂二十餘年撫諸從子女婚嫁皆盡力

費拱垣事父母衣不解帶父歿勉力爲善脩整慈航等橋六座復鋪砌石板路自圓通菴至板橋行人便之

劉憲名事其兄憲章誠愛篤謹七十同居舉鄉飲賓

吳斌字鼎玉康熙戊午舉武科具至性孩提喪母終身思慕事後母孝養備至妹適貧士給田贍之從弟雲卿歿遺孤二撫之成立

郁謙徵字益之天性醇篤父涉訟幾瀕於危謙徵鬻已產匍匐籲當事究得白父歿傾貲治喪皆不以累兩兄兄弟怡怡然疾革遺命諸子竭力脩建宗祠捐祭田鄉里翕然稱之

繆民埴字虞陶幼失怙恃叔燧撫之及長事之如父所爲必稟命而行叔父母歿服三年喪諱日及父母諱日素服涕泣減食居家言笑不苟訓子嚴而有方與人交坦率簡易親族貧乏者周之無吝色

董繼善家貧無以養母傭於人久之置屋二楹田二畝力耕以備甘旨及娶婦弗善事母繼善恚甚母卒棄家爲僧

陸日森字允明雍正間自常熟徙江陰父母俱年九十餘家甚貧甘旨不少缺嘗隆冬寒凍母病思魚日森詣河畔跪拜禱祝敲氷網之竟得魚以奉母母病隨愈孫正藜字秀芝亦廬墓稱孝

潘君信早失母與婦某氏俱孝其父有風疾置鉦於帷中有所欲鳴之君信夫婦即至日或十數次無不應者父病少瘥扶杖出必奉以錢財給所需或召父所素契者

治具歡飲以爲娛父卒哀毀骨立

鄒玉珩父戍甘肅玉珩奉母以從及父歿收骸骨行乞奉母歸

馮　二農家子九歲父死族人議嫁其母以買棺二兄大郎年巳十三唯與母抱持泣二憤然大慟曰母生四子嫁則骨肉星散矣賣我可也因自鬻柴氏得以葬父數年自贖以歸

胡　遂字容照幼失怙母病癱瘓遂謂諸兄貧館穀以爲養侍奉之事弟獨任之由是日夕侍母起居飢渴扶掖調護惟謹浣滌穢溺亦躬親之如是者十九年母以壽

終

嚴斗林三歲喪父母朱苦志紡織斗林拾薪以養十一歲母病癱瘓斗林無可爲計乃求乞得食輒馳歸奉母稍長傭工得值時買酒肉進之而後跳歌於旁每出傭必爲母梳洗滌厠織屑皆淨而後去以故傭多不終值歲祲仍行乞人憐其孝每以精鑿與之悉以供母其侍母疾積四十餘年晝夜無怠母壽九十一母既終負土以葬日夕哭於墓旁

徐夢庚字絲江庠生年十三父紫綬繫獄擬遣庚子身匍匐愬大府涕淚橫流求釋父罪得減等改徒

繆克家字振先事母曹氏盡孝母歿廬墓一載每遇祭祀必涕泣追念

徐雲昇字旭初侍嗣父母及本生父疾十九年中凡割股者五有陸姓者染疫方狂呼神附忽跪而叫曰徐孝子至速迎之其家啟戶視則雲昇也

朱咸慶字蔭嘉增生篤學工詩母病割左臂肉以進著有字林正譌二卷小萬卷樓詩文集八卷

楊　勷字志高名宁孫幼孤孝事其母家貧率妻子食糠覈而奉母以甘旨母疾思食鮮魚雖暮夜必操網取之或無所得則號哭於河干侍母疾衣不解帶默禱於神

願以身代母旋愈勷以哭父幼得目疾後日益劇恐以昏眊不能終事母哭失聲有表戚憐其志爲之虔禱目復明母後病骨痛晝夜扶持同卧起月餘母卒哀毀骨立思慕終身

江陰縣志卷之十六終

江陰縣志卷之十七

人物二

儒林傳

宋吳漢英字長卿乾道己丑進士少孤績學得力於母自欺一語由廬江簿擢湖南運司受知於陳傅良率諸生從之講道嶽麓累官大宗正丞兵部郎官奏安邊十策及更化三劄皆嘉納施行會言者詆爲僞學論罷主管台州明道觀閒居六載講明理學綜考典故歸里後置田守祖塋讓已屋以居貧族敦倫脩行不負所學晚年慕陶淵明著歸去集二十卷

明章庠字景序齊子元季隱敔山窮理學籌經濟隱負時望明祖爲吳王時至江邑微行訪之知其業儒有得詔別其家爲儒籍登極後徵授袁州知府陛辭賜以一匭及開視則前守以賄敗而剝其皮以納諸匭者也庠悉心爲民值歲饑停徵復便宜發倉以賑竟以是獲罪卒於官

何遷字懋益嘉靖辛丑進士累官刑部侍郎七世祖貴以萬戶侯守江陰遂家焉遷以父調官湖廣德安復占籍湖廣文章行業高於天下子孫居江上者式微或不能舉其行事觀茅坤所作像贊生平可概見贊曰先生之學覺以圓先生之行靜以專先生之貌望之如名山大川先生之襟挹之如穆風醴泉其出與中朝卿大夫遊也冠冕佩玉珊然與漢代石渠諸儒相後先其退與州里同志者相師友也則密契心印妙悟言詮釋膠解束彷彿乎鵝湖鹿洞之心傳嗚呼百世下過其祠者低徊憑弔猶當立懦而興頑

湯明善字汝一沐孫嘉靖庚子舉人究心理學私淑王文成司訓湖之長興湖俗親死不葬者什九明善畫地刻期一日而葬其親者數百家戊午典試四川號得人擢即墨令多善政尤加意學校轉嚴州倅卻賄賂雪冤獄

濬湖隄徙黌舍補湖州轉袁州丞所在有去思祠遷淮府左長史母老乞歸加四品服致仕錢錞死倭難移書鄉達白其功得贈卹如制輯有五倫分疏學禮葺要二書

袁舜臣字承華年十五與兄堯臣同游庠嘉靖甲子舉人其爲學天文地理律數兵刑罔不究習其作天文四季圖則謂歲差之法今臺官但知泥古而不知晷數漸移已非其舊作律呂等書則謂得聲氣之元據其法以截竹吹律驗試不差作五行碁譜色譜等書則謂一藝之微而數極萬變要不外圖書之至理年四十一疾革握

堯臣手曰古樂不作久矣天其無意於斯耶卒無一語及家事

李如一字貫之諸生敦尚理學自大父諏以來積書日多如一既能讀復能行嘗著身心二圖謂人身死非死心死乃死故圖以闡之孝事大父及父母建五祖祠置贍族莊田同時文震孟陳繼儒史孟麟及同邑繆文貞並稱其學行其從子忠毅亦有句云百年俎豆存宗子先輩風流老布衣譔有禮經緝正又刊藏說小萃

顧文熊字乘虬桂子副貢生專意經學以禮記陳澔集注無章句且多缺誤因參稽衆說分章疏解又以舊注喪

禮多略則以儀禮士喪禮及喪服經傳爲主遞考鄭注及賈孔二疏貫以己意補其未備名集解行世又謂禮運意指精深作或問以發其蘊究心天文得其說於袁舜臣作天象圖書三考象緯圖說嘗謂江陰分野當屬斗十五度直織女漸臺輦道之下又著孝經內外傳小學簡注翼圖新書脈學指歸本草詮要生平賦性高抗不屑俯仰時輩李忠毅遊其門謂先生之傳不在集解其爲人也孝弟自足不朽云

陸文明字瓊臺諸生通周易嘗讀朱子近思錄悅之因徧窮理學諸書年二十二過無錫會講東林書院顧端文見之謂曰子後當爲大儒遂訂交著周易大意遠近學易者師之璫禍起或勸謝遣生徒弗應年八十餘臥榻上諸弟子猶環侍講論不輟

高自卑字尙矣諸生才高學博揮千金購書淹洽自喜爲文奇肆不拘繩尺結交當代名流鼎革後閉門授徒潛心性命之學生平精於六書擬著字書綱鑑未竟著千字文同音通釋若干卷正筆畫核音義視宣城字彙正字通爲尤詳所作詩奇警險譎刻獅山詩史十五種年七十二自志其墓而卒

國朝孔興綱字蓼園年十四爲諸生言行篤實讀書不事詞

章留心經濟已而耽理學聞交城宋時旌講濂洛之學徒步三千里訪之宋謂之曰學者勿取辦於口務靜觀其心逞材技無如養度量侈嗜欲無若探義理伯夷之隘不可以待人然可以持身柳下之和不可以治心然可以處世興綱書諸座右終身誦之陸世儀倡道婁東復從之遊時年五十三長陸五歲執弟子禮惟謹陸語之曰聖學以居敬爲體以躬行實踐爲用治國平天下雖存乎遇合至脩身齊家則儒者見在經綸也興綱亦終身誦之身體力行見諸實事著有四書講義二卷家廟禮則三卷求野齋詩文十卷

薛元敏字志粹康熙甲子舉人少孤與伯兄杞頤同勵學以母年老一試春官不再赴金　講學毘陵往師焉補鹽城教諭本身立教士風丕變三攝縣事民懷其德居鄉仿藍田吕氏約朔望與父老子弟講解以維持風俗爲已任歲祲亘家有鬻子女者破産贖還之卒之日家無長物著有教學編息距篇法戒眞鑑錄居鄧暘里學者稱鄧暘先生

張光家字德御諸生不沾沾章句與弟光庭以講學爲事著切已錄有云身無一命非士之賤莫賤於無片善之可稱家徒四壁非士之貧莫貧於無一言之近道又云

不定者情也一定者性也聖人盡性萬世皆信其無欺凡人任情目前亦疑其不測格言名論皆此類其從叔有恒字恒初履正子諸生喜讀儒先語錄從高忠憲受讀書靜坐之學持身嚴正學者嚴憚之著有三戒編

陳其難字克艱諸生志在博聞强識凡三通七略之書購求滿室鍵戶記誦沿流泝源矻矻終日晚年潛心濂洛關閩之旨以道學爲歸宿著周易圖系圖說巡撫張清恪延致講易教諭鮑開同邑楊文定咸心折之與脩邑志者再齒登大耋日夕偃臥就學者詣榻前請質手書口授無倦色卒年九十七

沈傳禮字揚戴鼎科孫增生沈潛性理諸書仿湯文正遺規與同志於朔望日各出經史及宋儒語類中疑義若干條互相質剖名有恒會每坐講席清輝照人娓娓善譚名理與弟傳榖友愛終身無忤色

楊文煥字堯章究心六經四子之解嘗踞高座說致知格物環而聽者謂爲創聞惜年二十七而歿弟文斐字成章講求高忠憲復七之法以歸於朱子昆弟皆悃愊無華不求聞達同里金映日言與文斐比閒數十年未見其言行稍涉欺僞云

文苑傳

宋蔣汝通字亨伯紹定已丑進士不樂仕杜門汲古九竅理學嘗著質疑一書以祛干支五行配合之謬於白虎通春秋繁露外自成一家言偕郭庭堅修江陰軍志爲邑乘之權輿年八十餘卒著有引睡集

楊端叔字子正嘉定丁丑進士官江東憲幹著有自嬉集

靳更生字春伯嘉定庚辰進士官海南教授著有南華經解宋史謂與王呈瑞楊端叔三人俱以文鳴

元劉　塤字公坦童時趙孟頫賞其秀異書小齋二字以贈因號小齋詩文書法神趣與孟頫合至正間以薦授照磨不就徜徉山水以終著有小齋集

陳　傑字漢臣耽書善文建樓藏書名萬卷樓趙孟頫虞集未遇時傑延訓其二子不慕榮利嘗出粟賑饑部使者上其名授江陵路稅課副使不拜陸文圭表其墓

包　英字叔蘊至正丁亥鄉舉淹貫經史與同里黄常惠連俱以博洽聞以小學爲入德之門定通義一書明洪武初以才薦不出從子聖字師聖十歲能詩見元季將亂不求聞達明興以明經辟授岳州府同知夙夜恪勤剔除弊政晚年以詩自娛

張　端字希尹能詩文名在虞集楊維楨間尢精書翰動止閑雅不事表襮有古儒者風學者稱溝南先生溝南

其所居也累官江浙樞密院都事所在著績著有溝南漫存藁

徐　津字仲盟與張端友善結澄江詩社遭元季亂屢辟不起避地松江明師北伐津以悲慟致疾卒於松江元季邑知名士多僑寓于松江津之先有蔡廷秀後有王，逢孫作雲間重其名幾忘其爲僑寓

(明)薛　復字復善從王逢游才名動一時洪武初以博學徵與宋濂王禕共定典禮授汝寧知事勤於其職歸耕於負山下者二十年久之徵拜御史擢廣西僉事治苗民一以德化考最卒於官

余　瑢字彥衡潛心篤學名聞於朝召入修永樂大典書成上高其才欲官之固謝乞歸課子孫子文字日章著有學士類編

徐元獻字尚賢成化庚子舉人十歲時父頤宴客賦詩元獻倚韻和座客皆驚既長博覽强記獲舉甫踰年而卒長洲吳寬誌其墓曰予所望於君者不止此雖君亦不以此自望年未及壯所學不得施于時豈不惜哉著有達意稿

方　謨字孔章貢生才藻絕倫邑令黄傅聘修邑志傅去謨續以二十年事謂之續志性瀟灑嘗于馬鞍山築小

室種桃千樹號小桃源爲文記之更輯二島志後邑令李元陽益重謨每屏騶從訪之更特設高士榻以待

徐　淮字孟義諸生好學有文譽兩兄早世父母且老淮晨昏左右侍熟寢輒秉月讀學者呼讀月先生父母沒家窘甚竭蹶營葬呼搶風雨中形容盡槁平居孜孜汲古老而彌篤

高　賓字舜穆宏治乙卯舉人丙辰進士以著作自豪初任瑞安知縣累擢江西僉事會擒姚源洞賊魁艾茆七等敘功遷參議以負才任氣同僚多齮齕之罷歸然文望日重與同年史良佐善史獲譴無所歸依賓者二十

年以宅假之故㫐佐吏字曰借山感賓誼也壽踰九十
終
徐　充字子擴年十三補諸生十六試京兆以邑令王鉼有秕政上書當道令罷充亦鐫名杜門謝客以經學教其弟亮成進士充爲文有晉唐風繪事亦殊絶性介特家貧歲饑有遺之者卻不納所著有鋏研齋稿及雜著十餘種
朱承爵字子儋盛年鋭志進取累試不利遂棄去益多購書下帷發憤以古文辭名世與唐寅文徵明相倡和家蓄鼎彝名畫甚富著有鯉退稿等編

徐瑞成字孚先稟生試輒冠軍直指某觀風三吳高其才延之不就讀書山居菴著宋元備考二十七卷輯易詩書疏解
徐尚德字若容諸生少年事豪舉已而折節好學聚書萬卷凡唐宋前異本傾貲購致之冥搜遐覽所作跌宕豪邁晩年好道以黄庭名其室復學禪服僧衣自號衲齋築玉照菴居之著有玉几山人集黄庭室稿物外英豪諸書
王　覺字德修諸生隱居教授富于著述其最有功經學者曰明音舉四書五經訂其字之點畫韻之同異音之反切深析于豪釐疑似之間閉戶二十載始成書子一瀛亦名諸生上之學使者爲頒梓行世
沈　奎字文叔嘉靖己未進士官郎中以母年高乞終養者十餘年免喪累遷江西參政以疾乞歸生平沈酣經史尤篤内行能急人之急著有劍南集歸與集
陳體文字仲約諸生蚤歲負才藻試不利輒謝去益肆力於古所居花竹叢翳嘯歌陶然作詩不留稿友人花周錄藏篋中劉光濟序而梓行之名友錄稿
黄　慥字實卿諸生文思敏絶冠軍者九才名爲一時最累試不遇以歲貢官撫州通判郡守雅聞慥名招飲列

菊花百餘品謂曰請作一長篇括此諸種慥曰當每品各爲品題耳卽席得一百十三章
沈翰卿字子羽稟生師事邵文莊有聲江左旣壯博極羣書力追古作者楊儀文徵明輩皆與締交家毀於火賣文以給世事不攖於懷無錫俞憲梓行其石灣前後集子嗣光字伯章諸生博學工詩敦尚氣誼邑令錢錞死倭難爲編印衣錄錞事乃顯
薛敬運字幼恭初名蓮字清甫諸生美丰容擅才藻累試不第因號歸來居士詩宗王維畫宗陳道復書宗米芾與文徵明輩相頡頏風格儁上而矩行規言學者宗之

稱夏漪先生子孺文亦善詩畫性簡傲不問家人生產
遇俗士輒引去人稱是父是子
李詡字原德諸生性耽文史更潛心性命之學與唐順
之輩互爲砥礪晚謝應舉發藏書手披口誦目數行下
無停晷評隲古今高言斐亹嘗執經陳某之門及陳開
府江南手書問所欲言謝曰昔爲弟子今爲編氓時事
豈所宜言竟不一通謁著有世德堂吟稿名山大川記
心學摘要戒菴漫筆諸書曾孫應昇以忠節著
沈受傳字汝習諸生父天麟爲義烏令歲饑不俟府檄發
倉賑民坐是解職受傳少承庭訓沈酣史籍名籍甚其

子大淳大禮大樂皆工詩善畫
王穉登字百穀嘉靖末遊京師客相國袁煒第煒試諸庶
吉士紫牡丹詩不稱意屬穉登爲之大稱賞將薦之朝
未果煒卒穉登哭其墓隆慶初復北上徐階當國頗修
憾於煒或勸穉登弗名袁公客不從刊燕市客越二集
備書其事初吳中自文徵明後風雅無定屬穉登僑寓
吳中嘗及徵明門遂繼主壇坫者三十餘年當是時布
衣山人以詩名者十數輩然聲華烜赫穉登爲最四方
士道吳門必丐見請楮墨申時行以元老里居特相推
重王世貞與同郡友善顧不甚推之穉登亦不爲之下
及世貞歿其子坐事繫獄穉登傾身救援人以是益重
其風義萬歷中廷臣交薦詔徵修史未上而史局罷事
載明史邑人郁庭芝梓其謀野集子留亦能詩隸吳門
籍
許學夷字伯清早棄帖括惟文史是耽於左國史傳皆有
手輯論詩自三百篇以下各有攷證著詩源辨體偕沈
鶩徐益輩聯滄洲詩社前志稱學夷爲業擅開元功歸
正始蓋當時領袖也又與邱維賢訂澄江詩選錢錞死
難事實亦由學夷闡之
沈鶩字飛霞好學工詩嘗游吳越間與王穉登袁宏相

倡和梁溪孫繼皐極愛重之梓行其梅花百詠招往無
錫爲卜居焉生平負氣節不肯以貧故低眉於人繼皐
沒漠然無所向尋卒詩稿散布友人家
郁庭芝字元禎萬歷庚子舉人應邑郡院三試俱第一師
事顧端文參究理學孫文介稱其有道氣鄉舉後不謁
選篤友于之愛爲姻知解紛即挫產不問性好書畫山
水構別業於君山麓栽松劚石結構幽絶許學夷過而
愛之竟贈爲兆域
邱維賢字念先性蕭疎好吟詠偕許學夷創滄洲詩社集
一時名流倡和又偕學夷訂刻澄江詩選搜討精博晚

年闞小圃吟嘯其中疾革遺命曰葬我於此名曰寢邱先自爲記

尹嘉賓字孔昭少耽書落落不事生産爲文清音獨奏雖姓名在沈浮間而不屑效時趨萬歷已酉鄉試歸自負必第一與同社飲君山薄暮聞江上鼓吹走問曰報元乎曰然尹姓乎曰然然則同我歸耳一時傳爲佳話庚戌成進士授中書舍人擢職方員外郎奉詔募兵山東就地簡閱數旬而辦登萊闕望醫無閭酹酒高歌慨然有遠靖烽煙之意遷湖廣僉事歎曰將謂書生不嫻戎馬耶尋視學湖南杜絶請托務得眞士其所識拔者

相率捷去幕中不挈一客手自繙閱日夜不休一夕假寐見緋衣人語云衡文之任幽明共之如公則造物無權矣竟以勞勩卒歷官十年不改寒素善酒工詩詩如其文所存有焚餘草

繆尊素字太質生有異才垂髫應童子試邑令郝敬奇其文招覆降階揖曰文章名世當在子矣比長與黃毓祺聯九子社尊素作社引文稱九子盡一邑之雋當萬歷中葉江西四雋西安四家最著厥後復應幾澄諸社競起欲延致尊素尊素弗屑而獨以江上九子社頡頏諸名輩豔稱一時評慶歷兩朝文山陰王思任爲作序狀其舟次衣紫衣兩目作岩下電覺丰采至今如見

張育葵字午卿崇禎戊辰進士授曲江令鋭意釐剔恥曲事上官動見掣肘逾年以艱歸居鄉喜闡揚忠孝陳說利病嘗請以沙田充公費導河用官夫皆德施鄉里爲文力追先正嘗語人曰文行非兩途烏有隨波逐流之子而能立品者哉著有露園詩文二稿

徐遵湯字仲昭崇禎戊辰副貢生爲人口吃不能言及爲文風發泉涌傑出一時少以詩質無錫鄒彥吉亟賞之因知名後數作遠遊所至記以詩益奇縱黃道周徐汧張溥皆與遊晚歸名所居曰小盤谷家貧鬻文爲業邑

令馮士仁延主修志著有詩稿若干卷

曹玑字子玉少負雋才求詩畫者無虛日崇禎丁丑成進士以戶部主事督臨清關外警猝至守兵以糧乏譁出帑金給之或危焉玑曰城脫破金皆敵有也給兵不勝於資敵乎因築城固守一方賴之崇禎末奉命督餉有惠政鼎革後邑燬於兵黃毓祺事旋發人情洶洶懼株連禍且復起玑竭力營解家爲之落初闢漫園於城南隅至是屏跡園居每沈醉泣下沾襟戚戚以死著有嘯歌碎琴漫園諸集及蘭竹譜

章奏字襄哉諸生家貧好學炊煙不繼吟嘯自如著易

解若干卷喜作詩事親以孝年屆大耋當道具官服敦
致賓筵時謂盛典不虛
昊　杰字去見父澄之繆文貞壻澄之家故貧依外氏杰
年十二以文質文貞文貞字澄之曰寗隘有兒當成我
宅相文貞遭閹禍杰侍母日夜號泣已而歎曰楊惲能
讀外祖書卒使史記大顯今實園不有遺書在乎實園
文貞讀書處也乃鍵戶攻苦寒暑不輟文名日起念父
貧益甚思以科目奮一試不售感然曰已矣空負實園
書柰何扁舟往來吳越與賢豪遊以侘傺致疾未幾卒
年二十二錢陸燦誌其墓弟格字去非杲字用晦並負

雋才格亦早卒
章　式字世望副貢生秉性直諒爲文獨抒所見劌目怵
心一洗明季浮靡之習從游者戶外屨常滿戚藩其弟
子也藩以文章顯天下必曰吾師章先生生平淵源不
敢忘也
國朝沈際辰字元水諸生性孝友工文學使者器以國士遊
其門者以百數家貧猶喜賑貧困曰無用長物爲也邑
令延致賓筵辭不就諸生韓建國其高弟也授經他所
乙酉殉難際辰哀慼雪涕經紀其家人謂師生猶父子
云

王一乘字上襄諸生攻苦力學嘗竟日危坐絕言笑爲文
初規先正已悉棄去自闢蹊徑讀其文始若螫吻澀齒
既而尋味無不頤解而心折也屢試冠其曹性至孝母
歿泣血累月三年不見齒年三十三卒
薛　垣字羽宸順治辛卯舉人少有神童之目年十三舉
忠臣義士文彙萃而表彰之見古人嘉言懿行輒手錄
成集乙酉之變鄉民橫死者載道垣多所收瘞歲饑自
節衣食煮粥以賑易簣時僮僕券悉檢還從孫辰字端
極雲清字彙仙皆以文行世其家
張　素字爾因諸生家貧樂道詩文自成一家言生平少

所推許獨善黃覺兄弟與周聲聲字子駿性孝友富於
才學
高　照字子返諸生受業於黃毓祺博學多識居貧教授
曹禾師事之推其文如韓詩如白年六十五病革索紙
筆賦詩而逝子愼中字僧虔諸生於書無所不讀伸紙
千言立就每指陳經義支分節解渙若冰釋學者多宗
之楊文定亦其門下士也爲詩擺脫窠臼獨往獨來遊
京師貴游聞其名請師事之曰山野之夫安得辱諸公
當退掃先人敝廬與寒措大相晤對耳卽束裝歸著補
蘿集若干卷

劉時可字際明諸生試輒高等凡來學者必令兼習詩古
文曰沾沾習帖括非通儒事曹禾出其門爲題像云吾
師之道伸於古而絀於今吾師之學修乎已而淑乎人
處困阨而不失乎正遇紛擾而不遺乎眞人始見而生
敬久而益覺其可親
高愈簡字仲約與高照非同宗而誼若昆弟照令子愼中
受業焉愼中意氣縱橫不可一世及侍愈簡不覺容之
斂也鼎革後搆城隅小圃吟詠自娱年七十三卒子二
潔字方雪爲文嚴謹凝字端士受業於愼中詩文不可
羈縛人謂潔近狷凝近狂愼中嘗曰端士一往奔軼誠

未易才但懼不壽方雪神理緜緜當享遐齡後凝遊庠
卒潔以恩貢任歙縣教諭壽八十餘
於壽格字彭年諸生從其父陞受書經解史法具有淵源
行文離奇突兀聲名籍甚曹禾鄧鍾麟與相師友生平
著作甚富九工樂府
鄧鍾麟字玉書順治乙未進士童時穎異年十三與曹禾
同學少禾二歲能强記禾愧弗如也爲文雄放豪邁空
所依傍既通籍入詞垣
世祖每有顧問鍾麟奏對從容眷日隆未幾假歸巡撫某同年友
也知其貧壽以金勿納賦漁樵耕讀四詩報之其詠樵
云平明負擔入山阿薄暮空歸怨斧柯不是斧柯樵不
力江南草木已無多殆有隱諷焉王士禎陳惟崧集中
皆有過鄧檢討作
曹禾字頌嘉玑子玑自革代後縱酒漫園常自祝死禾
知其意悲不自勝玑沒哀毀骨立年十三籍學康熙甲
辰成進士授中書壬子順天鄉試同考官得士甚盛翁
叔元徐元夢皆出其門以養母歸日發所藏書勤學學
益富
召試博學宏詞授編修與修明史辛酉典試山左累遷國子監祭
酒正文體端士習評閱課卷寒暑無倦色天性簡易不

阿坐是罷歸平生沈酣六經子史嘗撰靖難十六功臣
傳論者謂得史漢神髓詩宗韓杜與宋犖汪懋麟相倡
和王士禎定鄧門十子以禾爲最里居集後進孔毓璣
湯大輅耿人龍徐恪高玉行輩爲文會家故貧至典衣
鬻產以給飲饌刻未菴初集一百卷行世二集一百四
十卷藏於家
朱選字萬青順治戊戌進士意氣倜儻幼授書一過如
夙誦者八歲即書廟額鑒空亭三大字筆力遒逸小楷
行草人咸寶之官保定府推官政簡刑清新楊忠愍祠
爲梓遺集恤其後人居家孝友繆文貞子堅白逋賦繫

官助金脱其累堅白弗謝選亦不以爲德
錢之燧字元玉諸生幼從族叔陸燦遊與張文貞何焯爲
同門友文貞欲薦之以母老辭惟肆力經史詩文以自
適著有匏村詩稿子振科字象六承其家學品端學粹
著有四書纂義硯北詩鈔
梅天奇字正平明季諸生論文不可一世所作佶倔奇古
深者寂入高者迥出會鼎革其兄使護家人出城遂僑
居青暘兄遇難死天奇自髡其首更名有子號非水船
頭陀學使解幾貞慕其清望欵門來見以一石支竹扉
不應郡丞造請亦不納著述甚富多散佚所存有離騷
註易解圖說
曹飛捷字雲舉歲貢生學宗程朱著四書正解曉暢疏通
學使張能鱗胡在恪序而行之入都葉芳靄延致之尋
謝歸同時吳象緯亦有四書講義嘗謂飛捷曰蔡林契
友而意見時左今子爲虛齋吾爲次崖矣惜其書未梓
沙張白字介人諸生幼負異姿長益肆力於學凡天文地
理元黃壬遁之書靡不馳騁貫串嘗著史論起結繩至
明代次其是非得失獨闢戶牖能補涑水考亭所未發
樂府出入漢魏王士禎貽書曰樂府絶響久矣僕行江
南僅見足下爲人雋爽豪邁與人言傾胸臆無所隱性

兀傲恥奔競入都馮溥魏裔介交口譽之王崇簡延之
家塾尋謝歸閉戶著書卒子震字農起晉字桐彷俱能
文晉尤具夙慧髫齡即能佐父作史斷人呼爲小沙子
殷祁雷字鳴夏諸生邑所稱沙劉殷下四家祁雷其一也
究心理學而不作腐語詩文宗唐宋陳玉璂負時望少
許可見祁雷作輒歎服延致之邑令陸次雲大會名士
賦繡毬花詩倡云高枝雪壓低枝雪百朵花成一朵花
四座歎爲工及讀祁雷句云滿院曉風吹月魄一團春
雪聚梅花陸曰今日豈止壓倒元白耶沈淸世延請分
纂邑志多所考正著有四書講義條說訒軒集鑑繩錄
管天祚字月衣諸生以文名江左爲文率然興集反覆馳
騁而條理秩如詩雄放跌宕巡撫慕天顏聘令二子師
之尋以疾歸卒於無錫舟次
盛樹廉字靖侯康熙壬子舉人任滁州學正調揚州勤於
課士每擁皐比談經環而聽者百人性耽山水所至輒
有題詠子世儒世俊超世俊字曾瞻九知名與湯大輅
孔毓璣爭雄長時邑中先輩論文或主才情或主法度
世俊獨曰神氣不肖才情法度非眞也門下得第者相
踵世俊累薦不售彈琴賦詩逌然自適
徐　恪字昔民康熙丙寅拔貢生初知直隸棗強縣

大師討澤旺阿喇蒲坦制府檄具騾馬運餉恪旣不忍累民
又槖無一錢挪帑三千未及補觧訃至代者將以虧揭
邑父老相勸佽助置匭於縣門不數日竟足償後令廣
西羅城縣以勞卒恪見聞博洽宗伯李振裕奉
詔纂修佩文韻府延恪襄事令槖強時隨
駕木蘭
賜御書
場宴行在人以爲榮著有周易引說見聞稽疑錄桑梓見聞錄九
鑪山人集
蔣　培字穀貽歲貢生學行爲里中矜式從遊者踵至晚

年寄情詩畫著有梅軒集
范光晨字志和康熙己卯舉人讀書目數行下寢食左史
大家爲諸生時學使許汝霖歲試唱名至光晨離坐曰
君尚應歲試乎吾爲童子時已熟君文矣嘗上書邑令
沈淸世請除漕頭里長三銀五銀之弊語多激切令如
其言座主張廷樞來視學言於令陶彝延主經學邑有
經學師自光晨始
韓錫胙字維賢諸生與范光晨齊名生平所讀經書手自
繕錄蠅頭小楷句箋字釋行文心細手和教人以變化
氣質爲主遊其門者恂恂雅飭事母孝弟錫袞善畫畫

成輒相唱和
趙鳴鑾字翔九以詩文鳴詩尢沈鬱頓挫郡丞奚祿詒邑
令陸次雲皆折節交之名宿如錢澄之余懷杜濬錢肅
潤俱與游及游江西與張芳鄧履中黃恆曾燦輩倡和
著有珊瑚後集
陳　鼎字定九少喜任俠長乃折節讀書出與四方士大
夫交慕前代東林諸賢蒐其遺事積十餘年成東林列
傳又摭拾舊聞著留溪外集自公卿下至匹夫編戶以
義俠節烈稱者悉爲闡揚倦遊歸隱以耆壽終
曹　璿字虞政諸生家貧甚妻子勸假貸輒詠淵明叩門

句笑謝之遇佳山水輒心賞忘倦所爲詩淸新淡[illegible]風
格如其人
張元昇字時升貌癯神竦塵視一切遊兩浙三秦七閩間
耳目感觸悉寓於詩性不喜近貴游所如落落邑令葉
紹芳雅重之屢請見元昇作詩以謝有何事當途隆禮
數此身天已縱癡頑之句所著詩文名半園集友人徐
恪稱其詩哀以思其文幽以岸讀其集想見其爲人
吳永福字蔭嘉康熙戊午舉人幼失恃友愛其弟不忍異
財旣乃以饒沃與弟而自取薄瘠爲文醇以肆工詩江
上十七子永福名最著官中書壬戌會試王士禎欲置

第一會與同事者爭遂置之東裝歸士禎追及之曰吾
累君矣館之濟南郵筒往來詩益進三年歸士禎作序
送之著有念劬文稿京華集東園詩草
張世鎔字行佩歲貢生有譽從孫也自幼厲志於學沈酣
六經諸史中嚴立課程寒暑不輟爲文渾博深厚詩歌
蒼勁杜門著述有北游草梅花書屋諸稿
王　謨字聖穆諸生肆力於古文詞沈博絶麗弟誥亦負
重名時人稱曰聖穆嶽嶽玉封森森玉封誥字也
孔毓璣字象九與綱子康熙已丑進士四歲與綱授以書
十三通子史曹禾見而器之致門下試輒首拔其文磊

落雄放晚益簡古令常山勤課諸生文風一變修志若
干卷著有秋巖詩文稿
周鳳喈字王士諸生久困童子試郡丞奚祿詒賞之因知
名爲文紆徐宕折有李翺孫樵之風著有字畫訂譌二
卷
繆思勃字子榛文貞曾孫少壯好學晚歲潛心理蘊充然
有得著有耕學草堂集松窗筆記約軒詩文集子敬持
字以直諸生能以詩文世其家著有東林同難錄私淑
編
湯大輅字乘素幼慧大父雨時奇之少長力學總督于成

龍建虹橋書院招上下江知名士肄業大輅與焉康熙
壬辰成進士入詞館戊戌分校禮闈獨踰十八房成額
得士二十一人館選者十有一徐本張廷璐陳萬策皆
出其門大輅當在虹橋書院時嘗研米爲粉夜分輒沃
冷水噉之攻苦達旦文境日進自謂終身得力實在於
此著周易講義五卷四書語錄十卷蓉江草堂詩八卷
高　熀字汝峯諸生本姓湯少聰慧其姑適于高守節撫
爲已子能詩文金壇王詒燕宜興儲欣倡金沙社招熀
往有雨中望艮常山十絶一時傳誦
徐　烈字宗甯諸生十七子之一爲文別調孤行以雋永

自喜晚年得歲貢卒
曹近宸字臣表諸生父鼎銓字躬衡爲邑宿儒學者多師
之近宸生而穎異弱冠食餼其文選聲研詞苕發穎豎
而神韻飄飄別有事外遠致詩雋雅越俗書法亦遒逸
程天保字敬威諸生有至性事親以孝聞力學能文傑岸
自喜初江邑自金沙社後老成凋謝天保始與沈德潛
輩十數人會於東郊吳氏之山莊自後九賢堂澹園社
集寖盛以父沒哀毀卒選歷朝古歌四卷及明文九雅
集行於世
趙臣瑗字二安歲貢生性倜儻能文章肆力於詩著述甚

富家居五峯築山滿樓以待四方士造訪者無虚日箋
注唐人七律刊行於世著有山滿樓詩集
耿人龍字書升勳子廪貢生學探儒先宗旨爲人淳古敦
樸學使吳潤問士於楊文定以人龍對延致之潤出李
文貞門下以先輩文取士而外論或議其失眞人龍至
頗有所裁正著韻通三十餘卷又著易解
楊名寧字簡在雍正癸卯拔貢生初令山西徐溝縣再任
福建侯官縣縣以豆爲課恒二石而完一石名寧盡革
其弊民困大蘇後知山東陵縣歲饑遇大役名寧自出
俸資數千金籌辦民德之居恒好學不倦於經史諸子
說部靡不貫串著有碎錄水輯類音若干卷其雜諍一
編皆駁正舊文之誤盧學士文弨序之且謂名寧古文
有晉人風致間似漆園詩工於言情此又其才之兼者
外有增訂亭林日知錄爲盧所藏
夏宗瀾字起八諸生以經學薦授國子監丞領六堂分經
講肆善誨諸生性剛直侃侃正行詩文灝瀚雄健尤善
擘窠書自職胄監外歷主講席與游俱當世碩儒終其
身師事楊文定文定講授諸經退錄爲易義隨記詩義
記講二書著易卦劄記詩古文詞若干卷
王學琦字韓起歲貢生博學能文尤工詩爲人純任天眞

不事奔競才名動江左沈德潛贈以詩有云白雲古寺
聽宣講黃葉閒門想著書嘗館南沙偕及門吳艮劇飲
大醉於雨中扁舟渡江訪詩友比歸館門扃矣因與艮
坐石磴聯吟百韻雨沾衣盡濕不覺也艮字玉山工詩
早沒學琦爲文哭之
徐　邁字月帆歲貢生聰慧過人爲文操筆立就雲行水
流初無定態每文酒讌會談笑詠諧四座傾倒與孔毓
璣善毓璣嘗戲謂曰君文如褚河南書老中帶媚邁曰
正坐倔强不諧俗耳
王文震字夢屺雍正乙卯拔貢生乾隆戊午副貢生少日
父課之讀穴一室日寤闢積經書其中使研誦既冠游
楊文定門學益邃尤精三禮乾隆初試授州判以經學
薦校
日講禮經授國子監助教出知山西吉州清介自持性至孝
丁内外艱終喪未嘗見齒著有寤闢詩集薝郎幼時事
以自號者也又有文集若干卷
車　書字軨公監生少與楊名寧王學琦王文震以力學
相勗寒暑無間性豁達不立崖岸至名教所係則持之
甚力善眞草二體晚益遒勁爲時所重其門人貢震趙
曦明杜一鴻朱龖並知名於時

包　彬字文在乾隆戊午舉人力學研經尤邃於易著易玩易觀易小得錄凡先後天卦圖等說於先儒講義別有心得性嚴正邑令蔡澍延修邑志與同人論鄉賢齟齬遂辭去後館於易州卒遺文散佚其存者樸莊古文遺稿詩集若干卷

金　鑑字志達雍正乙卯舉人乾隆丙辰舉博學鴻詞兩登明通榜授國子監助教擢刑部主事讞獄平允謝歸三十餘年不入城市著有尙雅堂集蔡澍序之

翁　照字霽堂幼孤貧由常熟來江陰遂爲江陰人王學琦一見異之敎之讀過目成誦及長博學善詩文出遊

大江南北才名籍甚乾隆間兩薦宏博不就子晟爲江山令迎養之官逾月返築三十二山草堂嘯歌終隱著有賜書堂詩文集

蔡寅斗字芳三乾隆丁卯舉人國子監助敎能詩文方伯鄂文端檄七郡士會課春風亭寅斗冠其曹歲丙辰薦舉宏博不就著有九賢堂稿

王兆魚字端翼歲貢生孝事母爲文宏深奧衍工詩及書法官吳縣訓導巡撫陳文恭重之語僚吏曰王某學品兼優眞不愧師儒一席著有江蘇祀典

趙曦明字敬夫諸生幼孤貧力學刻苦自勵恒忍飢閉戶讀性剛直不從俗唯阿盧文弨主暨陽講席深契之旋主講鍾山要與俱圖籍數萬卷一一爲之校讎手註陶徵士徐庾温李羅昭諫等集考據淹博精當稱爲善本著讀書一得六十卷桑梓見聞錄八卷年八十餘復註顏氏家訓甫脫稿疾作卒

嚴學誠字箴三歲貢生性行端飭篤志好學博通羣書與趙曦明商確古今討論得失引繩批根多所校正著有易經會觀

夏敬渠字懋修諸生英敏績學通經史旁及諸子百家禮樂兵刑天文算數之學靡不淹貫壯遊京師有貴顯聞

而致焉議偶不合指斥不少避致爲動容加禮欲延致賓館敬渠謝弗往生平足跡幾徧海內所交盡賢豪著有綱目舉正經史餘論全史約編學古編詩文集若干卷

朱　黼字與持乾隆乙酉拔貢生沭陽縣敎諭少孤貧好學不倦善畫工詩擢四川蘆山縣知縣年老告歸仍寓沭陽遂家焉年八十餘卒著有畫亭詩草

鳳應韶字德隆歲貢生幼孤貧織竹爲業嘗隔簾聽童子讀書聲即能背誦塾師異之授以書攻苦不輟比入邑庠博覽强記三禮注疏熟誦如流說經具有心得所著

鳳氏經說讀書瑣記四書補考先後梓行復有五經辨
證儀禮鈎提左傳杜注參解等書藏於家
章世繩字詒武乾隆癸卯舉人少孤貧績學砥行博通諸
家注疏爲文紛綸貫串說經家斂手推之學使彭文勤
座主謝墉俱目爲異才謝受代來視學知其貧憐之謀
助公車費俄聞其疾卒㤪怛累日賻之成斂葬
夏祖熊字夢占諸生少質魯肆力於學遂博通羣經尢篤
好性命之學患二氏說漫衍因復考辨其非以歸於正
生平績學精進造詣日粹惜年三十二而卒著有易學
大成詩書疑義隨記春秋四傳集解周禮集傳儀禮疑

義集錄其雜著有禹貢說洪範說經義守約道學宗旨
喪禮纂論格致彙辨見聞論要讀史隨筆農商問答等
書
夏柔嘉字甫德廩貢生博學工詩文間寫蘭竹花鳥筆意
超妙爲人豪宕清介落落遠俗嚴取與不妄交游惟與
祝應璣學行相砥稱莫逆交著有師竹軒集
史有光字問樵諸生父撄家故饒好施予有光亦慷慨喜
周人急家遂日落乃橐筆遠游生平所歷具見於詩所
爲詩初學右丞後博極諸家獨抒性靈晚年歸環堵蕭
然樵蘇不爨宴如也著有問樵詩鈔

王蘇字儕嶠幼通敏父曙課以詩古文辭即操筆立就
少長博聞強記學使彭文勤目爲異才乾隆戊申天津
召試第一
賜舉人庚戌成進士改庶吉士授編修擢御史敢言有直聲出守
河南衛輝府剛介嚴肅嘗捕治大猾丁某有神明之稱
以報最獲晉級疾作假歸後以入都注選遽疾卒蘇在
翰林日進奉之作敏贍雅麗其餘詩文出入六朝唐宋
才藻擅絕一時著有試畯堂集
葉廷甲字保堂諸生沈酣典籍博聞強記藏書至五萬卷
築靜觀樓庋之暇即兀兀披閱其名臣遺老著述未傳

者爲梓行之鄉里有利益事率先爲倡年七十外徧歷
江浙名勝聞四明萬氏天一閣儲書甲天下踰錢塘往
訪徧閱所藏庋而還卒年七十九著書凡十數種及保
堂詩鈔若干卷

政績傳

宋吳博古字敏叔紹興丁丑進士授祕閣脩撰以言事謫
判福州時府尹入覲權府事州故瀕海潮嚙城傾一角
博古親督畚築至撤臥榻爲捍蔽七日而工竣民被水
者廩之尹歸以耗帑有難色博古出俸錢償焉虞允文
薦充右諫議以論朋黨拂柄臣意謫知贛州奏免無名

稅十七條贛循青苗法民困重役詢疾苦得實奏罷之
召還除徽猷閣直學士知制誥遷戶部侍郎以疾請告
詔提舉崇福宮致仕

葛　嶠字景温官朝請大夫忠信誠確薦引多明達士守
南安有惠政

趙善言字從之祖士鵬守江陰因家焉初調常熟簿終朝
請郎居官於利民事無不勇爲之歷兩邑一郡皆有陰
德

徐　邦字子奇以鄉舉判廉州設守禦闢田疇立學校俗
爲一變自守潔清遷本省廉訪司僉事薦賢剔蠹僚屬

憚之商農感其惠政發粟賑饑時謂爲有漢汲黯風

（元）朱正言字明通延祐中登進士歷官揚州路總管時中
原亂正言仿陝右保甲法行於江淮盜發伐鼓舉烽爲
號值水澇相原隰通溝瀆發粟勸賑民免饑散請老歸
民泣送者盈道

（明）朱德觀別號安五洪武初以才行舉因進四策納用之
李善長薦守臨江時陳友諒據南昌旁郡騷動德觀加
意撫綏奏最累陞吏部左侍郎其先泰興人後占業馬
馱沙

何　澄字彥澤永樂癸未舉人洪熙元年置宏文館蹇義

薦入典著述授禮科給事中以汲引人才爲務嚴本其
所薦也言事忤旨謫官已復上疏激直下詔獄宣德間
以薦知袁州與民休息脩府學毀淫祠正統中乞休歸
植竹數百竿飼二鶴號竹鶴老人工繪事壽九十九

周　玉以人材薦令浮梁有治行識戴珊於童年使讀書
署中成化初玉歸里珊以直指按江南辟騶從來訪玉
曝簷下諦視知爲珊問何官曰御史語家人曰戴秀才
來可設雞黍留之珊請分俸治宅皆辭亦不報謁

劉本道由掾吏受知於靖遠伯王驥引置幕下奏授刑部
照磨從征雲南正統間尚書金濂討閩寇以本道從活

脅從萬餘人擢戶部員外郎景泰中西北多事民不聊
生請給價買牛種與之貴州倉糧侵盜事覺本道往治
積弊盡釐遷戶部侍郎總督糧儲先是南糧抵京倉陸
運四十餘里勞費不貲本道建議於京軍歇操餘月運
糧至京而南糧止於通州交納歲省耗五十餘萬石詔
賜二品服寵異之

杜　宥字叔寬景泰甲戌進士授監察御史按西夏貪暴
屛息與同官倪敬等言事忤旨貶安定典史英廟復辟
起知英德縣革苛斂減供億闢田野開十二新圖邑故
無城猺寇時爲患首刱築城城完而寇至率兵乘之寇

遁去擢韶州通判流亡來歸都御史葉盛鎮兩廣檄置軍幕方倚爲用以冒瘴癘乞休

徐　泰字士亨由邑庠入北雍景泰丙子北闈鄉舉第一時有閣臣子不與選言於朝謂泰富室有私覆試前五人於內廷泰仍第一令羅田山深地僻漕運維艱泰於近水巴河鎭建倉廒貯粟便運以紓民力課民力田給以牛種歲祲出粟賑荒施及鄰邑都御史吳琛薦知荆門州會夷陵有疑獄已久部使者檄之往一訊而決以內艱歸父老詣闕請復任詔從之卒於官祀荆門名宦祠著有生白齋集

屈　霖字天澤成化丁未進士授刑部主事陞郎中居法曹十年獄無寃滯卒於官同邑湯沐輩爲殮殯乃得歸後學稱爲古愚先生

夏從壽字如山宏治癸丑進士工部主事遷戶部郎中在告逆瑾要重賂不應遂落職瑾誅乃起歷官湖廣福建河南參政參議在湖廣時武宗南征江彬橫索無厭力拒之在福建減市舶踰制之辜以清盜源留歲解羨餘之數以贍軍食擢副都御史撫治鄖陽兼陜洛荆南三省事以執法爲人忌累疏乞休歸築涉趣園逍遥其中戒其子勿乞身後恩族兄璪字廷華宏治壬子與從壽同舉於鄉俱爲王文恪門下士知耀州耀人德之

薛　金字子紳宏治壬戌進士改庶吉士授戶科給事中奏減光祿寺冗費歲萬緡奉敕給賞紫金倒馬等關孝宗升遐特疏糾張愉用藥之悞正德初勅查四川等處邊糧及大同宣府獨石馬營邊務自疊溪鹽井以往凡前使所不到者身冒險阻巡歷旣返命値逆瑾擅權抗疏劾之謫官璫敗轉行人司副擢廣西僉事妖人李通保連結諸山猺獞攻陷狴鄉等處三十六城堡金爲紀功官戎服跨馬身冒矢石賊魁授首又贊畫招集岑流諸邑離民全活無算廣民德之建祠曰繼芳併其四世

伯祖前官是職名復者並祀焉旣歸朝廷發內府薦緞廣鐩卽家以賜著有治齋集吾學正傳等書

薛　球字艮部宏治乙卯舉人署台州學正典廣東四川試調安仁令縣故無城土寇竊發球捐貲鳩工三閱月而城成募義勇繕甲兵先固其圉後率衆擣賊巢斬首千餘衆黨解散事聞詔書褒之時上官畫弭盜策欲割三縣地更設一邑安仁應割三都旣奉旨球申文力陳不便因得寢以內艱歸行裝仍赴官時兩敝篋服闋補通許剔弊蠹奸豪右斂跡忤權貴投劾歸凡三仕未拓一椽一畝

邵　經字孔述宏治乙卯舉人任阜平令捌葺縣志量移武强擢守潞州潞枕太行地險所屬桑梓蔭城二鎮負固相攻殺官兵不能制經單車往諭收之瀋藩橫暴有奸黨匿其府牽吏入捕因抗章奏瀋王不法二十事王亦誣以試題犯上被逮詔獄窮治無所坐釋歸杜門輯經書以課子孫貧甚邑令張集餽以田門人夏謹周以金俱力郤之少從湯沐遊直節清風與沐並稱

王　莘字元聘格子正德丁丑進士知東莞縣寇發勦之釋脅從四百人建社學毀淫祠懲惡少立保甲法九峪當道檄各屬舉行時稅璫指上供派累州縣抗言遏止

之擢南兵部武庫司員外郎累遷松潘兵備道練兵恤民築連城設關堡監臨者忌其功告歸

張　簡字允敬宏治乙丑進士正德初授職方司主事時璫豎竊柄四方盜起簡條對機宜切中肯綮尤慎於稽尺籍補將領擢廣西參議會三洞賊雷白眉等合兵稱亂簡遣將練兵密授方略俘獲甚衆遽移疾歸同方謨輩脩邑志又輯邑中文獻錄有文集四卷藏於家

陳　沂字與之正德己卯舉人授永安令永故山壤數旱沂敎民鑿山澗設水碓以資灌溉歲輒大稔稅璫至吏白當迎謁斥之曰令雖微豈能爲閹寺屈耶索夫馬屏不與其傔從有擅取民家物者捕治之璫銜甚訴大府大府曰陳令故强項且私怨非有罪可摘也曲解之三載撫按交薦遷祠祭司主事以親老告歸弟澶嘉靖乙酉舉人知平度州所至有能名

薛如淮字東卿嘉靖庚戌進士補南刑部主事謹持三尺公忠明恕有掾吏被殺御史某意其同舍掾坐以辟如淮持之廉得罪人遂脫掾巨璫賴昇乾沒國課勢要多爲營脫如淮執奏坐以法時稱薛公在事民無冤獄

趙大河字道源嘉靖丙辰進士嚴嵩知其才欲援爲分宜令丞請歸已而除義烏時倭寇兩浙大河簡丁壯督騎

射義烏兵遂稱精鋭會總制胡宗憲檄監戚繼光兵多所斬獲上功擢大理寺評事尋擢浙江僉事監軍如故倭犯閩繼光請往援大河許之當事以擅命疏劾不報母病乞歸

徐　材字懋卿嘉靖丁酉舉人授兗州推官兗藩有大獄有司不敢決者數歲材至廉得其實時亢旱因以其事禱於神忽六月飛雪繼以雨因成獄以上稱明允河決曹縣材督民堵築水患旋息累遷戸部郎中以母老乞歸居鄉畫稅法以均官民設役田以蘇窮族人咸頌之

蘇　韡字廷茂歲貢生知韶州精明公恕民猺畏服時府

署學校城池壇壝悉皆頹毀葺前後脩葺三年間百廢
具興費巨萬而民不擾墾田三千頃戶增三千八百流
賊逼境檄屬邑協力保障晝夜巡警郡賴以安
王嘉言字君謨諸生祖籍江陰遷常熟嘉靖壬戌成進士
令肥鄉地多盜倚猾胥爲耳目嘉言一夕斃三胥盜遂
駭散政化大行值水患他縣多被衝肥獨無恙累官浙
江按察司僉事備兵寧紹台倭躪兩浙嘉言禦之多斬
獲擢參議移鎭溫處諭礦盜降之以疾歸祀肥鄉名宦
祠
范鳴謙字貞夫隆慶辛未進士令龍溪地邊海黠民多連

海舶爲不軏鳴謙得其主名殲之邑多逋糧以公費償
之又以漲田補虧額擢御史奉命按眞定諸郡裁抑豪
右不少怯萬歷間浙中兵民相繼告變特勅乘傳往協
守臣收渠魁僇市中反側遂安
袁堯臣字承勳萬歷己卯舉人授徐州學正擢曾山令值
歲饑人相食堯臣多方議賑心悴成疾不三月乞歸著
有易經通義芸窗桂亭寐語覺言等書
王廷賓字明揚萬歷壬午舉人選德安令寬刑恤訟以儉
約先期年感脾疾乞歸子義民字淳古萬歷辛丑進士
任平湖令淸田均役民甚便之擢工部主事督易州山

廠卒於官
張履正字我先萬歷壬辰進士榜未發馳歸省親期年而
父歿戊戌廷對應得令乞改教授選應天累官戶曹回
翔陪京十年擢廣信守淸簡慈惠立官解輸運二法兩
臺請補九江道聞母病棄官歸執政疏請比大臣休沐
例親終起用蓋異數也居鄉不立崖岸偕里老脩布衣
歡里人親之祀廣信名宦祠
蔣　謹字欽之萬歷丁未進士除中書舍人三奉使有淸
望擢都水郎中治河淮徐以曠工銀補工費夏鎭河使
章謨任故謹兼攝籍公費數千金遺贈其子不入一鏹

遷江西參政備兵南瑞省訟蠲贖乙丑冬奉表入賀不
通贄謁曹欽程希璫旨嗾田景新劾之摘其姻知高繆
爲邪黨作詩及時政爲訕謗矯旨削奪歸灌園南郭外
施糜掩骼爲德於鄉崇禎初詔復職尋卒著有紫微省
綠漪軒望曉樓諸稾
周憲章字從儒少負儁才邑郡院三試皆第一萬歷丙申
選貢廷試復第一選歸化令受讞立剖革羨例斥贖鏹
葺學宮變倉法復機兵給山帖置奸僧妖道於法脩輯
邑志莅事五年金蠶蠱毒不入境擢梧州通判遂致仕
徐日升字如之天啟乙丑進士授漳州府推官雪冤獄擒

盜魁賑災荒奉檄督理洋稅盡斥陋規商民請勒石紀
其廉祀漳州名宦祠
沈鼎科字鉉臣崇禎辛未進士授建陽令初至吏白有庫
餘千金備公用斥之以補窮民逋稅邑故健訟訟輒妄
指人命鼎科受其牘不行勾攝立往驗得實則爲聽之
否則予反坐其俗遂革巨盜猾訟奸民得其主名卽斃
之兩值歲旱步禱輒雨民爲沈雨亭志其事憫民病涉
建長橋民又呼爲沈公橋新文廟葺考亭勉齋兩祠月
必三課生徒在任六年內召士民攀轅塞道建祠祀焉
後令於署中復爲拜沈亭抵都下以公論競爲推轂反

中忌罷歸久之授袁州推官萬載縣山寇披猖獲其渠
斬之餘黨悉平擢車駕司主事會甲申之變嘔血成疾
尋卒鼎科孝友工文在官一介不取著蕉露豫遊諸草
張有譽字誰譽履正子性至孝萬歷已未進士榜未發心
動馳歸丁父艱服闋廷試例得部曹因便養母求改南
授南戶部主事奉命搉揚關甫涖任卽開小關以便往
來五尺以下舟免稅時鹽政建魏璫生祠去關近遣官
趣往拜有譽獨不往謁擢饒州守新郡縣學宮重刻居
業錄以崇正學陞江西糧道嚴禁需索斥羨米以補覆
舟失糧者陞七省糧儲道漕政肅清丁內艱廬墓哀毀

適周延儒再召遣諭一見卽大用辭不往服闋累遷四
川按察使布政使癸未大計舉天下大廉能五人有譽
居第一得旨褒旌擢應天府丞將行吏白有存庫五萬
金不納尋擢南京倉場侍郎戶部尚書鼎革後退居田
里衣粗食淡自號圓覺居士纂孝經衍義補六卷壽八
十一
國朝裴天錫字長齡康熙丁未進士內閣中書擢知平越府
值兵燹餘招徠撫輯咨訪利弊鑿倒馬關建重安橋驅
除虎患調知武昌虛衷聽斷郡無冤民以詿誤謫太原
通判再調郴州府將赴任卒於京貧無以斂鄉里宦都

門者經紀之始得歸葬
徐應星字贊日歲貢生選高淳訓導常設高座爲諸生講
易再補英山陞建文廟遷鎮江府教授諸生以抗言旱
災忤巡方使欲求其人罪之應星不開報爭以去就事
乃寢攝甌寧令以疾乞休鬻家產治裝歸著有希陶詠
子中德以孝友聞
惠　潤字沛蒼疇子康熙乙丑進士授費縣令銳意求治
興學校正士習因利革弊歲荒捐俸以賑擢戶部浙江
司主事纂脩鹽政全書累遷刑部郎中告歸家居三十
年橫河淤塞請於當道檄縣深濬子元輅字駕三副貢

生判郴州潔已奉公苗民懷畏在事七年盜戢民安擢
宜城令勤勞稱職卒於官
趙錫仁字靖侯康熙甲戌進士授菑川令初薛元敏與錫
仁談儒先之學錫仁素倜儻迂其言至是詣元敏曰曩
時君所言今悟矣幸同往俾日聆訓誨元敏謝不往贈
以邵嗣堯三仕一得編曰君第置此座右有餘師矣既
履任斥耗羨均徭役興文教士民大悅有內戚言涉私
呼隸人坐堂皇斥出之風紀肅然卒於官士民白衣冠
而送者萬人祀名宦祠初錫仁與劉學瑊善學瑊貧而
好施致逋糧錫仁曰安得余一舉以坊儀銀助子耶及

鄉舉果以百金畀之
蔡 鵬字鴻賓少負奇氣究心天文地理兵制諸書年十
九遊北雍和碩安親王奉
命逆藩有薦鵬於王者召與語大悅以署漢中書事參軍謀克
湖口破長興鵬之謀居多丙辰三月師抵長沙城門開
諸將疑有伏不敢進鵬爭之不得退兵金盆嶺明日賊
帥馬寶至城始閉攻之不下王以鵬為才使知長沙縣
兼攝府篆又給游擊劄團練鄉勇三千人便宜勦禦時
有偽水師將軍林興珠據湘潭為湖南聲援鵬移書數
千言諭降之馬寶勢孤長沙平捷聞功最著時師中以

長沙不即歸附議屠之鵬為民備牛酒犒軍乞招安乃
得免又瀏陽民助逆餉師征之俘其子女鵬密刻護照
萬餘紙遍給諸民約旦日號泣軍門鵬啟王悉縱歸并
請撫流民豁逋賦給牛種無何知府任某搜剔偽黨株
蔓不已鵬白大吏寢其事府銜之竟以互訐罷歸長沙
民無不流涕家居三十年沈陸二令皆舊交不干以私
訪以政則侃侃正言壽七十四著有隨征紀事薄遊雜
俎漁灣小草
陶孚尹字誕先廩貢生選桐城訓導課試精勤解己貲脩
啟聖宮名宦祠聚奎坊楚逆構亂

大軍勦之道經桐城駐劄孚尹佐邑令給芻糧供夫役邑舊
未設兵防護城柵需民輪守孚尹建議募役給值始免
派累邑民德之以疾歸祀桐城名宦祠著有欣然堂集
六卷
繆 燧字雯曜以例選沂水令時山左大饑侍郎某奉
之燧念市米稽時日且運費多不便請給銀聽民自買當事
以達
責燧白因地制宜之義當事悟曰令能為草疏乎燧繕稿以
進馳奏得
可蠲帑不敷傾囊益之邑積荒民多逋賦燧遣僕歸鬻產三

千餘金代輸之旋以逸盜罣吏議別調浙江定海定濱海水鹹不宜穀燧脩築塘岸禦鹹蓄淡增田數萬畝海關大吏請開玉環衢山等處部下其議燧以遠略勞民無裨國賦列議駁之事得寢脩定海志葺學宮設書院增諸生廩額至十名奸民有爲盜海洋者設方略擒之署府事暨各廳縣事所至有惠政仕海上二十三年卒於官民懷其德呈請留葬子民垣不可大吏令留衣冠葬之以誌遺愛

湯顯忠字謂士雍正庚戌登明通榜授績溪教諭興文勵行脩葺學宮講習經義儒風大振時遇清釐逋賦捐俸

爲諸生極貧者輸納邑令某歿於官有虧帑後令逮其妾追款顯忠爲關說得釋而月以米薪給之守令某某歿俱貧顯忠經紀其喪邑有利弊切於民者必悉心告於守令當道稔其才德方議薦乞終養歸士民泣送盈道

姚儀鳳字羽儀性耿介少讀書不遇以掾曹除南安府經歷清白自持嚴禁騷擾委鞫獄聽斷明允大吏賢之檄署上猶縣勤慎稱職年老乞休偕其子兩人攜一行囊一書簏就道抵家頹垣破扉授徒自給

夏霖字雨三順治己丑進士授濟源令有山賊混名穿山甲者盤踞爲民患密計擒之布政使某與霖不相能議於巡撫謂霖芻草不時給將誤戎務巡撫怒百姓聞之爭相輸挽質明畢集巡撫奇之以卓異薦遷戶部主事督揚關稅知紹興府建閘興水利提督某縱其下强奪民間女霖縛治之擢山西運使再補保甯府值兵燹後村落如掃霖鳩集流亡邱墟成市謝歸壽九十五

高玉行字朗侯康熙甲午舉人知三原縣首發申某兄弟之奸會巡撫疏請仿山西鑿井溉田屬吏俱阿巡撫指玉行獨謂關中地勢高開井決不得水力陳不可狀巡撫震怒玉行怡然曰今日名登白簡策蹇而歸得與老

母相聚殊勝貪祿而徒擾吾民也議雖寢玉行竟以是去官不復出

祝錦中字元章以州同分發南河河帥陳恪勤知其才命贊畫河務署祥符縣主簿有惠政其論治河大指本束淮刷沙法慮刷之不盡老沙日積因參究古人混江龍飛排沙等制刱擬百龍搜沙法用龍艘百各於柁底曳五尺四寸版竟版以鐵爲游龍狀版隅置環繫索以便提放每艘設輪盤四帆二艘行水面鐵龍即隨行水底搜捲積沙使入海又於海口搜之使無壅阻裘文達治河議常採之著有南河長治策搜沙十二事宜策北河

犁沙穿渠兼用策嘉定黃氏汝成載入日知錄注

繆　詵字繩孫康熙丙戌進士知宜章縣有囚倚奸僧術屢翻覆拷之不承詵廉得僧寘之法獄乃定調署桂陽復先賢周濂溪祠田補葉縣時學使某出詵門下知其貧欲假非義嗅咻之屏弗與通改知郟縣卻鹺賈餽金卽具牒請平鹽價然竟以此忤上官指謝歸瀕行所載惟書版數種著有思親齋貽訓醒心筆記衎烈堂論文覺軒文編

徐　銳字貢三優貢生受業於楊文定任蘇州府訓導諸生葉泰被誣於里豪豪於暮夜以金投銳所怒叱之不

爲署牘泰得釋同僚忌之告歸著有易準春秋集傳一得編惜陰齋雜著

奚又灝字倬雲雍正癸丑進士授新淦令會江右饑請於大吏撥庫帑以資接濟并請飭省屬通融撥借全活災黎無算卓異引見特賜蟒服蓋異數也調臨川縣汰冗役釐積案脩城隍次第具舉以勞卒於官

沈　濤字次山乾隆丁巳進士知江西長寧縣其俗好勇喜鬭每歲春正爲石戰戲南北各列隊伍持石卵相飛擲勝者逐負者毆人至死不問濤坐城門下呼其黨陳說利害其俗遂革邑乘缺略濤廣詢博采纂長寧縣志一書著有念山堂詩集

貢　震字息甫乾隆辛酉拔貢生丁卯副貢生知建平靈璧鳳陽縣擢壽州知州所至雪冤獄毀淫祠興建書院育嬰堂值水旱賑䘏恐老幼廢疾不能遍及裹糗糧步行山谷村墟咨訪疾苦靈邑當水道之衝數被患震廣濬靈宿虹泗諸派導其下流凡利民之事悉白大府奏行歿後入祀建平懷仁祠靈璧名宦祠震少貧篤志於學文行爲鄉人所推能文善書所著有建平存稿靈璧

志略河防錄河渠原委等書

陶廷粱字楚瞻監生以例授縣丞分發雲南從征緬甸以軍功署寶寧令地爲運銅總道牛車過峽勢極險峻領運者卒多累廷粱度山路稍平者開通之又革兵役擾民之弊調署祿豐請閉銅礦之衰缺者補福建將樂令調南平去官時行橐蕭然

繆　潤字一泉乾隆甲戌進士令獲鹿完縣興修學校爲政不尚刑罰士民安之完邑有大獄大吏諷以誅殺十數人可得顯擢潤不可卽告歸訓子弟終其身

吳　楷字景儒乾隆庚辰進士歷知雲南大姚永平等縣

署永昌府同知彌勒州阿迷州知州遷知騰越州州與緬甸接壤會緬擾普洱界集師討之大帥令總兵某先驅楷言未得彼中虛實且某輕遽不可任使追之不及果僨事嗣傅文忠經略征緬檄楷造船兼理軍需

大兵刻日下蠻莫江緬勢窮蹙乞罷兵顧尚留使人蘇爾相不遣備邊戍卒尚萬餘楷請增塘汛十三定歲歲出防之策時禁絕商販楷以內地貿易非出口私越比亟請弛之隴川土司多朝珍與緬人通書事發屬楷鞫治楷以多氏久襲職馴習諸夷其書無他宜勿問

上嘉其知體要尋以軍功晉二級

賜予有差治騰越十年籌積軍儲興修學校百廢具舉以父喪歸生平著作甚富有退園詩文十二卷騰越州志十卷其餘說經諸書及雜著凡二十餘種

趙時煦字春沂監生以捐賑議敘州同知署廣西東蘭州兼判那地土州事會弄莫等六峝猺蠻竊發從撫軍往勦時挽運者失期時煦揣軍無宿糧兵多食不給恐生變亟去騎步行詣上臺借給越日畢償遂率那地鳳山兵前進爲第一隊慶遠副將某率其標兵爲第二隊雨甚山水暴漲令左次於洪水河之嫩石村衆念慶遠兵已冒雨進我以後期至罪當戮時煦以一身任之越日雨霽率士卒疾馳道見淹斃者相屬悉慶遠兵衆悲憤感激刻達大峝界營旣立副將某始率所部兵至亡失過半撫軍廉得其狀大奇之事平署容縣令尋遷江州有政聲以憂歸居鄉見義勇爲修葺廟學規復名宦鄉賢祠故址增建節孝祠宇輯志稿築立沙洲隄岸江壖萬頃田賴之購沙田一千九百餘畝充文廟歲修尤其最著者

殷起瀛字步雲父印中治縣有聲起瀛乾隆甲午副貢生授直隸州州判署定海縣事值洋匪蔡牽逼定邑民震恐起瀛悉力防禦境獲安遷知石門縣地當要衝民疲

於役起瀛減供頓勞費以紓民困臺司過境廉其情無苛求者屢折疑獄能披奸發伏以終養歸

包敏字起元家貧好學乾隆己酉進士初令河南確山縣再知羅山楚匪跳梁羅與楚毗連敏先事籌備有保障功遷開封府同知時匪益猖獗豫省騷動大府議於南陽設軍需局以敏攝南陽索倫盛京兵絡繹至需索逗留敏首揭副將某鞭其悍卒數人衆乃帖服旣秦晉兵又大至敏晨出彈壓晝庀治軍械暮理獄訟會寶郟教匪起葉縣復戒嚴奉檄馳往堵禦旋總軍需發奢兩局當道重其才歷署彰德陳州衞輝歸德府事所至治

行稱最尤善折獄凡遇要案歷數吏未能奏當者經其
讞定輒報可擢知雲南楚雄府雄屬夷猓雜處敏寬嚴
互用法擾而肅尋乞休歸不名一錢生平於讀書綜貫
羣經以顧棟高春秋大事表爲麟經達詁乃本其書兼
附己意著序經若干卷卒年八十有四

薛志亮字寅賛乾隆癸丑進士授福建松溪縣知縣有大
猾聚徒毒鄉里志亮下車悉擒治之調知臺灣値蔡牽
陷鳳山郡垣震動志亮集士民固守得勇敢三千人城
外建柵鑿濠設大礮部署定身先士卒與同甘苦賊不
敢近惟踞洲仔尾地當水陸要衝南北道梗絕志亮乘

賊不備密約游擊統兵爲後應自率義勇突入縱火擊
殺賊遁南北始通以軍功晉五品銜署臺防同知遷鹿
港同知量移淡水以勞卒吏民及番夷數百里皆巷哭
蒞爲治能以勤懇得民心故各相愛戴其守臺功績爲
尤著云

季麟字晴郊乾隆己酉拔貢生甲寅舉人令鉅鹿爲政
務損己而厚於民減徭役浮派供頓不足舉債應之初
攝西寧篆有無賴子誣富室羣賭富人曹輩願奉六千
金求勿株連麟卻之而懲無賴子鉅鹿奸民煽衆事發
麟奉檄按名擒之道逢上游所遺吏某授之而還某攘

爲己功麟坐本管官不身與名捕事褫職戍烏魯木齊
百姓乞留不得醵金爲贖卻弗受老幼追送涕泣者塞
衢陌至戍年餘卒麟少日即工詩文楷法比居京師主
於舉主沈初沈故奉
宸遇
奎章賜和麟常屬草文不加點一時達官相引重麟自守以正見
者重其節概云

章杞字午橋嘉慶己未武科進士由藍翎侍衛出爲浙
江衢州遊擊歷署太平鎮海參將陞浙江杭州直隸三
屯協副將在鎮海時官鹽價昂杞與縣令約禁胥役毋

得橫索鹽賈錢屏絕陋規旬日之內鹽價減十五私販
衰足先是浙閩總督董教增薦杞堪膺專閫
今上御極擢廣東南韶連鎮總兵官蒞任後嚴校閱斥苞苴於
官舍旁置塾課兵家子嘗言武士宜稍知大義不然是
驅市人而戰也韶民以爭山地將械鬬杞單騎往剖其
曲直檄有司械首事者論如法尤加意於詰盜境內肅
清以病乞休未行卒於官平居務儉約工楷能詩恂恂
有儒將風

吳焯字叔翔初署浙江嘉興鮑郎場鹽課大使境有檄
浦城河久淤復値歲旱商運不便焯勸捐貲開濬以工

代賑兼濟饑民後署玉泉場場隷寗波象山縣縣有南田禁山孤懸海中閩廣盜船私梟俱泊此鹽政延庚欲開墾靖盜焯謂此山爲寗紹門戶若通內地則二郡可虞請仍封禁以憂歸服闋署雲南開化府馬白同知補香鹽井大使兼署威遠同知俱以廉直稱及委署麗江縣與上官有隙被劾旋里焯秉性方耿善養生壽至八十九無疾終

江陰縣志卷之十七終

江陰縣志卷之十八

人物三

行誼傳

宋曹 址字天基父鑄寶謨閣直學士立朝有聲址美丰儀博經史淳祐間理宗爲魏郡長公主擇配址以才望與選能偕孝事父母時南北搆釁朝政日非址剴切陳封事值賈似道擅政遂謝朝請德祐改元挈公主歸里晦跡田野建祠贍族周恤鄰友凡鄉里義舉悉踴躍爲之子五煥之烜之爍之燿之燦之並以門閥顯於朝

明夏 順字艮惠少業儒工書法長而倜儻好義宏治中

奉詔輸粟千石賑饑例當旌力辭又輸金助邊例得三品武秩亦辭巡撫強之授鎮江衞指揮使生平築城建水門修院署學舍治橋梁牐壩及蠲租折券諸義舉不可殫紀

夏 巋字艮臣奉詔助邊授鎮江衞指揮使僉事

許 輔字艮佐輸粟三千石賑饑賜七品秩

徐元穀字尚實頴敏工詩輸粟雁門等關詔世襲蘇州衞指揮同知

孔尚存字燕申好善樂施有貧士自塾中歸路失脩脯款留信宿如數周之三舉郡邑賓筵其族輿經字元贊好

友尚義建培先橋歲祲煮粥賑饑巡方使者旌之

孔　抃字通甫慷慨好施郡邑大工役必身先之設糜施藥掩道殣收貧族置義冢義祠甃橋梁衢道衆善並舉舉鄉飲介賓

黄　淮字永澄書學顔歐又規姜立綱年八十餘能作蠅頭楷榜書尢可觀嘗爲掾史御史陳九德具疏稿劾邑令趙錦命淮書泣不下筆具白趙治狀竟得改登薦牘

李鵬翀字程叔諸生負奇氣嘗手書海忠介直言天下第一事并糾劾嚴嵩張居正諸疏示其子應昇曰食人祿不當如是耶應昇爲南康推官冰蘖自矢每舟載絲粟

酒脯賫之及應昇爲御史見其先後擊奸諸疏歎曰有子如此不負所生矣應昇繫詔獄客有爲苦語過慰者曰無然僕今日乃得長有子耳崇禎初被恤典由御史晉封太僕卿當事式廬致敬鄉邦利病必侃直指陳嘗建橋以便行旅人名之曰李公橋

張履道字我坦汝翼子天性純一少孤母范教之嚴履道事母如父補諸生年四十即棄去惟以依親聚順爲樂日所見聞及所行事纖悉必告母居身以誠爲本不妄受人纖介仲子有爲字爲之諸生天資朴厚少受學於從兄有譽有譽嘗稱其身無一命而常懷濟人之志年近六旬而不失赤子之心

國朝順治間舉鄉飲介賓

曹尙志字廉公歲貢生父懋仁性方嚴尙志承父範身率諸子以禮法孝事其親兄亡撫其孤弟亡恤其嫠徽民冒籍江陰暮夜投金欲求保正色拒之同郡有僞舉節義者卻其厚餽不與勘呈爲諸生二十餘年兩獎優行子玑見文苑傳玘字子瑜崇禎己卯舉人鼎革後絶意進取闢蕪園詩酒其中著有蕪園詩草玒字子求珮字子佩皆工詩畫伯仲相友善時稱四絶

陳　科字晴湖諸生有才行文震孟延致家塾時長洲令

有疑獄科聞爲力解得釋其人往謝諱之夏樹芳嘗曰晴湖非惟恐人知其德并不自知其德也兩舉賓筵不赴

李　開字美儒宋忠定公後諸生與弟至清俱有才名開尢恂恂質行至清忤豪右被誣死懼開之不反兵也賂墨令褫其籍墨刑而城旦之居三十餘年邑令李令晳始白之爲復籍初開既罹難即從友人宦游天啟中時相顧秉謙招之往見所爲鑿枘浩歎歸性侃直遇人有過規誡不少隱然和氣盎溢鄉里親之傷至清冤死每念及即涕零故所著名獨被齋稿

薛鍾价字季藩性孝友父沒哀毁幾不欲生侍母疾衣不解帶幼習舉子業卽慨然曰羔雁固舍此蔑由但吾儒所學者大豈止爭長帖括間耶年十九補諸生累試不售曰士君子遇則法前人眞事功不遇則法前人眞學問手訂五經大家集儒先語錄不下數百卷著求放心說愼交游嚴取予甘澹泊扶掖後進多所成就

夏寶忠字孝珍樹芳子繆文貞器之字以女性慷慨好施吳中士夫皆樂與交由廩貢生例授文華殿中書雖處草莽朝宁開否泰之機言之瞭如修刻家乘封植先壠周恤貧族士論多之子世錄字輿先好學能詩伉爽有

父風徐介立大育頭陀皆舍於其家刻大育頭陀詩集行世孫貽典字文初亦以文鳴

繆堅白字釆瓠文貞第五子性孝友文貞罹奄禍哀痛不欲生悲號流血數十年猶一日鏃礪名行敎子孫無裘馬輕肥習閒居典籍自娛雖皸手枵腹尋覽不輟富於腹笥談論經史斐亹不絕與人交悃愊無華其質直有過人者

包　玉字君攻積書盈座研味不輟

國朝順治間徐趨黃毓祺舉兵事敗獄連玉逮玉至江寧當事與有舊欲脫之玉不可詢其故玉言與同里某誓生死相共不忍獨生以負某當事義之并寬某罪

國朝劉振時本姓張祖禱於劉武穆而生遂爲姓事親以孝聞僑居常熟與金景寅莫逆偕謀什一之利所入無纖毫欺衣服器皿不問爾我執猶子禮於景寅父歿爲視含殮振時有疾苦景寅亦醫禱省視兩人共休戚者二十年如一日兩人耄且病或以異姓同居後不可繼勸之分析兩人不忍遠離卜宅衡宇相對人高其行稱城東二義立傳作詩美之

徐敏傳字元發年十七補諸生重然諾樂施予父歿遺券一篋凡數千金悉焚之有以女鬻者詢爲儒家子立遣

還贈以衣飾俾擇良耦世業沙田値颶風壞田廬民乏食出粟賑之全活甚衆家多藏書遭革運避兵江村猶攜經史數簏於頹垣破壁間諷誦不輟順治甲午鄉試首薦主司以卷中有四字疵纇抑之遂絕意科目築澹園於東城遠近名士載酒問奇倡酧甚富子德敷字永一能文早卒德求字永孚敎行誼詩古文稱於時德容字永宏伉爽有父風

惠　疇字亮釆順治乙未進士太平府教授通志載其爲德於鄉濬谷瀆港建文星樓請當事永免楊舍徭役里人德之

劉國符世業醫康熙初大疫多所全活素性義俠關蠹越詐爲民害五控大吏碑禁之子景義承其學治病多效後人希董希宏世其傳希董諸生

包龍章字被五諸生讀書不沾沾章句留心農田水利兵制諸書以氣概聞里中初滸墅關設巡船越境擾民龍章憤甚率衆逐之關吏訴於邑令將興大獄龍章控於巡撫湯文正捕關吏論如律巡船由此知戢無錫吳孝子衣若走萬里省親其子禹三年十三寄居僧寮病且殆龍章聞之挈至家妻以女甥及孝子扶父喪歸復多方佽助之其過豪强濟急難雖坐是幾破其家卒不悔

子澤字嗣遠諸生傾貲建家祠友愛兄弟八人謂包氏世德云

劉昭字亮采諸生性孝友有文名行已端方與人忠信其教生徒一以敦品窮經爲先務學者咸推服之

祝邦基字頌山端方誠慤識趣超遠教子弟循循有規矩與人和樂克以古處自敦由監生考職當選不赴陳恪勤爲題黄綺高蹤額晚年纂集儒先格言參以已意著裕後格言一書以訓後昆所言皆脩齊之要既卒楊文定表其墓子鑑中字元亮監生居心仁厚操行謹嚴事父母晨夕不離父有疾禱於天願減已算以代兄弟五人友愛無間性好周恤捨棺施藥皆所不吝

張士傑字爾奇父歿毁瘠盡禮時諸弟皆小弱士傑手擲田產與諸弟均析無所私會兩還遺金士傑兄弟六人多尚意氣士偉士俟見忠義傳士俊見孝弟傳士傑子世沐字釆邑有孝行孫斗瞻字拱亭諸生亦敦孝友終身孺慕愛諸弟不以嫡庶有間遇水災首倡捐賑有鬻子女爲奴婢者出橐金贖焉斗瞻子文熺字宏耀監生歷試有聲早卒

邢楚玉字鉉吉諸生事父母竭情盡愼父以暴疾卒恨不及醫藥屢絶復蘇與異母兄弟五人和好無間少與楊

文定耿人龍以文行相砥礪年三十疾革口占無慚君子勤脩德不辱先人凜受書句以勗子姓著有周易節解藏於家

湯鼎新字繼序諸生少與兄爆齊名爆嗣姑爲高氏後仍兄弟相依切劘文行鼎新名籍甚當道爭延致之每遠歸日與兄聚處劇談作孺子懽兄不先坐不坐不先食不食白首如一日也性喜奬借後進人咸樂就之

王樞字維周飭躬勵學累試首拔杜門課徒於世味泊如也郡丞王琦重其品延爲師有搆訟者奉十鍰請關說叱拒之既而歎曰吾豈以宦館累吾品耶辭歸

蘇　濱字岷江先世家新安父霖始卜居邑之周莊以隱德聞濱工詩文善書補諸生由貢薦授國子監學正遷行人以親老謝歸事親滫瀡甘旨竭盡誠敬篤愛異母弟朝宗析產時舍肥取瘠葺學宮脩祠廟育嬰贍乏諸事咸踴躍樂爲疾革猶勗子孫力行不怠壽八十二

仰觀光字國賓增生嘗應鄉舉次丹陽拾遺金一篋憩道旁以待少頃有人倉皇至乃負官稅鬻產以償者急還之其人感泣叩姓名不告而別弟奎光字薇映亦以卻色聞時稱二難

嚴繼光字致遠諸生孝友之稱鄉黨無間當事重其行推舉鄉約地故荒僻業儒者少繼光請於令撤靜室爲義塾鄉人賴以知學

孔衍美字成之樂善好施地有青龍浜岸高數丈內田三百餘畝灌溉不及耕者病之康熙間大旱民饑衍美出粟集衆築壩濬溝洫悉成沃壤及病革並命子孫公置田五畝積粟以資歲脩

嚴文起字起八監生侍母疾衣不解帶者彌月值時厲疫出三百金製藥療之歲荐饑輸粟百石爲糜以賑勇於爲義施德不望報有高郵某鬻女泣別難捨文起見之令弗鬻贈金佽之

孔毓椝字正坤抃曾孫醇謹自好樂善好施有祖風凡脩建利濟事率先倡捐有貸千金者貧不能償焚其券

劉紫宸字翼微增生積學砥行廉隅自飭從外父陳其難參究易理多所發明

葛　霆字堯中撫辰子諸生至性純篤爲父請旌孝行以家貧不得上請者十餘年卒成其志乾隆間總督奉詔舉報善人第一榜列邑署申明亭各大吏又統給孝可風世額著有道成山人集

夏宗洛字參三敦仁子諸生文行並高繼父志偕叔敦禮文彬弟宗淮力行諸利濟事邑有育嬰堂久廢首倡重建規制事宜擘畫盡善不辭勞瘁

徐　澍字沛侯性行純篤幼失怙昆弟間曲盡友于親黨有急者厚賙之

須繼宗字近江少孤遭兵燹奉母以居竭力致養教子以義方門內整肅無譁聲歲時家祭侍立垂涕不忍遽徹歲暮見鄰里不舉火者潛持金贈之勿令人知搆屋於北城外施茶湯以惠行旅壽七十六子翔之亦仁厚好善

汪　洪字紹先監生持身恭謹大度容人橫逆之來輒弗較倜儻好施里中有貧而自好者負米夜投其戶其人

覺而追謝洪輒諱之歲祲囊粟泛舟邑東往來以給貧乏有惡少冀全獲之擲以瓦石洪棄舟任所取卒不以自沮也

王謙吉字萬服性純孝四齡失母哀慟欲絕順事繼母晚失明護持益力兄弟友愛甚篤親族待舉火者日數十人有婚娶不時殯葬無具者必資給之家有婢十數人既長厚遣之不索直有高郵某負千金貧不能償焚其券與陳均爲一錢會廣行利濟奉功過格甚謹至老不倦築環山樓藏書萬卷名流過訪無虛日宜興任啟運贈詩紀之

馬卿輔字秉衡性沈摯克敦倫紀父逢元官陝西參將母李卒於署卿輔聞訃五千里奔喪泣血匍匐哀感路人族子女有以貧故陷爲僕婢者贖之歸並給贍養完婚嫁壽八十

王心定字子欽少服賈利恒倍蓰營卒某將鬻女償官逋贈以金止勿鬻某德之止宿以其女薦心定大駭欲出而戶已扃乃整衣危坐達旦而去

祝應璣字貳琁以縣郡院三試俱第一遊庠學使彭文勤胡文恪咸器之終廩貢生應璣博學工詩文兼通六書學善籀篆書爲人和不詭俗善不近名爲人師以身作則及門率多循謹士居恒事親孝與弟應瑤友愛篤至一時推爲學行淳實云

陳瀾字鷺泉乾隆丙午舉人攻苦力學務求實用邑有公事必侃侃正言曾不媕阿徇俗嘉慶間改造由單議起瀾謂此奸胥之利非所以安農業力爭得寢以例分發湖北候補同知假歸值邑大饑議兼辦糶賑時有主糶而輟賑者瀾曰有錢易米者雖并日而食猶可得生而無錢之家不賑將坐斃衆韙其議推瀾主其事悉心籌畫多所全活尋赴湖北攝武黃同知篆束吏胥謹巡防不事苛刻而政肅以養母歸

祝登墀字賁敭職監生才高行篤見義奮發勇爲自士夫以至寒畯咸樂與交爲人謀無不忠遇郡邑公事當道及都人士悉以才望相倚重如脩飾廟學繕完書院平治橋道挪葺忠義節孝祠宇以及恤飢寒扶困阨既身任其勞有不足輒探囊取給絕不瑣瑣計較道光癸未歲大祲已萃邑之有力者發賑十次復獨輸一賑繼之族有舊宅數十廈災於火多露處者登墀爲一一購居而以其址出鉅費挪立宗祠生平利濟之功公私交賴凡經其區畫必委曲爲久遠計學使白鎔稔其賢書爲善最樂額貽之年四十五卒里黨莫不惋惜

隱逸傳

（唐）魏璞字不琢才高志曠杜門二十餘年飯蔬積學工詩文與皮日休陸龜蒙友善每秋風時乘短舸載酒偕浮游煙水間皮陸各有贈詩稱爲古君子

（宋）劉谷字季樸有隱操熙寧間爲修撰尋辭去蔣靜自宜興來學谷一見奇之妻以女及卒靜輓以詩云行詣已書丞相筆姓名還結裕陵知又云他日如尋隱君子女山深處一孤墳

趙越字彥中少隸成均籍中年絕意名利寄情巖壑葛文康志其墓稱爲古賢者

（元）千十一不傳其名仕宋爲承仕郎宋亡隱梧塍里宋濂贊曰擾擾之際一繩莫維岌岌之下一木難支所以先生飄然去之覽輝之鳳豈樊籠之可羈奮天之鴻豈網羅之是罹卓哉先生其四皓之徒歟今梧塍徐氏家譜載千十一江陰支千十三宜興支

（明）焦丙高帝故人洪武初下詔徵求甚急恐爲有司累乃謁帝於金陵持雞酒直馳甬道入與帝班坐飲如微時帝出金玉角三帶任自擇取角者授千戶無何挂帶於高橋門而去不知所之

杏林叟董姓匿其名隱居暨陽山或云董奉之後嘗遇異人授鍼術能立起人危疾或欲報以貲第令種杏一株舍傍曰吾聊繼吾祖志耳久而成林人因以杏林叟號焉嘗曳杖林下歌曰杏之花其下我家杏之實其美我食吾寗舍是兮而從人於役叟蓋賢而逃於醫者高啟爲作傳方之陳留老父漢陰丈人

張煦字孟和少工文靖難兵起見名流攖慘禍遂絕意進取蕭然野服與物外交徜徉山水非風雨未嘗輟輿至則吟然不自愛惜故有詩草稀存異放翁句壽八十餘卞榮題其墓曰匪官而貴不祈年而壽不沽名而永譽可謂潛德矣

繆元贊字汝化少任俠晚乃折節讀書工隸書善畫與俗手迥異屏居西花山之村塢小橋流水花石楚楚雖豆棚蔬圃亦別有位置製一榻日勤拂滌山僧野老至則相與坐嘯其旁壽九十餘

夏顴字叔度元主簿淵子品高行端名利不關於心與倪瓚爲煙霞契友逍遙終老人謂雲林風格惟叔度足與頡頏

鄧欽文字徵甫詩逼唐人行楷書得趙承旨法畫工寫意爲黎惟敬胡元瑞所推重有鄧山人集行世其遊天台石屋詩有云今來好共煙霞臥咫尺仙蹤亦易求卽此

可見其槩

曹　驂字子進宏子諸生學使者目爲三吳才子善丹青及鍾王書法尤精孫過庭體爲詞賦亦卓犖可誦其祖忠曾令分宜識嚴嵩於童子時嵩得柄每召驂謝不往嘗於舟中吟一聲禪誦下滄浪之句時唐寅在鄰舟聞而訝之曰得非曹溪堂先生乎邂逅定交而去

李　芬字蕙纕郡諸生家貧簞瓢宴如博極羣書通天文術數風角鳥占尤精先天養氣之旨好吟詠著長春境日記等書茂苑諸名家皆師焉隱居鄧尉山中坐化去鼻筋垂尺許

胡繼美字彙樸諸生讀書不治生產平生宗濂洛闢浮屠老而愈力鼎革後隱於雲亭幅巾野服與城市絕作詩明志累數百篇年七十五卒遺命以故服斂

徐　益字仲謙家貧不事干謁陋巷一廛蕭然自遠能詩善隸書山水仿沈石田貌蟹尤入神每興至即雨雪亦著屐登山吹簫放歌與人交澹而永令長式其盧壽九十一與沈鶩許學夷並推爲滄洲詩社領袖

薛　樞字思亭進士格之弟性恬退工詩日以吟詠自適子侃字雲萍紹其學著有三鳳遺音集

沈　衍字啟昭孤貧志學以家無藏書爲人傭書寓目即能成誦因博極經史終身不娶以友爲家遇貴介歌舞徵逐輒拂衣去晚獨居一室躬自汲炊或寒餒甚有以絲粟餉者必峻卻人目爲沈孤鴻友人鄧林艮梓其詩集

趙繹熙字祥宇歲貢生絕意仕進見璫燄大熾憤甚每以吟詠發舒迨思宗殛璫喜而頌云神明天子初臨馭應許忠魂叩九閽已而歎曰死可矣未幾無疾卒

吳文蒸一名文正貧無家依其甥以食謂世不可莊語遂佯狂市上縱誕不羈魏璫擅權大書願天早殛魏忠賢并其黨惡等語徧黏神廟天啟丙寅璫黨登君山文蒸

故出狂態嫚罵之從人見其老且顛竟舍之去生平好撫一弦琴吹兩眼簫每獨坐山間出琴笛奏之以自娛樂壽九十餘

趙　遇字鳳濱知書慕古爲人不欺性好遠遊尤好飲飲有奇量當遊楚時路値虎欲攫之遇方醉正色曰吾平生有愧心事任汝食否則可速避虎搖尾去遇神色不變

程如嬰字宴如十歲即善屬文天啟辛酉秋試分校吳麟瑞得其卷必欲置之解首反見遺崇禎末由貢薦授縣職感時事不就偕朱衣選刻明詩歸如千卷平生篤於

行誼富於文章恥干謁耄年戢影蕭寺置世事於不聞
徐登階字鳳南壯歲棄諸生以治圃垂釣爲事茅齋數椽
擁書偃臥有貴介過輒以籬自障不妄與通甲申之變
麻衣慟哭者數日乙酉秋居人相率避兵登階獨不去
竟得免壽八十餘
沙萬里字應鵬中書復明子游郡庠不第耕於青山自食
其力竹屋茅簷僅蔽風雨性簡傲不入城市善爲古文
詩歌著有竹窗漫藁
徐宏祖字霞客年三十出游東南佳山水如東西洞庭天
目雁蕩俱窮其勝其游也從一僕或一僧攜一杖一襆

被不治裝裹糧能忍飢數日遇食卽飽絕壁叢箐攀援
上下捷如飛猱每行數百里卽然松拾穗走筆爲記北
游燕冀嵩洛西上華山下青坷坪心動急歸母正危疾
母歿終喪益放志遠游訪黃道周於閩中周歷閩山勝
境崇禎丙子辭家西邁至崑崙窮星宿海去中夏三萬
四千三百里又數千里至西域參大寶法王還過滇足
疾不能行麗江牧延脩雞足山志具筍輿送之歸語人
曰古來題名絕域者漢張騫唐元奘元耶律楚材三人
而已吾以老布衣孤筇雙屨得與三人爲四死不恨矣
聞道周下詔獄遣子往視返具述狀浩歎不食卒郡守

張宗璉功德在民祠毀嘗捐貲重建所著遊記
國朝採入四庫全書孫建極字範中諸生能文章
國朝李　寄字介立卽徐介立母周氏徐宏祖妾方孕而嫡
嫁之以育於李氏故名李寄又以介兩姓歷兩朝故自
命介立性穎異好學少應郡試拔第一旣而悔曰奈何
以文字干榮哉棄去奉母居定山終身不娶母卒隱由
里山之山居菴號由里山人張有譽方貴徒步請見踰
垣避友人曹志雲憐其寒贈之衣卻不受郡司馬邑令
皆欲一見不可得陸次雲以風雅自命得其詩甚重之
著有天香閣集歷代兵鑑輿圖集要藝圖存稿及生平

所爲詩累二百餘卷初霞客遊記原藁遭兵燹失去介
立於宜興史氏訪得之類輯成帙年七十二卒於釣臺
村夏氏執友夏寶忠斂葬之山居菴旁
大育頭陀姓張氏名印頂明諸生少負儁才謂人生當效
班超馬援立功萬里外遭國變嘔血數升有句曰滿地
蘆花和我老舊家燕子傍誰飛又曰寧可枝頭抱香死
何曾吹墮北風中餠往來秦淮見銅駝荊棘呻吟夢寐
悉發爲詩歌生平精音律彈離騷每一動操牢騷哀怨
聽者晞噓欲絕晚年奉佛自號頭陀無何坐化去
劉蓼雪字蔓坡諸生値甲申之變棄妻孥往來吳粵間自

號盲蟲或衣敗絮攜筐如乞者狀汲汲狂走呼之不應金陵城中相傳有人哭於孝陵者七晝夜不絕聲杜濬曰此必盲蟲也覘之果然乃相持大慟而歸常臥市上仰天嗚嗚或仆地輾轉如大疾苦狀曰天喪予天喪予年八十五卒於道

黃　鍾字呂侶諸生從顧端文高忠憲遊以理學著忠憲罹禍往哭祭歸卽棄衣巾自號覺浪丈人隱居村野不入城市鼎革後發癲疾日夜坐山巓咄咄如與鬼神語如是以死

陸　蘇字望來諸生國變舉家遷於舟漂泊海濱冠婚皆

在舟中業捕魚令童子攜入市易米以炊風雨之夕輒仰天長號至聲啞不能出語識之者掉艇來訪皆以書代語年五十病革遺命葬海島

任光祇字久徵博學好遊工詩詞書畫廣交四方才士與同邑黃毓祺戚藩最友善著有衆香堂集三十卷晚好釋氏注佛經數種

黃安雅字直方大澳子鼎革後敝衣破帽戚戚不自得居廬不蔽風雨有所感觸輒見諸吟詠庭前雜植花竹竹外菜畦數弓灌鋤以自給性耿介特立抱不可一世之才踽踽涼涼甘老死而不悔子復字來初名諸生善書學者爭師之每談及乙酉間事則慘然神瘁

薛延祉字引百明諸生砥勵名節蕭然陋室吟誦不輟鼎革後每忽忽不樂嘗獨行曠野北向號哭見者以爲狂時作詩歌以見志子守典諸生能文章以孝聞嘗割股療母疾著有鄰寸知諸集

王若水字聖功隱於市有詩癖嘗攜樽榼偕友出遊興至輒吟其詠白燕詩云翦破碧波分素練浣殘紅雨不緇衣人傳誦之從子時霖字萬徯性孤介不名一錢酷嗜詩與若水吟詠必偕著有素風堂集

張　榮字耀先父早卒孝事母杜門鄉居徜徉煙水間嗜

學好古於書無所不窺嘗曰世人積金我積書堆架萬餘卷至老不倦易簀尚端坐手一編而瞑

孔毓案字山立性沖淡隱居教授好讀書貧不能購轉假鈔錄寢食俱廢尤嗜游覽遇佳山水吟詠陶然

吳　鳳字翥仙負雋才事親孝結廬五峰之陽栽花蒔藥吟嘯卒歲幾不知城市爲何所著有晚煙居集

夏世禎字友徵天資夷曠絕足城市結茅綺山之南布袍壇巾髮鬖鬖被領隱居訓徒佳客過輒與入室談論泉石娓娓忘倦年七十七

耆舊傳

明韓騰芳字茂遠孝友博聞官中城指揮有幹畧崇禎間因鄉人詿誤致瑠怒牽謫貴州旋以擒苗功復官授南陽同知甲申後棄官隱東郭之家園園有古梅千株皆三百年物客至詩酒爲樂登閣望北原荒冢曰對此如何不飲性不諧時俗遇才士輒下之壽七十餘時稱梅仙著有荷戟吟

陳錫袞字壘山舜卿子舜卿淸節家貧錫袞好古力學淬沈諸生中五十餘年以筆札自給當道多重其著作天啟時邑令岑之豹索爲文入賀逆黨周應秋錫袞恥不爲曰吾豈王門伶人耶碎吾筆硯可也壽八十餘

張繩武字世欽增生事親至孝老而不衰性慷慨不事家人生產一盡於養親葬親再竭於爲其祖袞建坊與崇祀各臺司旌其孝四方士夫多稱之

黃鴻圖字與參諸生喜讀書手鈔口誦老而彌篤兼究心醫卜思以濟世布衣蔬食杜門撰述同時有朱嘉賓孝友力學長於詩邑令乞言著管見集睡覺吟行於世

徐孔芬字樹原宋知軍葳知縣綱之後讀書樂道有聲膠序扶掖後進多所成就曹玑曹玘趙國權皆出其門

國朝順治間邑令武茂周敦致賓筵孔芬系出名宦先世遺澤在人故子孫籍居此土者詩書之傳歷四朝弗替云

王從訓性純孝至老彌篤倡脩五雲橋吳家橋壽八十餘

奚巽望字翼武諸生天性孝友閉戶著書壽九十三弟巽萊字士見慷慨好施尊師睦族與兄友愛尤篤黃道周重其人爲著德林攟聞壽八十三

夏九思字孟睿諸生品詣純慤與無錫鄒彥吉交莫逆彥吉貴招之不往曰吾雖樂舊遊然不喜貴游也初童試時邑令胡士鰲拔九思及其從兄樹芳繆昌期周憲章等共八人深加器異諸子連翩起惟九思以青衿終

李際春字春臺以貢薦授丹陽訓導課士誠懇有法年老告歸諸生競以詩送之

國朝沈之祐字綏我父性豪邁不治生產外侮交作之祐以身任不貽父憂母早歿事繼母盡色養戚族友朋有告靡不應

賜八品冠帶壽八十九

吳法字尚之性長厚規言矩行少與李鵬翀繆昌期友善兩舉鄉飲不赴子九人並能文芳權尤有聲同里勇艮武字奉川諸生焚券恤貧以好義著與法並年八十餘

袁厥脩字敏時增生廉介自處壽八十七子鳳儀字鳴瑞監生樂善尚義

夏世安字宇磐歲貢生年十三補諸生才名籍甚學使蘇
銓胡在恪俱拔第一待以國士居鄉清白自守絕跡公
庭訓子積德行善
費拱道字大經性慈祥濟人緩急然諾不苟晚年頤養天
眞元氣渾然壽九十六子天與字啟賢州同職亦以耆
德稱
李炳字虎文諸生存心利濟凡邑有興革當事倚重邑
令陶彝給壽德朋尊額
繆植字深培歲貢生爲人和厚邑有公事悉心經畫著
有鳳邁集詩韻詞通韻譜選靑陽縣訓導未任卒

張朝珍字志熙歲貢生年十四遊庠有文譽性喜施與居
鄉抑强扶弱課三子皆成名
徐陞字君銓好學不倦鍵戶潛脩歌吟不輟左圖右史
之外無他物也
曾國才字君盛醇謹誠慤著望鄉里邑令舉賓筵不就乾
隆丙辰
恩授脩職郎壽九十
邢曦字賓日性沖澹詩酒自娛弗問家人生産一琴一
杖望若神仙中人壽八十四子天錫字宗耀至性淵懿
事親恂恂色養友于兄弟平生易直慈和無疾言遽色

乾隆丙辰
詔舉耆儒碩德壽八十七
薛達字梅峯性耽詩不屑屑於章句制舉業以散體行
之屢試不遇年七十二始受知於學使張元臣極賞其
古風一篇又二十年卒薛氏多文人而言詩家必以達
與其從子元敏爲最
徐岳字亮公究心河渠水利算數之學少與蔡鵬友善
鵬令長沙招之賦詩辭曰瀟湘勞吏如相憶他日遲君
錄野堂江西建昌尹某慕其名具禮聘甫一至論偶不
合曰予豈能爲人署尾耶拂衣歸會鵬自長沙返與同

里趙鳴鑾稱三友壽九十一自稱乾一道人因名其集
繆永泰字啟平從梅正平學易有心得每手錄前代諸老
遺集其爲文古奥鮮知者會鮑開秉鐸月課得其卷大
驚曰此夏鼎商彝也時永泰年八十矣曰自束髮操觚
今乃得一知己不恨矣性耿介家居不蔽風雨竟以貧
死
趙鳴珂字定涵性倜儻擅經濟才究心邊防海道河淮諸
政例授州同知巡撫張聞其名延致河工欲薦用之以
疾辭築壺天園觴詠終老著有籌海運掌圖社倉末議
江防要覽諸書

趙　熊字呂侯增生受業婁東陸桴亭學大進以逋賦註
誤遂棄帖括肆力於詩日與諸名士倡酬幅巾筇杖徜
徉山水同懷四人俱諸生文行砥礪互相師友白首無
間言壽八十
郭其棟字蕙枝名宦庭堅裔孝友誠篤樂善不倦以子昌
烈贈登仕郎壽七十餘
孫允升字會嘉少有文譽尤長於詩以貢薦授含山縣司
訓課士有法謝歸築園五峯曰龍沙小隱且休庵觴詠
其中優游終老子謨字昭文由優貢舉孝廉方正任樂
安令有政聲

劉爾鼎字梅庵諸生言行脩潔好揚扢先賢津津不倦祠
墓有頹圮者倡募脩葺壽八十餘
章　溥字大來工文數奇舌耕自給巨室慕其名爭延致
之訓迪諄懇至老不倦著有學庸贅言
薛希翯字旭旦監生孀嫂湯氏勵節敬之如母里有北圩
渡船兩橋捐資脩建行者呼爲薛公橋壽八十一
趙鉉文字羨茲植品方正矜勵名節嘗偕邑令陸天濤及
諸名流結江皐吟社并梓世德堂古文詩集行世子天
潤字彙霑進士由保安令擢刑部主事有政聲
季宗文字公思性厚重樂施予不事生產尤篤友于弟宗
孔字公聘宗彝字公懋並敦古處白首無間言壽皆八
十餘宗彝諸生以子芳藹貴贈如其官
王世珍字載寧國學生豪邁尚義捐資建馬鎮石梁以惠
行者閭里德之
祝純嘏字岵斯諸生父早卒孝事其母性好編纂江邑掌
故尤多所訂正嘗蒐輯鼎革時殉義姓氏事實錄爲一
編偕邑人士籲當道上其事奉
旨入祀忠義祠者二百八人其未經入
告由大吏準附祀者七十八人又嘗董脩學宮十餘年釐訂典
禮成釋奠考一書既歿逾年學使朱方增爲文表其墓

夏　模字思範歲貢生選霍邱縣訓導未赴任家居吟覽
至老不倦道光十六年年八十三重遊泮水時偕遊者
模同案生薛文淇亦年八十三
百歲耆壽五代同堂附
（宋）吳仲宣壽百歲澄江門外仁壽坊以之得名
（明）趙　璞字怡門壽百歲詔賜冠服
徐　轄壽百歲
國朝陸　鎏字鳳鳴壽百有二歲
吳乃銘字德新道光三年壽百歲
詔給昇平人瑞額坊銀三十兩

王　鼎壽八十八歲有曾孫九元孫二五代同堂乾隆
四十九年
詔給昇平人瑞額緞一匹坊銀十兩
吳　鈞字和齋監生嘉慶十六年壽八十三五代同堂
詔給昇平人瑞額緞二匹十九年助賑議敘從九品卒年八十六

藝術傳

元呂逸人善醫施藥濟人嘗活王逢之門人張敘逢贈詩
云貧士願留賒藥券故人思續衞生經
明張　體字孟膚隸書學董香光金錯刀法作顫掣勢行
楷及雙鉤書皆得古法

相　禮字子先畫學黃公望尤精弈王世貞宛委餘編推
其奕品爲天下第一
陳　耘字德耔工詩善書永樂中以楷書舉與修大典擢
山東道御史遷浙江按察司僉事著有清約集
朱　熊字惟吉以善弈著天順中歲饑奉父積命出粟賑
饑徵入官通政司知事
夏　範字禹疇官中書精楷篆以書太極殿榜稱旨賜賚
無虛日嘗召入禁篤未出諸官侍展縑綺爭乞書褁金
銀豆爲潤筆攜滿袖歸嘗充正使封藩翰林劉珹副之
蓋異數也歷官通政司參議請老歸

吳元良字善夫家貧好遠遊書法二王晚學山谷得其堅
勁之致畫蒼潤無俗筆
是巨淵得異人授號神醫一男子吻舌流血不止巨淵急
拾東壁螺殼投患處即愈蘇郡富家子病大熱羣醫不
效巨淵鑿地爲坎令臥其上沃以泥水須臾愈或問故
曰是多寵妾中麝毒也其他治效類是朝命徵入意不
樂采藥草傅身成癩使臣以惡疾聞遣回仍以藥塗身
而愈
林　愲醫宗丹溪心法治多奇效稱中菴先生當事重其
行誼再致賓筵孫時亦以醫名

袁文可字半村家貧性介畫山水工麗極爲文壽承所推
重貴游求之多弗與嘗作漢宮春曉圖經年乃就傳至
都下名動公卿間
陳　棠字明懷畫倣元人貌海棠尤工世隸中書畫局以
爲皁漴戒子孫勿襲子三綱亦工畫海棠
呂　夔字大章本姓承依舅氏從其姓易儒而醫一時神
其術呼爲呂仙吳中疫褁藥囊日治百家全活無算大
吏給章服不受嘉靖間隸太醫院著有運氣發揮經絡
詳據脉理明辨治法捷要等書子講字明學讀字明經
醫名俱如其父讀子應鐘字元聲太醫院吏目傳禁方

而變通之能望氣決人死生或談笑間療人痼疾好客
好山水好詩孫文介銘其墓著有葆元行覽世效單方
兩書又有長春堂詩稿
高叔宗字子正諸生能詩善書尤精醫著有資集珍方高
賓爲之序同時有邢濟川者並以善醫聲著東南王世
貞有贈濟川詩
繆　坤字子厚其先以醫名者七世坤名尤著性行淳篤
自察脉審方外端居誦讀不接塵事嘉靖間帥府延至
軍前療疫全活甚夥著有方脉統宗行世與鄉飲十七
次壽九十自志其墓

顧　儒字成憲以子言貴受封少業儒因侍父疾遂通醫
投劑無不效不問貧富貴賤雖寒暑風雨隨叩輒赴布
袍徒步診切不怠忘其爲封大夫也遇貧者予之藥并
佐薪米其尤異者以三指切人脉決榮枯修短無不奇
中壽八十六里人私謚爲慈惠先生著有簡明醫要五
卷顧端文序行之
莊履嚴字若暘能詩工醫著有醫理發微
戴　仁字元夫善鼓琴得太古之遺自號琴泉薛章憲爲
作歌贈之
朱菊叟逸其名字世以藝圃家西郊喜栽奇種不遠數百
里求之菊尤所珍植賣花遇解人不堅索價人或載酒
過之或出酒醉客婆娑花下語雜莊諧恒竟日不厭嘗
揭句楣間曰種花無稅不愁官萬歷已未有上臺以索
隔年寄植盆花姜搒之幾殆曰自今無歲不愁官矣戒
子孫勿復學爲圃
國朝闕　疑字不疑善畫梅尤精雪月兩種疏影暗香落筆
生動吳宗閏善畫蘭一花一葉別有逸致人並寶貴
張　拙字任天工草書飛白擘窠大字性豪喜飲詩歌不
假雕飾曠然有塵外意舍旁積土爲小山號曰庸山故
又自稱庸山居士求書者屨常滿從容應之不倦

戚秉恒沈綬黃五辰陳明祈俱能醫沈著山林相業十卷
藏於家黃有醫宗正旨六卷行世陳應塤亦以醫名戚
宗揚宏治朝名醫秉恒克纘祖緒咸稱世醫云
周榮起字硯農高起弟明諸生能詩文工書畫究心六書
汲古閣刊板多出手校女淑祜淑禧亦精畫淑禧尤著
兼能詩其畫點染生動神采煥發翎毛更入微妙年八
十餘猶不倦人有得其片幅者爭寶之陳繼儒題其畫
曰花有露鳥有聲能令造化無權硯農有此才女使人
不復羨謝家也
王　洲字次微衣冠古朴如其人善山水尺幅尤佳嘗圖

澄江八景纖息入微筆底別具閒遠之致
錢　璞順治間人寫梅稱能手尤精鴝鵒飛鳴爭息各極其妙子鍔善畫荷師郡人唐光名播一時
周如松字公茂少患怯棄儒習醫醫成不欲以術鳴治人不輕立方投劑多奇驗
程邦璉字旣白習醫精研丹溪諸書決生死百不爽一工詩能書卒於維揚
葉時隆字茂之自明初卽以喉科傳家時隆年十八早著名治危症能立效八十外猶應接不倦子孫世其傳
戚　贊字聖俞諸生名醫秉恒孫精世業有隱德遇貧困

求醫與之藥輒以零銀暗雜其中周急且不欲人知也著有傷寒心法行世王百朋字錫我亦以醫名並稱國手
祝道行字明侯好學精醫康熙二十年大疫奉文施藥加意問切投劑多活性喜周急立心行已有古人風
錢　洼字汧涉祖時用父鼎鉉世以刀圭稱洼紹其術危險外症治無不痊
王文煥字亦唐精幼科治痘罕有其匹事母孝能菽水承歡
司馬鴻瑰字雲從世業醫尤精幼科求治者戶外屨滿必先貧乏有所入輒以周兄弟諸姪之急子廷標字傳一承其學於古書能通變用之遇痘科之險絕者輒能起死回生
湯士偉字子迥書法學趙松雪北遊十載書愈工能於半扇面寫西廂曲一部無一筆以薦入明史館校勘授縣尉
李　皜字不淄耽金石刻家藏極夥善書求者趾相錯
湯若宰字而洋畫仿趙孟頫又從王翬遊盡得其法晚年杜門課子壽八十七著有鋤雲詩草
張世鉉字聽玉篆書橅秦漢行誼有古君子風弟世鑑字

寶臣爲諸生有名能詩畫
韓　袞字維能工貌花鳥深得徐崇嗣沒骨法亦能作落墨花
瞿　上字雲表畫翎毛花卉色色入妙尤精寫眞得曾波臣秘法後人世傳其術
李　和監生寫眞師瞿上山水師王原祁康熙間與繪
萬壽圖
召入武英殿供奉以母老乞歸
蔣　森字淸度能詩工寫山水極自貴重不輕落筆
蔣鶴齡號白石山人善導引工鼓琴有同姓曜字長庚學

琴於鶴齡得其指法時並稱之
夏時用字賔颺究心青鳥之術以郭璞葬乘生氣爲主徧
質於四方之精堪輿者而得其眞積二十年術益精語
無不驗性嬌嬌不與流俗伍卒以窮愁老時有費大章
字承烈家華墅亦以堪輿名
王公奭善堪輿家言行道於丹陽金壇及江以北著書多
訂前人疑誤其言龍法謂楊氏龍分兩片之說最確宋
人云三支並出者誤也沈進士地學一書實出其指授
今盛行於世而公奭自撰書惜無爲之刊布者
高　方字義立父際飛以篤行聞方善二王書法及大小

江陰縣志　卷十八　人物　藝術　三十二

歐陽體小楷尤工好遊覽欲盡歷宇內名勝嘗客都門
鉅公某重其名將列薦牘拂衣歸游匡廬道池州山水
陡發沈舟卒僕蕭雲已遇救登岸以救主復蹈淵致斃
方著有于于道人集都門小刻及言行曲直論弟京字
德立亦以書名
沈　鳳字凡民監生任安徽徽州府同知七攝縣篆於吏
事非所長善八分書工畫山水瀟灑縱逸不減元人尤
工篆刻古麗精峭如斯氷復生著有謙齋印譜金壇王
澍序之
聞　詩字蓉曬性恬淡工書及詩所居有醉雲樓與交遊
唱和其中王澍嘗主其家與譚論書法著有吾廬詩草
曹　沂字思曾能詩工畫蔡志所繪各山圖及澄江八景
皆出其手
戚漢廣字滄亭烈愍之從孫諸生工文善書筆力遒勁
徐南金字品三監生任俠有勇力有熊髯者拳勇絕人南
金求其術能授以少林法鍵戶習之期月功成擅名江
南北有兩弟善手搏嘗過郡城入廟觀劇以睚眦擊傷
人衆健兒突起圍之數重棍槊蜂集南金適來猱進揮
霍衆披靡翼兩弟一躍出欻如風雨僉知爲南金相顧
錯愕釋杖羅拜各解散自是益自韜晦坐一室讀書蕭

江陰縣志　卷十八　人物　藝術　三十三

然如老生嘗讀易未通其旨入定山僧舍枯坐月餘遂
洞悉其本末尤喜老氏書工書弈能爲古文詞
車鳴鑾字去非書子諸生書法紹其家傳雅有典則
姜　禮字天敘精醫術其治病立功過格日記得失著有
仁壽鏡本草搜根行世子孫世其業
嚴宏滋字丕緒監生善書畫乾隆十六年及二十二年
聖駕南巡恭獻畫冊
恩賞緞匹
蘇廷蔭字南棠精內外科遇貧者施以藥雖參耆勿吝子
秦以醫得官

蘇士藻字萬彙工書郡中三吳第一樓額其手筆也
陸應陶字勳遠能醫治痘尤專門險症無不愈
程　鏵字振凡諸生精天文勾股篆籀之學尤工篆刻補
欽天監博士供奉
內廷凡
宸翰牙章三十體精心摹刻隨其大小方圓皆合古法刻成藏秘
閣亦榮遇也有四箴堂印譜行世楊文定爲作序
黃　勷字又癡性傲嗜酒畫山水規黃公望尤工棧道行
驢醉則益神其技惜所如不合卒於僧舍其徒高雲麓
亦善棧驢

王廷選字一鶴武生善墨竹筆底瀟灑具有煙雲逸致爲
人亦落拓不羈
夏敬聲字大夏監生書規趙孟頫畫倣惲壽平兼工鐵筆
〻娟可愛性雅潔遇俗士則怫然不顧
王　恪字遠謨監生善蘭竹嘗於所居之松濤閣集書畫
社拳勇亦擅絕一時又善彈丸甥徐承祖字懌齋師其
畫亦以蘭竹名
王　相字鍾岳熟於素問難經曾寓吳門賃居葉天士宅
旁葉以難治辭者就治輒瘳葉大奇之
姜　健字體乾繼祖父醫學而術益精晚年好易於五運

六氣陰陽變化闡發甚精故能投劑如神決生死不爽
里中業醫者多得其指授從子大鏞字鴻儒監生亦善
醫工詩著有鳴秋集調鶴山莊醫案
趙綱章衣冠古樸沈默寡言熟於仲景方書切脈投方無
不應時而愈
蔣清怡字素書父鳳池工書畫兼通醫理有名諸生間清
怡傳其家學畫得元人意而參以米法
繆炳泰字象賓善寫眞客京師公卿爭相延致名動
九重以監生
召入便殿恭繪

純皇帝聖容邀
睿賞乾隆甲辰
聖駕南巡
召試賜舉人授內閣中書遷職方司郎中從子宮桂字一山能繼
其法嘗在衍聖公第臨明太祖功臣像神致奕奕如生
李　基字德容幼習賈暇即染翰臨池得二王筆法
孔廣居一名千秋字堯山工詩究心六書之學善篆隸工
鐵筆著有說文疑疑行世嘗闢生壙自撰志銘屬梁同
書書之手自刻石子昭孔字味茗性古淡亦以鐵筆名
李　縝字小尹能詩善書行楷俱莊重不苟學書者爭師

之間畫老梅多古致嘉慶庚午以年老
恩賜副貢癸酉
賜舉人著有蓉山詩草沈德潛爲之序又輯樵餘漫筆二卷多記
江上佚事
蘇　溶字安瀾生平孝友醇謹篤信小學一書善畫山水
及人物花卉兼工書法
陳繼德字晉亭監生持躬端謹母年登大耋孝養備至性
好利濟工篆書精鐵筆刻有繩齋印譜
張　瑩字懷白工畫山水尤善寫眞一點一拂飛動有神
致

僑寓傳

漢杜　康字仲寧城東南有杜康宅杜康墓
晉劉　伶字伯倫沛國人城南有劉伶巷劉伶墓
庾　冰字季堅城東北有庾冰宅宅南曰庾冰巷
郭　璞字景純聞喜人以母憂去職卜葬地於暨陽去水
涯百步許宅在黃山北長庳村
唐陸龜蒙字魯望吳郡人嘗寓芙蓉湖與皮日休魏璞載
酒賦詩自稱江湖散人或號天隨子甫里先生
宋蔡　襄字君謨娶江陰葛惟明女悟空寺有其題壁詩
六章

元倪　瓚字元鎭無錫人工詩畫娶江陰蔣氏元末盡散
家財奉母移家江上明洪武七年歿於長涇夏顴家歸
葬軍帳山
明瞿　杲字炳暘五衢人僑居江陰之龜山性嗜酒自號
醉漁畫花鳥有名蘆雁尤入高品自謂作翅不及林良
因變姓名給事艮門下覘其用筆忽得解失笑艮曰若
非瞿醉漁耶乃定交去
國朝陳　功字凱侯崑山人明崇禎中獻策授通判運糧遼
海累著奇績鼎革後隱於定山善寫竹石爲詩歌以自
娛年七十三卒子元一廬其墓遂家焉

王文法字伯度由新安寓江陰少美姿容一婦人悅之以
計誘文法不顧其族人有不法事賂文法二百金叱去
之亦竟不暴其事
陳　瑢字衛公宜興諸生博極羣書工詩古文康熙中僑
居邑之邵公祠年八十高爆繆詵以前輩禮待之每談
勝國末年事雪涕如雨喜論史漢問字者趾相錯
巴　文字國華休寧人善騎射任俠好義明末家破寓邑
之周莊鼎革時四鄉兵變肆刼文躍馬持刀禦之追至
砂山手刃十數人散其衆既而仇家誘歸醉以酒夜半
欲磔之有老嫗壯其貌縱之去性好客所與遊皆故明

逸老卒葬砂山
杜　濬字于皇黃岡人以詩文名海內龔鼎孳吳偉業輩
推重之鼎革後棹舟游吳越間遇故老遺民輒慷慨悲
歌不能自已初客金陵轉徙淮揚及奚司馬祿詒莅江
陰其外弟也招之寓江上適閩中余懷桐城錢澄之建
昌曾燦無錫錢肅潤俱至有江干五老之會一夕登君
山縱飲極醉忽狂叫起舞口占十律繼以大哭乃歸與
邑中徐章趙鳴鑾蔡鵬爲詩友書法奇崛詩意悲壯至
今人多珍之
蔡仁溥崇明人家巨萬遭明亂盡散與族人子身寓邑之

白石山自號白石山樵教授村中與華山和尚交最善
和尚不知何許人語似楚音順治初來瓠子岡棲社神
廟捆屨易食見人不語而笑人問之益大笑每當山水
佳處顧影臨風破顏鼓掌人稱爲笑和尚又有哭道士
者亦與遊常往來於席帽山
韓文煇字山如蘇州諸生遷居邑之西城博學能文號春
秋專家學使許汝霖延爲邑中經師縉紳登高第者半
出門下著有春秋集成
吳衣若無錫人父戍瀋陽衣若賣其妾治裝走戍所誓不
反顧子金書寄食僧舍憔悴無人色邑人包龍章見之

驚曰孰令孝子子若是者延師敎之讀妻以甥女又十
年衣若負父骸骨歸金書奉父僑居祝塘之西莊金書
字禹三著有離騷經解梅菴詩草
譚　琦字二雲旌德人負才藻鼎革時
大兵狥徽州得琦將斬之歎曰吾無他恨惜詩文不傳耳帥
聞命賦梅花詩頃刻口占七言百首帥大悅釋之後卜
居邑之祝塘工草書得懷素神髓詩文散軼猶有存者
黃晉良字處安福建人性豪喜飲醉後作書累數十幅不
倦詩爲嚴繩孫高士奇輩所推名滿吳越人比之王穉
登云僑居十載旣老乃歸

龔　誠字羽階常熟人僑寓邑之北角品高行潔家徒壁
立嘯歌自若工詩及書得之醉後者尤佳竟以貧死著
有白谷集
施維岳字崧山吳門諸生能詩兼精易數乾隆十二年挈
家來祝塘垂簾賣卜多奇中暇卽吟詠自號二梅居士
其五言詩有云野隨芳草闊天帶斷雲飛雲似無心客
山如入定僧夜睡無燈早晨炊借米遲皆傑句也
楊夢槎字載騫無錫人父楚宮贅江陰張氏生夢槎登鄉
薦官四川酆都令隨征金川死木果木之難贈道銜無
子蔭其弟爲知縣後改雲騎尉世職以弟之子襲

邵辰煥字星城金匱諸生曾大父曾訓政工詩善書名於時辰煥娶於江陰因家焉亦工書尤長于詩著有傳硯堂集

江陰縣志卷之十八終

江陰縣志卷之十九

列女一

江陰婦女自梁迄明操行多峻潔　國朝貞節益盛不獨詩禮家爲然文學蘇生幹窮年編纂成列女志十四卷簪悉心校核毫髮無憾嘉其用心之勤既爲之序而單行於世茲卽其刊行定本除與例不符及俟考者分門彙列俾蔀屋窮嫠光昭日月而目擊心傷言之髮指者邇來鄉曲强暴每有誘醮逼醮之事致節烈痛憤捐生湮沒不傳特書篇首望同志力維苦節事有急於救焚拯溺者志列女

節婦

（宋）**魏氏** 廣德軍判官沈緘妻諭德魏居中女年十九歸緘緘登咸平三年進士卒於官氏年二十九撫二子迴遵親教以詩論語孝經皆成進士遵官殿中丞太常博士氏封仙居縣太君六十四歲卒葬申港西懷仁里王安石爲志銘

謝氏 丁思妻夫亡家有餘財嘗撾登聞鼓乞割田二千畝宅一區爲義莊有旨從之孫彬乙科擢第三入爲郎外秉麾節褒章累貲邱隴

（明）**陳氏** 章明妻夫亡於元至正丁亥兵變氏年二十二撫二歲子廉一歲子庚紡績爲生貧苦守節壽八十二

趙氏 元上海簿夏淵妻元季有欲授淵僞官氏色然曰吾等世祿家義不可苟淵因共逃海曲以死

氏年二十八收夫骸藁葬三年乃得歸柩遺五歲子覿教之以義躬織紝以贍翁姑母家被寇赤族惟兄子鋐與母陳氏僅存保匿閒關趙宗不絕養母垂十年喪葬盡禮

程氏 丹陽千戶陳存信妻龍鳳中戰死氏年二十七尋尸歸葬守節十九年子壽爲江陰衞百戶從征僞漢亦戰死

陸氏 邵福一妻二十五歲夫亡

奉養孀姑撫成子女張氏徐福二妻邱氏吳惟訦妻黃巖州判官邱基女二十一歲夫亡撫未期子
綺與亡兄元鍾妾盛氏同守節張氏陳忠妻年未三十夫亡陳氏花叔芳妻二十二歲夫亡周
氏吳宗傑妻二十二歲夫亡朱氏吳宗道妻二十七歲夫亡花氏吳宗善妻二十五歲夫亡兄弟
三人俱以行役死殊方妯娌相誓守節壽皆八十餘蔣氏李貞妻貞以貢薦令蒲圻有政聲擢刑部主事
卒於官貧至不能爲斂氏年二十二撫二子成立孝事翁姑辛勤紡績壽七十五李氏夏貞妻李琪女
二十歲夫亡撫子成立壽八十二包氏何起潛妻二十四歲夫亡瞿氏何宗常妻二十歲夫亡
吳氏趙椿妻二十一歲夫亡薛氏朱維言妻二十四歲夫亡張氏黃迪妻十九歲夫亡錢
氏沈頤妻系出長洲頤年二十於洪武間海運溺死氏年十九撫子黻成立壽九十徐氏葛晟妻適
政徐世英女二十七歲夫亡撫子端成立錢氏周惟聲妻二十五歲夫亡周氏陳孟昭妾二十三歲
夫亡撫遺腹子璞守節五十餘年夏氏王克謀妻二十八歲夫亡陶氏贈刑部主事屈遂良妻十

江陰縣志　卷十九　列女　節婦　二

九歲夫亡撫二子震霖並成進士封安人施氏張鞹妻二十六歲夫亡守節三十六年曹氏王廷
璽妻二十[illegible]歲夫亡撫遺腹子景賢成立守節五十四年杜氏吳儼妻嫁三年而夫卒奉姑撫子守節三
十二年張氏花一葵妻張洛女二十二歲夫亡撫子誥成立壽八十張氏吳祖妻贈諭德張誥
女二十三歲夫亡撫子成立五十二歲卒薛氏袁趨朝妻二十六歲夫亡值倭寇懷夫木主及像竄匿哭
毀喪明撫子敢從母姓孫袁文俱舉人壽八十三王氏徐大昌妻十六歲嫁不一年夫亡六十五歲卒
張氏吳文炳妻二十一歲夫亡撫子成立壽七十潘氏周珣妻二十四歲夫亡壽七十二朱
氏陸完妻二十七歲夫亡撫期月子艮能以孝聞子卒復撫孤孫成立壽九十三戴氏楊安仁妻二十
六歲夫亡撫子黻食貧茹苦倭寇燬其居依於母家翁病瘵六載醫禱喪葬之費盡出女紅教孫永清登鄉薦
壽八十三許氏陳皋妻二十一歲夫亡撫嗣文美成立壽八十徐氏蔣鳴璋妻十九歲夫亡無子壽
九十吳氏張汀妻二十四歲夫亡撫期月子應宿成立壽八十四曹氏趙必承妻二十三歲夫亡

竭力養姑終身縞素壽八十三王氏孔宗英妻二十歲夫亡壽八十五徐氏林世芳妻二十歲夫
亡撫嗣子早歲遊庠乙酉殉節壽八十四王氏庠生夏禎妻二十二歲夫亡花氏陳節妻唐
氏夏玉妻十六歲嫁三日夫亡壽七十二薛氏張鶴翀妻二十三歲夫亡撫子游庠壽七十二以
上皆旌門
徐氏進士陸呂妻二十二歲夫亡壽八十五吳氏張僑妻二十六歲嫁踰年夫亡壽七十六吳氏
黃暉妻二十一歲夫亡姑老子幼養姑至九十六氏六十歲卒黃志云以上三人生員張簡所薦達或曰是未
嘗被典禮也日典禮有無視有司達遏有司達遏視力厚薄歲荼蔀翟雖截鼻解腕不足以望蔡女之未光列
鼎累禰雖含飴弄孫直可以排共姜於下陳徐氏等力不力不可知然均之輿論之所歸也有之者吾不敢異
無之者吾不敢遺謹依故事敘次如右備後君子覽觀焉盛氏邱元鍾妾元鍾死於寇氏與夫嫡妹邱氏
同居撫子嵩成立翁姑以爲賢遂使稱繼室許氏查良妻十九歲夫亡撫三月子正守節五十三年

江陰縣志　卷十九　列女　節婦　三

許氏周繼宗妻二十二歲夫亡撫二歲子國守節四十九年徐氏趙時妻二十歲嫁未期夫亡與
妾共守撫子成立壽六十二盛氏陳曾妻二十五歲夫亡撫子臯謨成進士壽八十三趙氏許紘
妻龍泉縣丞趙坤女十七歲嫁二年夫亡無翁姑子女依父以居父歿嗣夫弟子殤再嗣其孫値歲荒謂孫曰
忍死垂五十年懼夫不血食耳今有汝可從地下矣乃不食而死陳氏庠生趙從泗妻二十五歲夫亡
事翁姑以孝聞六十五歲卒趙氏庠生徐旦妻二十歲夫亡養姑教子壽八十一張氏庠生莊大
順妻二十九歲夫亡教子有字成立壽九十四周氏曹珮妻十九歲夫亡哀麻終身不釋嘗寇至誓死不
踰閭壽八十三徐氏趙鋼妻徐順卿女十九歲夫亡無子以家財悉讓夫兄鑾依父母以居五十二歲卒
過氏俞近義妻系出無錫二十一歲夫亡壽七十五周氏庠生李柱妻主簿周乾女年十九夫死倭
亂守至四十五歲卒吳氏徐選妻系出無錫十九歲夫亡撫遺腹子居易成立六十八歲卒張氏
庠生薛敵妻二十歲夫亡撫子承宗成立先卒守節五十三年郁氏趙崇禧妻二十五歲夫爲奴弑脫簪

珥購捕伏法妾陳氏得遺腹子及嗣子皆撫如已出同心守節六十四歲卒
顧氏徐繼曾妻二十四歲夫亡撫二子及遺腹子歲饑食惡見者弗堪六十歲卒
黃氏王靜學妻二十歲夫亡撫子遊庠壽八十七
張氏庠生章有望妻十九歲夫亡守節五十三年
鈕氏卞維科妻二十一歲夫亡翁姑並踰九旬貧且病氏織屨以養值歲凶糠覈不給而色養罔缺翁姑歿哀哭失明四十九歲卒
陸氏張珩妻武進陸詹事孫女二十八歲夫亡撫孤鳳翔成立壽七十三
王氏庠生許學孔妻二十八歲夫亡撫子養姑壽七十八
徐氏章盎妻守節三十八年撫子大沐生孫明敘十日失母撫之成立
杜氏朱大梁妻系出無錫十九歲夫亡沈河欲殉遇救無子撫夫幼弟成立壽七十六
奚氏李文魁妻十九歲夫亡事姑撫子壽七十三
張氏薛柯妻二十六歲夫亡家極貧撫子文光成立四十六歲卒
曾氏奚邵妻二十三歲夫亡壽七[illegible]
華氏袁承德妻十九歲夫亡家貧無子守節三十餘年
李氏許宏理妻二十九歲夫亡撫子嘉禎等成立壽七十一
王氏吳尚志妻二十八歲夫亡割股療姑疾撫三子俱成

江陰縣志　卷十九　列女　節婦　四

立壽七十六
王氏趙光允妻二十一歲夫亡依女以居六十二歲卒
趙氏陳大廉妻二十二歲夫以赴院試死宜興孝事繼姑撫子成立壽七十八
劉氏林遜妻十六歲嫁三月夫亡五十歲卒
陳氏庠生張光孺妻通判陳力女二十一歲夫亡子卒撫孫國榮餼於庠守節五十五年
費氏蕭禹妻二十三歲夫亡孝養七旬翁姑年饑身屢糟糠而菽水不缺嘗割股療姑疾教子韶爲鄉黨善人壽八十四
薛氏葛纘卿妻二十二歲夫亡事翁盡禮撫子錫蕃成立四十七歲卒
黃氏薛滄妻二十八歲夫亡歲饑紡織易米哺二子而自茹草中毒幾殆或問之曰不欲薛氏斬血食也壽七十二
黃氏無錫華燿妻二十歲嫁五月夫亡忍死甘貧撫夫二幼弟成立
龎氏袁一騤妻常熟庠生龎景山女二十六歲夫亡僅有一女翁姑又亡貧約自守悲哭喪明壽七十一
許氏趙鴻悌妻二十九歲夫亡五十一歲卒
錢氏黃完一妻二十五歲夫亡割股療姑疾五十二歲卒
王氏庠生徐臧妻無錫庠生王學一女臧有隱疾又貧不能備禮許改字氏聞絕粒不從嫁二年夫亡歸依母家出所織紝以養翁姑
陳氏庠生王廷相妻二十五歲夫亡撫女織紝自給不脫衰麻壽七十七
陳氏錢宦妻三十歲夫亡與夫兄弟析產取少而性好周給戚黨撫子詮成立壽八十六
張氏庠生陳遷繼妻十九歲夫亡撫前室子女如已出壽七十一
繆氏於正容妻二十四歲夫亡事翁姑撫子及孫以一身支持三世壽八十二
陳氏庠生劉文淵妻二十八歲夫亡終身衰麻茹素壽八十四
徐氏惲靄妻二十五歲夫亡績麻捆屨撫嗣成業壽七十六
陳氏張修和妻二十二歲夫亡六十五歲卒
蔣氏廩生曹起鳳妻二十三歲夫亡六十二歲卒
周氏李赫生妻庠生周巽女二十九歲夫亡教子應奐遊庠六十一歲卒
王氏沈克謹妻二十歲夫亡奉孀姑謝氏矢守壽七十
蔣氏黃承詔妻二十歲夫亡無子女五十二歲卒
曹氏庠生趙達德妻二十九歲夫亡撫子鍾瑞既娶而夭與媳其撫孤孫壽七十三
吳氏趙鍾瑞妻二十一歲夫亡撫子念祖比壯而亡同姑教養三孫五十四歲卒
王氏庠生沈可斐妻二十一歲夫亡無子女
居氏蔣應麒妻二十三歲夫亡無子依母以守母亡依女六十九歲卒
吳氏張文光妻二十九歲夫亡撫子

江陰縣志　卷十九　列女　節婦　五

繼宗繼緒繼緒遊庠繼宗歿與媳華氏撫二孫壽八十
謝氏邱本良妻二十五歲夫亡孀姑病瘵火日夜侍疾五十八歲卒
沈氏贈憲副陳遠妾二十三歲夫亡課子繼明遊庠子卒教二孫國楨國柄有文譽壽八十二
林氏繆中字妻二十九歲夫亡撫三子成立壽八十二
徐氏醫士繆鍾瑞妻庠生徐識女三十歲夫亡孝事孀姑勤機杼以供衣食訓子應時世其業以孝行旌閭壽七十七
趙氏廩生貢隆祚妻貢生趙繹熙女二十九歲夫亡撫姪爲嗣五十二歲卒
顧氏史汝行妻無錫顧榮僖孫女二十六歲夫亡值翁邦藏任江州[illegible]府歿後家中落撫子書守節母家書遊無[illegible]庠五十一歲卒
許氏貢萃亭妻十八歲夫亡無子女奉姑趙氏十年不離左右海颶作發屋拔木氏憑夫棺號慟其屋獨完三十八歲卒
曹氏宦自達妻二十六歲夫亡子幼家貧甚臥室瀕河遇淫雨室傾隤於河若有神掖氏起者六十四歲卒
吳氏李琪妻無錫給事中吳汝倫女二十五歲夫亡無子撫四女壽七十二
夏氏舉人張紹芳繼妻二十四歲夫亡撫前室子女孝事孀姑四十二歲卒妾劉氏薛氏同守節劉教所出子復遊庠
陳氏

庠生張繼夔妻二十九歲夫亡事翁姑不以貧缺養嘗絶米屑枕中草子食之督子鼎泰鼎調鼎新勤讀泰調
並遊庠六十四歲卒滕氏徐衍厚妾二十四歲夫亡撫子成立陳氏廩生黃毓祁妻副使陳繼芳女
二十五歲夫亡督子大澳讀父書有文行五十三歲卒陳氏王艮翰妻二十七歲夫亡子三殤其二哭
失明撫一子成立六十三歲卒龔氏江州知府張令聞妾二十歲夫亡撫子兆楨遊庠五十九歲卒錢
氏徐正賢妻二十三歲夫亡姑患篤疾氏爲嘗糞復延六載翁姑葬畢歸依母家母癱瘓日晡之壽七十三
丹徒錢邦芑采入節孝外史之首徐氏趙元輔妻二十四歲夫亡哭泣喪明五年復覩撫子之墾遊庠
壽八十一沈氏王文源妻二十二歲夫亡撫遺腹女曹氏張汝諒妻二十五歲夫亡徐氏趙樹
垣繼妻二十二歲夫亡徐氏范繼逸妻二十九歲夫亡有何其釋服議改嫁者遂七年不除靈衷衰麻
以事翁姑織紝自度不厭糠覈何氏許學伊妻庠生何正儒女二十八歲夫亡親族卹之不受撫子立業
季氏沙士環妻二十三歲夫亡子夭壽七十二歲華氏徐州士妻無錫華雲女二十六歲夫亡撫子成

立孔氏薛學孟妻二十一歲夫以輸糧死城濠號泣四日夜屍忽浮起收葬陳氏蔡士儁妻二十
三歲夫亡壽至八十三陸氏黃道昌妻二十四歲夫亡撫二子事孀祖姑及孀姑窮苦堅守壽七十二
秦氏高於漢妻十七歲夫亡撫遺腹女沈氏陸鍾祺妻二十歲夫亡子殤六十七歲卒張氏
奚承詔妻十九歲嫁夫已疾篤交禮竟卽屏居別室五月夫亡黃氏葛自矩妻二十八歲夫亡家貧翁欲
嫁氏氏聞自縊母救之翁得癱痼臥床三年氏奉湯藥不倦曹氏許錫組妻二十二歲夫亡事孀姑至
孝嘗被火從烈燄中負姑出姑年八十六中危疾禱天代死姑頓蘇曰婦孝增壽神語我矣果九十一無疾卒
敎子鴻儀德璣遊庠徐氏郁廷萃妻封推官徐憲明女二十六歲夫亡撫女周氏庠生徐民表妻
二十六歲夫亡撫三歲子吳氏庠生高毓秀妻二十九歲夫亡終身衰麻織作課子黃氏王正榮妻
十六歲嫁不一月夫亡翁盲姑癱氏織帛黹楮錠給食者三十一年翁姑相繼歿於一月中至賣其臥床葬畢
席藁於地楊氏曹尙賢妻二十四歲夫亡守節五十一年陳氏庠生黃毓祥妻監生陳必銘女三十

歲夫亡撫二子華氏張乾妻二十歲夫亡無子張氏庠生高攀妾二十九歲夫亡曹氏吳季
倬妻二十三歲夫亡課子讀祖父書織蒲績絲以自贍張氏韓境妻邢氏周廷璽妻二十八歲
夫亡孝事翁姑長齋苦守薛氏無錫朱士覲妻副使薛甲女二十三歲夫亡壽八十八顏氏郁西
橋妻二十一歲夫亡撫子體乾娶婦徐氏皆夭撫孫文周登鄉薦又及見曾孫庭芝遊庠後亦登鄉薦壽七十
九薛氏顧震妻二十五歲夫亡壽八十九薛氏廩生張轂妻贈戶科給事中薛雲女二十五歲
夫亡壽八十一徐氏諸生薛儒妻二十五歲夫亡壽七十五趙氏陶光大妻二十五歲夫亡嚙一
指置棺中撫三子成立壽七十九李氏吳文煜繼妻二十一歲夫亡撫子元坤卒復撫二孫鑾鏊成立
壽七十三曾孫永福登鄉薦貢氏陳文溥妻二十一歲夫亡撫遺腹子禎成立六十三歲卒金氏
王之仕妻二十九歲夫亡撫子章食廩餼亥子士奇遊庠壽七十八夏氏郁繁妻十九歲夫亡壽七十六
徐氏李枏妻與夫弟李杜妻周氏子赫生妻周氏稱一門三節錢氏蔣紹光妾二十七歲夫亡與嫡

張氏同守六十四歲卒袁氏劉思義妻二十六歲夫亡五十五歲卒趙氏劉思謹妻三十歲夫
亡守節二十八年謝氏庠生劉輩妻二十三歲夫亡四十八歲卒朱氏劉思本妻二十四歲夫亡
四十四歲卒劉氏胡良松妻二十五歲夫亡五十九歲卒薛氏舉人徐元獻妻二十九歲夫亡
撫子經登鄉薦蔣氏舉人徐元圭妻二十七歲夫亡范氏庠生徐轍妻二十三歲夫亡朱氏
徐瀟妻二十歲夫亡耿氏祝嘉美妻二十五歲夫亡五十八歲卒華氏夏乾妻守節五十餘年
夏氏朱士廉妻夏端士女十八歲夫亡程氏徐仁妻二十三歲夫亡壽七十五趙氏夏過
妻趙汴南女二十七歲夫亡壽七十蕭氏徐茂滋妻嫁二年夫亡哭失明朱氏顧以義妻三十歲夫
亡五十二歲卒秦氏許夢陽妻二十七歲夫亡壽百有五歲以上見前志
國朝趙氏錢涵素妻二十一歲夫亡壽七十一順治年旌
周氏許大猷妻二十九歲夫亡撫子壽七十三鄧氏貢生徐德敷妻二十九歲夫亡孝事翁姑厚卹孀戚

撫子纘緒成立壽八十二程氏孫允恆妻二十四歲夫亡壽七十一以上康熙年旌
趙氏曹陛妻二十四歲夫亡守節三十八年薛氏李文漢妻二十三歲夫亡撫子超遊庠五十七歲卒
杜氏何玉佩妻二十六歲夫亡守節四十五年程氏貢生繆珩妻二十九歲夫亡撫二子皆娶而夭
同兩媳撫孫壽七十六湯氏庠生薛希晟妻二十四歲夫亡撫嗣子鋭成立守節三十七年鮑氏
庠生吳暟妻二十五歲夫亡撫子厚培娶而夭媳周氏年二十九守至五十三歲卒徐氏黃中治妻二十
六歲夫亡撫子壽熙成立五十三歲卒王氏監生夏元斝妻武舉王燿宗女二十三歲夫亡善事翁姑
翁歿家難疊興多方保護撫子一駒成立壽九十袁氏庠生沈傳硯妻二十七歲夫亡孀姑病篤侍湯
藥目不交睫撫子思愼成立六十三歲卒耿氏徐學鼇妻二十六歲夫亡守節四十三年劉氏吳行
恕妻方娠夫病侍湯藥四月夫亡翁姑繼歿夫兄欲奪其志避而守於母家壽八十六程氏庠生夏聲
妻二十八歲夫亡撫遺腹子清江成立六十六歲卒徐氏吳天裕妻二十歲夫亡守節三十六年劉

江陰縣志　卷十九　列女　節婦　八

氏徐日躋妻二十二歲夫亡孫氏常熟貢生沈沭之妻二十九歲夫亡撫子懋政僑居江邑顧山鎮
顧氏夏南瑞妻二十八歲夫亡守節四十年邵氏周貽哲妻二十一歲夫亡劉氏吳心行妻
二十九歲夫亡守節五十年王氏贈朝議大夫監生陳瞻妻二十六歲夫亡以子大中官思州府知
府封恭人吳氏庠生徐祚妾十九歲夫亡撫子成立錢氏趙熹妻二十七歲夫亡壽七十三
尹氏梅日嚴妻二十九歲夫亡守節四十一年吳氏沈應麒妻十九歲夫亡守節三十四年張
氏陸吉人妻二十四歲夫亡季氏王克章妻二十九歲夫亡耿氏丁士毅妻二十九歲夫亡守節
四十九年湯氏旌表忠義贈文林郎監生高啟隆妻廩生湯林女十八歲嫁是年夫殉義遺腹子殤撫
兄子爆爲後及夫嫡姪生並嗣焉壽七十二以爆子玉行官三原縣知縣贈孺人李氏黃沛蒼妻十八
歲夫亡守節三十四年秦氏繆永泰妻二十六歲夫亡陳氏薛鍾妻二十九歲夫亡守節二十八
年陳氏庠生沙延相妻檢討陳均女二十一歲夫亡守節三十年陸氏監生陳奎妻二十九歲夫

亡媳汪氏進士汪鶴皐女亦少寡旋卒李氏監生貢啟元妻二十九歲夫亡撫孤守節三十七年沈
氏庠生薛自超妻二十八歲夫亡守節二十九年倪氏吳江楓妻二十歲夫亡以夫弟子爲嗣以
上雍正年旌
龐氏祝邦榮妻二十八歲夫亡奉姑撫子及長子亡復同媳撫孫王氏進士汪鶴皐妻張氏庠生
孔傳勳妻二十八歲夫亡撫子繼均遊庠壽七十劉氏庠生孔毓瑺繼妻二十九歲夫亡壽八十二
盧氏許君仁妻二十八歲夫亡守節三十三年殷氏包熙祥妻二十二歲夫亡伯氏議改嫁氏閉戶
自縊鄰婦救之蘇日挑苦菜和米作糜濾米湯哺其子女而自齧菜姑痢經年親爲浣滌不倦劉氏薛廷
珂妻二十五歲夫亡壽七十八孫氏王如緯妻無錫孫雍錫女二十五歲夫亡撫遺腹子高文遊庠嚴
氏劉炳如妻十八歲夫亡守節三十四年秦氏奚長錫妻十七歲夫亡撫嗣子維周成立朱氏
徐有琳妻二十九歲夫亡守節三十五年於氏丁仲玉妻二十四歲夫亡姑目瞽晨夕舐之復明陳

江陰縣志　卷十九　列女　節婦　九

氏張其長妻二十二歲夫亡守節六十二年沈氏閻九韶妻二十一歲嫁十月夫亡李氏陳體
乾妻二十一歲夫亡守節三十二年趙氏徐煌妻十八歲夫亡守節三十五年劉氏趙衡如妻二十
九歲夫亡守節五十四年林氏薛皐聞妻二十八歲夫亡趙氏庠生薛宏期妻二十四歲夫亡薛
氏李朝珍妻二十七歲夫亡守節二十七年徐氏趙錫武妻二十一歲夫亡黃氏薛雲潤妻二十
六歲夫亡守節三十七年沈氏楊景時妻二十二歲夫亡守節二十八年子謙益貢生捐貲重建節孝祠
并立題名碑何氏許耀章妻二十九歲夫亡無子守節四十餘年戚氏庠生薛宏育妻二十七歲
夫亡章氏薛德五妻二十八歲夫亡守節三十四年許氏徐奕雲妻二十四歲夫亡守節三十八年
趙氏庠生孫詩妻二十五歲夫亡守節三十年張氏庠生許明井妻十七歲夫亡無子守節五十九
年徐氏薛聖敬妻二十七歲夫亡守節三十四年袁氏劉宏緒妻二十一歲夫亡守節五十八年
劉氏監生何純嘏妻二十八歲夫亡守節四十七年施氏潘夔麟妻二十五歲夫亡李氏薛聖

執妻二十四歲夫亡守節五十年華氏奚宗賓妻二十歲夫亡撫子既娶而夭與媳秦氏共守六十六歲卒高氏劉芝祺妻二十八歲夫亡撫遺腹子成立壽七十二孟氏沈師周妻二十三歲夫亡張氏奚又錩妻二十三歲夫亡撫子雲路遊庠守節三十年任氏甯永修妻二十二歲夫亡守節三十一年薛氏周履綏妻二十三歲夫亡守節三十三年吳氏耿爲章妻撫嗣成立葉氏徐悟妻二十四歲夫亡守節六十六年薛氏徐怙塋妻二十七歲夫亡石氏薛正德妻二十三歲夫亡李氏庠生巫邦英妻王氏薛來源妻二十三歲夫亡撫嗣成立過氏薛升元妻二十八歲夫亡守節三十年華氏張健之妻二十三歲夫亡守節六十四年黃氏陸孝文妻二十八歲夫亡撫三子一女有逼嫁者夜破扉劫之出鄰人聞哭追奪訟官得免高氏車翰臣妻二十八歲夫亡陳氏吳正泰妻二十九歲夫亡守節五十九年鄧氏劉繼祖妻二十七歲夫亡守節三十年查氏黃雲秀妻二十八歲夫亡守節三十二年湯氏庠生劉嘉仁妻庠生湯鼎新女二十八歲夫亡事姑梅氏壽至八十

江陰縣志 卷十九 列女 節婦 十

六孝養不少懈教子廷琬遊庠周氏呂秉臣妻二十八歲夫亡守節二十三年蔣氏貢生裴友浩妻二十八歲夫亡守節二十九年吳氏庠生趙巘妻二十四歲夫亡守節四十二年承氏王與鴻妻二十五歲夫亡撫子成立貢氏金爲琛妻二十三歲夫亡守節三十年高氏許莊巳妻二十八歲夫亡薛氏李又白妻二十八歲夫亡守節三十四年趙氏蔡綏遠妻二十六歲夫亡撫子永安成立徐氏李邦正妻二十四歲夫亡童氏朱公言妻二十八歲夫亡守節四十七年閔氏奚洪元妻二十六歲夫亡徐氏何純祜妻二十六歲夫亡守節五十六年沈氏郭御青妻二十七歲夫亡守節三十四年金氏章又增妻二十四歲夫亡撫嗣守節四十年華氏蔣世安妻二十七歲夫亡趙氏張國柱妻二十八歲夫亡撫子文煜成立壽八十七何氏朱嘉賓妻二十三歲夫亡六十二歲卒朱氏包德明妻二十五歲夫亡守節四十年陳氏韓學淑妻二十七歲夫亡守節三十年顧氏邢殿颺妻二十四歲夫亡守節三十六年蔡氏吳國禎妻二十五歲夫亡守節二十七年徐氏

貢楹妻二十三歲夫亡守節三十四年錢氏蔡鴻毅妻二十九歲夫亡守節二十八年夏氏周懷忠妻二十五歲夫亡守節二十七年高氏蘇世英妻二十九歲夫亡守節三十二年趙氏陳鐘妻庠生趙光緒女二十九歲夫亡守節二十六年劉氏吳國琳妻二十七歲夫亡守節三十九年陸氏胡士顯妻二十七歲夫亡撫子逵佑成立壽七十一薛氏增生胡一驥妻陸氏孫媳也二十九歲夫亡守節二十七年黃氏沙漢昭妻二十五歲夫亡守節四十三年王氏潘子英妻二十一歲夫亡晝夜紡織以奉翁姑子長課之力耕守節三十四年邢氏吳敬典妻二十六歲夫亡守節四十一年周氏朱起蛟妻二十八歲夫亡守節三十一年楊氏徐惟岳妻二十二歲夫亡守節三十八年李氏薛台錫妻二十八歲夫亡壽七十六彭氏張子孝妻二十八歲夫亡六十四歲卒劉氏繆鳴皐妻二十六歲夫亡六十一歲卒吳氏庠生劉欽宸妻二十六歲夫亡守節二十七年陸氏周邦憲妻二十七歲夫亡守節四十三年戚氏監生徐履淳妻二十九歲夫亡撫子壽七十徐氏曹士美妻二十

江陰縣志 卷十九 列女 節婦 十一

四歲夫亡守節三十六年任氏陸邵公妻二十七歲夫亡守節二十八年顧氏李運泰妻二十四歲夫亡守節四十六年戚氏吳三省妻二十七歲夫亡守節三十六年孫氏鄧述豐妻二十五歲夫亡撫遺腹子錦成立守節二十七年陳氏馬元進妻二十九歲夫亡守節三十六年劉氏薛鳴皐妻二十二歲夫亡守節四十三年程氏吳遵謙妻二十一歲夫亡守節三十四年遺腹生女以姪爲嗣女適陳恒未三載寡母女相依矢志徐氏匡元嘉妻二十五歲夫亡撫三月子成立子卒撫孫守節六十七年須氏王位超妻二十九歲夫亡無子嗣姪嗣孫俱夭復撫嗣曾孫守節四十七年丁氏王宗瑚妻二十九歲夫亡六十一歲卒錢氏許坤仁妻二十七歲夫亡孝事瞽姑守節二十九年趙氏吳成妻二十三歲夫亡守節五十七年許氏監生陳鼎生妻二十七歲夫亡壽七十四張氏孔景成妻周氏李燦如妻二十八歲夫亡守節二十四年朱氏陸聖瞻妻二十三歲夫亡守節二十九年邢氏蔣塋妻二十三歲夫亡撫子守節六十年劉氏薛雲鶴妻二十二歲夫亡六十五歲卒姚氏

庠生金成耀妻二十九歲夫亡六十一歲卒　趙氏陳仲階妻二十六歲夫亡撫子羽廷成立守節五十三年　吳氏監生章世珍妻二十八歲夫亡守節二十七年　李氏朱士仁妻二十八歲夫亡守節三十一年　吳氏庠生繆之鈞妻二十五歲夫亡守節三十三年　湯氏增生夏宗泗妻二十九歲夫亡姑病日侍湯藥衣不解帶撫二子俱遊庠守節四十三年　李氏周爾佑妻二十二歲夫亡守節四十二年　陶氏庠生潘源妻二十九歲夫亡守節二十八年　倪氏監生陶鈺妻二十一歲夫亡守節三十五年　施氏贈奉政大夫杜楷妻二十八歲夫亡撫子一鴻成進士官南昌府同知　贈宜人守節二十七年　周氏監生孫宗灼妻三十歲夫亡守節二十二年　沈氏胡鳳儀妻二十歲夫亡守節三十二年　張氏貤贈武翼都尉邵天一妻　貤贈淑人二十五歲夫亡守節二十一年　夏氏增生徐崑妻廩生夏敦仁女二十九歲夫亡課子掌求遊庠壽七十八　楊氏徐濤妻十九歲夫亡守節三十四年　徐氏庠生陶淇妻永平縣知縣徐聞蘐女二十七歲夫亡守節三十二年　劉氏吳治妻二十五歲夫亡守

節五十一年　王氏徐大賓妻二十七歲夫亡守節三十二年　張氏程汝行妻二十三歲夫亡守節三十二年　陳氏候選同知李斌妻二十四歲夫亡守節三十一年　楊氏徐觀瀾妻二十一歲夫亡　葉氏徐爾占妻適徐七月夫亡　黃氏考職州同陳鑾妾二十三歲夫亡守節三十五年　郭氏趙巨川妻二十二歲夫亡守節三十五年　楊氏庠生劉樸妻二十九歲夫亡守節二十五年　夏氏朱贊乾妻二十二歲夫亡撫子既娶而夭與媳吳氏紡織度日守節六十年　沈氏朱淇道妻二十四歲夫亡守節三十九年　趙氏吳鏞妻二十九歲夫亡四十七歲卒　徐氏候選通判夏一駒妾二十八歲夫亡守節二十七年　吳氏宋世熙妻二十一歲夫亡撫嗣子士順成立　徐氏宋世燾妻二十五歲夫亡撫嗣子士傳成立四十七歲卒　吳氏葛遇春妻二十九歲夫亡守節二十六年　何氏蔣泉妻二十八歲夫亡撫子璞成立　徐氏陳豫繼妻庠生徐晉女二十七歲夫亡撫百日子培因事翁姑壽俱八旬外五十四歲卒培因　恩貢生　江氏監生方彬繼妻二十九歲夫亡撫前室子曾遊庠六十歲卒　顧

氏貢永鴿妻二十歲夫亡守節三十年　金氏庠生沙鴻妻二十九歲夫亡與姑同寢處三十三年姑壽九十七　王氏贈文林郎湯毓芝妻監生王巨源女二十四歲夫亡撫子裕登鄉薦官曹縣鉅野縣知縣　封孺人　王氏繆元茂妻二十九歲夫亡　袁氏劉添俊妻二十四歲夫亡撫子佩安成立　陳氏吳腹奎繼妻二十九歲夫亡撫遺腹子振邦遊庠　章氏監生沈嗣麟妻二十七歲夫亡　王氏費偉夫妻二十六歲夫亡壽七十九　項氏王遂志妻二十二歲夫亡　陳氏何習書妻二十五歲夫亡撫嗣子兆柏成立　蔣氏陳宏譜妻二十九歲夫亡　朱氏蔣坤妻二十歲夫亡無子爲翁庶子斗南婚娶以其子爲夫後　周氏畢大成妻二十歲夫亡事繼姑撫子　以上乾隆年旌　卷查乾隆二十八年有蔣氏徐達德妻奉撫院莊給額褒獎二十七歲夫亡撫子六十四歲卒未入公旌附錄於此　吳氏張凌霄妻二十四歲夫亡撫遺腹子貴芳成立五十六歲卒　劉氏徐熙妻二十一歲夫亡撫子堂成立　龔氏貢生陶錮妾二十八歲夫亡　張氏劉鈐妻二十七歲夫亡撫夫弟盛源子爲嗣　薛

氏戈近三妻二十三歲夫亡　劉氏包政妻二十歲夫亡以夫兄子羲瑞爲嗣四十歲卒　胡氏薛凝妻監生胡爾繡女二十五歲夫亡撫二子紳成立　陳氏庠生楊曦妻　贈登仕郎庠生陳佐女二十四歲夫亡壽八十嗣子渞監生　周氏繆夢薛妻吳縣庠生周用慶女二十九歲夫亡孝養孀姑三十餘年壽七十八　徐氏祝景松妻庠生徐學文女二十六歲夫亡撫遺腹子純嘏遊庠六十八歲卒　唐氏王日賢繼妻二十六歲夫亡撫嗣景錞遊庠　王氏贈儒林郎孫兆鼇妻十九歲夫亡嗣二子大倫殿魁以殿魁職　封安人五十三歲卒　蔡氏監生王法繼妻二十九歲夫亡妾黃氏有三子同撫成立　王氏金錦堂繼妻武進王元善女二十三歲夫亡撫嗣應侯既娶而夭與媳同守六十九歲卒　鄭氏金應侯妻二十一歲夫亡孝事孀姑二十八年　顧氏李雲和妻二十二歲夫亡長子勝祖先卒撫次子勝先成立壽八十九　劉氏李勝祖妻二十二歲嫁五月夫亡勤奉孀姑撫嗣有猷成立　張氏庠生巫鴿妻監生張鳳翔女二十三歲夫亡　韓氏楊有美妻二十八歲夫亡壽七十三　孫氏尤然妻二十六

歲夫亡　陳氏章士樸妻貢生陳昌齡女二十六歲夫亡　錢氏黃應德妻二十九歲夫亡子左源既娶無出子媳俱夭夫次弟歿遺孤一夫三弟及其妻歿遺孤五兼撫之以夫三弟長子香林爲嗣以香林之子爲左源後壽七十五　仰氏徐殿良妻二十二歲夫亡四十三歲卒　趙氏贈奉政大夫庠生薛疑泰繼妻撫子文杰夢魁文然同歲遊庠夢魁登鄉薦文杰文然食餼壽七十四以孫志亮成進士官臺灣府同知　贈宜人　任氏庠生薛志樂妻二十七歲夫亡撫子兆桂成立五十二歲卒　楊氏庠生陳桂森妻二十三歲夫亡　吳氏孫鳳池妻平和縣典史嘉興吳大猷女隨父僑寓湖北鳳池就婚二十七日而歿氏扶柩回江拜姑撫嗣比姑歿并舉四喪　周氏張大基繼妻二十九歲夫亡六十一歲卒　錢氏費樹千妻庠生錢桂芳女二十三歲夫亡　奚氏徐德學妻二十五歲夫亡　王氏孫藻妻二十五歲夫亡　邢氏監生趙振基妻庠生邢瑾女二十六歲夫亡　周氏監生蘇涵妻監生周文匯女二十五歲夫亡六十九歲卒　徐氏黃倫表妻二十八歲夫亡撫子溱成立　周氏吳森妻二十九歲夫亡閱

二十七年始得嗣子　任氏沙禮堂妻二十四歲夫亡三十九歲卒　徐氏陳舞階妻幼知經史大義二十八歲夫亡上養老姑下哺五歲三歲二子俱出十指嘗以豆渣自度後二子成立有孫十人及見玄孫英遊庠壽八十　徐氏奚朝袞妻二十六歲夫亡撫嗣樹鈺成立壽七十一　徐氏鍾奇德妻二十七歲夫亡　許氏張大興妻二十八歲夫亡　蘇氏監生沈誂繼妻監生蘇湘女二十八歲夫亡　承氏張廷祿妻職員承選女二十五歲夫亡　張氏生員承寶鏞妻二十七歲夫亡翁妾生子撫之成立　徐氏顧凝周妻二十歲夫亡壽七十六　黃氏曹友仁妻二十七歲夫亡　以上嘉慶年旌　黃氏杜鳳朝妻二十二歲夫亡四十七歲卒　邢氏薛龍山妻二十九歲夫亡　花氏高步雲妻二十歲嫁六日夫亡　李氏楊沅妻監生李英女二十三歲嫁夫已病劇侍疾十五日夫亡嗣子楷歲貢生　傅氏汪文玉妻二十八歲夫亡撫子成立壽八十一　張氏邢思誠妻　贈徵仕郎張廷椿女二十七歲夫亡撫子廩成立五十四歲卒　徐氏職員蔣斌繼妻二十八歲夫亡　陳氏陸鈞妻二十九歲夫亡

吳氏高應蒼妻二十八歲夫亡　張氏高端一妻二十二歲夫亡　繆氏巫蓼園妻二十五歲夫亡四十七歲卒　周氏徐尚期妻二十七歲夫亡壽七十九　趙氏蕭鍾秀繼妻二十八歲嫁二月夫亡壽七十二　車氏張錦麟妻二十四歲夫亡撫嗣溶成立六十歲卒　徐氏錢麟書妻二十八歲夫亡撫嗣廩成立　蘇氏趙同勳妻廩生蘇廷瑚女二十九歲夫亡撫子起遊庠子再娶而歿偕繼媳撫孫　陳氏張伯桂妻二十五歲夫亡撫子士青遊庠　莊氏庠生夏祖瓚妻二十九歲夫亡六十一歲卒　徐氏周宗儒妻二十四歲夫亡撫嗣誠成立　沈氏俞飛麟繼妻二十五歲夫亡撫遺腹子春寅及前室子成立　王氏朱九如妻庠生王璋女二十七歲夫亡　陸氏武生張廷勳妻監生陸正纂女二十五歲夫亡　王氏麗永彰妻二十六歲夫亡事翁壽至七十九　黃氏庠生徐師軾妻二十歲夫亡閱二十年始得嗣子飛鴻六十九歲卒　程氏周思謙妻二十九歲夫亡　許氏花映衢妻二十五歲夫亡　陸氏王承寵妻候選府經歷陸虞瑞女二十五歲夫亡撫嗣世棟六十一歲卒　周氏王世榮妻

二十三歲夫亡撫嗣德裕成立六十歲卒　夏氏庠生祝朝梅繼妻贈儒林郎夏泌女二十四歲夫亡四十八歲卒　卞氏郭元讓妻監生卞思誠女二十六歲夫亡撫子鴻飛歲貢生六十二歲卒　桑氏葉範繼妻常熟桑咸懷女三十歲夫亡教養前室五子四女撫親生子志勳成立　童氏錢錫韓妻二十三歲夫亡撫子君佑成立　吳氏庠生陸鴻妻吳宗智女二十八歲夫亡撫遺腹子一鳴成立四十五歲卒　葉氏職監孫萬青妻封奉直大夫葉鳳苞女二十九歲夫亡　顧氏王錫彩妻二十一歲夫亡撫子鼎元成立壽八十五　劉氏武生貢生海妻二十九歲夫亡　王氏庠生許駿妻監生王元相女二十七歲夫亡撫嗣天祿爾標遊庠　俞氏陳淇妻附貢生俞飛鵬女二十四歲夫亡撫子錫本成立三十五歲卒　羅氏吳烈妻監生羅方綱女嫁三日夫亡撫嗣均遊庠　錢氏庠生夏鍇妻候選吏目常熟錢永清女二十八歲夫亡撫嗣廷經成立三十八歲卒　周氏監生陳棻妻監生周德威女二十歲夫亡撫嗣曾洽四十九歲卒　陸氏祝文龍妻二十九歲夫亡撫嗣振培成立　湯氏庠生祝璠妻二十六歲夫亡撫

嗣斌劭繩成立。劉氏庠生包譓妻，歲貢生劉澄源女，二十七歲夫亡，撫嗣心培成立。李氏張灝妻，二十二歲夫亡，撫子第蓉登鄉薦，六十六歲卒。夏氏祝汝嶽妻，舉人夏翼謀女，二十三歲夫亡，撫嗣于潘成立，三十三歲卒。繆氏候選州同陳濬妻，進士鬱林州知州繆琪女，二十五歲夫亡，撫嗣桼成立孫四。沈氏監生陳鴻章妻，沈如璜女，二十七歲夫亡，五十歲卒。須氏吳炳德妻，封朝議大夫金匱須宗周女，二十三歲夫亡，撫遺腹子耀鋆成立。張氏沈蕙田妻，涪州知州武進張師范女，二十八歲夫亡，雙祧子耀鋆候選通判。方氏閔覲祥妻，方宇泰女，二十歲夫亡，子天撫嗣，三十三歲卒。以上道光年旌

蔡志有貢仁烝妻李氏，生於明崇禎癸未，年二十八夫亡，撫子成立，壽七十九，華墅人，道光十年據採訪云已旌，而旌年無考，附錄於此。

尤氏黃朝卿妻，二十七歲夫亡，撫子可教成立，壽九十三。馬氏明江陰典史諡忠烈閻應元妻，應元殉義，氏僑居砂山，撫子守節，壽七十。吳氏旌表忠義，庠生徐趨妻，武進監生吳最養女，年二十六，趨以行塘事

江陰縣志 卷十九 列女 節婦 六

發死，家破，子天，氏閉戶忍饑，人皆憐之，四十九歲卒。蔣氏旌表忠義，何君碩妻，隨姑避兵，撫二子一女，次子遊庠，守節三十年。陳氏旌表忠義，胡正泰妻，諡烈愍，陳震亨女。吳氏旌表忠義，胡正升妻，正升乙酉死闈中，氏矢志不二。陳氏旌表忠義，吳鼎隆妻，撫二子成立。王氏旌表忠義，庠生尹全妻，年二十八，全罹難，遺二子，氏撫之，彪遊庠，六十五歲卒。王氏旌表忠義，庠生談新妻，一門二十口遇難，存子元龍，撫之，守節三十五年。華氏旌表忠義，耿以誠妻，守節三十七年。吳氏旌表忠義，高應麟妻，撫二子禧祚成立，守節二十七年。張氏旌表忠義，史上表妻，紡織撫子，守節二十九年。徐氏旌表忠義，梅永清妻，避難存孤，壽八十二。馬氏旌表忠義，徐彬妻，避難事翁，壽踰七十。蘇氏旌表忠義，程斗望妻，挈二子避難，守節二十八年。徐氏旌表忠義，庠生李芳繼妻，二十九歲夫從翁姑殉難，氏撫夫弟苐成立，嗣其子，守節六十年。王氏旌表忠義，庠生董大有妻，大有與父臣虞俱殉難，氏撫子瑞徵成立，守節四十二年。邱氏庠生張鎬妻，鎬有儁才，讀書負氣，氏曲承之，三十五歲夫亡，撫女立嗣，事翁姑有禮

嘗割股療母病，守節五十七年。陳氏庠生黃繼交繼妻，二十九歲夫亡，壽八十三。顧氏庠生袁永康繼妻，蘇州舉人顧夢麟孫女，十六歲嫁，未及三年夫亡，撫前室子思孝成立，壽七十三。郁氏庠生李應星妻，二十一歲夫亡，四十一歲卒。應星爲忠毅弟，幼師事之，忠毅惜其早亡，於獄中遺書析產當均，氏以無子受十之一，辟纑操作，食苦自如。周氏庠生陳鋐妻，十九歲夫亡，撫嗣，六十九歲卒。曹氏庠生孔宗文妻，宗文以試事溺死，氏年二十四，匍匐六十里扶柩還，鍵居矢志，孝事翁姑，撫子成立，壽八十二。陳氏宦士望妻，二十九歲夫亡，家貧無子，斷指剪髮以明志，五十九歲卒。陸氏夏繼芳妻，二十七歲夫亡，孝事翁姑，四十歲卒。唐氏湯采鳳妻，二十七歲夫亡，六十一歲卒。程氏徐有仁妻，二十一歲夫亡，五十九歲卒。繆氏諸生蔡行如妻，二十八歲夫亡，撫子兆明遊庠，六十七歲卒。章氏黃五倫妻，二十五歲夫亡，撫子運升，既娶而夭，借媳徐氏苦守，五十六歲卒。張氏黃承懿妻，二十一歲夫亡，六十一歲卒。潘氏黃巍然妻，二十九歲夫亡，壽八十三。尤氏任光祖妻，二十七歲夫亡，族人謀奪其志，毀容

江陰縣志 卷十九 列女 節婦 七

截髮，撫子華饒於庠，六十七歲卒。楊氏范嘉績妻，二十九歲夫亡，撫三子成立，伯仲遊庠，六十三歲卒。黃氏姚懋德妻，二十一歲夫亡，撫遺腹子成立，六十一歲卒。奚氏湯抱眞妻，二十四歲夫亡，撫嗣，壽七十二。王氏張完我妻，二十七歲夫亡，孝奉八旬姑，撫子偉成立，壽七十二。顧氏陶湯民妻，二十九歲夫亡，五十四歲卒。戚氏朱文光妻，二十二歲夫亡。袁氏杜呈祥妻，二十六歲夫亡。周氏諸生徐宜民妻，六十歲卒。張氏吳國培妻，二十五歲夫亡，五十五歲卒。張氏王民熙妻，二十七歲夫亡，壽七十五。高氏諸生夏震妻，二十七歲夫亡，撫子定遠遊庠，四十五歲卒。陶氏趙廷俊妻，三十歲夫亡，壽七十四。張氏諸生蔣燦妻，二十七歲夫亡，遭兵燹，典衣釵，贍翁姑，教子培饒於庠，五十七歲卒。袁氏繆鈺妻，二十四歲夫亡，乙酉之變，抱子避匿，五十二歲卒。徐氏周中妻，二十七歲夫亡，值歲洊凶，食糠覈，撫穉孫子成立，六十三歲卒。張氏劉國甫妻，二十五歲夫亡，奉八旬姑，撫四歲子成立。沙氏徐名臣妻，十八歲夫亡，侍孀姑，撫遺腹子成立。徐氏張毓嘉妻，二十六歲夫亡，子開宗再娶而

歿與媳借守華氏張開宗繼妻沈氏諸生王書瑞妻二十七歲夫亡撫子夫從弟彩五歿家貧
子幼挈養其妻韓氏王彩五妻唐氏劉臣亮妻二十七歲夫亡陳氏薛之禎妻二十四歲夫亡
王氏諸生趙浩妻二十三歲夫亡無子撫二女沈氏諸生祝眉妻三十歲夫亡無子守節三十五年
俞氏趙行芝妻二十八歲夫殉難亡無子邵氏趙延梅妻二十九歲夫亡撫子炳文煥章成立守節
四十年與姑許氏並以節稱林氏承大受妻十九歲夫亡撫一女李氏顧明延妻二十九歲夫亡
撫二子馮氏邢雲龍妻同妾撫子壽八十劉氏姚澗芳妻十八歲夫亡四十歲卒黃氏
徐之煌妻二十九歲夫亡撫子六十六歲卒李氏庠生邵翰妻二十八歲夫亡撫子早夭紡織自食六
十餘年錢氏貢儀妻二十三歲夫亡翁姑繼歿撫遺腹子成立五十一歲卒蔣氏高椎賢妻二十
八歲夫亡撫子捷成立壽七十一高氏薛亨妻二十四歲夫亡撫子大治成立五十四歲卒盛氏
陸念怡妻二十四歲夫亡壽七十三陳氏王尊妻二十二歲夫亡無子抱夫木主歸守母家紡織自給久

而喪明年六十六褱主端坐而卒何氏夏國圻妻二十三歲夫亡無子壽七十七周氏許侍塘子
妻二十二歲夫亡撫二子成立壽七十七王氏夏受之妻生子未一月夫亡撫之成立守節三十餘年
夏氏張伯輝妻守節五十餘年胡氏庠生邢暘妻三十歲夫亡孝事孀姑五十一歲卒郁氏
庠生黃繼襄妻二十四歲夫亡撫嗣毓禮遊庠早卒借媳撫孫壽八十四徐氏庠生黃毓禮妻二十九歲
夫亡孝事孀姑撫子元春成立六十七歲卒劉氏趙涇河妻十九歲夫亡無子五十四歲卒高氏
劉存魯妻二十二歲夫亡子夭撫嗣成立五十九歲卒顧氏醫士繆逢時妻二十七歲夫亡無子孝養
孀姑六十八歲卒劉氏庠生湯昭緒妻二十八歲夫亡無子撫二女六十二歲卒劉氏朱維孝妻
二十九歲夫亡壽八十四祝氏王九錫妻田氏王世禎妻守節四十餘年子肇宗耀宗並武舉趙
氏劉道中妻守節三十六年章氏王雲池妻二十九歲夫亡撫子成立壽七十三李氏章員吾妻
二十九歲夫亡族人欲奪其志剺面自矢五十九歲卒顧氏鄭鼎元妻撫六歲子成立四十五歲卒

劉氏庠生符璽妻二十九歲夫亡六十歲卒趙氏陶臨泉妻二十四歲夫亡斂時嚙一指投棺中
撫三子成立守節六十年陳氏林遷妻嫁未一年夫亡撫遺腹子敬一娶而夭借媳苦守曹氏林敬
一妻庠生曹鑾女十七歲夫亡遺腹生子五月而殤葛氏陸伯淳妻二十七歲夫亡六十三歲卒許
氏夏寰宇妻三十歲夫亡撫子成立六十歲卒徐氏孫履妻二十八歲夫亡子夭六十五歲卒陳
氏庠生貢正學妻常熟舉人陳少室女乙酉之變鄉民焚掠正學罹難事平氏列名訟於官皆伏法撫子愈
成立六十九歲卒侯氏王廷芝妻撫子斌成武舉陸氏沙懋勷妻二十七歲夫亡撫子六十歲卒
陳氏金應軫妻二十六歲夫亡撫子士琳成立壽九十一許氏庠生徐侗妻三十歲夫亡教子元孫
遊庠六十六歲卒郁氏戚鋆妻二十九歲夫亡沈氏進士汝上縣知縣裴春魁妻二十九歲夫
亡家中落典簪珥以事姑課子天錫成進士任氏庠生呂可成妻二十七歲夫亡翁令改適不從壽八
十七張氏吳芝馨妻二十三歲夫亡撫嗣運亨成立壽七十七劉氏俞律之妻十八歲夫亡撫嗣終

身縞素壽七十七江氏劉元杰妻二十三歲夫亡壽七十五王氏姚鈺妻二十四歲夫亡四十五
歲卒林氏薛朝檄繼妻壽七十四張氏吳純如妻二十四歲夫亡壽七十三程氏朱龍可妻
歙縣監生程璧女二十七歲夫亡周氏劉行粲妻守節三十年炊烟常絕顧氏庠生徐鋅妻副
使顧言女二十九歲夫亡教二子讀書成立五十四歲卒郭氏庠生趙珩妻二十七歲夫亡六十七歲卒
楊氏庠生林鳳儀妻二十五歲夫亡六十三歲卒錢氏繆顯時妻三十歲夫亡壽七十三陳
氏庠生季金妻貢生陳所學女通孝經內則二十九歲夫亡撫五子成立守節三十年趙氏徐昌妻嫁
未踰年夫亡守節四十餘年撫嗣垿成立陳氏趙眞妻十九歲夫亡撫子鑣遊庠教孫汝器力學薄
氏施懋祥妻二十八歲夫亡孝事其姑六十八歲卒高氏湯文驤妻二十一歲夫亡周氏湯應
科妻二十八歲夫亡撫子紹瓊遊庠壽九十七王氏劉常卿妻二十九歲夫亡撫子元昇元昱成立陶
氏韓登瀛妻二十三歲夫亡撫子玉春成立劉氏廩生張鳳翔妻二十九歲夫亡撫嗣而夭依女以終

朱氏夏子雲妻二十八歲夫亡撫子廷機遊庠五十二歲卒　徐氏林鴻聲妻二十三歲夫亡六十
二歲卒　潘氏周斌妻壽八十餘歲　吳氏王從議妻壽九十餘歲　夏氏庠生劉師孟妻撫子
遊庠　沈氏庠生陶光祚妾年十九生子有鴆於蓐間者會吐得不死夫亡嫡趙氏聲強宗交挫之氏惟承
以柔靜子然拾遺金立命訪還嫡病篤手摩口哺者四閱月壽九十三　夏氏邢雲龍妾　季氏徐日
升妾二十四歲夫亡撫子宜受成武舉壽八十一　楊氏　戴氏皆文華殿中書夏寶忠妾楊氏二十
八歲夫亡訓二子以讀書積德壽七十二戴氏二十六歲夫亡六十一歲卒　以上見沈志
黃氏薛家瑞妻　奚氏張尉豐妻　施氏黃景孫妻　薛氏季孝光妻　以上見通志
陸氏廩生陳士芳妻士芳年二十七以試事卒於金陵氏守至八十餘歲卒子鼎見文苑傳　程氏劉欽
傑妻二十一歲夫亡六十八歲卒　趙氏夏德明妻二十七歲夫亡五十三歲卒　以上蔡志
補採

江陰縣志　卷十九　列女　節婦　二十

周氏沈大義妻二十四歲夫亡撫子五十歲卒　梅氏范國璋妻二十九歲夫亡五十八歲卒　姜氏
王次公繼妻二十五歲夫亡壽七十五　黃氏庠生王志遠妻二十九歲夫亡六十三歲卒　吳氏
庠生耿鳳詔妻庠生吳琳女二十九歲夫亡撫三子親課之讀長子中台歿與媳共守六十四歲卒　范氏
耿中台妻二十三歲夫亡四十九歲卒　許氏郭錦文妻二十九歲夫亡壽七十五　沈氏薛憲可妻
二十九歲夫亡撫子天保遊庠　錢氏沙廷機妻二十九歲夫亡六十四歲卒　徐氏繆楹妻二十九
歲夫亡撫三月子成立　陳氏周貽謀妻二十五歲夫亡　王氏顧奎文妻二十九歲夫亡撫子五十
九歲卒　黃氏王柱妻二十歲夫亡四十五歲卒　耿氏吳朝樞妻夫亡與姒貞女徐氏同守　沈
氏徐貢玉妻二十七歲夫亡壽八十七　蕭氏黃瑞珍妻二十九歲夫亡無子　繆氏錢拱妻二十九
歲夫亡　沙氏袁廷楨妻二十七歲夫亡　盛氏潘景洙妻舉人盛樹蕙女二十六歲夫亡壽七十餘
歲　陸氏李學靖妻二十二歲嫁七十日夫亡　陳氏贈修職郎庠生邢楚玉妻三十歲夫亡撫二

子和炳成立以和官封孺人壽八十　周氏陳次島妻二十九歲夫亡　曹氏張廷相妻二十三歲
夫亡六十九歲卒　劉氏許象賢妻二十七歲夫亡撫嗣　張氏湯行新妻二十四歲夫亡六十六歲
卒　劉氏監生侯英士妻三十歲夫亡壽八十五　陸氏王朝迎妻三十歲夫亡壽七十三　邱
氏周賓雍妻二十六歲夫亡壽七十六　吳氏湯殿樞妻二十五歲夫亡撫子壽七十　劉氏高晟
妻三十歲夫亡六十七歲卒　鄧氏章復旦妻二十五歲夫亡壽八十五　華氏趙錫庸妻二十八歲
夫亡撫遺腹子成立壽七十七　聞氏庠生高齊妻二十九歲夫亡撫子應飛登鄉薦子歿復撫孫壽七十
八　黃氏庠生高薪遠妻二十八歲夫亡壽八十　趙氏蔣源妻二十七歲夫亡無子六十二歲卒
袁氏廩生高鋭妻二十四歲夫亡壽七十四　趙氏庠生張文焜妻二十九歲夫亡壽七十五　王
氏庠生高愷妻二十八歲夫亡六十歲卒　陳氏陸聖先妻二十五歲夫亡壽七十八　方氏王堯
欽妻十八歲夫亡翁姑已歿事太翁養葬盡禮五十九歲卒　陳氏吳待仕妻二十三歲夫亡撫子六十

江陰縣志　卷十九　列女　節婦　二十一

六歲卒　韓氏施又盤妻二十九歲夫亡六十二歲卒　高氏沙文明妻二十三歲夫亡孝孀姑撫
遺腹子成立壽七十一　程氏袁祉躬妻舉人程式女二十五歲夫亡撫嗣成立五十五歲卒　高氏
庠生周鈜妻二十四歲夫亡撫子泰遊庠壽七十　周氏張佩紳妻二十八歲夫亡壽八十一　曹氏
張啟鑛妻二十五歲夫亡壽七十四　楊氏吳山江妻二十三歲夫亡壽七十　高氏張鳴鸞妻二十
八歲夫亡壽七十一　任氏章世楷妻二十六歲夫亡六十七歲卒　薛氏沈斌妻貢生薛銘女三十
歲夫亡撫子成立六十四歲卒　徐氏錢鳳皐繼妻二十九歲夫亡六十五歲卒　蘇氏高玉林妻二十
九歲夫亡五十歲卒　夏氏庠生徐召循繼妻二十七歲夫亡四十九歲卒　高氏解子縉妻二十九歲
夫亡六十八歲卒　仰氏湯鑛妻二十七歲夫亡撫子炳煃遊庠四十九歲卒　袁氏曹日孝妻二十
七歲夫亡五十歲卒　戴氏湯雲湘妻二十九歲夫亡四十一歲卒　王氏沈嗣鶴妻二十九歲夫亡
繆氏吳聲培妻二十五歲夫亡　陸氏劉載明妻二十九歲夫亡　徐氏吳贊玉妻二十六歲夫亡

無子沈氏湯錦城妻三十歲夫亡陳氏陶起華繼妻十四歲夫亡劉氏繆鼎鈺妻二十
七歲夫亡林氏錢汝舟妻二十九歲夫亡吳氏劉振鈎妻三十歲夫亡高氏湯敘堂妻二十
七歲夫亡陳氏劉憲章妻二十八歲夫亡高氏霍明裕妻二十九歲夫亡鄧氏王德昌妻二十
八歲夫亡陸氏張鶴齡妾二十四歲夫亡六十歲卒以上東內
吳氏陳天敘妻二十八歲夫亡王氏楊學詩妻夫亡無嗣陳氏楊景清妻二十八歲夫亡祁氏
顧宇和妻二十七歲夫亡撫子五十四歲卒顧氏袁二振妻三十歲夫亡潘氏顧堯勷妻二十
三歲夫亡奉翁姑不缺甘旨而自饜糟糠胡氏吳舜臣妻二十八歲夫亡袁氏王鳳書妻二十一歲
夫亡仰氏劉藎臣妻二十八歲夫亡李氏孫鼎玉妻夫亡澣衣度日壽八十一繆氏徐琪妻進
士繆誌女二十八歲夫亡蘇氏李忠英妻二十一歲夫亡吳氏陳元璽妻二十五歲夫亡陸氏
監生袁宗夏妻同妾章氏守節雍正間水災出粟助賑吳氏沙謙妻二十八歲夫亡顧氏張翼

妻二十五歲夫亡子夭五十五歲卒王氏何亮四妻二十歲夫亡壽七十一戈氏何天瑞妻二十
八歲夫亡壽八十三袁氏趙履中妻二十六歲夫亡撫嗣獻饋於庠壽八十王氏章洪遠妻二十
五歲夫亡六十六歲卒韓氏劉鑾繼妻二十九歲夫亡壽八十四汪氏庠生梅大鵬妻二十七歲
夫亡壽八十一彭氏譚德才妻二十六歲夫亡五十五歲卒陳氏楊鳴岐妻二十三歲夫亡壽七
十七湯氏汪模妻二十六歲夫亡六十二歲卒劉氏張有山妻二十九歲夫亡五十五歲卒劉
氏李永龍妻二十六歲夫亡六十二歲卒張氏顧鳳岡妻二十六歲夫亡五十四歲卒周氏
庠生夏映宸妻職員周懷智女二十八歲夫亡撫子煒如饋於庠三十七歲卒孫氏邢晉妻貢生孫兆熊
女二十四歲夫亡三十五歲卒湯氏張子貫妻二十四歲夫亡三十三歲卒楊氏外委劉灝妻三
十歲夫亡黃氏劉金山妻二十八歲夫亡韓氏湯起鳳妻二十六歲夫亡曹氏陳吉亨妻二十
五歲夫亡周氏附貢生布理問銜蘇士宏妾二十九歲夫亡壽七十八顧氏招收場鹽大使蘇元

誠妾二十六歲夫亡佐嫡事翁至八十七歲撫所生子女成立以子瀚官　封孺人壽八十以上南
內
周氏於子西繼妻二十七歲夫亡撫前室子及已子成立沈氏陳潤妻三十歲夫亡姑抱痼疾侍奉不怠
夏氏朱文淵妻二十八歲夫亡壽八十四李氏顧廷召妻二十八歲夫亡周氏錢藎卿妻三十
歲夫亡無子季氏湯而升妻二十九歲夫亡無子賃屋半間以居紡織餬口壽八十九陸氏徐憲
祖妻二十四歲夫亡壽八十一沈氏庠生袁淳妻二十八歲夫亡撫子六十三歲卒譚氏華省芸妻
二十六歲夫亡壽八十程氏監生吳銘妻靖江程善先女三十歲夫亡五十一歲卒錢氏蔣容
如妻三十歲夫亡撫子娶而夭與媳相依潘氏徐麗妻宜興潘徵起女二十二歲夫亡無子善事孀姑永
夜機聲不絕四十歲卒呂氏沈令名繼妻二十四歲夫亡守節三十年徐氏張孚遠妻二十九歲
夫亡郭氏何世俊妻二十六歲夫亡王氏何世佐妻二十一歲夫亡萬氏王宗珣妻二十八歲

夫亡事姑撫子五十六歲卒邢氏周孔將妻二十五歲夫亡無子壽八十二周氏湯文遴妻庠生
周穉恭女二十一歲夫亡壽七十五王氏張靜遠妻二十九歲夫亡壽七十一於氏黃抱瑜妻二十
六歲夫亡悲痛失明撫子成立壽七十三黃氏朱揆敘妻事繼姑力供甘旨自食藜藿守節三十餘年
沈氏何祖望妻三十九歲夫亡撫嗣子遊庠張氏袁斗山妻二十三歲夫亡無子壽七十七張
氏沈宗來妻三十歲夫亡撫子女五人洪氏施和繼妻二十六歲夫亡撫前室子夭與寡媳紡織謀生
壽八十王氏黃淶妻二十五歲夫亡章氏陳景勳繼妻二十七歲夫亡壽七十四衛氏
徐輔臣妻二十三歲夫亡忍饑撫遺腹子蔣氏沈紹文妻二十六歲夫亡家貧奉姑育子王氏州同
銜吳滋妻貢生王維垣女二十五歲夫亡奉翁姑撫嗣子茹素服縞足不踰閫四十六歲卒闕氏顧用
美妻三十歲夫亡撫二子成立王氏增生夏敦義妻敦義幼穎悟稱神童早亡氏年十八守節十六年
陶氏高鴻儒妻二十五歲夫亡五十六歲卒曹氏施元恩妻二十九歲夫亡六十六歲卒陸

氏俞天培妻三十歲夫亡撫子壽七十六潘氏陳其章妻二十九歲夫亡五十歲卒周氏沈煥
妻二十八歲夫亡壽七十七吳氏朱紘妻二十七歲夫亡壽七十吳氏朱紘妻三十歲夫亡奉孀
姑夏氏紡織度日壽七十六陳氏張漢雄妻二十九歲夫亡撫子用汝既娶而夭偕媳撫孫壽七十二
吳氏張用汝妻二十五歲夫亡與孀姑撫子次維既娶而夭六十四歲卒顧氏張次維妻二十二歲
夫亡撫嗣六十七歲卒一門三節王氏庠生湯朝勳妻二十六歲夫亡壽八十四胡氏湯朝杜妻
二十九歲夫亡壽七十二徐氏張世英妻蘇州徐芳女二十九歲夫亡壽七十二朱氏楊大昇妻
二十五歲夫亡六十二歲卒吳氏沈御卿妻三十歲夫亡壽七十二劉氏張錫美妻三十歲夫
亡六十五歲卒張氏王起鳳妻二十八歲夫亡壽八十六朱氏楊大庋妻三十歲夫亡四十九歲卒
黃氏金彬賢妻二十九歲夫亡壽九十陳氏庠生何炯妻二十九歲夫亡壽七十八孫氏
章鶴鳴妻二十三歲夫亡撫遺腹子壽八十七陳氏朱大亮妻二十五歲夫亡奉孀姑二十五年壽八十

江陰縣志　卷十九　列女　節婦　三十四

端木氏杜一鶚妻二十一歲夫亡三十二歲卒翟氏陳鸞翔妻三十歲夫亡六十一歲卒吳
氏夏敬儀妻二十九歲夫亡撫子壽七十二徐氏監生夏敬聰妻二十八歲夫亡壽八十一孫氏
監生夏敬聲繼妻二十九歲夫亡五十三歲卒吳氏夏祖勳妻二十八歲夫亡無子孝事翁姑撫姪雙祧
壽七十九吳氏庠生夏祖杰妻二十八歲夫亡事翁撫子壽七十八劉氏夏祖范妻二十三歲夫亡
事翁撫子壽七十一王氏沈紹文繼妻二十五歲夫亡六十九歲卒劉氏袁紹徵妻二十四歲夫亡
壽七十七楊氏六開機妻二十八歲夫亡六十六歲卒蔣氏王敬承妻二十八歲夫亡四十六歲
卒袁氏汪一愷妻二十一歲夫亡五十九歲卒何氏湯達祖妻二十一歲夫亡壽八十吳
氏吳嘉德妻二十九歲夫亡六十七歲卒徐氏章琬妻三十歲夫亡謹事孀姑六十一歲卒高
氏陳敦復妻二十七歲夫亡四十八歲卒沈氏劉元宰妻二十四歲夫亡壽七十一六氏陳廷
鍪妻二十五歲夫亡壽七十三陳氏周朝尊妻二十五歲夫亡壽七十七錢氏鄭汝謙繼妻二十九

歲夫亡撫子孫經解元壽七十五蔣氏監生張純學妻三十歲夫亡壽七十五章氏附貢生俞
飛鵬妻二十八歲夫亡三十九歲卒徐氏杜亭衢妻二十九歲夫亡五十三歲卒吳氏永淳縣巡
檢何東旭妻直隸青縣庠生吳華鼎女東旭贅於吳甫匝月赴任歿氏年二十三矢守歸江撫嗣子濟源成立
壽七十三潘氏高瑞華妻二十九歲夫亡六十八歲卒高氏趙士煥妻三十歲夫亡四十六歲卒
高氏王保殿妻二十八歲夫亡五十五歲卒許氏張紫綬妻二十六歲夫亡六十四歲卒薛
氏蔡秉仁妻二十九歲夫亡五十九歲卒章氏蘇文海妻二十八歲夫亡無子五十四歲卒沈
氏張天瑞妻二十三歲夫亡五十九歲卒周氏蘇槐妻二十八歲夫亡撫子成立五十五歲卒徐
氏錢鎔城妻二十八歲夫亡撫子星曜娶而夭五十三歲卒沙氏錢星曜妻十九歲夫亡無子三十歲
卒彭氏高楚洲妻二十八歲夫亡四十三歲卒沈氏羅廷梅妻二十四歲夫亡五十五歲卒
繆氏湯百朋妻三十歲夫亡艱苦事姑撫子成立五十三歲卒沙氏高元亮妻二十九歲夫亡壽七

江陰縣志　卷十九　列女　節婦　三十五

十三施氏李達妻二十七歲夫亡五十九歲卒王氏黃宗洛妻二十四歲夫亡六十九歲卒羅
氏楊大璜妻二十四歲夫亡楊氏陳艮州妻二十三歲夫亡李氏吳宇璜妻二十五歲夫亡邢
氏王仁偉妻二十八歲夫亡曹氏邢宗敏妻三十歲夫亡王氏蘇棣妻二十三歲夫亡馮
氏汪利川妻二十二歲夫亡高氏蘇文淵妻三十歲夫亡馮氏蔡從周妻二十歲夫亡沈
氏殷廷玉妻二十九歲夫亡周氏夏祖育妻三十歲夫亡王氏胡大年繼妻二十五歲夫亡
李氏沈元萬妻二十八歲夫亡沈氏錢朝相妻二十八歲夫亡陳氏湯百年妻二十九歲夫亡
吳氏陳麟趾妻二十六歲夫亡張氏陳雲路妻二十九歲夫亡翟氏楊瑞崑妻三十歲夫亡
翟氏何協堂妻二十七歲夫亡沈氏張覲光妻二十歲夫亡惠氏庠生蘇棟妻監生惠鈺女
二十一歲夫亡翁旋歿依母家事老母越十八載乃以姪裕厚爲嗣湯氏蔣大輿妾二十五歲夫亡六十
五歲卒以上西內

周氏湊濟宇妻二十六歲夫亡鼎革時一門死者甚衆止遺姪孫士英撫延宗祀守節垂五十年劉氏
錢惟益妻二十四歲夫亡撫二子家極貧力禦內外患壽七十八劉氏薛尚選妻二十四歲夫亡守節
三十年高氏庠生沈淩漢妻二十六歲夫亡守節二十四年蔣氏庠生詹巖繼妻二十八歲夫亡
壽八十黃氏王嘉賓妻二十六歲夫亡無子壽七十六孫氏汪士通妻二十三歲夫亡壽七十七
汪氏程山宗妻二十六歲夫亡撫遺腹子壽七十八呂氏唐啟晉妻二十五歲夫亡撫嗣陸氏
邱渭玉妻二十六歲夫亡六十七歲卒賀氏邱禮玉妻二十五歲夫亡遺子文奎與孀姑李氏姒陸氏
共撫之六十七歲卒李氏於濟川妻二十四歲夫亡遺孤復夭陳氏薛詒名妻二十七歲夫亡事姑
撫嗣壽七十三薛氏陳靜安妻二十四歲夫亡陳氏庠生季企妻三十歲夫亡壽八十三陸氏
梅毓秀妻二十六歲夫亡朱氏曹儼妻二十八歲夫亡撫子課讀五十七歲卒沈氏楊來悅妻二十
八歲夫亡壽七十七李氏吳翰臣妻二十九歲夫亡許氏王如連妻二十歲夫亡王氏沈元

江陰縣志　卷十九　列女　節婦　二十六

昌妻二十歲夫亡五十五歲卒劉氏吳遜侯妻二十四歲夫亡六十歲卒楊氏方起虬妻二十六歲
夫亡壽七十八祝氏庠生薛世椿妻二十八歲夫亡竭力奉事翁姑六十三歲卒汪氏王承宗妻
二十五歲夫亡撫遺腹子六十一歲卒許氏張掄賢妻二十八歲夫亡五十九歲卒袁氏翟五
絃妻二十九歲夫亡無子黃氏沈巨源妻二十九歲夫亡趙氏庠生曹鶴齡妻監生趙元槐女二十
四歲夫亡壽七十二蔣氏祝執中妻二十六歲夫亡壽七十錢氏徐光祖妻二十歲夫亡撫子廷
銓成立壽八十二方氏庠生李秉仁妻二十五歲夫亡壽七十五衛氏徐廷樞妻二十三歲夫亡
五十六歲卒陸氏蔣裕章妻二十二歲夫亡壽七十八徐氏季芳藻妻二十八歲夫亡壽九十四
曹氏張志仁妻二十五歲夫亡五十九歲卒王氏庠生沈英妻二十六歲夫亡勤女紅以事翁姑
撫嗣成立壽八十四袁氏高啟元妻二十二歲夫亡壽八十八汪氏庠生王純妻二十四歲夫亡撫
子世麒娶而夭同媳何氏撫孫五十七歲卒潘氏陳治妻二十六歲夫亡壽七十八趙氏六宗

堯妻二十三歲夫亡五十一歲卒陳氏六宗敬妻二十八歲夫亡五十一歲卒黃氏陳大咸妻
二十六歲夫亡撫六月子成立六十三歲卒黃氏仰銑妻二十七歲夫亡壽八十五周氏張重
華妻二十八歲夫亡六十一歲卒六氏潘南吉妻二十七歲夫亡撫嗣六十二歲卒尤氏陳思
範妻三十歲夫亡壽七十七朱氏徐協占妻二十八歲夫亡撫子琛遊庠而歿壽七十三朱氏
章正明妻三十歲夫亡五十五歲卒陳氏李俊臣妻二十二歲贅夫六月而寡依母苦守五十九歲卒
仰氏庠生黃淩章妻二十九歲夫亡六十九歲卒六氏高允隆妻三十歲夫亡壽七十五龔
氏監生蘇茂元妻二十五歲夫亡四十四歲卒聞氏朱端士妻二十六歲夫亡壽七十八章氏
黃振聲妻二十五歲夫亡壽八十王氏蔣宗明妻二十八歲夫亡四十五歲卒陸氏錢中興妻
二十八歲夫亡孝姑撫子壽七十九周氏錢秉儀妻二十七歲夫亡五十四歲卒殷氏何峻渭妻
三十四歲夫亡紡織自給歲饑餓死夏氏元和邱懋祿妻候選通判夏一駒女懋祿歿於父廷溥雲州吏

江陰縣志　卷十九　列女　節婦　二十七

目任所氏年二十二扶柩歸葬守節母家壽七十四仰氏王世勳妻二十八歲夫亡壽七十二蔣氏
朱世清妻三十歲夫亡五十九歲卒袁氏監生陳漣妻三十歲夫亡六十五歲卒朱氏程掌綸妻
二十五歲夫亡壽八十徐氏謝邦俊妻二十五歲夫亡六十二歲卒劉氏謝邦昌妻二十九歲
夫亡壽七十劉氏程楚書妻二十六歲夫亡六十六歲卒方氏張鏞妻二十七歲夫亡壽七十
一曹氏趙洪魁妻三十歲夫亡壽七十七王氏魯釗妻吉州知州王文震女三十歲夫亡六十
九歲卒李氏徐承基繼妻三十歲夫亡撫遺腹子及前室二子五十九歲卒錢氏徐隆誠妻二十
五歲夫亡六十六歲卒符氏林大賓妻二十七歲夫亡六十七歲卒程氏庠生季華妻舉人程
鵬女二十九歲夫亡三十八歲卒梅氏張嘉妻三十歲夫亡六十九歲卒董氏陳蕙蓮妻二十
九歲夫亡五十四歲卒陸氏曹思培妻二十八歲夫亡六十三歲卒黃氏何玉堂妻二十五歲
夫亡六十七歲卒張氏周斌妻二十九歲夫亡六十五歲卒何氏蕭邦智妻三十歲夫亡四十六

歲卒劉氏季元杰妻二十八歲夫亡五十五歲卒王氏沈金奎妻二十歲夫亡六十九歲卒沈
氏潘憲武妻二十四歲夫亡六十七歲卒蔣氏繆金聲繼妻二十五歲夫亡五十二歲卒徐氏
王學澄妻二十七歲夫亡四十二歲卒馮氏顧大中妻嫁時夫已疾篤侍湯藥三載夫亡氏年二十七
奉姑三十餘載年五十九卒胡氏陳繼祖妻二十九歲夫亡五十四歲卒韓氏周朝鼎妻二十
六歲夫亡五十歲卒蕭氏周皐颺妻二十五歲夫亡三十四歲卒錢氏周克類妻二十六歲夫亡
四十四歲卒尤氏翟朝柏妻二十五歲夫亡四十二歲卒湯氏李安智妻三十歲夫亡四十一
歲卒梅氏薛彩妻二十七歲夫亡三十七歲卒湯氏錢運常妻二十九歲夫亡無子紡績度日四十
年呂氏屈兆鼇妻二十八歲夫亡徐氏劉夢熊妻二十九歲夫亡徐氏王亮疇妻二十八歲
夫亡祝氏吳諭繼妻二十九歲夫亡陳氏詹楝妻二十五歲夫亡章氏潘憲成妻二十八歲
夫亡沈氏李夢蓮妻三十歲夫亡韓氏陳志亮妻三十歲夫亡徐氏陸友松妻二十九歲

江陰縣志　卷十九　列女　節婦　兲

夫亡蘇氏張行素妻三十歲夫亡趙氏蔣璞繼妻二十九歲夫亡陳氏武生徐枋妻三十歲
夫亡高氏周日宣妻三十歲夫亡章氏庠生王殿鼇妻三十歲夫亡季氏何坤元妻三十
歲夫亡章氏朱金鑑妻二十七歲夫亡袁氏吳熠妻二十七歲夫亡蔣氏錢炳南妻二十
四歲夫亡顧氏翟朝幹妻二十九歲夫亡趙氏王廷樑妻二十九歲夫亡范氏吳駿妻二十八
歲夫亡盧氏蘇增祿妻二十九歲夫亡邢氏蘇蔚川繼妻二十六歲夫亡周氏廩生袁福
疇妻二十九歲夫亡撫子壽七十陳氏職監周朝楹妾二十九歲夫亡壽八十陸氏庠生王舟
妾二十二歲夫亡佐嫡撫嗣四十八歲卒陳氏周企明妾二十四歲夫亡壽八十六以上北內
楊氏劉奕芳妻二十四歲夫亡六十五歲卒湯氏陳道行妻二十六歲夫亡生子甫七月族人利其產
逼之嫁氏訟官終守撫子成立五十六歲卒葛氏吳球妻二十九歲夫亡守節五十年陳氏韓錦
妻三十歲夫亡壽七十三繆氏聞鳴鳳妻二十一歲夫亡子歲餘姑目瞽紡織資生壽七十三吳氏

浙人金御天妻二十六歲夫亡依母家守節五十餘年蔣氏徐連妻十八歲夫亡守節五十餘年梅
氏劉襄之妻二十歲夫亡壽八十二莊氏高翾妻二十七歲夫亡子夭苦節四十餘年徐氏
陳文敷妻二十歲夫亡姑欲嫁之誓死守節四十六歲卒蔣氏黃衣聖妻二十四歲夫亡辛勤教子吳
氏袁亮王妻初亮王得癲疾兩家俱欲罷婚氏以死誓及適袁而寡竭力撫子王氏吳渭妻二十九
歲夫亡哭失明劉氏顧登之妻二十九歲夫亡撫子及嗣子相繼亡復撫嗣孫壽七十六吳氏王時
遇妻二十一歲夫亡撫子劉氏張君召妻二十五歲夫亡六十四歲卒劉氏李某妻梓八女二十
餘歲夫亡撫孫子衣食不給誓矢苦守六十五歲卒劉氏莊敏妻二十九歲夫亡六十一歲卒徐
氏韓世麟妻二十七歲夫亡割股療姑疾壽七十一劉氏楊朝彩妻二十六歲夫亡撫子繆氏
韓天禧妻二十五歲夫亡五十八歲卒張氏龔士祥妻二十七歲夫亡仰氏許世岳妻三十歲夫
亡六十八歲卒翟氏商宸彩妻庠生翟令望女二十二歲夫亡曹氏黃雲章妻二十八歲夫亡壽八

江陰縣志　卷十九　列女　節婦　兲

十六徽氏楊文熾妻二十九歲夫亡壽七十二吳氏王彙選妻二十一歲夫亡六十四歲卒徐
氏楊名標妻二十五歲夫亡撫子夭復撫嗣孫六十三歲卒商氏監生楊鼎臣妻三十歲夫亡六十八
歲卒高氏龔清源妻二十三歲夫亡家貧日一粥冬衣葛幾瀕於死終撫子成立壽七十七邱氏
韓以賢妻三十歲夫亡撫遺腹子成立壽七十二沈氏韓高城妻二十九歲夫亡撫子善事孀姑壽七
十五華氏葛希文妻二十四歲夫亡壽八十五湯氏章鎏妻二十三歲夫亡壽七十九耿氏
王安棨妻二十五歲夫亡壽七十一沈氏黃學山妻二十九歲夫亡壽七十一陸氏韓仲山妻二十
七歲夫亡五十七歲卒王氏庠生蔣大用妻三十歲夫亡五十九歲卒丁氏黃時表妻二十八歲
夫亡壽八十六吳氏商洪遠妻三十歲夫亡六十七歲卒王氏庠生韓全文妻二十九歲夫亡五十
五歲卒高氏程宏煜妻三十歲夫亡六十六歲卒范氏韓士愈妻二十七歲夫亡撫嗣成立五十
四歲卒張氏韓景鋙妻二十五歲夫亡壽七十三許氏袁士剛妻二十六歲夫亡五十六歲卒

陸氏王銘妻二十七歲夫亡壽七十二　秦氏唐德懋妻二十四歲夫亡六十三歲卒　徐氏
裴維城妻三十歲夫亡四十九歲卒　張氏吳宗學繼妻三十歲夫亡五十四歲卒　邢氏韓茂和妻
二十八歲夫亡五十二歲卒　李氏黃恒敘妻二十七歲夫亡五十歲卒　韓氏唐際虞妻二十八歲
夫亡四十三歲卒　繆氏韓惟美妻二十七歲夫亡五十一歲卒　陳氏蘇南鵬妻三十歲夫亡
陳氏黃明德妻三十四歲夫亡　汪氏張廷楝妻二十九歲夫亡　高氏吳廷槐妻二十六歲夫亡
唐氏錢位仁妻二十五歲夫亡　黃氏許鳳南妻二十九歲夫亡　宋氏韓全長妻二十六歲夫亡
高氏宋彭年妻二十九歲夫亡　楊氏監生龔安妻二十九歲夫亡　韓氏吳長吉妻二十八歲
夫亡　程氏龔紹裘妻二十五歲夫亡　張氏汪應濤妻二十四歲夫亡　何氏梅大魁妻二十五歲
夫亡　陳氏韓念祖妻三十歲夫亡　陳氏許桐妻二十六歲夫亡　夏氏陳文妻二十七歲夫
亡　以上東外

蕭氏黃志遠妻二十二歲夫亡家貧屑枕中草子以療飢六十七歲卒　何氏監生梅定鼎妻二十四歲
夫亡五十八歲卒　王氏陳天祐妻二十七歲夫亡撫嗣　陸氏武進狄繼良妻夫亡事姑姑歿挈子
依母家　潘氏沈文溥妻二十七歲夫亡依母家撫子　陸氏馮仁育妻二十六歲夫亡　沈氏
監生徐廷珪妻二十七歲夫亡六十六歲卒　劉氏顧洪聲妻二十一歲夫亡子殤撫嗣嗣天復撫孫
鄭氏陳漢公妻二十七歲夫亡撫子大鶴成立　繆氏周國祥妻二十二歲夫亡　閔氏周在岐妻
二十二歲夫亡撫嗣嗣天偕媳撫孫　何氏朱文美妻二十九歲夫亡壽七十七　王氏周子彬妻二十
四歲夫亡依母家撫子五十四歲卒　顧氏戴蕃臣妻二十八歲夫亡　居氏顧茂生妻三十歲夫亡撫
嗣　高氏潘采榮妻三十歲夫亡撫嗣　陸氏劉宗賢妻三十歲夫亡壽八十五　朱氏吳維
縕妻二十四歲夫亡家被火赴烈焰負姑出　張氏沈淇沛妻二十七歲夫亡　邢氏沈有堂妻二十
四歲夫亡　仇氏顧大章妻二十七歲夫亡壽七十五　楊氏沙尚歐妻二十八歲夫亡撫三子六十四

歲卒　潘氏沈天如妻二十六歲夫亡壽八十三　梅氏朱善先妻三十歲夫亡六十六歲卒　俞氏
監生汪觀廉妻二十一歲夫亡壽八十二　卞氏庠生徐晉妻三十歲夫亡撫子女五十六歲卒　張氏
高子和妻二十七歲夫亡壽七十七　梅氏孫繩武妻二十七歲夫亡壽七十二　王氏袁廷榕妻二十
八歲夫亡壽八十五　蕭氏劉承時妻二十七歲夫亡撫子壽七十一　趙氏吳一懷妻二十一歲夫亡
翁姑已歿事太翁姑撫嗣成立六十二歲卒　吳氏庠生汪岱妻二十九歲夫亡壽七十三　王氏
梅宋士妻二十九歲夫亡壽七十八　金氏朱肇周妻三十歲夫亡六十六歲卒　陳氏徐桂妻二十五
歲夫亡四十九歲卒　章氏張汝霖妻二十七夫亡六十五歲卒　趙氏吳偉烈妻二十六歲夫亡
五十四歲卒　俞氏周惠若妻二十九歲夫亡壽八十一　潘氏劉邦臣妻二十七歲夫亡四十八歲
卒　沈氏王國祥妻二十一歲夫亡壽八十三　邢氏監生梅三友妻二十八歲夫亡六十四歲卒
薛氏戚煥繼妻二十九歲夫亡壽七十　蔡氏張學宏妻二十二歲夫亡六十五歲卒　吳氏

沙鑑妻二十八歲夫亡五十八歲卒　顧氏周宗式繼妻三十歲夫亡五十一歲卒　許氏劉熙妻二
十七歲夫亡五十歲卒　戴氏王九思妻二十歲夫亡四十五歲卒　徐氏戚浩然妻三十歲夫亡五
十九歲卒　沈氏杜文榮妻二十七歲夫亡四十七歲卒　沈氏杜廷章妻二十五歲夫亡三十四歲
卒　陳氏衛文升妻二十歲夫亡　楊氏劉聖倫妻二十九歲夫亡　季氏馮廷智妻二十九歲
夫亡　黃氏王步瀛妻三十歲夫亡　張氏沙駿千妻二十三歲夫亡　鄧氏王允昌妻二十七歲
夫亡　余氏張熙祖妻二十五歲夫亡　張氏金大昇妻二十八歲夫亡　王氏沈永華妻二十五歲
夫亡　黃氏高鳳翔妻二十三歲夫亡　張氏朱晉錫妻三十歲夫亡六十三歲卒　以上南外
施氏戴鳳來妻十九歲夫亡善事孀姑撫八月子文燸成立五十四歲卒　吳氏繆宗元繼妻二十九歲夫
亡　車氏花叔衛妻二十六歲夫亡守節五十八年　曾氏王天俟妻二十三歲夫亡　王氏胡德
培妻二十八歲夫亡　張氏戴川妻川以罪徙邠州娶氏生二子川將歿囑氏歸骨氏負骨挈二子踉蹌暮

行昏夜迷所往忽有虎前導目光如電隨以行一夕踰三百里抵州治州牧憐之助以金移文遣之歸里人爲之儀居授食葬川後病瘁卒
呂氏施文錦妻二十七歲夫亡
嚴氏沙國輔妻三十歲夫亡
周氏陳元仲妻三十歲夫亡課子以忠遊庠壽八十一
許氏陳用嘉妻三十歲夫亡壽七十四
金氏偶殿臣妻三十歲夫亡壽七十四
許氏蕭品韶妻三十歲夫亡壽八十二
陳氏呂正行妻三十歲夫亡六十五歲卒
花氏湯茂英妻三十歲夫亡五十四歲卒
張氏施盤妻二十歲夫亡壽八十三
朱氏徐應時妻二十九歲夫亡壽七十一
謝氏陳元明妻二十九歲夫亡奉姑撫子五十七歲卒
俞氏陳鼎賢妻二十九歲夫亡六十一歲卒
繆氏陳銘西妻二十七歲夫亡壽八十
泰氏韓金生妻二十二歲夫亡六十四歲卒
李氏陳人傑妻二十五歲夫亡四十八歲卒
毛氏陳定國妻二十九歲夫亡五十九歲卒
繆氏徐廷棟妻二十四歲夫亡壽八十一
繆氏沈允中妻三十歲夫亡六十六歲卒
徐氏繆啟明妻二十九歲夫亡壽七十一
趙氏吳西成妻二十八歲夫亡六十六歲卒

耿氏陳富國妻二十四歲夫亡六十六歲卒
吳氏陳升亨妻二十五歲夫亡五十四歲卒
李氏楊鳳山妻二十七歲夫亡壽七十三
陳氏吳開聰妻三十歲夫亡六十七歲卒
張氏戴元鳳妻二十六歲夫亡六十四歲卒
韓氏王心陶妻二十八歲夫亡三十七歲卒
湯氏黃際隆妻二十九歲夫亡三十八歲卒
顧氏劉仁龍妻二十三歲夫亡四十七歲卒
沈氏胡德昌妻二十九歲夫亡四十一歲卒
夏氏呂寶善妻二十九歲夫亡四十四歲卒
吳氏徐廷榮妻十八歲夫亡
王氏陳有容妻二十九歲夫亡
陳氏顧正山妻二十九歲夫亡
劉氏徐士林妻二十九歲夫亡
周氏黃裕章妻二十九歲夫亡
郭氏繆嗣芳妻二十六歲夫亡
黃氏陳鳳祥妻二十八歲夫亡
馬氏俞宗泰妻二十九歲夫亡
施氏陳艮位妻二十六歲夫亡
徐氏徐德云妻三十歲夫亡
以上西外
顧氏張彥升妻二十八歲夫亡撫子六十八歲卒
沙氏蔣虎文妻二十五歲夫亡家貧善事病姑撫子

成立
張氏王鼎成妻二十七歲夫亡無子疏糲不繼雜糠覈以餐
王氏周楚珩妻二十九歲夫亡
許氏盛禹甸妻二十八歲夫亡長子卒與媳黃氏共苦守
盛氏陸爻妻二十八歲夫亡撫遺腹子成立壽七十二
楊氏呂渭玉妻二十八歲夫亡二子俱夭守節五十年
蔡氏陸遵先妻二十九歲夫亡子幼翁姑俱耄去簪珥置產以贍四十八歲卒
程氏陸應鸞妻三十七歲夫亡撫子壽七十三
聞氏諸生趙乘皐妻二十六歲夫亡壽七十九
朱氏陸應麟妻二十八歲夫亡無子守節四十五年
章氏楊嘉禧妻三十歲夫亡壽八十八
徐氏楊聯伯妻三十歲夫亡撫遺腹子成立壽八十四
呂氏邢祉錫妻三十歲夫亡二子俱歿偕二媳撫孫成立
蔣氏查羽鳴妻三十歲夫亡
顧氏金芝秀妻二十六歲夫亡無子壽八十八
徐氏金士明妻二十九歲夫亡無子壽七十
曹氏楊世芳妻二十五歲夫亡
湯氏季維江妻廩生湯采女二十九歲夫亡壽八十四
何氏李應春妻二十九歲夫亡壽八十二
盛氏庠生趙起龍妻三十歲夫亡撫妾遺腹子成立壽七十
李氏陸啟賢妻二十八歲夫亡繼姑欲奪其志不從壽八十

周氏沈國明妻二十六歲夫亡六十八歲卒
聞氏邢邦佐妻二十八歲夫亡壽七十九
韓氏陸世瑚妻二十九歲夫亡奉翁姑撫二子壽七十二
吳氏鄭銀聲妻二十七歲夫亡終身布素五十九歲卒
高氏李廷秀妻二十九歲夫亡撫二子成立壽七十六
湯氏監生何大鋐繼妻二十四歲夫亡教子鸞遊庠五十六歲卒
王氏邢壽彭妻二十五歲夫亡六十五歲卒
沈氏陳天爵妻二十四歲夫亡守節母家壽七十四
王氏王朝品妻三十歲夫亡六十五歲卒
徐氏陸希賢妻三十歲夫亡四十三歲卒
龐氏沈倫章妻二十八歲夫亡壽八十九
高氏陸霦妻二十七歲夫亡壽七十四
劉氏盧大中妻二十九歲夫亡壽七十
須氏顧世禧妻二十九歲夫亡五十八歲卒
秦氏楊致妻二十九歲夫亡壽八十九
王氏劉元度妻二十六歲夫亡五十八歲卒
程氏陸霆妻三十歲夫亡壽九十一
何氏湯兆升妻二十六歲夫亡家貧奉九十三歲祖姑依母家撫十月子成立五十六歲卒
李氏季之鳳妻二十五歲夫亡壽七十一
徐氏

沈志伊妻二十一歲夫亡壽八十　徐氏曹藩牧妻二十七歲夫亡四十六歲卒　楊氏張明耀妻
二十九歲夫亡六十歲卒　麗氏王紹興妻二十二歲夫亡壽七十四　陸氏鄭天子妻二十四歲夫亡
六十歲卒　繆氏劉鴻啟妻二十九歲夫亡五十七歲卒　楊氏劉鴻宰妻二十六歲夫亡壽七十
周氏劉鴻開妻三十歲夫亡壽七十四　計氏陳國賓妻二十四歲夫亡六十八歲卒　葛氏
陸世元妻二十四歲夫亡撫遺腹子成立壽八十九　徐氏何峻德妻二十四歲夫亡壽八十二　何氏
顧世楨妻三十歲夫亡五十二歲卒　陳氏龐舜來妻二十八歲夫亡壽九十　張氏王松年妻二十
七歲夫亡壽八十　謝氏查昌宗妻二十九歲夫亡撫子壽八十七　薛氏查延棟妻三十歲夫亡事
孀姑三十年　謝氏沈維鶴妻二十四歲夫亡六十二歲卒　劉氏沈宏遠妻二十九歲夫亡壽八
十五　陸氏馮甫宜妻二十九歲夫亡五十二歲卒　高氏張榮豐妻二十五歲夫亡六十五歲卒
趙氏沈萬裕妻二十九歲夫亡六十二歲卒　陸氏王守仁妻二十五歲夫亡五十九歲卒　黃
氏邢懋德妻二十二歲夫亡壽七十四　方氏李近陽妻二十九歲夫亡五十四歲卒　張氏戴洪
昇妻二十九歲夫亡六十歲卒　蔣氏沈資信妻二十九歲夫亡六十一歲卒　高氏王景祥妻二十
五歲夫亡無子三十四歲卒　繆氏錢世昂妻二十八歲夫亡五十四歲卒　蔣氏董學詩妻十六
歲夫亡三十歲卒　萬氏趙振昌妻三十歲夫亡四十四歲卒　陳氏沈晉妻三十歲夫亡四十三歲
卒　李氏王長發妻二十四歲夫亡　劉氏職員章浩妻二十九歲夫亡撫二子成立　張氏方仁
燿妻二十九歲夫亡　丁氏蔣應祥妻三十歲夫亡　許氏劉維翰妻二十九歲夫亡　楊氏陸旭
升妻二十七歲夫亡　趙氏沈宏培妻二十七歲夫亡　顧氏馮正寶妻二十七歲夫亡　陸氏沈宏
禮妻二十三歲夫亡　張氏楊濱妻二十八歲夫亡　宣氏董學書妻二十五歲夫亡　王氏劉茂
昌妻二十五歲夫亡　蔣氏監生曹錤繼妻二十六歲夫亡撫前室子瀾遊庠瀾卒與媳楊氏撫孫蓉初
高氏周豫紳妻二十八歲夫亡　韓氏陸廷槐妻二十五歲夫亡　楊氏季椿榮妻二十四歲夫亡

金氏劉惠迎妻二十七歲夫亡　薛氏楊采富妻二十九歲夫亡　杜氏陳坤德妻二十九歲夫亡
趙氏朱鶴松妻二十五歲夫亡　王氏外委曹鼎妾二十七歲夫亡五十三歲卒　以上北外
繆氏陶俊若妻二十五歲夫亡撫嗣　沈氏徐君榮妻二十二歲夫亡養姑撫嗣壽七十九　袁氏周起
八妻二十八歲夫亡六十九歲卒　劉氏林崇德妻二十九歲夫亡六十三歲卒　錢氏吳孝思妻
二十九歲夫亡壽七十三　朱氏蘇廷爵妻二十五歲夫亡壽八十一　徐氏蔣德成妻二十七歲夫亡
五十四歲卒　錢氏徐宗藩妻二十三歲夫亡六十五歲卒　麗氏劉朝珍妻三十歲夫亡　徐
氏沈長發妻二十八歲夫亡　徐氏陳萬朋妻二十六歲夫亡　以上綺山
潘氏曹玠妻二十八歲夫亡家有田數十畝聽姑割半與壻姑病經年日夜調治不倦壽七十五　徐氏
朱含美妻三十六歲夫亡壽七十　徐氏黃明遠妻二十七歲夫亡撫子成立　錢氏沈惟信妻二十
九歲夫亡撫遺腹子成立壽八十四　顧氏潘有仁妻二十六歲夫亡翁姑與四叔相繼歿艱辛撫子　沈
氏葛廣忠妻二十五歲夫亡子文元纔八十日守節二十七年　孫氏卞文通妻二十二歲夫亡六十
二歲卒　秦氏朱加榮妻二十三歲夫亡　薛氏錢汝茂妻二十九歲夫亡壽七十八　王氏周茂
德妻二十五歲夫亡五十七歲卒　朱氏徐毓鳳妻十九歲夫亡四十五歲卒　曹氏周振千妻二十
一歲夫亡壽七十九　繆氏胡良臣妻二十八歲夫亡五十六歲卒　施氏劉聖時妻二十三歲夫亡
六十八歲卒　王氏堵雲祥妻二十九歲夫亡壽七十三　趙氏監生盛敬微妻二十三歲夫亡孝事
孀姑六十歲卒　黃氏徐世忠妻二十四歲夫亡壽七十五　張氏胡文德妻二十歲夫亡六十二歲卒
符氏朱克明妻二十三歲夫亡壽七十五　汪氏曹南昌妻二十五歲夫亡壽七十七　陸氏夏鳳
彩妻三十歲夫亡六十八歲卒　朱氏金成周妻三十歲夫亡壽七十七　何氏曹鳳文妻二十八歲
夫亡壽七十五　葛氏盛沛妻二十四歲夫亡壽七十二　徐氏顧培元妻二十五歲夫亡六十六歲
卒　張氏金光遠妻二十四歲夫亡六十七歲卒　卞氏袁應華妻二十五歲夫亡六十六歲卒

郈氏監生夏孝嗣繼妻二十三歲夫亡五十一歲卒陳氏吳通林妻二十八歲夫亡五十七歲卒
周氏王若林妻三十歲夫亡五十九歲卒徐氏李文耀妻二十八歲夫亡五十一歲卒曹氏
朱順興妻三十歲夫亡五十歲卒鄭氏朱士昂妻二十七歲夫亡三十六歲卒邢氏曹繼周妻
二十八歲夫亡六十七歲卒李氏盧會章妻二十五歲夫亡蔣氏邵正榮妻二十九歲夫亡顧
氏陶惠山妻二十八歲夫亡黃氏周廷秀妻二十六歲夫亡陸氏汪文明妻二十五歲夫亡吳
氏監生夏大魁妻二十九歲夫亡唐氏劉界宗妻二十四歲夫亡顧氏邢德孚妻三十歲夫亡
范氏馮氏並張銓妾范氏二十三歲夫亡五十四歲卒馮氏二十九歲夫亡五十八歲卒吳氏
庠生曹夢棠妾二十八歲夫亡以上雲亭
卞氏繆文銑妻二十四歲夫亡撫夫弟妹爲之嫁娶嗣子娶婦而夭復撫遺孫成立壽七十四何氏顧岐
周妻二十七歲夫亡撫子紡織奉翁姑自食粗糲五十八歲卒張氏曹壽卿妻二十七歲夫亡長子夭遭

江陰縣志　卷十九　列女　節婦　三六

叔逼嫁楚毒備至死而復生者再奔愬其族控官乃免苦守四十六年馬氏繆倬如妻二十九歲夫亡
事姑教子量力周卹宗族壽七十五王氏趙念祖妻二十七歲夫亡事祖姑曹氏姑王氏撫子楨娶而夭
四代苦節繆氏趙楨妻二十七歲夫亡事姑撫子壽八十三馬氏王爲煥妻三十歲夫亡壽八十
周氏沙培先妻二十七歲夫亡子婦俱夭與幼孫女相依孫氏何文衡妻二十五歲夫亡壽七十六
宦氏曹侃妻二十九歲夫亡六十九歲卒高氏曹儁妻二十三歲夫亡方氏常熟陳雲章妻
二十五歲夫亡依母家撫二子成立劉氏趙闓熙妻二十五歲夫亡值明季荒亂負三歲子走數十里得
脫詹氏徐公行妻三十歲夫亡二子俱夭顧氏庠生沙植妻三十歲夫亡徐氏趙任九妻
二十七歲夫亡五十八歲卒陳氏曹友鶴妻二十三歲夫亡壽七十六馬氏何維垣妻二十三歲
夫亡撫嗣娶而夭與婦李氏相依壽七十六季氏湯有賢妻二十五歲夫亡王氏卞亮采妻二十
九歲夫亡繆氏趙豫章妻二十五歲夫亡壽七十五沈氏何天衢妻二十九歲夫亡壽八十九朱

氏曹德順妻二十七歲夫亡五十四歲卒李氏承景明妻二十六歲夫亡六十七歲卒李氏
沈起芳妻二十九歲夫亡胡氏曹景龍妻二十七歲夫亡壽七十三方氏劉永祿妻二十一歲夫亡
撫子娶而夭同媳汪氏撫孫六十九歲卒蘇氏方敏修妻二十八歲夫亡撫四子一女葉氏監生
蘇瓚妻徽人葉蓋臣女三十歲夫亡撫子成立費氏承林之妻二十五歲夫亡六十三歲卒孫氏
曹紹裘妻十九歲夫亡壽七十五馬氏季啟元妻二十九歲夫亡壽八十周氏承廷詔妻二十
二歲夫亡壽七十五陸氏繆沛林妻二十九歲夫亡撫子之鴻娶而夭與媳苦守壽八十八周氏
繆之鴻妻二十八歲夫亡侍孀姑三十餘年壽八十四朱氏承王詔妻二十歲夫亡壽七十五范
氏張玉祥妻二十九歲夫亡壽七十九繆氏曹聿新妻二十二歲夫亡壽七十七趙氏顧嘉禾妻
二十八歲夫亡壽八十四吳氏曹秉忠妻二十七歲夫亡壽八十三徐氏馬士鵬妻二十九歲夫亡
壽八十馬氏龔大祿妻二十三歲夫亡壽七十一吳氏監生蘇廷俊繼妻二十四歲夫亡四十歲

江陰縣志　卷十九　列女　節婦　三七

卒沈氏趙貴禾妻二十六歲夫亡六十三歲卒李氏方達仁妻二十八歲夫亡壽八十季
氏何君位妻三十歲夫亡六十七歲卒張氏曹廷俊妻二十六歲夫亡五十五歲卒趙氏王彥
功妻二十四歲夫亡五十六歲卒朱氏馬天敘妻二十五歲夫亡五十八歲卒殷氏趙貴林妻
二十五歲夫亡壽七十三錢氏徐體靜妻常熟廩生錢廣夫女二十九歲夫亡五十五歲卒黃氏
曹品英妻二十五歲夫亡壽七十八吳氏何位中妻二十三歲夫亡六十八歲卒劉氏張興妻二
十六歲夫亡六十七歲卒張氏蔣盛甫妻二十七歲夫亡六十九歲卒卞氏陳大夏妻三十歲夫
亡六十八歲卒姚氏方恒發繼妻二十三歲夫亡壽七十八陸氏承正培妻三十歲夫亡四十七
歲卒邵氏張龍問妻二十五歲夫亡四十四歲卒陳氏季正行妻二十四歲夫亡壽七十四曹
氏陳金聲妻二十五歲夫亡壽七十三張氏何雲年妻二十四歲夫亡五十四歲卒陸氏趙有
臣妻二十九歲夫亡壽七十二趙氏曹岐鳳妻三十歲夫亡四十九歲卒沙氏徐洪孝妻二十六歲

夫亡五十六歲卒 俞氏張禛妻二十八歲夫亡六十五歲卒 吳氏盧永清妻二十一歲夫亡壽七十五 馮氏曹永言妻二十九歲夫亡六十歲卒 陳氏周學濂妻二十七歲夫亡壽七十三 趙氏徐錡妻二十九歲夫亡六十四歲卒 徐氏曹鳳池妻二十六歲夫亡六十六歲卒 貢氏趙魯玉妻二十七歲夫亡壽七十九 卞氏繆琢臣妻二十二歲夫亡三十八歲卒 徐氏方明選妻二十九歲夫亡五十一歲卒 何氏葛秀章妻二十九歲夫亡六十七歲卒 貢氏趙貴模妻二十九歲夫亡六十四歲卒 蔣氏曹正祥妻二十一歲夫亡五十六歲卒 王氏庠生趙同烇妻三十歲夫亡四十九歲卒 馬氏繆文吉妻二十七歲夫亡六十五歲卒 曹氏沈增譽妻二十八歲夫亡四十六歲卒 陶氏張禮坊妻二十三歲夫亡四十一歲卒 龔氏徐廷鳳妻二十四歲夫亡五十五歲卒 馬氏承泰安妻二十九歲夫亡四十九歲卒 趙氏王萬興妻二十八歲夫亡四十五歲卒 平氏趙宗源妻二十五歲夫亡三十六歲卒 陶氏鮑正坦妻二十歲夫亡二十九歲卒 張氏陳憲

章妻二十八歲夫亡 范氏趙元法妻三十歲夫亡 李氏姚錦宗妻二十八歲夫亡 李氏吳毓山妻二十五歲夫亡 卞氏承泰來妻三十歲夫亡 方氏劉坤妻二十八歲夫亡 郁氏周學文繼妻二十九歲夫亡 趙氏馬禮法妻二十九歲夫亡 章氏曹有祥妻二十五歲夫亡 吳氏趙振聲妻二十五歲夫亡 陶氏蘇步安妻二十五歲夫亡 卞氏趙貴果妾二十一歲夫亡六十二歲卒 吳氏鄭攀鼇妾二十歲夫亡 以上周莊

曹氏繆仲晟妻二十九歲夫亡撫子成立六十一歲卒 趙氏貢鋐妻二十九歲夫溺死氏求屍赴水屍即浮出收葬六十四歲卒 程氏貢惠清妻程子忠女二十七歲夫亡無子有以利啗其姑謀娶氏者剪髮毀容抱木主避匿復謀强劫之子忠爲之控縣置凶於法壽七十四 趙氏李漸貞妻二十六歲夫亡撫子孝養孀姑壽八十三孫焯登鄉薦 王氏呂巍功妻巍功本旌德人娶氏十三日回籍病死 任氏華蒼文妻二十九歲夫亡無子 王氏馬燦妻二十七歲夫亡奉姑教子 徐氏貢樹妻二十七歲夫

亡壽七十一 黃氏貢槎妻二十二歲夫亡子天經嘗十年得葬夫棺壽七十四 華氏戚起棟妻二十九歲夫亡歲薦飢上奉翁姑下撫二子自食糠覈 盧氏林子章妻二十六歲夫亡撫子 耿氏趙魯玉妻二十六歲夫亡嗣夭復撫嗣孫壽七十二 繆氏袁龍驤妻二十八歲夫亡鄰里欲奪其志挈子瑞依兄象九苦守二十餘年 張氏趙文濟妻二十二歲夫亡撫遺腹子成立壽八十一 楊氏趙嘉賓妻二十五歲夫亡壽七十 謝氏王廷爵妻二十五歲夫亡子夭撫嗣六十三歲卒 徐氏陸其倫妻二十三歲夫亡撫子 朱氏吳子珮妻二十九歲夫亡五十一歲卒 楊氏潘鳳妻二十三歲夫亡無子四十一歲卒 吳氏王天培妻三十歲夫亡五十九歲卒 倪氏黃廷鶴妻二十八歲夫亡 范氏劉在英妻二十九歲夫亡撫嗣士超成立壽七十五 劉氏諸生鄧來震妻三十歲夫亡孀姑惠氏性嚴謹事之撫二子成立壽七十六 夏氏劉祥玉妻二十九歲夫亡壽八十六 馬氏趙同義妻二十九歲夫亡無子 李氏夏登洲妻二十七歲夫亡五十歲卒 胡氏韶南千總殷起鳳妻系出直隸容城

三十歲夫亡鍵戶紡織六十二歲卒 貢氏趙樹屏妻二十六歲夫亡 張氏楊士佐妻二十二歲夫亡 陳氏李聖範妻二十六歲夫亡壽七十三 貢氏孫用和妻夫亡撫九日子成立三十四歲卒 費氏徐日琳妻二十九歲夫亡撫子娶而夭壽八十六 王氏馬丹霞妻二十七歲夫亡壽八十五 司馬氏趙廷祿妻二十九歲夫亡壽七十八 夏氏庠生趙觀旂妻二十三歲夫亡撫二子文源獻珍皆遊庠五十七歲卒 陸氏李時利妻二十二歲夫亡壽八十一 蔣氏楊士明妻二十七歲夫亡壽七十九 趙氏王龍城妻二十六歲夫亡壽七十八 徐氏朱履端妻二十七歲夫亡壽七十四 錢氏平介六妻二十七歲夫亡撫子家貧常至絕食壽七十五 王氏承培玉妻三十歲夫亡壽八十八 趙氏貢時乘妻二十六歲夫亡壽七十二 劉氏龐天祚妻二十五歲夫亡壽八十三 貢氏李素書妻二十三歲嫁兩月夫亡撫遺腹子將娶而夭壽七十 周氏姜萬賢妻二十六歲夫亡壽七十四 邱氏繆協盛妻二十二歲夫亡壽七十四 季氏李均妻庠生季維漢女二十三歲夫亡六十五歲卒 馬氏

劉天瓏妻二十七歲夫亡壽九十六朱氏李坤妻二十二歲夫亡壽七十三王氏徐維柱妻二十
六歲夫亡壽七十六貢氏庠生王駿妻三十歲夫亡壽七十一殷氏徐淮妻二十九歲夫亡壽七十
二華氏繆德儀妻二十九歲夫亡壽七十二趙氏朱兆瑞妻二十七歲夫亡壽七十一貢氏
殷起蛟妻二十七歲夫亡六十四歲卒費氏沈履信妻二十八歲夫亡壽七十一趙氏章洪禹妻
二十九歲夫亡壽八十五趙氏王兆祥妻二十七歲夫亡壽七十四徐氏陸煥濟妻二十二歲夫亡
壽八十二方氏趙藜照妻二十七歲夫亡壽八十六朱氏貢瀹妻二十九歲夫亡子夭壽七十二
費氏李文璣妻二十九歲夫亡三十九歲卒周氏趙澍妻三十歲夫亡壽七十一王氏顧胥
江妻二十四歲夫亡四十七歲卒徐氏監生趙文烈繼妻二十七歲夫亡五十四歲卒陸氏趙世
熊妻二十七歲夫亡壽七十二貢氏孫一奎妻二十四歲夫亡撫嗣早歿壽七十五劉氏姜銓妻三
十歲夫亡壽七十四沙氏庠生司馬周妻二十四歲夫亡壽七十六徐氏趙台階妻二十六歲夫亡

江陰縣志 卷十九 列女 節婦 四十

壽七十曹氏繆殿芳妻二十九歲夫亡壽七十四王氏朱鳳章妻三十歲夫亡壽八十六馬
氏胡宏仁妻二十五歲夫亡壽八十一朱氏陳裕華妻二十四歲夫亡壽七十四葛氏趙一清妻
二十九歲夫亡六十三歲卒陳氏周文才妻二十六歲夫亡壽七十六蔣氏繆西瞻妻二十二歲
夫亡三十九歲卒高氏王義才妻二十九歲夫亡家貧無子依壻以終壽八十三陶氏管德茂妻
二十六歲夫亡六十歲卒徐氏姜大鐘妻二十三歲夫亡撫嗣起渭遊庠壽七十戚氏馬廷鈞妻
二十三歲夫亡三十五歲卒王氏顧桂元妻三十歲夫亡六十歲卒劉氏顧廷弼妻二十四歲
夫亡四十八歲卒趙氏孫兆宣妻十七歲夫亡二十六歲卒程氏孫義調妻二十二歲夫亡五十
三歲卒郭氏許倫元妻二十九歲夫亡五十一歲卒趙氏張義和妻二十三歲夫亡四十九歲
卒張氏陶禹傳妻二十六歲夫亡五十五歲卒張氏孫履豐妻二十九歲夫亡四十歲卒劉
氏程大猷妻二十三歲夫亡五十二歲卒徐氏戚又錫妻二十三歲夫亡三十七歲卒王氏

徐秉玉妻二十五歲夫亡三十八歲卒吳氏顧堉妻二十四歲夫亡四十三歲卒程氏陶嘉賓妻
二十二歲夫亡三十六歲卒惠氏庠生戚煒繼妻侯選州判惠僎女二十八歲夫亡撫嗣四十五歲卒
孫氏汪意壽妻二十三歲夫亡五十八歲卒陸氏楊士祖妻二十一歲夫亡六十五歲卒王
氏繆汝霖妻二十九歲夫亡李氏貢鋙妻二十四歲夫亡子媳俱歿撫遺腹孫成立顧氏陸永
直妻二十三歲夫亡朱氏庠生徐景松繼妻二十七歲夫亡徐氏趙廷棟妻三十歲夫亡周
氏翁元吉妻二十六歲夫亡陶氏方瑞元妻二十九歲夫亡陸氏平天裕妻二十六歲夫亡楊
氏趙肯堂妻三十歲夫亡宋氏徐夢熊妻二十六歲夫亡趙氏繆珩妻二十九歲夫亡謝
氏王琴臺妻二十七歲夫亡蔣氏趙坤賢妻二十九歲夫亡陸氏殷爾培妻二十三歲夫亡袁
氏陳興邦妻二十九歲夫亡施氏倪相林妻三十歲夫亡陸氏司馬晉明妻二十八歲夫亡
周氏鄭巽廷妻三十歲夫亡殷氏趙聲錫妻二十八歲夫亡唐氏李友成妻二十二歲夫亡

江陰縣志 卷十九 列女 節婦 四十一

朱氏周柏妻二十五歲夫亡胡氏李勝和妻二十四歲夫亡徐氏貢聚周妻二十一歲夫亡
於氏張璜妻歲貢生於璋女三十歲夫亡趙氏程增年妻二十一歲夫亡盛氏李增培妻二十
六歲夫亡朱氏王文亮妻二十二歲夫亡許氏貢坤泰妻二十四歲夫亡撫嗣廷瑛遊庠徐氏
趙坤一妻二十八歲夫亡王氏戴兆安妻二十七歲夫亡陸氏朱錦城妻二十八歲夫亡劉氏
章著妻二十二歲夫亡劉氏李鼎昌繼妻二十七歲夫亡戚氏陸含章妻三十歲夫亡勤十指
以事翁貢氏孫福沅妻二十九歲夫亡龐氏胡士傑繼妻三十歲夫亡朱氏王文妻二十七
歲夫亡貢氏李士明妻二十六歲夫亡周氏戴兆祥妻三十歲夫亡貢氏顧明達妻二十
五歲夫亡孟氏蘇迦齡妻監生孟瀛女二十七歲夫亡依母家守節王氏庠生孟兆佳妾二十七歲
夫亡四十八歲卒張氏庠生孟兆祥妾二十歲夫亡壽七十八李氏監生龐景華妾二十八歲
夫亡壽七十張氏陸聖章妾二十四歲夫亡六十一歲卒陳氏庠生唐棟妾二十六歲夫亡四

十八歲卒華氏嶽籍監生佘堅妾二十一歲夫亡依母家守節三十五歲卒陳氏監生李秉恒妾二十七歲夫亡撫子成立以上華墅

景氏張堯賓妻二十八歲夫亡撫嗣壽七十四惠氏郁山來妻二十六歲夫亡六十七歲卒錢氏繆維深妻二十五歲夫亡善事翁姑撫六月子成立壽八十三徐氏嶽州汪鷗亭妻二十三歲夫亡奉姑爲夫弟婚娶四十三歲卒陶氏趙大升妻二十八歲夫亡壽八十陶氏徐大綬妻二十一歲夫亡六十一歲卒周氏徐方繩妻二十五歲夫亡壽七十九徐氏李俊升妻二十二歲夫亡壽七十六徐氏李德升妻二十八歲夫亡翁病噎竭力延醫六十六歲卒徐氏周君衡妻二十九歲夫亡壽七十五陶氏徐君亮妻二十四歲夫亡無子四十六歲卒繆氏陸永豐妻二十九歲夫亡六十七歲卒繆氏丁耀文妻二十九歲夫亡壽八十二許氏陸元亮妻二十五歲夫亡六十五歲卒陳氏李菁如妻二十七歲夫亡壽七十七錢氏李廷魁妻二十四歲夫亡壽七十一鄒氏金彥章妻

二十九歲夫亡無子六十歲卒徐氏錢樹奇妻二十七歲夫亡壽七十四徐氏郁維熊妻二十七歲夫亡五十四歲卒程氏郁繼先妻二十七歲夫亡貧居草屋紡織度日壽七十三顧氏郁國賓妻十九歲嫁十月夫亡五十五歲卒毛氏丁朝佐繼妻二十八歲夫亡四十八歲卒顧氏郁方臣妻醫士顧雲孫女二十歲夫亡家貧無子父迎歸氏見就診者雜沓乃屏居一室墐戸鑿穴僅通飲食晨昏紡織至六十生辰家人強之出雪鬢皤然見者疑爲隔世人六十三歲卒葛氏顧永達妻嫁十月夫亡撫遺腹子成立六十歲卒許氏秦佩玉妻十九歲夫亡撫遺腹子成立五十四歲卒劉氏監生陶岵瞻妻二十八歲夫亡四十五歲卒趙氏陶萬卷妻二十九歲夫亡壽八十三顧氏陶湯謨妻二十九歲夫亡四十七歲卒錢氏繆維城妻二十五歲夫亡壽七十七蘇氏徐公侯妻二十六歲夫亡壽七十五趙氏陸聖猷妻二十歲夫亡壽七十八沈氏徐友仁妻二十六歲夫亡六十三歲卒徐氏朱秀榮妻二十四歲夫亡六十三歲卒錢氏李秀成妻二十四歲夫亡壽七十四屈氏陶惟

騶妻二十七歲夫亡六十二歲卒陸氏何雲龍妻二十三歲夫亡六十三歲卒李氏徐文榮妻三十歲夫亡六十六歲卒許氏徐求章妻二十九歲夫亡壽七十二徐氏戴大聲妻二十九歲夫亡壽七十九李氏徐諒遠妻三十歲夫亡六十三歲卒徐氏許文廣妻二十九歲夫亡壽百有二葉氏陸子林妻二十六歲夫亡壽八十九辛氏孫志垣妻二十九歲夫亡壽八十三陳氏趙正域妻二十四歲夫亡壽七十五許氏陸南山妻二十六歲夫亡六十六歲卒貢氏監生陶舜年妻二十六歲夫亡四十八歲卒李氏張宏元妻二十九歲夫亡壽七十吳氏繆秉餘妻二十七歲夫亡壽七十五徐氏陶温士妻二十二歲夫亡壽七十一惠氏陶坤維妻二十五歲夫亡六十二歲卒李氏趙振坤妻二十八歲夫亡六十一歲卒錢氏徐錫蕃妻三十歲夫亡六十二歲卒徐氏潘高椿妻三十歲夫亡奉事孀姑撫子既娶俱歿復撫孫六十三歲卒李氏周志高妻二十七歲夫亡壽八十錢氏華天祿妻二十九歲夫亡壽七十七許氏陶近義妻二十八歲夫亡五十五歲卒

錢氏許金谷妻三十八歲夫亡壽八十王氏姜素臣妻二十歲夫亡六十三歲卒劉氏趙佑文妻二十六歲夫亡壽七十八郭氏徐河妻二十九歲夫亡事翁以孝壽八十三許氏秦文翰妻二十七歲夫亡五十歲卒王氏繆懷德妻二十四歲夫亡六十五歲卒方氏徐兆祿妻二十六歲夫亡六十八歲卒徐氏金世昌妻二十六歲夫亡壽七十高氏奚殿卿妻二十九歲夫亡壽八十五郭氏朱會清妻二十四歲夫亡六十八歲卒周氏陶熙妻二十九歲夫亡壽七十四張氏郁在中妻二十八歲夫亡壽八十五李氏繆兆龍妻二十四歲夫亡三十四歲卒吳氏惠成恩妻二十九歲夫亡壽七十四周氏王天照妻二十七歲夫亡六十六歲卒沈氏陶順時妻二十七歲夫亡六十六歲卒王氏戴岳林妻二十六歲夫亡五十七歲卒張氏惠文敏妻二十七歲夫亡三十六歲卒施氏孫龍章妻二十六歲夫亡四十三歲卒陳氏繆芝元妻二十五歲夫亡三十七歲卒張氏陶禹傳妻二十六歲夫亡六十三歲卒任氏談起仁妻三十歲夫亡六十一

歲卒　陶氏惠大生妻二十八歲夫亡六十二歲卒　陸氏金炳文妻二十三歲夫亡四十七歲卒　彭氏徐子發妻二十三歲夫亡六十六歲卒　秦氏徐浩然妻二十八歲夫亡五十六歲卒　姜氏惠嘉祥妻二十五歲夫亡六十四歲卒　鄧氏陶輅玉妻二十九歲夫亡壽七十五　王氏徐子艮妻二十一歲夫亡六十一歲卒　許氏奚德壽妻二十二歲夫亡壽七十二　郁氏陶宗穀妻二十八歲夫亡壽七十四　張氏許培遠繼妻二十五歲夫亡壽七十二　李氏繆天元妻二十七歲夫亡六十四歲卒　王氏郁樂山妻二十九歲夫亡六十一歲卒　許氏秦汝孝妻二十五歲夫亡六十四歲卒　吳氏汪峻德妻二十六歲夫亡六十四歲卒　郭氏陶昂千妻二十八歲夫亡六十一歲卒　祝氏繆任妻二十七歲夫亡五十二歲卒　陶氏沈開源妻三十歲夫亡四十九歲卒　陸氏徐文達妻二十八歲夫亡六十歲卒　陶氏陸玉倫妻二十四歲夫亡四十歲卒　譚氏繆東玉繼妻二十五歲夫亡四十一歲卒　孫氏王道生妻二十二歲嫁三月夫亡四十五歲卒　皮氏惠銓億妻二十

八歲夫亡四十八歲卒　陶氏郁德基妻二十八歲夫亡四十五歲卒　趙氏陶九成妻二十七歲夫亡三十七歲卒　徐氏秦桂林妻二十三歲夫亡三十九歲卒　趙氏武生陶塘妻二十七歲夫亡三十六歲卒　鄒氏許大年妻二十歲夫亡三十歲卒　金氏李大行妻二十三歲夫亡　王氏陶文鑰妻二十九歲夫亡　趙氏郁時季妻二十四歲夫亡　鄒氏徐廷華妻二十六歲夫亡　葛氏黃進臣妻二十七歲夫亡　郁氏趙明發妻二十七歲夫亡　陸氏沈宗德妻二十五歲夫亡　陶氏張千齡妻二十三歲夫亡　楊氏奚南齡妻二十七歲夫亡　貢氏庠生陶廷業妻三十歲夫亡　閔氏繆丕業妻二十七歲夫亡　許氏張九齡妻二十一歲夫亡　周氏陶玉衡妻二十九歲夫亡　沈氏萬德元妻二十八歲夫亡　常氏陶遂方妻二十九歲夫亡　李氏秦大昌妻二十三歲夫亡　姚氏王艮公妻二十九歲夫亡　顧氏華龍泉妻三十歲夫亡　徐氏許廷奎妻二十九歲夫亡　王氏莊維彬妻三十六歲夫亡　沈氏奚雙喜妻二十六歲夫亡　徐氏　阮氏並庠生王御卿妾徐

氏二十八歲夫亡有逼嫁者縊死救蘇撫二子成立壽七十九阮氏二十四歲夫亡壽八十一　陳氏監生陶岵瞻妾十九歲夫亡同嫡矢守壽七十八　章氏汪佐臣妾三十歲夫亡嫡逼嫁不從潛與陸某券令乘夜掠去氏投井獲救欲強汚之縛其手足氏伏地以口齧定几足齧爲之折號泣聲聞於鄰會有徵糧隸呵禁之得全節夫兄輔臣義之迎歸已不得食三日矣四十六歲卒　沈氏許宗貴妾二十九歲夫亡壽七十九　薛氏繆上達妾二十九歲夫亡

以上馬嘶

王氏曹玑妻系出直隸大興二十八歲夫亡撫子子歿與婦徐氏撫四孫成立壽八十八　韓氏庠生李芹繼妻二十一歲夫亡撫嗣六十五歲卒　卞氏徐永嘉妻二十六歲夫亡紡織事姑撫子鳳儀成立　薛氏李安士妻二十六歲夫亡撫八月子子成立終身縞素五十七歲卒　李氏任玉珍妻二十歲嫁兩月夫亡撫遺腹子以守　葉氏周協和妻二十七歲夫亡壽七十八　張氏劉藺若妻二十九歲夫亡壽八十九　吳氏朱禹珍妻二十九歲夫亡　吳氏張君烈妻二十五歲夫亡壽七十一　徐氏吳文治妻

三十歲夫亡　邢氏劉求之妻十九歲夫亡壽七十五　夏氏朱瀚妻二十八歲夫亡壽八十四　花氏葛天章妻二十九歲夫亡四十五歲卒　孔氏周君艮妻二十八歲夫亡　梅氏庠生卞玉妻二十九歲夫亡壽九十二　趙氏蔣瑞周妻二十五歲夫亡五十六歲卒　沈氏李邢琦妻三十歲夫亡壽七十二　王氏張拱端妻二十三歲夫亡撫嗣既娶俱歿撫孫既娶又俱歿復撫三歲曾孫壽八十二　貢氏張學栻妻二十八歲夫遠出不知所終撫二子成立六十八歲卒　包氏蔣瑞珍妻二十五歲夫亡壽七十一　蔡氏李惟能妻二十七歲夫亡壽七十二　吳氏張明憲妻二十九歲夫亡壽七十三　王氏孔繼復妻二十五歲夫亡五十七歲卒　繆氏黃棟妻二十二歲夫亡壽七十　徐氏卞顯左妻二十四歲夫亡壽七十三　許氏姚進三妻二十八歲夫亡孝姑撫子六十五歲卒　曹氏鄧奏功妻二十九歲夫亡無子守節母家六十七歲卒　陸氏湯明瑞妻二十九歲夫出不歸依母以守六十八歲卒　陳氏李汝升妻二十九歲夫亡壽七十　何氏蔣瑞麟妻二十九歲夫亡壽七

十七張氏吳進昌妻三十歲夫亡六十九歲卒陳氏張學緒妻三十歲夫亡六十六歲卒方氏
十源妻二十五歲夫亡三十七歲卒夏氏李旭旦妻二十九歲夫亡六十九歲卒許氏孔傳禮妻
三十歲夫亡六十三歲卒黃氏王諄妻二十七歲夫亡六十二歲卒卞氏史國良妻二十四歲夫亡
五十七歲卒孫氏陳恆發妻二十一歲夫亡三十一歲卒王氏孔廣敎妻二十九歲夫亡六十
八歲卒王氏卞天景妻二十六歲夫亡六十三歲卒鄔氏陸聖山妻二十七歲夫亡四十七歲
卒卞氏陳寶三妻二十七歲夫亡五十五歲卒黃氏周延臣妻二十六歲夫亡四十五歲卒
孔氏徐曾鳳妻三十歲夫亡四十七歲卒麗氏繆文元妻二十四歲夫亡四十六歲卒徐氏
張緯如妻二十三歲夫亡四十三歲卒陸氏孫茂榮妻三十歲夫亡四十四歲卒曹氏王銘妻二
十八歲夫亡四十四歲卒丁氏張景榮妻二十七歲夫亡四十七歲卒方氏李桂齡妻二十四歲
嫁三日夫亡紡織度日事翁盡孝撫嗣四十六歲卒孔氏王元愷妻二十三歲夫亡三十九歲卒馮

氏錢文鶴妻二十九歲夫亡方氏鄧學書妻二十七歲夫亡包氏卞行升妻二十九歲夫亡撫子
奉事翁姑薪水不繼機聲達旦盧氏張裕如妻二十六歲夫亡陳氏黃象乾妻二十八歲夫亡錢
氏吳文友妻二十八歲夫亡周氏卞子和妻二十一歲夫亡曹氏王玉祥妻二十七歲夫亡朱
氏周殿係妻二十二歲夫亡張氏任玉明妻二十七歲夫亡王氏陳裕天妻三十歲夫亡尹
氏謝茂如妻二十九歲夫亡徐氏錢萬和妻二十九歲夫亡陸氏許載陽妻二十六歲夫亡顧
氏吳金鶴妻二十八歲夫亡以上長壽
徐氏庠生王鐘妻二十四歲夫亡撫嗣與妾徐氏同守五十九歲卒羊氏袁福生妻二十八歲夫亡族人
欲奪其志控縣得免六十八歲卒李氏監生徐維岳繼妻李忠毅曾孫女二十六歲夫亡撫前室四子
五十六歲卒孔氏恩貢生徐曾妻夫死於怨家屋燬於火撫子如鑫年十六遊庠復父讐薛氏
孔傳壽妻二十歲夫亡五十五歲卒袁氏監生孔傳忏妻二十一歲夫亡撫遺腹子天錫成立壽八十

鄒氏徐仲浴妻三十歲夫亡事八旬孀姑撫子厚培成立六十二歲卒陸氏華天祿妻二十一歲
夫亡撫嗣日採機杼供堂上膳五十三歲卒杜氏王繩祖妻二十歲夫亡無子守節三十六年邢
氏王來儀妻二十八歲夫亡事姑撫嗣六十四歲卒錢氏徐雲軾妻二十八歲夫亡五十六歲卒
華氏王士俊妻二十三歲夫亡撫子成立五十八歲卒貢氏庠生徐元祐妻二十九歲夫亡守節
三十九年張氏龔廷璣妻二十一歲夫亡撫遺腹子成立五十四歲卒姚氏丁士桂妻二十五歲
夫亡無子苦守母家杜氏徐天成妻十九歲夫亡撫嗣黃氏徐宗相妻二十六歲夫亡壽八十五
薛氏王立玆妻二十三歲夫亡壽八十黃氏陳士昇妻十九歲夫亡壽七十七徐氏王士
秀妻二十二歲夫亡撫遺腹子肇吉成立張氏林鶴來妻二十二歲夫亡顏氏王遇安妻三十歲夫
亡康氏譚元俊妻二十四歲夫亡包氏孔傳本妻二十五歲夫亡壽七十二徐氏楊東藩妻
二十六歲夫亡無子依母家紡織自給繆氏費楷繼妻繆文貞曾孫女三十歲夫亡撫前室子二庶子

一俱成立壽七十三奚氏庠生徐智穆妻二十九歲夫亡撫三子成立壽八十三沈氏王士超妻
二十七歲夫亡四十七歲卒貢氏譚膚功妻二十歲夫亡四十五歲卒邱氏孔傳鏞妻十九歲夫
亡撫嗣繼泗成立六十九歲卒蘇氏王文俊妻二十八歲夫亡撫子浚明成立苦守垂五十年唐氏
庠生劉谿淸妻二十六歲夫亡壽七十四陳氏錢元祥妻二十三歲夫亡撫子時龍成立壽八十一周
氏華國隆妻二十三歲夫亡壽七十三吳氏沈君憲妻二十八歲夫亡顧氏顧三妻二十七歲夫
亡五十八歲卒祖氏貝天玉妻二十三歲夫亡矢節嘗曰人曷有貴賤惟失節敗名斯眞賤耳徐氏
庠生孔衍儒妻三十歲夫亡事翁姑與庶姑並得懽心撫二子成立五十一歲卒菊氏費在義妻二十
一歲夫亡六十七歲卒費氏劉晉公妻二十六歲夫亡撫一子旣娶俱歿復撫嗣孫壽八十徐氏
胡嘉祉妻三十三歲夫亡翁旋逝撫子錫馨娶而夭同媳撫孫六十一歲卒顧氏胡錫馨妻十八歲夫
亡事孀姑徐氏撫遺腹子顯臣成立三十四歲卒陸氏楊聖喬妻二十四歲夫亡撫子娶而夭復撫姪

為嗣壽七十六蔣氏黄曾賠妻二十三歲夫亡壽八十四劉氏孔傳忻妻二十九歲夫亡壽八十七
陶氏孔傳琛妻二十六歲夫亡五十六歲卒徐氏錢元瑞妻二十八歲夫亡壽七十七杜氏
嚴旦若妻二十七歲夫亡撫遺腹子成立壽八十王氏孔傳悴妻二十七歲夫亡壽七十五黄氏
許茂衡繼妻二十六歲夫亡壽八十三戴氏華鈺妻二十七歲夫亡撫姪一新遊庠壽八十華氏
徐廷連妻三十歲夫亡子承宗娶而卒撫次子承祖成立壽八十五潘氏杜士林妻二十九歲夫亡壽八
十三程氏費八雄妻二十三歲夫亡四十六歲卒華氏顧聖文妻二十九歲夫亡壽七十一潘
氏趙友沂妻二十三歲夫亡撫嗣糟糠自度六十八歲卒葉氏曹宏彥妻二十七歲夫亡壽七十七
王氏曹國彥繼妻三十歲夫亡撫子大文副貢生大綸歲貢生五十九歲卒蔡氏孔廣裕妻二十
二歲夫亡六十九歲卒華氏顧寶妻二十八歲夫亡無子六十九歲卒杜氏徐景成妻二十六歲
夫亡六十七歲卒陸氏許廷爵妻二十七歲夫亡五十六歲卒劉氏徐生錡妻二十七歲夫亡

壽七十二陳氏王上毅妻二十七歲夫亡五十七歲卒徐氏王朝柱繼妻二十五歲夫亡事孀姑
撫五月子及前室子成立壽九十二夏氏華嶽繼妻二十九歲夫亡壽七十七張氏監生徐儀型妻
三十歲夫亡六十八歲卒顏氏張光成妻二十七歲夫亡六十三歲卒孫氏費士貴妻二十一歲
夫亡姑久病牀蓐流滌必親壽八十一方氏華作楫妻三十歲夫亡六十一歲卒費氏徐承宗妻
二十三歲夫亡事孀姑四十餘年壽七十七孫氏沈維榮妻二十八歲夫亡壽七十三卞氏孔廣
緒妻二十五歲夫亡撫嗣寶成立壽七十李氏黄維仁妻二十三歲夫亡撫嗣娶而夭孫亦殤壽八十一
龔氏錢長公妻二十四歲夫亡壽七十六華氏陸殿賢妻二十二歲夫亡無子六十歲卒王氏
顏永和妻二十七歲夫亡善事翁姑一夕遇火氏臥樓上計無可避忽急雨如注火遂熄壽八十謝氏
陳志玉妻二十五歲夫亡四十八歲卒徐氏華健妻二十六歲夫亡壽七十七鄒氏奚武卿妻
二十九歲夫亡壽八十一孫氏徐秉誠妻二十一歲夫亡壽七十一費氏考職府經歷王濤繼妻二

十七歲夫亡撫遺腹子殿臣成立壽七十夏氏華廷梁妻二十五歲夫亡無子有逼醮者誓不從刼之去
力疾奔回遂佯狂終身六十歲卒里人為立墓石表之李氏朱希宰妻二十七歲夫亡壽七十五陳
氏朱希仲妻二十九歲夫亡六十八歲卒娣姒雙節龔氏蘇朝棟妻二十八歲夫亡壽七十四蔣
氏孔廣隆妻二十八歲夫亡紡織養孀姑二十餘年六十七歲卒趙氏謝廷芳妻二十九歲夫亡五十
六歲卒徐氏朱載興妻二十九歲夫亡四十七歲卒龔氏孔廣琚妻二十九歲夫亡六十六歲
卒費氏徐汝槐妻三十歲夫亡六十七歲卒龔氏嚴君德妻二十七歲夫亡壽七十六顧氏
謝振行妻二十八歲夫亡壽七十九董氏錢德玉妻二十七歲夫亡五十九歲卒顏氏孔廣友妻
二十七歲夫亡六十二歲卒郁氏王大雍妻二十四歲夫亡壽七十九郁氏華雲祥妻十九歲夫
亡事翁姑並逾八旬撫遺腹子成立壽七十三孔氏包大榮妻二十三歲夫亡壽七十三方氏沈鳳
山妻二十七歲夫亡撫嗣嗣卒與媳張氏撫孫壽七十九趙氏龔裕文妻二十三歲夫亡壽七十一葉

氏沈崑來妻二十六歲夫亡壽七十二沈氏方朝柱妻二十七歲夫亡壽七十四薛氏孔繼賢妻
三十歲夫亡撫七月子成立六十三歲卒戴氏王廷珍妻二十五歲夫亡壽七十八陸氏顧德峻繼
妻二十六歲夫亡四十二歲卒沈氏徐金書妻十九歲夫亡撫嗣事翁姑並至九十外壽七十虞氏
謝沛元妻二十四歲夫亡壽七十二陳氏王炳乾妻三十歲夫亡事翁姑撫子姻殁并撫姪子殁又撫孫
六十二歲卒張氏仲萬鎰妻二十四歲夫亡六十七歲卒劉氏吳榮昌妻二十八歲夫亡五十
八歲卒胡氏劉彬妻二十九歲夫亡六十一歲卒孔氏徐錦和妻二十四歲夫亡五十三歲卒
王氏陸尙元妻二十七歲夫亡六十七歲卒包氏王魯望妻庠生包昭女二十四歲夫亡翁旋殁
奉姑撫三子鼐遊庠六十四歲卒徐氏楊耀宗妻三十歲夫亡五十三歲卒陶氏龔維學妻二十
九歲夫亡五十六歲卒王氏許世正妻二十六歲夫亡六十二歲卒姚氏劉宗來妻二十八歲
夫亡賃屋一間晨炊夜織奉姑撫子六十三歲卒華氏費文蘭妻二十三歲夫亡撫子九義成立六十

三歲卒華氏陳萬源妻二十八歲夫亡四十六歲卒朱氏費周南妻二十二歲夫亡三十九歲
卒陸氏王文欽妻二十六歲夫亡六十歲卒任氏華汝霖妻二十一歲夫亡三十七歲卒孔
氏姜啟明繼妻二十七歲夫亡撫子娶而夭偕媳撫孫五十八歲卒杜氏康維鉞妻二十七歲夫亡
三十九歲卒李氏費宏裕妻二十三歲夫亡五十一歲卒陸氏王紹緒妻三十歲夫亡五十九
歲卒林氏費利妻二十六歲夫亡四十九歲卒王氏須有恆妻二十六歲夫亡五十六歲卒沈
氏監生陸桂一妻二十八歲夫亡三十八歲卒葉氏姚光祖妻二十九歲夫亡四十五歲卒顧
氏唐岳山妻二十五歲夫亡四十四歲卒費氏華大鼎妻二十六歲夫亡無子紡織事姑四十四歲
卒費氏沈廣瑞妻二十三歲夫亡三十八歲卒徐氏劉士奎妻二十五歲夫亡三十七歲卒
包氏須長玉妻二十三歲夫亡四十歲卒周氏金維賢妻二十七歲夫亡王氏朱屺照妻二十
五歲夫亡謝氏陳元亮妻三十歲夫亡劉氏陸聲和妻二十九歲夫亡王氏費宏弈妻二十

一歲夫亡撫遺腹子成立與夫弟宏裕妻李氏稱雙節王氏龔勝初妻二十七歲夫亡蘇氏嚴義
德妻二十五歲夫亡任氏龔大文妻二十九歲夫亡王氏徐明發妻二十九歲夫亡徐氏龔士
鵬妻二十四歲夫亡沈氏曹兆熊妻二十六歲夫亡無翁姑子女歸依孀母方氏以守每遇歲時必返曹
門致祭蔣氏陶榮周妻二十七歲夫亡無子費氏陸鼇妻二十九歲夫亡徐氏黃鴻千妻
二十五歲夫亡善事翁姑紡織不間寒暑徐氏王國蘩妻二十五歲夫亡董氏朱文熙妻二十九歲
夫亡撫嗣張氏監生沈文瀾繼妻二十七歲夫亡事孀姑方氏撫前室子瀛洲娶而夭與寡媳相依包
氏徐繼喜妻三十歲夫亡鄭氏監生尤培妻二十六歲夫亡事孀姑孫氏與娣杜氏同撫子鋼成立
劉氏王繩妻三十歲夫亡徐氏庠生王鍾妾十九歲夫亡守節三十三年徐氏庠生孔衍儒妾
二十六歲夫亡撫二子成立壽七十九王氏眞定府同知黃瓚明妾二十五歲夫亡撫子輿正娶而卒
復撫孫壽八十四高氏監生王廷俊妾二十七歲夫亡六十一歲卒曹氏王恆吉妾二十六歲

夫亡四十一歲卒范氏金振馨妾二十七歲夫亡以上祝塘
夏氏包君培妻明季時君培代父繫獄死後鄉兵肆掠獨不入氏室曰此孝子節婦居也黃氏錢靖侯繼
妻二十八歲夫亡撫子壽七十四錢氏尹宏嗣妻二十五歲夫亡六十六歲卒繆氏包廷選妻
二十一歲夫亡壽七十一劉氏王詔妻二十八歲夫亡壽七十五徐氏王詠妻二十八歲夫亡家
貧無子嘗有句日老屋半間常補漏紡車一具作生涯壽七十四潘氏張文元妻二十九歲夫亡六十
八歲卒郁氏顧天麗妻三十歲夫亡撫二子五十三歲卒何氏郁起麟妻二十二歲夫亡無子
六十三歲卒陸氏王繩武妻二十七歲夫亡五十五歲卒張氏龔廷美妻二十四歲夫亡壽八
十二何氏陶九思妻二十九歲夫亡撫子繼恭娶而夭偕媳矢守壽八十三夏氏陶維恭妻三十
歲夫亡奉事孀姑五十六歲卒江氏包譽昌妻二十八歲夫亡壽七十二黃氏庠生潘曉妻二十七
歲夫亡五十三歲卒朱氏杜雲鵬妻二十四歲夫亡撫遺腹子士美成立壽八十四葛氏顧鍾新妻

二十七歲夫亡六十四歲卒徐氏顧廷瑚妻二十六歲夫亡撫遺腹子鍾泰成立六十七歲卒盧
氏潘錫珙妻二十八歲夫亡撫嗣壽七十鄭氏包傳宗妻二十六歲夫亡壽七十陳氏包紹
周妻二十八歲夫亡壽七十六陸氏包楠妻二十四歲夫亡五十七歲卒陸氏杜樂天妻三十歲夫
亡撫子賡詩遊卒壽七十五臧氏包嵩斐妻二十四歲夫亡五十四歲卒謝氏包宗聖妻二十
四歲夫亡無子三十七歲卒潘氏錢允玉妻二十九歲夫亡二子幼俱跛氏既織且耕親任操作壽七
十三余氏包廷梧妻二十一歲夫亡壽八十五施氏包志敏妻二十九歲夫亡六十一歲卒張
氏潘廷珪妻二十六歲夫亡四十四歲卒錢氏郁時盈妻三十歲夫亡壽七十七王氏周定
國妻二十八歲夫亡壽八十盧氏周士成妻二十七歲夫亡壽七十五費氏陸朋林妻二十五歲
夫亡壽八十一繆氏周文秀妻十八歲夫亡四十六歲卒孫氏潘時鳳妻二十七歲夫亡壽七十七
嚴氏何以章妻二十四歲夫亡壽七十潘氏余天爵妻二十五歲夫亡壽七十劉氏周泰

昌妻二十三歲夫亡壽七十七陶氏蔡鑑妻二十六歲夫亡四十六歲卒蔣氏朱丕臣妻二十九歲
夫亡五十七歲卒周氏朱繼宗妻二十七歲夫亡五十四歲卒江氏包賢呂妻二十四歲夫亡
五十五歲卒莊氏包增妻二十五歲夫亡晨夕紡織養翁姑四十餘年六十八歲卒吳氏何顯
左妻二十三歲夫亡六十歲卒陸氏包桂林妻二十八歲夫亡撫遺腹子成立五十六歲卒張氏
包國維妻二十八歲夫亡五十九歲卒謝氏潘玉妻二十四歲夫亡六十三歲卒潘氏包培基妻
三十歲夫亡五十二歲卒蔣氏周志安妻二十四歲夫亡撫遺腹子忍飢乳哺四十六歲卒顧氏
袁愼言妻二十五歲夫亡五十六歲卒顧氏包厚妻二十九歲夫亡三十八歲卒張氏包承仁妻
二十七歲夫亡潘氏吳天祥妻二十七歲夫亡陸氏盧漢章妻三十歲夫亡王氏周洪妻二
十九歲夫亡陸氏何榮祖妻二十六歲夫亡陳氏包振鶴繼妻三十歲夫亡龔氏顧鳳昌妻
二十七歲夫亡陶氏郁含章妻二十三歲夫亡俞氏包粲英妻二十七歲夫亡翁氏張元進妻

二十七歲夫亡周氏趙保和妻二十六歲夫亡韓氏杜國瑞妻二十三歲夫亡撫子登賢成立五十
五歲卒以上文林
江氏程啟高妻二十八歲夫亡壽八十錢氏徐汝熙妻二十九歲夫亡無子五十九歲卒趙氏
吳煥章妻二十九歲夫亡壽七十四孫氏夏瑞時妻二十七歲夫亡撫子壽八十五沈氏王良積妻
三十歲夫亡四十六歲卒程氏張端明妻二十二歲夫亡六十八歲卒周氏夏時中妻三十歲夫
亡壽八十五錢氏監生程廷錫繼妻會稽錢瑞甫女二十五歲夫亡壽七十六徐氏繆大成妻
二十五歲夫亡六十六歲卒吳氏夏叔良妻二十八歲夫亡守節四十年王氏周德馨妻二十
五歲夫亡六十六歲卒沈氏張鳴鶴妻二十七歲夫亡服闋姑令改適斷髮自誓六十九歲卒杜
氏吳鐘妻二十八歲夫亡守節二十四年劉氏吳公執妻二十七歲夫亡撫嗣受谷成立壽七十二
唐氏周文五妻二十七歲夫亡壽七十六曹氏龔天順妻二十五歲夫亡撫子武倉成立壽七十

龔氏郭培妻二十七歲夫亡六十八歲卒楊氏夏士葵妻三十五歲夫亡四十六歲卒葛氏
瞿新如妻二十七歲夫亡壽七十四袁氏陸士鶴妻二十八歲夫亡壽七十三曹氏程遇泰妻二十
九歲夫亡撫子四十九歲卒郭氏華承祖妻二十七歲夫亡六十五歲卒錢氏趙躍在妻二十
九歲夫亡壽七十五任氏練堯章妻二十四歲夫亡壽八十一趙氏朱坤生妻二十九歲夫亡壽七
十九顧氏劉永齊妻二十三歲夫亡守節五十一年周氏劉永祿妻二十五歲夫亡壽七十一沈
氏章大倫妻二十三歲夫亡六十四歲卒葉氏陳時懋妻二十一歲夫亡翁姑年耄孝養十九年撫
子成立六十七歲卒陳氏繆文宏妻二十歲夫亡守節五十二年錢氏繆會格妻二十七歲夫亡
壽七十趙氏夏德明妻二十七歲夫亡五十四歲卒吳氏夏孝如妻二十八歲夫亡壽八十四
李氏張維清妻二十五歲夫亡壽七十徐氏郭定臣妻十九歲夫亡撫遺腹子成立五十七歲卒
安氏繆宗周妻二十五歲夫亡壽七十三夏氏張君賢妻二十六歲夫亡壽七十二徐氏夏廷

棫繼妻三十一歲夫亡壽八十四金氏貢生陳鐘妻二十八歲夫亡壽七十華氏庠生袁一驊妻
二十九歲夫亡撫子永譽永年遊庠壽九十袁氏劉思蕙妻二十六歲夫亡撫子普遊庠三十七歲卒
許氏劉學嶸妻二十七歲夫亡六十五歲卒夏氏吳坦繼妻三十歲夫亡三十九歲卒徐氏
吳均繼妻二十九歲夫亡六十二歲卒錢氏夏禹鈞妻二十二歲夫亡五十六歲卒楊氏夏如
珍妻二十八歲夫亡六十五歲卒徐氏劉公授繼妻二十四歲夫亡壽七十四杜氏包致禮妻
二十九歲夫亡六十四歲卒何氏夏人驥妻二十九歲夫亡壽八十三陳氏庠生繆崧妻三十歲
夫亡壽七十六周氏張靜安妻二十一歲夫亡六十八歲卒吳氏夏文汾妻三十九歲夫亡壽七
十七周氏程汝益妻三十歲夫亡六十一歲卒蘇氏監生郭增繼妻三十歲夫亡建福里橋四十五
歲卒張氏夏文漣妻二十七歲夫亡壽七十六錢氏增生劉偉述妻二十九歲夫亡六十七歲卒
貢氏吳汝諧繼妻二十六歲夫亡六十七歲卒葉氏陳大德妻二十九歲夫亡六十歲卒許氏

劉培孝妻二十六歲夫亡壽七十四金氏監生陳世淳妻二十一歲夫亡五十九歲卒華氏顧瑞龍妻瑞龍性孝母死一慟而絕子亦繼夭氏年二十四事翁以孝聞壽七十九王氏徐濤妻二十九歲夫亡撫子廷椿遊庠六十三歲卒夏氏趙天培妻二十七歲夫亡壽七十夏氏龔培倉妻二十八歲夫亡壽八十五周氏王宗賢妻二十八歲夫亡六十六歲卒譚氏繆步青妻二十五歲夫亡六十二歲卒方氏黃庭鶴妻二十三歲夫亡壽八十六許氏徐增繼妻三十歲夫亡六十三歲卒夏氏張世聲妻二十六歲夫亡四十一歲卒周氏陸世鈿妻二十三歲夫亡六十七歲卒方氏張榮甫妻二十一歲夫亡五十九歲卒王氏程雲妻二十九歲夫亡壽七十八邵氏夏宏禮妻二十九歲夫亡五十二歲卒李氏夏文濬妻二十九歲夫亡壽七十鄭氏王大乾妻二十九歲夫亡壽七十七劉氏馬昭妻二十二歲夫亡五十五歲卒夏氏程漣繼妻二十七歲夫亡壽八十五趙氏周培元妻二十三歲夫亡五十七歲卒許氏劉傳妻二十七歲夫亡壽八十四夏氏

江陰縣志　卷十九　列女　節婦　五十四

張世源妻二十五歲夫亡六十四歲卒郭氏陳鳳岡妻二十八歲夫亡壽七十七繆氏夏廷璞妻二十四歲夫亡壽七十五侯氏庠生夏廷煦繼妻三十歲夫亡撫前室子及已子皆娶而夭偕媳撫遺腹孫六十四歲卒劉氏王世美妻二十九歲夫亡壽八十一孫氏吳鳳山妻二十五歲夫亡壽七十七周氏邱學隆妻二十三歲夫亡家貧無子翁姑憐之欲其改適不從壽七十四周氏趙惟熊妻十九歲夫亡族人抑迫歸依母家六十三歲卒沈氏周德培妻二十四歲夫亡六十八歲卒駱氏張祖瞻妻二十二歲夫亡壽七十五汪氏劉濤環妻二十九歲夫亡壽七十六陸氏鄭元林妻二十四歲夫亡壽七十蕭氏陸鼎妻二十三歲夫亡六十三歲卒龔氏沈模妻三十歲夫亡六十三歲卒王氏秦文元妻二十六歲夫亡壽七十五高氏王永發妻二十七歲夫亡五十七歲卒周氏韋廣衡妻二十九歲夫亡六十六歲卒羅氏庠生徐炯妻二十五歲夫亡孝祖姑撫嗣子三十八歲卒華氏庠生楊雋妻二十四歲夫亡三十七歲卒錢氏葉聖林妻二十三歲嫁甫一月夫出貿易卒扶柩歸葬五十七歲卒朱氏夏裕塏妻三十歲夫亡事孀姑撫遺腹子成立四十二歲卒王氏徐文燧妻二十三歲夫亡四十七歲卒周氏陸起倫妻二十九歲夫亡四十五歲卒貢氏包羲畫妻二十五歲夫亡四十六歲卒周氏朱指南妻二十五歲夫亡三十九歲卒郭氏徽人程介眉妻郭志學女二十六歲夫亡奉姑撫子數年姑亡子夭歸母家守節夏氏司寶三妻二十四歲夫亡郭氏趙福址妻二十八歲夫亡黃氏夏士賢妻二十七歲夫亡張氏周士俊妻二十二歲夫亡陳氏邱學裕妻二十九歲夫亡張氏監生徐炅妻十九歲夫亡沙氏監生徐文熊妻二十三歲夫亡事姑撫子與姒張氏雙節葉氏董士才繼妻二十七歲夫亡蔡氏夏雲九妻二十六歲夫亡錢氏夏鳴璋妻三十歲夫亡李氏吳永清妻三十歲夫亡周氏沈介福妻二十一歲夫亡夏氏濮寶善妻三十歲夫亡何氏監生劉治源妻二十六歲夫亡范氏朱廷槐妾二十九歲夫亡與嫡周氏撫子灼遊庠壽七十陳氏汪廷桂妾二十九歲夫亡壽七十六魏氏監生徐楨妾二十歲

江陰縣志　卷十九　列女　節婦　五十五

夫亡嫡子亦卒與嫡劉氏同守六十七歲卒繆氏監生陳世濟妾二十五歲夫亡以上長涇敖氏陳彥申妻二十五歲夫亡壽七十四顧氏李運昌妻二十四歲夫亡無子張氏李長發妻二十三歲夫亡無子五十四歲卒陸氏馬駕蒼妻二十九歲夫亡郭氏吳凝勳妻二十歲夫亡無子陳氏繆受之妻十九歲夫亡守節五十四年徐氏周汝璋妻二十四歲夫亡撫嗣壽逾七十夏氏邵一治妻二十八歲夫亡錢氏庠生蔣暹妻三十歲夫亡壽七十錢氏周子受妻常熟錢默甫女三十歲夫亡翁以訟破家而歿氏撫子於敗屋中壽七十一子維植遊庠孫斌武舉吳氏徐某妻吳芝生女二十歲夫亡吳氏朱尚林妻二十四歲夫亡撫子陸氏吳晉錫妻二十九歲夫亡壽八十餘徐氏增生李維祺妻吳縣廩貢生徐聖蹐女二十八歲夫亡撫子勤成立壽七十八李氏周天福妻二十五歲夫亡六十六歲卒吳氏李維棨妻舉人吳永福女二十五歲夫亡六十三歲卒蘇氏陳君緒妻二十六歲夫亡周氏李廷珪妻庠生周維植女二十八歲夫亡撫嗣孝奉孀姑變產舉三世棺

徐氏周時和妻三十歲夫亡六十四歲卒徐氏周時雨妻二十九歲夫亡壽七十六朱氏周懷
漢妻二十歲夫亡六十四歲卒張氏李二妻二十歲夫亡四十七歲卒蔣氏巫端妻二十二歲夫
亡五十三歲卒錢氏樊君發妻二十三歲夫亡壽七十七周氏庠生楊王持妻二十九歲夫亡六十
八歲卒葛氏張望齊妻二十七歲夫亡五十七歲卒陸氏周維前妻二十三歲夫亡壽八十四
陳氏程元昭妻二十六歲夫亡六十七歲卒徐氏周臣度妻十八歲夫亡五十二歲卒李氏
周爾佑妻二十四歲夫亡壽七十三韓氏陸藻妻二十七歲夫亡壽八十二樊氏吳玉如妻二十
三歲夫亡四十二歲卒嚴氏奚山妻三十歲夫亡壽八十一周氏王驥妻二十一歲夫亡四十歲
卒姜氏張永山妻二十八歲夫亡六十二歲卒孫氏吳希聖妻二十五歲夫亡壽八十王
氏顧成章妻二十四歲夫亡撫子壽七十孫氏費雙妻二十一歲夫亡撫嗣壽七十一葛氏
程岵瞻妻二十八歲夫亡五十六歲卒徐氏秦應嗣妻二十六歲夫亡撫遺腹子成立六十七歲卒

周氏吳寶光妻三十歲夫亡六十一歲卒夏氏奚士安妻二十九歲夫亡撫夫弟成立以其子爲嗣
壽八十六顧氏徐士順妻二十四歲夫亡六十三歲卒吳氏張承上妻二十四歲夫亡撫遺腹子
成立五十五歲卒高氏蘇廷芾妻十八歲夫亡壽七十九樊氏詹挺妻二十五歲夫亡四十三
歲卒沈氏鄧天祚妻二十九歲夫亡六十三歲卒陸氏勇遇謙妻二十九歲夫亡壽七十三李
氏奚天爵妻二十三歲夫亡撫嗣五十歲卒玉氏周世豪妻二十九歲夫亡五十六歲卒吳氏
周祖科妻二十三歲夫亡壽七十八衛氏趙允和妻二十六歲夫亡壽七十三吳氏庠生周飛凰妻
二十四歲夫亡撫子與孀姑同守六十二歲卒許氏沈紹祥妻二十歲夫亡六十三歲卒魏氏趙永
相妻二十六歲夫亡六十二歲卒秦氏吳仁妻二十七歲夫亡壽七十顧氏郭象和妻二十四歲
夫亡五十一歲卒毛氏沈紹林妻二十六歲夫亡六十一歲卒張氏巫肇漉妻二十九歲夫亡
六十九歲卒巫氏周惠南妻二十五歲夫亡五十七歲卒許氏陸俊成妻二十六歲夫亡三十

六歲卒陳氏監生周謨妻二十九歲夫亡五十歲卒孫氏陳惠忠妻三十歲夫亡四十六歲卒
李氏蔣明德妻三十歲夫亡譚氏郭培仁妻二十八歲夫亡楊氏周王妻二十九歲夫亡
錢氏吳巨川妻二十九歲夫亡徐氏晏鼎妻二十三歲夫亡徐氏成濬妻二十一歲夫亡
錢氏盧東序妻二十六歲夫亡吳氏陸友祥妻二十二歲夫亡顧氏周宗光妻二十八歲夫亡
衛氏顧耀妻二十四歲夫亡顧氏隆其生妻二十九歲夫亡郭氏蕭永宗妻二十八歲夫亡
周氏吳菊妻二十九歲夫亡巫氏郭紹城妻三十歲夫亡朱氏周宗烵妻二十八歲夫亡
曹氏許德高妻三十歲夫亡劉氏蔣乾一妻十九歲夫亡范氏趙大賓妻二十八歲夫亡
周氏吳樹嘉妻二十八歲夫亡陸氏吳盛安妻三十歲夫亡王氏吳耀堂妻三十歲夫亡
胡氏巫永尚妻二十九歲夫亡謝氏監生王杭妻二十五歲夫亡四十九歲卒以上顧山
汪氏徽籍庠生項淵妻氏亦徽人僑居江邑二十九歲夫亡壽八十八陸氏郭永豐妻二十七歲夫亡

養姑撫子壽七十八陶氏顧廷椿妻二十八歲夫亡無子六十歲卒范氏許聖逵妻二十七歲夫亡
徐氏旌德江廷璧妻二十八歲夫亡六十三歲卒徐氏趙雲妻二十六歲夫亡守節二十七年顧
氏許基妻二十六歲夫亡守節廿七年鄒氏許廷鎮妻二十七歲夫亡撫嗣壽七十二蔣氏許長
齡妻二十五歲夫亡劉氏許軨妻二十九歲夫亡撫二子成立五十六歲卒徐氏許爾嘉妻二十
九歲夫亡善事翁姑撫子成立壽七十五戴氏郭進妻二十四歲夫亡壽七十七陶氏郭天錫妻
二十八歲夫亡壽八十八奚氏郭光輝妻二十八歲夫亡無子壽七十八宋氏童耀恢妻三十歲夫
亡壽八十一徐氏武生趙毅妻三十歲夫亡壽九十一陶氏趙明妻二十三歲夫亡六十八歲卒
趙氏許柏芳妻二十三歲夫亡無子壽八十一陶氏徐瀛士妻二十六歲夫亡六十三歲卒許
氏樊雲衢妻二十八歲夫溺江死撫嗣嗣天復撫嗣孫壽七十八劉氏包維藩妻二十九歲夫亡壽七十
一彭氏謝松年妻二十六歲夫亡撫遺腹子娶而夭撫孫成立壽七十六趙氏張祥麟妻二十

九歲夫亡撫子娶而夭撫孫成立壽七十八

徐氏許有彩妻二十歲夫亡撫遺腹子成立四十五歲卒

馮氏郭文進妻二十四歲夫亡無子六十七歲卒

郭氏葉淩青繼妻三十六歲夫亡撫子五十三歲卒

錢氏繆天助妻二十九歲夫亡六十三歲卒

張氏許艮貴妻二十七歲夫亡無子六十八歲卒

朱氏周世英妻三十七歲夫亡壽七十二

季氏張世賢妻二十八歲夫亡撫子六十歲卒

蔡氏范文秀妻二十八歲夫亡六十八歲卒

包氏郭巨川妻三十八歲夫亡壽七十四

潘氏許在海妻三十七歲夫亡四十九歲卒

張氏徐運清妻三十七歲夫亡壽八十二

周氏徐振凡妻三十九歲夫亡壽八十七

朱氏許君芝妻二十三歲夫亡六十二歲卒

陳氏趙通妻三十九歲夫亡壽七十六

許氏張心佩妻許汝亮女二十六歲夫亡家貧依母五十八歲卒

蔣氏陳廷祿妻三十歲夫亡五十九歲卒

許氏蔡彥清妻二十六歲夫亡壽八十六

繆氏郭元宰繼妻二十七歲夫亡六十七歲卒

孫氏錢朝元妻二十八歲夫亡六十三歲卒

繆氏郭鳴山妻三十九歲夫亡壽八十一

錢氏張起發妻三十歲夫亡六十歲卒

高氏許維祿妻三十歲夫亡五十三歲卒

張氏趙廷銓妻張祥麟女二十九歲夫亡撫子四十五歲卒

繆氏許元妻三十歲夫亡壽七十二

杭氏許國芳繼妻二十六歲夫亡子夭撫嗣孫六十三歲卒

劉氏錢大成妻二十八歲夫亡四十六歲卒

王氏許天昇妻二十七歲夫亡六十七歲卒

孔氏繆德宏妻二十四歲夫亡六十五歲卒

繆氏陶上林妻三十歲夫亡壽七十四

顧氏郭敢明妻三十歲夫亡撫子壽七十

蔡氏向治中妻二十七歲夫亡無子壽八十

范氏童成章妻三十七歲夫亡撫子壽七十七

錢氏郭疇妻二十七歲夫亡壽七十五

范氏許士成妻三十歲夫亡五十二歲卒

於氏許德彩妻二十七歲夫亡四十二歲卒

曹氏邵芾繼妻二十三歲夫亡五十四歲卒

張氏郭正賢妻二十八歲夫亡壽七十四

趙氏蔡廷揚妻三十九歲夫亡壽八十二

山氏陶御興妻二十八歲夫亡壽七十七

錢氏蔡琥繼妻二十六歲夫亡三十八歲卒

包氏許銓妻二十五歲夫亡六十歲卒

許氏繆嗣昭妻三十歲夫

亡五十九歲卒

周氏宋和妻二十六歲夫亡壽七十三

蔡氏陶新德妻二十九歲夫亡五十九歲卒

李氏蔡有虔妻二十一歲夫亡五十八歲卒

郭氏瞿金城妻二十三歲夫亡三十九歲卒

葉氏武生許夢熊妻二十六歲夫亡五十一歲卒

唐氏許天球妻二十三歲夫亡三十五歲卒

姚氏監生張坦妻二十四歲夫亡四十五歲卒

錢氏許聚奎妻二十六歲夫亡三十八歲卒

孫氏許敘才妻二十九歲夫亡撫嗣嗣夭又撫孫

徐氏范文奎妻二十九歲夫亡

郭氏吳茂才妻二十九歲夫亡

郭氏顧建廷妻二十九歲夫亡

許氏顧安榮妻二十七歲夫亡

葛氏吳天生妻三十歲夫亡

錢氏蔡建中妻三十歲夫亡

朱氏蔡炳文妻二十八歲夫亡

李氏郭殿文妻二十七歲夫亡

朱氏庠生郭孚尹妻二十五歲夫亡

繆氏葛耀榮妻二十九歲夫亡

繆氏監生范循潤妻二十九歲夫亡

樊氏武生潘廷柏妻二十七歲夫亡

趙氏邵永諧妻二十四歲夫亡

黃氏葉繼南妻二十九歲夫亡

朱氏吳觀海妻二十八歲夫亡

范氏監生郭俊妻二十八歲夫亡

顧氏舉人趙國權妾二十五歲夫亡嫡徐氏雙瞽子三歲衣食咸取給於十指壽七十六

顧氏許拭之妾二十七歲夫亡撫嫡子成立

以上楊舍

范氏殷倬雲妻三十歲夫亡孝孀姑撫三子壽八十六

朱氏趙貴寶妻二十六歲夫亡奉事孀姑姑歿哭幾喪明日夜操作六十五歲卒

錢氏趙堅妻貢生錢掄女三十九歲夫亡撫嗣

陶氏趙同聲妻二十歲夫亡撫嗣奉事病翁二十餘年

陶氏趙聲貴妻二十一歲夫亡六十八歲卒

陳氏趙同馨妻二十八歲夫亡六十四歲卒

李氏趙學詩妻二十三歲夫亡撫遺腹子成立壽七十

盧氏趙同典妻二十九歲夫亡壽七十七

卞氏李志華妻二十八歲夫亡六十三歲卒

楊氏徐永昌妻二十四歲夫亡壽八十八

陸氏張加祿妻二十九歲夫亡壽七十七

趙氏徐德輝妻二十九歲夫亡六十七歲卒

徐氏趙同麒妻二十七歲夫亡六十歲卒

徐氏唐進山妻二十二歲夫亡壽七十三

趙氏許心和妻二十九歲夫亡四十五歲卒

唐氏趙掌妻二十一歲夫亡壽七十八

徐氏

趙有成妻二十七歲夫亡壽七十二趙氏陳富繼妻三十歲夫亡六十三歲卒胡氏趙士洪妻二十七歲夫亡張氏職員許昂妻三十歲夫亡湯氏蘇廷銘妻二十八歲夫亡趙氏邵學義妻二十九歲夫亡葛氏唐龍順妻二十五歲夫亡何氏吳元發妻二十七歲夫亡陳氏唐裕朝妻二十五歲夫亡惠氏張廷椿妻二十三歲夫亡龔氏庠生趙驪妾二十歲夫亡四十二歲卒以上

章卿

華氏邱樹德妻三十歲夫亡孀姑趙氏患瘋疾晨夕扶持爲兩幼叔婚娶撫子成立王氏殷近山妻二十五歲夫亡撫遺腹子成立壽八十顧氏周應倫妻二十一歲夫亡無子劉氏張期瑋妻二十八歲夫亡撫子業璇娶而夭借媳撫孫壽七十二季氏張業璇妻二十八歲夫亡奉姑撫子成立楊氏張克明妻二十八歲夫亡五十八歲卒王氏張福妻二十三歲夫亡守節三十二年張氏侯天爵妻三十歲夫亡撫子成立季氏周大艮妻二十八歲夫亡撫子糟糠度日陸氏夏九錫妻二十

八歲夫亡壽八十繆氏盧加貞妻二十九歲夫亡六十六歲卒俞氏盧履周妻二十七歲夫亡事孀姑撫二子六十九歲卒張氏孫德輝妻十九歲夫亡撫子四十二歲卒徐氏黃國儀妻二十九歲夫亡六十三歲卒盧氏薛爾祥妻二十八歲夫亡五十八歲卒許氏吳公茂妻二十六歲夫亡撫子成立六十一歲卒鄔氏周起鳳妻二十八歲夫亡撫子成立盧氏監生卞孟傑妻二十九歲夫亡壽七十范氏陳艮才妻二十六歲夫亡事孀姑趙氏二十五年壽七十一劉氏周仲斌妻三十歲夫亡壽七十七季氏孫慶來妻二十九歲夫亡壽八十三俞氏王德中妻二十九歲夫亡四十六歲卒巫氏朱士濤妻二十四歲夫亡撫子娶婦子婦俱歿撫二孫成立壽八十邱氏徐洪基妻二十四歲夫亡子殤撫嗣孫壽七十九黃氏祁壽先妻二十九歲夫亡有逼醮者控官得免壽八十四曹氏張玉楚妻二十二歲夫亡壽八十五張氏徐怡妻二十一歲夫亡六十三歲卒周氏陳沛時妻二十九歲夫亡壽七十四張氏徐有蘭妻十九歲夫亡撫嗣六十三歲卒俞氏曹炳

文妻二十七歲夫亡六十歲卒李氏監生周宗洙妻二十九歲夫亡刲股療姑病六十四歲卒李氏施秉臣妻二十八歲夫亡壽七十三趙氏孫謙益妻二十八歲夫亡六十四歲卒盧氏吳名綱妻二十二歲嫁兩月夫亡撫嗣盈科成立壽七十四夏氏吳煒妻二十九歲夫亡五十九歲卒沈氏杜瑞隆妻二十一歲夫亡撫子娶而夭孫又殤五十七歲卒陳氏丁文翰妻二十七歲夫亡五十五歲卒虞氏陳易初妻二十八歲夫亡四十五歲卒周氏居堯年妻二十九歲夫亡壽八十一卞氏李自明妻二十四歲夫亡六十六歲卒趙氏蔣天成妻二十六歲夫亡壽八十二李氏張仁鳳妻二十九歲夫亡六十歲卒徐氏趙和妻二十四歲夫亡五十九歲卒劉氏監生周玉山妻二十四歲夫亡撫子成立壽七十一徐氏陳坤元妻二十九歲夫亡六十歲卒王氏盧有光妻二十九歲夫亡壽八十王氏顧九思妻二十七歲夫亡五十七歲卒方氏孫思敬妻三十歲夫亡五十八歲卒林氏高惟臣妻二十五歲夫亡六十三歲卒張氏唐世高妻二十九歲夫亡壽七十五陳

氏沙士進妻二十一歲夫亡壽七十六沈氏繆宏德繼妻二十三歲夫亡五十五歲卒陳氏張廷綬妻二十六歲夫亡六十七歲卒丁氏張志熙妻二十八歲夫亡五十五歲卒張氏吳鈞妻三十歲夫亡四十八歲卒徐氏趙希賢妻二十八歲夫亡五十歲卒張氏龍鳳彩妻三十歲夫亡六十二歲卒施氏蔣士嘉妻二十八歲夫亡五十九歲卒劉氏卞汶川妻三十歲夫亡五十三歲卒沈氏張廷綵妻二十八歲夫亡五十一歲卒何氏蔣加裕妻二十七歲夫亡徐氏張廷綖妻二十七歲夫亡徐氏張廷紳妻二十七歲夫亡徐氏許隆盛妻二十五歲夫亡有逼嫁者氏剪髮刺喉控官得免蔣氏孫正朝妻二十九歲夫亡尤氏江啟開妻二十七歲夫亡張氏陳友賢妻二十九歲夫亡劉氏孫孝賢妻二十七歲夫亡楊氏陸愛堂妻二十六歲夫亡徐氏張若梅妻二十八歲夫亡周氏王召棠妻二十四歲夫亡張氏劉秉德妻二十九歲夫亡撫子成立割股療翁姑病壽皆至八十餘陳氏蔣有智妻三十歲夫亡徐氏任大升妻二十二歲夫亡秦氏施有

達妻二十二歲夫亡王氏張文奎妻二十八歲夫亡劉氏王宏道妻二十九歲夫亡吳氏劉躍
淵妻二十二歲夫亡曹氏韋殿成妻二十五歲夫亡居氏盧朝宗妻二十五歲夫亡李氏范廷
山妻三十歲夫亡王氏陳錦春妻二十三歲夫亡黃氏吳立信妻二十二歲夫亡徐氏王汝
渙妻二十六歲夫亡夏氏封育麟妻二十四歲夫亡趙氏陳大忠妾二十七歲夫亡撫子艮才娶而
天壽七十七曹氏張宗傳妾二十九歲夫亡以上大橋
馬氏于聯芳妻二十九歲夫亡撫遺腹子進珍成立任氏張廷秀妻二十五歲夫亡無子孟氏王秉
仁妻二十歲夫亡撫匝月子成立蔣氏徐希賢妻二十四歲夫亡無子壽七十七孫氏黃渡妻二
十五歲夫亡子甫百日撫之成立黃氏許聖公妻三十歲夫亡與妾湯氏共守孝養孀姑六十二歲卒
卞氏顧世安妻二十七歲夫亡朱氏王纘脩妻二十九歲夫亡善事翁姑翁亡與姑同寢處姑歿號
泣成疾卒黃氏梅騰九妻二十七歲夫亡朱氏庠生陸位公妻二十八歲夫亡撫嗣亦夭倪氏

庠生張敩妻二十七歲夫亡五十八歲卒薛氏張範妻二十八歲夫亡壽七十八黃氏陳瑞蘭妻
二十八歲夫亡壽九十二孫氏黃友南妻二十二歲夫亡撫子成立六十六歲卒韓氏胡習先妻
二十四歲夫亡壽七十八陸氏黃殿侯妻二十九歲夫亡撫子成立歲飢嘗出粥以濟壽七十九徐
氏黃秉衡妻二十九歲夫亡壽八十六黃氏胡時山妻二十三歲夫亡壽七十一黃氏王玉賓妻
三十歲夫亡壽七十三徐氏庠生楊品妻三十歲夫亡四十五歲卒梅氏俞加諒妻二十七歲
夫亡六十六歲卒盧氏胡邦翰妻二十八歲夫亡壽八十二姜氏胡金聲妻二十六歲夫亡四十
八歲卒嚴氏陳永亨妻十九歲夫亡撫嗣終身素服三十八歲卒瞿氏監生許全義妻三十歲夫
亡壽七十九陳氏湯傳一妻二十五歲夫亡壽七十七楊氏陳之俊妻三十歲夫亡五十三歲卒
方氏黃志高妻三十歲夫亡壽八十五許氏徐鳳齡妻三十歲夫亡壽七十四吳氏王洪
賓妻二十四歲夫亡六十五歲卒陳氏黃友鳳妻二十六歲夫亡六十三歲卒陶氏楊惟宗妻

三十歲夫亡壽八十二胡氏陳大文妻二十歲夫亡四十二歲卒孫氏方朝起妻二十七歲夫亡
五十三歲卒龐氏朱國茂妻二十九歲夫亡五十七歲卒陳氏方渭田妻二十五歲夫亡三十
八歲卒薛氏許思覲妻二十五歲夫亡五十九歲卒陳氏張雲鶴繼妻二十二歲夫亡三十一
歲卒黃氏湯敘龍妻三十歲夫亡六十四歲卒徐氏黃士昌妻二十九歲夫亡六十一歲卒王
氏瞿廣德妻二十一歲夫亡四十五歲卒申氏郁維周妻二十七歲夫亡六十一歲卒徐氏
楊君壽妻二十四歲夫亡三十九歲卒懷氏馬繼仁妻二十五歲夫亡四十三歲卒顧氏朱大
能妻二十五歲夫亡五十一歲卒陸氏許二觀妻二十六歲夫亡六十三歲卒楊氏黃燦然妻
二十四歲夫亡壽八十六黃氏曹國珍妻二十三歲夫亡五十歲卒方氏尤廷開妻二十八歲夫亡
許氏胡行先妻二十歲夫亡戴氏胡楚山妻三十歲夫亡丁氏湯士龍妻二十七歲夫亡
何氏顧鼎爵妻三十歲夫亡蔣氏王祥林妻二十八歲夫亡章氏陳敬一妻二十八歲夫亡

何氏陳聖高妻二十九歲夫亡李氏劉應鵬妻二十五歲夫亡包氏楊天秩妻二十五歲夫亡
朱氏黃亦才妻三十歲夫亡張氏蔣朝泰妻二十五歲夫亡陳氏陸宗聖妻二十六歲夫亡
吳氏顧爾安妻二十五歲夫亡顧氏丁朝愷妻二十歲夫亡周氏胡友才妻二十七歲夫亡
吳氏黃正先妻二十八歲夫亡李氏陳錦儀妻二十七歲夫亡黃氏庠生秦世珍妻二十六歲
夫亡喻氏湯勝培妻二十九歲夫亡吳氏胡仁鳳妾二十八歲夫亡壽八十一潘氏劉國珍妾
二十七歲夫亡五十二歲卒以上三官
秦氏尤雲瑞妻二十九歲夫溺死夫弟欲奪其志不從及娣歿三姪幼氏撫之陸氏劉文萃妻嫁二十一
日夫亡李氏羅文俊妻三十一歲夫亡撫嗣娶而天復撫孫季氏尹舉萃妻夫亡撫子養翁姑三
十六年黃氏王文裕妻嫁三月夫亡遺腹子天撫嗣李氏劉靖宣妻嫁逾月夫亡守節四十八
年二劉氏顧登之子妻諸生劉燈女三十九歲夫亡子天撫嗣既娶與婦俱歿復撫孫壽近八旬卒姚

氏黃志文妻二十八歲夫亡仰氏尤雲彩妻二十四歲夫亡無子黃氏蕭茂初妻二十九歲夫亡撫子祝氏顧允貞妻三十八歲夫亡撫子徐氏黃芳華妻夫亡撫妾遺腹子成立李氏羅士賢妻二十五歲夫亡壽七十五羅氏徐九高妻二十八歲夫亡壽八十黃氏徐開先妻二十四歲夫亡壽八十一陸氏徐宗望妻二十三歲夫亡壽七十九陳氏黃廷序妻二十一歲夫亡壽七十七譚氏吳有成妻三十歲夫亡撫子六十六歲卒楊氏徐大榮妻三十歲夫亡壽九十張氏尹大賓妻二十九歲夫亡六十三歲卒聞氏武生金大中妻二十九歲夫亡壽八十一吳氏陸世容妻二十九歲夫亡壽八十潘氏錢興佐妻二十七歲夫亡壽七十一羅氏金聘儒妻二十五歲夫亡四十七歲卒繆氏殷士昂妻二十六歲夫亡四十二歲卒姚氏潘聖才妻三十歲夫亡五十五歲卒周氏沈廷選妻三十歲夫亡陸氏俞德聖妻二十五歲夫亡陳氏解鳳華妻二十五歲夫亡周氏庠生徐烈妻二十八歲夫亡徐氏劉元汴妻二十四歲夫亡曹氏劉元勳妻二十

四歲夫亡李氏陳憲武妻三十歲夫亡姚氏徐茂忠妻二十九歲夫亡以上雙牌

馮氏崔四妻二十一歲嫁未逾年夫亡無子歲飢乞食里中壽七十二黃氏張承祖妻二十七歲夫亡章氏徐允升妻二十三歲夫亡五十五歲卒吳氏徐兆芳妻二十五歲夫亡六十四歲卒承氏謝勝宗妻二十四歲夫亡五十歲卒姚氏殷殿邦妻二十七歲夫亡五十七歲卒沈氏單耀祖妻二十六歲夫亡蔣氏奚元興妻二十八歲夫亡楊氏殷鳳梧妻二十九歲夫亡江氏譚禮和妻三十歲夫亡劉氏夏遇隆妻二十九歲夫亡吳氏承宏猷妻二十七歲夫亡以上謝園

張氏考職府經歷陳維賢妻二十七歲夫亡撫子張氏袁天爵妻二十六歲夫亡撫子樹氏曹維相妻二十四歲夫亡撫子黃氏呂天惠妻二十三歲夫亡撫遺腹子成立張氏聞以言妻二十四歲夫亡善事翁姑徐氏趙麟振妻二十一歲夫亡壽八十三袁氏蔣應懷妻二十八歲夫亡壽七十

羅氏蔣尊一妻二十九歲夫亡撫嗣五十七歲卒金氏周世富妻二十六歲夫亡壽七十唐氏蔣崇禮妻二十三歲夫亡六十二歲卒蔣氏陸維新妻二十六歲夫亡壽七十二沈氏聞學海妻三十歲夫亡四十四歲卒陳氏趙本榮妻二十五歲夫亡五十六歲卒顧氏龐學潮妻三十歲夫亡呂氏尤禹鴻妻二十二歲夫亡許氏蔣興妻二十二歲夫亡吳氏蔡有容妻三十歲夫亡沈氏蔣洪道妻二十九歲夫亡劉氏梅遇發妻二十四歲夫亡沙氏呂紹宏妻二十八歲夫亡徐氏周曰珙繼妻二十五歲夫亡繆氏蔣士衡妻二十八歲夫亡劉氏馮念祖妻二十六歲夫亡以上蔡涇

陳氏黃建極妻二十七歲夫亡撫子壽七十徐氏黃琯妻二十八歲夫亡撫二子成立壽八十五周氏陳子吉妻二十一歲夫亡撫子壽八十六黃氏唐祖耀妻二十一歲夫亡壽七十六唐氏蔡元進妻二十七歲夫亡壽七十八朱氏丁長年妻二十五歲夫亡壽八十一張氏吳士龍妻二十八歲

夫亡壽七十二戴氏黃珍如妻二十歲夫亡三十歲卒陳氏阮聖生妻二十八歲夫亡張氏華如龍妻二十二歲夫亡繆氏陳明義妻二十八歲夫亡陳氏顧君召妻三十歲夫亡以上月城

林氏黃君惠妻二十三歲夫亡謝氏黃大章妻二十四歲夫亡撫遺腹子成立壽七十五江氏梁某妻二十歲夫亡壽七十餘張氏陸維義妻二十七歲夫亡壽七十嚴氏黃萬卷妻三十歲夫亡壽七十八單氏浦乾一妻二十四歲夫亡壽七十八蔣氏黃萬增妻二十四歲夫亡撫子世忠娶而夭壽七十六顧氏黃世忠妻二十五歲夫亡事姑五十八歲卒陳氏吳國枋妻二十九歲夫亡壽七十二黃氏陳鶴年妻二十四歲夫亡六十六歲卒杜氏蔣象鼎妻二十二歲夫亡六十歲卒宋氏蘇上儀妻二十歲夫亡三十歲卒陳氏繆秉彝妻二十五歲夫亡金氏朱鳳儀妻二十七歲夫亡岳氏浦鳳池妻二十三歲夫亡周氏陳景蓮妻二十四歲夫亡以上夏城

呂氏薛華如妻二十七歲夫亡壽七十九
楊氏倪國任妻三十歲夫亡撫嗣娶而夭與媳同守
丁氏殷洪如妻三十歲夫亡
劉氏薛宗元妻二十九歲夫亡五十七歲卒
周氏陳文昭妻二十九歲夫亡壽八十
謝氏劉漢能妻二十七歲夫亡壽七十二
彭氏金文彩妻二十二歲夫亡壽八十四
陳氏崔德榮妻二十四歲夫亡壽七十四
周氏劉士榮妻二十七歲夫亡六十八歲卒
徐氏楊惟馨妻二十歲夫亡撫未期月子成立四十五歲卒
吳氏顧文元妻二十四歲夫亡壽七十六
承氏劉學英妻二十五歲夫亡壽七十一
葛氏楊春華妻二十八歲夫亡六十三歲卒
顧氏嚴鳳來妻二十八歲夫亡五十三歲卒
薛氏楊舜年妻二十九歲夫亡
尹氏李國忠妻二十七歲夫亡
劉氏錢有榮妻二十九歲夫亡
江氏劉之蒸妻二十九歲夫亡
王氏劉仁章妻二十九歲夫亡

以上黃橋

張氏焦一韓妻二十一歲夫亡撫嗣騰鶴遊庠壽七十六
丁氏吳景謙妻二十八歲夫亡壽八十三

張氏孫哲人妻三十歲夫亡撫子成立
顧氏孫我華妻二十九歲夫亡孝事孀姑壽八十四
李氏金導和妻二十一歲夫亡養祖姑及姑數十年六十二歲卒
焦氏馬鳴旦妻二十歲夫亡六十五歲卒
諸氏庠生戚璆妻二十九歲夫亡撫子文漪遊庠壽七十八
馬氏黃仲候妻二十七歲夫亡壽七十四
李氏監生王達聰妻二十九歲夫亡守節二十年
黃氏戚廷鉞妻二十三歲夫亡奉事孀姑撫嗣成立壽七十二
錢氏周南基妻二十五歲夫亡
沈氏黃鉌妻二十一歲夫亡五十四歲卒
薛氏杜殿邦妻二十九歲夫亡
黃氏王鳴三妻二十二歲夫亡
吳氏蔣堯臣妻二十九歲夫亡六十三歲卒
徐氏沈上采繼妻二十六歲夫亡壽八十三
薛氏庠生周恒繼妻二十八歲夫亡撫子
薛氏庠生李樹中妻二十七歲夫亡
華氏李子翼妻二十八歲夫亡六十七歲卒
薛氏李子屏妻二十七歲夫亡五十三歲卒
謝氏李子宣妻二十六歲夫亡妯娌四節
樹氏謝大紀妻二十七歲夫亡
季氏謝澄妻二十八歲夫亡撫遺腹子成立
劉氏謝庭聘妻二十七歲夫亡撫二子毀容截髮以禦外侮六十九歲卒
潘氏范子榮妻二十八歲夫亡
樹氏王廷瑞妻二十五歲夫亡
周氏徐孟達妻旌表忠義周克新女十九歲夫亡無子女守節六十七年
金氏葛之杰繼妻二十七歲夫亡撫子永安早卒與媳賈氏相依六十二歲卒
徐氏胡之傑妻二十六歲夫亡撫嗣嗣夭復撫嗣孫壽七十三
鄧氏夏藩臣妻二十五歲夫亡
焦氏章子彝繼妻十八歲嫁一月夫亡守節二十六年
徐氏庠生黃羲妻二十八歲夫亡奉翁姑撫嗣成立壽七十八
吳氏戚甘來妻二十三歲夫亡壽八十二
黃氏謝二宜妻二十七歲夫亡姑瞽奉養二十餘年撫子成立壽七十三
華氏莊叔建妻無錫華如淳女二十八歲夫亡壽八十七
孫氏謝天祥妻十八歲夫亡
陳氏崔鼎章妻二十七歲夫亡五十九歲卒
周氏江賓臣妻二十六歲夫亡
蔣氏季天章妻二十九歲夫亡壽七十四
胡氏章贊韶妻二十七歲夫亡壽八十四
顧氏孫兆熊妻二十八歲夫亡壽七十九
謝氏吳用修妻二十八歲夫亡撫子日食或僅一餐六十二歲卒
孫氏謝天成妻十九歲夫亡壽九十
薛氏包逢文妻十九歲夫亡壽八十六

朱氏吳日省妻二十六歲夫亡無子姪進恭失怙恃撫之成立壽七十二
楊氏庠生周近仁妻二十八歲夫亡五十六歲卒
徐氏監生程鳴謙繼妻三十歲夫亡壽八十一
劉氏吳成德妻二十九歲夫亡撫子壽七十
李氏汪永祚妻三十歲夫亡壽七十一
張氏李芝之庭繼妻二十七歲夫亡六十三歲卒
謝氏潘文嘉妻三十歲夫亡壽九十七
焦氏李大詔妻二十九歲夫亡五十五歲卒
謝氏沈允中妻二十五歲夫亡壽八十九
汪氏劉大衍妻三十歲夫亡撫子遊庠壽七十五
薛氏謝海南妻二十七歲夫亡六十三歲卒
沈氏潘宏發妻二十四歲夫亡壽七十八
吳氏胡廷玉妻十八歲夫亡壽八十二
吳氏程汝登妻二十二歲夫亡四十八歲卒
須氏陶貽翼妻三十歲夫亡壽七十
薛氏黃承烈妻三十歲夫亡六十九歲卒
薛氏庠生黃一桂妻二十八歲夫亡撫子遊庠六十二歲卒
黃氏吳性安妻二十五歲夫亡壽七十三
夏氏陶起渭妻二十六歲夫亡五十九歲卒
黃氏李柏齡妻二十五歲夫亡撫嗣四十八歲卒
沈氏徐茂

枚妻二十二歲夫亡六十七歲卒夏氏沈丕承妻二十九歲夫亡撫遺腹子成立壽七十九尹氏
程濬川妻二十二歲夫亡五十六歲卒吳氏郭培元妻二十七歲夫亡壽七十九樹氏沈金書妻
二十五歲夫亡六十九歲卒潘氏沈添池妻二十八歲夫亡六十八歲卒戚氏朱朝儀妻三十
歲夫亡六十六歲卒曹氏監生程榮繼妻三十歲夫亡壽七十四宋氏沈廷榮妻二十九歲夫亡
壽八十五孫氏監生葛夢錦妻二十八歲夫亡撫子課孫春榕遊庠壽八十胡氏吳芝田妻三十
歲夫亡六十八歲卒馬氏胡霷妻二十九歲夫亡壽八十四陸氏庠生胡霳妻二十八歲夫亡撫
子五十三歲卒陳氏庠生徐文山繼妻二十二歲夫亡壽七十一黃氏莊泰元妻二十七歲夫亡
六十八歲卒崔氏程棠妻三十歲夫亡壽七十六袁氏汪洽繼妻二十一歲夫亡五十三歲卒
馬氏汪沛妻二十九歲夫亡與姒袁氏同守壽七十二謝氏樹玉振妻二十三歲夫亡撫子懿德
成立六十八歲卒趙氏樹震階妻二十五歲夫亡六十九歲卒李氏馬煜妻二十六歲夫亡五

十五歲卒薛氏李繼祖妻二十四歲夫亡撫子成立壽七十二陳氏沈泰妻二十七歲夫亡六十歲
卒王氏姚茂先妻二十八歲夫亡壽七十二顧氏胡鳳翔妻二十六歲夫亡六十歲卒李氏
沈宗玉妻二十八歲夫亡壽七十李氏沈汝霖妻二十四歲夫亡五十三歲卒蔣氏郭介眉妻
二十四歲夫亡六十一歲卒劉氏葛琛妻二十四歲夫亡六十歲卒黃氏李培基妻二十歲夫
亡撫嗣五十三歲卒章氏黃耀妻二十二歲夫亡六十六歲卒程氏沈其相妻二十九歲夫亡五十
七歲卒馬氏李承基妻二十二歲夫亡撫子娶而夭與媳相依五十歲卒張氏謝庭芝妻二十
三歲夫亡五十三歲卒戚氏張際憲妻二十七歲夫亡四十四歲卒蔣氏沈韶妻二十八歲夫
亡四十二歲卒樹氏袁宏道妻二十八歲夫亡守節三十七年陳氏徐宏明妻二十九歲夫亡四十
七歲卒呂氏沈惟勤繼妻二十一歲夫亡馬氏庠生程夢沅繼妻二十七歲夫亡徐氏
武生劉愷繼妻二十八歲夫亡周氏王鳳彩妻二十九歲夫亡童氏潘元興妻二十三歲夫亡無子

馬氏周淇妻三十歲夫亡王氏張士秀妻二十九歲夫亡陸氏崔應昌妻三十歲夫亡張
氏薛東旭妻三十歲夫亡朱氏沈士衡妻三十歲夫亡謝氏周之冕妻二十五歲夫亡撫遺
腹子成立葛氏程士瑛妻廩生葛覲南女二十二歲夫亡撫子成立趙氏周正昌妻二十五歲夫亡
王氏顧旭初妻二十七歲夫亡薛氏陸景宣妻二十七歲夫亡薛氏孫含璜妻二十八歲夫亡
劉氏黃文彩妻二十七歲夫亡李氏陸紹言妻二十二歲夫亡倪氏張耀如妻二十一歲夫亡
黃氏章市妻二十四歲夫亡邱氏劉敦厚繼妻二十九歲夫亡余氏庠生劉煒妻三十歲
夫亡撫子成立潘氏庠生戚垣妾二十六歲夫亡撫嫡子鐸成立壽八十四花氏增生馬爌妾二
十五歲夫亡嫡因其年少欲嫁之不從

以上青暘

葉氏薛聖臨妻二十九歲夫亡五十七歲卒樹氏薛驥繼妻二十二歲夫亡五十七歲卒薛氏
徐延齡妻二十三歲夫亡六十歲卒邱氏薛廷燦妻二十八歲夫亡五十三歲卒成氏薛來諗妻

二十六歲夫亡三十九歲卒焦氏庠生薛集成妻二十八歲夫亡撫子雲路餼於庠雲路卒又撫孫壽
七十四張氏薛方來妻二十二歲夫亡翁病姑瞽勤紡織以養六十八歲卒楊氏薛亶聰妻二十
四歲夫亡壽七十二陳氏薛景先妻二十七歲夫亡六十九歲卒李氏薛逢時妻二十九歲夫亡
六十七歲卒錢氏薛銑妻二十一歲夫亡撫子三十八歲卒金氏戴世臣妻二十九歲夫亡四十
四歲卒張氏薛中妻二十八歲夫亡六十歲卒徐氏奚適茲妻二十七歲夫亡撫嗣震龍遊庠
五十七歲卒趙氏薛宏甫妻二十六歲夫亡李氏薛雲霆妻二十九歲夫亡壽七十二丁氏
廉子綱妻二十九歲夫亡姚氏邱有祈妻二十五歲夫亡孝事孀姑撫子娶而夭復撫孫壽七十三張
氏朱國昇妻二十四歲夫亡壽七十五季氏考職州同徐馨遠繼妻二十九歲夫亡與前室子婦胡氏
矢守壽七十五胡氏徐枚妻二十五歲夫亡同姑季氏撫子文炳四十八歲卒黃氏徐文炳妻二十
八歲夫亡壽七十一劉氏薛孔昭妻三十歲夫亡壽八十二馮氏薛鳳翩妻二十六歲夫亡四十

八歲卒 李氏庠生薛安定妻二十八歲夫亡六十八歲卒 王氏薛鳳紀妻二十一歲夫亡六十五歲卒 張氏薛來朝妻二十二歲夫亡四十六歲卒 陳氏薛來讓妻二十九歲夫亡五十四歲卒 陳氏顧洪宣妻二十九歲夫亡四十六歲卒 郭氏薛振業妻二十七歲夫亡五十六歲卒 顧氏貤贈奉政大夫薛來珏妻貤贈宜人二十八歲夫亡六十五歲卒 張氏薛民瞻妻三十歲夫亡四十七歲卒 秦氏薛文泗妻二十三歲夫亡壽七十四 徐氏薛隆魁妻二十七歲夫亡壽七十一 陳氏顧廷瓏繼妻二十八歲夫亡五十四歲卒 沈氏薛隆藻妻二十九歲夫亡六十四歲卒 黃氏薛鳳儀妻二十四歲夫亡六十九歲卒 樹氏顧文彬妻二十三歲夫亡五十六歲卒 吳氏薛奎光妻二十六歲夫亡五十歲卒 蔣氏胡翔九妻二十二歲夫亡六十九歲卒 劉氏薛文炳妻二十五歲夫亡五十三歲卒 張氏薛洲妻二十九歲夫亡五十五歲卒 過氏庠生薛曉珠妻三十歲夫亡五十四歲卒 潘氏顧乾文妻三十歲夫亡五十五歲卒 王氏薛善遠妻二十七歲夫亡

壽七十三 夏氏薛俊德妻二十二歲夫亡壽八十二 張氏薛彩華妻二十九歲夫亡壽七十五 江氏顧誥妻二十五歲夫亡壽八十二 胡氏徐壽繼妻三十歲夫亡壽七十九 李氏薛靜專妻三十歲夫亡壽七十二 馮氏薛茂宗妻二十一歲夫亡六十二歲卒 胡氏陳瑞鳳妻二十五歲夫亡六十八歲卒 陳氏薛大倫妻二十五歲夫亡四十四歲卒 奚氏薛柳徵妻三十歲夫亡六十一歲卒 張氏薛紀方妻二十八歲夫亡五十歲卒 任氏薛鑑妻二十一歲夫亡五十五歲卒 朱氏胡順元妻二十二歲夫亡五十七歲卒 匡氏薛惟章妻二十一歲夫亡六十九歲卒 鄧氏張文華妻二十六歲夫亡六十三歲卒 薛氏石韞宗妻二十三歲夫亡壽八十八 韋氏奚起凡妻三十歲夫亡與妾朱氏同矢守五十八歲卒 徐氏庠生奚顯峯妻二十六歲夫亡壽七十九 陳氏奚溢功妻二十六歲夫亡六十五歲卒 奚氏邱有祺妻二十六歲夫亡六十五歲卒 張氏奚緘三妻二十四歲夫亡六十一歲卒 韋氏曾正攸妻二十七歲夫亡四十九歲卒 張氏曾愼行妻

二十八歲夫亡六十二歲卒 徐氏石孝稱妻二十八歲夫亡壽七十七 蔣氏奚起龍妻三十歲夫亡壽七十六 奚氏曾紹祖妻二十二歲夫亡事孀姑撫子壽七十二 奚氏廩生李芹妻二十八歲夫亡壽七十一 奚氏監生石駿聲妻二十一歲夫亡壽八十三 顧氏馮立言妻二十九歲夫亡壽七十 奚氏石勝鋒妻二十一歲夫亡壽七十六 薛氏胡大法妻二十二歲夫亡壽七十一 石氏曾宏寰妻二十九歲夫亡四十九歲卒 莫氏奚朝校妻二十七歲夫亡壽七十二 黃氏石國榮妻二十一歲夫亡五十二歲卒 石氏曾義和妻二十六歲夫亡五十二歲卒 周氏奚天篤妻二十四歲夫亡四十八歲卒 葉氏邱嘉倩妻二十四歲夫亡六十四歲卒 江氏薛士達妻三十歲夫亡 胡氏奚大文繼妻二十五歲夫亡 薛氏奚愼夫妻二十九歲夫亡 曾氏奚熙凝妻二十四歲夫亡 任氏周啟瑞妻二十七歲夫亡 陳氏薛曾美妻二十七歲夫亡 胡氏顧體仁妻二十七歲夫亡 顧氏庠生徐汝霖妻二十七歲夫亡 徐氏奚鳴善妻二十一歲夫亡 馮氏任瑞

元妻三十歲夫亡 李氏馮超元妻二十四歲夫亡 胡氏丁芳年妻二十九歲夫亡 潘氏薛一鴻妻二十五歲夫亡 華氏薛虞瑞妻二十五歲夫亡 吳氏奚朝友妻二十九歲夫亡 奚氏石榮興妻二十七歲夫亡 沈氏薛效妻二十九歲夫亡 唐氏薛夢沅妻二十一歲夫亡 嚴氏薛景星妻二十五歲夫亡 倪氏薛續妻二十七歲夫亡 朱氏薛系鶴妻二十三歲夫亡 杜氏監生薛昂妻二十九歲夫亡 張氏武生薛銘盤妾二十九歲夫亡守節四十七年 宋氏奚起凡妾二十二歲夫亡撫子壽七十二 朱氏諸生石玉麟妾二十四歲夫亡撫嫡子遊庠壽七十六 諸氏薛德炌妾二十九歲夫亡壽七十 錢氏薛德烈妾二十五歲夫亡六十六歲卒 余氏薛錦妾三十歲夫亡六十三歲卒 邢氏薛隆藻妾二十八歲夫亡與嫡沈氏矢守壽七十一 以上四河

朱氏王翼明繼妻二十一歲夫亡壽八十三 薛氏徐璘若妻二十一歲夫亡撫子娶而夭與媳薛氏撫孫六十九歲卒 孔氏王時泰妻二十九歲夫亡撫嗣壽七十一 丁氏徐延耀妻二十九歲夫亡 許

氏黃玉茂妻二十九歲夫亡錢氏張漢侯繼妻二十七歲夫亡六十三歲卒徐氏張雲生妻二十
六歲夫亡壽七十六徐氏過月子妻二十九歲夫亡撫子文海遊庠程氏陳艮玉妻二十八歲夫亡
五十六歲卒朱氏孫綏來妻嫁月餘夫亡撫嗣六十一歲卒黃氏石文若妻二十八歲夫亡壽七
十一曾氏張大成妻二十四歲夫亡無子包氏俞芸生妻二十六歲夫亡撫嗣六十八歲卒馮
氏徐玉光妻二十一歲夫亡撫嗣成立王氏徐世美妻二十一歲夫亡臧氏王志周妻二十六歲
夫亡錢氏徐斌廷妻二十一歲夫亡孔氏徐克慎妻三十歲夫亡顧氏黃月旦妻二十九歲
夫亡五十六歲卒鄭氏黃仲茂妻二十二歲夫亡五十五歲卒沈氏朱振武妻二十七歲夫亡
六十八歲卒龔氏俞鵬祥妻二十三歲夫亡五十二歲卒陳氏朱源麒妻二十五歲夫亡四十
五歲卒李氏孫原若妻二十歲夫亡翁欲嫁之不從六十八歲卒黃氏朱源祥妻二十九歲夫亡
壽七十八王氏徐朝欽妻二十七歲夫亡四十五歲卒曾氏劉爾先妻二十六歲夫亡壽七十四

吳氏倪元範妻二十一歲夫亡壽七十二劉氏王鳴臯妻二十二歲夫亡壽七十石氏黃廷
佐妻二十八歲夫亡貧無所依或勸改適潛縊救免壽七十五曾氏劉西匡妻二十四歲夫亡壽七十七
辛氏徐朝昌繼妻二十二歲夫亡四十八歲卒張氏徐宗魁妻二十六歲夫亡事翁撫子壽七十一
孫氏黃芳燦繼妻二十九歲夫亡壽八十七張氏俞同學妻二十歲夫亡五十七歲卒唐氏
張德文妻二十八歲夫亡有覬其產者訴官立嗣四十七歲卒許氏庠生徐覬妻二十九歲夫亡壽七十
八孔氏龔憲宗妻二十歲夫亡撫遺腹子姑以貧議嫁之截髮自矢以十指養姑四十七歲卒張
氏劉鳳閣妻三十歲夫亡壽七十四潘氏張茂華妻十九歲夫亡壽八十九秦氏徐雲川妻
二十七歲夫亡四十六歲卒徐氏朱有耀妻二十一歲夫亡六十七歲卒徐氏鄧德文妻二十
四歲夫亡壽七十六黃氏徐宗士妻黃全五女二十七歲夫亡撫遺腹子成立六十一歲卒譚氏
張太和妻二十七歲夫亡六十一歲卒黃氏張肇勳妻三十七歲夫亡五十二歲卒孫氏徐昌

齡妻二十五歲夫亡六十四歲卒徐氏俞賢瑛妻二十三歲夫亡六十八歲卒顧氏徐指升妻
二十二歲夫亡壽七十七李氏徐思熙妻三十歲夫亡五十七歲卒范氏薛舜臣妻二十七歲夫亡
六十六歲卒陳氏俞日高妻三十歲夫亡六十八歲卒楊氏沈宗源妻二十七歲夫亡壽七十七
張氏黃玉池妻二十九歲夫亡四十歲卒朱氏黃德立妻二十八歲夫亡六十九歲卒唐氏
黃成璋妻二十八歲夫亡六十六歲卒范氏朱煥玉妻二十七歲夫亡六十六歲卒余氏徐世
省妻二十歲夫亡五十七歲卒徐氏張鳳元繼妻二十二歲夫亡三十三歲卒朱氏庠生黃晉妻二
十八歲夫亡六十二歲卒胡氏張涵輝妻二十二歲夫亡四十三歲卒胡氏黃日登妻二十四歲
夫亡四十六歲卒胡氏陳士達妻二十八歲夫亡五十三歲卒倪氏王堯佐妻二十七歲夫亡
三十九歲卒劉氏徐宗元妻二十三歲夫亡三十二歲卒高氏薛玉泉妻二十九歲夫亡四十
四歲卒吳氏朱灝妻二十一歲夫溺死子甫二歲家貧有勸嫁者闔戶自縊遇救得蘇壽八十一錢

氏徐錫交妻二十六歲夫亡六十二歲卒丁氏徐獻可子妻十九歲夫亡有強暴欲侵其寢犯之氏
紡紗達旦得以自全五十八歲卒唐氏朱本深妻二十二歲夫亡瞿氏廉有諒妻二十八歲夫亡
胡氏王興元妻二十三歲夫亡張氏徐端望妻二十七歲夫亡包氏徐玉臺妻二十二歲夫亡
甯氏王景福妻二十四歲夫亡王氏俞懷縣妻二十八歲夫亡薛氏張景美妻二十八歲夫亡
張氏包子陽妻二十六歲夫亡胡氏唐文誕妻二十三歲夫亡包氏孫懿德妻二十一歲夫亡

以上馬鎮

周氏張瑞甫妻二十五歲夫亡未葬遭兵燹棺焚氏解衣裹遺骸負五歲女逃至璜塘埋夫骨遂家焉贅蘇爾
瞻爲婿婿亡與女相依守節六十三歲卒張氏蘇爾瞻妻十八歲夫亡六十四歲卒朱氏任士麒妻
二十歲夫亡孝養瞽姑年飢晝夜紡織以養自炒棉子食之撫子娶媳生孫俱相繼歿壽七十九王氏
張仲元繼妻二十八歲夫亡壽八十九徐氏馮祥生妻二十六歲夫亡無子陳氏任尙信妻十九

歲夫亡壽七十一許氏黃毓妻二十七歲夫亡薛氏張席成妻二十九歲夫亡惲氏庠生
薛守典妻三十歲夫亡撫子師芹遊庠壽八十三王氏俞尚友妻二十九歲夫亡壽七十九繆氏
陸世榮妻二十八歲夫亡繆氏監生江逢源繼妻二十九歲夫亡壽八十三貢氏張冠羣妻二十
八歲夫亡壽八十七孔氏黃明昇妻三十歲夫亡壽七十三薛氏張本忠妻二十三歲夫亡六十
八歲卒李氏張朝棟妻二十三歲夫亡六十一歲卒奚氏薛自新妻二十一歲夫亡六十七歲
卒林氏孔希宰妻二十五歲夫亡壽七十二李氏任廷璞妻二十二歲夫亡壽七十二鄒氏
黃世良妻二十歲夫亡六十三歲卒陸氏舒邦耀妻二十八歲夫亡事孀姑撫彌月子娶而夭壽七十二
許氏任玉紀繼妻二十六歲夫亡撫子朝榮娶而夭與媳趙氏同守壽八十八黃氏任添壽妻二十
九歲夫亡撫嗣紹昉成立壽九十俞氏黃宗仁妻二十二歲夫亡五十三歲卒季氏張宗澐妻
二十八歲夫亡壽八十六呂氏任大猷妻二十七歲夫亡撫嗣鶴鳴成立壽八十一陳氏任序安妻

江陰縣志　卷十九　列女　節婦　七十四

二十七歲夫亡壽七十三孫氏譚紹奎妻十九歲夫亡壽八十侯氏任舜祖妻二十八歲夫亡三十
七歲卒許氏任國秀妻二十六歲夫亡壽七十一周氏任大倫繼妻二十九歲夫亡壽七十一
舒氏李雲麒妻二十七歲夫亡六十四歲卒朱氏張裕昆妻二十九歲夫亡六十七歲卒華
氏任樑妻二十四歲夫亡撫子娶媳相繼歿又撫孫壽七十七孔氏張模妻二十五歲夫亡撫嗣六
十七歲卒張氏監生任漢英繼妻二十四歲夫亡撫遺腹子孝先成立壽七十二馮氏謝熙壽妻
三十歲夫亡撫子迎奎成立壽八十孫氏羅秉綱妻二十二歲夫亡撫子允成成立壽七十四周氏
任克正妻二十三歲夫亡壽七十二張氏黃維周妻二十七歲夫亡壽七十一張氏王天運妻二十
六歲夫亡壽七十朱氏黃廷英妻二十一歲夫亡六十八歲卒薛氏任惟仁妻二十九歲夫亡
六十八歲卒朱氏張羽儀妻二十四歲夫亡五十四歲卒王氏張大本妻二十五歲夫亡五十
二歲卒沈氏任祖令妻二十八歲夫亡四十四歲卒韓氏張大成妻二十四歲夫亡三十四歲

卒黃氏張國香妻二十八歲夫亡撫子娶媳相繼歿徐氏張伯宜妻二十七歲夫亡任氏
王鴻文妻二十四歲夫亡撫子娶而夭又撫孫王氏任旭昇妻三十歲夫亡黃氏徐芳妻二十三
歲夫亡章氏趙衡鰲妻二十九歲夫亡沈氏李道明妻二十六歲夫亡撫嗣趙氏任朝榮妻
二十九歲夫亡姑許氏清貧守節氏能曲體其志撫子夭再撫嗣孫錢氏張良士妻二十五歲夫亡撫嗣
烝成立奚氏張德全妻二十三歲夫亡陳氏黃穎川妻二十七歲夫亡劉氏張望齡妻二十
九歲夫亡季氏張應元妻二十三歲夫亡黃氏陸兆昂妻二十九歲夫亡撫嗣胡氏張岱妻三
十歲夫亡高氏趙德琰妻二十七歲夫亡撫嫡子及已子俱成立壽八十三以上璜塘
鄧氏朱武功妻二十九歲夫亡黃氏王瀚妻二十八歲夫亡撫三子成立六十四歲卒袁氏監生
沈軼羣妻三十歲夫亡壽八十陸氏錢廷銓妻二十九歲夫亡四十九歲卒陳氏顧廷祿妻二十
八歲夫亡五十六歲卒薛氏吳應麒妻二十六歲夫亡撫子娶而夭偕媳沈氏撫孫周氏錢廷

江陰縣志　卷十九　列女　節婦　七十五

桑妻二十二歲夫亡以上花山
徐氏黃寅之妻二十八歲夫亡陳氏趙起翔妻二十七歲夫亡四十七歲卒雷氏錢以德妻二十
七歲夫亡撫子陳氏夏錫侯妻二十九歲夫亡撫二子成立徐氏張廷賢妻二十九歲夫亡撫遺
腹子成立顧氏朱思信妻二十七歲夫亡撫二子徐氏張自漩妻二十四歲夫亡撫六月子宏檍
成立五十九歲卒林氏周志鳳妻二十九歲夫亡撫子之楨成立壽七十九金氏趙士昌妻三十
歲夫亡撫遺腹子鵬揚成立壽七十二林氏須伯庸妻三十九歲夫亡撫子漢荀成立壽七十五張
氏何世儀妻三十八歲夫亡六十歲卒何氏張裕甫妻二十八歲夫亡守節三十三年董氏蔣以
德妻三十四歲夫亡王氏徐允興妻二十六歲夫亡撫嗣有常成立張氏鄧俊明妻淩氏朱嘉
賓妻王氏淩天市妻十九歲夫亡五十三歲卒王氏夏時乘妻三十歲夫亡壽七十七吉氏
蔣世禎妻十九歲夫亡六十五歲卒徐氏趙漢濂妻三十歲夫亡撫二子俱夭偕兩媳撫孫壽八十四

李氏監生繆友浩妻二十三歲夫亡壽八十四張氏繆協和妻二十八歲夫亡六十五歲卒黃
氏徐錦繼妻二十二歲嫁成婚百日夫亡撫嗣溥成立三十四歲卒錢氏周永清妻二十九歲夫亡
六十歲卒翟氏張鳴求妻三十一歲夫亡撫遺腹子成立壽八十七繆氏王毅安妻二十五歲嫁兩
月夫亡四十九歲卒馬氏何坤玉妻二十八歲夫亡六十六歲卒邱氏黃用和妻三十歲夫亡壽
八十三林氏張志法妻二十九歲夫亡六十九歲卒王氏周從善妻二十八歲夫亡撫子五十
四歲卒夏氏金周美妻三十歲夫亡壽七十一金氏陳嘉謨妻二十八歲夫亡事孀姑撫子六
十一歲卒姚氏徐元升妻二十五歲夫亡有强劫改適者投河遇救孝事孀姑六十歲卒薛氏林元
臣妻二十四歲夫亡四十四歲卒陶氏朱希賢妻希賢戍陝西挈氏往臨歿囑以骨歸氏隻身挈骨歸
葬壽七十六蔣氏劉起楠妻二十八歲夫亡撫嗣壽八十張氏趙貴榮妻二十七歲夫亡壽七
十二仰氏夏承範妻三十歲夫亡壽七十八劉氏居應龍妻二十七歲夫亡壽八十一夏氏

施學敏妻二十七歲夫亡壽八十徐氏張日珪妻三十八歲夫亡六十歲卒淩氏宋鵬元妻二十
四歲夫亡六十四歲卒郎氏趙貴楨妻二十九歲夫亡五十二歲卒莊氏蔣元良妻二十九歲
夫亡五十六歲卒徐氏江順安妻三十一歲夫亡壽七十六蔣氏徐宗耀妻三十歲夫亡四十八
歲卒湯氏劉人鳳妻二十九歲夫亡六十四歲卒劉氏張昌玉妻二十九歲夫亡四十六歲卒
周氏監生夏照妻二十三歲夫亡三十四歲卒孟氏顧德宏妻三十八歲夫亡莊氏朱肇錫妻
二十九歲夫亡沙氏趙貴桐繼妻三十歲夫亡曹氏夏維炎妾三十六歲夫亡兄欲奪其志截髮誓
守壽八十七劉氏淩日章妾二十七歲夫亡五十一歲卒以上蕭岐
吳氏戴震飛妻二十歲夫亡撫遺腹子五十四歲卒馬氏吳子昇妻二十歲夫亡邢氏卞文榮妻
十九歲夫亡撫嗣景明成立周氏徐世清妻二十九歲夫亡奉事孀姑撫子成立壽七十五林氏
徐時全妻三十歲夫亡六十七歲卒蘇氏陳其才妻三十歲夫亡壽八十七吳氏徐輔廷妻三十

歲夫亡撫子子媳俱歿又撫嗣孫壽七十二趙氏蔣日依妻二十歲夫亡壽七十五趙氏徐沛
然妻二十六歲夫亡五十一歲卒劉氏蔣封千妻二十九歲夫亡六十三歲卒林氏徐士芳妻
二十九歲夫亡六十一歲卒宣氏張文開妻二十五歲夫亡五十三歲卒李氏徐科妻二十六
歲夫亡六十三歲卒陸氏施均和妻二十九歲夫亡壽七十吳氏庠生徐濡妻三十歲夫亡壽七
十九夏氏徐士檠妻二十六歲夫亡六十一歲卒張氏袁時雍妻二十九歲夫亡撫嗣應谷成立
五十四歲卒吳氏袁應谷妻二十七歲夫亡四十九歲卒吳氏徐聖瑞妻三十歲夫亡四十四
歲卒劉氏朱學孝妻二十九歲夫亡五十七歲卒吳氏徐啟祥妻三十歲夫亡四十歲卒顧氏
徐天然妻二十五歲夫亡奚氏賀景忠妻二十五歲夫亡劉氏許學智妻二十九歲夫亡施氏
卞鳴玉妻三十歲夫亡以上葫橋
張氏吳天祿妻二十一歲夫亡撫嗣馬氏庠生耿彪妻三十歲夫亡撫子超娶劉氏生孫長齡而超歿與

媳撫孫媳與孫又歿復撫曾孫肇基劉氏耿超妻二十三歲夫亡四十二歲卒曹氏耿長齡妻二十
一歲夫亡五十二歲卒徐氏李世昌妻二十一歲夫亡殷氏耿啟元妻二十九歲夫亡撫子成立
周氏許元瑞妻二十一歲夫亡撫嗣有鈞成立五十二歲卒劉氏沈武凝妻三十歲夫亡壽九十
夏氏戴佳生妻二十五歲夫亡壽七十四吳氏徐廷球妻十八歲夫亡壽七十顧氏金具音妻
二十八歲夫亡六十七歲卒吳氏龔紹先妻三十歲夫亡六十六歲卒邢氏孫永昌妻二十八歲
夫亡六十三歲卒黃氏周文光妻二十七歲夫亡五十四歲卒趙氏盛德培妻十四歲夫
六十一歲卒柳氏張玉坤妻二十三歲夫亡壽七十一張氏高起蛟妻二十七歲夫亡壽七十
吳氏史官妻二十六歲夫亡壽九十四鄧氏金起良妻二十六歲夫亡壽八十七黃氏趙乾
一妻二十歲夫亡三十六歲卒仇氏徐霈泉妻二十七歲夫亡壽八十三徐氏薛雲逵妻二十八歲
夫亡撫子恆九成立壽七十二仇氏吳兆開妻二十九歲夫亡六十三歲卒蔣氏劉元成妻三十

歲夫亡壽七十五　金氏陳柏年妻二十八歲夫亡壽七十五　袁氏耿元英妻二十四歲夫亡五十
八歲卒　袁氏許正國妻三十歲夫亡四十五歲卒　張氏陸祖林妻二十五歲夫亡五十九歲卒
張氏許士佳妻二十三歲夫亡壽七十　奚氏承大行妻二十四歲夫亡五十三歲卒　邢氏
顧雲升妻二十一歲夫亡壽七十　劉氏周瑞良妻二十八歲夫亡壽七十六　徐氏吳元聘妻二十
二歲夫亡六十歲卒　毛氏趙舜年妻二十七歲夫亡六十九歲卒　劉氏許攀鵠繼妻二十六歲夫
亡撫遺腹子成立六十歲卒　曹氏顧雲鳳妻二十七歲夫亡四十一歲卒　李氏吳元壽妻二十
四歲夫亡六十一歲卒　耿氏許高悟妻二十九歲夫亡六十一歲卒　沈氏劉粵五妻二十九歲
夫亡四十九歲卒　唐氏顧啟惠妻二十九歲夫亡五十九歲卒　吳氏耿元章妻二十九歲夫亡
五十五歲卒　吳氏徐克明妻二十九歲夫亡三十九歲卒　顧氏徐克仁妻二十七歲夫亡四十
歲卒　王氏高仁與繼妻二十五歲夫亡三十九歲卒　吳氏金順川妻二十六歲夫亡三十七歲卒

顧氏陳椿年妻二十六歲夫亡　奚氏金起南妻二十八歲夫亡　景氏吳大本妻二十九歲夫亡
陳氏高洪聲妻三十歲夫亡　邵氏金雲鶴妻二十七歲夫亡　張氏吳廷連妻二十七歲夫亡
任氏吳鳳林妻二十六歲夫亡　湯氏史玉璽妻二十九歲夫亡　陳氏王萬成妻三十歲夫亡
陳氏金雲龍妻三十歲夫亡　劉氏吳浩明妻二十一歲夫亡　吳氏陸履恆妻三十歲夫亡
劉氏孫文鴻妻二十八歲夫亡　高氏金佛保妻二十九歲夫亡　陳氏徐步蟾妻二十三歲夫亡
黃氏余巨元妻三十歲夫亡　承氏施惠川妻三十歲夫亡　許氏陸鳳裕妻二十六歲夫亡
夏氏周順德妻二十八歲夫亡事孀姑撫子衣食不繼飢寒自忍　以上觀山
嚴氏翟子文妻二十九歲夫亡六十五歲卒　張氏俞桂生妻二十三歲夫亡壽七十一　俞氏常振
之妻二十三歲夫亡　黃氏俞子福妻二十三歲夫亡六十二歲卒　龔氏金枚臣妻二十一歲夫亡
撫遺腹子成立四十一歲卒　王氏徐體元妻十九歲夫亡撫遺腹子成立五十八歲卒　何氏徐永

升妻二十二歲夫亡撫子　俞氏徐咸吉妻二十二歲夫亡　馮氏金鳳城妻二十三歲夫亡　周氏
俞晉琨妻二十三歲夫亡孝事翁姑撫嗣之健成立六十六歲卒　許氏俞之健妻三十歲夫亡壽七十
二　劉氏俞殿沅妻二十九歲夫亡撫子壽七十　王氏奚德源妻三十歲夫亡自縊遇救壽七十
一　淩氏張惟翰妻二十八歲夫亡撫子嘉績成立六十三歲卒　袁氏高維嵩妻二十九歲夫亡
壽七十二　施氏徐養中妻二十五歲夫亡六十五歲卒　鄒氏崔衡瞻妻二十七歲夫亡壽七十七
張氏翟玉林妻二十七歲夫亡五十一歲卒　謝氏監生董智存妻贈徵仕郎武進謝履行女二
十八歲夫亡事翁撫子六十六歲卒　夏氏劉雲昇妻三十歲夫亡五十七歲卒　祝氏劉雲開妻二十
九歲夫亡五十八歲卒　陳氏徐申二妻二十九歲夫亡六十四歲卒　吳氏馬鳳皐妻三十歲夫
亡壽七十六　談氏夏常泰妻三十歲夫亡五十八歲卒　金氏劉仁安妻二十七歲夫亡壽七十三
金氏徐傳珩妻二十九歲夫亡六十歲卒　何氏夏德元妻二十七歲夫亡六十二歲卒　徐氏

謝萬章妻二十五歲夫亡四十六歲卒　邱氏徐能武妻三十歲夫亡五十六歲卒　彭氏奚琮妻三
十歲夫亡五十歲卒　薛氏賈伯壽妻三十歲夫亡撫遺腹子成立四十七歲卒　俞氏蔡士洪妻二十
六歲夫亡事舅姑撫三歲子成立壽七十九　錢氏周希聖妻二十三歲夫亡六十六歲卒　唐氏
周希賢妻二十四歲夫亡六十一歲卒　高氏周恭卿妻二十八歲夫亡壽七十二　蔣氏徐大敬妻
二十五歲夫亡六十五歲卒　萬氏徐近山妻三十二歲夫亡六十七歲卒　翟氏張勝妻二十八
歲夫亡壽七十八　張氏徐紹祖妻二十六歲夫亡壽七十八　吳氏徐新瑞妻三十歲夫亡　楊
氏周川大妻二十九歲夫亡　沈氏張紹俊妻二十六歲夫亡　鄒氏王天潤妻二十三歲夫亡　張
氏徐海榆妻二十一歲夫亡　徐氏蔣繼鳳妻二十四歲夫亡村人謀嫁之乃曰生則不能屍可嫁也遂
不敢逼有田數畝力耕自給　臧氏胡永道妻二十五歲夫亡　以上利城
俞氏錢允宜妻十九歲夫亡壽八十一　高氏吳丹彩妻二十五歲夫亡嗣天　繆氏陳大儒妻二十

七歲夫亡六十七歲卒宋氏吳以勤妻二十九歲夫亡撫子蔣氏王應科妻二十七歲夫亡壽八
十一徐氏陳參期妻二十八歲夫亡劉氏明水營官張國輔繼妻二十四歲夫亡撫子廷璽奉事孀
姑卒於康熙間壽七十二陸氏張思義妻十九歲夫亡撫子成立王氏陳汝梅妻二十二歲夫亡
孝事翁姑潘氏屠君亮妻二十四歲夫亡撫二子高氏李恒方妻二十六歲夫亡撫嗣沈氏
楊官壽妻二十六歲夫亡壽七十一梅氏贈奉直大夫屠芳妻二十八歲夫亡壽八十一以子紳官尋
甸州知州贈宜人王氏楊文祥妻二十九歲夫亡壽七十三莊氏金鎬妻二十九歲夫亡六十六
歲卒呂氏戴文榮妻三十歲夫亡撫子六十二歲卒金氏吳人驥妻二十九歲夫亡撫子夭又撫孫
壽七十九劉氏吳玉祥妻二十八歲夫亡壽七十一金氏陳璠妻二十七歲夫亡撫子成立六十二
歲卒陳氏楊元愷妻二十二歲夫亡五十六歲卒祝氏孫士進妻二十八歲夫亡撫子娶媳俱歿
六十三歲卒陳氏許大源妻二十八歲夫亡壽八十五許氏王乾元妻二十八歲夫亡壽七十八

江陰縣志 卷十九 列女 節婦 八十

秦氏許鳴岐妻二十二歲夫亡撫嗣成立六十九歲卒龔氏居明揚妻二十一歲夫亡撫嗣翁令
他適嚙指自誓墮半寸許四十八歲卒楊氏吳文岐妻二十九歲夫亡五十三歲卒惲氏許上
元妻二十三歲夫亡壽七十六楊氏金際運妻二十七歲夫亡養孀姑數十年壽七十四陳氏戴仁
鳳妻二十八歲夫亡壽七十三費氏曹大雄妻二十七歲夫亡壽七十二許氏王大德妻二十五歲
夫亡壽七十一金氏許汝吉妻二十八歲夫亡壽七十二蔣氏監生金品妻二十六歲夫亡六十七
歲卒張氏周龍珍妻三十歲夫亡五十一歲卒張氏朱永昭妻二十三歲夫亡五十八歲卒秦
氏許明德妻二十歲夫亡五十五歲卒吳氏許志仁妻二十五歲夫亡撫子娶而夭與媳相依五十六
歲卒牟氏許子玉妻十九歲夫亡六十五歲卒劉氏許憲仁妻二十七歲夫亡六十九歲卒湯
氏金際明妻二十六歲夫亡五十八歲卒李氏張天佑妻二十五歲夫亡六十九歲卒萬氏
張惟能妻二十八歲夫亡無子六十四歲卒許氏屠廷魁妻二十九歲夫亡潘氏陳沛蒼繼妻三

十歲夫亡吳氏王友仁妻二十五歲夫亡二子皆夭撫孫成立胡氏朱文喜妻二十六歲夫亡倪
氏張德元妻二十六歲夫亡撫子夭又撫孫丁氏張時鳴妻十八歲夫亡撫嗣黃氏金介祉妻
十九歲夫亡王氏龔保大妻二十一歲夫亡翁姑父母勸改適不從陳氏庠生金演妾二十七
歲夫亡撫子成立以上前周
周氏黃文龍妻二十七歲夫亡壽八十四丁氏楊名震妻二十二歲夫亡五十七歲卒袁氏坎文
龍妻二十五歲夫亡撫子黃氏居公倫妻二十七歲夫亡無子敬事孀姑徐氏黃元俊妻二十四歲
夫亡撫子成立五十七歲卒徐氏江廷如妻三十歲夫亡張氏王家輔妻三十歲夫亡壽七十
四周氏唐天祿妻三十歲夫亡撫子曹氏張端云妻三十歲夫亡撫子金氏李長發妻
二十四歲夫亡剪髮自矢汪氏許文仲妻二十七歲夫亡壽八十四常氏夏榮宗妻二十六歲夫亡
壽七十一盛氏徐民望妻三十歲夫亡撫子遊庠六十一歲卒陳氏梅秉鈞妻二十歲夫亡撫遺腹

江陰縣志 卷十九 列女 節婦 八十一

子成立壽八十丁氏秦復元繼妻二十二歲夫亡撫前室子名揚成立壽七十六錢氏邱晉侯妻
三十歲夫亡壽八十四梅氏陳開基妻二十一歲夫亡壽七十八姚氏黃有榮妻二十三歲夫亡
四十三歲卒江氏周禮妻二十九歲夫亡撫子麟趾麟書成立以上后梅
黃氏徐天賢妻二十七歲夫亡撫子六十歲卒顧氏監生繆秉仁妻二十七歲夫亡江氏黃玉潔妻
二十九歲夫亡壽七十一鄭氏劉宇昭妻二十歲夫亡無子高氏王玉英妻二十八歲夫亡段
氏夏廷楨妻二十九歲夫亡六十七歲卒謝氏徐楚侯妻二十九歲夫亡撫子蔣氏黎文瑋妻
二十四歲夫亡六十六歲卒翟氏徐明音妻二十八歲夫亡丁氏謝克誠妻二十二歲夫亡無子
陳氏段茂生妻二十一歲夫亡撫子顧氏繆子厚妻二十二歲夫亡撫子繆氏丁添慧妻二十
四歲夫亡撫遺腹子成立壽八十一朱氏周躬求妻三十歲夫亡族里欲奪其節控官得免六十二歲卒
吳氏許耀先妻二十六歲夫亡姑憐其少欲嫁之不從撫嗣成立六十一歲卒錢氏王元貞妻二十

九歲夫亡六十一歲卒高氏徐尊傳妻二十六歲夫亡張氏曹德華妻二十四歲夫亡撫子蔣
氏陳瑞功妾二十歲夫亡以上丁墅
陳氏周爲植妻二十一歲夫亡壽七十二萬氏許爾和妻二十七歲夫亡吳氏周魯功妻二十五歲
夫亡周氏俞聖瞻妻二十歲夫亡無子屠氏周旻妻二十歲夫亡五十六歲卒陳氏周雲
麟妻十九歲夫亡壽七十一吳氏周瑞玉妻二十五歲夫亡撫遺腹子久遺娶婦張氏方娠久遺殁與
張氏撫遺腹子東侯娶婦吳氏生子甫期東侯又殁一門三節六十一歲卒張氏周久遺妻五十五歲
卒彭氏張邦達妻二十歲夫亡無子六十八歲卒金氏職監惲采先妻二十五歲夫亡六十二歲
卒蔣氏金秉衡妻三十歲夫亡四十五歲卒楊氏謝廷贊妻二十八歲夫亡陳氏金鼎銓妻
武進陳震澤女二十六歲夫亡五十九歲卒周氏金秉謙妻二十八歲夫亡吉氏周寶鴻妻二十
三歲夫亡壽八十戚氏金秉元妻安定令戚藩孫女十九歲夫亡壽七十一吳氏金德潤妻武進

吳鍾巒女三十歲夫亡撫二子成立壽七十六吳氏金熙臣妻二十五歲夫亡壽七十屠氏顧廷
桂妻二十歲夫亡金氏庠生周學龍妻二十六歲夫亡事孀姑撫子六十九歲卒東氏李乾玉妻
二十四歲夫亡撫遺腹子成立壽八十六陳氏惲容若妻二十三歲夫亡壽七十四楊氏陳景公妻
二十九歲夫亡壽七十九呂氏金章妻三十歲夫亡侍病姑十五年壽八十七卞氏金學明妻二十
一歲夫亡壽八十三秦氏金備聞妻三十歲夫亡壽七十一彭氏周念桂妻二十五歲夫亡四十
六歲卒臧氏徐尚文妻二十九歲夫亡壽九十陳氏金灼妻二十六歲夫亡壽八十六陳
氏謝仲祥妻三十七歲夫亡撫三子成立壽七十二李氏周方烈妻二十七歲夫亡六十一歲卒
吳氏金栴妻二十六歲夫亡四十六歲卒高氏金錦國妻二十九歲夫亡壽七十六許氏周厥
成妻三十歲夫亡五十五歲卒臧氏劉夢麟妻二十七歲夫亡三十六歲卒宗氏金汝礪繼妻三
十歲夫亡撫二子鴻漸鸞翔皆娶而夭復偕媳撫孫壽七十四倪氏金鴻漸妻二十五歲夫亡事孀姑二

十五年撫子之銘遊庠周氏金鸞翔妻二十四歲夫亡佐姒事姑撫子一門三節馮氏謝遠謨妻
二十五歲夫亡許氏金路妻三十歲夫亡許氏周源宏妻二十八歲夫亡劉氏陶登科妻二十
八歲夫亡張氏東玉璞妾二十三歲夫亡嫡逼令改嫁截髮剺面不從以上桃花
俞氏龔志綱妻二十九歲夫亡范氏符徵士妻二十一歲夫亡鍾氏繆煌妻三十歲夫亡撫子之鏞
成立五十三歲卒張氏繆殿柱妻三十歲夫亡六十一歲卒劉氏宋有文妻二十三歲夫亡徐
氏張宏勳妻三十歲夫亡劉氏沈文奎妻二十歲夫亡殷氏顧國楨妻二十一歲夫亡無子
六十四歲卒何氏呂爾謙妻二十歲夫亡撫姪爲嗣六十九歲卒孫氏候選州同繆民墉繼妻二
十四歲夫亡五十歲卒高氏庠生繆復妻二十三歲夫亡壽七十五邢氏符敦敍妻二十八歲
夫亡壽八十五周氏陸智高妻二十三歲夫亡壽七十三趙氏張尊周妻二十九歲夫亡壽七十一
俞氏周學順妻二十二歲夫亡六十八歲卒程氏繆益妻二十三歲夫亡壽八十四張氏

呂渭濱妻二十七歲夫亡撫遺腹子成立壽七十五梅氏繆元鶴妻十八歲夫亡五十七歲卒吳氏
張鼇妻三十歲夫亡五十一歲卒劉氏繆珙妻二十八歲夫亡子殤嗣夭與媳陳氏撫四孫成立壽八
十七朱氏夏玉章妻二十九歲夫亡五十一歲卒承氏朱文祥妻二十二歲夫亡壽八十一奚
氏繆佩文妻二十八歲夫亡壽八十三謝氏呂泰占妻二十歲嫁十二日夫亡姑憐其少欲嫁之截髮
自矢孝姑撫嗣六十一歲卒陳氏繆思濬繼妻二十四歲夫亡五十九歲卒顧氏華寶臣妻二十
五歲夫亡壽八十一李氏繆大樂妻三十歲夫亡六十八歲卒江氏朱洪文妻二十五歲夫亡五十
歲卒莊氏繆大椿妻二十九歲夫亡事旌貞姑李氏十八載撫二子成立六十八歲卒黃氏楊東
佐妻二十七歲夫亡五十八歲卒劉氏繆宮材妻二十六歲夫亡六十一歲卒李氏何鳳岐妻
二十七歲夫亡六十三歲卒張氏繆秉義妻三十歲夫亡壽七十王氏繆世標妻二十四歲夫亡
四十五歲卒黃氏邵廷英妻二十六歲夫亡壽七十三周氏朱匡庭妻二十六歲夫亡五十六歲

卒周氏符龍章妻二十七歲夫亡五十六歲卒劉氏繆彝應妻二十七歲夫亡四十一歲卒高氏繆敬業妻三十歲夫亡四十歲卒劉氏繆楓妻二十八歲夫亡五十一歲卒劉氏陸啟元妻二十一歲夫亡六十二歲卒華氏繆清士妻三十歲夫亡四十歲卒屠氏職員繆灝妻三十歲夫亡黃氏張重艮妻二十五歲夫亡殷氏繆槐妻二十八歲夫亡張氏繆秉恬妻二十九歲夫亡焦氏張廷剛妻二十六歲夫亡高氏殷瑞隆妻二十一歲夫亡陳氏繆秉文妻二十八歲夫亡符氏柳榮泰妻三十歲夫亡繆氏沈德厚妻三十歲夫亡顧氏徐寶文妻三十歲夫亡劉氏繆煜妻三十歲夫亡吳氏余正發妻二十九歲夫亡張氏繆希寅妻二十三歲夫亡高氏張順川妻二十三歲夫亡毛氏贈修職郎殷允芳妾二十四歲夫亡壽八十五以

上申港

陳氏徐君鉉妻二十九歲夫亡撫子六十九歲卒吳氏李惠如妻二十三歲夫亡六十三歲卒朱

江陰縣志　卷十九　列女　節婦　八十四

氏曹長生妻二十五歲夫亡陳氏曹偉乎妻二十七歲夫亡撫子陸氏黃啟生妻二十九歲夫亡撫遺腹子依母家曹氏顧維達妻二十六歲夫亡侍姑病三年弗懈何氏曹郁乎妻二十四歲夫亡依母家劉氏曹春年妻二十一歲夫亡無子姑憐其少將嫁之氏欲縊乃止薛氏曹秉成妻二十一歲夫亡撫嗣顧氏曹雯錦妻陽湖顧容之女二十二歲夫亡撫嗣成立曹氏楊士芳妻十九歲夫亡撫子壽七十六徐氏曹文燦妻二十歲夫亡六十六歲卒唐氏曹敬學妻二十四歲夫亡六十九歲卒顧氏曹國秀妻二十九歲夫亡六十三歲卒華氏曹朝棟妻二十七歲夫亡壽八十一王氏顧洪基妻二十二歲夫亡壽八十一許氏顧明成妻二十六歲夫亡壽八十二徐氏曹芝蕙妻二十九歲夫亡壽七十二曹氏劉萬春妻二十九歲夫亡五十七歲卒單氏劉爾昌妻二十六歲夫亡以上虞門

陳氏俞玉明妻十九歲夫亡無子依母家壽八十三吳氏余繼元妻二十二歲夫亡壽七十七吳氏

劉憲章妻二十七歲夫亡壽八十一高氏戴賡欒妻二十一歲夫亡壽八十一楊氏徐邦峙妻二十一歲夫亡五十九歲卒謝氏徐介昭妻二十六歲夫亡楊氏龐子禎妻二十九歲夫亡壽七十二陳氏李廷璧妻二十六歲夫亡壽七十五袁氏丁大仁妻二十七歲夫亡無子壽八十林氏王錫址妻二十三歲夫亡壽七十三夏氏吳程又妻二十八歲夫亡撫三子成立四十三歲卒潘氏俞燕綏妻二十五歲夫亡壽七十七吳氏徐禹盤妻二十九歲夫亡四十二歲卒秦氏徐子麟妻二十四歲夫亡壽八十五尤氏張華本妻二十八歲夫亡壽七十六許氏夏聖從妻二十九歲夫亡四十七歲卒顧氏夏孔昭妻二十九歲夫亡壽七十三陸氏庠生夏協中妻二十八歲夫亡壽七十七袁氏吳坤載妻二十九歲夫亡六十六歲卒方氏李明俊妻二十八歲夫亡壽七十五高氏夏紹芳妻二十二歲夫亡六十八歲卒吳氏監生夏協和妻二十九歲夫亡六十五歲卒徐氏吳子俊妻二十七歲夫亡壽七十六徐氏庠生吳成前妻三十歲夫亡六十七歲卒徐氏監生吳漢

江陰縣志　卷十九　列女　節婦　八十五

階妻三十歲夫亡四十歲卒顧氏張惠功妻二十四歲夫亡壽七十七王氏朱世德繼妻二十八歲夫亡撫前室子慶隆成立六十歲卒史氏監生吳念祖妻二十八歲夫亡四十六歲卒吳氏徐京河妻二十七歲夫亡壽七十六繆氏戴鳳時妻二十三歲夫亡六十六歲卒湯氏祀生吳待良妻二十四歲夫亡奉事孀姑撫子成立四十六歲卒劉氏夏惠玉妻二十九歲夫亡壽七十一顧氏潘近章妻二十八歲夫亡壽七十六繆氏張啟才妻二十九歲夫亡六十八歲卒張氏莊君義妻二十六歲夫亡壽七十二劉氏焉玉書妻二十三歲夫亡六十六歲卒繆氏朱正陽妻二十九歲夫亡壽七十二季氏李德興妻二十九歲夫亡六十四歲卒吳氏徐度觀妻二十九歲夫亡六十三歲卒曹氏夏德順妻二十八歲夫亡六十四歲卒孟氏顧有龍妻二十九歲夫亡六十一歲卒俞氏吳行素妻二十三歲夫亡三十三歲卒徐氏吳行位妻二十三歲夫亡三十三歲卒曹氏劉鳳喁妻二十一歲夫亡五十四歲卒袁氏吳聖岐妻二十三歲夫亡五十二歲卒

於氏張行禮妻二十九歲夫亡四十二歲卒　鄧氏庠生吳和幹妻二十七歲夫亡四十一歲卒

夏氏李亮妻二十八歲夫亡　周氏吳維嵩妻二十六歲夫亡　朱氏吳順德妻三十歲夫亡

曹氏趙茂才妻二十八歲夫亡　丁氏徐鳳田妻二十九歲夫亡　吳氏周轉興妻二十九歲夫亡

方氏吳永文妻二十五歲夫亡　戴氏吳興讓妻二十九歲夫亡　徐氏吳新之妻二十八歲夫亡

以上夏港

孫氏丁采章妻二十七歲夫亡撫嗣　朱氏張永睦妻二十八歲夫亡撫子世榮娶婦而夭　朱氏張世榮妻二十一歲夫亡事孀姑撫子子天又撫孫壽九十二　葉氏郁子方妻二十四歲夫亡　方氏袁廷彩妻十九歲夫亡　高氏朱起賢妻二十八歲夫亡　朱氏袁正富妻二十八歲夫亡撫二子成立

潘氏王聖賢妻二十九歲夫亡　徐氏李德仁妻二十八歲夫亡撫子　王氏孫履尚妻十九歲夫亡撫遺腹子　郁氏周文元妻二十八歲夫亡壽七十四　鞠氏羊佩元妻二十二歲夫亡撫二子舜明舜年皆娶而夭偕二媳撫孫壽七十七　錢氏羊舜年妻二十九歲夫亡五十二歲卒　陳氏唐近忠妻二十九歲夫亡壽八十二　張氏黃廷桂妻二十七歲夫亡　陳氏劉榮祖妻三十歲夫亡

以上沙洲

劉氏夏港戴氏僕符良臣妻二十六歲夫亡壽八十四　薄氏青暘葛氏僕沈二妻二十二歲夫亡依主母以撫子壽七十六　范氏文林余氏僕潘躍宗妻三十歲夫亡撫未期月子成立六十九歲卒　徐氏文林王氏僕嚴大妻二十五歲夫亡依主撫嗣壽七十九　錢氏雲亭某氏僕堵玉珍妻二十八歲夫亡

以上照例停止設位自黃尤氏至此皆道光十年彙旌

江陰縣志卷之十九終

江陰縣志卷之二十

列女二

節婦

張氏吳洵妻二十五歲夫亡壽七十七　周氏王宗禮妻十九歲夫亡無子孝事孀姑壽七十　李氏施明千妻二十一歲夫亡五十歲卒　蔣氏周文端妻三十歲夫亡六十二歲卒　汪氏周朝祿妻二十九歲夫亡壽七十三　王氏武生蔣大鏞妻三十歲夫亡六十二歲卒　朱氏邢庭禮妻二十五歲夫亡四十七歲卒　平氏朱友仁妻三十歲夫亡五十九歲卒　仰氏楊瑞新妻二十九歲夫亡六十歲卒

楊氏監生高昺妻二十九歲夫亡五十八歲卒　王氏沙榮書妻二十六歲夫亡三十六歲卒　汪氏夏翼飛妻二十六歲夫亡五十二歲卒　陳氏庠生吳晉妻二十七歲夫亡三十六歲卒　李氏吳贊臣妻二十七歲夫亡四十五歲卒　曹氏監生吳榮繼妻三十歲夫亡撫前室子女成立四十一歲卒

顧氏陳慶餘妻二十五歲夫亡三十八歲卒　沈氏須惠芳妻二十二歲夫亡三十八歲卒

劉氏朱榮宗妻二十二歲夫亡三十一歲卒　趙氏朱鈴慶妻二十五歲夫亡三十四歲卒　許氏繆緜裔妻十八歲夫亡四十三歲卒　陳氏副貢生張克俊妻二十九歲夫亡壽七十七　朱氏徐舜舉妻三十歲夫亡壽八十三　李氏劉順隆妻三十歲夫亡六十七歲卒　季氏庠生邢溶妻三十歲夫亡六十七歲卒　包氏吳標妻三十歲夫亡　陶氏李松年妻二十三歲夫亡　陸氏吳應琪妻二十九歲夫亡　邱氏袁裕慶妻二十九歲夫亡　任氏張容秀妻二十六歲夫亡　陳氏盛文奎妻三十歲夫亡撫子瑜成立　蕭氏尹芝蘭妻二十五歲夫亡　吳氏夏翼樾繼妻二十八歲夫亡

何氏俞大洪妻二十九歲夫亡　鮑氏王鶴遷妻二十四歲夫亡　周氏劉鈺階妻三十歲夫亡

周氏繆懋朝妻二十八歲夫亡　徐氏尤惠侯妻二十八歲夫亡　薛氏孫佑祥妻二十八歲夫亡

潘氏召試舉人覺羅敎習許椿頤妻三十歲夫亡撫子兆桂籲於庠　蔣氏朱文熙繼妻旌表孝

子蔣漢惠女二十六歲夫亡撫子景昌饒於庠

張氏徐鳳侶妻二十四歲夫亡　龔氏陳玉書妻二十六歲夫亡　陸氏顧元吉妻三十歲夫亡　張氏錢鳳鳴妻二十二歲夫亡　趙氏嚴朗元妻二十四歲夫亡　曹氏吳鼎妻二十九歲夫亡　吳氏監生邵豐妻二十七歲夫亡　劉氏武生湯峻妻三十歲夫亡　陸氏潘耀德妻三十歲夫亡　陳氏張泰和妻二十八歲夫亡　周氏王廷英妾二十七歲夫亡　張氏　徐氏並沙體沅妾皆三十歲夫亡徐氏撫子義泰成立　劉氏陳宏略妾二十九歲夫亡　以上城內

龐氏沙大年妻三十歲夫亡六十八歲卒　劉氏吳曉蒼妻三十歲夫亡壽七十五　繆氏武生葉廷魁妻二十九歲夫亡三十九歲卒　江氏韓仁義妻三十歲夫亡四十一歲卒　繆氏何金魁妻二十六歲夫亡　吳氏韓爲正妻二十九歲夫亡　湯氏黃星耀妻二十九歲夫亡　陸氏許鳳岡妻二十二歲夫亡　以上東外

陳氏張維緒妻二十七歲夫亡壽七十七　沈氏顧本立妻二十四歲夫亡壽七十一　潘氏張正元妻二十六歲夫亡四十三歲卒　蔣氏夏漢發妻二十九歲夫亡四十四歲卒　鄧氏劉景炘妻二十七歲夫亡四十五歲卒　詹氏沈殿英妻二十二歲夫亡　許氏陳耀先妻二十六歲夫亡　以上南外

袁氏陳人惠妻二十九歲夫亡五十二歲卒　沈氏邱洽妻三十歲夫亡壽七十　劉氏蘇景隆妻二十三歲夫亡三十三歲卒　陶氏胡德祥妻三十歲夫亡四十九歲卒　繆氏曾文炳妻三十歲夫亡　高氏沈繼昌妻二十七歲夫亡　卞氏徐華先妻三十歲夫亡　以上西外

胡氏俞兆麟妻二十九歲夫亡五十一歲卒　姚氏陸啟茂妻二十九歲夫亡六十八歲卒　蔡氏王德艮妻三十歲夫亡撫遺腹子詒福成立四十八歲卒　張氏楊宋思妻二十九歲夫亡五十二歲卒

陳氏曹景福妻二十九歲夫亡四十五歲卒　吳氏劉詞亮妻二十九歲夫亡　徐氏趙景春妻二十八歲夫亡　姚氏楊宋玉妻二十五歲夫亡　許氏周維星妻二十九歲夫亡　薛氏程士祥妻二十一歲夫亡　龐氏符肇興妻二十四歲夫亡　邢氏劉時霖妻二十六歲夫亡　以上北外

張氏劉耀祖妻二十歲夫亡五十八歲卒　陳氏章庭隆妻二十六歲夫亡六十二歲卒　蘇氏王殿昇妻二十六歲夫亡　薛氏蘇廷椿妻二十九歲夫亡　以上綺山

莊氏殷仁義妻二十九歲夫亡壽七十三　雲亭

張氏方守誠妻二十九歲夫亡壽七十三　黃氏陸漢榮妻二十六歲夫亡五十一歲卒　何氏庠生趙起繼妻三十歲夫亡五十歲卒　何氏徐安富妻二十六歲夫亡四十五歲卒　方氏曹大發妻二十六歲夫亡三十八歲卒　趙氏徐鍔妻二十三歲夫亡三十七歲卒　馮氏庠生趙瑛繼妻二十三歲夫亡三十九歲卒　方氏江用賓妻二十三歲夫亡三十三歲卒　尹氏承兆文妻二十八歲夫亡　蔣氏監生繆緯妻三十歲夫亡　以上周莊

劉氏李廷侯妻二十五歲夫亡壽七十六　范氏趙曾宗妻二十四歲夫亡六十四歲卒　程氏畢用瞻妻二十九歲夫亡壽八十六　趙氏王清灝妻二十六歲夫亡壽七十四　徐氏顧品妻二十四歲夫亡五十六歲卒　陳氏平天瑞妻二十九歲夫亡壽八十　趙氏張御達妻二十九歲夫亡六十四歲卒　陶氏黃榮妻二十九歲夫亡四十六歲卒　王氏馬廣震妻二十七歲夫亡三十六歲卒　汪氏劉允德妻二十六歲夫亡三十八歲卒　趙氏李基妻三十歲夫亡四十一歲卒　王氏姜之槐妻二十四歲夫亡四十二歲卒　徐氏程瑍妻二十九歲夫亡三十八歲卒　朱氏李士貴妻二十二歲夫亡四十歲卒　戴氏陶名揚妻二十四歲夫亡三十五歲卒　邱氏劉維坤妻二十二歲夫亡

姜氏承文浩妻二十九歲夫亡　趙氏夏天佑妻三十歲夫亡　朱氏邵三壽妻二十五歲夫亡

張氏吳煦妻二十五歲夫亡　戴氏李文秀妻二十八歲夫亡　張氏王兆先妻二十二歲夫亡

楊氏程登進妻二十七歲夫亡　包氏趙汝楫妻二十九歲夫亡　貢氏馬元亮妻二十五歲夫亡

朱氏劉德順妻二十四歲夫亡 陸氏吳贊維妻二十三歲夫亡 陶氏何萬昂妻二十五歲夫亡
馬氏周維國妻二十八歲夫亡 周氏繆元富妻十九歲夫亡 以上華墅
徐氏彭勝藝妻二十六歲夫亡四十七歲卒 龔氏陸春榮妻二十九歲夫亡四十二歲卒 姚氏
陶文煩妻三十歲夫亡四十五歲卒 皮氏陶敬廷妻二十八歲夫亡四十四歲卒 徐氏陶允中妻
二十九歲夫亡四十歲卒 張氏孫裕朝妻二十七歲夫亡三十七歲卒 李氏庠生鄭燮友繼妻二
十五歲夫亡三十六歲卒 黃氏徐明炘妻三十歲夫亡 王氏監生繆金錫妻二十七歲夫亡 惠
氏陶倉成妻二十八歲夫亡 浦氏陶殿玉妻三十歲夫亡 許氏潘士洪妻二十七歲夫亡 錢
氏張倍先妻二十八歲夫亡 王氏監生孫英妾二十九歲夫亡 以上馬嘶
張氏包武豪妻二十八歲夫亡壽八十一 曹氏蔣進妻二十九歲夫亡六十六歲卒 曹氏蔣時霑妻
二十八歲夫亡壽八十一 葉氏監生蘇尚志妻二十九歲夫亡五十六歲卒 蔣氏張南棠妻二十
三歲夫亡 錢氏李鳳翔妻二十歲夫亡 華氏趙瑞宏妻三十歲夫亡 沈氏陶伯順妻二十
六歲夫亡 以上長壽
許氏沈炳業妻二十七歲夫亡三十六歲卒 方氏陸履安妻二十一歲夫亡撫子泰遊庠 戴氏
姜永奎妻二十七歲夫亡 劉氏仲明玉妻二十三歲夫亡 陳氏武雄文妻三十歲夫亡 杜氏
允增妻二十歲夫亡佐姒鄭氏撫子雙祧 費氏沈文郁妻二十四歲夫亡 李氏徐鳳苞妻二十五歲
夫亡 以上祝塘
張氏余兆鰲妻二十七歲夫亡六十六歲卒 陸氏余殿邦妻三十歲夫亡六十三歲卒 費氏包百
福妻二十四歲夫亡 黃氏包瀾田妻二十八歲夫亡 以上文林
周氏徐廷鈺妻二十六歲夫亡六十五歲卒 鄒氏夏啟明妻二十九歲夫亡壽七十二 蘇氏李文
彩妻二十八歲夫亡壽八十三 沈氏夏映奎妻二十六歲夫亡壽七十一 蔣氏錢錫元妻二十四歲

夫亡四十六歲卒 徐氏蔣長安妻二十四歲夫亡 陸氏鄭士元妻二十八歲夫亡 陳氏夏志
清妻二十五歲夫亡 夏氏徐大章妻二十四歲夫亡 彭氏查明奎繼妻三十歲夫亡 徐氏沈大
興妻二十八歲夫亡 以上長涇
馬氏巫智先妻二十一歲夫亡壽七十八 陸氏吳學濤妻二十歲夫亡壽七十二 錢氏吳繼昌妻
二十六歲夫亡五十五歲卒 楊氏秦佩妻二十八歲夫亡 王氏李湘蓴妻二十九歲夫亡 金
氏錢方玉妻二十九歲夫亡 朱氏沈敬業妻二十五歲夫亡 陸氏勇懷璜妻庠生陸吉女二十八
歲夫亡 馬氏周宗達妾二十五歲夫亡撫子五十歲卒 以上顧山
徐氏朱瑞良妻二十六歲夫亡壽八十一 許氏趙涵妻三十歲夫亡四十九歲卒 葉氏郭元照妻
二十七歲夫亡四十六歲卒 褚氏繆廷臣妻二十六歲夫亡 陶氏郭元贊妻二十一歲嫁六日夫
亡撫嗣子詒孫成立 席氏武生許國楨妻二十七歲夫亡 蔡氏武生許仲熊妻二十五歲嫁八月夫
亡撫嗣成立 趙氏胡廷章妻二十八歲夫亡 張氏趙士模妻二十四歲夫亡 丁氏郭玠玉妻
二十五歲夫亡 陶氏童玉儒妻三十歲夫亡 陳氏監生郭朝傑妻三十歲夫亡撫子翼堂成立
以上楊舍
周氏郭文俊妻三十歲夫亡壽八十七 郭氏唐文斌妻二十七歲夫亡六十八歲卒 孫氏張士
俊妻二十五歲夫亡三十四歲卒 朱氏趙進明妻二十一歲夫亡 趙氏許大章妻三十歲夫亡
惠氏唐禮根妻二十一歲夫亡 章氏陳亮蒼繼妻二十五歲夫亡 周氏葛大賓妻三十歲夫
亡 以上章卿
陳氏施懋訥妻順治二年夫殉義氏年二十五六十三歲卒 周氏李樹本妻三十歲夫亡五十七歲卒
程氏陸載華妻二十六歲夫亡事孀姑撫子成立四十九歲卒 夏氏趙達才妻二十九歲夫亡四十
六歲卒 余氏盧瑞法妻二十三歲夫亡四十四歲卒 卞氏范紹安妻二十八歲夫亡 陳氏

孫海朝妻二十九歲夫亡殷氏蔣朝錦妻二十七歲夫亡黃氏潘巧林妻二十二歲夫亡承氏陳志洪妻二十五歲夫亡潘氏徐聰法妻二十四歲夫亡殷氏陸勝三妻二十九歲夫亡蔣氏王體中妻二十二歲夫亡曹氏陸裕士妻二十七歲夫亡周氏羅萬青妻三十歲夫亡范氏薛萬邦妻二十一歲夫亡高氏王正發妻二十七歲夫亡徐氏馬惠吉妻二十歲夫亡徐氏監生蔣壎繼妻二十九歲夫亡沈氏盧茂榮妻二十六歲夫亡徐氏蔣成恩妻二十七歲夫亡沈氏趙沛玉妻二十一歲夫亡章氏陳楚賢妻二十歲夫亡撫子示周娶而夭與寡媳相依陳氏潘美章妻二十九歲夫亡盧氏邱鼎成妻三十歲夫亡章氏邱鼎茂妻三十歲夫亡張氏監生施綬繼妻三十歲夫亡張氏庠生吳田見妾二十八歲夫亡撫子夭復撫嗣子成立以上

大橋

沈氏懷廷茂妻二十九歲夫亡六十八歲卒李氏高朝爵妻二十九歲夫亡六十六歲卒梅氏

黃魁照妻二十六歲夫亡五十三歲卒劉氏楊楚玉妻二十六歲夫亡五十一歲卒張氏懷召增妻二十五歲夫亡五十歲卒徐氏范九龍妻二十八歲夫亡四十六歲卒吳氏季肇興妻二十三歲夫亡四十歲卒陸氏施廣能妻二十八歲夫亡陸氏黃燦妻二十四歲夫亡尢氏任朝棟妻二十歲夫亡卞氏胡本立妻二十七歲夫亡張氏黃楚珩妻三十歲夫亡孫氏張倫江妻二十七歲夫亡俞氏胡禮立妻二十五歲夫亡以上三官

解氏李份妻二十二歲夫亡三十四歲卒雙牌

劉氏徐明成妻二十五歲夫亡壽七十四徐氏蔣聖榮妻二十四歲夫亡六十九歲卒徐氏江永清妻三十歲夫亡四十四歲卒張氏吳宗儀妻二十八歲夫亡六十歲卒徐氏蔣九皋妻二十七歲夫亡錢氏鄧德和妻二十二歲夫亡陸氏鄧德芳妻二十四歲夫亡以上謝園

蔣氏劉揚名妻二十五歲夫亡四十六歲卒蒯氏陳景章妻二十九歲夫亡四十五歲卒薛氏

監生蔣鈺妻二十四歲夫亡三十六歲卒夏氏陳培德妻二十八歲夫亡陳氏宋安福妻二十九歲夫亡陸氏繆文溶妻二十六歲夫亡以上蔡涇

陳氏李朝興妻二十七歲夫亡壽七十二王氏黃正發妻三十歲夫亡六十一歲卒韓氏耿有元妻二十九歲夫亡劉氏李友三妻二十三歲夫亡浦氏韓舜年妻二十二歲夫亡繆氏徐金元妻三十歲夫亡以上月城

黃氏仇文齡妻二十九歲夫亡六十五歲卒沈氏翟廷楹妻二十四歲夫亡壽七十趙氏沈蹤義妻二十二歲夫亡撫遺腹子成立五十四歲卒張氏嚴秉仁妻二十七歲夫亡六十一歲卒彭氏黃思信妻二十四歲夫亡五十一歲卒姚氏梁聖經妻三十歲夫亡莊氏司福倫妻二十三歲夫亡耿氏劉士宜妻二十四歲夫亡陳氏唐永聚妻二十六歲夫亡以上夏城

湯氏吳文煥妻二十四歲夫亡六十五歲卒宋氏劉廷祖妻二十二歲夫亡五十二歲卒劉氏

彭增脩妻二十一歲夫亡以上黃橋

沈氏馬耀祖妻三十歲夫亡夫弟遠出其妻早歿氏撫姪成立出嫁姪女壽八十七吳氏李櫆妻二十九歲夫亡撫子焯耀成立五十五歲卒薛氏程兆鯤妻二十九歲夫亡家貧翁老能盡孝養四十四歲卒張氏庠生葛履端妻二十二歲夫亡三十六歲卒薛氏何懷仁妻二十三歲夫亡薛氏李永年妻二十二歲夫亡顧氏薛富林妻二十七歲夫亡林氏薛承之妻二十六歲夫亡胡氏蔣錦榮妻二十九歲夫亡徐氏張景栻妻三十歲夫亡以上青暘

孔氏石尚質妻二十五歲夫亡壽七十三林氏石尚仁妻二十五歲夫亡壽七十七杜氏石履純妻二十三歲夫亡壽七十五薛氏石殿聘妻二十歲夫亡四十五歲卒朱氏薛在瑛妻二十七歲夫亡六十四歲卒王氏薛正興妻二十九歲夫亡壽七十一薛氏奚秉直妻三十歲夫亡五十八歲卒

奚氏薛塏楷妻二十七歲夫亡四十九歲卒陸氏胡啟發妻二十四歲夫亡四十六歲卒奚

氏石雲積妻三十歲夫亡四十九歲卒 錢氏李元龍妻二十四歲夫亡三十四歲卒 奚氏黃基妻二十二歲夫亡四十四歲卒 朱氏薛應壽妻三十歲夫亡四十一歲卒 石氏曾心珏妻二十六歲夫亡四十一歲卒 張氏邱惠清妻二十四歲夫亡 張氏曾心延妻二十一歲夫亡 馮氏薛桐妻二十七歲夫亡 沈氏薛南德妻二十九歲夫亡 沈氏毛豐吉妻二十七歲夫亡 奚氏曾景明妻二十九歲夫亡 邱氏薛茂宗妻二十七歲夫亡 奚氏薛服德妻二十四歲夫亡 胡氏石雲立妻三十歲夫亡 張氏薛鳳儀妻二十五歲夫亡 徐氏周本立妻二十九歲夫亡 徐氏胡蘭生妻二十八歲夫亡 薛氏王嘉奎妻二十八歲夫亡 高氏邱桃元妻二十五歲夫亡 薛氏邱德明妻二十八歲夫亡 馮氏周應璜妻二十七歲夫亡 俞氏奚朝秀妻二十五歲夫亡十日內嫡亦歿撫嫡子樹烈及所生子樹勳成立壽八十 以上四河

邵氏沈培賢妻三十歲夫亡壽七十三 張氏黃志文繼妻二十四歲夫亡壽七十一 唐氏朱順

江陰縣志　卷二十　列女　節婦　八

緒繼妻三十歲夫亡壽七十五 楚氏呂永禧妻二十五歲夫亡壽七十三 蕭氏陳萬雄妻二十歲夫亡壽八十三 陸氏朱玉興妻二十六歲夫亡六十七歲卒 錢氏唐受天繼妻二十八歲夫亡壽七十四 朱氏王嘉裕妻二十六歲夫亡五十三歲卒 陳氏徐殿章妻二十六歲夫亡壽七十三 張氏陳宏臣妻三十歲夫亡六十九歲卒 蕭氏黃觀海妻三十歲夫亡五十五歲卒 奚氏唐雲龍妻二十九歲夫亡壽七十九 薛氏金天奇妻三十歲夫亡壽八十三 任氏陳廷鶴妻二十九歲夫亡六十四歲卒 黃氏顧聖佑妻二十四歲夫亡壽八十一 劉氏陳煥文妻二十六歲夫亡壽七十六 包氏朱本禮妻二十五歲夫亡五十一歲卒 薛氏許國珍妻二十三歲夫亡六十五歲卒 黃氏孫韶妻二十九歲夫亡六十四歲卒 徐氏張鈞妻三十歲夫亡五十七歲卒 孔氏黃道立妻二十四歲夫亡五十歲卒 呂氏黃成祖妻二十六歲夫亡三十八歲卒 薛氏張元成妻二十九歲夫亡五十三歲卒 王氏朱培益妻二十六歲夫亡四十一歲卒 石氏黃仲篪妻二十歲夫

亡三十三歲卒 薛氏陳有彩妻二十三歲夫亡 黃氏鄧昌齡妻二十八歲夫亡 朱氏陳廷鳳妻三十歲夫亡 胡氏劉廷和妻二十六歲夫亡 張氏陳九皋妻三十歲夫亡 薛氏張嘉禮妻二十七歲夫亡 孫氏陳拱暘妻二十八歲夫亡 樹氏陳萬蒼妻二十七歲夫亡 薛氏任邦彥妻二十八歲夫亡 江氏孫宏允妻二十五歲夫亡 陸氏邢世壽妻二十八歲夫亡 周氏黃朝選妾三十歲夫亡六十七歲卒 九氏張震龍妾三十歲夫亡 陳氏徐思慶妾二十九歲夫亡 以上馬鎮

徐氏陸文元妻二十九歲夫亡五十七歲卒 徐氏湯元載妻二十七歲夫亡六十六歲卒 沈氏戴文玉妻二十八歲夫亡壽七十九 薛氏張文雄妻二十四歲夫亡三十八歲卒 張氏沈佛恩妻二十七歲夫亡五十八歲卒 薛氏張文闈妻二十九歲夫亡炊煙常絕有貸之粟者卻不受五十四歲卒 朱氏黃學聖妻二十六歲夫亡五十歲卒 沈氏徐永華妻二十七歲夫亡毀妝斂容勤於紡織

江陰縣志　卷二十　列女　節婦　九

四十五歲卒 沈氏湯世潔妻二十八歲夫亡 任氏王烈堂妻二十七歲夫亡 徐氏張玉成妻二十八歲夫亡事翁至九十八餘撫子成立 任氏徐麟珍妻二十四歲夫亡無子 徐氏莊瑞榮妻二十九歲夫亡撫二子俱先卒偕長媳撫孫 朱氏趙文彬妻三十歲夫亡 沈氏何廷章妻二十六歲夫亡 黃氏孫麟書妻二十七歲夫亡 錢氏王正賢妻二十五歲夫亡 沈氏李秀川妻二十九歲夫亡 郁氏黃依德妻二十歲夫亡 濮氏舉人張煥妾二十三歲夫亡撫子圻成立 以上璜塘

周氏沈國寶妻二十八歲夫亡壽八十五 黃氏高鶴占妻二十五歲夫亡四十歲卒 王氏錢承烈妻二十八歲夫亡 張氏沈瑞文妻二十九歲夫亡 湯氏錢廷楹妻二十七歲夫亡 薛氏譚大梁妻二十九歲夫亡 以上花山

譚氏姚盛泰妻二十九歲夫亡壽九十 王氏周雲從妻二十九歲夫亡五十二歲卒 周氏徐右

曾妻二十六歲夫亡四十六歲卒 譚氏徐振洪妻二十六歲夫亡五十六歲卒 顧氏沈文明妻
二十五歲夫亡三十七歲卒 鄧氏王朝華妻二十七歲夫亡三十七歲卒 薛氏潘聿脩妻二十
二歲夫亡 沈氏徐起鵠妻二十六歲夫亡 黃氏徐謹妻二十二歲夫亡 殷氏馬士忠妻二十
五歲夫亡 謝氏黃廷卓妻二十三歲夫亡 夏氏錢芳盛妻二十七歲夫亡 姚氏周甸三妾二十
七歲夫亡六十六歲卒 以上蕭岐
劉氏劉廷顯妻三十歲夫亡壽七十一 趙氏吳德坤妻二十八歲夫亡五十五歲卒 徐氏吳維
欽妻二十五歲夫亡五十三歲卒 劉氏姚鳳鳴妻二十八歲夫亡壽七十四 陳氏徐景華妻三十
歲夫亡 以上葫橋
沈氏張思成妻二十七歲夫亡五十二歲卒 汪氏張廣仁妻二十五歲夫亡四十歲卒 朱氏劉景
行妻二十九歲夫亡 吳氏張增道妻二十八歲夫亡 曹氏徐萬元妻三十歲夫亡 陳氏徐步

江陰縣志 卷二十 列女 節婦 十

餘妻二十八歲夫亡 吳氏焦存仁妻三十歲夫亡 繆氏顧天佑妻二十二歲夫亡 金氏耿書
二妻二十五歲夫亡 以上觀山
翟氏徐築巖妻二十九歲夫亡壽八十六 張氏孟瑞坤妻二十九歲夫亡壽七十九 蔣氏宋敖大妻
二十三歲夫亡壽七十 梅氏李用芳妻二十八歲夫亡六十八歲卒 萬氏張茂亨妻二十三歲
夫亡四十二歲卒 徐氏徐象書妻二十六歲夫亡 胡氏周鳳彩妻二十九歲夫亡 曹氏楊永
法妻二十八歲夫亡 沈氏李繼壽妻二十八歲夫亡 翟氏楊法元妻二十八歲夫亡 劉氏楊德
興妻三十歲夫亡 周氏華敖大妻二十一歲夫亡 謝氏潘篆龍妻二十五歲夫亡 顧氏徐在
梅妻三十歲夫亡 袁氏胡書升妻三十歲夫亡 惲氏錢虎妻二十九歲夫亡 張氏安國
富妻二十九歲夫亡 陳氏劉順年妻二十一歲夫亡 談氏徐華堂妻二十四歲夫亡 奚氏徐鼎
亨妻二十九歲夫亡 高氏徐興讓妻三十歲夫亡 沈氏徐永清妻二十九歲夫亡 黃氏徐亮

珍妻二十九歲夫亡 費氏劉勝川妻二十九歲夫亡 以上利城
屠氏許躍雲妻二十三歲夫亡 前周
彭氏俞學周妻二十歲夫亡事翁撫子日夜紡織翁歿有欲嫁之者堅不從壽七十九 張氏梅雙龍妻
二十三歲夫亡六十四歲卒 翟氏單德雲妻二十六歲夫亡 以上后梅
吳氏繆家騂妻二十五歲夫亡撫子道濟道馨成立四十五歲卒 朱氏繆道馨妻道馨拯族人溺因而
致死氏年二十四撫二子艱辛備至六十七歲卒 繆氏吳國瑞妻二十七歲夫亡撫遺腹子成立壽七
十三 秦氏周隆盛妻二十六歲夫亡 以上丁墅
江氏劉昌儀妻二十三歲夫亡壽七十九 陳氏金櫄新妻二十五歲夫亡三十八歲卒 劉氏陳佩
蘭妻二十九歲夫亡 朱氏劉如德妻二十三歲夫亡 吳氏徐夢熊妻二十九歲夫亡 以上桃
花

江陰縣志 卷二十 列女 節婦 十一

繆氏劉會文妻二十八歲夫亡壽七十九 宋氏繆應寅妻二十七歲夫亡六十七歲卒 朱氏殷瑞
林妻二十五歲夫亡六十三歲卒 俞氏柳國琛妻二十七歲夫亡五十四歲卒 章氏監生殷思
起妻三十歲夫亡五十二歲卒 單氏周尚賢妻二十九歲夫亡四十八歲卒 華氏劉會賢妻二十
六歲夫亡 孟氏張文漢妻二十九歲夫亡 吳氏周裕成妻二十八歲夫亡 柳氏薛順度妻二十
九歲夫亡 徐氏吳維忠妻三十歲夫亡 何氏李遇芳妻二十九歲夫亡 夏氏繆同書妻二十
四歲夫亡 以上申港
丁氏徐介祉妻二十四歲夫亡煢子無依每耕耘抱兒置隴畔以織覆之耡少頃兒啼輒遷其地撫養成立壽
七十 沈氏吳炎均妻二十七歲夫亡四十一歲卒 顧氏蔣廷貴妻二十一歲夫亡壽七十 湯
氏徐之桐妻二十八歲夫亡五十五歲卒 張氏柳宗濤妻三十歲夫亡壽七十一 王氏吳大
鵬妻二十九歲夫亡五十三歲卒 林氏吳步青妻二十九歲夫亡四十四歲卒 高氏朱贊揚妻

二十一歲夫亡　吳氏蔣殿陞妻三十歲夫亡　舒氏職員吳鏞妻十九歲夫亡　袁氏吳陞陞妻三十歲夫亡　以上夏港

陸氏蕭永齡妻二十九歲夫亡五十四歲卒　陸氏蕭宏倫妻三十歲夫亡四十九歲卒　王氏陳方令妻二十七歲夫亡壽七十二　尹氏丁德和妻二十三歲夫亡壽七十三　孫氏李茂松妻三十歲夫亡　孫氏盧錦堂繼妻二十九歲夫亡　以上沙洲

姚氏四河某氏僕侯志德妻二十一歲夫亡壽七十六　范氏四河某氏僕陳愛二妻二十七歲夫亡五十五歲卒　梅氏顧山周氏僕周鳳鳴妻二十九歲夫亡撫子　以上照例停止設位

自吳張氏至此皆道光十六年續旌

貞女

（明）曹氏李善祥聘妻曹一綱女二十歲夫亡哀慟絕粒欲奔喪父慰止閉戶刺面嚼指血書終身不改字於帛乃聽歸李葬夫終喪歸母家鍵居小樓披縞茹素割股療父疾樓有白雀來巢天啟四年學使孫之益奏旌江南貞節十八人氏居第一　吳氏袁永廣聘妻宜興憲副吳正己女將婚前三日夫亡過門守貞五十二歲卒　繆氏張振美聘妻夫亡飲泣而死一日復蘇泣然曰吾爲曹壽姜矣謂一綱女也卽奔喪成服歸幽居一室終身哀麻父母亦罕見其面勤女紅以自給有資其乏者雖至戚不受　耿氏周寅爽聘妻十五歲守貞母家能孝於親自甘約素　韓氏徐復魁聘妻韓應選女夫年十六亡氏矢守壽七十　夏氏費廷熊聘妻十九歲守貞撫嗣子椿年成立　以上見前志

國朝周氏楊名陞聘妻庠生周榮起女名陞遘疾十餘年卒氏年二十九守貞　邢氏周曰侯聘妻邢楷女十八歲夫亡守貞六十年　徐氏吳朝柱聘妻十九歲守貞　徐氏承王言聘妻　以上雍正年旌

吳氏方其澗聘妻十九歲守貞使女春梅相隨不嫁年三十餘卒　尹氏章學禮聘妻　徐氏俞曾起聘妻徐觀文女孝姑撫嗣　韓氏徐樂山聘妻　周氏夏宗曾聘妻周文玉女二十四歲夫亡奔喪守貞三十年初女割股療父病父死無嗣竭力營葬翁病亦割股以療　吳氏朱履仁聘妻監生吳上立女二十歲守貞　查氏陳元開聘妻監生查世錦女二十三歲夫亡守貞三十五年　孫氏徐雯聘妻貢生孫朝玠女十七歲夫亡守貞四十年　夏氏陳學洪聘妻庠生夏時鏞女十七歲守貞壽八十二　章氏孔傳緒聘妻二十歲夫亡守貞二十八年　徐氏朱勷聘妻二十四歲夫亡守貞二十八年　汪氏貢生陶沂聘妻十七歲夫亡守貞二十五年　李氏陶又季聘妻守貞三十四年　李氏繆秉豐聘妻二十二歲守貞孝事翁姑撫嗣大椿先卒復撫二孫六十八歲卒　徐氏繆學純聘妻徐鴻逵女二十一歲夫亡守貞五十三年　以上乾隆年旌

黃氏徐漢雄聘妻十二歲守貞奉嫡庶兩姑撫嗣旣娶卒復撫二孫　吳氏錢廷祿聘妻　陸氏一貢鳴聘妻十八歲守貞事姑撫嗣　陳氏張廷炳聘妻二十二歲守貞撫嗣謙三成立三十九歲卒　朱氏徐樑養室二十四歲守貞孝姑撫嗣嗣卒復撫孫　周氏趙時椿養室二十六歲守貞撫嗣　陸氏袁德洪聘妻十九歲守貞撫嗣三十九歲卒　孔氏孫宗煥聘妻廩生孔昭質女十九歲守貞撫嗣慶元二十歲卒　沙氏張鈺聘妻監生沙徐行女二十一歲守貞事翁撫嗣三十六歲卒　吳氏徐文熯聘妻監生吳鈞女夫亡訃至家人諱之女覺殯且葬矣將別議婚遂縊墮地不死誓不再字　以上嘉慶年旌

張氏徐啟聘妻職監張文炤女二十三歲守貞撫嗣三十二歲卒　夏氏程八愷聘妻二十八歲守貞　趙氏生員高存仁聘妻監生趙文燾女二十二歲守貞撫嗣春熙遊庠四十七歲卒　王氏沈春林聘妻王步雲女二十一歲守貞撫嗣三十六歲卒　陳氏袁昭聘妻二十歲守貞　劉氏王行懿養室二十二歲守貞撫嗣　以上道光年旌

趙氏方某聘妻十四歲夫亡父母欲改字自縊吞銅皆救免尋卒　王氏祝道亨聘妻十六歲守貞服縞

江陰縣志　卷二十　列女　貞女　十二

江陰縣志　卷二十　列女　貞女　十三

茹素終其身唐氏徐士誠聘妻十七歲守貞壽七十七繆氏張季叔聘妻十七歲守貞壽七十四
陸氏俞某聘妻無錫陸元朋女十七歲夫亡欲奔喪父母不許翦髮絕粒不得已送至夫家時翁已故孝
養太翁五六年太翁歿姑厭之迫歸母家氏志益堅江錫兩令時給粟帛周之朱氏陳世元聘妻朱亮公
女十九歲守貞六十六歲卒朱氏曹德型聘妻二十二歲守貞撫嗣四十四歲卒陸氏陳學乾聘
妻二十五歲守貞養姑撫嗣顧氏花天彩聘妻二十二歲守貞陳氏王龍章聘妻陳孔源女十
七歲夫亡奔喪事姑如母服闋守於母家針黹自給時瞻孀姑姑歿罄資營葬居恆寢不解衣譚氏陳鼎
彝聘妻譚本清女母疾願以身代割臂療之夫亡守貞事孀姑盡禮五十一歲卒陳氏曾坤如聘妻陳
嘉言女十六歲守貞與嫂譚氏同寢處永夜一燈機聲相應人稱雙貞五十七歲卒劉氏吳聖占繼聘妻
劉成章女十九歲守貞撫前室子成立趙氏王位城聘妻二十一歲守貞終身不服色衣六十五歲卒
張氏沈而定聘妻夫亡奔喪歸守貞母家劉氏史振裔聘妻劉奕邦女十九歲守貞金氏車鶴

鳴聘妻庠生金玉女十九歲守貞善事翁姑俞氏沈南一聘妻俞公純女十七歲守貞翁姑勸改字不
從金氏錢楠聘妻金子祥女二十二歲守貞壽七十二朱氏劉士進養室夫亡翁姑欲改字不從
為立嗣壽七十七龐氏查席珍聘妻龐爾彬女席珍遊京師久不歸女矢志不渝壽七十林氏
周永芳聘妻林九皋女十八歲守貞顧氏趙良玉聘妻顧德熙女十四歲守貞顧氏顧玉成女十五
歲夫亡守貞五十三年張氏黃夢奎聘妻諸生張光國女十九歲守貞撫嗣六十九歲卒夏氏
汪鶴齡聘妻夏玉引女十六歲守貞撫嗣而殤二十四歲卒吳氏於映台聘妻二十二歲夫病迎歸躬
視湯藥二十八日夫亡欲殉翁姑止之服闋歸守母家屈氏周繩德聘妻二十三歲守貞錢氏
郭有敬聘妻二十四歲守貞積哀成疾不服藥卒包氏趙載夏聘妻包義升女二十六歲守貞翁姑歿
歸守母家陸氏宣父鼎聘妻陸鈞山女十五歲守貞撫嗣奉翁姑二十年六十四歲卒潘氏繆爾
正子養室年十三翁與夫相繼歿誓死守貞有咲姑謀娶者女縊救免何氏趙聖聘妻十七歲守貞

奚氏薛綬聘妻奚令榮女守貞母家撫兩幼弟成立劉氏薛重鐸聘妻二十歲守貞五十七歲卒
俞氏王之良聘妻守貞母家奚氏石鳳齡聘妻壽八十鄧氏張綿遠聘妻系出無錫十九歲
守貞敬事翁姑姑歿依母家針黹自給吳氏袁榮聘妻吳德雲女二十一歲守貞撫嗣繆氏張某
聘妻壽七十三鍾氏張運貞聘妻十九歲守貞三十三歲卒李氏耿時譽聘妻李天佐女十八歲
夫亡奔喪刎頸自縊皆救免姑病奉湯藥兩月不解帶悲泣三年成心疾卒龐氏謝某聘妻龐文孝女
夫亡父母欲改字蓬髮毀面誓死不二守貞七十餘年陸氏俞祖述聘妻十七歲守貞四十三歲卒
徐氏繆大年聘妻十八歲守貞六十七歲卒章氏莊宣聘妻二十三歲守貞二十六歲卒張
氏沈震百子聘妻張治坤女五十歲卒盧氏盧絅尚女父誤以女字奴隸子悔恨致死母亦繼歿女不
願嫁官為判免亦不他適陸氏陳時行聘妻十三歲守貞壽七十五戚氏趙錡聘妻戚聖俞女二十
三歲卒方氏陳翼周聘妻方茂如女二十一歲守貞撫嗣朝柱朝棟成立六十六歲卒金氏郡城

楊某聘妻金玉珂女翁亡家貧姑命子往浙依親不遇無以歸遂為僧致書聽女改適女泣告父母矢不渝志
迎養其姑六十六歲卒錢氏趙履中聘妻錢重里女三十五歲守貞五十歲卒錢氏王世楙聘
妻錢楚良女二十二歲守貞撫嗣燧成立三十六歲卒潘氏錢治芳聘妻潘南山女二十四歲守貞壽
七十六祝氏劉晉明聘妻庠生祝時發女晉明年十六得狂疾久不瘳聽女改字女聞託疾不食夜起
自縊兩妹驚救得蘇矢志不渝壽八十二周氏勇漢封聘妻周詒穀女十六歲守貞六十九歲卒趙
氏陳鴻禮聘妻趙民望女二十歲守貞壽七十五陳氏朱行儉聘妻陳文雍女二十二歲守貞六十八
歲卒李氏柳起明聘妻李天玉女十五歲守貞五十六歲卒陳氏周大銓聘妻武進陳松年女十
六歲守貞五十四歲卒盧氏湯某聘妻盧文遠女壽七十三魏氏陳沂聘妻魏金城女二十歲守
貞壽八十二黃氏薛雙玉聘妻黃應元女十九歲守貞五十歲卒董氏王天爵聘妻董載華女二
十歲守貞撫嗣而殤二十五歲卒黃氏奚福聘妻二十歲守貞六十歲卒任氏任子瓏女字王

宗愷于歸之夕夫亡守貞壽七十七顧氏吳玉輝聘妻顧國材女六十二歲卒華氏劉乾聘妻二十五歲守貞六十四歲卒李氏劉遠逵聘妻十七歲守貞五十歲卒錢氏繆巧明養室二十歲守貞壽七十一周氏陳潤聘妻二十歲守貞善事翁姑盡出其衣飾佐養三十二歲卒李氏黃家幹聘妻二十四歲守貞終身縞素壽七十三黃氏徐大雅聘妻六十三歲卒須氏徐六方養室壽七十四會氏韓聞聘妻曾振先女聞以畀繫獄死守貞養親蔣氏曹生聘妻二十三歲守貞壽八十三周氏袁溥聘妻十九歲守貞壽七十三顧氏趙傳聘妻顧尙仁女十六歲守貞六十一歲卒郁氏陸金聘妻郁舜友女十九歲守貞六十一歲卒徐氏倪阿大聘妻徐殿和女壽七十五戴氏呂某聘妻戴維仁女十六歲守貞五十四歲卒王氏繆汝梧聘妻王天峻女十九歲守貞四十一歲卒蘇氏黃燦養室蘇警予女二十歲守貞壽七十三沈氏李濟陽聘妻沈瀾觀女二十七歲守貞五十六歲卒王氏呂士龍聘妻把總王紹惠女二十五歲守貞六十五歲卒馬氏胡凝德聘妻四十三歲卒李氏王聖年聘妻李朝珍女十九歲守貞四十一歲卒陳氏繆某聘妻陳元輔女二十一歲守貞五十二歲卒錢氏卞大觀聘妻十八歲守貞五十八歲卒吳氏陳球聘妻吳鼎銓女十歲守貞孝親壽七十二陶氏薛與升聘妻二十二歲守貞壽七十二吳氏金侍禧養室十九歲守貞六十四歲卒朱氏謝兆騶聘妻兆騶遠遊年老始歸矢守不渝壽七十三郭氏趙某聘妻監生郭驤女三十七歲卒殷氏蔣朝梁聘妻殷靜坤女二十歲守貞二十九歲卒趙氏吳宗源聘妻十九歲守貞四十一歲卒楊氏華文有聘妻楊鵬萬女十三歲守貞侍孀母紡織五十二歲卒姚氏梅起隆養室二十四歲守貞六十七歲卒劉氏馮翼廷聘妻劉元彩女十九歲守貞五十六歲卒周氏趙慶聘妻二十五歲守貞五十五歲卒黃氏張衞中聘妻黃全倫女十八歲守貞五十四歲卒孔氏顧受祿養室孔繼昌女二十歲守貞撫嗣善事翁姑三十六歲卒薛氏徐殿升聘妻薛書田女十八歲守貞撫嗣善事翁姑六十四歲卒蔣氏曹鳳翔聘妻蔣健行女二十二歲守貞五十六歲卒

何氏徐鳳詔聘妻二十三歲守貞撫嗣五十五歲卒貢氏徐朝貴聘妻舉人貢應芳女二十一歲守貞二十五歲卒陳氏張焜聘妻陳應槩女十九歲守貞撫嗣謹奉翁姑六十三歲卒汪氏趙鑑聘妻翁佑基官南陽府同知歿於任姑及夫相繼亡氏衰經依母家守貞卒夫叔有基憐其志舁氏柩合窆夫家惲氏金文聘妻惲樹玉女三十四歲卒徐氏蔡昆茂聘妻二十三歲守貞五十一歲卒薛氏張蒼玉養室十九歲守貞孝事翁姑撫嗣成立五十五歲卒陸氏朱文煜聘妻陸世科女二十二歲守貞三十三歲卒奚氏承耀文聘妻陽湖奚企浩女十六歲守貞十七歲卒黃氏徐鴻讀聘妻二十二歲守貞三十九歲卒王氏盧炳聘妻二十三歲守貞四十四歲卒蔡氏湯巧方聘妻二十歲守貞有欲奪其志者控官得免二十七歲卒李氏吳東陽聘妻十九歲守貞四十歲卒徐氏沈日誥聘妻徐方達女十七歲守貞二十九歲卒章氏胡肯穫聘妻二十四歲守貞撫嗣宋氏徐九如聘妻二十一歲守貞許氏束龍順聘妻夫以事被遣氏守貞奉姑撫嗣張氏徐某聘妻張元彩女終身樸素楊氏李鳴皐養室二十一歲守貞撫三嗣子高氏邢德孚聘妻高正坤女十四歲守貞陳氏俞德泰聘妻陳鶴女二十九歲守貞顧氏吳維嵩聘妻十八歲守貞趙氏周娟川聘妻二十一歲守貞沈氏吳亭聘妻沈士進女二十三歲守貞沙氏余某聘妻沙象山女十九歲守貞金氏陳敖大聘妻金方山女十六歲守貞繆氏李楷聘妻繆永祿女十六歲守貞高氏殷德毅養室二十一歲守貞陳氏劉寶山聘妻陳上林女二十三歲守貞司氏張某聘妻司遇時女陳氏聶嘉禾聘妻陳貴女十九歲守貞韓氏龔寀聘妻十六歲守貞撫嗣逢亭成立徐氏俞大智聘妻二十一歲守貞曹氏周懷忠聘妻十八歲守貞事姑不怠撫嗣維邦成立以上道

光十年彙旌

趙氏王某聘妻趙日新女十九歲守貞壽七十林氏譚某聘妻林鳳臺女十八歲守貞壽七十六楊氏翁禹徵聘妻貢生楊謙益女禹徵幕遊不歸依母矢守六十二歲卒王氏吳某聘妻庠生王肇文女

十六歲守貞壽七十六**徐氏**平樂府經歷高岡聘妻監生徐宗孟女壽七十八**焦氏**黃萬億聘妻萬億患足疾聽改字守志不移四十九歲卒**杜氏**朱永和聘妻十五歲守貞四十二歲卒**周氏**薛思釗妻周國相女思釗遠遊不歸守至五十歲思釗歸乃成婚逾年卒**薛氏**章佑善聘妻薛廷耀女佑善連喪父母復以貧不能娶聽改字矢志不移**徐氏**沈苑亭聘妻二十四歲守貞**繆氏**羅文贇養室二十四歲守貞**張氏**王學匯養室十三歲守貞撫嗣**潘氏**湯學伊聘妻潘世祿女二十一歲夫亡氏欲奔喪翁堅不允守貞母家阨窮而無怨志**李氏**何永清聘妻二十九歲翁病劇迎歸未成婚是年夫亡守貞奉姑撫嗣**吳氏**武進周維德聘妻吳文正女十九歲守貞**以上道光十六年續旌**

孝婦孝女

（梁）**羊氏**蕭嬌妻性至孝居父喪哭輒吐血母疾終夜祈禱有神佑之而愈

明**沈氏**贈浙江按察司僉事沈元女歸陳母袁氏遘疾刲股默禱瘳之**以上見前志**

國朝**吳氏**吳廷貴女以父老弟幼矢志不嫁佐庶母撫弟有泉成立奉父至八十八歲**周氏**周懷芳女年十四侍父疾五十餘日衣不解帶年十九母患羸疾矢志不字晨夕侍奉不怠母目失明舌舐月餘漸能視父母兄嫂相繼歿撫姪成立**以上嘉慶年旌**

夏氏庠生朱衣妻翁病篤氏亦疾強起侍湯藥氣盡復蘇者再乙酉之變扶姑避難姑病亟賣簪珥備藥物晝夜扶持無倦色姑死慟哭瀕殆百計相夫營葬**周氏**旌孝庠生吳琳妻庠生周汝琮女姑病危默禱刲臂肉作湯以進琳有幼妹二氏撫之甚厚**沈氏**武舉張治妻姑湯氏病謹侍湯藥不解衣者累月病轉劇籲天祈禱刲股和藥以進遂愈**謝氏**許載用妻割股瘵母疾**張氏**庠生王家棟妻姑何氏目瞽日舐數度盈一載目復明**潘氏**旌孝包廷贊妻相夫孝養姑性暴每怒跪以請色霽乃巳及姑雙瞽病瘓且久痢十年不起氏晨夕侍湯藥每有所欲夫婦鬻産傾奩以奉夜必侍立漏三下始就寢姑沒哀毀致疾未終喪卒**金氏**庠生趙祖熙妻姑馬氏失明曲意侍奉一夕夢神以藥納目中自是光明倍於昔**許氏**陳永祚妻姑疾晝夜侍奉或暴怒加撻必婉容跪受**蕭氏**武舉司天爵妻姑失明竭力調治目復明**譚氏**葛永昌妻姑病篤割股和藥以進病愈復延八年**黃氏**旌孝增生葛撫辰妻家貧孝事翁姑自食糟糠**胡氏**庠生陳六鼇妻姑莊氏患痼疾割股療之**顧氏**旌孝季兆斗妻庠生顧偉儒女相夫孝事父母詳見季兆斗傳**徐氏**貢生楊名表妻徐子曉女孝事繼姑名表生欲建宗祠未果而歿氏卒成夫志并置祭田二十畝**劉氏**父母貧無子族人莫肯繼嗣終身不嫁以事親**閔氏**十三歲母病篤割股療治知縣陸次雲四孝詩氏其一也**陳氏**陳廷鑑女十四歲母李氏病割股和藥以進**徐氏**候選州同徐德容女幼秉至性痛母無子以貞守侍養父歿家貧不給辛勤操作奉母以終**梅氏**梅培元女篤於孝親終身不嫁**須氏**歲貢生須天祿女父母年老家中落勤紡織佐弟供甘旨立志不嫁**吳氏**吳爾廷女幼喪母兄亡矢志不嫁與嫂同居**王氏**庠生王旭女父歿母患瘋疾飲食起居賴女扶持矢志不

嫁母亨遐年**趙氏**守備趙鼎樞女不字以養父母父母歿悲慟致病卒初母病刲股以進鄰女竊見驚呼戒勿言及卒瘢痕宛然**章氏**監生章國輔女年十五刲股療父疾後適庠生季維漢**陶氏**陶永俊女年十九父母亡親黨欲為擇壻堅持不嫁紡織以育幼弟弟長為之婚娶**劉氏**劉奉南女無兄弟紡織養親不嫁親歿築石臺於室晨夕供飲食每出入必詣臺前稟命**江氏**江子湘女繼母王氏病篤割股療之**麗氏**麗文簡女孝事父母矢志不嫁**孔氏**養親不字撫弟成立**吳氏**養親不字依孀嫂同居**吳氏**吳子調女父母早亡兄歿嫂改適氏誓不嫁撫姪成立**張氏**張德清女孝養不字割股療親**陳氏**陳紫鼎女兄翼周早歿聘妻方氏守貞氏誓不字與嫂相依**朱氏**朱銘謙女**朱氏**朱銘衷女**朱氏**朱履端女姑姪三人皆以父母俱亡兄嫂繼歿矢志不字撫姪成立**張氏**張廷俟女**吳氏**吳國定女**華氏姊妹**華本智女**高氏**高元俊女**劉氏**劉佳音女**仲氏**仲耀賢女**封氏**封祥俟女**劉氏**劉永惠女**繆氏**繆秉彝女以上皆父母無子孝養不字**六氏**

六世昌女張氏張漢雄女黃氏黃朝魁女繆氏庠生繆文高女以上皆有兄早亡孝養不字
袁氏袁維明女有兄無慧孝養不字徐氏徐玉積女弟彩明未期而母卒越五載父歿終身撫弟以
承宗祧邵氏邵舜山女吳氏吳明德女淩氏麥日章女以上皆親亡撫弟矢志不字郭
氏郭惠南女郭氏郭朝勳女郭氏郭殿侯女以上皆親老弟幼孝養不字蘇氏蘇文炷女
高氏高宏遠女王氏王顯能女以上皆母亡養父撫弟不字蔡氏蔡時點女父亡母病撫弟
不字李氏姊妹李于九女弟幼瞽同心孝養不字車氏車南池女父久客不歸弟以尋父歿
於外養母不字葉氏葉宗元女喪母矢志養父至九十餘蘇氏候選行人蘇濱女徐氏監生
徐雲路女張氏張永貞女徐氏徐公瓚女楊氏楊裕公女陸氏陸士餘女沈氏沈天
濡女陳氏陳國相女吳氏吳敬宣女以上皆父母老病孝養不字趙氏守備趙鼎樞女年十
七父母亡以不得親命終身不嫁張氏張世祿女母病篤割股以療後適吳一基承氏承貽遠女

母歿孝養孀祖母不字事繼母亦以勤慎稱勇氏庠生勇士標女割股療母病張氏張敕女父
病經年侍奉勞瘁哀禱北辰願以身代竟先父卒陳氏陳龍廣女母患瘧氏侍湯藥百晝夜無倦哀禱
北辰願以身代割股以進母歿事祖母撫幼弟以思母得疾卒張氏張德隆女徐氏徐生鏞女楊
氏楊中和女以上皆父亡養母不字朱氏朱文元女印氏印位陞女朱氏朱上賓女以上
皆父母無子孝養不字封氏封國武女弟有瘋疾孝養不字楊氏楊君聘女兒天秩早亡孝養不
字宋氏宋建侯女父母失明孝養不字洪氏監生洪定濂女母早亡養父不字李氏李玉
含女父母早亡撫弟不字夏氏庠生夏廷煦女四歲父卒母撫前室子鳴雷及已子錦堂未幾鳴雷卒媳
錢氏守節母家錦堂又亡媳朱氏僅得遺腹子周松女見一門孤寡矢志不字繼而朱氏又歿養母撫姪以
上道光十年彙旌
徐氏徐欽女徐氏職監徐克貞女張氏姊妹監生張元樞女方氏方肇周女吳氏

庠生吳履正女計氏計時和女錢氏錢德甫女繆氏繆孔彰女祝氏祝朝楨女俞氏
俞鶴鳴女徐氏徐龍江女繆氏繆法乾女章氏章範九女劉氏劉向山女吳氏吳維
藩女朱氏朱鳳明女許氏許宏謨女楊氏楊鳳山女徐氏監生徐溥女蘇氏蘇全
寶女劉氏劉大成女柳氏柳廷珍女皆孝養不字以上道光十六年續旌

烈婦烈女

（唐）薄氏江陰尉鄒待徵妻武康尉薄自牧女江左亂待徵解印去氏爲盜所劫將辱之乃密以夫官告託村
媼付待徵遂死李華爲作烈婦詞見藝文
（南唐）何氏少有容操五代末避亂前湖遇賊欲汙之女泣曰吾身墮汝手肯從吾禱之於天於父母乎賊
意少懈女嚴妝出拜且泣乘閒罵賊赴水死見夢里人至今祠祀湖上里人王逢有烈女廟詩見藝文
（宋）蔣氏江陰僉判李易母建炎三年金兵至夏港知軍胡紡謂易曰吾曹義當死守公母盍避諸易以告母

母曰身一去汝曹未必死守願與同死葛氏溫州同知許鳳鳴妻死寇難建令節坊
（元）吳氏杜友開妻友開教授君山下氏辟纑助之天歷間歲洊饑或諷以墓木及地可賣友開不忍貧餓死
氏昆弟欲挈之歸辭不往與夫骸櫬藉卒趙氏姊妹由里山民趙一女皆有殊色至正壬辰廣德寇
剽郡縣姊自經越三年乙未四方兵起妹度不免亦赴水死王逢作雙珠辭見藝文秦筆妻逸其氏適
泰某業售筆乙未亂泰挈氏依同郡朱判官璹居吳中泰病卒朱爲具棺衾且思所以卹氏氏泣謝之夜漏半
自縊夫死所朱合葬焉王逢作秦筆妻詩見藝文費氏知事朱道存妻都漕萬戶費雄女至正丙申江
陰亂依其父避兵上海上海陷苗軍入境大掠氏驚遽出臥內亂軍露刃入將犯之投簪珥與免後至盆衆無
以應迫就道氏攀堂楹怒罵遇害爪入楹木手指皆裂王逢爲辭哀之陳氏南陽巡檢陳楚良女年十
七至正丙申冬隨父避亂蘇州遭兵至赴水死楚良抗罵不屈亦遇害曹氏陳氏吳氏曹氏
陳惠妻與女陳氏遇寇死媳吳氏直前捍救賊斫其臂血濺賊袵王逢作三貞篇見藝文張氏吳重妾張

士誠僞左丞朱定借糧於重譽弗與定率兵焚掠重居氏負其八歲兒遠出兵火間藏之白蛇港蘆洲復念其嫡與次兒在冀萬一可挾以出乃復歸死賊手有顧老漁者見孤在蘆洲攜匿漁舠棹至雲亭河邂逅其姑壻陳子章挈歸育之史自守作三義記見藝文

張氏 高昇之妻至正丁酉遭兵亂相失於道越三年垢面髡髮丐而歸會昇之他出家奴牽臂出之無以自明乃號慟去溺死於北城湟中

明

龔氏 劉玉妻龔能女玉孤貧氏苦身力作養其姑姑亡賣衣襦相夫營穴以葬成化甲辰夫復亡里少多婦色詐欲棺之婦覺其昭已也辭既又強之乃以所生六歲男阿護三歲女寄母家是夜積麥藁屋中舉火自焚死衆發藁燼夫婦骸骨具在弟龔廣合收而缶葬之鄭涇河北知縣李元陽碑其墓後縣趙錦上其事以貧賤勿克旌沙張白作麥藁歌見藝文

吳氏 華緯妻稱華六娘子正德壬申劉七蓮寇犯江陰氏同夫兄純妻趙氏南奔寇追得之氏詐仆負塗寇縶之令洗塗易衣皆不應又謂某氏爲郭某妻矣汝敢吾逆氏罵曰汝賊當速死吾江國襄烈世忠孝家女肯汙汝賊耶明日賊語如前復罵之賊亂刃之沈江中鄉人廟祀於東外

江陰縣志 卷二十 列女 烈婦烈女 圭

永安橋南一名風義菴道光二十年署縣陳延恩易顏廟額曰華烈婦廟

黃氏 靖江盛於鄗妻監生黃繼元女二十三歲夫亡誓以死殉姑慰以當爲嗣祀計乃強氏視息齋居小樓者二年夫弟於鄖得男翁姑命爲夫後氏曰吾事畢矣乃區畫後事六日不食卒崇禎年旌

周氏 幼字曹益益不才父仲義將議別字氏誓不顧越數年益尋前盟父斥其儀而訟之氏懼貽辱密治喪葬衾服沐浴更衣書二詩於壁閉戶縊死時年二十三

徐氏 胡秀妻夫亡八載有豔其色者求納聘七日不食事寢乃復食後又有富民求爲偶氏曰身以未亡滋詬恥何生爲閉戶縊死

張氏 王允約妻夫亡撫三歲子誥成立以勇敢聞盜魁陳耀者嘗劫金壇庫匿里中誥斧折耀臂執之就法盜黨來報讐焚誥室子母被創氏泣謂盜曰王氏一宗僅有此子願殺我赴烈燄死盜遂釋誥

張氏 薛琦妻琦疫死氏召夫弟託孤閫扉自縊遍體麻纏不可解諸生徐汝化等聞於有司攝縣事沈堯中表其墓

吳氏 劉官舍妻官舍與其曹販薪遠出三年無耗氏侍姑織帛獨處會有發其曹秘劉死事者氏求屍不得訟之官經年不見理語姑曰婦聞夫死而忍須臾死志報讐耳今度勢不能有訟於地下已耳遂自縊死

宦氏 加清妻清業儒赤貧父母病疫借氏侍湯藥三十三日夜不懈清亦病幾殆氏潛籲天願代夫死割掌肉烹以進清乃蘇氏半月歿

瞿氏 嫁捕魚陸姓者甫二十七日夫亡貧無以斂泣貸族屬事畢自縊殯所

徐氏 育於姑母戚家字梁溪宦家子爲繼室聞壻無行意殊怏怏忍默不言將婚前二日歸別父母定省歡然夜縊死

商船女 不知其里產姓氏崇禎六年颶風覆舟女抱帆檣出沒江波中溺江人救之年可十五六容止端慧里嫗扶歸爲之易濕衣泣謝不願願至江上覓父母強畱不可因借往江滸望風濤而號呼躍入江流死

許氏 吳大郎聘妻吳父死貧且病傭與孀母織屨爲食日猶不給因來依許許奴畜之議改字於朱將納聘前二日女知之自傷密取平日針黹所積錢物入布裹付幼妹曰我吳家姑明日來與之毋斬妹不解何意睡熟而氏縊死矣時年十七

顧氏 副使陳繼芳妾繼芳以征苗染疾幾殆氏刲股進繼芳起而氏殞

朱氏 夏秉常養室倭寇至牽其臂以去女度不免詭曰幸無扼我臂倭聽其自行不一里躍河中死

陳氏 周可宗妻既寡有謀掠氏以歸者氏聞自縊於臥室

江陰縣志 卷二十 列女 烈婦烈女 圭

張氏 唐某養室夫以鬻屨往郡城久不歸傳言溺死氏年十七翁姑欲改配次子誓不從翁姑竟集親鄰備合巹禮氏密縫上下衣投舍旁池中死

周氏 郭中和妻夫亡兩兄憐之勸其改適氏不從兄強之乃以布丸塞喉死 以上見前志

國朝

丁氏 徐祇先聘妻丁大成女夫亡氏欲奔喪父母阻之絕粒縊死衣帶中遺書有死去同墳也全節義之語父母哀之乃以棺歸徐與祇先合葬 康熙年旌

倪氏 沈鬻妻十九歲嫁逾月夫亡氏送葬歸沐浴入房久不寢姑從壁隙窺覘見氏方對鏡理髮又聞默語異之呼翁破扉入氏已縊死

孫氏 楊安基聘妻夫夭父母欲別議婚氏聞縊死 以上雍正年旌

夏氏 陸繩武聘妻監生夏夢桃女十八歲夫亡傳言有欲奪其志者遂縊死

陳氏 倪舜臣妻二十歲力禦強暴守正死

府氏 沈洪達妻村鄰欲汚之遂死

孫氏 繆朝興妻拒姦投池死

張氏 張鼎

沉女拒姦死以上乾隆年旌

邵氏陸雲湘妻夫亡守節受辱罵縊死 包氏吳沅觀聘妻十九歲夫亡欲奔喪不遂縊死 王氏張慶餘聘妻十九歲夫亡縊死 吳氏周宗址聘妻監生吳鈞女二十歲夫亡奔喪守貞時祖姑已八十夫弟甫五齡氏佐姑育叔以延夫祀叔既長氏縊死 朱氏黃紹南繼妻二十三歲嫁三月夫亡送葬畢投村前溪中死王蘇爲作雙籐枕詩見藝文 卞氏徐淳深聘妻庠生卞連城女十七歲夫亡擗踊觸牆死

以上嘉慶年旌

沈氏陳恬妻二十一歲嫁二月夫亡越十餘日吞金死 陳氏任玉德聘妻鄰村方某謀娶氏以言調之縊死 陸氏宗人府主事繆玉銘妾十八歲夫亡絕食死 陳氏薛金品妻二十四歲夫亡送葬畢吞金死 周氏章德盛妻夫死關東海中聞信縊死 楊氏陳綺妻二十四歲夫亡縊死 耿氏匡玉麟妻猝遭強暴抗拒不從致被強徒多人按捺斃命奉文給減半坊銀停止設位以上道光年

旌

明

王氏江陰學訓導諡節愍馮厚敦妻 馮氏厚敦姊 馮氏厚敦女乙酉城破厚敦既冠帶縊於明倫堂妻及姊結衽投井死次女適姜某聞訃絕食縊死 侯氏中書舍人諡烈愍戚勳繼妻 程氏 葉氏 梁氏俱勳妾 戚氏三女俱勳女城破日勳大書闔門殉難中書戚勳八字於壁妻妾女婢共二十一口自焚死 繆氏張宏謨妻二十一歲夫亡撫子守節乙酉之變避亂敔山兵欲辱之奪刀落指誓死不從遇害 劉氏張燦妻諸生劉行燦女兵至執氏氏唾詈甚激嚙墮兵一指兵斫其身數段 蔣氏韓璐妻兵突至強挾之上馬力掙墮地詈不絕殺之 何氏沙志禮妻城破日子懋官年十二抱母痛哭欲俱死氏叱曰我死節也汝宜勉存宗祀言訖投井死 章氏世襲太倉衛指揮戚有元妻其子京調常鎮道中軍守備迎氏至江陰任所乙酉議守城兵使馬鳴霆逐去氏勉京死守及京殉氏亦縊死 高氏張維禎妻教諭高拱極女二十四歲夫亡事祖姑極孝守節已四十年城破偕子諸生邁及孫誠赴

泮池死 高氏顧瑞甫妻扶姑避兵於墓林中爲所執先欲殺姑氏泣拜求免復欲逼氏乃再拜別姑奪刀自毀其面傷寸許淚血交湧哀號肆罵兵磔之 吳氏高日增妻遇變氏曰當此時義唯一死及夫被難斂葬訖縊死 張氏諸生陳宗虞妻汀州知府張令聞孫女遇難夫婦被執氏出懷中金贖夫令急去前行數武赴水死 蔣氏邢公祚妻城陷先投幼子女於井留長子囑夫善護之方據井欲下鄰人亦來投井叱之曰汝異姓男子何得與我同死所哉揮去之卽墜井死 李氏諸生許國棟妻許用母也夫亡守節用守城及城陷用跪抱母足寧火自焚從死者用妻某氏少子某女二婢僕十一人 李氏庠生許國泰妻國泰同姪用合門殉難氏恐許氏嗣絕先遣長子莘亭出自焚死從死者長媳林氏次子謙亭甥女二人 許氏徐步妻許學夷女許用姑一門十五口赴三元坊井中死 曹氏許鵬聘妻夫亡誓不再字乙酉避兵絕食死 高氏倪春岡妻春岡經商客死子紹祖生甫十月氏紡織撫之成立兵變絕食死 吳氏殷華石妻 張氏殷道昌妻吳氏媳也兵至俱被逼不汚死 周氏庠生黃晞妻毓祺媳也毓祺被逮畢

家當北徙氏閒自縊侍婢解之不死後絕粒者再赴水吞金自刎者一皆死而復蘇終縊死 鄔氏薛羅明妻合家二十四口悉罹於難氏爲遊兵所獲逼之不從手刃之棄其屍於敗屋中第三子爲武弁所得收爲子乘間脫歸見氏頭裂而氣未絕救甦弁知之欲攜養於營氏曰有死無二遂瞑目絕粒二日卒 某氏王純素妻城陷日兵欲犯之怒詈被殺 趙氏黃山某人妻趙敏妹方織兵至欲犯之持挺與鬭詈不絕口爲所殺 王氏蔣廷侯妻避兵稷山爲兵挾置馬上掙躍而下者三被殺 陸氏陸文明族孫女父與兵格鬬死母揮大斧奮勇斬三騎而死有騎卒掠氏置酒酣飲氏潛抽利刃斷其頭衆卒來視女揮刃連創數人自刎死年十八 祝氏方啟揚妻夫亡守節城破縊死 吳氏張克勤妻遇兵不辱死 某氏劉某妻夫婦爲邏卒所獲氏紿曰縱夫去從汝卒縱之氏投河死 朱氏王錫黼妻錫黼守城死氏積薪於室與妾同焚死 陸氏方君弼妻夫婦伏蘆葦內兵猝至逼之不辱投淵死 王氏無錫庠生華曠度妻夫婦避兵祝塘夫病匿之草舍復結隊行猝遇兵躍入水曳出縛馬上大罵擲馬下被傷跳擲而死血灕

田禾盡赤越二日夫尋得屍中四刃頭未斷者寸 **邢氏** 沈紹洪妻城陷自焚死 **蔣氏** 耿玉潤妻兵亂夫婦俱被刃於蔡涇河旁 **張氏** 胡某妻鄉兵亂夫被害氏不屈被刃死樹下 **德姐** 王致廣妾同子庠生偉生妻吳氏避難敔山兵至不屈死吳氏急投水兵退遇救生 **縣治前張吏鄰女** 逸其姓年十六貌姝麗城破父於後屋中舉火女奔出投河甫及門遇兵被擒紿曰吾父有窖銀可入取之兵隨往至屋中值火發躍焰中焚死 **黃氏** 鄉飲賓金允鎧妻與夫同殉節 **徐氏** 庠生王清芳妻清芳先令婦死然後自縊 **陳氏** 李問政妻與夫俱自刎死 **陳氏** 周懷亮妻懷亮自刎一子一女投井中氏縊死 **張氏** 庠生史補衮妻 **某氏** 庠生章明敘妻 **某氏** 庠生林鳳儀妻 **某氏** 庠生黃楷妻以上四人皆其夫先令妻女子媳死而後各赴井死 **某氏** 庠生趙某妻城陷夫婦與三男二女闔戶自焚

以上道光七年殉義紳民案內彙旌

明

朱氏 蔡艮臣妻城破同夫一家十八口死 **沈氏** 庠生章重光妻同夫及幼子方振赴井死 **吳氏**

祝有明妻有明守城死城破氏死 **錢氏** **陳氏** 錢氏袁應祺妻應祺與二子殉節氏與長媳陳氏同死 **李氏** 王永光妻永光同子戰死氏及二女四婢投井死 **季氏** 陳大有妻同夫殉節 **趙氏** 庠生湯起鳳妻同夫死於磨室 **蘇氏** 吳堡縣知縣徐亮工妻同夫殉節 **夏氏** 朱宏化繼妻城陷子隆祧巷戰死氏自縊 **沈氏** 庠生任大受妻同夫及子光祐殉節 **李氏** 袁象鼎妻同夫入河死 **王氏** 朱明占妻遇兵投井死

國朝

李氏 潘宋宏妻宋宏貧無計縊於君山麓氏奔赴慟哭氣絕者再竭力奉翁撫子翁歿服闋遍謝親鄰閉戶密縫上下衣縊死 **蔣氏** 曹文九妻夫亡族人欲奪其志投河死出其屍衣履皆密縫 **嚴氏** 陳煌妻夫病祈神以身代夫亡哀哭毀瘠服將闋絕粒死 **張氏** 庠生繆烜妻二十九歲夫亡哀毀成疾服闋一慟而卒 **胡氏** 徐五四聘妻系出無錫夫以讐訟論死繫獄或慫恿改字不可夫斃獄中氏自盡 **周氏** 李燮聘妻周士艮女燮好飲一日酒狂縊死氏欲奔喪李家阻之欲一奠復阻之氏曰是唯有相從地下耳竟自縊年二十二沙張白有女程嬰傳所紀不同 **高氏** 朱鑛聘妻高鳳女富入陳氏子圖爲繼室父母許之悔婚陳氏來迎逼女登車甫入室氏抽利刃自刺死 **何氏** 陳世榮養室翁病偕小姑刲股進之翁亡事姑孝謹二十一歲夫亡哀號欲殉姑諭止之送葬歸數日閉戶衰麻縊死署縣張經建祠祀之 **李氏** 季大鯤聘妻夫亡奔喪鬻衣飾營葬寢食於神位旁服闋不食死 **王氏** 曹嶺聘妻監生王學通女夫亡慟哭自縊救免月餘絕食死 **李氏** 謝鶴齡聘妻二十一歲夫亡奔喪守貞翁姑相繼歿竭力斂殯事畢不食死 **孟氏** 趙錫祉聘妻二十四歲夫亡奔喪服將闋不食死 **戚氏** 孫學海聘妻庠生戚起垣女二十歲夫亡自縊救免毀容成服期年哭拜父母不食死 **蔡氏** 夏穀詒聘妻夫亡聞訃沈淵死 **邵氏** 趙壂聘妻十七歲夫亡欲奔喪父母不許夜起自縊救免從其志既免喪不易縞素撫姪爲嗣未幾嗣夭縊死 **徐氏** 年十九未字痛父繫獄縊死 **徐氏** 李某聘妻徐天助女後母以李家貧虐之縊死 **顧氏** 張元模聘妻系出無錫夫亡奔喪自縊救免父母別議婚不食死 **許氏** 繆模養室十七歲夫亡葬

畢縊死 **耿氏** 耿振揚女海寇掠江邑被獲投河死 **郭氏** 龔鳳妻二十一歲夫病迎氏歸四月夫亡縊死 **王氏** 庠生吳達繼妻二十八歲夫亡值歲凶貧不能支縊死絕命詩有可憐無計學餐松之句 **沈氏** 汪炳妻三十歲夫亡二子俱夭縊死 **朱氏** 劉聖山妻二十八歲夫亡子稚乞某代貰棺某窺氏年少謀再嫁之營葬歸潛赴河死 **王氏** 潘士臣妻夫亡哭奠喘極死 **陳氏** 黃萬鍾妻夫亡投水死 **陳氏** 趙艮坤妻十九歲嫁三日夫亡有欲奪其志者縊死 **孔氏** 黃佩蘭妻二十五歲夫亡時方娠冀生男以延夫後及生女乃縊死 **葛氏** 楊某妻家貧年饑某與氏兄謀紿氏及幼女售商人作妾氏知之與女俱縊死 **居氏** 楊明德妻二十三歲夫亡葬畢縊死 **張氏** 吳立心妻二十三歲嫁四十八日夫亡越三載嗣定縊死 **汪氏** 曹夢斗妻二十三歲夫亡子生甫三日越二年殤翁以氏年少無子欲奪其志絕食死 **王氏** 庠生吳起甲妻二十七歲夫亡不食十四日死 **周氏** 陳靜安妻二十六歲夫亡越二十日縊死 **奚氏** 薛攀桂妻攀桂染篤疾氏織紝供醫藥心力交瘁見病不起赴水死先攀桂死九日 **孫氏**

張亟妻二十八歲夫亡每慟輒絕唯姑撫之則蘇越七年值夫忌日哭奠久之無聲姑急往視已氣絕矣
蔡氏錢世奇妻二十三歲嫁三月夫亡其後翁姑欲以配幼子氏誓死不二服闋之日縊死
沈氏林熙載妻二十歲夫亡哀毀三月嘔血死
郭氏張玉堂妻二十三歲夫亡哀毀四年縊死
張氏符維玉妻二十九歲夫亡越五月葬畢縊死
黃氏徐鳴皋妻二十三歲夫亡百日外縊死
俞氏殷折桂妻二十四歲夫亡翁姑相繼殁有欲奪其志者縊死
劉氏王復亨妻二十八歲夫亡踰年姑欲嫁之縊死
沈氏韓宗賢妻夫死族難氏奔控郡邑不得白會有迫之醮者縊死
卞氏黃維熊妻二十六歲夫亡哀毀成疾越七十日死
王氏吳國瑛聘妻國瑛以神童名年十六殤氏年亦十六聞訃欲奔喪父母不許號哭三日不食死父母憐之乃與國瑛合葬
張氏楊周聘妻十八歲夫亡矣守待嗣閱四十年無爲立嗣者縊死夫墓
王氏陳含章聘妻金匱王式會女十六歲將婚含章驟殁女欲歸陳守志度父母終不聽乃避人絕粒家人皆不知至七日死陳氏啟含章壙迎女柩合葬
張氏丁渭清聘妻二十一歲夫亡守

貞翁姑俱殁貧無所依父母欲奪其志縊死
承氏趙元植聘妻十九歲夫亡奔喪縊死
趙氏孫裕成聘妻十六歲夫亡女欲奔喪父母不許投河死
郁氏徐永興聘妻二十一歲夫亡父母不許奔喪縊死死後於鍼線篋中得所書絕命詩有好女何曾嫁兩夫之句
顧氏陸隆盛聘妻十八歲夫亡父母不許奔喪赴河死兩家哀其志與隆盛合窆
龔氏周宗濂聘妻監生龔良女二十歲夫亡守貞服闋縊死
郁氏周長聘妻十九歲夫亡自盡
劉氏繆尚志聘妻十九歲夫亡父不許奔喪逾年欲別議婚縊死
張氏吳文瑞聘妻夫家誤傳其有痼疾欲退婚女聞縊死
曹氏徐善寶聘妻二十四歲將嫁前一月夫亡欲自盡以救免逾年父欲別議婚縊死
繆氏居正賢聘妻二十一歲夫亡欲奔喪不遂縊死
徐氏徐永凝女幼失怙立志不嫁以事母母卒悲痛不欲生親族來唁者女跪謝之及大歛不食死
繆氏附貢生繆士升女父殁母寡採薪拾菜以供餐痛母以不食死葬畢自縊
朱氏婢吳大妻夫患惡疾氏竭力扶持不愈因貿所織布市酒肉以祀先人畢夫婦對飲至夜分先後縊死
邵氏父母殁鬻王氏

爲婢叔贖之歸嬸逼以邪行女曰吾爲婢時未受人辱今若汚我有死而已遂自縊死以上二口停止設位

以上自明蔡朱氏至此皆道光十年彙旌

明陳氏繆鍾祥妻 懷氏繆鍾俊妻 陳氏繆文炤妻皆同夫殉節死

國朝趙氏監生張麟紱妻二十四歲夫亡營葬畢絕粒死
劉氏余達德繼妻二十九歲夫亡營葬號踊嘔血死穴旁
呂氏韓炳勳妻二十八歲夫亡營葬畢絕粒五日死
黃氏俞宗璜妻二十三歲夫亡絕粒自盡
張氏馬雨暘妻四十一歲夫亡託孤母家縊死
任氏張煥山妻二十一歲夫亡奉太姑終天年有欲奪其志者投河死
奚氏王德基繼妻二十五歲夫亡無可推嗣邀族爲翁姑立後服闋哭奠一慟而絕
季氏周賜壽聘妻十七歲夫亡女欲奔喪父不可越三年爲改字縊死

以上自明繆陳氏至此皆道光十六年續旌

貞壽

明許氏來昭坊范綱妻壽一百六歲止一女適舉人陳倜子早寡依壻以居女亦八十餘每扶侍而行兵使歲給粟帛題其門曰天鍾壹瑞

國朝梅氏陳汝良妻夫亡歷四十年壽躋九十五世同堂子孫俱有文行
周氏王邦楨妻壽一百一歲雍正十一年旌表建坊
袁氏徐正學妻袁太逢女壽一百歲乾隆三十三年旌表建坊
邵氏徽州人僑寓青暘贈承德郎洪論妾以子元銹候補主事封安人年八十一子一孫三曾孫五元孫二五世同堂乾隆五十八年題給銀十兩緞一匹八十三歲卒元銹妾陳氏封孺人亦五世同堂八十三歲卒
趙氏封奉直大夫吳汝明妻以子楷雲南騰越州知州封宜人年九十子三孫七曾孫七元孫一五世同堂乾隆五十八年題給銀十兩緞一匹
趙氏許象山妻壽一百歲嘉慶七年旌表建坊
趙氏南外沙錫爵繼妻壽一百歲子三孫五曾孫六元孫二五世同堂嘉慶十一年旌表建坊加給銀十兩緞一匹
張氏授奉直大夫布政司經歷加二級王掄元妻贈徵仕郎候選主簿張廷椿女封宜人年八十七子三孫

三曾孫一元孫一五世同堂嘉慶二十一年題給銀十兩緞一匹　金氏監生夏犖妻壽一百歲道光十八年旌表建坊

江陰縣志卷之二十終

江陰縣志卷之二十一

方外

二氏之學未之學也故於斯邑二氏莫詳其宗派顧覽舊志明行人熊公開元以忠義大節遁跡於邑長涇與濟菴僧印白瘞乙酉死難骨二萬七千有奇而晉許旌陽以忠孝神仙曾居青暘得道法　國朝通琇沈謙等並受　封賚固不可無述餘皆無奇衺隱怪之異率根於孝義能行儒之行則儒其名者可深長思矣志方外

釋

唐鳥窠道林禪師潘氏子披緇謁國一禪師得法歸抵西湖有大松盤屈如蓋乃止其上人因以鳥窠名之後住邑西秦望山蘆岐菴內有放生池嘗買螺螄半截者放池內今所生螺螄皆半截又見鄉人破魚去鱗亦放池內故又有無鱗魚

法響禪師自狼山來結飛錫菴於定山麓有虎馴伏跑地得泉

宋子邦元覺禪師住壽聖院有一僧問如何得速成佛曰有成終不是是佛亦非真湛然空明自有理會問答見五燈會元

復法師紹興間住迎福寺書華嚴經畢擲筆冰池化爲青

松源禪師名崇巖生處州之松源嗣法於密菴移錫邑之光孝寺嘉泰二年示寂建塔於北高峯陸游爲之銘

元狗腿和尚住太清寺以嗜狗肉得名邑人建大齋和尚赴之齋畢索盥吐於水皆成金魚

徐臻大師淮安人爲夏港小龍寺僧少勇敢任俠盜起馬馱沙陳某募壯士拒之得張氏父子爲首領俱被擒臻素德張懷大斧入賊中乘守者醉臥砍殺六人斷鎖負張從間道出王逢作義僧行

西玉名琳至正間出遊會亂歸省父兄皆歿亂中母創甚嫂以不辱溺井死琳負土掩之乞食養母母卒遂奔隱吳門刺血寫華嚴經王逢張宣嘉其孝皆贈以詩

茶溪明鏡和尚臨終偈曰忝入空門四十秋參師揀教未嘗休才方得到無心處趁此無心可別遊擲筆而逝預造無縫塔藏骨花山

慧朗至正二十五年僞吳張士信徵僧度牒錢僧苦之時慧朗住杭之天華寺斷一臂說偈以獻得免徵王逢有詩記之

明雪庭禪師住乾明寺覩萬佛閣金碧晃耀眉宇恍然悟一毫端現寶王剎之句除日聞鐘聲忽自解脫著有幻寄集

常惺廣寂禪師即萬歷舉人馮定棄廣州通判歸依蓮池大師捨宅爲放生池建十方菴夏不驅蚊冬不解衲戒人屠割每跪而哭自法喜菴至夏港青暘禁止臨流設網代納漁稅崇禎間掩關龍墩示寂建塔於花山佛手窪西園其捨宅也

慧轂圓輪禪師參龍池幻和尚有悟天童磬山俱與比肩晚年五坐道場示寂廣福寺

照浮佛幻禪師住浮山聞爆竹聲輒悟初不識字忽於睡

夢中文思怒生遂得文字三昧有山中咏十二時及怪松怪石歌人傳寫之

洞如禪師名通睿薛氏子參龍池爲密雲和尚所器歸縛茅於花山佛手窪冥心元學即樵牧罕睹其面

元白禪師傘居和尚弟子參天童密雲悟入說法廣福寺探奥指微圓暢條達

雪徑和尚熹宗叔也辭爵爲僧善書十七帖嘗棲廣福寺遠塵房每登講席宣說內典四衆贊歎遠塵房有眞阿練若四字其筆也蒼勁秀硬體勢飛動

靜聞迎福寺僧禪誦垂二十載刺血寫法華經以供雞足

山迦葉道場同徐宏祖渡湘江遇盜槊墮灘水擎經於
頂得不失竟病創死宏祖攜其骨與經間關萬餘里瘞
迦葉道場并爲建塔
國朝大覺普濟能仁國師名通琇號玉林楊氏子年十九師
磬山天隱和尚未幾大悟住浙之武康報恩寺順治間
應
召封今號三
賜金印一
賜紫衣復住杭之天目山獅子正宗禪寺示寂淸江浦慈雲菴建
塔天目之東塢邑東雙林寶倉兩菴其歸憩處千金衕

江陰縣志 卷二十一 方外 釋 四

其放生河也
別溪通振禪師得法天隱往來於四溪東禪諸處住花山
之九蓮菴拓地增建緇白景從行履篤實有古尊宿風
惟心十信菴僧乙酉圍城中受閻典史乘城紀略一編戚
中書白金二千時平後傳其書於世而返金於戚其行
爲最高云
印白名濟玉乙酉之變屍橫載道印白操舟拾骸骨得二
萬七千有奇其族徐君賓捐田作義冢葬之里人創爲
澤枯菴俾焚修其內壽八十三卒葬義冢墓側
紹元於黃晞遺發時盡出已貲又多募金從兵燹中間關

數千里贖晞以歸退老於萬佛林
正志號蘖菴卽明行人熊開元廷劾周延儒者也嘉魚人
字魚山大啟進士初令吳江崇明徵拜給事中以抗疏
謫官稍遷行人劾延儒廷杖遣戍唐藩時擢太常卿左
僉都御史乞歸汀州破遂爲僧初居常熟三峯道場張
有譽延主十方菴巡按李森其門人也見而識之欲迎入
署大聲呵之已復熟視痛哭揮令去乃居長涇興濟菴
晚移虞山眞際寺化去
劒菴明季嘗爲武將力能挽千觔初居萬佛林移錫於蕩
霧墩自號杲頭陀博通內典工詩文康熙三年廣福寺

江陰縣志 卷二十一 方外 釋 五

鐘樓向夕則有物擲石梯上如雨寺僧以頭陀之行高
也環請計師曰必狐耳若以梧子油炙雞置樓下必來
啖而吐可縛也如言果獲一狐作人語云吾修數百年
江靖間所懼者三人若何人敢擒我僧問三人爲誰狐
曰靖江令鄭重東郭單學究城南杲頭陀僧曰吾所奉
者杲師命也曰若是吾當避之乃縱之去
碧天陸氏子年十三禮藥雨爲師祝髮圓覺菴狀貌魁傑
受戒於金陵華山道行日高蘇門陸德敷夜夢布袋羅
漢至華山遇師與夢協遂延主積善菴
聖祖南巡召對

賜衍眞諦額示寂後三歲啟龕火之色如生龕中舍利纍纍吳門律宗多師傳衣鉢云

善鎧汪姓湖廣黃岡人康熙間從軍討耿逆破廈門島入烏龍江下興化以軍功加明威將軍墜馬落齒遂爲僧於圓覺菴通經典工書法兼能吟咏

恒轉靖江人住鎮山戒行堅苦康熙二十七年秋示寂十日前預知之至期沐浴更衣入龕端坐合掌而逝

慈修善慶菴僧少無賴年三十爲僧爲人言休咎頗驗一夕遠近見菴內有光駭爲火至則寂然已坐化矣未死時向空中語曰某某約同行何匆至咸嗤之卒之夕門

有三丐形貌古異麾之不去師甫示寂倏不見

有臺廣福寺僧年四十攜子祝髮於寺苦行寂滅終日端坐誦經時與黃直方相對默語子曉嵩爲講師翹楚修持如其父

聞谷華嚴菴僧七歲聞師誦華嚴經恍惚若有得時拈筆作偈師奇之命參學於三峯拈花諸處遍歷講席久之爽然曰某既棄世俗奈何復爲諸方作柴米主人耶乃歸廣福寺以終

水上僧初爲妙嚴菴行童隨師往普陀舟回過大蓮花洋合掌籲空畢遂躍入水越五月歸叩門衆僧駭不納語以師在元墓逕往爲師具述初入水時見深目巨顙僧乘一木板拯而載之倏抵舟山指示村舍投宿及旦入舟山鎮海寺從首座受法緣思本師遽歸而至此師挈之還其後道行傑出人遂號爲水上僧

吳拜佛自遠方來住大橋鎮病疫者延之拜佛無不愈康熙五十五年歲旱里民設壇請禱遂絕粒日夜拜不輟三日而雨雍正元年請禱亦雨酬以財不取問其名曰僧有何名喚我吳拜佛可耳卒葬雞籠山

湧臺夏氏子爲妙嚴菴僧寫經五載參內典明徹了悟受衣三峯爲漢祖嗣工書法能詩

廣善王氏僕爲僧於文林白土菴初不識字參學得悟背誦經典如流嘗棲湖州麻谷山二虎日伏左右湖民異之爲建超過寺久之歸省舊主謂曰主明年某月日遘疾當終主怒逐之届期果疾廣善與其徒復來爲誦經視斂而去

律深號慧海圓覺菴僧善詩畫能書乾隆八年建藏經堂五楹邑令蔡澍額曰杭山并贈以詩曰書法思懷素丹青仰巨然道人江上秀風尚企前賢出定攤詩卷臨流煮石泉初無蔬筍氣談笑亦隨緣

聞學天目禪源寺僧來主香山寺丈席見殿宇滲漏寺旁

文選樓亦就圮即募資修葺一日謂其徒曰今日甲子吾西逝矣作偈云繼祖傳燈接虛響開堂說法鬼打鑼鼻孔今朝拈正了蓮花池上見彌陀偈畢遂逝遺命法嗣際道封龕時際道在禪源寺比歸已越二十七日矣面猶如生

眞如號了梵浙江會稽人曾官縣丞以憂歸過江都參昭月和尚有悟既葬親棄家爲僧受戒於金陵寶華山戒行精勤嘉慶三年邑人延主廣福寺丈席修般若尊經六百卷寶積經百二十卷善八分書五年至蘇州西華山秀峯寺化去

道

晉許遜字敬之汝南人太康初爲旌陽令後棄官東遊卜宅於靑暘鄉從女仙湛母受正一斬邪術至豫章遇一少年自言愼姓遜注視曰此老蛟也跡之化爲黃牛卽翦紙化黑牛與鬬命弟子施岑揮劍中其股妖奔井中後出至長沙變人形贅賈玉家遜往叱之蛟不能隱蜿蜒堂下以水噀其子亦變爲蛟并斬之復謂賈曰蛟所居之下多水不速徙將爲淵賈如言他徙宅果陷遜還豫章蛟之餘孽尚熾復命施岑斬之役鬼神於牙城南井鎔鐵爲柱下施八索鉤鎖地脈又鑄鐵符於鄱陽湖口杜妖從入路以鐵蓋覆廬陵元潭制其所窟之藪由是妖絕至凝康二年百有三十六歲八月朔旦仙去靑暘道成墩其遺跡也

明高俊字彥文少遊金陵遇異人得書數卷謁眞人於龍虎山三載歸謂人曰吾術可移造化役鬼神矣有病魅者佩以符卽愈嘗飛劍斬妖於白下大旱禱雨墨水所灑雨卽至過江遭風書符舟尾行倍疾嘗暮歸無燭拱手作法卽有二燈前導或戲求風雲雷雨符書其掌中令登高啟掌應手而至三吳兩浙無不知有高法官者投以金帛輒趨去其法不傳

周打氈傭身氈帽肆以養母一日遇二道人於江岸曰若欲仙乎曰欲之道人引至鵞鼻山指江流曰能投此吾度若卽躍入乃在君山之巔視道人失所在由是走千里不移日嘗晨起至金陵持其鄉人家信歸甫早食時也其家發書見時日曰若得毋仙乎周恍然悟歸與母哭别以死比葬舁棺者怪其輕過橋咯咯有聲啟視之惟斂時一竹杖

張元靜居天壽觀愼行勤學道經儒書靡不該貫以眞人邵以正薦奉詔修大藏經年八十餘能跣行雪中所居室空洞無物惟木榻木枕而已

國朝馬法師號天然受法於穹窿山施法官有召鶴詩殄狐
記元門功課錄
梅道人名曇隱金華山兀坐清修沈法師開恒一見異之
叩求修煉術引與歸既而主文林包氏包氏能書善詞賦喜
劍術包氏求其書揮草數幅怪偉絕特未幾遊深溪後
有遊金陵者遇之牛首山蒼顏轉沃計其年九十六矣
沈法師名開恒字元亮年十一從馬法師學道後得法於
洞霄宮孫眞人嘗爲虞山李岳勲治怪李有神異記傳
其事性至孝母死廬墓三年
段志藏江西人少得道術屏居龍虎山精心修煉供奉京

師五載遇旱祈禱無不驗常治怪現形人尤異之告歸
樂綺山幽致遂終於山之白雲菴
薛存仁字抱一幼孤年十六修道周文襄祠歷穹窿五臺
諸山受法於松江盛度師越二十載歸通五雷正法祈
禱驅邪多靈應母卒廬墓三年弟子周天緯沈太紳俱
得其傳禱雨輒應亦善祛邪
沈法師名謙號桐山修目疎髯工字畫善詩賦精研道術
入都供道錄司職獲事
世宗於潛邸
賜號鐵笛眞人以青暘錦樹道院爲其棲眞地
昂年希堯擴而新之搆殿宇置田畝鄂爾泰爲之記
蔡念劬少習儒後修道於天壽觀長身玉立善作青詞文
彩蔚然與人語必以孝友相規
惲養深字靜山沈謙弟子涉獵文史工書畫士人多與之
遊康熙間入都職道錄司南還葬親荷
恩賚甚渥
婁法師名近垣松江人受法於沈謙雍正中與惲養深入
都祈禱有功
封妙正眞人並於大光明殿建西方丈居之領道錄司事

江陰縣志卷之二十一終

江陰縣志卷之二十二

古蹟

江陰爲東吳舊鄉邑春秋時有宣聖所書季子墓碑餘則如列星隨日月明於天不可勝紀他若舜井周穆王亭或出於附會然傳訛已久且地以人重亦見此邦之人不忘古處之思也嗚呼天地覆我載我父母生我育我百年一瞬草木同腐言之悚然志古蹟

東舜城在長涇鎮南西舜城在文林鎮西皆縣東七十里風土記云舜曾居此黃志引陸羽慧山寺記南朝多以北方山川郡邑之名權創其地以慧山爲歷山擬帝舜所耕者以證東西舜城爲僞託趙志本路史舜有庶子七人散處江南支息繁衍所居多以舜名

舜過井在舜井巷舊有亭趙孟頫書額國朝乾隆間知縣蔡澍重濬嘉慶二十四年里人重修綺山項亦有舜井

重濬舜過井記

國朝知縣 蔡澍

邑城建於梁毀於元而復於明城東周橋下有古井焉纍時漕渠冬涸下閘蓄水外引通漕則城河水涸居民咸就井取汲邇歲湮沒於鬱棲糞壤間壬戌冬父老來告予鳩工重濬之井形上窄下寬四圍架石七層深數仞廣逾丈甃石爲底立四石柱柱琢三石人中爲衣冠而髯者旁列二童子蓋一井而古人創造精堅不苟然也如是舊名舜過訛曰舜哥按史紀重華南巡溯三湘歷九疑未聞至勾吳之地茲曰舜過者何歟予攷唐人朱慶餘有舜井詩不沿舜過之謬因緬思有虞氏側陋升聞成都成邑而聞善若決江河孟子言舜人皆可爲有爲者辟若掘井則以是井之閎深而錫名取舜亦舉義之最上者也今皇上孝治天下民風允升於古而王明之福引汲用慶凡嚌啜甘澤涵泳光化者其幸爲何如哉自今以往有時其甃濬者豈復憂井渫之不食耶

釣臺在由里山南高阜隆起前臨清溪瀕溪有巨石一方廣一丈三尺風土記云太公望曾釣於此上有姜公祠今其地爲釣臺村

赤石亭在長壽鎮東北赤石山上相傳周穆王曾遊此山見山川赤石山

十字碑在申港延陵季子墓古篆文至聖所書其文曰嗚呼有吳延陵君子之墓碑斷已久明季一夕雷風大作

碎石復完

十字碑攷

明 都穆

吳延陵季子墓在於常州江陰縣西申浦墓故有碑曰嗚呼有吳延陵君子之墓自昔相傳以爲孔子之筆其大徑尺體勢奇偉攷之唐開元中元宗命搨其書大歷十四年潤州刺史蕭定重勒石延陵廟中今碑之存者乃宋崇寧二年知常州事朱彥立蓋刻之者屢矣歐陽永叔好集古文其論此碑本之太史公書謂孔子平生未嘗至吳不得親銘季子之墓又謂其字特大非簡牘所宜後永叔有趙明誠者錄古金石多至二千而此碑不與遂使好古之士不能不致疑其間穆嘗讀越絶見其中載越王勾踐躬求賢聖孔子徒弟子七十人奉先王雅琴治禮往奏則孔子固嘗歷吳至越其書近古言似非僞豈太史公未之見耶況春秋之時賢如季子固聖人之所與今觀十字之間辭約意博宛然魯史之法有非聖人不能及者蓋不必親登其墓而後表之亦未可知也但觀之筆以竹而紙以代簡則自漢始及觀宋法帖亦有是文大不逾寸而多二言庶幾竹簡之書宋

黃伯思號稱博物定其非僞今碑字若此豈眞是耶抑後人轉相傳摹擴而大之又未可知也雖然元宗嘗命搨本則唐以前已有刻石而其來遠矣又豈後人所敢議耶監察御史謝公琛巡歷吳中謂穆吳人頗知稽古命知縣事王君銂俾攷其說遂著之云爾

季子耕田處在芙蓉湖西馬鞍山下今舜過山也

公輸故蹟在後梅肥常村公輸子過此建造四圍攢木而成梁椽列柱不用尋常機筍祇於其稍架斗疊木歲古欹頹徧覔良匠莫能修葺今土名一間四厦

宋香遥在香山下吳王夫差遣美人採香於此見山川香山

鑄鑪所在青山干將鑄劍處見山川青山

干將鑄劍鑪記　國朝邑人王文震

江陰西門外五里許即青山相傳干將鑄劍鑪在焉多有見之者戒菴漫筆云嘉靖九年三月忽陷中空如兩三間房大皆磚發劵底亦鋪磚有麻布花紋人入觀者絡繹暗中點火燭之氣俱觸滅或云尚有石門聞內有聲不敢叩或云有青窰器物被近山人得之或又云有三方竈縣官恐惑衆命塞其穴雍正十二年二月十二日有土人蹋一兎至山頂見入穴中發之中有劵係石砌而下是土無鋪磚有兩石門則係磚劵而石砌其中石一在西北一在東南十四日邑侯鄭公親往命以木架上將土塞之十九日予同靖侯舒公飲鄭邑侯署談及此事因知此地又與戒菴所記嘉靖九年見者不同按寰宇記謂干將鑄劍鑪凡有九所人故亦稱青山爲九鑪山也

白鹿山在砂山東北吳王獵得白鹿於此見山川白龍山

胥歌村在華墅南胥湖旁伍子胥嘗擊劍而歌於此見山川胥湖

席帽峯石室在黃山輿地志云吳時烽火之所見山川黃山

石筏在長山北亦稱石牌舊稱秦始皇東巡嘗登長山欲自此浮海故名上有大石橫濶數丈鐫心經字徑三寸許未知刻於何代見山川長山

六射垛在縣東北四里秦始皇演射處

莫城在長壽南寰宇記漢莫寵所築捍海賊翟焉因名舊志據宋志在縣東四十里蔡志在縣東南三十里長壽鎭南壘土爲城四門規制猶存爲行旅孔道土人稱莫城街

杜康宅在杜康橋東承天寺故址即其處寺久廢爲民居

庾冰宅在城東北隅今祥符寺即其地見僑寓

許旌陽宅在青暘道成墩舊有許眞君廟即其宅見方外

郭璞宅寰宇記在黃山北長村今莫詳其地

利城在縣西五十里晉元帝以海虞北境立利城縣以占流徙宋元嘉八年遷利城於武進之利浦寰宇記云在奉國寺南戰國時築城名石溪今利港西有西城河又利城東接後梅有東城河土人相傳即利城外城河

古城在縣治東北蕭梁時建見城池

梁豐城舊志無攷蔡志引方輿紀要云梁豐廢縣在縣西南梁置隋廢

梁武堰在長涇四房橋西爲梁武所築堰下有溪前志所

稱龍集嘴者猶存

文選樓在顧山寺舊有樓七楹樓前有山茶一株傳爲昭明手植年久樓圮

國朝乾隆間知縣蔡澍倡捐重建（見山川顧山）

重建顧山文選樓記　國朝學政　劉吳龍

乾隆四年秋予同年友江陰令蔡君雨亭修其縣東南顧山北麓之文選樓明年春落成請記於予予惟梁昭明文選前代自贊皇眉山而外無不宗之右文立教功不可沒故其樓之見於各處者不一在湖北襄陽者志云太子集劉庾諸名士訂文選處其一在池州之府治西一在揚州之文樓巷其一則江陰之顧山北麓者是也竊按史稱太子天性仁孝出宮恒思戀不樂并稱所撰有正序十卷文章英華二十卷則文選三十卷特其一耳輯錄時日不容過多何以離親遠歷在在納才建樓專爲此一書哉顧予嘗考各郡邑志凡名

賢上哲生平經歷近似之處載筆者輒因舊文記之以增重其地彼歷山首陽率有數處不具論至子路一宿石門長清任邱兩縣並載甚者改易其名以申嚮往如靈寶以叔子元凱之故而以峴名其山陳堯之知荊州襲襄陽安陸之舊而以仲宣名其樓後之登眺者亦遂唏噓感慨形爲詠歌而江陰距建康不遠史稱太子好讀書兼愛山水游踪所至愛而傳之豈不以其人與雖未獲嗣位增人惋愕而時移世易梁社久墟臺城遺跡憑弔者委之荒烟蔓草清風白露之間獨文選一編千餘年來操觚染翰之士莫不俯首降心問津假道是非沾丐後人者深能如是乎樓東西向面虞山背蓉江內有太子像下有山茶傳太子手植視樓之修圮爲榮枯若太子之神之默相者地介梁溪海虞文士絡繹瞻仰蓋三吳人文淵藪敷華掞藻得力文選尤多飲水知源不忘所自蔡君濬川興學百廢具舉復亟亟倡率紳士以新名蹟山茶亦應候而日茂焉用並記之以詔後之士涖茲土而勤於政者

費衡別業在馬鎮慈雲寺卽其址

石女冢在縣西舊傳梁王女好鼓瑟葬此

艦浦城寰宇記在縣西十八里陳至德間築（見沿革）

殷昌別墅在青暘鄉之永昌市

薛稷別業在稷山下（見山川稷山）

張蘊宅在縣東南杜橋之東能仁院卽其址

義城　稽城宋志稱茶鎮東有義城華山東南有稽城今所在俱莫詳黃志廣明中盜起詔各墅落立城堡集民兵自衛城之作或以此歟

鳥窠放螺池在秦望山蘆崎院（見方外）

螺池記　宋邑人　邱崈

蘆崎山之麓有池一泓水泠然徹底以清經冬不涸中生螺皆無尾池北有亭額曰化螺其西爲佛院詢之其僧曰昔唐鳥窠禪師見人家食螺已截尾乞放是池今其留蹟而院則天聖初敕建也制頗宏敞其殿閣雖舊極清淨院旁環山皆植松柏可干章雲影遍地濤聲布空誠山僻一佳處也余因考鳥窠禪師白文公嘗與之遊而世但傳其棲松馴鵲及吹布毛授法二事而是蹟獨未之及夫浮屠家自晉梁以後侈言靈幻若塔放五色光池開千葉蓮天雨舍利杖化鳩龜聽講之類大抵皆出其徒之傳會而是池之蹟顯然有象可求者迺反遺之此不可知也余雅不喜聞浮屠靈幻之說而獨怪池之實而見遺也因爲之記

虎跑泉一名玉乳泉在定山唐法響禪師飛錫於此有虎馴伏跑地得泉故名（見山川定山）

陶城　閶城　郭城並在縣東三十里南唐時屯戍之所陶城郭城遺址猶存而陶城爲大

蘇墅在砂山東前臨蔡港明萬歷間岸圻得碑曰東坡田
舍
梅花堂在香山巔額爲東坡所書（見山川香山）
廣濟泉（俗名四眼井）在廣福寺巷内宋嘉祐六年乾明院僧宗
壽鑿
冰蓮池在迎福寺殿東宋復法師寫經處（見方外）
古縣治宋時有知軍有知縣軍治即今縣治其縣治在劉
伶巷直西太平塔之南紹定二年知縣林庚改築堂宇（見官署）
趙松雪碑在乾明廣福寺内（見寺觀）

倪高士舊居在長涇鎮習禮村高士瓚於邑蔣氏元末避
亂來江涇里夏雪洲築館居之館有停雲軒
祭江臺在蕭山明代鱘魚入貢邑令於此祭江（見山川蕭山）
弩臺在縣西十八里
千人臺在化成鄉
女仙臺在定山西阿（見山川定山）
甑人墟在縣西二十里（宋志魚門村引舊經爲甑人所居之處黃志易今名）
神堆在縣西二十里
仙女堆　鸚鵡堆並在夏港
金鵞堆在西順鄉廣二畝舊傳有金鵞翔集其上

石虎在石橋東有石如虎相傳王氏開酤每夜亡酒後鑿
石虎足祟乃息
石鼓在縣東四十里
金鵞石在砂山頂舊傳有金鵞止於石上（見山川砂山）
歸雲洞在鎮山北石壁下

園墅（附）

韓園在東城外宋韓魏公第五子嘉彥尙神宗齊國公
主子鎮扈高宗南渡鎮子元老字光祖以嘉泰元年知
江陰軍遂占籍卜築城東闢園植梅園始此其中彙香
堂香雪閣裔孫嗣芳所建今桃李繁密老梅尙百本尤

古者宋時所植也
定山園在定山甕塔灣明葛惟善别業（見山川定山）
二島小桃源在黃山雞頭灣明方謨卜築於此（見山川黃山）
淸機園在廣福寺後舊爲宋孫氏萬春園明季科得之
易名今廢
實園在祝塘東輿里爲繆文貞讀書處文貞被逮時詩
曰一死無餘事三朝未報心南枝應北指視我實園陰
萃渙園在花園巷明黃道所搆道承父鑾志慷慨好義
孫毓祺毓祁俱以文藝名所居引水鑿池亭館錯列以
延四方名士張獻翼有詩云千里襟期同命駕百年風

物此登臺鼎革後園廢基存毓祺捨爲萬佛林今入火
神廟
澹園在花園巷明徐氏所搆舊有聽雪軒藏經閣叢桂
堂漱流枕石亭梅圃紅藥欄諸勝今爲高氏祠
漫園在文昌巷西明曹玑別業俗稱曹家園
熙春園在縣學東今爲射圃
冢墓附
吳季子墓在申巷鎮西南墓阜週四百餘步上建祠有
十字碑見祠廟及古蹟
吳王子墓在周莊纖墩寰宇記吳王第八子葬此黃志云墩

西側有穴平入深可十餘丈皆甃石所爲蓋隧道也今稱仙人洞
春申君墓在君山南麓東嶽殿下有環橋平臺其前有
雙石柱僅露其首蓋墓前石闕也明知縣黃傳嘗啟視
鐘鼓聲發其下漆燈熒然事涉誕異姑存其說
國朝乾隆間知縣蔡澍立碑記之
杜康墓在城內東南隅民舍後有池清漣高冢隆然水
中極潦不沒大旱不涸周天球題碣曰古酒聖杜仲甯
之墓長樂令郁文周立
郭璞母墓在申港八里許晉書本傳璞以母憂去職卜
葬於暨陽去水百步許人以近水爲言璞曰卽爲陸矣

其後沙漲去墓十數里皆爲桑田其地名今不可考蔡註
或云在黃山據王義慶世說記璞有詩曰北阜烈烈巨海混混壘壘三墳惟母與昆爲墓在黃山之証
劉伶墓在劉伶巷西乾隆八年知縣蔡澍重立石
梁敬帝墓在後梅鎮有大土封號倉墩相傳爲蕭天子
墓黃志云南史梁敬帝爲江陰王殂蕭季卿嗣太建三年陳侍中淳于量就季卿買梁陵中樹皆坐免則此墓之傳有自矣俗傳嘗有發之者得大花磚數十有巨鼇羣出螫人乃不敢發
魏璞墓在舜過山卽璞隱處
沈太常緘墓在申港懷仁里
徐廉訪邦墓在綺山
葛侍郎宮墓在夏港今名葛尚書墩

葛博士密墓在青暘墅
葛中散宥墓在青暘河西舊志誤作文定公邲墓文定與其父侍郎立方均葬湖州載湖州府志未葬青暘蔡志據葛氏宗譜更正今從之
葛淸孝書思墓在青暘郭莊
葛長垣令書舉墓在青暘屠村
蔣學士靜墓在觀山孔家灣今名蔣家凹
葛文康勝仲墓在由里山南九蓮菴後
耿侍制秉墓在敔山
邱忠定宗墓在由里山南明宏治元年詔修
邱侍郎壽雋墓在敔山中灣

吳郎中漢英墓在綺山
趙僉判發墓在砂山五峯頂下
曹駙馬址墓在虞門天福菴後魏郡長公主合兆
吳進士源墓在黃山
徐統制膂墓在夏港鎮西北
郭知軍庭堅墓在琵琶峽
包宏博天麟墓在文林橋北
張都督英墓在秦涇橋東
陸莊簡㕓墓在砂山北
繆處士鑑墓在華西繆莊

俞處士奕曾墓在悟空寺西子遠墓在四河鄧暘西園
青林菴後
陸孝廉文圭墓在綺山南兩水灣西岸土名瑤墩
蔡山長以忠墓在虞門
杜處士友開墓在君山麓從殉妻吳氏合兆
梁孝廉益墓在黃山
王萬戶敏墓在顧山北麓
包尼授墓在河相橋
趙孝子鉉墓在砂山北即趙僉判墓右
王博士掖墓在席帽峯下逢長子敎葬故隴

吳江陰侯高墓在觀山
沙武畧將軍原德墓在馬鞍山
郭明威將軍旺及子襲指揮讓墓在青山賜葬給祭田
胡武備將軍福旺墓在君山
何御史澄墓在觀山饅頭村東
嚴大理本墓在北兆里
徐尚書晞墓在綺山有諭祭文
徐通政世英墓在綺山有諭祭文
卞員外榮墓在崇壽山蔡志作陶城誤
薛檢討格墓在四河北圩橋

夏巡撫從壽墓在長涇鎮東黃墅
黃副使昭墓在楊舍西門外
湯大理沐墓在由里山北麓有諭祭文後移葬鰣魚港
貢御史安甫墓在砂山東麓
王員外格及子副使莘墓在顧山香山寺旁
劉光祿乾墓在由里山有諭祭文
史御史艮佐墓在由里山北麓
張學士袞墓在由里山有諭祭文
趙僉事大河墓在白龍山
錢知縣錞墓在黃山東北前志闕載茲邑人王寶珪訪得其地於三官鎮黃山大保

（鮮字一百八十一號山三畝其戸尚爲錢鶴洲而糧係邑廟輸納蓋錢祠在邑廟故糧附於廟也今墓一抔僅存餘爲廟道士侵葬寶珏爰加土立石俾後毋得盜占焉）

陳郎中皋謨墓在邵家村

薛贈僉事章憲墓在青暘塘下橋北子副使甲祔

吳孝子鳳墓在夏港東南

趙員外與治墓在砂山

季參政科墓在席帽峯下

袁都御史一驥墓在長涇葉家橋東南

顧參政言墓在長涇九村灣

繆文貞昌期墓在顧山永安橋西有諭祭文

李忠毅應昇墓在曹莊有諭祭文

許處士學夷墓在君山北

沈主事鼎科墓在黃山

夏孝廉樹芳墓在綺山

徐處士宏祖墓在馬鎮前馬橋

陳烈愍震亨墓在黃山

閻忠烈應元墓在小石灣

戚烈愍勳墓在大街守備署左墓北建祠（見祠廟）

大肓頭陀墓在定山

戚定安令藩墓在青暘黃土

沈知縣清世墓在君山

楊文定名時

諭葬墓在東城外有

諭祭文

御製碑文

陳檢討均墓在敔山灣

萬骨塋　羅尸墩俱葬乙酉死事者（塋墩已附見建置義局中茲復表而書之見忠義之骨千古不朽）

江陰縣志卷之二十二終

江陰縣志卷之二十三

寺觀

嘗讀前邑令蔡君重修廣福寺記輒嘆其爲治之能善誘人也以好德爲求福田利益者樹之的其言非迂其心良苦遵斯道以牖民尚何奇袤之弗率教哉茲邑寺觀率建於前代且多蕭梁以來古蹟半雖毀圮仍存其名與址所在而弁以廣福寺并繫以蔡君之文俾吾民知多福之在自求焉志寺觀

寺

廣福禪寺在大街廣福寺巷內規制宏敞爲邑中諸刹冠

大殿安奉

龍亭慶節朝

賀宣講

聖諭開讀

詔書皆詣焉本乾明廣福二院其一古崇聖院宋太平興國五年賜額乾明其一初名華藏爲乾明子院治平間賜名壽聖紹興間改廣福乾道九年知軍嚴煥請於朝始併爲一大殿三間殿後爲法堂堂後潮音閣亦名萬佛閣高十二丈兩廡僧房曰白雲覺凡懷樓水月幻居遠塵又有毘盧閣（今白雲爲方丈水月爲公善堂遠塵毘盧閣俱廢）地藏殿泛海殿泛海者天聖元年觀音像泛海而至建殿奉之宋王孝竭元胡應青俱有記胡記趙孟頫書前爲天王殿殿前山門殿東西鐘鼓樓鼓樓圮鐘樓高六丈鐘元至正九年鑄明宏治九年潮音閣火嘉靖十五年正殿火寺僧募修萬歷四十二年剏寺西翼建學使署

國朝康熙十二年學使俞二球捐修乾隆八年知縣蔡澍倡捐重建正殿泛海殿天王殿兩廊諸宇五十八年淮商捐銀五千邑士民助捐修葺道光十二年學使廖鴻荃知縣陳希敬倡修大殿十八年邑人重修天王殿

重建觀音殿記　宋縣尉　胡應青

暨陽乾明廣福禪刹舊爲壽聖院西廡有殿祠觀世音大士實邦人祈福所宋天聖間像浮海至壽聖迎以歸嚴事之嘗感夢吳氏子斷臂復完石志足徵也殿多歷年所穿風漏雨更幾住持過弗問南山祖師暉坐丈席銳以興起自任謁諸檀信裒金粟拮据捋荼靡憚勞勩且捐衣鉢資相其役際州牧戎帥咸樂善勸施撤舊營新棟隆宇壯丹楹藻棁驚耳奪目恍如小白花巖現紫金宮闕落成日薌雲滃空士女趨慶合掌讚歎得未曾有於休哉暉師請記於余余告之曰師知觀世音名乎世間音可以聞不可觀而觀之也何居經云觀其音聲而得解脫匪觀以音觀以心耳法介惟心心心相照當有自得於聲音之外者是名福德藏應作如是觀師湖海尊宿繇定慧明教來主是山闢垣展闢列樹嘉木羣像軒豁百廢修舉茲事尤大殊勝法宜書余吳之鄙人宋季筮仕於此久皈敬大士靈響混一後十五載重來又三十稔若於普門有夙緣雖不敏記何敢辭

重修廣福寺佛殿記　明邑人　湯沐

乾明廣福禪寺在邑城中歷唐宋已有之始分後并復更嘉靖己丑歲釋大永奉祠部劄來住持方期年喟然

嘆曰此固祝釐聖壽所匯直聚吾徒爲豢養計耳吾力
縱不能益之而坐視其廢若此豈吾教宜然耶乃謀於
僧會釋大題志同議合遍叩檀信裒集衆貲且捐衣鉢
用助其役如大雄法輪二殿相貌塑飾金碧輝映土甓
圬鏝簷棟翬飛餘如廡尼之類以次而將事焉用是入
者改觀依者起敬是雖檀越一時之向善匯二釋戒行
之素孚招徠感召未克悉致何數十年司守凡幾更而
僅見於茲耶予嘗見鄉閭世族之子孫於祖創遺廬舍
罔念艱難居者不加葺而坐視其朽甚者舉問架而市
易之以爲酒食費其視二釋何如也因其請記重有所
感書此以歸之捐
貲姓名例列碑陰

重修廣福寺記

國朝知縣蔡澍

予令江陰日以崇正學屏異教爲兢兢獨廣福寺久圮
倡衆而修之寺於前朝屢有興廢至明萬歷十一年大
修祝聖寶殿後九年復修天王殿額其門日迎龍屆祝
釐有司習儀於此歲久不治前後殿繼圮寺僧屢募修
今夏余乃捐俸爲倡鳩工庀材數月落成恭設
龍亭於祝聖殿之中每遇慶賀率官僚行禮遇朔望亦讀法其

中舉唐宋以來千餘年之古刹一朝而改厥觀履其階
望其宇興降有儀拜舞有節莫不肅然生敬者幾忘其
爲梵宮法界矣夫邑之寺以百計獨茲寺爲觀瞻所係
者特以其爲祝釐地耳洪範曰皇建其有極斂時五福
用敷錫厥庶民曰予攸好德汝則錫之福但化其偏黨
反側之心以共遊於平康正直之王道則所以獲福者
在茲矣予卽千年選佛之場示萬古尊王之義俾愚夫
愚婦之求利益福田者皆曉然於其說之無稽而返而
求之於倫紀則所以相生相養而共享夫錫極斂福之
休者何廣如之此則予改建廣福寺之意而願與吾民
共論之者也因
書之以麗於碑

太平興國教寺在南街宋太平興國間建大觀初燼於火
惟存浮圖七級元復建至正間廢明洪武十七年重建
萬歷間修
國朝順治間重建大殿乾隆七年知縣蔡澍重新浮圖重建
天王殿四十七年邑人復新之嘉慶二十二年浮圖架
木及頂悉燬於火而輒甃猶巋然屹立

重修興國寺浮圖記

明邑人夏樹芳

興國寺在邑之南街宋太平興國中建遂沿其名元大
觀初燼於火惟浮圖七級若曾靈光至正庚申以兵燹
廢國朝洪武十七年重建正統間復剏浮圖至嘉靖三
十七年學士水南張公謂塔爲文筆峯有關學校捐貲
助修復以所廢殿基造文筆峯堂宏敞鉅麗匪直爲佛
土津梁亦以菁菁者莪嘉與多士樂思皇也歲久漸圮
萬歷十九年縣令侯官朱公給示修理命義民金態幷
戒僧太初圓鑛董其事經始之日钁地而得白金三十
兩是時衆工方聚食廡下獨義民以手觸之人無知者
義民則舉手加額日昔祇園欲建黃金滿空得無類是
耶遂與太初慫慂成事太初則堅矢一心昏旦募化四
體皸瘃弗爲憊復有道人王明淨與太初相爲仔肩以
故十方檀越雲流川至鳩工庀材金碧輝煌而復得以
餘貲增剏大雄寶殿塔之役始於十九年三月迄於次

年六月前後營金一千一百兩有奇殿之役始於二十
四年五月迄於次年十月前後營金六百四十兩有奇
其佛像迴廊於今始得竣事蓋金石之難爲功如此今
太初已歸淨土道人亦復化鶴獨一義民黃面瞿瞿指
陳功德亦可慨矣茲山之住持日淨明
以一大事因緣不可無述因記其事

續修興國寺浮圖記

國朝邑人須天祿

吾邑浮圖在天慶門內相傳建自吳赤烏間而寺則以
宋太平興國顯蓋體勢魁磊宏整凡塔所同而夌厲銳
上湧烟浮翠秀爽矗入雲際則較諸郡邑爲尤勝考之
方輿家言江城局取丙丁上應爲羅星北收大江之水
嚮南離位象爲文明丕振一邑文治且地接黌序孕靈
毓秀脈絡連屬故雖名隸招提而文教之樞紐繫焉詎
桑數更日就剝落古青蔡公莅治歲久政通人和邑紳
士謁於公公親臨相度籌費飭材雲合雨集經始於乾
隆庚申迄壬戌季冬而集事自顛至末璀璨麗瑋掩映
於圜橋璧沼之旁維公之烈與斯塔壽於無極是豈尋
常興建所可企其萬一哉
乃摭實而志其事如此

祥符寺在縣東北隅晉庾冰捨宅建名永安院宋祥符中易今名元季廢明洪武間萬歷間重建尋圮惟遠風樓尚存

國朝康熙十一年割寺址爲水師營房寺遂狹樓亦圮

迎福講寺在南街初名報恩院唐天祐中陶靜捨宅建殿梁中斷俗呼破寺其牆方勝壞不能甃蓋出古巧匠手明洪武十八年重修改今名中有水蓮堂以復法師冬日寫經池上擲筆生蓮故名

國朝嘉慶初僧明如募建後殿

報恩光孝禪寺在君山西麓唐天祐間建初名永壽宋淳

化間改壽凝紹興間爲高宗追福地賜今額又改光孝元季廢明初再建

國朝康熙十一年割其地爲水師營房僅存大殿五十八年僧超然募建禪堂五間

禮敬寺在定山北麓宋乾道間建元季廢明洪武元年重建

國朝康熙間僧靈曜修道光十八年重修

太淸寺在砂山本太淸觀舊址唐天祐間建宋景德間賜額景德院元至正間易今名後兵廢明洪武元年重建成化六年修

國朝康熙三十六年僧浩然募建大殿雍正十二年重建天王殿道光七年僧達如重建後院

白龍寺在白龍山西北麓唐乾符四年建上有龍洞禱雨輒應元季燬明洪武元年萬歷四十六年重建

國朝康熙間增建山門後樓

石佛寺在白龍山東北麓舊名棲眞菴宋紹興間建

香山寺在顧山宋建炎初建名顧山菴元季廢明洪武三年重建天順初僧玉峯擴而新之請額於朝賜額觀音禪寺內有昭明太子文選樓久圮

國朝乾隆五年知縣蔡澍重建樓

香山觀音禪寺記　明 徐有貞

顧山山之小而有名者也其形勢像龜之左顧山是以一謂之顧山一謂之靈龜山以其生蕙蘭芳草謂之香山以其地當澄江梁溪琴川之交也又謂之三界山其視蘇之虎邱潤之金焦泉石之清麗若不足而原隰田壤之饒沃爲有餘其前湖而後右江瀰通茂苑遠連滄海而以一卷之多峪嶁之大蟠踞其間翼張咮歙晝擘而得之堪輿家以爲勝地山之北麓有招提焉坐昭陽而向元默宋建炎間有淨觀法師者遊歷顧山見其地之勝也始卓錫開山甲乙相傳及元之季世燬於兵燹國初僧獨芳茂公載興而闢之其後顯中銛公承年昌公相繼而增修之至於玉峯珂公承三師之緒擴而宏之大殿中嚴兩廡旁掖凡其法中所宜有者無一不備天順改元之冬玉峯徒步北上以請寺額於朝事下祠部移文往來踰年而始從之敕賜額曰觀音禪寺玉峯因與其徒淸徹勤石爲記乃具事本末走中吳覲予三請之三辭焉而其勤弗已於是乎爲記其山川之形勝寺院之規製與夫興修之事蹟賜額之年月以傳之方來使有所考云

章卿寺在章卿鎮吳赤烏間建一名資福元季兵燬明洪
武三年
國朝順治十二年重建增置田畝
永壽寺在楊舍城內宋靖康元年建元季燬明洪武元年
重建萬歷間修
國朝康熙四十四年僧鑑如募修分東西兩房嘉慶二十一
年三月火六月又火大殿西房俱燬住持募建西房
能仁寺在毘山一名中山宋元豐三年僧勝法建元季燬
明洪武元年重建
國朝康熙間修舊爲董文敏讀書處

勸忠寺在由里山邱忠定墓所宋淳熙間建元季燬明洪
武三年重建宏治元年修後改名白雲菴
國朝雍正間重修復寺額

復勸忠寺記　國朝邑人楊名時

江邑由里山之東其修然高者曰有宋名臣同知樞密
院忠定邱公之墓旁有寺曰勸忠貌公像而祀焉則皆
故宋賜地也惟公歷仕孝光凝三朝更踐台閣清風大
節炳麟汗牘厥初易名實曰忠定賜寺之額其義較可
知矣夫賢者之蹟久而不忘不惟其子孫之所愛護鄉
人之所稱道苟過其地按籍而求之不得則悵惘歎息
悲其湮鬱得之則徘徊瞻顧生其景仰雖檐楹壞缺碑
碣殘斷猶足以激發忠義而感慨興起所繫顧不重歟
然而世遠澤衰寖以譌易或有托迹鄰近心艷其地而
思侵蝕之者寺改爲菴額則撤勸忠而白雲之謂是浮
屠氏之常居耳湮滅往蹟無復顧忌邱之宗人以爲憂
邑之士夫亦不善是也合詞請於邑令葉侯葉侯備謁
諸監司節憲則皆曰復還舊觀畫明地分俾邱氏世守
勿替永絶侵蝕之萌凡所以昭忠而教孝甚盛事也家
書來南述邱氏之指乞文之石以示後無已曩者余嘗
憩於斯矣古人有言曰思其人猶愛其樹矧以爲棲神
之所乎抑是寺明洪武時詔有司葺治矣宏治之元宜
興少師徐公又從而碑之古之人惓惓於此而必欲存
其故者則必有以焉耳爰紀歲月用答其意且以諗邑
之士夫若公之生平行誼則國史書之地形之廣袤及
寺創始修復之顛末則
家乘存焉無俟予言也

悟空寺在青暘鎮即隋招隱院宋太平興國五年改今名
元季燬僅存浮圖名華藏塔明洪武十三年重建
國朝康熙間修道光十六年夏雷火塔燬
慈雲寺在馬鎮即梁興建院大同元年建唐太和二年重
建元季燬明洪武十七年復建又圮

國朝乾隆初重修道光八年火殿門俱燬九年重建山門
永安寺在夏港鎮宋咸淳間徐脊捨宅建元季燬明洪武
六年重建
禪鄉寺在利城鎮前宋蕭惠開爲父思話建元季燬明洪
武初重建寺界武進江陰孔道中內設官廳五間爲官
司路餽所
國朝嘉慶三年建大悲閣道光四年增建兩廡及天王殿
後梅寺在後梅鎮原名報恩宋淳熙四年建元季燬明洪
武五年修
國朝道光十八年修

菴

紫金菴在花園巷明諸生董去華室黃氏建爲尼居後鬻
於營兵
國朝康熙十七年贖建火神廟萬佛林地亦併入乾隆四十
三年重建佛堂嘉慶十八年增建後殿
三元菴在三元坊巷俗名三官堂明嘉靖間建
國朝康熙間修
華嚴菴在學院署後本明學使毛一鷺生祠衆後毀其像
爲菴內有窰變觀音像蹟頗靈異
準提菴在市口

普濟菴在縣治西南一名西園明萬歷間馮時熙施家園
國朝康熙二十六年僧眉仙捐建
建池水四周爲放生所
甘露菴在縣治南明天啟元年楊僎捨宅建僎卽玉林禪
師祖也內有義井
法華菴在學宮前
國朝順治八年僧棲碧募建
湧塔菴在興國寺東北明僧慧壽建與興國寺浮圖對峙
方塘如鏡倒影涵波故名
國朝時有興廢道光十五年修

十信菴在城隍廟西北明萬歷間袁一驥建
國朝乾隆六年修
琪琳菴在小教場西一名河南廟
國朝雍正間知縣魏化麟毀五通像建乾隆五十六年增建
呂祖殿三楹
眞如菴在春暉門外門徑紆折竹林數畝塵囂不到爲楊
文定公讀書處
乘願菴在春暉門外明萬歷間建
國朝道光元年因迎春館廢里人移建東平廟於菴右權爲
迎春之所

十方菴在朝宗門外本祠山廟明萬歷間僧廣寂增建
國朝康熙二十一年僧劒菴始創法席後遞加修葺遂成叢
林乾隆五年冬大殿火燬僧長齡募捐重建

十方菴記　明邑人貢修齡

善知識誅茅結草四方善信應之遂成伽藍其後子孫各領一衆各私利養流爲應赴至不知佛法爲何事非開山者立法之不善實後人不知遵守之過也惟雲棲蓮池大師深鑒此弊峻設規條至今不替吾邑常惺長老蓮池高足自粵東回取祠山廢址剏立十方雲水禪院蓋已示無遮無作之義矣復倣蓮池大意立十誓約以廣厲護持而尤致戒於慎選當家不收徒衆不立化緣不廣田畝俱一一取記神天極其惓切乃輪轉不久未免稍有踰軼慮寖遠日弛欲以諸約鐫諸石使大衆時時相顧警省請記於予予惟遺教經云凡我滅後當尊重珍敬波羅提木叉今十約卽此菴之木叉也觀其詞當想其人可不思保綏淸禁而甘令門風隳落以負

其一片婆心乎遂瞿然
而復廣爲策勉如左

圓通菴在朝宗門外初名悟石菴明萬歷初建

國朝康熙五十二年僧道元重建大殿

法喜菴在朝宗門外明嘉靖末薛如淮建萬歷間僧元成
等募修

長樂菴在天慶門外明萬歷間僧眞福募建

國朝順治間增建雷祖殿

吉祥菴在天慶門外

國朝順治四年建嘉慶丙子僧與高修

二里菴在天慶門外以離縣治二里故名明崇禎十八年
建

國朝雍正六年僧彬文募修

妙峯菴在西五里亭嘉慶十八年重建大殿山門

圓覺菴在君山南麓俗名黃泥菴明崇禎間僧覺海始結
茅藥雨碧天相繼擴之易今名

國朝康熙間善鎧建大殿乾隆三年守貞重搆前殿八年慧
海建藏經堂五間知縣蔡澍額曰枕山五十三年增建
大悲閣

潮音菴在黃田港口明萬歷間建港爲南北要渡建菴以
憩行旅有井亭一座

國朝康熙四年僧德悟修

綠蘿菴在黃田閘西明崇禎間建

長壽菴在五堡明崇禎間僧性智建

法雲菴在五堡

國朝順治八年僧海湘改建偶菴禪師居此閱藏經又名閱
藏菴

法憩菴在綺山鎮即三里廟舊址明萬歷四十二年僧如
止建內有義井壁有小楷心經

善慶菴在綺山鎮即七里廟舊址明崇禎間建

白雲菴在綺山西俗名小山灣內有泉

慶雲菴在雲亭鎮明萬歷初建董其昌讀書其中題金粟
祥居額

飛錫菴在定山黌塔灣唐法嚮禪師駐錫於此故名玉乳
泉在其下

寶倉菴在女山灣明萬歷間建

國朝順治間玉林禪師命徒超敬住持建屋拓基近菴十里
河港悉爲放生所東有不退禪師塔

雙林菴在女山灣明初建岡巒四繞長松怪石錯置森峙
爲林壑之勝玉林禪師卓錫於此菴左爲女仙臺

法鎧菴在周莊鎮

國初僧雲貫募建乾隆間履恭募修

護龍菴在華墅鎮明貢修齡建以龍砂兩山之脈直走長涇故建菴鎮之

三覺菴在華墅鎮明崇禎八年建

興濟菴在長涇鎮明崇禎間建內有放生池

國朝順治間蘗菴禪師居此道光十六年修

同聚菴在長涇鎮

國朝順治間建

妙嚴菴在顧山鎮宋咸淳元年建

來鶴菴在顧山鎮一名圓通順治十三年秋一鶴飛來且

翔且下數日而去以此易名

來鶴菴記　國朝錢陸燦

菴在江陰縣東八十里而遙其里曰曹莊又五里郎入常熟界之西初菴名曰圓通成化間吳西郊建萬歷間其孫敬學修至順治丙申秋空中飛一鶴來且翔凡下啄且盤桓於菴者數日而後去於是吳氏之孫且凝臨茂才諱復清者改曰來鶴而請張尚書大圓居士顏其額自成化迄今康熙若干年今日粗告蕆事厥惟艱哉其師泰州朱宣莊徐氏子也十二歲父慧公母錢氏見背薙染於萬壽寺爲沙彌崇禎丙子從其師祖天然師月輝渡江由黃田港趨北角道中將泛海潮朝禮普陀而假道於茲茂才方以菴之莫與爲也而見此三人者非常僧謀於介衆請師住持日普陀非遠茲菴非近佛祖心印捐身誓命卓錐振錫重城聖箭時三人許之五十年來心力殫盡酉戌之間二人示寂而師單身除饉崇揭山門掃除蒿畝佛殿正中兩廂夾鎮以庖以湢且飭且浚又池以西塔院殿宇力役躬親書其棟宇曰惟海賑於是抒信行力捐鉢單施買常住田百餘畝而施主張念成依助田一十六有七分茂才之弟寂覺在菴修持田三畝有一分五釐計田一頃又若干畝菴基東買白潭魚池爲衆姓四時放生之所菴之中鐘魚響答器用庀具菴之外竹樹茂密藩落圍固而師則又曰海賑發普陀之願而來因山主之請而住今年七十二老矣自今日以往海賑之事畢自今日以後則吾嗣守茲菴者之責亦茲方善信始終護持之力是恃嗣守之責則吾徒孫照德是賴凡係茲菴之一瓦一椽一草一木一畦一弓如護祖父如捄頭目護持之力浮圖之香火即檀越之因果有其舉之莫可廢行百里者半九十海賑請以居士之文焚於韋神爲聽於我佛而勒諸石爲護法佛家多以夢幻泡影爲空而空而能靈者吾即以鶴當之昔時之鶴忽然而來來於空也而兆茲菴之有勝因今鶴之去亦去於空也而菴在即鶴在在即空也安知吳氏父子不馮儀而爲鶴而與天然月輝輩往來於常寂光以善護茲菴乎遂書爲記

無量菴在楊舍城內亦名眞武廟明洪武間建舊志嘉靖戊午建城後時有火災形家言眞武廟高其殿脊可免居民相與新之火患遂息崇禎乙未僧淨六募修

三聖菴在楊舍城隍廟左供三元帝皆銅像

國朝道光八年修

法水菴在后塍

大慈菴在大橋鎮舊在南沙東興圩

國朝道光六年移建

柏林菴在雷西堡明萬歷間建以菴前後多植柏故名

國朝僧宵樹以清希文俱能詩非臺能畫

渡船菴在鎮山南江船於此濟渡故名

鎮海菴在鎮山北菴南有解祟泉西卽桃源洞

竹林菴在白沙堡明建

國朝乾隆間僧獨巖重修
雨香菴在長壽鎮康熙間僧天益建
寶樹菴在茂墅墩林木深秀中有金錢松一株蒼古蟠鬱
故名尹嘉賓讀書於此
麒麟菴在毘山南一名騎龍
國朝康熙間建以便行人憩息
澤枯菴在祝塘鎮萬骨塋旁一名愍忠
國朝順治二年僧印白收埋殉難遺骸即結廬於此十八年
邑人爲之建菴

澤枯菴記　國朝邑人　沙張白

大兵底定西北跨齊魯平中州席捲大江以北徼金陵金陵君臣相率潛遁長驅轉戰勢如破竹數千里之地罔敢一矢加遺識天命也而江陰以九里之城百二十里之疆索士民倡義首逆顏行堅守孤城者三閱月糧盡援絶招之不降城且破男婦老幼自盡者被戮者十餘萬人無一乞降者可謂愚矣惟其愚也故能不計强弱不擇利害而視死如歸予嘗觀天下事敗壞於不愚者之多而深歎此蚩蚩之衆能爲千百世存忠義於一脈也城之初破積雨連旬殘骸腐屍縱横遍地行僧印白衝泥塗冒臭穢奪遺骸於餓犬貪鴉之口者二萬七千有奇一時仁人孝子覓親骸而不得者多爲此僧所先不無遺憾然此僧以煢然子身倡義收殮使合城義骨不爲京觀而爲首邱厥功偉矣又一年盡載其屍買地瘞之名曰萬骨塋築菴其旁曰澤枯而屬予爲之記予嘗博稽載籍而歎江城慘禍前此未有也昔者堯君素之蒲坂李廷芝之揚州殺其將矣百姓不與也張許殉節於睢陽江州見屠於曹翰殺其民矣有巡遠也胡則之忠義智勇爲之倡也而江陰無之其始也人自爲戰不之煩勢率而威驅其後也人自爲死不分從容與慷慨嗟乎封比干之墓殷之貴戚也茲則間巷之中無非比干旌仁瞻之忠南唐之大臣也茲則婦孺之流莫非仁瞻腐齒堅於金石青燐光於日星初何嘗計及後有人焉收其屍而葬之憫其愚而弔之也哉嗟乎龍戰之際薄海沸騰安危呼吸稍號明哲便可瓦全而塋中諸人弗顧也挺螳臂以當車轍舉一卵而抗泰山以十萬匹夫匹婦之微爭萬古名教綱常之大謂之愚不誠愚哉塋在祝塘之梧塍菴去塋不數武四方之人頗有聞而弔者低徊留戀不欲遽去異日日久論定安知不與比干之墳劉仁瞻之廟同不朽於天壤之間也乎弔遺跡者可以廉頑立懦而鼓義理之勇愚者之有裨於世道賢於不愚者多矣孔子曰其愚不可及也信乎其不可及也夫

香草菴在祝塘鎮順治間僧省凡募建其後雪章聲御相繼增修地廣數畝四圍積水環浸跨板橋通之中間像設莊嚴庭前雜植花藥菴西隙地畝許鑿爲放生池

香草菴記　國朝邑人　孔毓璣

祝塘之東偏有香草菴經始
國朝順治間省凡禪師買地結茅爲開山祖厥後大司農靜涵張率諸檀越請雪章大師卓錫於茲茲菴之規模始大今聲御長老其法嗣也地方廣可數畝四圍積水環浸跨板橋通之中間像設莊嚴香臺石砌之屬備極精麗庭前雜植花藥盆山小景擅絶一時秋來則金粟飄香馨聞數里菴之西隙地畝許雪公之塔在焉鱗介之族沈浮出没歷歷可數則諸檀捐貲捨爲放生池者也憶余少時參雪公方丈叩上乘之旨迄今微言大義顯然猶在心目而雪公之化去則已三十餘年矣計此三十餘年中合鎮之風土變遷老成凋謝即堂宇之巍然者亦不勝舊時王謝之思而茲菴之景物悉仍其舊田廬式闢且視昔有加焉然後嘆浮屠氏之居猶不能無需於似續而況於族姓乎戊子冬余甥汪子天聲以公車來京師聲公寓書於邸舍屬余一言爲記蓋恐成蹟久而就湮而漁者畋者或重辜始事之心也吾吳名勝什伯於茲菴者何可勝數而義取於放生即仁人君子對時育物之心也斯義也茲菴藉不朽而聲公之願力亦得有所托以並垂於無窮其間護持而培植之則在諸君子矣

盤石菴在文林鎮宋端平三年建明洪武間重建
國朝雍正八年僧麗五修
奉先菴在文林鎮宋端平三年建明洪武三年重建
山居菴在由里山南李介立隱居處今廢
大樹菴在蔡村
邢泗菴在邢泗橋今名梵音宋建明崇禎間修
寶華菴在丁家蕩東有放生池
大隱菴在蔡涇鎮
黃梅菴在月城鎮
胥林菴在夏城鎮

彌陀菴在夏城鎮秦望山南
禾莊菴在黃橋鎮宋崇凝間建爲江陰陽湖交界通衢置
井建亭以便行人
道成菴在道成墩許眞君修道處
凝秀菴在青暘鎮明萬歷間建
三祇菴在塘頭橋明萬歷間僧坦然募建
卽山菴在璜塘鎮明建
國朝僧無礙重修
洗心菴在璜塘鎮一名水墩菴
衍慶菴在蕭岐鎮

兜率菴在夏港鎮宋淳祐間建
梵音菴在柴荷橋明建
騎龍菴在觀山鎮一名觀山菴
福慧菴在觀山鎮一名寶株菴
崇福菴在觀山鎮明建
國朝嘉慶二十五年僧開元重建
天福菴在虞門鎮宋天聖二年建明洪武元年重建有塔
國朝道光十八年重造
曰瑞祥歲久圮
東甯菴在申港鎮一名東菴相傳吳赤烏間建

鳳塔菴在申港鎮
西竺菴在後梅鎮
福源菴在前周鎮宋淳祐二年建明洪武六年重建
河口菴在丁國山明建
接引菴在丁墅鎮一名茅菴明萬歷間建

觀

天慶觀在天慶門內俗名西觀宋祥符二年建先是元年
正月初三日天書降詔爲天慶節十月令天下建天慶
觀天聖元年以天慶聖節齋醮所費至廣詔禮儀院裁減江陰道士許自然進狀云黃帝內傳西王母降於帝宮帝爲設饌食王母云仙衆不飲不食豈享人間饌乎詔自今止備香燭花果山泉藥苗宰臣馮拯以其言

奏之自此齋醮不用饌元元貞元年改名元妙後兵廢明洪武永
樂間重建萬歷間燬崇禎間重建玉皇閣龍虎殿
國朝乾隆三十五年建山門嘉慶九年修玉皇閣道光六年
修藥王殿十五年修祖師殿舊有碧玉亭丹樓諸蹟今
廢
天壽觀在南街俗名東觀宋陳錡入元不仕施宅建明成
化間道士張元靜重建玉皇殿嘉靖間徐德清修
國朝康熙初建斗姥閣乾隆四十九年改建山門舊有清隱
軒竹鶴軒載夢舟諸蹟殿壁神將畫像奇古相傳爲明
桓法師圖筆後剝蝕重繪失舊時神理矣

天壽觀記　明　邑人　卞　榮

江陰城之東觀肇於前朝賜額曰天壽蓋老氏之徒祀
釐於斯也三清有殿在觀之東南觀內閒地一方僅若
千畝廼故宮遺址旣多歷年鞠爲茂草若荒墟然有鍊
師張元靜曩歲會預選修道藏經居京師請命於以正
邵眞人等以是闢地鼎建玉皇殿於三清之後眞人
等蹕之卽以賜內帑付元靜遂命工雕刻塑像巍然
肅然仍以四相翊於左右舟載南歸跋涉數千里罔郵
其艱邑人之樂施者日積月累鳩工庀材務底完好毋
庸粗畧其間有承事郎鄭公遜屢給所費助其不及始
克翁然就緒經始成化戊子之春訖功辛丑之秋棟宇
嶙峒金碧輝燿居者往來者莫不觀像而起信學道之
士益有以闌其元敎而振其宗風焉凡所禳禱乞靈靡
不立應其惠及於人不淺矣抑惟元靜固秉心惟一而
猶善於養素氣足以奮之故不餒智足以明之故不惑
材足以負之故不撓其克成厥美永奠攸居繼自今神
明斯格神貺臻而天壽之無疆斯徵矣爰用登載俾後
有所
見焉

重修天壽觀記　明　邑人　張　袞

予惟宮觀之設多據名山臨福地而江陰天壽觀居縣
治之中前臨高壤後接墨廬林木秀清岡巒映帶謂之
城市山林可也觀之基相傳宋翰林陳琦故宅琦入元
不仕因捨爲觀四世孫昌言與其子大智疊跡逃俗遠
訪名山提點觀事虔修醮祀朝命錫名天壽觀云是後
其徒有若吳清隱若余然復若吳繼祖皆能世嗣其宗
風元末觀毀於火繼祖常一復之觀稍治閱世若干又
得徐祖壽蔣得眞爲充拓始建玉皇寶閣前有門左右
有廡旁之隙地穿水爲池作亭其上至是風雨剝蝕人
力不修觀復大壞道會徐德清嘆曰觀名天壽吾徒朝
夕焚祝聖天子萬壽地也此之不治得爲臣乎於是出
其私錢陶甓選材盡力以治寶閣元宮三門遂宇周廬
曲逕莫不秩爾具舉歲壬寅予從太學貶秩東歸過其
宮見其鼎新若此驚問誰爲之曰此徐道士力也未幾
予之官金陵不再聞癸卯冬德清復來請文予不能辭
嘗聞道家者流其敎本出黃帝老子以清淨無爲爲宗
虛明應物爲用慈儉不爭爲行德清能是與否予不能
知獨其修觀一事不告有司不勤勸募而忠敬一念惟
知有君志其私殖頗類慈儉不爭
之爲者予故并書其事而刻之

院

佑聖道院在周橋南卽眞武廟宋元祐間建元至元間明
永樂三年
國朝乾隆間重建
君山禪院在君山東嶽廟東偏明萬歷間建
永定禪院在永定壩與黃田閘相對奉金龍四大王像門
有高樓
國朝康熙四年建乾隆四年修
纖湖精舍院在周莊鎭一名珊瑚院本宋放生道觀舊址

元僧改建旋廢明初重建
國朝順治間又廢康熙三年僧雪巖重建

放生池記　宋縣丞蘇磻

皇帝卽位之二十載四方淸夷文修武偃曠典逸章莫不以次蒐舉乃春正月有旨天下郡置放生池廣周天之澤從有司請也臣代匱守符仰承德意敢不祗若明天子之命江陰距城三十五里有織墩焉考之圖牒不載所自地勢爽塏其形蟠植若偃蓋然流水回環有茂林修竹蔭映於其上廣閑靜深魚鳥是宅不勞疏築宛然天成若有俟於今日者臣乃布宣惠化告諭農老設網罟不入之禁而水陸之居得以生息茂遂其皇明之所燭慈愛之所被顧不深且遠哉自唐肅宗置天下放生池八十一所昇州刺史顏眞卿以文學名世譔述其碑請御書題額以光揚不朽顧臣何人而敢追躅然作爲歌詩歸美報上此臣子之大義有不可以蕪累辭者謹齋心滌慮再拜稽首而銘之以詩曰於鑠炎宋文昭武烈奄有四方載垂二百天子明聖再造丕基輔贊彌

縫時維帝師措安天下混一南北推此皇慈仁民愛物仁民伊何兵寢不試愛物伊何蕃殖庶類惡殺好生恩霑動植忠厚之政光於簡冊乃布睿旨徧爾寰宇濬彼陂池廣育鱗羽長江之陰地號織墩流水四環魚龍之囷以流惠澤以遂生息水居陸居安知帝力堯舜而上德施溥博草木昆蟲罔不蒙福鳥獸咸若夏后致平靈沼是營周文以甯鴻惟國家超軼前後凡在覆幬畢臻仁壽歸美君上臣子之義稽首勒銘以詔萬世

盛唐禪院在顧山鎮

兜率禪院在香山中峯頂
國朝康熙二十八年建

光嚴院在長壽鎮陳天嘉二年建明洪武十年重建
國朝康熙五十三年修

九蓮禪院在由里山南明崇禎初建
國朝順治五年僧別溪通振拓地增建院有泉泠然搆亭其上曰泠光院左葛文康墓再上爲普同塔

仁壽院在青暘鎮宋建元廢明洪武間重建
國朝順治八年改建

錦樹道院在青暘鎮明萬歷間建
國朝雍正五年奉
敕重建

錦樹道院記　國朝鄂爾泰

江左山川形勝南戒之山蟠列荆吳奔趨句曲爲仙靈窟宅道書第八洞天也句曲之脈東結於江陰而岷江奔赴亦滙於江陰而入海晉時許旌陽眞君修煉其地邑人因以旌陽名其里今相沿爲青暘云昔青暘沈鶴

江煉師棲眞於此惲子靜三名養深者爲桐山沈師之弟子桐山與徐子以時同師方子宗五宗五則師鶴江者也靜三囑余爲錦樹道院碑記曰院故在旌陽里自鶴江師祖闡治弟子纘承勿替桐山沈師於康熙庚辰年值紀來京以時徐師住持院內壬辰年養深入侍桐山師於都職供道籙獲事
世宗於潛邸
世宗登極先師鶴駕已逝荷
恩追卹雍正五年
特敕淮關部使者遼陽年公鼎新道院爲屋若干楹像設稱是又買置田若干畝師弟石楚峯名慧深者現爲住持
今上御極之三年秋八月養深得假南歸葬母奉
敕相視院中規制
恩賚優渥小子養深感激泣下思勤貞珉惟公寵之以文敢請余惟道無爲物外獨旌陽以忠孝立教與吾儒之敎行不殊鶴江生長旌陽里以孝入道桐山法籙精研光昭先後而靜三實淵源道脈不忘孝思至於感佩
聖恩思垂不朽其忠忱固有獨摯者斯眞不墜旌陽之敎而亦當世儒者所心儀也是爲之記

白雲禪院在青山宋建沈志爲青山菴蔡志爲白雲菴
正宗禪院在觀山鎮俗名龍墩菴宋宣和三年建
國朝康熙間重建道光十二年修
烏窠禪院在秦望山西舊名蘆崎菴中有烏窠禪師放生
池白樂天題額

殿

普濟院在前周鎮宋建明洪武八年重建
藥師殿在雷西堡
張公殿在雷東堡
三官殿在三官鎮
三茅殿在秦望山中峯

閣

巽閣在東城內創始未詳明季兵廢
國朝乾隆五年知縣蔡澍卽城之東角樓建閣於上祀文昌
像後圮五十一年邑人楊昱陳珙卽明舊址倡捐建閣
三層奉關帝文昌魁星像於內

江陰縣志卷之二十三終

江陰縣志卷之二十四

藝文一

班孟堅採七略作藝文志唐人脩隋書改名經籍志
自是史乘皆有之然徒事泛濫於志乘無當也江陰
雖蕞爾邑窮經稽古通達史傳百家善著述能文章
者固世不乏人而忠孝流露其眞性所存尤亘古不
滅茲篇審擇綦愼分類著錄間涉繁蕪悉從刪汰特
以德爲本文爲末抑置於後志藝文

疏

劾張鶴齡疏　明　貢安甫

奏爲嚴禁戒以安地方以全外戚事近聞皇親壽寧侯張
鶴齡家人不知因何前來南京上新河地方有川貨等行
經紀吳玉葛文葛瑱等夤緣交結糾集黨羽朋買基地蓋
造大房外設門樓繪以五綵就托家人投獻皇親且揚言
奏請聖旨豎立碑坊就此開張店房發賣貨物吳玉等俱
欲倚藉聲勢鈐制客商盡奪一方民利道路喧傳人心驚
駭竊惟南京祖宗興王之地根本所在頻年水旱相仍公
私困竭京城內外流莩載途所幸荆蜀閩廣之產一水可
通萬商俱集而疲民少濟爾若使小人得專利權以擅害
之則商賈必不行物價必翔貴有無何所相通緩急何所

仰賴萬一人心搖動非國家之福也臣等嘗聞食祿之家不得與民爭利古之賢相拔園葵而去織婦我太祖高皇帝欽定律令亦禁止權勢之人中納錢糧請買鹽引皆爲此也今皇親荷國家寵恩高官厚祿賜予無限可謂富貴已極矣何求不得何欲不遂而下與販夫豎子爭毫末之利斂天下之怨乎此皆小人欲遂其射利之謀而爲此專利之舉皇親未必知之就使知之亦未必肯從之也然所以使小人無所忌憚而敢爲此謀者由皇親近年以來容令家人朱達等奏買長蘆兩淮㮄鹽後又指以堆積鹽貨爲名奏稱淮揚儀眞等處俱有舊置閑房空地欲行開立

店房俱蒙聖恩曲賜俞允累經臣僚論列雖荷蒙聖明已將前鹽停買但所立店房未聞明詔禁革以此小人妄爲吴玉投獻若不嚴加禁約誠恐遠近聞風遞相效尤欲爲吴玉等所爲者不止上新河一處而已也在在騷擾人人怨咨其害有不可盡者伏望皇上以地方爲重以保全皇親爲心將吴玉葛文葛瑱等拿送南京法司追究黨羽及家人姓名通致於法昭示中外房屋基地改正入官其淮揚儀眞等處朱達等所奏店房一體禁革及敕都察院通行出榜於關鎮市店常川張掛但有指稱聽巡城御史在外聽巡按御史緝拿究問徒罪以上俱照王府事例發邊衛充軍仍乞天語叮嚀戒飭皇親鈐束家人毋令得與外人交結以規細利以失令名如此則朝廷不失親親之恩而皇親亦得保全其終始矣

保畱劉健謝遷疏　史艮佐

奏爲保畱輔托大臣以抑權奸以安宗社事竊惟天下之事有似緩而急似小而大者爲天下不可不預知而力辨之也蓋大臣一人之身似緩而小實係天下安危朝廷得失非急而大者乎邇者尚書兼大學士劉健謝遷乞致仕仰蒙陛下俯賜俞允茲命一下非特臣等且駭且愕天下莫不驚心者蓋以劉健等歷事四朝名歸元老當先帝臨

崩之日親受顧托之命叮嚀告諭畱爲陛下輔弼朝夕相與講論治道恢宏事業安固社稷者陛下正宜日召便殿咨訪謀猷劉健等値此多事之秋亦宜鞠躬盡瘁死而後已以濟國事上不負先帝遺命下不失元老宿德以收人心以安天下顧乃坐視國弛忍心避難悻悻然一奏上達九重不待再辭三劄更無眷戀飄然長往是何小天下輕社稷如此獨不念先帝之恩命乎且近月以來每聞陛下視朝太遲游戲無度常與內臣劉瑾馬永成等馳馬射箭市食擊球劉健等身居輔導之官既無格心善策所以屢諫而力爭之以忤聖意乃疎斥之彼職似盡矣而陛下待

大臣之道有虧此不可去一也觀劉健等奏內有龍顏濤
滅皆內臣馬永成劉瑾等狎昵淫污之語以致獲戾聖威
惟陛下睿照思之果有之與否此不可去二也輔托之臣
天下倚重朝廷柱石導陛下以繼述引陛下以當道一旦
罷之則於先帝之命安在此不可去三也自七月以來天
變屢示災異疊出詔雖有脩省之名而無脩省之實劉健
等心不自安欲引咎自責以消天譴陛下誤許以歸則中
二官之計矣此不可去四也更以劉健等恃有逆鱗忠言
以觸天顏肅怒正所謂千人之諾諾不如一士之諤諤主
聖則臣直也陛下虛心獎勸以勵忠直之氣開納諫之門

天下善言自來書曰木從繩則正后從諫則聖今一閉塞
則讒諂日至朝政日非誰與治理此不可去五也尙書入
閣坐而論道爲天子首相即古丞相之職與天子共理天
下者詩曰樂只君子邦家之基是也內外想望丰采敵國
視爲輕重去之則華夷動搖此不可去六也昔唐臣陽城
裂麻宋臣司馬光等伏闕在當時以爲難得今劉健等亦
以宰相諫而得名天下後世將以爲何如此不可去七也
夫七不可去而去之遂二人掛官脫印之深謀陛下獨受
疎遠大臣之浮議其如天下宗社大計何其如先帝輔托
之命何其如陛下繼述之大何惟陛下思之且李東陽亦

受顧命大臣幸以先帝遺詔見留一去一留視相違背則
不可退休明矣劉健等先奏欲罷歸以遂權奸今日之事
恐奸人投石擠排以中傷之誠如所言矣君子小人迭爲
消長去一小人則天下賢能進而治矣退一君子則天下
讒佞入而亂矣矧去一大臣天下安得而無厲階內縱奸
倖肘腋恐因之而生變劉健等雖不失爲君子若劉瑾輩
羣小人素無顧忌亦不敢肆爲今去之則權奸竊弄內外
不知也所以先帝必諫至數十章倚遲留顧惜不忍舍去
伏望陛下念先帝付托之重惜元老輔弼之勞收回成命
留劉健謝遷照舊辦事以安人心以固社稷以抑權奸之

漸以享皇圖萬萬年無窮之福實天下幸甚臣等職居諫
輔身寄耳目非爲二臣一身一家惟爲陛下留意臣等不
勝隕越待罪之至

題爲別是非昭公論以定國是疏　張　袞

臣切見僉事史道論劾大學士楊廷和不法事情陛下嚴
旨切責敕之吏部參送問擬繼而御史曹嘉復論前事剴
切雖動乎羣情是非頗疵於公道臣切反覆嘆之人之情
至不齊者好惡也其至一者理也執理以御好惡之情則
公執好惡以狥已之見則闇此私心之當黜而公論之不
可不講也大臣者天子之輔弼臺諫者朝廷之紀綱攻擊

之黨立則縉紳之可憂南北之司分則水火之交姤理有由然勢所必至臣非畏愼顧望愛彼和同而言之也蓋以公論之在天下是非之在人心人心不服則公道汚衊而新政日以斁矣臣始入官未深曉事竊見正德年間權姦竊柄蒙蔽欺君廷和身位輔弼不能以誠意感人主而言則多違事不見允又不能决去就以明其義是則廷和之可議者伏自陛下踐祚改元愼初鑒往而嘉靖一詔二三輔臣代演王言動中睿慮使十六年既壞之紀綱既稔之姦慝既濫之官賞既匱之財力講復殆盡湔滌幾蠲以至有今日之休是固陛下之威靈聖人之感化於廷和何有

而其一時持危定顚之力似不可誣臣愚謂爲救時之相豈不可也史道崛起而攻之一旦指爲元惡斥爲漏網言則駭矣且道昔官諫垣明知其奸何不豫發之况避人焚草入以告后此言官之體而道乃先發其聲邀人挽止必至出補五日而始發哉道跡露矣陛下舉此罪之誰不慴服而槩以排陷大臣怒下之獄是教道之有辭無以解於天下也廷和官居輔導量在包荒聞人議已當引過以自歸見君罪言冀開誠以恕物此則大臣之體而顧有二十欺罔之辨然後從而論救之雖急於心事之欲明不無於譽望之少貶矣曹嘉論列其心公私臣不能料而反覆數百餘言拳拳於散大臣之黨收總攬之權實由尚書彭澤之言有以激之也澤借名奸黨計沮言官以干國法以犯公議科道等官已經交章論劾臣姑不暇深論但以廷和爲累朝舊臣未有顯過聽其求去豈不可惜昔周公之告成王曰無遺壽耇盤庚之告其臣曰亦惟圖任舊人共政夫以廷和因史道之論而累疏以乞休同官又以廷和之去而駢迹以求退臣恐國事難知隱憂可畏政柄潛移安知不有難救之患出於異日而悔之晚者乎此臣私憂過計所以謂大小臣工互相詆訾非社稷之福也伏望皇上敕下吏部諭令楊廷和等亟出供職益勉忠貞以篤王室

之念以副陛下之懷毋彼此相持以高潔已之名毋逡巡慢命以忘委身之義則庶幾古大臣之用心而讒謗自止矣詩曰譖言則退所以譏夫愛君不如愛身之厚也廷和等獨不致念於斯乎然猶未也晚節之不堅中道之或改假絲綸以奸好惡之私擁師保而忘規諫之益果若人言則人之議已者復至矣豈特今日一曹嘉而已哉雖然危言激論所以廣忠也深思遠猷所以謹慮也不有曹嘉則敢言之士無以作其氣而忠義之寖薄不聞臣言則篤棐大臣無以啟其勸而股肱之日隳二者相須似亦有助伏望皇上繼自今以往於大臣也任賢不貳勿間以私人於

臺諫也聽言必廣猶喜其狂直則志不能惑治無所偏而
聖政成矣臣昧死進言不勝戰慄懇祈之至

請輔臣奔喪疏　趙用賢

奏爲星變陳言以維人紀以定國是以隆聖治事頃者天文示異彗出西南大內火警變徵屢出皇上兢惕不遑下敕臣工同加省懼一時言事者籍籍或以糾察大臣或以脩舉庶務固犁然具矣然臣猶以爲詳於小而未覩其大者也臣請不避斧鉞之誅爲陛下一正言之臣聞賤臣叩心而霜飛庶女告天而風振夫以一人一事之微而猶足感動天變如此況事在君相之交而道屬倫理之重者乎

頃者輔臣張居正以父憂請制疏至再三而陛下留之至再四臣每讀其疏輸誠寫哀情淚竭盡無可復吐未嘗不爲之欷歔飲泣而獨不能以少回陛下之聽陛下固以輔臣受先皇付托之寄繫社稷安危之機有不可一日而失所倚者是至公之心也輔臣至以籍苫處塊銜哀茹痛而不能不勉承陛下勤懇之命者亦至公之心也然臣以爲喪必三年自周公孔子以來未之有改世儒之所講說民俗之所習安千百年以來亦未之有改是非小節常禮之云也自後世乃有以金革之事起其臣於衰絰之中此特權一時緩急而有不得曲顧其臣之私者非先王之法也

臣自數日以來見輔臣瘠毀柴立形神摧敝有識者且爲憂之臣私竊計輔臣之心欲更有所請則拂陛下挽留之意欲遂聽陛下之留而不一往則父子乖離有抱恨於終天而不容頃刻安者夫輔臣能以君臣之義效忠於數年而陛下不能使其父子之情少盡於一日臣不知陛下何忍爲此也臣查得楊溥李賢在先朝時亦嘗起復然溥先以省母還家賢亦以回籍奉旨奪情固未有不出都而可謂之起復者也且陛下所以不允輔臣之請者豈非謂朝廷政令賴以參決四海人心賴以觀法乎今輔臣方負沈痛其精神之恍惚思慮之迫切必有不能如曩日之周且

悉而四海之遐聽風聲者又且以拘曲尋常之見疑之亦何以如曩日之信敬而承服是輔臣之勛望積之以數年而陛下顧敗之於一日臣又不知陛下何忍而爲此也臣以爲輔臣之抱痛抑鬱而不得伸是爲干天和動星象之大也莫甚於此矣陛下若垂憫輔臣不使之憂傷毀性則宜聽其所請暫還守制即萬不得已請如先朝故事特敕禮部一員護送就道仍爲責限赴闕不得延誤如是則其父子音容之乖隔於十九年者庶幾洩其痛於悉棺之一慟輔臣之心旣可以少安天下之人心亦可以無疑而陛下所以處輔臣君臣父子之間者庶幾備道而無遺議矣

然臣因是而感夫士氣之日靡國是之不明也夫國家之設有臺諫所爲以紀法之司而任繩糾之寄者也固非謂其阿意順旨而將迎逢合之爲已也今輔臣之畱皇上主之亦既有成命矣烏用是嘵嘵者哉臣竊意其始之遲迴而不言是猶以經常之見冀陛下之曲體乎輔臣而其既且言之而不置者不過逐影附聲以希寵要榮之念而幸陛下之一俞其請而已背公誼而狥私請蔑至情而倡異論皆斯言之啟矣故今諸臣之所可自解者獨幸輔臣名行不至於大隳耳脫不幸異日有不肖者乘勢而竊位焉亦將循故事而爲此附和乎臣誠不知其可也臣以爲人

紀之所以植國是之所以定者固不特一時治安之計而實萬世治安之計也陛下不可不垂察於此矣且陛下信輔臣之深而畱之篤豈非以在廷諸臣未有稱陛下之任使如輔臣者乎然堯舜不聞以五臣之共職而替其知人之哲文武不聞以十亂之居列而隳其求賢之心亦願陛下擇而用之何如耳陛下誠於朝講之暇悉心體采自內閣講論以至部院大臣非時召對考之行以驗其心術之端邪委之事以稽其才猷之通塞使人人得以所長自見當必有如輔臣者踵出於其間以稱陛下之任使如是則輔臣卽去猶之其畱陛下不至以孤注視輔臣而輔臣因

是以獲推賢讓能之譽顧不愈於以憂勞萃輔臣之一身使其乖父子之性而傷天地之和也哉臣愚昧莫測於天人之際竊以爲當人心而合天意者其事莫大於此敢昧死爲皇上陳之惟聖明采納焉

請建皇儲疏　袁一驥

題爲恭遇聖壽屆期天心示儆懇乞聖明亟舉册立大典以順人情以回天意事臣某伏覩近者彗星示現致廑宸衷首頒聖諭引咎自責又聞輔臣王錫爵等密揭請皇上議大典以爲禳解夫我皇上厚自貶抑於九重而閣輔大臣又矢謀猷入告我后於內明君賢相動色相戒修德醞

和以答天譴甚盛舉也顧册立一事閣臣九卿六科十三道大小臣工伏闕抗疏或援引前代之善敗或直指列聖之成規或曲爲宮闈之處分或謀及蒙養之至計至再至三敝吻露膽人不下數十人言不下千萬言乃皇上悉畱之中而不報旋至謀國老成乞身引去秉笏君子垂首喪氣於朝杞慮小人心非偶語於野深山窮谷九州四海疑議百出皇上顧端居深宮而不一覺悟夫和氣致祥戾氣致異天人之際應若桴鼓當今朝著紛呶詔令阻格上疑乎下下疑乎上太和景象似不如此況大君爲天之宗子天爲宗子慮獨不爲繼宗子者慮乎此有識之士不待蒼

蒼之垂象示儆而泫然弔於國門之外者已有日矣頃臣奉繹聖諭知皇上之初意謂册立之事本欲早定特怒及於羣小煩聒以致改移夫大臣小臣北面而事陛下爵秩不同名次不同而披赤碎首之心則同皇上既以今日大臣之勸册立爲禳解者爲愛君愛國之心則前日之二三小臣矢口而疏接踵而陳殫精竭智於宗社之大計者獨非愛君愛國之心乎夫心而發於愛君愛國也縱其言煩聒其氣直戇皇上天覆海涵之度亦宜見原見納豈得遽遷怒於建儲大事屢更而屢易朝議而夕罷哉夫二十一年之册立傳播中外皇上之成命也皇上之定言也俟二

三年中宮無出再行册立皇上特激於一時之忿而爲是四三之說非成命也非定言也皇上既以後日四三之說爲定言獨不可以前日二十一年之册立爲定言乎況去年之命既改於今年焉知今年之命不改於他日乎昔成王剪桐以封唐叔姬公謂天子無戲言遂請封以示信況建儲大典視藩封何如而顧可以不信示之耶臣竊謂不信之命令決不可令衆庶見也臣今日所欲爲皇上謀者元輔及建言諸臣悉已爲皇上獻之又何容置喙伏願皇上思可畏之天變防如川之人言祛狐疑之心奮乾剛之果發號施令將册立出講事宜一并並行以明二十一年之册立原皇上之睿斷原皇上之成命而示天下以至公至明大典克舉庶乎前星朗照少海澄波皇上樂有斥與折檻之臣臣樂有從繩轉圜之主黔黎蒼赤共慶大聖人之作爲而懽忻鼓舞薄海內外若登春臺而遊華胥漢臣所謂心和則氣和而天地之氣且以和應之者端在今日矣語云身有醜夢不勝正行國有妖祥不勝善政又何彗星之足虞云某雖小臣顧繆贊三禮願攄一得事計實關乎國本煩瑣敢冒乎宸聽伏惟聖明俯察臣等不勝隕越待命之至

題覆改正建文年號疏　袁一驥

題爲累朝闕典究竟難湮懇乞聖明及時修舉以成祖德以光正史事儀制清吏司案呈奉本部送内府鈔出禮科給事中楊天民題前事奉聖旨禮部知道欽此欽遵鈔出到部送司案呈看得有一代之君則有一代君臨之位號作史者紀其行事之蹟以昭當年之實錄故事欲其核也名欲其眞也凡以彰往垂後昭示乎百千萬禩也自春秋有編年之義明歲時而嚴統系而史家相仍卒莫之易雖興亡隆替代有轉移而因革予奪不得以好惡增損其間者恭惟我太祖開基列聖肇統駿烈鴻猷彪炳史册不可勝紀乃建文年號之革除中外人心終有疑而未安者前

此編摩未有定期修復尚疑有待方今開局纂編大輯國史以傳信萬世則乘訛而襲舛也其自今日修廢而舉墜也亦自今日該科懲前慮後特爲陳請不惟典禮有關而於國是良有裨者臣等備員史局蓋亦常有慨於當日之事矣先是太祖高皇帝在位懿文太子薨逝至洪武三十一年太孫嗣位改元建文御宇凡有四載暨成祖文皇帝以靖難登極遂削去其年號而高廟實錄於是有三十五年之稱夫既已南面臨朝薄海內外奉有正朔矣一旦革除之無乃非所以示信於天下乎論者以爲一時宣力歸命諸臣或自矜功伐或自生嫌忌遂多曲爲之諱實非我

成祖文皇帝奉天靖難之本心而要之臣等之在今日亦未敢深論也惟是前代更朝易位非一見矣未有并其年號革除之者革除年號自本朝始豈謂我成祖再造之績以革除顯我皇上繼述之大孝亦必以革除而後可闡揚先志乎臣等竊以爲不然也自古聞有革命矣不聞革年者故餘分閏位猶得相仍稽古者有所攷焉當建文繼緒孰不知吾君之有孫而紀年頒朔海內鮮不奉行特緣輔佐非人以致發難藏釁旋知天命有歸即遜位出亡似與違天而昧時者有間乃遽令泯泯無聞似於理有未順夫謂革除云者不過欲使後人之不復知有建文耳今歷年

二百歷世十葉朝野靡不知有建文君也即今日之聞見已不可塗而何況於後世竊意天下萬世自有耳目稗官野史各有紀載而欲以建文之歷數作洪武之編年於勢亦有不能且天下者太祖之天下我皇上之天下也以太祖而視後則成祖建文等子孫耳以我皇上而視前則太祖成祖均祖宗也太祖之天下挈而授之建文所以昭立嫡之大義旋而歸之成祖益彰撥亂之宏功太祖亦何擇於若子若孫哉即今以不革除恐非成祖繼體之心獨不念必革除或非太祖貽謀之意乎祖孫一脈血氣原自周流而因此廢彼宗誼之謂何此於情亦容有未愜者況乎

師曰靖難兵非無名有順天應人之機無更朝易肆之舉成祖之嗣服也以戡亂建文之出亡也以遜國其名正其言順何嫌何疑無可避諱蓋事有跡異而道同者正無假掩飾以起後世紛紛之疑此蓋揆之於事亦似有不必爾者夫於理於勢於事於情皆可無革除而革除之年號沿襲未復則以因循苟且之意多而觸忌冒嫌之心重耳然臣等復因是攷之我太祖之定天下也他務未遑而首命儒臣纂修元史且追謚元主以順帝稱之我成祖即位之初猶稱建文爲少帝而一時在位諸臣尚有不念舊惡之旨至於我皇上登極一詔內開革除被罪諸臣令各地方

有司祀於其鄉其墳墓苗裔倘有存者仍厚加恤錄而萬
歷十六年允本部題覆國子監司業王祖嫡之奏特復景
皇帝實錄候纂修改正仰見我二祖正大光明之業等於
天地而我皇上淵宏允塞之心同符二祖也夫元史可修
奈何失其實於當代勝國之主可諡奈何削其號於本朝
景泰之位號可改奈何靳其名於建文一時死事之臣尚
可褒恤奈何遺棄其君而令湮沒於百世之後由斯以談
恐非太祖之心非我皇上之心即成祖之心亦有不自安
者矣方今聖明在上善繼善述表揚祖功宗德以彰大孝
臣等亦不敢妄生意見別議更張而建文位號在當年原

無降削之文及此纂修之時特命秉史局者於高廟實錄
之中摘洪武三十二年以逮三十五年遺事復稱建文元
年二年三年四年以存其年號仍修輯爲本紀示不泯没
則成祖靖難之烈固奕世有光而建文在位之績亦千秋
可信爾幽魂於九原昭大義於天下其裨益國體而增光
聖德非尠少者伏候聖明裁定

參稅監疏　袁一驥

題爲稅監流毒激變殺傷民命燒毁民居劫制要挾顯謀
叛亂事近皇上大沛德意稅減三分之一海内百姓莫不
歡忻鼓舞改重就輕以俟工完盡撤大小臣工亦莫不仰
頌聖德爲閭閻稱慶獨貪惡稅監高寀謂減稅即減其督
稅之利恩減則漸致罷稅之機恐不久撤回而并日漁獵
岌岌若狂又以粤人知寀荼毒於閩惟恐其入而戒嚴擯
斥懼不敢往坐失一方厚利而思專取盈於入閩者囊括
無遺故私派一切行戶金行取紫金七百餘兩珠行取走
盤大珠五十餘顆寶石行取青紅酒黃如寀疏進之一稱
價値二千六十兩者五十餘塊鹽商每引勒入銀二錢歲
得銀萬兩其他如紬緞舖戶百家編定輪日供應日取數
以百計而打造通倭雙桅海船二隻竹木油鐵各舖行取
料二千餘兩置辦通倭禁物如番段龍鳳紅袍建鐵刀胚

硝磺鉛錫氊單湖絲價數十萬金出入陳兵家丁三百餘
人賓客謀士及歌童舞女百人飲食水陸珍奇及一應米
菜酒菓盡取商店日用五十餘金各項輕重物價非惟分
毫不給而又聽隨棍魏天爵朱大等撥置設立看驗使用
寀受其獻而各棍人人取足民有百金之産者編派無遺
擒拿拷逼死於殘虐之下非投水即自縊冤號動天赴臣
與按臣泣訴者日以百計民情洶洶皆甘心以命與寀博
而臣等慮寀爲揚榮之續寀不足惜而國體之傷當惜每
善諭百姓猶如防川惟恐一旦決裂而不能救隨出牌禁
諭乃寀稔惡彌甚於四月十一日怒各行哀求稍給詆以

報名照册給散誘入稅府大門內麾兵持刀亂砍殺傷潘六蔡廷機等數命餘各驚散又恨逼近稅府民家居停鋪戶而及暮射火將三十餘戶無辜蕩燬一時萬姓不謀而合裂眦切齒欲得寀而食其肉乃不思招安退衆蔫於十二日率領家兵二百餘人藏甲懷刃乘臣以國喪撤衛屏從之時假以謁見爲名坐間突出匕首隨招各兇露刃劫臣諭衆使退復押副使李思誠僉事呂純如都司趙庭張鶴翀要盟而始釋臣情形若此其爲叛亂豈待智者而後知哉寀以貪殘兇惡之性日糜爛其民故民樂與偕亡而惟脅臣以倖緩萬死有餘辜之死是陛下責臣以保民而

寀欲臣保其惡以殺民也往者陛下惡高淮陳奉之流害而召回不鎖寀自以罪過二豎難逃皇上疾惡之誅故營閩粤爲窟而造船通倭置造軍器包藏異志皇上治之緩則首鼠急則負固跡其無君之心自大行慈聖皇太后升遐臣民無不縞素罷宴獨寀藉口詔書未到而張樂演戲沉湎如故大逆不忠由來漸矣且民因臣之被脅而暫解以舒臣其積怨深怒已成燎原之勢非臣之所能家喻戶解若皇上不速召寀顯戮以謝天下使寀小而如楊榮與民俱付烈焰禍猶止在地方大而爲尉佗結倭外援操戈叛逆則禍在社稷矣若臣之見辱於刑餘又何足道哉事

關省會大變目擊身受敢據實具聞伏乞皇上大奮乾斷早賜施行海邦幸甚臣不勝激切待命之至

縷訴民隱疏　李應昇

臣觀今之議者但知急財用而不暇急民生但知憂邊疆而不知憂內地方加派之始在在重額取盈即不毛之土求損絲毫司農慳不肯應及斂急民貧賊乘其隙川黔滇齊相繼告變所在題留分給捐天下之半而又益以太倉之轉輸皇皇焉應之恐後然後知人心一去所得之不償所失也今四海之中稍留甯宇以供數百萬軍儲者九鼎一絲全在東南半壁向使東南有事即欲問轉漕之粟豈

可得哉故今日安天下之大機括莫如恤內地之民生民生之憔悴極矣言興利而利未必可與不如且與之除害徭役繁重奸胥欺隱一害也長吏貪殘酷罰重耗二害也通家窩訪株連誣陷三害也馬戶河夫破家蕩產四害也盜賊充斥邪教勾連五害也拋荒虛糧賠丁圖欠六害也里甲修理糧長鋪辦七害也俗吏妨農非時勾比八害也白役下鄉乘船騎馬九害也勢力投占私債侵奪十害也又有五反國家設預備倉以爲民今僉糧里買穀以厲民而該部至欲括取平糴之半則郡國何以備水旱乎一反也祖制立保甲以弭盜今立汛地捕役以誨盜而議者倘

申鄉兵召募之說則耒耜不盡化斬木乎二反也侵欺拖獄而扳指平民以完贓預放工食而搜徵民欠以抵解三反也懲貪無法而轉以王官進其階察吏怙終而仍子州縣肆其毒四反也詔書停格而丞尉硃票如飛訟師橫行而南院十詞九准五反也臣聞之養馬者去其害馬此數者不去則民生之憔悴無有已時伏乞敕下該部通行撫按應禁革者禁革應清理者清理毋使貪墨長氣塌冗拖時而貧民嗷嗷日在水火以傷皇上平明之治若夫加派之害勢未能去者臣不敢言而又有灼然宜去者莫如積欠併徵之害今夫人日有百斤之擔疾病不支委積數日

一旦舉而併肩之則立見其仆民方剜肉醫瘡完天啟見徵之不暇而能完萬歷年間之舊欠乎該部明知無益姑免參罰然朝廷既未蠲除人戶日見追擾州縣猾吏喜於誅求營幹司府糧房一紙行催即紛然出示僉差每牌賣錢數貫虎狠四出雞豚一空公家未獲絲毫胥役之腹已飽故蘇軾謂積欠之民爲縣胥食邑戶哀怨之氣上通於天大江南北連省通圻所在以地震告盜賊既作水旱隨之倘復有徐鴻儒葉朗生史八舍陳鼎相之徒一呼而起實可寒心皇上試思前項舊欠與其空掛虛名民不見德年年搭帳終無完期何如下數行之詔明示蠲免以感格

天意收拾人心有不鼓舞終事以輸見徵者臣不信也所謂捐虛名而收實利者無過於此又近見吏部申飭考察署官不許徵糧可謂曲體民瘼第計吏往還少亦四月察處留部銓補更遲且三冬收穫之際貧民亦可奉公轉盼春夏之交荒月詎能應手今四海多事議可從權不如查州縣正官官評無玷俸未及期者悉留免覲早與題明免其數月之前營營於行李餽遺之費既可資地方之撫循亦可省長安之書帕豈非安民生之切務哉臣愚目擊民困憂心如焚輒敢摭拾以告惟聖明采擇實見施行不以猥瑣棄之民生幸甚

救萬燝疏　李應昇

臣聞唐魏徵對太宗有言願陛下俾臣爲良臣毋爲忠臣良臣稷契咎陶也忠臣龍逢比干也稷契咎陶荷美名而君都顯號龍逢比干嬰殊禍而喪國夷家唐宗魏徵可謂君臣相遇千載一時矣三復其言猶有餘痛皇上御極四載寬仁恭惠覃被臣工人人仰聖明天子近者盈廷請劍憑社難薰孤憤銷沈三光黯蝕原任工部郎中萬燝以陵工補牘遂觸震威然恭誦明旨一則曰從輕一則曰爲民仰見皇上聖明以爲燝之罪不至死杖亦必不至死意燝生出國門編氓原籍長爲皇上太平之民也而燝今死矣

未報國恩先塡溝壑六尺之孤繞膝八旬之母倚閭旅櫬無歸遊魂戀闕臣僚飲泣道路咨嗟然無不共諒非出於皇上之心也彼時羣璫橫擊血亂神飛監杖張威傷痕甚重兼以倒拖逆拽蹴踏摧殘種種不支故至於此而令皇上損好生之德負殺諫臣之名臣故不暇爲萬㷀冤而深爲皇上冤也且天下士大夫所以激昂奮發不能自已者獨念祖宗養士二百餘年禍在蕭牆且在旦夕故懷忠仗義感恩圖報耳而一言觸忤褫辱身死豈所以作忠而勸士哉夫緘口以待遷厚利也危言以招戮實禍也身死而天下悲其忠虛名也舍榮妻子肥身家之計而削影編戶

取侮於鄉里小兒區區博此虛名飢不可食寒不可衣將焉用之況乎傷殘父母之遺體備諸楚毒以從龍逢比干於九原此魏徵所以不願爲忠臣也懸之以必死之法而求批鱗折檻之風雖賢者猶或難之若曰吾不用直言而可以致治則是剖心不亡腹誹不滅而惟言莫違孔子不以爲一言喪邦矣臣切願我皇上惻然興思瞿然動念也皇上元首也臣子其腹心手足也人非奴隸法非訊囚罪非死刑命非草芥廷杖重典殊失士心動杖一百尢不經見且以杖輕之故杖行刑之人是必欲衞士畏威立斃朝士於杖下而後快心也爲左右計則得矣聖心何以自白

聖德豈不重傷耶直俟天心悔悟平旦興憐死者不可復生傷者不可復續而後問罪左右䘏死錄孤嗟何及矣昨禁地失火天譴甚明心火蘊隆於下精祲感盪於上御史之杖血方腥而祝融之烈焰旋作董仲舒曰罪在外者災外罪在內者災內可謂深切著明矣伏冀皇上因建言之死覺借威者之非優容言官喜怒中節無致積威所劫人與遜思天怒而莫之敢告人怨而莫之敢言而皇上眞孤立於上也

劾魏忠賢疏　　李應昇

奏爲罪璫巧於護身明主不宜分過謹直發欺君之罪仰

祈聖斷事昨臣堂官左副都御史楊漣疏參東廠太監魏忠賢二十四大罪此非漣一人之私言通國之公言也通國之人畏忠賢甚於畏皇上故切齒不平搖手相戒漣獨冒死危論感悟聖心謂宜大奮乾剛立加斥逐以正其竊弄威福之辜忠賢亦應束手待罪以謝天下忠臣義士之口乃一疏乞憐溫旨先下羽翼四布謬曰孤臣恣睢無忌謬云忠赤不知誰爲代草以欺皇上者皇上因其不辨轉謂小心夫忠賢非不欲辯也千眞萬眞無可辯也千罪萬罪又不勝辯也忠賢不能自辯而皇上反代爲之辯則中旨眞可聽其僞傳乎閣臣眞可聽其援立乎外廷眞可聽

其交通乎老臣眞可聽其驅逐乎直臣眞可聽其禁錮乎生殺眞可聽其自操乎爵祿眞可聽其掌握乎奸細眞可聽其深藏乎兵柄眞可聽其在手乎出入眞可聽其僭擬乘輿乎臣知我皇上英明天縱此必非皇上之意也皇上特念舊勞不欲遽加顯斥而忠賢但招謗議動輒誘說親裁昨聞參疏到閤依然傳擬而明旨諄諄遂一一爲忠賢任過夫忠賢何敢欺皇上至此乎且既云任事過直矣事則忠賢任之而名則皇上受之忠赤者固如此乎臣嘗觀從來小人之禍其始莫不有小忠小信以固結其主之心根株既深辣手乃露故夫不遽爲王振劉瑾者乃其深於

爲王振劉瑾者也今皇上曲賜包荒明示寬大姑念其犬馬而反以蓄豺狼厚益其醇醲而輕於疎藥石譬之士庶之家有紀綱之僕日竊其主之財力以恣睢斂怨而日事左右之彌縫一旦有人焉盡告其事於主人不免念其奔走姑與優容然主雖不言而僕固已疑矣疑則思自全之計急則作走險之謀蕭牆之間豈無深患故忠賢不去則皇上不安而今日被論之忠賢不去則皇上愈不安臣爲皇上計莫如聽忠賢之引退以全其命而解其燭影之疑即爲忠賢計亦莫如早自引決以釋中外之疑而乞帷蓋之賜不然皇上日爲忠賢作江海之流而忠賢日以其身供鳴鏑之射縱多方藉口百計防川鬼神忌盈物惡其上九廟之靈將必殛之況於忠臣義士請尚方之劍者哉嗟乎君側不清焉用彼相一時之爵位有盡千秋之青史難欺不欲爲劉健謝遷者并不能爲李東陽倘畫策投歡不幾與焦芳同傳耶臣忝列言官不敢作寒蟬仗馬恃有聖明之鑒觸犯兇鋒死無所恨

劾崔呈秀疏代高攀龍作　　李應昇

臣惟御史回道考察憲綱至嚴也列聖之明旨皇上之申飭不爲不諄復鄭重遍復節經前後諸臣申明憲紀振飭臺綱一時賢者頗稱濟濟乃不意有侵視憲規恣行無忌者如巡按淮揚等處御史崔呈秀可異焉皇上不以臣爲

不肖使長西臺豈非欲其是則是非則非無所媕阿隱默乎臣初入院適見兩御史回道一爲江西巡按謝文錦一爲崔呈秀臣心訝曰異哉兩御史一時回道一至清一至濁清濁較然臣不別白爲皇上明言之是不忠之大者也即發河南道考核無何該御史袁化中以所考核謝文錦者至臣即以稱職考察奉聖旨謝文錦著回道管事欽此越二旬而袁化中始以所考核崔呈秀者至化中蓋有難於言者矣臣於去年奉差而出今年復命而入往來淮揚間所見淮揚士民無不謂自來巡方御史未嘗有如呈秀

之貪汙者強盜地方大害也每名得賄三十金輒放訪犯地方大害也得賄千金輒放不肖有司應劾者多以賄無不薦應薦者多以賄薦各御史出巡每有節省公費助國用者呈秀到處透支至一萬四千兩各縣賠補不勝其苦彰彰於地方耳目不可得而掩也至於舉核失眞貪酷漏網則有兩淮運司同知譚天相在是呈秀所薦也呈秀甫離地方而按臣劉大受且臚列其贓私以入告矣則有霍邱知縣鄭延祚在是呈秀所薦也吏科都給事中魏大中且發其餽遺奉聖旨提問矣是賄而薦之實證也臣嘗竊歎人臣之負國實自負也受國家寵榮若何而所爲者不

務於可榮皆流於至辱御史巡方寵榮極矣如呈秀者辱身辱國何如哉臣聞其知譚天相之貪欲論劾也天相稔知其易與奉之以千金求免劾而卒免天相益稔知其易與也又奉之以千金求薦而卒薦則是搖山撼岳之威祇供其禦貨攫金之用而墦間壟斷之賤且冒居觸奸指佞之官臣故謂其至辱所當重處以一洗巡方之辱也伏祈

皇上速賜敕下吏部議覆施行

劾魏廣微疏　　李應昇

臣聞分莫嚴於君臣禮莫重於朝祭罪莫大於不敬此三者盡人而知之也大臣有罪席藁以待台諫執白簡隨其後其誅之則國之法也其赦之則君之仁也未有驕蹇不恭於前恣睢無忌於後如大學士魏廣微者方其偃仰高臥不拜正朔迨至日中祭畢然後闖入廟門科臣以無禮糾之所謂自作之孽於人何尤哉皇上至仁旣已赦置不問而姑以敬愼二字示金錢愧心之義廣微杜門省愆亦應咋舌愧死而不意其因禮科諸臣之言悻悻托疾猖狂叫號若撫劍疾視以恐嚇諸臣而關其舌者臣不知廣微品足以服天下乎才足以匡社稷乎抑軍旅之勞足以勒鼎彝乎三者無一焉所翹然自負者不過曰罪止失儀云耳夫行禮差錯始謂失儀謹按大明律失誤朝賀者笞四

十祭享失誤者杖一百廣微宜何居焉可靦然復入中書之堂乎而一則曰違時再則曰違時臣聞孔子曰事君盡禮人以爲諂雖違衆吾從下孔子之違時者如此豈廣微之慢上無禮者爲是而時之戴星鵠立奉璋駿奔者反爲非乎國家設言官稱耳目近臣言及乘輿則天子改容事關廊廟則宰相待罪廣微之父嘗爲言官公正發憤得罪閹臣以去聲施至今廣微獨不念乎奈何比之路馬庳之此輩夫不與此輩爲伍者必另有一輩作緣方今聖天子在上賢公卿在下廣微必有疚心之事淸夜抱慙微見指摘輒自張皇若十手十目之暴其隱也最可駭者身爲宰

相固已位極人臣猶怏怏以不得好官爲恨奚忍更有他
念而公然出此語以告之皇上是尚有人心尚有人臣禮
乎伏乞皇上戒諭廣微繹敬愼之旨安臣子之分退讀父
書保其家聲毋徇三窟與言官爲難庶上可以對聖明下
可以對士大夫而異日亦可以見乃父於地下也

題爲以杜憑狐以昭皇仁疏　張有譽

竊照白糧一役江東赤子茹苦解賠十室九盡屬幸聖明
正位南服首沛改折蠲費之綸澤國小民出離湯火慶若
更生乃臣部因覩米已登舟船多輻輳議十七年仍收本
色各船銜尾報到踴躍樂輸但北運初改南庾諸事俱當

剏始一切鋪墊使費茫無定例恐啟紛紜謹將崇禎二年
頒豎榜文繕寫呈奏仰懇皇上申飭草疏甫畢而宜興縣
解戶吳宗艮連黃學等以酷殺糧解衆口號冤叩天轉疏
定變上祂國法下償民命事見告矣內稱宜興縣白糧解
戶共五十三名舊例必於五十三名中闔出二名謂之批
頭自開幫後承管沿途衙門投批掛號之事一到京後各
糧解自行領批分泒投納與批頭無干至於供用庫米必
待戶部發出單數然後照數交進內府以憑按單稽察如
有掛欠卽咨戶部發司徵比此二百七十年來相沿一定
之法從未聞內府有自行拿人者也豈遭積棍朱少山串

通京梟袁祥等乘北糧南解之初條敎未飭不待戶部投
批指稱內府牌提將本縣批頭羊復翔郭鎭濬鎖縛私室
拷掠備楚先要贄見銀三百兩供用庫米每石勒要加耗
四斗鋪墊銀六錢五分未飽狼貪竟遭虎噬七月初一日
將批頭二人捉解內府每人痛責三十五板不知少山等
弄何手腳作何言語致無干批頭遭此慘毒仍蒙押出鎖
追應解供用庫糧戶共二十六名每名湊銀三兩面同周
伯達李乾之跪付任掌班手猶以爲少蜂屯梟逞隨擒復
翔百四痛捶傷重嘔血至初八日身死鎭濬一綫尙在奄
奄泣思復翔雖係批頭實係光祿寺解戶傷重下手少山

等固應抵償而錢糧干係人死何以著落糧解各有身家
國輸往役赴義皇上猶蒙矜恤此輩何敢草菅復翔一死
二十五縣人人寒心伏乞轉疏上聞等情臣讀畢不勝錯
愕皇上處黃屋之尊知畎野之苦登寶而卽廑念五郡糧
解之疲於奔命近見監臣白糧鱗集一疏請定漕運議單
規則可見內府諸臣各自砥礪何嘗不仰體皇仁下恤民
隱而不虞宵小成羣借名影騙如朱少山袁祥等之奸狡
百出也斃一羊復翔而江南之解戶寒心詐一郭鎭濬而
五府之糧役重足將來惟所欲爲何事不有人人有破產
之慮家家懷身命之憂傷天地之太和壅朝廷之德意莫

甚於此若不大加懲創流禍不可勝言伏乞皇上敕下法司嚴提朱少山袁祥等按法究罪庶以後保歇稍知忌憚監臣不至代此輩蒙謗而皇上矜恤小民之仁亦不至壅遏而不行矣大抵監臣深居禁近解戶多係鄉愚是以中外闊絕情隱難通奸棍遂得影借其間作弊生事察北部舊規內府倉庫各有巡視科道調劑彈壓能使上之德意下究下之民隱上聞雖有刁民猾棍無所容奸其法最善伏乞速敕都察院戶科照例題定一員凡內收受錢糧必須關會科道如有解戶奸頑掛欠者聽內府移會科道究治監臣勿自行一票勿輕差一人倘有保識借端挾詐者

科道官立治以法庶解戶不至裹足而江南一路世世頌皇仁於無旣矣

請設官防江疏　　戚勳

奏爲重地不可一日無官江防萬難稍緩乞先急務以杜內患事切惟南畿緊要之處外莫如河內莫如江而江之散漫又係乎海之吐納者尤莫如江陰一縣所謂金陵之鎖鑰也我太祖高皇帝會命吳良吳楨鎮守茲土嗣後設立常鎮兵備道當一巨帥而海防同知又分司於此其太平時爲江陰慮亦已詳悉若是矣況值國家多事寇賊頻興之際乎則不可一日無官一時稍怠也夫誰不知之臣目擊去年有海賊百餘艘嘯聚中流今歲復有水兵千餘人刼掠海口所幸陛下登寶以來旺氣日鍾江氛稍息然賊情叵測未雨綢繆正不可以稍安而忽之也計及此方宜添設官員以防險要而孰意近日者常鎮兵備反移駐鎮江矣海防同知又丁艱回籍矣江陰知縣離任吏非朝夕矣喫緊之地無一印官萬一江盜竊聞橫行海寇乘虛坌集將何以禦之且目今年歲凶荒人民窘迫漕白二糧亦宜蚤爲經理則海防與知縣兩官斷斷不容頃刻再遲者也臣身在帝京慮無時不在江上矧今奉差入闈辭闕登程若此刻刻關心之事敢曰臣無言責而不爲皇上激

切陳之與伏望速點兩官嚴守重地使巖邑無不戒之憂則東南半壁亨磐石之安臣在要荒亦遙睹太平景象矣

題爲仰體好生之聖心以廣皇仁疏　　國朝　朱廷鋐

竊臣辦事衙門伏見

本朝慎重民命凡法司啟奏事件無不上塵

宸衷苟有可疑必邀矜恤卽情罪允當絕無疑竇之案往往分別首從

特恩免死至充發人犯自十月至正月以及六月又有停其發遣之

上諭此誠如天之仁古聖王之解網泣罪不是過也乃臣見充發烏喇等處人犯例必先發五城枷號兩月滿日呈放仍責四十板然後自京發遣臣思此輩多五方之人絕少親故當其枷號通衢之日寒冬雪裹酷暑日中束身延頸向行路之人呼號乞食已極飢餓困苦及至限滿又復挺受官扑卽甚强梁亦應狼狽以此血肉淋漓之身扭鐐拘押長途遠征情尤可憫雖其押遣之期已蒙
皇仁軫念得免於嚴寒酷暑之中而其枷號板責則寒暑均在不免期年以來此輩之僵仆街衢塡委溝壑者正復不少臣仰思

皇上好生之心旣欲於萬死之中與以一生之路必不忍其痛創垂斃顚連道途也伏查定例凡犯死罪免死減等軍流人犯以及雜犯死罪准徒暨各項犯該徒者其應杖折責之數均以到配所板責臣請將烏喇等處人犯枷號板責之處比照內地軍流徒犯之例一體於到配所之日由該鎭守將軍枷號板責咨部報查庶例行畫一而於
特恩免死寒暑停遣之
聖心始終得遂亦推廣皇心之一端也如果臣言可採伏乞敕部議覆施行

綏定苗疆疏　　楊名時

竊惟馭夷之道貴在羈縻服貳之方務彰誠信止戈所以爲武惟德足以感人從未有怨毒猜嫌而能長久安帖者查貴州接壤苗疆地方生苗在南漢人在北而熟苗居其中間與內地犬牙相錯爲漢人傭工僱值彼此相安其來已久若生苗則盤踞深山密箐之中足跡不入內地且有熟苗以爲捍禦時以官兵威力相恐喝故生苗亦絕不萌窺伺之想自開拓苗疆之計行於是生苗地界爲官兵所駐剳漸次踞其土地干戈日尋而生苗始不得安其所官兵駐剳之地山高路阻水泉不通食貨百無一產軍糧運至山下官兵接運上山尙有二三十里之遠勞苦驚惶妻

孥隔絕而官兵亦不得安其所百姓改折色爲本色少給腳價責令運送軍糧費用加倍終年不息且每被抄劫而百姓益不得安其所至於熟苗之苦累更有數倍於兵民者無事時則供輓運力役用兵時則爲嚮導前驅軍民待之如奴隸生苗疾之若寇讐官兵勝則生苗乘閒抄殺以泄忿生苗勝而官兵又混行屠戮以冒功此熟苗之所以愈不得安其所也竊念開拓苗疆本欲登斯民於衽席而竟致官兵百姓生熟苗人人人有赴湯蹈火之慘有識者已決其有不靖之勢矣至速禍而激變約有兩端苗疆本未安謐而地方官遽言人盡抒誠請加賞賜生苗得賞者

十之二三而不得賞者十居七八貪心不遂已生叛心加以熟苗勞重累深全無賞賚愈增怨忿因而勾結生苗以作亂至於不可禁禦又從前開疆拓地止及古州淸江等處而台拱地方猶在化外自有司迎合邀功輒云台拱苗人願獻其地以爲官兵安營立汛之所上官不察竟議駐兵而台拱生苗遂將官兵圍困經兩次遣兵救援悉皆全軍覆沒後至生熟苗人合併因而侵軼內地往時內地防駐之兵皆以開拓苗疆之故大半移駐苗疆而內地反致兵單汛弱苗人如入空虛之境兼以道路險易爲熟苗所深悉無處不被蹂躪間有就撫熟苗又被武臣慘戮甚至

責其妻女以入私橐其脫逃者歸告徒黨賊志益堅人懷必死多手刃妻女然後抗拒官兵以致鋒不可當敗衄屢告百姓流離死徙不可勝計此皆無罪平民我
國家百餘年來休養而生息之者也目下黔省大臣奏報度必以苗人殄滅幾盡難民復業過半苗疆不日底定爲辭然以臣計之蓋有未可全信者從來用兵之計不過曰剿與撫而已今欲剿則夷方山勢陡絕鳥道僅通一線一夫據之百人不敢過即有時乘其不備奪險而進而苗人本無屯積相率滾箐而走官兵熟視其去莫可誰何凡飛報大捷多屬此類此剿之所以難也若欲撫之則苗人積怨已深上幾番受詐俱懷疑懼加以有險可恃非當萬不得已之時恐不肯輕就籠絡此撫之所以難也爲今日計唯有下愷切之
詔布寬大之
恩棄苗疆而不取將重兵還駐內地修築城垣於要害處所增立壁壘屹立互峙碁布星羅俾民有可依兵有可守賊來則互相應援協力擒捕賊去則分兵撲滅勿事窮追再懸賞格以購渠魁而脅從罔治有能擒縛首惡投誠及所犯本輕而率衆歸順或鄰近苗人奮勇殺賊驗明首功者皆給與土官世襲分管其地一面加意撫綏熟苗勿使爲生

苗所劫掠爲官兵所欺凌如此調劑生苗得所棲托熟苗又苟生全自當俛首帖心抒誠向化若因循修飾臣恐兵端不能遽息靡餉勞民終非柔遠安邊之善策也

請增定解額疏　楊名時

竊念科場爲士子進身之階所定解額必酌人文之多寡地方之遠近使衆材一無遺棄遠方爭自濯磨然後足以昭龥俊作人之雅化臣生長江南幸厠科目嘗
聖祖仁皇帝簡任順天學政
特差典試陝西近蒙我
皇上加銜秩宗兼掌成均造士之任熟悉順天及江南陜西三

處鄉試解額有應行變通增益者分析爲我
皇上陳之
一順天鄉試宜增設中皿字號也查科場條例天下貢監生在京應鄉試者奉天直隷山東河南山西陝西編北皿字號江南浙江江西湖廣福建廣東雲南貴州四川廣西編南皿字號各取中舉人三十六名歷科以來雲南貴州四川廣西不聞有在京應試之人至雍正八年天下選拔貢生入監肄業是以雍正十年四省貢生應順天鄉試者有二十五人照例編南皿字號公同考取緣邊方士子其文藝不能與江浙諸大省相頡頏所以

榜發並無得中式者臣思四省貢生雖生長邊方學業淺薄然既係選拔自屬本省秀出之才若在本省應試自可易於取中今因入監肄業不能回籍應試以致與文盛之區絜長較短相形見絀恐阻將來就學觀光之志臣查歷科南北貢監在京應鄉試者約十五名內外取中一名再查會試五經有分南卷北卷中卷之例臣請嗣後雲貴川廣四省貢監入北闈者照會試五經分南北中之例於定額三十六名之外另編中皿字號約十五名取中一名庶邊方入監士子俱有科名之望益遜敏於辟雍鐘鼓間矣抑臣更有請者今歲恭逢我
皇上御極初載興學右文又值六年一選拔之期海內貢監雲集京師秋闈皿卷實較往時加倍有餘可否於開科廣額之外再增額數以示譽髦無斁之
盛心教思無窮之
聖澤
特恩出自
上裁
一江安兩省鄉試已議分校分中所定解額宜各照大省中省之例也查江安兩省合闈考試卷數極多美不勝收校閱難遍每致佳文被落現掌我

皇上准科臣汪榑所請多點考官分校分中酌增額數在案惟是兩省實有不可一概論者蓋江南人文固甲於天下而下江應試士子尤多於上江查上江八府五州惟安慶徽州寧國三府人材最盛應試最多其餘各府州屬赴省闈者較少若下江則每府應試諸生多至二千少者亦以千計所以每逢鄉試上下江分棚點名必將下江所屬之江寧徐州等府通泰等州考生附入上江棚內點進而下江止點蘇州松江常州鎮江淮安揚州六府然後兩棚點名人數適均至歷科鄉榜中式下江居十分之七上江居十分之三率以爲常即如丙辰會試

欽定江南中式三十八名下江得三十一名上江止得七名至
續中七名下江又得五名上江止得二名非必文有優
劣實緣人有多寡也今若照湖南湖北之例分定額數
下江不過五十名卽有加增亦不能如歷科中式之數
則佳文之限於額而被落者必更甚於從前矣伏念下
江八府三州輸將貢賦不特數倍他省而亦倍於上江
其應試之士實較浙閩江西全省而加衆今以分中之
故至不得與雲南等省解額相埒似不足以鼓勵人才
至上江應試諸生雖少於下江亦多傑出之彥迥非小
省可比又不便少定額數合無仰懇

皇上天恩念上下兩江俱係人文淵藪而下江尤盛准將下江
解額照浙閩江西等省之例定爲大省上江解額照山
陝河南之例定爲中省雖增額頗多然猶百有餘卷始
中一名見售尚難於他省伏祈
聖明睿鑒
一陝甘鄉試聿丁字號宜酌增額數也臣查陝甘額中六
十七名內有聿丁兩字號額中三名聿字係甘肅一帶
丁字係寧夏一帶從前所以另編字號者緣地當極邊
國初時應試人少是以定中三名以示鼓舞遠人之意迨聲
教日闡人文漸盛轉致爲額所限見遺者多臣前典試
秦中細閱聿丁二號試卷四百有餘儘有佳文隨具
題多中一名而可中者尚有數卷終限於額今查丙辰科會
試陝甘中式十有二名而聿丁字號且居其三可見邊
地文風進而日上若省闈仍前取中三名則鄉試中式
之額與會試中式之數相等似於事例亦未允協伏乞
皇上准將聿丁字號於格外量增數名庶極邊士子均沐
甄陶於無旣矣
以上三條是否有當伏乞
皇上睿鑒裁奪施行按疏上於乾隆元年部議順天鄉試之雲貴四川廣西四省應編中皿字號約十五名取中一名如零數過半加中一名下江照中省之二等中七十二名上江照小省之二等中四十八名共增

額二十一名其陝西之聿丁二字號各中二名覆奏奉旨均於本年鄉試舉行

議

應求言議五條　明　黃傅

一定田則以杜弊源查得本縣民田科則不過四等官田
科則節級繁多自五升一合以至四斗一升七合一勺
凡一百八十七等噫亦太甚矣鄉里小民家不蓄制令
眼不覩版籍里書告之曰汝田若干起科則惟命之從
耳豈惟小民雖大家富人亦不免之豈惟富人雖達官
老吏亦未盡究知也立法務明且易猶病民不能守況
從而艱深之乎嘗訪諸父老以謂厥初籍沒之時以地

有肥磽租有厚薄故因而襲之家殊而人異也竊以爲官田民田均王土也民田與天下公之故賦輕輕者既有一定之則矣官田則王者私之故賦重重者獨不可爲一定之則乎何爲是紛紛細計也夫以民田之科則明白簡易較如畫一彼里書者猶舞以爲姦况爲是紛紛以助之乎是授盜階梯而開賊門路也爲今計者必得大臣列而奏之朝下有司議更爲齊一之法志在富國則偏而概重之志在富民則偏而概輕之志在二者之間則偏而中制之務使斯民無智愚賢不肖莫不家喻而戶曉則里書不得肆其姦而弊源少塞矣

一薄賦斂以舒民困查得本縣原有坐派銀布每銀一兩准米四石每布一疋准米一石俱令全派官田有餘乃派民田一向遵行年久不變近蒙上司行令俱徵本色易銀起解然每米二石上下已够易銀一兩積出多數俱作餘米堆貯紅腐化爲塵泥取之民者盡錙銖而輸之國者不加毫末上下不覩其利也倘得仍復舊制派與折色則征歛輕而民困少舒矣

一均徭役以服民心照得軍匠等家例不分籍丁田之數動累十百然實零星分散有鬻柴賣菜以度活者有假居乞食以求生者民人戶籍聽其剖析同胞共爨瓦裂瓜分名雖單丁而實童僕數十田雖數畝而實貲累千金審編徭役之時止據丁田之數以致輕重倒施難易位民人談笑而集事軍匠破產而不支一二有司察知其弊稍欲上下其手足以求趨歸於平則姦民執以造詞上司准其妄訴變亂紛更而患益以滋矣又官民田地起科不同則點當差徭亦宜有異爲今計者必得大臣深燭而長慮之或言之朝或斷於心降頒規條示下明法或使官田與民田得以中半相當軍匠與民戶得以四六折算則徭役均而民心服矣

一遵律法以禁姦回伏覩我太祖高皇帝折衷歷代之刑

章勒成一朝之典憲至公至明至精至備雖皐陶復起吕侯再生莫可置議於其間也奈何承平既久奉行者漸失其初以致法不勝奸民日滋僞而末流後路將有不可言之弊矣夫贖罪以銅錢減死以三流著之首篇爲書綱領皎如日月有目者所共覩也而今乃贖罪用鈔減死爲徒夫鈔本片楮直錢不過二文四十二貫而贖絞罪是八十四錢而買一命也鬻其園葵數本而足矣徒本傭工一年納銀三兩五年而准死刑是一十五兩而易一生也棄其田榖數畝而足矣奈之何民不樂趨而勤犯乎以故老幼殘疾狡男猾婦動輿誣詞屢搆

大獄挾腐楮爲資本指驛遞爲外家月出而旬入甲去而乙來作起悖亂之風習成兇頑之俗何莫非此故也夫防峻則難踰法嚴則難犯此物之理亦人之情也踰牆之盜累百千而越城者不一二牆卑而城高也溺水死者常比肩而赴火者僅屈指水柔而火烈也愛之乃所以害之威之乃所以全之爲今計者必得大臣建言凡此等類一掃後人變亂之非盡復聖祖制作之舊使贖罪必以錢則金注瓦注情變而趨避審減死必以流則安土重遷愛深而去就難如是將見人心肅然習俗丕變莫不懷刑遠罪而重犯法矣以上因時就俗以支傾補弊塗塞一方之私罅小隙而已非所以措天下於久安長治也久安長治有策焉嘗端居而深求矣

一端本澄源以定萬世太平之業蓋聞治病者必求受病之源理亂者必求致亂之故今天下之病源亂故赫赫在人耳目人不之見而顧惟他求抑亦怪哉譬猶窮鄉鄙人親爲毒蛇猛獸所傷而謂鬼爲吾祟衝冒寒暑食穢與惡以致疾而謂伐庭樹壞垣牆觸遊神而召殃𧴪可笑已有人於此付之百畝之田俄而荒穢之召而詰其故必問其所與爲田者何人𧴪與不𧴪與所以治田者何法善與不善與今天下荒穢獨不問其治之之人與法而徒細碎枝葉之求今日獻一言明日建一策朝行而夕廢旋塞而輒流亦獨何哉天子講學修聖德亞聖大賢爲宰相百司執事皆視其德之大小以爲位之崇卑此固治天下之大本而經緯乎其間者有五事焉請舉其弊而因以見之以書課養人才以文章取士羣聚秀豪子弟置之都會市井之中而以餓饞頓躓一二老生爲之師朝夕相與量柴數米較豐論嗇以從事於屠沽負販之業強者矜其末伎而武斷椎埋以爲俠劣者飾其衣巾而熒惑干索以爲蠹曹居旅游非訕病鄉鄰則譏訶官長而已民之師帥國之柱石社稷之干城

皆於是乎取具此造士之法壞之所致也造士之法未易復而近乎造士者不可不講焉三年賓興塹棘而圍之合數千人付之八九侳侗僝僽之老儒責以半月之光陰而使之較定數萬篇卒遽揑合之文經其品題者遂謂之賢才而畀之以天下國家之事欲其出教化而表風俗奠民居而固邦基深宮九重懸懸望治而輦金闒士盡入私門此選舉之法壞之所致也選舉未易復而近乎選舉者不可不講焉軍國之設凡以爲民親民之官莫如州縣故先王於此乎盡心焉今官以公府爲傳舍民以官司爲過客一介章句之儒握方寸之印肆

然而統古公侯之國孤懸浮寄於百姓之上曾無寸根牛蒂之固是雖引以冉閔翼以游夏且猶不能以濟而又來之以日暮途窮枵腹槁臓之僚屬承之以唇鎗腹劒吻膏牙血之吏胥環之以粘牡蘊火頁匱揭篋之里老分之以市魁屠伯飲羊飾豚之糧耆擁之以紾兄奪食踰牆摟女之隸卒掖之以殺人於貨膾肉餔肝之書算是猶使一夫荷箠而牧數萬之羊而又使五狠窺其前十虎伺其後百狐撓其左千猴擾其右而鬼車雄鳩鵂鶹鴟鵩之朋又羣而噪之雖有出人之才周物之知訶妖禦侮且不暇何以望其從容所事以盡其職業哉

由是日力有所不給聰明有所不逌精神有所不到思慮有所不周文案山積員充棟而汗牛凡骨天生難神施而鬼設逋者未必追而追者自恨其不逋賦稅之多逋源於此矣拘者未必來而來者自恨其不後拘勾之多違源於此矣罪者未必刑而刑者自恨其不亡罪人之多亡源於此矣善者未必舉而舉者未必善爲善者怠而不勸源於此矣惡者未必黜而黜者未必惡爲惡者玩而不戒源於此矣由是官吏之罪犯蒙頭隨舉而是法令之科條徒設難據而行罪犯多則民得以挾持其短長而俗益以薄法令廢則國無以振肅其綱紀而

政益以隳故夫世之號才官稱能吏者不過督征賦決獄訟承上官之風指急簿書之程期速了而已矣其於生民之休戚風俗之美惡固漠乎不相管攝也飢者固不能使之食勞者固不能使之息也詐暴者固不能使之循良忠信者固不能使之聞道也亦猶牧羊者見其鬬則奮挺而擊之解時翦其毛輸之主者不後期而已矣洽毳者固不能使之柔澤矜兢者固不能使之馴擾也居無幾何或超遷而去或顚躓而歸凶回伺虛姦蠹乘隙案牘於是而沈埋錢糧於是而伸縮嗣來者莫究端緒無憑綴續重更再造而別立一乾坤矣夫然故民

無定志士無定俗狡獪之情流僥倖之機熟而天下之勢僅如沙團瓦聯不相繫屬無事之時雖漫然而若平一旦變起則紛不可觸矣此封建之法壞之所致也封建未易復而近乎封建者不可不講焉富者田連阡陌貧者地無立錐連阡陌者不輸滿頃之糧無立錐者或辦累畝之賦食指數千者袖手而閒居形影相弔者奔走而服役由是訟牒紛紜交攻互擊怨中生怨讐外起讐其庖湢如秦胡同里巷如楚越而又賄賂潛行證佐反其是實官司茸墨予奪顛其虛眞由是鬱結不平之氣敗壞陰陽之和悲號怨忿之聲觸激天地之怒雨暘

愆時而旱潦相繼疾疫屢作而死亡無期此井田之法壞之所致也井田未易復而近乎井田者不可不講焉毆人者減等笞一十駡人者減盡而無科盜官庫竊官倉納米五十石毀人目斷人舌擺站二三年充軍者著伍卽逃每逃輒得其利編配者越境卽復旣復則安其居由是視官吏如嬰兒犯刑憲如飲食詔令雷行僅同蟣蠓之過耳劒戟林立有如芒刺之在前名雖爲人實無異於禽獸居雖中夏反不及於戎夷此肉刑之法壞之所致也肉刑未易復而近乎肉刑者不可不講焉凡此數事者非以爲聖人之所爲故慕而效之也世固有

之任耳黜目者多狥名而不責實好大喜夸者常是古而非今某不敢也蓋嘗身履其地目擊其弊思所以捄之而不得其術又思之又不得之及得之則聖人之所嘗行也以此益信聖人之果能首出庶物而不行先王之道者果不能以平治天下也故嘗爲之說曰讀聖人之書而能通其義者非知言也必有以見其不得不如此說然後爲眞知耳考聖人之政而能贊其美者非識治也必有以見其不得不如此爲然後爲實識耳某無狀不敢自謂知識但身親驗之實有以見其不如此故不足以致治舍此而能致治浹理之所無有故敢昌言誦之如此非苟焉爲是吠聲之談以誣世盜名也然又未知在上者意鄉所在故略啟其端而未敢輒竟其說倘以爲有可采者則乞明降示下使撰造成書繕寫進呈其言累萬非旬月所可究就若謂不近人情不切世務徒起人駭惡無益於事則進退惟命

糧役議　薛甲

方今之弊莫甚於糧役糧役之爲弊者何也在上之人不窮其源而治其末流盡廢祖宗成法故也國初定制縣有鄉鄉有都都有圖圖分十甲設里長十人每歲輪一人爲糧頭九人爲田甲催督一圖之糧期以冬初而徵冬盡而

畢如江陰一縣十七鄉三百七十四里該糧頭田甲共三千七百四十人其糧長每鄉一人而已每遇徵收之期此三千七百四十人照甲催徵沿門督併糧之完與不完皆此三千七百四十人之責糧長不與也官府比較止於糧頭田甲不比糧長也糧長在縣供役米貯於倉銀貯於庫不過收完之日領解而已領解之費有官贈有私贈無賠賠之憂也糧長既無賠賠之憂又無比較之責則人人皆可爲所以嘉靖二十三年以前江陰糧役大戶不致傾產中戶得以保全錢糧亦無拖欠者職由此也自二十三年歲値旱荒長民者不欲催徵曰吾寧費糧長一家以完千

家一時小民翕然頌德而本年大戶遂至破家數十原其意本憫民之窮而不知其弊之至於此也弊源一開爭相倣傚小民以拖欠爲當然有司以催科爲斂怨自此糧頭田甲不登糧戶之門而催併無人矣官府比較不及糧頭田甲而止責之糧長於是糧長一名有賠及千金者沿至今日則一名之費賠及三千有餘矣其故何哉蓋原法之始壞也大戶猶有存者有力之家人丁猶衆人戶猶服錢糧猶可徵收拖欠者少所以費及千金而止大戶既盡輪及中戶朋充或一役三四人多者數十人每人或三四分或一二分甚至不及分者此等之家戶丁既少人戶又不

信服錢糧拖欠者多而官府比較必不可缺則各私自念曰今糧長五年一編爲一會計盡吾之產足賠此會之糧此會產盡則編審不及矣由此甘心賠販其產不足者或流移或死亡所以費至三千餘兩費愈多而糧愈不完也迺今不及二十年江陰之糧拖欠者不知幾十餘萬矣此後不知又將何如也當道者憂之亦嘗形諸奏章見諸文移如役田如役銀其議論非不深切著明及施之於事則有礙而難行者病在不探其原而治其末流失祖宗立法之意耳夫民間有田之家其與佃戶若家人父子然不足者賑貸之荒歉者蠲免之猶有逃亡逋負之憂若歸田於

官其田必不良以官法治之其佃戶必不堪有相率流移而去耳田畝荒蕪錢糧無辦勢必責之糧長是又與糧長添苦一倍也此役田之不可行也江陰之糧平米之外每畝派銀四分有零數年以來加派日增有工科有兵科幾及六七分矣如又加派役銀是重困小民使之不堪也作法於貪弊將如之何此役銀之不可增也夫是二說意非不美然於祖宗立法之意分毫無與豈非不窮其源而治其末流之過乎故愚斷然以爲欲釐今日之弊必復祖宗之法而後可也或疑循習之弊爲日久矣盜憎主人民惡其上從古已然況邇來彌文日繁官府應酬日不暇給今

欲羣聚三四千人而比較之不惟力有不給亦且勢有不行舊法之復夫乃不可乎殊不知操持有要變通在人如果欲羣數千人而日比較之誠不可矣獨不有要可操乎蓋糧之不完者非盡一邑之人皆奸頑也一圖之中其奸頑者不過一二人或三四人而止爾其最甚者莫如書手之詭寄然每圖書手不過一人可得而稽也國家定制每歲三限初限完三分中限完六分三限通完計三限之終淳良之戶完糧者可十之八九糧完則頭甲不必到官其不完糧應到官者亦不過十分之一可得而考也爲今日計莫若徵收之初令糧長公同糧頭里老將一圖之中奸

頑素著者與書手之詭寄者報名於官掌印者每限先行比較之責令先完俟三限將終糧頭田甲之不完糧者方行赴官一齊比較量其拖欠多寡或責治或枷號或充發其逃移死亡者責令該圖里老稽其田土拘其親屬設法賠賍期於必完分毫不以累及糧長糧長無賠賍無比較一如舊日之制何苦而不充哉而吾亦何必盡拘三四千人而比較之哉此之謂操其要執其樞循舊法而變通之不易民耳目而宿弊可釐完富可復者也此外尚有須講求者如荒歉之端先期申報會計之數及期下頒與夫一切編審釐革之法又在臨時斟酌有非遽數所能盡者僕

林居目擊時弊竊著之以備採擇焉

移倉議 馮士仁

移倉青暘者爲漕艘不達城濠也縣治距青暘河流淤淺當春瀰盈舟楫通行冬月水涸僅容筏渡先是開兑於春分開幫於春季故糧運無礙今更期臘底春初而艅艎不堪盪至矣故移倉以就舟未暇計及於民耳移建三年其咨日甚洵有如民衆所呈者通縣一十八區糧長米頭散居四鄉東西十九南北十一輻輳城邑沿習相安不憚遠近也青暘距縣南三十餘里附近青暘者幾區各甲運米歸倉無論梯航無論荷擔有不苦迢遞跋涉者乎是轉運之不便也運米至倉以限期湊集未必隨到隨收或有守候經日者甚有宿宿信信者寫遠則鮮有親知鎮僻則無可容歇此守納之不便也會計開征條糧併督而經催總此一人比條於邑比糧於倉往返城鄉窮日之力是驅經催而路也此征比之不便也催納矣運至矣而較量正耗不無升斗缺額在城邑而親識有資稱貸補足便得完票以歸青暘郎比屋千楹其蓋藏未足供通邑之求也爲升斗之數而再往返百里之程此添補完欠之不便也及講兑而強軍悍伍彈壓無人議耗議增朝三暮四此兑運之不便也青暘河較城邑稍深水僅盈尺米既歸船仍復膠

涸每年築軟壩數道挑泥蓄水逐節送行以達大河其椿木人夫雖糧長備雇而地方不無繹騷此便漕之舉尤有不便者也運名之呈非移倉不可移倉而仍泊舟遠方又多一番剝載將使軍自剝乎民剝送乎軍剝又有捉船之擾民剝必遭勒索之殃交卸處所孤舟入幫彼悍軍視民爲几肉矣民其堪此乎故移倉必先疏濬而今所難言者不在移倉而在濬河也河之兩岸業如山矣開鑿之泥將歸何處勢必遠走數百武是荷簣荷鍤倍議人夫將派夫里甲則催督惟艱將派銀募夫則征比又苦計工算費河闊三五丈不等即以三丈計之掘深四尺每長一步開鑿

搬運約用夫三十工每工銀三分三十餘里約費九千七百二十金靑暘之南又須並濬則不止於三十餘里也再加椿木築壩戽水之夫非貯有萬數千金不敢議舉江陰亦曾濬此河經年而淤復如故隔歲一濬則歲費萬金此濬河之難言也然則終已矣乎詢彼故老其議有二謂請改折比照嘉定事例而更願浮其價舉輕齎蘆席盡輸於公並增耗加尖併入於折先期征完與新餉同解糧艘抵灣時銀亦至京矣非敢遲悞也又謂請緩期運道不通天澤可待至春和而水可泛舟行無窒礙獨留縣糧至三月開幫卽有守凍之苦而向來如是匪創自今也又謂請繇

江縣治瀕江西北有黃田閘港距城不三里運船自京口抵此窮日之力有餘商賈艨艟畢集於茲弗慮荒僻也去城不遠呼吸相聞易於剝運占視風色朝駕夕至無虞風波也且江西湖廣諸漕艘江行千里歲運如常而南衞幫軍豈愁百里耶凡此三議不必開濬而倉可移漕無悞洵兼善之議也事關題請主自上裁

論

吳季子論　明　黃傅

按春秋書吳子使札來聘或以爲生亂而春秋貶之或以爲讓國而賢之以爲賢之者公羊穀梁也惟吳萊立夫則以爲不貶之亦不賢之因其來聘而記之耳貶之者之說曰札徇匹夫之介節辭位以逃而篡弒奪攘之禍相尋於吳則季子之生亂也荆楚無大夫而屈完書族王朝下士以人通而子突書字諸侯公子以名著而季友書子母弟之無列者不登其姓名而叔肸書氏皆賢而特書者也今乃畧以名紀比於楚椒秦術之流而無異稱焉其貶之深矣賢之者之說曰諸樊兄弟迭爲君而致國乎季子季子不受光弑僚而致國乎季子季子又不受曰爾弒吾君吾受爾國是吾與爾爲篡也爾殺吾兄吾又殺爾是父子兄弟相殺終身無已也故君子以其不受爲義以其不殺爲

仁吳稱子善使季子故進之也身賢賢也使賢亦賢也不貶不賢者之說曰父子世及常法也兄終弟及法之變也湯甲盤庚之間殷以是亂者九世豈獨季子之辭國乃生亂哉長幼之序不可紊君臣之分不可奸此則季子之心耳若季札之辭國生亂非惟聖人不能於是貶之雖聖人欲於是而稱其讓國之賢亦所不能也齊桓召陵之師楚人未有必盟之意也而屈完請服王人救衞之役王室微矣而又使子弟主兵故子突不得有功季子來歸則我公請之於齊而欲靖魯國之亂叔肸之卒則又或以公弟之貴而世遂爲卿聖人之特書者特因四子以立義豈得與

季札例言之哉吳之使通禮未聞於中國吳子之使札是猶楚子之使椒秦伯之使術也故聖人一以是書之諸說如此以愚觀之以爲貶其生亂者固以傷於深文以爲賢其讓國者亦微涉於淺見也初季子之讓國也豈能逆覩魚劍之禍哉使光也僚也皆季子也皆諸父也魚劍胡爲乎來哉故以生亂爲季子罪者是以成敗論人吹毛而求其疵也季子之歷聘諸國也觀其禮而知其政觀其樂而知其德觀其君臣之言語威儀而知其終身禍福之所止示之趨避之途而莫不明驗焉則夫諸樊兄弟之不足以昌其邦光僚諸子之不足以衍其慶蓋已了了目中矣其

所以因亂而必逃坐視骨肉之相殘宗祊血食之凛凛也者豈季子之本心乎蓋義有重於亡國與絕祀者故不得已忍而爲此也意者季子之讓國其諸以僭王之故歟諸侯而僭王莫大之惡也吾受國而襲之吾豈可以爲人吾受國而革之吾則賢矣置吾父兄於何地也故吾甘受匹夫狷介之名甘負天下後世生亂之責甘使不才子弟爭奪而亂亡而不忍身被僭逆之醜手揭父兄之惡赫赫然示天下的也所謂行一不義殺一不辜而得天下有不爲者季子有焉或曰季子知父兄之惡盍諫而更諸曰季子蓋嘗諫矣特以事體非常而視聽可駭不敢公言於朝廷而但密陳於私室故國人不得聞史策不得書耳由此言之則春秋之於季子誠無意於貶之賢之而季子之所存深矣厚矣區區讓國以爲賢直其所託而逃焉之虛器也贅說無稽漫志之以俟君子正焉

十字碑論　繆昌期

自獨孤及之論吳季子謂其以讓國生亂而胡康侯之傳春秋輒從臾其說以傅於夫子書名之例後世治康侯家者至以札爲戎首而申申詈之不置嗟乎春秋之時臣弑君子弑父以跳踉恣睢於天下者不可勝誅夫子不唯賊是仇而先紲讓王之公子其何以勸蓋康侯之支離其見

而申商其筆至此然而君子惑焉以春秋之不稱公子而比於楚椒秦術之流無異辭也至季子卒而夫子手題其墓曰嗚呼有吳延陵君子之墓至於今豐碑不墮綠字長新而弔古問奇之士過其墓下猶低回留之不能舍去噫康侯能以春秋微曖不白之指繩人以三尺而安能掩此麗牲之片石隴頭之十字哉且吾聞之碑墓非古也自夫子之於延陵季子始也夫夫子何以碑季子無以其遜國高子臧之義歟三讓有泰伯之風歟掛劍不忘徐君之誼歟葬子合先王之禮歟聞樂知六國之興衰歟歷聘翩翩著閎覽博物之稱歟之數者顯節也媠名也當世能道之

史册能記之而烏用碑凡碑者表也表厥幽也夫季子之隱慮在家庭骨肉之間而其潛德至行在予其兄以讓而不專其名避其兄之子於簒而不居其實兹兩者季子之苦心調劑而不可以告人人弗及知而夫子獨知之者何也諸樊之遜季子非其心也上迫於先王之命下迫於國人之望而姑爲是以飾觀聽也不然彼既儼然南面以稱孤矣而其臨殁遺言欲授餘祭次夷昧以及季札立嫡乎立賢乎且何以知札之死必夷昧後也何以不言嗣札者何人也札之後當有吳國者嫡乎賢乎序乎其端愈紊而愈不可測當是時札之爲札也亦難矣故不得已而退耕

於野以絶吳人之望若曰兄實予之而我固捐之身有叔齊之節而兄不失伯夷之高此季子之心也至夷昧死而吳事又大變矣僚之貪而躁也光之狡而忍也其人眈眈焉目睨而齒擊蓋未嘗一日而忘乎位也使季子一日有國而窟室之慘不中於僚而中於札必矣光之借札以辭也非爲札地也札如聽之而專諸之匕首又將轉屬焉勢也札自是終身不入吳國矣若曰兄之子固予之而我實逃之身有泰伯之讓而兄之子不失武王之業此又季子之心也故曰予其兄以讓而不專其名避其兄之子於簒而不居其實也其立節顯而用意微其抗志嚴而行權巽

其可取而不取也似愚其不可取而不取也似智其三更暴主而不見枝也以爲得老氏之杜機其一正自守而不見緇也以爲據先王之大法噫若季子者豈後世一節一曲之士所可得而擬者哉故夫子之碑之也稱嗚呼以弔其人稱有吳以不奪其國稱延陵君子以不没其志而季子自此不朽矣然則春秋何以書名也曰名吳之臣以退夷也凜然大防哉於札無以與也嗟乎泰伯之讓讓以賢也當周德之興而吳以建季子之賢賢以讓也當周德之衰而吳以亡二君子之所處其有幸有不幸歟而後之耳食者必欲以夫差之亡吳而徙其咎於季子夫季辨六國

之興衰者而獨不辨吳之將亡彼亦能爲季子而已矣

書

與邑侯錢鶴洲書　明　薛甲

昨承下詢立堡事宜比因匆匆未暇詳答且虞前淙公至冀得細論再罄所欲不意其不來也僕觀比日諸公議論多以紙墨爲功勳如文書所行建白制倭諸説言之可聽用鮮實效立堡之論卽其事也夫堡卽城也在縣邑謂之城在村鎮謂之堡其名不同其用一也其制之大小不同其費一也諸公徒見北土鄉村遍地立堡欲使江南倣而爲之不知地勢不同工費亦異北方地平無高下塡塞之

勞又土性堅實無石脚之費比之南方費省百倍奚可一例論也卽如敝邑一城不及數里傾一縣之力爲之猶且積聚數年更越三四賢尹至於執事乃克成功今欲散諸一邑之間期之旬月爲三四大堡是爲三四城也其爲勞費豈特數倍縣城而已哉儻不爲之變通上司以虛文督責而吾欲以實事應命雖使有成亦爲敵未至而先罷其力先盡其財於空虛無用之地有促之亂而已况未必可成哉必以事經建白不可中止愚見莫若倣北地立堡之意而不必盡循其法內地村鎭應立堡者止於各街口建立堡門上設城垛可以瞭望其堡內居民令各於所居之

後高築墻垣自相連接自外望之隱然如城郭至於緊要去處如楊舍地方將來有添官設兵之舉則與建立堡城爲久遠計如此則雖費不甚雖勞不罷且不拂建白者之意而吾事亦易辦變通之宜似無踰於此承厚愛輒敢布其愚悃惟高明裁之

與按院周觀所書　張衮

去歲倭寇犯我江陰焚戮之慘孤城危急之狀僕已哀號之矣是時明公親提兵至賊退而急繕其三門之月城城不單爲可守公之恩也卽今四月十二三日賊自黃田閘大擁衆而至攻燒北門獨急十五日夜金知縣在城上當矢砲交至轟聲若雷一時糾集衆務指揮不暇唇吻焦渴竭力死守僕亦陪至四更而退走動少不如法幾中鉛錫銃而死矣滿城男女持撞抱頭仰天痛哭莫知死所垛口人夫倉皇失據不至駭潰有曹主簿持刃在也北門財貨生息之地蕩然一空皆爲焦土賊又以其餘力夾攻四門門外坊廂夜夜火光燭天十無一存人民殺死城下者無算獨有孤城兀然危甚朝不謀夕譬人之一身手足俱斷而腹心可獨完乎腹心將內潰死無日矣野外居民入城保息者幾萬人圍已十日糧路既絕枵腹待斃一城之小危若焦釜數十萬人之命倏若朝露非公大發兵至急爲

救援是無江陰矣無江陰則蘇松之門戶壞矣蘇松之門戶既壞常鎭一路聲連畿輔可不危哉督撫諸公既去獨有公一人縱督撫諸公皆在而人心屬望又獨公一人况受朝廷懋簡以東南之安危注意公乎今日之兵事內酬外應東支西顧竭心宵晝豈不知明公之勞與調發之難也疾痛則呼父母水火則望拯援况死亡在頃刻乎賊勢日盛賊謀日深廣爲飛梯長鉤剛錐利斧大肆攻鑿疲民寡力萬不能支狂呼疾怨非公之望而誰望哉僕知公救民之志愛國之忠又豈待僕等嗷嗷而後然也危衷迫切實昧條理伏惟台慈矜憐衮不勝祈懇之至

與撫按請兵書　張袞

伏惟明公受命南巡爲國討賊三吳億萬生靈盡在公之掌握遐邇竦聞莫不謂今之風牧方召有石厓公覲所公佐二公以赤子行事者兵備任大參也僕以江陰危急之際存亡係於呼吸請竟言於左右而無誅可乎江陰去江三里邊邑也自一方觀之彈丸之地也自大勢觀之其爲噤喉其爲門戸載於地圖炳於哲鑒豈俟指數也去年五月倭賊犯我江陰殺傷二千餘人焚燒房屋及千餘所村鎮有名大家發其蓋藏幾半是時幸有存者謂害不及已苟以偸安今歲四月二十一日賊由東路經顧山經華墅

經竹塘直搗青暘之大鎮滿載揚帆而去近五月三十日突至本縣東門攻圍暴甚入其闤廓五日不解率其兇醜二千餘人屯結蔡涇閘南去城十里四通八達之衢每人分枝四出大肆劫掠山坳水澨靡所不到小民瓶罍之儲茅茨之蓋鮮一存者處處烟生夜光盡赤皆爲賊火其爲殺戮幾萬人內殺生員三人婦女被淫汚溺水死者不可勝紀兇虐如此乃至殺我父母官懸大尹之頭於九里之橋膏身草野越明日始得收其殊分者聯合以爲殮百姓號泣讐恨莫不呼天仆地於乎生民大禍至此極矣竊料江陰三百七十里既里里皆空存一孤城僅七里耳周禮所謂野荒人散正在今日譬之人身手足俱斷而存一胸臆謂之獨存可乎城外之民既入保而息齒聚屯積疫氣易生口食且不暇論賊疑城中有人有貨他日不煩野掠猝然直至城下合力攻圍人不暇謀兵或懈守所幸獨存者又不保矣有司之政所以因循至今日者有漸也司牧黔首務潔高名以明節惠一切防禦之計謂爲擾民毫髮不肯輕動賊至而百無一備備亡而民死者衆也團結鄉兵僅有名號團長保長聞風先遁莫知其蹤持鏢帶劍之士坐食縣官未見其露刃迎敵比得倭首幾二十顆乃犂鋤之民挺身與死而勝不出於兵也其爲兵者戮一二人

以爲功取其首而還旁人私驗之乃鄉人也其姓名可知也凡戡禍弭亂莫貴乎兵保邦定民莫先乎立計使在平時循要結之名而深討其實家自爲兵人自爲戰率之以長明之以官法無處不然賊豈能越防而至坦然如歸其室廬如自取其食貨傲而肆志而無疑也曲溪狹徑皆其縱橫熟路矣近日麻皮橋居民李鰲以一富人之力倡率農丁拒賊賊三至而不能攻其家推之於縣於郡亦可知也本邑斜橋包港沿江等處者民素稱勇鷙謂其能習水戰今皆用之於江患在於陸而役之於江非緩急之道也使陸有所攻而水有所拒則誠得矣陸既無策以乘之惟

拱手待賊出江謂爲畢事是防江者送賊而不知防爲何
故也賊久不去劫殺三十餘日闔城皇皇如在焦釜急則
請兵乃邦人愛死之情而審勢裁賊實明公持危之大計
又有小民在野逃避無路見賊白刃脅之挑包數十成羣
久之不知爲賊如庶人之受役官府子弟之受役父兄是
則隱憂者某也跡賤名微伏匿江堧螾蛭細鳴何足以動
台聽而燕雀處危竊料差靈於物伏冀明公察焉上答聖
眷下慰蒼生某不勝激切禱祈之至

上鄉先達書　湯明善

錢侯政績士民感戴錢侯死忠神人痛憤其事聞之朝廷

名播之天下後世固不待論但其死也非出一時偶然勢
窮力蹙實從容就死尤自古所難耳倭賊連年入寇慘不
忍言侯備嘗艱苦焦勞萬狀雖各鄉殘破解倒無綵而屢
戰前驅致身自許近賊四布圍城烟焰蔽天死傷被野吾
邑三百七十里之地盡賊蟠據孤城孑立僅免失地之名
四境一空實有破地之患侯且怒且恥忘寢忘食誓死一
戰不與賊俱生兵士深哀其志而不能阻寮佐屢聞其言
而不可留屬吏勸以全身遠害之謀則諭以平生所學何
事家人動以老母少妻之念則叱以忠臣不怕死乃於倉
皇之際密印私澤之衣其志可見推是忠烈勇敢之氣誠

足以一鼓破賊者特以責任無專閫之重進退無殺生之
權致使衆潰獨支戰死城下鎗刃交傷身首異處當其大
故之時天地晝晦雷雨交作而一二親兵抱屍俱隕亦足
以見忠憤之感於天人者矣是誠重有光於朝廷大有補
於綱常者也恐撫按遠不致詳而地方當事者又或飾詞
掩蔽使精忠泯沒天理人情豈能忍乎市民之設位哀思
良心所觸名教中人獨無一言以雪其憤豈不爲愧募兵
討賊衆論既空有志復讐獨力不逮切願據事直書遍呈
當路或可爲也昔陳恒弒君孔子沐浴請討先儒論顏淵
設孔子而死必能上告天子下告方伯夫齊隣國也非魯

之父母也孔子師耳無專城之寄也孔子顏淵之心必欲
伸明大義豈計其成敗哉明善之力不能上達所能爲者
告之公而已公德居一邑之望爵從大夫之列則告之撫
按以冀奏聞正名討賊刻日計功而於侯一身則敕賜廟
祭贈謚蔭襲事修國史以昭國典以勵人心皆公之事也
侯既爲聖賢之事公素講聖賢之學明善不敢不以聖賢
之道望諸公耳議者不知事勢之宜持爲一切之論謂侯
身未可死事涉輕生印不必持理宜別署殊不知侯之心
以爲待城陷而身死恐無救於萬姓之生靈若身死而印
存或未達於九重之視聽故及斯民幸存之日身先抱印

而亡庶天子震怒事不覩爲泛常將士感激氣自倍於效死則孤城幾陷而復存流民幾死而更生猶可圖耳矧今民失父母災孰大焉邑無其主危孰甚焉或如前束手閉門坐待其斃則不惟自蹈於安危利菑之愚而於侯殺身成仁之志亦甚孤矣侯身死而志不白明善白之而公或不以爲然非明善所能强也公白之而或撫按不行非公所能强也所可必者自盡其心而已矣夫中國之所以異於夷狄人類之所以異於禽獸恃有此名義云耳目擊非常之變若罔聞知名義既亡豈不胥中國而夷狄胥人類而禽獸也若彼豺狼未易爲敵而江南兵力亦已稱疲所

賴以自勝者天地間一點正氣而已侯既以身激三軍之氣公當以氣倡三軍之威縞素乞師以順討逆以弱爲彊在此一舉不然則城不可保賊不可滅憤不可雪江南一路未知所終何以收廓清之偉功慰忠魂於九泉之下哉若徒區區作兒女子之態以傷侯一身之慘以盡已交游之私甚非所望於公也惟公賜垂察焉名教幸甚一邑幸甚天下幸甚

與歐陽太守論鄉賢書　繆昌期

恭承老公祖創建龍城總祠所以表章往哲風厲後學者德意甚盛及讀所貽小峯趙先生書意欲博采旁蒐如不肖其人者諮謀甚周爾時趙先生奉尊指枉顧敝寓問吾邑本朝人物灼然耳目間者何如人不肖不謀而應之曰以不肖所知爭大獄發大奸掌讞濱死百折不迴家國無訾議首尾不渝節者大中丞湯公沐柱史貢公安甫而已趙先生首肯曰然次問某公何如曰名理晳以辨矣幽閒之際吾未知也又問某公何如曰文章典以裁矣朝著之表吾未覆也然則吾邑之先賢竟寥寥乎則何以復郡大夫曰有祀典在可訪也吾邑正嘉間人號敦古家持淸議以故先賢之祀汰而又汰精之愈精自春秋至正嘉間合祀二十四人而本朝止得四人並無子孫有氣力者得攙

附於其間至於今而無有溢其額也故他邑之祀典難決吾邑之祀典易決也何也原祀有失出無失入故也嗣後而議者多愛惜此名則嚴持之毋使續貂欲光大其舉則間益之不至濫觴可也曰然則何攷據乎曰有邑乘在可攷也黃志偏於搜奇其失也雜獎才藻趙志主於持平其失也多掩危節稍折衷之可也趙先生唯唯不肖退而簡所藏新舊二志送先生採擇將謂先生再有商確也近日接先生來書知以先後七人上議輒訝然嘆曰上下數千載而得七人何少也七人之中而本朝居其四何多也以吳季子之例例及於顏蔣二氏宜少者何太多也以顏蔣

二氏之例例及於吳季子宜多者何太少也隨以此語轉白趙先生業已呈覽駟不及追不肖於是徘徊沮抑中夜不能以自安曰豈可以歐陽明府之盛舉啟後日之訟端乃敢裁書而畢其說夫勝國以前經累朝之淘汰罕後嗣之營求竊謂議已定矣無容致喙矣今議自吳季子而下止存邱忠定趙秘書二人與季子鼎立而三非也其在本朝自湯貢兩公而外已經崇祀並無別議者則寺正嚴公本郡伯孫公亶世遠事逸其子孫俱消歇無所從問然黃志所載大畧具矣不肖少聞之父老嚴公布衣薦起者爾時周文襄公巡撫江南操舴艋夜半訪於其廬嚴公呼其

妻曰此必吾故人周恂如也急披衣起迎之娓娓作促膝語皆吳中官民利病也坐良久命煑數卵以進文襄啖之盡乃別每追想此事前輩風流猶宛然在目孫公者雖載邑乘今不悉其果何如人意亦嚴公儔也今奈何驟以顏大參澤蔣僉憲舜民代之也不肖非苛求顏蔣二氏謂有瑕行可摘但謂議祀者奪此而予彼必且並挈其人角錙銖較分寸實見其人有所重輕短長而後可申其予奪而所爲重輕短長之論非自口碑出則自邑乘與國史出而子孫之口與在家之私錄不與焉今夫趙先生狷介獨行古君子也豈有私於二氏卽二氏似恂恂長厚人也何獨

不可祀但祀二氏而一朝奪前輩者二又追奪周秦自勝國數千餘年者十七義無所出也且邑固有名在二氏上者有實不在二氏下者而何以待之且夫論先賢者亦論大節而已矣大抵今之長者多好言居鄉之雅度與居官之惠政而似者始得有以入之夫是二者非不美節也然但可取人於辨官掄才之日未可定人以易世俎豆之典所以萬石逡巡不領賢豪之惠桐鄉尸祝未兼廉祉之鄉豈非所重在此則所輕在彼耶然則今日增祀諸賢必核其生平出處大節如所謂爭大獄發大奸嘗譴濱死百折不回兼清風勁致矯然物外可廉頑立懦者予以特典一

邑如此推之五邑可也此不肖公平之見將以救趙先生之所不及而上佐老公祖之末議者如此

上朱萬青師書　國朝　管天祚

日者風塵未靖民生日蹙老師所職者一邑之國課也齊魯之郊其所征輸雖不及江浙之繁重然而蒿萊遍野稅稻不登斯民之瘁四野皆然則夫善立法以供君父之需曲原情以拯百姓之困誠仁人君子之所當留意矣昔仇香以縣尉而獲鸞鳳之名朱博以嗇夫而有仁惠之號類皆不卑小官以澤赤子故能上結主知下發里祝垂之青策紀爛同光今以証之吾師夫豈多讓方今之世以門第

相詡以豪縱爲高以酬答睚眦之事爲能以通知舞文之才爲上而吾師惟忠厚之訓以誡子繩祖之語以昜孫食貧厲志之言以念及牛馬走之輩夫子孫之計莫如垂德雖今人之所難而猶爲古人之所易者若乃衆棄之物駢賤之材收之筍之雨之露之不惟始之又且久之此鮑叔牙於堂阜因人漢武帝於平陽從騎千古而下豈可多得哉乃吾師之於門人久暫若一縱昌歜芰茄古人或有所嗜然而當之者蓋難矣夫汝上故爲中都平陸之地聖人之所治大賢之所止今以老師佐理之自當仁心義質時扇北風而祚之所望者則願上之以復職宣惠有賜禧露

冕之榮簪筆惠文有繡衣公子之號使君相有得賢之仁而黜首獲衽席之日若其次也則幅巾湖山科頭荳棚觀雲鳥之忘形撫煙霞以自得烹蔬煮菽較茗量泉修萬石之家風課賢孫之文業時與一二高明閒雅之士斟酌古今逍遙天地一觴一咏何仲長統王子猷之足云乎

勸友徐介立復姓書　沙張白

張白再拜奉書介立先生足下昔者南唐烈祖卽位而後改徐爲李近代名臣如范文正之易朱爲范申文定之改徐爲申皆垂諸史冊用爲美談不必爲二公諱不足爲二公疵者也若乃衛青爲鄭季所生而冒姓爲衛楊國忠本張易之子而冒姓從楊此武夫宵人不知大義者之所爲君子固不許也足下爲霞客徐先生之嫡子從母出嫁母夫人知之足下知之今則行道之人皆知之矣霞客高趣畸行足跡遍天以下禹貢之所不載職方之所弗隸者莫不窮搜遠覽著書數十萬言誌其險怪海內翕然推其人爲第一奇人推其書爲第一奇書有父如此亦爲之子者所大快也不意足卜反推而遠之也僕聞父老識霞客者言足下聲容舉止甚似其翁僕竊窺之不特貌似而已卽性情無不似者足下好讀書好遠遊畏惡俗人傲屣富貴與人交不以盛衰存亡易其心凡此皆霞客之所長而足

下克繼其緒者也何嫌何疑不父其父顧李其姓介立其字耶僕竊謂足下介則介矣立則立矣李之爲李果何爲者而居之不疑如此耶得毋類於靑之衞國忠之楊而薄范文正申文定爲不足法耶且足下年已暮矣急以此時拜霞客之墓爲文祭焉自陳所以久假不歸之故使霞客於墓木拱後得一賢子以爲身後光足下於垂白之年復考賢父以爲世道勸不亦生者死者兩無遺憾且令四方識者聞之莫不鼓舞稱快耶內叔周公茂之母徐節婦霞客之女而足下親姊也拳拳語其子以足下爲其嫡弟囑公茂執甥舅之禮甚恭蓋惟恐埋沒足下欲顯其姓名而

明其所自來有聶政姊嫈之遺意焉此論之出於毛裏懿戚於足下父子之際親知灼見明白痛切非尋常擬議之說可比也願足下熟計而早圖之不特僕也四方有識者皆拭目操筆以俟足下此舉矣又安知尊公霞客先生地下之靈不待此以瞑乎白惶恐再拜待命之至

江陰縣志卷之二十四終

江陰縣志卷之二十五

藝文二

序

送博文孔君至江陰軍序　宋　尹焞

昔孔子相魯侯會齊侯于夾谷曰有文事者必有武備請具左右司馬既會用能卻萊兵反汶陽田由是知大聖人振武耀兵能使強侯慙懼豈若侏儒巽懦跼蹐轅下一籌莫展也厥後子產爲漢高左司馬破羽垓下世文知陝州平鼎澧寇遷撫州單車諭撫建昌關卒是皆用武以定亂能傳聖人家法者也越世五十博文孔君夙諳韜鈐沈毅

有大略筮仕爲本州團練屢立戰功令膺簡命晉階武功大夫俾統制江陰軍將行來謁余請所以守江陰者余語之曰戡亂以武襄治以文此不易之論然亦時爲之也有時文亦足以戡亂武亦足以襄治詩不云乎文武吉甫萬邦爲憲文治武功吉甫以一人兼之孔君其勉乎哉君固儒家子宜用以襄治也然江陰爲江海要衝劇盜出沒波濤如履平陂總戎有干城之寄非武何以禦侮君爲統制將以戡亂也今和議成朝廷有意戢干戈命將守要害制御撫綏而已非文何以飭治然則是行也其簡卒伍而訓練之撫流離而勸課之嚴飭守備鼓厲戰士內平巨寇外

威強敵隱然江淮保障使聖天子無北顧憂庶幾文經武緯仰符大聖人遺烈孔君其勉乎哉博文拜手曰謹受教遂書以贈其行

丹陽集序　孫覿

孔子之徒三千設四科列顏閔以下十人而文學政事雖游夏由求之賢不可得兼也將相大臣端委一堂折衝萬里之外以身進退爲國輕重其視文章一小技耳固無羨乎空言儒學之士奮奇事主以就功名時命大謬則退處一室著書立言張皇大中以啟悟後覺雖不能見於事業亦足不朽矣二者不可得兼亦其勢然矣左宣奉大夫顯

謨閣待制丹陽郡開國公葛公自髫丱以奇童名里中年十六隨計詣京師連三薦至禮部遂收其科文節林公子中愛其文薦試學官公以詩書禮三經應詔又試宏詞皆中第於是名聲隱然動京師始去州縣吏內外學官之選校中秘書入尚書爲郎天子輯瑞應講蒐獮報禮上下四方以符瑞來告者不可勝數大臣表賀皆出公手瓌奇英麗獨步一時公卿大夫交口譽之咸謂公郎日典司判命施之朝廷薦之郊廟以追湯盤周誥商詩魯頌之作稍遷太常少卿國子祭酒擢大司成遂躋法從會新宰相用事與公有姻連補去國竟不復召公聰明疎達典數大州首除一二兇滑之亂治者寘諸法然後簡節疎目以柔道理之尤詳於折獄躬自臨聽不以屬吏往往得其情於片言以故所涖多平反無侵冤者燕山之役詔州縣率兇夫錢而以足軍興候官吏之不如詔者公時守湖度六縣民力所堪悉蠲其半湖人至今思之施於政事類如此既歿有司議行易名以道德博聞曰文安樂撫民曰康應二法謚曰文康政事文學可謂得兼之而卒不大用可爲天下惜者也公之子吏部侍郎立方裒公詩文爲八十卷號文康葛公丹陽集自天經地業五材萬物變化隱顯鉅細之要世治亂人賢不肖事之得失是非興壞之理盡載此書而

尤善爲詩喜怒窮泰悲憂愉快凌高眺迥飲酒歡呼雜然有觸於中則大篇長句援筆立成不改定一字非如前世之士以一能一技列於儒林者比也覿與公同州里視公爲前輩盛德而與公羣從遊最久故蓄公詩文爲多校今所藏猶有在八十卷之外者侍郎公方紀次別集未出也殘年投老復覩鉅麗如獲拱寶三歎之餘乃序次以爲書首

韻語陽秋自序　葛立方

懶眞子既上宜春之印歸休於吳興泛金溪上我先人之敝廬歸愚識夷塗游宦汦捷徑湛然胸次不挂一絲而多

生習氣尚牵蠹簡既不能如毛萇鄭康成泥蟲魚之注又不能如虞卿李德裕著窮愁之書未諳王氏之青箱懶問董生之朱墨獨喜讀古今人韻語披味紬繹每畢景忘倦凡詩人句義當否若論人物行事高下是非輒私斷臆處而歸之正若背理傷道者皆爲說以示勸戒書成號韻語陽秋昔晉人褚裒爲皮裏陽秋言口絕臧否而心存涇渭余之爲是也其深愧於斯人哉若孫盛檀道鸞鄧粲各有晉陽秋是皆不畏人禍天刑率意而作如昌黎所云者也余也非惟不敢亦不暇

歸愚集序　　芮煇

煇觀近代文章之盛莫若本朝其間名公卿材大夫以文世其家者代不乏人或父子相繼或兄弟同時然不過一再傳而聲采不接其至於自祖及孫奕世相望愈出愈新如吏部侍郎葛公之家學者亦鮮哉葛氏自通議起家淸孝繼之而官猶未達也文康公始以文章大厥聲爲天子近臣於鋪張太平之時至吏部又以文章掌制於南渡中興之後吏部之子正言郯今復以文接踵臺閣言論風旨爲時人聞葢葛氏之家學通議淸孝培其本文康發其華吏部擷其英而正言又將以潤色而振耀之者也其資深力久哉煇與先兄祭酒同爲紹興十八年進士吏部先生實參掌文衡今煇復與正言同朝一日出示吏部文集謂之歸愚且謂煇曰子爲序之煇於吏部爲門下士其敢以不敏辭嘗謂古之爲文者本於學今之爲文者空文而已文乎文乎豈辭藻之謂乎學乎學乎豈章句之謂乎實大聲宏夫豈偶然吏部之文務去陳言而不露斧鑿痕自出機杼而不襲他人後行字著語皆有來處非讀書博者不見其工至其閎肆馳騁而不失程度紆餘淸麗而歸於雅正又不可以一體觀也葢葛氏之文至此而自成一家矣此師友淵源有自而吏部又從而增殖之也然則空文而已不本之學安得至此哉吏部立朝大節終始無瑕雖未

盡見於設施是不負所學者嗚呼豐其所積而嗇其所享不可以理詰也移忠委質益大其門其在後之人乎豈徒其文而已煇老矣尚及見之

送二國士序　　元　楊維禎

至正丁酉江浙政府以大帥移剌公僉樞府事都護方面公統率牙將凡十有六控弦之夫無慮數萬而猶兢兢愼重求賢乞言如不及於是有國士者曰湖南鄧林思義江陰張端希尹並以參謀在賓介二士行會稽楊維禎酌之贈之言曰一方面之安危寄於一都護之重一都護之舉動寄於兩參謀之佐都護重以位參謀重以畫畫者言焉

位者聽焉聽而行焉吾見樞相之德日愈崇威日愈隆地望日愈重且雄雖以經畧天下其可也豈直東南一方面而已哉宋有國士者尹洙氏當葛懷敏之出帥鄜延也洙言於上曰不患士卒之無勇患大將之寡謀奮身自請參議懷敏行軍事上如其請君子謂洙庶幾國士已而懷敏不能卒用而自用以僨今二十士之從樞相出於禮而致非自售往也自售者言易詘而禮致者言易投此言之行不行辨也言之行不行功之成不成辨也二十士行矣吾將賀樞相之復央沒地不復於控弦之夫而復於石畫之士可指日待也二十士行乎哉詩曰桓桓上國將受鉞奠南邦貔

虎嘯中野鸑鶴鳴大江長戈挽日軸雄槊植天杠左之排闔噲右之易位逆將軍意不樂憤作玉斗撞匹士能重國五兵徒闘鏦下禮大將壇聘璧銜金釭乃獲兩國士非虎非熊驪文能七旬格信可三日降我歌兩國士南金無足雙

北郭集序　蘇伯衡

禮部主事許君文度持其先處士之詩曰北郭集者若干卷求爲之序其雍容俯仰若冠冕紳韠周旋堂陛之上其縱橫馳騁若風雲蛇鳥按兵行陳之間而其音節曲折則如琴瑟簫磬雜乎並奏而雅韻逸發也余亟讀之不暇而爲之嘆曰美哉乎處士之作也何自而臻此余聞山林江湖風振樹而雨垂淵其間隈壘波濤與夫石竅木穴遞爲吸吹呑吐舂撞澎湃而洪纖廣隘徐疾以有函胡清越鏗鏘鏜鎝作止散合引唱荅和無不中音合節天爲成而地爲設也古人之於詩何獨不然哉其情與事物感觸有憂愁悅豫喪離疾痛也於是焉有嘆息嘯歌哭泣呻吟之聲因其聲之韻合言之文而詩者出焉莫非自然也夫惟自然是以不窘於研揣畦町之間有以發其比興之微而極乎人情物理之變今於處士之作見之矣處士鍾粹美之資抱疏通之才孰溫恭之德而抗高尚之志方鄉邦據於

僞時鮮不爲其用以苟升斗之祿處士曾不屑焉盛年甘自放於海濱則其平生之情歡愉拂悱悲思慷慨觸於物者宜有以昌其詩而發焉嗟乎與處士並世而遷就委曲取富貴者非不得時名而爲閭里之所豔距今才二十年泯焉與草木同腐者往往而是處士雖布衣沒齒自其在時負能詩聲既沒而有賢子若文度者發其遺稿彙次成帙刻梓以傳處士之名固當與是集並存天壤間矣以其所得者計之其所取於造物果能優乎哉是爲序

梧溪集序　汪澤民

太平王生光大以澄江櫂歌詩求予序其端且曰是詩江

陰王原吉作也原吉與予同姓同業學詩於延陵陳漢卿柯敬仲俱事邵庵虞公得其傳邵庵蔚然儒宗爲時名臣拜參書奎章閣卒陳今爲東流尹亦躋顯仕原吉窮而在下能自以詩鳴家居澄江志樂漁隱因以目其詩初光大得之永嘉陳昌道氏併日夜讀一再過竊中於心光大事先生久與原吉姪同業而其志又同願受一言以爲評噫詩言志無間於古今無分於隱顯也當堯舜時朝廷有賡歌之美康衢有擊壤之謠古詩三百篇國風雅頌皆然漢魏而下舍其心志工其文辭迄於宋季滋甚我朝疎齋子昂能五言曼碩善歌行邵庵長於律三四公絶作一洒宋

季之陋並驅晉唐駸駸乎漢魏而逮於古矣雖然學古有道生歸持其志養其氣使德存於心而言出諸口志之大者其氣淳以清其辭婉而直其聲舒以悠旨意無窮誠如是不期古而古何待有爲哉又余聞文章與風俗相推移觀澄江櫂歌則虞趙盧揭三四公之功昭昭矣原吉守虞卿之學宗邵庵之傳博以三百篇之趣櫂歌春申山水間發情止義不古也哉惜予老不能振之也然聽歌滄浪觀風康衢必譽者有所試也倚歌而和之樂善有誠也聽其言而知其德觀其志而審其有爲古之人皆云曾謂我媚夫人乎哉王生其懋之生請書其言遂爲敘

青暘集序　朱　桓

藻仲以齠齔受業文師之前輒能詩敏且奇若有相者人多異之以東阿之幼穉比焉稍長通春秋學習舉子業竟棄去因壹志爲詩自前承平至於擾攘始終幾十年由江陰隱嚴君仕桐鄉以至播越浙東西周旋二千里間凡感時觸事莫不形諸賦詠蓋鬱於中者深則宣於言者長接於外者廣則慮於內者愈周而加熟焉

伊蒿子傳後序　明　周　忱

延陵嚴公志道以伊蒿子自號監察御史吳公敏德修撰張公宗海皆爲作傳二公以文章名皆嚴公知己傳之所

載詳且密矣予嘗忝與嚴公同寅知嚴公之行事尚有傳所未及書者豈可厭繁而不加紀述乎公初至刑部時寮寀中有忌嫉者以其起自山林未嘗更事竊謂其必難於任職公既視事訟牒至前卽剖決無滯聽斷之際人自畏服不敢盡其無情之辭雖在職十餘載者反有所不及於是向之忌嫉者始翕然敬服侍郎張公嘗歎曰今之仕者多以政爲學若嚴公者可謂學優而仕者矣公於事無所顧避理之所在必毅然行之有御史陳旭子與鄉人同飯於肆俱爲邏者蹤跡所獲蓋鄉人前爲盜劫人於京事覺而逃餘黨七人已棄市鄉人旣就繫懼拷掠誣引御史子

為同盜且分之贓案具而鄉人死御史子無以自明謬以其母簪珥為盜贓公閱其案見前七人招服未嘗有御史子及召事主驗所入贓非其物疑而問之其子號痛稱冤公將直之同列皆謂獄成已久不可改公曰御史之子有冤而不得自執法者能無慚乎乃獨署其案聞於朝而釋之其在大理時良鄉民有失馬疑其鄰盜之執告於縣縣丞亦見其有可疑之狀因拷訊過重而死法司坐丞以決罰不如法當徒而又坐告者以絞公曰因公殺人丞之徒當矣告者因疑而訴豈可坐以誣告致死哉如所擬則似丞與告者各殺一人矣遂駁正而活之人以為當有某衛

指揮畜交阯蠻童既長為娶因為養子後指揮戲其婦不從事覺法司當以強姦子婦死刑公駁之曰養子非所生而姦且未成比於內亂有間矣覆議得減死從流莒州有屯卒奪民田為其所訟得罪於按察司卒讐之而無以逞夜盜民家驢以歸民搜索得之卒反以民為誣賴擒送於千戶孫恭所千戶與卒為親民被禁勘至死法司坐千戶以因公徒罪公曰殺以止殺千戶得生則死者銜冤地下矣遂正其故勘之罪山東人皆為之快意蘇州衛卒十餘人駕舟運餉泊河西務夜劫客舟其中一人為事主所殺餘黨懼事覺無以自飾見鄰舟有押解人帶兵仗防囚而

行者因謬指押解人劫商財謂其侶往救而被殺擒告於官皆誣服公覽其牘疑之曰押解人與囚同舟防束之間必有怨惡借使為盜囚必知之駁令簡問果得其實遂釋押解人而正強盜之罪此皆見於行事之大略者爾若其立心之剛正勵行之廉介則慤然而不可易永樂間嘗領部檄督事於宣歙諸郡時部官出臨州縣者昧於大體為有司所忽公往來諸郡守恃京朝舊職於人罕所敬讓見公獨踧踖而加畏間持酒肴致餽欲以微覘公意而繼以贄禮公毅然卻之守退而嘆曰吾守此郡閱貴人多矣淸白自持唯嚴公一人耳今布政使李公昌祺為禮部郎中

時與公隣居於長安市嘗言公之幸家能謹守禮法井井而不紊且言公於祀先之際必求合禮度而誠敬篤致無少怠忽近時士大夫家皆所不及昌祺於人少許可其為此言蓋心悅而誠服焉公平生究心於禮律之學嘗云禮以崇善律以防非民生日用之間出乎禮則入乎律不可以輕重論先儒於禮書注之詳矣而國朝律令未有注疏亦儒者之欠事因取律令中疑難者講求立法之意著為律疑解略一編予嘗得而讀之勸廣其傳

職官年表序

黃　傳

宋志云浙西諸郡江陰目為道院民淳事簡眞樂土也由

蕭梁置郡迄於五代雖四百有餘歲而併廢之日多守是邦者名氏政績史傳漫不可攷今自皇朝以前有可著則間出之太平輿國以來取題名壁記及長老所傳者以次而書所缺無幾矣今按宋志於五代以前綱羅散軼僅得郡守縣令十有二人附之廨舍之篇而已至其本朝則知軍教授路分有題名而年不列簽判知縣知錄而下有年表而歲號不完兵馬將官之流年表題名俱缺弗錄元及國朝志者草草賀老隔牆見影輒書數行顏氏望空聽聲遂起特筆或突出數人於祠廟之後或間見一二於宮室之間或昭揭學職而同堂其案之寮友影響不聞或忽荒

目存而歷古異代之人物音容如見位置類例之不分歲月爵秩之莫辨尚何足以憑藉持循而稽古傳信哉故予訪求民間得牆東爛稿梧溪斷編滄螺遺文學尹脫簡以及諸史雜志老釋碑版等類燒燭深更窮蒐邃討於蕭齊之世得令一人有唐之世得令一人丞簿各二人尉四人有宋之世得知軍知縣縣尉各二人簽判五人縣丞七人主簿教授各三人學諭一人無名職官四人將官十人有元之世得安撫使副使路總管同知錄事教授各一人萬戶府達魯花赤萬戶各三人副萬戶四人千戶一人州達魯花赤四人州尹十四人同知六人判官七人知事八人提控案牘陰陽學正各二人教授十七人山長司獄巡檢守禦將官各一人國朝知州三人州佐學官各一人將官九人經歷一人知縣二十四人縣丞五十五人主簿訓導各三十一人典史二十人教諭二十一人雜屬之官一百六十五人總四百九十有二人焉於是唐以上則比其次類約以矩檢宋一代則完其刓漏合其迕異元及國朝則鈎抉滅沒收召泮渙族聚而曹分之皆倣古史氏編年而爲之表仍具事本末別爲拾遺補亡蒐討編次出處附其左方備後之君子考焉

送梅士俊還任武昌序　張簡

士有養晦于求志之日而能器使于行義之時此固才具而用周者能之否則未之能也吾邦梅君士俊少遊邑庠卒業於太學其漸濡而涵養之者有素矣謁選天卿得補湖藩武昌之經歷既而監司重臣稔其才能殆非一幕職可盡也用委攝事於屬縣若黃梅孝感諸邑靡不以清慎莅之閱歷三載政修人集上悅下信蓋前之所養者於此始得少表見焉然亦未足以展其驥足也旣而奏績於京師書旣稱將促裝還任鄉大夫士不忍其遽別相率治酒送之都門外且各有詩以華是行僉命某宜序諸首余惟人之所以劬而學者正欲壯而有所事於行也士俊平居

韜斂濯磨不表表以求襮白於人而惟求其實勝爲務雖時人知弗知弗恤焉及其守一職一職以修攝一邑一邑以治庶幾所謂才具而用周者藉使梅君所求乎外者重而所以務其實者輕曰我達治體我熟刑名我悉民隱噫吾目中固見其人矣然或抑而不揚或一試而輒廢若是者何哉由舍其所重而務其所輕故也用是則士俊所養固不大爲得計也耶

湯廷尉家藏集序　王愼中

愼中昔備員禮部祠曹主事最後稍遷吏部司封郎中祠曹職主大臣祭葬褒諡之典而封司職議贈祿之恩大臣

以天年終者則有司以訃其妻子自陳乞祈恩者爲多事下二部二曹職之故凡死者之功狀名行愼中因而與聞而論之祭與葬載在制令有品級等差凡訃至者各以其階得之至於諡以易其名贈以榮其終蔭以錄其後三者則不可以易得吏部禮部尚書推覈死者勳賢名績表表可告於上者然後請之又請而輒報罷者又十二三此其大致也自愼中叨歷二曹前後僅六年耳而四方大臣訃至者不下數十人噫何其多也中間勳賢名績赫然著於世爲國寵重不獨以其官尊顯者蓋十數人焉愼中每與僚長貳道之卽掩泣長嘆也蓋所謂大臣者皆其踐歷之

久積累之深以成其名樹其望致位尊顯可謂偉然一時之盛而宛然以死是可嘆也況夫所謂勳賢名績赫然著者或小用而終屯或逃讒而自引或難合而易退其去而老於家也縉紳咸倚以爲重幸其未死而冀其復收主上好賢求舊將旦暮召而起之以共理興化而乃一朝忽然其可悲悼豈一人生死之間耶嗚呼若故大理卿沂樂湯公者非所謂勳賢名績赫然著者耶公之操行修潔純懿足以敘其後昆亦有以稱之而不爲浮直以一眚被廢妻子傍徨不敢以聞於朝非惟不得其不可易得者而祭與葬之合於制令者亦不蒙秋毫之恩是不爲尤可嘆耶公

之位不滿其德用未究其所長平刑部之獄一不當主上不勝愼刑好生之仁以爲失職怒而黜之固非有大過得罪於上也當時與公同以獄事被譴大臣不下十數人主上仁聖慈明惜老成棄舊過蓋十數人者已錄用其一二無所疑滯然則公之終始固已暴於上心亦旦暮將召而起之者而今不幸死也豈非命耶公之孫世賢集公所爲詩文若干卷將梓以藏於家愼中受而讀之因謂世賢曰夫公之赫然著者固不待文而存也然公肆其生平之餘力以發於聲律文字之間又深厚有體而極其思則斯集也世將寶而傳之豈特可藏之家而已哉惟公之存不假

於文故愼中序公之集亦不詳於文而戚戚於人之云亡庶後之有志之士欲論世尙賢者於斯言有攷焉且以致予之所感云爾

鴻泥堂集序　都穆

江陰文字在宋有葛文康公勝仲與其子侍郎常之及邱忠定公宗卿元初則有陸文圭子方後子方又有王原吉氏張希尹氏孫大雅氏皆以述作擅名一時文康忠定僅見其文之一二常之有韻語陽秋予嘗序之子方有牆東類稿今歸秘府張氏溝南集嘗一見錄本然邑人鮮有藏者惟原吉大雅之集與韻語陽秋並行於世數君子之沒

寥寥百有餘年乃今而得一人焉曰薛君堯卿爲文古奧簡質如商彜周鼎雜然並陳蒼綠眩目不俟摩挲知非今世之物其淸健嚴密又如修仙道人僻處深山餐霞飲泉而塵濁之不能溷也蓋君少嘗業進士通易書詩三經屢試有司不利皤然棄去一意古學每有所作日鍛月煉弗工弗已其爲人沈靜寡欲而性嗜山水常徧遊吳越以至齊魯燕趙之墟尋幽弔古搜奇抉怪惟用資以爲文其坐稠人廣座衆方高談宏辯較短爭長君獨袖手默然若無能者及其操觚搖毫篇章一出如予前之所評則人未嘗不驚且服以爲江陰之有人置之孫王之間殆未可優劣論也夫天下之事勢無兩全使君早獲一第人固榮之未必有文若是然則君之困抑蹇連終身不遇天固將以昌其文視世之炫赫一時而名隨身沒者果孰得而孰失哉君諱章憲堯卿其字也沒年六十三子布卓甲皆勤學好文以君所著鴻泥堂稿鋟木以傳卓來請予序予交君久相知爲深遂不辭而書之

戒菴漫筆序　王穉登

利城蓋有李先生云先生名詡字原德有道君子也號戒菴老人名所著書曰漫筆漫筆者不以品列不以類分不以甲乙次第爲先後隨事輒紀隨紀輒書故云漫其書浩

汗縱橫闔闢變幻鴻纖幽顯靡所不有不獨成一家之言且也該衆作之奧此之爲書沈沈者哉蓋不博古者不曙千秋不通今者不鏡當代不語大隘而不廣不語細疎而亡當不明經不窮列聖淵源不閱史不識古今治亂不譚詞賦風雅道衰不探名理精微統絕不該覽不淹通不蒐羅不閎肆不論俗不知萬姓之隱不述怪不窺六合之外不詼諧不玩世不神仙不逍遙不表忠貞人倫不顯不載兇俠檮杌遁藏故皇農羲昊以博古廟謨野乘以通今四方上下以語大男女居室以語細詩書禮樂以明經累朝歷國以閱史雕龍纂組而談詞賦道德性命而探名理邱

墳汲家醫卜農圃而該覽天人王霸窮髮鬼夷而蒐羅街談市諺風土歲時而語俗牛鬼蛇神豕立石言而述怪射覆滑稽談言微中而詼諧服食沖舉驂鸞馭鶴而神僊皎日秋霜糜軀碎骨而表忠貞隱慝暴行惡貫幽明而載兇俠斯非所謂可喜可愕可憤可悲嬉笑怒罵皆成文章者耶足以代董狐之筆應所忠之求矣馬遷採七十二家言而成史記異時天子開石渠虎觀詔諸儒撰一代正史是編豈能舍旃先生少游郡學試必高等七應都試悉報罷晚入南雍一謁選人即棄去舊知居要津者絕不交通或欲式廬亦避匿有司往往勸駕稽顙稱主臣而已踐更租

庸先期而辦曰我甯往役不往見也歷年八十八始卒故自名老人嗟乎奈何不獲齒於國老庶老之列祖割而酳授几與杖以贊休明至理乃終老田間汲汲而沒此非有司之過與屬余序者諸孫如一昔名鷃翀今以字行亦有文能繩祖武者也

澄江詩選序

許學夷

澄江古無詩人宋間有題詠而非所專業逮元繆君寶始以名家嗣後作者競起至我國朝而彬彬不絕然原吉次知華伯北郭先生刻集僅見一二藻仲寶之子儋若容諸公但有鈔本余友邱念先幼耽斯道志希往哲懼其愈久而散佚也意欲捐金畫梓而力不逮因取君寶以下三十七家選爲一帙名曰澄江詩選刻既有成又以宋元諸公所遺并續得若干人復選一帙名曰澄江詩選後集余既爲之損益詮次即小有黜竄亦不辭焉竊嘗與念先論詩選者其要有三一曰識非識則蒼素混淆淄澠莫辨無以決千古之是非二曰斷非斷則名實相疑貴賤奪志無以定一代之取捨三曰公非公則愛惡由衷黜陟無當無以息一時之聚訟念先相視而笑莫逆於心遂屏跡幽軒不通造請殫精竭力歷五六年所於是以古證今不眩於俗而是非始決以勇折疑不惑於衆而取捨方定以虛應物

不囿於私而聚訟乃息至若諸公調有偏而格有降念先則因其所長就其所造而兼采之蓋各具一家言亦猶唐詩之有品彙也間爲諸家評定繆君寶七言律絕句調雖晚唐而氣實勝之王原吉全集類多蹇澀然古詩入選者款曲懇至歌行軼蕩不羣律詩所採十一風格獨邁北郭先生樂府多出張王而律詩常學子美孫次知五言古實近東坡七言律絕氣韻淳厚不必深工張藻仲古詩語多警絕歌行頗見才思而律則始振唐音使天假之年未有涯涘卞華伯全集不無應酬然七言古入選者圓轉超逸體類歌行七言律工者在晚唐宋人之間顧寶之鹽歌學

温飛卿七言律聲韻俊朗大振唐音李德紹七言律入選者可十數篇華藻流利中晚佳境薛堯卿大多變體五七言古豪縱時近退之七言短古獨爲婉麗朱子儋徐若容七言律絕本於宋人徐入選者雖少然别有奇趣徐子擴古體每傷冗雜律詩去唐雖遠而所選則唐人餘韻湯新之徐子寅七言律亦出於宋而入選者機圓語便足成一家曹毅之七言律薛應登五言律所采不多皆唐人正派曹聲俊而薛語融張補之歌行倣高適李頎盤山西湖更爲矯逸陳思贊七言律渾厚雄麗多近少陵沈子羽七言古足繼餘響七言律入選者間成唐調陳仲約諸體師心

獨創而入選者可備一門五言絕更爲高古姚本修五言律格韻直逼景龍惜所傳不多沙應鵬七言律絕入選者調新語麗實近晚唐黃吉甫諸體才氣蒼莽以風格勝曹子進五言古學選體而語不純中數篇頗佳沈文叔五言古選體亦長惜不能全唐體短篇音韻清婉季與登不欲範古貴自己出故七言律入選者調雖晚唐頗多心得鄧徵甫短歌甚工五七言律皆出中唐而七言聲氣實優史汝器任元甫律詩入選者多晚唐佳致史五言較任爲工黃志學七言律絕數篇獨出新思而全集則失之疎張邦粹七言律早歲頗擅才情晚年太傷率易李讓甫律詩五

言實類大曆而七言已近開成然全集足觀莊孔章藍歌略似錦囊七言律入選者乃見思致周伯英五七言律並學晚唐六言可爲絕唱沈飛霞七言律入選者語多纖麗其餘學皮陸而愈僻高晉卿七言律時出巧思而全集則失之稚張我先律詩入選者高華清逸相半而七言爲長後選者姑容另述大抵先輩以質勝故蒼骨自高而古體常優後進以文勝故秀色爭麗而律體獨擅先輩才力寬洪不事修飾卽不無玷缺而有傑作可觀後進資性明敏更假琢磨雖較多完善而無大篇可取蓋亦理勢之自然耳先是淡泉王公將彙集諸家之詩窮搜博訪歷十餘年

所約成數帙公旣歿燼於回祿至是念先繼起復肆意蒐獵鴻公名士殆無有遺其他所得或不如王公之博而因人采擇功實過之惜乎中郎一倡海內同聲佻佻公子卽晚近之語已爲陳言又烏知有先輩典型耶又或疑念先以後進縫掖輒欲提衡先輩雖采擇詳審恐不能懾服後人是大不然國家以經義取士而詩歌黜爲末習故經義在朝而詩歌在野公車之文非縉紳先生不能品程一代詩歌韻語雖草莽之士亦得而平準焉何則業有所獨專而識有所獨至也念先學力旣邃藻鑑復精又能虛已咨詢不遺下劣卽余之淺鄙亦得以寸長自效然則念先此

編將復何疑若謂某宜錄某不宜錄某宜多某宜損請以其詩質之抑又何疑詩云謀夫孔多是用不集念先能自信不必信人倘終不能間讒慝之口余敢以身任其咎

藏說小萃序

陳繼儒

藏說小萃者江陰李貫之所集本鄉說部凡七家如湯大理之公餘日錄張司訓之宦游紀聞張學士之水南翰記朱太學之存餘堂詩話徐山人之暖姝繇筆沐遊錄唐貢士之延州筆記而其祖戒菴老人漫筆皆附焉貫之刻既成輕舟五百里問序於余余惟海內聚書之家百不得一即有之非卷帙浩大則多收宋刻以角墨楮之精好而已

其實皆耳目所恒習也書之難難在說部余猶記吾鄉陸學士儼山何待詔柘湖徐明府長谷張憲幕王屋皆富於著述而又好藏稗官小說與吳門文沈都祝數先生往來每相見首問近得何書各出笥秘互相傳寫丹鉛塗乙矻矻不去手其架上芸裹緗襲幾及萬籤率類是而經史子集不得與焉經史子集譬諸粱肉讀者習為故常而天厨禁臠異方雜俎咀之使人有旁出之味則說部是也第小說所載其中多觸而少諱子孫之賢者扃錮不敢行而不肖者瞑然如坐雲霧中不解祖父撰述為何語間有詣門而求之彼且狡獪掩匿詫以什襲之藏邀以千金之享轉

展一二傳而皆已化為鼠壤蠹夾中物或轉授竈下婦截翦薇材甚則付酒家如靈武告身僅博一醉耳李貫之有道士也孝友忠信沈深讀書獨能收合先輩之遺編補殘訂訛不惜餘力頓使延陵諸君子之風流標格亡之子孫而傳之君子其亦有功於一鄉之文獻矣當今好古者苦不見嘉則蓬山三館四庫之藏而訪書之使如漢之謁者唐之各道御史皆無專命則搜求隱籍不得不屬之二三宏覽博物君子貫之非其人哉貫之祖戒菴老人好著書垂九十不少衰而貫之又能善繩祖武正如談遷世為史官向歆較讐天祿虞世南顏師古繼為秘書令其宏覽博

物代有本原非世之羔飾獺祭者可同日論也若使倣貫之例推而廣之鄭夾漈所謂因代而求因人而求因地而求者其法盡在乎是它日異書輻輳四面出使臣且將藉手焉奚獨為延陵一鄉之文獻而已乎

從野堂存稿序

方岳貢

予讀漢史至劉子政使所親上書言宏恭石顯等為恭顯所覺下吏雜考未嘗不三歎也武宗時郎李獻吉為大司徒劾閹瑾章獻吉幾殆賴其友以免嗟乎士君子出身犯難以與權奸爭一旦之命者類皆弗勝而同心與議之人亦必支蔓鍛鍊盡敵而止彼固以必如是而後莫我難也

今觀西谿先生更有異焉甲乙之際蓋難言之腐夫竊柄於內宵人嚮道於外海內汲汲不知所措應山一擊事雖無成而天下正義有所歸矣先生與應山友善疏稿與聞是誠有之附逆者謂此疏專出於先生而先生之禍以烈大獄一起歎首陽而齊李杜固其所也特怪恭顯劉瑾皆身借叢神口銜天憲其怨言事之臣何啻貿首哉而子政僅除名獻吉亦奪職耳先生事稍異於二子而遇禍獨酷此何故耶蓋子政雖以宗屬被知遇然少典尙方鑄作有誣誕之譏後以經術起家耳獻吉獄獄著節先朝而世不免以文士目之故其事易解且也逆瑾之禍閹人與人主

合而外庭攻之急故薦紳多被其難此如疾風暴雨之傷物也逆賢之禍小人與君子爲讐而借閹之威激閹之怒以快其所欲如持斧斤者引繩而批根莫能遁矣先生清心疾惡遇事風生君宗之望久繫人倫卽無草奏之疑詎能免耶逆賢卽無所致恨於先生而謟附之徒能使先生一日不入黃門北寺耶世傳逆賢之焰未張也福清意欲彌縫之使不爲我害而先生以大義責福清甚力其後應山疏出福清意不以爲然知時勢不可爲遂引疾去夫老成謀國之苦心固將爲擾龍蛇而豢虎兕者然是時黨議已成內外膠固卽使從容端揆作李長沙豈所望於名德耶夫惟聖人達權其次則守義如先生所持又曷可少哉今主上握乾符整地紐首褒死節之臣卹贈先生如禮惟易名稍需耳天定之期又十年矣曩時拜節甫而鋤顧厨者相繼殛死或荷戈窮荒蒙首草野不得自比於人而先生之遺文在人間者至比於采薇之歌沈淵之作所以激揚清風者蓋萬世而未已也禍慘於劉李名亦過之孰謂善不可爲哉某先生楚闈所取士也生缺鄭宏訟罪之書沒無景毅自免之義追仰芳躅實愧古人因讀先生之文而潛然序之如此而且以易名之典望之諸名賢之主張清議者

兵鑑自序　李寄

兵非聖人所尙也聖人有時不得已而用之用之者非矜智鬬力以爭勝於天下用之正所以止之也黃帝非涿鹿之戰則蚩尤之亂不息湯武非鳴條牧野之師則桀紂之暴不除三代而下不得聖人之心因而不得聖人之法遂有殺人盈城殺人盈野之事聖人之法何如黃帝作指南車而大霧不能迷武王不愆於五步七步五伐七伐而如林之士倒戈有法則操必勝之術而天下蒙其福無則居必敗之地而天下受其禍此兵鑑之所由集也準之春秋以定其邪正本之通鑑以識其後先采之二十一史以備

其得失旁及稗官雜記以羅其鉅細凡可以準古而鑑後者無乎不載焉嗚呼豈得已哉悍夫戾卒妄執兵權以勇鬬爲能以殺戮爲事肝腦塗地勳業無聞得是而熟復之不待孫吳之書韓白之術而已恢恢乎游刃有餘矣豈非兵家之金鑑常勝之左券哉

李忠毅公年譜序

國朝　魏　禧

天啟中逆閹擅國日月晦蝕天地易位正人竄斥誅死最著者楊左周繆以下二十餘人江陰李忠毅公其一也公諱應昇字仲達年二十四中萬歷丙辰進士謁選得南康推官既爲御史敢直言時逆閹恣橫公屢疏糾之削籍歸

里復追逮詔獄身被毒刑以死天下痛之公死四十七年禧客毘陵公子遜之出公年譜見示且命之序禧受而卒讀氣結塡膺涕下不能止則又竊自奮發以爲日月晦蝕天地易位之時尚有人如是禧讀國史自建文遜國至逆閹之禍又身所歷甲申以還凡數大故天下忠臣義士殺身成仁者不可勝計莫不烈烈然上爲日星下爲河嶽竊嘗私論人之賢不肖當觀其大節大節既立其餘不足復較然不深究其生平則賢與尤賢無以見有當死生患難不奪其所守而事功無可稱或節與功並著立身居心不無遺議者蓋人之純雜偏全稟於性成於學問不可得而強是以論人者必先大節而其不徒以節見者爲尤賢今觀公年譜歷官所至清彊仁明爲諸生時師事吳霞舟先生所相與摩厲皆聖賢仁義之指然則公即幸不爲忠臣已足爲名臣又使布衣坎壈終其身而公之爲賢者亡疑也孔子曰國有道不變塞焉國無道至死不變孟子曰君子所性雖大行不加焉雖窮居不損焉蓋必如是而後可以爲君子也已方公被逮時道出毘陵留霞舟先生家賦詩論學二日然後去而先生後公二十五年仗節自焚於東海嗚呼豈偶然哉

江陰詩粹序

何爾彬

詩之爲道也欣戚本乎情性風氣應乎山川向披覽輿圖知澄江山水甲於南國意必有沈雄博大發爲詩歌者應數百年之風氣及余承乏茲土式延陵之舊里弔春申之故墟見君山諸峯嵯峨巀嶪大江浩浩莽流若吼慨然想見古之豪傑壬寅秋仲章陳夏朱諸子輯成江陰詩粹問序於余間從簿書之暇一展讀之如見數百年之名公鉅卿焉如見數百年之貞臣烈婦焉如見數百年之幽人獨行焉如見數百年之奇材劒俠緇流羽衣焉如見數百年之嘻笑怒駡悲歌慷慨焉所云沈雄博大應山川之風氣者其在茲乎昔延陵季子之觀樂也於韶有觀止之嘆以

其依永和聲一軼乎粹爾今澄江先哲之詩具在異日太史採風及此貢諸
朝廷比律呂而協宮商安在不共簫韶九成儀鳳皇舞百獸哉名之曰粹信不誣云雖然莫爲之前雖美勿彰莫爲之後雖盛勿傳俾先哲遺言與江山共其緜永者諸子表章之力正不僅元之輯杜王之註蘇功在一人已也是爲序

送荆黙庵學博歸丹陽序　曹　禾

黯然魂消者别而已矣至哉江文通之善狀别也别艮友黯然者爲合志同方之人别嚴師黯然者爲執經問難之士别艮吏黯然者爲沐浴膏澤歌詠勤苦之民若夫别仁

人孝子則合境中之秀者樸者施者倪者而同一黯然黯然於心有不容不宣之言者此予送荆學博歸序所由作也黙庵名子邁世爲丹陽望族早歲能文受知學使者張公能鱗食餼有年既壯以明經對策於廷康熙丁巳冬謁選得江鐸因母太夫人春秋高捧檄之日喜懼交併太夫人爲明宗伯吳公中行女孫剛直有祖風呼黙庵曰吾尙善飯且有汝兩兄在諸孫繞膝奚俟汝爲况澄江去此百里餘耳何難頻通音問以苜蓿爲甘旨乎能爲江庠師者卽能爲吾子毋忝乃職固所願也黙庵對曰敢不敬承母命戊午春先生辭母灑涕之官至則修祀典葺宫牆卹苞

苴别賢否學政一新士心大悅先生又設校士法月課歲會行之既久遂其中文行優長者得若干人鏤其文顏曰江上友聲以勵多士如吳子永福高子蘋朱子廷錦耿子勳皆後先獲雋焉先生又捐淸俸修講堂壬戌春延錫山名儒錢子肅潤講學其中都督劉公選勝設臯比於座二府牛公樞邑令沈君淸世戾止聽講先生率多士以從寒暑無間是歲中秋先生偕僚友陳君寅亮大會吾郡諸儒講貫經史圜橋而觀聽者以百數計講畢開筵玩月賦詩倡和制臺于公成龍聞之嘆爲空谷足音下其法通行郡縣學使者趙公崙欣然喜曰鹿洞鵞湖之盛於茲復見

矣爰撰序文勒石君山以垂不朽此先生不忘母訓振興文教之大略也戊午秋邑令何君且純以入簾稽省先生護篆匝月簡訟緩征民樂其便庚申春署府趙公森奉檄賑饑先生爲之設法令男女殊廠少壯異籌分士著與流民别病夫與孕婦紳士司穀耆老司薪府胥司簿籍輿隷效奔走營卒任扞衞宿火而炊未明而給日昃而止疾有醫歿有殮條理秩然纖悉具備凡百晝夜不遑安處活江邑饑民數萬而賑事乃竣辛酉冬制臺阿公席熙中丞慕公天顏知先生廉且能咸具疏以聞此先生不忘母訓小試撫字之一班也計先生宦予邑者前後五載士慶得嚴

師民慶得良吏吾輩慶得良友又共爲先生慶得賢母云明歲甲子爲太夫人大耋吾輩方擬躋堂稱觥詎意帷夏之初太夫人訃音突至先生匆遽而返邑人咸往送之士黯然於嚴師民黯然於良吏吾輩又黯然於良友之忽别也更見先生痓毁之容皇皇若不欲生者皆稱嘆爲仁人孝子而哀慼彌甚文通氏所謂黯然魂消者當不是過矣予方以備員史職未遑奔唁聞先生歸遂賦詩三章以贈之詩曰先生歸矣閉門讀禮講堂闃然孰爲徒倚唯餘凊風嘘我弟子先生歸矣刈其先疇農以易仕禾黍油油江民疾苦誰咨誰諏爲之燠休先生歸矣羊角扶搖鵬程萬

里牛刀小試自江庠始是用作歌以詒多士時康熙歲次癸亥秋七月

讀史大略自序

沙張白

士生斯世欲闡明聖賢義藴上以堯舜君民下以嘉惠後學舍經術治術莫爲功矣顧以訓詁釋經以空談論治不若取二十一史中古人已行之事鑿鑿焉詳其義利公私之辨成敗得失之分可以敷陳法戒開拓心胸且論史而經在其中也白少有史癖讀史之暇往往掩卷深思以已意論列之初無意於成書也自開闢以迨元末久而積之遂成讀史大略六十卷未嘗蹈襲前人一字獨抒心得與

致堂胡氏静軒周氏兩先生互相觸發者居多凡其中人品之賢奸心術之邪正聖學異端之迥别王道霸功之懸殊以至事爲千古之疑案（如桑林身禱太王翦商之類）古人有不能自白之隱衷（如司馬遷先黄老而後六經王旦不諫天書之類）莫不以意逆志曲爲辨雪頗能發千秋未發之秘其尤大者發明陳承祚身爲晉臣因晉受魏禪不得已帝魏黜蜀之苦心欲改三國史爲蜀漢書發明司馬温公歐公廬陵朱紫陽身爲宋臣不得已仍宋太祖薛居正梁唐晉漢周舊史之謬欲改五代史爲南唐書謂二十一史正而後百代有全史也亡兒晉著有小沙子史略一卷絶筆西漢不忍埋没附之帙中蓋竭四

十餘年之精力而後告竣雖芻蕘末議不足當金匱石室之藏然可爲聖君賢相論道之資可爲學士大夫稽古之助於經術治術皆不無小補云

澄江講堂序

趙崙

澄江本暨陽之地北枕君山西控大江誠瀕江保障也是地屬在毘陵郡縣實多文獻山川人物未可悉數紀其先賢講學者如東林書院城西講堂龜山先生闡程氏之奥紹興端平而後踵其學者不乏其人理學至今稱頌弗衰彬彬乎誠講學盛事已余講學澄江衡文畢訪舜山之故蹟慕延陵之高風時事不同風教固無殊焉余職在立教

而重慕乎理義竊思學校者禮義相先之地也秉鐸者正其心而後可教以五經敦其本而後可及乎諸子習鄉尙齒退讓以明禮也習射觀德序賢以不侮也文能敦詩說禮型仁講讓選造而升之武能節比於禮容比於樂折衝而禦之道在廣勵學宮者爲之倡始焉蓋儒本司徒之官兵屬司敎之職道參合一今聞學宮荆子子邁陳子寅亮立講堂設射圃因其舊而新是圖而又聘請錢子肅潤開絳帳可謂無曠厥職郡丞牛子樞邑令沈子濤世又贊襄相與有成類非俗吏之所能爲也又聞吾鄉文伯劉大將軍輕裘緩帶每升堂而觀釋菜鼓篋之業抑以仁義爲干

櫓耶余不禁欣然喜自兹由一邑而倡各屬而鼓導江南將見絃歌之聲徧及於遐邇余異日再至君山登斯堂也攷虎觀之同異觀矍圃之揖讓彬彬爾雅正心敦本彷彿濂洛關閩之風文獻庶幾無媿焉廣文或告余曰自堂構聿新之後少長咸集講習歷寒炎不輟登斯堂者咸集禮而慕義身通六藝者弟子自兹益進倘始之終之無怠無荒庶不負余廣勵風敎之意也多士勉乎哉

徐霞客遊記序　奚又溥

霞客徐先生記遊十卷蓋古今一大奇著作也其筆意似子厚其敘事類龍門故其狀山也峯巒起伏隱躍毫端其狀水也源流曲折軒騰紙上其記遐陬僻壤則計里分疆瞭如指掌其記空谷窮巖則奇踪勝蹟粲若列星凡在編者無不搜奇抉怪吐韻標新自成一家言人之讀之雖越數千里之遠而知夫山之所以高川之所以大與夫怪木奇材瘴風暘暑之所侵蝕淫霖狂颶之所摧濡蛇虎盜賊之所脅伺野泊郵羈傖父山鬼之所揶揄而激觸凡自吳而楚而兩越而黔而滇一切水陸中可驚可諤者先生以身歷之後人以心會之無不豁然於耳目間也不誠自古及今未有之奇書也哉是非先生之人之奇不能有此遊之奇而非先生之遊之奇亦不能成此書之奇也惜先生

歸未幾即捐館舍是書未經謄寫時有會明季翁者設教先生家見而奇之恐原稿久而失傳爲之分其卷次訂其前後手錄成帙遂郁然大觀不意鼎革時原稿遭兵燹謄本又缺幾有玉毀珠沉之慨而先生姬妾李氏出嫁所生介立李翁痛遺文殘缺訪得於義興之故家塗抹刪改非復廬山面目翁從日影中照出原本一一錄之雖其間不無少缺然不啻已毀之玉復出崑山既沉之珠又還合浦得以一顯其奇者固亦不幸中之大幸矣予生也晚不獲追隨杖履探奇歷險然讀先生之書庶幾竊擬宗少文之卧遊焉壬午冬從先生之曾孫觀霞遊乃得縱觀其富袖

歸手錄五越月始告竣嗟乎記之失而復得缺而復全不至終歸湮沒者殆如金之鍛鍊於冶而愈耀其精神松柏之摧折於霜雪而虬結盤鬱益奇以固也蓋有天焉不可強矣以先生之人之書之奇固非窮愁著書者比也而析奇闡秘爲天地間鴻寶然設不爲久遠計能保無鼠蟲狼籍而終歸散軼耶世有同志見而愛之願弗以自私壽之梨棗予將拭目望之

錄徐霞客遊記序　楊名時

己丑仲夏將赴淮浦舟中無事展閱外舅南開先生所鈔徐霞客遊記抵寓後既終卷念其平生胼胝竭蹶歷數萬

里衝風雨觸寒暑者垂三十年其所自記遊蹟計日按程鑿鑿有稽文詞繁委要爲道所親歷不失質實詳密之體而形容物態摹繪情景時復雅麗自賞足移人情既可自怡悅復堪供持贈者也因手錄而存之凡兩閱月而畢曰是殆負邁俗不羈之志狂而不知取裁者與觀其意趣所寄往往出入於釋老仙佛亦性質之近使然而其爲人之奇偶豪宕於斯槩見未可沒也古之殫心於天文地理之學以成名者寘搜閎奧曠覽幽遐每出於踪跡瑰異之士自非有好奇之癖亦孰肯蹈絕險赴窮荒敝精力以爲之哉若其足以裨助見聞正於學者不無補也今觀國風二雅所陳禹貢職方所紀以及地理河渠諸志皆詳山川風土以爲農田水利施政立教因時制宜之具其間蟲魚草木之產兼資多識聖教不廢茲非其足相發明證佐者與切而言之深山大澤流峙終古皆天地法象示人之至教本生人所應窮歷特以手足之力有限百年之期若瞬勢弗能親至而目見得斯書也苟力所可至境所適逢固可展卷披對按所已經者以爲程而所未能至者亦可以心知其槩如涉其境焉昔夫子亟稱原泉曾氏風雩詠歸蓋造物與遊所以涵泳天機陶寫胸次案頭置此如朝夕晤名山水於几席間詎非仁智養心之善物耶抑尤有足以

警心者霞客之遊也升降於危崖絕壑搜探於蛇龍窟宅亘古人跡未到之區不惜捐軀命多方竭慮以赴之期於必造其域必窮其奧而後止學者之於道也若覃思鼓勇亦如霞客之於山水則亦何深之不窮何遠之不屆且入焉而安會無犯難輕生之虞味焉而腴非有飢渴疲憊之困其爲高深美富奚啻於洞壑泉石之奇岱華江河之大哉有志者可以觀此而興矣余既喜其書之不爲無益且以其足爲入道喻也爰爲之序以自勗焉

楊氏全書序　盧文弨

根之盛者枝必蕃源之深者流必廣人之爲言也莫不本

於心心者言之根源也人得天所賦之理有完有虧其研究事物之理亦有明有暗故其發而爲言也有厚有薄有通有滯若其一無罅漏一無偏倚是唯聖人爲然高第弟子如子張子夏之倫已不能無過與不及之失後世儒者亦或能因文見道而醇與駁每互陳焉若晦菴朱子其醇者爲獨多矣世有知言者聚古今作者之文而差等之其高下亦豈難辨哉吾於江陰楊文定公之文而歎其實理之充乎中也其一生不嗜雜學所朝夕玩味而推闡之者唯是四子書及五經周程張朱之書耳安溪李文貞公其學粹然一出於正公之座主也時以所業質正焉抒其所

獨得於古大儒之說覺其有未合者亦不肯輕徇也顧文貞獨是公言如開流以納泉而無所不渾合爲一也是公於學問之道勤勤如此既而歷封疆經困厄亦無一日廢學其羈留於滇也恬然若將終身焉有從之講學者輒爲剖析疑義標舉要旨而詳語之未嘗厭倦也是則公之邃於學而益擴其本然之明也若夫得天之厚自異凡人然吾亦安能識其分數之何似但熟察夫公之事上接下尊師信友親疏厚薄之閒一皆眞意之旁薄鬱積所流注孟子所謂至誠而不動者未之有公實以之故卒能以功名始終天下莫不以公爲正人此其戰兢惕厲以蘄不失乎所受之正理者灼然可信矣公所撰著視朱子爲約而其醇殆足以相匹蓋其平生本末未嘗沾沾欲以文自見而言爲心聲其本盛矣其源深矣道德政事具見於斯使百世之下頑夫廉懦夫有立志者非文曷由以見公哉

試畯堂集序　王芑孫

儕嶠於今天下交遊莫余久故自爲諸生取科第登
朝出入中外三十年凡其出處大畧下逮家人纖屑以若性情意趣之所存知之莫余悉則於序儕嶠詩莫余宜及是甘肅布政使同年嚴君匡山裒取其生平古今體詩若干卷刻以行世爲之序曰儕嶠以其先大父非池府君爲吳

縣學官生於吾蘇州故以爲名少通敏承先公東田之學博覽強記操紙筆數千言不自休南昌彭文勤公視學試蘇州得余夸異之及試江陰得儕嶠童子中大驚又用以夸余蓋蚤成若此其爲人剛中有守介特無所倚不隨形勢爲燥濕居恒混混處儕俗不見厓岸遇所不可雖百賁育不能回其意既登詞館猶以貧授書自給出無車馬并斷造請在翰林有名未嘗一得衡文之任爲御史敢言蹈愆悔不自知久之出守衞輝守郡者相沿皆黙視上官意指不自出可否其於州縣委曲將迎先意承志或有甚於上官君獨時時奮髯抵几無鉅細一手操之大要歸於忠

厚而實事求是不苟依違以是動輒多忤見謂難近然君故精潔無可吹求尤善折獄他守所疑難君至立剖其間上官有清正者卒倚重君卒薦最以獲

召對君既入對

賜一級遷擢有日矣念太夫人在鄉引疾遽歸歸三年滑縣事起河以北騷然人始服君前此之治又以見推須云余與君偕受知

高宗朝京居相隣比以詩相贈答其後君所涉廣所作益多感物造端情辭婉約吐納風流不類其爲人讀者將有訶如宋廣平之賦梅花韓昌黎之詠銀燭金釵夫廣平昌黎豈欲爲如是之鐵心石腸哉風會相激勢使之然而蒙謂之鐵心石腸彼其中固自有愔愔乎與世俱深未易喻諸人者故余序儕嶠詩特表著其詩之所不載庶後有知言君子論其世因以想見其人焉

助賑錄序　陳希敬

希敬令澄江之三年癸巳歲中稔既畢實秋冬之間淫雨大至禾盡壞既履勘得實且以狀聞之大府顧冬災非例也大中丞侯官林公得狀惻然曰是不可以格於例而不之請遂飛章入

告得展緩如例蓋曠典也會學使少司空閩中廖公按部還希敬迎謁馬前首詢被水狀且曰宜有以卹之希敬退而下其議於邑丞常君恩等檢邑中故事設法勸捐束紳士理而董之少司空公首捐廉倡焉太守新城汪公繼之希敬亦出俸緡以佐其役邑人士罔不踴躍從事量力捐貲自千緡至數千緡者有差閱三月蕆事捐錢八萬緡有奇隨時賑給而江民賴以不饑江南號富饒地財賦甲天下邇來或比歲不登民力亦少匱乏矣矧江陬一小邑山圩垾蕩縱橫萬餘頃耳民多土著棉而織禾而耕舍此無他生計其地東南依山多高原西北瀕江多窪壤他時遇旱潦二者或偏歉獨去年之冬禾垂刈而變數旬無見晹碌碡無所施鬱蒸紅腐高下一律先是秋多大風禾棉當花時固已壞矣是故名曰偏災而困憊倍他日夫以蕞爾之區承積歉之後舉農桑專業之民而當此高下並困之災中戶以下亦僅自完耳乃捐令一下解囊指囷趨之如流水一邑之內捐錢至若干萬可不謂勇於義者歟卽成周之世睦婣任卹奚以加焉雖然自非諸大府奏緩倡捐於上何以能山鳴谷應奔走恐後如此其神捷也亦非諸紳士善體諸大府廑依民瘼之意指揮經畫克殫心力於下何以能百弊剔除萬民安堵如此其周詳而妥協也希敬官斯土養斯民雖夙夜焦思拮据不遑且兢兢焉以不克盡

分是懼未能免咎逭敢云勞事既竣例鐫捐賑錄以爲徵信爲書其顛末於簡端云

記

君山浮遠堂記

宋　仲并

紹興二十五年正月江陰趙侯智大至郡踰月矣以書走旁邑告常所往來者曰窩之奉命來試郡父兄朋舊苟有以告我無憚道路余發書喜甚卽日陽羨具舟陪諸客謁麾下侯爲陳醲豆道平生驩且條畫所以爲郡語灑灑可聽蓋事無細大斬斬皆有綱紀後二日請辭曰余無以告侯矣不敢以久溷館人侯掩耳不余聽也翌日又辭益相挽留如初然熟視色辭若有所懷未吐也因謂曰豈有以命我耶笑曰然哉蕞爾邑介於數大郡之間疆洫井閭與凡貢輸之入不能當他郡之十二三唯嚮山背江風物殊勝他郡或無有也嘗試與子踵君山而望焉行郡城而北纔里許至君山相與登絕頂又謂余曰郡奉朝廷卹民之令凡土木之工病苦閭里者一毫不忍爲邇者撤浮屠氏之廢廬葺其材付主寺事者使新斯堂於山之巔闢戶而南峯巒起伏東西聯亘嵐煙煗翠蕩漾几席侯曰此未爲偉觀也乃凭欄而北淮飄海船十百相銜長江接天不可涯涘觀者爲之改容眩目焉且江自京口而東距海爲不

遠地浸傾下又東二百里而後至此江流益瀠洄演迆無甚怒極湍之勢每風平浪止淵渟鑒靜晴碧湛然而一堂之上西望京口東屬於海豈有以目力爲限際蓋愈望而愈無窮也客有誦東坡江遠欲浮天之詩者侯曰是可以名吾堂矣謂余其遂記之嗟乎江山之勝非名人達士煥飾表見之亦不能自勝也樵夫牧叟生長游處其間不知江山之爲江山也僧廬道院往往占江山之形勝而其徒知江山爲江山者幾何人騷人墨客與羈旅憔悴之士間能攜筇躡屐把酒賦詩取適俄頃亦何能發江山之勝槩使聞者願來而至者忘歸乎郡侯縣大夫力固足以辦此然汩沒文墨間知江山之爲勝者又幾人能從容了公家事知江山之不害爲吏者益可數也至於新棟宇臺觀極一時登覽之雄以暇日從賓客徜徉醉詠其間當於前輩勝流中求爾異時斯山之顛黃茅白葦樵者之所裴回而敗屋一二椽過者懼壓焉不敢少跱立其下今侯到郡未幾不勤民力不索公帑之藏使千古江山之勝自我煥發是可書也將移是而施諸有大於爲郡者則夫易卑陋苟簡之習爲高明偉傑之觀皆當如斯堂矣侯天枝之秀蚤歲以儒學登進士第嘗賜對便殿擢丞奉常已而出佐三近郡有能聲行光顯矣

新建貢院記　葛邲

江陰自僞唐陞建軍額皇宋因之遂爲浙西望郡賓興之歲士之試於有司者幾千人試無其所則寓於迎福僧舍僧舍不能容邦人至率私錢增創廊廡卑陋褊迫試者病焉淳熙庚子四明樓侯自樞密院編修官來守是邦卽欲卜爽塏之地而新之會歲饑弗果明年洊饑又不果又明年大熟治成政定可以爲也而侯秩滿當更自恒情姑幸脫去豈復爲士子經遠計哉侯曰其可諱勞以累後人於是相城東北隅得地負倚席帽峯而秦望君山拱揖於其前遂以其年八月庚申經始而十月甲子落成門廡堂室

庖湢備具各七十楹顯敞宏麗翬飛雲矗邲嘗謂科舉之法鄉舉里選之遺意也公卿之子弟國之秀民不由是以進則人不以爲貴故天下共趨之今之州郡知竭土木於游觀之所而試士之廬則指爲迂緩而不屑經意至於取具臨時風雨不庇所以待士者輕亦何以責士之自重哉江陰本毘陵一邑貢士之額九人娼嫉者或以爲過紹興乙卯歲混試毘陵而江陰預貢者乃十二人拔其尤而爲舉首者亦江陰人也蓋得江山之助故其人秀而多文有淮楚之風故其人愿而循理今遂爲多士之地院既成而侯去始知侯之德不可忘也侯名鍔字巨山以經術決科以儒雅飾吏孳孳愛人能加惠學者是可書也已

尉司新建弓手寨記　袁燮

江陰軍舊兩尉蓋控扼之地不得不然東尉既省事併而專其責逾重弓兵常置二百人視旁邑爲多養之亦加厚所以銷奸宄安良善爲江壖之保障也始予得尉茲邑或曰阻江而盜多予甚憂之既至而攷弓兵之籍多闕不補詢武藝之教亦復久廢乃多方招募營葺射亭謹閱習法而至者常先後不齊察其故則遠者居數里外稍近者二三里而家於尉曹之旁者纔數人予喟然歎曰此曹之設本以備不虞爾羣焉而居猶懼弗及散而不聚如緩急何

欲擇便地爲營役大用艱莫闓其端乃請於常平使者羅公求頃歲傭錢之未給者千七百餘緡與夫在官之田爲之基公忻然從之田散而不屬以易私田廣三十畝鄰於閱習之場爽塏寬平卜云其吉鳩工庀材考極相方矣會御史吳公力言弓兵利害宜拘之營以革散處之弊上施行之太守侯公奉命惟謹乃輟郡計錢以緡米以石者二百木三百章以佐其費羅公行部至而觀焉復給錢三十萬以竟其役蓋經始於丁未之仲春而告具於是年之季冬凡爲屋百七十六間而棲神有宇宿甲有房勸功有亭凡授屋人處其一有功者加半或倍之董役而有勞者三

之未有室者兩人同之於是向之散處於外者合而爲一等級相承上下有列而又穿渠瀦水足以備災鑿石爲梁無病於涉里中好義數家復以地假我乃翦榛莽闢通途而營壘備矣凡役之興謀之而無阻爲難謀之無阻而又有助焉尤其難也是役也諸所與爲悉倣軍營制度而瓦木竹葦之直皆豫給之事克有濟而於民無擾得非沮之者微而助焉者衆歟然尤有懼焉葢自古業無細鉅其能傳諸久遠者皆作者經營於前而繼者維持於後也予鄙人也罷精憊思而不敢告勞以備不虞始盡吾心焉若夫因其緒業加之潤色使居其中者常聚而不散聞其風者

畏憚而不敢發得無望於後人兹予所以爲之記也

冰玉堂記

高似孫

晉江韋氏令襄邑律己頌曰乃冰其淸乃玉其白琅標瑩槩凜凜若對江陰宰林君采之以表今堂勵志也夫有山川斯有人物有人物斯有正事脈絡貫通如出一機軸江陰介乎濤渚之間蘆荻蔽水雁鶩所容神魚樓蜃出沒變怪漁榔琛船縹渺煙雨霽雪之鄉李成郭熙復生莫克殫寫以邑輔郡巋然一都而林君以才智風猷裁剸而施行之飢者盡飽病者盡甦濟有新梁囚有淨榻已足以偃服若吏與民矣又化榛莽作丹靑滌穢陋爲芳楚風亭月榭

釣渚弋林各得其宜處處詩酒主人旣甚得意客又皆趣而忘歸一聆咳談如與樂衞游一舉豆觴如與鮑壺接塵不敢扇衣寒且香吁敢問淸乎濁乎徠斯堂者孰不嚼且仙乎環壁左右則徵君呂公墨帖也和靖林先生句圖也豈不淸之又淸歟東坡贊歎和靖以爲吳儂生長湖山曲呼吸湖光飲山淥不論世外隱君子傭奴販婦皆冰玉嗚呼感人格物之機其妙出於影響之捷則頑夫廉懦夫有立志其有動於夷之淸者當如何哉吾甚恨不能游君堂飲君酒姑述君志以答君請

鄉飲酒記

蔣汝通

鄉飲酒禮成周盛時靡歲不舉由漢及唐間見方策暨陽古季子國僅行於紹興間禮廢樂缺迨今百年往往視爲迂闊而念不到此也郡侯史權院寓之篤意舉行遣辭喻指命鄉之耆秀參訂異同潤色綿蕝修廢典而新之吾黨胥悅翕然鄉風曾不及月咸熟於事乃以紹定壬辰春日釋菜於泮宫蕆禮於貢闈凡仕隱爵齒之尊鄉曲貢舉之彥國學京庠之隸籍堂校月評之蜚聲與夫名閥故家之勳與德寓公時貴之子若弟文武僚屬共事觀禮各盡敬恭是日也冠帶班列豆籩有楚主賓之揖遜蹌再歌笙之升間以三濟濟蹌蹌雍容和樂獻酬交錯情文粲然燕席

序登爵樂無算純音縟禮皆疇昔耳目之所未接禮義之心油然以生賢侯有功於名教多矣敬紀其畧使來者有考焉

江陰三義記

元 史自守

延陵君子裔吳重字士宏宋侍郎博古七世孫也張士誠竊據江東時江陰朱左丞名定者僞吳黨也嘗借糧於吳重弗與定銜之誓滅其族越數日統兵至纖墩馬墅村圍焚重居時重妾張氏負其八歲兒吳遠竊出兵戈煙焰中藏之白蛇港蘆洲復念其嫡與次兒在龔萬一可挾以出乃復歸而死賊手於是吳氏無噍類獨蘆中孤在耳比

旦有顧老漁者見孤在蘆洲急攜匿漁舠爲子易敝衣棹出江從他港至雲亭河邂逅其姑壻陳子章正驚聞吳重遭變而皇皇訪其後也老漁見子章意誠切乃告以孤并美服金珠帽還之子章即以贈老漁辭不受鼓枻去子章挈孤還至所居迎福寺前改姓名爲己子育之成人贅蔣員外士昂家遠既長德子章甚因自字世銘生五子謂陳氏之恩不可忘吳氏之宗不可滅命長子宗仁復吳姓而宗禮宗義宗智宗信皆陳姓以示報焉至正丁酉明太祖命江陰侯吳良討滅朱定褒制所云水寨擒朱定之功尤爲超卓者是也定之不義而滅門報復不遠重守義之正

而不資盜糧殆知天命有歸耶宜其一綫僅延百六十年來陳吳皆蕃衍也黃常謂妾似杵臼漁似程嬰子章義兼嬰臼得之矣世銘不忘本抑亦可風也歟

汗竹巢記

張端

巢吾廬也汗竹吾書也合書與廬故名汗竹之巢或疑而問曰子以書爲巢而居乎以廬爲巢而有其書乎以爾書構爾之巢乎以爾巢容爾之書乎予答曰皆可也以廬爲巢而居則以吾巢容吾書矣以書爲巢而居則以吾書構吾巢矣然則何爲皆可吁若知茅茨而圭竇者非吾廬乎簡而編韋而貫者非吾書乎書實乎廬之中廬包乎書之

外曰爲廬爲巢而有其書可也曰以吾巢容吾書可也此固不待智者而知矣然吾於書非闚焉而止也闞聖人之牆而求其門登聖人之堂而造其奥仁義以積其基禮智以辟其牖户渴將飲乎德淵飢將味乎道腴居焉息焉出焉入焉以事育吾父母妻子貧富貴賤將終身而勿舍是則曰以書爲巢而居可也曰以吾書構吾巢可也故廬可無也書不可無也廬而無也則風雨不蔽風雨不蔽則傷其軀而已書而無也則道不明道不明則至失其心而忘其身然則廬非吾巢而汗竹誠吾巢矣此豈若所易知哉客退因筆之以紀吾巢

縣署小記六首

達觀樓　　　　明　黃　傅

樓凡三間周遭闌檻八面皆牕闥四遠蒼莽窮望無際東窺海虞西盼晉陵北枕君山南挹由里而太平之塔卓然正中與君山賓主相直如引繩嘗以公事之暇憑闌凝眺隱几沈思見雲來鳥逝草榮木枯與人物馳擾市聲喧闐或沙際獨漁雨外耦耕山梁樵謳平蕪牧笛紫陌蹄輪青樓簫鼓長衢狗馬高冢麒麟燈火人家砧聲院落雪晴月黑鄰雞野犬一切可喜可愕可悲可怨憤懣譸嘷幽憂寂歷千情萬態攬而付之百年之光陰都如亂絲投火滓雪

入湯翕欻消滅無復痕響昔之崢嶸磈礧塊然天地之間者始不知其從何而來後又不知其從何而去賈生所謂鑪工銅炭者豈真是耶若然則於世人之所汲汲汹汹者可以少任之矣遂命曰達觀樓

省吾軒

樓下兩端爲密室皮架版籍虛敞其中北面東庭爲小坐之所臨庭爲步廊不置門壁疏達明照豁如也障其南縈以爲軒軒前累壁傅堊爲高牆牆下亦爲磡砌種蘭八九莖砌前對列五石甕二養蓮數十本每退自公時至此軒反手掩戶面牆獨居事物既遠志慮清明客氣不擾天理全露反觀內省且晝所爲何者爲國何者爲民何者爲家何者爲身有喜有怒其公其私有賞有刑其當其否作何事功應何經義接何人物見何賢才心所存主理欲何如口所論說畢竟是否省之又省面背汗赤遂命曰省吾軒

澄心池

池約三畝中涵兩坻縈迴旋繞渟瀯演漾綠池四周間種桃柳錯以芙蓉茭蒲蒙茸菱荷點綴水花舒香野禽狎泳天光樹影湛碧澄鮮簿書獄訟之餘神情憒瞀胸中如積塵百斛便往池上拂石危坐注目漣漪遊神碧落如炊五斗黍時則毛骨清涼臟腑澄澈恍然自失以爲身在瑤天

銀漢之上吸雲液而遡泠風忘其在塵世簿書筐篋之間也遂命曰澄心池

寄傲臺

臺在渟瀯之心架橋而渡累石甃甓爲之廣一丈八尺長二丈六尺高七尺上有菀柳陰垂半畝橋東葡萄架覆池上與柳交蔭柳下設石墩四五坐墩畔倚綸竿有鈎無餌臺北端爲石磴入池濯磴前澄水爲小方田塹以編蕩泛荷花數百頭平時奔走塵土中覺堆阜生胸臆間懷抱蘊蠖無處吐洩則一往臺上把釣弄水招呼魚鳥狎弄風花以寫散之或鄉有親客則亦引置園池舉鼎臺上然火

沸湯設餌出魚投鼎作羹酒五七行豪氣橫發則鋪席而臥仰視雲霄把竿擊節楚聲高歌既又曲肱旁睨臨水開花倒影交暎神爽飛動直欲吞海嶠而抆江濤奴卒晉楚而負劒隨光也未幾堂吏抱牘趣起視事一時浩興頓就韜卷遂命曰寄傲臺

富春洲

谿東橋至臺復倚臺爲西橋至洲洲方一畝四面際水水畔亦種桃及芙蓉洲心雜樹杏李櫻桃梨梅各數十株春朝明媚時羣花爛開則岸幘獨往直入深叢徙倚徘徊樹幼土腴花盛而繁積密堆曡不露柯條紅花赫赫照面如

豕平生苦貧紈錦絕交竹牀木榻素無帷帳一旦得此豈啻金谷結綺而又雍容順適顯受無慚蓋天畀之至富也遂命曰富春洲

鎮躁園

園東西九十步南北六十六步種蘆菔芋魁韭薤瓜瓠莧陸茄芥各一二畦北牆之陰養竹數百个蕭疎蓋地矣於是日出而作了公家事視門無壅候則退遊此園翫弄諸勝惟日戀戀永懷欠缺心有餘愛景不充欲願言滯調覆恐速遷京雒無書雲山有夢憺乎頹乎委順任化遂總而命之曰鎮躁園

梧溪書院記　張衮

邑大江之東黃山蜿蜒橫亘數里曲折而北則雞頭灣在焉崖石多奇狀榛莽蒙茸彌世伏匿過者不問予表兄方君嘗督樵山中望見異之亟援蘿而上鑿巉巖薙蕪翳披靈發朗得勝槩焉名曰二島四面樹桃以千數合而名之曰小桃源云登二島望大江風濤檣烏畢獻左右而孤山壁立江中如冠峩玉君日游泳其中出則登邱隴坐斷岸弔古蹟而悲歌客從遊者日益衆君又以茲山故名席帽元人梧溪王逢嘗讀書其處號席帽山人紘誦之跡冠島之藏君日與好事者議祠之累歲不果嘉靖癸巳李大夫

元陽來領縣事雅尚邱壑搜羅俊逸得君議建堂五楹簷牙翬飛突臨江湍背負崇岡松林迆邐而結曲廊廡亭臺次第是舉二島加於舊矣予攷逢處士也史不特見至正間瀋陽周伯琦序梧溪集中稱逢以文學操行名世當時險巇逢以一言定亡命降惡少幾萬人又瘞錫人鋒鏑之殘骨合而冢焉蓋有恩於茲土者不僅獨善其身云爾也是故表延陵之墓則雄節著矣望峴山之碑則客淚潸矣慕潁陽孤竹之標尙則饕餮閟矣方君之表梧溪李大夫之善助以風邑人其意不出諸此乎方君名謨别號艸窗公讀書萬卷晚游太學不願仕實有寵於茲山并筆之以

刻諸巖石

落落齋記

國朝　魏禧

江陰李忠毅公有賢子曰膚公嘗刻公文行於世題曰落落齋集蓋公所自名其讀書之室以見志者也齋屋三楹潔樸無華前墀方二丈立石數笏雜植臘梅杜鵑數株自公爲諸生讀書於此迨以御史抗疏忤璫罷職歸田復稍加葺治今公集中載有改築詩一首可按已未幾即被逮詔獄以死時膚公方九齡奉遺命居榻村齋中夫公之神靈安此久矣攷公生平於世多落落難合自諸生歷官御史皆然不獨劾璫一事小人於世毀方求合遂至無所不

至孔子進以禮退以義伊尹非義一介不取與伯夷望望然去之狂之嘐嘐狷之踽踽涼涼孟氏之囂囂皆是志也世之工鄉愿苟且偷容動以柳下惠之油油爲口實獨不思三公不易其介爲士師三黜非落落其孰爲之予生晚不獲見公幸因膚公請敘公年譜今又同吳霞舟先生之季子公及訪膚公赤岸得信宿公齋肅然如臨神明焉古之名賢見其遺器敗履所偶一經過觴詠之地猶爲之徘徊戀慕慨然於九原之可作况交其子而起處其讀書棲魂魄之地孟子曰頑夫廉懦夫有立志其無愈於聞風之與也歟膚公當國變即焚筆硯絕意功名性疏懶不治事而獨好學以詩文自娛入其齋書帙縱橫凝塵滿席膚公方上下今曩著書論世余以膚公之爲子洵無愧於斯齋者於是復因其請爲之記

聽鸝軒記

薛皐

乾坤翻覆閱六稔重見膚公燈下故人恍如夢寐相泣也已而相慰勞乃示聽鸝軒詩貞心勁氣蔚爲鴻辭既勉酬以下里膚公屬予爲此軒記予辭以游履未及殊難寫生無已君口臚之予手載之乎膚公曰此中風物語焉弗詳且藥欄蘚石人間常玩何煩繪組抑兹軒之得名重可哀矣熹廟丙寅先忠毅將從龍比游地下檻車感賦曰寄與

兒曹焚筆硯好將犁犢聽黃鸝用以名軒羮牆見之耳予乃愾然盱望歎古今名區勝蹟奇麗天成洞心駭目者固不待人以有傳容有孤嶼平蕪短亭荒圃風氣淒黯漠然無奇或爲大動者德之故居高人勝士所棲遯或儁才巨筆嗟歎詠歌或孽子孤臣忠魂浩氣所欷歔而歎嘯其風聲氣槩赫然峙嵩華瀚海之上後賢行役羈旅跋履其間移情動色有黃陵古廟佛狸祠下之思木落歲寒登山送歸之想然則地以人傳固巨靈海若藏遯而拜下風者哉峴山以叔子傳午橋以中立傳平泉以文饒傳平山堂以永叔傳獨樂園以君實傳天祐耆英逍遙容與此忠毅闕

陷當年膚公侯諸異日者茲軒之在今日姑勿與爭時可也若乃汨羅水以平傳大窖以武傳北闕以寬饒傳殿檻以雲傳土室以馥傳風霜憯頼雲物愁凝開忠毅之先者也又若柴桑里以淵明傳浣花溪以子美傳淸閟閣以元鎭傳全眞遠害不嬰塵氛開膚公之先者也茲軒合二者而有之則雖太液芙蓉龍池柳色不得而加茆棘三楹寒鴉數點不得而損安取菁華鉅麗與金谷輞川爭勝哉膚公屬記不言風物之詳有以也比歲戈鋋橫地春燕巢林求雙柑斗酒聽枝頭好鳥不恒得或花薰風煖聲遞畫樓思賢懷古悅闞西壠畔大鳥翔集昔人拜蜀相祠隔葉黃

鸝見諸篇慷況孤忠淚墨熒漬汗青乎倘許摳衣軒際好音睍睆尚有典刑是亦中郎之虎賁也

雜著

澄江懶漁說　　明　高　啟

暨陽之江有隱君子常漁其上朝不緡夕不罛汎景逐波漫漫以嬉人見其不事其業因命曰懶漁衆漁每得魚而返集於浦漵之間炊鮮漉淸飮唱爲樂視彼獨㮮然則相與笑之且讓之曰夫農不勤則饑商不勤則匱百工不勤則無以成其器今我皆自力爾獨於逸我皆率常爾獨用荒不勞爾躬不勗爾志則何以㫗爾利乎懶漁曰吾終日漁而子以爲未嘗漁惑哉詩書吾漁之具也羣聖人之學吾漁之地也義理之潛道德之腴吾漁之所得也吾漁視子亦大矣何名爲懶乎衆漁慚而退高子聞之曰此善漁也世之習常務得而不大人之事者其衆漁之徒哉

劉氏三子字說　　王守仁

劉毅齋之子三人當毅齋之始入學也其孟生名之曰甫學始舉於鄉也其仲生名之曰甫登始從政也其季生名之曰甫政毅齋將冠其三子而問序於予予曰君子之學也以成其性學而不至於成性不可以爲學字甫學曰子成要其終也學成而登庸登者必以漸故登高必自卑字

甫登曰子漸戒其驟也登庸則漸以從政矣政者正也未有已不正而能正人者字甫政曰子正反其本也毅齋起拜曰乾也旣受教豈獨以訓吾子

祭吳團長文　　錢　錞

鶴洲主人憫吳團長之死也而弔之嗚呼予以千人拒賊之來千人走而予獨後汝以百人追賊之往百人免而汝獨死噫予幸而汝不幸耶哀汝所以傷予也汝死矣予哀而弔之彼未死矣不知前之走而免者與夫聞風而避者其愧死乎否也一勸一懲風紀攸係汝其有知信予心而頷之

鶴洲錢公行狀

薛甲

公諱錞字鳴叔別號鶴洲其先湖州之吉安人七世祖喜興事我太祖高皇帝有戰功授職千戶調遼府左衛嘉靖十八年改調顯陵衛護獻皇帝陵寢祖諱康父諱最生公公生而岐嶷稍長知讀書補庠生己酉中湖廣鄉試庚戌登進士第觀政於通政司壬子歲來知江陰縣事江陰濱江邑也上接留都下通兩浙天下有事勢所必爭公始至釐輯庶務未遑煖席聞浙中倭寇猖獗朝議添設總督重臣公度彼中備嚴賊必北上亟完城郭之未完者明年賊果犯蘇松時承平日久民不習戰應敵者以吾邑之兵爲

最而邑之精鋭復殲於太倉人情大駭公召募補葺城守僅完又明年四月賊至公遣兵逆之於斜橋三戰不利退營定山賊覘知城中有備不敢近大掠而去歲值旱饑邑中之盜亦起公百方撫字擒其渠魁寘諸法而解散其餘黨村鎮以安是歲之冬倭寇據柘林今年春復至三丈浦急趨吾邑之青暘鎮掠商賈之資欲還舟而三丈浦之巨舟已爲大參任公所焚遂南趨無錫攻城不入還趨江陰公禦之於石幢矢盡繼以瓦石公身被一箭賊遁出江而去公度賊志未滿必將復來預營於華墅待之賊果至官兵斬首九級相距不得進遂大合常熟之寇三千餘人從江路分半寇靖江其半入蔡涇登陸而來時公方率邑中之兵從兵憲王公援靖江不虞賊之至也得報亟還甫入城而賊已至大橋明日攻城不克退營於蔡涇閘距城九里爲久駐計每日分黨四掠煙火接天鄉民入城避寇者日近萬人公痛憤欲決戰而我兵不滿四百人合狼兵與鎮江之兵僅滿千人遂率之出城搏戰先是狼兵縱肆公懲以法銜公至是遇賊先遁餘衆望風亦遁公獨與親兵五十餘人奮然迎戰俄而草間伏起刺公公身被數刃遂遇害從公者二十餘人皆死死之時雷雨晦冥不辨咫尺賊持公首懸之營其夕募諜者得之始克完殮城中居民

聞變慟哭家戶設主事聞朝廷贈官光祿少卿蔭一子立祠於縣歲祀之公愛民之仁出於天性不忍纖芥有傷自癸丑用兵至是凡三歲而民不知有軍興之擾小民見事之集而亦不知費之所自出也自奉清苦儉約旬日不茹葷憤民被寇難時或不食食輒歎咤推案曰張睢陽亦人也家人勸之自愛叱之曰有怕死忠臣乎夏季應支俸獨已俸不支曰民傷如此何以俸爲潛以印印其裏衣恐郊原莫辨也蓋公痛民之深志在必死矣公政事精練如老吏其編徭與水利捕獲之法具有條貫公之編徭也酌量貧富不泥成法雖甚富不使困如庫役之類亦有貼其次

富之家一役重則餘役皆輕故公所編徭人以爲便其論水利也曰江陰濱江爲邑仰給江潮故水利有官導河有夫比他縣爲詳而開濬之事累歲不講潮沙壅淤歲厚盈尺今通潮之港皆爲平壤矣旱則潮不入澇則潮不出小民如之何不餓以死也吾欲均諸港以次而濬之約五年一徧工鉅者動官錢工小者使得利人自爲之庶其有濟乎遂開靑暘河并餘港數條以爲式是年果有秋餘未濬者所入不及也其論捕獲也曰捕盜不如弭盜斜橋包港之多盜非民性則然勢使然也此地西去縣治九十里東去太倉州治二百餘里民有負販之利而潤遠官府莫爲

禁制其爲盜固宜今若割江陰無錫常熟三界之地別立一縣使有管束則盜自弭矣因條五利上之公與無錫王尹先後履任王尹量無錫之田甚利於民公聞之曰吾邑亦猶是也富民子孫產盡而戶不知除豪猾里書飛詭而官不知檢戶已絕矣而黃冊之田每會一增誰其增之他如佃民之移易邱畝攘爲已業皆弊也吾欲爲之彼其先我矣倣前任黃公儁鉤距之法村鎭無賴爲民害者廉得其名以漸除之一縣稱爲神明初政頗傷嚴切逾年而更之以寬或盡日不笞一人至府必訪荆川唐君君勸之讀伊洛諸書亦雅善予每自謂根器未利於道未有聞有當道者以飛語作色於公公不能堪立仆當道者大驚予貽書以三自反事質之公亦愧悔謂予曰此後雖唾面不敢復爲此矣其服義如此公資性穎悟而剛果直截使加之問學濟以寬和遲以歲月其進尙未可量然卽今所自成其卓然特立之操所以挽頹風振名教者亦旣遠矣公尙未有子其夫人蔣氏宗室光澤王之甥女先公死事之四月歸侍公母太夫人周氏於堂六月十一日生一子而公以是月十三日遇害嗚呼仁者必有後天道其有知也夫女一人許字翰林某官之子公生於某年卒於某年享年三十有一卒之三月其二弟銖鋕來迎公喪并輯公家世

與其行實請狀於予將以告於太史氏而乞銘焉予不敏何足以狀公顧邑人愛公之情不容已也謹爲之狀

溯江紀源　徐宏祖

江河爲南北二經流以其特達於海也而余邑正當大江入海之衝邑以江名亦以江之勢至此而大且盡也生長其地者望洋擊楫知其大不知其遠溯流窮源知其遠者亦以爲發源岷山而已余幼考紀籍見大河自積石入中國溯其源者前有博望之乘槎後有都實之佩金虎符其言不一皆云在崑崙之北計其地去岷山西北萬餘里何江源短而河源長也豈河之大更倍於江乎迨踰淮涉汴

而後睹河流如帶其闊不及江三之一豈江之大其所入之水不及於河乎迨北歷三秦南極五嶺西出石門金沙而後知中國入河之水爲省五（陝西山西河南山東南直隸）入江之水爲省十一（西北自陝西四川河南湖廣南直西南自雲南貴州廣西廣東福建浙江）計其吐納江既倍於河其大固宜也按其發源河自崑崙之北江亦自崑崙之南其遠亦同也發於北者曰星宿海（佛經謂之徙多河）北流經積石始東折入寧夏爲河套又南曲爲龍門大河而與渭合發於南者曰犁牛石（佛經謂之殑伽河）南流經石門關始東折而入麗江爲金沙江又北曲爲敘州大江與岷山之江合余按岷江經成都至敘不及千里金沙江經麗江

雲南烏蒙至敘共二千餘里捨遠而宗近豈其源獨與河異乎非也河源屢經尋討故始得其遠江源從無問津故僅宗其近其實岷之入江與渭之入河皆中國之支流而岷江爲舟楫所通金沙江盤折蠻獠谿峒間水陸俱莫能溯既不悉其孰遠孰近第見禹貢岷山導江之文遂以江源歸之而不知禹之導乃其爲害於中國之始非其濫觴發脈之始也導河自積石而河源不始於積石導江自岷山而江源亦不出於岷山岷流入江而未始爲江源正如渭流入河而未始爲河源也不第此也岷流之南又有大渡河西自吐蕃經黎雅與岷江合在金沙江西北其源亦長於岷而不及金沙故推江源者必當以金沙爲首不第此也宋儒謂中國三大龍而南龍之脈亦自岷山瀕大江南岸而下東度城陵湖口而抵金陵此亦不審大渡金沙之界斷其中也不第此也并不審城陵磯湖口縣爲洞庭鄱陽二巨浸入江之口洞庭之西源自沅發於貴州之谷芒關南源自湘發於粵西之釜山龍廟鄱陽之南源自贛發於粵東之㴸頭平遠東源自信豐發於閩之漁梁山浙之仙霞南嶺是南龍盤曲去江之南且三千里而謂南龍瀕江乎不第此也不審龍脈所以不辨江源今詳三龍大勢北龍夾河之北南龍抱江之南而中龍中界之特短北

龍亦祇南向半支入中國惟南龍磅礴半宇內而其脈亦發於崑崙與金沙江相持南下經石門麗江（東金沙西瀾滄二水夾之）環滇池之南由普定度貴竺都黎南界以趨五嶺龍遠江亦遠脈長源亦長此江之所以大於河也不第此也南龍自五嶺東趨閩之漁梁南散爲閩省之鼓山東分爲浙之台蕩正脈北轉爲小竿嶺（閩浙界）度草坪驛（江浙界）峙爲浙嶺（徽浙界）黃山（徽寧界）而東抵叢山關（績溪建平界）東分爲天目武陵正脈北度東壩而峙爲句曲於是迴龍西結金陵餘脈東趨余邑是余邑不特爲大江盡處亦南龍盡處也龍與江同發於崑崙同盡於余邑屹爲江海鎖鑰以奠金陵擁護

畱都千載不拔之基以此豈若大河下流昔由而北趨碣石今徙而南奪淮泗漫無鎖鑰耶然則江之大於河者不第其源之其遠亦以其龍之交會矣故不探江源不知其大於河不與河相提而論不知其源之遠談經流者先南而次北可也

明江陰縣典史閻公死守孤城狀　國朝　黃　晞

有明宏光元年乙酉夏五月南都失守薙髮令下閏六月一日江邑士民歃血死守凡八十有一日城陷城守主將原任典史閻公死之公諱應元字麗亨北直隸通州人其先浙紹興人也四世祖爲錦衣校尉家通州父國材母王

氏公起家刀筆吏初任京倉大使再任而尉茲邑爲崇禎十四年辛巳七月公雖浮沈一尉風裁凜然壬午四月鹽盜百餘艘張幟僞號順風揚帆闌入內江大尹李公令晢兼攝靖事適在江外賊矙虛犯境乘潮登陸丞簿望風畏縮男女奔竄塞路公單騎大呼奇男子從我殺賊保爾室家且馳且呼鄉勇千人蟻集顧手無寸鐵公遽率千人馳往竹行告曰事急矣賊登陸矣假衆千竿價取諸我於是千人者布列江岸矛若林立士若牆立公往來馳射一矢斃一賊連斃數賊賊失氣遁去撫軍狀聞以欽依都司任本邑詰捕事縣尉張黃蓋擁大纛前驅負弩清道而後行自公始乙酉三月僅循資遷廣東英德縣主簿母病未行北兵南渡南行不可北歸不聽公素有功德於百姓百姓愛戴公於是奉父母挈妻子寄居邑東偏砂山之麓閏六月辛巳朔諸生許用等懸高皇帝御容於明倫堂誓衆拒敵鄉民揭竿爲兵裂裳爲旗鳴金召衆頃刻四十萬奉新任縣尉陳公明選首倡大義七月癸丑陳公專使十六人縋城夜出請公主盟先是紳衿百姓擬合詞敦請把總顧元泌百計阻之至是覺元泌有異志共誅元泌迎公丁巳鄉兵五千餘人擐甲帶刀護公至城下衆議畱之公曰鄉兵輟耕裹糧而來勢不得畱又烏合之衆什伍散亂畱亦

無益厚給酒食聽去獨與王進忠等家丁四十八人入城公之入城也首發原任兵憲徐公世蔭曾公化龍所造火攻器具爲用向本屬公督造故分劑輕重施用緩急無不曲盡其妙次傳檄巨室勸諭輸助不以白鏹爲率泉貨百物一切得估值充數國子上舍程璧首捐三萬五千金爲倡於是闔城中有火藥三百甕鉛丸彈子千石大砲百位鳥機千張錢千萬貫帛絮布萬端酤千釀粟萬鍾芻稾千萬車鹽萬觔銅鐵器萬枚牛千蹄羊彘千雙乾魚千石鮑千鈞蔬千畦豆千斛然苦乏矢公命月黑之夕束稾爲人被軍士服人持一竿竿挑一燈植立雉堞上士卒伏垣內大

謀敵望見矢如雨注獲強矢無算又苦乏油燭公命健兒取椎車納城中給以藏豆千斛膏火自是不絕公又能自製火鉤火箭火毬諸器不時縋人城下取敵刀矢鉛彈雲梯革帳黃粱乾魚諸物於是擊殺捍禦之具飲餼犒勞之需無一不備公乃大料居民盡知其多少城若干保保若干戶戶丁壯幾人老弱幾人婦女幾人單丁寡婦悉書在冊每旦人給米鹽薪菜若干每晚戶給油燭若干四城堞燈若干各給油燭若干井井鑿鑿纖毫不亂於是奸宄竊發之徒無所藏其踪影官民同飢其飽併心合力以城守為務始與在事諸君約分城而守武舉黃公略守東門把

總汪某守南門陳公守西門公自守北門而公與陳公仍總督四門晝夜巡歷陳公寬厚長者每巡視勞苦撫慰至於流涕未嘗輕加呵叱公號令明肅威克厥愛凡偷安假寐携蒲不法者鞭背貫耳示衆有差衆股栗不敢犯然戰士勞苦困頓手自注湯酌酒遇害者立治棺衾公肅冠服拜跪酬奠哭而斂之接見敢死士未嘗稱名必呼為弟兄遇一事必詢於衆曰我弟兄誰任此事有一人號於路曰我往殺賊無短刀公腰間所佩刀直三十金親解為佩之曰此刀善能殺賊敬贈子其與士卒同甘苦樂生死多此類非專以威嚴服衆者逆鎮劉良佐踞坐弔橋約城上發

弓釋矢而語公立與相見良佐曰宏光已走江南無主識時務者何不早降公曰閻應元大明一典史尚知忠臣不事二君將軍胙土分茅國家重鎮上不能削平寇亂恢復中原下不能保障江淮阻絕來騎何面目率衆藉敵見吾義士民乎良佐慚退貝勒既破松江濟師來攻面縛二降將城下長跪勸降陳說利害涕泗交頤公叱曰朝廷大將束手受縛尚不速死報國二人再拜泣去或曰敵詐飾二人誑我實非降將云敵見公屹不可動進攻益急丙寅礮聲徹夜城垣五處崩裂公命用鐵葉裹門板貫以鐵繩代之又用空棺實土障其垂壞者又用絮衾百領漬水覆城

以禦火攻丁卯鐵丸著公左股猶手握弓矢連斃數人丁丑砲擊北城角裂公右臂受傷左手握刀又格殺數人戊寅攻北城公命人納大石塊一枚頃刻山積甃石城一重於內敵知不可破徙攻南城一晝夜費火藥萬五千觔敵將六人奮勇先登接踵而上者無數皆鑌鐵甲冑刀斧所及錚錚有聲鋒口盡缺卒出奇殲之八月辛巳周祥針子李芳金滿四人縋城燒營敵衆睡夢中被火驚寤無不毛焦肉爛者戊子公再命納石甃南內城高於舊城三尺辛卯公又命甃北城壬辰公給民間中秋賞月錢百姓攜具登陴分曹快飲箏笛簫鼓環城徹夜不休諸生許用製樂

府五更曲使善謳者撫節歌吟忼慨凄切至丙申乃罷戍
戍敵師老請和乞斬四城首事各一人以報命卽日罷兵
還師公曰甯斬予首奈何殺百姓叱之去已亥貝勒四十
餘騎繞君山青龍菴左相視地形作指畫布置狀公城上
望見砲弩齊發踉蹌蹂踐貝勒僅以身免是夜大雨如注
砲聲曉夜不絕震驚二百里庚子旦公卜日中不利心動
果至日中衆見紅光一縷從土橋直射城內城遂陷先是
敵礮擊城我衆伏避垣內礮聲絕周麾而登敵覺之遂從
煙焰霧雨中蜂擁突上出我不意衆遂不支公在祥符寺
聞變率死士千人上馬格殺奪門西走閉不得出勒馬東

嚮巷戰者八殺傷無算當是時士民視死如歸各得其所
殆無生者塡街塞巷無非敵騎縱橫公度不能脫踴身投
水水不濡頂而逆鎭劉良佐自言與公有舊令軍中必生
致公公竟於前湖水底被縛良佐蹲踞乾明佛殿見公躍
起兩手拍公肩而哭公曰何哭事已至此止一死耳貝勒
在縣署急索公公見之挺立不屈左右槍刺公脛血湧而
仆日暮擁至棲霞菴菴僧夜聞大呼速砍我不絕口心知
是公夜半寂然無聲遂遇害是役也公親發礮矢手刃格
殺不下七十餘戰身亦被創者再彼中自言攻江陰前後
發兵二十四萬城下死者六萬七千有奇巷戰死者七千

有奇名王騎將不與焉而公亦城亡與亡矣十信菴唯心
上人音果嘗在重圍中與公曉夜共事語予曰閻公天性
純孝人也每夜巡歷四城訖返憩菴中輒手一編反覆再
四讀罷擗踊號呼自恨不孝蓋公聞母訃念父老故云嗟
乎爲臣忠戰陣勇豈知公自恨不孝者乃所以爲孝也哉
予因問公所讀何書果曰具在請授予爲公善藏之予啟
視則和衆乘城略一編跋云以此備後之爲將者用豈不
盡善想公篝燈夜誦會心得意漫書是語未可知也予又
聞城中人言公嘗遣人乞援某郡王王溫語慰勞具酒食
饗使僅以空文塞責又乞援湖山閒手書空返擁兵不發

海艘數百有意來援偵敵勢大留三日竟揚帆去公以孤
城死守悲已音果又爲予言城陷公旣被縛有一將踞菴
中十數滿人擁公至公知擁已者眞滿人不解漢語旁睨
果謂曰救兵今日至矣至矣蓋至死不忘恢復如此嗚呼
此南霽雲所以血指也公雖有志不遂然以彈丸小邑阻
遏大敵蔽遮半壁緩錢塘南下之師扞閩廣新造之國功
不在張許二公下公軀幹豐碩雙眉卓豎兩目細而長曲
面色蒼黑微有髭生於萬歷三十九年丁未殉節於宏光
元年乙酉年三十有九子男二人士望民望女一適江陰
陸祚昌祚昌之父振先爲公營葬父母於曹民部玑所贈

定山之原又將乞不朽撰述彰公之烈屬狀於予往時接公言論風采實未嘗敢以絳灌目公然亦豈遂知公補天柱奠地維樹立一至是哉萬死投荒隱忍苟活跡公遺事面赤背汗安敢以不文爲辭謹狀如右

書黃昭事　管天祚

逆瑾方橫士大夫出身犯難者甚多江陰得三人焉曰史良佐貢安甫黃昭蓋與蔣欽連章以攻逆閹者也欽首事草疏時鬼爲之嚎卒不怵欽既被害與欽同坐者十三人昭與安甫良佐與焉何幸也瑾既手滑殄斥善類臚平日之不附已者五十餘人公然榜之朝堂指爲奸黨永錮不

用而吾江三人如眉目之朗朗列其間焉又何幸也熹宗時魏璫肆毒江邑之東鄉李忠毅繆文貞以擊奄受禍天下之士指二公爲高岡之鳳而彼三人者傳而不顯不獲同類而並稱是可慨也前朝奄禍之烈烈於漢唐苟非明義理置利害九死不悔孰敢奮其命而後先相炳生死一揆褫奸人之魄使不至於天傾地陷者五君之力多也邑有君子則草木改觀士之生於江陰者不有餘榮也歟安甫之後爲今砂山貢氏史之後無聞焉黃故宅在楊舍城郎今惠先生庶康之居也其屋二三易主以至於惠榱桷非舊矣相傳其堂猶黃先生之廳事予適館於惠已五年每徘徊其廳輒思此公與史貢二君編名蔣疏之時也甲寅十二月二十八日雨阻於陳氏丙夜偶與陳子稚脩論及懼前賢之漫漶慨後起之寡傳因牽連以書其事焉黃字仲實官吏部陳子云

書貢安甫事　管天祚

予紀黃吏部昭忠節大事既牽連貢御史安甫史御史良佐以三公皆江陰人也及讀貢氏傳承錄復悉安甫以直言受禍始末按安甫字克仁別號學静與父斌同舉宏治乙卯京闈而安甫尋以進士起家長垣令有政績超拜南臺御史時壽寧侯張鶴齡怙寵安甫抗章劾之壽寧銜切

骨賴孝宗聖明弗罪武廟嗣位逆瑾柄事八豎弄枋兵部尚書劉大夏以請老放歸安甫特疏請留繼而宰相劉健謝遷相率引去安甫約同臺拜疏疏實出其手瑾怒其侵已矯詔逮言者發鎮撫司榜掠備毒安甫意氣自若旋收錦衣獄廷杖三十發編戶自是安甫之直聲震天下瑾誅詔還言者官安甫謝不起復以臺省薦强就山東按察使僉事不三月引疾歸副都御史伍文定薦可大用亦不就也其高致如此安甫既沒以公論列祀鄉賢繆文貞公昌期爲之傳生有伍公之知沒有繆公之論先生其不死矣哉

鄉賢說　陳芝英

鄉有賢則祀之非賢不祀也江邑祀鄉賢者前有延陵季子後有李忠毅繆文貞兩公而其賢也著矣而其祀也確矣故謂江邑之崇祀無訛無濫或覯於此而得之也先是宋蔣待制靜明孫司業作俱在祀典宏治中知縣黃傅攷論黜焉蔣以徽宗朝進瑞烏頌故孫以答性難說微偏故論者謂以兩先生之賢而一眚之不容如此則蘋蘩藴藻之馨香洵非無德而能幾此也今世無黃侯耳有黃侯其存焉者寡矣此歐陽郡公别有先賢祠之剏而以爲牛驥同槽祀之適以黷之也

江陰縣志卷之二十五終

江陰縣志卷之二十六

藝文三

賦

大江賦　明　薛章憲

渺大江之西來浩百川之東走蝘蜒蜿蜒蛟虬蚴蚪源發於峨眉𤄫會於峴首沃滔天兮欲浮劃大地兮若剖夾右碣兮趨齊漭揚左蠡兮灌澤藪始生於一終成於九三峽倒兮呂梁懸百川灌兮泰山溜突兀駕空兮巨靈贔屭鏗訇觸石兮長鯨哮吼三百其名三千其支起於濫觴入於漏巵如諸侯會同不愆於儀如萬馬奔軼不失其馳過九

河兮傲海若冠四瀆兮侶馮夷西至下雋東爲中江轉地軸拍天杠汨混沌壓鴻龐醲爲陂池怒爲濤瀧隨月盈縮鎮日琤淙瀰漫澎湃震撼擊撞鉄騎嘽嘽金鼓摐摐意恣睢而益驕氣偃蹇而未降蕞爾吾土截然居中式遏其歸獨當其衝高墉屹兮如雲長隄偃兮如虹既攤其角而掎其足亦扼其吭而揕其胸我有餘守敵莫能攻於是解甲弛還投戈雍容然後洪舸艅艎巨艦艨艟轉輸絡繹貿遷通融駕萬斛兮南北侯五兩兮西東往來隨風倏忽轉電長年謳歌黃頭舞抃日五彩兮鎔金月一色兮如練南控甌閩西通淮甸百貨坌集千艘魚貫故夫家樂業民安居

操奇贏以懋遷擅沃饒而菑畲市三倍而利近畝一鍾而羡餘貲川通以埒封貨山積以儲胥陸處棟宇水行舳艫燕中唐兮陳趙舞棹中流兮發吳歈粤有美人湛然清矑仰視飛鳥俯玩遊魚臨清流以徜徉凌倒影而踟躕慨宇宙之寥廓悵日月之居諸乃歌曰川之渟泓思復吾本然之明川之淨虛思去吾舊染之污如曾點言志曰沿乎沂如子在川上曰逝者如斯夫苟徒知玩物而適情又何異乎洵河與雍渠

凌波閣賦并引　薛章憲

方君孔章有平步煙霄之志而久未遂乃作飛觀於大

江之濱黃山之麓命之曰凌波閣以舒嘯寄傲云浮休野人爲之賦曰

大江西來直下五千里繚百折而不迴洶湧奔騰而入海兮轟萬壑之驚雷馮夷海若掀舞噴薄鎮日夕而揮霍狂瀾瀠洄巨浪喧豗屹雪山之崔巍爰有飛觀憑崖架壑甍棟孤騫簷牙高啄寇平仲構無地之樓臺邵堯夫揭空中之樓閣霧雨溟濛兮蜃蛤噓氣而成雲波濤舂擊兮蜥蜴銜冰而吐雹於是目駭膽掉心動股栗晨光熹微如遊龍伯之宮寒氣卒凜恍入鮫人之室若乃朝日出兮躍金夕月吐兮浮玉霜橫空以垂練風吹漪而縐縠萬象隨感而自生四時隨在而各足若使江倏變而爲春酒兮與君兩舉醆而相屬

義城賦并引　國朝　徐遵湯

夫義利之辨微矣哉乃生死之關則其大閑也若必繩以可以死可以無死其不胥汩於利者幾希江陰古名利城乙酉之變困守者百餘日效死者萬餘人其品不齊其歸則一即未能成仁庶幾取義矣因擬改名義城而爲之賦其辭曰

嗟此孤城枕於江皋潮回寂寞山共蕭條積骸成邱喋血盈濠日星慘澹而宵昏霜霰陰零而晝漂羌擁愁於郊扃

祇閉目塞耳以自逃當元枵之應躔茲用適夫曠野悵人事之已非訊親串其逾寡睇荒墟以迴車搴枯樹而維馬恍異域之蒼涼淚泫泫其傾瀉爾其龍蛇鬬牛馬風乾坤改步江海飄蓬殺氣塡兮崖谷暗烽火震兮山岳紅掣電礮其迅入造雲梯而仰攻天吳觸鋌而振首海若舂波而盪胸時則一夫挺嘷四野竿揭急貿首之讐樹同舟之敵出主入奴弱肉强食爰使市井煙空衣冠獸匿排難絕聊城之書請援虛秦庭之泣嗟此孤城草木爲兵赤符誰授白馬誰盟惟是探丸擊刺之流屠狗賣漿之丁裂棟柱以結柵扣釜鐵以鳴鉦亦復勢雄負嵎險恃憑城五夜守陴

十旬抗衡坐愁月而弦歌不輟對慘淡而燈火逾明但知
一髮千鈞之重誰識泰山鴻毛之輕乃若閻尉和民突圍
冒刃戚史徇忠闔門赴燼亦有夫未亡兮婦懼辱而從井
父被執兮子抱頭而延頸兄弟爭死而搴衣朋友誓江而
痛飲繇胥曳妻子而魂塞江潮俠妓擲琵琶而血濺紅粉
其名不傳其事難泯豈雉介之硜硜覺虹光之熲熲其諸
士民玉石誰分黌門無止繫組有羣百工隨器械俱盡諸
儒與典籍同焚野燐雜大陵之臭國殤陪冥漠之君任剖
肝而斮脛猶戟手而露齦殷孽周頑任人所云雖然田橫
之客皆稱義士衆庶憑生匹夫有志嗟此孤城本延陵禮

讓之邦遂得淮楚激揚之氣趁江濤而千里不迴倚天塹而
一絲若繫縱結纓之傷勇勝趨局之誇智以萬死之幽魂
博千秋之隻字庶徵往而俟來願移利以爲義

詩

行經季子祠　陳　張正見

延陵高讓遠傳芳世祀移地絕遺金路松悲掛劍枝野藤
侵沸井山雨濕苔碑別有觀風處樂奏無人知

九日宴江陰　唐　杜審言

蟋蟀歸期晚茱萸節候新降霜青女月送酒白衣人高興
要長壽卑栖隔近臣新沙卽此地舊俗坐爲鄰

哀節婦薄氏詞并序　李　華

武康尉薄自牧嘗謂余曰僕有賢女適江陰尉鄒待徵
亦良士僕先老矣鄒氏孤立時無古人誰復知之余常
記其言及江左之亂待徵解印竄匿其妻爲盜所驅將
辱之妻密以待徵官告託村媼尋待徵付焉而後就死
嗚呼自喪亂以來士女以貞烈斃踣者衆矣余不盡知
薄氏者與其父遊聞其聲義動江南又焉得不賦爲作
哀節婦詞

昔歲隋盜並起橫行海浙江陰萬戶化爲凝血無石不焚
無玉不折峩峩薄媛炯然名節自牧之子鄒徵之妻玉德

蘭姿女之英兮鄒也避禍伏於榛莽婉如之賓執爲囚虜
匍匐泥沙極望無覩出授官之告託垂白之姥姥感夫人
爰達鄒君兵解求尸在於江濱哀風起爲連波痛氣結爲
孤雲凫雁爲之哀鳴日月爲之掌昏端標移景而恒直勁
芳貫霜而猶存知子莫若父誠哉長者之言自牧謂予曰僕有賢女

送王汝宰江陰　包　何

郡北乘流去花間竟日行海魚朝滿市江鳥夜喧城止酒
非關病援琴不在聲應緣五斗米數日滯淵明

新安送陸澧歸江陰　劉長卿

新安路人來去早潮復晚潮明日知何處潮水無情亦解

歸自憐長在新安住

送陸灃倉曹西上

長安此去欲何依先逵誰當薦陸機日下鳳翔雙闕迥雪中人去二陵稀舟從故里難移棹家在寒塘獨掩扉臨水自傷淪落久贈君空有淚沾衣

送韓司直路出延陵　郎士元

遊吳還適越來往任風波復送王孫去其如春草何岸明殘雪在潮滿夕陽多季子留遺廟停舟試一過

定山寺　韓　逢

十里松蘿映碧苔一川晴色鏡中開遙聞上界翻經處片

片香雲出院來

仲夏江陰官舍寄裴明府　李嘉祐

萬室邊江次孤城對海安朝霞晴作雨濕氣晚生寒苔色侵衣桁潮痕上井欄題詩招茂宰思爾欲辭官

自常州還江陰道中作

處處空籬落江村不忍看無人花色慘多雨鳥聲寒黃霸初臨郡陶潛未罷官乘春務征伐誰肯問凋殘

送張惟員少府之江陰　李　中

相送煙波畔酒闌登小舟離京梅雨歇到邑早蟬秋俗必期匡濟詩誰互唱酬晚涼諸吏散海月入虛樓

送江陰霍明府之任　方　干

遙遙去舸新侵郭葦兼蘋樹列巢灘鶴鄉多釣浦人虹分陽羨雨浪隔廣陵春知竟三年秩琴書外是貧

寄魏璞　皮日休

文籍先生不肯官絮巾沖雪把漁竿一堆方冊為侯印三級幽巖是將壇醉少最因吟月冷瘦多偏為臥雲寒兔皮衾煖篷舟穩欲共誰遊七里灘

前題　陸龜蒙

經苑方成墨沼開何人林下肯尋來若非宗測圖山后即是韓康賣藥迴溪籟自吟朱鷺曲沙雲還作白鷗媒惟應

地主公田熟時送君家麴蘗材

送王判官之江陰軍幕　宋　梅堯臣

往時初渡江頗愛江南美誰知坐臥間思及煙波裏絮逐鮆魚繁豉添蒓線紫君行語風物到日應相似

送江陰簽判晁太祝

去無珠履為上賓進船申浦憶春申江田插秧鵓鴣雨絲網得魚雲母鱗青天折桂香未滅紫豉煮蒓甘更新平時兄可樂風月吳風信美聊前陳

送王郎中知江陰

持歸霅溪青綾被去看吳都白馬潮疊鼓渡江寒浪伏鳴

鐃入境野雲飄魚穿楊柳誇鮮膾人釆芙蓉學細腰家有
三槐爲太守弟兄誰似李文饒

求守江陰未得酬朱昌叔憶江陰見及之作　王安石

黄田港北水如天萬里風檣看賈船海外珠犀長入市人
間魚蟹不論錢高亭笑語如昨日末路塵沙非少年强乞
一官終未得祇君同病肯相憐

寄朱昌叔

清江浸浸繞城流尙憶城邊繫小舟射虎未能隨李廣割
雞空欲戲言游雲埋塞路驚塵合霜入春風滿鬢愁此日
君書苦難得漫多鴻雁起南洲

思王逢原

百年相望濟時功歲路何知向此窮鷹隼奮飛皇羽短麒
麟埋沒馬群空中郎舊業無兒付康子高才有婦同想見
江南原上墓樹枝零落紙錢風

遊壽凝寺　王令

寥蕭枝上風蜩蛩以秋告黯䨴道傍樹綠蔭涼可昌兄承
積陰餘急雨蕩晴昊初涼逞新威宿暑懲舊躁漫漫出門
路踽踽可誰造江聲洶西奔海遠劇東到中門可行望洗
滌去塵抱兄於林皐間古屋架晴燥𧉄蟲稍斂收軒戶可

淹傲惜乎予得遊不可攜所好踟躕佇歸步風竹冷相勞

久寓悟空剎臨行書此　蔡襄

岑寂精廬切半空古原高下稻花中蓮趺披素新秋社花
萼雕紅細雨宮孤鶴睡迷千樹月斷蟬吟繞一樓風心靡
尺組遙相謝歸馬南蹄疾似蓬

冬夕宿演教院　葛密

槭槭嚴風夕煙寒蕙炷清燈生花裏豔雨作雪時聲旅夢
回殘角吟懷繞廢城寂然羣動息吾亦世紛平

芙蓉湖　胡宿

小湖香豔戰芙蓉碧葉田田擁釣篷嵐氣欲飛山隔岸秋

光不定水搖空翩翻雪鳥爭投浦潑剌霜鱗對擲風正是
滄浪濯纓日一竿多謝紫溪翁

宿江陰廣福寺　陳鈞

我非山中人暫借山中宿靈風散微陰片月出喬木蕙帳
棲夕香古井汲寒淥名緇多夙契延坐同茗粥况與靜者
俱善信久已熟清辭儷陶謝元談斡身毒所愧形跡拘無
由繼高躅鐘聲殷江島露氣藹林麓艮遇愜素懷徘徊至
天旭

題定山梵放軒　胡埕

道人避世氛山腰著祇園千夫斸青㝠豁達窗戶搴鬼神

聞施設儼護龍象筵法鼓空中鳴龍臥層崖巔幽靈駭今
昔異事樵夫傳眷茲水雲侶精賞託妙緣努力辦已事追
駕佛祖肩憑高發鐘磬梵音落諸天兒時解禪縛迢遥倚
層軒放意萬物外目送孤鴻翩

熙春園　楊蟠

桃源未識恐微茫每坐青林慣日長魚鳥自同千里樂風
煙漫逐一城香竹圍月色來深院花引春情過短牆人世
定知何處好且勤詩酒惜年光

澄江亭

萬里松州對海門蒼亭縹渺出飛塵東浮不礙三江下西

轉無聲百谷賓月靜秋紋收白縠天橫暮色變黄銀風流
小謝千年外解詠消愁更有人

朝宗門

百尺樓高四望中雲深一雁度長空人間砧杵催寒事郊
外笙簫逐土風天帶江山元自好地流河漢忽相通丹心
直北看飛雪往往隨花入帝宫

題定山寺法遠上人壁　賀鑄

支郎風味喜相親乘興來尋雪後春夾徑竹陰疑礙馬隔
江山色似招人豈無暇日容高臥如有閒田願卜隣預約
東城二三子歲時相過莫辭頻

書懷呈江陰軍　裴若訥

男兒憂道不憂貧匣有焦桐篋有文却訪姑蘇臺下隱滿
船明月一溪雲
紫蓴江上是吾家一葉扁舟一釣車何必陶公種魚法雨
汀煙渚盡生涯

浮遠堂　楊端叔

萬松相摩天籟作一塵不留心鏡空毋庸寶焰照牛渚已
見浮涎吹龍宫零丁沙洲抗水勢替戾塔鈴語天風賈胡
惜錢不自惜晝夜牙籌澎湃中

虎跑泉　張彥卿

乳泉發穴漏巖根劖石成池溜始分鴻漸當時高品第虎
跑今日信傳聞山僧勺供疑甘露野史烹茶勝白雲應是
靈源遲出地不然須冠季卿文

白龍洞　袁默

開元年中關輔旱靈岳神祠禱幾徧少監馮生能畫龍明
皇命試新池殿落筆蜿蜒勢未已素鬣氷鱗濕如洗池波
洶湧雷電驚雲氣之門白龍起吾觀馮豈作霖人畫龍能
雨疑有神深山大澤多窟穴不應杳眇不似眞澄江接海
連空白泓深當是神龍宅螭虬狡獪非其倫河伯江妃敢
驅役霜鎖煙關晝不開時傾膏雨蘇民災一鑪香火動誠

意風馬雲車天際來吾聞澤國多水患淮甸地乾多苦旱
願均神力遍四方無令水旱常相半

石女冢

君不見湘江不流湘水清悲風愁雨能無情靈妃寶瑟聲未絶九疑雲鎖蒼梧深又不見霸陵路入新豐道顧念邯鄲意悽惱夫人鼓瑟君爲歌北山爲椁吾將老古來死者不勝計歷歷道傍猶可記人言梁女好鼓琴琴心未許人知音高山流水聲已虛想像當時足幽思九原可作誰與歸秋風蕭蕭草淒淒邱壚之下多狐狸

秦望山

海上仙山與凡絶迢迢弱水不可涉鶖膺蜂準豈不知長生不死心未滅雄伯關中亦一時并吞六國猶指揮自矜功德愚黔黎驅山塞海疑有之吾聞盧生言辟惡眞人至又聞徐市言蓬萊藥可致願捕巨魚連弩射史遷記此不及彼古老相傳恐眞是岷峨一夜失崔嵬義耳山從蜀道來嗟乎六丁汝狂斐區區爲役長城鬼

浮遠堂　孫覿

月墮山城曉沙寒水國秋雲根拔地起氷柱蹴天浮紫翠分鰲嶺青紅雜蜃樓舟船通萬里城郭數三州刺史馮熊貴仙翁控鯉遊八龍追後騎五馬駐前騶露舄迎門鵲風簾壓海牛地偏餘勝踐山好對冥搜雨爲催詩至雲因度曲留歡呼領百罰跌宕散千憂顛倒青霞帔淋漓紫綺裘誰鑱峴山石千載記風流

夏港僧舍　魏了翁

迅商呼不來午汗如翻漿道人空萬緣邂逅贊公房虛室千世界圓滿一鉢囊碧雲護兜率白日耀普光蕭蕭蘆葦中著此清淨坊鑑師從西來一喝登慈航啞手舉慧刃斫斷煩惱韁邀我供煮餅心地陡清涼官焙破蒼壁桃笙漲寒江從師問究竟室西照殘陽

君山　石祖文

遠邇朝宗勢拱辰名高豈特爲春申孤峯堆阜無多地一水偎凡隔幾塵箬履三千誰念楚山河百二漫誇秦雲煙勝槩無今古俯仰休悲迹已陳

君山浮遠堂　王呈瑞

萬室東南裏炊煙落照黃山腰圍埜潤沙尾刺江長好景終然遠浮雲轉已亡幾多如湛輩今古一淒涼

浮遠堂　方萬里

淮淛平分一水間開林陡見八溟寬江山曾識三千客風月重歸十二欄天迴不知身世窄境清翻覺骨毛寒楚帆切莫貪程急潮水未平行路難

遊白龍山　蔣靜

駐馬白龍潭拂石青松下雲從潭底生風向松枝灑風雲了無心聊隨白龍化勿謂雲風擾中含閒暇者

假寓翠光亭

君山堆翠出危尖練水浮光照短簷夜鶴曉猿同冷淡胡牀麈尾獨安恬雲來畫棟休遮眼月到澄潭任透簾還似棄官陶靖節北窗高臥怕誰嫌

題毘山

四十年前掉臂游寺庭荒落易悲秋重來氣象渾非昔滿院松杉翠欲流方外故人惟白骨壁間陳跡獨銀鉤青春

祇道堪行樂獨倚僧窗萬斛愁

洗心亭睡起偶題

黃粱未熟酒猶醲一夢南柯事已空水綠山青無限好今來古往不知窮龍吟竹笛秋江面雪糝蘆花夜月中清景阿誰偏占得白頭波上釣魚翁

舟行江陰道中　張彥實

雨後侵篙一尺渾敗蒲衰柳亂塡門夢聞斷角送餘響起看新潮到舊痕處處魚鹽成市井家家晉筍長兒孫更傳下詔寬民力斗米三錢何足論

題耿氏温青堂　上官均

遠山終日自清輝縹渺喬林野氣微秋菊已開陶令徑春風好舞老萊衣溪頭釣艇資閒興松下歸禽伴息機吟倚醉登堪自慰不須悵望白雲飛

前題　滿中行

密牖疏櫺次第施却寒清暑兩相宜惟知堂上雙親樂不覺人間四序移美酒先春和氣滿茂林亭午綠陰垂閒居就養如君少無負南陔孝子詩

道成墩　葛勝仲

翛翛一羽翁奇骨兩目方乃以貧自樂餐霞辟穀腸混世人莫識結茅居僻荒一墩僅十畝培塿萃彼疆惠峯作南

屏秦望橫北牆隱此不記年悟仙號青暘翩然仙道成陟墩神遠翔指墩名道成人以許仙揚豈無緱山人吹笙雲錦裳令威去千年歸來賦歌章青暘得仙去千古傳此鄉訛而爲柳跖吳會路渺茫柳爲橫行盜安肯城此旁吾爲正斯謬百世流餘芳

九日游君山　呂天策

路分支徑入蘆花繚繞江身覓酒家晚日樓臺金突兀映山鷗鷺玉橫斜解衣狗竇呼光逸落帽龍山想孟嘉欲趁老漁風一葉直窮天漢問乘槎

洗心堂　曹詡

淸光秀發水雲鄉不見騷人意未降風壓柳梢低酒舍月移松影上僧窗山泉漲起潮三尺野老釣歸魚一雙更待練光斜襯日坐看金斗熨秋江

松風亭

亭前山影漾江流亭外雲霞礙舉頭俯石下聽松上籟隔鄉遙謎水邊舟四簷寒送沙汀雨一徑煙籠寺竹秋此曲此聲應未變抱琴期與故人游

白龍寺祈雨　徐綱

萬木梢頭見塔尖道人於此卜幽潛深林六月風敲竹古寺三更月入奩天旱蛟龍藏窟宅水枯魚鼈露鬚髯我來

赤日祈甘雨臥聽蕭蕭瀉屋簷

山亭　錢厚

又踏君山路來驅陌上塵江仍舊時面我是去年人愛聽松聲古休催柳色新片雲銜落日梅與月爭春

別葛德裕主簿　王庭珪

官冷身閒簿領稀時從物外赴襟期憑君少緩青絲鞚爲我聊傾碧玉巵野寺石泉秋煮茗松窗雪屋夜論詩懸知別後東風近先寄寒梅第一枝

送邱宗鄉帥蜀　楊廷秀

人似隆中漢臥龍韻如江左晉諸公四川全國牙旗底萬里長江羽扇中玉壘頓清開宿霧雪山增重起秋風近來廊廟多西帥出相誰言只在東

從板橋買舟上青暘　戴昺

卸馬板橋西扁舟逆上溪水鏤巖骨斷煙截樹頭齊野鴨驚人起村雞上樹啼老農頭雪白猶自把鉏犂

江濱曉步　戴復古

津頭曉步落潮痕行盡蒲根到柳根雁影參差半江月雞聲咿喔數家村求魚看下連筒釣乞火聽敲隔舍門料得錦城無此景欲將圖畫寄王孫

江村晚眺

江頭落日照平沙潮退漁舠閣岸斜白鳥一雙臨水立見人驚起入蘆花

憂潦　陳剛中

曁陽古澤中今歲仍大水舟行民田中一浪四十里農夫相對泣父子飢欲死酷吏亦何心誅求殊未已豈緊竭膏血直欲剝膚髓哀此無告民有生皆赤子天災自流行助虐亦何理我愧才術疎陸陸佐小壘熟視不能救有淚空自灑皇心念下民惻怛形詔旨王言旣諄復彖魏幾黃紙要須盡蠲除仰稱德意美人微言或棄歸休從此始

遊君山　魏寶先

海角天高月滿山新亭淸淚灑斕斑春風吹斷興亡夢潮落潮生小石灣

送邱宗卿博士出守嘉禾　呂祖謙

檇李國西門道里去天咫訟庭人摩肩客館舟銜尾涼燠變須臾風俗殊駭視心平理自見周道本如砥堂下萬休戚堂上一笑爾是心苟不存對面越與秦豚魚尚可孚況此能言民君看津頭柳葉葉皆相親奮髯疾抵几解衣徐探雞古來多快士氣吞兩輪朱簿書高沒人迎筆風摧枯自許豈不豪歲晏終何如

季子廟　曹確

人間不記吳王事江上今存季子宮壞壁亂飄靑蘚雨破簷時蕩白榆風衣冠何處埋春草雞酒長年任野翁下馬一看思舊德浮名應與暮雲空

集君山　吳竽

生平豪氣老難降南北中分歎此江多病能消山屐幾淸游幸尾使旌雙天連遠水碧千里雲護夕陽紅半窗繾綣主人留客意船頭昏鼓又逢逢

浮遠堂　吳漢英

天險東南限此江支分暨水北爲陽孤山不動嬰潮怒客艇飛來說路長檻外煙雲如出沒坐中頃刻變炎涼裴回頓覺塵纓絆一曲滄浪訓月光

雜詩五首　元　陸文圭

貞女不自媒蛾眉爲誰埽春風吹年華閉戶綠芳草靈脩不我顧攬鏡紅顏槁焉得北堂萱聊用寬憂抱又懼靑蠅讒善使黑白倒遂令親者疎我欲畀有昊

東坡譏舉子有類候蟲鳴退之譏詩人謂作蒼蠅聲制策直而核聯句新且淸自作復自譏持論終未平無人解此意起我懷古情

蛙從井底語豹在管中見若遇大方家一笑直自獻饋漿意已驚抱甕力殊倦因知巧若拙頗覺狂次狷玉以德保

珉以多故賤

火雲吐赤日旱勢千里凋古人救荒術食貨知本末家家算口賦殆類僧持鉢激水活肆枯植木蔭道暍諸公善努力赤子正飢渴

棄兒啼莫問瘦妻臥路旁公廩已告匱私戶猶多藏嗟哉守錢奴竊盜勢且猖莫保千金軀汝富安得長鍊炭不及炊寶玦空自將獨有黃巾寇不入鄭公鄉高賢古所貴薄俗今可傷

題萬戶府瑞麥圖

河中之野木連理文人作頌何所美鯉湖之水蓮雙葩史

臣記異不足誇木葉飢來豈堪食蓮花遠觀空有色由來上瑞是豐年芙蓉池外麥連天一莖三穗攢秀穎好事軍中萬口傳閱武堂成政多暇刀劍不如牛犢價老農噉飯樂昇平奇祥異產從天下香餌先收夏隴雲雪匙可卜秋田稼絕憐西蜀杜參謀因飢空懷當世憂崆峒麥熟無人穫且問王師休未休

栽桑

細聽隣婦低眉說年年育蠶苦無葉山童執筐入市賣一稱百錢猶未愜更兼春風上窗寒忍見蠶飢頭戢戢買絲織絹輸官外空借隣機閒一月阿姑卒歲無襦袴小兒露

骭風吹裂今時縣官淸且明課民務本令必行擔桑䞓肩荷鋤去青青布種環郊城明年家養一百箔巷響繅車棟花落滿籠新絲白雪香聽賽蠶官鼓聲樂

庚子七月書事

今年低窪水生魚去年高亢旱坼龜陰陽似屬天公事廟堂可是無皋夔勸分納粟令如火老稚依然鵠形餓嗟汝命薄獨可憐穹宮巨室無凶年

立冬

旱久何當雨秋深漸入冬黃花猶帶露紅葉已隨風邊思吹寒角村歌相晚舂籬門日高臥衰懶愧無功

夏港道中

微煖背曝日輕寒面受風人行官路側鵲起野田中細草陳根綠疎林病葉紅故人雲水隔來往愧衰翁

浮遠堂陸誼齋按察同賦

曉渚風移畫舫輕秋原日射繡衣明自攜玉麈看山色盡屏繁弦聽水聲季子高風喬木古春申往事暮潮平塔鈴自語無人會飲散江雲霽月生

雪江獨釣

極浦寒雲壓雁低石磯老叟手如龜茫茫沙上銀千頃㒲㒲風前玉一絲鷺失蘆花驚月早魚吹柳絮上冰遲故人

物色嫌相認縱有羊裘不敢披

天慶觀丹樓

丹樓獨倚對青山山色依稀十二鬟曉氣淨連江樹碧秋雲低護石苔斑仙人長嘯淩風遠羽士吹笙帶雨閒安得置身蕭爽地捲簾時待鶴飛還

天壽觀載夢舟

中流一葉下寰瀛偃息猶便鶴夢淸渾沌未分龍伯國江山長繞化人城帆開細雨迷春蝶棹拂涼波動石鯨回首天池三萬里臥遊何惜片時程

梅花　　繆鑑

鐵石槎枒玉粒姿詩中圖畫畫中詩半稜山色初晴後一截溪煙欲暝時流水帶雲棲瘦影小窗和月上橫枝老來自覺吟情拙莫遣孤山處士知

題悟空寺

不到招提二十霜眼明還識舊靈光雲餐已供伊蒲塞風鐸猶傳替戾岡新寺金湯龍化遠舊家王謝燕飛忙行人指點聲犀地十里春風土尚香

遊小石灣　俞遠

前年遊小石小石之下江悠悠今年遊小石江水只似前年流江流日夜流不息石根水齧成沙礫主家銀瓶三尺

高長向江邊宴賓客江邊雲木藏華構主人不歸春鎖畫開門掃地借鋪筵舞影出闌驚雉雊一春天氣今日佳城中千人萬人來步障飄紅香散霧撲面不去飛塵埃移樽更就江流飲酒光五色沙如錦懸崖欲落未落處挽客更坐毛髮凜青天龍掛東海門颶風忽來天晝昏白波如山潑山鼻坐恐此地爲江呑金支翠旗光閃灑冉冉靈胥騎白馬我欲招之招不來大鯨噓虹射鼇背此景向來亘不佯丈夫趺絶婦女愁手中橫竹孤鳳叫日脚迸落蘼蕪洲眼空高興不可遏割肉大啖湯沃雪風休月出浪復止小娃強歌聲不悅我言小石天下無衆客相顧皆胡盧說東洛談西湖我請謝客客莫誣西湖白鶴去不返東洛看花生已晚

天壽觀淸隱軒

讀罷黃庭内景篇道人風度亦翩翩山中呼酒喚明月天上賜衣生紫煙啼過宮鶯春幾度飛歸遼鶴世千年向來書牓詞林客可怪逢仙不學仙

澄江八景詩

蓉城曉烟

落月昏昏城樹白山煙一帶接閭居天高樓鼓晴先覺江近籌香潤不除刁斗營前看洗馬轆轤井上聚穿魚蓬萊

有約蒲帆重欲問麻姑借羽車

巫門夜雨

巫子門前沙擁波泊舟黑夜雨滂沱龍呼匣劒辭人去鳥作飛車送鬼過翦燭頻昏鈔細字看天未旦起狂歌玉關何處頭如雪明月長竿還挂蓑

海門賓日

天在海門東復東星移河落日曈曨三聲雞唱齊州白五色鸞翔弱水紅舟楫盡登揚子岸衣冠應滿大空宮寸心老我傾葵藿扣缶狂歌兩鬢蓬

孤山釣月

大江卷石是孤山山下漁人戴鶡冠花發廣陵忘捩柁水
呑雲夢好持竿珠光電轉龍堂晝玉雪空飛兎臼寒一曲
菱歌歌遽止馮夷按節鼓狂瀾

石灣春霽

春日少晴晴卽風石灣今日好春融已憐野水添杯綠更
有雜花開樹紅錦帳移厨人簇簇銀鞍並妓馬瓏瓏擊壺
錯按伊州弄句落鷗波浩蕩中

揚子秋濤

大江日日潮流地八月飛濤天半來高蹴一門危立海散
馳千道殷奔雷鳥驚斷磧都相失鯨挂橫山不及回寄語

北來能賦客江南奇觀遲登臺

沙嶼晚渡

吳山望斷楚山蒼江北江南一葦航野屋半開人慘澹征
車相次馬元黃羽竿風急回鳴鴟魚笱燈微隔樹桑指顧
揚州莫惆悵燕姬樓上勸飛觴

淮甸晴眺

廣陵南盡是長川山隔川流不隔煙一騎看花來闕下千
帆轉粟上天邊鷗波雁磧芻蕘合豚穽雞塒井絡懸我住
孤城愁偪仄定來鈞弋過殘年

過蔡涇閘　邱元鎮

客行涇口上危橋北望城闉十里遥港汊不容三尺水舟
航全藉兩番潮蠶苗半起桑迷眼雉鷇深藏麥到腰暮宿
前村楊柳渡買魚沽酒慰蕭條

我生吟　許恕

我生本不羈只合棲巖幽不與木石俱還同鹿豕遊失身
落塵網羲娥逝不留飛鳥忽入籠縱鱗初中鉤願借東南
風決絕西江流倒解蒼生懸一洗諸公羞生能耕吾土死
能歸舊邱遂令漂泊踪慰此遲暮秋

小石灣

晴沙展芳席春山駐遊騎飛雲度鳥背驚濤觸鵝鼻遠觀

山水佳近愛花木麗風塵一失所行樂猶夢寐

禮敬寺

攀崖度峭壁緣澗入幽徑山堂絕宏敞金碧相輝映石泉
釀香雪松風翳清磬煩慮庶可祛聊復此游泳

長亭柳

長亭柳長亭春色濃如酒柔條細葉亂風煙年年盡屬離
人手汴水河堤空復春朝元宮闕已成塵何似長亭綰離
別嘗送東西南北人我家揚子江頭住憶捲疎簾看飛絮
幾時折贈北郭生歸臥君山最佳處

邊塘樹

邊塘樹從來生在邊塘路千船萬船百尺牽潮去潮來幾
朝暮樹身截如刀鋸痕半身刻鏤半身存生成亦蒙雨露
澤枝葉叢茂煩深根可憐托身不得地銷盡淩雲浩然氣
深林自有棟梁材廢質宜爲人所棄

告天子

告天子爾何微麥秀風暄高下飛餘音嫋嫋入雲去飛向
天閶如有訴天閶蕩蕩虛且高言之諄諄徒爾勞多少臺
臣如柱石緘口全身保衣食

蕭寺早行

張家宅前蕭寺橋侵晨發船江霧消村雞三唱屋角樹柔

櫓數聲沙際潮此時飛上海底日錦雲滿江光蕩搖水聲
瀧瀧繞灘轉霜氣烈烈隨風飄人生各各有所役豈水有
漁山有樵干戈正集沙塞戰環佩已退天門朝嗟予久作
江海客往來自歎鄉關遙石田茅屋倘可遂白日醉眠吹
短簫

故國吟

水郭春雷後能無故國思河豚羹玉乳江鱭膾銀絲鬧市
燒燈夜晴灣立馬時歸心驚半百已辦草堂貲

求稻種

百年多難寄殊方江草江花滿意芳避地不知茅屋小到
家應念石田荒東吳秋後思蓴切南國春來浸種忙野老
倘分紅稻粒黃雲應繞杜陵莊

木棉歌　熊禰谷

秋陽收盡枝頭露烘綻青囊翻白絮田婦攜筐採得歸渾
家指作機中布大兒來覓襦小兒來覓袴半擬償私債半
擬輸官府竹籠旋著活火熏蠹蟲母子走紛紛尺鐵碾出
瑤空雪一弓彈破秋江雲中虛外泛搓成索晝夜踏車聲
落落車聲才冷催上機知作誰人身上衣小女背面臨風
泣憶曾隨母園中拾

分題送李仲常江陰知事三首　陳樵

暨陽湖

白浪浮天雪作堆羞將俗客洗塵埃月從水底沈鉤去船
似鷗邊泛葉來野屋有籬編白荻漁磯無席藉蒼苔功曹
吟苦多詩渴擬借平湖作酒杯

釣臺

憶昔元璜上釣鉤鷹揚會起佐姬周臺高人在空中立雲
靜天從水面浮石裂猶疑千古雪風吹不斷一絲秋政成
蓮幕多清暇他日停驂此地遊

翠光亭

亭前練水細如縈亭上君山玉作屏林斷才通吳月白雁

飛不盡楚天青莓苔著雨長黏石翡翠迎風欲墮翎怪得步兵迷望眼詩成正值酒初醒

揚子舟中望鵞鼻山時聞黔南消息　王逢

山環芙蓉城私怪鵞鼻狀奔濤鎮長薄大石凜相抗勢雄千軍壘氣奪萬鍾藏草樹春不蕃莓苔滑難傍剛風過靈雨復值桃花漲破暝鷗鷺盤乘陰龍魚王飄鼓一葦閒攬之膽增壯謝安晉元臣豈蹋江海量蒼生方顛連其敢遂疎放黔陽百粵地黃霧吹虎韔再觀神秀姿不止西北向焞焞蒼精出閃閃白月漾三叫馮夷宮吾奚獨惆悵

三貞篇寄納麟哈剌參政幕下僚友

梧西女陳氏顏色絕勝玉阿耶燈窗下古傳常暗讀義須嫁官人麻枲心所足兵麾忽東指烽火蔓平陸魚鼈遭顛連雞狗同迫逐猰貐哆其口反噬几上肉母子泣相誓甘死不汝辱春輝黯門楣寒日照鬼錄皇天實鑒臨家廟為慘肅（陳氏母曹宋直講雝之七世孫女）髽婦（惠婦吳俱里人）亦在難自判受命獨臂血濺賊衽賊歎為斂縮差差白刃閒偉節驚耳目荒野雲雪暮緬想會深竹水流風悲鳴星迸萬羽鏃回首陷沒地何限委溝瀆大參行當來卹典具簡牘前湖百世祀（謂何烈女）明粧儼車服從以雙素鸞配享疇敢黷孤蓬任漂轉餘齒寄草木倡茲三貞篇庶用矯浮俗

義僧行

世降道淪喪盛事罕見之我歌義僧行斬取國士知僧臻生夏浦俗號徐大師勇敢重意氣赤手可獵麋張忠郭解流任俠不計貲臻願出門下效死誓不移盜壽寇馬洲魚肉乎蒸黎元戎堅營壁大姓深溝池壯哉張父子分率脫項兒父擒子死難家不得斂屍臻聞切齒恨恨死不同時夜即操斧刀奮身斫藩籬徑入牛宮內斧斷張縶維手殺盜六人力挽閒道歸妻孥拜堂下金幣謝所私上公賜巾裳欲以好爵縻幡然掉臂辭還山弄摩尼方今國步艱中外罹瘡痍銅虎盡懸綬鐵馬誰搴旗嗟爾匹夫臻足張三

軍威何不食君祿為君靖淮夷收名曾仲連千載為等期天秋黃葉脫日暮元雲馳歌詩節鼓吹用壯吾熊羆

避亂綺山謁子方先生陸公墓

我經冷水灣缺月照微服景非度秦嶺事類避同谷松深闃無煙狐兔紛竄伏隆然四尺土卷卷在東麓問是先生墳感慨逾慟哭洵書失歐陽賁對多馮宿許韓兩耆舊（許益之韓明善）時論推鼎足憶過先人廬白駒駐修竹周情與孔思小子幸私淑天回晨星稀世亂烽火屬心焉采芳藻中宵不盈掬太元屬桓譚九歌繼宋玉抱膝獨長眠披榛忍南逐

遊鯉山

鄉山三十三遊鯉奠郊南巋然獨高大秀揜東諸嵐土剛蓄炎精厓仄削劍鐔我嘗挹飛翠遠在滄江潭波濤與伏興雲霧相吐含恍然穆王駕八駿左右驂又如琴高仙腳踏朝蔚藍久思更嶶號新喜遂幽探太白賦九華後來成美談狂歌繼其武林淵兒愧慚春風綠瑤草秋霜紅石楠行將修月斤爲鑿避世龕蛟龍正格鬬鯤化誰其堪

義鄧

吾鄉有鄧添千里頁主骨晨夜竄草間宛轉皆虜窟胼胝苦何辭性命閒一髮日車昏盪祲虹暈或抱月魂氣相銜

搪鳥獸亦獝狘經過百戰地青春暗消歇深幸主有靈全生及城闕主母悲喜集流淚心激越主妾事他人空庭自花發主昔爲龍蛇公論不可没但感衣食恩疎戚均賞罰在家爲義奴在軍爲義卒庶幾銜土烏尙愧擊蛇鶻凄凄薦霜露晢晢上參伐不見秦舞陽悲風動天鉞

席帽山辭

席帽山兮岧亭山之人兮朝鉏暮經日月往來兮雲下上俯萬物兮塵冥冥塵冥冥兮江介黑彼山人兮衣苧白帶杜蘅兮咀松柏心周流兮影斯息出無節兮入無時猿鳥胥樂兮樵牧我知學苟修兮行著稿死巖壑兮予焉悲

故將軍歌并序

故將軍歌哀上萬戶䝉古氏丑厮侯也侯字靜如以世勳佩三珠金虎符官昭勇大將軍鎮江陰謙恪尙義人悅慕之至正十一年淮西亂督軍九江取道安慶時湖廣威順王在道王聞侯頓兵帥帳下以退守地虛弱强侯爲張飲之會宣讓王遣使諭旨曰安慶控淮江要衝命侯就鎮前後出師凡二十九捷十二年冬十一月寇悉衆水陸竝進侯連破之翌日復大破輕舟追後中流矢卒是月二十九日也二王哭之哀給白銀五十兩賻其葬先是逢與宴侯第時海內無事嘗謂侯曰太歲在辰侯當保障一方戰勝恐後不利盍愼諸侯荅曰大丈夫戮力王室死無憾也侯事親孝征閩寇衛海漕咸有

功云

將軍舊乘青驌驦蒼龍金虎雙輝光揚旌伐鼓靖閩徼山鬼迸落黃茅岡長鯨噉呀欲東噬以身扞海民樂康十年楊柳蔭環堵一夜苜蓿空沙場淮江蕭條咽流水殺氣妖氛亘彭蠡提兵假道古舒州親王遮留勞玉趾王言二邊賊緣蟻將軍不止我其死月氏髑髏酒數升諾重泰華輕邱陵儲胥孤懸使雜守脾睨危急期先登萑蒲獵獵開金翅篁竹深深攢鐵蔆長驅大捷二十九生俘千人梟萬首

猙獰健兒駿奔走電掣雷訇若神授東南瘡痍合未蘇終焉性命豺狼有仲冬炎風動地吹太陽血赤芒星垂將軍百射百中之弓撥矢鉤天爾爲黄蕉丹荔芳菲菲保障千里今誰祠霜繁雪稠俟我思

連環歌 并序

連環歌爲杜先生夫婦而作也先生諱友開字陽父世居江陰之君山教授數十年資束脩自奉妻吳辟纑以助之天歷間災荒學徒散去先生竟餓死初吳昆弟屢勸斬邱木粥墓地可少延性命先生在羸憊中堅持不可繼欲挈吳歸吳曰夫既盡孝妾獨不以義自處乎遂

相枕籍而卒逢懼歲遠而事泯也故序而歌之曰

白玉雙連環座在春申山山前夫婦義同死心與連環鎮相似日月合照無欠虧天地相依共終始天地日月非彈丸環兮環兮氷雪寒

趙氏雙珠辭

遊鯉山石高孱顔遊鯉溪水清洄灣中有峩峩青結鬟望如春雲不可攀壬辰仲冬寇蜂起乳臭將軍先披靡民人顚連社稷圯我固當爲貞白鬼後來謂乙未年小妹復被驅亦葬魚腹全其軀山高水清幾千載虹月夜貫雙驪珠夜深鮫宮屏機杼風吹草寒髑髏語何由生長江沱間及見王雎鼓衣羽願回堯天行化日女子有家男有室地下甘心燈似漆

秦筆妻 并序

筆子里人也乙未亂挈妻依同郡朱判官璹居吳中筆病卒貧無以斂朱爲具棺衾且思所以卹養其妻其妻覺泣謝曰良人筆生以藝游搢紳聞詩書禮義之教妾亦與聞之矣妾以未亡洊有累於鄉長者在長者義妾其於義何朱加慰之夜漏半哭盡哀遂自經筆死所朱合葬焉

良人賣筆芙蓉市交接無非大夫士詩書禮義言熟聞氷

霜松柏操奚云亂餘良人死君託恤寡見君尤不惡願君葬妾良人邊夢中雙報筆如椽

壬辰冬十一月避亂綺山簡邱文中貢原甫二教授

雲掩金戈日風生鐵馬塵亂離誰事主貧賤獨爲民雞犬人煙絶鼪鼯木石鄰喜聞同舍語天已厭荆榛

儉德堂懷寄二首 并引

完哲清卿江陰上萬戸贈都元帥丑厮公之弟泰州不守以材諝擢萬戸累遷福建參政亂後歸養吳中

喪亂無全室歸吳有大參五湖孤枕月百粤萬山嵐故國龍移鼎高堂雪滿簪雕籠綠毛鳳㸃㸃夢閩南

買住昂霄以江陰副萬戶累遷中政院判官福建憲僉
會亂遂航海歸隱以孝聞
郡邑更新署江山識故侯寸心天北角百指斗南陬月殿
金猊曉霜軺白鷺秋書來悟前夢甘脆爲親謀
送郡萬戶尹靜如巡海漕
元勲世胄濟時才金虎三珠燭上台鵲起野田旗影豎馬
穿官柳佩聲來伏波銅柱諸蠻讋下瀨樓船萬弩開饋餉
漕通酺饗暇巫門山築雅歌臺
奉陪貢泰甫侍郎翟仲直州尹邱文中教授遊君山
貢有詩屬逢和
港入黃田似野濠山橫鵞鼻淨江濤珠光夜冷三千履金
背晴浮第一鼇太守政聲南斗逼侍郎辭氣五雲高吳帆
楚鳥來無際愧屬吾儕肆酒豪
書西廈時洪武丙寅沿海築城
牀頭鴟臥久空金壁上蝸行尙有琴孺子成名狂阮籍霸
才無主老陳琳虹霓氣貫登萊市蝙蝠羣飛顧陸林環海
煙沙翻萬鍤連村霜月抱孤衾
題烈女廟并序
女何江陰人少有容操五季時避亂前湖舟中賊持兵
犯之何泣曰吾身墮汝手肯從吾禱之於天於父母乎

賊由是少懈何乃起立且拜且祈乘閒竟投水死後里
父夢見何曰吾當血食此地伺湖爲田則廟貌祀我旣
而果然今廟在華藏寺南郡志所載畧異逢蓋得先大
母所傳云
遺廟湖陰四百年斑斑江竹映嬋娟魚龍水落萑蒲外雞
犬村成檿柘邊不待淸名垂女史尙存貞魄降神弦君王
社稷今焉在伏臘粢盛自儼然帷箔夜涼臨月榻佩環晨
響起雲軿湘靈鼓瑟虞風盛蔡媄聞笳漢鼎遷嗟彼生還
羞故國何如死節報皇天明粧靚服黃塵裏重爲傷時涕
泗漣
江邊竹枝詞
游鯉客山高刺雲天門山小舊稱君插江鵞鼻移沙脈愁
殺浪撞黃歇墳
亂石呀聱大小灣石中無玉作連環楚江風浪吳煙雨翠
鎖修眉八字山
馬沙十八里江程潮落潮生船送迎南來士氣漸吳習北
下農謳變楚聲
社酒吹香新燕飛遊人裙幄占灣磯如刀江鱭白盈尺不
獨河豚天下稀
南北兩江朝暮潮郎心不動妾心搖馬沙少箇天燈塔暗

雨烏風看作標
巫子驚湍天下聞商人望拜小龍君茹藘草染榴紅紙好
翦淩波十幅裙

君山登覽　貢師泰

孤嶂臨滄海千山湧大江遠帆歸市獨高塔倒波雙鷗鷺
爭洲激蛟龍怒石矼壯遊心未已飛雨灑船窗
畫橋垂柳傍官濠夾岸青山湧雪濤楚相邱墟遺石馬梵
王宮殿壓金鼇天迷鴻鴈江流濶風撼魚龍海氣高此日
登臨無限意古今消盡幾英豪

沙上　宋無

四望無邊際中浮一片沙人家居釣艇官賦種蘆花渚綠
紅蒿短江青白鳥斜垂流欲東去萬里寄生涯

題澄江櫂歌　郛仲義

半山昔拜少陵像謂公詩與元氣侔後五百歲無繼者元
氣茫茫散不收我朝詩派因中州氣節首推劉靜修宋季
陋習茲一洒天運亦復詩家流楊趙馬范虞揭歐金華黃
田誰與儔亂來風雅久衰落喜向澄江聞櫂謳澄江席帽
同羊求風塵之表從天遊每和君山老父笛不換華頂仙
人舟有時擊節驚陽侯百怪莫敢窺十洲鯨波可蹈惜沈
劒鼇蹻欲躡思連鈎澄江浪高江月浮江神迎櫂風颼颼
雲機上割天孫錦底用枯槎橫斗牛放歌濯足銀河秋迴
沿不為澄江留誰道澄江淨如練我覘澄江直一漚此日
相遭東海頭東海纖塵生我脾醉擊珊瑚碎蓬礫笑委鮫
珠輕博殺俗淫世靡吾所羞孤鳳默默羣鳥啾夏舷一扣
海能小祖楫載誓天何尤澄江櫂歌歌未休凝碧管弦非
所憂君詩匪予得稱好贈言請覘今汪周

江上聞笛　薩都剌

江上何人吹玉笛水冷沙寒龍夜泣鮫人水底織冰綃灑
淚成珠明月高銀河淡淡月茫茫雁奴打更沙激傍更深
繡被夜寒重明月梅花滿地霜

過光孝寺

秋日留題翠壁層出山聊近在山僧肩輿又上沙頭渡隔
水人家兩岸燈

秋懷　張端

半生旅邸愁聽雨七夕樓頭偶見星竹樹蒼蒼思故國江
山歷歷話新亭誰家素練敲明月獨我絺衣步廣庭佳向
錦城心未樂自緣垂老歎飄零

江南春　倪瓚

汀洲夜雨生蘆笋日出曈曨簾幙靜驚禽蹴破杏花煙陌
上東風吹鬢影遠江搖曙劒光冷轆轤水咽青苔井落花

飛燕觸衣巾沈香火微縈綠塵春風顛春雨急清淚熒熒江水濕落花辭枝悔何及絲桐哀鳴亂朱碧嗟我胡爲去鄉邑相如家徒四壁立柳花入水化綠萍風波浩蕩心怔營

居竹軒

翠竹如雲江水春結茅依竹住江濱階前迸筍從侵徑雨後垂陰欲覆隣映葉黃鸝還共語傍人白鶴自能馴遥知靜者忘聲色滿屋清風未覺貧

張藻仲留飲草堂因賦

爲愛城居似野居女蘿緣徑水循除博山雲羃尊中酒庭

竹風翻榻上書已覺新涼生筆硯也知遠興到鱸魚秋來白羽非無用攬轡澄清志不殊

江陰吳士明花園　馬　肅

松風微動涼生座竹雨初收青近人日日憑軒舉春酒不知朝市馬蹄塵

虛亭面面壁玲瓏庭下遊魚白間紅久坐不知香霧濕竹闌干外藕花風

寄王梧溪　張　昱

仙舟曾記過南塘鳴鳥高梧日正長蝴蝶重來春夢覺牡丹欲盡燕泥忙當時賓客知何在此日音書或漫忘猶有白頭王粲在獨將詞賦動江鄉

吳將軍鎮守江陰　明　劉　基

將軍少年才絕倫丈八蛇矛弓六鈞銀鞍駿馬馳絕電出入戰陣如有神千年鼻祖西河守文治武功無不有堂堂魏國一長城虎視秦人畏東首饞中兵書幾萬言上溯呂臾窺軒轅運籌決勝帷幄內將軍勇畧眞其孫將軍知謀天所啟源泉淵淵海無底三軍側目避威風矯矯難兄更難弟晉國元戎偃與毛漢家二耿同英豪今者將軍又儷美騰陵不覺蒼山高憶隨眞主過江左身披重甲黃金鎖援矛陷陣無勍敵引滿射生須沒筈躍如雙龍出海雲撇

若兩鶻穿鵶羣一呼萬馬皆辟易一鼓四野開祲氛揮戈自是迴日手戰勝論功獨居後要令聲名繼大樹肯使煙塵驚細柳江陰地連吳會長熊羆當道狐狸藏層城粉堞靜笳角平田白水安耕桑皇天無私德是與以德保民人孰禦棟梁楹桷要相扶勉爲蒼生慰延佇

里巫行　高　啓

里人有病不飲藥神君一來疫鬼卻走迎老巫夜降神白羊赤鯉縱橫陳兒女殷勤案前拜家貧無殺神勿怪老巫擊鼓舞且歌紙錢索索陰風多巫言汝壽當止此神念汝虔賒汝死送神上馬巫出門家人登屋啼招魂

春申君廟

封吳開巨壤相楚服強隣名重三公子謀疎一婦人畫幃留古像珠履絕遺塵簫鼓時迎祭還憐舊邑民

江陰老人謠　汪廣洋

江陰城中頭白翁面皺脊曲雙耳聾手扶竹杖官道側向人欲語捫心胸自言往昔承平日老夫城中家富實一從浙右干戈興官稅差科日繁劇大兒從軍行小兒應夫役幸有老夫存連年避兵革戎兵旣退海寇來江陰城中生綠苦人心反覆七變易殺人何異誅蒿萊去年自逢吳總兵與民爲主民獲生官軍不擾民樂耕大開濠塹堅築城

老夫縱老何足惜願與聖朝歌太平

琴月堂　莫士安

花裏琴堂淸晝長桐絲戛指鳴秋商心澄慮淨公事簡拂絃轉調頻更張蓮花滴水泛壺箭刻漏遲遲坐忘倦氷輪碾月上天東金粟吹香滿深院美人手勢高復低絃聲彈作烏夜啼須臾流響換音節丹鳳肯逐孤鸞棲湘波晝簾玉鈎小卷舒不隔光皎皎兎擣元霜雲動搖蟾浴銀河影顛倒夜涼雲露沾裳衣自憐曲終知者稀武城絃歌世應少單父政治疇能希於戲武城單父兩奇絕莫惜對此江陰堂上月

溪上偶興　張宣

丹峰虹染霜前樹回首千山萬山暮水亭隱映隔江村茅屋參家山下住長風吹落松際雲笑倚靑天數歸鷺漁歌樵唱總堪聽秋色茫茫不知處

染絲行

吳蠶吐絲白於銀染絲上機顏色新往來抛梭不停手及時花樣隨他人以色媚人人見喜不惜蘭房勞玉指莎雞弔月鴟夜鳴杼軸咿啞淚如水明日彤庭促功賞輸官不得虧銖兩績麻成布自可衣染絲莫上寒女機

哀李士龍將軍辭

盤槊烏龍敵將擒解鞍白馬矢痕侵江山漫灑新亭淚天地空懸郎墨心仰藥自甘酬萬死砍頭誰許購千金錦沙泉上新封樹落日蕭蕭起暮雲

琳西玉血書華嚴經報母

上人苦行滅根塵會是華嚴會上人指血畫成功德水新恩難報去來身天香圍繞神龍護金色鮮明字畫勻鹿野拔提無一語始終經教總非眞

陪周伯溫左丞春游次韻

官河流水又春波流盡興亡事幾多忍見義熙書甲子已聞聖德頌元和數莖白髮何須染一寸丹心未肯磨零落

館娃宮畔月當年曾照美人歌

馬沙口號

蹇驢馱醉過西沙港口歸來喚踏車望隔江城雲樹近寺樓東畔是吾家

吳將軍鎮守江陰　陶安

二百年前說兩吳中興功業滿邊隅弟兄今復爲良將英勇俱能敵萬夫怒斥鯨鯢并巨海平驅士馬獵姑蘇無心宴樂軍中肅要挈山河入版圖

邱氏故園　孫作

魏公大府司農居園出東廂百步餘兩朝文獻子孫盛萬卷詩書兵火俱舊聞長老爲言此昔時相府今存幾獨此僻在滄江濆似有神靈相其氏茫茫天運不可推太息平泉草木非曩者大官三四葉近者勅命猶相輝兩園何事苦變革松檜蟻鑽唯葵麥氷壺水闌鵁伺魚芍陂稻田牛負軛我慚不至驚十年歲月輪雲心惘然亭子當江望由里兒時憶上假山巔嶙峋怪石森相向珊瑚柯長海柏連臥草同歸一長歎靈壁何年到日邊金莖此際承天上東家新亭花滿園寸田尺地百金買看花一月人爭傳世間萬事無不爾鏤石鑱金安足恃荆州不出二百年桃源那得三千歲文章事業差可遺宇宙高名終古垂隆中草廬

蜀主到揚雄舊宅西人知田荒室空紛感激操觚再過空四壁祇有南陽白帝城薄夫起敬尊故迹長歌自作還自吟美酒得錢須爲斟有懷莫挂度外事留眼坐看梅天霖

天壽觀竹鶴軒　饒元德

當時仙人愛邱壑曾種琅玕招白鶴縞衣夜映月華明翠葆朝凝雲氣薄琅玕可種鶴可招青天歌罷鳴鸞簫卻慕燒香淸隱士絕似吹笙王子喬王喬淸隱不易得二仙已去無消息白鶴飛銜丹鼎煙繞屋篔簹蔭秋碧我今來作江陰令每羨幽軒出高迥幾迴彈罷紫瓊琴風散天香虛室靜

踏車謠　張庸

高田水低田水田田積水車不起去年因水民薄收今年多水朝廷憂岸圩自是農夫事工程賴有官催修東家婦西家婦喚郎去劚荒邱土車溝昨日裏外平斷塍急待新泥補踏車正忙兒又啼抱兒踏車力不齊車踏不齊車捩軸軸轉橫牙婦傷足婦忘怨嗟撫兒哭水深未易乾恐郎受笞辱願天早晴祛雨陰入夏無苦旱至秋無苦霖上寬天子憂民心吾農飽煖長謳吟

送別何竹鶴　陳耘

莫歎南歸道路長攜家此去入仙鄉行隨流水尋花徑閒

向青山卜草堂自有雲林成隱逸儘教兒女樂耕桑知君得此恩非淺惜别何須淚兩行

贈包司訓時解職歸文林　　賀子徽

暫喜公庭事不關看山偶共白雲閒好風卷雨溪頭過明月隨人馬上還驛舍自憐長送使山林誰似早休官文林詩伯推包氏辭疾歸來鬢未斑

賀趙孝子旌表　　蔡　杲

砂阜孕奇璞秀出芙蓉青泉深白龍臥林靜元猿鳴偉哉趙孝子山水鍾奇英祖父昔遘亂身殞家亦傾時方居襁褓萬死潛孤形艱危脱虎口家衆惟有承匪依姒氏姑保

抱誰能成恩深教仍立榦絶根復萌時平返故里田廬欣再營居安心轉惕母氏嗟曷迎陟屺望南北東西邈難憑精誠貫金石一念徹杳冥音傳思殊亂指嚙神亦驚孤衷日皦皦片影雲悖悖履經羣巘疾葦泛洪濤輕彼蒼竟垂憫黙偉之四明一朝忽相遇離思如春氷綵衣照吳越白髮還家庭熙熙復暐暐此樂孰與并陽春浩無涘寸草伸微情穎美奉彼適義馭馳莫停霜萱委晨砌風木悲秋聲攀慕劇號籲痛寐瞻儀型孝行世所重幾人能力行黄泉已埋骨青史常標名天恩錫旌表里閈生光榮寥寥朱康叔千古堪同稱作詩告來世俚語非無徵

賑饑詩　　周　忱

蕭蕭匹馬過江干滿目饑民不可看十里路埋千百冢一家人哭兩三般犬銜骸骨形將朽鴉啄骷髏血未乾寄語當朝諸宰輔鐵人聞著也心酸

艱難百姓實堪悲大小人民總受飢五日不燒三日火十家常閉九家籬隻鷄止换三升穀斗米能求八歲兒更有兩般堪歎處地無芳草樹無皮

遺廖大理三首　　顧　琳

幽懷怒如擣奮欲飛蒼旻冥冥望無極浩蕩風披雲之子在萬里哀鳴九天聞羣角散濈濈衆翼迴紛紛當塗總翕

忽失路空悲欣以我耿耿憂知君日殷勤所恨爲力弱恥從駑馬羣何時一振衣聊以樂我員

孤雁歸南國翩翩起高翔引頷忽不見涕泗沾我裳吳水深萬丈欲濟川無梁我欲從之游改轍登高堂徘徊衢路側仰見日月光

氣凊天宇高心寂塵累空木落山巚體波縮沙留蹤明滅固有時容色如飄風欲行似違俗欲止非令終爲詩寫幽尚抱恨恒忡忡

何竹鶴山水　　卞　榮

袁州太守何其賢鳥中之鳳人中仙眼空四海胸雲夢懸

車早賦歸來篇鋤雲自種三徑竹養鶴只買二頃田明窗淨几拂縑素興至落筆生雲煙雜花幽草各穠麗蒼藤古木相鈎連雲門若耶在纖末咫尺弱水蓬壺天吾鄉風流徐孺子太守下榻三年前青絲玉壺送春酒碧桃花底開瓊筵醉傾墨汁如流泉幻出斜川及輞川分明孺子卜築處牽蘿補茅三四椽左圖右史看不厭光風霽月心悠然逍遙莊叟室虛白澹泊楊雄草太元蹇予買隣乏百萬所蓄舊物惟青氈肩輿數許造竹所江空歲宴相周旋

遯菴　顏瑄

生不願釣位沽名竊天祿狗苟蠅營事追逐又不願粟陳

貫朽饒餘貪狠貪虎噬窮刀錐但願有田可耕廬可居有山可樵溪可漁一壺坐酌花下酒一編靜閱窗前書任教蛇豕自吞啖不管烏兔爭馳驅是非回首兩無競方寸灑然涵太虛人生如蜉蝣天地眞蘧廬百年寄寓在瞬息何乃僕僕勞奔趨豈不見郿塢黃金等灰土到頭莫救燃臍苦又不見金谷名園安在哉悲風落日生蒿萊繁華草頭露富貴空中雲咸陽黃犬歎應晚華亭鶴唳難再聞誰似林泉獨能久寵辱不驚成皓首青門曾隱種瓜人商嶺能藏采芝叟鹿門亦有龐德公至今清節垂無窮南州更聞徐孺子遺名萬世稱高士箕山不改色桐江有餘清江山

風月曠已久只今盡屬黃初平黃初平在何處小山叢桂秋正香萬里天風獨歸去

郊行即事　黃傅

枯茅三四椽黃土一兩堵中有白髮翁累累織麻屨將謂營朝夕乃以輸官府昨日設公燕高堂陳鼎俎食前方數丈吹笙擊鐘鼓里胥叩我門咆哮怒如虎賣屨典春衣出銀二錢五我聞長太息垂頭不能語去去趣歸來村村省編戶

公事駐奉先菴

曲籬幽徑野塘濱有此僧廬經幾春庭柳分陰青動壁牆

花含笑媚窺人牛羊出沒東西巷雞犬相聞南北隣隨俗耕桑隨分足那知不是葛天民

題方草窗江灣小桃源　湯沐

誰將小島擬桃源箇裏分明隔世喧花謝花開還甲子潮生潮落自朝昏幽亭結縛無多處老我來遊已二番地主多情成久戀東山莫作謝公墩

秋日寫懷

黃菊年來頻寄思青山於我久相期孤燈對酒不成醉遠道逢秋更覺悲祇恐病侵垂老日不妨貧過未官時沅湘欲趁東歸棹竹杖芒鞋任所之

贈楊升菴　黄　昭

昔在長安日相逢各少年雲隨香案吏風送玉堂仙漢檻星辰動秦臺日月懸疎狂仍故我春興滿南天

病起赴部逆瑾咲以美除要路不得矯制免官　夏從壽

蕩蕩淸時放逸民從容畎畝自由身風淸月白原無禁水釣山耕別有春獨幸老樗今可免敢如尺蠖更求伸平生一日三公意且得登堂拜老親

送黄小江僉事還廣州　湛若水

弱齡塵外志黜也與爲徒徽尙夙所敦俛仰一紀餘傷哉

力不競淪落在泥塗中夜起興歎攬衣步前除咎已有餘裕九八尙憂虞行年四十九將與伯玉俱知非在今始言爲知者攄

挽徐孟義　貢安甫

簫鼓元宵滿市城朝來忽報薤歌聲竹窗秋月何人讀藥畹春雲有子耕枕上鹿蕉今日夢酒中山水舊時情梅花亂落江天杳愁聽西風獨雁鳴

江陰寓舍漫興　徐　淮

窗前數株柏峩峩古衣冠對客無媚容鐵面霜雪寒海榴不自持隔牆索人看如何路旁子眞意傾柔曼

山鳥集庭樹顧我留好音迂疎脫機巧微物知此心呼童具杯盤自聽還自斟酒盡忽飛去悵望煙雲深

沿溪採芳杜香氣襲我衣貪得不知厭竟踏明月歸空堂燒短燭餘情付淸徽曲罷發長歎此意識者稀

讀書茅簷下古道照我顏掩卷思古人邈焉不可攀當夕屢廢寢當晝屢廢餐浮辭炫俗易實理躬行難

寒士多局促我顏獨軒昂甘爲珠玉損羞作瓦礫藏落落靑松軀凜凜寒雪腸百年天地間俯仰有耿光

迂疎畏炎暑散髮修竹林綠色豁病目淸風滌煩襟好詩節間題濁酒葉底斟古賢不可起勝會難重尋

修圩歌　姚文灝

修圩莫修外留得草根在草積土自堅不怕風浪喧

修圩只修內培得脚跟大脚大岸自高不怕東風潮

教爾築岸脞築得堅如城莫作浮土堆轉眼都傾頹

教爾分小圩圩小水易除廢田苦不多救得千家禾

吳農開河謠

遠堆新土纔稀罕盡露黄泥始罷休兩岸馬槽斜見底中間水線直通頭

開壩歌

開河容易壩難通我有良方不費工壩裏掘潭寬似壩却

疏餘土入其中

歸興　方謨

渡水試褰裳看山索吟屐初景正晴和小蓮貼新碧

二島　文徵明

雲白江青水映霞夕陽欄檻見天涯亂帆西面浮空下蒼島東來抱郭斜萬頃胸中雲夢澤一痕掌上海安沙扁舟便擬尋眞去春淺桃源未有花

蘭陵舟中與湯右卿話別右卿大理公嗣也

邂逅蘭陵話日斜追思京國困風沙扁舟又是三年別尊酒空驚兩鬢華敢以虛名傾晚輩曾從諸父說通家秋來

何事匆匆去孤負重陽菊有花

養鄉兵行　沈翰卿

胡爲去歲招廣兵往回崎嶇萬里程羽書在案金在橐遠勞五馬揚雙旌十月方臨東海畔秖與倭奴一交戰偶然乘隙一小勝厚加犒賞煩州縣其如日本兵最强諸島巢在海洋結連獐獠并內寇爲患中國殊難當招兵本爲滅倭賊誅勦數年猶未得山東鎗手已逃潰廣兵望爾能宣力日隨參將聽指揮住劄在我江之湄受圍已是經旬日衆論宜乎一出師縋下南城纔咫尺海螺一聲驚失色蒼黃分道各東西昏夜來歸如避賊白金數錠一卒賞可憐盡是民膏脂危如倒懸不能救豢養此輩將何施精兵土兵皆土著更有鄉兵能截殺髑髏手斬血淋漓縣令受之報臺察軍前九喜得生擒勝捷佳音日復聞各兵奮勇皆併力首級頻提送我軍前有七顆今十級幕府榜文懸賞格論功已讓南陽子路有人行無虎跡廣兵半入倭黨中存者勿能成戰功淹留漸覺年光換坐食常令帑藏空有粟一斛繒一疋散與鄉兵感尤切可保鄉兵無陷失免使天地日流血

輓大理湯公沂樂

不負皋陶直中胥見法星淸霜照肝膽白日犯雷霆廊廟

懷殊寵江皐養暮齡漢文終有道無賦弔湘靈

哭邑侯錢鶴洲先生二首

墮地郎星六月寒空憐儒將氣桓桓肘間猶自懸金印天上那逢降玉棺三館史編濡筆待百年臣節效公難城隅翼翼翬新廟老稚相攜淚不乾

已有封章達九天行須䘏典賁重泉長江落木浮歸鵲故國寒花泣杜鵑慈母更添新白髮靈帷惟設舊靑氊重收正氣還光嶽張許何須論後先

飲二島　陳皋謨

策杖攀蘿徑尋幽過草亭片帆衝雪浪獨鶴下雲汀水落

石全出詩成酒半醒憑欄時極目天外一峯青

陝州道中懷劉應谷年丈

一揮新領下中州匹馬函關思轉悠正憶省闈同日宴獨教書劍異鄉遊天連紫塞風塵迥地帶黃河日夜流南北浮踪那可定朔雲煙樹總離愁

題何廷濟所藏竹鶴老人畫卷　徐經

袁州太守人中龍千秋御氣遊鴻濛飄然滄海不復返尚留遺跡藏崆峒素綃咫尺恍瑤圃萬壑雲霧生虛空懸想當時下筆處十日解衣盤礴中盡超三昧了無事婆娑九十稱仙翁流傳數世永弗替神物呵護傳無窮

夜泊長壽橋　李宗

寥落難禁客裏情隔溪漁火照深更僧歸古寺鐘初動人在孤舟月自明野徑雪晴梅有信海天霜冷雁無聲蓉城咫尺家園近且對篷窗酒漫傾

敔山雙林菴山有女仙臺　徐尚德

金鐙斂微光欹枕睡方熟夢遊仙女臺風濤滿雲谷手把蒼精龍身騎雪色鹿煙開石壁青袖拂松梢綠仙姬杳無踪曉鐘迴夢速

莫城耕者得石箭鏃示予蓋千年物也此處乃南唐藩將莫寵戰死之地舊聞紅光射空人謂莫城劍氣今即物有徵賦詩傷弔

南唐霸氣斂江東藩將誰知有莫公金鏃射殘猶鍊石丹心歷盡化成虹麒麟曾繪千年閣狐兔嘗穿半畝宮自昔英雄只如此可堪揮淚弔孤忠

送劉克柔戶部　殷雲霄

三月寒如此海濱春到遲無因芳草別況是落花時南國征徭急中原鼓角悲今朝詎離恨歸思繞天涯

寄題高會唯君山別業　李夢陽

一山背城起萬古號爲君秀攬江心月輝吞海面雲金陵通地脈玉港發人文羨爾投簪客中年臥紫雰

季札墳邊業春申邑後山一江平展鏡兩港曲成環不雨雲煙擁長春草木斑隱君梯萬丈倘許世人攀

秋夕懷江陰曹毅之　何景明

百卉飄零盡孤鴻何處歸高樓橫暮笛萬戶搗寒衣南國江潮遠佳人尺素稀獨愁誰與晤明月鑒重幃

懷古二首　曹宏

郭璞並江留故宅庾氷窮巷有沈碑詞源共繞江聲轉談柄空隨玉樹埋景物漸催山色暮風流眞與古人違憑君苦放尊中醁一洗清秋萬古哀

延陵墓繞大江回孔氏親題十字碑蝌蚪眞疑三代近麒

麟應控百蠻來春秋筆在光千古伏臘時聞奠一杯欲識
大賢名不沒濤聲相續古今催

精衛謠 沈沖頤溺海死妻錢氏年十九守節　薛章憲

海水日夜度豈畏雙翅折山石日夜銜豈畏孤吻裂石頭
嶢嶢水活活羽鎩眼枯背流血但願高山石化爲平衍疇
但願滄海水化爲淸淺流山高水流有盡頭妾心未遂未
擬休

石堰塘觀漁

石堰瀰瀰浩千頃縹渺三山螺髻並居人聚落江湖迴出
沒煙波弄漁艇黃蘆雪色覆屋廬青山當門畫不如鳴榔

鼓枻行打魚盡日來往無閒居平生踏浪如踏土中流一
葉從掀舞得魚湘之錡及釜生事只知操網罟碕岸斗入
生盤渦脚扣兩舷唱漁歌斜風細雨濕綠蓑獨宿船頭無
傞傞

嘉遯山居

枳籬茆屋並山椒入郭都無十里遙拂石閒攜桃竹簟臨
流仍榜木蘭橈雲間穫稻留遺秉月下烹茶拾墮樵擬卜
幽棲定僑札超然肥遯絕紛囂

虎跑泉　沈周

定山有古寺廢址垂千秋昔人去云遠虎跑泉尚流緬懷
宋先哲結亭泉上頭有美稚川孫葺復追前修時來聽泉
鳴戞擊鏘琳璆下瞰一泓碧心境同悠悠返本當還源樂
哉在斯邱天地猶傳舍日月無停輈願言亭不壞永鎭茲
山陬

寄贈許漚沙　唐順之

雨過草木好夜來池館淸露蟲疑獨影風樹答書聲似瓠
甘無用爲瓠厭有名且師河上叟毋使慮縈縈

補衣　朱承爵

駝衣衣我十年餘蠹食成行學篆書每爲擁吟留野寺幾
因沽酒典村壚衝寒出郭籠雙袖冒雪看山曳後裾試倩

山妻聊補綴牛衣雖好恐難如

君山晚渡　冷宗元

落日黃山浦輕帆綠樹斜江浮漁火岸城俯馬馱沙拂雨
禾千畝籠煙竹幾家海天長嘯處吟興浩無涯

曉霽　吳惟嶽

夜來鳴雨淨蒿萊雲日晶晶爽氣來齋閣平臨山岫敞藤
花半繞竹牀開心閒欲著齊民論政暇頻登望海臺秋水
鱸魚時得買一官眞可隱微才

江上感懷　任環

去年走馬燕山道今日驅兵江海涯三尺龍泉書萬卷丈

夫何處不爲家

放船中道轉狂風雪浪排山一點篷宴寢先生明旦死安危不在海濤中

季子墓　　李元陽

何事春申國能存季子墳孤轡蒙弱柳虛閣入流雲天地徐君劍江山魯聖文千年吾酹酒藉草坐斜曛

餞同年薛畏齋　　羅洪先

送君不忍別酌酒誓爲歡塞馬誰論失江鱸亦可餐買田多種秫養竹自裁冠倘遇南來雁因風托素翰

澄江草堂夏景昭索賦　　湯允勣

芙蓉城北大江邊矮縛秋風竹數椽脫縶久忘蒼隼累息機新慕白鷗緣清詞激響佳人齒故態高齊處士肩日斷海天三萬里一聲蘆捲木蘭船

前題　　聶大年

愛汝澄江草堂靜傍人錯認浣花莊門前小徑通花隖柳外春陰壓釣舫醉眼看山烏帽側行厨臨水白魚長鳧鷗鸂鶒淨相對碧樹無風也自涼

三月八日登君山　　張袞

燕麥青青雉子飛偶來江閣覽春暉花洲曲曲通深隖松殿層層出翠微蜃氣半籠黃鶴嶺海潮初浸白鷗磯山中日有看花伴信是閒身願不違

錢侯遇害馬卒楊成衞之同殉　　薛甲

良知原不隔勇烈見楊成有役聊從主無求肯殉生英靈回赤日風雨慘長汀千古誰知爾丹青爲紀銘

倭寇薄城被傷而死者百二十餘人買地西城葬之因弔以詩

衆生生亦死爾死死猶生斜日暨陽道秋風薤里情蓋棺時草草掩骼我惺惺知爾餘英氣椒漿酹九京

時事

畚鍤趨公擁若雲導河銀兩只空聞年年編賸徵收苦開

濬何曾動一文

官倉有額稽官稅水利何人問水曹潮水一潮沙一篙至今沙比水痕高

飲季連江清機園　　劉光濟

最愛名園勝幽深隔市廛穿林過佛寺問渡上漁船曲徑花間路行厨竹裏煙桃源何處是相望赤城邊

遊顧山寺（山屬江陰金匱常熟三縣名三界山）

井邑連三界招提控上方山臨平野濶路繞澗流長樹古含靈氣樓虛接混茫來遊春色晚花雨散空廊

憂南中　　陳體文

黑船城下泊紅旗城上顫船上賊作樂城上官搖扇不敢
發一矢焉敢出城戰任賊掠船滿順風帆片片帆遠始開
城揚兵耀組練飛報已驅賊堂上大開宴

賑饑行

萬家無煙麥未熟太守念民思賑穀移文給下二千石一
縣有鄉三百六里胥報名入城市扶杖隨趨束飢腹縣官
事多未點名今宵且向階頭宿天明乞食人未有日出開
倉吏催走人多穀少給一斗上階吏胥更索酒老婦村邊
望何久遥見歸來若空手翻身入門掩淚泣徐聽翁呼借
鄰曰傾囊莫恨曰不盈我猶得歸米入口請看城中廣福

寺寺前多少飢民死

定山寺 姚廉敬

古寺不知何代刱我今重見道場開一潭秋水毒龍臥十
里長松野鶴來花落自尋方丈室月明還上衆香臺遠公
一去應難覓細讀殘碑剝古苔

九日黔江官署雨中思故鄉菊 薛如洛

黔江漠漠已深秋薄宦聊因五斗留俯首醉聽嚴武令傷
心閒賦杜陵愁幾回欲濕尋花屐無那空登對月樓何處
籬邊堪脫帽相期終買季鷹舟

詠史感事 黃道

游魚潛重淵飛鳥鳴高樹物處固不同各適性所嗜叔世
多貪夫勢利乃深恣豈無高潔者洗耳上古世去古未云
遠蓋有季札氏千乘一羽輕掛劒心可識觀樂識至理結
好盡奇士翱翔上國間豈問工僚事先有大聖人遺碑表
十字我生延陵鄉感此隕淸淚傷弓且高飛驚餌亦深逝
安敢躡餘躅偶爾同意氣

春日友人邀登君山

君山差峩半倚天乘春臨眺山之巔東風悠悠亂帆沒海
燕飛入蘼蕪煙王孫開宴向江渚招攜江畔同心侶舉觴
睥睨靑天低世上浮名何足語曾聞昔日春申君賓朋珠

履日滿門百萬貔貅此山駐雄名英氣孰可倫一朝流血
棘門上惟見此山今獨存楚水流聲何嗚咽吳墟誰復招
游魂吁嗟俠骨今黃土何如我輩酣金尊狂歌起舞與君
樂吾徒酒人殊不惡長願登山醉不醒肯向風塵悲寂寞

遊歸雲洞桃花澗

秋暑初消玉宇寒登臨尊酒足盤桓石疑虎豹巖前踞松
作虬龍澗底蟠落日射波迷海色長風吹雨過江干喜逢
地主陳遵在投轄堪留信宿歡

鄉社 曹驂

春風依舊一靑疇社鼓神歌又長年芳草碧梧盤馬路冷

雲淒雨賣錫天山櫻成果行堪摘溪女留魚射得錢處處桑麻春酒熟石郎廟下起楓煙

江曉　沈奎

積雪迷遠汀山光半吞吐飛虹飲長江先收夜來雨輕颸揚素帆朝曦入村塢山水足娛人扁舟羨漁父

贈邑明府胡爾潛　王穉登

河陽縣裏借詞臣文采葳蕤自七閩馬首殘碑題季札松間濁酒奠春申濤聲賦就稱才子麥穗歌成徧野人原是玉皇香案吏折腰非久在風塵

頌任兵使

任公瘦骨氣蕭蕭亂後琱弓挂在腰銅柱未曾標馬援玉門早已入班超孤身去國心應折羣盜經時氣轉驕聞道璽綍重奉詔佩刀騎馬答清朝

送吳中丞之金陵

建業青山是帝都暫勞開府握軍符花間朱鷺鐃歌曲江上黃龍水陣圖玉節中丞新盪寇樓船諸將舊平吳不知燕子磯前地容得陳琳草檄無

胡爾潛招同嶌開之登君山

暮色蒼黃濔碧窗平沙漠漠鳥雙雙奇峯幻出雲臨檻遠黛浮來樹隔江馬走史公聊玩世牛刀仙吏善爲邦雄圖

欲起春申問何處松根酹玉缸

雪湖新漲行　季科

一夜江皋梅雨足七尺湖波鴨頭綠曉攜鳩策向藤蘿殘滴濕衣穿六曲長煙窈窕度湖堤雲水蒼茫一望迷四面白埋塘岸潤半腰青漲雪峰低妙高樓臺何縹渺赤霞幻出蓬萊島水晶簾影浸菱花一髻青螺望中小清涼好結瀟湘游瀟湘九夏疑新秋沙棠之舟木蘭楫朱絲翠管浮中流是時荷花香尚淺芷蘭未茁蘆芽短浴鷺眠鷗了不驚采蓮隔浦歌聲遠尋聲撥棹過重灣溪外藏溪山復山北溪樹接南溪秀山上雲連山下開秀樹閒雲行處有五侯不換綸竿叟十年塵土夢中過此日扁舟落吾手扁舟只合住蘼蕪鑿得桑田作具區滄浪不用一錢買底事山陰乞鏡湖

夏日過黃橋

淺浦蘆花出蔡涇石梁潮長木蘭輕一番涼雨釣絲亂何處晚風漁笛清雲外水莊剛十里渡頭烽火欲初更榜人不睡算程到自唱楚歌搖月明

七夕聞菴梁使君招游黃山新港

禹疏遙接大江東秋淨長河貫白虹煙樹萬家楊子渡雲帆千片廣陵風珠犀漸作津頭市樓觀將成海上宮賈客

鮫人紛出沒不知誰是濟川功

改葺山園二首

點蒼攢翠抹芙蓉三十年來畫始工雲裏架梁峯勢接石邊穿竇水聲通樓開佛國諸天淨秋老霜林萬樹紅好向上頭凝望眼扶桑只在海門東

不葺清機向廿年探囊羞乏買山錢懸崖破屋牽蘿補斷岸危橋斫竹編谷口盡隨秋水沒松梢直與白雲連從今點綴都除卻漸覺幽居近自然

織蒲扇歌　鄧欽文

桃花雨餘蒲葉長江風獵獵春渚香渚邊小舟絕輕快競

翦綠雲繞村賣村莊女郎巧思多織成花樣勝越羅湘波一片凝寒碧應手微風動瑤席綵絲雙縷纏柄枝題作鴛鴦寄所思

遊顧山寺

野寺藏深木疎鐘落翠微鳥窺齋鉢下花傍講筵飛古壁題留偈閑牀坐息機生平慕元度垂老說皈依

張陽湖孝廉招遊天臺石屋

老大徒爲汗漫游家山應笑未探幽峯盤紫翠千重出江入空濛萬里流石竅何年開鬼斧桃花二月引漁舟今來好共煙霞臥咫尺仙踪亦易求

過顧山寺次韻　史鑑

醉策青藜杖因過水寺西石苔春雨滑潭樹暮雲低磬斷僧初定花深客欲迷閒行忘近遠隨處聽鶯啼

送鄧鴻臚宏載使嶺南便道歸省　于慎行

新柳依依日半曛王孫函檄下氤氳龍江色映題橋字彩筆寒生諭蜀文驛路諸侯爭負弩陽關一闋怨離羣斑衣進罷金莖露采得風謠好獻君

秋季君山閱武感賦　張繼孟

爲愛君山問所因人言曾此住春申霞飛橫野開嵐嶂地引長江盪海濱幾處蒙茸紅葉樹一聲欸乃碧雲津倚闌

俯視川原小不覺飄然遠世塵

題薛夏濤歸來亭　居節

絳帳懶傳經歸來隱一亭暗潮通藥畹疎樹帶春星徑有新栖鶴囊餘舊照螢君山秋雨後浮動四檐青

夜過百丈湖　姜從周

澹月寒雲合西風短鬢翻扁舟回白蕩小雨送黃昏宿雁羣驚櫓歸鴉獨認村微茫見漁火隱約到柴門

過鄰園有感　張純臣

歌舞名園徧綠蕪層樓猶傍紫霄孤昔爲謝傳圍棊墅今作黃公賣酒壚松慘夜烏聲斷續池悲春柳色凋枯懸知

自古多與廢金谷平泉總溷圖

黄志善園居葺成

名高叔度總能文薙草爲園與不羣近起房櫳俱映竹舊栽松桂正連雲花深卻辨仙源入地迴還疑谷口分落日一樽池上酌歌來白雪當南薰

君山望孤山　鄧汝楫

巳浸兼天一粟留吐吞潮汐瀰中流平沙煙樹三江鎖絶壁雲巒片玉浮渡口亂帆移曙色海門輕霧散春愁不知世上風波險祇有鷗羣與釣舟

題許伯清維摩室　宦進

詩習陶韋帖有顏怕沾煩惱借參禪法華妙義經還注金粟如來影亦傳一炷夜香葱嶺月半甌春茗雪山泉齋頭不息琉璃火且讀吾儒未了篇

題曹烈女卷　周俊

曹家有女年十七一片貞心如鐵石字夫未嫁夫忽亡吞聲哭泣摧肝腸孀姑垂白北堂上卽死誰能爲姑養誓將堅節挽頹風剖破如花滿鏡容養姑百年遂夫願地下隨姑見夫面青山峩峩冢不孤一雙比翼飛鴛鴦嫦娥爲惜氷心苦分得淸光照今古讀書食祿稱丈夫朝秦暮晉胡爲乎

秋夜登君山潮音閣

潮音高閣翠微間石磴飛陽客共攀沙漱煙生浮落木海門雲淨見孤山亂帆歸浦燈千點雙鶴巢松月一彎滿地白雲堪醉臥淸樽良夜竟忘還

周文襄公祠　沈鶩

祕書增秩盛名高秉鉞東南識俊髦疏鑿川途通國運浸分溝澮節農勞北來春淺櫻花潤南下秋深白鳥號父老只今猶賽社采蘋祠舊落江皐

題道成墩

十尋蒼翠盡松楸欲訪飛鳧問去留棲鶴自餘花颭月斬

蛟空憶劒横秋微熏道氣非凡骨解得仙班最上頭此地有人傷寂寞種桃千樹作丹邱

江署感懷　駱駿會

春雲初傍舞衣斑轉怪風塵損壯顏懶性自嫌歸去晚忙官偏向病中閒山間此日餘初服海上何時問大還劒氣未須勞物色占星知已聚吳關

辛巳冬以淸丈祇役阡陌間晚止香山寺感而賦此　胡士鰲

忽漫登山興轉長半山雲木鬱蒼蒼花開紅茗春猶豔雪放寒梅晚更香卻訝殿臺餘蔓草可堪阡陌對斜陽披圖

未煖禪門席總爲分憂到處忙

君山放歌　　郝　敬

有畫山贈我者畫出君山江之野謂我狂歌似楚人慷慨爲問春申君此山舊是君封邑山色猶疑君在日楚客登臨憶楚山丹青畫出請君看我笑不言心自語世事何勞更僕數昔我飄零卧空谷一朝天子開黃屋十年淪落老江干白首空嗟行路難百歲如今已强半五十無聞吾豈歎由來富貴水東流貽謀何必定封侯笑君祕計託紅粉竊國無成身已刎三千珠履安在哉章華寥落祇空臺只今黃山與黃水冒君之名亦應悔願將此山與君分山

上我題詩山下君埋墳滄桑異日有升沈我詩君骨總灰塵千秋萬歲後誰辨我與君

獨坐江陰署中

謝豹凋殘清晝遲薰風入戶幕垂垂香生銅博門啼鳥酒盡金尊花落枝晴雨難同人意變馬牛空負主恩知吏情自覺纓冠懶惟有瀛洲與夢期

雜興

一壺香送杖頭春忙裏青山客裏身來爲看山山是主好催花鳥欵遊人

竹裏桃花開滿枝牆頭春草蔓青絲高田流水低田滿正是莊家二月時

訪張邢粹滄洲社諸子同集　　何　白

十年重歎故人扉且就桐陰一解衣酒貰杜橋雲液細魚烹申港雪腴肥國中屬和新知滿江上看山舊侶稀醉向北窗堪信宿何煩留客賦無歸

五日郝仲輿使君招飲君山

茂宰登臨復在兹憑高懷古一題詩樵蘇不禁春申墓蘋藻惟羞季子祠帆外天垂奧岫小鏡中鳥去楚江遲昌陽九節猶堪泛續命何煩繫五絲

追輓邑侯鶴洲錢公　　王之鼎

當年仗節死江皋耿耿精忠貫斗杓報國獨憐肝膽竭嬰城無奈犬羊驕魂迷故國三湘雨怒激巫門八月潮灑淚向瞻遺廟在丹青剝落樹蕭蕭

烈女祠

廟倚荒城獨對湖至今清節映冰壺時人莫認雲鬟女千載鬚眉烈丈夫

贈邱念先時梓澄江詩選　　許學夷

延陵觀樂開土風作者紛紛難具數下從勝國歷王朝倏見文章散林莽遺編草草二十四苔石老人差可覩元繆鑑號苔石遺稿二十匹篇名效顰集牆東零落復何求元陸文圭牆東類稿多散失賸有梧

溪氣蒼古元王逢有梧溪集百年文質誰當備一代彬彬實吾祖予八世從祖恕有北郭集浮休奇變擬元和力挽昌黎追步武薛章憲號浮休有鴻泥堂集中間搢紳亦不乏嬌嬌孫張自爲伍孫作有滄螺集張宣有青暘集蘭堂更有不羈才搖筆千言忽傾吐卞榮有蘭堂集邱生崛起雄且豪淋漓片楮翻波濤驊騮獨奮千里足秋鷹特出霜崖高長千數載遁踪跡酒徒詞客同遊遨風塵骯髒少知已但思痛飲歌離騷歸來卜築開荒徑竹樹溪流相掩映一龕聊借半禪名花落鶯啼方出定殘編滿案時刪述盡掃浮華歸雅正江鄉文獻待君傳千古風騷此其盛慚予廿載探詩源世人抵掌爭笑喧已知他日當覆瓿且將什

襲藏林園陽春有調歌偏苦下里翻能混聾瞽試從今日訪知音盡棄黃鐘鳴瓦釜

弔邑侯鶴洲錢公

陰風捲地黃雲昏鯨鯢沸江江水渾千林膏血清野草旌頭夜夜懸空村孤城逼側安可守纍纍老稚來趨奔我侯揮涕仰天泣煙燄萬室驚心魂公不忍倭寇焚戮之慘遂決意出戰提戈躍馬開郭門島夷出沒如雲屯疲兵千百散榛莽蕭蕭匹馬旋荒墩公戰死磨盤墩須臾賊幟齊揮霍萬刃攢飛矢交落忠魂閃閃化雷霆噴雨呼風晝相薄公戰死時雷電風雨大作我侯愛民民痛侯湯湯血淚成川流殺身報國總無愧睢陽萬姓寃魂愁六十年來事多別父老傷心忍能說淒涼古廟滿蓬蒿豚柵雞棲相對列君不見治中張公有廟君山陽頹基亦復升牛羊誰能配作雙忠廟勁節清風萬古揚君山有同知張公祠今廢先輩嘗議欲移錢公廟配之

遊石灣　章台鉉

灣灣絕壁盡空窔爪磴難安一酒巵捉月欲呼供奉飲驚人恨乏謝公詩漫誇濟勝還麤健擬賦遊仙亦未遲遠望三山都在眼肯教塵骨苦支離

澄江雜詠　尹嘉賓

延陵墓上金鉤樹結子殷勤爲酒徒墓在申浦其樹相傳爲春秋時物結子如

鉤可以醒酒十字碑傳夫子跡誰云歷聘不遊吳

前湖何氏七娘子罵賊不汚殉節死湖面鴛鴦不敢遊湖中蓮花無並頭

城中古刹誰最古迎福寺作唐初年殿粱中斷壁奇絕僧寫經筆開冰蓮

芙蓉城與朝霞麗蘋藻風生遠渚香詩句猶傳李嘉祐循良惟祀趙麟陽

文襄撫吳廿四載吾鄉水利最心勞兩閘輪開鐵掃帚河工不費一絲毫

烈烈神君錢鶴洲親提驕卒出城頭城完身死應無恨化

碧常含草木愁

君山雜詠

杏花澹澹柳絲絲畫舸春江聽雨時潮捲鶴洲江色紫沙鷗睡著不曾知

河豚雪後春還淺刀鱭風來水已波攜酒江邊吹笛坐那山今日出雲多

毘山讀書圖爲夏茂卿題　董其昌

毘山把酒和陶詩千載柴桑是爾師敢道柴桑輸一著出山何似在山時

送錢用父令江陰　湯顯祖

新拋浮玉共朝參章服籠身百事堪一騎到江乘夜色雙旌迎路擁朝嵐時非季子空摹碣客過春申肯罷談最好鄉關連震澤含山煙雨正東南

贈袁晞我中丞　陳三綱

一從投劾出閶闔萬里冥鴻不可攀白簡幾曾飛北闕蒼生遥望起東山豐函夜燭雙龍氣海國峰孤百折顏當事憑誰匡世難長城須詔舊臣還

同楊子懋登君山　李西白

出郭重探路自分暑殘枝上葉先聞半空帆影高翻日兩岸江潮細疊雲晚樹有聲歸倦鳥古碑無字冷斜曛微酣

倚石呼黃歇何事青山獨屬君

過郁元禎君山北園　陳繼儒

性不近城市移居就北山及肩新種樹濯足舊疏灣釣月漁爲伴借書僧送還秫田耕漸熟莫放酒瓢閒

閱許伯清所輯倭變時事有感　趙縡熙

幾多廟貌似桐鄉未必遺思去後長没世不忘慈父母荒庭頹宇寄烝嘗錢公錞

力捍孤城氣獨雄一時忠勇讓曹公功成纔識奇男子出没風塵下吏中曹公廷慧

投戈鼠竄亦編氓何自甘心獨殺身不有野人修野史誰知厮役是忠臣楊成陳裕

入檻　繆昌期

嘗讀膺滂傳潸然涕不禁而今車檻裏始悟夙根深一死無餘事三朝未報心南枝應北指覷我實園陰

示兒

諸兒初了了長大竟無成往事渾如夢遺經累後生覆巢奚有卵刈草豈留萌幸得收吾骨還須隱姓名

寄繆釆星　李應昇

士當貧賤時俯仰願易足一溪可垂釣環堵數竿竹負郭百畝田妻子飽饘粥良朋挈壺過清月枕書讀及其志已

盈望奢天地促恥言忠厚名喜逐澆漓俗回覩昔年人邈若山與谷嗟哉止足難古道不可復

赴逮

已作冥鴻計誰知是僇民雷霆驚下土風雨泣孤臣憂患思賢聖艱難累老親生還何敢望解網頌皇仁

聖聽方虛已愚衷敢瀝丹慙無一字補空復數行彈臣罪應難赦君恩本自寬淒淒楊柳色誰爲問南冠

劉伶巷　　陳函煇

有酒聊相頌知君恥獨醒回車經古巷荷鍤弔沈冥死豈人埋得言猶婦可聽二豪堪一映螺蠃與螟蛉

杜康橋

酒人千載上姓字此中留不賴君遺教其誰可解憂公田饒秫國吏隱有糟邱寂寂荒江外浮生聊與謀

陟綺山品善利泉　　毛　晉

嘗行綺山下今陟綺山巔西風吹我衣江天横秋煙踞彼虎礪石蔓草苦纏綿昔日貔貅士誰拜君王前嵯峨不改色旁有樵夫眠樵夫導前路告我善利泉爰出亂石中盈盈復涓涓野花不知名載路各爲妍采采盈一掬使我心怡然

題小香山梅花堂詩和雷門兄韻　　徐宏祖

予兄雷門結廬種梅於小香山山以吳妃採香名也堂顔爲坡仙筆坡仙愛梅花以名堂予兄借坡筆以酬梅堂後削石爲壁刓石爲池面石爲軒月隱崖端則暗香浮動風生波面則泛玉參差堂前憑空攬翠岫樹江雲羅列獻奇帆影尊前墟煙鏡裏陰晴之態互殊晨夕之觀迥别予來時倏雨倏晴予兄課僕移竹前村乘月種之中夜寒甚各擁褥浮白而觀觴政鉏聲互相磊落孤山韻裏羅浮夢中未見此豪致也予與兄同有山癖行吟之餘忘其蕪鄙敬列如左以當蛙鼓云

結廬當遥岑愛此山境寂展開明月光幻作流霞壁壁上

疊梅花壁下飛香雪泠然小有天洵矣衆香國香留妃子名花灑名賢筆名以還山靈筆以表山骨幽人外物緣今古妙朏合造化已在手香色俱陳迹相對兩忘言寒光淩太乙

賦得孤雲獨往還贈徐霞客　　黄道周

笠澤無停棹杖頭不繫雲帆隨風意致山與夢氤氲古洞扃幽戶殘厓倒暮曛每逢巢鳥盡蘿月想繽紛

何處不仙嶠長游已大還猿魚新擯徑虎豹久迷關天縱幾人逸生扶半世閒楞伽言語外别寄與誰删

雨窗夜坐　　周之望

子夜孤燈坐寂寥暗風吹雨欲終宵傷心未了三生夢撫掌徒悲四壁瓢楚漢殘編空戰壘江山遺譜只漁樵早知燕市千金骨不換陶家五柳腰

登君山

一髻青螺一岫雲應須劈破與平分當年楚水流何處那得吳山尚屬君

顧山山茶歌　黃毓祺

顧山寺裏山茶樹種之何年不記數或云此樹昭明遺故老相傳豈無據在昔盛時花滿樓上下屈錯枝相樛上枝重重覆青蓋下枝落落蟠蒼虬既云昭明手所種千秋萬

歲當來遊野夫平日好奇古探奇訪古樓上頭樓頭先有昭明過再拜向我請我歌我今扶病偶來此病筆其奈山茶何卻憶武侯廟前柏柯如青銅節如石古來材大難爲用杜陵見之重歎息更憶吾祖古杏詩雷燒雨蝕猶崛奇入火不爇水不濡樹木乃與至人俱吁嗟山茶亦如此孫枝不共本枝死昭明昭明爾有知鬼守神呵供役使不然空有顧山山茶名吾不得而見之矣

江上九子歌

岷峨嶓冢大如斗瀉出長江濁如酒其下乃是嶲夷居天吳九首形崛奇枯魚悲泣老鼉笑蛟人亂舞龍子飛白石何磊磊幻出君山一卷耳中有一男子自稱黃介子天荒地老無人識落魄蹉跎心不死有弟有弟同心期（名毓祁字錫余）伯氏吹塤兮仲氏吹箎白日相對兮忽不怡拔劍起舞長吁唏吁唏亦何爲感彼嚶鳴詩嚶鳴求友心孔亟友生友生不可得十五得袁三（名驊字季閑）袁三束脩士不見賓從紛後塵道旁誰識袁公子噫嘻濁世乃有此二十得徐郎（名時進字元修）徐郎慷慨烈士腸烈士肝膽鐵一片安能逐彼白衣黃狗須臾面酒酣向我及此曹頭髮上指顏色變又有少年美芝宇草草相逢兩相許憶昔四明有客字季真嘗呼白也謫仙人周郎（名有士字克九）亦嘗歎我不復世中人十千斗

酒不厭頻定交周郎未云久復得卿家一小友（名之望字涼武）酒不多入脣言不多出口筆落風雨相呵驟天生才華如此哉豈同凡骨肉飛走郭先生善戲謔（名繼清字明卿）四十友正平北海大不惡貢六郎（名隆教字敷五）容止清且揚何郎傳粉荀令香傀俄酒態如嵇康繆生佯狂世所笑（名尊素字太質）粗服亂頭無不妙嗅酒氣以長吁面青天而大叫我輩豈是山澤癯我輩豈是高陽徒或笑或哭或歌舞一斗英雄血欲吐男兒有身七尺强誓將區區報明主爾來天子坐深宮廟算豈不資股肱丞相兢兢伴食一何苦諸曹紛紛彈射一何怒嗚呼萬里長安在天上杞人憂天天無恙一曲狂歌江

水頭大江湯湯日夜流

村寓

顧影眞成踏雪鴻蕭然指爪任西東由來此世皆羈旅豈獨今朝是寓公細雨角巾思有道薄田秫米愧無功相過幸勿譚時事兩耳曾經一喝聾

村寓用晞兒韻

無情草色爲誰萋淪落歸來一短藜春水自流茅舍外夕陽猶在石橋西早衰有質同蒲柳舊學無心付棗梨寄語兒曹休似我五更風雨聽雞啼

細柳新蒲色共萋閉門危坐敢扶藜可憐多病人偏老一

似驚風日易西饑口未忘雲澤米枯腸空記鄭州梨星稀月白飛三匝烏鵲無枝也自啼

甲申紀事

白水朝來應赤符攀龍附鳳盡魁梧傳聞舊輔收東郡想像遺民拜鼎湖羣盜淹留秦月冷前鋒辛苦漢軍孤時來裂土誇身手精鋭摧堅定有無刺鎭將之怯賊持兩端也

四起黃雲暗戍樓憑南北望淚交流積屍原野飢烏集失主沙場病馬愁牛李當年如異國石九今日正同舟細思喪亂因公等珍重金陵古帝州憤馬左諸臣之搆難速亡也

乙酉紀事

五更吹角夜吹笳無復秦淮舊酒家小雪今朝仍李實嚴霜昨夜尙荷花漁陽世事唐天寶江左人心晉永嘉太息乾坤皆反覆敢云吾道故龍蛇

次友人韻

悠然物外久聲銷舟子徒煩舉手招明月空潭眞似鏡長松小閣舊名蕭庵僧解打禾山鼓座客能吹赤壁簫兒有西疇堪寄傲我來剛及麥齊腰

冬至日口占

日行南至轉無聊滿眼香從甚處消四服自知慚管仲紙錢誰爲祭皐陶愁隨弱線偏增長淚滴寒灰亦動搖萬死

孤臣空有夢雁書不到御床遙

友人爲予治木口占博笑

七尺昂藏亦幻形頭顱不敢負朝廷鳶烏應怪丹心苦螻蟻何嫌碧血腥豈必達摩留隻履底須普化振空鈴桐棺三寸人間世寒食荒郊草自青

望君山二首思親也　徐時進

春風猶記舞衣斑暫借圖書白晝閒最是酒醒人靜後夢魂無夜不君山

杜鵑何處血流殷細逐溪聲斷續閒雙袖數行游子淚好憑流水到君山

臨難題壁　戚勳

血灑危亡地心安烈燄餘朝來牆上日應見數行書

弔黃子聲　於壽格

澄江多遺民黃君乃其一狂是我輩狂詩文更無匹窮是千古窮鉗首加梏桎漆燈不照形麻衣不掩膝溘先朝露傾冥漠理難測徘徊白楊根秋風響淅瀝

夏日村居　徐遵湯

山莊無結構獨樹正當門插柳爲田界編蘆記水痕數家常共井一姓自名村不識官何物安知野老尊

輓同社陳旦生即次其絕筆韻

霜飇欲下樹知秋白馬青山負壯遊人在閻浮誰久住天於慧業每先收金刀斮石山俱痛玉斧刪枝月自愁象罔明珠何處失鮫人有淚血長流

此身吟

此身早已付滄桑火井平分雪瀑涼鷗淚欲飛俱碧血鳩巢未毀即靈光人纏竹素三生障天怒薇歌一老狂雞（疑）百年猶過客總將傀儡弄彭殤

漫園雜詠　曹玑

紅蓼風微動白萍溪邊猶少一茅亭平生愛酒腸難冷盡日看山眼自青午向月中彈鐵撥嬾於燈下讀黃庭渭城若有能歌者擊筑高吟和爾聽

題舅氏徐仲昭借香室

盤谷當年笑語深隔鄰寒玉締同心買山未必成高士借樹何須到上林四壁有琴疎影動中宵聞笛暗香侵離披盡向南枝發爲與幽人抱膝吟

久雪初霽登君山　曹玘

著屐來登似泛槎春暉雖淺亦韶華風帆破浪翻成雪野草連雲半是花河北弄兵酣虎帳兩淮銷骨勝龍沙目横千里悲何極黃酒先消一晝叉

杜康墓

蘆荻蕭蕭古渡風冷煙微雨下輕鴻淸流萬斛甘如釀日在先生一枕中

兩岸淸山壓樹低墓門疎雨草淒淒關情只有横橋柳一遇春風綠滿溪

定山山居　張印頂

幽居自岑寂茅屋槿爲屏山定人誰定雲停我亦停卷書容我老樽酒笑人醒莫問滄桑事吟懷入杳冥

甲辰元旦

椒花獻頌亦諛言何似梅花發自然安靜求爲泥塑佛康强即是地行仙虎皮踞坐惟談易麈尾横揮盡解禪所願

頂門舒一目莫敎鵠白混烏元

烏龍潭

消受煙波與月明一春詩夢水俱淸花開花落去來蝶柳暗柳明朝暮鶯牧馬人歸夕陽影報鐘僧打過潭聲莫愁覓渡無蘭槳桃葉東風久斷情

來時梅雪正霏霏纔見紅肥又綠肥柳陌杜鋪春後絮蘿垣俱著夏初衣鷗唯空闊無他戀燕亦炎涼別處飛猶幸杜鵑聲未喚王孫雖倦不思歸

定山山居　黃覺

曲徑危橋小結村梅花成列竹生孫祇嫌地僻無書借還恨詩成少客論安得湖山時促席不妨風雨夜開尊今年港水如河闊但駕扁舟直到門

江陰縣志卷之二十六

江陰縣志卷之二十七

藝文四

詩

送張山人應鼎還江陰　國朝 顧炎武

舊京秋色轉霏微目送毘陵一雁飛笑我畏人能久客嗟君懷土便思歸風高海氣龍王廟水落江聲燕子磯卉布家鄉多已作此行須換芰荷衣

贈紹公（郎傾貲募金讀子心歸之紹元僧也）　黃晞

紹公匡廬三十年天風吹來揚子灘牆壁瓦礫君家禪案頭楞嚴已不覩蓮花冰雪俱未似慜山古曲冷冷彈嗟予久欲辭塵緣孤雲野鶴爲交歡有時相對冷竹坐一杯濃茗三更寒與君赤腳踏松影風輕子落摧琅玕悲歌痛飲君不嫌喉間吐出槎枒肝飢鴟攫取覆巢子束手就縛空哀歎鯨魚跋浪黃河翻燕山迢遞何巑岏君時慷慨向我言十步九折非艱難一瓢一衲如一葉伴爾水宿偕風餐執手盟言在吾耳籠中哀鳥毛衣殘淸和回首曾幾時江南水落楓林丹昨宵星走丹陽道幽扃笑語聊相寬二三同志倜儻人曾連誓欲開邯鄲崎嶇歷盡生厭棄我心古井無波瀾雲堂容我飽香飯閉門細嚼冬菹酸北風怒號不到耳戶外朔雲空漫漫與君擁絮且高臥靜聽華鯨吼

夜闕

登君山　王士禎

楚相何年邑淒涼此獨經楝門存宿草浮遠祇空亭半壁收吳楚荒江入杳冥卻思洞庭上七十二峯青

靑暘橋

門對靑暘橋家近芙蓉湖與郎不相見爲郎歌拔蒲

黛色連天際蒼蒼秦望山東巡殊不返畱恨此山間

白舫煙中樹靑山水上樓澄江風物好殘臘只如秋

修竹被晴川淪漪映空曲日夕雪初消人家在寒綠

登君山　陳維崧

淸秋萬壑路漫漫極目層霄望裏寒拍岸波濤終浩淼登樓吳楚在闌干多情墓草荒今古無意江風冷佩環更憶昔年會戰伐孤城明月與君看

澄江舟次　王揆

灣頭淺淺露平沙一曲淸溪雜野花溪外靑山山下樹樹中茅屋是人家

贈李膚公　吳偉業

先德傳家歷苦辛汗靑零落謄閒身雲山笑傲容遺叟松菊招尋見故人猶有田園供伏臘豈無書卷慰沈淪只看五月開尊宴撥剌江魚入饌新

暨陽　魏允枏

烽火遙天接大荒高城憑眺晚蒼蒼薜蘿乍長新官舍燐火宵明古戰場秋雨遠來江氣白夕陽斜墮海雲黃二吳事業殘碑在矯首雲臺思渺茫

澄江感賦　王昊

百里征帆客路塵江城燈火識遺民連山荒冢飛殘雨背郭寒流截亂燐七十城猶新即墨三千客已舊春申興亡今昔無窮恨獨立蒼茫一水濱

故人過訪　楊履泰

空齋苦岑寂忽至粗豪友不飾賓主文相見惟握手偶然

論時事掩耳郎疾走再欲談古今云舌不在口問君來何之爲言索旨酒不買屠門肉乃翦雨中韭剖開牀頭春痛飲盡一斗快洽平生歡秉燭竟忘久慷慨發高歌命子還擊缶言念總角時黃童成白叟人無百年期朝榮而夕朽行樂須及時富貴亦烏有緬懷荷鍤人此趣君知否

雨後秋山晚眺

晚色樹搖秋江城雨乍收斷虹懸海嶠落日下汀洲荻響沈沙雁煙橫失浪鷗扁舟垂釣者新月掛綸鉤

春草

嫩碧柔香遠更濃春來無處不蒙茸六朝舊恨斜陽裏南

浦新愁細雨中近水欲迷歌扇綠隔花偏襯舞裙紅平川十里人歸晚無數牛羊一笛風

夏日閒居

樹綠陰濃覆草萊况逢雨後長莓苔相忘游泳觀魚樂不著炎涼喜燕來但令羲皇軒一臥無須河朔縱千杯斜陽欲墮淸風至斷續蟬聲送暮槐

九日有阻登高漫興

雨過晴嵐秋氣深可堪佳節廢登臨雲山好負他時約尊酒難虛此日心樓寂仲宣愁獨倚菊遲元亮醉空吟倩誰爲我冠重整不禁西風兩鬢侵

懷管月衣先生遠赴貴陽幕　夏世名

客星遙指極南頭逆水征帆溯上流草檄正當忠武幕懷人先過仲宣樓離樽未把慚知己幽夢徒勞憶遠遊彼此不堪俱老大心旌搖曳兩悠悠

遊馬鞍山　薛元敏

帆外一峯秀秋風晚更宜螺勻千斛翠玉立五稜奇劚石分天巧探泉及地維夕陽松意僻歸路不妨歧

贈花山隱者　徐裒

幽居寂寂掩荊扉座繞煙雲碧四圍石淺懶分泉脈細山深喜種藥苗肥煮茶自掃松楸葉野服還穿薜荔衣長笑五陵裘馬客不如君穩坐苔磯

聽鸝軒　李遜之

世態滄桑總莫看幽居容得一身安旣焚筆硯惟存我但課詩書勝作官韻事初盟秋雁語閑心直共浪花觀悟來萬事皆如蠟何必黃冠避俗難

江村秋思　陳芝英

駒隙流光奐奈何閒居潘鬢已婆娑江田夜雨菰蒲長澤國秋風稻蟹多未了塵根終是夢纔看平陸又洪波悲來尙覺雄心健自和滄浪白石歌

荒塗橫睇欲何之仍向琴書結舊知燕處危巢原自樂烏當繞樹惜無枝高原縱獵風偏勁急水操舟棹獨遲萬感不勝中夜集潘郞已是二毛時

登登聲是築瓜場三兩人家帶夕陽鳥下湖田知稻熟風來漁浦雜菱香荷鋤人比歸雲靜行路心如落葉忙我羨爲農麤飯穩行歌眞欲住江鄉

招隱詩

滄桑此日正增愁懶向江湖下釣鉤世事已聞同塞馬人情只合聽呼牛秋風涼月林間墮春雨寒花檻外浮半枕黑甜知較穩好飛淸夢過瀛洲

開河謠爲邑侯何使君賦

江邊溝港兩番潮城裏潮如城外高一自甘公疏濬後荻蘆平長墍陽橋

江城白浪漸連天從此無人歎石田昨夜桃花新水裏喔啞撑過木蘭舩

冬到來看十八鄉肩挑背負上倉糧如今一棹乘潮進人運爭如水運强

料得清官徹底貧今朝那得導河銀紙錢月俸都捐盡還典青衫賸告身

答陳江村　章耿光

曾何濟勝學尋山偶與史雲結往還日鑄峯頭茶未熟剡溪舟裏月同閒歸時菖葉方端午去日燈花未上元歲月浪憑芒屨擲著書慚爾掩松關

麥藁歌并序　沙張白

孝烈婦龔氏龔能女江陰人十七嫁劉玉玉孤貧龔竭力佐養事姑以孝聞未幾姑亡傾家買棺以葬未幾玉亡無棺里人假義欲棺之蓋多婦色也婦力辭知不免乃寄所生三歲兒六歲女於母家夜積麥藁自焚死質明發爐雙骸宛然弟龔廣缶貯而合葬之墓在順涇河北識者謂死兵死縊死水皆可死火最慘婦乃忍爲至慘者欲并焚夫尸也前邑令元陽李公碑其墓曰烈婦龔氏麟陽趙公上其事於銀臺以貧賤弗獲旌事在成化甲辰西郊王君兒時識墓處懼久而遂湮表其躅於二百年後徵詩弔焉

麥藁麥藁爾何烈煅就貞骸脆金鐵從來忠孝與節義蟠結八荒綴六合假令天下無斯人燭龍僵死鼇足折龔能有女顏如花十七嫁向繩樞家生來不識脂粉面身懸鶉結鬟堆鴉相夫孝養養竭力十指勤劬覓衣食藜藿年年膝畔挑杼機夜夜窗前織一朝姑死家無贏買棺斂姑家已傾貧極可憐病又至阿夫早晚隨姑行牀頭喚夫夫不語牀下呱呱兩兒女摧心獨痛鬼神知中夜徬徨淚如雨

里人假義欲棺郎棺價無償身可當吁嗟一棺値幾許遂令烈魄歸黃粱生離死別兩惻惻夫尸暴臥子索食殉死何人哺阿兒顧兒何策埋夫骨斷腸百計復千思母氏家堪寄此兒臨行飽喂阿兒乳明日飢寒誰得知麥藁潛移環室布危妝正襟傍尸坐午夜轟然一炬焚質明兩骨同牀仆哀哉貧極不能棺夫婦同將一缶安順涇河北瓊枝瘞六月江濤過墓寒我聞神仙有尸解烈焰中間任瀟灑元陽李君麟陽趙短碑再表貞姬兆百年狐兔竄蒿萊纍纍沒向荒邱道烏頭棹楔丹至新處處旌他閥閱闈未聞將相公卿第夫死卻愁妻嫁人麥藁麥藁漫於邑遺詩百

篇成一集大言觸物金石開小言通幽鬼神泣朝旌不入
貧賤門詩歌不諛富貴播我歌麥蘘慰爾骨傳與將來細
討論

郡志告成有感

巢傾安顧卵豹死尚留皮慷慨追良友從容憶我師恨無
丁廙米敢怨魏收私何限滄桑感低回只此時

聞笳

可惜清宵月笳聲間角聲四郊增舊壘百戰賸孤城得歲
堪防敵占天未厭兵何窮身世感七尺一書生

大旱視塘觀社

豈爲壽春至平原一望蕪忍飢民賽社敲骨吏催租瑣尾
黎侯賦艱難鄭俠圖此時誇上瑞市有醉人無

登君山

紆干山頂雀呼風杼軸空哀大小東嘗膽臥薪前史裏殘
山賸水夕陽中金消王氣謀何拙鐵鎖長江技已窮江左
夷吾誰得似新亭遙拜始興公

答大育頭陀

秋水蒼蒼白露寒檀車淪落老河干逃名未必天猶忌出
世何愁山不寬馬道六朝工販國張良五世憶臣韓他年
遂欲成高隱莫著羊裘把釣竿

城南度夏

遊踪莫定漫膏車借得城南水竹居烈女湖邊迴萬雉酒
仙祠畔繞雙魚風能戰暑喧松徑月解窺人瞰草廬此外
生涯無一事唐人詩句晉人書

懷李山人介立

回憶滄江老布衣萬松深處掩柴扉人間甲子當春換天
上星辰向曉稀燕銜滿林村釀薄河豚出水蕨拳肥可能
寄我相思字候雁於今正北飛

盼家書

盼盼家書半載無傳聞旱魃寇三吳故人原上多青草豪

客堂前變綠蕪萬里秋飈鷹欲出一輪朝旭鵲頻呼鱸魚
豈便關歸興劇愛煙霞范蠡湖

甲子除夕和西山張公

霜鬢鬅鬙未肯眠一鑪新火范公泉雞窗氣煖春如海鴨
鼎香浮夜似年劒號干邪應秘匣琴彈山水不須絃長生
豈恃神仙術漫把丹砂問偓佺

閱晉兒所作史論

豪氣空教蓋九州渥洼奄逝黯然休賦成幸不逢黃祖書
就誰能薦馬周萬事憶來惟有悔百年過半只生愁江湖
夙有漁樵約敢把盟言負白鷗

懷老友許介桓怪其無一詩寄我也
爲問箕山老逸民全躭詩酒不知貧身依磐石漁爲事家傍寒汀雁作鄰定有苦吟消永晝那無一字慰征人歸來贈（臏）出滄洲侶白髮相看意氣新

同吳岱觀諸子弔杜康墓
弔古城南正麥秋方池淸淺當松楸雙魚繚繞環高士萬雉崔巍擁醉侯荷鍤劉伶欣共卧短歌魏武倩忘憂德鄰更喜來新侶招得忠魂傍首邱

雲亭過黃仔薪
雲亭山下屢經過爲有高人掩薜蘿住處便成獅子窟前

身或是老禪和新詩自笑歸來少老態生憎别後多舊日橋中曾有約相攜一局爛樵柯

偶成　劉匪居
一卷殘書一榻風蕭蕭竹影是牆東囊中有句才非鬼字裏逢仙願作蟲刺繡十年飢季女鋤雲半畝老龐公何當衆穉軒渠笑向我頻呼失馬翁

大橋道中　陸次雲
行部樵田裏搴帷望遠山畫橋橫曲港微徑入香灣地僻風猶古形勞意自閒精廬還一憩淸磬出松關

由里山同紅慈上人小步　李寄
棋罷溪行萬慮空得閒心與遠公同幽蘭非草先春緑短葉如楓待臘紅曝背不妨松裏日煮茶自有竹邊風出山便是風塵客别夢還應戀此中

杜康墓　朱衣
孤墳三尺草離離一水迴環似酒卮世事滄桑知幾變先生猶在未醒時

感懷　徐禎
眼前身世幾滄桑往事何須問彼蒼寶鏡去時空賸匣靑錢用盡幷無囊難將詩價償書債且破愁城作醉鄉素志半生猶未遂肯敎雙鬢惹秋霜

夏夜
簟有微涼酒半醒篝燈欲滅影猶靑不知細雨疎簾外何處飛來一點螢

觀山僧舍　高愼中
精舍淸幽倚翠微半岑雲氣護禪扉松林風度山聞語薜荔霜凝屋掛衣小雪僧歸農事早午齋客到貝音稀最憐壁立軒窗後蝙蝠乘秋百丈飛

九日集君山　曹禾
春申舊壤足相於秋色佳哉老眼舒片影隨陽銜稻雁亂篷收港落潮漁淸歌欲補鶯簧好遊榼紛看水繪如天半

無風齊脫帽生憎華髮白無餘

送友人還金陵

屑瑟秋風送客裝蕭條村落更神傷滿天欲雪尊虛酒昨夜初寒雁叫霜馬足遠衝黃葉路吟聲徐入白鷗鄉江南景物關情甚煙雨秦淮夢裏長

自寶蒼菴同健上人過雙林菴　朱廷鋐

徑轉如無盡山行豈厭深過橋纔一里訪寺得雙林雲澹往來跡潭空今古心不逢僧指點勝地杳難尋

贈周了翁

高談垂老興偏餘瘦有精神鶴不如好古懶求逢世術傳

家自有活人書曾同看弈過蕭寺時爲鈔方叩竹廬聞道別來身更健花間往返不乘車

登君山　洪周祿

水國蕭涼六月秋籃輿力疾仲宣樓金焦雙影天邊落蓬島三山海上浮弱水有枝聊當拂片雲無繫捷於舟白蘋紅蓼霜荷老搔首乾坤一點鷗

贈劉文伯總戎　陳安

蓉城北面障狂瀾列仗如霜草木寒今日山村花柳發不知征馬駐江干

一聲短角出江隈千片旌旗拂浪來日落沙寒帆欲下鼓音遙送海潮迴

露下寒郊夜氣清溶溶月色萬家明暮鐘敲罷營門掩靜聽城樓報五更

絳節南來海霧收江濤從此復安流但看去日烽煙地徧植桑麻慶有秋

蘇墅村居　陶孚尹

曉起閒關囀樹鶯耽閒聊作陌頭行紅飄山館花初綻綠點平蕪雨正晴十畝敢同巖壑隱一溪聊結鷺鷗盟東坡田舍還無恙買犢何妨事耦耕

澄江竹枝詞

長江如帶繞城隈四野青屏錦作堆千載延陵陵谷變居人猶說讓王碑

柳岸煙汀釣艇疎河豚風煖燕來初向方盡卻揚州貢賤殺江頭子鱭魚

花關區匝槿籬斜姹紫嫣紅入望賒爭說古涇花事足洛陽三月不須誇

霜落風高墜葉黃木棉如雪滿江鄉原頭多少攜筐女不愛猗猗陌上桑

橫河東去接雷溝侵曉行人抱布稠珍重寸縑休浪擲寒山龜手數更籌

編蒲不似治絲難巧製團團比素紈一縷花紋新樣好桃笙冰簟等閒看

贈蘗菴禪師 并引　　沈永令

師於明天啟間筮仕吳令晉吏垣崇禎間建言廷杖詔獄滄桑後遂爲僧康熙乙卯駐錫江城距作垣令時閱五十寒暑矣永令以昔年童子受知門下感賦是詩

浮生閱盡幾滄桑獨卧寒雲擁竹牀百鍊身猶餘鐵石萬言字尚挾風霜列朝文獻徵遺史一代天龍護法王士女爭來瞻瑞相使君故是宰河陽

同王聖濡張時升徐息溟遊鵞鼻峯　　劉芳

曠達見高情知交託平素相與陟危峰奇觀敦夙慕我心竊自喜早行莫遲誤呼童不及麾出門自發付茶鐺手可提鑪炭裹以布濼洄江水清品嘗忘日暮嚴壑恣探討狂笑蛟龍怖煙樹碧洸洸亂鴉飛遠渡別去訂後期計日梅花吐過我復尋歡春風滿園圃

茅庵

卜築剛五畝茅茨搆一椽青蔬澆石乳午爨雜松煙果熟官無稅山深境即仙悠然絕塵想種竹覆雲眠

題崑崙山樵傳後 并序　　徐恪

崑崙山樵李介立江陰人母周氏霞客徐先生之妾甫

娠而出及生不歸族遂自託耳老云少負奇才不經師授郡守祖星岳試邑弟子拔第一李自成陷京師徒步走留都上平賊十策不報後星岳官關中宦湖襄乃資之遊西登太華望秦隴走雍岐南下湘漢過鄱陽汎浙江歸寓隱游鯉山僧舍嘗以遭世革命不欲仕自號曰崑崙山樵素無妻不畜僕婢自炊給食坐誦經史宴如也貧不得書聞人有書輒往借或卷帙繁重身自揹負往來山中性狷直不苟諧俗癯形危坐稜稜如厓上石賓朋相迓酬酢禮貌恭甚指陳經畫風雲生坐上意少慢即拂衣去以故人憚其嚴未嘗不服其清操也學無所不窺尤長於史著歷代兵鑒一百二十卷該貫精博他所論述甚富皆不愧一家言云歿祔葬游鯉山母冢旁邑孝子陳其忠爲歲時上墓遺書皆藏其家

清江下海門大石矗千丈南有叢桂坊下隱猶溪樑山人眷歸卧手把青藜杖蹉跎中興策惆悵凌雲想空山號鵂鶹寒室走夔罔著書高等身揮談笑抵掌雪深袁安卧病習莊生養衣冠陷泥塗崩角稽厥顙空同崑崙巔長嘯爲神往浮雲太華屐流水浙江槳遺淚灑雙峯乾坤晝迴莽

華六娘子辭

六娘子罵賊斫死死如歸血膏野草屍葬魚腹江寒月黑

飄靈旗鄉閭上其事有司不報翁媼傳說百年如一時有
明正德年流賊竄江湄負嵎虓虎炰烋吞突人民流離堂
堂勳臣裔江國吳女華氏妻先後宛若同見囚羈六娘子
見賊自毀殘其姿勸食誓不食推衣誓不衣倚牆而坐哭
復罵不墮賊手汙巾綦軍中多紅顏或來相勸規直斥無
所撓勸者齎咨而涕洟黠賊兇且狡局閉一室冀或石轉
中心移靑天沈沈白日墮陰風夜掣江神祠朝來白刃那
復顧嚼齒伸脰須臾期六娘子輕塵弱草胡不委蛇就甘
美强自媚悅持容儀不然醜腆苟活傾巢冀完卵破鏡重
圓時有之溧陽公主挾賊坐中郎弱息悲胡兒丈夫臨危

或有甚於此而况婉孌巾幗乃遂烈烈捐生爲一日慷慨
千秋典彝金枝翠蓋光閃爍方連突廈心猶夷嗚呼六娘
子死者不愧生者宜何師

蕭天子墓

臺城老公聲荷荷捨身不救一身餓土囊血涤簡文君骨
肉復惹遊魂涴曹瞞作俑賊子桓後來禪讓渾築壇口猶
乳臭當阼立宣猛將軍勒兵入江州甲馬功無雙外臺夜
送江陰王江流東下沈波黑北望神州西建業狐貍狐搰
續季卿坐買陵樹還吞聲同泰寺前秋草死麗華井上啼
烏鬼空餘野火照孤墳至今人說蕭天子

贈江上何霜崖明府　秦松齡

春申浦上可花明泥飲齊傳茂宰名西晉家聲標石柱東
吳文教屬江城映簾秔稻侵廡滿遶郭魚龍臥不驚愧我
未成循吏傳扁舟蝦菜幾含情

登城詠古　王序賓

樓臺高下入秋淸林木蕭蕭葉有聲回首西風幾興廢夕
陽古寺是梁城

吳時風景楚郊原終古靑山對郭門艦浦蕭條陳郡廢寒
鴉數點集孤村

子城仍是舊時軍雉堞參差鎖暮雲惆悵九原不可作劉

伶墳對杜康墳

遙塘颯颯響寒蘆覿面雙峯近可呼獨自歸雲菴外立一
鉤新月照前湖

君山夜坐　張元昇

長嘯空山靜蕭條夜色幽月明橫野闊江勢挾天流淸磬
三更寺寒風萬木秋宵分人未寐銀漢落峯頭

雨後君山感懷

翠微天半俯滄溟今古登臨愴未平雨歇乾坤生暝色風
高瀛海長濤聲荒城戎馬孤笳動落日山川一雁鳴最是
可憐黃歇墓冷煙哀草亦關情

踏春

輕羅團扇趁春風此日佳遊士女同楊柳江村茅店綠桃花山郭酒旂紅鶯聲野墅笙歌外馬跡斜陽翠藹中卻望秋千何處戲赤闌橋畔粉牆東

露坐卽事

香消夜永漏聲停幽徑蒼苔白露零酒盡空江飛落月鶱虛古木挂疎星朱絃細撥清宵曲團扇輕搖隔幔螢醉後朗吟招隱賦十年踪跡恨飄萍

田家

矮屋低籬面遠汀春深場圃草青青嘗邀鄰舍乘漁艇自

寫山歌貼紙屏幸免到門題鳳字閒繙敗簏相牛經東田耕罷歸來晚獨醉花前不易醒

雨後登邑城

高城極目晚迢遙野色蒼蒼雨氣消青草亂煙黃歇墓夕陽流水杜康橋山連北固千重樹江抱孤城萬里潮莫向女牆頻眺望漫天飛絮正飄蕭

追憶鄉先哲周硯農李介立黃子聲沙定峯四先生曁家庸菴大育兩叔祖各賦一首

寂寞江天淚欲垂哲人一逝失追隨相如賦就稱詞客摩詰名高豈畫師淮海亂餘身似夢乾坤老去鬢成絲只今遺句猶藏篋落日傷心未忍披

白髮飄蕭慷慨存深山一劒倚黃昏百年儒雅空悲老萬首詩言孰共論李燮縱能全嗣續（李固遭黨禍其徒王成負其幼子燮逋逃江湖及禍平乃還鄉先生雖冒姓李而實霞客後人）林逋終歎失兒孫（先生終身不娶）可憐荒冢當斜日只有青蠅弔汝魂

天下文章已久蕪（天下文章先生家堂額也）尚推風雅冠三吳江山麗藻生花筆骨格高寒老釣徒空憶少陵詩思健劇憐伯道夢魂孤皇天未肯延儒術獨使同儕淚暗枯

幾春天末聽鶯聲銀髮歸來兩鬢生才藻琰能輝列宿文章力可撼長城中郎望重憐王粲北海才高識禰衡（子極承推

獎）惆悵虎賁無處覓一尊此日淚空橫

布袍高坐氣何揚霞舉軒軒動夕陽張旭醉顛稱草聖杜陵窮老擅詩狂百年野鶴餘清影一夢春雲隔故鄉（公客死靖江）擬賦大招投海上亂煙寒水正蒼茫

一曲清琴天地老悲歌燕市意難消狂來詩句驚千古亂後文章壓六朝花外衲縫紅葉冷嶺頭杖倚白雲遙（公坐事後嘗著一衲抱琴攜杖隨意行山水間）秋江斜日荒城晚悵望風流總寂寥

雪阻法雲菴

窮冬慘澹朔風酸野寺蕭條古佛殘度臘僧眠三日雪題詩人坐一樓寒荒江雲木疑花亂永晝山河帶絮看卻怪

遠公嚴酒戒不教陶令把杯寬

冬日遊澄江鵞鼻嘴　吳士玉

懸崖崪兀臨江東亂石騰擲江水中我來正值寒日落欲落不落江波紅初從城北覓細路板橋危度攀枯松君山歷落路遠近笑指絕境吾能窮迢迢江濱遡雲嶠遂踞虎豹登虬龍前躡孤根最險絕繞脚三面洪濤舂江豚出沒戲左右長空浩浩驅天風仰天長嘯俯瞰水濱渤萬頃吞於胷是時金光閃江面輪囷怪影搖中融遠帆幾點帶暝色去鳥滅盡餘空濛江月促我躡歸徑滿山霜氣迷行蹤

采香逕　汪鶴齡

我踏香山峯上有采香逕采采馬蹄香寂寞爲誰贈美人今不來雲林靜疏磬

贈祝明俟　湯右曾

踏徧江南大小山堂開浮遠此躋攀時時采藥雲中去日日看碁洞口還笑我幾莖生白髮愛君七十有朱顏刀圭不是人間物珍重青囊莫等閒

行部沙洲　葉紹芳

川原渺無際極望碧嶙嶙阡陌風猶古桑麻俗自馴天桃爭繞舍弱柳自依津父老牽帷問無嫌絮語頻

文選樓　吳永福

文采江東未寂寥遺墟重過感蕭蕭角巾錦帶人千古蔓草寒煙話六朝枯榦至今留碧巘高樓猶憶訪紅橋湘東萬卷空灰燼憑弔無端首重搔

春日遊砂山　孫允升

乘興尋春春漸長悠然隨步出江鄉鶴翔天畔雲爲蓋鹿臥林間石作床已有好山堪蠟屐何須曲水始流觴野梅處處應爭放歸路微聞有暗香

砂山修禊　趙耀

宛轉春山曲磴幽籃輿十里喚林鳩蘭亭勝事聯今雨南浦淸文憶舊遊芳草翠添晴水碧煖梅香共薄雲流多情

殘照留人住乘興還須到上頭

夏城望三山　王時霖

水田渺渺亂鴉飛獨倚輕舠望翠微近水綠蘿藏客店傍巖紅樹護僧扉探香往事疎煙冷泛宅人歸舊徑非向晚澄湖煙靄淨三山依約對斜暉

蟠龍山望江

天矯蟠龍入畫圖青林紅樹雨模糊晚來岸幘江天望幾點雲帆澹欲無

二侯祠　徐德求

吹角城頭海氣寒古祠下馬拜衣冠君王卜祚剛三百伯

仲論勲有二難鹿走秦原驅噲勃鯨屠漢獄失彭韓延陵
門外松楸盡蕎麥茫茫夕照殘

白雲菴　　吳繼鼎

山中雨歇興初乘石蹬遙躋仗瘦藤淸供煑花堪代膾閒
吟分月不懸燈關防葉底餘雙鶴箕踞峯頭伴一僧尙擬
誅茅同托跡嘯招黃綺白雲層

古涇花圃　　吳傳霖

盤遊幾日酉龍砂輕寒漠漠遲歸槎古涇花圃富春事主
人邀我觀奇葩昨朝北墅看未足凌晨再訪東阡花石橋
流水路幽闃緑畦小徑尋谽谺槿籬茅屋自映帶風光彷

彿桃源家嫣紅姹紫紛到眼蝶衣䙰粉蜂開衙氤氳花氣
撲襟袖恍疑優鉢飛金沙豐臺洛下那足數金鈴錦障爭
豪奢十千買豔我何有芳菲坐對成咨嗟興來折取代持
贍照耀俗眼塗人誇歸來泥飲當酒具羯鼓好付花奴撾

利城訪王百穀故居

名士何年宅停車問路岐江山成昨夢風雅憶當時廢壘
榛空沒寒汀柳自垂吳閶吟坫在一種草離離

夏日宿飛錫菴

精舍依山麓軒窗四面涼客來疎雨歇溪淨晚荷香幽篁
容酣臥新泉喜午嘗一鈎纖月上長嘯得淸狂

過月城橋

淡雲深霧景初昏短棹飄然破浪痕廢壘尙尋煙際樹平
橋還傍水邊村漁人待月爭懸網估客提壺獨叩門可怪
鄰舟誰按笛一聲子夜易銷魂

夜宿楊舍　　於式

疲馬南沙路秋原草樹凋人歸煙市雨風響海門潮吹角
嚴城暮聞鐘古寺遙籐床眠未得雙鬢感蕭騷

晚登砂山　　胡文炳

春山翠欲滴曉起入雲峯露濕松杉冷煙開島嶼空幽禽
聞喚侶古寺遠聞鐘欲聽空王法高流未易逢

登香山　　胡文燦

古柏參天合空山澹夕曛冷風吟落葉獨鶴引歸雲香遙
寒花落飛泉曲澗分村墟何處是樵唱隔煙聞

慈雲寺　　吳乾

頹垣金碧認微茫一樹冬青野草黃下馬欲尋何代寺斷
碑零落臥斜陽

村居　　繆民垣

岸幘林塘野籟生鵓鳩聲裏喚春耕春申浦上潮初長季
子祠邊雨正晴十畝未成嚴壑隱一溪閒結鷺鷗盟年來
壯志銷磨盡耐可扶犁聽曉鶯

丁墅道中　　王家棟
極目滄江上蕭蕭霽色寒遠洲殘雪在野渚暮雲漫旅食
悲秋雁卑棲憶考槃行吟歸路黑何處不憂端
杜康宅　　徐時化
廢渚何年宅餘香發杜蘅由來千石釀應匹五侯鯖清濁
分賢聖醇漓別性情汙樽懷太古千載尚畱名
段山　　丁繼鴻
淼淼江天外中流湧碧岑斷崖行轍少孤嶼夕陽沈水氣
連昏旦濤聲自古今不知混茫裏畛域更誰尋
暨陽懷古　　殷譽慶

江陰縣志　卷二十七　藝文　詩　卅四

此地勾吳戰壘開尚餘重鎭楚江隈城邊斥堠連天遠海
上魚龍捲浪來黃歇冢荒迷蔓草延陵碑古蝕蒼苔西風
入夜鳴哀角并和砧聲徹曉催
秋夜與周南村作　　閻詩
澤國荒涼水接天黃花寥落更誰憐長飢每歎陶元亮蹈
海空懷魯仲連鴻雁關山飛暮雨芙蓉池沼冷秋煙夜窗
客到多相感共向清尊一悵然
大雨　　楊名宁
孟夏黑雲重如磬平地倐忽成波瀾庭前靑草嬌稱甚一
日兩日齊闌干春殘尙餘芍藥蕊無奈草何草中死蝦蟇

聒子聲正喧拙鳩逐婦何時已寒士憂麥飯相對多苦顏
不得置身天帝閒手把大帚長萬丈一掃黑雲歸故山
旅興
東風未許逐良遊杜宇聲聲喚別愁三十日來江左客一
千回倚海陵樓已捹花落無春分擬遣鄉思到醉休極目
暮雲歸岫處笑余飄泊欲何求
新秋
燕門三度感秋風又値秋聲上井桐人住難爲過夏子無
愁端似信天翁百年人恥尋常老一卷書爭尺寸功卻笑
東坡老居士近來錢盡但畱筒

江陰縣志　卷二十七　藝文　詩　卅五

學書學劒兩無成敢冀人閒浪得名醜婦自知宜免妬文
人何事定相輕雀窺餘粒逡巡下蟬擁高枝自在鳴兀坐
渾忘身與世一鑪茶火煮閒情
紀賑詩　　蔡澍
朝行暨城東暮宿暨城西車殆馬亦煩去去將何之爲言
捧檄來賑我蒸民饑自余來澄江三載罹瘡痍辰已遘潦
霖原隰成塗泥今歲大旱乾收穫艱糠秕嗷嗷遍哀鴻玉
食與桂炊監門繪圖入荷此
恩綸垂江鄉十萬戶普賑良難施所貴社倉濫庶以全黔
黎單車走四郊按籍登門稽孤村迄小集詎憚兩足胝風

沙障面目雨雪侵膚肌胥役走且僵喘息難自支事竣隨散給粟帑紛而歧米固重粒黍銀亦權毫釐長官據廠坐災民走如麋老翁扶杖來稚子牽衣啼呼兄更挈弟抱子還攜妻蹣跚及傴僂逵衭譁階墀呼吏計口授莫教須臾遲囊橐滿負戴筐筥交提攜豐年等糞壤凶歲成珠璣歡欣返蓬門滿餐勝肉糜豈知官長勞督給迄無時亭午不暇食宵眠尚嗟咨再賑復三賑務及來牟期民得數日飽官已半載疲側聞窮巷間寡婦涕漣洟自言賑不及里保營其私乃知博濟難堯舜猶病茲中夜起長歎端負埛牧司安得太倉粟大賚無孑遺

開河謠

朝截流暮排車桔槔軋軋歌聲譁暮戽水朝下蕩荷鍤攜畚走相向丁男輓泥下河心丁婦饁餉履河上里胥督卒不敢遲指揮來去東復西上高下低紛若鶩夾岸聚觀人如麋鳴鑼一聲語聲沸前隊喧傳官且至我語衆工爾莫驚開河不禪官長事前年雨潦水不洩去歲赤旱河無滴泥沙壅滯蓄洩艱一際水旱苦罹厄田疇蕪廢無麥禾不異枯魚過河泣從來人事代天工前若倦勤後無及方今農隙丈儘饒深疏廣浚休辭勞主伯亞旅互淬礪合耦協助無相撓俄頃事集厥功奏江流活活河滔滔平渠滿川賁灌溉西成黍稷盈四郊一勞永逸洵美矣煩我董責空喧呶我本爲客爾爲主康功田功我無與官如傳舍有幾時不能挈河更東去衆聆予言咸感激勤者彌奮惰者策一鋤兩鋤交手下千擔百擔無停歇行歌勸唱歡樂胥經始子來戒勿亟我觀情形大悅怡江俗好義公旬急頻年興作亦孔勞利民還當用民力江鄉溪港蘺悉數疏瀹務盡囹渟淤譬猶人身具百骸血脈貫通靡有阻揚州土壤本塗泥教稼先從治水咨自今以往歲其有吹笙擊鼓陳豳詩

憩雙林精舍

火雲騰騰日亭午大地炎蒸如覆釜爍石流金未足奇烈烈川原等焦土誰家水閣泛茶瓜手弄輕紈自揮暑嗟予行步涉遠郊嘔啞籃輿逐平楚驕陽杲杲奈趙宣欲避炎威鎮無所吏人彳亍走且僵撲面黃塵汗揮雨山田犖确龜坼開桔槔孰憫三農苦淙淙水碓快機心抱甕終輸丈人古莽蒼行盡見嶄巖峉㟃山容狀如敔攀蘿捫葛度遙岑路轉岑迴聞粥鼓數聲清磬出招提一徑松杉轉寒沍入門風景大蕭涼碑字雙林紛可數玉林講席幾回遷傳鉢何人流法乳解衣磅礴蕩煩襟拂檻松風沁人腑茶鐺還問趙州禪碌碌塵鞅泖何許徘徊坐待夕陽斜滿院風

鈴自相語

秋日君山觀閱武

江城車馬如雲屯連營列騎羅層城將軍皋比坐武帳紅旗半捲開轅門秋高草枯氣始肅下令大閱張三軍先期尺素走相召邀我壁上觀陳兵緊予文士不解武見獵心喜頻怦怦筍輿侵曉出北郭西風颯颯吹衣襟是時遙空豁澄景嵐光澹蕩融朝暾林麓葉摧萬態出長天秋水看無痕張帷列幕坐磅礴偏裨左右威儀陳高臺建牙撼山岳五色揚旆羅繽紛一聲吹角纛旗颭淵淵伐鼓旋鳴鉦初觀抉拾布正鵠貫徹七札覘殊能鐵騎控縱絕塵走箭

起鶻落馳寒星火攻列隊大舉焰轟轟礮擊伴雷霆刀牌突出擐籐甲跳盪不異猿猱輕須臾合隊大演陣五花八門交輪囷端倪動靜渺難測目眩但見搖霓旌散如風雨整以暇班部肅然譁無聲策勳飲至呼勞酒僊僊屢舞齊觀欣戭肩生啖氣何壯將軍有酒眞如澠堂上鐃吹大合樂雅歌投壺陳罍觥軍容似此良不俗車攻吉日歌周京安不忘危古所尙扞衛無愧干城膺油油三爵意豪上酒酣耳熱仍憑陵長揚羽獵給筆札上林子虛研高文上馬殺賊下草檄吾曹意氣當凌雲一言寄謝百夫長毛錐碌碌羞書生

社日西城樓晚眺

獨愛西城路江山一望收登臨當暇日霽爽入新秋空翠遙岑落蒼煙遠嶼浮劇憐官況冷紗帽對閒鷗

雉堞看新搆高樓上切雲地形千辦合天塹一江分樹色連堤暗漁歌隔渚聞坐聽吹角起林杪又斜曛

訪王梧溪故宅

詩人棲遯處遺蹟至今傳雅操希巢父高風溯魯連古苔封斷壁飛鳥下平川日夕滄江濶蒼茫起暮煙

遊香山

採香遺事邈終古號香灣石磴俯幽壑寒梅又小山入衍

空翠裏僧住碧雲間放眼長天外滄江響自潺

屈曲下山路泉聲一道斜平橋依丙舍夾澗尙桃花嶺色連巫峽溪田走白沙何時聽飛瀑谷口更停車

周文襄公祠

尙書開府日江左被恩時白水成腴壤靑暘聳故祠野蘋溪父薦斷碣後人思瞻拜斜陽裏靈風颭畫旗

宿九蓮精舍

一徑尋蘭若行行入翠微靑松生暮色白日閟禪扉燈火虛廊闃鐘魚晚課稀此間塵鞅絕暫息漢陰機

二侯祠

東南半壁倚長城衛霍眞看此復生馬槊功名同伯仲龍
飛勳業紀旂旌臨濠故里曾垂戟籌海餘威尚戢兵一弔
荒祠無限意壞垣風雨陣雲平

馬家湖閱視堤工再謁周公祠

芙湖瀰漫水爲鄉蜿蜒重堤愼決防丙夜爭呼朝下坂丁
男難辦宿舂糧綢繆澤國憂難釋躑躅河干瘁敢忘歸路
遺祠還展拜中丞前烈頌開疆

書舍

斗室纔容膝蕭閒祇自娛莫言爲吏俗公退坐攤書
鍵戸如山靜鑪香取次添勾當公事罷微雨下重簾

桂室

小築臨西簷味同蝸舍冷三秋風露時幽花散清影
何來金粟花植此苔邊石客至澹無言已入芝蘭室

過劉伶巷得三絶句

不飲徒爲耳吾師杜仲寗斷碑池水裏應笑世人醒
晉人方清言參軍自作達澄江非建威何年此荷鍤
曲巷對平橋委宛南城路酒醉月明時精靈自相語

頒春卽事

一夜東風漾煖煙陌頭初見景暄妍河陽縣裏頒芳信應
許江梅獨占先

簇彩攢花翠羽張靈旗畫鼓賽勾芒東皇此日傳消息轉
眼風光接豔陽

隊子魚龍百戲陳昇平風物見來新行春橋畔帷車過竹
馬兒童有幾人

畫棟晴雲向野開紅英綠酒共徘徊芙蓉城外春如海誰
識先從此地來

季子祠　李鳳翔

放棹春申浦來瞻季子祠落霞明遠渚夕日閃靈旗社稷
看遺冢風雷護斷碑延陵弓劒地芳躅至今垂

蘇墅　蘇濱

流水斜陽外村墟杳靄間何年遺片石終古愛眉山陽羨
田空沒蘭陵宅易還耦耕吾所樂風雅自相關

文選樓　王企堂

昭明太子搆幽居爲慕前徽訪古墟巓嶺樓臺還是舊大
梁寶樹已非初江天浮遠東鄰海山月臨高夜照書仁孝
性成思向學輪扶大雅有誰如

詠懷　許俠

頭童齒豁竟成翁重憶當年事事空董相下帷徒挾策班
生投筆未臨戎飄零劒佩秋風老蕭瑟家園暮雨濛愁絶
那堪兼永夜搗人心曲是寒蟲

次韻答薛彙仙　包彬

帶水難同李郭舟鶺鴒枝畔總勾留新詩似錦惟緘恨春夢如雲半結愁馬翦焦毛嘶紫陌鶴盤瘦影円滄洲天空地濶容疏放秖有吾曹氣味投

送黄雯中學博　虞鳴球

鱣堂飛舄入京華京口風雲繞去車千頃汪波瞻玉宇六年時雨潤金沙宏才應列鵷鴻侶教澤還留桃李花一歲九遷何足異會看紅綬爛晴霞

五經名宿腹便便坐卻春風已數年論古且憑人載酒飲

和未覺客無氈鄭虔名向當時播伏勝經從去後傳報最楓宸應得意除書頻向九重宣

已向雲霄振羽翰典型留得後來看筆花璀璨珊瑚架道味馨香苜蓿盤安定先生矜式久吳興弟子別離難回思絳帳趨承日花竹扶疎映講壇

無雙特上薦賢書枳棘原非鸑鳳居屢爲斯民周蔀屋祇勤執事迓巡輿行看棠葉薰風轉共惜槐陰夜月虛唱罷驪駒征斾發五雲深處望瓊琚

客中遇閏重陽　車書

登高纔匝月今日又重陽破帽不堪落霜花應更黄白衣虛送酒異客倍懷鄉寂寞兼風雨那禁秋夜長

送愼宦師之鹽城學博任　沈濤

奉手將分袂心旌逐去帆宦情知已淡水味覺還鹹古堞疏黄葉寒江隔遠喦此行誰問字征雁待封緘

君山

出郭登山望茫茫百感生壯猷今古杳遠眺水天平已棄三千客猶當十萬兵有懷誰可訴落日大江横

癸巳元旦　貢震

旭日曈曨上草盧老夫七十履端初風波已遠驚魂定霜

雪潛侵壯志虛傍舍溪山容履杖到門賓客雜樵漁稱觥祝嘏渾閒事任運逍遥樂有餘

登江山　嚴學誠

山勢西來杳憑高一望通遠沙横水暗晴日射潮紅雲出平穿樹帆開側趁風王孫遺碣在春草碧成叢

蘗菴禪師精舍

聞說孤臣曾此依稜稜風骨古來稀昏朝抗疏霜凝簡故國傷心涕滿衣浪跡但求人莫識披緇常與世相違只今精舍松筠茂勁節如公亦庶幾

春日郊居　王學琦

田家幾日晴江上有鶯聲對酒野花落閉門春草生溪流清復淺村徑曲還平不用買山隱吾茲老釣耕

夢中得句云兒童知禮讓父老重衣冠言風俗之美也醒續成之

薄俗今何似淳風世所難兒童知禮讓父老重衣冠耕鑿惟同井催科不用官皇華應載筆留待使臣看

王韓起見過　沈德潛

落魄滯江皋三年一布袍長貧眞到骨衆論尙吹毛摧抑名偏盛艱難志愈高撫時還慟哭賈誼是吾曹

贈張時昇

身立窮通外家居圖畫閒潮回疑蝕岸雲動欲移山穴並臺佟鑿門如栗里關因思塵世裏只有此人閒

翁霽堂枉過草堂

風竹蕭蕭晝掩門久無笻屐印苔痕忽傳江上青衫客來訪溪南黃葉村千里相思勞仲悌一人知己感虞翻文章自是吾生事試與高賢對榻論

寄王韓起

河橋把袂燕飛初又値霜林萬木疏往日聲華應更好比來眠食竟何如白雲古寺聽宣講黃葉閑門想著書臘盡江頭冰欲解故人正好遣雙魚

蓑衣　翁照

記得寒江外曾披上釣舟煙波雙鬢老風雨一身秋戴笠偏相稱垂竿亦自幽嚴陵如愛此應不著羊裘

三十三山草堂落成示及門諸子

三十三山裏歸來始卜居亭因修史築田亦帶經鋤有志希君實無心獻子虛門生語老懶常舁我籃輿

歸里

姝方小住又經年歸見家山一莞然楊柳曉風臨岸宅桃花春水到門船妻開酒甕香侵鼻童負詩囊重壓肩鄰老相過俱好在桑麻重與話尊前

雨後君山野步

一縷初暉潑眼明獨行江路喜新晴水當臘去靑浮岸山到春來綠進城楚相祠空汀草合吳孃船過浪花平故鄉風景殊佳絕底事終年愛遠征

送翁霽堂之錢塘　杭世駿

君才敵百夫有作儼雅頌大江盪文胸崔蔡見伯仲篠簜美東南蔚爲天府貢拂衣不肯住泉石足吟諷一刖淼天涯關河倏四東征車再入雒賓主偶相從吾鄉君舊遊飽看南湖葑相送復歸去牽我吳山夢

前題　周長發

元瑜標格擅風華綠水池頭白恰斜一日百函眞作手十年三賦早名家來隨碣石風前雁去索孤山雪後花可耐凌兢衣褐冷玉河分手隔天涯

前題　　夏之蓉

人居雲海古黃山亭上松風散客顏安世書傳三篋內太冲賦著十年間劒鐔欲試方鳴匣藥裹爲鄰恰閉關贋有風華眞絕代須麋未許一躋攀

懷沈補蘿　　袁枚

我愛沈補蘿巍然松柏蒼手摩盤古頂髮帶麻姑霜置身元氣上浮世等粃糠畫筆爭顧陸書法追鍾王時扶綠玉

杖來飲花間觴子訓摩銅狄宮人說上皇竹石爲君古杯盤爲君涼但須聞談笑何必閱滄桑天若憐吾曹爲君駐頹光

沈補蘿謙齋印譜歌

謙齋印譜古所稀譜成命我一歌之我作才語非阿私爲古混沌書其眉先生古貌清且奇鎖頤折額毛鬅鬙東搨西摩靡不爲佉盧沮誦笑且窺穆王所刻宣王垂周秦盃鬲商尊罍三符六鳥蠶與黿速狠蹮鹿爾雅詞以井爲闌墨作池以指畫肚窮孜孜先將六體探其微後以萬本驅其疵青石觸手成秦碑一刀初落追李斯二刀再入掃張芝三刀四刀萬馬馳太阿斬斷珊瑚枝神龍摩卻千熊羆翩翩鴻鵠行且飛芃芃黍稷紛離披縱若欲懸橫者低肥或如瓠瘦如歆唐印如觔宋印絲惟公兼之孰與媲我聞竟陵王所疑刻符摹印無分歧楚金非之作繫辭部居別白窮銖錙今之私印古所治龜頭左顧孔愉璽太宇外向伏波悲昔人於此爭毫釐三倉爰歷書無涯皇皇炎漢嚴其儀尉律太史擁皐比九千籀試公卿兒曹瞞老姦何所知猶懸鵠書帳中嬉惜哉先生不遇時無人薦之軒與羲刻劃金石追龍威泰山瑯琊空巍巍所逢公卿多穿鎚新羅國人來又遲立本呼作老畫師廚空笑殺長康癡鐫勒

使者非所司凌雲閣上誰相思煢煢白髮江之湄嚴家餓隸苦欲飢愧我說文讀若迷斷碑爛鼎堆堦墀卩稱艾艾呼期期見公之譜涎滿頤捧出銅玉光離離索公一字酒一卮仲春塡篆花作媒願公壽考永不違

題沈補蘿蘭亭卷子　并序

補蘿與王虛舟裘魯清交最狎沈王故工楷法五十二歲時各臨蘭亭一本互角精能畫者作流觴曲水貌三人于其中亡何魯清死又數年虛舟死補蘿每哭一人則跋數語於卷尾乾隆十六年十一月補蘿來白下出圖命題余生晚不獲見裘王兩先生而其時補蘿之官

建德余又將赴長安感三友之多情逢兩人之將別磨
墨愴然不能自已
先生垂老淚星星行篋常攜感舊銘一代交情存筆墨三
人顏色付丹青酒杯白社秋來憶玉笛山陽雨後聽五十
二年鴻爪在昭陵風雪滿蘭亭
浮生難挹魯靈光風義羊求事渺茫兩晉書亡王內史六
朝人贗沈東陽金仙次第辭西漢宫女伊誰說上皇惆悵
鍾期來海畔斷琴彈落一天霜
衰草殘雲逐歲新梅花何忍住紅塵黃粱入夢剛三鼓白
首同歸又二人再拜未消寒食恨九原應記永和春酒壚

近日蒼涼甚不望河山也愴神
冬郎江上未生時醉殺徵之與牧之名士散場君太老繁
華到眼我偏遲事如流水都陳迹人是相知易別離珍重
斜陽行色晚石頭城下望歸期
翁壽堂三十三山草堂圖
四海才名六十春青鞵布襪軟紅塵平生事事謙沖甚只
有青山不讓人
香山溶水影迢迢綠樹橫陳葉未凋半畝草堂江上好不
關門住等春潮
試罷彤廷戶不開談經重薦伏生才一時猿鶴驚相顧花
外蒲輪今又來
自丹陽放舟赴江陰道中作　蔣士銓
放舟吕蒙城言入毘陵道寒流疊衣帶詰屈爲循微容刀
等摩肩往復驚絶叫枯林織欹岸牖戶冠曲隩前津指甄
山一一暮鴉導
贈翁壽堂徵君　錢大昕
緯蕭抱犢自家風薦牘仍看達紫宫東國人倫推郭泰西京儒術數申公江湖載酒風流
在耆舊論文意氣同擬向君山來問字相從踏遍碧玲瓏
彈花曲　包煦

攀枝花（棉花古名攀枝花）光映室終歲勤劬幾曾逸佳人捲袖擎
木弓千杵萬杵聲逢逢豈有幽愁不能理么弦撥出宫商
徵楊花撲面不沾泥殘雲堆中叫竹雞荆筐束疊寒雲片
紡車日夕抽冰繭妾意君情磁引鐵寒窗獨織絲絲血製
就征衣貼君體淚痕濕透休輕洗
紡紗行
吉貝多鈴歲收好機婦家家理妝早明星灼爍坐紡車桀
哢驚起雞聲譁銀絲抽出白於雪惟恐布成憎布劣入市
易棉銖兩多喁喁笑語顏色和債戶糧差氣如虎賤售且
紓一時苦老弱依然聚短簷一身尺布不曾添

璜塘鎮上即事　徐方高

蕭然一水石橋橫市小稀聞鷄犬聲近覽並無喬木古遙瞻惟見野煙平艱難編戶漁商業狼藉豐年醉飽情送客河干心惻愴居夷浮海歎吾生

農家　陳瑛

農家敦樸風但解數雞豕短褐被我躬不必紈與綺糲食充我腹不必甘與旨榆莢春雨滋穲稏秋風起宜麥亦宜稻高廩登億秭水旱占蛙聲五行㐆志史中古書契垂頗爲作僞始椎魯耕鑿民渾沌賓未死賽社歡枌榆爭春賤桃李負薪而行歌翁子吾所鄙

舟行夜坐

暑殘岸柳風秋入江村夕披衣上柁樓對景時不懌舫鐙耀昏黃流螢照深碧孤鴻天際來惆悵遠行客

歷歷河之湄行行江之滸目斷故鄉人耳聽故鄉語暮息與晨征瞏瞏竟無侶兀坐一沈吟三更荒戍鼓

水宿掩孤篷蟬語送朱夏風動樹先秋月臨江不夜毋爲險句吟恐受魚龍訶極目望蘭陵依微見吾舍

月夜登望江樓

曠蕩浮寒闊淩虛渺畫圖天青澄月兔江白靜風烏入夜景方寂攜笻興不孤石灣吾欲發沙路只盤紆

同居賢書夜坐

四野浩風露逌然長道心溪澄收衆籟月濟出踈林觀化形同釋忘機暑不侵清言餘逸韻如聽頴師琴

呈蕭月舫遊戎

馬鞍山色俯滄浪望重台階入葉長曾執虎幡司禁籞旋持玉節鎮金湯胡牀嘯傲樓頭庾緩帶風流峴首羊羨殺能文兼好武知公門巷本青楊

雅歌投壺格自清暨州城畔駐霓旌恩推小校斟甌賜禮接名流倒屣迎詎止六韜欽大樹即看五字號長城雕蟲舊有登龍願晉謁從申御李誠

送繆澳瞻之養利州牧任

班聯玉筍早知名載石人呼一葉清

天語褒嘉絲氏最蠻童歡躍細侯迎白雲晴嶺神燈影綠蘋秋江畫舫聲到處煙霞供擊鉢緗編開擁舊儒生

歸省春暉啖蔗甘緗帷枉駕使君驂笙簧兩部招河朔津堠雙旌指日南深院文楸簾外聽長城高唱集中操他年報績微宣室垂問蒼生已素諳

安遇　趙曦明

隆冬有蟄陽盛夏有伏陰陰陽終定位益驗天地心所以古君子惟用德自馨失意不敢悲得志不敢淫

一日不盡分此日爲虛生一事不盡分此事爲無成順逆常變中努力得安行我生自有定寵辱何所驚

望江樓次壁間韻

江勢滔滔遠登樓望欲窮帆移晴絮外山繞覆村中孤塔淩空水雙門東海風練光浮落日人映晚霞紅

酌酒與儲玉琴　　屠紳

當筵那復問悲歡念爾茫茫感百端風雨十年家鐵甕雲山一夕話銅官誰憐令鍛稽康竈我愧虛彈貢禹冠今夜蓉城好明月醉中猶得坐團圞

都門春日憶韓園朱梅　　朱黼

東風不挽餘寒住御溝冰泮清流注閒園絶少五出花卻憶家山古時樹孤根如鐵堅不頹天水碧色粧莓苔三花兩花足太息已閲五百餘歲來東園載酒坐花下亂石荒池舊臺榭席地常過芳草春淩波更度芙蓉夏雪花飛盡燕山靑大千春氣先

帝城鰥魚負冰凍猶沽好鳥拂羽煖更鳴長安市上種花叟百種非時無不有土窨員成羯鼓催瓦盆劇惜雙蕾剖孤山處士白板扉月明滿地橫一枝窗前忽到那可得何處長笛臨風吹

題黄氏雙孝行略

秋雲壓窗鳥夜啼燈前匝影孤兒悲中宵展卷一再讀淚漬行墨如綆縻人生孝思本天性舉世空慚士夫行壁立行傭兩可憐宗門庸德相輝映美哉賢嗣揚厥芳採風庶克徵文章孝子何心望及此惟孝生孝理有常名公鉅卿愛縷述沛國孤兒忍載筆我有悲懷不可言邱山風雨秋蕭瑟

晚歸鸛莊道上

遠目荒村外歸心落照邊羣鴉盤古埭一塔破遙天烏桕沿堤雪丹楓隔浦煙秋光無限好何計買林泉

孔千秋惠印章

此事已寥落故人猶討論丹書來遠道寶氣入荒村搏手龍螭古傳家蝌蚪尊金章空斗大吾喜爛銅存

輓車質齋先生

茗火鑪香啟百函蟠胸古味一生酣臨摹尙憶中興頌筆記空餘老學菴北面有書教李翊西州無路哭羊曇藥欄依舊春風度乘興還誰更繫驂

盧山謝事歸有以蜀事垂問者追次少陵諸將五首韻答之

天外愁雲劍外山雞頭牛首儆重關窮秋鴻雁遥飛後滿

地豺狼轉瞬間經卷簽丁隨處有羽書旁午幾時閑西征
零雨三年闊不見紅旗霽
聖顏
秦通商雒楚方城驅入夔巫豎旆旌發難驚傳紅粉帥摧
鋒愁說綠旗兵干戈不任生偏惜壁壘牢關野未靖將不
能軍何有卒中原無事久承平
淒涼斥堠不傳烽破屋危樓嶺萬重過處我曾憂遠戍霎
時寇果肆西封養癰自致瘡瘍潰縱虎非徒犬豕供可痛
三川焚掠盡莫從焦土問耕農
羣醜紛紜姓氏標蜂屯蟻聚幾會消封章屢聽殲頭目劫

火仍看暗沉寥黃紙爵煩天老筆翠翎
恩重
御房貂軍儲更費司農計肯但雍容賦早朝
楚氛甚惡問何來蜀道誠難古所哀重望嚴公收滴博還
思吳漢畫雲臺嘉魚已爛烹羹手郫酒休添飲血杯露布
有人磨盾作不妨林下老樗材

澄江使院答陸青來　曹仁虎

小邑猶傳楚相居空江半壁控南徐論交喜稅塵中駕談
藝開緗篋裏書冰泮曲池芳草長雪晴官閣早梅疎最憐
三十三峯好日日開簾對碧虛

重題二黃孝子傳兼簡全五　徐桐

清溪曲曲繞璜塘庸德相輝孝友鄉風雪廬中霜草短桑
麻林下紫荊長會裁樂府歸烏有再讀南陔爲補亡盛夏
款門勞遠顧細談往事淚沾裳

中秋　曹復

枚叔江濤句坡公水調頭中秋一片月今古幾人愁我欲
乘槎去高吟最上樓不勝清興發玉宇淡悠悠

雙林菴

疎鐘白雲裏隱隱見雙林一徑流泉急到門煙靄深幽花
參妙諦古樹證初心坐久山光暝虛堂起梵音

草堂閒詠

煙雨茅齋別有春忍將塵事冒心神閒親魚鳥爲佳客混
認溪山作主人入骨曉風偏送冷到門殘月不嫌貧白雲
長鎖桃源路未見漁郎肯問津

黠虎行　徐辰

猛虎與騶虞形質可混淆南山白額眞狡黠假稱仁獸來
春郊邑中父老爭置酒咸謂騶虞洵仁獸雍熙盛世始見
之今得來邀民福壽騶虞與人久馴擾忽然肆虐張牙爪
踞地一嘯生風雷百獸聞之盡顚倒初猶攫狐兎繼乃搏
人民邑中父老號且嗔咸謂騶虞何不仁望風走匿遠回

顧乃知騶虞是猛虎

黃山

崩崖突兀瞰飛流有客攜壺到上頭風勁角傳孤堞晚月明潮湧大江秋當年誰惜朱英去此地空因黃歇留我醉長吟踞鵝鼻青楓白露不勝愁

食河豚

河豚雪後網來遲菜甲蘆芽正及時纔喜一尊開北海忽看雙乳出西施箸分象齒徐徐舉風軟楊花細細吹不信肥甘中有毒濡毫擬續聖俞詩

過李小尹庸山草堂

庸山青繞短籬斜叢棘幽篁亂暮鴉不是書聲能引客亭車何處認君家

題閻典史祠　趙翼

傳芭代鼓刲羊豕前代孤臣今代祀不讐枯骨國法寬不忘忠魂民意美是時王師下金陵大江以南望風迎小朝廷已被俘去為誰保此彈丸城國亡援絕獨孤守作計雖謬心則貞姓名已入點鬼簿滿城皆鬼作鬼兵以鬼易人一當一人則怕死鬼怕生梯衝環攻百道禦積屍高與雉堞平縛芻為人夜取箭縋緪出卒霧斫營軍久絕糧鼷鼠掘土不解甲蟣蝨生相持八十有一日一日中有千輸贏君山礮聲沸江水鐵騎平明滿街市短兵巷戰血尺深袒臂一呼仆者起力盡俱甘駢首戮至今白骨塡荆杞嗚呼明季雖多殉節臣乙酉之變殊少人將帥降旛蚤豎壘公卿欵表先趨塵高門王謝獻城亟盛名巢由拜路頻何哉節烈奇男子乃出區區一典史

楊舍城北登望海樓

暨陽城北皆洪流尚是江尾已海頭何人好事欲窮覽傍淮築起淩霄樓我來拾級快登望六十里沙為外障障外即是滄波涵果然一豁心目曠曾披載籍徵典故陰火陽

冰莫名狀橫為摩竭豎難陀鼓鬣揚鬐動千丈幻影樓臺蜃市觀寶光珠貝龍宮藏方壺員嶠仙往來奇肱飛車不粘浪書生薄相那遇之健筆韓蘇枉摩盪是時卓午懸曦輪潮氣上逼白日昏不知是天是水還是雲但覺混茫一色無區分偶然萬斛舟如墨一點滓入寥廓微留痕欲駕鼉梁渺何際江湖比作蹄涔細中原水皆地所包至此始信水包地不識此水又用何物包六合以外眞難議頗聞近日萑苻萌連䑸結隊分縱橫劫財賈舶略無忌漸恐登岸殘村氓安得三千水犀弩鯨鯢戮盡常澄清

華墅

近遊百里覽郊原柔櫓來過華墅村山勢不高猶翠色江流雖近少潮痕杇株葉借藤牽蔓傾岸泥緣樹絡根東去相傳多古蹟暨陽城控海爲門

暨陽望海

決眥眞教目力窮憑高一覽大瀛東五更紅湧扶桑日萬里青排艄趁風勢絶中休無過鳥氣能横跨只垂虹正當海不揚波世何物萑苻敢逞雄

秦望山 張士誠駐兵處戰敗後明吳良等遂拔江陰城

秦望山高好駐兵淮張曾此瞰江城亂離未定瞻烏止盜賊皆思逐鹿爭赤伏符終歸漢主白駒場枉闢周京士誠僭號周大祇餘不肯生降處猶似田横氣未平

寫懷　李　頴

縱酒狂吟幾十年甘心披褐老林泉靑氊久坐能驅盜紫石常磨勝買田富尚懶求何論貴人猶難做況云仙生平自問無他愧但好虛名未盡捐

晚泊白蕩圩　吳鴻壁

遙指吳門樹風檣去杳冥天高盤鸛鶴沙煖聚鳧鷖野水涵空碧秋山挾雨青歸心正無賴漁唱隔前汀

韓園探梅次昆田韻

名園斜枕錦城東匼匝花開宛轉通一鳴寒煙疎竹外萬山晴雪夕陽中高樓祇許横長笛好夢偏宜逐曉風莫訝瑤京三十六此身先在蕊珠宮

漫興

十畝桑陰退灌園高情蕭淡薄華軒閑評花史消長晝細翦松毛覆斷垣白眼漫言同阮籍赤鬚曾不似劉琨黄金用盡空羞澀肯學兒曹倚市門

郊居

老樹千章水一渠繞欄花竹稱幽居恐妨肺病常辭酒最薄時名懶著書過雨麥畦春放犢嫩晴瓜圃晩攜鋤莫教掃破苔紋碧門外原無長者車

壬寅秋風潮述事　周　書

白露凋秋節陰晴忽變更黑風吹地轉飛雨挾潮生亂葉千林影遙空萬騎聲揭來憑水檻湧洶勢難平

城東滄波小東趨力尚遒翠沉高堰草黄泛濁河流歎欲羣山響蒼茫一氣浮此時江海上風浪極天愁

幾日衝飈惡今朝霽景長木棉飛絮白穲稏罨雲黄水落沙痕淺秋蒸桂栗香依然好風日農務未全荒

春日同友人自黄山廌帽峰遊石灣至鵞鼻北登君山望江樓　孫　爆

黄鳥喚春江上還載酒共踏城東山披雲過山麓笑指雨

石灣石灣何嵯岈猿鳥巢穴乎其間上有古籐老樹颯縈繞下有奔湍激浪喧迴環我來臨眺復何有怪石蟠拏劇奇醜顚風捲江江欲翻狂波撼山山欲走須臾風定崖谷涼江如淨練凝清光苔石雜坐共舉觴獨鶴遠翥江天長一抹晚霞明未斂澄波倒映紅於染西北蒼茫杳靄中隱約金焦煙雨點興酣覓句酒未醒振衣鷲鼻風泠泠崖陰或逢豺虎跡水氣忽帶蛟龍腥下臨無地深不測前對君山淨如拭穿花拂柳野徑通仰望江樓更攀陟醉倚危欄亦壯哉岷濤萬里晴光開濤聲澎湃向東注山勢嵲屼從西來斜陽澹映沙頭樹極目遙空煙水暮曾聞滄海有蓬萊我欲揚帆從此去

遊普同塔

石塔突兀松雲遮比邱老去埋煙霞四空中藏萬鎖骨一穴度滅千毗耶是身曾飛赤舍利彼舌定放青蓮花普濟同人德無量詩成稽首山之崖

周孝子士瑝詩　史有光

少慕事親傷心陟岵長慕事親謀生服賈一解入邇父母我遠父母誰有父母誰無父母二解隨親渡江囊空斷火我飢猶可親飢殺我三解粲粲白金靡靡青草養親事大拾遺事小四解父疾顲天一身何有母病澣衣三年匪久五解雖有半子可當一子他是女子我是男子六解歲時備物必誠必潔白楊蕭森杜鵑啼血七解無父何怙無母何恃卓哉孝子父母不死八解

盛節婦詩　徐民望妻庠生由勉母

重夫恩妾敢生重夫祀妾敢死夫死妾何依妾死兒何恃兒能讀書妾辟纑空房夜夜聞啼烏聞啼烏淚如雨朝來對兒述夫志夢裏見夫說兒苦力持門戶三十春兒婚既已畢兒名亦已成卒兒婦拜夫墓白日下高天暮妾心盡矣夫心安相逢含笑黃泉路嗚呼相逢含笑黃泉路

杜康墳

杜康墳下春水流杜康墳前春草稠客來過此皆歎息一犂雨足驅耕牛卻勝金輿和石馬落花無主飛鴛瓦楚澤誰爲獨醒人伯倫自是知心者君不見君山北障芙蓉城春申墓與江潮平當時珠履今安在醉客猶傳千載名

禱雨

義馳輪箕揚塵郁郁巷口來迎神白髮叟赤腳走家家門前齊插柳搔首叩天公天公何夢夢朝爲稻秔夕成蒿蓬民間有田不得種官府正稅將誰供鳴金鐃打瓦鼓小巫執羽大巫舞巫言日中當降雨

新橋叟

新橋老叟七十七白髮蓬鬆面黧黑一兒已死孫早孤出外萍飄覓衣食伶仃孤苦廹衰年活計惟存半畝田去年種瓜收倍利今年種瓜瓜脫蒂火雲覆地如鑪烘訛言上天降赤龍此翁擔水新橋畔曲背辛勤手澆灌黃塵撲面惡熱侵力盡心憂魂倏斷噫嘘欷此翁可憐不惜命半畝瓜田竟身殉

君山懷古

芙蓉城北大江頭削出孤峰踞上流春草未忘珠履恨寒潮猶訴棘門愁風帆岸柳啼烏集戍阜軍笳牧馬遊聞說仙人遺舊蹟螳螂曾畫岳陽樓用陳惟牧事

松風亭想白雲邊浮遠堂尋夕照前故冢蒼凉埋朽骨遺碑磨滅臥荒煙封吳莫問三千客相楚空悲二十年臏水殘山今復在游人魂斷子規天

九日登鳳皇山　蔣杏書

數聲早雁度寒空憶著登高藉短筇霽日長天千里碧平原老樹幾村紅一尊獨盡澆愁酒半嶺誰同落帽風信步歸來襟袖冷孤懷轉寄浩歌中

感賦　祝純嘏

木葉凋殘老樹顏霜禽飛去又飛還澄波我愧盈千頃廣廈人誰說萬間縱有癡腸能拜石敢憑孤掌獨移山捫心恰少全牛力握管聊窺豹一斑

戚中書墓

敗壁留題血未乾合門赴義古今難當時一炬心俱赤事後追思膽亦寒危素貪生眞老耄文山殉國本高官閒來散步荒園裏蔓草淒風淚暗彈

雙藤枕爲烈婦黃朱氏賦并序　王蘇

烈婦江陰竹邨朱氏女篁塘黃紹南繼室也歸黃四月而寡適母家以送夏節物至見雙藤枕悲曰枕雖成對人已無雙焉用此爲旣成喪遂投門前溪水死

妾家房陵朱君家江夏黃新春爲君婦百日成孤凰憶妾

嫁君時繡枕雙鴛鴦何期君早逝孤枕淚千行壻亡翁未知猶送夏時裝冰綃爲我衣霧縠爲我裳團欒畫紈扇秦女乘鸞翔滑膩雙藤枕橫安滿君床君昔悲遺挂妾今泣空房枕雙人已隻撫物心焉傷妾家住竹村君家住篁塘門前淸溪水斑竹抽新篁舉身赴溪流未亡永不亡枯藤作鏤枕死後更生香

文選樓懷古

顧山春來翠欲流嵐光飛上文選樓樓中帝子正年少右拍洪厓左浮邱芙蓉江畔芙蓉落抛將袠展恣搜索不道書成赴玉樓望思臺上哀歌作須臾白馬壽陽來玉女窗

扉長碧苔建業乍悲書寄爪湘東旋歎軸揚灰周人不到
高樓下滄桑閱盡留佳話紅樹相傳説六朝青山依舊臨
三界我向江干訪故居當年几席已成虛山茶花放春何
限腸斷蕭郎舊讀書

迎春謠

紙糊墨畫老觳觫一牛腹中孕百犢乘輿握扇夾道看朝
作乞兒午作官（俗飾乞人爲春官）一聲觱栗一聲鼓牛與勾芒出
官府芒神袖裏帶春風世人不識調元功卻道性情多執
拗煖著重裘寒脱帽

河豚歌

南來快事烹河豚春江始煖春潮渾形如科斗通卦氣東
風〻一〻扇來海門涵淹卵育厭鹹鹻隊伍敵敵心蠠蜉漁人
持竿擊其首膨脝仰臥聲哼哼拗怒十二猶未息已載艀
艋登簝盆不鬐不鬣狀異鮝能歕能飲勇若賁南人羹臛
有成法鮐背可相腹可捫分肌擘理復洗髓刮膜瘗血兼
禁鯤中厨轑釜響未絶掃塵拭竈桑火燉蘆芽甫茁柳未
絮燕來新筍來山村藷蔗醉漿沁甘冷橄欖壓汁清溫磨
登盤饋客列几席百花苦露（江陰酒名）盈芳罇老饕下箸聲有
嗿食罷闔膈俱和溫縱談小説莫盡信安得餘氣四日存
坡公品味值一死食此殊勝逢章惇後時并笑聖俞句腊
毒難與諫院論凡物生食悉爲患此魚失飪尤崩奔乙腸
務去禮經載卯人弗食古語敦屏棄馬肝惟食肉頗類通
脱非遇苞我言腸胃匪有異異味要賴盛氣吞食之懷疑
必壅滯甲兵十萬胷中屯昌黎能徙鱷魚宅孟德善啖野
葛根忠奸雖殊氣則一先不可勝生乃尊牛酒亦能死子
美耳食目論蝨處褌前宵雨雪恐將隱東方喜見懸朝暾
清明信後蟲入腹乘春日日宜饔飧刀魚尚鮮鱠殘出煎
熬調和連晨昏卅年遠客愛鄉味聊假醉飽安詩魂便誇
福似范少伯西施乳滑無留痕春榮供奉屈爲小當與水
族重加恩

祈雨謠

家家簷頭插楊柳富人芒屩沿街走出門拈香茶漱口鼻
塞眼紅餘宿酒屠門半敞肉不懸牢盆中藏生瓮肩米店
閉戶量紅鮮未問升斗先數錢昨朝前日增且千農夫踏
車足盡腫守候早潮夜登隴安得後種先熟種縣官張繖
乘肩輿禱雨歸去比樂輸

捉船行

隸人乘輿輿壓肩手持官符呼捉船大船賣放小船住丈
夫叩頭婦數錢銅錢瑣碎不足陌袖出黑索相拘攣捉來
灘頭鎮日坐十船日給其一千官奴縣吏醉且飽舵工水

手垂飢涎𩚵韋之士不滿百河干焉用帆檣連磨刀洗鎗買弓箭馬裝鞍韉衣裝綿裝成猶復待信宿始得金鼓旌旗全舟人久需敢伸喙夜夜寒抱蘆花眠客舟望風不入港雙艣搖破空江煙鄉人藏壑苦無術盡棄蓬欃沈諸淵衝波有艇何翩翩呼之不懼溯且沿初登鄉舉謁學使皁隸手捉何敢然隸言書生不曉事賊諜已度黃河堧捉船截兵豈得拒否郎官立笞長年書生不語榜人泣行李散亂舟楫捐孝廉船到尙如此行旅那許行通川爾欲行舟安且便杖頭錢向船頭懸

秋旱志慨

秋來卉木尙扶疎猶憶驕陽九夏初禱雨倩人朝折柳分風爲我晝翻書簷牙煙羃藏飛鼠石齒苔深覆坐魚畏景雖長仍易度轉因新爽惜居諸

稻秀初齊白露橫霜華竟夕壓香秔（未白露而先霜）法官羅織蜘蛛網貧女機絲絡緯聲不分踏車兼旦晝渾疑淘井過清明（井水皆涸家家淘井）扁舟一葉門前繫縱少風波未可行（河乾不通舟楫）

積齡才盡似江淹何苦青蠅集筆尖蕉當美人心不展蜂爲檀越口常甜水中畫字眞空劵井底看星豈吉占煩怪連朝秋後熱未能博得雨廉纖

餅師修月一輪秋聯袂誰爲踏月游蝗臂有時徒取怒藕腸無地可容愁相逢㯲媼頻增歎寄語魚蠻莫叩頭我已久抛吳質斧木樨香裏肯勾留

芙蓉江龍舟辭

水上浮萍到處圓黃梅時節插秧天嵇康心性難馴擾且看江頭競渡船

樹頂霏微少女風遙天一抹曉霞濃行雲行雨分朝暮疑是瑤姬欲跨龍

貴主還鄉赤鳳來涇陽陳破送輕雷龍公龍女俱行樂不見傳書柳秀才

旌旗影裏雜笙簫擊楫鳴鐃趁晚潮新月初生蓮界闊解元橋外五雲橋

千枝燈繞火城圓驀地翻波落水眠應是四公重報使夜開珠藏看樓船

舊曲崐腔菜譜翻康王新派四絃繁分明廿九年前夢水調歌頭聞十番

讀騷覆盡掌中杯眼底猶多屈宋才一樹石榴紅雨岸好花何必及春開

與盡歸來細雨飄殘粧半面不勝嬌一船兩槳輕於葉繫向新栽柳樹腰

輓王僖嶠太守　嚴烺

廿載京華溯舊遊仲宣才望共登樓（予與儕嶠會同館先師劉竹軒少司農邸）
寓論交江左聯同里（予舊籍江陰）獻賦津門看上頭傲骨只知
書可樂高情眞覺世無儔可憐永訣春明路回首從前淚
暗流（予自蘭州回京遂與永訣）
早擅三長稱史官平生心跡戀高寒文星不遣皇華使諫
院空高獬豸冠白簡趨朝猶蘊藉朱轓到郡亦艱難祗今
逝水傷淇澳空見猗猗竹數竿（儕嶠出守衛輝）
乞病匆匆去衛輝年來身世覺全非愁中嫵媚青山老夢
裏交游白髮稀（時舊同社汪浣雲侍御黄小迂廣文皆下世）傳世文章心血在
還家兄弟詠歌違那堪重踏東華土魂斷妻兒化鶴歸

忍死時言待巨卿悔予遲到已難生命因藥裹忙中誤（誤服
桂附以致不起）身在招提幻後輕（時寓僧寺）手付一編增哽咽（病中以手編詩
稾泣付予）神游三島最淸明臨終縱得連宵話不是聯牀誦讀
聲

校試畯堂詩竣有感

竟似泱泱奏大風眉山前軌後崆峒長才只合貧官老健
筆應教藝苑空衛水萬家歌頌裏瀛洲千古夢魂中思君
有淚垂如綆一卷摩挲讀未終
曾泛江湖訪戴船武昌煙月暮春天（乙亥暮春儕嶠訪予於武昌臬署）題
襟漢上如新雨吹笛樓頭似散仙鸚鵡有聲傷逝水（時大兒廷

（正天）梧桐垂淚到離筵（未兩月予開藩蘭州儕嶠别去）蘭州一去匆匆返竟
了長安未了緣
君心如見讀君詩落月梁間夢不疑只有長沙能痛哭何
妨鑿齒有微詞驚人萬丈論光燄刻楮三年費苦思（書傭烏焉
甚多開雕遲滯）怕聽高山流水曲伯牙此日弔鍾期
風塵鞅掌九經春重作長安乞米人顧影自憐如我拙言
詩終覺與君親倚槐欲訪南柯夢彈鋏思垂獨繭綸地下
難從問奇字元文空對倍傷神

徐爾正先生秋原尋弟圖爲鑪峯同年題　符浚宣

憶昔披此圖與君俱激昂迄今踰十載身歷摧肝腸賤子
復何言展卷重傍徨微雲渺天末原草生虛涼仰君之先
人至行奪彼蒼弟失能復得母瞽能生光不知關與山孤
意搜遐荒菽水幸有託蓬轉無餱糧重繭歷東魯旋蟻迴
南鄉羸者一書生脫蹻偎路旁逢人哽吳語問答心刺鋩
晨征呼我弟露宿呼我孃四塞來悲風天近星煌煌胡然
挾予季躐級登高堂號咷竟復笑遂志忘膏肓君眞其子
孫率意猶慈良相交在本性憐我神倀倀我亦有伯兄飢
驅之四方我亦有老母偕仲慚相將伯也絕音耗賤子趨
周行豈能尋吾兄亦以謀稻粱秦隴雪霏霏易水流湯湯

七年斷兄書千里奔母喪嘔血輒不死區區成永傷

題徐爾正先生秋原尋弟圖　路元晉

子為虜母為泣石闕銜碑淚成血淚成血眼失明大兒慷慨出門行十餘載兄弟歸來時序改上堂拜阿母問客從何來答云兩兒至一笑雙瞳開大兒具雞豚次兒羅酒漿骨肉重歡會仰視天蒼蒼君山何巖巖江水何湯湯山上有貞石江岸生古篁我思鑿石伐竹書其事嗟哉徐君長逝矣千秋孝友誰能紀

春暮　祝百十

春光偏與病相磨佳節清明轉眼過畫裏鶯聲高岸柳鏡

中花色小橋荷詩如亂夢何曾好酒似良朋未許多惆悵西園舊游與幾時重聽豔陽歌

午日

傾盡蒲觴只濁醪倦來臨眺海門遙春申遺蹟徒然在屈子忠魂不可招山色蒼黃悲故里水聲嗚咽怨前朝關心幾點英雄淚灑向長流作暮潮

丙午秋懷

蘆荻蕭蕭古渡頭千帆遙共水東流獨留江上看明月欲向天涯問舊游今日豈無牛渚客百年誰上庾公樓平生意氣干霄斗一夜西風鬢影秋

奉懷家二泉叔郎步贈行原韻　祝百五

貧賤難為別飢寒不自任人誰憐范叔讒畏及曾參北阮琴樽遠東山花木深夕陽淮水急嗚咽動歸心

清明後一日作

野馬飛揚疾似梭青氈生業竟如何交情易向貧中見佳節何堪客裏過取醉算無裘可典遣愁端賴鳥能歌遙憐寂寞深閨夜獨對寒燈斂翠蛾

貧居遣興奉長兄篠珊

庭滿荒苔徑滿塵貧來蹤跡更誰親囊垂短盡英雄氣夢斷空驚富貴身拚典琴書償酒債擬將香火祭錢神憑君

莫漫憂生計篋有新詩未是貧

江陰縣志卷之二十七終

江陰縣志卷之二十八

識餘

正史之外有別史雜史著錄家所以不廢者遺文瑣事不能登於正史而又不宜聽其湮沒而存之亦參考之佐也斯志應載之事分見各類其無可附麗及微涉奇異不敢輕信以示誣者仿別史雜史例愼選前志所載并近所傳聞採訪贅於簡末名曰識餘閒嘗論之幽獨無遺憾者爲完人纂述無遺憾者爲完書豈風塵下吏所能勝任哉志終而於斯民無窮之望方自此始矣志識餘

楚考烈王封黃歇爲春申君請地江東城故吳墟以爲郡邑考泰伯之墟在無錫春申故城實無錫之墟初不在江陰也黃田申浦黃山君山因春申爲號者錫之山川土田固古封君事也然則江陰之地以爲春申賜履所及則可以爲春申所居則不可

江陰稱芙蓉城相傳即王子高遇仙人周瑤英故事事涉虛幻既見之蘇東坡詩置弗詳可也

督學署本在宜興明萬歷間移駐江邑割季科淸機園爲之署中荷花池即雪浪湖池邊有屋五楹即賜閒堂也

縣治有鐵猫四二在儀門左右二在月臺左右身埋土中僅露一爪大如人股聞諸長老云江陰縣治爲舟形故以此鎭之

御史倚維持知縣杜華築楊舍堡城里人許蓉爲作築城樂詩曰築城樂因增保障無驚愕昔年寇亂無可逃今魚有水鳥有巢昔年接淅猶自棄今日倉箱皆有寄吁嗟乎城之高兮尚可量公之德澤垂無疆隍之深兮猶可測公之功業垂無極古言民意即天心願公子孫世世兮腰橫金

楊舍爲暨陽古城廢址復築萬歷間沿江有倭警居民夜聞風起城濠間有呼啸聲意寇至恐甚於門隙窺之見

火光黎明視之河中成冰山一座亭臺闌檻坡磴樹木具備躡草履可登其巓居民俱藉以避寇

唐張蘊授江陰令牒云前攝蘇州長洲縣令文林郎前守洪州督府參軍張蘊牒奉處分宰千里之邑寄百里之命巽懦則絲棼繩亂用剛則土曠民離苟得適中庶幾可守前件官窮經任巳明吏藩身御札承制正授常州江陰縣令表次錄奏仍牒舉者天復三年

洪武三年十一月給發民間部印勘合戶帖首行云江陰縣提調官下分注知縣錢文德縣丞傅學第二行司吏龐宗文第三行典史朱貫道宏治間知縣黃傅修志時

於洪武三年任書知縣吳志遠按此三年任乃錢文德非吳也且錢傳廉朱四姓名無一見者時邑尚未設主簿黃於典史下注云初名掌史觀此豈掌史之名更在前耶吏宜列於官之後而帖列吏於典史前豈當時吏在典史上耶前志俱未明晰今歲久不可考矣

駱駝橋相傳建橋初成或問石匠橋圯何時匠云橋若墮駱駝過意江南無駱駝言橋決不圯也萬歷間邑人顧玉川牽駱駝過此橋果即傾

峭岐實蕭崎二字陸道經由里山水道自馮涇河入界荻葦蕭森路徑崎仄故名順治乙酉大軍攻邑城未下鄉

民保聚村落旗兵往來衝突至鎮界詢土名云蕭崎即回騎去蓋蕭與消崎與旗同音昔漢高祖欲宿柏人詢名曰柏人者迫於人也不宿而去亦此意

楊舍堡城東舊有茶亭後閣施茶濟渴李忠毅記之曰經言施者一燈一縷皆得作佛何以故如一滴水具大海味是一念緣了無量法非愛非懼不忍故捨此不忍心佛說慈悲斷絕一切人相我相及多寡相即心即佛無法可說一縷所引絲絲皆續一燈嘗紅光明圓滿如來衆生等如是觀有何差別我聞楊舍有一居士名曰某某創此善緣搆亭浚井普濟渴者願廣力徵諸大檀越歡喜佈捨爰建斯閣田若干畝有僧是主凡此閣中瓦石木屑杯水微塵聚衆慈心普大法雨仲餘張子具爲予言向此居士鄰屠肆間寃號交作合掌拜語滅度是人是人悲悔念轉刀落而此居士勤閔事母母食斯食母喜亦喜依依母旁宛宛孺子以供母餘廣作佛事予時聞之贊歎希有人之無良忍於其親何有他人滅離父母非佛宗旨惟此居士含赤子心發慈憫性俾鼓刀手立地成佛俾行道人望梅止渴嗟夫斯地斯民或愚或黠窮一忍心鼓刀以屠戕禽獸生乃至結習鼓筆如刀吸生民血斫骨易子供彼貪殘是可忍也其孰能記

嘻願力無盡冷煖自知法因隨喜業根斯斷請登斯閣惻然興思瞿然創指則此施者是眞導師仲餘愴然曰請以吾子之言告也

南史王敬則傳有劫部逃入暨陽陸主山敬則遣人諭出之按江陰無陸主山且邑山皆平淺無可藏匿之處此前史之誣也

甕牖閒評云陰陽家甲戌乙亥山頭火江陰君山頂上有塔一所乃甲戌日建既而被焚迄今無修建者

玉乳泉在定山之陽食物本草云味甘主補五臟六腑榮養肌骨升陰水以制火熱生津液止肺渴

解祟泉俗名貪泉在貪山幽谷中食物本草云味甘主清熱止渴抑火除煩解鬱消憤下氣寬膨

羅志云歲丙午張士誠分兵來寇太祖親率兵督戰追至巫子門急擊之俘獲無算班師入江陰城愛其山水秀麗欲陞爲府既而周覽四顧謂羣臣曰君山主也而卑由里客也而高於法不利乃止

巡撫周文襄以江潮入內匯於運河潮闞則沙淤建南北兩閘分日啟閉又造雙櫓快船尾縛鐵線帚募水手於潮落時掉船急行沙隨潮去以省歲濬河費知縣錢錞開桊鎮河見工獨後審視地經兵燹瓦礫累積遂給工

食加倍桊鎮以南潮勢緩而岸沙漲河身多軟壩分別均役不以他河例也

邑中水利夏港最大此前代事耳今則黃田港最大而夏港日淤潮汐所至僅十餘里矣

明季糧長之役多受解糧開河累糧戶苦雜徭加派奸民吏以人命居奇廣東順德進士岑之豹字子文天啟五年任事刻意綜覈盡除宿弊惜以科場被累論罷

乾隆二十四年江陰縣詳趙元槐報陞平北東興等沙復漲草灘一案奉撫部將平北沙合界西半等圩草灘九百十三畝零撥入育嬰堂書院歸公以四分歸育嬰堂六分歸書院三十六年本道勘丈改名段山沙丈增四畝七分八釐零撥育嬰堂戶名田灘三百六十四畝七分八釐書院戶名田灘五百五十三畝

嘉靖中詔祀聖賢用木主去像易封號改曰先師廟一洗前代之陋而張袞獨以爲不可且主修邑志列其奏疏於中猶未免有固執之見也

名宦祠康熙初圯木主僅存三五教諭荆子邁修葺新之雍正十三年教諭田有伊將祠鬻與門斗劉衡居住諸生邢炳嚴學誠等具控至乾隆五十二年始行清釐重建

王充論衡云季子讓國耕於延陵之野嘗從出遊見道左遺金有披裘負薪來者呼而語之曰子盍取彼金乎薪者怒而作色投鎌於地曰何子自視之高而視人之下也五月披裘採薪豈拾遺金者哉季子問其姓名不告而去

中興書曰庾希字始彥司空冰長子累遷徐兗二州刺史希兄弟貴盛桓溫忌之免希官初郭璞筮冰子孫必有大禍故希避地暨陽及溫誅希弟柔倩聞難逃於海陵後還京口聚衆事敗爲溫所誅可見數之前定而趨避終不能免者雖以景純之先知其如之何

宋范宗古爲江陰軍在乾興元年明年天聖元年有重建
軍治鼓角樓事是宗古知江陰軍斷不在景祐年也表
載景祐三年知軍劉効賢而范文正作記明云景祐三
年以後碑文悉據此文爲證推原其故想范宗古建廟
實在乾興天聖間而文正立碑補作於景祐年耳

王介甫唐詩百家選乃常熟毛扆所得江陰徐氏藏本計
百有四人有乾道己丑倪仲傳序略云予自弱冠肄業
江陰曹香溪之門嘗見是書頃有親戚宦南昌者得之
臨川以歸惜其字畫漫滅故鏤板以新其傳云

韻語陽秋云東坡在儋耳時葛延之自江陰擔簦萬里絶

海往見留一月坡誨以作文之法延之煩親製龜冠爲
獻坡受之而贈以詩云南海神龜三千歲兆叶朋從生
慶喜智能周物不周身未免人鑽七十二誰能用爾作
小冠峋嶁耳孫創其製今君此去能復來欲慰相思時
整視

清波雜志云宣和間詔路允廸傳墨卿使高麗介其屬江
陰徐兢倣元豐中王雲所撰雞林志爲高麗圖經稽考
詳備物圖其形事爲其說蓋徐素善丹青者也乾道間
刋於江陰郡齋

都督張英於宋淳祐間禦金人有功元王逢題其像云有
威可畏有儀可象以武起家爲國良將弓馬熟嫻韜鈐
素習勇冠三軍功高百辟金人喪氣宵遁屏跡天生英
雄再造宋室諸葛之亞孫武之匹泰山巖巖邦家柱石
今北鎮巷都督坊其遺蹟也

紹興十八年王佐榜進士第五甲九十名朱熹第四甲一
百六名王訢第一甲七名葛邲時邲之叔立方爲參詳
官郎今同考官也朱子等俱出其門下

邱壽雋忠定長子宋嘉泰三年知武進縣事値奔牛閘壞
伐石於黃山修復之閘舊用木歲久輒圮壽雋皆易以
石又爲屋覆其上開禧中通判常州崇祀縣學名宦祠

劉師勇山東文安人宋季爲都統元師侵宋南下常州降
勇同王安節克復之朝命姚訔知州事元伯顏使降
師呂文煥復攻破之姚訔死難師勇突圍力戰得脫道
經江陰悟空寺射一箭於寺塔頂題詩寺壁始行意氣
慷慨扈宋末帝駕於粵帝沈海死師勇遂去江陰城外
有一僧長八尺終身未嘗北向坐恆寶一篋及卒開篋
視之則師勇官誥也方知其遁跡爲僧云

葉森字仲實遭宋季亂元師下江南將抵邑森偕里人逆
元將於陳沙莊將畀以一矢及尺帛符合境賴保全森
性穎敏通蒙古字學選爲譯史監運綱船有功授鹽官

州判時有海寇森率衆擒其魁十八人歲大饑森義激巨室前後捐糧六千餘石鈔八百餘錠拯活六萬餘人調新喻判官擢上高縣尹

元世祖朝楊州學正李淦劾葉李擢爲江陰路教授以旌其直

王逢父惠之爲元庫使有隱德逢幼從陳漢卿學詩漢卿學於虞集逢得其傳故能與元盛時楊范諸公頡頏並驅至正戊辰逢壽七十自作壙銘云待旌忠孝節義鬼葢實錄也子掖洪武初任通事轉翰林博士掖子徠以才德薦未授官卒徠子軫宣德中以秀才舉授南康府

照磨卒於官二子曰顏曰孟貧不能歸寄籍星子縣孟爲社學師顏之子能爲南康郡庠生不墜其家聲云

王逢有寄劉小齋張溝南吳中州夏師魯鄧毅夫邱宗大詩云鄉里遺賢軫念多薦辭金聘守微痾前途絕望楊宣雀亂水長窺董養鶩季子有碑時打字莫王無鬼夜操戈春風東解醉新熟試覺歸舟駛一梭又有送徐桐還蕭崎詩云世亂同予出時淸先我歸寒燈伯淮被春色老萊衣贈吳惟諒爲宋八行先生後人詩云不屑三家仕眞爲八行孫水雲菰米澤烽火棣華園可見元季雖亂而鄉閭人物自在也

沈棠字伯亨西泰人從陸文圭學江陰亂偕友趙乾宗往依馬沙巨室馬沙又亂寇執棠索巨室主所在棠卒不言遂與趙俱遇害

靳利安至正間任江陰尹歷州理問時徽寇入常州無錫江陰東八鄉民多脅從者既而浙東帥觀孫復常州討無錫欵名開化兩鄉從逆者欲加兵於邑利安有姪從王逢學逢因說利安以勸帥止殺利安爲言於觀孫民免於難左丞黑黑知之嘉獎利安并擢用逢逢辭請掩欵名開化遺骼有詩云分藩多賢勞不敏忝賓客雖無官守縻亦復與言責二鄉虔劉禍慘甚玆卒厄先王制

禮經孟春當掩骼僕夫有難色欵段纔延策駸駸度岡坡淜淜循藪澤稍稍煙微靑歷歷野四白游魂行草上遺老候道側我豈物役徒茲來出胸臆皇天久垂憫赤子非寇敵鴟鳥何不仁銜啄血更瀝因歌戰城南風悲淚痕籍

邵亨貞字復孺嚴州人博學工文精篆隸與王逢交入明爲松江府教授有蛾術文集十六卷天啟間江陰李如一至赤岸田家見屋梁懸故紙一束取視之乃復孺親筆稿也問其人係復孺後裔自松江流寓赤岸後有學菴詩集一卷乃復孺子伯宣所作復孺女嫁張藻仲郎

宋濂送張宣歸娶詩所云英年歸娶奏金鑾喜得天顏一笑看者也

倪瓚作亡室像詩云幻形夢境是耶非縹渺風鬟雲霧衣一片松間秋月色夜深唯有鶴來歸梅花夜月耿冰魂江竹秋風灑淚痕天外飛鸞惟見影忍教埋玉在荒村

後題云君姓蔣氏諱圓明字寂照暨陽人也年二十一歸於我勤儉雍睦鄉里稱其孝敬歲癸巳奉姑挈家避地江渚又一年不事膏沐游心恬淡時年四十有七矣如是者十一年癸卯九月十五日微示疾十八日清晨倏然而逝甲辰五月二十四日題

廖廣甯泰定進士江西清江縣人至正末任江陰縣學教授元亡寄居江陰子孫冒舅氏黃姓太僕正色其七世孫也前志俱未載

李鳳字時可元季居馬沙喜結客楊維楨嘗浮江過其家鳳訪之舟中器黃金犀毗相半也及李燕維楨瑪瑙作埒赤玉盤盛脯白玉斗盛漿皆盈尺佐酒歌舞者皆妙麗維楨爲之色動龍鳳中再徵粟助軍皆以萬石應後竟治巨艦浮海去

陳楚良馬馱沙人官南陽巡檢至正末遭亂楚良與女元奴同被執女赴水死楚良抗罵遇害前志列入名宦訛作馬馱沙巡檢今從靖江採訪更正刪去名宦傳附志於此

許恕號北郭善醫部使者薦授澄江書院山長

買住昂霄以江陰副萬戶累遷中政院判官福建憲僉會亂航海歸以孝聞

司大者里中陳氏佃也貧不能出租主將以轉質他姓有李慶者賂主家兒得之償值輕其什之一司心不平李與所常用力及爲立券者具雞酒飲司隨之李欲却司輒先飲之卮酒司忿恨去對妻語計將焚之妻極口諫曰吾之窮命也奈何仇人不聽夜持火往忽聞內有人娩司竊念吾所仇者李也何故殺其母子遂棄火溝中

歸司以所償錢沽酒遂不乏時更有餘而李日益貧更十年復出田質陳氏司還用李計復焉錢比前又損其一司憶爲李所辱具雞酒亦如之李忘前過反怨怒歸積火破盎中夜抵司家司妻方就蓐李猶豫間聞人啟戶聲遺火亟走旦日司得火器驗器底有李字因悟昔我焚彼以產子不欲焚今彼焚我而我妻亦產子而亦不焚此天也持錢五千往謝李飲以酒而語其故更相約爲婚姻厥後兩家皆饒裕元至正間事也

軍人張旺頑狠無賴嘗夜盜城西田父菜被執濡其首於溺池而釋之以故仇恨一夕蓄火瓦罌往燒其家道觀

溝時月色微明畫師吳碧山尚未寢偶聞步履聲穴窗窺之見張前行而殤鬼數百踵其後頃又聞步履聲復窺之則張回而青衣二人前導焉吳甚驚怪張乃吳所素狎者旦往叩張初不承及詰之審因以前事告且曰我實欲燬其室以快宿憤因念寃孽相報無已遂棄火歸他無所見也吳告以其詳張大感悟卽舍俗出家人稱之曰張道人元至正五年事

明史勳臣傳諸將郭英廖永忠陸仲亨周德興王志金朝興楊璟李新胥有下江陰之功獨永義侯桑世傑攻江陰石牌海寇欒瑞挺戟躍馬陷陣死道光八年附祀二

侯祠

明初一野叟其生年月日時與太祖皆同太祖聞而欲殺之召見問何業曰養蠭十三籠資其蜜自給太祖笑曰朕以十三省兆民爲籠蠭乎厚賜遣還

張宣工草書高啟贈詩有昔聞汝祖東吳精醉傳草聖醒而驚女今能飲不滿杓逸氣欲與相崢嶸之句

洪武八年二月以太平府儒學教授胡隆成爲國子監助教胡字大雅江陰人博學能文至正中貢士見楊士奇明政記

永樂中江陰吳衍字彥卿能通譯番書嘗從內監鄭和馬宗道等宣諭賞賜海外歷西洋暹羅瓜哇呂宋琉球日本天方等三十餘國經十餘年乃還

吳高江陰侯良子嗣爵靖難兵起高守遼東與楊文數以兵攻永平文皇曰高雖怯行事差密文無謀去高文不足慮也遣人遺二人書盛譽高極詆文故易其函投二人所二人得書並以聞建文君果疑高削爵徙廣西獨命文守竟敗洪熙元年上見高名曰高往年多行無禮謫海南陳芝英曰高之才至爲文皇所忌則豈庸庸者哉吳之失侯以多行無禮故則高之心事尤可白於建文君矣

王華一世軍籍聽調明靖難兵起代父北禦燕師戰白溝河陣亡

鄧光遠安南人永樂間因黎季犛之亂率衆內附拜工部尚書子師晦任九眞知州以言事謫江陰主簿廷議以推誠順化勅賜善政橋南宅一區馬馱沙田二十一頃未幾坍沒接壤新沙復漲鄧氏請補額邑侯許達道詣灘履勘返棹中流狂波突撼舟人惶駭失措頃之若有負之而趨者頓達淺渚蓋洽北五堡地也江湄之人名其地爲使君灘相與傳其事而異之金壇于孔兼有涉江紀異碑記在南門駐節亭右東平廟中

靖難時邑東鄉有王某者感事詩曰平地龍蛇起戰爭奔騰海上陷連城煙生趙衛郊墟赤血染青徐草木腥管蔡妄圖終見殺夷齊固讓永全名小臣一死無餘事厲鬼還期報聖明

周岐鳳能詩文兼習吏事豪放不羈常參徐晞幕事不合去坐事亡命有錢昱投以詩曰琴劍飄零西復東舊遊清興幾時同一生作客如張儉四海何人是孔融野寺鶯花春對酒河橋風雨夜推篷機心盡付東流水惟有家山在夢中岐鳳得詩大慟後客死秦中

青州府志名宦載楊信民江陰人永樂初令某邑多惠政時修永樂大典徵天下文學之士信民與焉著有性源珠璣四卷又青州道題名碑有陳霈號芹山錦衣衛籍江陰人癸未進士俱見迂叟叢談

青暘民葛氏家貧有老母夫婦貨賣酒以養務蓄利之所入極母嗜好一夕有道士酤百錢酒遂借宿焉夜闌指爪聲明早失道士所在牀頭有桶但見爪刻蓬萊仙景圖深入木理好事者墨摹之惟恐後葛氏家日漸豐母登上壽人謂孝感所致王逢有詩云道者深藏玉斧才罷修明月上蓬萊笑隨流水天台去袖裹登州海市來霧幌雲窗開翠壁異香靈響接瑤臺神遊萬里愁回首

故國蒼涼獨雁哀

正統初有劉士宗者頗讀書尙氣俠郡守莫愚貪酷士宗抱不平奏其不法數事上命大臣置辨於午門外兩人不伏宗伯吳濙以鄉人稍勸解士宗大詬曰汝欲愚庇其家而壞朝廷法耶歷數其過聲振禁闥諸臣以莫爲能吏而士宗言有理奏兩釋之

大司馬徐晞初爲縣兵曹沙張白筆記云江陰令某一日坐堂司鼓者報鼓壞令即發票付匠索鼓書務要字而搆語不屬顧晞曰下語當如何晞應聲曰務要乾木圓腔緊綳密釘中邊異響晴雨同聲令悚然曰君材非常人也祝允明太倉州學記曰永樂間晞奏言天下武衛無有司可附者得輒立學宮便詔從之

周珪字孟敬出粟助賑周文襄上其事於朝詔旌其門楊士奇題詩待漏院日五更朝罷月如鈎環珮珊珊出鳳樓借問江南誰好事人人只說顧山周

江彥章宣德間進士令江西星子縣初涖任邑苦流亡戶口彫弊彥章輕徭役緩宿賦課農桑廣積貯剔弊芟奸勞來安集未終任戶口三倍因興學課任九年邑多雋才富庶甲於郡以卓異引見卒於都歸葬星邑人聞之奔喪來里者皆踵墓哀號墓在今桃花鎮六保相傳爲

江進士墳顧考郡邑志甲科中皆無此人姑存此以俟
考
景泰丙子秋闈邑令朱玠設燕餞諸生酒半朱親酌金巨
羅離席立曰諸君此行有自信作解頭者請飲此觴衆
相顧莫敢前吳敢獨趨飲之朱喜曰君能踐言吾親至
雲陽相迓榜發敢果第一朱益喜日偵其歸敢留鎮江
無行意朱悟曰吾不可食言於吳君遂自迎之丹陽一
時傳爲佳話云
徐經字直夫同年十五舉子之一與吳門唐寅並以才名
相引重寅領戊午解經與俱北上吳門都穆惡寅蜚語

流聞京師經竟與寅同錮名歸益肆力詩文著賁感集
黃傅贈詩曰夏商人物徐直夫周漢以來人世無窮年
對坐不見客閉戶反觀恒喪吾四壁芸香時落蠹千倉
紅朽食無魚迂余老眼亦空爾公是公非敢厚誣
析津日記云重建三里河橋碑記翰林院修撰江陰周敘
撰朱彝尊記謂三里河者都城南隍水之支流創自天
順間歲久橋圮正德間重建江陰周敘文以紀之舊志
選舉無周敘名
黃傅涖任日掾吏易其少也傅自韜晦常側其帽視案牘
陽若不省者至十日坐廳事吏請正冠傅曰正冠當排

衙斷事命吏抱牘雁行進一時判決如流悉中條理吏
民驚以爲神東鄉有顏刁郎者爲暴鄉里邑紳以其祖
暄故常庇之前令輒爲骫法傅廉得捕治預誡隸曰顏
某貫盈明當鞫問若杖下不斃命者汝輩當死至明晨
爲請釋者踵至傅使人傳語曰姑杖之耳果以一杖而
斃
黃傅迎燕乙卯科同年十五舉子彩聯云入國朝一百廿
年未有此科之盛總直隸九十七學誰爭吾邑之先送
某貢士廷試聯云十載蓬窗雨黑燈青能膽苦一朝雲
路柳明花媚馬蹄輕送湯沐令崇德聯云南兩鄰城直

與天王分土治東風匹馬或從野老踏莎行可縣賢令
鼓舞育才之意
舊有警夜之詞令役夫振鈴而謳之語意俚陋黃傅爲更
之云一更鈴萬戶千門盡掩扃二更鈴月上花梢庭院
明三更鈴萬籟無聲寰宇清四更鈴海國天雞次第鳴
五更鈴盥漱衣冠內外興
武宗朝逆瑾傳勅譴責忠良目爲奸黨勅中五十三人而
江陰居其三主事黃昭御史貢安甫史良佐也
蔣一龍正德時諸生應直指試作蔡京父子相軋判云周
公相而伯禽封忠輸內外鄭桓卿而鄭武繼職善開承

故挾篤棐之忱何嫌夾輔愜濟世之美豈厭同朝德乃下衰恩斯冒濫霍光操廢立之柄進禹司徒安石執變法之權推雱侍講樹黨一門竊官再世是固昧君臣之義然猶全父子之恩若石厚之輔州吁石碏以先臣而見殺懷光之叛唐德李璀以入侍而告謀則義有重於朝廷恩難兼於骨肉今也蔡京以諂佞得政既非縠詒蔡攸以權勢超遷尤非武踐乃者位漸肩班忌由心出邸俗自開各納買官之賄客賓分附頓生奪要之疑震用事而上九當退於無爲京猶戀位乾居尊而六子未乘乎幹蠱攸敢同升既不識父子去就之機謂竄[illegible]僚友協恭之節蔡氏均有罪矣宋室亦曰殆哉[illegible]爲玘美其才浮白賞之至醉

劉緒號瓠山大司馬光濟父業賣漿一日里少某困於賭日晡竄身槽房中緒見之使其僕歸曰吾今晚款一客可多具殽來僕既行乃肅里少出曰子誠良家子一爲吾僕見將終敗爾身今敢置一尊勸子改行殽至乃與歡飲臨別贈以二金里少慚謝請徙業爲屠沽卒以成家然緒性方嚴人有怨之者夜縶病夫於其門而思以詰朝圖命四更時里少經其門見之潛負屍疾趨挂花山枯樹比明失屍所在其人計窮而止

劉應谷光濟爲大司馬趙小峯與治爲所屬主事一日同鄉聚飲相謔趙謔而虐劉曰若今倔強異日大堂參謁亦敢倔強否趙怒曰吾可終身不仕竟升輿去劉嘆息引咎次日親詣小峯寓再三請見趙固不出劉婉曲達意終身不存纖芥嫌大臣謙而能容小臣介而不諂兩人俱古道可風也

湯沐公餘日錄云予仕武義時適奉部檄旌表節婦朱氏先期召婦入邑蓋鄉民徐信妻年二十三寡其子文敏已年六十矣用彩亭二一置金縷一置文牘題彩聯云喜聞鼓吹喧通市羞殺琵琶過別船一云食[illegible]讓當

年苦啖蔗方知此日甘一云地無塵土沾荆布[illegible]有恩波載柏舟以竹兜坐婦導迎徧城市許婦女縱觀仍偕儒官送至其家蓋奉宣德意固臣職之大端表勵風俗尤親民之首務聊竭此心而已

夏港徐翁其鄰煮河豚子竟夜不熟賣之則傷人棄之則折閱翁出千錢盡買而埋之不數年長子沾次子與沐皆登第

梅國光嘉靖辛酉科中式已列名於榜矣有江寧縣應役人旁覷而喜監試官疑而詰之隨汰國光名蓋其時國光父立中以江寧縣主簿爲供給官役人急欲走聞故

也國光上主司詩曰早歲虛名冠士流五千聲望一時
收自期已是龍門客豈料還看江國秋泣玉何年方定
價遺珠在海向誰投無緣識得荆州面豈羡榮封萬戶
侯至隆慶庚午復中式
嘉靖間倭犯太倉任兵使環檄江陰兵三百堵禦方進史
家浜倭斷浮梁我兵李梓一作祥俞謹王忠劉誠葛復張
四俞泰田誠楊繼賢趙紀子八十餘名皆戰死後任督
兵江上其子遣人候問公作書并詩遺之詩見藝文
老儒薛亶諸生沈受益皆讀書有氣誼錢侯歿後倭復圍
城士大夫作書欲請兵上臺無敢往者亶慨然請往撫

院受益請往按院晝伏夜行間關得請援至而圍解設
太平燕亶首坐受益次之
孫阿佛市中少年也嘉靖間倭作木衕裹牛革攻北城將
破孫乘醉登城呼曰倭賊何在舉三百觔大石擲下碎
木衕打一倭足反出背上　曹翦子偕同伴三十餘人
列濠外倭至衆渡水遁曹殿後倭追及反兵刺倭殺之
楊朝相年十七與倭戰於城南被害其兄朝卿亦歿
於倭難　陸朝郭泰主簿曹廷慧親兵也禦倭九里河
倭渡水至朝泰立高岸視先渡者欓格之墮河倭衆揮
刀繼進斷欓并落朝一指負痛大呼奮躍格殺羣倭奔

遁　葛生賣卜人父子被倭阱於營倭火藥盡葛請留
子而代市藥復請同製陰習其法乘夜竊藥與子縋入
城因是城兵知以銃彈擊賊　丐者張闞竄入倭營倭
狎不疑乃潛取其銃彈入城一日踞堞視倭中飛彈死
松江推官吳時來奉檄至江陰練兵適他郡解倭首七級
至吳憤然作色抽刀呼酒破首取腦立吞數甌曰吾爲
錢鶴洲雪恥矣
趙文毅諫張居正奪情事廷杖歸沈懋學有詩送之云莫
厭清時見逐臣主恩深處五湖春煙霞耐可丹心老雪
曉驚看白髮新愧殺虛名成畫虎愁來吾道繼書麟獨

醒未許漁人笑歸去花溪共釣綸
夏正名諸生少有異資多讀書落筆輒喜自負忽得顛癇
科跣狂走臥不擇地時學使歲試教官已爲注病籍正
名走至宜興試所作詩祭儒巾於院門去其詩云殷勤
交付破頭巾嬾向金門再獻身草履暮投山寺月木瓶
朝吸洞庭雲生涯雪嶺兼梅嶺踪跡山盟共水盟野鶴
本來無住著逃儒非是爲逃秦自是遂顛不可療然爲
人推命卜易多奇驗頗資以自給
袁二驥宅在長涇鎮北三里其父禹臣書四本堂額之謂
讀書起家之本循理保家之本勤儉治家之本和順齊

家之本

尹嘉賓負高才歲考時列四等次年授徒無錫顧文端稔其名令人索制藝觀之尹初不欲不得已書前四等文與之文端激賞其中四行曰異日必冠南闈不知即有司所塗抹之四行因而置四等者也明年尹果登解成進士

萬歷間有縫鞍者蒙茸蓬首衣不蔽體獨身寄廣福寺廡下問其姓曰顧問其名曰無或憐其貧稍給之卻不受爲人縫鞍或多予之以示惠取及本值而止見不義富貴者輒肩皮籠唾而疾過

顧大愚字玉川眉稜峯起髯長尺餘衣冠好爲奇異時或褚衣握玉麈尾乘駱駝入市隨虎鹿各一駝背挂葫蘆藥囊古瓶瓶插非時鮮花少得異人術日行五百里一食數升數日不食亦不飢

李玉仁本農家子粗知書慕節俠鄰有少年聘妻貧不得娶妻父母憎其貧以女與武人爲妾玉仁謂少年曰子盍訟之曰彼挾權勢訟必不直玉仁怒然自忖力不勝武人乃僞爲輿徒日伺候其門久之聞其妻若妾欲詣廟進香玉仁厚遺其徒與之謀旦日其妾登輿竟舁歸少年家武人訟於官玉仁亦奔愬官鞫少年先聘狀不直武人以女歸少年邑人咸多李之義

貢隆教字敷五江上九子之一崇禎初無錫友人陳卿茂爲豪僕毒毆隆教奮身往救被毆死卿茂幸脫率五邑諸生哭呈學使者爲隆教復讐沈志徐時進傳貢隆教有同室之難集同社聲義即此事也

徐仲昭邁湯工古文辭困於場屋以明經應銓司李少與相國周延儒同筆硯抵京角巾葛衣往謁周不即出使人問曰以謁選至耶以遊覽至耶徐愕然問謁選當如何周又使人傳語曰謁選當易刺以揭易便服以公服行庭參禮拜堦下徐卒然應曰吾以遊覽來非求仕也

周出見交拜執賓主禮仲昭遂束裝歸隱

劉沂居城南開行九里河口見道旁遺一小箱坐而守之俄一人引青衣倉皇至叩之即失物者箱中黃白等物一一不爽盡還之求姓名不對

賣餅叟年九十餘甚矍鑠日賣一筐於市即沽酒醉君山巔唱大江東去北望嗚咽生五男十二孫及曾元多人皆業餅見流氛漸逼命長孫遷錫邑後叟聞金陵破沈江死子孫俱殲於乙酉之難

黃憲字子貞貌寢能文乙酉春書楹聯於廳事云按劍豈忘仇九世拂纓無奈髮三千難作憲以不肯薙髮闔門

死蓋聯語先見其兆矣

徐趨之客有李玉奇者以獵爲業重趨爲人願捐軀命隨之事敗戮於宜興之長橋抗聲謂觀者曰吾視死如歸無所恨也觀者皆憐而敬之所畜獵犬一行必相隨至是見玉奇被戮哀號跳躍以舌舐其血血盡跳橋下水中死

顧齊范字子雲齊程字子鶴皆有雋才乙酉之變齊范奉其父出城避難而留齊程守時齊程未冠請其父冠而後別父問故曰城苟不保豈可不冠服以見先人地下乎城破力戰不勝投池水死

黃鳴岡善騎射常櫜鞬出山左聞山上嚆矢聲即彎弓發一矢與飛鏃相觸墮地暴客咸畏之往來商賈恃以無恐有盜僨客裝雜商隊中行鳴岡不覺一日行近賊巢賊騎衝之鳴岡欲發矢忽一客突前奪其弧倉皇被縛置空室中將殺之有一少婦謂曰君得無江陰黃某乎誠豪士曷爲被縛鳴岡曰若亦爲所掠者耶能釋我當出汝於阱女抽刀斷縛鳴岡挾其室中利刃弓矢挈女行見廄一騎甚良遂並坐其上疾馳得脫女泣曰吾父官兵曹今春移眷過此全家被劫戮死吾所以不即死者欲一見嚴親鳴岡走千里送女歸其父厚遺之不受

迨江陰城被圍鳴岡製藥弩百步中人城破被縶北去帥以奇技將用之遁還

乙酉死事未經旌表者　朱隆祧字愼初家素豐兄弟友愛難作隆祧勸兄率姪遠避而已獨守城破死事平覓屍不得遂以血衣葬　王永光字元彩本姓夏捆書衞身與二子戰死文昌巷口年三十八妻李氏女二婢四投井死僕古元死曹家池內　胡志學字熙雲隨張國維禦賊於安慶及城中起義詣黃蜚乞師不應奔常熟嚴栻處越五日城破栻復起師於宜興志學率舟師接戰於河口力鬭死年三十七　耿鳴雷字元聲庠生少負氣節城破兵脅之嗔目叱咤一門俱死　陳廷獻字售之城破以短矛接戰文廟泮池外中矢死妻投井死子女俱被殺（以上已祔三公祠）　黃永茂字進卿諸生毓祺從子同鄉勇擣敵營恃銳深入死之　黃正鶴諸生城將破令妻媳投井然後自投後發其屍色如生　馮鋏字無咎諸生子廷用亦諸生父子助城守皆死　武進韓氏僕金泉爲江陰皂隸城破自經死　不知姓名皂隸戰甚力城破盡殺其妻女提刀出遇兵殺六人遂自刎猶提刀不仆　葛輔弼父子泗港人率鄉勇五百赴援至三官鎭衆盡殲（以上見水心齋筆記）高錦伯諸生抱親屍死池中

旬日如生　黄楚翘字雛明赴水死　諸生周景陳枚
卜曹信臣布衣黄錦雲戚磐俱死　黄鳳岐大小數十
戰城陷力竭死時有立城上頭中鉛彈而僵立不仆者
又有胸背被礮洞穿直立而死者　典吏王朝用自縊
死　都司沈三陸義鄧五安麻子等十四人從徐趨攻
城不克而死以上見成仁譜馬遇伯利城諸生甲申聞變同妻
金氏赴水死　曹有章字斐卿庠生城破悲號欲絶滿
壁書大明二字絶食五日死　袁一駒一義一智一鸞
一鴻一鴿皆中丞一驥族屬一義尤爲衆所推服南都
立奉檄以都司衛守京口歸而城圍偕諸弟糾集鄉勇

赴援至三官鎮遇兵死戰俱殁於陣一騏子大來在圍
中城陷日死　王之藩與其子元得同死以上採訪
邑中詩社明嘉靖間大雅堂詩會有劉光濟沈奎季科陳
體文花周鄧欽文黄道諸人此外無考萬歷間滄洲社
有許學夷莊孔章周俊徐益張驥能張純臣黄繼元鄧
汝舟高階張嘉孺姜泰吳元艮沈鶩陳震周郁文宦進
周從文陳康黄汝宗李可教袁爾振邱維賢并釋隆修
女史張玉眞等二十四人
國朝順治間芳園雅集有章耿光陳芝英陳廷策周駿聲薛
日宣諸人此外亦無考康熙間從野堂詩會有朱廷鉉

盛樹廉吳永福周榮起黄安雅徐章趙鳴鑾韓袞陳玖
劉爾鼎黄子聲陳心濤趙彙沾高顓生朱月川等一十
五人
陳廷策字墀獻究心易理鼎革後遯跡山野李介立贈詩
有由里山前隱君子手易一編七十矣又有他年乘載
求遺賢采入簡編成信史等語
徐世隆字爾紳道署掾順治初有富室以沙民抗租誣告
其反者巡撫檄道原毓宗勦之世隆叩頭請緩須臾審
虛實原曰艮民告密羽書督促此何事而敢云緩世隆
涕泣爭益力原爲動容沙民千餘持香陳訴原遽出廉

得果無反狀歎曰昨非徐世隆幾誤矣順治十六年海
氛猶未靖有千餘舶溯流而上破京口圍金陵旁犯溧
陽句容巡撫駐兵常州時江陰兵僅城守百餘合兵備
標不滿千兵使胡亶以單弱爲憂謀以家室歸世隆進
曰公爲一方保障苟一動搖則民駭兵散大患立至今
兵卒月糧已踰四月未發有怨望心不如疾發之再預
給以二三月糧則兵心可固更料民兵上城具糗糒以
餉之使列守以張勢則民心亦可定胡曰善卽日發糧
列戍士氣倍奮頃之海舶銜尾而上胡欲發礮擊之世
隆復進曰彼所以不攻江陰藐兹小邑耳今遽發礮以

激其怒所中者纔一二船而彼迴舟上岸直虀粉矣不若多列旗幟以張聲威彼望而畏之我得以徐爲之備胡又曰善從之海船遥望列戍數里軍容甚盛不敢傍岸驛騷兵民安堵悉世隆力也

太倉陸世儀初來江上執贄稱弟子者二十餘人有邢衡者積學躬行年已八十見陸論學酬答及思辨錄二書願師之陸不敢當作邢長者說贈之答其剌猶自稱晚生而邢卒執弟子禮時邢長陸二十餘歲一時傳以爲奇

奚又溥字天如敦行好學表章元明前輩遺文纂輯成帙

張元昇贈以詩曰寂寞荒江水石麤西風衕巷欲啼烏新霜紅葉美人暮舊鬼清文老手扶落日小山深院冷淡煙喬木破窗孤可憐一代空遺墨藉爾風流尚未枯書院山長題名自沈濤始濤之前有錢肅潤字礎日無錫人敎諭荆子邁請主講席江上友聲序其所作也

乾隆七年十一月奸民鳳朝選潛至俞金聲家將其妻陳氏挖傷兩目并腮頰里鄰奔救解縣鞫訊係圖姦不成遂行兇縣將朝選禁擬十二月初二日獄卒報朝選忽仆地自殞衆快其遭天譴氏鄉曲婦人能守身於强暴凌逼之時亦可嘉矣

江邑鄉民有喪合村巷男婦坐食其家無少資助輿臺又借喪車舉重棺罩等件勒索僱錢不論貧富閭閻多致鬻產稱貸因而破家者華墅人孫元等出貲作喪車里中公用不取僱値又有製棺上幕供親友借用者俱得古人哀有喪之意良法可通行邑中也

舊傳邑人有題昭君圖詩云驪山舉火因褒姒蜀道蒙塵爲太眞能使明妃嫁胡地畫工應是漢忠臣語意奇卓惜逸其姓名

乾隆三十三年秋旱成災西鄉農人相率鬨縣堂學使景福甫下車撫慰饑民衆卽解散越日巡撫彰保統兵至

欲痛勦之景與議不合集書差問有能七日賫摺至京者衆推杜元裕徐大本卽發銀百兩令速辦裝二更上道果六日零十時抵都摺旣上而彰保摺始至以民亂聞景則以民饑告先是學使爲曹秀先

上召問秀先具以災對蓋秋旱時秀先曾兩次祈禱卒無雨故也遂定讞置首事民沈天益吉爾法等於法餘悉宥

姚文僖督學時念邑殉乙酉之義特書忠義之邦四大字諸生何春煦於君山梅花書院中構仰止堂摹勒厝壁

芮孝子名達舉旌德人隨父之定寄江邑長壽里之定販參往來關左爲盜所劫落魄不得歸達舉附海艘往覓

父中流舟覆抱浮梗以免至登萊遂陸行書父名形貌於販背負之且行且泣歷訪數千里及三載直抵遼東天苦寒之定方煨馬糞坐土炕中見達舉訝甚詢所自來相抱而哭哀感行路遂扶親歸年已八十矣

李遜之承忠毅公世澤家有藏書甲於通邑曰得月樓陳其難素以學古稱積書數十年詘於力不能多備近時葉廷甲富於典籍構靜觀樓度書五萬餘卷名臣遺老述作未刊行者多梓而傳之

鄧添元至正人其主死於邊添於兵間負骨歸葬王逢有義鄧詩

顧山周宗苑與同時富戶七十八奉明祖旨俱令陷於梅子洲洲外環以戰艦約視植赤幟於江岸則俱斬首迨七日望見黃幟飄颻而出得蒙赦宥浸餓死者已二十餘人矣周僕馬闞備乾糗潛伏於帥舟之柁以入於洲夜與宗苑掬水食之帥偵知怒命擒至旁有一弁跪曰某前時出獵至其家實良民也帥霽威遂獲免焉編管宗苑於廣西潯州義男周闞代戍

康隆諸生李森枝僕森枝早亡妾周氏生子甫三歲隆從周攜孤避難蘆葦中兒啼周恐爲兵所覺棄之隆曰主止此子棄之是絕主祀也抱匿他處七晝夜得免

王猪兒十餘歲時母挈賣尤姓尤富室乏嗣族多涎之尤年八十五而納妾祁氏舉一子燕親族出子見客或以不類譏之尤慍遽跣左足命猪兒出子左足示之父子皆駢拇譏者慚而退燕畢猪兒告曰禍始此矣盍營三窟乎尤聞之泣託以保孤猪兒泣諾遂賃保姆攜幼子遠匿會稽山購田宅以居別取他人兒冒爲祁氏子未幾尤死族人紛起爭奪計殺他人兒逐祁氏并速訟逮猪兒搒掠瀕死後駢拇子長猪兒挈之訟於官械獄者二十餘人盡復故產

王阿金故倡也董西來納爲室憚其父嚴置諸祝塘別墅

爲兵所執汙之不可詈不絕兵悅其姿弗忍殺乘間投河死董出其屍貌如生藁葬顏家莊田中

諸生趙某家有老嫗乙酉八月二十日夜風雨泣謂主人曰城將破死期至矣盍早爲計指趙幼子曰此三歲兒吾能保之以延趙氏一脈於是趙夫婦同三男二女闔戶自焚嫗負其子出伏城隍廟空棺中凡七日夜事定乃出嫗藏炒麵數升於衣間兒故得活兒後娶婦生男七八祇事嫗九十六歲卒

李家婢名杏芳性端謹主母愛之主母子二長三歲次二歲而主死明年主母病篤語婢曰奈何主人早逝幸吾

在可以撫二孤今若此旦夕休矣汝能撫之四年使長者七歲次者六歲可以操匕箸汝然後嫁則吾受汝賜婢泣曰第自愛脫不幸婢當以死奉二孤數日主母死婢爲之斂且葬卽撫二孤家僅有田五畝勤力耕作暇則織紝辟績居恒坐必端立必正不苟言李族咸且敬之樂爲之助以是孤得成立孤年弱冠或諷之嫁不從又數年爲二孤娶婦或又諷之曰吾年垂四十以色事人則衰矣吾將終老於是卒不嫁

翠梅陸寡婦陳氏婢也陳性卞急翠與夫稍失其意輒批頰焉其夫憾謂翠曰若安事此煢煢者而日在泥中耶

翠不聽其夫竟去而他有室翠獨居日傭澣衣拮据養陳陳好整潔翠爲之縫澣楚楚已則衣袽敝不蔽肘翠且老陳嚴遇之者不改垂四十年陳歿斂葬皆翠料理不三年翠亦卒翠嘗泣語人曰自主母歿後吾力不能澣衣矣

晉庾冰卜宅暨陽後捨爲祥符寺康熙五十年間有行腳僧住焉於寺前鑿井得一石圓如鼓腰有縫衆抉開石中心有窪藏一銀合啟之得一碧珠如龍眼大光采溢目衆欲攫取僧急收之或疑是墨珠以磨紙上字蹟應手而滅後僧囊珠不知所適

異僧道松草書心經本在廣福寺後歸郡城關帝廟釋音可詩云心經一卷幾掀翻羅漢重書在壁間忽被晉陵人借去不知何日送還山嘉慶初重修廣福寺仍摹刻於後殿

十方菴有貫休羅漢十八軸皆絹本水墨畫漶漫斷爛屢經裝池其象皆瘦削露骨軸或二三尊或四五尊四旁景物怪異樹石奇古彷彿吳道子之雄變奇譎也

僧曇素宋嘉祐中於廣福寺地藏殿後壁畫梁武帝召張僧繇寫寶志公變相筆力遒健神彩欲活

僧象微宋嘉祐中於廣福寺法堂楣間畫水一派甚工人

號象微水

元時光孝寺衲無言所藏畫龍甚奇柯敬仲博士題云道人畫龍龍絕奇何處人間曾見之上京清暑朝初退太液池邊看雨時

褚龍泉顧山鯉魚垺人幼習道術嘗遊姑蘇於元妙觀得奇書數卷由是術益精乾隆初大旱楊令設壇祈雨衆請登壇伏禱良久下壇曰雨至矣時都司亦在壇以偕行未幾大雨獨二人衣不沾濕都司給以馬鬉一滴額

輟耕錄載瘞鶴銘華陽眞逸譔上皇山樵書末有丹陽仙尉江陰眞宰等字石刻在焦山下相傳爲王右軍筆歐

陽公以爲類顏魯公惟雲林子黃長孺以華陽隱居爲
陶宏景最爲得之究不知作銘者爲江陰何許人
石筏山下崖壁入水最深處有方石狀如碑碣上鐫心經
一卷遊者候潮落往讀之甫及半而潮至矣未知刻於
何代蓋亦好奇者之所爲也
顧山周氏先世藏王逸少眞蹟七十六字後有趙清獻公
抃蘇子容等跋帖云二謝書云即以七日大斂冥冥永
畢不獲臨見痛恨深至也無復已已武妹修載在道終
始永絕道婦等一旦哀窮並不可居處言此悲切倍劇
常情諸不能自任未遂面緣撫念何已不具羲之頓首

字畫亦無殘缺周氏子孫欲求售攜以問價於文衡山
衡山曰此希世之寶也每一字當得黃金一兩其後三
十一跋每跋當得白金一兩後周典於金閶富家止得
米一百二十斛
隋太平公史萬歲墓在秦望山蘆崎院西半里許明孫作
有夏日過蘆崎院詩
廣福寺殿前有古柏二株相傳爲唐代所植明人黃毓祺
詩云何年古殿柏森森指出西來一片心不信無情能
說法阿誰悟得雪巖欽
邱忠定公宅在章橋有牡丹二本歲各開百花手植筆竹

二十年圍二尺許今莫詳其處
元妙觀舊傳鐘磬二物鐘一面有漢編鐘三字一面有太
淸宮三字皆陽文小篆磬碧玉邊上一頭有大晟二字
一頭有太簇二字皆陰文古篆按唐天寶間爲太淸宮
祀老子宋太宗大晟殿元豐七年造玉磬謂漢編鐘者
如漢之制非漢鑄也大晟是祀太宗廟太簇是磬應此
律皆宋物也
轂畔錄云宋理宗內府所藏蘭亭一百一十七刻內王集
一十四刻江陰邱氏居其二焉後有跋載淳熙戊申二
月五日邱壽雋書下有一圖書篆曁陽邱氏

朱彝尊紀云宋江陰軍乾明院碑載五百羅漢名號明工
部郎中高道素鏤板附釋藏之後按佛書諾俱那與其
徒八百衆居震旦國五百居天台三百居雁蕩今廣福
寺泛海殿原碑雖在其下截字多缺宜覓高藏所刻重
勒分明俾古碑復完焉
恭帝德祐間王伯熊所撰父錄參從事壙志嘉靖十五年
邑大街虹橋溝東居民钁地得之其文云先君氏王諱
建大字直方曾祖諗奉議郎累贈中奉大夫祖甯中奉
大夫直徽猷閣司農少卿父燾朝散大夫通判泰州軍
事先君淳祐己酉以百篇預鄉薦奏補將仕郎監支鹽

倉授安東錄參以疾歸買廬虹橋巷歲餘卒葬綺山之原不肖孤伯熊敘次梗概識諸墓奉議郎知江陰縣事高純厚塡諱

梁友直集云江陰王庫使家藏黃筌雀哺雛卷有劉後村詩跋嘗聞右院畫率有名義是三雀者殆取詩禮春秋傳三爵之義歟贊曰觀雀哺雛可以知仁仁於曷知於雀之身雀知有子子知有母飢焉思哺食在母口嗟彼雀矣以鞠以育矧伊人矣孰無天屬幼資其親長養其親天屬至親勗哉世人

江陰侯吳良有賜刀一口上有金錯龍鳳文其銘曰百鍊金鋼殺氣雖當將軍佩此威鎭四方其後人貨於顧山周氏爲常熟楊五川儀得去

沈翰卿有由里山宋妃墓詩云重見山僧頭盡白一抔荒土記前朝麒麟草沒春無迹蘭麝香微骨已銷世上有人傳玉柙山深何處望雞翹殘花滿地鵑聲切寂寞芳魂不可招今墓不知所在

興國寺西房有楊忠愍公獄中所書墨蹟絕句一章詳見徐恪玉帶草堂詩集

閻忠烈父名國才母王氏墓在定山爲營葬者忠烈壻陸祚昌之父名見岑字振先者也乙酉之變大兵臨城八十餘日及城破薙髮者不戮從東門出者不禁而公家屬安然無所株連我

朝如天之仁豈三代以下所可及哉

澄江八景舊爲蓉城曉煙巫門夜雨海門賓日孤山釣月石灣春霽楊子秋濤沙嶼晚渡淮甸晴眺元人俞遠有詩膾炙人口乾隆初知縣蔡澍刪去海門賓日孤山釣月沙嶼晚渡淮甸晴眺易以鵞鼻積雪奎閣層雲前湖漾月盤石流泉名流亦多詠之

雍正間黃田港漁人沈網江底忽重不可舉呼其伴共出

之得五鼎其質鐵兩耳四足高尺有二寸長一尺闊七寸其文爲雲雷卦象飛廉饕餮狀旁有釘列如榆莢錢底有字非篆非隸或辨爲漢壽亭侯鼎字人竊去其二存者在港口天妃宫

萬歷甲寅花涇口海夜嘯平明漲出一沙約六七里上有磚甃街街上堆古錢數萬居民爭拾以歸驗其文悉宋崇寧通寶錢也

邑有倭警迎春日止啓東門出入餘三門俱閉以防變也臨晚城外人蜂擁入城門壅塞踏死四十七人老者少者俱立時斃壯者或扶回死或遲延二三日死爲一時異變云

綏寇紀畧云崇禎十六年江南自京口至江陰無錫曉起
　或以黑圈記其門或釜底畫梅一枝一夜殆遍
邑民多製紙礮有陳姓者父子三人治藥磨火忽發廬舍
　俱焚三骸迸裂爲禍甚慘
雍正十年七月十七日江潮泛溢傷田廬人畜先是月餘
　有鳥大如鸛鴿毛羽盡黑飛鳴樹間如呼阿瘡然聲急
　而惡水患至遂絕跡
黃志物產木之屬冬靑可放蠟視樹上磊塊密綴如繁梅
　之蕊者是爲蟲窠夏日小滿取而閣皮枝柯間蟲則散
　布咂樹既而所咂處生白毛日漸厚積立秋處暑之候
　剝取而煮之冷則蠟凝水面謂之白蠟既取蠟枝上起
　痱如小兒痘疹寖以湧大至明年二三月連枝翦落之
　蓋盡爲蟲窠矣蠟質堅和黃蠟雜油爲燭淸亮久照鑄
　柏燭者或以盪燭範則外凝中融風不能爍其利甚溥
　惜土人不善用之
顧山有紅豆樹作花無定色占年者驗紅花主旱白花主
　水花開一面卽應一方之水旱
邑產惟木棉布爲最夥然織婦工多利少收其價值不足
　以償勤苦惟樹桑治蠶絲帛之利可抵耕耘或能講習
　其業俾布帛兼資以爲水旱凶荒之備則人事之修可

　補天行之缺邑瀕江正古所云下隰宜桑者桑既不足
　則蠶無所飼因棄不育過歲木棉不收紡車空懸是在
　有以開其利之源矣
雍正七年夏章卿鎭如來橋陳子建之繼子某在枯楝樹
　椿邊拾得鮮蕈一筐下午煮和麵食一家五口日落時
　俱斃鄰里發視樹根有赤蛇數十盤穴其中方知蕈爲
　蛇氣所結也
萬歷末有商舟浮江來艤黃田港舟人死槀葬城北舟人
　故畜一犬繞墓悲嚎逐之不去商舟解維犬尙臥墓下
　寒暑不暫離居人哀之咸給其食且爲草廬以庇焉
博潴里某畜一犬對宇居者時與之食後某死婦卽嫁對
　宇居者犬遂絕不入其門與之食亦不食竟悲嚎臥死
　徐遵湯作烈犬行紀其事
黃志云舊志列女諸條各有陳述禮義矢心誓節之詞今
　悉不取蓋其秉彝之懿天質之美自有執法不渝篤蹈
　烈矩者非必盡嫻詩書善辭命也卓卓一節儘足以照
　映來世君子有取取此而已何用是贅疣蛇足爲哉
嘉靖丁未知縣趙錦修縣志聘學士張袞同諸生林文煥
　徐鳴玉劉珪蔣龍吳允五人設局延陵書院林欲削黃
　志中三節婦諸人並心非之而林執之堅竟削去是夜

月色皎然共步院門外林與徐見三婦跪訴神前驚顧三人三人俱無所見林即寢疾五日卒

張袞評黃志云多取而寡要搜奇而眩實君子思見其初焉蓋不足於黃志也不知黃公每事必從風俗人心起見至於言重詞複而不能自已此中苦心袞固未能窺見也

趙志凡例云人物舊有分類今統言之何也全盡人理無忝所生赫然為世名臣為儒正宗其上也下是而以一節名者通謂之賢也觀於其傳而其大小偏全見矣

沙張白叢談云吾邑志書莫善於黃志識既高遠筆復古

勁其後方謨續之續所當續足矣乃為張水南改壞至崇禎時馮令君再修之而穢濁不可問矣康熙年沈令君聘予修縣志予以他故未赴盧郡君聘修府志不得已赴焉其中多不可問者故志宜續不宜修也

江陰縣志卷之二十八終

後記

無錫是中國吴文化的發祥地。七千多年悠久歷史與文明，造就了『梁溪明秀之區，衣冠禮樂甲于江左』的城市人文傳統和深厚的歷史文化底藴。數千年來，文脉綿延，永世流芳。邵寶在《錫山遺響》序中曾經這樣描述：『錫之爲邑，在三吴間。山水清麗豐曠，生其地者，多沉雅秀整，以文名家，代不乏人，詩文之一也。』文化已經成爲這座城市最本色的氣質。爲傳承吴地文明，建設文化名城，進一步彰顯無錫城市内在精神特質，經過幾年的精心策劃，旨在全面整理地方文化典籍的《無錫文庫》編纂出版工作于二〇一〇年全面啓動，二〇一一年起陸續與讀者見面了。

無錫的城市文化曾經爲中華文化寶庫作出過巨大貢獻。顧愷之、倪瓚、王紱、鄒一桂、賀天健、徐悲鴻、錢松喦、吴冠中，如松秀群嶺，在中國繪畫史上擁有很高的地位；華秋蘋、楊蔭瀏、劉天華、華彦鈞（阿炳），乃韵動天籟，對中國音樂發展發揮了重要作用；李紳、蔣防、尤袤、蔣捷、陳維崧、顧貞觀、嚴繩孫、周濟、劉半農，皆胸懷錦綉，在中國文學史上可謂各領風騷；計六奇、顧祖禹、顧棟高、秦蕙田、嵇璜、錢基博、錢穆、錢鍾書、錢海岳，可稱堂奥廣庭，學造淵源，在中國學術史上卓然大家；顧憲成、高攀龍之東林，唐文治之『國專』，徐霞客之游記，徐壽、華蘅芳之『格致之學』，陳翰笙、錢俊瑞、孫冶方、薛暮橋之經濟學，都堪稱中華文化史上的一座座高峰，至今閃耀着炫目的光芒。

深厚的歷史文化底蘊激發了無錫城市的文化自覺。市委、市政府滿懷對鄉土誠摯之情、對文化敬畏之感，以義不容辭的責任擔當，致力於文化强市建設，以科學的理念和方式對歷史文化遺産作全方位的觀照、深層次的發掘、系統性的保護，匯四海之智，舉全市之力，共襄文化建設盛舉。二〇〇六年十二月，無錫市成功申報國家歷史文化名城，標志着新一輪文化意識的覺醒，并迅速轉化爲文化自覺的實踐。近年來，我市全面啓動惠山、清名橋、小婁巷、榮巷、蕩口等五個歷史文化街區和十個古村落保護修復工程，『護其貌，顯其顔，鑄其魂，揚其韵』；鴻山遺址成功保護的經驗被國家文物局譽爲大遺址保護『無錫模式』，并被授予首批國家考古大遺址公園，闔閭城遺址考古發現則確立了歷史上無錫曾作爲吴王闔閭都城的地位；建成開放六十餘座博物館、名人故居和紀念館；對無錫的非物質文化遺産予以重點保護；每年春天舉辦的中國（無錫）吴文化節、中國文化遺産保護論壇成爲文化亮點，享譽海内外。這些舉措遵循規律，探索文化建設體制和機制的創新，形成了寶貴的『無錫經驗』，得到海内外學者、專家的一致肯定。

在注重保護歷史文化遺存的過程中，發掘、整理無錫歷史文獻著作，展示和弘揚無錫城市的思想精神世界，自然而然成爲大家關注的重點。二〇〇六年，市委宣傳部組織無錫文史專家、學者編撰的十七册三百萬字的《無錫文化叢書》正式出版，引起强烈反響，出版後供不應求，在二〇〇八年再版加印。《無錫文化叢書》集中反映了無錫城市文化精華，展示了無錫城市文化特質，彰顯了無錫歷史文化的厚重，同時也告訴人們，文化精神的傳遞是文化繁榮發展的重要内涵，一旦擦去歲月蒙塵，優秀的歷史文化就會轉化成爲取之不盡的精神財富。

爲了進一步彰顯城市歷史文化底藴，二〇〇七年，市委、市政府將全面系統整理無錫文化典籍擺上工作議事日程，明確提出編纂《無錫文庫》。由于無錫歷史文化底藴深厚，卷帙浩繁，内容豐富，編纂工作千頭萬緒，要想整理出一部簡明扼要而又内容翔實、主旨鮮明而又文質彬彬的文獻集成，難度遠大于預想。爲此，我們先後成立了《無錫文庫》工作委員會和編輯委員會，加强對編纂出版工作的組織領導與統籌協調，在尊重歷史、尊重規律、尊重科學、尊重專家的基礎上，積極推進文庫編纂工作。編輯委員會經過反復論證，明確原則，綱舉目張，有條不紊地開展工作。充分憑借地方文史專家的優勢，充分發揮高校人文學院、研究機構的作用，充分依靠出版機構的專業經驗，并邀請國内外著名文史專家指導、把關，形成了文庫編纂的工作合力。

在編輯過程中，我們力求使《無錫文庫》成爲經得起歷史考驗的鄉邦文獻集成。

全面規劃又保持開放結構。面對豐富的歷史文化積澱，没有規劃就不可能形成清晰的編纂思路。在前期編纂工作中，編輯委員會經過二十餘次的論證會和專題研討會，形成并確定了《無錫文庫》總書目，明確了收録範圍和内容主體，立足無錫市區，兼顧江陰、宜興，主要體現無錫本土内容，突出人文科學，適當兼顧其他門類。據此，《無錫文庫》收録圖書五百五十餘種，分爲五輯：第一輯『官修舊志』，收編無錫地方志（含江陰、宜興）；第二輯『地方史料專著』，收編反映無錫地方史料的專著與筆記；第三輯『年譜家乘』，收編無錫（含江陰、宜興）地方名人年譜和望族的家譜；第四輯『無錫文存』，收編歷史上無錫作家詩文和專著的精華；第五輯『近現代名家名著存目』，編撰無錫近現代名家名著的書目提要。爲使文庫具有更大的開放度和包容量，《無錫文庫》注重整體設計，在框架分類上既注意

整合，又突出重點，考慮到文庫的涵蓋面和系統性；在書目選擇上既注重經典性，又强調代表性，兼顧到圖書本身質量和作者特點；在出版方式上既總體規劃、循序推進，又采取較爲靈活的方式，成熟一批出版一批，不編序號，爲今後增補書目預留空間。

尊重歷史又反映時代特色。《無錫文庫》注重歷史性與時代性相結合，以嶄新的學術角度和現代學科理念對城市歷史文化進行整理和弘揚。編纂工作充分體現對歷史傳統的尊重，儘可能減少評述性成分，杜絶截割、改篡、增删圖書内容，對節選本祇采取作者的自選本。與此同時，以現代學術視野來看待傳統史料，增加收録有價值的歷史資料和文獻，如對民國時期的一些稿本、期刊、會刊、紀念册也予以應有的關注，收入了部分重要的民間史料。

保持原貌又便于讀者查閲。《無錫文庫》除第五輯外，全部采用原版影印方式，力争選擇最優版本作底本，保持文獻著作的歷史面目。爲了便于閲讀、查證、使用、研究，每一輯均撰寫編輯説明，每種書撰寫提要，并編撰《文庫》書目索引。通過這樣的方式，使《無錫文庫》兼具工具書檢索的作用，增强文化典籍整理的實用功能。

如期完成又精益求精。《無錫文庫》作爲一項重大文化工程，編纂工作面廣量大，必須集中力量，一鼓作氣。我們明確，從編纂工作全面啓動開始，花三年時間完成《無錫文庫》出版工作。《無錫文庫》總書目形成後，五輯的書目編纂工作同時開展、整體推進。我們要求，《無錫文庫》編纂出版工作要强化精品意識，力求思想精深、内容精彩、選編精當、學風精良、裝幀精美。文庫編纂出版的每個環節都反復論證推敲，確保經得起歷史檢驗。

《無錫文庫》的編纂出版工作，得到了鳳凰出版傳媒集團的大力支持，鳳凰出版社在版本選擇、編輯出版方面做了細緻的工作；由于《無錫文庫》收録的資料有三分之二散落在全國各圖書館中，中國國家圖書館、上海圖書館、南京圖書館等一批國内知名圖書館爲此提供了積極的幫助；應邀擔任《無錫文庫》學術顧問的專家，都是無錫籍的文化名人和國内一流的古籍研究專家，他們有的不顧年事已高，有的不顧自身工作繁忙，爲《無錫文庫》的編纂工作付出辛勤勞動；《無錫文庫》工作委員會和編輯委員會成員以及編務人員在文庫編纂出版過程中做了大量的工作。在此，謹向他們表示崇高的敬意和由衷的謝忱！

由於《無錫文庫》收録内容涉及範圍廣、時間跨度長，部分書目已經散佚，可利用資料受到限制，加之編輯委員會水平有限，《無錫文庫》的編纂工作難免會有一些疏漏和錯誤，不當之處敬請讀者指正。

王立人

二〇一一年一月

無錫文庫

第一輯

［嘉慶］無錫金匱縣志

鳳凰出版傳媒集團
鳳凰出版社

ISBN 978-7-5506-0296-0

9 787550 602960 >

圖書在版編目（CIP）數據

（嘉慶）無錫金匱縣志 /（清）韓履寵，（清）齊彦槐修 ；（清）秦瀛纂. -- 南京 ：鳳凰出版社，2011.2
（無錫文庫. 第1輯）
ISBN 978-7-5506-0296-0

Ⅰ. ①嘉… Ⅱ. ①韓… ②齊… ③秦… Ⅲ. ①無錫市－地方志－清代 Ⅳ. ①K295.33

中國版本圖書館CIP數據核字(2011)第036125號

責任編輯 王　劍
裝幀設計 姜　嵩
出版發行 鳳凰出版傳媒集團
鳳凰出版社(原江蘇古籍出版社)
南京市中央路165號　郵編 210009
發行部電話 025－83223462
集團網址 鳳凰出版傳媒網　http://www.ppm.cn
印　　刷 無錫市證券印刷有限公司
無錫市揚名高新技術産業園B區75號　郵編 214024
開　　本 889×1194毫米　1/16
印　　張 46.75
版　　次 2011年2月第1版　2011年2月第1次印刷
標準書號 ISBN 978-7-5506-0296-0
定　　價 610.00圓
(本書凡印裝錯誤可向承印廠調换，電話：0510－85435666)

無錫文庫工作委員會

顧　問　楊衛澤　毛小平　周和平　譚　躍

主　任　王立人

副主任　曹佳中　陳海燕　吴小平

委　員　方標軍　須　儉　陳堯明　尤文科
何承志　蔡文煜　葉建興　施　展
嚴克勤　劉　川　雷群虎　李祖坤
瞿　敬　華瑞興　周興安　姜小青

無錫文庫編輯委員會

主　編

王立人

副主編

須　儉　姜小青

編　委（按姓氏筆畫排列）

王進雄　王賡唐　卞惠興　全　勤　吴　迪　沙無垢
金其楨　夏剛草　倪培翔　徐志鈞　浦學坤　陳文源
過旭明　過耀華　許墨林　張志清　程勉中　湯可可
蔡家彬　劉桂秋　錢建中　錢菲菲　顧文璧

執行編委

王華寶　王　劍　薛　飛　陳紅彦　林世田　謝冬榮　徐憶農

編務人員

顧志堅　李躍光

無錫文庫學術顧問

（按姓氏筆畫排列）

朱玉麒　朱維錚　江慶柏　李文海
沈衛榮　武秀成　金良年　胡福明
莫礪鋒　徐中玉　陳熙中　許倬雲
張仲禮　張廷銀　彭　林　程章燦
馮　遠　馮其庸　楊天石　趙生群
劉玉才　錢　遜　錢中文　錢文忠

總序

七千年文明史，三千年建城史，江南名城無錫，襟長江依太湖，自古以來就是魚米之鄉，禮儀之邦。無錫文化自泰伯南奔以來，騰蛟起鳳，尚德崇文，在數千年的傳承發展中，教化常持，經世務實，人杰輩出，大家林立，文藻絢麗，錯彩鏤金。舍南舍北皆春水，欲與湖山作主人，數千年的人文傳統，賦予了風光秀美的無錫以獨特的文化魅力，鑄就了城市剛柔相濟、秀逸清麗的的文化品格。

無錫是中國吴文化的發源地。早在商代晚期，周太王古公亶父的長子泰伯三讓王位，携其弟仲雍奔吴，定居無錫梅里，建『勾吴國』，『端委以治周禮』，施以禮儀教化；興修水利，授以農桑，不數年而『民人殷富』。泰伯帶來的中原文化與無錫本地土著文明相結合，吴文化以及作爲其重要組成部分的無錫文化就此發端。晋室南渡，北方人群大量南遷，帶來了中原的文化技術，促進了無錫農業、水利、手工業和商業的發展，中原文明再度與吴文化進行融合互滲。在本土文化與异地文化的碰撞和交融中，不斷推動着無錫這座城市的文明進步。

無錫歷史文化『追歷七千餘載歲月滌蕩，遂經四大轉折而成其廣大深厚：泰伯西來，吴文化成焉；永嘉南渡，江左文脉振焉；宋室波遷，江南文風始焉；歐風東漸，錫邑占風氣之先，民族工商文化始焉。數百代鄉彦賢達智慧與創造累積，文獻足徵，無慮百千』（《錫山先哲叢刊》重版弁言）。無

錫文化以兼容并蓄多樣化的形態不斷發展。

崇文尚教，以教促文。北宋嘉祐三年（一〇五八），無錫始設縣學；北宋政和元年（一一一一），理學傳人楊時在無錫創建東林書院，此後無錫出現了喻樗、尤袤、李祥、蔣重珍等一批知名的教育家。至明代，顧憲成、高攀龍等在東林書院講學，此後又有許多書院相繼而起。古代無錫對教育的重視，促進了『崇文』和『尚教』的風氣，也造就了大量的人才。自隋朝開創科舉取士到清末廢除科舉，無錫共出了五名狀元、三名榜眼、六名探花和三名傳臚，并有五百四十名進士，一千二百多名舉人；『一榜九進士』、『六科三解元』，自古傳爲佳話。近代以來，經濟的繁榮進一步帶動了教育的興盛。無錫籍國學大師錢穆曾説：『晚清以下，群呼教育救國，無錫一縣最先起。』此後無錫的實業家紛紛出資興辦文化教育事業。教育的繁興，在極大程度上促進了無錫的文化發展，出現了空前的文化人才崛起的高峰。

文脉綿延，後出轉强。歷來『文化』的概念有廣義和狹義之分，這裏的『文脉』之『文』，用的是狹義的概念，即指經史、文學、藝術等人類所創造的精神財富的總和。在無錫的歷史文化傳統中，自古及今，悠悠文脉，如瓜瓞之綿綿。必須指出的是，從文化發生學的角度來看，早期中華文化的中心是在黄河流域的中原地區，無錫在宋元以前，雖有像顧愷之、李紳、尤袤、蔣捷、倪瓚等一批人文英才，但在整體上，無錫的文氣是自明清以迄近現代達到巔峰。在整個江南地區文教昌明和無錫經濟繁盛、教育勃興的大背景下，無錫地區在經史、文學、繪畫、音樂等諸多領域中，建樹卓越，俊才雲蒸，真正呈現出『人文之盛，冠於南國；碩彦輩出，著述繁實』的局面。

求實務本、重工崇商。無錫自古爲江南富庶之地、魚米之鄉。明代東林講學者將士商并列爲『本行』，講求經世致用；近代早期維新的思想家、實踐家薛福成提出『黜浮靡，崇實學』，大力倡揚『工商爲先，耕戰植其基，工商擴其用』的觀念，這些都成了近代以來無錫人求實務本、重工崇商的重要的思想根源；兼以明清時期，封建自然經濟解體，資本主義開始萌芽，無錫經濟日趨繁盛。鴉片戰争以後，上海開埠，由於商品經濟的發展和商業資本積累的增加，逐步形成了一個以上海爲中心的，北接江陰、靖江，西連蘇州、無錫、常州的經濟區域。有布、米、絲、錢『四大碼頭』的無錫，被譽爲『小上海』。到了十九世紀末、二十世紀初，無錫許多有識之士積極引進西方生産技術，大力興辦工廠，形成了近代六大資本系統，無錫成了近代中國民族工商業的發祥地和蘇南經濟中心。經濟的繁盛，不僅爲無錫文化的不斷發展提供了堅實的物質基礎，而且也形成了無錫文化的主流形態之一的，具有鮮明特色和豐富内涵的『工商文化』。

文化源長，文獻宏大。在歷史上，無錫有過兩次較大規模的文化整理。一八九九年，《常州先哲遺書》是包涵無錫城市在内的第一次區域性文化整理集成。一九二二年，《錫山先哲叢刊》是無錫真正意義上從城市角度進行的一次文化整理。當時，國家積貧積弱，社會動蕩離亂，身處亂世的有識之士高擎文化的旗幟，以縱覽千古的魄力和毅力致力於城市文化傳統的繼承與弘揚，爲無錫地方人文教育提供了文化楷模，對增强無錫崇文興教氛圍發揮了重要的作用，爲無錫躋身江南名城提供了文化動力，其意義至今爲後人感念。

滄桑巨變，天上人間。經過近一個世紀的奮鬥探索，特别是改革開放三十多年來的迅猛發展，中

華民族强勢崛起。國運昌隆，盛世修典。中共無錫市委、市政府高度重視地方傳統文化的整理弘揚工作。自二〇〇七年提出『建設文明無錫，打造文化名城』以來，無錫全面深入開展歷史文化遺産的挖掘、清理、保護和修復工作，傳承弘揚優秀傳統文化，彰顯城市人文歷史底藴，掀起歷史文化名城建設新高潮。此後，市委、市政府在《無錫市文化大發展大繁榮行動綱要》中明確要求全面整理出版地方歷史文獻，市委、市政府在《關於深化文化體制改革加快文化强市建設的决定》中再次明確要求編纂《無錫文庫》，正式啓動迄今爲止無錫地區規模最大、綜合性鄉邦文獻集成的修編工作。爲確保《無錫文庫》的編纂工作順利進行，市委、市政府專門成立了『無錫文庫工作委員會』，由市委宣傳部牽頭，設立了『無錫文庫編輯委員會』，計劃用三年時間完成編纂出版工作。《無錫文庫》的編纂，將以嶄新的學術角度和現代學科框架對城市歷史文化進行全面梳理和弘揚，站在時代的高度，充分展示城市深厚的歷史底藴，彰顯先賢哲人的智慧創造，解讀無錫文化的獨特個性，提煉升華無錫的人文精神，光前裕後，古爲今用，以文化人，由人化文，以史爲鑒，開啓未來。

《無錫文庫》的編纂出版必將發揮重要的文化功能：首先是搶救文獻。無錫自古即有豐富的地方文獻，無論經史子集，都有重要著作流傳於世。然而無錫近代歷經戰亂，一些重要典籍已毁佚，僅有書名存留；還有一些珍貴的明清地方史籍，也以孤本存世，處於若存若亡之間。由於各種原因，一些代表無錫文化的典籍保存於國内外各大圖書館中，在無錫不易見到。從清末到民國期間，在文化上有不少重要成果，而這部分書籍因長期被忽視而處於毁佚的邊緣。《無錫文庫》的編纂就是爲了搶救文獻，保存文脉。其次是古籍整理。無錫先賢留下的載籍很多，但現存書籍，版本雜亂，良莠不齊，整

體而言没有經過系統編排梳理，使用不便。《無錫文庫》的編纂，就是從版本目録學的角度加以梳理，每書皆撰提要，鈎玄指要，便於閱讀使用。第三是服務大衆。《無錫文庫》所收皆爲地方古史遺文，是研究無錫歷史沿革和文化傳承的必讀書目。《無錫文庫》的編纂出版，使這些書籍的使用更加便捷和廣泛，對無錫的文化建設、城市規劃、古迹保護、名勝開發都具有很高的學術價值和實用價值。

歷史唯物主義觀是《無錫文庫》編纂出版工作的重要指導思想。《無錫文庫》是一部具有社會主義新時代特點的典籍集成，編纂理念和選編觀念更加科學，注重學術性、實用性和經典性相結合，并且儘量收入古籍版本研究的新成果，廣泛收集流散在國内外的珍貴典籍。編纂工作中，始終堅持『尊重歷史、尊重科學、尊重規律、尊重專家』的原則，堅持『雙百』方針，對傳統文化中重要的不同學派、不同觀點的資料兼收并蓄，力求客觀、完整和全面。當然，《無錫文庫》不可能包羅萬象，而以文史哲爲主要内容，兼顧其他類别著述，整體呈現出無錫歷史文化的發展脉絡。强化編纂工作的學術規範，提倡實事求是的良好學風，對文庫的整體規模、體例框架、所收書目、版式裝幀等進行反復論證，反復比較，多方聽取意見，慎之又慎，力争使《無錫文庫》成爲一部真正代表無錫文化的綜合性鄉邦文獻集成。

編纂出版《無錫文庫》的盛舉，得到了海内外衆多著名的文史專家、學者教授的熱烈響應。許倬雲、馮其庸、楊天石、李文海、徐中玉、馮遠、胡福明等無錫籍文化名人和劉玉才、程章燦、江慶柏、張廷銀、金良年等專家學者應邀擔任《無錫文庫》的學術顧問，他們扎實的學術功底、嚴謹的治

學風範、卓越的學術見識，爲《無錫文庫》提供了有力的支撑。

千年吴地文明，百年工商繁華，賦予無錫人聰慧和靈秀，創造了具有獨特品質的城市文化和城市精神。當我們手捧先哲留下的珍貴文化遺産，不僅滿懷感恩、敬畏之心，更涌動着不負前賢、勵志圖新的激情，去努力創造城市文化嶄新的輝煌，讓無錫文化大發展大繁榮的春天更加姹紫嫣紅、繽紛燦爛！

無錫文庫編輯委員會

二〇一一年一月

凡例

一、《文庫》所收爲無錫籍作家的著述和與無錫相關的歷代文獻，分爲《官修舊志》、《地方史料專著》、《年譜家乘》、《無錫文存》和《近現代名家名著存目》五輯。

二、無錫地域範圍以現行行政轄區爲準。《文庫》立足無錫市區，兼顧江陰、宜興，適當選收江陰、宜興具有代表性的著作。

三、《文庫》所收著作，以史料價值高、使用價值大爲原則，適當兼顧其版本價值。

四、《文庫》主要采用影印方式出版，《近現代名家名著存目》收入作家小傳和主要著述目録。

五、《文庫》所收著作，其編纂年代下限爲一九四九年；《近現代名家名著存目》則不受此限。

六、《文庫》所收著作，原書如有蠹損、殘缺、漫漶不清處，原則上以相同版本予以換頁、補頁，使全書清晰、整齊。

七、《文庫》對所收每種圖書，均撰寫提要，置於每種書扉頁之背面；每册均新編頁碼，自爲起訖。

八、《文庫》編制書名索引和著者索引，以方便讀者使用。

第一輯編輯説明

本輯爲《無錫文庫》之第一辑《官修舊志》。

無錫自古爲文化昌盛之地，修志傳統源遠流長，延綿不斷。歷代纂修的地方志卷帙浩繁，内容豐富。其特點是修志年代早，數量多，品種齊，質量上乘，在全國方志中占有一席之地。

中國最早的風土記——晋代《陽羡風土記》發源于宜興。清代嚴可均認爲『古地説《山海經》、《水經》外，此爲最舊』。無錫修志事業發達，無錫、江陰、宜興三縣歷代纂修志書五十四部。特别到了明清時期，較他縣猶盛。明代纂修縣志十四部，清代修了十七部。無錫舊志的種類繁多，除了風土記、地記、圖經外，還有軍志、郡志、州志、縣志、合志。從記事的上下限看，有通合古今的方志，亦有斷代的續志，形式多樣。在修志過程中，李兆洛、嚴繩孫、繆荃孫等一些名人親自制定凡例，廣搜資料，考證史實，講求章法，成就了一批名志佳作。在晋代有『文言美詞列於章句，委曲敘事存於細書』（章宗源《隋書經籍志考證》）的《陽羡風土記》；元代有『詞簡而事該，亦地志之善本』（《四庫全書總目》）的《［至正］無錫志》。《［萬曆］宜興縣志》『引史證志，爲修志創一新例』（《稀見地方志提要》）。清《［康熙］無錫縣志》因『秦、嚴并名流，精史法，故其書完美。所爲凡例，尤多名論，誠佳構也』（《續修四庫全書提要》）。《［乾隆］江陰縣志》以其『文亦詳密贍雅』（《續修四庫全書提要》）受到史學家好評。《［道光］江陰縣志》被贊譽爲『體例精嚴、裁制有法，在當時推爲佳志』（《續修四庫全書提要》）。《［光緒］宜興荆溪縣新志》『其文字之雅，搜輯之宏，誠爲後來居上』（《方志考稿》）。繆荃孫主纂的《江陰縣志》因『石刻及藝文孜孜彌詳，至有價值』（《江陰志略》）。

無錫縣先後修志十三部，散佚四部。宋代和宋代以前修有舊經、圖經、無錫志三部，均散佚；元代凡一修，明代有景泰（散佚）、弘治、萬曆三志；清修康熙、乾隆（二部）、道光、嘉慶、光緒志六部。從晋代到民國，宜興編修志書二十二部，散佚十四部；宋代以前（含宋代）修的九部志書均佚；明代修五部，僅存萬曆志一部；清代至民國修志八次，散佚一部。從宋代到民國，江陰纂修志書十八部，散佚十部。宋代和宋代以前修的五部均佚；明代修八部，存弘治、嘉靖和崇禎三部；清代修志五次。

本輯收録了民國以前無錫現存的二十六部舊方志（本輯之末附宋代的常州府志——《［咸淳］毗陵志》）。從時期上分，宋代一部，元代一部，明代七部，清代至民國十八部。按行政區劃分，無錫九部，宜興、江陰各八部。另附府志一部，其緣由是無錫、江陰、宜興的宋代方志均散佚無存，而常州府的《［咸淳］毗陵志》保存了所轄區内各地修志上繳的史料。

本輯影印的這些志書，有稀見的珍本、孤本，也有名構佳作。原書如有殘缺、漫漶不清處，以相同版本予以換頁、補頁，儘量系統而完整地整理影印出版，以起到資治、存史、教化的作用。

本輯排列順序，無錫、江陰、宜興，後附《『咸淳』毗陵志》。各縣之下以志書出版年代先後爲序。每部志書前冠以提要。

目録

［嘉慶］無錫金匱縣志

（清）韓履寵　修
（清）齊彦槐　秦瀛　纂

本書四十卷首一卷，據清嘉慶十八年（一八一三）無錫城西草堂刻本影印。

韓履寵，陝西城固人，嘉慶十年進士，十二年任無錫縣知縣。齊彦槐，安徽婺源人，嘉慶十四年（一八〇九）進士，十七年任金匱縣知縣。秦瀛（一七四三—一八二一），字淩滄，號小峴，晚號遂庵，無錫人，官至刑部左侍郎，《清史稿》卷三百六十、《清史列傳》卷三十二、《清代學者像傳》卷三均有傳；乾隆三十九年（一七七四）舉人，著《己未詞科録》、《重訂淮海公年譜》等。嘉慶十七年，秦瀛受韓履寵之聘，邀吴江張士元、元和（今蘇州）顧曾襄助編纂，張、顧二人因故半途而輟，後由秦瀛一人彙輯成志。是志爲現存無錫、金匱兩縣第一部官修合志。此志參照舊志重加厘訂，『益以乾隆庚午以後邑乘所當補入者』，共分四十四門。卷首宸翰，卷一建置沿革、疆域，卷二山，卷三水、水利，卷四城郭、鄉都，卷五街坊、橋梁，卷六廨署、學校、兵防，卷七至卷十賦役，卷十一壇廟、祠墓，卷十二寺觀，卷十三古迹、園墅，卷十四職官，卷十五至卷十六選舉，卷十七封贈、蔭敍、鄉飲，卷十八世家、封邑、遺愛，卷十九至卷二十宦望，卷二十一儒林，卷二十二文苑，卷二十三忠節，卷二十四孝友，卷二十五行義、耆碩、隱逸、方技，卷二十六至卷二十九列女，卷三十流寓、釋道，卷三十一風俗、物産、祥异，卷三十二至卷三十九藝文，卷四十雜識。記事止於嘉慶十八年。兩縣合載一志較爲得體，條目較舊志稍有不同。所録舊志或增或删，考證詳注出處，存疑另附備考。

曩讀
欽定四庫全書見有無錫縣志四卷
即今所稱王仁輔本是也考無錫由
縣升州在元成宗元貞初由州改縣
又在明太祖洪武初至
本朝雍正四年始析其地為金匱於

是修縣志者或統之為無錫或別之
為金匱名無定在體例或乖此秦小
峴先生無錫金匱縣志之所由作也
秦故邑中著姓代有聞人又皆留心
志乘之學有明前後修志者為秦氏
兩方伯康熙庚午對巖宫諭與嚴中

允復修輯之其書尤為詳備迄今百
有餘年而小峴之書適成邑中文獻
萃於一門不亦盛歟小峴以辛未歲
請　假歸里杜門却軌為人孤介其
纂是書也絶請託嚴進退又素治古
文熟於史法其事詳而不漏其文簡

而能該凡建置沿革以至藝文雜識
分為四十三大綱而子目附麗於下
定為四十卷名無錫金匱縣志此正
史家合傳之體也嘉慶甲戌秋余奉
使皖上有署江蘇巡撫之
命過錫山未與小峴相見小峴郵志

書示余余公事倥偬未暇詳讀粗加繙閱則兩邑之掌故備具且於地方之吏治人心風俗之得失三致意焉其用心較王仁輔舊志尤爲有關世道此余所欣然執筆而以得挂名簡端爲幸者也小峴嘗言著書之難歟然不自足是則古人之虛懷亦不可多得矣是爲序峕

嘉慶甲戌秋八月萊陽初彭齡撰并書

序

無錫志始自元王仁輔三修於前明惟康熙庚午志最爲善本雍正四年析無錫境設金匱縣由是華劔光徵君有金匱縣志之刻論者謂金匱所治故無錫境以志分屬金匱於例非宜乾隆庚午續修縣志仍統以無錫夫既析縣矣存其實而没其名論者亦病之閱嘉慶壬申余竊取舊志重加釐訂益以乾隆庚午以後邑乘之所當補入者志成名之曰無錫金匱志夫志之體近於史史有褒貶志有進退體例所繫既不敢槩狥其子孫之請進而誣其祖宗則一舉筆而謗卽叢之嚴中允序前庚午志引范石湖吳郡志之語以爲石湖之歿或詆志爲僞書藏於學官久而始白蓋撰述之難如此然竟避謗不爲舉戶口賦役之登耗人材物產之消長任其澌没而無由考究又豈有世道人心之責者所宜出與余少時從族父鈞儀留心文獻垂數十年於兹嘉慶庚申自浙江臬使入覲過家已約老友俞君模有重修縣志之舉無何余移官楚南俞君亦尋殁此事中輟迄今又逾十數年余以刑部侍郎謝政歸懼志之終廢也言於無錫金匱兩縣大夫始延吳江張君士元

元和顧君曾襄編纂之役書未成而兩君散去余以一人彙而輯之從弟大光與司參校凡數易稾而後成余衰老廢學兩目昏瞀用心雖勤萬不敢望如康熙舊志之善而事增文損於邑中掌故或不無小補云是書開雕捐貲倡始者無錫韓侯履寵乙丑進士陝西城固人前金匱令閻侯登雲亦進士陝西鄠縣人權知縣事董侯和培舉人漢軍鑲白旗人今金匱令齊侯彥槐已巳進士安徽婺源人

嘉慶十八年癸酉嘉平月刑部右侍郎致仕秦瀛

原序

邑有志所以志一邑之事也凡古今建置沿革與夫山川道里人物風土事之變故無細大美惡皆據其實而書之故謂之志志也者一邑之實錄也然其事雖循故實而其文則史於是乎有去取有予奪有抑揚勸戒之義嗚呼志豈易作哉非志之難作志者之難其人也無錫爲東南文獻巨邦舊有二志前志勝國時鞏昌王仁輔所編至我朝景泰間鄉先輩馮擇賢又續爲之然識者謂前志失之拘續志失之駁駁與拘皆不足以信今傳遠況遭逢聖代隆

平日久中間生齒之繁創置之廣科目人才之盛視昔相去什百則所以增益而釐正之不有賴於後之君子哉然遲遲數十年來迄莫有能爲之者宏治初鄉前輩藻菴吳鳳翔絅菴李舜明兩先生始相與共謀爲之藻菴力學好古博極羣書凡所以參互考訂博采旁求而著述之實有以身任其責至裁正而折衷之則絅菴居多焉本之以郡乘參之以史籍大致雖仍其舊而立義著例則斷以已意最道德羞功利表山林之高尚黜宦績之卑汙名雖志實則史也夫昔鄭國辭命更裨諶世叔諸賢之手而孔子亟

稱其美今是志之作以兩先生才力相埒協謀而共成之是宜其卓卓可稱也已後之作國志者欲考吾邑之事其尚徵於斯哉志成其鋟梓之費一出同邑鄒佑之佑之讀書尙義平生多奇節偉行此其一節云宏治甲寅江西右布政使致仕秦夔

今天下郡邑之有志猶古列國之有史所以昭信垂遠法不可缺吾錫自泰伯端委以來號稱名都其風土殊麗文物秀雅甲於吳下而世遠籍湮不少槩見勝國時王文友氏始爲之志我明景泰中馮擇賢氏加修焉宏治初吳鳳

翔李舜明氏則又再修迄今八十年所其間生聚繁滋法制因革與夫人材消長習俗變易不可勝紀苟文獻不足後將何徵歲隆慶壬申臨川念庭周侯來蒞錫廉明俶儻施政發教不踰年而四封之內廩廩向風一日攬山川按圖籍披舊志而病其歲久且逸也遂躬走幣謁余而請曰前志修於吳李二君而序其端者方伯公也先生嗣居方伯而世其學豈有意乎願圖新志於先生也余謝不敏侯固請毋讓乃設局公署屬余統其事檄諸生秀而文者華子泮李子畤芳尤子瑨盛子鑿余弟柄佐之於是相與揚扢編摩彙昔三志覈其故實整其世次蕪濫者芟之舛雜者釐之自宏治甲寅迄萬歷改元蒐羅放失咸就詮次統爲目十卷二十有四志輿地表封域也志宮室備規制也志食貨重賦役也志兵防戒不虞也志人物崇賢哲也志官師彰勸戒也志選舉徵仕進也志文藝示考信也外志以裨其逸雜志以綜其餘蓋一時文獻燦然足徵後有考者其弗在茲乎是役也竊從先大夫之後矢心畢力閱月者六易草者再其事則增於前其文則損於舊即未有裨於治化庶幾備采於民風或亦可無愧先大夫所論著矣

然余顧有深懼焉志於王而或議其拘也志於馮而或議其駁也志於吳若李而或議其陋也拘駁且陋病於史則均均不足以傳又安知後之議今不猶今之議昔者乎惟侯命不可虛爰識此以俟來者萬歷甲戌江西右布政使致仕秦梁

蓋余令無錫十有三年嘗有事於縣志而未竟也謬以凡材累膺
特簡去錫入閩由閩而粵鞅掌風塵久委志槀殘篋中繼余爲令者類不能久於其職獨今山陰徐侯孝思初下車

郎奉檄分輯江南通志因搜余槀副本補綴以上而縣志未有專書
天子睠念東南舉時巡之典甲子迄己巳五年之間再幸錫山前後有
御製詩三章兼賜
宸翰品泉二字勒之山亭於是田夫牧豎瞻望
天顏歌舞於道時則宮諭秦君對嚴宮允嚴君藕漁適同在里居恭迎道左退而圖所以記其事者於是徐侯持舊志謁兩君以請旣載筆之明年志成將授之梓以余先職

草創相與郵示海南而屬爲之序夫志猶史也雖其體有大小詳畧之不同要以助賞罰裨政教厚風俗礪人才權均而義一必平恕其心謹嚴其法然後可以傳遠而無憾錫自端委開基至今文獻之盛甲於天下稱爲名邦人無異議也然而日月積差江河濫觴有世道人心之責者尢當治其本并防其末激其濁益揚其淸往與諸君子約雖彰善之典固所勇爲而矜愼愛惜之心猶未嘗不凜焉兩君以史才嘗珥筆
天子之庭有日矣宜今之所輯寬嚴濟繁簡裁鉅細該勸懲備其體裁之正文辭之雅雖以黼黻
皇猷助揚淳化夫何忝乎哉徐侯不忘前勞請署名簡端余不敏無足以爲重惟是錫之山川郊郭亭臺竹樹某水某邱歷歷往來胸臆間今一展卷若按跡而重遊也詩云中心藏之何日忘之故聊述其終始之意以復於侯康熙庚午兵部尚書都察院右都御史兩廣總督三韓吳興祚

無錫志可考者自元處士王仁輔始至明凡三修自後闕而不修者殆百餘年萬歷以後秕政日多變故紛起一切規制漸失其舊而東林諸君子倡明正學於斯時故吾邑

風義節烈之事卓然可紀者衆我
朝定鼎幾五十年仁厚至化汪濊淪浹凡賦役田土人民風俗一還於古邇者
皇上南巡駐蹕錫山重以
宸翰詩章輝煌泉石千古未有之典被於一邑則志之修其可緩與夫事變多則不勝書人物衆則難備載非綜其詳則慮過簡非提其要則慮過繁故凡史乘之作操牘者初非不欲盡善及其成或偏而不該或泛而無當則甚矣其難也松齡少壯時閒居多暇輒取鄉里見聞之事手寫

成帙而從祖侍御大音先生授以前輩傳誌之文甚備會
三韓吳公來宰吾邑議修邑志一時縉紳文學之士分任
編纂松齡則與受業師錢先生肅潤從叔文學保寅鍵關
山園博稽旁采凡建置沿革官司選舉詩文雜識粗有端
緒未幾松齡奉
命赴楚軍而吳公亦遷閩臬去事中輟後松齡再入史館
與宮允嚴先生同修明史遇鄉邦耆舊有善可書者未嘗
不低徊慨想鄭重載筆且冀邑志終於有成以畢前願而
未遑也甲子罷官歸宮允亦請　假里居邑宰徐侯遂以

邑志相屬乃與宮允更取前後諸書芟除繁芿別立義例
其事關利病必請於徐侯而後屬草顧松齡多病未獲如
昔之專勤而宮允矻矻編摩無間寒暑詮次翦裁皆出自
杼軸必公必慎不避府怨蓋數易稾而告成宮允之於是
書可謂盡心焉矣其徭賦則從叔戶部公沚鈎稽綜覈纖
悉必詳餘則文學張君夏熟於舊聞間相商榷夫以一邑
之志自吳公始爲之歷二十年至徐侯而克就書之成不
其難哉是書雖未知其果盡善與否而後之覽者考其前
後戶口賦役之登耗人材物產之消長可展卷得之而
聖治之宏被於一邑者百世而下猶爲興起而增慕也若
夫徐侯蒞錫八載政理人和百廢具舉而尤孜孜於邑志
之成且亟謀付梓以垂永久其意豈今之爲令者所及哉
刻既成徐侯以松齡與有撰輯之勞不可無言簡端爰敘
其始末如此康熙庚午舊史官秦松齡

縣之有志所以載方隅之事而已然古者列國有史掌書
國中之事以達於王而天子有小史外史以掌邦國四方
之志亦猶今郡縣所上其積之至於天下而裒之爲一代
之全史皆是物也夫志之重若此是故學士大夫不輕爲

之況吾無錫爲縣地方百里比古公侯之國而當南北衝
要其山川土田城郭寺舍學校錢穀以至古今吏治人材
風俗變移消長繁委紛錯誠有非偏隅所可同者乃志之
不修自明萬歷以迄
本朝百有餘年於此矣
天子綜覽方輿注心圖籍命天下府縣纂輯新志以上而
無錫迄未有成書常與宮諭秦先生言而惜之各官於朝
未暇斯役今相次歸里門又繩以抱病鍵關歷稔於是邑
宰徐侯屢以爲言念方在都屬有前約且以全史校之則

此爲識其小者夫大之旣曠厥職而小復以不能辭伐檀之詩其謂之何且避而不爲與爲之而無當均之愧耳用不自揆謀於宮諭相與彙集元明以來四志與制府吳公宰邑時檄修而未竟之書偹及邑諸家雜著之有關於掌故者將刪其繁複而補綴其闕遺訂其異同而別裁其傳會乃繩幼不學問長益善忘旣鮮藏書亦非臨事掇拾所可文其固陋交游落落漸於當世之務無復見聞而衰疾交攻即咫尺山川莫能身履故雖窮年手抄加以宮諭之是正猶恐疏闕旣多訛謬未盡況從來記述事有關於當

世鮮不叢謗故范石湖爲吳郡志有求載某事不獲者於其尋殁詆爲僞書於是藏於學宮久而始白其眞夫以彼且然況其不如石湖者訕議何所不可然此於舉筆之日固已辦之嗟乎名之於人豈不重哉片言微辭變易輕重苟以就私意而徇所聞甚或挂乞米之議有一於此必有天殃斯與宮諭從事史館所共旦旦誓之者也豈兹以邑志爲識其小者而敢不懼焉自徐侯之治吾錫舉措無不悉中體要顧於是役不勝拳拳及集成而謬以爲可遂加鑒定請捐俸入以事剞劂旣不可止因述其意序而授之

康熙庚午舊史官嚴繩孫

無錫縣爲常州屬邑而其地則介於蘇常兩郡之閒爲南北要衝其境內無大山長谷荒翳險阻而運河自京口建瓴而下邑中諸溪受而注之於太湖太湖繞邑西南川流繡錯遞相灌輸雖爲澤國厥壤稱上腴焉其人士多秀傑能文章尚節義名公鉅卿後先接軫惟水具材豈不信與邑之有志始於元處士王仁輔至

本朝康熙庚午已閱四修凡所紀載犂然備矣顧修志以後又六十年年時旣積事蹟增多且自雍正甲辰析置金

匱邑分志合名實乖舛非所以示後來也知無錫縣事王君鎬延禮邑中名宿華徵君希閔顧司業棟高浦教授起龍顧進士奎光分曹纂輯能集於衆義準諸公昈分臚列總若干卷辛未秋余奉

命來撫吳而書適成王君迺以志序爲請余惟班固志地理而諸史宗之厥後郡有郡志邑有邑志其體雖若不侔而其始皆本於書之禹貢周禮之職方禹貢自冀至雍凡五百餘言而九州之山川土田貢賦物產無一不具職方自東南揚州至正北并州僅四百言而山澤川浸利之所

出畜穀所宜亦無一不具言甚簡而言之則如是其詳古風邈矣踵事而增椎輪亡質簡明得實敘次有紀時會雖殊要亦艮史材也雖然文章如面史材實難郡邑之志僅僅一隅然非才學識之優者不能博而不誣賾而不亂易家人之象曰言有物艮五之辭曰言有序自古及今文章之源流不一但言立而可垂於後未有出此兩言者今斯志也綜前五志而加以博稽固宜其言之有物矣若夫新意變例義法益精則所謂有序者殆庶幾焉非有史材詎史法曷克語此抑余聞凡水東流而無錫之水西流蓋太

湖在邑西西北之水入焉而東境之水亦多折而入焉九峯二泉人人知爲名勝而洪湖巨浸枝津交渠蒲魚之利秔稻之產於是焉賚是乃所謂生民之大命也余詳閱縣境全圖更覽志中唐太常鶴徵奏御史鏞河渠水利兩說故揭而著之爲凡官斯土者告焉乾隆壬申兵部侍郎兼都察院右副都御史江蘇巡撫番禺莊有恭

凡例

一志乘本於圖經古之圖經世無傳本惟晉摯虞依禹貢周官作畿服經凡一百七十卷乃後世方志之祖惜散佚已久隋志卽不著錄唐元和志僅具地理欒氏寰宇記乃增人物古蹟詩文雖畧傷繁冗而例實開來宋人作郡縣志其體遂備於昔無錫之有志始於元王仁輔纂入

欽定四庫全書三修於前明核其條目彼此互殊康熙志謂舊志先立輿地食貨宮室等名而以諸類屬之體例

未善因爲分類記載不復更立總名乾隆志稍加損益如壇廟之宜先於古蹟園亭戶口賦役之宜先於著述雜識其說多有可從今取兩志斟酌會通務期盡善分類凡三十九門分卷凡四十卷

一周官保章氏以星土辨九州之地所封域皆有分星以觀妖祥然天文分野所統甚廣非一郡一邑之所得而專是以舊志俱載今本從刪至城郭廨舍創自立縣之初學校則典教之首務康海武功志學校入於建置蓋記匠作經營學校亦建置中之一事無錫爲先儒講學

之地附以書院記載特詳
一地志賦役一門關係地方利病案牘所陳典吏所掌皆官禮之遺乾隆志於有司見行事理記載疏畧有乖義例玆特加案語詳書之
一無錫山多勝蹟以西神之名爲最古而無錫因錫山名縣今析金匱亦因金匱山名縣四境旣已析治則山之分隸於兩縣者自應按地分注惟水以震澤爲巨浸而溪湖滄港脈絡貫通且如城中之弦河城外之運河區之轉多窒礙是以於各條下間用案語分析不復分注

一康熙乾隆前後庚午志於縣令丞貳之有循績者立遺愛一門其名甚創然若易稱循吏名宦則與邑人之列宦望者名目牽混是以仍遵舊志至宦望之稱亦非史家體例特郡縣之志多有之乾隆志改稱宦蹟不知望有大小康熙志已於小序中言之今仍從康熙志
一人物之見於正史及他書記載之表著者固信而有徵矣若墓銘家傳不無失實舊志謂宜直書事跡不當以虛詞贊美此誠篤論第限於篇幅如必枚舉件繫直不勝書刪繁就簡斯爲得之

一志傳之作易於叢怨乾隆志採摭既廣不免稍濫第已收之於前未敢妄刪而於舊志之外蒐羅遺佚顯微闡幽後之覽者當有取焉
一乾隆志於行義之外别立獨行一門其說以耿介獨立之士與爲善於鄉者有别然人品輕重閱者自得之不在多立名目也仍并爲一亦可無病而遵用乾隆志增立者碩庶幾益部汝南先賢耆舊之遺
一史書有列女之目舊志均稱貞烈今兼載孝女不獨以節著宜遵正史例稱列女舊志各傳中首稱某氏次敘

夫名婦不繫夫名謂未順今畧仿後漢書列女傳例題曰某人妻某稱姓不稱氏惟但載姓氏者仍遵舊志
一劉畧班志藝文著錄之祖宋孝王關中風俗具載藝文又地志著錄之祖范石湖以詩文分注各條之下其例最善乾隆志遵用之惟是著述專載邑人所撰書名而古來名家詩文有於山水寺觀古蹟園亭之外無可附麗而重有關於世道人心者應存之以備記載之闕是以仍遵康熙志之舊别錄藝文其體例亦本王仁輔也

無錫金匱縣志目錄

縣境輿圖

無錫金匱縣志　圖　一

無錫金匱縣志　圖　二

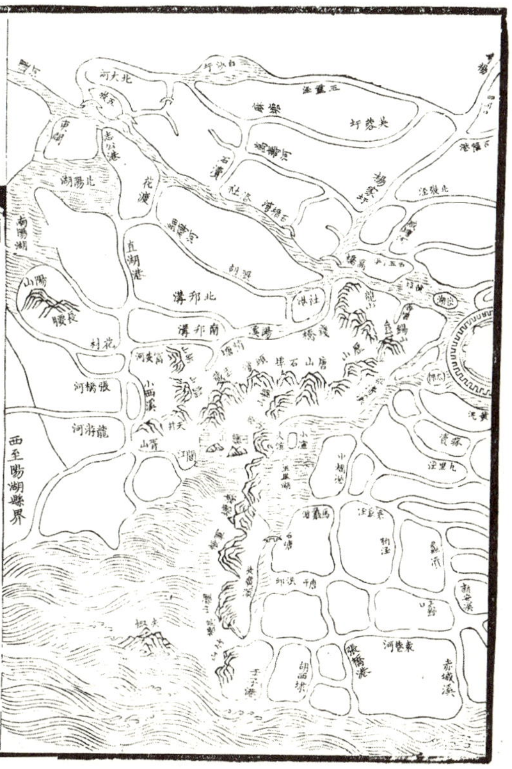

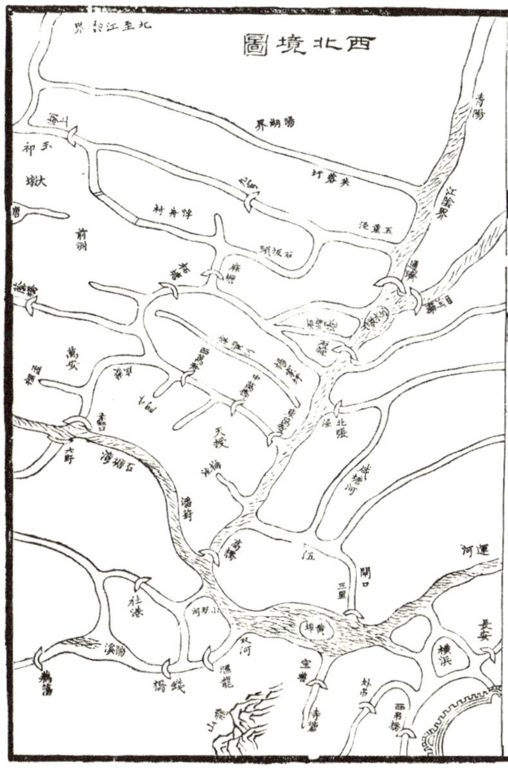

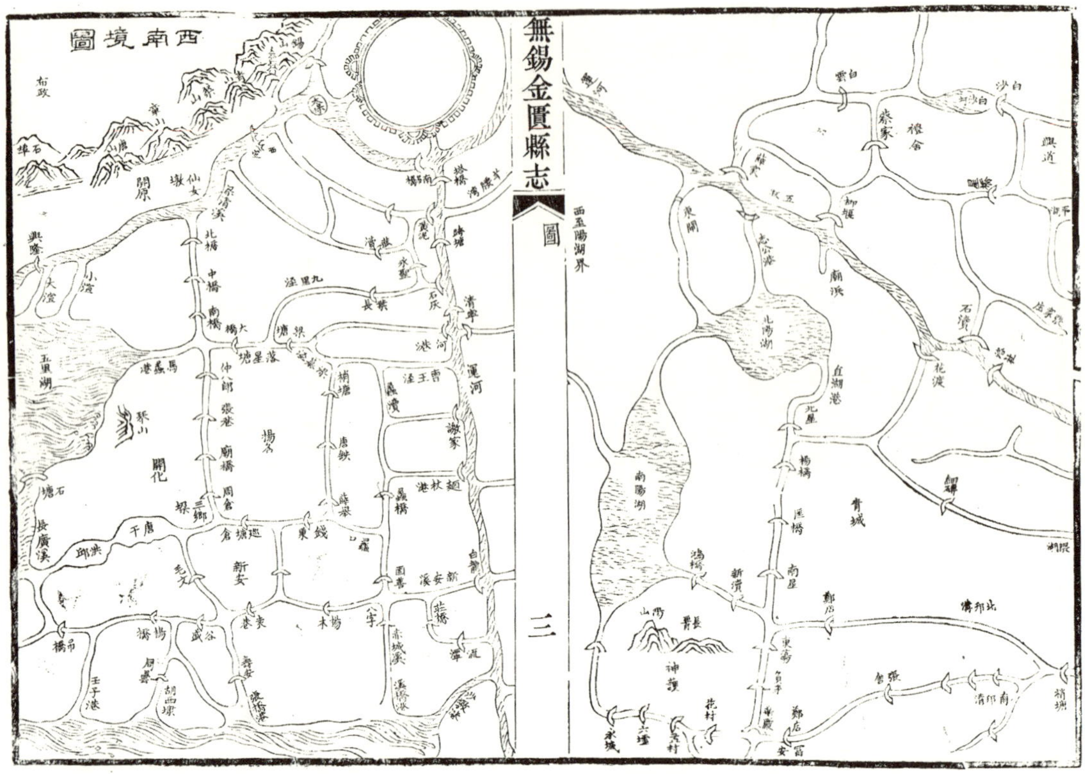
西南境圖
無錫金匱縣志
圖
三
西至陽湖界

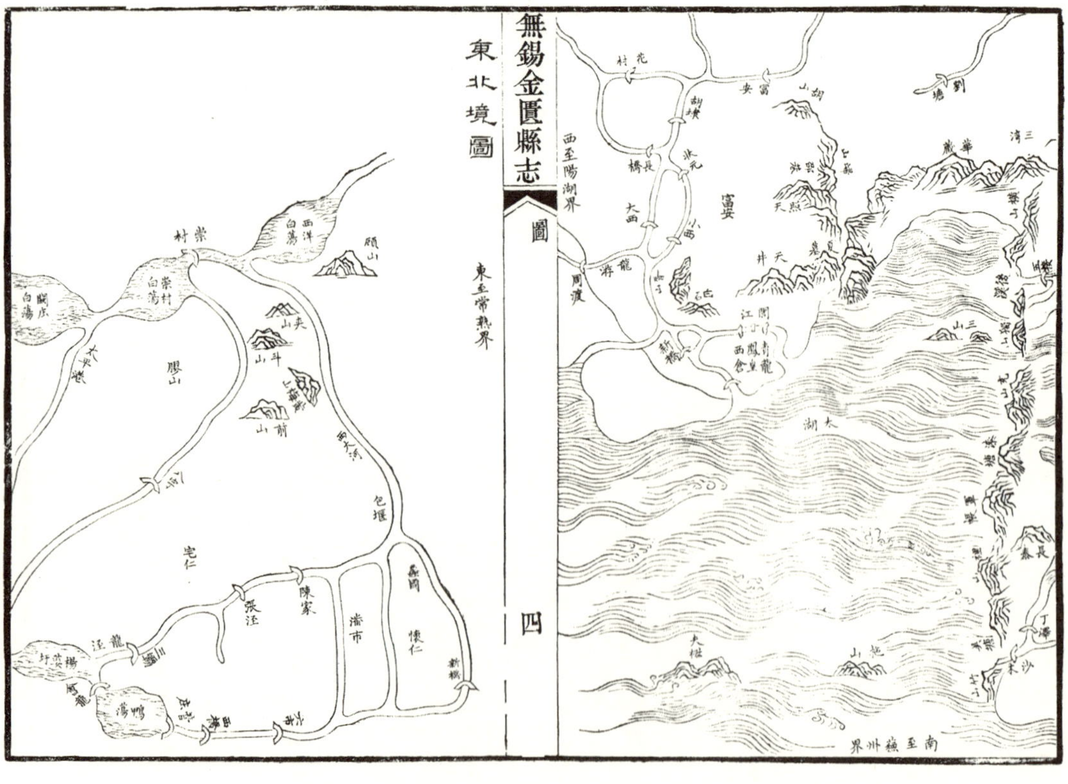
東北境圖
無錫金匱縣志
圖
四
東至常熟界
西至陽湖界
太湖
南至蘇州界

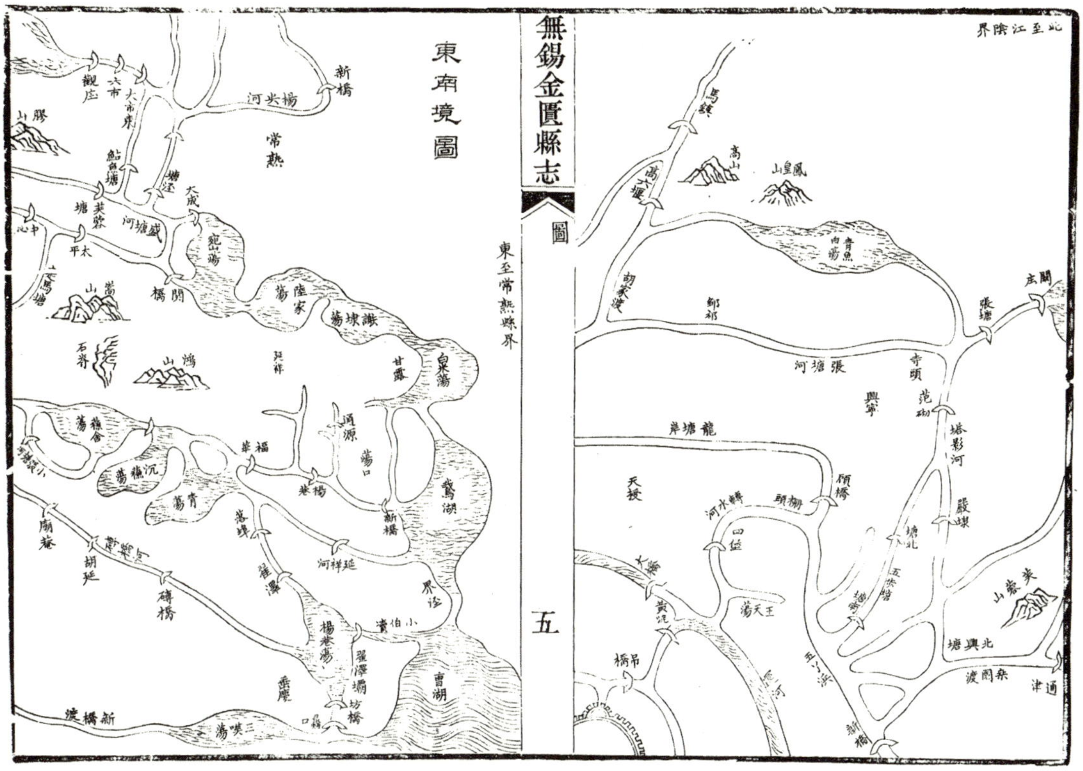
無錫金匱縣志
圖
五
東南境圖
東至常熟縣界
北至江陰界
常熟
楊尖河
張塘河
鵝湖

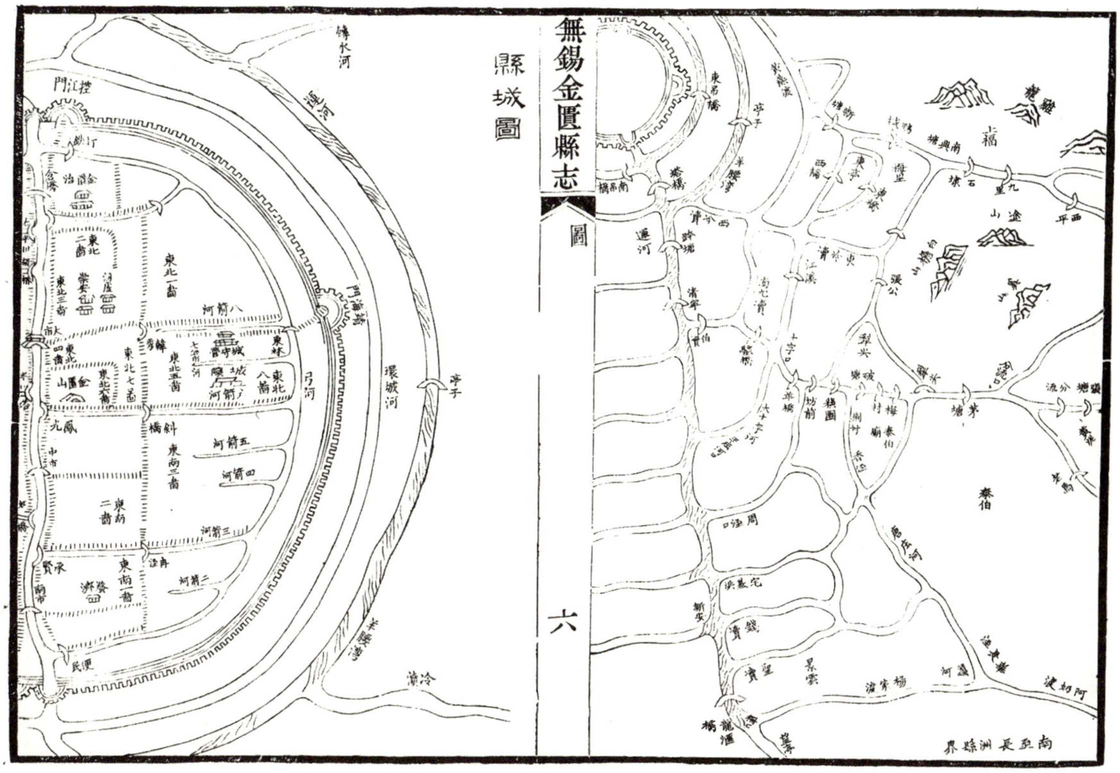
無錫金匱縣志
圖
六
縣城圖
環城河
南至長洲縣界

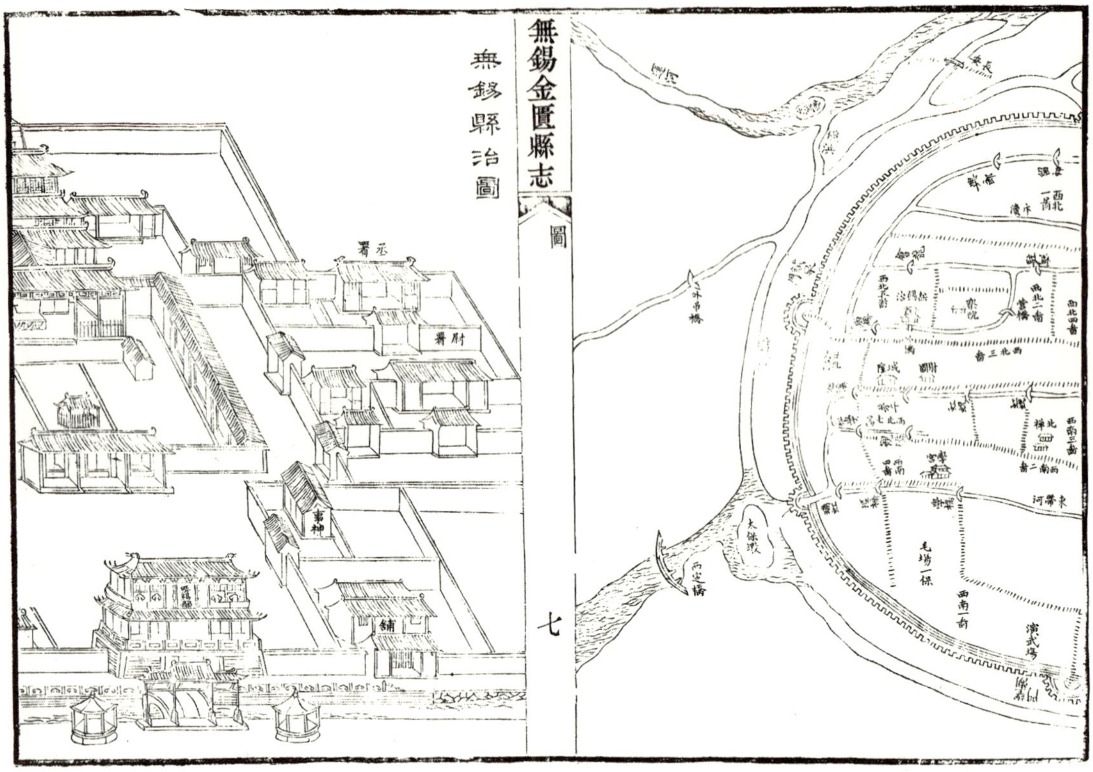
無錫金匱縣志
圖
七
無錫縣治圖

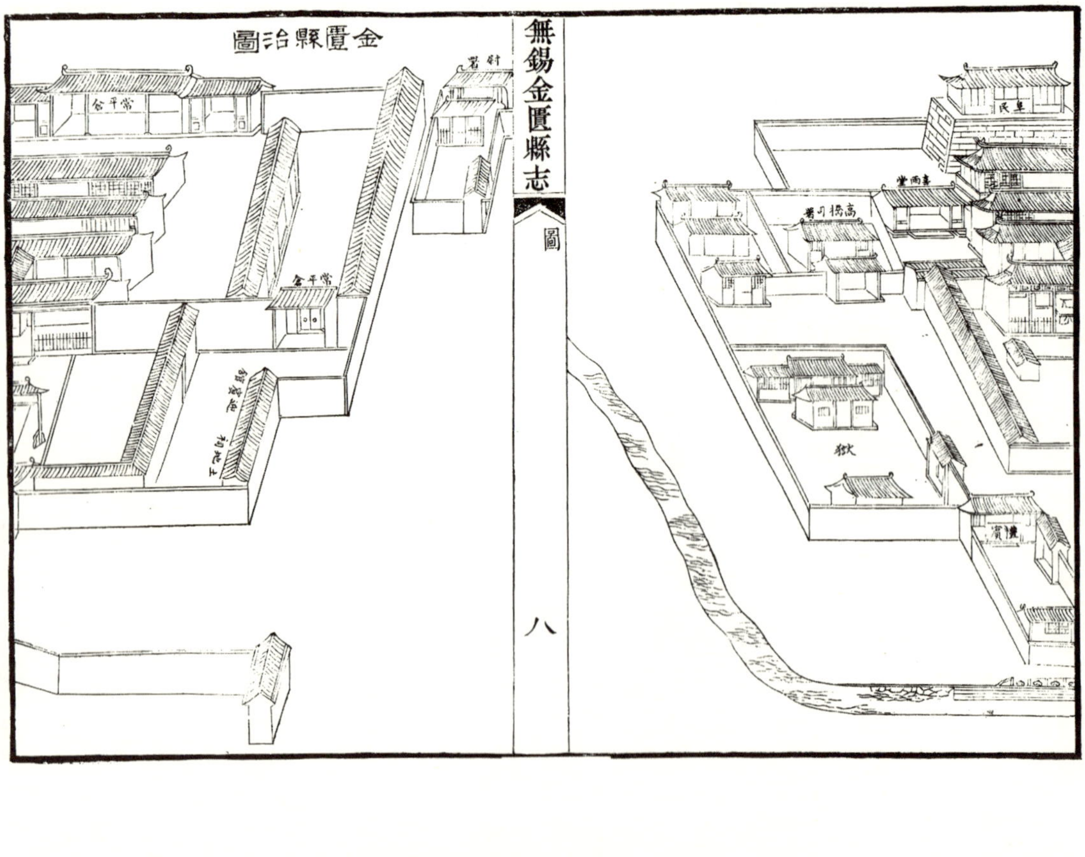
金匱縣治圖
無錫金匱縣志
圖
八
常平倉

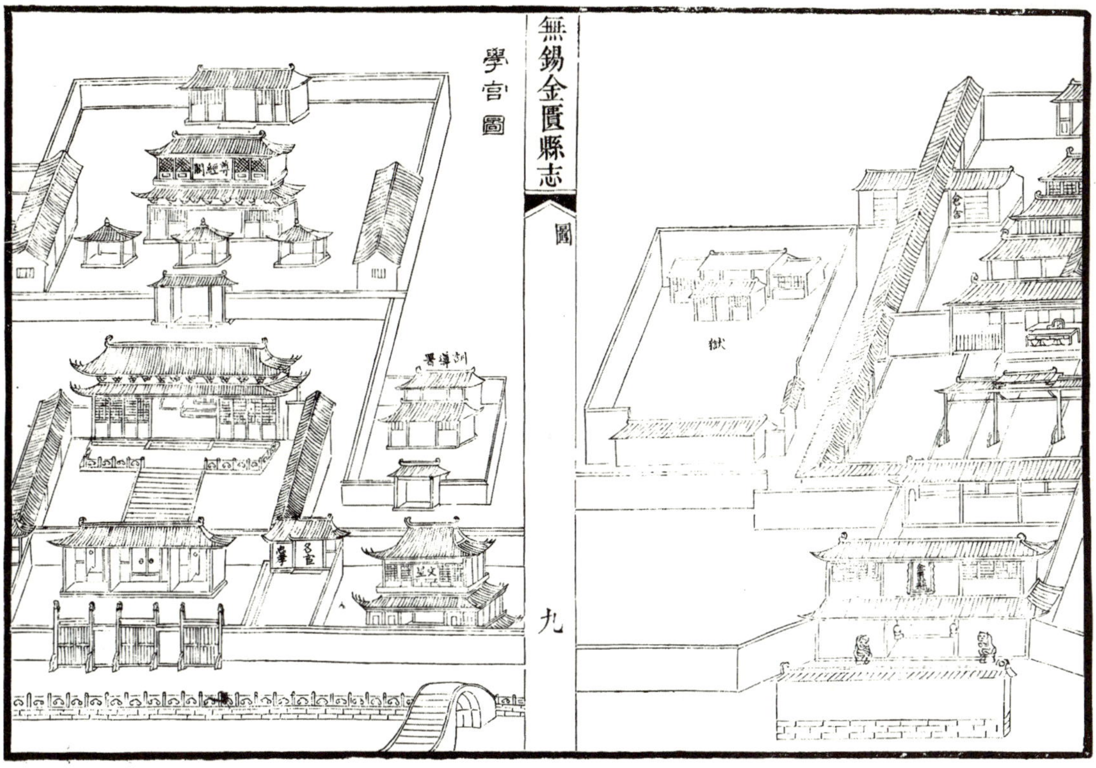
學宫圖
無錫金匱縣志
圖
九
訓導署
獄

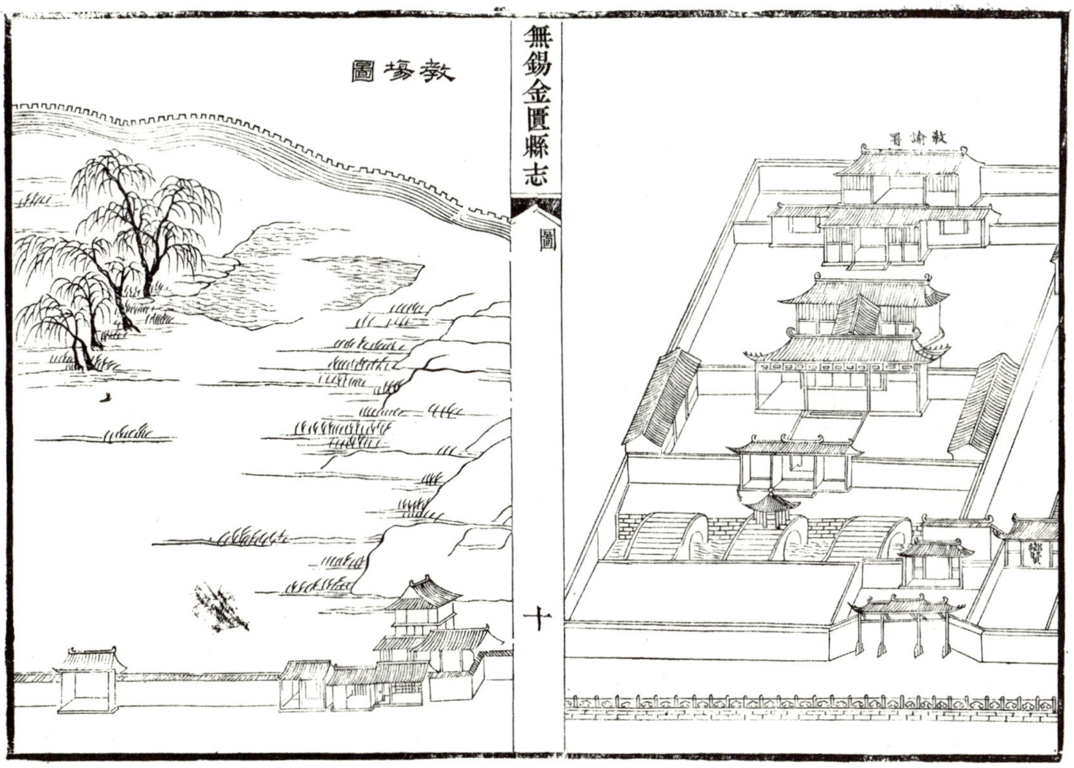
教場圖
無錫金匱縣志
圖
十
教諭署

無錫金匱縣志 圖 十二

無錫金匱縣志卷首

聖祖仁皇帝南巡

御製詩章匾聯

錫山

朝遊惠山寺閒飲惠山泉漱石流仍潔分池溜自圓松間幽境闢巖下小亭懸聊共羣工濯天眞本浩然

雨過錫山

輕雲冉冉霧彎環細雨絲絲羃遠山畫舫青簾開曉坐平波漫衍白鷗閒

無錫金匱縣志 卷首 一

雨中幸錫山園林

澹冶青山色幽探傍曉來烟籠巖下竹雨洗石邊苔斷續聽啼鳥飄搖惜落梅胸襟原浩蕩隨意坐亭臺

惠泉

寒雲覆樹昔年經（甲子觀惠泉在十月）再品山泉到此亭春水一犁農事足喜看膏雨徧郊坰

無錫小民以羔羊惠酒爭獻御舟笑而遣之

自昔君門隔九閽如何草野得攀援多因愛此元元切忘分公然學負暄

春日錫山之作

花盡春殘一徑深清流長惹百年心溪邊鳥語錫山麓坐對梧楸嘆碧林

回鑾復過惠山

是誰妙筆點鬱容蘊藉迎八四五峯堪把山泉烹雀舌併添新黛入甌濃

黃埠墩匾

蘭若

放生池額

慈雲寺

第二泉匾

品泉

寄暢園匾聯

山色溪光

松風水月

明月松間照

清泉石上流

高宗純皇帝南巡

御製詩章匾聯

辛未

黃埠墩

雨水迴環抱一洲不通車馬只通舟到來俯視原無地攀陟遙吟恰有樓含雨溼雲偏似重隔湖烟嶼望如浮惠山翠色迎眉睫慢慮霑衣作勝遊

寄暢園

輕棹沿尋曲水灣秦園寄暢暫偷閒無多臺榭喬柯古不

盡烟霞飛瀑潺近族九八年六百耆英高會勝香山松風水月垂宸藻昔日卷阿想像閒秦氏子姓迎駕者二十餘人秦孝然年九十實然年八十七敬然年八十五榮然年七十壽然年六十六芝田年七十六瑞熙年六十一莘田年六十東田年六十二九人六百餘歲又皆近族故五六及之

惠山寺

寄暢園中眺翠螺入雲撫樹溼多羅了知到處佛無住信是名山僧占多暗竇明亭相掩映天花潤草自婆娑闍黎公案休拈舊十六春秋一剎那寺僧有雍正年間在圓明園內參禪者

惠山聽松菴用竹罏煎茶因和明人題者韻即書王
紱畫卷中
纔酌中泠第一泉惠山聊復事烹煎品題頓置休㡌昔歌
詠羶薌亦賴前開士幽居如虎跑（音趵）舍人文筆擬龍眠裝
池更喜商邱犖法寶僧菴慎弆仝
回回山下出名泉火候鎔罏文武煎成佛漫嗤靈運後題
詩多過玉川前試攜學士來明汲（是日命汪由敦扈遊）高謝山僧守
晏眠我願靈源常勿幕飲教病渴盡安仝
汲惠泉烹竹罏歌
惠山氿泉天下聞陸羽品後伯仲分中泠江眼固應讓其
餘有咧誰能羣高僧竹罏增韻事隱使婁公慚後塵莊嚴
金碧禮月相三間茗室清而文梅花天竺間紅白濛濛沐
雨含奇芬平方木几一無有恰見竹罏安帖陳箋編帘緻
擬周篚體製古樸規䖏敦（叶）玉乳寒渫早汲綆明松乾烈
旋傳薪武火已過文火繼蟹眼初泛魚眼紛盧仝七椀慢
習習趙州三甌休云云政和入貢㔺致遠衛公置遞嫌遲
權（叶）巡蹕偶然作清供聽松菴圖眞蹟存名流傳詠四百
載墨華朱彩猶鮮新山僧藏弆奉世寶視彼衣鉢猶堪珍

視彼衣鉢猶堪珍後進君子先野八
雨中遊錫山
晴明無雨亦霑衣細雨何妨征葢飛橫嶺側峯入葱蒨玉
梅翠竹沐瀠瀠漫嫌遠岫藏靑靄恰喜濃膏遍綠畿霽景
太湖云入望九龍暫待翠華歸
再題寄暢園
雨餘山滴翠春暮卉爭芳寒薜盤雲逕披松渡石梁鳴湍
空塵意列岫澹烟光更許傳佳話遮留詩債償（秦孝然年九十乞詩故書賜之）
詠惠泉
石甃淙雲乳何從問來脈摩娑幾千載滌蕩含光澤澄澈
不受塵豈穠溪毛碧鴻漸眞識味高風緬疇昔
再題聽松菴書張宗蒼補圖上
又溯梁溪問惠泉春光到比客舟先竹罏小試仍松下龍
井攜來正雨前此日眞成四美具當年慢說八禪詮補圖
直繼諸賢躅便道同堂豈不然
惠山寺匾聯
法乳流慈

九隴雲連吉光開佛相
二泉玉瀉禪味得真如

丁丑

黃埠墩

州埠無陸路四面圍青波不知蹟貽誰空傳天闕羅卻與纖墩近否則黃城訛徒愛結搆佳往來率一過艤舟趁晴明登閣聊延俄梁溪溯遠練惠山濯翠螺忽憶李青蓮客中此豪哦美酒鬱金香玉椀朱顏酡滄桑幾變更逸韻終不磨

先賢周惇頤後嗣持小像求祠名允其請並題以句

錫麓祀先賢孫支世守旃開程朱道學繼孔孟心傳水碧山青處松蘐竹秀邊千秋光霽在庇復藉龍眠

遊寄暢園題句

烟溪又復泛梁鴻路側名園曲折通新景林嵐六塵表昔遊歲月寸心中清泉白石自仙境玉竹冰梅總化工小憩便當移蹕去一聲定磬下花宮

介如峯

寄暢園中一峯亭亭獨立舊名美人石以其弗稱因易之而系以詩

一峯卓立殊昂藏恰有古檜森其旁視之頗具丈夫氣誰與號以巾幗行設云妙喻方子美徒觀更匪脩竹倚亭亭成俐則不無姍姍閒易非所擬率與易名曰介如長言不足因成圖正言辨物得揭攬惠麓梁溪永靜娛

寄暢園疊舊作韻

雙河舟溯慧溪灣雅愛秦園林壑閒月鏡光含窗瀲瀲雲紳聲落澗潺潺清幽已擅毘陵境規寫曾教萬壽山一沼一亭皆曲肖古柯終覺勝其閒

惠山寺

九隴重尋惠山寺梁溪追憶大同年可知色相非常住惟有林泉鎮自然所喜青春方入畫底勞白足試參禪聽松菴靜竹罏潔便與烹雲池汲圓府志惠山寺第二泉上有方圓二池圓者最佳

題惠泉山房

昔來遊惠泉聽松試竹罏八角石欄杆明汲轉轆轤茶香滌塵慮泉脈即此夫重臨探靈源乃知別一區石梯拾級登高下豈精廬瀟灑綠琅玕峭蒨青芙蕖山茶及水仙放香妍且都西北有空洞洞前方塘虛淙淙出甘源苓莎石

髓腴對之坐逾時笑我前遭徒境亦不可窮奇亦難悉臚
名泉自千古豈藉邅薌吾

詠惠泉

冰洞不可測發源惠麓東精藍據左側德水揚宗風鑿爲
方圓池雖二實相通方劣圓者甘其理殊難窮池上漪瀾
堂舊蹟傳坡翁境屯心則泰高風想像中

聽松菴竹鑪煎茶疊舊作韻

布惠行時擬漏泉未蘇元氣我心煎老扶幼挈雖如昔室
飽家溫究遜前長吏勗哉其善體山僧饒爾鎮高眠閒菴

小試筠鑪火消渴安能澤被全
第一吾曾品玉泉筏編鼎每就泉煎到斯那得忘數典於
此何妨偶討前從諗茶存誰解喫宗蒼圖補竟長眠了知
一切有爲法泡影空花若久全

惠泉上作

向予掬石欄遙企雲中脈今來探乳穴牝湫注靈澤春繪
萬物昌月印千秋碧得源趣益佳擷藻聊補昔

汲惠泉烹竹鑪歌疊舊作韻

法雲（惠山寺名）初地悅聲聞有學無學誰爲分調御丈夫獨出
類天上天下莫與羣天龍現泉供藻浴淨洗萬劫空根塵
苓香石髓鎮福地離垢入淨傳經文我與如來宛相識辨
香頂禮栴檀芬相好豈有今昔異俯仰亦不稱蹟陳苾芻
卻慣舉公案未忘者箇情猶敦聽松軒分明熟路松枝落
地堪爲薪竹鼎燃火戒過烈淨物受寂不受紛須臾顧渚
沸可瀹乃悟速不如遲云玉泉山房頗倣效以彼近恒此
遠權（叶）乃今此主彼更客有爲如幻眞誰存入畫九龍山
亘古當春第二泉淙新漪瀾舊堂懸
睿藻千秋
聖蹟傳奇珍千秋
聖蹟傳奇珍繼述勗哉予一人

遊錫山

惠東特出一峯青有錫名山無錫寧（諺云有錫爭無錫寧因以名縣）烟水
平吞太湖秀林巒近接九龍靈春前老栢不爭色風裏幽
蘭解送馨蘿逕雲屏故相識得教精舍小延停

惠山寺疊舊作韻

峯峯晴色濯新螺紺宇珠宮借巘羅希有祕珍永寶四季
成佳話實堪多春泉石罅淙聲細新竹風前弄影娑文字

禪雖非本分要因淨業悅陀那

題漪瀾堂

一泓清照鏡光新耐可含風漾細淪印滿半輪千古月入龍鳳影數竿筠題名乍爾懷蘇軾肄業還應憶李紳笑我匆匆催騎去豈云瀟灑箇中人

若冰洞

我昔撫石甃已愛冽且泚今探若冰洞更識泉在此牝谷孕靈液乳穴淙神髓九夏其中寒而况三春尾不可以久立巖齋聊徙倚展書悟爲學進步詎可止澄懷對有源靜

觀懷無始斯固太古然何乃稱陸子

題張宗蒼補惠泉圖疊舊作韻

補圖曾寫惠山泉輝映王吳合後先孰謂斯人亦長逝空嗟絕藝此當前花香鳥語春如繪流水行雲靜裏詮洗滌塵根泯能所偷閒題句亦欣然

寄暢園襍詠

水雲佳趣罨簷楹（軒名園中十景之一）過雨林嵐滿目清也識舟行紆十里奈他泉石縈崇情

遠峯近巘滴新螺清曠名園一再過異世一家能守業猶傳鳳谷昔行窩

九人六百有餘歲前度曾因佳話傳碩果今惟四好在了知壽者相非堅

松篁深處小逍遙紫綻藤花綴幾條今日錫山姑且置閒開塔影見高標

黃埠墩觀音樓額

水月澄觀

惠山匾

漪瀾堂

竹爐山房匾

竹爐山房

寄暢園匾聯

玉戛金摐

清泉白石自仙境

玉竹冰梅總化工

崇安寺額

靜慧寺

賜在籍吏部侍郎臣嵇璜匾

奕世宣勤
賜國子監司業銜臣顧棟高匾
傳經耆碩
賜先賢周惇頤祠額
光霽祠
壬午
黃埠墩
埠墩彷彿近黃城四面清波照檻明到則維舟縱遥目坐
須把筆暢吟情惠山西指九峯麓奐會南臨一宿程輕舫

梁溪溯游進祇園那可負前盟
泛梁溪遊寄暢園即目得句
溪泛梁鴻破曉氛嘉園蹟勝久名聞愛他書史傳家學況
有烟霞護
聖文園內恭奉皇祖賜書及額聯瀟灑聊尋三徑曲就瞻那禁萬民
紛問予寄暢緣何事情以爲田此所勸
寄暢園再疊舊韻
畫舫權教艤玉灣秦園寄暢暫偷閒逕從古樹陰中度泉
向奇峯罅處潺隨喜禪心依佛寺已看芳意動春山過牆

便是青蓮宇可得敲吟忘此間
惠山寺疊舊作韻
鹿苑虔瞻佛髻螺裝嚴七寶實駢羅若於本分云相應去聲
祇是無言已覺多水去梁溪惟澹澹草生祇窟鎮娑娑松
菴偶試禪家茗漫擬周王啄有那
惠泉山房作
惠泉東麓東冰洞噴乳寶江南稱第二盛名實能副流爲
方圓池一例石欄甃圓甘而方劣此理殊難究對泉三間
屋樸斵稱去聲雅構竹鑪就近烹空諸六根囿想像肥遯人

流枕而石漱乃宜此巖阿寧知外物誘叶亭臺今頗多綴
景如錯繡信美樂不存去去庶績懋
聽松菴竹鑪煎茶再疊舊韻
三試惠山陸子泉吾知味以未曾煎不妨煮鼎欣因暇那
便吟詩罷和前麗日和風方蕩漾輕黃嫩草已芊眠吳中
春色眞佳矣可得吳民溫飽全
依然冰洞下流泉誰解三篇如法煎鑪篆裊飛祇樹杪餅
笙響答磬房前范陽見說風生腋彭澤那關醉欲眠我自
心殷饑渴者讓他清福享教全

竹罏山房作

竹罏是處有山房（自辛未到此愛竹罏之雅命吳工倣製王泉盤山諸處率置之）茗椀偏欣滋味長梅韻松蕤重（去聲）清晤春風數典那能忘

題張宗蒼補惠泉圖再疊舊韻

夙契清機在惠泉寺僧作疏熟聞先竹罏且喜還山久畫卷重看補闕前綠竹紅梅猶假色行雲流水是眞詮呼之欲出宗蒼儼對此怡然復惘然

汲惠泉烹竹罏歌再疊舊作韻

有耳誰能免厥聞要當於聞清濁分泉之響在聞清矣惠

泉之清更莫羣縈河絡石所弗免色塵雖泯餘空塵古德瓶爲淘洗法土罏護竹堅而文松枝取攜那費力燃火弗炇烟生芬菴外老松莞爾笑誰爲新者誰爲陳如此好山不試茗更當何處佳期敦名流詩畫卷在案山僧寶弆擬傳薪圓池溶溶用不竭缾罄罍恥休議紛火候既臻泉響奏聽泉有耳休更云聞中入流忘所寂大士方便信巧權（叶）綠杯小啜便當去壁間舊作居然存長歌險韻一再疊春花春鳥從頭新覩民課吏吾正務禪房靜賞寧宜珍禪房靜賞寧宜珍溪邊待久迎鑾人

雨中遊惠山寄暢園

春雨雨人意惠山山色佳輕舟溯源進別墅與清皆古木逕全體時花香到芗問子安寄暢觀麥實欣懷

惠山寺疊前韻

每逢佳景喜題句率以鐫崖紀歲年是曰有爲之法耳遠哉無我祇如然愛聽春鳥閒彈梵懶與山僧坐講禪一語何妨聊顧問卽今悟處可曾圓（寺中猶有雍正年間内廷行走僧）

戲題惠泉方圓二池

一脈流來疏兩池圓甘方劣志傳奇人情圓喜方斯惡泉

自淙淙自不知

題漪瀾堂

四圍清泚繞書堂檐梠光翻漾鏡光乍可覼瀾知有術因之點筆遂成章春陰瓊島雖數典（瓊島春陰有堂亦額是名）冰洞松菴詎易方緬溯東坡題額意崇情泉石託偏長

若冰洞

石甃方圓引側注攀躋更上小雲巒討源直到眞源處冰洞翻花萬古寒

乙酉

泛舟遊惠山卽景襍詠

川路遥看（平聲）見惠山輕雲淡日蔚孱顏遣飛吟興於何是祇在泉流峯峙間

烟溪暫泊換輕舟兩岸麥苗綠似油致我欣然誠在此寧徒留意爲（去聲）清遊

寄暢園中小憩遲㮾紅梅白㬌春姿林泉別我三年矣似曰無他祇待詩

精藍西轉有禪菴啜茗聽松（卽菴名設竹鑪每至必試茗）此最堪疊韻寧辭綺語過前三三復後三三

寄暢園三疊舊韻

流引惠泉水一灣石橋過處敞軒閒樹遮洞以千年計瀑出峽分數道潺趣爲（去聲）永哉暢非俗樂惟仁者寄於山養疴旋里人何在撫境愀然是此間（園爲秦氏別業去秋尚書秦蕙田以病請假南旋尋卽在途不起回溯地是人非爲增感者久之）

惠山寺再疊舊作韻

春氣濛濛潤岫螺花宮兼有古松羅青衣童子誰曾見白足僧人此處多畫卷重教神晤會竹鑪一爲（去聲）手摩娑底須今昔頻量檢七識田中幻末那

聽松菴竹鑪烹茶戲成

初來猶憶翰臣偕（辛未南巡初至聽松菴訪竹鑪舊蹟曾命汪由敦扈遊）火候曾傳文武皆習熟中涓經手慣可憐竹鼎也聽（平聲）差

圓池

圓池方之上堪輿含至理得氣擅清輕應較下爲美

方池

方自圓流出非遥品乃低雖然甘不遠猶自勝梁溪

汲惠泉烹竹鑪歌三疊舊作韻

一韻屢疊有前聞其中亦頗伯仲分試問誰應稱巨擘要數（上聲）玉局迥出羣聚星孤山特傑作手把造化超凡塵往來無錫此必至（見東坡詩序中）何鈇押險長篇文遊山望湖纔數首字字安貼餘清芬我來四度歌四度弗自竿量翻案陳漪瀾堂中小園月（檃括蘇詩意）恍如髯老來相敦箋編古鼎依舊在拾松枝豈煩樵薪至期自熟寧用亟中涓伺候忙已紛乃悟高閒非我事山僧後言那免云匆匆一啜命返轡回顧曰此偷閒權（叶）夾岸蒼赤數無萬各各都廛予心存安得人足家遍給風俗還古禮樂新名山得讓闍黎占法寶何礙招提珍法寶何礙招提珍千秋聊付好事人

暗竇

天一孕靈根是謂孚盈缶可以驗化機率自無生有

明亭

石亭纔四柱臺榭圍周遭樸野固非匹閱時此或半

聽松菴竹罏煎茶三疊舊韻

若爲石洞若爲泉早已知津豈待煎靜對山川原自古何

披圖畫乃稱前無逾一晌烟雲過那得恒斯風月眠禪德

忽然來跽訊是云提半抑提全

謖謖松濤活活泉笑予多事篾罏煎半升鐺內都包盡四

箇匣中莫並前 寺僧弆藏四匣皆明人詩畫共第四失去圖曾命張宗蒼補爲之已見舊作中 茶

把僧參還當偈烟憐鶴避不成眠可教緩棹言歸矣今度

賡吟興又全

倪瓚林亭遠岫

吳地吳人畫烟雲互渺茫排空疑送雨訝在錫山傍

題張宗蒼補惠泉圖三疊舊韻

依舊淙淙山下泉諸餘都置展圖先誰知補者宜居後忽

訝觀斯乃緬前眞是要惟以韻勝 昔與宗蒼論畫法每稱當以氣韻爲要 由

來不可著言詮謖皆屢舉蘇髯體此日拈吟屬偶然

自惠山跋馬過無錫縣城登輕舟至水營即景襍詠

錫山雲氣自南濃促返恐防春雨逢跋馬烟塍不三里麥

絲已是灑霎霎

黔黎趨擁喜逾常所惜無端躪麥秧 萬民趨隨夾道竟有踐踏麥苗不顧者

雨笠烟簑都不藉恐教呵禁警龍驤

寧民自視廟堂謨豈繫尋常錫有無比戶安和心實慰頌

言那在謝謳租

城南盪槳下川郵烟意溟濛勢乍稠前指水營猶十里倩

誰風雨畫歸舟

聽松菴竹罏烹茶作

香臺右轉僻蹊循知有茶菴幽絶塵松籟已欣清滿耳竹

罏何礙潤霑脣四巡來往皆曾到幾卷圖書各有神祇恐

諸人或致誚吾原不是箇中人

漪瀾堂疊前韻

泉上呀庨宛有堂髯仙題額特輝光源頭知在若冰洞波

面看成大塊章木榻橫陳一泓映石欄周繞四圍方未能

久此耽清賞祇有勤民屢念長

若冰洞

靈泉本有源嵌洞自爲厂夏涼冬卻温德水無増減伏脈復淙津水洊至習坎釃爲方圓池淨碧圍朱檻前度與今番流陰信荏苒不遷者固存從從及澹澹草堂何處尋高風緬宋湛

遊寄暢園疊舊作韻

勝地寧當目送鴻屢來熟路自知通一橋横駕琉璃上數宇迴懸琬琰中景到春前畫不若境惟塵表句難工書堂小憩傳淸蹕欲趁佳辰禮梵宮

品泉亭匾

淙雲

寄暢園匾

竹淨梅芬

賜原任内閣學士兼禮部侍郎臣鄒一桂匾

畫禪頤壽

題竹鑪圖卷

近檢舊時所書間有未愜意者諭各處以乾隆廿年前字蹟彙進分別或仍或易茲江蘇撫臣明德繳到各種是卷與焉展閲前題無應易者因疊韻書卷中並識梗概戊子暮春月中澣

三載春風別惠泉竹鑪付與苾芻煎卻緣字蹟欲更舊又見畫圖宛到前舒卷恰同身重歷摩挲不是夢中眠因之爲憶民情擘富教慚言兩義全

第二於斯有玉泉傚來鈞鼎亦烹煎常時正爾調稱別今日輸他與在前菴底想應僧入定松陰好是鶴安眠重題仍付南舟去胠篋還教善保全

庚子

遊寄暢園再疊丁丑舊作韻

江表初看山勢鴻埠墩西放一舟通泰園蕭寺相鄰近水閣雲窗小憩中視昔由今興堪託松聲泉韻畫慚工傚斯早已成八景愧是卑稱大禹宮

惠山寺三疊舊作韻

惠山依舊矗青螺層疊禪林護呿羅一片赤心忘今到幾莖白髪較前多慧枝演法高還下忍草當春婆復娑禮佛而非佞佛者留詩最是好檀那

圓池

圓池圓中規恰似月之滿石洞在其上夏涼而冬暖

方池
方池方中矩本自圓䴡出清洌遂不及惡居下流迯
明亭
明亭曾不設窗櫺小立居然愜性靈無盡山泉仁智體日
呈色色與形形
暗竇
暗竇山根微見淙流成渠澗漸溶溶金人銘早著其義杜
漸防微莫懈恭
若冰洞

流出為池方與圓溯源冰洞得淙泉濯清因識具深義六
一成之含地天
詠惠山竹鑪
碩果居然㭍几陳豈無餘慨憶前賓偶因竹鼎參生滅便
拾松枝續火薪為爾四圖饒舌幻輪伊一概氐心眞知然
而復拈吟者應是未忘者箇人
汲惠泉烹竹鑪歌四疊舊作韻
屢疊舊韻衆所聞可因難易作輟分即今竹鑪凡五詠然
何曾契詩之羣黃墩遠望境如畫梁溪溯泛川絶塵精藍
雖演梵其梵惠山實具文而文禪枝護徑益古貌慧草繞
砌饒淨芬熾然人固有來往泊如佛豈論新陳西廂聽松
菴夙悉默無語乃情如敦竹鑪不任受烈火乾枝細擘為
精薪陸羽祕訣總未學要當以靜不以紛惠泉咫尺可用
汲馳符調水詎足云漪瀾堂近聚星遠歌體卻效聚星權
叶撫箋得句便言返勝處詎宜戀意存溪路烟堤俱識舊
老聽幼仰如懷新人情為田吾所篤林林者固懷中珍林
林者固懷中珍訶避慢函緹騎人
聽松菴竹鑪烹茶戲成效白居易體

竹鑪烹苦茗本是山僧事性海為淸供不涉人間世侵尋
成畫圖展轉傳文字濫觴一至此大乖其本意豪敚與復
還益覺其辭費我自辛未年製匣因精弆叶為之補圖仝
為之賡吟繼茲閱十六載復詣精藍地聽松菴好在竹鑪
亦妥置獨惜四圖燬斯則因俗吏熟境率難忘可不茶一
試我既不解烹僧亦難近廁旋顧左右間尚茶惟內侍茗
椀捧以獻原來早預備誰論文武候那識魚蟹沸是謂當
官差非所論逸致屈哉菴與鑪孰謂逢此輩𩨨然亦自笑
松下排衙類

惜張宗蒼補惠泉圖亦被燬因四疊舊韻

宗蒼曾寫惠山泉五韻徒教四疊先弗泥準繩繼其後眞教氣韻逼乎前同遭回祿誠奇事直示無常是正詮不忍名藍絶佳話補之復補合應然

聽松菴竹罏煎茶四疊舊作韻

十六春秋别惠泉重來可不試烹煎閒情本擬泯一切結習無端憶已前覆院仍看松半偃隔牆還見柳三眠澆書恰喜供軟飽勝酒何妨也得全

出寳從來本體泉謂多事矣瀹和煎底須僧偈頻提舊惟

愛民情越懇前解阜關予宵與旰鑿耕由彼食而眠偷閒尋勝饒何者四疊還賡八韻全

補寫惠山寺聽松菴竹罏圖並成是什紀事

古寺竹罏四卷圖惜哉重濆遇傖夫〔竹罏圖四卷其一爲王紱一爲履齋一爲吳珵又一則早失之命張宗蒼補圖者前人題跋頗多予每次南巡必賦詠疊韻向貯惠山寺聽松菴昨寺僧收藏弗愼致錦贉蔦舊玉籤損折無錫縣知縣邱漣攜至署中欲重裝値署西民居失火延燒四圖竟燬於火實可惜也〕祝融尤物妬誠有六甲神威護則無降謫權教寬吏議〔圖既被燬巡撫楊魁布政使吳壇等自請交部議處並參知縣因奏報情節未明隨令吳壇往無錫縣署履勘失火情形並查訊被焚屬實因盡寬其議處然此事雖緣寺僧收弆不愼該縣重裝究亦失於防護祇命罰銀二百兩給寺僧以償之〕施檀應得償〔去聲〕僧雛惠山佳話寧容闕首卷應先補寫吾〔竹罏圖原卷雖燬而名流韻事未可闕如因先補寫首卷命皇六子及弘旿董誥分畫二三四卷并皆補書前人題咏仍付聽松菴收弆流傳永爲山寺佳話云〕

以王紱溪山漁隱圖卷賜惠山寺弆珍以償竹罏四圖回祿之失詩以誌事卽書卷中

四圖回祿雖分補氣韻終嫌似舊難爰命石渠出眞蹟俾藏僧舍作奇觀幸兼跋語存原博一例長圖寫孟端試問惠山白足者可猶飲恨有司官

御題竹罏圖卷

第一卷卷首

頓還舊觀

第二卷卷首

生面重開

第三卷卷首

味回寄興

第四卷卷首

清風再挹

御題王紱溪山漁隱圖卷

頓還舊觀

甲辰

皇甫墩作

向自惠山策騎回遙觀波影擁蓬萊縣城竟過此權罝川路非紆茲重來綠柳陰成囀鶯舌青蒲叢密闖魚顒南巡往返程將半不覺時光暗裏催

遊寄暢園三疊丁丑舊作韻

那能此地目飛鴻境古而幽與理通山色泉聲清賞外昔年今日黙思中問他王顧畫曾擅便是杜倪何豈工促就

詩休論巧拙右廂去禮梵王宮

惠山寺五疊舊作韻

梁溪開舫見遙螺稍近叢雲梵宇羅寄暢園尋幽徑暫惠山寺入繚垣多禪林不礙獅音唱古栝依然鳳尾娑五疊韻成詩六度止斯適可厭過那

漪瀾堂三疊前韻

山中喜有水園堂滉漾楣欄上下光勝處恰宜孟王畫與來還和老蘇章綺紈那辨文和武甘劣休論圓與方七字促成壁間泐笑云付爾樂斯長

圓池

圓池圓象天泉源淸泠然豈必拘上下易象稱韋編

方池

方池方象地折旋產玉粹九龍昔在茲樂饑俯洋泌

明亭

四柱明亭不設窗八方常納景無雙闍黎公案由來熟祇說從他聲色摐

暗竇

石罅出泉暗竇翻盈科流作梁溪源赴江海卽涓涓者謹

小愼微亦此存

若冰洞

牝洞從來具靈氣溫冬涼夏不爲奇題名此曰若冰者應是來當暑月時

聽松菴竹鑪煎茶五疊舊作韻

何處名山弗有泉惠山傳以竹鑪煎四圖本擬蹟貽後一火頓令業淨前分卷補教集狐腋撫箋奚足貌鷗眠笑他瀟灑幽閒事可稱若而人寫全方泉云不及圓泉遂汲圓泉活火煎六度吟應絕筆後一

時想到見圖前試看弆笥新更舊豈異交蘆起與珉雖是
片時駐淸蹕御欣册韻重賡全

汲惠泉烹竹鑪歌五疊舊作韻

陸羽品泉今古聞山下出者次第分金山第一此第二柰
知玉泉迥出羣以是推之當歷遜辭仲爲叔居後塵雖然
我更有轉語名象甲乙胥空文滴滴者自淙石罅豈識人
間𠯗頰芬在惠惟宜言此惠鈞鑪茗椀況具陳地幽春靜
更值暇聽松速客意殊敦亦弗藉粳餅爲汲亦弗拾松枝
作薪中人祇要差事備烹煎端正忙紛紛坐則茶盤擎已

至寧容火候評云云把椀覼然鄙且懼似此俗輩可假權
叶更惜四卷稱名蹟已付回祿無一存韻事不可令沒滅
分做合弆爲重新百年以後新會舊禪和子孫應世珍禪
和子孫應世珍是語當有笑者人

詠竹鑪

物理由來新代陳鑪圖竟倒主和賓久哉忘彼烟作燼時
也對茲火已薪淸供豈因適𠯗腹幽尋聊爾悅心神小徘
徊可合歸舫牆外待多瞻就人

題補寫竹鑪圖疊庚子詩韻

何事鬱攸燬舊圖補裝四卷宛成夫披觀似示空即色細
體未忘有若無王氏弗輸龍有九米家終遜虎之雛僧房
佳話聊酬矣斯永存乎詎信吾

王紱溪山漁隱圖疊庚子詩韻

分補四圖貸舊失猶思願海滿僧難石渠特出山人蹟古
寺留供過客觀王畫吳書都不闕亡凡存楚那窮端笑他
微有不足處御筆經題恐屬官

題放生池三首

池漾淸波號放生捕來求售亦人情設無放者應無捕匪

曰愛之害亦誠

漁翁張網豈憐魚巨鬣細鱗都取諸有此放猶救其半責
賢莫備亦思予

盤承餅餌供投飼拋擲銀鱗於牣來喤爾昂頭求食者就
中誰是報恩頤

無錫金匱縣志卷首

無錫金匱縣志卷一

建置沿革

泰伯端委治吳爲東南禮教之權輿梅李平墟皇覽載之蓋其建國古矣歷秦至漢始置縣邑自是以來因襲改易非一世之制而無錫隸常郡故爲壯縣雍正初年以政煩賦重特析其境分置金匱於是具其終始折衷舊錄誤者正之用備考覽志建置沿革第一

史漢書無錫屬禹貢揚州北境在天官星紀爲牛女分無錫當女之辰於古爲荒服自泰伯來奔始號句吳周地

屬吳國元王三年越滅吳地屬越其後楚滅越地屬楚爲春申君黃歇都邑歇城故吳墟正義謂在蘇州非也劉昭後漢書補註春申君城在無錫秦始皇罷侯置郡以地屬會稽郡郡置守尉監是時地屬會稽縣未有名漢初置無錫縣至武帝斥境爲十三部漢書志部置刺史以統郡國無錫屬會稽郡後漢初仍舊制順帝分會稽置吳郡後漢百官志郡置太守以無錫爲侯國隸之三國時吳得揚荊交三州地晉初平吳於吳郡分立毗陵郡復置無錫縣屬之宋文帝僑立南徐州晉陵郡屬之領無錫令南齊略如宋制梁陳因之南齊書州郡志同宋書

隋初廢郡爲州始置常州煬帝復改爲毗陵郡無錫縣如舊屬隋百官志縣令以閑劇衝僻爲等級唐以採訪道當古州所轄改郡爲州隸之唐書地理志高祖改太守爲刺史置都督府治之州境始狹僅領縣常與無錫並入望等地理志開元中定天下州府有四輔六雄十望十緊及上中下縣有赤畿望緊上中下五代地皆爲吳南唐割據宋改道爲路太宗時以兩浙路轄常州攝無錫南渡後屬浙西元外鎮立行中書省元史志行中書省十一分鎮藩服省又分道路府州隸之常州路隸江南浙西道所領無錫成宗時陞州百官志州置達魯花赤州尹一員縣亦如之明太祖初仍元制後罷行中書省改常

州路爲府無錫州爲縣直隸六部成祖北遷以後建兩京常州隸南京明史志太祖於元至正中改常州府爲長春府尋復之泰昌初避光宗諱改嘗州府

國朝直省置布政使司領府州縣常州府隸江蘇布政使司雍正二年析無錫東境置金匱縣西境仍舊縣詳列表中

歷代	屬	郡	縣
唐虞夏	揚州 地理今釋今江南之江寧		

	蘇松常十二府古揚州地		
殷	揚州 句吳 〔史記〕泰伯仲雍犇荊蠻自號句吳		
周	揚州 吳 〔史記〕武王克商求泰伯仲雍之後得周章周章已君吳因而封之		
元王三年戊辰	越 〔史記〕吳王夫差二十三年越滅吳		
顯王	楚 〔史記〕楚大敗越殺王無疆盡取故吳地		
秦 始皇二十五年己卯		會稽郡 〔史記〕王翦定荊江南地置	

		會稽郡〔地志〕今蘇州松江常州鎮江及浙江境	
漢 高帝		會稽郡	無錫縣 〔陸羽惠山記〕山當周秦間大產鉛錫漢興錫方殫遂置無錫縣
六年庚子	荆 〔漢書高祖紀〕六年春以故東陽郡鄣郡吳郡五十二城立劉賈爲荆王		
十二年丙午	吳 〔史記荆世家〕高祖十一年黥布反賈爲布軍所殺十二年立劉濞爲吳王王故荆地		
武帝元封五年乙亥	揚州刺史部 〔地志〕分天下爲十三部揚州察郡五會稽屬揚州		

新室			改無錫曰有錫
後漢 光武	揚州 （通志）世祖中興十三州如故	會稽郡	
順帝			改有錫復爲無錫
永建四年己巳		分會稽郡置吳郡 （後漢書郡國志）吳郡十三城無錫侯國第十二	無錫侯國
三國吳	揚州 （通鑑註）吳揚州統丹徒宣城吳等郡	吳郡	省無錫縣置屯田典農校尉
晉 武帝太康元年庚子	揚州 （晉書地理志）揚州統郡十八	吳郡	復置無錫縣
一年辛丑		分吳郡置毗陵郡	析毗陵無錫縣地爲暨陽縣

		（晉書志）毗陵郡統縣七	
惠帝永興元年甲子		改毗陵爲晉陵郡 （晉書志）封東海王世子毗於毗陵避諱改晉陵	
宋 文帝元嘉八年辛未	南徐州 （宋書州郡志）以江南爲南徐州	晉陵郡 （宋書志）晉陵太守領縣六	無錫縣 （宋書志）無錫令
齊	南徐州	晉陵郡 （南齊書州郡志）領縣六	無錫縣
陳			（元李晦陞州記）陳禎明中陞無錫縣爲吳州尋復爲縣案陳書後主紀是年割揚州吳郡置吳州不言無錫附識以備攷
隋 高祖開皇九年己酉	揚州 （通志）隋文帝省諸郡析置州縣煬帝併省諸州尋卽	罷晉陵郡置常州 （隋書地理志）平陳置常州	無錫縣 （續通典）隋開皇元年廢無錫入晉陵十三年復舊大

	煬帝大業三年丁卯	唐 高祖武德		太宗貞觀元年丁亥
改州爲郡然史臣所書仍以禹貢周職方九州統諸郡縣				江南道 〔地志〕分天下爲十道江南道領州五十一
統縣四	改常州爲毘陵郡	改毘陵郡爲常州 〔唐紀〕武德元年詔改天下	郡爲州〔通鑑〕二年沈濾興自稱梁王都毘陵三年李子通破之據毘陵四年杜伏威擊子通六年伏威將輔公祏據地叛趙郡王孝恭討平之地歸唐	常州 〔唐書地理志〕常州晉陵郡統縣五
業三年改毘陵唐復爲無錫〔唐鶴徵府志〕開皇元年無錫尚屬陳境隋安得而廢之當是九年今附見				無錫縣

元宗開元二十一年癸酉	代宗大歷十二年丁巳	昭宗天復二年壬戌		後晉 高祖天福二年丁酉	周 世宗顯德三年丙辰
江南東道 〔地志〕明皇分十五道常州屬江南東道		楊吳 〔五代史楊行密世家〕是年行密封吳王〔南唐書建國譜〕自江以南昇潤常歙十	五州楊行密專據以建吳國南唐因之	南唐 〔南唐書〕是年徐知誥受吳禪復姓李國號唐〔五代史職方攷〕自江以下二十[illegible]州爲南唐[illegible]	南唐 三月周師取常州四月常
		常州 〔續文獻通攷〕常州晉陵縣楊吳時徙治郡城			
	陞無錫縣爲望	無錫縣 〔通志〕楊吳時屬常州南唐因之			

	州復入於南唐		
宋			
太祖開寶七年甲戌	平南唐（宋史太祖本紀諭吳越伐江南敗唐師於常州北界八年拔常州南唐書軍使余成禮殺刺史禹萬誠以降）		
太宗至道三年丁酉	兩浙路（宋史地理志分天下爲十五路常州屬兩浙路）	常州（宋史志常州望領縣四）	無錫縣望
神宗熙寧七年甲寅	分兩浙東西路（常州屬浙西路）		
恭帝德祐元年乙亥			元兵陷無錫
元			
世祖至元十四年丁丑	浙江行省（元史地理志浙江等處行中書省統路三十）	常州路（元史志陞常州爲路領縣三）	無錫縣
成宗元貞元年乙未			陞無錫縣爲無錫州

順帝至正二十六年丙午			明兵取無錫州
明			
太祖洪武元年戊申	立中書省	常州府（王僎毘陵志改常州路爲常州府隸中書省領縣一州三尋改無錫州宜興江陰三州爲縣成化七年益靖江爲五縣）	無錫州
二年己酉			改無錫州爲無錫縣
八年乙卯	罷中書省（常州府直隸京師）		
世宗嘉靖三十二年癸丑			知縣王其勤築無錫城
國朝			
世祖順治二年乙酉	設江南布政使司（是年平江南改南直隸爲江南布政使司十八年分）	常州府（通志舊轄五縣今合分縣轄縣八）	無錫縣

置右布政使

聖祖康熙六年丁未
設江蘇布政使司
改右布政使爲江蘇布政使

世宗雍正二年甲辰
分無錫縣東境置金匱縣

疆域

周官大司徒凡建邦國以土圭土其地而制其域鄭司農云土其地正四方也此雖言侯國而郡縣之制類是蓋管轄有分地固經界所當正也舊志謂無錫疆土不聞大有損益或者謂晉太康時分無錫毘陵立暨陽縣是今江陰與無錫相爲損益也以此推之恐古今地之移割非一端矣今既置新縣則全疆分合之間可攷定爲志疆域第二

無錫金匱縣在常州府東南九十里

全境疆域舊志東西百五十里南北百二十七里今按四境里數南北袤百一十里東西廣百二十里西北抵五牧陽湖界五十里東南抵烏角溪長洲界四十三里東抵王莊常熟界七十里西抵周橋陽湖界五十里北抵馬鎮江陰界三十三里南抵烏山吳縣界七十七里東北抵嶺村江陰界七十四里西南抵新塘陽湖界五十一里

分縣疆域自五牧至高橋五瀉口屬無錫五牧下塘自西門壩起東南行繞西城外至南上塘抵望亭龍匯橋俱

屬無錫自高橋五瀉口沿運河繞東城外至南下塘抵望亭龍匯橋東岸俱金匱界城內依弦河畫界西屬錫管東屬金管

出望湖門東南歷新安至望亭烏角溪口通吳橋入長洲界爲向南驛道出控江門西北行轉石塘灣經洛社至五牧接陽湖界爲向北驛道出控江門北經五步塘張塘橋陳溝至馬鎮接江陰界爲江陰縣驛道出試泉門由五里街循惠山而北至胡山經閶江橋至孤村接陽湖又西南抵百瀆爲入宜興縣道出靖海門東經隆

亭至張公橋鴻山甘露接常熟界爲入常熟縣道

無錫金匱縣志卷一

無錫金匱縣志卷二

山水

江南自京口而下逕丹陽毘陵達於無錫而九龍蜿蜒山川秀麗遂稱奧區其濱震澤諸山岡巒起伏皆挾湖以爲勝而震澤爲東南巨浸旁近諸水灌輸其間稻粱之美魚蟹菱芡之利物產聚焉況逢

聖代累舉巡狩之典

蹕罕所經輝耀川谷尤亘古所未有非又載筆者之厚幸與志山水第三

山

錫山在縣西五里惠山之支隴也唐陸羽惠山記山東峯當周秦間大產鉛錫漢興錫方殫故置無錫縣王莽時錫復出改縣名曰有錫後漢有樵客於山下得銘云有錫兵天下爭無錫寧天下清有錫沴天下弊無錫乂天下濟自光武至孝順之世錫果竭復爲無錫縣此錫山之名所由始山脈自閶江蜿蜒而來至九龍之東伏而更起爲是山形勢既豁諸水環之城邑斯建山經云泉山皆高則低者爲主要以錫之有無爲治亂之徵有關

世運故爲邑之主山不必如形家言也山南有小石池圓廓若盆竅通山腹大旱不竭俗稱仙人洗面池下有八仙石童子石有聖水井曰靈泉前有月子蕩蕩下澗水滙二泉支流入梁溪山西有秦皇塢惠山記始皇東遊以金陵太湖間有天子氣故掘以厭之東有烏腰塢下有春申祠漢書地理志春申君歲祠以牛其巔有龍光墖初昆山顧文康鼎臣善堪輿術嘗登茲山謂邑無魏科當是龍不角耳嘉靖中邑人顧懋等建石墖於山巔或云龍以角聽墖宜空中萬歷中郡守施觀民建龍光墖而石墖遂廢案王學士達有錫山墖影詩是洪武永樂間先已有墖邵文莊寶亦有錫山墖基詩顧文康時當是廢而復建前志俱未詳旁有望遠亭俗名望湖亭今額曰香雪

案元王仁輔志云邑以錫山爲主山錫山西北自惠山周迴起伏跌而爲嶂喇走而爲青山大穹或斷或續行五十里而入於太湖由錫山而南蓄而爲獨山引而爲石塘軍將蜿蜒盤礴亦五十里而入於湖其他若鴻堠膠顧芙蓉石室諸山率皆孤邱獨巘東西望於錫山有拱輔之勢此無錫諸山之大畧也

惠山在錫山之西九龍第一峯也其麓與錫山屬或云西域僧慧照者居之慧與惠通故亦名慧山陸羽記惠山古華山也顧歡吳地記華山在吳城西北百里晉宋時曰歷山老子枕中記華山吳西神山也釋寶唱名僧傳云沙門僧顯宋元徽中過江後入吳憩華山精舍郡國志無錫有九龍山亦曰冠龍山山有九隴俗謂之九隴山隋大業末山上龍鬬六十日故又名鬬龍山自唐以後但稱惠山峯九起自東迤邐而西爲塢九第一峯下曰白石塢有湛茂之歷山草堂今爲惠山寺第二泉若冰洞在其南右爲春申澗第二桃花塢下有孤松特立若虬龍之矯矍有太湖石臥其旁長踰丈第三擔鉤塢第四王家塢第五宋塢有師子石涼棚石鏡光石又有天公足跡石第六馬鞍塢其峯居九隴之中下有三台墩七曰望公塢峯最高上爲石門有水簾洞中開一隙兩門翼然飛瀑濺激俗謂之珠簾泉又有仙人掇石棋

盤石釣魚石下有青墩八曰仙人塢石穴深黝不可窺西有回龍澗其水從山之西北轉龍尾東入運河九曰火叉塢一曰火鴉塢又西北爲龍尾陵道上有白龍潭其巔有三茅殿

案唐鶴徵府志云南徐記惠山南北數十里則縣西諸山凡同脈者皆以惠稱陸羽記是山連亘二百餘里則太湖諸山勢相接者亦可以稱惠邵文莊寶惠山記云槩稱則同析稱則異諸山既各有名要之璨之左嶂喇之右乃惟惠區此定論也

青山在惠山西南九隴凹結處突起一峯勢南嚮璨山前屏章山石峙中開半面遙見湖光高松數千章爲山南

清絕曠奧之境康熙庚午志青山有二一在華藏之陰一即此

璨山在惠山西南與章山相望其麓有明陽觀即古洞陽觀地陸羽記云古有洞穴潛通包山歲久湮沒上有洞酌泉山後有義興嶺由此可徑義興

章山與璨山前後相嚮山下東西二池皆名大池塢又有牛來塢亦名游來龍腿塢旁有錢橋嶺通山北路自青山至此皆背負九龍面臨清溪

墨潭山在章山之西上有石池其水如墨

龍尾陵稍斷數十武突起爲嶂㘞山其斷處爲嶂㘞口北

爲湛峴山李忠定公廬墓處其西爲舜山元志由嶂㘞以通湖上諸山舜山與嶂㘞山相指

舜山一名歷山山下爲歷村郡國志南朝多以北方山川郡邑之名權創其地故有此名或云上有舜田不種而禾歲恒産一二穗又有舜井下有小山名石盆山

柯山在舜山西兩峯相望土人合名之曰舜柯山萬歷志柯山脈自夏陰山來風土記吳仲雍六世孫柯相之所治也山下爲石家灣其西爲張灣周家灣又西爲斗城

東孔山在舜山之陰其麓與西孔山相屬元志皆舜山之來脈又有勝山在石盆西與舜山接下有煮狗嶺雞籠山在勝山西

西巔山在孔山北康熙庚午志西巔山在柯山西自嶂㘞山至此諸山相聯屬而西一支南落從平疇中突起爲橫山

橫山在嶂㘞西去縣西二十里康熙庚午志橫山在唐山西去縣十八里周四十丈高九十丈粱溪之水紆徐漫衍將出湖口而橫山障之爲一邑之門戶山下有大澗小澗西有盤龍澗

橫山西爲許山鎮山在其東月山在其西是謂山之兩尾月山俗名獨月山月山南爲管社山康熙庚午志管社山即鎮山之東面下有項王廟萬歷志有西管社山以上諸山在獨山以東爲湖口之山

華藏山在縣西南三十五里其陰爲青山乾隆庚午志青山一名華藏山非陽爲華藏陰爲青山也存疑俟考與廟渚韓灣相接全面皆太湖山頂爲蓮花峯下有青山嶺小嶺塕子嶺山前舊有雲海亭望兩洞庭夫椒七十二峯如畫故又名望湖亭宋張循王俊葬其地依山建寺爲華藏寺

唐山在華藏山下元志青山之連脈濱太湖上有蒼峴嶺亦名蒼頭嶺康熙庚午志唐山在墨潭之南其麓西屬孔山南爲橫山乾隆庚午志唐山即唐灣山

華藏之左爲夏陰山在縣西二十五里西臨太湖其山甚小而吳地記謂其麓周十里高七十五丈殊不合舊爲

一元處士蔣子中別墅其西爲石步山萬歷志夏陰與雜坑山接
石步山一名石埠其下有華耶中雲山莊其西爲雜坑山
又西爲姚灣山皆面湖元志晶山與石步山近俗名甑甗山萬歷志晶山與唐灣山近前後庚午志俱不載附錄以備考
白射山一名白石面湖上有白射廟漢僕射劉昌葬地訛
僕爲白訛射爲石故名康熙庚午志謂白射山即胥山別名案元明志皆別列白射山或云在廣長山西或云在月牌山西要非即胥山也
月牌山與白射山接其峯回環宛如半月中多古松
章山與月牌山之麓相屬元志章山在月牌山西與月牌連萬歷志月牌在章山西章山

在小雷山西山嶺入湖絕壁數仞下臨洪濤有洞穴曰章仙
洞今漸爲沙石湮塞山後有獨湖嶺其西爲邵家灣山康熙庚午志夏墓山其峯特高孫權族弟東定侯孫必典贈夏侯者葬此故名西南行曰章山嶺乾隆庚午志云章山夏墓本非兩山案元明志有章山無夏墓山王永積景物畧云邑乘失載而顧貞觀邑志補訂云舊志未有此墓史亦無其人前庚午志所載夏墓未知何據今仍元明志載章山而附書夏墓以備考
大雷山小雷山在太湖之濱元志章山之連脈萬歷志小雷大雷在陳灣山東閭
江諸山皆面湖大雷嶺獨延入里許危崖三面波濤衝
激濤若殷雷路史載舜庶子七人散處江南故山水多以舜名雷山擬雷澤今俗稱大犁小犁語音之訛也其西爲速雷山下有削刀灣速雷山西南爲小雷

嶺
盤塢山在小雷之西其形盤曲窅然而深湖水浸其麓案萬歷志山嶺十五閭江嶺錢家嶺陳家嶺蔣家嶺奮家嶺章山嶺鹽亭嶺大驢嶺秦墓嶺韓家嶺後峴嶺邵墓嶺許峴嶺奮橫嶺盤塢嶺皆湖中沙島也
閭江山亦名天井山萬歷志山脈自天目廣德銅官馬脊渡湖而爲是山湖底山麓可泅而捫也
在縣西南五十里上有天井峯峯頂石臺可遠眺西
麓有泉二一湮爲民居一尚存甚清冽下有碧桃花塢
有盤塢有周塘澗山之陰爲長壽灣東爲虎嘯灣龍吟
灣山下有閭江澗里許今湮爲田僅通舟

胥山在小雷山之西由陳灣而上曰廟渚即此山也山不
甚高其上圓平傳是子胥屯兵處史記吳王夫差殺子
胥取其尸盛以鴟夷而浮之江吳人憐之立祠祀焉故
名張晏曰胥山邊湖去江不百步江上舊有闔閭城又
名廟渚以此也案元志有陳灣山在小雷山西萬歷志陳灣山在廟渚東康熙庚午志云舊志載陳灣山屬武進縣湖中夫椒山今名馬跡夫差敗越處向隸無錫後亦割入武進故並削之
胥山之支隴爲韓灣山元志韓灣在廟渚山下與青山嶺接萬歷志韓灣山廟渚之支山
其西爲楊灣山西南爲孟灣山宋信安郡王孟忠厚墓

在焉又西南爲三灣山又西爲二灣山又西爲頭灣山皆面湖元志皆閭江山之連脈南照天灣山康熙庚午志在夏墓山之北又名狀元山宋蔣芾葬此故名其西爲雞籠山亦名青龍山峯特高其北爲馬鞍嶺又西北行爲北照天灣山

邵巷山卽楊灣山之西面過石皮嶺而北爲歸山

歸山在縣西北四十五里唐鶴徵府志歸山在縣西有姚墩薛墩蔣灣數處皆名歸山風土記子胥既死吳人於此望其歸故名下有資福菴秦氏世墓在菴右歸山之前有平墑山

若䀹弓焉康熙庚午志平墑山在安陽西南甚小舊志名苦奄者疑卽此山又前爲胡山一名鳳山秦端敏金世居其西

長腰山在縣西四十五里上有長腰嶺萬歷志青山分脈北行發爲是山二山相望處多小邱下皆有石骨賈山在長腰東石多空嵌東有神廟墩康熙庚午志有楊氏世墓

安陽山在長腰山之西周十八里高百二十仞長腰如龍臥安陽如虎踞其麓相屬圓峻而鋭上謂之文筆峯風土記武王封周章少子贇爲安陽侯卽此地又云山在陽湖上故名寰宇記山石可作礲臼始采於漢大夫陸端至今取之不竭正嘉以後山凡三崩云上有三十六洞今存者五曰九門張公甘草清水容春上有龍湫廣袤三丈歲旱禱之輒應下有觀音巖南麓有翠微院左龍王廟卽贇祠也祠東卽贇墓名葫蘆城元末莫天祐屯兵山下苦奄山在安陽山旁元志云錫山之脈蜿蜒北走至是始斷

獨山在縣西南一十八里當鎮山之南獨峙湖中其西爲三山南爲充山山之東爲五里湖西爲太湖葢山勢至是而斷北與管社相望衞爲浦嶺門俗名廟門亦名北獨山門南與充山對峙滙爲獨山門世傳神禹所鑿凡溪流之

入五湖泛漾而西皆導自二門以達震澤

三山在獨山門外鼎立湖中大帆小帆在其西具區志東一山爲東鴨西一山爲西鴨

充山與獨山隔浦下有曹灣自曹灣而下爲平壤皆艮田巨石突出俯瞰湖流曰黿頭渚鹿頂山與充山接其南爲朱山充山具區志作衝山

朱山一名朱墓山萬歷志云與鹿頂山接王莽逼虞仲卿爲司徒死之葬此山光武卽位以朱旛表其墓故名其南爲漆塘山

漆塘山一名寶界山又名漆滒與朱山接在縣西南二十五里自獨山至此皆東臨五里湖西浸震澤山上有通惠泉太白峯老人峯躍鯉峯山下有狗腸塢南北樵路南北桃花塢宋知州錢紳明布政陳策僉事王問俱作別墅於此其南爲大浮山東南爲石塘山

大浮山一名大坯其西別有大石峙湖中曰小浮開化志大浮在路耿山陰

石塘山一名廟塘山萬歷志與寶界山接石塘枕水長堤二里中分五里湖長廣溪之界有徐偃王廟下有石塘菴北有山

門嶺通漆塘大浮二山

茅延山在漆塘之南元明志無茅延山前後庚午志有之開化志云路耿山亦名茅延山闕疑俟考

路耿山在石塘山北去縣西南二十五里得揚名開化二鄉諸山之中其山特高前俯長廣後臨太湖環以層巒若相拱衛上有龍王祠故又名龍王山旁有董塢磨盤衖下有惠家衖與社公衖隔溪相望山下爲羅嶺達石塘山旁有小山無名曰野山南通許舍開化志惠家衖在董塢與社公衖隔嶺非隔溪

許舍山在路耿之南橫山之東羣峯盤旋結爲深谷宋待制蔣瑎學士許德之侍郎施坰尚書尤袤皆卜築其中東有湯村嶺窐窩嶺

南橫山在縣南四十里許舍山南康熙庚午志在縣西許舍東東臨長廣溪有橫山菴西有祠山廟山頂有雪浪菴旁有池大旱不竭山麓有巨楓二相傳宋人手植大可圍四人枝生芸香楓下產硃砂有硃砂墩山下名橫塘案開化志有南山接路耿山臨長廣溪山之陽爲南橫山西爲洞山中爲洞菴嶺越嶺爲黃柴塢東達菴堂橋南達赤石嶺西達軍將山前志俱不載附錄以備考

白茅山一名白旄在南橫山之南有嶺通五泿諸山曰赤石嶺山下有蓮花衖萬歷志白茅在軍將山南

羊祁山北接白茅西臨太湖開化志在大浮山南一名颺旗東北爲董塢南爲篛塢

軍將山一名軍帳在縣西南四十里濱太湖南唐屯兵於此以備吳越故以軍將名山下有甲仗塢教場衖官來塢竹篛塢眞武廟冠其巔下有成性寺郎孚澤廟旁有龍湫大旱禱之輒應軍將爲溪南主山東爲正面南象山北象山左右列如環衛然山脈南下分二支一西行抵吳塘門一東行達蝦蟇塢

五湏山與軍將連由湯村嶺發脈南下支峯五道如疊湏故名下有芮家嶺西有石人塢

長泰山在軍將東南起於平疇中去縣西南四十五里下有長泰寺其南爲南山（康熙庚午志縣西二十里誤）

裏山在長泰山北下有大澗雨後羣山諸水百道並入此澗以達於長廣溪（開化志云邑志相仍在長泰山南誤）

過山在裏山東不甚高而能興雲雨諺云橫山出雲過山笑過山出雲雨便到土人以占雨候（元明志有廟山前後庚午志無之開化志云廟山在過山裏山之均）

黿山在五湏山南南橫繞其東軍將峙其西前臨曠野界以清流（萬歷志已上諸山皆軍將山之分脈）

吳塘山在白茅山南去縣西南四十五里山脈自充山來連亘起伏至是而止下爲平疇去三里許爲長廣溪入震澤口曰吳塘門門上橫木爲署杓名杪木橋今爲環橋由是徑鵓鴣山以通湖上之路（杪木橋今名通湖）

吳塘山之東爲倉前山俗名野猪山又名爲流福山許墓在其北（前志無据開化志補）

吳塘門之東爲長山與社山相望社山如半月在港北名日月捍門山脈自北渡水而南此過峽處（前志無据開化志補）

鵓鴣山亦名伏虎山與吳塘山南北相望自鵓鴣山亘而南有通行低嶺名小山頭小山之南名鳳凰山

康山在沙頭南相傳尹遂頭寓此上有迎仙亭有孝子泉懸廿丈許一片攢石名浮停山又東南湖面露石稜若帶者爲米山與康山相對其東爲金雞山（康山一作糠山）

沙頭山一名廟山又名白龍山與鵓鴣山相近其最高頂名大觀山旁有錢桃塢其南爲沙觜山一名沙渚亦曰廟山觜東接長廣周皆入湖（乾隆庚午志錢桃塢有桃實大如錢而美故名）

竹山在沙觜之南三面抱湖下有劣觜巨石立水次如虎邱千人石而廣袤倍之又其西三峯相連者爲拖山自崋峒分脈爲橫山蜿蜒六十里山之南行者至是止（案前後庚午志俱云自崋峒分脈爲龍山今遵萬歷志改正）

琴山在五里湖東隔湖與漆塘山對下爲青祁村

西高山在縣東北二十五里其山平淺無深林邃谷中峯曰靈黿山北峯曰鳳凰山山頂有仙人禮拜石石上有跡類人扣顙及當膝處相傳東漢高岱居此山後爲孫策所害葬焉故名高山東有膠山土音高與膠同故加

西以別之（以上無錫）

金匱山一名紫金山在城中第六箭河北岸山高踰三仞周三十丈隆然中峙四望道里適均爲邑之鎮山郭景純嘗埋黃金符匱於山下時有紫氣騰上故名土中石玲瓏黑白亞於崑山元元貞以後取石殆盡而土亦耗減塊若覆釜明永樂中縣令盧克敏除瓦礫加善土綴以太湖石稍復舊觀今在秦氏宅曰金匱山房僅一卷耳

皇山一名鴻山在縣東五十里吳地記云泰伯宅東九里

有皇山高十丈劉昭亦云縣東皇山有泰伯冢一名吳王墩稱鴻者皇之訛也西即梅里平墟相距正九里東嶺有泰伯井滌硯池或云梁鴻居此故名

白擔山在縣東四十五里山出青石下有朱文公祠其東北爲佘山亦名塗山即佘字之訛也

奚山在白擔山東與佘山接亦名晶山俗呼諧山一作谿山

石室山在嵩山東俗名石脊山出青石舊志云石室山前連漆塘案漆塘山在五里湖西前臨太湖西南境之山也石室在東北境相去將百里舊志疑誤

嵩山一名松山南徐記松山一名少孤山在縣東四十里奚山之東相傳蕭梁時有嵩頭陀開山建寺故名上有留雲洞泠泠泉（康熙庚午志云姚廣孝嘗居此袁珙相而識之）

堠山一作緱山俗名吼山在縣東三十里吳地記周七里高七十丈登其嶺可望虞山南徐記堠山北有白石硯上有眞武廟大士菴下爲西園處士錢華別業（康熙庚午志云華宏治間人與華津錢榮同里時號錫山三德士華不仕）

龍腿山在堠山東雞籠山在龍腿東其麓皆相接（萬歷志七雲山一名馬跡在縣東四十三里注云據李志云然

宜在膠山之南堠山之東嵩山石室之西然此地曠然四平無壽丈之邱豈即堠山之別名而李志誤分爲二耶前後庚午志俱云堠山一名七雲山案堠山在縣東三十里寰宇記七雲山縣東北二十里高九十仞亦不合前志即以七雲山爲堠山未詳所据存疑以備考）

膠山在堠山東北周九里高九十丈相傳與惠山東西對峙至其寺門嚮背比較不失尺寸上有獸蹄痕俗稱金牛跡舊產蓍蕢充貢有宋中書令王僧達墓梁蕭侍郎宅今爲興化寺右爲李忠定公祠有寶乳泉靈趵泉滌硯泉泉上有硯水亭右爲湛然講堂山下安氏世居之南林西林爲邑名處

鳳凰山膠山之西峯也甑甗山與鳳凰山連插旗山與甑
甗山連皆膠山之來脈
芙蓉山在縣東北二十五里元志去州東三十里周八里高三十丈
清明節士女咸集故又名清明山有二土邱一名龍井
峯有顯濟廟宋開禧初賜額一名天乙峯復有巨石二
各高六七尺俗呼爲石公石母二石對峙中通人行又有金雞
石相傳每歲旦有金雞飛鳴其上山之西麓有田一規
名彈子邱中有土壠圓轉若彈丸環壠一犁可竟人不
敢近壠而鋤鋤輒有蛇虺出焉當芙蓉湖未湮時茲山

若芙蓉出水故山水皆以名其曰余容又曰余洪皆音
之訛也山下有繡毬墩
斗山在縣東北四十里其脈自江陰花山來長九里山頂
自南至北有土邱七象北斗故名山多白堊朱石中有
黃腰嶺西通牛塘山上有白龍祠祠前石井深不可測
有靈官廟明邑人黃正色建山前有青霞館
同山在斗山之東與斗山同脈土人合名之曰同斗山其
北有觀基山洞虛宮故基二井猶存又西有枝柚山一
名梔子山多產苦梔宋時花大如甌香聞數里名碧甌

梔子二山皆同斗之支山
斗山之東爲夾山東南爲前山又爲黃文山俗稱黃梅山
又爲白石山俱在前山東黃文山半屬江陰石皆頑而
赬不產林木以上諸山皆同斗之連脈
顧山在縣東六十五里跨金匱江陰常熟三縣境寰宇記顧山東屬蘇州西屬常州一名馬婆山又名香山上有龍潭下有香山
寺以上金匱

墩附

黃埠墩在運河中流寺塘涇口形家言河勢直下而益廣

須此以砥之故謂黃埠墩爲天關太保墩爲地軸太保
者自此南下三里許當梁清溪口者是也黃埠墩圜而
小風帆左右帶以垂楊舊有文昌閣水月軒環翠樓今
惟中楹爲佛殿周廊四匝而已康熙二十八年
聖祖仁皇帝南巡百姓於此結三層燈樓綴以雜綵
龍舟往返皆駐蹕焉嗣逢
高宗純皇帝巡幸經臨
璇題寶翰輝映溪山凡大江以南八百里間勝賞不絕而
猥茲撮土均被

龍榮謂非古今之異數與

太保墩舊名竈墩運河北來至是分流入梁清溪而墩實當其衝西南爲西定橋後倚城堞進西水關百餘武即太保秦端敏金居第墩有太保墩三字石刻尚存今有西水仙廟俗又名水仙墩

仙蠡墩一名仙女舊傳范蠡載西施所泊處溪流至是曠然明遠山光浮動其上墩據溪南高十餘丈風帆雨笠漁歌牧笛之所出沒也上有松柏數株下有伍相祠後廢爲張氏別業又後遂爲葬地稍西有馬蠡港亦曰罵

蠡港謂吳人罵少伯於此故名

案康熙庚午志祇載黄埠太保仙蠡三墩迨乾隆庚午志有聞見即登之要之各鄉墩名多係俗稱無關典要即如大墩之載相傳有徐偃王墓尤屬不經偃王廟在石塘山已別見今仍舊志但列三墩餘概刪

無錫金匱縣志卷二

無錫金匱縣志卷三

水

城中直河曰弦河以有弓河箭河而名之吳中水利書云即邗溝故道也運河自北門塘分支過長安橋向南行東會北門橋河西會南尖河入北水門爲來水東南行出南水門環城河二道東西來會至黃泥橋口羊腰灣運河之水自東來會下南門塘爲去水

案元王仁輔志斥瀆胡橋諸水皆東入運河倉前新河及弓河箭河皆在運河之東顧典籍貞觀邑志補訂運河改道蓋在脩築州城時昔城跨河之西河在城外自屬通渠今城跨河之東河在城中即非便道又或謂明

嘉靖以前城盡圮糧艘皆貫縣而行今北禪寺有宋淳祐碑圖載寺基東至官運河則今直河即古運河無疑

弦河以東西岸爲兩邑分界北水門西岸分流第一支出留郎橋西行循城而南第二支斥瀆出泰定橋萬歷志元泰定二年鑿通運河建橋曰泰定西口合於留郎河第三支胡橋河向西行中分二道一南行爲營河轉西經縣治前爲玉帶河一由駐驄橋遶縣治後阜民臺合留郎河南行折而東與玉帶河會第四支水礎河歷城隍廟抵西溪過迎溪橋與前西溪合爲荷花蕩轉而南出西水門第五支東帶河出虹橋經學宮前過將軍堰橋西行經荷花蕩口

出西水門

附嚴家池在學宮南舊甚寬廣今一勺耳西南城隅無
通河大雨則平地成渠洩水之道二西滙嚴家池由水
溝頭下東帶河迤南一帶由高公止水衕出水關巷下

直河

北水門東岸分流過打鐵橋東行爲沙盆潭循城而南過
便民橋合弦河出南水門是爲弓河萬歷志俗稱東河自北關遶城南行
至南關其彎如弓故名倉前新河東行經縣治前轉北繞錦樹里
會於沙盆潭入弓河箭河列弓河西凡九道其次第自

南而北第一箭河在邊巷今湮二箭河在莊巷底今名煤浜
僅通十餘丈三箭河名冉涇明邵文莊寶居其上欲濬
未果萬歷間無錫縣許令典始開濬今俗名新開河四箭河在
楊家巷今俗名藥師堂前五箭河在董家巷今俗名東河頭六箭河舊
有善智尼菴俗名師姑河秦氏世居之御史鏞易其名曰師
古七箭河在福田巷俗名田雞浜長三十餘丈八箭河在東
門正街西至韓修橋止九箭河在盛巷今河形已沒舊
傳惠山九峯城中九箭河應之諺云九箭通出三公今
通弦河者二第三冉涇河第六師古河餘多湮塞

附白水蕩在盛巷西廣三十餘畝北與蔡園池水接舊
傳有蛟穴深不可測時雨盛漲出忠安廟東溝道下倉
前新河

附映山河一名蛟河在東城隅與盛巷通晴日見九龍
峯影故名旁有龍吻爲衆溝道所注東流出虹橋下弓
河

案城中直河即弦河自北水門經北倉利津永安濟安諸橋直達南水門以橋爲界分東西岸自析縣後即以橋之東西岸分無錫金匱西岸屬無錫東岸屬金匱

西城河自蓉湖尖運河分流西南行分二道其一過長安

橋至北水門其一遶城西南行經西門橋分流爲倉前
河不遠而止又南至太保墩分流出西定橋爲梁溪又
循城歷西水門南行過南門橋至南禪寺前與東城河
會

東城河自北水門東行出北門橋分流過黃泥橋又抱城
南行經東門橋又南轉西至南水門外與西城河合流
過壇橋而注於南門塘乾隆庚午志外城河即城濠也以東西分故稱東西以該南北

運河西北接陽湖東南達長洲經行九十里漕運所由也
自陽湖五牧始入邑境東南行四十里至黃埠墩又前

行至蓉湖尖別爲二道運河經北門塘出蓮蓉橋少東
爲王天蕩迤南過熙春橋又南行轉西出羊腰灣其一
支由蓉湖尖西路向南行至城又分二道爲東西環城
河至南禪寺前合流下南門塘入運河東南行過清寧
橋又東南行四十里抵望亭接長洲界運河爲經支河
爲緯由運河分支者五牧以下其西岸爲東閘壩爲志
公港花渡港又南爲小雙河雙河爲新開河爲寺塘涇
爲太保墩溪河口又南爲談渡河石灰橋河爲河港爲
曹王涇爲謝家河爲麵杖港爲新安溪爲徐淘涇沙墩

港東岸支河爲北大河爲柳堰橋爲石瀆爲蠡口爲高
橋五瀉口又南爲三里橋閘口河轉水河又南爲冷瀆
泰伯瀆爲王莊港口周涇口爲宅基浜爲聖瀆又南出
龍涯橋爲蠡河大業雜記云隋大業六年十二月敕開江南河自京口至餘杭郡八百餘里廣十餘丈將通龍舟并置驛館草頓並足欲東巡會稽自唐武德後累濬爲東南之水驛云

案運河自五牧至高橋五瀉口東西岸俱屬無錫高橋至北門塘西屬無錫東屬金匱北塘以南在城西者屬無錫城東者屬金匱自南門塘至望亭以東西岸爲兩邑界腹裏支河隨界分屬東西岸俗稱上下塘以驛道經行爲上

運河西岸第一分支爲東閘壩東接運河向西不半里發

石爲水門五尺許不通舟自壩以西河身寬廣與志公
港合流通北陽湖

案唐鶴徵府志無錫接武進曰雙牌港東引運河入陽湖王圻東吳水利攷雙牌港在縣西北北枕運河南入陽湖張國維吳中水利全書花渡港直湖港雙牌港並在無錫西北皆接運河花渡西貫直湖與雙牌皆入陽湖惟直湖南入太湖康熙庚午志以志公港爲運河第一支而不及雙牌乾隆庚午志仍之今運河西岸無雙牌港有東西二閘西閘接陽湖界東閘專屬無錫

東閘之南爲志公港在青城鄉自運河分支向西過志公
橋轉南與北陽湖會
陽湖在神護鄉東西八里南北三十二里今湮爲平疇湖

存者什一其東北爲北陽湖西南過黃公安橋又西南
過水月庵橋注於南陽湖其一分而南爲直湖港
直湖港在青城鄉北會北陽湖之水南行過北星橋花渡
港東來合之又南行過陽橋匡橋南星橋而北邗溝東
來貫之又南行過東塘負耒華嚴等橋而南邗溝東來
貫之又南行經胡埭橋分流而西爲張橋河北合花村
河又南行爲西溪又分流而東過狀元橋轉南爲小西
溪又南行分流而西爲龍游河過周渡橋入陽湖縣界
又南行而小西溪東來合之又南行過胥山之麓分流

西入太湖其河身折而東爲水溜港過新橋亦入太湖又東行過白石山分流與水溜港合又東行抵閶江入太湖

志公港之南爲花渡港在縣西北三十五里青城鄉運河分支出花渡橋西南過高明橋會細磚橋河而西貫北星橋與直湖港合

花渡南爲小雙河運河分支向西又分二支一迤西歷社港轉南隈湖之水自花渡港分流過細磚橋東行來會入陽溪其一支轉而南達雙河

雙河在開原鄉運河分支向西過滙龍橋秋子瀆毛瀆二水自南來合又西歷錢橋與陽溪合（萬歷志秋子瀆毛瀆皆運河之旁流而西者並注於雙河）

陽溪東接雙河北受隈湖之水西滙爲藕蕩過梢塘橋又西分二支爲南北邗溝（案東開志公港花渡港雙河之水俱自西而來東口與運河合康熙庚午志據堵景濂云本邑山脈西來形家所謂送龍水自西而東堵居西鄉其言甚的故以運河提綱分支順叙止詳水道不言西行）

北邗溝自梢塘西過鄭店橋又西貫直湖港又西過新瀆又西北歷長腰陽山之陰過鴻橋入南陽湖南邗溝自梢塘西南至劉塘橋而止其中路分流而西爲邗村三橋又西過張舍橋又西過富安橋貫直湖港又西爲花村河張橋河南來合之又西過孟村陸墟永成等橋轉而北爲察亭橋河又北合南陽湖（萬歷志南邗溝至胡埭入於太湖）

閶江在富安鄉其水自毘陵戚墅堰至白石山乃漸大橫亘天井山下近江之島如錢家嵩之屬凡十有五東行轉南入太湖

雙河之南爲新開河東口出運河西止惠山之麓（乾隆乙酉三月　上自蘇州迴蹕有司預於雙河之南別開新河以停　御舟　上幸惠山後即取道於新開河登舟出運河不復由寺塘涇）

寺塘涇（俗稱河塘）在黃埠墩之西運河分流過寶善橋至八傑地靈坊而止惠山諸泉下流自龍吻出晝夜潺湲不絶春秋佳日遊舫斯聚其支流自寶善橋東南行出大德橋錫山澗水注之迤西過俞公橋東行過滸溪橋達於梁溪滸溪全受惠山之水小橋曲澗爲邑勝處

新版橋河（俗稱外弔橋）自蓉湖尖運河分流西行經新版橋轉南出迎龍橋入梁溪

梁溪卽梁清溪廣十丈深三丈吳地記梁大同間重濬故名或言梁鴻曾居此運河分流經西城河太保墩向西行北會新版橋河南會諼渡河合流下西定橋菰瀆自南來會西南行至仙蠡墩分而南爲中橋河又西南行分而南爲小渲浜又分而南爲大渲浜並入五里湖又西南行出後溪港入太湖梁溪之水東北風甚則由溪而出曰下湖水西南風甚則由溪而入曰上湖水旱澇資以蓄洩而俗言邑人不耐遠遊輒懷歸由溪水之回復云

元王仁輔志梁溪繞惠山西南三十里明唐鶴徵府志梁溪源出惠山其袤三十里案西門橋本名梁溪橋雙河口舊謂梁溪尾自雙河口而下統計之始於三十里之數合王志又云溪在西門外去州治纔數十步州人止稱西溪不言梁溪蓋當邑城未廓時合城內之西溪皆梁溪也前志謂溪側有將軍堰今構石梁其上遺址尚存是卽東帶河之將軍堰橋爾

中橋河自梁溪仙蠡墩分流南行過北橋中橋南橋落星塘之水自東來會萬歷志落星塘在揚名鄉昔有星隕此故名上有石梁轉西通馬蠡港入五里湖直南行過仲八郎橋周倉橋與蠡口河合萬歷志馬蠡港自梁溪仙蠡墩分流南行入五里湖前後庚午志圖載中橋河轉西爲馬蠡港

小渲浜大渲浜在縣西南十六里揚名鄉二浜相去可五六里中隔平壤並東接梁溪南行會青祁浜西達五里湖

五里湖一名小五湖在獨山漆塘諸山之東跨揚名開化二鄉東北通梁溪小渲大渲東通馬蠡港西北由浦嶺門獨山門二道入太湖南過石塘通長廣溪達吳塘門

長廣溪在縣南十八里受揚名開化諸山之水長三十里廣里餘康熙庚午志長三十五里濶二十五丈溪北口有石塘亘二里許上有橋曰廣濟傍有三潭曰旋水深不可測北通五里湖東合蠡口河之水向南行許舍河西來合之又南行經丁澤橋坊前橋裏山大澗自西來注又南行過瀆東橋折而西合倉前浜過通湖橋出吳塘門入太湖

案石塘口號云石塘是鬼逆風順水五里湖本不下長廣惟西南風大作則太湖水湧而上五里湖溢而灌於石塘舟自石塘南下爲逆風而順水也吳地記云長廣溪陳勳所導

諼渡河自南門塘運河西分流出黃泥橋過諼渡橋西行轉南經西定橋入梁溪又一支出黃泥橋分而南爲菰瀆向西行達於梁溪

石灰橋河自南門塘運河分流西行出石灰橋諼渡河分支經永聖橋自北來會又西行爲九里涇西墩河過葉

塲橋南達於落星塘入中橋河

河港自南門塘運河分流而西過茅村橋轉南達於梁墓涇

曹王涇在新安鄉自南門塘運河分流西行又分而南爲蠡瀆又西行轉南爲梢涇過薛舉橋入蠡口河又西行爲梁墓涇與河港合又西行過梁塘橋與九里涇西墩河合又西行過落星塘大橋貫中橋河又西行爲馬蠡港入五里湖

謝家河自南塘運河分流出謝家橋西行入蠡瀆

麪杖港南塘運河分流出小橋西行入蠡瀆

蠡瀆在新安鄉自曹王涇分支南行合謝家河又南行合麪杖港又南行過落霞橋俗名老鴉橋經蠡口貫新安溪又南行過八字橋名赤城溪又南行出溪橋港入太湖

蠡口河自蠡瀆分支梢涇之水北來注之西行過錢秉橋分而南入新安溪又西行會中橋河折而南過毛文橋又南行過壽安橋爲張橋港入太湖直西行曰唐干洴又西曰洪邱洴分而南復與新安溪合又西行歷葛埭橋入長廣溪

赤城溪在縣南三十五里新安鄉廣數十丈長五里北受蠡瀆南會新安溪入太湖萬歷志是爲新橋門

新安溪自新安塘運河分流西行出白龍橋徐洞涇自流潭橋南來注之又西行納蠡口北來之水又西行過袁巷橋轉南爲張橋港又西行過谷順橋分而南爲湖西埭又西行分而南爲壬子港又西納唐干洴北來之水又西長廣溪自北來合又西過通湖橋出吳塘門入太湖

唐干洴在縣南二十五里開化鄉蠡瀆之水分流而西至

唐干合諸小水蓄而爲浸西行合洪邱洴又西與長廣溪合

徐洞涇自新安塘運河分流西行過流潭橋又西過莊橋折而北入新安溪徐洞涇吳中水利全書作徐陶涇

沙墩港東引運河西行入太湖

烏角溪在縣東南四十五里東接望亭運河西入太湖

太湖又名震澤又名笠澤又名具區又名五湖周圍三萬六千頃寰宇記太湖從湖州長興歷常州義興晉陵及無錫界水經注晉揚泉五湖賦頭首無錫足蹶松江在

縣西南一十八里絕縣之境四十五里富安開原揚名
開化新安五鄉皆濱湖凡西北境之水皆入焉卽東境
亦多分流西注者吳莊太湖原委考云北在無錫者自
新姑港至閶望港凡十八處今攷通湖諸港小者不可
悉計其可志者在富安鄉曰直湖港曰水溜港曰新橋
口閶江口在揚名開化鄉者曰後溪港曰浦嶺門獨山
門曰吳塘門西入湖在新安鄉者曰壬子港曰湖西埭
曰溪橋港曰張橋港曰沙墩港南入湖
案張勃吳錄云五湖太湖之別名以其周行五百餘里故名五湖虞翻云太湖有五道東通長洲松江南通安

吉雲溪西通義興荆溪北通晉陵滆湖南通嘉興韭溪故名五湖陸龜蒙云太湖上應咸池之氣一水而五名此以太湖卽五湖而說各不同酈道元水經注長蕩湖射貴湖上湖滆湖太湖爲五湖義興記太湖射湖貴湖陽湖洮湖爲五湖此以太湖爲五湖之一史記正義五湖者菱湖游湖莫湖貢湖胥湖皆太湖東岸五灣蓋古時應別今並相通貢湖在長山西其口濶四五里西北連常州無錫老岸湖周圍一百五十里已上湖身向東北長七十餘里與游湖俱西連太湖相傳大禹治水駐此故名貢據此湖之在無錫者乃貢湖也康熙庚午志云湖內有靈山去岸二百里山中有靈山寺舊爲無錫後割入晉陵
運河東岸於五牧分支爲北大河出薛家橋北行轉西又
東北行過白沙橋爲白沙圩其分流而南爲蔭橋河又
東行爲湖上橋又東行過九穹橋一名九頃亦名九龍環芙蓉圩

大堤分而南爲柘塘河又東行爲五龍涇俗名五重涇又東
南行過藕塘橋口高橋河自西南來會轉東入四河口
蔭橋河在招義鄉自白沙圩分流東南行柘塘河自北來
注合流入於萬壽河東卽楊家圩大堤迤北與唐平湖
合
唐平湖宋初平南唐李煜歸附建寺名唐平寺元季大水
淹寺基幷傍地三十餘畝皆平沉成巨浸遂改稱唐平
湖俗稱唐明寺灘南通蔭橋河北過星橋通北大河西通蔡家
岸橋湖底有石檻碎鑪古樹盤根康熙四十六年大旱

水涸猶見之
五龍涇在興道鄉北大河自西來滙於白沙圩過九穹橋
爲五龍涇支河交會者五潦則出通濟橋下白湯圩以
洩水旱亦由通濟橋納潮水以資灌溉東接江陰界北
卽芙蓉圩大堤南通藕塘河
藕塘河自五龍涇分支繞楊家圩北堤東行轉北過藕塘
橋復與五龍涇合東南行分而西爲柘塘河繞楊家圩
西南岸入萬壽河
萬壽河環楊家圩南岸北受柘塘蔭橋河水西通石瀆東

行過三萬壽橋入高橋河

章瀆河界楊家圩之中長三里東西兩壩下爲水門南北圩田藉以蓄洩東壩外爲東塘河西壩外爲柘塘河

芙蓉湖在縣東北與道鄉陽湖無錫江陰三縣界一名上湖一名射貴湖又謂之無錫湖晉張闓嘗洩湖水入五瀉欲以爲田功不成而罷宋元祐間始因其舊跡治湖爲田規制未備時復淹没明周文襄忱撫吳時規方起築中心最低處爲一大圩四圍大堤包之西湖芙蓉圩周六十一里屬陽湖者四十一里屬無錫者二十里中有甘家壩兩縣界堤爲田十萬八千餘畝屬無錫者二萬有奇東湖楊家圩爲田四萬七千餘畝地低不產麥故稱不麥低田兩圩皆芙蓉湖地也元志云湖之經界漫不可考今案芙蓉圩界堤北大河滙白沙圩自北來注九穹河五龍涇繞其東南隅楊家圩界堤蔭橋唐平湖在其北高橋五瀉環其南東爲萬壽河西爲蓄塘河東北爲石幢港西南爲柘塘河兩圩中隔平壤其間汊港縱橫莫可名數而西湖流灘圩東湖浮舟圩尤稱窪下云

案無錫城外有蓮蓉橋舊志謂蓮蓉湖在北門迎潮館前蓮蓉即芙蓉胡宿芙蓉湖汎舟詩云嵐氣欲飛山隔

岸正指今黃埠墩高橋一帶而言皮日休時與陸龜蒙魏璞乘五瀉舟載酒共游亦即其地今以湖專屬之與道鄉蓋但據芙蓉圩指爲芙蓉湖也山川故跡今古變遷王仁輔已云湖之經界漫不可攷芙蓉湖昔謂之無錫湖安可以區區一隅概之寰宇記云東西四十五里南北四十里毘陵志云南北八十里陸羽記云東洞江陰北掩晉陵南控長洲唐以前全湖之境瀰漫衍見於紀載厥後成蹟漸湮文襄於此築堤成圩肇興水利縣大夫之賢者每踵而治之是可識也別具水利

柳堰橋河自五牧運河分支東北行過富莊橋又東北過蔡家岸橋與北大河合

石瀆亦名西瓜瀆在洛社西運河分支東北行蔭橋河自西北來會柘塘河自西來會轉東入萬壽河

蠡口橋河在招義鄉石塘灣運河分支過蠡口橋東北行石瀆之水自西來會折而東入萬壽河萬歷志西瓜瀆自蠡口橋南引運河北至與道鄉而始以瀆名康熙志石瀆亦名蠡河乾隆志云二水北合而南分故並列之今從乾隆志

高橋五瀉河俗稱白湯圩自運河分支進高橋北行分而東爲西五丫浜又北行分而西爲梅涇又北行萬壽河自西北來合之又北行分而東爲北張涇又東北行分而東爲石幢港過石幢橋東北行至四河口分水墩東岸即江陰界又北行五龍涇自西來會又北行接陽湖界自高橋至四河口爲江陰運河今稱東塘河高橋爲錫金兩邑分界橋

以北屬無錫橋以南屬金匱高橋河東行三里有由涇閘閘北屬無錫南屬金匱元王仁輔志云長渠在州東北二十四里北入江陰境勝二百石舟或云在州西北一十五里入五瀉渠泝流六十里北入江陰單案此渠當與五瀉水同脈而異名驗其方隅之向背地里之相去與泝流之遠近水力之勝載一一可比而推況出自北門入江陰之水道莫此爲大特以歲久蔑有識者附錄以備考

北張涇自高橋河分支東北行與咸塘河合

石幢港在興寧鄉自高橋河分支東北行過高陸堰橋合於咸塘河石幢跨塘橋東趾爲無錫江陰界境閘自橋而北至四河口有分水墩西岸屬無錫水清東岸屬江陰水濁

西五丫浜自高橋河分流東行至咸塘河口爲兩邑界河北屬無錫南屬金匱又東南行分而爲顧橋港又東行轉南過閘口出三里橋合於北門塘屬金匱

咸塘河自西五丫浜分流東北行至沌來廟河口爲兩邑界河西屬無錫東屬金匱又東北行北張涇西來注之又東北行分爲張塘河又東北過胡家渡分而東入青魚白蕩又北行過高陸堰橋石幢港西來注之又東北行至馬鎮入江陰界屬無錫

沌來廟河自咸塘河分支東行合於張塘河

張塘河自咸塘河分支東行亘興寧鄉界青魚蕩北來合之㙗影河南來合之屬無錫又東行過張塘橋南合嚴埭河之水又東行過姑里橋入闞莊白蕩爲兩邑界河北屬無錫南屬金匱

三里橋河自北門塘運河分支東行爲閘口河轉北合西五丫浜分而南與顧橋港會萬歷志舊從五瀉口來宣德間始鑿河由顧橋南出案萬歷志閘口河在縣城北二里天授鄉水自蔡家渡分爲二一循城而東入泰伯瀆一東流越膠山鄉入江陰界

顧橋港自西五丫浜分流東北行折而南過顧橋合轉水河又東南行爲東五丫浜自此環而南爲北九瀆

轉水河自東運河分支北行過四保橋轉而東與顧橋港合又東南行爲東五丫浜

東五丫浜北接顧橋港南行爲北九瀆支流凡五一爲小河無所通二五步塘三嚴埭河四北興塘五南興塘

五步塘在天授鄉爲五丫浜第二支東北行合㙗影河舊名五步河亦名五部湖今皆湮爲田土人但稱五步塘上爲塘頭鎮即漢末陶穀隱處

嚴埭河在天授鄉五丫浜第三支東北行其直往爲太平港入崇村白蕩其轉而北過嚴埭橋又北行而五步塘

西南來合又北爲墖影河又北行過范砌橋又名凡七橋又
北行入張塘河
太平港在興寧鄉自嚴埭河分流東行至太平橋爲兩邑
分界北屬無錫南屬金匱又東行過上舍寺橋分而北爲顧莊河
又東行八字橋河東來合之又東歷崇村蕩口合於包
堰河東北行入西洋白蕩屬金匱案太平港又名吳瀆港萬歷志太平橋宋時設太平酒稅於此
墖影河嚴埭河分支北行至范砌橋屬金匱又北行經寺頭
鎮合於張塘河屬無錫水中見妙光墖影故名

顧莊河自太平港分流北行爲顧莊河又北爲顧莊白蕩
即鄧蕩北界江陰
北興塘爲五丫浜第四支東行經桑園渡滙爲楊婆圩分
而東北爲八字橋河又東行過九村渡分而東爲張涇
河東南行爲鴨蕩圩又東南過六市橋分而南爲潭塘
河又東行分而南爲鮎魚塘又東行分而北爲潘市河
達於張涇又東行分而南爲唐涇又東行分而北爲楊
尖河接常熟境又東行折而西北曰包堰是爲西大河
案元王仁輔志有新河在宅仁鄉南通九村渡北接潭塘河宋建炎間金烏珠爲韓世忠所困一夕開此河達

大江遁去萬歷志新河南通九村渡北入江陰界明洪武二十五年重濬上有馮梓二堰今廢前後庚午志俱不載附錄以備考
八字橋河北興塘分支自楊婆圩北進大通橋過八字橋
又東北過黃姑橋經斗山西合太平港轉而東經崇村
蕩口合於包堰河酌泉錄載闞莊蕩分流爲滸塘河東南行達八字橋河前志無
張涇北興塘分支東北行爲龍涇過三壩張涇陳家等橋
又東北行而潘市楊尖河以次來合又東北入於包堰
河
潭塘河北興塘自鴨蕩圩南分流過潭塘橋抱堠山東南

行入於南興塘萬歷志潭塘河在梅里鄉鴨城河分流北行至宅仁鄉爲劉家河貫興塘
包堰河北興塘之盡折而西北過新橋又西北行而張涇
之尾來合又西北曰包堰其外皆常熟境又北行轉東
過黃梅山夾山斗山合太平港八字橋河又分流西北
行入西洋白蕩接江陰
南興塘爲五丫浜第五支自城東北運河分流曲折行至
轉水河東北行至對溝渡東行至九村渡分而南爲九
瀆又東行過新塘橋分而南爲東亭河又東行過鴨城
橋其南即梅里分二支一分而南爲毛道橋河又東行過張

公橋又分而南經灣橋出破塘入於伯瀆又東行至犂尖合下莊橋河亦會於伯瀆其一支東北行過石埭橋楊婆圩諸水出查家橋自北來會繞堠山之南潭塘河北來合之東行至九里橋爲橫塘河 今設柵 又東行分而南爲奚山浜其東北支爲信義瀆又東行過西安橋中安橋分而南爲走馬塘又東過太平橋歷大成橋下宛山蕩

九瀆五了浜南行爲北九瀆貫泠瀆又南行爲南九瀆又南行達於伯瀆

泠瀆在縣東南三里景雲鄉自羊腰灣運河分支東行爲西泠瀆貫東亭河又東行爲東泠瀆注於毛道橋河 萬歷志泠瀆即鴨城河之始脈也內有一十八灣

東亭河自南興塘分流南行爲東亭分二支跨以東西二橋又合流爲龍舌尖向南行泠瀆自西來會又南過江陂橋又南過學士橋入伯瀆爲十字口

毛道橋河自南興塘分支南行納東泠瀆過張公橋自犂尖入於伯瀆

信義瀆即鴨城河 萬歷志在梅里鄉爲鴨城河在上福鄉爲信義瀆 南興塘分支自橫塘河北行轉東爲信義瀆歷膠山南過芙蓉塘橋爲盛塘河納鮎魚塘顧市河之水東過大成橋入宛山蕩其自盛塘一支分而南者仍入南興塘

走馬塘自南興塘分支南行至分流口入於伯瀆又南經石室山之西嵩山之東分而東過孫家橋又東過桑園橋注於八千蕩又南行經皇山西過唐家橋又南行出外莊橋入張塘河 萬歷志走馬塘貫垂慶延祥上福宅仁四鄉

奚山浜自南興塘分支南行進湖口橋過岳沈公橋達奚山西麓又南行出新橋又南過下莊橋合東西蠡橋之水出犂尖橋入於伯瀆

泰伯瀆南門塘運河分支自清寧橋南入口東行過驢橋至學士橋九瀆自北來合又東行貫江陂橋河爲十字口東行過羊橋爲圩前河分而南爲鄒莊河又東行東亭諸水出紅橋來會又東行鴨城諸水出許巷橋來會又東行過蘇團橋分而南爲香涇又東經破塘橋又東爲梅村 即梅里 經泰伯廟分而南爲梅花浜又東行爲犂尖口分而南爲安樂浜又東過毛塘橋至分流口 土名分龍口 走馬塘自北來會一支自分流口東南行過馬橋廟

菴橋分而南爲九曲河又東行過胡堰橋又東過甄橋爲楊巷蕩轉而南至方橋接長洲界再東則黃埭達齊門路折南則長蕩出山塘路其一支自分流口東行爲張塘河皇山在其北又東爲蘇舍蕩經青蕩口分而南又爲二道東爲延祥河南爲落埠河又東過福華橋至楊巷橋又東出新橋口入鵞湖

王莊港即十字河自運河分支東行爲十字口貫泰伯瀆又貫冷瀆又北接東亭河

鄒莊河在坊前西伯瀆分支南行過鄒莊又東行過青石

橋注於周涇

破塘河亦名福塘河在梅里鄉自鴨城河分流南行越泰伯鄉入蠡河萬歷志黃土瀆利浦在梅里鄉前後庚午志俱不載

香涇在破塘西伯瀆分支南行過岵思橋遶子鵞墩又東南行宅基浜引運河自西來會又東南貫望瀆南爲唐莊河又東南爲華長涇入蠡河

梅花浜伯瀆分支北對犁尖分而東南流合香涇達於唐莊河

犁尖河伯瀆分支毛道橋河過張公橋北來注之東行爲分流口

外莊河自伯瀆分支東北行出蕩山皇山之間經走馬塘入於八千蕩

北宅浜伯瀆分支自分流口南行過成家橋又南行過顧閔橋竹橋與梅花浜合又南行達於望瀆自竹橋分流而東過何店橋歷金娥墩又東行至雙版橋入於馬橋河

馬橋浜在北宅之東自伯瀆分支南行過小馬橋又南過世家橋分而東注九曲河又南至雙版橋又南行合柘

社河之水出顧市橋入蠡河

九曲河水分五汊一伯瀆之水分流自北來一自唐明橋來一西南行不遠而止一過九曲橋東行貫壽山里出楊巷蕩一東南行過建安橋又分二道一南出三數蕩一東南出方橋三數蕩一名省灘蕩

鵞湖一名濠湖俗謂之鵞肫蕩西接伯瀆北受謝埭八千蕩諸水在縣南五十里延祥鄉東西四里南北三里東長洲界北常熟界

灣涇伯瀆洩入青蕩之道也青蕩在鵞湖之西納西南北

三面之水東逕椿桂山出延祥河橋通鵞湖其南注駱婆橋出狄澤橋通楊巷蕩

八千蕩在伯瀆東北之腹裏亦名九村河外莊河東北來注之北流會南興塘入宛山蕩東流入謝埭蕩南通蘇舍蕩

宛山蕩在宛山之陽受南興塘諸水東南行爲陸家蕩南行出謝埭橋合八千蕩諸水滙爲謝埭蕩又南入於鵞湖顧祖禹居此自稱宛溪顧祖禹

白米蕩有二一在謝埭蕩東南通長洲界一在宛山蕩西

北盛塘河口東北出楊尖河接常熟界

聖瀆在泰伯鄉自運河分支東行過十房橋又東行唐莊河自北來合又東行爲南河又東行出曹宅橋注於蠡河又東行爲柘社河又東行馬橋河之水自北來合出顧市橋亦注於蠡河又東行過祥里橋出徐塘橋入於三歎蕩

蠡河望亭運河分支東行經曹家渡楊家渡又東而華長涇北來合焉又東行經新橋渡三歎蕩又東出蠡口合楊巷蕩之水達於曹湖

曹湖一名蠡湖在縣東南六十里泰伯鄉東西十二里南北六里其浸屬長洲惟邊湖一二里屬金匱界寰宇記范蠡伐吳所開唐書地理志孟簡開泰伯瀆并導蠡河故伯瀆一名孟瀆蠡湖一名孟湖曹湖吳中水利全書作漕河　案吳中水利全書武進縣綱頭河在府城北青山門外延袤六十五里入無錫界永安河在府城南自無錫運河東北至三山港經紫溝河入江水磧河在橫林鎮東北經無錫縣界入江陰青暘鄉江陰運河在縣南北引江流入黃田港南截蔡涇經青暘達五瀉河又有庭塘河其西接運河東入無錫縣界谷瀆港在江陰縣東北引江水南行經三河口分而爲二一入新河達無錫縣界申港一名申浦在江陰縣西其水自江來東入無錫縣五瀉河此皆鄰邑過境之水附錄以備考

案城外諸河在北境西境西南境者隸無錫在東北境東南境者隸金匱水以太湖爲鉅而梁清溪五里湖長廣溪與爲灌輸五瀉芙蓉其名最古今並屬無錫境金匱所治以泰伯瀆蠡湖濠湖及宛山蕩爲著

泉附

第二泉在惠山第一峯白石塢下唐陸羽定天下水品二十種江州廬山康王谷洞簾水第一無錫惠山石泉水第二蘄州蘭溪石下水第三峽州扇子硤下石窟洩水第四蘇州虎邱石泉第五江州廬山招賢寺石橋潭水第六揚州揚子江南泠水第七洪州西山瀑布水第八唐州桐柏縣淮源水第九江州廬山頂龍池水第十潤州丹陽縣觀音寺井水第十一揚州大明寺井水第十

二漢江金州上流中泠水第十三歸州玉虛洞香溪水第十四商州武關西谷水第十五蘇州吳松江水第十六台州天台西南峯瀑布水第十七彬州圓泉第十八嚴州桐廬江嚴陵灘水第十九雪水第二十以其爲羽所定故又名陸子泉又張又新記揚子江中泠水第一惠山泉第二虎邱石泉第三丹陽第四大明寺第五松江第六淮水第七其說不同惠泉仍居第二泉上有若冰洞人多言泉源所出然洞有水甚濁而不通二泉二泉伏涌潛洩畧無形聲池二圓爲上池方爲中池兩池

中隔尺許本有穴相通撓之則俱動而中池之味遂遠不逮上蓋中池便雜若冰洞水上池不雜故也水下流而不能逆上故不雜汲泉者瓶罌負擔不舍晝夜皆上池獨給之相傳宋高宗南渡嘗酌泉於此泉由暗渠東出吐注下池下池深廣方丈餘由是其流分爲二北經黿池金蓮池出寺塘涇下運河（康熙庚午志下雙河）西道錫山澗沿澗以入梁溪溉田常數十頃宋聶厚載記謂此泉之甘實感錫氣苦井投以黑錫久而得甘查梅橙李和鉛霜食之則美蓋錫能變味云緯畧曰唐相李德裕好惠山泉嘗置遞取之皮日休作詩譏焉後有僧言長安昊天觀一眼泉與惠山泉通李取稱量果等乃罷水遞或又傳元時嘗設稅而泉竭罷稅乃如故泉之上有亭翼然舊製以木乾隆二十七年知縣吳鉞以石易之恭鐫
御製詩於石亭之前舊有漪瀾堂宋蘇軾詩所謂重將塵土足一步漪瀾堂者是也明正統五年重建李東陽篆其門故有天下第二泉額則元趙孟頫書康熙二十三年伏遇
聖祖仁皇帝駐蹕泉亭先

命汲泉以進
兩宮然後酌而嘗之二十八年二月還自會稽復臨泉上
御書品泉字命前諭德臣秦松齡刻扁漪瀾堂嗣後每
幸茲山恒蒙
睿賞逮乾隆十六至四十九年
高宗純皇帝六巡江浙屢駐蹕焉茲泉雖擅名已久向惟文人逸流留連歌詠以狀景物至於
璿藻品題前後稠疊山効靈而谷獻珍自有斯泉以來所未有也凡貯泉取本池石子置盎中則久而不壞又遠

攜味或小變有洗泉法入以他水而攪之俟其凝定他
水皆上浮傾出之泉以重而獨沈甘若新汲矣
若冰泉在二泉之上唐詩僧若冰斸巖得之故洞及泉並
以冰名亦稱北巖洞池廣方丈水頗濁舊有刺史獨孤
及碑今不可考
龍縫泉在春申澗上碧山吟社之左自石隙中出深廣可
三尺一名龍淵
羅漢泉在惠山寺殿後右隅山僧真恩嘗構亭覆之
靈泉在錫山東嶽廟西廡之前

龍眼泉在大同殿後本梁大同間鑿亦名大同井
惠照泉宋天聖閒僧惠照者斸地得之今湮塞
松苓泉在聽松菴右景泰間邑人盛容因泉出松根鑿池
引之有王鏊記
遜名泉在尚德書院前正德五年浚
滴露泉在尚德書院默易臺之下邵寶將築臺詩有安得
泉聲一道來之語忽有涓流出於石閒乃引而名之
雲泉在張中丞廟前萬歷十五年山僧導溝得之
珠簾泉在惠山石門水簾洞

鳳泉在石門石壁生鐵線影入泉中作飛舞狀
洞酌泉在璨山舊有亭其西又有邵公泉
錫泉在錫山半山亭之下乾隆二十七年無錫令吳鉞於
此掘地得泉因刻錫泉二字於石
女姑池在錫山石泯菴之前乾隆三十年邑人秦瀛偕劉
松苓鮑汀信宿是菴見灌莽中有泉噴出搜剔得石石
上有女姑池三字甚古莫知其名所自
淮海泉在秦觀墓左石壁下有泉一泓寬廣三四尺許澄
清可愛大旱不竭裔孫瀛謁墓得之因名曰淮海泉

通惠泉在寶界山宋錢紳去官歸隱其地紹慶三年得泉
於巖下甘冽亞惠泉因名之
玉泉在縣西錢橋之玉泉菴喻樗嘗讀書其地故以爲號
水甚甘冽
綸泉在白茅山蓮花峰之南甃石如井
雲液泉在管社山
天井泉在閭江西麓向有二今湮其一
惺惺泉在控江門內胡橋之北歲久湮失成化十九年邑
人楊琛掘地得之因作樓覆其上後復廢塞康熙二十

八年邑人顧貞觀重浚以上無錫

寶乳泉在膠山寺左廡唐咸通中建寺得此泉於山竇間因名宋尚書郎閩人翁挺構掌齋於其上

滌硯泉在膠山寺世傳蕭侍郎滌硯之所有亭曰硯水

靈趵泉在膠山元武祠南

華子泉在皇山泰伯井旁華玠武嘗闢園於此浚水而甃之作亭於上正德間莫止名之曰華子泉

泠泠泉在嵩山以上金匱

龍湫附　一在龍尾陵道　一在安陽山　一在軍將山

一在興道鄉章瀆圩　一在興道鄉湖上圩　一在芙蓉圩南　一在芙蓉山　一在香山

水利

周元王三年越范蠡伐吳開漕今曰漕河亦曰蠡河

烈王十五年楚春申君黃歇城故吳墟內北瀆四從五橫

宋元嘉二十二年修陽湖乘湖廢修成良田數百頃

梁大同元年遶惠山濬溪今名梁溪

隋至德間置望亭堰牐

唐景龍二年置將軍堰相傳單雄信提兵過此以鎗止水為堰故名

元和五年常州刺史孟簡開泰伯瀆

宋淳化三年詔廢望亭堰

熙寧元年詔修水利知無錫縣焦千之決水灌田歲值旱河竭自小渲港車湖水入運河復車梁溪水溉將軍堰以灌之農田獲利案職官表無錫縣焦千之在熙寧六年

熙寧二年廢呂城堰置望亭堰牐先是麦民贍建議廢呂城牐即望亭堰置牐不用及濬河隳敗古涇函石牐石礎河流益阻

熙寧間郟僑上水利書乞決常州無錫縣界之五瀉堰使北入揚子江此堰決水其勢甚徑往者官吏非不施行然止知決堰而不知預築堰下民田之堤岸以防水勢五瀉地形與民田相去幾及丈餘平時微雨水即溢堰而過已有浸溺之虞今直欲決去其堰使諸路之水舉

自此出又不增高圩岸以爲堤防則決堰未多而民田已沒

元祐初江東兩浙轉運使毛漸開蓮蓉河入大江

元祐 年治芙蓉湖開堰南徐記晉張闓嘗洩芙蓉湖水令入五瀉注於具區欲以爲田盛冬著豬衣令百姓負土値天寒凝沍施功不成至宋元祐中居民因其舊跡堤岸堰水爲田數百頃因於歐瀆開五瀉堰置閘後渠梁其上以通往來案晉元帝泰興四年侍中張闓出爲晉陵内史郡屬四縣闓至開曲阿新豐塘溉田八百餘頃坐擅興作免官公卿並以興陂溉田可謂益國爲闓申白見府志名宦張闓疑卽晉陵内史張闓盛冬著褚衣疑褚衣漢書南粤王傳師古注以綿裝衣曰褚

元符二年知無錫縣趙伾興濬水利

乾道六年五月以兩浙轉運司幷常州守臣言塡築五瀉上下兩牐及修築牐裏堤岸仍於郭瀆港口舜郞廟側水聚會處築捺硬壩以防走泄運水委無錫縣知縣主掌鑰匣遇水深六尺方許開牐通放客舟

淳熙九年知常州章沖奏望亭堰牐置於隋之至德撤於本朝之嘉祐至元祐七年復置未幾又毀之臣謂設此堰牐有三利焉陽羨諸瀆之水奔趨而下有以節之則當潦歲平江三邑必無下流淫溢之患一也自常州至望亭一百三十五里運河一有所節則沿河之田旱歲資以灌溉二也每歲冬春之交重綱及使命往來多苦淺涸今啟閉以時足通舟楫後免車畝灌注之勞三也乞敕下施行

嘉泰元年知常州李珏奏請委轉運司提舉常平官同本州相視漕渠如法濬治盡還昔人遺跡並修望亭上下二牐固護水源

明洪武二十五年無錫縣濬新河新河在縣北境將入江陰界相傳金烏珠開鑿至是始濬

宣德間應天巡撫周文襄忱以芙蓉湖田歲久湮廢築銀

注東壩以捍上水開江陰黃田港以洩下流湖水遂涸隨地高下築爲圩田編號起賦西湖芙蓉圩玉出崑岡劒麗等字低田二萬餘畝東湖楊家大圩爲霜金生水號等字低田四萬七千餘畝規方築堤外圍岸濶一丈八尺高八尺内幫子岸四尺界河大岸濶一丈二尺高六尺

成化八年知無錫縣佟珍濬走馬塘南自張塘北至馮堰長十三里廣六丈縣民趙汝明捐貲獨濬案職官表無錫縣佟珍在成化十一年

嘉靖二年工部都水司郎中林文沛開常州府河瀆撫

錫縣開闔江港二百四十五丈又開西新河永安河包
沿河蘇塘河共長一萬二千五百三十一丈以洩運河
之水使歸常熟宛山蕩散出白茆諸港
嘉靖八年知無錫縣鄧繼曾重修芙蓉湖堤
萬歷八年武進丞郭之藩築芙蓉圩堤動支河工銀五百
三十八兩借給倉穀二千四百餘石分撥武進無錫二
縣修整堤防周圍六十餘里築二縣界堤長十餘里北
障江湖南捍湖水自是皆成腴產
萬歷十年無錫丞楊春光修芙蓉湖堤十一年知無錫縣
李復陽詳請官錢相繼修築
萬歷三十年魏國公莊田二千餘畝比民田高二尺莊官
恣橫旱則決塘引灌潦則洩水民田大爲民病知常州
府歐陽東鳳不畏彊禦判民於莊田北築新壩抵之又
請支公帑大築南塘内外諸岸兼修洞閘圩民賴之
萬歷三十七年知無錫縣許令典濬冉涇橋河
天啟二年知無錫縣劉五緯修築北官塘鵞子岸長三百
二十丈有奇時名之爲劉公塘又躬率芙蓉湖民併工
挑築啚設木櫃以收門稅令編戶自投有夫役之費則

發之多置堰牐分立小圩互相防禦
崇禎六年常州府通判劉鱗長濬無錫縣城内河自北大
橋起至南跨塘橋長四百九十五丈
崇禎七年巡撫張國維巡按祁彪佳檄無錫縣知縣陳志
忠濬運河自錫山驛前起北至洛社遇淺開濬共長五
千二百一十三丈
國朝康熙九年夏大水壞芙蓉湖堤無錫縣吳興祚捐俸
米三千三百六十石給散饑民興修圩岸勸各田主每
畝出傭米三升給佃併力挑築計共堤工每日三千五
百六十三名自康熙十年二月二十六日起工四月十
五日工竣編設圩長三十六名岸甲一百八名照田分
派催督凡充圩啚之役者專値堤工優免䌲項差徭
案採湖錄芙蓉圩周圍六十一里武進四十一里在北
段及西南(今屬陽湖管)無錫二十里在東南一隅中爲甘家
壩兩邑界岸共計一千七百九十二丈五尺東南隅圍
岸包百小圩共計二千三百八十九丈六尺屬青城鄉
八一八二八三八四八五七二等啚有中瀾港東瀾港
諸家壩三牐龍潭二處西北址武進界河東址五龍涇

南堤窪下支河交錯防禦尤難東湖楊家圩圍堤大岸九千六百八十餘丈內大小五十六圩各分界岸統共三十四萬五千六百八十二丈三尺屬青城鄉六一六二六三七一七三萬安鄉九一九四等啚有八牐三十八壩龍潭二處東址江陰界南由五瀉湖出高橋西南址萬安鄉通石瀆西抵前洲通乙虞橋西北聯芙蓉西湖和尚圩之五重涇北址江陰芙蓉湖十七圩一名馬家圩東北址四河口圩地外高內低形如仰釜漸進漸低內畫縱橫水岸如遇水漲高水不入於中中水不入

於下下水不入於低每年冬水既涸春漲未來起土挑築一律鞏固毋致一堤滲漏全圩受累則湖民安堵無恐又案芙蓉東湖楊家圩有章瀆河一道東西直長三里南北兩岸圩田藉以蓄洩章瀆東西各有大壩其東壩有旱洞通流內灌各圩田畝遇澇則兩壩設車戽水出塘如需車二十具東西兩壩各設車十具協力戽救仍於東西兩段各出夫頭一人互相稽察不得偷減並禁私築腰壩以致阻塞

康熙二十年巡撫慕天顏檄修芙蓉湖堤岸糧道劉鼎督修知無錫縣曾子駒設法購料散給口糧通計各啚各甲照田均派將圩中小岸專責佃農外圍大岸種田者築三之二輸役者築三之一令圩長岸甲督率併力修築其派修之法每啚均分十段以十甲挨次任修惟萬安九一啚號字界內有東龍潭漁潮頭圩等處河濶水險若照他啚均派恐多諉卸故於十段內危險之處少分幾丈平穩之處多派幾丈分爲十鬮於吳公生祠神位前十甲公拈各照鬮定段落修築永遠遵行有田在此而分修之岸在彼不得私自更易

康熙三十一年知無錫縣徐永言開濬羣河南北淺處共四千九百餘丈

雍正十三年知無錫縣吳翼祖濬九里涇河自莊橋起至翠雲居長九百八十二丈

附河形 據張國維吳中水利全書所載明隆萬間官核丈尺可爲後來疏濬之式

邗溝 自北控江門入至出望湖門長五百九十丈底濶三丈三尺

弓河 遶東迤北長一千九百五十丈底濶三丈五尺

冉涇河 長四百二十丈底濶二丈五尺

第六箭河 長三百十丈底濶二丈七尺

第七箭河長三百三十丈底闊二丈三尺

第八箭河長二百六十丈底闊二丈五尺

億豐倉河長三百六十丈底闊二丈五尺

斥瀆長二百七十丈底闊二丈三尺

留郎橋河沿西北城之南之東圍環縣治而東轉北出營河長一千一百丈底闊三丈四尺

營河長三百七十丈底闊二丈二尺

水磋河長三百七十丈底闊二丈二尺

玉帶河長七百七十丈底闊二丈三尺

右城內河

南門釣橋河長七百五十丈底闊五丈

石灰橋河長二百五十丈底闊二丈支河三丁家浜長四十五丈底闊一丈二尺　演聖橋河長六十八丈五尺底闊一丈五尺　九里涇西墩河長六百丈底闊一丈

百瀆港口河長七丈六尺底闊二丈五尺

百瀆橋河百瀆橋下起小十字口止河長一千五百九十二丈底闊二丈支河七　孫冠浜長四十丈底闊六尺　王家浜長三十二丈底闊五尺　袁家浜長五十二丈底闊五尺　大墩浜長九十丈五尺底闊六尺　韓家浜長五十丈底闊五尺　張家浜長二十丈底闊四尺　費家浜長三十丈底闊五尺

蘇園河長六百七十二丈底闊二丈支河六　許浦長二十五丈底闊五尺　宋家浜長三十五丈底闊五尺　破塘浜長七十丈底闊五尺　陶潼浜長四十丈底闊八尺　香涇河長三百丈底闊五尺　臭瀆浜長

二百二十丈底闊五尺

南走馬塘長三千四百一十五丈七尺五寸底闊二丈

北走馬塘長一千七百八十丈底闊二丈五尺

包沿河東段長六百七十丈底闊三丈

包沿河西段長六百五十丈底闊二丈五尺

信義瀆長八百十三丈底闊三尺

北邦溝長三千丈底闊一丈五尺支河三十九　瀆東浜長一百二十丈底闊一丈　雙排河長八十三丈底闊六尺　徐陶涇長六百三十三丈底闊六尺　分流涇長一千二百丈底闊六尺　香涇河長三百丈底闊六尺　錢橋河長三百五十丈底闊一丈　新瀆橫行河長八百三十丈底闊八尺　察亭河長三百二十

丈底闊一丈二尺　郭村朱莊浜河長三百八十丈底闊六尺　馮橋河長四百二十丈底闊一丈　貟來河長九百丈底闊六尺　陸墟唐家浜河長四百五十丈底闊六尺　楊染橋河長三百四十丈底闊一丈　胡埭河長五百三十丈底闊二丈　劉唐河長三百六十丈底闊六尺　丁村浜長二百五十丈底闊六尺　陸家浜長三百丈底闊六尺　前章浜長六十丈底闊七尺　胡巷橋浜長一百二十丈底闊七尺　掘頭浜長五十丈底闊八尺　沙頭浜長五十丈底闊八尺　橫山浜長五十丈底闊八尺　菴頭浜長二百丈底闊一丈　唐家浜長一百丈底闊九尺　坊橋河長一百五十丈底闊九尺　楊家橋沙墩河長三百七十丈底闊九尺　午千涇長三百丈底闊一丈　曹宅河長五十六丈底闊一丈　徐陶涇河長七百三十三丈底闊一丈　宋塘橋河長三百二丈底闊一丈二尺　王港涇河長六百丈底闊一丈　章家浜長一百五十五丈底闊八尺　楊家浜長二百丈底闊八尺　坊橋河長二百五十六丈底闊一丈六尺　白泥堰河長五百三丈底

濶一丈二尺　胡家浜長一百五丈底濶八尺　馬家浜長八十三丈底濶八尺　壽山浜長二百九十丈底濶六尺　顧巷浜長二百二十五丈底濶六尺

嚴埭河長一千三百丈底濶一丈二尺

花渡河長七百丈底濶二丈

李富涇河長五百五十丈底濶八尺

右城外各鄉河

無錫金匱縣志卷三

無錫金匱縣志卷四

城郭

梅里泰伯舊城於邑爲最古其後黃歇請封江東因城故吳墟號稱黃城自秦漢置縣以來建設城郭成毀不一要非泰伯春申之舊前明中葉松滋王侯其勤來蒞無錫議築城而百姓皆怨及寇至無患乃相告曰侯實生我故前志特詳載之豈非以侯功在城社民不能忘與至古今內外城營治之舉或創或因及用力大小多寡皆錄焉亦後世考鏡之資也志城郭第四

無錫之城前志不詳創自何年吳越春秋云泰伯城周三里二百步外郭二百餘里句有誤在吳之西北隅名曰故吳墟卽今縣東三十里梅里聚自泰伯至王僚二十三君皆都此至闔閭始遷都姑蘇史記春申君列傳云黃歇請封於江東許之因城故吳墟以自爲都邑正義謂故吳墟在蘇州據後漢書劉昭補註城在無錫當卽縣東皇山之地要之泰伯舊城及春申君城皆非今之縣城也越絕書云無錫城周二里十九步高一丈七尺門一樓四其郭周十一里百二十八步牆一丈七尺門皆

有屋考無錫縣立於漢高帝時而越絶載縣名葢漢八所著也然其城亦不詳所在未必卽今之城也元王仁輔志云舊羅城周圍四里三十七步子城周一百三十步宋乾興初知縣李晉卿重築舊子城一百七十七步東接運河西距梁溪有四正門東爲熙春西爲梁溪一名錫山南爲陽春一名朝京北爲蓮蓉又三偏門曰顧橋曰新塘曰董家今州城雖廢跡猶可見按此卽今之縣城所在而云城廢則作志時邑無城也建炎初陳彖記事已云無城可守參考前明及

國朝諸志元至正十五年重修十七年僞吴張士誠增廣其制甃以瓴石東抱弓河周圍九里城高二丈池深二丈濶七丈池外有郭舊三偏門築城皆廢止存四正門水門三明洪武初復加繕治周圍一千六百二十丈高二丈門各建樓而名無所改久之又盡圮至嘉靖三十三年倭寇江南知縣松滋王其勤築之七十日而城成周一十八里乾隆庚午志云此卽今城也城腹縱横徑皆三里稍强以圍三計之當得九里十里間實不能十八里也計一千七百八十三丈六尺一寸高二丈一尺上爲馬街數步一舍舍宿守卒數舍一臺臺便瞭望乃易四門之名東曰靖海南曰望湖西曰試泉北曰控江其上重樓東曰對育南曰撫薰西曰序成北曰企辰又水門三南北跨弦河西跨東帶河葢城既成之二日而倭寇至登陴守之得不破

國朝康熙七年知縣吴興祚重修十九年大水四面圮者合六十九丈曾子駒修其西南隅而去任二十三年徐永言大繕治之嗣是李繼善又修之至雍正四年下分縣之令乃析望湖試泉兩門屬無錫東靖海北控江屬金匱東故無水門其南北水門之跨弦河者爲無錫金

匱公界惟西水一門專屬無錫無錫界内分城計長九百九十八丈六尺五寸箭垛一千九百有奇諜臺大小一十有九金匱界内分城計長八百五十六丈三尺二寸箭垛計一千六百三十有八諜臺大小二十有一分地各修若江日容王喬林於雍正九年以前皆嘗設法補葺自後具文申部令動支司庫其自請蠲資繕治者葢寥寥焉

案顧典籍貞觀曰王志言城周四里西距梁溪東接運河當日運河乃今之弦河而城之東址在弦河以西今日西溪在昔猶屬梁溪而城之西址在西溪以東乾隆庚午志云考王志城隅四址於東南東北並有東至弓

河之文恐貞觀所言四里縮址在西爲合東未必允也今按舊城東至弓河至僞吳增築周圍九里東抱弓河則已近今之運河矣元以前四里之址不必强求其所至而自明洪武以來城之大小不甚相懸今城猶昔城也又黄邛云舊時有內外二城外城爲郭內城小於今城外郭包出今城之外故王志謂南禪寺在南城內今在城外外城止有東南兩隅西北則無之顧貞觀謂三偏門卽郭門馮志謂僞吳築城池外有郭而三偏門皆廢若三偏門果爲郭門何以盡廢或卽內城之三隅門以其門多難守禦故廢之夫城郭形勢變易古今不同往蹟就湮難以臆斷

姑並錄其說以俟考

鄉都

自古分邑任地之法世爲損益周官五州爲鄉鄉有萬二千五百家管子制國以爲二十一鄉鄉有二千家周五鄰爲鄙五鄙爲縣五縣爲都今則縣攝鄉鄉攝都都攝啚啚攝甲啚鄙字省文俗讀同圖凡以宜民便俗隨時變通使不失乎先王之意而已縣故二十六鄉宋省震澤茂苑開寶歸德四鄉爲二十二明萬歷時并爲十三區隨區分扇田丁相附卒仍舊錄分標新舊二邑庶便觀覽云

志鄉都第五

古鄉順號附村莊 今區分扇順莊附地丁額

天授鄉縣東三里東膠山西萬安南景雲北興寧 無錫縣

統都二 天授區上扇領啚二十二

第一都攝啚十一 第二都本鄉析啚四

一啚天 二啚地 四列 七來 八暑

三啚元 四啚黄 九往

五啚宇 六啚宙 第三都興寧并啚八

七啚洪 八啚荒 一秋 二收 三冬

九啚日 十啚月 四藏 五閏 六餘

十一圖盈
第二都攝圖九
一圖昃 二圖辰
三圖宿 四圖列
五圖張 六圖寒
七圖來 八圖暑
九圖往
胡村 前旺 蔡家渡
馮窖 埄村 高橋
後祁 梨花莊
塘頭 下旺 楊莊
倪村 觀莊 龍陽
斗門 下墟 富村
居莊灣 嚴埭
侯莊
興寧鄉縣北四十六里東膠山西興道南天授北
江陰統都三
第三都攝圖八
一圖秋 二圖收
三圖冬 四圖藏
五圖閏 六圖餘
七圖成 八圖歲

七戊 八歲
第四都興寧并圖三
一律 二呂 三調
第五都興寧并圖七
一陽 二雲 三騰
四致 五雨 六露
七結
本扇管田併各則地共
七百三十九頃六十
三畝八釐一毫隨田
丁八千一百二十一
丁
青城區上扇領圖九
第六都興道并圖三
一爲 二霜 三金
第七都興道并圖三
一生 二麗 三水
第八都興道并析圖一

第四都攝圖三
一圖律 二圖呂
三圖調
第五都攝圖七
一圖陽 二圖雲
三圖騰 四圖致
五圖雨 六圖露
七圖結
西張 王莊 後湯
寺頭 前沽裏
後沽裏 張村
小李墅 成塘
長岡 東王 馬鎮
俞村 開原莊
麻碕 陳村 西高山
西戴畸 新塘
大李墅 包裏
胡家渡 西高西
西高東 高魯堰
丁塔 鄒祁
興道鄉縣西北四十里東興寧西武進南招義北
江陰統都三
第六都攝圖三
一圖爲 二圖霜

一玉
第九都萬安分析圖一
一號
第十四都本鄉析圖一
一師
本扇管田併各則地共
五百五十頃五十九
畝二分二釐九毫隨
田丁五千一百八十
丁
青城區下扇領圖八另圖一
第八都興道并析圖四
二出 三崑 四岡
五劒
第十二都招義并析圖一
二鹹
第十三都本鄉圖三又另圖
一潛 三翔 四龍

三啚金

第七都攝啚三

一啚生　二啚麗

三啚水

第八都攝啚五

一啚玉　二啚出

三啚崑　四啚岡

五啚劔

袁巷　俞巷　蓮蓉　千柯　南畸　章村

西二號不入

本扇管田併各則地共

四百二十八頃一十

二畝二分九釐九毫

隨田丁三千六百三

十七丁

萬安區上扇領啚十三

第九都本鄉析啚四

二巨　三闕　四珠

浮舟　麻塘　吳村　方前　吳家　柘塘

花巷　前周　唐村　鄧巷　伯墅　周村

大劉　繆家　奚村　曹坊　大墩　東陳

玉祁　西陳　楊莊　劉莊　後曹　呂舍

星橋　劉莊舊作黃巷

萬安鄉縣西二十五里東興道西布政南開原北

招義統都二

第九都攝啚五

一啚號　二啚巨

五稱

第十都本鄉析啚一

一夜

第十一都招義并啚四

一菜　二重　三芥

四薑

第十二都招義并析啚四

一海　三河　四浚

五鱗

三啚闕　四啚珠

五啚稱

第十都攝啚六

一啚夜　二啚光

三啚果　四啚珍

五啚李　六啚柰

陳村　惠符　萬壽　青墩　徐村　吳蕩

東孟　西孟　陳城　張高莊　嚴莊

弓村　潘葑　社埄　新涇河　下徐

本扇管田併各則地共

六百一頃四分二釐

二毫隨田丁五千八

百九十七丁

萬安區下扇領啚十二

第二都天授分析啚一

三宿

第十都本鄉析啚五

二光　三果　四珍

錢村　西張　舊有兩潘葑兩西張

招義鄉縣西北四十里東萬安西武進南萬安北

興道統都二

第十一都攝啚四

一啚菜　二啚重

三啚芥　四啚薑

第十二都攝啚五

一啚海　二啚鹹

三啚河　四啚浚

五李　六柰

第十三都青城分析啚一

二羽

第十四都青城分析啚五

二火　三帝　四烏

五官　六人

本扇管田併各則地共

四百三十五頃七十

四畝五分二毫隨田

五啚 鱗
直湖 羊巷 陳巷
下湖 張巷 寺巷
洛社 姚莊 謝村
乙虞橋 盛村
曹市 安莊 下塘
五牧 梅巷 歐塘
彭店 高廟
新村
青城鄉 縣西北五十里東招義西陽湖南神護北
招義 統都二
第十三都 攝啚四
一啚 潛 二啚 羽

三啚 翔 四啚 龍
第十四都 攝啚六
一啚 師 二啚 火
三啚 帝 四啚 鳥
五啚 官 六啚 人
西村 誌公橋
彭村 曹村 楊村
吳村 張村 閔巷
張塘坊 下祁
楊橋 强家渡
王巷 侯巷 匡村
余村 左村 嚴坊
大橋 秦巷 港東

丁四千五百九十六
丁
富安區上扇 領啚十七
第十五都神護并 啚五
一皇 二始 三制
四文 五字
第十六都神護并 啚五
一乃 二服 三衣
四裳 五推
第十七都本鄉 析啚三
二讓 四有 五虞
第十八都本鄉 析啚二
一陶 五伐
第廿一都布政并 析啚二
二愛 四黎
本扇管田併各則地共
六百六十三頃八十
六畝六分五釐四毫

富頭浜
王莊
神護鄉 縣西北五十里東布政西陽湖南布政北
青城 統都二
第十五都 攝啚五
一啚 皇 二啚 始
三啚 制 四啚 文
五啚 字
第十六都 攝啚五
一啚 乃 二啚 服

三啚 衣 四啚 裳
五啚 推
上舍 鄭店 陽莊
安陽 費莊 修浦
開原莊 馮橋
郭莊 蘆橋 尹城
張莊 徐舍 寺前
賈山 嚴埝 蓮千
賈村
舊有兩開原莊
富安鄉 縣西五十里東布政西陽湖南陽湖北神
護 統都三
第十七都 攝啚五

隨田丁六千六百七
十九丁
富安區下扇 領啚十七
第十七都本鄉 析啚二
一位 三國
第十八都本鄉 析啚五
二唐 三弔 四民
六罪 七周
第十九都本鄉 啚五
一發 二商 三湯
四坐 五朝
第廿都布政并 啚五
一問 二道 三垂
四拱 五平
本扇管田併各則地共
五百七十九頃七十
八畝九分九釐五毫
隨田丁六千九十丁

一啚位　二啚讓
三啚國　四啚有
五啚虞
第十八都攝啚七
一啚陶　二啚唐
三啚弔　四啚民
五啚伐　六啚罪
七啚周
第十九都攝啚五

一啚發　二啚商
三啚湯　四啚坐
五啚朝
才莊　堵村　謝巷　曹村　俞巷　陸墟
黃巷　吳村　張舍　前邵　孟村　張村
胡干　花村　段莊　西溪　後吳　巷頭
馬巷　西山灣　章山　閶江　前沿村
桑村　繡衣莊　蒼峴嶺　蔡村
胡山　龜山　楊灣　胡埭

開原區上扇領啚十二
第廿二都本鄉析啚四
三伏　四戎　六遐
九體
第廿三都本鄉啚四
一賓　三王　五鳳
六在
在城西北析本鄉啚四
二好　三爵　四自
五糜
本扇管田併各則地共
三百四十二頃六十
九畝二分六釐三毫
隨田丁三千五百八
十四丁
開原區下扇領啚十五
第廿一都布政并析啚二
一章　三育

繡衣莊舊作邵巷
布政鄉縣西四十里東開原西富安南太湖北神
護統都二
第二十都攝啚五
一啚問　二啚道
三啚垂　四啚拱
五啚平
第二十一都攝啚四
一啚章　二啚愛

三啚育　四啚黎
陳村　新豐　後莊　蓮干　賁巷　韓村
上倉　西丁村　東丁村　華藏
奚村　三家村　廟塘　官瀆　唐巷
石橋　聖山　徐塘　歷村　毛村
開原鄉縣西二里東在城西布政南揚名北萬安
統都二
第二十二都攝啚十
一啚首　二啚臣

第廿二都本鄉析啚六
一首　二臣　五羌
七邇　八壹　十率
第廿三都本鄉析啚二
二歸　四鳴
在城西北析本鄉啚三
一操　六都　七邑
在城西南析本鄉啚二
三東　四西
本扇管田併各則地共
四百三十一頃八十
三畝七分九釐一毫
隨田丁六千五百六
十二丁
揚名區上扇領啚十四
第廿五都本鄉析啚五
一木　六蓋　八身
十四　十一大

三啚伏　四啚戎
五啚羌　六啚遐
七啚邇　八啚壹
九啚體　十啚率
第二十三都攝啚六
一啚賓　二啚歸
三啚王　四啚鳴
五啚鳳　六啚在
莫塘　下虞橋　隈湖　錢橋　陶墟

龍山　烏涇橋　河埒　五里街
許陂　雞坑　石步　十家灣　嵂唎灣
斗城　明陽　丁村　蝦蟇橋　常庵
戴社　繡嶂　錫山　河塘
揚名鄉縣西南四十里東景雲西開原太湖南開化北在城統都三
第二十四都攝啚八
一啚竹　二啚白
三啚駒　四啚食

第廿六都本鄉析啚九
一恭　二惟　五豈
七毀　八傷　九女
十一貞　十三男
十四効
本扇管田併各則地共二百七十九頃九十六畝一分三釐九毫隨田丁五千四百三十一丁
揚名區下扇領啚十五
第廿五都本鄉析啚八
二賴　三及　四萬
五方　七此　九髮
十二五　十三常
第廿六都本鄉析啚五
三鞠　四養　六敢
十慕　十二潔

五啚場　六啚化
七啚被　八啚草
第二十五都攝啚十三
一啚木　二啚賴
三啚及　四啚萬
五啚方　六啚蓋
七啚此　八啚身
九啚髮　十啚四
十一啚大　十二啚五

十三啚常
第二十六都攝啚十四
一啚恭　二啚惟
三啚鞠　四啚養
五啚豈　六啚敢
七啚毀　八啚傷
九啚女　十啚慕
十一啚貞　十二啚潔
十三啚男　十四啚効

在城西南析本鄉啚二
一華　二夏
本扇管田併各則地共三百三十三頃九十八畝三分一毫隨田丁四千三百五丁
開化區上扇領啚十七
第廿四都揚名分析啚二
一竹　二白
第廿七都本鄉析啚六
一才　二良　三知
四過　六改　七得
第廿八都本鄉析啚七
一能　二莫　三忘
四罔　五談　六彼
七短
第廿九都本鄉析啚二
一靡　七可

倉干涇 河莊 下曹 板橋 路耿
大浮 胡戴 漆塘 張莊 周村 大橋
梁塘 蓮朵 沿塘 丁巷 章村 塘北
後溪 獨山 蘇平 半崦 茅場 青祁
坊東 南橋 青山莊 馬鑫 盧村
永聖橋 水居 管社 寶界

開化鄉 縣西南六十里東新安西太湖南太湖北揚名**統都三**

第二十七都 攝啚七

一啚 才　二啚 艮

三啚 知　四啚 過

五啚 必　六啚 改

七啚 得

第二十八都 攝啚七

一啚 能　二啚 莫

三啚 忘　四啚 罔

五啚 談　六啚 彼

七啚 短

本扇管田併各則地共四百五十三頃四十九畝七分五毫隨田丁三千七百七十丁

開化區下扇 領啚十六

第廿四都揚名分 析啚六

三駒　四食　五場

六化　七被　八草

第廿七都本鄉 析啚一

五必

第廿九都本鄉 析啚九

二恃　三已　四長

五信　六使　八復

九器　十欲　十一難

本扇管田併各則地共三百六十七頃八十三畝五毫隨田丁三千六百二十五丁

無錫金匱縣志　卷四　鄉都　十二

第二十九都 攝啚十一

一啚 靡　二啚 恃

三啚 己　四啚 長

五啚 信　六啚 使

七啚 可　八啚 復

九啚 器　十啚 欲

十一啚 難

許墓 橫山 李山 陶墅 軍將山 葛埭
許舍 唐干 楊橋 沙頭 前張 根上
南辛 白茅 倉前 長泰 吳塘門 瀆東
庵堂 橫墅 丁澤 方湖 徐店 後吳
萬步 趙舍 湖沙港 楊橋 上顧
石塘 漂白 長廣溪 洞庵 楊樹園
舊有兩 唐干

新安鄉 縣南五十里東泰伯西開化南太湖北揚名**統都三**

第三十都 攝啚十三

一啚 量　二啚 墨

新安區上扇 領啚十七

第三一都本鄉 析啚九

二念　三作　四聖

五德　六建　七名

九形　十端　十一表

一正　二空　四傳

第三二都本鄉 析啚八

五聲　六虛　八習

九聽　十禍

本扇管田併各則地共四百八頃四十二畝四分三釐八毫隨田丁三千二百五十五丁

新安區下扇 領啚十七

第三十都本鄉 啚十三

一量　二墨　三悲

四絲　五染　六詩

無錫金匱縣志　卷四　鄉都　十三

三啚悲　四啚絲　七讚　八羔　九羊
五啚染　六啚詩　十景　十一行
七啚讚　八啚羔　十二維　十三賢
九啚羊　十啚景　第三一都本鄉析啚二
十一啚行　十二啚維　一克　八立
十三啚賢　第三二都本鄉析啚二
第三十一都攝啚十一　三谷　七堂
一啚克　二啚念　本扇管田併各則地共
三啚作　四啚聖　三百一十八頃七十

五啚德　六啚建　七畝三分六釐隨田
七啚名　八啚立　丁三千一百二十一
九啚形　十啚端　丁
十一啚表　金匱縣
第三十二都攝啚十　天授區下扇領啚十九
一啚正　二啚空　第一都本鄉析啚四
三啚谷　四啚傳　七洪　八荒　九日
五啚聲　六啚虛　十一盈
七啚堂　八啚習　第二都本鄉析啚四

九啚聽　十啚禍　一昃　二辰　五張
店涇　袁巷　戈村　趙垛　茅墳　前陳　六寒
楊木橋　曹店　南橋　後陳　唐店　第五二都膠山并啚三
俞村　焦莊　蠡東　沿塘　東張　西許　一夫　二倡　三婦
張村　溪橋　張莊　望亭　下庫　湖頭　第五三都膠山并啚四
徐渮　新安　淨慧寺　溪西　新橋　二堡　一隨　二外　三受
舊有三　沿塘　四傳
泰伯鄉縣東南五十里東垂慶西運河南長洲北　第五四都膠山并啚四
統都四景雲　一訓　二入　三奉

第三十三都攝啚七　四母
一啚因　二啚惡　本扇管田併各則地共
三啚積　四啚福　八百二十一頃五十
五啚緣　六啚善　九畝七釐二毫隨田
七啚慶　丁七千八百四十二
第三十四都攝啚八　丁
一啚尺　二啚壁　泰伯區上扇領啚十四
三啚非　四啚寶　第三三都本鄉啚七
五啚寸　六啚陰　一因　二惡　三積

七啚是　八啚競
第三十五都　攝啚八
一啚資　二啚父
三啚事　四啚君
五啚曰　六啚嚴
七啚與　八啚敬
第三十六都　攝啚四
一啚孝　二啚當
三啚竭　四啚力
漕湖　方橋　泗洲寺
虞巷　青墩　袁巷
泥潭　徐塘　下莊
孫村　大車堰
劉村　楊墓　柘社
南巷　朱村　南蠡莊
黃團橋　望亭
沈瀆　包莊　南河
金鵞墩　何店
覲莊　畢莊　唐村
鰲塔　馬頓　沿塘
白泥墩　丁村
虎盆　道士莊
東黃　十房橋
許賣布橋
垂慶鄉　縣東五十里東長洲西上福南泰伯北延

四福　五緣　六善
七慶
第三四都本鄉　析啚七
一尺　二璧　三非
四寶　五寸　七是
八競
本扇管田併各則地共
五百六頃二十七畝
二分一釐六毫隨田
丁四千九百一十九
丁
泰伯區下扇　領啚十八
第三四都本鄉　析啚一
六陰
第三五都本鄉　啚八
一資　二父　三事
四君　五曰　六嚴
七與　八敬

祥　統都二
第三十七都　攝啚七
一啚忠　二啚則
三啚盡　四啚命
五啚臨　六啚深
七啚履
第三十八都　攝啚四
一啚薄　二啚夙
三啚興　四啚温
張塘橋　小茅涇
應店　丁泰　胡村頭
磚橋　塗林　狄澤橋
胡堰橋　楊菓
毛塘橋　觀前
東朱　胡莊橋
三黃子橋　馬橋
廟庵　後堰　新涇
薛店　漊上　雙板橋
駱婆橋　蘇舍
舊有東莊誤廟
庵作廟橋亦誤
延祥鄉　縣東六十里東常熟西上福南垂慶北常
熟　統都四
第三十九都　攝啚六

第三六都本鄉　啚四
一孝　二當　三竭
四力
第五六都梅里并　析啚一
六連
第五七都梅里并　析啚四
一分　二切　三磨
九惻
本扇管田併各則地共
七百一十三頃八十
畝一分八釐隨田丁
六千一百六丁
南延區上扇　領啚十八
第三七都垂慶并　析啚三
二則　四命　六深
第三九都延祥分　析啚五
一凊　二似　三蘭
五馨　六如

一啚清　二啚俶
三啚蘭　四啚斯
五啚馨　六啚如
第四十都攝啚六
一啚松　二啚之
三啚盛　四啚川
五啚流　六啚不
第四十一都攝啚六
一啚息　二啚淵

三啚澄　四啚取
五啚映　六啚容
第四十二都攝啚六
一啚止　二啚若
三啚思　四啚言
五啚辭　六啚安
丁舍　白茅墩　白石　橫涇浜
上朱　莊巷　圓通　廟橋　陳巷　潘巷
毛莊　蓬墩　費橋　莊前　寺南　甘露

第四十都延祥分啚六
一松　二之　三盛
四川　五流　六不
第四一都延祥分析啚四
一息　二淵　五映
六容
本扇管田併各則地共五百二十五頃七十四畝九分一釐二毫隨田丁四千五百六十七丁
南延區下扇領啚十
第三七都垂慶并析啚四
一忠　三盡　五臨
七履
第三八都垂慶并啚四
一薄　二夙　三興
四温

唐涇　蔡灣　黃塘　北湖橋　新涇港
趙莊　東黃　湯巷　濠上　後塘　北黃
西城　鴻山　杜莊　東醮　曹墓塘
斷塘橋　西莊　唐貫橋　尤村
蕩口　謝埭　北錢　徐充橋　旺家橋
舊有石室　不在此鄉
上福鄉縣東五十里東延祥　西梅里南梅里北宅
仁統都二
第四十三都攝啚七
一啚定　二啚篤

三啚初　四啚誠
五啚美　六啚慎
七啚終
第四十四都攝啚四
一啚宜　二啚令
三啚榮　四啚業
東莊　販村　宋村　白擔山　嵩山
殷巷　西安　羅莊　許巷　太平橋

第四二都延祥分析啚一
一止
第五七都梅里并析啚一
七慈
本扇管田併各則地共三百二十五頃六畝五釐四毫隨田丁二千五百九十六丁
北延區上扇領啚十四
第三九都延祥分析啚一
四斯
第四一都延祥分析啚二
三澄　四取
第四二都延祥分析啚五
二若　三思　四言
五辭　六安
第四三都上福并析啚三
三初　四誠　六慎

河北　華巷　支巷
戈家浜　東村
西村　寨裏　胡巷
北舍　西倉　走馬塘
前澗　後橋　安鎮
芙蓉塘橋　盛基墩
宅仁鄉縣北六十里東懷仁西膠山南梅里北江
陰統都三
第四十五都攝啚四
一啚所　二啚基
三啚籍　四啚甚
第四十六都攝啚七

第四四都上福并析啚三
一宜　三榮　四業
本扇管田併各則地共
五百八十三頃一十
五畝三釐四毫隨田
丁四千九百八十五
丁
北延區下扇領啚十四
第四三都上福并析啚四

無錫金匱縣志　卷四　鄉都　二十

一啚無　二啚竟
三啚學　四啚優
五啚登　六啚仕
七啚攝
第四十七都攝啚三
一啚職　二啚從
三啚政
興塘　管莊　虞村
許村　膠山　顧巷
北走馬塘　華陂
上村　楊巷　唐巷

一定　二篤　五美
七終
第五五都梅里并析啚三
一儀　四伯　八比
第五六都梅里并析啚七
一懷　二兄　三弟
五氣　七枝　八交
九友
本扇管田併各則地共

東方莊　杜馬橋
袁店　馮堰　貴村
萬村　九村　陳村
楊鄧　岳莊　顧馬市
苧澤　蘇唐河
下塘　梓堰　袁巷
南庵　施村
黃土塘
懷仁鄉縣東北六十里東常熟西宅仁南上福北
江陰統都三
第四十八都攝啚六
一啚存　二啚以
三啚甘　四啚棠

五百三十七頃六十
一畝七分九釐七毫
隨田丁五千四百四
十三丁
懷仁區上扇領啚二十一
第四五都宅仁并析啚二
一所　四甚
第四六都宅仁并析啚六
一無　三學　四優

無錫金匱縣志　卷四　城郭　三十三

五啚去　六啚而
第四十九都攝啚七
一啚益　二啚詠
三啚樂　四啚殊
五啚貴　六啚賤
七啚禮
第五十都攝啚七
一啚別　二啚尊
三啚卑　四啚上

五登　六仕　七攝
第四七都宅仁并析啚一
二從
第四八都本鄉析啚一
一存
第四九都本鄉啚七
一益　二詠　三樂
四殊　五貴　六賤
七禮

五圖和　六圖下
七圖睦
羊尖　前墅　周莊
東許　千牛莊
舍上　顧市　莊頭
弓巷　前村　鑫國
顧莊　封侯　鄧莊
單宅　羊梓　吳戴
前戴　後戴　黃莊
胡塘　蕩上　下莊
後祁　凌店　菖蒲涇
潘市　陸市　張村
城塘　廊下
黃河岸

第五十都本鄉析圖四
一別　二尊　四上
七睦
本扇管田併各則地共一千二百五十頃二十畝三分九釐四毫
隨田丁七千六百七十五丁

膠山鄉縣東北五十里東宅仁西興寧南梅里北懷仁區下扇領圖二十二

江陰統都四實止三
第五十一都
前志不列圖號今仍之
第五十二都攝圖三
一圖夫　二圖倡
三圖婦
第五十三都攝圖四
一圖隨　二圖外
三圖受　四圖傅

第四四都上福并析圖一
二令
第四五都宅仁并析圖二
二基　三籍
第四六都宅仁并析圖一
二竟
第四七都宅仁并析圖二
一職　三政
第四八都本鄉析圖五

第五十四都攝圖四
一圖訓　二圖入
三圖奉　四圖母
前山　羊墅　同村
丁村　西斗村
牛塘　白土　顧莊
西園　上舍　范巷
木村　杜村　道場巷
李巷　殷巷　王村
廟下　坎莊　下焉
羅橋　北塘　上店
惠巷　寺莊　下徐
翁巷　干巷　前旺
張涇橋
孔莊

二以　三甘　四棠
五去　六而
第五十都本鄉析圖三
三卑　五和　六下
第五五都梅里并析圖六
三姑　五叔　六猶
七子　九兒　十孔
第五六都梅里并析圖二
四同　十投

梅里或作鄉縣東三十五里李非鄉東上福西景雲南泰伯北宅仁統都三
第五十五都攝圖十
一圖儀　二圖諸
三圖姑　四圖伯
五圖叔　六圖猶
七圖子　八圖比
九圖兒　十圖孔
第五十六都攝圖十

本扇管田併各則地共九百九十八頃四十二畝二分八釐八毫
隨田丁七千四百三十五丁
景雲區上扇領圖十八
第一都天授分析圖七
一天　二地　三元
四黃　五宇　六宙

一啚懷 二啚兄
三啚弟 四啚同
五啚氣 六啚連
七啚枝 八啚交
九啚友 十啚投
第五十七都攝啚九
一啚分 二啚切
三啚磨 四啚箴
五啚規 六啚仁

十月
第五五都梅里并析啚一
二諸
第五八都本鄉析啚六
二次 三弗 四離
五節 六義 七廉
第五九都本鄉析啚三
二顛 三沛 六性
在城東北析啚一

七啚慈 八啚隱
九啚惻
滕莊 戴墅 席祁
莊頭 隆亭 鴨城
阪橋 祇陀 安澤
後羅 蠡頭 油車埰
張公橋 石埭橋
堠山 社洞 小呂
梅村 蘆尖 萬村
泰村 毛塘 香涇
袁墅 破塘 許巷
冷村 堠陽 毛道橋
舊有朱村
丁村誤
景雲鄉縣東二十八里東梅里西在城南在城北

五逐
本扇管田併各則地共
五百四十頃六十五
畝四釐四毫隨田丁
八千九百五十五丁
景雲區下扇領啚十六
第七都梅里并析啚四
四箴 五規 六仁
八隱

天授統都三
第五十八都攝啚七
一啚造 二啚次
三啚弗 四啚離
五啚節 六啚義
七啚廉
第五十九都攝啚六
一啚退 二啚顛
三啚沛 四啚匪

第五八都本鄉析啚一
一造
第五九都本鄉析啚三
一退 四匪 五虧
第六十都本鄉啚七
一靜 二情 三逸
四心 五動 六神
七疲
在城東北析啚一

五啚虧 六啚性
第六十都攝啚七
一啚靜 二啚情
三啚逸 四啚心
五啚動 六啚神
七啚疲
沿塘 吳村 孫道村
後蘇村 鮑巷
黃村 鐵柱岸
黃草岸 前蘇村
冷瀆村 石澤
時窑 江陂 王莊

四滿
本扇管田併各則地共
五百五十四頃六十
九畝五分三釐二毫
隨田丁六千四百十
三丁
開原區上扇析領在城啚五
東北析啚三
一守 六物 八移

羊橋　坊前　杜村
下陽　周涇　黃土
何墓　袁墅　沈莊
白土　張塘　新安村
歐村　華莊　塔影莊
宅基上
舊有兩王莊兩下陽
案舊志村莊分列各都之後每多不甚清晝乾隆庚午志謂都狹而鄉寬以狹界析領不如以寬界統屬差不大失因將村莊附置各鄉後今遵之

在城字號

東北析開原啚六　景雲啚二

一啚守　二啚眞
三啚志　四啚滿
五啚逐　六啚物
七啚意　八啚移

東南析開原啚三

一啚堅　二啚持
三啚雅

西北析開原啚七

一啚操　二啚好
三啚爵　四啚自
五啚縻　六啚都
七啚邑

西南析揚名啚二　開原啚二

一啚華　二啚夏
三啚東　四啚西

東南析啚二
一堅　二雅
以上五啚共隨田丁一千一百六十九丁
開原區下扇析領在城啚四
東北析啚三
二眞　三志　七意
東南析啚一
二持
以上四啚共隨田丁八百五十八丁
案無錫舊縣爲鄉二十有二爲都六十有四後并省其半定爲十三區而都如故自雍正四年分縣以青城萬安富安開原開化新安七區屬無錫泰伯南延北延懷仁景雲並開原在城九啚屬金匱而天授上下扇分屬兩邑金匱志列爲舊編順號今管順莊至詳且析乾隆庚午無錫志移前後冊爲上下方繙閲尢爲簡便今從之

無錫金匱縣志卷四

無錫金匱縣志卷五

〔街坊〕

古者里居在邑一里八十戸八家共一巷而街坊之制興焉直者爲街曲者曰巷無錫地稱蕃廡周衢交錯鱗次櫛比至於旌門勸善歷代修行之考五代史李自倫傳云高其外門門安綽楔左右建臺高一丈二尺廣狹方正稱焉坊以白而赤其四角今之爲坊者雖易木爲石而不復建臺固未得謂侈也蓋表厥宅里使人之過者有所觀法

國家維持風教之意深矣志街坊第六

無錫縣界

東大街 縣治東過靈官廟至大市橋

牧愛坊 縣治前舊名愛民坊元至治間達魯花赤道童書 國朝康熙間重修易今名知縣吳興祚書

解元坊 明爲華鑰立　天卿學士坊 明爲周子義立

沈家巷 俗名沈果在靈官廟東轉北　營巷 沈家巷內轉西過營橋通西察院前

石皮巷 明志焉司法巷　西察院巷 來悅樓前轉東

西大街 縣治西至繡衣坊

探花及第坊 明爲吳情立　宮諭殿讀坊 爲吳情立

繡衣坊 明爲呂卣立

西養濟院巷 舊名縣西巷明志有館驛巷在西大街舊驛館在焉故名今無考

北門下塘街 自北水關過留郎橋泰定橋胡橋行逕亭至大市橋西趾

尚書第坊 泰定橋明爲顧可學立　忠諫坊 行逕亭明爲顧可久立

內史第坊 聯元街

城頭街 水關西沿城腳　道場巷

斥瀆橋巷 泰定橋西俗稱西河頭　玉帶巷 郎搖八巷

打繩巷 泰定橋南轉西　聯元街 胡橋西

縣後街 胡橋西通駐驄橋　眞應堂巷 胡橋南

南門上塘街 自南城門經南市橋中市橋西趾至大市橋西

都諫坊 南市橋西明爲俞泰立　忠節坊 教場巷口明以張選得名

父子進士坊 虹橋北明爲王問王鑑立　一榜三魁坊 明爲顧彥夫喻義華金立

芳桂坊 大市橋明爲陸凊立　旌節坊 雍正中爲秦文然繼妻顧氏立

水關巷 南門內轉西　教場巷 南市橋西舊名忠節坊

吳打繩巷 南市橋北轉西　小魚腥巷 一名卞家巷又名昇平巷

徐郎中巷 虹橋南轉西　籬篠巷 通學橋

虹橋小巷 橋趾轉西通嚴家池　北禪寺巷 中市橋西舊名思禪坊

新街巷 水礎橋南西轉一名睦親坊　毛桃巷 水礎橋北通新街巷

西門街 西城門南轉經西大街口繡衣坊至西溪下

石灰巷 繡衣坊南一名迎溪坊　西城脚巷 北通滙龍橋

和豐坊街 俗名州巷自縣治前靠右南過茅梓橋女貞觀橋至堰橋

冬卿坊 明爲秦金立

魚腥巷 州巷內　西溪下 茅梓橋西名荷花蕩

前西溪 觀橋北至社學橋轉鑄冶巷　陳打鼓巷 觀橋東

鎮基四郎君廟巷 堰橋北　七尺埭 俗稱七尺大

城隍廟街 自水磓橋至茅梓橋西溪下

奎英坊 虹蜆橋明爲馮泰馮夔立

廟東小巷 有二皆通新街　虹蜆橋巷 在廟前南通七尺埭

鑄冶巷 茅梓橋西

學前街 自虹橋趾轉西經學宮前過堰橋至西水關

學士坊 學橋東明爲華察立　三世大參坊 學宮東明爲賈應璧立

崇正書院坊 學宮東　學宮狀元坊 宋蔣重珍以下元魁列名

會魁坊 儒學右明爲華昶立　歷代進士坊 儒學左

榮祿坊 西水關明爲秦金立　宮保坊 明爲秦金立

尚書坊 明爲秦金立　都憲坊 明爲秦金立

御書人倫坊表坊 乾隆初爲　贈光祿大夫嵇永仁暨妻　封夫人節婦楊氏立

旌節坊 康熙中爲嵇永仁妻楊氏立

學街 學宮西　冬卿巷 堰橋南轉東

湯巷 學橋南

教場街 自南市橋西至毛場一保

繡座廟巷 進教場巷轉北通嚴家池　孫司徒廟巷 湯巷南

章巷 青蓮庵東　毛場一保 郎教場舊傳七十二灣巷名不備載

南門外街 出望湖門過南門橋黃泥橋石灰橋至南馬頭

首藩方岳坊 舊館驛左明爲龔勉立　重恩坊 陽春橋西爲龔勉立

天垣首諫坊 舊館驛前明爲秦燿立　叢桂坊 館驛前明爲莫驄莫息莫同立

熙朝鼎甲坊 在南馬頭明爲吳情立

帶鉤橋巷 小南門　長衕衕 西通黃泥埄

黃泥埄 黃泥橋轉西　火衕 西通永聖橋

南馬頭 石灰橋南舊有候潮館在鼎甲坊內

西門外街 出試泉門過梁溪橋新販橋五里街至惠山

百歲坊 在西門街乾隆五十三年爲壽婦盧昌宗妻顧氏立

貞節坊 梁溪橋南明爲邵璘妻談氏立　旌節坊 有二一在梁溪橋南明爲唐士奎妻張氏立一在橋東明爲胡倖妻虞氏立

九龍峯坊 五里街明僉事王問書

節烈坊 五里街乾隆間爲朱子遠妻陳氏立錫邑令吳鉞題曰女中鐵漢

八傑地靈坊 惠山寺塘涇明爲鄒迪光立

御書忠節流芳坊 惠山寺門內雍正中爲　贈光祿大夫嵇永仁暨妻　封夫人節婦楊氏立

御書孝友傳家坊 寄暢園右爲秦瑞熙立

旌節坊 在春申里爲錢婉森妻朱氏立

同門旌表坊 在繡嶂街浦氏孝節祠前乾隆間立

華氏四牌坊 在惠山寺右華孝子祠前乾隆間立

貞節坊 在燒香浜貞節祠前康熙間立

貞節坊 在香花橋貞節祠前雍正間立

貞節坊 在聽松坊左新貞節祠前嘉慶十六年立

觀泉坊 隸書惠山寺右

聽松坊 篆書惠山寺左

旌貞坊 惠山寺右嘉慶二年爲貞女唐素立

西馬頭 在試泉門外舊中流駐節處今爲錫山驛

西倉巷 新版橋東

壩上 爲橫街下塘通新版橋

五里街 一名綺塍街

寺塘涇 一名河塘

繡嶂街 九龍峯坊西

廟巷 惠錫二山分界

招義鄉昇平人瑞坊 在隈湖雍正間爲百歲老人陸昌運立

揚名鄉百歲坊 乾隆二十七年爲壽婦黃善之妻金氏立

開化鄉節孝坊 在石塘橋乾隆十年爲浦纈瑞妻沈氏立

萬安鄉旌節坊 鷲子岸爲趙鎬妻孫氏乾隆四十年立石塘灣爲孫國顯妻陳氏嘉慶元年立

金匱縣界

北門上塘街 自北城門過倉橋至大市橋東趾

北四牌坊 倉橋東明爲秦金立

兩沐貤恩坊 寺後門明爲施教立

少司徒坊 書院街南明爲楊璿立

大方伯坊 明爲楊璿立

大中丞坊 倉橋南明爲盛容立

進士坊 明爲盛容立

繡衣坊 婁巷口明爲談泰立

旌節坊 婁巷明爲吳鈇妻秦氏立

書院街 通億豐倉基今金匱縣署後

新縣前 億豐倉基俗稱倉浜

崇安寺巷 東通靖海門西通直街

大婁巷 舊名遵義坊

南門下塘街 自便民橋過承賢橋稅務前鳳光橋至大市橋東趾

都諫坊 南市橋南明爲俞泰立

進士坊 明爲俞泰立

世進士坊 明爲俞泰俞憲俞謹立

總憲坊 明爲俞憲立

榮節坊 明爲俞暉妻楊氏立

登科坊 明爲趙紳立四坊並在稅務前

南四牌坊 鳳光橋爲秦氏世科世第立

旌貞坊 明爲秦漢妻熊氏立

孝子坊 鳳光橋北明爲陸爻立

雙孝坊 明爲秦永孚仲孚立

叢桂坊 六箭河上明爲談氏世科第立

尚書第坊 三箭河上明邵寶第

旌孝坊 承賢橋南雍正中爲成達立

旌節坊 中市橋乾隆初爲李源泉妻高氏立

希夷道院巷 便民橋北

南養濟院巷 南市橋東

沙巷 樊家巷南舊名穎興坊

樊家巷 俗名寄馬莊今塞

新開河上 承賢橋東舊郁家巷宋邑令郁澌居此有遺愛坊又名禮遜坊唐家巷邵尚書巷

旱橋街舊名烈帝廟巷
歡喜巷舊名搬戲
稅務前中市橋南宋時有酒稅務與醋錢歲徵一百二十九萬九千零後廢今猶稱稅務前
中市橋巷一名敬義坊
鎮巷師古河南
師古河上鳳光橋東舊名元文里
南門前街自便民橋尖上轉北過冉涇橋至韓修橋接盛巷俗名三下塘
諫議坊冉涇橋明爲張選立
兩浙文宗坊斜橋下明爲秦梁立
少宰第坊斜橋河街明狀元孫繼皐第
錦樹坊倉浜明爲錢普錢會立
洛閩中樞坊東林書院前今爲後學津梁
節婦坊東河頭雍正中爲華文彪妻侯氏立
百歲坊在倉東虹蜺橋乾隆五十五年爲壽婦劉浩成妻張氏立

百歲坊在南倉廳巷嘉慶九年爲百二歲壽婦黃嵩來妻陸氏立
邊巷第一箭河上俗名大井頭
朱賣煤浜第二箭河上舊名莊巷
南倉廳巷舊名泥巷
冉涇河街第三箭河轉東爲槐樹巷
劉芳聲巷第四箭河上舊名集賢坊
東河頭第五箭河上舊名董家亦名茹家巷
張花木巷董家巷內
鳳仙巷董家巷南
斜橋河街第六箭河上東即新城隍廟
小婁巷舊名戴墓北通朱知軍巷
福田巷第七箭河上舊名都子巷
箬葉巷第七箭河上內多叢篠故名
盛巷第九箭河上韓修橋北內有小巷東通菜園
楊巷
銷皮巷
化城菴巷

菴後巷俱東通菜園
東門上塘街自東城門過華德橋至韓修橋即八箭河上
貞節坊環秀橋東爲侯世美妻王氏立
城頭街沿東城腳
蘇家街華德橋西
泥巷青石橋西南第七箭河上
八兒巷大婁巷內舊名新通巷
東門下塘街自東城門過環秀橋至下塘西行入寺巷
表善坊明爲侯清侯祖德立
顧家街舊名閶窯廟巷
觀前街通八兒巷
寺前矮巷南通婁巷即古定花板巷

北門外街出控江門過蓮蓉橋轉北塘至北馬頭
爻子進士坊蓮蓉橋明爲王表王立道立
孝友貞節坊明爲蔡元銳元鐸蔡氏立
狀元及第坊明爲孫繼皐立
儒紳坊明爲楊盛立
利賓坊明爲高政立
藩相坊江陰巷明爲正德間舉人衡州知府楚王府官王惠立
長城門街一名笆斗巷西通黃泥橋
壇頭街東通長安橋
布行街蓮蓉橋東
灣巷蓮蓉橋北
竹場巷蓮蓉橋北趾轉東
江陰巷晏公堂左
北馬頭俗稱接官亭舊有迎潮館對孫狀元坊

南門外下塘街出望湖門過南門橋再過塔橋經陽春清寧二橋東趾轉入伯瀆港

崙德兼優坊南禪寺前明爲嚴一鵬立

塔圖下亦作潭　蘿蔔浜

義莊前陽春橋南舊有華氏義莊今廢　羊腰灣又名石羊涇

保安寺街　伯瀆街

窰頭

東門外街出靖海門過東門橋至亭子橋

綠蘿菴巷　東倉巷舊水次東倉今爲春場又建先農壇

上福鄉風憲坊在安鎮明爲僉事安如山立

孝節齊芳坊前碙西街明爲浦孝子劭暨妻節婦過氏立

垂慶鄉節孝坊一在馬橋爲明進士錢爾登妻薛氏立一在磚橋爲王希裕妻呂氏立

案前志列載栅座二百三十餘處存者十無一二祇屬具文今不贅錄

橋梁

江南水鄉溝洫澮川之制猶爲近古往往溪港縱橫達江達湖非津梁不可涉也縣少陸地民資舟不資車故無事輿梁之設但如傳所謂石絕水曰梁聚石水中以爲步渡彴而已其村落小水亦有用木爲之者要之邑之橋梁既多不可勝紀則書其著者以存大槩而平易道路之象瞭然在目矣津渡與橋梁相表裏或渡改爲橋或橋廢爲渡或竟廢之昔之所錄今不皆存而事關便民之舉姑仍舊書之使後有攷焉志橋梁第七

錫金公界

北水關橋跨弦河明成化間重建

北倉橋北水關內元皇慶中建至元初邑人華珪改建石梁

大市橋舊名利津隋大業八年建宋嘉定中知縣鄭之悌易石梁元至元中姜好仁重建下爲三門上列市翼以二亭後湮止存一門明正統四年知縣項伾重修

中市橋舊名永安宋淳熙間建元至治及明宣德宏治間重修嘉靖間改建石梁

南市橋舊名濟安唐武德間建石闌雕刻人物極工俗稱孩兒橋後失之元至治及明初重建

南水關橋明宏治元年重建以上俱跨弦河

塔橋南禪寺左本名南津橋亦名渡僧橋跨南城外河元元貞間建明天順重修

陽春橋 跨運河即跨塘橋明洪武初邑人黃德政建正統中知縣項伾改石梁 國朝康熙間邑人秦松齡等建乾隆間龔潛德等重建

清寧橋 跨運河明萬歷中建 國朝康熙八年知縣吳興祚重建

龍淮橋 跨運河俗稱北望亭橋過此即吳縣界明萬歷中邑人施策建 國朝康熙間泰松期黃晟等重建今圮

無錫縣界

澄源橋 縣治譙樓前跨玉帶河宋淳祐年建元陞州改稱州橋明嘉靖間知縣萬虞愷重修 國朝嘉慶十七年知縣韓履寵重建 **廟橋** 跨玉帶河昔時城隍廟在焉故名

留郎橋 跨留郎河一名柳浪橋亦名溜龍順治中重修

興龍橋 在留郎橋西舊名興郎橋明顧祖訓建 國朝康熙中楊紹雍修

泰定橋 跨斥瀆元泰定中建故名俗稱太平橋 **應宿橋** 在縣治後應宿墩

胡橋 縣治東本名東橋又名沈橋唐咸亨中建宋嘉熙明成化中兩次重建南有胡統軍廟故名

駐驄橋 縣署後明葛桓建前此有方海者居其地廢居設渡人稱方海渡船頭

滙龍橋 駐驄橋西 **營橋** 西察院東跨營河宋時嘗設兵於此

水𥗽橋 跨水𥗽河 **虹蜺東橋** 水𥗽橋西

虹蜺西橋 明景泰六年重建易名景泰 **茅梓橋** 州巷內南達觀橋俗訛茅竹橋

迎溪橋 茅梓橋西元志云以其口迎溪故名

觀橋 本名女眞觀橋州巷內南達堰橋傳是巨流淤塞殆盡女眞觀舊在其西

社學橋 北通鑄冶巷達迎溪橋舊有社學故名 **虹橋** 跨東帶河元延祐間重建俗傳夏夜無蚊

學橋 學宮東元至正九年建萬歷中重修 **飛虹橋** 學橋西

堰橋 舊名將軍堰橋 **瑞虹橋** 堰橋西俗稱黃石橋

西水關橋 明宏治元年重建 **水關北橋** 跨荷花蕩

右城內

梁溪橋 跨環城河一名梁清橋一名清溪亦名跨溪俗稱西門弔橋隋大業間始建宋咸淳五年重建元至元中改石梁屢建屢壞明天順七年重造下爲三門以洩水嘉靖中毀於倭後易以木 國朝康熙中楊紹雍重修 **新版橋** 跨外城河俗稱外弔橋今爲石梁

倉浜橋 倉前港口 **顯應橋** 在太保墩今塞

迎龍橋 太保墩西跨新版橋河乾隆三年邑人鄒文錦建

西定橋 跨梁溪下爲五門明嘉靖中知縣鄭普建上有亭秦端敏金爲之記崇禎間馬文肅世奇重建 國朝嘉慶十五年邑人竇氏重修 **大德橋** 在五里街元大德年建延祐間重修

寶善橋 跨寺塘涇明鄒迪光建 **香花橋** 惠山寺門內跨日月池

滙龍橋 跨雙河乾隆初邑人鄒文錦重建嘉慶十七年鄒氏後人續修

錢橋 元至元中建 國朝乾隆間重修 **蔣家橋** 雙河西更名順龍橋乾隆年間鄒文錦重建 **兌橋** 通錢橋

下虞橋 通兌橋 **滸陂橋** 俗稱滸溪東西有二通橫山路

烏涇橋 **碧山莊橋**

俞公橋　蝦蟆橋
護瀆橋　楊家橋
江沈橋　管社橋跨管社山港
埭橋　麻黃橋跨張家浜
小渲橋　大澗橋
小澗橋
右開原鄉
南門橋跨環城河俗稱南門弔橋明嘉靖中重建　南黃泥橋通菰瀆
帶鉤橋南門橋西　談渡橋

西菰瀆橋菰舊作孤孫國介建　石灰橋舊名孤瀆橋明景泰四年邑丞邢隆張拱捐建易今名　永聖橋張王廟後元泰定中錢光遠建
何巷橋　蘆村橋何巷橋西
北橋明隆慶中建　中橋元泰定中建明崇禎間邑人王永積改石梁北中南三橋西通馬蠡港　南橋明初建過此爲五里湖
葉場橋跨九里涇　曹王涇橋
蜻蜓橋　謝家橋
團涇橋亦作潭涇　鋪涇橋舊作鋪涇
盛新橋明志有新涇橋疑即此　陳公橋

善堰橋　梁塘橋跨梁墓涇通新安在大橋東
張巷橋跨梁塘河　仲八郎橋
薛石橋　揚名大橋跨落星塘明天順二年建嘉靖間重建　徐老橋本名太平橋
上菴橋　興隆橋跨大渲港
永安橋跨倉干河　方橋
陸店橋　陶店橋
廣濟橋在五里湖長廣溪之間今名石塘橋　保慶橋
惠安橋案廣濟保慶惠安三橋相傳宋嘉定間僧月堂募建元季明兵南下莫天祐毀橋塞口拒之湖

流壅漫爲患里人浦行素開塞補堤架木梁其上隆慶中浦後人倡易石梁然止一橋即廣濟也今橋口內外皆汪洋巨流別無可置橋處不知當日三橋如何坐落或一橋異名傳者誤耳橋北口有旋水潭三深不可測
右揚名鄉
張塘橋在張村　姑里橋亦作姑裏跨張塘河康熙中邑人楊紹雍重建　勝仙橋
西漳橋亦作西張跨沿塘河　高陸堰橋舊作高魯在西高山西
胡家渡橋南北二宋淳祐五年改渡建　義成橋麻畸乾隆二年葉義建
馬鎮大橋跨江陰界河
右興寧鄉今入天授上扇

永濟橋跨蠡塘河康熙中華九皋建 蠡塘橋亦作麻塘通四河口宋嘉祐間華榮
建明正統間重修 塘頭橋元大德中建
沿塘橋明正統中華德可建三橋並跨蠡塘港 顯祖橋浮舟村明正統間華德可建
高家尖橋華啓玆建 余塘橋唐村
柘塘橋跨蔭橋港明華中孚建 蓮蓉橋在蓮蓉村
華家田東橋明正統中華德可建 水塘橋南華家圩
華家田西橋北華家圩康熙中華友鳳重建 蔡公橋在石幢跨迎潮閘河明葉茂才建
國朝乾隆二十八年里人重建石梁 唐德橋跨迎潮閘河
張公橋蓮蓉村 五龍涇橋

鍾英橋戴涇華蘭建 通濟橋四河口界南興道北江陰雍正間建
龍壽橋石幢東跨東塘河康熙中楊紹雍建嘉慶六年里人重建改名仁壽
右興道鄉今入青城區
東萬壽橋跨萬壽河 中萬壽橋
西萬壽橋三橋並在楊家圩之南 迎龍橋跨運河東岸
茅瀆橋宏治志在下塘 蠡口橋
黃渚瀆橋 社港橋
斗門橋跨運河岸通江陰 前旺橋
右萬安鄉

薛家橋無錫陽湖界 柳堰橋五牧鋪東
洛社橋跨運河舊在開利寺西唐麟德年建元至大明正統中重建 國朝順治間重修乾隆三十九
年知縣郭本才移於開利寺前里人張雅宗等重建石梁 大橋洛社南
小石橋大橋北 彭瀆橋洛社
郭瀆橋 柳浪橋開利寺東乾隆四十七年建
石瀆橋跨石瀆 界涇橋陽湖分界
躭蟹橋寺巷北 蔭橋一名乙虞橋在躭蟹北
陸莊橋明宏治中陸積建 花渡橋跨花渡港一名報恩宋元祐中建
國朝乾隆間重建改名興隆乾隆庚午志云跨直湖港誤 百寶橋張高莊

曹塘渡橋跨歐瀆 蔡家岸橋通陽湖界跨蔡家河
右招義鄉今入萬安上扇
青城塘橋洛社西南一名青石塘橋 南星橋
北星橋 楊橋
匡橋以上跨直湖港 仁里橋匡村西
三鄉橋 顧端橋
細磚橋三橋並跨新開河 嚴坊渡橋通花渡
志公橋通運河跨志公港 張曹橋
九穹橋今名九龍跨玉圻浜 湖上橋芙蓉圩岸舊訛和尚

白沙圩橋
右青城鄉今入青城上扇
鄭店橋一名通濟跨北邗溝　新瀆橋賈山北跨新瀆
張店橋胡埭河　東埭橋明志作東塘跨直湖港
郭莊橋跨孟安墩浜　瀵橋跨西大河
黃灣涇橋跨黃瀆明志云在修浦　管莊橋
馮橋跨新瀆明志云安陽山北　察亭橋俗名拆靈橋
尹城橋　黃瀆橋跨黃瀆
右神護鄉今入富安上扇

張舍橋過新瀆出陽湖　富安橋胡埭東北
胡埭橋　狀元橋胡埭跨小西溪宋蔣重珍居此故名
貟耒橋華嚴橋北　華嚴橋跨直湖港西通花村
花村橋　孟春橋亦名孟村
宣溝橋　永成橋
陸墟橋一作陸區宋寶慶三年陸燦建　永安橋陸墟市
通濟橋陸墟市　張橋
西倉橋　東倉橋一名鳳凰橋
閭江橋跨水溜港亦名水溜橋　青龍橋跨閭江

青雲橋始爲青雲渡里人周天助建木橋乾隆二十六年華希閔改石梁
周渡橋閭江西陽湖界邑人鄒文錦建　洪橋出此爲無錫陽湖宜興三邑交界
右富安鄉
藕蕩橋跨陽溪口　梢塘橋藕蕩西
劉塘橋在梢塘西　邗村三橋亦作韓村跨邗溝宏治志通貟耒橋
馬家橋宏治志通梢塘橋
上舍橋跨上舍河　廟塘橋
右布政鄉今入富安上下扇開原下扇
萬師橋　南版橋塯上

周埭橋明志作周圍又有陶墅橋　河莊橋
葛埭橋跨洪邱洤　坊前橋
塘前橋　橫山橋跨長廣溪
前丁澤橋　後丁澤橋橫山橋南
寺前橋長泰寺前故名　裏山橋跨大澗
蔣家橋亦名郭家橋明隆慶中郭鈞重建　仁渚橋跨港臨湖舊名神注乾隆五十四年里人王譽吉建
瀆東橋
上庫橋明志作上顧　後虹橋明志作後央
橫塹橋　萬步橋

通湖橋一名杪木跨吳塘門今爲石梁秦公鏷建　張橋通大港吳塘門

右開化鄉

華德橋明正德六年建　東葑瀆橋

率瀆橋一名塞瀆　白龍橋下有石其文如龍

徐淘涇橋元延祐中建　午千涇橋

馬墓橋有義馬墓故名宋時有王姓者騎馬入城遇讐欲殺之馬嚙讐王免於難後馬死葬其地

通吳橋一名望亭橋又名定風波橋跨烏角溪無錫長洲分界唐永淳中建自東葑瀆橋至此皆達蘇州驛道　急水橋

磕寶橋　流潭橋

馬瀆涇橋　橫涇橋跨稍涇

南倉橋　蠡橋

落霞橋跨蠡瀆　陳塘倉橋跨蠡瀆

新橋　八字橋

溪橋並跨赤城溪元延祐年建　唐鐵橋

薛舉橋跨稍涇　楊木橋明志云通太湖

錢貟橋　東橋

莊橋跨新安溪　袁童橋

高匠橋　巡塘橋

管塘橋　袁郎橋明志作袁巷

廟橋北有花輪將軍廟　周倉橋明志又有高橋

東長橋　硯堍橋

錢秉橋　毛文橋

谷順橋　陳信橋

老人橋　雙牌橋

謝家橋　華家橋

右新安鄉

津渡附

胡橋渡宋德祐中已廢　方海渡即駐驄橋　西水關渡　雙河渡

潘葑渡　洛社渡元建橋後廢　花渡建橋後廢　白龍橋渡

新溪口　吳家店渡　靑祁浛渡揚名鄉　石幢渡通江陰

吳信渡　新安渡建橋後廢　華東渡　胡家渡興寧鄉近青魚蕩

方家渡　靑雲渡　仙蠡墩渡梁溪　對河渡興道鄉

金匱縣界

打鐵橋北水關內弦河東　盛巷橋跨倉浜晉興寧中建

興隆橋縣治前跨倉浜　倉東虹蜆橋通沙盆潭明成化中改建

華德橋在靖海門內跨弓河一名吳寶明正德間知縣齊璿重建萬歷間重修

便民橋在南水關內跨弓河舊名董家橋元延祐中建國朝康熙十四年重修
冉涇橋跨第三箭河舊名染涇史逸云以涇水宜於染帛故名
承賢橋明萬歷間邑人九盛明建高忠憲攀龍記　鳳光橋唐武德初與北禪寺同建
通濟石洞橋鳳光橋東一名洞霓宋建　斜橋一名崇寧唐咸亨年建三橋跨第六箭河
環秀橋明侯祠德建　青石橋亦名通濟橋
韓修橋舊名闟肆橋元延祐中建今塞　觀橋洞虛宮前今塞上四橋跨第八箭河

右城內

東門橋跨環城河俗稱東門弔橋明洪武年建嘉靖中改建國朝康熙間重建乾隆間重修
亭子橋跨運河在靖海門外本名熙春橋明成化嘉靖國朝康熙重修乾隆六十年重建糧運進羊

腰灣過此　廟橋左信郎大王廟故名
小粉橋亭子橋左　塔子橋本名塔影水面時有妙光塔影明邑人九晉建石梁今改爲木　保安寺橋
鐵柱橋陽春橋南先是橋成輒圯有老僧言下有蛟宜鎮以鐵柱如其言乃成前志入新安鄉誤
黃婆橋明嘉靖中建　黃團橋
冷瀆橋跨冷瀆河　仁濟橋一名顧橋
九畐橋　大安橋跨迴溪明嘉靖中九悅妻孫氏建
洞橋跨迴溪　青石橋洞橋東
白兎橋　王公橋跨十里鋪河

百千瀆橋　王莊橋
新橋　江陂橋一名江溪明華察建
學士橋伯瀆塘轉北口明華察建　伯瀆橋跨太伯瀆港口舊有浮柵後撤
驢橋　羊橋俱跨伯瀆

、右景雲鄉

北門橋跨環城河俗稱北門弔橋明永樂三年建宏治元年改建石梁嘉靖中復爲弔橋
蓮蓉橋跨運河即北門大橋唐貞觀三年建明正統十一年知縣項伾改建國朝康熙中楊紹雍重修乾隆十五年重建糧艘壅運出此　長安橋控江門外明宏治間邑人陸惟悌建
國朝乾隆間重建嘉慶十八年里人重建是橋宜木不宜石明孫少宰繼皐爲之記

北黃泥橋舊名通安乾隆五十三年重建　四保橋跨轉水河嘉慶十七年里人重建
顧橋跨轉水河亦名柵口康熙中楊紹雍重建舊設浮柵許闗坐役稽查漏稅雍正中権使海保撤去
興隆橋沿運河嘉慶十七年重建　平安橋沿運河嘉慶八年重建
三里橋北門塘明顧可學建工人掘地得碑上書顧港橋云是顧長康所造
高橋跨五瀉河口江陰糧運由此元延祐中里人吳春山建明正統中知縣項伾重建國朝雍正九年署金匱縣胡慎重修今圯　塘南橋五步塘梨花莊北
塘北橋塘頭　師姑橋塘頭
嚴埭橋元大德間建新釘樁柵　塔子涇橋
凡七橋一作樊漆又名范砌跨塔影河　老鴉橋下墟村本名落霞

右天授鄉

至德橋龍涇

會龍橋大小龍涇會處

沈瀆橋一作聖瀆南塘入裏河口今廢

十房橋沈瀆口

南河橋跨南河添釘樁柵

唐莊橋跨沈瀆

許賣布橋添釘樁柵

唐墓橋

周打皷橋

祥里橋

下莊橋跨新橋浜

鶖塔橋

安樂橋

石角橋

庵橋

徐童橋明志作徐塘

矬墩橋

曹澤橋

世家橋

岳公橋

吳童橋

石家橋

唐花子橋

麇城橋舊傳吳王養麇鹿處長洲分界

右泰伯鄉

馬橋

廟菴橋

胡堰橋一名湖沿橋明宏治間錢孟濬建

磚橋明宏治間錢孟溥建嘉靖間華察修

方橋對大橋口金匱長洲接界

張塘橋明宏治間錢孟淸建

小張塘橋跨小張塘河

駱婆橋

狄澤橋三橋俱分龍尖夾層入蘇所經

三孃子橋分龍尖上鄉都作三黃子

大通橋明宏治間錢孟潤建

塗林橋明宣德間華守莊重建

雙版橋

丁公橋跨伯瀆

楊墓橋

界涇橋長洲分界

薛司孃橋

香花橋跨界涇

右垂慶鄉今入南延下扇兼跨上扇

蘇舍橋蘇舍蕩梢

福華橋俗呼福下

楊巷橋明華仲蕣建 國朝乾隆間華啟槐重建

劉團橋蘇舍蕩轉北明華守敬建華燿重修

斷塘橋劉團橋北

東橋斷塘北西莊浜口

積餘橋俗訛鯽魚東橋北杜莊浜口

應隆橋積餘北

徐充橋一名徐沖應隆北

昌浦橋俗訛菖蒲

曹墓塘橋自劉團至此俱北出宛山所經

桑園橋浦俊德倡改石梁

旺家橋初建木橋康熙中浦長發改石梁

朱舍橋在鴻山下

盛橋以上十橋鴻山東北前礀里

新橋鷲朓蕩口華進思建

湖橋明華燧建

旺兒橋

通源橋一名大奶橋

延祥河橋乾隆五十年華公翊建

黃塘橋乾隆五十四年華汾建

馬涇橋嘉慶十六年華瑞淸重建

義盛橋明華守吉建

張馬橋蕩口西

謝埭橋謝埭蕩　東西二濠橋跨濠湖口

曹家橋　司家橋

廟橋　陸皮橋六橋在謝蕩北錢之間

甘露市橋　蔡橋甘露鎮

右延祥鄉今入南延上下扇北延上扇

外莊橋伯瀆分龍進北港口今廢　西城橋

馬蹄橋　唐貫橋俱外莊進口直北

巷西橋轉東　孫家橋又東出旺家桑園等橋下宛山蕩

陸倍橋　周童橋

塘西橋三橋跨走馬塘　西安橋

中安橋　太平橋並跨南興塘九里河東梢

九里河橋明隆慶中華坊建東西二橋堠山東南向無腹裏關柵惟使海保始於內河釘立夾樁柵座十餘處此亦其一　大成橋盛塘河宛山口

關橋一名昇平橋出口即宛山蕩乾隆三年里人周康侯捐建

芙蓉塘橋盛塘河　鮎魚塘橋盛塘野貓洞

慶安橋山涇河　山涇橋

右上福鄉今入北延上扇

萬村橋　馮堰橋

唐橋　沈蘇橋並跨新河

梓堰橋跨新大河　石灰橋跨蘇塘河

和塘橋跨包堰河亦名河塘橋　雙涇橋跨包堰河

滙龍橋跨興塘河　三壩橋興塘河二橋俱跨大川走張涇河路

張涇橋跨張涇河　通惠橋華理建

南新橋　魚婆橋俗云下有魚母

陳家橋　楊家橋

右宅仁鄉今入懷仁上扇

晃山橋　陳墅橋跨長河二橋北岸入江陰界

陸墅橋明志在懷仁鄉乾隆庚午志入膠山鄉今改正

界涇橋　霞塘橋

港下大橋港下鎮接江陰　廟橋

黃莊橋亦作王莊跨常熟界雍正中添釘樁柵自此始

東河塘橋有市　許公橋

毛家橋　王毛兒橋

蠡國橋有范蠡廟　張繆舍橋土名張麻舍

西河塘橋一名起龍橋　潘墅橋跨蠡河通江陰長涇

蠡橋　顧二房橋亦名顧二房廊下

宋家橋　百順橋亦名薛家橋

藏店橋　斜橋跨楊梓河

萬緣橋楊梓河一名萬年　香花橋在羊尖與常熟分界

仁壽橋羊尖鎮康熙中朱繼發建

右懷仁鄉

通津橋亦名大通跨楊婆圩　八字橋明嘉靖中改作石梁南通興塘河北至斗山

白土橋顧莊東

復興橋一名闞莊橋跨闞莊蕩口　方村橋一名永豐跨斗山河明黃繼祖建

黃姑橋斗山南　東房橋斗山南亦名烏土橋其土黑如煤

耒崇橋亦名來崇跨白蕩口今名崇村橋明里人徐調元建

羅橋跨白蕩河　太平橋宋時有太平酒坊跨吳瀆港通江陰

上舍寺橋吳瀆港　寺莊橋芙蓉山南乾隆元年費元章建

旺僧橋

右膠山鄉今入天授下扇

永安橋在東亭　迎福橋東亭二橋明華察重建

新塘橋跨興塘乾隆五十年陳翼虞過振揚重建　鴨城橋跨信義瀆

鴨城新橋明嘉靖中華啓元建華察重修　石埭橋跨九里河通常熟

許巷橋　蠡埲廟橋跨許巷浜

瑯琊橋　盧其橋跨瑯琊瀆

張公橋　毛道橋二橋跨夾裏河

冷村橋明華察改建石梁　宋公橋

陸國橋一名六谷　房廊橋

福塘橋　積善橋明張孟祥建

東蠡橋　西蠡橋

坊橋宋有酒坊　杪木橋

岳沈公橋　夏家橋二橋奚山西

下莊橋　南房橋

版村橋　莊橋四橋奚山南自岳沈公橋以下俱跨周涇

周涇橋跨周涇河一名將軍橋乾隆庚午志入新安鄉今改正

犁尖橋周涇河口康熙中蔡家楨建　郢士艮橋

坊前橋有二俱在坊前街　蘇團橋

破塘橋東西二康熙中改木爲石梁東橋乾隆中泰伯廟道士曹峻修

梅村橋南趾即泰伯廟　毛塘橋在犁尖河東舊時三接長版雍正初改三節大石添釘樁柵與九里等處同

右梅里鄉今入北延下扇泰伯下扇兼跨南延下扇

津渡附

黄埠墩渡　義莊渡陽春橋東　五丫浜渡　席圻渡　平家渡　九村渡　蔡家渡天授景雲二鄉元時已廢　楊鄧渡　高郎渡　柵口渡　馬王浜渡　聖瀆口渡　宅基浜渡

薛家渡　蔡王親墳渡　下田橋浜渡　阿奶渡

新橋渡二渡並在望亭柵口內　曹家渡望亭

無錫金匱縣志卷五

無錫金匱縣志卷六

廨署

國家設官分職有官必有署居其職者坐堂皇而理萬民昕夕視事必思有以無媿其官者矣無錫故壯縣元時曾改州今又以事煩賦劇析金匱分治之驛遞仍隷無錫實爲南北之衝金匱較清簡而賦役戸口多寡大畧相等廨署之設所以責有司者綦重葢非徒飾觀瞻崇居處而已然堂階門屏於以觀體亭傳於以觀政隨其時而繕治之是亦縣大夫事也志廨署第八

無錫縣署在城西偏地最爽塏寶帶河環之有橋曰澄源橋南有牧愛坊坊左右各有井亭橋北爲譙樓元大德中重建邑人虞薦發有記迄　國朝知縣吳興祚更新之名來悅樓下爲正門入爲馳道舊有申明亭爲里老剖決民辭之所有旌善亭以書邑人之善行並廢今邑人善惡榜移列樓外井亭中東爲眞武堂西迎賓館廢爲倉廒更進爲儀門入爲馳道道半爲誡石亭歷亭而上其堂五楹兩翼爲庫前有重軒甃以露臺樹以木柵左右各置角門門之南左右廊各二十餘間以居胥吏貯簿書堂之東爲贊政

廳後爲同心堂亦名冰玉堂明正統間知縣項伾有同心堂記旁爲鑾駕庫以貯龍亭架閣庫以貯黃冊吏進則爲內署有尺木堂東曰聽梧軒西曰西書房堂後有樓曰延清最後曰阜民臺明隆慶間知縣周邦傑建邑人秦梁有記臺上有登嘯亭舊有亭三曰觀稼睡花九峯下爲寮舍八十餘楹去阜民臺數十步踰河而北有墩曰應宿則縣後之屏障也明嘉靖間知縣萬虞愷築縣治四陲繚以周垣垣外小衖多吏胥居之其獄室在右角門外東出卽儀門之右譙樓之東爲總鋪案宋聶厚載記自僞唐納土之後縣封密接吳境兵寇洊侵宮室民廬

亟爲煨燼後於城西南隅重剏衙署草草未備咸平五年知縣錢維周移就中位乾興元年李晉卿始大增建迨元前至元間又改作之後陞爲州治元統二年知州董守思加葺焉明洪武中知縣趙宜增置官吏宅舍宣德二年唐泰安又撤新之宏治二年榮華重建廳事邑人秦夔記自是姜文魁萬虞愷以時修築　國朝康熙初知縣吳興祚久於厥職歲加繕治制度宏敞嘉慶八年知縣楊潤重修自譙樓至內署並加葺治而易樓名曰鑒遠

案康熙庚午志云據聶記邑宰錢維周移就中位元志猶言州治在州城之中卽宋舊縣令廳也今治在西偏不可謂中而元故州橋猶在其言觀稼睡花二亭在後圃舊于城基上當卽今之阜民臺按之皆合不知何以云中位豈其城有變移耶

縣丞署舊在左角門外後廢嘉慶十八年詳請重建

典史署在左角門外縣署東

高橋巡檢司署舊在縣西北十里五瀉河口洪武中建後廢今在右角門外縣署西

教諭署在學宮

水次西倉在試泉門外明宣德中巡撫周文襄忱建分貯

開原天授等鄉秋稅後東倉廢惟用西倉東倉舊在東城外與洪武中所建預備四倉並廢　國朝康熙二十六年知縣徐永言修共廒屋四百四十間雍正四年析置金匱以馳道爲界無錫貯西金匱貯東官廳頭門兩邑共之

常平倉在縣署大堂東角門內二十間又儀門外十七間雍正間知縣江日容建又阜民臺西十三間知縣吳翼祖建捐監穀倉二十間乾隆四年知縣姜順蛟建

社倉貯民間積穀每鄉設社長社副收貸出納雍正十三年飭行乾隆十七年知縣王鎬詳請改貯儀門外東首

廄房

皇華亭在試泉門外距梁溪橋數武卽今錫山驛宋初有太平南門北門三驛元初置洛社新安水馬站各一明初置錫山驛於望湖門外近移今地額馬五十六匹馬夫三十四名站船十五隻水手四十五名

急遞鋪望亭新安十里亭淸寧橋黃埠墩潘葑洛社五牧及縣前總鋪凡九所

金匱縣署在城東北其基舊爲億豐倉廢爲常州營左軍署雍正四年析置金匱五年知縣王喬林請 帑改建

縣署外譙樓三間儀門三間左右圜垣入爲馳道中爲誠銘坊兩旁角門東向通寅賓館倉門西向通獄室後小衖進而上爲大堂三楹下甃露臺左右廊房二十餘間胥吏供職於此貯簿書焉大堂後川堂三楹中設木柵寘救火水龍諸具進爲與仁堂庫房在其左右更進則爲內署堂三楹旁書室六間又內房十餘間其儀門外左爲土地祠寅賓館右爲獄室署後鱗次比屬皆常平倉舍乾隆間知縣張曾太彭元瑔詳請撤建嘉慶二年張寬泉重修

主簿署在縣署東舊爲化城庵嘉慶三年主簿翟一鑄詳請改建

典史署在縣署東書院衖雍正七年知縣王喬林詳建

巡檢署舊在望亭今移駐蕩口鎭

訓導署在學宮

常平倉在縣署旁書院衖廄房五十間又收捐監穀倉在崇安寺後

社倉一在崇安寺後乾隆十七年詳請將捐監穀倉改建又梅村八字橋南前鎭安家鎭蕩口鎭共六所分貯息

穀社長收貸出納制與無錫同

常州營左軍守備署在東城內第八箭河上兼轄兩邑

教塲在城內西南隅面城臨濠中開馬埒上爲閱武堂西北爲轅門左置將臺雍正間知縣江日容建守備以期演武兩邑試武童練民壯亦於此

春塲在望海門外兩邑共之

養濟院無錫在縣治西金匱在南市橋巷

廨署 附

北察院巡撫行署在無錫縣治東北控江門內明宣德

六年建前臨茲河有坊中曰清源左風紀右激揚儀門
內歷馳道而上曰願治堂旁各有廂後為川堂東西為
庖湢更進為後堂後為圃有亭有沼自巡撫不行部遂
為巡方御史署今廢

察院在無錫縣治左舊為巡方行署巡方旣駐節北察
院此以居兵備道　國朝巡按撤後廢

公館在崇安寺佛殿東以居按院盤查今廢

撫字丞署在無錫縣署左角門外今廢

稅課局在中市橋東陰陽學在無錫城隍廟東醫學在

城隍廟西惠民藥局在無錫縣治前並廢

學校

學校之設所以明人倫人倫明於上小民親於下孟子
之言盡之矣今天下郡縣皆立學設校官以董之而又
增建書院歲延師課士所以為俊造計者其制甚備攷
之周禮太宰九兩繫邦國三曰師四曰儒復於司徒本
俗聯以師儒師以德行教民儒以六藝教民今之校官
院長固師儒之責也而處膠庠者每不力於學不敦於
行何與志學校第九

學宮在無錫縣治南三百步（見章望之學記）前臨東帶河（沿河石闌明萬

歷間知縣林宰所築）其右為學舍
聖廟前為櫺星門（明天順六年縣丞邵性修易木柱為石）門之內東為名宦
祠西鄉賢祠又東為忠孝祠為宰牲所又西為具服所
入為戟門（中有古檜傳是宋時物）其上為正殿舊名大成明嘉靖
十年改稱先師殿上有額
聖祖御書曰萬世師表
世宗御書曰生民未有
高宗御書曰與天地參
今上御書曰聖集大成殿前為露臺環以石闌丹墀之旁

爲兩廡其殿廡崇祀像位如制嘉靖間易像爲主至國朝康熙九年出像於復壁新而祀之四配十哲皆還其舊五十一年升先儒朱子熹爲先賢列於哲位乾隆三年又升有子若列於哲位始稱十二哲直正殿之北最後阯舊爲啓聖祠今稱崇聖祠啓聖之稱始於元天歷其建祠在明嘉靖時　國朝雍正初加封五代王爵曰昌聖裕聖肇聖詒聖啓聖陪以四配之父及周程朱蔡諸先儒之父學舍前爲狀元坊坊本爲宋蔣重珍建後凡元魁鼎甲皆列名其上入爲學門稍折而西爲泮池池有三橋中橋有亭曰騰蛟起鳳入爲儀門門之左爲孟公祠其先本文昌祠後改祀嘉靖間訓導孟世威隆慶間教諭衞銑又增祀康熙間教諭錢壂李曙雍正間教諭陳栔共五人右爲后土祠由馳道而上

爲明倫堂康熙庚午志堂東齋曰居仁西曰由義萬歷志謂左志道右據德蓋二齋初名左右有庫貯祭器案籍器籍目詳後堂之後爲講堂署曰賢樂處康熙庚午志又有會饌堂與講堂爲二萬歷初知縣周邦傑建今修復其一明倫堂之東有起敬坊今廢正殿之後有亭三中刻敬一箴明嘉靖時頒左右刻五箴并注今止存左右二亭其右亭內有石刻川上圖　聖像歷亭而上有池跨以石梁入爲尊經閣明成化間府同知謝廷桂建其後即崇聖祠堂之東南隅爲文昌閣一名奎宿閣明萬歷中建賢樂處後爲教諭署齋曰素似旁有時雨齋今以爲訓導齋額雍正四年析金匱縣學宮學舍兩邑共之

案康熙庚午志起敬坊之東爲西齋署舍折而南爲東齋署舍訓導本二員　國初裁後復其一故二署初並廢爲圃至康熙二十五年知縣徐永言復建一齋以居之宋時學內有崇禮由義興廉遠恥四齋明有至善堂五間講堂之旁有倉廚二所今或改或廢其歷代創修名記備列於後　學宮爲宋嘉祐三年知縣張詵創建章望之記崇寧元年詵從子元度繼爲邑令重修東牟王相記紹興十六年知縣胡舜舉修李彌正記嘉定十年知縣趙崇簡修江陰軍學教授鄭子恭記元延祐中主學李思孝修始闢教官署至正二年總管薛世昌知州高澗澗出修孟澹記旋燬明洪武十一年知縣袁大興重建二十八年知縣郭文昌修永樂二十一年邑人殷序修林莱記宣德二年知縣唐泰安修邑人馮善記天順六年縣丞邵性修廖莊記成化七年知縣賴瑛李恭修宏治二年知縣榮華修郡人王偁記正德六年知縣齊璿修李傑記十三年學使張鰲山修莆田林俊記萬歷五年署同知劉體道修邑人秦梁記十三年知縣李復陽修邑人秦燿記二十七年知縣趙應元修三十

六年知縣林宰修四十年知縣陳以問修邑人鄒迪光記　國朝順治康熙間知縣黃之蔚吳興祚修二十二年知縣徐永言修五十年邑人秦松期修五十三年常熟蔣陳錫邑人華希閔合修乾隆初邑人顧仔華希閔修十四年金匱訓導石補失修無錫令王鎬金匱令俞體道邑人黃施鍔許獻皆有記乾隆二十八年華希閔顧建元重修六十年鄒思成集貲續修

學田無錫學經管折平田七百二十九畝八釐四毫內去浜洗入湖田二十餘畝金匱學經管折平田二百二十九畝三分三釐六毫七絲又乾隆元年邑人徐琴宣捐上字號田五十畝專作歲修之費漕折佃戶完納租額每畝歲入米三斗三升五合麥一斗五升除解學餉外存留爲寄貼酬勞卷資賑

貧修學之費

案元志有學田四十一頃有奇後無可核明正德十二年學使張鰲山毀妙覺觀籍入田四百八十三畝有奇萬歷中鄒迪光置田三百畝本縣籍入虞相田六十餘畝崇禎中馬文肅世奇置田百五十畝有奇額以六百十二畝供督學公費三百五十二畝有奇聽撫按兩院賑貧貧士 國朝巡方差撤仍以其半聽督學賑貧生前嘉靖中督學聞人詮以師儒不當親錢穀隸縣徵收發學 國朝順治三年署學事府訓導朱鼎具詳各院力請之

諸生員額自康熙二十二年停止納生考取文生入學十五名三十八年大縣廣額五名六十一年又廣額五名共二十五名武生員額十五名雍正四年析縣後文生無錫十二名金匱十三名武生無錫七名金匱八名廩生增生各十名歲貢每二年新舊一輪

名宦祠 以釋奠日祭

宋 阮應得
明 韓約 項佺 佟珍 萬虞愷 王其勤
甄津 李復陽 林宰 劉五緯
國朝 馬鳴佩 吳與祚 于成龍 傅臘塔 許汝霖
宋犖 范承勳 張榕端 張泰交 張伯行
張元臣 邱廷極 余正健 陳鵬年 邵嗣堯
楊錫紱 徐士林 李衛 蔣廷錫 陳大受
包括 魏化麟 任文煒 武承謨

鄉賢祠 以釋奠日祭

漢 虞俊 王闢 高彪
晉 顧悅之 華寶
唐 李紳
南唐 陳喬
宋 杜鎬 錢顗 凌浩 陳敏 袁植
李端行 李尙行 李綱 喻樗 陳之茂
尤袤 陳篆 李祥 沈有開 蔣重珍
陳炤 虞薦發
元 陸以道 強以德 虞志道 陳肅 倪瓚
孟杙
明 張翼 張籌 徐績 周衡 儲福
錢仲益 倪峻 王亨 馮善 殷序
張思安 尤文 秦樸 談泰 成始終
楊璿 高曇 馮謹 盛容 談經
張遜 秦旭 秦夔 陳賓 談綱
繆昌 華山 談縉 莫驄 秦霖
呂㠯 俞鐙 邵寶 吳學 葛嵩
秦金 辛銘 秦鏜 華金 楊淮
顧可久 王問 黃正色 張選 華雲
秦淮 高材 侯祖德 江汝達 馬濂

王鑑 華汝梅 華啓直 周子義 胡濤
施策 秦燿 孫繼皐 萬象春 嚴一鵬
侯先春 顧憲成 顧允成 劉壂 高攀龍
陳幼學 安希范 周繼昌 許世卿 葉茂才
劉元珍 周炳謨 楊應文 王化宏 王乾一
華允誠 馬希尹 王之柱 馬世奇 王孫蘭
張纘曾 過俊民 秦堈 高士鶴 蔣元敬
高世泰 胡時忠 堵景濂 華珍聘 施匪躬
侯鼎鉉 顧樞 劉明翰 過對揚
國朝 周懷忠 劉惠恒 秦鉽 秦松齡 過松齡
華亦祥 周公謨 嵇永仁 王志寧 杜芳
錢仲選 鄒卿森 華希閔 秦蕙田 張泰開
周日萬 顧光旭 周際清 孫永清 秦震鈞
浦起龍

案瞽宗之祀其典最重而或濫或遺所在多有無錫名宦祠初止有明人順治六年補祀宋末殉節知縣阮應得鄉賢祠初亦僅始元人康熙中補祀漢唐宋元迄明二十有四人縣學使李振裕檄行之而阮祀則邑人張

夏請於學使張能鱗者也今　本朝之祀名宦者如邑令吳興祚武承謨而外大都皆督撫學臣而大賢若湯文正斌俎豆獨闕校官莊文煒乞無表見乃得與焉而鄉賢以次日增近如高顧棟高名厠儒林顧未之及列其姓氏足備後人攷鑒矣

忠孝祠　以釋奠日祭

宋陳　炤　陳應雷　楊宗達　楊濟艮

明俞德惠　李孟善　陸士隆　張文煥　葛　桓

施　武　吳　肇　徐　弼　儲　福　黃　理

沈　宗　高　㬉　葛　昊　顧可久　曹　懷

華　鑰　華白滋　馬世奇　王孫蘭　龔廷祥

施召徵　過俊民　孫源文　吳以馭　華尚濂

何以培　許　學　堵允錫　堵孫正　嚴紹賢

顧　杲　高明玿　高綿士　秦廷珪

國朝嵇永仁　秦華鍾　張令憲　張丹翰　王日杏

楊夢槎　浦寶光

晉華　寶

明秦　旦　秦　夔　陸　爻　浦　劭　浦　瑨

俞紹祖　蔡元銳　蔡元鐸　嚴　翊　高應豸

陳志夔

國朝成　達　張寅孫　許培元　潘志道　潘　稷

春秋以二仲上丁日行禮前一日行事執事官肄儀祝習祭文及省牲眡幣行事於學之講堂及期陳設省饌獻爵奠幣飲福受胙望燎各致嚴儀春秋祭錫金兩邑分主其事每祭報銷銀二十四兩五分一釐

先師位前帛一牛一羊一豕一登一鉶二簠簋各二籩豆各十尊一爵三

四配位各帛一羊一豕一鉶二簠簋各二籩豆各八爵三東西各尊一案明初舊制　先師位籩豆各八成化間增十二與郊社禮同嘉靖中從張璁議減爲各十今仍嘉靖時制

十二哲各帛一鉶一簠簋各一籩豆各四爵三東西各羊一豕一尊一

兩廡二位共一案每位爵一每案簠簋各一籩豆各四東西各羊三豕三尊三統設香案二每案帛一爵三

崇聖祠正位各帛一羊一豕一鉶二簠簋各二籩豆各八尊一爵三

四配各帛一簠簋各一籩豆各四爵三東西各羊一豕一尊一

兩廡東二案西一案均簠簋各一籩豆各四每位爵一東西各帛一羊一豕一尊一

祭器

簠以盛黍稷　簋以盛稻粱　雲雷尊貯初獻酒　象尊貯亞獻酒　犧尊貯終獻酒　冪以覆尊　勺以酌酒　爵　坫置爵承尊　罍以貯水　洗以受棄水二者皆盥洗器　籩以盛果脯　豆以盛菹醢　登以薦太羹　鉶以薦和羹　鼎以焚香

案朱子曰舊禮器圖式並依聶從義之制不如政和攷三代遺法鑄造制度精審氣象淳古知潭州日遂申省準以銅制今奉通行惟正位與配位爵用白瓷

樂器

鼉鼓　大鼓　麾二一畫升龍一畫降龍舉升龍作樂舉降龍止樂　柷　敔

搏鐘　特磬　鞉鼓　編鐘八　編磬八　縣鼓　田鼓　登歌鐘　登歌磬　琴六　瑟六　笙六　雙管

塤六　篪二　鳳簫二　搏拊　洞簫二　龍笛二

旌二以導舞　木鐸　相鼓　翟籥各三十六

康熙三十六年從臺臣請凡祭文廟舞用六佾共樂器俱照會典文舞生三十六人服紅

色補服戴裏金銅頂乾隆五年禮部議請於三十六人外加取四人以備更替

學庫書籍

聖諭廣訓一本

御纂周易折中四套二十四本

御纂周易述義一套六本

欽定書經傳説彙纂六套六十二本

欽定詩經傳説彙纂六套六十八本

御纂詩義折中一套八本

欽定春秋傳説彙纂八套四十八本

御纂春秋直解一套六本

欽定三禮義疏十六套一百二十八本

日講四書解義六套三十六本

御纂性理二套十本

御製補笙詩樂譜四本

欽定文廟樂譜二本

御製文初集二集三套二十本

御製詩初集二集六套四十八本

御製盛京賦一本

御製掘蕨得米詩石刻一本

御製文廟清漢碑文十本

御製平定兩金川碑文十本

御製改教詩石刻二本

御選唐宋詩醇二套二十本

欽定清漢對音字式一本

欽定學政全書續纂條奏一套二本

欽定增修學政全書二套二十四本

欽定四庫全書攷證集三部

南巡盛典八套四十八本
十三經註疏全部十六套一百二十本
朱子全書八套六十四本
孝經衍義四套三十二本
近思錄一套四本
大學衍義二套十二本
二十一史全部五十套五百本
明史十二套一百十本
資治通鑑綱目十六套一百二本
新頒資治通鑑綱目續編二部四十本

聚珍版書二套二十七本
科場條例一本　學政全書一部
新刊學政全書一部　新刊禮部則例一部

書院 附

東林書院亦名龜山書院宋楊文靖時學於河洛而歸程顥目送之曰吾道南矣至常州及無錫留居十有八年邑士相從講學後遂即城東隅為東林書院時歿建祠祀之名以道南元至正間僧秋潭者結庵其左亦以東林名之而書院遂廢明邵文莊寶欲興復之未果別建書院於泰伯瀆之北至萬歷三十二年顧憲成偕弟允成始搆之憲成歿高攀龍主其事攀龍北行又以屬葉茂才揭東林書院四字於門門之前建坊題曰洛閩中樞其陰曰觀海來遊入門曰麗澤堂更入為講堂名曰依庸左右有廊有書舍堂之後有門榜曰燕居門以內有堂曰中和中設

至聖先師木主東西兩樓貯祭器經籍別建道南祠於書院之東祀龜山初以羅從彥胡珵喻樗尤袤李祥蔣重珍邵寶七人配其後攀龍又進顧憲成允成錢一本薛敷教安希范劉元珍六人凡會課講歲兩大會月一小會會各三日悉仿白鹿洞規遠近名賢同時相應天下學者咸以東林為歸及魏閹竊柄鉤黨之禍作天啟五年八月詔毀天下書院而東林為首乃先壞依庸堂其明年三月攀龍自沈城南止水後二月知縣吳大朴奉檄督毀俄頃俱盡崇禎初詔學臣修復東林吳桂森鄒期楨之徒稍稍整葺為堂三楹僅存麗澤之名　國朝順治十一年郡守始檄除東林地稅攀龍從子世泰作

燕居廟如舊制並建再得草廬康熙中睢州湯斌撫吳時親詣書院謁道南祠而令知縣徐永言教諭任文煒率諸生會講於茲冢宰熊賜履學使許汝霖又屬永言重建依庸堂厥後累加修葺迨乾隆四年金匱令王允謙增構時雨齋尋樂處於依庸堂左右允謙墨吏也實爲書院之玷嘉慶四年邑人秦震鈞以院外隙地多成菜圃遂築牆垣樹籬楥以限之院中增置學舍亦無有人宿院肄業者十七年秦瀛重修燕居廟道南祠及亭堂三楹　依庸堂右有三公祠祀明知府歐陽東鳳曾櫻知縣林宰事詳黃家舒記

巡撫湯斌批無錫縣東林後學請續祀道南呈詞東林書院龜山先生講學地故當時從祀皆其門人相傳即忠定南軒象山慈湖之賢猶加釐正蓋先儒之慎如此顧高諸先生皆興復東林同堂講習其祀於東林固宜啓禎以後號東林者幾遍天下其間直節清修力排閹豎扶植綱常者皆可與顧高諸先生爭烈然此可謂之東林黨人而與書院無與也若盡舉當年號東林君子者而入之恐道南俎豆無地可容而其間有名實不相副者亦無辭以拒之矣今仿前人釐正忠定諸先生遺意而爲之亦紹述前賢之一端也且遊此地者要當講求龜山端文忠憲之學想見當日林下寂寞眞修黜諠而不必於諸先生之應入應出紛紛聚訟以啓門戶之爭可也仰縣鈔送書院仍具文報查繳學使雷鋐示東林書院諸生道南祠之配享必實有躬行心得之學且於東林一脈有關涉則祀之足以感發乎後人顧高以後如劉蕺山黃石齋陳幾亭可謂磊磊軒天地而以孫北海學術雖謹守繩尺而人品比孫夏峯相去霄壤夏峯主姚江而不悖程朱北海口詆程朱而實爲姚江者所不齒當日并祀王敬哉更不知何故至宋牧仲許時庵於東林修廢舉墜當與歐陽東鳳林宰曾櫻三公大有造於東林者按時代先後別祀一祠可也其它或尚有冒濫者後之君子必公覈而釐正之　秦瀛按王崇簡孫承澤已奉旨列入二臣傳應撤之

遂初書院宋尤文簡袤建在惠山第二峯下今廢

二泉書院在惠山寺右明邵文莊寶築又名尚德書院祀李忠定綱中有海天亭超然堂堂後爲二泉精舍亦名泉齋齋之後爲點易臺高數尺中圓石一象太極二隤

石象兩儀四隤石象四象築以八角象八卦臺成有泉出石壁爲滴露泉臺左爲兩知亭刻李東陽像於石稍西有望闕巖凡十五景今並廢後人即書院地爲祠祀寶

城南東林書院在泰伯瀆北保安寺後明成化間邵文莊寶以東林舊地化爲僧區嵴聚徒講學於此寶門人華雲即其地建書院知縣高文豸與邑中人士相率成之詳新建王守仁記後顧憲成別建東林書院於城中遂無復有過城南者歷年久遠寖就荒落乾隆間邑人黃

世法重修留馨堂並建仰止樓祀楊文靖時及寶大興翁方綱有記

崇正書院在學宮之東五十步宋寶祐中知縣袁從爲祠於學宮以祀楊時陸九淵張栻楊簡袁燮袁甫喻樗九衷蔣重珍曰九先生祠祠既廢後虞薦發即今啓聖祠地改置焉去陸九淵以下五賢而益以李祥名五先生祠九棟記云薦發之志蓋欲去其無關於錫而進其本邑之賢者也歲既久又改祀文昌邑人馮善議復之後又歲有增入正德中學使張鰲山以邵文莊寶議退所

增於鄉賢祠而此爲五先生如故嘉靖八年將以其地建啓聖祠由是華郎中雲於其宅之西偏建祠遷五賢之主益以李綱及寶爲七賢祠而榜曰崇正書院即今地也至崇禎間又益以顧憲成高攀龍葉茂才鄒期楨吳桂森五人乾隆元年又增祀華允誠共十三人而七賢之名如故十四年知縣王鎬與邑人華希閔又修葺之

共學山居在錫山東麓邑人顧培與宜興湯之錡武進金敞講學地康熙三十年建敞嘗與培春秋兩會學者於此培爲之主三人之學宗顧高其講會規制悉遵之培歿年以山居屬楊氏培歿又屬他姓惟餘四先生祠

（附）

舊社學在女貞觀西明成化初知縣賴瑛建後改置北禪寺左今廢

五里街口舊有錫山書院俗稱義學僅樓三楹堂宇四五楹歲延師月課童生文藝乾隆三十年尙猶存今已廢爲荒圃

懷仁鄉社學雍正六年建舊爲香林庵地金匱令王喬林

詳改置田二十六畝零

芙蓉山社學雍正六年建舊爲東林庵地金匱令王喬林詳改置田十五畝零

育嬰堂在金匱城隍廟西康熙間無錫令吳興祚與邑人秦松期始倡爲之其堂已廢乾隆初金匱令王允謙募王邦采秦圭田等捐建堂廡無錫令吳翼祖撥公田爲乳養之費兩邑共之今歸同仁堂理其事

普濟堂無錫二一在西溪一在陸龍基（並富安鄉）舊名養老雍正四年易今名金匱亦有二在懷仁鄉上下扇雍正六

年建今控江門外慈雲寺後之普濟堂乾隆二十八年國學生過鳴岡祝洝等捐建兩邑共之

同仁堂在金匱城隍廟東偏嘉慶二年都轉秦震鈞歸自浙江倡捐公建兩邑共之

前明華氏華雲建吳氏吳情建兩義莊各置田贍族涇皐顧氏谿公田租千有餘石設倉祖祠旁贍族之餘兼以濟貧助役今並廢又强氏義塾强以德建邵氏義塾邵寶建華氏義塾華雲建今並廢

華氏義莊在延祥鄉蕩口鎮國學生華進思以乾隆十年

捐贍族田一千三百畝建置義莊議叙休寧縣丞汪文端由敦爲之記

過氏義莊在懷仁鄉八字橋國學生過廷棟承其祖父志以乾隆十九年捐贍族田千畝議叙布政使理問

錢氏義莊在垂慶鄉嘯傲涇國學生錢瀛士繼妻楊氏捐贍族田三百畝乾隆二十八年建司事錢宗武子文恪累積修脯捐置廣善田一百餘畝亦歸義莊給發

秦氏義莊在城中第六箭河乾隆四十五年贈兵部侍郎秦春田率從子都轉鑛編修泰鈞等倡捐贍族田五百餘畝春田歿子震鈞續捐四百餘畝共一千畝創置倉舍榜秦氏義莊四字於門春田孫瀛以嘉慶五年捐義塾田一百畝

孫氏義莊在萬安鄉洛社石塘灣乾隆六十年候選州同知孫文偉偕其族孫璽等公捐贍族田三百餘畝並建貯米莊一所長洲工部主事陳鶴爲之記

華氏義塾在城中第四箭河嘉慶六年候補州同華昶承父禮惇志集貲創建歲具修脯延師課其族中生童其考試紬於貲者助之

鄒氏義莊在控江門外蓉湖尖邑諸生鄒容成妻吳氏捐贍族田二百畝嘉慶六年建

安氏義莊在上福鄉俗名安鎮貢生安汝諧捐贍族田三百畝嘉慶八年建

周氏義莊在懷仁鄉國學生周憲武捐贍族田六百四十畝嘉慶九年建

陳氏義莊在上福鄉芙蓉塘橋國學生陳寶輪妻顧氏捐贍族田九百畝嘉慶十三年建

蔡氏義莊在控江門外國學生蔡承烈建承烈父國柱家

故貧力勤稍致豐裕孜孜爲善子九人析產後承烈以
善治生益恢父業承國柱志捐田千畝創置義莊以嘉
慶十五年奉部檄給額褒獎侍郎秦瀛有記
袁氏義莊在中市橋上塘國學生袁均於嘉慶十八年捐
贍族義田千畝規制未定尋卒子候選布政使經歷士
鈺承父志成之
案育嬰普濟兩堂舊志皆附廨署竊謂養老慈幼矜孤恤寡皆三代學校中之所有事至義田之設昉於范文正近日鄉人多仿而行之亦古者鄉鄰風俗之遺也並錄之附學校後

兵防

無錫非用武之地兵之有防講明其畧者蓋寡然陸當
南北之衝湖臨具區之險觀於前代御亭軍嶂甘露安
陽諸處嘗設屯戍蒐練校閱選精登銳此有武備之責
者所宜預也若當恬嬉無爲且置干陬巡邏於不事兵
既徒設餉亦虛糜或至衛民之兵轉以擾民是豈非有
勇知方之義乃無人爲之申警與今畧稽形勢之扼塞
與夫兵額器械之衆寡列於篇自晉以後兵事可考者
并附焉志兵防第十

宋建隆三年詔諸縣以戶口數定弓兵額多寡滿萬戶者
五十八無錫設營營無定所額管弓兵百二十八
元設萬戶其兵額自至正十六年僞吳陷常州燬其籍不
可考其本州鎮守管軍官治無定所署事於譙樓設巡
檢司四以掌巡邏譏察之事甘露司在延祥鄉華藏司
在布政鄉新安司在新安鄉膠山司在膠山鄉兵額無
考
明初撤守禦宏治間始於各屬鄉廂里總入戶內簽點殷
實者編爲民壯額千三百餘名其職守城扞掫司門鑰

庫役之防十年一代後承平日久積漸減汰至三百名嘉靖二年巡撫吳廷舉議大縣五百名以丁田上者爲正戶次者爲貼戶每名出銀七兩二錢雇諳習武藝者以備操守後因田去差存民不勝擾又包役者衆率不任驅使隆慶二年巡撫海瑞乃裁革力差編入均徭徵收官募勇健以充之

嘉靖三十三年江南倭亂巡按尚維持於各里總名下編兵一名又在城坊廂八戶家有三人者抽一爲兵徵銀召募給之於是有水陸營兵之設

陸營無定所初駐鼓樓後居射圃或崇安寺東公館其額二百三十二名內哨長二十四名日支銀二分五釐　民壯二百八名日支銀二分二釐二毫

水營亦無定所後居西館驛其額官兵百二十員名內總巡官一員日支廩銀一錢又歲給紙劄銀十二兩　各色哨官二名日支銀二分五釐　隊長三名日支銀三分　捕盜一名日支銀四分　水兵七十四名日支銀二分五釐　民壯三十九名日支銀二分二釐二毫　其汛地西自五牧鎮洛社鎮石塘灣潘葑鋪高橋鎮黃埠墩西定橋伯瀆口新安鎮南至放生池共設哨船二十有七以司巡邏舊制水陸兵壯屬巡捕縣丞統領萬歷十九年設千戶一員號練兵官又內河總巡官一員專管水營或兼攝陸事無常員

南太湖哨官水兵七十八名內哨官一員日支銀五分　水兵七十七名日支銀二分　係萬歷十六年添設巡守武無宜三縣沿湖一帶地方在無錫以閭江獨山爲汛地

高橋巡檢司弓兵三十名後增十二名內隆慶二年編定巡捕二十七名巡鹽十五名萬歷十年減巡捕二名巡鹽五名共三十五名

望亭巡檢司額數編減與高橋司同

簽兵自嘉靖三十二年知縣王其勤因倭變簽兵民間其目有八一陶戶曰窰兵二擔夫曰腳兵三獵戶曰弩兵四遊僧曰僧兵五負薪者曰柴兵六游手少年曰子弟兵七壯健敢鬭者曰義勇兵八場師圃人曰園兵皆以一時權宜簽點

火兵萬歷十年知縣張守朴編通縣門面爲五號曰仁義禮智信如市中屋價踊貴之處爲仁字號歲出銀六錢至一兩有差遞減至信字號以三分爲率共約銀八百

兩凡雇夫百五十七名以看守各衙門及監庫城門馬
頭等處三十一年知府歐陽來鳳革其冒濫存者六十
五名名曰夜夫內大夜夫五十五名歲給工食銀五兩四錢小夜
夫十名歲給工食銀四兩六錢又有柵夫百三十九名內大柵夫
四十九名歲給工食銀三兩六錢小柵夫九十名歲給工食銀二兩六錢給
帖於排門八戸名下對支

國朝初置無錫營守備原隸常州營今稱常州營左軍兼
轄兩縣守禦防汛事宜康熙雍正間兵弁制度屢有增
裁改隨糧為養廉定今額守備養廉銀二百兩千總一

百二十兩把總九十兩外委十八兩額外外委不給養
廉止食兵餉守備自備坐馬四匹月支俸薪乾銀一十
一兩七錢五分八釐八毫三絲三忽千總自備坐馬二
匹月支銀六兩外委把總自備坐馬二匹月支銀五兩

守備一員駐縣城東北一啚金匱境

千總一員駐清寧汛舊名關王汛

把總一員駐黃埠墩汛

外委千總一員駐新安汛

外委把總一員駐洛社汛

額外外委一員在城

火器外委把總一員乾隆元年增設後裁

馬步戰兵守兵共一百七十二名康熙三十四年裁去步戰兵七名五十四年裁去守兵二名雍正三年裁去步兵一名守兵二名五年裁去守兵二名

馬十五匹　巡船九隻

乾隆三十三年奉文添補抽撥楊舍靖江二營戰守兵四
十一名三十七年添補抽撥提右營馬兵五名馬五匹
四十六年抽撥移送壽春營守兵一名四十七年裁改
各官養廉名糧公糧三十二分添補實額戰兵十三名

守兵六名共實額兵二百四名在馬兵內添拔存城額
外外委一員又於嘉慶十一年奉文裁撥徐州鎮馬兵
一名戰兵一名守兵四名統計兵一百九十八名馬十
九匹

本營分防望亭新安十里亭清寧黃埠墩潘葑洛社五牧
塘汛墩臺八處每處防兵五名巡船一隻內汛二處西
定橋汛防兵五名巡船一隻雙河口汛防兵五名
接遞往來公文馬撥新安三里橋洛社三處每處馬兵二
名馬二匹步撥新安清寧三里橋洛社四處每處步兵

二名塘汎馬步撥共兵六十四名按期更換入城操演

實存在城兵百二十四名

舊籍兵器　挨牌五百二十四面　鐵盔三百三十八頂　竹盔一十七頂　鐵甲三百三十八領　竹甲九十八領　紙甲一百一十五領　弓一十四張　箭一萬一千三百三十五枝　火箭三千枝　神鎗銃四十把　虎尾銃六十座　神鎗箭頭九百九十四根　弩箭三千枝　安慶弩一百張　鐵狼筅鎗六百四十根　鎗鉞九百四十四枝　九龍鎗六筒　諸葛弩二十二

張　大小銅發貢二十九座　連珠銃五把　烏嘴銃一百六十八把　鉛錫銃一百四十三把　銅鉛錫銃八十二把　雞腳銃六十七座　烏銃九十五管　雙頭銃三十四把　象鼻銃九十五把　小銃五把　袖銃五把　噴筒一百九十八把　鉛彈四百九十觔　火藥三千二十五觔八兩　虎藥五觔　硝一千七十三觔　磺三百九觔　鐵送子十三根　鐵盔甲七十

今籍兵器　鐵盔甲七十四副　鐵皮盔棉甲九十八副　弓一十四張　火箭弩箭三十枝　腰刀一百二口　鳥鎗九十八桿　馬鎗五桿　鉞斧九十八把　籐牌牌刀十四副　滾衣跨褲十四身　大刀二把　長鎗二桿　雙朴刀二把　雙手刀二把　連夾棍二桿　劈山砲三位　過山鳥三位　弓箭撒袋七十五副　餘箭二千八百二十枝　儲備火藥九百觔又一百九十六觔　砲鉛子五十觔　砲鐵子四十七觔　儲備鎗鉛子五百三十四觔三兩零

鑼鍋二十九口舊二十八口乾隆三十三年撥添一口

帳房二十九頂舊二十八頂乾隆三十三年撥添一項

旗幟舊設四隊每隊大纛一面小旗五面督陣旗一面總宣令旗一面馬隊衝鋒旗十面

高橋巡檢司駐五瀉河口領弓兵二十二名

望亭巡檢司乾隆三年移駐蕩口鎮領弓兵二十二名

民壯明正統二年始募所在軍餘民壯願自効者分隸操練

國朝雍正二年奉文團練民壯鳥鎗手二十名弓箭手二十名長鎗手一十名雍正四年復設馬快八名與民壯合為一役改為快壯司防護緝捕之役雍正八年奉文

將民壯派撥本府海防廳八名縣主簿衙三名典史衙四名存縣三十五名雍正十年奉文省會大縣存留民壯五十名別府極衝存留四十名次衝存留三十五名僻縣存留三十名其民壯旣養壯佼角技捕盜自非其習宜與馬快另爲一班無錫金匱民壯各四十名乾隆元年奉文水利通判移駐洞庭東山合於四府屬抽撥民壯二十名無錫撥存三十八名金匱撥存三十三名工食器械仍係在縣照例支給歲給工食銀六兩器械銀二兩

案邑中險要統言之爲五牧陽湖陽山閶江吳塘門白茅山獨山小渲港雙河口西定橋望亭新安高橋五了浜四河口斗山顧山宛山蕩口伯瀆而其間地之內外亦有別焉自昔言兵防者以爲邑之東北臨江海與江陰常熟二路連界其內高橋跨五瀉河口地通武進江陰五了浜在邑北至張塘門越與寧鄉而通江陰外有四河口而斗山西通牛塘山顧山占三縣境此江陰常熟二路宜防也轉而東南內有伯瀆口東通蠡湖以達於豪湖外爲宛山蕩口此蘇郡一路宜防也其邑之西北臨官塘有雙河口爲四達之境東脅江陰北控武進西閾宜與其地舊設石碇以斷往還而西定橋跨梁溪北接運河南連太湖時有盜患嘉靖間縣令鄭普建石橋爲門者五閘以木柵一方賴之其後萬象春及馬世奇等屢次因廢修之其外有陽山山有三十六洞洞可藏兵五牧爲尹麻兵敗處其地兩水夾合如羊舌尖閶江與太湖合流江上有背十數爲最險宜防武進宜與及湖州諸路轉而西南爲小渲通五里湖其東爲大渲外有獨山與充山對峙中滙爲門溪流自門入太湖白茅山南嶺通五涙諸山吳塘門流入太湖新安舊有柵基以斷太湖之後望亭與蘇郡分界東爲蠡湖西爲太湖出没浩渺當有監東夫成平旣久兵額減於前代欲分兵各汛恐不能給觀前志所載皆以團保爲善其制家三丁而用一人十八爲甲甲長統之五甲爲保保長統之而聽於團長團長必擇其才智異衆者爲之鄉各自爲一保有事則於水道港汊之間及平陸險要處遠近絡繹首尾相應使之防禦竊謂此即宋熙寧中保甲之意其制雖近古然用之於有事則易行而無事爲之則邑中盡擾昔明以倭寇之入尚維持編兵鄉里王其勤發兵民間皆以臨事倉卒爲應敵之計若於平日驅鄉里耰鋤之衆習其坐作擊刺恐事未至而變生守土者轉先受其患今即邑中所設諸汛應何移駐防禦熟審形勢隨事運用各有機宜不務爲此而猶使減額之兵以虛其數不習之器以敝於庫其於有備無患之說何如也

紀事 附

晉書顧衆傳衆爲義興太守加揚威將軍蘇峻反王師敗績衆潛圖義舉衆從弟護軍將軍颺爲威遠將軍前鋒督護吳中人士同時響應峻遣將宏徽領甲卒五百皷行而前衆擊徽戰於高莋大破之收其軍實遣颺率諸軍屯無錫庾冰至鎮御亭恐賊從海虞今常熟道入衆自往備之而賊率張健馬流攻無錫颺等大敗冰亦失守健等遂據吳城

唐書周寶傳寶從鎮海軍節度使時羣盜所在桀結柳超據常熟宋可復據無錫寶練卒自守

通鑑唐昭宗大順元年孫儒作亂據廣陵遣其黨劉建鋒
據常州破無錫望亭諸屯
通鑑唐乾寧四年七月庚戌錢鏐遣顧全武取蘇州戊戌
拔無錫
吳越備史唐光化元年正月楊行密遣將李簡率兵五千餘衆
屯於無錫吳越師攻之獲吳偏將陳益等而還餘皆走
之
通鑑唐光化元年九月顧全武攻蘇州甲申淮南所署蘇
州刺史臺濛棄城走援兵遁全武克蘇州追敗周本等

於望亭
通鑑梁乾化三年九月吳越錢元璙攻吳常州營於潘葑
淮南將徐溫曰浙人輕而怯帥諸將倍道赴之至無錫
攻之吳越敗斬獲甚衆
吳越備史梁乾化四年九月錢元璙率師攻常州無錫縣丁未
克之獲吳將朱超等五百餘人
通鑑貞明五年秋七月錢鏐遣元璙將兵三萬攻吳常州
吳都招討使徐溫帥諸將拒之壬申戰於無錫時久旱
草枯吳人乘風縱火吳越兵亂遂大敗元璙遁去追至

山南方輿紀要山南即惠山之南復敗之
吳越備史五年七月錢元璙復戰於毘陵之無錫縣其偏將曹
筠奔師不利元璙騎逼高岸將追及曰天助我馬當躍
上果登岸復整行伍而還
通鑑五年八月吳徐溫遣使以吳王書解歸無錫之俘於
吳越吳越王鏐亦遣使請和自是休兵
宋建炎元年八月叛兵襲松江臨蘇城將由無錫及常州
邑令郗漸先屬邑人李綸綸字季言忠定公弟夜宿界亭迎賊約
無殺掠明日賊舟將至南門漸出犒軍賊引去

宋史本紀德祐元年三月甲戌元兵至無錫知縣阮應得
出戰一軍皆沒應得赴水死四月癸丑贈應得十官
宋史本紀德祐元年十月壬戌元丞相伯顏將中軍入常
州熒惑犯壘壁陣癸亥張全尹玉麻士龍援常州士龍
戰虞橋死全奔五牧甲子尹玉戰五牧死之張全不戰
遁危素昭先錄序德祐元年元兵至常州統制張全將淮兵二千來援文天祥督軍使朱華將三千人尹玉將五千人會於五牧全往橫林設伏於虞橋元兵奄至麻士龍死之全不救走還五牧元兵薄華軍華力戰自辰至未華軍死於水者不可計尹玉力戰手殺七八十人全軍隔岸不發一矢華軍渡水挽船全斷挽者指多溺死尹玉戰死全宵遁玉殘軍五百與之角併力死戰無一降者案五牧花渡對鷺子岸昔有營跡尹麻二將

所駐

元史伯顏傳伯顏軍至常州屠其城劉師勇變服單騎奔平江諸將請追之伯顏曰勿追師勇所過城守者膽落矣遣蒙古軍都元帥闍里帖木兒萬戶懷都先據無錫州萬戶忙古歹晏徹兒巡太湖遣監戰

明史徐達傳張士誠據常州徐達圍常州不下士誠兵突出扼達於牛塘常遇春胡大海來援夾擊大破之

明史湯和傳常州既下以湯和爲樞密院同僉守之常與吳接境張士誠間諜百出和防禦嚴密再擊卻之俘斬

千計進攻無錫大破吳軍於錫山走莫天祐鹵其妻子

明史元末莫天祐聚衆保無錫州士誠攻之不克士誠既受元官天祐降平江既圍他城皆下惟天祐堅守胡廷瑞急攻之乃降

嘉靖三十三年甲寅倭自滸墅過望亭將趨邑城聞新安有土兵以爲苗兵也轉而南苗兵卽邑人苗子易曾率義兵斬倭首閏三等數人

明史俞大猷傳嘉靖三十四年倭三十餘艘北掠滸墅南掠橫塘延蔓常熟江陰無錫之境出入太湖副總兵俞大猷偕副使任環大敗賊陸涇壩焚舟三十餘

明史日本傳倭登岸刼掠由溧水流刼溧陽宜興聞官兵自太湖出遂越武進抵無錫駐惠山一晝夜奔百八十餘里抵滸墅爲官軍所圍追及於楊家橋殲之

蘇志備遺 嘉靖三十四年五月初九日倭自婁門至閶門分兩隊一隊自閶門至滸墅由望亭經南塘抵漕湖十八日掠蕩口二十一日自治長涇往常熟

順治二年六月二十三日黃蜚兵入城焚東林書院而去城中居民於黑夜爭出城避亂死者甚衆黃蜚本水師

總兵駐兵太湖無賴子弟多與應援勢甚洶洶沿湖諸村鎮被害尤甚

案順治初年無錫多盜其在陸路者廖山則胡鮑三爲之魁司理畢某杖殺之斗山則辛七嚴二爲之魁前金華守徐調元居斗山北以計擒斃之至湖盜赤腳張三尤橫刼掠四出開化新安最被害蓋自陸盜既戢湖濱不逞之徒久猶未靖後楊維寧隱居管社山值昏夜羣盜突至維寧有膂力格殺盜首數人投諸湖餘悉聞風竄逸盜遂絕

無錫金匱縣志卷六

無錫金匱縣志卷七

賦役

賦其地之所自出與役其力之所宜任其義一也然考前代戸口之衆寡財用之豐耗在於賦役而行之有擅其利必有偏受其患者自我
朝始定均田均役官兌官運而租庸調兩稅諸法可盡廢焉況
國家惠愛黎元惟恐一夫失所偶值水旱
屢頒蠲緩之詔

德洋恩普尤爲曠古所未有東南士庶歌詠太平又何幸與志賦役第十一

戸口

宋

紹興初戸二萬三千三百一十四口一十萬五千六百二十一

南渡後戸三萬四千三百一十口一十三萬五千八百二十七

淳祐間戸三萬七千九百四十六口二十三萬五百六十八

元

戸七萬二千一百六十二口三十五萬五千七百五十四　案前志戸七萬二百四十二口三十四萬八千五百十二誤今訂正

明

洪武十年丁巳編審戸三萬三千三百九十八口一十三萬八千五十六

洪武二十四年辛未編審戸三萬四千四百八十九口一十七萬七千八百一十五

永樂十年壬辰編審戸三萬九千八百二十九口二十一萬八千七百八十九

永樂二十年壬寅編審戸四萬一千二百一十一口二十萬一千三十一

宣德十年乙卯編審戸四萬五千三百七十八口二十一萬七千六百九十五

正統七年壬戌編審戸四萬五千五百二十八口二十二萬六千五百七

景泰三年壬申編審戸四萬八千二百四十五口二十五萬一千九百二　正統景泰二條前志遺今從萬歷志補

天順七年癸未編審戶四萬九千一百七十五口二十五
萬四千二百六
成化八年壬辰編審戶五萬三千五百十二口二十六萬
二千二百二十一前志遺今從萬歷志補
成化十八年壬寅編審戶五萬七千二十一口二十七萬
六千四百八十九
宏治五年壬子編審戶五萬七千一百七十一口二十七
萬九千八百一十一
宏治十五年壬戌編審戶五萬七千七百七十一口二十

七萬九千八百一十一前志遺今從唐鶴徵府志補
正德七年壬申編審戶五萬七千四百五十三口二十八
萬三千五百二十一
嘉靖元年壬午編審戶五萬七千三百六十二口二十五
萬三千六百七自嘉靖元年至隆慶六年戶口數目相同
萬歷二十一年癸巳編審戶五萬七千三百六十二口二
十八萬七千一百四十八
萬歷四十一年癸丑編審戶五萬九千一百七十五口二
十五萬三千六百七

天啓三年癸亥編審戶五萬九千一百二口二十五萬三
千六百二
崇禎六年癸酉編審戶五萬八千九百二口二十五萬三
千六百九

明制人生十六歲則成丁出幼編名黃冊入籍當差有人丁徭里之徵其冊十年一造臨期每戶各給官帖備開籍貫丁產有司躬親審圖皆據戶帖見額添減開除冊有二項曰軍冊曰民冊同時攢造責成於排年內上下兩甲各該值年者任之每啚民冊解京解府解縣并自存草冊共四本而京冊九為鄭重造完解南京收藏其軍冊則解南北兩京兵部然民多軍少軍冊照鄉分二十二本民冊則照啚分京府各四百十四本凡啚內有祖軍者則造軍冊其無祖軍者無冊明季造冊之年值年田甲大抵不能親身攢造而包於戶房書手多端

需索所費不貲國朝定鼎以來惟順治十三年丙申造冊一次解至京師合京省之冊堆積如山康熙五年丙午又應輪造科臣疏題奉 文停止自此遂省民間煩費眞革弊之一大端也

國朝

順治二年乙酉原額人丁一十三萬五千三百八丁每丁
科徵徭里銀二分五釐八毫零內除優免人丁一千九
百四十四丁實在當差人丁一十三萬三千三百六十
四丁共科銀三千四百四十四兩八錢四分二釐四毫
零奉 文止免紳衿本身一丁除吏承不免外止免七

百一十八丁不免供丁一千二百二十六丁仍科徭里銀三十一兩一錢四分九釐零

順治十年編審新增人丁一千三百四丁科銀三十三兩二分一釐九毫零

順治十八年續增人丁三百八十三丁又不免供丁六百五十三丁共科銀二十六兩二錢三分五釐二毫零

康熙五年續增人丁二百七十五丁科銀七兩二錢六分六釐六毫零

康熙十一年續增人丁八百二十八丁科銀二十一兩三

錢八分七釐五毫零

康熙十五年續增人丁一千三百十五丁科銀二十六兩七錢三分四釐四毫零

康熙二十年續增人丁四百六十七丁科銀一十二兩六分二釐七毫零

康熙二十五年續增人丁五十一丁科銀一兩三錢一分七釐三毫零

康熙三十年續增人丁九百五十二丁科銀二十四兩五錢九分五毫零

康熙三十五年續增人丁二百五十六丁科銀六兩六錢一分二釐五毫零

康熙四十年續增人丁五十二丁科銀一兩三錢四分三釐一毫零

康熙四十五年續增人丁五十七丁科銀一兩四錢七分二釐三毫零

康熙五十年續增人丁三十六丁科銀九錢二分九釐八毫零

康熙五十二年欽奉

恩詔徵收錢糧但據五十年丁冊定爲常額續生人丁永不加賦名爲盛世滋生戶口

雍正四年析置金匱

無錫縣分存七萬三千八百五十三丁

金匱縣分編六萬八千六百五十六丁

雍正六年題准丁銀遵照康熙五十年丁冊額數隨田辦納

乾隆六十年奏報無錫縣實在通共男丁三十二萬五千六十六丁內原額當差充餉人丁七萬三千八百五十

三丁應徵銀一千九百七兩六錢五分一釐隨正七分耗羨銀一百三十三兩五錢三分五釐遇閏加徵銀八十三兩九錢五分六釐隨正七分耗羨銀五兩八錢七分七釐節年滋生并免徭人丁共二十五萬一千二百一十三丁　金匱縣實在通共男丁二十四萬一千一百五十一丁內原額當差充餉人丁六萬八千六百五十六丁應徵銀一千七百七十三兩四錢一分隨正七分耗羨銀一百二十四兩一錢三分九釐遇閏加徵銀七十八兩四分九釐隨正七分耗羨銀五兩四錢六分三釐節年滋生并免徭人丁共一十七萬二千四百九十五丁兩邑滋生人丁俱欽遵康熙五十二年
恩詔永不加賦

額賦

宋

夏租　上供絹四千九十七匹一丈六尺除公田外邸地官莊天荒田地合催二千七百三十九匹一丈一尺九寸　衣絹一百六十七匹三丈八尺　綿三萬一千三百五十八兩六錢有零除公田外淨合催二萬四千八十九兩七分　衣綿一千四百四十兩　折帛錢一十三萬三千四百八十五貫四百九十文除公田外淨合催一十萬九千五百五十六貫二百五十三文　衣錢三千四百四十貫五百五十文

秋租　上供米五萬六千二百八十石七斗八升一合除公田外淨合催四萬九千五百六十六石九斗三升

馬料大麥一萬二千一百七十九石八斗三升五合

小麥三千七百一十九石六斗一升九合除公田外淨合催二千七百五十七石八斗七升九合

元

延祐二年官民田土一萬八千二百四十頃四十六畝三分二釐

夏稅 絲一千九觔五兩八錢一分八釐 綿一百四十三觔七兩一錢 麻布官尺一千三百六十六匹二丈九寸四分 中統鈔一十一錠三十一兩九錢九分三釐

秋糧 正米一十九萬三千八百一十六石四斗二升四合 槩管（槩前志作暨今訂正）財賦田賦哈尊錢糧米四萬六千一百五十一石四斗七升五合中統鈔三十一錠六兩七錢八分六釐五毫

明

洪武十年統計官民田地七千二百八頃九十七畝

夏稅麥二萬一千五十四石八斗二升 絲七十一兩

桑一千四百二十七株 白麻一百七十七觔

案明初畝稅米五升尋以守禦官中山侯湯和預借武進宜興秋糧米一年以給軍餉每畝增至一斗遂為常賦無錫猶仍舊額 又案明初凡田五畝至十畝令栽桑麻木棉各半畝每桑一株科絲五分每絲二十兩折絹一匹桑絲棉絹後俱并入秋糧夏麥內徵收最後惟存秋糧平米一項不復有夏麥名色矣

秋糧九萬七千六百五十四石

洪武二十四年黃冊實徵官民田地山灘塘蕩等項共八千六百九十頃二十三畝八分五釐八毫

夏稅麥二萬九千七百四十二石五斗五升

秋糧米一十二萬五千七百石三升四合內糙粳米一十一萬八千四百三十七石一斗八升二合白粳米一千五百二石一斗四升九合白糯米二千九百四十九石五斗九升八合荳二千六百五十三石四升四合牛車租米一百五十八石六升 山租鈔五百六十文 馬草一十二萬六千九包三觔一十二兩（案唐鶴徵府志秋糧米有糙粳白粳等四項前志遺與總數不符今補）

永樂十年實徵官民田地一萬二千二百四頃七十七畝

零

夏稅麥四萬一千五十七石六斗五升零

秋糧米一十五萬八千七百一十三石八升內糙粳米一十四萬八千七百八十四石三升一合九勺白粳米一千六百七十九石四斗七升二合六勺白糯米五千二百四十七石一斗七升六合四勺荳二千六百五十三石四升四合一勺牛車租米三百四十九石三斗五升五合（前志遺今補） 山租鈔五百八十文 馬草一十四萬九千四百三十包零（正統初詔除沒官牛租及洪武間鈔剳水車租並與開豁）

宣德十年實徵官民田地一萬二千三百八十七頃九十
六畝八釐
夏稅麥三萬七千二百二十六石四斗二合
秋糧米一十三萬三千八百六十二石九斗一升　山租
鈔三十六貫七百四十文
案王儗府志云正統景泰天順年間田糧贏縮不等大槩與宣德十年定額相同逐年科徵白粳白糯銀兩每銀一兩準米四石綿布每布一疋準米一石係戸部坐派分撥各縣辦納其數不定惟無錫縣原黄冊內額辦白粳白糯仍其舊
成化十八年黃冊實徵官民田地一萬二千五百四十七

頃六十七畝六分零
夏稅麥三萬四千五百五十六石五斗五升七合三勺
秋糧米一十三萬四千五百五十八石七升五合　山租
鈔三十六貫七百四十文　馬草一十五萬三千一百
五包九觔三兩
宏治十五年實徵官民田地一萬二千五百五十頃二十
五畝三分零
夏稅麥二萬六千七百四十五石一斗九升零
秋糧一十三萬三千四百七十五石九斗四升零　馬草
一十五萬二千九百七十包四十觔八兩
正德七年實徵官民田地一萬二千五百九十頃四十五
畝四分零
夏稅麥三萬七千五百四十二石五升一合
秋糧米一十三萬四千七百七十五石四斗一升五合
馬草一十五萬三千七百一十九包三觔五兩案前志有嘉靖元年三條攷唐鶴徵府志屬武進誤入今刪
嘉靖十六年實徵官民田地一萬二千六百一十二頃七
畝二分八釐增收民田蕩十四畝七分乾隆庚午志作嘉靖十一年誤

嘉靖三十三年知縣王其勤丈量官民田地共一萬四千
九百一十二頃八十七畝九分二釐二毫　又陞科民
田八頃七十五畝二分二釐四毫　通共平米二十四
萬五千三百八十六石七斗九升九合一勺
案知縣王其勤丈量分爲五則平坦官民田每畝均科平米一斗九升五合稍高官民田每畝均科平米一斗六升三合八勺極高官民田每畝均科平米一斗三升八合山墩埒城塲地每畝科平米二升灘塘蕩山坂蘆埂每畝均科平米七升五合七勺每平米一石驗派本色米三斗八升折色銀二錢四分八釐是役也覆出無糧田一千六百餘頃剗去無田糧八千餘石爲德甚大而芙蓉湖五升田亦作平坦民情未平也又案萬歷志云本縣土田平坦爲多高田次之低田又次之王尹賦額止有平坦稍高極高三則至嘉靖四十年始增稍低

極低二則然非呈請不得輕減而高田亦尚有同於平坦者

隆慶元年實徵官民田地共一萬四千一百八十五頃三十三畝六分二釐

秋糧正耗一十六萬三千九十三石三斗六升七合零

本色米五萬五千六百六十五石一斗五升零　折色銀三萬三千一百一十八兩八錢

萬歷二年實徵官民田地一萬四千一百八十五頃三十三畝六分七釐零

秋糧二十四萬六千五十七石六斗二升零　本色米八

萬六千五百四十六石四斗七升零　折色銀七萬六百四十二兩六錢四分五釐

萬歷十年實徵官民田地一萬四千二百五十五頃三十三畝五分二釐零　又陞漲田六十六頃二十八畝八分八釐七毫三絲外又止科租錢民山三十一畝八分一釐

案是年丈量分爲五則平田每畝科平米一斗九升五合高田每畝科平米一斗五升五合低田每畝科平米一斗四升四合五勺灘蕩蘆埂每畝科平米七升五合七勺山墩垰城塌地每畝科平米二升

秋糧二十四萬五千四百九十八石八斗一升四合五勺零　本色米八萬五千三百二十一石八斗七升一合九勺　折色銀六萬三千八百四十五兩一錢五分七釐五毫零　練兵銀四千六百八十兩九錢四分六釐

外魏莊田地八十三頃六十畝八分五釐一毫米麥六百三十一石五斗八升二合止徵正糧折銀自行煎納

萬歷十二年正陞田蕩三畝五分四釐三毫實在田地一萬四千二百五十五頃六十八畝八分八釐八毫

萬歷十三年正陞轉科田地一頃一十三畝七分五釐七毫實在田地一萬四千二百五十六頃六十二畝五分九釐七毫

萬歷十四年正陞轉科田四十八畝三分九釐七毫實在田地一萬四千二百五十六頃三十五畝七分七釐

萬歷十五年正陞轉科田蕩垰五十六畝九分一毫五絲實在田地一萬四千二百五十六頃八十九畝七分

萬歷三十一年實在平高低田地山灘塘蕩等項共一萬四千二百五十六頃八十九畝七分實該平米二十四萬五千五百六十石七斗六升二合九勺

萬歷三十七年實徵本色米八萬二千五十六石七斗三升五合　折色銀六萬五千二百四十一兩一錢八分

三釐
萬歷三十九年實徵本色米八萬二千五百八石四斗四
升七合　折色銀六萬五千二十七兩四分二釐
萬歷四十五年實徵本色米八萬三千一百三十一石五
斗八升八合六勺　折色銀六萬五千一十三兩九錢
六分八釐二毫（上四條前志遺今從府志補）
崇禎六年實徵田地共一萬四千二百五十六頃八十七
畝五分零　本色米八萬三千一百二十九石五斗四
升三合零　折色銀六萬五千一十二兩五錢八分三

釐零
土貢（附）
唐貢蘋藥　明歲進白熟細米二百五十石　深青黑
綠丹紅三色織金花素紵絲五十匹閏月加四匹　箭
五千枝　鴈三十五隻　鷀鶖二十隻　鴿鵓三十四
隻　野雉六隻　麞五箇　翎毛三萬根　雜色麞鹿
等皮四百張
國朝
順治四年奉　文丈量田地原額平高低田灘塘蕩山墩

埒城埸地蘆埂涇溝等項共一百四十二萬五千六百
八十九畝七分五絲內除不科糧止科租錢鈔山三十
一畝八分一釐另徵外又除故明魏莊田八千三百六
十畝八分五釐一毫歸入蘆課另辦外實在科糧田地
一百四十一萬七千二百九十七畝三釐八毫五絲
平田每一畝科米一斗九升五合縣全境平田九十萬九
千八十畝三分三釐零康熙五年丈減平田七百四十
六畝二分四釐零康熙十六年陞增平田五畝八分七
釐實在平田九十萬八千三百三十九畝九分六釐零
該科平米一十七萬七千一百二十六石二斗九升二

合二勺
高田每一畝科米一斗五升五合縣全境高田三十五萬
五千一百三畝八分三釐一毫康熙五年丈增高田七
百一十六畝七分四釐零十六年丈增高田九分九釐
實在高田三十五萬五千八百二十一畝五分四釐一
毫每畝折平田七分九釐四毫零共折平田二十八萬
二千八百三十二畝五分七毫零該科平米五萬五千
一百五十二石三斗三升八合九勺

低田每一畝科米一斗四升四合五勺縣全境低田七萬五千一百五十畝四釐六毫康熙五年丈增低田九百九十八畝八分一釐三毫零康熙十六年丈增低田二畝二分實在低田七萬六千一百五十一畝五釐九毫零每畝折平田七分四釐一毫零共折平田五萬六千四百二十九畝八分八釐七毫零該科平米一萬一千三石八斗二升八合

山灘塘蕩蘆埂涇溝每一畝科米七升五合七勺縣全境山灘等項一萬三千九百四十一畝九分四釐七毫康

熙五年丈增山灘塘蕩蘆埂涇溝一千五百二十三畝九分六釐九毫零康熙十六年丈增蕩田二十七畝六分六釐五毫實在山灘塘蕩蘆埂涇溝一萬五千四百九十三畝五分八釐一毫零每畝折平田三分八釐八毫零共折平田六千十四畝六分八釐七毫零該科平米一千一百七十二石八斗六升四合一勺

山墩垶城塌地每一畝科米二升縣全境山墩等項六萬四千二十畝八分八釐五毫康熙五年丈增山墩垶城塌地九百七十六畝二分二釐四毫零康熙十六年丈增一畝實在山墩垶城塌地六萬四千九百九十八畝一分九毫零每畝折平田一分二毫零共折平田六千六百六十六畝四分七釐該科平米一千二百九十九石九斗六升二合一勺

全境科糧田地一百四十一萬七千二百九十七畝三釐零又陞增田三千五百七畝二分三釐零通共不等田一百四十二萬八百四畝二分七釐零共折實平田一百二十六萬二百八十三畝五分三釐零自雍正四年分縣無錫縣分存原編各則不等田地六十八萬八千

八百七十一畝六分五釐零折實平田六十一萬三千六百八十二畝九分一釐零金匱縣分管原編各則不等田地七十三萬一千九百三十二畝六分二釐零折實平田六十四萬六千六百畝六分一釐四毫零

黃卬酌泉錄云自元至明初民田稅糧畝止五升今平田一畝加稅至一斗九升五合（內徵本色六升六合六勺零折色銀一錢零三釐）由將官田攤作民田也邑故有官田民田二項官田有官買之田（宋史理宗紀平江江陰吉安嘉興常州鎮江六郡已買公田三百五十餘萬畝）有籍沒豪右之田民之耕官田者猶人家之佃戶入租於

官有六七斗至一石者官田曰租民田曰稅二者本不相混相沿日久弊竇百出嘉靖二十六年嘉興府知府趙瀛剏議田不分官民稅不分等則一槩均攤蘇松常三府從而效之自官田之六七斗以上與民田之五升通爲一則稅額重輕視官田之多少蘇郡官田多故長洲縣畝科至三斗七升吾邑官田少故以一斗九升五合爲率 案舊志民田原額似本不止五升蓋五升者秋租額也

無錫金匱縣志卷七

無錫金匱縣志卷八

〔額賦〕

無錫縣分存原編各則不等田地六十八萬八千八百七十一畝六分五釐零折實平田六十一萬三千六百八十二畝九分一釐零又自康熙三十年起四十二年止陞科轉科共田一千三百七十五畝九分零折實平田一千八十七畝六分八釐零

乾隆七年陞科田三百九十六畝七分六釐零折實平田二百二十六畝四分四毫 乾隆八年陞科田五百四十八畝一分三釐零折實平田二百八十三畝六分三釐零 又額內轉則田地除原額折實平田外實增折實平田二百三十八畝七分六釐零 乾隆十九年陞科田四百五畝八分零折實平田一百九十二畝六分五釐零 又額內轉則田地除原額折實平田外實增折實平田二十四畝三釐八毫零 乾隆三十年陞科山地二十五畝七分八釐三毫折實平田二畝六分四釐四毫 乾隆三十五年陞科低田四分六釐折實平田三分四釐又乾隆三十五年蘆洲田蕩改漕田山蕩

共二千五百九十五畝七分六釐折實平田一千八百五十六畝二分三釐零內除乾隆十五年蠲免坍荒田蕩六百二十四畝二分九釐八毫折實平田四百九十三畝五釐二毫計自乾隆七年起四十年止以增抵坍外實增田三千三百四十八畝四分一釐零折實平田二千三百三十一畝六分五釐零

乾隆四十八年入額陞科田三百一十二畝九分折實平田一百五十五畝二分九釐又額內轉則田地除原額折實平田外實增折實平田一十四畝八分二釐零

乾隆五十一年入額陞科田二十五畝六分八釐折實平田一十二畝七分二釐又額內轉則田地除原額折實平田外實增折實平田一十四畝一分　乾隆五十二年入額陞科灘地二百二十二畝一分八釐折實平田八十六畝二分五釐　應除嘉慶元年奉豁乾隆六十年續報義塚公佔平田四畝六分一釐五毫計自乾隆四十一年起乾隆六十年止以增抵減外實陞增田蕩五百五十六畝一分四釐零實增折實平田二百七十八畝五分六釐六毫

以上分存原編續編今訂實共不等田地六十九萬四千一百五十二畝一分折實平田六十一萬七千三百八十畝八分共科平米一十二萬三百八十九石二斗六升零共徵本色米并麥改米四萬一千一百六十石五斗一升五合遇閏以增抵減實減徵米一十二石四斗五升四勺共徵折色銀六萬四千一百三十二兩六錢七分隨正七分耗羨銀四千四百八十九兩二錢八分七釐遇閏以增抵減實加徵銀四百四十六兩六錢二分三釐隨正七分耗羨銀三十一兩二錢六分三釐

一斗九升五合平田五十四萬八千七百八十五畝五分一釐七毫四絲三忽　乾隆四十八年陞增平田一十一畝九分八釐又轉科平田四畝五分六釐　乾隆五十一年陞增平田一畝八分九釐　嘉慶元年十一月內奉豁乾隆六十年續報公佔義塚田地應除平田四畝六分一釐零實存平田五十四萬八千七百九十九畝三分三釐零該科平米一十萬七千一十五石八斗六升九合零

一斗五升五合高田一千四百二十一畝五分一釐一毫

六絲八忽　乾隆四十八年轉科高田八分四釐　乾隆五十一年轉科高田四畝二分共高田一千四百二十六畝五分五釐零折實平田一千一百三十三畝九分二釐五毫零該科平米二百二十一石一斗一升五合零

一斗四升四合五勺低田七萬六千三百五十七畝三釐九毫九絲八忽　乾隆四十八年陞增低田七十五畝四分三釐又轉科低田三十一畝四分三釐　乾隆五十一年陞增低田四畝八分五釐又轉科低田三十二

畝二分四釐共低田七萬六千五百畝九分八釐九毫零折實平田五萬六千六百八十九畝一分九釐五毫零共科平米一萬一千五十四石三斗九升三合零

七升五合七勺山灘塘蕩蘆埂一萬三千五十五畝六分三釐三毫一絲七忽七微　乾隆四十八年陞增灘蕩二百二十五畝一分　乾隆五十一年陞增灘蕩一十八畝五分四釐　乾隆五十二年陞增灘地二百二十二畝一分八釐二毫　乾隆四十八年轉則應除蕩三十四畝七分四釐　乾隆五十一年轉則應除蕩三十

二畝八分七釐實存蕩一萬三千四百五十三畝八分四釐零折實平田五千二百二十二畝八分五釐零該科平米一千一十八石四斗五升六合零

二升山墩埄城塲地五萬三千九百七十六畝二分六釐五毫二絲二忽　乾隆四十八年陞增埄三分九釐　乾隆五十一年陞增埄四分　乾隆四十八年轉則應除山埄二畝九釐　乾隆五十一年轉則應除山三畝五分七釐實存山埄五萬三千九百七十一畝三分九釐五毫零折實平田五千五百三十五畝五分一釐五

毫零該科平米一千七十九石四斗二升五合零

以上折實平田六十一萬七千三百八十畝八分二釐零共科平米一十二萬三百八十九石二斗六升零每畝科本色米六升四合零共米三萬九千五百五十四石八斗一升六合七勺科漕贈五米共一千六百五石六斗九升八合三勺遇閏減徵米一十二石四斗五升四勺科折色銀共六萬八百八十八兩五錢六分七釐隨正七分耗羨銀四千二百六十二兩二錢遇閏加徵銀四百五十四兩三錢四分七釐隨正七分耗羨銀三十

一兩八錢四釐科漕贈十銀共銀三千二百四十四兩
一錢四釐隨正七分耗羨銀二百二十七兩八分七釐
遇閏減徵漕贈十銀共銀七兩七錢二分四釐隨正應
減七分耗羨銀五錢四分一釐
每平田一畝科本色米併麥改米六升六合六勺六抄零
共米四萬一千一百六十石五斗一升五合遇閏減徵
米共一十二石四斗五升四勺共兌漕脚費雍正七年前撫尹因民間完納漕糧收書浮加暗扣旗丁在倉勒索題定每完米一石完漕費銀六分以三分給軍三分給收役在販用度又恐收銀平色不等改折錢五十四文另收挑脚錢五文共收五十九文又於乾隆六年因錢價昂貴減收錢六文又減挑脚錢一文今共收脚費錢五十二文

每畝科折色銀一錢三釐八毫零共銀六萬四千一百三
十二兩六錢七分一釐隨正七分耗羨銀四千四百八
十九兩二錢八分七釐遇閏加編銀共四百四十六兩
六錢二分三釐隨正七分耗羨銀三十一兩二錢六分
三釐
每畝攤徵人丁銀三釐八絲零共銀一千九百七兩六錢
五分一釐隨正七分耗羨銀一百三十三兩五錢三分
五釐遇閏加編銀共八十三兩九錢五分六釐隨正七
分耗羨銀五兩八錢七分七釐
每畝攤雜辦銀一毫五絲零共銀九十四兩四錢五分二
釐隨正七分耗羨銀六兩六錢一分二釐
一雜辦
租錢鈔民山一十五畝九分五毫折銀一分一釐
門攤課鈔正銀二百六兩一錢一分一釐解費銀四兩一
錢二分二釐遇閏加徵正銀一十四兩八錢四分五釐
解費銀二錢九分七釐
漁課正銀一十三兩八錢二分四釐解費銀二錢七分六

釐遇閏加徵正銀九錢九分五釐解費銀二分
城租銀分存一百三兩五錢四分八釐內除蠲免缺額銀
四十三兩五錢四分六釐實徵銀六十兩二釐
雜辦銀九十二兩六錢解費銀一兩八錢五分二釐查此項雜辦銀兩已於援例詳請等事案內題準雍正七年為始統歸田地徵收在案嗣後凡遇陞坍毋庸驗扣統於田地項下增除
以上雜辦共徵正銀四百二十二兩三錢四分四釐內除
蠲免缺額實徵銀三百七十八兩七錢九分八釐隨正
七分耗羨銀二十六兩五錢一分六釐內有田地項下

攤徵銀九十四兩四錢五分二釐實徵銀二百八十四
兩三錢四分六釐隨正七分耗羨銀一十九兩九錢四
釐遇閏加徵銀一十六兩一錢五分七釐隨正七分耗
羨銀一兩一錢三分一釐
額徵丁田雜辦等項本色米并麥改米共四萬二千四十
七石八斗九升内除坍荒蠲免米三十三石一斗七升
九合三勺又改漕案内減徵米八百五十四石一斗九
升五合七勺實徵米四萬一千一百六十石五斗一升
五合遇閏減徵米八十一石一斗二升六合七勺加徵

米六十八石六斗七升六合三勺
額徵丁田雜辦等項共銀六萬七千一百八十八兩六分
八釐内除坍荒蠲缺銀五十三兩三錢一分七釐又蠲
免城租缺額銀四十三兩五錢四分六釐又除改漕案
内減編經費銀六百七十二兩八分五釐實徵銀六萬
六千四百一十九兩一錢二分隨正七分耗羨銀四千
六百四十九兩三錢三分八釐遇閏地漕正銀内增徵
坍荒減蠲銀四分九釐加徵銀五百五十四兩四錢一
分一釐隨正七分耗羨銀三十八兩八錢九釐

田房稅無額每價一兩輸銀三分給發契紙儘收儘解
典稅每戶歲輸銀五兩增除不一儘收儘解
牙稅額徵銀六十六兩
牛羊猪稅銀十一兩五錢
解支各衙門起存實徵大款
一本色
蘇松糧道衙門漕糧正兌正耗漕贈并白糧改漕實徵米
三萬三千七百一十九石六斗六升六合零遇閏減徵
米八十一石四升二合零

白糧正耗除改漕并減徵外實徵米四千一百九十八石
七斗四合
揚州倉米并淮壽鎮各倉麥改米并改本月糧米實徵米
一千七百四十一石二升七合零
江安糧道衙門漕改項行月米并改本月糧米共二百十
八石五斗九升五合零
解南兵糧并餘存恤孤新陞充餉實徵米六百九石九斗
五升一合零遇閏減徵坍荒義塚加蠲米五升一合三
勺又減徵陞科米八升四合五勺遇閏加徵米一十二

石六斗八升六勺

存留恤孤米六百七十二石五斗七升遇閏加徵米五十六石四升七合零

一折色

布政司衙門起存地丁雜辦并歸入驛站夫馬工料官役俸工等項共該銀四萬九千三百二十兩八錢八分五釐隨正七分耗羨銀三千四百五十二兩四錢六分二釐遇閏加徵銀四百六十一兩一錢二分七釐內有作正充餉銀一十八兩五錢三分六釐向入正銀造報隨正七分耗羨銀三十二兩二

錢七分九釐又遇閏於地丁正銀內撥抵驛站閏月銀七十五兩六錢四分五釐

起運扛銀四百六十四兩四錢五分隨正七分耗羨銀三十二兩五錢一分一釐遇閏加徵銀六錢四分三釐隨正七分耗羨銀四分五釐

蘇松糧道衙門隨漕輕賫各倉米麥折并改徵加編減編共銀八千八百九十五兩三分九釐隨正七分耗羨銀六百二十二兩六錢五分三釐遇閏加徵灰石銀九十二兩六錢四分一釐隨正七分耗羨銀六兩四錢八分五釐減編漕贈十銀七兩七錢二分四釐隨正應減七

分耗羨銀五錢四分一釐

白糧經費除改漕并減徵外實徵銀六千二百三十兩二錢四分三釐隨正七分耗羨銀四百三十六兩一錢一分七釐

江安糧道衙門額撥漕項等銀一千五百八兩五錢三釐隨正七分耗羨銀一百五兩五錢九分五釐遇閏加徵坍荒減蠲銀二釐

起解各衙門額徵細款

一本色

起運項下

蘇松糧道衙門

漕糧正兌米二萬五百七十三石六斗六升七合零又白糧改漕正兌米二千五百九十八石五斗六合零又白糯改漕正兌米二十五石四斗六升九合零又照蘇糧道額數於行月米內劃增米一勺內除坍荒蠲缺又除原截京口兵糧改給江興帮丁改本月糧米實徵米二萬二千九百三十八石五斗四升八合零遇閏減徵灰石米五十五石一斗三升零

加四耗米八千二百二十九石四斗六升七合零又白糧改漕耗米一千三十九石四斗二合零又白糯改漕耗米一十石一斗八升七合零內除坍荒蠲鈌又除原截京口兵糧改給江與帮丁糧實徵米九千一百七十五石四斗一升九合零遇閏減徵灰石米二十二石五升二合零

漕贈五米實徵一千六百五石六斗九升八合零遇閏減徵灰石米三石八斗五升九合

以上自漕糧正兌起至漕贈五米止共米三萬四千六十

三石九升五合零又白糯改漕米三十七石四斗四升又照蘇糧道額數於行月米內劃增米一勺內除坍荒蠲鈌又除原截京口兵糧改給江與帮丁改本月糧米實徵米三萬三千七百一十九石六斗六升六合零遇閏減徵灰石米七十七石二斗四升二合又減徵五米三石八斗六升二合零內除坍荒蠲鈌實減徵米八十一石四升二合零

白糧正米四千八百二十五石五斗六合零內除改徵漕耗米二千五百九十八石五斗六合零又白糯改漕米二十石歸入漕糧項下開列外實該米二千二百七石

白耗米一千三百八十四石一斗八升二合零內除改抵漕耗米七百一十六石八升二合零又白糯改漕米六石歸入漕糧項下開列外實該耗米六百六十二石一斗

春辦并續增耗米二千三百五十三石一升八合零內改抵漕耗米三百二十三石三斗一升九合零又改抵隨漕五米一百八十一石八斗九升五合零又白糯改漕米一十石歸入漕糧項下開列又減編米六百六十七

石一斗三合零實該米一千一百七十石七斗

運船水手飯米三百四十七石四斗三升六合零內減編米一百八十七石九升二合零又白糯改漕米一石四斗四升實徵照正米每石七升二合共米一百五十八石九斗四合

以上白糧正米起至運船飯米止共米八千九百一十石一斗四升三合零內改抵漕糧正耗贈米三千八百一十九石八斗四合又白糯改漕米三十七石四斗四升歸入漕糧項下開列又減編米八百五十四石一斗九

升五合七勺實徵米四千一百九十八石七斗四合
揚州倉本色米六百一十三石三斗八升五合零
淮安倉麥改米三百八十三石二斗六升八合零
壽州倉麥改米一百六石六斗七升九合零
鎮江倉麥改米四百七石六斗九升四合零查淮壽鎮三倉原編麥石於乾隆二年奉前督院慶奏定改米隨漕並徵如有餘剩每石易銀九錢解戶部充餉
江興等衛乾隆五十三年始原截京口兵糧改本月糧米
二百三十石
以上各倉共米一千七百四十一石二升七合零

江安糧道衙門
額撥漕項行月米九十八石五斗九升五合零又江興等
衛乾隆五十三年始原截京口兵糧改本月糧米一百
二十石共米二百一十八石五斗九升五合零
布政司衙門
南糙兵糧米一百五十五石四斗一升一合零遇閏撥出
恤孤米一石八斗四升一合零
又丈陞增恤孤充餉米八斗三升四合遇閏加徵米六升
九合零

乾隆三年以前節年新陞總歸充餉米麥七十四石二升
六合零遇閏減徵米二升一合零
乾隆四十年均給孤貧案內裁歸充餉米一百七十三石
四斗三升　閏月米一十四石四斗五升零
乾隆三年起至四十年止陞科充餉米一百八十八石三
斗二升二合遇閏減徵米五升七合四十一年起至六
十年止陞科充餉米一十八石八斗七升九合零遇閏
減徵米五合六勺
以上兵糧米六百一十石九斗三合零內除坍荒豁缺實

徵米六百九石九斗五升一合零遇閏減徵坍荒加豁
米五升一合三勺　閏月米一十四石五斗二升二合
又解南兵糧項下遇閏應撥出米一石八斗四升一合
零又陞科減徵米八升四合五勺
存留項下
恤孤口糧米八百四十六石內除均給孤貧案內裁歸充
餉歸於南糧項下造報外實該米六百七十二石五斗
七升遇閏加徵米七十石五斗內除均給孤貧案內裁
歸充餉外實該米五十六石四升七合零查此項恤孤正閏米石係

奉文均給如遇災蠲統於南糧款內撥補

一折色

起解項下

布政司衙門

起運地丁并丈增及折徵本色辦料除撥協驛站外實徵

銀二萬七千八百五十七兩九錢五分三釐遇閏加徵

銀二十五兩一錢九分一釐

存留額編兵餉銀八千四百一十九兩六錢五分三釐

裁扣驛站充餉共銀一千七百四十七兩四錢九分七釐

遇閏加銀一十九兩一錢八分五釐

亳州倉麥折正扛解費改歸地丁充餉銀四百六十七兩

二錢七分零

原編租錢鈔折城租等銀一百三兩五錢五分九釐

優免丁田并各年丈陞增丁田餘存充餉銀五百六兩四

錢一分二釐遇閏加銀一十七兩五錢二分八釐

又優免餘丁充餉銀五兩三錢七分三釐遇閏加銀二錢

三分六釐

乾隆三年以前裁扣俸工除抵給各款外實該銀三千二

百四十七兩四分九釐遇閏加銀六十四兩五分六釐

乾隆四十年以前續裁通判經歷檢校抽撥太湖同知俸

工祭祀縣座船水手工食犇牛遞運所水手工食河工

等項充餉共銀六百八十一兩六錢五分七釐　閏月

銀一十兩五錢七分五釐

乾隆三年至四十年陞科充餉銀二百九十五兩一錢二

分七釐　閏月銀二兩一錢一分五釐

今訂改歸地丁充餉驛站夫馬工料銀六千四百八十六

兩四分　閏月銀二百三十七兩一錢八分八釐又遇

閏於地丁正銀內撥抵驛站閏月銀七十五兩六錢四

分五釐

各衙門官役俸工并存留支給等項共銀三千九十九兩

五錢七分九釐　閏月銀一百七十五兩九錢

乾隆四十年以後陞科充餉銀二十九兩四錢一分六釐

閏月銀二錢四釐

以上新舊奉裁新陞充餉歸并驛站俸工等項共銀五萬

二千九百四十六兩五錢八分六釐　閏月銀五百五

十二兩一錢七分八釐又遇閏於地丁正銀內撥抵驛

站閏月銀七十五兩六錢四分五釐內除加編文廟香燭閏月銀三分又孤貧柴布不敷增給銀六十八兩九錢五分五釐　閏月銀七兩三錢五分三釐

實該起存地丁等銀共五萬二千八百七十七兩六錢三分一釐內除增編金匱縣應協錫山驛原留復二夫馬工料於本縣地丁內就近抵給銀三千三百一十六兩三錢三分零又除坍荒豁鈌又除豁免城租又除額撥漕項歸入江安糧道項下外實該解司銀四萬九千三百二十兩八錢八分五釐隨正七分耗羨銀三千四百

五十二兩四錢六分二釐遇閏加徵坍荒減豁銀四分七釐隨正七分耗羨銀三釐查乾隆三年考訂全書內有撥辦本色顏料布匹等項價墊水脚銀兩續於乾隆二十年奉文統歸司庫地丁銀內動辦在案　閏月銀五百四十四兩七錢九分五釐內除坍荒豁鈌又除增編金匱縣應協錫山驛原留復二夫馬工料閏月銀查金匱縣應協錫山驛原留復二夫馬工料共閏月銀一百五十八兩八錢八分六釐應於無錫縣增編除將存留各款閏月銀抵補外仍不敷銀七十五兩六錢四分五釐隨正七分耗羨銀五兩二錢九分五釐應於本縣正銀內撥抵實該閏月銀四百六十一兩一錢二分七釐內有作正充餉銀一十八兩五錢三分六釐向入正銀造報隨正七分耗羨銀三十二兩二錢七分九釐

起運地丁扛銀四百六十四兩四錢五分零隨正七分耗羨銀三十二兩五錢一分一釐遇閏加銀六錢四分三釐隨正七分耗羨銀四分五釐

漕河項下

蘇松糧道衙門

隨漕輕賫等銀二千八百一兩九錢三分又改漕案內加編銀三百四十七兩九錢四分查舊編全書原開每正米一石加輕賫米二斗六升折銀五分該銀一錢三分今照實米驗算共該輕賫銀二千六百七十四兩五錢七分六釐零每兩扛銀

一分該銀二十六兩七錢四分五釐零每兩解費銀二分該銀五十三兩四錢九分一釐零共正扛費銀二千七百五十四兩八錢一分四釐零祇緣改折灰石一項以致原編各款銀多於米應統聽蘇糧道於每年奏銷冊內分晰造報

七分折色席木板銀一百一十五兩八錢九分二釐解費銀二兩三錢一分八釐又改漕案內加編銀一十二兩八錢二分四釐解費銀二錢五分七釐

三分本色席木板銀四十九兩六錢六分八釐又改漕案內加編銀六兩二錢七分五釐遇閏正銀內應除改折灰石銀九分九釐

改漕案内加編夀重銀九兩九錢二分五釐（查每船除裝正米四百石外計加裝正米一百九十八石五斗六合二勺每石計銀五分）
另徵漕折灰石銀七百四十六兩八錢二分六釐又減存
三分席木板銀一兩九分七釐內除坍荒蠲缺實徵銀
七百三十五兩六錢七分遇閏加徵銀九十二兩六錢
九分一釐又三分席木板改折銀九分九釐內除坍荒
蠲缺共加徵銀九十二兩七錢四分
另徵漕贈十銀二千八百八十兩三錢一分三釐又改漕
案內加編銀三百六十三兩七錢九分一釐共銀三千

二百四十四兩一錢四釐遇閏減編銀七兩七錢二分
四釐
揚州倉麥折銀六百八十一兩八分扛銀一兩二分二釐
解費銀一十三兩六錢二分二釐
淮安倉麥折銀一百六十五兩六錢四分八釐扛銀二錢
四分八釐解費銀三兩三錢一分三釐
壽州倉麥折銀四百一十二兩八錢零扛銀二兩四錢七
分七釐解費銀八兩二錢五分六釐
鎮江倉麥草折銀二百一十五兩六錢二分五釐解費銀
四兩三錢一分二釐
鎮江衛淺船民七料銀五十八兩六錢五分九釐解費銀
一兩一錢七分三釐
以上自輕賫起至民七料止共銀八千一百六十六兩二
錢八分又改漕案內加編七百四十一兩一分二釐內
除坍荒蠲缺實徵銀八千八百九十五兩三分九釐隨
正七分耗羨銀六百二十二兩六錢五分三釐遇閏加
徵灰石銀九十二兩六錢九分一釐內除坍荒蠲缺又
減編漕贈十銀七兩七錢二分四釐實該銀八十四兩

九錢一分七釐
解通由閘銀三百八十六兩四分一釐內於白糧改漕案
內減徵銀二百七兩八錢八分零實徵銀一百七十八
兩一錢六分
漕截銀二千八十二兩五分二釐內於白糧改漕案內徵
抵隨漕各款銀七百三十一兩八分七釐又減徵銀三
百八十五兩四釐實徵銀九百六十五兩九錢六分一
釐
夀重銀四十一兩二錢七分五釐內除改漕銀九兩九錢

二分五釐實徵銀三十一兩三錢五分查照正米每船除裝四百石外計加裝正米六百二十七石每石給銀五分
量斛束包夫工食銀一百三十六兩八錢內除改漕減徵
銀七十九兩二錢實給銀五十七兩六錢查漕運議每船二名工食銀七兩二錢共船四隻該夫八名
千總俸工并隨帮廩工銀三十兩三錢五分五釐
裁存經費銀六百八十一兩六錢七分二釐
節省充餉銀四千二百八十五兩一錢四分五釐
以上自解通由閘起至節省充餉止共銀七千六百四十

三兩三錢四分內應徵抵改漕案內各款銀七百四十
一兩一分二釐又減徵銀六百七十二兩八分五釐實
徵銀六千二百三十兩二錢四分三釐隨正七分耗羨
銀四百三十六兩一錢一分七釐

江安糧道衙門

額撥漕項銀一百五十六兩九錢查前項銀兩係於地丁正銀內撥出如遇田畝被災將應蠲之銀於地丁款內一體扣蠲其額撥之數於地丁項下統扣仍行照額撥解
額徵并陞科過江六升米折銀六百三十兩五錢四分六
釐內除坍荒蠲缺實徵銀六百二十九兩四錢五分一
釐
鳳陽倉麥折正銀七百五兩九錢一分六釐扛銀二兩一
錢一分八釐解費銀一十四兩一錢一分八釐
以上自額撥漕項起至鳳陽倉麥折止共銀一千五百九
兩五錢九分八釐內除坍荒蠲缺實徵銀一千五百八
兩五錢三釐隨正七分耗羨銀一百五兩五錢九分五
釐

河庫道衙門

河工米折正銀三百五十一兩一錢五分三釐解費銀七

兩一分六釐
導河夫銀一百四十七兩八錢三分六釐
以上河工正費并導河夫共銀五百六兩五釐查此項河工正費銀兩已於乾隆二十八年奉文動支司庫地丁銀兩照額彙解河庫交收所有前項原編銀兩統歸地丁項下解司充餉其耗羨銀兩亦歸地丁項下開列

存留項下

本縣原留驛站銀三千一百六十九兩七錢九釐又增編
金匱縣應協錫山驛原留復二夫馬工料應於本縣就
近抵給銀三千三百一十六兩三錢三分一釐共銀六

千四百八十六兩四錢　原留閏月銀一百五十三兩
九錢四分七釐又增編金匱縣原協銀八十三兩二錢
四分一釐又於地丁正銀內撥抵銀七十五兩六錢四
分五釐共閏月銀三百一十二兩八錢三分三釐額馬五十
六匹每匹口支草料銀六分共銀一千二百九兩六錢
閏月銀一百兩八錢　馬夫三十四名每名日給工食
銀四分共銀四百八十九兩六錢閏月銀四十兩八錢
長養四分水夫八十二名每名日給工食銀四分共
銀一千一百八十兩八錢閏月銀九十八兩四錢　額
設祇應廩糧銀五百五十兩閏月銀四十五兩八錢三
分三釐零　站船十五隻水手四十五名每名日給工
食銀二分共銀三百二十四兩閏月銀二十七兩　修
船銀九十九兩　棚廠鞍轡等銀七十九兩五錢二分
買補馬價銀七百八十二兩三錢二分　扣留六分

水夫一百二十三名扣存工食以備大差雇募動用銀
一千七百七十一兩二錢　查此項扣留銀兩按夫驗
算應支閏月銀一百四十七兩六錢原係缺編又查此
款於乾隆五十二年奉文動支司庫地丁銀兩照額放
給所有前項原編銀兩統歸地丁解司
充餉其耗羨銀兩亦歸地丁項下開列

各衙門官役俸工并祭祀雜支各款銀三千九十九兩五
錢七分九釐　閏月銀一百七十五兩九錢查此款俸工祭祀雜
支等項銀兩於乾隆五十二年奉文動支司庫地丁銀
兩照數放給所有前項俸工銀兩統歸解司充餉其耗
羨銀兩亦歸地
丁項下開列

司庫放給俸工祭祀雜支等項細數開列備考

一各衙門官役俸工等銀二千四百六十七兩一錢二分
閏月銀一百五十七兩五錢六分七釐內

撫院項下

皂隸四名半每名工食銀六兩共銀二十七兩　閏月
銀二兩二錢五分

舖兵半名工食銀三兩　閏月銀二錢五分

蘇松糧道項下

俸銀三十二兩

本府知事員下

馬夫一名工食銀六兩　閏月銀五錢

督糧通判員下

俸銀二十三兩六錢四分

門子二名每名工食銀六兩共銀一十二兩　閏月銀
一兩

轎傘扇夫七名每名工食銀六兩共銀四十二兩　閏
月銀三兩五錢

總捕通判員下

俸銀二十三兩六錢四分

門子二名每名工食銀六兩共銀一十二兩　閏月銀

一兩
轎傘扇夫七名每名工食銀六兩共銀四十二兩　閏
月銀三兩五錢
照磨員下
馬夫一名工食銀六兩　閏月銀五錢
本府儒學員下
廩生五名每名廩糧銀四兩共銀二十兩　閏月銀一
兩六錢六分七釐
齋夫二名每名工食銀一十二兩共銀二十四兩　閏

月銀二兩
知縣員下
俸銀四十五兩
門子二名每名工食銀六兩共銀一十二兩　閏月銀
一兩
皂隸十六名每名工食銀六兩共銀九十六兩　閏月
銀八兩（雍正七年酌裁四名抵給仵作工食）
馬快八名每名工食銀草料銀一十六兩八錢共銀一
百三十四兩四錢　閏月銀一十一兩二錢

民壯三十八名每名工食銀六兩又器械銀二兩共銀
三百四兩
禁卒八名每名工食銀六兩共銀四十八兩　閏月銀
四兩（查此禁卒尚有加給工食銀兩係於雍正九年奉文於各役工食內扣給）
轎傘扇夫七名每名工食銀六兩共銀四十二兩　閏
月銀三兩五錢
庫子四名每名工食銀六兩共銀二十四兩　閏月銀
二兩
斗級四名每名工食銀六兩共銀二十四兩　閏月銀

二兩
舖兵九十八名每名工食銀九兩共銀八百八十二兩
閏月銀七十三兩五錢
高橋至江陰止舖兵十名每名工食銀九兩共銀九十
兩　閏月銀七兩五錢
修理倉監銀五兩
縣丞員下
俸銀四十兩
門子一名工食銀六兩　閏月銀五錢

皂隸四名每名工食銀六兩共銀二十四兩　閏月銀
二兩
馬夫一名工食銀六兩　閏月銀五錢
典史員下
俸銀三十一兩五錢二分
門子一名工食銀六兩　閏月銀五錢
皂隸四名每名工食銀六兩共銀二十四兩　閏月銀
二兩
馬夫一名工食銀六兩　閏月銀五錢

巡檢員下
俸銀三十一兩五錢二分
皂隸二名每名工食銀六兩共銀一十二兩　閏月銀
一兩
弓兵三十五名每名工食銀四兩六錢二分八釐五毫
共銀一百六十二兩　閏月銀一十三兩五錢
本縣儒學員下
俸銀四十兩
廩生十名每名廩糧銀四兩共銀四十兩　閏月銀三
兩三錢三分三釐
齋夫二名每名工食銀一十二兩共銀二十四兩　閏
月銀二兩
門子二名每名工食銀七兩二錢共銀一十四兩四錢
閏月銀一兩二錢
膳夫一名工食銀二十兩　閏月銀一兩六錢六分七
釐
文廟祭祀銀二十四兩五分一釐
各壇祠祭祀銀五十一兩四錢五分

縣學朔望香燭銀一兩二錢八分七釐　閏月銀三分
一雜支各款共銀五百五十五兩六錢七分一釐　閏月
銀一十八兩三錢三釐內
舊舉人會試盤纏銀二十一兩三錢七分五釐查此款於雍正九年奉文照廣督鄂　奏定以各州縣三年內均徧之銀於會試之年照通省赴試文武舉人名數統算均勻統派支給
本府歲貢牌坊等銀五兩六錢
本縣歲貢牌坊等銀一十四兩以上歲貢二款於乾隆二年奏定均給六年統算週而復始

本府歲底新書節炭銀七兩五錢
本縣歲底新書節炭銀一十五兩
本府各官賫繳勘合關領時憲書銀五兩
有守院道門子二名工食銀七兩二錢　閏月銀六錢
本府公館門子半名工食銀一兩八錢　閏月銀一錢五分
本府巡鹽民壯五名工食銀三十六兩　閏月銀三兩
報事扛擡夫十二名工食銀八十六兩四錢　閏月銀七兩二錢

鄉試提取謄錄生工食銀一兩八錢三分三釐
總書造冊紙張銀六兩五錢
祈晴禱雨銀一兩二錢
鄉飲酒席銀六兩五錢
各上司案臨行香講書賞用紙筆銀七兩
本縣新官到任公宴祭祀等銀一十七兩一錢六分七釐
科塲席舍銀八兩三錢八釐
武塲公用銀三兩三錢三分三釐
養濟院孤貧二百三十五名每名均給柴布銀一兩二錢

九分三釐零共銀三百三兩九錢五分五釐　閏月銀七兩三錢五分三釐

無錫金匱縣志八

無錫金匱縣志卷九

〔額賦〕

金匱縣分管原編各則不等田地共七十三萬一千九百三十二畝六分二釐零折實平田六十四萬六千六百畝六分一釐四毫零又康熙三十年起乾隆二年止共陞科田一千四百四十九畝七分二釐零折實平田一千一百四十六畝二釐八毫零

乾隆八年陞增田蕩四百六十七畝四分五釐零折實平田二百一十四畝五分八釐零　又額内轉則除原額

折實平田外實陞增折實平田一十四畝三分七釐一毫零　乾隆十一年陞增田蕩一十三畝六分二釐四毫折實平田八畝五分二釐一毫零　又額内轉則除原額折實平田外實陞增折實平田一畝三分一釐九毫零　乾隆十九年陞增田蕩三十畝九分八釐四毫折實平田二十畝六分六釐四毫零　又額内轉則除原額折實平田外實陞增折實平田七畝七分六釐七毫零　又蘆田改漕乾隆三十五年入額田五千八百七十三畝六分三釐折實平田五千六百六十九畝九釐應除乾隆十五年奉豁原報坍荒田蕩四百五畝六分零折實平田三百七十一畝四分三釐零　乾隆二十年奉豁原報義塚田坵二十六畝七釐一毫折實平田一十八畝二分一釐零計乾隆三年以後至乾隆三十七年止以坍抵陞外實陞田蕩五千九百五十四畝二釐三毫零折實平田四千九百四十六畝六分七釐三毫零

嘉慶元年奉豁乾隆六十年義塚公佔平田七畝九分三釐七毫

以上分管原編續編今訂通共不等田地七十三萬九千三百二十八畝四分二釐零折實平田六十五萬二千六百八十五畝三分七釐零平米一十二萬七千二百七十三石六斗四升九合零本色米麥四萬三千五百一十四石三斗七合五勺折色銀六萬七千八百一十八兩一錢七分一釐隨正七分耗羨銀四千七百四十七兩二錢七分二釐遇閏以增抵減實減徵米一十三石一斗六升三合增徵銀四百七十二兩一錢四分一釐隨正七分耗羨銀三十三兩五分

一斗九升五合平田三十六萬二千五百八十五畝六分六釐三毫八絲二忽內除奉豁義塚公佔田七畝九分三釐七毫實存平田三十六萬二千五百七十七畝七分二釐六毫零共科平米七萬七百二石六斗五升六合六勺零

一斗五升五合高田三十五萬八千八十四畝五分五釐三毫二絲四忽折實平田二十八萬四千六百三十一畝三分一釐五毫零共科平米五萬五千五百三石一斗五合零

一斗四升四合五勺低田三千七百一十八畝二分一釐一毫八絲七忽折實平田二千七百五十五畝二分八釐零共科平米五百三十七石二斗八升一合零

七升五合七勺山灘塘蕩蘆埂涇溝四千一百五十八畝八分二釐七毫五絲二忽三微折實平田一千六百一十四畝四分七釐零共科平米三百一十四石八斗二升三合二勺零

二升山墩埄城塌地一萬七百八十九畝一分一釐三忽共折實平田一千一百六畝五分七釐四毫零共科平米二百一十五石七斗八升二合零

以上折實平田六十五萬二千六百八十五畝三分七釐八毫零共科平米一十二萬七千二百七十三石六斗四升九合三勺零每畝科本色米六升四合零共米四萬一千八百二十一石一斗八升九合零科漕贈五米共一千六百九十三石一斗一升八合四勺科徵折色銀共四萬九千一十八兩四錢四分二釐隨正七分耗羨銀三千四百三十一兩二錢九分一釐科漕贈十銀共三千四百一十八兩一錢八分隨正七分耗羨銀二

百三十九兩二錢七分三釐科九里地畝銀共六千九百六十六兩九錢八釐隨正七分耗羨銀四百八十七兩六錢八分四釐科徭里銀共八千四百一十四兩六錢四分一釐隨正七分耗羨銀五百八十九兩二分四釐又遇閏增徵米共七十二石四斗一升一合零減徵米共八十五石五斗七升四合零增徵折色銀共一百九兩九錢四分七釐隨正七分耗羨銀七兩六錢九分七釐減徵漕贈銀共八兩一錢三分八釐隨正七分耗羨銀五錢七分增徵徭里銀共三百七十兩三錢三分

二釐隨正七分耗羨銀二十五兩九錢二分三釐
每平田一畝科本色米并麥改米六升六合六勺六抄零共米麥四萬三千五百一十四石三斗七合零遇閏減徵米一十三石一斗六升三合兌漕脚費已詳無錫賦役兩邑同
每畝科折色銀一錢三釐八毫零共銀六萬七千八百一十八兩一錢七分二釐隨正七分耗羨銀四千七百四十七兩二錢七分二釐遇閏增徵銀四百七十二兩一錢四分一釐隨正七分耗羨銀三十三兩五分
每畝攤徵人丁銀二釐七毫零共銀一千七百七十三兩四錢一分隨正七分耗羨銀一百二十四兩一錢三分九釐遇閏加編銀共七十八兩四分九釐隨正七分耗羨銀五兩四錢六分四釐
每畝攤徵雜辦銀一毫五絲零共銀一百兩一錢六分四釐隨正七分耗羨銀七兩一分一釐
一雜辦
分管租錢鈔民山一十五畝九分五毫折銀一分一釐
門攤課鈔正銀二百四十三兩七錢解費銀四兩八錢七分四釐遇閏加徵正銀一十七兩五錢五分三釐解費

銀三錢五分一釐
漁課正銀一十一兩八錢五分四釐解費銀二錢三分七釐遇閏加徵正銀八錢七分九釐解費銀一分八釐
城租銀八十九兩一錢五分三釐內除豁免銀四十三兩五錢四分五釐實徵銀四十五兩六錢八釐
雜辦銀九十八兩二錢解費銀一兩九錢六分四釐查此項雜辦銀兩於撥例詳請等事案內　題準雍正七年為始統歸田畝徵收在案
以上雜辦共徵正銀四百四十九兩九錢九分三釐內除豁免城租銀四十三兩五錢四分五釐又除雜辦正費銀一百兩一錢六分四釐攤派田畝徵收外實該銀三百六兩二錢八分四釐隨正七分耗羨銀二十一兩四錢四分遇閏加徵銀一十八兩八錢一釐隨正七分耗羨銀一兩三錢一分六釐
額徵丁田雜辦等項本色米并麥改米四萬四千四百四十石七斗七升六合一勺內除坍荒蠲免米二十六石五斗六合五勺又白糧改漕減徵經費米八百九十九石九斗六升二合零實徵米四萬三千五百一十四石三斗七合五勺遇閏加徵米七十二石四斗一升一合

四勺又漕糧項下改折灰石并新墾減科共米八十五
石五斗七升四合四勺
額徵丁田雜辦等項共銀七萬七百七十三兩六錢二分
八釐內除坍荒蠲免銀四十二兩四錢六分二釐又白
糧改漕減徵經費銀六百八十九兩五錢九分二釐奉
豁城租銀四十三兩五錢四分五釐實徵銀六萬九千
九百九十八兩二分九釐隨正七分耗羨銀四千八百
九十九兩八錢六分二釐遇閏地漕正銀內應加徵坍
荒減蠲銀三分九釐遇閏加徵銀四百七十九兩四錢

六分七釐隨正七分耗羨銀三十三兩五錢六分三釐
又加徵灰石銀九十七兩六錢二分三釐又減編漕贈
十銀八兩一錢三分八釐
蘇州衛屯田五十二畝六分二毫在金匱懷仁鄉四十九
都四啚殊字號其額徵支解歸蘇州衛經管
田房稅無額每價一兩輸銀三分儘收儘解
典稅每戶歲輸銀五兩儘收儘解
牙稅額徵銀八十二兩二錢
牛羊猪稅銀一十一兩六錢

解支各衙門起存實徵大欵
一本色
蘇松糧道衙門漕糧正兌正耗漕贈并白糧改漕實徵米
三萬五千五百五十五石四斗八升七合遇閏減徵米
八十五石四斗四升三合七勺
白糧正耗除改漕并減徵外實徵米四千四百二十三石
四斗四升
揚州倉米并淮壽鎮各倉麥改米并改本月糧米實徵米
一千八百二十二石四斗八升六合七勺

江安糧道衙門漕項行月米并改本月糧米二百二十三
石八斗八升四合一勺
解南兵糧并餘存恤孤新墾充餉實徵米八百一十六石
四斗三升九合七勺遇閏加徵米一十六石三斗六升
七合一勺又減科米一斗三升七勺遇閏減徵坍荒加
蠲米一合二勺
存留恤孤米六百七十二石五斗七升遇閏加徵米五十
六石四升七合零
一折色

布政司衙門起存地丁等項實徵銀五萬一千九百九十四兩九分八釐隨正七分耗羨銀三千六百三十九兩五錢八分七釐遇閏加徵銀四百七十八兩七錢八分九釐查此項閏月銀兩內有作正充餉銀一十八兩六錢四分實該閏月銀四百六十兩一錢四分九釐隨正七分耗羨銀三十三兩五錢一分五釐

起運扛銀四百八十九兩三錢六分三釐隨正七分耗羨銀三十四兩二錢五分五釐遇閏加徵銀六錢七分八釐隨正七分耗羨銀四分八釐

蘇松糧道衙門隨漕輕賫各倉米麥折等項除坍荒實徵

銀九千四百一兩八錢八分四釐隨正七分耗羨銀六百五十八兩一錢三分二釐遇閏加徵灰石除坍荒實徵銀九十七兩六錢二分三釐隨正七分耗羨銀六兩八錢三分四釐減編漕贈十銀八兩一錢三分八釐隨正七分耗羨銀五錢七分

白糧經費除改漕并減徵外實徵銀六千五百二十三兩二釐隨正七分耗羨銀四百五十六兩六錢一分

江安糧道衙門額撥漕項等銀一千五百八十九兩六錢八分二釐隨正七分耗羨銀一百一十一兩二錢七分

八釐遇閏加徵減蠲坍荒銀一釐

起解各衙門額徵細款

一本色

起運項下

蘇松糧道衙門

漕糧正兌米二萬一千六百七十七石二斗三升零又白糧改漕正兌米二千七百三十八石三斗四升四合零又白糯改漕正兌米一十六石七斗四升二合零內除坍荒蠲缺又除原截京口兵糧改給江興帮丁改本月

糧米實該米二萬四千一百八十七石四斗六合零遇閏折徵灰石米五十八石一斗二升五合零

加四耗米八千六百七十石八斗九升二合零又白糧改漕耗米一千九十五石三斗三升七合零又白糯改漕耗米一十石六斗九升七合零內除坍荒蠲缺又除原截京口兵糧改給江興帮丁改本月糧米實該米九千六百七十四石九斗六升二合零遇閏折徵灰石米二十三石二斗四升九合零

漕贈五米實徵一千六百九十三石一斗一升八合零遇

閏減徵米四石六升八合零

以上自漕糧正兌起至漕贈五米止共米三萬五千九百三十石二斗七合內除坍荒𨬧缺又除改給江興各幫改本月糧米實徵米三萬五千五百五十五石四斗八升七合遇閏改折灰石米八十一石三斗七升五合又減徵五米四石六升八合零

白糧正米五千八十四石三斗四升四合零內除改折漕耗米二千七百三十八石三斗四升四合零又白糯改漕米二十一石歸入漕糧項下開列外實徵米二千三

百二十五石

白耗米一千四百五十八石四斗二升九合零內除改徵漕耗米七百五十四石六斗二升九合零又白糯改漕米一十石五斗歸入漕糧項下開列外實該耗米六百九十三石三斗

春辦米二千四百七十九石二斗三升三合零內除改徵漕耗米三百四十石七斗八合零又改徵隨漕五米一百九十一石六斗八升四合零歸入漕糧項下開列又減徵米七百二石八斗一合零又白糯改漕米六石三斗實徵米一千二百三十七石七斗四升

運船水手飯米三百六十六石七升二合零內除改漕案內減徵米一百九十七石一斗六升零又白糯改漕米一石五斗一升二合實徵照正米每石七升二合共米一百六十七石四斗

以上白糧正米起至運船飯米止共米九千三百八十八石八升零內除改編漕糧正耗贈米四千二十五石三斗六升六合零歸入漕糧項下開列又減徵米八百九十九石九斗六升二合一勺又白糯改漕米三十九石

三斗一升二合實徵米四千四百二十三石四斗四升

揚州倉行月米六百四十六石六斗九升四合九勺

淮安倉麥改米四百三石八斗二升六合零

壽州倉麥改米一百一十二石四斗一合零

鎮江倉麥改米四百二十九石五斗六合三勺

江興等衛乾隆五十三年始原截京口兵糧改本月糧米二百三十石

以上各倉共米一千八百二十二石四斗八升六合七勺

江安糧道衙門

額撥漕項行月米一百三石八斗八升四合零又乾隆五
十三年爲始原截京口兵糧改本月糧米一百二十石
共米二百二十三石八斗八升四合零
各標營兵糧項下
解南兵糧米一百八十六石二斗六升六合零
恤孤餘剩充餉米一百九十五石五斗二升六合零　閏
月加徵米一十六石二斗九升三合零又遇閏減徵坍
荒加斵米一合二勺
又丈陞增恤孤充餉米八斗七升八合零遇閏加徵米七

升三合二勺
節年新陞總歸充餉米麥七十七石九斗九升七合遇閏
減科米二升三合一勺
乾隆八年至三十五年陞增充餉米共三百五十五石七
斗七升零遇閏減科米一斗七合零
以上兵糧米共八百一十七石二斗三合零內除坍荒斵
免實徵米八百一十六石四斗三升九合零遇閏加徵
米一十六石三斗六升七合零又減科米一斗三升七
勺又遇閏減徵坍荒加斵米一合二勺

存留項下
恤孤口糧米八百四十六石內除均給恤孤案內裁歸充
餉歸入南糧項下造報外實徵米六百七十二石五斗
七升遇閏加徵米七十石五斗內除均給恤孤案內裁
歸充餉外實徵米五十六石四升七合零
一折色
起解項下
布政司衙門
起運地丁等銀二萬九千三百七十六兩六錢九分六釐

遇閏加銀二十八兩二錢八分五釐
存留額編兵餉銀八千八百七十一兩二錢八分
優免丁田并審增丈丁田餘存充餉銀五百三十二兩八
錢七分五釐遇閏加銀一十八兩四錢三分八釐
乾隆三年以前裁扣各案充餉銀一萬八十九兩九錢四
分一釐　閏月銀三百一十七兩五錢二分
乾隆四十年以前續裁民壯工食器械充餉銀五十六兩
原編
文廟壇祠祭祀餘剩充餉銀四十四兩一錢四分二釐

縣座船水手工食充餉銀二十八兩八錢　閏月銀二兩四錢
奔牛遞運所歸併毘陵馹篤水手工食充餉銀三十二兩一錢　閏月銀二兩六錢七分五釐
河工正費歸入地丁充餉銀五百二十九兩五錢四分五釐
乾隆三年至四十年新陞充餉銀五百五十五兩一錢四分五釐　閏月銀三兩八錢八分九釐內有歸入正銀二錢二釐

今訂各衙門官役俸工幷祭祀雜支等項歸入地丁銀二千一百八十七兩一錢八分四釐　閏月銀一百一十三兩三錢
以上起存地丁裁歸新陞等項共銀五萬二千三百三兩七錢六釐　閏月銀四百八十六兩五錢七釐內除撥給
文廟香燭閏月銀三分孤貧柴布不敷銀六十八兩九錢五分五釐　閏月銀七兩三錢五分三釐已彙入俸工總款外

實該起存地丁等銀共五萬二千二百三十四兩七錢五分一釐內除豁免城租又除坍荒蠲免又除額撥漕項歸入江安糧道項下外實該解司銀五萬一千九百九十四兩九分八釐隨正七分耗羨銀三千六百三十九兩五錢八分七釐遇閏加徵坍荒減蠲銀三分八釐隨正七分耗羨銀三釐　閏月銀四百七十九兩一錢二分四釐內除坍荒蠲免實該銀四百七十八兩七錢八分九釐內有優免幷節年審增丁糧應加科銀一十八兩四錢三分八釐節年新陞充餉銀二錢二釐遇閏之年歸入正銀內充餉實該閏月銀四百六十兩一錢四分九釐隨正七分耗羨銀

三十三兩五錢一分五釐
起運地丁扛銀四百八十九兩三錢六分三釐隨正七分耗羨銀三十四兩二錢五分五釐遇閏加銀六錢七分八釐隨正七分耗羨銀四分三釐
漕河項下
蘇松糧道衙門
隨漕輕賫等銀二千九百五十二兩一錢三分九釐又改漕案內加編銀三百六十六兩六錢六分五釐
七分折色蓆木板銀一百二十二兩一錢九分二釐解費

銀二兩四錢四分四釐又改漕案內加編銀一十三兩
五錢一分四釐解費銀二錢七分
三分本色蓆木板銀五十二兩三錢六分八釐遇閏應除
改折灰石銀一錢七分四釐又改漕案內加編銀六兩
六錢一分三釐
改漕案內加編頁重銀三十六兩九錢一分七釐查每船除裝正米四百石外計加裝正米七百三十八石三斗四升四合三勺每石計銀五分
另徵漕折灰石銀七百八十六兩八錢八分五釐又減存
三分蓆木板銀一兩一錢二分內除坍荒豁鈌實徵銀
七百七十八兩二錢二分六釐遇閏加徵銀九十七兩
六錢六分三釐內除坍荒豁鈌實徵銀九十七兩六錢
二分三釐又遇閏應增三分蓆木板改折銀一錢七分
四釐
另徵漕贈十銀三千三十四兩八錢一分二釐遇閏減編
銀八兩一錢三分八釐又改漕案內加編十銀三百八
十三兩三錢六分八釐
揚州倉米麥折正銀七百一十七兩六錢一分三釐扛銀
一兩七分六釐解費銀一十四兩三錢五分二釐

淮安倉麥折銀一百七十四兩五錢三分四釐扛銀二錢
六分二釐解費銀三兩四錢九分一釐
壽州倉麥折銀四百三十四兩九錢四分三釐扛銀二兩
六錢一分解費銀八兩六錢九分八釐
鎮江倉麥草折銀二百二十七兩一錢九分一釐解費銀
四兩五錢四分四釐
鎮江衛淺船民七料銀六十一兩八錢六釐解費銀一兩
六錢三分六釐
以上自輕賫起至民七料止共銀八千六百四兩三錢一
分六釐又改漕案內加編八百七兩三錢四分七釐內
除坍荒豁鈌實徵銀九千四百一兩八錢八分四釐遇
閏加徵灰石銀九十七兩六錢六分三釐內除坍荒豁
鈌實徵銀九十七兩六錢二分三釐減編漕贈十銀八
兩一錢三分八釐
解通由閘銀四百六兩七錢四分八釐內於白糧改漕案
內減徵銀二百一十九兩六分八釐實徵銀一百八十
七兩六錢八分
漕截銀二千一百九十三兩七錢三分一釐內於白糧改

漕案內徵抵隨漕各款銀七百七十兩四錢三分又減
徵銀四百五兩七錢二分四釐實徵銀一千一十七兩
五錢七分七釐
負重銀五十四兩二錢一分七釐內除改漕銀三十六兩
九錢一分七釐實徵銀一十七兩三錢查照正米每船除裝四百石外餘加裝米三百四十六石每石給銀五分
量斛束包夫工食銀一百三十六兩八錢內除改漕減徵
銀六十四兩八錢實給銀七十二兩查漕運議每船二名每名工食銀七兩二錢共船五隻該夫十名

千總俸工并隨帮廪工銀三十兩九錢九分八釐
裁存經費銀七百一十一兩八錢一分一釐
節省充餉銀四千四百八十五兩六錢三分六釐
以上自解通由閘起至節省充餉止共銀八千一十九兩
九錢四分一釐內應徵抵改漕案內各款銀八百七兩
三錢四分七釐又減徵銀六百八十九兩五錢九分二
釐外實徵銀六千五百二十三兩二釐隨正七分耗羨
銀四百五十六兩六錢一分
江安糧道衙門

額撥漕項銀一百六十五兩三錢
額徵并陞科過江六升米折銀六百六十四兩三錢六分
九釐內除坍荒蠲免實該銀六百六十二兩四錢九分
四釐
鳳陽倉麥折正銀七百四十三兩七錢八分一釐扛銀二
兩二錢三分一釐解費銀一十四兩八錢七分六釐
以上額撥漕項起至鳳陽倉麥折止共銀一千五百九十
兩五錢五分七釐內除坍荒蠲免實徵銀一千五百八
十九兩六錢八分七釐隨正七分耗羨銀一百一十一

兩二錢七分八釐
河庫道衙門
河工米折正銀三百六十九兩九錢八分九釐解費銀七
兩三錢九分二釐
導河夫銀一百五十二兩一錢六分四釐
以上河工正費并導河夫共銀五百二十九兩五錢四分
五釐
俸工項下
各衙門官役俸工并祭祀雜支各款銀二千一百八十七

兩一錢八分四釐　閏月銀一百一十三兩三錢

司庫放給俸工祭祀雜支等項細數開列備攷

一各衙門官役俸工等銀一千五百八十九兩七錢五分四釐　閏月銀九十四兩九錢六分七釐

知府員下

門子二名每名工食銀六兩共銀一十二兩遇閏加銀一兩

馬快十名每名工食草料銀一十六兩八錢共銀一百六十八兩遇閏加銀一十四兩

步快八名每名工食銀六兩共銀四十八兩遇閏加銀四兩

皁隸八名每名工食銀六兩共銀四十八兩遇閏加銀四兩

本府儒學員下

廩生五名每名廩糧銀四兩共銀二十兩遇閏加銀一兩六錢六分七釐

齋夫一名工食銀一十二兩遇閏加銀一兩

知縣員下

俸銀四十五兩

門子二名每名工食銀六兩共銀一十二兩遇閏加銀一兩

皁隸十六名每名工食銀六兩共銀九十六兩遇閏加銀八兩（雍正七年酌裁四名抵給仵作工食）

馬快八名每名工食草料銀一十六兩八錢共銀一百三十四兩四錢遇閏加銀一十一兩二錢

民壯三十三名每名工食銀六兩又器械銀二兩共銀二百六十四兩

禁卒八名每名工食銀六兩共銀四十八兩遇閏加銀四兩

轎傘扇夫七名每名工食銀六兩共銀四十二兩遇閏加銀三兩五錢

庫子四名每名工食銀六兩共銀二十四兩遇閏加銀二兩

斗級四名每名工食銀六兩共銀二十四兩遇閏加銀二兩

鋪兵十四名每名工食銀九兩共銀一百二十六兩遇

閏加銀一十四兩五錢
修理倉監銀五兩
主簿員下
俸銀三十三兩一錢一分四釐
門子一名工食銀六兩遇閏加銀五錢
皂隸四名每名工食銀六兩共銀二十四兩遇閏加銀
二兩
馬夫一名工食銀六兩遇閏加銀五錢
典史員下

俸銀三十一兩五錢二分
門子一名工食銀六兩遇閏加銀五錢
皂隸四名每名工食銀六兩共銀二十四兩遇閏加銀
二兩
馬夫一名工食銀六兩遇閏加銀五錢
巡檢員下
俸銀三十一兩五錢二分
皂隸二名每名工食銀六兩共銀一十二兩遇閏加銀
一兩

弓兵三十五名每名工食銀四兩六錢二分八釐六毫
共銀一百六十二兩遇閏加銀一十三兩五錢
本縣儒學員下
俸銀四十兩
廩生十名每名廩糧銀四兩共銀四十兩遇閏加銀三
兩三錢三分三釐
齋夫一名工食銀一十二兩遇閏加銀一兩
門子一名工食銀七兩二錢遇閏加銀六錢
膳夫一名工食銀二十兩遇閏加銀一兩六錢六分七

釐
文廟祭祀銀二十四兩五分一釐
火神廟常雩禮二壇祭祀銀二兩一錢八分九釐
社稷等五壇廟祠祭祀銀一十一兩九錢四分七釐
厲壇祭祀銀三兩二錢八分四釐
縣學朔望香燭銀一兩二錢八分七釐　閏月銀三分
一雜支各款共銀五百五十五兩六錢七分二釐　閏月
銀一十八兩三錢三釐內
舊舉人會試盤纏銀二十一兩三錢七分五釐

本府歲貢牌坊銀五兩六錢
本縣歲貢牌坊銀一十四兩
本府歲底新書節炭銀七兩五錢
本縣歲底新書節炭銀一十五兩
本府各役賫繳勘合關領時憲書銀五兩
看守院道門子二名工食銀七兩二錢　閏月銀六錢
本府公館門子半名工食銀一兩八錢　閏月銀一錢五分
本府巡鹽民壯五名工食銀三十六兩　閏月銀三兩

報事扛擡夫十二名工食銀八十六兩四錢　閏月銀七兩二錢
鄉試提取謄錄生工食銀一兩八錢三分四釐
總書造冊紙張銀六兩五錢
祈晴禱雨銀一兩二錢
鄉飲酒席銀六兩五錢
各上司案臨行香講書賞用紙筆銀七兩
本縣新官到任公宴祭祀等銀一十七兩一錢六分七釐
科場席舍銀八兩三錢八釐

武場公用銀三兩三錢三分三釐
養濟院孤貧二百三十五名每口均給柴布銀一兩二錢九分三釐零共銀三百三兩九錢五分五釐　閏月銀七兩三錢五分三釐

無錫金匱縣志卷九

無錫金匱縣志卷十

徭役

明初編賦役黄册以一百一十戸爲一里里分十甲曰里甲以上中下戸爲三等五歲均役十年一更造一歲中諸色雜目應役者編第均之銀力從所便曰均徭他雜役曰雜泛凡祇應禁子弓兵悉簽市民毋役糧戸正德間御史黄正色奏免夫役八事從之一均甲役二處鋪戸三革鋪長四均鋪舍五省卯酉六革夫役七均雜役八禁豪横

萬歷間糧長之役爲民困浙江布政使龔勉爲八議一加白糧之耗米一革千料之糧船一分銀米之徵收一并徭銀之徵收一革無名之供費一免糧船之盤驗一免批單之勾獲一增銀花之滴洗當事允行之

案明代徭役煩苦曰賦役黄册曰編簽馬頭其最大者曰糧長曰白糧解戸曰坐櫃收頭當此役者靡不破家而南北兩京王府諸解役及府徭縣徭次之

國朝順治二年巡撫土國寶改行吏收官解而櫃收之役除三年題行官運白糧而解戸之役除十四年巡撫張中元禁革首名糧長十六年實行官收官兌而糧長之役除康熙元年巡撫韓世琦飭革經催五年停止攢造民册十三年布政使慕天顔請立均田均役定制五十二年停止編審丁不加賦前代厲民之政釐剔殆盡

里甲之役每一里爲一啚每啚編民一百一十戸擇丁田多者爲里長是爲田甲領中産十戸爲里首其丁産不任役者帶管甲後是爲畸零無錫全境幅員四百一十四里編爲四百一十四啚自雍正四年分縣無錫分存二百二十一啚編里長二百二十一名金匱分管一百

九十三啚編里長一百九十三名每啚額編辦糧田地三千畝零以折平二千七百畝爲準每甲盈縮不出三百畝内外多寡相等不論官庠人戸一例編入里甲各啚丁口攤入田内科徵十甲輪年應役週而復始現年爲總甲後一年爲里長後一年爲税書總甲管本年一啚之事務凡排門册報竊盜火燭皆其責里長管本年一啚之錢糧凡盈縮完欠追催比較皆其責税書管本年一啚之錢糧册籍凡同啚隔扇推收過割皆其責總甲之役向有六難啚如無錫縣治及南門外南馬頭今

分隸金匱之北門外天四啚南下塘八一啚地當孔道供應最爲煩苦又西門外二十二都七啚館驛役繁前邑令吳興祚將吳達入官田租息分給雇役充當永以爲例

僧道啚例不當差祠祭義莊田報　部有案者均免徭役芙蓉圩楊家圩各啚編設圩長岸甲有修築隄工之事俱經詳請優免雜項差徭

黃卬酌泉錄云啚分十甲而每甲田數參差不齊有一甲多至千餘畝者有一甲僅數十畝者田數懸殊而應

役則一極爲偏枯不均兼紳戶免役富民之田多詭寄於是貧民獨出其力以代大戶之勞明季以來最爲弊政康熙元年始行順莊法將一邑田畝配搭均平截然畫一通計四百十四啚每啚額編田三千畝零每甲約以三百畝爲率不論紳衿民戶一例編入里甲田役皆均民不偏累矣析縣後金匱之田每甲三百畝而贏無錫之田每甲三百畝而縮由金匱之田多於無錫也

明代漕糧皆民兌兌戶爲刁軍悍丁之魚肉甚至民以田爲累康熙六年始定官收官兌之法每百石漕糧加耗米五石銀十兩官自爲兌軍民兩不相涉迨行之旣久軍衛率稱疲累督漕之員輒以卹丁爲辭由是兌費日增而其弊又不可勝言

案乾隆庚午志徭役一門載有總甲里長稅書云里長管本年一啚之錢糧凡盈縮完欠追催比較皆其責按里長久經知縣吳興祚革除錢糧惟責成本戶今竝無里長名目有總甲有里書（卽稅書）

保甲之法本於周官原爲禦盜防奸而設今槩置不講排門烟戶視爲具文率以市井無賴充地保之役謂之

總甲每啚設一甲啚中之事總甲皆得而與因緣作奸遂爲叢弊之藪各鄉總甲每啚十甲每年以有出者輪充遇大差役其充當者尤苦之每歲出錢屬人包管此亦病民之一端至稅書管本年一啚錢糧冊籍凡同啚隔扇推收過割皆其責是里書之設本以防詭寄之弊而吏胥譸張爲幻弊益滋甚或議用推收之法又恐借端擾累總在司牧者之嚴爲稽察也

蠲賑自元以前無考

明

正統五年敕行在工部右侍郎周忱常鎮等府潦水爲患農不及耕有艱難之食者悉於官倉儲糧給濟以賑饑民

正統八年夏旱秋大水詔免田租

成化四年旱水涸運河幾絕命廷臣按視免田租之被災者

嘉靖二年旱秋大水是年賜田租之半

嘉靖二十三年旱有司奏聞緩徵

隆慶元年秋大水歲饑免米八萬二千二百六十三石九斗零漕糧改折銀九千六百三十六兩九錢零

萬歷六年蟲災改折漕糧三萬六千八百二十二石四斗零

萬歷十一年水改折漕糧正耗米一萬二千六百七十六石六斗零每石折銀四錢二分八釐

萬歷十五年水蠲免本色米一萬七千四百一十八石零折色銀一萬五百八十四兩九錢八分零停徵銀六千四百六十七兩六錢零

萬歷十六年旱改折正兑漕糧三分每石折銀五錢省免銀二千一百三十八兩三錢零撫按又請準留存地方贓罰關稅等銀接濟賑饑本邑分賑銀一千兩穀八百石

萬歷十七年大旱免本色米二萬一百六石二斗九升零折色銀一萬七千五百五十一兩六錢零停徵銀一萬四千四百兩七錢零又差戶科給事中楊文舉賫銀賑濟本邑分賑銀七千九百八十兩

萬歷二十三年水改折漕糧省免輕齎蘆蓆鹽鈔等銀共二千四百五十四兩三錢零

萬歷二十四年水改折漕糧省免銀二千一百二十二兩五分零

萬歷二十六年一歲兩災改折漕糧三分省免銀二千一百三十八兩三錢零

萬歷二十七年春久雨無麥改折漕糧省免輕齎等役銀三千四百四十二兩六錢零

萬歷二十九年水無麥改折漕糧正米一萬一千五百六

十石零
萬歴三十六年江南諸郡自三月二十九日至五月二十
四日霪雨爲災晝夜不歇千里之内俱成陸海巡撫周
孔教及大學士朱賡題請賑恤本邑改折及省免米六
萬五千三十九石一斗七升省免銀一萬三千三百二
十四兩七錢零
萬歴三十八年水改折漕糧正耗米九百四十五石二斗
零
國朝

康熙四年三月因星變地震奉
恩詔順治十六十七十八年催徵不得錢糧盡行蠲免
康熙九年大水奉
旨照被災分數蠲免
康熙十三年奉
旨以蘇松常鎮等府連年災荒蠲免本年稅糧之半
康熙十八年大旱湖水盡涸運河幾至絶流禾苗盡槁奉
旨蠲免十年十一年十二年舊欠錢糧共十三十四十五
十六等年舊欠錢糧俱自十九年起分年帶徵被災田
地委官踏勘照災分數蠲免
康熙十九年大水蓉湖一帶汪洋數十里田禾淹沒廬舍
漂流巡撫題請
欽差大臣勘驗照災分數蠲免
康熙二十六年冬奉
特恩將本年未完錢糧盡數蠲免二十七年除漕項外地
丁錢糧免徵
康熙二十八年
聖駕南巡奉

上諭歴年民欠及米麥雜項一槩蠲免
康熙三十年冬奉
上諭戸部各省歲運漕米向來未經議免除河南省明歲
錢糧已頒諭免徵外湖廣江西浙江江蘇安徽山東應
輸漕米自康熙三十一年始以次各蠲免一年
康熙三十二年夏旱奉
旨蠲免本年漕糧三分之一俟至應徵年分補還
康熙三十八年奉
上諭戸部江蘇安徽所屬舊欠帶徵錢糧除康熙三十三

年
恩詔內已經赦免外其三十四五六年一應地丁米麥豆
雜稅俱著豁免
康熙四十一年奉
旨江蘇所屬州縣除漕項外地丁錢糧盡行蠲免
康熙四十三年奉
旨蠲免江安二屬黄快丁銀六千四百四十餘兩
康熙四十五年奉
旨蠲免江安等省自康熙四十三年以前未完地丁銀米

其舊欠已完在官而見年錢糧未完足者亦準扣抵
康熙四十六年奉
旨四十三年以前江寧巡撫所屬各府州縣未完民欠漕
項銀兩六十八萬七千兩有奇米麥三十一萬一千八
百石有奇著該撫一一察明蠲免仍將本年所徵漕糧
每州縣或留八九萬石或留十萬石酌量賑給又
諭戸部蠲免江南通省人丁額徵銀兩其本年被災江寧
巡撫屬二十五州縣三衛應徵地畝銀共二百九十七
萬五千二百餘兩糧三十九萬二千餘石一槩免徵所
有舊欠帶徵銀米並暫停追取
康熙四十七年奉
上諭蠲免康熙四十八年江南通省地丁銀並停徵未完
舊欠
康熙五十一年奉
旨江寧安徽各撫屬除漕項外五十二年應徵地畝人丁
銀俱著察明全免其歷年舊欠免徵又
恩詔內開將各省應徵房地租稅銀兩著察明額數於康
熙五十三年豁免一年其歷年逋欠一並察明免其追

補
康熙五十二年奉
旨蠲免江蘇所屬地丁銀有差
康熙五十三年旱奉
旨蠲免地丁銀兩有差仍賑濟饑民
康熙五十五年蠲免江常鎮淮揚等府屬旱災州縣衛共
銀十六萬四千八十餘兩米麥豆共一萬八千二百五
十餘石其被災軍民在現年漕糧內截留米二十五萬
石賑濟不敷仍於收補漕米及續收例米穀石并現存

各事案米穀内湊賑
康熙五十六年奉
旨豁免安徽江蘇等處帶徵地丁屯衛銀兩其帶徵漕項
銀米麥豆免徵各半
康熙六十年八月奉
旨賑濟江蘇常鎮揚所屬州縣饑民
康熙六十一年奉
旨蠲免江常鎮淮揚等一十六州縣本年旱災地丁銀兩
有差緩徵一半漕糧賑濟饑民
雍正元年春奉
恩詔各省民欠錢糧年久應免者查奏酌免又奉
旨恩蠲江蘇各屬康熙十一年至十五年未完地丁等銀
七百二十九萬六千二百九十兩零米豆四十三萬七
千二百二十石零又蘆課等銀一十九萬二千七百三
十三兩零十二月賑濟江蘇常鎮淮揚六府屬二十四
州縣被水饑民
雍正二年奉
特恩蠲免全省康熙四十六年至五十年舊欠地丁銀六

十三萬三百餘兩米麥二十六萬八千六百七十餘兩
又蠲免蘇松常鎮淮揚所屬十五州縣本年被災地丁
銀七萬三千八百五十餘兩米豆六千五百四十餘石
仍賑濟饑民緩徵漕米
雍正三年奉
旨以蘇松常鎮通泰揚七府州被災蠲免二年蘆課銀五
千二百一十餘兩
雍正四年奉
旨賑濟江蘇常鎮淮揚泰邳徐所屬三十九州縣被災饑
民
雍正五年奉
上諭著江南總督動用庫銀二萬兩於上下兩江被水之
處散賑
雍正八年奉
上諭江南被水災州縣漕糧按成災分數蠲免
雍正十一年奉
旨江南常熟等二十二州縣并華亭等六縣沿海被水地
方定議大賑三次著再加賑四十日其有從前遺漏貧

民并先可餬口而目下力不能支者亦著查明補賑再
被水之鹽場竈戶亦照貧民例加賑一月又奉
上諭江蘇雨水頗多收成歉薄著將乙卯年起運漕糧截
留二十萬石於被水州縣平糶新舊條銀及本年南漕
等米緩至來年麥熟開徵仍令動支倉穀分別賑濟又
奉
諭將本年漕米一半折徵每石折徵銀一兩
雍正十三年奉
恩詔內開各省民欠錢糧係十年以上者該部查明具奏

候
旨豁免又奉
上諭將雍正十二年以前各省錢糧實欠在民者一併寬
免從前江南積欠錢糧內曾有官侵吏蝕二項亦著照
民欠例寬免又奉
上諭據　果親王奏江南等省漕項蘆課及學租雜稅等
銀著全省豁免又奉
旨豁免雍正十二年以前錢糧耗羨銀兩又奉
特恩豁免雍正十二年以前帶徵緩徵漕本折銀米又奉
旨豁免直隸江蘇安徽浙江河南山東等省雍正十二年
以前未完額徵河銀并江南省未完額徵黃快丁銀錢
及江南山東二省各州縣衛所未完額徵造船等項銀
兩
乾隆元年旱奉
旨賑濟
乾隆二年水奉
旨賑濟
乾隆三年補賑二年閒賑歸來饑民
乾隆四年補賑三年應賑貧生饑民

乾隆十年奉
上諭各省地丁錢糧於丙寅年始以次各蠲免一年江蘇
錢糧即於丙寅年蠲免并停徵未完舊欠
乾隆十六年春
聖駕南巡奉
旨將
駐蹕諸縣本年地丁銀全行蠲免經行州縣蠲免十分之
三又奉

旨將十三年以前積欠地丁銀槩行豁免
乾隆二十年秋蟲災奉
旨蠲賑又奉
特恩被災極次貧民加賑兩月一月有差
乾隆二十二年春
聖駕南巡奉
旨將
駐蹕諸縣本年地丁銀全行蠲免經臨州縣蠲免十分之
三又奉

旨將二十一年以前積欠地丁銀槩行蠲免又奉
旨將十年以前積欠漕項銀米以及地漕耗羨俱著一體
蠲免
乾隆二十四年秋蟲災奉
旨以五分災及勘不成災分析蠲緩帶徵
乾隆二十七年春
聖駕南巡奉
旨將
駐蹕諸縣本年地丁銀全行蠲免經臨州縣蠲免十分之

三又奉
旨自二十二年起至二十五年止歷年災田緩徵及未完
地丁各欠項俱照二十二年例槩予蠲免
乾隆三十年春
聖駕南巡奉
旨將
駐蹕諸縣本年地丁銀全行蠲免經臨州縣蠲免十分之
五
乾隆三十一年奉

旨將各省應輸漕米著照康熙三十年例按年分省通行
蠲免是年秋旱奉
旨災田地丁銀米蠲免十分之一蠲剩緩徵銀米分列二
年帶徵以紓民力
乾隆三十三年秋旱奉
旨蠲賑
乾隆三十四年秋大水奉
旨按分蠲賑
乾隆三十五年奉

恩詔著自乾隆三十五年爲始普免各省錢糧分作三年
輪蠲
乾隆三十九年秋旱奉
旨按分蠲緩帶徵
乾隆四十年秋大旱奉
旨按分蠲賑借給籽種口糧又奉
特恩加賑極次貧民兩月一月有差
乾隆四十二年奉
恩詔自戊戌年爲始普蠲天下錢糧仍分三年輪免

乾隆四十三年秋旱奉
旨蠲緩帶徵是年又奉
上諭著於庚子年爲始復行普免天下漕糧一次仍分年
輪蠲
乾隆四十五年春
聖駕南巡奉
旨將
駐蹕諸縣本年地丁銀全行蠲免經過州縣蠲免十分之
三又奉

旨將三十九年至四十三年積欠災緩銀米及借籽種口
糧銀兩槩予豁免
乾隆四十九年春
聖駕南巡奉
旨將
駐蹕諸縣本年地丁銀全行蠲免經臨州縣蠲免十分之
三又奉
旨將四十七年以前未完地丁漕項籽種口糧等項銀兩
全行豁免

乾隆五十年秋大旱奉
旨蠲賑又奉
特恩加賑極次貧民兩月一月有差
乾隆五十五年奉
恩詔著將各直省應徵地丁錢糧通行蠲免仍按年輪蠲
乾隆五十九年奉
上諭六十年各省應徵漕糧著再行加
恩普免一次仍分年輪蠲是年又奉
上諭所有各省節年正耗民欠及因災緩帶徵銀米著各

督撫詳晰開單具奏到日降
旨豁免
乾隆六十年奉
恩詔丙辰元旦舉行歸政典禮著將明年嘉慶元年各省
應徵地丁錢糧通行蠲免仍按年輪蠲

鹽法 附

無錫縣原額銷鹽三萬一千八百八十引雍正四年析置
金匱分存無錫額銷鹽一萬七千一十引金匱額銷鹽
一萬七千九引杭州嘉興二所商人按季掣運到縣投
牙發賣無錫金匱額徵稅銀各一十二兩滴珠銀一錢
二分縣設鹽快高橋望亭巡檢司額設鹽兵專供巡緝
向有限獲功鹽今革

無錫金匱縣志卷十

無錫金匱縣志卷十一

壇廟

古者諸侯祭其國之山川後世因之自郡邑守長凡不
屋而壇者無不宜祭而句龍棄佐享之位並得專主至
於因祀立廟具載祀典雖吳俗重言鬼神往往動於禍
福災祥之說不必盡合於禮而有其舉之莫或廢焉是
以稍次第之附正祀之後志壇廟第十二

社稷壇在試泉門外開原鄉壇北嚮高三尺出陛四各三
級東西二丈五尺南北如之壇下前十二丈東西各五
丈繚以周垣門四由北入石主高二尺五寸方一尺剡
上而下植於土在壇南正中二尺五寸木主二高二尺
二寸方二寸五分一題縣社之神居右一題縣稷之神
居左旁為神廚齋舍之屬春秋二仲兩邑令以上戊日
合祭用羊一豕一祝一帛二

神祇壇在望湖門外景雲鄉今屬金匱壇南嚮廣袤與社
稷壇同木主三一題雲雨風雷之神居中一題境內山
川之神居左一題兩邑城隍之神居右用羊一豕一祝
一帛七春秋仲月上旬兩邑令諏日合祭常雩禮每歲

孟夏諏吉兩邑合祭儀物與春秋二仲同

先農壇無錫在望湖門外揚名鄉金匱在靖海門外景雲鄉壇南嚮高二尺一寸廣二丈五尺壇後正房三間中奉神牌東貯祭器農器西藏瑞穀配房二間東辦祭品西居佃農壇前爲藉田木主高二尺二寸濶四寸五分題先農之神每歲以仲春吉亥用羊一豕一帛一致祭蕆瘞畢出詣田所引老農行九推禮壇內附立八蜡神位先嗇一司嗇二農三郵表畷四貓虎五坊六水庸七昆蟲八季冬上戊日致祭

邑厲壇在控江門外天授鄉今隸金匱兩邑合祭每歲清明七月望十月朔兩邑令各於前三日詣城隍廟以祭厲告至日奉城隍神位於壇正中陳羊三豕三米飯三石尊酒楮帛於祭所主祭陪祭官行禮如制

鄉社壇每里立社祀五土五穀之神每歲春秋二仲月里老致祭用羊一豕一今廢

鄉厲壇每里祭無祀鬼神如邑厲歲三祭祭物牲酒各隨鄉俗今廢鄉厲壇俗名義冢邑中好義者捐建無錫一十有五開原鄉遐邇操等字號七所揚名鄉惟字號一所天授鄉露字號一所青城鄉翔字號一所萬安鄉光海帝等字號三所富安鄉讓國等字號二所金匱二十有六景雲鄉元字造離等字號四所泰伯鄉因竭等字號二所南延鄉淵磬溫等字號三所北延鄉篤氣友等字號四所懷仁鄉優詠貴賤禮基政以甘去下等字號十三所

右壇

關帝廟在縣治東南雍正五年

詔令天下各府州縣建專廟春秋二仲及仲夏中旬三日祀俱以太牢并崇祀三代十一年知縣吳翼祖特建案神廟所在多有未建專廟以前有司致祭於南禪寺之右

文昌帝君廟在縣治東南藥皇廟內嘉慶六年

詔令仿關帝典禮每歲春秋二仲致祭祀以太牢

城隍廟在縣治東南其先在縣治西元至大中州同知宋澤建明洪武二年知縣熊懋徙今地正統中燬知縣項伾重修後府同知范澤知縣榮華甄津劉五緯相繼修治　國朝康熙間知縣吳興祚又重修之乾隆三十九年大殿圮邑人竇文銘倡修其西偏廳事廊廡嘉慶初增建故事縣官涖任先夕齋宿廟中朔望展謁歲以春秋二仲吉日合祀於神祇壇

火神廟在關帝廟後有司以季夏下旬三日致祭

馬神廟在試泉門外錫山驛舊在洞虛宫後順治初建後廢雍正元年知縣武承謨徙建今地

案旗纛神邑本無廟每歲以霜降日就演武場東旗竿臺祀軍牙六纛每操演亦先祭之

顯應廟在縣西安陽山舊在山北明宣德中知縣唐泰安徙建今地其山巔有龍湫大旱禱之輒應宋紹興三年賜今額有司春秋致祭

孚澤廟在縣西南軍將山宋淳熙中知縣王可大建以祀龍神旁有龍湫禱雨輒應開禧二年賜今額即成性寺故寺名龍祠菴

劉猛將廟在惠山寺左乾隆元年奉文給 帑銀四十兩與金匱合建每歲正月中旬三日及冬至後第三戌兩邑有司致祭舊傳神爲南宋金壇人劉宰或又以爲名將劉琦弟劉鋭歿爲蝗神祀之則蝗不爲災又錢橋北有廟乾隆間里人呈建

金龍四大王廟在試泉門外舊傳神爲宋士人謝緒憤宋亡死於水爲黃河神有司春秋致祭

案會典顯佑通濟王謝緒於江南宿遷縣建立專祠歲以春秋諏吉致祭

東嶽行廟在錫山之麓其先在城內中市橋南相傳唐莊宗同光初山中有周太乙者見青赤氣二道起於庭乃建今廟而奉神像祀焉宋乾道至明宣德屢建屢燬正統元年增建五嶽樓宏治七年增建兩廡 國朝乾隆四年邑人鄒文錦重修又碧霞元君宫在聽松菴北舊傳爲東嶽神女明馮泰司教涉縣時嘗祈嗣而驗歸作廟以祀之俗稱娘娘堂

天后宫在太保墩邑人劉沛等倡建

藥皇廟在城隍廟東舊有三皇廟在婁巷元延祐間建後久廢 國朝乾隆十年邑人張汝翼等移建今地二十

八年竇文銘等續建門樓廊廡復增築後樓東西閣有司春秋致祭

至德廟今額稱至德祠在惠山寺右乾隆三十年知縣吳鉽暨裔孫培源等購煉石閣基址捐貲特建並祀仲雍季札有司春秋致祭

案泰伯廟在梅里者爲最古今屬金匱泰伯端委開吳例應稱廟而婁巷及惠山新建之宇額並稱祠今特於志內一律更正

徐偃王廟在縣西石塘山麓故名廟塘山王始末詳昌黎衢州廟碑或云徐子章禹嘗執於吳其族散處徐揚間

因立廟祀之芙蓉山舊亦有廟今廢

伍相廟在縣西胥山夫差旣殺伍員投之江吳人立廟闔江以祀

春申君廟舊在春申澗旁後徙錫山麓黄歇徙封於吳吳人祀焉今俗稱社神廟其地曰廟巷漢書地里志歷山有春申君歲祀以牛

項王廟在開原鄉管社山麓（舊志作開化鄉）不詳其創始舊傳項羽避讎吳中嘗居其地故祀之

祠山廣惠行廟在望湖門外永聖橋西俗稱張王菴明會

典祠山廣惠廟祀漢張渤每歲二月八日遣南京太常寺官致祭祠山廣德之橫山也廟創於宋嘉泰元年奉議郎齊礪書額明正統中重修并創棲眞樓邵文莊寶爲之記　國朝乾隆間拓地重建一在北禪寺右舊傳唐武德中與寺同建廟東嚮乾隆五十四年改建南嚮有司春秋致祭一在開化鄉赤石嶺下明御史朱紘所增葺也

吳許二長官廟在開化鄉俗傳蕭梁時晉陵無錫二令以湖水泛溢行視堤防值水大至溺焉鄉人祀之今富安鄉亦有廟土人奉爲社神

顯忠廟祀唐中丞張巡初在東嶽廟右廡爲張中丞祠宋崇寧中建因巡有死爲厲鬼殺賊語肖形祀之祠前有盧至柔丹井病者汲飲輒愈號爲靈泉明景泰六年詔有司春秋致祭成化九年知縣李恭乃即清微菴廢址建今廟易塑神像範鐵爲賀蘭進明跪其下刻宏治御祭碑文築亭覆之嘉靖中知縣萬虞愷題其額曰顯忠又名忠靖王廟蓋宋加封號也　國朝康熙間知縣吳興祚重修乾隆間邑人鄒文錦復修

五顯靈官廟在縣治東舊傳神姓蕭氏兄弟五人宋時賜王號五並首顯字大觀中賜今額元延祐明洪武宣德間並經重修明會典四月八日九月二十八日遣南京太常寺官致祭

聖姑廟在惠山寺左今廢見邵文莊寶惠山記

靈護廟在東嶽廟右廡舊傳神姓王氏名越祖宋時開化鄉沙頭人歿後累著神應淳熙中立廟紹定三年賜今額後封福濟廣利侯元至正間復有息風護漕之事見倪峻碑文其墓在鳳凰山

胡統軍廟在縣治後營河口南岸與惺惺泉相望今廢
麻尹二將[illegible]五牧南彭郎村祀宋文天祥部將麻士
龍尹玉麻尹與元兵戰死於此土人立廟祀之俗稱雙
廟明薛應旂别建二忠祠於五牧西之驛道倭寇過而
欲焚之忽見赭衣仗劒者並立道上遂逸去而廟卒毁
又有廟舊在望湖門外邑人卽其地别建南水仙廟今
僅存三楹有司春秋致祭與雙廟同
水仙廟在城西太保墩前此爲御史呂㫖别業後建關帝
水仙二廟水仙舊傳禦倭何五路等三十六人爲邑捍

患而死故祀以報之　國朝順治初改建今廟祀明知
縣劉五緯有司春秋致祭廟沿俗稱未免近誕稍後復
有南水仙廟
南水仙廟在望湖門外祀明知縣王其勤康熙二十年邑
人高莒生周詢等捐建嘉慶十四年拓地重搆廟亦沿
俗稱有司春秋致祭以上無錫
關帝廟在崇安寺大殿之右明萬歷中邑人秦燿罷湖廣
巡撫歸建金匱析治後無專廟有司於此致祭嘉慶六
年燿八世孫瀛重修有記見藝文

文昌帝君廟在崇安寺大殿之左舊稱文昌宮雍正間邑
人秦孝然建金匱志作潘果建　乾隆四年顧應元建元兄弟重
建嘉慶六年奉文改稱廟有司春秋致祭
城隍廟在城東弓河之上雍正四年始分縣知縣王喬林
倡建九年馬廷相胡愼相繼修築十三年落成乾隆間
知縣張曾太張寬泉先後增葺又拓地爲花圃
火神廟在崇安寺文昌廟後有司春秋致祭如例
泰伯廟在城東南梅里平墟今其地曰梅村宋元祐七年詔以至
德額其門廟隘而圮明宏治中知縣姜文魁重搆規制

始備天啟間知縣吳大朴相繼修葺　國朝康熙間知
縣吳興祚再葺之載在祀典免廟基祀田稅乾隆間邑
人蔡鶴齡等復捐貲重修并輯梅里志又城中婁巷有
至德祠舊爲三皇廟基地明洪武十年改建正德十二
年府同知范澤修之邵文莊寶有記萬歷中知縣劉五
緯重修　國朝康熙初知縣吳興祚乾隆初邑人華希
閔先後修葺有司春秋致祭與梅里同
忠佑廟在中市橋南祀隋司徒陳杲仁杲仁晉陵人性至
孝仕陳爲監察御史隋大業中奉詔平長白山江寧以

功授銀青光祿大夫義寧中仕至大司徒娶沈法興女
法興有異謀恐杲仁不附已而謀洩毒殺之及法興敗
中神矢死僉謂實杲仁之神郡人以杲仁忠孝文武信
義謀辯八絕聞於朝立廟祀之宋宣和建炎之間屢見
靈異賜廟名忠佑初專祀郡中及無錫建今廟西嚮故
老以爲遙鎮獨山水勢云廟爲明宣德間知縣唐泰安
建正德間重修萬歷中邑人秦燿高攀龍嚴一鵬又相
繼重修　國朝康熙間秦德藻增葺之以南唐保大二
年嘗感夢助戰封武烈帝故俗稱烈帝廟又一在甘露

鎮一在延祥鄉新橋三公祠左
案常郡及吾邑皆有廟祀隋司徒陳公杲仁稱忠佑廟
萬歷中嚴司寇一鵬廟碑記稱煬帝幸江都羣盜蜂起
公受詔討賊大業九年平樂伯通十三年平婁世幹婦
翁沈法興謀據常州結賊帥李子通爲聲援法興憚公
酖公死後法興見公從雲中發矢斃之衆潰散考之隋
史公無傳新舊唐書皆附見法興傳中稱宇文化及弑
煬帝法興與孫士漢陳果仁等以誅化及爲名發自東
陽遂據毘陵郡杲仁作果仁而平樂伯通婁世幹事俱
在煬帝被弑以後與碑記多不合法興之死新舊史皆
言爲衆所逼溺江死亦無中神矢之事新舊史又言法
興上表越王侗承制置百官以果仁爲司徒是公亦未
嘗爲隋司徒也又考常州府志載宋時夏之文碑記具
列其事與司寇所稱多合而齊光乂陳公神廟碑作於
唐時去公不遠其言必有據乃與史所載迥殊何耶且
郡志載公生於梁太清己巳三月五日以唐武德三年
五月十八日爲法興毒死葬陳灣山此當別有所本非

可以僞造者夫古來金石文字往往可以正史傳之譌
即如公一人而或稱杲仁或稱果仁可疑者已如此以
義烈昭著英靈顯爍吾常既百世祀之而神矢斃讐正
如灌夫之於武安又何必非理之所有也　婁世幹新
舊史作樓夏之
文記作倭當誤
南斗星君廟俗稱延壽司廟在靖海門外康熙中建
御賜光耀南天額乾隆二年拓地重建其右新建酒仙殿
由里中好事者爲之
顯濟廟在縣東北芙蓉山之巔前有龍湫多著靈應宋開
禧元年賜今額
白龍廟在縣東北斗山之巔元至元中建爲飄風所敗天

歷元年重建今亦頹廢
府城隍行廟在北門塘慈雲寺左明崇禎年建　國朝乾
隆元年邑人陶天璧等重修其旁新建牛星殿遇牛瘟
則祀之
洞淵宮在城北梨花莊後邑中出痘者多禱於此或謂是
漢張騫頗屬不經
晏公行廟在控江門外舊傳神名戍仔臨江人顯靈江淮
之間以上金匱
案成化志載有東海信郎王廟在縣東南一里見於虞
孝恭南徐記唐垂拱間毁於狄仁傑前有河曰廟涇橋

日廟橋又有宗郎王廟在倉橋北石城王廟在縣東三十五里與上信郎王廟俱不詳其始末今已久廢附識於此

右廟

祠墓

今之祠古之廟也凡人於神靈之聚在廟而體魄之安在墓苟生無以樹立雖親其容貌尚不能動人而何神靈體魄之存焉邑自讓王梅里冢墓尚存其他祠祀多見於前人樂石之文彙而存之後之人毋亦有欷歔而感慕者惟張俊之墓削而不書其亦微寓春秋之旨與

志祠墓第十三

七賢祠即崇正書院見學校

尊賢祠舊爲陸子祠祀唐陸羽在二泉亭之上繼增華寶

湛挺李紳爲四賢祠天順末以華寶别建祠去之爲三賢正德中邵文莊寶增祀焦千之錢顗秦觀尤袤倪瓚張翼王紱改稱十賢堂寶嘗言非生而遊歿而葬雖賢弗與寶歿又增祀秦旭及寶爲十二賢易名尊賢祠康熙中知縣吳興祚卽泉上建雲起樓乃遷祠於泉之右偏若冰洞之東後知縣徐永言修德水亭奉諸主其中有司春秋致祭乾隆十六年德水亭改入

行宮始建今祠祠中栗主以次日增遂倍於昔而孝子薛天生劉懷允及華寶又不知何年遷入嘉慶四年邑人

秦瀛以祠宇就圮重加葺治並議首祀梁鴻作文勒石
見藝文
報忠祠在尊賢祠內始自　國初邑人顧鏞卽儲貞義祠
增祀數人爲之乾隆中知縣吴鉞定祀儲福陸士隆葛
桓施武楊淮曹懷張選王孫蘭孫源文秦華鍾張令憲
十一人有司春秋致祭嘉慶四年邑人秦瀛議修尊賢
祠并修斯祠凡有明一代無錫之以直諫及殉節著者
請於學使皆祀焉有文記事見藝文
鄒國公祠在孟氏惠麓小隱今廢見邵文莊寶惠山記隆

慶間信安郡王孟忠厚裔孫懷東移建於新安鄉後爲
僧居雍正間裔孫士煥訟之縣得直乃卽其地葺樓三
楹中奉亞聖以忠厚祔有司春秋致祭
華孝子祠在惠山寺右地名華坡祀晉孝子寶唐以來卽
孝子故居爲祠後廢宋王彬復建明景泰間知縣顏肅
重修宏治中裔孫輝等增葺之萬歷元年提學御史謝
廷傑檄行有司春秋致祭祠後舊有成志樓承澤池溯
源橋遺蔭樹樓圮裔孫希閔於雍正間重建乾隆中復
建坊於門華氏忠孝節義及登科甲者皆題名其上又

祠右有旌義祠祀捐建義莊贈奉政大夫華呈藻端揆
進思乾隆四十年裔孫公爵增建
陸宣公祠在惠山繡嶂街祀唐中書侍郎同平章事贄裔
孫提舉京畿常平宗遷居無錫陶墅建祠惠麓明季燬
康熙四十七年裔孫慧玉等修復之有司春秋致祭
錢武肅王祠在惠山寺門左祀唐吴越王鏐王故有宋敕
建功德祠在杭州其子孫居無錫者最繁衍雍正中呈
請當事分祠今地有司春秋致祭
王文正公祠在惠山繡嶂街祀宋尚書令魏國公旦其右

卽靈護廟乾隆六年王氏後人居錫者呈請建立有司
春秋致祭
周濂溪先生祠在惠山寺塘涇祀宋儒道國公謚元公周
子乾隆七年居錫裔孫金紳等建有司春秋致祭乾隆
十六年
御賜光霽祠額
范文正公祠在天授鄉高晉堰橋之右祀宋參知政事贈
太師魏國公仲淹康熙二十九年居錫裔孫安義建以
元儒學提舉晞文祔有司春秋致祭一在惠山繡嶂街

因支裔繁衍呈請分祠乾隆五十年裔孫章畧等建
胡文昭公祠在惠山二泉亭右祀宋天章閣侍講瑗胡氏
自宋時有徙居邑之胡家渡者順治中裔孫憲昭等建
祠山麓有司春秋致祭會武陵胡獻徵罷江南布政使
事卜居無錫益拓其地乾隆二年給　帑重修
司馬溫公祠在惠山繡嶂街祀宋太師溫國公光乾隆二
十年建有司春秋致祭
鄒忠公祠在惠山寺門內祀宋直龍圖閣贈寶文閣學士
浩浩弟洞始居無錫裔孫提學副使迪光建祠於寺塘

涇後廢康熙五十一年裔孫兆升呈請巡撫張伯行檄
縣改建今地有司春秋致祭
朱樂圃先生祠在惠山寺塘涇左祀宋秘書省正字兼樞
密院編修長文長文吳郡人蘇軾嘗以文學薦其後人
分支居無錫嘉慶四年裔孫宗泗等建
許顯謨祠在惠山寄暢園左祀宋顯謨閣學士德之舊在
開化鄉方湖乾隆三十七年裔孫岱崧等建今祠以旌
孝培元祔
袁龍圖祠在繡嶂街祀宋右司諫贈直龍圖閣學士植舊

有祠在揚名鄉久廢乾隆八年建今祠有司春秋致祭
惠學士祠在惠山寺塘涇南祀宋國子司業晉文林學士
元祐康熙三十六年裔孫閏等建以明大理卿世揚祔
有司春秋致祭
李忠定公祠舊在膠山北麓祀宋尚書左僕射同平章事
綱郎綱少時讀書地宋淳熙中建後廢明正德中邑人
安國重建邵文莊寶移祀惠山尚德書院明制門子一
名工食銀由縣支給康熙五年邑李氏特建祠於惠山
寺日月池旁乾隆二年給　帑修葺有司春秋致祭其

膠山祠子孫居鄉者世守之
韓蘄王祠在萬安鄉謝村祀宋太師江浙制置使蘄王世
忠康熙三十三年裔孫達等呈請巡撫宋犖建有司春
秋致祭
尤文簡公祠在二泉亭右祀宋禮部尚書袤舊祠累經興
廢後裔改建今祠有司春秋致祭初僅祠宇三楹近加
恢拓並築錫麓書堂邑人秦瀛刻袤手劄陷石祠壁
呂東萊先生祠舊在惠山柏庭房右祀宋儒著作郎開封
伯謚成公祖謙明正德二年御史冉太僕少卿元夫建

見邵文莊寶惠山記元末後式微祠遂廢乾隆五十九年裔孫南陽等始呈請當事建祠舊址已奉檄給　帑致祭會有撓之者工垂成而敗嘉慶九年邑人秦瀛爲别購地於錫山之麓巡撫汪志伊檄縣督建閱數年裔孫景山佩聲等始捐貲成之是爲今祠

案柏庭房右先生祠廢後尚存經濟堂五楹以奉栗主後堂又圮遂移主於柏庭房　國初裔孫陽議復先祠未果嘗記其事立石周文襄祠内即今所謂四中丞祠也乾隆五十九年後裔呈請有司建祠故址邑子妄以縣志未載遂議呂陽碑石爲不足據訟之官呂氏勢弱不得直因别購今地建祠嘉慶十六年冬重修縣志得邵文莊手書惠山記本柏庭房右之向有先生祠益無疑義而祠址碑石久遭邑子毁滅無遺矣

陳文毅公祠在萬安鄉祀宋簽書建康府判官亮亮五世孫高元至正進士由永康遷無錫十六世孫世瑜於康熙四十二年建今祠

陳通判祠在惠山之麓祀宋殉節常州通判炤今廢

虞薇山先生祠在惠山寺塘涇南祀宋虞薦發舊祠在惠山墓道旁尋圮順治中重建於東林書院南乾隆二十四年改建今地薦發入元嘗爲學官而不受禄明知縣劉五緯於舊祠内題有宋季完人額已燬於火邑人秦瀛爲補書之有司春秋致祭

過郡馬祠在惠山寺門内祀宋郡馬孟玉裔孫廷棟祔乾隆三十八年增祀明甲申殉節臨安訓導俊民有司春秋致祭

强仁山先生祠在青城鄉祀元儒學提舉以德康熙二十七年建有司春秋致祭

倪高士祠在繡嶂街祀元處士瓚康熙三十年裔孫鳳來等建有司春秋致祭

張義士祠在惠山寺門内祀明初義士翼以翼子尚書讐錦衣策配台州通判明卿祔焉舊祠在邑東倉前後廢

萬曆間邑人高攀龍陳幼學重建於洞虛宮右亦尋廢乾隆三年華希閔倡議建立今祠張氏後裔竣其事有司春秋致祭

俞行人祠在繡嶂街祀明初殉節粤西行人德惠舊在俞公橋嘉靖間巡撫陳洙巡按孫愼題建明季燬於兵九世孫維藩復建今祠乾隆二年奉文給　帑重修有司春秋致祭

浦長源先生祠在繡嶂街祀明晉府引禮舍人源康熙四十二年建以麗水令璉祔有司春秋致祭

王孟端先生祠在繡嶂街祀明中書舍人紱嘉慶十七年
建
儲貞義祠在新安鄉淨慧寺旁祀明義士曲靖衛戍卒福
及妻范氏萬歷中巡按御史謝廷傑檄建有司春秋致
祭
于忠肅公祠在錫山之麓祀明兵部尚書贈太傅謙萬歷
中邑人吳澄時建人言祈夢靈異如西湖于墳故事康
熙中知縣吳興祚始祀之入祭冊
四中丞祠舊爲周文襄忱祠在惠山寺左景泰六年知縣

顏肅即忱生祠肖像以祀宏治間燬於火移主祠庭房
見邵文莊寶惠山記後增祀海忠介瑞爲周海二公祠
繼又以周公孔教祠廢祠故在二泉亭側移祀於此康熙六十
年并祀湯文正斌稱四中丞祠有司春秋致祭
邵文莊公祠在惠山寺左即二泉書院舊址祀明禮部尚
書寶初祠在冉涇里第寶無子歿後有欲呑其宅者門
人莫同華雲設像其中以祀萬歷間按察使蔡獻臣知
縣劉五緯踵修之明制門子一名工食銀由縣支給後
廢順治中督學僉事張能鱗重葺二泉書院乃移祀其

像於超然堂中列前明諸碑於祠之左右壁有司春秋
致祭乾隆五十七年邑人顧光旭集貲重修
秦氏雙孝祠在惠山寄暢園旁祀明成化間詔旌孝子秦
永孚仲孚以湖廣巡撫燿等配乾隆十一年裔孫道然
等建有司春秋致祭乾隆二十三年
御賜孝友傳家額
命以封知府瑞熙祔祀建坊寄暢園右
顧洞陽先生祠在惠山寺塘涇祀明廣東副使可久隆慶
時應天巡撫海瑞請建有司春秋致祭康熙二十七年

火五世孫敦重建乾隆二年給 帑重修
黃太僕祠在惠山寺塘涇祀明太僕卿正色康熙三十七
年丁紹美等請建有司春秋致祭
四侯祠一名甘棠祠在周文襄祠左祀明知縣鄧繼曾萬
虞愷王其勤李復陽又有衆侯祠祀漢陶穀以下至
國朝郭如儼張璨武承謨止並載在祀典今並廢
周陳二公生祠在周文襄祠左爲前巡按御史周如斗陳
瑞立今廢
王石沙先生祠在富安鄉祀明福建巡按御史瑛萬歷間

郡司理余繼善檄縣建有司春秋致祭
王僉事祠在惠山聽松坊左祀明廣東僉事問其地舊屬
秦布政夔有古松盤石問愛之嘗寫爲圖既歿卽其地
建祠尋廢康熙乾隆年間相繼修建有司春秋致祭
松滋王侯祠在繡嶂街祀明知縣王其勤其勤築城禦倭
功最大高忠憲攀龍倡建今祠陳太常幼學增置兩廡
并祀禦倭死事何五路等三十六人後寖廢乾隆十六
年華希閔修之歲久復就圮嘉慶八年秦瀛自湖南臬
使歸重加繕治以絀於貲兩廡未修書何五路等三十

六人名於木祔祀堂之左右楹別有記見藝文
何五路吳章葉長春陳受梘松張世富朱雲徐鳳陞盛
張鸞高貴查文璲沈龍陞華過問翁耀金鸞夏林陳世
芳吳文祿秦世芳吳功顧信沈鳳丁蓮宋教閔進慶裘
雲鵬黃啟元劉守禮楊效陳惠周召戈金沈名趙爵
蔡氏孝友祠在惠山二泉亭右祀明旌表孝友元銳元鐸
乾隆五十五年裔孫承烈等建有司春秋致祭
周文恪公祠在聽松坊左祀明禮部侍郎贈尚書子義巡
按御史柯挺督學御史陳惟芝檄建以子禮部侍郎炳
謨配有司春秋致祭
孫宗伯祠在寺塘涇祀明吏部侍郎贈禮部尚書繼皐乾
隆五十三年建有司春秋致祭
顧端文公祠在惠山寺左祀明光祿寺少卿憲成以弟禮
部主事允成配乾隆二年給　帑修葺有司春秋致祭
侯太僕祠在碧山莊右去錫山里許祀明給事中贈太僕
寺少卿先春康熙五十六年曾孫文鑰倡建有司春秋
致祭乾隆二十八年六世孫晝錦重修並祔祀先春子
舉人世芬
高忠憲公祠在寺塘涇祀明左都御史贈尚書攀龍以從
子提學僉事世泰祔康熙三十八年火有司移祀止水

祠卽攀龍被逮前一日自沈處乾隆元年從曾孫廷倡
議復建二年給　帑增修自後每年有司春秋致祭春
於止水秋於惠山
葉司空祠在繡嶂街祀明工部侍郎茂才舊有祠在青城
鄉石幢與顧端文憲成高忠憲攀龍並祀爲東林三先
生祠乾隆二十年族諸孫潢請建專祠五十八年移建
今地有司春秋致祭
華學正祠在興道鄉祀明殉節養利州學正白滋康熙四
十八年族人卽祖祠之旁建祠祀之而以諸有宦望者

配有司春秋致祭
馬文肅公祠在繡嶂街祀明甲申殉難諭德贈侍郎世奇祠故王園之太虛閣世奇櫬自京師歸嘗停其地即以建祠朱李二孺人祔乾隆二年給　帑重修有司春秋致祭
龔節愍公祠舊稱中翰祠在繡嶂街祀明殉節中書舍人改授行人廷祥康熙五年巡撫韓世琦檄建有司春秋致祭
華節愍公祠舊稱吏部祠在孝子祠旁祀明殉節考功員

外郎允誠康熙間巡撫湯斌檄建有司春秋致祭
四先生祠在五里街南即其學山居祀宜興湯之錡武進金敞章大士及顧培四人康熙間東林講席既廢培乃建其學山居每歲定期集四方同志爲會行高子復七規而奉敞主其事敞故嘗師事之錡者之錡歿設主事之後敞與大士相繼歿兩主亦並入焉華希閔嘗從培遊培歿并祀培爲四先生祠
嵇忠節祠在惠山寺門内祀贈大學士前殉難卹贈助教永仁暨配封一品夫人旌節楊氏雍正七年

賜忠節流芳額有司春秋致祭
吳公祠在楊家圩吳家港祀前知縣吳興祚
慕中丞祠在芙蓉圩湖上橋祀康熙中巡撫靜寧慕天顏
武侯祠在二泉亭右祀前知縣武承謨今廢
張孝子祠在惠山李忠定祠左祀旌孝寅孫雍正四年子天鏞等建有司春秋致祭
贈兵備道楊公祠在繡嶂街祀殉難酆都縣知縣夢槎嘉慶二年建有司春秋致祭
貞節祠在惠山寺塘涇康熙五十五年建先是知縣吳興

祚嘗以貞節已未旌共五十二人栗主合置惠山浦烈女祠基甚隘諸生顧鼎吉集貲購基建今祠遷羣主而妥之又增二十二人乾隆間鼎吉孫節錄復拓地建坊旌表節孝者皆列焉有司春秋致祭
新貞節祠在惠山寺門内日月池旁雍正元年奉
恩旨凡旌表節孝諸人令地方有司相度公地建坊合祠因於六年别建是祠有司春秋致祭（新舊貞節祠兩邑所共）近又建祠於聽松坊左故爲任節婦專祠嘉慶十四年節婦孫煜捐爲兩邑貞節公祠舉人鄒印綬等捐貲拓地建

坊一體編祭

華節婦祠在孝子祠左祀元都事鋐妻陳氏幼武之母舊祠久廢康熙二十七年華裔卽舊地重建廳壁有石刻文徵明書楊維楨春草軒詞

浦孝節貞烈祠在繡嶂街其初本浦烈女專祠崇禎中馬文肅世奇卽女墓建先是嘉靖間浦氏有遇倭難之孝子劭暨妻節婦過萬歷時詔旌卽家建坊　國朝康熙間族人起麟議析爲二室一以祀孝子節婦一以祀烈女而族之以貞節旌者俱祔焉

單貞女祠在惠山寺左邵文莊寶書貞義單姬額表其門

張貞女祠在九龍峯坊右祀陸亨聘妻張氏明天啟中建今廢

唐節婦祠在西水關外今廢

楊節婦祠在寺塘涇祀贈知州楊希會妻侯氏乾隆五十年建

孫節婦祠在萬安鄉石塘灣祀國學生孫國顯妻陳氏乾隆六十年建以上無錫

道南祠在東林書院見學校

顧右丞祠在邑之南林祀晉尚書右丞悅之明嘉靖中裔孫起綸建

張長史祠在懷仁鄉祀唐金吾長史旭乾隆五十七年建

秦淮海先生祠舊在惠山墓旁祀宋國史院編修觀後廢正德中裔孫銳呈請督學御史張鰲山特建祠於城中第六箭河之上以贈尚書楙封知府旭贈尚書霖布政使夔配稱五先生祠明制門子一名由縣給發工食後爲淮海樓奉遺像樓燬於火乾隆五十一年裔孫朝釪等請於學使增祀始遷武進通判湛自武進遷無錫處

士維禎今先後祔者共十八人有司春秋致祭嘉慶八年裔孫瀛又於近墓之惠山第一峯三官殿左建楹立石刻建炎告並刻淮海及少章覯少儀覿像奉祀其中

朱文公祠在前旺村祀宋儒徽國公紫陽朱子康熙三十一年裔孫祖功等建有司春秋致祭又有祠在白擔山之麓宋季文公四世孫枋自婺源奉像來無錫明初始置祠祠圮徙像僧舍乾隆九年裔孫紹修復搆專祠於山麓迎像祀之案乾隆庚午志云嘗聆文公裔言先人古像海內止三處一在閩之武夷一爲婺源一爲無錫卽此像是也

楊長史祠在嵩山寺西祀明壽府長史文宏治中建嘉靖時薛提學應旂有重修嵩山寺祠碑記

王九巖先生祠在靖海門外祀明禮部郎中表康熙五十四年建有司春秋致祭

三公祠在延祥鄉鵝湖口新橋北祀明巡按孫慎參議翁大立知縣王其勤嘉靖中三公清釐田賦覈出無糧之田與無田之糧若干延祥民德之翰林學士華察爲立祠康熙間重修

新會趙侯祠在北門塘祀明知縣趙應元萬歷間邑人張

雲鸞建

龔穀所先生祠在南禪寺西即城南書院祀明浙江布政使勉萬歷二十九年建有司春秋致祭

秦御史祠在第四箭河上藥師菴右祀明御史鏞鏞歿後門弟子私謚曰文孝族孫松岱作諡議即鏞晚年所居之千休館爲堂祀之有司春秋致祭

陳烈女祠在靖海門外祀明徐文美妻陳氏萬歷間提學副使鄒迪光建

王節婦祠在延祥鄉磚橋祀王希裕妻呂氏雍正六年節婦孫鑑建以上金匱

右祠

周

安陽侯贇墓在安陽山冢高一丈五尺周百二十步風土記武王封周章少子贇於無錫爲安陽侯卒葬山下因以名山子孫合有七十餘冢

漢

僕射劉昌墓在縣西南五十里白石山即胥山一名僕射訛白石舊有斷碑向湖有廟即其墓

丞相司直虞俊墓在朱山王莽逼爲司徒不從死之葬此光武即位以朱旛表其墓故名朱山

後漢

孝廉高岱墓在西高山

吳

東定侯孫必興墓在縣西夏墓山

晉

孝子華寶墓在惠山華坡

宋

蕭將軍墓在將軍堰橋之西北元志堰橋西北岸舊有巫樞密故居相傳其地爲顧愷之將軍墓萬歷志將軍堰側有蕭將軍墓非顧愷之墓康熙乾隆庚午志蕭思話之父源之字君流南蘭陵人歷徐兗二州刺史永和中卒贈前將軍案南史蕭源之宋永初元年卒前志誤以永初爲永和列入晉代今改正

新建侯王華墓在縣西北二十五里冢高一丈八尺周百二十步華字子陵琅邪臨沂人太保宏從祖弟卒於元嘉四年寰宇記子陵父廞隆安初討賊兵敗時華年十

二以不測父之存亡布衣蔬食終身不飲酒卒贈散騎常侍

唐

刺史滕邁墓在新塘門外半里荒莽中有二石獸刻有唐尚書刑部郎睦州刺史滕公之墓蓋宋滕達道六世祖元末鑿壕墓沒焉

宋

將軍浦沖墓在曹王涇沖從曹彬南下爲平南偏將留鎮無錫築居曹澤爲浦氏始祖

國史院編修贈龍圖閣直學士秦觀墓在惠山第一峯觀以建中靖國中卒藤州貶所以黨錮殯於潭州政和中歸葬高郵子湛倅常州遷葬於此元初墓爲趙氏所據教授虞薦發白於官復之舊志稱墓在璨山誤也事詳秦瀛淮海墓考見藝文

仁和主簿秦覯墓在大坯山覯字少章觀弟

贈太師李夔墓在湛峴山夔丞相綱父綱先葬母楚國吳夫人父卒合葬先後各廬墓三年

案湛峴在嶂嶼之北去錫山十餘里舊志因公墓誌廬墓錫山之語遂訛爲誌楊文端時作其日錫山者猶云無錫爾

尚書章誼墓在開原鄉橫山

顯謨閣學士許德之墓在流福山

郎中唐作求墓在開化鄉黿山作求字叔孝先是作求訪婺州許使君德之謂曰明年君誌吾墓及期而卒

秘書丞費肅墓在長暖山

信安郡王孟忠厚墓在孟瀆忠厚字仁仲洺州人隆祐太后兄子靖康中知海州高宗即位授徽猷閣待制累官浙東安撫使封信安郡王贈太保

魏國夫人墓在白茅山夫人姓沈氏太師洪皓妻丞相适
毋适爲文表墓曰慈壁
侍郎費鍇墓在長腰山遷舉表鍇紹興十二年進士未詳
官職舊志皆稱侍郎不知何據
贈少師尤時亨墓在吳塘山時亨字耕雲袤父
尚書尤袤墓在西孔山
知州戴達先弟侍郎幾先墓在布政鄉
僕射蔣芾墓在南照天灣山
直龍圖閣李祥墓在湛峴山葉適誌墓

侍郎尤棐墓在許舍山棐號五湖袤子焴之父
直龍圖閣沈有開墓在管社山
待制趙彥橚墓在蒼峴山彥橚字文長武進人乾道五年
進士累言事皆中時務官寶謨閣待制年七十一以嘉
定十一年七月戊寅卒葉適誌墓
待制馮多福墓在石埠多福紹熙四年進士明志作太卿
馮多福前後庚午志改稱待制均未知何據
端明學士尤焴墓在東孔山
侍郎蔣重珍墓在縣西四十五里謝堰

郡馬過孟玉墓在惠山馬鞍塢
郡馬鄧爾瞻墓在興道鄉灌園
提幹孟文龍墓在許峴山文龍字震翁昭慈皇后五世姪
孫官浙東提舉常平司幹辦公事咸淳間命主昭慈祀
事素嗜易得臨邛高斯得之傳著易解大全榜書室曰
潛心學者稱潛心先生元兵至文龍與守臣議不合哭
於廟上聞將進秩辭曰宋社將傾敢自隕越以邀升進
監州麻士龍墓在惠山德祐元年元兵下常州文信國天
祥遣部將麻士龍尹玉援之戰於橫林死之葬此玉死

五牧
虞薦發墓在惠山南子嘉與尹志道祔
處士秦維禎墓在歸山

元

府判孟潼墓在惠山南
提舉强以德墓在璨山以德嘗買山四百畝爲義冢其地
亦在璨山
宣慰孟栻墓在惠山南
承事郎錢志寧墓在軍將山爲錢氏世墓

處士王仁輔墓在惠山

明

義士張翼墓在章山
御史施武墓在大池
巡檢張文煥墓在惠山
尚書俞溥墓在章山
尚書張籌墓在章山
正言周衡墓在石塘西山
舍人浦源墓在錫山南

處士浦振墓在石室山西麓振與舍人源兄弟行元季避兵石室山礀水上爲前澗浦氏始遷祖
長史錢允昇墓在軍將山
學士王達墓在惠山
舍人王紱墓在惠山
贈尚書顧信墓在璨山之陽
指揮使張德先墓在惠山
助教莫士安墓在惠山
都御史楊璿墓在長腰山

御史倪敬墓在璨山
贈吏部員外郎陳士名墓在錫山子布政使賓祔
都御史盛容墓在惠山諭葬
處士喻中墓在錫山㘭八世孫子進士義祔
封知府秦旭墓在惠山旭子永孚仲孚永孚子鏜鏜子淮俱祔
封知州張文簡墓在錫山
布政使秦夔墓在惠山
知府張遜墓在惠山李相讀書臺下

布政使繆昌墓在歷山
御史贈參議呂卣墓在惠山子太僕少卿元夫祔
尚書邵寶墓在惠山諭葬
貞女單姫墓在惠山郎貞義祠後
運使張愷墓在萬安鄉
尚書秦金墓在歸山薛墩諭葬
副使顧可久墓在小嶺灣
戶部郎中楊淮墓在惠山
都御史談愷墓在開原鄉太平墩諭葬

通政使參議張遐墓在錫山
僉事王問墓在華藏山
知州陳籌墓在西定橋
參議尢瑛墓在惠麓之西
贈禮部郎中施教墓在大坯
贈通政使嚴朔墓在惠山第四峯王家塢
封通政使參議秦瀚墓在軍將山箬塢子布政使梁祔
贈侍郎馬濂墓在惠山馬鞍塢子贈侍郎希尹祔
知府秦禾墓在許溪橋

侍郎贈尚書周子義子侍郎炳謨墓在惠山諭葬
副使施夢龍墓在舜柯山
知府趙道隆墓在惠山道隆無後外孫秦廷珪捐田主祭
祀廷珪子孫貧鬻其産管墳者遂平道隆冢致訟於官
侍郎秦瀛爲直之而立碑於墓
太僕卿施策墓在大池
都御史秦燿墓在大坯
侍郎贈尚書孫繼皐墓在白茅山諭葬子源文祔
侍郎贈尚書嚴一鵬墓在暘溪之南諭葬

都御史萬象春墓在大池諭葬
給事中贈太僕少卿侯先春墓在華藏山子世美世芬祔
副使鄒迪光墓在惠山
左都御史贈尚書高攀龍墓在璨山諭葬乾隆二年給
帑重修
封兵部郎中劉陛墓在軍將山
贈兵部員外郎施學海墓在大池成家橋
光祿卿劉元珍墓在軍將山
學正華白滋墓在興道鄉墓塘橋

副使顧應暘墓在獨山
諭德贈侍郎馬世奇墓在馬鞍塢諭葬從殉朱李二孺人
祔乾隆二年給　帑重修
吏部員外郎華允誠墓在惠山石門
中書龔廷祥墓在惠山石門
殉烈女墓在惠山繡嶂街
參將何以培墓在坊前
尚書張有譽墓在馬鞍塢
布政使鄒名世墓在馬鞍塢

僉事高世泰墓在靑山祔葬祖塋
副使施元徵墓在龍王山
御史秦鏞墓在朱山
國朝
知縣贈僉事秦華鍾墓在馬鞍塢　諭葬
知縣贈僉事張令憲墓在軍將山　諭葬
副使顧鏞墓在大池
贈大學士嵇永仁衣冠墓在軍將山
贈尚書秦德藻墓在唐灣山

贈中書施瑞曾墓在大池成家橋
按察使秦鉽墓在歸山
翰林院侍讀華亦祥墓在鎮山小嶺灣
諭德贈尚書秦松齡墓在南塘
刑部主事侯巘墓在歷村鳳凰翅
提學僉事華章志墓在青山灣
中允嚴繩孫墓在蕭家灣
大學士嵇曾筠墓在軍將山　諭葬
刑部郎中施鼒墓在青龍山

給事中贈尚書秦道然墓在新安鄉
處士高愈墓在許舍窰窩嶺
編修秦靖然墓在軍將山
贈侍郎秦實然墓在大池
祭酒顧棟高墓在獨山
學士鄒升恒墓在蕭家灣
布政使陶正中墓在吳塘門祔葬祖塋
侍郎贈尚書鄒一桂墓在馬鞍塢　諭葬
大學士嵇璜墓在軍將山銅坑塢　諭葬

贈侍郎秦春田墓在軍將山蝦鬚塢
尚書秦蕙田墓始在鴨城橋　諭葬今遷馬鞍塢
按察使秦勇均墓在橫山
尚書張泰開墓在漆塘謝家塢　諭葬
布政使許松佶墓在舜柯山松佶字吉中閩縣人官安徽
布政使子孫家無錫
布政使秦雄飛墓在舜柯山
給事中贈尚書鄒夢皐墓在惠山錦樹菴
贈侍郎秦鴻鈞墓在許舍橫山

侍郎鄒奕孝墓在開原鄉兒橋

莊涼道顧光旭墓在龍頭嵜

濟東道秦震鈞墓在吳塘門

知縣贈兵備道楊夢槎墓在興寧鄉寺頭　諭葬

巡撫孫永清墓在胡球

府尹嵇承志墓在許舍五泿山

布政使贈太常寺卿楊揆墓在陽溪　諭葬

布政使孫藩墓在蘇慶灣

知縣吳兆麟墓在石埠　諭葬以上無錫

周

泰伯墓在皇山冢高一丈四尺周三十五步南徐記泰伯宅東九里有皇山泰伯所葬地皇山即今鴻山冢墓記謂泰伯墓在會稽吳縣北梅里聚去城一十里雖秦漢時吳地本屬會稽而云去吳城十里爲不合梅里平墟要是泰伯始基之地故當以南徐所載爲是晉咸和中殷師爲晉陵太守表其墓置守冢一家明宏治間邑人楊文建亭表之　國朝知縣吳興祚重修山廣五百畝多木石環山之民蹂伐殆盡雍正四年金匱令王喬林勒石永禁乾隆二年給　帑修葺金匱令王允謙更建享堂墓門

專諸墓在婁巷舊傳專諸旣刺王僚卽被殺葬此今有專諸墳

吳

荊州刺史顧容墓在縣東南一十八里冢高一丈八尺周百二十步俗稱爲顧墓

宋

中書令王僧達墓在膠山南嶺下大路北高一丈六尺周

二百步僧達琅邪人孝武帝時爲右僕射遷中書令終義興太守

齊

光祿大夫王琨墓在縣東北二十五里高一丈八尺周百二十步琨宋文帝時爲吏部郎出爲吳郡會稽太守順帝時進右光祿大夫及帝遜位百僚陪列琨攀輪慟哭曰人以壽爲歡老臣以壽爲戚旣不能先螻蟻頻見此事嗚咽不自勝百官人人雨淚年八十三薨

梁

蕭侍郎墓在膠山寺門寺即其故宅舊志逸其名

〔唐〕

尚書左僕射李紳墓在縣東五里紳父晤官晉陵令家於梅里鄉父子竝葬於此

〔宋〕

工部員外郎知蘄州事喻樗墓在迴溪里五里涇墓久湮邑人張夏言於高僉事世泰修復之樹之碑工人掘地得一石高二尺上有篆書玉泉二字乃置之新碑之前

處士袁靜修墓在芙蓉山初葬龍山貴顯某奪其地其子

繹遷之芙蓉山僧志月割廬與之負土成墳袁自嘉祐以後忠節富貴而某無子遺繹子四緐緐植正功俱有傳

侍郎費德宏墓在景雲鄉泉瀆里舊志稱德宏墓相傳爲白侍郎墳里有吳姓者欲據之曰此白氏墓何與於費費訟之官將發誌石驗之吳聞夜發石盡鐫去誌中諸費字比官驗石則誌有費公者以其白晳稱爲白侍郎句銘有費字故未去也吳乃伏罪特德宏生平事蹟究不可考

陳賢良墓在州城都子巷內見元王仁輔志未詳何人

處士侯德宗墓在東門外劉巷橋子希道孫承常曾元以下修職郎文淵贈江山知縣清太僕丞祖德封太常博士應昌諸生暘春主事鼎鉉祔

承事郎華智墓在東隆亭子將仕郎銓墓在西隆亭

將仕郎楊宗達墓在皇山西彭祖墩子濟艮祔與其先東豬村世墓相距三里

將仕郎陳應龍墓在嵩山

〔元〕

翰林待制陸以道墓在天授鄉

處士李晦墓在東門外城河上

監稅華友聞墓在堠陽西原子處士璞墓在泠村墩璞子都事鉉墓在梅里羅村

高士倪瓚墓在芙蓉山

〔明〕

處士華與叔墓在鵞湖與叔字仲諄嘗訟而與讐俱繫獄卒曰久繫有一斃則免我爲君圖之與叔謝而益與其人修好因除夕歎曰不意今生委骨於此夜夢一老人謂君骨當委茅蔣圩中耳遇赦出覔葬地舟過鵞湖方

飯盌墮水中疑之植篙以識比再往枯竹已芽問其地
茅蔣圩也塡土築墓以葬
贈尚書顧詩墓在芙蓉山世傳神僧所葬
布政使殷序墓在嚴埭
贈戶部員外郎安國墓在膠山子僉事如山祔
太僕卿黃正色墓在梔柚山子贑州知府學海祔
太常卿蔡亨墓在周涇口諭葬
布政使華昶墓在延祥鄉
壽府長史楊文墓在皇山至德墓東方舒芬誌銘

參政華津墓在梅里鄉
光祿少卿贈侍郎顧憲成墓在懷仁鄉板橋乾隆二年給
帑重修
吏部主事贈光祿少卿安希范墓在鴨城橋
尚寶丞顧允成墓在梅里鄉
太常卿陳幼學墓在懷仁鄉
處士唐詩墓在泰伯鄉龍涇
處士過宗周墓在芙蓉山
國朝
處士黃庭墓在膠山南
贈戶部主事華瓏墓在鵞湖大通橋
典籍顧貞觀墓在嚴埭
處士李崧墓在鵞湖浜
檢討黃趙音墓在斗山西莊
禮部主事黃天球墓在冷瀆
教授贈郎中王繩曾墓在靖海門外
學士顧仔墓在涇臯
教授浦起龍墓在宛山蕩閘橋

刑部主事贈光祿寺少卿王日杏衣冠墓在天授鄉塘頭
諭葬以上金匱

案華徵君希閔錄冢墓載有明處士華荃墓山人唐詩墓國朝安撫使周應墓又於八字橋鎮下注有逸士過滄洲墓皆前後無錫縣志所未載詩字子言能詩沈文慤德潛選其橫江曲一首入明詩別裁滄洲名宗周有高行自嘗作生壙安我素先生希范暨馬文肅叉子兄弟並以詩遺贈二人冢墓今已從金匱志補入惟華荃周應未詳出處附錄俟考

右墓

無錫金匱縣志卷十一

無錫金匱縣志卷十二

寺觀

浮屠老子之宮徧於天下而大雄氏爲尤盛輝煌金碧動耗金錢無算儒者病焉然自井田法廢任富任貧其孤煢無依者二氏得而收之黃冠緇流有能習修眞見性之學者亦偶出乎其間而儒釋所棲往往託名山勝地以傳蓋亦士大夫所樂道也志寺觀第十四

禪寺

北禪禪寺在縣治南中市橋西巷唐武德中與鳳光橋同建初名鳳光後廢宋寶元中復置賜名壽聖禪院俗稱北禪寺正殿署釋迦寶殿世傳爲宋米芾書殿東有輪藏其下傳有石函貯佛牙舍利之屬嘉靖中夜常有光寺僧疑其金也發之得兩方石有字如二王法而無名旋亦剝落遺亡亦無好事者傳其文其寺於洪武永樂間僧東海惠思相繼修葺正統中僧大振重建正殿隆慶中里人惠泉者感夢而募新之萬歷中僧常圓重葺最後僧淨蓮者亦里人見寺驟壞遂誓新焉大悲樓五楹乾隆三十六年候補知府秦兆雷建舊傳寺地凡二

千一百一十一丈有奇有古井有大士閣高百尺後其基漸被侵削馮僉事夔別業蓋已侵寺址今爲民居爲廢圃都不可考

上壽菴在縣治東康熙四十二年僧霖若建嘉慶十五年僧勝林重修

祥雲菴在觀橋西初爲準提閣康熙十七年僧納川建嘉慶六年重修

青蓮菴在縣治西其左爲白衣菴

祇園菴在城西南隅旁有小池左右皆菜圃以上城中

惠山禪寺在縣西五里惠山第一峰之白石塢宋司徒長史湛茂之別業名歷山草堂景平初爲僧寮曰華山精舍梁大同三年改建法雲禪院唐會昌中廢咸通中重建宋至道中賜額普利院紹興初以院賜信安郡王孟忠厚奉昭慈聖憲孟太后歲祀改寺名曰旌忠薦福元末燬成化中僧戒欽者掘地得古銅章一文曰旌忠薦福功德禪院之印明永樂五年僧懷祖重建正統間火巡撫周忱知縣項伾重建萬歷三年又火其後鄒副使迪光修復而增飾之　國朝康熙十一年僧超杲重葺未竟復圮二十三年恭遇

聖祖仁皇帝南巡
幸惠山寺酌泉於亭其明年邑人周宏詞者力加修治迺
榜其上曰
聖敬式臨乾隆間
高宗純皇帝南巡疊臨惠麓憩息山房
賜寺中匾聯并
御製詩別爲建亭立石又有
御筆楷書石刻心經三希堂法帖
賜寺僧成瑩藏於寺内寺門舊署曰惠山寺外有石幢二

別見古蹟入爲日月池踰小橋而上左右有聽松觀泉二坊
其上爲天王殿入爲金蓮池一名鱸塘一名浣沼中生
千葉蓮舊謂服之羽化與華州華山所産同其花似蓮
而小色微黃香絕異今無之池跨石梁右有地藏殿更
上則古木陰翳石臺二重攝衣而登中爲大雄殿梁大
同中作亦名大同東西兩廊左有門曰不二門内爲禪
堂向多高僧乾隆間僧佛源住此爲增建萬年臺讀書
樓等所右門曰大行門内爲彌陀殿今曰竹鑪山房中
貯竹茶鑪及竹鑪詩卷大雄殿之後有天眼井又其上

數級傳是宋高宗駐蹕地有行殿後爲白雲堂堂亦廢
今有門曰護雲關左眞武殿右文昌祠有魁星閣張仙
閣詳見道院其上石臺數十級爲大悲閣邑人馬瑞建又其上玉
皇殿則非寺中地案舊志大雄殿前有石牀石旁舊有
大松二不知其時代今無僅存古銀杏一株
案惠山僧房十有四白石塢北曰南隱房左曰龍泉房觀泉門右曰聽泉房左曰漚寓房小洞橋西曰柏庭房香積池在焉後曰林泉房曰眞淨房曰梅隱房梅隱北曰大池房曰棲雲房桃花塢右曰孔山房曰雙松房雙松左曰聽松菴見邵文莊寶惠山記
聽松菴在惠山寺左桃花塢下明洪武七年僧普眞卽繡

嶺亭故地爲菴而植萬松其中因以爲名有秋濤軒王
舍人紱畫廬山景於其壁秋聲小閣以貯竹茶鑪皆爲
時名蹟成化中菴燬於火秦布政夔重建增置松風閣
後並廢爲邵文莊寶諭塋
禪悅菴卽今牧雲菴在二泉亭右宋紹興二年建咸淳三
年重建明永樂成化間相繼增修沈周碧山吟社圖有
鄰僧覺性殆卽菴僧也舊設三墖以貯僧人化骨故俗
名爲三墖菴 國朝康熙十一年知縣吳興祚重修向
有寒翠松雲等軒俱廢惟存龍縫泉

九峰菴在惠山寺塘涇孫垅不書額舊傳菴爲黃光祿園遺址光祿號九峰故始名九峰初地今易名九峰禪院僧倍澄等相繼拓基築室有牡丹一本花時遊屨紛遝秦侍郎瀛題其處曰花笑軒

白衣菴在惠山寺左其大士像爲宋時所造僧慧照者卓錫於此搆柏庭禪舍明天啟間鄒副使迪光重修

茅蓬禪院在惠山第二峰繡嶺亭之左初甚陿陋乾隆中僧佛源恢拓修築漸成勝區嘗於此開堂接衆

忍草菴在二泉南章家塢之上明萬歷中有僧誅茅結廬

於此邑人顧與沐爲築菴廣之 國初顧典籍貞觀嘗邀陳維崧姜宸英嚴繩孫輩結詩會於菴中之貫華閣納蘭成德亦嘗過焉留小像而去後菴僧斥廢幾盡嘉慶十四年有陽羨僧德誠來此重加葺治而菴之前後古松千株斬伐過半非復舊觀菴旁舊傳有古姬人墓

崇福菴在惠山寺暢園左乾隆十一年僧明宗建

石浪菴在錫山之半巨石聳峙起伏望若層波故以名菴

慶雲菴在錫山之南明崇禎間僧古堂建 國朝順治中僧行齡重修

洞雲菴在錫山元季始建名紫皇殿內有石壁秋海棠最勝

石林菴在錫山下雍正間詩僧妙復嘗居此菴多梅花

青山寺在青山下創始不詳乾隆二十六年僧佛源建五百多羅漢堂

普慶菴在開原鄉宋紹興中建明洪武中張尚書籌施地增修

龍泉菴在開原鄉崋峒灣明宏治十八年僧信眞者掘地得殘碑有永興二年敕賜龍泉菴字葢其始建也菴左

有泉山僧接竹引之厨下

西方菴在開原鄉官瀆橋北明萬歷間周文簡炳謨建

西林菴在西定橋之東中有六湖草堂額馬文肅世奇書

寶華菴在梁清溪口舊名溪口莊贈尙書秦德藻別業捨爲菴山水清遠頗具勝致今僅存佛殿三楹

鎭溪菴在西郭外明正德中秦氏施地鑄眞武銅像以鎭溪流雖名菴而實羽士所居崇禎中秦戸部堈復施地廣之 國朝乾隆間顧封公建元重修並建小黃鶴樓而樹十老坊於門十老者鄒少宗伯一桂曹太守輯五

曹經歷之爻施大令禹言顧學博遷華大令西植華舍
人希閔鄒封公捷及建元而鄒太守雲城歸自河間亦
列爲後樓燬於火而坊亦廢今爲僧居
三義菴在綺塍街大德橋明成化間封知府秦旭建萬歷
間旭裔孫炤修之　國朝乾隆十五年張士俊重修又
幾廢嘉慶十五年僧眞脩自婺源來募金續葺
蓉湖禪院舊爲蓉湖莊去惠山不二里東與迎湖館相望
淸川環門煙樹深黝萬歷中爲都御史秦燿别墅後授
其子埏再傳而易爲蓉湖禪院今禪院亦廢

泉香菴在雙河邑孫氏建
玉泉菴在縣西錢橋宋景祐初建喻工部樗讀書地明洪
武初僧原燧重修　國朝乾隆間僧智永增建
僧跋菴在萬安鄉明萬歷中建鄒副使迪光有記
宛如菴在神護鄉買山西南唐天寶中僧祖懋建以後興
廢無考　國朝乾隆間僧自慧重修嘉慶九年僧大會
增葺
致敬菴在布政鄉俗稱青山菴宋淳祐中建明洪武成化
間相繼修葺　國朝乾隆間僧道得重修大殿

延壽菴在布政鄉劉塘橋宋咸淳初建元以兵廢明洪武
中建萬歷二十八年僧淨圓重建　國朝雍正初僧際
凝嚴持戒律嗣席嵩山歸老於此遂成叢林
華藏禪寺在縣西三十五里華藏山亦名青山寺宋紹興
間太師張俊敕葬於此因建寺墓左以奉歲祀賜名華
藏褒忠顯親禪寺其地因以華藏名墓經屢發獨神道
片石尙存高宗御書題其額曰安民保大翊戴元勳循
王之碑元時寺廢明洪武正統萬歷中相繼修復崇禎
中侯戸部鼎鉉新之鼎鉉晚年屏居於此舊有雲海堆

玉望湖諸亭並廢　國朝乾隆間僧永昌重修大殿
法喜院在富安鄉蔡村宋嘉定中邵司法捨基僧守仁建
國朝乾隆間僧淸心重修
德慶菴在富安鄉買山唐天寶中建明萬歷間僧信惠重
建又太平菴亦在買山元泰定初建舊爲秦氏讀書地
壽寧菴在富安鄉胡山創始無考嘉慶十二年僧遠塵重
修
普濟菴在富安鄉習巷村宋紹興間建　國朝順治十一
年僧鳳璧重建

化城菴在縣西五十里俞巷村宋端平中建繞菴四匝皆水門跨以橋有翛然出塵之致

資福菴在富安鄉鳳山之西宋淳祐初鴻禧監簿王野舟感於夢擬琢石鑄圓通大士像未成而歿野舟妻吳成之并於野舟墓旁建菴曰資福王婿秦處士維禎亦葬於此菴遂爲秦氏香火院大士像最爲奇古菴有淳祐戊申三月望日惠山月印沖希資福菴觀音記邑中宋元碑刻存者絶少惟此碑尚完好

翠微寺在縣西安陽山梁中書舍人陸舉故宅太清初建

或云大同中名遠山寺宋太平興國賜今額元末燬明洪武間僧師賢重建　國朝乾隆間僧惠悟重修

青山寺在縣西青龍山下中多古松明王僉事問題額

餘慶菴在縣西長腰山宋乾道中建明萬歷中僧一誠重修後廢

誌公寺在青城鄉誌公橋之西相傳誌公禪師嘗居其地故名宋建炎二年僧曇顯建後廢明洪武中重建成化間修萬歷三十八年殿燬於火　國朝順治間重建嘉慶十四年僧道宏重修

慈濟菴在青城鄉細磚橋明天啟中僧彌堅建嗣法慧玉重修

鎭塘菴在揚名鄉清寧橋之西明嘉靖四十三年建後僧戒穀等次第增建大悲藥師西方等殿貯大藏焉

摩竭菴在城南二里許前爲華郎中雲別業今廢爲先農壇

福城菴在城南菰瀆橋之南華郎中雲嘗建劍光閣讀書於此距閣數武爲菰川莊再傳屬之崇安寺僧凝然凝然弟子佛音改建爲菴堂殿宏敞有樓五楹以貯大藏

水月菴在縣南菰川莊左

崇福菴在揚名鄉宋紹興初建

崇慶菴在新安鄉又名徐洵菴宋嘉祐中建明洪武萬歷先後重修　國朝嘉慶元年祇陀寺僧道然居之重建大殿

淨慧寺在新安鄉濱太湖宋嘉定中建賜額舊爲比邱尼所居萬歷二十七年里人王仕重建　國初僧節賢增搆山門大殿嘉慶七年重修

禪悅菴在新安鄉原名北塋堂明萬歷中建

顯慈菴在新安鄉宋咸淳中建
國寧院在新安鄉明萬歷中陳太常幼學等建
妙慶菴在新安鄉俞村宋嘉祐中建　國朝康熙三年僧
静脩重建乾隆二十年重修
裕慶菴在新安鄉俗稱草菴元至正中建明永樂嘉靖重
修　國朝康熙間僧依純重建嘉慶三年增葺
横山菴在開化鄉横山東坡宋淳熙間建明洪武初僧碧
旻重建
雪浪菴在横山之巔結廬洞穴之中蔣忠文重珍藏書處

旁有石池不竭其麓有宋時大楓樹二蔭十餘畝枝生
芸香今樹合爲一其下有硃砂墩舊產硃砂
漂白菴臨長廣溪門外煙水渺瀰脩然意遠
洞菴在許舍山鳴建始無考明萬歷間修靈巖儲師之嗣
介石俊退老於此有上下二院實統於一
成性寺在開化鄉軍將山旁有龍湫舊名龍祠菴宋淳熙
中建明天順中賜今額　國朝順治間重修康熙間僧
聞目重建大殿
石塘菴在縣南長廣溪北口宋嘉定初建本名法王又名

寶慶明正統崇禎先後增葺　國朝嘉慶元年僧志道
增修
永安院在縣西南冠山之東北俗稱石塘元至正間建明
萬歷間重修
萬梅菴在縣西南野山居懸崖邃谷之中前臨震澤梅時
望若香霧瀰漫十里
長泰寺在縣西南長泰山梁大同元年建隋廢唐上元二
年重建宋賜額普寧禪院寺有井舊傳有仙人從井中
出逐之不及留一笠而去因作留笠閣寺後有巨人跡
名羅漢跡明洪武中仍名長泰嘉靖中重建大殿植柏

樹百餘株　國朝順治康熙間僧正可中和相繼增築
寺有南北院南院圮乾隆五十八年僧行周修復之改
名善慶菴嘉慶十七年嗣法謦凡重葺
方湖寺在開化鄉宋紹興二年建舊有許德之祠見元費錯記已廢　明嘉
靖間廢萬歷二十四年僧德實重建　國朝康熙間僧
涵暉重修又有興福菴亦在開化鄉
保寧寺在興寧鄉梁大同中建名福愛院隋大業間廢唐
上元中重建宋淳化賜今額舊傳爲甘羅故宅旁有甘

蕩　國朝康熙二十二年邑人楊熠楊培重修又有西
院楊炅建
普濟菴在興寧鄉蘘塘尖明萬歷中建
繼志菴在縣東北西高山眞武殿左康熙間楊培建
永慶菴在縣北鄒圻元皇慶中王學士璽施地建明洪武
宏治中先後重修
崇慶菴在西高山吳赤烏二年建明洪武天順宏治先後
修復旁有祠山廟俗稱廟菴　國朝乾隆五十九年僧
鑑然重建

報本菴在西高山陳村元泰定中建明萬歷中僧洪基改
建　國朝嘉慶八年重修
德慶菴在五牧運河之南元至正中建明嘉靖間武進薛
提學應旂重修僧漢月建存忠院於左偏祀宋文信國
天祥及尹玉麻士龍二將應旂孫敷教記之
開利教寺在縣西北洛社鎮舊傳爲王右軍莊梁太清初
建始名興福宋景祐三年賜今額元末廢明洪武十三
年僧永康重建天順成化先後重修有池曰滌硯亭曰
觀鵞　國朝康熙間僧涵清道宏秋輪等分建東西前
院嘉慶五年大殿經樓燬於火
長慶菴在興道鄉周村宋楊后建長慶院於汴京後其姪
扈蹕南渡因僑置於此以奉后歲祀明洪武初僧智觀
增建　國朝乾隆間僧宗沂重修又有覺慧菴亦在興
道鄉長慶菴僧靜益於乾隆三十年分建
報慈菴在興道鄉玉圻村宋景祐中建　國朝乾隆四十
三年重修嘉慶元年僧廣悟增葺
妙相菴在青城鄉湖上橋宋明道初建明洪武中修　國
朝嘉慶九年僧界山重修

迎龍菴西資菴在玉圻村方巷今廢
慈雲菴在興道鄉大墩嘉慶七年僧方山重修又慈隱菴
亦在大墩俗稱社堂以上城外
右無錫
靜慧寺即崇安教寺在城中大市橋之東晉哀帝興寧二
年建或云王右軍故宅榜其門曰祝聖都道場傳是右
軍書宋太平興國初賜崇安教寺額建炎中火後重建
西爲五輪大藏紹興二十八年僧義深建東爲千佛閣
紹定中僧師亨建元至正火明洪武十四年僧通圓建

大殿正統九年僧慈拱撤舊重新之天順中僧宗靖置鐘樓成化中大殿火僧智謙重建萬歷中僧顯相置觀音閣殿後爲禪堂有藏經閣貯慈聖太后所賜大藏僧明性所建閣前有墨池亦名滌硯池東有祝聖放生池六月十九日俗於寺中爲市最盛今廢其曰東院者明景泰中張副使思安唐提舉理俞通判雍輩嘗結詩社於此順治康熙間僧定意宗超重茂等前後葺治雍正八年大殿圮僧芋園募修乾隆五年僧聖能復葺之邑人鄒文錦重建天王殿二十二年

敕賜靜慧寺額五十三年僧天機改建山門明嘉靖中知縣甄津有長至日同僚友在崇安寺習儀詩二首邑未別建

萬壽宮今兩邑有司仍即寺爲祝釐之所

東林菴在城東箬葉巷元至正十年僧秋潭建明洪武初邑人朱子華施地以廣之成化萬歷相繼重修初宋楊文靖時講學於此故名東林菴地旁臨弓河古木叢秀王學士達嘗於此和中峯禪師梅花詩百首一夕便成

嘉慶十五年燬於火十七年僧鏡濤重建

化城菴在盛巷舊在靖海門外三里宋時所建元至正間僧彌福以邑人王信甫施地移置於此殿閣堂廡規模整麗明天順三年重修嘉靖間倭變有以俗謠欲毀之未果然竟以傾廢萬歷間重修嘉慶二年改建金匱主簿公廨

藥師禪院在第四箭河明都御史談愷香火院後歸其甥秦夔　國朝順治十五年僧月濱始居之康熙四十四年僧雪穀徹圓增建大殿乾隆間僧維心梵白相繼增

建

古觀音殿在大市橋元達魯花赤禾羅思彌建　國朝順治九年邑人秦爾佳重建乾隆五十三年火僧仙成修之嘉慶四年火爾佳族諸孫都轉震鈞重建九年又火仙成募貲重修

福緣菴在倉橋北不詳創始乾隆四十一年僧行周重建

以上城中

南禪禪寺在望湖門外梁太清初建始名護國唐咸亨中改曰靈山宋天聖間重修名福聖禪院雍熙中僧某見

持鉢入寺者既而求之不得惟壁間挂錫猶在衆異之建浮圖焉既成以前所見將設像其中則夢一人謂曰無煩塑工泗州有三像可迎之及往果然先夕舟人夢有紫衣僧乞附舟至無錫南禪寺旦則僧迎泗州僧伽像者至迺載與俱下自是寺以南禪名崇寧三年賜墖名爲妙光天歴中災僧心月重建明永樂中又災宣德二年僧一葦重建八年圮一葦又修而僧獨峯柏庭相與成之後又圮久不治　國朝雍正乾隆間住持長慶矢志規復垂三十年始還舊觀其大雄殿爲元僧本復

建天王殿之右有眞武關帝二殿左有西來閣今改奉觀音大士墖院之後爲法堂乾隆四十六年後主僧際慧及其嗣法弟子勝林次第葺治規制增廓

東田精舍在景雲鄉墖影橋乾隆間南禪寺僧際輪創建槿籬環匝竹樹蕭疏蓋南禪之別業也亦曰墖影莊今廢

保安教寺在城南景雲鄉始創於梁大同初宋紹興中重建至乾道賜額保安禪院元廢明洪武二十八年重修改稱爲教寺嘉靖中僧廣才等拓而新之有天王大雄穢跡諸殿有禪堂七佛閣邑人華珂鳴建其地甚僻多修篁古木門外溪流縈拂邵文莊寶嘗作東林書院於其左　國朝乾隆二十六年僧寶輪建萬佛閣嘉慶六年僧九峯重建山門

清和菴明萬歴三十二年建湧蓮菴崇禎中建雨華菴黙光菴楞伽菴龍珠菴祇林菴永福菴朝陽菴俱在景雲鄉

綠蘿菴在靖海門外明時有漁人網得石觀音像因建墖爲菴面城臨濠多樹竹木藤蘿之屬嘉靖中王僉事問

結精舍其中有釣臺惠光墖繙經壇樂饑亭靈寶軒海天吟閣今並廢

菩提菴在靖海門外康熙十五年僧如本建又擊竹菴在靖海門側僻巷中創始無考

金鷲菴在靖海門外梁大同中建相傳上梁時有金色鳥來集故名宋改曰普濟寶慶中僧法昌掘地得泉以施行人亦名施水院去城九里今又稱九里菴中有古樹

延福菴在芙蓉山之西南元延祐間建洪武中有禪師文洪文澤居之甚有名

龍祠菴在縣東北芙蓉山之巔宋嘉定間建以有龍井故
名元至正間重建明宣德天順中修後廢
祗陀講寺在梅里鄉梁大同二年邑人王建施宅爲寺隋
大業五年廢唐上元間重建又廢乾符三年修復之宋
淳化二年賜名崇教禪院元末廢明洪武元年建二十
五年仍改今額萬歷中重修
興教禪院在縣東四十里梁大同二年建名施陀宋紹興
初賜今額
永錫菴在梅里鄉俗稱六菴宋寶慶初建明洪武中重建

萬歷中僧守誠增建卓錫堂
膠山教寺在縣東膠山之西相傳梁蕭侍郎施宅建於太
淸初名彌勒寺隋大業重創宋至道中賜額興化建炎
間李忠定綱請奉先祀改崇親報德禪院舊傳惠山膠
山兩寺寺門東西相對不爽尺寸中有碎石塢礪劔石
寶乳泉等遺跡左有環翠聽松秀峯諸軒俱廢明洪武
元年僧續振重建正統嘉靖中僧道演廣勤先後重修
靜教寺在縣東上舍亦名上舍寺陳至德元年建初名善
寂隋開皇中吳郡刺史陳子邁從家邑之東山增築大

業中燬唐上元中復建宋太平興國五年賜今額元廢
明永樂中重建
靈趵菴在膠山明正德中邑人安國建舊有靈趵泉因以
爲名嘗置菴田後爲它氏侵蝕國裔孫舉人吉復之
成福菴在縣東斗山宋淳熙三年建明洪武初重建萬歷
中僧行禪重修
水月菴在縣東東沙涇明萬歷中建
香山禪寺在縣東六十五里香山一名顧山亦名顧山寺
梁大同初建後興廢無考 國朝雍正五年重建乾隆

二十八年僧實定重修
樂音菴一名藥師菴在縣東俗名安鎮之西街葢城中藥
師菴別院也
敬思菴在懷仁鄉俗稱蠡國元至正初建明洪武中僧從
顗重修
崇慶菴在懷仁鄉宋景祐三年建明洪武初重建嘉靖萬
歷間僧得澗通濟重修又靖節菴亦在懷仁鄉元至正
中建明洪武中重修
嵩山禪寺在縣東嵩山傳有嵩頭陀者居此因名元至正

中建明初邑人楊德彝施地大創臺殿遂成名刹姚廣孝記之有桫羅林來月軒等八景僧至道有詩宣德八年賜今額　國朝康熙元年僧超杲重修乾隆六年嗣法際旭建鐘樓於東隅四十九年僧朗悟重修嘉慶元年火七年僧瑞日募捐重建

普明菴在延祥鄉皇山南坡元至正中建明洪武萬歷中重修

圓通寺在延祥鄉唐乾元初建本曰乾元金匱縣志云吳赤烏年婁侯張昭施宅未知何據會昌中廢咸通中重

建宋景祐時賜今額明永樂八年重建萬歷中僧智怡增建禪堂

甘露寺在延祥鄉甘露鎮唐乾符三年建名甘露禪院宋太平興國改名廣濟院明洪武中重建易名甘露寺隆慶六年華學士察重修萬歷中僧真覺建山門大殿

一葉禪院在延祥鄉僧迦橋乾隆五年僧月潭募建其初有牧牛兒摶土爲大士像頗著靈異里人聞者捐田作基助月潭成之其徒朗悟復增葺規模宏整廊宇幽邃爲東鄉諸寺勝處又天壽菴廣濟菴樾蔭菴俱在延祥鄉

集福菴在垂慶鄉界涇宋紹興初建明永樂中姚少師廣孝以其族弟道正居此爲修其殿宇菴有賜敕一道念珠一串念珠爲成祖以方孝孺等諸忠臣遺骨爲之賜廣孝者要無可据近爲邨民所得

報福菴在垂慶鄉胡堰宋建炎中建

祈福菴在垂慶鄉俗名廟菴宋元祐初圓照師建端平初僧得暹重建明洪武嘉靖中重修又有祟真菴亦在垂慶鄉

萬壽菴在控江門外顧橋下創始無考

泰山菴在控江門外濱運河明萬歷中都御史秦燿捐建　國朝康熙間秦德藻德湛增建魁星閣白業堂

梵音菴在城北濱運河

環秀菴在蓉湖尖乾隆中僧智海築基建樓邑人鄒文錦建大殿

永寧菴在蓉湖尖之南濱運河初甚隘乾隆四十四年僧德山重建

增福菴在城北西村舊名寶嚴禪院明萬歷中周府丞繼

昌建　國朝康熙五十二年僧端培重建大殿乾隆二
十六年增建大悲閣
蓉湖菴在城北三里橋明萬歷中侍郎萬象春建
慈雲寺在縣北塘明崇禎中舉人鄒兌金建廣池四匝爲
放生池環蒔花竹中爲石臺搆殿其上貯大藏焉朱橋
宛轉外列僧寮風帆南北時聞鐘唄以地當道左廢圮
略盡其後鄒氏子孫次第修復之恭遇
聖祖臨幸賜今額
高宗屢幸賜詩立石

蓮居菴在城北後祁村明萬歷中建
善住菴在後祁村今名蓬萊閣明崇禎間僧雲徹建知縣
龐昌允書額　國朝康熙三十五年僧全機增建藏經
閣
藕花菴在天授鄉明嘉靖七年僧道端建　國朝康熙三
十五年僧紫雲重建又有福林菴亦在天授鄉
普靜菴在天授鄉康熙十六年僧克已建乾隆二十三年
僧智能重修
前湯菴在天授鄉前湯其地名也亦名普濟菴宋紹興元

年建咸淳初陳通判炤施田資之炤有普濟菴詩舊志謂炤殉節後施宅搆菴蓋襲萬象春記之誤明時屢燬萬歷二十六年僧行恩昭慧興
復之貯南大藏經六百三十六函
崇先禪寺在泰伯鄉宋紹興五年建賜名普利蔣僕射芾
請爲墓刹改今名元廢明洪武中僧永福重建又利濟
菴元泰定中建錫禧菴般若菴集福菴俱在泰伯鄉
泗州教寺在泰伯鄉宋嘉定十六年僧了忠建曰崇報菴
端平中易名泗州寺德祐中燬於兵元大德十年僧懷
信重建尋廢明洪武中僧大通修復之隆慶四年華學

士察重修尋又燬萬歷中復建
福緣菴在泰伯鄉宋咸淳中建明洪武十年僧德定萬歷
二十年僧眞欽先後重修
善慶菴在泰伯鄉宋咸淳中建明洪武嘉靖中重修萬歷
中僧眞鑑滿澄重建大殿山門以上城外

右金匱

道觀

眞應道院在縣治東沈家巷明洪武初建其殿柱皆青石
元元萬壽宮故物也成化中火錢大令綱爲復侵地而

重建之
眞武堂在縣治東偏元延祐四年建舊謂其門適對獨山前人埋符其下以鎭水患明宣德中知縣唐泰安修復
天王堂在教塲巷內始邑中秦氏鳩華朱二氏同建乾隆中秦按察勇均增建山門大殿遂爲秦氏香火以上城中
文昌宮在惠山大雄殿後麓順治七年劉大令宗熹建左爲魁宿閣右爲張仙閣康熙五十九年修撰王雲錦鑿山壁構後殿乾隆六年楊贈公孝元集衆力廓之建樓五楹移供魁宿額曰天香第一樓下曰名山敬業堂集

同人會詩文於此旁有芴菴翥軒前爲朱衣閣在羅漢泉上
石門道院在望公塢康熙元年道士錢沖漢建有玉皇殿斗姆閣上院爲紫微宮下院在山麓
九陽道院在石門康熙中靖江鞠遠聞及邑人張暹王培元道士楊清和建乾隆間邑人張士俊敖楷齡等修復之其上爲張仙殿即白鶴道院明天啟初建　國朝順治間邑人秦孔治重修中有珠簾泉洞壑幽異其下爲離垢菴奥如曠如亦一勝區也

三茅殿在惠山上俗稱絕頂爲三茅峯稍下爲二茅峯向有石泉又下爲大茅峯
明陽觀在惠山西南宋崇寧四年盧至柔建李遠記謂郎古洞陽觀地大觀元年賜今額至柔蜀華陽道士初居洞虛宮以符水濟人久著靈異偶行至璨山有白鹿躍出遂結菴居焉將化其弟子問葬處曰但舁棺繞行山阿輕卽止後果然啟視有白鶴南飛惟兩履尚存觀有三清鐵像其後許蓬頭居之亦多奇蹟慶歷中重修明洪武宣德宏治累葺之　國朝乾隆三十四年道士九

濤臣重修其地舊有望湖樓橫翠半山諸亭並廢觀門之右有泉名洞酌深不盈丈而味亞二泉
有恒道院在二泉亭右明鄒副使迪光天鈞堂遺址是以亦稱天鈞堂　國朝康熙中道士徐道廣誦經於煉石閣有年獨力創建移居於此
丹井山房在錫山東嶽行廟內乾隆間邑人鄒文錦建
眞武殿在西高山吳赤烏中建後興廢無考　國朝康熙中邑人楊熙重建後有葆眞院楊培建右有文昌宮魁星閣三元殿乾隆間范徵沂陳觀海胡滋升保和次第

增建（以上城外）

右無錫

洞虛宫在城中大市橋靜慧寺之左舊在膠山梁大同二年建始名靑元宫後廢徙今地宋大中祥符中改賜今額慶歷中火嘉祐初重建元至元中火明洪武二年道士陳道安修復之洪熙景泰相繼增葺萬歷中火尋復建殿六三淸玉皇雷尊七元眞武三元又有魁星元都涵碧吟仙等樓後復增太乙長生二殿　國朝康熙三十二年邑人鄒性善孫溶佳集貲重修玉皇左翼諸天

殿蔡貞女建乾隆九年邑人鄒文錦又建右翼諸天殿斗姆閣在第五箭河康熙十年秦鏌施地邑中人共建之亦名報恩道院道士馬眞濟增建殿堂雍正乾隆中次第修築嘉慶十六年道士聞本涵重修

希夷道院在城東南隅弓河上舊傳有丁道固者遇一道士日暮乞食患瘡不能行道固止之數日因留一丸藥贈其夫婦而去將服之有人言見道士用瘡中膿水爲丸道固唾而投之於火忽五色煙起空中見前道士手持一扇扇有希夷字道固遂施宅爲院以奉之元元貞間道士孫必聞重修中置焚惑像有泉亦名希夷

元元萬壽宫在第六箭河元倪文光建文光高士瓚之兄有詩名去爲黃冠初祀老子於此名元文館門列古木池跨二橋壇殿講堂齋館各有位置元統間賜今額趙承旨孟頫書其碑後廢爲鄒氏曹氏別業主經屢易無復遺蹟（以上城中）

資敬觀在隆亭西元學正華玠建

靑霞觀在斗山

鐵索觀在控江門外江陰巷內爲都御史盛容別業明嘉

靖間道士談碧辰得之改爲道觀　國朝康熙間里人袁養晦等重修

璇璣道院在控江門外江陰巷康熙間里人建初甚隘乾隆間道士馮復初重建恢拓舊制殿宇閎敞

元升道院在天授鄉後祈村舊爲蓬萊閣雍正初改建秦封公松喬暨王漢峯錢永銓等捨地以擴之松喬子編修靖然有記（以上城外）

右金匱

案志例不當載比邱尼及女冠之居惟善智尼寺在金匱山西唐乾符初建明正德中督學御史張鰲山毀寺

置秦淮海祠妙覺觀俗稱女貞觀宋至道三年女冠邵得新自廖山鄉徙入縣城俱見於前明舊志今並刪之以符體例

無錫金匱縣志卷十二

無錫金匱縣志卷十三

古蹟

人往蹟存蹟以人重邑自句吳建國以來遺蹟之見於紀載者多矣其間名賢輩出不乏棲息讌游之所問其故址而殘碑斷碣都蕪沒不可攷今采摭舊聞錄而存之一邱一壑並著於篇他如崇臺廣囿比於洛陽名園別爲詮次不槩入焉志古蹟第十五

闔閭城在縣西南五十里元志四十五里富安鄉越絕書伍員取利浦及黃瀆土築闔閭城吳地記闔閭城周敬王六年伍員伐楚還運潤州利湖土并取黃瀆土築大小二城闔閭伐楚回因號之元志謂大城在姑蘇小城在富安鄉闔江之地今土人有城裏城外之稱梅里鄉亦有利浦及黃土瀆去州十里非潤州利湖

范蠡城在縣西十里開原鄉吳地記在歷山之西今謂之斗城城址猶在輿地志歷山西北有范蠡城越伐吳范蠡所築

黃城在縣西十二里史記楚攷烈王元年以黃歇爲相封春申君淮北地十二縣後十五歲歇言於王淮北地邊

齊請封於江東因城故吳墟寰宇記黃城去縣十二里輿地志楚攷烈王賜歇淮北地十二縣以邊齊更以江東故吳邑封之今歷山下有春申君祠去城三里通黃城其城與斗城相近俗呼爲黃斗城

龍尾陵道越絕書春申君徙封開此道以屬本邑後漢書地理志無錫侯國注云縣西龍尾陵道春申君封吳時所造今龍山北尾上路

春申澗亦名黃公澗陸羽惠山記望湖閣西有黃公澗舊傳春申君徙封時飲馬於此每山雨時注澗道下經愚

公谷至寺門項刻四五尺山半有大石鐫臥雲二字徑尺許過此則飛流噴薄澗聲益壯

秦皇塢在錫山西始皇東巡會稽望氣者以金陵太湖之間有天子氣故掘而厭之

甘羅故宅相傳在興寧鄉保寧寺康熙庚午志載明初猶有甘姓子孫居之元志謂舊傳宅旁有甘蕩

御亭孫吳時立在縣東南五十里今望亭鎮風土記隋文帝至德元年置市及堰號望亭堰寰宇記開皇九年置爲驛十八年改御亭驛唐李襲譽改爲望亭驛宋天聖中遂爲鎮始置官署嘉祐八年開河通太湖遂廢堰閘元祐間復置閘後復廢其西有古壘晉成帝咸和中置顧颺監晉陵軍事築壘進討張健注云義興太守顧衆令行揚威將軍督護吳諸軍治柵於吳鄉御亭西以備蘇峻其壘已廢

王右軍莊一名右軍別墅在縣西北三十里洛社市梁太清初郎其址建興福寺宋景祐中改開利寺故有二池池上壘石爲臺名曰滌硯觀鵞者皆後人傅會爲之嘉靖三十三年燬於倭邑人秦瀚重葺之

華坡在惠山第一峯下晉華孝子寶所築今攷第一峯下無坡形者惟護雲關前平坦數十丈似之

湛長史草堂在惠山下宋司徒長史湛茂之讀書處宋劉鑠齊江淹皆有過湛長史歷山草堂詩晉宋間名惠山爲歷山也唐侍御史邱丹爲湛作舊居記同時韋夏卿輩皆有詩刻石

陸皋故宅在安陽山梁中書舍人陸皋居此梁太清初改爲遠山寺宋太平興國間爲翠微寺

古洞陽觀在縣西七里璨山之麓陸羽惠山記言山之西

有洞潛通包山即古洞陽觀今亦壅塞觀創於梁天監
中隋大業間廢
李相讀書臺在惠山寺左元志小徑縈紆有堂三楹中繪
唐相李文肅紳像紳未遇時讀書於此嘗手植雙溫樹
於惠山寺自言余往年手植今葱翠盈目此樹過江多
死有橘之狀今莫知其處臺基尚存府志云錫山南別有讀書臺爲明吳廉使學之北莊
曲水亭在惠山寺陸羽惠山記云前有曲水亭一名憩亭
一名歇馬亭爲士庶投息之所其水九曲甃以文甎鏇

甓
梁原亭在二泉前唐會昌中刺史張逸名置宋明道中知縣
蘇紳改爲眞賞亭亭前鑿池方丈深二尺即泉之下池
後爲漪瀾堂
望湖閣在山半唐李紳建陸羽惠山記自大同殿直上至
閣望芙蓉湖湖南控長洲東洞江陰北掩晉陵蒼翠逼
於軒戶今廢
惠山寺石幢左刻楞嚴諸咒宋熙寧閒立右刻尊勝諸咒
唐乾符初立白鹿山人李端行書

宋時題名碑二在惠山一爲轉運使王純臣道粹巡按毘
陵過惠山寺刻石嘉祐辛丑二月九日一爲司農少卿
鍾離景伯公序自東陽解篆遊惠山謁慧照璋公飲泉
試茗而行元豐三年六月九日
宋高宗行殿在惠山寺即今佛殿後白雲堂基高數仞舊
建行殿高宗嘗駐蹕於此
繡嶺亭在惠山第一峯下本名照山宋光祿滕中元以花
木繁若錦繡故名
嘉蔭軒在惠山寺宋蘇舜欽建更有挹翠翠麓擁翠等軒
而翠麓尤著錢公輔焦千之韓維輩皆有題詠今廢

長生檜在惠山寺東南宋明道中蘇紳宰邑時手植後人
爲立石名之
趙令松在惠山寺前宋元符間洛陽趙伾爲邑令時手植
明嘉靖中經倭寇斬伐僅有存者
悟空精舍在惠山第七峯之青墩宋宗室若蒔所築有軒
曰玩雲軒
錫麓書堂在秦皇塢介錫惠兩山之間宋尤文簡袤讀書
地初因文昌祠結廬數椽不事華飾歷四傳無所改易

又遂初書院初名依山亭袁取孫興公遂初賦義以名宋崇陵爲御書遂初二字以賜中藏書三萬卷相傳公退手抄與其子弟及諸女婢計日分抄者咸聚焉後燬於火又有樂溪居在西郊梁溪之上後有高岡眺望最得溪山勝槩題曰樂溪故所著有名樂溪集者五十卷中有萬卷樓暢閣來朱亭二友齋來朱者曾與考亭講道於此後人因圖其像於壁二友則陳同甫亮楊誠齋萬里也

一梅堂在富安鄉胡埭宋寶慶閒蔣忠文重珍致仕歸築

堂後有萬竹亭皆自爲記雲龍小隱在龍尾陵道亦重珍別業

寶界山居宋錢紳築紳當宋紹慶閒謝知州歸隱於此擕二鶴以從置俸鶴田又得泉巖下極甘列名之曰通惠建遂初望雲芳美通惠四亭時諸名士皆有賦詠蔡載四亭詩尤工後屬明布政陳寶植梅數百株稱梅坡最後王僉事問置爲別業歸有光爲之記問既中歲歸田子鑑登第後亦告歸父子並隱以詩書自娛其閒者五十餘年

溼雲亭在若冰洞右宋政和中郡守劉光建元至元閒改爲極目亭皇慶初改爲涵碧亭明正德八年重脩後爲三賢祠康熙中祠徙知縣吳興祚改爲雲起樓今卽其址建

皇亭

溪山勝槩樓元華鍈建鄭元祐書額并記多名人題詠今無攷

溪山第一樓元強可仕建摹晦菴朱子手書溪山第一四大字揭其上

來青樓在胡橋之南元長興茶園提領華珪建高三層廣十六楹知名之士游讌賦詩無不至此明宣德中燬

惠麓小隱在錫惠兩山閒元孟潼歸隱處潼又作鄒國公祠祀孟子後其地改爲鄒園別有時思菴在第三峯擔

鈎塢一作桃花塢宋信安郡王孟忠厚建

清微精舍在錫山之陰元延祐閒倪文光築隄過澗爲水簾潺湲之聲晝夜不絕倪瓚張雨皆有清微精舍詩又小蓬萊亭海天亭棲神偉觀樓俯臨黃公澗俱文光築

仁壽菴在璨山之陽元強以德所築歸隱處堂宇亭池極

幽靚閒美之致詳黃溍記

仁山堂元強以德自湖廣提舉歸作堂於西溪以奉母唐太君趙孟頫顏之曰仁山虞集爲之記

新安城在縣東南三十里寀通志元初置新安巡司於此至正中張士誠築城爲屯兵之所

九龍山人故居明王舍人紱築紱居山下自號九龍山人其址歲久湮沒邵文莊寶卽其地改爲尙德書院事載容春堂後集

竹鑪在聽松菴明洪武閒有竹工至自湖州爲僧性海編

竹爲鑪規制精密高不盈尺上圓下方類道家乾坤壺王紱爲繪圖賦詩一時多名人繼作永樂閒鑪歸潘克誠後又在楊謨家秦方伯夔取還菴中流傳京師題詠愈富裝爲軸與鑪並貯秋聲小閣〔閣在大悲殿左峭壁巉巖最稱奇勝王僉事問塡以土石遂非舊觀今已廢〕及鑪壞更製而紱圖亦亡至 國朝顧典籍貞觀得於京師納蘭成德所攜歸圖遂有四〔後失其一張宗蒼補圖之〕乾隆間 高宗南巡至惠山聽松菴俱有詩疊卷中韻又 賜竹鑪山房額四十四年已亥冬知縣邱漣攜卷至署重裝燬於火事聞 御筆親仿九龍山人意爲補竹鑪首圖 命皇六子弘旿等分畫二三四圖卷首各題四字補錄前人題詠又取 內府所藏王紱溪山漁隱圖償之與諸臣賦詩紀事甲辰春再 幸五疊前韻命大學士梁國治書辛未以後 御製詩於卷中允爲亘古佳話云

許氏草樓在嚴家溎上明初給事中許靈所搆讀書處臨

溎面山額曰山水之閒王舍人紱爲畫草樓八景於壁靈從弟節結文社於此皆知名士

渠南一老亭在靑祁涇李布衣庶所居居後爲圃而構亭水上書陶謝諸賢詩於壁晚歲名益重幅巾藜杖悠然自適其渠南第一樓則在城中南市街左壁有王紱畫竹右壁有過儀畫松

碧山吟社在惠山之陽明景泰末邑諸長者共爲觴詠之會其地闢於秦旭會者十八爲十老社沈周爲之圖〔李庶秦旭陳履陸勉高直黃祿楊理陳懋施廉潘緒等十八〕署碧山二字於門中爲十

老堂濯纓亭撚髭亭涵碧池芙蓉徑古木陂自十老後六十年旭曾孫瀚脩復之因與顧副使可久王僉事問華學士察王侍御瑛賦詩其中厥後吟社遂廢　國初旭九世孫松齡自翰林罷歸與嚴繩孫秦保寅蔣遵路輩結詩社慈谿姜宸英亦時至有碧山集雍正間松齡子實然招集名流方外會於二泉亭右之望益樓以開徑望三益五字分韻賦詩仿沈周亦繪爲圖殆碧山之遺韻也

錫谷書堂陳布衣懋所築碧山吟社十老之一也內有西

淸樓風翰亭夏寅等有記

望遠亭在錫山絕頂明成化間知縣榮華建

茶夢閣在南郊九里涇山人姚咨建咨善詩與華學士察善察巖居稿中多與咨倡和詩

菰川莊在菰瀆之上明戶部郎中華雲建沈周有圖今爲福城菴

水居在五里湖濱高忠憲攀龍築廣袤數十步池塘四匝通以小橋池外爲隄隄外爲湖湖外漆塘軍將諸峯錯列忠憲自行人抗疏貶揭陽典史歸棲遲於此者垂三十年自言几席湖山衣被風月飲食圖史皆此地也其右曰可樓前曰月陂晚則漁舟環其下歿後漸廢雍正初華希閔偕忠憲從孫愈崑輩重事脩築王吏部澍榜其門曰高子水居嘉慶八年秦瀛自湖南臬使告歸又重脩之有記

澹寧居明馬文肅世奇讀書處地僅方丈而名甚著在城中西溪

右無錫

泰伯城在縣東南三十里梅里鄉吳越春秋云泰伯當殷

之末恐中國侯王用兵以及荆蠻故起城周三里二百步外郭三十餘里在吳西北隅曰故吳墟自泰伯以下二十三君皆都此寰宇記泰伯城西去縣四十里平地高三丈吳地記吳築城梅里平墟城內有宅舊址猶存亦名吳城案梅里一作梅李古之所謂梅李平墟也其在常熟縣東三十六里者亦名梅李乃以五代時吳越使梅李二將軍駐兵於此而名非泰伯之梅李

泰伯井在皇山西九里劉昭後漢書注無錫縣東皇山有泰伯冢去冢十里有舊宅井猶存舊志俱作梁鴻井云在鴻山山本名皇音

轉爲鴻未必因伯鸞名是亦無據案唐李紳詩至德今何在平墟井有泉梁鴻重濬後又歷幾千年明即是井爲鴻濬非別有梁鴻井可正相沿之誤

専諸塔在婁巷如浮圖形高丈餘龕其中而置主以祀焉不詳其始作或以爲専諸刺王僚而死因葬於此

鴨城在縣東南二十五里泰伯鄉輿地志吳王牧鳧鴨之地今梅里鄉亦有鴨城又麋城其蹟無攷當是豢麋鹿處

西施莊在縣東四十里宅仁鄉吳地記范蠡獻西施於吳故有是莊

蕭莊在縣東四十里宅仁鄉梁蕭侍郎別墅即今廖山寺故址

敬義坊在中市橋東迴溪里朱文公書

遺愛坊宋建炎間爲知縣郗漸建今廢

清閟閣在縣東南梅里鄉元高士倪瓚故居旁列碧梧奇石設古尊罍彝鼎法書名畫其中非楊維楨張雨諸人不得至他有雲林堂朱陽館之屬以清閟爲最勝其名至外國使臣皆知之

春草軒在隆亭爲華幼武奉母之所因取孟郊游子吟詩語以名楊維楨有春草軒辭名人如黄溍輩俱有詩詠其事後廢其裔孫別築之亦旋圮

容膝軒潘仁仲燕居室廣袤不踰尋丈席門堊壁中横一榻榻前設烏木几鑿小牕牕外短牆牆下立孤石脩竹儵然塵外[illegible]嘗止是軒圖左右二壁而題詩其上

梨花莊在縣北五里天授鄉

葑溪草堂在城東隅葑溪上秦旭爲其父季昇築遊觀之所戶外清水綠疇令僮奴肄耕以給膳後旭子旦別搆屋於蠡橋北約社中諸老與旭觴詠其中同時旦兄布

政變有五峯草堂在惠山第五峯下弟奭工詩畫亦建有滌煩亭

小心齋顧端文憲成讀書處在涇里旁有同人堂月集諸從遊者若史孟麟丁元薦夏臺卿安希范繆昌期錢士升馬世奇吳鍾巒又張大可以武人來受業後死登萊之難弟允成亦有小辨齋

芹野草堂陳沂州籌讀書地

右金匱

園墅

無錫山水清淑士大夫致政歸田家富林石其以一邱
一壑因人而傳者已附入古蹟若王弇州所記黃王二
園以及馮之竹素鄒之愚公谷安之西南二林爭奇選
勝名甲三吳然不數十年已蕩爲冷烟寒雨惟秦氏寄
暢遭逢
明盛
翠華屢幸煙霞臺榭光景常新其他別墅都無一存流覽
之餘夫亦可慨然於興廢之故矣志園墅第十六

寄暢園在惠山寺左明正德中秦端敏金并二僧舍曰南
隱漚寓者爲之初名鳳谷行窩其中古木合圍後倚一
墩周文襄忱嘗至山寺以形勢左谿命聚土築之端敏
歿後園屬布政使梁再轉屬湖廣巡撫燿乃增葺而易
其名曰寄暢後遂分裂四傳而贈尚書德藻又合并改
築之雲間故有張連者累石作層巒形勢天成必盡其
變至是以屬連從子鉽俾畢其能事園成果益勝廳事
之外若知魚檻之類則易制仍名又引二泉之流曲注
奔駛聲合風雨如在萬山中蓋自端敏迄今中更盛衰

而三百年未嘗易姓伏遇
聖祖仁皇帝舉南巡之典屢
幸茲園
高宗純皇帝繩
武疊臨後先比盛
天文炳煥龍溢林泉雖片石之微亦傳之縑素（御製詩章圖畫及扁聯俱謹載 宸翰）秦氏子姓迎
鑾園門
賜秩

賜綺（乾隆丁丑 賜秦壽然編脩銜復秦芝田知縣銜 賜秦東田緞匹凡遇 巡幸子姓均被文綺之 賜）渥荷
恩施莫可殫述千古遭逢異數即海寧陳氏安瀾殆未足
相埒矣
萬松園在嚴家池之南明尚書張籌築題其名曰杏花村
野翁園在舊聽松菴右施徵君廉別墅廉號北野碧山吟
社十老之一也能詩善醫宏治中徵詣京師辭職歸營
此沈周爲之圖并題詩以贈園中有野翁泉
冠龍山居尢茂先別墅中搆堂五楹取文簡公舊額曰遂

初長洲文嘉重書之詳俞允文記
黃園黃典簿搢卽呂少卿元夫荒圃之舊改作之王世貞遊王黃二園記所謂入門物色皆蒼莽可憐者也有擥秀閣四面洞達下臨清池案舊志載冠龍山居卽王世貞所記之黃園而王永積錫山景物畧則別載黃園附以王世貞記不言黃園爲卽冠龍山居而於廢園內載冠龍山居爲尢茂先別墅崑山俞允文爲之記是舊志所載顯然互異景物畧不盡可據而此條當非杜撰今從之識此俟考
近山園陳布政寶別墅
水北園龔處士時亨築

菊花莊吳副使學築極宏敞菊最盛
惠麓小圃明都御史談愷築面錫山背平壤左望蓉湖如練後歸王鴻臚鑑子大益拓其基愈雄麗世稱王園王世貞遊黃王二園記謂此園於山色得其三垂而黃園僅當一面又引惠山泉三疊中注大池前庚午志謂小圃疑卽孟瀧惠麓小隱遺址未能詳也
竹素園馮僉事夔第中圃也在北禪寺之後中有廣池池四面皆竹夔家有女樂賓朋滿座管絃競作輒引尊自娛歿後屬顧氏園以石勝邵文莊寶賦之乾隆間尙存

其一兀立水濱嘉慶初年顧兵備光旭移入惠山祖祠內屬秦侍郎瀛爲作拜石山房記
清溪莊在西定橋西北一里顧副使可久築施漸爲十景詩後屬潘氏
施冏卿園太僕策建在城中西南隅後顧岱屬張鉽改築參議贇又搆宅於此非復舊觀
栖隱園在寺塘涇賈按察應璧因秦桼基所築又名古華山莊入門有樓橫臨涇上香車畫舫過焉中有達摩像文昌祠大士菴藕花池皆春堂繼歸秦戶部堈後爲商

人購其樓與堂作邑令吳興祚生祠今爲朱文公祠前有溪山第一額實非強可仕故墟也
呂御史別墅卽太保墩御史卣築卣子元夫增葺之秦端敏金亦曾搆別墅於此金歷官太保因名今並廢爲神祠
愚公谷在惠山寺右明正德中馮僉事夔毀僧居爲園因其地有龍縫泉故名龍泉精舍夔歿園歸顧同知起綸作墓地既葬而遷乃屬鄒副使迪光撤其舊而益大之自春申澗至繡嶂街前後廣各數十畝異花珍石崇臺

閒館參錯其閒有十二樓以居姬侍迪光解組既早懷抱有餘性好土木日遷月改旬日再至即非舊觀爲塵中異境嘗謂數十年内自馮而鄒幾經遷改身死之後當施爲佛刹聽其興衰久暫亦達於消息之理矣

怡老園華守正築

二宜園俞參政泰築

贛州園贛守黄學海築

日涉園參議汪汝達築

碧山莊在俞公橋之東明嘉靖中猾胥高玢所營王御史

某計取之後屬舉人侯世芬世芬先春子棲息於此琴歌酒座跌宕風流著有棲碧吟既而又歸秦封公德藻今仍屬侯止存老屋數椽

武陵莊在中橋施縣丞漸歸隱處後屬王職方永積康熙中學博泰敬熙即其地濬池築臺中爲湖北草堂古香亭望山樓岸艤石室亭前植梅百餘樹樓左右桂數十本號曰半園子琦又築攬秀閣得月軒今已廢爲平壤

右無錫

曠適園龔布政勉築即綠蘿菴故地

後樂園即方塘書院副都御史盛容罷山東巡撫歸取白水蕩以營之蕩廣三十畝一望芰荷魚鳥渺然巨浸飛梁曲榭參差布列中爲清風茶墅與其子弟羣從闘奕爲樂園故有古柏一株宋時物也容既殁歸九府丞魯增益宏麗又爲曲堰以節水雨至飛流竟日作琴筑聲後屬王司務業遂廢

西林膠山安氏國園也去國之居二里有南林清流沿洄綠陰翳日又二里許乃曰西林嘉靖中國因歲旱大出粟募民穿池池廣數百畝中爲二山以擬金焦術隄蓺

樹緣崖結亭廓然大觀其池水所溉田與所入魚芡茭蒲之利不可勝計至國孫紹芳負才不偶爰即其業大加丹雘與天下知名士游賞其中王世貞記疏其臺館亭樹謂麗於山者五麗於水者十四兼山水之事者三不能盡載二百年來爲東南名區

嘉遯園在鵞湖華學士察築察所居隆亭第後又有東西二園

曉山芳圃浦上舍文龍宅後別館也在羅溪之上溪接宛山湖中多古木與安氏西林鬭勝後歸於海虞瞿氏旋

復旋圯其初文待詔徵明嘗遊止小年菴中作圖二十四幅今猶有存者

拮芳園在上舍詩人陳鳳築種梅數十畝鳳以忠父字羽伯時陳近思名東川者爲十二景詩

鳴玉園在斗山之麓陳光州以忠別業以忠爲人有志略屢乞罷職屬疾而歸未畢其志後其子某爲建祠園中園因山澗奔注萬竹中聲若鳴玉故名

讀書獨行兩園皆俞按察憲第後園名憲性豪而好文湊歌妙舞陳列於前而所與游皆一時知名士故題詠最

多

花笑亭華毅所搆園林也亭在鵞湖西七里曰西莊秦鏞爲作記叙華氏園林廢興嘉遯廢而有樂榆樂榆廢而有浣紅浣紅廢而有花笑

亦園侯禮部杲仿奇暢爲之故以亦名在映山河上

右金匱

無錫金匱縣志卷十三

無錫金匱縣志卷十四

職官

史稱丞尉以上謂之長吏下此斗食佐史之屬曰少吏長吏者一邑之事皆主之方今

國家功令諸途並用而丞簿尉出身亦較襍矣然所以課吏者責綦重而丞貳之能者亦或積至大官無錫自漢以降至於今姓氏可紀多著於篇其人賢不肖因以攷見焉若師儒以教士爲職今且寖失其實廣厲學官是在賢者已志職官第十七

漢無錫縣屬會稽郡

縣令千石月俸八十斛 後漢改大縣長品秩同

縣丞四百石月俸四十五斛

縣尉二人二百石月俸三十斛

主簿 令長自調用

晉無錫縣屬晉陵郡

縣署令千石者一人正六品職田二十五頃

縣署千石以上者丞一人正八品職田十五頃

主簿 令長自調用

尉二人

唐無錫縣屬常州

縣令一人從六品職田五頃歲給俸八十五石

縣丞一人從八品職田三頃歲給俸六十四石五斗

主簿一人正九品職田二頃五十畝歲給俸四十九石五斗

縣尉二人從九品秩與簿同

宋無錫縣屬常州宋分縣爲七等畿赤緊望上中下無錫爲望縣

知縣一員秩正七品職田六頃月俸二十千

主簿一員秩從八品職田三頃月俸十二千

尉一員秩與主簿同

添差武尉一員紹興元年置駐洛社彈壓盜賊四年省

監市務酒稅一員

監望亭鎮酒務一員

元世祖朝無錫縣屬常州路世祖至元十二年爲宋恭帝德祐元年無錫屬元爲上縣置縣尹

達魯花赤一員秩從六品職田四頃至元二十一年減定二頃月俸鈔二十兩

縣尹一員品秩職田俸鈔與達魯花赤同

縣丞一員職田三頃後減定一頃五十畝月俸鈔一十五兩

主簿一員職田三頃後減定一頃月俸鈔一十三兩

縣尉一員職田二頃後減定一頃月俸鈔一十二兩

典史一員無職田月俸鈔三十五兩

巡檢一員無職田月俸鈔一十兩

成宗元貞元年五月陞無錫爲中州時江南諸縣五萬至十萬爲中州凡二十有八

達魯花赤一員秩正五品職田四頃月俸鈔四十兩

知州一員品秩與達魯花赤同職田二頃月俸鈔二十兩

同知二員秩從六品各職田二頃月俸鈔二十兩

州判二員秩從七品各職田一頃五十畝月俸鈔一十五兩

提控案牘一員無職田上州有一頃月俸鈔一十兩

都目一員職田五十畝月俸鈔八兩

儒學教授一員月俸米五石鈔二十五兩

明無錫縣屬常州府

知縣一員正七品月俸米七石五斗

縣丞一員正八品月俸米六石五斗

治農縣丞一員秩同宣德六年增置

管糧縣丞一員秩同宣德六年增置

撫民縣丞一員秩同宣德六年增置崇禎時止設二丞以治農兼管水利

案明初止總設縣丞一員後宣德六年分置治農管糧撫民三丞是總設之員當不復設後崇禎時始裁去一員而舊志表内記載闕畧其載者亦不注明何丞今不可考矣

主簿一員正九品月俸米五石五斗

典史一員未入流月俸米三石

高橋司巡檢一員從九品月俸米五石

望亭司巡檢一員秩同

稅課局大使一員未入流月俸米三石

副使一員未入流

錫山驛驛丞一員未入流月俸米三石

儒學教諭一員

訓導二員俱未入流各月俸米三石

國朝無錫縣屬常州府

知縣一員正七品俸銀四十五兩養廉銀一千五百兩

縣丞一員正八品俸銀四十兩養廉銀六十兩原有主簿一員今屬金匱

高橋司巡檢一員從九品俸銀三十一兩五錢二分養廉銀六十兩原有望亭司巡檢一員今屬金匱

典史一員未入流俸銀三十一兩五錢二分養廉銀六十兩

錫山驛驛丞一員未入流今裁

雍正四年析置金匱縣

知縣一員正七品俸銀四十五兩養廉銀一千五百兩

管糧主簿一員正九品俸銀三十三兩一錢一分四釐養廉銀六十兩

望亭司巡檢一員品秩俸廉與高橋巡檢同

典史一員品秩俸廉與無錫典史同

無錫儒學教諭一員正八品俸銀四十兩原有訓導一員今屬金匱

金匱儒學復設訓導一員從八品俸銀與教諭同

歷代	令	丞	簿	尉
漢	陶穀 錢塘人			
晉	王濤 高唐人；顧悅之 歷官尚書右丞愷之父			
宋	劉道產 無錫令見南史明志載劉康祖為無錫令仕終奉朝請以劉道產為康祖子乾隆庚午志据顧典籍貞觀邑志補訂改正今從之；劉秀之 歷無錫陽羨令著能聲			
南齊	邱康祖 吳興人			
梁	孔稚孫 山陰人南史作幼孫；張盾 字士宣後為湘東王記室；許 逸名與晉陵令某俱視湖堤水至溺死邑人建祠祀之			
唐 天寶		李璟 趙郡人河間丞源之子；蔡 逸名李嘉祐有宴蔡長官西亭詩；劉好問 字彥博南華人		皇甫冉 丹陽人以詩名家天寶進士遷左補闕；鄭豐 紫薇舍人勉子宰相珣瑜祖前志遺今据萬歷志補
大歷	敬澄	公孫羅 江都人歷沛王府參軍著文選音義行世		
貞元	湛賁 宋長史茂之十三世孫以江陰主簿攝無錫縣			

宋	知縣	主簿	縣尉
咸平五年	錢維周歷太常寺太祝是年移縣署		
景德元年	張廷偃歷尚書都官郎中		
天禧二年	劉軀從歷太子中書舍人		
乾興元年	李晉卿是年修縣署 王周歷大理寺丞		
天聖二年	宋禹臣歷大理寺丞		
六年	李景歷太常博士		
九年	聶厚載官彰信軍節度推官		
明道二年	蘇紳官殿中丞		
景祐二年	孫崇古歷衛尉寺丞元志作從古		
四年	李光卿國子博士		
寶元二年	王周尚書虞部員外郎前		劉平祥符八進士及第補

宋	知縣	主簿	縣尉
	乾興元年王周姓名同豈一人再任耶識以存疑		無錫尉後歷西北諸路安撫觀察使元昊攻延州戰歿贈朔方節度使謚壯武
康定元年	鄭戡歷太子中書舍人前志俱作康定五年攷宋史仁宗康定元年次年即改元慶歷今訂正		
慶歷三年	曾友益太子右贊善大夫		
五年	曹平殿中丞		
皇祐二年	楊寧秘書丞		
三年	江楫太常博士		
五年	魏演太子中書舍人		
至和二年	張詵秘書丞始建學		
嘉祐四年	程迪秘書丞		
七年	劉慶孫尚書虞部員外郎		
八年	陳景太子中書舍人明志		

作京

治平元年 陳知儉 太子右贊善大夫

三年 霍大備 太子中書舍人

熙寧元年 謝仲規 秘書省著作佐郎

扈仲孚 建燕居堂

四年 蔡天申 大理寺丞

六年 焦千之 殿中丞

十年 蕭淵 大理寺丞

無錫金匱縣志 卷十四 職官 十

元豐二年 張毅 秘書省著作佐郎

五年 王逢 奉議郎

八年 馬防 奉議郎

元祐二年 柳康中 宣教郎

五年 施珣 通直郎

八年 樂昭緯 通直郎

紹聖四年 施博求 宣德郎

元符三年 趙伾 洛陽人奉議郎

崇寧元年 張元度 奉議郎增建儒

王相 東牟人撰無錫縣增

五年 王勛 通直郎

大觀元年 閻與道 奉議郎

趙義文

三年 柳廷傑 奉議郎

無錫金匱縣志 卷十四 職官 十一

政和二年 盛旦 朝奉郎

五年 范景武 奉議郎

六年 安好誠 朝奉郎

宣和元年 劉景良 奉議郎

三年 黃邦達 朝奉郎明年建製錦堂

五年 孫畯 宣教郎

靖康元年 徐永 承務郎

建炎元年 郗漸 奉議郎

學

建儒學記時當崇寧三年甲申上距嘉祐元年丙申張詵初建學與記中所云後四十八年其數正合時為令者張元度詵猶子也

二年	任讜朝奉郎		
四年	錢令問右通直郎		
紹興元年			唐皡有陽山題應潭記
二年	徐宗愈右承直郎		
五年	劉寬右通直郎		
六年	李德鄰左宣教郎		
九年	江灝左奉議郎		
十二年	董震左朝請郎		
	趙南杞右宣教郎		
十三年	吳競右朝奉大夫		
十五年	胡舜舉右奉議郎是年朱奇		
	修學		
十九年	林珦宣教郎		
二十年	蔡淳右宣議郎		
二十二年	王傅左朝請大夫		
二十六年	馮澳右通直郎		
二十八年	徐梓右通直郎		
三十一年	李森右宣教郎		

隆興二年	何志承右承議郎		
乾道元年	李孟堅字文適上虞人是年以右承事郎爲晉陵丞權知無錫縣八月卽命爲眞後除知秀州		
三年	程垣右奉議郎		
四年	吳灃右通直郎		
七年	雍希稷右奉議郎		
淳熙元年	姚實通直郎		
	鄭然通直郎		
三年	張子產奉議郎		
四年	嚴庶宣教郎		
五年	錢著奉議郎		
六年	呂棐奉議郎		
八年	謝之任宣教郎		
九年	錢牧之奉議郎以知武		
	進縣改任		
十年	陳晃承務郎		

十三年 陳自修 宣教郎尋改湖州安吉縣

趙師憲 湖州安吉縣改任

十五年 王可大 文林郎

十六年 錢萬頃

紹熙元年 吳獵 奉議郎

四年 沈季豐 宣教郎

慶元元年 李興宗 通直郎

三年 吳竿 朝奉郎

六年 陳景禹 承務郎

嘉泰三年 蓋銳 朝奉郎

開禧元年 趙伯鳳 承務郎

二年 應純之 永康人以州判攝縣事

三年 陳鍾 承奉郎五月被台兩易知縣事九月回倉幕

王田 九月從政郎辟令嘉

定元年改宣教郎

嘉定三年 鄭之悌 宣教郎

六年 錢德謙 承事郎

七年 趙崇簡 字履要

十年 徐質夫 奉議郎

張樞言 秘書丞前志失載今補

十一年 皇甫埏

十四年 郭正已

十六年 倪祖義 朝散郎

十七年 葛文彧

紹定元年 楊嗣恭

四年 黄之望 奉議郎

五年 趙與諲 奉直郎

端平三年 趙汝濬 初以承直郎辟

嘉熙四年 趙紃夫 以承直郎辟建平清堂九爚為之記

趙時棐

淳祐二年	薛師魯通直郎	
五年	高斯衍通直郎	
	徐時升宣教郎	
九年	趙與勲承直郎	
十一年	張濟之宣教郎	
寶祐二年	楊夋奉議郎	
四年	袁從字擇善通直郎始建九先生祠見九棟記	
開慶元年	張時祐通直郎	
	余東奉議郎	
景定元年	劉儒學通直郎	
二年	劉承迪功郎	
五年	趙崇顯承議郎	
	朱時發從政郎	
	趙與鄧從政郎	
咸淳二年	柳正孫從政郎	
德祐元年	阮應得三月甲戌死難祀忠義名宦祠	華詮將仕郎本邑人

元	縣尹		
至元十二年	湛清		
十六年	錢奎從事郎		
十九年	姜好仁從事郎		
	張彥楨年次無攷		
元貞元年升為中州	知州達魯花赤同知		州判
大德三年	禾速嘉達魯花赤見李晦升州記		
七年	楊逸名重建州譙樓		杜昶大德七年董建州譙樓是年知州楊缺其名見虞薦發重建譙樓記
八年	劉世常字平甫		
至大二年		宋澤建城隍廟	
四年		劉通甫	白雄飛撰李晦墓誌
	石抹名闕乾隆庚午志列於至大七年案至大起戊申盡辛亥止四年並無七年闕疑俟攷		

延祐三年	禾羅思彌 達魯花赤		
五年	道童 由中書舍人遷本州達魯花赤作廳壁記刻石		
至治二年	趙思益 奉議大夫		
泰定元年	董世傑 奉議大夫		
四年	張采 奉議大夫		
至順二年	王克敬 朝散大夫		
三年	丁奕祖 常州路總管董糧事定億豐倉制		
元統二年	董守思 洛陽人朝列大夫修學		
至元二年		野仙 承務	
三年	李臺山 朝列大夫有提舉余公興學記		
六年	高潤潤出 奉政大夫達魯花赤修學		
	于文傳 長洲尹攝州事年次無攷		王中立 字貴程陞松江府年次無攷

明	知縣	縣丞	主簿	典史
洪武元年	王和 字克溫臨濠人			
三年	熊懋 字德卿建縣壇			
四年			楊善忠 白水人	
八年	趙宜 字思義增廣縣治			
十一年	袁大輿 字振宗重慶人是年建學		史有誠 蒲臺人	
十七年			鄧斌 武林人	
二十八年	郭文昌 字際時修學		方肅	
三十年	韓約 字博文東阿人以平盜功陞知通州祀名宦	趙次進 字孝禮臨海人以平盜功陞本縣知縣		蘇澤 項城人舉人以平盜有功陞本縣主簿；謝勉 字公載蒲州人由北平按察使僉事左遷尋陞大理寺丞
永樂元年	趙次進 遷福建僉		蘇澤 陞清平知縣	

事太僕卿

十五年　高澤字汝霖

二十二年　楊逸名是年作靈泉亭於錫山

彭克誠　周炳錢塘人

盧克敏字功甫蒲州人　賈從善蔚州人二人年次無攷

陳序字仲倫爲水利丞攝知縣事

李性字惟善以上四人俱永樂間年次無考

洪熙元年　陳玘字廷瑜寧德人兵科給事中左遷有能聲

宣德元年　唐泰安字循理零陵人　江瑗鄞縣人　王本字源清寧遠人陞侯官縣篆馮善重

修儒學記知縣唐泰安建大成殿縣僚李敏郭閩劉賢與江瑗王本並與其事李敏等三人當是宣德中添設之員舊志失載

七年　黃敬新城人工部主事左遷陞歸州知州　鄭敬

八年　潘維深三山人

董仲謐遂安人

九年　張斌字叔文石首人

正統元年　項伾字如僉瑞安人進士祀名宦

三年　李永芳字庭實涇陽人陞濟寧州同知　范眞荆南人　李頎保定人

九年　吳益

十三年　譚清字廉夫巴縣人

無錫金匱縣志 卷十四 職官 三二

	監生			
景泰元年		劉堅鄱陽人		
二年	盛琦字廷璧鄱縣人	邢隆字本盛息縣人		
	進士			
四年	謝進字汝勵	張拱字伯辰黃岡人		唐進綏寧人
五年	顏肅字兆舉盧陵人由臨清改任		蕭文河南人	
天順元年		尚文當陽人		
二年				蔡迪中象山人
四年	李棨字叔蘭豐城人	邵性餘姚人 鄧奎吉水人	藍謙通州人	
七年		喬方灤城人		
八年		徐恒博羅人	張綱賓州人	李璘元城人
成化二年	賴瑛字文玉任邱人陞高郵知州			
三年		董儀大同人 李通通許人		
四年		秦敬宗鉅鹿人	賈茂平涼人	

無錫金匱縣志 卷十四 職官 三三

六年		姬端大同人		
七年	李恭字思敬遼陽人進士陞太僕丞	張溥單縣人	王鼎陽城人	王恕代州人
八年			韓英魏縣人	
十年		班鏞定襄人	劉澄長縣人	
十一年	佟珍定遼衛人陞吏部主事祀名宦	李祿吳橋人 方任 黃瑄廣縣人		黎錦
十四年			石碧浮山人	
十五年		朱濟安陽人 張輝繁時人		
十六年	熊經字載道麻城人進士陞隴州知州		盤銘部陽人	
十七年		吳慵建寧人 朱連淳化人	茅茹融縣人	薛敬隆平人
二十三年	榮華字躬實藍田人進士陞御史立令丞簿尉題名碑	何珵清苑人 魏時敏莆田人	喻頤內江人	萬公華豐城人

宏治二年		何英道州人		
三年			劉亨博野人	
四年	徐銳永年人進士			
五年		于謙固安人 杜浩金堂人		
六年		田俊濟源人		劉寰洛陽人
九年		劉節高陵人 項鈿		
十一年	姜文魁進賢人進士累遷延平知府	張立表 劉倫一作婁倫 郭琮	章文	王瓚上谷人
十四年		蕭俊鹿邑人		
十六年	徐海字伯容常山人進士陞戶部主事	張淵安平人 徐廷佐唐縣人		何友德彬州人
十八年			趙暠歷城人	
正德元年	馮應奎字景祥鄞縣人進士	胡溥		
二年		柴輔歷城人		

四年		尹清普定人		
五年	齊璿字德美燕山人恩生	王弼壽張人		羅現南昌人
六年	高文豸字廷直遼東人進士	周義三河人	黎民安華容人	
七年		于資耒陽人		
九年	侯位平溪人進士歷都御史			
十年		劉繼仁涿州人舉人知蒲臺縣抗疏論鎮守宦官事降無錫丞		
十一年	張玩字味道歷城人進士			高凌霄滋陽人
十二年	彭應軫字汝徵歙縣人進士	雲升高堂州人 杜世昂泰安州人 王震聊城人	林漢閩縣人	
十四年	暢華字子實隴西人	劉璋商城人	陳琦汜水人	

十六年	進士		楊梅安東衛人	一
嘉靖元年		黃完滄州人	劉尚忠汶上人	莫諒四會人
二年	陳皐謨字鳴治振武衛人進士	熊相井陘人 游淮豐城人		
四年	管嘉楨高密人進士陞吏部主事			
五年		湯瓊	閻錦	饒琳豐城人
六年		張鉞遂平人		
七年	陳誨字幼甫崇陽人進士	麥蕙常德衛人	劉秉端陝西人	
八年	鄧繼曾資縣人進士由給事中左遷祔祀周文襄公祠 胡倖字君錫儀衛司籍慶元人進士			
九年		高崇文	鄭鍾靈寶人貢生	陳節莆田人
十一年		陳珩長樂人		

十二年	鄭普字汝德南安人進士	白永齡 高廷佐新樂人		
十三年		汪安泰開縣人	涂棠南昌人貢生	毛文浩貴溪人
十五年		宋侖濬縣人		
十六年		張時慶伊陽人貢生 詹昇常山人 鄧夔		
十七年	張濟字汝楫醴泉人進士		熊宏端新建人	高天錫閩縣人
十八年		陳公器銅仁長官司人貢生		
十九年	萬虞愷南昌人進士陞南京兵科給事中累官刑部侍郎祀名宦	韓天賦光化人貢生		
二十一年		傅驥汾西人貢生	唐泌曲陽人	吳世賢融縣人
二十二年	喻希學光山人進士	馬祿		

	士	王濟民尉氏人 王道隆莊浪人		
二十四年	郭邦光冠縣人進士陞南京戶部主事	甯政 楊守直良鄉人屢攝縣事 王玠	成象景州人貢生	曾鵬惠安人
二十六年		王鵬 張煥		
二十七年		丁朝宗		
二十八年	卜大有字謙夫秀水人進士	宋秀松 閔照任邱人		呂彪綦山人
二十九年			謝袞	
三十一年		曾申貢生		
三十二年	王其勤松滋人進士陞主事祀名宦	陳勢鵬南安人前志作執鵬今從萬歷志改正 李大用		李崇義平陸人
三十三年		冦陞榆次人	楊美木鄞縣人	

三十五年		甌玉成		
三十六年	李思說字子傳潮陽人進士	胡明顯		蕭完會稽人
三十七年		師廷瑞龍溪人	馮自修吉水人	
三十八年	沈如麒字朝珍霸州人進士			
三十九年		徐佩岢嵐人貢生		
四十年	甄津魚臺人進士祀名宦	李君祿都昌人貢生		賀朝安攸縣人
四十一年			王仲宸安福人	
四十三年		蕭煥獻縣人 林廣龍溪人		王策慈谿人
四十四年	韓應元字雲卿歷城人進士	雷崇廉平遙人貢生		
四十五年		吳天憲金谿人		
隆慶二年	鄒墀餘姚人進士陞南京兵部主事	梅元紹永嘉人 王府郯縣人 陳芹清江人		

三年		葛釜施州衛籍江陵人貢生	趙勳新城人貢生	徐緝豐城人
四年		幺桓定州人貢生		褚閏涇陽人
五年	周邦傑臨川人進士累官通政			
六年		李機鄞縣人	謝廷考吉水人	曾邦佐餘姚人
萬歷元年		陳善謀應城人		
二年		黃冠沙河人貢生		
三年		李生文鄞縣人		林有鳳豐城人
四年		余善通城人貢生	張孟㬌金華人貢生	
五年	張守朴四川人進士	范涇松溪人貢生 王翹成都人 倪來朋山陰人		金守仁會稽人
七年		張志道蒲州人		
八年		吳進慶元人貢生 周全善化人貢生	歐陽梧安仁人	袁朝用慈谿人

九年		邱京南城人貢生		
十年		楊春光貢生		
十一年	李復陽豐城人進士陞禮部主事歷官通政參議祀名宦	張應元井陘人 陳九齡烏程人貢生	李元俊山西人貢生	謝明同安人
十二年		汪學潭弋陽人		
十四年		康士迪惠安人		
十五年		程校	尹尚狆茶陵人	黃希良莆田人
十六年		王好義扶溝人陞隴西知縣		
十七年	李逢盛祁陽人進士	鮮廷相枝江人監生		
十八年	柴恪字子舒潛江人進士	易經蔚州人貢生 劉懷德涪州人 徐用賓晉江人	馬應暘陽信人	吳承熹建安人
二十一年		林鳳見歸州人	花懋植弋陽人	熊正星京山人
二十二年		石中玉隨州人		

二十三年 喬士元寧陸人

二十四年 趙應元字肖鶴新會人進士 陳宗器富陽人 黃鏓秀水人 任國恩蕭山人

二十五年 王魁賢蕭山人

二十六年 楊再第銅仁人

二十七年 劉源興安州人貢生 熊汝璞黃梅人貢生 許智福清人 孟學孔樂至人

二十八年 張唯鵠建陽人

三十年 林宰漳浦人進士陞禮部主事累官兵部侍郎祀名宦 蔡彥李晉江人 王本山陰人 謝文南海人

三十一年 季叔明慶元人 張守善海寧人

三十二年 馬之驥信豐人 王浙麗水人 崔偉鄞縣人

三十三年 郭命賢益陽人貢生

三十四年 楊宸太和人 彭順遇保昌人 王立麒仙居人

三十五年 朱克忠會稽人

三十六年 許令典海寧人進士歷淮安知府 戴任靈州人貢生陞永川知縣

三十七年 李應乾柏鄉人

三十八年 陳以聞麻城人進士陞禮部主事 宋紀芳奉新人 劉三接高要人

三十九年 蕭本中萬安人

四十年 張紳徽州人 陳王謨錢塘人

四十一年 姜習孔遂安人進士行取南京戶科給事中 洪紹哲黃梅人

四十二年 蘇儒樂會人貢生 王建中靖邊人 郭文迪東陽人 葛師一江陵人

四十三年 沈康新城人

四十四年 何舜岳字越崎臨海人進士由當塗縣調

四十五年		鄧巍文昌人貢生 王國華將樂人	湯有禮靖安人	黃兆輝莆田人
四十六年		傅學夔新淦人		
四十七年	任大治字九疇寧海人進士	陳繼洲萬歷中水利丞年次無攷		
天啓元年	劉五緯萬縣人進士祀名宦	金之鎔 袁繼登 曾曜 葉應選	尚宗倫	張懋猷河南人 吳維藩福建人
		廖有光按康熙庚午志天啓元年縣丞止載金之鎔袁繼登而黃卬酌泉錄云天啓時尚有三丞是年爲曾曜葉應選廖有光乾隆庚午志据以補入卬又以舊志已載二丞致		

		疑鏑謂元年內意必丞貳數有更易遂前後多至五人應仍之		
四年		張三德	周一傑	
五年	吳大朴字濬元固始人進士陞兵部主事	來維觀管糧丞知縣吳大朴委拆東林		王仲龍浙江人
崇禎元年	陳其赤字石夫崇仁人進士	葉向春		
二年		駱先駿	黃汝榜江西人	
三年			李惟賢	
四年	楊雲鶴字漣漪四川營山人進士調吳縣	鄒標		
六年	陳周政字蝶庵四川營山人進士	趙偉		
七年	陳志忠字補思臨川人進士			李應舉湖廣人

年	知縣	縣丞	主簿	典史
十年	廖貢暄字鉢池廣東順德人進士	宋應宸	陳漢	張正嗣湖廣人
十一年	趙昱字浴庵安縣人進士			王友廉浙江人
十二年	龐昌允字再玉四川人進士調青陽殉節	胡萬選		
十三年		婁倫志		湯尚忠浙江人
		温厚		
十四年		杜欽聘安遠人　馬必復汾西人貢生見崇禎辛巳縉紳便覽時三丞已裁其一		
十五年	郭佳允寧陵人進士鎮江府知事署無錫縣陞本縣知縣甲申陞兵部主事郎陞	朱應元	伍枝芳	鄭士林福建人

年	知縣	縣丞	主簿	典史
	本府知府			
十六年		周明緒	陳繼良	方從吉福建人
十七年	林飭字個士福清人進士次年王師下江南遁去	案乾隆庚午志天啓元年以後丞簿尉年次無考今据陳玉琪府志訂正		陳應奎福建人

國朝	知縣	縣丞	主簿	巡檢典史
順治二年	喬昌孟津人舉人	隨登雲遼陽人陞嘉定知縣	徐以行桐鄉人	段允中
三年	宗良弼滎澤人進士			
五年	李訥大名人舉人	白自貞延川人		
八年	郭如儀涇陽人進士			
九年	陳國鼎字子新宛平人廕生		江有章樂清人貢生	
十一年		李之杰霑化人陞揚州府同知		

十二年				吳光前
十三年			蔡啓新 大興人	
十五年	黃之蔚 字郁巖 鄆城人 貢生	白倉 保德州人 拔貢 陞彰德府同知		
十六年				蔣士俊
十七年		任國標 霍州人 貢生 陞象山知縣	彭祖商 監利人 陞寧津知縣	李文進 會稽人 高橋司
十八年	陳泰和 字賡斯 建德人 舉人			
康熙二年	吳興祚 遼東清河人 貢生 陞福建按察使 歷福建巡撫 兩廣總督 祀名宦		繆祖法 山陰人	倪瑄
五年		李琮 定興人 官監		
九年				馮饒 王嘉弼 巴陵人 高橋司
十年		劉士奇 延慶州人		

十三年			馬國昌 山陰人	朱惠 山陰人 望亭司
十四年	韓文琨 正藍旗人 廕生	黃素先 孝感人		
十六年				賈光泰 曲陽人
十七年		余司韜 宛平人		
十九年	曾子駒 將樂人			
二十年				王清遇 真定人 望亭司
二十一年				白鼎珍 沂州人
二十二年	徐永言 山陰人 監生 修無錫縣志		劉鼎 林縣人	何通江 睢州人 望亭司
三十一年		陳應吉 山陰人 貢生		任昌 臨潼人 高橋司
三十二年				尹章 歷城人
三十五年	何振 山陰人 由監生 本府通判 署本縣事			
三十六年	李繼善 鑲紅旗人 監生		夏澄 會稽人 由監生 捐縣丞 急選得主簿	

四十三年				吳純忠大興人
四十四年		張鴻祚東鹿人		
四十七年				田有才富平人
四十九年				黃鍾大興人
五十年	何圖鑲紅旗人監生由蘇州府同知署事　林濤惠來人舉人			
五十一年	殷元福新鄉人進士由武進縣知縣署事			
五十二年	涂鍾俊德化人監生			
五十五年	郭朝柱鑲紅旗人監生由本府通判署事　徐永隆正白旗人監生由鎮江府通判署事		陳成愷山陰人監生	顧榮上虞人

	施安鑲紅旗人監生由長洲縣丞署事			
五十六年	章頤貴筑人舉人			
五十八年	趙宏本鑲紅旗人監生由本府通判署事	陳希曾石門人監生		
五十九年	張璨湘潭人舉人　周中鐸山陰人監生由本府通判署事			
六十年	徐日烱益陽人貢生		伍俊大興人廪生	
六十一年	楊安正藍旗人監生由江寧府同知署事			
雍正元年	武承謨盂縣人進士祀名宦　李世金鑲藍旗人監生由本府同知署事			

	無錫知縣	縣丞	巡檢	典史
二年	李玫 臨縣人 監生			吳相 三河人 望亭司
	雍正四年析置金匱分設知縣一員原屬無錫之主簿一員望亭司巡檢一員撥隸金匱分編於後			
雍正四年	江之瀚 寧夏人 舉人			
五年	朱南明 靳水人 舉人署事 李德柄 順德人 舉人 高式矩 洪洞人 貢生署事			孫得賢 三河人
六年	江日容 旌德人 貢生			何廷寶 大興人 天文生
八年		茹淇 宛平人		徐天錫 會稽人

	知縣	縣丞	巡檢	典史
九年	胡廷琦 大興人 貢生			
十一年	吳翼祖 湘陰人 拔貢生	强恕行 安定人		李琚 魏縣人
十三年				盧旭 順天府通州人
乾隆三年	强恕行 由本縣縣丞署事 黃建中 咸寧人 貢生署事	陳昌宗 大興人		
四年	崔昭 太平人 吏員署事 王熙泰 正白旗人 舉人署事 姜順蛟 大名人 貢生歷淮安府知府			
八年	陳鼎 海鹽人 貢生署事	佟盝 正藍旗人		
九年	高聯登 沅陵人 貢生			倪式璐 大興人

無錫金匱縣志 卷十四 職官 四十四

	生署事 蔡長澐漳浦人廩生歷刑部侍郎 張齡丰桐城人監生			
十年	遲維執正白旗人副榜貢生 李鏻諸城人貢生			
十一年				陳士輝石埭人
十二年	王鎬會稽人監生保舉重修無錫縣志		蘇景武大興人	
十五年				賈士智
十七年		蔣光裕旌德人		謝吉上虞人
十八年		霍位喬馬邑人		
二十年	魏廷夔署事			
二十一年	沈名掞天津人			
二十二年			鍾懌宛平人	
二十四年	吳鉞全椒人貢生陞			

無錫金匱縣志 卷十四 職官 四十五

	奉天府治中			
二十七年				丁汝楷山陰人
三十一年	李世徵會同人			
三十四年	范國泰大興人陞海防同知			
三十五年		張廷芳武強人		
三十七年	郭本才廣濟人進士			
三十八年			杜輔世徽縣人	
四十年	邱漣南豐人舉人調吳縣	李馨歷城人		
四十二年				王彥英河曲人
四十三年				張倫含山人
四十四年		黃士達黔陽人		
四十九年			羅位育安福人捐陞知縣	
五十一年	魏右曾廣昌人縣丞署任陞江寧縣			

五十二年	郭占選莆田人舉人			田名世新津人
五十五年				扈元玠汝州人
五十七年	謝元城任邱人署事			
五十八年	甄輔廷平定州人署事			
五十九年	謝生翹閬縣人署事			王裕猷山陰人
	姚鳳楷鉅野人署事			
六十年	支鑑絳州人署事 甄輔廷實授回任後調吳縣			
嘉慶元年	姚學申鉅野人進士	靳光斗鑲黃旗人		
二年			孫瑾大興人	范名揚會稽人
四年	李紹洛棲霞人舉人		馬學曾大興人	

	人署事 潘熉大興人			
六年	沈暵楓宛平人副榜署事			
七年	楊潤絳州人貢生			
八年			樊兆樞清苑人	
十年		潘肇封大興人		
十一年	陳玉篇同安人舉人署事			
十二年	韓履寵城固人進士	馬麟書齊河人		
十五年		徐鈺青陽人		
十七年		姚大成錢塘人		
	金匱知縣	主簿	巡檢	典史
雍正四年	王喬林錢塘人進士庶吉士散館改授	伍俊大興人廩生	吳相三河人	鍾湛宛平人
五年	吳鶚峙霑化人舉人署事	徐則淮漢川人		

	王符震祥符人舉人署事 王喬林十一月復任			
七年		胡巍齡涇縣人	車任重大興人	
八年	馬廷相仁和人			
九年	王个臣鍾祥人 胡慎餘慶人舉人署事			李芳桂長治人
十二年	張若曦桐城人署事 王允謙深澤人拔貢生			
乾隆元年				趙再可平鄉人
二年		金志成宛平人		
三年	傅宿儒滎澤人拔貢生 王允謙十月復任			

十一年				王天裕山陰人
十二年	鄭時慶文水人進士			
十三年	俞體道			
十四年	羅奇餘姚人舉人			
十六年	盛支炳	褚楷宣化人		
十七年	龔景福仁和人署事 康曾詔衡山人進士署事			
十八年	孫耀德懷來人舉人署事	劉以輝候補州判署事	陳師韓海寧人	謝吉無錫典史署事
十九年	程光暄孝感人舉人			潘永倫上虞人
二十二年		高宏縫會稽人		
二十五年	韓錫祚青田人舉人陞松江府累遷松太道	王璐縣丞署事 戴紀大興人		

無錫金匱縣志　卷十四　職官　五十

二十七年				袁煜分宜人
二十八年				淳一元清平人
三十一年			魏國卿汾陽人	
三十二年	單燾高密人舉人署事　鞠愼海縣人舉人署事　李炳皐蘭人拔貢生			馬純瑄清鎮人
三十三年	何奏成漳浦人舉人署事　李懋極滎澤人舉人署事　吳賢休寧人舉人署事			
三十四年	福保正藍旗人雲騎尉	葉成龍山陰人	郝廷模大興人	
三十六年	許嗣抗錢塘人署事	伍熊大興人		

無錫金匱縣志　卷十四　職官　五十一

	周延秝平陸人舉人調武進縣			
三十九年	郭昺安陸人署事			
四十年	林培由文登人舉人調江陰縣			
四十一年	王應中萊陽人舉人署事			丁起鳳會稽人
四十二年	何世珩金堂人舉人調吳江縣			
四十三年				高燮安山陰人
四十六年	王承廣惠民人進士			
四十八年	程明懷孝感人進士署事　張曾太桐城人舉人調震澤縣		常弼盧氏人	
五十二年	彭元璟南昌人優貢調寶山縣	支鑑絳州人	潘鶴亭大興人	宋韜大興人

五十四年		翟一鑄涇縣人		
五十五年	賈湘河內人拔貢調震澤縣 謝元城任邱人署事			
五十七年	邵颿山陰人舉人			
五十八年	張曾枚桐城人舉人調震澤縣			
五十九年	張寬泉臨桂人舉人		孟克勤上虞人	

無錫金匱縣志　卷十四　職官　五十二

	人			
六十年			王錫笙德化人	
嘉慶三年	姚學甲無錫令兼署九月卸事 張寬泉九月回任			李曰敏金谿人
五年		周士標慈谿人		
八年				李瀚歷城人
九年		徐鈺青陽人	孫瀛巴陵人	
十年	陳毓蕙溫縣人舉人			

	人署事			
十一年	閻登雲郟縣人進士調吳江縣			
十三年				陳元石埭人
十五年		吳廷琦涇縣人		
十六年	董和培鑲白旗漢軍舉人鎮洋令署事			夏澤臨固始人
十七年	齊彥槐婺源人進士庶吉士散館改授	汪啓滢黟縣人		

無錫金匱縣志　卷十四　職官　五十三

元　教授

至元　孫桂發見九棟記

范拱杭州人父晞文宋太學生上書詆賈似道竄瓊州入元爲江浙儒學提舉就子養占籍無錫

案舊志元教職內載虞薦發薦發入元後以無錫學久廢强起爲師而不受祿是薦發未嘗仕元今儒林傳已列薦發於宋以正舊志之誤是以於職官表內去之亦薦發志也

大德　章元孫

完顏

朱振孫

無錫金匱縣志　卷十四　職官　五十四

毛希聖

延祐　李思孝立五先生祠修講堂

胡濟

徐一得

泰定　余鎭卿本州人有州官題名記

天歷　郭登龍

嚴鍾孫

王茆

黎叔冉

元統　梅正傳

胥謔

至元　卓眞孫修學

朱魯卿崇德人

周恕信州人

翁廷序弋陽人

岳自持宜興人

王容英成都人

明　教諭

訓導

無錫金匱縣志　卷十四　職官　五十五

洪武　戴時省名吾以字行宜黃人

黃鳳閩縣人

郭達淮陽人

呂敏本縣人舉明經前志作呂志學敏字志學今改正

王惟允字俊民本縣人舉明經陞鎭江通判

丁信本縣人

朱昇本縣人

錢仲益本縣人累遷翰林修撰

王達本縣人生員保任累遷侍讀學士

永樂　李孟昭廬陵人

林茱連江人舉人

盧立魁筠州人

任季亨樂安人

宣德元年　馮善字擇賢本縣人舉經明行修遷望江縣志教諭修

九年	林汝遠慈谿人舉人	曾經文江人
正統九年	秦艮廣西人	
十二年		王輔弋陽人儒士
十四年		李純安福人
景泰四年	林僑長樂人解元	
五年		唐勵錢塘人舉人
七年		蔡蘭監利人
天順四年	羅文吉水人	
五年		李奎祥符人

成化元年	劉瑛成都人	
二年		李時顯安福人
六年	劉鍾安福人儒士	洪瑆閩縣人監生
十年		陳孟稠莆田人
十一年		廖垣南海人
十三年		謝經衡陽人陞助教
十五年	金璨鄞縣人舉人	潘洪太和人
十七年		虞煥山陰人舉人
二十一年	陳維新長樂人舉人	

二十三年		頓質豐城人舉人明志作頼質
宏治三年		張瑄諸暨人監生
六年		余彪浮梁人監生
八年	陳嶽陽曲人舉人	何繼周侯官人舉人
十一年	陳世傑莆田人舉人	
十六年		邵恒黃巖人舉人
十八年	卜垠南陽人舉人	
正德六年	唐瑜臨桂人舉人	劉宸長樂人舉人
七年	董資元舉人	李雄祥符人舉人

		葛廷輔
十六年		鄭士烈莆田人
嘉靖三年	九和晉江人舉人	
四年		江旋東墊江人舉人
七年	孫益	魏汝贊
八年		黃金潯州人
十一年		馮富
十二年	姚僖桐廬人	
十四年		王濟仙居人

十七年	王業遂安人	陳瀾溫州人
		李觀四川人
二十年		周法南昌人
二十二年	董文吉陝州人舉人	
二十五年	王楠仙居人	孟世威靈寶人祀學宮
二十六年		劉欽承石首人
三十年	王錫恩茌平人	
三十一年		張雲安吉人
三十二年	李宏道臨川人	

無錫金匱縣志 卷十四 職官 三十八

三十三年		謝鵬歐寧人
三十四年	袁豐分宜人	
三十六年		袁敏起峽江人 魏果龍巖人貢生
三十八年	張重莆田人舉人陞兵部司務	
三十九年		龍愚卿宜春人
四十年		王錦錢塘人
四十二年		歐陽岡分宜人
四十三年	鄔嘉奉化人	李春芬宜平人

隆慶元年	衛銑仁和人祀學宮	張鎮秀水人
二年		吳澤蘭谿人
三年	高巖閩縣人舉人	
五年	孫表句容人	林榦臨海人
六年		李槩金鄉人
萬歷元年	李顯朝四川人	劉舉安東人
三年	梁肇修順德人舉人	
四年		俞韶潮州人
五年	侯必恭	

無錫金匱縣志 卷十四 職官 三十九

七年	何頌德湖廣人	徐鐸荊州人
九年	李元白江陵人	唐學禮滁州人
十三年	周日庠鎮江人	俞楷贛州人
十四年	唐學禮本學訓導陞任	王一鶚
十五年	譚魯始興人	
十七年		姚謨舒城人
十九年	呂鳴陽襄陽人舉人陞敘州推官	張焞江都人
二十三年	李仕道宜賓人	
二十四年		任會曾通州人

二十七年		張用覺蕪湖人
二十八年	賈應龍安陽人舉人	
三十一年		李從謙滁州人
三十二年	單有學蕭山人舉人陞永寧知縣	王昶太平人
三十三年	袁德顯青陽人舉人	
三十五年		郁一卿華亭人
三十八年	丁仕明秀水人舉人陞英德知縣	
三十九年		郭藩巢縣人
四十一年	吳尚默涇縣人舉人中四十四年丙辰進士	周如砥亳州人
四十二年		張一本鳳陽人
四十三年		鄒洪道興化人
四十四年	翁應祥常熟人舉人	
四十六年		劉士驁與修府志 羅天與侯官人
天啓二年	陳穀同安人舉人	許自表吳縣人
五年		陳一鯉
七年	何謙崑山人舉人中崇禎四年辛未進士	趙承志前志作承忠
崇禎二年		李同春

四年	胡懋進舉人	陸銑常熟人陞推官府志作陸鋭
十年		趙雲程
十六年	龍起化通州人舉人	寸克修貴州人
	楊汝翼華亭人舉人	周秉維太倉人
	朱伯連廣東人舉人	時雍常熟人以上五人年次無攷
國朝	教諭	訓導
順治二年	楊愈淳成都人貢生	董象孚華亭人
四年	王之牧旌德人舉人	康懋爵鳳陽人
八年	沈泰華亭人	趙一琴海門人
十年	翁嗣聖常熟人舉人	
十二年	鮑爻成歙縣人舉人	吉天助太湖人
十三年	郝毓嵾潁川人舉人	吉天賚太湖人訓導缺於康熙元年奉裁十六年復設
康熙十五年	錢特簡溧陽人舉人	
十六年		方將桐城人
二十二年	任文煒溧陽人舉人祀名宦	
二十七年		汪艮相歙縣人

三十五年	錢壘太倉人舉人祀學宮	
四十年		錢守中吳江人
五十年	李曙婁縣人舉人祀學宮	
六十一年		張宗禎蘇州人　雍正四年分縣以訓導改屬金匱爲復設訓導分編於後
	無錫教諭	金匱復設訓導
雍正四年	李曙	尹有章當塗人貢生
八年	高元崙舉人	
	陳絜石埭人舉人祀學宮	

九年		王延祚六安州人貢生
十三年		許世昌金壇人貢生
乾隆三年	于兆鰲金壇人舉人	
六年		吳天璜天長人貢生
八年	汪淪原休寧人舉人明通榜	
十一年		石補失宿松人貢生
十三年	王湘常熟人舉人明通榜陞宜城知縣	
十八年		郭兆蓀常熟人貢生
十九年		葉華坦吳縣人貢生

二十一年		陳汝銓五河人貢生
二十三年		馬永鎬吳縣人舉人
三十四年	韓襄祥長洲人舉人	顧禮讓吳縣人舉人
三十五年	黃一源通州人舉人	
四十年	龔進藩吳縣人舉人署事	
四十一年	許文機山陽衛人舉人	
四十五年		閆益鎮洋人貢生署事
四十六年		吳文彥太倉州人貢生署事
五十一年		邵士泰太倉州人舉人

無錫金匱縣志　卷十四　職官　奎

五十二年		張善佐亳州人貢生
五十四年	汪正宗桐城人舉人陞知縣	
五十七年	陳于襄涇縣人舉人	彭蘊琨元和人拔貢署事
五十八年	徐祐新陽人貢生署事	趙基吳江人貢生
五十九年	葛時發和州人舉人	
嘉慶三年	趙同岐常熟人副榜貢生署事捐陞知縣	
四年	郭一臨吳縣人舉人	
十三年		胡有基寶山人舉人署事

十四年

張立本望江人貢生

無錫金匱縣志卷十四

無錫金匱縣志卷十五

選舉

前明取士專重甲科而鄉舉次之貢生一途其初間有殊擢後則寥寥我

朝立賢無方而科目仍沿明制魁人傑士固當拔出乎其間而或規規譾譾僅借爲榮進之階不亦陋與至漢制由天子特詔謂之制科

國家鄭重其選如博學鴻儒等科得人最盛而省方之暇試士授官抑亦非常之典逈於等倫者矣古者文武並用無錫風氣柔弱挽强命中非所素嫺其以武功著者葢無聞焉志選舉第十八

進士

唐

元和元年丙戌　李紳歷官尚書左僕射趙郡公謚文肅

宋

慶歷六年丙戌賈黯榜　錢顗監察御史裏行

嘉祐二年丁酉章衡榜　蔣之奇府志列宜興縣

八年癸卯許將榜　袁黙太學博士　孫庭筠府志列宜興縣

治平二年乙巳彭汝礪榜 凌浩太學博士出守渠陽
熙寧三年庚戌葉祖洽榜 陳敏知天台州
六年癸丑余中榜 沈初官國子直講 沈禋
蔣之美府志列宜興縣
九年丙辰徐鐸榜 沈復左中大夫
元豐二年己未時彥榜 費古 李夔集賢修撰忠定公綱父
八年乙丑焦蹈榜 袁熙知淮陽軍
元祐六年辛未馬涓榜 王周 沈禓
紹聖元年甲戌畢漸榜 尤輝 許德之太常少卿

元符三年庚辰李釜榜 王岡左司郎中直秘閣
崇寧二年癸未霍端友榜 袁植宣和甲辰詞學岳州守 孫近宣和中舉宏詞
洪遘
四年乙酉李華榜 孫逵
五年丙戌蔡凝榜 李謨知鎮江臨安遷寶文閣鎮京口 唐作求嚴州守
施垌禮部侍郎
大觀三年己丑賈安宅榜 沈松年金壇令以文學擢太學博士 李尚行江南轉運使
費肅秘書正字 錢紳知州
袁正功建炎甲戌詞學 案建炎無甲戌年當是庚戌

李端行太學博士
政和二年壬辰莫儔榜 李綱中書侍郎謚忠定
宣和三年辛丑何渙榜 費介
建炎二年戊申李易榜 喻樗浙江提舉常平
紹興二年壬子張九成榜 陳之茂秘書修撰 陳之淵吏部侍郎
許衎之特奏第一
十二年壬戌陳誠之榜 唐孚 許伸
費鍇
十八年戊辰王佐榜 吳幬 尤袤禮部尚書謚文簡

陳篆知州 戴幾先禮部侍郎
吳璹 許璹
陳長源
二十一年辛未趙逵榜 蔣芾一甲第二右僕射同平章事
二十四年甲戌張孝祥榜 戴達先歷知袁州 呂克成特奏第一蘄州教授
三十年庚辰梁克家榜 陳翥
隆興元年癸未木待問榜 李祥國子祭酒謚肅簡 李霖
淳熙二年乙未詹騤榜 尤棨太常博士袤子
五年戊戌姚穎榜 沈有開直龍圖閣

十四年丁未王容榜　費塤　修職郎
紹熙四年癸丑陳亮榜　馮多福
嘉定元年戊辰鄭自誠榜　尤焴　端明學士提舉秘書省
十六年癸未蔣重珍榜　蔣重珍　一甲第一刑部侍郎謚忠文
寶慶二年丙戌王會龍榜　費𢍏
紹定五年壬辰徐元杰榜　蔣應新
寶祐四年丙辰文天祥榜　邵煥文　趙必鑛
景定三年壬戌方山京榜　尤棟　廣德知州
咸淳元年乙丑阮登炳榜　陳炤　常州通判死難　邵夢接

四年戊辰陳文龍榜　鄧恢
七年辛未張鎮孫榜　王應龍
十年甲戌王龍澤榜　孫桂發　元至元中本州教授
德祐元年乙亥　蔣捷　不仕元工詞見府志

元

至正二年壬午陳祖仁榜　陸以道　翰林待制府志作士宏　焦鼎

明

洪武四年辛亥吳伯宗榜　錢蒙　韓城知縣案萬歷志及府志進士表無錢蒙太學題名碑亦不載今仍康熙庚午志存之以備考

十八年乙丑丁顯榜　許靈　禮科給事中　葛桓　御史
永樂二年甲申曾棨榜　殷序　雲南布政使
十年壬辰馬鐸榜　張思安　陝西副使
正統四年己未施槃榜　楊璿　副都御史　王訥　沂州知州
成始終　湖廣僉事
十年乙丑商輅榜　許箎　戶部員外
十三年戊辰彭時榜　倪敬　御史
景泰二年辛未柯潛榜　盛容　刑部侍郎　周清　庶吉士改御史
五年甲戌孫賢榜　孫璚　富順知縣　楊琛　禮部郎中

天順四年庚辰王一夔榜　談經　戶部主事　秦夔　江西布政使
八年甲申彭教榜　陳賓　福建布政使
成化五年己丑張昇榜　談綱　萊州知府
十一年乙未謝遷榜　華山　湖廣參議
十四年戊戌曾彥榜　過鶴　太僕寺丞　繆昌　四川布政使
十七年辛丑王華榜　陳周　河南參政　呂卣　御史
二十年甲辰李旻榜　邵寶　南京禮部尚書謚文莊　陳昌　戶部員外郎
莫驄　兵部員外郎　吳學　山東按察使
華烈　建昌府推官　張愷　福建運使

華珏 南京吏部郎中

二十三年丁未費宏榜
俞世德 復姓鄒御史
朱珏 縉雲知縣

華津 山西參政
羅柔 建寧知府

宏治三年庚戌錢福榜
馮夔 廣東僉事
茹鑾 福建參議

楊文 國子監丞

陸廣 南康知府

六年癸丑毛澄榜
錢榮 戶部郎中
陳策 江西布政使

秦金 南京兵部尚書謚端敏
王恂

王德 南樂知縣

九年丙辰朱希周榜
華杲 福建布政使
呂元夫 南京通政使

鄧洹

十二年己未倫文叙榜
莫息 工部主事
葛嵩 工科給事中

十五年壬戌康海榜
朱絃 御史
俞泰 山東參政

十八年乙丑顧鼎臣榜
方學 撫州知府
顧可學 禮部尚書

正德三年戊辰呂柟榜
葛恒 廣西參政
成周 貴州僉事

陸禮 柳州知府
顧可適 廣西參議

李覺 刑部主事
茹鳴鳳 光祿寺丞

九年甲戌唐皐榜
喻義 南寧知府
陸卿 刑部主事

張汝欽 戶部員外
邊崳 寧波教授

顧可久 廣東副使
錢憲 常山知縣

十二年丁丑舒芬榜
曹懷 延平知府
楊淮 戶部郎中

十六年辛巳楊維聰榜
華金 天津副使
浦瑾 麗水知縣

嘉靖二年癸未姚淶榜
華鑰 兵部郎中
王召 戶部員外

茹鳴金 承天知府

五年丙戌龔用卿榜
華察 侍讀學士
楊僎

談愷 兩廣總督兵部侍郎

八年己丑羅洪先榜
王表 禮部郎中
安如山 雲南僉事

張選 通政司參議
黃正色 南京太僕寺卿

曹察 汀州知府

十一年壬辰林大欽榜
浦應麒 右春坊贊善
尢魯 順天府丞

施雨 僉事
王瑛 黎平知府

十四年乙未韓應龍榜
王立道 翰林院編修
陸子明 廣東僉事

十七年戊戌茅瓚榜
王問 廣東僉事
俞憲 湖廣按察使

二十年辛丑沈坤榜
夏子開 知府
華舜欽 瑞州知府

周俊民 紹興通判
吳禎 盧陵知縣

華雲 刑部郎中

二十三年甲辰秦鳴雷榜

吳情 一甲第三春坊諭德　馮有年 戶部員外

俞謹 榜姓丁黃巖知縣　李文麟 兵部主事

尤瑛 江西參議　吳嶽 通判

二十六年丁未李春先榜

邵德 長興知縣　秦梁 江西布政使

二十九年庚戌唐汝楫榜

馬濂 浙江運使　鄭伯興 湖廣副使

三十二年癸丑陳謹榜

何汝健 浙江參議　秦禾 永昌知府

汪汝達 廣西參議　嵇緒 思安同知

祝舜齡 南京戶部主事

三十五年丙辰諸大綬榜

楊成 南京兵部尚書謚莊簡

三十八年己未丁士彥榜

華汝礪 雲南副使　徐卿龍 紹興知府

張子仁 貴州參政

四十一年壬戌申時行榜

黃學海 贛州知府　華啓直 四川參政

四十四年乙丑范應期榜

王鑑 太僕寺卿　周子義 吏部侍郎謚文恪

顧應龍 雷州知府　萬言策 濟南推官

胡涍 御史

隆慶二年戊辰羅萬化榜

華叔陽 禮部主事　龔勉 江西副使

錢普 眞定知府　唐裔 汀州知府

施夢龍 江西副使　賈應璧 廣東按察使

五年辛未張元忭榜

施策 太僕寺卿　吳汝倫 禮科給事中

秦燿 右副都御史

萬歷二年甲戌孫繼皐榜

孫繼皐 一甲第一吏部左侍郎　鄒迪光 湖廣提學副使

蔡維亨 戶部主事　嵇應科 兵部員外

王國賓 戶部員外　王問卿 給事中

五年丁丑沈懋學榜

李應祥 陝西提學副使　趙一鵬 復姓嚴刑部左侍郎

萬象春 南京工部侍郎　吳之鵬 福建按察使

王之麟 山東參政

八年庚辰張懋修榜

顧憲成 南京光祿少卿謚端文　盧文勲 戶部員外郎

鄒龍光 中書舍人　侯先春 兵科都給事中

吳之龍 江西參政

十一年癸未朱國祚榜

周子文 南京兵部主事　華廷詔 龍泉知縣

十四年丙戌唐文獻榜

安希范 南京吏部主事　韓文 建昌知縣

顧龍禎 御史　劉源澄 戶部主事

顧允成 禮部主事　婁希亮

何淳之 御史

十七年己丑焦竑榜

葉茂才 南京工部侍郎　周繼昌 順天府丞

華士標 刑部郎中　楊應文 南京太僕少卿

陳幼學 南京太常少卿　高攀龍 左都御史諡忠憲
何湛之 浙江參議　華國榮
二十年壬辰翁正春榜　吳海鰲 行人司副　堵維垣 廣東布政使
二十三年乙未朱之蕃榜　劉元珍 光祿少卿
二十六年戊戌趙秉忠榜　何棟如 太僕少卿　張履正 廣信知府
二十九年辛丑張以誠榜　吳澄時 衢州知府
三十二年甲辰楊守勤榜　華元禔 御史　鮑際明 寧都知縣
周炳謨 禮部右侍郎諡文簡
三十五年丁未黃士俊榜　馮士豪 保昌知縣　華敦復 四川布政使

三十八年庚戌韓敬榜　賈允元 浙江按察使　秦延烝 兵部主事
四十一年癸丑周延儒榜　沈應時 通政司參議　施元徵 福建布政司副使
四十七年己未莊際昌榜　陳振豪 南陽知府　邵名世 山東布政使
天啟二年壬戌文震孟榜　秦堈 戶部郎中　王永吉 福州知府
華允誠 吏部員外諡節愍　張有譽 戶部尚書
賈明佺　吳道華 工部主事
五年乙丑余煌榜　華琪芳 一甲第二少詹事　胡之竑 山東副使
崇禎元年戊辰劉若宰榜　曹荃 榜姓朱原名時荃福建副使
張纘曾 御史

四年辛未陳于泰榜　馬世奇 諭德贈侍郎諡文肅　王孫蘭 廣東副使諡節愍
錢振先 金華知府　唐錫蕃 刑部主事
吳其馴 兵部員外
七年甲戌劉理順榜　張琦 禮部主事　王孫蕙 歸善知縣
王永積 兵部郎中　唐士嶸 浙江副使
陳組綬 武進籍兵部主事
十年丁丑劉同升榜　高世泰 湖廣提學僉事　堵允錫 大學士溥國公諡文忠
胡時亨 改名時忠御史　顧棻 河間知府
秦鏞 御史　徐調元 金華知縣

侯鼎鉉 戶部主事
十三年庚辰魏藻德榜　呂陽 湖廣僉事　趙玉森 翰林檢討
鄒式金 泉州知府
十六年癸未楊廷鑑榜　秦汧 兵部主事　强恂 富陽知縣
黃鐘諧 歸安知縣　許學
華溶吉 泰和知縣　龔廷祥 中書舍人諡節愍
施召徵 陸川知縣諡節愍　馬瑞 國子監博士
錢爾登 長興知縣

國朝

順治四年丁亥呂宮榜
鄭應臯榜姓萬戶部主事　陸朝瑛榜姓范山東僉事
劉德姿忻州知州　堵廷棻歷城知縣
蔡瓊枝浙江僉事　劉果遠榜姓徐湖廣提學僉事
許襄中部知縣　劉惠恒閬縣知縣
張墀未殿試　顧鏞榜姓楊廣東提學僉事
鮑鳳仍樂安知縣

六年己丑劉子壯榜
諸豫翰林院侍講　諸保宥南昌知府
范龍復姓王歷城知縣　沈在湄永定知縣
薛信辰浙江布政使　朱瑛寶慶同知

顧煜象山知縣　侯杲刑部郎中
費國瑄餘姚知縣　張迎禊未殿試
鄒忠倚未殿試

九年壬辰鄒忠倚榜
鄒忠倚一甲第一翰林院修撰　賈曾秀水知縣
吳滋汝寧推官　張迎禊武昌推官
孫仁溶南安推官　唐德亮戶部員外
張允欽榜姓周翰林院侍讀　張輔鞏昌推官
秦鑣未殿試

十二年乙未史大成榜
秦鉽一甲第三翰林院編修江西按察使　秦松齡左春坊左諭德

朱謨榜姓陳江寧教授　施佩鳴榜姓吳高州推官
黃鼎廣西提學僉事　陳常
過松齡鎮江教授　嵇永福嚴州府推官
秦鑣溫州推官

十五年戊戌孫承恩榜
顧岱杭州知府　陳禋祉臨安推官
侯曦推官　王松大理推官

十六年己亥徐元文榜
華亦祥榜姓鮑一甲第二翰林侍讀　華章志貴州提學僉事
華振鷺　鄒象雍行人司行人

十八年辛丑馬世俊榜
劉宗燾寶雞知縣　秦廣之未殿試

康熙三年甲辰嚴我斯榜
周宏榜姓秦一甲第三侍講學士　諸定遠陝西參議
秦鉅倫宜君知縣

六年丁未繆彤榜
張光第

九年庚戌蔡啓僔榜
林鍾

十五年丙辰彭定求榜
季麒光榜姓鄭諸羅知縣

十八年己未歸允肅榜
王澄復姓華麗水知縣　郁世焜復姓吳澄邁知縣
唐泖復姓楊行人司　華黃永平知府
侯麟勳　秦廣之

二十一年壬戌蔡升元榜
周宜振錢塘知縣

二十四年乙丑陸肯堂榜
王允持

三十年辛未戴有祺榜
李廷樞 知縣

三十九年庚辰汪繹榜
秦學洙 本姓劉城固知縣
王翼 內黃知縣

四十二年癸未王式丹榜
秦源寬 中書
朱琬 四川知縣

鄭祿天 本姓薛簡州知州
吳一元 復姓王靈臺知縣

四十五年丙戌施雲錦榜
王雲錦 榜姓施一甲第一翰林院修撰
鄒奕鳳 翰林院編修

施壽 刑部郎中
曹思義 伏羌知縣

顧趙炳 榜姓趙
顧開陛 澤州同知

嵇曾筠 文華殿大學士謚文敏長洲籍
劉洽 徽州教授

四十八年己丑趙熊詔榜
黃趙音 榜姓趙翰林院編修
秦道然 翰林禮科給事中

劉秉鉉 池州教授

五十一年壬辰王世琛榜
華觀光 中書
張鏞 嘉善知縣

周金簡 翰林院編修
黃天球 榜姓徐靖安知縣陞禮部主事

秦靖然 翰林院編修
杜詔 欽賜翰林

五十二年癸巳王敬銘榜
王賚 中書

五十四年乙未徐陶璋榜
湯萬炳 未殿試

五十七年戊戌汪應銓榜
顧仔 翰林侍講
鄒升恒 翰林侍講

六十年辛丑鄧鍾岳榜
顧棟高 舉經學賜國子監祭酒
欽湯萬炳

雍正元年癸卯恩科于振榜
潘果 永順同知
陶正中 山西布政使

鄒士隨 未殿試
黃施鍔 榜姓施國子監博士

二年甲辰陳惪華榜
虞金銘 榜姓金茂名知縣
顧維鑄 澂江知府

秦伯龍 濰縣知縣
顧贄 四川驛傳道

五年丁未彭啓豐榜
鄒一桂 錫禮部侍郎贈尚書
秦句 金濰縣知縣行取刑部主事

陳八龍 錫欽賜
鄒士隨 肇慶知府

八年庚戌周澍榜
嵇璜 錫文淵閣大學士謚文恭長洲籍
浦起龍 金蘇州府教授

王繩曾 錫江寧教授
楊文林 錫池州府教授

孫濂 錫榜姓唐靖安知縣
侯嗣達 金御史歷寧紹台道

季趙璟 金榜姓趙鞏縣知縣

十一年癸丑陳倓榜
徐梁棟 錫辰州同知
鄒承垣 錫南臺同知

秦莘田 錫武平知縣
侯羅齡 金榜姓羅交城知縣

乾隆元年丙辰金德瑛榜
秦蕙田 金一甲第三刑部尚書謚文恭
吳鼐 金工部主事

賈霖 錫靈壽知縣改寧國教授
華恒泰 錫新城知縣改廣德州學正

侯陳齡 金翰林檢討
顧維紡 錫刑部主事

華栻 金登州知府
鄒永綏 錫工部郎中

王雲萬 金福安知縣

二年丁巳恩科于敏中榜
趙振 金
秦雄褒 金禮部郎中

王會汾 金大理寺卿　吳培源 錫遂安知縣改上元教諭
徐汝瓚 錫獲鹿知縣　吳熙 金武義知縣
四年己未莊有恭榜
秦勇均 錫一甲第三陝西按察使　鄒有譽 金隆德知縣
顧龍光 金樂安知縣　周金紳 金新寧知縣
七年壬戌金甡榜
張泰開 金禮部尚書諡文恪　秦大呂 金江寧教授
楊廷榕 錫藤縣知縣　施鼎 金陵縣知縣
顧乾 金池州教授　鄒本立 錫隆德知縣
繆文標 錫榜姓王
十年乙丑錢維城榜
秦鑛 金廣東鹽運使　宋煥 錫竹溪知縣

侯鈞 錫清澗知縣　顧奎光 錫桑植知縣
楊棟 錫政和知縣　楊永謨 錫吏部主事
十三年戊辰梁國治榜
秦朝釪 金楚雄知府　周照 金廣東道御史
十六年辛未吳鴻榜
鄒應元 金榜姓王臺灣知府　孫洙 錫鄒平知縣改江寧教授
周曰萬 金縉雲知縣改安慶教授　周曰贊 金戶部員外郎
十七年壬申恩科秦大士榜
顧光旭 金甘肅莊涼道　華雲鵰 金榜姓王嚴州知府
十九年甲戌莊培因榜
杜玉林 錫榜姓王刑部侍郎　秦雄飛 金江西布政使
薛田玉 錫榜姓田保定同知　秦泰鈞 金翰林院編修
周際清 錫永昌知府　馬雯 錫

二十二年丁丑蔡以臺榜
鄒奕孝 金一甲第三工部侍郎　顧彬 金
鄒起鳳 金松江教授
二十五年庚辰畢沅榜
鄒夢皐 金戶科給事中　朱宗洛 錫天鎮知縣
張耀奎 錫阜平知縣改蘇州府教授　薛科聯 錫未殿試
二十六年辛巳恩科王杰榜
嵇承謙 錫翰林侍讀　薛科聯 南安知縣
三十一年丙戌張書勳榜
秦潮 錫國子監司業　王寬 金狄道州知州
三十四年己丑陳初哲榜
秦泉 錫翰林院編修改吏部主事
三十六年辛卯恩科黃軒榜
馮堉 錫雷州知府　周拔 金鄞縣知縣
三十七年壬辰金榜榜
鄒炳泰 錫吏部尚書協辦大學士　潘大禮 錫濱州知州

四十三年戊戌戴衢亨榜
馮培 錫給事中　楊掄 金天台知縣
四十五年庚子恩科汪如洋榜
朱杲 錫諸城知縣
五十二年丁未史致光榜
顧鈺 錫會元福建道御史　顧敏恒 錫蘇州府教授
五十四年己酉恩科胡長齡榜
華榕端 錫范縣知縣　倪鑅 金掖縣知縣
五十五年庚戌石蘊玉榜
王寰 金武寧知縣
六十年乙卯恩科王以銜榜
薛玉堂 錫廬州府同知
嘉慶元年丙辰趙文楷榜
蔡維鈺 金貴州道御史
六年辛酉恩科顧皐榜
顧皐 金一甲第一翰林侍講　薛凝度 錫內閣中書
徐煥 金內閣中書

十年乙丑彭浚榜 孫爾準 金翰林院編修 王珙 金兵部額外主事
鄒植行 錫翰林院編修
十三年戊辰吳信中榜 侯鈐 金
十四年己巳恩科洪瑩榜 俞肯堂 金原名坊翰林院編修 蔡培 金庶吉士改授寧晉知縣
汪士侃 錫雙流知縣 滕鏞 錫年老會試未中特賜檢討式
十六年辛未蔣立鏞榜 黃揚鑣 金庶吉士

舉人

宋

端平元年甲午 馮道心

嘉熙四年庚子 唐應元
淳祐三年癸卯 陳大用
九年己酉 孫宗彊 周霆震
司馬永 唐艮輔
陳淵
十二年壬子 王槃 陶應发
孫仲龍 唐一鶚 景定辛酉再舉
唐玉傳
寶祐三年乙卯 唐煥發 顧雄午

六年戊午 戴日輝
張夢奎 陳士首
過如珍 費造
章聖舉 趙必鏓
陳應蘊
景定二年辛酉 司馬應年 王颷
戴天驥 陳鑑 咸淳丁卯癸酉三舉
唐霖龍 咸淳庚午再舉
五年甲子 王桂子 何巖壽

唐駿發 咸淳丁卯庚午癸酉四舉 薛應發
楊文龍 李護
咸淳三年丁卯 顧眞傳 虞薦發 癸酉再舉
陳奎 庚午再舉 戴謨
趙孟祐 王庭蘭
六年庚午 朱龍大 李晦
吳夢祿 戴應牧
陳應麟 周南輝
九年癸酉 唐迪 孫逢吉

楊震發　虞應酉
趙孟健

元

泰定五年丙寅　尤叀省元
至正元年辛巳　陸以道壬午進士　陳顯曾累官儒學提舉翰林修撰
七年丁亥　陳汝霖婺州教授
二十五年乙巳　張籌省元明禮部尚書

明

洪武三年庚戌　錢蒙

十七年甲子　許靈乙丑進士　葛桓乙丑進士
二十三年庚午　倪峻都給事中
二十九年丙子　尤實南昌同知
建文元年己卯　許節鄞縣知縣　王晃廣濟知縣
永樂元年癸未　殷序甲申進士　鄧蒙興國州同知
三年乙酉　謝寅思恩知縣　唐理陝西河渠提舉
范濬　楊浩秀水教諭
六年戊子　秦彧汀州教授
九年辛卯　周鎬　張思安壬辰進士

嚴獻嵊縣知縣
十二年甲午　陳直新蔡訓導
十八年庚子　俞雍公安知縣　陳肅龍江稅課
二十一年癸卯　魏楫順昌縣丞
宣德元年丙午　許恭德清訓導
四年己酉　賀思中吏目
七年壬子　談泰御史四川僉事　楊盛國子學錄
十年乙卯　彭瑛贛州知府　陳綸瓊州同知
成始終己未進士

正統三年戊午　王訥己未進士　楊瑢己未進士
馮禋四川參議
六年辛酉　盛容辛未進士　郭艮諸城知縣
九子甲子　倪敬戊辰進士　許篪乙丑進士
劉宏東平知州
十二年丁卯　成繪定陶教諭　應行蜀府長史
楊琛甲戌進士　周清辛未進士
唐旭槀城教諭
景泰元年庚午　談經庚辰進士　周晃寧波通判舊作周完據林縣志改正

無錫金匱縣志 卷十五 選舉 圭

高經 知縣　吳遜 遂昌訓導
趙紳 成都通判　尤誇 遂安知縣
張九方 汝寧推官
四年癸酉 孫璚 甲戌進士　鄒士奇 德安教諭
唐澤 嚴州同知
七年丙子 馮泰 陽穀教諭　張遜 福州知府
天順三年己卯 秦孚 嵩明州同知　秦夔 庚辰進士
六年壬午 陳賓 甲申進士　談綱 己丑進士
蔣琛 永城知縣　繆昌 戊戌進士
張善 青州通判　黃瑜
成化元年乙酉 朱珏 丁未進士　陸清 夔州同知
吳萱 開化知縣　高政 監利知縣
李理 刑部郎中
四年戊子 楊纓 建昌訓導　華山 乙未進士
七年辛卯 華珏 甲辰進士
十年甲午 許禮 知縣　過鶴 戊戌進士
莫驄 甲辰進士　陸廣 庚戌進士
十三年丁酉 周楫 靖江教諭　陳周 辛丑進士

無錫金匱縣志 卷十五 選舉 圭

張愷 甲辰進士　華烈 甲辰進士
邊文顯 通判
十六年庚子 呂卣 辛丑進士　丁友貞 高苑知縣
邵寶 甲辰進士　俞世德 復姓鄒丁未進士
馮盛時　茹鑾 庚戌進士
陳昌 甲辰進士
十九年癸卯 羅柔 庚戌進士　謝監
尤弼 蒼梧知縣　余忠 瓊州同知
華津 丁未進士　吳學 甲辰進士
惠遠 應天通判　張泰 臨湘知縣
二十二年丙午 葛嵩 己未進士　秦偉 應天通判
許寅 武定同知　秦金 癸丑進士
楊緯 興化通判　王恂 癸丑進士
宏治二年己酉 楊文 庚戌進士　馮夔 庚戌進士
陳策 癸丑進士　楊琪
馬萱 通判　俞鎧 長興教諭
五年壬子 華昶 丙辰進士　華鈇 遂昌教諭
莫驥 臨安知縣　錢榮 癸丑進士

辛銘處州教授　王德癸丑進士
錢季玉石城知縣　談一鳳應山知縣
秦鎰周府長史　呂元夫丙辰進士
嚴桂建德訓導
八年乙卯
繆覲　楊文昇南京戶部郎中
楊修溫州通判　莫息己未進士
茹鳴玉順天均州知州　鄧洹丙辰進士
十一年戊午
朱賡衡陽知縣　方學乙丑進士
曹英兗州通判　張暉

吳棠　黃鎧
十四年辛酉
吳燧武義知縣　朱恩梧州推官
李覺戊辰進士　朱紘壬戌進士
俞泰壬戌進士　潘賁黃巖知縣
成周戊辰進士　陳才慈溪教諭
邊永寧台州教授
十七年甲子
潘相遂安知縣　秦銓溫州通判
王宥　李泰
吳錦　顧可學乙丑進士

秦鐘南京都察院都事　陸禮戊辰進士
茹鳴鳳順天榜戊辰進士
正德二年丁卯
顧可適戊辰進士　楊中通判
浦瑾辛巳進士　張賢紹興通判
陸卿甲戌進士　張汝欽甲戌進士
倪容漢州知州　葛恒戊辰進士
錢憲甲戌進士　余信台州推官
五年庚午
顧彥夫寧波同知　喻義甲戌進士
華金辛巳進士　丁廷年魯府長史

鄒經襄陽知縣　蔡元用莆田教諭
八年癸酉
華諫　邊崳甲戌進士
莫同廣西僉事　王惠楚府長史
曹懷丁丑進士　楊淮丁丑進士
顧可久甲戌進士
十一年丙子
朱袞黃州同知　趙默
王召癸未進士　朱象賢南安知州
王表己丑進士　葛豫餘干知縣
茹鳴金癸未進士

十四年己卯
王問 戊戌進士　華冑
李芳春　吳商
孫時勉　秦泮 順天榜
嘉靖元年壬午
華鑰 解元癸未進士　王瑛 壬辰進士
華察 丙戌進士　錢文爵 太僕丞
高應奎 復姓朱南豐知縣
四年乙酉
陸果 盧龍知縣　尤魯 壬辰進士
談愷 丙戌進士　曹寅 濟陽知縣
丁謹 復姓俞甲辰進士　顧可宗

七年戊子
浦應麒 壬辰進士　安如山 己丑進士
曹察 己丑進士　張選 己丑進士
陳義　胡雲 松陽知縣
黃正色 己丑進士
十年辛卯
吳汝感 更名情甲辰探花　華雲 順天榜辛丑進士
強仕 德州知州　華從光 更名電
方旦　俞憲 戊戌進士
高材 黃巖知縣　周俊民 辛丑進士
錢永昌　錢桂

周佩　[illegible] 壬辰進士
十三年甲午
王立道 乙未進士　鄒子進 汀州同知
華治隆　厲淶甫 尋甸通判
陸子明 乙未進士　黨緒 順天榜癸丑進士
朱才就 通判　夏子開 順天榜辛丑進士
馮有年 甲辰進士　華圻
十六年丁酉
王業 順天榜兵部司務　華舜欽 辛丑進士
吳禎 辛丑進士
十九年庚子
鄭伯興 庚戌進士　秦禾 癸丑進士

楊成 丙辰進士　李文麟 甲辰進士
華士宏 雲南提舉　秦涵 寧波通判
成憲 臨清知州　邵應奎 長清知縣
吳嶽 甲辰進士
二十二年癸卯
尤瑛 解元甲辰進士　陸以卿 順天榜魯府長史
鄒夢桂　秦梁 丁未進士
蔡瀛　祝舜齡 癸丑進士
二十五年丙午
馬濂 庚戌進士　沈一貫 醴陵知縣
汪汝達 癸丑進士　邵德 丁未進士

華文甫 昌化知縣
鄒懋昭 寧波知縣

二十八年己酉
殷亘
施陽得 戶部主事
王利賓
王鑑 乙丑進士
何汝健 癸丑進士

三十一年壬子
錢鍾義 善化知縣
施顯卿 新昌知縣
鄒是訓 懷安知府
萬言策 乙丑進士
華汝礪 己未進士
吳詔 合水知縣

三十四年乙卯
顧應龍 乙丑進士
徐卿龍 己未進士
張子仁 己未進士
曹徵獻 順天榜

劉芳聲 鄧州知州
黃學海 順天榜壬戌進士

三十七年戊午
唐楨 山東運同
胡潛 順天榜諸暨知縣
顧詵 順天榜襄陽知縣
趙道隆 銅仁知府

四十年辛酉
孫一元
華譜 更名汝梅博平知縣
顧省身
華啓直 壬戌進士
朱藎臣
周子義 乙丑進士
王欽
施夢龍 戊辰進士
錢貢 麗水知縣
郭鈞
顧述 新喻知縣
許騰蛟

張國維 浮梁知縣
施元孝 順天榜

四十三年甲子
潘應文
胡渟 乙丑進士
施策 辛未進士
吳汝任 南京都察院都事
秦燿 辛未進士
唐裔 戊辰進士
龔勉 戊辰進士

隆慶元年丁卯
華叔陽 戊辰進士
賈應璧 戊辰進士
錢普 戊辰進士
鮑治 延平同知
嵇應科 甲戌進士
陳以忠 順天榜光州知州

四年庚午
吳汝倫 解元辛未進士
尤可仕 更名際昌刑部主事

萬曆元年癸酉
蔡維亨 甲戌進士
陳幼學 己丑進士
孫繼皐 甲戌狀元
李應祥 丁丑進士
鄒迪光 甲戌進士
錢如瑜 更名景醇山東運同
鄒明良 兵部司務
朱萬齡 祁陽知縣
浦湛如
萬象春 丁丑進士
周子文 癸未進士
鄒龍光 庚辰進士
王問卿 甲戌進士
吳之城 吉安通判
吳之鵬 丁丑進士
王國賓 甲戌進士

四年丙子
顧憲成 解元庚辰進士
華廷詔 癸未進士

張明卿 台州通判
華道任 更名士標己丑進士
華國榮 己丑進士
成心學 贛州通判
趙一鵬 復姓嚴丁丑進士
楊紹程 楚雄通判
何湛之 己丑進士
何淳之 丙戌進士
王之麟 丁丑進士
楊大潤 梧州府同知

七年己卯
顧龍禎 丙戌進士
盧文勲 庚辰進士
韓文 丙戌進士
侯先春 庚辰進士
沈國振
顧允成 丙戌進士
吳愉 更名海鰲壬辰進士
陸雲龍 宜黃知縣

吳之龍 庚辰進士
王大路 順天榜更名大益衢州推官

十年壬午
沈學 祁陽知縣
婁希亮 丙戌進士
華仁夫 湖州同知
陳文龍 魯山知縣
高攀龍 己丑進士
劉陞 績溪山陽教諭

十三年乙酉
周繼昌 解元己丑進士
劉源澄 丙戌進士
唐士元
堵維垣 壬辰進士
安希范 丙戌進士
許世卿
鄒近光
楊應文 己丑進士
錢會
顧朝楨

十六年戊子
錢萬善 國子監學錄
葉茂才 己丑進士
張文輝 桂林知府
苗希明
繆孝嬰
胡熙載 眞定同知
周俊卿

十九年辛卯
趙士禎 隨州知州
劉元珍 乙未進士
陸明汝
吳澄時 順天榜以中書中式辛丑進士
張履正 戊戌進士

二十二年甲午
華祖勤
何棟如 戊戌進士

二十五年丁酉
黃懋孝
秦延烝 癸丑進士

顧應賜 蒼梧副使
鮑際明 甲辰進士

二十八年庚子
秦重泰 將樂知縣
秦延燾
華國才
華允謀
張維斗 雄經知縣

三十一年癸卯
周炳謨 甲辰進士
華元禔 甲辰進士
沈應時 癸丑進士
張大受 更名夢時山東進同

三十四年丙午
馬士豪 丁未進士
宿夢鯉 松陽知縣
顧與浹
華敦復 丁未進士
劉常康
諸士翹

三十七年己酉
賁允元 庚戌進士　蔣元敬 平江知縣
王新政 江都教諭　唐貞明

四十年壬子
吳道華 乙丑進士　浦爾涵

四十三年乙卯
侯宗源 更名鼎鉉丁丑進士　秦堈 壬戌進士
張有譽 壬戌進士　劉明翰 中書舍人
邵名世 壬戌進士　陳正卿
强兆龍 崇陽知縣　諸士蘭

四十六年戊午
張琦 甲戌進士　陳振豪 己未進士
顧與沐 夔州知府　施元徵 己未進士

天啓元年辛酉
陳組綬 解元武進籍甲戌進士　顧樞
馬世名　侯世芬
華琪芳 乙丑榜眼　賁明佺 壬戌進士
張象焯　王永吉 壬戌進士
胡士曠 桐鄉教諭　唐錫蕃 辛未進士
孫國華 更名敷華儀徵教諭　華允誠 壬戌進士

四年甲子
錢振先 辛未進士　顧棻 丁丑進士
馬世奇 辛未進士　王孫蘭 辛未進士
朱時荃 復姓曹名荃戊辰進士　侯祥濟

七年丁卯
張鑽曾 戊辰進士　朱應秋
胡之竑 戊辰進士　華廷獻 壬午賜特用出身修武知縣
計鴻勳 孝感知縣　唐士嶸 甲戌進士
潘庭球　顧紹祖

崇禎三年庚午
徐調元 丁丑進士　鄒兌金
王孫蕙 甲戌進士　秦世銓 嘉善教諭
吳其馴 辛未進士　吳達 入本朝累官通政
華祖芳 溧州知州　秦鏞 丁丑進士
姚銘中 順天榜廬江教諭

六年癸酉
趙玉森 庚辰進士　王永積 甲戌進士
堵允錫 丁丑進士　錢爾登 癸未進士
蕭光緒　成染 懷寧教諭
鄒式金 庚辰進士　安廣居 順天榜癸未賜特用出身
鄒其鏕 順天榜商南知縣

九年丙子
高世泰 丁丑進士　吳蒙
胡時亨 更名時忠丁丑進士　秦鏕 國朝順治壬辰進士
許學 癸未進士　姚亘 定遠教諭

十二年己卯
秦汧 癸未進士　顧宸

呂陽 庚辰進士　龔廷祥 癸未進士
馬瑞 癸未進士　侯曦 國朝順治戊戌進士
張有威　顧柄
張犀 國朝順治丁亥進士　秦季鍱
秦欽翼 順天榜順呂知縣

十五年壬午
堵景濂　鄒忠倚 國朝順治壬辰狀元
華浵吉 癸未進士　施召徵 癸未進士
唐德亮 國朝順治壬辰進士　强恂 癸未進士
劉德炎 國朝順治丁亥進士　黃鐘諧 癸未進士

華允誡

國朝

順治二年乙酉
許襄 丁亥進士　徐果遠 復姓劉丁亥進士
堵廷棻 丁亥進士　鮑鳳翔 梧州推官
萬應皐 復姓鄭丁亥進士　楊鏞 復姓顧丁亥進士
陳常 乙未進士　沈在湄 己丑進士
范朝瑛 復姓陸丁亥進士　過松齡 乙未進士
孫穎禾

三年丙戌
范龍 解元復姓王己丑進士　顧煜 己丑進士

蔡瓊枝 丁亥進士　劉惠恒 丁亥進士
鮑鳳仍 丁亥進士　薛信辰 己丑進士
諸保宥 己丑進士　張迎禊 己丑進士
王松 戊戌進士

五年戊子
諸豫 己丑進士　秦鉽 乙未探花
費國瑄 己丑進士　朱瑛 己丑進士
侯杲 己丑進士　陳謨 復姓朱乙未進士
鄭龍祥 更名滙臨邑知縣　姚見龍 望江教諭
周士琳　湯樂 暑陽知縣

俞彝 順天榜

八年辛卯
吳滋 壬辰進士　賈曾 壬辰進士
孫仁溶 壬辰進士　張輔 壬辰進士
周允欽 復姓張壬辰進士　劉宗熹 辛丑進士

十一年甲午
黃鼎 乙未進士　嵇永福 乙未進士
秦松齡 乙未進士　吳佩鳴 復姓范乙未進士
華振鷺 己亥進士　顧岱 戊戌進士
陳禋祉 戊戌進士　華章志 己亥進士
黃鍾全　周炳文

曹鼎臣中書科中書舍人　華元慶

十四年丁酉　秦廣之己未進士　王淳中

陸燦復姓錢常熟人　鄒象雍己亥進士

吳長庚　呂鍠巢縣教諭

鮑亦祥復姓華己亥榜眼

十七年庚子　王錫士本姓薛　周繼高中書

施熙　孫繹武順天榜

鄭麒光復姓季順天榜丙辰進士

康熙二年癸卯　諸定遠甲辰進士　秦宏復姓周甲辰探花

丁熙　張其翰新平知縣

秦鉅倫甲辰進士　鮑允隆

侯麟勲己未進士　張光第丁未進士

五年丙午　顧貞觀順天榜內閣典籍　施鼎曾順天榜刑部郎中

八年己酉　薛渭英　朱世奕本姓華

吳文鎔鳳陽教諭　林鍾庚戌進士

鮑鼎銓順天榜

十一年壬子　華勤無爲州學正　顧峵

倪金書寧遠知縣　馬狆

王允持乙丑進士

十四年乙卯　華黃己未進士　王澄復姓華己未進士

十六年丁巳　唐泖復姓楊己未進士　秦淵本姓楊貴池教諭

周宜振壬戌進士　湯梁教諭

十七年戊午　郁世焜復姓吳己未進士

二十年辛酉　薛景瑄　華宗源光澤知縣

高洪遵義知縣

二十三年甲子　徐勿休本姓吳　侯文禧吳縣教諭

張龍瑞本姓王　邊修刑部主事

朱旂順天榜中書　吳一德順天榜

二十六年丁卯　嚴煜本姓秦靖江教諭　安嘉

二十九年庚午　王世濟雩都知縣　施雲錦復姓王丙戌狀元

李廷樞辛未進士　吳一元順天籍本姓王癸未進士

三十二年癸酉　秦巽權滁州學正　顧開陸丙戌進士

施謙吉寧都知縣　諸枚嘉定教諭

三十五年丙子　王翼庚辰進士　邵元龍順天榜醴陵知縣

三十八年己卯　秦學洙本姓劉庚辰進士　顧陞

秦源寬癸未進士　秦樹績宿州學正

施宏任 萬全知縣　周永祺 邳州學正
四十一年壬午
周佘簡 壬辰進士　李射斗 上海教諭
鄭祿天 本姓薛癸未進士　曹思義 丙戌進士
朱琬 癸未進士　劉洽 順天榜丙戌進士
施燾 順天榜丙戌進士　嵇曾筠 順天榜丙戌進士
趙炳 浙江籍本姓顧丙戌進士
四十四年乙酉
趙音 本姓黃解元己丑進士　劉秉鉉 己丑進士
鄒奕鳳 丙戌進士　秦芝田 無極知縣
秦道然 順天榜己丑進士　張鏞 順天榜壬辰進士

四十七年戊子
朱王紱
五十年辛卯
徐天球 本姓黃壬辰進士　秦之鴻
華覲光 壬辰進士　華湘 巢縣知縣
張昆弼　顧維楨 本姓華
季爾光 順天榜知縣　周宜穀 順天榜
秦靖然 順天榜壬辰進士　杜詔 順天榜壬辰欽賜進士
錢鋐 開建知縣
五十二年癸巳恩科
楊守約　秦朱干
陶正中 癸卯恩科進士　高躍龍 順天經元

顧仔 順天榜戊戌進士　王賚 順天榜癸巳進士
五十三年甲午
顧景 中書　施鍔 本姓黃癸卯恩科進士
虞道澄　錢元錫
湯萬炳 順天榜乙未進士　鄒洺 本姓秦
五十六年丁酉
鄒士夔 順天榜泗州學正　顧賚 甲辰進士
鄒升恒 順天榜戊戌進士　鄒鳳城 來陽知縣
朱永祺 順天榜本姓薛臨朐知縣　陳人龍 順天榜丁未欽賜進士
五十九年庚子
顧起倫　華希閔 旌德教諭
顧棟高 辛丑進士　秦伯龍 甲辰進士

陸兆獅　殷夢高 順天榜
鄒士隨 癸卯恩科進士　鄒一桂 順天榜丁未進士
唐洙 順天榜　張應元 舒城教諭
雍正元年癸卯恩科
王繩曾 庚戌進士　周墉
過炳蚪 懷遠知縣　侯嗣達 庚戌進士
華恒泰 順天榜丙辰進士　陸慶元 順天榜戶部主事
潘果 順天榜癸卯恩科進士
二年甲辰補行癸卯正科
唐濂 本姓孫庚戌進士　過炳鈞
顧預 鶴慶知府　賈霖 丙辰進士

金銘 本姓虞甲辰進士　秦勇均 己未探花
顧維鑄 甲辰進士　曹輯五 施南知府
錢基 順天榜巫山知縣　顧維鈁 順天榜丙辰進士

四年丙午

蔡德晉 金舉經學國子監學正改工部司務　吳天馥 錫海州學正
秦甸 金丁未進士　華栻 金丙辰進士
秦莘田 錫癸丑進士　楊又林 錫庚戌進士
秦大呂 金壬戌進士　華宏憲 金順天榜中書
陳士雋 錫順天榜崇寧知縣　羅圻 錫本姓華順天籍山西庫大使

七年己酉

華希閔 金中書　浦起龍 金庚戌進士

侯陳齡 金順天榜丙辰進士　秦琦 金順天榜
嵇璜 錫庚戌進士長洲籍欽賜舉人　徐梁棟 錫順天籍癸丑進士
趙璟 金本姓季順天籍庚戌進士

十年壬子

顧還 錫臨淮教諭　周日萬 金辛未進士
吳培源 錫丁巳恩科進士　諸堂 錫
周永禧 金　吳太空 金
華音垂 金　薛敬憲 錫五河教諭
顧龍光 金己未進士　虞佐 錫
秦雲會 金　鄒秉綱 金本姓華順天榜常熟教諭

鄒承垣 錫順天榜癸丑進士　顧維鑑 金順天榜
羅齡 金順天籍本姓侯癸丑進士

十三年乙卯

陸鏕 金　王雲萬 金丙辰進士
徐汝瓚 錫丁巳恩科進士　華紘 金
吳鼐 金丙辰進士　鄒烈 金
吳熙 金丁巳恩科進士　秦蕙田 金丙辰探花
周金紳 金順天經元己未進士　張泰開 金順天榜壬戌進士
鄒永綬 錫順天榜丙辰進士　王文標 錫順天籍本姓繆壬戌進士

乾隆元年丙辰恩科

馬雯 錫甲戌進士　鄒越 錫通判

錢兆鳳 金　趙振 金丁巳恩科進士
王興洛 錫　尤霖 金
秦雄褒 金丁巳恩科進士　王會汾 金順天榜丁巳恩科進士
楊廷榕 錫順天榜壬戌進士　楊潮觀 錫順天榜瀘州知州
諸輝烈 金　施鼎 金順天榜壬戌進士

三年戊午

嵇璡 錫武漢黃德道　華西植 錫貴溪知縣
華歷翔 金江浦教諭　吳有寬 錫
鄒有譽 金順天榜己未進士　鄒雲城 錫順天榜河間知府
李時乘 錫順天榜東平知州　華純會 金順天榜常熟教諭

秦鳳翼 金順天榜
楊永謨 錫河南榜乙丑進士
史曾 錫順天榜保康知縣

六年辛酉
龔錫純 金解元
顧乾 金壬戌進士
秦鑛 金順天榜乙丑進士
周日贊 金順天榜辛未進士
薛廷棟 錫順天籍榜姓方淄川知縣
楊德文 錫順天榜
張望衡 錫
秦銖 金
宋煥 錫順天籍乙丑進士
王興汾 錫順天榜
侯鈞 錫順天籍乙丑進士
鄒本立 錫順天籍壬戌進士

九年甲子
顧奎光 錫乙丑進士
吳鼎 金舉經學侍讀學士

王瑛曾 金
楊守禮 金順天榜
鄒志伊 金順天榜
孫洙 錫順天榜辛未進士
楊棟 錫順天籍乙丑進士
陸儁 錫
侯錦雲 錫順天榜河津知縣
金鼎 錫順天榜宿州學正
杜灝 金順天榜沙河知縣

十二年丁卯
秦朝釪 金戊辰進士
周照 金戊辰進士
鄧文源 錫
王應元 金順天籍本姓鄒辛未進士
秦鏷 金湖北按察使
華逵 金
方孝基 金順天籍本姓侯江都教諭
王殿 金順天籍本姓馮

楊永譽 金河南榜
王宮 錫達州州同

十五年庚午
曹元俊 錫
馮家祚 錫
秦龍鼎 金順天榜上元教諭
嵇承謙 錫順天榜辛巳恩科進士
楊鳴遠 錫順天榜鹽城教諭
侯龍濱 金順天籍
周際清 錫順天籍甲戌進士
常亭 金順天籍本姓丁瓊州府
馬國果 金順天解元本姓陶上元教諭
侯洵 金順天榜
吳寶洛 錫順天榜
秦泰鈞 金順天榜甲戌進士
王林 錫順天籍本姓杜甲戌進士
朱若曾 錫順天籍本姓侯桃源教諭
王雲鵷 金順天籍本姓華壬申恩科進士

十七年壬申恩科
王止敬 金
秦景壽 金
田玉 錫順天籍本姓薛解元甲戌進士
龔汝弼 錫
劉鴻謨 錫
顧光旭 金壬申恩科進士
錢耀 金象山知縣
鄒夢皐 金順天榜庚辰進士
侯錫 錫

十八年癸酉
朱宗洛 錫庚辰進士
湯起鳳 金
丁如琦 錫順天榜常山知縣
王日杏 錫順天榜主事郵贈光祿少卿
張耀奎 錫庚辰進士
華封祝 錫
秦雄飛 金順天榜甲戌進士
朱承烈 錫順天榜

薛科聯錫順天榜辛巳恩科進士
鄒奕孝金順天榜丁丑探花
顧瓚錫順天榜鹽大使
顧彬金順天榜丁丑進士
陶景留錫順天榜
鄒清錫順天榜松陽知縣

二十一年丙子
鄒起鳳金丁丑進士
朱雲駿金隆昌知縣
朱湘錫
袁鈺金
顧汝衡金順天榜靈臺知縣
過鐸金順天榜太湖教諭陞知縣
丁尹志錫順天籍廣州知府
王士錫順天籍本姓丁孝義知縣
祝頲金順天榜三臺知縣
朱德培錫順天榜
薛鵬程錫順天榜九江同知
胡志道錫順天榜

楊夢槎錫浙江榜榜姓張知縣鄖陽兵備道

二十四年己卯
華景崧金
施龍淵錫鳳陽教諭
顧裕涇金順天榜吉水知縣
顧朝泰錫順天榜懷慶同知

二十五年庚辰恩科
尤佩蓮金
華秉國金泰興訓導
朱上林錫
周永保金順天榜彰化知縣
孫潢金順天榜太平知縣
鄒儀錫順天榜開縣知縣
陳心金順天榜

二十七年壬午
江筠錫長洲籍
王寬金丙戌進士
黃天衢金
鄒方鍔金

鄒銓金順天榜
陶玉禾金順天榜和州學正

三十年乙酉
劉南和金潁上訓導
周浩金
華蕙清金
顧杏章錫永定知縣
華元澄金
周挍金辛卯恩科進士
秦泉錫順天榜己丑進士
薛璜錫順天榜
倪鼎銓錫順天榜雅州知府

三十三年戊子
吳家鳳金
華桓金溧水訓導
馮堉錫順天榜辛卯恩科進士
孫永清金順天榜廣西巡撫
王光顯錫順天榜普安知州

三十五年庚寅恩科
嵇承志錫順天榜順天府府尹
馮培錫順天榜元和籍戊戌進士

三十六年辛卯
鄒炳泰錫壬辰進士
潘大禮錫壬辰進士
朱杲錫庚子恩科進士
鄒麟書金故城知縣改淮安教授
華申伯錫順天榜改名翊吉水知縣
華永言金順天榜
戴日燦錫順天榜

三十九年甲午
秦瀛錫順天榜丙申召試欽賜中書
楊掄金順天榜戊戌進士
鄒學曾錫順天榜尤溪知縣改懷遠訓導
周鼎鈜金順天榜揀發陝西知縣

四十二年丁酉
顧永之金順天榜保昌知縣
薛聯元金順天籍
楊保金順天榜桃源教諭

四十四年己亥恩科
安吉 錫
顧鈺 錫丁未會元
周鎬 金浙江海防同知
顧亮 金山陽教諭

四十五年庚子
龔濬 金
秦錫疇 金宜恩知縣
秦鴻升 金滑縣知縣
華鳳林 金赤城知縣
秦濂 錫順天榜候選知縣
顧桂森 金順天榜五寨知縣
秦鴻甲 錫順天榜

四十八年癸卯
錢文炳 金
秦湘 金四川知縣
侯鳳苞 金寶應教諭
尤均 金順天榜
楊廷棨 金順天榜元和訓導
丁芳洲 錫順天榜番禺知縣

王寅 金順天榜
顧聲 錫順天榜鄒縣縣丞
朱果 錫順天榜

五十一年丙午
華枋 金四川知縣
徐嵩 金更名鑅慶湖北軍營議敘知州
顧敏恒 錫丁未進士
吳駉 錫
華榕端 錫己酉恩科進士
錢世燦 金通州學正
湯泉 錫
高雅壎 錫靈璧教諭
侯雲濤 金全椒教諭
徐煥 金辛酉恩科進士
華渭煐 金順天榜
倪鑅 金順天榜己酉恩科進士

五十三年戊申恩科
吳邦基 金候選知縣
王寰 金庚戌進士

錢昂 金山東知縣
程玉 錫
潘本郊 錫順天榜
高臣鼎 金順天榜
蔡鰲 金順天榜
華樽 金順天榜

五十四年己酉
竇廷模 錫江浦教諭
楊大用 錫碭山教諭
秦雄濤 錫太湖教諭
陶錕 錫羅山知縣
朱旭 錫太平教諭

五十七年壬子
蔡維鈺 金丙辰進士
薛玉堂 錫乙卯恩科進士
鄒印綬 錫六合教諭
周琦 錫當塗知縣
蔣錫孫 金順天籍

五十九年甲寅恩科
俞坊 金順天榜更名肯堂己巳恩科進士
侯昉 金順天榜五河教諭

六十年乙卯
王珙 金乙丑進士
孫爾準 金順天榜乙丑進士
鄒植行 錫順天榜乙丑進士
薛凝度 錫順天榜辛酉恩科進士
顧皐 金順天榜辛酉恩科狀元
孫應穀 錫順天榜

嘉慶三年戊午
秦大光 錫
李曜 金
薛定源 錫順天籍榜姓章山東知縣

五年庚申恩科
華景孝 金
俞鑅 金順天籍
王保訓 金順天榜

六年辛酉
黃揚鑣 金辛未進士
侯鈐 金戊辰進士

薛泰階 錫

九年甲子 何景堂 金　秦鳳梁 錫

汪士侃 錫己巳恩科進士　楊熙之 錫

秦大雯 錫　秦琦 金順天榜范縣知縣

十二年丁卯 秦大治 錫　陶沅 錫

王焜 金順天榜

十三年戊辰恩科 華翼 錫　高錫禧 金

丁榕 錫順天榜南元　蔡培 金順天榜己巳恩科進士

錢兆榮 金順天榜　滕鏞 錫年老未中式特賜

十五年庚午 顧翰 錫　鄭際昌 金

十八年癸酉 侯桐 錫　華文杏 錫

華鼎奎 金

無錫金匱縣志卷十五

無錫金匱縣志卷十六

貢生

明

副榜 萬歷以前無攷

萬歷二十五年丁酉 過對揚

天啓元年辛酉 嚴紹宗　顧嘉舜

崇禎六年癸酉 秦德滋

十二年己卯 張翊　楊鼉 前志列歳貢今據府志改正

錢潚起 前志列歳貢今據府志改正

吳以馭　王玉汝

樂莘 三八年文無攷

國朝

順治五年戊子 朱國華　倪金馬

八年辛卯 徐履吉 復姓張御史　沈之鴻

顧鋌

十一年甲午 鄒治 內宏文院中書舍人

十四年丁酉 鄭麒光 復姓季庚子中式　顧欽

康熙二十三年甲子 施晉武

二十九年庚午 敖汾 清江知縣　吳澄 順天榜北城指揮

鄭子貞　王楷裴
四十一年壬午　吳遵鍈內江知縣
四十七年戊子　孫棟　顧森
張徐軒順天榜涇縣教諭
五十年辛卯　華希閔庚子中式
五十二年癸巳恩科　湯萬炳甲午中式　顧價倍
五十三年甲午　鄒士夔丁酉中式
五十六年丁酉　吳于濟
雍正元年癸卯恩科　秦研田　鄒稷

華西植戊午中式
二年甲辰　陸海本姓侯閩清知縣
四年丙午　秦仁錫舉材能
七年己酉　鄒承垣錫壬子中式　嵇瑛錫普洱知府
十三年乙卯　榮潔錫　薛隆元錫
高有懷金順天榜南溪知縣　高玉行金靈璧教諭
乾隆元年丙辰恩科　孫灝錫
三年戊午　周克寬錫　楊泰錫
鄧愷錫旌德教諭　方廷棟錫復姓薛順天籍辛酉中式

九年甲子　嵇璜錫　秦泰鈞金庚午中式
十二年丁卯　胡至道錫　高玉堂錫
吳峻錫
十五年庚午　方汝學錫　嵇瑊錫
侯可儀錫　顧掄元錫
朱永烈錫　王龍見金順天榜天長教諭
二十七年壬午　秦泉錫乙酉中式
三十五年庚寅恩科　吳從龍金更名一熤　周原溥錫順天榜鳳陽教諭
薛雲鳳金順天榜

三十九年甲午　謝奎章錫
四十二年丁酉　錢世燦金丙午中式
四十四年己亥恩科　孫永治錫順天榜太平知縣
四十五年庚子　朱果錫癸卯中式
四十八年癸卯　吳兆麟錫鳳山知縣殉難祀昭忠祠　華守謨金
五十一年丙午　吳藻錫　顧汝霖錫
華果錫
五十四年己酉　丁桂洲錫陝西直隸州判
五十七年壬子　鄒蘭谷金　華濂金

六十年乙卯　吳煌金　孫爾修錫順天榜元謀知縣
嘉慶三年戊午　秦汝霖錫
六年辛酉　朱啟鏞金
十二年丁卯　周慶長金　過承鶴錫年老未中式特賜
邵辰耀金年老未中式特賜
十五年庚午　朱煥錫　王朝榦金
十八年癸酉　黃承祖錫

明

萬曆二十年　拔貢萬曆以前無考
秦延黙湯溪知縣　浦禎泰安州同知陞夔州府通判

崇禎元年　秦鏞庚午中式
八年　周夢華　陸燦府學常熟人覆姓錢丁酉中式
十七年　陳昂

國朝

順治十一年　吳延祉慶都教諭陞黃岡同知　虞際明
康熙十二年　黃澪蔚州同知　湯栗
二十四年　邵瑨御史　劉齊
秦錦　曹思義壬午中式
三十六年　秦靖然辛卯中式

六十一年　俞玉局　朱灝生舒城教諭年次無考
雍正六年　楊度汪錫府學舉博學鴻詞科　王會汾金丙辰中式
十三年　華純曾金府學戊午中式　高有懷金是科中副榜
乾隆六年　鄒乾樞錫　秦鑛金辛酉中式
十八年　秦鈞儀錫
三十年　潘望齡錫　雷升錫府學江寧教授
王灝金廬江教諭
四十二年　楊芳燦金戶部員外　秦鼎雲錫府學如皋教諭
五十四年　顧敬恂錫　王樾錫府學

俞坊金府學更名肯堂甲寅中式
嘉慶六年　薛禮本錫
十八年　廉志勳金　王芝林金府學

恩歲貢

明

洪武二十五年　楊祀
二十六年　姚樞推官
二十七年　李定御史
二十八年　張寅仙遊縣丞
二十九年　吳信漢州知州

三十年 彭詵 阜平知縣
建文二年 陳禮 府學湖廣布政使
四年 吳能 府學成都通判
永樂元年 陸平 府學戶部郎中 黃理 兵科給事中
二年 謝寅
三年 蔡弼 瓊州知府
四年 周南
五年 陳憲 息縣縣丞
六年 宋徵 重慶推官

七年 陳惟敬
八年 許麟
九年 范景安 廣西按察使檢校
十年 許端 南海縣尉 鄭容 福建鹽運司經歷
十一年 楊遂
十二年 繆赳
十三年 吳悅 蕭山知縣 馬驄 吉州通判
十四年 胡濱 南平知縣
十五年 周信

十六年 倪妥 萬安知縣
十七年 王煇 龍驤衛經歷
十八年 吳瑩
十九年 趙讓 慶陽通判
二十年 沈森 易門知縣
二十一年 葛覃
宣德二年 杜繹 蔚州衛經歷
三年 王懋 廣州通判 陳士名 南靖知縣
五年 陳昱 同安知縣 吳益 太僕寺丞

九年 王璿 沔陽知州 許偉 沂州同知
十年 趙玉 建寧都司斷事
正統元年 盛懋 歸德州訓導
三年 吳清 萬安知縣
五年 李灝 工部郎中
七年 陳勉 工部員外郎
九年 沈宗 鶴慶照磨
十一年 陸志 益都知縣
十二年 錢綱 取貢偃師知縣 案正統十二年特以廩生年四十五以上者充貢謂之取貢後復

於天順六年舉行

十三年 蔣琦 邯鄲知縣

十四年 李宣 光祿寺署丞　葛希賢 昌平主簿

景泰元年 周鏞

二年 賀質 武成教諭

三年 沈浩

五年 成秩 永康縣丞

七年 郁文 吉府典寶　葛昊 成武衛經歷

天順二年 高瑄 永寧知縣

四年 厲昇 青田知縣

六年 施度 取貢黃州通判　許琛 取貢

茹玉 取貢新寧知縣　鄒鏞 取貢

葛浩 取貢永寧知縣

八年 高節 沅州同知

成化二年 王民

五年 苗潤 府學合江知縣祀名宦

六年 俞鎧 宏治巳酉中式

八年 華瑆 光祿署丞

十年 嚴鼎 東鹿教諭

十二年 趙璋

十四年 陳訓 南靖縣丞

十六年 朱琛

十七年 謝監 府學癸卯中式

十八年 辛銘 宏治壬子中式

二十年 成性 教諭

二十二年 許栗 教諭前志作許粟今據府志改正

宏治元年 鄒鵬 訓導

三年 殷貴 知縣

五年 徐元 衛經歷

七年 馬傑 台州訓導

九年 張綬 東陽訓導

十一年 陸介 訓導

十三年 朱正

十五年 成慶

十七年 談維

十八年 秦用中 泰順教諭

正德元年	施閏推官	
三年	呂南	
四年	盛顏	
五年	楊文輝	鄒承錫教諭
七年	朱衮丙子中式	
八年	尢輔訓導	
十年	施誥	
十二年	趙勲	秦勵州判
十四年	俞奎	
十五年	殷佐訓導	
嘉靖元年	鄒諫	
二年	苗縠訓導	過華訓導
三年	李堊教諭	
五年	顧可立霸州同知	
七年	陳籌沂州知州	
八年	徐坤府學	
九年	楊文暆知縣	
十年	談一貫府學知縣	

十二年	浦鍠教諭	
十三年	施漸海鹽縣丞	
十五年	過棟臨川縣丞	
十七年	潘箴教諭	
十八年	徐槐教諭	
十九年	彭澤艮訓導	
二十年	秦淮辰溪知縣	
二十一年	馬賓訓導	
二十三年	孫讓訓導	
二十五年	吳侃訓導	蔡元亨推官
二十七年	秦伯文府學教諭	吳崇德
	許黙	
二十九年	袁天恩府學訓導	陸綸
	周護	殷文輝
三十年	尢琢教諭	
三十一年	費子雍教諭	
三十二年	陳量府學	
三十三年	華衮府學	浦楫教諭

三十四年　過問詩
三十七年　顧詵戊午中式
三十九年　鄒武齡教授
四十一年　華國章教諭
四十二年　俞寅教諭
四十四年　曹雲鵬府學
四十五年　楊坡府學　朱孔揚訓導
隆慶二年　華復初
三年　趙公楷府學恩貢　秦滂恩貢
四年　蔡澄訓導
五年　高桂
六年　華子憲　王之麟
萬歷元年　秦棐恩貢　李仁恩貢
陸尚第恩貢　俞岳前志遺今據府志補
虞汝典　錢應奎
二年　陳瑞徵府學
三年　吳聘
五年　秦柄

七年　顧朝楨乙酉中式
九年　張子期改名洪教諭
十一年　華復元
十三年　吳應兆
十四年　趙陽生府學
十五年　陸元肅府學　華三順
十七年　范可權府學　吳善徵
十八年　張漸府學教諭
二十一年　彭士化府學
二十二年　鄒鳳光府學　張三才
二十三年　呂瑞徵府學　華春奇萬年知縣
二十五年　劉潤
二十六年　許九皋府學
二十八年　吳汝霖府學　浦蒙泰郯城知縣
三十年　華文麟府學恩貢　顧原成萬年知縣
黃桂徵高州通判　錢憲南安東經歷
三十一年　張士茂
三十二年　華之褒府學　杜漸大理通判

三十四年 施學淵
三十六年 華道榮府學 顧麟禎丹徒訓導
三十七年 邊愷颺府學
三十八年 謝汝嘉吳縣訓導 吳桂薦前志遺今据府志補
四十年 馬希尹太倉訓導
四十二年 尢之濤
四十三年 趙逢舜府學
四十四年 華自道府學 吳桂森
四十六年 秦炫 馬應乾

四十八年 華日茂
泰昌元年 劉允珍
天啓元年 馬世奇甲子中式
二年 浦孟煦松江府教授
五年 徐登
七年 秦塈教諭 顧與演
崇禎元年 高廣 錢用延
周晉璧湖州通判
二年 黃廣安遠知縣 强國柱

四年 邊彥昌訓導 浦羲升海寧訓導
五年 吳驪祥教諭
六年 華允誼
七年 華遇春
八年 黃虞房縣知縣 華應龍
施匪躬鳳陽府教授
九年 黃啓源 胡文光蘇州府教授
十年 單學夔 過俊民臨安訓導殉節祀昭忠祠
十二年 安觀明 胡之毅

張翔恩貢
十四年 曹元相
十五年 敖奇公 劉明翔
十六年 華朝彥桐城訓導 曹時芬
十七年 王玉汝恩貢 樂莘恩貢
周篤祜 華臨亨
秦鈛
華畹綸長沙知府 秦廷珪長沙縣丞殉難二十八年次無考

國朝

順治二年
吳繩泰 恩貢萊州府推官　顧龍裳 恩貢孝感知縣
蔡璋 知縣　華日躋 宜春知縣

四年
張令憲 香山知縣殉節　華鍾 復姓秦富川知縣殉節

五年
張浩 恩貢復姓王蘭溪宜春知縣　王之才 府學恩貢桂林通判
薛陳顯 恩貢靖江籍平湖知縣　彭年 恩貢吳縣籍西安府同知

六年
王延禧 句容訓導

八年
華喆 恩貢　趙運興

十年
顧燾 原名允佺吳縣教諭

十一年
張子寅 臨漳知縣　楊世愈

案順治十一年選拔貢生虞際明前志誤作十一年歲貢生今改正

十二年
邵時夔 聞喜知縣

十四年
顧焻 溧陽教諭　呂懲

十六年
孫繹武 庚子中式　趙永錫

康熙元年
張元韞 恩貢　陸維道 恩貢
丁紹美 恩貢　鄧允祺
秦去非 金華經歷

十一年
王仁灝 連江知縣　王志寧 長洲籍青陽訓導
胡永祚 寧國訓導

十二年
秦日新 旌德教諭

十四年
秦松期 翰林院孔目　顧敦 恩貢候選知縣

十五年
顧宏訓　華宗源 辛酉中式

十六年
胡永禔 霍山教諭　朱璵 歙縣訓導
秦華焻 亳州學正　沈烈 本姓趙婺源訓導

十八年
張忍孫　陸光浩

十九年
殷用濟　劉雷恒 本府訓導

二十一年
顧楫

二十二年
虞升元　華瓊

二十四年
陸寅

二十五年
顧存昜 本姓陳

二十六年
劉宮　王時奇

二十八年
劉中立

二十九年
張馨孫　陸慧玉
王植　吳鍾虬
王溥　殷沆
高愈　秦汝濤
諸慶徵　秦辰燕

孫祁雍　陳謨自王植以下年次無考
五十一年　湯萬炳甲午中式
五十三年　陳周渭
五十四年　陳八龍丁酉中式
五十八年　高廷楝
秦松華衍運知縣　楊銘敦湯陰知縣
丁詮安慶訓導三人年次無考
雍正元年　祝昇平恩貢　秦曾榮
金兆駒　吳經華

二年　陳昌言和州教諭　錢袁英青陽訓導
三年　張文耀教諭
五年　秦宏鑄錫
七年　孫襄仁錫
九年　程璠錫　吳珍錫
許源錫　王雲球錫
十一年　錢泰錫
乾隆元年　錢緒金恩貢　陸宗眘金本姓蘇通州訓導
三年　唐龍光錫

四年　陳士芳錫
七年　華渭錫
八年　王會瀛錫涇縣教諭
十一年　葛秬錫
十二年　鄒德臣金　施禹言錫府學安化知縣
陸庚錫府學
十五年　胡昂錫恩貢　吳遠鴻錫恩貢
秦躍龍錫
十六年　華葆光錫　邵之鵬金

十七年　鄒持雅金恩貢　鄭八瑞錫
二十一年　錢廣仁錫　王廷範金
二十五年　秦雲翼錫高淳訓導　錢淩雲金
二十六年　黃世錫錫恩貢　陶大中金恩貢
二十九年　曹于道錫　馬景成金天長訓導
三十三年　杜錫嘉錫　滕進金
三十七年　黃世綸錫恩貢　朱淩雲金恩貢
朱詔錫　顧梁金
虞國高錫府學

四十一年 張希韓錫 李文淵金
四十五年 曹章漢錫恩貢 朱籛金恩貢
顧斗光錫 周體健金
黃曰文錫府學
四十八年 孫開濟金府學建德訓導
四十九年 强電飛錫 錢俊選金
九鼎錫府學
五十二年 曹鳴金 許景錫府學建德訓導
五十三年 薛世基錫恩貢 俞英金恩貢

秦宗海錫盱眙訓導 曹文浚錫府學
五十六年 秦大光錫恩貢戊午中式 祝雲從金恩貢
秦宗濂錫 華雲瞻金
劉泳錫府學 蔣烈光金府學
嘉慶元年 朱棨錫恩貢 楊大勲金恩貢
顧葆之錫 顧雲馥金金山訓導
四年 王爻耀錫恩貢 華坤剛金恩貢
鄒步瀛錫府學恩貢 許庭堅金府學恩貢
五年 朱兆熊錫 華辰輝金

六年 楊均錫 張葉華錫府學原名日升
九年 秦大霖金
十三年 李春侍錫 華紹言金
十七年 尢堃錫恩貢 沈榮桂錫
周萼錫府學

明

優貢

嘉靖四十五年 鄒茀更名拱辰
崇禎 年 張雲鸞

國朝

雍正四年 王起鴻金
六年 華有恒錫歙縣訓導
乾隆五十四年 馬燦錫
嘉慶三年 楊抃金
六年 秦鶴金

辟召

漢

孝廉

熹平 高彪 試經第一除郎中校書東觀遷內黃令

建安 高岱 彪子

南唐

明經

杜鎬 集賢校理入宋爲崇文院檢討終禮部侍郎

宋

宏詞

宣和 孫近 以崇寧二年進士舉乾隆庚午志進士表注丙戌詞學叅孫近舉宏詞非舉詞學宣和改元起己亥盡乙巳亦無丙戌年

詞學兼茂

宣和 袁植 以崇慶二年進士舉官御史遷左司諫出守岳州

建炎 袁正功 以大觀三年進士舉官朝奉郎

元

博學宏才

陳肅 翰林學士歷兵部尚書河南行省左丞

經明行修

范志大 常州教授

明經

王實 臨江路同知 陳汝霖 教授乾隆庚午志作陳伯雨

華一雷 濂溪書院山長 華壽 常州路總管府判官

茂異

虞志道 湖州教授 孟潼 松江判官

人材

華友直 常州路總管 華友聞 本州稅務提領

有道

華琤 不就賜號清逸處士

文學

華玠 平江路學正

儒士

孟栻 浙東宣慰副使

明

經明行修

洪武 張翼 不就 徐績 順德知府

徐績 不就 吳肇 御史

俞德惠 行人 馮善 本縣教諭

余孟拳 新城訓導

宣德 董忠 前志遺今据府志補

景泰 朱經 遂安訓導 錢友常 鎮遠侯府訓導

明經

洪武

王惟允 本縣訓導遷鎮江通判　吳志學 本縣教諭
王師道 都官員外　趙次鈞 常州府訓導
華晞顏 常州府訓導　錢仲益 本縣訓導歷翰林修撰王府長史
朱昇 上虞教授　呂敏 本縣教諭
周衡 右正言　周文 知縣
李孟善 御史　葛桓 御史
施武 御史　陸士隆 御史
王達 本縣訓導歷侍讀學士　翟克讓 房山丞

曹恕 訓導　徐伯樞 江陵知縣
丁信 本縣訓導　華悰韡 不就
允文 不就

永樂

翟宏 寧府教授

孝廉

洪武

華悰韡 不就　李琛 不就

永樂

允文 不就

秀才

洪武

王亨 四川按察使　允文 不就

人材

洪武

談綽 督賦蘇州　徐邦本 澄江知府
徐恒 本姓華主事　華思溫 漳州知府
孟孔文 武城知縣　錢伯常 寶慶知府
蔣仲庸 知府　華煥文 建昌縣丞
陳得新 稅課大使　楊廸 漢陽知縣
邵文 彰德府同知　華遜 建安主簿
王麟 泉州巡檢　華璿 武康知縣
鄒麟 江山知縣　華杲 紹興府倉大使

鄒驎 通道知縣　董銘 苑馬寺丞
俞本 石堰大使　馮實 知縣
張文煥 白洋鎮巡檢　宣仲庸 息縣知縣
錢鏞 未仕

永樂

丁至善 稷山知縣　蔣觀 登州知府

聰明正直

洪武

華思忠 藍田主簿

賢良方正

洪武

杜純 益陽縣丞

崇禎 鄒期相 浙江都司經歷 馬世名 授知州未任

黃繼祖 阜城知縣 楊紹祖 不赴巡撫祁彪佳又以道明德立足表人倫薦

求賢

洪武 浦源 晉府引禮舍人

永樂 呂銘 西安知府

閑良官

洪武 俞溥 都督府經歷累陞戶部尚書 馬源嘉 前志遺今据府志補

儒士

洪武 華悰韡 不就 俞璿

焦愷 衛輝府通判

宣德 薛恒 蘭溪知縣

崇禎 楊源

耆老

洪武 錢用 興山知縣 沈富 通判

楷書

永樂 茹洪 壽光縣丞 時亨 臨江府同知

沈洪 戶部主事 彭戢 樂安縣丞陞衡山知縣

潘信

嘉靖 顧祖源 入直史館陞大理評事精膳司員外

詩畫

永樂 王紱 中書舍人 過儀 不就

嘉靖 張廣 翰林待詔 莫止

明醫

永樂 潘克成

景泰 施中立 黃師善

天順 周濟廣

宏治 施廉

國朝

博學鴻詞

康熙十八年己未 秦松齡 原官檢討由大學士李天馥侍郎項景襄湖廣總督蔡毓榮舉授原官歷日講官起居注左春坊左諭德兼翰林院修撰

嚴繩孫 由主事俞陳琛舉授檢討歷日講官起居注右春坊右中允兼翰林院編修

嵇永福 進士由湖廣總督蔡毓榮舉

乾隆元年丙辰 楊度汪 錫拔貢生由尚書任蘭枝舉授庶吉士改德清知縣

杜詔 庶吉士由大學士稽曾筠舉未赴 顧棟高 進士由巡撫顧琮舉

王會汾 金拔貢生由巡撫高其倬舉是年鄉試中式

華希閔舉人由侍郎吳應棻舉辭未赴

召試

乾隆三十年乙酉南巡 秦潮錫 欽賜舉人授內閣中書丙戌進士

四十一年丙申東巡 秦瀛錫 欽賜內閣中書歷刑部右侍郎

四十五年庚子南巡 楊揆金 欽賜舉人授內閣中書歷四川布政使

經學

雍正十三年乙卯 吳鼐金廩生由祭酒楊名時舉未授官中鄉會試

秦蕙田金監生由祭酒楊名時舉未授官中鄉會試

蔡德晉金舉人由祭酒楊名時舉授國子監學正改工部司務

無錫金匱縣志 卷十六 選舉 三十六

乾隆十五年庚午 吳鼎金舉人由侍郎秦蕙田舉授國子監司業

顧棟高進士由侍郎鄒一桂舉辭未赴 賜國子監司業銜

茂異

康熙五十五年丙申 孫祁雍歲貢生由尚書張廷樞舉辭未赴

孝友端方

雍正五年丁未 薛堯天錫生員由學舉授主事

浦起龍金生員由知縣王喬林舉辭未赴已酉中式

材能

雍正五年丁未 秦仁錫副榜由編修陶正中舉授蒙自知縣陞福寧知府

顧湂錫生員由同知顧開陸舉授福山知縣陞濱州知州

嵇夋錫生員由知縣王喬林舉授儀封知縣

邵建徵錫監生由巡撫尹繼善舉授灌縣知縣

彭適錫由大學士嵇曾筠舉授平和知縣

楊綸錫貢生由御史顧贄舉辭未赴

無錫金匱縣志 卷十六 選舉 三十七

武科附

明 武進士

崇禎四年辛未 華斌廣東都指揮使

國朝

順治九年壬辰 吳虎臣井陘守備

十二年乙未 陳鑣九江守備

十五年戊戌 石映宿

十八年辛丑 顧雲安東衛守備

康熙十五年丙辰 秦驤

二十一年壬戌 强藩福建將軍標游擊

明 武舉

萬歷四年丙子 華中夫

二十五年丁酉 秦陞 周仁卿

二十八年庚子 華武安 楊四維

三十七年己酉 林日新福建人隨父任居錫

崇禎十五年壬午 華城

國朝

順治五年戊子 徐輝長洲守備

八年辛卯 陳鑣乙未進士 王忠

吳虎臣壬辰進士

十一年甲午 蘇廖 王拱垣

石映宿戊戌進士

十四年丁酉 金鑑 許彪本姓秦

馮連

十七年庚子 孫斌 姚廷颺

顧雲辛丑進士

康熙二年癸卯 華杜 朱孔揚

鄒天一衛守備

五年丙午 華戩 王京

八年己酉 華豐藻 司馬治國

秦驤丙辰進士 顧士濱

陸戩本姓朱

十一年壬子 郎仁勇 陳澤繹本姓許

强藩壬戌進士 潘宗孔直隸崔黃口守備舊州營署都司

十四年乙卯 楊宸鑣 徐古

十七年戊午 黃沂 秦渭熊

高鑑　蔡源
周開達
二十年辛酉　高濟生　顧光斗
二十三年甲子　談昇　金城
二十六年丁卯　時恭黙　朱王賓
周鳳圻　顧起鵬
二十九年庚午　朱衔　楊成志
沈定遠
四十一年壬午　鮑國

四十七年戊子　賈彪守備
五十年辛卯　楊雲龍　楊銘世
吳憑江
五十二年癸巳恩科　黃鎮
五十三年甲午　張傑　吳震
五十六年丁酉　楊大崧解元荆州衛屯田守備　岳超
五十九年庚子　楊守身　楊綸
雍正四年丙午　張天鎮錫　蔡烈金
十年壬子　顧烈金

乾隆二十一年丙子　蔡綱金
四十四年己亥恩科　施安邦金河北鎮標守備
五十四年己酉　施振金
嘉慶十二年丁卯　張定邦錫
十八年癸酉　張邦炤錫

無錫金匱縣志卷十六

無錫金匱縣志卷十七

封贈

國家教孝作忠錫類推恩之典制莫隆焉我

朝廣厲臣工恩及外氏尤爲前代所未有茲仍舊志錄其可考者而自乾隆庚午以後以次增入大小畢登其或重疊並封則止載其大者而例封捐封槩不列焉志封贈第十九

宋

李賡以子夔贈正議大夫以孫綱加贈太保

李夔右文殿脩撰以子綱贈太師衛國公

尤叔保以孫輝贈待制

尤大公以子輝贈少師

尤時亨以子袤贈少師

虞薦發以子志道追秩承務郎同知無錫州事

元

華璹常州路總管府判官以子晟封婺源州判

明

俞煥以孫溥贈江西行省叅知政事

俞友諒以子溥贈江西行省叅知政事

尤玘元西吳書院山長以子良贈殿廷儀禮司司儀序班

談紹以子泰贈監察御史

許守忠以子偉贈太僕寺主簿

楊宗以子濬封戶部主事

馮亮以子諲贈戶部員外

倪恂以子敬贈監察御史

盛子寳以孫容贈都察院左都御史

盛昂以子容贈都察院左都御史

秦旭以子夔封武昌知府

陳士名以子賓贈吏部員外郎

李泰以子珵贈刑部員外郎

談復以子綱封南京刑部郎中

華彥芳以子山贈南京兵部員外郎

繆衷以子昌封工部主事

陳昱以子周贈戶部郎中

邵鎬以孫寶贈都察院副都御史

邵溥以子寶贈都察院副都御史

陳易以子昌贈戶部主事

秦勵以子偉封應天府通判

莫訥以子驄贈工部主事

吳晟以子學封監察御史

呂誠以子卣贈永平府推官

張瓚以子愷贈東平州知州

華時濟以子珏贈戶部主事

華瑄以子津贈辰州知府

馮泰以子夔贈戶部主事

茹玉新寧知縣以子鑾封唐縣知縣

陸民表以子廣贈戶部主事

錢孟溥以子榮贈工部員外郎

秦樸以曾孫金贈太子太保南京兵部尚書

秦景薰以孫金贈太子太保南京兵部尚書

秦霦以子金贈太子太保南京兵部尚書

華莊以子昶贈戶科給事中

秦惠孚以子鑑贈撫州府通判

陳燧以子策贈戶部員外郎

葛浩以子嵩贈禮科給事中

茹海太醫院御醫以次子鳴鳳封戶部主事以季子鳴金封戶部員外郎以長子鳴玉進階協政庶尹

呂卣監察御史以子元夫贈南京通政使司參議

俞謙以子泰贈吏科給事中

方碣以子學封刑部主事

顧壽以曾孫可學贈太子太保禮部尚書

顧信以孫可學贈太子太保禮部尚書

顧懋章以子可學贈太子太保禮部尚書

成天章以子周封戶部主事

陸序以子禮贈南京戶部員外郎

顧晟章以子可適封刑部郎中

張文簡以子遜贈涿州知州

葛檜以子恒封戶部主事

喻銳以子義贈戶部主事

顧榮章以子可久贈泉州府知府

楊楷以子淮封戶部主事

莫潛以子同贈南京工部員外郎

顧起綸鬱林州同知以子祖源封大理評事

華從智以子金封戸部主事
顧廷珏以子彥夫封南京太常寺典籍
華玲以子鎮封光祿寺署丞
華基以子鑰贈兵部郎中
王澤先以子召封戸部主事以子問晉兵部郎中
蔡璠以子亨贈光祿寺少卿
華謹以子察封兵部郎中
談綱萊州知府以孫愷贈兵部右侍郎兼右僉都御史
談一鳳應山知縣以子愷贈兵部右侍郎兼右僉都御史

王溥以子瑛贈太常寺博士
王晃以子表贈戸部主事
安國以子如山贈南京戸部員外郎
張猷可以子選封蕭山知縣
曹符以子察封戸部主事
浦瑾麗水知縣以子應麒贈翰林院編脩
尤基以子魯封戸科給事中
黃坤以子正色封監察御史
陸介以子子明贈中書舍人

華恩以子舜欽贈戸部主事
華麟祥布政司知事以子雲贈戸部主事
吳亨王府典膳以子倩封翰林院編脩
馮季貴以子有年贈戸部主事
李雍以子文麟贈兵部主事
尤晉以子瑛封禮部員外郎
秦瀚以子粱封通政使左叅議
馬鈍以子濂封工部員外郎贈兵部郎中
鄭鉞以子伯興贈衢州知府

何卿以子汝健封禮部郎中
秦淮長溪知縣以子禾封南京戸部郎中
汪時泰以子汝達贈戸部主事
華治安以子汝礪封刑部員外郎
徐坤以子卿龍贈南京刑部郎中
秦漳以子木贈孝陵衛經歷
張烱以子子仁贈湖廣按察司僉事
顧衮以子應龍封戸部員外郎
顧彥清以子詵封襄陽知縣

周鑑以孫子義贈吏部左侍郎
周濬以子子義贈吏部左侍郎
胡觀以子濬贈監察御史
施隨以子夢龍封南京戶部郎中
賈朝陽以孫應璧贈廣東按察使
賈時正以子應璧贈廣東按察使
施教以子策贈禮部郎中
秦泮舉人以子樫贈南京後府經歷
侯孟清以子祖德贈江山知縣

華鏜以子俸贈南京通政司經歷
華膺以子階贈汀州衛經歷
華燿以子讓贈南京兵馬司
顧道津以子豪贈太醫院吏目
黃鉞以子搢贈南京光祿寺典簿
吳惟孝以子汝倫贈彰德府推官
周子義吏部左侍郎贈尚書以子炳謨加贈太子少保
孫友諒以孫繼臯贈吏部左侍郎
孫臣以子繼臯贈吏部左侍郎

嵇大有以子應科贈戶部主事
鄒懋中以子廸光封黃州知府
萬邦寧以子言策封南昌通判
侯應昌以子先春封太常博士
嚴鳳以孫一鵬贈南京通政使司通政使
嚴朔以子一鵬贈南京通政使司通政使
李繪以子應祥贈臨海知縣
顧夔以孫憲成贈吏部右侍郎
顧學以子憲成贈吏部右侍郎

龔雩以子勉贈南京戶部郎中
秦禾永昌知府以子燿贈太常寺少卿
華瑾良以子廷獻贈脩武知縣
華露光祿監事以子元禔贈商邱知縣
萬天祥以子象春封禮科都給事中
韓徹以子文贈北平知縣
顧大心以子龍禎封御史
華宗澤光祿監事以子嘉蔭封中書舍人
葉聯以子茂才封南京吏部郎中

劉陞績溪教諭以子元珍封南京兵部郎中

尤泮以子際昌贈宛平知縣

賈應德以子允元贈浙江叅政

王體道以子化奇贈南城兵馬指揮

周冠以子繼昌封禮部主事贈山西提學副使

華治隆以孫敦復贈四川右布政

華汝梅博平知縣以子敦復贈四川右布政

華坊以子士標贈刑部主事

楊倴以子應文封太僕寺少卿

華茂實以子仁夫贈建昌通判

華孝以子廷詔封龍泉知縣

陳萃以子幼學贈湖州知府

高適以孫攀龍贈太子少保兵部尚書

高校以嗣攀龍贈太子少保兵部尚書

高材黃巖知縣以孫攀龍贈太子少保兵部尚書

高德徵以子攀龍贈太子少保兵部尚書

堵鴻以子維垣贈浙江叅政

秦焜中書舍人以子之垣贈禮部主事

秦柱中書舍人以子延烝贈兵部主事

鮑慧行以子際明贈寧都知縣

吳申錫光祿監事以子澄時贈鄭州知州

吳敷錫光祿署丞以子澄時之本生父貤贈鄭州知州

沈從龍以子應時封兵科給事中

張伯謙以子纘曾贈監察御史

陳宏道以子振豪贈戶部主事

施學海以子元徵贈兵部員外郎

華復吉以子允誠贈吏部員外郎

邵士宏以子名世贈雲南叅議

王寧一以子永吉贈南京禮部主事

秦輿以子堈贈福寧州知州

華之京以子琪芳封右春坊右庶子

曹應豹以子荃贈漳州知府

胡允欽以子之竑贈興化知府

錢學禮以子振先贈舊志闕今仍之

馬濂浙江運使以孫世奇贈禮部侍郎

馬希尹平樂教授以子世奇贈禮部侍郎

唐可學以子錫蕃封汀州府推官
王乾一以子永積封武定知州
唐貞明舉人以子士嶸贈禮部主事
張肇芳以子琦封定海知縣
秦焯上林監丞以子爾佳贈光祿寺署丞
倪瑾以子錦贈中書舍人
孫源孝以子端禾贈南京戶部主事
張佐卿以曾孫有譽贈太子太保戶部尚書
張汝翼以孫有譽贈太子太保戶部尚書

張履正廣信知府以子有譽贈太子太保戶部尚書
侯世美以子鼎鉉贈南京戶部主事
胡倖以子時忠贈南昌推官
高士鶴光祿署丞以子世泰封禮部主事
秦爾載以子鏞贈清江知縣
堵維常以子允錫贈副使
徐之鵬以子調元贈金華知縣
王我知以子孫蕙贈歸善知縣
呂國祥以子暘贈浙江參議

鄒宏基以子式金贈戶部主事
龔脩齡以子廷祥贈中書舍人
顧孟德以子應暘贈南京刑部員外郎
宿應祥以子夢鯉封松陽知縣
強有為以子兆龍贈崇陽知縣
蔣雲翰以子元敬贈平江知縣

國朝

劉士璋以子果遠贈湖廣提學僉事
顧廷樞以子鏞贈興化知府

鄭芳春以子應阜贈建德知縣
陸上輻以子朝瑛封戶部主事
吳宗泰以子達封監察御史
鮑大昌以子鳳翔贈梧州推官
秦繇以子華鍾贈按察使僉事
秦華鍾富川知縣郵贈按察使僉事
張令憲香山知縣郵贈按察使僉事
嵇本以曾孫曾筠贈文華殿大學士
嵇廷用中書舍人以孫曾筠贈文華殿大學士

鄒兌金舉人以曾孫一桂贈內閣學士兼禮部侍郎
吳桂攀以子繩泰贈萊州推官
華憲殷以子日躋封宜春知縣
倪洽以子金馬封新昌知縣
王士奎以子浩贈蘭溪知縣
彭應期以子年贈桂林州判
薛敷華光祿署丞以子信辰封潮州知府
諸士蘭舉人以子豫贈秘書院編脩
侯之源大理司務以子杲封刑部郎中

顧梃曾以子煜贈象山知縣
費元廉以子國瑄贈餘杭知縣
王居仁以子龍封歷城知縣
張鵬翮以子履吉封行人
張憲徵按察使經歷以子迎祺封武昌推官
唐道標以子德亮贈戶部主事
張元珩以子允欽封太常博士
孫葵禾以子仁溶封南安推官
張爾炤以子輔封肇昌推官

賈明信以子曾贈秀水知縣
秦延黙湯溪知縣以孫鉽贈長蘆鹽運使
秦重禾以子鉽贈長蘆鹽運使
秦德澄以曾孫蕙田贈刑部尚書
秦德藻以曾孫蕙田之本生曾祖貤贈刑部尚書
張集之以曾孫泰開贈工部侍郎
秦珍以子鏕贈溫州推官
嵇冉以子承福封嚴州推官
黃暉吉以子鼎封禮部主事

施聲亮以子佩鳴封高州推官
曹肇康以子鼎臣封奉化知縣
顧際虞以子岱封武定同知
華敷施以子亦祥封秘書院編脩
華瓏以子章志贈戶部主事
鄒家鼎以子象雍贈武陟知縣
周公謨以子宏封翰林院侍讀學士
秦重益以子鉅倫封宜君知縣
諸八玉以子定遠封溫處僉事

顧樞舉人以子貞觀封中書舍人
施桂徵以子鯏會贈奉化知縣
呂曾佫以子高培贈米脂知縣
黃鍾奎以子灣贈福山知縣
楊垾以子泖贈行人
嚴紹宗以子繩孫贈右春坊右中允
華濟以子黃贈刑部郎中
邊國杰以子脩贈海城知縣
邵永源以子璿贈監察御史

王淑高以子世濟封雩都知縣
敖巘以子汾贈清江知縣
秦潢以子弼權贈滁州學正
秦湑以子樹績贈宿州學正
吳淵培以子遵鉄贈內江知縣
薛起鳳以子祿天贈簡州知州
沈耀以子士祿封內黃知縣
徐文瑛以子珽贈德清知縣
嵇永仁郵贈國子監助教以子曾筠贈文華殿大學士

王志寧青陽教諭以子雲錦贈翰林院脩撰
鄒忠倚翰林院脩撰以孫一桂贈內閣學士兼禮部侍郎
鄒滋以孫升恒贈翰林院侍講學士
鄒治中書舍人以孫一桂之本生祖贈內閣學士兼禮部侍郎
曹簡臣以子思義贈伏羌知縣
秦松齡諭德以孫蕙田贈刑部尚書
秦松岱以曾孫震鈞貤贈浙江鹽運使
黃汝濟以子趙音封翰林院檢討
黃汝淵以姪趙音貤贈翰林院檢討

秦松喬以子靖然封翰林院庶吉士
秦松華以孫勇均貤贈平陽知府
秦松如知縣以曾孫鑛貤贈兩廣鹽運使
杜芳以子詔封翰林院庶吉士
黃鳳來以子天球贈靖安知縣
張越以子徐軒贈涇縣教諭
秦貞鍾以子永清贈晉寧知州
鄒卿森以子一桂贈內閣學士兼禮部侍郎
鄒辰策以曾孫奕孝贈工部侍郎

顧元釗以孫棟高貤贈國子監司業
顧紀永以子棟高贈國子監司業
顧焻以子仔贈翰林院編脩
陶錦以孫正中贈布政使參議
陶天璧以子正中贈布政使參議
黃焜以孫施鍔貤贈淮安府教授
黃世增以子施鍔贈淮安府教授
鄒顯吉以子士隨贈禮部主事
顧民依以子維鑄封武定府同知

顧起佐以子贇封按察使副使
曹熙臣以孫輯五貤贈內閣中書
曹思源以子輯五贈內閣中書
陳贇元以孫士雋貤贈崇寧知縣
陳八龍進士以子士雋贈崇寧知縣
秦恬然以子甸封齊東知縣
秦寅以孫仁贈蒙自知縣
秦汝溥以子仁贈福寧知府
蔡文隆以子德晉贈國子監學正

孫洊佳以孫濂貤贈靖安知縣
孫容以子濂貤贈靖安知縣
侯楷以子文焯贈隆平知縣
楊紹雍以子銘敦封湯陰知縣
孫國介以子寅封潁州知府
浦長發以子起龍贈揚州府教授
王世善以曾孫寬貤贈兵部主事
侯中釆以孫嗣達貤贈刑部主事
侯儀倫以子嗣達贈刑部主事

秦道然給事中以子蕙田本生父贈刑部尚書
秦文然以子莘田贈益陽知縣
徐珽教習知縣以子梁棟贈翰林院庶吉士
高芷生以孫有懷貤贈南溪知縣
高桂以子玉行貤贈靈璧教諭
高嶒以子有懷贈南溪知縣
丁華祖以子允祉貤贈潛山教諭
鄒佳輔以元孫炳泰贈吏部尚書
華國球以孫希閔貤贈內閣中書

華汝脩以子希閔贈內閣中書

秦易然以子蕙田贈刑部尚書

吳鉉以孫鼐貤贈工部主事

吳可學以子鼎贈翰林院侍講學士

華文燦以孫栻贈戶部主事

華宏憲中書以子栻贈戶部主事

侯長源以孫陳齡贈翰林院庶吉士

侯恒以子陳齡贈翰林院檢討

賈履中以孫霖貤贈靈壽知縣

賈隆祚以子霖贈靈壽知縣

王世儁以子瑛曾贈鳳山知縣

王式曾以子雲萬贈芷江知縣

楊銘朱以子度汪封翰林院庶吉士

秦瀾將樂知縣以孫雄飛贈江西布政使

秦存衍以孫雄褒貤贈禮部郎中

秦樹八以子雄褒贈禮部郎中

張旭崙以孫泰開贈工部侍郎

張光宙以子泰開贈工部侍郎

楊希曾以子潮觀贈卭州知州

杜圻以曾孫玉林贈刑部侍郎

王培源以孫會汾贈大理寺卿

王起鴻以子會汾贈大理寺卿

秦曾榮以子勇均贈廣信知府

周宜繩以子金紳贈新寧知縣

朱肇祥以子廷鎮貤贈獲嘉縣丞

鄒華以孫雲城贈深州知州

鄒士荀以子雲城贈深州知州

李曰溥以孫時乘貤贈益都知縣

李曾以子時乘贈益都知縣

華與昌以子西植貤贈潛山教諭

錢馨以子焜贈內黃知縣

趙世祿以子豴贈山東鹽運使運判

薛亦偉以孫廷楝貤贈淄川知縣

薛愛德以子廷楝贈淄川知縣

杜錦以孫玉林贈刑部侍郎

鄒鴻逵以曾孫炳泰贈吏部尚書

孫仁溥以曾孫永清貤贈貴州布政使
秦實然以曾孫瀛贈兵部侍郎
秦敬然以孫鑌贈兩廣鹽運使
秦憲然以孫朝釬貤贈工部主事
鄒震采以孫本立貤贈隆德知縣
鄒文一以子本立贈隆德知縣
施俊以孫鼎貤贈陵縣知縣
施景新以子鼎封陵縣知縣
侯柱以孫錦雲貤贈河津知縣

侯文煦以子錦雲贈河津知縣
鄒升恒侍講學士以孫奕孝贈工部侍郎
秦東田以子鑌贈兩廣鹽運使
秦雲會舉人以子朝釬贈禮部員外郎
鄒奕鳳編修以孫應元贈臺灣知府
顧珍以孫奎光貤贈桑植知縣
顧邦以子奎光贈桑植知縣
侯麟然以孫鈞貤贈清澗知縣
侯元巘以子鈞贈清澗知縣

周世鼎以孫照贈戶部主事
周動和以子照贈戶部主事
顧憘以孫光旭贈莊浪兵備道
顧建元以子光旭贈莊浪兵備道
秦春田以孫瀛贈兵部侍郎
鄒慶曾以子應元贈臺灣知府
周金聲以孫日贊贈戶部主事
周永禧舉人以子日贊贈戶部主事
丁明俊以子煐贈廉州府同知

丁詮訓導以孫亭贈高州知府
丁鶴起同知以子亭贈高州知府
華振聲以子鼎福贈棗強知縣
顧曹朔以子振基封宜城訓導
王繩會揚州府教授以孫寬贈兵部郎中
楊宗濂以曾孫揆貤贈甘肅布政使
錢炎以子曜贈天台知縣
錢玉山以子曜本生父貤贈天台知縣
秦樹穀以子雄飛贈江西布政使

薛承典以孫田玉贈保定府同知
薛瑩憲以子田玉贈保定府同知
周秉禮以孫際清貤贈麗江知府
周宗澳以子際清封麗江知府
鄒捷以孫炳泰贈吏部尚書
杜灝沙河知縣以子玉林贈刑部侍郎
楊孝元以孫揆贈甘肅布政使
顧起元以孫廷燮贈那地州判
顧彬以子廷燮贈那地州判

楊守義以子鳴遠封鹽城教諭
王興洛舉人以子日杏贈戶部郎中
孫岱正以孫承清贈貴州布政使
楊師范以姪孫揆貤贈川北兵備道
鄒稷以子奕孝贈工部左侍郎
鄒萬以子清封永豐知縣
朱嘉謨以孫雲駿貤贈隆昌知縣
朱希原以子雲駿贈隆昌知縣
顧振基訓導以孫朝泰貤贈歸德通判

顧錫艮以子朝泰贈歸德通判
高邦治以子來泰貤贈山陽教諭
張艮會以孫耀奎貤贈阜平知縣
張聯登以子耀奎贈阜平知縣
陶炳中以子國果貤贈全椒教諭
陶鴻中以子玉禾貤贈和州學正
華錦堂以子秉國貤贈泰興訓導
侯承璽以子孝基貤贈江都教諭
鄒文燕以孫詠莪貤贈南屏知縣

鄒宗周以子詠莪贈南屏知縣
鄒志周以子武鉽贈杞縣知縣
王千仭以子寬封兵部郎中
秦鍠以姪潮貤贈翰林院編修
張中以子鳳枝贈南籠知府、
倪啟燕以孫鼎銓貤贈雅州知府
倪大培以子鼎銓贈寧遠知府
顧體澧以子杏章贈永定知縣
華希閎舉人中書以孫春芳貤贈獨山州同

孫廷鏞州同以子永清贈貴州布政使
周豐以孫揆貤贈縉雲知縣
周師淳以子揆贈縉雲知縣
嵇國斌以子承志封兩廣鹽運使
鄒夢臯給事中以子炳泰贈吏部尚書
秦鴻鈞以子瀛贈兵部侍郎
秦龍鈞以姪瀛貤贈杭嘉湖兵備道
秦鳳鈞以姪沅貤贈新淦縣丞
楊德沖以子廷棐貤贈元和訓導

楊鴻觀以子揆贈甘肅布政使
楊之觀以子保封桃源教諭
周宏瑜以孫鎬貤贈景寧知縣
周宗琳以子鎬贈景寧知縣
馮宸標以孫堉貤贈監察御史
馮熠以子堉贈監察御史
馮志雲以姪培貤贈內閣中書
潘廉以子大禮贈萬全知縣
顧鼐以姪亮貤贈山陽教諭

顧乾泰以子桂森贈五寨知縣
高振烈以子雅壎貤贈靈壁教諭
侯孝述以姪雲濤貤贈全椒訓導
顧奎光桑植知縣以子敏恒贈蘇州府教授
錢凌雲以子世燦贈通州學正
楊士鎔以子泰贈盧江教諭
李廷楷以子射斗貤贈上海教諭
楊銘顥以子瀛貤贈江寧訓導
楊鎡以孫秉楏貤贈濟陽知縣

楊湘以子秉楏贈濟陽知縣
華繼府經歷以子光楣贈烈嶼場鹽大使
華綵以孫燦貤贈滎澤知縣
華廷楠以子燦贈滎澤知縣
顧熙以孫鈺貤贈吏部郎中
顧應春以子鈺封吏部郎中
竇其淵以子廷模貤贈江浦教諭
蔡煐以孫維鈺貤贈翰林院庶吉士
蔡順堂以子維鈺贈翰林院庶吉士

蔡維銘以弟維鈺貤贈翰林院庶吉士

吳槃以子兆麟贈壽寧知縣

周際韶以子琦贈當塗知縣

周際時以姪琦貤贈當塗知縣

侯鳳蒸以子昉貤贈五河教諭

薛景珏光山知縣以孫玉堂貤贈廬州府同知

薛稻孫舉人以子玉堂贈廬州府同知

顧維銻以孫皐貤贈翰林院脩撰

顧洵以子皐封翰林院脩撰

徐雲錦以孫煥貤贈內閣中書

徐時俊以子煥贈內閣中書

俞鯉祥以孫肯堂貤贈翰林院編脩

俞英以子肯堂贈翰林院編脩

王曜以子珙封兵部主事

孫爾琦以弟爾準貤贈翰林院編脩

龔長生以曾孫珠貤贈龍泉知縣

龔陳錫以孫珠貤贈龍泉知縣

龔潛德以子珠封龍泉知縣

尤澤長以孫耿光本生祖貤贈鹽山知縣

尤允鉉以孫耿光貤贈西寧知縣

尤椿以子耿光贈鹽山知縣

顧應元以子光晉贈沂州通判

顧鼎以弟光晉貤贈東昌上河通判

楊漼川以子朝炳封福寧通判

華公輔以子瑞璜贈臨海知縣

鄧憲章以孫捷成貤贈內黃縣丞

鄧愷以子捷成貤贈內黃縣丞

張錦源以子一飛貤贈黃梅縣丞

王德慶以孫游貤贈通州州判

王文鑣以子游貤贈高郵州同知

王文鑾以子游本生父貤贈山清外河縣丞

陶國果上元教諭以子步鏊贈庫大使

陶瀚以子錕贈羅山知縣

周奕清以子詩貤贈碭山主簿

楊雲龍武舉以子守禮贈鹽大使

楊守誠以子迪光贈德慶州巡檢

楊鳴遠鹽城教諭以外孫鄒光駿贈太平通判

施鳳立以孫繼培貤贈光祿寺署正

施翰清以子繼培贈光祿寺署正

秦江州同以子廷杰封師宗知縣

龔豐占以子照貤贈涪州吏目

竇掌綸以子益貤贈遷安巡檢

張大韶以子琛貤贈慈谿典史以外孫趙秉初貤贈戶部郎中

張大振以子起龍貤贈平原典史

徐傳開以子家相貤贈簡州龍泉司巡檢

鄒思成以子綸錫贈儀徵訓導

鄒寅亮以子桂貤贈廣信府經歷

明以下武職

華楝以子麟祥封錦衣衛指揮僉事

華中夫武舉以孫斌贈廣東副總兵

華起孟以子斌贈廣東副總兵

國朝

吳行周以子虎臣贈井陘道中軍守備

顧洸以子雲贈沂州守備

強奭以子藩贈羅源守備

潘承祖以孫宗孔贈直隸崔黃口守備

潘桂芳以子宗孔贈直隸崔黃口守備

華道琦以孫杜貤贈九江守備

華浩以子杜贈九江守備

施天全以孫安邦贈河北鎮標守備

施玄元以子安邦贈河北鎮標守備

蔭敘

任子得官其顯融赫奕者莫盛於南宋尤氏而以後殆寥寥焉我
朝褒卹殉難諸臣巢予世襲武職亦殊遇也教習一途爲士子進身之階自館局宏開書成悉得甄敘其途稍雜矣兼綜並收以河工校用諸人附焉志蔭敘第二十

宋

杜杞以祖禮部侍郎鎬任累官天章閣待制知慶州

尤袤以祖學士輝任授臨海丞

尤棐以父禮部尚書袤任累官兵部侍郎

唐稑以父諫議大夫詢任累官直秘閣

尤焴以祖禮部尚書袤任授山陽法曹後中嘉定元年進士累官端明殿學士提舉秘書省

尤爚以祖禮部尚書袤任知廣德州加直秘閣

尤燿以祖禮部尚書袤任衛尉寺丞

沈自彊以表兄尚書右僕射洪适奏任

陳應龍以父常州通判炤死事任未仕

尤帶以伯父端明學士焴任歷官將作監主簿

尤冠以父端明學士焴任官虞部員外郎

元

焦肅以父杭常兩路總管敏中任官黃巖知州

明

楊紳以父都御史璿任未仕

盛龍以父刑部侍郎容任官鹽運司同知

秦泮以父都御史金任未任後中順天鄉試

秦汴以父都御史金任官姚安知府

秦梩以祖太子太保兵部尚書金任官慶遠知府

邵煦以父南京禮部尚書寶任未仕

邵勳以父南京禮部尚書寶任未仕

談志伊以父兵部侍郎愷任官中府都事

周炳文以父吏部侍郎子義任官都察院都事

顧起棨以父禮部尚書可學任官宗人府經歷

顧起魚以父禮部尚書可學任未仕

孫端禾以祖吏部侍郎繼臯任官南京戶部主事

萬德餘以父工部侍郎象春任未仕

萬承泳以祖工部侍郎象春任官台州府同知

嚴紹宗恩貢以父刑部侍郎一鵬任未仕

周顯申 以祖禮部侍郎炳謨任官戶部主事
高世儒 以父刑部侍郎攀龍任未仕
高世學 以父卹贈太子少保兵部尚書攀龍蔭官戶部員外郎
高世寧 以父刑部侍郎攀龍任未任
馬壬玉 以父卹贈禮部侍郎世奇蔭未仕

國朝

秦沚 以父富川知縣卹贈按察使僉事華鍾蔭歷官戶部主事
張進 以祖香山知縣卹贈按察使僉事令憲蔭官浮梁知縣
嵇瑛 以父文華殿大學士曾筠任授奉天府治中

王光顯 舉人以父刑部主事卹贈光祿寺少卿日杏蔭官銅仁知縣
楊乘槎 太學生以兄鄷都知縣卹贈兵備道夢槎蔭官濟陽知縣
鄒光駿 太學生以父倉場侍郎炳泰任官太平府通判
楊承懋 太學生以父四川按察使揆任七品京官湖北試用知州
秦廷杰 太學生以祖浙江鹽運使震鈞任官恩水知縣
楊慧 太學生以父四川布政使卹贈太常寺卿揆蔭授黃梅知縣
嵇大綬 以七世祖卹贈國子監助教永仁蔭襲恩騎尉
秦繼鰲 以六世祖富川知縣卹贈按察使僉事華鍾蔭襲恩騎尉
王鳳坦 以祖刑部主事卹贈光祿寺少卿日杏蔭襲恩騎尉

楊星燦 以父鄷都知縣卹贈兵備道夢槎蔭襲恩騎尉
浦承恩 以祖宣恩縣乾灞巡檢寶光卹蔭襲恩騎尉
吳金陛 以父鳳山知縣兆麟卹蔭雲騎尉
周萬清 以父太學生鳳山從殉濂卹蔭雲騎尉

右蔭襲

徐珽 太學生蕉園教習議敘光祿署正
楊希曾 諸生武英殿議敘未授官卒
呂高培 諸生從蔡征西毓榮軍營議敘授米脂知縣
浦乃恒 太學生從蔡征西毓榮軍營議敘授福清縣丞

倪宏祚 太學生官學教習授房縣知縣
張徐軒 副榜官學教習授涇縣教諭
朱灝生 拔貢生官學教習授舒城教諭
顧棟高 進士景山教習授內閣中書
錢鋐 舉人景山教習授知縣
浦浩 太學生一統志館議敘州判官莆田縣丞
顧鼐 諸生明史館議敘官浦城典史
楊潮觀 舉人實錄館議敘知縣
曹培昌 太學生實錄館議敘縣丞

華恒泰 進士咸安宮教習授知縣

鄒有譽 進士一統志館議敘知縣

史會 舉人實錄館議敘知縣

鄒雲城 舉人一統志館議敘知縣陞河間知府

秦鳳翼 舉人一統志館議敘候選知縣

李時乘 舉人一統志館議敘知縣

薛廷棟 舉人武英殿議敘知縣

楊德文 舉人實錄館議敘教諭

杜灝 舉人國史館議敘知縣

曹之爻 諸生一統志館議敘官登州府經歷

秦鑅 舉人咸安宮教習授知縣

馬雯 舉人咸安宮教習後中甲戌進士

呂宏基 太學生景山教習授信宜知縣

侯龍濱 舉人覺羅教習授教諭

孫潢 舉人四庫館議敘知縣

顧裕涇 舉人四庫館議敘知縣

秦鈞 太學生三通館議敘布政使經歷官博白知縣

秦在東 太學生四庫館議敘縣丞

秦鼎鈞 太學生四庫館議敘官餘姚縣丞

顧光晉 附監生四庫館議敘官沂州通判

顧光曦 太學生四庫館議敘官荷澤巡檢

侯可儀 副榜景山教習授知縣

秦廷釪 廩監生四庫館議敘官江西布政使經歷

秦澐 太學生四庫館議敘官荆門州同

華春芳 太學生四庫館議敘官獨山州同

孫藩 太學生四庫館議敘中書科中書累官安徽布政使

孫承治 副榜四庫館議敘教諭

華冠 太學生四庫館繪圖議敘州同

朱上林 舉人四庫館議敘知縣

嵇承羣 太學生四庫館議敘縣丞陞武定府同知

華光楣 太學生四庫館議敘官烈嶼埕鹽大使

龔果 太學生四庫館議敘縣丞陞德化知縣

龔汝立 太學生四庫館議敘巡檢

丁芳洲 舉人四庫館議敘知縣

顧聲 舉人四庫館議敘縣丞

侯軒 諸生四庫館議敘巡檢

秦鼎雲 拔貢生四庫館議敘教諭
侯寶樹 太學生四庫館議敘主簿
寶廷楝 附監生四庫館議敘州同
孫震 太學生四庫館議敘縣丞
陶步鼇 附監生方畧館議敘餘東場鹽大使
陶鍔 太學生四庫館議敘縣丞
顧桂森 舉人四庫館議敘知縣
朱塤 太學生四庫館議敘縣丞
華鳳林 舉人咸安宮教習候選知縣

秦濂 舉人方畧館議敘候選知縣
秦沆 太學生四庫館議敘縣丞陞臨川知縣
鄧捷成 太學生四庫館議敘州同
顧維琳 太學生四庫館議敘官丹州州同
秦泰 太學生日下舊聞館議敘縣丞陞靖州知州
吳兆麟 副榜官學教習授知縣
錢世燦 舉人景山教習授學正
秦江 太學生四庫館議敘州同
秦沅 太學生四庫館議敘鹽大使廣東候補知縣

嵇承烈 太學生國史館議敘縣丞陞黃巖知縣
朱允瑩 太學生國史館議敘主簿
秦洪 太學生國史館議敘縣丞
吳邦基 舉人覺羅教習候選知縣
周琦 舉人國史館議敘知縣
秦琦 舉人國史館議敘知縣
俞鑅 舉人實錄館議敘加捐知州
華浩 太學生實錄館議敘縣丞
潘提均 太學生實錄館議敘縣丞

侯林 太學生實錄館議敘主簿

右議敘

秦永清 太學生河工投効授獲嘉縣丞歷晉寧知州
秦永寧 太學生河工投効授曹縣主簿
丁鶴起 太學生河工投効授封邱主簿歷安慶府同知
孫廷鏞 太學生河工投効授魚臺主簿歷德州同知
孫廷鉞 太學生河工投効授靈璧主簿歷桃源同知
朱廷鎮 太學生河工投効授獲嘉縣丞
楊銘范 太學生河工投効授仁和主簿

楊銘侃 太學生河工投劾授新鄉縣丞
吳注淮 太學生河工投劾授安陽縣丞
楊熙 諸生河工投劾授陳留縣丞
諸城 太學生河工投劾授高堰主簿
胡燮 太學生河工投劾授縣丞
朱廷鑑 太學生河工投劾授夏津縣主簿
薛樂天 太學生河工投劾授祥符縣主簿
右河工校用附

鄉飲

古稱鄉祭酒歿而可祭於社十室之邑必有忠信厥惟鉅德長者庶足當之康熙庚午志始載鄉飲而已云前代無攷且病斯舉之濫而引以志警後之人其亦可以攷鑒得失矣志鄉飲第二十一

明

賓

崇禎十四年 朱紘 王國安

國朝

賓 介

順治四年正月 秦伯欽 陸鈁

五年正月 吳宗泰

六年正月 施匪躬

十月 王居仁

七年正月 張熹徵 周嗣殷

八年正月 朱隆先 張汝陞

九年正月 鮑大定

十年正月 張爾炤 華肇晉

十月 劉廷楫 張炳

十一年正月 施元徵 闞燊

十月 邵名世 孫道
十二年正月 孫端禾 黃京祖
十三年正月 黃之玉 過介
十四年正月 胡時忠 侯世芑
十月 黃暉吉 朱國璠
十五年正月 張元珩
十月 吳其馴 王永稔
黃奕祖
十六年十月 堵景濂 談高受

十七年正月 秦重采
十八年十月 華敷施 尤慎言
康熙元年正月 張鵬翮
二年十月 曹荃 韓合
四年正月 侯之源 王有聲
十月 王京
六年正月 秦重益
七年正月 顧際虞 胡憲昭
十月 劉明翹 呂自咸

十一年正月 張鵬翮 呂鳴廷
劉欽慎
十月 鄒家鼎 許士瑜
十四年正月 周公謨 錢珍
十五年正月 秦德藻 黃鐘永
十月 施瑞曾 侯如洵
丁煥
十七年正月 周嘉申 吳世禎
十月 趙世祿

十八年正月 秦欽翼 安珩
十月 諸八玉 過文政
十九年正月 季維垣
二十三年十月 王有儀 陳天定
二十四年正月 秦鉽 薛旦
二十五年正月 秦德藻 黃澐
十月 周嘉申 楊廷珏
二十八年正月 嵇永福 朱尚儀
三十年正月 王元黻

三十二年正月 何其達 杜芳
三十五年十月 錢仲選 黃鳳來
三十七年正月 秦松齡 錢贊化
四十五年十月 秦松齡 錢應禚
五十年正月 黃汝淵
五十四年正月 楊梁 徐嘉豫
十月 秦松期
五十五年正月 錢仲選
五十六年正月 王淑高 許源

五十七年正月 秦松喬 黃士俊
五十八年正月 王培元
六十年正月 王雲錦
十月 黃汝濟
雍正六年正月 范君琰
十年正月 浦長發
十一年十月 王世善
乾隆元年正月 王述 沈鴻功
十月 鄒鴻逵 楊國藩

五年正月 陳燡
十月 秦孝然 華德潤
七年十月 秦樹人 張天錦
八年正月 過林琦
十月 侯嗣和 施聖惠
九年正月 朱廷銓 張煒
十月 張雲昇 秦世儀
十年正月 華山竹 諸毓連
十月 雷汝器 錢朝熙

朱貞 施仁
十一年正月 范章釆 楊士登
十月 張允銘 倪振祚
十七年正月 陶鴻中 錢一珠
十月 孫迪 胡士俊以上仍前志未注錫金
二十八年正月 楊大崧金 顧在寬
三十二年正月 秦鳳錫
三十三年十月 鄭人瑞錫 顧飛雲
三十七年十月 滕進金 過芳松

四十二年正月 華西植 錫　吳智錫
四十五年正月 陶大中 金　趙茂芳
十月 周宗澳 錫　杜錫蕃
秦春田 金　費家鼎
四十九年正月 孫洙 錫　顧墀
五十二年十月 顧熙 錫　季瑛
五十四年正月 王游 錫　丁秉銓
十月 楊匯川 金　浦燾暉
五十五年正月 潘望齡 錫　聞培元

五十七年正月 强電飛 錫　過寶樹
五十九年正月 秦朝釪 金　錢溥
十月 華泗 金　盛惟德
六十年正月 薛雲鳳 金　李廣仁
嘉慶元年十月 曹文浚 錫　蔣鴻遠
二年正月 薛廷楝 金　浦德新
三年正月 朱顏 金　秦夢蘭
楊之觀 錫　王培
十月 周原溥 金　華峻岳

四年正月 朱汝綸 錫　沈朝銓
十月 鄒儀 錫　何昶
七年正月 李文淵 金　鄒錦
八年十月 吳煌 錫　朱宏仕
錢俊選 金　吳照
九年正月 孫開濟 金　楊峻德
十年正月 馮埴 錫　張有達
十一年正月 蔡維銘 金　顧鶴鳴
十二年正月 孫丞治 錫　陸耀

徐大裕 金　楊華松
十三年正月 顧錦雲 錫　李潤生
鄒步瀛 金　陳秀章
十月 鄒曾蔭 錫　吳悅源
十四年正月 孫鈖 錫　沈德尊
十六年正月 鄒麟書 錫　許萬里
華守謨 金
十七年正月 鄒學會 錫
楊大勳 金　唐夢臯

十月湯泉錫

無錫金匱縣志卷十七

無錫金匱縣志卷十八

世家

案明萬歷志於令佐前志封爵冠以吳而附以春申君及多軍等康熙庚午志全載吳泰伯世家春申君列傳蓋本王仁輔志多軍以下皆不載竊謂世家宜全載春申封故吳墟蒞吳與否迄無定論其事跡別具祠廟古蹟今仿萬歷志與多軍等並列爲封邑附世家後

吳泰伯泰伯弟仲雍皆周大王之子而王季歷之兄也季歷賢而有聖子昌大王欲立季歷以及昌於是泰伯仲雍二人乃犇荊蠻文身斷髮示不可用以避季歷季歷果立是爲王季而昌爲文王泰伯之犇荊蠻自號句吳

荊蠻義之從而歸之千餘家立爲吳泰伯泰伯卒無子弟仲雍立是爲吳仲雍仲雍卒子季簡立季簡卒子叔達立叔達卒子周章立是時周武王克殷求泰伯仲雍之後得周章周章已君吳因而封之乃封周章弟虞仲於周之北故夏墟是爲虞仲列爲諸侯周章卒子熊遂立熊遂卒子柯相立柯相卒子彊鳩夷立彊鳩夷卒子餘橋疑吾立餘橋疑吾卒子柯盧立柯盧卒子周繇立周繇卒子屈羽立屈羽卒子夷吾立夷吾卒子禽處立禽處卒子轉立轉卒子頗高立頗高卒子句畢立是時

晉獻公滅周北虞公以開晉伐虢也句卑卒子去齊立去齊卒子壽夢立壽夢立而吳始益大稱王自泰伯作吳五世而武王克殷封其後爲二其一虞在中國其一吳在蠻夷十二世而晉滅中國之虞中國之虞滅二世而夷蠻之吳興大凡從泰伯至壽夢十九世王壽夢二年楚之亡大夫申公巫臣怨楚將子反而奔晉自晉使吳教吳用兵乘車令其子爲吳行人吳於是始通於中國吳伐楚十六年楚共王伐吳至衡山二十五年王壽夢卒壽夢有子四人長曰諸樊次曰餘祭次曰餘眛次

曰季札季札賢而壽夢欲立之季札讓不可於是乃立長子諸樊攝行事當國王諸樊元年諸樊已除喪讓位季札季札謝曰曹宣公之卒也諸侯與曹人不義曹君將立子臧子臧去之以成曹君君子曰能守節矣君義嗣誰敢干君有國非吾節也札雖不才願附於子臧之義吳人固立季札季札棄其室而耕乃舍之秋吳伐楚楚敗我師四年晉平公初立十三年王諸樊卒有命授弟餘祭欲傳以次必致國於季札而止以稱先王壽夢之意且嘉季札之義兄弟皆欲致國令以漸至焉季札

封於延陵故號曰延陵季子王餘祭三年齊相慶封有罪自齊來奔吳吳予慶封朱方之縣以爲奉邑以女妻之富於在齊四年吳使季札聘於魯請觀周樂爲歌周南召南曰美哉始基之矣猶未也然勤而不怨歌邶鄘衛曰美哉淵乎憂而不困者也吾聞衛康叔武公之德如是是其衛風乎歌王曰美哉思而不懼其周之東乎歌鄭曰其細已甚民不堪也是其先亡乎歌齊曰美哉泱泱乎大風也哉表東海者其太公乎國未可量也歌豳曰美哉蕩蕩乎樂而不淫其周公之東乎歌秦曰此

之謂夏聲夫能夏則大大之至也其周之舊乎歌魏曰美哉渢渢乎大而婉儉而易行以德輔此則盟主也歌唐曰思深哉其有陶唐氏之遺風乎不然何憂之遠也非令德之後誰能若是歌陳曰國無主其能久乎自鄶以下無譏焉歌小雅曰美哉思而不貳怨而不言其周德之衰乎猶有先王之遺民也歌大雅曰廣哉熙熙乎曲而有直體其文王之德乎歌頌曰至矣哉直而不倨曲而不詘近而不偪遠而不攜遷而不淫復而不厭哀而不愁樂而不荒用而不匱廣而不宣施而不費取而

不貪處而不底行而不流五聲和八風平節有度守有序盛德之所同也見舞象箾南籥者曰美哉猶有憾見舞大武曰美哉周之盛也其若此乎見舞韶濩者曰聖人之宏也猶有慚德聖人之難也見舞大夏曰美哉勤而不德非禹其誰能及之見舞招箾者曰德至矣哉大矣如天之無不幬也如地之無不載也雖甚盛德無以加矣觀止矣若有他樂吾不敢觀去魯遂使齊說晏平仲曰子速納邑與政無邑與政乃免於難齊國之政將有所歸未得所歸難未息也故晏子因陳桓子以納政

與邑是以免於欒高之難去齊使於鄭見子產如舊交謂子產曰鄭之執政侈難將至矣政必及子子爲政愼以禮不然鄭國將敗去鄭適衛說蘧瑗史狗史鰌公子荆公叔發公子朝曰衛多君子未有患也自衛如晉將舍於宿聞鐘聲曰異哉吾聞之辯而不德必加於戮夫子獲罪於君以在此懼猶不足而又可以畔乎夫子之在此猶燕之巢於幕也君在殯而可以樂乎遂去之文子聞之終身不聽琴瑟適晉說趙文子韓宣子魏獻子曰晉國其萃於三家乎將去謂叔向曰吾子勉之君侈

而多良大夫皆富政將在三家吾子直必思自免於難季札之初使北過徐君徐君好季札劒口弗敢言季札心知之爲使上國未獻還至徐徐君已死於是乃解其寶劒繫之徐君冢樹而去從者曰徐君已死尙誰予乎季子曰不然始吾心已許之豈以死倍吾心哉七年楚公子圍弒其王夾敖而代立是爲靈王十年楚靈王會諸侯而以伐吳之朱方以誅齊慶封吳亦攻楚取三邑而去十一年楚伐吳至雩婁十二年楚復來伐次於乾谿楚師敗走十七年王餘祭卒弟餘昧立王餘昧二年

楚公子棄疾弒其君靈王代立焉四年王餘昧卒欲授弟季札季札讓逃去於是吳人曰先王有命兄卒弟代立必致季子季子今逃位則王餘昧後立今卒其子當代乃立王餘昧之子僚爲王王僚二年公子光伐楚敗而亡王舟光懼襲楚復得王舟而還五年楚之亡臣伍子胥來犇公子光客之公子光者王諸樊之子也常以爲吾父兄弟四人當傳至季子季子卽不受國光父先立卽不傳季子光當立陰納賢士欲以襲王僚八年吳使公子光伐楚敗楚師迎楚故太子建母於居巢以歸

因北伐敗陳蔡之師九年公子光伐楚拔居巢鍾離初楚邊邑卑梁氏之處女與吳邊邑之女爭桑二女家怒相滅兩國邊邑長聞之怒而相攻滅吳之邊邑吳王怒故遂伐楚取兩都而去伍子胥之初犇吳說吳王僚以伐楚之利公子光曰胥之父兄爲僇於楚欲自報其仇耳未見其利於是伍員知光有他志乃求勇士專諸見之光光喜乃客伍子胥子胥退而耕於野以待專諸之事十二年冬楚平王卒十三年春吳欲因楚喪而伐之使公子蓋餘燭庸以兵圍楚之六灊使季札於晉以觀

諸侯之變楚發兵絕吳兵後吳兵不得還於是吳公子光曰此時不可失也告專諸曰不索何獲我眞王嗣當立吾欲求之季子雖至不吾廢也專諸曰王僚可殺也母老子弱而兩公子將兵攻楚楚絕其路方今吳外困於楚而內空無骨鯁之臣是無奈我何光曰我身子之身也四月丙子光伏甲士於窟室而謁王僚飲王僚使兵陳於道自王宮至光之家門階戶席皆王僚之親也人夾持鈹公子光詳爲足疾入於窟室使專諸置匕首於炙魚之中以進食手匕首刺王僚鈹交於匈遂殺王

僚公子光竟代立爲王是爲吳王闔廬闔廬乃以專諸子爲卿季子至曰苟先君無廢祀民人無廢主社稷有奉乃吾君也吾敢誰怨乎哀死事生以待天命非我生亂立者從之先人之道也復命哭僚墓復位而待吳公子燭庸蓋餘二人將兵遇圍於楚者聞公子光弑王僚自立乃以其兵降楚楚封之於舒王闔廬元年舉伍子胥爲行人而與謀國事楚誅伯州犂其孫伯嚭亡犇吳吳以爲大夫三年吳王闔廬與子胥伯嚭將兵伐楚拔舒殺吳亡將二公子光謀欲入郢將軍孫武曰民勞未

可待之四年伐楚取六與灊五年伐越敗之六年楚使子常囊瓦伐吳吳迎而擊之大敗楚軍於豫章取楚之居巢而還九年吳王闔廬謂伍子胥孫武曰始子之言郢未可入今果如何二子對曰楚將子常貪而唐蔡皆怨之王必欲大伐必得唐蔡乃可闔廬從之悉興師與唐蔡西伐楚至於漢水楚亦發兵拒吳夾水陳吳王闔廬弟夫槩欲戰闔廬弗許夫槩曰王已屬臣兵兵以利爲上尙何待焉遂以其部五千人襲冒楚楚兵大敗走於是吳王遂縱兵追之比至郢五戰楚五敗楚昭王亡

出郢犇鄖鄖公弟欲弒昭王昭王與鄖公犇隨而吳兵遂入郢子胥伯嚭鞭平王之尸以報父讐十年春越聞吳王之在郢國空乃伐吳吳使別兵擊越楚告急秦秦遣兵救楚擊吳吳師敗闔廬弟夫槩見秦越交敗吳吳王留楚不去夫槩亡歸吳而自立爲吳王闔廬聞之乃引兵歸攻夫槩夫槩敗奔楚楚昭王乃得以九月復入郢而封夫槩於堂谿爲堂谿氏十一年吳王使太子夫差伐楚取番楚恐而去郢徙鄀十五年孔子相魯十九年夏吳伐越越王句踐迎擊之檇李越使死士挑戰三

行造吳師呼自剄吳師觀之越因伐吳敗之姑蘇傷吳王闔廬指軍卻七里吳王病傷而死闔廬使立太子夫差謂曰汝而忘句踐殺爾父乎對曰不敢三年乃報越王夫差元年以大夫伯嚭爲太宰習戰射常以報越爲志二年吳王悉精兵以伐越敗之夫椒報姑蘇也越王句踐乃以甲兵五千人棲於會稽使大夫種因吳太宰嚭而行成請委國爲臣妾吳王將許之伍子胥諫曰昔有過氏殺斟灌以伐斟尋滅夏后帝相帝相之妃后緡方娠逃於有仍而生少康少康爲有仍牧正有過又欲

殺少康少康奔有虞有虞思夏德於是妻之以二女而邑之於綸有田一成有衆一旅後遂收夏衆撫其官職使人誘之遂滅有過氏復禹之績祀夏配天不失舊物今吳不如有過之彊而句踐大於少康今不因此而滅之又將寬之不亦難乎且句踐爲人能辛苦今不滅後必悔之吳王不聽聽太宰嚭卒許越平與盟而罷兵去七年吳王夫差聞齊景公死而大臣爭寵新君弱乃興師北伐齊子胥諫曰越王句踐食不重味衣不重采弔死問疾且欲有所用其衆此人不死必爲吳患今越在

腹心疾而王不先而務齊不亦謬乎吳王不聽遂北伐齊敗齊師於艾陵至繒召魯哀公而徵百牢季康子使子貢以周禮說太宰嚭乃得止因留略地於齊魯之南九年爲騶伐魯至與魯盟乃去十年因伐齊而歸十一年復北伐齊越王句踐率其衆以朝吳厚獻遺之吳王喜惟子胥懼曰是棄吳也諫曰越在腹心今得志於齊猶石田無所用且盤庚之誥有顛越勿遺商之以興吳王不聽使子胥於齊子胥屬其子於齊鮑氏還報吳王吳王聞之大怒賜子胥屬鏤之劍以死將死曰樹吾墓

上以梓令可爲器抉吾眼置之吳東門以觀越之滅吳也齊鮑氏弑齊悼公吳王聞之哭於軍門外三日乃從海上攻齊齊人敗吳吳王乃引兵歸十三年吳召魯衛之君會於橐皋十四年春吳王北會諸侯於黃池欲霸中國以全周室六月戊子越王句踐伐吳乙酉越五千人與吳戰丙戌虜吳太子友丁亥入吳吳人告敗於王夫差夫差惡其聞也或泄其語吳王怒斬七人於幕下七月辛丑吳王與晉定公爭長吳王曰於周室我爲長晉定公曰於姬姓我爲伯趙鞅怒將伐吳乃長晉定公

吳王已盟與晉別欲伐宋太宰嚭曰可勝而不能居也乃引兵歸國國亡太子內空王居外久士皆罷敝於是乃使厚幣以與越平十五年齊田常殺簡公十八年越益彊越王句踐率兵使伐吳敗吳師於笠澤楚滅陳二十年越王句踐復伐吳二十一年遂圍吳二十三年十一月丁卯越敗吳越王句踐欲遷吳王夫差於甬東予百家居之吳王曰孤老矣不能事君王也吾悔不用子胥之言自令陷此遂自剄死越王滅吳誅太宰嚭以爲不忠而歸

太史公曰孔子言泰伯可謂至德矣三以天下讓民無得而稱焉余讀春秋古文乃知中國之虞與荆蠻句吳兄弟也延陵季子之仁心慕義無窮見微而知清濁嗚呼又何其閎覽博物君子也

封邑附

周

周章已君吳武王克商求泰伯後因而封之又別封周章少子贇於安陽今縣西五十里有安陽山山下有墓

春申君黃歇楚人也事楚頃襄王使於秦秦方與韓共謀

伐楚歇上書秦昭王昭王說以楚爲與國楚使歇與太子完質於秦頃襄王病歇以計脫太子於秦而身自留爲太子請死昭王不殺也使歸而楚太子完立爲考烈王以歇爲相號春申君封淮北十二縣歇請徙封江東王許之因城故吳墟爲都邑

漢

多軍武帝時以東粤將軍降於漢封無錫侯邑千戸子多卯襲封

後漢

朱治字君理丹陽故鄣人州辟從事隨孫堅征伐表行督軍校尉堅死扶其子策依袁術見術不足事勸策還江東策卒治奉其弟權建安七年權表治爲九眞太守行扶義將軍割婁由拳無錫爲奉邑

陳

張種字士苗吳縣人歷侍中中書令大建初累賜無錫嘉興縣侯種在無錫會天寒呼獄囚出暴日因遂亡去上大笑而不問卒贈特進謚元子

遺愛

長吏與民最親古稱慈惠之師也漢制重二千石而守以下自爲令繫昔循良之吏史策載之無錫自建縣以來如阮應得道童以忠節著其他德澤在人民尸祝之者亦後先相望而近數十年庚桑畏壘之思殆寥寥焉何與志遺愛第二十二

漢

陶穀字秀實錢塘人有道術漢末隱五部湖時大旱蝗太守奉印綬請爲無錫令穀退而歎曰郡界有災安得懷道而不救到城修六事行弭災之術三日雨蝗盡死穀迺遯去

案干寶搜神記載何敞事與梁載言十道志陶穀事絶相類穀事在漢末何敞事在後漢諒輔之後佘詡之前則敞事亦在漢季可知豈本一事而記載互異耶附記存疑

晉

王濤字茂碁高唐人御史中丞濬子少有才華官著作郎爲無錫令

案王濤下明萬歷志康熙乾隆前後庚午志俱載顧悅之未知何据晉書悅之本傳但言爲州別駕歷尚書右丞未嘗言爲無錫令顧愷之傳但載父悅之爲尚書右丞亦未言爲無錫令江南通志載悅之晉陵人嘗爲殷浩揚州別駕晉陵先賢傳稱爲晉陵人元王仁輔志亦言悅之爲州別駕子愷之遂爲無錫人並未入悅之於

令佐之列明顧起綸建悅之祠始稱無錫令前志因之誤矣且前志既列悅之於令而鄉賢祠又列悅之尢爲矛盾書以傳信今於表內姑存之而去其傳識此以俟後之考定者

梁

孔稚孫會稽山陰人官無錫令子奐陳晉陵太守郡所稱神君者也稚孫一作幼孫

張盾字士宣以謹重稱爲令遇刼生資皆盡不以介意後爲湘東王記室卒之日唯有文書千卷酒米數甖而已

唐

敬澄字深源爲邑令施設有方百姓歌之與陸羽同時因

以其餘力疏泉引瀑增山川之勝

湛賁宋長史茂之十三世孫貞元十九年以江陰縣主簿攝無錫縣事刻所題祖澤詩於惠山

宋

焦千之字伯強丹徒人歐陽修門下士嘉祐中舉行誼賜出身爲國子直講熙寧六年令無錫天旱河水盡竭千之設法盡灌輸之宜歲以不饑子孫因留家焉今新安鄉有焦莊

趙伭字義夫洛陽人元符三年爲邑令遇事敢爲不畏強

禦人號爲趙鐵頭與創廨舍農田水利無不振舉手種長松於惠山寺路旁後人因呼趙令松

郗漸字子進建炎元年令無錫會叛兵破嘉禾松江既而襲蘇州勢將及境時外無城堞內無守備漸乃罄家資并括帑藏合二千金身與盟於南郊使釋甲受犒而去邑免兵燹侯之賜也民爲樹遺愛坊

任讜建炎中爲無錫令二年二月高宗從揚州避兵南下過邑境讜供辦整肅帝甚稱獎時事起倉卒軍士無復紀律所過殘毀獨讜制馭有方市不易肆兵無譁者

吳獵字德夫潭州醴陵人知無錫縣用陳傅良薦召試正字初從張栻學乾道初朱熹會栻於潭獵親炙之終敷文閣學士四川安撫制置使兼知成都府諡文定宋史有傳

應純之永康人開禧二年以州判攝縣事表秦觀墓建亭立建炎詔石

趙崇簡字履要鄱陽人汝愚第七子官宣教郎嘉定七年知無錫縣事明敏簡靜邑人稱之

阮應得字正已德祐元年三月甲戌元兵至無錫應得竭力捍禦城陷率兵巷戰一軍皆沒應得抱縣印赴西濠

溺死其子從焉祀名宦

元

劉世常字平甫許衡高弟大德八年官無錫州知州嘗出所攜白虎通風俗通校正編梓命藏於學李晦志其墓

道童高昌人自號石巖以世冑入官由中書舍人遷本州達魯花赤沈毅寡言有威惠後官江西行省平章政事陳友諒攻江西道童與火爾赤不相能城陷赤遁去道童亦退保撫州既而歎曰我爲大臣不能守城又不能死復何面目見天下會追者至道童渡水迎戰死之謚

忠烈

董守思字仲艮洛陽人元統間知州修建堂廡門庫無不整備而自處貧薄妻子至衣食不給嘗客至無茶以水瀹芝蔴而啜之民爲之作謡

干文傳字壽道平江人延祐二年乙科尹長洲創行助役法凡民田百畝令以三畝入官爲受役者之助行省以無錫州事委焉文傳諭豪家大姓以腴田來歸自是中人之家不病役歷官尚書所至有古循吏風

【明】

韓約字博文東阿人由儒士知縣事有文學好賢禮士毁淫祠興學校居官甚貧與董守思並稱當元運初革鄉邑兵亂人無固志有典史蘇澤者首先入縣與約同設法守禦賊平後約以功擢知通州嘗入朝帝慰勞之約奏曰非典史蘇某之力不及此乃皆遷擢有差約終保定知府祀名宦

趙次進字孝禮臨海人洪武末任本縣丞以平盜功擢知縣豈弟敦厚明達治體仕終太僕寺卿

盧克敏字功甫蒲州人永樂中以湖廣都司斷事擢知縣

事申雪冤獄人稱明斷

唐泰安字循理零陵人宣德中由驛丞擢任典廢起敝勤敏有才縣署學宫皆撤新之

項伾字如僉瑞安人進士正統元年任善屬文明恕強直有才力嘗逮繫京師人勸宜辨以免禍伾毅然不動事白還官正統末致事去民樹碑歌思之有同心堂記祀名宦

譚清字廉夫巴縣人國子生性篤實有豈弟風重名教喜詩畫能書今譙樓署書是其筆卒於官

顔肅字兆舉廬陵人景泰五年以儒士授廉謹自持政尚寬簡以憂去

賴瑛字文玉任邱人成化間任能發姦摘伏終高郵知州

李恭字思敬遼陽人成化七年任多惠政陞太僕丞未赴卒其夫人盧氏截耳納棺中以殉

佟珍字時貴定遼衛人進士成化間任有遺愛在人擢吏部主事終嘉興知府祀名宦

徐鋭字鈍之永年人進士宏治間任質樸自守

姜文魁字士元進賢人進士宏治間任平易愛民以清節

著累遷延平知府

侯位字世卿平溪衛人進士正德中任力學好古惠澤及人有古循吏風擢監察御史

暢華字子實隴西人進士以正德十四年任當官清愼嘉靖元年入覲諸邑紳餞之泉上分體賦詩贈行邵文莊寶序之

管嘉楨字吉甫高密人進士嘉靖中任有俊才擢吏部主事

鄧繼曾字士魯資縣人進士嘉靖中由給事中左遷無錫

故無官布宜興知縣丁謹欲均派銀一千六百有奇繼曾與謹鎖項詣府爭之乃已又嘗仿巡撫周文襄忱法重修圩堤民德之肖像祀之芙蓉圩文襄祠右

鄭普字汝德南安人進士嘉靖中任爲治清明民不敢欺

萬虞愷字懋卿南昌人進士嘉靖十七年任振起文學勤斂有立操時徭役不均避匿者多虞愷於里老庭謁時卒令書其大姓差等皆不敢隱乃按籍役之又作十段冊人皆以爲便主簿某廉而巡按御史受讒將以墨論虞愷爭不得則正色曰公如念百姓則簿廉宜留苟以讒謫令實私簿無寧黜令解印綬置之庭下而出簿遂以全仕終刑部右侍郎祀名宦

喻希學字乃來光山人進士嘉靖中任清簡不苛歲饑府有所行不應檄讓之希學報饑饉頻仍父子相食寧獲罪不能從公困民未幾去行李蕭然

郭邦光字元賓萬歷志作元寶冠縣人進士嘉靖中任廉介有剸割才

王其勤字時敏松滋人進士嘉靖三十二年任倭躪江南無錫城久廢民情洶洶將潰其勤至官之三日即召父

老謀築城令仕宦之家與百姓分任版鍤而身自率之三月城成倭突至登陴固守邑竟以全當是時邑中田賦積爲叢姦之藪至有田者不盡出賦而出賦者不必有田其勤迺履畝丈量釐正其稅數千石遺愛至今不衰祀名宦

甄津字汝問魚臺人進士嘉靖中任樂易近人民亦親而愛之祀名宦

鄒墀字朝卿餘姚人進士隆慶中任有冰蘖之操喜怒不形仕終廣西布政

周邦傑字英甫臨川人進士隆慶五年任身不勝衣言若不能出口而臨事鋒剡英發或數日不出案牘填委一出堂皇片時盡了邑人避役者或請託上官檄免卒不可得幾得罪不悔後擢給事中

李復陽字宗城豐城人進士萬歷十一年任編役平允值歲饑捐俸金出贖鍰以賑循行阡陌勸課農桑嘗延顧憲成講學高攀龍因學記所謂李元沖是也祀名宦

趙應元字肖鶴新會人進士萬歷二十四年任多惠政能聲振一時擢工部郎卒

林宰字德衡漳浦人進士萬歷三十年任理紛解錯恩勤盡瘁在任七年幾至刑措宰善飲每宴輒辭不任杯酌及擢禮部去鄉搢紳出祖於郊意浹連飲百觴衆皆驚異因曰酒狂藥也恐誤民事且有家君之命故不飲耳今且別為諸先生盡歡舉座歎息後謝兵部侍郎歸道經無錫環城皆焚香以迎祀名宦

許令典字維則海寧人進士萬歷三十六年由上饒縣調任吳俗好以人命誣訐每一狀行自拘提相視委佐貳下仵作對簿具爰書一切上下請託直覗其家之貧富以為多寡令典至初不行牌躬挾告者至尸所驗視面質不實多辭窮而退有他故則諭之使別具辭命役監葬而後聽理往往被訐者驚走縣門刺探虛實而事已竟矣令典又窮治淫巫四境掃跡自城隍廟以下皆封禁終其任無敢竊者

姜習孔字四可遂安人進士萬歷四十一年任束身勤職不博官聲不邀士譽而邑無冤獄

劉五緯字夢鳳萬縣人進士天啟元年任精敏廉介具文武才案無留牘摘發若神邑天授青城萬安三鄉圩田

千頃遇澇皆成巨浸五緯躬率圩民併工挑築工成仍為沃壤嘗設木櫃以收門稅令編戶自投晚則寄之質庫有夫役公費則發之增樓櫓嚴保甲甃官塘五十里民立碑其上曰劉公塘祀名宦

郭佳允字夔一寧陵人進士由深州知州謫鎮江府知事攝無錫縣事時兵事方殷民知佳允有武畧倚為長城適有無為州之遷迺相率號泣請於撫按疏留之有旨以奉直大夫除無錫縣知縣佳允益厲精釐獘警報狎至則飭諸胥役戎服佩刀親列行伍周巡坊市民以寧

戢擢兵部職方主事歷員外郎尋爲常州知府
郭如儼涇陽人進士政無赫赫名而撫民以慈待士以禮
邑人愛之
國朝
黄之蔚字郁巖鄆城人順治十五年以貢生知縣事當海
上用兵京口報陷邑人聞警思鳥獸散姦民將藉以鼓
亂之蔚佩弓矢集吏民之魁岸者皆騎巡行城堡並召
士民而訓諭之曰寇來有令在毋爲訛言煽惑境內以
安在事三年以錢糧考成罷去

吳興祚字伯成原籍山陰人父執忠從入關隸正紅旗興
祚以貢生知無錫縣時縣田久不清丈糧多飛詭隱匿
興祚立清田由票就號丈田因田繪圖給田主爲永業
民至今用之縣四百十四啚中六啚最稱煩苦輪役者
或破家舊有入官田千餘畝興祚令糧長公買爲役費
官爲僱募充役害遂息康熙八九年間累遭水旱民大
饑興祚設法賑濟全活者數千人蘇州駐防兵回旗民
洶洶興祚請都統令箭單騎往來彈壓民間市不易肆
追耿逆告變

王師南下先期儲備纖毫不以累民一日大水溢塘岸而
大兵適至馬不得行興祚於塘之兩旁樹竹爲標馬行
標中若坦途又標懸一燈以備宵濟其倉卒應變多類
此超擢福建按察使尋授巡撫遷兩廣總督興祚莅無
錫十有三年興廢舉墜禮賢愛士揮斥金錢不少吝而
囊無一錢之蓄云 祀名宦
張璨字豈石湘潭人由舉人於康熙五十九年令無錫邑
俗善訟璨剸決如流赬面赤髭坐堂皇上貌若神老吏
滑胥率斂手畏避而憐才下士於邑中之有文行者輒
先往過訪旋丁內艱去士民奔走呼籲如失父母

武承謨字劭孟孟縣人康熙三十九年進士莅任即自撰
句懸於堂之前楹曰日照月臨天有難逃之眼民窮財
盡地無可刮之皮清剛明敏雷厲風行其制胥役鋤豪
強如奸民移屍炙詐人財承謨立捕之寘諸獄遇相驗
人命輕騎減從距城遠者操扁舟徑至屍所決之吏胥
仵作不能索一錢鄉有以獲盜報者盜中道死主人惶
懼承謨訊之是盜釋不問莅事四月以勞瘁得疾猶惓
惓於民作諭文以示未竟之志讀者爲之淚下旣歿邑

人與前明王其勤並祀之惠山

王喬林字文河錢塘人雍正四年金匱初設以庶吉士出知金匱縣常攝無錫篆喬林操嚴而政平燭僞杜姦不尙束溼故令某以常平倉米藉典戸推换新陳有旣輸如數而遺索印領者三年矣猾胥以報立銷而遺之諸戸並懷金謝卒不得問嘗仿浙西栽桑養蠶法俾民行之未成遽去在任日作與人文尤親禮樸學吳之校有人詠之云不登言偃室常式段干廬官止郡守

吳鉞字愛棠全椒人由貢生入貲爲知州借補無錫縣愛

民如子煦煦嫗嫗人皆忘其爲令也邑之龍塘岸向有神軸懸村民家奔走男女如市賽會極盛時適患盜鉞至其處與神約期以二十日得盜首則許供奉如故如不得則當撤屆期不得竟撤之越數日盜亦得同時令金匱者靑田韓錫祚有才智兼善軌決工詩古文及書而淸操雅望則不屬焉

右縣令

唐

皇甫冉字茂正丹陽人工詩天寶中進士爲邑尉有名累遷左補闕

宋

劉平字士衡祥符人性剛直善弓馬讀書強記舉進士爲無錫尉時有浙西賊劉鐵鎗犯邑平出擊之手殺鐵鎗及其徒五人餘散去歷官侍御史陝西轉運使趙元昊寇保安軍遇賊三川口與戰中流矢被執不屈死謚壯武宋史有傳案平謚東都事畧作壯勇泰觀集作壯愍

元

杜昶大德中判無錫七年癸卯重建州門譙樓昶董其役

虞薦發爲之記曰先是鄰郡鳩工土木往往計畝而裒於民吏弄滋張徵呼旁午人不堪杜公之佐郡敏而惠召吏於庭謂曰是役捐官吏半期之俸可得千五百緡不給則輟公田以繼之足矣以仲冬之七日始事歲除而告成一日衆環堵而前或貫而鏹或觴而酒俎而肉衆未及言公遽諭之曰若何爲者吾官吏力足以辦此毋溷汝爲衆悉委之吏舍去以緡計者七千五百有奇吏因悉上送官官用大足

明

陳玘字廷瑜寧德人洪熙間由兵科給事中左遷冇才識文學博贍

王本字源清寧遠人宣德中舉人材督賦十年稱平允邑有治農丞自本始

黃敬字克恭新城人由工部主事左遷爲政明敏擢歸州知州

劉堅字廷實鄱陽人景泰初任以清謹名

邵性餘姚人儒士爲無錫丞又鄧奎吉水人與性同爲縣丞天順六年性力任修學奎亦與焉見廖莊記

魏時敏莆田人少遊鄉校以才辟爲邑從事成化間謁選除無錫丞時敏工詩日與名流酬唱有竹溪詩稿事亦無廢

周義三河人于資萊陽人並國子生韓天賦光化人歲貢生爲無錫丞皆以幹才著

劉繼仁涿州人正德中以舉人知蒲臺縣抗疏論鎮守宦官事逮下獄久之得直降無錫丞與知縣侯位同時以方嚴爲政

張時慶伊陽人惠政及民祔祀鄧繼曾萬虞愷二侯祠

楊守直艮鄉人國子生屢攝縣事稱廉吏

楊春光安居人歲貢生萬歷中任築圩岸不以顯貴撓法纖悉必謹遷本府經歷

王好義扶溝人貢生萬歷中任倜儻負氣籍邑中惡少年痛懲之發大盜而斃之獄漕運官軍橫索耗米而譁飛石幾中縣官好義從容入歷階上手掣兩衛弁擲堂下數之衆辟易不敢動上官聞其能檄使監兌江陰松江所至懾服擢隴西知縣

鮮廷相枝江人國子生萬歷十七年任能治冤獄居身以

廉優免摧賦爲民德

郭命賢字漢虹萬歷三十三年爲無錫丞侍郎孫繼皐送其歸益陽詩云上書不達賦歸來空橐何妨載石回臣自當誅會出位衆皆欲殺可憐才三年水國將漕苦十日風江拍淚哀但不負丞休亦得幾枝殘菊媚寒杯似其人曾以建言譴謫者惜乎不傳

案益陽有郭都賢崇禎時江西巡撫秦侍郎瀛嘗按察湖南檢閱益陽縣志及郭氏宗譜並無郭命賢何耶

陳繼洲萬歷中官水利丞督邑中陂塘塘長醵錢爲壽丞謝去以解吳帛入都中官索賄不應當事以此罪之竟

罷去高攀龍爲文送之謂繼洲有志自立異於忘恥目
利而深以其去爲榮云
案繼洲應是字號舊志令佐表缺載僅見之高子遺書亦未詳何處人
蘇澤項城人舉人爲縣典史永樂元年以平盜功進主簿
事在知縣韓約傳澤在任嚴治博徒徙跡他方盜賊聞
風屏息繼澤者謝勉以北平僉事左遷亦尚嚴厲豪民
不得逞召爲大理丞
莫諒四會人爲縣典史乞終養歸尚書邵寶送之詩云堂
上親雙老天涯客早歸他年毛義檄此日老萊衣晴嶺

穿雲易風灘上水稀曾聞巡按語未艾獨知幾事蹟不
傳殆亦簿尉中錚錚者

右丞簿

明

孟世威靈寶人嘉靖間訓導衛銑仁和人隆慶間教諭並
著教澤士子祀之學宮儀門之左
譚晉始興人萬歷中教諭居常危坐莊語造次無狎容或
勸通問長安可優擢晉謝之卒遷王府
呂鳴陽襄陽人舉人萬歷中任與知縣柴格同鄉薦未嘗
以私有所關白將赴會試諸生中有德之者屬市人進
米三十斛不取值鳴陽立還之

國朝

錢壘字夏尊太倉人康熙十四年舉人來莅教席敦樸有
古風所屬一窶生逋官課見辱縣吏爲質子錢償之嘗
聘校浙闈稱得士再轉安慶教授未赴卒其後任李嶠
松江人亦稱廉明

右教職

無錫金匱縣志卷十八

無錫金匱縣志卷十九

宦望

史無宦望之目惟郡縣志有之無錫自唐宋以來搢紳之盛接踵相望其勛業爛然者旣已炳於史乘即或典一郡宰一邑亦往往有治行可稱夫建樹雖有大小之殊而追述遺事不容概沒是用編輯舊志並參諸前人紀載錄遺補闕都爲一卷志宦望第二十三

案舊志宦蹟冠以吳季札於史例未合季札吳公子、封於延陵非仕宦比其事蹟已具世家毋庸贅敘

漢

王閎字選公明易及天文郡舉爲主簿更始中守山陰令補侍御史遷冀州後拜謁者僕射終陳留太守不交豪强人號爲王獨坐

三國

顔連仕吳爲居巢長奮威將軍領丹陽太守孫瑜使與襄安長饒助招納廬江二郡多所降附事見吳志

唐

李紳字公垂其先趙郡人父悟任晉陵令因家邑之梅里紳爲人短小精悍於詩最有名時號短李蘇州刺史韋夏卿數稱之初擢進士客金陵李錡辟掌書記錡寖不法紳數諫不入欲去不許會使者召錡稱疾不行脅使者爲衆奏天子幸得留錡召紳作疏坐錡前紳陽怖栗至不能爲字下筆輒塗去盡數紙錡罵曰何敢爾不憚死耶對曰得死爲幸即注以刄令易紙復然或言紳不足用即囚紳錡誅乃免或欲以聞謝曰本激於義非市名也久之從辟山南觀察府穆宗召爲右拾遺翰林學士與李德裕元稹同時號三俊累擢中書舍人敬宗立李逢吉積怨紳結中人王守澄奏言先帝始議立太子杜元穎李紳勸立深王由是貶紳瑞州司馬後敬宗得先帝手緘書笥見裴度元穎紳三疏請立帝爲嗣始感悟悉焚逢吉黨所上謗書徙滁壽二州刺史霍山多虎擷茶者病之紳至虎不爲暴以太子賓客分司東都遷河南尹河南多惡少或危帽散衣擊大毬尸官道車馬不敢前紳治剛嚴皆望風遁去遷宣武節度使大旱蝗不入境武宗卽位召拜中書侍郎同中書門下平章事進尚書右僕射門下侍郎封趙郡公居位四年以足緩不任朝謁辭位以檢校右僕射平章事復節度淮南卒

贈太尉謚文肅（新舊唐書有傳）

宋

杜杞字偉長鎬之孫蔭補將作監主簿知建陽縣强敏有才累遷尚書虞部員外郎知橫州安化蠻寇邊杞言嶺南諸郡無城郭甲兵之備橫爲邕欽廉三郡咽喉地險阻可屯兵爲援邕管內制廣源外控交阯願擇文臣識權變習嶺外事者以爲牧守改通判眞州徙知解州權發遣度支判官盜起京西拜京西轉運按察使居數月賊平會廣西區希範誘白崖山蠻蒙趕反襲破環州嶺

外騷然擢刑部員外郎直集賢院廣南西路轉運按察安撫使行次眞州以書諭蠻聽其自新次宜州蠻無至者杞乃勒兵攻破白崖黃泥九居山砦及五峒焚毀積聚斬首百餘級復環州賊散走杞遣使誘之趕來降謂將佐曰賊以窮蹙降我威不足制則恩不能懷不如盡殺之乃擊牛馬爲曼陀羅酒大會環州伏兵發誅七千餘人後三日得希範醢之以遺諸蠻御史梅摯劾杞殺降失信詔誡諭之爲兩浙鹽運使徙河北拜天章閣待制環慶路經畧安撫使知慶州杞上言殺降者臣也得罪不敢辭將吏勞未錄臣不敢受命因爲行賞未幾卒杞性彊記博覽書傳通陰陽術數之學兄植以文雅知名累任監司終少府弟樞亦强敏爲比部員外郎（宋史有傳）

强翊字君翔元豐中仕至郡牧與章惇素相善惇旣相翊惡其所爲致仕歸强氏任郡牧者五人故號五牧强氏

許德之字振叔紹聖元年進士爲揚州法曹與晁詠之韓韶蘇象先同爲掾號維揚四俊徽宗嘗召見便殿德之對治無多術惟進賢退不肖有賢不能用與非賢而遽信雖勤不治擢司封郎中遷太常少卿以顯謨閣學士

知婺州坐方臘寇起貶賓州高宗卽位復官奉祠

王罔字壽祺元符三年進士除國子司業通判揚州丞相呂頤浩統戎任辟置幕下高宗南渡頤浩爲御營使以罔充參議官多計畫後丐祠歸紹興初召爲比部郎中以朝散大夫直秘閣致仕

李謨字茂嘉幼孤事母孝家貧感憤向學登崇寧五年進士徽宗聞其才擢廣東運判入對留爲太常丞遷監司遍歷河北高宗卽位直徽猷閣歷知鎭江臨安兩府遷寶文閣移鎭京口卒謨歷事三朝並蒙知眷屬當時艱

閱兵走馬於燕趙間隨事制變皆得其當世以爲奇才

施垌字林宗崇寧五年進士除太學博士宣和末提刑江東朝命鑿銀林河通大江調役繁興垌以導江入浙蘇秀必受其害抗疏極言不便役遂寢徽宗下詔奬諭進秩一等累遷禮部侍郎顯仁太后回鑾垌考定儀注終敷文閣待制垌素孝友在官得親書必冠帶跪讀遇恩奏補官必推及弟姪弟垓有吏績紹興末累持節終朝議大夫湖北轉運使

陳之茂字卓卿紹興二年張九成榜進士廷對忤權臣黜

之九成叩頭殿廷曰臣之學不及之茂臣不當得之茂能言人之所不敢言之茂宜奬不宜黜上覽對悚然曰忠言也賜之茂同進士出身除休寧尉遷秘書郎官至吏部侍郎兼中書舍人直學士院之茂剛果英特深識治體壽皇銳意恢復嘗黜察强直可倚任之士期致事功每深器待將大用而遽卒朝野惜之之茂能詩畫允有法弟之淵字宗卿善左氏春秋與兄同入太學時號二陳復同舉進士終秘書閣修譔知宣州之淵識度冲曠温粹不矜人服其德

蔣芾字子禮紹興二十一年進士第二人孝宗卽位累遷起居郎兼直學士院時宦者梁珂侍潛邸恩撓權尹穡論珂與祠芾繳奏罷之簽書樞密院事奏言加意邊防請拔將材於行伍除權參知政事同知國用事芾言今財莫費於養兵而招兵耗蠹愈甚請權停一年有半又采衆論參已見爲籌邊志上之拜右僕射同中書門下平章事兼樞密使帝銳意恢復廷臣議或主和詔芾決之芾奏天時人事未至忤上意除觀文殿大學士知紹興府提舉洞霄宮尋落職宋史有傳

元

徐憲字元度博學能詩延祐間由校官辟三公府掾時漕運道梗擢大司農經歷奉詔度東薊州曠地爲田募江南民數千人耕之經畫樹藝有法拜內臺監察御史歷兵部侍郎卒於官

孟栻字叔敬長身玉立善篆書至正初以儒試吏司處州學校調溫州方谷珍寇起御史大夫納麟署爲行軍鎮撫張士誠兵逼杭州栻以孤軍護平章答失退保北關官民多遁栻勸杭守立賞格士氣遂奮有獲台民管惟

善指爲方寇婿栻白其誣并察所畧平民悉縱之長鎗賊叛據蘭溪治書鐵木列思分臺於婺調栻總兵擊復之旣而寇復至栻嬰城固守力困糧盡城陷栻出走御史長壽等交薦歷溧水同知福州路判官以浙東宣慰副使僉元帥府事致仕屏居惠山以終

朱堂字子升祖君實慷慨有志行堂性凝恪好讀書至正間薦授紹興路知事以廉正稱未幾引疾歸旣歸而有方谷珍之亂人服其知幾云

明

俞溥字彥淵洪武四年舉閑曠官授都督府經歷降敕褒其才智練達夙夜勤慎拜戶部尚書歷江西行中書省參知政事與張籌同致仕歸兩人時布衣至惠山與僧普眞游人不知爲兩尚書也

宣仲庸字顯甫洪武二十三年以人才舉授河南息縣知縣莅治勤敏凡有徵辦必盟於神而後行民無怨讟官亦無墮事同時有楊宥者由上舍生官濟寧州佐愛民如子民爲之作靑天謠

陳禮字允修建文二年歲貢歷官戶部郎中至湖廣左布政使敭歷內外有經世才繼母瞽事之曲盡誠孝中年妻亦瞽愛敬不衰旁無妾媵其庶妹生而瞽撫之如女

殷序字序賓永樂二年進士授黃巖知縣遷高唐知州成祖北征序處置迎輿事稱旨擢江西右布政使調四川北京初建序職采大木役不病民蜀人德之宣德二年西戎寇茂州城中老弱不及二千人序馳往設守隨方拒敵募善泅水者齎蠟書趣援援至賊退保山巓累石爲峒房兵器不能攻序命積薪縱火焚之賊困皆投下生禽二千人賊首乃悉衆詣軍門降計七萬八千餘人嚴諭而遣之事聞賜金幣羊酒遷雲南左布政使謝事歸

蔡弼字愼軒永樂初由歲貢除刑部郎慮囚多平反擢瓊州知府屢平海寇興文學凡六年歸主僕更負行囊旣踰嶺質衣以食有故人留訓其子獲脯貲始得歸

尤實字實達永樂四年進士授南昌府同知閑名法善折獄會守缺卽佩印爲假守銅羅障賊起檄實司餉以勞卒

吕銘字允銘永樂中舉求賢科擢刑部主事獄訟立決吉

水周忱時爲同官甚見推服終西安知府始治以猛後濟以寬遠近稱之同時有蔣覲字伯庸以人材歷官登州知府與銘皆有聲

吳禮字幼文由諸生爲功曹永樂中薦授刑部主事歷禮部員外郎會大祀上出稍遲疏諫謫爲均州守督太和諸宮事以嚴明爲政家貧至不能具饔飧日啜粥糜而已

曹恕字以忠博學工文章薦爲漳州訓導以祖母老乞休忤旨戍山東永樂初以僉事王亨薦起上言四事皆切

時政詔復職教習騎馬卒所著植梧集多記無錫宋元間事

嚴獻字廷助永樂九年舉人歷高安玉山嵊縣知縣以清惠見稱每去官橐裝惟大明律一部古琴一張最後去嵊見役夫擕琴度嶺慨然曰此琴相隨久勞民多矣并棄之

張思安字克讓永樂十年進士年二十六擢陝西按察使僉事調山西再補湖廣屬荊南多虎思安移文黃陵廟患遂息以詿誤得罪赴京師當僦工運甎以贖貧不能辦躬執役期滿歸正統初起復官楚臬進陝西副使

俞雍字文熙永樂十八年舉人授公安知縣修庶務勸耕桑大學士楊溥每稱於朝以爲古之循吏

陳士名字孟聲由國子生授貴州新添衞知事正統末苗賊攻城士民率衆死守得全擢南靖知縣爲治以寬簡稱初士名同門友陳昱歲當充貢以士名年長讓之昱繼入胄監授同安知縣與南靖鄰聲相埒

薛恒字履常宣德中舉儒士歷蘭溪知縣吏民畏服之

吳益字永貞由國子生除懷安知縣有豈弟之政考最擢

太僕丞

談泰字履亨宣德七年舉人授宜君訓導以尚書胡濙蔣守約薦擢南京監察御史出爲四川僉事益勵清操綱紀振肅既卒官橐無餘貲

馮謹字孟敬正統三年舉人官戶部員外郎擢四川參議督七郡糧儲會計有方賦用以足

楊璿字叔璣正統四年進士除戶部主事累遷山西右參政覈戶均役民稱便利督輓軍儲實邊事集而人不知勞進陝西右布政使拜戶部侍郎改右副都御史撫治

荆襄流民巡視東北諸邊鎮單騎赴官宣命拊循既而盜起房竹殲其魁而散遣其餘移撫河南禁游末抑豪右以勞卒官子祭葬從弟琛字叔瓛景泰五年進士歷官戶部郎勤於職事常兼理諸曹務改禮部以疾歸

王訥字敏行正統四年進士授建安知縣遷威遠陞沂州同知以勤敏聞

吳清字景夷由歲貢授萬安知縣有介節罷官歸囊無餘貲病亟謂其子曰古人親澣濯父中裙汝盍視我裏衣乎子視之補綴如懸鶉敝袴至不可紉

周清字本澄景泰二年進士選庶吉士改南京監察御史清軍四川布袍羸馬至則盡黜冒濫尺籍畫然卒於敘州

盛容字時望景泰二年進士授監察御史時石亨以冒功啓邊釁御史交疏劾之容實爲倡謀洩亨先愬於帝列名者俱調外用容出知束鹿縣束鹿多豪右聞容至乃相誡曰是劾石總兵者以憂去服除民相率詣闕乞還容容既再任不用鞭扑有爭訟者好諭之輒叩頭服鄰邑訟不決亦皆赴愬民皆趨就之郊外隙地聚而成市遂號之曰清官店擢守邵武移延平巡按御史上其績進一階歷廣西雲南陝西布政使拜刑部右侍郎山東饑盜起改容副都御史往撫之設施有法賑恤餘粟尚百餘萬石年近七十致仕歸卒明史有傳

陸志字仲熙以歲貢授成都知縣土闢民歸邑大治日食脫粟野菜常祿悉以助城工所擕二僮不勝苦逃去罷官徒步歸

尢諤字正言景泰元年舉人除遂安知縣遂安俗少育女者諤力加禁斷民大疫爲迎醫於常山以療巡道李部

卒假捕盜名剽敓民間諤禽六十餘人寘之法李愧憤中以他事繫獄事竟歸

周晁逸其字景泰元年舉人授林縣知縣慈祥端謹民吏懷畏秩滿陞寧波府通判見林縣志

張遜字時敏景泰七年舉人授同安知縣府志作東安內豎侵民田遜復之建倉儲粟爲備荒策遷福寧州戢濱海盜均徭役改涿州涿多奄豎家遜不阿不激處之帖然有安州監生張錦以人命誣其守逮者三百人數年不決又任邱令謝某執指揮張某下之獄張訟之爲檄遜就

勘皆片言折服擢守福州振舉廢墜治稱最

秦夔字廷韶天順四年進士授南京兵部主事歷郎中出守武昌立均徭法監司下其規約於諸郡皆行江干見一婦人縛而委之沙中未殊死救而問焉曰妾杭人柳氏從夫賈江上遇盜將見汚不從以至於此夔即日蹤跡得盜寘之法而歸婦人於其家再守建昌民有將訟其令於上者令疑所讐何某者爲之陰令人首何他事遂文致其罪置極典夔疑焉密鞫首者得其情而釋之他郡有疑獄待決於夔累遷江西右布政使夔歷官四

十年家僅有田三頃

陳賓字朝用士名子天順八年進士由吏部考功司主事歷郎中不徇私請終賓任無戚里陟要津者出參閩藩遷布政使所至有政聲累平反疑獄擒大盜王槐等伏法大學士李東陽以開府薦五上書致仕

厲昇字文振性褊介不苟合由歲貢授青田知縣縣居萬山中民貧以猾時有報銀礦者力爭之得寢致仕歸民立祠祀之同時錢綗字孝常以國子生除偃師知縣大著威惠至今稱邑中名吏必曰厲青田錢偃師

談綱字憲章成化五年進士授南京刑部主事善折獄出守廣信屬邑永豐有讐綱籌其久遠利害條上十事巡撫用之大爲民便移萊州引疾歸

華山字仁甫成化十一年進士授許州知州有王僉事之子某其婦翁叉司馬也怙勢殺人監司庇焉山力持之卒抵法臨潁令入黠者言抵平人盜令執政舊交也事發而法吏滅其罪山爭之卒如律歷兵部郎中湖廣參議鄖陽饑山不待報發襄陽粟賑之致仕歸

繆昌字廷謨成化十四年進士授工部主事奉敕勘武清

勢家地還民民立生祠祀之出爲山西參議遷守遼海歲饑撫臣欲散粟貸民昌慮官吏或乘此爲姦議以平價糶之秋收糴粟補官萬口稱便擢四川布政使尋卒

陳周字文美成化十七年進士授戶部主事督漕奏蠲浙閩逋稅出爲河南參政行部得穴金悉以償汝南之民貧不能輸官租者周王侵民田周悉理還之

呂卣字宜中少孤力學成化十七年進士授大名推官歷衛州丞平以至誠決獄躬詣囹圄視囚藥食囚多畫像祀之擢監察御史卣簡易端確不事作業妻子恒饑浩

然自得巡按雲南舉劾清嚴民以無枉未幾乞歸
張愷字元之成化二十年進士官兵部主事守山海關故事籍錢於旅人以給官用愷至立除之改刑部左遷東平知州宦官李興治河張秋笞辱長吏奔走餽遺愷不為動擢知黎平府黎平轄苗疆治寓湖廣之五開衛苗既懸遠難縻而來入稅錢輒為官軍攫奪以是積有逋課又舊設撫苗指揮反以朘削為苗害愷亟請罷遣而檄湖廣諸司嚴戢官軍於是苗患悉除而稅錢得完尋忤劉瑾落職再起太原遷福建運使

莫驄字曰良成化二十年進士授工部主事管濟寧閘閘旁月河洩水歲為築堰而水至輒決驄易以石費省而民賴之有閹箠殺委官驄聞立寘之法遷兵部郎中興藩之國索車千兩驄損其半為內侍所訴有旨械繫既而釋歸
吳學字遜之成化二十年進士授行人擢御史條上十事皆切時要武宗甚重之呼為長面御史巡按河南勦流賊有功歷山東按察使劉瑾惡之請老歸學博洽能詩工書法

華津字濟之成化二十三年進士授松滋知縣姦人挾藩府以權民財津寘之法遷刑部主事改戶部監通州倉中監私人請事不應出守廣平請蠲常賦外民不能供者數事太僕丞議收養馬民所免地稅錢十之五津白巡撫寢之邯鄲縣每秋水至輒壞城郭津曰山水本挾西河橫流舍河而事修築雖勞無益乃改河上流北注之漳其害遂息仕終山西參政
楊文字宗周少嗜學家貧躬耕自給舉宏治三年進士教授金華上治道八事入為國子監丞應詔陳言多切時

弊監有羨金分致於文不納遷壽府長史引疾歸性寡合惟與尤弼善弼由成化十九年舉人授蒼梧知縣果介自信嘗七疏西南邊務多見施行歷宰荒徼並著聲績以忤權貴罷職
羅柔字文嶽宏治三年進士歷官戶部郎中出知建寧府時流賊剽略人情洶洶柔挺身捍之賊從他道去為吏強項失當事意遽拂衣歸
陸廣字士宏宏治三年進士授戶部主事監太倉出納雖竹木葦秸無敢奸者藩邸賜田侵民地無敢往覈者廣

請行立正其界出知南康府致仕
秦鎰字國重宏治五年舉人授涿州學正陞瑞安知縣瑞安濱大海山島錯雜鎰嚴設戒備盜不敢犯潔已愛民頗著惠政歷官南京刑部員外郎周府左長史祀瑞安名宦
錢榮字世恩宏治六年進士歷官戶部郎中奉命巡河濬川築堤民不苦役而權豪多惡之武宗駕自南狩還百官迎道左邏者忽執榮去訊無所得乃釋時劉瑾亂政榮三疏得歸養

秦金字國聲宏治六年進士授戶部主事歷郎中正德初遷河南參政破流賊趙鐩於陳橋遷山東布政使擢副都御史巡撫湖廣討叛苗平郴桂猺入爲戶部侍郎世宗即位進南京禮部尚書上疏曰陛下繼統以來昭德塞違動無過舉宜致天祥而災眚頻告者何也詩曰靡不有初鮮克有終此言保終之難也陛下臨御未幾政漸弗逮是以天心仁愛示之警懼又曰政不可一日不在朝廷權不可一日移於左右股肱有托耳目有寄主威重於九鼎而國勢安於泰山否則宮府之地隔而信任有所偏婦寺之情親而聽受有所蔽名曰總攬而太阿之鍔實移於下矣就改兵部召爲戶部尚書帝欲考興獻帝金偕廷臣伏闕爭又與何孟春等絛張璁建議之非及上聖母冊復不至帝切責之金爲人樂易及居官一以廉正自持在戶部九孜孜爲國遇事屢有爭執積失帝旨六年春以考察自陳乞休歸閱四年起南京戶部尚書改工部加太子太保再改南京兵部尚書致仕卒年七十有八贈少保謚端敏明史有傳孫柱字汝立爲諸生工書法選授中書舍人與大學士高拱雅故拱得

臯倉皇去京師官校方四出偵視諸門下皆走匿柱追送百里外顧謂偵者曰告而主我秦中書也吳中行疏諫張居正奪情被杖下詔獄柱挾醫往視湯藥居正積前嗛遷柱魯府審理尋以考察罷歸明史附金傳
陳策字嘉言宏治六年進士歷戶部郎中出知饒州桃源峒寇與官軍相持五年不下策單騎入其巢諭降之會朝正去郡寇復叛策至因先驅入犂壁山營而居累戰皆捷以其地僻遠疏置萬年縣控之夷患乃息調守嚴州擢福建左參政奉命征汀漳寇道出同安降其劇賊

蘇世浩攜以行檄至而汀漳之寇爭附策撫而遣之遷江西左布政使時宸濠初就禽武事未戢策至謍城墉籍府庫賑其餘民經畫撫循動中機要未幾致仕

華㬎字文光宏治九年進士由庶吉士改戶科給事中嘗疏言天下之財聚於大臣大臣之財聚於內官一時爭傳其語遷南太僕主簿至滁陽革輸馬踰期之罰出守饒州以耕種貿易之法諭猺民猺皆帖服擢四川左參政鎮守內臣以重賂啖㬎求市茶西番㬎拒不許遷福建右布政時閩軍變後猶洶洶以食鉠相譁㬎謂亂由

闕糧弊在折徵請於朝給之衆乃定江彬用事部校四出索貨獨憚㬎不敢肆終左布政使

呂元夫字仁仲卣之子宏治九年進士授禮部主事改吏部文選司馭吏清嚴苞苴絶迹初選籍多蠅頭細書爲黠吏摹洗移甲乙元夫命更大書遂著爲令擢南通政司參議進太僕少卿致仕歸元夫敏而有識嘗預修孝宗實錄獨成四十卷乙丑分考會闈拔一卷識曰此必端士乃湛文莊若水也元夫善草隸亦能畫弟亨夫字思泉以歲貢授浙江布政使都事工詩

朱絃字廷和宏治十五年進士授臨海知縣擢御史出按貴州貴州鄉試士子皆遠陟千里就試雲南絃疏請分試詔從之以事謫判福寧遷雲南府同知終代府長史

辛銘字警之宏治五年舉人署教平湖勵操勤訓品隲人文高下百不爽一平湖人祀之學宮

喻義字宜之正德九年進士授南京戶部主事遷武昌知府遭母喪歸服除補南寧率以禮敎忠州二酋爭職搆亂義單車詣其壘反覆開譬辭旨慷慨酋感泣輸情在南寧五年致仕

華金字子宣性嚴靜無妄言誠行正德十六年進士授戶部主事累官天津副使遇上官不能屈節遂致仕先是金同年張孚敬驟貴欲致金金峻卻之尚書陸完之妻金姑也完盛時不一過其門及敗爲卹其孤而收其母之喪於獄

顧彥夫字承美正德五年舉人授太常寺典簿寺卿呂柟重之爲忘分交累遷寧波府同知署象慈溪民爲築清清堂

侯祖德字繩武由國子生除新昌丞攝會稽諸暨二縣以

清節著擢知江山政平訟理案無留牘陞太僕丞乞歸養母遂不出

蔡亨字嘉會由國子生爲縣學博士歷興府教授事世宗於藩邸嘉靖初拜光祿少卿總裁獻皇實錄遷太常奉使諸藩陰察向背贈遺無所受人莫敢干以私及歿貲產不直三百金

談愷字守教父一鳳字文瑞宏治五年舉人官應山知縣決疑獄平劇賊移官平江歸愷嘉靖五年進士歷官戶部員外郎出爲山東副使時開馬場湖值歲饑愷藉工

寓賑旬餘而畢坐事謫信宜典史五遷而後爲四川副使蜀地多盜民被誣引輒竄伏愷盡釋之復其故業歷廣東布政擢副都御史巡撫南贛汀漳贛賊李文彪海寇徐碧溪各攻陷沿海城邑愷開誠布信降文彪平碧溪拜兵部右侍郎移鎮兩廣兩廣山箐險峇蠻峒聯絡四出焚掠殺千戶黎元愷進討捕斬五千五百餘人平之尋勳大羅山賊將就俘乞骸歸後督臣追疏愷功加右都御史

丁謹字懋庸復姓俞氏嘉靖四年鄉舉時有建坊金謹以畀族黨之貧者徒步赴京師會試十年不第家益貧與一僕文壽者相倚自給知縣鄭普久知其名而未相識將去詣謹請見强而後可再拜歎息乃行舉三十三年進士除黃巖知縣治務簡靜至官八十日而卒

安如山字子靜嘉靖八年進士選庶吉士出爲裕州知州地險多盜民皆外徙如山至諮其疾苦而安集之會戶部括天下田因履畝丈量方始事而部輒更令如山卒竟其役民利之歷江西參政四川僉事歸

高材字充甫嘉靖十年舉人授黃巖知縣邑有黃尚書綰

威重而倨有事常北面縣令而命之其舍人子多持吏短長材至一繩以法無少顧巖俗好訟材捕訟師令各署名楮尾曲者并罪之訟由是減御史清軍兩浙姦胥出入其籍官無由得其要領材忽至胥家得故籍破壁中胥伏罪時御史以無名冊督里胥多死者材進曰台以方谷珍倡亂高皇帝怒而籍之大抵有虛籍而無實名即胥有作姦者其人已死今所杖無乃枉乎御史怒拂衣起然事亦旋解有貴家以牟利啓釁島夷者一夕賊乘風突入邑無城請援不至材召衆誓殺賊斬獲甚

多賊乃走而材竟以是得謗歸

浦應麒字道徵嘉靖十一年進士授館職以修孝宗實錄功擢經筵講官東朝建晉左贊善主癸卯北畿試忠文習膚蔓力還淳質甲辰預校廷對策不中枋臣指拂衣歸

尤魯字懋宗嘉靖十一年進士除行人奉使汴藩歸上封事陳藩臣虐民之害累官工科都給事中首劾罷勲臣倖宦竄放軍伍者五人既又疏請節幸御保聖躬蕃皇嗣辨異端擢順天府丞攝尹事奏革占役借馬出巨璫

故入死罪十八禽大猾於戚畹宦寺之門甚著風烈

王瑛字汝玉嘉靖十一年進士除太常博士時世宗方興禮樂崇郊社百神之祀瑛日贊秩宗斟酌舊典擢監察御史奉敕理冀北山東河南馬政出按福建舉措精允性簡亢負氣激昂致叢議謗因謝病歸

陸子明字東卿嘉靖十四年進士官戶曹郎督遼餉立接遞法監京儲立推陳法使輓者常暇而貯者常堅好出備兵廣東威信懾猺峕殲其尤獷狡竄掠者浹歲徵治行還朝行及杭州卒其門下士爲錢塘令殯而歸其喪行簏中惟貯硯材大小十六枚而已

吳情字以中嘉靖二十三年進士第三人授編修歷侍讀右春坊右諭德典應天鄉試被劾左遷歸割產置義田贍族居常省農桑敎子弟竿牘之問不及長安晚自號靜端居士

尤瑛字汝白嘉靖二十三年進士授國子監丞歷禮部郎中擢廣東僉事時有賊殘閩之六縣而其有司妄指廣民移檄趣捕瑛不聽賊亦旋就撫瑛在粵四年治盜多有斬獲終江西參政

秦淮字伯川歲貢生嘉靖二十四年知辰谿縣勤恤民隱而帥之以正毀淫祠除奸弊招撫流移捐修學校以老致仕祀名宦事載湖廣通志弟涵字問詹由舉人任溫州推官甌人重其治行

秦梁字子成嘉靖二十六年進士授南昌府推官有盜平十二者負險時出剽刼梁察尉某陰與盜通以危言詰之尉股栗搏顙請命乃曰爾能離其黨而以酋來爲貸爾命尉如言縛至磔於市拜吏科給事中京師築外城梁被命董其役劾罷宦官奸工事者進通政司參議南

京太僕少卿歷鴻臚卿右通政出爲浙江參議山東副使督學浙江所識拔多英俊雅負人望遷江西右布政使

馬濂字濬卿嘉靖二十九年進士除仙居知縣倭寇黃巖來犯濂擊走之爲治悉下情民依之若慈母歷官桂林知府從討峒猺或以僞酋首級邀賞濂立辨其非越四日果獲眞者

鄒懋昭字汝德少從唐順之學講求經世之務嘉靖二十五年舉於鄉除應城知縣値歲饑約己以爲民先景藩

與楚藩爭封界懋昭購致諸詭籍折之乃阻巨璫橫責民租嚴制之不得逞未幾罷歸

秦禾字子實淮之子嘉靖三十二年進士知武康縣會倭躪浙西被檄築城甚急禾曰築城民益驚擾是啓寇也持不可而募壯勇柵要害以守之諭曰寇來在令無恐及賊已逼有數妖僧突入市上禾勞以酒食陽約禦寇受賞明日悉械送軍門賊聞遂不敢窺武康歷南京戸部郎中出守金華調永昌祀永昌名宦嘉慶四年禾九世孫瀛以浙江杭嘉湖兵備道權布政使事武康士民籲請補祀禾於武康名宦祠

汪汝達字志行嘉靖三十二年進士知黃巖縣黃巖瀕海無城汝達至始倡築越三月城成寇再至得無患於是撫瘡痍集流亡理豪右所侵民田八頃給學宮以資養士擢戸部主事終廣西參議

祝舜齡字壽卿嘉靖三十二年進士知政和縣廉介絶人而吏事精敏擢南京戸部主事卒囊金不盈兩幾無以爲斂

楊成字汝大嘉靖三十五年進士除工部主事累擢至副

都御史巡撫江西始至經理水旱檄各郡假工役以濟阻饑築圩岸濬陂塘民得養而所賴益遠寧州奉新諸處錯接楚壤逋寇衝突成疏移南昌巡道於寧州兼轄楚之興國等郡修城浚隍添營堡又相視贛江鄱陽諸藪澤要害每五十里設堠置遊巡使烽燧相望遂俘劇賊李大鸞盧尙巍等數十人誅其渠而散遣之又平安遠賊葉隆盛疏割安遠會昌地立縣於馬蹄岡盜賊以息時山峒土姓大者陳兵自衛或以爭產相格殺贛撫臣名之爲賊請移師合擊成曰此一捕吏事耳不應旣

而斬馘甚多會檄奏捷成謝卻之拜南京工部尚書乞歸復起歷南禮兵二部尚書予告加太子太保卒謚莊簡

案成宋儒楊時十六世孫時孫航倅常州因家無錫後徙長洲成謝八十存問疏猶自稱無錫人成孫廷樞崇禎三年鄉試第一名著復社順治四年以不薙髮死

華汝礪字用成嘉靖三十八年進士由刑部郎中出爲浙江按察副使備兵溫處會海水暴漲壞民田廬決城郭汝礪啓下流壩以殺水勢米價踴貴弛禁通商民免阻饑更嚴斥墨吏忤臺使指論調雲南軍民愛戴如溫處

張子仁字安甫嘉靖三十八年進士除南京兵部主事歷四川參議於是有九絲之役御史疏舉有功不謝黜歸再補遼陽終貴州參政

華啓直字禮成父舜欽瑞州守有政績啓直嘉靖四十一年進士知孝感縣改順天教授遷刑部主事時海瑞以言事繫獄啓直左右之歷郎中出守永州擢貴州副使苗結谿峒爲逆督府屬啓直往討啓直曰此首禍者一人耳他族虜掠可諭解也馳檄往酋皆受約束仕終四川參議

黃學海字宗于正色子嘉靖四十一年進士知內黃縣入爲戶部主事擢守贛州時屬雩都以丈田事民甚譁議者將臨以兵學海馳驛諭以利害悉解散翁源賊負險縱掠亟除之未幾歸孫奕祖孝友誠慤爲時長者

周子義字以方嘉靖四十四年進士選庶吉士授編修預修世宗實錄進南京國子司業神宗初大學士張居正柄政給事中余懋學上書論時政疏自南中來余故子義所取士由是居正銜之會奪情事起九列皆疏留子義戟手向堂上指曰此爲彝倫者何名也不爲動久之始移北累遷至吏部左侍郎掌詹事府屢疏乞歸未許而卒謚文恪

王鑑字汝明問之子嘉靖四十四年進士知武定州至則下教與諸曹掾誓曰若所不飭黄緣爲姦利者官有常刑刺史所不自飭瘠吾民以自肥者神鑒如之郡伍伯以事揭府帖恫喝諸椽史鑑庭詰之語不遜立收之賦羨贖鍰商車稅餘悉貯以業無歸者會編役鑑廉知猾艮以次甲乙之一豪家積不受役鑑援筆首署其人叩首伏入爲戶部員外郎歷吏部稽勳郎中念父老謝病

歸奉養不離側父歿久之進尚寶卿改南京鴻臚卿引年乞休進太僕卿致仕鑑亦善畫有言勝其父者遂終身不復作明史有傳

華汝梅字鼎卿嘉靖四十年舉人歷仕博平息二縣廉慎執法而惠於民民應納紙贖貧者責輸一張省民貲財萬計行取謝不赴攜素紙三簏蕭然歸

陳以忠字貞父隆慶元年舉人授寧鄉知縣至則丈民田斥兼并橋五潭江市有妖火以忠爲文禳城隍神一夕而滅遷亭州地多盜以忠陰使人説其魁盧尚賢率諸

盜自首因捕其餘黨平之再起寶雞遷光州立稅法酋牛應魁者殺人而委其罪於怨家以忠具得其姦論如律以病免祀寧鄉名宦

唐裔字世卿隆慶二年進士授監察御史張居正枋國抗疏言權不可下移請收之出知汀州府自劾歸

施夢龍字伯雨隆慶二年進士知武定州興學勸農立社倉入爲南京戸部員外郎遷刑部郎中恤刑畿内有羣飲夜歸者四人共斃一人而獄辭以一下手重者論抵夢龍曰昏夜羣鬥何以辨下手輕重乃坐首鬥者叉富民發得木偶而謂妻以蠱道殺已訟於官獄具夢龍疑其妾也召訊果服遂懲其夫而以罪妻者罪妾進江南副使備兵南饒歸

龔勉字子勤隆慶二年進士知嘉興縣再補吳橋皆廉明有治績進南京刑部主事累遷嘉興知府至浙江布政使歸時吳中困糧長役勉爲八議請於當事施行鄉人德之爲祠以祀之曰城南書院顧憲成爲之記

施策字懋揚隆慶五年進士授禮部主事改南吏部考功司會有南北並計之命郎中闕策攝其事旣核且嚴某

事至尚書爲請不能得終養歸復補禮部在部九年釐定冊立藩封諸大典宗室某以乞恩壽千金不納遷尚寶再遷南太僕卿歸

吳汝倫字文叔隆慶五年進士除彰德府推官按抑趙藩及豪民鹺販者宜溝驛地連湯洪汝倫勘平之兩邑稱便擢禮科給事中未幾卒

秦燿字道明禾之子隆慶五年進士選庶吉士改兵科給事中母喪起補刑科歷吏科都給事中燿會試出張居正之門居正枋國頗操切諸官僚獨才燿燿於時政多

所陳奏居正戒之曰持論何過峻耶燿對曰當言則言
爾進太常少卿移光祿擢僉都御史巡撫南贛莅官甫
三日擒岑岡賊李佩傾其巢南雄妖僧李圓朗以白蓮
符翕衆起山谷間燿先期殪其魁而解散其衆進副都
御史巡撫湖廣會大旱疫道殣相望燿設法賑濟活數
十萬人於是忌者指爲居正餘黨解職聽勘猶未厭意
坐事削籍士論咸以爲冤汪琬明史擬稿附秦金傳
孫繼皐字以德萬歷二年進士第一除翰林院修撰遷少
詹事拜禮部右侍郎改吏部左侍郎時譴臺臣二十三

人繼皐奏言人材難得言路至重今一例廢黜尢駭觀
聽不報方閣部水火國本廢置繼皐列款疏陳會孝安
皇太后山陵帝稱疾不送又上疏極諫謂陛下即艱於
步猶可扶掖而行奈何即一時之安以虧大禮而蒙天
下萬世之譏議哉章上帝大不懌會有論者遂乞骸骨
歸卒贈禮部尚書明史有傳
李應祥字善徵萬歷五年進士知臨海縣履畝丈田搜伏
稅爲則而均之海倉險遠輸者以爲苦應祥力請得改
折又出帑金市馬以紓牧養之困擢戶部主事歷郎中

進湖北僉事遷陜西參議調護礦事爲民德尋調督學
卒於官
萬象春字仁甫萬歷五年進士選庶吉士授工科給事中
皇女生詔戶部光祿寺各進銀十萬兩象春力諫不聽
屢遷禮科都給事中鄭貴妃有盛寵而帝耽於酒象春
因慈寧宮災疏諫報聞時宗室繁衍歲祿不繼象春議
變通會豫撫褚鈇亦奏其事帝即命象春偏詣河南山
西陜西諸王府計畫上便宜十五事多著爲令孟秋將
享廟帝齋宿宮中象春言當在便殿不當在內寢已因

災異言外吏貪殘不當遣緹騎逮問宮禁遂密不當宿
重兵廷臣建言貶黜當敘遷內臣有犯當付外廷按治
帝報聞象春在諫垣久前後七十餘疏多關軍國計請
復建文年號加景帝廟謚尢爲時所稱出爲山東參政
定妖賊郭大通之亂進山西布政使拜副都御史巡撫
山東倭躪朝鮮濱海郡邑悉戒嚴象春拊軍民供饋運
應機立辦中使陳增以礦稅至象春疏論其害福山知
縣韋國賢忤增被侵辱象春力保持之增劾國賢沮撓
象春黨庇詔逮國賢奪象春俸遂引疾歸起南京工部

右侍郎未上卒贈右都御史明史有傳

嚴一鵬字化卿萬歷五年進士由行人擢御史劾東廠太監張鯨罝之法又劾湖廣稅監陳奉疏入奉始斂迹出按山東上疏請罷礦稅又條列礦監陳增贓私二百餘萬帝大怒增以憂死又疏劾稅監馬堂隱匿臨清稅銀前後共二百三十萬因劾其豪僭不法諸事追所匿以助工役一鵬故長者獨於彈擊中官不遺餘力巡方例一年而代一鵬至三年乃得請歸久之即家起大理丞歷南光祿卿遷通政使進刑部左侍郎未幾改北予告歸崇禎十一年年九十詔賜存問又踰年卒贈刑部尚書

侯先春字元甫萬歷八年進士除太常博士進吏科給事中上轉漕五策救荒十策江南北饑議遣官給賑先春言遣官徒擾民無益不若責成撫按以蠲抵賑如其數便轉兵科歷吏部奉命閱視遼鎮乘傳從數騎驅馳叢箐咨訪利病條上三十餘事劾罷大帥不職者補兵科都給事中朝鮮倭變大臣經略彌年事解而議者欲留兵以戍先春疏言軍興之費不貲不宜復疲中國以奉異域遼稅監高淮劾一大帥罷之先春言本朝鎮帥皆廷推其不職者撫按交奏兵部議覆以俟宸斷今一橫璫出中旨罷黜在廷無得議其可否如是將權日輕邊事日棘必至禍國謫廣西按察使知事後贈太僕少卿孫鼎鉉崇禎十年進士出漳浦黃道周之門授戸部主事鼎革後僧服隱居湖濱華藏寺以歿

顧龍禎字翼卿萬歷十四年進士由行人擢御史嘗疏劾權璫先遣家出都訣別以行乃自席藁待罪然竟得旨黜璫巡按廣東稅監李鳳聲勢凌轢龍禎先誡屬吏不得長刺庭謁而自與爭稅額半其數鳳無如何聽之又采珠監李敬致大珠數顆龍禎肅然曰至尊所用其誰敢私敬慚而退謫判曹州尋改夏縣卒於官

楊應文字子修萬歷十七年進士累官刑科都給事中所上封事如繩潞藩停中使祛稅惡宥纍臣皆持大體於妖言事論救諸諫臣尤力進南京太僕寺少卿予告歸

周繼昌字文伯萬歷十七年進士除工部主事歷禮部郎中出爲湖廣僉事値王師征播召募齋送經晝得宜改命督學再補山西有雷生者以宗人株累幽於晉藩繼

昌雪之王悟悉釋諸繫囚巡按康某以詿誤罪一生將
殺之繼昌復力全之累遷南光祿少卿終順天府丞
堵維垣字師甫萬歷二十年進士知南平縣再補江山稅
璫檄採冋青維垣上議採青本供燒造今土青黯淡無
當禁物轉發江西勞費彌倍抑勒賠補民困乃大況瓷
料產無定所差員發屋掘冢變出意外誰任其咎宜聽
民自採折價解官時又稅間架維垣度不可爭請行有
正稅以餘稅抵間架相當而止民便之仕終廣東右布
政使

何棟如字子極祖汝健父湛之從父淳之皆進士有官聲
棟如萬歷二十六年進士授襄陽府推官內璫陳奉開
礦棗陽棟如察爲顯陵發脈地繪圖以上事乃寢璫多
恣爪牙掠商民棟如悉禽治杖而投之江又縶二十八
當以大辟璫流言激上怒逮棟如付詔獄以星變釋歸
天啓中遼報踵至棟如上疏請自効因募兵兩浙得壯
士七千人遂以太僕少卿行邊時榆關告急棟如選練
規畫勢頗振而議者遮冒餉劾奏復逮詔獄考掠幾絕
久之戍滁陽崇禎初復職

華元祼字爾遐萬歷三十二年進士知新鄭縣調商邱以
江南法區分其地爲一百七十有三給牛置屯募荒民
設助粲之法稽其積散而賞罰之治最伊洛間擢御史
卒
周炳謨字仲覲子義之子萬歷三十二年進士選庶吉士
授翰林檢討疏請儲學不宜久曠春講不宜再稽進左
贊善上言兵事累數千言遷諭德時值三大喪禮文典
冊多與參咨熹宗卽位累官禮部侍郎奉命修光宗實
錄書成進服俸載三案事直筆無所阿忤魏璫炳謨典

試武闈所取士許顯純者請介紹於璫炳謨厲聲拒之
卽日告歸逆黨御史石三畏因劾所纂實錄非實削職
而炳謨已卒崇禎初贈禮部尚書追謚文簡明史有傳
鮑際明字伯參萬歷三十二年進士知海康縣地震城圮
而欽州以變告際明慰撫部署民以無恐調同安奬植
寒士補上猶再調寧都清郵傳籍姦胥有以僞篆注銷
蝕帑者治如律祀四邑名宦孫鳳仭樂安知縣亦有聲
秦延默字允言金曾孫萬歷中選貢授湯溪知縣簡靜不
擾民懷其德祀名宦從子重泰字原博萬歷二十六年

舉人知長樂縣黜姦胥懲豪右平反疑獄禁絕公歛公暇常與諸生講學士民建生祠尸祝之

浦禎字吉夫萬歷中拔貢生授泰安州同知革官馬鎗手降劇盜泰安民生祠之遷判夔州有刼盜殺儒官立殲其黨屬獠懷化任滿歸

華敦復字雍明萬歷三十五年進士分守溫處性簡約杜絕饋遺屬吏不敢以片楮入門歲大旱素衣步禱烈日中行數十里幾二旬卒得雨擢四川布政使時有議加派蜀糧銀六十萬者以去就爭之得寢祀溫處名宦

賈允元字方蕘萬歷三十八年進士授行人歷禮部郎中時營慶陵宦官利稽役詭言珉礎未具需以三年允元上言古者天子七月而葬近考世穆兩朝無或過焉乞敕山陵使不得以石料爲解臣惟元宮舊制石項固宜加愼而樸素渾堅雅合先帝儉德不必過爲雕飾報可累擢浙江參政平劇盜王錦王鐘等終山東按察使

沈應時字伯起父病瞽應時爲之舐目伺父寢則篝燈夜讀萬歷四十一年進士授吉安府推官歸養補岳州擢兵科給事中歷禮戶二科具疏昌言三案以年例遷陝西僉事罷歸崇禎初起家添注通政時邊報旁午京師震動應時上戰守諸議會督餉使臣十道俱出應時銜命星馳受事卒於京邸

施元徵字泰先萬歷四十七年進士崇禎初官南助教上擊璫薦賢二疏進副職方郎攝督捕領十八營有警備功遷武選司郎中擢湖廣副使母喪歸起福建副使兼右參議會海寇肆掠有前鋒曾旺者短而悍元徵授計海防劉某生得之隨分兵三路夾擊復以一軍截歸路賊窮乞命乃戮其渠四十六人而免其餘首尾僅七日

賊平尋入都中流言下獄事白還原官京城陷遂歸從弟朏躬由歲貢生署宜興訓導有豪右誣孀婦姦賄朏躬關說朏躬郤金而白孀婦冤

陳振豪字子出萬歷四十七年進士知蕭山縣遷刑部主事以承審劉鐸事忤魏閹左遷起戶部員外郎出爲南陽知府宗室器圻疏訐唐王陰事下巡按御史檄振豪驗實振豪言事屬聲影未可信事得寢亡何王府典仗呂調陽姦部軍妻而殺其夫振豪持法杖調陽王以是銜振豪是時河北賊警日至而南陽兵少及寇陷修武

又調防河北所留僅百餘人隊不成列而賊乘河冰南渡振豪時攝南汝道集所募鄉保壯勇乘城障王方塞城四門民避寇至不得入振豪力請開門單騎出勞軍辨土著納其老弱而簡壯健編關廂協守城賊知有備突走諸屬縣振豪復爲聲援於是南陽十三城皆得完王積與振豪不協以有功轉忌之訐振豪乾沒修城工銀罪按治不實得旨鐫級又奏杖呂調陽事詔逮繫獄禮部侍郎陳子壯疏救不報久之釋歸

顧應暘字太初萬歷二十五年舉人由教職累遷思恩守

思恩故土府改流轄九司歷駱連暗山諸箐以達邕管皆猺窟蟠互應暘履覘形要治塹垣甃礮置候爲輿騎通塗教田者車溉法而請除其雜色鹽牛稅杖殺巨憝之倚峒酋爲暴者蠻俗帖然以績最擢蒼梧道未幾移疾歸

劉明翰字羽戢元珍子萬歷四十三年舉人崇禎中授中書舍人定邸出閣明翰爲講官會賊報狎至召對文華殿請東宮或定永二王南行格於廷議及都城失守南歸省母屛居三年卒

王永吉字曼修天啓二年進士知定興縣奉聖夫人客氏家定興徒屬橫鄉邑永吉持法無撓屈客有畏監司以下奔走其門永吉獨不往遷南京禮部主事崇禎初大姦既殛餘櫱未除永吉抗疏劾禮部尚書王永光以稱功頌德之剩姦爲逆璫兒孫之護法始則戢翼搖尾附公論以求容旣乃露爪張牙持言路以樹敵疏上出知福州府受事二十七日罷去久之以黃道周薦復起福州甫匝月投劾歸再起金華守不赴

邵名世字翼興天啓二年進士除南京兵部主事歷官參

議督學雲南嘗攝按察使事臨安有僧私其鄰人之妻者潛斃一商而誣其夫以殺人獄上名世鞫訊得實坐僧而釋其鄰進福建副使終山東右布政使有名世所劾去吏不二年以邊材至巡撫山東者日夜伺名世短長竟無所得

秦堈字器新天啓二年進士知澤州父喪歸補福寧州輸賦令民自封屬邑解餉許竟達藩司決獄以關喻得情不以恫喝入爲戶部員外郎管京糧廳宦官張彝憲以督理戶工二部至屬視諸曹郎金鉉抗疏論劾馮元飈

索馬徑去而堈及何楷與慷慨講分庭禮瑺意大忤堈
亦遂歸晚居東皐以終
張有譽字誰譽自其曾祖佐卿由邑玉祁村徙江陰之青
陽而世居世墓並在無錫父履正廣信知府有譽天啓
二年進士授戶部主事榷稅邘關獨不拜魏忠賢祠出
知饒州府擢參政總理七省漕儲經畫節省具有成績
遷四川按察使癸未大計舉清廉第一帝爲手書其名
於屏風後累拜吏部侍郎戶部尚書太子太保江南亡
棄官歸幅巾藜杖與緇素遊自號大圓居士卒年八十

一
張纘曾字公緒選曾孫崇禎元年進士授行人兩奉使命
擢南考功帝親改爲御史一載封事十九上巡視東城
不畏強禦疏糾時相著直聲授浙江道巡按河南卒於
官
曹荃字元宰崇禎元年進士授南京刑部主事歷郎中偕
禮部周鑣言事忤權要謫官歸久之除知漳州府清而
不刻吏民畏懷遷副使時中原鼎沸荃數勸鄭之龍舉
兵勤王既而見鄭逗留不行遂投劾歸

蔣元敬字介如萬歷三十七年舉人崇禎初知平江縣冰
檗自持釐剔奸弊凡徵收火耗趲運雜派一切無名錢
悉罷除之建義冢葺公署政績多有可紀入通志舊祀
平江名宦
吳其駧字永調崇禎四年進士由蘇郡學教授歷職方主
事理驗軍廳汰冒餉清尺籍進員外郎京師戒嚴上書
言備禦之要尋以足疾歸
陳組綬字伯玉世家無錫其父遷武進組綬以武進籍領
鄉薦舉崇禎七年進士授兵部職方主事組綬少有盛

名留心經世學官兵曹後嘗倣春秋例自校定職方圖
凡關郡之險莫不了然於胸時邊患告急抗疏請備兵
要處以固京師當事不能用尋病卒組綬嘗爲人作序
仍自署無錫歿後歸葬
王永積字撏實崇禎七年進士知武定州
王師破濟南山東郡縣望風瓦解武定被圍永積以民兵
六千登陴堅守且半年獨得不破尋以考察黜巡按御
史疏永積功起兵部職方司協贊員外郎考察復官自
永積始李自成猖獗漸逼京師永積上疏陳堵截之方

進郎中有宦官爲其弟賂求浙鎮者永積卻之尋罷歸

胡時忠字伯昭崇禎十年進士除南昌府推官釋東鄉舉人艾南英繫復萬載詿誤諸生二十三人名定萬年金谿諸邑民變時會討土賊李肅十等時忠承檄監軍既而道官遁遂攝其事賊首既誅時忠拊循餘黨收卹子女賑流冗瘞枯骨於是困者悉安民立祠祀之尋擢監察御史敘討賊功加一級

徐調元字爾贊崇禎十年進士授黃岡知縣時流賊勢方熾城中無兵調元募壯勇固守賊攻圍一月遁去父喪

歸起補金華東陽諸生許都作亂破東陽義烏浦江署僞令所在應之都以宣大故帥房大成爲謀主調元探其濟至城下邀與計事設供帳迎之別館大成不疑明日議事府治立縛大成斬以徇賊衆掩至城守固遂四散剽掠乃率諸將夾擊之一鼓破賊禽斬渠師蕩其巢穴赦其妻子論功撫按交薦之有旨召用南都時被劾下刑部尋脫歸

華畹綸字紱葦崇禎間歲貢知醴陵縣幹濟有才略獻賊陷長沙督師何騰蛟檄同知府事未幾闖賊餘黨逼湘陰知府周二南赴援死之比賊降督師將統軍東下而道殣相望軍餉不繼乃擢畹綸爲長沙知府先是靖南軍進勦巴黔責郡屬作長堤湖上以利師行民皆惴恐畹綸度洞庭深險堤不可成易以鐵索連巨艦實土覆板爲浮橋以濟後

大兵壓長沙督師嬰城固守畹綸以城中乏食請止留精銳出婦女老幼聽其逃生歡聲震野督師復令畹綸徵餉他郡去將還長沙失守督師走保衡永畹綸於事定後歸家卒事見長沙府志

無錫金匱縣志卷十九

無錫金匱縣志卷二十

宦望

國朝

顧鏞字常孟順治四年進士授戸部主事歷郎中出守興
化興化邊海亂後苦寇盜備弛而役困鏞至稽舊法咨
植巨木椿於三江汎環之若城復置營舍於楓亭驛要
口驛莆仙交割所也籍漁船刷蠹冒盜息役平境以大
寧官至廣東學使會奏銷案起詿誤歸
吳達字章甫明舉人起工部主事會有議新令不便者奉

嚴旨敢再言者死達獨疏論辨竟寢不問尋屆考選策問
勤撫江西事狀達直言勤撫兩失特擢御史達遂上天
心民命疏直聲大振出按山左有東土大勢疏復陳禦
賊安民治標八畧按楚有南楚情形疏按秦偵知鎮弁
漁利茶馬滯鈌狀將馳奏鎮帥懼立挐弁回邊市大蕃
奉
命還京即上知人第一急務疏直斥枋臣洪承疇冢宰高
爾儼雍腫銓途稍降行人浹歲仍還前職累進通政使
爲論者所中戍鍼嶺

薛信辰字侯執順治六年進士除潮州知府潮州守將郝
尚久有異志信辰屢咨陳於上官及既叛信辰被執將
授以僞巡道不從而遣其子潛出約總兵吳六奇率師
攻城而已爲內應其啓上官咨牒爲郝兵所得報尚久
尚久大會文武縛信辰至命斬之潮之紳士百姓羣泣
請命乃繫獄家屬投井仰藥死者五人凡四閱月事平
得釋還職仕終浙江右布政使
費國瑄字子復順治六年進士知餘杭縣首捐竹稅免絹
解山寇亂身先士卒討平之民戴其德爲立生祠擢兵

部主事以強項不能俯仰自劾歸
朱瑛字晉白順治六年進士知常寧縣時楚南初向化民
流土荒瑛勞來安集歸者忘亡粤兵來擾洪承疇方爲
督師瑛籌備供億具著機略擢寶慶同知承疇特疏薦
之瑛竟以親老歸
顧熤字銘柏順治六年進士知象山縣革弊政祛蠹吏練
兵郤寇履畝平徭設觀瀾社課諸生禱雨雨應詛虎虎
去邑大治以失上官意論罷
侯杲字霓峰順治六年進士知宜平縣宜平民貧多逋賦

杲輸家貲補之辦軍興供億未嘗擾民亦不廢事遷禮部主事擢郎中改刑部督九江關清慎奉公悉罷額外征商旅德之丁外艱歸遂不出

張允欽字臣若順治九年進士授太常博士遷工部主事歷郎中督江南江西湖廣蘆政潔己奉公擢翰林院侍讀以詿誤去官

秦鉽字克繩順治十二年會試第一廷對第三人召見南海子賜袍服比第一人授國史院編修充戊戌會試分考官大學士合肥李天馥其所取士也旋出為廣

東參議分守雷州遷杭嚴兵備副使嘗有告無為邪教者鉽問知此曹戒食肉飲酒遂集之堂下遍與酒肉飲食訖散遣之遷榆林參政旋擢江西按察使進賢縣有叛人江德八者久未獲而所司得江國八鍛鍊誣服鉽察其非亟請上官奏釋之未幾得德八又數人詐稱旗兵取人財例當與盜同罪而徐昂者操舟人也不得財鉽當昂盜未得財律減死部議坐失出降調久之補長蘆運使遷湖廣糧儲參政會裁缺歸子汝泌字鄰仙官虹縣教諭能詩書兼米趙又嘗作服議一篇可補陳氏禮書

嵇永福字爾遐順治十二年進士授嚴州府推官降歷城縣縣丞蔡征西毓榮辟入幕府主機宜文字康熙戊午以博學鴻詞薦報罷後軍功議叙以僉事道用未補官而歿孫炎由諸生薦舉材能官儀封令性簡傲罷歸炎從子承烈官平陽縣縣丞以善捕海盜擢黄巖令

過松齡字佺期順治十二年進士授鎮江教授已亥海寇突至官弁皆匿松齡獨抱印不去曰吾一介書生當與此共存亡耳事平進服俸術後有太和教諭吳人秀壽州訓導丁濟美並著清德

顧岱字商若順治十五年進士授貴州銅仁府推官遷思南同知約束悍兵苗民德之尋擢雲南武定軍民府知府調山西潞安復左遷江西贛州同知值三逆犯順閩粵楚三方兵火相接岱隨機應變倉卒立辦時用軍興法督撫提鎮皆得專殺岱悉力拯救多所全活軍中獲陷賊者數十人帥欲盡誅以威衆守道欲生之議相左岱趨而前曰將軍議是然其中有可用者請釋之因趨廷下闞囚謬曰是皆能技作者即令釋縛免者二十五

人又釋繫囚贖女口無算遷袁州知府丁艱歸起補杭州府罷歸岱才氣卓越官雲貴時吳逆獨器重之岱不爲用其調山西吳逆欲奏留岱固辭乃免孫預舉人歷官大理知府仁慈寬厚多惠政贊別有傳

華亦祥字續長順治十六年進士第二人授編修辛丑充會試分考官尋遷侍讀以文學渥被知遇未幾卒方江南以抗糧事逮諸士人至京至委頓有道斃者亦祥陰爲左右而資之歸亦祥事親至孝內行淳備歿時無以殮其同年崑山徐元文葉方藹爲之經

紀其喪

鄒象雍字斐宮順治十六年進士知武陟縣中州賦法田輕丁重豪弱偏枯不平象雍彙算配撥請定分等則例具申得報可遂著令通行全省便之屬王師赴楚粤駐軍懷慶象雍詣大帥正色請申約束居民安堵仕終行人司祀河南名宦

曹鼎臣字掄生順治十五年會試副榜授無爲州學正遷奉化知縣康熙初三逆蠢動土寇蠭起蔓延餘姚上虞新昌嵊鄞慈谿奉化諸邑境鼎臣團練鄉壯會七邑勦平之上官索賂不應抑其功弗敘踰年授中書科中書奉化民爲刊勦寇錄行世

華章志字惟貞順治十六年進士由戶部主事遷刑部浙江司郎中擢貴州提學僉事歿於官在黔時振興文教士林悅服祀貴州名宦

張浩字鶴昭由拔貢知宜春縣廉明善斷兵燹後圖籍焚燬田糧收除朦混浩立局按查令民各自呈報賦稅得實嗣是民有定賦見江西通志

秦松如字亦仙松齡弟官吳川令粵自軍興民散餉急而

逋益積松如議新集不任帶徵條上利害請遂蠲之大拂時指罷官歸後十年乃如所請粵人追感其德立祠祀之見廣東通志

施鯽曾字雒遷康熙五年舉人爲全椒教諭遷奉化知縣奉化濱海魚鹽估舶交集群商籠官長爲姦利鯽曾下車肅然屏息巡撫張鵬翮疏薦之歷戶刑兩部郎中

季麒光字聖昭康熙十五年進士初令閩清移諸羅時臺灣甫入版圖設郡縣諸羅以新闢之邑諸所措置規畫日無寧晷嘗條議事宜上大府一郡賴之事載臺灣志

秦松華字瀛仙父德湛諸生隱居不仕嘗延關中李容於家爲子弟講學松華由歲貢生官鈞連知縣既莅境有里長挾貲以迎其言縣官日用所需均取給於此松華亟揮之去比視事里長又斂錢固請松華又峻拒之自是不敢復言每歲遣二健僕走數千里取金於家以自給時蜀遭獻賊亂後瘡痍未復松華勸民耕作多所開墾復進士於官舍親爲講畫人以嚮學卒於官喪歸士民素衣涉江遠送祀鈞連名宦

高洪字仙令康熙二十年舉人知遵義縣清介不苟取自奉儉苦幕客家人悉辭去莅事精敏判決如流俗多告訐人命官檢驗即破家洪簡役從詣戶所檢不實立懲告者自後命案用稀力行保甲法勤於勸課而紳士占役希優免皆不聽坐是得怨督臣年羹堯亦惡其耿執劾去之然重其才乃延入幕府待以賓禮久之將復薦起洪遽歸無何羹堯敗

邵璿字虞在由拔貢生令芮城徵爲工部郎擢御史掌登聞鼓院以言事遣戍甘肅歲餘卒璿少受詩學於武進族人長蘅所傳出塞諸篇多悲壯可誦

楊銘敦字鍾衡由歲貢敎習除湯陰令邑故河北孔道會征澤旺到官即判差過兵車馬芻粟踵至立應而民晏然既而檄赴軍前跨鞍疾馳謁大帥撥管肅州雙井站插羽報辦動適事機再歷歲還湯陰前後十一年邑罹旱者三之二自句當給軍外即措置賑災活民無算以是傾其家貲且以當旱寢徵罷官歸銘敦好學嘗從毘陵金敞及顧培遊

過修字洪撰康熙二十三年舉人知奉天海城縣縣雜籍旂民帥弁挾勢要有所搆卒軍勝而民失直修至持法不撓民氣大伸在官七年幾致刑措創他山書院以課士由是甲乙科踵起爲遼海望時高安朱軾方尹陪京曰邊海城乃非俗吏進部主事監海運倉剔弊如滌老胥目笑之號癡主事

王世濟字貽京康熙二十九年舉人知雩都縣時江右被兵久田野荒蕪至是稍生聚報漏稅者累至吏私進曰據報清勘升降可以增額世濟叱之曰寬大之世以我隘其生耶閣數日他吏又以其說進叱如初歷任四年世濟最慎民命卒以失法官意罷歸

陳大經字鈞操康熙中遊京師一滿洲巨公爲注選籍得寧津縣到官不設轉斗訟者直造衙齋立剖曲直去久之民隱無弗聞農時躡芒履親視播插民忘其官值歲凶屏去僕租販輒散官穀大吏將揭參即自投獄倚虎門決事民日號哭大吏報得隽職留任民懽躍趨獄舁出之無何歿於官民爭築土作廟祀之時有吳遵鎮以副貢知內江縣亦勤敏有聲

薛祿天字二宜康熙四十二年進士授長壽知縣遷石屏知州憂歸補簡州所至有能聲其同年進士朱琬歷任

鄆縣新津臨安知縣皆不久於官而多惠政

施壽字對揚康熙四十五年進士歷刑部郎中壽號強項有貴人子悅一衣工婦數挑之不從陰使僕斃工事露獄具貴人行千金至壽所壽笑拒之而當其子罪黃某者倚勢脅人金且數萬人不勝忿訴所司諸司皆中其賂獨壽不可竟以獄上立寘黃於法歲餘怨者遮他事論壽浮躁休致歸

嵇曾筠字松友康熙四十五年進士選庶吉士累進僉都御史典試河南撤棘還朝條奏貯穀理漕防河三事未幾河決中牟即遣監視堵築隨又條上河工便宜授副總河督豫河事務累進吏兵二部尙書專河道總督任加太子太保太子太傅拜文華殿大學士卒謚文敏曾筠負經濟大略知人善任恭慎廉明累用引河殺險法前後節省庫帑不下百萬其生平勞績治河爲大與靳齊蘇勒並稱名臣嘗董浙江塘工於海寧築尖山壩以殺潮勢又建魚鱗大石塘七千四百餘丈至今賴之浙人祀之西湖范公祠范公者前總督范承謨曾筠父永仁在范幕同殉耿逆之難

顧開陸字元臣貞觀子康熙四十五年進士知永寧縣値歲旱開陸多穿渠引洛水灌田民賴以活改知遵義遵義地介黔而隸蜀黔民掠賣幼苗多徒黨而諜報歧迕開陸設法爲罝邏緝其後遵義改隸黔民吏稱便皆由開陸倡議官終澤州府同知

黃天球字璋伍康熙五十一年進士知靖安縣靖民多瘠首鄙積逋賦籍開除細戶立飭清釐土田嚴革換段僞契及殺人沈命徙屍諸大弊吏胥不敢因緣爲姦有兄弟搆訟久不決天球曉以天倫大義皆涕泣引罪明蘇

州太守況鍾故靖安人也特建祠祀之尋擢禮部主事
告歸
顧仔字子肩父焻孝友誠篤司訓安東頹廢具舉遷溧陽
教諭謝歸仔康熙五十七年進士官編修督學廣東振
風習釐弊竇進秩中允移視浙江學政持法不少借士
氣整肅而亦以此取時忌還朝尋予假歸子維鈁進士
由知縣遷刑部主事植品嚴峻勤於服官
陶正中字田見雍正元年進士由編修遷御史巡察近畿
畿內多宗人田越屯爲暴請以法繩之勢遂戢豪民殺

傭欲私其婦婦逸訴豪錮婦於獄七年廉得之卒抵豪
罪擢廣東糧驛道徙任天津時旱暵迭告而析津爲漳
滹沱下流又患水正中建言疏子牙河濬淀泊即藉其
土築堤捍之使淫水有歸遷直隸按察使尋擢山西布
政使於時人尙操切正中獨持以鎭靜左遷直隸淸河
道卒從弟履中字叔和工爲詩
顧贊字敬輿岱孫父起佐性絶俗嘗從宜興湯之錡講學
贊其第三子雍正二年進士由編修改御史擢山東督
糧道運丁積壓舊欠山東爲最至二萬石有奇故事交

存羸米官給半價贊請倉督以羸抵欠以半當全由是
銷欠幾及二萬石補重慶知府重慶屬有趙姓二悍役
脅人錢致夫妻母子四人死州吏當其怨家罪磔贊廉
其冤訊得實以所當罪罪二役州人稱快官終四川鹽
驛副使弟維高才生以詩名
鄒一桂字元褒雍正五年進士由編修改御史歷內閣學
士兼禮部侍郎致仕歸一桂性耿直立朝蹇諤不阿官
臺諫時奏言許容已罷巡撫職不宜復用
上從之比官廷尉刑部有重獄已成讞一桂力持之得平

反歸田後屢入都覲
鑾輿九老會旣卒贈禮部尙書年八十七一桂工畫淵源
家學自成一家
秦甸字中馭少爲諸生讀書有根柢雍正五年進士授濰
縣知縣慈祥愛民不施鞭扑民以老佛呼之入爲刑部
主事行褰帷山蘭數匹而已從弟蕙田方官侍郎時無
迴避之例每日上堂呈稿蕙田拱立以俟甸執禮維謹
見者以爲難
秦璜字尙佐曾鈞子雍正八年進士選庶吉士累官至文

淵閣大學士璜習於經世之務尤善治河歷南河東河
河道總督皆著聲績如其父爲人襮柔中剛不肯矯激
沽名而內自確然有守遇
召對時有陳奏不以告人旣陟綸扉屢以年老乞身不許
上累賜詩章以文彥博目之乾隆庚戌重與瓊林宴年八
十四卒贈太子太傅謚文恭璜故工書子承謙翰林侍
講亦善書族子承志由舉人歷長蘆運使
上廉其家世長於治河超擢河東河道總督會河決衡家
樓承志督理畚築事宜勞瘁成疾入爲順天府府尹以

歿
侯嗣達字爾端雍正八年進士授刑部主事由郎中擢御
史進呈易經泰卦講義蒙
召見奏各省保題人員毋得專尙才吏以清治源報可外
擢湖南衡永郴桂道撫治苗疆規畫有方移福建汀漳
龍道以迴避改浙江寧紹台道卒於官
孫濂字山傳雍正八年進士授靖安知縣當官獨立不阿
江右州縣有漕者四十八南昌水次倉七十二有監司
與旂丁比倡議當徙倉瑞洪可省兌費瑞洪瀕湖無障

障蔵虞漂泛且爲刼盜招濂起爭之謂倉萬不可徙又
或議剷水腳費旣轉請且檄行濂列陳不可於大府凡
數千言大要謂壂給募運病在官官不能應勢且斂船
勒夫病究在民語甚激烈於是二議皆得寢甫四載卒
於官監司以下遠近吏民赴弔者塡街巷皆涕下
秦仁字體國由副榜貢生舉茂異科矽令滇之蒙自治漢
猓有法會普恩不靖仁嚴設戒備邑境帖然其後移東
阿擢守福寧皆有殊政仁少孤奉母至孝事兄秉丰尤
篤倫誼子雲錦諸生淸釐先人冢墓著秦氏先城攷

華恒泰字興生乾隆元年進士授直隸新城知縣廉潔不
名一錢以事至鄉與百姓語煦煦嫗嫗忘爲長吏也改
教職歸貧至不能自存從弟西植由舉人令貴溪亦有
清望告歸後年九十二始卒
賈霖字沛然乾隆元年進士授靈壽知縣有德政先是陸
清獻隴其宰靈壽時山出一泉民稱陸公泉迨霖至復
出一泉民稱爲賈公泉以憂去官終寧國府教授霖幼
負異稟工於詩
顧澇字克家以諸生薦授福山知縣調單縣單民輕生小

忿輒以死相傾陷利林染澇遇事立斷一無波逮姦民失所圖俗遂革遷知濱州請豁鹻地逋糧迕制府意會又有墾荒令濱獨無所報趣之澇曰寧去官無病此土遂假他事落職歸澇工文書法尤渾勁

秦勇均字健資乾隆四年進士第三人授編修出知九江府俗好訟勇均遇事反復開譬不施笞責而事多寢息移廣信親詣鵞湖書院與諸生講學歲旱未奉檄先發粟平糶幾被譴丁憂服除起爲平陽知府久之擢陝西按察使條奏刑律輒報可執法持平告病歸卒於商州

張泰開字履安乾隆七年進士選庶吉士入直
上書房授職不數年洊陟卿貳晉禮部尚書兼都察院左都御史嘗以胡中藻獄牽連被逮
高宗知泰開忠謹卒貰之
眷注有加以病乞歸加太子少傅卒年八十有六謚文恪

侯鈞字嗣沂乾隆十年進士歷任陝西知縣屏供億杜苞苴嘗修三賢祠三賢者燕伋郭欽段秀實也其在武功會有念佛聚衆之獄上官將治以邪教鈞廉得其實曰此愚民求福耳省釋甚衆

周煦字南愷乾隆十三年進士授戶部主事遷員外郎郎中擢監察御史奏言河南歲饑請飭有司實心賑濟會日食應
詔條陳時事乞勿用新進喜事及言利之臣退而自劾其稾丁母憂歸遘疾卒

秦鏷字廣和乾隆十二年舉人爲人沈毅有定力由湘潭知縣遷歸州知州甫三月聞父訃時方按捕巨盜張仁貴等之獄既成讞臺司護前過堅持不可勢且反坐鏷聞之從叔尚書蕙田尚書入告

上命大臣鞫治之誅張仁貴等臺司皆獲罪鏷累遷至湖北按察使降長蘆鹽運使終刑部郎中弟鑛才亞於兄由翰林出外歷廣東鹽運使鏷子泉以編修改吏部主事洊官國子司業視學安徽有清名

鄒應元字清源乾隆十六年進士授武寧知縣累遷至杭州知府所至皆有遺愛特調臺灣府知府臺灣懸隔大海應元甫至賊匪黃教聚黨數千人謀爲逆應元出金募健兒三百人勦捕之得其死力縛其渠誅之賊遂平凡在臺灣六年以病免歸同時王瑛曾由舉人知臺灣

之鳳山縣理番治獄亦有才名歷官石屏知州
顧光旭字華陽乾隆十七年進士授戶部主事遷員外郎郎中擢監察御史屬直隸山東大水光旭奏請以工代賑並借給牛具籽種以資耕作報可出為寧夏知府調平涼值歲旱請開賑與布政使忤而光旭竟先發銀米民得無饑陝甘總督文綬移任四川時方有金川軍事文綬奏請以光旭隨往署四川按察使蜀有失業奸民俗名嘓嚕子者四出刼掠光旭督役搜捕獲其衆懲治之羽黨股慄誓改悔尋以秋讞失出罷歸光旭操守廉

潔杜絕苞苴歸後幾二十年卒工於詩有詩稿若干卷
錢曜字震暘乾隆十七年舉人授象山知縣曜胷無城府為政廉而愛民如子既罷歸仍教授鄉里以自給故家邑之馬橋讀書課子足不入城市年七十五卒
周際清字思順乾隆十九年與杜玉林同舉進士同官刑部兩人並諳律例為尚書秦蕙田所器玉林出外官四川鹽茶道方金川用兵佐理軍儲累遷至刑部侍郎而際清官終永昌知府際清幼時父遠出絕音耗母撫之成立迨登第始迎父歸而母尋卒際清性孝友與兩弟同居不析著衣服飲食必均玉林字寶樹嘗以事謫戍釋歸歿於嘉峪關
鄒夢皐字贊元其先由錢塘遷無錫父捷諸生有學行踐履篤實夢皐乾隆二十五年進士授工部主事歷郎中遷御史轉戶科給事中巡視京城介不絕俗人自不敢干以私年七十二告歸八十卒子為尚書協辦大學士炳泰
朱宗洛字紹川乾隆二十五年進士授天鎮知縣宗洛篤志力學為文有深湛之思尤邃於易天鎮故邊塞地民

苦磽瘠宗洛勤於吏事一以古循吏之治治其民既歿民尸祝之
丁鶴起字乾九父詮歲貢生司訓安慶嘗為諸生申雪冤枉與同時舒城教諭朱灝生宣城訓導顧振基並有聲譽鶴起由國子生効用南河為嵇文敏曾筠所器授主簿累遷至安慶同知其令陳留最久償積逋慎庶獄飛蝗過境下令捕之蝗抱穗死去官日民多泣送其他治蹟皆類此從弟王士舉人好為詩歷官崧谿漳浦知縣有惠愛子亭尹志並由舉人歷廣東知府以才幹稱

孫永清字宏度乾隆三十三年舉人授內閣中書尋入直軍機處永清性警敏諳曉時事大臣交相倚重遷內閣侍讀再遷監察御史特擢都察院左副都御史出爲貴州布政使擢廣西巡撫會安南阮惠逐其主黎惟祁攸關求內附永清方奏聞而總督孫士毅遽請出師永清以不宜深入阻士毅士毅不聽踰三江挾惟祁至黎城官兵竟敗於富良江其後惠悔罪投誠効職貢旣入關永清料簡護送往來瘴癘積勞成疾卒弟藩字振宇國學生以四庫館議叙中書科中書累任劇郡善治獄擢

陝西督糧道以教匪不靖督辦軍糈著勞績終安徽布政使

秦震鈞字西經國學生以乾隆三十二年授臨清州判逾年王倫反壽張震鈞適權州事預爲戒備而賊已至嬰城固守凡十七日賊每以大礮擊城危如累卵矢盡糧絶城竟得全擢臨清知州累遷浙江都轉鹽運使以病免復出爲濟東泰武臨道卒於官方賊攻臨清有婦女千人羅拜城下乞入城副將葉信持不可震鈞曰是吾百姓忍棄之耶竟納之居家孝友好施與其善舉甚多

楊揆字荔裳乾隆三十八年

召試內閣中書入直軍機處隨大將軍福康安征廓爾喀遷內閣侍讀授四川川北道擢按察使陞甘肅布政使調四川布政使時教匪方跳梁渡潼河焚掠三臺中江縣境成都戒嚴總督魁倫逮問揆施設犒具而師行饋餫不繼檄他州縣預籌糗糧以資飛輓又奏請亟發餉銀二百萬兩報可揆居官與軍事相終始遇事果決無所迴顧以勞瘁疾作卒於官贈太常寺卿

蔡維鈺字其相嘉慶元年進士選庶吉士授編修改御史

奏西洋人傳習天主教多不法宜諭禁又稱江浙米價騰貴聞有私出海洋情弊宜飭督撫嚴查又參劾廣東林五一案交總督審辦久不奏報宜令刑部嚴立期限皆報可維鈺少受學於秦瀛砥礪名節爲言官思有所建白年未及艾而卒

竇廷模字立範由舉人授江浦教諭江浦毘連六合暴雨山水盛漲圩田皆爲巨浸廷模請開支河以疏洩之上官令董其役水患遂息又捐建同善堂節孝祠邑人德之祀名宦

無錫金匱縣志卷二十一

儒林

自宋史以儒林道學分爲二科繇是有訓詁之學有義理之學其言義理之學者又别出爲象山姚江宗派學術之分塗實世教之憂也夫訓詁無不本於義理言義理無不兼通訓詁若章句小儒僅涉獵於名物象數之粗無與於聖賢性命之旨而高談頓悟又流於禪學而無所底止無錫自楊文靖講學於兹喻尤李蔣四先生後先繼起而前明東林遂成黨硫然顧高諸君子皆得雒閩正傳其衛道之功甚鉅近百餘年篤志窮經者亦彬彬焉志儒林第二十四

宋

淩浩字直翁與同邑陳敏同學於胡瑗以經術知名治平二年進士嘗爲蓬萊武涉令以能名召拜太學博士推胡氏之學以誨士士皆敬服之出倅辰州守渠陽年六十五致仕

陳敏字伯修年十一喪父廬墓哀毀有芝生冢上與同邑袁黙淩浩吳郡孫載同受業胡瑗之門號爲四俊熙寧三年進士王安石奇其才薦敏堪大用除太學正出守台州會郡國立元祐黨人碑敏不從監司趣之敏曰嗟乎誣司馬公爲姦是誣天也其倅立石敏碎之挂冠去自號濯纓居士大觀中以八行搜天下士殿譔李夔薦於上守令勸駕敏歎曰昔歸今往於出處之義何居弗就敏與蘇軾遊甚厚軾嘗遺之書曰風氣凋喪植立於頽波狂瀾中唯吾伯修與景純（謂刁約）而已敏卒年八十有一

喻樗字子才其先桐廬人至樗徙居無錫遂爲無錫人少慕伊洛之學從楊時遊中建炎二年進士第嘗謂趙鼎曰公事上當使啟沃多而施行少啟沃之際當使誠意多而語言少鼎都督川陝荆襄辟樗爲屬紹興四年金人入寇趙鼎勸帝親征樗見鼎曰公自度此舉果出萬全乎或姑試一擲也鼎曰非鼎所知樗曰然則當思歸路毋以賊遺君父憂張德遠有重望居閒今若使爲江淮荆浙福建等路宣撫使俾以諸道兵赴闕則其來路即朝廷歸路也鼎遂入奏起張浚知樞密院事令視師江上浚至執鼎手曰此行舉措皆合人心鼎笑曰喻子

才之功也尋授秘書省正字兼史館校勘金師旣退入謂鼎浚將並相樗獨言二人宜且同在樞府他日趙退則張繼之立事任人未甚相遠則氣脈長若同處相位萬一有不合或當去位則必更張是賢者自相背戾矣後稍如其言紹興間力言和議非便言者希秦檜旨劾樗謗訕出判衡州致仕檜死起大宗正丞轉工部員外郎知蘄州孝宗卽位提舉浙東常平卒宋史有傳

尤袤字延之少從喻樗汪應辰游得楊時之學紹興十八年擢進士第爲泰興令縣有城屢毀於寇袤修築之金

人陷揚州泰興以有城得全除將作監簿大宗正闕丞人爭求之陳俊卿曰當與不求者遂除袤虞允文以史事過三館問誰可爲秘書丞者僉以袤對張栻曰眞秘書也遷著作郎兼太子侍讀張說自閤門入西府袤率三館上書諫出典郡得台州會有毁袤者上疑之使人密察民誦之不絕口因錄其東湖四詩歸奏上歎賞久之改江東提刑以梁克家薦累遷樞密院正兼左諭德奏言天地之氣宣通則和壅遏則乖人心舒暢則悅抑鬱則憤人心抑鬱可以感傷天和方今救荒之策莫急於勸分輸納旣多朝廷吝於推賞乞詔有司檢舉行之除太常少卿高宗崩自南渡後恤禮散失事出倉卒每有討論悉付袤斟酌損益當定廟號與禮官定號高宗洪邁請號世祖袤言祖有功宗有德太祖規創大業稱祖太宗混一區夏稱宗禮子爲父屈太上爲徽宗子子爲祖父爲宗失昭穆之序將來祔廟在天之靈必有所不安邁論遂屈臺臣請定喪制袤言釋老之教矯誣褻瀆請一切禁止進禮部侍郎淳熙十四年有事明堂詔議升配袤議方在几筵不可配享凡舉郊歲在喪服中

者有四惟元祐間用呂大防請升配神考去大祥百餘日時祖宗用以日易月之制今陛下旣行三年喪高宗雖已祔廟百官猶未吉服請俟喪畢議之詔可上嘗與袤論事久語宰執曰尤袤甚好前此無一人言之何也權中書舍人兼直學士院辭不就時方言內禪上曰且夕制策甚多非卿孰能爲之光宗卽位開講筵袤論官制近年舊法頓壞使披堅執銳者積功累勞僅得一階權勢貴近之臣優游而歷華要姜特立議爲周必大黨遂與祠起知婺州召除給事中昌言曰某老無所補報

凡貴近營求礙法制者雖特旨命書不敢奉詔甫數日繳奏者三韓侂胄以武功大夫和州防禦使用應辦賞直轉橫行袤繳奏入手詔命書行復言侂胄首壞國法開攀援之門朝廷官爵不徇私求命遂格黄耶律适嘿以手詔除承宣使袤一再繳奏言天下者祖宗之天下爵祿者祖宗之爵祿陛下安可私用祖宗爵祿加於公議不允之人哉上怒裂去後奏付前二奏出袤以後奏不報使吏收閣命竟不行除禮部尚書上屢不省重華宮以袤請駕隨出兼侍讀上封事曰給舍臺諫論事不

行如陳源奉祠姜特立召尤爲駭聞方特立得志竊弄威福一旦斥去莫不誦陛下英斷今遽召之譬除蔓艸猶懼復生況加封植乎是時上已屬疾國事多舛乞致仕歸八年卒年七十袤旣得楊時之傳時爲程頤高弟乾道淳熙間忌者方攻程氏學袤在掖垣首言道學者堯舜所以帝禹湯武所以王周公孔孟所以設教近立此名詆訾士君子欲自見於世一舉足即入其中俱無得免此豈盛世所宜有袤死數年侂胄擅國禁錮道學士大夫皆受其禍識者服袤爲知言袤容貌端凝晚益

嗜書積至三萬餘卷取孫綽遂初賦以自號光宗書額賜之謚文簡子棐棐孫焴禮部尚書宋史有傳

案宋史言袤卒於位尤玘萬柳溪邊舊話則稱袤致仕後卒於家今從舊話

李祥字元德隆興元年進士爲錢塘縣主簿攝錄參時邏者以巧發爲能每事下有司必監視鍛鍊囚服乃已嘗告一武臣子謗朝政鞫於獄祥不使邏者入門旣而所告無實具白臨安尹姚憲憲驚曰上命無實乎祥曰即坐譴自甘迺具論如祥意上曰朕幾誤卿吾爭臣也遂賜[illegible]出身爲諫大夫祥調濠州錄事叅軍安豐守臣昌

占民田祥卒論歸之民累官國子祭酒慶元元年丞相趙汝愚以言去國祥疏曰頃壽皇崩兩宮隔絕中外洶洶留正棄印亡去國命如髮汝愚不畏滅族決策立陛下風塵不搖天下復安此社稷之臣也奈何無念功至意使精忠巨節怫鬱黯闇其何以示後世除直龍圖閣湖南運副言者劾罷之太學生楊宏中等六八上書留之并得罪祥學於尤袤得楊時之傳學識純正祿入悉散親舊家人勸買田宅不聽泊歸無錫再主沖祐觀以直龍圖閣致仕卒謚肅簡宋史有傳

沈有開字應先松年子從呂祖謙游其學志其大者不務華藻口耳淳熙五年進士爲太學博士下廉竟講不妄請謁留丞相正異之揖與語聳聽移日留正拔擢淳熙知名士有開實陰贊之而不以爲功教嘉王邸進講必嚴君子小人之辨寧宗卽位遷起居舍人嘗宣入禁中賜坐問民疾苦忌者乃排以僞學廢斥十年旣而起知徽州改太平不行以直龍圖閣致仕家居落寞貴者求見皆以老疾辭而獨與朱熹通書問焉

蔣重珍字良貴嘉定十六年進士第一簽判奉國軍紹定

二年入對首言自天子至於庶人所當先知者本心外物二者之界限界限明則知有天下治亂生民休戚而已何樂其尊奉哉遷校書郎行都火應詔曰臣頃進本心外物界限之說蓋欲陛下親攬大柄不退託於人盡破恩私求無愧於已昔周勃今日握璽授文帝是夜卽以宋昌領南北軍霍光今年定策立宣帝明年稽首歸政今臨御八年未聞有所作爲進退人才興廢政事天下皆曰此丞相意焉有爲天之子爲人之主而自朝廷達於天下皆言相不言君哉天之所以火宗廟火都城

者殆以此況九廟至重事如生存而徹小塗大不防於火之未至宰相之居華屋廣衺而焦頭爛額獨全於火之已然亦足以見人心陷溺知有權勢不知有君父矣他有變故何所倚仗哉昔史浩兩入相纔五月九月而罷孝宗報功寧有窮已然如此其亟何哉保全功臣之道可厚以富貴不可久以權也上讀之感動他日星變復申前說進爲君難六箴端平初入對上五事乞召用眞德秀魏了翁帝曰人主之職無他惟辨君子小人重珍對曰小人亦指君子爲小人此爲難辨耳兼崇政殿

說書戒家事勿以白務積精神以寤上意每草奏齋心盛服有密啟則手書削稾時丞相史嵩之主出師關洛詔百官集議重珍力爭乞專意備守不得已則用應兵旣而關洛師大衄復進兵重珍言若恥敗而欲勝之則心不平而成忿氣不平而成怒生靈之命豈可以忿怒用哉又言更化以來舊弊未去者五今又益以輕易遷起居郎以疾求去以集賢殿學士知安吉州權刑部侍郎三辭不許自劾不能取信朝廷之罪詔守刑部侍郎卽致仕重珍生十歲而孤母顧氏親教以書一覽輒記

從九袤遊講伊洛之學與眞德秀魏了翁友善卒謚忠文宋史有傳

虞薦發字君瑞其先丹陽人性孝友未弱冠鄉試高等宋亡避地無錫遂家焉學成行修而不肯爲世用無錫學久廢強起薦發爲師招諸生講說義理士皆聞風自遠而至時士人有田籍者官俾給驛傳薦發極言於上官得免爲鄉校官十餘年未嘗受廩祿當路交辟不就歸自號薇山老人以見志學者因稱薇山先生延祐元年初行科舉左丞許某董試江浙徵之乃曰吾所避者利

祿耳今幸無是遂應命經疑問忠恕或引天地忠恕以對閱者乙其處薦發曰此程子之說於是黜而復取者數人子志道

元

虞志道字彥高薦發子幼聞家訓弱冠以茂異起爲校官其學務明體適用爲文章必本於理教授湖州以嘉興尹致仕平生踐履篤實於義利之辨尤明

陸以道字士宏明易遡程朱之源獨得象外旨至正二年進士授校官累遷翰林待制著宋鑑提綱

明

邵寶字國賢年十九從江浦莊昶學成化二十年進士授許州知州月朔會諸生於學宮講明義利公私之辨改魏文帝廟祀漢獻帝易獻日愍從昭烈所謚也巫言龍骨出地中爲禍福寶取骨毀於庭杖巫而遣之躬課農桑推行朱子社倉法入爲戶部員外郎郎中擢江西提學副使釋菜周元公祠修白鹿書院學舍處學者其教以致知力行爲本江西俗好陰陽家言父母死或數十年不葬寶著令不葬親者不得與試其俗遂革宸濠每

請爲詩文輒峻卻之濠敗有司校勘書札寶獨無一字歷遷浙江右布政使與鎮守太監勘處州銀礦寶曰費多獲少勞民傷財卒奏寢其事正德四年拜右副都御史總督漕運嘗議事至京師會劉瑾惡漕帥平江伯陳熊欲論殺之一日刼寶於左順門將逮之尚書張綵曹元自內出謂公第劾平江則事釋矣寶曰平江功臣後督漕未久無大過不知所劾越三日給事中劾熊并及寶勒致仕去瑾誅起巡撫貴州累進戶部左侍郎命兼左僉都御史處置糧運以母老乞歸乃拜南京禮部尚

書以便養再疏辭免嘉靖初起前官復以母老懇辭許之命有司以禮存問比終母喪未幾卒贈太子太保謚文莊寶生三歲而孤事母過氏至孝甫十歲母病爲文告天願減已算延母壽及終養歸得疾左手不仁猶朝夕侍親側不懈學以洛閩爲宗嘗曰願爲眞士夫不願爲假道學文章典重碑版遍天下博綜羣籍有得則書之簡取程子今日格一物明日格一物之義名之曰日格子嘗築二泉書院於惠山之麓世稱二泉先生明史有傳

王問字子裕少從邵寶遊以學行稱嘉靖十七年進士授

戶部主事監徐州倉改南京兵部南京額設馬快船七百八十餘艘歲修役卒四千有奇病民滋久問白尚書爲酌款紓之時累有邊警問預籍武健而厚其廩食比罷歸多有溢領或請追之問曰人輕其死以來來又撤還而官奪其餘他日朝廷更下尺檄誰復至者官南曹時迎其父澤澤不欲行而令問畫三十扇扇各一詩自朔至晦日持其一以代子之侍前也比擢廣東僉事瀕行父愴然有離別之色問內自悲循其祏而歎久之曰吾終不能爲溫太眞矣行至桐江投劾歸終父養不出問工詩善書畫清修雅尚士大夫皆慕之卒年八十門人私謚曰文靜先生明史有傳子鑑見宦望傳

談緒字朝章少薄章句潛究聖賢之學應事從容不動聲色爲時所重臺使者行部必式其廬嘗與同里楊文張綬莫止虞祚輩結崇義會張綬字朝紳力學好問官東陽訓導與諸生闡明金許之學

顧憲成字叔時父學倜儻負氣自邑之上舍獨身徙涇皐日食一糜而信孚鄉黨久之遂用起家憲成以鄉試第一人舉萬歷八年進士除戶部主事大學士張居正寢

疾朝士爲羣禱於神同官代署憲成名憲成聞亟馳赴手削之改吏部會大計京朝官都御史辛自修以斥尚書何起鳴忤執政爲言官劾罷憲成上疏語侵閣臣謫桂陽州判稍遷處州府推官累擢復爲吏部時有三王並封之議憲成以太子爲天下本與諸王就王爵有不可者九乞令皇元子早正儲位語甚愷切并上書大學士王錫爵其後並封議遂寢二十一年內計吏部尚書孫鑨考功郎中趙南星盡黜執政私人憲成實左右之南星罷憲成亦自劾請與同罷不報尋掌選事又會推

閹臣憲成所舉益與執政牴牾坐削籍憲成在文選嘗
言閹部既不同心惟有三十巡撫十三提學吏部猶可
選擇使皆得其人天下事庶幾少補未幾竟得罪去憲
成既廢名益高中外推薦無虛日悉不報歸修復東林
書院與高攀龍輩講學其中月爲一會悉遵朱子白鹿
洞規時有管氏之學一貫三教而憲成獨排無善無惡
之說以發明性善爲宗嘗曰聖人教人爲善去惡而已
爲善爲其所固有去惡去其所本無又曰論本體只性
善二字論功夫只小心二字淮撫李三才被論憲成遺

書葉向高孫丕揚御史徐兆魁以其出位疏攻之吳烱
上言憲成被誣恐天下以爲戒絕口不談孔孟之道國
家正氣從此而損亦不報憲成初以投閒講學未嘗欲
樹壇坫久之應和既廣有以操持國是激揚淸濁自是
發科塲弊劾熊廷弼爭三案攻魏閹其人率目爲東林
而羣邪害正者遂以抨擊東林爲的致類東漢黨人之
禍自憲成歸十餘年起南光祿少卿不拜尋卒熹宗立
贈太常卿魏忠賢亂政其黨石三畏追論之又削奪崇
禎初贈吏部右侍郎謚端文 明史有傳

顧允成字季時憲成弟性耿介自厲名節萬歷十四年進
士廷試對策卽陳內寵將逞羣小將盛語侵貴妃乃抑
置末第時御史房寰疏詆右都御史海瑞允成不勝憤
與同榜進士彭遵古諸壽賢上疏論劾寰欺罔七罪坐
削籍久之起南康府教授以母病不行旣終喪補保定
累遷禮部主事會三王並封與張納陛岳元聲合疏諫
言元子封王祖宗以來未有此禮陛下安得越之吏部
尙書孫鑨以拾遺事被責允成謂閣臣張位實爲之上
疏論位及錫爵并侵附執政者上怒謫判光州歸與兄

憲成講學東林辨析狂狷中行之說意以狂狷自處而
疾世之爲鄉愿而託於中行者允成居官先後僅六十
日卒贈尙寶司丞 明史有傳

安希范字小范如山子萬歷十四年進士授行人歷南京
吏部主事時王錫爵秉政多斥異已者希范上言伏見
近年以來正直之臣不安於位敢言之士削跡於朝趙
南星孟化鯉持正不阿乃次第屏黜若孫鑨李世達李
禎廉明孤介雖材品不同亦先後去國高攀龍一疏此
陛下之忠臣輔臣之諍友而楊應宿疏辨實塗面喪心

無復人理及奉處分之詔應宿僅薄謫而攀龍反重斥
人共知輔臣意諉之宸斷使賢者以異己斥而不肖以
媚己進臣恐君子皆退而小人皆進誰爲受其禍者疏
入削籍歸會東林書院成希范别搆一室讀書講學其
中所居膠山多清川長薄又樂吳興山水晚而卜居武
康天啟初贈光祿少卿明史有傳子廣居字無曠高攀龍婿
也由舉人中崇禎十六年會試乙榜應得縣令自免歸
方攀龍赴止水死家禍且不測廣居力護持之甲申春
都城陷慟哭乞死及秋而卒

高攀龍字存之材孫萬歷十七年進士出吏部員外郎趙
南星之門授行人四川僉事張世則進所著大學初義
其說一遵古本詆程朱章句之誤請頒天下攀龍上言
極陳其邪妄非祖宗之訓帝嘉納時當國者頗持異同
部院大臣多以不合去國至是謫南星等吏部一空攀
龍疏言中外羣言皆曰輔臣除不附已近侍不用正人
陛下深居九重曾以諸臣賢否較量果皆由聖怒則自
孟化鯉而外未聞忤旨輔臣王錫爵等是非邪正尚不
能辨不過洩其私憤利於斥逐之盡末言鄭材楊應宿

輩讒諂宜黜應宿亦訐攀龍謫揭陽典史旣歸築水居
於漆湖而居之會顧憲成亦以言事罷因相與修復東
林書院讀書講學垂三十年天啟初起光祿寺丞進少
卿劾戚畹鄭養性及其黨不報轉太常寺禮部尚書孫
愼行追論紅丸歸罪舊輔方從哲事下廷臣議攀龍議
從哲之罪非止紅丸最大者在交通國戚表裏爲奸所
以謀危先帝者不一此賊臣也無逃首惡之誅且討賊
則爲陛下之孝說者乃謂爲先帝聖母隱諱爲孝明如
聖諭目爲假託忠如楊漣謗爲居功人臣避居功甘居

罪君父有急袖手旁觀是忠孝之說皆可變亂何事不
可妄爲時從哲輩輿援甚固摘疏中不孝語激帝怒將
加嚴譴閣臣葉向高力救得免遷太僕寺卿都御史鄒
元標馮從吾建首善書院於京師攀龍時與講會給事
朱童蒙因疏訐爲朋黨於是元標等皆去位攀龍乞休
不許進刑部右侍郎尋推左都御史時趙南星爲吏部
尚書攀龍謂師弟子不當分掌部院力辭不得旣就職
則劾罷魏忠賢私人御史崔呈秀先是副都御史楊漣
劾忠賢二十四大罪於是其黨嗾忠賢曰東林必殺公

御史陳九疇遂因會推奏部院徇私而南星攀龍俱罷明年盡毁天下書院戌南星逮楊漣魏大中等殺之而削攀龍職旣又逮周順昌等并攀龍七人收者至攀龍先一日拜遺表自沈園池以死崇禎初贈太子少保兵部尚書謚忠憲初海内學者率宗王守仁攀龍心非之著無善無惡辨其學本於靜而以眞知實踐爲主粹然一出於正進修次第詳所著困學記中方之揭陽時憩旅舍小樓讀二程語至萬變俱在人其實無一事恍然曰果無事也自是學日進卒年六十有五明史有傳

葉茂才字參之萬歷十七年進士授刑部主事改南京工部摧關蕪湖請以課羨數千金餉邊且言久旱始通故有羨請不爲例改南吏部郎中告歸起歷南太僕少卿御史唐世濟疏斥建言諸臣指爲邪議茂才上疏爭之不報其黨給事中官應震輩連疏攻茂才再疏折之竟自引去是時黨人悉踞言路他曹有言必合力逐之茂才旣去人無復敢操異議者天啓初再起太常不赴四年擢南京工部右侍郎甫三月致仕茂才通籍四十年十九在告與顧憲成高攀龍講學東林意所不可不爲苟同攀龍殉難茂才力免其子於禍家貧苦節以布衣疏食終其身崇禎初卒賜祭葬如禮明史有傳

陳幼學字志行萬歷十七年進士授確山知縣政務惠民積粟以備荒給貧民牛五百餘頭里婦紡車八百餘輛節公費六百餘兩代正賦之無徵者性不通權貴其親戚家人犯法立捕治之汝寧知府邱度慮幼學得禍言於撫按調繁中牟縣南荒地多茂草令民投牒者必入草十斤未幾草盡得沃田數百頃悉以畀民有大澤積水占膏腴地二十餘里幼學爲疏渠引入小清河民獲

大利越五年遷刑部主事復以員外郎恤刑畿輔出矜疑三百餘人進郎中遷湖州知府甫至卽捕殺豪惡奴會有施敏者士族子楊陞者人奴也二人以大猾橫郡中幼學以計執敏寘諸獄敏賂貴人私屬巡撫巡撫佯爲諸屬吏曰此惡非陳守不能得今當提勘與諸君磔之因日檄取親鞫幼學執不予曰陳某豈戀一官脅以利害卽畀人見奪者立杖殺之敏獄詞連故尙書潘季馴子廷珪廷珪惡埒於敏幼學言於御史疏劾之并收繫廷珪是時又論殺他奸豪數十輩獨楊陞畀禍引匿

方置之復念已去陞必遲遂捕致之死一郡大治御史徵其治行推官閻世科列上三十六事以聞詔加按察副使仍視郡事後以副使督九江兵備歸再起光祿進太常少卿卒幼學究心理學晚獨好易著管見不及成在東林諸人閒以吏事著湖人俎豆之至今不衰明史有傳案幼學在東林以治行著明史入之循吏前志錄入宦蹟傳幼學崇尚正學官刑曹時有某創新說以攻紫陽幼學抗疏斥之又有吳人撰罪知錄指摘宋儒幼學著罪罪知錄一書其闢邪衛道之功甚偉歿後從祀道南謹改入儒林

附顧高後

劉陞字進之萬歷十年舉人性嚴正高攀龍少從受經既

而與攀龍同舉於鄉攀龍自言少未知學驟得舉稍自行意先生呼而責之後始自繩檢容加飭語加毖校視平居恬適時如仆而立如漁而萃也謁選司教山陽歷績溪歸子元珍

劉元珍字伯先萬歷二十三年進士授南京禮部主事歷兵部郎中移疾歸久之赴部候補會大計京朝官吏部侍郎楊時喬都御史溫純盡黜閣臣沈一貫之黨給事中錢夢皐與焉夢皐乃借言楚宗事留用一貫因奏計典不公盡留臺省被黜者并察疏不下元珍上言沈一貫秉政以來嫉視善類比暱匪人即如考察一事諒陛下非愛夢皐非私臺省一貫曲庇私人內假公以罔上外挾威以箝下既借陛下之權以伸其意遂竊陛下之恩以固其交使二百年鉅典一旦決裂一貫敢於欺罔犯清議而不顧如是況有爲之鷹犬如夢皐者將何施而不可疏上將杖元珍於廷會雷震郊壇燈竿木乃反杖旨削籍歸俄而察疏亦下諸被留者皆自免去元珍歸與顧憲成高攀龍講學東林攀龍常服其剛銳能實心任道光宗即位起光祿寺少卿時遼瀋既沒前贊畫

主事劉國縉以招撫南四衛官民爲名擁衆數萬請發天津登萊船南濟議者欲推爲東路巡撫元珍極言國縉爲人詭秘不可信議乃寢未幾卒官明史有傳孫惠恒順治四年進士知閩縣歸讀書爲詩文皆有家學

許世卿字伯勲萬歷十三年舉人被服東林爲十戒書壁後有嘗以私者曰息壤在彼又戚黨以事麗法甚亟屬世卿爲解適賣婢爲輸其罰鍰而謝之其歿也顧憲成誌其基

吳桂森字叔美萬歷四十四年貢生學易於武進錢一本

受所著管見像鈔因廣其意作像象述東林之興每居講席及高攀龍赴召以會講屬桂森天啟六年拆毀書院崇禎初有旨修復乃建麗澤堂又築小齋名來復日講易其中嘗言有善無惡心之體有善有惡意之動知善知惡是格物知善無惡是致知其自署曰東林素衣弟桂萼亦預東林講席先桂森卒

張夢時初名大受字伯可萬歷三十一年舉人築精舍東林以居與諸儒往復垂二十年謁選得安吉州擒土寇葉朗生餘黨斬之遷山東運同禦登州叛卒之亂功尤

偉薦剡屢上竟告歸

宿夢鯉字龍吉萬歷三十四年舉人除松陽知縣問民疾苦請行弭三大患平田六大議以魏閹株連黨禍遽歸少砥文行高攀龍最重之命其三子師事於家塾者十有六年

張雲鸞字羽臣從顧憲成高攀龍遊以經師教授里中時溫陵李贄以異學蠱惑人心其說尙行雲鸞爲經正錄闢之崇禎中齎書自獻於朝命學臣察其平生行誼以聞有詔充貢

鄒期楨字公寧從攀龍學每謂格致之義嘗論靜坐期楨曰調息亦頗有益攀龍曰不屑也期楨憮然既而獨心旨所論觀未發工夫以是有得弟期相字公寅從游東林崇禎中御史張纘曾舉賢良方正歷官浙江衛經歷崇禎甲申五月聞國變請當道發喪哭臨及期浙人至者惟山陰劉宗周一人歸里不過私家止於惠山祖祠中病卒

黃廣字冠龍高攀龍赴止水死有旨詰問漏洩之由有司責保狀甚亟無應者廣同華國材慨然署狀以貢除安

遠知縣有重囚寇至陽從賊走而道亡自歸者且請出死力守城及部移至應決廣力請竟得釋

華貞元字始得從高攀龍受靜坐說有得嘗留止默對豁然見無隱之象與吳桂森同受易於錢一本平生不嗇飲食衣被其中家貧或竟日不爨不以累其心族子允謀允誼允誠與相師友終其身

華允謀字汝翼萬歷二十八年舉人世受易得其精義而用之躬行立家會與高攀龍吳桂森諸人游鵞湖始與起於學授寶應教諭諸生爭地者各讓不取時爲作與

讓亭弟允誼字汝正崇禎六年歲貢不赴廷試初偕弟允誠受易於錢一本後從攀龍講學攀龍歿力保持其家

華允誠字汝立允謀季弟天啟二年進士除工部都水司主事告歸崇禎改元起營繕主事進員外郎明年冬京師戒嚴分守德勝門四十餘日不稍懈帝微行察知之敘功加俸一年久之改職方員外郎五年六月上言時政三大可惜四大可憂大學士溫體仁吏部尚書閔洪學闇部朋比阿黨陛下勿以神聖之資爲臣下所蔽治

法之大爲奸邪所制使名流善類錮於清時士氣人心日趨頹懦如臣言得行即治臣以僭越之罪亦有餘榮奏上帝方褒體仁純忠亮節疑允誠受他人指使責令回奏迺言體仁以洪學爲羽翼臣以義憤所激不受指使益發兩人諸交通狀纍纍數千言凡三奏語益厲帝亦悟兩人同里有私迺奪允誠俸半年而洪學亦旋罷去其冬以母老乞終養歸母喪服闋未及赴京而京城陷福王立江南起吏部員外郎見時不可爲在官十三日而歸允誠初受易於錢一本既得主靜之學於高攀龍攀龍嘗言鳳超（允誠號）整齊嚴肅殆若性成及將赴止水死拜遺表外獨有遺允誠書其見重如此周延儒之再召也遣人以京卿啖之拒不應及赴南都馬士英先詣之終不報謝國變後杜門讀易

國朝順治五年以未薙髮被執訊無一語死於江寧市諸孫尚濂年十九亦從死乾隆四十一年

賜諡節愍（明史有傳）

顧樞字所止憲成孫天啟元年舉人世承家學又親受業高攀龍之門故於忠孝出處之道少而習焉其學以無

欲爲體以居敬爲功以闡明性道爲家法而皆探本於易值鼎革屏居涇皋結茆故廬之旁取陶靖節語名之曰西疇

秦鏞字大音崇禎十年進士知清江縣邑素僉富民爲馬戶富民竄入胥吏累貧戶鏞以胥吏僉而給其直劇盜嘯聚以計擒斬之築梅家畲建義倉教民稼穡福王時擢監察御史屢上封事不報尋歸南都亦亡鏞獨居城東弓河之上自題曰千休館惟與門弟子講習主靜之學閉門讀易謝絕人事垂十餘年疾革或請歸鏞曰硜

硜者志安可移耶遂卒弟鋏鉽並以文學知名鼎革後
棄諸生服
高世泰字彙旃攀龍從子崇禎十年進士除禮部主事擢
湖廣提學僉事至則修濂溪書院遴諸名士數百人講
業其中均州劣生某陰導武當太和宮稅監謁文廟令
諸生講書於前因有非笑之者璫怒誣以毀拆宮坊文
致數十人入告事下學臣勘覆世泰備陳璫僭虐狀爲
諸生辯甚力遂得旨撤璫罪劣生而解均州獄事竣歸
方是時東林書院之毀幾二十年世泰爲重建燕居廟

出舊藏先聖木主而祀之春秋仲丁行釋菜禮又次第
起道南祠築再得草廬講學其中三十餘年世泰性嚴
肅見子弟如賓客子蓮生有文行事母以孝聞又弟肇
升亦篤行世其家學
浦凌雲字伯登郡學生與弟沖漢並遊錢一本高攀龍之
門學以居敬爲本當東林難作之日獨與鄒期楨期相
兄弟按節修講會不輟嘗以學行被薦予冠帶居家一
遵古禮
堵景濂字濂生維垣孫幼學於東林晚領崇禎十五年鄉

薦巡撫祁彪佳延之幕府以目疾辭歸未幾失明家居
教授生徒日使人誦書於前因爲剖析其義先後從學
者蓋八百餘人一念慮之失輒自記注名曰自知錄
嚴穀字佩之始爲名諸生中歲落拓絕意進取嘗讀高子
遺書歎曰吾舍是書將誰與歸因成東林書院志高世
泰推穀爲主講學使張能鱗聞其名欲禮致之不赴贈
額不受或勸以野服報謝亦不答
嚴福孫字祺先紹宗子甲申後棄諸生專意古學幼讀老
莊楞嚴意甚善之既迺大疑務求正學苦心讀易積十

五年著通義九卷不徇諸家不爲僻解期明白簡當而
後已又善太極大衍諸象數之學時廢寢食而得其解
爲易象圖義五卷
錢爾登字叔嘉九歲喪父事君母吳生母譚竭誠盡敬崇
禎十六年進士出給事中吳麟徵之門爾登見時事日
非遽歸福王時授長興令地阻山瀕湖羽檄旁午爾登
戢境均徵民不知亂聞金陵不守將圖後舉莫應遂去
官里居寢處一小閣當路敦勸不出堅卧三年卒爾登
師事高攀龍篤服其所著書歿以爲殉

張夏字秋紹諸生少遊馬世奇之門著孝經衍義補雒閩源流錄於易書詩春秋皆有解義雎州湯斌撫江南甚重之講學東林者以夏爲大師性彊記多識邑中舊聞軼事故家譜牒瞭如指掌年八十餘以遺民終

錢肅潤字礎日幼從學於鄒期相期相故攀龍弟子也授以靜坐法頗有得既補博士弟子員鼎革後棄去隱居教授當事見其衣冠有異執而笞之折脛肅潤笑曰夔一足庸何傷因自號跛足生自此名益高四方學者尊爲東林老都講年八十八卒於家

國朝

秦松齡字留仙弱冠中順治十二年進士改庶吉士授檢討以逋糧案削籍康熙十八年舉博學鴻儒復原官歷左諭德再典鄉試又以磨勘落職通籍六十年立朝僅九載餘卒家居讀書之日爲多官京師時大學士滿洲某公欲招致松齡屬人道意卒不往嘗以薦從軍荆襄蔡征西毓榮請於軍中講學松齡爲陳說忠孝大義介冑之士無不悚聽其學務在變化氣質收斂切實平生於書無不窺以詩古文名世晚益耽研經訓尤深於詩自毛鄭以下旁及歐蘇呂嚴諸家參以己見補朱傳所未備有毛詩日箋四卷行世別有書經春秋日箋未卒業

秦松岱字燈巖松齡弟國子生幼讀王守仁傳習錄高攀龍靜坐說因有志於學後師事族祖鏞鏞故攀龍入室弟子自是識解益進時盩厔李容武進惲日初慈溪黃宗羲皆前朝遺老以講學相應和松岱馳書質証往復累千言家故豐而菲衣糲食治家一守故禮

秦道然字雒生松齡子少時資頗鈍發憤誦讀遂能融貫

經義爲文卒成名家康熙四十八年進士改庶吉士年已五十有二尋改禮科給事中掛藩邸事在圜扉十四年著困知私記明儒學錄貌益充視聽益精明乾隆初得釋優遊十餘年卒年九十

高愈字紫超攀龍從孫性孝友家極貧藉脯脩以養先意承志居母喪三年不飲酒食肉不處內父年八十九終愈年已五十餘矣執禮如初後遂不與試初太常卿高裔視學江南拔愈歲科試皆第一時山西姜橚主文幕賞其文稱江南宿學之士惟愈與桐城方苞二人洎已

卯𢡟來典試苞以第一領鄉薦而愈已不與試𢡟歎息而已愈爲學不尙議論惟從事於謹言愼行飭躬踐履問嘗舉孟子志士不忘在溝壑爲訓謂貧士自立必從此始晚益完粹氣溫色和生平覃精禮經著有周禮集解二十四卷於春秋不著書友人華學泉以所著日抄相質愈爲言春秋筆據事直書其一以隱公不書卽位胡文定謂首絀隱公以明大法是以臣子而貶君父其一謂公羊賊不討不書葬論雖精而於春秋全旨不合皆非據事直書之義學者韙之

劉齊字言潔元珍曾孫性耿介以縣學生貢入太學名聲歷其儕輩應試順天有欲援而進之者齊作閨女詞五章謝之教習官學生期滿敘於吏部例以十之八授縣令爲正途下則授州佐爲冗雜且底滯無選期是時某少宰遣人禮先於齊曰君來見必爲選首齊笑曰吾不以一刺易科第肯以此易縣令耶卒不往某卿之繫籍州佐或勸納粟爲教官齊與邵義書謂教官雖微當爲諸生分別義利之辨奈何已先以納粟進卒卻之歸數年卒年四十七桐城方苞大書其墓道曰狷者劉言潔先生之墓義書字經農篤學好古於六經子史靡不窮究著書甚具人品峻潔與齊相埒

錢仲選字禹田性高潔非其義一介不取窮研經義尤多讀儒先書少以孝行聞儀封張伯行撫吳檄縣令延主東林講會仲選講有子孝弟章一座傾聽平居不食肉惟食蔬菜間佐以魚腥而貌益豐腴年九十卒

華學泉字天沐世居邑之鵞湖與兄瀚弟潛並敦孝友年四十餘鍵戶一室讀書窮日夜不倦足未嘗躡廳事與黃瑚陸楣共爲古文而學泉尤以經學著所著儀禮喪服或問高愈極稱之儀封張伯行撫吳屬教官某延主東林講會謝不赴後數年卒年七十六平生尤邃於易顏其室曰讀易廬

顧培字畇滋與族弟鏊同受業於宜興湯之錡有志聖賢之學時武進金敞長之錡三歲而師事之之錡卒培與敞築室於錫山之麓曰共學山居以招四方學者其學以靜爲本而以九容九思爲入道之要每春秋兩會遵高攀龍復七規遠方至者常不下百餘人敞卒培與鏊主其事家故豐裕後日益貧至晚年日闕無儲而接引

學者諄諄不倦年七十九卒
顧鰲字雋生年二十六始志於學習靜三十年用力勇猛
徹夜無倦容自號恒惺取常惺惺義易簀時猶延族兄
培至榻前講學不輟其與培共主講席也學者恒樂培
之和易而苦鰲之嚴毅然誠意懇至其面刺人過初若
不容久之無不心服
鄒組綬字天目期楨曾孫少即有志於學歷事湯之錡金
敞與顧培兄弟同主講席為人樸訥寡言而自守廉潔
家極貧未嘗假人一錢間為古文為寧都魏禧所稱賞

以布衣終同時逑事敞者又有姚琛蕭銘功及組綬從
子雲升雲升尢覃精儀禮之學
孫袠仁字立三繼皋元孫父維嘗從宜興湯之錡學仁年
十九刻意厲行束躬收斂時共學山居方盛乃從顧培
顧鰲遊講求高攀龍靜坐之學每春秋舉行復七會會
者近百人仁據坐講說日昃歌詩數章聲出金石晚以
貢入都同邑吳鼐言於江陰楊名時擬上疏薦之仁力
辭未幾卒於京邸子諸生執蒲孫訓導開濟並敦士行
顧棟高字復初康熙六十年進士授內閣中書以奏對越

次罷官乾隆十六年
詔舉經學侍郎鄒一桂以棟高薦授國子監司業銜嘗入
都蒙
召見賜七律二章二十二年
高宗純皇帝南巡晉祭酒銜又
賜傳經耆碩額以寵之棟高少受經於舅氏華學泉暨高
愈通三禮學於諸經沈潛往復鉤貫旁通久之用史遷
諸表例著春秋大事表一書又著毛詩訂詁五十餘卷
並經進呈同時華學亭字子宏與棟高並習儀禮嘗書

宮室制度於棋枰以棋子記賓主升降之節器物陳設
之序如以身揖讓進退其間蓋篤學如是棟高撰春秋
大事表每一篇成必以質諸學亭
王縄曾字武沂少受學於舅氏秦道然講主敬之學墨守
縄尺言動必於禮年五十餘以雍正八年成進士官揚
州府教授既歸主講東林書院尢能造就後學及門如
顧奎光秦朝釪後並以文學品行著
吳之枚字卜臣世居邑之閭江少喪父家貧年十八未知
書採樵以養母會以逋賦為縣吏所辱或云為弟子員

則可免乃發憤讀書孫祁雍誨之作文之枚晝夜苦讀食止粥一盂韲數莖秦道然聞而餽之食之枚笑而郤之繼登道然門之枚性素曾道然授以高子遺書一見有省服膺終其身

黃施鍔字虞封雍正元年進士謁選得登封令鍔條奏請開經筵以廣
聖學改淮安府教授十四年自河漕大府以及郡守靡不重其人凡興利除弊伸冤鋤強請無不行行無不當人意而鍔無毫髮私尋以卓異薦大學士陳世倌請講周

易鍔爲說泰卦謂內君子外小人爲泰此是今日要著亦是公身上要著是冬世倌以體用兼優薦授國子監博士性至孝弱冠時父遘常守泰某之禍幾不測鍔除夜肩行囊走二百八十里瀝血籲呈大府事始白

吳鼐字大年乾隆元年進士鼐幼而嗜學穿穴宋元明儒之書而沈酣於六經撰三正考以駁胡安國夏時冠周月之謬於易三禮尤深暇與仲弟鼎及蔡德晉秦蕙田龔燦爲經會尚書江陰楊名時以經學薦未授官成進士授虞衡司主事聞父訃歸尋歿鼎字尊彝舉人質惟過人治經博而能約以蕙田薦舉經學授司業歷侍讀學士其學尤邃於易與同時唐誠往復辨論誠字以誠精小學謂文字與卦畫同出一原著勺文若干卷既歿鼎爲叙其書鼎弟熙進士亦深於經尤精律呂龔燦字繩中早卒

蔡德晉字宸錫雍正四年舉人年十五即覃精三禮至忘寢食合儀禮周禮爲禮經周禮以六官爲序而考工記不冠以冬官儀禮以五禮爲序而闕軍禮又補逸禮八篇爲本義三十九卷戴禮則刪蕪去複博採周秦兩漢

之書及先聖格言之有關於禮者爲禮傳本義二十卷又輯通禮五十六卷積四十年十易稿而後成江陰楊名時薦爲國子監學正遷工部司務德晉既以禮經名世謂橫渠以禮教人最得孔門博約之旨故其立身甚嚴燕居能自檢攝飲酒至醉不亂在工部歲郤常例數百金妻子啼饑號寒弗恤也其論三禮多發前人所未發與方侍郎苞李學士紱侃侃辨論悉有据依

秦蕙田字樹峯乾隆元年進士第三人累官太子太保刑部尚書蕙田少承家學以經術篤行爲江陰楊名時所

知父道然以藩邸事久繫縣獄蕙田既通籍伏闕陳情乞以身贖父罪道然竟得釋領西曹最久遇事沈毅果斷退則閉戶著書所撰五禮通考凡二百六十二卷故崑山徐尚書乾學未成之書歲久散佚譌脫蕙田蒐輯補綴歷數十年始成而刻之既卒諡文恭蕙田官翰林時月進劄子原本經術迨官侍郎嘗舉仁和孫灝自代世服其知人學者稱味經先生味經蕙田號也

無錫金匱縣志卷二十一

無錫金匱縣志卷二十二

文苑

易曰修辭立其誠故文以載道言必有其所以立韓子有言約六經之旨而成文夫亦以經爲載道之書與句吳舊壤季札實生跡其觀樂上國風流滋啟然漢唐之世以文學見於史傳者尙寥寥焉北宋以降人多大雅之才家擅著述之手彬乎蔚乎於今爲盛其言之果合於道與否按其人以考其文亦可以知所折衷矣志文苑第二十五

後漢

高彪字義方家本單寒爲諸生遊太學有雅才而訥於言常從馬融欲訪大義融疾不獲見迺覆刺遺融書譏融養痾傲士融省書慙追還之彪逝而不顧後郡舉孝廉試經第一除郎中校書東觀數奏賦頌奇文因事諷諫靈帝異之時京兆第五永爲督軍御史使督幽州百官會餞長樂觀議郎蔡邕等皆賦詩彪迺獨作箴畧曰文武將墜迺俾俊臣整我皇綱董此不虔古之君子卽戎忘身無日已能務在求賢淮陰之勇廣野是尊周公大

聖石碏純臣以威克愛以義滅親勿謂時險不正其身勿謂無人莫識已眞忘富遺貴福祿乃存先公高節越可永遵佩藏斯戒以厲終身邕等甚美其文以爲莫尚也後遷內黃令帝敕同僚臨送祖於上東門詔東觀畫彪像以勸學者彪到官有德政上書薦縣人申屠蟠等病卒於官後漢書有傳子岱字孔文性聰達輕財貴義所友皆世之偉人太守盛憲以上計舉爲孝廉許貢來領郡岱將憲避難求救於陶謙憔悴泣血謙感其忠壯有申包胥之義許爲出軍岱還而貢已囚其母吳人皆爲危

悚岱徑往見貢才辭敏達好自陳謝貢即出其母孫策聞其善左傳乃自玩讀欲與論講處已候焉爲娼嫉者所中策遽囚之知友時人皆露坐爲請策登樓望見數里中塡滿惡其得衆心遂遇害

晉

顧愷之字長康悅之子博學有才氣嘗爲箏賦成謂人曰吾賦比稽康琴賦不賞者必以後出相遺深識者亦當以高奇見貴桓溫引爲大司馬參軍甚見親昵後爲殷仲堪參軍仲堪在荊州愷之嘗因假還仲堪特以布帆借之至破冢遭風大敗愷之與仲堪牋曰地名破冢眞破冢而出行人安穩布帆無恙還至荊州人問會稽山川之狀云千巖競秀萬壑爭流草木蒙蘢若雲興霞蔚善丹青圖寫特妙謝安深重之每畫人成或數年不點目睛人問其故曰四體妍蚩本無闕於妙處傳神寫照正在阿堵中愷之每重稽康四言詩因爲之圖嘗以一廚畫糊題其前寄桓元皆深所珍惜者元發其廚後竊畫而緘閉還之愷之直云妙畫通靈變化而去桓溫嘗言愷之體中癡黠各半者多此類世傳愷之有三絕才

絕畫絕癡絕晉書有傳

宋

杜鎬字文周南唐時舉明經官集賢校理入直澄心堂江南平歷崇文院檢討將祀南郊彗星見宰相趙普問鎬鎬曰當祭而日食猶廢況謫見如此乎迺罷郊畀還國子博士加秘閣校理太宗問西漢賜予悉用黃金而近代爲難得之貨何也鎬曰當是佛事未興故金價甚賤判太常禮院編次館閣書籍會修太祖實錄命鎬檢討故事以備訪問景德初置龍圖閣待制遂以鎬爲之預

修册府元龜拜右諫議大夫龍圖閣直學士班在樞密直學士下時特置此職儒者榮之大中祥符中同詳定東封儀注累進禮部侍郎卒錄其子渥大理寺丞鎬每檢書戒書吏某事某書在某卷幾行覆之未嘗誤上得古器異書問鎬必手疏本末以聞士大夫訪以古事雖後進卑品應答無倦故士類推之宋史有傳

袁默字思正父縡字子安以篤學顯默嘉祐八年進士官京兆府教授遷司農簿獻無逸傳歷太學博士遷湖北轉運判官學問淵博士大夫以爲師法弟點

袁點字思與熙寧初太學直講學者推爲領袖與兄默號二袁元豐八年進士累官通判杭州知淮陽軍點喜佛老書工詩蘇軾以爲有驚心駭目之奇

沈初字子深始入國學試周以宗强賦名第一舉熙寧六年進士元祐中尚詞賦以初此賦及林希佚道使民劉煇堯舜性之陳之方恤民深者饗其樂江衍王道正則百川理五賦須爲天下格初賦流傳至西夏夏人織以爲文錦官象山尉入爲國子直講

唐作求字叔孝崇寧五年進士徽宗召對稱旨除御筆所禮制局檢討官出守徽州以朝散郎致仕作求學術該敏嚴家訓厲後學唐氏自是以儒雅名家從弟孚字益裕亦以學問遊元祐諸君子間

李端行字正達與弟尚行俱有俊聲同賜大觀三年上舍第爲太學博士高麗遣子入學夷禮不除朝廷病之丞相蔡京會議於學端行曰吾聞用夏變夷彼學夷禮學於其國可矣何用來學宜以國禮繩之遽趣賓贊引高麗士即日成禮儀注悉裁於端行後以作詩詆蔡京出宰鄞縣發憤丐閒終身遂不復仕尚行字師尹丰神秀

偉兄弟同學易日鈔萬言登第後由蕭山令累遷太常少卿出知信州討平巨盜潘逵趙琦等高宗親書詔命奬諭進直龍圖閣遷江南東道轉運使以言去職尚行與參政張守周葵待制董棻並一時名士

沈松年字性仁大觀三年進士爲金壇令以文學擢太常博士靖康之難丐歸田里有妹適洪皓皓北使妹攜諸甥歸無錫松年教之學皆舉博學宏詞科适爲相遵官樞府邁再入翰林由是三洪名滿天下

錢紳字紳仲大觀三年進士知某州歸別築漆塘山中地

有湖山之勝志尙高潔工詩

陳篆字師文紹興十八年進士氣豪邁讀書過目不忘以經學教弟子戴逵先幾先兄弟並遊其門

戴逵先字子善父滂有文行紹興初建太學逵先與弟幾先俱中選士爭傳其文號二戴格以上舍射策賜第高宗召對擢太學博士孝宗朝求直言逵先條天下利害南北戰守事以對召試館職除正字遷校書郎歷知江陰軍移袁州幾先字子微紹興十八年進士嘗官國子司業對便殿論王安石蘇軾之學功利仁義差別上嘉

之擢禮部侍郎兼侍講累遷直龍圖閣

費袞字補之紹興中國子免解進士負用世之才不得志託著作以自見著有梁谿漫志十卷成於紹興壬子刻於嘉泰辛酉至開禧丙寅奉國史實錄院牒請進御此外尙有續志三卷文章正派十卷文選李善五臣注若干卷仕雖不達固亦篤學之士梁谿漫志歙人鮑廷博刋入知不足齋叢書

呂克成字世德學問精慤與同邑陳篆俱有名兩浙士從遊者常數百人紹興二十四年進士特奏第一仕終蘄州教授

尤棟字率齋年十五已破萬卷景定三年進士除山陽令改州教授歷秘書正字出知廣德致仕家貧年至大耋二子燾照皆有文名一時江南郡邑金石碑版皆出其父子之筆

李晦初名燧卿字顯翁咸淳六年鄉薦幼嘗從外家尤氏尤抄書最富故晦得徧讀自經史子集醫卜陰陽算數射覆篆隸眞草下至稗官小說釋典道藏無不畢覽家無宿舂而好延客忘勢利齊物我自號惠泉散吏

元

尤玘字君玉袤六世孫仕元歷官戶部尙書封魏郡公博學多識嘗著萬柳溪邊舊話多述先世遺事袤自禮部尙書告歸八年而卒宋史稱袤卒於官得玘書始正宋史之誤

陸介字伯壽穎悟絕人早負文譽薦授平江學道書院山長尋爲崑山教授調信州雅無宦情以諸暨州判致仕

范致大字德原工古文詞舉經明行修爲常州路教授

陳顯曾字景忠炤之曾孫刻苦問學嘗蒐輯其祖生平所

作持狀走三千里告於史館至再四而後爲炤立傳顯
曾爲文力追古作者至正元年中鄉試官儒學提舉終
翰林修撰從子汝霖字伯雨亦以鄉薦歷婺州路教授
因變革杜門不出孫尙簡亦有文行

〈明〉

張籌字帷（史作惟）中翼之子元至正二十五年江浙鄉試第
一人入明以詹同薦授翰林應奉改禮部主事奉詔編
集漢唐以來藩王事爲昭鑑錄洪武九年由員外郎進
尙書與宋濂定諸王妃喪服之制籌記誦淹博在禮曹

久諳於歷代禮文沿革然頗善附會初陶安等定圜丘
方澤宗廟社稷諸儀行數年矣至是籌迺更議合社稷
爲一壇罷句龍棄配位奉仁祖配饗以明祖社尊而親
之之道遂以社稷與郊廟祀並列上祀識者竊非之已
出爲湖廣參政十年坐事罰輸作十二年仍起禮部員
外郎後復官以事免（明史有傳）

呂敏字志學少貧爲黃冠後反服爲詩取法漢魏志高心
苦世以呂山人稱之與高啟徐賁諸名士卜居相近號
北郭十友又稱十才子洪武初官無錫教諭十三年舉
明經不知其官所終（明史有傳）

錢仲益名允昇以字行幼穎悟長於詩歌洪武中舉明經
爲本縣訓導擢太常博士預修高祖實錄進翰林修撰
雅好棊待詔禁垣成祖嘗呼爲棊仙後爲王府長史自
號錦樹山人年八十一卒於官從父子正子義亦以詩
名

浦源字長源工詩時閩人林鴻論詩以開元天寶爲宗高
自期許源聞其名徑踰嶺造之二元請誦所作至雲邊
路繞巴山色樹裏河流漢水聲之句歎曰吾家詩也鴻

延之入社二元者鴻弟子周元黃元也源亦善畫洪武
中舉求賢科授晉府引禮舍人（明史有傳）

丁信字念誠洪武中舉明經授本縣訓導能詩楊基嘗遊
其門同時舉明經爲校官者有趙次鈞朱昇馮善次鈞
字孟鴻昇字彥昇皆博學能詩善字擇賢嘗纂邑志

王達字達善苦志問學究極羣書金華宋濂甚重之洪武
中舉明經爲本縣訓導入爲國子助教永樂初擢翰林
編修預修高祖實錄進侍讀學士充編纂總裁達有盛
名與解縉王偁王璲龔號東南五子亦善畫時有余璿

者字彥恒從達遊博學強記舉儒士預修永樂大典擢子文亦有文名

王紱字孟端博學工歌詩能書寫山水竹石妙絕一時洪武中坐累戍朔州永樂初用薦以善書供事文淵閣久之除中書舍人紱未仕時隱居九龍山遂自號九龍山人於書法動以古人自期畫不苟作遊覽之頃酒酣握筆長廊素壁淋漓霑灑有投金幣購片楮者輒拂袖起勿顧也嘗曰丈夫要審所處輕者若此重者將何如哉在京師月下聞吹簫聲乘興寫竹石圖旦訪其人贈之

則估客也客以紅氍毹餽請再寫一枝爲配紱索前畫裂之而還其餽一日退朝黔國沐晟從後呼其字走及之以畫請紱頷之數年晟復以書來始爲作畫既而曰我畫直遺黔公不可黔公客平仲微者我友也以友故與之俟黔公與求則可耳其介節如此明史有傳

翟宏字宏道永樂中舉明經授齊東教諭調於潛進寧府教諭王甚禮重之宏有家學父時中季父克讓俱能詩子厚字公厚亦世其業

余樞字季樞博而能文爲李時勉所知賞景泰初薦授景陵訓導歷岳陽王府教授楚王府伴讀每於王前申講舉義必有關要

成始終字敬之長身修髯手神秀爽正統四年進士歷官湖廣按察僉事平生無他嗜惟好爲詩於近體尤工告歸後築室金匱山旁以讀書自娛子繪舉人教諭性訓導性子周進士亦官僉事以風裁稱

劉宏字超遠正統九年舉人歷長垣知縣順天推官東平知州負氣自高視世無足當意爲文奇古政有成績

許篪字仲樂正統十年進士歷官戶部員外郎工詩每有

作人爭傳之

陳勉字進之正統七年貢入太學歷官工部員外郎以詩畫名尤工大書襟度卓犖見知於李時勉

張九方字應皐景泰元年舉人入胄監授汝寧府推官不畏強禦被誣棄官歸售文自給買舟名浮莊往來湖上擇勝而遊或假宿西神僧舍積日忘返其學該博文無凡語自號月林居士

張泰字國泰成化十九年舉人授臨湘知縣有政聲泰爲人高簡才思敏捷畫其餘事學王紱每出畦徑之外邵

文莊寶嘗題其水北山莊圖云近來善學孟端畫眼中吾許張臨湘

俞泰字正齋宏治十五年進士歷官給事中山東參政雅好翰墨兼工繪事與信陽何景明善景明題其畫云黃門身在青雲上眼中白雲日南望白雲飛入錫山裏封君之堂應在此俞卿善畫更能賦畫開青瑣開縑素晴牕落筆白雲生寫出黃門萬里情

秦用中字擇之父璠工詩用中負才名李夢陽何景明諸人與相倡和尤善邊貢以宏治十八年貢授泰順教諭

莫止字如山工於詩前人稱其句如天濶一聲何處鴈江平千里獨歸舟風致翛然自遠其昭君曲云千年青冢在猶是漢家春尤得風人之旨

錢文字章靖爲諸生累舉不第乃刻意於詩爲文縱橫出入多微詞隱義而詩名特著子百川字東之性曠達亦以詩名

華察字子潛嘉靖五年進士選庶吉士與吳陸粲袁袠屠應埈並有才名當軸不喜改戶部主事歷兵部郎中再入爲翰林修撰預修寶訓實錄進侍讀同考會試皇太子立詔諭朝鮮賜一品服充使以行尋以劾罷既而起原官主應天鄉試拜侍讀學士掌南院事乞歸時方清丈田畝鄉里藉其力剗去虛糧六千石括諸蠹蝕豪侵漏科者抵之家本素封林園甲江表而食不三豆室無侍媵文詞清削獨契溟涬察與同邑施漸姚咨善多倡和之作漸字子羽嘗官海鹽丞詩格清迥絶俗咨字潛坤漸子陽得負清節由舉人歷官戶部主事

陳籌字廷猷有文學嘉靖七年歲貢廷試第一除沂州知州歲荒紓民自刻坐馬價弗辦改漢陽教授歸築芹野草堂以讀書終老

王表字邦正嘉靖八年進士選庶吉士改戶部主事乞補南曹便養歷禮部郎中歸念母老致仕表居官僅四載退然與文史爲伍其文典則爾雅悉傅於理通懷樂善鄉里稱之子立道字懋中嘉靖十四年進士官編修有羸疾鍵戶讀書不事交謁爲詩文博贍婉切五言尤具標格

俞憲字汝成嘉靖十七年進士除刑部主事出爲紹興同知攝守篆屬邑新昌田賦不均憲差其則爲四輸者便

之時巡撫嚴海禁而郡縣遂羅織爲民病憲至悉解其
獄再爲南京刑部郎中尋擢江西僉事遷山東參議分
守遼陽具著聲績歷官至湖廣按察使乞歸憲好讀書
工詩風格蕭雅嘗甄綜有明一代之詩錄而刻之曰盛
明百家詩選
華雲字從龍少師事邵寶又出王守仁之門嘉靖二十年
進士會當試館職以親老徑歸三年除戶部主事榷稅
九江甚著清節改南京兵部進刑部郎中時嚴嵩用事
遂乞歸築眞休園萃古法書名畫其中雲素工文辭尤

好與當世賢士大夫遊故其一時往來翰墨之富幾甲
於江左
孫一元字虞允性孝友嘉靖四十年舉人寄意蕭然有不
羇之才爲文辭數千言立就
浦萬里字與鵬世居箭河婁巷父汝舟字利川工詩古文
厭市囂萬里别爲室城西垌侍父觴詠其中有泉東集
高攀龍以通家子數過從歎其晏室靜坐有獨得者子
湛如舉人孫子淳如淳如子博士羲升又以文章顯四
世皆能書

安紹芳字懋卿國子生屢試不利棄去一意爲詩歌古文
於所居西林羅置圖書彝鼎每四方名流過從置酒刻
燭歌吹間起至忘日夜亦善畫得黃公望法同時有葉
之芳者字茂艮以詩名與紹芳遊稱二芳見王世貞西
林記之芳好使酒罵坐亦奇士
浦大治字君鎔應麒子好法書名畫古器物工詩文晚徙
居虞山
吳謙字伯禮父時敏倜儻好施予謙始知學攻苦爲文嘗
戍廣東安遠侯柳溥延置幕下事白歸因號復民有黙

菴編年紀行集從子翀字鳳翔有學行嘗重修邑志
華夏字中甫少師事王守仁守仁謫龍場驛周旋患難中
歲與吳下文徵明祝允明輩爲性命交搆眞賞齋於東
沙藏三代鼎彝魏晉以來金石縑素品鑒推江東巨眼
徵明爲之銘眞賞齋拓本妙埒宣和停雲快雪而下不
敢望也
顧起經字長濟更字元緯爲從父可學後浸淫墳典從可
學官京師嚴嵩知其才要置直廬屬爲應制之文起經
逡巡謝不能去以國子生謁選授廣東鹽課副提舉兼

署市舶起經素負才氣不能甚下人嵩婿袁生者爲參議奴視其屬起經長揖徑出曰吾尚不爲爾婦翁客而㞑鼠子乎少詹事黃佐修廣東西通志起經與黎惟敬歐楨佐之

顧起綸字元言起經弟爲從父可賢後可學挈之京師代爲祝釐應制之文多當上意以國子生授雲南某衛經歷有宦官挾數緹騎以鮑司禮指求金於黔國所過橫甚手批殺驛卒起綸辨非是迺遁去遷鬱林州同知援据葛洪句漏事以正大司農檄徵丹砂之誤既歸有別

墅在惠山寺塘涇富泉石豪於文酒好讀書工古文辭善書法在滇與楊慎皇甫汸相倡和輯明諸家詩名國雅

九鍠字伯聲瑛子窮覽載籍著書甚富以太學生授邛州判不赴家貧友人爲築雲鴻館以居之嘗著梁溪雜事於邑中賢達多所指斥論者少之弟錮亦有才豔嘗與修縣志同時談修負才氣擅著述亦好詆諆時賢

鄒迪光字彥吉萬歷二年進士授工部主事累官湖廣提學副使擅衡鑒楚士服而歸之以吏議罷送者數千人生祀之濂溪書院迪光既罷治園亭於惠麓與當世名公卿文士遊宴其中極聲伎觴詠之樂垂三十年有集數種合三百餘卷一時聲氣奔輳幾與婁水弇園後先狎主文壇子德基字公履負不羈之才工詩文書畫嘗上疏願以家財三十萬助邊不報好爲驚絶之行爲盜所殺

顧嘉舜字虞工天啟中乙榜舉人爲人方嚴有氣骨嘗與諸友論文有貴人過訪謝弗見其學深於尚書旁通博覽著有尚書日牋及表異錄馬世奇嘗敘其書以爲學

人非才人也

張韓字幼韓天啟間諸生自少服膺昌黎文故以爲名詩兼綜陶杜家奇貧不作苦寒語遇高會跌蕩詠謿傾其座人尤喜讀易有別悟編纂甚夥其自爲詩文曰率無雜著五卷

華淑字聞修讀書善病有小築曰斷園引客倡和其中於詩苦心數十年頗隨逐時好而久自陶汰亦別成杼軸

同時呂自咸字誠之亦工詩善書法

周夢華字公西性狷介經學别有心得能古文詞崇禎八

年以貢生選授推官未仕卒

吳寅字虎侯少遊薛敷教鄒期相之門文有奇氣及壯尚困童子試馬世奇爲之延譽始補弟子員嘗爲詩簡世奇乞爲文序後江行遇盜死

馬瑞字爾采父世名與兄世奇齊名天啟元年舉人以薦授知州居鄉里稱長者年八十五卒瑞才華富贍稱其門風崇禎十六年進士除吉水知縣不赴改應天府武教授遷國子博士福王時馬士英頗以同姓招致之拒不報

馬壬玉字彥豐世奇子方世奇官京師屏絕聲氣几榻蕭然世奇殉節護櫬歸請卹南都目擊馬阮枋國歎曰定鼎門西名利如舊而國家陰陰猶日將暮遂時時寄託詩篇益不自聊江南亡後一日舟過虎邱疾作不欲歸臨歿手斷頂髮命以沙門服斂遂瞑

顧宸字修遠嘉舜子崇禎十二年舉人操文場選柄數十年每辟疆園新本出一懸書林不脛而徧海內好藏書插架充棟後厄於火嘗注杜詩補輯宋文三十卷皆東萊文鑑所未及爲詩文豐蔚典贍子彩字天石有異才尤工詞曲客曲阜製樂府百餘種彩子忠亦工詩

安廣譽字无咎希范子不事繩檢而文采宕逸與弟廣生並工於詩兼善書畫門人張愷亦有名

秦德滋字以巽副榜貢生名著復社工於詩與華淑黃傳祖輩結涯瑧詩社尤善楷法似歐陽率更嘗彙刻前人各種書曰梁溪秦氏帖甚精妙邑中無有流布者其族諸孫秦瀛見之京師

國朝

邵儒棨字仲木名世子少時文采弸褖所交盡當世名士

選伎徵歌無虛日既經兵燹家日落乃閉門著書爲文悉有根柢慈谿姜宸英稱其所爲顧杲傳與陳振豪墓碑得太史公法性至孝尤能急人之難晚逃於禪及卒宸英志其墓

陳大成字集生少孤發憤讀書家貧雅好客客過梁溪者大成爲之授館舍治行李典衣對薦日不暇給與邑中嚴繩孫友善其詩豪宕感激爲時所稱

鄒忠倚字于度順治九年進士第一人授修撰忠倚素孝友嘗侍父疾於邑之東亭夜走入城延醫失履而不覺

性靜默淡於榮進登第後常翛然有出塵之思故其所爲詩清遠閒放不染垢氛惜不永年而歿

王仁灝字時大孫蘭子以歲貢知連江縣工詩婁東吳偉業序之詩閒婉秀靚麗而不纖清而不薄又王畿字式九諸生達十世孫與寧都魏禧及邑中顧祖禹交嘗以詩寄鄒溶於獄極悲凉可誦

唐德亮字釆臣明季文體踳駮德亮以韓蘇之氣行之應舉之文試輒無前順治九年進士授戶部主事管京糧廳歷員外郎卒於京邸時有繆振光字維揚少負才名

與顧宸及德亮輩爲聽社十七子又吳濯時字漢若與德亮善博涉有清才頗傲物

泰日新字映碧歲貢生少與錢肅潤張夏輩善官旌德教諭著有白鹿堂詩具唐人格律宣城施閏章嘗與倡和

黃傳祖字心甫正色曾孫好刻苦爲歌詩與其友彭年皆爲竟陵鍾譚之學傳祖嘗甄綜有明一代之詩名之曰扶輪性率易好飲酒晚以貧死年字子川貢生歷官西安府同知同時蔣遵路字路然少好詩亦從事鍾譚已悉焚棄求之漢魏盛唐遂與傳祖議論多不合重交遊結納家故富亦坐是日貧

顧祖禹字景范家對宛溪號廊下顧父柔謙爲贅婿昆湖譚氏生祖禹祖禹故閒自署常熟實世錫人也中歲結鄰黃隱士庭遂家膠山祖禹少負異才博綜羣籍出遊踰嶺嶠而歸崑山徐尚書乾學奉
敕修一統志延致祖禹與太原閻若璩常熟黃儀德清胡渭四人於家四人之學尤精地理又得傳是樓藏書參稽窮討各有譔著而祖禹則成讀史方輿紀要一百三十卷凡九州山川形勢阨塞圖經瞭如指掌自禹貢職

方桑經酈注而下一大歸宿也祖禹又與寧都魏禧爲金石交禧客死蕪湖祖禹往紀其喪祖禹在志局時乾學將薦起之力辭罷

鄒漪字流綺博學多聞好著述遊婁東吳偉業之門偉業綏寇紀略半出漪手閻若璩謂漪作明季遺聞出脫張縉彥於綏寇紀略又盛稱李明睿不能無過然漪平生交遊多名士王新城士禎有惠山下鄒流綺過訪詩歲暮懷人絕句所謂花時曾過九龍山第二泉邊把妙顏者也

周宏字子重康熙三年進士第三人授國史院編修仕至侍講學士應制典冊人推作手己酉主試山西一以先正法程爲則孫曰萬曰贊並以進士知名曰萬由知縣改安慶教授工制舉業其弟子多掇科第曰贊由庶吉士改部位不達而迭主文柄稱得人

顧景文字景行廷文字廷颺兄弟皆以才名景文跌宕爲詩具有奇氣廷文善飲時時病酒而景文尤嗜酒每劇飲必醉廷文顧諫止之然廷文竟先夭景文雖老壽亦窮困弟貞觀

顧貞觀字華封以舉人官秘書院典籍才調清麗尤善塡詞爲人儁爽篤古誼初契吳江吳兆騫兆騫戍寧古塔貞觀灑涕要言曰必歸季子納蘭成德者與貞觀交而相國子也雅善兆騫貞觀作金縷曲二詞示成德寄成所成德讀之悉力處辦贖鍰相國爲之地兆騫卒得生入關兆騫既歸言塞外多暴骨貞觀即募僧心月者歛金徧歷戰場收瘞之貞觀自少名譟東南愼交社晚搆積書巖於惠山祖祠之旁著有纑塘詩一洗綺靡之習子統鈞字珊公幼聰俊最工五言詩

馬翀字雲翎壬玉子髫齡凝重如成人讀書不待師授抽視架上帙皆自通解年十餘作遊仙詩數十首有幽詭奇絕之語長有異才中康熙十一年舉人體弱善病與其師黃家舒皆篤信釋氏年三十卒家舒見隱逸傳

秦保寅字樂天家富藏書喜賓客蕭山毛甡（後改名奇齡）亡命時嘗主其家盡取其書而讀之尤善慈谿姜宸英與爲倡和保寅讀書兼綜條貫所爲詩刊落一切獨標清冷中歲棄諸生能醫偶爲人處方輒效崑山葉方藹序其詩稱樂天爲人落落穆穆與之相處塵意俱盡其詩質而實綺癯而實腴從弟泉芳字天乳亦好學能詩

嚴繩孫字蓀友康熙十八年以博學鴻儒薦

召試授翰林院檢討充

日講起居注官遷右中允歸繩孫性恬靜旣膺薦辭不允

就試賦一詩而出

仁皇帝識其名遂以布衣入翰林時與秀水朱彝尊吳江潘耒富平李因篤稱四布衣在館纂修明史及平定三逆方畧出典山西試稱得人其讀書不務涉獵案置一編精熟迺易他書文宗范史詳雅有度詩詞婉約深秀

獨標神韻工楷書小畫片紙寸縑爲時珍賞子洌會字人宏性尙雅素畧似其父而兼深禪悟詩蕭澹畫有家法

王國楨字礎臣工詩文與顧祖禹陸楣諸人善講求經世大畧旁通天文地理奇門兵陣之學好飮使氣人多憚之吳三桂嘗辟置幕府察知三桂縱恣多不法辭去後三桂叛以策干總制蔡毓榮謂賊不足平毓榮不能盡用而僧鐵川者故與有隙搆蜚語陷之辭連毓榮後得釋而毓榮貶死國楨薄遊粱宋間不得志亦死當三桂跋扈時國楨嘗言彼耽逸樂無遠志嗣子懦朝廷不召之必不敢動俟其死西蜀永可無患設激之反亦不能踰洞庭而北後果如其言國楨無子以甥秦子顯爲子子顯亦奇士

鄒顯吉字黎眉七歲能詩與秦松齡嚴繩孫顧貞觀輩相推致鍵關湖北草堂甄錄漢魏六朝三唐人集情寄深遠尤善山水人物落墨盡妙弟鄒卿森顯文顯臣皆工詩畫卿森字衡湘豈弟樂易人稱長者學士升恒侍郎一桂父也顯吉子士夔士荀士隨並知名能守其家學士隨雍正元年進士歷肇慶知府士荀孫儀舉人官開縣知縣性廉靜獨好吟詠

華長發字商原諸生工詩詞與秦沅善二人嘗偕顧祖禹同纂方輿紀要沅字湘侯亦名士與寧都魏禧交沅子臬從祖禹遊工篆法著有篆刻簡一書禧爲之序長發尢工行草楷法邑人稱孫高嚴華孫竑禾高世泰嚴繩孫及長發也竑禾初師李更晩用虞法矩矱森然爲時第一

劉雷恒字震修以諸生貢爲本府訓導遷六安州文行著大江南北間所交遊皆一時名士弟霖恒字沛遠與兄齊名時稱二劉三施三施者國琮字眉堅彝宣字儷清京字青蓮風流文釆並爲時所推

王志寧字用康長洲籍歲貢生內行醇篤貧館穀廩餼以給養其爲教有根柢從授學取青紫者數十人司訓青陽雅爲學使者許汝霖所稱重子雲錦康熙四十五年進士第一人官修撰督學陜西以經術造士關中人始知嚮學

陳瑞聲字朝嗜振豪子爲詩多楚調居與嚴繩孫鄰論詩

輒齗齗而爭亦復互相推服少爲貴公子豪宕自喜中年侘傺失志其無聊不平之氣一寓於詩方奏松齡從軍荆襄招瑞聲同往所至登臨弔古詩愈悲壯可誦

黃瑚字夏蓀爲文惡贋古主中唐北宋尤深於史遷少時名著雲門社其所作張春傳睢州湯斌亟稱之時邑中多好古之士而以文名家者無如瑚婁東吳偉業嘗延之至家崑山葉方藹尤重瑚康熙五十七年舉博學鴻儒方藹將以瑚名上而瑚已前歿無子年僅三十有四其外兄華學泉輯瑚遺文陸楣爲之序瑚友侯麟勳工詩古文辭所交遊皆四方名士中康熙十八年進士未授官卒

陸楣字紫宸幼孤露讀書雞棲豚柵旁志意感慨喜爲古文辭同邑朱旂見楣所作延譽於秦宮諭松齡得縱觀秦氏藏書自是北走燕趙南踰閩嶠其學益進楣於六經皆有撰述垂老作古今官制考未成而歿楣巨肩昂鼻不知者以爲河朔傖父也及門楊聲字清寧喜能具體先楣卒

敖瓛字山來吳縣諸生胸羅羣籍爲文章手出機杼掉鞅

同聲愼交兩社間一時有繡口錦心銅筋鐵骨之目然厄於遇子汾淸江知縣

孫祁雍字李若繼皐元孫年十二能文與高愈劉齊善祁雍爲諸生擅才名五十年遂寧張尚書廷樞以茂異薦有旨徵召謝病尋卒吳之枚王繩曾皆其高足弟子

黃澐字維觀詩工古體嘗效李東陽作擬古樂府百首雜之懷麓堂集中人莫能辨

安璿字孟公廣居子好讀書工詩所至皆有留題多識前朝遺事晚更研心理學所著書十數種亦善畫曾孫經傳諸生攻苦力學早歿子舉人吉刻其遺稿

許表被字天章少爲諸生短小矯捷氣陵其曹偶研精詩禮春秋尤長於史學晚成一書曰諸史詠

黃殳字殳孫父東山少應童子試嘗於學使者案旁奏七藝一表獲雋殳亦天才秀挺少工時藝及詩歌古文辭而年至四十始爲諸生尋歿

顧仁垣字中以景文子諸生刻意爲詩沈博絕麗不及其父而法律精細則過之口滑稽能令滿座鼓掌遺稿若

于卷其遊梁草及倚聲諸作具饒風調尤爲時傳誦
朱襄字贊皇諸生嘗與邑中呂莊頤鮑景先輩爲詩會曰
續碧山吟又著有易章蕭山毛奇齡序之秀水朱彝尊
致韓尚書菼書云曩見無錫朱贊皇有集唐三十律絶
工項復見其易章一編立說皆本漢以前不墮陳圖南
邵堯夫窠臼
呂高培字柏庭康熙中隨嵇永福客蔡征西毓榮幕浦乃
恒亦從行乃恒嵇婿也吳逆平由楚入滇以軍功任米
脂令丁母艱起補隴西罷歸高培詩宗香山眉山碑版

之文得盧陵意度家本貧自罷隴西益無憀以窮死乃
恒字立方同得官止福清縣丞詩詞溫潤
王一元字逸其康熙四十二年進士授靈臺知縣好爲詩兼
工大小令富於篇什共有五十餘卷之多身名湮沒無
有能舉其姓氏者近邑人孫爾準始得其全帙
秦靖然字藥師少爲諸生以帖括聞於時與吳門汪份張
大受交善其文出入金陳諸名家康熙五十一年進士
選庶吉士授編修尋告歸屏居讀書人服其恬素時秦
氏兄弟多能文章道然靖然辰燕曾榮其尤也靖然繼

道然入翰林而辰燕曾榮皆以諸生終
邵曾訓字東藝幼工詩爲名諸生書法入右軍之奧同時
寓公王澍蔣衡輩俱推之好登覽遇佳山水輒有終焉
之志其意興所到一寓諸詩子之鵬諸生亦工書之鵬
孫辰煥亦諸生善爲詩尤工五言
徐珽字紫長康熙四十二年珽以布衣獻詩賦選爲蕉園
教習校勘秘書久之以勞授光祿寺署正雍正間改授
德清知縣尋罷珽才名最盛顧爲外吏坎壈不得志子
梁棟字宗海雍正十一年進士由庶吉士改外歷辰州

府同知亦善詩工書法
杜詔字紫綸少從嚴繩孫顧貞觀遊得其指授工於詩尤
善填詞康熙四十四年詔獻迎
鑾詞十二章於
行在試列高等
命入內廷纂歷代詩餘方輿考畧及詞譜五十年舉順天
鄉試明年
賜進士改庶吉士尋乞假歸卜居南垞以詩倡導後進爲
騷雅主盟雍正十三年大學士嵇曾筠以博學鴻詞薦

辭不赴時秦莘田吳培源皆學詩於詔莘田培源後先
成進士培源詩格清整有刊本
呂簡材字丹錄幼質魯苦讀不倦年逾二十貫蘇籍爲弟
子員海昌陳元龍嘗延至京師訓其子邦直會以歲貢
將試順天忽風厥不語主人急遣醫護歸抵家卒生平
所著文及古近體詩四五巨冊皆散逸浦教授起龍少
從受業其學多得之簡才
張文耀字元明九歲知操筆爲文章稍長補博士弟子員
至老不遇其爲制舉文宗法唐順之歸有光日手一編

賡韶從金敞顧培諸人遊爲文根極理要書小楷橅大
曰二川風格婉除天長訓導以老不行同里王起祚字
令十三行亦諸生惜年不永
倪坊字文繩諸生家貧好學肆力六經註疏及史班范諸
書弟子問字者集其門孳孳教誨不倦又嚴元桂字丹
森負志節有詩癖亦能古文自號宋家山人
邵煩字振飛幼擅才名工辭賦困於諸生詩格近襄陽柳
州其從弟覺字梁夫亦工詩煩與華龍翔陸慶元吳培
源爲詩友稱四子慶元舉人官同知龍翔別有傳培源
見杜詔傳
華龍翔字丕光父黃字備大康熙十八年進士嘗以戶刑
曹郎與修律例出守永平官吏不能欺龍翔國子生工
爲詩歌行長句出入韓蘇龍翔與潘果交善果詩亦長
於七言古雍正元年進士任永順同知時士流初易相
挺而起上官坐以激變罪下獄後釋歸
鄒升恒字泰和卿森子康熙五十七年進士選庶吉士館
試第一授編修歷官侍講學士直著作之庭累職文柄
文尙體要詩沖和淵永以標格勝督河南學時疏請追
謚舊儒臣睢陽湯斌又請著出嗣子過本生父母喪停

官停考一年之令並得
旨允行孫奕孝乾隆二十二年一甲進士官至工部侍郎
管理樂部奕孝深通音律郊祀大典中和韶樂皆由奕
孝奏
敕編定
華希閔字豫原以副榜貢生爲涇縣教諭中康熙五十九
年舉人雍正十三年以博學鴻詞薦不赴乾隆十六年
年八十恭迎

聖駕於惠山孝子祠
賜知縣職銜壽卒希閔勤於學問著書甚具雅好修先賢古蹟如高子水居松滋王侯祠皆其所葺也平生慷慨尚氣節巡撫張伯行與總督噶禮互揭主其獄者庇噶禮而罪伯行希閔上書斥之幾罹旣後卒如希閔言

王邦采字貽六邑諸生中歲棄舉子業覃精六經淹該史學好爲詩古文辭尤工於畫跌宕超逸入古人妙境精別金石練素南北宋雕鐫版本吳興賈人接踵就辨眞贋又喜箋注前人遺編如徐節孝晁具茨吳淵穎諸集

而離騷更別有解會云

徐漢倬字鳴皐邑諸生澹於進取喜購書詩擬襄陽詞仿玉田清迥不染塵滓爲人謙退沖夷與之處矜躁都化事親孝父歿以哀毀卒年僅三十七初同邑華祖然長漢倬三歲漢倬師之祖然婦兄武進秦宮璧愛漢倬才以女爲之繼室女以節旌

劉瞻榕字于根父學洙有學行與劉齊同爲桐城方苞之友康熙三十九年進士謁選歿於都門瞻榕持終身喪一素帶常不解曰死以此束我瞻榕深於詩沖澹淵穆如入禪定子執玉亦工詩邑中學詩者多從之遊

俞玉局字爻心拔貢生偉貌修髯讀書過目成誦學詩於顧仁垣性孤介居京師十餘年意所不可雖公卿造廬輒拒弗納父履道客死苕溪玉局以弗克視含歛爲終身恨歿時斥子孫去左右其友鄒乾樞亦拔貢生同學詩於仁垣記聞博洽尤熟於舊聞軼事玉局孫模極推之模諸生能詩布衣糲食閉門忍饑亦狷士也

浦起龍字二田雍正八年進士官蘇州府教授起龍居邑之前砌肆力於古於書靡不窺丹黃甲乙積數十年從

學者質問經史輒舉某書某卷某頁以告檢之無弗合其爲文學唐人諸雜家所著讀杜心解
御選唐宋詩醇多采其語官教授時青浦王昶嘉定錢大昕王鳴盛輩方爲諸生並遊其門

朱克敏字若愚布衣居城南讀書苦吟詩寒瘦似郊島少雄於貲晚而貧至不能給饘粥兩目亦盲其死也鄰人歛之克敏與邑中惠雲邵夔崑山徐德宗稱四狂皆能詩變最後死時有陳倫字子循工七言古詩

華玉淳字師道諸生爲學窮研經史務究根柢顧棟高春

秋大事表一書資玉渟討論之力蒲起龍讀杜心解成
玉渟致書多所辨駁起龍無以難也曾欲撰述八書以
補三通所未備未成而歿其古文亦具有義法不苟作
弟育濂字師茂從棟高遊治經學從弟嶽蓮字師實與
邑人黃中並以詩名中字包山
趙繼光字夔陽博涉羣籍稗官野乘靡不搜采尤好爲詩
歌嘗遊燕趙吳越之墟轗軻無所遇酒闌燈灺輒以詩
抒其抑鬱邑中詩人如朱克敏劉執玉繼光皆與之友
有兄繼益亦能詩

楊度汪字若千拔貢生篤志問學尤工擘窠書膺薦入京
師客舉主尚書任蘭枝邸舍得交山陰胡天游天台齊
召南學益進既中博學鴻詞科官庶常尋改德興令告
歸同時鄒有譽乾隆四年進士授隆德知縣有譽長於
記問史漢八家之文及李杜詩皆能背誦爲諸生時爲
人捉刀文多借刻他氏
王會汾字蓀服乾隆二年進士改庶吉士歷官吏部侍郎
終大理寺卿會汾少刻苦下帷雅負文譽雍正十三年
舉博學鴻詞報罷洎入翰林

御試翰詹等官拔第一擢侍讀學士不數年洊歷卿貳立
朝謇謇於時事多所陳奏退而自焚其稾兩主浙江鄉試
所取多名宿官侍郎時遇京察嘗舉天台齊召南自代
其歿也家甚貧人皆重其淸望而惜其設施未竟焉
楊潮觀字宏度父孝元諸生殖學砥行出後世父希曾希
曾工詩文楷法康熙中獻詩
行在蒙錄用供奉武英殿補諸生遽歿潮觀乾隆元年舉
人除林縣知縣移固始性和易而爲政廉敏有聲人稱
爲楊固始擢邛州知州調簡州瀘州告歸潮觀幼擅才

華兼工書法平生雅好著述以餘技爲吟風閣傳奇錢
唐袁枚演之金陵隨園一座傾倒
秦鈞儀字伯芳拔貢生善談論掀髯抵掌旁若無人以能
經義稱詩古文具有體裁學使寧化雷鋐極稱之年六
十餘遊楚歿於襄陽
顧奎光字星五宸曾孫博學多識詩古文俱有名於時乾
隆十年進士歷瀘溪桑植知縣愛民養士頗著循績年
四十卒於官事載辰州府志弟斗光諸生軀幹短小負
才華子敏恒進士尤工詩官蘇州教授斅愉敬恂敭憲

亦皆才士
秦朝釪字大樽乾隆十三年進士由禮部郎中出爲楚雄知府朝釪胸無柴棘吶於口而丰裁峻厲人不可干以私官楚雄日屬有兵事朝釪辦治井井兵過而民不知一日巡撫過境朝釪方讀書廨中之山亭迨終卷出城不及趨謁巡撫聞其賢亦不怪也繼以左遷歸朝釪工於詩其集顧光旭刻之尤善治古文多可傳者
黃卬字堯咨家貧力學以教授生徒自給注釋諸經而尤深於易乾隆庚午修縣志卬別成識小錄名酌泉錄於

邑中掌故多所辨正卬嘗應乾隆六年鄉試其文見賞於主試臨川李紱已魁其本房爲副主試所斥而同邑龔錫純以是科爲省元錫純字侯復平日專心著述其學尤深於三禮稍後有諸葛曦名未出里巷閉門讀易著有周易義政一書
薛田玉字鳳翼乾隆十七年以大興籍領順天鄉薦第一十九年成進士選庶吉士散館改知棗陽縣遷保定同知田玉少有文名擅才藻嘗教授弟子同邑馮培從之遊培乾隆四十三年進士歷官給事中在樞廷最久慎

密謙退蕭然若韋布著有鶴半巢詩稿
吳峻字一峯甫子副榜貢生姿禀絕人博通律呂句股之學詩兼衆體上溯漢魏迄於三唐無不窺其堂奧尤以風格音調擅場同時作者未能或之先也嘗偕寧遠守秦鑛入蜀詩益奇其友鮑汀輒取其句圖之汀字若洲諸生工詩及書畫峻又善李雝來其詩五律近王孟
朱雲駿字逸湄乾隆二十一年舉人官隆昌知縣少學詩於劉瞻榕入蜀後篇什尤富古文學會鞏在隆昌時方有金川軍事饋饟供億不以擾民竟以勞瘁卒官雲駿

之友曰華文緯陳凱並諸生文緯善治經及顧棟高之門凱工詩二人皆早歿
諸洛字杏程諸生少學古文於秦道然顧棟高既而交徐流方得桐城方氏義法文益進嘗遊京師名頗著公卿間晚年杜門著述藏書甚富皆手定流方字玉川嘗從王澍蔣衡學書棄去一注意於詩有晉魏風繼客漕帥長白顧琮所因得師事方侍郎苞并治古文時有舉人鄒方鍔與洛善亦善爲散體文字行楷書尤工
劉松苓字思九國子生少時與顧光旭鮑汀友善光旭早

達汀老於諸生而松荅落魄轗軻得狂疾竟以狂死松
荅詩才奇肆工小賦所爲詞兼有辛蘇姜史之長居西
郭外人皆目爲城西狂生云

無錫金匱縣志卷二十二

無錫金匱縣志卷二十三

忠節

邑多志節之士或直言敢諫或遇難捐軀如虞俊以下
諸人殆不勝紀李忠定出處進退悉關天下安危屢爲
小人所擠未究厥用九非尋恒志行可比孔子有言可
以託六尺之孤可以寄百里之命臨大節而不可奪忠
定有焉舊志入之宦望與孫近先後並列不亦乖乎明
季堵文忠身當殘局畢命危疆論者論其世又未嘗不
悲其志矣志忠節第二十六

漢

虞俊字仲卿少以孝友稱於鄉黨明春秋公羊左氏傳哀
帝時爲御史稍遷丞相司直王莽執政左遷新陂令尋
召爲司徒俊欲遁歸遂見迫脅仰天歎曰吾漢人也願
爲漢鬼不能事兩姓飲藥而卒光武即位高其節行與
二龔比爲表塋墓

南唐

陳喬字子喬其先自廬陵徙無錫喬遂爲錫人仕南唐爲
太常寺奉禮郎烈宗頗器重之遷尚書郎拜中書舍人

元宗既失淮甸耻其降號將授幾務於太弟而陳覺之徒因有竊竊之計欲委國事於宋齊邱而取之喬排闥入諫元宗驚悟乃止於是引喬入見后及諸子指曰此忠臣也他日國家有急汝母子可託之及元宗南遷留喬輔太子監國後主即位遷吏部侍郎翰林學士承旨門下侍郎兼樞密使遂總軍國事宋開寶中太祖遣使召後主入朝後主欲行喬曰陛下與臣俱受先帝顧命委以社稷今往而見留則國非已有悔將何及後主於是連年拒命實喬爲之謀也及城陷後主自爲降欵俾

喬與世子仲寓開門納之喬遽歸府投欵於承霤後主促之亟喬入見曰自古豈有不亡之國降無益也臣謂宜城下一戰而死後主執喬手曰盍與我北歸喬曰臣當大政而致國家如此非死無以報臣死而歸臣以逆命之罪陛下可無恙也挈手而去入政事堂自縊死吏撤榻瘞之後宋太祖命以禮改葬焉南唐書有傳

〔宋〕

錢顗字安道慶歷六年進士爲寧海軍節度推官守孫沔以威嚴爲治僚屬奔走聽命顗當官而行無所回撓獨見器重治平末召爲御史裏行王安石行新法宰臣曾公亮依違不言顗疏安石設堯舜以致公輔首財利以爲容悅言行乖戾公亮畏避固寵非是貶監衢州鹽稅將出臺謂同列孫昌齡曰君奴事安石得御史自以爲得計即我視君犬彘之不若也拂衣上馬而去後徙秀州家貧母老至丐貸親舊以給朝餔而怡然無謫官之色蘇軾遺以詩有烏府先生鐵作肝之句世因呼鐵肝御史宋史有傳

袁植字材老兄黙黙在文苑傳植崇寧二年進士復中詞

學兼茂科官監察御史金人入寇陳邊防十三事以誅佞人爲先不納引疾致仕建炎初召爲左司諫直言忤宰相出守岳州會北騎大入叛臣李允文據鄂州大剽荊湖植條其姦上之允文中路得邏疏怒勒兵趨岳陽執植植正色誚之不少懾遂見害於武昌事聞追贈直龍圖閣錄其後二人

李綱字伯紀邵武人自其祖始居無錫父夔龍圖閣直待制綱政和二年進士積官至殿中御史忤權貴遷起居郎宣和初京師大水疏言陰氣太盛當憂外患謫監沙

縣稅務七年起爲太常少卿金人渝盟朝議避敵綱上禦戎五策欽宗即位上言中原勢弱陛下履位之初當攘除外患誅鋤內姦以副太上付託之意召對延和殿奏今李鄴等議割地臣愚以爲祖宗疆土當以死守不當以尺寸與人上以爲然除兵部侍郎宰執議避敵鋒綱言太上手挈宗社以付陛下委而去之不可白時中謂都城不可守綱曰天下城池豈復有如京都者且宗廟社稷百官萬民所在舍此何之惟當整飭軍馬固結民心堅守以待勤王之師上意稍悟內侍奏中宮已行

上色變降榻曰朕不能留綱泣拜以死邀之上顧曰今爲卿勉留未幾復決意南狩入朝則乘輿已駕禁衛皆擐甲以待綱急呼語之曰爾等願守宗社乎從幸乎應曰願死守入見曰陛下已許臣留復戒行何也今六軍父母妻子皆在都城萬一中道潰歸陛下孰與爲衛且敵兵已逼知乘輿未遠使輕騎疾追何以禦之上乃悟遂命輟行綱傳旨敢復言去者斬拜爲親征行營使以便宜從事迺治守戰之具數日而畢敵兵攻城綱身督戰募壯士縋城下斬敵將十餘人衆數千級敵退上遣

李梲至軍中議和金人需金幣千萬求割太原中山河間以親王宰相爲質梲惴不措一辭還報綱言所需金幣竭天下且不足矧三鎮屏蔽割之何以立國至遣質則親王不當往宜遣使與之議遲留數日大兵四集雖不得所欲亦退即許之盟不令輕中國與宰執議不合甫退則誓書已行所求悉與綱遂奏金人貪婪兇悖今以孤軍深入若阨河津絕饟道分兵復畿北諸邑以重兵臨敵堅壁勿戰俟其食盡力疲以一檄取誓書復三鎮縱其北歸半渡而擊之此必勝之計也上命約日舉

事有姚平仲者勇而寡謀先期斫敵營不克亡去金使來宰相歸罪於綱遂罷綱太學生陳東等伏闕請留及軍民集者數萬上急召綱入復其右丞金師退除知樞密院事請如澶淵故事遣兵十萬分道護送遇可擊則擊之宰相沮綱盡遣城下兵復詔徵還已追及邢趙間遽得命諸將皆扼腕比綱知力爭已無及矣初太上南幸童貫高俅以兵扈從流言且爲變議遣聶山圖之綱曰使山圖成震驚太上憂在陛下如不果數人者挾太上求劍南一道何以處之莫若請太上意去此數人上

從之太上行次南都聞政事攺革疑召綱至則具道皇
帝仁孝思慕請早還京師太上感悟泣數行下旣還耿
南仲欲屏太上左右與綱意不合劾綱卽上章懇辭上
手詔諭留時北兵已去上下皆恬然綱以爲憂上備邊
禦敵八事卽除河東北宣撫使言臣以愚直不見容進
而死敵固臣之願第恐朝廷執議未堅并言唐恪聶山
姦邪必悞國行次懷州時更議和止綱進兵又罷徐處
仁吳敏許翰而相唐恪進聶山陳過庭等綱聞之歎曰
事無可爲矣召綱赴闕尋以言者論落職金兵再至上

悟和議之非除綱資政殿大學士領開封府事次長沙
命率勤王兵入援未至都城失守康王開府承制復故
官遺書曰閣下學窮天人忠貫金石當投袂而起以副
民望及卽位拜尚書右僕射兼中書侍郎遣官迎勞綱
入見涕泗交集復奏蒙陛下識擢相臣必令臣畢志盡
慮乃敢受命因上議十事凡數千言翌日頒議於朝惟
僭逆僞命留中綱言二事乃今政刑之大張邦昌在政
府十餘年淵聖首擢爲相如能死守臣節感動人心敵
未必若是而彼且爲得計及知天下不與始請太后垂

簾聽政其僭僞始末斷以春秋之法非特將而已也臣
今誓不與同列當以笏擊之至僞命臣僚駢肩反面不
知有耻四方聞之誰不解體因泣下上爲動容遂謫邦
昌潭州吳幵莫儔而下皆遷謫有差復請於河北置招
撫使河東置經制使擇有材畧者薦張所傅亮及宗澤
爲開封留守會朝廷議遣使於金命草表奏言陛下以
二聖遠狩正宜枕戈嘗膽內修外攘使刑政明而中國
强則二帝不俟迎請而自歸不然雖冠蓋相望卑辭厚
禮恐亦無益乞降哀痛之詔以感動天下上嘉納之未

幾黃潛善汪伯彥力主幸東南避敵上意已決綱謂國
之存亡於是焉别卽疏言自古中興之主起於西北足
以據中原而有東南起於東南不能復中原而有西北
蓋天下精兵健馬盡在西北若一旦委棄豈惟敵得乘
間以擾內地盜賊亦將蠭起爲亂跨州連邑陛下雖欲
還闕不可得矣況欲治兵勝敵以歸二聖哉疏上留中
不出是時潛善當國侍御史張浚復劾綱因罷提舉洞
霄宫凡綱所規畫軍民之政一切廢革車駕遂東幸兩
河郡縣相繼淪沒紹興二年復除湖廣宣撫使勦平羣

盜繼以徐俯劉裴論劾罷四年冬金及僞齊來攻綱具防禦三策五年上問攻戰守備方畧綱言朝廷偏據東南苟非大脩守備何以圖敵守備之宜當料理淮南荆襄以爲屏蔽至論東南形勢莫如建康今未得復舊都亦須權宜駐蹕天下未嘗忘宋雖西北之民亦陛下赤子特制於强敵可以綏懷若退避之策非臣所知往時自南都退而至維揚則關陜兩河失自維揚退而至江浙則兩淮東西失不知今將何適而可臣觀古讐敵之邦鮮復通使東晉渡江石勒遣使元帝命焚其幣不納

今無故使往祇傷國體臣願自今後脩吾政事擇所當爲者一切以至誠爲之是非明邪正別賞罰當在陛下方寸間耳因上條六事陳弊十有五事經畫措置皆中興之要務八年王倫使北與金使來以詔諭江南爲名綱言彼意大畧欲陛下屈體降禮以聽受臣念陛下豈忘祖宗之業生靈之屬遽自屈服與衆論不合上意不怿曰大臣當如是九年除知潭州荆湖南路安撫使綱力辭遂允其請綱生平負天下重望以一身用舍係社稷生民安危每宋使至燕山必問李綱安否其爲遠人畏服如此十年薨年五十八贈少師謚忠定宋史有傳

案乾隆庚午志夔字斯和夔父庚徙無錫夔元豐三年進士第累官集賢修譔知鄧州兼京西南路安撫使綱相高宗贈夔太師衛國公卒葬開原鄉湛峴山楊時誌其墓

陳炤字光伯少工詞賦登第爲丹徒尉既而入帥幕改知朐山縣仍兼主管機宜文字丁母憂歸北兵至常州守趙與鑒走匿朝議以姚訔知常州訔以炤知兵辟爲通判或勸炤辭炤曰鄉邦淪沒何可坐視與其偷生而苟全不若死之愈也遂墨衰而出率義兵戰禦自夏徂冬不下以功加帶行提轄文思院常將張彥攻呂城兵敗

降於北因盡言城中虛實攻益急元丞相伯顏自將圍之常兵阻濠水爲陳矢盡猶不降城破訔死之炤歛兵巷戰家人曰城東北圍未合可走常熟達臨安炤曰去此一步非死所矣日中兵至死焉事聞贈炤朝奉大夫直寶章閣官其子應龍爲將仕郎宋史有傳應龍寶祐六年鄉舉炤守城時赴平江乞援於文信國復出家財犒軍募義卒以補散亡宋亡後衣冠不改力耕教子以終其身又炤有假子楊立聞炤死方自殺入義而救之遂佯狂以終

楊宗達字子通祖邦乂殉節建康父璿屬其弟再興於岳少保收復西京戰沒臨潁璿始居邑之鴻山爲無錫人宗達性慷慨任俠當寶慶紹定間憤金人爲患常輸金帛佐軍以助餉功授將仕郎德祐元年元人大舉兵分道向臨安遣降將呂文煥先驅入常守臣趙與鑒亡匿溫人王良臣迎降三月姚訔及陳炤合謀起兵復常州元兵攻圍不能下丞相伯顏親督軍二十萬旦暮且至宗達語二子曰常臨安門戶常失守臨安不日可破事勢危促極矣吾家世宋臣讐虜之心吾祖父未嘗一日

忘此吾父子捐軀捍患之日也遂遣長子震發詣平江文信國乞師而自與仲子濟民募集鄉勇數千星夜赴常會統制張全奉朝命來援與宗達約爲犄角元兵大至全望風遁宗達獨率鄉民死戰殺傷相當元乃以數萬衆合圍宗達軍搏戰矢盡力窮竟遇害濟民年十九亦中矢死及信國遣尹玉麻士龍救至宗達父子已死五日矣

案乾隆庚午志宗達父子死難盧陵鄧公光薦爲之傳俞公貞木爲楊氏譜序亦特書其事二公距宗達死時未遠撫訪宜實夫執干戈以衛社稷至父子同日并命固非尋常義舉但歷徵野乘雜記如姚訔陳炤各有誌載宗達姓氏逸亡并攷之信國行實中亦無一語及之然陳炤事得載國史非其曾孫顯曾書告史官及得德祐日記亦不免湮沒忠義之傳固有幸不幸耶據傳書之以補遺闕

元

陳肅字伯將性嚴毅而好學於諸子百家無不貫串舉博學鴻才授蘭溪州判累官翰林學士兵部尚書河南行省左丞至元季竟歿於王事

明

錢鏞字季文伉爽有大畧洪武初以人材徵未受職郎上書指斥時政上大怒下於理將殺之長子璧在家聞父

得罪徒跣走金陵擊登聞鼓訟父冤願以身代衛士箠擊幾斃帝覽疏感動鏞得減死戍蜀

俞德惠字用濟洪武中舉經明行修授行人司行人奉命使蜀繼而廣西龍州土同知趙宗壽搆兵拒命復令德惠賫敕往諭驅車徑前卒與賊遇逼降不屈爲宗壽所殺死時猶手執精微批不舍以道阻骸骨未歸葬衣冠於繡嶺之下

案乾隆庚午志明洪武二十年八月高帝以開平王子常茂安置廣西龍州適土同知趙貼堅死無子其姪宗壽襲職而貼堅妻黄氏倚茂納其女爲妾仍掌土官印與閽者趙觀海通數凌辱宗壽會茂卒宗壽以計取土

官印上章言茂已死并械觀海等至京黃氏乃告宗壽實從子不應襲宗壽復上章言狀帝以蠻夷遠人並釋之後有告茂匿龍州未死前宗壽所言皆妄者遂命德惠賫敕往諭宗壽捕茂入朝二十八年二月庚辰詔右軍都督府榜諭宗壽及其軍民人等宗壽抗不赴召五月詔發湖廣江西諸衛軍六萬人期秋初赴廣討之既而德惠以逼降不屈爲宗壽所殺因問至京帝益震怒八月特命左都督府楊文佩征南將軍印爲總兵官廣西都指揮使韓觀右軍都督府都督僉事宋晟爲左右副將軍率京衛馬步軍三萬會諸衛軍討宗壽兼討奉議南丹向武諸州附宗壽者以兵部尚書唐鐸參軍事未幾鐸自軍還言宗壽服罪乞罷兵九月宗壽來朝十月奉議諸蠻平而德惠卹典竟未之及前志云再使廣西値寇亂者非也嘉靖甲寅撫按陳洙孫愼始合題請建專祠

周衡字士平其學與兄文理弟拳（當作權）三人相師友衡洪

武中舉明經授本府訓導十三年召試江源論稱旨擢右正言帝嘗詔蠲江南租已復徵之衡言不宜失信於天下竟以直言論死

許靈字至善年十八舉洪武十八年進士授禮科給事中美風度戚畹有欲妻以女者靈不從竟歸越歲入朝數上封事時以操束郡縣吏太急靈疏言之又劾輔臣不職左遷桂平縣丞卒於官

李孟善字宗吉洪武中舉明經拜監察御史太祖一日以事將殺學士宋濂孟善力諫帝怒戍遼東

陸士隆字季平洪武中舉明經拜監察御史抗疏發胡惟庸姦狀忤旨見殺妻及子皆死之劉基爲作忠節孝三歌

張文煥字伯闇通春秋洪武中舉人材除儀眞驛丞以材勇擢白洋鎭巡檢寇至文煥力戰戈折矢盡死之妻邵氏以十歲孤元保託文煥故人姚司理樞撫育之亦自殺樞別有傳

葛桓字仲威洪武中舉明經拜監察御史素與李景隆不協靖難兵薄京城景隆開金川門桓死之

施武字宗武洪武中舉明經拜監察御史以言事謫渾源州亂嶺關巡檢死於謫所有衣冠墓在大池山中

吳肇字友山洪武中舉經明行修拜監察御史建文嗣位見齊黃削奪諸藩過亟嘗從容引漢事言李景隆非周亞夫比頗見優納會父憂歸未幾靖難兵渡江聞京師失守宮中火因北向叩頭慟哭曰臣有老母在未能殉也奉母逃遁山中或言變姓名從亡楚蜀間有人識之於西平侯第正統中禁解歸卜築於常之孟墅業醫養母及母年九十餘卒遂不復爲醫

王亭字仲理祖安節元臨江路同知有詩名亭性嚴正通春秋左氏學洪武中舉秀才授刑部郎擢四川按察僉事大振風紀蜀人稱爲王鐵面會紅苗破城賊衆數萬亭驅戍卒以戰爲賊所得縛而求金亭大罵體被三刃賊無意殺之迺大呌辱國如此何以生爲以首觸牆不死賊去後兩月卒於行臺

徐弼字子相葛桓姊子方孝孺以桓故知而薦之官工部主事奉使秦楚諸藩歸報進兵部郎中參曹國公李景隆軍事寄奏景隆凶悖有異志爲景隆所陷下詔獄戍

甘肅及靖難兵入景隆開金川門桓死之成祖即位治姦黨弼竟爲景隆所殺族人逮死者三十餘人妻死無子二妾發功臣家爲奴即日皆自經死

儲福逸其字洪武初隸燕山衛籍好讀書慕顏眞卿文天祥之爲人建文末挈母韓妻范逃去成祖即位詔購戍卒入伍福在籍中調曲靖衛當詣京師乃仰天哭曰吾雖一介卒伍義不爲叛逆屈復挈母妻以行在道中日夜泣不輟竟不食死妻范年二十奉姑甚謹每哭其夫輒走山谷中發聲長號不使姑聞貧無以自存一日浣

於澗上見旁有蓆草因織蓆以養姑死居守墓旁至年八十餘卒旣卒蓆草不生土人異之即其所居葺爲庵名曰崇孝明史有傳

黃理字公理以貢除大名府推官性嚴介斷貴人子獄侶侶執法幾爲刺客所戕理不顧擢兵科給事中累上封事彈劾不避權貴三被廷杖殞而復甦後諫成祖北征下獄以敗歸特召出之先一日死獄中

倪峻字克明洪武二十三年舉人授郾城教諭歷泗水沙縣知縣擢兵科給事中時文皇帝好佛峻上疏極諫忤

旨遣使占城後先浮海垂十二年初占城國王欲召見峻峻力折之俾郊迎而後宣詔終都給事中

沈宗字原本正統九年貢任鶴慶府照磨寇發死之

倪敬字汝敬峻之孫少孤力學正統十三年進士授監察御史負敢言之節巡按福建時議開銀礦敬抗疏引唐德宗爲言事得寢景泰末朝政多闕災異迭見敬與同官杜寗等陳敬天修德六事謫宜山典史英宗復辟以都督府都事從安遠侯柳溥西征師還卒敬善飲能詩從子祚工草隸祚子容舉鄉薦官至漢州守以廉名詩

文亦有法

高曇字景雲以國子生除漳州府通判正統十四年討鄧茂七府使曇督軍餉次於茶舖遇賊將掠其芻糧執至琥珀嶺見賊將脅以刃曇厲聲罵曰逆賊無狀上勞王師下毒百姓即日且斷爾首懸市上敢肆猖狂戕爾父母賊遂殺之事聞贈工部員外郎

葛昊字原大景泰七年以貢授揭陽令潔廉有惠政忤監司不得殊擢遷城武衞經歷寇至偕指揮使沈文勳之皆死

顧可久字與新正德九年進士授行人武宗將南狩可久倡同官上言陛下輕萬乘棄九重忽垂堂之戒而甘馳驟之遊縱不自惜如宗廟太后何上怒廷杖之左遷國子學正世宗立錄諫臣擢戶部員外郎會追崇獻皇議起可久又上疏諫復詔杖尋出守泉州移贛州擢廣東副使備兵瓊海按行諸部相其扼塞要害纂山海圖說峒黎出掠旁郡按圖窮治幾空其巢未幾免歸可久好讀書工書學鍾繇法從父弟可適字與行正德三年進士官刑部郎宸濠就擒牽連逮治多濫可適往按多所平反終參議

楊淮字東川正德十二年進士授戶部主事再遷郎中始監京倉革胥徒積弊殆盡繼監淮通二倉罷中官茶果之供除囤基及額外席草費最後監內庫奄人例有供餽淮悉絕之公勤廉慎爲尚書孫交秦金所重嘉靖初將升興獻主於廟淮與同官繼大臣臺諫之後抗疏執奏其明日伏闕候命未得衆號慟聲徹於內詔執其疏首八人餘固伏不退遂俱送詔獄越三日詔杖於廷淮氣體孱弱當羣伏時或言自逸可免淮曰吾小臣効區區之愚聞禍而逃非初心也既杖病創甚臥一月而卒子女貧無依秦金爲經紀歸其喪後贈太常少卿明史有傳

曹懷字于德正德十二年進士選庶吉士改戶科給事中武宗將南狩廷臣伏闕下諫者百五十有五人懷與焉詔與杖凡死者數人而懷卒不出歷吏科遷兵科左嘉靖初詔廷臣集議大禮忤旨下詔獄復杖於廷創甚呻吟中再疏論當事諸臣有五鬼刺天五經掃地之語聞者股栗然竟得不罪奉命稽察甘肅倉儲兵器出守永平調思恩致仕

華鑰字德啓嘉靖元年鄉試第一明年第進士授戶部主事調職方司伏闕爭大禮與楊淮同被杖不死忤冢宰汪鋐去官居母憂以毀卒

張選字舜舉嘉靖八年進士知蕭山縣稱循吏擢戶科給事中太廟祫祭帝遣勳臣代行選抗疏諫伏闕下俟旨帝御文華殿覽疏震怒詔杖八十至三折梃選無委頓意謂杖者曰吾罪甘死但恐累明天子有殺諫臣名奪職歸世宗大漸遺詔復原官進通政司參議隆慶中進階朝列大夫明史有傳

黃正色字士尚嘉靖八年進士知仁和縣再補香山移南海其座主霍文敏韜家南海諸霍喜謂令必庇我及有犯者一繩以法諸霍怒馳書於韜然卒自歛戢擢南監察御史劾尚書張瓚武定侯郭勳會章聖太后梓宮祔葬承天荆山侯崔元禮部尚書温仁和宦官鮑忠奉命輔行在道橫甚正色列其怙寵黷貨諸不法狀上疏論劾世宗初大怒將窮治其事諸人懼誣正色於梓宮前乘馬揮扇遂詔獄將殺之以霍韜力救得廷杖戍遼東瀋陽衛正色即日囚服荷戈趨戍所著伍臺使者葺書院以居之不可間以易教授遼東士人多樂就之自是三十年未嘗一離尺籍穆宗即位詔以原官擢大理寺丞歷少卿進南太僕卿致仕祀遼陽三忠祠明史與張選合傳

胡涍字原荆嘉靖四十四年進士除知永豐移安福擢御史神宗即位六月命馮保掌司禮監涍請嚴馭近習毋惑詔諛虧損聖德冬妖星見慈慶宮後延燒連房涍乞徧察掖廷中曾蒙先朝寵幸者體恤優遇其餘毋論老少一槪放遣奏中有唐高則天語上怒斥爲民明史有傳

華白滋字紫梁官養利州學正崇禎六年交阯入寇城陷

具衣冠死明倫堂妾姜氏殺其三歲兒從死

王孫蘭字畹仲崇禎四年進士累遷成都知府蜀宗人虐民民相聚將焚內江王第孫蘭撫諭之乃解以父憂服闋起官紹興修荒政遷廣東副使分巡南雄韶州二府連州猺賊爲亂馳勦三戰皆捷十六年張獻忠大亂湖南湖南郴州宜章與韶接壤孫蘭乞援督撫不應最後以七百人至一宿復調去及賊陷衡州肆屠戮韶所轄樂昌乳源仁化逋竄旣空連州守將據城叛而賊所設僞官傳檄將至孫蘭仰天歎曰失封疆當死賊陷城又

當死吾盍先死乎遂自縊後賊竟不至朝廷憫其忠予
贈卹乾隆四十一年
賜謚節愍明史有傳
馬世奇字君常祖濂進士桂林知府世奇幼穎異嗜學有文名登崇禎四年進士選庶吉士授編修十一年帝遣詞臣分諭諸藩世奇使山東湖廣江西諸王府所至郤饋遺還進左諭德父憂歸久之還朝進左庶子帝數召廷臣問禦寇策世奇言闖獻二賊除獻易除闖難人心畏獻而附闖非附闖也苦兵也今欲收人心惟飭督撫

鎮將嚴束部伍使兵不虐民民不苦兵則亂可弭帝善其言爲下詔申飭時寇警日亟每召對諸大臣無能畫一策世奇歸邸輒太息泣下曰事不可爲矣十七年三月城陷世奇方早食投筯起問帝安在東宮二王安在或言帝已出城或言崩或又言東宮二王被執世奇曰吾欲不死安之其僕曰如太夫人何世奇曰正恐辱太夫人耳方闔戶見二妾朱李盛飾來前世奇訝曰若以我死將辭我去耶對曰聞主人盡節來從死耳世奇頷之二妾並經死世奇端坐自引帛力縊逎死世奇脩頎

廣顙揚眉大耳砥名行居館閣有聲好推獎後進爲人廉父死蘇州推官倪長玗以賻鍰三千助喪世奇辭曰蘇饑留此可用賑座主周延儒再相世奇同郡遠嫌除服不赴都及還朝延儒已賜死親暱者率避去世奇獨經紀其喪其好義如此贈禮部右侍郎謚文忠
本朝賜謚文肅明史有傳
龔廷祥字伯輿世奇弟子也崇禎十六年進士出劉理順之門乙酉
王師下江南廷祥時官中書舍人在金陵慨然曰吾不可

以負吾師因手書寄其子曰此時惟捐軀以明志而已但思一見吾母不可得肝腸寸裂遂具衣冠自投秦淮人咸聚觀廷祥恐救已躍出水面搖手者三而沒乾隆四十一年
賜謚節愍
施召徵字克用崇禎十六年進士授廣西陸川知縣勤於吏治卓有賢聲山寇作亂被執不屈死乾隆四十一年
賜謚節愍
賣雞皮薛叟逸其名五牧人行至高橋聞李自成破京師

大慟赴水死
過俊民字尊伯崇禎十年歲貢生授常熟訓導再補臨安
會兵潰邑吏皆望風遁民遂倚俊民爲守八月上丁俊
民方攝祭文廟兵卒至被執不屈縊死功臣山乾隆四
十一年
賜入祀忠義祠
孫源文字南宮繼皐幼子邑諸生有至性善飲酒好讀書
其學經史百家無不畢覽軀幹短小服古衣冠慷慨語
天下事或古今成敗莫不窮其源流崇禎十七年聞京

師陷帝死社稷源文行坐悲泣無間晨夜及秋賦聞鴈
詩曰少小江南住不聞鳴鴈哀今宵清枕淚知爾舊京
來未幾咯血聲瘖淚盡而絶乾隆四十一年
賜入祀忠義祠又副榜貢生吳以馭字丞臨亦痛哭不食
卒
嚴紹賢一名萬字與揚一鵬兄子諸生素倜儻不事齷齪
細行乙酉
王師定江南薙髮令下紹賢大書屋壁曰守義全歸遂自
經於寢室婢張生春亦自縊一女幼絶乳死乾隆四十

一年
賜入祀忠義祠
華尚濂字靜觀允誠兄孫順治初允誠以不薙髮被執尚
濂年十九婚甫彌月牽衣請從行遂偕允誠傳送江寧
旣至諸將帥雜坐訊之允誠瞑目坐地無一言尚濂植
立不跪令薙髮堅不從與允誠俱死僕薛成聞允誠被
執長慟不食先一日死僕朱孝聞訃亦號哭而絶
何以培字曰厚太僕少卿棟如孫以培少負氣節日講習
擊刺戰陣之法福王時以良家子從軍命爲參將不得

志卽棄官歸未幾南都破以培屏居湖濱懸其祖棟如
像於室佩所遺故劍家有名馬中夜或聞嘶嗥聲拔劍
起舞慷慨不自勝是時江南皆下邑人先歸附者欲除
異己以自効以培名聞郡太守命其人檄致之有僧三
山者故棟如家將詗得之夜半走告邀與俱亡以培歎
曰吾世受國恩焉用逃死天明檄至持檄者卽以培戚
也從容留飲談笑如平生請少須持檄者難之以培笑
曰何以培男子豈懼死哉遂偕至郡太守陳衛卒露刃
以培白衣冠束帶入軀長八尺餘豐頤白晳儀觀甚偉

太守異之爲好語曰速降不失富貴曰吾世臣無降理曰不降且不得生曰願卽死再問答如初守目左右喻意或引以培耳語厲聲叱曰斫卽斫耳何效兒女子爲解衣就縛神色不少動遂斬於市以培既死妻黃氏欲以身殉家人言以培尸未得盍緩之黃乃竭貲購以培首以培以六月殉節至十月而首始得面如生黃爲櫛髮啓棺納之尸亦不腐黃手爲縫紉如全尸狀因練衣素食二十六年始歿黃安遠令廣女

張以備福王時爲守備謝歸

大兵南下或薦於主帥召之以備先諷妻自盡乃見主帥帥謂曰聞君有奇才可出矣以備正色拒之遂見殺

案以備事見毘陵節烈傳註云先賢傳稿內載之今先賢傳稿訪求未得而邑中遺聞舊乘絕無載及以備事者卽舉其姓氏亦無有能道之錄附何以培傳後不敢遺也

顧杲字子方憲成從孫諸生詩文卓犖善草書好擊劍使酒負奇氣崇禎之季閹黨阮大鋮僑寓南京覬以邊材召用杲與吳應箕左國材沈士柱黃宗羲楊廷樞輩一百四十餘人作留都防亂揭討之所謂復社諸賢也未幾福王立馬阮柄國將盡殺諸人會國亡得免暨

王師徇江南杲盡散家財糾鄉里敢死士千人將援江陰誓師進發行至砂山兵潰爲下所殺乾隆四十一年賜入祀忠義祠同起兵者高明玿字聖培精天文與杲同遇害明玿子綿士馳救父亦被殺

許學字習之崇禎十六年進士未授官卽遭國變學悲憤求死入寢室將自經其母老矣救之謂曰許氏數世惟汝一人且汝死吾安依學迺止後以不薙髮被執詣大吏被髮覆面而入大吏曰此病狂人命扶出遂得免黃冠野服屏居養母母死亦尋卒

華京字壯輿吳縣籍諸生從吳江進士吳易起兵於長白蕩兵敗先驅妻子入水格殺數人後卒繼至手與搏戰溺死

秦廷珪字延喜歲貢生福王時除長沙縣丞江南亡唐王稱號福州督師何騰蛟檄令署善化縣事順治四年長沙破湖湘悉平廷珪與其二女屏居關山沖赴水死僕鄒義爲衣冠殯之

堵允錫字仲緘崇禎十年進士歷官長沙知府山賊掠安化寧鄉允錫率鄉兵破滅之又殺醴陵賊魁遂以知兵

名十六年八月賊陷長沙允錫朝覲還賊已退明年六月福王命爲湖廣參政分守武昌黃州漢陽左良玉稱兵總督何騰蛟奔長沙令攝湖北巡撫事駐常德唐王立拜右副都御史實授巡撫李自成死衆擁其兄子錦爲主奉自成妻高氏及高氏弟一功領衆三十萬至澧州言乞降遠近大震獨允錫議撫之乃入其營開誠慰諭稱詔賜高氏命服錦一功蟒玉金銀器犒其軍皆踴躍拜謝乃卽軍中宴之導以大義數千言明日高氏出拜謂錦曰堵公天人也汝不可負別部田見秀劉汝魁等亦來歸唐王因加允錫兵部右侍郎兼右僉都御史總制其軍手書奬勞授錦御營前部左軍一功右軍賜錦名赤心一功名必正賞賚有差號其營曰忠貞封高氏貞義夫人允錫欲結赤心等倚以自强已而袁宗第劉體仁諸營先歸騰蛟者亦引與赤心合衆益盛允錫以餉糧難繼令散處江北明年正月騰蛟期諸軍畫會岳州赤心先至餘逗遛不進永明王立進允錫兵部尚書總制如故順治四年永明王令赤心等攻荆州月餘
大兵援荆州赤心等大敗走入蜀衆饑乃散入施州衛聲

言就食湖南時王在武岡劉承允懼爲赤心所并訐非允錫不能禦請加東閣大學士封光化伯賜劍便宜行事允錫疏請得給空敕鑄印頒賜秦中舉兵者八月
大兵破武岡及寶慶常德辰沅允錫走永順土司尋赴貴陽抵遵義乞師於皮熊王祥又入施州詣忠貞營軍會楚宗人朱容藩僞稱監國天下兵馬副元帥居夔州御史錢邦芑傳檄討之五年正月允錫乃見容藩責以大義曉譬利害遂散其黨未幾金聲桓李成棟叛我
大清以江西廣東附永明王於是馬進忠王進才曹志建李赤心高必正等乘間取常德以下諸州縣允錫疑進忠有他志令赤心必正守進忠所取常德進忠盡焚廬舍去赤心等亦棄空城而東所至守將皆燒營棄城走湖南巳復州縣盡爲之墟允錫乃率赤心等入湘潭與騰蛟會騰蛟令允錫向江西而自率進忠等向長沙六年正月騰蛟被執允錫與胡一青守衡州戰敗走桂陽初赤心等入廣西龍虎關守將曹志建惡其淫掠或說志建允錫將召忠貞營圖志建志建夜發兵圍允錫允錫及其子逃入富川猺洞志建索之急猺潛送允錫於

監軍僉事何圖復抵梧州會王遣人安輯忠貞營至梧而赤心等已走賓橫二州乃與允錫謁王於肇慶時馬吉翔及李元允袁彭年專柄各樹黨允錫欲與吉翔激赤心等東來除元允又移書瞿式耜言王有寄敕令共圖之元允黨丁時魁金堡論允錫喪師失地乃令移駐梧州允錫行至潯州憤恨發病卒王贈爲潯國公謚文忠明史有傳

案允錫世家宜興而生長無錫居邑之南郭外明史本傳稱爲無錫人梁溪詩鈔錄入流寓非

堵孫正字寅叔允錫從子八歲而孤十五工制舉業面試

學使案前得傳工詩及篆刻善技擊會鼎革允錫奉唐藩命撫楚以書招之孫正甫婚數月得書告廟訣母妻而去偕允錫子孫驥入楚允錫命爲前鋒統兵連復數郡以恩義結李錦高一功之心而善撫之累官都督僉事掌錦衣衛事驅馳五載身經百戰已丑四月守永與爲我

大清兵所破巷戰力竭死東郭門內年二十四妻沈氏生一女事姑孝謹備歷艱苦不變其志又三十餘年卒入以方范孝節云

案華氏宗譜載元華濬字希明樂平縣萬山監稅率民拒賊死明華福字寧一官南京義勇衛征廣南有功戰白溝河陣亡華珊常德衛百戶嘉靖時征陽朔陣亡子本衛世襲華應鶴字少峰與華碩敏楊冠世俱以順治乙酉死於兵華葆素字伯沖諸生

明亡殉節無他書可考附識於此

國朝

秦華鍾禾曾孫順治四年歲貢授富川知縣屬有兵事三年乃莅其土撫叛歸俘民漸復業無何滇寇大至被執賊勸之降鍾大罵尋就縊守者覺而救之乃挾以行方渡江中流伺間投水死贈按察使僉事子祭葬官其子沚爲戸部主事曾孫雄飛乾隆十九年進士官至江西

布政使

張令憲字嘉仲順治四年歲貢授香山知縣滇寇破香山令憲及子丹翰皆見殺贈令憲按察使僉事子祭葬錄其孫進爲浮梁令令憲師王家諫字培萱明諸生工詩文尚風節當熹廟時璫禍方烈家諫悲歌痛哭發憤死其弟子皆砥礪名節而令憲尤著

王日杏字丹宸雲錦孫乾隆十八年舉人由內閣中書軍機處行走歷戸部郎中出知銅仁府罷職仍授中書隨大學士溫福赴滇會有金川之役以軍功擢刑部主事

三十八年六月兵潰木果木殉焉贈光祿寺少卿入昭
忠祠
楊夢槎字再騫乾隆二十一年舉人寄浙江籍榜名張槎
後復姓改今名官鄞都令會
王師征金川隨定邊將軍營管礮局兵潰木果木被執脅
降不從賊環跪請點礮法乃紿令裝藥過度礮裂斃賊
甚衆夢槎死之贈兵備道入昭忠祠
浦寶光官宣恩縣乾壩巡檢會湖北教匪滋事奉檄募鄉
勇勦旗鼓寨賊寶光馳至三保嶺遇賊奮身追殺賊旣

衆死之予祭葬入昭忠祠
吳兆麟字德洲副榜貢生任臺灣之鳳山縣會海盜蔡牽
船竄入海口兆麟亟募義勇防禦內地有盜乘機聚衆
攻掠兆麟擊退之斬其首賊以狥追捕至沒水溪賊愈
衆地中火藥突發兆麟死之予祭葬入昭忠祠時兆麟
幕友周蓮聞變單騎赴救同被害得
旨亦予祭葬入祠如兆麟附
無錫金匱縣志卷二十三

無錫金匱縣志卷二十四

孝友

書云孝乎惟孝友于兄弟蓋孝弟者爲仁之本也漢時
已有耰鋤箕帚之語輓近俗益澆漓然鄉曲委巷往往
有不讀詩書而至性過人有足多者豈非良知良能出
於愛敬之眞者然耶刲股廬墓或者病其近名而前人
紀載多及之士生三讓之鄉可以感發而興起矣志孝
友第二十七

晉

華寶父豪晉義熙末戍長安寶年八歲臨別謂寶曰須我
還爲汝上頭長安陷豪歿寶年至七十不婚冠或問之
輒號慟彌日不忍答也建元三年與同郡薛天生劉懷
允並表門閭南史有傳

宋

許九田家子早喪父獨與母居淳化三年饑九往來城邑
求食養母人厭其數斥之九念母終不得食哀痛不忍
俱死因持斧自斷其手手斷血不出人皆異之爭餽之
餐母子得全進士孫浩以其事聞於令令謂九傷毀支

體不孝遂之浩與俱去常州留養於家九每與母同出累日不至浩所浩問之曰所得幸足供母不欲數累長者浩益憐之爲置緇衣衣之居歲餘母死九服所得緇衣漆其斷手口誦浮圖言與母俱卒

張奭字公奭父歿廬墓三年墓側産芝鄒忠公浩爲作孝芝歌

元

張阿蟠生甚微致和中歲饑從父母就食晉陵父歿家益貧蟠方成童傭於馬氏馬染工也蟠因善其業主愛之

歲益其傭直蟠乃盡其所能得以厚奉母暑月夜自焚艾以驅蚊蚋窮冬雨雪鑪未嘗斷薪積二十餘年母年六十五而歿舁喪歸葬哀動路人

李元昭字伯昭晦之子嘗爲慈湖書院山長父歿哀幾滅性廬墓四年墓有四大樹元昭結巢樹杪而寢其中冀風雨晦明見父魂魄也晨暮悲泣羣鳥和之當路聞之辟命曰至終不出

華幼武字彥清父銨早卒母陳以節著幼武幼與羣兒戲於庭聞母語生平事輟戲而泣母問之具道母言痛切於是母亦泣事其祖若仲父至孝羣從未嘗析産異居母老喪明曲爲承順以舒其鬱及母得旌搆貞節堂春草軒以居之晨夕左右終其身幼武工翰墨以詩聞於時與鄭元祐王逢陳基輩友善春草軒成四方名流題詠甚富士大夫豔稱之子悰韡別見隱逸

明

尤艮字心之失愛於君母姚而事之彌謹姚病刲股療之泰定三年省元入明累官至太僕卿洪武六年卒官上嗟悼不已賜棺斂銀五十兩遣祭龍江關舟次詞官撰

呈祭文不稱旨宸翰親爲之蓋異數也

王建字建極家貧三十未娶舅氏朱以女字之會母病二年卒服除將婚而父病又久之亦卒廬墓六年夫婦皆年逾四十始成婚

李步行城東賣菜傭也早喪母每晨出鬻菜得錢以奉父父嗜酒飲之必歡未嘗暫缺見時物於市購以進雖高價不少後體無全衣而父周身之具無不給一時鄉里中子有不順者人輒舉步行名誚讓之

錢璧鏞子鏞以建言戍蜀璧隨父往間歲一歸省母後鏞

老請代任戍役鏞歸而璧死於戍鏞季子瓊方遣戍時瓊纔數齡既長知璧乞代父死事輒痛哭璧死例以親子姪代有司勾捕璧子瓊慷慨代行隸戍所亦歿於戍

陳阿皮早孤養母母死而貧迺鬻身營葬嘗墮大水人莫能援漁人網得之得不死人皆謂至孝所感

華與義字仲模幼武孫洪武中父被誣繫獄與義才弱冠擊登聞鼓請以身代辭極懇摯上爲惻然命原其父

鄒暐字允章父近仁早卒暐事母錢至孝母遘末疾刲股作糜以進獲痊孫永章亦以孝稱

褚鳳字廷儀諸生父伯欽年八十而病弟幼妻又死鳳旦夕扶侍清明父命祭掃比歸父死於鄰火鳳即日葬父遂斷火食惟飲水噉草木根皮傭書得値悉爲松楸封樹之用踰半年事畢告其弟曰可自圖早娶以延父祀遂負薪於墓聚而自焚宣德九年十月朔也時有陳智沈椿沈榛魏忠皆食貧而賤以孝聞

莫昌字順甫田廬悉讓兩弟季弟義甫在金陵遘疾昌兼程往視疾衣不解帶同舍生有病者其親屬畏染不顧昌拯療之如弟皆起時謂有薛包庾袞之風當道薦於朝辭不就

全純字原赤事母盡孝母卒哭歲餘而瞽鄉里聞於官巡撫周忱餉粟布固辭不受曰使純能孝則目不盲矣忱歎曰如是純目當復明已而果然

秦旦字永孚奭字仲孚以孚行父旭以長子襲封武昌知府旦奭家居侍養四十餘年父嘗患心疾醫謂得人胸間血迺可療二子爭剜胸出血和酒以進父疾竟愈母傷膝創潰二子以舌舐之旦忠厚沈默擇言而發奭直諒工於詩操行異而俱以孝稱憲宗旌其門曰雙孝旦

子鏜奭子鋐亦有雙孝名鏜別有傳（永孚仲孚見明史）

唐恒字公常年十六喪父惟寅哀毀骨立事母周至孝成化十七年七月大雨水裂龍山之麓而出惟寅冢當其衝恒負土塡壅不克又貧不能改葬亡何母病且屬纊謂恒曰冢陸沈奈何恒痛母言即以銀鐺繫頸仰天誓曰恒不徙墓不去此然力終不辦後六年恒病革其戚友將爲脫之恒捫鎖淚橫下曰吾脫此何以見吾母地下竟抱鎖死有司上其事未受旌正德中巡按御史聞而祭之

虞廣字以勤成化間父戍遼左母免僉行廣歲一往還以爲常父卒負櫬航海颶風舟覆俄有神出柩洪波中卒獲南合有兩地承顏卷傳於後

蔣朝憲少失父母哀慟死而復蘇貧不能葬席槀枕塊者三十餘年或問及先人淚迸注不能語邵文莊寶亟道其行衆感而賻之迺得葬

秦鏜字國和旦子母張病瘘且瘖鏜以意揣其所欲而調護之坐臥躬自抱持積十九年不懈鏜宏治十七年舉人自母病不赴禮部試比母喪服除而鏜年已老授南

京都察院都事卒從弟銳夔子官浙江布政使都事執喪廬墓事母至孝鏜子淮父疾會有試事父趣之行乃陽治裝而潛留省侍以貢授辰溪知縣治行別見宦望淮弟瀚有文學爲姑後於吳往來定省終身無間亦以孝稱

俞鎧字武元性至孝家貧授經以養督學御史廉其狀俾越次補貢入太學以母老辭不赴既喪母廬墓四年始就試順天宏治二年舉人授長興教諭卒邵文莊寶吳按察學張運使愷皆出其門

秦勵字邦哲以諸生貢太學謁選而父歿遂誓不復出築室父墓旁歲旱水涸忽有泉湓然衆皆賴之名之曰孝子泉裔孫詔亦以孝友稱

浦瑾字文玉宏治中南塘火風急熾甚將及瑾廬父柩方在殯瑾呼天叩額血流被地左右鄰皆燬而浦室獨存人以爲孝感瑾博學與邵寶善舉正德十六年進士知麗水縣受事三日疾作仲子應元手狀走當道爲父乞休並日夜哭泣禱於神求代而瑾竟歿應元自經死州守莆田黃體行上其事於朝而特爲之傳瑾門人華諫

正德中舉人亦以孝聞

吳汝憲字道卿兄某嘗坐事繫獄汝憲因自囚一室藉草食糲一如獄中人勸之輒泣兄釋而後出

折足者子嘉靖初人父折足而老子負之乞於道得少物必進父父有遺餘子始食歷十餘年折足者死子慟曰父在冥孰負之者遂死父旁

陸爻字時貞家貧力養母母年七十嘗病爻夜禮北斗及東嶽願以已算益母周旋坐起十餘年而卒同時有張麒者市民也兩割股愈父疾爻有子爲父請旌麒竟無

人知之者（麒一作麟）

浦劭字成德父應虞邑諸生嘉靖三十三年夏倭自常熟入境掠村落劭與弟濬掖老幼匿僻阻處旬日賊稍稍退應虞潛出探之猝遇賊隊之失道者牽去令荷物前行時劭濬並先他往劭適還不見父惶遽望賊隊直前叩其酋道父狀貌請以身代酋感其誠使釋父去而劭不解倭語猶以爲未釋也厲聲請不已賊怒及之聲愈厲遂亂斮之死比賊去濬甫歸急往跡之屍解爲七迺斂而葬之石室山下應虞爲劭主寘牀頭出入必呼而

告之曰老人無恙萬歷四十三年旌劭妻過亦以苦節旌別有傳濬授經養親每以劭身後名不朽爲親慰時亦稱雙孝云（明史有傳）

俞紹祖鎧曾孫嘉靖中倭躪江南父貫病癱不能行紹祖倉皇負貫竄匿遇賊將殺貫紹祖號哭請代遂遇害賊棄貫於途遇老僕負歸

蔡元鋭國子生居控江門外倭亂具舟奉父軫入城父未即行賊掩至迺與弟元鐸將翼父而升諸屋鋭遂爲賊所執殺於道中鐸以父免未知鋭死明日持金詣賊贖兄因并遇害事聞旌其門曰孝友（明史有傳）

嚴朔字子期七歲而孤與兄皆撫於叔氏朔奉母周至孝周病甚朔中夜具衣冠露禱請以身代母病果愈既而朔疾勢且劇意謂此必代母當爾卻醫藥不御久之亦愈叔氏卒無子朔以次當爲後兄窺其遺産厚欲專之朔曰幸甚吾後吾父又何求焉悉讓之不取爲里塾師以給母方教授邑西滸溪橋倭至人驚竄遇賊被執使爲導不可遂見殺子一鵬

李繪字承曾父望病浹月不弛帶歿而三年不弛哀兄子

明徵少孤縣僉爲糧長繪曰孤兒當此立槁矣請身代之遂傾其家不遺尺土卒不悔子應祥

王宗字振之父伯常世雄於貲以俠敗妻死自備於惠山僧舍宗年十三慟哭迎父歸止於外家旦暮負薪以養既二年拾遺囊於道俟其人至而還之則報以三緡受而買二驢負載取直以養父又十年始僦屋三登里娶妻生子痛母早世終身不飲酒食肉當宗策蹇時有富民張江者齮齕之宗大衂後江與強銘訟不相下會銘一奴死誣江殺之知宗之讐江也餽之金而引爲證及

就訊宗慷慨明其始末還所餽金於官修三登倉人皆義之其子曰澤澤子召問問見儒林傳

衛邦青城鄉人與弟國樵五湏山中遇虎伏巖下搏去尋丈邦曰吾兄弟不兩全矣我已有子汝方婚可速去國不應持刀大呼赴之虎奔逸皆免

沈璵字子美五歲喪父家貧母李苦節撫孤勤十指資遣璵學璵魯鈍不能讀書比長又弱不任耕自恨無以活母偶過橋於泥中拾銀一大餅因坐待遺者甙之見面有天賜節孝四字迺持之歸里人異之有費醫妻以女

璵傳婦翁術家稍裕極意奉母二十年母歿斂葬盡禮璵尋死妻費從死遺孤偉五歲相傳湖州客攜去補弟子員

吳聘字子來有義行以孝聞學使者將越次貢之辭不可遲之又二十年除京衛武學教授遷南國子監典籍會滿考請移贈其父而格於例聘泣然曰吾先人終布衣地下乎為子無狀敢濫上恩遂并本身告亦置不請仕終廣州通判初父年大耋而困末疾聘晝掖以行夜伏身伺喘息冬月體溫溺器以進凡十餘年

林沐字自新父死而貧營什一以養母兼撫諸弟其季賈荊襄罄其貲被惡疾以歸沐匿之別舍療治既瘥迺引見母且更貲之母嘗患疾暑月思黃雀又冬思蟹沐求皆得之母壽八十餘臨卒謂沐曰爾真吾孝子願而子他日事爾亦如爾人因呼為林孝子

黃應元字岵瞻六歲喪父母楊守志積四十七年應元事之未嘗幾微失母意初就外傅與羣兒戲母見切數之繼以泣應元自是終身不事嬉遊

華祺字永年行三兄弟四人父歿母以祺有幹才家事悉

令祺職之祺輒歸美於伯兄仲失歡於母母怒仲祺必跪解杖必身蔽之大父析諸孫産祺與仲共宅仲所受有母搆者母弗予祺遂與仲易居仲歿以孤屬祺祺謹護之逮其成盡返所有祺仲父秘書某貲鉅萬無子祺當立以讓季季歿復撫其孤如已子

張明卿字與時萬歷四年舉人母早卒事父晨夕不離不赴禮部試以純孝稱

嚴紹宗字與德一鵬子少負才名天啟元年中副榜後襲父廕父年近大耋無他兄弟遂絕意科舉亦不謁任子

選居家侍養明季八蕿踊貴斥產以給不使父知一鵬
晩沐存問營建綽楔以迄歿後請䘏治葬諸費甚鉅比
畢則負郭田盡矣紹宗衣冠修偉晩益貧鬻宅居城隅
別業病革謂其子曰死必葬我陽溪父塋子福孫繩孫
張星字楚垣從高攀龍學偕友談高受兄弟敦行朱子家
禮家貧養親一資館穀母莫病刲左股和藥進之又病
刲右股肉以進皆立愈巡按祁彪佳予獎
高士鶴字聲野攀龍幼弟事生母盡孝養嘗語其妻曰子
有三母母惟一子耳有兄六人事之皆得其歡初遊太

學與海寧許令典善及令典來爲令敦舊契而士鶴一
無干謁人兩賢之子世泰
周後字養蒙弱冠喪父里有莠民搆其弟訟後於官而牟
取其利後遽析已產之腴者予之計沮亡何又搆其弟
與他族訟數年產且盡則奪後田百畝以媚勢家及後
疾猶再受弟訟後終不爲忤將卒誡其子善事而叔無
銘吾墓以彰厥愆孫懷忠字士克郡諸生孝友如其祖
哭父王失明弟爲豪家齮齕懷忠傾囊護之豪亦感化
子公謨

賁餻陳孝子逸其名其事蹟不可考邵寶嘗作詩稱之有苦
哉孝子心一念通神霄之句
邵天祿者葉茂才同里貧無妻鬻鐵鋌子爲生鐵鋌子者
俗紡具名以受緯腸者也少喪父竭力畚築以葬奉母
日具酒肉而已饜粗糲每夜歸必秉燭娛母眠依母榻
四十餘年里人化之邑令鄒墀以天祿名上副使旌之
茂才嘗作邵孝子吟
惠仁市傭也父早卒母姚仁以傭錢養得酒肉必懷以奉
母母眼畏烟貿桑栗爲薪價倍他薪弗計也母年九十

跪求畫工寫像母死假貸厚葬之對母像出反必告得
酒肉必布像前如生時又有朱可爲者新安鄉人事母
以孝著巡按御史給之冠帶
過對揚字獻可萬歷二十五年副榜父疾中宵籲斗以身
代妻劉氏以完節旌子松齡
高應豸年十八聘妻王氏卒會父病須其痊續婚竟不起
應豸遂不復娶崇禎中旌
陳志夔業賈事父生死能竭其力崇禎中旌庚午以建儲
恩給章服

秦爾載字彦熙事所後母談與其生母吳交盡其力吳嗜
芡吳亡爾載終身不食芡兄弟有勞必身先之和溢之
氣洽於家庭卒年僅三十三子鏞
葉光輔字調耕茂才子少從馬世奇遊以父蔭得官不就
崇禎初伏闕上疏爲父請祭葬旣得命廬於墓額其楣
曰水天菴一日肅衣冠祭畢飄然出門有頃求之已死
舍後池中
華自明字以光同母兄死族以里役困其子自明任之異
母弟已析産復全畀以母所儲産其婿王永吉官儀曹

歸奉儒士劉并冠服進卻之子寵字龍叔亦以孝友稱
痛上世春草軒遺墨散失購之累年由是鄭元祐黃溍
危素黃師泰諸名人所作詩文凡十餘家及圖畫盡得
之建保墨閣世藏於家寵子章志
凌小道農家子父八十不能自臥起寢以矮牀父澡浴小
道蛇行負而下上妻亦孝
鄒莘字莘野邑諸生性孝友兄某爲富人所訴縣捕之急
莘代繫數月乃釋無怨言治地得父藏金三百三分之
與兄及弟不以私弟拱辰優貢生恬介有守

陳官奴早失父日磨豆斗許以養母妻忤母立遣之獨居
三十年寒餓自甘罄所贏供母母年九十餘官奴七十
餘孺慕如初
陳景仁字長公母老晝常臥景仁旦夕跽牀下挾匕箸進
食以爲常母死遇諱日必慟
錢鉦字允宣本姓華參政津之子幼育於姑遂母其姑而
父姑之夫曰西園處士鉦事之孝嘗再刲股肉愈母疾
處士晚舉子鈞鉦翼而教之鈞亦有至性老人相繼歿
鉦鈞哀毁廬墓六年

陳悅谷賈人子有二弟父鍾愛欲私厚之悅谷時納錢父
處父得行其意父好遊而嗇於貲每風日晴美先厝錢
酒家迺屬父所善友挾以行父樂之以爲友眞知我也
單可觀早喪母父衡陽義不再娶可觀亦不娶寢處與父
俱父歿悲慟而絶
岳呈祥剜股肉起母疾經三旬創沸不可支妻怪詰之發
視口如杯椀血淋漓駭曰何不急救治使至此呈祥愴
然曰吾聞爲此者人遲知一日親衍壽一歲故默忍耳
其後爲親刲股者有蔡志儒蔣元祖顧坦如許明儁般

允升俱以孝行稱

楊紹祖字其遐諸生事父母有至性妻亦孝崇禎中舉賢良方正以親老不赴巡撫祁彪佳又以道明德立足表人倫薦後有秦翔龍字神之家酷貧奉父正道母丁極孝先後兩刲股以愈母疾婦孝亦如翔龍

呂鳴廷字爾嘉父疾篤命之娶涕泣請緩父遽卒天啟元年也江南諱言采選室女一時嫁遣殆遍母迎婦入室鳴廷痛不自勝曰父疾而命之娶猶弗恐今且歿乃以燕爾易吾罔極耶苫塊終喪又數月始告廟成禮

陳國賢靖海門外賣茶傭也慕李步行之爲人事母亦以孝聞

湯時化有至性妻初至即以孝事舅姑爲戒妻未接語面猶恧疑其色忤遽遣歸久之舅姑慰之復還室母病時化刲肉進之立瘥時化常拾遺金守三日俟其人返之

平德淸字君甫父病篤禱東嶽神廟願減己算益父算歸而父已霍然弟與子俱患痘甚危德淸禱曰吾平氏三世皆一身脫不兩全寧殤子無殤弟竟俱生

秦孝維字善先性淳至事親孝親歿廬墓三年與龔廷祥

高明玿友善及二人殉難遂晦迹斗山不見一客

丁巫俗謂祝獻四子大虎小虎阿旗阿皂世嶂唎灣人共竭力田作具酒肉以養父父病大虎禱夢於神神語以股可療虎不解股是何物訊山僧得之四子爭割以進父愈後父死二虎悲哀相繼卒

國朝

虞爾忘爾雪膠山人父罕卿充社總　國初多盜晝殺人膠山盜胡鮑三爲之魁罕卿計團鄉勇行往白縣中途遇一村少戟手罵賊罕卿意其罹毒也語以故且告姓

名村少謝曰幸甚再越宿罕卿還自縣聞門外遽呼虞罕卿出見即所遇村少也左右皆操刄立縛罕卿去是時二子方田作比婦女奔告二子急荷農械馳救父父已死團塘橋下矣順治五年六月三日也於是二子收父尸斂葬密求殺父者主名且泣曰團鄉勇父志也縣批故在遂相與招徠部署立團冊二子於團首自署名曰爾忘爾雪警忘仇冀雪恨也於是遠近響應鄉皆連結盜失勢纍纍見獲凡獲盜必詰殺罕卿者乃知前村少者胡鮑三養子杜息也三走江陰斃於獄而息謀入

海與所左右二人夜治行爾忘爾雪偵知之饗壯士使躡後而身掩至息家息就縛并縛二人牽至罕卿死所比明爾忘歸抱罕卿木主至爾雪熱釜其旁爾忘截息舌釜炙以祭爾雪不勝憤取心肝炙之且祭且啖衆亦爭臠食之爾忘洒斷息頭懸腰間將及二人其一人已膽裂死一人乞哀遂沈之河爾忘爾雪懸息頭於父墓再拜瀝酒大慟乃歸是爲七月十六日自後邑境亦寧

秦鏡廷珪長子順治四年鏡省父長沙既至見父已殉節死撫棺號慟亦死之康熙三年鏡幼弟鈗間關往訪始

得御父兄柩以歸

華世熢字公聚少孤又失母庶母金撫之世熢事之極誠敬兄歿覆露其遺孤周貧窮鄉里稱善人時值鼎革鄉盜橫甚戒毋入世熢門

秦重采字幼儀居親喪哀毀盡禮家人失火逼母柩采慿柩哀號火及簷而返事兄嫂如父母子鉽

劉果遠字千之順治四年進士累官湖廣提學僉事事母至孝俸餘所寘產悉與弟分之

侯曦字朝賓鼎鉉子順治十五年進士鼎鉉令黃岡母王未赴留曦侍養曦聞寇警走二千里省父於危城中寇退始歸父歿遺命葬祖塋形家言不利長子曦曰吾遵治命非邀福也父有田三項命諸子中得第者與之曦不專受分給其弟從弟卿瑩幼孤多難曦爲殫力保持卿瑩歿又撫其子子麟然亦以孝行著聲鄉里

浦佑昌字時泉篤於倫紀鄉里稱之子日新孫長發皆質朴長者

吳繩泰字爾忘少孤事母孝析產推大第與弟姊寡養之終身官萊州推官忤上官意乞歸晚罹家難北行歿於

道第三子德全年尙穉呼老僕楊槃走數千里護父喪還

王允持字簡在康熙二十四年進士當選爲令以母老歸工詩詞篤於孝行一日手書數十行付諸子皆身後令奉養大母事未幾卒

陸士奎字聚五六歲喪母感丁蘭事刻木爲母像像成會母諱日抱像而慟像亦隱隱含淚父豪飲喜賓客奎值佳時雖甚窘必質錢置酒致父所知愛博父歡奎亦善飲不飲以供父奎故貧授徒以給云

虞官臯字汝明生五十日而孤母吳茂貞以養以教官臯習母訓篤倫誼卹寡庇孤恩洽宗黨嘗集格言名曉孤錄子銓邑諸生官臯卒哀毁成疾未幾亦卒

邵可學典道鄉民負販養母一言不茍嘗冬月出販母問歸期以明日對會大雪就販即還及到家恐違信又更深不敢驚母寒噤匿簷下明旦迺入邑令吳輿祚聞而奬之

曹童子者父南郭外墁工也童子方五歲父或扃戸出則竟日不食鄰舍憐而餔之輒搖首泣俟父歸同食未幾

父死童子嗚咽悲哀匍匐死父旁鄰人市棺合斂埋之康熙四十年間事

仇斌本姓杜事所後父母極謹父嚴冬患痢斌侵晨取中帬厠牏滌冰鎛兩手皸瘃不怠也母嗜果未老齒齾雖果之不可熟食者其妻必蒸以進鄉黨以爲斌之孝於其妻益徵之

王晉錫字受茲父客荆州更娶小妻寓家焉時西南用兵吳楚路梗音問阻絶晉錫授經奉母及事平聞父已死晉錫間關往訪比至而父之小妻亦死一弟尚幼晉錫舁兩柩攜其弟歸母亦視之如已子且命晉錫教之成立

張寅孫字伯玉父拱明遊桂林音耗斷絶寅孫子身行誓不見父不返至則父已死舁櫬歸與母合葬乾隆四年旌

朱旂字大占父遂範早卒旂跬步不違母側偶以事入城則令家童數輩時刻傳報高堂喜慍或稍失和吐餔疾走足及門醫巫已羅侯矣康熙二十三年魁順天旂戀母不常與計偕甲戌母正色遣之行抵京考授中書遽

歸母卒不勝喪亦卒

丁紹美字西文幼孤育於從兄稍長挾貲斂租鄉莊紹美晝隨行夜匿誦讀兄覺之喜聽就學補諸生喜探雒閩源流體驗而身行之益深於易事從兄如父從兄死二子業不守紹美以所受脩脯資之未嘗時出詈言資之如初

劉耿字覲文父早歿家貧母令爲道士已歸省其母母已三日不食矣耿大慟告其師歸習星卜小技又爲人傭書自是菽水稍給有大戸憐而字以女會母喪耿廬墓

大戸計女年已長微言之耿拒之堅女尋卒耿亦終身
不娶
黃汝濟字子楫兄汝潞溺死震澤汝濟徒跣湖濱覓尸三
晝夜不得慟哭曰兄乎有靈盍夢我夕夢而旦獲之喪
得歸子趙音康熙四十四年舉鄉試第一成進士入翰
林爲人重名節通籍後家甚貧燕坐讀書不與外事人
稱爲固窮先生
秦源寬字未能生四歲而孤母胡苦節撫之源寬既成進
士考授中書告歸侍養請旌如制遂與顧培等相地惠

山之麓集貲別建貞節祠奉母主入焉子伯龍進士知
濰縣龍光吳縣學生性至孝早卒
秦枝桂字燕庭父世鑰有孝行枝桂好讀書文行謹飭秦
氏自其先尙書金始編宗譜有名淪者圖繪先人遺像
以及碑銘傳記彙爲一集閱數世而枝桂又續加纂輯
共六十卷逾二十載而後成嘗自館塾歸適有從弟婦
歿轝教授所得爲治後事從弟歿復殯斂之卒歲家徒
壁立蕭然自得
呂茂芳母丁生四子而寡嘗遘危疾茂芳屏隱處刲股肉

大如掌暈絶久之弟時芳世芳心動燭見之竊肉合劑
以飲母母立愈季弟永芳子婦亦刲臂愈姑疾
成達字民望父英訪母不歸不知死處母吳以節聞達察
色聽聲先意承志比歿廬墓久之芝產墓門甘泉出井
兩世純孝能詩者爭歌詠之雍正二年旌
陳人龍字震先十歲喪父事寡母孝少善飲母戒之終身
不過三爵母歿年逾九十人龍亦老禁斷酒肉既禫適
館固安主人治盛具瞿然曰禮始食乾肉飲醴耳撤去
酒卽席人龍教授生徒多達者年六十四始舉順天又

十年雍正五年
特賜進士
朱昭時字聲雷父重華好施予昭時以節儉稍致贏餘邑
中善舉必悉力爲之以成父志母得危疾露禱願以身
代母病竟愈而昭時年止三十九
曹安國字明善父諸生某字穀汝故家子不問家人生產
耽觴詠賓客喧遝履綦無虛旬安國典鬻進具產盡繼
以闤闠滌鎗纍椀皆躬親之三十年無問父年九十四
孺慕如初安國少多才以病瘻廢

浦百齡字永年父鶴翔病劇夜半禱於竈神刲股以進卒
不能治負痛終其身母張年九十六卒百齡已七十二
悲哀不止亦卒先是家困徭役客虎𪐴受厚將弟妹咸
賴之妹之夫涿人也依之五十年庇其家兩世

葛成璟字友宋國子生家本素封里有猾者速其父於獄
逮者至成璟請行縻空廨累月父驚懼成疾不起兄謀
假父筆爲析券盡以沃田自予而以磽确者遺弟家所
偫米廩三穀廩一盡空其米而留穀以待成璟事解歸
痛不得奉父含斂一切並聽兄指無幾微見於言又歲

將闌傀設質庫受敗器而予值以陰惠其地之貧者壽
八十卒

楊大猷字兆偉少攻苦制舉藝而以試射占學籍父纘高
歿教其弟綸大嵩若嚴君不別財以專致於學綸大嵩
卒以決科名當時大猷保衛先世五百年古墓悉反所
侵地護鴻山泰伯墓尤力

許國蘭國芳開化鄉人嘗隨父樵山中虎嚙其父去國蘭
兄弟爭搤虎脫其父皆傷焉又有周承陞徐世芬秦泳
曾袁成學及宋村宋兆裔皆割股愈親疾又顧琛朱輝

顧天錫亦皆有孝行

秦賓然字涑子貢生道然弟出後叔氏松岱雍正初道然
以事繫獄罰鍰數萬賓然矢以其身共兄難臺憲不可
固請臺憲曰若胡爲於此株不及孥若出嗣對曰出嗣
者分同生者身不株者
國恩不移者天性兄存與存兄亡與亡耳聲淚交迸盈庭
斂色稱歎出私錢代償罰鍰家以貧困賓然才高識洽
人有疑難多以就質急義問不內顧羸絀年八十九卒
閭黨聞之皆哭泣失聲

朱生煥字子千邑諸生母病篤嘗糞以辨其甜苦里中某
好蒱博生煥嘗以事至其家某留飲既坐進食遽暘吐
疾走歸懼母之疑與狎也其承志幅躬多類此子琬舉
進士

張光宙字若賓邑諸生有文譽事父孝嘗以母不逮存爲
痛兄歿撫教其子如己子尚書秦開父也

華世章字漢倬父疽發背世章衣不解帶三閱月父又患
目疾黎明世章必就枕舐之乃愈年五十六先其父歿
族子希閔志其基

秦瑞熙字𨜒五貢生工畫不多作多藏古人書畫精於鑒
別家有寄暢園爲秦氏世業前經
聖祖六巡駐蹕閱三十年臺榭就圮瑞熙承先志獨力新
之乾隆十六年
高宗南巡瑞熙迎
鑾進畫册蒙
賜貂皮瑞熙歿
特頒孝友傳家額並令配享雙孝祠子兆雷捐職知府待
宗黨有恩誼於近支尤篤謁常稔田二百畝爲雙孝祠

春秋祭享及脩葺山園之貲
王進字來益成童時即以孝聞父病醫言血枯所致進迺
頻刺兩臂血和湯藥飼父父疾遂瘳父歿進偕妻移榻
母側歷三十年服勤如一日子麟芳亦至孝
雷汝器字若貢國子生父始賈學賈以積逋多出走汝器
時年九歲泣不止年二十或許字以女謝卻之聞父歷
楚豫間遂往尋覓歲率一還家省母輒復出後忽於江
陰旅舍遇父相抱而慟然父終不肯歸汝器迺先馳至
家寘酒遍召父所常見負者曰有某在幸毋恩老人

許諾至日皆來賀是時年二十六後合券凡四十餘次
第盡償之汝器故窶入方求父日習爲星卜堪輿之術
所贏奇零留小物輒數倍歸而業隆隆起以是得行所
願父歸始娶父安養又二十年母病且殆禱於天夢神
饋藥飲之愈季父夫婦歿遺一子幼撫如己子
趙梀字禹植父世彝雄於貲生四子梀其仲也分授家產
多所推讓世祿以梀賢俾主質庫孟嫉之屢伺隙持及
欲刺梀世祿老無如何宗黨憤甚縛孟將詣官寘之法
而梀顧遍拜之慟哭爲乞哀孟至是亦懼而感悔焉

楊綸字象貞由邑諸生入成均父淵之貴池教諭歿諸孤
流離家大淪廢綸走四方數載橐稍裕歸迎伯嫂二弟
共炊羣從隨其器能處以常業雍正中累舉方正才能
皆不應
毛士翼字子輿五歲喪母哀動旁人事生計業以起妻賢
亦以孝稱
華宗轍字子由事兄謹父所遺產悉以讓兄一切公家器
悉後已不先取而力行節儉頗致饒裕以其贏賙卹里
黨人咸稱之

李昌裔字兆玉郡諸生其先徽人也昌裔五歲而孤母邵撫之成立里人侮其單弱避之郡邵念夫墓在錫鬱鬱成疾昌裔調寢膳數年刻責自奮仍奉母返邑之東亭服勤愼終備極誠敬家故貧痛母飄飄一生志切襃顯得請旌迺卒

徐智字鑑若父某有五子產不踰中人智斥妻奩物得金轉販江淮間贏餘推與兄弟共之兄潮爲諸生不娴生計智白首恭事潮病羸則匿製參飲和酥酪中進餌之大起迺已

浦雲字漢章父照病嗝神憒雲刲肉和藥灌之迺甦妻尤以節旌在室時亦嘗剜肉療其母時有顧欽明者並以孝聞

許培元字賁蕃家故貧減食養親歲歉困絶竭力營旨蓄無缺之培元夫婦界至斷飧父疾培元以股肉起之繼患心痛疾刺心血進痛已父歿終身不食肉不御繒帛

陳垣字璿衡父霞光性好遊不事生產垣善治家一切不以干其父霞光因得放浪山水間其友之過霞光者亦無不盡其歡而去

楊宗濂字聲毓事母至孝平生未嘗渡江曰登高臨深萬有一危以貽親憂妹適唐得心疾宗濂爲置妾生子教弟大綸有文名官定海令

錢朝熙字二愚事父母有至性鄉里皆稱錢孝子與兄袁英同居終身無私財雖小事必咨而後行兩姊早寡時賙給之而迎養其無子者兄子中青亦以孝聞父疾籲禱以身代神示諸夢父疾瘳而中青卒

朱國棟字有懷早喪父母每出耕負耒經父母墓必慟哭

娶婦華三日設祭夫婦相持哭終身以不逮養爲恨

龔煒字逸其性友愛與季弟同居數十年不析箸子德持亦善體父志無間言侍母疾寒暑不懈

倪體明字黃吉執喪不勝哀旣葬廬墓側或竊其疏布被去迺編藁爲圍寢處其中墓去家可一里其妻紡織相活或米不足炊則雜馬藍藜莧爲糜餉之一日遇雨徑滑子失足傾糜體明掘草根和溪水咽之除喪數年而卒

潘稷字稼先父果官永順同知以事下獄稷聞信自家馳

六千里省父職橐饘餓而嘔血死臨絶歎曰脫爰書有急計以此身代父今畢命卧榻死不瞑矣逾年父獄解檢其篋得預草代父死疏槀語極酸楚

鄒文然字路若母患蠱百藥罔效文然刲股以進且禱於神願減算益母壽母夢神手撫其頂腫漸消旬日而愈

華希閔字文友希閔弟九歲而孤雍正七年舉人十三年應聘分校江西鄉試授内閣中書嘗刊邵文莊寶容春堂集行世其他如脩學宫葺宗祠諸舉悉希閔爲首倡希閔始喪父時奉遺命事希閔如父希閔自幼以迄成

立凡事必請命於希閔而後行方官京師聞希閔病亟馳歸遂不出子繼石阡府經歷亦敦倫誼好施予

劉泰字逸其父惟裕患風痺手足不仁泰日侍旁著衣傅袴溺器必親檢母疾革刲股和藥以進母亡號慟嘔血幾絶恐父知入寢室問安如平常父好施予族黨有困乏者告其父泰爲鬻田以給之乾隆二十七年有司表其閭

姚夢熊字伯男諸生父球少有異禀善讀書尤精岐黄之術夢熊負儁才工詩詞以夏月隨父遊惠山舟過蓉湖大風驟作舟覆父子俱溺夢熊躍而登岸不見父仍躍入水抱父尸死

周奕清字省源祖宜振進士歷知錢塘太平縣事有政聲父金蘭年七十餘病卒奕清擗踊號慟咯血不止亦歿即父卒之一日也乾隆三十八年旌

秦文錦字仲簡諸生能文工書畫少孤兄弟四人仲出後文錦稍長隨其伯兄雲錦榰柱家事事孀母至孝甘旨之奉不以貧缺雲錦歿食指日繁不析箸家益困文錦迺出遊粤東積有嬴金歸置田二百畝與其兄子及季

弟均分之而一無所私時有周振亦諸生事繼母孫至孝教其弟掇成進士拱補縣學生

華紹濂字西京少讀書一目十數行下爲文握管立就不加點竄補弟子員困於省試竟不遇事寡母至孝母病侍奉湯藥以勞瘁得疾卒其友秦鳴雷爲之傳鳴雷通經學尤深於易同時諸生高樂志華聲雷亦高才生而内行淳備皆推紹濂

趙維枚父仁淵年五十始舉維枚性至孝母疾思食鮮蘑菇不得因上惠山項尋之力倦坐石上旁有白如靈芝

者鮮蘑菇也聞者異之母旣歿方議葬適鄰火延及八
怪維枚不出火光中見維枚跪棺側號慟言欲與棺俱
燼衆憐之迺共冒火舁棺而出嘉慶十二年有司表其
閭

華士俊諸生父曙得疾危甚士俊日夜禱於神願減算益
親比歿絶粒臥柩側奄息不起告母浦曰兒不及事母
有弟在可無憂屬妻以衰絰斂我不能終三年制晝像
亦用初喪服言已長號數聲嘔血而絶同時有錢秉義
事母以孝行稱亦工詩

黃兆熊字宗文少喪母事父至孝父病足瘡且潰兆熊口
吮之而愈旣又患痱飲食轉側晝夜扶持閱數年不少
懈子嗣昌亦以孝友著稱錢唐吳祭酒錫麒爲作無錫
黃氏兩孝子傳

唐際華國子生幼喪父見父遺衣冠卽慟哭事母孝會修
父塋與傭同畚築家人至以母疾告冒風雨疾行數十
里至家竭誠醫禱母疾瘳而際華以憂瘁咯血不止卒
學使旌其閭曰至性可風

附

管近德陸士進皆涇里華氏僕也奉母皆盡孝近德妻事
姑少不謹輒懲之母病且死稽顙北辰自宵達旦母死
復甦士進兄弟四人並以孝友稱而士進割股療母疾
孝尤摯

無錫金匱縣志卷二十四

無錫金匱縣志卷二十五

〈行義〉

邑中特立獨行之士如明初張翼徐續輩義聲震於遐邇跡其行誼殆范史所稱操尚都絕者矣若夫爲善於鄉好行其德其人大率優柔平中不必有嶢絕奇特之行然自流俗既衰乾餱且有失德士大夫果能不以封殖自私鄉里緩急足恃君子有取焉志行義第二十八

〈宋〉

費肅字懿恭少好學頴秀拔俗大觀三年進士第復以薦除秘書正字靖康末高宗開府於鄆肅主饋運及駐蹕廣陵首召入館既遂歸隱錫山建炎末御史中丞富直柔薦肅與陳與義張闕三人乞召用陳張赴闕並躋顯仕肅獨抗節引辭叅政張守累寓書謂肅有幕府之舊宜先衆人行卒不起孫袞別有傳

沈楞字斯年性醇厚樂善家饒於貲人貸之或不償卽折劵無靳色歉歲傾廩賑恤嘗以萬緡助軍興朝廷欲官之不願賜號達義處士

〈元〉

強以德字振之二歲而孤弱冠學成授永石書院山長歷儒學提舉以母老棄官歸搆義學延師以教鄉里子弟捐田千畝贍之又買璨山地四頃以葬邑之死而無歸者朝廷表其門曰善義同時華玠官長安織局提舉亦好施予有義聲

〈明〉

張翼字飛卿長七尺赬顏而髯讀書尙氣節雖時貴人言不循理必面折之張士誠陷無錫盜販之徒首纏絳帕執戈矛巡門嘯呼民恐旦暮屠戮翼不爲動徐達破姑蘇遣胡廷瑞率師攻無錫僞吳將莫天祐固守達命使諭降天祐殺之達怒檄廷瑞曰卽不下屠其城於是翼與儒士徐續往見天祐曰西吳兵亟矣將軍計安出天祐曰吾受主厚恩誓以死報翼曰將軍固守爲張氏也今張氏已就縛矣又將誰爲胡平章舉十萬之師壓境生民之命懸於將軍翻然改圖則上不失名位而下免數十萬衆於荼毒將軍豈無意乎天祐沈思久之擲帽於地曰誠如君言吾不惜屈已事西朝顧如失信何翼請往義以報乃縋城下見廷瑞廷瑞許之約三日

率妻子來降翼歸報天祐自縛詣軍門廷瑞乃入城不
戮一人市肆安堵如故錫民德之至今績字伯凝績字
仲祥三人既以說降天祐有名於時洪武三年並舉經
明行修將召用而績故嘗為僧至是竟逃去不知所終
翼亦以老辭不起惟績應命為武岡知州進順德知府
太祖嘉其始終一節賜璽書褒美歸老於家卒年九十
有七初張士誠聞績賢欲用之不往入明乃委贄焉時
又有火丹赤者邑人周思文養子思文以先世為哈麻
火契丹達魯花赤俘其家故名子以識志翼等之說天

祐也思文卒父老而從之丹赤進曰周氏宗祀惟大人
在大人不可往請代大人行及天祐降其麾下兵猶不
卽進丹赤趣之則怒曰爾欲誘殺我乎遂殺之天祐至
金陵亦磔死後翼子籌策皆貴顯
李元丑字逸季有勇力讀書擊劍多俠遊元至正中羣雄
競起元丑謂天子氣在淮泗間乃渡江求主得明太祖
從焉平張士誠有功將官之遽卒詔賜斗門田以贍其
子李氏遂世著於斗門
談綽字公綽性質直洪武中以人材徵奉命督賦蘇州郡

守李某以百金餽不受嘗客松江同舍郎夜置酒召妓
而迫狎之綽明燈端坐達旦妓慼泣遂改行為良家
姚樞字景衡貢生授某府推官與張文煥善文煥死寇難
其妻邵以子元保屬樞遂自殺樞攜元保至京師節衣
食養之元保又夭乃訪文煥骨於野寺負之以歸并元
保葬之
楊宗昌朱待用皆邑老儒蘇州知府姚善先後延之於家
教其子節善被戮節戍遠邊二人間關徒步護節以行
皆死道中人稱為雙義

苗有年字足國力耕自給永樂三年歲饑民多死有司勸
賑富室莫應時有年家有米十二斛捐其十以散之鄰
里僅存其二乃取草根樹皮雜米食之是秋大疫苗氏
獨免
顧信字元孚祖福五父壽皆尚義明初有強黨俞寶者縱
橫膠山鄉嘯聚刼掠福五及壽倡集義旅捍禦里倚以
全寶乃竄入京搆蜚語陷福五逮繫獄壽伏闕訟冤寶
伏法福五得釋歸永樂時詔旌其門曰雙義信少孤貧
寄食於其姻邵氏家嘗早起立門外見富人鄒雲偕僕

騎而入城僕下馬攜笥如溷頃之馳去忘取笥笥中裝
值千金信立俟其來還之鄒問馳謝分十一以贈不受
適蘇商某泊舟見其事而義之要以行厚託焉且妻以
女後乃漸昌尚書可學副使可久之祖也
華輿叔字仲諄悰韡子勤力田鄉人化之無惰農達生而
好施嘗因事被誣搆而與其人同繫獄輿叔推誠相對
無幾微芥蔕病爲具醫藥撫視甚周其人愧悔曰吾小
人迺大獲戾於長者事卒得釋孫禎字守吉宏治中出
粟賑饑例得旌門禎請移旌祖墓邵文莊寶爲作旌義

墓門銘
錢清字孟清慕婁師德爲人自號景婁家富族黨待舉火
者數百家正統五年饑捐二千石穀佐賑景泰五年饑
復捐三千石朝廷欲官之不就授其三子俱承事郎時
有侯清者亦字孟清富而好施邑有義舉得清迺辦時
人爲之語曰困欲拯乞二清
錢秉字公治以字行家世好禮秉尤好讀書正統六年饑
與從姪惟常出粟千石以賑有司以惟常名聞於朝賜
敕獎諭焉

趙瑾字公韞景泰六年饑疫死者皆棄於野瑾買棺置衢
路縱取無所問有鬻田者匿其左券以搆訟而遺其券
於道旁瑾所畜犬遽銜至瑾前匿券者詣瑾謝罪瑾曰
本未嘗有券也人以是益義之
華烱字文熙父守方遺財巨萬烱無他好惟以散財爲樂
凡助邊賑饑下及捐衣施藥其門如市一日人衆空其
一倉則大樂産盡而後已兵部郎鑰之祖也
般廣成逸其字序之孫歲薦饑出粟千石以賑貧民者三遂
左軍輿傾家貲助餉詔賜七品秩不受

成昌字彥文以醫自養而樂施濟嘗有老嫗詣門求醫置
鈔數緡忘持去昌追還之年踰五十始舉子郎僉事始
終也
朱南仲前滻里人以書獄爲縣吏景泰末歲大饑饑民強
貸於富室富室指爲盜訴之官郡守當以大辟南仲持
不可守怒屢榜掠之不易辭獄因久不決明年天順改
元大赦獄乃解獲免者三十六人
華芝字楚英性謹厚巡撫周忱舉爲萬石長成化十八年
饑出穀二千石賑貧民有司以聞錫冠帶獎之

楊旻字日初讀書好客居迴溪里歲積粟萬鍾與里人共之歎散豐收不以時高下其價歲饑嘗應詔捐千石以賑授冠帶孫淮見忠節傳

華賢字人表任俠尚氣節武宗時劉瑾專政賢詣闕疏陳瑾罪罹詔獄邵文莊寶力救之得免

安國字民泰本連珠里黃氏從母姓國性警敏多遠畧以貲雄於時贍宗黨惠鄉里乃至備倭寇濬白茅河諸大役國皆有力焉父喪會葬者五千人所居膠山數里無水會歲饑大出粟課民鑿渠日集千夫自春及夏成巨

浸民賴以活石田轉爲沃壤而其圃亦成所謂西林也

鄒望字國表父翎指揮使望才局機敏愛人禮士好施予凡貧者來告無不得所欲而去

華麟祥字時正由諸生入監選浙江布政司都事不赴轉輸播殖遂雄於貲歲饑粟貴傾廪賑貸無弗應者新會陳獻章爲顏其堂曰樂善令子雲受業於邵寶寶歸田後與富室相款曲者惟麟祥一人

華珵字汝德以貢授大官署丞稱疾歸亦善生殖好爲德於鄉里受其澤者每元朔扶攜叩首滿戸庭珵無德色有反噬者搆大獄誣珵既而其人坐發冢論戍間逃還珵勞苦飲食之歡如平生善别法書名畫一時鑒古之名亞於長洲沈周

鄒夢桂字汝丹嘉靖二十二年舉人少孤發憤能自立不與俗浮沈家所遺田悉推其弟娶妻奩具美固卻不受一時鄉舉者有蔡瀛殷旦祝舜齡皆有志節見稱於時

張守經字子傳翼族孫善射任俠嘉靖三十五年夏倭至焚掠遠近死者相籍守經傾其家貲募集鄉勇延何五路爲之督而奉苗生子白爲謀主子白及何五路等三

百餘人與賊戰斬其酋閻三等數人既而敗五路及其徒三十五人死焉倭亦氣奪遁去守經爲監司檄取從征屢有摧敗將論功以母老辭歸

施方昇字仲光郡諸生慷慨好義重然諾其友有華兆登者姊適強以虐死兆登訟於官而直之強以是讐兆登必報焉亡何家有喪事華之少長畢會而族人某者以攘義田租爲衆所疾遂羣擊之喪所而死強因厚資其家使力主兆登誣服繫獄方昇命其子元嶽曰善人在患饑不及餐況父友耶子必勉之元嶽每左右兆登不

能脱久之朝命使者恤刑江南元崧宛轉營救得釋歸
兆登武進孫愼行門人多著述尤深於易
張淇字子期學行淸介顧憲成師也憲成擢吏部郞徒步
往辭喜曰此眞吾弟子非天官郞也以貢歷官吳縣休
寧訓導未嘗於達官貴人前一齒及門弟子姓名一日
賦詩曰靜中自念常憂國夢裏思親輒過家遽拂衣歸
饘粥不給晏如也
吳元（逸其字）長厚好施邑水災民多溺死收瘞遺骨凡千餘
養濟院頹壞見諸瞽者凍露風雪中即盡築而新之設
粥施瞽頻歲不倦知府趙兌旌之曰尚義（元後居武進）
許伊字文山性介特陳以忠守光州延教其子光州名士
多與之遊有余繼善者尤相契厚後余成進士司理常
州累招不往有里人爲盜所誣余知其枉謂曰汝能致
許先生一來吾脫汝矣伊乃詣郡白之里人餽謝不受
倪珵字艮玉力作起家兩弟皆早世諸治辦先兩家而後
已萬歷十六年饑出粟千石備賑仍爲糜飼其里人邑
當編役身任之脫諸貧民邑長加禮則曰往役庶人分
也恭而不伐人尤難之

華祖勤字汝成萬歷二十二年舉人博學負才氣有武弁
持千金求屬事於其姻婭之在要路者卒謝不可屢躓
禮部試天啟中居京師逆璫亂政迺拂衣歸子澗球有
文行官高州衞經歷
陳正卿字並漁幼學子萬歷四十三年舉人遊高攀龍之
門受易於錢一本所交惟馬世奇一人疾惡甚故寡與
有田不過數畝僅供飦粥値歲饑指其餘粒語家人曰
吾欲出此贍桑梓則不給欲獨食義不忍奈何因日啖
三棗遞減一棗八日而餓死子禋祉順治十五年進士
臨安推官嘗籲巡撫題豁三邑荒糧六千五百石有奇
季衍昌字如舜少以誠信推於其鄉有西村孫氏者故素
封與䛇濟有隙濟子死誣孫殺之訟於府將檢視而濟
妻不忍其子之析骨也使濟夜叩衍昌門曰吾始意不
至此誠以君之言俾少貲我可告息也於是議以百五
十金爲濟養及葬其子費事已濟至衍昌所受金因留
三之一以報衍昌衍昌緘縢識歲月穴置之牀下後五
年遇濟於城南望見衍昌而趨衍昌呼止之問無恙曰
向之所得旋爲族人分攫蕩盡今羈棲呂城且不能歸

故土何面目復見丈人衍昌邀至家謂曰若但改行吾爲爾資遂出所藏畀之濟猶識故物也頓首愧歎受金而去又里人盜衍昌粟事發其人反訐於官累訟得實將發驛衍昌度歲饑久繫今遠遣萬一道死是吾以數石米殺之也爲宛轉解釋竟得不罪

顧三達字行甫祖誂嘉靖三十七年舉人授襄陽知縣尋棄官歸遯跡湖山爲雙清八老之會三達以長厚稱鄉里崇禎中歲大饑倡義平糶遂半其直忌之者如其價求米二百石立與之

孫秉禾字秉兮源文子重然諾有智數好急人之難當所欲言雖貴豪不屈而未嘗忽一婦豎族黨服其公正是非多取質焉

樂韶字振之諸生鼎革後居家教授爲邑碩師家故貧父所遺産悉讓其兄友人倪康侯饒於財因鄉多盜畀數囷寄韶家曰此粟置君所倘不給任所取用韶檢視皆金帛也亟手封識事定後悉歸之邑有被誣陷重辟者適司理爲韶故人密白其冤得釋其人德韶持五百金爲壽韶笑謝不受子華政皆諸生華以孝聞

附

迺安者華仲儀僕仲儀戍淮久貲盡自分無所得食則死安因求事乾沒日以所得歸給其主必有餅餌脯鮓而後卽安其後有王朋者亦泰塘涇華氏傭主爲郡諸生而擊殺其族人之僕舉家倉皇不知所出朋徑詣官言主有事郡學去邑百里殺人者朋也歷訊任益力遂具爰書死獄中又李松者龔錫爵僕錫爵父暴卒有利其貲者謀賊殺其孤而取之松知之乘夜冒雪負孤而奔金沙村得免後輔其主勤苦二十餘年至錫爵登進士

官工部郎松乃死又姚祿者從其主姚期綱運入都期羅法東廠捕之亟期出祿守舍遂自言期子縛之去道遇期亂以他語期乃逸祿至官榜掠甚酷堅言父逃事久得解歸又梅受周鹿遊僕鹿遊居菰川妻死貧甚獨養於受鹿遊與鄰張道人爲至交受并養之受嘗凍餓無怨悔垂三十年而死

國朝

楊墀字覲黼邑諸生廉謹而好施歲饑常貸粟以賑邑有大役爲食於路以餉役夫或負官逋而鬻其養女墀詢

知其舊族也為代償賦而歸女於其本生邑趙生才而夭婦苦節鬻田以葬犀命諸子反田折券子淛進士官行人

華汝脩字履祺諸生父國球敦行孝弟教授鄉里汝脩事父能養志建祖祠率宗人遵朱子家禮卹貧乏贍孤寡施櫬掩骼諸善舉甚多嘗見有逋糧械繫者為納逋而釋之

丁明俊字樹滋父命析產悉推與寡嫂獨身治生有贏餘以什之二與其孤甥而已更與兄子中分之有大帥鎮

蘇撤回兵譯騷明俊獨延其伍長厚飲食之令戢眾由是兵過南塘無譁者

丁華祖字熙之少孤服賈養母嘗客武昌心動亟歸抵家母果寢疾鼎革初鄉多盜華祖詣軍門上方畧卒用其計戢盜歲饑捐粟助賑子允祉以歲貢任潛山教諭能得士心

楊紹雍字鴻森諸生性惇厚負經世才有大事上官倚以條畫邑中善舉常恃之主辦所建造脩舉為鄉黨利賴者人得一事足以為名而紹雍自視若不足子銘敦令湯陰在官所需悉輸給之銘敦卒為良吏

鄒溶字可遠以字行世貴盛豪於文酒嘗北遊主滿州法葆家法葆善書畫鼓琴以事亡命吳楚間時與溶不相聞數年矣溶飲於外聞有急客歸視則葆也舍之山中數日逮者至先逮溶因獲葆械至京繫獄葆伏法溶亦論斬所親為斂貲治後事溶顧吟詩豪飲醉即酣臥如平時獄上命監繫在繫五年讀書不輟喜畫山水學吳仲圭初不自名至是購者無虛日既減等流關中士大夫皆待以上客又十年遇赦歸家早破寄食僧寮以死

溶友朱瀾字幼安以友人獲罪牽連死詔獄瀾嘗客遊燕趙齊楚間多懷人弔古之作宜興陳其年序其詩子元方於父被逮時徒步隨侍入都稱孝子

孫濬佳字蘭堦諸生倜儻負才氣三佐賑濟條上方畧皆施行康熙十九年大水巡撫慕天顏議以工代賑濬佳請築芙蓉圩坍岸七十里巡撫即委濬佳一月而成武進江陰咸利賴之其議編審法不可罷最愷切又議革除經催（催一啚十甲本年糧餉逢卯候比不及欠戶）議停丈量蘆洲議門稅勿加耗而免孤寡之稅時吳興祚為邑令深倚信濬佳

洊佳於邑利病事亦知無不言
顧敦字子仁諸生以恩貢授知縣不就嘗捐貲築塘自三里橋至石塘灣計二十餘里人感其德性坦厚所欲施不問多寡子𢢼字珏斯以友愛稱庶弟千重法傾貲營救得解既諸庶弟盡破其產則割己產給之𢢼子建元尤好施予赴義若渴遇歲祲賑貧乏無所遴即兵備道光旭父也
楊思九字維三少貧勤於力田穀稍餘輒別貯之大署其廪曰賑謂異日施濟當用是會歲饑邑紳詣鄉勸賑諸

富家皆辭以他事因共過思九思九即踴躍曰計吾家所食餘悉以賑諸富室聞之迺更出粟子宏度篤實醇行亦如其父
杜芳字韡仙父禹謨尚義喜恤貧弱芳初貿易江湖間得百金則輟其半爲從弟婚復貿易得百金則以嫁從妹葬族中五棺既而業隆起見饑寒者輒衣食之歲暮袖銀錢數十函走街市見皇皇然無以卒歲者遺一函道旁使之拾去初自韜晦久漸有聞索施者盈門芳弗倦亦無濫與者芳八十九歲卒子爲翰林院編脩詔

潘志道字嗣安少從其婦翁遠賈售輒倍喜周人急尤憫獄囚歲三賑焉寒則絮之薦之即遞解寄獄者悉給錢米性至孝母病目舐之復明遘危疾刲股食之得愈
秦松期字邳仙以貢授蒙城縣訓導不就改翰林院孔目家居養親內行淳至負才識不及施用間試之鄉里臨事犖犖難或以非邑有公事松期恒尸之急難排解或以此蒙謗弗悔也
陶天璧字恢旃本錢氏其先贅於陶因蒙陶姓天璧少孤貧祖墓濱太湖迷失塋域訪求積年始得其處既長家

稍裕性好施濟會江陰水災沙民多饑溺即倡里人齎粟載艘往拯之慷慨切直常面折人過退無後言子布政使正中
秦公鎬字二酉初嗣叔父後叔舉子即盡還叔產固與之受瘠田二畝種秫以釀酒架上卷帙縱橫覆之皆成誦亦時用爲酒資曰書在吾腹中無事此冊子矣居沙頭面湖環山陵谷窅窱經歲不見客嘗至虞山居海濱聽潮聲三年不歸家人莫知所在老值歲饑家既貧無子又恥從人求食走入湖中死

錢袁英字藹宜父棟卒時以節性愼言積德三箴授英英因更字箴三居負北郭市囂鼎沸英鍵戶讀書教授弟子門無雜賓產不踰中人而勇於爲善不以力詘辭少爲諸生以貢授靑陽教諭未任卒

陶乾字元直性慷爽敦氣誼陰濟人急不尸其功母祝苦節乾服賈以養未嘗失歡其後有竇文銘字茂如候選州同亦以賈起家好善喜施其行誼如乾有楚商攜藥材求售千金者文銘審其僞能殺人予之値而焚之子孫蕃衍人以爲厚德之報

過人秀字惠民夫婦操作習勤自給既而業漸起慨然慕范文正之遺風先置田百畝贍族之孤寡老疾者復延師課族子弟將卒命其子能成曰若必成吾志能成積累垂及千畝遽病卒遺訓曰義田不成祖父目不瞑其子廷棟卒成之

范章釆字施五諸生章釆兩妹孀而貧并諸甥養之於家吳培源少孤露章釆撫而教之後成進士

蔡鶴齡字穉仙居延祥鄉之西地高仰小旱輒絕流鶴齡出貲開濬二十餘里桔槔無阻鄉里賴焉梅村泰伯廟圯鶴齡獨葺之捐田四十畝爲修繕費復請於有司復其稅其族有家椿者字楚材性坦率勇於爲善家事付諸子日索錢懷之以與饑寒者欵窮故人惟恐其去家衆雖頗有後言不顧也

虞龍祥字子定貢生宋賢薦發後裔父明元以歲祲籲賑激怒當事禍且不測龍祥走告有司爲剖晰民生利害竟得白而釋其父

范君瑗字蘧若諸生慷慨好義歲饑君瑗先出粟給鄰里令俟官賑官賑畢復出粟續焉里人因忿爭自刳其腹

君瑗往急召醫治之得愈種德施惠久而不倦

程錦字斐兮少孤節儉起家撫其姪授產如己子姪屢破其產復振給之嘗獨修建嚴埭橋人不病涉又有華昌祉華元錫龔益深陳世傑趙鴻基皆敦厚好施而益深能養其姪婦之孀者至於三代尤人所難

鄒文錦字煥章國子生居邑之蓉湖尖豐於財而急於義睦婣任卹而外如廟宇寺觀橋梁道路以損壞告必極力營治之鄉里稱善人幼子思成諸生亦能承父志

華進思字聲求世居蕩口以勤儉累積致豐裕獨置義田

一千三百畝贍族當事爲請於
朝授休寧縣丞卒喪歸其族男女老幼號哭拜迎皆曰聲
求活我子公弼字聖培承父志移建義莊於所居之右
其後人遵循施設條理秩然一本進思遺法
周文哲國學生邑之南鄉人尚義好施遇歲祲疫癘必多
方賑卹其鄉里以是漸罄其貲不惜也知縣程光瑄將
以文哲名聞於大府旌其行堅辭之稍後有周宗琳居
開化鄉慷慨負氣有膽識常泛海遭颶風冒險救鄰舟
於難弟某溺海死宗琳親詣海濱求弟尸得其匱還子

鎬舉人官浙江嘉興府海防同知
宣秉文字省宇業賈有信行客有以豆千石屬秉文售而
去者秉文爲售之得千餘金客久不至乃密與僕周埋
之室中閱十數年秉文殁客子始至周發所埋金還之
曰今日主人心得白矣
張鵬翔世居蓉湖尖乾隆五十年饑明年春大疫貧無食
者枕籍於道鵬翩處以空室至數百人予之食鵬翩知
醫療以藥餌病者悉起而後分遣之家產爲之罄遂爲
窶人同時有張雲汾字玉川好施予邑有善舉皆任之

附

張義張鞏先僕鞏先父爲里正負積逋每遇追比義輒代
受笞笞畢歸未嘗懟期亦無怨言鞏先妻死子揆三幼
義及其妻哺育之義死益貧其妻卒撫揆三至於成立
又鳥子者顧分孟僕也分孟死寡妻幼子無所倚恃鳥
子傭工養之無缺之

耆碩

五帝憲三王乞言憲法也主法其德行乞言求其善言也又曰食三老五更於太學蓋天子視學設三老五更及羣老席位執醬親饋執爵親酳是也漢永平二年三老李躬五更桓榮皆以齒年賜爵祿嗚呼盛矣邑中耆碩遠者無可考今次自明以下得若干人雖非必安車束帛盡有如漢代稽古之榮而黃髮遺耇類以厚德懿行著於鄉黨不獨尚年尊齒而已志耆碩第二十九

明

周理字彥復與兄文及弟衡拳同居講學互相授受文等皆仕理教授於鄉里以高壽終

侯文淵字怡晚敦龐朴茂表率鄉里時稱之曰侯善人孝宗初恩授八品秩子淸見行義傳

盛昂字文珪行鹽於粤父喪訃至鹽直千金未入棄之遽歸曰營利以養親也親亡安用利爲喜䘏貧乏不念舊怨子卽都御史容也

談復字宋芝以醫藥濟人衣食常不給而所得悉施貧者子經綱皆貴復亦高壽

侯應昌字希紹諸生祖德子性坦率有故人竊鬻其田若干畝應昌往還如故不以介意子先春官給事中時嘗奉敕閱遼左則書誡曰遼左産蔘貂倘以老人故攜一貂片蔘入山海關者非吾子也晚搆數椽中畜二鶴朝放暮還顏其處曰環溪深隱以壽終

秦樸字物初長身古貌博學有文章嘗與同邑翟厚諸人爲眞率會不求聞達而衣冠文物表率鄉里號抱拙生年九十三卒孫霦字卑牧雅有祖風卽尚書金之父

顧道潔字嗣白諸生喜爲詩古文年甫艾輒謝科舉屏居南郊別墅與從弟治相酬唱簡棄塵俗惟讀書鼓琴用自娛悅卒年八十有七

王之柱字國衡諸生館貴人家有以千金屬居間者艴然卻之性醇厚遇孤孀尤有恩以高壽終

王化宏字充甫立道子少孤從舅氏唐順之學覃精六經修行謹飭子乾一字健公爲諸生三十年未嘗入縣治與馬世奇善世奇殉節䘏其家且梓遺稿傳之父子皆老壽乾一子永積

馬希尹字惟任萬歷中當序貢以讓其繼謝生後二年始

以貢爲太倉訓導遷平樂教授尋歸以文行爲鄉黨師
葉茂才嘗念其貧遺以金襲之笥中者五年卒還之萬
歷三十二年首請當道復東林書院壽踰大耋而歿子
世奇
秦埈字太淸國子生燿子性淳謹言動不苟貴遊子弟皆
畏憚之壽至八十三從兄壂字太階亦高壽人推老宿
埈子仲錫賢而多才受業於馬希尹嘗痛其祖爲衡州
同知沈鈇所誣鬨鈇獲罪死取酒瀝地曰而今可慰吾
祖含沙於地下矣年逾五十遽歿希尹子世奇銘其墓

茹金字用卿高攀龍師也攀龍登第貽書京師極言勢家
奴僕凌轢鄉里之害攀龍韙其言比歸講學東林金必
上坐攀龍執弟子禮惟謹
秦坊字表行貢生操履醇正長厚樂善置義田贍近族之
貧者旣而族人欲以銀易米又求析田且指田索値坊
應之無倦也嘗著範身範家集畧學者尊爲祭酒
國朝
周公謨字孚嘉諸生從東林遊而未嘗講學曰聖道舍孝
弟忠信外無實學也子宏登上第益務謙抑質樸端重

無厄言飾貌文子宜繩以孝弟聞
秦德藻字以新父歿時祖父母具在祖父母歿泣血居廬
如三年喪子松齡以族姑詭寄逋糧落職或請自申雪
德藻命勿辨曰嫿姑子幼辨之恐株連窮達有命不如
安之秦氏世孝友家法雍穆質行文學兼有之德藻齒
德並尊諸子通顯孫曾繁昌
仁皇帝南巡幸寄暢園德藻婆娑迎謁
溫旨存問尤極榮遇云
高芷生字楚培世泰子早侍東林世泰歿措拄講席數十

年張伯行撫吳嘗親詣東林與諸生講論獨心許芷生
晚年揭主靜二字於屏間不以耄而廢其家學也
蔣耆孫字大生遵路子以孝弟聞壯年卽棄舉業習經史
教授弟子盛暑必肅衣冠燕居無惰容年九十一無疾
而逝
秦松喬字皃仙生長世家而修愼若寒素性樂善有叩必
應天眞爛然頎身童顏雖童豎亦愛而親之羣呼曰三
老佛子孝然字石經貢生鉅人長德恭遇
純皇帝南巡秦氏諸老跽伏山園孝然年九十特荷

御詩之賜其歿也顧祭酒棟高誌其墓
華允藻字天翼貢生吳俗溺女火葬允藻徒步數百里請當事嚴禁之歲施藥給櫬廣刋格言以化末俗孫秉綱舉人任常熟教諭古道長德和易近人士子愛之
孫棟字伊重副榜貢生篤於婣睦施德不求人知視躬方嚴裁物以禮鄉里敬憚焉
秦敬然字學伊恬然字師石皆松如子檢身持家矩度整肅教子弟尤嚴恭儉溫文鄉里以爲模楷敬然年至九十卒

楊銘朱字自亭少喜讀先儒書篤於孝友父紹雍析財產無所受祇取宗黨責券不能償者歸而焚之伯兄罷官有虧帑力爲補苴以善其歸於骨肉間誠意懇款無不周至歲饑司賑事人感其惠
朱廷銓字部九貢生父肇祥富而好禮子姓彬雅廷銓爲家督九尙恬素敦行古道恭儉而慈有流民婦產路隅俗以寄產爲不祥莫肯收䘏廷銓命載歸調治彌月復貲之使歸其鄉
施謙吉字季吉康熙三十二年舉人授中書改寧都知縣著淸節以病告歸喜獎迪後進秦道然贈詩云廿載春風培後學四朝玉燭介耆年年八十卒
朱重華字亮采居邑羊尖少任俠多智屬土盜胡鮑三爲亂屢招重華弗應寇亦不敢犯及官兵勦捕重華密營救無辜者多得解年八十七卒其族人滙字宗海樂善不倦亦以高壽終
王培元字孝文質行敦厚受侮不校里中多强暴培元以恭愼柔之垂三十年卒無能疵之者課其子起鴻敬止勤學皆爲諸生有名年至九十二卒起鴻侍郎會汾父也

李迪光字覲文諸生早失母遇諱日必悲泣父老病迪光衣常不解帶父歿三年不內寢好著述有四書講義正宗行世年九十四卒又强閎字大坤亦高壽嘗輯五倫類書三十卷爲巡撫徐士林所優禮
楊國藩字憲文祖省魁嘗輸米百石佐賑國藩內行惇厚和易近人尤好讀書至老不衰
華山竹字友鳳楊士登字尙侯二人皆敦本務實里中稱爲長者又皆以高壽終

施禹言字成允以歲貢生充教習授安化知縣禹言爲吏廉年老乞休貧甚不能歸從子鳳立挾貲而往護之歸鄉宗伯一桂方與顧建元等倡爲十老之會禹言與焉性友愛與弟禹德終身無間言禹德亦事之如父鳳立即禹德子

秦春田字耕和國子生少時力學從鄒學士升恒王教授繩曾遊學使者知其才將以人材薦會丁母憂不果性至孝父實然年八十九卒時春田年已六十猶哀毀過人晚年倡議義田族人德之年八十有八卒長子鴻鈞

弱冠爲諸生積學砥行嘗遊京師困而歸教授四方弟子多擢科第而鴻鈞年未四十已罷舉子試性坦易安貧樂道家無宿儲座客常滿鴻鈞子爲刑部侍郎瀛

王一峯字圖南繩曾子諸生事親孝親歿葬靖海門外一峯每日必展謁寒暑風雨無間工書法小楷尤精年九十六卒弟千仞工於詩與一峯並教授鄉里人推老宿壽亦至八十九一峯子宮舉人才高而嗇於遇僅官達州同知寰進士授武寧知縣千仞子寬進士會官御史有聲

秦夢蘭字文心考授主簿世父鄄洺舉人有學行父侚烈諸生隱居庶渠以詩名夢蘭貌樸野而性情誠篤樂施予寡交遊每入城獨與其族人鴻鈞相過從人皆目爲長者歿時年八十有五

孫文偉字滙川世居石塘灣候選州同知性敦厚居家樸嗇而孶孶爲善如不及嘗偕其從弟璽等捐置義田又特營家祠修建其里漢壽亭侯廟文偉既享大年璽亦高壽

朱勝章字耽璟性謹厚尤尚敦睦嘗修輯家乘建文公祠

於里青獨任之歲歉助賑者再鄉黨中賴以全活人稱爲長者卒時年九十六

隱逸

易稱蜚遯又曰幽人貞吉是必抱濟時之才無所用於世不得已而矜高蹈之節固非僅山澤之癯所可同日語也無錫高士倪瓚樂志沈冥翛然塵壒之表其風邈矣他如李琛輩不應辟命以及勝國遺民終身韜晦多可錄者若自號通隱比於神放陳繼儒之流槩無取焉志隱逸第三十

宋

錢道人逸其名御史顗弟隱惠山與蘇軾遊軾有贈錢安道并寄其弟惠山山人詩

尤山字終慕號元鎮焴之曾孫太學生宋亡杜門不出隱於許舍山故居或勸之仕曰吾家三百年科第十世冠裳宋恩渥矣何忍失身二姓其從弟司徒玘對之輒內愧云

元

侯德宗字友泉尙志不仕隱居城東之六箭河子希道慕希夷之爲人日晏坐一室讀黃老書澹如也孫汞常亦以隱德著

孟棐字仲良號九龍山樵有先塋在惠麓因家焉兄弟皆出仕棐獨隱泉石間事親孝强敏多能尤工繪事嘗避兵海上轉徙流離晚年仍歸隱惠麓以終

倪瓚字元鎮居梅里之祗陀村世父煥砥節礪行元初嘗辟爲桂陽主簿不就父炳性清約亦隱居樂道瓚所居清閟閣藏書及古鼎彝書畫甚富至正初天下無事忽鬻其產散與親舊人莫喻其意未幾兵起獨扁舟往來震澤三泖間張士誠聞而欲禮致之不可其弟士信乞畫又不與士信恚欲辱之嘗從賓客遊湖上聞異香出

葭葦中以爲必瓚也物色漁舟中果得之抶之幾斃終無一言洪武七年瓚始還鄉里卒於其姻鄒惟高家瓚詩畫名聞外國使有過者操沈香百斤爲贄求一至清閟不許乃再拜去瓚自署名曰懶瓚又嘗號幼霞變姓名曰奚元朗或曰元瑛又號荆蠻民淨名居士朱陽館主蕭閑卿而雲林最著明史有傳

明

李大椿字茂卿有文學義不仕元隱居梁溪之曲洪武初以大臣薦召爲御史附使者疏辭因上太平十二策帝

嘉許之
周翼字子羽工詩元末不仕
李琛字伯器宋尙書琳八世孫元季避兵嘗挾先世譜牒
誥敕自隨天下已定歸蓉湖徙邑之南市橋教授生徒
以養其親尙書張籌每招之仕輒謝舉孝廉不就與浦
源趙次鈞輩爲詩文之交號雲泉生孫戣字桓仲亦飭
行工詩不應辟命與弟戢俱有名
華悰韡字公愷幼武子宗韡有學行元季奉其親避居蘇
松間世平始歸梅里故居耕田讀書輯冠昏喪祭之可

通行於士庶者名曰慮得集洪武中累徵孝廉通經儒
士皆不應
華希顏字以愚少入國子監洪武初以明習春秋徵授本
府訓導踰年卽告歸隱居東湖賦詩自娛亦善畫山水
尢文字文達家迴溪洪武中舉名經秀才不就永樂十七
年詔舉孝廉得十五人行人盧玉齋敕書徵之以母老
辭學者稱務樸先生
顧協字允迪隱居勵志操行端潔工詩與王達王紱友善
有華恪者字叔端稍後出作詩不尙琱繢二王引爲忘

年交恪子藻澤亦不仕能詩
周世忠字士行少厲學問讀書僧舍三十不娶嘗避亂入
吳有勸之仕張氏者不聽吳人丁仲舉高其行妻以女
乃買田定居於邑之揚名鄉而隱焉從孫益幼孤育於
世忠亦好學不樂仕進自號樵野
過儀字廷章魁岸風流擅詞翰善畫作長松特妙亦能小
景有司薦於朝不就自號聽松道人
顧恒字成之抱藝高蹈與其兄泰及楊永年丁煦王治隱
嶂嵊山中年皆八九十明州劉與竹爲繪五老圖

周祐字惟吉有詩文名與同里鄒驄俱有隱操而驄不拘
小節爲歌行立就别字梅雪
秦旭字景暘父成趣翁季昇有隱德旭亦不仕工於詩晚
結廬惠山之麓與邑中耆宿爲詩會名曰碧山吟社會
凡十八衣冠俊偉望若神仙詩卷圖畫流傳海內旭雖
以子夔貴而退然謙約如韋布莊重寡言舉止有度里
中有不善者輒相戒勿令旭知卒年八十五友人私謚
曰貞靖先生吟社事 詳古蹟
李庶字舜明戣之子善爲詩文而不欲炫露故自號絅菴

正德元年詔行優老之典庶受粟肉絮帛而辭其服與秦旭結碧山吟社時若陳履陸勉高直黃祿楊理陳懋施廉潘緒皆高尚志行相合庶又與吳翀同修錫山志

潘緒字季芳至孝而精於醫詩文濤古秦旭結碧山吟社社中人皆高年緒年未六十諸人重其品援以入焉後楊長史文再續吟社緒爲祭酒

陳鳳字羽伯父周官參政而鳳讀書習隱月夜挂琴松間調所馴山猿得詩擁膝長吟與猿嘯相應又自號石村山人好結客父黨王問以下皆造焉

無錫金匱縣志　卷二十五　隱逸　五

顧冶字世叔篤行有文本生長紛華心厭之避而之溧之抜金瀨又不喜避而之吳皮市又不喜時時寄居浮圖老氏之宮敝衣破履率意去來不修禮容對人非故知未嘗出一語人亦無知之者

浦繼巖逸其名少負豪氣中歲便棄家築室於嵩山食淡飲水隔絕世事垂三十年吳桂森嘗書靖節詩遺之

華應象字心白性孤僻家貧不營衣食好遊山水人皆目爲華高人嘗仿王紱製竹茶鑪有題詠見吳桂森息齋筆記

高世寧字季遠攀龍季子也少遘家難息情進取當得任子不就手輯忠憲年譜抄遺書凡數帙至於朝章國典文學掌故之私記及委巷舊聞無不究悉當與人雜處談諧間作或於衆中忽發驚世絕俗之語晚更韜晦惟好山水書畫時焚香靜坐作水墨梅花以寄意

華時亨字仲通父珍聘諸生與高攀龍友時亨亦學於攀龍方緹騎赴吳逮周順昌珍聘遣時亨先以告攀龍攀龍赴止水死巡撫毛一鷺究漏洩者將殺之以媚璫時亨匿而免蕭山王生繫獄時亨因倪元璐之言爲鳴其冤於司李出之甲申後失明日坐斂光閣屛絕人事惟

無錫金匱縣志　卷二十五　隱逸　六

與子弟講論攀龍之學

許儀字子韶工詩文善畫尤精於花鳥崇禎朝薦授中書舍人丁外艱歸服闋値鼎革遂棄家放浪山水間自號欹公閩人林茂之棲寓乳山儀往從之相與酬唱茂之嘗曰欹公皐羽所南儔也遊吳門疫甚因製方藥濟人輒驗晚歸隱於邑之石門黃冠草服足不下山年七十一卒儀好鶴稱鶴影子又稱了塵道人

張列宿字暘菴明諸生鼎革後避居陽山陽湖間爲詩文

多酸楚之音命二子經緯並棄諸生籍季子光緯字文
民殫見洽聞隱居著述有青巖集若干卷
吳明玕字頌筠居閶江少工舉業已而棄之家貧不事生
產嘗日晏未炊家人相顧有饑色明玕方讀書笑曰汝
輩慍見耶因爲講富而可求及求則得之書數章家人
惡其迂次第避去明玕恬然自如而明玕性至孝自以
母老孤煢無所取給輒歎曰爲子若此何益有無又值
鼎革悄焉自傷每獨行山巔四顧蒼莽執竹枝擊石歌
曰天高兮不可知身煢煢兮生我何爲極目望兮將安

之歌闋長號不自禁明玕博綜羣書詩文古雅與族人
濯時並負清才而明玕介特竟以貧賤老
華慶遠字子嘉齠齔隨父適虎邱時方營魏閹生祠問其
故即卻立不視既壯好劍術鼎革時鄉多盜流寓吳之
膠闕陸墓畫始遷祖以下像置之行笥及圖書數十篋
轉徙必以自隨亂既定乃歸葺屋竹間曰物外閒居雜
蒔卉木籬落環之竟日讀書暇則灌蔬畚圃不復見客
有貴人徒步往訪欵扉自通遙見慶遠在花下負手徐
徐行曰謹謝客乃歎息去慶遠詩長洲汪琬敘之

鄒初基字白心棄諸生後從事古學經史之外旁覽百家
兼通禪乘遯居村舍杜門纂述其歿也秦松齡銘其墓
以爲東漢以來逸民獨行傳中人云
顧柔謙字剛中家於宛溪少孤遘家難長贅譚氏自傷不
得養母致疾幾殆其外父爲別置宅使并迎母以來病
乃已國變後棄諸生常閉門默坐或竟日不食子祖禹
叩頭寬譬乃曰汝能終身窮餓不思富貴乎能以身爲
几上肉不思報復乎祖禹應曰能乃大喜曰吾與汝偕
隱耳遂更名隱字耕石善行草尤喜篆刻詩工古體著

有補韻畧六書考定及耕石草若干卷長子祖禹最知
名次子安世有奇才早卒
黃道明字在龍好弈閉戶獨居操白黑子分行相攻殺不
求耦對人稱曰獨弈先生道明好施與有德於鄉嘗陟
山遇盜盜詢之爲道明相顧笑曰無驚我公送之山下
盜焚鄉人居延及道明廬盜羣起撲火火不滅乃共捶
始禍者子庭字守中好義如道明與常熟范晉同里顧
祖禹善皆任俠晉先卒祖禹常遊歷公卿間而庭居膠
山耕釣不越鄉里有鄒溶者以事逮入京下獄論死時

祖禹方爲貴人客庭貽書祖禹屬其營救得減戍庭與溶故不相識也庭家奇貧繩牀木榻灑掃嚴潔閒居無事獨善製硯甚自珍貴年八十餘殁

黃家舒字漢臣自少稱高才生與孫源文善甲申之變源文殉節家舒遂棄諸生服坐臥斗室謝絶交遊自名其集曰焉文堂集以見志知府朱之普聞其名欲一致之不可得體羸以病自廢修淨業無子門人馬翀刻其遺文秦松齡序之

華東觀字若木工詩有奇力順治二年

王師平江浙東觀聞湖州白將軍尙死守城未下糾死士三人往救之甫至數日城破將軍死三人者亦亡其二東觀與一人同被執尋逸歸潛土室中東觀弟字若拙者家富甚踪跡者時至其家産爲之破事定始稍稍出常往來金陵於驢背作休休歌

張遴字素臣少時篤志力學值鼎革幅巾方領鍵戶不出其婦翁貴顯橫遴有租負皆不責償曰人將謂我倚婦翁因是日窘窮以老將卒召其門人講孟子古本木强以湯潤之日昃命退因就寢移時視之逝矣

國朝

李崧字靜山其先江陰人祖國綱徙居邑之嘯傲涇崧不樂仕進與其妻隱居高蹈工爲詩而妻央及繼妻薛並工詩伉儷間自相倡和於榮利泊然詩名曰益高其詩簡古澹泊樸至有眞味閒畫花蘆雁時露天趣年八十餘兩目盡盲猶口占詩令其幼孫書之於鵞湖之濱預封一龕曰白雲窩死卽葬焉

華皮字子山少與顧貞觀杜詔等爲詩社亦善畫晚隱居坊前之鄒莊流水孤村柴門一曲興至則吟小詩或解衣盤礴終歲甚閒除夜獨子子有事或問之曰古人祭詩吾兼祭畫取一歲所作詩稿畫本享以乾脯醪以旨

酒聚而焚之

楊維寧字紫淵卜築湖濱之管社山規湖爲池築堤植楱養魚種芙蕖菱芡不絶翦木燔石搜剔巖壑迺置層樓別館高亭曲榭於湖光山色中維寧率妻子偕隱讀書賦詩布袍草履與漁樵爲伍客至非意所欲見輒拒弗納意所可則延欵之亦無俗賓至性剛直膂力絶人而終身不言武事

方技

書居六藝之一而畫亦游藝之餘事士大夫文章行誼卓然表見於世間或怡情毫素正不必以是爲重而專門之學如劉浩以下諸人亦彬彬焉至若扁鵲之技日者之術見於史冊旁逮占卜琴奕百家九流毋亦所謂小道可觀者與摭拾舊聞附以近人之較著者一藝必錄彙而輯之志方技第三十一

宋

劉浩紹興中人善作窠石人物子顯能世其學

明

茹洪字仲宏一字樊明質敏好學工書畫作窠石竹木法郭熙爲山水氣韻奇古永樂中以楷書薦召入都預脩大典授壽光丞

沈洪字巨源彭戢字汝翼咸以楷書著名稱江東二俊被薦入都預脩永樂大典洪授戶部郎中戢授安樂丞擢衡山令以廉勤稱

成性字大章成化中貢官教諭工山水人物風度瀟灑筆法出范寬夏珪之間

陸勉字懋成碧山十老之一工畫尤善大書一時題額多出其手

莫懋字雲樓任俠有勇力里中戲集壯士百人圍之一躍而出欻如風雨壯歲折節讀書遊賢豪長者間畫法郭熙高克恭尤好爲張旭狂草題詩其上晩作一松巨石圖最自賞愛令王仲儀貌己像於松下懋子息宏治十二年進士與王文成守仁遊文成因爲題讚焉

葛有恒不詳其字畫梅有名與聽松道人過儀善

陳稱字有實布衣策之子爲國子生能詩及書畫花鳥人

黃筌古紙中幾不辨鄒文莊寶曾乞稱作萱草圖爲母夫人壽

張廣字秋江曾祖德先洪武中以都指揮使奉命守無錫因家焉父綬分教東陽有文行廣善書畫嘉靖中徵入京待詔內廷世宗見其萬福圖賞之命盡進所畫於是宦者共屬廣爲萬壽圖將獻以邀寵廣辭疾不可明日探之已南歸矣

談志伊字思重愷子以父任官中府經歷會星變汰庶僚歸屏跡園居極圖書鐘鼎聲歌遊宴之樂旣而遭家多

難先業蕩廢乃盡斥餘產攜橐中裝走金陵逐遊冶頗然自放久之疽發背卒志伊穎敏多能書學曹娥更精繪作花卉翎毛點染娟秀出宋人法外蜺嘗自畫四十幀爲生平合作今得其片紙足以珍矣

盛顏字時表善楷書初宗沈趙出入王宋筆勢遒勁時稱大家貢禮部廷試第一不仕終孫鑿字朝新有才名萬歷中與脩無錫縣志書亦入妙

顧祖源字元濬工篆籀小楷萬歷中脩世穆兩朝實錄詔選善書者祖源被薦授中書舍人進大理寺右評事禮

部員外郎

陳言字國楨勉之子書法晉人畫仿趙千里不徇公卿自行其志

徐孟濬初名孟潛善畫花鳥有遺幅爲璫人所得萬歷中大內便殿成欲畫殿壁上見畫幅賞之有詔馳驛赴闕授中書舍人賜名孟濬

周訪字龍溪與白陽山人陳道復善因工畫花鳥既而作山水師王蒙貧甚不以徇人求者非其人終不可得

吳三畏字常惺能詩工懷素草書薦授武英殿中書嘗作

錫山遺響十二卷

吳應卯字三江長洲祝允明外孫習允明書輒能亂眞亦能畫作小景平湖遠嶼得李嵩家法

張復字元春畫法梅道人爲人溫厚長者故士大夫樂與之遊

林存義字敬坡工花鳥類陳道復子梅世其學

國朝

吳琯居梅里自幼未冠稱九蓮頭善畫人物瀟灑絕俗

華胥字希逸善畫人物與惲壽平花卉王翬山水並稱秀

麗豔逸所畫老子出關圖最工

華鯤字子千孤苦力學工詩善畫其入都也家已數日不炊貰菽乳食之浩然辭母而行至都中持所業謁太倉王原祁賞其瀟洒由是知名繼以太傅明珠薦授光祿典簿鯤奉母孝有弟五人皆教育之爲畢婚娶百口同居內外無間言及鯤子龍皐猶未析爨人稱其孝義

邵曾詔字裒綸兄曾訓善書曾詔善畫時稱雙絕其繪花鳥秀麗絕倫遊京師公卿交推重之孫珣紹其學

周復字文生善畫竹石筆墨森秀本武進人後居無錫

蔣元洽字煥俞寫山水氣韻高潔游虞山爲秋林平遠吾谷踏葉二圖王翬見之歎爲合作弟元令字嘉俞山水法倪黃尤工寫眞元洽子綸少工畫早卒

俞大猷字軒臣工花卉娟秀特甚然不輕作故存者絕少

華沅字愼思書法歐柳尤工繪事壯遊四方無所遇晚益貧賣畫自給自號秋田老人

吳楙字逸泉工畫尤善寫眞名重公卿間皆願得楙以爲重而楙性情高簡不事干謁布衣韋帶意所許可亦樂爲貌之筆墨如其人無俗韻子省曾亦有名後有許達

泉者諸生獻之子嘗以其技游於楚梁文定國治方爲楚撫頗延譽之以酒病死獻嘗與乾隆庚午志參訂之事

秦銑字南珍諸生善畫山水學文徵明花卉尤勝工於臨摹時鄒宗伯一桂在籍人購其畫不易得銑輒代爲之觀者莫辨眞贋也年八十餘卒

姚仔字笠山家南郭外工山水人物金匱令韓錫胙稱其下筆有神烟林竹石妙絕一時嘗爲鄒宗伯一桂臨摹嚴泖會所畫佛像數幅進呈

御覽

李㸃字摛春工寫眞筆法高簡神理自足同時有華烜者鳴嵩子鳴嵩以星卜問於時而烜以寫眞著以上書畫

明

施仲模世業幼科子中立爲太醫士孫澤民潤民濟民始兼通朱李之學術遂盛行濟民官訓科子廉字彥清精脉理每危疾諸醫歛手廉輒起之宏治中以明醫徵至京師不受職而還能詩爲碧山吟社十老之一族子言諫並以醫名族孫教尤著

施存善字昌宗永樂初詔徵除韓王府良醫副宣宗召拜御醫賜詩宴文華殿以子安累進奉政大夫安子元濟歷官太醫院使卒賜祭歸葬錫山父子歷仕七朝數蒙褒寵當世榮之

施教字子承五歲喪父研精儒學久不遇乃就世業診切若有神遇其治專用人蔘取效子病寒首用蔘劑至三錢三日而愈人問故教曰百病從虛入風寒暑溼何日不損耳目口鼻何處不損因其損補之氣實則病去矣故一切以人蔘爲主他藥爲佐然他人效之不能如教

百不一失也求治者毋問貴賤貧富皆濟之好施予樂
周人急士大夫時相過從不獨以醫也子策官太僕卿
魏思敬祖叔皐元本州醫學學錄業婦人科思敬及子公
哲孫宗美並世其業宗美官醫學訓科子朝器孫鏞亦
工醫
潘仁仲祖傳之在元爲常州路醫學學錄父進德本州醫
學提舉仁仲楊維楨門人與倪瓚張居貞輩遊爲醫學
教授晩以高年應詔子克誠永樂中召爲太醫院醫士
與王達錢仲益友善克誠子韞輝尤妙鍼灸官訓科

黃樸菴（逸其名）外科得異人秘方其後叔洪師善者兼通大
方脈師善子祿工醫而能詩
張用謙深究朱李著有醫方摘元同時有徐吾元論運氣
甚精博有醫經原旨
孫貞字恒心博綜軒岐書遇異人授鍼訣有直指使者患
左手不仁一紀餘貞鍼治之宿疾盡去乃集屬吏謂之
曰此醫殆神授也好方術卒傾其貲
周濟廣名紘以字行外家金氏工醫遂精其術瘍疹婦人
諸科無不通曉名滿吳中成化間以明醫徵至京師引

疾還每診人脈預知人生死無不驗者子敷牧孫騂皆
世其學敷亦有名王鏊表其墓曰名醫周月窻
竇良茂以瘍醫爲邑訓科孫時用時望時望子楠並得名
徐孟容醫士其妻陸亦善醫名聞於朝永樂間中宮遣內
侍召入宮既老遣歸賜賚甚厚
尢仲仁字依之以喉科名初御史周濤嘗白一中官於大
獄餽秘方十有七周死而甥得之即仲仁祖也
司馬大復字銘鞠諸生其醫得傳於常熟繆希雍繆所著
廣筆記往往載大復語言飭行馴人禮重之署太醫舉

鄉飲賓
國朝
華摛藻字麗涵邑諸生去爲醫得傳於雲間李中梓遂世
其業
許至字芳墅工醫恒製丸劑活貧病者不責其報喜爲詩
篆刻亦精詣
施廷銓字鼎臣教元孫諸生康熙初以明醫徵入
內廷授鴻臚寺序班冊封琉球充副使
杜有功字昇侯諸生父元美善醫有功得其傳雖奇險症

應手輒愈而不責報貧人尢德之呼曰醫仙

沈文淵字繹明少多病習醫以自治繼遂能活人邑大疫當事徵之所投卽起性最慈祥凡鰥寡及婢僕乳媪延之立往曰此輩求醫最難不可緩也

張經始字民沾精岐黃家言兼工文翰溫雅有士風士大夫皆敬禮之

許德基字承垣擅嬰兒科祖重熙父世煜明天啓間官太醫德基心和厚遠近神其術二子鵬鶚繼其業時許之嬰兒九之治喉朱之接骨皆邑中所推專家及鶚子岱

名益振且以敦睦稱於士林

許昭字來兹多讀書能詩以稟弱習醫治病不責酬尢急窶人子必與善藥性抗直不少挫一勢家輿役死先數日與富室某角口以此牽連申報有司昭嘗與診息知以病死比對簿或餌以利不顧直前白之獄遂解

柯懷祖字德修工醫嘗入都名噪公卿間其言不知天地人不可與言醫輯理虛元鑑等書行世稍後有朱世揚字淇瞻善岐黃術所著有誠求集其同里華虞薰學於世揚亦名於時

王鶚翔字心一國子生少習醫貫串於靈素難經諸書以意爲變化而不泥於古所投無不效貧者資以藥餌而不索酬同時有徐涵字兆京爲瘍醫甚危險莫能治者涵立起之 以上醫

明

尢鏊善琴有別墅在春申澗下時攜琴對流泉彈之因號琴泉散人

唐理字孟淳永樂三年舉人官陝西河渠提舉好奕常於陽羨山中遇蜀雅州道士買茶者與對局三日夜遂爲

吳中第一家有竹素園楸枰滿座諸妾臧獲無不能之其婿顧義得其傳久之與理爭勝負焉

施顯卿字純甫嘉靖三十一年舉人爲新昌令素精於奕老而彌篤無能先之者旣而北郭有祝萬年忽起而勝之後又有秦廷壽萬歷二十八年舉人更出萬年上

過文年字柏齡以善奕游京師天下高手築壁壘攻之者無遠不至文年開關延敵莫敢仰視者遂羣奉爲國手自是數十年天下言奕者以文年爲宗其人馴雅有士行在都時大學士葉向高禮而客之秦松齡爲之傳

國朝
沈鳳來字右山父汝愚妙解琴理常熟嚴澂趙應艮皆兄
事之鳳來嗣其家學兼參衆長造微詣極尤善歌詩酒
酣發響激揚中節他人莫及也家素貧葦簾紙牕常自
操所度曲聲徹戶外穆然移人性和而介抱絕技不事
干謁非知音者亦罕愛之竟以貧死
周士申字西侯奕中高手與黃龍士徐星友相頡頏吳興
祚延致幕府日與對局一枰所獲常不貲而士申性慷
慨隨手散盡周人急難揮千金弗恤也

惠雲字閬孫善奕爲詩亦有佳句有假其金者以臥榻償
之雲往取視其家榻外無一物詢曰榻去君夫婦誰所
臥者其人答曰地可臥也雲慨然曰若貧竟與吾等耶
擲券還之
楊廷果字令貽性閒逸生平不應有司試與吳嶐王宮善
書學宋人徽之風骨善鼓琴兼工琵琶自製一曲曰潺
湲引嘗抱琵琶踞虎邱生公石轉軸撥絃聞者以爲絕
調家藏米黻帖及蘇軾畫竹客覬其貧欲指囷易之不
可歿以爲殉

嚴錫清字振玉善奕爲人寡言好靜與人奕終日不過一
枰人稱爲嚴一局有李步青者與錫清同時才思敏捷
雖遲疾不同並稱國手時又有吳駉堵兆麒亦嗜奕而
遜於嚴李二人駉舉人兆麒善醫術尤以瘍醫著 以上琴奕
國朝
朱鎬字岐載工篆法以薦官翰林院待詔其遭際似明文
徵明才名弗逮也
侯文熙字曰若意度瀟灑能詩尤精篆刻宗文三橋而蒼
老古勁過之客京師垂四十年名公卿印章以出文熙

手者爲重前此以鐵筆名者有倪雪田以晶玉擅能呂
柏庭高培青田凍石尤極於古文熙後起游聲最久既
老而歸王中立度得其傳他如黃隱士庭之逸品王文
學定之逸才皆以研名至若周心鑑以桃核船名尤氏
以犀角飲器名皆天生絕藝而桃核船更出鬼工牕槅
餅供鬬生動棘端猴不獨稱奇也婁東吳偉業有詩
以上篆刻附雜藝
明
姚逢舜字虞廷精天文洪武初徵入欽天監

國朝

談丁戊字宏周深於授時歷法著歷學末議

楊作枚字學山初受家學於其祖國鈞國鈞字定山著歷法大成十卷而所精者中歷也中歷卽授時法精而未密至西人三角弦弧之術興而方員羃渾隨所施之無不盡妙其法宣城梅氏文鼎得之最深作枚嘗從文鼎遊後入算學館掌館事者卽文鼎孫瑴成也欲官之遽卒鮑祖述亦精西法以上歷算

明

孫紹先字振之隱居横山好彈琴精曉術數庭有古松每為人言吾與此松同壽及年七十九病篤謂其子曰吾不死松當先我七十日而殞又七年重九大風拔木松仆紹先果於是冬卒

王若水字一清神骨疎秀博學通道術其子為卜葬地於芙蓉山若水易簀謂二子曰五十年後此山下有大水當吾冢可更之子乃改卜宏治末蛟起山麓淹為巨浸推之正五十年矣

顧節字公理性伉直面折人過常減息緩急於人然所殖

益厚善許負術自謂其女當大貴時邵文莊寶三歲喪父家貧節一見喜曰吾女之貴乃以此子也卽許字焉後撫視之人服其識鑑

華善繼字孟達精星術著有三命珠鈐璿璣抉微五星元珠等書其學直抉躔度歲差之秘時為天文學者不能及也

唐古風者不知其名善相術爲女擇壻見張惠安國維於崇安寺曰此可七品且多男而壽足矣乞張所善顧舉人應龍爲媒而納女焉是歲國維舉於鄉一夕宴其同年古風坐而觀焉曰郭龍潭顧少岩皆不久於世錢虛堂華石門周㰒菴皆有貴子而㰒菴爵甚高惜不甚永年耳其後言悉驗以上術數

明

陸憲者其先在元時爲可兀蘭之屬華言將作大匠也憲官諸路工匠都總管贈中奉大夫備院使陸葳仕終保定路諸匠提舉洪武初鼎建宮殿有陸賢陸祥兄弟應詔入賢授營繕所丞祥授鄭府工副食營繕郎俸歷事五朝至帶銜太僕少卿累加工部侍郎賞賜累鉅萬賜飛魚服

犀帶官其子姪四人祥年九十餘卒賜祭歸葬錫山以上
工繕

無錫金匱縣志卷二十五

無錫金匱縣志卷二十六

列女

范史志列女其例不專錄節烈或者病之邑中舊志表章懿嫩惟尙操行我朝重旌門之典苟以節著卽田婦村嫗之賤並得邀綽楔之榮蓋綦盛矣今仿舊志之例而仍標以列女凡女子之終身不嫁以養其親者皆附焉志列女第三十二

宋

尢大成妻范年十九大成卒三日不食飲以其子屬舅姑曰姑無子以我子爲子可也持夫佩劍自刎有司給粟養其子而表其墓曰貞節子申以母死於劍戒家人無得殺牲終身不服紈綺以從弟文獻輝恩當得官辭不就

蔣南式妻顧忠文重珍母也少育於外家管氏一日父母家絕食女翦髮貽其父鬻以給炊歸蔣而寡重珍甫十歲有累舉得官者屬媒黨議婚顧叱去之親授重珍經書平生喜說李氏斷臂事謂婦人當如此所居僅容膝而內外區別不可越貧甚或乞重珍爲嗣不聽有願以

女贅者田廬畢具顧曰藐孤所以得不死者諸父力也豈可去之重珍舉進士第一人迎養於京邸

元

都事華銓妻陳明淑年二十八而寡撫孤幼武成立有司以聞至正間表其門幼武作貞節堂奉之當時名公鉅儒咸著文以述其事文待詔徵明爲繪紡績督課圖

鄒珙妻華冬孃至正丁酉兵起鄉人奔竄冬孃從其夫匿草野中兵卒至度不得脫顧謂珙曰我義不可辱君善自保赴水死

明

華文浚妻黃淑瑛年二十七而寡養姑教子以壽終

吳國祥妻劉如玉盛年而寡子璠亦夭與璠婦朱撫其孤孫時敏成立洪武中旌其門時敏作堂題曰思貞以志之曾孫益亦早卒妻尤守節如劉撫子翀以儒名成化中旌

白洋鎮巡檢張文煥妻邵事詳文煥傳

御史陸士隆妻某事詳士隆傳

燕山衛卒儲福妻范事詳福傳

工部主事徐弼二妾逸其姓事詳弼傳

贈尚書顧壽妻蔣壽與父福五並以倡義捍患於永樂十一年詔旌義士是年福五卒於京師壽扶柩歸尋卒蔣年二十八子信七歲家僅一椽即其地營葬旁結草舍以居晝夜號泣不三年亦卒永樂十八年旌

華淑妻翟年十六而寡父更許他氏翟以死拒乃止事姑孝姑卒鬻衣飾以葬年七十餘以苦節終

華宗常妻鄒淑惠宗常疾革以孤託其母而不及妻鄒歎曰妾之心夫尚有所不知自經死年二十一又二日宗

常卒

魏思民妻沈思民卒無子沈年二十一撫外孫爲後教養成立宣德初有司以聞陳繼爲之傳

楊崇順妻呂孍早寡子河海尚幼家極貧事舅與繼姑至孝又節儉能起其業買田走馬塘而迎二老以居族號其居爲北莊

趙禮妻楊禮卒楊年二十七父母將嫁之不從衣食於女紅卒成其志正統中旌

壽光丞茹洪妻陸嫥洪疾革執嫥手指其子璿曰善保此

孤婢泣曰妾苟懷二心者有如日洪卒嚮髾珥挈遺孤千里歸葬正統中旌其門洪族子惟賢早卒婦闞撫孤守節與陸先後旌闞之曾孫萬鍾亦早世婦尤以苦節稱

余彥昭妻楊淑華洪武初彥昭戍滇南死楊年二十一子同善甫及期家貧守志養姑強以壽終既而同善亦死遺腹子庠楊與婦姜共撫庠底於成姜先卒楊正統中旌

陳文俊妻厲文俊死於役厲年二十七子公約甫三歲父

母欲奪其志厲自經家人救之得不死奉姑教子終其身景泰間旌

鄒時揚妻錢時揚病錢露禱請代寡時年二十一鄒饒於貲錢事婦事惟謹紡績有間則獨坐未嘗越中庭一步從子望爲立後守節四十三年邵文莊寶爲之傳

錢公達妾姚年十八公達卒父母將嫁之姚截髮以誓乃免天順中旌

虞宗約妻孟德厚宗約母孟族姑也盛年寡居孟父憐宗約而妻之年二十三而寡姑婦相依無二志成化中旌

李昌妻周蘇之農家女也昌故爲鄒佑之僕昌死周年二十二大慟曰吾必下從吾夫矣昌既葬或諷之嫁周益慟誓必死主母使左右守之守者懈自經後昌死二十一日

華緯妻吳正德中劇寇劉齊犯江陰吳出走卒遇寇以刃脅之不從磔其屍投之江中

登封訓導尤輔妻成輔遊學靖江成從焉成化丁未五月江水夜至家人倉皇升屋成整衣欲上問爾等衣耶衆謝倉卒不暇成曰安有男女裸而可與俱生耶我則獨

留死爾卒不動厥明水退坐死榻上成定陶教諭繪女後有倉橋俞氏夜火火至寢主婦某求衣未得一僕冒火救之婦曰寧死爾豈可裸而出遂焚死二人立志略相類惜不著婦姓氏

國子生吳鉄妻秦孝子旦女也年二十八鉄卒遺腹子生四歲夭乃歸依父母以居以弟子瀚爲後年七十二受旌又十有四年而卒其媵丁七歲從歸於吳終身不嫁

沈昇聘妻單未嫁而昇卒依父母居以貞著正德中巡按御史爲建祠惠山之麓邵文莊寶顧端文憲成先後爲

之記
盧齡妻顧年二十三而寡截髮納棺中爲誓撫孤天宿茹
茶六十餘年及卒邵文莊寶嘗爲詩弔之
秦漢聘妻熊蘇州人漢年十五暴病卒熊聞輒慟哭後有
議婚者截髮割耳以誓父母乃聽之漢葬熊持服行喪
畫穴於冢旁示死必歸秦嘉靖中巡按御史旌其門
俞暉妻楊年二十八而寡慟幾絶葬之日大風雨徒跣臨
哭懸暉遺書冰心雪操四字於室子憲歷官按察使
贈副都御史邵溥妻過文莊寶母也年二十二而溥卒寶

甫三歲族人欲奪之矢不二及析産金帛泉貨無所取
獨取先世遺書千餘卷曰將與兒讀之寶入太學邵鬻
産暨諸服飾以給之俾卒業遂成大儒通籍後迎養官
舍後以病不能往乞終養五上疏乃許嘉靖初命有司
以禮存問初寶除副都御史制辭有曰矧予風紀之臣
上有貞節之母寶具狀請王文恪鏊爲貞節碑文
鄒曾妻華年二十九曾死遺孤申甫二歲撫之迄有成嘉
靖中旌
烈婦吳閭江人適武進王岳岳病亟籌身後事吳曰妾當

死於君前召其兄弟及夫族屬家事畢乃拊女而寢有
頃已自縊死越五日岳卒吳年二十四嘉靖中旌
鮑巘妻呂御史卣女二十二夫亡苦志五十年撫鮑前妻
之子甚慈一女適李貧而寡乃攜歸同茹苦以節終
吳琛妻李以孝稱琛卒李年二十九伯叔氏不與相協李
教子成立持家事不貽其舅憂
錢栻妻胡妙真栻幼病癎胡歸時栻已爲廢人遂請立族
子爲後栻卒胡年二十七舅惑後妻悉以田宅畀女而
斥婦還父家服除歸請留事不許號哭以行僦廬蔣巷

紡績自給既稍裕姑且老而女養不終胡請迎養慚不
往則別搆廬具以奉舅姑而自留蔣巷間一往省姑慚
終不見戒勿復來胡遣候不怠姑死乃移入奉其舅卒
後喪祭如禮張運使愷爲之傳
華音妻鄒年十九歸音五年而音卒有女適鄒成章亦二
十四歲而寡母子相依食貧厲志並以壽終
華立妻鄭年十九而寡守節五十九年妾周感鄭志操亦
斷髮自誓以節終
贈御史胡觀妻闞年十八歸觀九年觀卒觀兄坤先客死

婦趙年少矢志闔實周旋之既而趙子莠亦夭婦錢年十九三孀相依不渝其守後闔子涍舉進士聞於朝旌闔趙而錢格於年有司匾其堂曰三貞

孟澤民妻莫寡時年二十一子公泰甫三歲其媵談年十七莫謂曰我爲人妻義不再適汝婢也服闋當嫁談泣曰主母爲貞婦妾奈何有二心且舍妾誰當輔主者闔戶紡織共撫孤孤長家稍裕相守五十餘年

陸子才妻蔡孝子元銳女也嘉靖中倭犯無錫蔡歸寧舟行抵江門外聞有寇急入城而倭已至見蔡美將污之

蔡悉出所攜金幣求免不得顧見旁有虛舟因紿寇過彼乃從汝寇喜牽其臂蔡亟嚙其手流血得脫投水中死婢三曰阿滿招女三英僕婦二人徐姓皆從死詔旌其門

周文妻錢文有文翰所居齋多古名蹟奇器有小淸閟之目後過道人授秘戲之術以不檢爲蘇州武弁所訟避匿他所錢被羈紲榜掠幾死一夕文忽夜歸錢泣謂曰今夕不留子則夫婦恩絕萬一留子而妊六年淸白敗於一旦奈何文然其言相持慟哭而去遂不復歸錢時年二十九家已破製網巾自給又四十年而終通判周俊民斂葬之題其墓曰節婦冢

國子生楊蕤妻劉夫亡年二十九子幼姑年老見侵於族人產益削姑卒子甫婚而夭孤孫應文甫四歲貧不自存劉泣曰不能自振何以保孤一僕忠而才使以事聞於有司復其舊業應文舉進士歷官太僕少卿萬歷中旌

錢季子理妻鄒（本姓華）嘉靖中避倭亂爲所得鄒死不從乃褫其衣而束以帛鄒念必不得免見寇植刃於路遂盡

力騰身而上觸刃穿腹死年二十二

華蘭芳妻楊年二十六夫亡二孤相繼歿家貧衣食不給誓以死守年六十餘卒

華庠妻吳庠死家極貧一子方在襁褓吳矢志不移及子長傭耕以養母

孝子浦劭妻過年十九歸劭嘉靖三十三年劭以脫父於倭被磔死野田中過聞奔視仆絕久之甦收夫屍七塊出長布纏合之入棺葬之石室山下過時年二十七子正平尚幼正和猶在娠舅姑皆老過以一身俯仰任荷

數十年萬歷四十一年先劭得旌正平正和爲建孝節齊芳坊於其里門

華仁夫妻黃年二十五而寡有欲奪其節者黃泣曰夫訣時以母與孤是託敢有他志

沈瑍母李瑍失怙時方五歲李年少里豪某欲奪爲妾李誓死不許紡績以教子瑍長以孝稱母歿斂葬畢瑍哀毀死妻費從死遺孤偉五歲烏程華工沈某與瑍善攜之歸教以讀書補邑諸生

秦烱妻華夫疾刲股療之者再守節三十四年

諸生華夢旭妻胡年二十三夫亡子善繼甫二歲善述猶在娠胡苦志七十三年以清節著萬歷二十三年旌二子俱孝友工詩

布政使龔勉繼妻李年十六歸勉十年而寡勉歿後家漸落李與其孫績祖妻徐共守節五十年

華茂才妻胡奉化令潛女年二十茂才卒父母憐其少諷以意胡翦髮自誓萬歷中旌茂才弟茂和妻馬文肅世奇姑也年二十六而寡胡與馬俱無子年俱七十終茂才季弟子焜祁妻談亦早寡撫三月孤苦節三十年

華三德妻浦夫死時年二十一遺孤僅兩月孀居二十餘年足不踰戶及舉孫抱謁夫主流涕嗚咽示畢志焉

贈侍郎顧學妻錢端文憲成母也事姑孝姑好以意求錢委曲順之家故貧斥奩具以供膳一日匱乏從鄰婦摘蔬數莖取乳劑之以進姑食之甚甘及歿哀毀得疾卒

華登灝妻奚年二十三而寡遺孤甫八月撫之成立年六十一終

盧肇庚妻李肇庚亡遺孤顯謨李自教之學顯謨娶婦許生子鼎臣而亡鼎臣既娶亦亡三孀相依以苦節終鼎臣妻失其姓

諸生華洙繼妻陸洙博學有文早卒陸年二十二素善琴夫歿後撤去之終身不復鼓琴

諸生華樹聲妻鄭年二十五樹聲死家貧無子以女紅自給樹聲弟樹德妾許年二十而寡誓不他適樹德子燿妻黃婚六月而燿亡不二志萬歷中邑令上其事奉檄旌之

秦達材妻蔡年二十二達材卒蔡素通孝經四子書聚村中兒課之讀鄰媪攜雞黍來餉以是得奉姑甘旨姑卒

謝遺生徒食貧厲志三十餘年
何某女某病篤醫藥罔效女刲股肉進之愈幼許字劉志
志父投九氏爲奴女惡爲家奴婦而難顯言翦髮事佛
劉強娶之去女毀容截左耳誓不屈後還母家歷三十
年以梵誦終其身
黃氏幼爲殷氏女奴殷夫婦相繼歿遺孤三人其二尚在
乳哺黃保抱之有老僕二人黃責以大義曰吾與若俱
受主恩今主亡孤幼若應其外吾營其內以存諸孤他
僕以黃年少欲犯之叱曰汝人類不念故主乃欲爲禽

獸行請於殷族逐之孤長皆爲娶婦殷氏以全
錦華華學士察少子叔陽妾也叔陽善病察斥錦華歸之
歙人錦華毀容飾侍兒自代而身獨居叔陽卒錦華同
日自經死
王大紳妻浦二十八歲而寡盡斥嫁時衣飾晝夜紡績以
奉姑子四俱成立
王希裕妻呂夫亡呂年二十六撫十月孤教之成立苦節
五十餘年
傳士庭妻顧年二十三而寡苦節盡孝三十餘年萬歷中

巡按御史表其門
貞女盧年十六父文烈病革謂曰汝母年尚少二弟幼汝
適人將誰依女泣曰兒願終身不嫁與母與弟相守耳
父乃瞑母曰吾力尚恐不能保汝二弟何能及汝女獨
處一室爲網巾鬻以自給既稍裕爲弟娶婦婦間與母
誶語女不食自責婦化之
高宗孝妻徐年十七歸宗孝未越月而寡誓以死殉縊柩
旁姑解之越日自經死萬歷中巡按御史表其墓
楊方妻孟方死伯氏楊良利其産改許後圻張姓者夜半

入張姓家孟截髮求死會其父孝言於陳太常幼學乃
戒飛艇不及衣履裹以被刼之行孟欲投水不得竟擁
歸守節三十四年
顧懋德妻傅懋德業鬻煤事父孝而早卒弟以不肖傾其
家有以富室誘傅改節者不應自經於牀姑救之得不
死又投河復以救免忍饑苦守終其身
范汝誠妻華年十八歸范時汝誠已病未成婦而寡長齋
守志以終
王家棐妻張家棐死京師喪歸張撫棺慟自以有妊不死

既生男撫育盡瘁每姻黨讌集未嘗與焉
朱士英妻周寡時年十八業紡績以贍瞽目翁内外迫脅
必奪其守至自經者再復投水數次而後已萬歷中旌
華道英妻胡道與妻張俱二十三而寡張無子截髮自誓
胡以哭夫喪明撫遺腹子卒年五十六
華性義妻李性義方死目視李不瞑李嚙指自誓乃瞑家
貧常絕粒餘一鏡易米以奉姑而已與孤食糠粃有欲
奪其志者舉鋤中肩不為動萬歷中旌少子棐妻陸守
節如其姑

王有道妻秦年二十九有道卒時舅姑年皆八十而子僅
三歲家多難以節孝終
華亨時妻葉年二十四而寡家貧舅老紉績以養巡按御
史給粟帛表之
沈士珍妻馬年十九夫亡自經死天啟中有司表其墓
趙之俊聘妻華之俊死誓不他適終身侍母母亡撫幼弟
成立補諸生又死復撫其孤凡五十餘年某氏有妖憑
物為祟女叱之遂不復見
王天麟妻單年十九孀居無子以壽終

辛愼妻陸年二十夫死為族人所逼引刀剺面以全其節
趙士賢妻王年十八士賢死於水王亦赴水殉家人亟救
之得不死遺腹生子守之以終
華寅壽聘妻楊寅壽死不更字父勸之輒號泣求死邑令
李復陽給米贍之
華存仁妻朱年二十三而寡無子舅以家貧欲令他適朱
指心自誓竟以節終
華淑貞許字吳縣朱某朱得瘋疾議解姻女曰乖吾志矣
何以生為自經死

顧漢臣妻沈浙之烏程人也年十七歸漢臣二十五而寡
以貧自守至壽終崇禎中旌
祝鴻業妻施鴻業死施年二十憑棺翦髮一以殉夫一自
佩誓不二心家貧甚歲洊饑或勸其改適施劓目以示
志甲申之變不食死
僉事安如山妾吳希范生母也十五歸如山時如山年已
及耆嫡郭性甚厲吳有娠七月匿不敢言既生希范欲
溺之而如山弟如陵婦鄒早寡無子因襁以付鄒居周
涇母子不相見者數歲如山與二母相繼歿希范方七

歲無所依復撫於吳如山遺命伯子析產於弟伯子卒
諸姪匿不予吳曰兒苟材奚必食先世之餘自是復之
周涇後希范舉進士官行人奉使過家請母就養不果
行無何希范以抗疏言事罷歸吳慰之曰此時見爾不
異周涇歸也希范遂不復出以終
安如陵妻鄒希范嗣母也年十七歸如陵十九而寡無子
希范生彌月撫以爲嗣時苦節已十九年矣希范七歲
而鄒卒守節二十六年
華允謨妻浦歸數月而寡臨卒曰吾二十年來視息人間

直寄耳生不愧死死不愧生
秦煒妻胡婚甫三月而寡遺妊不育守節二十二年
華葆光妻徐寡時年二十四家貧守志足不踰閾三十年
華茂森妻李夫亡貧甚舅以婦年少而無子微示他意誓
不從歸依母氏其兄弟欲強之抑鬱成疾既劇乃曰死
於此非正也舁至夫家而歿年二十七
華世忠妻浦年二十五世忠卒撫遺腹子成立巡按御史
旌其門曰節孝馬文肅世奇作傳以表之
華嘉穀妻許性方嚴其所服御雖子女弗與共守節三十

餘年
華九德妻馮年十九守節衣食取給十指與其娣九韶妻
吳子婦薛並勵冰操
鄒萬程妻華早寡夜輒臥夫棺下見嫂東沈承妻薄氏哭
夫詩泣曰彼有孤可撫且死吾何戀遂扼吭而卒
吳九德妻王九德死姑老且病王生事死葬以禮持家計
畢婚嫁奉詔旌
葉允晟聘妻薛未嫁而允晟死訃至已葬走哭於墓依其
孀姊以居姊適王永觀年二十六矢節兩人以紝績自

給終其身
秦城聘妻顧將婚而城卒歸秦奉舅姑以守食貧矢志雖
至戚不聞其笑語聲
湯榮聘妻方榮死闔戶自經者再請於母成服送葬供木
主於小樓臥處其側守貞以終
陳邦選妻徐遭亂潰兵掠無錫執邦選并逼徐抱幼女赴
水死
徐文美聘妻陳文美爲梓人墮河死陳素練自縊以殉鄒
提學迪光爲文建祠祀之

顧世華妻黃嫁十年而寡言不出閫卒以貧死有婢相依
二十年終身不嫁
孫景惠妻王年二十六景惠死撫三孤親族凌侮忍而不
校以壽終
贈侍郎張集之妻劉早寡有三子口授以經兼父師事垂
五十年
陸亨聘妻張年十三亨死守貞歷六十年始歿事父及繼
母至孝天啟中旌建祠九龍峯坊側
華世炫聘妻鄒年十三世炫夭有媒氏來議婚女悲憤投

井未死父母知其志不復強守貞終其身天啟中旌
翟應南妻錢應南挈家遊京師而卒遺孤甫三月錢奉姑
扶櫬而還姑死於道及抵家舅復死錢欲自盡念三喪
在殯黽勉營葬守志以終天啟中旌
諸生嵇兆和妻尤早寡妾許生子五齡家日貧尤與許共
守撫孤光世成立
進士賈明佺妻堵明佺未仕卒堵事姑華至孝縞衣蔬素
畢止椎樸人不知爲名家女也
御史胡滓妾許滓卒家甚貧許年十九誓不二比卒祔葬
滓冢之旁
葉之藩聘妻華年十六之藩死訃聞遂歸於葉成婦服無
父母舅姑伶仃獨立卒年三十有七
諸生唐士奎妻張寡時年二十五事舅姑盡孝崇禎中旌
贈主事侯世美妻王世美砥行績學早卒孤鼎鉉甫八歲
守志撫之鼎鉉成進士出黃忠端道周之門王命鼎
鉉爲父請銘有詩百二十韻述世美潛德以訓子孫守
節四十八年崇禎中旌
嵇應聘妻黃少寡子幼苦節四十年孫永福進士

烈女浦幼知書見葉茂材八貞女傳心儀之許字陳毓華
毓華卒女聞驚欲死父母守之女製道家鞋式中書一
火字授其小妹比晚伺者懈投河死衣帶紉不可卸雙
環繫焉陳聘物也旦日毓華母往視目一開而瞑以女
柩偕毓華柩合葬惠山繡嶂街之側崇禎中旌
張鼎烈聘妻胡未婚而鼎烈夭女年十九歸張執喪號於
墓崇禎中旌
贈推官胡倅妻虞年二十八而寡子時忠始十歲家貧族
黨屢逼辱虞不勝憤使孤爲狀自陳守節於令既乃經

丧葬撫子成名崇禎中旌時忠妻毋榮龔權妻亦以節
聞
贈中書龔修齡妻劉節愍廷祥毋也夫亡奉其姑至孝食
貧苦守訓子廷祥成進士官中書殉甲申難
黃汝妻楊汝早卒楊年二十有四孤六齡兩世舅姑俱在
堂仰事能盡厥職割私產以償公逋性矜飭暮年癰發
於乳未嘗袒胸以見子婦教子應元以孝聞
諸生華琦妻馬贈侍郎希尹女也事舅能盡孝年二十二
而寡矢志以終希尹次女幼字何枋如枋如疾亟歸何

守貞並以節著
高宗謙妻鄭封主事士鶴冢婦也年十六歸高二年宗謙
卒以苦節終士鶴妻毋吳早寡久依於高鄭既守志其
姪女輩孀居者並依鄭共處一室奉詔旌
烈女吳許字秦浤昌浤昌卒女誓不二執丧於家如婦禮
比服闋而媒至女欲引刀自盡侍婢守之遂屏粒食嘔
血而絕
養利州學正華白滋妾姜事詳白滋傳
貞女殷許字侯歷早丧毋其姑乃姨也年十八歷病卒女

聞訃請歸侯執丧欲依姑以居姑以年少屢慰諭遣還
乃哭於歷靈而行舁至家則已自經於輿中救之得不
死復歸於侯足不踰閫十年以病卒
贈侍郎馬文肅世奇二妾朱李事詳世奇傳又妾袁氏以
苦節著
施節愍召徵妻馬文肅世奇女也召徵死山寇馬聞之不
食死
華應鶴妻楊應鶴死於兵楊年二十九子允魁甫三歲挈
之依父父無子將死謂嗣子某曰姊無歸以田若干爲

之贍嗣子利其有謀於族曰姊幸少嫁之可會有無賴
子攫八金謀娶婦招至舍將適之楊夜穴屋後垣負兒
出匿邱墓灌莽中飲泣不食兩晝夜族之長厚者求得
之匿之他舍乃得歸以十指自給允魁以疾盲從人授
日者術養母以壽終
王節愍孫蘭妾嚴孫蘭死寇難嚴守志不二完節以終
長沙縣丞秦廷珪二女事詳廷珪傳
諸生華曠度妻王明季王與夫避兵竹塘里懼不免乃紉
珠爲約寄納衣袽縫中曰即死以珠爲驗得收余骨曠

度適遘疾騎突至曠度急呼婦挈少子走王行里許復
還謂夫曰君留此必死掖君臥旁草舍中冀得脫畀以
金曰以此與追騎可免語畢行而騎兵已至王倉卒投
水被獲一騎挾之上馬王乘間解腰間帨自縊騎兵怒
面斫一刀復一刀潰腦五指牢握敗禾以死越三日曠
度得脫求婦不獲見一屍於草田盛暑齒腐裂所紉珠
知爲婦屍年四十二
諸生嚴紹賢婢張事詳紹賢傳
劉明楨妻顧婚未迎年值湖盜縱掠將逼執之躍入井中

死
呂完音妻徐明季避兵匿叢草中兵索得之挾之去不從
赴水死尸流數里女猶在抱不離年二十七
華尚濂妻鄒婚未數月尚濂殉國難鄒年十九入室自經
家人救之得不死苦節四十餘年尚濂從兄子廷楨聘
妻費亦以守貞終
祭將何以培妻黃事詳以培傳
烈女王性矜嚴溽暑不御輕縠許字何年崇禎末所在盜
起年從之坐繫獄其家願離婚索所聘物父兄將從之

女投井中救之不食兩日死
秦之珩妻董之珩卒時謂曰負汝半生吾死勿守倘遺娠
生男善付託之可也董以死誓歲歉至取榆皮礱食之
撫子自守
守備張以備妻某事詳以備傳
貞女陳許字某未嫁夫死女聞訃割耳自誓守貞以終
國子生堵大建妾錢早寡撫孤孫正爲邑諸生孫正死於
楚軍錢與婦沈厲志守節四十年沈事詳孫正傳
丁建明妻劉年二十八建明死撫二孤扃戶紡績終身茹

素長子樂祖夭婦陸從姑守志邑令表其閭曰兩世霜
操女適同郡劉繼美繼美亡守節依母以居
諸生華夏寧妻杜早寡撫子洊吉成進士守節五十餘年
烈女陳許字某未嫁夫死訃聞女自縊
夏某聘妻顧未嫁某亡歸夏執喪禮守志終身
郭維翰妻秦年十九夫亡欲以死殉有勸之者身有妊如
生男撫之愈於死後生子文煇甫成立而夭抑鬱死
郭鋕忠妻徐鋕忠早卒遺三孤家極貧或勸之嫁曰不欲
我爲郭氏人耶泣謂三孤汝輩能力田吾無憂也

副榜貢生過對揚妻劉對揚死苦節自厲子松齡進士

諸生高明玿妻李明玿及子綿士均死於兵李聞自經鄰媼救之甦守節三十六年

顧灴繼妻錢婚七月灴亡遺腹子培以理學聞於時

黃烈婦周氏女適江陰諸生黃晞晞父毓祺故前明遺民爲怨家所告死金陵獄而收晞兄弟籍其門烈婦名在籍中屢求死不死會詣府當僉解吏卒呼烈婦名烈婦陰挾利刃直趨上階右手引袂障面左手抽刃自刺血衝湧仆地夜半復活又不死太守上其狀於按察按察

仍逮烈婦烈婦乃自經死晞就獄中逝其事而邵長蘅爲之傳

無錫金匱縣志卷二十六

無錫金匱縣志卷二十七

列女

國朝

贈僉事劉士璋妻榮早寡而貧撫二孤教養盡瘁子果遠進士先旌後封年九十卒

諸生馬瑜聘妻鄭未婚而瑜卒鄭聞以首觸火焚髮至盡泣請於母願歸馬執喪母未應即擲身墜樓折左臂聞於馬具禮迎之守貞七十年

朱寧基妻錢寡時年二十九嚙指血書守節撫孤四字於

壁以自警家貧習勤力盡於嫁娶歷三十年

張國誼妻王早寡守志五十年凡舉十三喪婚嫁事八教子元弢元韞俱有成

過櫄生妻周年十八櫄生卒藏其遺書見必持之慟守節三十年

貢生王玉汝繼妻秦玉汝卒撫前室子與已子課之學並有文名叔母華早寡甚貧秦割產贍之生母亦少寡迎養於家四十餘年

烈女曹武進農家女也幼失父母撫於邑西鄉朱氏因字

朱氏子未婚朱病女割股以療不愈矢不嫁有欲之者
强委禽焉曹度不可解衰服自經
華章閻妻曹年二十六而寡痛不欲生念兩世宗祀寄於
二孤强撫之成立時舅已老每哭其夫不使舅知守節
五十餘年
華章斐妻葉少寡遺孤甫逾歲旣娶而夫婦並亡撫幼孫
又夭孑然獨守五十餘年
諸生鄒侗妻徐年十九侗卒遺腹子振芳旣就塾徐語姑
曰孤稍長可從夫地下矣遂投淵死里人名其處曰烈

婦河
尢某妻陸某死陸年二十八里有强奪之者挈二孤屬鄰
媪撫之遂自經
許行我妻趙行我溺水死無子趙年二十一苦節六十餘
年卒行我弟明雋嘗刲股療母疾順治間臺使者兩旌
之
烈女席許字單吉凡子某單父子以事死於獄女聞去色
服時飲泣父母別字之至嫁夕促登車閫戸自縊死
湯溪知縣秦延黙女歸宜興湯作霖年十九而寡工於詩

八歲時有句云松栢壽不花寒天葉常碧父見之曰是
兒當以節稱其祭夫文尢酸楚
陳氏二女俱許字未嫁一聞夫死自縊一割耳自守並以
貞烈稱
朱承宇妻曹家極貧承宇死曹自穿穴負土以葬指盡腫
凝血尙殷始知向爲夫割股云
族人逼嫁之乃託孤其姊走夫墓哀號自經其屍左臂
方應宗妻惠應宗死遺幼女二舅與夫弟幷惠之兄將令
他適自經死

貞女陸許字江陰俞某某病夭陸年十七歸俞守志時姑
亦寡逐之歸姑自改適而女操益厲
華元運妻朱年十九守節壽八十有六元運族弟允昌及
明儀妻皆朱氏年俱十九撫遺腹子同以節著元運嗣
子起鳳妾楊以烈殉
朱重熙妻丁年十八歸朱越二年夫客江右死於耿逆之
變守節四十餘年
劉憲舒妻張婚甫四月而憲舒卒哭其夫尋亦死張之妹
許字秦汝舟未婚汝舟亡女時年十九聞訃自經家人

救之甦守志不二人稱爲雙貞云

贈編脩諸士蘭妾葉士蘭死荆湘訃至顧二子保宥豫曰冀汝成立恐不逮矣竟死之後二子同年成進士豫入翰林

諸生侯長源妻吳早寡父桂森東林宿儒也吳稟承其教以節著於鄉黨

諸生劉肇恒妻嚴少寡無子家極貧女歸華依之女死撫甥女嫁吳者壻又死所後子弱不能給饘粥苦節四十年

顧與栢繼妻邵年二十四夫死孤鼎吉甫二齡貧甚撫之成立鼎吉建祠於惠山寺塘涇與邑中貞節五十一人合祀之

曹代何妻錢年二十四夫遘危疾憐婦少錢曰他日相見還君白玉夫死矢志不渝年八十五夢夫就索白玉知將死晨起更衣而卒

司馬德大妻華德大以教授自給疾革問華吾死何依華曰從君死耳及卒華不哭既殮成服設奠闔門而入久之寂然排戶入已自刎年二十九

貞女馮許字劉世高未娶夭馮年十六歸於劉持喪守貞

王仁法妻堵文忠允錫女節愍孫蘭婦也仁法死堵以父翁忠節矢志苦守後得疾戒勿藥曰吾願從夫地下耳整衣衾而歿

諸生華嵩祝妻陸歸華四年夫死子殤嗣子甫娶亦卒婦某相依以節終

黄洛源妻繆方妊而夫死及生男三日殤繆不食七日卒

諸生楊夢鰲繼妻周早寡年十七與夢熊妻顧俱以節聞

談悌妾李年十九守節身不踰閾內外之別凜然不可犯

貞女華許字吳郡施某某訃至以死自誓歸於施七年而卒

李茂春妻袁歸李一年而寡無子以夫兄子碧爲後碧卒與婦黄相守以終

諸生楊光祖妻吳早寡遇盜至匿其孤免盜火其廬光祖棺燬焉吳慟哭負遺骸出烈焰中後捕得盜乃手刃而尸諸湖有司察其情不問以節終

丁宇凡妻潘年三十而寡有子五家徒四壁守節四十年撫其子俱成立

虞相堯妻李少寡撫孤振華成立孫元甫無子而夭嗣姪
明輿爲子又早卒元甫妻朱明輿妻盛俱盛年而寡與
李相依四世三孀事變迭至不奪其守
諸生秦已錫妻胡已錫卒胡年二十一延名師教子源寬
成進士源寬不仕奉母以孝稱
贈大學士嵇永仁妻楊永仁客閩督范承謨幕死耿逆之
難楊年二十三子曾筠甫七歲拮据營葬荼苦二十年
曾筠貴迎養官舍封一品夫人以壽終奉
旨賜祭葬

劉學理妻黃學理贅於黃未幾卒守節三十年嗣子夭婦
某亦以苦節終
華士樟妻秦年二十三夫亡子夭母吳桂森孫也亦早寡
無子里中稱爲雙節秦甚貧至不舉火通文翰族諸女
多就之學
糜仲明妻徐家貧以織席爲業年二十四夫歿無子盡斥
嫁時衣營葬畢衰麻自經
許氏二女長字華炳泰次字秦某俱未笄守貞
華景炫妻劉守節無子壽八十餘景炫兄景熺允斌竝早

亡景熺妻陳亦無子允斌妻秦遺腹一子娣姒三人皆
年少同處一室雍睦無閒景炫從兄景煜妻薛亦以節
著
華文燾妻楊文燾卒與妾某孀居同守以苦節稱
華學瀚妾張年二十八學瀚亡事君母黃至謹學瀚嗣子
孳貞就外傅張以織紝供之既娶婦撫其子女如已出
持家習勤以勞悴卒
浦樹裕妻陳家貧無子樹裕暴死假貸買棺以斂計無可
償自沈死衆義而檟瘞之

華樹芳妻浦歸華四月而寡年二十家人欲奪其志浦鍵
戶自縊夫柩之右面如生
華某妻鄭少寡守節子孟曾既娶夭婦曹孀居共守不渝
其志
呂以成妻丁早寡而貧治家嚴整有法子時芳茂芳永芳
俱以孝友稱
顧起予妻胡年二十五而寡無子有利其產者迫之嫁胡
不從產爲所奪亦不問
貞女侯許字秦珩未嫁珩卒欲歸秦守貞其舅姑固辭之

抑鬱以卒年十八

贈知縣秦文然繼妻顧文然卒撫孤莘田尙幼又撫伯氏孝然子荷田爲子如已出守身持家以禮莘田成進士

華亥楨妻金寡時年十九生子甫七月食貧厲志撫孤振先成立

劉毅生聘妻單未嫁夫亡奔喪持婦服撫姪爲子子娶又夭與婦某撫幼孫底於成守貞四十二年

烈女王許字金兆年（一作兆斗）女年十四聞夫死即投繯殉母覺救之甦欲改字女投井死

孝女計居近市臥室臨街比鄰罕識其面夜有火延及之女踉蹌曳嫂出不見母復入覓母出母尙裸體蹈火入取衣衣母烟迷目不得出竟死於火

劉宏緒聘妻華將議婚宏緒卒華聞誓不改字以全其貞

王氏女寶守貞不字祀毘陵節烈祠

盧瑞星聘妻鄭未婚夫亡歸於盧持服成婦禮立嗣守貞

陸躍元聘妻駱未嫁躍元卒矢志以守

史起龍妻蔣年十九歸史數月起龍卒舅姑衰老忍死支持撫嗣子成立

張瑞昌妻丁年二十四夫亡舅姑相繼歿丁營葬如禮撫二歲孤既成立而夭復撫孤孫苦節四十餘年

蔡嘉瑞聘妻張夫亡守志以貞壽終

陳德浹妻何早寡家貧歲祲竭力奉姑自食糠覈榆皮度日苦節歷數十年

華毓芳妻殷年二十四夫亡三世四喪竭力營葬撫從姪爲嗣紡績自食茹苦以終

知縣贈布政使秦瀾妾諸年二十八守節甚貧撫孤樹穀爲娶婦婦又早歿撫其孫雄飛成進士諸始卒以雄飛

官布政使贈夫人

虞銓妻吳銓家貧訓蒙於外吳奉養舅姑甚謹夫亡遺腹生子佐撫之成立佐舉人

虞道揚妻吳事孀姑誠孝夫亡子官臯纔五十日撫孤守節四十餘年

華彥松妻張彥松病臥久張主家事舅姑卒彥松相繼亡遺孤三歲張念三喪未舉竭力營葬孤既成立乃迎母終養於家

全煒繼妻陳少寡子尙從叔氏外學日不再食忍饑紡績

宗黨稱賢

秦雙峯妻虞以德稱事舅孝舅弟貧無依患膈疾虞請迎歸調治先意承志得舅之歡心

夏誠明妻施力貧養姑每具饘粥別置一器以奉而自食野菜不使姑知

浦漢章妻尤漢章亡以節著子瀛婦周姪汾婦陳俱盛年而寡守節皆如尤尤父聲玉前卒母毛庶母張依尤以居皆以苦節稱

烈女王許字陳含章將婚含章暴病卒聞訃欲歸陳度父母不聽不敢言絶粒七日死

華南征妻周年二十八而寡遺孤佩文甫四歲誓守節佩文旣娶而夫婦相繼卒苦守五十七年

竇遠妻周年二十五而寡孤起鳳甫五歲周欲殉舅姑持之慟曰子家三世單傳此呱呱者血食是賴迺受命事舅姑至孝撫孤得成立無恒產取給於十指守節六十年

朱肇瑞妻毛少寡遺孤甫一週事舅盡孝夫柩未殯鄰火延及毛撫柩哀呼火旋反迺力營葬事

趙儒琮妻任夫亡奉孀姑五十年相依度日營葬舅姑及夫三棺與子躬親畚鍤哀感路人

陳氏女性至孝嘗刲股療親疾又刺血寫經祈父母壽守貞以終翰林杜詔爲詩紀其事

陳燿聘妻趙未嫁而燿亡歸陳守志撫夫從子爲子教之有成

烈女姚許字虞儀九幼育於虞未婚夫亡自沈死

嚴溎曾妻黃溎曾婚時已得狂疾八年卒黃猶處子也事載馬狆江夏吟

贈知州楊希曾妻侯希曾卒無子侯厲志以守撫嗣子潮觀成立潮觀見文苑傳

吳欽諧妻黃嘗刲股愈父疾少寡守志以節孝稱

顧宬妻尤宬卒尤矢守不渝教子成立孫趙炳成進士早卒有女年十二子甫朞女曰我當保抱幼弟常相依矣終身不字

敖椿齡妻趙早寡以孝聞割股愈姑疾

虞希仁繼妻舒少寡撫孤際明成立選拔貢生際明早卒無子有女適施元維而寡依舒守節舒卒女無歸因即

惠山虞仲祠廢址結茆以居與庶母張相守女歿張獨
居時稱一門三節
孝女殷舉人夢高仲女也夢高無子女侍養不嫁以鍼指
爲嗣子脯脩夢高謁選京師女窖購參术貯行篋中母
歿寢處柩側三年夢高卒於山左訃至迎櫬郊外營葬
盡禮
華瑞文聘妻蔣蘇州人瑞文歿歸於華事姑孝家極貧族
有義田卹米謝不納或欲爲之請旌亦不應
烈婦浦年十六歸陳尊三尊三已抱羸疾寖許從死尊三

言於母而歿母於是與婦同寢處越日伺守稍懈浦卽
自經死
徐德隆妻蔣少寡家貧茹糪教子年逾八十而卒
袁浩聘妻張未婚浩卒女年二十五欲歸袁父母察其志
堅從之事舅姑盡孝守貞以終
華鳴皐妻劉鳴皐疾嘗刲臂和藥以進無何鳴皐歿遺二
女族人餽之錢米不受一日見屍浮水面則劉及二女
也共出之衣上下聯紉不可解二女者長賽英八歲次
賽珍六歲鳴皐之族景嵩具狀白之有司得旌侍郎秦

瀛爲作傳立石
吳奎煥妻湯年二十四奎煥卒勺水不入口母勸慰勉進
飲食服除設祭迎母至屬以幼女夜闔戸自經
司馬如山妻華夫與舅相繼歿遺一子痘殤痛絕自沈於
河鄰有援之者紿云瀞而失足也越二日縊如山靈几
之側年二十四
華某聘妻徐某死矢守不字父母從之
陳某聘妻諸未嫁夫卒父母欲改字女不從依兄以守
黃曾勳聘妻莊訃聞誓以死殉歸黃執喪哀慟成疾卒

金某妻喻年二十二而寡遺孤三歲一　尙妊勤苦撚作或
勸之改適喻曰如此何待今日
許某聘妻喻未笄而某死女守貞足不踰戸茹素終身
贈知縣秦恬然妾安未嫁時嘗割股愈親疾旣寡年少無
出欲遣之誓不去全節以終
張卿冠聘妻陳卿冠航海死女矢守貞父母爲擇配絕粒
七日迺從之終身蔬食以貞孝聞
車某妻胡某病卒胡絕粒八日不死遂自經
周鴻儒妻浦婚未周夫病亟謂浦曰汝年少無子我死勿

守遂卒浦欲殉舅姑勸之乃止服除父兄又欲奪其志浦拒益堅以全節終

貞女華許字長洲施塏塏卒歸施守貞

宣醇衷聘妻周醇衷有羸疾年三十五未婚疾既篤使媒告曰吾久負此女可速嫁周不從醇衷死歸於宣撫姪爲子卒全其貞

秦中威聘妻顧年十三失母即育於秦未婚中威卒索斬服號慟欲絕守貞以老

董樹臣妻王年二十六而寡事舅姑庶姑孝謹宗黨賢之

縣令旌之曰節孝兩全

過芝妻浦芝早卒浦茹苦守節兩世舅姑皆在生事死葬獨任之撫二孤成立

曹某聘妻王某幼慧年十九卒王聞訃早起以其衣披所坐牀背投井死少某一歲

章宏志妻高年十九而寡遺孤甫兩月家無恒產老屋一間撫幼子勤苦自給母章氏亦早寡相依以居

雷氏女性至孝願侍父母遂不字家貧奉養取給鍼指終其身

周順卿妻錢年十九而寡無子一女在襁褓越二十餘年依贅婿以終

談宜聰聘妻秦未婚宜聰卒守貞三十餘年

秦某聘妻龔性至孝某卒歸秦守貞

高廣誾聘妻顧年十六廣誾卒歸高守貞家甚貧父母予之田五十畝顧不自私悉以其入爲舅姑膳後舅姑相繼歿喪葬如禮族人云女六十以前無得識其面者

曹濬聘妻華濬卒奔赴喪次成婦禮設榻柩旁持齋奉佛以終

強烈妻劉進士宗熹曾孫女適烈生一女年二十四烈死家貧藉紡績以食乾隆十七年歲饑舅某鬻其居挾貲往他縣不與劉一錢劉攜女歸母家母亦貧有鄰嫗諷劉改適母諾之劉知而密紉其衣投河死

王某妻楊年十八而寡遺腹生子撫之成人見四孫而卒

顧炳妻施國子祭酒棟高婦也炳本生父極高棟高喪子以炳嗣炳卒施年二十四能持家明大義棟高著春秋大事表等書無剞劂資施以節儉所蓄刊之行世姑患目疾甚劇施舌舐之遂復明終事喪葬成禮極高長子

燦早卒妻楊守志如施以節孝稱

秦氏女父欽亮母章素有疾將受聘女泣請曰母疾若此兩姊又出嫁女去誰事母者父惻然遂從之父母卒依戚朱節母以終

貞女孫旭媖父以疾廢弟夭女矢志不字以鍼黹給養能詩畫兼知醫縣令旌其門曰貞孝有峽猿吟草

烈女蔡昭姐性端飭不苟言笑里人某以語汚之自縊死

華序和妻葉年十八婚甫三月序和以痘亡矢志守節奉姑孝謹撫姪藻爲後姑卒殯葬以禮藻邑諸生

顧道華妻朱婚未逾月道華死舅姑俱老藉鍼指以奉膳節餘金爲叔氏置妾生子以延宗祀

秦坤敬妻徐年十八而寡事姑孝姑病目徐朝夕以舌舐之迺復明撫八月孤讀書有成

秦倍聲妻殷倍聲有羸疾婚兩月而卒殷欲以身殉以舅姑年老姑不死撫所後子既授室而子婦相繼卒遺孫在抱以苦節終恒謂戚黨曰老婦終身一處子也其娣鳳聲妻華年二十三而寡撫姪又文爲子娶婦倪年二十又文卒兩世三孀俱以節著

周勝瑞妻張有志操無賴子某誣以汚言張忿激自死以明其貞

秦嗣聲妻季嗣聲卒季年二十五孤子甫週歲撫之既娶子婦俱卒無出茹苦終身

朱燦聘妻支年二十四未嫁燦死歸朱守貞姪應埈後之有田二十餘畝奉姑撫孤皆是出姑卒應埈夭議他嗣應埈本生父文耀利其產與族人材任謀曰立嗣以母無母何子脅之嫁不從縱無賴子擾之至裸體入支避匿益堅文耀數搆事擊支又紿傭人黄姓強娶之碎其

闔扱之出支急取翦自戕鄰里救之不死復投淵遇弟錫昌告以實訴之縣文耀私交府通判某詒令言支有別情令鞫之支解衣求刀剖胷自明令遣嫗驗之果室女材任文耀之逼脅皆吐實重懲之而爲支定嗣并作傳表之令爲青田韓錫胙

華扶九妻杜扶九力學早卒杜年二十七無子紡織自食妯娌皆敬事之

侯惟輿妻楊年十九惟輿卒遺孤在襁褓伯叔利其產欲嫁之楊不從遂鬻其產又賣其紡具守益堅撫其子成

立
王印川聘妻虞年十九印川死虞聞絶飲食晝夜哀慟卒
殯歸王氏與印川合葬以慰其志
孫鎮聘妻李未婚鎮卒李聞訃歸孫執喪撫姪爲後守貞
以終
朱建立妻惠年二十五而寡遺孤甫二歲惠苦守足不踰
戸舅姑相繼卒喪葬盡禮子多疾督之甚嚴卒以成立
烈女程許字康叔健叔健卒女年二十一手製衰服歸於
康朝夕哭柩側送葬歸不食死

諸生華荇繼妻高年二十五而寡素奉忠憲家訓以禮法
自守撫孤紹濂學成爲邑宿儒
烈女王許字周士新年十七方議婚士新訃至閉戸自經
歸於周合葬焉
魯國安聘妻胡國安死聞訃矢志守貞裏衣潛易純素一
日有行媒者胡覺之乃手鈔邵文莊畢貞姬祠堂記置
妝臺上兄見之告於母曰妹志堅不可奪遂勿再字事
父母盡孝父卒母多疾奉侍惟謹守貞三十餘年卒時
母年八十餘猶以不能終事爲憾

國子生秦文釗繼妻陶年二十五文釗卒無子撫姪瀚爲
子夫婦又相繼卒撫孤孫成立既娶而夭婦楊亦以苦
節終
國子生秦鼎銘妻蔡工部司務德晉女也年二十九而寡
蔡少奉家教事舅姑誠敬撫遺腹子景范爲邑諸生
顧江妻楊婚二年而寡無子女在襁褓守節不渝事舅孝
撫姪爲夫後教之有成
龔召棠妻薛年二十八召棠卒鬻衣飾以殮遺孤甫三歲
家貧常不具食値歳歉有恤之者辭不受

顧盈科妻吳年二十九盈科卒越十五日舅亦死有遺妊
勉爲經紀喪事家貧無食依母以居撫孤子得成立
孫宋郊妻宋宋郊嘗割股療父疾早卒宋年二十二孝於
姑紡績度日撫孤有成
烈婦章邑人章某女歸績溪程某程病革許以同死既卒
勺水不入舅姑勸之曰吾與夫有成言矣以哀毀咯血
不止卒
華麟桂妻尤寡時年二十五遺孤順元甫五齡貧不再食
而督課不懈操作勤儉以織紝餘買田數十畝宗黨皆

賢之
孝女楊父觀潮無子女願事父母以代子遂不字家甚貧
習爲刮絨花易粟以養父卒奉母十指告瘁得疾泣告
姻黨屬母終身事而卒
恩施縣典史華兆椿繼妻楊兆椿官於楚入山捕盜失足
墮澗死楊年二十六歸櫬營葬守節二十七年
曹澄源聘妻華未婚而夫卒華赴喪撫尸慟尸亦流淚守
貞以終
張錫聘妻朱未嫁而錫死訃聞矢志必死恐有何守之者

急收淚言笑自若紿母嫂他出閟户自經
施成憲妻潘年二十六而寡舅宏任爲萬全令旣罷歸家
益貧姑性嚴潘侍奉誠謹茹苦守節以終
吳鴻章妻陳鴻章死陳矢守不二舅姑已老孤子甫二歲
俯仰賴之
朱子遠妻陳甫婚子遠卒或勸之嫁不從自刎以殉錫邑
令吳鉞建坊表之曰女中鐵漢
王元楨妻華早寡無子有二女貧不能養有以言微動之
者華齧指斷寸許言者駭而去二女嫁以斷指示之曰

婦道當如是
范介玉妻楊介玉爲讐毆死讐以利餌介玉父欲寢其事
楊自詣邑訟冤讐論如律里有無賴子逼就之楊以刀
自務面卒全其節
李某妻丁年二十一而寡遺孤三歲撫之旣成立又死苦
守以終
周氏女許字某以事他出無歸期某家請於周曰子不肖
不可以辱君女將改字女曰遇人不淑命也請依父母
以居後營父母喪葬又與弟婚悉女一人任之

徐汝楫聘妻郁汝楫死截髮自誓迺歸徐事舅姑能盡誠
孝汝楫弟妻某亦早寡同居守節
凌浩然聘妻馬未婚浩然卒慟哭歸凌事姑惟謹姑死鬻
衣飾以葬
華弦妻朱嫁未踰月而寡姑性嚴能曲意承順苦節五十
年撫子江涵爲邑諸生
華景妻沈景有瘵疾婚未一年而死沈絶粒姑曰爾妊男
也以承宗祧可無死旣産女又不食百計防護得不死
沈有姿蓬垢不自飾或勸之改適且奢苦之志益堅貧

無食饑餓死
陶子範妾沈子範卒沈年二十無出嫡謂之曰守節撫孤吾事也不可以是累汝沈泣請願受役嫡死兩孤賴以成立
黃兆鵬妻秦兆鵬死哀慟幾絶舅姑謂之曰吾等皆老汝死易立孤難勉爲其難者秦受命嘗刲股療姑疾既卒喪葬以禮撫孤周僅督教甚嚴爲諸生有文譽
李瑞隆妻葉瑞隆卒撫三月孤既成立爲授室子婦相繼亡遺兩稚孫又撫之荼苦備嘗以壽終

朱遇時妻秦遇時以疫死遺七歲孤家極貧秦苦守撫孤成立其孫烈芳童年嘗割臂以療父疾
王南妻朱南卒朱年二十二子甫四歲人謂汝微年又少可勿守朱誓不他適事舅姑以終
朱晉妻陳年十八而寡以姪爲子子既舉孫而子婦俱亡撫孤孫甫娶又亡孫婦華年十九孀居相倚陳既卒華獨守營地以殯三世喪尤稱苦節云
李仲慶妻楊年十九歸李未朞而寡撫子有成父無後迎養之有節孝名

錢紹業聘妻華未嫁紹業卒斬衰往臨其喪守志終身華母薛亦節婦教子枋成名爲宜賓令以年三十一而寡格於例不得旌
國子生錢瀛士繼妻楊盛年而寡撫前妻子如出腹次子世模早卒婦周守節如姑瀛士世模俱尚義而未竟其志楊與周相繼成之置祠田建義莊先後請旌如制
朱郡蒼妻浦年十七而寡無子易簀時郡蒼屬浦立後夫弟萬成生子克照撫爲嗣既娶克照夭浦泣曰余負夫屬矣復嗣從姪子紹堂爲孫與婦錢共撫之守節四十

五年萬成繼妻何與姪克熙妻王皆少寡一門四節鄉黨稱之
侯作梅妻秦嫁時作梅已病革月餘作梅卒秦欲殉勺水不入其姑以米瀋進勸慰之越數月竟死
朱震妻倪年二十五夫卒遺孤方數月家甚貧俯仰皆給於十指苦節六十年
徐起鵬妻華年二十二起鵬死欲絶粒舅姑慰之曰子死婦存如未死也舅姑有疾潔誠露禱奉湯藥惟謹愈則祭告於夫之靈以姑喪哀毀致疾卒

諸生秦調鈞妻胡原籍武陵布政使獻徵孫女也少聰慧通書史調鈞疾亟謂胡曰今累汝矣語畢死胡以首觸柱流血被面姑曰如吾老子幼何胡涕泣受命子二人長畬爲諸生

孝女錢蘭父卒母病女以母無依矢志不字母有所維持得永年

孫如姐本須氏女幼育於孫事母李以孝聞母死自縊以殉鄰婦救之甦夜有里中無賴子李某潛入其室欲污之不從即自刎有司得其實誅李某罪如律孫以貞烈

旌

秦之樞妻楊年二十六之樞卒絕粒飲七日幾殆母勸之勉進饘粥嗣姪燾爲夫後乃專意撫孤舅姑已前卒依母以居母秦早寡秦長女適高亦寡母女三孀同志以守

鄭廷照妻華婚一月而寡撫從姪爲子家極貧喪葬婚娶皆十指所出苦節五十餘年

孝女楊早喪母弟夭矢志不字事父與繼母誠謹以貞孝稱

施振雅妻嵇年二十六而寡撫伯氏子爲嗣事舅姑孝敬待家人以慈和子孫有過示之意未嘗一言訶斥親見五曾孫三元孫守節六十年

張象一聘妻陳將嫁夫卒泣請父母願守貞父母卒依兄以居

楊榮益聘妻沈未婚夫亡女誓以死從恐傷父母心少忍之後父母卒曰可行吾志矣遂死之

夏之龍聘妻華未婚之龍死歸華守貞不渝其志

沈惟和聘妻郁年十九聞惟和訃歸沈執喪踊泣盡哀

周啟嶦妻王寡時年十九哀慟欲以身殉方有妊家人勸之不死遺腹子又殤撫姪爲後苦節五十年

貞女倪早喪母父欲嫁之女願終事父遂不字奉膳皆鍼指出父卒依姪以居

欽名邦妻劉寡時年二十五守節四十餘年姪維明甫娶卒無子婦朱矢守不二撫嗣子淮邑諸生

甯龍知府張鳳枝妾冉鳳枝先有二姬又納冉冉之父母屢搆事鳳枝怒遣之去誓不他適居貴陽不相見者數年而守益堅鳳枝以事被逮入獄二姬去惟冉留求一

見作死訣以理諭之始不死居溧陽以待鳳枝戍伊犁
寄言於冉有姻黨爲儀雖分守往依之旣至署有挑之
者冉正色避懼不能免縊於寢年二十七
吳子龍妻徐年二十一而寡無子家貧姑老徐矢守紡織
事姑能盡誠孝
陳子山聘妻姚年十七未嫁子山死歸陳守夫喪事舅姑
惟謹以全其貞
楊又鳳妻孫寡時年二十七八謂其舅曰家貧歲歉胡不
嫁新婦孫聞潛自經死

袁永烈妻蔡姑病亟惟乳可救蔡甫舉子乃寄其子於母
家專意乳姑姑疾瘳事姑盡瘁以終
施莘傳聘妻吳未嫁而莘傳卒吳誓志守貞五十餘年宗
黨稱其賢
知縣薛肇熿妻周少有至性母早卒在室時嘗刲股和藥
療繼母疾人稱其孝子泰階舉人
符德宗聘妻高年十九未婚而德宗卒歸符成婦禮茹素
終其身
貞女倪父廷堅家貧女自矢願終事父母遂不字以鍼黹

佐膳兄在外嫂卒爲撫其子守貞五十年
王持衡妻黃持衡游幕於浙卒孤子二俱幼家素貧黃茹
苦三十年舉兩世四喪營葬如禮叔氏早卒撫其子女
教養婚嫁如已出
張天五繼妻倪早寡撫前妻二子如腹出旣授室而虞鏞
婦鄒禹錫婦曹又相繼而寡兩世三孀相依倚以苦節
終
唐氏女素母早卒父年老無子女矢志不字以事父貧甚
賣畫爲活家在第二泉側冠蓋往來咸知有唐孝女云

吳西安聘妻丁西安素有疾丁待年至二十七西安死歸
吳執婦禮織紉自給守貞五十年
國子生楊陛芟妻劉華亭教諭寅賓女也有至性明禮教
年二十八而寡茹苦以守撫孤紹基成立爲蘇州府司
訓
楊殿光妻錢年二十四而寡撫姪永基爲授室守節已三
十餘年
國子生孫國顯妻陳國顯銳於學得疾謂陳曰以二親及
孤累汝卒陳年二十五子保之甫四歲陳孝事舅姑惟

謹姑病調湯藥滌牏不假手婢媪撫孤保之成立以
樂善好義昌其家咸以爲節母之教云
孫文庠妻秦寡時年二十七遺孤鉼尚幼紡織自食鉼旣
娶又夭婦顧依姑以守兩世孀居不渝其志
胡壽山妻過年二十四而寡遺孤三歲殤家貧有勸之改
適者父母意惑之過聞闔戶自經
鄒汝珩妻徐年二十六而寡子印綬未週歲事姑撫孤達
大體印綬舉人汝珩妹適國子生楊衡于歸時已不逮
事舅姑年二十八而衡歿時歸事母嘗與徐同侍疾夜

分聞母喚亟起失足折左臂子畹邑諸生
九戒三妻周年二十四戒三卒無子家極貧以鍼指所入
奉舅姑膳姑喪明負之行冬畏寒抱臥以溫之舅姑俱
享大年至九十外撫姪楠爲後以節孝稱戒三弟鍼三
妻惠年逾三十而寡亦以苦節著
倪繼繹聘妻顧未婚而繼繹卒女聞訃哀慟歸倪守貞
王濬聘妻虞濬夭虞斬衰往臨其喪哭泣嘔血未幾歿
九某女性至孝以父母無子守貞不字居惠山文簡祠側
祠故九曾祖身滋建也年八十餘始歿

胡素娥性至孝不字以事母卒全其貞
錢會瀛妻陸年二十五夫亡撫孤孤又殤慟幾絶戚黨勸
之得不死守節三十餘年
贈知縣陶瀚妻鄒年二十八瀚卒家貧撫孤錕成立舉於
鄉爲羅山令未幾錕又卒守節五十餘年
張沛然聘妻陳未嫁而沛然卒女聞訃絶粒母勸慰之夜
自經家人救之而甦遂歸於張舅姑又相繼卒喪葬如
禮守貞以終
錢培妻楊培以力學致羸疾卒楊年二十一遺孤甫週月

又殤痛絶欲自盡躍樓下擲地父母亟救之得不死撫
姪元鎧爲後以苦節著
贈編脩俞英女杏貞許字高郵拔貢生金蘭婚有期蘭歿
於京師杏貞聞訃絶食死
俞垣聘妻楊垣夭歿於京師楊聞訃哀慟死
金大鏞妻蔡大鏞病瘵死越數日蔡亦絶食死年二十三
孝女邵蘭芳性貞靜年及笄有行媒者蘭芳泣告父母願
不字以終事父母從之晨夕侍養終始不渝守貞已五
十年

陳元燮妻朱婚未一年而寡姑老且病終事以禮姑既葬設奠於夫之靈曰子婦之職盡矣遂絶粒死

楊開元妻張年十八歸開元既寡遺孤在襁褓依叔氏鼎元度日不數年鼎元死與娣周紡績奉姑以迭舉喪葬産盡去周挈子女依母家而張奉姑僦廬以居與周終事惟謹張之子既授室三年而卒遺腹生孫矢志共守婦亦安之逸其姓

陳元長妻袁年十六歸元長數月而寡遺腹生子貧無倚姑憐其少勸之嫁袁曰烈女不更二夫況有孤可守耶

爲人賃舂夜則紡績達旦孝養其姑以壽終子成立

張柔中妻吳幼育於張舅家昌教子嚴柔中以力學致羸疾既病亟而婚未彌月而寡時吳年十九父母以其猶處子也議改適吳矢守不從作淨室垣其四圍而鑿一竇以進食吳道裝居處其中年六十始毀垣出家昌妾袁年十六而寡亦以苦節終

華作羹妻孫年二十八而寡無子舅年老貧不具食孫少讀書通解文義里黨中女弟子從之以脯脩供舅甘旨舅卒歛葬如禮撫姪爲子底於成

朱德丰妻馮于歸時德丰已得瘵疾未匝月而卒馮時年十九誓以死殉德丰鮮兄弟舅衰老迺以仰事爲事痛舅與夫無後鬻産爲從叔封置妾以期得子而卒無子奉栗主於宗祠置祭田以祀之

蘇尚仁聘妻黄年十九未嫁尚仁卒聞訃往哭其夫持婦服事舅姑克盡孝舅姑歿貧無食迺歸依其兄卒全其貞

貞女查父某病瞽母顧素有疾女侍奉惟謹及笄將議婚則以待弟授室辭弟既娶女曰新婦未諳姑性願終事

不字歷數十年按察使汪志伊表其閭曰安貞全孝

華淮妻安年十七歸淮未朞而寡截髮自誓以守嗣子申錫又早卒婦謝事姑撫孤以節孝聞

王文桂妻殷殷之姑故寧國守嵇璡家乳媪遂依於嵇文桂歿嵇之僕隸啖其色有挑之者殷毀容自刺其目姑病事姑至孝閲十餘年姑歿以帶繫門屈戍上自經死

金啟東繼妻華淑貞婚未五月啟東卒誓以身殉僕婦守之惟謹越日紿守者出鐽戸自經死年二十四

黄孟曾妻顧幼習孝經列女傳通曉大義二十五歲而寡

舅姑俱老遺孤在襁褓仰事俯育心力交瘁守節三十
年
蔡曜妻陳年二十七而寡事姑孝資紡績以膳教子培成
進士選庶常改晉寧令迎養於官舍
孫藹堂妻顧藹堂早卒舅年老疾革私割股和藥以進尋
愈後顧病遍體腫惟所割處如常姑以手摩詢之始言
其實
張聖開妻李年二十聖開卒無子李請之族人爲立後守
節三十餘年

劉公順妻錢年二十六公順卒家甚貧紡績自食有勸之
改適者錢不從撫孤成立以完節著
贈中書徐雲錦繼妻陳年二十歸雲錦越四年而寡遺孤
時俊甫三歲家貧織紉爲活舅姑歿葬祭以禮守節三
十年孫煥進士官中書
顧廷彝妻孫廷彝客廣陵歸遇颶風覆舟死孫年二十五
舅姑已衰老子女俱幼孫生事死葬教養婚嫁俱有條
理苦節四十五年
華萬濟妻錢年二十六而寡苦節四十二年子有本亦早

卒婦陳守節如姑有本子瑞林聘妻曹幼育於陳瑞林
未婚而游學久不歸無蹤跡處姑欲遣之曹曰吾育於
此有年矣孰不知爲華氏婦紡績養姑守貞已四十年
烈女王蘇州人幼字方三才既長而女父悔之潛鬻與富
室爲妾女知之閤戶自縊死三才聞亟往視女所繫環
珥方聘物也歸葬其柩以慰其志
王龍觀妻繆十九歲歸龍觀越三年而寡舅以年少無子
且無養欲嫁之繆聞哭於夫墓歸自縊死
秦嘉文妻支年二十嘉文卒姑老病相繼死家極貧鬻所

居室營葬地而結茆墓旁以居遺腹子庭賢既娶夭妻
支年二十四無出撫姪爲後姑婦相依俱以苦節聞
何闇然妻龔年二十四而寡舅早卒姑龔以苦節著闇然
既病亟屬善事母侍奉誠謹不少懈嗣子書田教之學
補邑諸生
陳敏德妻虞盛年而寡遺一子二女俱幼哭其夫嘔血失
聲遂得痞疾家貧無養糠粃雜野菜爲糜食之以爲常
苦節三十餘年
周公憲妻董早寡而貧或諷之去董不從以勤儉所節爲

子震陽娶子與婦復相繼亡煢煢獨處年八十卒
張炳翼繼妻史炳翼死誓不獨生覩殮後絕粒五日不死
夜縊於柩旁
朱欽妻楊早寡撫孤緒成既授室緒成得瘵疾卒婦錢守
節如姑兩世孀居錢侍奉誠謹姑卒喪葬如禮嗣從姪
聯芳爲夫後以節孝稱
錢大才妻顧年二十三而寡事舅與繼姑克盡誠孝舅姑
相繼卒幼叔松元甫三歲顧哺養之既長爲之授室以
松元子珏爲夫後

國子生嵇承恒繼妻楊年二十一歸嵇二年而寡遺腹子
文煥撫之成立守節二十七年
國子生鄒本豫繼妻劉婚四月本豫赴京兆試久不歸客
死於黔聞訃哀慟歸櫬營葬以禮守節四十七年
華伯瑞妻周年十七歸於華越二年而寡家貧紡織度日
足不踰閾者五十年
陸升妻包年十八而寡極貧性孤介常忍饑不以匱乏告
人苦節以終
許潛龍妻張年十九潛龍卒無子撫從姪浩爲子教養成

立守節五十五年
吳俠君妻黃生子甫三月而俠君病亡子又殤家既貧舅
性疏畧不任事黃痛吳氏無後請於舅盍買妾爲嗣續
計舅曰爨下且無薪何言是黃悉出所有簪珥售之爲
置妾有妊五月而舅卒黃毀痛之餘日祝其男果生子
名曰鑄妾遂去鑄生僅百餘日貧無乳嫗黃子殤後乳
已絕書抱之飲以薄糜夜呱呱泣不得已時以乳就之
數日復生湩喜曰天之不絕吳氏也黃自翁亡後無依
倚勤於十指以給衣食鑄既壯爲授室葬舅姑與夫柩

以壽終
錢以鎮聘妻華未嫁以鎮以中暑得暴疾卒華聞訃欲歸
錢守貞絕粒者累日父兄知其志堅告於錢以禮迎之
易喪服成婦禮舅萊生前卒繼姑倪早寡相依以居侍
養惟謹撫從姪宗望爲後苦節以終
謝艮榕妻周年二十八而寡無子女適周亦早寡母女相
依以居
孝女倪文秀父承雲早卒母呂少寡鮮兄弟伯姊既嫁文
秀年及笄矢志不字紡績養母所居宅旁買地一區爲

圃蒔蔬以供旣終事母爲父立後年七十餘卒
諸生鄒容成妻高年二十六容成卒依君母吳矢志不二
守節已三十年
華允謙妻陳年十八歸允謙未逾而寡誓欲死家人相戒
日夕守之不得閒長齋繡佛守節五十年
倪廷妻陸年十八廷卒屛戸獨居姻黨識會謝弗往茹苦
以終
國子生陳寶輪繼妻顧盛年而寡以禮自守主家政禦外
侮家故豐置義田以贍族人之貧者宗黨賢之

錢鑣聘妻華將議婚鑣卒華聞欲歸錢守貞家人阻之不
從舅姑嘉其志禮迎之持婦服如制
范康恒妻趙事姑孝姑患膈幾殆醫禱無效趙刲股和粥
糜以進姑疾瘳飲食如常享大年以終
國子生丁權聘妻馬未嫁而權卒女自割其耳欲以死殉
其姑憫其志之堅迎之歸旋卒年甫十八
過恒基妻錢少寡舅前卒家極貧錢事姑至謹晝夜紡績
以具食而自饜糠覈匿不以聞里黨咸稱其節孝
貞女劉球琳許字楊某未嫁某卒聞訃欲奔喪或勸阻之

卽以守貞請於父母遂不字年五十六卒
吳孝女玉堂父母有疾兄不慧女矢志不字以鍼指爲菽
水資扶持抑搔旦夕無倦數十年如一日
周洪璋妻朱早寡家極貧姑老子幼織紉爲食苦節五十
年孫光啟甫娶而亡婦縈依朱以守光緒聘妻談幼育
於周未婚光緒夭談衰服成禮以哀慟致咯血不止卒
許漢武妻馬年二十二而寡有妊甫三月姑前卒馬無家
迎其母同寢處旣而遺腹子殤迺鬻奩具爲舅娶繼姑
黃生子與宗馬與繼姑共撫之旣長爲授室而以與宗

子廷棟爲夫後
秦鼎梅聘妻潘年十八將議婚鼎梅卒潘衰服往成婦禮
嘔血而絶
周思孝妻王年二十一而寡遺腹生女舅姑已前卒祖姑
趙年老且病家甚貧織紝以具膳營三世喪心力交瘁
以苦節終
糜文元聘妻賀文元病卒聞訃絶粒母謂曰母老弟幼汝
未可死女受命事母至孝弟旣授室請歸糜行廟見禮
歲歉得食盡以奉舅姑而女常忍饑

沈震元妻楊事繼姑黃盡孝黃有痼疾侍奉藥餌越七年無倦繼姑卒楊以哀毀死震元亦義終身不娶

侯秉銓妻華秉銓體素羸以力學致疾卒遺孤甫周歲華矢守自勵事舅孝割股者再孤既成立又早卒華與婦同撫孤孫苦節五十年孫桐舉人

鄒邦彥妻華舉人樽女年二十邦彥歿痛絶以刃自刎姑急持之傷二指絶粒飲七日姑婉勸始進米瀋以哀慟致疾未幾卒

嚴萬隆聘妻榮國子生錫瑋女將婚萬隆卒聞訃自經家

人救之甦遂矢守祖父母憐其少欲改字女聞之赴萬隆墓號慟以首觸地而死年二十一

趙鎬妻孫年二十四而寡舅姑衰老孤子潢在襁褓仰事俯育茹苦以守舅姑相繼卒喪葬如禮潢既娶復夭孫與婦撫孤孫得成立

無錫金匱縣志卷二十七

無錫金匱縣志卷二十八

列女

明

華審妻朱氏　鈕陛妻徐氏

王有教妻吳氏　臧景和妻吳氏

鄒文遠妻楊氏　華源湜妻樓氏

薛綱妻朱氏　彭雲舉妻浦氏

姚廷璲妻吳氏　潘時覲妻范氏

華嶽妻俞氏　過翀妻殷氏

邵璘妻談氏　馬熊妻謝氏

蔡方妻吳氏　華淑妻蔣氏

華茂祥妻張氏　華茂根妻黃氏

談龍妻鄧氏　葉棣妻許氏

過尙儉妻錢氏　華熙妻尤氏

張履和妻王氏　曹明妻錢氏

董言策妻姚氏　王湘妻李氏

趙德金妻梁氏　華啟中妻黃氏

華兆甲妻顧氏　諸生承讓妻王氏（承讓逸其姓）

華愼妻錢氏　華師周妻周氏
華光宙妻金氏　岳兆麟妻方氏
吳益妻尤氏　諸生劉源洪妻喻氏
華登琦妻龔氏　華沛成妻秦氏
蔡項妻陳氏　倪爾耀妻嵇氏婢許氏
倪爾燦妻吳氏　華典述妻張氏
諸生侯陽春妻顧氏　某妻劉氏
某妻鄒氏　華圻繼妻曹氏
華球妻朱氏　錢起龍妻蔡氏

呂某妻薛氏諸生呂鼎母　諸生司馬常白妻馮氏
華樑妻陳氏　華兆隆妻何氏
顧志道妻王氏　諸生單可權妻吳氏
周士彥妻張氏　陳友正妻岳氏
華實甫妻蔣氏　華杋妻馬氏
胡汝濳妻顧氏　馬維屏妻華氏
張鳳鳴妻黃氏　司馬遇妻滕氏
華國定妻葛氏　華師臯妻陸氏
郭梧塍妻秦氏　丁起時妻談氏

張元益妻陳氏　華琨妻鄒氏
華某妻錢氏　華逢春妻殷氏
華維祥妻曹氏　趙楨聘妻史氏
徐梅溪妻高氏　董存信妻金氏
高世道妻錢氏　華爾柏妻張氏
華可式妻鳳氏　張翼聘妻顧氏
闞份妻馬氏　副榜貢生馬壬玉妻薛氏
華介石妻薛氏　華明傑妻吳氏
華廷璋妻陶氏　秦熼妻陸氏

參政賈允元妾夏氏周氏　華自立妻施氏
尤仲驥妻俞氏　華永齡妻龔氏
華士适妻閔氏

國朝

楊士達聘妻陳氏　黃爾華聘妻錢氏
葉繼文妻薛氏　鄒朝棟妻唐氏
鄒恭基妻秦氏　浦志學妻華氏
胡汸妻錢氏　胡之濂妻朱氏
秦烇妻王氏　陳大經妻鄭氏

馬文月妻秦氏　任光祖妻尤氏
武舉朱戩妻湯氏　華瑞鍾妻秦氏
顧鼎勳妻錢氏　黃爕雲聘妻錢氏
諸生秦溢妻周氏　諸生秦龍門聘妻張氏
諸生陳如愚妻周氏　知縣錢爾登繼妻薛氏
諸生周公廉妻華氏　廉澄潔妻楊氏
許士暹妻虞氏　王侯東妻周氏
楊昌允妻任氏　華潤連妻浦氏
朱士揚繼妻李氏　華潤璿妻蔡氏

諸生楊音妻秦氏　華艮繼妻陳氏
華葆貞妻談氏　華沁上妻黃氏
華昌允聘妻錢氏　劉廷勳聘妻潘氏
秦椉妻朱氏　華之爽妾朱氏
朱克脩妻華氏　諸生華逢年繼妻徐氏
國子生侯臣憲妻吳氏　吳銓需妻曹氏
孫堯年妻薛氏　張宗英妻蔡氏
王允揆妻薛氏　諸生薛榴祥妻楊氏
過景蓮妻馮氏　舉人馬翀妻王氏妾何氏

秦純熙妻華氏　方維墀妻穆氏
司馬福森妻吳氏　李堅繼妻邵氏
顧光斗繼妻華氏　丁期昌繼妻仇氏
諸生孫敬基妻趙氏　陳瑞臨妻張氏
吳恒妻朱氏　諸生顧學聖妻鄒氏
顧增妻吳氏　胡天民妻顧氏
國子生殷德元繼妻顧氏　諸生周金聲妻胡氏
周鏓妻孫氏　薛聲煥妻胡氏
顧龍妻薛氏　周廷鉞妻堵氏

楊廷璠妻侯氏　浦治妻王氏
顧宏文妻蔣氏　華原湘妻楊氏
程仙枝妻金氏　尤充鋐妻吳氏
顧珽妻吳氏　平若衡妻何氏
過人鳳妻費氏　薛瑊妻顧氏
蔡能銓妾錢氏　孫允叙妻吳氏妾毛氏
李孝光妻薛氏　周汝章妻陳氏
黃景孫妻施氏　諸生鄒文長妻安氏
諸生司馬備繼妻劉氏　葉穆淸妻華氏

汪逢辰妻鮑氏　季慶臻妻高氏
楊宏妻過氏　繆日華妻顧氏
張鍠妻葉氏　秦巽維妻欒氏
繆煜妻王氏　祝永吉妻施氏
贈知府秦汝溥妻徐氏　吳忠正妻濮氏
趙鼒妻全氏　吳必達妻方氏
王德溥妻張氏　鄒佩琬妻楊氏
黃正位妻張氏　雷繩奎妻虞氏
陶頤妻祝氏　程進妻王氏

薛欽贊妻陶氏　潘懋脩妻張氏
華方鏻妻強氏　朱克任妻浦氏
楊應奎妻華氏　倪之煃妻楊氏
蔡寅錫妻王氏　高衍疇妻吳氏
朱正位繼妻方氏　過振祖妻陳氏
朱起元妻華氏　王允拱妻倪氏
謝天繩妻趙氏　吳遜妻薛氏
張朗如妻周氏　陳鉽聘妻秦氏
諸生鄒臣龍妻雷氏　范瑞生繼妻唐氏

葉之恒妻薛氏　葉時森妻薛氏
袁公超妻李氏　王永康妻徐氏
楊孫衍繼妻秦氏　華柏齡妻馮氏
凌鵬妻樊氏　劉聯屺妻秦氏
諸生華必達妻鄭氏　華長吉妾王氏
秦宗梵妻邵氏　秦景然妻華氏
華文虢妻侯氏　華上珍妻申氏
平升元妻陳氏　黃珍瑜妻金氏
華思泰妻闞氏　薛元臣妻周氏

國子生司馬涑水妻黃氏　尢源功妻顧氏
華安詩妻范氏　朱君益妻惠氏
鄒應詔妻張氏　華煜曾妻沈氏
黃朝泰妻張氏　張衍曾妻楊氏
黃玉成妻張氏　華鼎鉽妻葉氏
朱國宏妻趙氏　張洪志妻陶氏
巢巘繼妻華氏　諸生糜天桂妻鮑氏
倪秉繼妻鮑氏　周彭年妻蔣氏
蔡文淵妻顧氏　施廷輔妻許氏

王宗𦵽妻華氏　陳鼎妻高氏
劉秉義妻唐氏　呂臧孫妻秦氏
尤澤長妻楊氏　尤漢文妻范氏
諸生薛麒勳妻劉氏　沈謙吉妻祝氏
費士榕妻王氏　國子生費士彬妻周氏
趙啟元妻周氏　馬桂芳妻祝氏
王廷楷妻溫氏　虞四岳妻葉氏
張天慧妻李氏　高仲瑜妻吳氏
蔣世安妻華氏　李柏年妻邵氏

夏國名妻鄒氏　榮本固妻郁氏
國子生華煌妻鄒氏　陸演訓妻范氏
吳鶴薦妻曹氏　馬煥宗妻吳氏
許球妻華氏　華寶秀妻鮑氏
侯宜燕妻蔡氏　浦凱妻陳氏
華一鳳妻李氏　林鼎復繼妻夏氏
劉時懇妻陳氏　馮用調妻劉氏
華熙妻張氏　徐培妻黃氏
徐元彙妻張氏　周廷榕妻賈氏

華國相妻張氏　陳西齡妻惠氏
浦時叙妻侯氏　徐天位妻楚氏
孫其臯妻錢氏　蔣文煌妻蔡氏
莫敬業妻方氏　董惟玉妻王氏
胡安泗妻范氏　吳必顯妻曹氏
顧錫鶴妻過氏　馬瓚妻曹氏
姚世茂妻孫氏　林齊雲妻虞氏
華廷詔妻吳氏　華世祿妻潘氏
顧婉斯妻華氏　國子生張承訓妻葉氏妾單氏

陳廷選妻張氏　朱調元妻周氏
顧宗榮妻陳氏　葉自濂妻徐氏
吳大啟妻王氏　秦起然妻周氏
國子生過炳謨妻林氏　錢用行妻吳氏
曹永時妻嚴氏　倪善遴妻葉氏
方龍驤妻秦氏　馬志熹妻張氏
祝洪度妻許氏　諸生黃球妻楊氏
孫肇華妻秦氏　陳永勝妻楊氏
秦成烈妻倪氏　顧立五妻秦氏

董維奕妻張氏　孫洪甫妻丁氏
張沆妻秦氏　袁九霞妻姚氏
華煥文妻徐氏　浦如璣妻陳氏
顧重允妻徐氏　程世榮妻黃氏
華奕稷妻吳氏　堵麟振聘妻張氏
杜誠妻余氏　張耀初妻陸氏
諸生顧經永妾潘氏　葉彤繼妻薛氏
王皃仙妻錢氏　顧顯燮妻沈氏
丁奉疇妻楊氏　朱君任妻顧氏

時恭默繼妻賈氏　華敬宗妾謝氏蔣氏
丁兆芳妻朱氏　葉玉翠妻陸氏
唐時祥妻葛氏　何子積妻趙氏
秦慶聘妻張氏　孫福妻張氏
劉璸妻高氏　葉汝敷妻徐氏
林埏妻顧氏　賈龍祖妻劉氏
唐仁裕妻鄒氏　周啟祥妻白氏
楊亶衡妻黃氏　費成璵妻周氏
吳文學妻張氏　戈正學妻查氏

諸生徐漢倬繼妻秦氏　薛世昭妻端木氏
孫文煜妻蔡氏　強爾新妻賈氏
葉以鉉妻陳氏　胡子裴妻徐氏
丁允執妻濮氏　曹惠源妻王氏
繆昌麟妻衛氏　強松妻謝氏
王家栻妻侯氏　秦本忠妻吳氏
秦渭鷹妻黃氏　陳國器妻曾氏
孫煥妻秦氏　吳柱妻呂氏
張宗毅妻浦氏　胡之御妻程氏

馬名驥妻錢氏　孫國臨妻秦氏
虞文炳妻畢氏　強文達妻葛氏
馬天閑妻姚氏　鄒知權妻嵇氏
錢奕箕妻鄒氏　楊天士妻黃氏
朱道徵妻華氏　李鳳翔妻華氏
楊錦妻錢氏　馬錦妻許氏
朱道賢妻金氏　浦雲孫妻鄒氏
浦友直妻鄒氏　王永隆妻華氏
單啟文妻吳氏　周公遜妻鄒氏

侯文煦妻朱氏　過汝德妻朱氏
袁之海妻吳氏　徐調鼎妻黃氏
浦宣成妻呂氏　楊四知妻鄒氏
劉建中妻丁氏　黃顯順妻許氏
劉越妻虞氏　戴履中妻胡氏
馬騰宇妻李氏　浦廷俊妻華氏
陳開遠妻徐氏　徐禾迪妻施氏
鄧林棟妻華氏　副榜貢生秦德滋妾李氏
黃恒妻華氏　顧仲惟妻陸氏

張拱明妻華氏　秦德淇妻華氏
華吳昭妻秦氏　華皡妻司馬氏
李鳳輝妻楊氏　浦癸毓妻朱氏
金兆元妻張氏　秦純然妻呂氏
錢登妻浦氏　許維城妻唐氏
周允晉妻華氏　畢艮鍾妻裴氏
吳德正妻王氏　顧維堉妻高氏
任吉人妻蘇氏　陳國培妻周氏
高洵妻朱氏　許承緒妻孫氏

錢時滋妻王氏　張德玉妻顧氏
華淵妻王氏　楊天珍妻葉氏
朱勝鑑妻施氏　張如山妻尤氏
李芳森妻鄒氏　華德輿妻薛氏
朱文宰妻華氏　丁雋民妻秦氏
吳憑江妻徐氏　許世馨妻談氏
朱肇福妻馬氏　黃肇昌妻章氏
陳申生妻蘇氏　陳籲尊妻朱氏
許麟妻浦氏　陸芝光妻黃氏

浦九皋聘妻華氏　溫載采妻吳氏
尤不磷妻狄氏　楊燕翼妻薛氏
施廷墀妻周氏　陳鍾杰妻范氏
趙純仁妻張氏　葉方莞妻俞氏
劉服書妻楊氏　邵瑞侯妻施氏
劉憲侯妻孫氏　吳源頤妻侯氏
施昌叙妻侯氏　杜璵妻郁氏
李彙文妻高氏　邵之驥妻曹氏
盛顯宗妻劉氏　許端彤妻程氏

劉諄若妻李氏　李鳳鳴妻高氏
岳馴妻季氏　陸士元妻李氏
徐周臣妻薛氏　諸生秦汝瀚繼妻華氏
孫聖儀妻李氏　華穰妻薛氏
秦鍾麟妻華氏　過坤承妻岳氏
包廷璧妻顧氏　袁紀宗妻王氏
瞿穎新妻華氏　夏德永妻王氏
夏智妻沈氏　張六廷妻錢氏
倪煜繼妻吳氏　陳文憲妻顧氏

過鼎華妻顧氏　華上台妻倪氏
王張濱妻楊氏　華有執妻顧氏
張瑛玉妻沈氏　周宗武妻陸氏
侯曄妾周氏　姚傳聖妻魏氏
馬仲酉妻華氏　楊濂妻秦氏
周爾畿妻楊氏　黃天德妻邵氏
錢堯臣妻周氏　程士燦妻朱氏
王袞龍妻胡氏　錢朝宗妻周氏
顧維鈞妻吳氏　沈耀先妻朱氏

華暚妻黃氏　華文祥妻顧氏
華麟光妻顧氏　許昌燕妻顧氏
華德承妻沈氏　華孳峴妻陳氏
蔡文御妻顧氏　吳維鈞妻俞氏
周濤妻顧氏　華式玉妻尤氏
薛撫辰妻秦氏　華茂承妻錢氏
周耀龍妻陳氏　呂院妻浦氏
華潤璋妻浦氏　浦日昌妻朱氏
華邦鎮妻曹氏　華逢聖妻李氏

浦流慶妻楊氏　丁子蕃妻王氏
過成績妻浦氏　朱廷榮妻尤氏
顧樹植妻陳氏　過天益妻平氏
華大遴妻陸氏　顧世隆妻鄒氏
楊清修妻吳氏　王嗣儉妻朱氏
汪鎔妻黃氏　陸明甫妾何氏
華元旦妻錢氏　楊芳菲妻章氏
華元燈妻程氏　貞女王氏
貞女蘇氏　莫漢潮妻虞氏

貞女張氏　唐子兆妻楊氏
丁明昆妻毛氏　王以仁妻高氏
邵瓚妻沙氏　吳耀基妻沈氏
馬良玉妻顧氏　糜平侯妻李氏
是克俊妻江氏　王特星妻馮氏
吳元標妻王氏　陳九錫妻高氏
吳維鑣妻華氏　秦養熙妻陸氏
費用輝妻楊氏　毛爾榮妻張氏
侯漢嘉妻張氏　王祚昌妻徐氏

邵公安妻龔氏　陳廷瑞妻支氏
劉侯妻史氏　畢之璵妻龔氏
陳廷琮妻強氏　秦廷樟妻錢氏
陳校魁妻鄧氏　葉觀妻顧氏
嵇曾寧妻顧氏　姚盛虞妻吳氏
王秀臣妻蔡氏　呂侯妻朱氏
侯方照妻強氏　國子生楊維城妻華氏
史濤妻黃氏　孫渭綸妻謝氏
顧鄴妻秦氏　馮有能妻宋氏

馮君錄妻臧氏　胡公九聘妻曹氏
贈侍郎鄒辰策妻華氏　吳滋時繼妻顧氏
楊仲明繼妻朱氏　吳天祉妻王氏
張漢侯妻徐氏　曹元吉妻吳氏
陸朝遴妻顧氏　華九錫妻楊氏
曹柏年妻唐氏　馮森高妻陸氏
朱文球妻沈氏　浦克紹妻陳氏
胡紹伯妻侯氏　諸生吳廣培妾張氏
吳廷輝妻陸氏　馮期億妻韓氏

張仲昌妻蔣氏　朱德滋妻陸氏
吳楚白繼妻陳氏　顧起鳳妻沈氏
朱乾曙妻邵氏　喬雲濟妻杜氏
成肯堂妻章氏　蘇步由妻黃氏
吳九徵繼妻周氏　諸生張欽聖妻顧氏
沈玉書妻李氏　葉永基妻許氏
吳允元妻張氏　秦洓妻方氏
貢生呂蘄頤妻高氏　諸生劉禹梅妻倪氏
任仲義妻夏氏　戈斯旦妻某氏

浦顯瑞妻沈氏　高鳳鳴妻龔氏
季宗沂妻華氏　錢子安妻華氏
王世正妻殷氏　惠其昌妻華氏
李大杏妻徐氏　華有誠妾周氏
闞瀛登妻黃氏　陸襄侯妻吳氏
徐慶生妻華氏　張逕妻陳氏
呂德馨妻華氏　潘益會妻吳氏
侯貽燕妻許氏　胡春仁妻黃氏
貢君瑞妻周氏　曹思恭妻盧氏

顧金鳳妻浦氏　俞鼎臣妻金氏
姚起鳳妻張氏　秦星田妻王氏
華慧珠妻沈氏　祝天祥妻尤氏
華士登妻聞氏　范昇妻華氏
華君實妻鄒氏　蔡明表妻錢氏
王兆熊妻錢氏　孫宗海妻周氏
華汝霖妻錢氏　蔣子芳妻王氏
厲永正妻顧氏　沈鶴仙妻蔣氏
黃麗元妻錢氏　厲汝鑑妻唐氏

過朝衡繼妻呂氏　華允翃繼妻賈氏
陸雲紹妻周氏　周潮行妻王氏
周若海繼妻包氏　姚克明妻陸氏
薛愛德妻侯氏　過起龍繼妻章氏
李敬承妻聞氏　過宏謨妻錢氏
龔國鏷妻朱氏　祝鴻儀妻吳氏
錢敬則妻華氏　孫錫九妻周氏
瞿子開妻徐氏　華有容妻朱氏
王裘麟妻吳氏　華廷椿妻徐氏

鄒道昌妻陳氏　楊爇然妻徐氏
龔大觀妻孫氏　吳武龍妻馬氏
張繼高繼妻華氏　吳天生妻柳氏
張如翰妻胡氏　邵繩武妻李氏
楊中立妻榮氏　邊希亮妻孫氏
蔣協若妻馬氏　施然妻秦氏
費大賓妻徐氏　蔡爾端妻周氏
李起先妻林氏　宣維輿妻王氏
張允鋐妻成氏　顧培生妻高氏

陳孝思妻蘇氏　華文先妻厲氏
范彌灝妻姚氏　貢生呂莊頤妻周氏
楊世枚妻華氏　黃汝澄妻錢氏
丁允謙妻毛氏　王振甫妻錢氏
李源泉妻高氏　周子英妻陳氏
華敦安妻朱氏　蔣德鑑妻駱氏
華采若妻朱氏　岳聲遠妻唐氏
施宏先妻王氏　盧芝英妻蔣氏
華見龍妻徐氏　華子徵妻周氏

鮑榮期妻楊氏　李榮春妻王氏
諸克儉妻章氏　華旭孳妻曹氏
華舜儀妻范氏　朱國英妻蔣氏
朱宗秩妻費氏　潘子赤妻華氏
程雲九妻諸葛氏　趙茂時妻華氏
王義卿妻袁氏　華元颺妻黃氏
許含章妻蔡氏　林葭妻徐氏
劉啟懋妻陸氏　施京妻鄒氏
華坤妻賈氏　曹遵道妻安氏

侯鑽妻呂氏妾段氏　華廷秀妻錢氏
周鍠聘妻童氏　竇維鈞妻薛氏
祝昌齡妻周氏　季福臻妻廉氏
侯錫詩妻鄒氏　蘇宗濂妻鄒氏
程友倫妻陳氏　錢士俊妻周氏
馮九齡妻袁氏　張效良妻沈氏
丁昌祚妻葉氏　曹雲卿妻薛氏
丁士洪妻徐氏　臧衡臣妻許氏
欽尚公妻劉氏　周鳳鳴妻盛氏

無錫金匱縣志　卷二十八　列女　卅一

吳子高妻王氏　趙襄侯妻吳氏
葉顯章妻邵氏　楊坤妻鄒氏
薛泰衢妻徐氏　毛仲明妻徐氏
張天爵妻周氏　岳鳴沖妻黃氏
華銓妻潘氏　闞崇綱妻沈氏
楊宗源妻屠氏　張彭年妻殷氏
周玉臣妻曹氏　國子生郁孫源妻孫氏
陶世泰妻葉氏　毛爾華妻張氏
強屺瞻繼妻朱氏　計不揚妻丁氏

華燿妻葉氏　華秉仁妻王氏
王允培妻莊氏　華之葵妻胡氏
高惟山妻李氏　李士荃妻虞氏
徐士榮妻吳氏　虞文俊妻楊氏
虞世文妻黃氏　胡昇錫聘妻劉氏
李宗泌妻吳氏　陳棟妻徐氏
陳廷桂妻高氏　許嘉埏妻李氏
安高發繼妻吳氏　諸生侯謙繼妻強氏
祝以中妻蔡氏　顧維祚妻華氏

戴鴻音妻王氏　楊贊禹妻郭氏
錢穀妻雷氏　諸生趙蓉孫妾陳氏
施泰妻毛氏　趙惟康聘妻費氏
孫熹妻朱氏　顧日立聘妻金氏
沈士俊聘妻王氏　張子瞻妻宣氏
秦承澤妻孫氏　朱名望妻鮑氏
陳文禾妻丁氏　許伊重妻張氏
孫之譽妻莊氏　金九成妻倪氏
朱積學妻胡氏　諸生薛行妾唐氏

朱賢學妻周氏　徐武英妻張氏
許仁朴妻俞氏　盛廷標妻張氏
戴春華妻沈氏　錢昭發妻劉氏
陳松年妻高氏　鄭鶴妻吳氏
倪尚恭妻劉氏　顧泰徵妻卞氏
張崇耀妻高氏　高洪生繼妻胡氏
沈合璧妻張氏　臧天武妻吳氏
強雲鳳妻丁氏　守備陸萬鐘妻吳氏
孫孝恭妻陸氏　秦汲妻趙氏

諸生楊文佩妻葛氏　浦迪如妻侯氏
沈晉揀妻楊氏　諸生顧駿妻楊氏
吳爾德妻顧氏　吳廷弼妻周氏
吳維札妾沈氏　秦明然繼妻施氏
蔡源妻張氏　鄒大立妻錢氏
朱大年妻李氏　侯頤妻徐氏
華鼐妻王氏　周憲昭妻朱氏
張文紳妻李氏　孫廷英妻唐氏
諸丞嘉妻錢氏　黃洪先妻宿氏

鄧世懋妻錢氏　蔡岾基妻秦氏
華鉉昌妻范氏　陸日懿妻楊氏
顧漢章妻黄氏　錢鉅妻黄氏
倪文勲妻華氏　何如鐸妻姚氏
錢鎬妻華氏　國子生秦本敬妻姚氏
華文江妾談氏　李潢妻顧氏
馬南斌妻殷氏　倪其燮妻朱氏
周鴻仁妻王氏　廉鶴妻舒氏
田華生妻宿氏　貢生呂命榮妻黄氏

國子生華世綸妾孫氏　施廷錫妻薛氏
吳天石妻周氏　華璜妻顧氏
王元進妻吳氏　計汝翼妻吳氏
周銘綱妻華氏　吳德成妻丁氏
張宜卿妻王氏　滕謨妻顧氏
高宏憲妻華氏　華公進妻陸氏
華實登妻浦氏　馬嘉謨聘妻蔣氏
糜鑑仁聘妻王氏　薛端倘妻華氏
陸應泰妻王氏　周茂良妻鄧氏

陳桐妻薛氏　倪懋賢妻許氏
楊埴妾王氏　趙大受妻汪氏
朱夔臣妻過氏　張範臣妻沈氏
王維球妻鄒氏　張君審妻姚氏
諸生宣標妻朱氏　朱善慈妻許氏
奚兆楨妻丁氏　張元贊妻劉氏
范子雲妻葉氏　丁仁涵妻鄒氏
郭元調繼妻岳氏　范君謨聘妻梅氏
華庭栢繼妻薛氏　朱文錦妻唐氏

朱元俊妻華氏　徐志道妻張氏
楊守典妻沈氏　嚴若臨妻駱氏
方其煥妻許氏　劉鈐妻朱氏
倪之勲妻王氏　錢克昌妻章氏
黄西京妻楊氏　華協如妻錢氏
倪畹公妻高氏　倪儁超妻何氏
沈奇珍妻韓氏　華孳鯤妻曹氏
蔡嶽妻朱氏　顧大爵妻姚氏
虞士達妻朱氏　林君酬妻陸氏

華士宏妻錢氏　華容民妻金氏
華世龍妻冷氏　華堮繼妻吳氏
諸爾暹繼妻姚氏　邵熊符妻王氏
王芳型妻凌氏　張子諒妻黃氏
黃太占妻許氏　滕嘉賓妻朱氏
嚴補雲妻張氏　王公憲妻趙氏
華學契妻朱氏　鄒熙臣妻闞氏
鄒良佐妻錢氏　鄒舜臣妻楊氏
王烈聘妻鄒氏　吳耀先妻李氏

呂思正妻全氏　糜君璋妻吳氏
蘇式侯妻杜氏　蘇文宏妻姚氏
秦鴻志妻楊氏　孫開祉妻顧氏
胡公定妻吳氏　孫路蕩妻周氏
吳揆妻章氏　吳方慶妻許氏
蘇惠生妻吳氏　楊宸試妻倪氏
孟浩生妻陸氏　行八司楊泖妾過氏
鮑維振妻顧氏　宋佩玉妻盧氏
高廷章妻周氏　華文和妻錢氏

顧九階妻朱氏　王瑞章妻曹氏
陳廷祥妻吳氏　徐維翰妻華氏
高煒文妻諸氏　顧熙文妻秦氏
過德衡妻杜氏　楊楝材妻李氏
朱思本妻華氏　倪爾峻妻秦氏
曹田生妻盛氏　戴天祥妻顧氏
朱大慈妻倪氏　蔡犀照妻周氏
朱汝鑾妻徐氏　劉素臣妻蔡氏
朱子榮妻安氏　賈懋林妻華氏

秦來御妻張氏　華應魁妻唐氏
沈君泰妻朱氏　蘇世銓妻王氏
鄒登雲妻丁氏　蘇襄侯妻張氏
李文質妻宋氏　華澄亨妻錢氏
曹天申妻華氏　曹志希妻毛氏
朱宗明妻費氏　華書升妻談氏
方亮臣妻鄒氏　顧允承妻華氏
曹餘園妾徐氏　司馬貽安妻蔡氏
蔣文燦妻曹氏　顧亦千妻鮑氏

江躬本妻華氏　闞在田妻劉氏
張明義妻馬氏　鄧聖臣妻王氏
華虎炳妻秦氏　王靜元妻虞氏
孫其傑妻鄒氏　張宣哲妻呂氏
張渭英繼妻周氏　史嘉元妻張氏
周元相妻顧氏　張兆眉妻陳氏
范咸一妻徐氏　秦元豫妻顧氏
章吉生妻楊氏　諸錫侯妻嚴氏
秦嘏錫妻顧氏　胡錫任妻范氏

高惟江妻賈氏　諸御陸妻陳氏
何栻妻龔氏　朱國標妻陸氏
嚴福令妻馮氏　王瑞章妻蔣氏
楊文英妻王氏　莫佑之妻宣氏
童宏勳妻陸氏　華君盛妻李氏
陳文龍妻張氏　華霖妻龔氏
吳允色妻沈氏　黃琦妻顧氏
姚廷洲妻華氏　華天佑妻鄒氏
教授劉秉鉉繼妻高氏　虞際盛妻華氏

費德潤妻周氏　華汝馨妻錢氏
許公標妻胡氏　張聖宣妻馬氏
華其千妻錢氏　范君祥妻戴氏
趙明虞妻黃氏　王允斌妻華氏
倪大音妻陸氏　萬仲方妻費氏
陸艮賓妻成氏　丁子高妻吳氏
許維鏞妻胡氏　喬天佑妻高氏
倪書紳妻秦氏　倪垂範妻華氏
祝宏緒妻傅氏　秦望子妻錢氏

嚴來熙妻楊氏　閔斌妻宋氏
吳應嘉妻章氏　楊善繼妻周氏
趙永仁妻戴氏　吳永安妻丁氏
華德明妻沈氏　薛紫纓妻華氏
過子衛妻徐氏　黃士薪妻過氏
周需集妻秦氏　華應龍妻侯氏
蔡永賢妻錢氏　范廷耀妻張氏
尤明理妻唐氏　尤雲章妻蔣氏
蔣元侯妻周氏　顧俊招妻華氏

王允寧妻鄒氏　方廷蕃妻顧氏
華履端繼妻王氏　黄隆海妻王氏
安世榮妻華氏　秦榮妻華氏
華孳駃妻倪氏　王聖生妻錢氏
顧起安妻侯氏　朱仲興妻鮑氏
朱銓妻張氏　錢萬生妻宋氏
孫任妻張氏　孫士芳妻吳氏
蔡廷脩妻周氏　朱慶鑑妻曹氏
沈文學妻蔡氏　編脩秦靖然妾吳氏

陸永錫妻吳氏　唐朝諍妻闞氏
唐朝政妻浦氏　楊存琦妻周氏
嚴瑞英妻臧氏　馮拱奎妻李氏
吳天來妻宋氏　周茂正妻張氏
鄒應祚妻顧氏　王宏信妻李氏
朱田學妻高氏　諸生馮之驊妻薛氏
朱承始妻周氏　葛成章妻曹氏
尤漢文妾張氏　程漢良妻陳氏
錢爾成妻朱氏　李元璋妻唐氏

朱士倫妻徐氏　倪嶽科妻尤氏
顧騰霄妻尤氏　朱松恒妻包氏
華元英妻項氏　華雲九妻徐氏
徐九亨妻王氏　萬浩生妻奚氏
許進龍妻陸氏　高籌妻仇氏
錢位時妻楊氏　馬敘生妻華氏
張國俊繼妻何氏　費銓妻華氏
尤念新妻虞氏　王德源妻錢氏
華弼妻鄭氏　諸士雄妻包氏

華如鏡妻許氏　蘇永林妻李氏
倪明培妻侯氏　黄大勳妻周氏
黄宸妻瞿氏　高煥若妻張氏
談宜怡繼妻瞿氏　朱永安妻周氏
倪金張妻胡氏　王宗沂妻莊氏
袁天倫妻張氏　華綏祿妻鄒氏
范彌懿妻朱氏　顧逵妻華氏
華聖弗妻惠氏　張廷秀妻朱氏
華維明妻錢氏　過有成妻顧氏

陳應昌妻朱氏　張仁樞妻劉氏
錢天霞妻華氏　顧咸吉妻陸氏
方晉侯妻馮氏　袁君達妻顧氏
華元祖妻倪氏　王有文妻袁氏
徐子唯妾韓氏　倪起龍妻華氏
楊諟卿妻周氏　曹季尊妻華氏
華吉甫妻朱氏　楊直方妻王氏
強穀式妻曹氏　倪道生妻錢氏
鄒麟徵妻邵氏　趙紹音妻周氏

華柟聘妻徐氏　馮宗駒妻張氏
沈士鳳妻濮氏　邵萬鐘妻強氏
丁嵎祥妻郭氏　丁成玉妻許氏
許廷鏞妻滕氏　尢彙升妻胡氏
陸在中妻王氏　李躬玉妻陸氏
徐希效妻張氏　虞彭齡繼妻顧氏
曹天生聘妻王氏　顧桂森聘妻陳氏
朱中衡妻張氏　華國昌妻徐氏
莊瑞鳳妻魏氏　虞廷桂繼妻顧氏

沈文龍妻劉氏　唐義溥妻邊氏
楊楚望妻王氏　張效程妻石氏
高尚賢妻華氏　黃廷麟繼妻沈氏
司馬旋妻錢氏　錢潤妻華氏
陳善言妻周氏　秦奕勳聘妻施氏
華天祥妻秦氏　王永祥妻成氏
徐再蘧妻龔氏　黃兆鰲妻舒氏
沈公慧妻許氏　朱璞妻錢氏
華明溢妻徐氏　徐汝瑄妻李氏

華世緯妻周氏　蔣熙臣妻包氏
胡錫福妻張氏　許麟妻蔡氏
汪光道妻許氏　趙啓南妻馬氏
錢潤生妻李氏　華玉堂妻鄒氏
錢應鍾妻劉氏　費象謙聘妻秦氏
華文清妻馮氏　華天壽妻徐氏
吳啟元妻施氏　諸生姚夢熊妾徐氏
諸生秦宏妻侯氏　周驥妻許氏
許寶山妻周氏　陸維山妻尹氏

顧子相妻朱氏　楊源汶妻秦氏
秦澤灝妻顧氏　朱璇妻王氏
方孝如妻黃氏　許肇和妻錢氏
周頴延妻鄒氏　張慎樞妻陸氏
王佩曾妻周氏　王汝增妻過氏
高廣楷妻顧氏　朱啟元妻章氏
錢宛森妻朱氏　周朝聘繼妻鄒氏
繆長庚妻王氏　張洪瀛妻盛氏
杜連繼妻李氏　華廷棟妻諸氏

侯亦偉繼妻鄒氏　過世豪妻方氏
王來復繼妻杜氏　汪呂侯妻張氏
過廷秀妻徐氏　黃位容聘妻司馬氏
馮履青妻朱氏　過大章妻范氏
國子生時祖齡妻顧氏　王天明妻李氏
蔣大潮妻胡氏　錢雨金妻張氏
馮泗之妻薛氏　吳祥齡妻郁氏
華綬繼妻繆氏　吳宗文繼妻祝氏
贈侍郎鄒稷妻張氏　華學循繼妻朱氏

李應蓬妻楊氏　周渠祿妻陳氏
廉貞中妻沈氏　張周貞妾馮氏
諸生孫芬繼妻邊氏　顧豫妻諸氏
過震元妻施氏　過璜繼妻顧氏
施兆隆妻高氏　賈天祿妻馮氏
施鐘妻徐氏　諸生顧麟振妻嚴氏
諸生華崗妻顧氏　王宣昭妻錢氏
徐熠燿妻嚴氏　陳印模妻浦氏
國子生張其章妻唐氏　周一桂妻過氏

楊曾唯妻顧氏　張元隆妻孫氏
華元瀛妻柳氏　周元武妻顧氏
范康益妻張氏　鄧文瀚妻高氏
莫本芝妾俞氏　華廷栻妻蔡氏
任顯揚妻楊氏　馮東山妻張氏
吳德灝妻范氏　蔡益培妻華氏
唐文耀妻杜氏　姚德一妻孫氏
卞洪緒妻錢氏　陳興祖妻吳氏
劉揚若妻秦氏　華八秀妻陳氏

華封妻朱氏　姚景文妻朱氏
國子生王思尙妻華氏　朱舜臣妻浦氏
趙應宿妻馬氏　秦爲灼妻趙氏
錢鴻業妻楊氏　楊俊儒妻虞氏
鄒瑜佩繼妻葛氏　浦啟賢妻呂氏
國子生鄒來佩妻楊氏　強思曾妻魏氏
賈羲梅妻張氏　韓玉林妻陳氏
諸生陶守謙妻秦氏　吳汝英妻言氏
秦文南妻邵氏　李青選妻華氏

過鳳林妻華氏　蔡紹康妻張氏
蔡阜翔妻孫氏　華宗濂妾嚴氏
繆聖祥妻華氏　胡階秀妻范氏
顧一經妻蔡氏　楊周妻馮氏
萬安寧妻華氏　陶嘉瓚妻秦氏
黃中妻廉氏　金八傑妻杜氏
高蜚駿妻吳氏　浦天培妻楊氏
朱克儉妻鄒氏　嚴邦炳妻駱氏
曹嘉行妻浦氏　華堯齡妻葛氏

鍾添順妻祝氏　袁士賢妻朱氏
何培妻顧氏　張本忠聘妻鄧氏
鄧煥章妻徐氏　國子生浦汝俊妾馬氏
舉人龔汝弼繼妻倪氏　教諭華希閔妾周氏
諸永禮妻陳氏　華鵬藻妻陳氏
尤裕輝妻鮑氏　趙玉秀妻陸氏
錢赤岡妻沈氏　華貞生妻殷氏
胡立山妻虞氏　國子生吳景熹妻錢氏
沈君甫妻王氏　袁元龍妻錢氏

葉恒吉妻趙氏　周象和妻虞氏
周象乾妻孫氏　顧景章妻包氏
周松鶴妻呂氏　楊養浩妻侯氏
王元昌妻程氏　華舜成妻王氏
諸生周茲妻馬氏　王克睿妻巫氏
蕭禹樸妻吳氏　孫祥輿妻沈氏
徐脩源妻楊氏　蕭源洲妻陳氏
諸生王會淸妻楊氏　倪萬均妻范氏
蕭文柏妻王氏　沈學海妻黃氏

嚴惟金繼妻尢氏
陸天相妻劉氏
華鉞妻鄒氏
姚文隆妻范氏
高際妻張氏
平起鳳妻虞氏
周尊三妻朱氏
吳德先繼妻徐氏
華迪彙妻鄒氏
鄒積仁妻范氏
國子生楊嘉禾妻陶氏
國子生吳炳文妻鄒氏
孫昇妻劉氏
朱林章繼妻陳氏
趙景新妻朱氏
王周新妻周氏
陳煥發聘妻華氏
喬璜妻汪氏

孫爾嘉妻秦氏
吳彭年妻盛氏
王午昌妻錢氏
國子生詹肇堂妻邵氏
張廷璜妻陳氏
華起淶妻錢氏
國子生華肇豐妻沈氏
朱式範妻陳氏
葉在田妻馬氏
張柏齡繼妻袁氏
華樹勲妻朱氏
華肇泰妻秦氏
吳晉階妻鄒氏
華玉堂妻錢氏
朱式武妻顧氏
朱廷賢妻秦氏
史文焯妻朱氏
侯錫爵妻朱氏

徐肇鍾妻朱氏
吏目任甸妻趙氏
朱沛繼妻高氏
汪元昕妻嵇氏
諸生鄒瓚妻凌氏
華泰初妻傅氏
繆宗昌妻唐氏
趙昌言妻凌氏
徐培元妻馮氏
蔣桂林妻殷氏
楊炳然妻沈氏
國子生華汝綸繼妻楊氏
楊日彩妻杜氏
賈凌雲妻吳氏
劉輔公妻華氏
沈延禧妻丁氏
浦德明妻方氏
楊濟川妻孫氏

沈大成妻吳氏
國子生胡志仁妻劉氏
陳惟智妻任氏
王洪興妻胡氏
王廷榮妻吳氏
潘敬德妻陸氏
徐重光妻華氏
王錦繡妻陳氏
陸慶安聘妻吳氏
張成恒妻錢氏
蔣昶妻朱氏
張安培妻華氏
顧京妻孫氏
錢益朋妻楊氏
榮大儒妻薛氏
朱脩齡妻全氏
諸生鄒鐄妻侯氏
趙景元妻汪氏

華章煥妻王氏　諸生華治繼妻吳氏
鄒恩妻張氏　高纘烈妻祝氏
諸生華文璋繼妻周氏　孝女李瓊
諸生顧鎬妻錢氏　陸旭旦妻馮氏
賈雲鳳妻薛氏　侯濬妻吳氏
舉人秦濂妻張氏　鄒學琦妻秦氏
諸生鄒欲然繼妻倪氏　國子生季明徵妻華氏
張季海妻李氏　姚培九妻廉氏
國子生華綏壽繼妻顧氏　鹽運使秦鏞妾王氏

錢文灝妻尢氏　錢永昌妾周氏
翁子華妻鄒氏　國子生華星榮妻侯氏
滕楷妻華氏　張開沅妻徐氏
尢塤妻楊氏　孝女陸氏
朱坤妻鄧氏　黃漢琦妻秦氏
謝允鎮妻沈氏　薛佑春妻徐氏
馮士晉妻席氏　黃曾培妻錢氏
高兆鰲妻倪氏　馮士瑚妻王氏
浦景運妻許氏　楊應龍妻倪氏

唐其錫妻丁氏　華若珍妻錢氏
秦茂如妻馮氏　殷金書妻馮氏
錢肇揚妻華氏　鄒煌妻華氏
陳洪鑄妻葛氏　侯金堅妻顧氏
嚴子祚妻王氏　張舜五妻鮑氏
姚士賢妻鄒氏　吳虎臣妻鄒氏
沈兆燕妻陸氏　諸元暘妻黃氏
高鼎元妻朱氏　國子生王一鶚妻侯氏
華翔仞妻程氏　竇廷榮妻周氏

施堯章妻黃氏　薛廷璐繼妻沈氏
楊凌雲妻石氏　顧元明妻孫氏
朱遂明妻華氏　華煥文妻董氏
孝女王氏國英女　張炳璧妻酆氏
陳鵬九繼妻侯氏　華育成妻吳氏
華翰材繼妻倪氏　張洪基妻鄒氏以上已旌

無錫金匱縣志卷二十八

無錫金匱縣志卷二十九

列女

國朝

華朝儒妻許氏妾蔣氏　華植紀妻張氏
陸元裳妻厲氏　朱廷宰妻許氏
劉奕妻顧氏　吳國俊妻顧氏
華國清妻王氏　華夏妻楊氏
張祥卿妻朱氏　馬雲龍妻李氏
陳振先妻朱氏　許叔誠妻李氏

陳某妻余氏　華起經妻張氏
朱紹文妻堵氏　諸生施肇曾妻顧氏
唐開溱妻葉氏　吳虎鈐妻王氏
華懋和妻陳氏　時五妻葉氏
楊元勳妾顧氏　李士榮妻鄒氏
錢世芳妻陳氏　丁顯夫妻徐氏
華秉文妻鮑氏　華國學妻蔡氏
華永茂妻丁氏　華士麟妻葉氏
華隨祥妻嚴氏　吳文鑣妻華氏

顧統均妻施氏　周德潤妻顧氏
顧雲在妻吳氏　華用征妻胡氏
華瑤妻過氏　王有祉妻江氏
錢某妻王氏耀洪母　華如爻妻嚴氏
王某妻陳氏子式母　惠春谷妻錢氏
朱子美妻鮑氏　華如球妻鄧氏
何曰義妻顧氏　蕭哲侯妻朱氏
朱方來妻蔡氏　袁某妻張氏
周某妻錢氏　秦某妻王氏商木母

顧慶元妻秦氏贈侍郎賓然女　華燦妻張氏
華明英妻盛氏　華紋妻徐氏
王雲瑞妻張氏　顧三妻許氏
黃世曾妻宿氏　華世忠妻九氏
華明徵聘妻秦氏　秦德匯繼妻黃氏
黃清如妻龔氏　殷應祺妻沈氏
華克進妻李氏　華正芳妻劉氏
劉果和妻顧氏　華肇勳妻黃氏
馬協清妻阮氏　榮嘉妻馬氏

黄錫蕃妻錢氏　華本素妻陳氏
唐德滋妻華氏　張邦彥妻許氏
李文華妻馬氏　高涵之妻顧氏
華國興妻朱氏　陸仁培妻華氏
唐敷九妻秦氏　華文炳妻張氏
施鳳清妻龔氏　王某妻楊氏闇卿孫婦
華懋服妻李氏　杜繼裳妻盛氏
王某妻華氏伯聖孫婦　華士昌妻許氏
曹大章妻施氏　王某妻吳氏來章婦

周某妻王氏子仲母　龔聖玉妻王氏
過之鵬繼妻秦氏　秦昭廣妻趙氏
華鳳鳴妻蔡氏　華復泰妻張氏
唐請益妻蔣氏　楊某妻顧氏
顧敦妻華氏　華宏圻妻徐氏
華雲從妻邢氏　王宗徽繼妻侯氏
葉祖德妻馬氏　華畧妻呂氏
孫巒妾張氏　華之鑑妻鄒氏
秦璐妻倪氏　蔡銘德妻徐氏

華士俊妻鄒氏　華閏詩妻顧氏
華與隆妻劉氏　施爾尚妻湯氏
唐毓瑄妻陸氏　華朋錫妻王氏
周某妻錢氏清甫婦　華墉妻朱氏
高舜田妻陳氏　王兆陽妻華氏
宣五文妻顧氏　華日賓妻朱氏
華日覲妻倪氏　國子生趙承武妾張氏
王維嶽妻尤氏　黃永年妻楊氏
施元龍妻張氏　華煒妻曹氏

顧學曾妻秦氏　張移可妻馮氏
華衷闇妻唐氏　華衷時妻王氏
華衷青妻錢氏　韓雲野妻鮑氏
葉大其妻顧氏　曹丕烈妻王氏
陸壽妻吳氏　施元若妻呂氏
顧邦佐妻沈氏　姚佩儒妻程氏
高廷桂妻朱氏　華鉉妻鄒氏
華銑妻尤氏　華鍾妻潘氏
國子生姚浩妻夏氏　華端妻馬氏

陳子遷繼妻薛氏　張在河妻安氏
張周楨繼妻馮氏　華雲將妻施氏
李漢三妻朱氏　周惟艮妻王氏
華時遨妻談氏　華樹駿妻吳氏
舉人安嘉妻殷氏　張宗賢妻馮氏
葉師觀妻顧氏　姚祚敏妻朱氏
華實粟妻殷氏　華子陵妻王氏
馬遐徵妻成氏　孫勝妻劉氏
曹式金妻韓氏　穆本立妻吳氏

華曰瑚妻曹氏　顧汝豐妻華氏
華巽度妻顧氏　華金綸妻陶氏
華廷瑛妻俞氏　吳學周妻劉氏
華尚武妻馬氏　華時敏妻焦氏
華祿中妻余氏　吳鼎彝妻顧氏
高某妻朱氏　華千禎妻周氏
華金言妻王氏　陸某妻某氏正齡母
陳奎祖妻徐氏　張某妻石氏
杜錡妻汪氏　華家植妻朱氏

錢某妻沈氏　華文貞妻鄧氏
李某妻錢氏　華惟艮妻魏氏
鄭在田妻陶氏　楊君祿妻王氏
沈某妻祝氏　華麟趾妻薛氏
華廷遴妻安氏　曹某妻韓氏
毛國禎妻唐氏　華永圖妻周氏
趙國楨妻顧氏　馮鳴韶妻朱氏
陳朝宗妻孫氏　趙燦峯妻朱氏
華宇和妻陳氏　秦某聘妻華氏

華誦先妻王氏　華神秀繼妻張氏
華永康妻張氏　陶毓秀妻沈氏
施鎮妻龔氏　張玉振妻馮氏
李正南妻陶氏　馮天成妻祝氏
華中郁妻金氏　李文隆妻蔣氏
王朝階妻吳氏　華炤妻鄭氏
華有慶妻郭氏　劉桂觀妻項氏
榮繼昭妻賈氏　沈紹毅妻張氏
王昇階妻張氏　華師淑妻施氏

華應泰妻黃氏　時永忠妻郁氏
許武成妻胡氏　陶禎祥妻吳氏
華可秀妻曹氏　黃珍妻秦氏
楊以和妻張氏　華可榮妻某氏
華天祿妻陸氏　顧文輿妻華氏
貞女沈氏　華可法妻陳氏
李懷珍妻趙氏　華杰妻吳氏
高溥妻尢氏　竇維圭妻過氏
秦善慶妻吳氏　華鏞妻嚴氏

華永蕙妻許氏　徐森茂妻李氏
吳泰繼妻陸氏　周鼎繼妻李氏
華文爾妻滕氏　華景黙妻金氏
顧建光妻朱氏　欽士俊妻沈氏
顧才耀妻朱氏　顧寶光妻鄭氏
國子生顧敦愉妻楊氏　選拔貢生顧敬恂繼妻秦氏
諸生秦濬妻鄒氏　王文山妻蔡氏
顧鳳喆妻丁氏　諸生顧敭憲妻張氏
秦仁寶妻董氏　王耀曾妻倪氏

國子生楊蛟澂妻祝氏　王嵩山妻鄒氏
秦景濂妻錢氏　華景煇妻楊氏
華燦妻浦氏　高鼎鍾妻許氏
朱纓妻王氏　華宗灝妻朱氏
陳廷章妻錢氏　劉兆楨妻王氏
楊九河妻邵氏　華逢妻錢氏
秦景元妻袁氏　華寶芳妻鄒氏
顧天植妻華氏　華心怙妻曹氏
王猷定妻秦氏　華日宣妻鄒氏

華星熾妻范氏　秦鳴鈞妻丁氏
孫曾西妻李氏　諸生俞相妻秦氏
華日進妻周氏　侯本茂妻周氏
華鳳儀妻浦氏　國子生侯本苞妻江氏
任瑞芝繼妻周氏　鄒珠妻侯氏
許同慶妻楊氏　薛廷標妻張氏
孫漣妻厲氏　華實發妻潘氏
侯榮褒妻吳氏　華鼎凝妻王氏
國子生侯龍渭妻倪氏　章文瑾妻朱氏

華鼎調妻鄒氏　陳位昌妻唐氏
華鼎熺妻朱氏　華鼎燿妻王氏
薛玉峯妻沈氏　華明超妻范氏
周玉珍妻朱氏　華鳳章妻高氏
錢五飛妻許氏　薛世琛妻許氏
華文超妻孫氏　華名世妻金氏
錢九德妻顧氏　華廷和妻顧氏
許淞妻胡氏　孫大齡妻陳氏
國子生宋翃妻過氏　鄒掌邦妻錢氏

孫謌妻程氏　秦永壽妻華氏
朱秀中妻糜氏　芮方畤妻陳氏
楊永言妻華氏　華永綸妻倪氏
華廷楨聘妻費氏　倪昌齡妻尤氏
全日初妻史氏　楊茂先妻馮氏
華斗垣妻尤氏　華耀曾妻吳氏
華月川妻王氏　蔡天均妻楊氏
華國模妻周氏　華臨祥妻金氏
詹玉瓚繼妻沈氏　孫秀峯妻張氏

華啟東妻倪氏　唐殿棟妻陳氏
黄熉英妻陳氏　國子生楊廣漢妻王氏
諸生侯中翰妻施氏　華漸祥妻沈氏
華咸祥妻楊氏　華子祥妻顧氏
沈德涵妻華氏　李舜年妻楊氏
秦王政妻陳氏　華彙祥妻朱氏
浦某聘妻華氏　馬士俊妻薛氏
華濟洲妻邊氏　李世五妻陳氏
鄒蘭蓀妻秦氏　朱上襄妻王氏

諸生馬鏡涵妻吳氏　周文烈妻顧氏
秦灝妻張氏　舉人華世奕妻陳氏
華崧妻馬氏　王佐相妻吳氏
匡明揚妻黄氏　鄒士林妻趙氏
侯元棻繼妻虞氏　張煇妻盛氏
陳衍慶妻曹氏　華存孝妻厲氏
華文瑛聘妻潘氏　胡旭耀妻馮氏
陳煇繼妻張氏　鄭明義妻朱氏
陳應占繼妻錢氏　曹大昌妻施氏

秦文剛繼妻張氏　陳明庭妻張氏
韋格非妻陳氏　孫天祚妻張氏
陳樹基妻程氏　華天慶妻楊氏
華瑚妻范氏　龔馥妻秦氏
國子生秦上鈞妻金氏　張漢昇妻趙氏
強永興妻王氏　華瑶齡妻周氏
糜佑妻呂氏　秦粹瑩妻高氏
華鸞鳴妻周氏　華爾培妻錢氏
陸士德妻糜氏　方坦妻孫氏

國子生錢壐妻華氏　華鏞妻錢氏
王守義妻董氏　鄒酉金妻倪氏
周鳴岐妻楊氏　王保定妻薛氏
劉范志妻華氏　莫維棻妻徐氏
尤三愛妻謝氏　華執禮聘妻蔣氏
莫子果妻李氏　華宏承妻王氏
侯栢馨妻王氏　劉浩成妻鄒氏
周晉三妻徐氏　張元英妻高氏
欽允中聘妻賀氏　周惟淵妻謝氏

董觀海妻顧氏　黄寶存繼妻華氏
諸生孫寅夫妻秦氏　王坤順妻陳氏
侯茂才妻龔氏　過純仁妻鄒氏
侯秉銓妻華氏　華愈妻楊氏
過邦衛妻鄧氏　過枕流妻朱氏
過龍桂妻鄒氏　過心僑妻趙氏
過介眉妻費氏　過樹芳妻華氏
過繼祖妻王氏　華善文妻倪氏
高賜福妻張氏　華炳泰聘妻許氏

諸生鄒開泰妻汪氏　過瑞雲妻李氏
諸生錢燕妻楊氏　華升國妻呂氏
錢宗俊妻榮氏　華雍繼妻錢氏
錢澈妻華氏　鄒惟揚妻錢氏
李暄妻尤氏　錢有祥繼妻潘氏
華鏞曾繼妻葛氏　李豫妻王氏
華昌德妻王氏　華壽生聘妻王氏
曹廷珍繼妻嚴氏　錢在尚妻孫氏
李璞妻華氏　龔貞元妻陳氏

錢煦妻蔡氏　曹憲章妻劉氏
錢漢聘妻王氏　孫鎮聘妻周氏
薛以爵妾錢氏　沈某聘妻秦氏
濮奇松妻倪氏　秦錫勇妻吳氏
周定國妻秦氏　華兆魁妻薛氏
諸生蔡鏞妻黃氏　華德洽妻李氏
曹輅錫妻施氏　華德溥妻徐氏
楊廷楷妻汪氏　高泗妻姚氏
曹廷林妻朱氏　薛春榮妻陳氏

華鍾秀妻過氏　國子生楊琪妻強氏
沈蓺照妻鄒氏　吳兆麟妻陸氏
胡夢輝妻陸氏　邵廷章聘妻陸氏
顧文耀妻吳氏　胡一桂聘妻曹氏
華潮孫妾談氏　華炳曜妻某氏
孫洙妻朱氏　孝女劉氏
范顯斌妻秦氏　范徵耀妻華氏
徐天祥妻范氏　范顯柔妻吳氏
華暘書妻滕氏　徐四臨妻華氏

李瑎妻華氏　華咸一妻曹氏
諸生華日起妻張氏　華培妻錢氏
諸生華景泰繼妻孫氏　華原褒妻錢氏
華文元妻凌氏　華暘德妻史氏
倪然達妻華氏　倪武暘妻朱氏
華平妻汪氏　童玉基妻華氏
華萬春妻秦氏　惠嘉禎妻吳氏
夏天順妻秦氏　強鳴鳳妻王氏
楊奎照妻朱氏　杜馥桂妻顧氏

孫漢沖妻秦氏　施錫觀妻王氏
華瑞文妻陳氏　國子生允鎬妻朱氏
張敘倫妻嚴氏　華恒妻徐氏
張式詠妻蕭氏　許天祐妻秦氏
侯汪妻秦氏　過卓安妻秦氏
盧起龍妻李氏　顧三省妻秦氏
胡煥章妻劉氏　范乙妻張氏
顧彩妻鄒氏　許濟安妻楊氏
杜文濬妻秦氏　許搴玉妻秦氏

沈超然繼妻鄭氏　過鶴妻朱氏
陸起鳳妻孫氏　顧用楫妻華氏
施德藻妻顧氏　國子生過杲妻俞氏
王萬元妻吕氏　國子生陸金鍾妻劉氏
華尚妻鄒氏　華元載妻吳氏
華天益妻楊氏　華國楨妻史氏
陳用年妻陸氏　許汝達妻蔡氏
尢丕承妻徐氏　黄思文妻楊氏
華嶽妻滕氏　顧思冠妻孫氏

華任鈞妻管氏　華謙妻黄氏
華國瑞妻滕氏　錢宗俶妻滕氏
尢南恒妻錢氏　國子生曹瞻崧妻華氏
錢熉妻高氏　吳敬成妻陸氏
曹世瑛妻楊氏　國子生曹世琦妻楊氏
錢森年妻顧氏　錢鼎鉉妻過氏
錢朝楨妻華氏　錢遇淸妻鄒氏
錢蘭枝妻華氏　錢朝榦妻金氏
華萃亨妻鄒氏　華日宣妻錢氏

楊逢豫妻華氏　錢林萃妻華氏
李謙六妻華氏　華漱六妻楊氏
倪宗泰妻朱氏　陳廷輔妻錢氏
徐洪繼妻闕氏　丁廷艮妻徐氏
黄忠妻張氏　倪敦艮妻華氏
朱六階妻薛氏　國子生黄兆龍妻陳氏
國子生王珣妻沈氏　黄敬妻浦氏
吳丕基妻張氏　鄒醇儒妻華氏
華學愈妻陳氏　諸生馬時英妻龔氏

戴有章妻沈氏　華原盛妻吳氏
汪秤繼妻鄒氏　朱佩珩妻錢氏
華嘉廷妻倪氏　華實容妻曹氏
唐宜觀妻司馬氏　許鑑妻周氏
司馬雲妻朱氏　倪志遠妻許氏
徐培基妻沈氏　陳壽南妻朱氏
國子生朱元室妻陳氏　孫贊皇妻侯氏
朱輿州妻殷氏　華以勇妻浦氏
國子生顧季賓妻周氏　朱永年妻趙氏

國子生楊大文妻陳氏　朱廷榮妻呂氏
丁文新妻陸氏　顧大保妻鄭氏
張士桂妻丁氏　周明德妻郁氏
卜洪典妻伍氏　朱廷楨妻徐氏
陳廷璋妻某氏　孫世祿妻金氏
朱學建妻丁氏　徐鳳章妻張氏
王克俊妻丁氏　張植妻華氏
沈復振繼妻王氏　強巨川妻楊氏
華秋圃妻錢氏　諸生謝咸章妻沈氏

華熙妻蔡氏　諸生安經傳妻孫氏
華善才妻邱氏　諸生華烈妻鄒氏
盧有聲妻楊氏　何某妻顧氏
杜愛妻何氏　徐澐妻史氏
強鳳武妻朱氏　貞女顧氏
浦賡揚妻楊氏　謝天章妻黃氏
浦虞齡妻陳氏　浦昌齡妻司馬氏
尢世福妻毛氏　華瞻暘妻朱氏
尢麟仁妻李氏　尢榮曾妻王氏

秦萬金妻吳氏　尢連福妻陸氏
孫載錫妻馮氏　秦萬銀妻王氏
蘇曉巖妻吳氏　吳桂官妻秦氏
秦序東妻馮氏　諸生劉鍾元妻吳氏
蔣鎮妻蔡氏　國子生王宮槐妻錢氏
王溥鎮妻顧氏　國子生錢烱妻王氏
臯人尢均妻張氏　錢爐妻胡氏
華蘭森妻黃氏　錢仁祿妻鄒氏
談基繼妻華氏　華儒徵妻鄒氏

俞墉妻陶氏　華朝棟妻錢氏
周大德妻浦氏　趙方蘇妻張氏
錢均妻朱氏　諸生張大升妻夏氏
司馬清源妻許氏　錢元隆妻成氏
錢鶴年妻戴氏　錢正元妻許氏
諸生陳瀚妻馬氏　胡起麟妻吳氏
王步蟾妻吳氏　袁契蘭妻秦氏
貢生鄒大成妾陳氏　王芮妻盧氏
章開鼎妻鄒氏　張在瀛聘妻沈氏

戴乾復妻蔣氏　張禑昌聘妻蔣氏
張文德妻陸氏　顧振坤妻王氏
顧賓來妻馬氏　顧振倫妻張氏
顧振宗妻吳氏　沈惠揚妻顧氏
張承恩妻汪氏　曹序賢妻惠氏
胡松岳妻李氏　楊永瑞妻葉氏
鮑霈霖繼妻蔡氏　趙鑛妻李氏
王會登妻華氏　陶天福妻張氏
諸生許南枝妻華氏　陳潮妻徐氏

鄭元富妻殷氏　殷國豐妻華氏
倪曙鐘繼妻夏氏　余國樑妻張氏
蔡大有妻張氏　喬璋妻過氏
安世爵妻陳氏　陳子興妻周氏
喬震妻溫氏　安起鳳妻倪氏
華玉如妻范氏　安玉如妻顧氏
安起龍妻朱氏　安琳妻司馬氏
華晉陽妻呂氏　周繼會妻徐氏
諸生孫士穎妻秦氏　鄒煜妻華氏

朱元祖妻强氏　傅臣武妻丁氏
强望戌妻顧氏　國子生宣鉦妻張氏
汪玉山妻過氏　秦士奇妻蔣氏
馮協泰妻秦氏　馮協艮妻胡氏
馮有成妻許氏　馮洪妻朱氏
馮洙妻蔣氏　國子生詹潤妻王氏以上未旌

無錫金匱縣志卷三十

流寓

梁鴻適吳賃舂臯廡其在無錫史無明文顧伯鸞之溪鴻山之井每以是名流風餘韻猶有存者楊文靖講學於兹實開道南一脈蓋東林之所自昉也其他名流賢哲樂其風土或一時託跡或挈家徙居緬彼遺蹤多可考者因並採掇存之志流寓第三十三

漢

梁鴻字伯鸞平陵人受業太學家貧尚節介博覽無不通

而不爲章句學畢乃牧豕上林苑中曾誤遺火延及他舍鴻問所去失悉以豕償之其主猶以爲少鴻曰無他財願以身居作因爲執勤鄰家耆老共責讓主人而稱鴻長者於是始敬異焉埶家慕其高節多欲女之鴻並絕不娶孟氏有女狀肥醜而黑力舉石臼擇對不嫁年至三十父母問之曰欲得賢如梁伯鸞者鴻聞而聘之及嫁以裝飾入門七日而鴻不答妻跪牀下請曰竊聞夫子高義簡斥數婦妾亦偃蹇數夫矣今而見擇敢請罪鴻曰吾欲裘褐之人可與俱隱者今衣綺縞傅粉墨豈鴻願哉妻更椎髻著布衣操作而前鴻喜曰此眞鴻妻也共入霸陵山中因出東關過京師作五噫之歌肅宗聞而非之求鴻不得鴻易姓運期名燿字侯光居齊魯之閒有頃去適吳依大家臯伯通居廡下爲人賃舂每歸妻爲具食不敢於鴻前仰視舉案齊眉伯通察而異之曰彼傭能使其妻敬之如此非凡人也乃舍之於家鴻潛著書十餘篇及病卒伯通葬之吳要離冢旁後漢書有傳

宋

湛挺字茂之官司徒右長史隱惠山築草堂讀書其中與

南平王劉鑠友善更以詩章倡和留刻於石

唐

陸羽字鴻漸一名疾字季疵竟陵人不知所生或言有僧得之水濱旣長以易自筮得蹇之漸曰鴻漸於陸其羽可用爲儀乃以陸爲氏名而字之少日讀書其師苦之甚至亡去匿爲優人太守李齊物異之授以書貌侵陋口吃而辯好聞人善多規切與人期雨雪虎狼不避也隱苕溪自稱桑苧翁闔門著書或行野中誦詩擊木徘

徊不得意或慟哭而歸詔拜太子文學不就職羽嗜茶著茶經三篇言茶之原之法之具尤備天下益知飲茶矣時鬻茶者陶羽形置煬突間祀爲茶神御史大夫李季卿宣慰江南聞而召之羽衣野服挈具而入季卿不爲禮羽恨之乃更著毁茶論其後尚茶成風回紇入朝驅馬市茶唐書有傳

李隲汾陽人嘗於惠山寺肄業其詩凡言山中事者悉記屋壁會昌末寺廢詩皆無存隲官至御史中丞上柱國

皮日休字襲美一字逸少竟陵人性傲誕隱居鹿門自號

間氣布衣咸通八年進士第崔璞守蘇辟軍事判官入朝授太常博士賊巢之亂避地會稽依錢氏卒日休嘗寓無錫與陸龜蒙彝璞泛舟芙蓉湖爲烟水之遊唐書有傳

陸龜蒙字魯望蘇州人博學工歌詩及賦名振江南舉進士不第嘗從張博爲蘇湖二郡從事退隱松江甫里初稱天隨子後號江湖散人以高士召不赴李蔚盧攜素重之當國召拜拾遺詔方下卒龜蒙自撰甫里先生傳言有田數百畝屋三十楹田苦下雨潦則與江通由是苦饑嗜荈置園顧渚山下歲入茶租爲品第繼茶經茶訣後高僧逸人時致惠山石泉虎邱吳淞江水以助其好時乘小舟設蓬席齎一束書茶竈筆牀釣具櫂船郎而已舊志龜蒙放舟每由邑之五瀉湖經震澤穿松陵抵杭越因名舟曰五瀉唐書有傳

宋

楊時字中立南劍將樂人熙寧九年中進士第時河南程顥與弟頤講孔孟絕學河洛之士翕然師之時調官不赴師顥於潁昌相得甚歡其歸也顥目送之曰吾道南矣四年而顥死又見頤於洛一日頤瞑坐時與游酢侍

立不去頤既覺則門外雪深一尺矣時杜門不仕者十年起知瀏陽餘杭蕭山三縣皆有惠政轉荆州教授會有使高麗者國主問龜山安在使回以聞召爲祕書郎遷著作郎奏言熙寧之初大臣文六藝之言以行其私祖宗之法紛更殆盡元祐時盡復祖宗之舊廢熙寧之法至紹聖崇寧抑又甚焉凡元祐之政事著在令甲皆焚之以滅其跡願明詔有司條具祖宗之法有宜於今者舉而行之當損益者損益之除邇英殿說書聞金人入攻謂執政曰今日事勢如積薪已然當自奮勵以竦

動觀聽若示以怯懦之形委靡不振則事去矣要害之地務嚴爲守備近邊州軍宜堅壁清野勿與之戰使之自困若攻戰畧地當遣援兵追襲使之腹背受敵則可制勝矣又謂今日之事當以收人心爲先人心不附雖有高城深池堅甲利兵不足恃也免夫之役毒被海內京城聚歛東南花石其害尤甚欲致人和去此三者正今日之先務也金人圍京城勤王之兵四集而莫相統一時言唐九節度之師不立統帥雖李郭之善用兵猶不免敗衄今諸路烏合之衆臣謂當立統帥一號令示紀律而後士卒始用命又言童貫爲三路大帥敵人侵疆棄軍而歸當正典刑以爲臣子不忠之戒疏上除右諫議大夫兼侍講敵兵初退議者欲割三鎭以講和時極言其不可曰河朔爲朝廷重地而三鎭又河朔之要藩也一旦棄之北庭使敵騎疾驅貫吾腹心不數日可至京城今聞三鎭之民以死拒之三鎭拒其前吾以重兵躡其後尚可爲也疏上欽宗詔出師而議者多持兩端時又抗疏爭之會李綱罷太學生伏闕上書乞留綱軍民集者數十萬朝廷欲防禁之吳敏乞用時以靖太

學遂以時兼國子祭酒奏言蔡京用事蠹國害民幾危宗社論者莫知其所本也蓋京以繼述神宗爲名故推尊王安石加以王爵配饗孔子廟今日之禍實安石有以啓之安石之邪說壞人心術者甚多伏望追奪王爵明詔中外革去配饗疏上安石遂降從祀之列而諫官馮澥力主王氏學上疏詆時會學官有紛爭者有旨罷學官時亦罷祭酒頃之四上章乞罷諫省除給事中辭乞致仕除徽猷閣待制提舉嵩山崇福宮高宗即位除工部侍郎兼侍讀乞脩建炎會計錄乞恤勤王之兵乞寬假言者連章丐外以龍圖閣直學士提舉杭州洞霄宮已而致仕卒謚文靖方時之渡江也東南學者推爲程氏正宗蓋講學於無錫者十有八年云宋史有傳

章誼字宜叟建州浦城人崇寧四年進士補懷州司法參軍歷杭州通判高宗幸臨安苗劉爲變人心洶洶帝問羣臣曰今日之事何如浙西安撫司主管機宜文字時希孟輒曰乞問三軍誼越班斥之曰問三軍何義若將鼓亂耶希孟卻立屛息帝嘉之事定竄希孟吉陽軍誼遷二秩尋擢殿中侍御史邵青自太平乘舟抵平江所

至劫掠誼請置水軍於駐蹕之地且言古舟師戰守之備詔淮南三宣撫措置誼又獻四策陳宰相黃潛善汪伯彥呂頤浩誤國狀謂守戰之策有江海必資舟楫戰守之具有險阻必資郡縣防守之力有兵將必駕馭撫循不可爲將帥自衛之資有糧賦必漕運轉輸不可爲盜賊侵據之用四者各付能臣分路以辦重賞嚴罰誰敢不用命哉紹興二年除大理卿宰相奏知平江府帝曰誼儒者賴其奏讞平恕使民不冤勿令補外尋除權吏部侍郎遷徽猷閣直學士樞密都承旨誼奏漢有南

北兩屯唐有南北兩衛皆天子自將之兵祖宗所置殿班親軍處禁門之內皆極天下之選今日神武兵萃於五軍多逃亡之餘市井之人殿班親軍侍衛者曾無千百願酌漢唐南北禁衛之意倣本朝遴選班直之法選五軍及諸州各爲一衛合取萬人分爲兩衛則禁衛增嚴王室大競矣金遣使求還劉豫之俘及西北人在東南者又欲畫江以益豫時議難之加以龍圖閣學士充軍前奉表通問使誼至雲中與粘罕兀室論事不少屈金人諭亟還誼曰萬里銜命兼迎兩宮必俟得請金人乃授書并以風聞事責誼誼詰其所自金人以實告乃還至南京劉豫留之以計得歸帝嘉勞之擢刑部尚書累遷端明殿學士江南東路安撫大使知建康府未幾提舉亳州明道宮代還卒謚忠恪誼由丹陽徙居邑之斗城卒葬橫山宋史有傳

翟汝文字公巽丹陽人登進士第徽宗時除祕書郎三館士建議東封汝文曰治道貴清淨今不啟上述三代禮樂而師秦漢之侈心非所願也責監宿州稅召除著作郎皇太子就傅命汝文勸講除中書舍人言者謂汝文

從蘇軾黃庭堅遊不可當贊書之任出知襄州歷陳州召拜中書舍人還給事中高麗使入貢詔班侍從之上汝文言不可上遂命如舊制內侍梁師成強市百姓墓田廣其園圃汝文言於上師成諷宰相黜汝文出守宣州歷密州密負海產鹽蔡京屢變鹽法盜販者衆有司窮治黨與汝文曰祖宗法度獲私商不詰所由欲靖民也今繫而虐之將爲厲矣悉縱之欽宗即位召爲翰林學士改顯謨閣學士知越州兼浙東安撫使建炎改元上疏言陛下即位赦書上供常數後爲獻利之臣所增

者嘗議裁損楊應誠請使高麗圖迎二帝汝文奏應誠
欺罔君父若高麗辭以大國假道以至燕雲金人卻請
問津以窺吳越將何辭以對後高麗果如汝文言紹興
元年召爲翰林學士兼侍講除參知政事先是汝文在
密奏檜爲郡文學汝文薦其才故檜爲相引用之然汝
文性剛不爲檜屈對案相詬曰檜爲濁氣至是檜劾罷
之汝文風度翹楚好古博雅精於篆籀有文集行世愛
無錫山水之勝由臨安徙居焉宋史有傳
翁挺字士特建安人博綜羣籍有詩名累官考功員外郎

建炎二年罷歸寓邑之膠山有泉名寶乳久湮塞挺坎
山得源甃地結宇其上署曰蒙齋爲文記之
胡珵字德輝晉陵人建炎中避地居邑之甘露鄉宣和三
年舉進士第歷遷祕書正字太學生陳東上書攻六賊
言者謂珵嘗潤色其書貶梧州紹興初召試館職復除
正字遷著作郎兼史館校勘先是姦臣得志舊史蕪穢
珵筆削忤執政出守嚴州未赴而卒珵性嗜學既第後
嘗請事南都劉器之器之曰子聰明能護以至道當成
令器珵因作護道錄

李琳陳留人宣和間進士父傳官儀同三司高宗南遷父
子從至常州傳卒敕葬晉陵定安東鄉之柏墓琳因家
錫之蓮蓉門琳博學有文章歷官多外服秦檜死復張
浚等官琳始登朝爲吏部侍郎歷敷文閣待制致仕孝
宗朝起爲吏部尚書卒敕葬父墓
陸宲字元珍山陰人尚書左丞佃之子任台州寧海縣丞
攝令事遇事立決以治政稱靖康間金人薄都城宲方
提舉京畿常平等事以便宜招集戍卒數千日夜部勒
扼據要害敵稍引卻未幾罷歸徙居無錫陶墅讀書賦

詩優遊以終
案乾隆庚午志宲舊志皆作寘宲係古寶字而宲與寶通今其字爲元珍當從宲又陶墅亦作桃墅見薛提學應旂陸子明墓誌子明宲六世孫也宲本籍山陰罷官始居錫列流寓爲允前志載入宦望誤
洪适字景伯父皓徽猷閣學士謚忠宣适初以父使朔方
恩補脩職郎尋與弟遵同中博學宏詞科後三年弟邁
亦中是選由是三洪文名滿天下适除祕書正字累遷
中書舍人時金人再犯淮羽檄沓至書詔填委咨訪酬
答率稱上旨遷翰林學士奏罷秦檜孫塤子祠并其黨
復召者數人進端明殿學士簽樞密院事帝諭三省事

與洪适商量於是東西府始同班奏事累拜尚書右僕射同中書門下平章事奉祠起知紹興府浙東安撫使卒謚文惠　遵字景嚴以詞科擢祕書省正字薦爲御史訟其父冤曰先臣皓與龔璹同出疆璹仕於劉豫爲豫所誅而秦檜贈以節旄擢用其子先臣拒金人之命留十五歲而歸南竄嶺表臣兄弟屏跡於外高宗曰今以修注處卿拜起居舍人奏以經筵官除罷及封章進對宴會錫予講讀問答萃爲一書名曰邇英記注後乾道間又有祥曦殿記注自遵始累遷翰林學士兼吏部

尚書奉祠起知平江府孝宗卽位拜翰林學士承旨兼侍讀以御史周操劾罷復起太平州其前守操也聞遵來不俟合符馳去遵追餞十里勞苦如平生曰君當官而行我何怨焉民築圩田凡數萬累拜資政殿學士卒謚文安　邁字景盧初入官以忤秦檜出添差教授福州歷除樞密檢詳文字會議欽宗謚邁曰淵聖北狩不返臣民悲痛當如楚人立懷王之義號懷宗以係復讐之意不用金使來告登位且議和以邁爲接伴使奏更禮數十有四事及報聘邁請行以辱命論罷復除起居

舍人奏脩祥曦記注歷知贛婺二州拜翰林學士上四朝史一祖八宗百七十八年爲一書累遷端明殿學士致仕卒謚文敏並節宋史本傳舊志适等母魏國夫人沈氏松年之妹忠宣公皓官吳時夫人卒不能辦歸葬於邑之白茅山及皓使金使适等依舅氏居無錫松年教之各以功名文字顯於當世适後遇蔭補舍其孫宻而奏松年之子自彊以報焉

薛極字會之武進人以父任調上元主簿中詞科爲大理評事累官兵部侍郎嘉定八年疏奏願陛下深思顧諟之難益懷兢業之念勿謂帝德罔愆而怠於進修勿以

天災代有而應不以實政綱雖舉必求益其所未至德澤雖布必思及其所未周誓以今日遇災警懼之心永爲異時暇逸之戒遷刑戶吏三部尚書拜端明殿學士參知政事兼知樞密院事封毘陵郡公加少保和國公致仕卒極晚年遷居無錫宋史有傳

范晞文字景文太學生杭人理宗時與葉李上書詆賈似道竄瓊州元世宗時程鉅夫奉詔求賢與趙孟頫等同薦於朝授江浙儒學提舉不赴以子拱爲無錫教授遂卽邑之茅埸里居焉

周泰臨安人宋末任國子學正元兵至糾衆抗之不克名其子曰思岳思李思文謂武穆忠定信國也後徙無錫思文郎偕張義士翼說降莫天祐者文恪子義其後也

元

孟潼字宗鎮世吳人宋信安郡王忠厚五世孫舉茂異爲文學掾累遷松江府判官所至以廉能稱信安墓在無錫又其先世別業在惠山下潼宦遊南北遂歸老焉

陳高字子尚永嘉人至正十四年進士授慶元路錄事明敏剛決吏民不敢欺一日忽棄去方谷珍招致不得嘗

留無錫張籌師之東西浙陷浮海謁河南王王欲官之不從卒於邸

焦鼎字德元單父人延祐中進士善書能詩歷工部員外郎遷常州治中因居無錫弟鼐亦能詩

蔣捷字勝欲陽羨人徙居無錫德祐元年進士好著述主義理不事詞華入元遯跡不仕大德中憲臣交薦皆不就家竹山人稱竹山先生

鄭元祐字明德遂昌人博覽載籍文章豪宕邑大姓徐元度楊宏輩延之於家故寓無錫入至正中舉爲平江教授後遷浙江儒學提舉皆以儒職暫赴而歸元史有傳

王仁輔字文友鞏昌人兩娶皆吳產故多知吳中山川人物作無錫志二十八卷卒於邑梅里之祇陀村無子門人倪瓚贍之終其身死爲之服執喪而葬焉

王逢字原吉江陰人至正中臺臣薦之稱疾辭避亂於松之青龍江徙上海烏涇又居邑之鴻山自號最閒園丁又曰席帽山人張氏時逢爲畫策使降元拒明洪武十五年以文學錄用不欲行其子掖官通事司令以父老叩頭泣請帝命吏部檄止之逢老明世二十餘年而爲

詩多不忘元年七十卒明史有傳

明

周砥字履道吳人寓居無錫與義興馬治善因之荊溪有荊南倡和集義興富人慕之者漸益爲具招砥砥心惡之貽書別治遯去歸吳與高啟楊基遊書畫益工已又去之會稽馬治字孝常初爲浮屠後從儒善詩能書舉茂才知內邱縣遷建昌同知嘗客無錫子桓仲遂定居焉明史有傳

楊基字孟載嘉州人生於吳中嘗寓邑之城南從丁信遊

淮張辟丞相府記室謝去又客饒介所明初以饒氏客安置河南後起知滎陽縣累官山西按察使奪職基負詩名與高啟張羽徐賁齊名稱吳中四傑 明史有傳

徐與老字仲祥錢塘人太學生嘗遊上都屬南北阻絕航海歸時兄釋鑑主席惠山亦能詩因寓居倡和有雙清集既卒門人王學士達爲治喪葬之錫山而志其墓

莫士安字維恭吳興人爲湖學教授張羽薦知黃岡縣遷國子助教永樂中治水江南遂家無錫卒

陳基字敬初臨海人嘗辟淮張幕府洪武初召脩元史寓

居無錫卒同時有常熟陳方字子貞亦寓邑中與基及鄭元祐並有名 明史有傳

張簡字仲簡吳人初師張伯雨爲黃冠以母老歸養遂返服居邑之鴻山饒介守吳中延文士作詩簡詩擅場居首座贈黃金一餅所謂醉樵歌者是也洪武初召脩元史其詩近韋柳王禕序之 明史有傳

陳周蘇州人建文中進士與姚廣孝善靖難兵起廣孝薦辟之周避居無錫終其身

聶大年字壽卿臨川人以貢授仁和訓導改常州因寓無錫一目重瞳長身紫髯有清才能詩善書景泰六年徵詣翰林預纂脩之事卒於京師

王懋明字僎初長洲人讀書經目能誦多撰述人稱經笥爲華學士察所知僑居無錫與邑人姚咨同客於察時目懋明咨及察與施漸爲錫山四友

吳孺子字少君蘭谿人博學善鑒別古書畫彝鼎款識遇俗人輒曰我不識字口占詩使人代寫能畫水鳥芙蕖蘆藻嘗遊鴈蕩絕食取蘆菔以給遂四十日不返好潔見泉水泠然雖秋冬之際便解衣赴濯家既貧以數縑

市一大瓢拂拭光采殊自寶惜盜發其篋怒而碎之抱持以泣者累日王世貞爲作破瓢道人歌又自謂得斂術藏一斂每誡人勿近所至炊一銅竈飯不足則繼以粥糜日買少生菜別異幹葉爲虀羹語人曰使我不俯首向時人者甘於五鼎矣與孫繼皐善故常遊無錫晚歲來依遂死其家

薛敷教字以身武進人提學副使應旂孫居邑之五牧萬歷十七年進士觀政刑部即劾憲長吳時來耿令聞不當爲執政阻言路罷歸薦起鳳翔教授遷國子助教一

疏諫三王並封再疏救趙南星被逐謫光州學正歸講學東林望重朝野孫宗少讀書邑中城東王氏崇禎三年進士由刑部郎出守開封見時事不可爲亟告病歸鼎革後出家靈巖爲僧自號米堆

王野字太古歙人從祖仲房以詩名野少習爲詩長從其兄賈江淮間因僑居邑鴻山下詩益有名嘗遊金陵有貴人慕其名訪之野蹇驢報謁稱布衣王野投刺竟去

戴思謙號雲洲鳳陽人居無錫早歲賣卜於市尋去之京師又自齊魯歷燕代登醫巫閭慨然慕安期羨門嘗在

廣寧雪夜遇一道人授以五運六氣十二經絡之祕及證治諸方既而棲小五湖之石塘山間出爲人治病沈痼立起遂名於時當事多延致之或以事請思謙輒爲掩耳云

李譚號滌菴本姓沈嘉興人具經世大畧曾王監國於浙曾與兵事其後遯迹至邑之膠山時閉門慟哭與黃山人庭善依之以居工詩歌古文卒無子

湯之錡字世調宜興人明季布衣遭世變屏居田野講求聖賢之學嘗來無錫其學宗顧高主靜立極之旨而歸於踐履篤實歿諸弟子祀之錫山之麓

金敞字曠明武進人負氣節有經濟才曾王監國嘗官僉事

大兵渡錢塘江易服行遯事定歸里與章大士從湯之錡講學無錫悉遵東林舊規敞流離顛踣不忘忠孝疾革時呼弟子取缶吐鮮血盈器曰一腔熱血盡矣遂卒大士字我任敞同邑人

身本字野人中州人初姓謝後忽去謝字兩旁而以身爲姓作告廟文詞甚哀其於天文地理律歷算數皆神悟

默契所製占候測量諸器巧思絕人嘗從金敞遊敞歿徒步至閩中求李容序其遺書主邑中楊氏家以畫龍自給

國朝

龔廷歷字玉臣武進人自湖干徙居無錫熙春里順治九年進士除湖州推官上官有以叛黨陷平人者廷歷不可上官怒爭之益力乃罷歸廷歷好讀書手不釋卷與邑中秦詔最善詔字寧侯明諸生隱居學道歿後廷歷銘其墓謂如郭有道之無愧辭云

錢陸燦字湘靈常熟人棠錫籍補諸生爲聽社十七子之一踔厲風發才名甚著年四十餘始舉順治十四年鄉試以逋糧案詿誤既而復還授通判職崑山徐尚書乾學脩禊遂園爲耆年之會陸燦居首年已八十有四

塗騰茂字植鄉延慶州人順治中由拔貢生爲西鄉知縣時秦地未平自西安至西鄉道經黑水圩爲明總兵賀珍所據騰茂驅車徑前珍不敢阻至境募士訓練守禦珍遣部將圍西鄉急攻三日夜不能拔會救至騰茂身率壯士開門突出内外夾擊珍敗走西鄉以寧累官鳳

陽知府致仕卒於揚州葬無錫之大池子孫因家無錫

蔡汝騏字養恒蘇州人父客楚久汝騏間關訪尋父不欲歸則迎母入楚既復奉父喪還吳屢瀕危險心力並瘁本家洞庭晚徙無錫遂世居之

嵇永仁字匡侯由江寧徙居無錫遂家焉少爲蘇州府學生福建總督范承謨聞其賢延至幕府康熙十三年耿精忠將煽亂永仁勸承謨早備之乃條上撥餉補兵安插逃弁屯田等議并請提精兵駐上游以應變賊九衙之既叛幽承謨别室脅永仁降不屈誘以官爵益恚詈因錮之獄永仁氣彌厲以炭畫壁作詩與承謨遙倡和凡在獄踰三年聞承謨被害遂自經死事聞

賜鐩歸葬贈國子監助教復以子曾筠累贈光祿大夫太子太傅文華殿大學士永仁能詩古文有抱犢山人集行世

胡獻徵字存仁武陵人以父侍郎統虞蔭入國子監授戶部主事遷郎中出爲直隸巡道明於折獄人稱白面包公所薦拔守令如彭鵬陸隴其邵嗣堯輩後皆爲名臣擢湖廣布政使改江南移疾去官治園亭於惠山之麓

遂家無錫子其衡字元方舉人官至甘肅巡撫其衡負異才故與大將軍年羹堯善年敗下獄卒放還其衡於

世宗時嘗薦漳浦蔡文勤世遠見全祖望墓志

薛景珏字玉佩四川蒼溪人康熙中領鄉試第一歷光山知縣乾隆九年卜居邑之寺頭卒年八十有三著有藏書閣詩稿子稻孫舉人倜儻好義嘗隻身走數千里送亡友旅櫬還其家詩才婉麗具晚唐人風格

王澍字篛林金壇人康熙四十五年進士仕至吏部員外郎初由翰林編脩改官戶科掌印給事中雍正初元

詔六科胥隸都察院澍疏言不便自是科臣雖隸都察院
得封駁如故壽移銓曹歸恱梁溪山水買屋金匱山旁
自號二泉寓客澍善行楷書兼工篆隸喜成就後學邑
之工書者華淞王游皆其弟子也淞隱居南郭好著述
游楷法工整得之蔣衡及澍淞弟子袁宮桂亦善篆隸
蔣衡字湘帆金壇人恩貢生工古文詞及書法手書十三
經獻之
朝授國子監學正不赴補往來淮揚蘇杭間所至引重碑
版榜額皆出其手卜居無錫子麗官黔西知州孫起元

諸生通經學和舉人以工篆隸亦授國子監學正其書
畫皆名於時
任端書字念齋溧陽人尚書蘭枝子蘭枝父文焯官無錫
教諭遂家無錫端書乾隆二年進士第三人官編脩丁
父艱歸遂不出優遊林下二十餘年所著有南屏集山
陰胡天游天台齊召南極稱之
徐德宗字于朝貢生崑山尚書乾學孫婿於秦遂居秦氏
之也軒自號蓉湖逋客德宗世席華膴倜儻負奇以詩
雄於時不得志轗壈以殁女夫秦鴻鈞葬之惠山望公

塢下子姓多居無錫從孫鑅慶原名嵩以金匱籍舉乾隆
五十一年鄉試鑅慶涉獵經史亦以詩文名既屢躓禮
部試謁總督畢沅於湖北會有兵事主奏記敘勞以知
州通判用權蘄州事殁於黃州
毛秋繩字蓁芰陽湖人平生抱匡章之痛棄妻子去田里
以布衣倨傲公卿間著書等身而不免蕪雜之病居無
錫主華希閔家希閔殁棲遲僧舍以終
江筠字霞滄長洲籍徽州人乾隆二十七年舉人幼依外
家於無錫爲吳鼐高足弟子博雅好古其學尤長於三

禮三傳著有儀禮私記其友戴震爲之序晚年失明以
教授自給
俞堤原名璟字企唐海鹽人吏部侍郎兆晟孫兆晟去官
後卜居無錫堤幼英敏目十行下稍長詩賦書畫無不
入妙而畫尤能入宋元人室高才不遇侘傺失志以終
劉汝器字重彝陽湖人尚書協辦大學士於義曾孫父寅
賓舉人家金匱之錦樹里僅一赴南宮試絕意進取授
華亭教諭汝器其長子少有至性敦內行工於詩年四
十餘始舉順天鄉試偃蹇以殁汝器弟汝謩官翰林編

脩亦以才著

〈釋道〉

自二氏之教行其閒不乏修眞見性之徒以道行聞於世而世所傳尸解茇化雖涉怪誕亦偶見於紀載其他道流緇侶從士大夫遊往往好爲吟詠篇什流傳者有之至若時際滄桑逃名方外此又當分别觀之者矣志釋道第三十四

〈梁〉

釋法超邑孟氏子年十一出家住靈根寺修習經論雅有深思武帝敕爲都邑僧正命徧尋戒檢網羅衆部謏出

要律儀普通六年講律平等殿帝臨坐聽受三旬而竟七年冬卒勅有司葬於鍾山開善寺

〈陳〉

道慶姓戴氏其先本廣陵後渡江家無錫年十一出家善談說時目慶江河在口陳亡東歸無錫居鳳光寺風神蕭散毫翰奔涌琴書淸妙篤於交遊唐武德九年卒穿壙日有羣鶴自天而下哀鳴久之

〈唐〉

若冰不知其所自來寓惠山之普利院惠山泉本出洞中

歲久而湮氷披荆榛剷巖谷乃求得之古洞既啟新泉
遂注故後世稱惠山泉必本於氷氷能詩工書法

〈宋〉

宗本邑管氏子性質直少緣飾年十九師事蘇州承天永
安道昇禪師弊衣垢面操井臼之役十年薙髮受具服
勤三年乃辭昇遊方至池州謁義懷禪師言下契悟使
主瑞光集衆擊鼓鼓輒隳圜轉震響衆以爲法雷震地
之祥自是法席大盛神宗闢相國寺召本主惠林對延
和殿有司使習儀而後入既見賜坐盤足趾趺侍衛皆

驚變色帝問受業何寺對曰承天永安帝更喜其直哲
宗即位加號圓照禪師元祐中乞歸元符二年入滅塔
靈巖山

〈元〉

慧鑑字仲明號湛然靜者俗姓徐氏世居錢塘江上至正
末浙西兵起削髮爲僧住惠山寺善畫多散落莫止藏
其江山雪霽圖

〈明〉

至道字物外臨海人卓錫邑之嵩山寺少師姚廣孝嘗師
之歸者日至遂大建幢刹爲嵩中興祖
普眞字性海延陵人有高識住惠山寺寺災眞重建之嘗
種茶惠山之麓晚又創聽松菴於寺左而居之歿遂葬
於菴後王達銘其塔眞與至道皆能詩眞弟子韶石深
於禪悟亦能詩
道瑨字楚石能詩住惠山寺後薦爲南京僧錄司左覺
慧照字本明邑孟氏子出家惠山寺善書有詩名與倪瓚
高啟遊詩成雖夜必造而商焉
信受字西傳姓陳氏嘉定人博學有文幼聽法南翔寺有

悟因出家後住翠微寺著韻會增註通鑑集覽正誤又
覺性者亦陳氏子出家惠山寺通儒書多知山中故實
嘗著惠山志
法泉字雪山吳人居華藏寺與松巢一雨並以詩名有雪
山集王穉登序之
圓顯邑陳氏子幼不茹葷不踐生草出家於知微山房戒
行精勤博通梵典不出山門五十年老著惠山記十卷
希復字同石吳江人住東郭綠蘿菴中工詩善畫俞憲王
問俱稱賞之

眞緣邑梁氏子出家參方十六年得悟枏宗萬歷中之四明禮育王佛舍利塔光中感佛現身乃曰眞緣何德感此瑞相遂誓焚身以報佛恩頂之烈焰自發身如黃金頂間復現一佛長二尺許觀者萬人塔於鄮峯之巔

法藏號漢月邑蘇氏子年十一入寺禮佛方投地心若開悟十五出家既而研窮內外典籍過海虞三峯喜其幽寂居焉室不置榻懸板於側困則倚之適窗外植筱屈竹有聲忽得心空後閉關參臨濟元要至疽發於背而不覺久之忽推窻見黃梅墮地乃契旨聞天童悟禪師

出世金粟往從之卽日請為第一座未幾欲辭去天童乃手書臨濟源流并信拂授之初開三峯法席歷主大剎後歸鄧尉聖恩一日上堂辭衆示寂塔於聖恩寺之右入塔之夕有白光如虹貫天

祖福字谷泉秀水龍淵寺僧後居惠山以老能詩著有谷泉集

洪恩字雪浪能詩天啟間開講於惠山不二門過草菴樂之為顏曰忍草由是菴名始著時菴僧有德洪者亦能詩

雪徑明宗室朱翊鏕祝髮為僧工詩尤善鍾王法

宏證號大樹邑朱氏子出家依三峯禪師苦志力參一日目前壁立白光照耀忽如胸脊迸裂洞見身後諸物人因名為破背比邱後侍三峯七晝夜目不交睫忽憶世尊不說說迦葉不聞聞而得開悟歷主潤州甘露石渚淨業玉峯清涼晚居邑之華藏示寂塔於三峯

宏璧號剖石邑鄭氏子謁三峯藏禪師依止二年一日舉扇揮面有省既而元日與一老宿相見忽明大法又八年盡徹奧義乃付源流開法聖恩住山三十五年示寂

塔於本山華嚴壇後

宏儲字繼起號退翁崇川李氏子母夢異僧授金環而生年二十五慨然曰丈夫有一事不知猶以為恥況如來大法乎遂見三峯藏禪師於邑之錦樹菴尋從入鄧尉剃染遂獲印記初住祥符歷主能仁國清興化靈石天寧靈巖諸剎前後往來無錫說法時最多其弟子覲英居湨聾皆久闡教於邑中後退老靈巖示寂火後啟龕忽大聲如雷放異光燭草樹如晝

讀徹字蒼雪雲南人居吳之中峯以講華嚴疏鈔寓北郭

蓬萊閣最久讀微詩有一夜花開湖上路半春家在雪中山之句王文簡士禛極賞之許爲當日詩僧第一沈文慤德潛選入明詩別裁豈遺民而逃於禪者耶

本仁字明潔姓李氏邑故提學副使應祥之子初名仍枝爲諸生甲申之變去而歸禪始居邑西華嚴山去其先人之墓五里而居既而之夫椒將依祥符宏儲不遇復歸華嚴而卒此本舊志邑中無華嚴山疑有誤

遠俊字介石邑故國子生王永嘉也生有至性而躁急不能諧俗鼎革時避地鄉居遂不入城邑去依儲禪師於

靈巖得源流衣拂之付歷主瑞巖徑山未嘗爲衆說法晚居邑開化之洞菴又靈巖弟子志元字古疑亦邑人

國朝

觀英號毅菴合肥孫氏子年二十出家參瑞光徹禪師有省已忽自疑曰使禪只如此亦何以參爲去謁天童參弁山皆不契復謁靈巖儲禪師始大悟後付源流令開法國淸至則鍵關六年謝絕酬應衲子苦其嚴冷儲獨重之嘗曰天下會第一句者三人老僧與其兄及毅子耳其兄徑山禮禪師也歷主觀史院光嚴祥符晚乃退居邑雙河之柏成菴

居湞字去息蘇州徐氏子出家鄧尉後參靈巖儲禪師遂受印記尋主祥符及邑之摩竭保安繼靈巖祖席者二年復退居無錫北禪寺之旁舍嘗和宋栯堂禪師山居詩四十首風格特妙示寂後塔於開原之青山

方晟字雍簧通州孫氏子少爲諸生嘗受業馬文肅世奇之門中年歸釋氏得法於靈巖儲禪師主無錫保安寺既而退隱吳門寶華之南麓作宗門崇行錄晚歸泰伯鄉之福慧菴示寂

南潛字月函湖州董氏子初以儒服參靈巖有所觸發不竟學而去後三年請爲弟子既得付屬主堯峯寶雲院後主無錫保安博綜典籍有奇才彙纂宗門諸書甚富

超杲字玆水邑黃氏子年十三出家得法於龍池既而遊京師

世祖時嘗

賜紫衣歷主慈雲廣濟修吳嚴祖塔南歸修建惠山嵩山二寺錫山龍光塔皆久圮之後一時鼎新超杲性孝前後遭父母喪皆克盡志後遊楚還至儀眞示寂千佛寺

秦松齡銘其瑜得法弟子性乾字不息祝髮橫山雪浪菴繼席嵩山竟所未竟薙髮弟子覺紳字懷一嘗請方策大藏經供惠山不二門置貯經櫥六

蜀喬字未詳康熙初卓錫斗山有詩一卷秦松齡黃雲爲之序又然明字昭雯富於詩著有業桂齋集今僅存第二集之三卷

濟鎡字慧基蜀人受法於三峯谥禪師初住靜九龍第五峯下後主邑東梅里祇陀寺

寂琇字乃奇漢川人能詩康熙間秦叔銘延之住惠山一

梅亭更名曰楚禪菴釋居溟爲之書額又德新號懶牧宋村朱氏子亦能詩兼善書法

圓顯字文晦得法於靈巖居惠山忍草菴工詩善畫著有樗巢吟稿忍草菴乘畧

道乳字密龕本邑諸生棄去爲僧得法檗公性孤潔間爲詩不輕示人同時元徹字沂月善琴詩亦清逸

超拳字艴山邑周氏子受石峯記莂後結菴鄧尉之莒蒲潭與諸名士結寒香社菴有古梅甚高超拳架木爲巢與客對奕其上遊人探梅詣其處每於花下丁丁聞落

子聲著有梧影山房詩十卷又超鏡字晚堂龍池素嚴淵和尙法嗣住持邑西南許舍里之古洞菴亦工詩

處洪字迂公太倉江氏子出家依去息溟禪師居開法保安寺主席靈巖退居邑之寶華菴能詩著有山居雜詠同時宏倫字敘彝亦能詩

明際字滄洲住城南之吉雲菴與杜詔朱克敏輩唱和著有吉雲遺稿

元文字株雪石門沈氏子爲劍安果禪師法嗣能詩康熙中住持惠山之壽明菴

則遠字研樵一字聲倍能詩著有冷齋集超揆爲之序超揆字輪菴號寒溪道人

明瑜字昀熙板村蔡氏子祝髮保安寺康熙中主席靈巖著有隨雲草又明遠字惟善文溪菴僧亦能詩

妙復字天鈞住錫山石林菴與杜詔榮漣結詩社號九峯三逸妙復詩清眞閒淡脫落塵滓亦詩中之逸品也朱克敏輯其遺稿時大悲菴僧繼遠亦好爲詩與妙復還往唱和

成瑩字逸其少祝髮惠山寺有夙慧雍正間入都受戒律於

法源寺
賜紫衣於
圓明園內參禪閱數年返初地
純皇帝南巡
賜石刻心經三希堂法帖貯於竹鑪山房之寶墨閣
昭吉字聖宣邑趙氏子祝髮崇安寺普賢北院嘗遊普陀
九華五臺峨嵋歸作名山紀遊
明智字聖能短而修髯嚴戒行乾隆五年住崇安寺開堂
接衆自明智始十八年募建天王殿二十一年六月方

盛暑徧詣諸檀越告別果以七月二十七日焚香沐浴
而逝其弟子實樸字剖成嗣法為住持恭荷
純皇帝賜靜慧寺額實璞又募建鐘樓禪堂曇花蘭若乾
隆五十一年正月二日示寂
清觀字悅可住北禪寺樸率寡言梵誦之外常竟日趺坐
而喜以濟人利物為事遇窶人輒為丐貸於巨室與僧
朗乾同薙染朗乾移主蘇郡之佛花菴而清觀終身不
離初地其後有廣衲者持戒律甚嚴居大悲樓廿年足
不下樓不見一客云

際慧字靜蓀新安程氏子年十三出家蘇州法華寺受具
戒於雲林巨師復從石杉省老人講天台教觀直契微
旨後住持邑之南禪寺著禪宗心印楊潮觀為之序

右釋

宋

盧至柔字必強茅山道士初居洞虛宮以符水濟人病可
治者與之水即不可治必欲得水亦不拒及歸發水輒
上激如矢迸流於地終不得飲久而思晦迹行至粲山
有鹿騰出曰生氣在是乃結菴居焉大觀初元符宮籙

劉混康以至柔行業聞於朝賜名其居曰明陽政和中
有詔徵之至則先三日逝矣
呂雲字山友幼為儒為文甚敏一夕得異夢覺有所悟遂
去家如京師道籙劉某方被徵宗眷遇補雲金壇郎非
其志也去入太行山遇至人授以元旨辟穀窮谷中茹
草木而神采充潤紹興中三下詔徵入對太乙宮自是
時入禁中論講莊老乾道中自草遺表晏坐而化
尤道元字浩光袤族父也性孤介志慕沖曠先是方茂山
登仙觀有錢道士夏月汲水王八百丹井得冰大如璧

取食之遂發狂不復粒食周遊名山不知所終道元初從錢遊食少水亦不食者數年一日渴取水引飲自是復食顏如渥丹雙瞳凝碧晏坐一室凝塵滿几乾道間無病而化

徐道明邑石幢儒家子家貧母武進王氏因度爲天慶觀道士德祐乙亥城破敵帥坐觀門謂道明曰亟降吾活爾觀中人道明曰吾知有宋而已不知其他遂死之帥屠其觀少長數百人無乞哀求活者

元

倪文光字昭奎瓚從兄生時夜有光出屋上稍長學道儒釋輿地象胥之說無不精究去爲黃冠師作元文館於弓河之上以祠老子有薦之者署州道判會蝗文光祝之悉入太湖於是州上其事賜號元素神應崇道法師又賜元中文節貞白眞人嘗築清徵觀於惠山重九日登山絶頂下覩五湖揮手謝别越明日卒

明

尹蓬頭宏治中嘗遊金陵毘陵之間攜宋時度牒自言理宗時人尹從龍也至無錫止秦勴家或壽暑暴日中或

嚴冬擁雪臥身腐穢多蟣蝨勴與同寢處三年後去不知所終

周松石字碧崖宏治中洞虛宮道士嘗以夏旱禱雨即應邑人莫息爲記其事喜爲詩有鳴籟集與同邑顧廷鈺戴文澤許某唐勉之設大猷厲某沈廷用張衍之孫時用爲碧山吟社十丙會盍十人皆生同景泰丙子聯爲詩社嘉興屠尚書勛有記

錢月齡字鶴山邑人嘉靖時洞虛宮道士與王問華察先後唱和著有丹邱漫稿詩見朱彝尊明詩綜

國朝

陳煥章字倬雲梅里泰伯廟道士道行修潔禱雨輒應間爲人祛邪治病無不驗者徒孫曹峻字維岳本望亭儒家子嘗請帑修泰伯廟及梓其祖得忍所著禹貢正義三卷行世

樊太復字初陽元升壇道士嘗與王雲錦及南禪僧迅帆倡和吳門陳必大爲之圖著有初陽詩稿時又有秦太照呂太晉亦以道士有詩名

榮漣字三華少孤多疾母命入明陽觀爲道士爲人淳古

簡直善畫亦能詩徧遊名山水所至以詩筒畫笥自隨落墨入輒珍之漣事母孝在外得珍玩良藥悉藏弆持以奉母倦遊歸養繞膝如嬰兒母歿廬墓三年不復出邑士大夫共往迎漣築室錫山之巔以居之漣鑿池其中繞麓植梅花名所居亭曰香雪其後有朱道士者行五逸其名善畫山水亦居於是秦瀛有雪後登錫山飲朱道士山房詩

陳韶字舜音梅里泰伯廟道士能詩善吹笛時以長笛仙目之又錢鈞字引年亦泰伯廟道士年六十遊武當著

有紀行草

李谷賓不知何許人嘗寓崇安寺與一老僧善患痢已不起谷賓煎菘蘿茶而飲之遽愈自此常爲人治病凡從之學養生術者多老壽居寺中久將去留大竹一截謂寺僧曰吾去必有人來訪可以此示之既去果有人至寺僧以告示以所留竹剖之得畫一軸谷賓小影也其人捧持畫軸涕泣而去谷賓不知所終

葉嗣昌字丹山世居邑之石幢出家洞虛宮爲道士性澄淡氣清色夷善符籙遇歲旱有司延之設壇祈禱無不應以是名聞四方後有方楷孫鳳梧並能傳其法

侯淦字青溪出家城東之報恩道院能爲詩五言澄澹學韋左司又喜藏書丹黃甲乙籤帙盈滿與程楚芳蔣同元善楚芳山陽人依其外舅諸洛居無錫同元蔣衡孫三人皆早歿

右道

無錫金匱縣志卷三十

無錫金匱縣志卷三十一

風俗

延陵遺教其君子讀書好禮其小人畏罪重法沿流討源厥風懋焉迨至風俗與世移易佻達徧於子衿訟師起於飲食蓋禮讓之俗微矣昔南陽好賈而召父富以本業穎川好爭而黃韓化以篤厚摩揉遷革是在有司況逢

聖世累洽重熙沐日浴月長吏所以化導斯民使日鼚鼓軒舞於不自知者宜何如也志風俗第三十五

荆蠻之先斷髮文身至泰伯來奔其民從之遂以立國厥後延陵季子閎覽博物慕義無窮去千乘而不顧吳都賦所云端委之所彰高節之所興者迨吳越相攻其民好勇輕死易發是時闔閭已遷姑蘇而句吳之禮俗衰矣至漢時高祖王兄子濞於吳招致天下士枚乘鄒陽之徒並尚文辭其失巧而少信吳俗一變自是之後雖時代屢更升降不一至於勇或輕發文或寡信大抵不離乎二者而已宋時邑多儒者至明之季世東林諸君子崇正學主持名教遂成風會當時聲氣大廣響從景附或者病之然甲乙之際布衣韋帶多能伉慨赴義亦道南之遺教也

男子不行冠禮見於舊志婚姻之家必量其貧富而後合嫁之夕女冠曰花籠其上雜綵爲人物裝以紅帕而曰是神能傷人入門女媒氏亟手探而壞之則吉交拜後行合巹禮三日行廟見禮彌月婿婦皆往拜父母謂之回門無知小民有新喪娶婦者謂之拔親又父母疾不行婚禮肩輿舁女而歸謂之衝喜二者非禮之甚喪不師古而繁於俗禮尤重僧道禮懺誦經七虞內無虛日

一殯之費或破中人數家之產親死久不葬多爲風水所惑大夫士廟制久廢節日忌日祭於祠清明十月朔祭於墓庶人之家亦如之疾病先鬼神而後醫藥凡巫祝所言莫敢不信其士之桀黠者相與舞刀筆破律令表裏胥役共爲搆煽其次好談新聞造作謠詠或騰匿名書夜揭坊市且相傳述至於祖跣呼盧雖優隸與臺不擇其人有司奉公令間捕一二小民懲之而其淵藪不能問也邑中巨族向以詩書世其家而冶遊之習結隊成羣近日尤甚農民勤力作無不毛之土故田之貴

數倍於前而佃不輸租每爲業戶之累市井之豪羣萃
州處以飲博相徵逐遇事則逞其拳勇呼翕聚散弱肉
強食爲閭閻患家奴寵養去留無時有祖孫相繼爲世
僕主人稍失勢輒跳梁甚有違犯告訐其主者邑中凡
遇神誕不惜糜費財力諸廟神來賀爲本廟神設宴舁
神出謝事近於戲至有左道惑衆如前志所云無爲長
生諸教近已衰斂杜漸防微良有司責也
邑地氣本薄雖男勤耕女勤織鮮有積聚故素封之家遇
歉歲則貧至於故家大族支派繁衍菀枯不同義莊義

塾前志已有之不久而廢近鵞湖華氏創行之踵者遂
十數家敦睦之風庶幾近古同善之會所在多有比復
有同仁普濟育嬰䘏嫠之設掩骼埋胔各鄉義塚數十
處斯皆邑中善舉惟裒多益寡施濟良難有心者不能
無遠慮耳
兩邑二十二鄉風氣各殊天授興寧勤於稼穡薄於飲食
婦人執女紅嗇而近陋故凶歲寡流亡之患膠山上福
萬安類之招義尤樸青城類之興道布政神護富安西
鄙之民頗鷙訐而好訟開原揚名水國習漁有魚蝦之

利富者兼事商販衣食差足新安素輕佻農隙織蓆爲
業開化稟岡巒之氣性好鬬狠巨室自尊以凌貧弱泰
伯垂慶延祥梅里向稱醇謹有先民之遺近亦稍侈宅
仁懷仁去邑遠其豪多役屬居人而武斷其鄉景雲禨
數處以成俗爲農爲圃爲陶以至歌舞博塞袖手而嬉
各附所近此大略也
歲元日五鼓長幼咸盥漱拜家祠祖先訖然後互相拜賀
市闤戶凡三日罷炊而食隔歲之餘又禁不得灑掃取
蓄藏也他邑祝壽例以其人生日邑故事計一歲中合

若干家列其目於歲首畢賀云崇安寺市爐列兒童玩
具自元日至望日而止上元夜斷木爲薪如其日之數
架而然之於門佐以爆竹名曰火爐燈市爲魚龍寶蓋
之屬鳴鉦疊鼓衆舁以行婦女聯袂而出名曰走三橋
家家作粉丸食之名曰團圓二月北塘舊傳香燈之會
蓋吳人進香武當者期會於此至之夕聯索於橋縱橫
上下懸燈至不可數今已廢寒食餳麥清明插柳士女
出行郊外爲踏青上巳戴薺花謂能已睡三月望前後
鄉人各執香沿途禮拜上三茅峯曰拜香會二十八日

齋辦香走東嶽廟者數縣畢至村姬市媪扶攜而行遂止宿廟中名曰宿夜數日閒寺塘涇爲之壅塞立夏合七家茶米食之云不病暑四月八日浴佛作會謂之傳經梅里鄉祇陀寺尤甚午日比戶裹角黍屑蒲根雄黄和酒飲之堂戶粘朱符爇蓬艾以驅毒物婦女翦綵爲人大如荳謂之健人又刻繭虎以細爲能襪符艾而簪之是月之初卽傾城出觀競渡龍舟午集迎潮館下自月朔至晦戶懸一燈相傳爲張雎陽而設非也當明兵臨縣將屠城賴義士張翼以全翼以四月晦卒民德之

以是報焉今稍廢爲雎陽則於七月朔至晦日里巷懸燈皆遍夏至炊麥荳作糜以食六月十九爲觀音會立秋日食瓜或以赤荳七顆和水吞之以防瘧疾七夕乞巧女子以雜花漬水露置庭中旦則取以頮面謂能好顏色十五日各寺觀舉盂蘭會比戶以楮幣薦亡三十日戶設香燈於地謂地藏燈中秋以月餠相餉夜結高臺置香盈斗而爇之名燒斗香是夕皆置酒肴瓜菓二十四日以新秫米爲糍餌祀竈九日則登高噉重陽糕九品羹十月十三日進香保安寺稱跡大士前冬至賀

節亞於歲首臘月八日食粥以菜菓襍煮之二十四日掃屋塵是夕然火爐作瑪瑙糰祀竈農家於田閒然長炬名照田蠶二十五日作紅飯以祀牀然蒼朮以辟疫俗本工爲門神至是盡易新者除夕復然火爐少者拜長者爲辭歲定昏後掃除中庭以白堊畫地作弓矢懸先像於堂中歲乃告畢事

占候之法立春日宜晴暖寒則主水元旦晨占東南風大稔東風次之東北又次之西則歉七日爲人日晴則少疾疫八日爲穀日晴則穀不粃上元夜分月影卜水旱

二月八日祠山神誕相傳神請客送客必有釀寒風雨十二日爲花朝晴則百菓熟上巳日聽蛙聲占水旱午前鳴高田熟午後鳴低田熟詩云田家無五行水旱卜蛙聲指是日也四月十二夜雨傷小麥芒種逢壬爲梅夏至次日爲時五月忌甲申乙酉日雨雨則大水二十日爲分龍次日雨主豐稔立秋日忌雷又處暑日更忌爲風潮之驗秋後虹見爲天收雖稔亦稍減八月朔喜雨雨則有秋九月朔喜晴晴則燥穫中秋夕晴雨占次年元宵良驗霜降日有霜則穀貴小雪日有雪則穀賤九月十三日爲

小重陽喜晴十一月十七日早起占風南風米貴北風米賤冬至後逢三戌爲臘喜雪除夕爲粉坎十二如燈檠盞按方位置飯釜之面飯熟時揭釜蓋看坎水各分數以徵來歲逐月雨水多寡奇驗除夕所事皆畢後沃水於釜以木瓢旋之視瓢柄所指潛走其方聽人語謂之響卜又俗諺云歲朝烏漉禿高低田稻一時熟又云百年難遇歲朝春又春寒多雨水又黃梅寒井底乾又二十分龍廿一雨又小暑一聲雷黃梅倒轉來又處暑一聲雷粃穀兩三堆又秋孛鹿損萬斛又九月十三晴

釘鞋掛斷繩又若要麥見三白又臘雪瑞春雪災老農以此驗天時十不爽一

物產

禮曰天時有生也地利有宜也天不生地不養君子不以爲禮則物宜尚焉邑中所產無它珍異而稼穡之種布幣之利魚蟹之美與夫果蔬瓜瓠之屬所以前民用者無弗具綜而記之亦尚書不貴異物賤用物之旨與

志物產第三十六

無錫米明光祿寺志有無錫米倉一區他郡邑皆無之豈非錫米獨爲尚方玉食之需不與他處所產同與

糯米馮善志天下糯米本縣最美本縣又惟南鄉揚名等

處爲最佳色純白以釀酒則多於他種

惠泉酒名曰三白以臘月釀成色白味清而冽者爲上山中賣者比舍皆是頗多以甘失名蓉湖尖釀者尤上

蕩酒出鵞湖色白而味冽亦其地水性然也

布邑中女紅最勤紡織上者重厚細密次於標布衣被之利極廣

黃草緜用黃草擘極細合絲縷績而成佳者出諸名葛上

苧緜績苧兼絲爲之輕白不減生綃或織爲帨亦佳

蓆新安開化之間居民田事稍間輒以織蓆爲業成則鬻

於滸關虎邱之肆中

甎瓦甎窯在望湖門外販鬻徧大江南北各郡雖自造堅緻不如

宛山石色純黑可作硯品亞歙石在水中者佳邑人黃守中手製者最貴重案宛山在常熟界舊志載今仍之

陽山石質粗而堅供礱臼之用漢時邑大夫陸端始開采至今不竭

白魚出太湖四時皆有惟五月中梅雨多則大上色瑩白如銀觸箸紛解鮮美冠時濱湖之邑惟錫有之次則吳

江亦不及也

銀魚出蠡湖盛於晚春夏差減七八月盡矣其大如鍼結髮爲網取之舀水入白瓷碗中了不可見但黑睛兩點如砂浮著水面居人艤舟得魚傾入暖酒即熟皆成小玉環好事者置本處水草中不用水養攜入城猶不失味然不成環矣近者與塘諸處亦有之

蟹出興道鄉玉圻者膏腴盈殼名玉爪蟹

黃雀集諸蕩萑葦最深處秋食稻粒其腴在尾黃瑩如蠟

芡俗名雞頭出蠡湖華氏祖塋之旁產不及百畝居民多取吳中所出襍以入市或臨視采之輒先置根下亦罕眞者近則萬安鄉之龍塘岸所生差堪伯仲

腐豉蓉湖尖所鬻者佳糧艘賈舶運之徧京邑及諸省會

門神丹青人物極工甲於天下自京師以下販鬻無遠不至

硃砂箋邑俞氏所製純用硃砂積染而成膠法既善用書春聯最利筆墨黏之屋壁及屏障間歷年久愈殷鮮不改近秣陵亦仿其法爲之不及也

薯蕷出膠山唐時充貢見郡邑志今無之

朱石出斗山

赭石出鴻山

青石出石室山及嵩山擇其質緻者可爲碑材

硃砂宋時邑橫山有大楓樹枝生芸香其下有硃砂墩產硃砂今無之

白墡出斗山及管社山

桃鵓鴣山錢桃塢有桃實小如錢而美今無之

紫蘇邑產爲最佳出靖海門外者尤勝他郡邑產名北支

薄荷出保安寺者佳亞於蘇郡學之龍腦

堆紗刺繡前明允仲驥妻俞氏所造早寡保孤業此自給
巧奪天工曾以充貢今邑中或仿其法

祥異

水旱必書所以示儆至禨祥之說本五行志有驗有不驗稗史所錄博物君子輒津津道之今綜核舊志旁摭他家記載徵諸近事祇云記實匪侈異聞方茲世際承平時和歲稔爲天道之常殆筆不勝識矣志祥異第三十七

晉

永嘉六年五月無錫欻生茱萸四株交枝若連理先是䑕出延陵羊祜令郭璞筮之遇臨之益曰此郡東明年當有妖樹生若瑞而非瑞辛螫之木也如其果然東西數百里有作逆者其後吳興徐馥作亂殺太守袁琇亦草妖也

義熙七年邑人趙未年八歲㬥長八尺鬢鬚蔚然三日而死

宋

熙寧六年旱

紹寧元年大疫

五年六月大雷電蘇村一民家所用斗稱盡挂於門外大

樹之杪
淳熙　年水滂
嘉泰二年蝗自丹陽入武進若烟霧蔽天其集亘十餘里
常之三縣捕八千餘石
嘉定七年蝗遍於野

元

元貞元年五月水
天歷二年旱氣如焚疫癘大作
至順元年秋大霖雨民多饑死

二年春大札

明

洪武二十年旱河竭六月丁未戊申大雨水漲溢傷稼
二十五年旱穀價騰貴
二十九年大旱水竭禾槁死
三十四年地震飛蝗蔽空
永樂三年大水米騰貴
宣德六年六月訛言有物食人自淮以南越本境抵蘇松
人心惴惴未昏鍵戸明火擊器終夕震驚踰月漸息

九年夏旱民饑摘草葉屑榆皮雜豆餅食之
正統八年夏旱秋大水
九年七月癸亥大風拔木水驟溢
十二年旱
景泰四年十二月大雪樹介冰厚尺餘
五年正月八日夜大雪及丈冰柱長五六尺積陰連月菜
麥皆死六月大水傷稼民薦饑
六年夏秋大旱民饑疫死者三萬餘人
七年秋蝗

成化四年六月旱水涸運道幾絶
六年三月壬午黃霧染人鬚眉
八年七月壬子大風雨如正統九年
十五年五月乙丑地震生白毛細如髮長尺餘九月丙子
又震生白毛
十七年春夏旱七月丙戌大風雨膠山水驟漲淹上福等
鄉壞民廬舍八月乙未風雨又作惠山安陽山水漲尤
甚人多死者歲大祲
十九年正月朔大雪越七日林樹冰結成花有氣如霧而

黑陰晦積日
二十年夏有物色正黑乘夜透牕隙攫入始自武進至六
月壬子延及無錫民閒徹夜然炬持梃擊金鼓自衛浹
日乃已
宏治元年五月辛巳疾風暴雨竟日
四年四月泰伯鄉民家生豕一頭二身三耳八蹄
七年七月己丑大風雨如元年
十四年十月十七日寅時地震
十八年九月十三日丑時地震

正德元年三月十二日北風大雷電驟雨冰雹平地二尺
餘十二月晦龍見有虹貫日
三年秋大旱
五年七月大水傷稼
七年七月十九日大風雨竟夕傷稼
十一年　月白水蕩蛟起壞民廬
十五年九月大水
嘉靖元年春錫山產芝夏秋旱七月二十五日大風雨拔
木平地水深數尺

二年大旱秋大水
三年十月七日有黑白二龍鬭於太湖之濱湖水皆赤白
龍敗
四年蝗
八年夏飛蝗蔽天秋大雨田禾皆沒
十年十月朔虎入熙春門
十五年大旱農家掘井以灌禾
二十一年夏有虹起第六箭河其光燭天
二十二年潮水至第六箭河甲子復至越五日己巳又大

至
二十三年自六月至九月不雨民饑疫死
二十四年大旱
二十六年九月閏月十月不雨十一月乃雨
三十一年大有年
三十二年天雨赤荳地生白毛
三十四年夏六月大水淹圩田
三十五年正月五里湖嘯中無勺水有二大魚死於湖濱
三十六年五月訛言有妖過江至無錫民閒驚惶自衛如

宣德成化時
四十年大水深及丈彌望成川舟行入民居七月地震
四十三年潮水至第六箭河
四十四年六月二十四日夜大風拔木
隆慶元年八月初二日大風發屋拔木六晝夜
二年元日大風太湖水涸
三年潮水至第六箭河
萬歷元年十月十二日大震電
二年春潮水入西關至學宮之前

十五年七月二十一日大風湖水驟漲民多溺死
十六年大水
十七年大旱河流絕死者甚衆
三十六年大旱
三十七年大水
四十二年三月二十六日民間訛言倭至頃刻爭入城有
相蹂躪死者時邑人張汝陞手挈踣者活十數人載送其家
四十四年正月大雪雪有黃紅黑色屋瓦皆有巨人跡
天啟三年冬地震十二月二十二日申酉間地中有聲如
雷自北而南屋舍皆動
四年夏大水湖流泛溢舟行阡陌間
七年秋大風拔木蟲食禾歲大饑
崇禎五年元旦雪深四五尺六月二十五日大風雨傾屋
拔木冬十二月霰著樹成花作纓絡刀劍之形
六年六月二十五日大風雨拔木毀屋九月十八日風復
作如前
九年四月八日雨雹傷麥
十年四月二十二日雹大如拳甘露祝塘等鄉麥盡死秋

旱蝗時南里人張元斗宿甫有掩捕之功
十一年蝗大至七月二十五日大風雨雹
十二年七月飛蝗蔽天歲大饑
十三年秋大旱天雨荳七月蝗傷禾
十四年春夏大水秋大旱而蝗米石三兩民多饑死
十五年大疫死者相籍
國朝
順治七年夏大水淹官塘歲饑
九年大水六月江潮至城河

十一年大寒河冰盡合
十三年大旱
十五年八月五日未時地震
康熙四年冬大寒太湖冰官河絶舟楫者匝月
七年六月十六日戌時地震生白毛
九年春夏大水舟行田間歲饑虹橋民家一產二男一女
十年旱禾槁死
十一年有蝗不爲災秋蟲食禾
十三年夏大水傷稼

十五年夏大水傷稼
十八年大旱官塘水盡竭歲饑
十九年大水浸及惠山之麓田盡淹民廬多壞舟行數百里不循故道一帆可達民薦饑自是年及二十年旱澇之後疫癘大作民間盡室閉門相枕而死村落爲空
二十七年大有年
二十八年旱
二十九年三月之末民間訛言有妖火或變爲人形及獅猻傷人所在秉炬鳴金持梃而譁其言亦來自武進數夕乃止
三十二年大旱九月澇
三十四年夏積雨傷麥食者皆嘔洩秋旱
三十五年春夏旱七月大風雨壞民居
三十七年旱疫
三十八年疫
三十九年旱十一月桃李華麥有秀者
四十二年旱歲饑
雍正元年旱

二年旱
三年旱
九年秋七月大風雨傷稼
十三年夏六月大風雨震電梁溪蓉湖間舟覆溺死數十人
乾隆二年七月興寧鄉菰里有七龍見居民數百家屋盡壞多傷死者
三年夏旱
五年夏雨雹傷麥

六年夏地震
十二年秋蟲傷禾
十三年饑米石三兩秋稔
十四年秋疫
十六年二月十八日戊時地震自春及夏霪雨傷麥
十七年四月初四日寅時地震越十餘日地生白毛
二十年八月蟲傷禾盡槁歲大饑民食草根樹皮殆盡
二十一年春大疫
二十四年秋蟲傷禾

三十四年七月膠山鄉過氏家中地出血
四十六年六月十九日大風二十一日方止木盡拔
四十七年夏江潮至城河
五十年大旱河水盡涸歲大饑
五十一年自春至夏無雷六月十六日始聞雷是年大疫
嘉慶元年正月九日大風拔木雪深五尺許
九年大水

無錫金匱縣志卷三十一

無錫金匱縣志卷三十二

藝文 詩

志載藝文類有關於地方之掌故民生之利病山川之形勢非徒記登臨侈游讌爲士大夫之雅尙也詩自哀慕歌以降迄於近今風雅代興洪纖畢奏錄其尤者庶無戾於風人之旨文則採自獨孤及而下汰其繁蕪大都可與志傳所載補闕畧而備參稽後之人當有取焉志藝文第三十八

商

哀慕歌

古今樂錄泰伯既與虞仲逃去被髮文身託爲王采藥後聞太王卒還奔喪哭於門季歷謂泰伯長子也當立垂涕而留之終不肯止遂委而去適於句吳是後季歷作哀慕之歌

先王既徂長實異都哀喪腹心未寫中懷音褢追念伯仲我季如何梧桐萋萋生於道周淳於切宮館風雅逸篇作舒云舒古榭字一作觀徘徊臺閣既除何爲遠去使此空虛支骨離別垂思南隅瞻望荆越涕淚交流伯兮仲兮逝肯來遊自非二人誰訴

此憂

〈漢〉

適吳詩　　梁　鴻

逝舊邦兮遐征將遙集兮東南心惙怛兮傷瘁志菲菲兮升降欲乘策兮縱邁疾吾俗兮作讒競舉枉兮錯直咸先佞兮唌唌固靡慚兮獨建冀異州兮尙賢聊逍遙兮遨嬉纘仲尼兮周流儻云覯兮我悅遂舍車兮即浮過季札兮延陵求魯連兮海隅雖不察兮光貌幸神靈兮與休惟季春兮華阜麥含英兮方秀哀茂時兮逾邁愍芳香兮日臭

悼吾心兮不獲長委結兮焉究口囂囂兮予訕嗟恇恇兮誰留

〈六朝〉

過歷山湛長史草堂　　宋南平王　劉　鑠

茲山蘊靈詭憑覽趣亦贍九峯相接連五渚逆縈浸層阿疲且引絕巖暢方禁溜泉一作泉溜夏更深林交晝長蔭伊予久緇涅復得味恬澹願逐安期生於焉愜高枕

歷山草堂應教　　湛　挺

閉戶守元漠無復車馬跡衰廢歸邸樊歲寒見松柏身慚

雖陽老名忝梁園客習隱非市朝追賞在山澤離離插天樹磊磊閒雲石持此怡一生傷哉駒度隙

無錫縣歷山集　　江　淹

愁生白露日思起秋風年竊悲杜蘅暮擥涕弔空山落葉下楚水別鶴唳吳田嵐氣陰不極日色半窺天酒至情蕭瑟憑尊還惘然一聞清琴奏歔泣方留連況乃客子念直置絲竹間

無錫舅相送銜涕別　　江　淹

心遠路已迥意滿辭未陳會風飄別蓋北雲竦征八盃酒

憐歲暮志氣非上春若無孤鳥還瀝泣何所因

望震澤　　江　淹一作鮑照

瀰漫潭洞波合沓嶂崿雲漲島遠不測岡澗近難分幽篁愁暮見思鳥傷夕聞以此藉沈痾棲迹別人羣結言非盡書有念豈敷文

亂後行經吳御亭　　庾肩吾

御亭一回望風塵千里昏靑袍異春草白馬即吳門獯戎鯁伊洛雜種亂轘轅輦道同關塞王城似太原休明鼎尙重秉禮國猶存殷牖爻雖賾堯城吏轉尊泣血悲東走橫

戈念北奔方憑七廟畧誓雪五陵冤人事今知此天道其
誰論

〔唐〕

題湛長史舊居　邱丹

無錫縣西郊五里有惠山寺卽宋司徒右長史湛茂之
之别墅也舊名歷山故南平王劉鑠有過湛長史歷山
草堂詩湛有酬和其文野而典特以松石自怡逍遥沈
寂終見止足之意可謂當時高賢矣至齊竟陵王友江
淹亦有繼作余登兹山以觀三篇列於石壁仰覽遺韻

穆若清風遽訪湛氏胄裔山下猶有一二十族得十三
代孫畧執其譜書殘墨塵蠹年世雖邈塋隴尚存余披
宋史畧不見其人心每惻歎悲夫斯人也而史闕書然
有其一篇則爲不朽矣因復追緝六韻以次三賢之末
時有釋若冰者踪跡兹山修念之餘鑿嵌注壑灑入諸
界無非金碧鉢帽之資悉償工價是以道友邑僚諷翫
佳賞嗚呼得非茂之之緣果而陰隲於上人不然何竭
慮之至耶余聖唐山令臣也屏居臨平山墅亦有年矣
嘗諷茂之篇句云衰廢歸邱樊歲寒見松柏不覺禪意

趣散若在廬霍之間矣異時同歸猶茂之之不忘也嗟
乎湛君用刋巖石徯俟後之知我者得不繼之乎貞元
六年歲在庚午檢校尚書員外郎兼侍御史邱丹誌并
詩

身退謝名累道存嘉止足設醴降華幡挂冠守空谷偶尋
野外寺仰慕賢者躅不見昔簪裾猶存舊松竹烟霞雖異
世風韻如在矚余仰江海人歸轍青山曲

前題　韋夏卿

道勝物能齊累輕身易退苟安一邱上何必三山外雲霞

長若綺松石常如黛徒有昔主過竟遺青史載詩因野寺
詠酒向山椒酹異時逢爾知兹辰駐余旆

前題　李益

昔降英王顧屏身幽巖曲靈波結繁笳爽籟赴鳴玉運轉
春華至歲來山草緑青松掩落暉白雲竟空谷伊人撫遺
跡惻惻芳又縟云誰斆美香分毫寄明牧

前題　于頔

蕭條歷山下水木無紛滓王門結長裾巖扃怡暮齒昔賢
枕高躅今彥仰知止依依矚烟霞眷眷返墟里湛生久已

歿邱也亦同恥立言感不朽何必在青史

前題　呂　渭

巖居舊風景八世成今昔木落故山空猿啼秋月白誰同西府僚幾謝南平客摧殘松桂花蕭散烟雲夕跡留異代遠境入空門寂惟有草堂僧陳詩在石壁

書記事　湛　賁

伏覽呂侍郎邱員外舊題十三世祖歷山草堂詩因名遂貴知已道勝方晦跡高居葺蓮宮遺文煥石壁桑田代已變池草春猶碧識曲遇周郎知音荷宗伯調逸南平

兆風清建安躓祖德今發揚還同書史册

題歷山司徒長史祖宅　湛　賁

驃官長史籍高步歷山椒麗句傳黃絹香名播宋朝分能知止足跡貴出塵囂松竹心長固池臺興自饒龍宮欣訪舊鶯谷忝遷喬從事叨承乏銅章愧在腰

別惠山書堂　湛　賁

捲簾曉望雲平檻下榻宵吟月半窗病守未能依結社更施何術去爲邦

宿惠山寺　王武陵

戊辰秋八月吳郡朱遐景自秦還吳南次無錫命予及故人竇丹列會於惠山之精舍是時山林始秋高興在目涼風白雲起於坐隅逍遙於長松之下偃息於盤谷之上仰視雲嶺俯瞰寒影夕陽西歸皓月東出羣動皆息視身如空元言妙論以極窮奥丹列有遯世之志遐景有塵外之心予亦樂天知命怡然契合視富貴如浮雲一歌一詠以抒情性夫良辰佳會古人所惜序述不作是闕文也山水之下景物秀茂賦詩導意以記方外之遊

秋日遊古寺秋山正蒼蒼泛舟次巖壑稽首金仙堂下有寒泉流上有珍禽翔石門吐明月竹木涵清光中夜何沈沈但聞松桂香曠然出塵境幽慮澹已忘

秋暮登惠山北樓　王武陵

秋老空山悲客心山樓晴望散幽襟一川紅樹迎霜老數曲清溪遶寺深寒氣急催遥塞雁夕陽高送遠城砧三年海上音書絕鄉國蕭條惟夢尋

宿惠山寺同王晦伯竇丹列作　朱　宿

古寺隱秋山登攀度林樾悠然青蓮界此地塵境絕機閑

任晝昏慮澹知生滅微吹遞遙泉疎竹對殘月庭虛露華綴池靜荷香發心晤形未留遲遲履歸轍

重遊惠山寺　朱宿

歲月人間促烟霞此地多殷勤竹林寺更得幾回過

宿惠山同王晦伯朱遐景作　竇羣

共訪青山寺曾隱南朝人問古松桂老開襟言笑新步移月亦出水映石磷磷予洗腸中酒君濯纓上塵皓彩入幽抱清氣遠蒼旻信此澹忘歸淹留冰玉鄰

元和二年五月三日重遊此寺獨覽舊題二十年矣當

時三人皆登諫列朱遐景方詣行車王晦伯尋卒郎署余自西掖累遷外臺復此躊躇吁嗟存歿朱拾遺詩云歲月人間促烟霞此地多殷勤竹林寺更得幾回過可謂得詩人之思也因命題壁以識所懷山南東道節度副使檢校兵部郎中兼御史中丞賜紫金魚袋竇羣記

遼舅氏扶風公貞元四年秋八月與太原王武陵吳郡朱宿同遊惠山精舍爲賦往體詩一首王序而題之觀其辭頗有世外之交出塵之想凝思澹慮泛溢天格雖建安才人不足居其右矣後二十年復繼於末則有傷時歎逝之感宿草鄰笛之悲洎會昌初武皇帝廢浮圖法詔毀其宮而逐其徒惠山在毀中時無好事者詩亦隨塵焉今寺既復而詩尚遺落内弟審餘寓書請於遼會遼赴河陽辭召路出寺下因重記於軒廊南垣我舅氏由吏部拜執法器業磊落爲時鉅人平生操尚備在國史此不能舉所載者風韻之詞登臨之興俾後人挹其清芬而已大中十一年五月十三日懷孟等觀察使試大理評事兼監察御史李遼重題

晨過昌師院　竇羣（一作李騭）

深庭芳草濃曉井山泉溢林馥亂沈烟石潤侵經室幽巖鳥飛盡晴嶺雲歸密壁蘚凝蒼華竹陰漏晴日生期半宵夢憂緒仍非一若無高世心安能此中畢

赴無錫別靈一上人　劉長卿

高僧本姓竺開士舊名林一入春山裏千峯不可尋新年芳草遍終日白雲深欲徇微官去懸知訝此心

無錫東郭送友人遊越　劉長卿

客路風霜曉郊原春興餘平蕪不可望游子去何如烟水乘湖闊雲山遍越初舊都懷作賦古穴覓藏書碑缺曹娥

宅林荒逸少居江湖無限意非獨爲樵漁

惠山寺肄業送懷坦上人　李隲

太和五年四月予自江東將西歸涔陽路出錫邑因肄業於惠山寺居三歲其所諷念左氏春秋詩易馬遷班固史屈原離騷莊周韓非書記及著歌詩數百篇其詩凡言山中事者悉記之於屋壁文則不載其寺會昌末經廢毀屋室殆無存者去年蒙恩自禁職出鎭鍾陵與毘陵地不相遠而惠山居其屬邑聞其寺復置會錫邑宰去年過此留宴數日令於予爲故人因寓書請再題

焉嗚呼自太和癸丑至咸通己丑三紀餘矣念邑中居人與僧居在惠山興寧兩寺者今無人焉染翰增悲復何言耳咸通十年二月一日江南西道都團練觀察處置等使中散大夫檢校左散騎常侍使持節都督洪州諸軍事兼洪州刺史御史中丞上柱國賜紫金魚袋李隲題記

流水何山分浮雲空中遇我生無根株聚散亦難固憶昨門龍春巖棲侶高步清懷去羈束幽境無滓污日落九峯明烟生萬花暮兹歡未云隔前笑歘已故四時雖信留百

草換霜露離襟一成解悵抱將何諭驚泉有餘哀永日誰與度緬思孤帆影再出重江路去去忽悽悲因風覬回顧

自惠山至吳下寄酬南徐從事　李隲

不接芳辰游獨此長洲苑風顔一成阻翰墨勞空返悠悠汀渚長杳杳蘋花晩如何西府歡尙念東吳遠瑤音動清韻蘭思紛盈畹猶及九峯春歸吟白雲巘

讀惠山若冰師詩集因題故院　李隲

五天何處望心念豈皆知化墖留今日鳴泉自昔時古苔生石淨秋草滿山悲莫道聲容遠長歌白雪詞

高懷逢異境佳句想吟頻月冷松溪夜烟濃草寺春浮雲將世遠清聽與名新不見開巖日空爲拜影人

景物搜求歇山雲縱放飛樹寒烟鶴去池靜水龍歸蹛榻塵飄滿陰簷月到稀何年燈焰盡風動影堂扉

陰陰垂露蹟苔壁幾年書種樹青松老傳衣白髮居字工窮八體詩律繼三閭豈是多年學眞空任性餘

常聞鑿洞碑此立爲冰師意到山泉解功深造化疑碧雲終一謝飛錫久無期惆悵人間世空傳樂府詞

上家山　李紳

余頃居梅里常於惠山肄業舊室猶在垂白重遊追感多思因效吳均體

上家山家山依舊好昔去松桂長今來容鬢老上家山家山臨古道高低入雲樹蕪沒連天草草色日萋萋寒螿徧草啼噪鴉投樹遠行雁貼雲飛巖光分落日僧火開經室竹洞磬聲長松樓鐘韻疾苔階滴溜欹石甃鋪莎密舊徑行處迷前交坐中失歎息整華冠持盃強自歡笑歌連穉孺絲竹縱吹彈山明淡月上酒滿心聊放丱髮此淹留垂絲匪閒曠青山不可上昔士還惆悵況復白頭人追懷空望望

憶東郭居效邱遲　李紳

昔余過穉齒從師昧知奧徒懷利物心不獲藏身寶曳婁一縫掖出處勞昏早醒醉迷啜哺衣裳辨顛倒忠誠貫白日直已憑蒼昊卷舌墮讒諛驚波息行潦哀禽識舊木疲馬知歸道楊柳長庭柯蘭荃覆堦草旌旄光里舍騎服歡妻嫂綠鬢絕新知蒼鬢稀舊老冠緌身忝貴齋沐心嘗禱笙磬諒諧和庭除還灑掃棲遲還竹巷物役侵江島倏忽變星霜悲傷滿衷抱

泛五湖效謝惠連　李紳

范子蛻冠履扁舟挽霄漢嗟予抱險難怵惕驚瀰漫窮通泛濫勞趨適殊昏旦落日蕩層空浮天淼無畔依灘落葉聚立浦驚鴻散浪疊雪峯連山孤翠崖斷風帆同巨鼇雲矗成高岸宇宙或東西星辰沈燦爛霞生澒洞遠月吐清熒亂豈復問津迷休為呂梁歎漂沈身詎保覆溺心嘗判吳越羣異鄉嬰童反為翫依稀古井邑嘹唳同鶩鸛舉櫂永宵分維舟方日旰微彼濟川力若鼓凌風翰易狎當悔游臨深罔知歎

憶放鶴　李紳

頃年無錫閒居里人獻鶴雛余馴養之周歲羽毛既成見其宛頸長鳴有烟霄之志開籠放之一舉沖天復迴翔久之乃去

羽毛似雪無瑕點顧影秋池舞白雲閒整素儀三島近迴飄清唳九霄聞好風任舉應摩日逸翮將成莫戀羣凌厲坐看空碧外更憐鳧鷺老江濆

別泉石　李紳

惠山書堂前松竹之下有泉甘爽乃人間靈液清鑑肌

胥潄開神處茶得此水皆盡芳味也
睛沙見底空無色青石潛流暗有聲微動竹風涵淅瀝細浮松月透輕盈桂凝秋露添靈液茗折春芽泛玉英應是梵居連洞府浴池今化醴泉淸

鑑元影堂　李紳

故禪師鑑元影堂在惠山十年前師亦到壽州相見

香燈寂寞網塵中煩惱身銷色界空龍鉢已傾無法雨虎牀猶在有悲風定心池上雙漚沒招手巖頭夢幻通深夜月明松子落儼然聽石待生公

別雙溫樹　李紳

一余往年於惠山寺手植今葱翠蔽日此樹過江多死有橘之狀

翠條盈尺憐孤秀移植書窗待月軒輕翦綠絲春葉暗密扶纖幹夏陰繁故人手植空懷想溫室深知不敢言爲爾拂雲今得地莫教陵谷改秋顏

重到惠山　李紳

再到石泉寺內有禪師鑑元影堂在寺南峯下頃年與此僧同在惠山十年鑑元到壽春相訪因追舊歡

碧峯依舊松筠老重得經過已白頭俱是海天黃葉信兩逢霜節菊花秋望中白鶴憐歸翼行處靑苔恨昔遊還向竹窗名姓下數行添記別離愁

憶惠山　李紳

故山一別光陰改秋露殘蟬歲月多松下壯心年少去池邊衰影老人過白雲生滅依巖谷青桂榮枯托薜蘿惟有此身長是客亦驅旌旆寄烟波

郤望芙蓉湖　李紳

丹樹村邊烟火微碧波深處雁紛飛蕭條落葉垂楊岸隔

水寥寥聞擣衣

水寬山遠烟嵐迥柳岸縈迴在碧流淸晝不風鳧雁少郤疑初夢鏡湖秋

逐波雲朵參差遠背日嵐光隱見深猶似望中連海樹月生湖上是山陰

舊山認得烟嵐近湖水平鋪碧岫間喜見雲泉還悵望自慚山叟不歸山

翠崖幽谷分明處倦鳥孤雲在眼前惆悵白頭爲四老遠隨塵土去伊川

望亭驛酬別周判官　白居易
何事去長洲連宵飲不休醒應難作別歡漸少於愁燈火穿村市笙歌上驛樓何言五十里已不屬蘇州

送陸羽歸惠山采茶　皇甫曾（一作顧況）
千峯待逋客香茗復叢生采摘知深處烟霞羨獨行幽期山寺遠野飯石泉清寂寂禪燈夜相思磬一聲

登無錫北樓　郎士元
秋興因危堞歸心過遠山風霜征鴈早江海旅人閒驛樹雲仍密漁舟晚自還仲宣何所賦祇歎在荆蠻

宴無錫蔡長官西亭　李嘉祐
郊檐閒寂寂無事覺人和井近時澆圃城低下見河與緣芳草積情向遠峯多別日歸吳地停橈更一過

自蘇臺至望亭驛悵然有作因寄從弟紓　李嘉祐
南浦菰蔣覆白蘋東吳黎庶逐黃巾野棠自發空流水江燕初歸不見人遠樹依依如送客平田渺渺獨傷春那堪回首長洲苑烽火年年報　塵

惠山寺流泉歌　皇甫冉
寺有泉兮泉在山鏘金鳴玉兮長潺潺作潭鏡兮澄寺內泛巖花兮到人間土膏脈動知春早隈隩陰深長苔草處處縈迴石磴喧朝朝盥漱山僧老林松自古草自新清流活活無冬春任疏鑿兮與汲引若有意兮山中人偏依佛界通仙境明滅玲瓏媚林嶺宛如太空臨九潭詎滅天台望三井我來結綬未經秋已厭微官憶舊游且復遲回猶未去此心只為靈泉留

過惠山春申君祠　張繼
春申祠宇空山裏古柏陰陰石泉水日暮江南無主人彌

令過客思公子蕭條寒景傍山村寂寞誰知楚相尊當時珠履三千客趙使懷慚不敢言

懷惠山寺　許渾
排空殿墖倚巖巒松韻經聲月裏寒兩眼流泉清戶牖九龍飛雨灑闌干浣紗女弄金池影聽法鳥啼施食盤借問繡衣車馬客幾時林下脫儒冠

宿望亭館寄蘇州一二同志　許渾
候館人稀夜自長姑蘇城遠樹蒼蒼江湖水落高樓迥河漢秋歸廣簟涼月轉碧梧移鵲影露低紅葉溼螢光西園

詩侶應多思莫醉笙歌掩畫堂

夜泊毘陵無錫縣有寄　羅隱

草蟲幽咽露初溥獨繫孤舟夜已闌濁浪勢奔吳苑急疏鐘聲出惠山寒愁催鬢髮凋何易貧戀家鄉別漸難他日親朋應大笑始知書劍是無端

題惠山普利院　張祜

舊宅人何在空門客自過泉聲到池盡山色上樓多小洞穿斜竹重階夾細莎殷勤問城市雲外暮鐘和

泛太湖　方干

長天接廣澤二氣共含秋舉目無平地何心戀直鉤孤鐘鳴大岸片月落中流去憶鴟夷子當時此放舟

經無錫醉後吟　趙嘏

客過無名姓扁舟繫柳陰窮秋南國淚殘日故鄉心京洛衣塵在江湖酒病深何須覓陶令乘醉自橫琴

懷錫山藥名離合體　皮日休

晴竇養泉容決決明園護桂放亭亭歷山居處當天半夏裏松風儘足聽

曉景半和山氣白微香清淨雜纖雲實頭自是眠平石腦側空林看鹿羣

題惠山寺　皮日休

千葉蓮花舊有香半山金剎照芳塘殿前日暮高風起松子聲聲打石牀

惠山泉　皮日休

丞相長思煮茗時郡侯催發只憂遲吳關去國三千里莫笑楊妃愛荔枝

馬卿消瘦年纔有陸羽茶門近始閒時借僧爐拾寒葉自來松下煮潺湲

藥名離合體和皮襲美　陸龜蒙

鶴伴前溪栽白杏人來陰洞寫枯松蘿深境靜日欲落石上未眠聞曉鐘

佳句成來誰不伏神丹偷去只須防風前莫怪攜詩稾本是吳儂蕩槳郎

泰伯廟　陸龜蒙

故國城荒德未荒年年椒奠溼中堂迩來父子爭天下不信人間有讓王

題惠山泉　釋若冰

石脈綻寒光松根噴曉涼注瓶雲母滑漱齒茯苓香野客
偷煎茗山僧惜淨牀安禪何所問孤月在中央

訪陸羽處士不遇　釋皎然

太湖東西路吳王古山前所思不可見歸鴻自翩翩何山
賞春茗何處弄春泉莫是滄浪子悠悠一釣船

訪陸鴻漸不遇　釋皎然

移家雖帶郭野逕入桑麻近種籬邊菊秋來未著花叩門
無犬吠欲去問西家報道山中去歸時每日斜

酬皇甫冉將赴無錫雲門寄別　釋靈一

湖南通古寺來往意無涯欲識雲門路千峯向若耶春山
子猷宅古木謝敷家自是長俱隱邪云相去賖

宋

泰伯祠　范仲淹

至德本無名宣尼以此評能將天下讓知有聖人生南國
奔方遠西山道始亨英靈豈不在千古碧江橫

題陸羽茶泉　王禹偁

甃石封苔百尺深試茶嘗味少知音惟餘半夜泉中月留
得先生一片心

芙蓉湖泛舟　胡宿

小湖香豔戰芙蓉碧葉田田擁釣蓬嵐氣欲飛山隔岸秋
波不動水搖空翩翻雪鳥爭投浦撥剌霜鱗對擲風正是
滄浪濯纓日一竿多謝紫溪翁

即惠山煮茶　蔡襄

兹泉何以得適與真茶遇在物兩稱絕於余獨得趣鮮香
雜下雪甘滑盃中露嘗能變俗骨豈獨煎塵慮晝靜清風
生飄蕭入庭樹中含古人意來者庶冥悟

答和蘇公遊惠山寺　竇綱

寺枕青山遠俗氛解鞍憑檻對溪雲樓危鐸韻搖風響林
迥禽聲向暮聞紗護宿燈微有暈爐留殘篆半移紋拂衣
聊見禪扉靜頓覺塵勞此地分

題惠山寺　蘇舜欽

古寺名傳唐相詩三伏奔迸予何之青山相照翠會合碧
殿對影涼參差清泉絕無一塵染長松自是拔俗姿邊疆
雲擾日格鬬釋子晏坐殊不知

翠麓亭　丁寶臣

締看軒軒面翠微暫來登此已忘機地連佛寺樓臺古泉

落山田稻蟹肥曉逕忽穿淸氣入夜船多載白雲歸世人
誰識紅塵外終老功名未拂衣

寄題翠麓亭呈伯强寺丞　錢公輔

曩時曾作家山游亭有翠麓排新幽疎軒窗牖竹鏘戞烈
風勁雨松颼飀呀然出戶瞰山足屹然數竿圍上頭掃除
雲峯聳客步煎煮錫水供茶甌我時旣合衆賓飲醉岸山
幘心遲留山僧顧我丐詩榜詩未脫吻驚旋輈四方環走
條已晚十載負約今方酬珍藍增葺想勝舊我已白首縻
藩州何當一賦歸去來再欵巖室窮披搜吾宗道人正嘉

遯擺脫世上無窮憂欣逢主人賢且令泉石笑傲都相求
上人灑掃莫暫閒行行逆我西來舟

寄伯强知縣求惠山泉　蘇軾

玆山定中空乳水滿其腹遇隙則發見臭味實一族淺深
各有値方圓隨所畜或爲雲洶湧或作綫斷續或鳴空洞
中雜珮間琴筑或流蒼石縫宛轉龍鸞蹙瓶罌走千里眞
僞半相瀆貴人高宴罷醉眼亂紅綠赤泥開方印紫餠截
圓玉傾甌共歎賞竊語笑童僕豈知泉上僧盥灑自挹掬
故人憐我病篛籠寄新馥欠伸北窗中晝睡美方熟精品
厭凡泉願子致一斛

和三唐人惠山詩　蘇軾

余昔爲錢塘倅往來無錫未嘗不至惠山旣去五年復
爲湖州與高郵秦太虛杭僧參寥同至覽唐處士王武
陵竇羣朱宿所賦詩愛其語淸簡蕭然有出羣之姿用
其韻各賦三首

夢裏五年過覺來雙鬢蒼還將塵土足一步漪瀾堂俯窺
松桂影仰見鴻鶴翔炯然肺腑閒已作冰雪光虛明中有
色淸淨自生香還從世俗去永與世俗忘

薄雲不遮山疎雨不溼人蕭蕭松徑滑策策芒鞋新嘉我
二三子皎然無緇磷勝遊豈殊昔淸句仍絕塵弔古泣舊
史疾讒歌小旻哀哉扶風子難與巢許鄰
敲火發山泉烹茶避林樾明窗傾紫盞色味兩奇絕吾生
眠食耳一飽萬想滅頗笑玉川子饑弄三百月豈知山中
人睡起山花發一甌誰與共門外無來轍

贈錢安道兼寄其弟惠山山人　蘇軾

鴛鴦湖邊月如水孤舟夜傍鴛鴦起平明繫纜石橋亭慚
愧冒寒髯御史結交最晚情獨厚論心無數今有幾寂寞

抱關歎蕭生耆老執戟哀楊子恠君顏采郤秀發無乃遷
謫反更美天公欲困無奈何世人共抑眞踈矣毘陵高山
錫爲骨陸子遺味泉氷齒賢哉仲氏早拂衣占斷此山長
洗耳山頭望湖光潑眼山下濯足波生指儻容逸少問金
堂記與嵇康留石髓

惠山謁錢道人烹小龍團登絶頂望太湖　蘇軾

踏遍江南南岸山逢山未免更留連獨攜天上小團月來
試人間第二泉石路縈迴九龍脊水光翻動五湖天孫登

無語空歸去半嶺松風萬壑傳

錢安道席上令歌者道服　蘇軾

烏府先生鐵作肝霜風卷地不知寒猶嫌白髮年前少故
點紅燈雪裏看他日卜鄰先有約待君投紱我休官如今
且作華陽服醉唱儂家七返丹

贈惠山僧惠表　蘇軾

行遍天涯意未闌將心到處遣人安山中老宿依然在案
上楞嚴已不看欹枕落花餘幾片閉門修竹自千竿客來
茶罷空無有盧橘楊梅尙帶酸

同蘇子瞻僧參寥和三吏人惠山詩　秦觀

輟棹縱幽討籃輿入青蒼圓頂相邀迓旃檀燎深堂層巒
搪如洗傑閣森欲翔林籟含雨溼岫日開雲光涓涓續清
溜靡靡傳幽香俯仰任登覽悠哉身世忘
使君厭機械所與惟散人顧慚蒹葭陋謬附瓊林新上干
青礉礉下屬白磷磷洞天不知老金界無棲塵緬彼人間
世烏瞻閱青旻記得踵三隱巖阿相與鄰
樓觀相複重邈然閟深樾九龍吐青泠滮滮曾不絶瞿遞
馳千里眞味猶未滅況復從茶仙茲焉越葵月岸巾塵想

消散策佳興發何以慰游嬉操瓢繼前轍

次君倚寄題惠山翠麓亭韻　焦千之

余愛茲山昔屢遊回環氣象冷清幽茂林蓊鬱疊蒼翠宴
坐瀟灑風颼颼密甃積蘚迸泉眼飛翬比翼參雲頭遐邊
誰開青步障客來共泛柴玉甌每思乘興可獨往塵纓未
濯莫我留勝處未到心先厭健步歷覽氣挾觔生平趨向
與時背泉石夙志畧已酬茲山獨以泉品貴乃得嘉名傳
九州譬人其中貴有物源深混混難窮搜知公此去久愈
愛惠我佳句忘百憂忽蒙遠寄煮巖壑而我方欲千里求

顧公早見疑蛇解急詔當應易刻舟

謝黃從善司業寄惠山泉　黃庭堅

錫谷寒泉橢石俱并得新詩蠆尾書急呼烹鼎供茗事晴江急雨看跳珠是公與世滌羶腴令我屢空常晏如安得左轓清潁尾風爐煮茗臥西湖

張公奭墓芝　鄒浩

錫山居士張公奭廬墓側有芝三本生焉繪以爲圖見者咨歎

此芝初無根生自孝誠裏孝哉本於誠非緣利心起無芝非所作有芝非所喜不期芝有無秀出乃如此養志勤色難送終極哀毀既葬不忍歸結廬獨留止孺慕秋復春淚接九泉水比鄰或未知天已知之矣因芝示邦人邦人爭贊美會逢當路賢薦此八行始

惠山寺　蔣之奇

瀟灑攜家上翠微白雲凌亂繞人衣流泉噴薄山前去應待元冬作雪飛

次韻蔣不同惠山行見贈　袁默

九龍山高茂松竹冉冉風光與潑綠重岡複嶺勢崢嶸五里垂楊排岸曲雲生洞口若拖練泉落田間如噴玉公垂若冰遺跡在瀟灑儒冠與僧服夜蟾清影照寒流春鳥新聲答寒谷山畔人家農事閒長得秋風魚稻熟太湖光射夕陽間潤澤相通材必育一生游賞心不足憶與高人時往復夢魂還是念歸與問舍求田無百斛身名牽制悼人心收拾未能如水覆侵尋白髮已盈簪方此徘徊干寸祿樂安道人來自蜀倘爾小官身僕僕惠然相訪蓋初傾符彩瑩顏神滿目徐言得道先辟穀二年粒米不入腹日南先生韻超俗授術爲之留五宿天發殺機指下傳妙用圓通皆智燭見我倩親逾族屬勸以修持言滿軸自慚正類雞伏鵠敢示精心循所祝痊除多謝枕中方臭腐豈爲刀下肉斧斤牛羊肆殘毒古人已況牛山木深言元氣須引續起我衰羸丸射鹿煩胸一訣願相傳卦體儼然存九六

惠山　袁默

山翁自合老林扃小有天中盡杳冥兩面樓臺驅作勢半崖松石倚爲屏雲歸洞口紛紛見泉落池心細細聽勝景深藏誰到此好須圖繪入丹青

留題惠山寺　張商英

元符己卯兩浙運判曾孝藴作常潤京口奔牛二閘成
集英殿修撰發運使商英被旨相視遂至惠山寺留題
以記行役
咸陽獲璽之明年五月端午余泛船二閘新成洞常潤組
練直貫吳松川淮南舵師初入浙借問邑里猶茫然茶經
舊說惠山泉海內知名五十年今日親來酌泉水一見信
異傳聞千里茶遁自建安到青林石臼相爭先碾羅萬過
玉泥膩小瓶蟹眼湯正煎乳頭雲腳盞盌面吸嗅入鼻消
睡眠滌庄操壺貯甘液緘題遠寄朱門宅仙人見水是琉

璃乃知陸羽非凡客

題惠山諫公竹軒　袁植

子猷喜種竹太白喜乘月俯仰雲泥間勝事俱清絕況乃
吾廬幽風烟浩一邱竹盧能受月華白月白能牽竹翠浮
不應玉壘李太白長對山陰王子猷未攜花下一壺酒已
登殘夜水明樓八間好景并四難無如月下青琅玕影搖
金鎖碎光動劔芒寒魂醒耿不寐哦詩坐長歎

與蔣仲任惠山觀溪漲　袁植

蜀曳平川上雲屯翠嶺頭雨淫成大浸堤潰失安流地入
三吳窄山餘九隴浮不應昏墊後始用濟川舟

膠山寺　蘇紳

驅馬欵禪扉松風冷拂衣紅塵不到處青嶂此忘歸鳥望
生臺下雲侵講座飛楞伽味眞趣轉覺俗緣稀

惠山寺并簡寶公　蘇紳

綺塍行盡入松門暫拂塵纓袖惹雲海月未升樓上見湖
波初起坐中聞寶扉膜拜青蓮相石案傍行白氎紋促榻
偶隨居士語煮茶燒栗到宵分

寶乳泉　楊傳

山名膠孰結泉味乳親嘗雲竇穿銀井冰甕貯玉漿竹陰
濃處冷松子落時香不雨霶霈響無風瑟瑟光粉源初滴
瀝珠派遠汪洋曲注分環砌方澄引鑿塘趁齋僧洗鉢就
謁客浮觴稻漬甕芽飯茶煎蟹眼湯纖毫蠲鑑徹盈腹暑
襟涼農畝霑甘潤膏腴穫萬箱

四亭詩爲錢紳仲作　蔡載

著亭傍林泉偶與初心期佳處時自領未應魚鳥知　遂初亭
白雲何時來英英冠山椒西風莫吹去使我心搖搖　望雲亭
高人不惜地自種無邊春莫隨流水去恐污世間塵　芳美亭

水行天地間萬派同一指胡爲穿石來要洗巢由耳通惠亭

翠麓亭　楊傑

聞說支公最好賢瀛洲可買不論錢樓臺蔽日都無地草木藏春别有天石上雲翻千峽雨洞中泉落幾家田高閒誰似幽居樂一坐青山不問年

遊惠山　蔣之美

絶頂疑天設重門一徑深泉清千古意松老百年心高閣窺平陸危亭倚翠岑勝遊方自適猶恐日西沈

遊惠山　蔣之美

維舟上重巘景物近斜暉流水連珠落殘花碎錦飛白雲隨步武香鳥傍軒扉拂井松傾蓋緣崖薜上衣池光清可鑑竹色翠成圍更接高僧話林梢帶月歸

通惠泉爲錢紳仲作　葛勝仲

山翁徹骨清日飲一瓢水天公隱其窮殆將貽石髓先敕西神君一派疏清泚初驚石罅出盈科來未已其瀦爲淵潭其涯則沼沚酌彼九龍泉錫味參差是一甌紫筍春牙頰留甘美餘波供濯纓濺沫邀洗耳山中有異事喜甚屐折齒長安昊天觀秦吳隔千里妄云脈絡通道人眞疏矣

寄語贊皇公未應停水遞

陪制置朱工部正辭惠山泉詩分得雲字　蘇儀甫

醲液璇源世味珍陸經甄品始流聞千尋深異江心汲雨派元因嶺上分輕發茗花憑七箸散爲膏澤待風雲一篇此日摛鴻藻五色他年浴鳳文

濟川諸公同遊惠山因成長韻　錢紳

好山如佳人變態百種好陰晴朝暮間可愛不可道時時思一見如垢久不澡我來正清秋令人豁懷抱秋色佳有

餘俗客跡如掃佳哉二三友在席每傾倒杖策窮縈迴高絶須一到幽尋不厭倦遇境即窮討階前千歲松閱盡衆木槁亭下百尺井空傳天眼老陸子賞遺味至今泉浩浩高僧挂衣去誰識衣中寶九淵深非龍徒見腓百草衆泉失蹊徑迸散不可考世事每如此所合輒顛倒夜深山色清更對冰輪皓林栢影參差水中交荇藻迴櫂觸波心如在蓬瀛島舉觴望青天醉鄉得深造茲遊須再嗣萬事殊未保

華藏寺　錢紳

窈窕招提入翠微碧波千頃照巖扉白頭僧向斜陽立黃帽人銜細雨歸芳草遠從湖外見殘雲紛繞雁邊飛分明一片家山景卻憶松間筍蕨肥

題雲海亭　姜夔

茫茫復茫茫中有山青蒼大哉夫差國坐占天一方夫差醉蓮宮巨浸搖不醒越師從何來奪我玉萬頃至今亭上秋一邃萬古愁誰能知往事飛下雙白鷗

泰伯廟　蔣堂

泰伯何爲者不以身爲身遜避天下位奔走句吳濱隱德

照來世遺祀傳斯民吁此廉讓國合生廉謙人

惠山泉　劉遠

靈脈發山根涓涓才一滴寶劍護深源蒼珉環甃壁鑒影鬚眉分當暑挹寒冽一酌舉瓢空過齒如激雪不異醴泉甘宛同神瀵潔快飲可洗胸所惜姑濯熱品第冠寰中名色固已揭世無陸子知淄澠誰與別

龍淵 即龍縫泉　劉遠

巖巖白石嵌深泉適此止夜雨半山同春風蟄龍起清明無遁形溥博有餘美受濁不傷清納汚非所恥趣操比幽人泖澄如得已山林乃挺途眞復誰洗耳

青山寺　尢袤

峥嶸樓閣插天開門外湖山翠作堆蕩漾烟波迷澤國空濛雲氣認蓬萊香銷龍象輝金碧雨過麒麟剝翠苔二十九年三到此一生知有幾回來

題安陽山翠微寺　唐暐

平地巍然起一峯歷山西畔滆湖東勢侵雲漢千尋直影落烟村四面同龍窟正當螺髻頂僧居端坐畫圖中邪人不獨貪觀賞早歲爲霖更有功

惠山雲開復合　楊萬里

二年常州不識山惠山一見開心顔只嫌雨裏不子細彷彿隔簾青玉鬟天風忽吹白雲折翡翠屏風倚南極正緣一雨染山色未必雨前如此碧看山未了雲復還雲與詩人偏作難我船自向姑蘇去白雲穩向山頭住

題陸子泉上祠堂　楊萬里

先生喫茶不喫肉先生飲泉不飲酒饑寒祇忍七十年萬歲千秋名不朽惠泉遂名陸子泉泉與陸子名俱傳一瓣佛香炷遺像幾多衲子拜茶仙麒麟畫圖冷似鐵凌烟冠

歛消如雪惠山成塵惠泉竭陸子祠堂始應歆山下泉中一輪月

尤延之侍郎屢求作遂初堂詩詩未成延之去國因以奉送　陸游

印何纍纍綬若若只堪人看公何樂忽然捩柂開布颿慰滿平生一邱壑遂初築堂今幾時年年說歸眞得歸異書名刻堆滿屋欠伸欲起遭書圍舍之出遊公豈誤綠髮朱顏已非故請將勳業付諸郎身踐當年遂初賦

惠山齋中聽雨　李祥

雲冷銀蟾遯香寒寶篆遲輕雷新破夢好雨故知時池荇陰抽帶山茶暗展旗空階聞夜響楚客起題詩

自題雲龍小隱　蔣重珍

龍山錫山兩山雲出能爲雨入爲晴雲山之氣有歛散歛散之理斯爲神我廬山下有小隱雲爲動兮山爲靜悠然而出物之澤屹然而峙地之鎮我見雲山喜與俱雲山無情不見余我比雲山多此見不如一似雲山無

秦太虛墓　張理

九峯朝暮雲搖落少游墳野蔓碑全沒晴巷磬亦聞洞偏

泉路細松折鶴巢分高視太湖近雲濤鷗起羣

碧雲塢　李維

坐久三峯晚望中疑碧雲不應談世事自是出塵氛嘉木層層見秋聲處處聞佳人端可待風景欲平分

登雲海亭嘉熙庚子清明前一日　邱岳

幽尋到華藏峻嶺穿林霏玉鑑水千頃翠屏山一圍雲濤浩莫測瀛海是耶非馬鬣葬英骨鴟夷脫危機問君借沙嘴容我著釣磯狎鷗似相識來近闌干飛

題膠山寺壁　元擧

岡頭鵓鴣鳴定欲喚晴雨驅車指東山山下寺亦古道人雙眼青雪齒起柔語松同萬壑風落絮毿輕舞日暮詠歸與扁舟在烟渚

前湯普濟菴　陳炤

一尖龍舌地蘭若此中開曲徑深依竹荒池淺甃苔要令溪水接莫礙野雲來只恐菴居輿難淹出世才

弔五牧五牧在無錫縣西北四十里　文天祥

予初以朝廷遣張全將淮兵二千救常州以其爲淮將必經歷老成遂遣朱華將二千人從之張全無統馭之

才自爲畦町十月二十六日提淮軍自往横林設伏虞橋北兵至麻士龍死之張全不救走回五牧五牧乃朱華所駐如掘溝塹設鹿角張全皆不許二十七日北兵薄朱華自辰至未朱華與廣軍與之對北兵自路塘直來死於水者不可計至晚北兵繞山後薄贛軍尹玉當之曾全胡遇翁雲會玉先遯尹玉死焉張全提軍隔岸不發一矢有利災樂禍之心吾軍渡水挽張全軍船張全令諸軍斷挽船者之指於是溺死者甚衆張全并胥遁惟尹玉殘兵五百人與北兵角一夕殺北兵及馬委

積田間貿明止有四人得歸嗚呼使此戰張全稍施手援可以大勝捷一夫無意事遂闕宗社嗚呼天哉予初欲先斬張全然後取一時敗將並從軍法以張全爲朝廷所遣請於都督乃宥張全使自贖予遂不及行法後詣餘杭發京師取會全以徇衆而噬臍多矣過五牧弔戰場爲之流涕不可禦

首赴勤王役功成事則天富平名委地好水泝成川我作招魂想誰爲掩骼緣中興須再舉寄語慰重泉

過無錫　文天祥

已未歲予攜弟壁赴廷對嘗從長江入裏河趨京口回首十八年復由此路是行驅之入北感今懷古悲不自勝

金山冉冉波濤雨錫水茫茫草木春二十年前曾去路三千里外作行人英雄未死心先碎父老相從鼻欲辛夜讀程嬰存國事一回惆悵一霑巾

同蘇子瞻秦太虛和三唐人惠山詩　釋道潛

山烟昃滅没山木含葱蒨剌舟傍遙岸理策升虛堂迴遭矚層巒矯矯如翱翔下瞰平田流澹然浮日光青篁解初

籜洗雨聞清香雖云迴前途眞賞豈易忘

杜門暗朝雨寂歷無行人陰曦忽穿漏卉木鬱巳新階泉漱玉齒照眼光粼粼使君美無比卓犖遺囂塵風標傲柏竹談笑凌蒼旻何愧沈冥子臥霞與結鄰

揚帆渡江來洗眼驚翠樾雲姿旣容裔鳥弄更淸絶凌梯訪仙蹤金石亦未滅嗟我魚月光疇能綴明月狂墨掃琅玕風烟坐中發殊勝區中人茫茫走飛轍

偃松軒 聽松　釋道章

得地久蟠踞參天多晦冥月通深夜白雪壓歲寒青獨擁

虬腰大疑聞雨甲腥深根動坤軸蕭瑟挂疏星

雲海亭　釋法向

目前多少古今情盡在太湖之上亭舸艦浮空雲影亂蠲鏤沆水洇花腥一盃瀲灧含雲夢數點蒼茫認洞庭明日惠山曾有約又攜茶鼎汲清泠

無錫金匱縣志卷三十二

無錫金匱縣志卷三十三

藝文　詩

元

梁谿謠贈盛高霞道士　柳貫

梁谿一片月搖蕩綠蘿烟玉女采珠同駕龍耕璧田春去竹花實歲深芝草駢鳳凰招不下遲景惜留連御望白雲嶠明星正當天雲中青童君招麾使之前謂言寶訣書列在瑤臺編蚩尤守扃鑰一閟三千年至今海嶽間光氣常蜿蜒茅龍亦解飛金匱豈徒堅引手探元策得之可登仙

首路向恒碣西窺踰岳蓮天壇見日出皓鶴共蹁躚行攀飛狐塞回薄扶桑淵滄溟挹不滿石廩小如拳還尋屏風壘鼓枻凌中川調笑呼陸羽濯纓第二泉但聞丹齊成不見朱顏遷顥露薦冰液雄虹為采旛上下八景中窅然觀化先何必肩洪厓遂將儕偓佺寧能獨不死為我啟真詮大還容草創小劫度沆綿桂枝倘堪結遲贈遠游篇

惠山夏日酌泉燕集　鄧文原

我生懶拙百不堪放意林壑窮幽探茲山九龍勢飛動髻鬟錯落盤松柟高風吹衣凌險遠太湖渺渺天西南泉流

不逐湖波逝融爲冰鏡開塵函六月火雲生熱惱三嚥冰雪開清甘試將水品證泉味一語須喚山僧參層臺桑苧肖遺像古屋彌勒空香龕五年兩歷惠山頂未辦草具來卓菴白鳥翻風導先路碧雲垂地隨歸驂酒醒呼枕聽風雨老龍卷水空溪潭撫掌歡游已陳迹隱隱孤舟沈暮嵐

送徐元度　虞集

起家辟椽三公府拄笏西山度歲年故舊總懷天下士風流更重幕中賢香烟滿袖遊絲夢春水如天上計船三月看花鵷鷺裏題詩還向遠人傳

溪山勝槩樓　揭傒斯

目極高深思渺綿華家樓閣好山川風光流轉酣歌裏烟水微茫徙倚前地足蒲荷連夏沼年豐黍稌滿秋田多藏陽羨先春茗日試山中第二泉

題惠山寺　湯仲友

粱谿停短櫂帶月步西關路盡忽逢寺松多不見山巖腰雲殿古洞口石泉閒到此正吟苦秋聲滿樹間

惠山寺行殿（宋高宗駐蹕於此）　杜竹處

渡江五馬竟忘歸愁見年年雁北飛千里版圖非故國六朝基緒幾危機烟藏經葉閒僧錫風落松花上客衣前輩衣冠已塵土空留碑碣枕斜暉

留題惠山　柯九思

騎馬東華塵滿道山川如此不會來清泉白石何年有翠竹蒼松古殿開幽人試水嘗春茗過客題詩坐雨苔杖藜絕頂便疏曠日暮浮雲天際迴

送王誠夫知無錫州　柯九思

黃金橫帶爛輝光出守寧辭道路長鵷序久陪蒼水使鳳池曾赴紫微郎雙旌坐鎮清溪月列戟看凝燕寢香肯汲

惠山泉見寄青春煮茗當還鄉

遊惠山寺　王仁輔

紅杜溪頭艤小舟青蓮宇內作清遊土花繡壁浚如畫嵐翠潑雲濃欲流短李清風存古意大蘇團月洗春愁摩挲泉石舒長嘯未羨神仙十二樓

五牧　張翥

苦戰勤王事精魂泣鬼雄壞城兵氣黑遺鏃血花紅故老談亡國明時錄死忠長吟一搔首落日鳥呼風

七月之集慶次無錫宿元文館　張翥

海月光芒徑川雲意緒閒剛風浮地外元氣滿人間野榜歌相答漁燈去不還電明知有雨只在九龍山

中秋望亭驛對月代祀北還　張翥

月色滄波共渺茫驛亭雜坐看湖光仙家刻玉青蟾兎帝子吹笙白鳳凰蘆葉好風生晩思桂花清露溼空凉回槎使者秋懷濶倒瀉銀河入酒觴

次元鎮伯雨錫山倡和之作　張翥

鶴在青林鳳在阿騷人行處有吟窩西風落木秋來早南國浮雲日暮多欲賦朱華臨鄴水可堪白芷怨湘波期君

不負湖山約來聽吳儂欵乃歌

謁李忠定公祠　陳方

丞相非腐儒慷慨遭國難平生痛哭心忍死抱長算嗚呼百歲後寂寞誰享祼至今空山中祠宇安厓岸鳥跡上香臺棲塵落風幔山僧雖異流展像亟稱讚飄飄風塵際黃屋任鼠竄不有左轄尊至今猶扼腕公留人心安公去人心亂桓桓种將軍一鼓鋭而悍所至繫其頸小魺何足憚魏公經濟才安劉左吾袒傾蓋出流離中情始冰泮倉皇青城役慘澹失神觀豈無婁敬策尙足勤修捍落落付空言悠悠惜神斷聲名宇宙間草草入嗟歎

和華彥淸宿洞虛宮　陳方

眞館時時到仙花樹樹幽西風寒入竹北斗夜當樓頗覺乾坤異寧爲歲月憂乞分筇竹好相伴赤松游

遊惠山　陳方

僧居高處接雲霞村市周遭石徑斜細細山泉爭入澗雙雙水鳥靜眠沙佛前風動杪欏樹溪上春留躑躅花十五年來頭漸白倚闌仍舊一烏紗

題惠山寺　鄭元祐

百里盡平壤兹山忽中蟠硊砢得宏深迂徐納平寛僧坊隱其腹祟構居桓桓立神衛觚稜綠雲置闌干我來元冬交枒舟起微瀾天連黃沙白露委青林丹地無車馬塵松筠正堅完蒼然後凋意彼此不厭看稍稍陟其崖深源汲甘寒共惟桑苧翁出處艮獨難帝青九萬里冥飛見翛翰空留雪泥迹莫究淸靜觀鬻茗滌愛渴晏然有餘歡

溪山勝槩樓　陳顯曾

江南二月羅衣裳藤花滿地山雲香背人小燕撇波去朱簾白日游絲長蒲茸綠淺芹芽紫沙上輕輕溼飛雨美人

遥盼木蘭舟一夜相思隔春水

溪山勝槩樓　張思廉

九龍山下梁溪水水色如藍山色紫一聲欸乃雁初飛十二闌干人獨倚琵琶撥斷冰絲結滿地青蘋落秋雪隔窗最是拒霜花下有鴛鴦睡明月

留題時思精舍　李士行

策馬九峯道行行如山陰勝景不暇接爽氣襲衣襟悠哉時思菴寫我千古心修竹秉高節流水響清音日暮下山去疏鐘烟霧深

宿元文館　張雨

十日閉春院草積青苔厚稍止侵窗雨爭鳴決渠溜想見噣口泉玉色動欄甃便尋雙鳧舄翻飛入烟岫

寄題時思精舍　張雨

重遊九龍峯寒食生春陰竹露灑我笠松風吹我襟況逢金閨彥幽探愜素心風泉繞屋壁亂響琴筑音翻然出谷去回睇烟蘿深

上巳日遊惠山　張雨

水品古來差第一天下不易第二泉石池漫流語最勝江流湍激非自然定知有錫藏山腹泉重而甘滑如玉調符千里辨淄澠罷貢萬年離寵辱虛名累物果可逃我來爲泉作解嘲速喚點茶三昧手酬我松風吹兎毫

與倪泰宇遊無錫華藏　張雨

湖上亂峯如髻鬟湖邊才子駐金鞍霜餘鸂鶒沙汀淺日落麒麟墓道寒古壁風篁無盡意清尊雲海有餘歡遠遊未羨鴟夷子直向飛仙乞羽翰

春日雲林齋居　倪瓚

池泉春漲深徑苔夕陰滿諷詠紫霞篇馳情華陽館晴嵐

拂書幌飛花浮茗盌階下松粉黃牕間雲氣暖石梁蘿蔦垂翳翳行蹤斷非與世相違冥棲久忘返

與張貞居雲林館燕集分得春字　倪瓚

青苔網庭除曠然無俗塵依微樵路接曲密農圃鄰鳴禽已變夏疏花尚駐春坐對盈尊酒欣從心所親

元文館讀書 有序　倪瓚

余友元中眞師在錫之東郭門立靜舍名元文館幽潔敞朗可以閒處至順壬申歲六月余寓是兼旬謝絕塵事遊心澹泊清晨櫛沐竟終日與古書古人相對形忘

道接翛然自得也且西神山下有泉味甚甘冽與常水異館去山不出五里故得昕夕取泉以資茗荈余讀書研道之暇時飲水自樂焉乃賦詩記事

眞館何沈沈寥廓神明居陽庭肅宏敞月林鬱扶疏聽言茲遊息脫屣榮祿區檐櫰初日麗池臺涼雨餘焚香破幽寂飲食聊舒徐潛心觀道妙諷詠古人詩懷澄心自怡意愜理無遺誰云黃虞遠泊然天地初同首撫八荒紛擾蚍蜉如願從逍遥游何許崑崙墟

寄題時思精舍　倪瓚

我生匏馳騖無機如漢陰重遊古蘭若對山開我襟風流李謫仙賞靜諧夙心琅然哦新詩如聞大雅音同首石林晚白雲花雨深

題惠山　倪瓚

重過湛公宅因嘗陸子泉佛香松葉裏僧飯石巖前市駿誰憐馬荒池憶種蓮淸心有妙契塵事已長捐

溪山勝槩樓　倪瓚

樓下淸溪夏亦寒溪頭箇箇白鷗閒風迴綠卷平堤水林缺靑分隔岸山若士振依千仞表何人泛宅五湖間絕憐與子同淸賞定向雲霄共往還

聽秋軒在祗陀寺　倪瓚

聽秋軒裏聽秋雨定起山僧坐翠微隱隱烟濤搖夜席濛濛花雨著人衣驟如崖瀑衝雲落宛似湘靈鼓瑟希六月塵根今已淨松篁陰下共香霏

淸閟閣　倪瓚

眼見藤梢已過牆手拈書卷復堆牀開臨水檻親魚鳥欲出柴門畏虎狼冠製不嫌龜殼小衣裾新翦鶴翎長從來任拙惟疏懶一月秋陰不下堂

晚泊新安有懷九成　顧瑛

夜泊新安驛西風八月天人家溪樹裏晚飯柁樓前水落星移石雲開月墮船遙思佩韋者癡坐不成眠

登惠山和韻　于立

秋水放船來野寺寒崖古石路崚嶒鶴棲雲外三珠樹猿掛烟中百尺藤古殿金銀黃面老小龕香火白頭僧明朝城市多塵事何日重來一再登

前朝古寺倚崔嵬快聽松風上古臺一勺靈泉通地遠九峯龍氣抱天迴淸彈娛人不少住黃土睉眼何當開歸舟

賸載煎茶水更帶新詩入郭來

和顧仲英晚泊新安見懷韻　郯部

長林夕露下一雁過青天月照風燈外星沈野水前美人隔烟渚清夢落江船孤坐聞城漏迢迢夜不眠

遊惠山　陳邁（一作迏）

空山微雨後啼鳥早春時雲氣侵衣潤泉聲出寺遲清茶方破夢新酒復催詩了卻公家事重來再與期

往揚名開化二鄉掩骼　王逢

分藩多賢勞不敏參賓客雖無官守縻亦復與言責二鄉

虔劉禍慘甚長平厄先王制禮經孟春當掩骼僕夫有難色欵段纔任策駸駸度岡坂渺渺循藪澤稍稍烟微青歷歷野四白游魂行草上遺老候道側我豈物役徒茲來出心臆皇天久下憫赤子非寇敵鴟鳥何不仁銜啄血更瀝因歌戰城南風悲淚狠藉

洞虛宮玩月　王逢

獨立髣蕭騷天風吹綺袍石牀秋後薄香殿月中高何落丹山鳳神游滄海鼇仙人渺何所靈響度雲璈

山中春晚　趙若巖

山空行跡少地迥落花多草長迷香澗松高掛女蘿林深猿鳥下徑靜鹿麋過春事今云暮其如懷抱何

登鹿頂山　華幼武

雨洗春泥輭山高輿轉孤振衣凌絕頂拊掌望平湖塵霧遙迷楚烟花直過吳乾坤萬里濶不泣阮生塗

中秋夜泛舟鵞湖　周翼

八月十五夜何其鵞湖漾舟人未歸水生金浪兼天湧雲度青冥傍月飛鴻雁沙寒微有影芰荷秋冷不成衣古人一去渺何許黃鶴舊磯今是非

登惠山和韻　陳基

欲叩沙門大小乘西風飛屩過崚嶒空山金碧鏘流水絕壁龍蛇走亂藤一室香花同聽法百年雲水不如僧何時更整山翁屐寶地相從取次登

霜作楓林葉作堆秋高蕭寺客登臺排空列嶂千重合出谷流泉百折迴須洞烟濤塵海濶參差樓閣化城開獨憐萬里關河鴈不寄天涯一字來

登惠山和前韻　陸仁

惠山秀拔南蘭陵大雄宮殿開崚嶒登高未試九節杖攀

險且攬萬年藤泉頭已無裹茗客峯頂或有巢雲僧梁溪歸槳追落日杵聲何處響登登

西神秋色清於水下馬長林坐石臺山鵲忽鳴銜樹過巖花欲落受風迴松聲暗與泉聲答龍氣朝隨霧氣開桑苧祠前無限思明年試茗擬重來

登惠山和前韻　周砥

九龍之山天外青寺門巖壑寒崚嶒水流秋澗渾疑雪路轉陰廊或礙藤刻石定傳霞上作具茶應喜竹間僧卻憐獨臥滄江者何日杖藜還共登

行盡疏林黃葉堆青蓮境界起樓臺雨分山氣空中落雷挾泉聲地底迴磬響驚人溪路隔香烟滿袖殿門開誰知拂石題名處顧愷前身今再來

留題惠山　移剌迪

參差樓閣古招提猶有唐人石上題潭影空明天上下蘚痕生澁路高低泉香茗細僧清供竹密花深鳥亂啼已負半生巖壑趣馬蹄羞踐綠莎泥

惠山留贈眞長老　馬治

殿門高拱碧崔巍慚愧名僧此日來辛苦欲與泉上寺蕭條爲掃刼殘灰九龍雲氣諸天繞萬象潭心一鏡開洞酌便同甘露灑下方思見古風迴

自仙源過祇陀懷元鎮　范致大

扁舟蕩槳出東城最愛新流拍岸平霽雨蘭茗來翡翠晚風楊柳送鸝庚盈盈溪女臨沙浣歷歷郊農傍隴耕謬倚林齋望山郭憶君清話不勝情

題麻監州墳在邑西郊　范致大

一日孤墳起翠微空山草木亦生輝賀蘭竟後霽雲死杜季寧遲馬援歸義魄不隨黃土化英靈長共白雲飛篤交

郵幼端奇事慚愧梁溪一布衣

雲林草堂荅元鎮次韻　楊維楨

坐斷深林事不聞西窗風日愛餘曛舊經高赤尋三傳新詠山王削五君翠篠侵牀落蒼雪石池洗硯動元雲東鄰書屋最相憶莫遣草堂移泿文

訪倪元鎮不遇　楊維楨

霜滿船篷月滿天飄零孤客不成眠居山久慕陶宏景蹈海深慚魯仲連萬里乾坤秋似水一窗燈火夜如年白頭未遂終焉計猶欠蘇門二頃田

題惠山寺　　釋明本

惠山屹立千仞青俯瞰大地鴻毛輕七竅既鑿混沌死九龍攫霧雷神驚霹靂聲中厓石裂銀泉迸出青鉛穴惟恨當年桑苧翁玉泓翻空煮春雪何如跨龍飛上天併與挈過崑崙巔散作大地清涼雨免使蒼生受辛苦我來叩泉泉無聲一曲泠光沈萬古殿前鳳檜書然鳴日暮山靈打鐘鼓

題雲林居　　釋良琦

每憶雲林子隱居淸且閒褰裳采芝秀倚杖看秋山微雪松陰暝青苔石上斑韓康偏有意時復到柴關

明

夜投西神寺　　高啟

江月上秋衣來敲遠寺扉棲禽驚客至睡僕訝僧歸鐘度行廊盡燈留浴院微非無招旅館禪定欲相依

寄惠山熙書記　　高啟

禪居紫閣陰欲去問安心野岸隨流曲山門隱樹深千燈然雨墖一磬出風林想見跏趺處雲深不可尋

惠山春申君廟　　高啟

封君開巨壤相楚服强鄰名重三公子謀疏一婦人畫幃留古像珠履絶遺塵簫鼓時迎祭還憐舊邑民

寄懷雲林草堂　　高啟

名落人間四十年綠蓑細雨自江天寒池蕉雪詩人畫午榻茶烟病叟禪四面荒山高閣外兩株疏柳舊莊前相思不及鷗飛去空恨風波滯酒船

無錫道中　　張以寧

疊橋隨港直聯木護堤偏村落皆通水人家半繫船橘花香曙露楊葉澹寒烟中土何寥廓黄沙人種田

賦得泰伯廟送倪元鎮　　袁凱

翦商肇基迹傳季思逮聖兄弟逃荆蠻讓德一何盛千家聿來從句吳始開境遥遥至裔孫欲大心愈騁深宫貯妖麗高堂瞰遐迥既拒伍胥忠還甘太宰佞鄰邦樹讐怨上國肆爭競社稷終變遷軒楹獨完正相傳在閭里灑掃政嚴淨歲時具牲醴歌舞勞送迎楚鬼久無食越魄誰將禜强暴有湮晦聖哲無終竟於焉送將歸舟艫得依並是時春氣和氤氲滿芳徑渚花動幽彩汀蒲發深艷江水去不息烟霞日將暝歛衣拜階下懷哉起孤詠

望惠山　王惟允

昔者歲庚戌承檄離故鄉遽與此山別關陝隔異方緬懷林壑姿令人歸思長瀟灑棲白雲青松蔭石牀泠泠第二泉流潤石髓香今辰罷官守春風促歸航青青九龍峯鬱然當我藏我本江海人泉石有膏肓一從罣塵網鬢髮已蒼蒼寄謝桑苧翁卜鄰漪瀾堂

題青山白雲圖　錢仲益

連山盤盤隔溪水翠滴嵐光淨如洗松梢日出初雨晴滿地白雲收不起溪窮路轉石徑斜隔溪遥見山人家柴門

深閉人不見煖風吹落朱藤花良工邈得無窮景坐玩令人發深省何由築室住山間長臥雲窩弄秋影

秋夜與浦舍人敘別　林鴻

南宮飲散動經年此會羈魂各黯然霄漢故人誰更在江潭逐客自堪憐疏燈細雨開秋宴落葉驚風攪夜眠歸去晉陵成遠別好憑陽雁望南天

膠山雪晴　謝應芳

夜來雪深二尺强石人墮指冰蠶僵猶喜金烏兩翅凍不折天明飛出海上之扶桑老夫晨起膠山下風景看來渾似畫連山萬頃玉爲田隔水數家銀作舍田中築城團義兵日高未飯饑腸鳴黄泥凍地硬如鐵白柄短鋤鏘有聲不辭受寒饑但恐虧工程將軍踏雪來點名萬夫鵠立顫且驚馬前壯士五色棒棒頭性命鴻毛輕余生悔不習兵法雪夜禽渠書奏捷客欄抱膝漫悲歌奈爾義兵寒若何

無錫書所見　謝應芳

丞相樓船槌大鼓鐵騎前驅猛於虎何物鼠輩敢跳梁不畏輕遭萬鈞弩落日未落懸林梢一天殺氣風蕭騷官軍縱火鼠入窟太湖水濶陽山高相君名位同裴度豈無將

軍如李愬兜鍪戴雲擣賊巢一夕湖船可飛度我有方寸鐵願作將軍箭將軍三箭定陽山湖水依然淨如練

登惠山酌泉　周權

惠山鬱律九龍峯磅礴大地包鴻濛劃然一夕震風雨欲啟靈境昭神功六丁行空怒鞭斥電火搖光飛霹靂一聲槌裂老雲根嵌洞中開迸寒液道人甃玉深護藏鏡含萬古凝秋光陸羽甄品親試嘗翠浪煮出松風香我來山下討幽境自挈瓶罌汲清泠味如甘雪凍齒牙紺碧光中敲鳳餅昏塵滌淨清靜觀心源點透詩中禪亟呼陶泓挾元

玉揮灑字字泉聲寒投閒半日聊此駐孤棹明朝又東去紅塵人世幾浮雲簫鼓空山自朝暮

懷惠山　錢師貞

何處春光最可憐蓮蓉溪上惠山泉梨花照水散晴雪柳樹遶堤生暖烟神廟乞靈香蠟社泉亭留客綺羅筵而今景物都非昔一度逢時一愴然

西城晩眺　浦源

官柳猶遮舊女牆角聲孤起送斜陽英雄百戰成寥落吳楚平分自渺茫寒雁帶愁離塞遠暮江流恨入雲長古今

天地誰非客何用登臨獨感傷

秋日惠山寺覽景　浦源

偶到惠山寺因尋陸羽泉江皐片雨歇天際一帆懸野鹿啣花過沙禽傍竹眠焚香同看畫煮茗共談禪茅舍炊烟起溪城古樹連悠悠聽牧笛汎汎見漁船興發烟霞外情生澗壑邊春申祠上坐弔古一悽然

聽松菴　韓友直

坐斷西神九脊龍一菴花竹隱僊蹤碧山學士水蒼珮玉女明星雲母春漚苧沚香魚弄藻繙經院靜鶴盤松只應同飯胡麻了更上瑤臺第幾重

李丞相讀書臺　朱昇

昔賢曾習靜爲客借僧堂聽法過苔徑攤書據石牀佛燈然雨暗僧飯煮泉香雖自紆朱組幽期豈暫忘

過倪雲林墓　韓奕

一壠與田平青青薺麥生耕犂他日慮挂劒故人情書畫名空在山林夢亦淸不堪寒食節落日杜鵑聲

過聽松菴　顧協

偶得讀書暇來尋野衲家澗鳴風乍起山暝日初斜到樹

驚啼鳥推窗見落霞同遊鄭高士坐石共分茶

宿照菴僧舍　顧協

煮茗復煮茗笑談忘寢眠斷鐘春寺裏細雨夜燈前詩好無多首琴殘剩幾絃年來挂行跡多半在林泉

過聽松菴　顧協

偶來林下叩松關分得禪僧半日閒孤興忽生流水外高情聊寄白雲間炊烟晩映高低樹落日晴分遠近山今夜西巖有明月更留淸話不知還

觀柳道傳太宰留題惠山詩卷　周文孚

五雲樓閣錦成堆彷彿山光百里開天上神龍行雨去日邊驄馬踏花來千年蘭若春餘夢百世文章刼後灰惟有石泉流不盡月明猶照鶴飛回

泰伯祠送張守　張籌

泰伯遺墟在梅李井邑依然舊山水當時三以天下讓周家綿延八百禩可憐有廟附南郭社鼓鼕鼕歲時樂兵火年來草棘深惆悵文明竟誰託張侯一郡民父母此固無嫌我鄉土豈惟墜典與自今要使流風亦還古

遊惠山　沈庸

春風吹我步烟霞路入蒼苔一徑斜新綠漫添平岸水徑紅輕送過牆花勞勞塵世尋常事隱隱烟村四五家物理細推行樂好莫從愁裏過年華

春申君祠　王達

昔年大邑封江東意氣傾奪何其雄今朝送客過祠下感慨令人愁萬重頹垣敗屋鳴寒鼠千載寥寥竟無主片言曾見服强秦一計那知失於楚古來辯士多殺身用智得愚良苦辛三千珠履今何在門外青山解笑人

竹茶鑪　王達

製作精深亦可觀日供高士試龍團輕分洪雨苔猶綠細剪湘雲粉未乾紫筍滿甌吟骨健淸風一榻鬢絲寒啜來坐盡梅花月正是淩秋第幾竿

題成趣軒　王紱

桑麻日已長稼穡日已成門巷蔭榆柳隔屋繅車鳴生平寡營爲遂此田園情衣食幸不乏公賦尤寬平舉家情欣欣淡然忘世榮力作雖云勞濁酒時共傾豈意事高尙所樂安吾生

憶惠山　王紱

我昔九龍山下住結廬正在雲深處日日看山還看雲嘗敎翦卻當檐樹無端一別猿鶴羣馬蹄南北徒紛紜塵途底事拂衣晩回首負卻山中雲

惠山煮茶　王紱

寒齋夜不眠瀹茗坐鑪邊伏火煨山栗敲冰汲澗泉瓦鐺翻白雪竹牖出靑烟一啜風生腋俄驚骨已仙

竹茶鑪　王紱

僧館高閑事事幽竹編茶具瀹淸流氣蒸陽羨三春雨聲帶湘江六月秋玉臼夜敲蒼雪冷紫甌晴引碧雲稠禪翁

託此重開祉若箇知心是趙州

太湖春漲　馮善

震澤春深漲碧漪淨涵天影漾玻璃遥增越嶠千尋潤頓減吳山數尺低紅泛落花通别浦綠含芳草漫長堤釣舟昨夜歸來晚沒卻漁磯路亦迷

重遊惠山寺　聶大年

汲得春泉不滿瓢老僧相引說前朝殘碑久許遊人搨古殿新遭刼火燒白塢荒墳寒食飯青山流水夕陽橋空餘陸羽祠前月永夜松房照寂寥

寄朱彦昇東郭居　趙次鈞

耿耿傷離居幽情日蕭索霜寒林木變石出溪水落抱沖思寒儔同志念非昨援琴寫素懷值子在東郭

眠雲軒　張適

山人賣藥還倦就山房寢白石作匡牀巖雲爲席枕於焉得宴休軒楹澄夕景落月映虛白輕颸度微影灑灑毛髮清冉冉衣裳冷無心同卷舒澤物共馳騁鶴鳴驚夢回蘿牕夜初永

宿泗州寺　呂敏

纖月墮高林清風灑疏竹山僧沐相慰雲榻留共宿座凉交竹陰爐溫藹蘭馥於焉爲申章庶以寫幽獨

石門　殷序

石門我來不厭頻悠然欲酌還自酌千崖冥冥送雨來萬木紛紛向人落丹邱已會煩青鳥青田猶未見元鶴句漏小住亦多時便欲從此凌寥廓

登惠山　張遜

洩雲蒙青山零雨暗村樹重來邱壑暮慰此清夜敘高堂開翠戶野客當楹據疏鐘越林度清嘯逾嶺去風吟松可

聽石漱泉致飫景勝煩頤接心領各異趣悅此神爲清耿耿至達曙

遊惠山東韶石師　九稷

背郭山無十里躋上方樓閣鎖烟霞迢遞野色迷芳草泉帶寒香泛落花齋鉢甦收雲外菌竹罏聊試雨前茶道人知我耽詩癖共倚長松到日斜

仲秋八日與繼芳遊天全亭　秦旭

峨峨九龍山迢迢五湖岸扁舟弄雲水山影波底亂遥矚松桂林已覺風景換長吟斜川詩驚鷗忽飛散

甲辰正月六日繼芳邀社予以眩疾不赴詩以申謝

秦　旭

頭白昏昏只欲眠招呼長荷社中賢餘生待斃鬼門下良會負期人日前畏酒暫辭金谷罰酌泉重結惠山緣春湖綠漲桃花水煩借米家書畫船

與懋成惟清公祿叔理舜明山行歸途和韻

秦　旭

落梅風急放湖船六客逍遙是散仙雪白河豚新入饌鷰黃楊柳未成綿崧菴相地開詩社花市留衣當酒錢寄語

諸公愼終始莫因勤怠誤流年

立夏前一日偕梅菴立夫過新安別墅

秦　旭

裏得新茶立夏前白龍橋下泛湖船紅雲壓地薔薇海黑雨翻空玳瑁天急景任教隨逝水閒情何必問流年山林鐘鼎粗能了更與諸公保萬全

題碧山吟社圖

吳　寬

詩壇高築壬寅歲勝事遙傳大歷年買地有貲酬野衲品泉無譜問茶仙樹藏亭子淸風裏路遶雲根小洞邊賡倡願隨諸老後結盟遲我賦歸田

盛舜臣新製竹茶鑪

吳　寬

已亥之春予過無錫遊惠山入聽松菴觀竹鑪酌第二泉煮茶嘗賦詩記其事今刑部侍郎盛公無錫人也謂鑪出於故王舍人孟端制古而雅乃倣而爲之且自銘其上其姪虞字舜臣者性尤好古來省其世父不遠數千里攜以與俱予獲觀焉因取前詩次韻賞之

聽松菴裏試名泉舊物曾將活火煎載讀銘文何更古偶觀規制宛如前細筠信爾呈工巧㬧浪從渠攪醉眠絕勝

田家盛酒具百年長共子孫全

野翁山居

施　廉

淸晨梳我頭有客過茅宇呼兒具尊罍展席集朋侶鉤簾對靑山瀟瀟落疏雨可人期不來相思渺何許

與余民用潘時覲同遊惠山

楊　璿

前朝湛氏宅十載一經行境勝多題詠僧閒少送迎松風禪榻靜花雨石牀平共飲山中水蕭然遠世情

陸墟別業

楊　璿

文筆峰前湖水西幽棲地僻少輪蹄花間穉子坐垂釣竹

下老翁行灌畦酒熟漫判金谷飲詩成先許錦牋題已聞
孫筍如蓬賤更說雕胡似掌齊

雨憩聽松閣　徐問

山雨正冥冥山僧開翠屏水拖千澗白雲約半峯青石髓
分茶鼎塵心靜佛經松風坐來定餘韻遶檐楹

題孟氏惠麓小隱　秦夔

亂後家何在歸來始定居丹心三尺劒白首五車書戚畹
名猶在雲臺業未疏結廬來小隱歲晚足耕鋤

錫谷書堂 陳處士公懋別墅　秦夔

錫谷透迤山水幽中有隱者之飛樓二泉烟霞半歛夕九
龍爽氣常宜秋吟邊落日動遐思望裏平湖消客愁山靈
珍重此訶護更約臨風來上頭

復竹茶罏 自注竹茶罏淪落已五十餘年眞公徒孫宏上人訪求得之秋林楊公家仍攜歸山房　秦夔

烹茶只合伴枯禪誤落人間五十年華屋夢醒塵冉冉湘
江雲冷月娟娟歸來白璧原無玷老去青山最有緣從此
遠公須愛惜願同衣鉢永相傳

湖南草堂　秦奭

竹裏衡門掩翠微自將荷葉製春衣園林雨過梅初熟池
館風輕燕學飛渴酒半缸怡我老短琴三弄識人稀明朝
準買湖南櫂擬向沙頭理釣絲

溪橋散步　秦奭

老去觀書典易闌綠陰清晝況多閒杖藜扶我溪橋步看
盡湖南十里山

龔行儉以扇索畫　秦奭

行過谿橋日欲低綠陰滿地郭公啼微風輕颺茶烟起知
有人家在竹西

龔守誠山莊邀賞桃花和韻　秦鏜

桃花何似武陵溪試唱新吟續舊題遊舫半通沙市外故
人多在畫橋西山橫翠靄連書屋春釀紅香拂杖藜酒盡
一尊歸去晚晴郊散步夕陽低

寄題二泉亭爲邵泉齋作　李東陽

江神夜泣山靈嘯帝遣神工鑿山竅飛流出地聲灑空泉
水下與中泠通江邊老翁不知姓手著茶經親鑒定金山
之外更無泉坐令匡廬瀑布空高懸地官侍郎心似水平
生品泉如品士似云江水不同清此山自得青金精尋山

浚泉發清寫原是江南好奇者山高水絶詩亦奇鳴金噴
玉無停時我山會過泉不酌夢枕峻嶒漱潺潺我歌泉和
兩知音吁嗟乎誰哉更識泉齋心

盛舜臣新製竹茶爐和韻　李東陽

石鑄曾分裊裊泉裏茶添火試同煎形模豈必隨人後鑒
賞何因置我前秋共林僧燒葉坐夜留山客聽松眠王家
舊物今雖在竹鉠砂廚恐未全

惠山泉歌　喬宇

空山散步舒清嘯澗響泠泠出天竅澄波靜影涵遠空一

脈上與銀河通山稱惠山誰所姓郤憶九川初浚定後人
品作第二泉名共瀑布廬山懸知君素志在山水同是坡
翁門下士滄浪調翻宮羽清夜泣江怪號山精臨泉浩歌
一傾瀉澗視古今誰作者我生未老空好奇此山此水遊
何時感君釀泉爲君酌遠意芬芳寄潺潺寥寥川上有遺
音洗耳避世誠何心

謝友人送惠山泉　李夢陽

故人何方來來自錫山谷暑行四千里致我泉一斛清泠
不異在山時中涵石子蕪苔綠越州花瓷蓺燕竹陽羨紫
芽出包束故人好我手自煎分坐庭隅候湯熟瀉器寒雪
碎繞腸車輪鳴一舉煩鬱釋再舉毛骨輕三舉不敢嘸恐
生羽翼隨風行我聞茲泉世無匹夢寐求之不能得詩乞
翻愧蘇家才驛送兼無衛公力又虞誤載石頭波頓令眞
品無顏色感君酌我向君揖一勺横澆萬古臆嗟嗟此意
誰復知極目江雲三歎息遊想水師初具船山靈涕洟上
訴天蝃蝀委蛇睛貫窗蛟鼉睥睨宵近舷淮浮泗泛梅雨
蒸車輪馬曳炎塵煎開甕滴滴皆新泉敢謂君非山水僊
或我埃垢入肺腑倩君擕此親洗滌酬君合書蠆尾帖九

原誰起黄庭堅

聽松　邵寶

聽松復聽松松聲在高閣閣成四十年聽者今如昨風來
春濤生風去秋濤落當其無風時蕭然亦微作聰者聽於
斯冥心對寥廓

和西涯先生題二泉亭韻寄答　邵寶

擊石長歌復長嘯山無人聲泉有竅詩人曾謂茲山空又
聞山與南海通向來泉托山人姓公爲收名名始定石池
左右多檻泉東流迤邐非突還非縣公門如海納川水肯

向東方遺一士出山還似在山清中有石子星之精別公無言還獨寫公乃題詩贈行者登高盡得今古奇我歌合向觀泉時年年壽公泉一酌公每書來問瀺灂撥琴欲奏山中音水風吹月千里無遐心

石牀行　邵寶

惠山石牀古有之聲聲松子金風時皮休題詩李冰篆千秋並作山中奇山菴之名本緣此石也移來應偶爾遊人玩侮等尋常識者共憐非所止牆西松樹幾百春大圍三人小二八此松此石雅相友乾坤無心物有神二泉山八

愛觀物謂物皆然胡獨不立破頹垣遺往參卻笑他年兩湮鬱君不見赤松子黃石公姓名久落荒唐中酒酣擊節愛清嘯春深繡嶺回天風

青山歌　邵寶

吾聞太湖之上羣山叢參差一碧皆摩空茲山乃獨擅名字兩洞庭北夫椒東南條西來幾經絡東將到海還盤礴左旋右引眞有情古色疑從天上落望湖亭如一巢小萬頃烟濤連樹杪七十二峯名者誰今古興亡雲杳杳撥山曾和恒山歌斷碑破冢如余何振衣獨上絕高處滄浪調

遠清風多讀詔歸來病初起拭目江湖千萬里丹邱信有在人間茲山茲山毋乃是老僧報我山花春題詩爲報山中人他日歌詞已陳迹謂君再拂湖邊石吾嘗一題少室三匡廬不知山靈謂我今何如

石塘觀水謠　邵寶

東南風湖水生西北風湖水落昨日今日皆天風不見水往來但見郊原成一壑海深如不容洪流橫復縱都水使者難施功三江不爲江震澤不爲澤岳陽何處樓長嘯洞庭窄君不見山東不雨夏接春赤地千里還愁人

華藏寺　邵寶

湧金亭倚水雲高三月餘寒尙綈袍古寺客來敲柳瘦老僧門外掃松毛天風欲定還舟楫春色無端謾酒醪獨立蒼茫思何限吳山烟樹越山濤

璨山明陽觀　邵寶

行過青山復璨山幾層雲磴幾松關中巖泉落龍猶臥上界壇高鶴未還十月風清雙笛遠五湖波濶一舟閒憑君看我題名處應在丹崖萬仭間

希夷道院　秦霖

圖南曾憩迹作院號希夷地古莓苔老林春草木滋榻閒仙久化人到鶴先知願借西亭竹吟鎸小體詩

築鳳谷行窩成　秦金

名山投老住卜築有行窩曲磵盤幽石長松罥碧蘿峯高看鳥度徑僻少人過清夢泉聲裏何緣聽玉珂

歸途登惠山時烟雨空濛衆有難色余獨奮往　沈周

惠山怪我昨徑去歸來欲登卻作雨溼雲隔眼失高翠掉頭不顧眞巢父願冶笠屐往慰謝衆慮霑濡吾莫阻我言

惠不在天上行不畏難當至耳呼童挈擔客乃從一段奇蹤自伊始西湖山色奇空濛當與此山移此語

蠡湖　孫一元

初日浮高樹晴鷗散淺沙挂帆湖水上問笛野漁家岸折菰蒲合雲迷山郭斜芳洲動幽興自起采蘋花

膠山萬玉亭　唐寅

萬玉一亭子山僧清可知雲陰消暑地月影弄秋時筍出足薦酒客來堪刻詩何當竟深造莫問我爲誰

石門　顧可久

達人不嬰物雅好在邱園晨興念山遊邀客觀石門緣崖屢登頓度徑奮層騫懷新意轉勝悲往鑒獨存前瞻緬江嶼俯瞰臨郊原石竇紅泉細鳥道白雲屯昭曠蕩胸臆窈窕屏囂喧朋簪驚絶倒仙鳥逶翩翩復此泉上酌谷響思窮源非君多道韻衷靈誰能論來者其自今風流眷彌敦徜事詮圖牒聊用嗣所言

冬日惠山作　蔣孝

夙負山水癖惠麓成獨往高原木葉盡巖岫出林莽靈泉散古甃細石發清響寒蕪澗道遠落照洞冥朗捫蘿入精

廬欲覓生公講從茲寶林隱日久寄遐想

寄題無錫呂仲仁碧山居　邊貢

梁溪渺渺錫山蒼南去天涯客路長霜下海門潮漸落雨深江甸橘初黃城池舊識延陵郡風俗猶傳至德鄉邵見吏曹頻寄語一年秋色負重陽

香山寺　莫止

香界追攀十載曾薜蘿深處翠微扃齊梁古跡設雙樹水月元心鏡一燈山鳥弄晴春冉冉閣雲凝碧晝冥冥投簪莫訝賓朋少猶有逢迎白社僧

秋日崇安僧舍　王問

一雨忽復陽秋至尚殘暑偶與文翰虛假此空門住臨池生晝涼幽香蔭叢樹㟧㟧亂蟬鳴自得林中趣瀟灑塵迹遺沖漠道心悟遂結無生緣日暮忘所去

與楊世卿至寶界山居　王問

遙水映微旭溼雲猶在山幽居隱深谷空濛烟樹間歲序忽復變樵歌常自閒與子不忍去躊躇暮方還

洞虛錢道士樓居　王問

涼風動高梧登樓挹清暑於心無所營永日自閒處流雲

生遠空當晝忽微雨江禽帶溼回枝上相對語

棲雲山房　王問

春晴出門去林花亦已繁移舟泊烟岸步屧至空門日暮向東院歸鳥寂不喧自得澗中意勿與山僧言

清溪莊　王問

使君初解綬小隱碧溪深以我蟪蛄歎知君蘿薜心涼風度虛閣明月滿前林歲暮垂楊岸扁舟許獨尋

題惠山秦園　茅坤

江南佳麗地幻石與璚梁獨愛茲園勝偏多野興長洞花迷日月巖樹雜隋唐寄語陶元亮無憐三徑荒

採藥逢鸞莚穿林坐女蘿雲霞曳冠蓋水竹傍巖阿客過花偏落興來鳥自歌猶言曲池上已可狎烟波

王繼山考功載酒惠山園亭邀鎮山司空同宴集　茅坤

席擁向書履林深帝梵家軒楹半祇樹笙吹入空花日漏松陰薄泉穿石徑斜前頭虎谿路長嘯躡飛霞

秋夜送戶部家叔登黃埠　華察

離亭對衰柳落日送行客秋聲在孤嶼興來恣探涉臺殿

澄夕陰明燈照禪室夜靜山月高潭虛映空色水鏡清道心超然垢氛滌浮雲亦何意聚散隨所適風葉逐歸蓬霜空起寒笛

泛濠湖　華察

載酒隨輕波演漾情未已夕陽映前川櫂入微茫裏散髮弄烟空竊比鴟夷子沙際暝色來歸棹還自理何處滄浪歌因之一洗耳

題姚潛坤山人茶夢閣　華察

山人耻獨醒啜茗亦自醉清風徹高閣隱几頹然睡平生

在苦吟冥想入寤寐殷勤夢裏言欸曲詩中事神超萬象融意愜情畢備天籟本希聲筌蹄一何贅悠悠池草心千秋可同致

惠山寺與施子羽話別　　華察

看山不覺暝月出禪林幽夜靜見空色身閒忘去留疎鐘隔雲度殘葉映泉流此地欲爲別諸天生暮愁

續碧山吟社次韻　　華察

曾聞高蹈碧山南試叩山僧事尙諳雪積林扉寒不掃月明空水夜相涵吟壇久廢名猶在策杖重來路可探爲看

當年誦經處惟餘松影護禪龕

希夷道院　　施漸

何爲此休暇物境俱蕭然幽磬時一響閒庭無雜喧春風林中度桃李滿窗前未能游方外數與靜者便秉姿類絕俗學道未忘筌往志謂易竟來日遂遷延蹤跡一繫此當爲同心懲

華補菴菰川莊　　施漸

宛然一水外已是隔塵緣深竹嘗留客幽齋頗近禪疎林澹殘照遠岫起寒烟席上侯芭醉知君好講予

謁顧洞陽公祠　　海瑞

兩朝崇祀廟模新抗疏名傳骨鯁臣志矢同天曾叩馬功同浴日再批鱗三生不改冰霜操萬死長留社稷身世德尙餘清白在承家還見有麒麟

過王九巖讀書圃　　唐順之

微月挂孤壁四山何悄然因穿蘿徑去忽造竹林邊叢木深寒氣平蕪澹野烟徘徊興復盡還就茆齋眠

顧刺史清溪莊三首　　唐順之

阮生常避俗平子正歸田種秫供生事爲樓貯列仙沙行

隨鷺跡湖泛趁漁船月下聞高詠應多感興篇

城郭往來久獨憐湖上居素封千樹橘白首一牀書山客秋分蜜溪甿夜捕魚橫經豈不貴此樂復何如

地卽梁鴻宅溪連范蠡湖霜天榮橘柚秋水戲鷗鳧從宦元非巧名園亦是愚欣君遂始願繞屋樹枌榆

泛梁溪　　王立道

幽尋極寥廓理棹清溪長落日照孤嶼微風生夜涼須臾遠氛淨百里開湖光漁子相傍宿月明歌滄浪採芳不能浴悄然悲沅湘

清溪莊　王立道

日入理輕棹所欲避人諠沿洄清溪側迢迢見孤村始疑松菊徑復似桃花源林際見明月浦口聞驚猿嘯傲倚修竹步屧隨芳蓀本求於陵隱欣得辟疆園杳與塵世隔將同漁父言

前湯菴　王立道

僻地多逢寺秋花滿石壇僧閒縫衲坐客到出門看失姓離羣久躬耕乞食難清言殊未厭車馬去長安

自題山莊　賈應壁

無邪青山笑白頭抽簪聊復小句留不知陸羽泉南社何似黃岡縣裏樓風月無邊多暇日溪山第一況新秋藕花開落閒門掩飛去飛來幾點鷗

東林菴　秦植

涼風吹客衣近午東林下禪房秋意閒香泉鉢中瀉隔花聞磬聲老僧掩關罷何為不染心眞心無言借獨據一龕雲吾來已解夏

斗門　秦植

野塘迴斗靜春櫂漫相尋流水烟扃隔落花人語深牛羊

初散牧桑柘乍園陰未得閒偕隱滄洲盡日心

移家湖上作　王懋明

夙昔厭喧擾湖壖聊聚廬五柳陰到門客子攜家初歡言治隱計織屨兼藝蔬妻孥哂荒陋而我良自舒魚鳥適幽性水竹澄貧居閒簾峯翠繁停舟潭月虛心與勝槩遇跡將城府疏養生黃精飯銷憂老氏書了悟損益理何須儋石儲食力愧伯鸞攻文愧相如所長惟達命天地寧窮予

惠山寺　陸弼

野寺落花新何來對角巾鸎啼雙樹午鶬鷹五湖春白幘多幽事青尊幾故人天涯堪一醉容易隔風塵

春晚登惠山　郭諫臣

花落清明後扁舟載酒來山從一徑入寺遶萬松迴池上泉聲細樽前暮色催杖頭錢未罄沽取盡餘杯

秋晚梁谿道中　郭諫臣

向晚梁谿道秋光滿畫船山明低落日波淨倒涵天遠市分殘雨叢林起暮烟同行俱故舊杯酒共留連

茶夢閣和姚山人潛坤韻　秦梁

山人愛習靜棲遲有高閣臥寐想嬰蘿所志在巖壑桐陰

碧四圍孤琴望寥廓日長自草元道勝忘寂寞

和三唐人惠山詩 錄一　　秦梁

烟光被層巒芳氣寒淸樾松門僧未歸石徑泉不絕禪心
覺無生塵機坐來滅長天澹澄湖微雲逗涼月林虛夕吹
爽谿幽靈籟發稅駕從兹遊千秋同一轍

和三唐人惠山詩 錄二　　鄒迪光

金商薄秋麓桂樹凌淸蒼緒風叩元竅爽籟奔虛堂俯聽
山蟲鳴仰視林雁翔方塘逗玉液粼粼浮淸光鑑貌燭毛
髮漱齒流芳香買山未可得招隱焉能忘

無錫金匱縣志　卷三十三　藝文　早

金仙棲石龕珠宮結靈樾黃葉樵路深綠苔人履絕巖花
見空色山雲悟生滅客來嘯遠風僧行踏涼月香燈十地
明寶鐸四天發已是兜率宮詎想襄城轍

春暮新霽偕友人步入惠山憩秦氏園亭　　鄒迪光

初陽革故陰同人撰心賞總轡陟原隰谷風薦五兩牽裾
襲芳郁伐木遞遐響林葉漸蒙密巖葩盡升長鉤雲屢迴
複名園出蒼莽旋從童穉入復偕㬫犢往巖氣乍掃滌石
樓發淸爽矚遠無近尋臨深有餘想仁智樂在斯意適忘
歸鞅

家園即事　　鄒迪光

買得菟裘已十年朅來歸隱共周旋爲山直割雲頭石鑿
沼頻偷地底泉淸梵自天投寶篆疏鐘挾雨答朱絃生平
不少蛾眉妬剩有烟霞與作緣

王養和同遊寶界山登嘯臺因懷故僉事王先生作　　王穉登

涼風吹微雲曠然舒客懷美人招我遊載酒靑山隈綠波
如魚鱗畫舫相沿洄前賢不可接後者誰當來別墅倚石

無錫金匱縣志　卷三十三　藝文　垦

壁樓觀鬱崔巍屋壇饒寒松巖屋枕蒼苔諸孫二三人一
一非凡才君尤惠好我然諾無相猜明月飛上山照見尊
中醅暮竅烟中流泠泠有餘哀烏聚丹霞林蟲啼白露階
悲往念逝者太息以徘徊遠慚蘇門嘯安用登高臺

贈秦舜峯中丞　　王穉登

勲名虔楚刈榛莠太息中朝謗𠭊騰天地何心容放逐湖
山有興集賓朋燈前看劍重回首花下開尊獨拊膺近日
投竿溪上住漁郎猶識舊中丞

大淞別業　　施策

草堂棲隱北山阿三月春寒未試羅遶徑松杉林氣合滿庭竹葉雨聲多蒼苔路滑人希到白晝窗虛鳥自過住世郤求清淨理不妨寂寞臥烟蘿

月坡成　高攀龍

浩浩月初上月坡正受之以我無營心當此獨坐時爲籌世中事無樂可代兹長林寒風息春氣藹如斯萬族各萌動我心豈不知俯視方輿靜仰觀圓象馳靈襟既無際一形安足私持以畀大鈞榮悴非所思

水居三首錄一　高攀龍

少敦詩書好長嗜山水娛一朝謝簪組而來居菰蘆青山當我戶流水遶我廬窗中達四野喜無垣壁拘桃柳植長堤菱荷被廣渠徒侶有漁父比鄰惟田夫虛堂白日靜恍若游黃虞兀兀日趺坐忻忻時讀書會兹動靜理常得情性舒恬然以卒歲去此將焉如

湖上閒居季思子往適至　高攀龍

正爾山水閒念吾烟霞友春風吹微波日暮倚楊柳我友惠然至童僕喜奔走相別歎經時相逢慮非久所歡得晤言欲言仍無有默默各自怡一室閒相偶夜深不能寐明月在東牖

水居　高攀龍

有客風塵歸去來兀然孤坐水中臺九龍山似翠屏立五里湖如明鏡開春雨鱖肥菰米飯秋風鱸美菊花盃蒹葭白露伊人在悠向江天亦快哉

幽居無事不開顏爲惜春光只閉關兩眼情親惟綠野一生心契有青山桃花灼灼鳥啼寂柳絮飛飛人意閒緩步溪頭看落日月明深竹抱琴還

庚子正月吳子往見過同訪高存之於漆湖　歸子慕

令節思故人流光懼蹉跎心在隰桑篇三復當如何忽聞叩門聲良友遠見過攜我訪同志詰朝鼓輕艖情殷無遙路信宿踰關河依然漆湖上春山渺晴波主人愉愉如兼以風日和風和卷簾坐開尊鳥來過忘飲飲更適不覺芳顏酡階前山茶花落英何其多

西林詩六首　安紹芳

芳蘭胥幽石清芬散巖阿相思隔美人紉佩當如何庶保空谷姿幸免當門鋤蘭巖

石道蒼翠間脩篠絶塵鞅麋鹿日以驕薜荔日以長獨有
青巖雲倏忽自來往 石道
朝曦出東嶺明霞相與鮮松露溼未晞花源澹浮烟道人
隔巖宿獨藉孤雲眠 晨光塢
結茆空山中冥心契元寂時聞虛籟生復聞虛籟息倦開
齊物篇高枕青山色 虛籟堂
層臺一何曠修竹有爽色披襟淸風來往往墮巾幘白雲
自滿地上有蒼麛跡 爽臺
乞得袈裟地青山如沃州欲知無著心面面淸溪流稍容

支許輩乘筏來溪頭 沃邱

和西林二首 葉之芳

長松夾修道芳草寒未歇朝落東峯雲暮照西原月獨鶴
步不鳴主人淸嘯發尋仙可長往將從鍊金骨 鶴徑
林木一何榮軒居一何敞出空白雲散遊子發孤想已感
霜烏啼復值秋聲響無使心傷悲遂歇邱中賞 榮木軒

贈鄒公履 葉之芳

鄒生天下士落拓竟佯狂擊劍有奇術賦詩多樂方輸錢
九邊上結客五陵旁欲殺亦何意休令蕭艾傷

題五湖水居用高存之韻 安希范

紱冕情原淺邱園道豈窮世從驕腐鼠君自托冥鴻夾岸
移新竹開畦種晩菘扁舟隨所適春事五湖中

福延菴贈振延上人 顧允成

太虛石洞居孤絶少人依遠客攜琴過逕師乞食歸一蒲
青草上四面白雲飛盡日無言說嵒花落滿衣

東林道南書院志感 陳繼儒

城頭歸羽夕陽時不是深秋也自悲川上水流君子澤階
前草護黨人碑魚龍混雜原難辨[illegible]石俱焚祇爲誰獨有

講堂三四柳蕭條枝葉向東垂

談友夏自越歸晤於錫山 鍾惺

衣邊秋未去霜氣自湖陰凡子吟能及皆予夢所尋分風
來往路計日別離心各指梁溪水寒烟共一深

望亭舟中感興 吳兆

水國蠶桑早春山蕨筍肥誰憐行路客著盡離家衣村犬
迎舟吠田烏繞耜飛悠悠望遠岫郤羡暮雲歸

同吳次尾過東林廢址 顧杲

秋陽㬥東林巍然道南峙先帝重賢者拆毀不及此講堂

遂荒蕪斯道亦已矣小人齋忠奸君子雜怒喜朝野學漸
絕吾汝乃奮起一二同心人往往隔千里春秋偶相過必
求是非理庶幾化黨同他日能不倚悲風自南來衰草滿
基址垣墉昔誰勤何以爲後死

秋入山寺訪廬山德公　　馬瑞

午鐘新雨後淸響出空林忽與遠公遇共茲塵外心人來
佛地少秋入寺門深一笑前溪別幽蹤不可尋

陽溪丙舍　　嚴紹宗

何必蕭騷賦遠遊柴門流水日悠悠人逢末俗營三窟天

置吾儕自一邱儒不楚坑原自賤書經秦火尚堪收羝羊
自識藩間意涕淚何須學楚囚
烟波十里問吾廬曲曲蘆花入小渠聊復藝蔬成野圃偶
然種竹即幽居鴻冥誰復爭周粟牛角嘗懸是漢書溪水
粼粼試芳餌幽風輸我一竿漁

過顧子方故居　　黃家舒

擊筑悲歌記昔時烏啼月落酒盈巵羊曇悔踏西州路虎
賁空餘北海思池館尚存書散盡衣冠非故燕來遲田光
刎首荊卿死寂寞西風哭漸離

喻玉泉先生墓下歌　　錢肅潤

南宋天子英明姿敷天祖者左手支政府得人兼馭將內
外戮力交維持喻公矯矯應運出往來晝計多雄奇憶自
建炎始釋褐葢棺之年在淳熙中間半遷或半調力主正
論迴衰靡紹興四年金師至六龍蜿蜿爭驅馳微公一言
念歸路一跌安知車不脂壯哉宣撫長城寄江淮荊浙惟
其司兩人相逢拱手笑迺見公力非等夷功名旣埒且並
相公謂並相非其宜趙退張繼氣乃沮毋令兩正滋嫌疑
厥後語亦稍稍驗賢者慮患眞無遺無何姦檜唱和議長

城自壞屠熊羆公謂九成大不便九成入對言其欺同時
謗訕人有七檜乃劾之貶以差檜居相位十九稔屢恣放
逐徒行私公於進退久已豫衡陽謫去惟其時久之命下
大宗正帝曰爾樗能有爲煌煌誥敕親自定濡染御筆揮
綸絲高宗寶翰不易得字畫夭矯蟠蛟螭當時褒賜及韓
岳天言赫赫懸之旗然彼字數皆有限惟公一卷多其辭
帝心簡注良有在工師繩墨非虛期館閣多年屈復起非
公重任誰肩仔公少爲學慕伊洛長遇文靖眞吾師此中
衣鉢原有主東南倡道昭來茲學宮片席奉俎豆淵源立

雪非聞知我來城東弔公墓路人空指麗牲碑香火荒涼傍郊郭衣冠寂寞埋土壟一抔聊爾寄遺澤惟公靈爽無不之

過千休館訪大音先生　張夏

先生竟學道高臥自園林一卷姬公易（自注時方注易）千秋表聖心斯文還未喪墜緒已難尋（自注謂東林書院）賴有靈巖叟瑤華惠好音（自注吳下徐昭法隱居靈巖土室中與先生初不相識獨以書問往來）

和王孟端送眞上人還惠山　釋廣益

故人迎候久料亦恨遲還建業吟邊雨梁溪夢裏山室空

龍臥澤松瞑虎巡關塵網懃偏見禪心去住閒

聽松菴次王達善韻　釋普眞

泉上歸來已一年萬松影裏屋三椽坐殘白日渾無事買斷清風不費錢猿墮山崖尋果樹鶴穿林逕避茶烟王猷識我平生意時寄新詩一兩篇

山居　釋法藏

覓得三峯好卜棲月涼疏影到階齊山空萬籟晚來寂臥聽隔林啼竹雞

花落軍持入澗香寥寥淨域絶思量不知下界黃昏近獨向西窗戀夕陽

無錫金匱縣志卷三十三

無錫金匱縣志卷三十四

藝文 詩

國朝

謁高忠憲公止水祠　施閏章

西臺就義水中央皎皎寒潭荇藻香正氣從容還白日清流生死愛滄浪旌旗何處應箕尾俎豆依然舊草堂誰道渟泓隔河海濂溪洛沚總相望

祠接孤山道不孤東林遺緒起吾徒致身偶類江丞相含憤寧同屈大夫自昔黨人移漢祚到今尸祝盛文儒流風

未墜箕裘好精爽還應戀舊廬

雲起樓　汪琬

衺衺溪上山鬱鬱山磵松涓涓松下溜分流磵西東使君睠邱壑締構一何工曲欄接游禽危棟凌層空平臨九龍勝遙睇夫椒峯每從簿領暇蕭散尋幽踪繁花覆空谷馴雉雊芳叢俯池布華榻莞爾罷絲桐爲汲陸羽泉一勺清塵胸茲泉日潺湲千載鳴松風使君今亦然流譽無終窮

惠山下鄒流綺過訪　王士禎

雨後明月來照見下山路人語隔谿烟借問停舟處

第二泉和涪翁韻　王士禎

春山細雨三人俱藤笈親攜雙貯書縛亭甃石幾年事至今浣沼噴明珠山人形癯味道腴九鳴不老將焉如軍持銅鉢此生畢買田即傍芙蓉湖

高橋曉望惠山寄修遠留仙心甫流綺　王士禎

濤盥披衣起開簾見九峯烟深微辨樹潮落緩聞鐘秦鳴望中近高流何處逢邪能品泉水與爾趺長松

嚴人宏寫碧山吟社圖題詩留別用韻送之　王士禎

碧山吟社好幾日返雲林晏起翠微曉開門黃葉深君歸自邱壑予興在登臨賴畫滄洲趣依依慰陸沈

春申澗上　王士禎

碧澗亭邊野望新明流秀嶂碧粼粼青山終古連秦隝珠履何年問楚人冰雪倒懸三峽水風烟遙接五湖濱李園已事成荒草太息空祠一愴神

題春申澗　王士禎

桃夏遺宮廢章華蔓草深但餘流水意如聽女環琴

惠山紀遊寄毘陵邵子湘　　宋犖

毘陵挂帆得快風惠山迎人媚如許老夫遊興忽勃發節竹屩鞋勇可賈初入曲港破澄碧俄近招提聞粥鼓入門鴨腳葉亂飛颭颭晴空來急雨蕭閒法界帶巖壑抖擻冲襟絶塵土肅瞻祠宇憩山逕（華孝子祠）旋探泉源歷磵戶一泓古甃酌清泠香美應知勝牛乳竹罏遺製爭摩挲（罏爲明初僧性海製王孟端諸公圖詠）鹿柴鄰園任容與（鄒園）荒寒僻徑難久留展眺東山趁亭午丹房禪室半榛蓁獨有浮圖峙今古九龍峯迴阻霄漢五里湖明辨洲渚微茫雲外是具區聖姑毛公

堪爾汝下山餘興不可遏別苑重過瘦筇拄（秦園）良讌屢到嘉樹堂新構偏愛梅花塢郎次思欲委符節局促人間亦何苦還舟命酒寫所見迴首林巒幾延佇屬和好待青門翁定笑頽唐斂南語

第二泉同討甫草賦　　宋犖

寂歷空山下涓涓第二泉來遊新雨後正值采茶天古甃莓苔積虛亭磵壑偏風爐松樹下石鼎句誰傳

與從姪留仙赤仙小憩寄暢園　　秦泉芳

羣從期何所終朝緬翠微雨跳松鼠過花落水禽飛讀易啜清茗（赤仙方讀易）題詩吟落暉溪山幽興在吾已憺忘歸

和三唐人惠山詩　　秦保寅

金商變氣候層巒自蒼蒼孤烟出林表藤蘿冒虛堂入門鐘磬發烏雀浮雲翔落日照秋潭水淨生微光徙倚不知晚山花遞幽香肅穆古祠深仰止詎能忘

秋雲渺無盡秋山澹娛人樓臺紛綺構忽焉成故新清泉與白石會無歎緇磷所以棲遯士懷貞避囂塵空明入遠眺湖水連青旻願言摸良辰荒塗更誰鄰

晚色向人靜雲房蔭清樾豈無人境喧慮澹塵事絶長廊

僧語響落葉苔徑滅寒泉生夜風高天迴秋月居人意彌愜游子忘明發緬想區中緣千古同一轍

報恩道院　　秦保寅

市氛吹不到庭樹接春城流水門前綠遠峯樓外晴有時鐘磬響終日步虛聲何必緱山上遙聽子晉笙

春申澗　　秦保寅

春申遺廟碧山隈勝蹟猶傳絶壑開未就縱橫虛相業尚餘疏鑿見雄才寒泉影入崖邊斷急雨聲從樹杪來三戶無人陵谷變楚王宮殿亦蒿萊

復竹茶爐和顧梁汾　秦保寅

高閑清製尙依然試茗蕭齋一榻邊秋水澗深朝聽雨落花風過午生烟縹囊珍重三千首僧院銷沈二百年不是彥先能好事幾同遺韻委流泉

哭華鷲湖侍讀　徐元文

先生瑚璉器一慟竟泉原　聖主需前席同官哭寢門文章留館閣事業付兒孫尙有平生誼鄉人盡感恩

惠山李忠定新祠　黃鼎

杜鵑落日叫天津支拄朝廷幸有人豈謂一身頻去國遂

教二帝卒蒙塵金甌復說中興日鐵騎曾無北伐辰千載知公遺恨在青山有淚灑松筠

里兩翁　秦松齡

爲黃先輩漢臣馬博士大林作也兩翁之死宿草猶悲旅役泰安車中無事尋念師友愴然興懷爰賦長句寄示同里諸子

白楊蕭蕭起夕風高墳古碣千山空人生貴賤等一死文采吾悲里兩翁兩翁生長梁溪城死同涕淚生齊名九原不作黃江夏四壁今無馬長卿長卿早入金閨籍家世才華照東壁白馬青絲白面郎二十登朝人嘖嘖一自黃巾破故都君家文肅獨捐軀痛哭君親慘天地芒鞵投隱在江湖湖邊花柳芳菲節花色殷紅杜鵑血只道先生愛看花月落空山心寸折文賦江南庚子山流傳筆墨在人間酒酣向我一揮灑風雨秋燈半掩關自說前身老衲子心空妙解無生理每將止觀教黃翁佗時共出青蓮裏黃翁多病苦著書柴門高柳城東居三更爇火因煨芋五月披裘非釣魚早謝青衫甘韋布圖書考索無譌誤高文金石滿名山細字巾箱不知數精研梵夾幾春秋學餌丹砂悔

白頭摩詰中年修淨業樂天老去覓丹邱空有文章誇屈宋草堂萬卷無人誦執紼貧交范式看傳經弟子侯芭重兩翁吾里眞典型一時彫謝愁晨星遞相祖述杜陵意後生誰此窺門庭我今哭兩翁襆被入東魯欲將西風淚灑作泰山雨一洗秦皇無字碑不隨文士歸黃土

金陵司馬行　秦松齡

宿遷旅次何子曰鴻述其先世遺事請作是詩兼送之別

汝祖金陵小司馬移家始傍梁溪居不事毛錐好兩鍁男

兒搴上當捐軀襄陽法曹年少日貂璫盡屈諸司膝惟公倔強殺其奴脫走京師歸請室請室朝朝復暮暮手把陰符自箋注百年興廢總瞭如九邊扼塞能指數溫旨重寬直節臣芙蓉湖上幾垂綸援邊忽奉勤王檄應詔還留報主身萬金散盡酬死士死士曾無一人死偏師纔出復令旋西風淚落桑乾水破耗軍需罪不宥權奸在路天無晝鍛鍊誰當楊魏先覆車幾作熊王後信邸龍飛再赦還撫髀常憶玉門關壯心未展英雄死孫子飄零衣食艱送君東行在歧路努力功名莫返顧濁酒今朝盡一觴宿還城外瀟瀟雨

秋水閣　　秦松齡

小閣坐知久愛看秋水清萍開孤鶴遠蓮墜小魚爭迴向深林碧微添落照明未窮莊叟理圓對愧吾生

支泉　　秦松齡

不自藏深谷因人度鬱盤映空仍皎潔潤物恐艱難林影依山折溪聲挾雨寒那知流近遠還作二泉看

雨後泛舟梁溪同金陵俞廣霞楚黃杜茶邨從叔樂天先生分韻　　秦松齡

湖山仍宿昔文采亦同時出郭對尊酒沿溪垂釣絲葭楊園古縣烟雨散荒祠不盡扁舟興蒼茫任所之

能史閣觀沈石田碧山吟社圖　　秦松齡

耆英舊事百年思尊酒披圖日正遲戎馬幸存前輩蹟風流具憶太平時彈琴高館帶泉響點筆青山各鬢絲今日草堂松石廢夕陽空自對殘碑

爲黃漢臣題所藏顧子方書蹟卷　　嚴繩孫

顧子耿介士夙昔見嘖昈豈惟異風骨不肯同衣冠抵掌論當世奮袂起長歎分別涇渭流心事如驚湍皇路一蕩覆所爲艮獨難天風吹輓歌碧血川原丹摧謝理一致達

人辨蕭蘭壯心未試時日夕弄柔翰金石委坐隅逸思發流紈振穎既游龍斂筆亦停鸞官奴草書後法不逮貞觀旭素與過庭各自開波瀾顧子學書譜妍步非邯鄲今觀倔強意孫實慚冰寒故人黃夫子投分同雞壇至今藏舊蹟寶若金琅玕示我一卷書無乃墨未乾其前列詩歌慷慨念無端歌時筑聲苦歌竟壺口殘其後綴短牘豁達披肺肝懷袖二紀餘如聞勸加餐世路多諱忌今人好譏彈獨有吾友心相守如任安勿言數行墨彷彿平生懽緹封

護風雨一一蛟螭蟠余愁腕力弱空得幾回看

闔閭城　　嚴繩孫

君王東徙築雄都尙有離城水一隅山擁蛇門迴震澤浪翻犀甲走姑蘇碧桃塢在荒烟上青笠漁歸落日孤自古興亡俱寂寞西風啼殺夜棲烏

西施莊　　嚴繩孫

苧蘿無復浣春紗腸斷湖帆十幅斜蔓草尙霑亡國淚遠山長對美人家白猿劒去空消息烏鵲歌殘幾歲華不見沼吳人別後年年開落野棠花

專諸墖　　嚴繩孫

何年壯士此棲遲片石居然照等夷尺劒已還公子國一龕翻竝讓王祠不妨屠狗長鄰近豈有巫陽走歲時堀室功高猶慘没更將何地葬要離

竹鑪聯句　并序　　朱彝尊

錫山聽松菴僧人性海製竹火鑪王舍人過而愛之爲作山水橫幅并題以詩歲久鑪壞盛太常因而更製流傳都下羣公多爲吟詠圖旣失詩猶散見於西涯篁墩諸老集中梁汾典籍仿其遺式製鑪恒歎息舊圖不可復得及來京師忽見之容若侍衛所容若遂以贈焉未幾容若逝矣丙寅之秋梁汾攜鑪及卷過余海波寺寓適西溟青士愷似三子亦至坐靑藤下燒鑪試武𡰱茶相與聯句成四十韻明年梁汾將歸用書於冊以示好事之君子

西神峯連延龍角沈泉歕 愷似 桑苧次水經第較中泠遜 西溟 山僧寡營役谷飲遂夙願 竹垞 跏趺長松根風來耳垂鬍 青士 都籃選茶具一一細莎頓 梁汾 舍彼陶冶工截竹等辮夅 愷 附以紅泥圂其修僅扶寸 西 坎上離於中下

乃利用奐 竹 微飈颸颸入活火焰焰焌 青 初聆檜雨喧漸見魚眼睔 梁 紫筍舒萌尖乍點湯色嫩 愷 王郎穿竹過愛接支許論 西 解帶盤石間素瓷迭相勸 竹 欣然愜所遇伸紙隨染渲 青 濛濛巖亭瀑歷歷水田畈 梁 短短茅覆屋茸茯抽藋 愷 橋欹乃有路門闢或無楗 西 林壑雖未深埃壒頗已遠 竹 流傳盛新詠羣雅足彝憲 青 或爲篆籀隸若盉鬲敦瀘 梁 或爲眞行草若鏐鎛義獻 愷 穆如清風作舉一可當萬 西 嗚呼百年來精廬竄貙貙 竹 曩時所珍物零落委荆蔓 青 吾家爐塘側想玆恒繾綣 梁 形模授巧匠高

下仿遺椶愷所惜七尺圖處爲塵土坌西開篋逢故人輟
贈得右券竹羊脂鏤蹴玉獸錦束腰絛青譬諸延平津劍
合始無恨梁俄驚鄰笛悲永歎壑舟遁愷蕭條黃公壚歌
哭與俗溷西是物覩者希五都絕市販竹今年吳船來載
自潞涉堰青徙置青藤陰旅話破幽悶梁質比蓮勺輕形
嗤石鼎鈍愷小勺分宮時頭綱試甌建西忽憶秋水生乘
此風力健竹逝將挂席歸耦耕師下潠青毋令石牀空兼
使夜鶴怨梁

十峯草堂歌爲錢礎日作　嚴我斯

九龍之山環九峯一峯一態如一龍興雲出雨氣磅礴鱗
甲欲動凌蒼空別有一峯伏而起神奇夭矯爲龍尾世人
咫尺不知名古來畸士都如此中有草堂繞烟蘿峯峯迴
薄青嵯峨左圖右史安樂窩猿啼鶴唳山之阿草堂主人
抱龍德或潛或見人不識時時掉臂弄雲霞往往歌聲出
金石曠懷雅好遊名山往來齊魯多躋攀有時夜半登日
觀雙騎白鹿青雲間去年把臂歷山麓淸詩萬首酒百斛
今年欵段走長安不使緇塵涴素服手持尺幅字琳瑯索
我題詩寄草堂予本風塵落拓者青鞋布韈思徜徉安得

投簪便泛宅五湖之曲烟光白與君拄杖聽鳴泉夜向松
窗讀周易

送嵇漪園之黔蜀　王畿

江頭楊柳草芊芊何事臨歧更惘然匹馬短衣愁去路高
堂老母望歸年荒鷄頻破滄江夢鼙鼓猶驚紫塞天漫把
文章諭巴蜀烏蠻落照夜郎烟

寄顧景范用山來韻　王畿

多才未許郎常閒歲月消除筆墨閒題畫興亡悲楚漢闗
殘風物對江山蕭齋夜雨成灰刼絕塞春蕪老閉關先生著有

方輿紀要時少英雄成豎子披圖欲使淚痕斑

同梁汾謁涇陽先生祠坐二泉亭竟日　王畿

一艇溪迴帶雨輕斷崖千仞入雲平丹楓石壁先祠古黃
葉山椒野史成祠中爲梁汾積書巖擕茗漫嘗新汲水摩碑爲檢
舊題名偶談遺事還增感坐對寒巖別有情

遊寄暢園四首　邵長蘅

聞道秦園勝偶然成獨遊入門幽篠合穿磴落花留斷墖
山池浸晴巒樹杪浮泉聲清絕處䗼䗼石根流

嘉樹層軒外風潭百尺渟倒浮連檻碧遠漾一峯青吹浪
魚兒出鈎簾鳥語聽濠梁幽興極理釣近前汀
山斲九龍骨池分陸羽泉撲簾蒼翠逼鏬石洑流涓邱壑
原胸次高深得自然頗疑文叔記不及此山川
亦知難久住惜別爲林泉便欲買山隱那知此地偏鶴鳴
花嶼月人語石林烟幾兩平生屐臨風一惘然

秋水閣　姜宸英

亭曲未全遮紅闌學水斜漢皐思解珮秦洞欲迷花半入
垂楊雨全低翠嶺霞湘簾長不卷穩坐閲南華

支泉　姜宸英

澗水石中行來從何處生涓涓流不盡汩汩細成聲帶月
穿巖出移花遶沼平無因能潤物餘瀝再分明

謁高忠憲止水新祠　蔣遵路

高公止水傍城隅是處成仁返太虛江相當年無列勝賈
生異代孰投書冥冥杜宇移殘晝黯黯荒烟接故居肅拜
新祠靈爽切九歌終古薦椒醑
忠魂如在此全歸老屋依然舊講幃三紀壁田頻假易千
秋俎豆共瞻依元堂改造松楸古譽命終須日月輝百變

滄桑尊道統龜山祠宇共巍巍

過碧山吟社有感　陳大成

春申澗上古棠梨十老風流尚在茲盛世亭臺傳勝地春
年詩酒動當時碧山人去無遺構白社苔荒有斷碑今日
漂零孫子在寒泉照我鬢如絲自注予七世祖玉溪公主盟吟社

同學諸子邀汝陰劉公畝嘉禾朱子葆句章姜西溟
鹿城徐藝初過黛影園看菊即席分得灣字　陳瑞聲

地僻塵囂遠庭荒草木閒鳴騶過竹里放鶴起柴關秋菊

分深淺看花成往還不愁紅燭跋霜月照池灣

灌園　顧貞觀

不自量筋力求爲人灌園意惟營一飽跡若避羣喧誰遺
五色芝服之託騰騫奈非塵埃種移蒔安得蕃還將理菜
畦膏澤資泉源黽勉試操作編籬復插棱早韭和露茁晚
菘凌霜翻但從採掇便未覺烹飪煩心形誠若疲既飽亦
軒軒向讀神農書近聞老圃言

游溪行　顧貞觀

溪口白雲晴不歸溪邊紅雨沾人衣老漁收罾坐釣磯人

家賣酒開雙扉艖頭鳊老鱖魚肥短蓑藉草爭相依欲醉不醉烟霏微去與亂鴉投落暉

重製竹罏告成志喜　顧貞觀

竹罏清韻忽依然位置仍宜水石邊書訊有僧來穀雨鬢絲如鶴伴茶烟家山夢去忘爲客故國詩成感紀年冷煖此君須自覺無勞更試醒心泉

和顧梁汾竹罏新詠原韻　納蘭成德

罏成卷得事天然乞與幽居置坐邊恰映芙蓉亭下月重披斑竹嶺頭烟畫如董巨眞高士詩在成宏極盛年相約

過君同展看潑交終始似山泉

前題　梁佩蘭

見說山居思渺然簾櫳清影竹罏邊一春茶事添香雪滿地松風上綠烟長似茂陵忘客病絕無寒食禁新年菴中更有高僧約放鶴歸來聽夜泉

壬寅仲春移居瀆川田舍　華章慶

移居南山下烟水抱吾廬偶謝車馬緣忽與親故疏艮辰展遐眺獨行還徐徐綠陰暗逕甸和風襲衣裾旅燕葺新巢綢繆復拮据萬物爭向榮我心用以舒閒吟彭澤辭契懷古人初微尚苟可託眷言終荷鋤

案華章慶字叔延諸生以教習授訓導詩格清迥爲曹侍郎溶吳祭酒偉業所稱

對酒歌贈華霞峯昆季　陸楣

恨我生不見古人鷺湖三君庶其倫北風微涼雨霰集湖干斗室生陽春開筵別覺風景好仰口不飲中含醇鬚眉歷落襟袖潤腹內經籍何紛綸巨觥對客不辭讓伯也坦率渾天眞詠諸四座正頤解隱几俄作華胥民溫其如玉者叔子舉盃歛頷微濡唇初嘗和煦後縝栗出火三日知堅珉醉醒語默各有態神氣合併如一身我從定交仲子

始高談忤俗君不嗔傳呼二子共傾倒十年肝膈均天親平生所過跡便掃此會輒欲忘宵晨邇來契濶間湖海夢隨落月蘆花津世途巇險靡不有屠煎骨肉肥狂猘縱橫國瘈恬入室人間何處逢祥麟君家盛事復誰記至行要自動鬼神翩翩少年弄柔翰已見滾滾詞源新願編此詩入家乘長使元氣留清淳

集華翁商原齋　陸楣

昔與宛溪子悲歌野史亭勝遊成濶絕良會喜重經髮短今垂白編成未殺青滄江遺老在寂寞少微星自注往與宛溪商畧

斗山古何鄉節烈鍾婦女娟娟江夏子舉案來皐廡艮人
負痼疾𥞃䄷業相許六親哀其行掩泣摧肺腑慷慨不自
惜女拜啟父母人生有定命加餐願無苦不見鴻與光今
爲塵與土改婚議將成呑金方得阻投袂辭鴛機驅車引
列炬洞房夫如何已矣勿復語來歸八九年艮人自淳古
飲羹食肉外不辨麥與黍羅幬並帶垂繡出雙鴛舞低頭
默自愧獨倚影爲侶他人應且憎怨罵日縷縷覘女惟恔
然奉夫潔鍘俎未寒益絮帛未暮靜寢處艮人忽猿躍掾
地忽爲虎百戲無不爲怪駭走童豎徘徊但微笑終身罔

或侮旁觀盡太息斯人世無伍哭泣送夫喪合邑垂淚睹
方秋念霜露塵筵虛木主無後豈妾愆入廟終酸楚議禮
嗣余甥受書年方五騎羊繞母膝他日分珪組黻佩榮其
親五鼎不足數翩然謝蓬蓽母也今何處遺衣委故篋敗
几留環堵小婢一兩人伏哭朝至午已嫁稱女貞遐哉友
陶魯豈無朱樓人爭傳京兆嫵豈無香車客結柳常容與
此心非灰燼誰能守空宇空宇甘如飴凄凄更風雨壁立
千尋上寧復識險阻我聞欽高風題詩愧北渚

答秦雒生　嚴泖會

方輿紀要予及見之忽已三十年矣

追和祖母舅華鳳超先生臨難詩韻自注丁卯三月恭謁新祠作　陸楣

早年清望肅朝端直作朝陽一鳳看欲障狂瀾波已逝爲
留完節歲偏寒攖鱗自分輕投組滅頂何期後掛冠金虎
銷沈銅狄改忠魂無路問長安自注官職方時疏劾閣部

追和宛溪題方輿書　陸楣

誰憶當年舊酒徒蕭蕭風雪叩菰蘆空江月冷驅烏鵲半
嶺烟昏語鷓鴣萬里鯨波征夢杳十年螢火夜窗孤牀頭

數卷寒芒在還識荒城劒氣無

李相讀書堂　顧仁垣

歷山草堂最深處長史題詩久仙去南峯衲子營精廬杖
屨經過重游寓公垂遺蹟留山隈數卷長依佛火開棲遲
頗自愛巖壑憔悴豈即期公台浮沈幕下名逾重政府傾
危相遘弄頻遭遷徙忘恩讐嶺海江州均一夢沙堤築就
近懸車追憶前遊願遂初何日重尋石泉寺妙香燈影讀
殘書

江夏女行自注此黃夏蓀之女歸於嚴溯會　馬翀

賤子安廢置抱病亦已久習性終不移潦倒托杯酒平生相識者取笑十八九誰能了不嗔自顧終何有出門無一事逶迤衆人後心非不能言習見冥可否世路苦無常憎愛昧所守於時既無競稍覺人情厚秦子數相過意氣乃無偶利器甫出匣快挾風雨走豁然情性舒未覺疏狂醜若翁我父執金石比交友願免平生期臨風更搔首

書秦石農集後　　嚴泖曾

予昔童稚時識公裙屐塲矯矯諸君子文彩森相望但知親情貴日夕同杯觴焉知三十載眇若晨星光石盡識良

璞草萎見孤芳不才辱提攜復登君子堂款曲接言笑外物都相忘薰然懷抱盡令我用意長先生笑謂我此道日已亡羣情如風雨達者守其常再拜誦公詩澹爾契微茫世事良已矣吾其師老莊

王阮亭先生屬寫碧山吟社圖　　嚴泖曾

古人不可見望望碧山岑宛是當時地猶傳正始音牛羊下斜日鐘梵隔空林珍重王夫子因余問陸沈

山齋和高子詩　　秦道然

山齋寂寂元烏初來春風融融林花乍開共二三子撫景銜杯從容詠歌吾師點哉

春日月坡初成和高子詩　　秦道然

湖干月無際月坡先得之山人倚杖開坡上月到時逝者不可留明月常如茲田夫荷鋤歸漁舟亦來斯笑言隄柳畔誰云不相知仰觀天宇空不礙浮雲馳千川一月印耽寂亦成私撫景時有得古人吾所思

夏日閒居和高子詩　　秦道然

何以娛永日對景常忘言棲遲詎非計造物與我閒碧草長亭除珍禽息樹間微風生秋意雨氣在遠山良友欣然

來小酌俱陶然柴門月色裏相送溪橋還

挽旌節高母二十四韻（節母李氏適諸生高聖培先生子四長綿士次伯常季常幼常乙酉夏先生偕綿士死節江陰母守節三十六年教三子皆成名士）　　呂莊頤

列女添新傳騷壇續舊辭地因梁案著名共柳丸垂聞昔禰初結相依日正遲鹽虀儒素味櫛縰大家儀世忽桑田改人驚烽火馳棄繻知已矣擊楫悵何之濟否從吾力行乎仗子隨斷魂啼杜宇歸夢絕隃麋髪署憑誰解城崩未可期牛衣零獨淚馬革失雙屍鏡破鸞悲影巢空燕認絲餘生惟十指惜死爲諸兒芝砌看三秀萱堂借一枝移忠

仍作孝以母郤兼師荻畫鉤如鐵羊埋舌在衮輓車桓氏
婦扃戸狄家姨菽水貧堪辦蘭膏讀自支譽推元季並節
表郝鍾宜此父還生此斯人不媿斯夜臺雲寂寂華表鶴
翻翻薤露歌難挽冰霜報有時淸風江上嶺明月井邊祠
豈羨鴛鴦冢偏須常棣碑賦詩遙再拜酬酒問湫湄

案呂莊頤僉事陽子陽明季進士入本朝嘗官溫處
僉事有詩云甌括叅分巡荒殘亂後春海鷗常近岸江
燕尚依人島嶼仍多盜閭閻念此民瘡痍還
未復何以撫艱辛其去位也民立祠祀之

問竹隱乞藤杖　李崧

老去山翁慣學顚愛拖藤杖踏蒼烟扶持白社稱詩長帶

挈青山買酒錢高節琢磨加意瘦鈍根砥礪自然圓知君
不負余淸興早結芒鞋篛笠緣

與邵二來九論詩　李崧

老研律法不容絲難覓知音似子期愛友無如焚舊草賞
心莫過改新詩春風綠蟻催君興寒雨靑燈伴我癡甘苦
味深誰解得箇中惟我兩人知

恭壽先生於黄山深谷得杖一枝雙莖盤屈節目輪
囷而首尾仍合并爲一極離奇瑰異之觀爲作短歌

華龍翔

恭壽之杖一而兩夏后雙龍落吾掌恭壽之杖兩而一延
津劔合誰能掣驪珠百六節可數追琢丁丁鈇鬼斧或言
軒轅丹竈多遺薪自注黄山有黄帝同浮邱公鍊丹處燼餘裂石蟠靈根雙
柯競茁不相讓欲擘未擘成輪囷或言扶桑相倚老東溟
孫枝迸出仍駢穎九烏長喙日夜啄疤節蚴虯墮殘梗我
行欲把不敢觸恐是生蛟遭束縛先生與至時一捉畧似
雲駢駕雙鵠世途夔峽從崎嶮扶攜直過三山曲

竹石歌贈朱若愚　徐德宗

月中搖纛影零亂風前戛玉聲鏗鏘朱君市隱性古癖意

蓄文氏之貧簹君不見梁鴻賃春在廡下高賢遯跡同賤
者又不見君平賣卜在簾前乾坤伸縮壺中仙小庭數竿
垂鳳尾終日陰翳斗室裏不醉亦富富此君自注若愚不善飲旁
立怪石奇容皺讀書家貧肉食少雅稱坡公語最好綠筠
避暑不避寒君今高節追袁安吁嗟乎我與朱君鬱塞磊
落甚相似千金帚敝抜窮矣誠知我是高陽徒一尊往往
與我俱狂來醉臥竹陰下笑呼石丈來相扶

四狂歌自注惠雲字闓孫號逸狂朱克敏字若愚號
檲香邵之鴻字來九號自怡余附其末爲四
狂　徐德宗

惠翁夙世非常人作孽天譴磨凡塵三日一飧不知餓陣圖撐腹充精神自注雲好奕以善奕名朱子市隱南郭外黔婁閉戶甘沈淪作詩寒苦類郊島天骨峭立峯嶙峋邵君之筆走華嶽直逼李杜凌徐陳四時鍵關但安臥高春不食心無貪徐生家世重東海弓裘墮去徒悲辛不如日持一觴酒勿負陶潛頭上巾

沈石田碧山吟社圖卷爲味經少司寇題用吳匏菴先生韻　錢陳羣

十八同結耆英會六百八十又三年得壽有方惟大藥酌

泉無事便眞仙人當修竹蒼松外興寄梁溪惠麓邊許借碧山容我老何須陽羨更求田

東膠山晤黃守中先生曾孫某出其先人手製硯并顧景范安孟公兩先生畫卷　楊泰

梁鴻山與嵩膠連鷲湖宛溪中洄漩水深土厚俗淳樸鹿門往往棲高賢守中先生最狷潔授經門外多車轍摩挲一石常數年手斵溪雲製獨絕我來山下尋公孫百年家世仍清門開緘什襲示手澤穆然太古風猶存家徒四壁復何有草堂爲溯先生壽孟公手繪獨奕圖顧子作辭文不朽秋風釣渚蘆花月執手蒼涼對華髮自注俱序中語釣渚景范先生所居袖手殘棋局外閒蓬萊清淺傷飄忽憶昔分宜柄國時累朝元氣中凌夷光熹以後盛閹豎清流白馬同傷悲喬木依然故家在洞口花深閟時伐斯文載讀重嗟吁卷圖撫硯還踟躕溪山無恙如畫圖寒峯落日村烟孤

顧珍山邀遊慧川園和彭芝亭尚書韻自注時珍山令子光旭督運潞河適有書至　鄒一桂

聽竹禽鳴晝登樓月掛簷身安隨坐臥興適共飛潛水態經風渙山容過雨添迢遙通潞水芳訊達郵籤

惠山聽松菴當明洪武間高僧性海手製竹茶罏王舍人孟端繪圖且爲賦詩名流相繼屬和幾遍海內而罏之存沒不常頊靈源上人於斗門張氏訪得之織竹燗煸土色如漆丐雲川先生廣爲徵詩余雖未識靈源然知其工詩善畫竊喜性公宗風未墜也因貽以長句　王會汾

曉光溟濛小雨慳落花委砌紅斑斑虛堂坐見時節駛矯首一望空雲山山中清淨古佛子六時趺坐忘嗔喜身是眞公幾葉孫鶴翎脫葹無泥滓憶昔眞公杖錫來赤霄鸞

鳳紛裴回一莖弱草插崖厂千龕古佛離莓苔非惟道器瑩天表兼復錘鑪覛天巧活火鑪中雪浪翻空山葉落禪宮曉詞翰當年誰擅場舍人畫好詩亦好爾時遊戲聊復爾頗怪諸君鎮相嬲貧箐摧折剡藤悲混沌畫眉殊草草靈師卓絕道門秀法海澄瀾自繚繞山堂舊物今始歸色默神腴未枯槁半樓居士文章伯還許靈源參講席欣然爲賦竹鑪詩老勢欲飛巖竇坼見說精藍雨花處嶺猿溪鳥同香積紗幮夜誦撥鑪紅斑管朝哦翦春碧我生胡爲倦煩促塵坌無由吐肝膈爲憶靈師文字禪夢裏晴嵐青

欲滴何當擕屐果幽期潄潄山泉入翠微枕簟瓜茶相對好更從杜老賦新詩

大年尊彜兄弟見訪溪莊　徐流方

白鷗渺何處一笑接諸昆不盡秋來意相將倒一樽花香傍舍樹月上隔湖村釣得鱸魚美清愁細細論

張俊墓　陳倫

六丁不下驅天騎宮車碾雪夜渡遼白頭烏啄大家屋衣錦王孫路傍哭一馬化龍浮渡江臨安王氣於斯卜烽火江淮草木殘中原血戰腥風寒揮戈誰洗靖康恥屈指英雄岳與韓區區子英奚爲者片紙贗書背人寫風波萬里壞長城三字眞稱廷尉平北人歌舞南人泣賀蘭鐵騎仍縱橫兩宮魄冷冰天月翊戴反旌讒諂骨麒麟墓道杭蒼烟御墨淋漓灑碑碣寺門縹緲對晴湖萬頃不洗青山汙錢塘風月更蕭瑟逆檜堂封還屹屹

題聽松山人梅花書屋圖爲丕光作　吳培源

峭壁摩空如斧鑿一道飛泉九天落夜烟如霧隔人間縹緲寒峯隱孤閣鐵榦離奇千百樹雪後霜前吐瓊萼何人結屋此中居應是逋仙耽寂寞煮茶聲裏夢初回凍合堦

除聞唳鶴山人下筆無點塵墨痕盡化爲烟雲花魂月影繪不得意超象外傳其神空山夜半清景絕仙風吹人冷詩骨掛君西園之素壁夜夜吟情托寒月

暮春訪雲川先生觀清明社集南垞諸作亦和一律　吳培源

春光已過半風雨滯孤村無酒作寒食落花空掩門舊遊懷杜曲嘉會集南園郤喜今詩伯薪傳又有孫自注先生幼孫齊耶髫年與社詩思清雋

味外閣古松歌有序　竇光鼐

余門人無錫秦舍人小峴屬錢塘潘庶常蘭公作味外閣古松圖以壽其尊人世萊先生閣故先生家讀書處也庭前古松一株殆數百年物秦氏世多壽今先生之父溪隱先生年八十餘而先生亦年六十矣爰爲作歌以題其冊

秦家味外閣閣在梁溪上飛簷百尺高拂雲更有長松與雲抗此松不知幾百年松下主人多華顛高會以來世眉壽衣冠奕奕如神仙今年紀歲在戊戌舍人有父開六袠父還有父八十餘聞說孫曾齊繞膝蒼髯翠鬣偃蓋重秦

家父子時支笻月明松底白鶴叫芝草五色花茸茸錢塘翰林好畫手特作斯圖爲翁壽舍人他日還里門松更低頭呼小友

遊寄暢園 自注時聞秦味經先生以病乞假 湯世昌

遊屐隨孤鶴閒尋別墅偏路緣花嶼入人向石牀眠明月簷前樹飛流磵上泉猶聞大司寇頭白未歸田

春暮攜酒登見山樓遇族姪夋滄 樓舊在顧梁汾先生宅 秦鈞儀

委巷少車轍高樓深樹間好攜燮尾酒來看佛頭山大雅誰復作斯人安可攀與闌逢小阮醉倒接䍦還

懷賢詩二首 自注余少受經於蓼園王先生稍長從劉樸林先生學詩二十年來老成凋謝兩先生皆相繼下世追維曩昔賦此誌感 秦朝釪

少從舅氏學 自注蓼園先生少從學余伯祖南沙先生 深探六經義五十始成名遇窮養彌邃一官辭苜蓿蕭然樂衡泌徘徊城東隅斯人嗟永棄

先生狷者流意有所不屑獨好爲詩歌所尚惟雅潔忍飢嘗苦吟不取世俗悅古琴復誰彈怊悵蓉湖別

沈石田碧山吟社圖爲秦氏世寶偶失之小峴廉訪出重貲購歸出以示余敬題卷後 錢大昕

九龍山前有吟社十友題襟杯共把風流直欲繼南皮眞率依然學司馬吳中高士白石翁人物點染意匠工耄年展卷再題字 自注石田翁於繪圖後二十年復作跋語 雪泥指爪驚飛鴻碧山回首已陳迹豈獨尊前無此客能史閣中蒼峴詩珍重斯圖等球璧楚弓偶失今得之延平劍合洵有期主人快意浮大白縱筆自記瓊琚詞粉墨流傳三百載寒具纖塵不曾涴手澤重歸淮海家雙孝門風今尚在西園摹本多失眞斯圖淸勁妙入神衰齡一見氣便旺直欲尚友當年白

髮掃石題詩人

沈石田碧山吟社卷爲秦小峴大京兆題

朱珪

明孝宗代朝成康十老仙隱歌羲皇碧山草堂在何所九龍翠滴梁溪香茶烟鑪火詩會古主盟淮海源流長二泉後起已尚友京兆先蹟今餘慶嗟我三生㸃寧夢自注余前身爲馬文肅與公十世根因芳香山蓮社稱盛事陳荀星聚傳二方石田居士擅名繪四美三絶鬚眉蒼知公什襲寶裭帖高風千古長相望

送秦小峴少司寇歸城西草堂卽題其圖卷

翁方綱

公昔持節嶺海疆日懷城西舊草堂遂菴如見遂初叟自注草堂中有遂菴詩名高揖范陸楊去年詩索屠生和圖畫江鄉競傳播誰教好手出林巒似盼歸人來坐臥白雲司榻畫景深忽動梁溪返櫂心此堂此菴寫心跡元非寄託在登臨華家眞賞顧花間自注華東沙眞賞齋豐南禺作賦顧梁汾花間草堂毛際可作記遂初之意誰追攀活火松風烹乳水横窗翠黛捲龍山此堂歸來有此客尋詩復夢長安陌盡是詩中宿墨緣不負堂前雲水白豐銘毛記恐弗如遂菴今始擬遂初畫卷更添吟社卷書來示我益齋書自注九延之遂初堂書目一名益齋書目見楊誠齋集

宿惠山樓同若洲賓王魯瞻限山字

吳峻

一步一芳樹相看未許攀欲尋前夢好只與素心閒小雨散春墅疏烟籠夜山危樓歡笑語吹響下人間

梁溪

吳峻

淨綠不可唾萍開插遠峯溼雲多演漾水鳥亦從容落日無人釣寒村有夜舂昔賢於此隱溪上問遺蹤

西郭逢顧五持國

吳峻

落木懸疏雨滄江隱彩虹偶於西郭眺忽與故人逢把酒芳山外論文秋水中請看湖上櫂若個采芙蓉

題朱畫莊井田硯送之任蜀中

顧光旭

君家藏硯名井田周原禹甸如眼前君今入蜀稅征鞅井絡天彭落吾掌硯兮相失二十秋豈意還隨萬里遊先人製硯作恒產後人奉硯爲先疇筆耕墨耒有如此仁政必自經界始川原高下使君行疆理南東田畯喜巫山巫峽亂猿聲巴童漢女來相迎文翁石室今猶在杜甫草堂花正明此時攜硯出公府此時置酒更懷古人家遥帶杜鵑

墩烏道交横荔枝雨荔枝初熟杜鵑紅硯雲郤繞琴堂東
錦江船在青天上麗句聲傳白水中墨池臥牛角森聳萬
壑奔流浩呼洶一卷之石什襲藏作爲雅頌貢玉堂

案井田硯爲黄處士庭所製藏於城南朱氏失而復得
晝莊名雲駿海雅嗜古華師道玉淳顧星五奎光吳一
峯峻皆
有詩

遊石門　鮑　汀

終朝面山坐山遠意自親披雲入山中彌覺所歷眞奔流
震厓谷仄磴迷荆榛跼步眩反顧攀援慨前因高巖駐夕
景陰壑無陽春酌彼澗中水憩此石上茵夙聞喬木末時

有餐霞人古苔閟靈跡石扇空嶙峋

溫硯鑪詩有序　鮑　汀

溫硯鑪安桂坡製邵文莊公銘邗江方西疇購得之乾
隆丙戌秋歸錫山聽松山房與竹鑪並貯王涵齋徵詩
余亦有作

履霜誰識堅冰作超然堂上雪花落偷書黠易硯亦冰著
手回春自河洛妙義旣劑陰陽和尚象更啟乾坤鑰形模
古質安氏製尙書作銘儼而恪深衣想像十賢祠容春自
得四時樂滴露朝研滴露泉松風夜響松風閣哲人旣萎
萬事非三百年來變林壑冷硯去若龜陰田溫鑪飛逐揚
州鶴賢哉方君購得之襲以錦綈裹氈橐一朝舊物歸梁
溪竹鑪畫卷同棲托騷人墨士爭賦詩摩挲拂拭神驚愕
光彩尙韞丹鉛痕鏤紋細辨雲雷錯嗚呼此物何足貴覩
此不復重金鶴願倣此鑪製千百後生共抱陽春腳

案溫硯鑪歸於錫山邑中詩人皆有詩彙刻成
編以劉復燕執玉詩爲最今多散佚止錄此首

偕秦凌滄秀才侯青溪道士遊管社山　劉松苓

太湖三萬六千頃沐日浴月雄東南扁舟我昔載茅酒蛟

龍窟穴窮幽探咽嗚咄咤山鬼遁喝落星斗澄寒潭身披
羊裘歌大夏故友重招來管社馮夷欺我老不才驅令洪
濤迎櫂打倉皇之間傍溪曲蓮沼菱塘鑑青涤暘君舊宅
苑榭荒巨手開山殊不俗從容小憩更遠尋披荆撥莽臨
高岑别有異境豁人目水勢震盪山浮沈千帆絡繹初如
織檣影都從天際沒夫椒檇里指顧間少伯夷光人恍惚
浮生碌碌悲如何白日消磨空浩歌祇今亢旱秧欲死願
舉震澤傾滂沱

先行人公衣冠墓　俞　模

萬里卹王命孤臣意不還有衣藏碧血無骨瘞青山瘴海
歸魂杳衰宗保墓艱褒忠邀　聖代俎豆九峯間

止水歎　　秦瀛

東林黨北寺獄緹騎逮正人燮惟大臣不可辱草遺表秉
孤燭赴清池水一匊君不見自古沈淵有屈子誰其繼者
江萬里公之心如此水生從龜山死元禮

白鶴道院觀石洞　　秦瀛

丹房隱巖壑石壁屹千丈累跖蹋近步延首絕遙仰唅呀
風門張一洞闢軒敞裂地腹若刳頁天背如盎窪中入黝

黮外豁出寮宦試叩虛牝旨果得空乍象白日忽凄冷交
夏轉蕭爽青蘿挂崖閟雲棲岫幌獨鼓邱中琴一和百
泉響

重築可樓成有作　　秦瀛

昔人構水居高樓峙嵯峨居廢樓亦圮頹然委逝波我今
勞版築命侶登崇阿舊觀稍規復闌楯平不頗聊茲偶憩
息翫化養天和少壯未學道鬢髮忽已皤謝病歸田廬年
光惜蹉跎昔人不可見來者復如何出處可否兩吾意豈
有它匪甘樂衡泌詎擬考槃歌

水居晚興　　秦瀛

暝色上重湖殘霞猶未歇漁舟薄莫歸蕭㺜水風發招我
巖際雲翫彼湖上月微瀾蕩金波空影坐超忽浩皛搖精
魂虛明炯毛髮白露倏已深蒼然葭芰揭緬邈懷伊人山
川不可越適已還多娛繕性庶不伐信宿謝城市甓弭林
閒輟

知魚檻晚坐　　秦瀛

窅映山色深松閟漏殘照遙知碧澗外萬壑藏窈篠小憩
亭上陰空水相晃耀流泉激遠聽高岑入幽眺孤鶴啄苔

蘚寒禽戀蘿蔦薄暝無游人巖谷益清峭冥心悟物理適
志觀道妙爲知我非魚臨淵罷垂釣

坐二泉亭上有作　　秦瀛

巖腹閟靈液虛谷何盅然乳竇裂龍髓迸作清泠泉明流
瀉哀玉濺濊雲根穿迨茲入寒藝淺沼湛淪漣聲聞坐寥
寂坎止無洄漩白沙淨見底水石互澄鮮動靜各有會耳
目兩棄捐獨攜小團月活火松風煎高懷緬桑苧暫謝區
中緣

離垢菴　　秦瀛

高屋萬松頂一菴如鳥巢天風吹不落崖石斷還交道士
出行藥吾將從結茅雙扉閉幽閒鐵杖帶雲敲

小茅蓬　秦瀛

半嶺誅茅處相傳道士家閒廊人曬藥曲徑鹿銜花帶雨
尋丹壑乘風躡紫霞路逢羨門子招我飯胡麻

九陽道院余壯歲時與朱道士談道處重過有感　秦瀛

羽士今何處一房仍翠微丹邱人已遠碧澗鶴還飛松化
雲爲石泉噴雪上衣欲尋仙蹟去杖策叩巖扉

惠山訪鄒彥吉先生十二樓遺址今爲有恒道院　秦瀛

路入碧山裏喜逢春日晴松陰交石色花外出泉聲朱館
佳人散丹房羽客迎尙餘輿廢感啼殺舊時鶯

謁邵文莊墓於繡嶺并訪點易臺故址　秦瀛

松風萬壑有餘哀翁仲荒殘臥草萊古徑何緣重拜墓褒
年多病獨登臺先生學術關千載後死心情酹一杯華表
鶴歸泉寂寞青山馬鬣首頻囘

秋霽竹鑪山房小憩　秦瀛

性公已往剩祇林爇火鑪邊落葉深只爲看山停短櫂暫
教啜茗損愁心人緣多病眞成懶天與清游不放陰所惜
故園同調少但聞啼鳥一長吟

重陽後二日泛舟至惠山有作　秦瀛

扁舟出郭汎漣漪如此林巒著屐宜終古泉流秦代塢三
秋木落楚人祠青山有約消茶話碧社無情付酒悲薄暝
寒塘呼櫂返裴裒猶戀夕陽時

小春十七日社集半樓題且豁師墨竹

釋妙復

豁公禪寂餘無以悅幽獨漫卷溪上雲寫此烟中綠虛心
對逸士澹翠流華屋片石半苔侵森寒邈空谷

早秋同雲川洞泉過竹鑪山房分韻得清字　釋妙復

凉颸入庭樹林臥氣已清幽人懷白雲輕衣緣澗行香臺
絕壁下蘿房敞虛明重披古圖卷宛復見高情怡悅在一
時安知千載名欣茲茗甌潔滿院松泉聲

梧軒獨坐懷雲川南臺　釋妙復

百尺青梧桐下蓋黃茆軒晴簷響疏雨答我琴中言宿昔
雙彩輪雲路方孤騫清陰長此駐古意誰相存

飯山閣獨坐　釋妙復

名嶽昔登陟丹梯老倦攀幸安一榻迥相與羣峯閒樵斧
隔雲響泉瓢帶月還松飃閒咒鉢熟識此簷間

無錫金匱縣志卷三十四

無錫金匱縣志卷三十五

藝文　文

唐

惠山寺新泉記　獨孤及

此寺居吳西神山之足山下多泉其高可憑而上山下有靈池異花載在方志山上有眞僧隱客遺事故蹟而披勝錄異者淺近不書無錫令敬澄字源深以割雞之餘考古按圖葺而築之乃飾乃圬有客竟陵陸羽多識名山大川之名與此峯白雲相爲賓主乃稽厥初始之所以而志之

談者然後知此山之方廣勝掩他境其泉伏涌潛泄潗濇舍下無沚無竇蓄而不注源深因地勢以順水性始雙墾袤丈之沼疏爲懸流使瀑布下鍾甘溜湍激若醴灑乳噴及於禪牀周於僧房灌注於德地經營於法堂潺潺有聲聆之耳清濯其源飲其泉使貪者讓躁者靜靜者勤道道者堅固境淨故也夫物不自美因人美之泉出於山發於自然非夫人疏之鑿之之功則水之時用不廣亦猶無錫之政煩民貧源深導之則千室襦袴仰仁之所及功用之所格動若響答其揆一也予飲其泉而悅之乃志美於石

惠山寺記　　陸羽

惠山古華山也顧歡吳地記云華山在吳城西北一百里釋寶唱名僧傳云沙門僧顯宋元徽中過江住京師彌陀寺後入吳憩華山精舍華山有方池池中生千葉蓮花服之羽化老子枕中記所謂吳西神山是也山東峯當周秦間大産鉛錫至漢興錫方殫故刱無錫縣屬會稽後漢有樵客於山下得銘云有錫兵天下爭無錫寧天下淸有錫沴天下弊無錫乂天下濟自光武至孝順之世錫果竭順帝更爲無錫縣屬吳郡故東山謂之錫山此則錫山之岑

嶔也南朝多以北方山川郡邑之名權刱其地又以此山爲歷山以擬帝舜所耕者其山有九隴俗謂之九隴山或云九龍山或云鬭龍山九龍者言山隴之形若蒼虯縹螭合沓然鬭龍者相傳云隋大業末山上有龍鬭六十日因以名之凡聯峯沓嶂之中有柯山華坡古洞陽觀秦始皇塢柯山者吳子仲雍五世孫柯相所治也華陂者齊孝子華寶所築也古洞陽觀下有洞穴潛通包山其觀以梁天監年置隋大業年廢秦始皇塢塢者林墅之異名昔始皇東巡會稽望氣者以金陵太湖之間有天子氣故掘而厭之梁大同中有靑蓮花育於此山因以古華山精舍爲惠山寺寺在無錫縣西五里宋司徒右長史湛茂之家此山下故南平王鑠有贈答之詩江淹劉孝標周文信並遊焉寺前有曲水亭一名憩亭一名歇馬亭以備士庶投息之所其水九曲縈以文甋窊甓淵淪潺湲濯漱移日寺中有方池一名千葉蓮花池一名纑塘亦名浣沼歲集山姬野婦漂紗滌縷其皎皎之色彼耶溪鏡湖不類也池上有大同殿以梁大同年置因名之從大同殿直上至望湖閣東北九里有北湖一名射貴湖一名芙蓉湖其湖南控長洲

東洞江陰北掩晉陵周迴一萬五千三百頃蒼蒼渺渺迫於軒戶閣西有黃公澗昔楚考烈王之時封春申君黃歇於吳之故墟則此也其祠宇享以醪酒樂以鼓舞禪流道伴不勝淬噪遷於山東南林墅之中夫江南山淺土薄不有流水而此山泉源滂注崖谷下溉田十餘頃此山又當太湖之西北隅縈竦四十餘里惟中峯有叢篁灌木餘盡古石嵌崒而已凡烟嵐所集發於薜蘿今石山橫亘濃翠可掬昔周柱史伯陽謂之神山豈虛言哉傷其至靈無當世之名惜其至異爲訛俗所棄無當世之名以其棟宇不

完也爲訛俗所棄必其聳見不遠也且如吳西之虎邱丹徒之鶴林錢塘之天竺以其臺殿樓榭崇崇業業車輿薦至是有嘉名不然何以與此山爲儔列耶若以鶴林望江天竺一觀海虎邱平眺郡郭以爲雄則曷若此山絕頂下瞰五湖彼大雷小雷洞庭諸山以掌睨可矣向若引修廊開邃宇飛簷眺檻夌烟架日則江淮之地著名之寺斯爲最也此山亦猶人之秉至行負淳德無冠裳鐘鼎昌昌雎雎爲邇俗不有宜矣夫德行者源也冠裳鐘鼎流也苟無其源流將安發予敦其源亦伺其流希他日之營立爲後世

之洪注云

宋

惠山泉記

聶厚載

水之甘苦猶人之賢愚人生稟氣清則賢濁則愚水流因地潔則甘穢則苦石脈至潔山泉悉甘而斯泉勝諸泉者以其感錫之氣也苦井投黑錫於其中久而得甘查梅橙李和鉛霜食之則美蓋錫能變味致甘也茲山當周秦間大產鉛錫豈非假其餘味乎或云苟錫能致甘則山下諸泉味當一矣而獨美者何也曰山一而源異也他泉脈淺發於山表斯泉源深出於山骨故積霖而不溢久旱而不竭承平之代錫乃深藏故源深而得其液焉不然則何以滑於衆泉重於諸水或云古時錫產東峯非泉脈矣惠山本也東峯枝也未有本亡而枝有者也利物之外尤資茗荈陸先生嘗奇之美名始振夫食味別聲人之常也甘辛爽口嬰耋一致至若水之淡薄其味各別能於淡薄之中紀其優劣峻其等級非奇人不能臻乎妙亦猶金絲聽耳清濁易辨或其審興衰察治亂非賢者罕極其奧審聲之奧夔季而下世未有能者別味之妙生民以來先生一人

耳且夔季於樂聽於心而不聽於耳先生於水別於心而不別於口後之慕先生名悅水之味者又不別於口別於耳也噫別於耳者泉矣非獨水之難別也先生未生泉味非苦先生生後泉方有譽信乎蔡邕辨薪而得爨伯樂顧駿而增價天下之山珠聯櫛比山中之泉絲棼髮委先生不登之山未嘗之泉多矣其間挹康洞而抗蘭谷者有之汲引尚能紀名於簡冊分甘於郡國矧有道之士遇知已不遇奇識滔滔於汙潦之間惜夫且以無情之水遇至鑒振發豈不能潤澤生民道濟天下煥令名於今古哉前所

謂水猶賢者言非過也感物而動與泉作序

無錫縣治記　聶厚載

無錫建邑始於前漢按陸羽惠山寺記云山東峯當周秦間大産鈆錫至漢興錫方殫故㸦無錫縣後漢有樵客於山下得銘云有錫兵天下爭無錫寧天下清有錫沴天下弊無錫乂天下濟故順帝更爲無錫縣又按圖經本隸會稽王莽改爲有錫至吳時改爲無錫又縣廳記云其有是邑得名之始與建廢置之由陸鴻漸惠山寺記之備矣然則寺記雖備而與圖經互有得失而不究其本矣當周秦

間大産鈆錫乃六國時也其後暴秦塗炭劉項戰爭之符也樵客得銘合在文景之世是時弭師偃革天下清晏故神靈薦祉其銘出矣因之創縣宜彰其美陸云後漢得銘非也復不書王莽改易之弊莽若不爲有錫則順帝何所更爲無錫耶莽既改革則前漢得銘建邑明矣前漢季世錫乃復出莽包篡逆之心藴姦邪之計因其銘改其邑欲惑衆而祈應也及順帝時兵寇載戢其錫復泯故更爲無錫益昭前讖銘之文非人文也天意也陸云無名人者不可考之辭也圖經祇述王莽更改不載得銘㸦邑之事葢闕文也夫名山秀嶺郡縣有之苟峯嵒奇峭洞壑幽邃勝惠山者多矣若探治亂之機贊淸寧之運則海內諸岫莫與之比山在西郊翠逼衙署雖隔梁淸一水則數尺之深不能截千仞之勢陰陽流謂坐辛山而巽水宜其邑廣財豐復多秀民也泰伯渡江始居其地六朝而下賢才繼生披圖可詳不復悉紀自僞唐納境之後皇朝統御以來民風載淳文教益振前後出宰者率多名士如開寶乙亥迨天聖丁卯五十載間上被唐虞之化蔑覩戈戟下悅卓魯之政罔嗟苛刻此亦大塊間福地也豈非山岳之助乎獨

厚載濫司銅墨素慚刑政字人遜愧於前修易俗欽徯於來者先是縣封密接吳境唇齒相齧兵寇薦侵宮室民廬亟爲煨燼後於縣城西南隅重建衙署事皆草㸦棟宇未完咸平壬寅年宰邑錢惟周移就中位其經營之美石記具存寒燠代遷土木圮壞乾興壬戌歲縣令李晉卿明可禦姦威能率下悵公庭之卑陋不足壯大邑之形勢乃募豪傑萃杞梓利工善之器揆定中之日聽訟之廳雄構擊鼓之樓峻峙修廊挾室越七十間迨棘丞王周繼政工畢縣庭壯麗自此而始俾黎庶望而畏之增令長之威德夫

升是廳治斯民者得不端心秉節誓公滅私察下民之枉直答元聖之寄任然後不辱斯廳不愧斯民矣舊制邑署修建弗給官用咸出於吏民之上貪者狥私忘公家之利廉者潔已避瓜李之嫌所以縣寮公宇罕有必葺李公不畏率斂之譏竭力公家之事幹敏之譽猶沸民口可謂縉紳中英傑也惜其未立文志寖歷歲時慮後人忘作者之勤勞失建邑之本始因訟空案簡直書前烈姑欲補圖經之闕正寺記之誤永李公之懿績也

明陽觀記　李遠

老氏釋氏並行於世爲老氏者率負氣未嘗汲汲走權勢間有所不合拂袖引去意專而能忍辱則與爲釋氏者若不相似然故其道雖同而流俗向背爲之異所從來久矣若梁溪上淸三洞法師盧公至柔者士大夫識與不識州里無遠近翕然稱之靡有間言非其道術高出一時孰能使之然哉公之名既彰於是以疾來告丐符水治者畢迮相屬於道其治疾也令病者以狀自言死生立決爲妖所憑容止失常至其所脫然去體家有嘯於梁者爲符其門則泯滅絶蹟病度不可治必欲得咒水往者亦不固拒歸

發視之水上激如矢迸流拚地不復得飲籙章封事皆有孫應人益以爲神旦罷朝冥歸休於室則戶外之屨滿矣初知郭內洞虛觀崇寧四年疲於酬對思就藪澤閑曠之所而晦迹焉行至璨山有鹿騰出公曰是謂生氣吾緣在此矣結庵而居歸者如昔乃相與出力建立祠宇其地則洞陽觀之遺址也或言山有穴旁出因以爲名觀興於梁之天監而廢於隋之大業至是復興大觀改元建康元符宮葆眞觀妙沖和光先生劉混康因召對面奏至柔之行及觀所以建立者敕賜名曰明陽命主之政和元年八月

詔部使者敦遣赴闕而至柔以其年五月羽化矣嗚呼觀之廢也蓬蒿藜藋之所蔽翳獸蹄鳥跡之所出沒風雨晦冥山鬼魑魅之所悲嘯歷數百年高甍屹立丹艧輪奐神靈宅焉徒以得人故爾初公之亡也三淸殿猶未立嗣者屢易無能終其志而田毛瘠薄衆不贍給相招而去罅漏弗補摧頹弗支鼓鐘寢聲魖魋晝出幾復廢壞邦人與洞虛之衆相謂曰凡事成難而敗易盧公之業可惜也哉忍坐視乎正一道士許元眞才具通敏乃舉以任其事上淸三宮法師許公時中元眞師也延致之專靜有守恬淡無

累亦能以符籙濟人問者嚮慕承節郎李亢宗建祠殿肅奉飈馭創新葺舊有加於初歲給其糧有常數故贍通奉大夫王公軾之孫緯施田八十畝歲得租五十石以飯其衆至者安焉蓋觀非盧公不興非許公不成二公所學之道同故相爲終始如素約而人悅之夫人情孰不爲子孫計李氏王氏不靳所有獨能量力奉高眞是可嘉也余聞黃老之術以清淨無爲爲宗以純白一志爲本以泛應不窮爲門滌除元覽而不離其眞故能全精神外死生獨立萬物之上而反乎無終始者也若夫禁咒已疾禳卻不祥

此推其餘以利人者耳然心苟不誠術亦不神學斯道者宜知之觀故無記而先朝賜名之寵與盧公之行其可無傳耶故書之以識其興之始云

無錫縣儒學記　章望之

有儒生謁於前曰我無錫之士人也示余以學宮之圖曰吾大夫秘書丞張樞言始謀人也其中南嚮者文宣王之殿也大門値其前倫堂橫其後後又有先生之室東西兩序則諸生之舍也蓋在縣署東南三百步之間其費財所出則吾邑業儒蓋百人矣能唱義者裒諸儒之有爲之也作之之日則丁酉秋也成之之日則明年春也諸生入學在四月之己卯望越十四日癸巳吾大夫與其僚宿於齋次甲午朔五鼓作師生陪執事釋菜於廟廷退而宴私於倫堂之上揖吾曹而謂之曰凡我造學於茲將使而習聞聖人之美用於而躬非專之決科也諸生曰敢不恭稟所教今也請以事之始末諉子以文久吾大夫之風於敝邑何如予爲之持觴以賀曰有本哉張子之爲邑而子之鄉里之慶也其令不擾而民信其文不密而民畏鄉尊耆艾之無過者而後生有勸富家羣養孤獨之人而衆不憚煩

則吾旣知之矣政其成矣又興學校以貽後人得不曰有本哉夫孔子之道包百王之教治則堯舜光顯亂則桀紂誅亡大之通天地微之入鬼神密義精言散在經傳厥有師敎友商猶莫窮之使其閉戶學之筋骸憊矣儻有所得勤勞已甚邈焉大道死矣無傳如皆郡縣勸儒開設學館長吏且有意焉則其民感思自興心志開而見聞博矣異時庸知是邦不由樞言戸曉詩書而尚禮義與予故爲之詩曰表表南山興雲以雨木之苞矣春暘攸聚念我慮善教不有始彼繰者絲厥抽惟緒築室維何有殿有堂有序

有房閉陰啟陽翔翔者楹盤盤者梁工逸於成伎奏其良我之思矣古之孔子我居我處友朋來萃爰飲爰食爰講爰議丞懷恭人肅愼容止孰恭明神邑令有僚盛服至止徒御弗嘩齋明有日其誠孔交何以薦之清酒少牢咨爾父兄順聽邑命爾子爾弟勗成正性必儒其躬俾善其行貽親以不病咨爾子弟優優在道律身知學以忠以孝令名匪今於後有耀貽孫以不詔中田有稷其實離離張子有猷神享人洽善人之延百世攸宜爾民其承之

無錫縣增建儒學記　王相

崇寧改元上既庚用二三大臣克篤前烈追盛三代唐虞之治爰詔冢宰愼簡乃僚置司講議政事當務之急是秋大丞相司空嘉國公本原神宗皇帝以聖智稽古卽位之初慨然追法先王訓經以迪士道師儒以明道廣學校以教養嘗詔侍臣欲考古者庠序之制闢明堂辟雍以施仁發政功志未就遭元祐變革無復存者恭惟皇帝陛下盛德大業修明法度追而述之深悼風化之微而欲善天下之俗非學不能成之謹以學校爲今日先務制可之遂詔天下郡縣皆立學以三舍法取士粵明年甲申乃下詔曰神宗皇帝嘗欲以學校取士而罷州縣科舉之令其法始於畿甸此學士大夫之所共知也朕不愛百萬之財以教養天下之士而以育材官人善風俗修政事爲急其詔有司罷發解及省試取士並由學校升貢庶幾追復成周之隆紹先帝之緒以稱朕所以圖治之意其年十一月甲戌皇帝視太學幸辟雍卽敦化堂賜上舍釋褐者凡十有六人其次免省試者二十有六人內舍生及畿內貢士悉皆免解其數幾半三歲賜第於集英者於乎盛矣美矣不可以有加矣雖三代教養之隆未有甚於茲時者也詩曰周

王壽考遐不作人信乎美成在久者其必自於作人也愚竊以謂化人成俗莫不由學故先生之盛時設庠序以養賢論才德而取士自天子諸侯之子下至國之俊造莫不入學自成童而藝立至四十而仕其習乎禮樂之容講乎仁義之說敦乎孝弟之行入以養其父兄出以事其長上與朋友交而有信臨財廉處衆不爭行修於身有聞於家達於鄰里鄉黨然後詢於僉言又定於鄉老之可信者而薦之始謂之秀士久之又取其甚秀者爲選士久之又取其甚秀者爲俊士久之又取其甚秀者爲造士然後司馬

辨其論隨其材而官之任官然後爵之位定然後祿之夫
如是積德累善其勤若此其久亦至固非止取一日之長
然後求賢審官寘彼周行如此其慎而有次第則浮僞矯
激干利苟得之士不容於其間風俗不陷於偷薄而日以
忠厚也宋興蓋百有五十年而天下之學始克大立稽古
之制考周之文其養也教以經藝文辭其取也考以材識
行實由三舍以察士之能否而命之以官可謂希闊之舉
矣是以詔下之日遐邇慶幸而奔走趨事者以後爲羞常
州無錫縣有學嘉祐初自龍圖張公詵始其興制之本見

於武寧章望之之記後四十八年其猶子元度繼宰是邑
會朝廷班學制他邑皆承命經營力作不暇而茲得卽舊
以新之功省十倍然後知君子之澤利施者遠而事固有
不偶然者是學之興適在其父子屬者朝廷增養士之制
初大縣以五十人爲率後乃以三歲應書多寡計之無錫
宜增給百人以百五十人爲率而舊舍褊迫隘不可容今
乃與其屬度學之西偏增直購地斥廣而大之別爲屋二
十有六楹又遷庖廚浴室於其北鳩工於八月壬戌考之
於十一月戊辰閎壯顯敞踰於昔制令以予掾於尉曹實

董乃事會終更屬予爲文以識其成予懼學者不明乎朝
廷教養之美意而師儒之官或不揣本而齊其末失其所
謂作成之方謹具述明詔如上所載因誦其所聞而著之
夫大學之道將欲正心誠意修身以治其家國天下而必
先本於知至則所謂知至者貴達乎道德性命之理而已
非止乎期命辨說刑名度數之間弊於淺淺者爾故先王
教法必以智仁聖義中和爲之別以孝友睦婣任恤爲之
同藝則該之以禮樂射御書數至於淫詞詖行析言破律
異端之術爲之誅禁書曰格則承之庸之否則威之方今

舉皆法此吾固知其教化之行風俗之成唐虞三代之治
可跂足而待也異時諸生道德明秀行藝修飭歲預升適
賦菁莪采芑之詩以頌明天子育材之意畫繡而謁謝先
聖先師周覽牆屋慨然思詠令佐之功績而予因得并預
茲榮附託不朽不亦幸哉輒不自揆退爲之記俾刻諸石

案康熙庚午志此崇寧三年碑推本蔡京尊熙
寧而斥元祐頗乖正論以有關學制故存之

縣宰郗公德化記 陳篆

上卽位改元建炎秋八月杭州守土軍竊發爲盜意乘朝
廷北伐之役勢未及討迺敢俘我王官燔我民廬釋獄囚

發府庫掠金帛殘毒百姓據城以守朝廷命將帥甲二千用伐有罪將私犒賞不分士卒讐之師行次於嘉禾共殺將以叛勢不得進反兵北首聲假道於吳以如金陵志實利寇松江軒橋以備賊得巨舟百數夜襲松江一夕煨燼人無逃者蘇人閉闗塹河被甲登堞及賊距城雖矢石紛下而不少卻守臣實畏之乃使人遺以書廣設金穀願得沿外濠以進賊計吳城險固未易攻徒勞師爾遂盟以許之三日棄蘇州以行維舟於閶門之五里賊意是將被我邑而及常也語聞於道欲焚我居室芟夷我農田虜劉我

士庶邑人聞之駭愕股栗莫不舉手相弔號苦待盡邑宰郗公痛民之危既盡傷心且謀其策丁國家軍興倉庫所積無幾公乃罄家之所蓄器用幷帑藏得銀二千兩預一日遣人具吞目以遺賊賊見且喜已善公之能迎勞答公以狀詞頗肯受時又得丞相李伯紀弟季言慨然謂公曰某職兼鈐轄屬官公憂如此又不可坐視願前五十里迎賊諭道公意苟全此邑亦某之衷公之幸也公重信而聽之季言不及省問家人即衣褐單騎從者數人暮行夜宿於界亭明日賊舟果至季言見首領賓主禮唯謹諭賊以

公之恤民愛物如此賊屈首無毅色謂季言曰毋憂敢不如所言季言即聞遣公書且道賊所以狀公爲之喜且懼謂兇人姦險雖首肯而心或違則適敗謀又明日賊舟將抵邑南門公接見首領以禮折勞度賊氣平改容正色語賊曰若所謂李公言不謬百姓得賜更生雖殺我以償所志無憾不腆金幣以賞從者或甘言紿我陽許而陰背之願先殺某不忍百姓之罹兇毒也賊欷歔感歎謂公曰學士與李君實邑之父母當戒士卒釋甲受犒即趣舟以行乃指天以誓苟逾盟有如日公聞而後喜可知也賊於衢

道間呼謂邑人曰爾等賴縣令郗公得保首領不然則松江矣雖燒頂斷臂何以報德於是癃老扶杖擁公之車感泣跪謝是日賊兵果解維以去一毫不取士庶帖然不擾嗚呼公之覆護一方如此之至其古之遺愛乎夫漢唐循吏止有一事可書則勒功於碑以志甘棠遺愛況公之德於吾民不啻覆載使後世湮沒無聞亦邑子之罪也篆於是記其事纂聞唐朱泚之亂得一何蕃而六館之士不從君子謂蕃仁勇人也公儒者乎時理縣尚寛恤百姓父愛之及是終以此得抗賊非仁而有勇者乎且松江有大川

可恃而卒破蕩蘇人亦不免躬甲冑赴矢石爲城下之盟不愧僅得免死亦幸耳無錫當通道外無城堞以守內無甲兵以敵賊一舉手則旋踵而傾覆郗公不動聲色俾賊善解李勣賢於長城遠矣嗟夫雷霆駭耳蜂蠆起懷雖賁諸荆育之倫未有不先豫奪常者至若解紛赴難確然有不可挫之色自非足以化檮杌未有能喊虓虎而奪之氣者也以賊之殺部將破松江視民如螻蟻至我邑以公故罔敢流毒非有以化之而然耶昔漢劉宏農反火虎渡河後世以爲難事以公匹之過現遠甚是宜邑之父老必有爲公立祠者兒童必有爲公歌謠者駢四儷六之士必有濡毫染翰爲公作詩以頌其德者至篆則恐公異日陞朝以濟大事秉史筆者舉其大而遺其細則敘公之事業不能無闕文得此則庶可少助而摛文愧近俚蓋欲道其實焉公名漸字子進丁未十月日晉陵陳篆記

案康熙庚午志爲天子守土吏賊至犒師以免是罪不容誅也然當漸之時不如是則一夕而燼耳夫豈不知其不可而爲之向使事已而申朝廷之法固將以一身代千萬人之死而甘心焉矣故爲吏者愛民之心不可不如漸非所以爲守職者訓也建炎紛紜綱紀未立故漸得以此心蒙諒於世邑人德之至號其所居爲遺愛坊於此文不可不錄顧典籍貞觀特著論斥之要之守經行權未可概論且已見於元志是以仍錄而存之

竇乳泉記　　翁挺

膠山在無錫縣東去惠山四十里由芙蓉塘西南拔起乎陸聯綿迤邐高下十數而後峙爲大陸有泉出其下曰竇乳泉蓋昔人以其色與味命之自梁天監時地爲佛廬踞山北嚮而泉出寺背至唐咸通中浮圖士諫改作今寺依東峯與惠山相望則泉居左廡之南水潦旱暵無所增損隆冬祁寒不凝不涸故其山雖不高泉雖不深而草木之澤烟雲之氣淑清秀潤頎洞發越皆兹泉之所爲也然而疏鑿之初因陋就簡決渠引溜不究其源閱歲既久甃甓弗治湮乳滲漏淪入土壤建炎二年余罷尚書郎自建康歸閩適聞本部有寇留滯浙河因來避暑兹山日酌泉以飲病其湫隘謂住山益公能撤而新之當以金錢十萬助其費益公雅有才智且感余之意以語其徒元淨慶殊又沖三人者咸願出力於是坎其山入丈餘得泉眼於嵌竇間屏故壤理缺甃而泉益清駛乃琢石於包山爲之池廣袤四尺深三尺以蓄泉上結宇庇之榜曰蒙齋池之北瀉爲伏流五丈有奇以出於庭跨伏流爲屋四楹屬之廡有扉啟閉之榜曰竇乳之門庭中始作大井再尋疏其檻

使衆汲蓋數百千人之用常沛然而無窮事既成益公謂予曰寺有泉歷數百載較其色味與惠泉相去不能以寸而名稱蔑焉公乃今發揮之當遂遠聞信物之顯晦亦有待乎予笑曰水之品題盛於唐而惠泉居天下第二人至於今莫敢易其說非以經陸子所目故耶自承平來茗飲逾侈惠山適當道旁聲利怵迫之徒往來臨之又以鉼罌甕盎挈餉千里諸公貴人之家至以沃盥焉泉之德至此益貶矣今膠山所出岡阜接而脈理通固宜爲之流亞獨恨子邁往之迹介潔之名非陸子不能與之爲重然山去

郭一舍蹊隧阻而涇流陋邑居者欲遊或累歲不能至況過客哉比之君子惠泉若進爲於時故雖濤而欲免賣乳類夫遠世俗而自藏者將愈僻而無悶以彼易此泉必難之而公謂顯晦有待特以爲言亦期之淺矣益公亦笑曰有是哉請著之泉上使遊二山之間者有感於斯焉遂書以授之歲戊申冬十有一月癸丑記

陸子泉亭記　孫覿

陸鴻漸著茶經別天下之水而惠山之品最高山距無錫縣治之西五里而寺據山之麓蒼崖翠阜水行隙間溢流爲池味甘寒最宜茶於是茗飲盛天下而鉼罌負擔之所出通四海矣建炎末羣盜嘯其中洿壞之餘龍淵一泉遂涸會今鎮潼軍節度使開府儀同三司信安郡王會稽尹孟公以邱墓所在疏請於朝追助冥福詔從之賜名旌忠薦福始命寺僧法皡主其院法皡氣質不凡以有爲法作佛事糞除灌莽疏治泉石會其徒數百築堂居之積十年之勤大屋穹墉負崖四出而一山之勝復完泉舊有亭覆其上歲久腐敗又斥其贏撤而大之廣深袤丈廓焉四達遂與泉稱法皡請余文記之余曰一亭無足言而余於法

皡獨有感也建炎南渡天下州縣殘爲盜區官吏寄民閭藏錢廩粟分寓浮圖老子之宮市門日旰無行迹遊客暮夜無托宿之地藩垣缺壞野鳥入室如逃人家士大夫如寓公寄客屈指計歸日襲常蹈故相率成風未有特立獨行破苟且之俗奮然以功名自立於一世故積亂十六七年覩今猶覩昔也法皡者不惟精悍絕人而寺之興廢本末與古今詩人名章俊語刻留山中者皆能歷歷爲余道之至其追營香火奉佛齋衆輿頹起仆掃除垢汚於戎馬蹂踐之後又置屋泉上以待四方往來冠蓋之遊凡昔所

有皆具而壯麗過之可謂不欺其意者矣而吾黨之士猶以不織不耕訾警其徒姑置勿論議焉是宜日夜淬厲其材振飭蠱壞以趨於成無以毀瓦畫墁食其上其庶矣乎故書之以寓一歎云

案孫覿人品不正舊志所錄槩削之僅存是篇不以人廢也

無錫縣學記　李彌正

孔子刪詩列國獨存魯頌非私魯也以其君臣有道而庶事舉也體大而有證孰若修頖宮鄭亦周同姓國學校不修而子衿之刺興其後然明至欲毀鄉校賴國僑知政議尼不行以鄭之刺則魯之頌宜也今天下郡縣同被王靈固無異政至於奉令率職身任風教不爲具文避課豈不宜大書特書行之永久乎毘陵浙右支郡文儒逾於大府無錫於郡屬又壯哉縣也九峯峙其西太湖漾其南山川炳靈人物阜夥卿材民望繼踵接武服冠履業弦誦者肩摩地屬異時庠序未稱獨廟貌岌然孤立旁無夾輔春秋二丁官吏用事張以菅葦風雨不除道路目笑迺紹興甲子秋詔諸縣治學舍尙或窘於獄訟簿書日不暇給遲回未遑越明年冬邑宰胡君舜舉旣下車以儒雅飾吏事迺

愓然曰德音甚渥矧大邑多士其敢後於是營資庀具拓地度材屬主簿朱君奇視役奇究心知務纖悉必躬克欽乃事以輔其長迄用有成堂皇敞崇齋廡整潔榱桷戶牖丹雘塗墍咸極精緻庫置什器層蓄儲貯炊烹濯滌皆有處所凡爲屋大小五十有四楹又撤殿蓋而新之公無侈費民不勞苦作始於丙寅春三月至冬十月工畢丁未率里之大夫士釋菜於先聖退鄉飮酒於講堂主賓僎介升降獻酬耆耋壯稚式序在位觴豆靜嘉殽核旅美揚觶致戒情文俱盡禮成拜送於庠門之外觀者如堵嗟咨懽忻喜王化之復行伻圖來諗俾記以文斯舉也夫子以爲宜頌其敢惜辭乃具載興建本末且告諸方來曰惟人萬物之靈者有倫有類也五典之敘自天子下達有虞夏商之學名異實同皆以明倫爲本周制益詳崇術立教迪德訓行悉有官師以造俊秀養老齒胄獻馘受成咸在焉鄉舉里選之法出長入治之政顧寓行於其間耳由漢而來取士之制一變而升孝廉再變而置中正三變而舉進士雖科目猥多塗轍寖廣而明君良臣賢守令率以立學官增弟子員爲急先務蓋教化淵源有在於是非直角文藝階

進取而已國朝自慶歷始詔州縣悉置學元豐推行三舍法於賢關崇寧遂頒天下海隅遐荒禮義滲漉中更艱難茲道乍息今天子撫運中興儲神道藝既修鄰睦廓然無事乃與大臣議建太學繼及郡邑以幸斯文縣大夫暨其僚精白承休亟就嘉績嗚呼士之遊息於斯與夫耕養家食者盍體勉勵訓飭之勤平居孝弟忠信修身行道奉彝倫蹈聖域祿在其中矣其或先利後義綴緝口耳之學顓以弋釣名第如區區漢儒之陋指典籍爲拾青紫具陳車服以夸稽古之力斯豈君相崇儒易俗之旨縣大夫宣化

流澤之意哉紹興十六年十一月朔日

李忠定公奏議後序　朱子

嗚呼天之愛人可謂甚矣惟其感於人事之變而迫於氣數屈伸消息之不齊是以天下不能常治常安而或至於亂然及其亂也亦未嘗不爲之預出能弭是亂之人以擬其後蓋將以使夫生民之類不至於糜爛泯沒靡有孑遺而爲之君者猶有所恃賴憑依以保其國是則古今事變之所同然而天之所以爲天者其心固如此也嗚呼若宣和靖康之變吾有以知其非天心之所欲而一時人物若故丞相隴西公者其所謂能弭是亂之人非耶蓋聞政宣之際國家之隆盛極矣而都城一日大水猝至舉朝相顧莫有敢以變異爲言公獨知其必有夷狄兵戎之禍上疏極言冀有以消弭於未然者不幸謫官以去而間不七年敵騎遂薄都城公於此時又方以眇然一介放逐之餘出負天下山嶽萬鈞之重首陳至策而徽宗決內禪之計繼發大論而欽廟堅城守之心任公不疑遂郤强敵然自重圍既解衆人之心無復遠慮而爭爲割地講和之說以苟目前之安公獨以爲不然而數陳出師邀擊之可以必勝

與其得氣再入之不可以不憂則讒間蠭起遠謫遐荒而不數月間都城亦失守矣建炎再造首登廟堂慨然以修政事攘夷狄爲己任誅僭逆定經制寬民力變士風通下情改弊法招兵買馬經理財賦分布要害繕治城壁建遣張所撫河北傅亮收河東宗澤守京城西顧關陝南葺樊鄧且將益據形便以爲必守中原必還二聖之計然在位纔七十餘日而又遭讒以去其在紹興因事獻言亦皆畏天卹民自强自治之意而深以議和退避爲非策懇叩反覆以終其身蓋既薨而諸子集其平生奏草得凡八十卷

其言正大明白而纖微曲折究極事情絶去雕飾而變化開闔卓犖奇偉前後二十餘年事變不同而所守一說如出於立談指顧之間今少傅丞相福國陳公序其篇端所以發揮引重固已盡其美矣公之孫晉復使某書其後以推明之某謝不敢而其請愈力不得辭也顧嘗論之以爲使公之言用於宣和之初則都城必無圍迫之憂用於靖康則宗國必無顛覆之禍用於建炎則中原必不至於淪陷用於紹興則旋軫舊京汛掃陵廟以復祖宗之宇而卒報不共戴天之讐其已久矣夫豈使王業偏安於江海之

澨而尚貽吾君今日之憂哉顧乃使之數困於庸夫孺子之口而不得卒就其志豈天之愛人有時而不勝夫氣數之力抑亦人事之感或深或淺而其相推相盪固有以迭爲勝負之勢而至於然與嗚呼痛哉昔蒯通每讀樂毅書未嘗不廢書而泣安知異時不有掩卷太息而垂涕於斯者耶雖然今天子方總羣策以圖恢復之功使是書也得備清閒之燕而幸有以當上心者焉則有志之士將不恨其不用於前日而知天之所以生公者眞非偶然矣因次其說以附於八十卷之末使覽者無疑於福公之言云

通惠亭記　蔣瑎

彭城錢侯紳仲世家於無錫既仕而歸乃卜居於邑南漆塘山中聚書四萬卷日取而讀之探古聖賢之蘊以美其身於其暇日稍稍疏巖剔藪立臺亭蒔松竹爲遊觀之適然是山無水率以鉼罌汲於湖以供朝夕之用僕奴顏汗肩頳陟降告勞紹興三年春二月紳仲行於其居之南叟有寒泉發於巖趾以杖導之如龍蛇蜿蜒盈科而後進酌而嘗之清冽滑甘與惠山之泉無異於是甃以瓴甓洄爲方池饋饎漱浣日用而不竭乃作亭於泉上名之曰通惠

意其與惠山通山居之父老聞而觀焉驚顧顏色且曰水之行地中一氣耳玆山去惠山不百里則其泉脈灌輸理或有之或曰不然吾與若居是山老身長子日以遠汲爲病今錢侯莅止而泉發於其居豈天藏神閟不輕付與有待而出耶衆以其言爲是乃相與歌曰泉何爲兮效祉侯有德兮克君子挹彼注玆兮況羞饋祀烝收勿幕兮自今以始又賡而歌曰孝友溫良溢於文章錢侯之德兮演迤汪洋惠我無疆玆泉之澤兮德積而愈光澤久而彌昌世世其無斁兮於是宜興蔣瑎聞而異之曰昔唐相李文饒

既貴重其服御飲食必欲極四方之怪珍常喜飲惠山泉置驛以取水天下苦之有浮圖人告曰長安昊天觀井水與惠山泉通公試之信然遂罷水驛寥寥數百年間其事相爲符望然以予觀之惠山距長安數千里而遠有高山大川之限是烏能相通哉特以其味似之耳今九龍漆塘相望窈邈而紳仲以隱德懿行蒙神之貺則泉爲時發亦無足疑者因取父老之謠言且本其所以作亭之由而爲之記

橘中記　余永弼

江東許臺從事曾當時謂予余子曰我於梁谿所居之旁辟小室周施纔丈尺非有增臺傑觀踖盱華敞之足言也而虛明靜深似可人意日浩然其間誦書著文行歌坐嘯客至則有棋有琴一觴一詠不知世之有所謂榮辱驩戚者室雖小滔乎其有餘端不減商山之樂也榜曰橘中子爲我記之予曰嘻子相家子也何自而知此樂哉夫極狗馬之好騁遊田之荒揚激楚之結風發陽阿之妙音宜子之所樂也而方且馳騖乎書林漁弋乎義圃好古博雅過於藜藿之士齊竽趙瑟晉棘梁黎宜子之所樂也乃漫不屑意至於商鼎魯鐘昆吾之劒岐陽之鼓則耽玩研覈恨不追軒頡而揖冰斯又侈之以詩書六藝之學先聖賢之德音以成其文故舂容乎大篇則高壯廣厚辭正而體備寂寥乎短章則潔簡疏越言峭而意美風雨交於筆札雲霞散於翰牘窮情盡變雖長吉之陣馬風檣嘉謨之孤峯絶岸不是過也異時必能發揮志業羽翼清朝暢淑聲於不朽是無愧於四老矣此予所以樂爲子記之若夫景物之勝登臨之適尚冀相羊其間而賦焉隆興甲申上巳日鄱陽余永弼記

重修淮海先生墓記 元志作祠堂記　失名

淮海先生秦少游建中靖國初卒藤歸葬高郵政和中遷葬於常州無錫縣惠山之原子孫因家焉墓故有亭刻建炎四年追贈龍圖閣告并山谷送秦少章詩置之亭中秦氏仕不顯諸孫貧窶墓四旁地皆爲豪右所得亭亦毀壞不存山谷詩石歸邑好事者獨贈碑荒蕪榛杞中樵蘇不禁墓祭幾絶開禧丙寅永康應純之以州判官攝邑事訪問遺蹟慨然興念封殖其墓取旁近地還之率邑士大夫合錢建亭乃立贈碑且贖還詩石擇秦氏諸孫知學者使

肄學職得月給使具祭祀倉臺黃公常守湯公皆助其凡費應君故從余學余自澄江召歸道出無錫應君首及玆事且請余記之余嘉其志不待再請然行役未及作也至癸門會淮東漕孟艮夫因論少游醉臥古藤陰下人謂卒於藤之讖也獨未知一事少游墓後古松一株直幹高聳有巨藤自墓穴中出周匝數四已乃施於松上蓋覆其墓此眞古藤陰下也松爲人斫去藤芽暨今僅存爾艮夫信安孫惠山寺功德院也故知其事詳應君來索記因併及之四月朔日永嘉　撰

一梅堂記　蔣重珍

寶慶丁亥皇上即位之四年也重珍試吏苕幕以病易鄞幕待次歸治藥石無容榻之地解脫闤中賫珥得敗屋一區灑掃扶持而居之癸巳春奉祠杜門痼疾弗瘳目昏耳聵老態具見乃於室之東南隅撤舊而新之爲室一間兩掖置藥爐丹竈蒲團紙帳於其中將靜坐養痾以苟旦暮之命屋卑地狹月餘落成故舊有誚予者曰子其掃除一室之小者丈夫與吾視子幼孤繩樞甕牖所居不能容膝遷徙徬徨將毋而行傍人籬落竊一椽之庇輒以爲幸今破屋視昔已過分矣而奚以堂爲予悚然而悲曰是予之過也雖然吾豈以堂爲樂哉獨念吾家凋弊五十餘年生意幾絶某不肖誤蒙寧廟親擢未幾叨被皇上召對名列班簿么微此身病廢退休足矣足矣雖然此身父母之遺體也可不敬乎築斯堂也敬斯體也乃所以報親也不然則安宅何在廣居何在而顧區區於此堂哉自斯堂之成而可以求師也凡齒德俱尊者學可及人者義理精熟者克忠克孝者博通經史者深識時務者吾於此下風而問焉則身雖病而心不病矣自斯堂之成而可以合族也凡

姿禀可教者好禮知恥者遷善遠罪者小廉曲謹者貴不簡傲者貧不卑屈者文藝自將者多識事物者吾於此因材而篤焉則身雖病而家不病矣自斯堂之成而可以取友也凡能修而通者能言而踐者卓犖而重者淳靜而立者已知大體者能勤小物者虛心無我者善如已出者惡如無隱者相觀爲善者吾於此久交而敬焉則身雖病而道不病矣心不病則不蔽家不病則不替道不病則不孤貧無慽也賤無慽也存順而歿寧也嗚呼此豈忘其親而事其身哉堂之前有梅一株淸圓茂密因以名堂無所取

義示不改其舊也

萬竹亭記　蔣重珍

余已記一梅堂復爲後圃開林爲徑縛亭東偏扁曰萬竹亭有池池上有梅梅之外琅玕森然向亭而立如衆賢盡簪挺挺其清也如三軍成列懍懍其嚴也風清月明發揮高爽雨陰霧暗韜晦蒙密景物常變皆啟人意余時命蒼頭扶掖病足自徑而亭焉非日涉成趣之謂也非起居適安之謂也其所感慨深矣余生於淳熙末年時和歲豐田里安樂先君與諸父實居鳳山貧不聊生故廬已屬有力

者然茅齋方池飽足幽趣前植古梅後列修竹藜杖野服日引兒姪從容其間故余平時清夢皆此時事嘗刻之家傳以寫罔極之思矣今是亭之營本非求合而梅老竹茂渾然天成時異事殊心感情愴見先訓遺風使余一刻之不能忘也是余之一遊一息洞洞屬屬如將見之也可不謹哉雖然園林之樂一也而其所以樂此者則有間焉蓋先君諸父之樂此也安於貧而余之樂此也厄於病貧者循其理分之當然病者出於形體之偶然律之以原憲之言則大有媿矣先儒亦曰人多言安於貧賤皆是力屈才短不能營畫若稍動得恐未肯安余之病廢抑近是與書置壁間因以自警

平清堂記　尢焴

觀近臣以其所主觀遠臣以其所爲主古今不易之論也蓋惟賢而後知賢拔茅彙征治道斯臻而懷才抱德者亦得以垂鴻名於盛世古靈陳先生在神廟朝薦士一疏至二十有三人皆一時名公偉哲延洪我宋無疆之休三百載如一日猗與休哉沿海制使可齋先生古靈之裔清文直諒每以進賢報國自任不輕諾衣鉢有傳矣錫山舊爲

壯縣邇來敗不可支歲至五易長官可齋衣繡日幾選趙君糾夫來攝邑歲値大祲君聽訟以情守已以正明敏善斷事至立辦上承供億下甦凋瘵士民感懷列治績於臺府乞就眞以福百里公朝報可未幾可齋入轄中臺旋鎮東海貽書以平易近民清苦律已八言相勉君因欲揭平清二字揭於公退之堂以自律可齋復大書鋟梓以惠之君屬余著語將勒堅珉以侈教誨不倦之意焴邑人也曰聞善政喜君之得所主於是乎書淳祐亥元長至前九日記

重建五先生祠堂記

尤棟

寶祐戊午四明袁擇善從尹常之無錫創先賢祠附庸於學歷十九年時丁元二眡廟貌不如故自虞君薦發出而教授生徒乃灑掃蕪穢一撤而新已而增博諭師長之員會孫君桂發居之二人者皆鄉人也相與諏經訂禮爲之言曰必釋奠於其國之先師無先師則與鄰國合國有人焉何庸取諸其鄰我楊文靖龜山先生雖非吾錫之人而寓居於郡者十有八載今城東精舍乃其講學之地是郎鄉之先師也鄉者先生標表是祠居中奠位會謂士崩瓦

解之勢我興受之然有不依形而立者參倚如見吾黨小子忍倍此而更師乎喻工部玉泉先生尤文簡遂初先生李肅簡小山先生蔣忠文實齋先生何莫非吾錫之人而起家於邑者相望百有餘歲今里中故宅尚有指爲藏書之所非鄉之先師與玉泉遂初實齋三先生已有秩祀而小山先生未及與享迎之致敬獨可遺乎若夫廣漢大儒非不同宗河洛景定間已繫此而陞從祀然猶不敢先之繹而江西顏門之派其師友父子視吾諸老先生之所學未能無頓漸之異伊欲借晉人將無同之說以復其位庸詎知不見幾而作乎密厥象而儀圖之盍亦知所變置嗚呼職教者之能爲是言是必有默契於心而無疑者抑慮夫斯道之無師無傳復貿之鄉老蔣公應新以其規接前輩年幾八旬其尙論人品具得之於耳聞目見之眞公曰如吾五先生則有可言者惟堯舜文武周公孔子孟氏所傳之道至河南二程夫子而復傳而龜山先生蓋受學於二程夫子昔伊川自涪歸獨稱楊謝長進使其學少變於凋落之餘詎有是言哉慨思龜山載道東南士之遊先生之門者甚衆玉泉乃登其門而能續程夫子之道遂初不

及登其門而從玉泉學亦能續程夫子之道小山實齋二公固不及登龜山之門又不及從玉泉學因龜山玉泉二先生論孟中庸大學之遺言而皆能續程夫子之道故玉泉得之而主紹興之正論遂初得之而爲乾淳之老儒小山得之而居慶元之學黨實齋得之而號端平之善類自九京之莫作而國人之無所矜式也久矣不有君子其能國乎始吾學之祠諸賢吾見其居於位者與先生並果孰使之然哉近若潭之長沙有祠周元公先生而以胡子五峯張子南軒朱子晦菴爲配者而鶴山魏公了翁因其修

祠嘗爲之記亦深嘉而樂道之今可法也曲禮曰羣居五人則長者必異席曷不卽玉泉遂初小山實齋四先生而配我龜山先生乎讙曰然論定然後肖其貌是歲垂光大荒落卜六月丁亥展舍菜之敬周服殷冠魚雅就逬枚數先生之族子裔孫有渙乎無萃竊幸尤氏喻氏蔣氏文獻之存幘冠者五六人奔走與祭是之禮也救滅亡而扶壞爛豈曰小補之哉其初位次未定繪事未素棟方臥疾未與虞君數四貽書俾識其事奈何不能守墳墓政懼夫無詞以自白其先人何敢表先儒而厲後進輒謝不敏暨歸

粲谿澤中值落其成固以請自揆愚隘無能言之不出耻躬之不逮肅子侍側語之曰二子之所云一老之所發揮是卽記也吾奚以文爲汝其敬誦所聞告諸執事者雖然棟豈終無言耶夫祭不越望魯可以祭泰山楚不可以祭河惟人亦然自生民以來未有夫子然終漢之世其廟猶不出闕里永平二年詔郡縣行鄉飲始祀周公孔子亦未有作廟之文唐武德二年始命胄監立孔廟貞觀四年始敕州縣皆立孔廟出闕里徧祠夫子距今載六百五十年由此觀之其在諸子非其鄉國而祭之僭也僭祭非古也不於其僭而於其古則蒐遺黜異凡今日之所是正者庶幾解逐客之嘲棟不學妄論至此不能不爲先生之罪人

徐偃王廟菴記　尤　諫

錫山西南一舍而近是爲五里湖湖之陽有山山之陽有廟祀徐偃王王嬴姓誕其諱爲周諸侯治以仁義穆王西遊瑤池忘返諸國交執玉帛贄於徐穆王馳歸伐之王不忍兵其民去之彭城武原山下而居焉至章禹見執於吳子孫散處揚徐間卽所居立王祀韓昌黎記衢州廟綱羅舊聞於斯爲信葢衢常皆古揚州境也然是邦也茂王子

孫廟藉以不廢則里人若浮屠氏之力嘗質圖志闕創始歲月惟殿重建於紹聖戊寅書棟可考殿南爲軒軒南爲門其以東西二序殿後小室浮屠氏趺息地也廟山相傳曰廟塘廟據其趾石塘橫其東人是以名隸於廟者六十畝有奇歲取薪槱供祠祭等用紹興間善彬居之業猶故彬去中廢官稅莫供爲里正病吾宗有佃於官爲任輸送慶元己未衆謂祠宇日就荒蕪水旱疾厲將無所乎禱遂邀請宗佾繼彬之舊佾敬共事神淸苦持戒爲一方信重經營補葺由殿及序翼欹而正更汚而潔結菴廟北扁以

保慶中建閣以儲梵筴旁闢軒以延賓客廟逼湖波往來病涉又累石隄百餘丈爲橋三役竟復慮無以供衆乃置田三千七百餘步爲伏臘計先後二紀乃克就緒一日其嗣孫文禮欵門曰廟菴規橅粗整惟故山未復余曰於吾宗族歸之吁始乎此廟僅有此山今由菴而隄而橋照映湖濱過者屬目詢之衆皆曰佾與其徒道恢等弊衣糲食積羸累奇而成余謂元本所在皆王仁義之澤浸潤濱涵非惟子孫敬之里人與浮屠氏皆敬之故相爲扶持廢者復興失者復還也禮請記顛末茲山去先塋近余春秋

掃祭經祠下瞻敬已登閣顧彼巖石磊隗久欲劖茖以記曾遊禮之言適與心會故書景定癸亥孟冬朔

遂初堂書目跋　　魏了翁

予生也晚不及拜遂初先生間儲書之盛又恨不能如劉道原假館於春明者寶慶初元冬得罪南遷過錫山訪前廣德使君則書厄於火者累月矣因惟國朝以來藏書之盛鮮有久而弗厄者孫長孺自唐僖宗爲栫書樓二字國朝之藏書莫先焉三百年間再燬於火江元叔及江南吳越之藏凡數萬卷爲臧獲竊去市人裂之以藉物其入於安陸張氏者傳之未久一僕之富僅供一炊王文康李文正廬山劉壯輿南陽井氏皆以藏書名凡未久而失之宋宣獻兼有畢文簡楊文莊二家之書而元符中蕩爲烟埃晁文簡累世所藏自中原無事時已有火厄至政和甲午之災尺素不存斯理殆不可曉聖賢不過託之書言以垂世示後所以共天命而植民彝也兼收並蓄博覽精索以淑其身以待後之人此何辜於天而厄之爾極也使子孫不能守如張江王李之家是故可恨若孫宋晁氏則子孫知守之矣而火攻其外剢如尤氏子孫克世厥家益莫可

曉雖然是穮是蓘雖有饑饉亦有豐年吾知有穮蓘耳豐凶非我知也尤氏子孫其尚思所以勿替先志云

無錫金匱縣志卷三十五

無錫金匱縣志卷三十六

藝文 文

元

無錫升州記 李晦

粤自黃帝畫野分州堯命禹別爲九舜承堯肇爲十二縣之名未聞殷封國始有天子之縣縣之名聞而未詳至周作雒千里百縣縣有四郡縣百里郡五十里縣之名詳而在郡上始皇易封建爲郡縣以郡統縣葢昉於此自唐改郡稱州繼此以州領縣定矣歷代沿襲州縣之名號雖一

州縣之更改不同錫山境土初有人於山下得古銘云有錫兵天下爭無錫寧天下淸因名無錫舊志載周武王封周章少子贇於無錫安陽山嘗爲侯國秦漢爲縣新莽亦嘗改爲有錫吳省并晉復置陳禎明中陞吳州尋復爲縣中間隸會稽隸吳不同最後隋於常熟置州取縣名爲常未幾隸常州時唐武德七年也緜歷至今左姑蘇而右南徐引蠡湖而控申江錫山在州西可五里許淸淑之氣蜿蜒扶輿磅礴鬱積而爲惠山拔起萬仞泉居天下第二故其俗愿而文民多魁傑忠信才德地大物稠古號繁劇天開景運二十餘年霑濡聖澤生齒日益衆元貞元年夏五月詔陞爲中州名仍其舊存古也明年正月之吉開藩於今五年陞改州記未立非所以侈皇恩而崇偉觀也今知州禾速嘉榮甫與長官暨同列莅官年餘政事修舉一日謀之儒館補其未備博士張元孫命予著筆余老矣猶能記憶前世州縣名義沿革一二并述今日陞改年月以爲他日刪修圖志之一助云

梁谿義塾記 吳澄

梁谿義塾者湖廣等處儒學提舉强以德之所建以淑其

里中之子弟者也塾在無錫州西南隅梁谿之東屋以間計三十而贏田以畝計一千而贏歲入以斛計五百而贏燕居有申申夭夭之儀報祀有濟濟將將之禮延請名儒以施其教招集後進以受其教務俾講習其間者皆能明經修行以稱時需此其意也侯嘗教授於南劒福州又提舉江浙湖廣其在官也政教所被亦云廣矣其居家也乃於里塾之教拳拳若是予竊謂之以古古者國有國學鄉有鄉學二千五百之州五百之黨旣莫不有學而二十五家之閭猶必有塾里中有道有德之老朝夕教焉何也葢

教必自近始始於塾而升之黨升之州以達於國然後考論其材而官之培其根本者深厚而非晨種莫穫之比古之人才所以後世莫能及也今日有路府州縣儒學有舊設新創書院不爲不多視古者鄉術州黨之學豈有異乎然教官例從省部注擬何能一一得其人哉學校之教有虛名而無實效往往由此義塾之教不然遴擇師儒在已識鑑而無所牽掣雖未必有如淳古道德之師夫苟能得耆艾博碩之彥引導有其方熏漬有其漸不壞之以速成不害之以小利亦庶幾乎古焉爾凡游處義塾之子弟勿

卑汚其志斷斷以古之人才自期此心此理必通貫體用而無闕遺所言所行對越天地而無愧怍若夫淺末於口耳能華於筆墨以釣譽媒身而已寧不負義塾所以教之意也夫强侯又捐山四百畝爲義冢凡貧而無地可葬者得葬焉侯之用心亦仁矣至治三年當路以其事轉聞於朝立門旌表以示勸云

億豐倉記　陳　邁 元志作迈

國家謹租賦之入東南諸郡尤加之意故二千石長官專任其事所以重民食也常之爲郡沃壤多而稅石夥於是置倉無錫州以便海漕合是州以及義興溧陽之糧凡爲石四十七萬八百五十有奇悉於此輸納焉歲率大府分官董之其責至不輕也今總管丁侯以開敏練達之才兼得爲政之體歷歘中外周知民間利病至順三年冬實莅是倉先是倉吏並緣爲姦往往高下其手嘗民租入時設計漁取或至倍輸羨餘既多則縱姦民乘間爲欺詭濫掩冒莫能究也夫漕事有嚴發廩視之米色腐黑者有爲糧數折闕者有爲向常爲官府之累矣侯思所以謹之爰命屬吏疏厥糧多者俾先輸且躬授教條立期程信賞罰一

斗槩均富貧政不擾而民信從率皆趨事惟謹務先期以濟向之漁取倍輸之患有不懲而自息焉侯之德民戴之實深非有過人之才者能如是乎昔漢兒寬爲左內史收租稅時裁闊狹與民相假貸故民樂輸襁屬不絕課更以最史臣稱之緊侯之治毘陵也下車未久適中寬猛之政彬彬可紀及董制糧事來錫山也一舉而掃數十年之弊其事有難於兒內史者今因州人士有請故書其事於石侯名奕祖世系仕籍有史筆焉

溪山勝槩樓記　鄭元祐

延陵溪山散在四封獨惠山秀出於梁溪溪當南北衝要發源於山而山之泉自唐迄今擅天下名品在第二山復突起於平壤數百里之間老佛之宫與士民室廬蜂房螘垤以附麗其深秀者槩無一弓空棄抑亦可謂盛矣哉然得其邃深者或迫塞而不紓得其宏敞者或空曠而不茂密獨華君别墅在無錫西門惠山横陳悉露其深秀凡山之霏烟洩雲雨紓晴晦朝暉夜光吐護閃映以至於山之竹樹水石春腴夏陰揫歛而勁實者不出於其別墅几席之上則在於簷廡之間矣夫梁溪之演迤而東也至茲而

始浩渺溢目鳧鷺儵魚翔泳出沒菰蔣荷芰被接洲渚望之而彌長挹之而彌深槩無遺觀也已高桅疾帆呉歈越謳溪翁柁師網罟繩擉舟炊而野飲聚語而散處掠輕檻而過望尊俎而笑殆與之相忘形骸而莫適為賓主矣人謂君别墅據山水要會而總攬兼得之至順四年春余之維揚載舊藏溪山勝槩四字扁將揭之溪菴野寺耳君見大喜曰是造物者名吾亭也於是取而揭之水軒更七年爲至元仍紀元之五年余復道梁溪則於水軒之南建樓而扁揭其上樓既高迥景益秀出登樓而觀山若增而益高水若湥而益深凡所謂勝槩者較之水軒不啻數倍也已夫延陵非無佳山水也顧以散在窮僻獨惠山不遠州郭而君之别墅適得其勝槩然更唐宋以迄於今果何如也華君能以德培其家教其子孫交友天下之賢者相與詠歌而登覽之則斯樓也豈徒一時之勝槩也哉君名鏌字子英云

華孝子故址記　　高明

惠山寺之東偏當泉水之上有三賢祠案志書今祠址華孝子所居宅也初祠久廢呉人王彬始復倡建既成則以

三賢事刻諸石且曰初址實孝子故居孝子之事不以歿而不著復礱其碑陰以記其事章善也案齊史孝子名寶晉義熙末始八歲父豪戍長安且行謂曰我還爲汝冠後長安陷父歿寶奉命至七十不婚冠或問之不忍答輒號慟彌日建元三年詔表其門閭凡史載孝子事若此葢自西晉以來尙元虛賤名檢敎弛法斁波流風靡而孝子獨能篤至行終始不渝其誠意惻怛可以貫金石干雲霓若與宇宙日月同其久於此見天之降衷人之秉彝不以衰世末俗而有異也孝子晉人而志謂齊孝子者葢孝子生

於晉長於宋歿於齊當其一身而天下三易姓當時居朝廷有爵位者朝事司馬氏夕事劉朝事劉夕事蕭恬不以爲怪而孝子奉父一言七十年餘未嘗斯須忘以至歿身不替使當時有爵位者其奉君命恪官守亦咸若華氏子則晉不當爲宋宋不當爲齊而孝子宜不曰齊孝子也凡遊於玆者憩幽林酌清泉臨風覽古懷三賢之高風慕孝子之志行其素有志者宜加奮勵其未能者則澄思革心勉追退蹈是則某所以樹碑之意云爾夫人性一耳有爲者亦若是吾徒宜毋自怠

仁壽菴記　　黃溍

仁壽菴者無錫鄉先生强君退休之所也君少負志氣能自植立以文學起家歷官五品用著令貤恩父母以及其妻因自念遭時承平天子方施錫類之仁以廣孝治榮光所被萃於一門欿然深以滿盈爲懼年未及謝卽上懸車之請朝廷欲寵嘉之以奬成廉退之俗遂如所請而官其子時君長子可仕從事帥閫成賚而待調於銓曹乃任其仲子可大尉一縣君既釋組綬而還兩子又皆有祿秩以爲養始得肆情邱壑不復以世故自累爰相善地營樂邱於州西七里璨山之陽而築菴其旁締構巧埴樸不近漏華不過侈有室可居有堂可以奉賓客有閣以登眺有亭以燕嬉曲徑方池尤花異卉可以近清涼而娛澹泊使來告曰菴以便吾私邱以息吾歸也幸爲我志之曩者君以仁山扁所居之堂矣今名其菴曰仁壽者仁其體壽其效也君嘗建義塾梁溪上以淑其里之子弟設義冢玆山之下使貧無葬地者咸葬焉此又其仁之見諸用者也爲效豈止旦夕之近哉抑予聞是邦以惠山爲巨鎭靈秀所鍾鬱而不洩土厚石堅草木蒼潤泉發其中雅於茶事爲宜

陸鴻漸品之爲天下第二誠宇宙間名區奧壤也玆山岡連隴接而特據其勝處去人境不遠而幽靚閒美若與世隔非有隱德莫宜居之惠山有仙者徐神翁之後盧君遺跡安知其人不往來山中而與君遇乎君儻得而友之則刀圭之益爲壽有非數量之計且將乘雲氣騎日月而逍遙乎六合之外尙焉用玆邱爲惟仁者之必壽本於吾聖人之言可徵不誣而今之名菴者克協其義是宜有述然不敢勦取先儒之說而重陳之姑承君之命又次其大略如此君名以德字振之仕至湖廣儒學提舉春秋六十有

八元統二年立石

復陳景忠修撰書　　余闕

闕啓子山修撰遞至所寄書承諭令先世死事辭義懇至此正仁人孝子之用心比來遣使購求四方野史諸書宋故家子孫少有送上者蓋歷年既久文字散亡或子孫衰亡不能記憶而下材者不知褒揚先烈亦庸或有之也僕朴陋無似惟平生於人一言一行之善卽喜稱道況宋之亡降者甚多而死義者甚少豈不以降則生且富貴而死者人之所甚難也夫能舍其生且富貴而行人之所甚難

此非若一言一行之善猶可勉而爲者而史者所以發潛德誅姦諛所宜急急纂著以諷厲天下而爲名教勸非特爲宋氏計令先世事僕所以遲遲不可決非敢少有他志特以德祐時國家分崩滅亡皆無著作而樞密院故牘載常事特略野史所紀特姚王劉事又皆紛紜失眞而陳通判無能知者夫家傳不敢盡信先輩屢有是言必參稽衆論有可徵據而後定聖人於夏殷之禮詳矣然猶徵於杞宋之文獻況其下者乎況其文獻無足徵者乎雖君子善之使足下處此亦不易也近書庫中始得德祐日記數𠕋陳通判事始見蓋姚訔之常在三月廿五日劉師勇復常在五月五日陳通判之陴在十八日時陳見攝西倅復常之日姚亦後至見於劉師勇之奏君家所紀亦傳聞之誤也謹以載入史中不敢遺落人禍天殃豈不畏哉昔歐陽公作五代史不爲韓通立傳人以爲非第一等文字要是宋人避忌太甚如黃太史修宋書用見聞幾陷大禍今幸我朝至仁世祖皇帝爲金死節人立碑聖上詔修三史凡死節者命一切無所忌諱夫古之良史殺三人而猶執筆以往況今遭逢聖明何苦而爲不肖之行如陳壽輩哉昏

筆之類今士大夫往來之常固不必辭然恐有乞米之嫌茲用納上高文足見筆力歆慕歆慕何時合并以副所懷秋高千萬自重不具

昭先錄序　　危素

宋德祐元年十月乙卯通判常州陳公炤死城守後六十九年爲大元至正三年皇帝詔修遼金宋史其曾孫顯曾以書告史官翰林直學士王公沂師曾翰林修撰陳君祖仁子山經筵檢討危素太樸請錄公死節事陳君及素復書曰史館修撰余君廷心實當記公事而愼重不輕信於

是顯曾又丞以書告余君反覆哀痛余君雖愛其詞然猶難之後從國史院庫得德祐日記載公授官歲月與夫復城城守兩轉官城破死節褒贈等事甚悉始爲立傳而顯曾未知也遂走京師伏謁余君以請今其傳旣上進矣顯曾退輯次諸公爲公所著文字及其前後所與書問題曰昭先錄使素序其端素使過常詢其父老而參以野史雜記所載獨恨忠義之家其子孫往往才智駑下不能道先世事可勝悲哉而顯曾獨惓惓焉於此懼其先德之不傳可謂賢已且顯曾學行淳懿方由爲當世之用此錄盍不

待序而傳者然素讀宋禮部郎官鄧公光薦續宋書謂常之天慶觀道士收城內外積骸萬數至不可計并池溝壍無不充滿僅餘婦女嬰兒四百而已大兵入江南屠戮未有如此者則常之事史家尤當盡心焉按大元丞相伯顏驅降將呂文煥遜常嚮臨安先是左丞阿答海攻六月餘不能下會守臣趙與鑑稱病溢入王良臣者屢舉不中流落無藉人也適寓常與錢訔者詐稱郡官開門迎降書首署錢訔而末及已今法以署後者爲長良臣遂守郡訔乃次之是年三月故參知政事姚公希得之子訔以知某

州家居宜興與公合謀起民兵二萬復常州事聞丙申授訔帶行軍器監簿知常州調揚州兵七千隸之五月戊子公差通判常州六月戊辰特以其職起復加奉議郎於是樞密院都統制劉師勇副統制王安節皆以督府命分兵守常加師勇安撫使殿前都統制張彥攻呂城八月加彥遥郡觀察使師勇防禦使又命統制張全將淮兵二千來援文天祥督軍平江公之子應龍奔愬乞援天祥義之使宋華將三千人尹玉將五千人會於五牧全往橫林設伏於虞橋大兵奄至麻士龍死之全不救走還五牧華欲掘

塹設柵全皆不許大兵薄華軍華力戰自辰至未華軍死於水者不可計至暮大兵遶出華背會全謝雲胡遇曾王先遁尹玉力戰手殺七八十人全軍隔岸不發一矢華軍渡水挽船全斷挽者指於是多溺死者尹玉戰死全亦宵遁惟尹玉殘軍五百與大軍角皆併力死戰無一降者質明易崇等四人脫歸天祥謀再遣兵道不通矣全淮東償將也嘗從許文德復清河兵已入城全鳴金收衆文德不敢以斬將自專送之帥閫竟免之及是天祥欲先斬全并寘敗將於軍法以全朝廷所遣請於陳宜中宜中又免之

卒以降天祥至餘杭始斬曾全以徇耳目呂城之敗城中短氣然猶堅守四十餘日殿司及所親籍籍偶語欲進異謀輒憚師勇忠壯莫敢發言俄羣鴟飛匝城中衆疑其妖亡何大軍有鵶鶻亡集城上請以善馬金帛贖之師勇不予與淮將謀卜十月丁巳率勁兵突圍出戰乙卯伯顏親率廿萬衆抵城下急攻北門將士力戰再退遽攻南門屬地分將張超離所部謁神祠大兵自超所守處登城軍士不見主將拒鬭不力城遂破撥發官傳忠導師勇以數百人開東門拔柵踰塹而去師勇弟馬墮塹躍不能出師勇

遥舉手與訣轉戰而前間道疾走幾危者數比至平江纔十一騎云安節善用雙刀率死士數十人巷戰及左股斷猶手殺數人大兵脅之降安節大詬曰汝不知守合州王節使耶乃吾父也吾豈爲降將軍辱吾先人遂死之天祥後繫燕獄爲詩哀常州云常州宋雎陽也北兵憤其堅守殺戮無遺死者皆忠義之鬼哀哉哀哉詩曰山河千古在烟火一家無壯甚雎陽戰冤哉馬邑屠蒼天如可問赤子果何辜脣齒提封舊撫膺三嘆吁豈縱火自焚公調兵巷戰敗歸坐廳事左右牽馬請由小東門出公曰去此一步

非死所矣日中兵至堂上慷慨不屈死於所居之位是時淮軍死鬭入殺數人乃死有婦人重傷伏積屍下見淮軍六人爲大兵所逐六人反背相拄且前且鬭殺十百人乃斃莫謙之者宜興浮屠起兵戰死徐道明天慶觀道士不降死至是宋雖危猶用褒恤之典贈麻士龍正任高州刺史一子承信郎尹玉濠州團練使立廟贛州一子承節郎賜田若干畝王安節保定軍承宣使謚忠藎二子大使臣恩澤賜銀絹五百曾子廿萬田千畝姚訔龍圖待制公得贈朝奉大夫直寶章閣一子將仕郎皆立廟莫謙之武功

大夫昔聞傳者之言曰天地有大經亘萬世而不泯者忠義是也夫惟敗亡之國其人乃見而有道之朝務存至公不責其抗而錄其節至於倒戈迎降開門輸欵者雖賞之爵之而未嘗不疑其心薄其行是以高祖致丁公之戮文皇章君素之贈皆所以植天衷正民德崇世教非淺見俗識所能測也仰惟今皇帝示天下以至公明詔史臣毋諱死節素待罪史官分修忠義傳網羅放失夙夜兢兢故常之事得而備書之然猶恨死者多逸其氏名爲之永慨而已顧安得家有賢子孫如顯曾之能昭其先者乎公家本

寒素既祿食歲連稔頗多積粟鄉之人乏食者以衣來質
郎以粟與之頻歲不贖之衣甚多是歲又盛釀酒九月十
有三日公生之日應竉自無錫以數舟載衣及酒盡裝入
城稱壽因犒軍士畢公曰吾必死此吾宗不可無後汝歸
守墳墓毋復來泣別而出應竉既請援督府又傾家募士
以補散亡革命之後杜門不出命子協購求公遺文錄藏
之衣冠不改終其身焉顯曾之生協稟命其父以製名字
以景忠訓之曰顯曾者欲汝顯其曾祖也景忠者欲汝景
慕曾祖之忠烈也汝其識之及病革遺言曰汝毋忘重闈

之養及名字之命顯曾泣曰不敢已而目不瞑顯曾泣曰
不敢忘遺訓也乃瞑時顯曾年方十六故顯曾克篤孝誠
久而弗懈余讀其昭先之錄亦必爲之廢書而感泣也至
正六年四月既望

忠靖王廟迎享送神辭 有序 倪瓚

至順元年春吳楚洊饑天災流行連數郡道殣相望沴氣
薰襲爲瘥爲扎錫之民咸被漸染小大惴惴無所請命邦
之耆老相與言吾邦錫山之陽有□嶽祠祠有明神爲曰忠
靖王祚爵東平生能奮忠死有遺烈赫聲濯靈福我錫民
自有年矣在昔宋季大疫用禱於神變沴爲祥德載歌詠
民病亟矣宜從故事乃合羣謀籲衆感卒從祠下鐃鼓鏜
鉱旌纛掩靄導軿駕以臨城闉香雲漲空耄稚奔走衆心
推誠祈祀惟謹惟神顧歆來格來饗若沐神水若濯泠風
歐禳妖氛民疾用瘳丕痺神化無遠弗暨鄰邑之民祈者
踵接環句吳四封所活幾萬人爲是神有大造於吾民也
禮神能禦大災捍大患者則祀之矧威烈若此是宜尸祝
而社稷之舊祠燬於火未幾民更興復其制瓚嘗以母病
致禱立愈因作迎享送神辭二章刻諸山阿俾錫民歌以

祀之辭曰

靈皇皇兮岱宗神之來兮駕飛龍赫蒼顏兮朱髮如火紛
羽衛兮岳祇業硪青霓旍兮白蓉裳降大荒兮祓不祥毆
野仲兮逐遊光惠我民兮神樂康羅帳兮雲幄湛寒泉兮
瑟蘭勺撫偃蹇兮歈參差薦芳馨兮神享之靈娛娛兮奈
何樹紫檀兮山之阿匪斯今兮福斯土沐神休兮千萬古
神之去兮驂雲螭風颯颯兮吹靈旗倪臨風兮延佇悵神
遊兮難駐神斿兮翩翩撫一氣兮周八埏朝騰駕兮西神
夕弭節兮東魯噫神往兮莫我顧民有籲兮載福斯祜折

瓊華兮遲神歸歲復歲兮神寧我違石戔戔兮流水壽我民兮報祀無已

明

惠麓小隱記

孟栻

惠麓小隱我先府君識所居之扁也當九龍峯之陽惠錫兩山之間故伯祖奉議舒城府君葬焉奉祠有菴曰壽寧命僧泳主香火泳分其徒富繼守之以淵住禪悅禪悅亦由壽寧出入而壽寧漸廢稱貸於淵淵勒以壽寧歸券將撤我宗祀時先府君自南康校官歸過家上冢知之壽寧

業已易矣遂訴於有司有司利淵之私不能伸者數年會部使者兀顏公明燭洞徹決以一言獲復業而徙居焉改立復本堂以奉大宗主創鄒國公祠撥田給祀事延師教宗族子弟茂林修竹清遠遠舍山可樵圃可蔬嘗命何東谿寫圖自題絕句於端以寓心目之勝當時縉紳題詠盈卷府君郎信州錄事年甫六十慨然歎曰故山榛莽田園日蕪遂引年謝事而歸閉門不出十餘載日與高人幽士吟嘯自娛教子耕讀優游泉石將終身焉至正丙午陽山盜發燬及吾廬子孫乃散處邱隴墟矣越已未主一自括

歸顧瞻泉源之深長草木之葱蒨皆爲樵牧境於是求先府君釣遊之舊躊躇詠歎依依然殆不能舍而去之且痛先人復業之艱不敢仰視乃營草堂於故址安祖宗之祀栽松竹浚泉源將繼小隱之志其有日矣噫古之仕者去家而見用於世既貴而歸故鄉此人情之所同欲也然而能得之者或鮮況所值之時乎時之盛衰迭爲消息理則故然然昔之著於前者嘗盛矣今則適當其微而何怪其然也豈故家遺族不忍以其零落遂就於湮沒將有復於微焉追念前人之經營輯錄先輩之賛詠繪圖成卷而傳

之使來者知之亦有以推先世之澤而有立焉豈獨感慨於陳迹而已哉時洪武壬戌九月甲子日書

竹茶鑪記

王達

性海禪師卓錫於惠山之陽山之泉甘美聞天下日汲泉試茗以自怡有竹工進曰師嗜茗飲請以竹爲茗具可乎實鑪云鑪形不可狀圓方上下法乾坤之覆載也周實以土火炎弗毀爛虹光之貫穴也緻文外飭蒼然玉潤鋪湘雲而剪淇水也視其中空無所有冶鐵如柵者橫其半勺清泠於器拾墮樵而烹之松風細鳴儼與竹君晤語信奇

玩也禪師走書東吳介予友石菴師以記請夫物之難齊甚矣尊罍以酒鼎鼐以烹此蓋適於國家之用尤可貴者若斷鼎以石製鑪以竹亦奚足稱豔於詩人之口哉雖然尊罍鼎鼐世移物古見者有感慨無窮之悲竹鑪石鼎品高質素玩者有清絕無窮之趣貴賤弗論也且竹無地無之凌霜傲雪延漫於荒蹊空谷之間不奔伐而筥箕筐篚之屬過者弗覗也今工製爲鑪焉汲泉試茗爲高人逸士之供置之几格播諸詩詠比貴重於尊罍鼎鼐無足怪矣初禪師未學也材豈異於人人及修持刻勵道隆德俊迥

出塵表爲江左禪林之選亦竹鑪之謂也是爲記歲在乙亥秋仲望日

縣治同心堂記　　項 伾

國家建官以一邑之事不可獨任令爲之長丞簿爲之貳佐史以文墨參贊其間欲其同心協力隨事可否務得民情務合公論而後行焉蓋衆論所同則無適不當衆慮所及則無隱不周衆力所集則無重不舉雖然心本也心有不同則猜忌日生乖戾日稔來讒賊之言啟忿爭之禍彼此且不能自安欲望其修政立事而有以安乎民哉故狹量不足以處衆偏見不足以燭理固執不足以達務天下有大同之道視人猶已不立町畦同此心之公所欲與聚所惡勿施同此心之恕審取舍之幾明義利之辨同此心之廉王事在躬靡遑寧處同此心之勤夫如是而後可謂之同心易曰同人于野亨利涉大川利君子貞又曰二人同心其利斷金其斯之謂與是道也不止於爲邑爲郡也雖甸宣邦國訏謨廟朝可也昔舜命九官濟濟相讓百僚師師百工惟時武有亂臣十人致篤棐之忠盡保乂之道非心之同能若是乎夫以古之聖賢其所以治國平天下

者率由此道矧一邑之中同僚之契有兄弟之義焉其可舍此而他求哉正統初予以謫才來令無錫而邑佐三山潘君惟深涇陽李君汞芳同郡董君仲謐典史保定李君頎荆南范君眞相率來此皆能以公恕廉勤爲心莅事之暇嘗燕集於公退之堂論事斟酌重輕善以相告過以相規所以同心而子民者蓋庶乎近之矣予因以是名堂冀諸君之相與勿怠庶無負於朝廷建官之意也

漪瀾堂記　　盛 容

皇明御天混一四海化干戈爲衣冠之俗華風漸被山岳

效靈吾錫據江南之望惠山之泉稱天下第二石甃細流由山麓聯絡迸注而爲井由地中瀉於龍吻渟而爲沼窦然庇臨其上漪瀾堂也茶仙之品評坡老之題詠傳誦迄今代有名人承風步響士庶之雲集者無虛日三韓之使亦訪問焉吾宦遊兩都關之東西齊魯之境吳楚百粤足跡殆遍奇踪偉觀孰非悦於心而快於目者而王事之暇耿耿於懷寤寐此泉此堂而莫之釋艮以父母之國少日釣游處也成化丁未春內臺解組旋始得如願與舊友員外陳君進之封太守秦君景暘邑令榮侯躬實來游山中

或折簡而會或不約而遇維舟溪上相率以嬉登高振衣望遠終日季秋之望侯復請遊觴於堂籩豆斯陳獻酬有序釆英浮白閒以詠歌仰而觀山峯攢雲簇如萬馬爭馳於闌檻俯而聽泉其潺潺與松濤奔放上下互爲淸濁恍聆九奏於洞庭自念久勞於外茲歸骸於承平之日以時賞心形神俱爽不負吾泉吾山之期待士夫以完節歸余詎敢當耶會斯堂漸圮侯欲圖新之繼日乃出羨餘經其始弟隤捐鏹相其成剗穢而爲夷易舊而爲新匠者斲圬者塓危簷峻楹承蔭廣霤飾以釆環以闌三閱月而告成侯以記請予謂水微波爲漪急湍爲瀾昔人以之名堂者有在原泉之一瀦一顯即陰陽之一翕一張此道體之妙也夫子泉上之歎子思淵泉之論文公源頭活水之句厥義弗殊此侯素講明者自今斯堂之新也觀其水之瑩然則思以澈民隱觀其流之不息則思終始此心是大有助於來者豈佚游云乎哉侯謝曰是亦僕之志也遂書刻之

松風閣記

秦夔

凡屋於山必重簷峻楹高跨冥漠迥凌淸虛庶可以納遐景招遠風此勢所宜然否則卑鄙弗稱去惠山之西一里

許有菴曰聽松據九龍之腹山谷靚深人蹟罕至洪武間高僧眞性海居之凡朝之縉紳與夫幽人韻士來遊錫山未嘗不觴於斯息於斯歌詠於斯然蓬屋瓮牖背山而廬可以棲霞臥雲難語夫高明爽塏遊者或病焉戊戌秋余嘗假宿於菴菴之後有岡翼然間與主僧宏上人登焉方凝神莽蒼間俄有風西來孤響泠泠若龍吟谷中顧問左右安所得此乎上人戚然曰此松風也岡之西舊有松萬株每風起巖谷間輒洶洶作秋濤出峽聲吾祖眞公聞而樂之嘗欲閣於斯未幾示寂而松亦旋剪爲薪今獨餘三

數株在爲指示之皆蒼髯垂胡若元夫巨儒拱揖巖畔余因自計登茲岡者多矣皆莫克闡此而適使余聽之豈冥公在天之靈將託余以贊斯閣之成哉況重簷峻楹於山之道宜然乃爲相度形勢經理財用凡我同志咸樂補助而經營幹蠱上人實任其勞不數月厥功告成危欄支空廣霤承蔭易卑爲高去奥即明高霞低映遠山來朝而松風亦時時作金石奏淸泠激揚可以蠲忿滌煩所謂納遐景招遠風者盡在是矣余間登而樂之嘉上人之克追先志且自慶異時宦遊而歸將往來於茲烹泉聽松以終吾老也遂書以識俾後之登斯閣者有所考

華孝子祠記　王華

華孝子寶生晉義熙間南史載其事孝子生八歲父遣戍長安謂孝子曰須我還冠汝父竟死不返遂終身不冠亦不娶年七十餘以弟寬之子爲後舜不告而娶君子以爲大孝孝子守其父命終身不冠娶人不能無疑於其說也屈原自沈以死楊雄譏之朱仲晦曰屈原之忠忠之過也屈原之過過於忠也夫亦孝子之謂也與孝子故無錫人無錫華氏皆孝子之後殷大昌衍盛於他族惠山之麓舊有祠自孝子之歿千百餘年禋祀無替當孝子之生其時王公大人有子若孫氣勢百倍孝子者何限然皆淪廢湮滅而孝子獨以其一念惻怛卒能享有無窮之祀孝道之大施諸後世非朝夕之故也固如是哉宏治癸亥華氏之十四世孫曰守吉者謀修孝子祠事未舉而歿明年甲子其子煥煇爟勲成父志乃大新祠宇捐膏腴之田五百畝以供祀事而以其贏賑族之乏孝子之事益大彰顯而守吉父子之名翕然不愧其家世蓋華氏之以孝義相承益信其流澤之遠也四子既請其事於朝復以狀幣來丐予記夫孝子之孝守吉父子之賢皆有勵於世於是乎書

復五賢祠記　正德丁丑　邵寶

無錫縣儒學之有五賢祠肇自宋季其初四人繼或以意益至九人薇山虞薦發氏實釐而正之損五人益一人是謂五賢五賢者爲龜山先生文靖楊公玉泉先生喻公子才遂初先生尤公延之小山先生李公元德實齋先生蔣公良貴位則龜山中而南面四君子者東西列焉事具尤棟氏所爲記歷元入國朝以意益爲尤多且遂並列無配今考其人莫不節具章成而其道於龜山則有間矣君子

之論焉可誣也成化中祠再葺武功伯東海徐公記焉於五賢之承傳履歴詳矣而他不一及此其意葢猶夫薇山也然而班躐如故弗革益加某少遊於斯讀尢徐之文嘗謂是祠一失則泛再失則雜泛可裁也雜不可辨乎葢亟贍亟興歎而莫可告者正德丁丑夏督學御史安成張君汝立毀諸尼若女冠之居以修我學宮人或以是為言汝立乃問於某某謂之曰人之言然盍亟圖之於是屬吾郡貳守鼇峯范侯汝霖擇地尊經閣後為堂四楹中龜山而從以四君子者如虞氏鼇正之式復其榜曰五賢凡後所

益者則於舊祠祀之謂之鄉賢邑博士唐德卿劉景儀鄭大節謂某實先斯議不可無記乃率其弟子某等來請昔韓子稱求觀聖人之道者自孟子始孟子後千餘年而兩程子繼之今之求道者不當自程子始乎龜山傳程子之道而南者也其在無錫久至十有八年說者謂其嘉泰伯延陵之風於是止而進修焉追惟其時及門若私淑葢繁其人而四君子者深矣是祠是配其將自龜山以求程子乎其自程子以求聖人之道亦將於是乎在書曰升高自下陟遐自邇斯舉也其有之是故裁泛以義昔之君子遠矣今之君子為其雜也而以名實立辨焉亦昔之君子之志也雖然非賢督學其孰與成之

張中丞廟記　邵寶

張中丞何神也唐睢陽守張公巡也公當天寶之亂城守以死且曰當為厲殺賊史稱其有保障江淮之功宋南渡後民結社備寇者在在作公祠以倡忠義祠必厲狀謂之公志錫山之祠豈亦創於其時邪說者謂宋異人盧至柔者於此得泉井而施民以療疾疫遂祠公泉上俾汲必告以鎮民譁然以泉故禱者日衆其祠視他郡特盛葢自始

祠迄明景泰凡若干年矣而耆老有行義者議曰祠必有祀祀弗在典猶弗祀也乃以上請得春秋祭著為令若干年成化某甲子議者又曰祀有典矣而祠以厲附他廟弗經弗專乃卜其東為今廟君子曰是近於義廟成貌公於堂以人易厲衣冠惟時主書其官祝如之榜亦如之君子曰是近於禮夫民祠公有報有祈而禦災捍患無一日不望於公初何假夫泉哉然泉之利甚博收而幕則滯勿幕則泛勢必有主者而惟公是歸則公之得於人者亦於是乎徵觀一邑而江淮之南皆可知也氓之無私誣公以厲

誠誕且怪然厲乎由民弗厲由民民求公殊而公之爲民佑者譬之兹泉或泥或甃而水固無不在也黜乎厲以從其初如是爲義如是爲禮如泉之渫則源源而來以是求公公必享之故泉不必廢也廟與貌不可不正也吾於斯舉有取焉昔狄梁公毀淫祠於南方所存者四其一伍員公之忠於員遠矣而祀由禮義其將與兹泉終始乎是爲記

秦淮海先生祠記　邵寶

淮海秦先生祠堂者先生之十九世孫銳之所建也先生

在宋建中靖國間以國史編修坐黨籍謫外卒於藤歸葬高郵政和間其子湛倅常州遂遷葬於惠山其孫南翁因家無錫傳十餘世至銳之祖封武昌知府景暘暨其子方伯廷韶其諸子封都憲潤孚謂先生生長宦遊之地皆有祟奉而無錫爲葬所顧獨缺焉蓋有志於祠未果而繼卒銳欲擇善地以成先志久而未得嘗以告子繼之以歎正德丁丑監察御史安成張君汝立以提學至縣盡毀尼女冠之居而及於鳳光橋東所謂善智寺者銳見其近且塏爽乃請於提學君君亟稱善而從之爰謀於其諸子今鄉貢進士泮歸直於官請其地而建焉始事於戊寅之秋越明年己卯春厥功告成予往謁焉退而歎曰美哉秦氏其盛矣乎蓋吾嘗觀於前宋蘇文忠公以文章氣節重於當代而先生文麗思深風致清逸與黄陳數子並遊於門亟見稱許既入史院不幸死於遷謫至於今誦其言想望其丰采者猶色然起敬謂當與文忠並傳不朽況爲其子孫者乎無錫故有祠在墓旁蕪茀已久而數十世後乃有不忘其先如銳之祖孫父子者君子雖欲弗與不可得也秦在無錫自國朝以來起家鄉貢者九人登進士者二人而

學行政績莫顯於方伯與今都憲國聲嗣而興者其人九泉初銳既得地而經始也亟用書告都憲於湖南都憲曰此吾族之缺典不可不圖及將落而告其二叔永孚仲孚又皆曰此吾祖吾父之志也不可不力祠因故材葺而爲堂中奉先生像前爲門堂之後新作燕室四楹室之後爲樓題曰淮海其下爲夾室常州公暨處士物初先生暨武昌暨封都憲暨方伯五公之像縣焉左右有序凡若干楹歲舉私祀於堂銳也祼獻唯謹餕於室則諸昆弟咸在夾室五像以有家廟故薦而不祀乃若二子濂汶及其羣從

延師講肄亦皆於斯葢尊賢於先而因以風其後人銳之繼述於是乎大矣某辱交於秦氏三世至銳始爲姻連葢於是與有慶焉頃銳以記請再辭不獲既爲書其事復作迎送神辭俾於享焉歌之物初都憲之曾祖也於武昌爲諸父銳字國英太學生其辭曰

有藤糾兮若虬與古木兮相繚公何爲兮此邱昔有夢兮彼州夢維水兮我泉涛流公舍此兮焉留剡有箕兮有裘世復世兮千秋公之墳兮既荒邑有構兮曰公之堂蕙肴烝兮奠桂漿肅登降兮有冠有裳公之來兮如水斯洋公

之去兮如風斯翔祝有冊兮歌有章惠諸孫兮不忘

李忠定公祠堂記　　邵寶

惠於錫爲名山山之重在泉而幽邃如聽松菴者次之菴之左有茂林修竹觀者謂爲一山之勝吾世墓邇其地舊矣宏治間購於僧而得焉時方考朱丞相李忠定公居錫之故而恨其未之祠也葢有意於斯者凡十餘年至是幸獲休退而始爲堂於竹間以爲公祠間嘗登而四顧左右前後無非竹者乃額其門曰尚德書院若謂竹有君子之德凡觀物者尚之云爾然豈徒以物爲哉思古之君子而不可見將誦其詩讀其書以論其世葢狂斐之志如此學稽三代以來君子之在錫者以至德則泰伯之祠尚矣儒學如龜山諸賢亦故有祠於學凡我後進皆得拜而瞻之公自其祖由邵武來居生長宦學於斯至以梁谿自號則固諸賢之儔也況嘗廬墓茲山義起之禮顧當後舉哉此堂之所以作也今夫祠擬諸祭菜則事合稱諸鄉先生則名正肖諸家廟舊本則像眞與子弟諸生歲時率以從事庶幾一陟降間如與公周旋交懋厥修以階聖賢之域葢不知道有隆汚而時有古今也抑亦自尚吾志而已矣公

之學吾未知其所從受觀其父母葬銘皆出龜山當亦與聞程氏之道者故其建明經畫大抵篤君臣明𡰥夏達經權審進退以身任重而不自失爲其忠義激烈千載而下猶能使人興起史稱公有諸葛武侯之心而考亭朱子序其奏議至以天生弭亂許之卽是而觀謂公古之君子其不然哉昔朱子以匡廬卧龍菴之名取諸潭石遂緣其義爲畫武侯於堂君子謂其有異世之感若公於此精爽伊邇風聲所及學者有師揆之匡廬葢爲感雖同而事則切矣乃若以竹與思寶不敏於龍菴之說竊自附焉天下之

君子當有能知吾過者是舉也吾甥華珵實任其勞始於正德庚午七夕成於中秋奉安於重九皆不愆其素奠畢小燕客賦淇澳而退

海天亭記　　邵寶

亭於惠山之麓曷爲以海天名山有泉發自巖竇滙而爲池七池相注東入於溪北東百里入於江又東百餘里入於海海泉之所歸也吾嘗觀泉於池思其所歸登高而東北望曰海其在是吾泉至是極乎望而不見則仰天以歎嘯詠而歸山之麓於是乎亭亭成與客登而歌之歌曰茲

山兮我泉始流兮涓涓東行兮何極指滄海兮爲淵逝晝夜兮不舍又焉知兮歲年吾窮源兮思委方在此兮忽彼望大海兮未見見雲天兮興喟天冥冥兮雲深深登茲亭兮勞我心客有和者曰泉流兮山中日流兮日東彼東海兮伊邇吾舍此兮焉從源之委兮朝復宗子不聞兮古人曰有本者如是孰進之見兮未見其止海際天兮天有光遠在彼兮近吾汪汪知子者謂子之有望不知子者謂子爲荒海滙然兮天一方子聞而使反之飲泉而退

點易臺石記　　邵寶

邵子作點易臺基既定矣偶行於其崖之上有石突出其高數尺廣半之其西有如級者可升其上有如榻者可坐其右有如几者可倚可枕右之前有如案者誦可攤書書可伸紙飲可置蔬一盂酒一壺其東若北皆嶄焉壁立有巖巖之象或坐而東北望則武進之橫山江陰之定山邑東野之膠山高山芙蓉山鴻山函山嵩山石室諸山歷歷可指近瞰蓉湖如沼在圃通波枉渚錯襟互帶而奇松一株適當其前觀者以爲此眞臺也邵子喜遂以所書點易臺三字刻於石上

超然堂記畧　　邵寶

超然堂者二泉邵子之所作也邵子初爲許州許有尚書臺在臨潁之野嘗聞之故老而未之見也宏治甲寅一夕夢至焉其堂曰超然而吟松詠竹二齋列於左右寤而語客客紀之以詩越今正德庚辰二十有八年矣邵子既辭尚書之召作點易臺於惠山之麓既成而登恍然於夢中所見故爲堂於臺前榜之如夢或謂許之臺名尚書蓋以漢馬融氏嘗講經於是也故句今臺焉乃適邵子之起爲是官也名若是協耶或曰不然邵子爲親而請告其起也

當正德卯辰之歲時上下方震逡撞擊而邵子獨優游泉石間超然云者其在是乎邵子聞而謝焉既而喟然曰古之人有晚年進德者疇昔之夢所謂伸於萬物之上非學何以至此吾雖老固不敢自棄也二人所云或失則淺或失則荒於吾志何有乃爲之歌曰我昔夢兮超然倏荏苒兮三十年吾臺斯兮斯屋將假我兮韋編若登山兮望海何愀廓兮吾天又歌曰天高高兮萬物在下叶孰能靜觀兮精思何苦久矣吾衰兮吾過吾補孰夢非真兮孰今非古二人聞之若相謂曰邵子其超於夢矣邵子復起而謝

爲遂書爲記

碧山吟社圖記 邵寶

碧山吟社在惠山之麓黃公澗上成化宏治間有隱君子修敬秦翁晏與竹石陸翁懋成梅菴高翁惟清遯菴陳翁天澤杏軒黃翁公祿聽玉楊翁叔理絅菴李翁舜明玉溪陳翁行之北野施翁彥清玉林潘翁繼芳築室於此相與爲耆英之會而秋林陳翁進之歸自工部冰壑盛公時望歸自都臺中齋秦公廷韶歸自江藩亦時時一至不在恒數其會則惟論詩詩成有燕肴核數盤飯一盂酒八九行而已於是三原王端毅方在撫院亦聞風而願見焉王文肅吳文定二公亦數至而深慕至形於詩詠如是者若干年而修敬卒諸老相繼淪謝今存者惟玉林一人能談其事聞者猶歆慕之欲繼之而莫能繼也蓋是時修敬素有鄉望且其爲約甚嚴十人之外不參以俗客雖盛暑祁寒必各以其服至不褻不散一會一詩必命題必起稾若爲課然者夫是以能久而繼之難也今考其年絅菴八十有六修敬八十有五遯菴八十有三竹石八十有二梅菴七十有九杏軒七十有三聽玉七十有二玉溪六十有九

北野六十有一皆可謂壽矣而玉林今年八十有二康彊如六七十者其壽尚未量也此卷爲玉林所藏中亦有社外作者寶於諸老皆及見之比方仕於朝未能操几杖以從焉所謂歆慕之者蓋甚於人人辛巳歲大司徒秦公以都御史被召還自湖南訪我二泉書院嘗同至吟社徘徊久之今見此卷吾且老矣烏能無情哉於是乎識

貞義祠記 邵寶

貞義祠者孰祠祠單姬也姬曷爲而祠也姬爲錫士人思明之女生十二年許嫁沈氏子昇未歸而昇死姬曰吾父

母旣成言於沈矣生乎惟沈死乎惟沈遂誓不再適嘗翦其髮以見志焉繼聞有他議而爭欲委禽焉者乃自經以謝幾絕而嫂氏解之復引刀刺臂流血盈襟將斫腕嫂抱持之家人奪其刀而止自是無敢言者其兄毓告其父母曰妹之志不可奪矣吾雖貧當養之終身耳葢若干年而父母繼歿姬哀以致毀乃復與其嫂力作以資衣食者又若干年兄歿兄之子允中復任養事而姬且老矣葢從容開適安而不苦溢於手采與其節稱年至八十五乃終楊長史澹成先生爲作傳焉夫是以鄉大夫士有祠之議也

曷爲謂之貞義從一而終婦之德也守是貞若姬者禮所謂加於人一等者也是有義焉故旣曰貞矣而又曰義此君子之志徵諸鄉人而爲言者也祠在惠山東麓周文襄祠之左中爲堂四楹以奉姬主前門後寢左右兩序繚以周垣其制如此承臺檄而成之者郡守瓊臺陳侯秀卿縣令古代陳君名世也而貞義之楬僉事馮君廷伯復爲大書之然則可以訓乎宋共姬逮火而死仲尼作春秋旣書其卒又書其葬而三國來媵皆特書之所以旌其姬之節也今姬之事雖跡若稍異而心則一可以爲難矣風勵末俗獨無取焉爾乎以義起而祠之者使臣觀風之禮而旌節之典朝廷明有著令後當有嗣而行之者冬十月祠成允中請記予昔嘗爲姬作贊茲用附焉贊述姬志而未及於祠時未有祠議故也辭曰

古有許劔於墓焉歸身非劔比許胡可違命出父母天生地成惟一不二以成吾貞髮吾可翦臂吾可刺吾頸可經心不可易言吾未耳貌亦未目惟若人名心爲旣屬始以感歛終以從容七十八年吾有吾躬親亡有兄兄亡有姪身其康强德音秩秩誰與政人上告天子我有贊詞用襃

國史

城南東林書院記　王守仁

東林書院者宋楊龜山先生講學之所也龜山歿其地化爲僧區而其學亦遂淪入於佛老訓詁詞章者且四百年成化間今少司徒泉齋邵先生以舉子復聚徒講學於其間先生旣仕而址復荒屬於邑之華氏華氏先生之門人也以先生之故仍讓其地爲書院用昭先生之跡而復龜山之舊先生則自述其廢興而以記屬之某當是時遼陽高君文豸方來令茲邑聞其事謂表明賢人君子之蹟以

風厲士習此吾有司之責而顧以勤諸生則謂之何爰肇其所未備而亦遣人來請嗚呼物之廢興厥有成敗矣而亦存乎其人夫龜山歿使有若先生者相繼講明其間則龜山之學邑之人將必有傳者豈遂淪入於佛老詞章而莫之知當時從龜山遊不無人矣使有若華氏者相繼修葺之縱其學未即大明其間必有溯流以窮源者亦何至淪沒廢置之久又使其時有司若高君者以風厲士習爲已任書院必不至於頹圮又何至化爲浮屠之室而蕩爲草莽之墟乎是三者皆宜書之以訓後若夫龜山之學得

之程氏上接孔孟而下啟羅李晦菴統緒相承斷無可疑顧世猶疑其晚流於佛此其趨嚮毫釐之不容於無辨先生必嘗講之精矣先生樂易謙虛德器溶然不見喜怒人之悅而從之若百谷之趨大川論者以爲有龜山之風非有得於其學宜莫能之然而世之宗先生者或以其文翰之工或以其學術之邃或以其政事之良先生之心其殆未以是足也從先生遊者其以予言而求先生之心以先生之心而求龜山之學信乎書院之復爲不虛矣書院在錫伯瀆之上東望梅村二十里而遙周泰伯之所從逃也方華氏之讓地爲院鄉之人與其同門之士爭相趨事若恥於後泰伯之遺風尙有存焉特世無若先生者以倡之耳是亦不可以無書

泰伯墓碑記　楊文

泰伯遭商周之際以讓德逃之荆蠻寓無錫之梅里號句吳東南抵浙西北抵江方千里之間古謂之三吳者皆以霑化而名也梅里去城三十五里自伯瀆之陰曰梅村蓋伯居在焉瀆名伯相傳以爲由伯而鑿是也伯歿葬鴻山之西嶺去梅村地五里今鄉人所指吳王墩者即伯墓也

山以鴻名謂漢隱士梁鴻居於是而前此不稱鴻而稱皇亦以伯故也蓋世變時移之後古蹟混其名實幾於泯滅而不傳者豈獨一吳泰伯之墓哉縣故有廟春秋奉祀寖久棟漸撓壁漸毀宏治戊午令尹姜公文魁以名進士初任有事乎風化也乃從民所欲即梅里之村作新廟以崇厥祀使讓德之光復顯於故里既又念其墟墓夌夷不有以識之則人將不知所謂吳王墩者爲誰也適文歸自太學乃以謀之郡守連公盛貳守李公渭協心力以經營之剏建一亭表於墩小具體制固以瓴石計可垂於永久實

與作廟之意相表裏由是愚夫愚婦皆知吳王墩爲泰伯墓矣嗚呼讓入道之所先也始伯之逃止於遜國終以成有周之王業又泯其所遜之迹民無得而稱焉故孔子表之曰其可謂至德也已蓋君臣父子無所逃於天地之間伯也三讓其固有之國而弗取於商則爲盡義於周則爲盡仁用是以開後世遂有壽夢季子之賢荆蠻一變而爲諸夏伊誰之力與考泰伯之逃荆蠻實與仲雍同竄雍寓蘇州之常熟墓在虞山伯仲事同而德亦同也

西定橋記　　秦金

梁清溪在無錫縣城之西濶百餘步當水勢衝漫風雨寒沍涉者病之其北接運河南通震澤延袤曠直屢有盜患舊常設鍵再葺再壞有議創建石橋以爲民防莫有倡而任之者南安鄭侯普初令是邑聞而往觀卽請於前後巡撫都御史於是北湖侯公位實允其議檄縣計貲厥有成數省齋陳公克宅又令郡守應侯檟覆計惟覈至石江歐陽公鐸遂命以導河夫役銀充之其督理之責則授於縣丞宋侖維時兵備憲副李君士允王君儀相繼有事於水利申飭加篤而工用告成其制凡爲洞五高若干尺廣若干尺長若干丈閉以浮柵晝啟夜閉其頂則搆亭以便登覽壯偉完固巍然爲一方之望鄭侯名之曰西定堪輿家謂節宣聚氣於人才物產蓋有益云南昌萬侯虞愷來知錫事樂觀厥成乃於橋坡立亭礱石屬予爲記予惟利涉禦盜斯橋之繫於邑治大矣前乎侯者非不知其爲急務也或限於財力之未充或沮於嫌謗之欲避遂因循以至於今是役也明見有斷洞悉民隱周旋規畫俾費不瀆民勞不厲農可謂得從政之體要已良有司因橋之成於一邑當興之利將次第修舉吾於是蓋有餘望焉橋經始於

嘉靖丁酉冬十月訖以己亥夏四月爲費白金若干兩有奇耆民某塘長某則董作而効勸者也因附書之

無錫金匱縣志卷三十六

無錫金匱縣志卷三十七

藝文 文

明

無錫縣城記　王其勤

粵惟聖天子御宇之三十有三載歲在甲寅某忝辱綬章承乏重土時海事叢棘倭夷之變層出疊見爲患頗劇於牀膚矣惟茲巡撫草亭彭公巡按聯泉孫公督糧見海翁公兵備復菴任公大府前淙金公每見深以縣城傾圮爲慮臨察則屬某葺之某惟版築重役自揣淺劣惶然莫可

承仰乃集邑中耆宿相與摧之幸茲詢謀僉同乃冐毁攄慮惟圖厥成於仲春九日約以始期而告畢者孟夏二十日也嗚呼創議協謀儲財輸用自當道始監督促限嚴制峻法以處初怠馭駕從容則終以安安某竊與有力焉至於慨然舉義殫財助役是則有殷憂保障之情凡我艮衆未假笞扑相與體念之功也傳云恃陋不備罪之大者備禦不虞善之大者罪固不敢自罹若盡云某之善是掠美孰甚焉某思財與力皆人必自靳者情也各既自奪其情是非能制情者弗克也某不敢沒人善矧善皆可傳者乎茲用刻石以揚其義云

華氏義田記　唐順之

義田者其古道之遺乎其起於古道之廢乎古有之大宗者收族者也義田者其大宗之遺乎雖然有大宗則無義田故義田者其起於大宗之廢乎古者因族而立之宗族人有餘財則歸之宗不給也則資之宗其族人如膂膂手足之相與爲一體其財賄如津液之經緯榮灌於其間惟其所虛則注焉而無有乎臃腫羸乏之處是以舉族無甚貧甚富之家而天下之爲族者莫不有宗是以天下無甚

貧甚富之人豈非所謂人人親其親而天下平者哉井田廢也而始有以貲甲於鄉宗法廢也而始有以貲甲於族甚則有童奴厭臛肉而族人操瓢者仁人君子惻然憂之於是以其力之所及爲之義田以贍其族蓋猶有大宗之遺焉然義田立而大宗之名益隱矣要之義田非甚厚有力之人不可以爲而宗法則百金之產亦可以相通義田非仁人與族爲體者不能以相公而宗法雖纖嗇鄙行之嗣亦不得而相吝是以義田之爲制也狹而偏大宗之爲制也均而溥然仁人君子其知既足以及乎此矣卒莫有

推而及乎彼者豈古今之勢然耶抑亦以義田出於分之可以自爲而宗法非上之人爲之制則固莫能相聯屬耶何其宜及焉而莫之及也吾友無錫華君從龍積學好名之士也晚舉進士不數年遂請歸其於人間事既已屏絶不挂意而獨不能忘族人之飽饑乃割近郭田千畝爲義田推其遠冑自十一世祖録事君而下之子孫皆籍之其不能自業者給口食其婚娶棺瘞給各有差畧如范氏故事自十二世祖而上其族疏人衆則惟視其窶甚不能就塾與過時不能嫁者娶者棺者瘞者則量助之其管鑰以

付録事君宗子而惟擇族人之賢者一二人專理其事不稱則易其人而君之子孫則將别有處焉不使分給其中夫君之爲此舉其可謂仁人君子之用心矣又能寓宗子法於其間豈不尤爲近古者乎余是以本宗法之與義田興廢之説而爲之記使後之知足以及乎此者其尙益推之而及乎彼也哉

遂初堂記

歸有光

宋尤文簡公嘗愛孫興公遂初賦而以遂初名其堂崇陵書扁賜之在無錫九龍山之下公十四世孫質字叔野求其遺蹟而莫知所在自以其意規度於山之陽爲新堂仍以遂初爲扁以書求余記之案興公嘗隱於會稽放浪山水有高尙之志故爲此賦其後涉歷世途違其所好至爲桓溫所譏文簡公歷事三朝受知人主至老而不得去而以遂初爲况若有不相當者昔伊尹傅説呂望之徒起於胥靡耕釣以輔相商周之主終其身無復隱處之思古之志得道行者固如此也惟召公告老周公留之曰汝明勗偶王在亶乘茲大命惟文王德丕承無疆之恤當時君臣之際可知矣後之君子非復昔人之遭會而義不容於不

仕及其已至貴顯或未必盡其用而勢不能以遽去然其中之所謂介然者終不肯隨世俗而移易雖三公之位萬鍾之祿固其心不能一日安也則其高世遐舉之志宜其時見於言語文字之間而有不能自已者當宋元祐治平之時歐陽公登位兩府際遇不爲不隆矣今讀其思潁之詩歸田之錄而知公之不安其位也况南渡之後雖孝宗之英毅光宗之總攬遠不能望盛宋之治而崇陵末年疾病恍惚宮闈戚畹干與朝政時事有不可勝道者矣雖然二公之言已行於朝廷當世之人主不可謂不知之而終

不能默默以自安蓋君子之志如此公歿至今四百年而叔野能修復其舊遺構宛然無錫南方士大夫入都孔道過之者登其堂猶或能想見公之儀型而讀予之言其亦不能無慨於中也已

寶界山居記　歸有光

太湖東南巨浸也廣五百里羣峯出沒於波濤之間以百數重崖别塢幽谷曲隈無非仙靈之所棲息天下之山得水而悅水或東隘迫狹不足以盡山之奇天下之水得山而止山或孤子卑稚不足以極水之趣太湖漭㵋澒洞沇

浸諸山山多而湖之水足以貯之意惟海外絶島勝是中州固無也故凡犇涌屏列於湖之濱者皆挾湖以爲勝自錫山南過五里湖得寶界山在洞庭之北夫椒湫山之間仲山王先生居之先生早歲棄官而其子汝明始登第亦告歸父子並隱山中日夕以詩畫自娛有客來爲之求山居之記者余未至寶界也嘗讀書萬峯山盡得湖濱諸山之景雖面勢不同無不挾湖以爲勝而馬跡長興往往在殘霞落照之間則所謂寶界者庶幾望見之昔王右丞輞川别墅因其詩畫之妙至今可以想見其處仲山之居豈減華子岡欹湖之奇勝而千里湖山豈藍田之所有哉摩詰清思逸韻出埃壒之外而不能自引决於開元天寶之際以此知士大夫出處有道一失足遂不可浣如摩詰令人有遺恨也今仲山父子嘉遯於明時則其於一切世紛若太空浮雲曾不足入其胸次矣何可及哉異時考論其事當爲作王貢兩龔傳摩詰不足以方之矣

遊黃園記　王世貞

惠山第二泉名天下官河轉入二里至山門而窮山之泉爲汲者割其淸餘浸渺瀰如建瓴而下東入秦黃諸園而

黃氏爲最勝主人故光祿署丞揩業八十餘搆之可四十年矣入門物色皆莽蒼可憐百武許復得旁竇穿之則廣除豁然一堂不甚高而頗宏敞堂後枕方池敗荷衰落舊嘗畜金魚百數十頭大者至尺許今皆稱烏有先生矣池後一樓亦稍敞不作故時麗壯而啟北窻倚西戶則西山之故觀無恙時客之從遊者俞比部顯卿曹山人昌先安布衣仁余出榼酒囊肉而勞之時華太學露治具於王氏園以待西北風厲不能竟山色乃呼飯而下由廊得一扉則古木數十章修竹瀰漫有亭有榭流水穿石芙蓉渺渺

履屐間聽之不厭以其木之古而奇也啼鴉爭其杪亦成嫵媚復爲華所强戀戀而别余過之至是三矣其室愈敞木愈奇而山色以四時異態愈壯故不問主人然主人計且老儻而金魚者亦鳥有矣將無無情者壽而有情者否耶室無情也不然則不恃人者壽而恃人者否耶

遊王園記　王世貞

出黄光祿園則微雨霏霏矣華子以舟渡余輩抵岸而門翼然稍入十餘武則有立石一狀頗磊砢色亦古已復得一門稍轉而東危樓據之前爲廣庭頗亦有卉樹峯石之

類樓後枕大池池之陰堂五楹當之宏敞高爽左折而上爲山有亭樹峯嶺洞壑之類宛轉曲折遊者必傴僂然猶慮觸險側足詳顧猶不能無顛越獨下有一泉出龍口灌池中砰訇磳砿晝夜不絶聲其聲不以旱潦爲大小魚得之樂而倍肥其右方則從樓阯拾級而上取堂道也中搆高臺政與東山對上有層屋亦壯麗臺半露雕欄畫楣三周衛之葢一小立而山與池之勝皆在目矣堂左啟竇而入爲菴修可數十武衡半之皆壘赤石爲小澗凡十餘曲折流水潺湲自北而瀉深僅可尺餘淺不過三寸其水或

元或白皆用石色聲亦隨而巨細可悲可樂使人忘返葢取泉之自惠者引而轉灌大池者也又别搆一精舍分泉引之穿舍而北出文石一承其穴水激上飛如琴瑟尢可愛華子布席於堂行酒酒殊不能佳日暝乃别此園故屬談參軍志伊今大鴻臚王鑑先生之次子鄉進士輕直得之然拓飭之費幾三千金故其雄麗在黄園上然雅趣殊不敵也獨登樓而眺此園於山色得其三垂而黄園僅當一面又所引惠山泉此園遇巧工而宛轉三疊中注大池黄園則無之耳嗟乎使吾弇中有眞山一卷泉一勺所謂

新婦得配參軍寧詎若是而已哉兩園堂閣名不甚雅不志志其大都云

閭江吳氏義田記　申時行

葢先王之教民以義也則莫如收族收族之宗及乎食采受氏之家而止其法不須於鄉然而人知惇睦俗化至淳者何也在周禮保息以養之本俗以安之爲之國比之法辨其可任與施舍者而均其力政爲之委積而賙其囏阨其以煦嫗一鄉之人勸而字之如其家也擁護孚翼惟恐傷之如其身也族是以聚焉而不分人是以有恒業財用

相灌輸而情相縻繫故先王施政不出鄉而衆著於合族之義矣王道廢鄉之教戒禁令舉失其職相保相受之法不足維其渙相賙相恤之惠不足固其存則有藜藿不厭操瓢而爲溝中之瘠者使人易亡其業而輕去其鄉夫安得聚族而食之自聚族之難而人始益私其族即有施予振業罕有推而及乎族之外者嗟乎古之爲其鄉與爲其族也上無擇仁而下不自名其義是公之也而後世别族於鄉人自爲施家自爲養同閈而秦越之則猶私之也斯亦古今之變然與孔子曰斯民也三代之所以直道而行

夫居今之世有能推先王之法厚恤其鄉以庇其族者是亦三代之道而已矣吾師澤峯先生爲錫山著族錫於江南爲壯縣縣以時徵賦於鄉率名召其鄉之高貲著姓若仕宦者之子孫使爲之長長賦之家率不勝病先生恒自念曰夫鄉賦一歲而更役役不再三而中家以上大抵皆破是空吾鄉也吾族數千指吾能軫其寒饑而衣食之異時且復受役與閭井俱敝是空吾族也鞟之不存毛將安傅吾爲德於族盍亦爲德於鄉庶兩有濟乎則買田縣之上福新安兩鄉凡千八百餘畝自供稅假予貧民外歲入千石以什七歸鄉之長賦者命之曰助役其什三以贍族人族之貧者嫠者婚嫁喪葬不時舉者子弟不能就塾與爲博士諸生者升入太學及與計偕者貧之各有差家之正卒力不能齎送者有貸别儲麥三百以待凶札必取盈焉無乏歲事其籍以畀族之婣睦有行者俾攝行之因築室一區爲義莊顔其堂爲願濟曰所以志也已而告其門人時行使爲記之行觀近世所稱義田則猶别族於鄉者而先生獨深慮其族之所不堪而急其鄉之所甚病施舍賙恤之惠以溉於鄉縻繫灌輸之法以聯其族世世相保

垂利無窮非所謂三代之道公其義而不私者與先生雖不獲大用然推是足以知先生之所存矣行故著其大都以示先生之子孫俾守義無替且以告夫吏茲土者使矜式焉先生姓吳氏名某仕爲太子諭德歸老於家稱鄉先生云

河渠説

唐鶴徵

無錫於運河之南則接武進界曰雙牌東引運河至神護鄉入陽湖港於運河北則接江陰界曰蕫塘港在縣北與道鄉自咸塘西爲鄒祁河至與寧界口名蕫塘尖爲蕫塘

港行二里許與西瓜瀆會接江陰界雙牌之東曰直湖港在青城鄉東引運河西入志公港西會北陽湖亦至神護鄉又至富安鄉入於震澤直湖之東曰花渡港東引運河西北入直湖又東曰雙河引運河過錢橋越布政鄉貫直湖港南下震澤無錫由郡城至宜興水道二百餘里自雙河取道花渡百四十里可至宜興矣蓋二縣皆在郡南故也自雙牌以下四港相去不遠故或會於直湖或會於陽湖皆由惠山之西以入震澤者惠山之泉聚爲梁溪北入運河遶惠山自開原數里過仙女墩折而西南行分而爲

二東曰大渲港西曰小渲港中隔平壤相去五里許南行十餘里會於青祁滸稍南爲長廣溪長三十里廣里許受揚名開化諸山之水北合五里湖南合洪邱滸併青祁滸則赤城溪新安溪唐干滸無不會矣而後入於震澤蠡湖凡八十五里謂之孟瀆亦謂之蠡瀆東接運河西合梁墓逕南行十餘里至蠡湖南入赤城溪自蠡口分流而行已入唐干滸矣況東茾瀆在縣西二十里已引運河西入蠡瀆乎則是錫邑之水南下蘇州者不能三分之一而西趨震澤者十分之七矣去城北二里一閘口河舊從五瀉口

來宣德間始鑿之由顧城南至蔡家渡分而爲二其一循城而東越景雲至梅里舊作李非鄉而入於伯瀆其一東流越膠山鄉而與宅仁鄉新河北接江陰俗謂之南北興塘河無錫之水自邑東而延於西南莫長於此者幾繞四境而遍之矣余徐察之宅仁與張涇一帶乃無錫所稱高阜水無逆上之理北興塘當受江陰之流而入南興塘者人自邑出適據其中故以分而爲二不知其高下必有分矣其咸塘嚴埭張塘大都在縣東北盤旋分合於興寧天授間而接江陰之流者爲多鴨城河在縣城東梅里鄉分自運

河至景雲出江陂橋越梅里上福至延祥而止在景雲者爲王莊橋河江陂河在梅里者爲新塘河爲鴨城河在上福者爲信義瀆爲杜家河亦名太平橋河至延祥鄉者爲謝蕩引流至甘露分而爲二過濠橋一由月河皆東至濠湖即俗所稱鵞肫蕩也其破塘潭塘斷塘橫塘皆在縣之東破塘則自鴨城分流越泰伯而入蠡湖潭塘則自鴨城分流北行爲劉家河截興塘新河接斷塘則太平之別脈南至延祥入於濠湖橫塘則信義瀆之旁注於北者東貫走馬塘爲芙蓉塘河至懷仁鄉爲盛塘河入常熟界大都

天下之物恒爭於其所不足而棄於其所有餘洛社以北疏浚竭人力而不敢告勞洛社以南則運河未嘗告涸有餘不足之明驗也十里之間水之有餘不足頓異豈無錫受江陰之流獨多耶抑無錫之低下幾與震澤平耶不獨横浦獨山吳塘諸門與湖灌輸而開原富安新安開化揚名歷五鄉九十五里處處與湖通而水反有餘非以其平故耶昔人以邊江諸閘爲瀉内地之水郡倅姚公獨以爲納江洋之流皆不覩潮汐之故高下之形者也江南之高下原不相懸江潮之來至以尋丈數日不雨深流或至膠

舟淡旬而霖平原苦於沉竈則知内地旱江潮必能遠入内地澇則諸港必能速瀉雖震澤主於瀦亦能内灌以濟旱況於江乎西風可以決湖水而東流東風可以決湖水而西流況水之有旱澇乎察此可以知蓄洩矣

寄暢園記　王穉登

寄暢園者梁溪秦中丞舜峯公别墅也在惠山之麓環惠山而園者若棋布然莫不以泉勝得泉之多少與取泉之工拙園由此甲乙秦公之園得泉多而取泉又工故其勝遂出諸園上園之舊名曰鳳谷行窩蓋創自其先端敏公一轉而屬方伯再轉而屬中丞公皆端敏之裔也中丞公既罷楚開府歸日夕徜徉於此經營位置羅山谷於胸中猶馬新息聚米然而後畚鍤斧斤陶冶丹堊之役畢舉凡幾易伏臘而後成闢其戶北嚮署曰寄暢寄暢者用王内史詩園所由名云折而西爲扉曰清響孟襄陽詩竹露滴清響扉之内皆篔簹也下爲大陂可十畝青雀之舳蜻蛉之舸載酒捕魚往來柳烟桃雨間爛若繡繢故名錦滙漪惠泉支流所注也長廊映竹臨池踰數百武曰清籞籞盡處爲梁屋其上中稍高曰知魚檻漆園司馬書中語循橋

而南復爲廊長倍清籞古藤壽木蔭之云蘙盤廊接書齋齋所嚮清曠白雲青靄乍隱乍出齋故題霞蔚也廊東嚮得月最早顏其中楹爲先月榭其東南重屋三層浮出林杪名凌虛閣水瞰畫槳陸覽綵輿舞袞歌扇娛耳騁目無不盡納檻中閣之南循牆行入門石梁跨澗而登曰臥雲堂東山高枕蒼生望爲霖雨者乎右通小樓樓下池一泓即惠山寺門阿耨水其前古木森沈登之可數寺中遊人曰鄰梵鄰梵西北長松峨峨數樹離立箕踞室面之王中允絕句詩也旁爲含貞齋階下一松亭亭孤映既容貞白

臥聽又堪淵明獨撫松根片石瓏瓏可當贊皇園中醒酒物主人每來盤桓於此出含貞地坡陀壘石而上爲高楝曰鶴巢亦王中允詩語闕東有門入曰栖元堂堂前層石爲臺種牡丹數十本花時中丞公燕余於此紅紫爛然如金谷何必錦繡步障哉堂後石壁倚牆亢牆外有張祜題詩處茫然千古滄耶桑耶漫不可考矣出堂之北地隆然如邱可羅數十胡牀披雲嘯月高視塵壒之外曰爽臺臺下泉自石隙瀉沼中聲琮琮中琴瑟臨以屋曰小憩拾級而上亭翼然峭蒨青葱間者爲懸淙引懸淙之流甃爲曲

澗茂林在上清泉在下奇峯秀石含霧出雲於焉修禊於焉浮杯使蘭亭不能獨勝曲澗水奔赴錦滙曰飛泉若出峽春流盤渦飛沫而後汪然渟然矣西疊石爲洞水遶之栽桃數十株悠然有武陵間想飛泉之滸曲梁臥波面如連蜷雌蜺以趨涵碧亭亭在水中央也涵碧之西樓歸然隱淸樾中曰環翠登此則園之高臺曲池長廊複室美石嘉樹徑迷花亭醉月者靡不呈祥獻秀洩秘露奇歷歷在掌而園之勝畢矣大要茲園之勝在背山臨流如仲長公理所云故其最在泉其次石次竹木花藥果蔬又次堂榭樓臺池籞而淙而澗而水而滙則得泉之多而工於爲泉者耶匪山泉曷出乎山乃兼之矣夫園之麗茲山者不知凡幾家歷幾世更幾姓如昔平泉金谷之比不翅傳舍逆旅若耳且也主人振纓馳轂勤勞王事終其身不一窺按圖問監奴此某亭此某堂此某樓閣池臺耶靑鋪不圮朱扉不生苔倉琅根無恙可下葳蕤之鎖乎無使遊者闌出入撲吾樹頭梨棗折砌上花捕池中魴鯉也更幾十年然後歸歸而龍鍾以老濟勝無具不能出五步之內矣此不邯鄲華胥之夢且幻與秦之先自五先生迄今詩書軒冕

相蟬聯由端敏而方伯而中丞園之主雖三易矣然不易秦也秦不易即主不易耳中丞爲讒人所螫中歲解官園成日涉其中婆娑泉石嘯傲烟霞棄軒冕臥松雲趣園丁抱甕童子治棋局酒槍而已其得於園者不已侈乎客乃謂方今東師雖罷朝政如秋荼也者以中丞公之雄材大略又富於春秋不登三事九列徒令雲臥一邱疏泉藝石消其胸中磈磊即縣官奚賴焉余謝客曰子言在用世非寄暢之旨也姑置勿論

愚公谷記略

華淑

第二泉折而南至春申澗第一曲愚公别墅在焉入門數折爲天鈞堂小山前帶清池後潔喬柯千尺與海棠梅杏之屬點綴青苔白石間天然大雅堂左修廊一曲題曰茂林修竹廊盡登假山過石公墮屐處得墑照亭亭界兩山間大塊一碧過亭穿絳雪檫入葯房黄房瘦影榭始青閣幽香美靚類閨閣間物度廣墀臨流面山爲菩提場中有畏佳樓九蓮臺七徵齋六通楹皆奉大士居名衲具有幡幢纓絡鐘鼓唄鐸軍持蓮漏之屬又儼然一旃檀林也場前方塘畝許小亭臨澗顔曰瀐瀐泉流衝決此其始波云

復由墑照亭出匏葉廊爲玉琜亭折而東疊石爲橋跨橋爲屋從橋直下沿水長堤叢篁夾岸迤邐至青羊野山中大樹五百年化爲青羊槎枒老木或適當其候耶俯青羊野爲坐飛臺臺畔一屋撑峙於寒泉石壁間仍下臺穿堤過橋入小門爲石語齋上爲仙的樓樓後爲蕉鹿齋爲膏夏堂植牡丹百本可使雒陽失色自此至語花簃層級登四照閣亭臺沼沚林烟嵐靄一望盡收折而下爲金薤堂歷雹畫廊爲蔚藍堂愚公每挾青衣於此度曲香塵響屧入八絶唱嵇公去後廣陵散絶矣烟鬟洞長廊落落潛通谷之內苑祟樓數匝玉鑠金鋪别有洞天福地晚妝望幸又不知幾何年矣樓前通隱堂則爲谷中之廳事自此遂達前巷朱樓對映左曰繡嶂街右曰名泉里

東林書院依庸堂記　鄒元標

子友顧叔時歸里偕諸君子某某倡學於是闢龜山先生東林故址而搆居爲堂顔曰依庸以書抵余爲記余惟庸義有二庸恒也有久而不變之義又平也有適中之義惟中斯平惟平斯常惟常斯不變凋三光包萬彙綏九有和萬邦皆是物也易之恒卦剛上柔下震巽相與而取義於

夫婦夫婦之道不可以不久也故曰常夫抱隋珠和璧者終朝枵腹不如菽粟之一飽也豔山龍火藻者藍縷號寒不如緼袍之蔽體也千奇萬怪洞心駴目不如一庸之悠久也是故人自有生以來目視耳聽手持足行自稚至老死無異無異即庸也父慈子孝夫義婦聽兄友弟恭或自少或自壯以至於老死亦無異無異即庸也或曰中庸有三達德九經三重之目諄諄詳摯一庸烏足以概之曰庸斯知斯仁斯勇不庸烏足爲達庸斯通之天下達之國家不庸烏足爲九經庸斯爲禮爲度爲文不庸烏足本諸身

徽諸庶民故守約而施博者皆庸也庸者何性也聖人順性而行賢人守此性不失衆人則迷此性而牿亡之今諸君子皆卓然見性能以賢人而學聖人之學然棲遲山林者久不可謂不遯矣無亦有所悔焉耶曰悔者心有所係吝悔亡者毋意必固我之謂遯之上九曰肥遯無不利無所疑也夫遯而曰肥又曰無所疑是蓋以不知知以不識識指深且遠非眞依乎中庸者其孰能與於此元標束髮向道而疑情隱隱老而彌篤視無疑之域尚遠敢曰不悔諸君子其尙自信而自知之乎余爲之記并繫以銘銘曰

闢閩之學萃於龜山淵源伊洛吾道以南近接周程遠宗孔顏流風旣遠隱怪是姦緊我顧公力肩正學洎諸君子奕奕先覺東林故區罔或不憖顏曰依庸義包元邈灑掃應對卽聖卽神知者曰知仁者曰仁日用不知是曰凡民下學上達厥惟聖人登斯堂者顧名思義匪鏃且厲胡成偉器從玆監立愼獨立志

重建忠佑廟碑記　　嚴一鵬

忠佑廟者祀隋大司徒陳公也公諱杲仁字世威其先自潁川徙毘陵漢太邱長仲弓十七世孫父元渙官嶺南道採訪使公生於梁太淸已巳三月五日有異表八歲能文章十八登朝陳武帝爲公從祖與語大奇之授監察御史尋遷江南道巡察使有殊績及後主遜位於隋公亟上印綬隋高祖累詔不起悉散家貲杜門掃軌孝養母夫人終其天年繼母病割股以進病已事聞於朝旌之煬帝幸江都羣盜蜂起時共推公雄署强公受詔討賊平長白山寇宥諸脅從全活甚衆授秉義尉累官朝請大夫大業九年平樂伯通授銀青光祿大夫十三年平婁世幹召拜大司徒賜宮女二十八廐馬五騎粟千斛帛五百匹公力辭不

允盡以粟帛分士卒當是時沈法興謀據常州結賊帥李子通屯江北爲聲援公故娶法興女法興憚公威名不敢發至唐武德三年五月十八日法興詐稱疾篤致公問疾酖之中毒甍公旣甍法興縱兵爲逆人見公從雲中發矢斃之賊衆潰散唐主嗟異以世推公有忠孝文武信義謀辯人絶之目詔徵其實父老奏上因命立祠以祀廟在今毘陵淸秀坊卽公故第兵仗庫也自唐歷五代數著靈異加封號有差至南唐保大間陰祐柴克宏破周師冊爲武烈帝皇明洪武初題木主曰隋大司徒陳公之神敕有司

祀以少牢著爲令公重名義殉臣節以死今稱以舊爵從公志也錫人慕公義亦祀公如毘陵宋宣和中廟燬於兵燹洪武初羽士常月泉再建宣德二年復災鄭守柔等相繼修復成化初邑人錢孟清購廟旁民居以廣其址暢侯子實復命增治堂宇詳見邵文莊公記數十年來又漸圮壞泰中丞舜峯葺而新之萬歷戊午冬又厄於火余與高忠憲存之世居其里藉神之庇因各捐資爲同志倡又請之郡邑長募之邑中樂施者貲稍集命太常司樂郁崇素真人府贊教尤肇隆董其事鳩工聚材搆殿三楹恢於舊

制正門皐門皆鼎新其式門左右各置丙舍爲醮祀者更衣受胙之所乃工半就而忠憲公謝世於是馬孝廉君闇奉其尊人博士公命殫力經營始克成之甃臺階飾緣垣雕楹畫栱磊砢相扶庶幾有以妥明神矣功竣於天啟四年五月又數年而郁九兩道士請勒其事因紀歲月且爲之頌頌曰

於維司徒爲時瑞符英風偉略炳於三吳天潢國華其勤王家遭家不造抗志烟霞散貲潔身剜肉療母秉德全貞獨有千古出乎禍亂以濟蒼生文昭經緯武叱風霆功懋弗居賞懋弗儲蠢賊鴟張爲國驅除斗牛之墟惟公坐鎮大義滅親潛消逆釁胡彼無良肆其毒謀孤忠九原浩氣千秋歿爲明神一矢殄寇更歷累朝實惟公佑曰帝曰王世加封爵仍公舊官公名彌爍龍山峩峩溪水湯湯毘陵之東亦惟公鄉翼翼其廟邦人所作風馬雲旗享祀有恪人登壽域歲獲豐美於萬斯年祐我桑梓

重修二泉書院記　顧憲成

吾邑文莊邵先生建書院於惠山之麓先生歿屬嗣子蔭生煦女夫浙江東陽縣丞秦汶共守之肖像其中歲時瞻

禮煦歿嗣勲勲歿不復能守汶子太學榛益併其半之三榛歿屬季子煋得盡併而專守之無何將爲豪右所奪伯子茂才秋請以身任址不竟廢觀察虛臺蔡公過而喟然謀諸邑侯林公新之遂捐鍰金檄馬丞督其事并葺其家祠家祠責成邵氏而書院獨責之秦向有成議也茂才君慨然起曰是實在我若之何其獨勤當路乃躬爲經理佐以家貲百餘緡自丁未秋七月始至戊申春三月訖事規制備具頓還舊觀因語余曰秋也不敢忘文莊敢忘蔡公子其記之余憶往者高存之輯先生年譜有問先生何以

無後未及對今請申其說竊以爲先生之所爲後與世人之所爲後不同何者世人之所爲後有待而先生之所爲後無待也古稱三不朽太上立德其次立功又其次立言先生誠心質行表裏皭如貧賤不爲移富貴不爲淫威武不爲屈能立德矣由釋褐以至懸車所在惠澤洽爲教化行爲風紀肅焉典刑樹焉上獲下信闔而彌章能立功矣簡端錄寤寐聖賢闡性命之精蘊日格子折衷千古定是非之權衡能立言矣至於今流風餘韻宛然如在兒童走卒無不知有先生者是先生之所爲不朽卽先生之所爲

後也余少時聞某省有某督學行部至某縣閱諸生籍見呂姓者甚多於其入謁命之曰孰是呂蒙正之後列左孰是呂惠卿之後列右一時俱趨左無右者督學歎曰蒙正有後惠卿無後斯言良可味然而爲斯言者猶有待也先生則無待也茂才君又言先生嘗於中建李忠定公祠以志尚德之思今亦并加重葺庶幾先生時時陟降其間卽忠定不孤耳予韙其言作曰信矣先生之於忠定也其猶蔡公之於先生也而今而往爲忠定者無窮則爲先生者亦無窮矣故曰先生之所爲後與世人之所爲後不同也君以爲何如茂才君曰而今而知後之時義大也請質諸蔡公公名獻臣同安人其爲政也敦尚風教林侯名宰漳浦人法得附書

宋鄒忠公祠堂記

高攀龍

忠公居晉陵故祀晉陵惠山何以有公祠也公之弟進士至遠公始居無錫至遠公十六世孫提學愚公旣築園惠山復追念祖德搆祠泉上未落成而公卒公之子始祀忠公奉至遠公與愚公配於是惠山有忠公祠鄒氏之賢者期楨等謁予記其事余惟記其祠者必表其人公立朝氣

節彪炳天壤無俟余之表章余獨欲窺公當年所以蒙難貞志坦然於屯亨夷險而不二者是遵何道也公之言曰聖人之道備於六經六經千門萬戶從何而入大畧在中庸一篇其要只在愼獨公之所謂愼獨蓋超然有悟於傾耳莫聞拭目莫覩之眞非如他人得其郛廓之近似者而已吾於是而知公之所以爲公也夫子曰獲罪於天無所禱也他日又曰某之禱久矣又曰知我者其天乎聖人所息息相保心心相符者惟天也天不變則道不變世之常變固不得而變之今人日見太虛浩浩而執其妄心以爲

心乃指其見者曰虛空若與我不相屬者然不知虛空者卽天之貫於人妄心者卽人之隔於天學者用力久而妄心脫落虛體全彰我與天一物矣妄心者一刻萬變天者萬古如斯無生死之變況於區區亨屯夷險乎古之忠臣孝子吾不知其於聖人之道如何要之忠孝則無妄無妄則天通人試自反果不獲罪於天其心浩然無涯非天而何寧可舍是而謂蒼蒼者之非此物耶然則公之履險如夷虔終如始至於今英爽洋洋於上下左右者非此物也耶公之愼獨蓋愼諸此此公之所以爲公而能千古者也

吾邑有公祠九龍若增而輝二泉若增而旨公之祠與茲山終天地而不朽愚公之味於茲山者深矣爲德於茲山之人久矣其與至遠公同配享公而永永不朽也宜哉

王侯祠兩廡記　高攀龍

天下有事匹夫能執干戈捍寇賊卽不幸而死其一念自足千古何者此一念正氣也惟正氣不可磨滅天地之常運日月之常明山岳之峙江河之流皆氣也聖賢能精之一之與此渾合無間卽匹夫匹婦一念秉正而死其氣未嘗不與之合然其心非精一之心故其氣非充塞之氣譬則盎缶之水必歸於器有所歸則聚無所歸則散聚則伸散則屈伸則神屈則鬼鬼則爲厲神則爲祥其大小之分然也往者嘉靖乙卯間吾邑有倭寇邑之義士何五路等三十六人奮然持白梃出擊之敗死城西之壕覩往往有言其爲厲者邑人卽其死所祀之簫鼓繽紛遂爲淫祠余旣與邑之紳衿建松滋王侯祠於惠山之麓王侯者寇未至而築城城甫完而寇至使我邑萬姓不糜爛於寇者也吾同年陳公筠塘曰當寇之熾也百雉而外白骨矣義士輩雖敗而死寇虞其有繼至者駭而去城以獲全是則

侯之城體也諸義士用也猶之手足捍衛其軀者也烏得而無祠乃自捐貲爲兩廡列祀焉有司春秋犧牲惟謹自是而淫祀之祠大衰不知其所以然也余謂公之此舉有四善焉表義息邪彰往示來大錫福於邑也夫一筵之醲醇一夕之妖冶一朝之寒暑風露皆足以殺人與諸義士西壕之死等而諸義士之死不死也卽不信視西壕之簫鼓鬼神之情狀大可見矣死者有所歸生者有所歡天下一旦有事執干戈爲吾民衛者必相繼而起故曰公一舉而集四善大錫福於邑也

承賢橋記　　高攀龍

錫城中有箭河九通者一而已無論形家言凡河渠疏則靈氣㘬如人身血脈然然則湮塞所從來久民居踞之不可問惟在冉涇里者計丈百有三十而通者且百有十是為文莊公邵二泉先生故里先生亟欲疏之尼於里人不果特為陰渠石甃之以通於所謂弦河者葢先生之寄趣遠欲二泉震澤之派沿洄旋匝於吾前以為快也先生既殁垂百年太學尢君時純居先生里中慨然念曰是先賢之志也夫吾不可以不承乃捐其樓居二十有一楹鑿為

河河成而橋之請名於予予曰是惟二泉先生之志謂之承賢可矣太學君曰橋之至於河也其地為河者若干為陸者若干具有籍予以志之庶可久也予曰噫事其有可知者乎夫以二泉先生之賢也又貴重也曾不能以尋丈之地得之里人而其志遂尼何也語曰其父析薪其子弗克負荷郎以父兄之命其子弟有弗克承焉今先生之殁垂百年當年一念渺乎若逝水之無踪而君忽承之又何也皆事之不可知者也則繇此而之陵谷之變又焉可知乎雖然其可知者固在也夫以先生之賢也而君承之誰

其甘為不賢者而復湮之果其甘為不賢者是人之最賤也世之所共惡也或擊之矣是可知也是役也邑侯同生許公實主之故莫或有尼太學君之義而卒告成事侯名令典海寧人

水居記　　高攀龍

漆湖之干有洲焉可二十步三分贏一以為廣其外池周之其外堤周之又其外山周之所謂軍將漆塘諸山也主人郎洲作居以水為垣豁然四達主人偃息其中以水為娛泊然自得或凭軒而眺或隱几而瞑或曳杖而遊目之

所赴意之所遇魂魄之所安無非水也居久之於是主人閱日月升沈雲霞起滅草木榮悴禽魚去來與四時百物相代謝於一水之間而忘乎其為我也居又久之於是主人且宅天宇之寥廓餐元和之膏潤乘浩氣而翩躚上下於無窮之門而忘乎其為水也或曰子之樂微矣獨矣主人謝不敏曰夫造化者固逸余於是夫吾請問之及命之泰筮得節之兌其卦曰水澤其辭曰安節亨主人莞爾而笑乃歌曰可以樂饑泌之洋洋兮所謂伊人在水中央兮

可樓記　　高攀龍

水居一室耳高其左偏爲樓樓可方丈窻疏四闢其南則湖山北則田舍東則九陸西則九龍峙焉樓成高子登而望之曰可矣吾於山有穆然之思焉於水有悠然之旨焉可以披風之爽可以負日之暄可以賓月之來而餞其往優哉游哉可以卒歲矣於是名之曰可樓謂吾意之所可也曩吾少時慨然欲遊五嶽名山思得邱壑之最奇如桃源者托而棲焉北抵燕趙南至閩粵中踰齊魯殷周之墟目覩所及無足可吾意者今乃可斯樓耶噫是余之惑也凡人之大患生於有所不足意所不足生於有所不可無

所不可焉斯無所不足矣斯無所不樂矣今人竭力以營其口腹而所得止於一飽竭力營其居處而所安止於几席之地竭力營苑囿遊觀止於歲時十一之托足耳將爲用之且天下之佳山水多矣吾不能日涉也取其足以寄吾之意而止凡爲山水者一致也則吾之於茲樓也可矣雖然有所可則有所不可是猶與物爲耦也吾將繇茲忘乎可忘乎不可則可樓者贅矣

張止齋先生祠堂記　高攀龍

祀張止齋先生者報功也先生諱翼字飛卿長七尺戟髯廣顙面如赬玉目如曙星爲人倜儻尚氣節與人談見不循理者無貴賤輒面折之有汲長孺風元季羣雄並起東南鼎沸先生隱居讀書不求聞達會高皇帝命中山王徐公達攻克蘇州執張士誠其部將莫天祐猶固守吾錫徐公遣豫章侯胡公美率兵圍之徐公再遣使諭降而輒斬其使公怒傳令曰旦暮城拔即屠之先生曰事急矣入說天祐開陳禍福天祐沈思良久脫兜鍪抵地曰如君議先生亟縋城出見豫章侯乞全萬民侯見先生狀偉而辭辯爲感動遂許之城降兵不血刃市不易肆則先生一說之

力也迄於今二百六十餘年生生相禪於無窮孰非先生所遺乎記曰法施於人則祀之能禦大災則祀之先生既以子籌官大宗伯受封子孫蕃衍如大參公澄齋吉州公伯可及諸俊髦皆先生裔可謂食報於天矣雖父子並祀學宮而未有專祠舊置木主於東郭小菴而享祀弗及尋沒於榛莽奉常陳公志行見而扼腕圖爲搬祠未得其地會有羽士周裔元者毅然肩之相度洞虛宮門內隙地而經營之吾黨嘉其志尋奉臺檄爲請於邑侯即令裔元聚材鳩工建堂三楹丙舍一楹周以繚垣西南其戶裔元復

改向離明祠益爽壇中奉先生神位以徐公吉火公丹赤配饗焉吉字仲祥當時與先生同說天祐丹赤爲周思文養子從行而死事者也並祀允宜祠成於天啟甲子三月余與志行及少司寇嚴公有儀提學鄒公彥吉少司空葉公參之少宗伯周公仲覲等共釋奠於先生余爲之記而告於邑人曰吾儕皆先生所生也愼勿負其生以負先生

上祁世培按臺書　馬世奇

三吳在今日幾如奉漏甕沃焦釜幸藉聖主惠以福星孰事執繡斧以臨之者一年於茲而所爲保善鋤奸興利剔

蠹動山嶽而靖金湯者不啻數十年矣世奇本無短長猥附聲氣當此脂車將邇臥轍無緣念輿情既如赤子去慈親之抱感知己愈覺高山縈仰止之懷而執事不遺菲葑遠垂瓊玖拊肌鏤骨何能爲報惟共里父老子弟勒石歌功濡毫詠德而已所懇南少司空葉閒翁先生易名事天如當已悉之先生品望與端文忠憲鼎峙一時固不待言甲子秋姚現老入都先生臨歧執手扼腕時事曰公行矣好語諸公思其大者請信邸出閣講學今日根本事也無何璫禍大烈賴神聖中興宗社晏如而先生片言實其嚆矢此段幽忠非執事誰爲拈出至錫邑崇正書院舊祀七賢祠奉台檄又祀高忠憲公不知當時具呈者何以舉忠憲而遺端文及閒翁先生其於端文則殊失先河後海之義於閒翁則幾同臭味之草木而使之差池度亦非忠憲之靈所安也今諸生仰體執事緇衣雅好業具呈籲求署篆繆公轉申此事月旦久定輿情饑渴俟之倘得即賜檄行無論通邑紳士手額即執事曲終之奏洋洋金聲玉振間矣

東林志序　嚴瑴

萬歷中載邑先輩顧端文公涇陽先生屬劉本孺先生撰東林志而高忠憲公景逸先生爲之序時方屬稾未梓且謀始則備未及興廢大都也余小子瑴生最晚既獲睹滄桑陵谷之變而又窮搜往牒禰諮方聞於是東林之詳始粲以析因爲讐訂原稾附益成書志二卷附兩東林辨暨或問凡三卷序曰嗚呼東林之所從來遠矣古今道法宗孔孟孔子之文取諸文王乃文王之諸父泰伯實始居句吳伯二十傳而季札來延陵此又文王之文之遺而伯與札皆孔子之所爲誦至德而書碑樹墓者也然則吳地之

有泰伯季札不異文王孔子之在周魯固不得謂聖人多起西北而不生東南矣周衰學廢秦亡足論漢廣川董氏唐昌黎韓氏稍闚孔氏門閾迨宋二程氏首振絶學鳴於中州而未涉江以南自將樂楊龜山先生師事二程還始駐吾邑之東林紹明程氏學以迓續乎文王孔子而泰伯季札之以文教廣東南之傳者益於是乎益振此東林之源而其祠所以迄今稱道南也越二百餘年國朝邵文莊先生學宗龜山肄業處亦名東林更百餘年則端文忠憲兩先生直能光復故址以詔來學計其時距龜山講學殆

五百歲適值孔子接文王之數雖末學不敢以此苟諛其鄉先生而要之數有適叶罔可誣者豈不奇哉由是道高疑積德立謗生萬歷中蜩螗沸羹以東林爲質的幾二十餘載而鉤黨之禍遂至燬廟之季而極會毅廟奮起藩服手拔巨奸東林諸舊人差次柄用即不肖者未嘗不孽芽其間而以王鈇在御不復至有同文禁學之獄夫亦皇極建而淫朋比德者屏也皇天不弔殃我聖明甲申福王既立更有一二遺孽忘國辱而理私怨迺復執東林二字掘泥而揚波者而廟祚且隨之以抵於盡或曰東林黨人之目幾與朝局相終始諸君子爲天下首功能不爲天下首過乎哉嗟嗟諸君子皆學龜山之學而今顧以其所學爲趣亡之具耶按元豐元祐間有王學有程學從程氏者龜山也於吾邑一傳爲喻玉泉再傳爲尤遂初三傳爲李小山蔣實齋於閩一傳爲羅豫章再傳爲李延平三傳爲朱考亭朱雖南猶以是數公者維繫百五十有二年而亡若從王氏則章惇蔡卞諸人不數十年汴京灰二帝狄死矣是則程學之效煜然可睹而謂學其學而趣亡者耶且諸君子不但無趣亡之失而其功有三昔龜山立教以無欲

爲宗而或者疑其流於禪王文成則謂吾邑邵文莊曰惟先生克辨及文成倡學姚江以致良知爲宗而或又疑其流於禪則亦惟端文忠憲二先生克辨故端文曰小心忠憲曰眞知實踐皆凜凜劼毖於儒釋朱陸幾微異同之間是功在學術天啟丙丁之交豎忠竊政幾於戚莽移劉女嬰纂李賴東林多士爭先赴難而碩果尚存者又有汲黯制淮南之風於是九錫備物之計遲而代邸渭橋之輿速此固九廟有靈亦孰非諸君子呵護之勇也是功在朝廷滕文患齊楚孟氏進效死之策龜山先生以爲知命且謂

言苟出於儀秦必知謀之私而非天命之正矣嗟我穀廟躬殉社稷非龜山所爲天命之正者乎至於兩京淪陷忠節輩出而吾邑馬文忠公華吏部公實與其師忠憲先生步武相望使異日謂東林明教以後其君則蹈萬古未行之孝其下則奮一堂相命之忠君臣朋友知生知死是功在名教嗟夫悲夫諸君子勞苦功多如是而必欲坐以不韙之名如韓非所謂人臣以爭事而亡其國者斯亦誣矣朋黨之故歐陽氏言之甚辨余亦不必爲諸君子贅今第窮源竟委輯成一編俾天下知東林者非猶甘陵太學白

馬清流之類蓋其地爲吳泰伯故疆而其學則由龜山以溯二程由二程以溯文王孔子所爲上不得無以政下不得無以教者也庶呶呶之舌聞此可箝而邪之人或有聞風而興起者亦不愧生句吳延陵之墟矣乎

水利說　　秦鏞

無錫河以千百數惟梁溪爲大梁溪之外爲溪者以十數惟長廣溪爲大運河之水自京口建瓴而下兩溪受之以注太湖湖濱漾饒蒲葦蠃蛤之屬民芟牧其中以爲利或築爲田異時兩陽湖滙爲巨浸芙蓉五步皆湖也今湖旁皆爲葑田湖流甚微而芙蓉則已圍而爲圩矣萬歷間官出水衡錢募夫築隄寧芟墾鏄而下竹以爲揵最爲鞏固其隄面濶丈有咫基倍之多置閘堰於上閘以啟閉而堰用置車其車有用牛者用帆者牛一日灌百畦帆則隨其風之所向而設機轉之滂則導圩之水而注之河旱則引河之水而灌之田歲即大祲此地獨熟畝可入三鍾厥田上上而厥賦下下民所以有攤稅之議也考邑東南諸鄉最爲汙下宜畧倣芙蓉之法厚築隄防而隄之外雜樹萑葦蒹葭以爲隄衛西北諸鄉稍高卬則多爲渠塘陂池以

厚蓄其水而備車挽淤者濬之淺者深之有田而無塘者鑿之通其源於大河而輸其委於溝洫湖即在數十里外而業已濬之使出亦可引之使入獨不能藉其升斗之潤以助雨澤之所不及乎至於運河兩岸南派屆從諸港以注之湖北派屆從諸港以注之江而洛社橋跨運河之上爲漕渠之孔道其地稍卬河流易齧商艘滿載而來者至此率多起剝市民習剝淺之利多置小舠以爲奇貨或有意擲磚石以阻其流船或稍壞小舠蟻附爭爲起剝主者勢旁午不及周顧則駕之他竄矣謂宜乘水涸之月一大

濬治嚴其甎石之禁驛路之坍塌者橋梁之圮壞者以時增築使民不患於涉而田亦藉之爲衛此職水衡者所當加意也若夫城市之河市民資以謀生而鄉民由之輸稅往時積漸淤塞箭河凡九業已湮其八今所存者惟弓河之一綫設今不治則寘河之碑將遂爲山巔之石其無等居民之泥沙爲精衛之塡也而忽之哉今冉涇里第三箭河業已開通乘此將已湮之河盡行浚鑿俾皆可通舟亦一便也但所濬之泥仍置之河濱潤則民占以爲基狹則土復歸於河量責得利之戸載土塡岸補其坍塌則河以

濬而通岸得土而固鄉城兩受其利矣

歐林曾三公祠堂記　黃家舒

高僉事彙旃既復東林之燕居廟以奉先師又闢再得草廬爲居業地傍搆一楹將祀前太守歐陽公曾公前令林公其中屬家舒爲之記三公何以祀以三公重有造於東林也當萬歷甲辰講院肇建佐費醵鍰鳩工庀材殫厥經畫歐公林公實尸之旣成而記其事記東林書院者歐公記道南祠者林公也及天啟丙寅逆閹盜柄羣小搆扇矢集東林矯旨拆毀符檄旁午伐屋撤垣勢如風雨又適當

忠憲投淵時破巢取卵懼禍者至欲繫忠憲公子上請曾公奮不顧身周旋艱難引大義折緹騎匿公子一室請以身當之始免株連三公與東林相爲始終若此雖然三公何私於東林哉舒生也晚然嘗聞之長者矣方端文忠憲講席初開守土大吏旌旄之式廬函牘之就正月無虛日兩先生非公正不發憤非地方大利弊不入告外此郎遣祖之訟未嘗一煩縣官至三公之爲守若令也不畏彊禦同不受吏胥耳語同不手一無名錢同侃侃行意雖山斗在前無所迎避歐公治行第一僅擢潁上備兵以冏寺閒

曹老林公應內召不預臺省遝曾公清執聞海內偃蹇藩臬壽中蜚語賴天子燭其誣以解拙宦如此此豈借汝南月旦爲游光揚聲彈冠啟事地者乎亦曰緇衣之好高山之仰內結於心耳惟東林不借地方當道重而後東林重惟三公不附東林爲重而後與東林交重於此水落石出事久論定由前言之自元禮門高太邱道廣青蠅貝錦固有詆執贄爲呈身目摳衣爲媒進者顧終不能黷及三公由後言之哲人其萎社稷爲墟野老遺民俯仰於歷昌啟禎間國運廢興吏治盛衰之際欷歔太息痛端文忠憲爲

熙寧之司馬慶元之考亭郎亟思三公爲桑枝麥穗之漁陽釜魚甑塵之萊蕪試從衣冠輿誦下質衢謠巷議田夫牧豎之口碑數十年來郡邑長自三公外其能以廉平慈惠稱清流同調名教干城者更有幾人今日甘棠之頌與聲宗之祭相得益彰廢墜復舉俎豆長新春秋肸蠁雲旂風馬神之格思有不樂觀其桐鄉白鹿邦大夫弟子之賢與禮樂詩書絃歌揖讓之盛也哉夫名宦鄉賢分列學宮循名核實人或意爲輕重焉瞻斯祠也非子孫之陳乞非門生故吏之推挽地隔於閩楚豫章千里之遥而典舉於

人亡代易桑田滄海市朝陵谷之後駿奔者無閒言明禋者無愧色斯民也三代之所以直道而行也郎濂洛閩關諸賢當日正人心而端學術是是非非守先待後道不越此矣端文忠憲有靈實式憑之僉事此舉爲功於東林豈小乎歐陽公名東鳳楚潛人林公名宰閩漳浦人曾公名櫻江右峽江人

無錫金匱縣志卷三十七

無錫金匱縣志卷三十八

藝文

國朝

惠山第二泉

御書記

嚴繩孫

古天子巡狩自柴望肆覲黜陟宴享乃至宮室車旗衣服權量市賈無不考校其周旋登降儀文又甚繁且重計其時一歲而周五岳且日不暇給至於山川風俗惟土訓氏夾王車而行以待王問九州形勢太師釆里俗之歌謠以

樂播而陳之外是不聞多及焉後世省方之典廢則民不獲一望朝廷之鹵簿而人主亦不復親識天下山川要害之形況踐歷名勝而與百姓相接哉我
皇上天縱神聖值海内承平萬幾多暇二十三年蓋嘗東狩一至江南又五年視河淮陰再歷江浙渡錢塘祀禹陵所至方岳大吏下迄郡縣之長進退有差蓋不屑屑於三代之舊文而一遊豫間無非事者至當湖山勝賞渺然遠覽往往發抒
睿藻人擬之卷阿汾水之遊而不知所以周察民隱兼覽

天下之阨塞以知其土俗所宜
聖人之用心勤且廣也春二月
還自會稽北出無錫時民以肆赦之餘又新留賢令踴躍
之情有加於常歌吹沸天燈火匝地
上旣駐驆黄埠厥明遂步
玉趾臨於第二泉靈雨乍零有
詔令民無長跪於是觀者咸呼萬歲襁負之衆咫尺
天顔頃之幸寄暢之園因出
御書品泉二字命前諭德臣松齡刻扁泉上而以墨本賜

之
翠華啟行爰求善手恭摹
神蹟金泥飾牓緣之雕龍筆勢宛然神彩具足中古帝王
書法莫如貞觀飛白方之蓋蔑如矣知縣臣承言偕臣松
齡乃撤漪瀾堂而新之令加崇於前數尺閎以櫺檻文以
丹雘煥然翼然庶幾遊人過而知敬焉至七月落成臣承
言集鄉諸縉紳耆老拜瞻忭舞尊閣如禮又葺覆井之亭
别勒貞珉以垂永久旣訖事退咸謂中允臣繩孫備員珥
筆宜書其事以無替

天子之寵光臣雖不文敢弛厥職臣惟泉之在山蓋自開
闢而已然矣抑塞泯沒於荆榛風雨之中幾千百年得唐
陸羽之言而始著若嘗之待發焉物不能無賴於品題如
是士所以有知己之歎也夫羽一布衣草澤之子耳獨以
能别水味而擅文藻遂操千古之甲乙至奔走天下而莫
有能易之者況
萬乘之主一顧再顧親加品定被之
奎章炳燿巖壑使太乙下觀百靈潛衛其光氣所及方當
結爲甘露流爲卿雲以澤我烝民於兹泰伯之舊壤而豈

獨斯泉之幸哉然非我
皇上轍迹所至其用心之勤且廣有高出於三代之上者
固未暇以及此因不揣固陋拜手颺言以爲之記

一梅亭記

秦松齡

一梅亭在惠山之麓欽玉蔣翁娱老地也一梅之名始於
宋蔣忠文公忠文奉祠家居搆一梅堂以養疾其自爲記
曰堂之前有梅一株清圓茂密因以名堂又曰爲堂一間
兩夾室置藥爐丹竈蒲團紙帳於其中忠文世居鳳山余
嘗過其地求堂之故址而不可得矣又嘗遊横山之下山

中八指地一區曰此一梅堂萬竹亭之址也余爲之徘徊憑弔久之而去雖未知其果是與否然而先賢之遺蹟幸其存而不欲其沒終未敢疑其非也欽玉爲忠文公裔孫居於惠山之麓慮其家緒中微譜牒散闕因輯其先世紀傳之文彙爲一卷乞言於當世之賢人君子其意勤勤懇懇如不獲已且搆亭於其居之偏而仍名一梅欽玉之亭無梅也欽玉曰吾亭無梅而吾祖之堂有梅吾之心常在吾祖則常在梅何必其無梅也且吾搆此亭以娛老生平所輯之譜復恐其至於散闕乃書於亭之左方凡吾祖之

德業文章在焉吾祖之子孫可考者在焉吾朝夕於是而如侍吾祖之側矣又闢亭之右爲矚龍山蜿蜒當其前去龍山而西三十里則吾世居之鳳山與一梅堂之故處在焉吾朝夕於是而望乎龍山之西如見吾祖之堂矣此吾所以名亭之意也秦子曰善此固翁之志而吾更有感焉吾邑自宋以來高門華胄其爵位之顯第宅之盛過於忠文者何限皆湮沒不復傳獨蔣氏之一梅尤氏之遂初邵氏之容春不特其子孫知之後之人莫不知也此不以賢者重與嗟乎人亦何不自勉爲賢者與有堂之與無堂固不必論也

重修放生池記

秦松齡

釋氏放生之池所至皆有之其在吾邑之北郊者建自孝廉叔俞鄒公其地表裏蓉湖自大江以南舳艫千里上下於此者皆可指數南望蠡湖震澤之區蘆人漁子波濤出沒罾罟筒籠之具遍於目中蓋日所傷物之生不知其幾而此池之所蓄游泳之屬瀺灂容與若有以自樂其生者方其盛也繚以石垣跨以浮橋龍象嚴飾廊廡翼然自頻年用兵以來蹂躪之十三而日就傾廢亦地勢使之然也今提督江南左都督長安梁公負大才望爲東南百萬生

靈之寄

朝廷方倚賴之已亥海上兵起京口門戸也破若建瓴艨艟蔽江而下者無慮日江寧之危幾在漏刻公率軍赴援道吾邑憩於池上見其傾廢有動於中而樂其物之生也因自念得一舉破賊當歸葺而新之不數日捷書報聞百姓謳歌如出水火行者歸居者安既除既治於是僧某乃承公命請厥功公捐其俸餘以修之頃者百廢具興且藉公威靈將無復蹂躪之患而益有以發人讚歎歡喜之心

遂屬某爲文以記之某觀從來用兵之際人命之輕甚於魚鳥況驅除大難者乎向者江上之役使稍緩數日勢且益張因而憑阻大江搖動郡縣必俟禁兵南下然後撲滅則我民之死於流離鋒鏑者宜相枕籍而或不識天命雖及事定猶罹赤族之誅所謂民有數死而無一生甚矣哉斯固横流之會也公無頓兵轉粟之煩登民袵席而又以其餘力之所及推恩鱗介使一物之微無不各得其所可謂仁心爲質者也余以公之功在國家此區區之事固不足爲公頌而猶不能忘者蓋以吾儒仁民及物之理其道

自足兼該釋教而非以放生冀冥冥之報如世所云福田利益者比也後之過此者能思公之仁愛擴充以及於臨民行政則是池之建其所益非渺小矣

復南禪寺放生池記　秦松齡

邑南禪寺創於梁太清初其後有放生池計地四畝九分有餘至明崇禎中僧心月私鬻於蔣氏以種魚歲利其入漢臣黄先生惻然傷之告於職方崇巖王先生僧思慧又告於同邑之好善者醵金如其所鬻之數謀還池於寺而好利者更阻撓其間所醵金仍復散去又六年而吾友蔣子路然檢遺笥得故所鬻契亦惻然傷之將還池於寺漢臣先生曰還池於寺者蔣子之義也然向者醵金謀還之不可得今皆盡棄其直焉於吾輩爲非義乃復醵金如前數償之蔣氏而放生池始復歸於南禪寺時爲順治丙申歲王職方爲文記之未勒於石又五年僧思慧懼其事久將湮沒年且八十餘日至余門請余再爲之記余應之而未暇以爲如是又二年而思慧之請益勤余不得辭爲之記曰嗚呼觀放生池之復者可以知人心矣惻然而傷之人心之仁也醵金而歸之人心之義也皆心之所不能已

也苟不然放生池之有無何與於人而漢臣崇巖兩先生及同邑諸君子謀復之者再而不惜其費蔣子路然將焚契而還之而不復計直思慧奔走盡力請余之記至歷歲而不倦果何所爲也哉然則前此之鬻之者與阻而撓之者亦所謂自喪其良心者矣且余嘗聞之人曰禽魚百物天所生以養人者生之不足爲仁殺之不足爲不仁苟如是則猛虎毒蛇其性喜食人豈人亦天之所生以養猛虎毒蛇者乎爲斯言者亦未之思也已

顧洞陽先生祠堂碑記　湯斌

前明顧憲副洞陽先生祠忠介海公瑞所建也先生諱可久正德朝官行人武宗將南狩時寧藩方謀不軌同朝郎署皆切諫上怒詔跪午門以示懲先生繼偕同官抗疏諫止跪闕下五日上益怒下詔獄杖之死經日甦左遷國子學正世宗卽位首錄諫臣擢戶部員外郎會追崇獻廟議起復偕同官楊慎等伏闕極諫力攻璁萼獻夫之非又繫獄予杖如前夫士君子立朝忠君愛國之誠激爲仗節死義之事此豈嘗試爲之而僥倖其或免者哉蓋其肝膽盟於至性如水之溼如火之熱有不得不然者故能刀鋸加

之而不驚鼎鑊待之而不懼方先生之諫南巡也同官死者十一人先生亦自知必死且以爲得死所也至於杖而死死而甦非先生意也天也要其忠君愛國之心雖萬死而不易復諫大禮再受廷杖先生豈以生死動其心哉隆慶間忠介海公撫吳請於朝捐俸建祠於錫山之麓蓋先生官粤東時忠介實受知於先生而先生之忠讜亮節桑梓宜有專祀是忠介之建祠公義也非私恩也忠介立朝骨鯁方上疏穆宗時市棺訣妻子與先生向者之諫後先一轍是其氣類亦固有感通無間者與祠成於隆慶庚午

門庭堂廡宏敞巍煥顧官祭日久麗牲之碑闕如會余同年友煜先生四世孫也謁選來京師以碑文屬斌斌雅慕先生之爲人兼喜忠介建祠之盛舉是皆不宜泯泯者今天子方議修明史揚清激濁史臣職也遂不揣固陋援筆而記其畧如右時順治壬辰清和月書於燕臺邸舍

倪雲林先生祠堂記　李容

容關中之鄙人也嘗以講學謁東林道南祠因以其暇過惠山得拜倪雲林先生祠低徊景慕不忍去旣歸閉置土室以病廢而武功令倪侯雝梧代篆來盩厔丏爲先生祠

堂記侯蓋先生十一世孫而惠山之祠卽侯兄弟承父志爲之余惟先生生元之季世抗迹林泉蟬脫濁穢識天下將亂盡散其先世家財巨萬潔身避之五湖三泖閒僞吳張士誠與其弟士信迫求之卒不能淄及明太祖定天下先生已老乃以處士完節終易遯之上九肥遯無不利先生則其人與王輔嗣註所爲超然絶去心無疑顧憂患不能累矰繳不能及者驗之先生一一而信至詩畫流傳人間重於商彝周鼎此乃先生餘事詩畫以先生重先生不以詩畫重也先生高風峻節足以廉頑立懦祠之有無何

所加損顧如先生而辦香無所徵獨倪氏後人之遺憾亦凡海內景慕者之所闕然於心也而能報本追遠如倪侯父子兄弟者抑不可謂非先生之象賢故於其請而樂爲之役范文正公記嚴子陵祠云先生之風山高水長余於斯祠亦云時康熙歲次丁丑秋日關中李容中孚記

泰伯墓碑記　　吳興祚

周有天下受之於殷傳八百有餘歲泰伯讓國而逃之荆無尺土之基所居城邑遂起句吳至於今三千三百有餘歲自伯以來禪位號有天下者不可勝紀皆已不得名其

故居惟句吳一彈丸地猶得名之曰泰伯之里嗚呼是蓋六國之所不能侵而秦皇之所不得併者也嘗試推之古今之所謂可欣可豔可守可傳而不能忘之於心者亦多矣吾觀泰伯之心皆擴然而無一有而其所有者僅此忠孝之性受之於天以爲人造次顛沛不可以貳值時之沮則旁行與志冀一遂焉譬如水之百折而必趨於海非有所爲而爲之也及乎所至之地義而歸之奉以爲君遂能立國啟土龍旂介圭傳數十世亦忠孝之理自不泯於天壤耳當其逃之之日始志豈及於此哉語有之聖心如水

清日明嗚呼所以爲德之至也伯有廟在梅里其墓在皇山南徐記及聖賢墓記皆同非若史遷所稱箕山有許由冢滅沒恍惚不可徵信又非若虞舜崩於蒼梧大禹葬於會稽遠其國都而離其人民者比也則以吳民而修伯之廟若墓譬如以子孫而修其始祖之廟若墓宜乎歲歲從事弗怠也乃明季以來自姜尹文魁倪君埕華公允誠而後無有過而問者今墓道之間荆榛叢之樵牧遊其上矣小子興祚伯裔也又官茲土其何能辭爰以俸錢供掃除之役邑人助之自癸丑歲某月經始畢於某月爰謀建碑

以誌久遠後之讀是文者深思三千三百餘歲不替之故而以伯之心爲心則伯之垂教其猶未遠也夫

重修東林書院記　　熊賜履

東林宋儒楊龜山先生論學處也明神廟時梁谿顧涇陽高景逸二先生倡道東南遂因其舊址搆爲書院偕同志講肄其中四方之士多歸之於是東林名滿天下天啟中魏璫煽虐大誅戮海內正人特指東林爲黨籍書院以燬及璫敗有旨修復而喪亂之餘傾圮如故僅道南一祠頹然涼烟衰草間而已今

天子隆重師儒崇奬道術近特允言官請
詔各直省營建書院爲士子觀摩地於是景逸先生之從
孫節培集里中戚友申請於有司庀材鳩工廣行購募越
期月而落成講堂學舍規制悉備諸生以時誦習不異曩
時節培乃走書至金陵屬余爲文以紀其事余葢俯仰今
昔而不勝世道升降之感也從來書院之設本與學校相
表裏晚近以來往往以講學之故致干時君時相之怒嗚
呼此何爲者也夫學也者學爲聖學爲賢者也講也者講
明所以爲聖爲賢之理俾知所從事也因其迹以考其心

豈非宇宙之常經人生之切務而君師天下者之所樂聞
而亟許之者乎乃或者從而嫉惡之至設爲厲禁爲禁之
不已遂不憚誅夸殛竄之加以流毒於當世嗚呼此果何
爲者也粤自削迹伐木而後吾黨之禍一見於宋紹聖再
見於慶元嘉泰之間迨至前代熹宗之世而其禍彌烈矣
世道淪喪國事隨之覆轍相尋曾莫之悟是可不爲之寒
心乎哉雖然撫今追昔反而內求吾黨亦當有分任其咎
者矣蓋小人之忌害君子也非必有深怨積恨誓不可並
生於天地之間者也惟是平居立身制行殊途背馳不啻

若薰蕕冰炭之不相入而所爲君子其人者則又待之甚
嚴絶之太過致若輩無地以自容又不幸吾黨之聲譽日
隆文遊日衆一時標榜附和之子或未免名實乖違首尾
衡決遂未足以服若輩之心而適予以可攻可議之釁此
同文黨錮之獄小人每悍然爲之而畧無所顧也然則講
學一事顧可以終廢乎是葢有道矣方今泰運方亨宇內
壇席之盛烝烝蔚起嗚呼此誠斯道昌明之一大機會也
則願吾黨有志之士以默識爲眞修以篤行爲至教勿口
舌軋擊以矜能勿意見紛拏以長傲尊賢容衆嘉善矜愚

偕遊於大道爲公之世而絶無所爲怙已凌人之弊開當
世以雌黃我輩之端此則國家化民移俗之至意而亦從
古聖賢開物成務之極功也操斯術也以往將講學二字
永爲千古美談東林名勝直與天壤並存可矣余生也晚
嘗從先世遺書與聞梁谿之緒論茲幸逢是役之竣也爲
之盱衡往事不禁感慨係之因著爲反躬刻責之言以自
勉勵且爲吾黨勸也吾黨其亦有以許之否

方輿紀要敘　　魏禧

方輿紀要一百二十卷無錫顧祖禹所述撰也其書言山

川險易古今用兵戰守攻取之宜興亡成敗得失之迹所可見而景物遊覽之勝不錄焉歷代州域形勢凡七卷南北直隸十三省凡一百七卷川瀆異同凡六卷天文分野一卷職方廣輿諸書襲譌踵謬名實乖錯悉據正史考訂折衷之祖禹沈敏有大畧爲人奇貧而廉介寬厚樸摯不求名於時與寧都魏禧爲兄弟交禧旣篤服其書祖禹因請爲之敘禧愀然而歎曰有是哉此數千百年所絕無而僅有之書也惟禧學不足貫穿諸史足蹟不及天下五分之一顧何足推明祖禹意然竊嘗得舉其論之最偉且篤者蓋其一以爲天下之形勢視乎建都故邊與腹無定所有在此爲要害而彼爲散地此爲散地彼爲要害者一以爲有根本之地有起事之地立本者必審天下之勢而起事者不擇地嗚呼古今豪傑暴起草昧迭迭迫而應天人之會初未嘗遷地而謀形勝也因其地之人因其地之勢以驅策天下而天下無以難之蓋其故可思矣失其術則據十二百二之雄而可以亡得其術則雖迫狹瘠弱而無不可批郤導窾以中天下之要祖禹貫穿諸史出以己所獨見其深思遠識有在於語言文字之外非方輿可得紀

者嗚呼非其人誰與知之此則禧所欲爲祖禹敘而不復辭讓者也北平韓子儒時從余案上見此書瞪目視余曰何哉吾不敢他論吾僑家雲南出入黔蜀間者二十年頗能知其山川道里顧先生閉戸宛溪足不出吳會而所論攻守奇正荒僻幽仄之地一一如目見而足履之者豈不異哉禧於是并識之

案魏禧集原本作常熟顧祖禹蓋祖禹始家宛溪介常熟無錫之境故或稱爲常熟人後依膠山黄庭以居聞其子孫今尚散居山麓

竹鑪新詠記　顧貞觀

惠山竹茶鑪者明初聽松菴僧性海所製王舍人孟端諸公各爲詩文圖讚以記之歲久鑪亡至成化間秦太守廷韶購得復還僧舍李文正邵文莊諸公題詠尤衆而鑪已漸壞盛侍郎氷鑒命猶子舜臣彷彿爲之前後唱和遂成大軸邇年吳中丞伯成初令吾邑見之爲加裝潢凡二卷獨王舍人贈性海畫及李文正篆竹鑪新詠四字失去覽者以爲遺憾於是舜臣所爲鑪亦壞其舊者乃不復存惟一圖在耳甲子秋余即先端文公山祠搆積書巖於芙蓉亭遺址之側爲堂三楹累石疏泉頗得幽居之樂因憶山

中故事遂倣舊製作兩罏罏成賦近體一章邑人聞者競賡原韻會余入京師攜其一以行擬乞題於輦下文章之士一日坐成侍中容若通志堂出書畫共賞中得一卷則王李風流依然合璧而吳文定謝文正諸公贈冰壑先生詩記附焉余因乞此卷歸置巖居郎顏其堂曰新詠容若欣然許爲余書之夫一罏耳其遺蹟之離合顯晦葢有不偶然者亟願得同時賦詠以記其異且余亦何幸步前喆之後塵爲九峯二泉增此勝事哉更百年後此罏此卷存與否莫可定或未必無好事如余者耳康熙乙丑春分後二日梁溪顧貞觀書於燕臺旅次

雲起樓記　姜宸英

樓居惠山寺之左二百步其下爲惠泉陸羽所謂天下第二泉者是也舊有築於泉之上者曰極目亭後改爲三賢祠皆背山而俯瞰泉以爲游觀者之登眺而止息然其規制庳隘寖圮以隳伯成吳公之涖茲土也拊摩嫗煦民以大愉謳誦接乎閭閻祥風被乎山川乃以休暇與客登山飲泉久之仰視山半邱壤穢茀草木叢薉以爲無以蕩滌神明助耳目之觀也爰謀於邑士大夫捜石翦萊相其舊址而廣之搆樓其上懸若天半圜以雕欄曲楯夾以栝柏松杉砌以文石周以清泉然後躡梯而升倚樓而望則澄江遠帶射貴之湖瀅灩淪集澄碧萬頃皆若攬挹於杖履之下往來者得所憑倚登覽者以爲快焉是山自錫山而北矗起九峯岡隴合沓怏若九龍之相連綴故名爲龍山或傳常有龍鬬於上故亦名鬬龍也而以雲起名其樓者則自公今日始山取其騰踔如龍樓取其變化如雲公所以願望於邑之人士也彼邦之人沐浴滲漉慶公之有作反以視乎公龍之蚴蟉茲山之下雲往從之崇朝其雨龍

之蜿蜒茲山之巔雲之油油布濩自天公所居地潁川南陽實龍之藏誰靳公以澤而以潤乎一方皇皇寵命有降自昔公不我遺民以衽席予以公與民之交相得也異日政成而去民將視其所憩而樂依焉則是樓之建其可輕乎遂因薦紳先生之有請紀石以告來者

惠山秦園記　姜宸英

天地之大昔人等之遽廬至於宮室之麗亭臺之勝直以爲寓目而已視其轉易成毀興廢之不常特瞬息間耳而傳之一姓以至數百年之久此自古未有也余少時讀吾

鄉屠儀部惠山園記謂其中古木之上干層霄下蔭數畝者幾數百十章有泉從惠山寺而左淙淙濺濺注為清渠日夜流不涸中疊石條為細澗分流並涓潔可愛園故秦有也然自端敏公迄中丞公之更新時計將百年屠公已歎為難得今去其為記者度又可八九十年而古木清泉蒼翠無改當時所謂清響鄰梵鶴巢棲元堂爽臺飛泉環翠諸勝雖不必盡存要之有撤而更新無蕪而不治也予時與客遊其上或指示予山寺故為宋湛長史宅其南麓唐李丞相紳讀書樓旁去數武為宋尤文簡公遂初堂故

址不獨其宇室無存而其子孫亦零落盡矣若愚公谷者一時勝絕吳中今亦將漸廢而為荒墟夫物之有成有毀此消息之常何足深論惟搢紳有道之士能持身正直翔業以世其家而子孫之賢者能修德以光大前烈此百世不忘者也今以一園之有無為秦氏重輕者固不足以知此而因此知秦之世有令德將徘徊瞻眺之餘必有感慕而興起者莊子曰舊國舊都望之暢然不然彼獨不能以忘情乎哉園今為太史對巖公有太史日侍養園中讀書承歡饔飧必潔其父子兄弟常熙熙終日也以此思秦之世德所從來矣

題南齊華孝子小像　　姜宸英

孝子諱寶父豪晉義熙末戍長安時孝子年八歲臨別謂曰須我還當為汝上頭既長安陷孝子七十不婚冠有問者輒號慟彌日案史劉裕以義熙十三年秋八月至潼關命王鎮惡大破姚丕軍遂入長安其年十二月裕將東還三秦父老留之不得以弱子義真都督雍涼秦州軍事留鎮之豪戍長安當以此時既而沈田子以掩殺王鎮惡伏誅長史王修被讒死羣情解體夏王勃勃遂進據咸陽走義真積人頭為京觀號髑髏臺此十四年十一月事也豪

豈以此時陷沒而不得還耶從此中原分裂生靈塗炭於戰爭又百餘年然後合而為一其遺禍烈矣劉裕之罪可勝誅乎而孝子之所痛者特其父也然自古篡竊之臣若王莽懿操父子俱未嘗親弒其故主也至零陵賊殺自後禪授之際習以為常裕之子孫亦嘗身罹其毒而君臣之道苦矣獨孝子終身思父不婚冠此其所關於人倫甚大蓋與晉徵士之風異事而同軌者也嗚呼忠孝名節者國之大綱大常而人類之所以不滅顧失之上而得之於下

豈不九可貴重與南齊時同郡有薛天生劉懷允兄弟皆以孝行旌然予獨以孝子之所遇有足感者故疏其事於像左且繫之以詩

平朔門前萬馬迴長安歡動聲疾雷羌人反接渡江來南朝太尉作事乖心圖九錫苦欲回十三兒子何爲哉兩雄攫拏關不開忠臣斷頸起禍胚赫連隤師山崩摧參軍馬背馱嬰孩草間求活眞駑才人頭作山高崔嵬三軍同時横暴胆傷心極望髑髏臺髑髏臺上悠悠魂七十無家難具論一朝旌旗忽南奔百年星日當晝昏小人憶父心煩

冤父老哭君聲瘖吞白頭舉事何紛紜中平陵畔啼夜鵑君親大義死不泯赫哉孝子誰等倫東籬之外五柳門宋齊轉眼俱埃塵忠孝歷刼無沈淪君不見此圖慷慨正氣存

唐李文肅讀書臺遺址記　周宏

嗚呼自唐元和迄今千有餘年猶傳無錫惠山之麓有宰相李紳讀書臺臺之廣袤幾何廬幾楹垣幾曲扉戶之扃闢竹木之披蔭而翳薈今皆無有見也惟山寺之左遺址尙存遊是山者獲登眺焉蓋地之藉人以傳也多有矣愛其人則并及其地雖歲久跡湮不憚攀崖絕澗焚茆剃莽以求之往往然也然其所以如此或賢人君子宦轍所至遺愛斯存相與詠歌思慕之勿絕否則志業已就辭榮遂初優游綠野觴客賦詩令人有飄然出塵之目二者雖不同要皆得志行道之後始有是若茲臺者公未遇時讀書其間非若二者之易以傳也方公之居此也寺僧輕侮之徙剡川精舍及舉進士歷官卿相然後爲世所重山間片壤亦幸得公之遭以增色也嗟乎士君子平居讀書倏而蠖屈倏而龍伸固非庸耳目所能識然徒以其取顯名致

高位爲榮乎抑將有所樹立以垂聲於後也史稱公始受李錡辟錡寖不法脅使者奏留鎮召公草疏不從脅以刃亦不動此其持守大義較然不苟如是庸詎非往時讀書志古所得爲有本與逮牛李搆隙怨連禍結雖衛公亦復不免故公以文藝節操見用而數遭讐恨設以聖賢處此誠不知其道當何如然以公視脂韋渙涊之流相去懸殊矣其有聞於後世與茲山之藉公以增色宜也考公南遷時嘗以書禱康州龍祠輒應刺史滁壽虎不爲暴及節度宣武蝗不入境是其宦轍所至多異事及辭相位歸故山

建望湖閣賦詩懷舊不異優游緑野之思然則公之遺蹟可傳者亦何獨於惠山郎惠山亦何獨以寥落未第時所謂讀書臺者無乃斯地多嗜古搜奇之士好爲稱述以黙綴林泉邪抑惠山當東南孔道有名泉異石四方遊屐還至至必憑弔古蹟故其名尤易著邪夫然則茲地固藉公以傳而公之蹟不與荒烟蔓草同澌滅而無存者地亦不爲無助後之人當有過斯址而睪然興起者矣

重修高公止水祠記　陸楣

高忠憲公以璫禍卒歷三十餘年邑人祠公於止水止水故公沈淵地後屬他姓公猶子提學副使彙旃先生復之爲祠祁陽刁公蒙吉爲之記又四十年棟宇摧剝垣墉崩圮副使諸孫某某協謀葺治丹堊既塗以完以好邑人過祠下徘徊瞻眺莫不嘉副使之有後而尤樂公之道久而益光也公立朝以忠誠格君以貞廉率屬以和平措國是以中正維世風此舉世之人皆知之若其勘辨於毫釐千里之交窮究於萬死一生之際所證入者何地所超出者何階此則公與一二善學者自知之而世莫得而知也夫惟知公故雖逆璫猜嫌羣奸羅織而不能損公之毫毛惟

不知公故一時望景奔趨尋聲附和卒無以窺公之萬一困學之記戊午之唫公之自敘所得歷歷具在而讀之者方摘抉於文句之微揣摩於形似之末葢公生王文成之後而與顧端文同時於是持門戶之說者至欲抑端文以信公（近有高顧之爭）而存畛域之見者又緣文成以詘公（浙人有詆公者）夫公之於文成也端文也其相取而不相借亦惟公自知之而豈耳食之徒可得而妄議哉近日鄙儒以著述爲壟斷掇拾臭腐吹求儒先仰天射空誠於公何有然其言流播坊市章句小生童而習之障蔽耳目滓穢靈府莫或辭而闢之吁可怪也公之遺書再梓而再燬人皆以爲不幸余獨謂公在天之靈正不欲以微言妙義啟狂瞽之紛紜故出於蕩然廓然而後已向也賊璫欲辱公之身而不能今俗學欲亂公之言而不得燼於火與沈於淵一耳然則學公者亦求諸語言文字之外而可矣祠修於某年某月以某月畢工公從孫愈介顧子棟高屬余記其事二子志公之學者特書所感以復之

湖北草堂記　黃瑚

鄒子與予同年生踰壯矣尚未舉子予嘗曰鄒子必宜子

者也一日告予曰距邑南五里結堂三楹顏爲湖北草堂吾所棲遊也子其記之往予嘗過鄒子登斯堂而鄒子適遊越其堂臨水面山水邊有長隄竹萬个梅數百株廊廡間糟牀漉漉然予乃與同行侯子摘梅折笋酌酒極醉而去堂之後曰韡齋鄒子與其仲季弟讀書處也故取常棣之詩以名之自吾與鄒子遊見其兄弟相愛也鄒子長其弟數年能教以詩又勗以道義磨礱淬厲友敬備至予雖不獲與鄒子兄弟登斯堂念其兄弟肩隨雁行言笑晏晏飲食衎衎相與誦讀於其中足樂也請爲鄒子賦詩斯干

之詩考室而作也其首章曰兄及弟矣式相好矣無相猶矣其卒章曰乃生男子乃生女子夫築室以聚其族類而與兄弟燕樂焉人情也何至莞簟之上遂有吉夢夢而至於蛇虺熊羆又何至於占之而遂謂生子之祥不幾誕與盖人而不和其同氣必陰賊縱放之尤者門以內且嗃嗃焉嘻嘻焉則生生之道幾於熄滅故和氣致祥乖氣致戾兄弟既翕而後樂其妻孥自然之理也吾遊鄒子兄弟久見其相愛也知其昌厥後也今記斯堂復援斯干之義以爲頌禱或亦風人之遺也

春秋大事表自序　顧棟高

憶棟高十一歲時先君子靜學府君手抄左傳全本授讀曰此二十一史權輿也聖人經世之大典於是乎在小子他日當志之年十八受業紫超高先生時先母舅霞峯華氏方以經學名世數舉春秋疑義與先生手書相辨難竊從旁飫聞其論而未心識其所以然二十一先君見背讀儀禮喪服旁及周官戴記而於春秋未暇措手年二十七入執筆學爲古文始深識左氏文章用意變化處而嗤近日所評提掇照應者爲未脫兎園習氣然於先君提命之旨及兩先生所往復辨論者未之及也雍正癸卯歲蒙

恩歸田謝絶勢利乃悉發架上春秋諸書讀之知胡氏之春秋多有未合聖心處蓋卽開章春王正月一條而其背違者有二其一謂春秋以夏時冠周月是謂夫子以布衣而擅改時王之正朔也其一謂不書卽位爲首絀隱公以明大法是夫子以魯臣子而貶黜君父也其餘多以復讐立論是文定之春秋而非夫子之春秋非夫子之春秋卽非人心同然之春秋又春秋强兼弱削戰爭不休地理爲要學春秋而不知地理是盲人罔識南北也雨雹霜雪失

時爲災蒐田城築非時害稼時日尤重學春秋而不知時日是朝菌不知晦朔也不揣愚陋覃精研思廢寢與食家貧客遊周歷燕齊宋魯陳衛吳楚越之墟所至訪求春秋地理足所不至則詢之遊人過客輿夫廝隸乃始刱意爲表爲目五十爲卷六十有四首列時令表明商周皆改時改月以正胡氏及蔡氏書傳之非於吉禮表詳列十二公卽位或不書卽位明夫子當日皆是據實書以正聖人以天自處貶削君父之謬列朔閏及長歷拾遺二表以補杜氏之長歷而春秋二百四十二年之時日屈指可數列疆

域及犬牙相錯五表以補杜氏之土地名而春秋一百四十國之地理聚米可圖郊禘社雩崩薨卒葬蒐田大閱會盟聘享逆女納幣雜然繁夥列吉凶賓軍嘉五禮表以紀春秋天子諸侯禮儀上陵下僭之情形稅以足食賦以足兵乃魯稅畝而田制壞作邱甲而兵制亦壞列田賦軍旅表以志強臣損下剝上之實霸統興而王道絶周室夷爲列國霸統絶而諸侯散列國淆爲戰爭列爭盟凡五交兵凡七以紀春秋盛衰始終矜詐尚力強弱并吞之世變晉楚爭衡互爲勝負其當國主兵事者左氏備載其人列晉

中軍楚令尹表以志二國盛衰強弱之由宋鄭爲天下之樞晉楚交爭宋鄭尤被其害子產有辭而諸侯是賴向戌爲弭兵之說而中夏遂靡列宋鄭二執政表以志二國向背關於天下之故周室頹綱魯亦守府自襄王錫晉南陽而勢益不振魯自僖公賜費而季日益強列王迹拾遺魯政下逮二表以志周魯陵遲尾大不掉之漸禘郎祫祫郎禘一祭二名而朱子取趙伯循說謂祭始祖所自出不知帝嚳原非稷契之父生民長發皆商周尊祖禘祀之樂歌斷無稱母而不稱父之理著禘祫說以明戴記祭法大傳

之誣去姜存氏去氏存姜不成文理杜孔已斷爲闕文宋儒謂各有意義不知文姜哀姜之罪惡豈待去其姓氏而明況上下截去一字人復知爲誰某聖人無此弄巧文法以俟後人推測之理列闕文表以一掃後儒穿鑿支離之騶三傳各執一說黨枯護朽此是彼非學者茫然歧路靡所適從列三傳異同表酌以義理衷於一是以祛後日說經畱同偏枯之弊蠻夷戎狄種類雜出地界既殊稱名復混列四裔表別其部落詳其姓氏以正史遷允姓姬宗目爲兄弟之妄戰爭滋與技巧益甚決機兩陳制變無方列

兵謀表以志孫武吳起六韜三畧之始文王囚羑里而演
周易周公成王業而作詩書一時學士大夫占筮決疑歌
詩贈答引物知類千里同風列三經表以志漢宋儒者經
說傳義之祖大河遷徙從古不常而周定王五年河徙係
已未爲魯宣之七年春秋以河爲境者六國獨係於衛列
河未徙與已徙二圖以志春秋與禹貢河流遷變之自此
皆有關於經義之大者既著敘論百餘首復編口號以便
學者之記誦葢余於此泛濫者三十年覃思者十年執筆
爲之者又十五年始知兩先生於此用心良苦先母舅霞

峯先生博稽衆說無美不收高先生獨出心裁批郤導窾
要皆能操戈入室洞徹闗奥視宋儒之尋枝沿葉拘牽細
碎者葢不啻什伯遠矣余小子鈍拙無似得藉手以告其
成以無負先君子提命之旨與兩先生衣被沾溉耳濡目
染之益謹述其緣起以識於首簡命之曰春秋大事表云

周濂溪先生祠堂記　華希閔

國家令甲凡先賢之得專祠致祭者必於其鄉每歲有司
春秋行事而其子孫亦得於以合族屬奉烝嘗禮也至於
大賢之裔遷居他所繁衍成族而亦建祠以祀其遠祖雖
與古之所稱祀於其鄉者有閒而報本追遠之誠出於不
容已亦所謂禮以義起者與無錫故未有濂溪先生祠而
周氏之占籍茲土者繩繩奕奕考其譜系則始自濂溪六
世孫應乾隆壬戌裔孫汝遠始謀建祠錫山之麓先是有
文燦者嘗捐直買基而汝遠鳩族醵金僝工庀材勞獨多
祠成將請之有司春秋薦祭而詣余請記其事余惟先生
崛起孔孟之後爲太極圖說易通數千言自無極二五之
妙合推之萬物化生後儒推爲百世道術淵源之祖夫人
身各一太極子與孫遞嬗猶之陰陽五行萬物之絪緼無

窮也太極者萬物之始祖也人與物之變化無窮而不推
本於太極子孫之蕃衍無紀而不推本於祖其失則均然
則周氏之推本先生建祠合族其亦有合於先生作圖之
意也夫抑先生故居道州營道縣之濂溪所爲出郭三十
里而近者乃宦蹟所移遂於廬阜之下臨流結屋而即寓
以濂溪之號葢其襟懷瀟灑遇山水佳勝則樂之智樂水
仁樂山其固然與則茲九峯二泉之間固宜以永妥先生
之靈而世其祀者也是爲記

秦氏耆英里記　浦起龍

乾隆十有六年恭遇
皇太后六旬萬壽
皇上奉
慈輿巡幸江浙加意存老春三月
車駕臨無錫惠山遂
幸秦氏寄暢園秦氏多老壽人班銜跪迎鬢眉皓白
皇衷愷豫矢音飛豪有近族九人年六百耆英高會勝香
山之句於是臣孝然臣實然年冠九老居連雙閈祇揭耆
英二字額其里門以屬臣起龍志之龍案古名里僅事若
鄭之通德荀之高陽書於史形於學士之詩歌然皆出於
國邑大夫一時推稱之美而美非尙年年不過七十上下
無論也至胡吉富文之僑勝流盛會世號稀濶先後皆尙
年矣然亦諸老盍簪自慶而年猶不能盈九十且非可以
里屬也蓋惟天之篤於人人不能并得者跡其難有六七
焉天天也君亦人之天也天制人人之天遠人於此有一
得焉則已難兩得則難之難矣兩得矣或年非甚高高矣
人或未蕃蕃矣不能聚聚矣不一姓一姓矣不一家今秦
氏更六七難得而皆備於其門又雖二老冠之而肩差齒

及諸皆不越道南道北間
天光昭被榮均聲齊以是參會古今若前所稱稀濶僅事
乃總乃軼千載一有豈直贏而倍蓰乎抑旣珉於園匱於
閤而仍眉表之四望之程憲老敦教其義不亢衆著乎詩
曰以引以翼豈弟君子四方爲則龍嘗行歷望郡每舉其
事廣坐中鮮不捧手歎未曾有爲之仰推大化詳徵積澤
思一過而式之況其近里誼在紀羣者乎又況身其子孫
而履蹈其里者乎和氣沃而淳風披其培也有本其勸也
無涯忠
國型家觀感興起請進而賡敬恭桑梓之篇矣

五禮通考自序　秦蕙田

蕙田性拙鈍少讀書不敢爲詞章淹博之學塾師授之經
循行數墨恐恐然若失也歲甲辰年甫逾冠偕同邑蔡學
正宸錫吳主事大年學士尊彝兄弟爲讀經之會相與謂
三禮自秦漢諸儒抱殘守闕註疏雜入讖緯轇轕紛紜宋
史載子朱子當日常欲取儀禮周官二戴記爲本編次朝
廷公卿大夫士民之禮盡取漢晉以下諸儒之說考訂辨
正以爲當代之典今觀所著經傳通解繼以黃勉齋楊信

齋兩先生修述究未足爲完書是以三禮疑義至今猶蔀
迺於禮經之文如郊祀明堂宗廟禘嘗饗宴朝會冠昏賓
祭宮室衣服器用等先之以經文之互見錯出足相印證
者繼之以註疏諸儒之牴牾訾議者又益以唐宋以來專
門名家之考論發明者每一事一義輒集百氏而諦審之
審之久思之深往往如入山得逕蓁蕪豁然又如掘井逢
源溢然自出然猶未敢自信也半月一會問者難者辨者
答者迴旋反覆務期愜諸已信諸人而後乃筆之箋釋存
之考辨如是者十有餘年而裒然漸有成帙矣丙辰通籍

供奉
內廷見聞所及時加釐正乙丑
簡佐秩宗奉
命校閱禮書時方纂修會典
天子以聖人之德制作禮樂百度聿新蕙田職業攸司源
流沿革不敢不益深考究丁卯戊辰治喪在籍杜門讀禮
見崑山徐健菴先生通考規模義例具得朱子本意惟吉
嘉賓軍四禮尙屬闕如惜宸錫大年相繼徂謝乃與學士
吳君尊彝陳舊儀置抄胥發凡例一依徐氏之本並取向

所考定者分類排輯補所未及服闋後再歷容臺徧覽典
章日以增廣適同學桐山宜田領軍見而好之且許同訂
宜田受其世父望溪先生家學夙精三禮郵籤往來多所
啟發并促早爲卒業施之剞氏以諗同志德水盧君抱孫
元和宋君愨庭從而和之戊寅移長司寇兼攝司空事繁
少暇嘉定錢宮允曉徵實襄參攷之役辛巳冬爰始竣事
凡爲門類七十有五爲卷二百六十有二自甲辰至是閱
寒暑三十有八而年已六十矣顧以蕙田之謭陋遭遇
聖明復理舊業以期無瘝厥職而已至於朱子之規模遺

意未知果有合焉否也是爲序

書味經窩圖後　諸洛

味經窩者少司寇秦公未第時讀經之室也公爲吾邑世
家舊第在第六箭河上泉南先生官給事中雍正初絓藩
邸事去官督以家財充餉銀十萬並下於理公出後季父
馨所後產以助蕩然無餘遂賃居婁巷婁巷者志所稱遵
義坊也湫隘數椽僅蔽風雨置經書尋味其中金壇王吏
部虛舟篆其額長洲張戶部篁村繪爲圖以寄其業之所
託云爾方獄之急也公年二十餘隨泉南先生檻車南北

內外交訌胥吏環立訴雜呼囂公憂愁困頓下帷讀易旁治諸經隨侍羈所講求性命之理蓋泉南先生私淑東林顧高二先生不以死生夷險易其節而公日聞庭訓於憂患中得力尤深也與同里蔡學正敬齋吳工部容齋學士易堂龔布衣繩中聯解經會朔望必集各出疑義相質如是者數年成經說百餘卷江陰夏君震軒以公名聞於其鄉文定楊公會乾隆元年丙辰

詔起楊公於滇以大宗伯掌成均召對

內殿令舉海內經明行修之士共教國子楊公疏七八以

聞公與焉楊公初未相識也是年公以進士及第入直

內廷不數日以生母浦太夫人憂歸時泉南先生已篤老雖遇赦不獲釋公仰天椎心思以身脫父於難丁巳服闋懷陳情疏以進同朝有難之者公曰老父年垂八十苟戀一官而不紓父難上亦焉用此不孝子爲哉疏入

上覽之惻然出泉南先生於獄并豁免遣餉八萬餘兩是時邑之人士知與不知歡聲震動咸頌

聖天子之仁而敬公之孝以爲得於經者然也旋授　皇子經不十年貳秩宗與修禮書參稽載籍著五禮通考二百餘卷補徤菴徐公讀禮通考之闕庚午改刑部侍郎於今五年下直歸櫛比卷帙據案研經如諸生時昔于定國爲廷尉民以無冤班孟堅稱其迎師學春秋是自古名臣無不本於經學今公五經皆通當天下刑名總彙且少更多難凡吏胥之舞文州縣之文致與夫孝子慈孫疾痛慘怛但屈心抑意有情不得上聞公所親歷而身受者無不見其微而原其志則本治經之心治律而濟以仁恕仰副

盛朝明刑弼教之化如公者眞可謂不負所學矣甲戌元日公招飲止宿邸第手此圖屬書語余忝爲公小友且受

業泉南先生故爲詳列顛末如右至味經之法見於楊孫兩文定公之文余不足以觀其深也

河渠考

鄒乾樞

無錫河道自西北至東南縱者爲運河運河自京口至臨安所謂平江八百里者是也武進之南五牧長洲之北望亭爲無錫界中凡百里其橫者緯乎運河之左右東西向運河之左北門外一里自四堡橋折而東曰柵口自柵口折而南曰塘南東北行曰塘北曰塧影河曰張塘曰闞莊白蕩曰崇村白蕩至西洋白蕩爲常熟界塘南稍南曰五

了浜東北行曰太平港入崇村蕩五了浜稍南東北行曰
北興塘曰桑園渡曰楊婆圩曰張涇曰包堰折而北曰西
大河亦入西洋蕩楊婆圩稍折而北曰八字橋過斗山入
崇村蕩楊婆圩稍折而南曰鴨蕩曰管莊曰新橋折而北
會於包堰五了浜南再東行亦曰新橋曰黃藻渡則正東
矣曰新塘橋曰鴨城橋曰南興塘曰石埭曰九里稍折而
北東行曰芙蓉塘曰宛山蕩入白米蕩爲常熟界自九里
稍折而南曰西平曰太平亦入宛山蕩再南南門外五里
從運河分流曰伯瀆東行曰十字口曰坊前曰梅村曰犂

尖曰分流口曰張塘曰蘇舍蕩復東行入鵞湖爲長洲界
分流口折而北曰走馬塘會於太平入宛山蕩分流口折
而南曰廟菴曰磚橋曰坊橋曰楊巷蕩入曹湖上流卽鵞
湖伯瀆南曰大十字河從運河分流東行卽折而北穿過
伯瀆因名十字過江溪至東亭入新塘橋河十字河南曰
沈瀆從運河分流東行至唐莊河口折而北曰香涇逾犂
尖北行入南興塘從唐莊河折而南通蠡河沈瀆南曰望
亭從運河分流曰蠡河東行曰華長涇曰新橋渡曰三歎
蕩曰蠡口亦入曹湖此無錫長洲之界河錫東南之境盡

矣而北門外自塘南北行寺頭折而西曰張塘河再折而
北其形縱而非橫矣曰胡家渡曰高六堰曰馬鎮爲江陰
界自張塘西行至北張涇又折而北曰石幢曰四河口曰
青暘爲江陰界又自北張涇西行稍折而南再折而西曰
萬壽河折而南曰石瀆稍南卽運河之左自四河口折而
西曰麻塘曰五重涇曰白沙圩曰北大河折而南卽五牧
之運河武進界矣蓋北關外之運河西北流而非直北故
也總之運河之左水之橫而大者自柵口起至蠡河止爲
道有八而其間自北而南通於八道之中者爲清市爲鮎

魚塘爲唐涇爲東亭爲江溪爲冷瀆爲九瀆爲毛道河爲
走馬塘爲大十字河爲唐莊河不可殫述運河右北門外
五里高橋之南從運河分流曰雙河西行折而北曰社港
曰隈湖曰細磚河再折而北曰花渡稍南入北陽湖湖口
稍折而北曰志公港卽運河爲武進界社港南西行曰錢
橋曰陽溪曰藕蕩曰梢塘曰邪溝曰張舍曰富安河曰花
村復西行折而北過陽山入南陽湖自梢塘稍北曰北邪
溝曰鄭店折而北曰直湖港入北陽湖西行入南陽湖自
富安河折而南行西曰長橋入花村河東曰小西溪長橋

之南折而西行曰龍遊河至武進界小西溪之南折而東曰閶江闔閭城址在焉入太湖折而西南亦入太湖錫西南境俱濱太湖故運河之右汊港縱橫總以湖爲歸宿西門外運河南一里許曰太保墩分流稍西南行曰西定橋曰梁清溪折而南曰大渲其相並者曰小渲中隔五里又南曰五里湖又南曰長廣溪溪濶一里長三十里至吳塘門入太湖大小渲五里湖長廣溪外則以漆塘獨山軍帳諸山爲屏嶂內則爲中橋滄爲馬鑫港爲石塘爲唐干至壬子港入太湖南門外二里爲黃泥橋自運河分流西行

曰設渡稍南曰菰瀆入梁清溪黃泥橋南曰石灰橋曰九里涇入中橋港再南曰河港通梁墓涇再南曰曹王涇自南門至此十里俱從運河分流西行曰梁墓涇至馬鑫港入五里湖曹王涇稍南曰謝家河折而北入梁墓涇稍南曰麵杖港西行至鑫橋稍折而南曰鑫尸至唐干入長廣溪再南十餘里從運河分流曰新安溪曰袁家河西行至吳塘門入太湖稍南曰徐隩涇與新安溪合再南曰沙墩港已在望亭與鑫河對稍西南行卽入太湖爲錫南境之盡而其間自曹王涇西行至鑫瀆曰赤城溪折而南曰鑫

橋曰溪橋港入太湖自中橋港直下至湖干者東曰張橋港西曰湖西埭再西則壬子港矣河道之在運河右者如是夫邑之有河渠所以興水利而灌輸田畝也異時邑西兩陽湖俱巨浸芙蓉湖亦不下陽湖今芙蓉已爲圩田矣厚築堤岸多置閘堰旱潦蓄洩啟閉以時此方之民頗受其利至西南瀕湖之地爲烟波浩淼之鄉又有魚蝦蠃蛤茭蘆菱芡之利可云樂土然長廣溪旁連山接嶺田反苦於高仰是宜畧仿芙蓉圩之法築堤樹葦挹注湖波用資灌漑運河之左東南一帶地雖低下田不虞水而虞旱何

則宛山鵞湖諸蕩已在極東之境唐莊泰伯數十里間地濶河遠車戽維艱東北之境新塘橋至八字橋高低適中水澤便利頗稱沃壤自斗山而下至常熟接界常數里不通舟船轉而西北地益高矣此等俱宜多爲渠塘陂池厚蓄其水河近則通其源於河河遠則輸其委於渠疏濬聯絡清波不竭目前之急務也若夫城內之河舟楫之往來居民之汲取其塞甚易而濬亦非難云

仰止樓記

翁方綱

仰止樓在無錫城南泰伯瀆上明邵文莊因宋楊龜山先

生嘗講學無錫始葺東林書院於此是爲城南東林書院其廢興之畧見於王文成所爲記厥後顧端文別建書院於城中而城南舊址遂無過而問者乾隆辛丑黃子世法重葺留馨堂建樓三楹額曰仰止以祀文莊嘉慶戊午春賈子崧偕同志補祀龜山先生而以文莊配焉於惟先生闡二程之微言啟紫陽之正脈而文莊以經術繼之
國朝睢州湯文正之言曰遊東林者當講求龜山涇陽景逸諸先生之學潛修默證而勿啟門戶之爭斯言也其仰止之要歸與賈子以書來屬爲之記敬書此以復之

重修詠烈堂記　顧光旭

吾邑秦淮海先生祠在第六箭河上金匱山之右中有堂顏曰詠烈明長洲文文肅公書也秦氏自毘陵遷無錫傳十餘世始爲祠祀先生於中而配以拘拙修敬卑牧中齋諸先生同邑邵文莊公爲之記厥後代有賢哲以次增祔俎豆秩然而閱世寖遠堂日就圮乾隆乙巳先生後裔因堂之舊撤而新之庀材鳩工堂之規模視昔有加既成屬光旭爲記予觀先生生平及所以有祀於吾邑者文莊記之詳矣而獨於斯堂之新竊有感也古之所謂賢人君子其能推於當世而不朽於後世者惟其人之自爲之若夫後之昌大顯鑠則固有天焉而不敢必也先生當建中靖國初罹黨禍流離竄逐以死此豈嘗自意後之昌大顯鑠遂至是耶然其子孫保世以滋大瓜瓞之盛甲於吾邑蓋天將使夫有志之士知所視傚升其堂想其言論丰采低徊眷慕而不能自已也又況其子孫繼繼繩繩世濟其美者哉在昔斯堂之作其子弟肄業講習其中近且置田以贍其族人將教養之澤並隆尊祖敬宗收族之義莫大乎是固不可以不記也光旭之居鄰於祠恒仰先生之餘徽

與配享諸公之風槩今又適逢堂之成乃不敢以不文辭謹泐數語以誌秦氏之能弗替其先與光旭平日景行之志云

重修尊賢祠并增祀梁鴻議　秦瀛

尊賢祠者舊在惠山之二泉亭上始爲陸子祠又爲三賢祠葢湛長史挺李丞相紳陸桑苧羽三人也明正德七年文莊邵公寶增祀無錫令焦千之御史錢顗先淮海先生觀九文簡袠處士倪瓚義士張翼中書舍人王紱爲十賢堂堂成爲文以祭以爲諸賢於惠山或歿而葬或生而遊

非是雖賢弗與也嘉靖末又增祀先貞靖先生旭及文莊公而惠山故有三孝祠者祀南齊華寶薛天生劉懷允亦并移祀焉爰易今名曰尊賢祠自後以次漸增多倍於昔郎今祠內學士華察以下凡十二人是也嘉慶丁巳瀛過斯祠寖就圮謀新之會有官事不獲已未從父都轉公以書來乃鳩斯祠後裔之同志者三數人捐金庀材而都轉公在籍實督其成工既蕆瀛議進梁伯鸞鴻以補祀典之闕議者曰子之修斯祠也重祀典也方文莊建十賢堂自劉宋以來落落此十數人義固有取也後人不能通知其義而踵而增焉非文莊志也如以祀者爲皆賢與則邑之賢哲與夫賢令之吏斯土者自有學宮之俎豆在盡入之則瀆不盡入之則漏於義兩無當也瀛應之曰唯唯雖然君子之於人也善善則從長惠山之有斯祠善善之義也前之人既已祀之而吾從而進退之微獨見撤者恐傷其後人之心且非君子忠厚之道也夫祀典之設其始未嘗不致其詳慎而及其既弊則出於子孫崇奉之私者有之士君子立身自有本末苟非其人雖列於祀典而不能無議其後此即人心之同然而三代之所以直道而行者也

有其舉之莫或廢是非大有背於公議因而仍之可也議者又曰三孝子之祀也華固邑人而劉薛則郡人也祀之何居瀛又應之曰唯唯無錫統於常郡者也劉薛兩孝子又與華並旌則祀之無害乎義也議者又曰子於斯祠既槩仍其舊矣而獨進梁伯鸞何也伯鸞史但紀其適吳而其居無錫無確證文莊遺之而子進之亦有說乎瀛應之曰唯唯伯鸞之適吳也梅李之鄉舊稱句吳無錫非吳地耶鴻山雖皇山之譌而山有梁鴻井梁溪又舊傳以伯鸞隱居而名禮以義起則祀之可也鄉賢名宦皆有瞽宗之祀惟流寓缺焉今進伯鸞與湛陸並祀宜亦無戾乎文莊之意者也僉曰然遂具書之勒祠壁祠今距二泉亭百武許非陸子祠之舊且非十賢堂之舊矣而區區補葺並爲是議庶後人毋更妄有增入以貽有道者之譏焉

報忠祠記　秦瀛

雍正中
詔建忠義祠於縣學無錫之入祠者三人嵇永仁秦華鍾張令憲皆康熙間先後殉閩粵之難者也惠山尊賢祠左別有報忠祠者創自顧副使鏞郎儲貞義福祠增入數賢

祀之乾隆丙申我
高宗純皇帝褒錄勝朝殉難諸臣吾邑自華吏部允誠而
下凡得八人
賜謚入祠有差甚盛典也嘉慶己未從父都轉公與余議修尊賢祠而及斯祠余曰祠之所及者儲貞義以下葛桓施武陸士隆曹懷楊淮張選華允誠龔廷祥孫源文秦華鍾張令憲凡十二人今勝朝殉難諸臣錄內已祀者三人華允誠龔廷祥孫源文未祀者六人王孫蘭施召徵過俊民顧杲嚴紹賢允誠從孫尙濂皆不可不與於祀典者也

抑吾邑忠義之士自漢虞俊以來多列於瞽宗之祀而有明一代以直諫及殉節著者如前數人而外尙不乏賢鄉賢祠及忠義祠皆闕焉其曷可無祀爰議進李孟善張文煥吳肇徐弼沈宗葛昊華鑰華白滋堵允錫何以培許學秦廷珪又得十二人其既列於瞽宗之祀及有專祠者弗與何也懼其贅也其列於瞽宗而先已並列於斯祠者仍之何也不敢撤也議既定遂請於督學使者嘉善錢公樾檄縣舉行并爲記之

重修關帝廟記　秦瀛

神廟在無錫縣城內崇安寺大殿之西偏明萬歷中先八世祖舜峯公建也初建時猶襲宋封稱武安王天啓二年
加帝號逮
本朝秩祀益隆今其地析隸金匱縣大夫以春秋襄事於此而吾家歷二百年皆以世所傳神誕日集子姓醵金致祭安靈揭虔至於今無廢嘉慶五年冬瀛自浙江朝覲入京師還過家謁神廟廟故隘又久不修榱棟且腐敗方謀新之無何移官湖南而從父都轉公書來言工甚亟遂蠲白金七百兩有奇乞都轉公主其役恢拓前制堂階崇嚴

孔碩孔固不三月事竣時嘉慶六年八月某日也神忠義神武英爽於爍廟而尸祝者徧天下固不繫一隅禋祀爲重輕惟聞我舜峯公之罷楚撫也屬吏衡州府同知沈鈇劾公贓罪公以是被譴旣歸建神廟自陳冤狀其後鈇獲罪相傳周將軍見形其家嗣幾絕而公後蕃熾甲吾邑殆神之昭應如是竊謂見形之說近於不經獨公之有後則理固有然者世嘗疑君子宜有後而或不必有後蓋自古貞臣烈士人雖歿而名不朽則俎豆肹蠁卽不啻其苗裔之延於世惟夫功德在人而轉冒不韙之名不能見暴於

天下則天必陰爲佑之使其後人章徹於時而卒大白其先人之隱公撫楚嘗以荒政活數十萬人見全楚奏議武昌郭文毅爲之序今其事楚人無有知者而沈鈇誣公疏載衡州府志瀛來衡湘始告於吾祖之靈撤而燬之而神廟適於是時落成孟子曰莫之爲而爲者天也是豈非神鑒公之冤若有默相於冥漠之表者與工既竣謹書此以鑱諸樂石俾後之人知公詘於生前未嘗不信於身後而獲佑於神者必無獲罪於天吾子姓報答神庥無有攸斁亦可廩廩於天人感召之理也已

范文正公祠堂記　秦瀛

文正范公居吳郡公祠在吳肇惟皇祐有褒賢顯忠之碑康熙中
聖祖仁皇帝南巡狩
親灑宸翰賜濟時良相四字匾額於爍照耀日月同光無錫之有范氏葢自元時州教授拱與其兄搢始遷無錫拱後之居天授鄉堰橋者曰安義以康熙二十九年即其地建祠祀公有司春秋致祭置祠田若干畝安義孫振及今世守之張文恪嘗爲之記而其族有以天授鄉距城遠又於乾隆五十年裔孫章軫等購地惠山之陽築堂三楹中奉公像而以忠宣兄弟四人配並於堂後築室奉其始遷之祖亦置田供祭自是公有新舊兩祠而新祠在惠山余以事至山中常獲瞻拜焉嗚呼公之薨距今七百餘年支分派別其子孫自吳郡遷徙他處者所在多有
本朝之初文肅以佐命元老發蹟瀋陽忠貞繼之後先趾美其後累有官九列者無錫范氏雖未顯於時而能以詩書世其家講明於孝弟忠信之行余少遊鄉校范氏之挂諸生籍者余每與遊處皆不幸偃蹇以歿今太學開周詣

余丙爲祠堂記自茲以往保世滋大用鳩厥宗其在范氏與余嘗讀公文慕公之爲人先憂後樂竊有志而未之逮碌碌數十年無所比似侵尋白首將與草木同腐爲公祠記亦滋愧矣

重修松滋王侯祠記　秦瀛

明嘉靖中海內無事而倭夷孽芽其間蹂躪江浙所至鼎沸攻刼名城百姓魚爛而無錫孤城獨完則松滋王侯之功也無錫故壯縣經元季兵燹城廢久不治侯莅境召邑之父老而議從事焉或難之侯持益堅且督之急閱三月

工竣而倭猝至知城有備不敢窺而義士何五路等爭先禦寇多以身殉倭遂退當是時倭勢方張百里之內烽火震驚吾民賴侯先事而爲之防登陴乘障寇至無患民之於侯其所以報侯者宜何如哉侯祠在錫山之麓繡嶂街之西創始於萬歷之季葢忠憲高公鳩貲成之而陳筠塘先生建兩廡以祀何五路等三十六人久之祠就圮華徵君鍬光以乾隆十六年嘗加繕治規制庳陋非復舊觀無何徵君歿積數十年榛艿塞徑荒穢滿目會余歸自湖南見而傷之爲倡始集貲葺祠宇三楹廊其門亦三楹屬女

夫施會培經理之而兩廡以費絀未及築遽有粵東之行逾年會培書至請記重修歲月余惟祀典有功德於民則祀之能禦大患則祀之如侯者誠爲無媿至侯在無錫嘗清釐田賦除積弊之爲民病者此於侯爲小節余官浙江時有東海防同知張士楹者松滋人余詢以侯之子孫不甚顯而其功赫然在人耳目至今社而稷之謂非侯之有以自致而能然與祠經始以嘉慶八年九月落成以九年三月何五路等姓名書於木祔祀云

重修高子水居記　　秦瀛

無錫五里湖之濱有屋數楹飛樓翼然背山面湖所稱高子水居也高子於明神宗朝官行人以言事謫揭陽典史歸卜築於是餘二十年始出歷官都御史復歸歸而遘魏閹之禍投城中止水死方高子之居水居也嘗自爲水居及可樓記讀書講學以其暇爲詩吳下詩人如歸季思吳子往輒櫂扁舟過訪流連唱酬高子造詣益深平生學問得之水居者爲多古君子抱道蘊德山水林壑足以寄其仁知之樂葢出不徒出處不徒處皆不敢苟於其道故卽其藏修游息之地亦有非偶然者已高子歿水居寖廢雍

正初華鍬光先生偕高子從孫紫超氏修而復之先曾伯祖南沙公爲之記而金壇王虛舟吏部榜高子水居四字於門嘉慶五年冬余自浙江入覲還過家弭櫂於此距雍正初重葺時又七十餘年棟宇傾敗越二年歸自湖南高子裔孫厚請於余乃諉諸無錫金匱兩縣大夫疏告同志共醵錢若干緡乃圬乃飾既斥既治經始以嘉慶八年三月三日逾月訖工督斯役者高子族孫際泰也水居之制高子記中未詳都不可考今因雍正初重葺之舊樓仍曰可樓高子志也堂三楹顏曰水哉軒仍揭虛舟吏部書於

門門外爲月披歲久坍裂費絀未及修前後方池擬植荷芰其中爰記之泐石陷諸壁且歌以落之歌曰湖之水洋洋兮思古人兮不見繫萬古兮茫茫羌登樓兮四望悵獨立兮徬徨

同仁堂記　秦瀛

仁者人也博愛之謂仁推愛人之心而行之各得其宜即爲義先王於人無不愛由是施之於政而敬老慈幼拯孤恤寡皆有以養其欲而給其求顧自井田法廢任貧任富而生人之道苦治天下者未嘗無仁政之施而特不能以

徧暨於是士大夫好行其德設法倡義以賙其鄉閭斯亦古者睦婣任卹之遺而仁人之心所旁魄流衍者也吾邑故有普濟堂在控江門外邑中過氏所建其他善舉每歲鳩貲集事歷久寖廢嘉慶二年余叔氏都轉公歸自浙江首鐲千緡偕同志諸君與華君雨棠議於金匱縣城隍廟之東偏購地築室曰同仁堂供華佗像施藥其中堂之西有育嬰堂亦屬焉堂成或捐金捐田或捨屋宇其貲於市者日輸其贏累積之歲可得五百緡又置常稔田若干畝納租房屋若干所最後則於北郭外之茅金浜搆屋二百餘楹往來商估貯貨於此取其息以助厥費由是授衣施槥有貧寒畯膏火有藉棲流有所月有報歲有冊錄縣大夫以聞於臺憲錄臺憲以達於部且夫天下之力成於萃而毀於渙天下之財遴於私而普於公惟不自私其財而後澤孚於衆其利能及於人人斯舉也余叔氏倡之同邑諸君佐之十數年來雨棠以一人主堂事條理悉具會余自京師謝政歸雨棠以記文爲屬且曰堂雖成待施者日衆需費益夥尚賴好義之士增益之以期於久大是不可無文以勸來者爰推先王施德行仁之本與夫士大夫好

行其德之旨闡明以著於篇施舍姓氏別書於珉

先淮海公墓考　秦瀛

先淮海公墓舊縣志皆云在璨山葢本元王仁輔志而舊年譜因之今墓在惠山非璨山宋開禧年間永嘉失名重修祠堂記云政和中遷葬常州無錫縣惠山之原子孫因家焉永康應純之建亭立石俾秦氏知學者主其祀是其始但云公葬惠山之原不云璨山也元初復沒於豪右教授虞薦發復之自後婁有興廢明季及

本朝初年儼海堈弱水鏞兩先生相繼規復而亭與碑石

廢不復存天乳泉芳先生嘗取道青山登山西南行半里至墓所左顧璨山已在章山之外因辨縣志及舊年譜之誤而斷爲惠山且曰柳道傳之賦璨山别業也曰秦墓在西王文肅之志遜軒府君墓也云府君墓在璨山去少游冢一里許以今考之公墓去璨山而西一里而近章璨皆惠山之支峯而墓實在惠山嘉慶八年五月瀛踰岡涉巘再拜墓下始知天乳先生考證之確先是從父蓉莊震鈞先生出貲修公墓瀛擬重建亭刻建炎四年告因又考明萬歷三十九年太階[illegible]先生嘗建亭室於墓前墓故有石

坊石城青烏家言於法非宜去之是碑亭之所以累舉卒墜者毋亦非形家所宜與山形陡峻可墓不可祠祠之所在記中未及載天乳先生謂宜在惠璨兩山之間亦屬臆揣萬一年代久遠墓更湮沒瀛滋懼焉爰於惠山去墓僅半里許之祖師殿遷屋三楹捐貲整葺刻淮海少章少儀三公像暨建炎四年告勅石而陷諸壁爲淮海公祠蓋自公葬無錫迄今七百年所人但知城中師古河有公祠而惠山舊祠則無有知者今即旁近之地建祠守墓其曷可緩至吾家宗譜載瑞五府君自常州遷無錫當在宋理宗之季而舊記則云政和中遷葬後子孫即家焉應公令秦氏知學者主公祀亦係寧宗年間俱在瑞五府君遷錫以前與譜不合所謂家於是及知學者何代何人文獻闕畧都不可考瀛故並識之以俟後之人

無錫金匱縣志卷三十八

無錫金匱縣志卷三十九

藝文 著述

後漢

外黃令集二卷 高彪

處士梁鴻集三卷 梁鴻見隋經籍志梁五部目錄

晉

通直常侍顧愷之文集七卷 顧愷之見隋經籍志梁時有二十卷至隋存七卷

啟矇記 顧愷之唐書藝文志作啟疑三卷

家傳 顧愷之見藝文類聚

宋

歷山唱和詩 湛挺

唐

茶經三篇 陸羽史稱茶經三篇

君臣契三卷 陸羽

源解三十卷 陸羽

江表四姓譜十卷 陸羽

南北人物志十卷 陸羽

吳興歷官記三卷 陸羽

潮州刺史記一卷 陸羽

占夢三卷 陸羽惟茶經見唐書藝文志餘並見費袞梁溪漫志

顧渚山記 陸羽見宋史藝文志

追昔游詩三卷 李紳舊志載紳有李文肅公詩集無卷數案唐書藝文志止載紳有追昔游詩三卷批荅一卷馬端臨文獻通考亦止載追昔游詩三卷別無它書舊志未詳何据又舊志載紳有元稹制集元稹非年號又非文肅別字俟考

文藪十卷 皮日休

松陵集十卷 皮日休

別集七卷 皮日休

滑臺集一卷 皮日休並見宋史藝文志

名賢姓氏相同錄一卷 陸龜蒙

古今小名錄五卷 陸龜蒙並見宋史藝文志

甫里集二十卷 陸龜蒙

笠澤叢書四卷補遺一卷 陸龜蒙並見欽定四庫全書

宋

龍圖閣書目七卷 杜鎬

十九代史目二卷 杜鎬

太清樓書目四卷 杜鎬

玉宸殿書目四卷 杜鎬

孝經正義三卷 杜鎬此載舊志案宋史藝文志作邢昺孝經正義三卷卽今孝經疏崇文總目云咸平中詔邢昺及杜鎬等作當非鎬一人之書

天章閣待制文集十卷 杜杞

待制奏議十卷 杜杞以上見歐陽文忠集杞墓誌

三徑老人碔砆集十三卷 杜杞見文獻通考

龜山集二十八卷 楊時見文獻通考今閩中刻本四十二卷內附語錄四卷及墓誌年譜欽定四庫全書作四十二卷

詩辨疑一卷 楊時

周禮義辨疑一卷 楊時

中庸解一卷 楊時

論語解二卷 楊時

三經義辨十卷 楊時

開成記事二卷 楊時以上並見宋史藝文志案文靖年譜內尚載有語錄別錄三經解義周易

解義中庸解義禮記解義目錄辨等書　二程粹言二卷楊時見欽定四庫全書

李修詖文集二十卷李夔　禮記義十卷李夔舊志作一卷誤

梁谿集一百八十卷附錄六卷李綱見欽定四庫全書舊志作一百二十卷

忠定奏議八十卷李綱今存六十九卷

靖康傳信錄李綱　建炎進退志李綱

建炎時政記李綱　梁谿易傳內外篇二十三卷

李綱文獻通考存十九卷今存七篇　論語詳說李綱

大學解一卷喻樗　玉泉論語學四卷喻樗

豐公逸事一卷喻樗並見宋藝文志　易義喻樗

玉泉講解喻樗　玉泉語錄喻樗

遂初小稾六十卷尤袤　內外制三十卷尤袤二書並見宋史本傳

遂初堂書目一卷尤袤　梁谿遺稾一卷尤袤二書並見欽定四

庫全書　周禮辨義尤袤

老子音訓尤袤　樂溪集五十卷尤袤一作梁谿集

李肅簡文集李祥　李肅簡奏議一卷李祥

綠雲寮詩草尤棨　全唐詩話尤焴舊志誤作尤袤袤卒於光宗紹

熙初年全唐詩話作於度宗咸淳辛未　端明日歷十一卷尤焴

盤洲集八十卷洪适　隸古纂釋二十七卷洪适

隸續二十一卷洪适　五代登科記一卷洪适

宋登科記二十一卷洪适　荊門惠泉詩集二卷洪适此與登科

諸記並見宋史藝文志　小隱集七十卷洪遵

東陽志十卷洪遵　玉堂制草三十四卷洪遵舊志作洪

邁以上見宋史藝文志　翰林羣書三卷洪遵

翰林遺事一卷洪遵　泉志十五卷洪遵以上見文獻通考

容齋隨筆共七十四卷洪邁見欽定四庫全書舊志作五十八卷

夷堅集洪邁甲至癸二百卷支甲至支癸一百卷三甲至三癸一百卷四甲四乙二十卷凡四百二十

卷見文獻通考又甲乙丙志六十卷丁戊己庚志八十卷見宋史藝文志

埜處猥稾一百四卷洪邁　贅稾三十八卷洪邁

瓊野錄四卷洪邁　詞科進卷六卷洪邁

節資治通鑑一百五十卷洪邁

太祖太宗本紀三十五卷洪邁

四朝史記三十卷洪邁　列傳一百三十五卷洪邁

漢苑羣書三卷洪邁　記紹興以來所見二卷洪邁

會稽和買事宜七卷洪邁　次李瀚蒙求二卷洪邁

皇族登科題名一卷洪邁　唐千家詩一百卷洪邁以上並見宋史

藝文志邁所著尚有經子法語二十四卷春秋左氏傳法語六卷史記法語八卷前漢書法語二十卷後漢書

精語十六卷三國志精語六卷晉書精語五卷南史精語六卷唐書精語二卷舊志止載南史精華十卷卷數不符書名亦誤又高宗聖政高宗寶訓孝宗寶訓並國史實錄院進欽宗實錄乾道四年進皆非邁一人所撰

唐人絶句詩一百卷 洪邁

埜處類稾二卷 洪邁以上見文獻通考舊志載春秋本旨二十卷論語說補註楚詞文獻通考皆作洪興祖撰

荆溪前後集八十九卷別集九卷 蔣之奇

北扉集九卷 蔣之奇

西樞集四卷 蔣之奇

巵言五卷 蔣之奇

芻言五十篇 蔣之奇

廣州十賢贊一卷 蔣之奇以上並見宋史藝文志宏治志甲科嘉祐二年蔣之奇登辛衡榜進士以之奇為無錫人

逸史三十卷 蔣芾之奇子揩自義興遷無錫揩孫芾撫之奇遺稾作逸史

袁思正集六卷 袁黙見宋史藝文志

論語解辨 袁黙

袁思與詩集 袁點

章參政奏議二卷 章誼

章參政文集二十卷 章誼並見宋史藝文志

翟忠惠文集三十卷 翟汝文見文獻通考欽定四庫全書作十卷又附錄一卷

籀史二卷 翟耆年見宏治志

翟忠惠家傳 翟耆年見文獻通考

蒙齋文集 翁挺

護道錄一卷 胡珵見宋史藝文志

蒼梧志 胡珵

錢遂初詩話 錢紳

同安志十卷 錢紳見宋史藝文志

清波雜志二十卷 周煇見宋史藝文志欽定四庫全書雜志十二卷別志二卷

江東十鑑 周煇

梁谿漫志十卷 費袞

續志三卷 費袞藝文志作一卷

文章正派十卷 費袞

文選李善五臣註同異一卷 費袞以上並見宋史藝文志

顯翁記聞 李晦

惠泉小稾 李晦

事文類聚刋誤 李晦

白虎通風俗通校正 李晦

家山圖書 李晦

李姓源流 李晦

韓魏公家祭式 李晦

復初齋詩稾十二卷 尤帶

葯莊廢稾 范晞文

對牀夜話 范晞文

薇山文集二十卷 虞薦發

瘡瘍全書 竇漢卿

〈元〉

陸待制文集 陸以道

宋鑑提綱 陸以道

雲陽集 虞志道

金帚集 范致大

無錫縣志二十八卷 王仁輔

僑吳集十二卷 鄭元祐

遂昌山人雜錄一卷 鄭元祐

硯雲草堂集 鄭元祐

庸齋別集 鄭元祐

尚左書法 鄭元祐

清譚雅韻 鄭元祐

萬柳溪邊舊話三卷 尤玘

荆南唱和集一卷 周砥

韡齋詩集 周翼

清閟閣集十二卷 倪瓚

詩經講說二十卷 王逢

梧溪詩集七卷 王逢　易解大義 孟文龍
昭先堂稾 陳顯會　休休居士集 陳汝霖
靜安詩集 陳尙簡　錫山雜錄 陳尙簡
谷陽先生集 陳方一名錫谷詩集
夷白齋外集一卷 陳基　夷白齋集三十五卷 陳基
不二心稾 孟栻　陳子尙集 陳高
養閒詩集 華璹　雙桂集 徐伯樞徐衍
黃楊集四卷 華幼武　雲峯樵唱 王寳一名東吳小稾

明

壽雲子集三卷 王師道王寳子　秋林集 王亨
雪溪文集 徐績　友石集五卷 王紱舊志別有王中翰集當即
友石集明史藝文志王紱詩集五卷　一梧集 張籌
東湖集 華晞顏　傳芳集 華晞顏
慮得集 華悰韡　現居吟 安宙見明初陳齋集宙以指揮謫雲南楚
雄詩多在楚雄時作　翦韭軒集 華擴
錢公叔文集 錢棠　錢氏三華集 錢子正子義仲益
錦樹山人集 錢仲益　九峯老人集 翟宏
義寧集 呂敏　無礙居士集 呂敏

靜寄集 倪峻　海蓬漫稾 倪峻
宜閒集 楊璿　文崖集 楊琛
蘇詩摘律 劉邠　廣漢三先生集 周世忠世衡益
植梧文集 曹恕　東郊牧唱 沈濬
撖木文集 趙次鈞　九峯樵唱 朱昇
易經選註 王達　詩書心法 王達
天游集二十二卷 王達　桂林機要 王達
尙論編 王達　紀行集 王達
筆疇二卷 王達　漢上吟稾 王惟允

玉菴集 余樞　易贊 余樞
一瓢集 余海　舍人集十卷 浦源
編年紀行集 吳謙　眉菴集十二卷詞一卷 楊基
耐聒詩集 余璿　余氏日鈔 余璿
學古類編 余璿　確軒文集 李琛
確軒吟稾 李琛　秋林集 陳勉
樂農窩集 華興定　綠雲窩集 華景安
鳴志堂集 顧協　月樓文集 倪敬
螢牕集 翟厚　錫山遺響 翟厚

續通略翟厚 戒軒集馮善
家禮集馮善 錫山新志馮善
澹菴紀行集成始終 歸田集張九方
覆簣集張九方 麗菴集馮諲
卓齋集張綬 冰壑集盛容
涿州志張遜 鈍軒集張遜
抱拙生集六卷秦樸 甲牧吟稾秦霖
湖南雜錄秦霖 錢氏傳芳集錢種德正德順德
錫山續志李庶吳翀 綱菴集李庶

敬義存稾談縉 荷橋子談縉
修敬先生集八卷秦旭 周易愚慮二卷談綱舊志誤作王應集
易義雜言一卷談綱 易考圖義一卷談綱
卜筮節要一卷談綱 易指考辨一卷談綱
晉菴集陳賔 東皋集秦璠
浙游集秦用中 五峯遺稾八卷秦夔
滌煩亭稾二卷秦夾 雙梧集華昶
容春堂全集共六十一卷邵寶
簡端錄十二卷邵寶 學史十三卷邵寶一名日格子

左觿一卷邵寶 定性書說邵寶
惠山記三卷邵寶見欽定四庫全書舊志誤作惠山志無卷數
許州志三卷邵寶 杜詩集註邵寶過棟
漕政錄十八卷邵寶 希齋詩集錢文
一誠齋文集秦勵 鳳山奏稾秦金
撫湖政要秦金 鳳山詩集十卷秦金
安楚錄秦金 通惠河志二卷秦金
石巢遺稾莫止 廣陵年稾盛恂
思泉漫稾呂元夫 伯川集錢榮

周易發微楊文 中庸臆說楊文
鉛虛集楊文 毛詩童見黃鎧
周禮儀禮纂黃鎧 鶴臯詩集黃鎧
皆春堂集黃鎧 太平逸民詩華蕣
東洛文集張愷 紀行集張愷
常州府續志八卷張愷 柯麓靜稾張瑤
楞林摘稾四卷秦鏜 錫谷叢談秦銓
讀史閒評秦銓 春明筆奕秦銓
紫薇堂稾秦銳 續錫山遺響莫息

水石詩集盛艮　南湖集華炯
九經韻覽華燧　治喪切問華燧
宋史發明華痰　東郊集華痰
折鬢稾華德　肯齋遺稾華基
少微堂集華金　水西居士集十二卷華鑰
禮記集註華鑰　居素集九基
疏臆顧治　夢言五億顧治
王制考李黼　周禮集註李黼
性理五書補註李黼　瀛海集顧彥夫

頤齋集莫驄　濟寧州志十三卷莫驄
奏議錄莫驄　翰苑留院皇華諸稾華察
知退軒集華察　巖居稾八卷華察
碧山堂集華察　遺芳集錢惟常
夢屺詩稾錢楷　句吳聞見錄九晉
學詩二十四卷俞憲　盛明百家詩選一百卷俞憲
易學研幾華子憲　春秋孔義華子憲
獨知錄華子憲　見微錄華子憲
湖西草堂集華漸逵　迴溪集九瑛

五書彙萃九瑛　豫菴集華啟直
清源集華仲亨　儀部集華叔陽
方泉詩稾倪容　芹野詩集陳籌
玩世齋集華師召　遂陽集黃正色
張靜思先生集張選　附張纘曾奏疏
洞陽詩集顧可久　梅村疏稾曹懷
仲山詩選八卷王問　初笳齋集王問
武陵詩選施漸　讀書記要王表
過庭直訓王表　銷夏編王表

代奕稾王表　五湖集王業
海洲文集吳學　具茨詩文集十七卷王立道
筠齋漫錄十卷黃學海　逍遥集談一貫
長嘯集談一貫　大學衍義補要顧起經
夏小正補解顧起經　小十三經顧起經
日省餘錄顧起經　類箋王右丞詩集顧起經
王司馬宮詞補註顧起經　句吳佚典顧起經
詩文集七十一卷顧起經　會眞集記顧起經以上聞乾隆庚午修志時尚
存今不可考　易嚶語顧起經

詩解頤顧起經　檀弓別疏顧起經
唐四大家集顧起經　大歷才子詩選顧起經
廣小名錄顧起經　江右名畫記顧起經以上聞乾隆庚午修志
時已佚其已成之書佚者三十餘種未成者二十餘種
國雅顧起綸　春秋名臣傳十三卷姚咨
續百川學海姚咨　從川詩集秦瀚
巖栖集秦瀚　碧山吟社志十卷秦瀚
戸牖格言强仕　小山吟稾秦泮
前後平粵錄四卷談愷　虔臺續志五卷談愷

十山文集談愷　古今要語秦涵
讀史百詠秦涵　辨思錄秦涵
石村稾陳鳳　救民急務錄華泮
懷李齋集秦汴　三才通考秦汴
春秋類編三十六卷秦淪　戰國人才錄秦淪
六箭河志秦淪　游吟小稾安國
紹興水利圖說二卷賈應璧　藥菴漫稾俞寰
綠雲窩集華雲　句吳集華雲
楊莊簡集楊成　璿璣抉微華善繼

咫聞錄五卷華善繼　濟川詩集華善繼
折腰漫稾華善繼　祓禊集華善述
進德齋集鄧義　尚友堂詩集龔勉
性理纂要施夢龍　使三輔錄施夢龍
詩式施夢龍　嶼南稾施夢龍
紹修堂詩集秦梁　無錫志二十四卷秦梁
清湖前後集秦植　天垣疏稾六卷秦燿
湖廣通志二百卷秦燿　全楚奏議八卷秦燿
荒政摘錄四卷秦燿　鬱儀樓集鄒迪光

調象菴集鄒迪光　石語齋集鄒迪光
天倪齋集鄒迪光　始青閣集鄒迪光
愚公谷集鄒迪光　勵菴詩稾施策
古文集遺施策　唐詩類選施策
錫山科甲考施策　政餘稾九弼
家居稾九弼　采眞堂集胡涍
孫宗伯集十卷孫繼皐　寒齋稾錢百川
奇聞類編施顯卿　按東疏畧嚴一鵬
南祿勳政記嚴一鵬　國朝故實二百卷周子義

中書直閣記 周子義　穀語 周子義
日錄見聞十卷 周子義　柳汀吟稾 秦宏
浮弋集 薛敷教　續憲章錄 薛敷教
無錫縣學筆記 談修　惠山古今考十卷 談修
談氏文獻錄 談修　續文獻錄 談修
得閒堂稾 萬象春　涇皋遺書二十卷 顧憲成
小心齋劄記十八卷 顧憲成　大學通考一卷 顧憲成
大學質言一卷 顧憲成　東林會語 顧憲成
東林商語二卷 顧憲成　還經錄 顧憲成

證性編八卷 顧憲成　當下繹一卷 顧憲成
寤言寐言一卷 顧憲成　桑梓錄十卷 顧憲成
涇陽文集二十卷 顧憲成　雲鴻館集 尤鏜
護鯖集 尤鏜　無錫山水志 尤鏜
停釣書六卷 尤鏜　紅箱集五十卷 尤鏜
四書正刪正 陳幼學　四書罪罪知 陳幼學
禮樂考 陳幼學　欽恤題稾 陳幼學
芸堂日錄 陳幼學　高子遺書十二卷 高攀龍
周易孔義一卷 高攀龍　大易易簡說三卷 高攀龍

春秋孔義十二卷 高攀龍　正蒙集註 高攀龍
就正錄二卷 高攀龍　水居詩稾 高攀龍
朱子節要 高攀龍　邵文莊公年譜 高攀龍
小辨齋偶存八卷 顧允成　易圖說億言四卷 顧允成
東林志一卷 劉元珍　依庸絮語 劉元珍
湖畔逸農遺稾 劉元珍　石葉齋詩稾二卷 華白滋
天全堂集四卷 安希范　萍隱漫錄 安希范
養心日劄 安希范　讀書日箋 安希范
名山記遊 安希范　西林集 安紹芳

白榆閣集 安紹芳　皇明四大法十二卷 何棟如
文廟雅樂考二卷 何棟如　靖節忠節錄 周繼昌
防闇止闇錄 葉茂才　見聞摘錄 葉茂才
與至吟 葉茂才　三案記一卷 葉茂才
高忠憲公年譜初編 華允誠　三象粹精 華允誠
後菴文集 華允誼　澹寧居詩集三卷 馬世奇
澹寧居文集六卷 馬世奇　忠鏡錄 馬世奇
桑海經 許學　周易像象述五卷 吳桂森
像象金鍼 吳桂森　易說 吳桂森

談易隨問吳桂森　書經說吳桂森
曲禮說吳桂森　注釋春秋吳桂森
開泰錄吳桂森　息齋筆記吳桂森
一斑錄吳桂森　易蒙鄒期楨
尙書揆一鄒期楨　學庸解畧鄒期楨
一簞軒劄記鄒期楨　東林諸賢言行錄五卷鄒期楨
鶴湖小詠鄒期楨　菊蹊偶集張師曾
易纂全書宿夢鯉　露頴編許世卿
中解編許世卿　禮樂合編黃廣

續史五編黃廣　錫山史逸黃廣
玉磬齋詩集黃廣　東林商語張夢時
庭學愛日張夢時　索居小詠張夢時
三江遺槀吳應卯　尙書講義顧應暘
學庸詳說華文甫　簡齋詩集華學殷
壁經注疏虞韶成　鳳池吟五編華嘉蔭
只可吟堵允錫　耐可吟堵允錫
詩禮春秋三經澤書堵允錫　笨菴槀孫源文
晴天展孫源文　悟秋集顧杲

曉汵集顧杲　心遠堂集二十卷王永積
武定州志王永積　錫山景物畧十卷王永積
梁溪軼事王永積　東林講義施元徵
孝經衍義六卷張有譽　金剛經義趣廣衍三卷張有譽
東皐唱和集秦堈　靜遠堂集秦堈
參同閣集六卷秦鏞　易敘圖說二卷秦鏞
周子通書解秦鏞　皇極內篇小衍秦鏞
先儒四編秦鏞　講錄二卷秦鏞
淮海先生年譜秦鏞　淸江縣志秦鏞

秦氏文獻十集秦鎡　訂正九經秦鏷
職方地圖三卷陳組綬　三經偶得錄秦重豐
惠山名勝志華淑　明詩選華淑
雪蕉集華淑　吟安草華淑
聖學源流錄胡時忠　懷古堂文集胡時忠
冷香齋集胡時忠　大林遺槀六卷馬瑞
曲禮注周夢華　易經尙書毛詩解周夢華
端文公年譜顧樞　端文語要顧樞
西疇日鈔顧樞　西疇易槀三卷顧樞

古今隱居錄三十卷顧樞　鳩綠集嚴紹宗
閒窗隨筆顧宏先　畫餘詞稾華胥
校正古周易華兆登　朝爽閣集華元禔
尚書說統張雲鸞　孝經講義張雲鸞
小學講義張雲鸞　五經纂類張雲鸞
四書說統刪補張雲鸞　經正錄張雲鸞
周易古本通義華從允　尚書秘旨華從允
易疏吳其馴　書疏吳其馴
上生集秦輿　名物通王恒一

三禮正宗華時亨　春秋法鑒錄華時亨
四傳異同華時亨　春秋敘說華時亨
先撥志畧高士鶴　紫陽通志高世泰
三楚文獻錄高世泰　東林書院續志高世泰
高子節要高世泰　中庸問答高世泰
忠憲公年譜高世泰　寒木草堂集呂自咸
赤霞集浦羲升　讀書類秦鉽
四書筆旨鄒期相　孝經筆旨鄒期相
禮記貫堵景濂　忠憲公年譜高世寧

錫山別考談高祐　山居贅論顧柔謙
爲文堂集十卷黃家舒　南忠紀錄黃家舒
生軒易說嚴穀　生軒存稾嚴穀
屬比直書嚴穀　東林書院志二卷嚴穀
易同嚴穀　易經通義嚴福孫
易像圖義嚴福孫　黃道圖說嚴福孫
小學淪注張夏　洛閩源流錄張夏
十峯草堂集八卷錢肅潤　文澂二十卷錢肅潤
山香集馬壬玉　九龍山樵集一卷安夏朱彝尊明詩綜稱夏無錫人安吉安氏詩輯謂夏遷長洲爲長洲人

張子說詩張韓
易經假年張韓　論古閒眸張韓
春秋綱秦沅　詩經多識秦沅
辟疆園集顧宸　宋文選顧宸
清招閣詩集秦溢　尚書日箋八卷顧嘉舜
表異錄四卷顧嘉舜　二泉書院志邵澄
典林一百五十五卷吳明玗　五經通說鄒初基
明史快編鄒初基　明文大業鄒初基
十大典故鄒初基　法海碎金鄒初基

欵月堂詩 許儀　蘭臯集十二卷 馬季良
醫方摘元 張用謙　醫經原旨 徐吾元
夢室詩集 釋至道　芝菴詩集 釋惠熙
韻會增注 釋信受　通鑑集覽正誤 釋信受
惠山志 釋至廸　惠山記 釋圓顯
梵刹志十五卷 釋昭惠　漢月禪師語錄 釋法藏
五宗原 釋法藏　大樹禪師語錄 釋宏證
鄧山禪師語錄 釋宏璧　毅菴禪師語錄 釋觀英

國朝

唐書巢文集 唐德亮　雪帆疏稾 吳達
薪齋集八卷 呂陽　扶輪集 黃傳祖
鷟湖類稾 華亦祥　襟蘭集 堵廷棻
物外閒吟 華慶遠　春草軒稾 華遠臣
純齋詩稾 蔣遵路　石農詩稾 秦保寅
雪蕉集 鄒忠倚　抱犢山房集六卷 嵇永仁
調運齋文集十二卷 錢陸燦　毛詩日箋八卷 秦松齡
蒼峴山人詩集六卷 秦松齡　蒼峴山人文集六卷 秦松齡
明史擬稾四卷 秦松齡　易學晰微二十卷 秦松岱

西征紀畧二卷 嵇永福　淨綠居詩稾 周宏
秋水集二十卷 嚴繩孫　明史擬稾四卷 嚴繩孫
無錫縣志四十二卷 嚴繩孫　燕綵堂詩集 華長發
滄江百一詩 華長發　陳集生詩集 陳大成
含譽堂詩集 陳瑞聲　先賢語錄 安璿
續丙丁龜鑑 安璿　罨畫樓詩文集 安璿舊志蒼涵外史文集往也後集詩集詩畫禪偈語爲一集
往深齋詩集十卷 顧彩附往深齋詞
辟疆園文稾四卷 顧彩　鮑園詩二卷 顧景文
楚游草一卷 顧景文　讀史方輿紀要一百三十卷

顧祖禹　方輿圖 顧祖禹
宛溪詩文遺稾 顧祖禹　書經正旨 顧祖禹
吏部公年稾 華王澄　尚書淺說十卷 華麟
法戒錄 倪永建　紀元彙考 趙駿烈
古逸藪 顧煜　賁野鑑識 施熙
牧民全鏡 施熙　琴山集 施熙
願學編 龔廷歷　理學醇疵辨 龔廷歷
句吳續聞見錄十卷 龔廷歷　稽古訂譌 龔廷歷
未學草 馬翀　蝶園詩 馬翀

青巖集張光緯　黃大夏遺文四卷黃瑚
吾與堂詩集十卷劉霖恒　楚頌堂詩集六卷顧貞觀
彈指詞二卷顧貞觀　邑志補訂顧貞觀
青梧集三卷嚴泖會　鄒黎眉詩集鄒顯吉
鮑讓侯詩集鮑鼎銓　蓉湖詩文稾季騏光
臺灣紀畧二志季騏光四庫全書作季麟光武進人當是鈔本傳寫之誤
鄒可遠遺詩鄒溶　易章一卷朱襄
一亭雲集二卷朱襄　漫與集二卷朱襄
周禮集解二十四卷高愈　小學纂注六卷高愈

老子道德經解高愈　薛胡羅三先生要語高愈
詩經水月周士茂　讀易偶存六卷華學泉
春秋經傳日鈔二十八卷華學泉
春秋類十二卷華學泉　春秋疑義二卷華學泉
增訂周禮集解二十四卷華學泉
儀禮喪服或問一卷華學泉　老子疏義二卷華學泉
楞嚴疏鈔十卷華學泉　霞峯文鈔二卷華學泉
劉存軒文集十卷劉齊　慎獨齋詩劉齊
古易藏本陸楣　周禮增定一卷陸楣

陸鐵莊文集六卷陸楣　疎快軒詩一卷陸楣
師善堂集十卷嵇曾筠　泉南山人詩集六卷秦道然
明儒語要四卷秦道然　困知私記一卷秦道然
顧中展詩集顧仁垣　游梁草二卷顧仁垣詞附
雲川閣集十四卷杜詔　唐詩叩彈集十二卷杜詔
香樹山房詩集徐琁　求志居文稾一卷錢爻
易書詩春秋集說各十卷華希閔
中庸剩語論語講義共三卷華希閔
性理註釋華希閔　通鑑地理今釋四十二卷華希

閔　金匱縣志二十卷華希閔
廣事類賦四十卷華希閔　延祿閣集十二卷華希閔
錫山文獻王史直　開化志二卷王抱承
西神叢語黃起蛟　離騷註王邦采
吳淵穎集註王邦采　徐孝節集註王邦采
晁具茨集註王邦采　讀書隨記王邦采
芥軒詩稾李崧　曉滄集潘果
鬲凡集華龍翔　離騷集解邵熉
移山詩草邵熉　借柳軒詩集鄒升恒

匏菴詩稾俞魯瞻　卯茗欸乃集俞玉局
南榮詩草劉瞻榕　東園詩草徐漢倬詞附
虛舟文集王澍　淳化秘閣帖考正十二卷王澍
竹雲題跋四卷王澍　易卦私箋蔣衡
毛詩疑蔣衡　拙存堂文集蔣衡
學詩偶存蔣衡　小山詩鈔鄒一桂
小山畫譜二卷鄒一桂　鄒宗伯自定年譜二卷鄒一桂
秦氏金石錄六十卷秦枝桂　澹雲詩草徐梁棟
史通通釋二十卷浦起龍　讀杜心解二十四卷浦起龍

不是集十二卷浦起龍　古文眉詮八十卷浦起龍
無錫縣志四十二卷浦起龍　交翠軒稾王繩曾
尚書質疑上下二卷顧棟高　毛詩訂詁三十卷顧棟高
毛詩類釋二十一卷續編三卷顧棟高
春秋大事表五十卷顧棟高附春秋輿圖一卷附録一卷
儀禮指掌宮室圖顧棟高　司馬溫公年譜十卷顧棟高
王荊公年譜五卷顧棟高　萬卷樓文集十二卷顧棟高
禮經本義三十九卷周禮二十二卷儀禮十七卷蔡德晉
禮傳本義二十卷蔡德晉　通禮八十一卷蔡德晉

詩經集義十六卷蔡德晉　周易象義日鈔秦蕙田
五禮通考二百六十二卷秦蕙田
味經窩詩文類稾二十八卷秦蕙田
易象約言二卷吳鼐　洪範集註二卷吳鼐
儀禮集說二卷吳鼐　春秋修註四卷吳鼐
三正考二卷吳鼐　朱門授受錄十卷吳鼐
未發質疑五卷吳鼐　律呂源流十二卷吳鼐
十家易說吳鼎　易堂問目四卷吳鼎
勺文十卷唐誠　律悟一卷吳熙

律問八卷吳熙　樂阜山堂稾十二卷王會汾
雲逗樓集二卷楊度汪　昌黎全集編年二十卷華淞
考工記集註華淞　存之堂詩稾楊孝元
周禮指掌六卷楊潮觀　左鑑楊潮觀
歐舫詩集四卷朱修　書畫史述八卷朱筠
古詩經解十六卷虞佐　歷學末議談丁戊
欄香詩鈔四卷朱克敏　二磯山人詩集六卷徐德宗
本朝國史歷志十一卷楊作枚　律志稾二卷楊作枚
何股論二卷楊作枚　溯源星海八卷楊作枚

三角會編四卷楊作枚　東林書院志二十二卷許獻
六有齋就正稾十卷許獻　易知編李廷遴
止齋詩鈔四卷趙夔颺　聞見錄四卷趙夔颺
歴法大成十卷楊國鈞　沙邨書屋詩文稾四卷徐流方
咫聞十八卷徐流方　識小錄黃卬一名酌泉錄
繼巖詩草華育濂　澹園詩文集十一卷華玉淳
辰象考四卷華玉淳　泉幣考三卷華玉淳
禮經禮傳辨義考工記辨義周禮集說治河原委春秋
輿地考各一卷華玉淳　也軒筆記二卷秦鴻鈞

渾蓋通憲解一卷鮑祖述　貽燕樓詩稾劉執玉
春秋隨筆二卷顧奎光　毛詩牖日錄四卷顧奎光
雙溪文稾十卷顧奎光　雙溪詩集八卷詞二卷顧奎光
詩比義述四卷王千仭　類谷居稾諸洛
若舫詩文稾秦鈞儀　寄淮草二卷吳峻
蜀游草二卷吳峻　梁溪詩話四卷吳峻
尋樂軒詩稾吳峻　岵齋詩文稾八卷秦朝釪
響泉集三十卷顧光旭　梁溪詩鈔五十八卷顧光旭
畫莊類稾十四卷朱雲駿　大雅堂集鄒方鍔

金石訂例沈金鰲　讀畫山房遺稾六卷鮑汀
翠茗軒詩鈔十四卷詞四卷顧斗光　臨清守城日記一卷秦震鈞
列女樂府八卷顧斗光
傳神秘要一卷蔣驥見欽定四庫全書藝術類
午風堂詩集鄒炳泰　午風堂筆記鄒炳泰
細論處詩鈔四卷俞模　小峴山人詩集二十四卷秦瀛
小峴山人文初集續集各六卷秦瀛
遂菴日知錄八卷秦瀛　已未詞科錄十二卷秦瀛
政餘偶存六卷秦瀛　重訂淮海公年譜六卷秦瀛

無錫金匱縣志四十卷秦瀛　春秋左傳地名考一卷錢俊選
三經彙疏周易二百卷春秋一百卷詩經一百卷蔣起元
洴澼百金方十四卷袁宮桂此書皆兵家言自署惠麓酒民
詩測六卷秦鳴雷　說文字原集註十二卷蔣和
象形字譜蔣和　夏時考一卷安吉
說文諧聲韻徵安吉　辟疆園遺集顧敏恒顧敦愉顧敬恂顧敭憲
芙蓉山館吟稾十六卷楊芳燦
桐花吟稾十二卷楊揆　映山閣詩集十二卷徐鑅慶
易圖彙解四卷周翀　易意稾二十卷吳鴻前

綠園小草 名媛薛素儀附絳雪詞　氷壺小草 名媛倪素玉

亦南廬小稾一卷 名媛鄒若琰　周易觀象 釋妙復

石林詩稾四卷 釋妙復

案著述之有卷數所以徵信也舊志大半缺畧夫著述有大小純駁之殊相去不啻千萬其傳世行遠之業苟非其人殆未易言惟舊志攟拾既廣不敢妄有進退祗是鈌者補之訛者正之各家卷數家鮮藏本同邑諸君子復秘不舉示姑就見聞所及載列於編

無錫金匱縣志卷三十九

無錫金匱縣志卷四十

雜識

拾遺摭言蓋取不賢識小之義惟是稗官紀載往往尙恢詭侈神怪君子病之玆編所錄於舊志或增或刪大旨務歸雅馴旁徵遠引足以廣見聞而資考證詞人之叢談閨媛之軼事並附見焉志雜識第三十九

荆蠻史記正義曰泰伯奔吳所居城在蘇州北五十里無錫縣界梅里村其城及墓見在而云亡荆蠻者楚滅越其地屬楚秦滅楚其地屬秦秦諱楚改曰荆故通號吳

越之地爲荆及北人書史加稱蠻也

句吳許愼淮南子註云吳人語不正言吳而加以句顏師古云句𡰥俗發聲猶越爲於越也

惠山龍尾陵道有白龍潭周處風土記云東晉時有家其上者妻妊三年產一龍色如銀七日昇天去後龍每一歸歲則大熟

搜神記無錫上干陂吏丁初行陂塘見少婦青衣靑繖呼初初疾行婦人轉遠顧見自投陂水視之乃大獺衣繖並荷花也上干陂邑西南七十里

案此條錄入舊志而乾隆庚午志刪之殆不語怪之意然漢魏叢書最爲近古故仍錄之

東坡讀隋書地理志云黃州有永安郡州東有永安城圖經謂春申君故城蓋非是春申之居乃在吳國今無錫惠山有春申君廟近是按楚都申郢故黃歇封於春申如齊之孟嘗魏之信陵趙之平原各在其地黃之永安爲春申故城蓋始封也謂之春者蘄春壽春是也謂之申者申光之間是也當是兼二城而封猶田文之食常薛耳後楚并吳秦侵申郢楚遷壽春黃歇始請吳之故都居焉然行相事未嘗去國其廟則後人作之也

李德裕在中書好惠山泉寘水遞以進皮日休爲詩譏之曰丞相常思煮茗時郡侯催發只嫌遲吳關去國三千里莫笑楊妃愛荔支

唐張祜題詩碑小洞穿斜竹重階夾細莎此祜題惠山寺詩也萬歷中邑士談修謂今周文襄祠右小橋即小洞故處洞在階之內階有土埴界於其中故名重階以寓男女別塗之意因修而復之勒祜詩於石表之埴中其說頗近穿鑿

東坡南遷後北還次毘陵時久旱得雨邑人袁思與黠呈一絶句云青蓋美人回鳳帶繡衣男子返雲車上天一笑渾無事從此人間樂有餘東坡大喜爲之重寫且以手簡褒之至今袁氏刻石藏於家

王晉卿駙馬寫陸羽煎茶圖無錫九龍山前景也喬松芳潤老梅著花後有東坡少游題字見畫史

紹興辛巳高宗視師江上至無錫幸惠山酌泉泉上汲桶有吳安二字蓋閹吏姓名而侍衛見之皆喜謂吳地可安也

尢文簡致政歸居東帶河大第數步即出關渡梁溪因造

圃於其上題曰樂溪後有高岡左種梅數百枝右種海棠亦數百株花時最勝公嘗爲瑞鷓鴣各一首詠之落梅詞梁溪西畔小橋東落葉紛紛水蘸紅五夜客愁花片裏一年春事角聲中歌殘玉樹人何在舞破山香曲未終卻憶孤山醉歸路馬蹄香雪襯東風海棠詞雨行芳蕊傍溪陰一笑嫣然抵萬金烈火照林光灼灼彤霞射水影沈沈曉妝無力臙脂重夜醉方酣酒暈深定是格高難著句不應工部總無心

遂初堂書目一卷陳氏曰錫山尢尚書延之淳熙名臣藏

書至多法書尤富嘗燼於火今其存者無幾矣誠齋序畧曰延之每公退則閉戶謝客日計手鈔若干古書其子弟及諸女亦鈔書謂予曰吾所鈔書若干卷將彙而目之以代饑之肉寒之裘寂處之朋友幽憂之金石琴瑟也乃屬余序其書目余既爲序將借而傳焉

文簡公書法高古世不多覯惟曾幼卿鳳墅帖載有文簡與其父無玷侍郎手牘一則云裒講聞高義之日久矣得趙憲景明書說足下不容口益起思賢之念恨相去遠未得承顏接辭乃辱惠誨不勝感慰竊窺藻麗益知

所緼衮承之於此得同王事懼不聞過凡有可以鐫切者勿惜自此片紙往復勿用俗禮乃幸目昏臂疼不能盡復來旣草此一紙爲報殊愧率畧也衮頓首是牘大與翁方綱見而重摹之以寄秦侍郎瀛爲刻而勒之惠山祠壁

尤莊定公焴夫人事姑孝姑性嚴卞苦目疾時發時止發則不食嘗大劇幾欲自投池水中夫人慟哭禱於天刺臂血和藥以進目疾遂愈

洪容齋夷堅志紹興戊午冬予兄弟奉先夫人之喪居無錫大池塢外家墳菴前後巨松二萬株明年春兩松各結一毬翠葉圍繞宛然天成菴僧曰近村邊氏墓松亦嘗有此其孫安野預薦今數二而大豈非沈氏有二子登科乎時外兄沈自彊自求應進士舉旣而皆不利而余伯氏仲氏乃以壬戌中博學宏詞蓋此時正在菴肄業乃合二毬之瑞

周草窗癸辛雜識云汪應辰端明本玉山縣弓手子喻子材爲尉授諸子學有兵在側言某兒頗知讀書可使侍筆硯呼兒視之狀貌偉然不同常兒喻大驚留授之學

許妻以女年十八魁天下以忠直聞按宋史喻樗傳樗二女方擇配富人交請婚不許見汪洋及張孝祥曰佳士也遂以妻之洋卽應辰也紹興五年進士第一孝祥紹興二十四年進士第一

郗公遺愛具載德化記中後累遷知蘄州曰無錫吾之桐鄉也因家焉築室梁谿之上崇敞深靚環以花竹歲時夫婦坐上諸郎袍笏燦然舊志郗子孫始居無錫者誤

政和甲午始貢泉水月進百罇先是以十二罇爲水式泥卵置泉亭中每貢發以之爲則至靖康丙午罷貢開之

水味不變與他水異也墨莊漫錄
泉以罌瓶挈至遠方必取山中石子置其內雖歷久而味
不敗蓋石性堅重能淀濁理固如此黃山谷謝黃從善
寄惠泉詩云錫谷寒泉撱石俱李獻吉謝人送惠泉詩
云中涵石子無苔綠吳匏菴謝馮龍泉餽送惠泉詩云
磊磊石子在中涵數峯青此之謂矣
許舍山中多虎童男女晝不出戶尤待制叔保居之使人
拾楝樹子數十斛作大繩以楝子寘繩股中埋於山之
四圍不四五年楝大成城土人遂呼爲楝城乃作四門

時其啟閉虎不敢入
蠡溪筆記映山河宋初僅一方池紹興間蛟起其中壞民
居爲長河今亦甚湫隘
宋許月卿追賦暮遊詩序云余以庚子冬絜絜離廣陵將
肆奉常試業於京師舟泊無錫日已暮與王希聖微服
遊南禪蓋訪古也參寥題名壁無恙寺記有碑碑陰結
字甚瑋視之蔡京也出門烟樹蒼然數僧偶語而已余
與希聖郤立四顧曰此佳景也當寫之爲詩而舉子業
亂其中不能就暇日追想宛在予目因賦寄希聖其明
年冬十一月也詩云錫山舟泊似荒村微服南禪古蹟
存壁上姓名今已遠碑陰人物了能言薄游草草霜侵
袖遠思悠悠風滿軒攜手出門烟樹密數僧離立語黃
昏
喻工部玉泉墓在東郊迴溪里久漸湮沒邑士張夏言於
高僉事世泰而修復之樹之以碑工人掘地得一白圓
石大如盤高二尺上有玉泉二字乃置之新碑之前先
是邵文莊謁墓賦詩其落句云玉泉二字還須碣一束
生芻有嗣音若爲此舉而作甚奇

淮海周煇云煇家惠山泉石皆几案間物故東來數問松
竹平安信且時致陸子泉茗椀殊不落莫頃歲亦可致
於汴都但未免瓶盎氣用細砂淋過則如新汲矣
雲林平生不畫人物惟龍門生一幅有之不用印章有一
方曰荊蠻民而已
清閟閣前苔蘚盈階不容人跡綠縟可愛落葉時則令小
奚綴鍼於杖端挑而出之
開先寺僧方崖志慕雲林而未遘恥借客面乃寫墨蘭於
扇持以爲贄雲林倒屣迎之卽夕賦詩蘭上曰蕭散重

居寺春風蕙草生幽林蒼蘚地綠葉暗璚莖早悟聞思入終由幻化成虛空描不盡明月照敷榮且起亦畫蘭以贈臨行復助修佛寺銀五十兩方崖用以造一精舍以待雲林之來雲林至吳郎以爲居停所見包山漫記

元教授程清遠章白自洪中避仇居邑之周涇與周玩易衡友善明太祖召玩易爲右正言清遠賦詩送之諸大老見而賞歎共薦於朝下詔特徵清遠避匿有司求得之不得已隨使者入都至丹陽遇玩易忤旨斬首喪還清遠撫棺大慟口語曰當全尸見先人於地下耳遂自

縊死一時邑士有高名者揚承一削髮爲僧呂方朱紹晦去爲黄冠王約錢勤佯狂相攜歌於闤闠時錫麓梅村梁溪三詩社皆廢本學生託疾焚書者半

孟來魯字質夫世居新安博學多異術尤精天文元季教其子孔文孔舉孔學習泅水刺船賣其田廬造三舟泊於笠湖之濱質夫八十餘卒未幾四海鼎沸孔文兄弟安處湖千寇至則避湖中隨蓬來往卒遘昇平後孔文應人材辟拜會稽長年已七十治尚寬平入覲奏父天文書有綵幣黄金之賞引年歸

華彥清在元季以貲雄於鄉而愛詩甚篤無何宅燬於火始移吳郡繼遷海虞又居吳江瑣尾播遷吟詠不廢迨明之初富家類多徙豪彥清獨以上中山王詩得免於禍其後正嘉時邑中巨室推安國鄒望華麟祥時稱其富甲三吳云

馮志云洪武初教諭得自請訓導翊教頂平巾諸生自給束修進退自便二十五年賜冠帶給俸廩自王達始洪武以後訓導由儒士考中除授其爲貢生授職不詳所始至舉人就教則稱署教諭事

洪武戊午夏四月雨雹橫山居人蕭天祐在城中三日後歸啟其室見階下有四石子一白如玉隱起竹葉紋一深紅色一淺紅色皆如寶石有芒采一最小者鴉青色王學士達題其居曰天寶

張籌義犬志曰大明開天建元洪武余以徵召赴京師待罪翰林應奉超拜尚書禮部明年已酉夏四月二十七日先考背棄五月五日奔歸喪次營卜宅兆講服喪禮時則有鄰媼得菴費翁數相過從六月旣望時雨兼旬初霽余訪得菴於弓河草堂步行新橋委巷泥濘沒屐

齒余踞盤石濯足呼得菴欵柴關而有蛇蟠石交縛余左足事出不意時惟一黃犬隨余行余顧犬太息犬解余意嚙蛇數段犬伏毒就斃得菴始出見驚駭相慰謂古人有帷蓋之義俾余掩之余相盛河南隅一邱用莞席四襲坎葬云嗚呼古有銜結之報書傳所載非誣也乃余親受此犬脫非常之厄謹朱書元石追而納之壙與得菴親臨視焉雖然余負此犬多矣余乃一梧主人姓張氏葬之爲六月二十四日

朱彝尊靜志居詩話浦舍人長源居九龍山中築聽松軒

凌彥翀爲作記其後舟經淮河溺死故王達善祭以文云長源之文豔若天葩云何不幸竟墮泥沙詩工七律句如聽雞曉闕疎星白走馬春郊細柳黃細雨疎燈聞落葉斷雲高樹見明河雨中黃葉孤村路湖上靑山遠寺鐘三月春陰垂細雨幾家寒食起新烟春潮渡口停官舫夜雨山頭見驛燈衣上暮寒吳苑雨馬頭秋色晉陵山潮生漁浦昏看下雨過鄰家竹許鉏官路暝烟迷驛舍郡城寒火出更樓靑山馬尾彎弓見畫角城頭帶月吹暮雨燈明湖上塢秋風砧響郭西家杏花寒食春江店榕葉熏風瘴海船今夜風傳何處笛他鄉月照故園衣寒廳掩雪晨衙散暮郭連山夜燒明均有風韻匪僅雲邊樹裏一聯而已亦善畫山水竹石學倪雲林程原道詩所云雲林弟子浦長源也

王學士達善在東林菴和中峯禪師梅花詩七律百首一夕而成自序才思不[illegible]詩成時月落寒林之外矣

王蓉溪嘗賦如夢令曰林下一溪春水林上數峯嵐翠中有隱居人茅屋數間而已無事無事石上坐看雲起高房山尚書愛其言嘗爲作圖張居貞題云歌此芙蓉窈

窕章山陰茅宇日淒涼不是筆端天與巧誰割雲山與侍郎此圖久爲遠人所得倪元鎮因用其意寫贈王仲晁梧溪老人王逢時題其後曰予謝病將還鄉壠道宿寶雲禪舍與王仲晁論心見先友倪幼霞畫且獲觀王蓉溪張居貞二公詩詞仲晁徵予賦詩亦爲長短句一闋檐葺數株松子村遠一溪菰米鷗外迥聞雞遙望雲山烟水多此多此酒進玉盤雙鯉

綺塍街元明之間最繁盛夾路喬木古藤飛樓連閣浦長源詩所謂出郭樓臺三四里游人不得見山容也又謠

云惠山街五里長踏花歸鞖底香今皆無之若夾道栽
以桃柳乃較勝耳
永樂中敕天下方面官保舉孝廉之士被舉者六十五人
又詔吏部差官密訪學行並優者吏部以十五人名上
無錫九文列第二命詞臣撰徵書各該有司官詣門勸
駕文以老母力辭不赴既而徵至京者十三人擢布政
七人授參政五人賜釋褐一人不至者文與梧州吳貞
簡鶴也
明初陸季平士隆葛仲威桓李宗吉孟善施糾定武並以

直言得禍吳東記聞稱錫山四忠嘉靖中楊果齋淮顧
洞陽可久張靜思選黃斗南正色俱以直言受杖邑中
稱錫谷四諫時有善畫者寫四公像爲錫谷四諫圖
盛中丞容長厚不忘故人有鄰叟余穓業櫳桶公少與相
識及爲副都御史還往訪余值其祀神因留飯其家無
席覆桶而布饌焉對飲至醉而別
西梁溪東迴溪宋元時溪流甚廣後周文襄公取三墩土
塡迴溪爲良田今僅存帶水明初九徵君文與王孟端
並居溪上過庭章去溪半里許三君相得甚歡孟端畫

家溪六景曰春波雨意秋霖水漲羣魚捕獺蘆洲集雁
晴漁曬網雪霽鴉翔庭章亦畫溪尙九松合唱和詩爲
一軸
舊傳周文襄忱故無錫人父元祐文襄幼時受學於王學
士達後忽爲賈挾去遂隸吉水賈亦周姓至撫吳時求
周氏祖祠爲免其地稅此說近誣不足信文襄撫吳爲
德於民者甚大故民德之爲立祠惠山王新城撫拾浮
詞謂文襄詔事劉瑾自稱孝孫果爾邵文莊惠山詩安
得有南祠忠定北文襄之語耶

邊華泉有送秦用中文學詩云玉眞臺下三間屋屋後有
松前有竹廣文先生雙鬢禿長對青藜夜深讀用中字
擇之與七子皆定交論詩此則除授江西安化訓導華
泉贈行作也擇之又有致何大復書云別來閱數年一
官偃蹇秉鐸泰順於浙中最爲僻遠所喜永嘉江山雄
秀前後得詩廿六首錄奉教削不宣用中謹狀
張養浩瓚字廷美剛直愼取與嘗行高橋之南遇醉而鬬
者一人墜金於地張拾而默觀焉比鬬已始覺亡金大
遑迫潛然出涕張徐呼謂曰男兒何不能愼一言而自

令若是向非我卽此金不歸與若所爭得失何如也出
金還之其人謀所以報者張不顧而去季子愷成化甲
辰進士
蔡林屋羽邑之板村人其父避役居洞庭始占籍吳縣羽
好著書詆朱註結草爲人號曰晦猪日夕鞭撻有執政
者聞而悅之會羽以貢入都薦入翰林無何執政去位
僚屬多惡羽遂歸凍餒二十餘年死羽爲人廉介人比
之夷齊而心憎宋儒受報如是可爲炯戒
九誠者字無僞授經吳門弟子百餘人景泰中誠爲秦府

伴讀將之官徵束修於諸生歲荒不能得而吳人多釀
酒酒不售則人抱一罌饋九九笑諾而置之家徒手入
秦明年甲戌元旦大雪三日積八尺餘老稚莫能出戶
誠父曰務樸遂取酒使蒼頭循門而飲之數日百甕皆
盡而所活人亦甚衆
陳文剛世居州巷和豐坊爲里中學究積善不求人知天
順四年某月縣西街郭忞家火文剛居其左僅障一土
牆而火不入飛越右鄰延燒三百餘家陳之檐霤棟宇
獨無少損

趙綱字希大能詩年二十九而卒有寄洛陽李秀才一絕
云未得吳公薦空憐賈誼才年年三月裏相約看花來
黃勉見之曰入唐人詩中未易辨也
錫山之半有楊氏園名涉林已不知其處矣獨傳其時有
王子行者年十二能詩詩曰半畝楊雄宅蒼蒼迹易尋
路緣芳草入門掩落花深更以寂寞景對君恬澹心何
人可同調邱內有鳴琴有如此風格而不自名家豈非
厄於年耶
過淇家藏邵文莊公二札一云病不能爲舅母志故託之

名公曰來已減能任書丹矣可令毛傳同吾奴邵孝擡
石來三日可完就在此刻不妨一云甥書舅母志極宜
肅拜而後舉筆特因膝瘡艱於起跪竟省此禮故不敢
妄書拜以欺人也前輩眞誠如此
文莊幼與同邑丁松年惠遠稱三奇童嘗同至洞虛宮嗣
龍山房道士年八十餘謂曰聞三君敏妙吾有王學士
壽先師祖文千餘言能誦十過記之當烹白鵞以進於
是丁誦一過背之不失一字惠誦二過訛四五字邵細
讀三過又側聽二子背誦各一訛十餘字道士大笑進

鷲旣去謂弟子曰邵子深沈寡言舉止不苟此遠大之器二子質敏而氣浮非其倫也時三八皆十餘歲又三年而丁以儒士第一人應舉不第季卒惠後仕終順天通判悉如道士言

邵文莊尚書第作十二景有曾侍堂泥金畫仲尼居曾子侍像於屏容春精舍庋藏書萬卷其中後燕居亭亭傍一齋祀祖存一公小像其南為嘉樹亭庭以石子壘八卦象曰八角臺臺西置九畹畹各滋蘭九本名蘭畹曾侍堂右鑿小池種荷名思濂沼上有石梁曰光霽橋其傍多竹名靜深徑堂前有石二取其形似名之一曰圭一曰晃又一石如屏者出西蜀種蒲其上曰雪浪菖蒲石為地不甚廣而取名繁多然性亦好土木終歲治第第成而田不及七頃

秦仲孚為修敬封公季子與其兄承孚並以孝旌泰陵郎阼賜冠帶嘗作溪山淸興堂淸遠閣結亭於後圃顏曰滌煩九日詩云抱病忽聞佳節至獨攜藜杖強登臨黃花笑我容還瘦綠酒盈樽手自斟處處辭巢知社燕家家悲杵送秋音不堪覽鏡頭如雪折得好枝懶去簪欠

日得疾不起見朱彝尊靜志居詩話

王文簡士禎淸談錄云明無錫黃公祿善方脈而能詩嘗詠雪毬云六花平地捲成毬不待雲斤月斧修萬古太陰深合處一團元氣未開頭金盆忽送來瑤島銀索難將挂綵樓只恐明朝易銷歇長江滾滾逐東流人稱為黃雪毬案公祿名祿號杏軒成宏間人為碧山吟社十老之一

陳行之公懋碧山十老之一朱彝尊靜志居詩話行之好著書故秦景暘詩云先生豈特天趣高著書厭嚼前人糟後於宏治元年上所著書大要謂周易大學中庸尚書註失經迷臣有一得頗能析理通政使以奏內自稱庶人且穿鑿害道乞正其罪泰陵命焚其書押遣還鄉事載實錄而談修惠山古今考遺之

西神叢語秦樂易鍠自述云不求利達不憂貧不羨神仙學養眞留得一區方寸地儘堪康濟百年身嘉靖丙申樂易年七十一矣偶夢得詩一聯花吐鮮穠怡老況天留強健報淸貧至庚子季子涵次孫禾秋試並捷癸卯孫梁復領鄉薦壽至七十有九

金匱山永樂中爲土人强善三所據其居廬燬於火知縣
盧克敏去瓦礫加善土環蒔松竹後成僉事始終解組
歸築室山下曰錦江舲曰海岳軒
泉亭上曲水乃明嘉靖戊戌彭贊所導其後劉光祿元珍
修復之加石甃焉贊引泉記云歷十賢堂西偏洞口右
崖下引流而出瀕而遞之爲九曲東趨堂階之下落石
壁以入於池此今之曲水也黄九峯揞於園中鑿曲水
流觴額曰蘭亭分勝在山麓之左邵文莊詩山中新作
蘭亭水好共同人試一杯未知所指然要非昔之曲水

亭也談修惠山古今考云蘇舜欽爲邑令重搆曲水亭
又云魯般亭舜欽未嘗宰錫疑有誤
梁溪以梁伯鸞嘗居於此故名唐襄文順之詩云地近梁
鴻宅溪連范蠡湖是也陸伯生廣輿記乃曰梁時重濬
故名梁溪此殆强作解事
宜興杭雙溪兄弟訪秦端敏於胡埭約同人游華藏寺分
題賦聯句詩屬張履齋泰爲之圖而雙溪書之與於會
者雙溪名淮其弟澤西名濟顧惠巖可學圃亭可適吳
頤山仕嘉靖辛酉端敏方以戶部尚書謝政在籍即以

是年復起爲南京戶部尚書王職方永積跋後謂張俊
葬此爲寺之穢而惠巖於此亦多媿矣
呂元夫御史卣子生有異稟風姿玉立卣未第時爲諸生
有名富人朱氏以女字元夫及卣三試不第家益貧朱
欲離婚告於邑令令受其屬而難之會諸鄉賦長以朔
旦朝令令曰呂君雖貧其才足依非長貧賤者朱意如
此既難强合諸君亦有願與爲婚者乎有侯倩者素慷
慨好義出曰願贅呂君子令大喜立取一朱綺爲呂子
聘元夫於是居侯甥館十年舉進士授禮部主事改吏

部武宗即位元夫齎詔江南至邑露冕使車中人皆聚
觀朱家大市橋西其女婿不慧常居母家於隙中窺焉
一夕恚恨死
顧洞陽可久官行人值武宗南巡偕同官伏闕諫廷杖臀
肉盡脫割羊臀補之左遷國子學正世宗立擢戶部郎
大禮議起復上疏極論再下詔獄杖於廷後生少子起
東臀上有羊毛至孫猶然忠義遺體及於再世風節之
盛亦奇矣哉
鴨城華氏傭曰犢侶甚勤力久之辭去爲頭陀以卜相術

游四方從一貴璫入京劉瑾召問之頭陀知不可正忤詩間言曰公相貴不可言僧亦不敢言恐公見縛付西市也瑾心竊喜居之密室頗參計畫及瑾有異謀爲辭誓神頭陀遂竊之以告張永因發其事瑾旣誅將召論功已遁去矣

陳廣者字似源儒家子孤貧與顏某有通家之好顏衣食之廣無能强飯酣臥而已有風疾顏厚之不少異顏有仇家賂其侍婢置毒餅中以進廣微聞之不泄遽攘主人餅而食之左右方以爲怪頃之廣嘔出細蟲無算問之終無所言及婢夜逃人始漸知其事而廣風疾遂頓除年至九十有八

張通參遇大節甚著臨終謂吳諭德曰先輩身死國事如施御史許給事諸公皆未與祀典吾累陳之有司未之信也我死勿置我鄉賢以增吾愧施武許靈見忠節傳

嘉靖中華學士察奉使朝鮮之十七年其族子重慶爲倭所掠遇風漂抵朝鮮見其王自陳所由王知爲華氏子并其同俘十三人遣使護之送過鴨綠江爲請命於上詔賜還鄉其國臣復爲詩四章以贈別其一云異國逢

秋早金風落井桐鄉閭江浙外身世海天東阻折干戈地依稀魂夢中愁多宋玉恨誰慰遠人衷重慶習騎射後授武職萬歷中關白蹂躪朝鮮重慶上書請纓願隨王師出援屬國雖不果行論者壯而韙之

黃太僕正色戍瀋陽終日危坐讀書所攜通鑑綱目偶失一帙無由借鈔乃濡筆追錄所記以補之後勘某事分註中訛兩字而已

藏春院造於成化中舉人高政政字龍川爲監利知縣歸性豪侈爲院於高家衖日選曲中豔異者居之所至皓齒纖腰哀箏急管絕纓投轄每忘晨暮後人有懷川者效之竟至於敗且死廢後六十年而王戶部召水西樓繼之召故仲山問之兄也年二十舉嘉靖癸未進士由主事出判禹州以放誕奪官歸乃創水西樓於試泉門外在梁溪之曲清川華薄綴以綺窗朱戶召致吳越名豔聚處其中日與錢常山憲顧舉人可宗結肆情之社游娛若恐不及仲山爲作藏春塢詩云玳筵羅綺醉淹留狼籍簫箏去不收猶恐彩雲容易散明朝重上水西樓可謂得諷喻之旨

二泉之上有小洞洞口方廣丈餘石上古篆玉雲幽洞四字顧九霞卯時猶及見之

蔡少卿亨初爲南陵教諭既五年有都吏謂曰得三百金可擢知縣亨黽勉欲從其請夫人以事未可必勸阻之遂得淮府伴讀歷興府教授皆不得意鬱鬱赴官亡何世宗入繼大統亨以潛邸舊臣拜光祿少卿尋遷太常大被知眷相傳時有妃蔡氏者蘇人本漁家女微時曾記識亨及入宮被幸上問廷臣中有親族否則以亨對自是代來之恩加之戚里顧遇彌渥鄉人稱皇親今其

論塋猶在

胡原荆涍以建言創籍大節朗朗朱彝尊靜志居詩話云原荆里居任俠結客所識窮乏多受其恩歿後王承父爲具狀屠緯眞爲銘墓王元美爲作傳咸盛稱之當是實錄而邑人記載多述其居鄉豪橫與王石沙瑛同譏自不可信華水西鑰許心餘世卿俱不免於謗訕亦難乎其爲君子矣

伍氏著林居漫錄吾邑正嘉隆萬先輩受斧鉞誅者二十三人譏訶者不可勝數顧端文見之流汗及踵曰吾邑其爲互鄉乎挐舟而往不惜頤頰辨白者三晝夜十倒七八見趙夔陽繼光聞見錄前明如允伯升談信余皆好著書詆斥鄉先達而流俗好騰口實編造謗語如所稱俞平分王白奪者以仲山之賢不免時人之毀何耶

萬歷間播州酋楊應龍既平獻俘闕下時侯少芝先春在諫垣念酋諸幼弱無辜詣同鄉刑侍嚴化卿一鵬屬其疏請自十五以下皆赦免嚴以恐觸上怒謝之少芝復集諸同官議僉名具疏以請同官俱託故辭少芝乃獨抗疏上言竟得旨赦免此事少芝遺命毋載墓志是以

邑志傳俱不載

五里湖之廟堂里其居人多徐姓偃王後也正德初有名黃毛三者多膂力能掣奔牛尢墓有石虎以足蹴之陷地會劉六劉七叛三偕其里人吳用朱光又大浮山農楊敬楊龍應募爲兵隸指揮王景陽部下後從征岑猛於廣西爲猛所得欲降之三罵賊賊拔其舌而臨之楊龍吳用亦不降見殺朱光楊敬夜走僧菴竊其刀薙髮乃逸二人少嘗讀書光後舉廣西武舉頗有名卒於粤敬嘉靖初爲把總歸死故鄉

顧南野聘尢洵美鈿訓子叔時季時隆慶己巳春開館試
以文叔時剎那脫槀洵美覽之色變連呼曰誤矣誤矣
令隨侍兩奴扶掖叔時於師席整衣冠而拜之南野駭
問曰翁二子並爲國器而叔時搏控陰陽埏埴造化之
手也吾可靦然令其北面乎於是陳雲浦以忠議與叔
時爲友季時師之

萬歷庚辰孫少宰繼皐分校會闈得顧端文公及南樂魏
崑溟卷以呈主司申文定公文定笑曰殿元鑒賞不虛
此南北兩解元也拆號果然文定亦殿元亦頗以此自
負
萬歷壬午闈中閱卷已竣待曉發榜矣分校徐司理民式
將就寢鼠嚙其足者三因於暗中抽一落卷急起秉燭
閱之以呈主司沈龍岡鯉沈晴峯懋學俱杏賞不已遂
中式卽高忠憲公卷也
尢氏自晉江徙居無錫許舍山文獻公輝嘗搆一堂上梁
日龍見榜曰逢辰後文簡公袞莊定公熗相繼戊辰登
第其後府丞魯嘉靖壬辰參議瑛嘉靖甲辰方伯錫類
萬歷庚辰龍見之祥久而猶驗見九侗西堂雜俎

試泉門外水簾街有宅一區當締造時主人夢三龍繞梁
家貧轉售以爲夢之無應也盧沖寰文勳吳濟陽海鼇
張九野纘曾相繼居此俱捷南宮盧以萬歷庚辰吳以
萬歷壬辰張以崇禎戊辰一室而三易主適符三龍之
夢奇矣見九晉句吳續聞見錄
天啟壬戌江夏賀文忠公逢聖入闈禱於天願得眞士被
夢神語云明日閱第一卷眞士也賀瞿然起得華公允
誠卷大加歎賞是科會元爲竟陵劉仕徵必達亦出文
忠門衆舉以相慶文忠曰仕徵固不愧前輩此中更有

一士他日當爲國家倚賴蓋指華也癸未文忠成仁於
楚中戊子華公殉節於白下羣服賀知人而華不負所
知云
天啟甲子鄉試榜將發馬封君希尹夢其亡室徐垂淚語
曰忠臣不事二君烈女不更二夫寤文肅公中式報至
向甚不解又文肅幼時夢中嘗詠從今别卻江南日化
作啼鵑帶血歸後讀文山集見其語每自詫及甲申三
月垂縊作家書因及之忠臣孝子亦有定數耶
王福州永吉前爲定興令會乙丑歲科臣魏大中被逮擬

贓五千舉人孫奇逢醵金救之謀於永吉永吉立出白金付孫且復書曰金不於此處用便爲天地間無用之物一時傳之以爲名言

天啟乙丑八月將毁東林書院高忠憲公夜召儒學吏潘守命之曰書院毁矣惟是燕居廟孔子神位豈可俱毁吾念惟文廟複壁中可藏特以相託毋泄乃呼燈躬奉神位付潘明年公及於難其後燕居廟再建潘之子華言於衆乃迎而祀焉

姚希孟譔葉司空神道碑云哲皇帝之四年御史中丞楊

忠烈公率廷臣排擊逆閹勝負未分微聞閹與妖姆表裏爲奸有龍蓀燕啄之事忠烈首發之未著也先帝富於春秋罕思後圖希孟以是秋入都道經錫山間適葉公相顧舟中搤腕時事揎余而别曰公行矣好語諸公宜思其大者信邸出閣講學此今日本計也希孟謹識之至乙丑丙寅間閹禍大扇國統幾搖荷祖宗之靈今天子纘承大寶掃除熏腐海內手額中興而公一言爲之嚆矢始知老成憂國片言扼要如此

崇禎戊寅嚴司寇一鵬年九十詔賜存問設龍亭於迎潮館敕使以下朱衣搢笏騎而導前司寇朝服郊迎又伏候於里門至第宣讀詔旨朱顏白髮拜舞婆娑通邑聚觀歎爲人瑞嚴爲萬歷丁丑進士至是前一載丁丑邑中第者七人持年晚生刺謁嚴嚴出見笑謂曰今日承諸君不棄老耄他年丁丑又有後來者援例謁諸君也胡時忠進曰是時晚生輩又率諸後來以謁先生耳一時大笑人推胡辭令之善

袁宏道曰余不嗜酒而有茶癖居江鄉日與泥汁滲潰爲偶吏吳以來每好事者設茶供未嘗不自笑然務煩心

懶十未得一及居錫城往來惠山始得專力於此一日攜天池闔品偕數子汲泉試茶一人突問曰公今解官亦有何願余曰願得惠山爲湯沐盆以顧渚天池虎邱羅岕如陸蔡諸公者供事其中余得披緇老焉勝於酒泉醉鄉遠矣

安吏部希范歸田之後常閉門讀書數月不出家本華膴出則乘一畫船綺窗十二繪張季鷹蘇端明米南宮諸賢於其上寄託既遠賓從甚都吳越山川遊賞殆遍不獨仕路升沉不挂於中即周旋東林間亦復頗用我法

馬文肅公世奇殉節京邸報至遠近赴弔獨周公茂士彥以紅束稱賀

龔節愍廷祥於乙酉南都破時投武定橋河死其絶筆訓子云吾自正月出門與母執手相別意欲得一誥封以榮父母四月十八日果命下準誥封吾事濟矣時方欲一見老母以殉國事不意五月十一乘輿播遷晨同吳年兄到水西門欲出去白刃數重把截回又至十三日早晨易服出城又有多兵將刀鎗亂加縛至城上吾命已該絶終以不見老母爲恨亦思此心何心甘事二君

乎汝輩要小心謹愼奉事祖母切不可務外事切不可得罪於人致惹災禍吾雖在地下有餘榮矣吾生平事事欲學古人所以至此念之愴然此字節愍歿後百有五年其曾孫任道尙藏於家節愍有女靜照能詩著鵑紅集自號承愁人吳梅村祭酒爲作詩敘

黃邛酌泉錄云何將軍以培於明亡後屏居湖濱兵備道張儉時駐郡聞其名檄致之有僧三山者與將軍善欲與偕亡將軍不聽遂至郡將軍勸之降不從死之語見開化志與後庚午志所載不同後庚午志本陸楣所作以培傳當亦可從顧杲殉節事亦多異辭要之死事則一無足深辨惟王畹仲孫蘭死韶州酌泉錄謂其素有心疾聞寇將至驚悸自縊且於畹仲屢多指摘此則昌黎所謂不樂成人之美君子弗取

鄒叔介兌金崇禎丁丑公車北上渡江泊舟金山狂風大作叔介見有覆舟招手疾呼出金援救衆操舟競援活十一人獲死屍十九復捐三百鍰設救生船二十餘艘號紅船至今好善者踵行之叔介貲既罄竟歸不復赴試子卽殿撰忠倚

秦大音與從姪孫赤仙書云僕居千休館杜門已久擬詣靈巖訪徐昭法卒中止此意賢姪孫當喻之比來想造詣益深惟勇於任道氣質未融善用之則爲剛不善用之則流於忿宜令心氣和平以還太虛之體

黃漢臣與孫笨菴交善笨菴死節漢臣有與張秋紹書云弟曩與笨菴隔河而語憂形於色笨菴果以殉國死矣弟以孱軀尙存人世每食脫粟半盂諒無久理惟兄留心吾邑文獻實有賴焉家舒病中伏枕書

錢十峯游京師與王西樵阮亭兄弟善嘗選阮亭詩刻之

阮亭錄十峯贈沈眉生隱君詩入感舊集眉生亦前代
遺民也
順治乙未秦對巖宮諭年十九官庶常試詠鶴詩有高鳴
常向月善舞不迎人之句
上指示閣臣曰此人必有品置第一重人索觀圖嘗欲要
致之屢致饋問竟不報
嚴藕漁中允薦舉鴻博考試日以目疾僅成省耕詩一首
已不錄
上親閱卷得之曰史局不可無此人諸臣不聞唐祖詠南

山陰嶺秀二十字入選乎既入翰林其記
恩詞調寄南鄉子有何意片詞親檢自
楓宸九死從今敢負
恩之句
莆田余澹心懷有寄暢園讌歌云華亭鶴唳翔秋水小隊
秦宮坐花底吹簫擫管拍紅牙細曲清歌過雲起又云
淮海風流足千古河陽移種花千畝座間賓客屬應別
獨我淩波向南浦蓋是時秦封公海翁家富園亭徵歌
選伎而對巖宮諭早歲以翰林罷歸招集勝流名山讌

集澹心以遺民得預佳會故見之詩歌者如是明季時
蘇崑生工南曲滄桑後流寓無錫宮諭嘗宴吳梅村祭
酒於園中崑生在座贈之以詩有曾事征南幕間關剩
一身之句
前明邑中無詞家　本朝以顧梁汾貞觀彈指詞稱最嘗
在京師納蘭成德所與秦對巖松齡嚴藕漁繩孫多唱
和之作梁汾從子仁垣工長短句亦多合製近則高鶚
翎飛有聽猿詞稾得三李遺意
顧典籍貞觀邑志補訂安陽山人稱陽山亦稱西陽山元

末癸卯甲辰間明將湯和破莫天祐水師於此洪武開
國所記戰功陽山皆作楊山宋史河渠志楊湖二字見
臣僚疏草亦不作陽湖
陸鐵莊楣家貧自力於學為村塾師朱大占旂避雨村舍
見其文大奇之為延譽於其座師秦對巖延之至家名
大起嘗偕華凝修王澄至京師王崑繩源劉繼莊獻廷
咸與訂交楣不欲久居賦鴈詩以見志有河朔草深多
羽翮江南水淺足菰蘆之句浩然竟歸
前復社無錫十六人馬世名秦鏞王孫蕙顧杲高廣華廷

獻黃家舒黃時亨王孫芝王延禧王玉汝黃鍾亮秦鏷
馬瑞吳維藩季廷燦後復社無錫十一人侯具源侯宗
源秦德滋華延賓浦廷卿周如亶楊廷棟楊廷柱楊之
傑呂陽唐德亮見貴𣳾吳孟堅復社姓氏錄維時聲氣
太廣人品不齊其矜厲名節於始而不能持其後者有
之錄之以資考證
明季有聽社十七子無錫共十五人爲華仲通時亨秦中
實鈛黃漢臣家舒顧修遠宸顧銘柏煜王錫卿延禧王
人玉玉汝繆維揚振光呂詹望陽秦小臣鏷唐采臣德

亮吳漢若濯時馬爾禾瑞王孔時永肩黃心甫傳祖常
熟錢爾弢陸燦長洲許孝酌王儼同時又有涯臻詩社
聽社文社涯臻詩社也共九人呂誠之自咸孫漢廣
秦以巽德滋秦人在　秦小武德淇黃心甫傳祖
黃楠甫芝錢星客　國初邑中之工詩歌古文者
結雲門社於惠山名動遐邇睢州湯文正斌長洲汪苕
文琬慈溪姜西溟宸英皆來會邑中凡十八人顧景行景
文梁汾貞觀秦樂天保寅留仙松齡黃夏孫瑚嚴蓀友
繩孫鄒黎眉顯吉劉震修雷恒沛遠霖恒安孟公瘠康

熙間始著社禁有蓉湖七子劉齊吳世焜施壽劉學洙
秦道然吳遵鏷孫祁雍最後有敬業會顯達者爲張文
恪泰開他如曹輯五顧預顧景華宏憲顧贊錢基皆登
科甲然會以時藝人才不若從前之盛矣
康熙間題名一其文云劉伯芻論水之宜茶者七自一至
五余皆得而酌之澂沏甘冽未有如惠山石泉者迺强
抑之第二不知何意然世之妄庸巨子謬秉衡鑑既經
品第遂莫敢異議亦與此同歎矣康熙二十四年春三
月望日牟山張貞題見杞園文集

邑中藏書辟疆園既廢遂推秦宮諭家崑山徐氏秀水朱
氏並借鈔焉繼多散失尚書文恭公稍爲掇拾止得其
半近又爲湖州書賈購去小峴侍郎雅愛藏弆插架並
多鈔本然皆得之宦游非其先宮諭之舊也宮諭族孫
如皐教諭鼎雲爲諸生時嘗取同里李雝來迂松閣所
藏悉購歸築樓貯之今尚存聞城南許氏藏書最精秘
不示人人莫能窺也許仲堪地典兄弟皆諸生好學早
夭
前明邑中名師洪宣間有九𦬆軒後張介軒開講女貞觀

之左入室者蟬聯掇科第正嘉間推徐西巖其門尤多
顯達明季鄒經畬期楨爲諸生三十年弟子之盛無過
之者嘗設講席洞虛宮室不能容近百餘年陳震先老
於教讀嵇文敏少時及其門震先晚年
特賜進士陞炳西庚深於八股之學延師之家輒虛左以
待稍後則秦稼士雲翼王仁山一峯鮑菑宣鏕薛正宗
奇賞胡公袞棟臣錢學林凌雲秦敦夫鍔高文若豫皆
近日所稱善師也朱紹川宗洛朱逸眉雲駿未通籍時
亦皆教授鄉里

鮑震西者邑諸生性至孝授經里中暮必歸省父母學有
原本尤能考核六書字畫音義家貧與弟同居不析爨
有二子亦孝友季子館侯氏供餅餌果物必歸奉大父
母不敢先嘗其往返可計步以俟不爽晷刻世傳其歿
爲淮陽侯頗誕
元時百三歲翁王祿軍將山中樵者也明有周受誼生宋
景定歷元至明百十有六明太祖召見賜之酒復其家
後茹文中百有四英宗召見賜冠帶宴之順天府又有
陳復我百二歲周文襄以國耆旌之秦辰溪言幼時見

其曾祖遺一扇有游惠山詩云稀歲挾侶游茲山重來
忽踰三十年山川草樹尚依然同游諸君無存焉末署
五泿山樵粱釆計其年亦百歲外矣
國朝邑紳壽至九十者惟秦南沙南沙年五十二登第官
給事中以藩邸事下獄得釋年已八十又踰十年而卒
鄒小山張文恪兩宗伯先後引年致仕鄒壽八十有七
張壽八十有六大學士嵇文恭科名最早以乾隆庚戌
會進士後同年越甲寅卒壽八十有四
乾隆五十年奉

旨特舉千叟宴惟時吾邑大學士嵇璜實爲漢大臣領班
國老舉人龔瑢亦以耆年得與庶老之列越十一年爲
嘉慶元年奉
詔復舉舊典吾邑封知府馮熠縣丞張一飛議敘州同孫
文偉孫璽朱勝章五人皆與前後並蒙
賜詩章鳩杖如意綵緞等物
華瑞璜令臨海好尚風雅喜從賢士大夫游錢唐袁枚嘉
定錢大昕先後游天台輒爲東道主流連竟月罷官後
居西湖之保叔塢下作北山旅舍圖四方名士戸外屨

滿

姊志弟墓古所未有明初有張貞素者爲其弟志曰張存字元理予母弟也予父諱秉恒世居無錫梅村仕爲處州龍泉尉予母葉氏艱於得子日夕拜禱觀音大士見形窗前於是予母得孕而生弟弟白皙如脂聰明俊朗有詞藻年十三爲諸生十六應試與溧水齊宏軒德試席相聯至晡時宏軒忽被疾予弟代爲完卷弟不成名而宏軒爲解首洪武丁卯也乃與弟結兄弟交弟之大禍始此矣後宏軒改名泰而登第宏軒感恩娶以姑之

孫女延之宦所宏軒既獲上寵遇日隆奏弟爲鴻臚通事舍人宏軒筆札皆弟代草使燕偕行交游猜忌上下側目及燕兵入金川而宏軒族誅有讐予弟者謂泰敵諸藩之釁皆予弟謀指斥諸藩之檄皆出弟手捕弟入都與其姻黨百人共繫詔獄鐵帚刷膚銅箸烙骨越旬潰爛死鄰友吳太熙罷龍江關大使居京師收弟骸負之歸予買地堠山之西葬焉弟生洪武五年壬子正月望日受禍壬午十月朔日妻袁氏先卒子應龍方七歲嗟嗟弟被逮之日父黨母黨之指以百數莫有一盻之者又安能志弟之墓哉予憂其行湮沒不彰聊敘其實一書於棺上一書於屋壁以俟應龍長而觀焉安效寡

妻張貞素誤并書

馬世奇妾李氏家世微甚父雙瞽母浣紗婦也夢神人授以玉斗乃孕因名玉潤幼嬉於門遇一尼相之曰後當貴且以節烈稱年十五歲大饑因質世奇家爲婢以償逋先是世奇配浦孺人有賸盧氏美而慧產子殤適浦亦生子壬玉因命乳之備極鞠閔未幾卒卒十五年而李氏來質詢其生之月日則盧氏卒之月日也前一月

世奇方晝寢夢盧來曰妾已再生人間當復侍巾櫛與主公白首同歸期且不遠耳及李來踰年世奇忽憶前夢收爲妾越二年癸未入都李與朱氏俱從甲申之變世奇命李無死曰若年少可圖歸計李正色曰主公以國爲存亡妾不當以主公爲存亡乎請先死遂與朱俱就縊年甫十九宏光初贈孺人白首同歸之語至是始驗噫異哉世奇子壬玉親爲其友張光緯言之光緯記其事如此云

虞道滋室薛氏方山裔孫高忠憲公曾外孫女治家有禮

法勤課女工一日命僕買瓷器歸欵云抱琴沽一醉終日臥斜陽曰一醉而終日臥是何品格終日臥而曰斜陽豈復成語屏不復用其嚴如此道滋素名士以孝友著年三十卒氏以哀毀終

侯戸部鼎鉉母王氏有文才早寡以節著遺詩訓其子孫凡千六百餘言年七十餘而卒鼎鉉時已舉進士出宮詹黃道周之門道周夫人蔡見王詩驚賞亦援筆贈以二十四韻一時傳之惜蔡贈詩時已在道周捐軀之後家國之際有餘恫矣

羼提閣集王朗著朗字仲英荄金沙王彥泓之女而秦宮諭松齡之嗣母也彥泓工爲豔體詩傳寫滿江左朗有夙慧歌詩小詞及畫水墨梅花並稱絕調錄其山園浪淘沙一闋云幾日病淹煎昨夜遲眠强移心緒鏡臺前雙鬢澹烟低髻滑也自生憐不貼翠花鈿懶易衣鮮碧油衫子褪紅邊爲怯游人如蟻擁故揀陰天

梁汾戲效杜少陵七歌云有姊有姊號能文長者曹昭次左芬鍼神弟子盡北面繡成賣作金縷裙梁汾有二姊一爲進士侯觵勲母一嫁華子贍並有才藻而觵勲母

文婉尤以詩詞著聞於時文婉與王仲英相唱和徐電發釚詞苑叢談錄其浣溪紗詞三闋才調清麗可謂感均頑豔矣

秦畹芬少工詩中年長齋奉佛對嚴宮諭和從妹畹芬五十感懷詩云從小粹貞坊下住冰霜容易鬢如絲又有秦淸芬者工於詞其調寄鷓鴣天云偶剝瓜仁排屯字漫將椀底印連環無事上眉彎傳於世黃卬酌泉錄指爲顧文婉詞誤矣近秦榫鑣繼妻過淸芬亦能詩雄鑣歿後家窶艱嘗作述況詩云多謝天公連日雨全家送上首陽山

海寧吳騫拜經樓詩話云鄒氏若瑗梁溪人諸生士起女適太學生朱汝綸若瑗少工吟事旨格淸遠其五七言絕云落月挂江樹蓬窗四月秋夜潮同客夢何處是揚州夜泊丹徒虛綠搖窗鏡影空庭梧瑟瑟翦秋風水晶簾外朦朧月人在秋江碧練中延清閣夜坐若瑗在室時嘗刲股和藥療母疾者再歿後秦小峴觀察梓其遺集曰亦南廬小稾女配觀察亦能詩觀察述其潞河南還舟中作有千里歸颿渾似夢綠楊影裏畫橋西之句

徐蘭英幼慧學詩於杜雲川學書法於寓公蔣湘帆遂能工擘窠書年逾笄未字孫進士洙適喪偶因結褵焉孫亦名士近有蔡如玉者父焯高才生適過錦爲繼妻錦初娶范嘗刲股療錦疾早夭如玉工花卉翎毛亦能爲小詩

吳梅村祭酒有卞玉京道人墓詩玉京即卞賽祭酒嘗遇之琴川是以梅村集中有琴川感舊之作晚易道裝死葬無錫但謂玉京墓在惠山錦樹林祇陀里祇陀在邑東距惠山數十里惠山有錦樹菴非錦樹林

無錫金匱縣志卷四十

後記

無錫是中國吴文化的發祥地。七千多年悠久歷史與文明，造就了『梁溪明秀之區，衣冠禮樂甲于江左』的城市人文傳統和深厚的歷史文化底蘊。數千年來，文脉綿延，永世流芳。邵寶在《錫山遺響》序中曾經這樣描述：『錫之爲邑，在三吴間。山水清麗豐曠，生其地者，多沉雅秀整，以文名家，代不乏人，詩文之一也。』文化已經成爲這座城市最本色的氣質。爲傳承吴地文明，建設文化名城，進一步彰顯無錫城市内在精神特質，經過幾年的精心策劃，旨在全面整理地方文化典籍的《無錫文庫》編纂出版工作于二〇一〇年全面啓動，二〇一一年起陸續與讀者見面了。

無錫的城市文化曾經爲中華文化寶庫作出過巨大貢獻。顧愷之、倪瓚、王紱、鄒一桂、賀天健、徐悲鴻、錢松喦、吴冠中，如松秀群嶺，在中國繪畫史上擁有很高的地位；華秋蘋、楊蔭瀏、劉天華、華彦鈞（阿炳），乃韵動天籟，對中國音樂發展發揮了重要作用；李紳、蔣防、尤袤、蔣捷、陳維崧、顧貞觀、嚴繩孫、周濟、劉半農，皆胸懷錦綉，在中國文學史上可謂各領風騷；計六奇、顧祖禹、顧棟高、秦蕙田、嵇璜、錢基博、錢穆、錢鍾書、錢海岳，可稱堂奥廣庭，學造淵源，在中國學術史上卓然大家；顧憲成、高攀龍之東林，唐文治之『國專』，徐霞客之游記，徐壽、華蘅芳之『格致之學』，陳翰笙、錢俊瑞、孫冶方、薛暮橋之經濟學，都堪稱中華文化史上的一座座高峰，至今閃耀着炫目的光芒。

深厚的歷史文化底蘊激發了無錫城市的文化自覺。市委、市政府滿懷對鄉土誠摯之情、對文化敬畏之感，以義不容辭的責任擔當，致力於文化强市建設，以科學的理念和方式對歷史文化遺産作全方位的觀照、深層次的發掘、系統性的保護，匯四海之智，舉全市之力，共襄文化建設盛舉。二〇〇六年十二月，無錫市成功申報國家歷史文化名城，標志着新一輪文化意識的覺醒，并迅速轉化爲文化自覺的實踐。近年來，我市全面啓動惠山、清名橋、小婁巷、榮巷、蕩口等五個歷史文化街區和十個古村落保護修復工程，『護其貌，顯其顔，鑄其魂，揚其韵』；鴻山遺址成功保護的經驗被國家文物局譽爲大遺址保護『無錫模式』，并被授予首批國家考古大遺址公園，闔閭城遺址考古發現則確立了歷史上無錫曾作爲吴王闔閭都城的地位；建成開放六十餘座博物館、名人故居和紀念館；對無錫的非物質文化遺産予以重點保護；每年春天舉辦的中國（無錫）吴文化節、中國文化遺産保護論壇成爲文化亮點，享譽海内外。這些舉措遵循規律，探索文化建設體制和機制的創新，形成了寶貴的『無錫經驗』，得到海内外學者、專家的一致肯定。

在注重保護歷史文化遺存的過程中，發掘、整理無錫歷史文獻著作，展示和弘揚無錫城市的思想精神世界，自然而然成爲大家關注的重點。二〇〇六年，市委宣傳部組織無錫文史專家、學者編撰的十七册三百萬字的《無錫文化叢書》正式出版，引起强烈反響，出版後供不應求，在二〇〇八年再版加印。《無錫文化叢書》集中反映了無錫城市文化精華，展示了無錫城市文化特質，彰顯了無錫歷史文化的厚重，同時也告訴人們，文化精神的傳遞是文化繁榮發展的重要内涵，一旦擦去歲月蒙塵，優秀的歷史文化就會轉化成爲取之不盡的精神財富。

爲了進一步彰顯城市歷史文化底蕴，二〇〇七年，市委、市政府將全面系統整理無錫文化典籍擺上工作議事日程，明確提出編纂《無錫文庫》。由于無錫歷史文化底蕴深厚，卷帙浩繁，内容豐富，編纂工作千頭萬緒，要想整理出一部簡明扼要而又内容翔實、主旨鮮明而又文質彬彬的文獻集成，難度遠大于預想。爲此，我們先後成立了《無錫文庫》工作委員會和編輯委員會，加强對編纂出版工作的組織領導與統籌協調，在尊重歷史、尊重規律、尊重科學、尊重專家的基礎上，積極推進文庫編纂工作。編輯委員會經過反復論證，明確原則，綱舉目張，有條不紊地開展工作。充分憑借地方文史專家的優勢，充分發揮高校人文學院、研究機構的作用，充分依靠出版機構的專業經驗，并邀請國内外著名文史專家指導、把關，形成了文庫編纂的工作合力。

在編輯過程中，我們力求使《無錫文庫》成爲經得起歷史考驗的鄉邦文獻集成。

全面規劃又保持開放結構。面對豐富的歷史文化積澱，没有規劃就不可能形成清晰的編纂思路。在前期編纂工作中，編輯委員會經過二十餘次的論證會和專題研討會，形成并確定了《無錫文庫》總書目，明確了收録範圍和内容主體，立足無錫市區，兼顧江陰、宜興，主要體現無錫本土内容，突出人文科學，適當兼顧其他門類。據此，《無錫文庫》收録圖書五百五十餘種，分爲五輯：第一輯『官修舊志』，收編無錫地方志（含江陰、宜興）；第二輯『地方史料專著』，收編反映無錫地方史料的專著與筆記；第三輯『年譜家乘』，收編無錫（含江陰、宜興）地方名人年譜和望族的家譜；第四輯『無錫文存』，收編歷史上無錫作家詩文和專著的精華；第五輯『近現代名家名著存目』，編撰無錫近現代名家名著的書目提要。爲使文庫具有更大的開放度和包容量，《無錫文庫》注重整體設計，在框架分類上既注意

整合，又突出重點，考慮到文庫的涵蓋面和系統性；在書目選擇上既注重經典性，又强調代表性，兼顧到圖書本身質量和作者特點；在出版方式上既總體規劃、循序推進，又采取較爲靈活的方式，成熟一批出版一批，不編序號，爲今後增補書目預留空間。

尊重歷史又反映時代特色。《無錫文庫》注重歷史性與時代性相結合，以嶄新的學術角度和現代學科理念對城市歷史文化進行整理和弘揚。編纂工作充分體現對歷史傳統的尊重，儘可能減少評述性成分，杜絶截割、改篡、增删圖書内容，對節選本衹采取作者的自選本。與此同時，以現代學術視野來看待傳統史料，增加收録有價值的歷史資料和文獻，如對民國時期的一些稿本、期刊、會刊、紀念册也予以應有的關注，收入了部分重要的民間史料。

保持原貌又便于讀者查閲。《無錫文庫》除第五輯外，全部采用原版影印方式，力争選擇最優版本作底本，保持文獻著作的歷史面目。爲了便于閲讀、查證、使用、研究，每一輯均撰寫編輯説明，每種書撰寫提要，并編撰《文庫》書目索引。通過這樣的方式，使《無錫文庫》兼具工具書檢索的作用，增强文化典籍整理的實用功能。

如期完成又精益求精。《無錫文庫》作爲一項重大文化工程，編纂工作面廣量大，必須集中力量，一鼓作氣。我們明確，從編纂工作全面啓動開始，花三年時間完成《無錫文庫》出版工作。《無錫文庫》總書目形成後，五輯的書目編纂工作同時開展，整體推進。我們要求，《無錫文庫》編纂出版工作要强化精品意識，力求思想精深、内容精彩、選編精當、學風精良、裝幀精美。文庫編纂出版的每個環節都反復論證推敲，確保經得起歷史檢驗。

《無錫文庫》的編纂出版工作，得到了鳳凰出版傳媒集團的大力支持，鳳凰出版社在版本選擇、編輯出版方面做了細緻的工作；由于《無錫文庫》收録的資料有三分之二散落在全國各圖書館中，中國國家圖書館、上海圖書館、南京圖書館等一批國内知名圖書館爲此提供了積極的幫助；應邀擔任《無錫文庫》學術顧問的專家，都是無錫籍的文化名人和國内一流的古籍研究專家，他們有的不顧年事已高，有的不顧自身工作繁忙，爲《無錫文庫》的編纂工作付出辛勤勞動；《無錫文庫》工作委員會和編輯委員會成員以及編務人員在文庫編纂出版過程中做了大量的工作。在此，謹向他們表示崇高的敬意和由衷的謝忱！

由於《無錫文庫》收録内容涉及範圍廣、時間跨度長，部分書目已經散佚，可利用資料受到限制，加之編輯委員會水平有限，《無錫文庫》的編纂工作難免會有一些疏漏和錯誤，不當之處敬請讀者指正。

王立人

二〇一一年一月